Jürgens

Betreuungsrecht

Betreuungsrecht

Kommentar

Bearbeitet von

Prof. Dr. iur. Dagmar Brosey
Professorin an der Technischen Hochschule Köln

Annette Loer
Weitere aufsichtf. Richterin am Amtsgericht Hannover

Sascha Luther, LL.M. (com.)
Dipl.-Rechtspfleger (FH) und Bezirksrevisor am Landgericht Lübeck

Dr. iur. Rolf Marschner
Fachanwalt für Sozialrecht in München

Dominique Tank
Richterin am Amtsgericht Gelsenkirchen; derzeit abgeordnet an das Landgericht Essen

Dr. iur. Christian Trautmann, LL.M.
Dipl.-Rechtspfleger (FH); Geschäftsführer des Diakonischen Betreuungsvereins Dresden e.V.

9. Auflage
2026

C.H.BECK

Zitiervorschlag:
Jürgens/Brosey BGB § 1814 Rn. 8

beck.de

ISBN PRINT 978 3 406 84047 0

Wilhelmstraße 9, 80801 München
info@beck.de
Druck und Bindung: Friedrich Pustet GmbH & Co. KG
Gutenbergstraße 8, 93051 Regensburg

Satz: Meta Systems Publishing & Printservices GmbH, Wustermark
Umschlag: Druckerei C.H.Beck Nördlingen

chbeck.de/nachhaltig
produktsicherheit.beck.de

Gedruckt auf säurefreiem, alterungsbeständigem Papier
(hergestellt aus chlorfrei gebleichtem Zellstoff)

Vorwort zur 9. Auflage

Mit der 9. Auflage unseres Kommentars zum Betreuungsrecht konnten Literatur und Rechtsprechung aus dem Zeitraum von Oktober 2024 bis Mai 2026 eingearbeitet werden. Mit der 7. Auflage war eine umfangreiche Überarbeitung, die durch das Inkrafttreten des Gesetzes zur Reform des Vormundschafts- und Betreuungsrechts zum 1.1.2023 bestimmt war, erfolgt. Das Reformgesetz verfolgte das Ziel, den Erforderlichkeitsgrundsatz und das Selbstbestimmungsrecht zu stärken und Wunsch und Wille der Betroffenen noch stärker als im früheren Recht zum zentralen Maßstab des Betreuerhandelns und aller anderen Akteure des Betreuungsrechts zu machen. Die Vorgaben des Art. 12 der UN-Behindertenrechtskonvention wurden damit im Betreuungsrecht umgesetzt.

Mit der vorliegenden Kommentierung wollen wir die Ziele und Anliegen des Betreuungsrechts und seiner Reform erläutern und für die Anwendungspraxis unter Berücksichtigung der Entwicklungen in Rechtsprechung und Literatur aufbereiten.

Seit dem Inkrafttreten des Reformgesetzes waren Änderungen bzw. Änderungsimpulse erfolgt, die bereits in der 8. Auflage eingebettet wurden. Seit Oktober 2024 gab es weitere gesetzliche Änderungen. So erfolgten zum 1.1.2026 nicht unerhebliche Modifikationen durch das „Gesetz zur Neuregelung der Vormünder- und Betreuervergütung und zur Entlastung von Betreuungsgerichten und Betreuern sowie zur Änderung des Rechtsanwaltsvergütungsgesetzes und des Justizkostenrechts" (Kosten- und Betreuervergütungsrechtsänderungsgesetz 2025 – KostBRÄG) vom 7.4.2025 (BGBl. I Nr. 109). Das neue VBVG hält an einem pauschalierten Vergütungssystem fest, verringert aber die Anzahl der Pauschalen erheblich von 60 auf 16 (§ 9 VBVG). Im BGB wurden die Regelungen für die Schlussabwicklung erheblich vereinfacht (§§ 1872, 1832 BGB).

Nach der Entscheidung des BVerfG vom 26.11.2024 – 1 BvL 1/24, BeckRS 2024, 32696 bedarf es einer Neuregelung des § 1832 BGB bis zum 31.12.2026. Das BVerfG hat den Krankenhausvorbehalt für Zwangsbehandlungen zum Teil für verfassungswidrig erklärt (§ 1832 BGB). Auf Vorschlag des BMJV hat die Bundesregierung am 27.5.2026 den „Entwurf eines Gesetzes zur Änderung der Regelung über ärztliche Zwangsmaßnahmen im Betreuungsrecht und zur Stärkung des ultima-ratio-Gebots sowie der Selbstbestimmung der Betroffenen" beschlossen, der neben einer Änderung des § 1832 BGB auch Änderungen im FamFG vorsieht.

Evaluierungen bestehender Regelungen sind zudem auf dem Weg. So beauftragte das BMJV im Februar 2026 das Forschungsvorhaben zur Evaluierung der Sterilisationsregelung im Betreuungsrecht nach altem und nach neuem Recht (§ 1830 BGB). Die erste Evaluierung des Registrierungsverfahrens für berufliche Betreuer (Betreuerregistrierungsverordnung – BtRegV) ist ebenfalls zu erwarten.

Das Autorenteam hat sich mit der 9. Auflage verändert: Jutta Kretz, Präsidentin des Landgerichts Mosbach, ist nach langjähriger Tätigkeit ausgeschieden. Sie hat über viele Jahre die Kommentierung des FamFG für das Betreuungsverfahren geprägt. Ihr gilt unser Dank. Wir freuen uns, Dominique Tank, Richterin am Amtsgericht Gelsenkirchen und derzeit abgeordnet an das Landgericht Essen, als neue Autorin für diesen Bereich begrüßen zu können.

Dresden, Hannover, Köln, Lübeck, Düsseldorf und München im Juni 2026

Autorinnen und Autoren

Inhaltsverzeichnis

Untertitel 5. Vergütung und Aufwendungsersatz

Anhang

Einführungsgesetz zum Bürgerlichen Gesetzbuche

Rechtspflegergesetz

Erster Abschnitt. Aufgaben und Stellung des Rechtspflegers

Zweiter Abschnitt. Dem Richter vorbehaltene Geschäfte ...

Zivilprozessordnung (ZPO)

Gesetz über das Verfahren in Familiensachen und in den Angelegenheiten der freiwilligen Gerichtsbarkeit (FamFG)

Buch 1. Allgemeiner Teil

Abschnitt 1. Allgemeine Vorschriften

Abschnitt 2. Verfahren im ersten Rechtszug

Abschnitt 3. Beschluss

Abschnitt 2. Verfahren in Unterbringungssachen

Inhaltsverzeichnis

Inhaltsverzeichnis

In Anmerkungen oder Anhängen abgedruckte oder kommentierte Vorschriften

Gesetz	**Vorschrift**	**Fundstelle**
AO	§§ 34 Abs. 1, 69	§ 1826 BGB Rn. 24
	§ 79 Abs. 2	§ 275 FamFG Rn. 15
AsylG	§ 12 Abs. 1	§ 275 FamFG Rn. 19
BNotO	§ 54 Abs. 1 Nr. 1	§ 308 FamFG Rn. 11
SGB IX	§ 22 Abs. 4	§ 9 BtOG Rn. 16
SGB X	§ 71 Abs. 3	§ 9 BtOG Rn. 15
SGB XII	§ 90 sowie VO zu § 90 Abs. 2 Nr. 9	Anhang zu § 1880 BGB
SGG	§ 72	§ 275 FamFG Rn. 18
ZPO	§§ 51–53	§ 275 FamFG Rn. 8
	§ 455	§ 275 FamFG Rn. 10

Abkürzungen

aA	anderer Ansicht
aF	alte Fassung
Abs.	Absatz
AG	Amtsgericht/Arbeitsgruppe/Aktiengesellschaft
AktG	Aktiengesetz
Alt.	Alternative
AMG	Arzneimittelgesetz
AO	Abgabenordnung
ArbG	Arbeitsgericht
ArchsozArb	Archiv sozialer Arbeit
A-Reha	Anordnung des Verwaltungsrates der Bundesanstalt für Arbeit über die Arbeits- und Berufsförderung Behinderter
Art.	Artikel
AsylVfG	Asylverfahrensgesetz
Aufl.	Auflage
ausf.	ausführlich
BAG	Bundesarbeitsgericht
BayEGGVG	Bayerisches Einführungsgesetz zum GVG
BayObLG	Bayerisches Oberstes Landesgericht
BayObLGZ	Entscheidungssammlung des Bayerischen Obersten Landesgerichts in Zivilsachen
BaWüLFGG	Landesgesetz über die Freiwillige Gerichtsbarkeit Baden-Württemberg
BayVGH	Bayerischer Verwaltungsgerichtshof
BBG	Bundesbeamtengesetz
BeckRS	Elektronische Entscheidungsdatenbank in beck-online
BDO	Bundesdisziplinarordnung
BBiG	Berufsbildungsgesetz
BeurkG	Beurkundungsgesetz
BFH	Bundesfinanzhof
BGB	Bürgerliches Gesetzbuch
BGBl.	Bundesgesetzblatt
BGH	Bundesgerichtshof
BGHSt	Entscheidungen des Bundesgerichtshofs in Strafsachen (zitiert nach Band und Seite)
BGHZ	Entscheidungen des Bundesgerichtshofs in Zivilsachen (zitiert nach Band und Seite)
BLLM	Brosey/Lesting/Loer/Marschner
BNotO	Bundesnotarordnung
BRRG	Beamtenrechtsrahmengesetz
BSG	Bundessozialgericht
BtÄndG	Betreuungsrechtsänderungsgesetz
BT-Drs.	Bundestagsdrucksache
BtBG	Betreuungsbehördengesetz
BtE	Betreuungsrechtliche Entscheidungen
BtG	Betreuungsgesetz
BtOG	Betreuungsorganisationsgesetz
BtPrax	Betreuungsrechtliche Praxis
BVerfG	Bundesverfassungsgericht

Abkürzungen

BVerfGE	Entscheidungen des Bundesverfassungsgerichts (zitiert nach Band und Seite)
BVG	Bundesversorgungsgesetz
BVormVG	Gesetz über die Vergütung von Berufsvormündern
BWahlG	Bundeswahlgesetz
BWNotZ	Zeitschrift für das Notariat in Baden-Württemberg
bzw.	beziehungsweise
DAVorm	Der Amtsvormund (Zeitschrift)
DB	Der Betrieb
ders.	derselbe
DGVZ	Deutsche Gerichtsvollzieherzeitung
dh	das heißt
DNotZ	Deutsche Notar-Zeitung
DRiG	Deutsches Richtergesetz
DSGVO	Datenschutz-Grundverordnung
DZWir	Deutsche Zeitschrift für Wirtschaftsrecht
EGMR	Europäischer Gerichtshof für Menschenrechte
EheG	Ehegesetz
EMRK	Europäische Menschenrechtskonvention
ErwSÜ	(Haager) Übereinkommen über den internationalen Schutz von Erwachsenen
EStG	Einkommensteuergesetz
e.V.	eingetragener Verein
FamFG	Gesetz über das Verfahren in Familiensachen und in den Angelegenheiten der freiwilligen Gerichtsbarkeit
FamRZ	Zeitschrift für das gesamte Familienrecht
FG	Finanzgericht
FGG	Gesetz über die Angelegenheiten der freiwilligen Gerichtsbarkeit (aufgehoben)
FPR	Familie, Partnerschaft, Recht (Zeitschrift)
FuR	Familie und Recht (Zeitschrift)
GBO	Grundbuchordnung
GG	Grundgesetz
ggf.	gegebenenfalls
ggü.	gegenüber
GKG	Gerichtskostengesetz
GmbH	Gesellschaft mit beschränkter Haftung
GmbHG	Gesetz über Gesellschaften mit beschränkter Haftung
GOÄ	Gebührenordnung für Ärzte
GVG	Gerichtsverfassungsgesetz
HeimG	Heimgesetz
HGB	Handelsgesetzbuch
HK-BUR	Heidelberger Kommentar zum Betreuungs- und Unterbringungsrecht
hM	herrschende Meinung
Hrsg.	Herausgeber
idR	in der Regel
IfSG	Infektionsschutzgesetz
iSd	im Sinne des/der
iSv	im Sinne von
iVm	in Verbindung mit
JA	Das Jugendamt (Zeitschrift)

JLLM .... Jürgens/Lesting/Loer/Marschner (s. Literaturverzeichnis)
JMBlNW .... Justizministerialblatt Nordrhein-Westfalen
JR .... Juristische Rundschau (Zeitschrift)
JVEG .... Justizvergütungs- und -entschädigungsgesetz
JZ .... Juristenzeitung

KastG .... Kastrationsgesetz
Kfz .... Kraftfahrzeug
KG .... Kommanditgesellschaft, Kammergericht

LG .... Landgericht
LPartG .... Lebenspartnerschaftsgesetz
LS .... Leitsatz
LSG .... Landessozialgericht

mAnm .... mit Anmerkung von …
MedR .... Medizinrecht (Zeitschrift)
MittBayNot .... Mitteilungen des Bayerischen Notarvereins, der Notarkasse Bayern und der Landesnotarkammer Bayern
MittRhNotK ...... Mitteilungen der Rheinischen Notarkammer
MüKo .... Münchener Kommentar
MRK .... Menschenrechtskonvention
MRRG .... Melderechtsrahmengesetz
mwN .... mit weiteren Nachweisen

NdsRPfl .... Niedersächsische Rechtspflege (Zeitschrift)
NJW .... Neue Juristische Wochenschrift
NJW-RR .... Neue Juristische Wochenschrift – Rechtsprechungs-Report Zivilrecht
Nr. .... Nummer
NRW .... Nordrhein-Westfalen
NStZ .... Neue Zeitschrift für Strafrecht
NZFam .... Neue Zeitschrift für Familienrecht
NZM .... Neue Zeitschrift für Mietrecht

oÄ .... oder ähnliches
oHG .... Offene Handelsgesellschaft
OLG .... Oberlandesgericht
OLGRep .... OLG-Report (Rechtsprechungs-Zeitschrift)
OLGZ .... Entscheidungen des Oberlandesgerichts in Zivilsachen (zitiert nach Band und Seite)
OVG .... Oberverwaltungsgericht

PKH .... Prozesskostenhilfe
PKW .... Personenkraftwagen
PsychKG/
PsychKHG .... Psychisch-Kranken-(Hilfe)-Gesetz

RGZ .... Entscheidungen des Reichsgerichts in Zivilsachen (zitiert nach Band und Seite)
Rn. .... Randnummer
Rpfleger .... Der Deutsche Rechtspfleger (Zeitschrift)
RPflG .... Rechtspflegergesetz
R & P .... Recht und Psychiatrie (Zeitschrift)
RsDE .... Recht der sozialen Dienste (Zeitschrift)
RVG .... Rechtsanwaltsvergütungsgesetz
RV .... Rentenversicherung

S. .... Seite/Satz
s. .... siehe

SchlHA	Schleswig-Holsteinische Anzeigen (Zeitschrift)
SchwbG-WV	Werkstättenverordnung zum Schwerbehindertengesetz
SG	Soldatengesetz
SGB	Sozialgesetzbuch (Teile I bis XII)
sog.	sogenannt/er
StAZ	Das Standesamt (Zeitschrift)
StGB	Strafgesetzbuch
StPO	Strafprozessordnung
str.	streitig
StV	Strafverteidiger (Zeitschrift)
StVG	Straßenverkehrsgesetz
StVollzG	Strafvollzugsgesetz
ua	unter anderem
uÄ	und Ähnliches
UN-BRK	Behindertenrechtskonvention der Vereinten Nationen
UStG	Umsatzsteuergesetz
usw	und so weiter
uU	unter Umständen
va	vor allem
VBVG	Vormünder- und Betreuervergütungsgesetz
VersR	Versicherungsrecht (Zeitschrift)
VGH	Verwaltungsgerichtshof
vgl.	vergleiche
VGT	Vormundschaftsgerichtstag
VKH	Verfahrenskostenhilfe
VO	Verordnung
VRegV	Vorsorgeregisterverordnung
VVG	Versicherungsvertragsgesetz
VwGO	Verwaltungsgerichtsordnung
VwVfG	Verwaltungsverfahrensgesetz
WRV	Weimarer Reichsverfassung
WuM	Wohnungswirtschaft und Mietrecht (Zeitschrift)
zB	zum Beispiel
ZEV	Zeitschrift für Erbrecht und Vermögensnachfolge
ZfJ	Zeitschrift für Jugendrecht
ZfSH/SGB	Zeitschrift für Sozialhilfe/Sozialgesetzbuch
Ziff.	Ziffer
ZPO	Zivilprozessordnung
ZSEG	Gesetz über die Entschädigung von Zeugen und Sachverständigen
ZStW	Zeitschrift für die gesamte Strafrechtswissenschaft
zT	zum Teil
ZVG	Zwangsversteigerungsgesetz
zZt	zur Zeit

Literatur

Aichele, Das Menschenrecht auf gleiche Anerkennung vor dem Recht, 2013
Anders/Gehle, Zivilprozessordnung, 84. Aufl. 2026
Arnold/Meyer-Stolte/Rellermeyer/Hintzen/Georg, Rechtspflegergesetz: RPflG, 9. Aufl. 2022
Bach, Kostenregelungen für Betreuungspersonen, 2. Aufl. 1999
Bahrenfuss, FamFG, 3. Aufl. 2017
Bassenge/Roth, FamFG/RPflG: Gesetz über das Verfahren in Familiensachen und in den Angelegenheiten der freiwilligen Gerichtsbarkeit, Rechtspflegergesetz, Kommentar, 12. Aufl. 2009
Bauer/Klie/Lütgens/Schwedler, Heidelberger Kommentar zum Betreuungs- und Unterbringungsrecht, Heidelberg, Loseblattsammlung, 134. EL (Stand: 2021) (zit. als: HK-BUR/Bearbeiter)
Baumbach/Hefermehl/Casper, Wechselgesetz, Scheckgesetz, Recht des Zahlungsverkehrs: WG, ScheckG, Recht des Zahlungsverkehrs, 24. Aufl. 2020
BeckOK Ausländerrecht (herausgegeben von Kluth/Heusch), 47. EL (Stand: 2026) (zit. als BeckOK AuslR)
BeckOK FamFG, Online-Kommentar zum FamFG (herausgegeben von Hahne/Schlünder/Schlögel), 55. EL (Stand: 2025) (zit. als BeckOK FamFG)
Berchtold, SGG, 7. Aufl. 2025 (zit. als HK-SGG/Bearbeiter)
Bergmann/Dienelt, Ausländerrecht Kommentar, 15. Aufl. 2025
Bienwald/Sonnenfeld/Harm/Felix/Reh/Reinfarth, Betreuungsrecht, Kommentar zum BtG/BtBG, 7. Aufl. 2023 (zit. als Bienwald/Bearbeiter)
Bork/Jacoby/Schwab, FamFG, 4. Aufl. 2021
Brill, „Zum Wohle der Betreuten", Beiträge zur Reform des Vormundschafts- und Pflegschaftsrechts, Bonn 1990
Brosey, Wunsch und Wille des Betreuten bei Einwilligungsvorbehalt und Aufenthaltsbestimmungsrecht, 2009
Brosey, Unterstützte Entscheidungsfindung in der Betreuungspraxis, 2023
Brosey/Lesting/Loer/Marschner, Betreuungsrecht kompakt, 9. Aufl. 2022
Buch, Das Grundrecht der Behinderten, Osnabrück 2001
Bumiller/Harders/Schwamb, FamFG Freiwillige Gerichtsbarkeit, 13. Aufl. 2022
Damrau/Zimmermann, Betreuungsgesetz – Betreuungsrecht – Kommentar, 5. Aufl. 2023
Deinert/Lütgens, Die Vergütung des Betreuers, 8. Aufl. 2023
Deinert/Lütgens/Meier, Die Haftung des Betreuers, 3. Aufl. 2017
Deinert/Walther, Handbuch der Betreuungsbehörde, 5. Aufl. 2023
Dodegge/Roth, Betreuungsrecht, 6. Aufl. 2023
Dörndorfer, Rechtspflegergesetz, 4. Aufl. 2023
Dutta/Jacoby/Schwab, FamFG Kommentar, 4. Aufl. 2021
Erman, Handkommentar zum Bürgerlichen Gesetzbuch, 17. Aufl. 2023
Fiala, Geldanlagen für Mündel und Betreute, 4. Aufl. 2018
Firsching/Dodegge, Familienrecht, Handbuch der Rechtspraxis Band 5b, 2. Halbband: Betreuungssachen und andere Gebiete der freiwilligen Gerichtsbarkeit, 8. Aufl. 2015
Fröschle, Praxiskommentar Betreuungs- und Unterbringungsverfahren, 4. Aufl. 2019
Gerhardt/von Heintschel-Heinegg/Klein, Handbuch des Fachanwalts Familienrecht, 13. Aufl. 2024
Grüneberg, Bürgerliches Gesetzbuch, 85. Aufl. 2026
Haußleiter, FamFG, 2. Aufl. 2017

Literatur

Hoffmann/Klie, Freiheitsentziehende Maßnahmen im Betreuungs- und Kindschaftsrecht, 2. Auflage 2012
Jaeger, InsO, 2. Aufl. 2023
Jurgeleit, Betreuungsrecht Handkommentar, 5. Aufl. 2023 (zit. als HK-BetreuungsR)
Klie, Recht auf Verwirrtheit?, 1993
Knittel, Betreuungsgesetz (BtG), Kommentar, Loseblattsammlung, 2022
Korintenberg/Lappe/Bengel/Reimann, Kostenordnung, 18. Aufl. 2010
Kretz/Albrecht/Wittkämper, Formularbuch Betreuungsrecht, 5. Aufl. 2023
Lachwitz/Schellhorn/Welti, HK-SGB IX – Handkommentar zum Sozialgesetzbuch IX, 4. Aufl. 2017 (zit. als HK-SGB IX/Bearbeiter)
Lipp, Freiheit und Fürsorge, 2000
Lipp, Handbuch der Vorsorgeverfügungen, 2009
Marschner/Lesting/Stahmann, Freiheitsentziehung und Unterbringung, 7. Aufl. 2025
Matta/Engels/Brosey/Köller/ua Qualität in der rechtlichen Betreuung, Bundesanzeiger Verlag 2018
Meyer-Goßner/Schmitt, Strafprozessordnung, 68. Aufl. 2025
Meyer-Ladewig/Keller/Leitherer/Schmidt, Sozialgerichtsgesetz, Kommentar, 14. Aufl. 2023
Münchener Kommentar zum Bürgerlichen Gesetzbuch Band 1: Allgemeiner Teil (§§ 1–240), 10. Aufl. 2025; Band 6: Schuldrecht Besonderer Teil IV (§§ 705–853), 9. Aufl. 2024; Band 9: Familienrecht II (§§ 1589–1921), 10. Aufl. 2025; Band 11 und 12: IPR/EGBGB, 9. Aufl. 2024
Münchener Kommentar zum FamFG, 4. Aufl. 2025
Münchener Kommentar zur Zivilprozessordnung, 7. Aufl. 2025
Musielak/Voit, Kommentar zur Zivilprozessordnung, 22. Aufl. 2025
Nedopil/Müller, Forensische Psychiatrie, 5. Aufl. 2017
Platz, Bankgeschäfte mit Betreuten, 2003
Prütting/Helms, FamFG: Gesetz über das Verfahren in Familiensachen und die Angelegenheiten der freiwilligen Gerichtsbarkeit mit Gesetz über Gerichtskosten, 6. Aufl. 2022
Reichgerichts in Zivilsachen (zitiert als RGZ)
Rohs/Wedewer, Gerichts- und Notarkostengesetz, Kommentar, 147. EL (Stand: 2025)
Schönke/Schröder, Strafgesetzbuch, 30. Aufl. 2019
Schulte-Bunert/Weinreich, FamFG Kommentar, 8. Aufl. 2025
Staudinger, Kommentar zum BGB, 18. Aufl. 2018
Sternal, FamFG, 22. Aufl. 2025
Toussaint, Kostenrecht: KostR, 55. Aufl. 2025
Venzlaff/Foerster/Dreßing/Habermeyer, Psychiatrische Begutachtung, 7. Aufl. 2020
Volckart/Grünebaum, Maßregelvollzug, 8. Aufl. 2015
von Mangoldt/Klein/Starck, Kommentar zum Grundgesetz, 8. Aufl. 2024
Vormundschaftsgerichtstag (Hrsg.), Materialien und Ergebnisse des 2. Vormundschaftsgerichtstages vom 31. Oktober bis 3. November 1990 in Bad Bevensen, 1991
Winkler-Wilfurth, Betreuung und Heilbehandlung, 1992
Wolf, Geschäftsunfähigkeit und Behindertenrechtskonvention, 2015
Zinkler/Laupichler/Osterfeld, Prävention von Zwangsmaßnahmen – Menschenrechte und therapeutische Kulturen in der Psychiatrie, 2016
Zinkler/Mahlke/Marschner (Hrsg.), Selbstbestimmung und Solidarität 2019
Zöller, ZPO, 36. Aufl. 2026

Bürgerliches Gesetzbuch

Buch 1. Allgemeiner Teil

Abschnitt 1. Personen

Titel 1. Natürliche Personen, Verbraucher, Unternehmer

§ 1 Beginn der Rechtsfähigkeit

Die Rechtsfähigkeit des Menschen beginnt mit der Vollendung der Geburt.

Rechtsfähigkeit wird nach der hM verstanden als die Fähigkeit, **Träger von Rechten und Pflichten** zu sein (MüKoBGB/Spickhoff § 1 Rn. 6). Die Rechtsfähigkeit kommt jeder natürlichen Person zu, unabhängig von Geschlecht, Alter, Staatsangehörigkeit, Behinderung etc. Sie beginnt mit Vollendung der Geburt, also mit dem vollständigen Austritt aus dem Mutterleib, auf die Lösung der Nabelschnur kommt es nicht an (MüKoBGB/Spickhoff § 1 Rn. 13). Es muss sich jedoch um eine **Lebendgeburt** handeln, auf weitere Lebensfähigkeit kommt es hingegen nicht an (LSG Niedersachsen NJW 1987, 2328). Behinderungen irgendwelcher Art oder Behandlungsbedürftigkeit, etwa einer Frühgeburt im Brutkasten, stehen der Rechtsfähigkeit nicht entgegen. Vielmehr genießen alle Menschen mit Behinderungen nach Art. 12 Abs. 2 UN-BRK in allen Lebensbereichen gleichberechtigt mit anderen Rechts- und Handlungsfähigkeit. 1

Die Rechtsfähigkeit steht jeder natürlichen Person unbeschränkt zu und kann nicht durch irgendwelche hoheitlichen Maßnahmen eingeschränkt werden. Sie endet mit dem Tod. Dies ist zwar nicht ausdrücklich geregelt, ergibt sich aber aus der Tatsache, dass die Rechtsfähigkeit an das Leben und damit auch an die Lebensdauer des Menschen gebunden ist. Der Rechtsfähigkeit entspricht die Parteifähigkeit im Prozess (§ 50 Abs. 1 ZPO), also die Fähigkeit, Partei eines Rechtsstreits zu sein. 2

Von der Rechtsfähigkeit zu unterscheiden ist die **Handlungsfähigkeit,** also die Fähigkeit, durch eigenes Handeln oder Verhalten rechtliche Wirkungen herbeizuführen (MüKoBGB/Spickhoff § 1 Rn. 8 ff.). Die wichtigsten Unterfälle hiervon sind: 3

a) Geschäftsfähigkeit (§§ 104 ff.), als die Fähigkeit, durch Rechtsgeschäfte Rechte zu begründen, zu übertragen, zu belasten, zu ändern oder erlöschen zu lassen. Ihr folgt auch die Prozessfähigkeit (§ 51 Abs. 1 ZPO), also die Fähigkeit, rechtlich wirksame Prozesserklärungen abzugeben (→ ZPO § 53 Rn. 2)
b) Einwilligungsfähigkeit (→ BGB § 630d Rn. 7) als die Fähigkeit, eine rechtlich wirksame Einwilligung in die Verletzung höchstpersönlicher Rechtsgüter zu erteilen, insbes. in eine Körperverletzung bei ärztlicher Behandlung oder Sterilisation (s. auch → BGB § 1830)

c) Deliktsfähigkeit (§§ 827 f.) als Voraussetzung, für einen eingetretenen Schaden persönlich verantwortlich und damit haftbar zu sein. (→ BGB § 827 Rn. 2)
d) Handlungsfähigkeit im Verwaltungsverfahren (§ 11 SGB X, § 12 VwVfG, § 79 AO) als die Fähigkeit, wirksam Verfahrenshandlungen vorzunehmen (→ ZPO § 53 Rn. 2 ff.).

§ 2 Eintritt der Volljährigkeit

Die Volljährigkeit tritt mit der Vollendung des 18. Lebensjahres ein.

1 An den Eintritt der **Volljährigkeit** knüpft das Gesetz verschiedene Folgen, vor allem den Eintritt der unbeschränkten Geschäftsfähigkeit (§§ 104 ff.), das Ende der elterlichen Sorge (§ 1626 Abs. 1), die unbeschränkte Testierfähigkeit (§ 2247 Abs. 4 iVm § 2229 Abs. 1, wonach ein Minderjähriger bereits ab 16 unter bestimmten Voraussetzungen ein Testament errichten kann), die Ehemündigkeit (§ 1303), der Geschäftsfähigkeit folgend die Prozessfähigkeit (§ 51 ZPO) und schließlich die unbeschränkte Verantwortlichkeit für unerlaubte Handlungen (§ 828 Abs. 2). Die Volljährigkeit tritt ein am 18. Geburtstag um 0 Uhr. Die Einwilligungsfähigkeit für die Rechtfertigung in Eingriffe richtet sich hingegen nicht nach dem Lebensalter, sondern nach der konkreten Fähigkeit des Minderjährigen im Einzelfall bezogen auf die Entscheidungssituation (zB § 630d Abs. 1).

2 Nur für einen Volljährigen kann ein **Betreuer** bestellt werden (§ 1814 Abs. 1). Besteht bei einem 17-Jährigen die Annahme, dass die Bestellung eines Betreuers bei Eintritt der Volljährigkeit erforderlich wird, kann die Bestellung vorgezogen werden, mit Wirkung für den Eintritt der Volljährigkeit (§ 1814 Abs. 5). Für einen Minderjährigen beinhaltet die elterliche Sorge (§ 1626) das gesetzliche Vertretungsrecht (§ 1629). Fallen die Eltern bzw. ein Elternteil aus rechtlichen oder tatsächlichen Gründen aus, so bestellt das Familiengericht einen Vormund (§ 1773) oder vorzugweise, unter den Voraussetzungen des § 1809, einen Ergänzungspfleger, der für Teilbereiche der elterlichen Sorge bestellt werden kann.

§ 7 Wohnsitz; Begründung und Aufhebung

(1) **Wer sich an einem Orte ständig niederlässt, begründet an diesem Orte seinen Wohnsitz.**

(2) **Der Wohnsitz kann gleichzeitig an mehreren Orten bestehen.**

(3) **Der Wohnsitz wird aufgehoben, wenn die Niederlassung mit dem Willen aufgehoben wird, sie aufzugeben.**

§ 8 Wohnsitz nicht voll Geschäftsfähiger

Wer geschäftsunfähig oder in der Geschäftsfähigkeit beschränkt ist, kann ohne den Willen seines gesetzlichen Vertreters einen Wohnsitz weder begründen noch aufheben.

1 Die Wohnsitzbegründung erfolgt durch tatsächliche Niederlassung an einem Ort, verbunden mit dem Willen, diesen zum ständigen **Mittelpunkt der Lebensverhältnisse** zu machen (BGH NJW 1984, 971; BGH NJW 2006, 1808). Dies erfordert eine Unterkunft (BVerwG NJW 1986, 674). Eine wohnungslose Person

kann daher keinen Wohnsitz begründen (MüKoBGB/Spickhoff § 7 Rn. 26). Nicht erforderlich ist allerdings eine eigene Wohnung, es genügt auch ein Zimmer, ein Hotelzimmer oder eine behelfsmäßige Unterkunft bei Verwandten oder Bekannten (BVerwG NJW 1986, 674). Ein Aufenthalt zu einem nur vorübergehenden Zweck begründet keinen Wohnsitz (MüKoBGB/Spickhoff § 7 Rn. 32; OVG Münster BeckRS 2014, 54907).

Die selbstständige Begründung (§ 7 Abs. 1) oder Aufhebung (§ 7 Abs. 3) eines **2** Wohnsitzes setzt einen Begründungs- bzw. Aufhebungswillen voraus. Die Wohnsitzbegründung ist eine geschäftsähnliche Handlung (MüKoBGB/Spickhoff § 7 Rn. 32), die bei **Geschäftsunfähigkeit** oder beschränkter Geschäftsfähigkeit, die Zustimmung des gesetzlichen Vertreters erfordert. Die Geschäftsunfähigkeit eines Volljährigen ist losgelöst von einer Betreuerbestellung festzustellen, da diese im Verfahren nicht geprüft oder festgestellt wird. Betreuerbestellung und Geschäftsunfähigkeit sind seit 1992 entkoppelt. (→ BGB § 1814 Rn. 7) Anstelle des gesetzlichen Vertreters ist auch die Zustimmung eines **Bevollmächtigten** denkbar, wenn die Vollmacht Wohnsitzbegründung und Aufhebung mitumfasst (MüKoBGB/Spickhoff § 7 Rn. 36), wie es bei der Übertragung des Aufenthaltsbestimmungsrecht der Fall ist. Dies kann relevant werden, da für Volljährige ein Betreuer mit gesetzlicher Vertretungsbefugnis nur bestellt wird, soweit dies erforderlich ist (§ 1814 Abs. 3). Eine Betreuerbestellung ist aber gerade nicht erforderlich, wenn die Angelegenheiten durch einen Bevollmächtigten gleichermaßen besorgt werden können.

Ein **Betreuer** als gesetzlicher Vertreter des Betreuten (§ 1823) kann nur dann **3** Entscheidungen über den Wohnsitz des Betreuten treffen, soweit dies zu seinem Aufgabenkreis gehört und dies erforderlich ist. Ist der Betreute geschäftsfähig, benötigt er für die Begründung eines Wohnsitzes keine Zustimmung durch den Betreuer, es sei denn, dass ein Einwilligungsvorbehalt (§ 1825) angeordnet ist, der den Wohnsitz mitumfasst. Das Betreuungsgericht kann ausdrücklich die Begründung oder Aufhebung eines Wohnsitzes als Bestandteil der Betreueraufgaben festlegen. Auch die Übertragung des Aufenthaltsbestimmungsrechts enthält diese Befugnis (BayObLG Rpfleger 1992, 435; Coeppicus FamRZ 1992, 741). Der Betreuer hat seine Entscheidung an den Grundsätzen des § 1821 auszurichten und denWünsche des Betreuten, bzw. dessen mutmaßlichen Willen zu entsprechen.

Vom Wohnsitz zu unterscheiden ist der gewöhnliche oder ständige **Aufenthalt.** **4** Hierbei handelt es sich um ein rein tatsächliches längeres Verweilen (BGH NJW 1983, 2771) oder die Begründung eines tatsächlichen Mittelpunkts der Lebensführung (OLG Karlsruhe BtPrax 1995, 184), ohne dass es eines rechtsgeschäftlichen Willens bedarf (BGH NJW 1975, 1068). Ob die zwangsweise Unterbringung (zB § 1831) oder Strafhaft einen gewöhnlichen Aufenthalt begründen kann, ist strittig und nach den Besonderheiten des Einzelfalls zu beurteilen (→ VBVG § 9 Rn. 5 ff.). Der Antritt zur Strafhaft begründet allerdings noch keine Aufgabe des Wohnsitzes und Begründung eines Neuen (BGH NJW-RR 1969, 1217). Das gleiche gilt bei einem Aufenthalt in einem Frauenhaus (BGH NJW 1995, 1224). Auch ein langjähriger Aufenthalt in einer Klinik (OLG Karlsruhe BtPrax 1996, 72) oder einer Rehabilitationseinrichtung (OLG Stuttgart BtPrax 1997, 161) begründet nicht automatisch einen gewöhnlichen Aufenthalt. Nach den Besonderheiten des Einzelfalls kann allerdings ein Aufenthalt in einer psychiatrischen Anstalt von sechs (LG Koblenz FamRZ 2006, 501) oder zwölf Monaten (LG Koblenz BtPrax 2007, 268) einen gewöhnlichen Aufenthalt begründen. Dies kommt auch dann in Betracht, wenn feststeht, dass der Betroffene in seine Wohnung nicht mehr zurückkehren wird (OLG Stuttgart FamRZ 1997, 438) oder jedenfalls aktuell nicht über eine Rückkehrmöglichkeit verfügt (OLG München BtPrax 2006, 183 für eine JVA). Entscheidend ist, ob dort der Daseinsmittelpunkt des Betroffenen liegt (OLG München BtPrax 2006, 182). Viele Vorschriften über die örtliche Zuständigkeit von Verwaltungsbehörden oder Gerichten knüpfen an den gewöhnlichen oder ständigen Aufenthalt des Betroffenen an (zB § 272 Abs. 1 Nr. 2 FamFG, § 2 Abs. 1 BtOG).

Abschnitt 3. Rechtsgeschäfte

Titel 1. Geschäftsfähigkeit

§ 104 Geschäftsunfähigkeit

Geschäftsunfähig ist:

1. **wer nicht das siebente Lebensjahr vollendet hat,**
2. **wer sich in einem die freie Willensbestimmung ausschließenden Zustand krankhafter Störung der Geistestätigkeit befindet, sofern nicht der Zustand seiner Natur nach ein vorübergehender ist.**

1 Das Gesetz geht mit Vollendung der **Volljährigkeit** (§ 2) davon aus, dass jeder Mensch idR voll geschäftsfähig ist. Dies ist nirgends ausdrücklich geregelt, ergibt sich aber aus dem Umkehrschluss, dass Minderjährige unter sieben Jahren geschäftsunfähig (Nr. 1) und danach beschränkt geschäftsfähig (§ 106) sind. Nr. 2 legt fest, unter welchen Voraussetzungen ausnahmsweise Geschäftsunfähigkeit bei über Siebenjährigen vorliegt.

Die Geschäftsfähigkeit ist Teil der grundrechtlich geschützten Privatautonomie und Teil des Selbstbestimmungsrechts (BVerfGE 99, 383 (389)). Nach dem Recht auf gleiche Anerkennung vor dem Recht aus Art. 12 UN-BRK genießen alle Menschen mit Behinderungen in allen Lebensbereichen gleichberechtigt mit anderen Rechts- und Handlungsfähigkeit. Eine Erkrankung oder Behinderung lässt keinen Rückschluss auf eine Geschäftsunfähigkeit zu, ebenso wenig wie die Bestellung eines Betreuers. Unberührt von der Einführung des Betreuungsrechts und der Reform 2023 blieb die zustandsbezogene unmittelbare Geschäftsunfähigkeit eines Volljährigen nach § 104 Nr. 2 mit der Nichtigkeitsfolge des § 105 Abs. 1 bestehen. Bereits weit vor der Einführung des Betreuungsrechts hatte Canaris 1987 (JZ 1987, 993 (996 ff.)) die These aufgestellt, dass die Nichtigkeit zum Schutz eines Betroffenen nicht erforderlich sei und daher übermäßig in die Privatautonomie der Betroffenen eingreife. Er schlug bereits vor, diese durch analoge Anwendung der §§ 107 ff. zu ersetzen. Die §§ 104, 105 sind bis heute unverändert und den sich ergebenden Abstimmungsbedarf zwischen Betreuungsrecht und Geschäftsunfähigkeit hatte der damalige Gesetzgeber zwar erkannt, doch keine Regelung dazu getroffen (BT-Drs. 11/4528, 137 f.). Ein Handlungsbedarf wurde 2023 durch die JUMIKO festgestellt (Beschluss TOP I.4. 25./26.5.2023. Ebenso durch Fröschle aufgefächert (Fröschle FS Dose, 123 ff.).

2 Die natürliche **Geschäftsunfähigkeit** knüpft nach dem Wortlaut an eine medizinische Ursache an, die als krankhafte Störung der Geistestätigkeit bezeichnet wird. Unter welche medizinische Klassifikation diese krankhafte Störung subsu-

miert wird, ist unerheblich (MüKoBGB/Spickhoff Rn. 10). In Betracht kommen alle Krankheiten, durch die die freie Willensbestimmungsfähigkeit ausgeschlossen werden kann. Zum freien Willen bei der Betreuerbestellung (→ BGB § 1814 Rn. 30 ff.).

Ein Ausschluss der freien Willensbestimmung liegt vor, wenn jemand nicht imstande ist, seinen Willen frei und unbeeinflusst von der vorliegenden Geistesstörung zu bilden und nach zutreffend gewonnenen Einsichten zu handeln. Es kommt darauf an, ob eine freie Entscheidung aufgrund einer Abwägung des Für und Wider bei sachlicher Prüfung der in Betracht kommenden Gesichtspunkte möglich ist oder, ob umgekehrt von einer freien Willensbildung nicht mehr gesprochen werden kann, etwa weil der Betroffene fremden Willenseinflüssen unterliegt (BGH NJW 1996, 918) oder seine Willensbildung durch unkontrollierte Triebe und Vorstellungen ähnlich mechanischen Verknüpfungen von Ursache und Wirkung bestimmt wird (BayObLG NJW 1992, 2100; 1990, 774). Die freie Willensbestimmung muss ausgeschlossen sein. Eine Einschränkung der Willensbildung reicht nicht aus. Auch die Art oder Intensität der Krankheit ist nicht von entscheidender Bedeutung, sondern die durch sie verursachte Störung der freien **Willensbestimmung.** Dabei ist neben den Fähigkeiten des Verstandes vor allem auch die Freiheit des Willensentschlusses von Bedeutung. Auf den Vernunftgebrauch kommt es hingegen nicht an. Willenserklärungen, die in sog. lichten Augenblicken erfolgen, sind nach hM wirksam, was aus der Formulierung „sich in einem Zustand befindet" folgt (MüKoBGB/Spickhoff Rn. 46 mwN) **3**

Darüber hinaus muss es sich um einen Zustand von gewisser **Dauer** handeln, was nicht gleichbedeutend mit irreversibel oder unheilbar zu setzen ist. Psychische Krankheiten sind grundsätzlich ebenso heil- bzw. behandelbar wie somatische Erkrankungen. Wenn deren Behandlung einige Zeit in Anspruch nimmt, kann dies als nicht nur vorübergehend iSd Nr. 2 gelten (MüKoBGB/Spickhoff Rn. 45). Im Zusammenhang mit Art. 12 UN-BRK stellt sich allerdings die Frage, ob die Tatbestandsmerkmale des Zustands krankhafter Störung, der Geistestätigkeit und der Dauerhaftigkeit nicht gerade eine Ungleichbehandlung behinderter Menschen zur Folge haben (Wolf Geschäftsunfähigkeit und Behindertenrechtskonvention, 153 ff.; Lachwitz BtPrax 2008, 143) und ob nicht das Merkmal „Ausschluss der freien Willensbestimmung" ausreicht, um den Schutzzweck zu erfüllen. Dies entspräche auch der vorübergehenden Störung der Geistestätigkeit im § 105 Abs. 2. Ein Rauschzustand nach der Einnahme von Alkohol oder Rauschgift begründet zB keine dauerhafte Störung, ebenso nicht psychische Erkrankungen, die regelmäßig wiederkehren, aber stets nach wenigen Tagen nachlassen (MüKoBGB/Spickhoff Rn. 45). **4**

Die Geschäftsunfähigkeit hat die Funktion, das Selbstbestimmungsrecht und die Person vor Nachteilen zu schützen (Wolf Geschäftsunfähigkeit und Behindertenrechtskonvention, 32). Die Rechtsfolge ist nach § 105 Abs. 1 die pauschale Nichtigkeit der Willenserklärung. Die Geschäftsunfähigkeit ist bei Volljährigen aber die punktuelle Ausnahme. Der rechtliche Status des Volljährigen wird im Gegensatz zum Minderjährigen nicht berührt (Lipp Freiheit und Fürsorge, 44). Die Geschäftsunfähigkeit für Volljährige ist ein Anerkennungshindernis für die jeweilige Willenserklärung (Wolf Geschäftsunfähigkeit und Behindertenrechtskonvention, 33). **5**

Es kommt auch eine **partielle** Geschäftsunfähigkeit in Betracht, die sich nur auf einen gegenständlich beschränkten Bereich erstreckt, wenn also Willensbestimmung und Einsichtsfähigkeit nur auf einem bestimmten Gebiet ausgeschlossen **6** ist (BGH NJW 1955, 1714; BayObLG NJW 1992, 2100), zB in Bezug auf Auseinandersetzungen mit dem Arbeitgeber infolge einer paranoiden Wahnerkrankung (ArbG Stade BtPrax 1999, 39). Praktisch relevant ist dies auch für die Erteilung von Vollmachten. Die **Wirksamkeit einer Bevollmächtigung** zu bejahen, wenn keine Zweifel bestehen, dass der Vollmachtgeber das Wesen seiner Erklärung begriffen hat und diese in Ausübung freier Willensentschließung abgibt, sollte auch seine Geschäftsfähigkeit im allgemeinen Rechtsverkehr nicht mehr gesichert sein (vgl. BGH NJW 2021, 63; OLG München FamRZ 2009, 2033 (2034); Nedden-Boeger BtPrax 2019, 87).

7 Dagegen wird eine auf besonders schwierige Rechtsgeschäfte beschränkte **relative** Geschäftsunfähigkeit nach wie vor von der hM abgelehnt (BGH NJW 1970, 1680; BayObLG NJW 1989, 1678; OLG Saarbrücken BeckRS 2019, 6367; BGH NJW 2021, 63; Köhler BGB AT § 10 Rn. 4), obwohl diese gerade mit Blick auf behinderte oder demenziell erkrankte Menschen Chancen böte (MüKoBGB/Spickhoff Rn. 59.), rechtliche Teilhabe und Anerkennung vor dem Recht zu gewähren.

8 Auch in anderen Bereichen der rechtlichen Handlungsfähigkeit wirkt sich die Geschäftsunfähigkeit aus. Die Prozessfähigkeit folgt der Geschäftsfähigkeit (§ 51 Abs. 1 ZPO, → ZPO § 53 Rn. 3). Im Verfahren zur Bestellung eines Betreuers gilt allerdings § 275 FamFG, so dass der Betroffene stets verfahrensfähig ist. Eine Person ist nach § 2229 Abs. 4 nicht testierfähig, soweit sie die Bedeutung einer von ihr abgegebenen Willenserklärung nicht einzusehen in der Lage ist. Nach § 1304 kann eine Ehe nicht eingehen, wer geschäftsunfähig ist. Unter Berücksichtigung der in Art. 6 Abs. 1 GG verfassungsrechtlich garantierten Ehefreiheit ist dies so auszulegen, dass die spezielle „Ehegeschäftsfähigkeit" fehlen muss, also die Einsicht in das Wesen der Ehe und die Freiheit des Willensentschlusses zur Eingehung einer Ehe (BayObLG BtPrax 1997, 111). Die weiteren Fähigkeiten des Verstandes sind hierbei nicht ausschlaggebend.

9 Betreuerbestellung und Geschäftsunfähigkeit sind entkoppelt, so dass diese weder Voraussetzung noch Folge einer **Betreuerbestellung** (Brosey/Lesting/Loer/Marschner BetreuungsR/Brosey Rn. 1) ist. Ein Betreuer wird bestellt, wenn die Voraussetzungen des § 1814 vorliegen (→ BGB § 1814 Rn. 8 ff.) und zu diesen gehört die Prüfung der Geschäftsunfähigkeit gerade nicht. Vielmehr kommt es darauf an, dass der Betroffene seine Angelegenheiten ganz oder teilweise aufgrund einer Erkrankung oder Behinderung nicht besorgen kann (→ BGB § 1814 Rn. 8 ff.). Auch bei einer Bestellung gegen den Willen des Betreuten nach § 1814 Abs. 2 wird die Geschäftsunfähigkeit nicht gerichtlich festgestellt. Es wird in diesem Zusammenhang lediglich festgestellt, dass der Betreute mit Blick auf die Betreuerbestellung keinen freien Willen bilden kann (→ BGB § 1814 Rn. 31). Eine Unterstützung durch den Betreuer (§ 1821) kann aber ggf. die Einsicht in das Wesen der Willenserklärung und die Freiheit des Willensentschlusses durch Befähigung und Abbau von Barrieren beim Verstehen oder Äußern herstellen, zudem ist der Schutzbedarf gedeckt, wenn der Betreuer als gesetzlicher Vertreter einem Rechtsgeschäft des Betreuten zur Wirksamkeit verhilft und zwar auch dann entsprechend §§ 1825, 108 ff., wenn kein Einwilligungsvorbehalt angeordnet ist oder das Rechtsgeschäft davon nicht erfasst wird (Lipp FamRZ 2003, 723 mwN, aA Grüneberg/Ellenberger BGB § 104 Rn. 2a). Das ergibt sich aus dem betreuungs- wie verfassungsrechtlichen Gebot, die Selbstbestimmung des Betreuten so weit wie möglich zu achten und die Tätigkeit des Betreuers auf das Erforderliche zu beschränken (Lipp FamRZ 2003, 723 mit Verweis auf BT-Drs. 11/4528, 58 ff.).

Für eine behauptete Geschäftsunfähigkeit trägt derjenige die **Beweislast,** der sich hierauf beruft, weil er eine für sich günstige Rechtsfolge hieraus ableiten will. Eine angebliche Geschäftsunfähigkeit muss dabei hinreichend deutlich dargelegt (BGH BtPrax 2017, 155) und ggf. bewiesen werden. 10

§ 105 Nichtigkeit der Willenserklärung

(1) **Die Willenserklärung eines Geschäftsunfähigen ist nichtig.**

(2) **Nichtig ist auch eine Willenserklärung, die im Zustand der Bewusstlosigkeit oder vorübergehender Störung der Geistestätigkeit abgegeben wird.**

1 Abs. 1 normiert die Nichtigkeit aller Willenserklärungen eines nach § 104 Geschäftsunfähigen pauschal. Dies betrifft alle rechtsgeschäftlichen und geschäftsähnlichen Erklärungen, nicht jedoch die Einwilligungen in Rechtsgutsverletzungen, für die es auf die Frage der Einwilligungsfähigkeit ankommt (→ BGB § 1 Rn. 3, → BGB § 630d Rn. 3). Sind im Zusammenhang mit der Willenserklärung bereits Leistungen ausgetauscht worden, besteht die Rückabwicklungsmöglichkeit nach § 812 ff. Nichtig sind auch lediglich rechtlich vorteilhafte Willenserklärungen, wie die Annahme der Schenkung (MüKoBGB/Spickhoff Rn. 8). Allerdings können Geschäfte des täglichen Lebens nach § 105a als wirksam gelten. Zur Wirksamkeit der gegenüber einem Geschäftsunfähigen abgegebenen Willenserklärungen vgl. § 131.

2 Die pauschale Nichtigkeitsfolge ist seit längerer Zeit aus verfassungsrechtlichen Gründen (Übermaßverbot Canaris JZ 1988, 494; 1987, 993 (996 ff.); Wedemann Jura 2010, 587; Fröschle FS Dose, 123 ff.) und im Zusammenhang mit der UN-BRK in die Kritik geraten (Lachwitz BtPrax 2008, 143; Wolf Geschäftsunfähigkeit und Behindertenrechtskonvention, 33; JUMIKO TOP I.4. 25./26.5.2023). Ein (volljähriger) Geschäftsunfähiger kann bei strikter Anwendung der Nichtigkeitsfolge rechtlich nur noch über seinen Vertreter (Betreuer, Bevollmächtigten) rechtswirksam handeln (Grüneberg/Ellenberger BGB § 104 Rn. 2a). Die Mitwirkung oder Zustimmung des Vertreters wäre unerheblich, bzw. könnte in eigenes Handeln des Vertreters umgedeutet werden. Dies verstößt gegen das Übermaßgebot und das Recht auf gleiche Anerkennung vor dem Recht aus Art. 12 UN-BRK (kritisch MüKoBGB/Spickhoff BGB § 105 Rn. 23 f.). Zudem gibt es von diesem Grundsatz gesetzliche Ausnahmen. Durch das Wohn- und Betreuungsvertragsgesetz (WBVG) wird dieser Grundsatz in Bezug insbesondere auf Heimverträge eingeschränkt. Nach § 4 Abs. 2 S. 1 WBVG hängt die Wirksamkeit des Vertrags von der Genehmigung eines Bevollmächtigten oder Betreuers ab, wenn der Verbraucher bei Abschluss des Vertrags geschäftsunfähig war. Auch der Betroffene selbst soll die Heilung entsprechend § 108 herbeiführen können (Wedemann Jura 2010, 587), wenn er wieder geschäftsfähig ist. Auch im Bereich der Eheschließung gibt es eine Abweichung durch nachträgliche Bestätigung des Betroffenen. So kann ein Geschäftsunfähiger nach § 1304 eine **Ehe** nicht eingehen (zur Ehegeschäftsfähigkeit → BGB § 104 Rn. 5), eine gleichwohl erfolgte Eheschließung kann nach § 1314 Abs. 1 aufgehoben werden, es sei denn, der ursprünglich Geschäftsunfähige gibt nach Wegfall der Geschäftsunfähigkeit zu erkennen, dass er die Ehe fortsetzen will (§ 1315 Abs. 1 Nr. 2, sog. Bestätigung).

3 Für den Fall, dass eine Betreuung (oder Bevollmächtigung) besteht ist der Schutzbedarf der geschäftsunfähigen Person hinreichend gedeckt, wenn der

Betreuer als Vertreter einem Rechtsgeschäft des Betreuten zur Wirksamkeit verhilft und zwar auch dann entsprechend §§ 1825, 108 ff., wenn kein Einwilligungsvorbehalt angeordnet ist oder das Rechtsgeschäft davon nicht erfasst wird (Lipp FamRZ 2003, 723 mwN). Das ergibt sich aus dem betreuungs- wie verfassungsrechtlichen Gebot, die Selbstbestimmung des Betreuten so weit wie möglich zu achten und die Tätigkeit des Betreuers auf das Erforderliche zu beschränken (Lipp FamRZ 2003, 723 mit Verweis auf BT-Drs. 11/4528, 58 ff.). Der Schutz des Betreuten wird durch die Beteiligung des Betreuers umfassend gewährleistet und damit ist der Anwendungsbereich der §§ 104 Nr. 2, 105 mit Blick auf die **Nichtigkeitsfolge teleologisch zu reduzieren** (Lipp FamRZ 2003, 723 f. mwN → BGB § 1825 Rn. 21). Der Betreuer braucht das Rechtsgeschäft nicht insgesamt selbst vorzunehmen. Die **Zustimmung des Betreuers führt demnach stets zur Wirksamkeit eines Rechtsgeschäfts,** unabhängig dem Bestehen eines Einwilligungsvorbehaltes (Lipp FamRZ 2003, 724 mwN). Auch Konten **(Eigengeldkonto),** die der Betreute mit Zustimmung des Betreuers selbst verwaltet und über das Konto verfügt, werden davon umfasst (→ BGB § 1865 Rn. 14). Ist für das Rechtsgeschäft durch den Betreuer die **gerichtliche Genehmigungspflicht** vorgesehen (§§ 1833, 1848 ff.), so ist auch die Zustimmung des Betreuers genehmigungspflichtig, um den Schutz des Betreuten zu gewährleisten (→ BGB § 1858 Rn. 5).

4 Ein Geschäftsunfähiger kann rechtlich wirksam **durch seinen Betreuer** im Rahmen der Vertretungsbefugnis (§ 1823), durch seinen **Bevollmächtigten** im Rahmen der Vollmacht (→ BGB § 164 Rn. 1) oder durch den Ehegattennotvertreter (→ BGB § 1358 Rn. 2 f.) handeln. Die Bestellung eines Betreuers hat keine Auswirkungen auf die Geschäfts(un)fähigkeit und ist bei rechtsgeschäftlichen Erklärungen des Betreuten stets selbstständig und einzelfallbezogen zu prüfen (Grüneberg/Ellenberger BGB § 104 Rn. 2a). Ist ein Einwilligungsvorbehalt angeordnet, erfüllt dieser bereits den Schutzzweck und es gibt daher keinen Grund, der mit Zustimmung erfolgte Erklärung eines Geschäftsunfähigen die Anerkennung zu verweigern (so jedoch die hM zB Grüneberg/Ellenberger BGB § 104 Rn. 2a Einzelheiten → BGB § 1825 Rn. 15). Auch eine Willenserklärung des Betreuten, die durch die Mitwirkung des Betreuers erfolgt (Unterstützte Entscheidungsfindung → BGB § 1821 Rn. 3), ist die Wirksamkeit nicht zu versagen, weil der Mangel an Willensbestimmungsfähigkeit durch die Unterstützung des Betreuers ausgeglichen wird. Es gibt daher keinen Grund der Willenserklärung des Betreuten die Anerkennung zu versagen und stattdessen die Vertretung des Betreuers gleichen Inhalts zu fordern (Art. 12 UN-BRK).

5 Auch im Rahmen des Abs. 2 muss die freie Willensbestimmung durch **Bewusstlosigkeit** oder vorübergehende **Störung der Geistestätigkeit** ausgeschlossen sein (MüKoBGB/Spickhoff Rn. 38). Bewusstlosigkeit setzt nicht völlige Ohnmacht voraus, weil dann bereits keine Willenserklärung abgegeben werden kann, es genügen Bewusstseinsstörungen, die die Erkenntnis von Inhalt und Wesen der abgegebenen Erklärung ausschließen (MüKoBGB/Spickhoff Rn. 38), wie etwa hochgradige Trunkenheit, Hypnose, epileptische Anfälle etc. Die Störung der Geistestätigkeit unterscheidet sich von der des § 104 Nr. 2 nur dadurch, dass es sich in diesem Falle um Dauerzustände und im Falle des § 105 Abs. 2 nur um vorübergehende Störungen handelt (zu den Einzelheiten → BGB § 104 Rn. 2 f.). Der gesetzliche Schutz für Geschäftsunfähige (Abs. 1) und diejenigen, die sich in einem vorübergehenden Zustand nach Abs. 2 befinden, ist grundsätzlich gleich (BGH NJW 1992, 1504). Daher wird die Unterscheidung dieser beiden Schutztat-

bestände wegen ihrer diskriminierenden Wirkung gegenüber Erkrankten und Behinderten zu Recht in Frage gestellt (Lachwitz BtPrax 2008, 143)

§ 105a Geschäfte des täglichen Lebens

[1]Tätigt ein volljähriger Geschäftsunfähiger ein Geschäft des täglichen Lebens, das mit geringwertigen Mitteln bewirkt werden kann, so gilt der von ihm geschlossene Vertrag in Ansehung von Leistung und, soweit vereinbart, Gegenleistung als wirksam, sobald Leistung und Gegenleistung bewirkt sind. [2]Satz 1 gilt nicht bei einer erheblichen Gefahr für die Person oder das Vermögen des Geschäftsunfähigen.

1 Die Vorschrift regelt eine Ausnahme von der pauschalen Nichtigkeit der Willenserklärungen Geschäftsunfähiger (§ 105 Abs. 1 ausführlich Lipp FamRZ 2003, 721 ff.). Sie knüpft an die Regelung in § 1825 Abs. 2 S. 2 bei angeordnetem Einwilligungsvorbehalt an, wonach bei „geringfügigen Angelegenheiten des täglichen Lebens" die Schutzfunktion der Einwilligung bzw. Genehmigung nicht nötig ist (→ BGB § 1825 Rn. 24). Sinn der Regelung ist eine Stärkung des Selbstbestimmungsrechts vor allem von Menschen mit sog. geistigen Behinderungen, die in gewissem Umfange ohne Rücksicht auf die Frage nach der Geschäftsunfähigkeit rechtlich verbindlich handeln können (BT-Drs. 14/9266, 43). Diese Person hat auch im Zustand der Geschäftsunfähigkeit bei einem Geschäft des täglichen Lebens im Ergebnis alle Rechte und Ansprüche, die ihr gewährt würde, wenn sie unbeschränkt geschäftsfähig wäre (mwN MüKoBGB/Spickhoff Rn. 22).

2 Geschäfte des täglichen Lebens sind vor allem solche, mit denen Gegenstände des täglichen Bedarfs erworben werden (zB Nahrungs- und Genussmittel, einfache Textilien, kosmetische Artikel, Presseerzeugnisse, vgl. MüKoBGB/Spickhoff Rn. 6). Auch die Inanspruchnahme von Dienstleistungen kann hierunter fallen (Postdienste, Nutzung öffentlicher Verkehrsmittel, Kino, Museum, Friseur etc.). Ebenso der Beitritt zu einem Verein, sowie Schenkungen (Lipp FamRZ 2003, 727). Auch Dauerverträge können mit Blick auf monatliche Kündigungsmöglichkeiten, wie Telefonverträge, Abonnement von Presseerzeugnissen, Pay-TV, ohne Bedenken den Geschäften des täglichen Lebens zugeordnet werden (zurückhaltend Erman/Müller Rn. 6). Auch Konten **(Eigengeldkonto)** auf denen der Betreute Geld zur Gestaltung des Alltags selbst verwaltet, gehören dazu (→ BGB § 1865 Rn. 14), um dem Betreuten Spielraum beim alltäglichen Handeln zu geben und Teilhabe zu ermöglichen.

3 Voraussetzung ist in jedem Falle, dass das Geschäft mit geringwertigen Mitteln bewirkt werden kann. Das sind in der Regel solche, die dem Betroffenen zur Verwendung zur Verfügung stehen. Zu berücksichtigen ist auch das allgemeine Preisniveau: teure Waren oder Dienstleistungen fallen in keinem Falle darunter. Auch der Kauf von mehreren Gütern kann in der Summe die Grenze übersteigen (BeckOK BGB/Wendtland Rn. 4, 4.1 mwN).

4 Das Rechtsgeschäft gilt als wirksam, wenn Leistung und Gegenleistung bewirkt sind. Wirksamkeit liegt also nicht von Anfang an vor, sondern erst ex nunc mit Bewirkung der jeweiligen Leistungen. Hat ein Vertrag ein geringfügiges Geschäft zum Gegenstand und sind die jeweiligen Leistungen ausgetauscht, kann es also nicht mit der Begründung rückabgewickelt werden, einer der Geschäftspartner sei geschäftsunfähig gewesen, die Nichtigkeitsfolge des § 105 Abs. 2 greift nicht. Solange allerdings die Leistungen (noch) nicht bewirkt sind, könnte sich jede

Partei auf die Nichtigkeit nach § 105 berufen und die eigene Leistung verweigern bzw. die Gegenleistung ablehnen. Da es sich bei den Geschäften des täglichen Lebens in der Regel um solche handelt, bei denen zeitnah Leistung und Gegenleistung ausgetauscht werden (Kauf von Waren, die sofort bezahlt werden; Lösung eines Fahrscheins, der sofort genutzt wird etc.), wird der Schwebezustand zwischen Geschäftsschluss und Bewirkung der Leistungen in der Regel nur relativ kurze Zeit dauern.

5 Die Regel des S. 1 ist nicht anzuwenden bei einer erheblichen Gefahr für die Person oder das Vermögen des Geschäftsunfähigen (S. 2). Hiermit soll vor allem vermieden werden, dass durch die Summe einer Vielzahl geringfügiger Geschäfte doch ein erheblicher Vermögensschaden eintreten kann (Kauf von fünf Mänteln, wenn nur einer benötigt wird). Gedacht ist auch zB an den Kauf alkoholischer Getränke durch einen Alkoholabhängigen (Bauer/Klie/Lütgens/Bauer Rn. 7).

§ 106 Beschränkte Geschäftsfähigkeit Minderjähriger

Ein Minderjähriger, der das siebente Lebensjahr vollendet hat, ist nach Maßgabe der §§ 107 bis 113 in der Geschäftsfähigkeit beschränkt.

§ 107 Einwilligung des gesetzlichen Vertreters

Der Minderjährige bedarf zu einer Willenserklärung, durch die er nicht lediglich einen rechtlichen Vorteil erlangt, der Einwilligung seines gesetzlichen Vertreters.

§ 108 Vertragsschluss ohne Einwilligung

(1) **Schließt der Minderjährige einen Vertrag ohne die erforderliche Einwilligung des gesetzlichen Vertreters, so hängt die Wirksamkeit des Vertrags von der Genehmigung des Vertreters ab.**

(2) [1]**Fordert der andere Teil den Vertreter zur Erklärung über die Genehmigung auf, so kann die Erklärung nur ihm gegenüber erfolgen; eine vor der Aufforderung dem Minderjährigen gegenüber erklärte Genehmigung oder Verweigerung der Genehmigung wird unwirksam.** [2]**Die Genehmigung kann nur bis zum Ablauf von zwei Wochen nach dem Empfang der Aufforderung erklärt werden; wird sie nicht erklärt, so gilt sie als verweigert.**

(3) **Ist der Minderjährige unbeschränkt geschäftsfähig geworden, so tritt seine Genehmigung an die Stelle der Genehmigung des Vertreters.**

1 Die Vorschrift gilt nach § 1825 Abs. 1 S. 3 bei einem angeordneten **Einwilligungsvorbehalt** für den Betreuer entsprechend. Ein ohne die nach § 1825 Abs. 1 erforderliche Einwilligung durch den Betreuten abgeschlossenen Vertrag ist daher schwebend unwirksam, bis zur Erklärung des Betreuers, ob er den Vertrag genehmigt oder nicht, oder der Vertragspartner nach § 109 Abs. 1 seinerseits den Vertrag widerruft. Voraussetzung ist, dass der Gegenstand des Vertrages den **Aufgabenbereich des Betreuers und des Einwilligungsvorbehalts umfasst** (→ BGB § 1825 Rn. 19 ff.). Dies erstreckt sich dem Schutzzweck entsprechend auch auf Willenserklärungen, die ein Betreuter im Zustand der Geschäftsunfähigkeit nach

§ 104 Nr. 2 abgegeben hat (Lipp FamRZ 2003, 721 (723); Brosey Wunsch und Wille des Betreuten bei Einwilligungsvorbehalt und Aufenthaltsbestimmungsrecht, 17; aA Jürgens/Jürgens, 6. Auflage, Rn. 1; Grüneberg/Götz BGB § 1825 Rn. 7). Die Nichtigkeitsfolge ist hier zum Schutz des Betroffenen nicht erforderlich und damit unangemessen. Der erforderliche Schutz wird durch die Prüfung des Betreuers erreicht, der die Genehmigung zu erteilen hat, sofern die Voraussetzungen des § 1821 vorliegen und er den Wünschen des Betreuten zu entsprechen hat. Überdies führt die Zustimmung des Betreuers stets zur Wirksamkeit eines Rechtsgeschäfts, unabhängig von dem Bestehen eines Einwilligungsvorbehaltes (Lipp FamRZ 2003, 724 mwN → BGB § 105 Rn. 3). Soweit eine Einwilligung des Betreuers nach § 1825 Abs. 2 (→ BGB § 1825 Rn. 11 f.) oder Abs. 3 (→ BGB § 1825 Rn. 23 f.) nicht erforderlich ist, bedarf der Betreute auch keiner Genehmigung für abgeschlossene Verträge.

Erst durch die Genehmigung, also die nachträgliche **Zustimmung** (§ 183 2
S. 1), des Betreuers erlangt der Vertrag Wirksamkeit und zwar mit dem Inhalt, wie er von dem Betreuten mit dem Vertragspartner vereinbart wurde. Durch die Zustimmung stellt der Betreuer die Handlungsfähigkeit des Betreuten wieder her, in die durch die gerichtliche Anordnung eingegriffen wurde. Ausnahmen regeln §§ 110, 112, 113. Für einseitige Rechtsgeschäfte, wie Kündigungen, gilt § 111. Die Genehmigung ist eine einseitige empfangsbedürftige Willenserklärung, die auch konkludent erklärt werden kann (BGH NJW 1977, 622; NJW 1967, 1711), etwa durch Erfüllung der vertraglichen Verpflichtung. Bloßes Schweigen kann jedoch nicht als Genehmigung gewertet werden.

Nach allgemeiner Meinung gibt es für den Minderjährigen keinen **Anspruch** 3
gegenüber seinem gesetzlichen Vertreter auf Genehmigung (MüKoBGB/Spickhoff Rn. 15). Im Betreuungsrecht für Volljährige ist das anders, hier hat der Betreuer nach § 1821 Abs. 2 den Wünschen zu entsprechen. Der Betreuer hat zudem eine Besprechungspflicht in deren Rahmen mögliche Gefahren oder Nachteile aus dem Rechtsgeschäft besprochen werden, um dem Betreuten eine informierte selbstbestimmte Entscheidung durch Unterstützung zu ermöglichen. **Der Betreute hat damit einen Anspruch auf Zustimmung.** Nur unter den Voraussetzungen des § 1821 Abs. 3 BGB darf bzw. muss der Betreute die Zustimmung verweigern, es sei denn, sie entspricht auch dem mutmaßlichen Willen nach § 1821 Abs. 4. Dies hat jedoch keine Auswirkungen im Verhältnis zum Vertragspartner, sondern nur im Innenverhältnis zwischen Betreuer und Betreutem.

Unterliegt der Vertragsgegenstand einem **betreuungsgerichtlichen Genehmigungsvorbehalt** (§§ 1833, 1848 ff.) für den Fall, dass der Betreuer diesen selbst 4
in Vertretung des Betreuten abzuschließen hat, muss der Betreuer auch für die Genehmigung des Vertrages seinerseits zuvor die Genehmigung des Betreuungsgerichts einholen (→ BGB § 1825 Rn. 23).

Die Erteilung oder Verweigerung der Genehmigung kann gegenüber dem Ver- 5
tragspartner oder gegenüber dem Betreuten erklärt werden (§ 182 Abs. 1). Dies gilt jedoch nicht mehr, wenn der Vertragspartner den Betreuer nach Abs. 2 zur Erklärung über die Genehmigung **aufgefordert** hat. In diesem Fall wird auch eine zuvor dem Betreuten gegenüber abgegebene Erklärung unwirksam und der Betreuer kann nur noch innerhalb einer Frist von zwei Wochen die Genehmigung erklären. Danach ist der Schwebezustand in jedem Falle beendet, entweder durch zwischenzeitlich erfolgte Genehmigung oder durch endgültige Unwirksamkeit

des Vertrages wegen gesetzlich fingierter Verweigerung der Genehmigung (Abs. 2 S. 3).

6 Obwohl Abs. 3 von der Verweisung in § 1825 Abs. 1 S. 3 nicht ausgenommen ist, kann dieser bei einer Betreuung nur eingeschränkt Anwendung finden. Ein Einwilligungsvorbehalt wird unabhängig von der Geschäfts(un)fähigkeit des Betreuten angeordnet (→ BGB § 1825 Rn. 9). Daher könnte ein geschäftsfähiger Betreuter nach dem Wortlaut des Abs. 3 seine eigenen Erklärungen immer selbst genehmigen. Dies wäre sinnwidrig. Eine dem Abs. 3 vergleichbare Situation kann daher allenfalls eintreten, wenn ein zunächst angeordneter Einwilligungsvorbehalt später **aufgehoben** wird (§ 1871 Abs. 4 iVm Abs. 1). In diesem Fall kann der Betreute allerdings nur selbst genehmigen, wenn er nicht in einem Zustand der Geschäftsunfähigkeit ist, weil ansonsten auch seine Genehmigung nach § 105 Abs. 1 unwirksam ist. Für den Fall, dass im Beschwerdeverfahren ein zunächst angeordneter Einwilligungsvorbehalt aufgehoben wird, gilt § 306 FamFG als Sonderregel.

§ 109 Widerrufsrecht des anderen Teils

(1) [1]**Bis zur Genehmigung des Vertrags ist der andere Teil zum Widerruf berechtigt.** [2]**Der Widerruf kann auch dem Minderjährigen gegenüber erklärt werden.**

(2) **Hat der andere Teil die Minderjährigkeit gekannt, so kann er nur widerrufen, wenn der Minderjährige der Wahrheit zuwider die Einwilligung des Vertreters behauptet hat; er kann auch in diesem Falle nicht widerrufen, wenn ihm das Fehlen der Einwilligung bei dem Abschluss des Vertrags bekannt war.**

1 Die Vorschrift gilt nach § 1825 Abs. 1 S. 3 bei einem angeordneten Einwilligungsvorbehalt entsprechend. Während der schwebenden Unwirksamkeit (§ 108 Abs. 1) eines durch den Betreuten ohne die erforderliche Einwilligung seines Betreuers geschlossenen Vertrages kann der Vertragspartner seinerseits den **Schwebezustand** durch Widerruf beenden, der Vertrag wird damit endgültig unwirksam. Evtl. bereits erfolgte Leistungen sind nach Bereicherungsrecht (§§ 812 ff.) zurück zu gewähren.

2 Der Widerruf ist eine einseitige empfangsbedürftige **Willenserklärung.** Sie kann gegenüber dem Betreuer und nach Abs. 1 S. 2 auch gegenüber dem Betreuten erklärt werden. Auch wenn der Betreuer bereits gegenüber dem Betreuten seine Genehmigung erklärt hatte, kann der Vertragspartner durch die Aufforderung nach § 108 Abs. 2 den Schwebezustand wiederherstellen und in diesem Falle grundsätzlich auch nach Abs. 1 den Widerruf erklären (MüKoBGB/Spickhoff Rn. 9).

3 Das Widerrufsrecht setzt nach Abs. 2 voraus, dass der Vertragspartner des Betreuten das Einwilligungserfordernis nicht kannte. Dies ist der Fall, wenn er von der Anordnung eines Einwilligungsvorbehalts nach § 1825 nichts weiß oder dessen Umfang nicht kennt (Dodegge/Roth Teil A. 5 Rn. 91). Erforderlich ist **positive Kenntnis** des Vertragspartners von der Tatsache, dass gerade der abgeschlossene Vertrag dem Einwilligungsvorbehalt unterliegt, ein Irrtum über dessen Umfang oder Reichweite schließt die Anwendung des Abs. 2 aus.

4 Auch bei Kenntnis des Einwilligungserfordernisses ist der Widerruf dann nicht ausgeschlossen, wenn der Betreute **wahrheitswidrig** eine Einwilligung des

Betreuers behauptet, es sei denn, der Vertragspartner kennt das Fehlen der Einwilligung. Auch hierfür ist wiederum positive Kenntnis erforderlich.

§ 110 Bewirken der Leistung mit eigenen Mitteln

Ein von dem Minderjährigen ohne Zustimmung des gesetzlichen Vertreters geschlossener Vertrag gilt als von Anfang an wirksam, wenn der Minderjährige die vertragsmäßige Leistung mit Mitteln bewirkt, die ihm zu diesem Zwecke oder zu freier Verfügung von dem Vertreter oder mit dessen Zustimmung von einem Dritten überlassen worden sind.

Die Vorschrift gilt nach § 1825 Abs. 1 S. 3 bei einem angeordneten Einwilligungsvorbehalt entsprechend. Auch hier ist ein abgeschlossener Vertrag zunächst nach § 108 schwebend unwirksam bis zur Bewirkung der Leistung aus den zur Verfügung gestellten Mitteln. Die Vorschrift entspricht im Minderjährigenrecht ua dem **Erziehungsgedanken.** Der gesetzliche Vertreter soll dort die Möglichkeit haben, dem Minderjährigen einen gewissen wirtschaftlichen Freiraum einzuräumen (MüKoBGB/Spickhoff Rn. 1), der mit fortschreitendem Alter auch üblicherweise immer größer wird. Dieser Erziehungsgedanke ist allerdings im Betreuungsrecht nicht anwendbar, ebenso wenig wie das Prinzip der Disziplinierung (Matta/Engels/Brosey/Köller ua, 32). Es ist denkbar und praktikabel, dass der Betreuer in der Regel nach Absprache mit dem Betreuten aus dessen Einkommen oder Vermögen gewisse Beträge zur freien Verfügung stellt. Wird hiermit ein abgeschlossener Vertrag erfüllt, tritt die Wirksamkeit mit Erfüllung, also dem Bewirken der Leistung, ein (**Eigengeldkonto** → BGB § 1865 Rn. 14). 1

Soweit **geringfügige Angelegenheiten des täglichen Lebens** besorgt werden, ist eine entsprechende Willenserklärung des Betreuten bereits nach § 1825 Abs. 3 S. 2 auch ohne Einwilligung des Betreuers wirksam (→ BGB § 1825 Rn. 28). In diesen Fällen gibt es keine schwebende Unwirksamkeit. Das Geschäft ist vielmehr von vornherein wirksam. 2

§ 111 Einseitige Rechtsgeschäfte

[1]Ein einseitiges Rechtsgeschäft, das der Minderjährige ohne die erforderliche Einwilligung des gesetzlichen Vertreters vornimmt, ist unwirksam. [2]Nimmt der Minderjährige mit dieser Einwilligung ein solches Rechtsgeschäft einem anderen gegenüber vor, so ist das Rechtsgeschäft unwirksam, wenn der Minderjährige die Einwilligung nicht in schriftlicher Form vorlegt und der andere das Rechtsgeschäft aus diesem Grunde unverzüglich zurückweist. [3]Die Zurückweisung ist ausgeschlossen, wenn der Vertreter den anderen von der Einwilligung in Kenntnis gesetzt hatte.

Die Vorschrift gilt nach § 1825 Abs. 1 S. 3 bei einem angeordneten Einwilligungsvorbehalt entsprechend. Ihre Anwendung setzt voraus, dass ein einseitiges Rechtsgeschäft des Betreuten vom Einwilligungsvorbehalt des Betreuers nach § 1825 umfasst wird und nicht zu den nach § 1825 Abs. 2 und 3 einwilligungsfreien Geschäften gehört (→ BGB § 1825 Rn. 27). In diesem Fall ist das Rechtsgeschäft **nur wirksam mit Einwilligung,** also vorheriger Zustimmung (§ 183 S. 1) des Betreuers. Diese kann nach § 182 Abs. 1 sowohl gegenüber dem Betreuten, als auch bei empfangsbedürftigen Willenserklärungen (Kündigung, Widerruf, 1

Rücktritt, Anfechtung, Vollmachterteilung etc.), dem Erklärungsempfänger gegenüber erklärt werden.

2 Um Unklarheiten über eine dem Betreuten gegenüber erklärte Einwilligung auszuschließen, hat der Erklärungsempfänger nach S. 2 die Möglichkeit, die Vorlage in **schriftlicher Form** zu verlangen. Kann der Betreute eine solche nicht vorlegen und weist der Erklärungsempfänger aus diesem Grunde das Rechtsgeschäft zurück, wird es ebenfalls unwirksam. Eine Ausnahme gilt nur, wenn dem Erklärungsempfänger die Einwilligung bekannt war (S. 3). Auch hier ist positive Kenntnis der Einwilligung notwendig.

§ 112 Selbständiger Betrieb eines Erwerbsgeschäfts

(1) [1]**Ermächtigt der gesetzliche Vertreter mit Genehmigung des Familiengerichts den Minderjährigen zum selbständigen Betrieb eines Erwerbsgeschäfts, so ist der Minderjährige für solche Rechtsgeschäfte unbeschränkt geschäftsfähig, welche der Geschäftsbetrieb mit sich bringt.** [2]**Ausgenommen sind Rechtsgeschäfte, zu denen der Vertreter der Genehmigung des Familiengerichts bedarf.**

(2) **Die Ermächtigung kann von dem Vertreter nur mit Genehmigung des Familiengerichts zurückgenommen werden.**

1 Die Vorschrift gilt nach § 1825 Abs. 1 S. 3 bei einem angeordneten Einwilligungsvorbehalt entsprechend. Sie dürfte allerdings nur sehr selten zur Anwendung kommen. § 112 dient vom Zweck der Norm einem Minderjährigen, der selbständig unternehmerisch tätig werden will und in seiner Geschäftsfähigkeit beschränkt ist. Hier führt die Ermächtigung zu einer partiellen Geschäftsfähigkeit (MüKoBGB/Spickhoff Rn. 1). Die Ausgangslage ist bei volljährigen Betreuten aber anders.

2 Erfasst wird der Betrieb eines Handelsgeschäfts einer Fabrik, eines landwirtschaftlichen oder handwerklichen Betriebs oder die Ausübung eines künstlerischen oder wissenschaftlichen Berufs (MüKoBGB/Spickhoff Rn. 6). Sollte der Betreuer zum Ergebnis kommen, der Betreute könne ein selbstständiges Erwerbsgeschäft führen, sollte der Umfang des Einwilligungsvorbehalts des Betreuers entsprechend beschränkt oder aufgehoben werden (§ 1871 Abs. 4), ggf. auch der Aufgabenbereich der Betreuung. Es dürfte kaum vorkommen, dass das Betreuungsgericht zwar die Anordnung eines Einwilligungsvorbehalts nach § 1825 für notwendig hält, diesen aber durch die Genehmigung eines selbstständigen Erwerbsgeschäfts sozusagen wieder einschränkt. Der Einwilligungsvorbehalt wäre dann nicht erforderlich.

§ 113 Dienst- oder Arbeitsverhältnis

(1) [1]**Ermächtigt der gesetzliche Vertreter den Minderjährigen, in Dienst oder in Arbeit zu treten, so ist der Minderjährige für solche Rechtsgeschäfte unbeschränkt geschäftsfähig, welche die Eingehung oder Aufhebung eines Dienst- oder Arbeitsverhältnisses der gestatteten Art oder die Erfüllung der sich aus einem solchen Verhältnis ergebenden Verpflichtungen betreffen.** [2]**Ausgenommen sind Verträge, zu denen der Vertreter der Genehmigung des Familiengerichts bedarf.**

(2) **Die Ermächtigung kann von dem Vertreter zurückgenommen oder eingeschränkt werden.**

(3) [1]**Ist der gesetzliche Vertreter ein Vormund, so kann die Ermächtigung, wenn sie von ihm verweigert wird, auf Antrag des Minderjährigen durch das Familiengericht ersetzt werden.** [2]**Das Familiengericht hat die Ermächtigung zu ersetzen, wenn sie im Interesse des Mündels liegt.**

(4) **Die für einen einzelnen Fall erteilte Ermächtigung gilt im Zweifel als allgemeine Ermächtigung zur Eingehung von Verhältnissen derselben Art.**

Die Vorschrift gilt nach § 1825 Abs. 1 S. 3 bei einem angeordneten Einwilligungsvorbehalt für den Betreuer entsprechend. Ihr dürfte in der Praxis eine gewisse Bedeutung zukommen. Voraussetzung ist, dass die Eingehung eines Dienst- oder Arbeitsverhältnisses zum Aufgabenkreis des Betreuers gehört und vom Einwilligungsvorbehalt umfasst wird. Anders als die nach § 1825 Abs. 1 S. 1 erforderliche Einwilligung erfolgt die **Ermächtigung** nach Abs. 1 nicht in Bezug auf ein konkretes Rechtsgeschäft. Sie hat vielmehr die Wirkung, dass der Betreute für Rechtsgeschäfte der in Abs. 1 genannten Art unbeschränkt geschäftsfähig wird, die entsprechenden Willenserklärungen also unabhängig von einer Einwilligung des Betreuers wirksam sind. Die Ermächtigung ist daher als einseitige empfangsbedürftige Willenserklärung gegenüber dem Betreuten abzugeben. 1

Der Betreuer kann zum Abschluss eines Dienst-, Arbeits- oder Werkvertrages ermächtigen. Auch der nach § 221 Abs. 3 SGB IX vorgesehene Vertrag mit einer **Werkstatt für Menschen mit Behinderung („Werkstattvertrag"),** in dem der Inhalt des arbeitnehmerähnlichen Rechtsverhältnisses zwischen den Beschäftigten und der Werkstatt näher geregelt werden, wird hiervon erfasst. Liegt keine Ermächtigung vor, oder war der Beschäftige geschäftsunfähig gilt § 221 Abs. 6 SGB IX. Nicht unter § 113 fällt jedoch ein Berufsausbildungsvertrag nach § 10 BBiG. Der Abschluss des Vertrages durch den Betreuten ist nach § 113 bereits ohne Einwilligung des Betreuers wirksam. Das Gleiche gilt für Leistungen in Erfüllung dieses Vertrages, also sämtliche Rechtsgeschäfte mit dem Vertragspartner, soweit diese mit dem Dienst- oder Arbeitsverhältnis zusammenhängen. 2

Auch Rechtsgeschäfte mit **Dritten,** die in engem Zusammenhang mit der ermächtigten Tätigkeit stehen, sind einwilligungsfrei. Dies gilt zB für die Eröffnung eines Lohn- oder Gehaltskontos, den Abschluss von Beförderungsverträgen zum Erreichen der Arbeitsstelle, den Kauf von Berufskleidung, Arbeitsmaterial etc. 3

Der Betreuer kann die Ermächtigung jederzeit zurücknehmen oder einschränken. Er ist aber auch hierbei im Innenverhältnis an dessen Wünsche gebunden (§ 1821) und hat den Betreuten bei seiner Entscheidung zu unterstützen. Nach Abs. 3 kann der Betreute zudem eine Ersetzung der Ermächtigung durch das Betreuungsgericht verlangen, wenn diese vom Betreuer verweigert wird. 4

Titel 2. Willenserklärung

§ 131 Wirksamwerden gegenüber nicht voll Geschäftsfähigen

(1) **Wird die Willenserklärung einem Geschäftsunfähigen gegenüber abgegeben, so wird sie nicht wirksam, bevor sie dem gesetzlichen Vertreter zugeht.**

(2) [1]**Das Gleiche gilt, wenn die Willenserklärung einer in der Geschäftsfähigkeit beschränkten Person gegenüber abgegeben wird.** [2]**Bringt die Erklärung jedoch der in der Geschäftsfähigkeit beschränkten Person lediglich einen rechtlichen Vorteil oder hat der gesetzliche Vertreter seine Einwilligung erteilt, so wird die Erklärung in dem Zeitpunkt wirksam, in welchem sie ihr zugeht.**

1 Nach § 131 soll eine Erklärung nicht wirksam werden, wenn die Person, der gegenüber die empfangsbedürftige Willenserklärungen erfolgt, hierauf nicht rechtlich wirksam reagieren kann (MüKoBGB/Einsele § 131 Rn. 1). Abs. 1 gilt für Personen im Zustand der Geschäftsunfähigkeit nach § 104. Abs. 1 gilt hingegen nicht für die in § 105 Abs. 2 Aufgeführten, so dass verkörperte Erklärung einem Bewusstlosen zugehen kann (Jauernig/Mansel BGB § 131 Rn. 1). § 131 Abs. 2 gilt nach § 1825 Abs. 1 S. 3 bei einem angeordneten **Einwilligungsvorbehalt** für den Betreuer entsprechend. Voraussetzung ist, dass die Willenserklärung eine Angelegenheit betrifft, die zum Aufgabenkreis des Betreuers (→ BGB § 1814 Rn. 23 ff.) gehört und vom Einwilligungsvorbehalt umfasst wird. In diesem Fall wird die Willenserklärung erst mit Zugang an den Betreuer als gesetzlichen Vertreter (§ 1823) wirksam. Ein Zugang an den Betreuer setzt voraus, dass die Willenserklärung an diesen gerichtet oder zumindest für diesen bestimmt ist und nicht nur zufällig in seinen Herrschaftsbereich gelangt (BAG NJW 2011, 873 f. = BtPrax 2011, 121). Dies gilt zB für die Kündigung eines Arbeitsverhältnisses gegenüber einem geschäftsunfähigen Arbeitnehmer (ArbG Stade BtPrax 1999, 39). Eine Ausnahme regelt S. 2 für Willenserklärungen, die lediglich einen **rechtlichen Vorteil** bringen. Dies sind Willenserklärungen, die dem Betreuten eine rechtlich vorteilhafte Position einräumen, ohne ihn zugleich mit einer Verpflichtung zu belasten. Ein Vertragsangebot bringt zB einen rechtlichen Vorteil, weil dies die Möglichkeit eines Vertragsabschlusses bringt. Die gegenüber dem Betreuten erklärte Vertragsannahme bringt dann lediglich einen rechtlichen Vorteil, wenn der Vertrag für den Betreuten vorteilhaft ist, wie eine Schenkung als Beschenkter. Zum rechtlichen Vorteil → BGB § 1825 Rn. 23.

2 Die Willenserklärung wird mit Zugang an den Betreuten auch bei **Einwilligung** des Betreuers wirksam. Einwilligung ist die vorherige Zustimmung (§ 183) des Betreuers, die nachträgliche Zustimmung (Genehmigung, § 184 Abs. 1) reicht hier nicht aus. Für die Vertragsannahme gilt allerdings § 108.

Titel 5. Vertretung und Vollmacht

§ 164 Wirkung der Erklärung des Vertreters

(1) [1]**Eine Willenserklärung, die jemand innerhalb der ihm zustehenden Vertretungsmacht im Namen des Vertretenen abgibt, wirkt unmittelbar für und gegen den Vertretenen.** [2]**Es macht keinen Unterschied, ob die Erklärung ausdrücklich im Namen des Vertretenen erfolgt oder ob die Umstände ergeben, dass sie in dessen Namen erfolgen soll.**

(2) **Tritt der Wille, in fremdem Namen zu handeln, nicht erkennbar hervor, so kommt der Mangel des Willens, im eigenen Namen zu handeln, nicht in Betracht.**

(3) **Die Vorschriften des Absatzes 1 finden entsprechende Anwendung, wenn eine gegenüber einem anderen abzugebende Willenserklärung dessen Vertreter gegenüber erfolgt.**

Die Norm ist sowohl für **rechtliche Betreuer** wie für **Bevollmächtigte** relevant. 1

Die Vertretungsmacht ist eine rechtliche Befugnis, für eine andere Person stellvertretend in deren Rechten handeln zu können. Sie wird durch ein Rechtsgeschäft (nämlich die Bevollmächtigung nach § 167) oder durch Gesetz (zB bei Eltern, Vormund, **Betreuer**) begründet. Mit der Reform des Betreuungsrechts wurde seit dem 1.1.2023 mit dem Ehegattenvertretungsrecht ein weiteres sehr begrenztes gesetzliches Vertretungsrecht in Angelegenheiten der Gesundheitssorge normiert (→ BGB § 1358). Rechtliche Betreuung und Vollmacht sind Werkzeuge im Rechtsverkehr. Die Regelungen der §§ 164 ff. sind daher sowohl für die Vorsorgevollmacht (→ BGB § 1820 Rn. 1 ff.) als auch – in Teilen – für die Tätigkeit des rechtlichen Betreuers anwendbar. § 164 legt fest, unter welchen Voraussetzungen Willenserklärungen des Vertreters in ihrer Wirkung dem Vertretenen zugerechnet werden. Sie gilt auch für **Erklärungen des Betreuers,** wenn er von seiner Vertretungsmacht Gebrauch macht **(→ BGB § 1823)** und den Betreuten nicht nur in der Entscheidungsfindung unterstützt, so dass dieser dann selbst nach außen wirksam auftritt. Gegenstand des Vertreterhandelns können lediglich Willenserklärungen oder geschäftsähnliche Handlungen sein, die er im Namen des Betreuten abgibt (Abs. 1) oder entgegennimmt (Abs. 3). Höchstpersönliche Rechtsgeschäfte, zB Eheschließung oder Testierung, sind von der Stellvertretung ausgeschlossen. Bei Realakten, zB Erwerb des unmittelbaren Besitzes, ist ein Vertreterhandeln ausgeschlossen, bei unerlaubten Handlungen gibt es ebenfalls keine Stellvertretung, eine Zurechnung fremden Handelns im Rahmen der Haftung richtet sich u.a. nach §§ 830, 831. Andere Erklärungen, wie zB die Einwilligungen in ärztliche Maßnahmen oder die Bestimmung des Aufenthaltes sind keine Rechtsgeschäfte, § 164 ist daher nicht unmittelbar, aber in seinen Grundgedanken anwendbar.

Der Bevollmächtigte/Betreuer muss im **Namen des Vertretenen** handeln, dh 2
für den Erklärungsempfänger muss erkennbar sein (Abs. 2), dass der Bevollmächtigte/Betreuer nicht für sich, sondern für den Vollmachtgeber/Betreuten handeln will (Offenheitsprinzip). Dies kann entweder ausdrücklich erklärt werden oder sich aus den Umständen ergeben (Abs. 1 S. 2), etwa wenn der Vertretene anwesend ist oder es erkennbar um dessen Angelegenheiten geht.

Eine Ausnahme vom Offenheitsgrundsatz macht die Rechtsprechung bei 3
Geschäften „für den, den es angeht". Dies sind Geschäfte, bei denen es dem Geschäftspartner typischerweise gleichgültig ist, wer sein Geschäftspartner ist (Grüneberg/Ellenberger BGB Rn. 8) und daher kein Interesse an der Beachtung des Offenheitsprinzips hat. Dies gilt ua für Bargeschäfte des täglichen Lebens, also zB Käufe für den täglichen Bedarf. In diesen Fällen können Willenserklärungen auch ohne ausdrückliches Handeln im fremden Namen für den Vertretenen wirksam werden.

Für und gegen den Vertretenen wirkt eine Vertretererklärung nur, wenn sie 4
innerhalb der dem Bevollmächtigten/Betreuer zustehenden **Vertretungsmacht** abgegeben wird. Diese richtet sich beim Bevollmächtigten nach der Vollmacht (§ 167 Abs. 1), beim Betreuer nach § 1823 und dem vom Betreuungsgericht festgelegten **Aufgabenkreis** (→ BGB § 1815 Rn. 13 ff.). Entscheidend ist der Inhalt des wirksamen Beschlusses, nicht der Bestellungsurkunde. Wird eine Erklärung

im Namen des Vertretenen abgegeben, ohne dass dies zum Aufgabenkreis des Bevollmächtigten/Betreuers gehört, gelten §§ 177 ff. (Haftung des Vertreters ohne Vertretungsmacht). Ist strittig, ob jemand als Vertreter oder im eigenen Namen aufgetreten ist, ist derjenige beweispflichtig, der behauptet, es habe eine Vertretung vorgelegen. Der Bevollmächtigte/Betreuer hat also stets bei Vertragsverhandlungen deutlich zu machen, dass er keinesfalls selbst verpflichtet werden will, sondern für den Vollmachtgeber/Betreuten auftritt. Handelt ein Betreuer **erkennbar** im Rechtskreis des Betreuten, etwa bei Abschluss eines Heimvertrages, so besteht eine tatsächliche Vermutung dafür, dass er nicht für sich, sondern für den Betreuten auftritt und damit der Betreute Vertragspartner wird (OLG Düsseldorf BtPrax 2010, 288).

5 Zu unterscheiden ist die Vertretungsmacht nach außen (das rechtliche Können) von den Beschränkungen im **Innenverhältnis** (das rechtliche Dürfen). Die Befugnis zur Vertretung gegenüber Dritten im Außenverhältnis gilt im Rahmen des Aufgabenkreises uneingeschränkt, auch wenn die Pflichten, die sich aus § 1821 oder dem Auftragsverhältnis ergeben, im Innenverhältnis verletzt wurden. Danach **darf** der Betreuer von seiner Vertretungsmacht nur Gebrauch machen, soweit dies erforderlich ist (§ 1821 Abs. 1 S. 2) und hat sich inhaltlich an die Wünsche des Betreuten zu halten (§ 1821 Abs. 2). Zur Sicherheit des Rechtsverkehrs ist der Gesetzgeber trotz Bedenken aus Sicht der UN-BRK dabei geblieben, die Wirksamkeit der Erklärungen nicht davon abhängig zu machen, ob der Betreuer sich an diese Vorgaben gehalten hat (→ BGB § 1823 Rn. 3).

§ 165 Beschränkt geschäftsfähiger Vertreter

Die Wirksamkeit einer von oder gegenüber einem Vertreter abgegebenen Willenserklärung wird nicht dadurch beeinträchtigt, dass der Vertreter in der Geschäftsfähigkeit beschränkt ist.

Das Gesetz geht grundsätzlich von der Geschäftsfähigkeit aller Menschen aus und regelt ausdrücklich nur die Ausnahmen. Nach § 106 sind Minderjährige ab dem siebenten Lebensjahr beschränkt geschäftsfähig. Rechtlich betreute Menschen sind für einzelne Rechtsgeschäfte entweder (voll) geschäftsfähig – das ist die Regel – oder sie können aufgrund ihrer Erkrankung oder Behinderung nach § 104 Nr. 2 geschäftsunfähig sein (→ BGB § 104 Rn. 1 ff.). Die Vorschrift gestattet, dass nicht nur Volljährige, sondern auch Minderjährige zwischen sieben und 18 als Vertreter wirksam auftreten können. Für die Bestellung eines Betreuten zum Vertreter eines Dritten ist die Vorschrift daher in keinem Fall anwendbar. Da Minderjährige als Betreuer kaum geeignet sein dürften (→ BGB § 1816 Rn. 11), hat die Vorschrift für das Betreuerhandeln allenfalls geringe praktische Bedeutung.

§ 166 Willensmängel; Wissenszurechnung

(1) **Soweit die rechtlichen Folgen einer Willenserklärung durch Willensmängel oder durch die Kenntnis oder das Kennenmüssen gewisser Umstände beeinflusst werden, kommt nicht die Person des Vertretenen, sondern die des Vertreters in Betracht.**

(2) [1]**Hat im Falle einer durch Rechtsgeschäft erteilten Vertretungsmacht (Vollmacht) der Vertreter nach bestimmten Weisungen des Voll-**

machtgebers gehandelt, so kann sich dieser in Ansehung solcher Umstände, die er selbst kannte, nicht auf die Unkenntnis des Vertreters berufen. [2]Dasselbe gilt von Umständen, die der Vollmachtgeber kennen musste, sofern das Kennenmüssen der Kenntnis gleichsteht.

Abs. 1 gilt nicht nur für Bevollmächtigte, sondern auch für das **Handeln des** 1
Betreuers als Vertreter des Betreuten nach § 1823. Grundsätzlich kommt es bei Willensmängeln und Kenntnissen auf das Wissen des Vertreters an. Willensmängel sind etwa ein geheimer Vorbehalt (§ 116), Scheingeschäfte (§ 117), nicht ernst gemeinte Willenserklärungen (§ 118), bei denen es jeweils auf den entsprechenden Willen des Vertreters ankommt. Zur Anfechtung berechtigt ein Irrtum des Bevollmächtigten/Betreuers (§ 119) oder eine arglistige Täuschung oder Drohung ihm gegenüber (§ 123).

Durch Kenntnis oder Kennenmüssen gewisser Umstände kann die Wirksamkeit 2
von Willenserklärungen beeinflusst werden. Auch in Fällen des gutgläubigen Erwerbs (§§ 892, 932 ff., 1138, 1155, 1157, 1207, 1208 und § 366 HGB) kommt es auf die Kenntnis des Bevollmächtigten/Betreuers an, soweit dieser beim Erwerb in Vertretung des Vollmachtgebers/Betreuten gehandelt hat. Dies gilt auch für die Frage der Kenntnis des Mangels einer gekauften Sache nach § 442 oder von Fristen.

Abs. 2 ist mangels rechtsgeschäftlicher Vollmacht auf das Betreuerhandeln nicht 3
anwendbar. Er soll sicherstellen, dass ein Vollmachtgeber die negativen Rechtsfolgen von besonderem Wissen nicht durch Zwischenschalten eines ahnungslosen Vertreters umgeht.

§ 167 Erteilung der Vollmacht

(1) **Die Erteilung der Vollmacht erfolgt durch Erklärung gegenüber dem zu Bevollmächtigenden oder dem Dritten, dem gegenüber die Vertretung stattfinden soll.**

(2) **Die Erklärung bedarf nicht der Form, welche für das Rechtsgeschäft bestimmt ist, auf das sich die Vollmacht bezieht.**

Die Vorschriften über die Vollmacht (§§ 167 bis 176), also einer durch Rechts- 1
geschäft erteilten Vertretungsmacht, sind auf das Betreuerhandeln nicht anwendbar, da die Vertretungsmacht des Betreuers durch § 1823 auf dem Gesetz beruht. Die Urkunde über die Betreuerbestellung (→ FamFG § 290) gilt nicht als Vollmachtsurkunde iSd §§ 172 Abs. 1, 175, 176. Allerdings gilt die Vorschrift für **Vorsorgevollmachten** (→ BGB § 1820 Rn. 3). Von der schriftlichen Vorsorgevollmacht ist dem Betreuungsgericht auf Verlangen eine Abschrift vorzulegen, was in der Regel zur Erfüllung seiner Amtsermittlungspflicht geboten sein dürfte (§ 1820 Abs. 1, → BGB § 1820 Rn. 7). Neben dem Gericht sind seit dem 1.1.2023 auch behandelnde **Ärzte** bei dringendem Behandlungsbedarf berechtigt, ins **Zentrale Vorsorgeregister der Notarkammer** elektronisch Einsicht zu nehmen. Da eine Vollmacht gem. § 1814 Abs. 3 der Bestellung eines Betreuers vorgeht, ist im Rahmen eines Betreuungsverfahrens als Ausdruck des Erforderlichkeitsgrundsatzes immer zu prüfen, ob und ggf. für welche Angelegenheiten eine wirksame Vollmacht besteht oder noch erteilt werden kann. Auch ein Nebeneinander von Vollmacht und rechtlicher Betreuung für verschiedene Tätigkeiten ist möglich. Die Vollmacht bleibt auch bei späterem Eintritt der Geschäftsunfähigkeit

des Vollmachtgebers wirksam, ist bei Vorsorgevollmachten – je nach Formulierung – mitunter sogar die Voraussetzung ihres Wirksamwerdens.

2 Die Vollmacht ist als **Innenvollmacht** gegenüber dem Bevollmächtigten oder als **Außenvollmacht** gegenüber dem künftigen Vertragspartner zu erteilen (Abs. 1). Sie ist eine einseitige empfangsbedürftige Willenserklärung und unterliegt daher auch den Anforderungen an eine solche. Soweit es um rechtsgeschäftliches Handeln geht, muss der Vollmachtgeber hierfür **geschäftsfähig** sein. Soll eine Vertretungsbefugnis im Bereich gesundheitlicher oder medizinischer Angelegenheiten erteilt werden, kommt es auf die **Einwilligungsfähigkeit** an. Zunächst ist von der Vermutung bestehender Geschäfts- bzw. Einwilligungsfähigkeit auszugehen, bloße Zweifel schließen sie nicht aus. Der BGH hat mit seinen Entscheidungen vom 3.2. und 17.2.2016 (BtPrax 2016, 112; BtPrax 2016, 110), die er mit Beschluss vom 29.7.2020 bestätigte (BtPrax 2020, 278), seine frühere Rechtsprechung abgeändert: Das Betreuungsgericht hat die Frage **von Amts wegen** (§ 26 FamFG) umfassend aufzuklären. Soweit die Unwirksamkeit einer Vorsorgevollmacht nicht positiv festgestellt werden kann, ist von einer wirksamen Bevollmächtigung auszugehen. Nur bei **eingeschränkter Akzeptanz** der Vollmacht im Rechtsverkehr oder bei mangelnder Eignung des Bevollmächtigten kommt eine Betreuerbestellung in Betracht.

3 Eine Bevollmächtigung kann durch **schlüssiges Verhalten** erfolgen, zB durch die Übertragung von Aufgaben, die nur bei gleichzeitiger Erteilung einer Vollmacht durchführbar sind (Grüneberg/Ellenberger BGB Rn. 1). So kann zB eine Bevollmächtigung mit Gesundheitsangelegenheiten eines nahen Angehörigen vorliegen, wenn ein alter Mensch in Begleitung seines Kindes beim Arzt erscheint und so veranlasst, dass der Sohn oder die Tochter mit informiert wird und am Arzt-Patientengespräch und der Behandlungsentscheidung teilhat. Hier ist die Grenze zur **Duldungsvollmacht** fließend, die dann angenommen wird, wenn jemand es wissentlich duldet, dass ein anderer wie sein Vertreter auftritt. Solche Situation treten häufig zwischen Ehegatten oder betagten Eltern und ihren erwachsenen Kindern **im Bereich der Gesundheitssorge** auf. Dann ist zu prüfen, ob eine Vollmacht für gesundheitliche Angelegenheiten entweder durch schlüssiges Verhalten oder durch Duldung erteilt und deshalb eine Betreuerbestellung in diesem Bereich nicht erforderlich ist. Ist der Vollmachtgeber geschäftsunfähig geworden, dürfte der Nachweis einer früher erteilten Vollmacht schwerfallen.

4 Nach Abs. 2 bedarf die Vollmacht grundsätzlich keiner Form. Allerdings gibt es besondere Formvorschriften für Vollmachten, so zB beim Verbraucherdarlehn, § 492 Abs. 4. Besonders hervorzuheben sind die **Formvorschriften für Vorsorgevollmachten** für bestimmte Maßnahmen (§ 1820 Abs. 2), die besonders risikoreiche Heilbehandlungen (§ 1829), freiheitsentziehende Maßnahmen (§ 1831) und ärztliche Zwangsmaßnahmen (§ 1832) umfassen sollen: hier ist mindestens Schriftform unter ausdrücklicher Erwähnung der Angelegenheit erforderlich. Bei Vorsorgevollmachten ist unter Umständen eine notarielle Beurkundung zu empfehlen, zB bei beabsichtigten Grundstücksgeschäften. **Banken und Sparkassen** erkennen häufig – wenn auch in rechtswidriger Weise – nur bei ihnen auf hauseigenen Formularen erteilte oder notariell beurkundete Vollmachten an. Berechtigt ist die Ablehnung nur dann, wenn das Geldinstitut **Gründe für seine Zweifel** angibt. Zumindest sollte die öffentliche Beglaubigung der Unterschrift durch eine Betreuungsbehörde nach **§ 7 BtOG** erwogen werden, um späteren Einwänden von Dritten begegnen zu können und um die Beratung in Anspruch zu nehmen, ebenso eine Registrierung im zentralen Vorsorgeregister der Bundesnotarkammer

(Brosey/Lesting/Loer/Marschner BetreuungsR-HdB/Brosey Rn. 49; → § 1820 Rn. 2 ff.).

Hinsichtlich des Umfangs der Vollmacht wird differenziert zwischen der **Spezialvollmacht** für ein einziges Rechtsgeschäft, der **Gattungsvollmacht** für eine bestimmte Art von Rechtsgeschäften (zB Gesundheitssorge oder Vermögensangelegenheiten) und der **Generalvollmacht,** die für alle Angelegenheiten, in denen eine Vertretung zulässig ist, Vertretungsmacht erzeugt. Der Umfang der Vertretungsmacht muss sich jedoch aus der Urkunde ergeben. Pauschale Begriffe reichen nicht aus. 5

§ 168 Erlöschen der Vollmacht

[1]Das Erlöschen der Vollmacht bestimmt sich nach dem ihrer Erteilung zugrunde liegenden Rechtsverhältnis. [2]Die Vollmacht ist auch bei dem Fortbestehen des Rechtsverhältnisses widerruflich, sofern sich nicht aus diesem ein anderes ergibt. [3]Auf die Erklärung des Widerrufs findet die Vorschrift des § 167 Abs. 1 entsprechende Anwendung.

Wann eine Vollmacht erlischt, richtet sich zunächst nach ihrem Inhalt. In der Regel erlischt sie nach S. 1 mit dem zugrunde liegenden Rechtsverhältnis. So wird der Auftrag bzw. der Geschäftsbesorgungsvertrag durch den Tod des Beauftragten bzw. des Geschäftsbesorgenden beendet (§§ 673, 675). In diesem Fall erlischt auch die Vorsorgevollmacht. Der Tod des Auftraggebers oder der Eintritt von dessen Geschäftsunfähigkeit beendet im Zweifel nicht das Auftragsverhältnis (§ 672) und daher auch nicht die Vollmacht. Ergibt sich aber aus der Formulierung einer (Alters-) Vorsorgevollmacht, dass sie nur zur Sicherstellung von Versorgung und medizinischer Behandlung des Vollmachtgebers gedacht ist, erlischt sie im Zweifel mit dem Wegfall der Aufgabe, also dem Tod des Vollmachtgebers, es sei denn, sie enthält diesbezüglich ausdrücklich andere Bestimmungen. 1

Nach S. 2 sind **Vorsorgevollmachten** (→ BGB § 1820 Rn. 2 ff.) grundsätzlich widerruflich, selbst wenn sie unwiderruflich ausgestellt wurden. Solange der Vollmachtgeber insoweit geschäftsfähig ist, kann er die Vollmacht jederzeit – ohne Begründung – widerrufen. Ist der Vollmachtgeber zu einem Widerruf nicht mehr in der Lage, ist bei einem vermuteten Missbrauch der Vollmacht nach § 1820 Abs. 3 ein (Kontroll-) Betreuer zu bestellen (Brosey/Lesting/Loer/Marschner BetreuungsR-HdB/Brosey Rn. 84, → BGB § 1820 Rn. 9). Bis zum am 1.1.2023 in Kraft getretenen Reformgesetz musste die Befugnis zum Widerruf der Vollmacht ausdrücklich als Aufgabenbereich richterlich durch Beschluss erteilt werden (BGH BtPrax 2015, 241; BGH FamRZ 2018, 1188). Ab dem 1.1.2023 ist die **Befugnis zum Widerruf** bereits mit der Anordnung des jeweiligen Aufgabenbereichs erteilt, zB der Gesundheitssorge, er steht jedoch unter einem richterlichen **Genehmigungsvorbehalt (§ 1820 Abs. 5 S. 2;** → BGB § 1820 Rn. 12), da er einen Eingriff in das Selbstbestimmungsrecht des Vollmachtgebers darstellt (BT-Drs. 19/24445, 247 f.; Brosey/Lesting/Loer/Marschner BetreuungsR-HdB/Brosey Rn. 86). Die Genehmigung ist rechtsmittelfähig und auch der Bevollmächtigte kann noch im Namen des Betroffenen Beschwerde einlegen (BGH BtPrax 2019, 72; 2015, 234). 2

Mit **§ 1820 Abs. 4** ist seit der Reform von 2023 eine vorübergehende **Suspendierung** einer Vollmacht möglich (→ BGB § 1820 Rn. 11). 3

§ 169 Vollmacht des Beauftragten und des geschäftsführenden Gesellschafters

Soweit nach den §§ 674, 729 die erloschene Vollmacht eines Beauftragten oder eines geschäftsführenden Gesellschafters als fortbestehend gilt, wirkt sie nicht zugunsten eines Dritten, der bei der Vornahme eines Rechtsgeschäfts das Erlöschen kennt oder kennen muss.

1 Erfährt der Beauftragte nichts vom Erlöschen der Vollmacht und muss er auch nicht vom Erlöschen wissen und handelt weiter, wird er geschützt, indem das Fortbestehen der Vollmacht fingiert wird, § 674. Ein Geschäftsgegner, der das Erlöschen kennt oder kennen muss, wird dagegen nicht geschützt: Er darf die Arglosigkeit des Vollmachtnehmers nicht ausnutzen.

§ 170 Wirkungsdauer der Vollmacht

Wird die Vollmacht durch Erklärung gegenüber einem Dritten erteilt, so bleibt sie diesem gegenüber in Kraft, bis ihm das Erlöschen von dem Vollmachtgeber angezeigt wird.

§ 171 Wirkungsdauer bei Kundgebung

(1) **Hat jemand durch besondere Mitteilung an einen Dritten oder durch öffentliche Bekanntmachung kundgegeben, dass er einen anderen bevollmächtigt habe, so ist dieser auf Grund der Kundgebung im ersteren Falle dem Dritten gegenüber, im letzteren Falle jedem Dritten gegenüber zur Vertretung befugt.**

(2) **Die Vertretungsmacht bleibt bestehen, bis die Kundgebung in derselben Weise, wie sie erfolgt ist, widerrufen wird.**

§ 172 Vollmachtsurkunde

(1) **Der besonderen Mitteilung einer Bevollmächtigung durch den Vollmachtgeber steht es gleich, wenn dieser dem Vertreter eine Vollmachtsurkunde ausgehändigt hat und der Vertreter sie dem Dritten vorlegt.**

(2) **Die Vertretungsmacht bleibt bestehen, bis die Vollmachtsurkunde dem Vollmachtgeber zurückgegeben oder für kraftlos erklärt wird.**

1 Diese Vorschrift gilt **nicht** für die Bestellungsurkunde des rechtlichen Betreuers (→ FamFG § 290 – „Betreuerausweis").

§ 173 Wirkungsdauer bei Kenntnis und fahrlässiger Unkenntnis

Die Vorschriften des § 170, des § 171 Abs. 2 und des § 172 Abs. 2 finden keine Anwendung, wenn der Dritte das Erlöschen der Vertretungsmacht bei der Vornahme des Rechtsgeschäfts kennt oder kennen muss.

1 §§ 170 bis 173 schützen den Dritten, der auf den weiteren Bestand einer Vollmacht vertraut hat, obwohl diese in Wirklichkeit bereits erloschen war:

Bei einer Außenvollmacht nach § 167 Abs. 1 Hs. 2 fingiert § 170 das Weiterbestehen der Vollmacht bis zur Anzeige des Erlöschens ihm gegenüber.

§ 171 sichert den Weiterbestand einer Vollmacht, bis sie in der Form widerrufen wurde, in der sie bekannt gegeben wurde.

Hat der Bevollmächtigte eine schriftliche Vollmachtsurkunde in Händen, darf ein Dritter auf diese Urkunde vertrauen, bis sie für kraftlos erklärt worden ist, § 172. Ein Grundbuchamt muss allerdings dann, wenn es aus der Betreuungsakte sichere Kenntnis vom Erlöschen der Bevollmächtigung zum Zeitpunkt der Eintragungsbewilligung hat, einen neuen Vertretungsnachweis verlangen, auch wenn materiell-rechtlich wegen § 172 der Vertretene gebunden ist (OLG Hamm FGPrax 2004, 266).

Die Rechtsscheinhaftung des Vertretenen findet ihre Grenze, wenn der Geschäftsgegner das Fehlen der Vollmacht kennt oder fahrlässig nicht kennt, § 173.

Bei der **Bestellungsurkunde der Betreuung** handelt es sich gerade nicht um 2
eine Vollmacht, sodass dieser Schutz **nicht** gilt (BVerfG BtPrax 2015, 75). Das heißt: Der Rechtsverkehr kann sich nicht darauf verlassen, dass trotz Vorlage der Bestellungsurkunde die Vertretungsmacht aktuell noch besteht (→ FamFG § 290 Rn. 1).

§ 174 Einseitiges Rechtsgeschäft eines Bevollmächtigten

[1]Ein einseitiges Rechtsgeschäft, das ein Bevollmächtigter einem anderen gegenüber vornimmt, ist unwirksam, wenn der Bevollmächtigte eine Vollmachtsurkunde nicht vorlegt und der andere das Rechtsgeschäft aus diesem Grunde unverzüglich zurückweist. [2]Die Zurückweisung ist ausgeschlossen, wenn der Vollmachtgeber den anderen von der Bevollmächtigung in Kenntnis gesetzt hatte.

Bei einseitigen Rechtsgeschäften, zB einer Kündigung eines Vertrages, soll der 1
Geschäftsgegner sofort Klarheit haben. Legt der Bevollmächtigte eine schriftliche Originalvollmacht nicht vor und weist der andere die Erklärung deshalb zurück, ist die Kündigung unwirksam, S. 1. Sie muss dann unter Vorlage der Vollmachtsurkunde wiederholt werden. Hat aber der Vorsorgevollmachtgeber den Geschäftsgegner von der Bevollmächtigung vorher unterrichtet, ist die Zurückweisung nicht möglich. Die Vorschrift **gilt nicht für** gesetzliche Vertreter, also **Betreuer** (Grüneberg/Ellenberger BGB Rn. 4). Fügt ein Betreuer einer **Kündigungserklärung** beispielsweise keine Kopie seiner Bestellungsurkunde bei, ist die Kündigung gleichwohl wirksam. Der Vertragspartner kann aber die Vorlage der Urkunde verlangen. Die **Kündigung von Wohnraum** wird jedoch erst mit der gerichtlichen Genehmigung nach § 1833 Abs. 3 wirksam.

§ 175 Rückgabe der Vollmachtsurkunde

Nach dem Erlöschen der Vollmacht hat der Bevollmächtigte die Vollmachtsurkunde dem Vollmachtgeber zurückzugeben; ein Zurückbehaltungsrecht steht ihm nicht zu.

Widerruft der Vollmachtgeber eine Vorsorgevollmacht oder wird deren 1
Unwirksamkeit festgestellt, ist der Bevollmächtigte verpflichtet, die Vollmachtsurkunde zurückzugeben. Hat er zB noch Aufwendungsersatzansprüche nach § 670,

steht ihm wegen des letzten Halbsatzes trotzdem kein Zurückbehaltungsrecht zu. Der Gesetzgeber räumt wegen der Gefahr weiterer Verpflichtungen dem Interesse des Vollmachtgebers hier einen unbeschränkten Vorrang ein. Nach dem Tod des Vollmachtgebers ist der Vorsorgebevollmächtigte daher verpflichtet, auf ein Herausgabeverlangen des Erben die Vollmachtsurkunde sofort abzuliefern, ohne etwaige Zurückbehaltungsrechte wegen etwaiger Ersatzansprüche geltend machen zu können. Gleiches gilt bei **Suspendierung** oder **Widerruf** einer Vorsorgevollmacht durch das Betreuungsgericht bzw. den (Kontroll-) Betreuer, **§ 1820 Abs. 4 bzw. Abs. 5 S. 3** (→ BGB § 1820 Rn. 12 bzw. 15). Wenn das Betreuungsgericht die Herausgabe nicht nach **§ 285 Abs. 2 FamFG** anordnet, ist bei Weigerung der Herausgabe der Zivilrechtsweg zu beschreiten.

2 Widerruft der auch zu diesem Zweck bestellte Kontrollbetreuer oder ein Betreuer mit dem entsprechenden Aufgabenbereich eine Vollmacht in Vermögensangelegenheiten, so ist nicht die Vollmachtsurkunde insgesamt herauszugeben, wenn in der Urkunde Vollmachten in weiteren Bereichen erteilt wurden und bestehen bleiben. Dann kann nach § 175 nur die Vorlage der Urkunde verlangt werden, um das teilweise Erlöschen der Vollmacht (in Vermögensangelegenheiten) zu vermerken (OLG München BtPrax 2009, 189).

§ 176 Kraftloserklärung der Vollmachtsurkunde

(1) [1]**Der Vollmachtgeber kann die Vollmachtsurkunde durch eine öffentliche Bekanntmachung für kraftlos erklären; die Kraftloserklärung muss nach den für die öffentliche Zustellung einer Ladung geltenden Vorschriften der Zivilprozessordnung veröffentlicht werden.** [2]**Mit dem Ablauf eines Monats nach der letzten Einrückung in die öffentlichen Blätter wird die Kraftloserklärung wirksam.**

(2) **Zuständig für die Bewilligung der Veröffentlichung ist sowohl das Amtsgericht, in dessen Bezirk der Vollmachtgeber seinen allgemeinen Gerichtsstand hat, als das Amtsgericht, welches für die Klage auf Rückgabe der Urkunde, abgesehen von dem Wert des Streitgegenstands, zuständig sein würde.**

(3) **Die Kraftloserklärung ist unwirksam, wenn der Vollmachtgeber die Vollmacht nicht widerrufen kann.**

1 Um die Wirkung einer Vollmachtsurkunde, die nicht zurückgegeben wird, zu beseitigen, ist es erforderlich, sie in einem Verfahren mit Publizität für kraftlos zu erklären. Das Amtsgericht bewilligt die Veröffentlichung, die nach **§§ 186 ff. ZPO** durch Anheften an der Gerichtstafel und Veröffentlichung in Zeitungen und im Bundesanzeiger erfolgt.

§ 177 Vertragsschluss durch Vertreter ohne Vertretungsmacht

(1) **Schließt jemand ohne Vertretungsmacht im Namen eines anderen einen Vertrag, so hängt die Wirksamkeit des Vertrags für und gegen den Vertretenen von dessen Genehmigung ab.**

(2) [1]**Fordert der andere Teil den Vertretenen zur Erklärung über die Genehmigung auf, so kann die Erklärung nur ihm gegenüber erfolgen; eine vor der Aufforderung dem Vertreter gegenüber erklärte Genehmi-**

gung oder Verweigerung der Genehmigung wird unwirksam. [2]Die Genehmigung kann nur bis zum Ablauf von zwei Wochen nach dem Empfang der Aufforderung erklärt werden; wird sie nicht erklärt, so gilt sie als verweigert.

Die Vorschrift gilt für alle Fälle des Vertreterhandelns und damit **auch für** 1
Betreuer. Voraussetzung ist die Abgabe einer Willenserklärung im Namen des Vertretenen (§ 164 Abs. 1), ohne dass diese von der Vertretungsmacht umfasst ist. Dies ist etwa der Fall, wenn die abgegebene Willenserklärung nicht zum **Aufgabenkreis** des Vorsorgebevollmächtigten oder des Betreuers gehört oder der Betreuer nach **§ 1824** von der Vertretung im Einzelfall ausgeschlossen ist. Auch in den Fällen des § 181 **(Insichgeschäft)** fehlt dem Vertreter die notwendige Vertretungsmacht.

Ein von dem Bevollmächtigten/Betreuer außerhalb seiner Vertretungsmacht 2
abgeschlossener Vertrag ist nach Abs. 1 **schwebend unwirksam,** dh in seinem Bestand abhängig von der Genehmigung durch den Vollmachtgeber/Betreuten oder durch einen Betreuer, dem die erforderliche Vertretungsmacht zusteht, was auch durch nachträgliche Erweiterung des Aufgabenkreises erfolgen kann (Grüneberg/Ellenberger BGB Rn. 6). Die rechtlichen Folgen sind vergleichbar mit dem Handeln einer beschränkt geschäftsfähigen Person oder eines Betreuten bei angeordnetem Einwilligungsvorbehalt ohne die notwendige Einwilligung (§§ 108 ff.; zum einseitigen Rechtsgeschäft s. § 180). Die Genehmigung, die Geschäftsfähigkeit voraussetzt (nachträgliche Zustimmung, § 184 Abs. 1), ist an keine Frist gebunden (außer im Falle des Abs. 2). Der Schwebezustand wird beendet durch Erteilung der Genehmigung, endgültige Verweigerung der Genehmigung oder Widerruf des Vertragspartners nach § 178. Schließt ein Betreuer schon **vor seiner Bestellung** einen Vertrag erkennbar für den Betroffenen ab und hält er nach seiner Bestellung daran fest, so gilt der anfänglich unwirksame Vertrag als nachträglich konkludent genehmigt, zB durch fortgesetzten Vertragsvollzug (OLG Düsseldorf BtPrax 2010, 289).

Wird die Genehmigung erteilt, ist der Vertrag zwischen dem Betreuten und 3
dem Vertragspartner wirksam und zwar von Anfang an (§ 184 Abs. 1). Die Genehmigung ist eine empfangsbedürftige Willenserklärung, der Vollmachtgeber/Betreute kann daher nur wirksam einwilligen, wenn er dafür nicht inzwischen nach § 104 Nr. 2 geschäftsunfähig ist. Sie kann gegenüber dem Bevollmächtigten/Betreuer oder gegenüber dem Vertragspartner erklärt werden (§ 182 Abs. 1). Allerdings hat der Vertragspartner die Möglichkeit, den Vollmachtgeber/Betreuten ausdrücklich zu einer Erklärung über die Genehmigung aufzufordern (Abs. 2). Dann wird eine zuvor gegenüber dem Vorsorgebevollmächtigten/Betreuer abgegebene Erklärung unwirksam, der Schwebezustand wird also wieder hergestellt. In diesem Falle kann die Genehmigung nur noch innerhalb von zwei Wochen nach Aufforderung erteilt werden und zudem nur noch gegenüber dem Vertragspartner. Erfolgt keine Genehmigung, gilt dies als Verweigerung. Die Willenserklärung ist somit **unwirksam.** Schadensersatzansprüche sind ggf. die Folge.

Die Genehmigung ersetzt allein den Mangel der Vertretungsmacht, der Vertrag 4
kann aus anderen Gründen unwirksam sein. Grundsätzlich kann das Geschäft nur wie vom Vertreter abgeschlossen genehmigt werden, Teilgenehmigungen oder modifizierende Genehmigungen sind ausgeschlossen (MüKoBGB/Schubert Rn. 48). Wird die Genehmigung verweigert oder gilt sie nach Abs. 2 als verweigert wegen Fristablaufs, stehen dem Vertragspartner die Rechte nach § 179 zu.

§ 178 Widerrufsrecht des anderen Teils

[1]Bis zur Genehmigung des Vertrags ist der andere Teil zum Widerruf berechtigt, es sei denn, dass er den Mangel der Vertretungsmacht bei dem Abschluss des Vertrags gekannt hat. [2]Der Widerruf kann auch dem Vertreter gegenüber erklärt werden.

1 Der Vertragspartner eines von dem Vertreter ohne Vertretungsmacht (zB Betreuer, der außerhalb seines Aufgabenkreises handelt) abgeschlossenen Vertrages kann während der schwebenden Unwirksamkeit jederzeit widerrufen und damit seinerseits den Schwebezustand beenden. Voraussetzung ist, dass die nach § 177 Abs. 1 erforderliche Genehmigung noch nicht erteilt und auch noch nicht verweigert ist.

2 Der Widerruf ist ausgeschlossen, wenn dem Vertragspartner der Mangel der Vertretungsmacht bekannt war. Notwendig ist positive Kenntnis, ein Kennenmüssen ist hier nicht ausreichend, auch grob fahrlässige Unkenntnis reicht nicht. Der Vertragspartner muss wissen, dass der **Bevollmächtigte/Betreuer** mit dem Vertragsabschluss **seine Befugnis aus dem Aufgabenkreis im Außenverhältnis überschreitet** oder aus sonstigen Gründen in der Vertretungsmacht beschränkt ist. Die Kenntnis des Aufgabenkreises ist etwa anzunehmen, wenn der Vertragspartner die Vollmachtsurkunde oder Bestellungsurkunde (§ 290 FamFG) eingesehen hat. Die Kenntnis muss bei Vertragsabschluss vorhanden sein, also bei Abgabe der eigenen Erklärung des Vertragspartners.

3 Der Widerruf ist eine einseitige empfangsbedürftige Willenserklärung, sie kann entweder gegenüber dem Bevollmächtigten/Betreuer oder dem Vollmachtgeber/Betreuten erklärt werden. Gegenüber dem Vollmachtgeber/Betreuten kann sie allerdings nur wirksam werden, wenn er insoweit geschäftsfähig ist (§ 131 Abs. 1).

§ 179 Haftung des Vertreters ohne Vertretungsmacht

(1) **Wer als Vertreter einen Vertrag geschlossen hat, ist, sofern er nicht seine Vertretungsmacht nachweist, dem anderen Teil nach dessen Wahl zur Erfüllung oder zum Schadensersatze verpflichtet, wenn der Vertretene die Genehmigung des Vertrags verweigert.**

(2) **Hat der Vertreter den Mangel der Vertretungsmacht nicht gekannt, so ist er nur zum Ersatz desjenigen Schadens verpflichtet, welchen der andere Teil dadurch erleidet, dass er auf die Vertretungsmacht vertraut, jedoch nicht über den Betrag des Interesses hinaus, welches der andere Teil an der Wirksamkeit des Vertrags hat.**

(3) **[1]Der Vertreter haftet nicht, wenn der andere Teil den Mangel der Vertretungsmacht kannte oder kennen musste. [2]Der Vertreter haftet auch dann nicht, wenn er in der Geschäftsfähigkeit beschränkt war, es sei denn, dass er mit Zustimmung seines gesetzlichen Vertreters gehandelt hat.**

1 Die Vorschrift begründet eine eigene verschuldensunabhängige gesetzliche Garantiehaftung des Vertreters ohne Vertretungsmacht und ist auch auf alle Fälle gesetzlicher Vertretung anzuwenden. Auch der **Betreuer** kann daher bei Handeln im Namen des Betreuten unter **Überschreitung seiner Vertretungsmacht** dem Vertragspartner nach Abs. 1 haften (Brosey/Lesting/Loer/Marschner BetreuungsR-HdB/Marschner Rn. 293a; Deinert/Lütgens/Meier Haftung des Betreu-

ers Rn. 470 ff.). Voraussetzung ist, dass der Betreute die nach § 177 Abs. 1 erforderliche Genehmigung verweigert, oder diese nach § 177 Abs. 2 als verweigert gilt. Das Gleiche gilt, wenn der Betreute mangels Geschäftsfähigkeit eine wirksame Genehmigung gar nicht erteilen kann und weder der Aufgabenkreis des Betreuers erweitert noch ein Ergänzungsbetreuer bestellt wurde.

Ausgeschlossen ist eine Haftung, wenn der Vertragspartner den Mangel der Vertretungsmacht kannte (→ BGB § 178 Rn. 2) oder kennen musste, also infolge Fahrlässigkeit nicht kannte (§ 122 Abs. 2). Dies kann bereits der Fall sein, wenn der Vertragspartner weiß, dass der Erklärende als Bevollmächtigter/Betreuer für einen anderen handelt, ohne sich durch Vorlage der Vollmachts- bzw. Bestellungsurkunde vom **Umfang des Aufgabenkreises** und damit vom Umfang der Vertretungsmacht zu überzeugen. Da die Bestellung eines Minderjährigen zum Betreuer kaum in Betracht kommen dürfte (→ BGB § 1816 Rn. 11), wird Abs. 3 S. 2 auf einen Betreuer nur selten Anwendung finden. Der Betreuer ist bei Tod des Betreuten durch § 1874 solange geschützt, bis er von der Beendigung der Betreuung Kenntnis hat (→ BGB § 1874 Rn. 2). 2

Der Vertreter ohne Vertretungsmacht ist wahlweise zur Erfüllung oder zum Schadensersatz verpflichtet, die Wahl steht dem Dritten zu. Wählt er Erfüllung, wird der Betreuer zwar nicht Vertragspartner, erhält aber dessen Stellung. Er erhält alle Rechte aus dem Vertrag und muss seinerseits alle Pflichten erfüllen. Der Schadensersatzanspruch umfasst grundsätzlich das Erfüllungsinteresse, dh der Dritte ist durch Geldersatz so zu stellen, wie er bei ordentlicher Erfüllung des Vertrages stehen würde. Dies umfasst zB auch die Kosten eines erfolglosen Prozesses gegen den Vertretenen, also den Betreuten. Nach Abs. 2 beschränkt sich der Schadensersatzanspruch allerdings auf das negative Interesse, dh der Dritte ist so zu stellen, wie er ohne den Vertragsabschluss stehen würde, wenn der Bevollmächtigte/Betreuer den Mangel der Vertretungsmacht nicht kannte. Dies ist zB der Fall, wenn er irrtümlich den **Aufgabenkreis überschreitet,** weil er den Vertragsabschluss als noch hiervon umfasst ansieht und sich erst im Prozess herausstellt, dass der Aufgabenkreis überschritten wurde (Brosey/Lesting/Loer/Marschner BetreuungsR-HdB/Marschner Rn. 293a). 3

§ 180 Einseitiges Rechtsgeschäft

[1]Bei einem einseitigen Rechtsgeschäft ist Vertretung ohne Vertretungsmacht unzulässig. [2]Hat jedoch derjenige, welchem gegenüber ein solches Rechtsgeschäft vorzunehmen war, die von dem Vertreter behauptete Vertretungsmacht bei der Vornahme des Rechtsgeschäfts nicht beanstandet oder ist er damit einverstanden gewesen, dass der Vertreter ohne Vertretungsmacht handele, so finden die Vorschriften über Verträge entsprechende Anwendung. [3]Das Gleiche gilt, wenn ein einseitiges Rechtsgeschäft gegenüber einem Vertreter ohne Vertretungsmacht mit dessen Einverständnis vorgenommen wird.

Nicht empfangsbedürftige einseitige Willenserklärungen (Auslobung, Aneignung usw), die von einem **Bevollmächtigten/Betreuer** im Namen des Vertretenen außerhalb seiner Vertretungsmacht vorgenommen werden, sind nichtig (S. 1). Bei empfangsbedürftigen Willenserklärungen und geschäftsähnlichen Handlungen (Mahnung, Kündigung etc) gelten allerdings dann die Vorschriften über Verträge (§§ 177–179) entsprechend, wenn der Erklärungsempfänger den Fehler der Ver- 1 tretungsmacht nicht beanstandet oder mit einer Erklärung des nicht vertretungsberechtigten Betreuers einverstanden ist. Voraussetzung ist, dass der Erklärungsempfänger den Fehler der Vertretungsmacht kennt oder jedenfalls für möglich hält, also zB nach Einsicht in die **Bestellungsurkunde** des Betreuers jedenfalls Zweifel hat, ob die Willenserklärung von dessen **Aufgabenkreis** umfasst ist. Die gleichen Regeln gelten nach S. 3 auch bei mit Einverständnis des Betreuers ihm gegenüber vorgenommenen Erklärungen.

§ 181 Insichgeschäft

Ein Vertreter kann, soweit nicht ein anderes ihm gestattet ist, im Namen des Vertretenen mit sich im eigenen Namen oder als Vertreter eines Dritten ein Rechtsgeschäft nicht vornehmen, es sei denn, dass das Rechtsgeschäft ausschließlich in der Erfüllung einer Verbindlichkeit besteht.

1 Die Vorschrift ist auch auf das Handeln des **Betreuers** als gesetzlicher Vertreter des Betreuten anwendbar, siehe ausdrücklich **§ 1824 Abs. 2.** Nach § 1824 Abs. 1 ist die Vertretungsmacht des Betreuers noch in weiteren Fällen wegen möglicher Interessenkollisionen ausgeschlossen (→ BGB § 1824). Es wird dann in der Regel ein **Ergänzungsbetreuer** zu bestellen sein (§ 1817 Abs. 5).

2 Ein Vertreterhandeln ist nach § 181 ausgeschlossen, wenn der Bevollmächtigte/Betreuer **zugleich auf Seiten des Vertragspartners auftritt,** entweder im eigenen Namen oder als Vertreter eines Dritten (→ BGB § 1824 Rn. 4 ff.). Er kann also nicht mit sich selbst Verträge schließen. Der Betreuer kann zB nicht selbst als Leistungserbringer im eigenen Namen Arbeitsverträge mit dem Betreuten über dessen Pflege oder ambulante Versorgung schließen und ihn dabei als Vertragspartner vertreten, soweit der Betreute hierfür die Finanzierung leisten soll und sei es auch aus den ihm gewährten Leistungen der Sozialhilfe. Ist der **Betreuer Rechtsanwalt,** kann es sich auch **nicht selbst mandatieren.** Der Betreuer darf auch nicht etwa durch Bestellung von Unterbevollmächtigten (→ BGB § 1823 Rn. 22) formal die Regelung des § 181 umgehen. Entscheidend ist vielmehr die tatsächliche Interessenkollision. Diese ist auch dann zu beachten, wenn das beabsichtigte Rechtsgeschäft im Ergebnis durchaus zum Vorteil des Betreuten ausfallen würde. Nur wenn das vorgenommene Rechtsgeschäft dem Vertretenen **lediglich einen rechtlichen Vorteil bringt** (→ BGB § 1825 Rn. 23), wird von der Rechtsprechung in einschränkender Auslegung die Wirksamkeit auch eines Insichgeschäfts angenommen, weil hier aus rechtlichen Gründen die vorausgesetzte Interessenkollision nicht auftreten kann. Sind Betreuter und Betreuer (zB als Geschwister) **Miterben** und erfolgt die Erbauseinandersetzung ohne widerstreitende Interessen, handelt es sich in der Regel nicht um ein Insichgeschäft und die **Bestellung eines Ergänzungsbetreuers ist nicht erforderlich.** Bei einseitigen Rechtsgeschäften setzt § 181 voraus, dass Erklärender und Erklärungsempfänger identisch sind.

3 In **Vorsorgevollmachten** ist diese Einschränkung allerdings häufig ausgenommen. Insichgeschäfte sind zulässig, soweit sie dem Vertreter gestattet sind. Der Vollmachtgeber kann also dem Bevollmächtigten eine Vorsorgevollmacht (→ BGB § 1820 Rn. 3) unter Befreiung der Beschränkungen von § 181 erteilen. Allerdings kann das **Betreuungsgericht** den Betreuer **nicht von dem Verbot des § 181 befreien** oder eine entsprechende Erklärung nachträglich betreuungs-

gerichtlich genehmigen. Dagegen kann der Betreute mit seinem Betreuer Verträge abschließen, soweit er geschäftsfähig ist. Solche Verträge erzeugen aber Bedenken. Wenn ein solcher Vertrag für den Betreuer vorteilhafter ist, stellt sich die Frage nach seiner Eignung. Dies gilt insbesondere bei beruflich geführten Betreuungen, wenn dadurch dem Gericht die Aufsichtsmöglichkeiten entzogen werden. Ein Betreuer sollte mit seinem Betreuten zB keinen Darlehnsvertrag schließen, jedenfalls nicht als Darlehnsnehmer. Wird das Darlehn zinslos gewährt, verstößt der berufliche Betreuer gegen § 30 BtOG.

Die Erfüllung einer vollwirksamen, fälligen und nicht mit einer Einrede behafteten Verbindlichkeit des Betreuers gegen den Betreuten, des Betreuten gegen den Betreuer oder im Falle der Doppelvertretung gegenüber dem Dritten ist auch als Insichgeschäft wirksam. Voraussetzung ist aber auch hier – wie in allen Fällen des Insichgeschäfts – dass dieses nach außen erkennbar ist, also nicht nur von dem Betreuer „im Geheimen" vorgenommen wird. Gleiches gilt für den Bevollmächtigten. 4

Der Bevollmächtigte/Betreuer überschreitet durch die Vornahme eines verbotenen Insichgeschäfts seine Vertretungsmacht und handelt als Vertreter ohne Vertretungsmacht. Die Wirksamkeit des abgeschlossenen Geschäfts richtet sich daher nach §§ 177 ff., s. oben → BGB § 177. Ist der Bevollmächtigte/Betreuer nach § 181 am wirksamen Handeln zugunsten des Vollmachtgebers/Betreuten gehindert, liegt die Wahrnehmung der jeweiligen Aufgabe aber in dessen Interesse, kann ein **Ergänzungsbetreuer** bestellt werden (→ BGB § 1817 Rn. 6). 5

Titel 6. Einwilligung und Genehmigung

§ 182 Zustimmung

(1) **Hängt die Wirksamkeit eines Vertrags oder eines einseitigen Rechtsgeschäfts, das einem anderen gegenüber vorzunehmen ist, von der Zustimmung eines Dritten ab, so kann die Erteilung sowie die Verweigerung der Zustimmung sowohl dem einen als dem anderen Teil gegenüber erklärt werden.**

(2) **Die Zustimmung bedarf nicht der für das Rechtsgeschäft bestimmten Form.**

(3) **Wird ein einseitiges Rechtsgeschäft, dessen Wirksamkeit von der Zustimmung eines Dritten abhängt, mit Einwilligung des Dritten vorgenommen, so finden die Vorschriften des § 111 Satz 2, 3 entsprechende Anwendung.**

Zustimmung ist der Oberbegriff für die Einwilligung (vorherige Zustimmung, § 183) und die Genehmigung (nachträgliche Zustimmung, § 184). Die Vorschrift ist daher sowohl auf die vom Betreuer nach § 1825 Abs. 1 bei einem angeordneten **Einwilligungsvorbehalt** grundsätzlich vor einer Willenserklärung des Betreuten abzugebenden Einwilligung, als auch auf die nach § 1825 Abs. 1 S. 3 iVm § 108 ff. erforderliche Genehmigung bei fehlender Einwilligung und auf die Genehmigung durch den Betreuten bei einem Betreuerhandeln unter Überschreitung der Vertretungsmacht nach §§ 177 ff. anwendbar. Die Genehmigung bedarf daher nicht einer evtl. für das Rechtsgeschäft bestimmten Form (Abs. 2). Wohl aber bedarf der Betreuer für eine wirksame Zustimmung uU der betreuungsgerichtlichen 1

Genehmigung (→ BGB § 1825 Rn. 18). Im Verfahrensrecht wird der Begriff der Genehmigung anders gebraucht.

2 Ausnahmen von dem in S. 1 normierten Grundsatz, dass die Zustimmung gegenüber beiden Teilen erklärt werden kann, enthalten § 108 Abs. 2 und § 177 Abs. 2 jeweils für den Fall, dass der Genehmigungsberechtigte zu einer ausdrücklichen Erklärung gegenüber dem Vertragspartner aufgefordert wurde. Abs. 3 ist für das Betreuerhandeln ohne Bedeutung, da hier § 111 nach § 1825 Abs. 1 S. 3 bereits unmittelbar gilt.

§ 183 Widerruflichkeit der Einwilligung

[1]Die vorherige Zustimmung (Einwilligung) ist bis zur Vornahme des Rechtsgeschäfts widerruflich, soweit nicht aus dem ihrer Erteilung zugrunde liegenden Rechtsverhältnis sich ein anderes ergibt. [2]Der Widerruf kann sowohl dem einen als dem anderen Teile gegenüber erklärt werden.

1 Soweit der Betreute wegen eines angeordneten **Einwilligungsvorbehalts** nach § 1825 Abs. 1 S. 1 für die Wirksamkeit einer Willenserklärung der Einwilligung des Betreuers bedarf, gilt § 183. Bis zur Vornahme des Rechtsgeschäfts durch den Betreuten kann der Betreuer daher die Einwilligung widerrufen. Der Betreute würde dann ohne Einwilligung handeln. Die Wirksamkeit eines gleichwohl vorgenommenen Rechtsgeschäfts richtet sich in diesem Fall nach **§§ 108 ff.** (→ BGB § 108 Rn. 1). Der Betreuer könnte also nachträglich wiederum genehmigen. Der Widerruf ist eine einseitige empfangsbedürftige Willenserklärung, die sowohl gegenüber dem Betreuten als auch gegenüber dem anderen Teil erklärt werden kann (S. 2).

§ 184 Rückwirkung der Genehmigung

(1) **Die nachträgliche Zustimmung (Genehmigung) wirkt auf den Zeitpunkt der Vornahme des Rechtsgeschäfts zurück, soweit nicht ein anderes bestimmt ist.**

(2) **Durch die Rückwirkung werden Verfügungen nicht unwirksam, die vor der Genehmigung über den Gegenstand des Rechtsgeschäfts von dem Genehmigenden getroffen worden oder im Wege der Zwangsvollstreckung oder der Arrestvollziehung oder durch den Insolvenzverwalter erfolgt sind.**

1 Handelt der Betreute bei angeordnetem **Einwilligungsvorbehalt** (§ 1825) ohne Einwilligung des Betreuers oder der Betreuer unter Überschreitung seiner Vertretungsmacht, so hängt die Wirksamkeit eines abgeschlossenen Vertrages jeweils von der Genehmigung des hierzu Berechtigten ab (§ 1825 Abs. 1 S. 3 iVm § 108, § 177). Die Erklärung über die Genehmigung ist nicht an eine Frist gebunden, es sei denn, der Geschäftspartner fordert ausdrücklich hierzu auf. Dann gilt eine Frist von zwei Wochen (§ 108 Abs. 2, § 177 Abs. 2). Die Genehmigung wirkt nach der Regel des Abs. 1 zurück, dh der abgeschlossene Vertrag gilt als von Anfang an wirksam abgeschlossen. Abs. 2 schützt die Rechte Dritter im Falle zwischenzeitlich ergangener Verfügungen.

Abschnitt 4. Fristen, Termine

§ 187 Fristbeginn

(1) **Ist für den Anfang einer Frist ein Ereignis oder ein in den Lauf eines Tages fallender Zeitpunkt maßgebend, so wird bei der Berechnung der Frist der Tag nicht mitgerechnet, in welchen das Ereignis oder der Zeitpunkt fällt.**

(2) [1]**Ist der Beginn eines Tages der für den Anfang einer Frist maßgebende Zeitpunkt, so wird dieser Tag bei der Berechnung der Frist mitgerechnet.** [2]**Das Gleiche gilt von dem Tage der Geburt bei der Berechnung des Lebensalters.**

§ 188 Fristende

(1) **Eine nach Tagen bestimmte Frist endigt mit dem Ablauf des letzten Tages der Frist.**

(2) **Eine Frist, die nach Wochen, nach Monaten oder nach einem mehrere Monate umfassenden Zeitraum – Jahr, halbes Jahr, Vierteljahr – bestimmt ist, endigt im Falle des § 187 Abs. 1 mit dem Ablauf desjenigen Tages der letzten Woche oder des letzten Monats, welcher durch seine Benennung oder seine Zahl dem Tage entspricht, in den das Ereignis oder der Zeitpunkt fällt, im Falle des § 187 Abs. 2 mit dem Ablauf desjenigen Tages der letzten Woche oder des letzten Monats, welcher dem Tage vorhergeht, der durch seine Benennung oder seine Zahl dem Anfangstag der Frist entspricht.**

(3) **Fehlt bei einer nach Monaten bestimmten Frist in dem letzten Monat der für ihren Ablauf maßgebende Tag, so endigt die Frist mit dem Ablauf des letzten Tages dieses Monats.**

§§ 187, 188 sind für die Berechnung der taggenauen **Vergütungsansprüche** 1
der beruflichen Betreuer von Bedeutung. Bei der Bestimmung des Vergütungszeitraumes zählt nach § 187 Abs. 1 der Tag der Bestellung des Betreuers nicht mit (→ VBVG § 7), wohl aber nach § 187 Abs. 2.

§ 191 Berechnung von Zeiträumen

Ist ein Zeitraum nach Monaten oder nach Jahren in dem Sinne bestimmt, dass er nicht zusammenhängend zu verlaufen braucht, so wird der Monat zu 30, das Jahr zu 365 Tagen gerechnet.

Ändern sich Umstände, die sich auf die **Vergütung nach dem VBVG** auswir- 1
ken, vor Ablauf eines vollen Monats (§ 9 Abs. 4 VBVG), so kommt zusätzlich zu § 187 Abs. 1 und § 188 Abs. 1 auch § 191 entsprechend zur Anwendung (→ VBVG § 9 Rn. 10). Dies gilt bei anderen vergütungsrelevanten Änderungen innerhalb eines laufenden Abrechnungsmonats, wie zB ein Betreuerwechsel oder eine Beendigung der Betreuung. Die Vorschrift, die erst nachträglich im VBVG ergänzt wurde, normiert nunmehr für diese Fälle eindeutig eine anteilige Vergü-

tung und stellt durch den Verweis auf § 191 im Interesse einer Verwaltungsvereinfachung klar, dass jeder Abrechnungsmonat, unabhängig von seiner tatsächlichen Anzahl an Kalendertagen, einheitlich mit 30 Tagen anzusetzen ist.

Buch 2. Recht der Schuldverhältnisse

Abschnitt 8. Einzelne Schuldverhältnisse

Titel 8. Dienstvertrag und ähnliche Verträge

Untertitel 2. Behandlungsvertrag

§ 630d Einwilligung

(1) [1]**Vor Durchführung einer medizinischen Maßnahme, insbesondere eines Eingriffs in den Körper oder die Gesundheit, ist der Behandelnde verpflichtet, die Einwilligung des Patienten einzuholen.** [2]**Ist der Patient einwilligungsunfähig, ist die Einwilligung eines hierzu Berechtigten einzuholen, soweit nicht eine Patientenverfügung nach § 1827 Absatz 1 Satz 1 die Maßnahme gestattet oder untersagt.** [3]**Weitergehende Anforderungen an die Einwilligung aus anderen Vorschriften bleiben unberührt.** [4]**Kann eine Einwilligung für eine unaufschiebbare Maßnahme nicht rechtzeitig eingeholt werden, darf sie ohne Einwilligung durchgeführt werden, wenn sie dem mutmaßlichen Willen des Patienten entspricht.**

(2) **Die Wirksamkeit der Einwilligung setzt voraus, dass der Patient oder im Fall des Absatzes 1 Satz 2 der zur Einwilligung Berechtigte vor der Einwilligung nach Maßgabe von § 630e Absatz 1 bis 4 aufgeklärt worden ist.**

(3) **Die Einwilligung kann jederzeit und ohne Angabe von Gründen formlos widerrufen werden.**

Die Vorschrift wurde durch das Patientenrechtegesetz mit Wirkung vom 26.2.2013 in das BGB eingefügt. Die §§ 630a ff. (BGB) enthalten grundlegende Regelungen zum Behandlungsvertrag, zu den Aufklärungspflichten, zur Einwilligung in ärztliche Behandlungen sowie zu den Dokumentationspflichten und dem Recht auf Einsichtnahme in die Patientenakte (hierzu Katzenmeier NJW 2013, 817; Olzen/Lilius-Karakaya BtPrax 2013, 127). Für das Betreuungsrecht sind die Regelungen von Bedeutung für alle Angelegenheiten bzw. Aufgabenbereiche, die die Gesundheitssorge betreffen (hierzu Diekmann BtPrax 2010, 53 ff.; Köppel BtPrax 2020, 54). 1

Die Vorschrift des § 630d betrifft nicht den Abschluss des Behandlungsvertrages, der in §§ 630a f. BGB geregelt ist, sondern die Vornahme tatsächlicher Handlungen (BGH NJW 2023, 1435). Allerdings ist die Einholung der Einwilligung vertragliche Pflicht des Behandelnden (Abs. 1 S. 1). Im Fall einer ärztlichen Maßnahme ohne Einwilligung besteht für den Arzt die Gefahr der Strafbarkeit nach §§ 223 StGB sowie der Verpflichtung zum Schadensersatz nach §§ 823 ff. BGB (zur Arzthaftung bei psychiatrischer Behandlung Schiller GesR 2011, 8 ff.; Lesting R&P 2020, 3 ff.). 2

Grundsätzlich ist vor Durchführung einer indizierten (§ 1828 Abs. 1 S. 1 BGB) medizinischen Maßnahme die **Einwilligung des Patienten** selbst einzuholen. Der Betreuer mit entsprechendem Aufgabenbereich, der Bevollmächtigte und 3 ausnahmsweise bei Vorliegen der Voraussetzungen des § 1358 BGB der Ehegatte (nicht das Betreuungsgericht) können nach herrschender Auffassung nur dann stellvertretend als **berechtigte Person** in eine ärztliche Behandlung einwilligen, wenn der Betroffene zum Zeitpunkt der Einwilligungserklärung **einwilligungsunfähig** ist (OLG Hamm BtPrax 1997, 162 mAnm Seitz FGPrax 1997, 142; NJW 2003, 2392; BayObLG FamRZ 1999, 1304; AG Frankfurt a. M. FamRZ 2003, 476 für den Fall der Vollmacht). Dies entspricht den allgemeinen Regeln des Arztrechts und ist nunmehr in Abs. 1 S. 2 ausdrücklich geregelt.

Bei bestehender Einwilligungsfähigkeit ist allein der Betroffene zu einer Entscheidung über die ärztliche Behandlung berechtigt. Eine Patientenverfügung nach § 1827 Abs. 1 ist zu beachten. Es kann also nur **der Betreute oder der Berechtigte** (Betreuer, Bevollmächtigter oder Ehegatte) einwilligen (MüKoBGB/Schneider § 1829 Rn. 10 und 21; Joecker/Loer/Seidel Gesundheitssorge-HdB/Joecker, 86). Allerdings kann es aus der Sicht des behandelnden Arztes bei Zweifeln an der Einwilligungsfähigkeit des Betreuten sinnvoll sein, sowohl die Einwilligung des Betreuten als auch des Berechtigten einzuholen. Liegt die Einwilligungsfähigkeit des Betreuten vor, ist auch seine Ablehnung einer Behandlungsmaßnahme verbindlich, da jeder das Recht hat, ärztliche Behandlungsmaßnahmen abzulehnen. Ein Einwilligungsvorbehalt zum Zweck der Übergehung des vom Betreuten geäußerten Willens ist unzulässig (MüKoBGB/Schneider § 1829 Rn. 21). Die Einwilligung kann von der zur Einwilligung berechtigten Person jederzeit formlos und ohne Angabe von Gründen widerrufen werden (Abs. 3). In unaufschiebbaren Fällen ist auf den mutmaßlichen Willen des Betroffenen abzustellen (Abs. 1 S. 4; → BGB § 1821 Rn. 20 ff. und § 1827 Rn. 17).

4 Das Konzept der Einwilligungsunfähigkeit kann allerdings nach Inkrafttreten von Art. 12 Abs. 2 UN-BRK, wonach auch Menschen mit Behinderungen gleichberechtigt mit anderen Rechts- und Handlungsfähigkeit genießen, nicht uneingeschränkt aufrechterhalten werden. Von dem Begriff der Rechts- und Handlungsfähigkeit wird auch der Begriff der Einwilligungsfähigkeit umfasst (Lachwitz BtPrax 2008, 143). Im Vordergrund steht daher auch bei medizinischen Maßnahmen die **Unterstützung des Betroffenen bei der Ausübung seiner Rechts- und Handlungsfähigkeit** (Art. 12 Abs. 3 UN-BRK). Eine stellvertretende Einwilligung eines Berechtigten kommt danach nur noch in Betracht, wenn der Betroffene einwilligungsunfähig ist und andere in der UN-BRK geschützte höherrangige Menschenrechte (zB das Recht auf Leben) gefährdet werden. Dies entspricht der Wertung des § 1901 Abs. 3 S. 1 BGB aF (hierzu Aichele/Brosey 2013, 355) bzw. § 1821 Abs. 2 und 3 (zur unterstützten Entscheidungsfindung im Betreuungsrecht → BGB § 1821 Rn. 2 ff.). Eine stellvertretende Einwilligung kommt außerdem nicht in Betracht, wenn der unverfügbare Kern des Menschenrechts auf gleiche Anerkennung vor dem Recht verletzt ist. Dies ist bei irreversiblen und besonders intensiven Eingriffen in die persönliche Autonomie des Betreuten der Fall (Aichele/von Bernstorff BtPrax 2010, 199; Aichele Menschenrecht 2013; s. auch BVerfG BtPrax 2011, 112). Dabei kann es sich um irreversible Folgen einer Zwangsbehandlung handeln, aber auch um die Einwilligung in eine Sterilisation (→ BGB § 1830 Rn. 2).

5 Weitergehende Vorschriften iSd Abs. 1 S. 3 gelten nach § 3 Abs. 3 und 4 KastG, wonach eine **Kastration** im Fall der Einwilligungsunfähigkeit des Betroffenen nur bei kumulativer Einwilligung des Betroffenen selbst und eines Betreuers mit entsprechendem Aufgabenkreis durchgeführt werden kann, es sei denn, es geht um die Behandlung einer lebensbedrohenden Krankheit. Eine stellvertretende

Einwilligung in eine **Organspende** kommt nicht in Betracht, da immer die Einwilligung des volljährigen einwilligungsfähigen Spenders erforderlich ist (§ 8 TPG).

Entscheidende Voraussetzung für die stellvertretende Einwilligung des Betreuers (neben den oben genannten Kriterien) ist die **Einwilligungsunfähigkeit** des Betreuten. Nicht entscheidend ist die Geschäftsfähigkeit nach § 104 BGB (OLG Hamm BtPrax 1997, 162 mAnm Seitz FGPrax 1997, 142; NJW 2003, 2392). Der Begriff der Einwilligungsunfähigkeit wird in § 630d Abs. 1 nicht näher geregelt. Einwilligungsunfähig ist nach der üblichen Definition, wer Art, Bedeutung und Tragweite bzw. Folgen der Maßnahme nicht verstehen, bzw. seinen Willen nicht danach bestimmen kann. Abzustellen ist auf die erforderliche **ärztliche Aufklärung,** die der Einwilligung vorauszugehen hat. Die Aufklärungspflichten sind nunmehr in **§ 630e** geregelt. 6

Die Einsicht erstreckt sich auf die ärztliche Diagnose, die therapeutischen Möglichkeiten einschließlich der denkbaren Alternativen sowie das Abschätzen der jeweils damit verbundenen Behandlungschancen und Risiken (MüKoBGB/Schneider § 1829 Rn. 16). **Einwilligungsunfähig** ist, wer auf Grund seiner Krankheit oder Behinderung 7
- den Wert der von der Entscheidung berührten Güter und Interessen,
- die der Entscheidung zugrunde liegenden Tatsachen,
- die sich aus der Entscheidung ergebenden Folgen und Risiken sowie
- die Mittel, die zur Erreichung des angestrebten Zwecks zur Verfügung stehen, ihn aber weniger belasten,

nicht erfassen kann bzw. sein Verhalten nicht nach dieser Einsicht richten kann (Amelung R&P 1995, 20; s. auch Nedopil/Müller Forensische Psychiatrie, 2017, 75 ff.; Hinweise und Empfehlungen der Bundesärztekammer zum Umgang mit Zweifeln an der Einwilligungsfähigkeit bei erwachsenen Patienten Deutsches Ärzteblatt 2019 A 1133). Für die Beurteilung des Wertes der maßgeblichen Güter und Interessen ist das **subjektive Wertsystem** des Einwilligenden maßgeblich, nicht ein objektiv vernünftiges Wertsystem. Dies wird durch die Regelung des § 1821 Abs. 2 und 4 nochmals ausdrücklich betont. Die Autonomie der Willensentscheidung ist zu respektieren, solange keine krankhafte Verzerrung des Wertsystems des Betroffenen vorliegt (Amelung R&P 1995, 20 (24)), die Ablehnung also nicht Symptom der psychischen Erkrankung ist (Gurke/Kießling/Mazur BtPrax 2022, 85 ff.). Die Behandlungsalternativen sind im Fall einer beabsichtigten Behandlung ohne oder gegen den Willen des Betroffenen (hierzu § 1832) unter dem Gesichtspunkt des geringstmöglichen Eingriffs von zentraler Bedeutung. Abzustellen ist auf die konkret in Aussicht genommene Behandlung sowie auf den Zeitpunkt der Vornahme.

Das Bestehen einer Betreuung mit dem Aufgabenbereich der Heilbehandlung ist daher nicht notwendigerweise ein Indiz für das Fehlen der Einwilligungsfähigkeit. Nicht ausschlaggebend sind nach den vorgenannten Kriterien eine fehlende Krankheitseinsicht oder eine aus Sicht des behandelnden Arztes unvernünftige Ablehnung einer beabsichtigten Behandlung. Auch der psychisch kranke Mensch hat das Recht, bestimmte Behandlungsmaßnahmen ganz abzulehnen oder sich für Alternativen zu entscheiden. Entscheidet sich ein psychisch kranker Betreuter auf Grund der ihm aus früheren Behandlungen bekannten Nebenwirkungen gegen eine pharmakologische Behandlung oder die Behandlung mit einem bestimmten Medikament, ist dies in der Regel als ein auf einer autonomen Wertentscheidung beruhender und damit beachtlicher Wille anzusehen. Dem Arzt und Betreuer bleibt es überlassen, den Betroffenen von der Notwendigkeit der Behandlung zu überzeugen. Zwangsmaßnahmen sind in diesem Fall unzulässig (zur Zwangsbehandlung § 1832).

8 Die Zuständigkeit für die Einwilligung liegt ausschließlich bei dem Betroffenen selber oder bei der berechtigten Person, die sich an den Grundsätzen der §§ 1821 und 1827 zu orientieren hat und ggf. der Genehmigung des Betreuungsgerichts nach §§ 1829, 1831 Abs. 4 oder 1832 bedarf. Eine **Einrichtung** (Krankenhaus, Pflegeheim, besondere Wohnform) ist zu Grundrechtseingriffen wie einer (Zwangs-) Behandlung aus eigenem Recht nicht berechtigt (zum fehlenden Vollzugsrecht bei der zivilrechtlichen Unterbringung § 1831 Rn. 46). Dies gilt auch im Fall einer vorläufigen Unterbringung durch einstweilige Anordnung nach §§ 1867 BGB, 334 FamFG. In diesem Fall ist unverzüglich ein vorläufiger Betreuer zu bestellen (§§ 300 f. FamFG). Eine pauschale Übertragung der Behandlung durch den Berechtigten auf die Einrichtung ist unzulässig, da die Rechtsprechung zum Arztrecht eine **vorherige Aufklärung und Einwilligung im Einzelfall,** dh für jede einzelne Behandlungsmaßnahme verlangt. Rechtswidrig ist daher die verbreitete Praxis, dass Betreuer bzw. berechtigte Personen erst nachträglich über eine Medikamentenvergabe oder eine Änderung der Medikation informiert werden. Hier bedarf es gegebenenfalls aufsichtsrechtlicher Maßnahmen des Betreuungsgerichts nach § 1862.

§ 630e Aufklärungspflichten

(1) **[1]Der Behandelnde ist verpflichtet, den Patienten über sämtliche für die Einwilligung wesentlichen Umstände aufzuklären. [2]Dazu gehören insbesondere Art, Umfang, Durchführung, zu erwartende Folgen und Risiken der Maßnahme sowie ihre Notwendigkeit, Dringlichkeit, Eignung und Erfolgsaussichten im Hinblick auf die Diagnose oder die Therapie. [3]Bei der Aufklärung ist auch auf Alternativen zur Maßnahme hinzuweisen, wenn mehrere medizinisch gleichermaßen indizierte und übliche Methoden zu wesentlich unterschiedlichen Belastungen, Risiken oder Heilungschancen führen können.**

(2) **[1]Die Aufklärung muss**

1. **mündlich durch den Behandelnden oder durch eine Person erfolgen, die über die zur Durchführung der Maßnahme notwendige Ausbildung verfügt; ergänzend kann auch auf Unterlagen Bezug genommen werden, die der Patient in Textform erhält,**
2. **so rechtzeitig erfolgen, dass der Patient seine Entscheidung über die Einwilligung wohlüberlegt treffen kann,**
3. **für den Patienten verständlich sein.**

[2]Dem Patienten sind Abschriften von Unterlagen, die er im Zusammenhang mit der Aufklärung oder Einwilligung unterzeichnet hat, auszuhändigen.

(3) **Der Aufklärung des Patienten bedarf es nicht, soweit diese ausnahmsweise aufgrund besonderer Umstände entbehrlich ist, insbesondere wenn die Maßnahme unaufschiebbar ist oder der Patient auf die Aufklärung ausdrücklich verzichtet hat.**

(4) **Ist nach § 630d Absatz 1 Satz 2 die Einwilligung eines hierzu Berechtigten einzuholen, ist dieser nach Maßgabe der Absätze 1 bis 3 aufzuklären.**

(5) [1]**Im Fall des § 630d Absatz 1 Satz 2 sind die wesentlichen Umstände nach Absatz 1 auch dem Patienten entsprechend seinem Verständnis zu erläutern, soweit dieser aufgrund seines Entwicklungsstandes und seiner Verständnismöglichkeiten in der Lage ist, die Erläuterung aufzunehmen, und soweit dies seinem Wohl nicht zuwiderläuft.** [2]**Absatz 3 gilt entsprechend.**

Auch die Vorschrift des § 630e wurde durch das Patientenrechtegesetz mit Wirkung vom 26.2.2013 in das BGB eingefügt (→ BGB § 630d Rn. 1 f.). Die Aufklärungspflicht ist eine vertragliche Verpflichtung des Behandelnden. 1

Die Wirksamkeit der Einwilligung setzt nach § 630d Abs. 2 die vorherige Aufklärung über 2
- die vorliegende Erkrankung (Diagnose),
- die in Betracht kommenden Behandlungsmaßnahmen, ihre Notwendigkeit und ihre Erfolgsaussichten einschließlich möglicher Alternativen sowie
- die mit der Behandlung verbundenen Gefahren (Risiken und Nebenwirkungen) voraus (§ 630e Abs. 1; zu den Aufklärungspflichten Joecker/Loer/Seidel Gesundheitssorge-HdB/Joecker, 72 ff.).

Anders können Betroffene oder die berechtigten Personen im Sinne des § 630d Abs. 1 nicht in **Ausübung ihres Selbstbestimmungsrechts** entscheiden, ob die angebotene Behandlung durchgeführt (also in diese eingewilligt) oder abgelehnt werden soll (BGH NJW 2019, 1283; 2023, 1435; 2025, 1559; ständige Rechtsprechung).

Die Behandlung kann sich sowohl auf die (insbesondere psychische) Krankheit oder Behinderung beziehen, die Anlass der Betreuerbestellung war, als auch auf körperliche Erkrankungen. Jedenfalls bei den Behandlungen, bei denen die Gefahr eines gesundheitlichen Schadens iSd § 1829 Abs. 1 anzunehmen ist (hierzu § 1829 Rn. 6 ff.), besteht eine Pflicht zur Aufklärung. Die Aufklärungspflicht kann aber darüber hinaus bestehen. Gerade bei der Aufklärung über die **Behandlung mit Psychopharmaka** ist über die Erfolgsaussichten der Behandlung einerseits, die Risiken und Nebenwirkungen andererseits sowie die Verlaufsformen der Erkrankung mit und ohne Behandlung unter Berücksichtigung der Wünsche des Betroffenen und der erreichbaren und von ihm verfolgten Ziele aufzuklären (zu Wirkungen und Alternativen psychopharmakologischer Behandlung Aderholt/Crefeld BtPrax 2010, 58 und Greve BtPrax 2010). Die Chancen und Risiken müssen dem Patienten eine allgemeine Vorstellung von dem Ausmaß der mit der Behandlung verbundenen Gefahren vermitteln, ohne dass genaue Prozentzahlen über die Möglichkeit der Verwirklichung eines Behandlungsrisikos mitgeteilt werden müssen (BGH NJW 2019, 1283; 2025, 1559). Bei der Behandlung mit Glianimon, Atosil und Neurocil oder vergleichbarer Neuroleptika über mehrere Wochen hinweg ist über die **Gefahr von Spätfolgen** in Form eines Parkinsonoids oder von Spätdyskinesien aufzuklären (s. LG Berlin BtPrax 1993, 66 zur Genehmigungspflicht nach § 1904 Abs. 1 BGB aF). Dies gilt auch für die Behandlung mit einer Elektrokrampftherapie (EKT) unabhängig davon, ob eine Genehmigung nach § 1829 Abs. 1 erforderlich ist oder nicht (hierzu → BGB § 1829 Rn. 9; zur Zwangsbehandlung mit EKT § 1832 Rn. 12).

3 Grundsätzlich ist der Patient aufzuklären. Die Aufklärung muss **mündlich,** ggf. ergänzt durch schriftliche Unterlagen (BGH NJW 2025, 1559), **rechtzeitig und für den Patienten verständlich** erfolgen (Abs. 2). Rechtzeitig bedeutet, dass genügend Bedenkzeit besteht, die für und wider die Behandlung sprechenden Gründe in Ruhe abzuwägen (BGH NJW 2023, 1435). Verständlich bedeutet, dass auf die individuellen Verständnismöglichkeiten des Patienten abzustellen ist (BGH NJW 2019, 1283). Falls erforderlich ist die Aufklärung in leichter Sprache vorzunehmen (Grüneberg/Weidenkaff BGB § 630e Rn. 11; zu triadischen Gesprächen für eine unterstützte Entscheidungsfindung bei der Gesundheitsversorgung Kliche BtPrax 2020, 9 ff.; zur unterstützten Entscheidungsfindung in der psychiatrischen Praxis Zinkler/Mahlke/Marschner Selbstbestimmung und Solidarität, 2019). Die Aufklärungspflichten nach § 630e werden ergänzt durch die Informationspflichten nach § 630c Abs. 2 BGB.

Nur wenn der Betroffene einwilligungsunfähig ist (→ BGB § 630d Rn. 6), ist die nach § 630d Abs. 1 S. 2 berechtigte Person aufzuklären (Abs. 4). Aber auch der einwilligungsunfähige Betroffene ist in verständlicher Sprache über die wesentlichen Umstände nach Abs. 1 aufzuklären (§ 630e Abs. 5 BGB; BVerfG BtPrax 2011, 112; so bereits Hoffmann BtPrax 2007, 143).

4 Einer Aufklärung bedarf es ausnahmsweise nicht bei unaufschiebbaren Behandlungsmaßnahmen, also bei akuter Selbstgefährdung, oder wenn der Patient auf die Aufklärung verzichtet (Abs. 3). Therapeutische Gründe iÜ können die Aufklärung nicht entbehrlich machen. Ein Verzicht auf die Aufklärung durch die berechtigte Person iSd § 630d Abs. 1 S. 2 ist nicht möglich.

Titel 27. Unerlaubte Handlungen

§ 823 Schadensersatzpflicht

(1) **Wer vorsätzlich oder fahrlässig das Leben, den Körper, die Gesundheit, die Freiheit, das Eigentum oder ein sonstiges Recht eines anderen widerrechtlich verletzt, ist dem anderen zum Ersatz des daraus entstehenden Schadens verpflichtet.**

(2) [1]**Die gleiche Verpflichtung trifft denjenigen, welcher gegen ein den Schutz eines anderen bezweckendes Gesetz verstößt.** [2]**Ist nach dem Inhalt des Gesetzes ein Verstoß gegen dieses auch ohne Verschulden möglich, so tritt die Ersatzpflicht nur im Falle des Verschuldens ein.**

§ 824 Kreditgefährdung

(1) **Wer der Wahrheit zuwider eine Tatsache behauptet oder verbreitet, die geeignet ist, den Kredit eines anderen zu gefährden oder sonstige Nachteile für dessen Erwerb oder Fortkommen herbeizuführen, hat dem anderen den daraus entstehenden Schaden auch dann zu ersetzen, wenn er die Unwahrheit zwar nicht kennt, aber kennen muss.**

(2) **Durch eine Mitteilung, deren Unwahrheit dem Mitteilenden unbekannt ist, wird dieser nicht zum Schadensersatz verpflichtet, wenn er oder der Empfänger der Mitteilung an ihr ein berechtigtes Interesse hat.**

§ 825 Bestimmung zu sexuellen Handlungen

Wer einen anderen durch Hinterlist, Drohung oder Missbrauch eines Abhängigkeitsverhältnisses zur Vornahme oder Duldung sexueller Handlungen bestimmt, ist ihm zum Ersatz des daraus entstehenden Schadens verpflichtet.

§ 826 Sittenwidrige vorsätzliche Schädigung

Wer in einer gegen die guten Sitten verstoßenden Weise einem anderen vorsätzlich Schaden zufügt, ist dem anderen zum Ersatz des Schadens verpflichtet.

§ 827 Ausschluss und Minderung der Verantwortlichkeit

[1]Wer im Zustand der Bewusstlosigkeit oder in einem die freie Willensbestimmung ausschließenden Zustand krankhafter Störung der Geistestätigkeit einem anderen Schaden zufügt, ist für den Schaden nicht verantwortlich. [2]Hat er sich durch geistige Getränke oder ähnliche Mittel in einen vorübergehenden Zustand dieser Art versetzt, so ist er für einen Schaden, den er in diesem Zustand widerrechtlich verursacht, in gleicher Weise verantwortlich, wie wenn ihm Fahrlässigkeit zur Last fiele; die Verantwortlichkeit tritt nicht ein, wenn er ohne Verschulden in den Zustand geraten ist.

Der Ausschluss der zivilrechtlichen Verantwortlichkeit für einen verursachten 1 Schaden findet über den Wortlaut des § 827 hinaus auf alle Fälle der Verschuldenshaftung auch außerhalb der unerlaubten Handlungen Anwendung, insbesondere bei der vertraglichen Haftung (§ 276 Abs. 1 S. 2) und bei der Berücksichtigung von Mitverschulden im Rahmen des § 254. Nicht anwendbar ist die Vorschrift allerdings auf Haftungstatbestände, bei denen ohne Verschulden eine Zurechnung des eingetretenen Schadens normiert wird, insbesondere bei der Gefährdungshaftung (etwa § 7 Abs. 1 StVG). Bei festgestellter Unzurechnungsfähigkeit nach S. 1 ist eine Haftung somit ausgeschlossen, allenfalls eine Billigkeitshaftung nach § 829 kommt in Betracht. Voraussetzung ist ein Handeln im Zustand der Bewusstlosigkeit oder einem haftungsrechtlich vergleichbaren Zustand des Ausschlusses freier Willensbestimmung. Ist die Willensbildung zwar reduziert, aber nicht ausgeschlossen, greift § 827 nicht. Insbesondere begründet die **Bestellung eines Betreuers,** die anderen Voraussetzungen folgt, unabhängig vom Aufgabenkreis für sich allein **nicht die Annahme fehlender Deliktsfähigkeit.** Diese muss vielmehr in jedem Einzelfall festgestellt werden. Zu den Anforderungen an die Geschäftsunfähigkeit, bzw. an einen die freie Willensbestimmung ausschließenden Zustand krankhafter Störung der Geistestätigkeit → BGB § 104 Rn. 2. Bei Personen, die in einer schizophren oder manisch-depressiv Phase, sich im Wahnzustand oder in einem Dämmerzustand, zB infolge der Einnahme eines Beruhigungsmittels befinden, wird dies ebenso wie bei akuten Suizidenten zutreffen (MüKoBGB/Wagner § 827 Rn. 9). Bei schweren kognitiven Beeinträchtigungen dürfte die Deliktsfähigkeit ebenso ausgeschlossen sein.

Die Beweislast für eine Deliktsunfähigkeit trifft im Prozess den Schädiger. Das 2 Gesetz geht von der Regel der Zurechnungsfähigkeit aus. Ist ein Betreuer bestellt, können ggf. die Feststellungen des Betreuungsgerichts im Verfahren über die Betreuerbestellung, insbesondere das eingeholte Sachverständigengutachten (§ 280 FamFG), herangezogen werden, sofern es wegen einer zeitlichen Nähe oder der Dauerhaftigkeit des Zustands Erkenntnis bringen kann.

§ 828 Minderjährige

(1) **Wer nicht das siebente Lebensjahr vollendet hat, ist für einen Schaden, den er einem anderen zufügt, nicht verantwortlich.**

(2) [1]**Wer das siebente, aber nicht das zehnte Lebensjahr vollendet hat, ist für den Schaden, den er bei einem Unfall mit einem Kraftfahrzeug, einer Schienenbahn oder einer Schwebebahn einem anderen zufügt, nicht verantwortlich.** [2]**Dies gilt nicht, wenn er die Verletzung vorsätzlich herbeigeführt hat.**

(3) **Wer das 18. Lebensjahr noch nicht vollendet hat, ist, sofern seine Verantwortlichkeit nicht nach Absatz 1 oder 2 ausgeschlossen ist, für den Schaden, den er einem anderen zufügt, nicht verantwortlich, wenn er bei der Begehung der schädigenden Handlung nicht die zur Erkenntnis der Verantwortlichkeit erforderliche Einsicht hat.**

§ 829 Ersatzpflicht aus Billigkeitsgründen

Wer in einem der in den §§ 823 bis 826 bezeichneten Fälle für einen von ihm verursachten Schaden auf Grund der §§ 827, 828 nicht verantwortlich ist, hat gleichwohl, sofern der Ersatz des Schadens nicht von einem aufsichtspflichtigen Dritten erlangt werden kann, den Schaden insoweit zu ersetzen, als die Billigkeit nach den Umständen, insbesondere nach den Verhältnissen der Beteiligten, eine Schadloshaltung erfordert und ihm nicht die Mittel entzogen werden, deren er zum angemessenen Unterhalt sowie zur Erfüllung seiner gesetzlichen Unterhaltspflichten bedarf.

1 Die Vorschrift normiert die Möglichkeit einer zumindest teilweisen Korrektur des nach §§ 827, 828 vorgesehenen Ergebnisses, wonach der Geschädigte für seinen Schaden keinen Ersatz erlangen kann, unter dem Gesichtspunkt der Billigkeit. Voraussetzung ist, dass der Schädiger mangels Deliktsfähigkeit für den eingetretenen Schaden nicht haftet und auch Ersatz von einem Aufsichtspflichtigen nach § 832 nicht erlangt werden kann. Dies ist der Fall, wenn entweder die tatbestandlichen Voraussetzungen des § 832 nicht gegeben sind oder der an sich haftende Aufsichtspflichtige aus wirtschaftlichen Gründen zum (vollen) Schadensersatz außerstande ist. Eine entsprechende Anwendung etwa auf Fälle vertraglicher Haftung scheidet aus, in § 276 wird zwar auf § 827, nicht jedoch auf § 829 verwiesen.

2 In der vorzunehmenden Abwägung der Verhältnisse der Beteiligten sind auf Seiten des Schädigers vor allem seine wirtschaftliche Leistungsfähigkeit und die näheren Umstände der Verletzungshandlung zu berücksichtigen, auf Seiten des Geschädigten ua die Art und Intensität der Verletzung, der Umfang des eingetretenen Schadens und die wirtschaftliche Situation. Nur wenn ein Vergleich der Verhältnisse ein deutliches „Gefälle“ zugunsten des Geschädigten zeigt – einem

wirtschaftlich gut gestellten Schädiger steht ein dauerhaft bedürftiger Geschädigter gegenüber – kann davon ausgegangen werden, dass dies eine Schadloshaltung „erfordert". Die Grenze der Leistungsfähigkeit des Schädigers ist in jedem Falle der eigene Unterhalt und derjenige seiner Unterhaltsberechtigten. In Betracht kommt als Ergebnis dieser Abwägungen auch ein nur teilweiser Ersatz des eingetretenen Schadens („insoweit").

§ 832 Haftung des Aufsichtspflichtigen

(1) [1]**Wer kraft Gesetzes zur Führung der Aufsicht über eine Person verpflichtet ist, die wegen Minderjährigkeit oder wegen ihres geistigen oder körperlichen Zustands der Beaufsichtigung bedarf, ist zum Ersatz des Schadens verpflichtet, den diese Person einem Dritten widerrechtlich zufügt.** [2]**Die Ersatzpflicht tritt nicht ein, wenn er seiner Aufsichtspflicht genügt oder wenn der Schaden auch bei gehöriger Aufsichtsführung entstanden sein würde.**

(2) **Die gleiche Verantwortlichkeit trifft denjenigen, welcher die Führung der Aufsicht durch Vertrag übernimmt.**

Der Betreuer kann nach der Reform 2023 (BT-Drs. 19/24445) für eine Verlet- 1
zung der Aufsichtspflicht nicht mehr haften. Ob und wann dem Betreuer eine Aufsichtspflicht zukommt, war nach früheren Recht zumindest für die Übertragung der Personensorge oder der Aufsichtspflicht diskutiert worden (Jürgens/Jürgens, 6. Aufl. 2019, § 832 Rn. 2). Nach der Begründung des Regierungsentwurfs sollen aber solche Tätigkeiten ausdrücklich als Aufgabenbereich ausgeschlossen sein, die keine eigenen Angelegenheiten des Betreuten beinhalten, etwa eine Beaufsichtigung des Betreuten. Die Gesetzesbegründung stellt dazu klar: „Einem Betreuer übertragen werden können nur solche Angelegenheiten, welche der Betreute selbst nicht (mehr) wahrnehmen kann, also nur Rechte und Pflichten, die dem Betreuten grundsätzlich selbst zustehen bzw. obliegen. So kann es etwa eine Aufsichtspflicht begriffsnotwendig nur über eine dritte Person geben, so dass diese dem Betreuer nicht übertragen, sondern nur originär bei diesem begründet werden kann." (BT-Drs. 19/24445, 234).

Eine Aufsichtspflicht kann aber auch denjenigen treffen, der sie durch Vertrag 2
übernimmt (Abs. 2). In Betracht kommen hier vor allem juristische oder natürliche Personen als Träger von Einrichtungen, in denen ein aufsichtsbedürftiger Betreuter wohnt, untergebracht ist (hierzu BGH NJW 1985, 677) oder sich aus sonstigen Gründen berechtigt aufhält (Wohn- oder Pflegeheim, Krankenhaus, Werkstatt für behinderte Menschen, Rehabilitationseinrichtung etc.) oder die auf andere Weise dem Betreuten konkrete Unterstützung leisten sollen (etwa ambulante Dienste). Die Anwendung dieser Vorschrift kommt nur in Betracht, wenn dieser wegen seines geistigen oder körperlichen Zustandes der Beaufsichtigung bedarf. Dies hängt von den krankheits-/behinderungsbedingten Eigenarten und vor allem seinem bisherigen Verhalten ab, insbesondere häufigere schadensgeneigte Handlungen, die der Betroffene selbst nicht kontrollieren kann. Auch die äußeren Umstände können einen Beaufsichtigungsbedarf begründen, etwa wenn ein zunächst untergebrachter Betreuter in eine offene Wohnform wechselt oder aus einem psychiatrischen Krankenhaus entlassen wurde.

Der Vertrag kann mit dem Aufsichtsbedürftigen selbst bzw. durch dessen Vertre- 3
ter geschlossen werden, wobei eine konkludente Vereinbarung genügt, wie im

Fall der Aufnahme in ein Krankenhaus zur ärztlichen Behandlung und Pflege (MüKoBGB/Wagner § 832 Rn. 19). Die angemessene Beaufsichtigung kann im Fall der Erforderlichkeit als Nebenpflicht des Vertrags enthalten sein. Der Einrichtungsträger seinerseits kommt seiner Aufsichtspflicht durch die Mitarbeiter nach, die insoweit Erfüllungsgehilfen (§ 278) des Trägers sind bei Erfüllung seiner vertraglichen Verpflichtung gegenüber dem Betreuten. Zur strafrechtlichen Verantwortung des Leiters eines Altenpflegeheims für den tödlichen Unfall eines Heimbewohners (OLG Stuttgart BtPrax 1998, 113).

Buch 4. Familienrecht

Abschnitt 1. Bürgerliche Ehe

Titel 5. Wirkungen der Ehe im Allgemeinen

§ 1358 Gegenseitige Vertretung von Ehegatten in Angelegenheiten der Gesundheitssorge

(1) **Kann ein Ehegatte aufgrund von Bewusstlosigkeit oder Krankheit seine Angelegenheiten der Gesundheitssorge rechtlich nicht besorgen (vertretener Ehegatte), ist der andere Ehegatte (vertretender Ehegatte) berechtigt, für den vertretenen Ehegatten**

1. **in Untersuchungen des Gesundheitszustandes, Heilbehandlungen oder ärztliche Eingriffe einzuwilligen oder sie zu untersagen sowie ärztliche Aufklärungen entgegenzunehmen,**
2. **Behandlungsverträge, Krankenhausverträge oder Verträge über eilige Maßnahmen der Rehabilitation und der Pflege abzuschließen und durchzusetzen,**
3. **über Maßnahmen nach § 1831 Absatz 4 zu entscheiden, sofern die Dauer der Maßnahme im Einzelfall sechs Wochen nicht überschreitet, und**
4. **Ansprüche, die dem vertretenen Ehegatten aus Anlass der Erkrankung gegenüber Dritten zustehen, geltend zu machen und an die Leistungserbringer aus den Verträgen nach Nummer 2 abzutreten oder Zahlung an diese zu verlangen.**

(2) [1]**Unter den Voraussetzungen des Absatzes 1 und hinsichtlich der in Absatz 1 Nummer 1 bis 4 genannten Angelegenheiten sind behandelnde Ärzte gegenüber dem vertretenden Ehegatten von ihrer Schweigepflicht entbunden.** [2]**Dieser darf die diese Angelegenheiten betreffenden Krankenunterlagen einsehen und ihre Weitergabe an Dritte bewilligen.**

(3) **Die Berechtigungen nach den Absätzen 1 und 2 bestehen nicht, wenn**

1. **die Ehegatten getrennt leben,**
2. **vertretenden Ehegatten oder dem behandelnden Arzt bekannt ist, dass der vertretene Ehegatte**
   a) **eine Vertretung durch ihn in den in Absatz 1 Nummer 1 bis 4 genannten Angelegenheiten ablehnt oder**
   b) **jemanden zur Wahrnehmung seiner Angelegenheiten bevollmächtigt hat, soweit diese Vollmacht die in Absatz 1 Nummer 1 bis 4 bezeichneten Angelegenheiten umfasst,**
3. **für den vertretenen Ehegatten ein Betreuer bestellt ist, soweit dessen Aufgabenkreis die in Absatz 1 Nummer 1 bis 4 bezeichneten Angelegenheiten umfasst, oder**
4. **die Voraussetzungen des Absatzes 1 nicht mehr vorliegen oder mehr als sechs Monate seit dem durch den Arzt nach Absatz 4 Satz 1 Nummer 1 festgestellten Zeitpunkt vergangen sind.**

(4) [1]**Der Arzt, gegenüber dem das Vertretungsrecht ausgeübt wird, hat**
1. **das Vorliegen der Voraussetzungen des Absatzes 1 und den Zeitpunkt, zu dem diese spätestens eingetreten sind, schriftlich zu bestätigen,**
2. **dem vertretenden Ehegatten die Bestätigung nach Nummer 1 mit einer schriftlichen Erklärung über das Vorliegen der Voraussetzungen des Absatzes 1 und das Nichtvorliegen der Ausschlussgründe des Absatzes 3 vorzulegen und**
3. **sich von dem vertretenden Ehegatten schriftlich versichern zu lassen, dass**
   a) **das Vertretungsrecht wegen der Bewusstlosigkeit oder Krankheit, aufgrund derer der Ehegatte seine Angelegenheiten der Gesundheitssorge rechtlich nicht besorgen kann, bisher nicht ausgeübt wurde und**
   b) **kein Ausschlussgrund des Absatzes 3 vorliegt.**

[2]**Das Dokument mit der Bestätigung nach Satz 1 Nummer 1 und der Versicherung nach Satz 1 Nummer 3 ist dem vertretenden Ehegatten für die weitere Ausübung des Vertretungsrechts auszuhändigen.**

(5) **Das Vertretungsrecht darf ab der Bestellung eines Betreuers, dessen Aufgabenkreis die in Absatz 1 Nummer 1 bis 4 bezeichneten Angelegenheiten umfasst, nicht mehr ausgeübt werden.**

(6) **§ 1821 Absatz 2 bis 4, § 1827 Absatz 1 bis 3, § 1828 Absatz 1 und 2, § 1829 Absatz 1 bis 4 sowie § 1831 Absatz 4 in Verbindung mit Absatz 2 gelten entsprechend.**

I. Einleitung

1 Mit der Vorschrift wurde ein auf sechs Monate befristetes, auf Gesundheitsangelegenheiten und damit eng verbundener Angelegenheiten, beschränktes Ehegattenvertretungsrecht eingeführt. Es handelt sich um ein Notvertretungsrecht für Fälle von Bewusstlosigkeit oder akuter Erkrankung mit dem Ziel vorläufige Betreuerbestellungen im einstweiligen Anordnungsverfahren nach § 300 FamFG zu vermeiden. Die Einführung eines solchen Vertretungsrechts war länger diskutiert worden (Diekmann BtPrax 2015, 188 ff.) und 2017 (BR-Drs. 865/03) in einem nicht abgeschlossenen Gesetzgebungsverfahren. Die Vorschrift räumt Ehegatten die Befugnis ein, ihren Ehegatten zu vertreten, wenn dieser selbst keine Vorsorge mittels einer Vorsorgevollmacht getroffen hat oder keine rechtliche Betreuung besteht. Es geht auch um die Fälle, in denen Ärzte bislang auf Grundlage der Geschäftsführung ohne Auftrag (im Vermögensbereich § 680) bzw. der mutmaßlichen Einwilligung (bei ärztlichen Eingriffen § 630d Abs. 1 S. 4) im Interesse des Betroffenen und des mutmaßlichen Willens tätig geworden sind, weitet diese Notfallmöglichkeiten aber zeitlich und inhaltlich aus. Abs. 1 führt zur Klarstellung die Begriffe **vertretener Ehegatte** und **vertretender Ehegatte** ein.

Für Fälle mit **Auslandbezug** ordnet zudem **Art. 15 EGBGB** die ausschließliche Anwendbarkeit deutschen Rechts an (→ EGBGB Art. 15).

II. Umfang des Vertretungsrechts

2 Die **Voraussetzungen** für den Eintritt des Vertretungsrechts durch den Ehegatten regelt Abs. 1, während Abs. 3 Ausschlussgründe für das Vertretungsrecht

aufführt. Abs. 1 sieht in den Nr. 1–4 einen abschließenden Katalog der Angelegenheiten vor, in denen eine Vertretung erfolgen kann. Die Vorschrift gilt für alle geschlossenen Ehen. Über § 21 Lebenspartnerschaftsgesetz ist § 1358 anzuwenden. Für Fälle mit Auslandsbezug s. Art. 15 EGBGB. Verwandte iSv § 1789, wie Kinder oder Eltern, sind von dem Vertretungsrecht nicht erfasst.

Das Vertretungsrecht setzt voraus, dass der andere Ehegatte aufgrund von **Bewusstlosigkeit oder einer Krankheit** nicht in der Lage ist, die in Abs. 1 genannten Angelegenheiten rechtlich zu besorgen. Hierin liegt eine bewusste Orientierung an den Voraussetzungen der Bestellung eines Betreuers nach § 1814 Abs. 1 vor und entspricht der Zielsetzung, die Anordnung einer vorläufigen Betreuung nach § 300 FamFG möglichst zu vermeiden (BT-Drs. 19/24445, 179). Allerdings ist § 1358 auf den gesundheitlichen Zustand einer Bewusstlosigkeit oder einer Krankheit begrenzt, weil hier akute Fälle erfasst werden sollen (BT-Drs. 19/24445, 179). Neben den der Gesundheitssorge dienenden Maßnahmen umfasst das Vertretungsrecht auch Rechtsgeschäfte, die im engen Zusammenhang mit der Gesundheitssorge stehen und häufig unmittelbar nach dem Beginn der Handlungsunfähigkeit geregelt werden müssen. 3

Das Vertretungsrecht erfasst nach Abs. 1 Nr. 1 die **Entscheidung über Untersuchungen des Gesundheitszustandes** des vertretenen Ehegatten und die darauf beruhenden indizierten **Heilbehandlungen oder ärztlichen Eingriffe.** Das Vertretungsrecht ermächtigt zum einen die Einwilligung in diejenigen ärztlichen Maßnahmen, die in unmittelbarem Zusammenhang mit der das Vertretungsrecht auslösenden Bewusstlosigkeit oder Erkrankung stehen, zum anderen aber auch in Behandlungen oder Eingriffe, die zwar nicht in direktem Zusammenhang mit der das Vertretungsrecht auslösenden Erkrankung stehen, die im Zuge der Behandlung jedoch erstmals diagnostiziert wurden und deren Behandlung aus medizinischer Sicht notwendig und unaufschiebbar ist (BT-Drs. 19/24445, 179). Zudem wird der Ehegatte berechtigt, alle im Zusammenhang mit den genannten ärztlichen Maßnahmen notwendigen Aufklärungen entgegenzunehmen, was sich bereits aus § 630e Abs. 4 ergibt. Es bleibt aber dabei, dass der erkrankte Ehegatte ebenfalls aufzuklären ist, es sei denn, diese ist wegen der Bewusstlosigkeit oder anderer Umstände entbehrlich (§ 630e Abs. 3). Der vertretende Ehegatte wird zum Berechtigten iSv § 630d Abs. 1 S. 2, wenn der Patient **einwilligungsunfähig ist,** soweit nicht eine Patientenverfügung nach § 1827 Abs. 1 S. 1 die Maßnahme gestattet oder untersagt. Liegt eine Patientenverfügung vor, so hat der Ehegatte dieser nach Feststellung des Willens mit dem behandelnden Arzt (§ 1828) Ausdruck und Geltung zu verleihen. Stellvertretende Einwilligungen kann und darf der vertretende Ehegatte nur abgeben, soweit der erkrankte Ehegatte situativ einwilligungsunfähig ist (→ BGB § 630d Rn. 6 ff.). In diesem Fall ist der mutmaßliche Wille festzustellen (§ 1827 Abs. 2). Eine Beschränkung der Vertretungsbefugnis ergibt sich ggf. aus einer Genehmigungspflicht nach § 1829, sofern kein Einvernehmen zwischen vertretendem Ehegatten und Arzt mit Blick auf den Patientenwillen besteht. Die Anwendbarkeit dieser betreuungsrechtlichen Vorschrift ergibt sich aus Abs. 6. 4

Das Vertretungsrecht befugt den Ehegatten zum **Abschluss von Behandlungs- und Krankenhausverträgen** (Abs. 1 Nr. 2), die abzuschließen sind, soweit die Behandlung nicht durch die gesetzliche Krankenversicherung ohne Vertragsabschluss abgedeckt ist. Auch der Abschluss von Verträgen über **eilige Maßnahmen der Rehabilitation und der Pflege** wird erfasst, die im zeitlichen Rahmen des Vertretungsrechts und im unmittelbaren kausalen Zusam- 5 menhang mit der anlassgebenden Erkrankung oder Bewusstlosigkeit notwendig sind (BT-Drs. 19/24445, 180). Nicht erfasst sind dagegen vertragliche Bindungen mit einem Vertragsbeginn nach dem Ende des Vertretungsrechts des Ehegatten. Zur besseren Wirksamkeit hat der Ehegatte das Recht, alle notwendigen Maßnahmen zu ergreifen, um die von ihm geschlossenen Verträge gegenüber den Vertragspartnern auch durchzusetzen, dazu gehört auch, zB Mängelrechte und vereinbarte Leistungen **gerichtlich geltend machen** (BT-Drs. 19/24445, 180).

6 Nach Abs. 1 Nr. 3 ist der vertretende Ehegatte berechtigt, über **freiheitsentziehende Maßnahmen nach § 1831 Abs. 4** zu entscheiden. Diese Befugnis ist auf die Dauer von **maximal sechs Wochen** beschränkt. Die Vorschrift soll Sicherungsmaßnahmen erfassen, die zT über mehrere Tage oder auch regelmäßig zB nach operativen Eingriffen erforderlich werden, wie im Fall von postoperativen Delirzuständen. Hier können Sicherungsmaßnahmen wie zB eine Fixierung (AG Offenburg BeckRS 2023, 7371) zum Teil über mehrere Tage oder auch regelmäßig erforderlich werden, etwa eine Fixierung im Bett oder eine Sedierung (MüKoBGB/Roth BGB § 1358 Rn. 11). Mit der zeitlichen Einschränkung wird auch unterstrichen, dass es sich bei dem Ehegattenvertretungsrecht nur um eine Notvertretung handelt, so dass die Bestellung eines Betreuers durch das Gericht einzuleiten ist, wenn abzusehen ist, dass die freiheitsentziehenden Maßnahmen länger als sechs Wochen erforderlich sein werden (BT-Drs. 19/24445, 180). Wegen der Befugnis zu freiheitsentziehenden Maßnahmen und der mit der Entscheidung verbundenen hohen Eingriffsintensität sind diese durch das **Betreuungsgericht zu genehmigen.** Hierzu gelten die Vorschriften über das Verfahren nach §§ 312 ff. FamFG. Durch den Verweis in Abs. 6 gilt die Genehmigungspflicht nach § 1831 Abs. 4 iVm Abs. 2. Ohne die Genehmigung ist die freiheitsentziehende Maßnahme nach § 1831 Abs. 2 S. 2 nur zulässig, wenn mit dem Aufschub Gefahr verbunden ist; die Genehmigung ist unverzüglich nachzuholen. Das Ausüben der Befugnis setzt voraus, dass der vertretene Ehegatte einwilligungsunfähig ist. Abs. 1 Nr. 3 gibt dem vertretenden Ehegatten weder die Befugnis zur freiheitsentziehenden Unterbringung nach § 1831 Abs. 1 noch zu einer ärztlichen Zwangsmaßnahme nach § 1832 (krit. dazu Kraemer BtPrax 2021, 209).

7 Abs. 1 Nr. 4 berechtigt den vertretenden Ehegatten, Ansprüche, die seinem Ehegatten aus Anlass der Erkrankung gegenüber Dritten zustehen, geltend zu machen. Dies betrifft in erster Linie Versicherungsleistungen oder Beihilfeansprüche. Für den vertretenden Ehegatten besteht kein Inkassorecht hinsichtlich der geltend gemachten Leistungen. Er kann die geltend gemachten Leistungen daher entweder nur an die Leistungserbringer abtreten oder die Zahlung direkt an den Leistungserbringer verlangen. Er darf keine Zahlung an sich selbst verlangen, damit einem Missbrauch des Vertretungsrechts durch den Ehegatten vorgebeugt wird (BT-Drs. 19/24445, 180). Wegen des Fehlens der Inkassovertretungsbefugnis kann der Ehegatte nicht auf das Vermögen des Vertretenen zugreifen, um die Leistungserbringer zu befriedigen, wenn Versicherungen oder die Beihilfestellen Leistungen verweigern. Hier kann wieder ein vorläufiger Betreuer erforderlich werden, um zB Rechnungen vom Konto des erkrankten Ehegatten begleichen zu können (krit. Dutta FamRZ 2020, 182; Kraemer BtPrax 2021, 209).

8 Zum Vertretungsrecht gehört auch das Erlangen von Informationen über die Gegenstände nach Abs. 1, so dass Ärzte nach Abs. 2 S. 1 **von der Schweigepflicht** entbunden sind. Dazu gehört nach Abs. 2 S. 2 auch das Recht des vertre-

tenden Ehegatten auf **Einsicht in die diese Angelegenheiten betreffenden Krankenunterlagen** einschließlich der Bewilligung der Weitergabe an Dritte, zB die Krankenversicherung und weiterbehandelnde Ärzte.

III. Pflichten des vertretenden Ehegattens

Die Vorschrift begründet ein Recht zur Vertretung, aber keine Pflicht. Will **9**
der vertretungsberechtigte Ehegatte das Recht nicht ausüben, so kann er dies ablehnen (ausführlich Schwab FamRZ 2024, 905 ff.) Sieht sich zB der Ehegatte von Anfang an oder im Laufe der Vertretungszeit nicht (mehr) in der Lage, sich um die Angelegenheiten seines Ehepartners zu kümmern, etwa weil er selbst auf Grund einer Erkrankung oder Behinderung beeinträchtigt oder weil er durch die Situation überfordert ist, teilt er dies dem behandelnden Arzt mit (BT-Drs. 19/24445, 179). Dieser hat – soweit dies nicht bereits durch den Ehegatten oder sonstige Angehörige des Patienten geschehen ist – beim zuständigen Betreuungsgericht die Einleitung eines Betreuungsverfahrens anzuregen. Das gilt auch, wenn der Ehegatte tatsächlich an der Ausübung des Vertretungsrechts gehindert ist, weil er sich bspw. länger im Ausland aufhält und dort nicht erreichbar ist (BT-Drs. 19/24445, 179). Der vertretende Ehegatte hat dem Arzt gegenüber nach Abs. 4 Nr. 3a schriftlich zu versichern, dass er das Vertretungsrecht, wegen der gegenwärtig vorliegenden Erkrankung bisher nicht ausgeübt hat. Außerdem hat er nach Abs. 4 Nr. 3b schriftlich zu versichern, dass kein Ausschlussgrund nach Abs. 3 (→ Rn. 10 ff.). vorliegt. Die Ehegattenvertretung ist ein Instrument des Erwachsenenschutzes und unterliegt denselben Anforderungen wie rechtliche Betreuung und Vorsorgevollmacht und muss daher ebenfalls den Vorgaben des Art. 12 UN-BRK genügen. Übt der Ehegatte das Vertretungsrecht aus, so ergeben sich die aus Abs. 6 aufgenommene Verweise auf die betreuungsrechtlichen Vorschriften der § 1821 Abs. 2 bis 4, § 1827 Abs. 1 bis 3, § 1828 Abs. 1 und 2, § 1829 Abs. 1 bis 4 sowie § 1831 Abs. 4 iVm Abs. 2 zum Schutz des vertretenen Ehegatten. Der vertretende Ehegatte ist insoweit den gleichen Bindungen unterworfen wie ein Vorsorgebevollmächtigter bzw. ein gerichtlich bestellter Betreuer. Verstößt der Ehegatte gegen diese Pflichten, kann dies eine Betreuerbestellung erforderlich machen. Der vertretende Ehegatte hat **andere nahen Angehörigen und sonstige Vertrauenspersonen** des vertretenen Ehegatten einzubeziehen, um den mutmaßlichen Willen feststellen zu können. Diese erhalten Gelegenheit zur Äußerung (§§ 1821 Abs. 4 S. 3, 1828 Abs. 2). Der Ehegatte kann sich bei der Betreuungsbehörde (§ 5 BtOG) wegen der Ausübung der Vertretungsbefugnis beraten lassen. Für eine weitergehende Regelung zum Innenverhältnisses zwischen den Eheleuten besteht kein Bedarf, da dies in § 1353 Abs. 1 S. 2 hinreichend geregelt ist (BT-Drs. 19/24445, 184).

IV. Ausschluss des Vertretungsrechts

Das Vertretungsrecht ist nach Abs. 3 Nr. 1 ausgeschlossen, wenn die **Ehegatten** **10**
getrennt leben (§ 1567 Abs. 1). Eine Trennung liegt nicht allein darin, dass zwischen den Eheleuten keine häusliche Gemeinschaft (mehr) besteht, zB weil ein Ehegatte zwischenzeitlich im Heim lebt oder die Ehegatten aus beruflichen Gründen verschiedene Wohnorte haben. Entscheidend ist ein Trennungswille,

der voraussetzt, dass ein Ehegatte die eheliche Lebensgemeinschaft ablehnt und die häusliche Gemeinschaft erkennbar nicht mehr herstellen will. Liegt dies vor, kann nicht davon ausgegangen werden, dass der vertretungsbedürftige Ehegatte sich von dem anderen Ehegatten in Angelegenheiten der Gesundheitssorge vertreten lassen will (BT-Drs. 19/24445, 181).

11 Nach Abs. 3 Nr. 2 ist das Vertretungsrecht ferner ausgeschlossen, wenn dem Ehegatten oder dem behandelnden Arzt bekannt ist, dass der erkrankte Ehepartner nicht von dem anderen Ehegatten vertreten werden will. Dies ergibt sich nach Abs. 3 Nr. 2a daraus, dass der vertretene Ehegatte eine Vertretung durch ihn in den in Abs. 1 genannten Angelegenheiten **ablehnt.** Die Motivation für eine Ablehnung ist dabei unerheblich (BT-Drs. 19/24445, 181). Die Ablehnung ist Bestandteil des Selbstbestimmungsrechts und bedarf keiner besonderen Gründe. Allerdings soll nicht der Wille, sondern die Kenntnis vom Willen durch Arzt bzw. Ehegatten entscheidend sein (Dutta FamRZ 2020, 1883, → Rn. 12). Der Ausschluss des Ehegatten ergibt sich auch daraus, dass der Betroffene **einen Dritten** mit seiner Vertretung in diesen Angelegenheiten mittels **Vollmacht** betraut hat. Dabei ist darauf zu achten, auf welche Bereiche sich die Vollmacht konkret erstreckt, denn es ist denkbar, dass diese nur Teile von Abs. 1 umfasst. In diesem Fall ist der vertretende Ehegatte in dem Umfang von der Vertretung des Erkrankten in den Angelegenheiten des Abs. 1 ausgeschlossen, in dem der Dritte über eine wirksame Vollmacht verfügt (BT-Drs. 19/24445, 181). Die Vollmacht an einen Dritten, die nicht alle Angelegenheiten nach Abs. 1 umfasst, kann ein Anhaltspunkt dafür sein, dass eine Ablehnung des Ehegatten als Vertreter insgesamt vorliegt. Die Erklärung ist auszulegen und dabei ist der wirkliche Willen des Ehegatten zu erforschen (vgl. § 133).

12 Der Ausschluss der Vertretungsmacht nach Abs. 3 Nr. 2 setzt **die Kenntnis vom Ausschluss der Vertretungsmacht des vertretenden Ehegatten oder des behandelnden Arztes voraus.** Die Kenntnis erhält der Arzt, idR durch die Erklärung des Ehegatten nach Abs. 4 Nr. 2. Eine besondere Prüf- oder Nachforschungspflicht besteht nicht und würde dem Sinn und Zweck der Vorschrift, eine unkomplizierte Vertretungsberechtigung des Ehegatten in einer Notsituation zu schaffen, zuwiderlaufen (BT-Drs. 19/24445, 181). Der Gesetzgeber sieht es als die grundsätzliche Aufgabe eines Ehegatten an, wenn er eine Vertretung durch seinen Ehepartner nicht oder nur teilweise wünscht, dies seinem Ehegatten mitzuteilen und ggf. zusätzlich auf andere Weise sicherzustellen, dass sein Wille berücksichtigt wird (BT-Drs. 19/24445, 181). Gem. § 78a BNotO können im Zentralen Vorsorgeregister bei der Bundesnotarkammer **Widersprüche gegen eine Vertretung** durch den Ehegatten nach § 1358 aufgenommen werden. Zudem erhalten Ärzte nun neben den Betreuungsgerichten die Möglichkeit der **Einsicht in das Zentrale Vorsorgeregister** (§ 78a Abs. 1 BNotO). Auch der Hinweis eines Dritten auf das Vorliegen eines Widerspruchs des erkrankten Ehegatten, kann die Kenntnis vom Ausschluss der Vertretungsmacht begründen.

13 Ausgeschlossen ist das Vertretungsrecht auch, soweit ein Betreuer bestellt ist, dessen Aufgabenkreis einzelne oder sämtliche der in Abs. 1 Nr. 1–4 genannten Angelegenheiten umfasst. Deckt der Aufgabenkreis des Betreuers nicht alle in Abs. 1 beschriebenen Bereiche ab, ist der Ehegatte nur diesbezüglich vertretungsbefugt. Im Gegensatz zu den Ausschlussgründen unter Abs. 3 Nr. 2 wird hier auf den objektiven Tatbestand der Bestellung eines Betreuers abgestellt, denn die Bestellung eines Betreuers kann dem Ehegatten in der Praxis, anders als der Widerspruch oder die Vollmachtserteilung, nicht verborgen bleiben (BT-Drs. 19/24445, 182 mVwa § 274 Abs. 4 FamFG). Ggf. ist die Erweiterung des Aufgabenkreises des Betreuers angezeigt. Ab der Bestellung eines Betreuers, dessen Aufgabenkreis die in Abs. 1 bezeichneten Angelegenheiten umfasst, darf nach Abs. 5 das Ehegattenvertretungsrecht nicht mehr ausgeübt werden.

V. Dauer und Ende des Vertretungsrechts des Ehegatten

Die Wirkung des Ehegattenvertretungsrechts tritt kraft Gesetzes ein (Dutta FamRZ 2020, 1833). Das Vertretungsrecht des Ehegatten endet, wenn die **Voraussetzungen des Abs. 1 nicht mehr vorliegen** und spätestens **mit Ablauf von sechs Monaten,** nachdem der Arzt das Vorliegen der Voraussetzungen nach Abs. 1 festgestellt hat. Dies entspricht der Dauer einer vorläufigen Betreuerbestellung. Die zeitliche Beschränkung dient dem Schutz des vertretenen Ehegatten. Nach Ablauf der Zeit kann eine Betreuerbestellung erforderlich sein, die bei Absehbarkeit eines längeren Bedarfs frühzeitig dem Betreuungsgericht mitgeteilt werden sollte. Kann der Ehegatte bereits vor Ablauf der sechs Monate seine gesundheitlichen Angelegenheiten rechtlich wieder selbst regeln, endet das Vertretungsrecht. Unabhängig davon gilt für den behandelnden Arzt §§ 630a ff., so dass es bezüglich ärztlicher Maßnahmen immer auf die situative Einwilligungsfähigkeit ankommt. Gegenüber sonstigen Dritten, denen gegenüber das Vertretungsrecht bereits ausgeübt wurde, hat der bisher vertretene Ehegatte zum Schutz des Rechtsverkehrs deutlich zu machen, dass er sich wieder selbst vertreten will (BT-Drs. 19/24445, 182), um den Anschein einer Vertretungsmacht zu verhindern. Abgrenzung zu Geschäften von Ehegatten zur Deckung des täglichen Lebensbedarfs § 1357 (Grüneberg/Siede BGB § 1357 Rn. 9 ff.). Ab der **Bestellung eines Betreuers,** dessen Aufgabenkreis die in Abs. 1 bezeichneten Angelegenheiten umfasst, darf nach Abs. 5 das Ehegattenvertretungsrecht nicht mehr ausgeübt werden. Die Bestellung eines Betreuers kommt in Betracht, wenn der Ehegatte sein Vertretungsrecht missbraucht oder es nicht hinreichend ausübt (Jurgeleit NJW 2023, 1 f.) **14**

VI. Nachweis des Vertretungsrechts

Das Vertretungsrecht wird von dem Ehegatten über einen Zeitraum von bis zu sechs Monaten und gegenüber verschiedenen Ärzten und Einrichtungen ausgeübt. Ein Nachweis für den Ehegatten über die Vertretungsberechtigung und ihre Dauer ist für die Praktikabilität notwendig, denn für den Rechtsverkehr ist ein möglichst unkomplizierter Nachweis der Handlungsbefugnisse des Ehegatten zentral (Dutta FamRZ 2020, 1883). Abs. 4 sieht ein **Dokument für den Nachweis** vor und regelt die Voraussetzungen (Abs. 4 S. 1). Vor Ausübung des Vertretungsrechts durch den Ehegatten hat der behandelnde Arzt das Vorliegen der Voraussetzungen, nämlich dass der Patient aufgrund von Bewusstlosigkeit oder einer Krankheit seine Angelegenheiten der Gesundheitssorge rechtlich nicht besorgen kann und den Zeitpunkt, zu welchem dieser spätestens eingetreten ist, zu bestätigen. Hier sind die Angaben des Ehegatten ein wesentlicher Anhaltspunkt. Sind hingegen keine genauen Angaben ermittelbar, ist der Zeitpunkt maßgeblich, zu dem der Patient in die Klinik eingeliefert bzw. dem Arzt vorgestellt wurde (BT-Drs. 19/24445, 184). Der vertretende Ehegatte hat für die Ausstellung des Dokuments nach Abs. 4 **15**

S. 1 Nr. 3 zu versichern, dass keine Ausschlussgründe für das Vertretungsrecht nach Abs. 3 (→ Rn. 10) vorliegen. Zudem ist eine Bestätigung des Ehegatten erforderlich, dass **Ehegattenvertretungsrecht** wegen der gegenwärtigen **Erkrankung noch nicht ausgeübt wurde.** Dies soll verhindern, dass der vertretende Ehegatte bei einer länger andauernden oder chronischen Erkrankung seines Ehegatten, die dauerhaft oder periodisch dazu führt, dass dieser seine Angelegenheiten der Gesundheitssorge rechtlich nicht besorgen kann, immer wieder das Ehegattenvertretungsrecht in Anspruch nimmt. Dadurch würde der mit der Befristung angestrebte Schutz unterlaufen (BT-Drs. 19/24445, 183). Hingegen ist eine mehrfache Inanspruchnahme des Ehegattenvertretungsrechts wegen zeitlich unabhängig voneinander eingetretener Krankheiten bzw. Bewusstlosigkeit, bspw. eines schweren Unfalls und eines zu einem späteren Zeitpunkt erlittenen Schlaganfalls, möglich (BT-Drs. 19/24445, 183).

16 Das Dokument ist dem vertretenden Ehegatten auszuhändigen (Abs. 4 S. 2). Es ist zu erwarten, dass die Landesärztekammern entsprechende Vorlagen zur Verfügung stellen. Das Dokument selbst begründet aber gerade nicht die Vertretungsbefugnis, sondern erleichtert ihren Nachweis. Die Wirkung des Ehegattenvertretungsrechts tritt vielmehr kraft Gesetzes ein (Dutta FamRZ 2020, 1833). Daraus ergeben sich Fragen nach den **Wirkungen** (etwa Vermutungs-, Gutglaubens- oder Legitimationswirkungen) des ärztlichen Dokuments (Dutta FamRZ 2020, 1833, Kraemer BtPrax 2021, 209). Das Nachweisdokument schützt den gutgläubigen Rechtsverkehr nur unzureichend (Kraemer BtPrax 2021, 210). Dritte können trotz Vorlage des Dokuments nicht auf dessen Richtigkeit vertrauen und tragen das Risiko, mit einem nicht berechtigten Vertreter zu kontrahieren oder sich auf die Einwilligung eines nicht berechtigten Vertreters zu verlassen (Kraemer BtPrax 2021, 210 mwN), da mangels ausdrücklicher Regelung, anders als etwa bei § 172 für die Vollmachtsurkunde, ein Rechtsscheintatbestand fehlt, der an dieses Dokument anknüpft (Dutta FamRZ 2020, 1833).

VII. Weitere Regelungen

17 In § 12 Abs. 4 des Personenstandsgesetzes (PStG) ist vorgesehen, dass das **Standesamt** Eheschließende bei der Anmeldung der Eheschließung auf das Ehegattenvertretungsrecht einschließlich seiner Grenzen hinzuweisen hat. Damit sollen den Eheschließenden die Möglichkeiten einer selbstbestimmten Entscheidung erhalten und über die verschiedenen Alternativen zur Ehegattenvertretung (zB Vorsorgevollmacht, Betreuungsverfügung) informiert werden.

18 Die materiellen Regelungen zum Ehegattenvertretungsrecht mit **Auslandbezug** werden von neuen **kollisionsrechtlichen Vorschriften** begleitet (→ EGBGB Art. 15). Art. 15 EGBGB sieht vor, dass in Angelegenheiten der Gesundheitssorge, die im Inland wahrgenommen werden, § 1358 auch dann Anwendung findet, „wenn nach anderen Vorschriften insoweit ausländisches Recht anwendbar wäre.“ Hält sich zB eine Österreicherin in Deutschland auf Geschäftsreise auf und erleidet in dieser Zeit einen Herzinfarkt, aufgrund dessen sie auf Vertretung bei der Besorgung ihrer medizinischen Angelegenheiten angewiesen ist, ist ihr Ehemann vertretungsbefugt (Croon-Gestefeld FamRZ 2021, 1940).

Abschnitt 3. Vormundschaft, Pflegschaft für Minderjährige, rechtliche Betreuung, sonstige Pflegschaft

Titel 3. Rechtliche Betreuung
Untertitel 1. Betreuerbestellung

Vorbemerkungen §§ 1814–1834

Die rechtliche Betreuung wurde als Rechtsinstitut zum **1.1.1992** durch das **Gesetz zur Reform des Rechts der Vormundschaft und Pflegschaft für Volljährige** (Betreuungsgesetz – BtG, BGBl. 1990 I 2002) bundeseinheitlich eingeführt. Damit löste sie die Rechtsinstitute der Gebrechlichkeitspflegschaft und der Vormundschaft für Volljährige ab, die seit dem 1.1.1900 im Wesentlichen unverändert geblieben waren. Letzterer ging die Entmündigung wegen „Geisteskrankheit" oder wegen „Geistesschwäche" voraus, die die Geschäftsfähigkeit der Betroffenen entweder ganz aufhob oder beschränkte und so zu dem sogenannten „bürgerlichen Tod" führte. Ziel des BtG war die Schaffung eines flexiblen Rechtsinstituts, das am individuellen Bedürfnis des kranken oder behinderten Menschen ausgerichtet ist, seine verbliebenen Fähigkeiten berücksichtigt, seine Selbstbestimmung wahrt und Rechtseingriffe auf das notwendige Maß beschränkt (BT-Drs. 11/6949, 2). 1

Seit 1992 folgten für das Betreuungsrecht viele Änderungsgesetze, die sowohl das materielle Recht (BGB) als auch das Verfahrensrecht (FamFG) betrafen, aber auch das Vergütungsrecht (VBVG) sowie die Aufgaben der Betreuungsbehörden (BtBG bis 31.12.2022, danach BtOG) wurden in der Zwischenzeit reformiert. Auch die Rechtsprechung von BVerfG (BtPrax 2014, 266) und BGH (BtPrax 2012, 156 ff.) zB zur ärztlichen Zwangshandlung hatte Gesetzesänderungen zur Folge (zB § 1906a BGB aF). 2

Als wesentliche Rechtsänderungen seit 1992 zeigen sich folgende:

Durch **das 1. Betreuungsrechtsänderungsgesetz** vom 25.6.1998 wurde ua die Erteilung von Vollmachten im personalen Bereich für zulässig erachtet (§§ 1904 Abs. 2, 1906 Abs. 5 aF). Zudem wurde klargestellt, dass die Betreuung eine **rechtliche** Betreuung ist.

Das **2. Betreuungsrechtsänderungsgesetz,** das am 1.7.2005 in Kraft trat, beinhaltet eine fundamentale Umstellung des Rechts der Betreuervergütung, die mit der Einführung des VBVG auf **Pauschalen** umgestellt wurde. Auch wurden zahlreiche weitere Gesetze geändert. Herauszuheben ist die Einfügung des § 1896 Abs. 1a nach dem ein Betreuer **nicht gegen den freien Willen** bestellt werden darf.

Besondere Wirkung hatte auch die Ratifizierung der **UN-Behindertenrechtskonvention,** die mit dem **26.3.2009** Geltung erlangte. Sie zeigte, dass die **Unterstützte Entscheidungsfindung** (dazu nun → BGB § 1821 Rn. 12 ff.) vorrangig ist und war ein wichtiger Motor für die aktuelle Reform (→ Rn. 3 ff.).

Mit dem **3. Betreuungsrechtsänderungsgesetz** vom 29.7.2009 wurden insbesondere Ergänzungen in §§ 1901a und 1901b zur **Patientenverfügung** vorgenommen.

Zum 1.9.2009 folgte das **Gesetz zur Reform des Verfahrens in Familiensachen und in den Angelegenheiten der freiwilligen Gerichtsbarkeit** (FGG-Reformgesetz – FGG-RG), das das Verfahren neu regelte und die Zuständigkeit der Oberlandesgerichte für die weitere Beschwerde abschaffte und die **Rechtsbeschwerde zum BGH einführte.**

Durch das **Gesetz zur Regelung der betreuungsrechtlichen Einwilligung in eine ärztliche Zwangsmaßnahme** vom 18.2.2013 wurde eine Regelung (§ 1906 Abs. 3a aF) zu deren Voraussetzungen und zur Genehmigung durch das Betreuungsgericht geschaffen.

Der Erforderlichkeitsgrundsatz war bereits Blickpunkt des **Gesetzes zur Stärkung der Funktionen der Betreuungsbehörde** vom 28.8.2013.

Mit dem Gesetz zur **Änderung der materiellen Zulässigkeitsvoraussetzungen von ärztlichen Zwangsmaßnahmen und zur Stärkung des Selbstbestimmungsrechts von Betreuten** vom 17.7.2017 wurde für Entscheidungen bei ärztlichen Zwangsmaßnahmen eine eigenständige Regelung geschaffen und diese aus der freiheitsentziehenden Unterbringung herausgelöst. **(§ 1906a aF).**

Zum 1.7.2019 war das Gesetz zur Änderung des Bundeswahlgesetzes und anderer Gesetze in Kraft getreten. Damit wurde **§ 13 Nr. 2 und 3 BWahlG** abgeschafft und der verfassungswidrige Zustand beseitigt, der den Ausschluss von sog. Vollbetreuten und im Maßregelvollzug Untergebrachten vom aktiven und passiven Wahlrecht zur Folge hatte.

Im Jahre 2019 folgte das Gesetzes zur **Anpassung der Betreuer- und Vormündervergütung,** das am 27.7.2019 in Kraft trat und die pauschale Vergütung der beruflichen Betreuer neu ordnet und an Kostensteigerungen anpasst.

3 Vor dem Hintergrund der **Frage der Vereinbarkeit von Betreuungsrecht und Betreuungspraxis mit der UN-BRK** hatte das Bundesministerium der Justiz und für Verbraucherschutz (BMJV) im Jahre 2016 zwei Forschungsvorhaben in Auftrag gegeben; zur „Qualität in der rechtlichen Betreuung" und zur „Umsetzung des Erforderlichkeitsgrundsatzes in der betreuungsrechtlichen Praxis". Die Forschungsergebnisse haben gezeigt, dass das Gebot größtmöglicher Selbstbestimmung von Menschen mit Behinderungen im Sinne von Art. 12 UN-BRK „im Vorfeld und innerhalb der rechtlichen Betreuung nicht durchgängig zufriedenstellend verwirklicht ist und es zudem Qualitätsmängel bei der praktischen Umsetzung der gesetzlichen Vorgaben gibt" (BT-Drs. 19/24445, 1 f.) Trotz der Abschaffung von Vormundschaft und Entmündigung im Recht bereits zum Jahr 1992 zeigten sich fast 30 Jahre später Verbesserungsbedarfe zur Sicherung des Selbstbestimmungsrechts rechtlich betreuter Menschen.

4 Diese Verbesserungsbedarfe werde durch das **Gesetz zur Reform des Vormundschafts- und Betreuungsrechts** (BGBl. 2021 I 882) aufgegriffen. Das Gesetz trat zum **1.1.2023** in Kraft. Damit wurden die Vorschriften der Rechtlichen Betreuung und der Vormundschaft für Minderjährige neu geordnet. Die materiell-rechtlichen Vorschriften der Rechtlichen Betreuung finden sich in §§ 1814 ff. Die Regelung zB über die gerichtliche Aufsicht (§§ 1861 ff.) und die Genehmigungspflichten im Rahmen der Vermögenssorge (§§ 1848 ff. BGB) finden sich direkt im Betreuungsrecht. Inhaltlich wurde vor allem das Selbstbestimmungsrecht der Betreuten und der Erforderlichkeitsgrundsatz durchgehend gestärkt (BT-Drs. 19/24445, 1 ff.). Ergänzend dazu erfolgten nachträglich weitere (kleinere) Änderungen mittels „Reparaturgesetz" iRd Gesetzes zur Durchführung der EU-Verordnungen über grenzüberschreitende Zustellungen und grenzüberschreitende Beweisaufnahmen in Zivil- oder Handelssachen, zur Änderung der

Zivilrechtshilfe, des Vormundschafts- und Betreuungsrechts sowie sonstiger Vorschriften (BGBl. 2022 I 959). Die **Betreuerregistrierungsverordnung** (BtRegV, VO v. 13.7.2022, BGBl. 2022 I 1154) füllt Regelungen aus dem BtOG aus, die die Anforderungen an die Registrierung von beruflichen Betreuern und damit den Sachkundenachweis konkretisieren.

Das Reformgesetz verfolgt das Ziel, das **Selbstbestimmungsrecht** rechtlich betreuter Menschen zu stärken, und will einen Paradigmenwechsel in der Betreuungspraxis weiter forcieren. Dazu werden bereits bestehende Rechtsgrundsätze aus § 1901 aF zur Beachtlichkeit der Wünsche (mit Schranke) und des freien Willens (ohne Schranke) der betreuten Menschen für Betreuer in § 1821 präzisiert. Dabei wird klargestellt, dass diese Rechtsgrundsätze sowohl für Betreuer verpflichtend als auch Maßstab der gerichtlichen Aufsicht sind (zB § 1862 Abs. 1). Auch das Erforderlichkeitsprinzip wird weiter geschärft und ausbuchstabiert. **5**

Die rechtliche Betreuung bleibt das Rechtsinstitut, das Menschen mit Behinderung oder Erkrankungen, die ihre Angelegenheiten nicht besorgen können, die im Einzelfall erforderliche Unterstützung beim rechtlichen Handeln zukommen lässt. Die Betreuerbestellung selbst hat keine Auswirkung auf die rechtliche Handlungsfähigkeit Betroffener. **6**

Die Rechtliche Betreuung erfüllt im Rechtssystem zwei wesentliche **Funktionen**

1. die Herstellung der rechtlichen Handlungsfähigkeit von Menschen mit Unterstützungsbedarf beim rechtlichen Handeln und den
2. Schutz des Unterstützungsbedürftigen vor erheblichen Schädigungen, die dieser wegen fehlender Eigenverantwortlichkeit nicht erkennen kann (Lipp, Freiheit und Fürsorge, § 7, 75 ff.).

Das Betreuungsrecht sieht unterschiedliche Möglichkeiten vor, mit denen der Betreuer diese Aufgaben erfüllen kann. Das Reformgesetz stellt mit §§ 1821 Abs. 1 und 1823 klar, dass die **Vertretungsbefugnis** ein Instrument zur Besorgung der Angelegenheiten ist, die nur eingesetzt werden darf, **soweit** es **erforderlich** ist (Unterstützung vor Vertretung). Die Vertretung ist gerade nicht die Aufgabe und der Inhalt der Rechtlichen Betreuung, sondern das Besorgen von Angelegenheiten im Aufgabenkreis. Der Betreuer hat aber auch künftig Fremdbestimmungsbefugnisse, die zT näher konkretisiert wurden (§§ 1815 Abs. 2, 1831, 1832, 1834) und für die der Maßstab des § 1821 ebenso gilt, wie iRd Einwilligungsvorbehaltes nach § 1825.

Seit Inkrafttreten der großen Reform des Betreuungsrechts erfolgten bereits Änderungen. So war zum 1.1.2024 das Inflationsausgleichsgesetz in Kraft getreten (BGBl. 2023 I Nr. 391). Dies beinhaltet insbesondere für berufliche Betreuer, Betreuungsvereine und ehrenamtliche Betreuer für den Zeitraum 1.1.2024 bis zum 31.12.2025 (BR-Drs. 605/23). Das BMJ hat am 16.9.2024 einen Evaluierungsbericht zum VBVG sowie den Entwurf eines Gesetzes zur Neuregelung der Vormünder- und Betreuervergütung und zur Entlastung von Betreuungsgerichten und Betreuern vorgelegt. **7**

Zum 1.1.2026 erfolgten Modifikationen durch das Gesetz zur Neuregelung der Vormünder- und Betreuervergütung und zur Entlastung von Betreuungsgerichten und Betreuern sowie zur Änderung des Rechtsanwaltsvergütungsgesetzes und des Justizkostenrechts **(Kosten- und Betreuervergütungsrechtsänderungsgesetz 2025)** vom 7.4.2025 (BGBl. I Nr. 109).

Die Änderungen im VBVG halten an einer pauschaliertem Vergütungssystem fest, verringern aber die Anzahl der Pauschalen erheblich (§ 9 VBVG). Zudem wurden die Vergütungsstufen von drei auf zwei reduziert (§ 8 VBVG). Im BGB erfolgten Anpassungen für Schlussrechnungen (§ 1872) und Schlussmitteilungen (§ 1873) der Betreuer.

Nach der Entscheidung des BVerfG vom 26.11.2024 (Az: 1 BvL 1/24) ist eine Neuregelung des § 1832 bis zum 31.12.2026 erforderlich. Das BVerfG hat den **Krankenhausvorbehalt für Zwangsbehandlungen** zum Teil für verfassungswidrig erklärt. Das BMJV legte dazu am 26.2.2026 den Entwurf eines Gesetzes zur Änderung der Regelung über ärztliche Zwangsmaßnahmen im Betreuungsrecht und zur Stärkung des ultima-ratio-Gebots sowie der Selbstbestimmung der Betroffenen vor (→ BGB § 1832).

Zudem sind Evaluierungen bestehender Regelungen auf dem Weg. So beauftragte das BMJV im Februar 2026 das Forschungsvorhaben zur Evaluierung der Sterilisationsregelung im Betreuungsrecht nach altem und nach neuem Recht (§ 1830). Die erste Evaluierung des Registrierungsverfahrens für berufliche Betreuer (Betreuerregistrierungsverordnung – BtRegV) ist ein weiteres Vorhaben.

§ 1814 Voraussetzungen

(1) **Kann ein Volljähriger seine Angelegenheiten ganz oder teilweise rechtlich nicht besorgen und beruht dies auf einer Krankheit oder Behinderung, so bestellt das Betreuungsgericht für ihn einen rechtlichen Betreuer (Betreuer).**

(2) **Gegen den freien Willen des Volljährigen darf ein Betreuer nicht bestellt werden.**

(3) **[1]Ein Betreuer darf nur bestellt werden, wenn dies erforderlich ist. [2]Die Bestellung eines Betreuers ist insbesondere nicht erforderlich, soweit die Angelegenheiten des Volljährigen**
1. **durch einen Bevollmächtigten, der nicht zu den in § 1816 Absatz 6 bezeichneten Personen gehört, gleichermaßen besorgt werden können oder**
2. **durch andere Hilfen, bei denen kein gesetzlicher Vertreter bestellt wird, erledigt werden können, insbesondere durch solche Unterstützung, die auf sozialen Rechten oder anderen Vorschriften beruht.**

(4) **[1]Die Bestellung eines Betreuers erfolgt auf Antrag des Volljährigen oder von Amts wegen. [2]Soweit der Volljährige seine Angelegenheiten lediglich aufgrund einer körperlichen Krankheit oder Behinderung nicht besorgen kann, darf ein Betreuer nur auf Antrag des Volljährigen bestellt werden, es sei denn, dass dieser seinen Willen nicht kundtun kann.**

(5) **[1]Ein Betreuer kann auch für einen Minderjährigen, der das 17. Lebensjahr vollendet hat, bestellt werden, wenn anzunehmen ist, dass die Bestellung eines Betreuers bei Eintritt der Volljährigkeit erforderlich sein wird. [2]Die Bestellung des Betreuers wird erst mit dem Eintritt der Volljährigkeit wirksam.**

Übersicht

I. Überblick

Die Eingangsnorm des Betreuungsrechts (Fundamentalnorm) ist § 1814, die die Voraussetzungen der Betreuerbestellung für Volljährige ordnet und präzisiert. Die Voraussetzungen entsprechen im Wesentlichen dem früheren § 1896 aF. Abs. 1 enthält zudem eine Legaldefinition **des rechtlichen Betreuers,** der im Kontext des Gesetzes dann im weiteren immer Betreuer genannt wird (BT-Drs. 19/24445, 231). Hervorzuheben ist, dass in § 1814 Abs. 1 der **Betreuungsbedarf** das erste Tatbestandsmerkmal ist. Anlasserkrankung oder Behinderung **(Betreuungsbedürftigkeit)** rücken an die zweite Stelle. Um den Betreuungsbedarf als betreuungsrelevant zu charakterisieren, ist dieser insoweit konkretisiert, als dass der Betroffene seine Angelegenheiten ganz oder teilweise **„rechtlich"** nicht besorgen kann (BT-Drs. 19/24445, 230). Zudem wurde mit dem Ziel der **Vermeidung von Diskriminierungen** auf die kategorisierenden Zusätze psychische bei Krankheit und körperliche, geistige oder seelische bei Behinderung verzichtet. Damit soll dem tatsächlichen Betreuungsbedarfen besser Rechnung getragen und Stigmatisierungen aus Diagnosen vermieden werden (BT-Drs. 19/24445, 230). Die Kausalität als weiteres Merkmal zwischen Betreuungsbedarf und Erkrankung oder Behinderung besteht unverändert fort. Durch die Änderung sollte **keine Ausweitung des Personenkreises,** für den ein Betreuer bestellt wird, erfolgen (BT-Drs. 19/24445, 483). Nach Abs. 2 ist eine Betreuerbestellung auch künftig **gegen den freien Willen** nicht zulässig. Diese Regelung entspricht dem Freiheitsrecht des Art. 2 Abs. 1 GG, wonach jeder das Recht hat, sein Leben nach seinen Vorstellungen zu gestalten, soweit nicht Rechte Dritter oder andere mit Verfassungsrang ausgestattete Rechtsgüter betroffen sind. Der Staat hat dann nicht das Recht, den zur freien Willensbestimmung fähigen Betroffenen zu erziehen, zu bessern oder zu hindern, sich selbst zu schädigen (BGH BtPrax 2014, 131; 2013, 27). Neu ist bei einer Betreuerbestellung gegen den natürlichen Willen 1 eine **Verkürzung der Überprüfungsfrist** auf maximal zwei Jahren (§ 295 Abs. 2 FamFG).

2 Zur besseren Verwirklichung des **Erforderlichkeitsgrundsatzes** wurde der Regelungsgehalt des § 1896 aF im neuen Recht in zwei Vorschriften unterteilt, §§ 1814 und 1815. Damit wird die Frage nach vorrangigen Alternativen zur Betreuung, also dem Ob der Betreuerbestellung, von der Erforderlichkeitsprüfung zum Umfang der Betreuung mit Blick auf einzelne Aufgabenbereiche getrennt. Durch diese Trennung von Voraussetzungen der Betreuerbestellung und Umfang wird klargestellt, dass die Erforderlichkeit in Abgrenzung zu Vorsorgevollmacht und anderen Hilfen, auch **Voraussetzung der Betreuerbestellung** ist (BT-Drs. 19/24445, 230).

3 Das Gesetz verweist weiterhin auf den zwingenden **Vorrang anderer Hilfen.** Dies ist der Fall soweit die Angelegenheiten des Volljährigen durch andere Hilfen, bei denen kein gesetzlicher Vertreter bestellt wird, erledigt werden können. Anschließend erfolgen Konkretisierungen durch beispielhafte Aufzählungen, wie insbesondere **Unterstützung, die auf sozialen Rechten oder anderen Vorschriften beruht.** Durch die Ergänzung wird der Begriff „soziale Rechte" aus § 2 SGB I aufgenommen und deutlich gemacht, dass jede Form der Unterstützung, die auf einer sozialrechtlichen Vorschrift beruht, Vorrang vor der Bestellung eines rechtlichen Betreuers hat (BT-Drs. 19/24445, 483 entgegen BSG, FamRZ 2016, 2012). Dazu gehört auch, dass zur Vermeidung einer Betreuerbestellung **andere Hilfen von der Betreuungsbehörde gezielt vermittelt** werden sollen (→ BtOG § 8 Rn. 4 und § 11). Im Interesse einer effektiven Unterstützung ist eine Änderung im § 17 Abs. 4 S. 1 SGB I erfolgt, die an der **Schnittstelle zum Sozialrecht** eine Verpflichtung des Sozialleistungsträgers zur Zusammenarbeit mit der Betreuungsbehörde bei der **Vermittlung geeigneter Hilfen zur Betreuungsvermeidung** eingeführt hat (Schnellenbach/Normann-Scheerer/Loer BtPrax 2020, 119 ff.).

4 Die **Kontrollbetreuung** (Geltendmachung von Rechten des Betreuten gegenüber seinem Bevollmächtigten) aus § 1896 Abs. 3 aF hat in § 1820 Abs. 3–5 weitergehende Regelungen erhalten (→ BGB § 1820 Rn. 9 ff.).

5 Die Erforderlichkeit der Betreuerbestellung mit Blick auf den Umfang des **Aufgabenkreises** wird nun mit § 1815 geregelt. Dort findet sich in Abs. 2 Nr. 5 und 6 eine ausdrückliche, aktualisierte Regelung für die Befugnis im Rahmen von Post- und Fernmeldeangelegenheiten (§ 1896 Abs. 4 aF).

Die **vorsorgliche Bestellung** für einen noch **Minderjährigen** aus § 1908a aF ist unverändert in Abs. 5.

6 § 1814 regelt die Voraussetzungen, unter denen für einen Volljährigen **ein Betreuer zu bestellen ist.** Die Erforderlichkeit des Umfangs und damit einzelner Aufgabenbereiche richtet sich nach § 1815 (→ BGB § 1815 Rn. 13 ff.). Die Folgen der Betreuerbestellung für den Betroffenen ergeben sich nicht allein aus der Regelung des § 1814 f., sondern aus dem Gesamtzusammenhang verschiedener Normen (§§ 1821, 1823, § 53 ZPO). Mit der Bestellung eines Betreuers wird einem Menschen weder seine Entscheidungskompetenz noch eine rechtliche Handlungsfähigkeit abgesprochen (Lipp FamRZ 2017, 7). Seit der Abschaffung der Entmündigung durch das Betreuungsgesetz zum 1.1.1992 kennt das deutsche Recht weder die konstitutive Feststellung der Geschäftsunfähigkeit noch den Status der Geschäftsunfähigkeit eines Erwachsenen (Lipp FamRZ 2003, 723, BT-Drs. 11/4528, 63). Die Bestellung eines Betreuers lässt damit trotz der Übertragung der Vertretungsbefugnis die **Geschäftsfähigkeit des Betreuten unbe-**

rührt. Der Betreute bleibt selbstständig handlungsfähig, es sei denn, dass er situativ, also bei der Vornahme des Rechtsgeschäfts, geschäftsunfähig ist (§ 104 Nr. 2) oder ein Einwilligungsvorbehalt liegt vor und das entsprechende Geschäft in den Vorbehaltsbereich fällt (§ 1825). Gleiches gilt für die Einwilligungsunfähigkeit (§ 630d Abs. 1 S 2).

Die Voraussetzungen der §§ 1814, 1815 müssen vorliegen, wenn eine Betreuerbestellung verlängert werden soll (BGH FamRZ 2017, 140), bei einer Erweiterung des Aufgabenkreises eines Betreuers nach § 1871 Abs. 3 und wenn der Betreute selbst die Aufhebung oder Einschränkung der Betreuung unabhängig der Überprüfungsfrist (§ 295 FamFG) verlangt. Dies ist auch bei der Bestellung eines vorläufigen Betreuers nach § 300 FamFG zu beachten (→ FamFG § 300 Rn. 4 f.). **7**

§ 1814 normiert nicht nur ein Abwehrrecht des Betroffenen nach Abs. 2, der die Betreuung mit freiem Willen ablehnt, sondern zugleich auch einen öffentlichrechtlichen Anspruch auf Betreuung, die der Betreuungsbedürftige für sich beantragen kann (MüKoBGB/Schneider Rn. 1; Bienwald/Reh Rn. 7).

II. Voraussetzungen der Betreuerbestellung

1. Volljährigkeit

Ein Betreuer kann nur für **Volljährige,** also nach Vollendung des 18. Lebensjahres (§ 2), bestellt werden. Nur unter den Voraussetzungen des Abs. 5 kommt die Bestellung bereits vor Volljährigkeit, **bei einem Siebzehnjährigen** mit Wirkung zum Zeitpunkt des Eintritts der Volljährigkeit, in Betracht. Für Minderjährige sind grundsätzlich neben den Eltern, ein Vormund (§§ 1773 ff.), das Jugendamt als Beistand (§§ 1712 ff.), oder ein Pfleger (§§ 1809 ff.) als gesetzliche Vertretung vorgesehen. **8**

2. Betreuungsbedarf – Nichtbesorgenkönnen seiner Angelegenheiten

Das Gesetz stellt nicht darauf ab, ob ein Betroffener allgemein Angelegenheiten besorgen kann oder nicht, sondern entscheidend ist, ob er **seine** Angelegenheiten ganz oder teilweise rechtlich selbst besorgen kann oder nicht. Hierbei ist die **konkrete, gegenwärtige Lebenssituation** zu beachten (BGH BeckRS 2025, 13265; BtPrax 2024, 173). Das Gesetz nimmt dabei einen **Betreuungsbedarf** in den Blick, der von der subjektiven **Betreuungsbedürftigkeit,** die sich aus Krankheit oder Behinderung ergibt, zu unterscheiden ist. Zur Feststellung des Betreuungsbedarfs ist zu untersuchen und festzustellen, welcher Bereich von Angelegenheiten für den Betroffenen von Belang und dementsprechend zur **rechtlichen Besorgung** ansteht. Hierbei wird deutlich, dass die Betreuung auf die konkrete Person zentriert und maßgeschneidert ist und entsprechend auch der Umfang der Betreuung nach § 1815 vom im Einzelfall erforderlichen Bedarf abhängt. Die Herausstellung dieses Betreuungsbedarfs hat den Zweck, die Möglichkeiten anderer Hilfen (→ Rn. 46 ff.) wirksam aufzuzeigen und damit andere Ressourcen in den Blick zu nehmen. Allein aus dem medizinischen Befund, dass eine Behinderung oder Erkrankung vorliegt, soll nicht auf den Betreuungsbedarf geschlossen werden (BT-Drs. 19/24445, 230). **9**

10 **a) Angelegenheiten.** Um den Unterstützungsbedarf als betreuungsrelevant zu charakterisieren, der durch einen Betreuer wahrgenommen werden kann, wird das Unvermögen zur Besorgung der Angelegenheiten durch die Einschränkung **„rechtlich"** konkretisiert (BT-Drs. 19/24445, 230). Die **Angelegenheiten,** die den Betreuungsbedarf bestimmen, können hingegen **rechtlicher oder tatsächlicher Art** sein. Entscheidend ist, dass die Angelegenheiten vom Betroffenen rechtlich nicht besorgt werden können. Wenn der Betroffene zB infolge einer erheblichen Behinderung einen Pflegebedarf hat und nicht zur Organisation der eigenen pflegerischen und häuslichen Versorgung in der Lage ist, könnte ein Betreuer die Organisation dieses tatsächlichen Bedarfs durch rechtliche Besorgung mithilfe des Abschlusses entsprechender Verträge gewähren, soweit dies nicht durch einen Bevollmächtigten oder über allgemeine soziale Dienste (andere Hilfen iSv § 1814 Abs. 3 Nr. 2) möglich ist. Zur Betreueraufgabe gehört es hingegen gerade nicht, die tatsächliche Versorgung (zB Pflege) zu übernehmen (zur Abgrenzung s. Deutscher Verein 2022: Kooperation und Abgrenzung). Bei einem Betroffenen mit unbekanntem Aufenthaltsort kann nach Ausschöpfung aller sonstigen Erkenntnismöglichkeiten auch ohne Kenntnis von der gegenwärtigen Lebenssituation eine Betreuerbestellung erfolgen, wenn der Betreuer trotzdem durch rechtliche Entscheidungen einen für diesen positiven Einfluss nehmen kann oder aufgrund der bisherigen Kenntnisse zur Lebenssituation anzunehmen ist, dass ein konkreter Betreuungsbedarf besteht, wenn der Betroffene zurückkehrt oder sein Aufenthalt ermittelt wird (BGH NJW 2025, 2483).

11 Die zu regelnden **Angelegenheiten sind individuell sehr** unterschiedlich und müssen in der konkreten gegenwärtigen Lebenssituation des Betroffenen tatrichterlich festgestellt werden (BGH BtPrax 2011, 210). Angelegenheiten des Betroffenen sind solche, die Ausdruck seiner Lebensgestaltung und Lebensführung sind bzw. waren oder sein können, soweit davon ausgegangen werden kann, dass der Betroffene weiterhin daran festhalten würde, wenn er könnte (Bienwald/Reh Rn. 18). Angelegenheiten könnten aber auch durch Handlungen Dritter entstehen, zB Geltendmachung einer Forderung durch einen (vermeintlichen) Gläubiger. Entscheidend für eine Betreuerbestellung ist, dass der Betroffene Unterstützungsbedarf beim rechtlichen Handeln zur Wahrung seines Selbstbestimmungsrechts und anderer Rechte hat. Rechtliches Handeln setzt sich in der Regel aus verschiedenen Elementen zusammen. Unterstützungsbedarf kann bei jedem einzelnen Element vorliegen. Rechtliches Handeln erfordert idR das Treffen einer konkreten Entscheidung, das Äußern dieser Entscheidung (das kann auch zu Unterstützungsbedarfen führen, zB bei Menschen, die nicht oder eingeschränkt zur Lautsprache fähig sind oder nicht ausreichend Zeit bekommen), das Übermitteln der Entscheidung an einen Erklärungsempfänger (zB Geschäftspartner, Sozialleistungsträger), das Umsetzen der Entscheidung durch Erfüllen von Pflichten (zB Überweisen von Geld). Der Unterstützungsbedarf muss eine gewisse Intensität erreichen, die das Erfordernis eines gesetzlichen Vertreters begründet (Brosey/Lesting/Loer/Marschner BetreuungsR Rn. 18 ff.). Das bedeutet aber nicht, dass der Betroffene keine Entscheidungen (ggf. mit Unterstützung) treffen kann (→ BGB § 1821 Abs. 1).

12 Der Begriff der **Rechtsangelegenheit** ist weit gefasst. Es fallen neben Rechtsgeschäften im engeren Sinne, auch geschäftsähnliche Handlungen, sowie sonstige Rechtshandlungen im öffentlich-rechtlichen und zivilrechtlichen Bereich darunter, die die Ausübung und Wahrung von Rechten betreffen, wie etwa die Einwilligung in ärztliche Heileingriffe oder Freiheitseinschränkungen oder **Realakte**

(Nahrungsaufnahme, Versorgung der Wohnung). Diese können sowohl den vermögens-, als auch den personenrechtlichen Bereich berühren. Es geht bei Rechtsangelegenheiten nicht nur um Rechtsgeschäfte und Verfahrenshandlungen, die ein Vertreter im Namen des Vertretenen tätigen kann, sondern um jedes Handeln, durch das der Vertreter auf die Rechtslage des Vertretenen einwirken kann. So kann die Betreuung auch Bestimmungsbefugnisse beinhalten, wie nach § 1815 Abs. 2 die Befugnis zur Umgangsbestimmung oder zur Telekommunikation und Postkontrolle.

Ein Betreuer darf grundsätzlich nur für **eigene Angelegenheiten** des Betroffenen bestellt werden und dient nicht dem **Schutz Dritter** vor Störungen (OLG München BtPrax 2008, 125). Nur ausnahmsweise kommt eine Betreuerbestellung im **Drittinteresse** in Betracht, etwa wenn wegen (uU partieller) Geschäftsunfähigkeit Ansprüche gegen den Betroffenen (zB als Arbeitgeber, Mieter) nicht verfolgt werden können (BGH BtPrax 2014, 131; 2011, 72) oder einseitige rechtsgestaltende Willenserklärungen (Anfechtung, Kündigung etc.) wegen § 131 Abs. 1 nicht wirksam werden können. Dies ist zB der Fall, wenn eine Wohnungskündigung gegenüber dem Betreuten erklärt werden soll (BayObLG BtPrax 1996, 106) oder bei einer Klage auf Anwaltshonorar, wenn der Betreute Geschäftsunfähigkeit einwendet (BayObLG FamRZ 1998, 922) oder die Entgegennahme des Widerrufs eines gemeinschaftlichen Testaments (AG Altötting FamRZ 2024, 891). Hier ist im Eilfall die Prozesspflegschaft nach § 57 ZPO in Erwägung zu ziehen. Diese wäre aber zur außerprozessualen Gestaltung von Rechtsverhältnissen nicht befugt und nur eingeschränkt wirksam. In der Gesamtbetrachtung ist es wichtig, die Erforderlichkeit streng zu prüfen und zu berücksichtigen, dass ein Betreuer die Angelegenheiten des Betreuten besorgt und dabei seine Pflichten aus § 1821 wahren wird. Die Betreuung dient nicht der Erleichterung der Rechtsdurchsetzung Dritter.

b) Nichtbesorgenkönnen. Die **Lebensgestaltung** des Betroffenen und die Vorstellungen und Wünsche des Betroffenen dazu, sowie ggf. bisherige Unterstützungsleistungen bestimmen, welche Angelegenheiten rechtlicher oder tatsächlicher Art konkret zu regeln sind. Anhand der konkreten Angelegenheit ist festzustellen, ob der Betroffene sie besorgen kann oder nicht (BGH BtPrax 2015, 152). Die subjektive Unfähigkeit der Aufgabenerledigung reicht nicht aus. Hinzutreten muss ein konkreter Betreuungsbedarf (BGH BtPrax 2016, 30; BtPrax 2015, 152) in der gegenwärtigen Lebenssituation des Betroffenen. Die Hindernisse, warum ein Volljähriger seine Angelegenheiten nicht besorgen kann, können ebenfalls tatsächlicher und/oder rechtlicher Art sein (Brosey/Lesting/Loer/Marschner BetreuungsR Rn. 18). Letztere bezieht sich auf die Vorgabe von Rechtsvorschriften, vor allem aus dem Zustand einer Geschäftsunfähigkeit des Betroffenen iSv § 104 Nr. 2 oder einer Einwilligungsunfähigkeit nach § 630d Abs. 1. Das Nichtbesorgenkönnen der Angelegenheiten kann sich daher auf das Treffen von eigenverantwortlichen Entscheidungen (zB Einwilligung in Heileingriff) beziehen, aber auch auf das Durchführen einer Handlung (zB Aufsuchen des Arztes). In diesem Zusammenhang stellen sich die Fragen, was der Betroffene nicht kann und überdies, warum er das nicht kann, was die Ursache ist und wie die Angelegenheiten besorgt werden können. Rechtliche Betreuung hat die Funktion, die rechtliche Handlungsfähigkeit herzustellen und Schutz zu gewähren und damit Gleichbehandlung mit anderen zu schaffen, wie es Art. 12 UN-BRK vorsieht (Lipp FamRZ 2017, 4 ff.) 13

14 Dabei kommen nur solche Angelegenheiten in Betracht, bei denen der Betroffene auf entsprechende Hilfe angewiesen ist (BGH BtPrax 2011, 210) und die der **Betroffene üblicherweise,** ohne Krankheit/Behinderung, **selbst wahrnehmen würde** und nicht solche, für die üblicherweise fachliche Hilfe (Anwalt, Steuerberater, Arzt, Handwerker) in Anspruch genommen wird (BayObLG BtPrax 2001, 79). Kann ein behinderter Mensch seine Angelegenheiten selbst wahrnehmen, darf ein Betreuer nicht bestellt bzw. sein Aufgabenbereich nicht hierauf erweitert werden (so schon KG BtPrax 2005, 153 für Arztbesuche, ambulante Heilbehandlung). Für die Betreuerbestellung reicht jedoch nicht aus, dass der Betroffene seine Angelegenheiten **nicht besorgen will** (Bienwald/Reh Rn. 15). Niemand darf durch einen gerichtlich bestellten Betreuer zu einem bestimmten Handeln veranlasst oder an einem Tun gehindert werden, wenn dies auf eigener frei verantwortlicher Entscheidung beruht oder es zu keiner erheblichen Gefährdung kommt. Schon von Verfassungs wegen (Art. 2 GG) ist der Staat daran gehindert, seine zu freier Willensbestimmung fähigen Bürger zu „bessern" oder an gesundheitsschädlichem Handeln zu hindern (BGH BtPrax 2014, 132) (→ BGB § 1814 Abs. 2 Rn. 30 ff.).

15 **c) Hinweise zur Ermittlung des Sachverhalts.** Das Gericht hat von Amts wegen zu ermitteln, den **Betroffenen** persönlich (§ 278 FamFG) und gem. § 279 Abs. 2 FamFG die **Betreuungsbehörde** anzuhören, die einen **Sozialbericht** nach § 11 Abs. 1 Nr. 1 BtOG erstellt. Auch hierzu ist die adressatengerechte Befragung des Betroffenen selbst zentral. Das Ergebnis des Sozialberichts sollte dem **Sachverständigen** vorliegen, so dass er diesen bei seinem Gutachten berücksichtigen kann (§ 280 Abs. 2 FamFG). Für die Durchführung des Verfahrens (Heranziehung von Personen des Vertrauens) und insbesondere für die Frage, wer denn zum Betreuer bestellt werden könnte, ist es wichtig, die **Kontaktpersonen und die Familienangehörigen** mit vollständigen Namen und Anschriften zu erfahren. Für die Frage, was bisher an **tatsächlichen Hilfen** geleistet wird und was möglicherweise noch zu leisten ist, ist eine Information darüber notwendig, ob ein Hausarzt vorhanden ist, inwieweit soziale Dienste (Seniorenberatung, Pflegestützpunkte, sozialpsychiatrischer Dienst, betreutes Wohnen, qualifiziert Assistenz, sozialtherapeutische Dienste, Soziotherapie, Wohlfahrtseinrichtungen, Familiensorge, Alltagsassistenten, Pflegedienste, Teilhabeberatung) eingeschaltet waren (Nölting ua BtPrax 2017, 216 ff.; Diekmann BtPrax 2014, 103 ff; Ansen BtPrax 2011, 189 → Rn. 46 ff.) Anregungen auf Betreuerbestellung durch Dritte haben häufig einen konkreten Anlass, aus dem sich die zu regelnden Angelegenheiten bereits ergeben können. Aber auch hier ist der Nachrang der Betreuung gegenüber sozialen Hilfen zu berücksichtigen (§ 17 Abs. 4 SGB I → Rn. 46 ff.).

3. Krankheit oder Behinderung

16 **a) Überblick und Hintergrund.** Mit dem Ziel der **Vermeidung von Diskriminierungen** wird in Abs. 1 auf die kategorisierenden Zusätze **psychische bei Krankheit und körperliche, geistige oder seelische bei Behinderung** verzichtet, um den tatsächlichen Betreuungsbedarfen besser Rechnung zu tragen, Stigmatisierungen aus Diagnosen zu vermeiden sowie den Anforderungen aus Art. 12 UN-BRK Rechnung zu tragen (BT-Drs. 19/24445, 230; krit. dazu Schneider BtPrax 2021, 9; Bartels FamRB 2021, 204). Diagnosen bergen deutliche Gefahren von Halo-Effekten, was die tatsächlichen Fähigkeiten, Ressourcen und individuellen Bedarfe der Betroffenen verschleiern kann (Brosey/Lesting/

Loer/Marschner BetreuungsR Rn. 23). Durch die Gesetzesänderung soll aber **keine Ausweitung des Personenkreises,** für den ein Betreuer bestellt wird, erfolgen (Antwort der Bundesregierung: BT-Drs. 19/24445, 483). Weder soll bestimmten Gruppen von Menschen mit Behinderungen von vornherein der Zugang zur rechtlichen Betreuung versperrt sein, noch soll der Adressatenkreis ausgeweitet werden (BT-Drs. 19/24445, 228).

Das Gesetz gibt keine Definition der Begriffe Krankheit oder Behinderung vor. Es handelt sich um unbestimmte **Rechtsbegriffe,** die medizinische Aspekte beinhalten, die aber im Kontext des Betreuungsrechts auszulegen sind. Die Aufgabe der Bezeichnung bestimmter Arten einer Behinderung im Normtext beruht auf der Überlegung, dass es viele unterschiedliche Beeinträchtigungen der rechtlichen Handlungsfähigkeit gibt, die sich gerade nicht in eine der im Normtext des früheren § 1896 Abs. 1 S. 1 aF benannten Arten von Behinderungen unterordnen lassen, gleichwohl aber einen Betreuungsbedarf begründen (BT-Drs. 19/24445, 228). So musste neben der Unklarheit des Begriffs der seelischen Behinderung auch der Begriff psychische Erkrankung stets für die Betreuerbestellung eingegrenzt werden, da psychische Krankheiten nach psychiatrischen Klassifikation des ICD-10 (Psychische und Verhaltensstörungen: F00-F99) mannigfaltig sind und ebenso viele unterschiedliche Auswirkungen haben (Brosey/Lesting/Loer/Marschner BetreuungsR Rn. 24). **17**

Der Gesetzgeber wollte **die Schwelle zur Bestellung** eines rechtlichen Betreuers **nicht absenken.** Die Betreuungsbedürftigkeit muss auf einer medizinisch anerkannten Krankheit oder Behinderung beruhen (LG Gera BeckRS 2025, 13165). Daher gilt, dass Menschen nicht in den Anwendungsbereich der rechtlichen Betreuung fallen, die ein von Dritten nicht toleriertes Verhalten an den Tag legen, ohne dass dies auf der Grundlage einer fehlenden Selbstbestimmung wegen eines hinreichenden medizinischen Befunds kausal auf eine Erkrankung oder Behinderung zurückzuführen ist (BT-Drs. 19/24445, 28). Dies wird auch sichergestellt, weil bereits wegen § 1814 Abs. 2 ausgeschlossen ist, dass ein Betreuer bei Ablehnung durch den Betroffenen nicht gegen den freien Willen bestellt werden darf. § 1814 Abs. 1 erfordert aber eine bestimmte Schwere der Erkrankung oder Behinderung, da diese für das Unvermögen die Angelegenheiten nicht besorgen zu können, kausal sein muss (BT-Drs. 19/24445, 483). Die Ausweitung des Personenkreises kann überdies durch das Wirksammachen anderer Hilfen durch die Betreuungsbehörde (→ BtOG § 8 Rn. 2 ff.) erfolgen. Das Feld der in Betracht kommenden Erkrankungen und Behinderungen ist breit. Eine Einschränkung muss durch ein auf **psychosoziale Faktoren einbeziehendes Werturteil** und die enge Auslegung der aller Voraussetzungen erfolgen. Altersstarrsinn oder Sturheit sind nach wie vor keine ausreichende medizinische Diagnose und eine bloße Einordnung in die ICD-Klassifikationen bleibt auch künftig unzureichend (so bereits Crefeld BtPrax 2014, 107 ff.). Medizinische Diagnosen bezeichnen nicht Menschen, sondern Zustände des menschlichen Organismus. Suchterkrankungen, die zwar unter den ICD-10 fallen können, sind ebenfalls nicht im Anwendungsbereich der rechtlichen Bereuung, es sei denn, hirnorganische Abbauprozesse (zB Korsakow-Syndrom) sind festzustellen (BGH NJW 2011, 3518 ff.). **18**

Der Behindertenbegriff der UN-BRK schließt umweltbedingte und einstellungsbedingte Barrieren mit ein. Danach ist ein Mensch mit Behinderungen derjenige, der auf Grund einer langfristigen Beeinträchtigung in Wechselwirkung mit sozialen Barrieren an der vollen und gleichberechtigten Teilhabe an der Gesellschaft gehindert ist (Art. 1 Abs. 2 UN-BRK). Mit dieser Begriffsdefinition ist **19**

eine Abkehr vom medizinischen-defizitorientierten Verständnis von Behinderung hin zu einem menschenrechtsorientierten Ansatz verbunden, der eben Wechselwirkungen einschließt (Aichele/Bernstorff BtPrax 2010, 199 ff.), also auch das Behindertwerden durch andere Personen.

Das **Sozialrecht** folgt diesem Begriff mit leichter Abwandlung in § 2 Abs. 1 SGB IX (Rehabilitation und Teilhabe von Menschen mit Behinderungen). Das SGB IX orientiert sich in § 2 Abs. 1 SGB IX neben der UN-BRK auch an der Internationalen Klassifikation der Funktionsfähigkeit, Behinderung und Gesundheit (ICF) (BT-Drs. 18/9522, 192). Das darin zum Ausdruck kommende biopsychosoziale Krankheitsmodell hat sich von einer rein biologischen Sichtweise gelöst und entspricht einem mehrdimensionalen Krankheitsbegriff. Die ICF beschreibt Gesundheit (und mögliche Störungen) auf den Ebenen

– der körperlich sowie geistig-psychischen Funktionen: Affektivität, Antrieb, Aufmerksamkeit, Ausdauer, emotionale Stabilität, Merkfähigkeit, Motivation, Orientierung, Selbstvertrauen, Selbstwertgefühl, Wahrnehmung ua;
– der Person als autonom handelndes Subjekt: Fähigkeiten zur zielgerichteten Ausführung von Aktivitäten, zB zur Bewältigung der Alltagsanforderungen, zur Erfüllung der beruflichen Anforderungen, zum Aufbau und zur Pflege sozialer Kontakte;
– der Person als Subjekt in Gesellschaft und Umwelt: Teilhabe an Ausbildung, am Arbeitsleben, am sozialen, kulturellen und sozialen Leben.

20 Der **betreuungsrechtliche Behinderungsbegriff** ist aber wegen der Folgen der Betreuung und dem Vorrang anderer Hilfen **enger** zu verstehen. Im Gegensatz zum Sozialrecht, wo es zumeist um Leistungsansprüche geht, ist rechtliche Betreuung mit (potentiellen) Eingriffen verbunden (Vertretungsbefugnis, Einwilligungsvorbehalt, Unterbringungsmöglichkeit bei Aufgabenbereich). Andererseits muss aber auch sichergestellt sein, dass der Betroffene **Zugang zu der Unterstützung bei der Ausübung seiner rechtlichen Handlungsfähigkeit erhält,** die dieser im Einzelfall auch benötigt (Art. 12 Abs. 3 UN-BRK). Ein Betroffener hat damit bei Vorliegen aller Voraussetzungen einen Anspruch auf einen Betreuer (MüKoBGB/Schneider Rn. 2).

Soweit es um die Teilhabe an sozialen Rechten geht, ist der Krankheitsbegriff eher weit auszulegen, soweit es um Grundrechtseingriffe geht, ist der juristische Krankheits- bzw. Behinderungsbegriff eng auszulegen. Die Mehrstufigkeit bei den Voraussetzungen der Betreuerbestellung liegt mithin nicht im Begriff der Krankheit oder Behinderung, sondern drückt sich bereits durch die verschiedenen Tatbestandsmerkmale des § 1814, die kumulativ vorliegen müssen.

Soziale Benachteiligungen allein, die nicht ursächlich mit einer Krankheit oder Behinderung zusammenhängen, reichen grundsätzlich ebenso wenig zur Bestellung eines Betreuers aus wie nicht erlernte Fähigkeiten (zB Analphabetismus: AG Kleve BtPrax 2013, 166), gesellschaftlich unangepasstes Verhalten oder häufige Straftaten (BT-Drs. 11/4528, 117). Hier sind Unterstützungsmaßnahmen aus dem Bereich des SGB denkbar und vorrangig (→ BtOG § 8 Rn. 10 ff.).

21 **b) Krankheiten. Krankheiten** können als funktionale Störungen prozesshafter Natur, die sich bessern oder verschlimmern können, verstanden werden. Krankheiten sind so mannigfaltig und unterschiedlich in ihren Auswirkungen, dass eine Eingrenzung vor dem Hintergrund der Funktion der rechtlichen Betreuung erforderlich ist. Wichtig für die Betreuerbestellung werden daher im Zusammenhang mit der medizinischen Komponente, Fragen nach dem **Grad der Störun-**

gen der Wahrnehmung, der Auffassung, der Orientierung, des Gedächtnisses, des Denkens, der Affektivität (Gefühls- und Gemütsleben, Stimmungen und Triebhaftigkeit) sowie des Antriebes, da je nach Grad auch eine unterschiedliche Auswirkung gegeben ist. Unschädlich ist, wenn eine genaue diagnostische Zuordnung nicht möglich ist. Auch nichtpsychische Erkrankungen können unter den Krankheitsbegriff fallen, wenn sie entsprechende Auswirkungen haben. Nicht ausreichend ist eine Momentaufnahme, vielmehr sind im Krankheitsbild bekannte oder erkennbare Schwankungen und Entwicklungen einzubeziehen. Nicht ausreichend ist der Verdacht einer psychischen Erkrankung (BGH BtPrax, 2015, 25 f.).

Eine bestimmte Schwere der Erkrankung ist Voraussetzung. So unterfallen 22 einige psychische Krankheiten dem betreuungsrechtlichen Krankheitsbegriff weiterhin: Kapitel V (F) des ICD-10 bezieht sich auf die **psychiatrisch relevanten Störungsbilder,** die nach § 1896 Abs. 1 aF als relevant galten (BT-Drs. 11/4528, 116 ff.). Dazu gehören nach dem ICD-10 zB:
– Organische, einschließlich symptomatischer psychischer Störungen (F00-F09)
– Schizophrenie, schizotype und wahnhafte Störungen (F20-F29)
– Affektive Störungen (F30-F39)
– Verhaltensauffälligkeiten mit körperlichen Störungen und Faktoren (F50-F59)
– Intelligenzstörung (F70-F79)

Neurotische, Belastungs- und somatoforme Störungen (F40-F48) und **Persönlichkeits- und Verhaltensstörungen (F60–69)** stellen nur dann eine Krankheit iSd Vorschrift dar, wenn schwerste Auffälligkeiten und Störungen vorliegen.

Bei **Abhängigkeitskrankheiten** ist zu differenzieren. Diese fallen zwar als 23 Psychische- und Verhaltensstörungen durch psychotrope Substanzen unter den ICD-10 (F10-F19). Das alleinige Vorliegen einer Suchterkrankung kann eine Betreuerbestellung aber nicht rechtfertigen. Erst das Hinzutreten weiterer geistiger Erkrankungen oder Behinderungen als Ursache oder als Folge der Sucht BGH (BtPrax 2015, 153; BGH BtPrax 2011, 259) rechtfertigen bei einem gewissen Schweregrad – auch bei stoffungebundenen Süchten (BGH BtPrax 2016, 147) – eine Betreuerbestellung, zB das Korsakow-Syndrom als Folge exzessiven Alkoholkonsums mit ausgeprägten Beeinträchtigungen des Kurz- und Langzeitgedächtnisses.

Bei allen Krankheiten (somatischen wie psychischen) hat das **Sachverständigengutachten,** klar, eindeutig und nachvollziehbar belegt zu dem Krankheitsbild 24 Stellung zu nehmen. Eine bloße Verdachtsdiagnose genügt nicht (BGH BtPrax 2021, 161). Das Gutachten des Sachverständigen nach § 280 FamFG muss Art und Ausmaß der Erkrankung im Einzelnen anhand der Vorgeschichte, der durchgeführten Untersuchungen und der sonstigen Erkenntnisse darstellen und wissenschaftlich begründen, so dass es nachvollziehbar ist (BGH BtPrax 2020, 100).

c) Behinderungen. Unter einer Behinderung wurde im Zusammenhang mit 25 § 1896 aF eine bleibende negative Konditionierung der körperlichen und/oder geistigen oder seelischen Abläufe bezeichnet, die angeboren oder krankheitsbedingt sein können (Dodegge/Roth Rn. 5). Die Verwendung des Begriffs der geistigen Behinderung wird seit ca. 20 Jahren sehr kritisch diskutiert. Dies ergibt sich vor allem aus dem berechtigten Wunsch und Anliegen der Betroffenen: Sie empfinden ›geistig behindert‹ mehrheitlich als **diskriminierend** und erleben, dass es sich zum Schimpfwort eignet, stattdessen wird ›Menschen mit Lernschwierigkeiten‹ als alternative Bezeichnung gefordert.

26 Der Begriff geistige Behinderung bezeichnet gerade kein eng umschriebenes Krankheitsbild, sondern dient vielmehr als eine Art Sammelbezeichnung für vielfältige Erscheinungsformen und Ausprägungsgrade intellektueller Beeinträchtigungen. Die Einteilung in verschiedene Grade der Behinderung auf Grund von Intelligenztests wird als problematisch angesehen, besonders die Grenze zwischen geistiger Behinderung und Lernbehinderung kann im Einzelfall fließend sein (Brosey/Lesting/Loer/Marschner BetreuungsR Rn. 35). Als geistig behindert gelten Menschen, deren messbare Intelligenz unterhalb eines bestimmten Grenzwerts liegt und die in ihrer Fähigkeit, Anforderungen des täglichen Lebens zu bewältigen, deutlich eingeschränkt sind (Intelligenzstörung (ICD-10: V F70-F79). Hierbei werden vier Schweregrade der intellektuellen Beeinträchtigung unterschieden: leichte, mittelschwere, schwere und schwerste geistige Behinderung. Die Erforderlichkeit der Betreuerbestellung ist insbesondere bei Fällen leichter oder mittelschwer Behinderung besonders zu prüfen.

27 **d) Körperliche Behinderungen.** Bei einer körperlichen Behinderung handelt es sich um eine dauerhafte Einschränkung körperlicher Fähigkeiten oder Funktionen. Allein fehlende Mobilität, die Unfähigkeit, einen Stift zur Unterschrift zu halten, Gehörlosigkeit und Blindheit sind idR kein Grund für eine Betreuerbestellung. Es ist daher vor der Betreuerbestellung zu prüfen, ob nicht andere Maßnahmen möglich sind, zB die Bevollmächtigung oder die Inanspruchnahme von sozialen Diensten und Assistenzen (hierzu → Rn. 46 ff.).

28 Nach Abs. 4 S. 2 ist für Menschen mit lediglich körperlicher Krankheit oder Behinderung eine Betreuung mit Antragserfordernis vorgesehen. Davon gibt es, wie in § 1896 Abs. 1 S. 3 aF, eine Ausnahme für den Fall, dass der Betroffene seinen Willen nicht kundtun kann. Der Anwendungsbereich dafür, erscheint aber mit Blick auf Möglichkeiten der Unterstützten Kommunikation äußerst begrenzt zu sein, denn Willensäußerungen können auch nonverbal gezeigt werden. Es reicht aus, wenn der Betroffene im Verlauf des Verfahrens einen solchen Antrag stellt. Auch eine bloße mündliche Einverständniserklärung muss als Antrag im Sinne dieser Vorschrift als ausreichend angesehen werden (Dodegge/Roth Rn. 10.) Im Umkehrschluss ist eine Betreuung sofort aufzuheben, wenn ein rein körperlich Erkrankter oder Behinderter dies beantragt, § 1871 Abs. 2.

4. Ursächlichkeit

29 Zwischen der Krankheit/Behinderung und dem Nichtbesorgenkönnen eigener Angelegenheiten muss ein **ursächlicher Zusammenhang** bestehen („auf Grund"). Allgemeine soziale Probleme, schwierige familiäre oder wirtschaftliche Verhältnisse, Sprachprobleme bei Nichtmuttersprachlern, „unangepasstes" (AG Neuruppin FamRZ 2006, 1629) oder „auffälliges" Verhalten, jugendliche Unerfahrenheit oder andere Ursachen des Nichtbesorgenkönnens eigener Angelegenheiten scheiden daher für eine Betreuerbestellung aus. Die Feststellung einer Krankheit/Behinderung für sich allein reicht für eine Betreuung ebenso wenig aus wie andererseits aus dem Unvermögen zur Besorgung eigener Angelegenheiten auf das Vorliegen einer Krankheit/Behinderung geschlossen werden kann (OLG Zweibrücken FamRZ 2005, 748). Beides muss gesondert festgestellt werden und hinzutreten muss die richterliche Wertung und Feststellung (BGH FamRZ 2012, 1365; BtPrax 2011, 210). Krankheitsbedingte Beeinträchtigungen, die die Entscheidungs- und Handlungsfähigkeit der Betroffenen in Hinblick auf die selbstständige Erledigung der eigenen rechtlichen Angelegenheiten nicht

erheblich beeinträchtigen, rechtfertigen keine Betreuerbestellung (LG Regensburg, BeckRS 2023, 47360).

5. Ablehnung der Betreuerbestellung – Vorrang des freien Willens

30 Abs. 2 ersetzt den früheren § 1896a aF, der 2005 ins Gesetz eingefügt wurde (BT-Drs. 15/2494, 28). Danach darf gegen den freien Willen des Volljährigen ein Betreuer nicht bestellt werden. Ein Betroffener hat damit grundsätzlich ein **Vetorecht** gegen die Betreuerbestellung. Davon hat er auch im Verfahren zu erfahren. Es ist allerdings auch die Aufgabe des Betreuungsgerichts und den Beteiligten (insbesondere Betreuungsbehörde, Verfahrenspfleger) im Rahmen des Betreuungsverfahrens eine **Unterstützte Entscheidungsfindung** (→ Vorb. Rn. 10, Brosey (Hg) Unterstütze Entscheidungsfindung für die Betreuungspraxis) zu ermöglichen und den Betroffen adressatengerecht über das Wesen der rechtlichen Betreuung und der Situation, in der er sich befindet, zu informieren, zB über die Pflichten des Betreuers mit Blick auf § 1821 und die Möglichkeit, sich bei Schwierigkeiten an das Gericht zu wenden. Häufig bestehen Vorurteile gegenüber der Betreuung und die Betroffenen wollen nicht entmündigt werden (Matta/Engels/Brosey ua, 395). Gelingt dies nicht ist eine Bestellung, nur bei Vorliegen aller Voraussetzungen, bei fehlendem freiem Willen zulässig.

31 Der freie Wille ist ein **Rechtsbegriff,** der vom natürlichen Willen abzugrenzen ist (§ 1832) und zum Begriff des Wunschs (zB §§ 1816 Abs. 2, 1821 Abs. 2), der sowohl den freien als auch den natürlichen Willen beinhaltet und Präferenzen einschließt. Systematisch ist das Kriterium der **„freien Willensbestimmung"** iSd § 104 Nr. 2 heranzuziehen (BT-Drs. 15/2494, 28). Diese Regelung entspricht dem Freiheitsrecht des Art. 2 Abs. 1 GG, wonach jeder das Recht hat, sein Leben nach seinen Vorstellungen zu gestalten, soweit nicht Rechte Dritter oder andere mit Verfassungsrang ausgestattete Rechtsgüter betroffen sind. Der Staat hat dann nicht das Recht, den zur freien Willensbestimmung fähigen Betroffenen zu erziehen, zu bessern oder zu hindern, sich selbst zu schädigen (BGH BtPrax 2014, 131; 2013, 27). Bei einer **Betreuerbestellung gegen den Willen des Betroffenen** kommt es darauf an, ob der Betroffene in Bezug auf die Betreuerbestellung einen freien Willen bilden und danach handeln kann. Entscheidend ist die Einsichts- und Steuerungsfähigkeit (BGH NJW-RR 2025, 1283; MüKoBGB/Schneider Rn. 43 mwN), und zwar nicht allgemein, sondern **abwägend** bezüglich der Gesichtspunkte, die für oder gegen eine Betreuerbestellung sprechen (BGH BtPrax 2014, 131 und 140; 2013, 27 mwN). Es dürfen keine überhöhten Anforderungen an die Auffassungsgabe des Betroffenen gestellt werden (BGH NJW-RR 2025, 1283). Auch bei einem im Sinne des Betreuungsrechts erkrankten oder behinderten Betroffene, ist zunächst davon auszugehen, dass dieser in der Lage ist, einen freien Willen zu bilden und zu äußern, bis das Gegenteil erwiesen ist. Abzustellen ist jeweils auf die konkrete Erkrankung oder Behinderung und dessen Auswirkungen auf den Betroffenen. Wichtig ist das Verständnis, dass ein gesetzlicher Vertreter bestellt wird, der für den Fall der Erforderlichkeit eigenständige Entscheidungen in den ihm übertragenen Aufgabenbereichen treffen kann. Der Betroffene muss Grund, Bedeutung und Tragweite einer Betreuung intellektuell erfassen können, was denknotwendig voraussetzt, dass er seine Defizite und Bedarfe im Wesentlichen zutreffend einschätzen und auf der Grundlage dieser Einschätzung die für oder gegen eine

Betreuung sprechenden Gesichtspunkte gegeneinander abwägen kann. Ist der Betroffene zur Bildung eines klaren Urteils zur Problematik der Betreuerbestellung in der Lage, muss es ihm weiter möglich sein, nach diesem Urteil zu handeln und sich dabei von den Einflüssen involvierter Dritter abzugrenzen. Abzustellen ist jeweils auf das **konkrete Krankheitsbild** und seine Ausprägung. Ein an einer Psychose erkrankter Betroffener vermag das Wesen und die Bedeutung einer Betreuung im Detail eher zu begreifen, als ein von einer Demenz Betroffener (BGH BtPrax 2011, 127), jedenfalls wenn die Demenz bereits fortgeschritten ist. Auch bei Schwierigkeiten des Gerichts in der Kommunikation mit dem Betroffenen (zB bei Autismusspektrum) muss feststehen, dass er nicht in der Lage ist, seinen Willen frei zu bestimmen (OLG Köln FGPrax 2006, 117). Diese Frage kann nicht offenbleiben. Sie muss jeweils **durch ein Gutachten belegt** sein (BGH BtPrax 2014, 276; 2012, 115) und positiv festgestellt werden (BGH BtPrax 2018, 35; 2016, 33; 2015, 64). Eine reine Verdachtsprognose (hierzu BGH BtPrax 2015, 25) reicht ebenso wenig wie die Feststellung, die freie Willensbestimmung sei „erheblich beeinträchtigt" (BGH BtPrax 2019, 30). Diese Grundsätze gelten auch dann, wenn die Bestellung eines Betreuers für den Betroffenen objektiv vorteilhaft wäre (BGH BtPrax 2012, 115) oder wenn lediglich ein Kontrollbetreuer (hierzu § 1815, § 1830 Abs. 3) bestellt werden soll (BGH FamRZ 2016, 456). Ist der Betroffene zu einer entsprechenden Willensbildung in der Lage, ist eine Betreuerbestellung unzulässig gegen den Willen, gleichgültig, welche Situation vorliegt, wie sozial unangepasst oder selbstgefährdend sein Verhalten sein mag oder eine Betreuung nützlich oder vorteilhaft erscheint (BGH BeckRS 2024, 2620). Angesichts der Grundrechtsrelevanz ist eine besonders strenge Prüfung der Voraussetzungen geboten (BVerfG BtPrax 2015, 61).

32 Lehnt ein Betroffener eine Betreuung ab, kann damit zum Ausdruck gebracht werden, dass die von ihm nicht mehr wahrgenommenen **Aufgaben** nach seiner Ansicht **unerledigt bleiben sollen.** Wenn der Betroffene sein Geld nicht anlegt, sondern zu Hause als Bargeld aufbewahrt, eine Rente oder einen sonstigen Sozialleistungsanspruch nicht geltend macht, sich gegen eine Inanspruchnahme auf Schadensersatz durch einen Dritten nicht ausreichend zur Wehr setzt, trotz Erkrankung einen Arzt nicht konsultiert, mögliche Rehabilitationsmaßnahmen ungenutzt lässt oder sonstige denkbare Angelegenheiten des täglichen Lebens zwar nicht wahrnehmen kann, aber hierfür auch keinen Betreuer bestellt bekommen möchte, kommt eine Betreuung gegen seinen natürlichen Willen (Zwangsbetreuung) nur in Betracht, wenn dies verhältnismäßig ist. IRd Erforderlichkeitsprüfung ist die Geeignetheit der Betreuerbestellung zu prüfen, denn der **Willensvorrang des Betreuten** im Innenverhältnis (→ BGB § 1821, Rn. 13 ff.) kann ein Tätigwerden des Betreuers behindern. Verfahrensrechtlich ergibt sich in § 295 Abs. 2 FamFG eine **Verkürzung der Überprüfungsfrist** von maximal zwei Jahren bei einer Betreuerbestellung gegen den Willen.

33 Soweit der Volljährige die rechtliche Betreuung **nicht als solche ablehnt,** sondern **ein konkreter Betreuer abgelehnt wird,** gilt zunächst § 1816 Abs. 2. Bei einem Vorschlag durch die Behörde kann auch ein Kennenlerngespräch nach § 12 BtOG hilfreich sein. Auf Wunsch des Betreuten kann die Bestellung des Vereins in Betracht kommen (§ 1818 Abs. 1). Lehnt der Betreute immer wieder einen bereits bestellten Betreuer nach kurzer Zeit wieder ab, sieht das Gesetz zu Entlassung und Neubestellung mit des § 1868 Abs. 5 Kann-Vorschrift vor.

6. Antrag oder von Amts wegen

Ein Betreuer wird auf Antrag oder von Amts wegen bestellt. Den Antrag kann nur der Betreuungsbedürftige stellen. Liegt ein Antrag des Betroffenen vor, darf hieraus nicht die Schlussfolgerung gezogen werden, dass eine Betreuerbestellung unter leichteren Voraussetzungen erfolgen kann (Schwab FamRZ 1992, 493). Ein Antrag hat damit mehr als nur psychologische Bedeutung. Der Antrag ist zwar mit Ausnahme von Betroffenen mit nur körperlicher Krankheit oder Behinderung idR nicht formelle Voraussetzung für die Einleitung oder Durchführung des Verfahrens. Allerdings spielt dieser bei dem Antrag auf Aufhebung der Betreuung nach § 1871 Abs. 2 eine gewichtige Rolle. Zudem genügt im Verfahren anstelle eines Sachverständigengutachtens ein ärztliches Zeugnis, wenn der Betroffene auf die Begutachtung verzichtet hat (§ 281 Abs. 1 Nr. 1 FamFG) und die Begutachtung unverhältnismäßig war und dies auf Antrag des Betreuten erfolgte. 34

„Anträge" anderer sind lediglich Anregungen an das Betreuungsgericht, von Amts wegen tätig zu werden. In wenigen speziell geregelten Ausnahmefällen ist auch eine Behörde zur **Bestellung eines Vertreters von Amts wegen** berechtigt (§ 16 Abs. 1 Nr. 4 VwVfG, § 81 Abs. 1 Nr. 4 AO, § 15 Abs. 1 Nr. 4 SGB X: Betreuungsgerichtliche Zuweisungssache nach § 340 Nr. 2 FamFG). Einem körperbehinderten Volljährigen kann nur auf seinen Antrag ein Betreuer bestellt werden, es sei denn, er kann seinen Willen nicht kundtun (Abs. 1 S. 3). Dies dürfte nur in seltenen Ausnahmefällen in Betracht kommen → Rn. 28. 35

III. Erforderlichkeit der Betreuung

Nach Abs. 3 S. 1 darf ein Betreuer nur bestellt werden, wenn dies erforderlich ist. Das Gesetz benennt in Abs. 3 S. 2 zwei Regelbeispiele nach denen die Betreuerbestellung insbesondere nicht erforderlich ist: 1. **Vollmacht** und 2. **andere Hilfen.** Die Erforderlichkeit ist für die Betreuerbestellung generell und für jeden einzelnen Aufgabenbereich, der dem Betreuer übertragen werden soll, zu prüfen (§ 1815 Abs. 1). Dies setzt voraus, dass die rechtliche Wahrnehmung durch einen Betreuer in dem Aufgabenbereich erforderlich ist. Unter Berücksichtigung der Verhältnismäßigkeit dürfen weniger einschneidende Maßnahmen nicht in Betracht kommen (BGH FamRZ 2018, 1601; BtPrax 2011, 210). Dabei ist von der konkreten Lebenssituation des Betroffenen auszugehen (BGH FamRZ 2012, 1365; BtPrax 2011, 210). Mehrere Jahre zurückliegende Tatsachen können keine Erforderlichkeit begründen (BGH BtPrax 2011, 210). 36

1. Der Grundsatz der Verhältnismäßigkeit

Das Merkmal der Erforderlichkeit ist ein Grundprinzip des Betreuungsrechts mit Verfassungsrang. Auch Art. 12 der UN-BRK verlangt, dass der Grundsatz der Erforderlichkeit und der Verhältnismäßigkeit in jeder Phase der Betreuung von allen am Betreuungswesen Beteiligten zu beachten ist (Lipp BtPrax 2010, 263 ff.). Zum **Grundsatz der Verhältnismäßigkeit** gehören vier Elemente: 1. Die Maßnahme muss einem legitimen Zweck folgen, also der Besorgung der Angelegenheiten des Betroffenen dienen. Die Interessen Dritter oder der Allgemeinheit sind in der Regel nicht von Relevanz (s. Ausnahme → Rn. 11). Zudem muss die Betreuung 2. geeignet sein, diesen Zweck zu erfüllen. Dies kann im Einzelfall fraglich sein, weil ein Betreuter die Mitwirkung komplett verweigert. Dies wird 37 unter dem Begriff Unbetreubarkeit diskutiert (BGH BtPrax 2019, 114, MüKoBGB/Schneider BGB § 1814 Rn. 62). Des Weiteren darf es 3. keine milderen Mittel geben, die Angelegenheiten des Betreuten zu besorgen. Hierzu nennt das Gesetz ausdrücklich, die **Vollmacht** oder **andere Hilfen,** bei denen kein gesetzlicher Vertreter bestellt wird, insbesondere solche Unterstützung, die auf sozialen Rechten oder anderen Vorschriften beruht. Abschließend muss die Betreuerbestellung 4. in der Gesamtbetrachtung angemessen sein, das bedeutet, dass aus der Perspektive des Betroffenen keine anderen erheblichen Nachteile sich für diesen ergeben (Brosey/Lesting/Loer/Marschner BetreuungsR Rn. 43).

38 Nicht erforderlich ist eine Betreuung jedenfalls für Aufgaben, die ohne erheblichen Schaden oder Nachteile für den Betreuten auch unerledigt bleiben können oder wenn ein Betreuer die Aufgaben nicht wirksam wahrnehmen kann (OLG Schleswig BtPrax 2009, 299), zB weil der Betreute jeden Kontakt mit einem Betreuer verweigert und dies zu einer sogenannten **„Unbetreubarkeit"** führt (BGH BtPrax 2018, 35; 2015, 62; vgl. auch Bünnigmann BtPrax 2016, 140, Sturmberg/Hövelmann BtPrax 2020, 47). Eine fehlende Bereitschaft des Betroffenen zur Zusammenarbeit mit dem Betreuer steht einer Betreuerbestellung allerdings dann nicht entgegen, wenn der Betreuer auch ohne dessen Mitwirkung wirksam handeln kann (BGH FamRZ 2025, 628;BtPrax 2016, 196). Die Ablehnung einer Betreuerbestellung wegen sog. „Unbetreubartkeit" kommt allerdings nicht in Betracht, wenn der Betroffene die Betreuung wünscht, auch wenn er sich unkooperativ verhält. Die persönliche Situation kann sich mitunter häufig verändern und schwanken, so dass nötige Fürsorge stets anzubieten und ggf ist ein anderer Betreuer zu bestellen ist (MüKoBGB/Schneider Rn. 62).

39 Weitere Beispiele aus der Rechtsprechung: Allein die mangelnde Fähigkeit eines alten Menschen, aus bescheidenen Mitteln seine geringen Schulden abzubauen und das Auflaufen weiterer geringer Schulden zu verhindern, rechtfertigt noch nicht die Bestellung eines Betreuers (OLG Köln BeckRS 2004, 16848). Wenn der Zweck einer dem Betreuer zu übertragenden Aufgabe „Gesundheitssorge" nur durch eine freiwillige Mitwirkung des Betroffenen (OLG Schleswig BtPrax 2009, 299) oder eine Unterbringung zu erreichen wäre, muss auch klar sein, ob eine solche Maßnahme geboten wäre (BayObLG FamRZ 2001, 1244) bzw. überhaupt in Betracht käme (OLG Schleswig BtPrax 2009, 299; 2008, 131; 2005, 196; AG Frankfurt a. M. BeckRS 2012, 07089). Sonst muss bereits die Betreuerbestellung unterbleiben. In jedem Falle sind die Freiheitsrechte des einzelnen zu berücksichtigen, eine Betreuung hat nicht eine Erziehung oder Besserung zum Ziel, soll nicht bürgerliches Wohlverhalten sichern oder unangepasste Lebensweisen verhindern. So darf auch bei drohender oder eingetretener **Verwahrlosung** eine Betreuerbestellung gegen den natürlichen Willen nur erfolgen, wenn erhebliche Gesundheitsgefahren (§ 1821 Abs. 3) drohen und das Handeln eines Betreuers geeignet ist. Wenn ein Handeln zugunsten des Betroffenen auch ohne eine Betreuerbestellung möglich ist, so ist diese nicht erforderlich.

2. Keine vorrangigen Hilfen

40 Eine Betreuung ist insbesondere nicht erforderlich (Abs. 2 S. 2), wenn die Angelegenheiten durch einen Bevollmächtigten besorgt werden können oder durch andere Hilfen, bei denen kein gesetzlicher Vertreter bestellt wird. Besteht der Hilfebedarf nur vorrübergehend wegen einer akuten Erkrankung, so kann ggf. auch Geschäftsführung ohne Auftrag (§§ 677 ff.) und die mutmaßliche Einwilligung in Heileingriffe (§ 630d Abs. 1 S. 4) ausreichen, auch eine Patientenverfügung nach § 1827 Abs. 1 kann ausnahmeweise die Erforderlichkeit der Betreuerbestellung ausschließen, wobei ein Betreuer in diesem Zusammenhang die Aufgabe hat, der Verfügung Ausdruck und Geltung zu verschaffen und den Patientenwillen gemeinsam mit dem Arzt festzustellen, also nicht grundsätzlich unverzichtbar ist.

Das mit § 1358 eingeführte **Notvertretungsrecht für Ehegatten in Gesundheitsangelegenheiten** ist einer Betreuerbestellung bei Vorliegen der Voraussetzungen vorrangig (→ § 1358 Rn. 2).

a) Ehegattenvertretungsrecht in Gesundheitsangelegenheiten. Kann ein Ehegatte aufgrund von Bewusstlosigkeit oder Krankheit seine Angelegenheiten der Gesundheitssorge rechtlich nicht besorgen, ist der andere Ehegatte berechtigt, für den vertretenen Ehegatten **bestimmte Rechtshandlungen** im Zusammenhang mit Untersuchungen, Heilbehandlungen oder ärztlichen Eingriffen, wie Einwilligung in diese oder freiheitsentziehende Maßnahmen, Behandlungsverträge, oder die Geltendmachung von Ansprüchen vorzunehmen (→ BGB § 1358 Rn. 2 ff.). Das **Nichtbestehen des Vertretungsrechts** richtet sich nach § 1358 Abs. 3, etwa bei Getrenntleben, Ablehnung der Vertretung oder Vollmachtserteilung an eine andere Person. Zeitlich ist dieses Vertretungsrecht auf max. **sechs Monate** beschränkt. Sollte der Bedarf länger andauern, wäre eine gerichtliche Betreuerbestellung erforderlich, soweit die Erteilung einer Vollmacht nicht möglich ist oder andere Hilfen ausreichen. Ist der Ehegatte, der zur Vertretung befugt ist, selbst gar nicht in der Lage, diese Vertretung auszuüben oder bestehen Eignungszweifel, ist ein Betreuungsverfahren von Amts wegen zu führen. Die Erforderlichkeit einer Betreuerbestellung ist gegeben, wenn der Ehegatte das Vertretungsrecht nicht ausüben will (Schwab FamRZ 2024, 905 (907), der zudem die Frage einer Vertretungspflicht erörtert). Funktioniert Hilfsmittel der Ehegattenvertretung in einem konkreten Fall nicht, so greift die Schutzpflicht des Staates ein. (→ BGB § 1358 Rn. 9). 41

b) Vollmacht/Vorsorgevollmacht. Die Vorsorgevollmacht ist eine Vollmacht iSd § 164, der idR ein Auftrags- oder Geschäftsbesorgungsverhältnis zu Grunde liegt (→ BGB § 164 Rn. 1), die den Zweck hat, im Falle eines Unterstützungsbedarfs rechtliches Handeln durch den Bevollmächtigten zu ermöglichen und eine gerichtliche Betreuung zu vermeiden. § 1820 fasst verschiedene Regeln zur (Vorsorge)Vollmacht und zur Kontrollbetreuung zusammen. Die (Vorsorge)Vollmacht kann sich neben Vermögensangelegenheiten auch auf personale Angelegenheiten erstrecken (Gesundheit, Freiheit). Für bestimmte Maßnahmen eines Bevollmächtigten im personalen Bereich (§§ 1829, 1831, 1832), wird nach § 1820 Abs. 2 vorausgesetzt, dass die **Vollmacht schriftlich** erteilt ist und diese Maßnahmen **ausdrücklich umfasst. Personen,** die eine Abhängigkeitsbeziehung mit einer Einrichtung oder sozialen Diensten haben, in der der Betroffene lebt, sind ausgeschlossen, um Interessenskollusionen zu verhindern. Diese stellt der Verweis in Abs. 3 Nr. 2 auf § 1816 Abs. 6 sicher. 42

Kenntnis über das Vorliegen einer Vollmacht kann neben der Anhörung des Betroffenen, von Angehörigen oder anderen Vertrauenspersonen auch aus dem **Zentralen Vorsorgeregister,** §§ 78a ff. BNotO, erreicht werden. Das Zentrale Vorsorgeregister hat den Zweck ua Betreuungsgerichte über das Vorhandensein von Vorsorgeverfügungen, indem eine Abfrage (auch online) erfolgt. Dies gilt auch für **Ärzte** (§ 78b Abs. 1 BnotO). Wer ein Dokument besitzt, in dem der 43

Volljährige eine andere Person mit der Wahrnehmung seiner Angelegenheiten bevollmächtigt hat, ist verpflichtet, das Betreuungsgericht zu unterrichten, wenn er von einem Betreuungsverfahren Kenntnis erlangt, und hat auf Verlangen eine Kopie der Vollmacht abzuliefern (→ BGB § 1820 Abs. 1 Rn. 7).

44 Wenn die Angelegenheiten des Volljährigen **gleichermaßen** (§ 1896 Abs. 2 aF: ebenso gut) durch einen **Bevollmächtigten** besorgt werden können, darf für diese Angelegenheiten kein Betreuer bestellt werden Voraussetzung für eine Bevollmächtigung ist, dass der Volljährige wirksam einen Bevollmächtigten bestellen konnte oder noch kann. Kann der Betroffene einen Bevollmächtigten bestellen, fehlt es an der Erforderlichkeit einer Betreuerbestellung (BGH BtPrax 2014, 82). Dafür muss allerdings mindestens eine Person vorhanden sein, zu der Vertrauen besteht und die zur Übernahme der Vollmacht geeignet und bereit ist (BGH BtPrax 2018, 35; BtPrax 2016, 37). Kann bei einer psychischen Erkrankung eine Bevollmächtigung wirksam erfolgen, kann auch auf Antrag des Betroffenen kein Betreuer bestellt werden (OLG München BtPrax 2005, 156). Die Verweisung auf einen möglichen Bevollmächtigten als vorrangig gegenüber der Betreuung setzt allerdings auch voraus, dass der Betroffene in der Lage ist, diesen ausreichend zu überwachen (LG Berlin FamRZ 2007, 931), ggf. unterstützt durch einen Vollmachtsbetreuer (BGH NJW-RR 2023, 850 und § 1820 Abs. 3 → BGB § 1820 Rn. 9).

45 Eine Vollmacht hat Vorrang, soweit sie reicht, so dass daneben kein Betreuer bestellt werden kann (BGH FamRZ 2012, 969). Die Reichweite ist durch Auslegung (§ 133) zu ermitteln. Eine wirksam erteilte **Generalvollmacht** schließt die Bestellung eines Betreuers aus, auch wenn aus der Vollmacht selbst nicht ersichtlich ist, dass sie als Vorsorgevollmacht ausgestaltet sein soll (OLG Thüringen FamRZ 2014, 1139). Sind mehrere Bevollmächtigte gleichrangig nebeneinander eingesetzt, kann der eine die Vollmacht nicht zugunsten des anderen widerrufen (OLG Karlsruhe BtPrax 2010, 178). Bei gemeinschaftlicher Vertretung ist diese aber nur dann der Betreuung gleichwertig und schließt diese aus, wenn die Bevollmächtigten auch zur gemeinschaftlichen Vertretung in der Lage sind, was Zusammenarbeit und Kooperationsbereitschaft voraussetzt (BGH NJW-RR 2018, 899), was auf die Neuregelung gleichermaßen anwendbar ist. Sind mehrere einzelvertretungsberechtigte Bevollmächtigte bestellt und erweist sich (nur) einer von ihnen als ungeeignet, kommt die Einrichtung einer Betreuung regelmäßig nicht in Betracht, wenn und soweit für die Besorgung der Angelegenheiten des Betroffenen noch ein geeigneter Bevollmächtigter mit Einzelvertretungsbefugnis zur Verfügung steht (BGH BeckRS 2024, 18095). Ein Bevollmächtigter ist ungeeignet, die Angelegenheiten des Betroffenen nach dessen Wünschen zu besorgen, wenn zu befürchten ist, dass er die Angelegenheiten des Vollmachtgebers nicht entsprechend der Vereinbarung oder dem erklärten oder mutmaßlichen Willen des Vollmachtgebers besorgt (BGH NJW-RR 2023, 850). Bestehen Anhaltspunkte dafür, dass der Bevollmächtigte missbräuchlich (KG BtPrax 2010, 87; OLG München BtPrax 2009, 240; LG Bielefeld FamRZ 2012, 1671) oder unredlich (BGH BtPrax 2014, 129) handeln könnte oder nicht willens oder in der Lage ist, die Vollmacht zum Wohl des Betroffenen einzusetzen (OLG Köln BtPrax 2009, 306; OLG Schleswig BtPrax 2008, 132; LG Bochum FamRZ 2010, 1471), kann trotz Vollmacht ein Betreuer bestellt werden, in der Regel hingegen nicht, wenn einer von mehreren in einer Vorsorgevollmacht bestellten einzelvertretungsberechtigten Bevollmächtigten ungeeignet ist (BGH BeckRS 2024, 18095). Da die Vollmacht im Falle der Geschäftsunfähigkeit nicht widerrufen werden kann, ist sie in diesem Falle auch weiterhin zu beachten (BGH FamRZ 2012, 969; BayObLG BtPrax 2002, 214). Ist die Vollmacht wegen Verstoßes gegen ein gesetzliches Verbot unwirksam, kann sie eine Betreuerbestellung nicht ausschließen (KG BtPrax 2007, 85). Eine Vollmacht ist weniger geeignet als die Betreuerbestellung, wenn erhebliche Zweifel an ihrer Wirksamkeit bestehen (BGH BtPrax 2015, 110; BtPrax 2011, 173), etwa weil der Betroffene zum Zeitpunkt der Bevollmächtigung geschäftsunfähig war und dem Rechtsverkehr dies bekannt ist (BGH FamRZ 2025, 219; BGH BtPrax 2016, 112), wobei das Gericht mögliche Zweifel an der Geschäftsfähigkeit aufklären muss (OLG Brandenburg FamRZ 2008, 265). Bei Anhaltspunkten für eine Geschäftsunfähigkeit nach § 104 Nr. 2 BGB, die Zweifel an der Wirksamkeit der Erteilung einer Vorsorgevollmacht begründen können, steht die erteilte Vollmacht einer Betreuerbestellung nur dann nicht entgegen, wenn die Unwirksamkeit der Vorsorgevollmacht positiv festgestellt werden kann (BGH BeckRS 2025, 14895). Bei Vorliegen eines Widerrufs der Vollmacht wäre diese unwirksam. Bloße Zweifel an der Unwirksamkeit reichen allerdings nicht aus, die Unwirksamkeit muss vielmehr feststehen (BGH BtPrax 2017, 31) Das Gericht darf aber einen Betreuer nicht deshalb bestellen, weil es ein Betreuerhandeln für besser geeignet hält (OLG Brandenburg BtPrax 2005, 157). Hier geht der Wille des Betroffenen vor. Ist allerdings aufgrund festgestellter Tatsachen die Annahme gerechtfertigt, der Bevollmächtigte sei ungeeignet zur Wahrnehmung seiner Aufgaben, steht die Vollmacht einer Betreuerbestellung nicht entgegen (BGH FamRZ 2018, 1110; BtPrax 2013, 248; BtPrax 2012, 116; 2011, 173). Sind hingegen in einer Vorsorgevollmacht mehrere einzelvertretungsberechtigte Bevollmächtigte bestellt und erweist sich (nur) einer von ihnen als ungeeignet, kommt die Einrichtung einer Vollbetreuung in den von der Vorsorgevollmacht umfassten Aufgabenbereichen regelmäßig nicht in Betracht, wenn und soweit für die Besorgung der Angelegenheiten des Betroffenen noch ein geeigneter Bevollmächtigter mit Einzelvertretungsbefugnis zur Verfügung steht (BGH BeckRS 2024, 18095). Die Abhängigkeit einer Untervollmacht von der Hauptvollmacht nach Tod des Hauptbevollmächtigten kann sich aus der Auslegung der Vollmacht ergeben (BGH BeckRS 2025, 39320). Auch für die Vertretung in **gerichtlichen Verfahren** ist eine Vollmacht geeignet, eine ggf. prozessunfähige Person zu vertreten (§ 51 Abs. 3 ZPO). Auch für die Vertretung im Zusammenhang mit psychiatrischen Behandlungen und/oder Unterbringungen ist eine Vollmacht geeignet (§ 1820 Abs. 2), insbesondere auch, wenn diese mit einer **Patientenverfügung** (§ 1827 Abs. 1), der der Bevollmächtigte Ausdruck zu verschaffen hat. Eine Betreuerbestellung kommt nicht in Betracht, um eine Zwangsbehandlung gegen die Patientenverfügung durchzusetzen. Sind wirksame Vollmachten erteilt und reichen diese für die Wahrnehmung der Aufgaben aus, so kann allenfalls ein Kontrollbetreuer nach §§ 1815 Abs. 3, 1820 Abs. 3 bestellt werden (BGH BeckRS 2025, 39320). (→ BGB § 1820 Rn. 9).

c) Andere Hilfen. Das Gesetz verweist weiterhin auf den zwingenden **Vorrang anderer Hilfen** und regelt mit Abs. 3 Nr. 2, dass die Betreuung nicht erforderlich ist, soweit die Angelegenheiten des Volljährigen durch andere Hilfen, bei denen kein gesetzlicher Vertreter bestellt wird, erledigt werden können. Beispielhaft wird die **Schnittstelle zum Sozialrecht** insbesondere solche **Unterstützung, die auf sozialen Rechten oder anderen Vorschriften beruht,** aufgeführt. Die Ergänzung „insbesondere" zielt darauf ab, die als vorrangige „andere Hilfen" in Betracht kommenden Formen der Unterstützung künftig konkreter zu bezeichnen und damit in die Sachverhaltsermittlung einzubeziehen (BT- 46

Drs. 19/24445, 233). Durch die Ergänzung wird der Begriff „soziale Rechte" aus § 2 SGB I aufgenommen und deutlich gemacht, dass jede Form der Unterstützung, die auf einer sozialrechtlichen Vorschrift beruht, Vorrang vor der Bestellung eines rechtlichen Betreuers hat (BT-Drs. 19/24445, 233 entgegen: BSG, FamRZ 2016, 2012). Dazu wurde in **§ 17 Abs. 4 SGB I** eine korrespondierende, klarstellende Regelung eingeführt, nach der soziale Rechte nicht deswegen abgelehnt, versagt oder eingeschränkt werden dürfen, weil ein rechtlicher Betreuer nach § 1814 Abs. 1 bestellt worden ist oder werden könnte.

47 Hintergrund dieser Regelung ist ein wesentliches Teilziel der Gesetzesreform und zwar die Stärkung des **Erforderlichkeitsgrundsatzes** im Vorfeld der rechtlichen Betreuung. Die Ermittlungen der **Betreuungsbehörde** im Vorfeld und iRd gerichtlichen Bestellungsverfahrens haben die Frage zum Gegenstand, ob eine rechtliche Betreuung tatsächlich erforderlich ist oder andere, zB sozialrechtliche Unterstützungsmaßnahmen, vorrangig in Frage kommen (§§ 8 und 11 BtOG, → BtOG § 8 Rn. 2 ff. s. auch Deutscher Verein: Handreichung „Kooperation und Abgrenzung – Das Verhältnis von Rechtlicher Betreuung und sozialer, pflegerischer und gesundheitlicher Unterstützung" v. 10.5.2022, 19 ff.). Ist der Volljährige allerdings auch nach umfassender Sicherstellung der den Sozialleistungsträgern obliegenden Beratungs- und Unterstützungspflichten nicht in der Lage, die zur Realisierung seiner Leistungsansprüche notwendigen Rechtshandlungen vorzunehmen, insbesondere, weil ihm insoweit die erforderliche Fähigkeit zur Mitwirkung fehlt, kann die Bestellung eines rechtlichen Betreuers erforderlich sein (BT-Drs. 19/24445, 233).

48 Das Gesetz benennt keine konkreten anderen Hilfen, um die Gefahr von Missverständnissen wegen Unvollständigkeit zu vermeiden (BT-Drs. 19/24445, 233). In Betracht kommen hier beispielsweise **Leistungen der Eingliederungshilfe nach dem SGB IX – insbesondere Assistenzleistungen nach § 78 SGB IX, Maßnahmen der Jugendhilfe für junge Volljährige bis zum 27. Lebensjahr nach § 41 SGB VIII oder Hilfen zur Abwendung besonderer sozialer Schwierigkeiten nach den §§ 67 bis 69 SGB XII, Soziotherapie nach § 37a SGB V, auch allgemeinere Hilfen nach § 14 SGB I und § 11 SGB XII** (→ BtOG § 8 Rn. 10 ff.) Zudem ist **Sozialhilfe** mit Ausnahme der Leistungen der Grundsicherung ohne Antrag von Amts wegen zu gewähren, wenn der Sozialhilfeträger Kenntnis von der Bedarfslage hat (§ 18 Abs. 1 SGB XII). Eine Betreuerbestellung zur „Beantragung der Sozialhilfe" ist daher nicht erforderlich, allerdings benötigt der Betroffene häufig Unterstützung bei der Erfüllung von Mitwirkungspflichten (Beibringen von Unterlagen, Belegen zum Nachweis der Hilfsbedürftigkeit), die dann wiederum eine Betreuung notwendig machen kann, um den Anspruch zu realisieren. Hilfen im Rahmen der Bewährungshilfe können ebenso wie in dem häufigen Fall der **Schuldenregulierung** andere Hilfen in Betracht kommen, so dass vorrangig Schuldnerberatungsstellen in Anspruch genommen werden können, oder der Hinweis oder die Unterstützung bei der Einrichtung eines Pfändungsschutzkontos (§ 850k ZPO). Erst wenn diese Maßnahmen nicht genügen, kommt eine Betreuerbestellung in Betracht. Die Ablehnung der Inanspruchnahme sonstiger Hilfe durch den Betroffenen bei freier Willensbildung rechtfertigt keine Betreuungsanordnung (LG Regensburg BeckRS 2023, 47360).

49 Die rechtliche Betreuung hat die Aufgabe, den Betroffenen bei der Teilnahme am Rechtsverkehr zu unterstützen und soweit erforderlich zu vertreten (§§ 1821, 1823). Die „anderen Hilfen" sind dazu da, den Betroffenen bei der Bewältigung seiner alltäglichen Angelegenheiten zu unterstützen. Soweit eine rechtlich wirksame Vertretung des Betroffenen im Rechtsverkehr notwendig ist, wird ein Betreuer benötigt. Soweit der Betroffene angeleitet und unterstützt werden soll, eigenständig rechtliche Erklärungen abzugeben, kann dies sowohl von einem rechtlichen Betreuer als auch von einer anderen Unterstützungsperson geleistet werden. Dies setzt aber voraus, dass die Hilfeleistung für den Betroffenen bereitsteht, also zum Zeitpunkt der gerichtlichen Entscheidung bereits erbracht wird oder sich nahtlos anschließt. Dazu bedarf es neben der Bewilligung durch den Leistungsträger auch einen Leistungserbringer, der dem Betroffenen tatsächlich zur Verfügung steht (LG Lüneburg BeckRS 2025, 23891). Zudem sind die Grenzen der Rechtsberatung nach dem Rechtsdienstleistungsgesetz (RDG) zu beachten, die für andere Hilfen zutreffen können. Nach § 78 Abs. 1 SGB IX dienen die Assistenzleistungen aus der Eingliederungshilfe der selbstbestimmten und eigenständigen Bewältigung des Alltages. Sie umfassen insbesondere Leistungen für die allgemeinen Erledigungen des Alltags wie die Haushaltsführung, die Gestaltung sozialer Beziehungen, die persönliche Lebensplanung, die Teilhabe am gemeinschaftlichen und kulturellen Leben, die Freizeitgestaltung einschließlich sportlicher Aktivitäten sowie die Sicherstellung der Wirksamkeit der ärztlichen und ärztlich verordneten Leistungen. Sie beinhalten die Verständigung mit der Umwelt in diesen Bereichen. Hierzu gehören gerade auch Hilfen bei Behördengängen und der Alltagsbewältigung, die vorrangig in Anspruch zu nehmen (LG Duisburg BeckRS 2023, 5352). Nach § 78 Abs. 2 Nr. 2 SGB IX gehört zu den Assistenzleistungen für behinderte Menschen im Rahmen der Leistungen zur sozialen Teilhabe insbesondere „die Befähigung der Leistungsberechtigten zu einer eigenständigen Alltagsbewältigung“. Die Assistenten sollen also den behinderten Menschen bei einer möglichst eigenständigen Bewältigung seines Lebens unterstützen, sie sind jedoch nicht zu einer rechtlichen Vertretung berechtigt. „Andere Hilfen“ können daher einer Betreuerbestellung nur vorgehen, wenn rein tatsächliches Handeln ohne rechtliche Vertretung bzw. Besorgen rechtlicher Angelegenheiten ausreicht. So bedarf es keiner Betreuung, wenn die Aufnahme des Betroffenen in eine Reha-Einrichtung und die damit verbundenen finanziellen Verpflichtungen durch Einsatz eines Sozialdienstes geregelt werden kann (LG Hamburg BtPrax 1993, 209). Kann die Person selbst keine Anträge bei Sozialleistungsträgern stellen und/oder Verträge mit den sozialen Einrichtungen und Diensten abschließen, die die „anderen Hilfen“ leisten sollen, ist dafür ein Betreuer erforderlich. Mit dem Bundesteilhabegesetz wurde für Leistungen der Eingliederungshilfe ein Antragserfordernis (§ 108 SGB IX) eingefügt, das es zuvor nicht gab. Zudem sind die Träger der Eingliederungshilfe nach § 106 SGB IX zu umfassender Beratung und Unterstützung der antragstellenden Personen verpflichtet. Dies umfasst ausdrücklich auch die Beratung über Leistungen anderer Leistungsträger und die Unterstützung bei der Antragstellung. Zum anderen soll die ergänzende unabhängige Teilhabeberatung (§ 32 SGB IX) behinderte Menschen dabei unterstützen, die ihnen zustehenden sozialen Leistungen geltend zu machen.

Die Unterbringung im **Maßregelvollzug** lässt dagegen die Erforderlichkeit **50** einer rechtlichen Betreuung nicht grundsätzlich entfallen, weil ein Betreuungsbedarf bestehen kann, wie Schuldenregulierung und Unterstützung bei Antragstellungen (LG Heidelberg, BeckRS 2025, 8939, BGH BtPrax 2015, 206, dazu auch Selle BtPrax 2022, 50 ff., Marschner/Lesting/Stahmann Freiheitsentziehung und Unterbringung → Kap. B Rn. 221 und 246 f.).

Auch Unterstützungen, die auf Gefälligkeiten oder freundschaftlicher bzw. ver- **51** wandtschaftlicher Verantwortung beruhen, fallen unter die betreuungsvermeidenden anderen Hilfen. Gleiches gilt, wenn die tatsächlichen Angelegenheiten des Betroffenen unter Wahrung seiner Rechte und Selbstbestimmung durch **tatsächliche Hilfen,** insbesondere die Unterstützung von Angehörigen, Heimpersonal und Sozialdiensten geleistet werden. Der Betreuer hat für den Betreuten Angelegenheiten rechtlich zu besorgen, er ist nicht derjenige, der tatsächlich pflegt, versorgt, einkauft, sauber macht usw. Er ist der Organisator solcher Hilfen, nicht der Ausführende. Sollte ein Organisieren der Hilfen durch solche ambulanten Dienste jedoch nicht ohne rechtliche Vertretung möglich sein und insbesondere eine Sicherstellung der Finanzierung nur durch Verfügung über Konten, ohne dass Vollmachten vorliegen oder erteilt werden können, wird eine Betreuerbestellung erforderlich.

52 Die Notwendigkeit einer Betreuung kann sich ergeben, wenn der Betroffene nicht mehr in der Lage ist, die **sozialen Dienste oder die stationäre Versorgung zu kontrollieren.** Diese Aufgabe nimmt wegen besonderer Gewaltvorkommnisse oder Vergabe von nicht indizierten Medikamenten in Pflegeheimen und Einrichten der Behindertenhilfe mehr Bewusstsein ein. Das gleiche gilt für private Pflegepersonen. Hier steht vor allem der Schutz vor Missbrauch und Gewalt im Fokus, der anlassbezogen die Erforderlichkeit einer Betreuung begründen kann, obwohl andere Hilfen bereits genutzt werden (Brosey/Lesting/Loer/Marschner BetreuungsR Rn. 62).

§ 1815 Umfang der Betreuung

(1) [1]**Der Aufgabenkreis eines Betreuers besteht aus einem oder mehreren Aufgabenbereichen.** [2]**Diese sind vom Betreuungsgericht im Einzelnen anzuordnen.** [3]**Ein Aufgabenbereich darf nur angeordnet werden, wenn und soweit dessen rechtliche Wahrnehmung durch einen Betreuer erforderlich ist.**

(2) **Folgende Entscheidungen darf der Betreuer nur treffen, wenn sie als Aufgabenbereich vom Betreuungsgericht ausdrücklich angeordnet worden sind:**

1. **eine mit Freiheitsentziehung verbundene Unterbringung des Betreuten nach § 1831 Absatz 1,**
2. **eine freiheitsentziehende Maßnahme im Sinne des § 1831 Absatz 4, unabhängig davon, wo der Betreute sich aufhält,**
3. **die Bestimmung des gewöhnlichen Aufenthalts des Betreuten im Ausland,**
4. **die Bestimmung des Umgangs des Betreuten,**
5. **die Entscheidung über die Telekommunikation des Betreuten einschließlich seiner elektronischen Kommunikation,**
6. **die Entscheidung über die Entgegennahme, das Öffnen und das Anhalten der Post des Betreuten.**

(3) **Einem Betreuer können unter den Voraussetzungen des § 1820 Absatz 3 auch die Aufgabenbereiche der Geltendmachung von Rechten des Betreuten gegenüber seinem Bevollmächtigten sowie zusätzlich der Geltendmachung von Auskunfts- und Rechenschaftsansprüchen des Betreuten gegenüber Dritten übertragen werden (Kontrollbetreuer).**

Übersicht

I. Überblick

1 Abs. 1 S. 1 stellt klar, dass der **Aufgabenkreis eines Betreuers aus einem oder mehreren Aufgabenbereichen besteht.** Damit wurde der Begriff des Aufgabenbereichs eingeführt, der die einzelnen vom Betreuer wahrzunehmenden Aufgaben bezeichnet. Der Aufgabenkreis bezeichnet hingegen die Gesamtheit der Aufgabenbereiche des Betreuers (BT-Drs. 19/24445, 234). Im Falle einer **Aufgabenkreiserweiterung** ist der Verzicht auf die Einholung eines Gutachtens oder ärztlichen Zeugnisses nach § 293 Abs. 3 FamFG möglich, wenn keine Änderung des medizinischen Befunds ursächlich für die Erweiterung ist.

2 Abs. 1 S. 3 sieht vor, dass ein Aufgabenbereich nur angeordnet werden darf, **wenn und soweit** die **rechtliche Wahrnehmung durch einen Betreuer** erforderlich ist. Auch hier zeigt sich das Reformziel der Stärkung des Erforderlichkeitsprinzips mit dem Vorrang anderer Hilfen (→ BGB § 1814 Rn. 46 ff.). Zugleich ist für das Verständnis auch § 1821 Abs. 1 einzubeziehen, der den Paradigmenwechsel des reformierten Rechts verdeutlicht, denn hier spiegelt sich eine neue Konzeption der Betreuung wider (Schneider BtPrax 2020, 10). Für die rechtliche Wahrnehmung der Aufgaben durch einen Betreuer kommt es nicht darauf an, ob der Betroffene geschäftsunfähig oder einwilligungsunfähig ist. Mit der Einführung des Betreuungsrechts im Jahr 1992 wurden die rechtliche Betreuung und die gerichtliche Feststellung und damit einhergehende konstitutive Wirkung der Geschäftsunfähigkeit/Einwilligungsunfähigkeit entkoppelt. Mit der Reform 2023 wird diese Entkopplung unter Berücksichtigung von Art. 12 UN-BRK weitergeführt (zuvor bereits aus dem Erforderlichkeitsgrundsatz Lipp FamRZ 2017, 4 ff.). § 1821 Abs. 1 drückt dies dadurch aus, dass der Betreuer **alle Tätigkeiten** vornimmt, die erforderlich sind, um die Angelegenheiten des Betreuten rechtlich zu besorgen. **Er unterstützt den Betreuten dabei, seine Angelegenheiten rechtlich selbst zu besorgen,** und macht von seiner Vertretungsmacht nach § 1823 nur Gebrauch, soweit dies erforderlich ist. Rechtliche Betreuung ist damit nicht mit einer rechtlichen Vertretung eines rechtlich Handlungsunfähigen gleichzusetzen (→ BGB § 1821 Rn. 12, → BGB § 1823 Rn. 1). Vielmehr ist es gerade die Aufgabe des Betreuers die rechtliche Handlungsfähigkeit herzustellen. Dazu stellt das Gesetz Unterstützung, etwa durch Information oder Beratung und die Stellvertretung als Mittel zur Verfügung (Lipp FamRZ 2017, 4 ff.). Stellvertretung ist hier aber eine Stellvertretung im Handeln und nicht im Willen, denn hier ist der Betreuer an § 1821 BGB gebunden. Unterstützte Entscheidungsfindung iSd UN-BRK ist gerade darauf gerichtet, rechtlich anerkannte Rechtsfolgen herbeizuführen (→ BGB § 1821 Rn. 12, ausführlich Brosey Unterstützte Entscheidungsfindung in der Betreuungspraxis, 2023).

3 Abs. 2 benennt Aufgabenbereiche, die einer **ausdrücklichen Anordnung** bedürfen. Hintergrund ist hier eine besondere Erforderlichkeitsprüfung für **eingriffsintensive Bereiche,** wie die Befugnisse zur Unterbringung, des Umgangs oder Entscheidungen über Telekommunikation und Post.

4 Abs. 3 entspricht überwiegend der Regelung des § 1896 Abs. 3 aF. Abs. 3 definiert den Begriff des **Kontrollbetreuers (**Aufgabenbereich Geltendmachung von Rechten des Betreuten gegenüber seinem Bevollmächtigten). Der Kontrollbetreuer wird damit zum gesetzlichen Begriff → Rn. 26.

5 Der **Gegenbetreuer** ist im reformierten Recht nicht mehr vorgesehen (§ 1908i iVm §§ 1792, 1799 aF). Die Bestellung eines Gegenbetreuers wird zum 1.1.2023 wirkungslos (Art. 229, § 54 EGBGB Übergangsvorschrift).

Für eine Einwilligung in eine Sterilisation ist nach § 1830 ein besonderer Betreuer **(Sterilisationsbetreuer)** vorgesehen. Dort sind auch die Voraussetzungen der Bestellung normiert.

Art. 229, § 54 EGBGB (→ EGBGB Art. 229, § 54 Rn. 1) sieht Übergangsvorschriften für bestehende Betreuungen vor. Davon umfasst ist auch die **Übergangszeitfrist,** die sich nach § 54 Abs. 1 bezüglich Aufgabenkreis nach § 1815 Abs. 1 bis zum **31.12.2024** erstreckt, für § 1815 Abs. 2 gilt die nächste Maßnahme des Betreuungsgericht als maßgeblich, spätestens der **31.12.2028.**

6 Der Aufgabenkreis des Betreuers ist unter Benennung der einzelnen Aufgabenbereiche vom Betreuungsgericht im Beschluss zur Betreuerbestellung **ausdrücklich festzulegen** (§ 286 Abs. 1 Nr. 1 FamFG). Dies ist ein wesentlicher Maßstab für die Pflichten und Befugnisse des Betreuerhandelns und legt ua den Rahmen seiner Vertretungsbefugnis (§ 1823) fest.

7 Die Festlegung der Aufgabenbereiche muss auch in einer nach außen verständlichen und klaren Weise formuliert sein (Schwab FamRZ 1992, 493 (496)). Andererseits sollte ein Aufgabenbereich schon aus praktischen Gründen aber auch nicht zu eng gefasst sein (→ Rn. 13). Im reformierten Recht ergibt sich bezüglich der Erweiterung des Aufgabenkreises eine gewisse Erleichterung, mit der Möglichkeit uU auf Gutachten oder ein ärztliches Zeugnis nach § 293 Abs. 3 FamFG zu verzichten.

8 Die Übertragung **aller Angelegenheiten** ist wegen des klaren Wortlauts in Abs. 1 S. 2: „Diese sind vom Betreuungsgericht im Einzelnen anzuordnen" – und nach der Intention des Gesetzgebers **nicht mehr zulässig** (BT-Drs. 19/24445, 234). Alle Angelegenheiten konnten im Übrigen nie Aufgabe des Betreuers sein, da bestimmte höchstpersönliche, unvertretbare Bereiche ausgeschlossen waren und auch ausgeschlossen bleiben, wie etwa die Eheschließung, Verfügungen von Todeswegen oder die Ausübung des Wahlrechts. Überdies ist die Verknüpfung einer Betreuung in allen Angelegenheiten mit dem Ausschluss vom Wahlrecht (§ 13 Nr. 2 BWahlG aF) durch das BVerfG (BVerfG BeckRS 2019, 1818) für mit dem Grundgesetz unvereinbar erklärt worden. Mit dem Gesetz vom 18.6.2019 (BGBl. I 834) wurde der bisherige Wahlrechtsausschluss gestrichen (dazu Brosey FamRZ 2020, 79)

9 Eine **empirische Erhebung** im Rahmen der Studie „Qualität in der rechtlichen Betreuung" hatte gezeigt, dass in rund 90 % der Berufsbetreuungen die Vermögenssorge und in jeweils rund 80 % die Gesundheitssorge und die Behördenangelegenheiten als Aufgabenbereich angeordnet ist (Stand 2015). Etwa jeweils die Hälfte der Berufsbetreuungen umfasst Wohnungsangelegenheiten und Aufenthaltsbestimmung. In etwa einem Drittel ist Postkontrolle ein Aufgabenkreis. 38 % der Betreuungen umfassen weitere sonstige Aufgabenbereiche, die nicht differen-

ziert erfasst wurden. Gemäß dieser Erhebung wurden in 48 % der Berufsbetreuungen gleichzeitig Gesundheitssorge, Vermögenssorge und Aufenthaltsbestimmung als Aufgabenbereiche bestimmt (Matta/Engels/Brosey ua, 75).

In einer anderen Befragung im Rahmen dieser Studie liegt sogar in durchschnittlich 60 % der beruflichen Betreuungen gleichzeitig Gesundheitssorge, Vermögenssorge und Aufenthaltsbestimmung vor (Matta/Engels/Brosey ua, 73). Ausdrücklich alle Angelegenheiten wurden den Berufsbetreuern bei durchschnittlich 14 % ihrer Betreuungen nach dieser Studie übertragen. Diese Zahlen stimmen nachdenklich und geben Anlass, mehr Sorgfalt und Personenorientierung auf die Zuschnitte der Aufgabenbereiche zu verwenden. 10

II. Folgen der Anordnung des Aufgabenkreises/ Aufgabenbereiche

Der Aufgabenkreis bestimmt bzw. begrenzt den Umfang der Vertretungsbefugnis des Betreuers. Nach § 1823 **kann** der Betreuer den Betreuten in seinem Aufgabenkreis gerichtlich und außergerichtlich vertreten (→ BGB § 1823 Rn. 2). Zudem umfasst der Aufgabenkreis die Gesamtheit der vom Betreuer zu regelnden Angelegenheiten, die dieser auf der Basis seiner Pflichten aus § 1821 zu besorgen hat. Der Betreuer hat darüber hinaus aber eine Beobachtungspflicht. Werden spätere Änderungen des Aufgabenkreises (Einschränkung oder Erweiterung) erforderlich, hat der Betreuer diesbezüglich eine **Mitteilungspflicht** (§ 1864 Abs. 2) und überdies dazu Angaben im Jahresbericht zu machen (§ 1863 Abs. 3 Nr. 3). 11

Die Anordnung eines Aufgabenbereichs wirkt sich nicht auf die **Geschäfts- oder Einwilligungsfähigkeit** des Betroffenen aus. Die Geschäftsunfähigkeit kann gem. § 104 Nr. 2 nur Folge eines die freie Willensbildung ausschließenden Zustands sein und ist unabhängig von der Betreuerbestellung. Die Geschäftsfähigkeit wird bei jedem Volljährigen, auch denjenigen mit Betreuung, angenommen. Geschäftsunfähigkeit ist kein Status, sondern eine auf situativen Tatsachen beruhende Gegebenheit, die sich auf die Wirksamkeit von Willenserklärungen im Einzelfall auswirkt (Nichtigkeit nach § 105 Abs. 1). Ein betreuter Mensch kann daher nach wie vor auch im Aufgabenkreis des Betreuers – sieht man vom einem angeordneten Einwilligungsvorbehalt (→ § 1825 Rn. 2) ab – selbst handeln, entscheiden und wirksame Willenserklärungen abgeben und empfangen. Er kann zB weiterhin Verträge abschließen, über sein Geld verfügen und Einwilligungserklärungen in medizinischen Maßnahmen abgeben, ebenso wie in freiheitsentziehende Maßnahme (zB Bauchgurt am Rollstuhl). Im Außenverhältnis kann es aber zu einer Konkurrenz der Befugnisse kommen. Betreuter und Betreuer können theoretisch in derselben Angelegenheit rechtlich wirksame Erklärungen abgeben. Die Besprechungspflicht nach § 1821 Abs. 5 hat dabei auch die Funktion zu verhindern, dass es zu widersprüchlichen Erklärungen kommt. Für den Bereich der Einwilligung, zB in Heilmaßnahmen, ist hingegen keine Konkurrenz möglich, denn es handelt sich um **höchstpersönliche Entscheidungen. Solange der Betreute einwilligungsfähig ist, kann nur er selbst die Erklärung abgeben** (→ § 630d Rn. 3). Die Aufgabe des Betreuers hat sich zunächst auf die **Unterstützung bei der Entscheidungsfindung** nach § 1821 Abs. 1 S. 2 zu beschränken. Der Betreuer ist erst dann berechtigt und nach Maßstab des § 1827 Abs. 2 ggf. verpflichtet stellvertretend einzuwilligen, wenn der Betreute selbst einwilligungsunfähig ist (→ BGB § 630d Rn. 7). 12

III. Aufgabenbereiche nach Abs. 1

13 Dem Umfang nach kommt eine Betreuung nur für die Aufgabenbereiche in Betracht, in denen der Betroffene selbst nicht in der Lage ist, seine Angelegenheiten selbst zu regeln, hier also einen Unterstützungsbedarf beim rechtlichen Handeln hat (Dodegge/Roth Teil A Rn. 21). Das Betreuungsrecht vermeidet eine Typisierung von Aufgabenbereichen, mit dem Ziel die individuelle Erforderlichkeitsprüfung konkret zu fördern. Oberbegriffe wie „Vermögenssorge" sollen damit nicht völlig ausgeschlossen werden. Es können weiterhin „Bereiche" angeordnet werden (BT-Drs. 19/24445, 234). Das Betreuungsrecht lässt eine Flexibilität im Rahmen des Erforderlichkeitsgrundsatzes bei der Beschreibung und der Anzahl der Aufgabenbereiche gerade zu, wenn diese den Vermögensangelegenheiten oder den personalen Angelegenheiten des Betroffenen zuzuordnen sind (→ Rn. 16 ff.). Ob und für welchen Aufgabenbereich ein objektiver Betreuungsbedarf besteht, ist aufgrund der konkreten, gegenwärtigen Lebenssituation des Betroffenen zu beurteilen (BGH NJW-RR 2023, 853)

Voraussetzung ist allerdings nicht, dass schon im Zeitpunkt der Anordnung der Regelungsbedarf im Einzelnen in Form einer konkreten Angelegenheit fest umrissen sein muss. Dies kann selbst bei unbekanntem Aufenthalt des Betroffenen in Betracht kommen (BGH BeckRS 2025, 11618). Das Gericht hat seine Entscheidung zu begründen und auch das Sachverständigengutachten hat dazu begründete Angaben zu enthalten (BGH NJW-RR 2020, 1009; BGH FamRZ 2021, 385). Die Beschreibung des Aufgabenbereichs ist nicht allein davon abhängig, was der Betreute nicht selbst besorgen kann, sondern eben auch davon, was absehbar regelungsbedürftig sein wird. Mögliche Ziele und Veränderungsbedarfe des Betroffenen, sind im Rahmen des Sozialberichts nach § 8 BtOG, § 270 Abs. 2 FamFG zu erfassen und einzubeziehen. Es genügt für die Anordnung eines Aufgabenbereichs, dass ein Handlungsbedarf jederzeit auftreten kann (BGH FamRZ 2021, 1737; BT-Drs. 19/24445, 234)

Das Gericht kann auch einzelne Aufgaben beschreiben (Geltendmachung eines Rentenanspruchs, Verteidigung gegen eine Gläubigerforderung, Auflösen eines Mietverhältnisses), oder soweit erforderlich umfassendere Bereiche festlegen, die verschiedene Angelegenheiten des Betreuten umfassen (Wohnungsangelegenheiten, Heimangelegenheiten, Gesundheitsangelegenheiten, Verwaltung größerer Vermögenswerte wie zB ein Geschäft oder ein größeres Mietshaus, Erbauseinandersetzung etc.). Nach eingehender Erforderlichkeitsprüfung ist auch die Übertragung etwas umfassender Bereiche, wie der Vermögenssorge zulässig. Vor der Übertragung der Personensorge ist zwingend durch eine strenge Erforderlichkeitsprüfung zu berücksichtigen, dass die Eignung der Personensorge als Aufgabenbereich fraglich ist, auch weil Abs. 2 für bestimmte Bereiche, wie zB Unterbringung und Umgangsbestimmung, eine ausdrückliche Anordnung vorsieht, so dass diese eingriffsträchtigen Bereiche von der Personensorge gerade nicht umfasst werden.

Immer wieder zeigten sich in der Praxis Aufgabenkreise wie **Vertretung gegenüber** Behörden und Gerichten, Vertretung gegenüber Heimeinrichtung oder Klinik. Vertretung selbst ist aber kein Aufgabenbereich, sondern eine Möglichkeit des Besorgens der Angelegenheiten, welches ohnehin aus § 1823 folgt. Ein Betreuer, der für die Besorgung von „Rechtsangelegenheiten" des Betroffenen bestellt ist, ist jedenfalls dann nicht nach § 335 Abs. 3 FamFG zur Einlegung einer Beschwerde im Namen des Betroffenen gegen eine Entscheidung über die freiheitsentziehende Unterbringung berechtigt, wenn ein anderer Betreuer gerade für diesen Aufgabenbereich bestellt ist (BGH NJW-RR 2025, 1473 f.)

1. Unzulässige Aufgabenbereiche

Die Aufgabenbereiche sind vom Betreuungsgericht im Einzelnen anzuordnen. Damit ist eine Betreuung mit dem Aufgabenbereich **„Betreuung in allen Angelegenheiten"** nun unzulässig (BT-Drs. 19/24445, 234). Nach Art. 229 § 54 EGBGB wird eine **Übergangsregelung** eingeführt, die sicherstellt, dass eine Betreuung in allen Angelegenheiten, die vor dem.1.1.2023 angeordnet wurde, **bis zum 1.1.2024** nach Maßgabe des § 1815 Abs. 1 zu ändern war. 14

Die gesetzliche Formulierung soll es verstärkt ermöglichen, einzelne Maßnahmen als Aufgabenkreis vorzusehen. Der Gesetzgeber geht aber weiterhin davon aus, dass auch ganze „Bereiche" angeordnet werden können (BT-Drs. 19/24445, 234). Die rechtliche Betreuung ist darauf gerichtet, die rechtliche Handlungsfähigkeit des Betroffenen durch Unterstützung und soweit erforderlich durch Vertretung herzustellen. Ein Aufgabenbereich darf nicht angeordnet werden, wenn er ausschließlich **absolut höchstpersönliche,** also unvertretbare **Rechtshandlungen** betrifft, wie das Eingehen einer Ehe, oder eine Verfügung von Todes wegen (vgl. § 1825 Abs. 2 Nr. 1 bis 4). Zudem ist die Benennung solcher Tätigkeiten als Aufgabenbereich ausgeschlossen, die keine eigenen Angelegenheiten des Betreuten beinhalten, etwa eine **Beaufsichtigung des Betreuten oder das Betreten der Wohnung** des Betreuten. Die Gesetzesbegründung stellt dazu klar: „Einem Betreuer übertragen werden können nur solche Angelegenheiten, welche der Betreute selbst nicht (mehr) wahrnehmen kann, also nur Rechte und Pflichten, die dem Betreuten grundsätzlich selbst zustehen bzw. obliegen. So kann es etwa eine Aufsichtspflicht begriffsnotwendig nur über eine dritte Person geben, so dass diese dem Betreuer nicht übertragen, sondern nur originär bei diesem begründet werden kann." (BT-Drs. 19/24445, 234 → § 832 Rn. 2).

Auch die UN-Behindertenrechtskonvention sieht einen einschränkungsfesten Kernbereich rechtlicher Handlungsfähigkeit für Menschen mit Behinderungen vor, in denen ein Vertreterhandeln ausgeschlossen ist (Aichele/v. Bernstorff BtPrax 2010, 199).

Der Aufgabenkreis eines Betreuers wirkt sich nicht auf das **elterliche Sorgerecht** eines Betreuten für dessen minderjährige Kinder aus. Der Betreuer kann aber ggf. mit dem entsprechenden Aufgabenkreis (Behördenangelegenheiten/Geltendmachung von Sozialleistungen) den Betroffenen **gegenüber dem Jugendamt** unterstützen und vertreten, zB Hilfen zur Erziehung (§§ 27 ff SGB VIII) zu beantragen. Er hat also die Rechte des Betroffenen mit Bezug zum Kind wahrzunehmen, nicht aber unmittelbar die Rechte des Kindes. Hierfür kämen ggf. Maßnahmen seitens des Familiengerichts in Betracht (zB Pflegschaft, Vormundschaft). 15

2. Beispiele zur Festlegung von Aufgabenkreisen

Einzelne Beispiele für Aufgabenkreise (nach Brosey/Lesting/Loer/Marschner BetreuungsR Rn. 74 ff.): 16

Im Bereich der **Vermögensverwaltung/Vermögensangelegenheiten/finanzielle Angelegenheiten** ist die konkrete Lebenssituation des Betreuten besonders zu beachten. Viele Betreute haben kein größeres Vermögen, sondern Ersparnisse unterhalb des Vermögensschonbetrags des § 90 SGB XII und ein

geringes Einkommen bzw. beziehen Sozialleistungen. Als mögliche Aufgabenkreise kommen hier in Betracht:
- Beantragung/Entgegennahme/von Rente/Sozialhilfe/Arbeitslosengeld/Krankengeld/Versicherungsleistungen,
- Geltendmachung/Entgegennahme von Arbeitsentgelt,
- Geltendmachung von Forderungen gegen/Prüfung von Rechnungen/Abwehr von Ansprüchen von oder gegenüber Behörden/Banken/Krankenkassen/Versicherungsunternehmen/Versorgungseinrichtungen,
- Geltendmachung von Pflegeleistungen bei der zuständigen Pflegekasse,
- Schuldentilgung/Schuldenregulierung,
- Prüfung und Regelung von Unterhaltspflichten,
- Verwaltung/Verwertung von Grundvermögen und beweglichen Sachwerten,
- Verwaltung des Anlagevermögens,
- Vermögensverwaltung mit Ausnahme von Eigengeld.

17 Auch bei **Wohnungsangelegenheiten** (s. dazu § 1833) gibt es verschiedene speziell zu prüfende Aufgabenbereiche:
- Abwehr einer Wohnungskündigung,
- Kündigungs- und Räumungsverfahren,
- Regelung von Miet- und Wohnungsangelegenheiten,
- Beendigung des Mietverhältnisses,
- Aufgabe der Wohnung und Auflösung des Haushalts,
- Wohnungsentrümpelung,
- Beschaffung einer Wohnung und Regelung der Kosten/Mietvertragsabschluss.

18 Im Zusammenhang mit **Familien-** und **Erbfällen** sind ebenfalls einzelne Aufgaben denkbar:
- Scheidungsverfahren
- Aufhebung einer Ehe
- Erbauseinandersetzung,
- Regelung der Nachlassangelegenheiten nach dem …,
- Geltendmachung der Rechte am Nachlass des …,
- Klärung der Nachlassmasse/Ausschlagung der Erbschaft.

19 Auch bei dem Wechsel in ein **Alten- oder Pflegeheim** kommen verschiedene Aufgaben in Betracht:
- Abschluss des Heimvertrages,
- Regelung der Heimkosten (aus dem eigenen Vermögen oder durch Inanspruchnahme Unterhaltspflichtiger, der Pflegekasse oder Sozialhilfeträger),
- Geltendmachung von Rechten aus dem Heimvertrag und dem WTG,
- Überwachung der Barbetragsverwendung,
- Heilbehandlungen und Überwachung der Vergabe der Medikation.

20 Der Umfang der Angelegenheiten der **Gesundheitssorge/Gesundheitsangelegenheiten** wird durch die Vorschrift des § 1358 (Ehegattenvertretungsrecht in Angelegenheiten der Gesundheitssorge) inhaltlich umrissen, der auch für den Aufgabenbereich iRd rechtlichen Betreuung Orientierung gibt. Dazu gehören Untersuchungen des Gesundheitszustandes, Heilbehandlungen oder ärztliche Eingriffe, sowie ärztliche Aufklärungen entgegenzunehmen ebenso wie Behandlungsverträge, Krankenhausverträge oder Verträge über eilige Maßnahmen der Rehabilitation und der Pflege abzuschließen und durchzusetzen. Die Befugnis über freiheitsentziehende Maßnahmen ist wegen § 1815 Abs. 2 hingegen eindeutig nicht Teil der betreuungsrechtlichen Gesundheitssorge.

Die Einwilligungsunfähigkeit ist für die Anordnung des Aufgabenbereichs ohne Belang. Das bedeutet, dass ein Betreuer mit dem Aufgabenbereich, der die Einwilligung zur Heilbehandlung umfasst, nur dann die Vertretungsbefugnis hat, wenn der Betroffene **im Einzelfall einwilligungsunfähig** ist (dazu ZEKO 2016: „Entscheidungsfähigkeit und Entscheidungsassistenz in der Medizin" → BGB § 630d Rn. 3). Die Einwilligungsunfähigkeit idS lässt sich regelmäßig nicht für die Zukunft ausschließen. Zudem kann die Einwilligungsfähigkeit schwanken oder für einfache oder wiederkehrende Behandlungen einer konkret nachvollziehbaren Krankheit (Erkältung, Knochenbruch, Zahnbehandlung) noch vorliegen, wo sie für kompliziertere Eingriffe bei komplexeren oder neuen Krankheitsbildern (schwierige Operationen, Chemo- oder Strahlentherapie) fehlt. Die Zustimmung selbst ist kein Aufgabenbereich, sondern das Erfordernis der Zustimmung ergibt sich aus § 630d Abs. 1 und dem Erfordernis einer Vertretung nach §§ 1821 Abs. 1, 1823 und richtet sich nach § 1827.

In Betracht kommen etwa:
- Untersuchungen, wie …,
- Heilbehandlung wegen der … Erkrankung,
- Sicherstellung der ärztlichen Heilbehandlung/stationär/ambulant/Nachsorge nach Operation,
- Geltendmachung von Rechten gegenüber Ärzten/Klinik,
- Heilbehandlungen mit Ausnahme von …,
- Organisation und Regelung der Kosten von Rehabilitationsmaßnahmen,
- Entscheidung über Einwilligung zur Amputation des ….

IV. Ausdrückliche Anordnung nach Abs. 2

In Abs. 2 werden solche Aufgabenbereiche benannt, in denen ein Betreuer nur 21
bei deren ausdrücklicher Anordnung durch das Betreuungsgericht tätig werden und damit Entscheidungen treffen darf. Die betreffenden Aufgabenbereiche sind mit einer erhöhten **Eingriffsintensität** im Hinblick auf das Selbstbestimmungsrecht des Betreuten verbunden, ohne dass das Tätigwerden des Betreuers stets unter den Vorbehalt einer Genehmigung des Betreuungsgerichts gestellt wird. Daher wird die Einwilligung in eine ärztliche Zwangsmaßnahme nach § 1832 nicht genannt, da diese ausnahmslos der vorherigen Genehmigung nach § 1832 Abs. 2 bedarf (BT-Drs. 19/24445, 235).

Hingegen sind **freiheitsentziehende Unterbringungen und freiheitsentziehende Maßnahmen** (Abs. 2 Nr. 1 und 2) bei Gefahr im Verzug nach § 1831 Abs. 2 S. 2 ohne Genehmigung zunächst möglich (BT-Drs. 19/24445, 235). Zudem sind nur solche freiheitsentziehenden Maßnahmen genehmigungspflichtig, die in einem Krankenhaus, einem Heim oder einer sonstigen Einrichtung regelmäßig oder über einen längeren Zeitraum vorgenommen werden. Außerhalb dieser Voraussetzungen des § 1831 Abs. 4 ist keine gerichtliche Genehmigung erforderlich. Will der Betreuer also über die Anwendung einer freiheitsentziehenden Maßnahme in der Häuslichkeit entscheiden, ist ein entsprechender Aufgabenbereich erforderlich (BT-Drs. 19/24445, 235; dazu auch Brosey BtPrax 2020, 94 ff.; Rodenbusch FamRZ 2021, 411 ff.).

Das **Aufenthaltsbestimmungsrecht** befugt daher künftig nicht mehr zur Einwilligung über freiheitsentziehende Unterbringung und freiheitsentziehende Maßnahmen. Nach dem Ergebnis des Forschungsvorhabens „Qualität in der rechtlichen Betreuung" (Matta/Engels/Brosey ua, 73) wurde der Aufgabenbereich „Aufenthaltsbestimmung" sehr häufig bestimmt, so dass mit der Änderung das Ziel verfolgt wird, dass die Befugnis nur dann angeordnet wird, wenn dies erforderlich ist (BT-Drs. 19/24445, 235). Mit der der Übertragung des **Aufenthaltsbestimmungsrechts** sollte überdies besonders sorgsam umgegangen werden. Das Reformgesetz hat dies durch Abs. 2 aufgegriffen. Das Aufenthaltsbestimmungsrecht umfasst daher neben der Aufgabe die Aufenthaltsangelegenheiten zu besorgen, die Übertragung einer tatsächlichen Bestimmungskompetenz, die über die Wirkung einer Vertretungsbefugnis hinausgeht (§ 1834 Abs. 2). Die Anordnung dieser Bestimmungskompetenz muss erforderlich sein und unterliegt wegen ihrer Auswirkung einer hohen Schwelle, die dem Einwilligungsvorbehalt gleichen muss. Das Aufenthaltsbestimmungsrecht darf daher nicht gegen den freien Willen angeordnet werden (Brosey/Lesting/Loer/Marschner BetreuungsR Rn. 82). Das Betreuungsgericht ist nach Art. 229 § 54 Abs. 4 S. 2 EGBGB bis zum 1.1.2028 im Rahmen einer Entscheidung nach § 1831 Abs. 2 S. 1 dazu verpflichtet, den Aufgabenkreis des Betreuers im Bestellungsbeschluss an die Erfordernisse des § 1815 Abs. 2 BGB anzupassen. Dann ist auf das Verfahren zur Neubestimmung des Aufgabenkreises § 293 FamFG entsprechend anzuwenden (BGH NJW-RR 2024, 681).

22 Die **Aufenthaltsbestimmung des Betreuten ins Ausland** fällt nach Abs. 2 Nr. 3 unter die ausdrückliche Anordnungspflicht. Hintergrund ist auch hier der Schutzbedarf des Betroffenen wegen einer Genehmigungslücke in § 1833, der die Aufgabe von Wohnraum erfasst, die aber nicht immer zutrifft. Anwendungsfall wäre hier eine Verbringung eines pflegebedürftigen Betreuten in eine im Ausland gelegene Pflegeeinrichtung, etwa aus Kostengründen (BT-Drs. 19/24445, 235 f.).

23 Die **Bestimmung des Umgangs** des Betreuten wirkt sich auf besonders einschneidende Weise auf die Lebensführung des Betreuten aus und ist für volljährige Menschen nur im absoluten Ausnahmefall zulässig. § 1834 Abs. 1 (→ BGB § 1834 Abs. 1 Rn. 2; Schneider FamRZ 2022, 1 ff., Engelfried BtPrax 2022, 77) regelt zudem besondere Anforderungen an die Ausübung dieser Befugnis. Zur Beschwerde gegen die Anordnung durch nahe Verwandte (BGH 3.12.2025 – XII ZB 59/25).

24 Nr. 5 enthält die Regelung zum zu **Telekommunikation,** die **digitale Kommunikation** und **elektronische Kommunikation** mitumfasst. Während Nr. 6 die Entscheidung über die **Entgegennahme, das Öffnen und das Anhalten der Post** enthält.

Ein Eingriff in das Post- und Fernmeldegeheimnis (Art. 10 GG) und das Persönlichkeitsrecht des Betreuten (Art. 2 Abs. 1 GG) bedarf besonderer Gründe und einer strengen Prüfung der Erforderlichkeit. Sie kommt nur in Betracht, wenn ohne eine entsprechende Bestimmung der Betreuer an der praktischen Wahrnehmung seiner Aufgaben gehindert wäre und hierdurch wesentliche Rechtsgüter des Betreuten erheblich gefährdet oder beeinträchtigt würden (BayObLG FamRZ 2001, 871), etwa weil zu befürchten ist, dass ohne Überwachung wichtige Briefe Dritter (Kündigungen, Rechnungen, Mahnungen etc.) dem Betreuer unbekannt blieben (OLG München FamRZ 2008, 89) und der Betreute daher erhebliche Nachteile erleidet, die dieser nicht erkennen kann. Ein Betreuer für die Überwachung der Telekommunikation kann auch bestellt werden, um den Betroffenen bei einer Vielzahl von Anrufen bei Privat- und Firmenanschlüssen mit wirrem Inhalt und Missbrauch des polizeilichen Notrufs vor Reaktionen der Angerufenen zu schützen (OLG München BtPrax 2008, 125). Da die Vorschrift selbst die

Voraussetzungen für die Zuweisung der Überwachung der Post- und Telekommunikation nicht nennt, sind besonders streng die verfassungsrechtlichen Grundsätze (Verhältnismäßigkeit: Legitimer Zweck, Eignung, Erforderlichkeit, Angemessenheit) zu beachten (so bereits BayObLG FamRZ 2001, 871). Ein Betreuer hat zudem immer prüfen, ob es erforderlich ist, von der Befugnis auch Gebrauch zu machen (BayObLG FamRZ 2001, 1558; OLG München BtPrax 2008, 89) und die Pflichten aus § 1821 berücksichtigen.

Übergangsfrist zu Anpassung an das neue Recht 25

Die Betreuungsgerichte sind gehalten, bei den anstehenden Überprüfungen die Anordnung der Aufgabenbereiche dem neuen Gesetz anzupassen. Dies hat spätestens bis zum 31.12.2028 zu erfolgen (Art. 229 § 54 Abs. 2 EGBGB).

V. Kontrollbetreuer nach Abs. 3

Nach Abs. 3 können einem Betreuer unter den Voraussetzungen des **§ 1820** 26 **Abs. 3** auch die Aufgabenbereiche der Geltendmachung von Rechten des Betreuten gegenüber seinem Bevollmächtigten sowie zusätzlich der Geltendmachung von Auskunfts- und Rechenschaftsansprüchen des Betreuten gegenüber Dritten übertragen werden **(Kontrollbetreuer).** Abs. 3 verweist auf § 1820 Abs. 3, wo die Voraussetzungen für dessen Bestellung normiert sind und der Zusammenhang zur Vollmacht und ggf. deren Widerruf hergestellt wird (→ BGB § 1820 Rn. 10 ff.). **Verfahrensrechtliche Änderungen** ergeben, dass auf die Einholung eines **Sachverständigengutachtens nicht** mehr zugunsten eines ärztlichen Attests verzichtet werden kann. § 281 Abs. 1 FamFG erstreckt sich nicht auf die Bestellung eines Kontrollbetreuers. Zudem ist für die Bestellung der **Betreuungsrichter zuständig,** die frühere Zuständigkeit des Rechtspflegers besteht nicht fort (§ 15 Abs. 1 S. 1 Nr. 1, § 19 Abs. 1 S. 1 Nr. 1 RPflG).

§ 1816 Eignung und Auswahl des Betreuers, Berücksichtigung der Wünsche des Volljährigen

(1) **Das Betreuungsgericht bestellt einen Betreuer, der geeignet ist, in dem gerichtlich angeordneten Aufgabenkreis die Angelegenheiten des Betreuten nach Maßgabe des § 1821 rechtlich zu besorgen und insbesondere in dem hierfür erforderlichen Umfang persönlichen Kontakt mit dem Betreuten zu halten.**

(2) **[1]Wünscht der Volljährige eine Person als Betreuer, so ist diesem Wunsch zu entsprechen, es sei denn, die gewünschte Person ist zur Führung der Betreuung nach Absatz 1 nicht geeignet. [2]Lehnt der Volljährige eine bestimmte Person als Betreuer ab, so ist diesem Wunsch zu entsprechen, es sei denn, die Ablehnung bezieht sich nicht auf die Person des Betreuers, sondern auf die Bestellung eines Betreuers als solche. [3]Die Sätze 1 und 2 gelten auch für Wünsche, die der Volljährige vor Einleitung des Betreuungsverfahrens geäußert hat, es sei denn, dass er an diesen erkennbar nicht festhalten will. [4]Wer von der Einleitung eines Verfahrens über die Bestellung eines Betreuers für einen Volljährigen Kenntnis erlangt und ein Dokument besitzt, in dem der Volljährige für den Fall, dass für ihn ein Betreuer bestellt werden muss, Wünsche zur Auswahl des Betreuers oder zur Wahrnehmung der Betreuung geäußert hat (Betreu-**

ungsverfügung), hat die Betreuungsverfügung dem Betreuungsgericht zu übermitteln.

(3) **Schlägt der Volljährige niemanden vor, der zum Betreuer bestellt werden kann oder ist die gewünschte Person nicht geeignet, so sind bei der Auswahl des Betreuers die familiären Beziehungen des Volljährigen, insbesondere zum Ehegatten, zu Eltern und zu Kindern, seine persönlichen Bindungen sowie die Gefahr von Interessenkonflikten zu berücksichtigen.**

(4) **Eine Person, die keine familiäre Beziehung oder persönliche Bindung zu dem Volljährigen hat, soll nur dann zum ehrenamtlichen Betreuer bestellt werden, wenn sie mit einem nach § 14 des Betreuungsorganisationsgesetzes anerkannten Betreuungsverein oder mit der zuständigen Behörde eine Vereinbarung über eine Begleitung und Unterstützung gemäß § 15 Absatz 1 Satz 1 Nummer 4 oder § 5 Absatz 2 Satz 3 des Betreuungsorganisationsgesetzes geschlossen hat.**

(5) [1]**Ein beruflicher Betreuer nach § 19 Absatz 2 des Betreuungsorganisationsgesetzes soll nur dann zum Betreuer bestellt werden, wenn keine geeignete Person für die ehrenamtliche Führung der Betreuung zur Verfügung steht.** [2]**Bei der Entscheidung, ob ein bestimmter beruflicher Betreuer bestellt wird, sind die Anzahl und der Umfang der bereits von diesem zu führenden Betreuungen zu berücksichtigen.**

(6) [1]**Eine Person, die zu einem Träger von Einrichtungen oder Diensten, der in der Versorgung des Volljährigen tätig ist, in einem Abhängigkeitsverhältnis oder in einer anderen engen Beziehung steht, darf nicht zum Betreuer bestellt werden.** [2]**Dies gilt nicht, wenn im Einzelfall die konkrete Gefahr einer Interessenkollision nicht besteht.**

Übersicht

I. Überblick

1 Die Vorschrift regelt die Kriterien für die Auswahl des Betreuers durch das Betreuungsgericht. Hier wird die Eignung des Betreuers und die Berücksichtigung der Wünsche des Volljährigen bereits in der Überschrift einbezogen. Die **Stär-**

kung des Selbstbestimmungsrechts soll auch damit besser zum Ausdruck kommen (BT-Drs. 194445, 237).

§ 1816 ersetzt mit dieser neuen Gewichtung § 1897 Abs. 1 und Abs. 3 bis 6 aF. § 1897 Abs. 7 und 8 aF finden sich zur Bestellung beruflicher Betreuer in § 21 ff. BtOG. Der Inhalt von § 1897 Abs. 2 aF mit Blick auf Vereins- und Behördenbetreuer ist in § 1819 Abs. 3 gerückt.

Die **Eignung** wird durch den Verweis auf die Pflichten des Betreuers aus § 1821 konkretisiert. Überdies wird auch der **persönliche Kontakt** in dem erforderlichen Umfang mit dem Betreuten ausdrücklich einbezogen. Mit der Neufassung wird der bisherige Ausdruck „persönlich zu betreuen" durch die Formulierung „persönlichen Kontakt mit dem Betreuten zu halten" ersetzt, da das bisherige Eignungskriterium im Sinne einer sozialen Betreuung missverstanden werden könnte und wohl auch häufig missverstanden worden ist (BT-Drs. 194445, 237). Der persönliche Kontakt ist ein wichtiges Merkmal der Betreuerpflichten, denn es geht auch im neuen Betreuungsrecht darum, anonymes Verwalten vom Schreibtisch aus zu verhindern (s. hier auch → BGB § 1821 Rn. 24) 2

Die **Bedeutung der Wünsche des Betreuten** für und gegen die konkrete Betreuerauswahl sind mit Abs. 2 hervorgehoben. Ihnen ist grundsätzlich zu entsprechen. Das Wohl des Betreuten wurde durch den Gesetzgeber entfernt. Der Begriff wurde wegen häufiger Fehlinterpretationen und Geringschätzung der Wünsche der Betroffenen in der Praxis aus dem Betreuungsrecht entfernt (→ Vorb. § 1814 Rn. 9, kritisch dazu Reh FamRZ 2022, 673). Gleichwohl setzt der BGH eine Bezugnahme auf das Wohl des Betreuten fort (BGH FamRZ 2026, 311; FamRZ 2026, 64 anders noch BGH NRW-RR 2023, 2571 f.). 3

Die Betreuungsverfügung findet sich nebst Übermittelungspflicht an das Betreuungsgericht in Abs. 2 S. 4 und 5.

Alle Betreuer müssen **persönlich geeignet und zuverlässig** sein (§§ 21, 23 BtOG). Es bleibt beim grundsätzlichen **Vorrang der ehrenamtlichen Betreuung** vor der beruflichen Betreuung (Abs. 5). Ehrenamtliche Fremdbetreuer schließen eine Vereinbarung mit einem Betreuungsverein über die Begleitung und Unterstützung ab, um die Qualität ihrer Tätigkeit zu verbessern (Abs. 4). Auch familiären ehrenamtlichen Betreuern steht diese Möglichkeit offen (§ 15 Abs. 1 S. 1 Nr. 4 BtOG). **Berufliche Betreuer** müssen ihre persönliche Eignung und ihre Sachkunde nachweisen und nach den Voraussetzungen sich nach § 19 ff. BtOG registrieren. Für die Bestellung eines konkreten beruflichen Betreuers sind die Anzahl und der Umfang der bereits von diesem zu führenden Betreuungen zu berücksichtigen (Abs. 5). Die Mitteilungspflicht beruflicher Betreuer aus denen sich bei einer beruflich geführten Betreuung ergibt, dass die Betreuung zukünftig ehrenamtlich geführt werden kann, findet sich im neuen Recht in der zentralen Vorschrift des § 1864 zu den Auskunfts- und Mitteilungspflichten des Betreuers. 4

II. Allgemeines zur Betreuerauswahl

Die Person des Betreuers ist zentral für die Unterstützung des Betreuten, sein Leben im Rahmen seiner Möglichkeiten nach eigenen Wünschen und Vorstellungen gestalten zu können. Der Betreute kann es festgestelltermaßen (§ 1814 Abs. 1) nicht selbst. Daher sind die Auswahl der Person und die Mitwirkung des Betreuten an dieser Auswahl besonders wichtig. Hier nimmt die Betreuungsbehörde eine relevante Rolle ein (§ 12 BtOG). Neben der Vorschrift sind für die Auswahl des 5

Betreuers **folgende Vorschriften relevant:** §§ 1817 bis 1819, §§ 11, 12, 19, 21 bis 29 BtOG. Die Vorschrift ist auch anwendbar bei der Verlängerung einer Betreuung (BGH BtPrax 2018, 112; 2018, 143) und bei einem Betreuerwechsel § 295 FamFG (BGH BtPrax 2010, 276).

6 Die Regelungen der Vorschrift betreffen die Nachrangigkeit der beruflichen Betreuung (Abs. 5) und die Vorrangigkeit der Wünsche des Volljährigen bei der Betreuerauswahl (Abs. 2). Zentral ist das Tatbestandsmerkmal der **Eignung,** welches bei allen Auswahlkriterien vorrangig zu beachten ist und zwar die Eignung des Betreuers zur Wahrnehmung der Angelegenheiten des Betroffenen nach § 1821 und dessen Möglichkeiten und Bereitschaft, diesen persönlich zu betreuen (Abs. 1). Diese Kriterien sind in die Abs. 2 bis 6 mit hineinzulesen und zu berücksichtigen (Reh FamRZ 2022, 673, 675).

III. Eignung des Betreuers

1. Allgemeine Eignung

7 Zunächst setzt eine Übernahme eines Betreueramtes die **persönliche Eignung und Zuverlässigkeit** voraus und zwar sowohl für den beruflichen als auch den ehrenamtlichen Betreuer. Die persönliche Eignung umfasst insbesondere auch die Bereitschaft des Betreuers, die Betreuungsführung nach den in § 1821 bestimmten gesetzlichen Vorgaben auszurichten, insbesondere die Wünsche des Betreuten festzustellen und nach Maßgabe von § 1821 Abs. 2 bis 4 umzusetzen sowie das Primat der Unterstützung vor einem stellvertretenden Handeln zu beachten. Besondere Fachkenntnisse oder betreuungsrechtliche Vorkenntnisse sind keine Voraussetzung für die Übernahme einer ehrenamtlichen Betreuung (BT-Drs. 194445, 368). Zur Feststellung der Eignung hat der ehrenamtliche Betreuer der zuständigen Behörde ein Führungszeugnis und eine Auskunft aus dem zentralen Schuldnerverzeichnis nachzuweisen (§ 21 Abs. 2 BtOG). Berufliche Betreuer haben sich dazu bei der örtlichen Betreuungsbehörde zu registrieren (§§ 23 ff. BtOG). Dazu gehört auch der Nachweis über Sachkunde und Versicherungsschutz.

Die persönliche Eignung und Zuverlässigkeit soll im Vorfeld durch die **Betreuungsbehörde** geprüft werden und ist bei der Erstellung des Betreuervorschlags (§ 12 BtOG) zu berücksichtigen und im Rahmen ihrer Sozialberichterstattung (§§ 279 Abs. 2 FamFG, 11 BtOG) dem Betreuungsgericht mitzuteilen. Die Eignungsregelung wird zudem künftig nicht mehr explizit nur auf natürliche Personen bezogen, wodurch klargestellt ist, dass sich die notwendige Eignung auf alle Arten von Betreuern, mithin auch auf anerkannte Betreuungsvereine und Betreuungsbehörden, beziehen muss (§ 1818).

2. Eignung für die konkrete Betreuung

8 Das Betreuungsgericht hat im Rahmen der Auswahl einer Person festzustellen, dass sie geeignet ist, in dem gerichtlich angeordneten Aufgabenkreis **die Angelegenheiten des Betreuten** nach Maßgabe des § 1821 rechtlich zu besorgen und insbesondere in dem hierfür erforderlichen Umfang, **persönlichen Kontakt** mit dem Betreuten zu halten. Die durch die Betreuungsbehörde festgestellt persönliche Eignung und Zuverlässigkeit nach §§ 21 und 23 BtOG erfordert hier eine weitere Festlegung für den konkreten Fall. Es kommt auch nicht darauf an, dass

die Person des Betreuers ihre eigenen Angelegenheiten besorgen kann, sondern ob sie einer anderen Person ein Leben im Rahmen ihrer Wünsche und Möglichkeiten ermöglichen und deren Angelegenheiten besorgen kann (Brosey/Lesting/Loer/Marschner BetreuungsR Rn. 96). Dazu gehört auch die Fähigkeit, die Wünsche und ggf. den mutmaßlichen Willen des Betreuten zu ermitteln und adäquat umzusetzen (BT-Drs. 19/24445, 237). Eine hohe Zahl an Betreuungen kann dazu führen, dass die Eignung nicht festgestellt werden kann.

Auch wenn richtigerweise besondere Fachkenntnisse oder betreuungsrechtliche Vorkenntnisse keine Voraussetzung für die Übernahme einer ehrenamtlichen Betreuung sind (BT-Drs. 19/24445, 368), so ist doch sicherzustellen, dass diese angeeignet und damit die gesetzlichen Pflichten umgesetzt werden. Dazu hat das Gericht durch **Beratung und das Verpflichtungsgespräch** (§ 1861) beizutragen. Ehrenamtliche Betreuer sind zudem auf Beratungs- und Unterstützungsangebote, insbesondere durch die Betreuungsvereine (§§ 15 ff. BtOG) hinzuweisen. Geeignet kann gerade sein, wer sich zur Erfüllung seiner Betreuerpflichten bei schwierigen Angelegenheiten entsprechend beraten lässt, auch im Hinblick auf den Vorrang von mitunter nachteilhaften Wünschen Betroffener (Brosey/Lesting/Loer/Marschner BetreuungsR Rn. 98).

Inhaltlich bezieht sich das Merkmal „**persönlicher Kontakt** mit dem Betreuten zu halten" darauf, dass der Betreuer sich regelmäßig einen persönlichen Eindruck von dem Betroffenen zu verschaffen hat und seiner **Besprechungspflicht** nach § 1821 Abs. 5 nachkommt, damit er die Wünsche des Betroffenen zu den jeweiligen Angelegenheiten feststellen und entsprechend handeln kann. Diese Verpflichtung kann der Betreuer nicht auf Hilfskräfte delegieren. Durch den persönlichen Kontakt soll sichergestellt werden, dass der Betreuer die Wünsche und Vorstellungen kennt und die Rechte des Betreuten zB gegenüber einer Einrichtung, in der dieser lebt, wahrnimmt und umsetzt. Dies gilt auch für Entscheidungen der Vermögenssorge. Eine aktenmäßige Verwaltung vom Schreibtisch aus entspricht nicht den Anforderungen an eine Betreuung. Der Kontakt kann zT durch Nutzung digitaler Medien erfolgen. So führt bei einer bestehenden persönlichen Bindung eine große Entfernung zwischen Wohnort des Betreuten und des Betreuers nicht unbedingt zu dessen Ungeeignetheit. Krankheit oder Abwesenheit des Betreuers kann mangelnde Eignung begründen. Der Grundsatz des persönlichen Kontakts bedeutet nicht, dass der Betreuer die **persönliche Hilfe im Alltag** oder gar die Pflege des Betreuten übernehmen soll. Dies ergibt sich bereits aus dem in § 1814 Abs. 2 festgelegten Vorrang „anderer Hilfen". Die Aufgabe des Betreuers besteht vielmehr darin, mit dem Betreuten zusammen oder für diesen die notwendige persönliche Hilfe etwa durch Inanspruchnahme sozialer Dienste zu organisieren und diese zu überwachen. Geeignet ist daher grundsätzlich jede Person, die die Betreuerpflichten im konkreten Fall tatsächlich wahrnehmen kann (BGH BtPrax 2018, 29). 9

Die Eignung einer Person für den konkreten Betreuten nach Abs. 1 fehlt dann, wenn das Betreuungsgericht anhand konkreter Tatsachen erhebliche **Interessenkonflikte** feststellt oder wenn ein Missbrauch eines zu der betroffenen Person bestehenden Vertrauensverhältnisses durch den potentiellen Betreuer konkret zu befürchten ist. Die Gesetzesbegründung führt dies weiter aus: „Dies kann insbesondere dann in Betracht kommen, wenn ein solches Vertrauensverhältnis im Rahmen eines vorangegangenen beruflichen Kontakts zu der betroffenen Person etabliert worden ist, etwa im Rahmen eines Behandlungsverhältnisses zwischen einem Arzt und seinem Patienten oder eines Beratungskontakts zwischen einem 10

Rechtsanwalt und seinem Klienten. Stellt das Betreuungsgericht in einer solchen Fallgestaltung anhand von Tatsachen die konkrete Gefahr fest, dass die als Betreuer in Betracht kommende Person die Vertrauensbeziehung zu der betroffenen Person zu ihrem eigenen Vorteil missbrauchen könnte und damit nicht gewillt oder in der Lage ist, die Betreuung pflichtgemäß zu führen, ist von einer Bestellung zum Betreuer mangels Eignung abzusehen. (BT-Drs. 19/24445, 237).

Enge **persönliche oder familiäre Beziehungen** zwischen dem Betreuer und dem Betreuten können eine Betreuung erleichtern, andererseits aber auch eine am Willen des Betroffenen orientierte Amtsführung des Betreuers erschweren, wenn ihm die nötige Distanz oder die Fähigkeit zum Rollenwechsel fehlt, zB im Eltern-Kind-Verhältnis die Stärkung der Selbstbestimmung des Betroffenen erschwert (dazu Hafke BtPrax 2021, 19) oder er meint den Betreuten so gut zu kennen, dass er seine Besprechungspflicht nicht ausreichend nachkommt. Auch potentielle Erben können in Konflikt mit eigenen Interessen und den Anforderungen durch § 1821 geraten, so dass Interessenskonflikte denkbar sind. Dies gilt zB für die Nacherbin als Betreuerin des als Vorerben eingesetzten Betreuten (OLG Zweibrücken BtPrax 2004, 75), für den Vertragspartner eines Übernahmevertrages im Hinblick auf die Rechte der Betroffenen aus diesem Vertrag (BayObLG BtPrax 2002, 261) oder für die Tochter, die größere Geldbeträge aus dem Vermögen der Betreuten entnommen hat (OLG Zweibrücken BtPrax 2004, 246). Die Mutter eines volljährig gewordenen Betroffenen ist ungeeignet, wenn ihr das Aufenthaltsbestimmungsrecht und die Gesundheitsfürsorge für den minderjährigen Betroffenen entzogen wurde, weil sie ihn nicht gegen Angriffe des Vaters verteidigt hatte (AG Bielefeld FamRZ 2012, 1089). Die Ehefrau ist wegen eines erheblichen Interessenkonflikts nicht geeignet, wenn die Betreuung gerade das Scheidungsverfahren gegen sie (weiter)führen muss (OLG München BtPrax 2006, 229).

11 Der Betreuer muss zur „rechtlichen" Besorgung der Angelegenheiten des Betreuten geeignet sein. Er ist also nicht verpflichtet, die tatsächlichen Angelegenheiten des Betroffenen selbst auszuführen, sondern vor allem zu organisieren und rechtlich zu regeln (Jürgens BtPrax 1998, 129). Der zu bestellende Betreuer muss für alle Angelegenheiten geeignet sein oder es müssen mehrere Betreuer (§ 1817) bestellt werden (KG BtPrax 2009, 128). Fehlende oder geringe Kenntnisse der deutschen Sprache führen nicht automatisch zur fehlenden Eignung, wenn der Betreuer die mangelnden Sprachkenntnisse durch die Hilfe Dritter (KG BtPrax 2009, 187) oder Einsatz von digitalen Tools kompensieren kann.

Ungeeignet sind Personen, für die **selbst ein Betreuer** bestellt ist, bzw. die eigenen **Unterstützungsbedarf bei der Ausübung der rechtlichen Handlungsfähigkeit** haben, weil sie noch minderjährig oder mutmaßlich geschäftsunfähig im Sinne von § 104 Nr. 2 sind. Eine frühere Betreuungsbedürftigkeit schließt die Eignung hingegen nicht aus.

Personen, die nach § 1824 mit **Blick auf bestimmte Rechtsgeschäfte von der Vertretung ausgeschlossen** sind, weil sie zB selbst mit dem Betroffenen kontrahieren wollen, können je nach Betreuungsbedarf auch ungeeignet sein. In der Regel wird dies der Eignung nicht entgegenstehen und es ist ausreichend, für dieses Rechtsgeschäft einen Ergänzungsbetreuer (§ 1817 Abs. 5) zu bestellen, wenn noch weitere Aufgabenbereiche bestehen.

12 Für den Fall, dass ein **Wunsch des Betroffen** für eine bestimmte Person vorliegt, muss das Gericht die **fehlende Eignung** dieser Person feststellen (BGH NJW-RR 2023, 782). Lediglich geringe Interessenkonflikte zwischen Betreuer und Betreutem rechtfertigen es nicht, den Wunsch des Betreuten zu übergehen. Der Interessenkonflikt muss vielmehr so schwerwiegend sein, dass Gefahren drohen, die der Betroffene nicht erkennen kann. Hierfür bedarf es konkreter, anhand von Tatsachen nachgewiesener Verdachtsmomente möglicher Interessenkollisionen. Bloße Verdachtsmomente etwa auf Grund von Anschuldigungen durch Mitarbeiter des Heims, in dem der Betroffene lebt, reichen hierfür nicht (BGH BtPrax 2015, 155; BGH BtPrax 2011, 84).

Die Eignung bildet einen **unbestimmten Rechtsbegriff,** so dass die Frage, ob der bestellte Betreuer auf Grund der festgestellten Tatsachen als geeignet erscheint, der Nachprüfung durch das **Rechtsbeschwerdegericht** unterliegt (BayObLG FamRZ 1994, 530, MüKoBGB/Schneider § 1816 Rn. 14). Eine Ermessensentscheidung kann vom Rechtsbeschwerdegericht nur auf Rechtsfehler, nicht auf Zweckmäßigkeit, überprüft werden (BGH NJW-RR 2016, 1; MüKoBGB/Schneider § 1816 Rn. 14). 13

IV. Auswahlentscheidung

1. Wunsch des Volljährigen

Der Wunsch des Betroffenen erhält zur Stärkung des Selbstbestimmungsrechts bereits im Rahmen der Betreuerbestellung mehr Gewicht. **Einem Wunsch** des Volljährigen nach **einem bestimmten Betreuer** ist grundsätzlich ebenso zu entsprechen, wie der **Ablehnung einer bestimmten Person.** Das Gesetz stellt damit klar, dass jeder Wunsch hinsichtlich der Person des Betreuers grundsätzlich zu beachten ist (BT-Drs. 19/24445, 237). 14

Für den Fall, dass sich die Ablehnung auf die Person des Betreuers bezieht, und nicht auf die Bestellung eines Betreuers insgesamt, besteht die Möglichkeit, gemäß § 1818 Abs. 1, einen anerkannten Betreuungsverein als Betreuer zu bestellen (→ BGB § 1818 Rn. 2). Lehnt der Betroffene hingegen die Betreuerbestellung als solche ab, gilt § 1814 Abs. 2, so dass diese gegen den freien Willen unzulässig ist. Für den in der Praxis auftretenden Fall, dass der Betreute immer wieder bereits bestellte Betreuer nach kurzer Zeit ablehnt, sieht das Gesetz zur Entlassung und Neubestellung mit § 1868 Abs. 5 eine Kann-Vorschrift vor.

Die Wünsche des Betreuten binden das Betreuungsgericht, denn den Wünschen ist nach Abs. 2 S. 1 zu entsprechen. Voraussetzung ist weder Geschäftsfähigkeit, noch Einsichtsfähigkeit. Auch die Motivation für den Vorschlag ist unbeachtlich (BGH BtPrax 2018, 199; 2018, 152; 2017, 244). Der für die Betreuerauswahl maßgebliche Wunsch des Betroffenen setzt auch dann, wenn der Betroffene eine bestimmte Person als Betreuer ablehnt, weder seine Geschäftsfähigkeit noch seine natürliche Einsichtsfähigkeit voraus. Auch ist nicht erforderlich, dass der Vorschlag des Betroffenen ernsthaft, eigenständig gebildet und dauerhaft ist. Vielmehr genügt es, dass der Betroffene seine Ablehnung gegen eine bestimmte Person als Betreuer zum Ausdruck bringt (BGH FamRZ 2026, 311; FamRZ 2026, 64). Das Gericht muss aber die Feststellung treffen, dass es sich um einen Wunsch des Betroffenen handelt und diesen Wunsch weder unterstellen, noch unhinterfragt mutmaßen. Der Betroffene ist dazu anzuhören (§ 278 FamFG).

2. Betreuungsverfügung und frühere Wünsche

Wünsche, die der Volljährige vor Einleitung des Betreuungsverfahrens geäußert hat, sind ebenso beachtlich, es sei denn, dass er an diesen erkennbar 15 nicht festhalten will. Eine Form für die Äußerung ist nicht erforderlich. Angehörige oder Vertrauenspersonen können ggf. dazu Angaben machen. Auch dazu ist der Betroffene anzuhören, soweit dies möglich ist.

Wer eine **Betreuungsverfügung** besitzt, in der der Volljährige für den Fall, dass für ihn ein Betreuer bestellt werden muss, Wünsche zur Auswahl des Betreuers oder zur Wahrnehmung der Betreuung geäußert hat, hat die Betreuungsverfügung dem Betreuungsgericht zu übermitteln, wenn er von dem Verfahren Kenntnis hat (§ 1816 Abs. 2 S. 4). Die Übermittelung bezieht sich sowohl auf Schriftstücke in „Papierform" als auch elektronische Dokumente, in denen die geregelten Inhalte verschriftlicht worden sind (BT-Drs. 19/24445, 238).

3. Grenzen der Wunschbefolgung

16 Die Wunschbefolgungspflicht des Gerichts bei der Betreuerauswahl ist **nicht schrankenlos.** Die Grenze liegt zunächst in der fehlenden **Eignung des gewünschten Betreuers.** Dieser muss entsprechend § 1816 Abs. 1 geeignet sein (→ Rn. 7 ff.), andernfalls darf die gewünschte Person nicht als Betreuer bestellt werden. Der Wunsch des Volljährigen hat insoweit Auswirkungen auf die Eignung des Betreuers, als dass eine vertrauensvolle Zusammenarbeit die Qualität der Betreuung hebt. Bei einem konkreten Wunsch des Volljährigen darf die Eignung des gewünschten Betreuers daher nicht vorschnell verneint werden (BT-Drs. 19/24445, 238). Auch ist **Art. 6 Abs. 1 GG** bei der Entscheidung über die Person des Betreuers und den ausdrücklichen Wunsch des Betreuten zu berücksichtigen (BVerfG BtPrax 2021, 146). Im Verfahren ist besonders bei familiärer Bindung darauf zu achten, dass der Betroffene eine wirkliche Möglichkeit erhält, seinen Wunsch zu äußern (Brosey/Lesting/Loer/Marschner BetreuungsR Rn. 93). Die Ausübung des Selbstbestimmungsrechts hat nicht nur kognitive Voraussetzungen, sondern auch emotionale und atmosphärische, auch hier müssen Gericht, Behörde und ggf. Verfahrenspfleger für eine unterstützte Entscheidung iSv Art. 12 UN-BRK sorgen, um das Selbstbestimmungsrecht effektiv zu stärken (Brosey 2023).

17 Wird mithin auf Grund festgestellter Tatsachen die konkrete Gefahr erheblicher Interessenkollisionen oder anderer persönlicher Eignungsmängel angenommen, muss der Wunsch des Betroffenen übergangen werden und eine geeignete andere Person zum Betreuer bestellt werden. Mangels Eignung bleibt die Person unberücksichtigt, wenn sich aufgrund einer umfassenden Abwägung aller relevanten Umstände hinsichtlich sämtlicher Aufgabenbereiche der Betreuung die konkrete Gefahr ergibt, dass der Vorgeschlagene nicht gewillt oder in der Lage ist, die Betreuung zum Wohl der betroffenen Person zu führen (BGH FamRZ 2024, 963 f.; BGH FamRZ 2022, 1559 f.).

Der Betroffene ist adressatengerecht miteinzubeziehen und anzuhören. Berücksichtigt werden kann auch, auf welche Weise der Vorschlag des Betroffenen zustande kam, insbesondere ob er durch Dritte – vor allem den Vorgeschlagenen selbst – beeinflusst war und welche (wirtschaftlichen) Interessen sich möglicherweise hinter dieser Einflussnahme verbergen (Dodegge/Dodegge B Rn. 54 ff.).

18 Es handelt sich hierbei **nicht** um eine **Ermessensentscheidung** des Gerichts, denn bei der Eignung handelt es sich um einen unbestimmten Rechtsbegriff, der der Überprüfung unterliegt (→ Rn. 13, BT-Drs. 19/24445, 238, BGH NJW 2023, 2571 f.). Eine Ermessensentscheidung kommt nur in Betracht, wenn die zugrundeliegende Rechtsnorm dem Gericht aufgibt, zwischen mehreren Entscheidungsmöglichkeiten, die im Ansatz sämtlich rechtmäßig sein können, eine

Auswahl zu treffen (Sternal/Göbel FamFG § 72 Rn. 10). Ein Auswahlermessen des Betreuungsgerichts kommt nach der Neuregelung in Abs. 2 nicht in Betracht, sondern ist erst eröffnet, wenn der Betroffene keinen Wunsch geäußert hat oder sein Wunsch nicht bindend ist. Erst danach besteht ein pflichtgebundenes Auswahlermessen unter den geeigneten Personen (MüKoBGB/Schneider Rn. 20 mwN). Dieses Ermessen ist unter Berücksichtigung von Abs. 3 auszuüben.

Eine weitere Grenze erfährt ein Wunsch des Betroffenen, wenn dieser sich auf **19** die **Bestellung eines beruflichen Betreuers** richtet. Steht eine geeignete Person für die ehrenamtliche Führung der Betreuung zur Verfügung, ist dieser idR der Vorzug zu geben. Damit wird der Vorrang der Ehrenamtlichkeit fortgeführt. Doch lässt die nun als **Soll-Vorschrift** ausgestaltete Norm dem Betreuungsgericht im Einzelfall Spielraum, gegebenenfalls doch einen geeigneten Berufsbetreuer zu bestellen und so letztlich auch dem Selbstbestimmungsrecht des Betroffenen Rechnung zu tragen; wäre der ehrenamtliche Betreuer keine geeignete Person im Sinne dieser Norm für eben diesen Betroffenen (BT-Drs. 19/24445, 239).

4. Auswahl durch das Betreuungsgericht

Hat der Betreute keinen Vorschlag unterbreitet oder ist eine gewünschte Person **20** ungeeignet, so sieht Abs. 3 vor, dass bei der Auswahl des Betreuers die familiären Beziehungen des Volljährigen, insbesondere zum Ehegatten, zu Eltern und zu Kindern, seine persönlichen Bindungen sowie die Gefahr von Interessenkonflikten zu berücksichtigen sind. Das ist bereits in die Sachverhaltsermittlung der Behörde einzubeziehen. Dazu gehört auch die **Sichtweise des Betroffenen** (§ 12 Abs. 1 BtOG). Der Betroffene ist dabei bei der Erarbeitung des Betreuungsvorschlags einzubeziehen. Die Behörde kann nach § 12 Abs. 2 BtOG ein Kennenlernen zwischen möglichem Betreuer und Betroffenen vermitteln. Solche **Kennenlerngespräche** (Bürkel BtPrax 2020, 127) werden zT in der behördlichen oder gerichtlichen Praxis durchgeführt.

5. Arten von Betreuern

§ 19 BtOG führt erstmalig eine **Begriffsbestimmung** ein. Danach sind **21** **Ehrenamtliche Betreuer** natürliche Personen, die außerhalb einer beruflichen Tätigkeit rechtliche Betreuungen führen. Ehrenamtliche Betreuer können sowohl Personen, die familiäre Beziehungen oder persönliche Bindungen zum Betroffenen haben, als auch andere Personen sein. **Berufliche Betreuer** sind natürliche Personen, die selbständig oder als Mitarbeiter eines anerkannten Betreuungsvereins rechtliche Betreuungen führen und nach §§ 23 ff. BtOG registriert sind.

Nach § 1816 Abs. 4 ist die Bestellung eines ehrenamtlichen Betreuers nur zuläs- **22** sig, wenn dieser mit einem anerkannten Betreuungsverein oder der zuständigen Behörde eine **Vereinbarung über eine Begleitung und Unterstützung** (§§ 15 Abs. 1 S. 1 Nr. 4, 5 Abs. 2 S. 3 BtOG) geschlossen hat. Die benannte Vereinbarung ist aber nur erforderlich, wenn der Betreuer keine familiäre Beziehung oder persönliche Bindung zu dem Betroffenen hat; sie trifft mithin nur den ehrenamtlichen „Fremdbetreuer". Aber auch Betreuer mit familiärer oder persönlicher Bindung können Begleitung und Unterstützung auf eigenen Wunsch in Anspruch nehmen und sollten im Verfahren auf diese Option hingewiesen werden, was auch die Möglichkeit eines Verhinderungsbetreuers (§ 1817 Abs. 4) beinhaltet.

Für **berufliche Betreuer** ist ein **Registrierungsverfahren** vorgesehen, mit **23** dem sie ihre persönliche Eignung und Zuverlässigkeit sowie ihre **Sachkunde**

nachweisen müssen. Dafür zuständig sind die Betreuungsbehörden. Die Sachkunde umfasst nach § 23 Abs. 3 BtOG:

1. Kenntnisse des Betreuungs- und Unterbringungsrechts, des dazugehörigen Verfahrensrechts sowie auf den Gebieten der Personen- und Vermögenssorge,
2. Kenntnisse des sozialrechtlichen Unterstützungssystems und
3. Kenntnisse der Kommunikation mit Personen mit Erkrankungen und Behinderungen und von Methoden zur Unterstützung bei der Entscheidungsfindung.

Die Einzelheiten werden in einer Rechtsverordnung festgelegt (Betreuerregistrierungsverordnung – BtRegV). Das Gesetz sieht mit der Registrierung die Voraussetzung für eine berufliche Betreuertätigkeit vor (§ 19 Abs. 2 BtOG). Die Anzahl der geführten Betreuungen ist alle vier Monate gegenüber zuständigen Behörden mitzuteilen. Ebenso sind regelmäßige Führungszeugnisse und Auskünfte aus dem Schuldnerverzeichnis sowie der Nachweis des Bestehens der Haftpflichtversicherung mitzuteilen (§ 25 Abs. 2 und 3 BtOG). Die **Anzahl der Betreuungen** ist vom Gericht nach § 1816 Abs. 5 S. 2 bei der Entscheidung, ob ein bestimmter beruflicher Betreuer bestellt wird, zu berücksichtigen. Je nach Umfang der bisherigen Betreuungen kann schon eine geringe Zahl von Fällen, auch bei einem beruflichen Betreuer, zur Unmöglichkeit einer weiteren persönlichen Betreuung führen. Eine gesetzliche pauschale Beschränkung der Fallzahlen ist wegen der Vielgestaltigkeit der Anwendungsfälle schwer bestimmbar (BT-Drs. 19/24445, 240). Manche Betreuungsbehörde hat in Absprache mit dem zuständigen Betreuungsgericht interne Höchstgrenzen vereinbart, die bei 50 bis 60 Betreuungen liegen. Die Betreuungsbehörde hat in ihrem Vorschlag eines Betreuers nach § 12 Abs. 3 BtOG die Anzahl und den Umfang der von dem vorgeschlagenen Betreuer bereits zu führenden Betreuungen, sowie der zeitliche Gesamtumfang und die Organisationsstruktur seiner Betreuertätigkeit mitzuteilen. Berufliche Betreuer sind wiederum gem. § 25 Abs. 1 S. 1 BtOG verpflichtet, Änderung der Zahl ihrer geführten Betreuungen alle vier Monate gegenüber ihrer Stammbetreuungsbehörde zu erklären.

6. Vereinsbetreuer

24 Vereinsbetreuer sind nach § 19 Abs. 2 Mitarbeiter eines anerkannten Betreuungsvereins (§ 14 BtOG), die rechtliche Betreuungen führen und als berufliche Betreuer registriert bzw. vorläufig registriert sind (§ 32 BtOG). Auch der Vereinsbetreuer ist Einzelbetreuer und damit als natürliche Person der Bestellung des Vereins als Betreuer vorrangig, § 1818 Abs. 1. Ein Rangverhältnis zwischen beruflichen Betreuern im Freiberuf oder Vereinsbetreuern, gibt es nicht. Mitarbeiter des Vereins sind nur hauptamtlich Beschäftigte auf Grund eines Dienst- oder Arbeitsverhältnisses, nicht die Vereinsmitglieder oder ehrenamtliche Helfer (LG München I BtPrax 1999, 117; OLG Hamm BtPrax 2000, 218). Da die Mitarbeiter aufgrund ihres Beschäftigungsverhältnisses der Personalhoheit des Vereins unterliegen, diesem also insbesondere die Aufgabenverteilung unter seinen Mitarbeitern zusteht, dürfen sie nach § 1818 Abs. 1 S. 2 nur mit Einwilligung des Vereins bestellt werden. Allerdings steht dem Verein auch in diesem Falle für die Führung der Betreuung kein Weisungsrecht zu. Er ist befreiter Betreuer nach § 1859 Abs. 2 Nr. 4 und unterliegt überdies der Aufsicht durch das Betreuungsgericht Die Bestellung eines Vereinsbetreuers ist auch dann wirksam, wenn dem Verein die Anerkennung als Betreuungsverein fehlt (KG BtPrax 2006, 118 LS).

Für die Entlassung des Vereinsbetreuers sieht § 1868 Abs. 6 eine Neuerung vor. Eine Fortführung der Betreuung als Privatperson, dh im Regelfall als selbständiger beruflicher Betreuer, soll nur dann möglich sein, wenn der Betreute dies ausdrücklich wünscht. Liegt ein solcher Wunsch nicht vor, ist ein neuer Betreuer nach den allgemeinen Regeln auszuwählen (BT-Drs. 19/24445, 307).

7. Behördenbetreuer

Behördenbetreuer sind Mitarbeiter einer in Betreuungsangelegenheiten zuständigen Behörde, die dort ausschließlich oder teilweise als Betreuer tätig sind. Die Vorschriften für Vereinsbetreuer sind für sie weitgehend entsprechend anwendbar, insbesondere die Bestellung nur mit Einwilligung der Behörde (§ 1818 Abs. 4). Der Behördenbetreuer ist bei der Führung der Betreuung an Weisungen der Behörde nicht gebunden. Er ist befreiter Betreuer nach § 1859 Abs. 2 Nr. 5 und unterliegt der Aufsicht durch das Betreuungsgericht. 25

Soll ein Mitarbeiter der zuständigen Betreuungsbehörde als ehrenamtlicher Betreuer eingesetzt werden, so kann die Doppelrolle eines hauptamtlichen Mitarbeiters der Betreuungsbehörde, der gleichzeitig ehrenamtlicher Betreuer ist, kann aber von dritter Seite als Interessenkonflikt wahrgenommen werden (LG Halle (Saale) BeckRS 2023, 47591).

V. Ungeeignete Personen wegen Abhängigkeitsverhältnis

Abs. 6 knüpft an das Bestellungshindernis des § 1897 Abs. 3 aF an und erweitert dieses. Ein **Interessenskonflikt** und damit eine fehlende Eignung wird angenommen für eine Person, die zu einem Träger von Einrichtungen oder Diensten, der in der Versorgung des Volljährigen tätig ist, in einem Abhängigkeitsverhältnis oder in einer anderen engen Beziehung steht. Diese Regelung umfasst auch **ambulante Dienste,** die ein ähnliches Missbrauchsrisiko wie Einrichtungen haben (BT-Drs. 19/24445, 240). Es kommt also nicht mehr darauf an, dass der Betreute in einer Einrichtung untergebracht ist oder wohnt, sondern dass der durch die Einrichtung oder einen Dienst versorgt wird. 26

Der Begriff der **Einrichtung** ist weit auszulegen und meint eine von dem einzelnen Betreuten unabhängigen Bestand von Sach- und Personalmitteln. Eine eigene Wohnung des Betreuten bei einem Verwandten gehört somit nicht hierzu, aber Altenheime, Altenpflegeheime, Kliniken, Wohnheime, besondere Wohnformen etc. **Dienste** müssen in der **Versorgung** des Volljährigen tätig sein. Unter den Begriff fällt die medizinische, pflegerische und hauswirtschaftliche Versorgung. Für Mitarbeiter einer Werkstatt für Menschen mit Behinderung, in der der Betroffene beschäftigt ist, kann ebenfalls die Gefahr von Interessenkonflikten bestehen. Diese sind aber regelhaft nicht in der Versorgung tätig. Die Vorschrift dient dem Schutz der Betreuten vor Interessenkollisionen ihrer Betreuer und dem Risiko eines Missbrauchs der Betreuerbestellung zu ihren Lasten. Daher ist dies auszuweiten (BT-Drs. 19/24445, 240). Außerdem sind daher Assistenzdienste, die im Alltag oder beim Wohnen helfen in die Norm einzubeziehen.

In einem **Abhängigkeitsverhältnis** zur Einrichtung oder dem Dienst stehen insbesondere die auf Grund eines Arbeits- oder Dienstverhältnisses beschäftigten Personen, nicht aber Lieferanten oder sonstige Auftragnehmer der Einrichtung. In einer anderen engen Beziehung stehen zB der Inhaber einer Einrichtung, des Dienstes oder Vorstandsmitglieder eines Trägervereins und jedenfalls auch der 27

Ehegatte der Heimleitung. Auch eine Beschäftigung in einem Heim oder Dienst in der gleichen Trägerschaft schließt eine Bestellung zum Betreuer aus. Probleme ergeben sich, wenn das **Abhängigkeitsverhältnis** nicht unmittelbar zu der Einrichtung/dem Dienst besteht, wohl aber **zu** deren **Träger.** So ist der Mitarbeiter eines Vereins, der wiederum Hauptgesellschafter der Träger-GmbH einer Einrichtung ist, als Betreuer für deren Bewohner jedenfalls ausgeschlossen, wenn er als Mitarbeiter dem Geschäftsführer der GmbH zugleich disziplinarisch unterstellt ist (BayObLG BtPrax 1998, 76). Auch der Mitarbeiter eines DRK-Kreisverbands wurde als ungeeignet angesehen im Hinblick auf ein Heim in Trägerschaft des gleichen Vereins (LG Stuttgart BtPrax 1996, 75), während die Tätigkeit für den Betreuungsverein einer örtlichen Lebenshilfe e. V. die Betreuerbestellung auch dann nicht hindern soll, wenn dieser Verein gleichzeitig an der Träger-GmbH eines Heimes beteiligt ist (LG Berlin BtPrax 1997, 39). Entscheidend ist immer die Frage, ob Interessenkollisionen zwischen der Stellung als Betreuer und der Abhängigkeit zur Einrichtung drohen. Nach Eintritt in den Ruhestand kann allerdings auch der ehemalige Heimleiter zum Betreuer eines Heimbewohners bestellt werden (OLG Schleswig FamRZ 2002, 984).

28 Die Ausweitung des Bestellungsverbots in Abs. 6 S. 1 soll keine zu enge Regelung schaffen, die auch Konstellationen erfasst, in denen die Gefahr einer Interessenkollision nachweislich nicht besteht (BT-Drs. 19/24445, 240). Hierdurch wird die Rechtsprechung des BVerfG (BeckRS 2006, 22719) berücksichtigt, wonach die lediglich abstrakte Gefahr einer Interessenkollision im Hinblick auf Art. 6 GG nicht ausreicht, um einen Elternteil von der Betreuung eines Kindes auszuschließen (BT-Drs. 19/24445, 240). Abs. 6 S. 2 sieht daher eine Öffnung vor, wenn im Einzelfall die konkrete Gefahr einer Interessenkollision nicht besteht, um möglichen Versorgungsengpässen im ländlichen Raum entgegenzuwirken. Die Ausnahmeregelung in S. 2 ist jedoch eng auszulegen, da das Fehlen einer Interessenkollision im Einzelfall positiv festgestellt werden muss (BT-Drs. 19/24445, 240).

§ 1817 Mehrere Betreuer; Verhinderungsbetreuer; Ergänzungsbetreuer

(1) [1]**Das Betreuungsgericht kann mehrere Betreuer bestellen, wenn die Angelegenheiten des Betreuten hierdurch besser besorgt werden können.** [2]**In diesem Falle bestimmt es, welcher Betreuer mit welchem Aufgabenbereich betraut wird.** [3]**Mehrere berufliche Betreuer werden außer in den in den Absätzen 2, 4 und 5 geregelten Fällen nicht bestellt.**

(2) **Für die Entscheidung über die Einwilligung in eine Sterilisation des Betreuten ist stets ein besonderer Betreuer zu bestellen (Sterilisationsbetreuer).**

(3) **Sofern mehrere Betreuer mit demselben Aufgabenbereich betraut werden, können sie diese Angelegenheiten des Betreuten nur gemeinsam besorgen, es sei denn, dass das Betreuungsgericht etwas anderes bestimmt hat oder mit dem Aufschub Gefahr verbunden ist.**

(4) [1]**Das Betreuungsgericht kann einen Verhinderungsbetreuer bestellen, der die Angelegenheiten des Betreuten zu besorgen hat, soweit der Betreuer aus tatsächlichen Gründen verhindert ist.** [2]**Für diesen Fall kann auch ein anerkannter Betreuungsverein zum Verhinderungsbetreuer**

bestellt werden, ohne dass die Voraussetzungen des § 1818 Absatz 1 Satz 1 vorliegen.

(5) **Soweit ein Betreuer aus rechtlichen Gründen gehindert ist, einzelne Angelegenheiten des Betreuten zu besorgen, hat das Betreuungsgericht hierfür einen Ergänzungsbetreuer zu bestellen.**

I. Überblick

Die Regelung beinhaltet Anforderungen an die Fälle, in denen aus unterschiedlichen Gründen mehrere Betreuer erforderlich werden. Der **Gegenbetreuer** ist im Gegensatz zur früheren Regelung nicht vorgesehen. Die Anforderungen an den Sterilisationsbetreuer ergeben sich aus Abs. 2. 1

Das Gesetz trennt die Fälle von tatsächlicher und rechtlicher Verhinderung durch § 1817 Abs. 4 und Abs. 5. Ein **Verhinderungsbetreuer** wird nach Abs. 4 für den Fall einer Verhinderung des Betreuers aus tatsächlichen Gründen bestellt. Die Verhinderung aus rechtlichen Gründen fällt einem **Ergänzungsbetreuer** nach Abs. 5 zu. Über die Bestellung eines Ergänzungsbetreuers hat der **Rechtspfleger** zu entscheiden (§ 15 Abs. 1 Nr. 1 RPflG).

II. Mehrpersonenbetreuung

Die Betreuung durch mehrere Personen ist als Ausnahme von dem nach geltendem Grundsatz der Einzelbetreuung ausgestaltet, sodass die Bestellung von mehreren Betreuern nicht in das freie Ermessen des Gerichtes gestellt ist. Voraussetzung ist in jedem Fall, dass die Angelegenheiten des Betroffenen durch mehrere Betreuer besser besorgt werden können und diese Prognose auf konkreten Tatsachen beruht (OLG Frankfurt a. M. BtPrax 2008, 268). Dies lässt sich nur im Einzelfall beurteilen. Insbesondere aus der Art der Angelegenheit, der Person des Betreuten oder des Betreuers können sich Gründe für die Bestellung mehrerer Betreuer ergeben. 2

Es gibt verschiedene Möglichkeiten, mehrere Personen als Betreuer für einen Betreuten zu bestellen, wobei jeweils auch die Kombinationen der unterschiedlichen **Betreuertypen** (§ 1816) in Betracht kommen und häufig sogar die Kombination von einem ehrenamtlichen und einem beruflichen Betreuer der Grund für die Bestellung mehrerer Betreuer sein kann. Die Mehrfachbestellung beruflicher Betreuer ist auf die Abs. 2, 4 und 5 begrenzt.

Für jeden einzelnen Betreuer müssen die Voraussetzungen des § 1816 vorliegen. Insbesondere die Frage der Geeignetheit, der Wünsche des Betreuten und ein eventueller Ausschluss nach § 1816 Abs. 6 müssen für jeden Betreuer geprüft werden (BGH FamRZ 2025, 64). Das Bestehen eines Interessenkonflikts zwischen Betroffenem und Betreuer ist bei der Erstanordnung der Betreuung zu berücksichtigen und die Anordnung einer geteilten Mitbetreuung nach § 1817 Abs. 1 S. 2 begründen (BGH NJW 2025, 3217). Bei der Kombination einer natürlichen Person mit einem Verein oder einer Behörde als Betreuer müssen für diese zusätzlich die Voraussetzungen des § 1818 gegeben sein. Jeder einzelne Betreuer unterliegt den Pflichten des § 1821 und ist im Rahmen seines übertragenen Aufgabenbereichs mit einer Vertretungsbefugnis ausgestattet (§ 1823). Das Gesetz sieht folgende Varianten von Mehrpersonenbetreuung vor: 3

III. Mitbetreuer

1. Verschiedene Aufgabenbereiche

4 Mehrere Personen können in der Weise zu Betreuern bestellt werden, dass jeweils **unterschiedliche Aufgabenbereiche** wahrgenommen werden, etwa einer für die Gesundheitsangelegenheiten – oder Teile davon – und ein anderer für die Vermögensangelegenheiten, bei umfangreichen Vermögensverwaltungen uU sogar mehrere für die Verwaltung unterschiedlicher Vermögensgüter. Insbesondere dann, wenn für einen komplexen Teilbereich Spezialkenntnisse erforderlich oder jedenfalls von Vorteil sind, kann dies eine sinnvolle Lösung sein. Dies gilt vor allem auch dann, wenn der Betreute die Bestellung einer bestimmten Person wünscht (§ 1816 Abs. 2), diese aber Teilbereiche des notwendigen Betreuungsbedarfs nicht wahrnehmen kann. Die Bestellung eines weiteren Betreuers kann dann gerade der Erfüllung der Wünsche des Betreuten dienen und die Akzeptanz der Betreuung insgesamt fördern. Die Bestellung eines anwaltlichen Betreuers ist regelmäßig nicht erforderlich, soweit die ohnehin bestellten Betreuer einen Rechtsanwalt hiermit beauftragen könnten (BayObLG BtPrax 1997, 114). Ein weiterer Betreuer ist aber grundsätzlich nicht notwendig, wenn der bereits für diesen Aufgabenbereich bestellte Betreuer die in Aussicht genommene Aufgabe problemlos mitbesorgen kann (OLG Brandenburg BtPrax 2009, 79).

5 Es empfiehlt sich, die Aufgabenbereiche exakt voneinander abzugrenzen, um Überschneidungen zu vermeiden. Andernfalls käme es zu Unklarheiten bei der Vertretungsbefugnis, denn nach Abs. 3 können mehrere Betreuer mit demselben Aufgabenbereich diese Angelegenheiten des Betreuten nur gemeinsam besorgen, es sei denn, es liegt Gefahr in Verzug vor oder das Gericht hat etwas anderes bestimmt. Sind die Aufgabenbereiche abgegrenzt, so kann jeder Betreuer im Rahmen seines Aufgabenbereichs rechtlich handeln und ist zur Vertretung § 1823 befugt. Bei Wegfall eines Mitbetreuers, zB durch Tod, ist für den betroffenen Aufgabenbereich unverzüglich ein neuer Betreuer zu bestellen; ggf. hat das Gericht einstweilige Maßnahmen nach § 1867 vorzunehmen. Der Mitbetreuer hat keine (Not-)Vertretungskompetenzen (MüKoBGB/Schneider Rn. 16).

Unterfälle dieser Art der Mitbetreuung sind der besondere Betreuer (→ Rn. 9) und der Verhinderungsbetreuer (→ Rn. 10).

2. Gemeinsame Aufgabenbereiche

6 Mehrere Betreuer können auch in der Weise bestellt werden, dass die übertragenen Aufgabenbereiche ganz oder teilweise zusammenfallen und wird als. **„Gemeinschaftliche Betreuung"** bezeichnet (Bienwald/Reh Rn. 12). In diesem Fall können die Betreuer, wenn eine Angelegenheit zum Aufgabenkreis beider gehört, nur gemeinsam handeln (Abs. 3), soweit das Betreuungsgericht nichts andres bestimmt oder mit dem Aufschub **Gefahr** verbunden ist. Letzteres ist dann der Fall, wenn unverzügliches Handeln ohne vorherige Abstimmung mit dem anderen Mitbetreuer notwendig ist. Jedenfalls ist in den Fällen, in denen bei Gefahr im Verzug auch ohne betreuungsgerichtliche Genehmigung gehandelt werden kann (→ BGB § 1831 Abs. 2), das Einzelhandeln eines Mitbetreuers im übertragenen Sinne erlaubt, wenn der andere Betreuer nicht rechtzeitig beteiligt werden kann. Es bedarf in diesen Fällen auch keiner nachträglichen Zustimmung des weiteren Betreuers. Die Bestellung von vier Betreuerinnen, die auch jeweils

Einzelvertretungsmacht haben, ist so außergewöhnlich, dass sie durch besondere Umstände gerechtfertigt sein muss (BayObLG FamRZ 2003, 1967). Für den Fall, dass ein Mitbetreuer verstirbt, führen die übrigen Mitbetreuer die Betreuung zunächst allein fort, bis das Betreuungsgericht darüber entscheidet, ob es den weggefallenen Betreuer ersetzt oder den Aufgabenkreis den verbleibenden Betreuern belässt (MüKoBGB/Schneider Rn. 21).

Bei **Meinungsverschiedenheiten** der Mitbetreuer kann das Betreuungsgericht nach Abs. 3 bestimmen, dass ein Betreuer die Angelegenheiten nach Maßgabe des § 1821 allein besorgen kann. Wird einer von mehreren Betreuern entlassen (§ 1868), kann dies einen wichtigen Grund auch für die Entlassung des anderen Mitbetreuers bedeuten, wenn insgesamt ein neuer Betreuer bestellt werden soll (OLG München BtPrax 2006, 34). **7**

3. Berufliche Betreuer

Mehrere berufliche Betreuer (§ 19 Abs. 2 BtOG) können nur ausnahmsweise bestellt werden (Abs. 1 S. 3). Neben einem regulär bestellten beruflichen Betreuer können Sterilisationsbetreuer, Verhinderungsbetreuer oder Ergänzungsbetreuer als berufliche Betreuer bestellt werden, wenn die Voraussetzungen vorliegen. **8**

IV. Sterilisationsbetreuer

Für die Entscheidung über die Einwilligung in eine **Sterilisation** (→ BGB § 1830 Rn. 1 ff.) ist stets ein besonderer Betreuer zu bestellen (Abs. 2). Diese Aufgabe kann niemals zum Aufgabenkreis eines regulären Betreuers gehören. Die Entscheidung über die Einwilligung in eine Sterilisation bzw. deren Ablehnung ist die einzige Aufgabe, die diesem besonderen Betreuer übertragen werden darf. Es handelt sich um einen besonderen Ausnahmefall, der bereits bei der Bestellung eine strenge Prüfung erfordert. Eine Überschneidung dieses Aufgabenkreises mit dem anderer Betreuer ist ausgeschlossen. Einem Verein oder der Behörde darf diese Aufgabe nicht übertragen werden (§ 1818 Abs. 5). **9**

V. Verhinderungsbetreuer

Soweit der Betreuer aus tatsächlichen Gründen verhindert ist, die Angelegenheiten des Betreuten zu besorgen, kann das Betreuungsgericht **vorsorglich einen Verhinderungsbetreuer bestellen.** Die Vorschrift ermöglicht dem Betreuungsgericht, einen Verhinderungsbetreuer zu bestellen, wenn und sobald ein Verhinderungsfall potenziell eintreten kann (Damrau/Zimmermann/Bollacher BGB § 1817 Rn. 30). So wird zB unter dem Begriff **Tandembetreuung** besonders zur Unterstützung ehrenamtlicher davon Gebrauch gemacht. Der Anwendungsbereich für vorsorgliche Fälle potentieller Verhinderung war im früheren Recht umstritten und wurde uneinheitlich praktiziert (BT-Drs. 19/24445, 242). Abs. 4 stellt daher klar, dass für die Fälle tatsächlicher Verhinderungen (Urlaub, Krankheit, Fortbildung, etc) vorsorglich ein Betreuer bestellt werden kann. Ein Verhinderungsfall ist für jeden Betreuer, unabhängig davon, ob er ehrenamtlich oder beruflich tätig ist, denkbar (Schnellenbach/Waßenberg/Heyder BtPrax 2022, 155). Das Betreuungsgericht kann die Möglichkeit nutzen, im Rahmen der Betreuerbestellung den Betroffenen persönlich auch zu der Person des Verhinderungsbetreuers **10** anzuhören und hierzu eine sinnvolle und dem Grundsatz der persönlichen Betreuung entsprechende Regelung treffen (Brosey/Lesting/Loer/Marschner BetreuungsR Rn. 108).

11 Die Bestellung eines Verhinderungsbetreuers ist allerdings nicht folgenlos. Die gleichzeitige Bestellung von zwei Betreuern führt dazu, dass im Außenverhältnis beide unabhängig voneinander vertretungsbefugt nach § 1823 sind. Der Verhinderungsbetreuer kann den Betreuten in demselben Umfang vertreten wie der Hauptbetreuer und es besteht das Risiko der **Doppel-Vertretung.** Die Handlungsbefugnis im Innenverhältnis ist auf das Erforderliche und die anderen Pflichten des § 1821 begrenzt. Eine Überschreitung dieser Grenzen stellt eine betreuungsrechtliche **Pflichtverletzung** dar. Die Gerichte haben daher auch bei der Auswahl des Verhinderungsbetreuers die Eignungskriterien zu berücksichtigen.

12 Nach Abs. 4 S. 2 kann ein **anerkannter Betreuungsverein** zum Verhinderungsbetreuer bestellt werden und zwar auch dann, wenn die engen Voraussetzungen des § 1818 Abs. 1 nicht vorliegen. Dies kommt insbesondere für solche **ehrenamtlichen Betreuer** in Betracht, die mit dem Betreuungsverein eine **Vereinbarung** (§ 15 Abs. 1 Nr. 4 BtOG) abgeschlossen haben, denn Bestandteil dieser Vereinbarung ist die Erklärung der Bereitschaft des Betreuungsvereins, die Verhinderungsbetreuung zu übernehmen. (§ 15 BtOG)

VI. Ergänzungsbetreuer

13 Soweit ein Betreuer aus rechtlichen Gründen an der Besorgung einzelner Angelegenheiten gehindert ist, gilt Abs. 5. Dieser Betreuer wird als **Ergänzungsbetreuer** bezeichnet. Die rechtliche Verhinderung eines Betreuers besteht, wenn dieser nach § 181 (Insichgeschäft) oder § 1824 von der Vertretung des Betreuten ausgeschlossen ist, etwa wenn der zum Betreuer bestellte Neffe für den Betreuten Ansprüche aus einem Vertrag geltend machen soll, an dem er selbst als Verpflichteter beteiligt ist (BayObLG BtPrax 1998, 32), zur Geltendmachung von Ansprüchen gegen den Betreuer im Zusammenhang mit einem Erbfall (BayObLG BtPrax 2004, 32; 2001, 252) oder zum Abschluss eines Hofübergabevertrages, bei dem die Ehefrau als Betreuerin nicht vertreten werden kann (OLG Stuttgart FamRZ 2005, 62). Eine Ergänzungsbetreuung ist von der bereits angeordneten Betreuung abhängig, so dass sie nicht über die den Aufgabenkreis der Betreuung hinausgeht oder andauert (MüKoBGB/Schneider Rn. 35).

Ein Entzug der Vertretungsmacht ist im Gegensatz zum früheren Recht (§§ 1908i, 1796 aF) nicht mehr vorgesehen. Hier kommt die Einschränkung der Aufgabenbereiche nach § 1871 Abs. 1 in Betracht (BT-Drs. 19/24445, 259), die zu einem Entzug der Vertretungsmacht in dem entsprechenden Aufgabenbereich führt.

Über die Bestellung eines Ergänzungsbetreuers hat der **Rechtspfleger** zu entscheiden (§ 15 Abs. 1 Nr. 1 RPflG).

§ 1818 Betreuung durch Betreuungsverein oder Betreuungsbehörde

(1) [1]Das Betreuungsgericht bestellt einen anerkannten Betreuungsverein zum Betreuer, wenn der Volljährige dies wünscht, oder wenn er durch eine oder mehrere natürliche Personen nicht hinreichend betreut werden kann. [2]Die Bestellung bedarf der Einwilligung des Betreuungsvereins.

(2) [1]**Der Betreuungsverein überträgt die Wahrnehmung der Betreuung einzelnen Personen.** [2]**Vorschlägen des Volljährigen hat er hierbei zu entsprechen, wenn nicht wichtige Gründe entgegenstehen.** [3]**Der Betreuungsverein teilt dem Betreuungsgericht alsbald, spätestens binnen zwei Wochen nach seiner Bestellung, mit, wem er die Wahrnehmung der Betreuung übertragen hat.** [4]**Die Sätze 2 und 3 gelten bei einem Wechsel der Person, die die Betreuung für den Betreuungsverein wahrnimmt, entsprechend.**

(3) **Werden dem Betreuungsverein Umstände bekannt, aus denen sich ergibt, dass der Volljährige durch eine oder mehrere natürliche Personen hinreichend betreut werden kann, so hat er dies dem Betreuungsgericht mitzuteilen.**

(4) [1]**Kann der Volljährige weder durch eine oder mehrere natürliche Personen noch durch einen Betreuungsverein hinreichend betreut werden, so bestellt das Betreuungsgericht die zuständige Betreuungsbehörde zum Betreuer.** [2]**Die Absätze 2 und 3 gelten entsprechend.**

(5) **Die Entscheidung über die Einwilligung in eine Sterilisation darf weder einem Betreuungsverein noch einer Betreuungsbehörde übertragen werden.**

I. Überblick

§ 1818 ermöglicht, in besonders gelagerten Fällen einen Betreuungsverein oder eine Betreuungsbehörde zum Betreuer zu bestellen. Die Bestellung des Vereins als Verhinderungsbetreuer wurde zur Unterstützung ehrenamtlicher Betreuer erleichtert. Eine für Betreuungsvereine wichtige rechtliche Änderung liegt zudem in der Einführung einer möglichen **Vergütung für den Betreuungsverein,** wenn der Betreuungsverein selbst als Betreuer bestellt ist und einen registrierten beruflichen Betreuer mit der Wahrnehmung der Betreuung beauftragt (→ Rn. 5). Für Betreuungsbehörden gilt dies nicht. 1

II. Vereinsbetreuung

§§ 1816, 1818 sehen eine **Rangfolge** vor, so dass vorrangig ist eine natürliche Person, also eine Einzelperson zu bestellen ist. § 1818 eröffnet die Möglichkeit, in besonders gelagerten Fällen einen Betreuungsverein zum Betreuer zu bestellen. Die Betreuung durch eine oder mehrere natürliche Personen geht einer Vereinsbetreuung vor. Die Vereinsbetreuung geht wiederum der Behördenbetreuung vor. Auch der Wunsch des Betreuten kann die Bestellung des Vereins begründen, Abs. 1. In Betracht kommt die Bestellung eines Vereins bei besonders misstrauischen Betreuten (ggf. begründet in schlechter Erfahrung), die der Betreuerbestellung ablehnend gegenüberstehen und es schwierig sein kann, eine Vertrauensbeziehung in Kürze herzustellen. Hier kann es in einer **Erprobungsphase** notwendig sein, den Wechsel von Betreuungspersonen innerhalb des Betreuungsvereins flexibler zu gestalten und nicht jedes Mal ein neues gerichtliches Verfahren einzuleiten (BT-Drs. 11/4528, 132). 2

Da Vereinsmitarbeiter auch als Einzelpersonen bestellt werden können (§ 1816 Abs. 5), kommt ein Mangel an geeigneten natürlichen Personen zur Übernahme der Betreuung als Grund für die Bestellung eines Vereins nicht in Betracht. 3

Ansonsten könnte der Verein durch die Verweigerung der Zustimmung nach Abs. 1 S. 2 den Vorrang der Einzelbetreuung unterlaufen (MüKoBGB/Schneider Rn. 4). Der Nachrang der Vereinsbetreuung soll eine maßgebliche Einflussnahme des Betreuungsgerichts – über die Regelung des § 291 FamFG hinaus – auf die Auswahl der tatsächlich betreuenden Person sicherstellen (BT-Drs. 11/4528, 132).

4 Nur ein nach § 14 BtOG **anerkannter Betreuungsverein** kann zum Betreuer bestellt werden (zu den Voraussetzungen der Anerkennung → BtOG § 14 Rn. 1 ff.). Die Bestellung setzt zudem die Einwilligung des Vereins voraus (Abs. 1 S. 2). Dies gilt auch dann, wenn der Verein als Verhinderungsbetreuer nach § 1817 bestellt wird.

Als besonderer Betreuer, Sterilisationsbetreuer, nach (→ BGB § 1817 Abs. 2 Rn. 9) zur Entscheidung über die Einwilligung in eine Sterilisation (§ 1830) darf ein Verein nicht bestellt werden (Abs. 5).

Nach § 1817 Abs. 4 S. 2 kann ein **anerkannter Betreuungsverein** zum Verhinderungsbetreuer bestellt werden und zwar auch dann, wenn die engen Voraussetzungen des Abs. 1 nicht vorliegen. Dies kommt insbesondere für solche **ehrenamtlichen Betreuer** in Betracht, die mit dem Betreuungsverein eine **Vereinbarung** (§ 15 Abs. 1 Nr. 4 BtOG) abgeschlossen haben, denn Bestandteil dieser Vereinbarung ist die Erklärung der Bereitschaft des Betreuungsvereins, die Verhinderungsbetreuung zu übernehmen (→ BGB § 1817 Rn. 12).

5 Der als Betreuer bestellte Verein **überträgt die Aufgaben einem Mitarbeiter,** um den Grundsatz der persönlichen Betreuung zu wahren. Auch für diese Person gelten die Pflichten nach § 1821. Die Mitarbeiter können sowohl hauptamtliche als auch ehrenamtliche Vereinsmitarbeiter bzw. Vereinsmitglieder sein. Der Verein erhält eine **Vergütung,** wenn er die Betreuung einem hauptamtlichen Mitarbeiter überträgt, der als **beruflicher Betreuer registriert** ist (§ 13 Abs. 1 VBVG). Von der Aufwandspauschale sind Betreuungsvereine auch künftig ausgeschlossen, §§ 5 Abs. 1, 13 Abs. 2 VBVG, was sich im Umkehrschluss wegen der fehlenden Verweisung auf § 1878 ergibt.

6 Abs. 2 S. 2 sieht vor, dass **Vorschlägen des Betroffenen** zu entsprechen sind. Für die Auswahl der Person, die mit der Betreuung beauftragt wird, gelten die Maßstäbe des § 1816 entsprechend (BT-Drs. 19/24445, 243). Neben der Bedeutung von Wunsch und Ablehnung einer Person ist auch der Vorrang der Ehrenamtlichkeit nach Abs. 5 anzuwenden. Für ein Abweichen von Vorschlägen des Betroffenen bedarf es wichtiger Gründe. Dies können im Regelfall nur organisatorische Gründe sein, etwa die Überlastung des ausgewählten Mitarbeiters (BT-Drs. 19/24445, 243). Der Verein hat seine Auswahl dem Gericht nach Abs. 2 S. 3 mitzuteilen und auch die Sichtweise des Betreuten dazu. Der Betreute hat nach § 291 FamFG die Möglichkeit, die Auswahlentscheidung durch **gerichtliche Entscheidung** überprüfen zu lassen.

Auch § 1816 Abs. 6 ist bei der Auswahl wegen der Gefahr von Interessenkollisionen und des Verbots der Insichgeschäfte (§ 181) zu berücksichtigen. Es ist generell Vorsicht geboten bei der Bestellung von Vereinen, die als Zweigvereine von Wohlfahrtsverbänden organisiert sind, soweit sie ihrerseits Wohlfahrtsaufgaben (Träger von Heimen, ambulanten sozialen Diensten etc) wahrnehmen, die der Betroffene möglicherweise in Anspruch nehmen muss (Dahle BtPrax 1993, 12).

7 Der Verein hat dem Betreuungsgericht **Mitteilung** zu machen, wenn Umstände bekannt werden, aus denen sich die Möglichkeit der Bestellung einer oder mehrerer natürlicher Personen ergibt (Abs. 3). Auch hieraus wird deutlich, dass die Bestellung eines Vereins nur ausnahmsweise und auch dann nur vorübergehend erfolgen soll.

Für die Vereinsbetreuung gelten die **gesetzlichen Befreiungen** nach § 1859 (Abs. 2 Nr. 5).

Der Verein haftet dem Betreuten für das **Verschulden** eines Mitglieds oder Mitarbeiters wie für das Verschulden eines verfassungsmäßig bestellten Organs (§ 3, s. § 1826 Abs. 2). Ob der Verein seinerseits Rückgriff nehmen kann, richtet sich nach dem Rechtsverhältnis zwischen ihm und seinem Mitglied/Mitarbeiter.

III. Behördenbetreuung

Nur ausnahmsweise, wenn weder durch eine natürliche Person, noch durch einen anerkannten Betreuungsverein die Betreuung ausreichend geführt werden kann, ist vom Gericht die **zuständige Behörde** zum Betreuer zu bestellen (Abs. 4). Da es sich hierbei um eine Auffangvorschrift handelt, die sicherstellen soll, dass in jedem Falle eine geeignete und qualifizierte Betreuung gewährleistet ist, kommt hier jeder Grund für die Unmöglichkeit der Bestellung natürlicher Personen oder Vereine, insbesondere auch ein zahlenmäßiger Mangel an geeigneten Betreuern, in Betracht (AG Brandenburg – 85 XVII 33/24; LG Hamburg, BtPrax 2020, 112; BayObLG BtPrax 1993, 140). **8**

Nach § 3 BtOG haben die Betreuungsbehörden Fachkräfte für die Erfüllung ihrer Aufgaben zu beschäftigen. Zuständige Behörde ist die örtliche Betreuungsbehörde (§ 2 BtOG). Welche dies ist, bestimmt sich nach dem jeweiligen Landesrecht (§ 1 S. 1 BtOG).

Auch die Behörde **überträgt** die Wahrnehmung der Betreuung einer bestimmten Person, die dem Gericht mitzuteilen ist (Abs. 4 S. 2 iVm Abs. 2). Es gelten hier die gleichen Grundsätze, wie bei der Vereinsbetreuung (→ Rn. 3). Der Behördenmitarbeiter unterliegt Weisungen seines Dienstherrn nur insoweit, als dadurch die Wahrnehmung seiner Aufgaben gegenüber dem Betroffenen nicht beeinträchtigt wird (BAG R&P 1992, 63). Es verstößt auch nicht gegen das Verbot des Insichprozesses, wenn die Behörde als Vertreter des Betroffenen (§ 1823) etwa Sozialhilfeleistungen auf dem Klagewege geltend macht, auch wenn nach Landesrecht die gleiche Körperschaft (Gemeinde, Landkreis, kreisfreie Stadt) sowohl Betreuungsbehörde als auch örtlicher Sozialhilfeträger ist (OVG Berlin NJW 1988, 1931). **9**

Als besonderer Betreuer, Sterilisationsbetreuer nach (→ BGB § 1817 Rn. 9) zur Entscheidung über die Einwilligung in eine Sterilisation (§ 1830), darf die Behörde nicht bestellt werden (Abs. 5).

Die Behörde als Betreuer haftet aber nach § 1826 Abs. 1. **10**

Für ein Verschulden der Behördenmitarbeiter bei der Führung der Betreuung haftet die Anstellungskörperschaft nach den Grundsätzen der **Amtshaftung** (Art. 34 GG, § 839), ein Rückgriff auf den einzelnen Mitarbeiter ist nach Art. 34 GG beschränkt auf Vorsatz und grobe Fahrlässigkeit.

Aufwendungsersatz, Vergütung und **Aufwandspauschale sind regelmäßig nicht vorgesehen** → VBVG § 14. Auch der Behörde stehen die Befreiungen nach § 1859 zu. Darüber hinaus kann das Landesrecht weitere Befreiungen für die Behörde vorsehen. **11**

§ 1819 Übernahmepflicht; weitere Bestellungsvoraussetzungen

(1) **Die vom Betreuungsgericht ausgewählte Person ist verpflichtet, die Betreuung zu übernehmen, wenn ihr die Übernahme unter Berücksichti-**

gung ihrer familiären, beruflichen und sonstigen Verhältnisse zugemutet werden kann.

(2) **Die ausgewählte Person darf erst dann zum Betreuer bestellt werden, wenn sie sich zur Übernahme der Betreuung bereit erklärt hat.**

(3) [1]**Ein Mitarbeiter eines anerkannten Betreuungsvereins, der dort ausschließlich oder teilweise als Betreuer tätig ist (Vereinsbetreuer), darf nur mit Einwilligung des Betreuungsvereins bestellt werden.** [2]**Entsprechendes gilt für den Mitarbeiter einer Betreuungsbehörde, der als Betreuer bestellt wird (Behördenbetreuer).**

I. Überblick

1 Abs. 1 und 2 entsprechen § 1898 aF. Die in § 1898 aF aufgeführte Eignung des Betreuers gehört nun bereits zur Prüfung nach § 1816 Abs. 1. Es bleibt damit richtigerweise dabei, dass ungeeignete Betreuer nicht zur Übernahme einer Betreuung verpflichtet sind. Das Erfordernis der Einwilligung der Betreuungsvereine und Betreuungsbehörden für die Bestellung von Mitarbeitern als Betreuer in Abs. 3 entspricht der früheren Regel nach § 1897 Abs. 2 aF.

II. Übernahmepflicht und Ablehnungsgründe

2 Abs. 1 normiert die grundsätzliche **Pflicht** des vom Betreuungsgericht Ausgewählten, die Aufgabe des Betreuers zu übernehmen, wenn diesem die Übernahme unter Berücksichtigung seiner familiären, beruflichen und sonstigen Verhältnisse zugemutet werden kann. Diese Aspekte sollten bereits iRd der Eignungsprüfung des § 1816 Abs. 1 einbezogen werden.

Eine **Unzumutbarkeit** zur Übernahme der Betreuung kann sich aus familiären Verhältnissen ergeben, wie Sorgearbeit, Kindererziehung, die Pflege von Familienangehöriger, aber auch Streit mit anderen Angehörigen über die Art und Weise der Betreuung des Betroffenen, aus beruflichen Verhältnissen häufige berufsbedingte Ortsabwesenheit, starke zeitliche Beanspruchung, aus sonstigen Gründen etwa hohes Alter des Ausgewählten, eigene Krankheiten oder Behinderungen, große Entfernung zwischen Wohnort und Ort der Betreuung, besondere psychische Belastungen durch die vorgesehene Betreuung, zeitliche Belastung durch andere ehrenamtliche Tätigkeiten, oder wegen der Führung anderer Betreuungen, Vormundschaften oder Pflegschaften.

Unzumutbar kann die Übernahme der Betreuung jedenfalls nur sein, wenn die mit der Wahrnehmung der Aufgaben verbundene persönliche **Belastung** aus besonderen Umständen des Einzelfalles das gewöhnliche Maß erheblich übersteigt. Liegen hinreichende Gründe vor, die eine Unzumutbarkeit begründen, so hat der Ausgewählte ein **Ablehnungsrecht.**

III. Bereiterklärung und Einwilligung

3 Eine Bestellung darf nach Abs. 1 erst nach Abgabe einer **Bereiterklärung** erfolgen. Die Bestellung eines **Vereins- oder Behördenbetreuers** erfordert zudem die Einwilligung des Vereins bzw. der Behörde (Abs. 3), bei dem/der die

Person tätig ist. Die Bestellung der Betreuungsbehörde als Betreuer erfordert hingegen nicht die Zustimmung der Behörde, um sicherzustellen, dass die Behörde auch als „Ausfallbürge" nach § 1818 Abs. 4 eintritt (Deinert, BtPrax 2025, 15).

Die Bereiteerklärung ist an keine besondere Form und keinen besonderen Inhalt gebunden. Sie kann auf Veranlassung des Gerichtes, aber auch vorab allgemein oder gegenüber der Betreuungsbehörde iR eines von dort ausgehenden Vorschlags erklärt werden. Die Bereiterklärung ist nicht Voraussetzung für die Wirksamkeit der Betreuerbestellung, so dass auch eine ohne wirksame Bereiterklärung erfolgte Bestellung zunächst nach § 287 Abs. 1 FamFG mit Bekanntmachung an den Betreuer wirksam wird. Die Erklärung kann bis zur Wirksamkeit der Bestellung zurückgenommen werden. Danach kommt ein Antrag auf Entlassung nach § 1868 Abs. 4 in Betracht, bzw. die Entlassung des Betreuers von Amts, wenn der Betreuer die Bereiterklärung endgültig verweigert.

Diese Bereiterklärung kann nicht erzwungen werden. Ein Zwangsgeld bei Weigerung gemäß § 35 FamFG zu verhängen, ist unzulässig.

Auf die frühere Regelung § 1908i Abs. 1 S. 1 iVm § 1787 Abs. 1 aF, in der 4
eine Haftung für den durch eine **Verzögerung der Betreuerbestellung** dem Betreuten entstandenen **Schaden** vorgesehen war, wird mit der Reform verzichtet, weil diese in der Praxis insgesamt keine Bedeutung erlangt habe (BT-Drs. 19/24445, 202). Ein Schadensersatzanspruch für eine unbegründete Ablehnung einer Betreuung besteht damit nicht mehr.

§ 1820 Vorsorgevollmacht und Kontrollbetreuung

(1) [1]**Wer von der Einleitung eines Verfahrens über die Bestellung eines Betreuers für einen Volljährigen Kenntnis erlangt und ein Dokument besitzt, in dem der Volljährige eine andere Person mit der Wahrnehmung seiner Angelegenheiten bevollmächtigt hat, hat das Betreuungsgericht hierüber unverzüglich zu unterrichten.** [2]**Das Betreuungsgericht kann die Vorlage einer Abschrift verlangen.**

(2) **Folgende Maßnahmen eines Bevollmächtigten setzen voraus, dass die Vollmacht schriftlich erteilt ist und diese Maßnahmen ausdrücklich umfasst:**

1. **die Einwilligung sowie ihr Widerruf oder die Nichteinwilligung in Maßnahmen nach § 1829 Absatz 1 Satz 1 und Absatz 2,**
2. **die Unterbringung nach § 1831 und die Einwilligung in Maßnahmen nach § 1831 Absatz 4,**
3. **die Einwilligung in eine ärztliche Zwangsmaßnahme nach § 1832 und die Verbringung nach § 1832 Absatz 4.**

(3) **Das Betreuungsgericht bestellt einen Kontrollbetreuer, wenn die Bestellung erforderlich ist, weil**

1. **der Vollmachtgeber aufgrund einer Krankheit oder Behinderung nicht mehr in der Lage ist, seine Rechte gegenüber dem Bevollmächtigten auszuüben, und**
2. **aufgrund konkreter Anhaltspunkte davon auszugehen ist, dass der Bevollmächtigte die Angelegenheiten des Vollmachtgebers nicht entsprechend der Vereinbarung oder dem erklärten oder mutmaßlichen Willen des Vollmachtgebers besorgt.**

(4) [1]**Das Betreuungsgericht kann anordnen, dass der Bevollmächtigte die ihm erteilte Vollmacht nicht ausüben darf und die Vollmachtsurkunde an den Betreuer herauszugeben hat, wenn**
1. die dringende Gefahr besteht, dass der Bevollmächtigte nicht den Wünschen des Vollmachtgebers entsprechend handelt und dadurch die Person des Vollmachtgebers oder dessen Vermögen erheblich gefährdet oder
2. der Bevollmächtigte den Betreuer bei der Wahrnehmung seiner Aufgaben behindert.

[2]**Liegen die Voraussetzungen des Satzes 1 nicht mehr vor, hat das Betreuungsgericht die Anordnung aufzuheben und den Betreuer zu verpflichten, dem Bevollmächtigten die Vollmachtsurkunde herauszugeben, wenn die Vollmacht nicht erloschen ist.**

(5) [1]**Der Betreuer darf eine Vollmacht oder einen Teil einer Vollmacht, die den Bevollmächtigten zu Maßnahmen der Personensorge oder zu Maßnahmen in wesentlichen Bereichen der Vermögenssorge ermächtigt, nur widerrufen, wenn das Festhalten an der Vollmacht eine künftige Verletzung der Person oder des Vermögens des Betreuten mit hinreichender Wahrscheinlichkeit und in erheblicher Schwere befürchten lässt und mildere Maßnahmen nicht zur Abwehr eines Schadens für den Betreuten geeignet erscheinen.** [2]**Der Widerruf bedarf der Genehmigung des Betreuungsgerichts.** [3]**Mit der Genehmigung des Widerrufs einer Vollmacht kann das Betreuungsgericht die Herausgabe der Vollmachtsurkunde an den Betreuer anordnen.**

I. Einführung und Übersicht

1 Die Norm wurde durch die am 1.1.2023 in Kraft getretene Reform ganz neu gestaltet und fasst verschiedene Regelungen, die vorher zT an anderen Stellen verortet waren, in einer Vorschrift zusammen, nämlich zur Informationspflicht über bestehende Vorsorgevollmachten, den Voraussetzungen für die Bestellung eines Kontrollbetreuers und zum Widerruf sowie der vorübergehenden Aussetzung einer Vollmacht (BT-Drs. 19/24445, 244 ff.; Müller-Engels DNotZ 2021, 84 (95 ff.))

Im Betreuungsrecht sind Vollmachten zunächst unter dem Aspekt der **Erforderlichkeit** relevant (Brosey/Lesting/Loer/Marschner BetreuungsrechtsR/Brosey Rn. 49 ff.), weil sie Betreuerbestellungen vorgehen und daher Betreuungen vermeiden können, § 1814 Abs. 3 (→ BGB § 1814 Rn. 42 ff.). Betreuungsbehörden und -vereine haben über die Erstellung von Vorsorgevollmachten zu **beraten,** §§ 5 Abs. 1, 15 Abs. 1 BtOG. Die Betreuungsbehörde kann nach § 7 Abs. 2 BtOG die Unterschrift des Vollmachtgebers **beglaubigen.** Die Vereine haben darüber hinaus die Aufgabe, Vorsorgebevollmächtigte bei der Wahrnehmung ihrer Aufgaben zu **unterstützen** (§ 15 Abs. 1 Nr. 5 BtOG). Spätestens in der richterlichen Anhörung ist in geeigneten Fällen auf die Möglichkeit der Vorsorgevollmacht als vorrangige Alternative zur Betreuung hinzuweisen, § 278 Abs. 2 S. 2 FamFG (→ FamFG § 278 Rn. 7).

2 Die Vorsorgevollmacht erfährt in der Praxis eine enorme Bedeutung und wird millionenfach genutzt. Sie hat sich zu einem von der Bevölkerung zunehmend genutzten Instrument **privatautonomer Rechtsfürsorge** für den Fall einer spä-

ter eintretenden Handlungs- und Einwilligungsunfähigkeit entwickelt und soll weiterhin – trotz des neu eingeführten Ehegattennotvertretungsrechts (§ 1358) – gefördert werden. Ende 2025 waren allein im Zentralen Vorsorgeregister der Bundesnotarkammer über 6,8 Millionen Vorsorgeverfügungen eingetragen, §§ 78a ff. BNotO (Jahresbericht 2025 https://www.vorsorgeregister.de), von denen sicherlich nicht alle aktiv genutzt werden. Darüber hinaus ist davon auszugehen, dass eine große Zahl nicht eingetragener Vorsorgevollmachten existiert (ausführlich zu den Möglichkeiten der Vorsorge Dodegge/Roth). Da die Voraussetzungen für die Erteilung einer Vollmacht wie auch die Kontrolle bei der Ausübung gering sind und keiner externen Überprüfung unterliegen, sind auch die **Missbrauchsgefahren** nicht gering. Daher wird immer wieder diskutiert, so auch im Vorfeld der Reform, ob eine stärkere gesetzliche Regulierung eingeführt werden sollte (so gefordert zB von Brucker BtPrax 2018, 207 (211)). Da jedoch sowohl die Einführung von Wirksamkeitsvoraussetzungen zB durch ein Formerfordernis oder der Einführung einer verpflichtenden Beratung als auch Regulierungen der Handlungsmöglichkeiten der Bevollmächtigten wiederum die privatautonome Selbstbestimmung der Vollmachtgeber in erheblicher Weise einschränken, hat sich der Reformgesetzgeber erneut dagegen entschieden (kritisch BeckOGK/Schmidt-Recla BGB § 1820 Rn. 4). Eine möglichst umfassende Gewährung von Selbstbestimmung, wie sie Art. 2 Abs. 1 iVm Art. 1 Abs. 1 GG garantiert und mit der Reform gestärkt werden soll, ist immer auch mit einer Gefährdung vulnerabler Personen verbunden, die leicht beeinflussbar sind (ausführlich in der Gesetzesbegründung BT-Drs. 19/24445, 244 f.). Als Sicherungsmaßnahme wurde die Kontrollbetreuung gestärkt (→ Rn. 9).

Vorsorgevollmachten können im **Zentralen Vorsorgeregister bei der Bundesnotarkammer** registriert werden (§ 78a BNotO; dazu Dodegge/Roth Rn. 93 ff.). Hier werden Angaben zum Vollmachtgeber, Bevollmächtigten, zur Vollmacht und deren Inhalt gespeichert. Daneben können auch Betreuungsverfügungen sowie Patientenverfügungen und Widersprüche gegen eine Vertretung durch den Ehegatten nach § 1358 registriert werden. Auf Ersuchen wird dem Betreuungsgericht Auskunft aus dem Vorsorgeregister erteilt. Die Einzelheiten über die Einrichtung und Führung des Registers, die Auskunft aus dem Register und über Anmeldung, Änderung, Eintragung, Widerruf und Löschung von Eintragungen sind in der VorsorgeregisterVO geregelt. Für Eintragungen in das Vorsorgeregister kann die Bundesnotarkammer Gebühren erheben (§ 78b BNotO), über Beschwerden gegen Entscheidungen im Zusammenhang mit dem Vorsorgeregister entscheidet nach dem FamFG das Landgericht am Sitz der Bundesnotarkammer (§ 78o BNotO). 3

Seit dem 1.1.2023 können auch **Ärzte** über das Zentrale Vorsorgeregister eine Auskunft über die eingetragenen Vorsorgeverfügungen ihrer Patienten abrufen, soweit diese für die Entscheidung über eine dringende medizinische Behandlung erforderlich ist (§ 78b Abs. 1 S. 2 BNotO). Behandelnde Ärzte haben abzufragen, ob ihr nicht mehr ansprechbarer Patient beim Zentralen Vorsorgeregister eine Vorsorgevollmacht, Patientenverfügung, Betreuungsverfügung oder einen Widerspruch gegen das Ehegattennotvertretungsrecht registriert hat.

Die Hürden für die Erteilung einer Vollmacht sind niedrig, besondere Anforderungen bestehen nur im Ausnahmefall. Die Vorsorgevollmacht kann sich neben Vermögensangelegenheiten auch auf personale Angelegenheiten erstrecken (zB Gesundheit, Aufenthalt, Freiheit), in denen im engeren Sinne keine stellvertretenden Willenserklärungen erteilt werden, sondern Einwilligungen oder Anordnungen. Bevollmächtigt werden kann jede beliebige voll oder beschränkt geschäftsfähige natürliche Person und auch eine juristische Person (zB ein Verein). Eine Befreiung von § 181 (Insichgeschäft) ist möglich. Eine Vollmacht bedarf grundsätzlich **keiner besonderen Form,** es gelten die allgemeinen Regelungen, siehe im Einzelnen § 167 (→ § 167, umfassend zur Vollmacht → §§ 164 ff.). Eine mündlich erteilte Vollmacht zB für Bankgeschäfte wäre daher rechtlich wirksam. Obwohl die Akzeptanz einer Vollmacht nur dann abgelehnt werden darf, wenn Anhaltspunkte für Wirksamkeitszweifel benannt werden, verlangen in der Praxis insbesondere Banken in der Regel eine notariell beurkundete oder das persönliche Erscheinen des Vollmachtgebers zur Erteilung auf den hauseigenen Formularen, um die Identität festzustellen. Sparkassen akzeptieren uU eine **von der Betreuungsbehörde beglaubigte Vollmacht (s. § 7 BtOG,** → BtOG § 7 Rn. 1). Eine Eintragung im Zentralen Vorsorgeregister ist hilfreich, damit die Gerichte zu Beginn eines Betreuungsverfahrens durch eine Abfrage die Existenz einer Vollmacht feststellen können, auf die Wirksamkeit hat es keine Auswirkung. Für einzelne besonders eingreifende Vertretungsentscheidungen bedarf es aber ausdrücklich der Schriftform, s. Abs. 2. Für Grundstücksgeschäfte ist eine notarielle Beurkundung erforderlich (Brosey/Lesting/Loer/Marschner BetreuungsR-HdB/Brosey Rn. 52).

4 Für die Nutzbarkeit im Rechtsverkehr ist es hilfreich, dass die Wirksamkeit der Vollmacht ohne weitere Nachforschungen festgestellt werden kann. Darum hat der Reformgesetzgeber nach kontroverser Diskussion im Vorfeld erneut auf eine **Definition** der Vorsorgevollmacht im BGB **verzichtet,** die eine Bedingung enthalten würde (BT-Drs. 19/24445, 484 f.). Es handelt sich rechtlich um eine Vollmacht nach den §§ 164 ff. (→ BGB § 164), der in der Regel ein Auftrags- oder Geschäftsbesorgungsverhältnis zugrunde liegt, welches darauf ausgerichtet ist, im Falle der Aufhebung der rechtlichen Handlungsfähigkeit eine Vertretung zu ermöglichen und damit die Bestellung eines Betreuers zu vermeiden. Der Vollmachtzweck, nämlich die Vorsorge, gehört zum **Innenverhältnis** und nicht zum **Außenverhältnis** der Vertretungsbefugnis. Steht diese unter der Bedingung des Eintritts der rechtlichen Handlungsunfähigkeit des Vollmachtgebers, müsste der Vollmachtnehmer Dritten gegenüber stets nachweisen, dass diese Bedingung aktuell erfüllt ist, zB durch Vorlage eines ärztlichen Zeugnisses. Dies schränkt die Praktikabilität erheblich ein, wobei es dem Vollmachtgeber unbenommen ist, diese Hürde in seine Vollmacht individuell und bewusst einzubauen. In der Sache liegt eine Vorsorgevollmacht dann vor, wenn der Vollmachtgeber Vorsorge für den Fall seiner eigenen Betreuungsbedürftigkeit treffen will. Er kann die Aufgabenbereiche bestimmen, die der Betreuung ähnlich sind, er kann auch mehrere Personen auswählen, die Möglichkeit der Unterbevollmächtigung einräumen, die Erlaubnis zu Insichgeschäften, Beschränkungen der Vertretungsmacht uvm (→ BGB § 167). Die Vollmacht selbst ist ein einseitiges Rechtsgeschäft, mit der die **Vertretungsbefugnis** übertragen wird. Der Vollmachtgeber darf daher zumindest im Zeitpunkt der Abgabe der Vollmachtserteilung diesbezüglich nicht geschäftsunfähig sein. Neben der Vollmacht besteht ein Auftrag zwischen Vollmachtgeber und Vollmachtnehmer, unter Angehörigen ein – in der Regel nicht ausdrücklich geschlossener – unentgeltlicher Vertrag. Der Vollmachtgeber kann darin Anweisungen oder Wünsche für die spätere Gestaltung des Unterstützungsverhältnisses geben, an die der Vollmachtnehmer gebunden ist. Auch eine Patientenverfügung ist in diesem Zusammenhang denkbar.

Neben den Betreuungsbehörden, die nach § 7 Abs. 1 BtOG Vorsorgevollmachten **beglaubigen** dürfen (→ BtOG § 7 Rn. 3), haben auch Betreuungsvereine **Informations- und Beratungsaufgaben** (§ 15 Abs. 1 Nr. 1 BtOG). Diese unterstützen zudem Vorsorgebevollmächtigte bei der Wahrnehmung ihrer Aufgabe (§ 15 Abs. 1 Nr. 5 BtOG) (Lipp/Spalckhaver Handbuch der Vorsorgeverfügungen § 13 S. 150 ff. 30 B). Musterformulare sind (auch online) über Landes- und Bundesjustizministerium erhältlich. Es kann sich ergeben, dass der Betroffene erst im Verlaufe eines gerichtlichen Betreuungsverfahrens eine Vollmacht erteilt, zB in oder nach der Anhörung oder bei der Erstellung des Sozialberichts im Rahmen der Sachverhaltsermittlung durch die Betreuungsbehörde. Wenn dies in Betracht kommt, aber Unsicherheit bzgl. der Geschäfts- oder Einwilligungsfähigkeit besteht, sollte der Gutachter gebeten werden, ausdrücklich zu dieser Frage Stellung zu nehmen. Voraussetzung ist, dass ein geeigneter Bevollmächtigter zur Verfügung steht, dem der Betroffene vertraut. Eine Betreuerbestellung ist daher trotz Vollmachtfähigkeit nicht ausgeschlossen, wenn im Verwandten- bzw. Bekanntenkreis oder auf dem amtlichen Dienstleistungsmarkt keine geeignete Person zur Verfügung steht, die bevollmächtigt werden könnte. 5

Die **Kontrollbetreuung nach Abs. 3** ist ein wichtiges Instrument zum Schutz von Betroffenen, die ihren Bevollmächtigten nicht mehr überwachen können, wenn es Anhaltspunkte für einen Missbrauch der Vollmacht gibt. Die Kontrollbetreuung wird damit zu einer Sicherungsmaßnahme, die auch die UN-BRK verlangt. Denn auch wenn eine Vollmacht auf der Willenserklärung einer Person basiert und damit ein Akt der Selbstbestimmung ist, kann es (später) durch den Bevollmächtigten zu erheblichem Missbrauch kommen. Der Staat hat auch hier die Pflicht dafür zu sorgen, dass die Rechte und die Selbstbestimmung der Betroffenen geachtet werden. Die Voraussetzungen für eine vorübergehende Aussetzung oder einen Widerruf der Vollmacht durch einen (Kontroll-) Betreuer wurden 2023 mit der Reform in § 1820 Abs. 4 und 5 neu gefasst. Die Abs. 3–5 stehen in einem **Stufenverhältnis** zueinander: Zum Schutz des Betroffenen vor einem Vollmachtmissbrauch kommt zunächst die Bestellung eines Kontrollbetreuers nach Abs. 3 in Betracht, wenn dies nicht reicht eine schnelle und vorübergehende Suspendierung nach Abs. 4 und schließlich der endgültige Widerruf nach Abs. 5. Die Absätze sind also in ihren materiellen Voraussetzungen aufeinander zu beziehen (Spernath/Spernath FamRZ 2024, 663–671; Schnellenbach/Normann-Scheerer/Giers/Thielke BetreuungsR-HdB/Thielke Rn. 658 f. Erst dann ist der Weg frei für eine Vollbetreuung als Ultima Ratio. Die Befugnis zum Widerruf einer Vollmacht gründet sich auf die Anordnung des jeweiligen Aufgabenbereiches, der inhaltlich widerrufen werden soll. Daher sieht Abs. 5 einen Genehmigungsvorbehalt vor. Die Rechtsprechung zur Rechtslage vor dem 1.1.2023, die einen eigenen Aufgabenbereich für die Widerrufsbefugnis verlangte, ist nicht mehr heranzuziehen (LG Gera, BtPrax 2025, 187). 6

II. Die Regelungen

1. Absatz 1: Ablieferungspflicht

Abs. 1 entspricht mit einigen redaktionellen Änderungen § 1901c S. 2 aF (S. 1 wurde in § 1816 Abs. 2 S. 4 übernommen). Der bisher verwendete Begriff „Schriftstück" wurde durch den Begriff **„Dokument"** ersetzt. Damit ist deutlich, 7 dass hierunter sowohl klassische Schriftstücke in „Papierform" als auch elektronische Dokumente fallen, in denen die geregelten Inhalte verschriftlicht worden sind, siehe auch § 126b. Hinsichtlich der Betreuungsverfügung ist die Unterrichtungspflicht jetzt in § 1816 Abs. 2 S. 4 geregelt (→ BGB § 1816 Rn. 15).

Im gerichtlichen Verfahren ist sicherzustellen, dass das Gericht über sämtliche Vollmachten informiert ist, die möglicherweise die Bestellung eines Betreuers nach § 1814 Abs. 3 oder einzelne Aufgabenbereiche gem. **§ 1815 Abs. 1 S. 3** entbehrlich machen. Zwar führt das Gericht zu Beginn des Verfahrens standardmäßig eine Anfrage beim Zentralen Vorsorgeregister der Bundesnotarkammer durch, dort sind jedoch lange nicht alle Vollmachten registriert. Das Gericht muss daher auch auf weitere Informationsquellen zurückgreifen können. Auf welche Weise die Kenntnis erlangt wurde, ist unerheblich, ebenso auf welche Weise der Besitz des Dokuments erlangt wurde, und ob der Besitzer selbst oder eine dritte Person in diesem Dokument bevollmächtigt wurde. Unerheblich ist überdies, wie das Dokument überschrieben ist. Somit sind auch reine Kontovollmachten erfasst. Um die Subsidiarität der Betreuung feststellen zu können, benötigt das Gericht **alle Unterlagen,** die über den Bestand einer Vollmacht Auskunft geben können, also auch etwaige Regelungen über das Grundverhältnis oder dessen Kündigung sowie über einen möglichen Widerruf der Vollmacht (BT- Drs. 19/24445, 245). Auch in einem Testament enthaltene Verfügungen für den Fall der Betreuung können eine Ablieferungspflicht begründen. Auch wenn vorrangig Vorsorgevollmachten gemeint sind, ist der Gesetzeswortlaut auch in der Reform nicht eingeengt worden, sodass die Unterrichtungspflicht nicht darauf begrenzt ist, sondern umfassend besteht. Gemeint sind daher alle auf Dauer erteilten Vollmachten, wie zB Bank- oder Kontovollmachten, Vollmachten zur Erledigung von Krankenkassen- oder Rentenangelegenheiten, Gesundheitsvollmachten, die in einer Patientenverfügung enthalten sind, etc. Nicht betroffen sind hingegen Vollmachten zu einzelnen Geschäften, die unabhängig von einem Fürsorgefall zu erledigen sind, zB Vollmacht an den Notar bei Durchführung eines konkreten Grundstückserwerbs; Vollmachten an Nachbarn zur Entgegennahme der Post während des Urlaubs etc.

Der Besitzer muss von sich aus Kontakt mit dem Betreuungsgericht aufnehmen, wenn er nicht schon sicher davon ausgehen kann, dass dieses bereits auf anderem Wege Kenntnis erlangt hat, zB über den Sozialbericht der Betreuungsbehörde nach **§ 279 FamFG** (→ FamFG § 279 Rn. 6) bzw. § 11 BtOG. Wenn der Besitzer zur freiwilligen Vorlage nicht bereit ist, kann das Gericht die Vorlage gem. § 285 Abs. 2 FamFG durch Beschluss anordnen und diese Anordnung vollstrecken (→ FamFG § 285 Rn. 3, 5). Das Original der Vollmacht ist nicht abzuliefern, da es in der Regel zur Legitimation im Rechtsverkehr durch den Bevollmächtigen benötigt wird. Das Gericht kann eine Kopie verlangen. Bei notariell hinterlegten Vollmachten ist der Notar zur Übersendung verpflichtet, auch ohne Zustimmung des Vollmachtgebers. Handelt es sich nicht um ein Schriftstück, ist der sonstige **Datenträger** herauszugeben oder ein Ausdruck mit dem entsprechenden Hinweis. Befinden sich auf dem Datenträger noch andere, nicht einschlägige Informationen, so genügt die Herausgabe einer Kopie der Teile, die sich auf die Vollmacht beziehen. Auch solche Dokumente sind umfasst, die zwar nicht die Vollmacht selbst enthalten, die aber über den Bestand einer Vorsorgevollmacht Auskunft geben (BT-Drs. 19/24445, 245.).

Das Dokument ist unverzüglich an das nach § 272 FamFG zuständige Betreuungsgericht abzuliefern, nachdem der Besitzer von der Einleitung eines Verfahrens zur Betreuerbestellung **Kenntnis** erlangt hat (Lipp Handbuch der Vorsorgeverfügungen § 18 Rn. 24). Verlangt wird positive Kenntnis von der Verfahrenseinleitung. Die Möglichkeit der Kenntnis oder auch die verschuldete Unkenntnis reichen nicht aus. Andererseits ist es unerheblich, auf welche Weise der Besitzer Kenntnis erlangte, erforderlich ist insbesondere nicht, dass er offiziell vom Betreuungsgericht unterrichtet wurde (etwa als an dem Verfahren zu beteiligende Person), es genügt auch eine Mitteilung durch den Betroffenen oder durch Dritte. Da auch nachträgliche Änderungen einer Betreuung in Betracht kommen, endet die Ablieferungspflicht erst mit **Beendigung** der Betreuung, falls der Besitzer der Vollmacht erst später Kenntnis vom Verfahren bzw. der Betreuerbestellung erlangt.

Ob die Vollmacht tatsächlich geeignet ist, eine Betreuung zu vermeiden oder den Aufgabenkreis einzuschränken, hat das Gericht zu entscheiden. Die Pflicht besteht gegenüber dem mit der Betreuungssache befassten Gericht, nicht gegenüber dem Bevollmächtigten oder einem schon bestellten Betreuer.

2. Absatz 2: Zwingende Schriftform bei gefährlichen oder Zwangsmaßnahmen

In Abs. 2 sind alle Maßnahmen und Entscheidungen aufgeführt, für die die Vollmacht zwingend in **Schriftform** erteilt sein muss sowie die konkrete Bezeichnung der Maßnahme. Sie betreffen besonders schwerwiegende Eingriffe in höchstpersönliche Angelegenheiten (Kieß BtPrax 2025, 37 ff.). Es reicht eine Bezugnahme auf die aufgeführten Vorschriften bzw. auf die vor dem 1.1.2023 geltende Fassung dieser Vorschriften aus. In den genannten Fällen unterliegt die Entscheidung oder die Maßnahme durch den Bevollmächtigten zudem der gerichtlichen Aufsicht durch die jeweiligen **Genehmigungsvorbehalte,** genau wie bei einem Betreuer. Der Bevollmächtigte unterliegt ansonsten aber nicht der Aufsicht des Betreuungsgerichts, seine Rechte und Pflichten richten sich allein nach dem der Vollmachterteilung zugrundeliegenden Rechtsgeschäft (Auftrag, Geschäftsbesorgung oÄ) und den allgemeinen Vorschriften für das Vertreterhandeln (§§ 164 ff., s. dort → § 164). 8

Mit der Änderung von § 1832 (Zwangsbehandlung) wird Ende 2026 möglicherweise in Nr. 3 „§ 1832 Absatz 4“ durch § 1832 Absatz 5“ ersetzt.

3. Absatz 3: Kontrollbetreuung

Die Kontrollbetreuung war vor der Reform von 2023 ausschließlich durch den Aufgabenbereich in § 1896 Abs. 3 aF geregelt, nun **§ 1815 Abs. 3.** Sie ist eine Betreuung mit einem speziellen Aufgabenbereich. Weitere Aufgabenbereiche daneben sind, soweit erforderlich, möglich. Die Voraussetzungen sind in § 1820 Abs. 3 ausdrücklich normiert. Der Reformgesetzgeber hat sich an die von der Rechtsprechung entwickelten Vorgaben orientiert (BT-Drs. 19/24445, 246). Die Bestellung auch des Kontrollbetreuers stellt einen gewichtigen, tiefgreifenden Eingriff in die Selbstbestimmung des Vollmachtgebers dar (BVerfG BtPrax 2009, 27), sodass der BGH in seiner ständigen Rechtsprechung hieran zu recht hohe Anforderungen gestellt hatte. Dies gilt nun – seit der Reform – umso mehr, da der Kontrollbetreuer mit seiner Bestellung sogleich die **Befugnis zum Widerruf** der Vollmacht erhält, der allerdings einem Genehmigungsvorbehalt unterliegt, s. Abs. 5. 9

Die Bestellung eines Kontrollbetreuers setzt voraus, dass der Vollmachtgeber krankheitsbedingt seine Rechte gegenüber dem Bevollmächtigten nicht (mehr) selbst wirksam wahrnehmen kann und eine solche Überwachung erforderlich ist (BGH BtPrax 2012, 113; 2011, 175). Ungeschriebene Voraussetzung ist zunächst, dass die Vollmacht **wirksam erteilt** wurde und nicht wieder erloschen ist. Die Frage, ob der Vollmachtgeber zum Zeitpunkt der Vollmachterteilung bzw. des Vollmachtwiderrufs nach § 104 Nr. 2 geschäftsunfähig war oder zumindest begründete Zweifel an seiner Geschäftsfähigkeit bestanden, hat das Betreuungsgericht gem. § 26 FamFG von Amts wegen aufzuklären (BGH BtPrax 2024, 136 (137)). Sodann darf der Vollmachtgeber nach Nr. 1 aufgrund des medizinischen Befundes nicht mehr in der Lage sein, den Bevollmächtigten **hinreichend zu überwachen.** Es ist nicht zwingend, dass er insoweit geschäftsunfähig geworden ist. Eine rein körperliche Beeinträchtigung dürfte jedoch nicht ausreichen. Voraussetzung ist – wie bei der Betreuerbestellung – dass der Vollmachtgeber **aufgrund** einer Erkrankung oder Behinderung nicht mehr in der Lage ist, die Tätigkeit des Bevollmächtigten zu überwachen. Seit 2023 ist auch ein Kontrollbetreuer nach §§ 1814, 1815 Abs. 3 in einem regulären Verfahren richterlich zu bestellen unter Einholung eines Gutachtens.

10 Aber auch eine zwischenzeitlich eingetretene Geschäftsunfähigkeit der betroffenen Person reicht allein nicht aus. Denn eine Vorsorgevollmacht wird gerade für den Fall erteilt, selbst nicht mehr alleine rechtlich handlungsfähig zu sein und damit auch nicht in der Lage, den Bevollmächtigten zu überwachen. Vielmehr müssen **weitere Umstände** hinzukommen, die ein solches Bedürfnis entstehen lassen (BGH BtPrax 2017, 252), zB bestehende oder drohende Interessenkonflikte, Bedenken an der ordnungsgemäßen Umsetzung der Vollmacht im Sinne des Vollmachtgebers durch den Bevollmächtigten. Die Bestellung eines Kontrollbetreuers muss erforderlich sein, weil der konkrete, also durch hinreichende tatsächliche Anhaltspunkte untermauerte **Verdacht** besteht, dass mit der Vollmacht dem Betreuungsbedarf nicht Genüge getan wird (so in ständiger Rechtsprechung seit BGH BtPrax 2012, 204; 2012, 113; 2011, 175). Ein entsprechender Betreuungsbedarf kann wegen der Schwierigkeit der zu besorgenden Geschäfte oder wegen Bedenken gegen die Redlichkeit oder Tauglichkeit des Bevollmächtigten gegeben sein (BGH FamRZ 2018, 1188; BtPrax 2016, 40; 2014, 281). Auch **Interessenkonflikte,** etwa wenn ein Erbe des Bevollmächtigten mit einem Vermächtnis zugunsten des Vollmachtgebers belastet ist (BGH BtPrax 2017, 243), können die Bestellung eines Kontrollbetreuers erforderlich machen. Auch etwaige Schadensersatzansprüche des Vollmachtgebers gegenüber dem Bevollmächtigten gehören dazu, die dann vom Kontrollbetreuer auszuermitteln und ggf. geltend zu machen sind (BGH BtPrax 2023, 24; 2025, 177). Eine Befreiung des Bevollmächtigten von § 181 reicht allein für solche Bedenken allerdings nicht aus (BGH BtPrax 2012, 113). Eine Kontrollbetreuung kann auch auf **Teilbereiche** beschränkt werden (OLG München BtPrax 2009, 189). Mehrere Bevollmächtigte, die sich gegenseitig überwachen, können dagegen eine Betreuung hierfür überflüssig machen. Andererseits kann gerade dann eine Kontrollbetreuung notwendig sein, wenn mehrere gleichrangige Vollmachten bestehen, um widerstreitende Handlungen der Bevollmächtigten zu verhindern (OLG Karlsruhe BtPrax 2010, 178). Wenn sogar die weitergehenden Voraussetzungen für einen Widerruf der Vollmacht nach Abs. 5 vorliegen, sind immer auch die Voraussetzungen von Abs. 3 gegeben (so im Ergebnis LG Lübeck BtPrax 2024, 109, das aber das innere Stufenverhältnis der Norm verkennt und annimmt, dass zwar die Voraussetzungen des Abs. 5 vorliegen, aber nicht die des Abs. 3.) Die Umstände der Bevollmächtigung oder die Person können Anhaltspunkte für die Erforderlichkeit einer Kontrollbetreuung liefern, etwa bei Zweifeln an der Redlichkeit des Vollmachtnehmers, Erschleichen der Vollmacht oder wenn der Umfang der Vollmacht erheblich über den erforderlichen Handlungsbedarf hinausgeht. **Konkrete Verdachtsmomente** für eine nicht ordnungsgemäße Geschäftsführung des Bevollmächtigten reichen aus. Ein **Vollmachtmissbrauch** muss jedoch noch **nicht erwiesen** sein, denn dann kommt bereits der Widerruf in Betracht. Auch schuldhaftes Handeln ist nicht Voraussetzung, eine mögliche Überforderung in der Erledigung einer bestimmten Handlung ist hinreichend. Maßgeblich ist, ob eine auf konkreten Tatsachen beruhende Befürchtung festzustellen ist, dass die Wahrnehmung der Angelegenheiten des Vollmachtgebers sich nicht mehr an dessen Wünschen orientiert oder die Ausübung der Vollmacht nicht mehr in dessen Sinne ausgeübt wird und der Bevollmächtigte nicht (mehr) so handelt, wie es sich der Vollmachtgeber bei der Erstellung (mutmaßlich) vorgestellt hat (BT-Drs. 19/24445, 246; BGH BtPrax 2023, 140–142). Die Feststellung einer konkreten Gefahr ist allerdings nicht erforderlich. Auch hier richtet sich die Einschätzung nach den **subjektiven Vorstellungen** des Vollmachtgebers, die er bei der Vollmachtserteilung hatte und nicht nach seinem objektiven Wohl, so dass auch Selbstschädigungen keine Grenze darstellen, solange der Wille des Vollmachtgebers gewahrt ist. Beurteilungsmaßstab für das Handeln des Bevollmächtigten ist die Zweckbindung, also der interne Auftrag, den der Bevollmächtigte im Innenverhältnis erhalten hat, ohne dass dies ausdrücklich ausgesprochen sein musste. Der Vollmachtnehmer hat so zu handeln, wie es sich der Vollmachtgeber **mutmaßlich** wünscht. Auch für Bevollmächtigte ist nicht ein objektives Wohl, sondern entsprechend 1821 Abs. 4 der mutmaßliche Wille des Vollmachtgebers maßgeblich. Eigene Vorteile für den Bevollmächtigten stehen dem nicht entgegen (BGH FamRZ 2018, 1188). Der Bevollmächtigte hat – wie der Betreuer – zB nicht die Aufgabe, das Vermögen des Vollmachtgebers zu sichern oder zu mehren oder für die Erben zu erhalten (BGH BtPrax 2021, 235), sondern so zu verwalten, zu verteilen oder auch auszugeben, wie es der Vollmachtgeber getan hätte. Die „Ungeeignetheit" eines Bevollmächtigten kommt in Betracht, wenn er den Aufenthalt des Vollmachtgebers in einem Pflegeheim in seiner Nähe und damit weit entfernt von dessen Ehegatten bestimmt und der Vollmachtgeber mutmaßlich eine andere Entscheidung getroffen hätte (BGH BtPrax 2021, 152 – unter Berufung auf Art. 6 GG, die nicht erforderlich gewesen wäre, denn maßgeblich im Betreuungrechts sind die Wünsche oder der mutmaßliche Wille der betroffenen Person).

Die Bestellung eines Kontrollbetreuers geht jedenfalls einer „Vollbetreuung" vor, wenn dadurch die Gefahr, dass der Bevollmächtigte nicht im Interesse des Vollmachtgebers handelt, hinreichend abgewendet werden kann. Sofern erhebliche Zweifel an der Befähigung oder Redlichkeit des Bevollmächtigten bestehen und sich die Gefahr für den Betroffenen durch die Bestellung eines Kontrollbetreuers nach nicht hinreichend abwenden lässt, ist eine **Vollbetreuung** einzurichten. Liegen dagegen lediglich Mängel bei der Vollmachtausübung vor, die behebbar sind, erfordert der Verhältnismäßigkeitsgrundsatz zunächst den Versuch, mittels eines zu bestellenden Kontrollbetreuers auf den Bevollmächtigten positiv einzuwirken (BGH BtPrax 2023, 140; 2024, 22; 2024, 136; FamRZ 2024, 1815). Der BGH nutzt entgegen der bewussten Entscheidung des Reformgesetzgebers noch immer den Begriff des „Wohls" des Betroffenen (BGH BtPrax 2025, 177). Es geht jedoch auch bei der Frage der Eignung eines Bevollmächtigten nicht darum, ob er ein irgendwie definiertes objektiven „Wohl" des Vollmachtgebers gefährdet, sondern allein darum, ob er anders handelt als von diesem (mutmaßlich) gewollt.

Zur Auswahl des Kontrollbetreuers und zu seinen Aufgaben und Befugnissen → BGB § 1815 Abs. 3 Rn. 26.

4. Absatz 4: Aussetzung/Suspendierung

11 **Abs. 4** ist durch das Reformgesetz 2023 ganz neu eingeführt worden. Es trägt dem Bedürfnis Rechnung, eine wirksame Vorsorgevollmacht bei einem bestehenden, aber noch nicht bestätigten **Missbrauchsverdacht** vorübergehend und kurzfristig zu „suspendieren", ohne sie sogleich widerrufen zu müssen. Ein wirksamer Widerruf hätte nämlich die endgültige Unwirksamkeit der Vollmacht zur Folge, und zwar auch dann, wenn sich der Verdacht nicht bestätigt. Die Vollmacht kann nicht wieder aufleben, wenn sie einmal erloschen ist. Eine Neuerteilung setzt voraus, dass der Vollmachtgeber dazu rechtlich noch in der Lage ist. Wenn er das wäre, könnte er sie auch selbst widerrufen und es gebe keinen Grund, dies stellvertretend für ihn zu tun. Aufgrund des Stufenverhältnisses bezieht sich Absatz 4 trotz der unterschiedlichen Formulierungen inhaltlich auf dieselben Vollmachten wie Absatz 5 (strittig: LG Lübeck BtPrax 2025, 29 mAnm Mazur.), nämlich auf Vorsorgevollmachten, wie auch in der Überschrift benannt. Eine Bankvollmacht kann im Einzelfall darunter fallen, wenn sie als Vorsorgeinstrument gedacht ist und mit ihr nahezu sämtliche finanziellen Angelegenheiten des Vollmachtgebers erledigt werden können. Die Praxis muss bis zur Evaluierung zeigen, in welchem Umfang das Instrument genutzt wird.

Da eine solche Maßnahme in der Regel eilig zu treffen ist, kann das Gericht anordnen, dass der Bevollmächtigte die ihm erteilte Vollmacht **nicht ausüben darf.** Voraussetzung ist, dass eine dringende Gefahr besteht, das der Bevollmächtigte – auch zukünftig – durch sein Handeln oder Unterlassen nicht den Wünschen des Vollmachtgebers entspricht und diesen dadurch gefährden könnte (BGH BtPrax 2023, 140; FamRZ 2024, 338). Für die Annahme einer solchen Gefahrenlage bedarf es nicht nur einer rückblickenden Betrachtung, sondern auch einer Prognose (BGH BtPrax 2025, 59).

Dadurch haben Gericht und (Kontroll-) Betreuer die Zeit, die erforderlich ist, um die Voraussetzungen für einen Widerruf und der Bestellung eines Betreuers bzw. der Erweiterung des Aufgabenkreises zu prüfen. Es handelt sich um eine Untersagung im **Innenverhältnis,** betrifft also das rechtliche Dürfen. Die Vollmacht ist im **Außenverhältnis weiterhin wirksam.** Auch ein Gericht hat keine Befugnis, eine Vollmacht außer Kraft und anschließend wieder in Kraft zu setzen. Der Vollmachtnehmer macht sich jedoch schadensersatzpflichtig, wenn er weiterhin in Ausübung der Vollmacht tätig wird, ebenso der Dritte, wenn er die Anordnung kennt. Um sicherzustellen, dass der Bevollmächtigte während der Anordnung des Ausübungsverbots keinen Gebrauch von der Vollmacht macht, kann das Gericht zugleich die **Herausgabe der Vollmachtsurkunde** anordnen. Sie hat an den Betreuer zu erfolgen, der sie dann später nach Aufhebung der gerichtlichen Anordnung wieder an den Bevollmächtigten zurückzugeben hat. Die Herausgabe kann durch Beschluss angeordnet werden, § 285 Abs. 2 FamFG (→ FamFG § 285 Rn. 5, 7). Wenn mehrere Bevollmächtigte bestellt sind und nur für einen die Voraussetzungen für eine Aussetzung vorliegen, muss mangels Erforderlichkeit ausnahmsweise nicht zwingend ein Betreuer bestellt werden, soweit die Angelegenheiten des Vollmachtgebers gem. § 1814 Abs. 3 S. 2 Nr. 1 durch den anderen Bevollmächtigten gleichermaßen besorgt werden können (AG Hannover BtPrax 2024, 180).

5. Absatz 5: Widerruf der Vollmacht – Genehmigungsvorbehalt

Der Vollmachtgeber selbst kann seine Vollmacht jederzeit formfrei und ohne Begründung widerrufen (→ § 168 Rn. 2), soweit er dazu geschäftsfähig ist. Auch dies ist Ausdruck von Selbstbestimmung. Hintergrund kann sein, dass das Vertrauensverhältnis nicht mehr besteht, dass sich der Bevollmächtigte als ungeeignet erwiesen hat und die Vollmacht nicht so ausübt, wie der Betroffene es möchte. 12

Ein Bevollmächtigter hat in der Regel keine Befugnis, die für eine weitere Person erteilte Vollmacht zu widerrufen. Mit der Erteilung einer Vorsorgevollmacht ist regelmäßig nicht die Bevollmächtigung zum Widerruf der einer anderen Person erteilten Vollmacht verbunden. Denn andernfalls könnten sich die Bevollmächtigten gegenseitig der Vertretungsmacht entheben und es käme darauf an, wer schneller ist. Das dürfte in der Regel nicht dem Wunsch des Vollmachtgebers entsprechen (OLG Karlsruhe BtPrax 2022, 73).

Daher hat nur ein (Kontroll-) Betreuer die rechtliche Befugnis, eine wirksame Vollmacht zu widerrufen. Diese **Vertretungsmacht** erhält er durch den entsprechenden **Aufgabenbereich.** Dies ist für den Kontrollbetreuer § 1815 Abs. 3, denn bei einer Widerrufsbefugnis handelt es sich um ein Recht des Betreuten gegenüber dem Bevollmächtigten, aber auch für jeden anderen Betreuer für den jeweiligen angeordneten Aufgabenbereich nach § 1815 Abs. 1. Dh wenn sogleich ein Betreuer bestellt wird, weil der Bevollmächtigte offensichtlich nicht mehr willens oder in der Lage ist, die Vollmacht auszuüben, ist er mit dem nach § 1815 Abs. 1 erforderlichen Aufgabenkreis zu bestellen und erhält damit sogleich die Rechtsmacht zum Widerruf einer Vollmacht im Rahmen seiner Aufgabenbereiche. Der Aufgabenbereich muss also **nicht** mehr lauten „Widerruf der Vollmacht". Dieses Konzept des Abs. 5 ist neu und **entspricht nicht der bisherigen Rechtsprechung** vor dem 1.1.2023, wonach nur ein eigener Aufgabenbereich zum Widerruf berechtigte. Gleichzeitig ist ein **Genehmigungsvorbehalt** eingeführt worden. Die Anforderungen an die Befugnis zum Widerruf einer Vorsorgevollmacht sind bisher durch die Rechtsprechung des BGH konkretisiert worden und nun als Voraussetzungen in S. 1 verankert, unter denen der Betreuer eine Vorsorgevollmacht widerrufen darf. Da der Widerruf einen gewichtigen irreversiblen Eingriff in das Selbstbestimmungsrecht des Betreuten darstellt, weil dessen ursprüngliche privatautonome Gestaltung seiner Vorsorge hierdurch beeinträchtigt wird, ist zu seinem Schutz eine gerichtliche Kontrolle erforderlich. Während der BGH nach der früheren Rechtslage im Wege der Rechtsfortbildung eine ausdrückliche gerichtliche Übertragung der Rechtsmacht zum Widerruf einer Vorsorgevollmacht durch die Anordnung eines solchen Aufgabenbereiches für erforderlich hielt, ist der notwendige Schutz des Vollmachtgebers nun durch einen gerichtlichen Genehmigungsvorbehalt in S. 2 gewährleistet (BT-Drs. 19/24445, 247).

Für **sonstige Vollmachten,** wie begrenzte Einzelvollmachten oder auch eine Kontovollmacht, die nicht vorrangig Vorsorgezwecken dient oder mit der nicht sämtliche finanzielle Angelegenheiten erledigt werden können, gelten die strengen Voraussetzungen nicht und der Widerruf ist nicht genehmigungspflichtig. Satz 1 stellt auf den typischen Inhalt einer Vorsorgevollmacht ab, die zu Maßnahmen in der Personensorge und wesentlichen Bereichen der Vermögenssorge berechtigt. Will der Betreuer eine einfache Vollmacht widerrufen, ist er an **§ 1821** gebunden, also vorrangig an die Wünsche des Betreuten. Eine Kontovollmacht ist insbesondere dann nicht zu widerrufen, wenn die Betreuung möglicherweise nur vorübergehend erforderlich ist und der Bevollmächtigte später von der Vollmacht wieder Gebrauch machen sollte. Dann entspricht der Widerruf nicht dem (mutmaßlichen) Willen des Betreuten.

13 Die **Voraussetzungen für einen Widerruf** gehen über die zur Bestellung eines Kontrollbetreuers nach Abs. 3 hinaus. Er ist entsprechend der bisherigen Rechtsprechung des BGH nur dann zulässig, wenn das Festhalten an der Vollmacht eine künftige Verletzung der Person oder des Vermögens des Betreuten mit hinreichender Wahrscheinlichkeit und in erheblicher Schwere befürchten lässt und mildere Mittel zur Abwehr eines Schadens für den Betreuten nicht geeignet erscheinen. Aufsichtsmittel stehen dem Gericht gegenüber dem Bevollmächtigten allerdings gerade nicht zur Verfügung. Der Widerruf soll – wie bereits durch den BGH ausgeführt – **ultima ratio** sein (grundlegend: BGH BtPrax 2015, 241; s. auch Nedden-Boeger BtPrax 2019, 87 (90); MüKoBGB/Schneider Rn. 57). Sind behebbare Mängel bei der Ausübung der Vollmacht festzustellen, erfordert der Verhältnismäßigkeitsgrundsatz zunächst den Versuch, durch den (Kontroll-) Betreuer auf den Bevollmächtigten positiv einzuwirken, insbesondere durch Verlangen nach Auskunft und Rechenschaftslegung nach § 666 BGB sowie durch die Ausübung bestehender Weisungsrechte. Nur wenn diese Maßnahmen fehlschlagen oder aufgrund feststehender Tatsachen mit hinreichender Sicherheit als ungeeignet erscheinen, darf der Betreuer die Vollmacht widerrufen.

Der Betreuer ist im Übrigen bei seiner Entscheidung – wie bei jedem Betreuerhandeln – an die Grundnorm des **§ 1821 Abs. 2 bis 4** gebunden. Es kommt folglich auf die Perspektive des Betreuten an, so dass der Betreuer zu fragen hat, ob der Widerruf der Vollmacht dessen (mutmaßlichem) Willen entspricht oder ob dieser die Gefährdung bzw. den Schaden in Kauf genommen hätte und an dem Bevollmächtigten festhalten würde (BT-Drs. 19/24445, 248; LG Gera, BtPrax 2025, 187). Das dürfte bei einem offensichtlichen Vollmachtfehlgebrauch kaum der Fall sein.

14 Möglich ist auch ein **Teilwiderruf,** wenn die Vertretungsmacht nur in Teilen erlöschen soll. Wenn der Bevollmächtigte sich zB mit seiner Entscheidung über den (mutmaßlichen) Willen des Vollmachtgebers bei der Frage, ob eine medizinische Behandlung durchgeführt werden soll, hinwegsetzen würde, so ist bei sonstiger umfassender Vollmacht nur der Bereich der Gesundheitssorge zu widerrufen. Ebenso ist es möglich, eine Vollmacht, die mehreren Bevollmächtigten übertragen wurde, nur für Einzelne zu widerrufen. Der Betreuer hat dann darauf zu achten, dass die Einschränkung auf der Vollmachtsurkunde ersichtlich ist.

III. Verfahren

15 Für die Bestellung eines **Kontrollbetreuers** nach Abs. 3 ist – anders als vor der Reform – der **Richter** zuständig. Das Verfahren richtet sich nach den allgemeinen Vorschriften zur Betreuerbestellung, dh dass in der Regel ein Gutachten nach § 280 FamFG erforderlich ist. Der Umfang der Ermittlungen hängt bei einer **Suspendierung** von der Dringlichkeit im Einzelfall ab. Bei besonders drängender Gefahrenlage kann eine Suspensionsentscheidung auch schon vor der Bestellung eines (vorläufigen Kontroll-) Betreuers erforderlich sein. Die Bestellung sollte aber sofort nachgeholt werden, damit die Urkunde an diesen herausgegeben werden kann, es sei denn, dass ein weiterer Bevollmächtigter vorhanden ist.

Das Gericht hat ein Genehmigungsverfahren nach Abs. 5 S. 2 durchzuführen, wenn der Betreuer einen **Widerruf** beabsichtigt, funktionell zuständig ist gem. § 15 Abs. 1 Nr. 1 RPflG der Richter. Dann hat es von Amts wegen zu ermitteln. Wegen des erheblichen und irreversiblen Eingriffs ist das Gericht gemäß § 299 S. 1 FamFG (→ FamFG § 299 Rn. 3) verpflichtet, vor der Genehmigung des Widerrufs den Betreuten persönlich anzuhören. Bei besonderer Dringlichkeit kann die Genehmigung ausnahmsweise auch im Rahmen einer **einstweiligen Anordnung** oder vor Bestellung eines vorläufigen Betreuers oder bei Verhinderung erteilt werden oder auch in absoluten Ausnahmefällen als unmittelbare Maßnahme nach § 1867. Zu beachten ist allerdings, dass die Vollmacht mit einem wirksamen Widerruf unwiederbringlich gelöscht wird (→ BGB § 168 Rn. 2), der Sinn einer vorläufigen Genehmigung daher wegen der Vorwegnahme der Hauptsache fraglich ist. Sie dürfte in der Regel auch nicht erforderlich sein, da zur Abwehr einer Gefahr im Verzug eine vorübergehende Suspendierung nach Abs. 4 vorrangig sein dürfte. Eine Ausnahme könnte vorliegen, wenn zu befürchten ist, dass das interne Verbot nicht ausreicht, um den Bevollmächtigten von unmittelbar bevorstehenden schädigenden Handlungen abzuhalten. Die Genehmigung nach Abs. 5 wird gem. § 40 Abs. 2 FamFG ohnehin erst mit Rechtskraft wirksam, also frühestens nach zwei Wochen. Die sofortige Wirksamkeit kann nicht angeordnet werden.

Abs. 5 S. 3 gibt dem Betreuungsgericht zur Unterstützung des Betreuers die Möglichkeit, zugleich mit der Genehmigung des Widerrufs durch vollstreckbaren Beschluss die (endgültige) **Herausgabe** der Vollmacht anzuordnen. Davon sollte nur dann Gebrauch gemacht werden, wenn zu erwarten ist, dass der Bevollmächtigte die Urkunde nicht freiwillig an den Betreuer herausgibt. Ansonsten kann der Betreuer selbst den Rückgabeanspruch für den Betreuten gemäß § 175 geltend macht. Dieses Recht des Betreuers bleibt unberührt. Im Falle eines **Teilwiderrufs** kann der Betreuer die Vorlage der Vollmachtsurkunde zur Anbringung eines entsprechenden Vermerks verlangen (OLG München BtPrax 2009, 189). Das Gericht hat eine zusätzliche Möglichkeit, den Betreuer bei Bedarf insoweit zu unterstützen, als es mit der Genehmigung auch die Vollstreckung der Herausgabe in die Wege leitet, um einen effektiven Schutz des Betreuten zu gewährleisten. Die Anordnung der Herausgabe kann gemäß § 285 Abs. 2 FamFG (→ FamFG § 285 Rn. 5) durch Beschluss erfolgen (BT-Drs. 19/24445, 249).

In der Regel dürfte nach Widerruf einer Vorsorgevollmacht eine Betreuerbestellung erforderlich werden, wenn ein rechtlicher Unterstützungsbedarf besteht und der Bevollmächtigte wegfällt. Dann geht das Verfahren in ein reguläres Betreuungsverfahren über.

Untertitel 2. Führung der Betreuung

Kapitel 1. Allgemeine Vorschriften

§ 1821 Pflichten des Betreuers; Wünsche des Betreuten

(1) [1]**Der Betreuer nimmt alle Tätigkeiten vor, die erforderlich sind, um die Angelegenheiten des Betreuten rechtlich zu besorgen.** [2]**Er unterstützt den Betreuten dabei, seine Angelegenheiten rechtlich selbst zu besorgen, und macht von seiner Vertretungsmacht nach § 1823 nur Gebrauch, soweit dies erforderlich ist.**

(2) [1]**Der Betreuer hat die Angelegenheiten des Betreuten so zu besorgen, dass dieser im Rahmen seiner Möglichkeiten sein Leben nach seinen Wünschen gestalten kann. [2]Hierzu hat der Betreuer die Wünsche des Betreuten festzustellen. [3]Diesen hat der Betreuer vorbehaltlich des Absatzes 3 zu entsprechen und den Betreuten bei deren Umsetzung rechtlich zu unterstützen. [4]Dies gilt auch für die Wünsche, die der Betreute vor der Bestellung des Betreuers geäußert hat, es sei denn, dass er an diesen Wünschen erkennbar nicht festhalten will.**

(3) **Den Wünschen des Betreuten hat der Betreuer nicht zu entsprechen, soweit**

1. **die Person des Betreuten oder dessen Vermögen hierdurch erheblich gefährdet würde und der Betreute diese Gefahr aufgrund seiner Krankheit oder Behinderung nicht erkennen oder nicht nach dieser Einsicht handeln kann oder**
2. **dies dem Betreuer nicht zuzumuten ist.**

(4) [1]**Kann der Betreuer die Wünsche des Betreuten nicht feststellen oder darf er ihnen nach Absatz 3 Nummer 1 nicht entsprechen, hat er den mutmaßlichen Willen des Betreuten aufgrund konkreter Anhaltspunkte zu ermitteln und ihm Geltung zu verschaffen. [2]Zu berücksichtigen sind insbesondere frühere Äußerungen, ethische oder religiöse Überzeugungen und sonstige persönliche Wertvorstellungen des Betreuten. [3]Bei der Feststellung des mutmaßlichen Willens soll nahen Angehörigen und sonstigen Vertrauenspersonen des Betreuten Gelegenheit zur Äußerung gegeben werden.**

(5) **Der Betreuer hat den erforderlichen persönlichen Kontakt mit dem Betreuten zu halten, sich regelmäßig einen persönlichen Eindruck von ihm zu verschaffen und dessen Angelegenheiten mit ihm zu besprechen.**

(6) **Der Betreuer hat innerhalb seines Aufgabenkreises dazu beizutragen, dass Möglichkeiten genutzt werden, die Fähigkeit des Betreuten, seine eigenen Angelegenheiten zu besorgen, wiederherzustellen oder zu verbessern.**

Übersicht

I. Grundsatz

Die Vorschrift – vormals § 1901 BGB aF – ist die zentrale Norm für die inhaltliche Ausgestaltung des Betreuerhandels und damit die **„Magna Charta"** der rechtlichen Betreuung – so auch ausdrücklich in der Gesetzesbegründung zur Reform (BT-Drs. 19/24445, 249; Grüneberg/Götz BGB Rn. 1; MüKoBGB/Schneider Rn. 1; HK-BUR/Bauer Rn. 2; Brosey BtPrax 2020, 161; Kersting BtPrax 2021, 202; Diekmann BtPrax 2022, 3; Dodegge FamRZ 2022, 844; Guhling BtPrax 2023, 5; Loer BtPrax 2023, 79). Neben dem Abschied von der Entmündigung – anders als die alte Vormundschaft schränkt die Betreuerbestellung die Rechte der Betreuten nicht ein – ist die Orientierung an den individuellen Wünschen, Vorstellungen und Präferenzen der Betreuten die große Errungenschaft des Betreuungsrechts von 1992, die mit der 2023 in Kraft getretenen umfassenden Reform weiterentwickelt wurde. Zusammen mit dem Grundrecht aus Art. 1 Abs. 1 GG und der UN-BRK gehört es zu den unbestrittenen Aufgaben der Betreuung, die **Selbstbestimmung der Betreuten zu wahren und zu verwirklichen** (Brosey/Lesting/Loer/Marschner BetreuungsR-HdB/Loer Rn. 170 ff.). Der Vorrang des Wunsches wird als zentrales Leitbild des Betreuungsrechts in § 1821 geregelt. Zudem ist der notwendige Schutz der Betreuten sicherzustellen. Die beiden wesentlichen Funktionen der rechtlichen Betreuung finden in dieser Vorschrift ihren Ausdruck (Brosey/Lesting/Loer/Marschner BetreuungsR-HdB/Brosey Rn. 2): Die **Herstellung der rechtlichen Handlungsfähigkeit** von Menschen mit Unterstützungsbedarf und ihr **Schutz** vor erheblichen Schädigungen, die diese **wegen fehlender Eigenverantwortlichkeit** nicht erkennen können. Das Spannungsverhältnis zwischen Freiheit und Fürsorge (s. grundlegend hierzu Lipp Freiheit und Fürsorge § 7, 75 ff.) gehört zu den schwierigsten Themenfelder der Betreuung und befindet sich in einer stetigen Entwicklung. Die Neugestaltung der Vorschrift hat durch eine neue und eindeutige Perspektive die Abgrenzung klarer formuliert. 1

Die Norm, die die Aufgaben und Pflichten des Betreuers gegenüber dem Betreuten beschreibt, hat mit der letzten Reform eine grundlegende Überarbeitung erfahren, um den Erforderlichkeitsgrundsatz und das Unterstützungsprinzip besser zu verankern (BT-Drs. 19/24445, 135 ff; Schnellenbach/Normann-Scheerer/Giers/Thielke BetreuungsR-HdB/Schnellenbach Rn. 355 ff.). Schon in der geänderten Überschrift wird der Perspektivwechsel deutlich. Im Sinne von Art. 12 UN-BRK soll der Betreuer den Betreuten bei der **Ausübung seiner rechtlichen Handlungsfähigkeit unterstützen.** Die Unterstützung, die die betreute Person durch ihren rechtlichen Betreuer benötigt, ist im Einzelfall sehr unterschiedlich und beschränkt sich gerade nicht auf die rechtliche Vertretung. Der Betreuer muss mit dem ihm zur Verfügung stehenden Instrumentarium so flexibel umgehen, dass die Selbstbestimmung des Betreuten stets gewahrt bleibt. Der Gebrauch der Vertretungsmacht (§ 1823), durch die er als **gesetzlicher Vertreter** mit rechtlich verbindlicher Wirkung nach außen (§ 164) stellvertretend für den Betreuten **handeln kann,** ist dabei nur *ein* Instrument neben anderen und gegenüber anderen Formen der Unterstützung nachrangig. Das Vertreterhandeln ist nicht der Kern der rechtlichen Betreuung und stellt nicht das Wesen des Fürsorgeverhältnisses dar, sondern ist nur ein rechtstechnisches Mittel zur Wahrnehmung einer Gesamtverantwortung für die Interessen des Betreuten. Auch wenn die Übertragung der Vertretungsmacht die rechtliche Betreuung von anderen Unterstützungsangeboten unterscheidet, widerspräche eine Einengung der Betreuerfunktion auf diese

Befugnis dem Sinn des Rechtsinstituts der Betreuung selbst (MüKoBGB/Schneider Rn. 10). Zudem darf der Betreuer seine Vertretungsbefugnis nur im Interesse oder zum Schutz des Betreuten und nicht im Interesse Dritter ausüben.

2 Die Norm gibt **Orientierung für alle am Betreuungswesen Beteiligte,** vorrangig für das Betreuerhandeln, aber selbstverständlich auch für sämtliche Tätigkeiten des Gerichtes zB im Rahmen der Betreuerbestellung, der Aufsicht und der Genehmigungsverfahren, wie auch der Betreuungsbehörden HK-BUR/Bauer Rn. 7 f.). Spätestens mit Art. 12 Abs. 4 UN-BRK ist es bindendes Recht, dass Menschen mit Behinderungen in allen Lebensbereichen darin unterstützt werden müssen, ihr Leben stets nach **ihrem Willen und ihren Präferenzen** zu gestalten und Entscheidungen sich nicht an einem „objektiven" Wohl orientieren dürfen. Dabei sind Methoden der **unterstützten Entscheidungsfindung** (Supported-Decision-Making) statt der ersetzenden Entscheidungsfindung (Substituted-Decision-Making) zu nutzen. Der Betreuer darf von seiner Vertretungsmacht nur dann Gebrauch machen, wenn es erforderlich ist – **Assistenz vor Vertretung** (zu Art. 12. UN-BRK u.a. Brosey BtPrax 2014, 211; Wenker BtPrax 2015, 51; Ganner BtPrax 2016, 209; Schnellenbach BtPrax 2017, 3). In der früheren Formulierung des § 1901 aF kamen diese Grundsätze nur unzureichend zum Ausdruck. Schon bisher war das individuelle subjektive Wohl, das sich gemäß § 1901 Abs. 2 S. 2 aF an den Wünschen und Vorstellungen des Betreuten zu orientieren hatte, für das Betreuerhandeln maßgeblich. Trotz der Vorgaben des Grundgesetzes, der UN-BRK und der höchstrichterlichen Rechtsprechung (vergleiche insbesondere BGH vom 22.7.2009, BtPrax 2009, 290 ff.) bestand bei der früheren Formulierung jedoch die Gefahr, dass sich Entscheidungen an einem „objektiven" Wohl im Sinne objektiver Interessen des Betreuten ausrichten, statt am Willen und an den subjektiven Präferenzen der betreuten Person. Es wird vermutlich noch eine Weile dauern, bis sich die Praxis vollständig vom dem Begriff des „Wohls" verabschiedet hat. Dies gilt auch für die höchstrichterliche Rechtsprechung, die ihn weiterhin, wenn auch inzwischen deutlich reduziert, nutzt. Der Gesetzgeber hat das „Wohl" komplett aus dem Betreuungsrecht verbannt und damit zum Ausdruck gebracht, dass objektiven Maßstäbe nicht mehr der Orientierung dienen dürfen. Zudem barg die Verweisungsnorm des § 1908i aF auf die „sinngemäße" Geltung der Vorschriften des Vormundschaftsrechts die Gefahr, weiterhin dem Fürsorgegedanken und der Wahrung objektiver Interessen Vorrang einzuräumen – vor dem Respekt vor der Selbstbestimmung (Holtermann Rpfleger 2017, 513).

Das Reformgesetz von 2023 verweist an vielen Stellen auf diese Grundnorm, so ua in **§ 1838** um deutlich zu machen, dass diese Grundsätze nicht nur bei der Regelung persönlicher Angelegenheiten Geltung beanspruchen, sondern auch bei Tätigkeiten im Rahmen der **Vermögenssorge** (→ BGB § 1838 Rn. 2).

3 Im Rahmen der Unterstützung des Betreuten bei der Besorgung seiner rechtlichen Angelegenheiten ist nach Möglichkeit eine Methode der **„unterstützten Entscheidungsfindung"** anzuwenden (BT-Drs. 19/24445, 251). Sie soll verhindern, dass Dritte bestimmen, welche Maßnahme für einen Menschen die Beste ist. Sie dient der Wahrung der Selbstbestimmung des Betreuten und der Vermeidung einer eigenen Wertentscheidung des Betreuers und meint allgemein, einer anderen Person im Prozess ihrer eigenen Entscheidungsfindung Unterstützung zu bieten. Sie beschreibt den **Unterstützungsprozess,** ohne dass das Ergebnis – die Entscheidung – schon vorab feststeht (Brosey/Lesting/Loer/Marschner BetreuungsR-HdB/Loer Rn. 176). Der Betreute soll nicht von dem gut gemeinten Lösungsvorschlag oder den eigenen Vorstellungen des Betreuers von seinem

objektiven „Wohl“ überzeugt werden, sondern es sind Maßstäbe und Präferenzen des Betreuten selbst zu entwickeln. Sie ist immer anzuwenden und zwar insbesondere auch dann, wenn der Betreute nicht mehr geschäfts- oder einwilligungsfähig ist. Nur so ist das deutsche Recht mit der UN-BRK vereinbar, wenn auch bei einer nach außen vertretenden Entscheidung der Betreute dabei unterstützt wurde, eine eigene Entscheidung zu treffen. Somit erfolgt eine Abkehr vom Modell der Behinderung und dem Betreuten als Objekt der Fürsorge hin zu einem menschenrechtlichen Modell mit Zuschreibung einer eigenen rechtlichen Handlungsfähigkeit mit Unterstützungsbedarf (Lob-Hüdepohl BtPrax 2021, 15; Pelkmann BtPrax 2021, 88 ff.; Brosey BtPrax 2020, 161 ff.). Es wird kein Betreuer bestellt, damit dieser anstelle des Betreuten eine für diesen vermeintlich beste Entscheidung trifft, sondern damit der Betreute eine Unterstützung erfährt, eigene Entscheidungen zu treffen und rechtlich umzusetzen. Vom Betreuer wird die Bereitschaft verlangt, sich auf die Sichtweise des Betreuten einzulassen (**zur Unterstützten Entscheidungsfindung** s. Zinkler/Mahlke/Marschner (Hrsg): „Selbstbestimmung und Solidarität“; Brosey (Hrsg): Unterstützung in der rechtlichen Betreuung – unterstützte Entscheidungsfindung und die Umsetzung im Betreuungswesen; Rückert BtPrax 2024, 16 ff.; Offergeld BtPrax 2021, 48 ff.; van Doornick BtPrax 2020, 18 ff.; Stoy/Tolle BtPrax 2020, 13 ff.; Kliche BtPrax 2020, 9; Pick BtPrax 2019, 137 ff. (180 ff. und 230 ff.); Kosuch BtPrax 2018, 18 ff.; im Rahmen der gerichtlichen Aufsicht: Holtermann BtPrax 2022, 191 ff.; in der richterlichen Tätigkeit: Mazur BtPrax 2021, 128).

Die Norm beschreibt die **Pflichten** des Betreuers im **Innenverhältnis** zu seinem Betreuten. Im Außenverhältnis kann der Betreuer – soweit erforderlich – zur Wahrnehmung der Rechte des Betreuten gem. § 1823 das Instrument der rechtlichen Vertretung nutzen. Auch wenn der Betreuer „nur“ für die Rechtsfürsorge zuständig ist, darf er sich nicht auf eine bloße Erledigung und Verwaltung der rechtlichen Angelegenheiten beschränken. Er muss durch persönliche Zuwendung ein Vertrauensverhältnis schaffen, aus dem heraus er in der Lage ist, die Wünsche und Präferenzen seines Betreuten individuell zur Grundlage seines Handelns zu machen (Jurgeleit/Kieß Rn. 26). **4**

Im Rahmen des übertragenen Aufgabenkreises und den Vorgaben des Gesetzes handelt der Betreuer in weitem Umfang **selbstständig.** Ergänzend gilt für das Rechtsverhältnis zwischen Betreuer und Betreutem das Auftragsrecht (§§ 662 ff.) entsprechend. Der Betreuer entscheidet in eigener Verantwortung, wie er die ihm übertragenen Aufgaben im Einzelnen wahrnimmt. Soweit er sich an die gesetzlichen Vorgaben hält, hat seine Entscheidung Vorrang und darf auch vom Betreuungsgericht nicht durch Weisungen beeinflusst werden (Harm BtPrax 2011, 107). Das Betreuungsgericht darf jedenfalls nicht seine eigenen Vorstellungen von der Wahrnehmung der Aufgaben mit Weisungen gegenüber dem Betreuer durchsetzen. Die Orientierung an den Wünschen des Betreuten wie auch die Besprechungspflichten sind dagegen **Rechtspflichten,** deren Nichtbeachtung folglich durchaus vom Gericht zu beanstanden ist und ggf. zur Feststellung der Ungeeignetheit des Betreuers führen kann.

Im **Außenverhältnis** gegenüber Dritten ist der Gebrauch der Vertretungsmacht (§ 1823) bei Rechtsgeschäften uneingeschränkt wirksam, unabhängig davon, ob der Betreuer im Innenverhältnis gegenüber seinem Betreuten berechtigt war, von ihr Gebrauch zu machen und sich inhaltlich an dessen Wünsche gehalten hat. Bei Einwilligungserklärungen in medizinische Maßnahmen ist allerdings immer nur der Patient berechtigt, eine Erklärung für sich abzugeben, soweit er einwilligungsfähig ist (§ 630d, → § 630d Rn. 3).

5 Die mit der Bestellung eines Betreuers ebenso wie mit der Tätigkeit des Betreuers verbundene mögliche **Einschränkung der Freiheitsrechte des Betreuten** rechtfertigt sich nur, wenn hierdurch andererseits sein Recht auf Selbstbestimmung, auf freie Entfaltung der Persönlichkeit, ein menschenwürdiges Leben nach seinen Vorstellungen ermöglicht oder zumindest gefördert wird. Auch dort, wo der Betreuer zum **Schutz** des Betreuten berechtigt gegen dessen natürlichen Willen handeln darf oder gar Zwang ausüben muss, ist er an die Individualität des Betreuten und nicht an „objektive" Maßstäbe gebunden, ist dessen Anspruch auf Autonomie und Selbstbestimmung Maßstab seines Handelns.

6 Die Norm gilt **für alle Betreuer,** auch für Kontroll- oder Ergänzungsbetreuer. Auch wenn dem Kontrollbetreuer (§ 1815 Abs. 3) eine eingeschränkte Vertretungsbefugnis übertragen ist, hat er doch bei der Überwachung des Bevollmächtigten die Wünsche und Vorstellungen des Betreuten als Maßstab anzulegen. Er hat gerade dann die Entscheidungen des Bevollmächtigten zu beanstanden, wenn dieser die Wünsche des Vollmachtgebers missachtet (Brosey/Lesting/Loer/Marschner BetreuungsR-HdB/Brosey Rn. 88; Jurgeleit/Kieß Rn. 6). Gleiches gilt für den Ergänzungsbetreuer (§ 1817 Abs. 5) hinsichtlich der ihm übertragenen Angelegenheit. Um ihren Pflichten nachkommen zu können, müssen beide den persönlichen Kontakt zum Betreuten halten.

7 Die sechs Absätze der Norm unterliegen einer inneren Rangfolge von 1 bis 6, wobei die gesamte Norm als Einheit zu verstehen ist. Abs. 1 begrenzt die Tätigkeit des Betreuers und den Gebrauch der Vertretungsmacht auf das **Erforderliche.** In Abs. 2 sind Feststellung und Befolgung der **Wünsche** geregelt, in Abs. 3, unter welchen Voraussetzungen der Betreuer von den Wünschen **abweichen** darf und in Abs. 4, wonach er sich in diesem Fall zu richten hat, nämlich nach dem **mutmaßlichen Willen** des Betreuten. Die Verpflichtung zum **persönlichen Kontakt** und zur Besprechung, die zur Feststellung des Willens und der Wünsche des Betreuten erforderlich sind, sind in der Grundsatznorm als eigener Abs. 5 niedergelegt. In Abs. 6 wird die Verpflichtung des Betreuers normiert, die **Wiederherstellung** bzw. Verbesserung der rechtlichen Handlungsfähigkeit des Betreuten zu fördern.

Auch wenn die Norm in ihren Zielen sozialpädagogisch anmuten sollte, enthält sie doch **Rechtspflichten** und keine bloßen Empfehlungen. Die Einhaltung unterliegt der gerichtlichen Kontrolle, der Verstoß führt zur Haftung nach § 1826 und bei nachhaltigen Verstößen, die nicht durch Mitteln der gerichtlichen Aufsicht abgestellt werden können, zur **Ungeeignetheit** des Betreuers, sodass er gem. **§ 1868** zu entlassen ist und bei beruflichen Betreuern zum Widerruf der Registrierung gem. **§ 27 BtOG** führen kann (→ BGB § 1868 Rn. 3, → BtOG § 27 Rn. 4).

II. Wünsche des Betreuten; Pflichten des Betreuers

1. Erforderlichkeitsgrundsatz (Abs. 1)

8 Nach Abs. 1 S. 1 hat der Betreuer nur die Tätigkeiten vorzunehmen, die erforderlich sind, um die Angelegenheiten des Betreuten rechtlich zu besorgen. Der Umfang der wahrzunehmenden Tätigkeiten richtet sich zunächst danach, mit welchem **Aufgabenkreis** der Betreuer durch das Gericht bestellt wurde (→ BGB § 1815 Rn. 11 ff.). Dieser gibt die äußere Grenze der Aufgaben an. Das Gericht hat bereits im Bestellungsverfahren den Erforderlichkeitsgrundsatz zu beachten und darf nur solche Aufgabenbereiche anordnen – und damit eine Vertretungsbefugnis übertragen –, wenn und soweit deren rechtliche Wahrnehmung durch einen Betreuer erforderlich ist. Der Erforderlichkeitsgrundsatz ist mit der Reform auf allen Ebenen konkreter gefasst worden, richtet sich also auch an den Betreuer **im Rahmen der laufenden Betreuung.**

Satz 1 enthält zum einen die Einschränkung, dass es sich um die **rechtliche** 9 **Besorgung** der Angelegenheiten handeln muss. Damit sind die Tätigkeiten auf die **Rechtsfürsorge** zu begrenzen und von sozialen oder tatsächlichen Hilfen abzugrenzen. Der Betreuer hat nicht die Aufgabe, tatsächliche Hilfe bei der Verrichtung von Alltagstätigkeiten zu leisten, sondern gegebenenfalls den Betreuten rechtlich dabei zu unterstützen, die notwendigen Hilfen von Dritten zu **organisieren** (Jurgeleit/Kieß Rn. 24; MüKoBGB/Schneider Rn. 7). Dies aber wiederum nur dann, wenn die Unterstützung durch den Betreuer erforderlich ist, dh nur durch ihn und nicht durch andere geleistet werden kann und muss. Das Betreuungsrecht ist keine Konkurrenz zum System der **sozialen Hilfen.** Im Gegenteil hat der Betreuer die Aufgabe, die sozialen Hilfen soweit es notwendig ist, zu **aktivieren.** Nach **§ 17 Abs. 4 SGB I,** der 2023 mit dem Reformgesetz neu ins Sozialgesetzbuch aufgenommen wurde, dürfen soziale Rechte nicht versagt oder eingeschränkt werden, weil ein Betreuer bestellt ist (BT-Drs. 19/24445, 400 f.; Schnellenbach/Normann-Scheerer/Giers/Thielke BetreuungsR-HdB/Schnellenbach Rn. 357).

Soweit auch andere Stellen – insbesondere die Träger von **Sozialleistungen** selbst – darüber hinaus verpflichtet sind, die Betreuten bei der **Antragstellung** zu unterstützen, geht auch diese Hilfe dem Betreuerhandeln vor. Der Betreuer ist folglich nur dann zur Organisation und Vermittlung anderer Hilfen verpflichtet, wenn kein geeignetes Vermittlungsmanagement vorhanden ist oder der Betreute nicht in der Lage, dies wahrzunehmen oder im erforderlichen Maß mitzuwirken. Die Anbieter anderer Unterstützungsleistungen haben in der Regel die Aufgabe, den Bedarf der Hilfen selbst zu ermitteln. Die Sozialleistungsträger dürfen ihre Unterstützung bei der Geltendmachung der Rechte der Betroffenen nicht mit der Begründung ablehnen, dass es einen rechtlichen Betreuer gibt, der dafür zuständig sei. Durch die Änderung von **§ 53 ZPO** (→ ZPO § 53 Rn. 2) kann der Betreute auch gegenüber dem Sozialleistungsträger neben dem Betreuer zudem vollumfänglich handeln. Dies ist eine neue Grundlage, die es den Betreuern ermöglicht, im Verwaltungsverfahren zur Beantragung tatsächlicher Hilfen bei den zuständigen Stellen die Erfüllung ihrer Aufgaben einzufordern (Thar BtPrax 2022, 11). Bei der Abgrenzung wird es häufig darauf ankommen, welche Beratungsmöglichkeiten vor Ort bestehen und zu welcher Mitwirkung der Betreute in der Lage ist. (S. zur Frage der **Schnittstellen zwischen rechtlicher Betreuung und Sozialleistungen** die überarbeitete Handreichung der BAGüS und des Deutschen Vereins von 2022; Deutscher Verein für öffentliche und private Fürsorge e.V. (Hrsg.) „Abgrenzung von rechtlicher Betreuung und Sozialleistungen"; → BGB § 1814 Rn. 48). Bei der Prüfung und Gewährung von Sozialleistungen durch die Leistungsträger ist der individuelle Hilfebedarf unter Berücksichtigung der Zielrichtung der Sozialleistungen zu betrachten und einzelfallabhängig zu entscheiden (BT-Drs. 19/24445, 401). Die Tätigkeit des Betreuers ist dazu nachrangig. Dem Betreuer darf nicht die Aufgabe zugeschoben werden, die Lücken zu schließen, die der Rückzug niedrigschwelliger staatlicher Hilfen hinterlassen hat (Jurgeleit/Kieß Rn. 28). Vom Betreuer sind keine Tätigkeiten zu erwarten, für die eigentlich **andere staatliche oder kommunale Stellen** zuständig sind.

Ist zB **ambulant betreutes Wohnen** bzw. **qualifizierte Assistenzleistung** installiert und ist der Betreute in Bezug auf die konkrete Leistungserbringung geschäftsfähig, hat der ambulante und nicht der rechtliche Betreuer den Betreuten dabei zu unterstützen ua Leistungen der Grundsicherung zu beantragen, das Krankenversicherungsverhältnis zu klären, eine Schuldenproblematik zu bearbeiten und ggf. mit weiterer Hilfe durch eine Schuldnerberatung ein Insolvenzverfahren einzuleiten, den Umgang mit Geld zu erlernen, Arztbesuche oder Therapien zu organisieren etc. Der Betreuer ist gegenüber diesen anderen Hilfen und den sozialen Diensten Vertreter des Betreuten und soll dessen Rechte und Interessen gegenüber den Diensten wahrnehmen und diese überwachen und nicht selbst an deren Stelle tätig werden. Können diese anderen Hilfen in einer laufenden Betreuung die notwendige Unterstützung vollständig übernehmen, ggf. auch durch Erhöhung der Fachleistungsstunden und Erweiterung der Zielvereinbarung, ist die Betreuung aufzuheben.

10 Wenn diese anderen Hilfen nicht vorhanden sind, ist der Betreuer nicht zur tatsächlichen Hilfeleistungen verpflichtet, sondern zu deren **Organisation** (BGH BtPrax 2011, 78). So kann er entsprechende Dienstleister vermitteln oder beauftragen, wie Pflegedienste, Haushaltshilfen oder sonstige ambulante Dienste. In der Praxis kann es sich allerdings ergeben, dass die Inanspruchnahme etwa eines ambulanten Hilfsdienstes jedenfalls für kleinere Hilfestellungen bereits daran scheitert, dass diese Hilfsdienste entweder gar nicht angeboten werden oder der Zeitaufwand für die Organisation durch den Betreuer viel aufwändiger wäre, als wenn dieser sie gleich selbst erledigt. Es ist dann die Entscheidung des Betreuers in Absprache mit dem Betreuten im Einzelfall, ob er selbst tätig wird. Zulässig wäre es jedenfalls. So hat der Betreuer letztlich diejenigen Tätigkeiten wahrzunehmen, die für die Erfüllung seiner Aufgaben **erforderlich** sind unter der Einschränkung einer rechtlichen Besorgung einerseits und aber auch unter Berücksichtigung des Grundsatzes der persönlichen Betreuung andererseits. Erwartet werden darf nicht eine umfassenden Versorgung. Betreuer dürfen sich aber andererseits auch nicht auf eine reine rechtliche Vertretung zurückziehen und die Rechtsfürsorge durch Verwaltung gestalten (s. das Ergebnis der Studie des BMJV zur „Qualität in der rechtlichen Betreuung“ in Matta ua BtPrax 2018, 3).

Welche Tätigkeiten dies sind, richtet sich nach den Besonderheiten des Einzelfalles.

11 Konkretisierende Rechtsprechung findet sich weniger in Betreuungsverfahren, als in Verfahren anderer Gerichtsbarkeiten, allgemein zur Abgrenzung zwischen rechtlicher und sozialer Betreuung grundlegend BSG B 8 SO 7/15 R vom 30.6.2016, ansonsten zT im Rahmen von Haftungsfragen. So habe der Betreuer – vorausgesetzt die Tätigkeit ist vom angeordneten Aufgabenkreis umfasst – die Pflicht, das BAMF über den Aufenthalt und den gesundheitlichen Zustand des betreuten Flüchtlings im Asylverfahren zu informieren (VG Aachen BtPrax 2017, 162); gem. §§ 60 ff. SGB I dem Sozialleistungsträger mitzuteilen, wenn der Vermögensfreibetrag überschritten ist (SG Ulm BtPrax 2017, 251); Bereicherungsansprüche gegenüber Dritten geltend zu machen; Einkommensteuererklärungen für den Betreuten abzugeben (FG Rheinland-Pfalz BeckRS 2011, 20085); für einen Krankenversicherungsschutz des Betreuten zu sorgen (OLG Nürnberg BtPrax 2013, 70; Joecker/Loer/Seidel Gesundheitssorge-HdB/Joecker 1. Teil C).

Umstritten ist, welche Aufgabe dem Betreuer im Rahmen eines **Strafverfahrens** zukommt (Brosey/Lesting/Loer/Marschner BetreuungsR-HdB/Loer Rn. 204), ob es eines ausdrücklichen Aufgabenbereichs für sein Tätigwerden bedarf (so Gerdes BtPrax 2021, 53 (54), OLG Celle BtPrax 2025, 234; LG Stuttgart BtPrax 2026, 118), ob eine Vertretung im Strafverfahren ausschließlich einem Verteidiger zukommt (so OLG Hamburg BtPrax 2021, 118 – nur Leitsatz –, FamRZ 2021, 1147 mit Gründen; BGH BeckRS 2012, 21709) oder ob dem Betreuer die Rolle eines Beistands nach § 149 StPO zukommt. In jedem Fall ist die Tätigkeit eines Verteidigers vorrangig und ggf. durch den Betreuer zu vermitteln. Dann gehört die Zusammenarbeit mit dem Verteidiger zu den Aufgaben des Betreuers, was eine enge Kommunikation bedeutet (Gerdes BtPrax 2021, 53 (55)). Eine Begleitung des Betreuten zu einer Hauptverhandlung in Strafsachen ist jedenfalls dann Betreueraufgabe, wenn diese vom Strafgericht angeordnet war (LG Memmingen BtPrax 1998, 133). Im Einzelfall hängen die Pflichten des Betreuers davon ab, inwieweit der Betreute sich selbst ausreichend vertreten kann und was Gegenstand des strafrechtlichen Vorwurfs ist. Das Strafgericht hat wiederum einem betreuten Angeklagten gem. § 140 Abs. 2 StPO einen Pflichtverteidiger zu bestellen, da sich aus einer Betreuerbestellung inzident die Notwendigkeit ergibt (KG Berlin BtPrax 2022, 66).

In **Abs. 1 S. 2** wird normiert, in welcher Form der Betreuer zur Unterstützung **12**
des Betreuten tätig werden soll. Hier ist die gesetzliche Vorgabe **„Assistenz vor Vertretung".** Sie folgt dem Primat der Unterstützung aus Art. 12 Abs. 3 UN-BRK. Der Betreuer muss vorrangig alles unternehmen, um den Betreuten dabei zu unterstützen, nicht nur selbst Entscheidungen für sich zu treffen, sondern sie auch selbst als eigene Willenserklärung oder Einwilligung nach außen abzugeben oder sonstige Rechtshandlungen vorzunehmen (BT-Drs. 19/24445, 251; BeckOK/Müller-Engels Rn. 6 f.; Harm BtPrax 2023, 55 ff.; Dodegge FamRZ 2022, 844 (845)). Es handelt sich um eine **Rechtspflicht,** sodass das Betreuungsgericht gem. § 1862 darüber die **Aufsicht** zu führen hat (→ BGB § 1862 Rn. 2, 7 ff.). Von seiner Vertretungsmacht (§ 1823) darf der Betreuer nur dann Gebrauch machen, wenn dies erforderlich ist. Insoweit kann auch ein Wunsch des Betreuten, der Betreuer möge wiederkehrende Antragstellungen oder ähnlich unerbauliche Angelegenheiten stellvertretend für ihn erledigen, über den im Gesetzesaufbau vorgeschalteten Erforderlichkeitsgrundsatz nicht hinweghelfen: *„Erforderlichkeit sticht Wunsch"* (anders Bobisch BtR 2022, 29 (31); differenzierter HK-BUR/Bauer Rn. 26.). Dann ist sie ebenfalls ein Mittel der Unterstützung, um die Rechte des Betreuten nach dessen Wünschen erforderlichenfalls nach außen geltend zu machen und steht nicht im Widerspruch zur UN-BRK. Dass das Handeln als rechtlicher Vertreter nicht der Kern der Betreuertätigkeit ist, wird zusätzlich durch die Änderung in § 1823 deutlich, in dem es heißt *„In seinem Aufgabenkreis* ***kann*** *der Betreuer … vertreten"*, statt wie früher in § 1903 aF *„In seinem Aufgabenkreis vertritt der Betreuer den Betreuten …"* (→ BGB § 1823). Dies ist also eine weitere Stufe des Erforderlichkeitsgrundsatzes: Soweit seine Unterstützung durch Informationsvermittlung, Beratung oder sonstiger Hilfestellungen zur Erledigung der rechtlichen Angelegenheit ausreicht, geht dies einem vertretenden Handeln vor (Brosey/Lesting/Loer/Marschner BetreuungsR-HdB/Loer Rn. 174). Ein Verstoß gegen diese Rechtspflicht im Innenverhältnis führt allerdings nicht zur Unwirksamkeit der Erklärung im Außenverhältnis, aber zu gerichtlichen Aufsichtsmaßnahmen, Eignungszweifeln und ggf. Schadensersatzansprüchen.

2. Wunschbefolgung (Abs. 2)

13 Die Wünsche (und nicht das „Wohl") des Betreuten sind der zentrale Anknüpfungspunkt für das Betreuerhandeln, und zwar für alle Bereiche. Das Erforderlichkeitsprinzip geht der Pflicht zur Wunschbefolgung allerdings vor. Die Norm ist im Gesamtzusammenhang und nicht so zu verstehen, dass sich jemand eine Betreuung wünschen kann, die gar nicht erforderlich ist und der Betreuer jeden Wunsch seines Betreuten wie ein Sekretär auszuführen habe – so eine vorgetragene Kritik zur Neuregelung. Sie gilt umfassend, ausdrücklich wiederholt für den Bereich der Vermögenssorge in § 1838 (→ BGB § 1838), aber auch ansonsten bei allen Tätigkeiten (aus betreuerischer Perspektive Klüser BtR 2023, 1 ff.). Schon § 1901 Abs. 3 aF hat den Betreuer an die Wünsche des Betreuten gebunden und ihnen grundsätzlich Vorrang gegenüber seinen objektiven Interessen eingeräumt (grundlegend BGH BtPrax 2009, 290; Brosey BtPrax 2010, 16; Thar BtPrax 2010, 12). Dabei ist ohne Bedeutung, ob diese Wünsche auf rationaler Grundlage zustande gekommen sind, ob der Betreute geschäftsfähig oder geschäftsunfähig ist und ob der Betreuer den Wunsch für vernünftig hält oder nicht (Jurgeleit/Kieß Rn. 34; Brosey/Lesting/Loer/Marschner BetreuungsR-HdB/Loer Rn. 175 ff.; Loer BtPrax 2023, 79 (80); Mazur BtR 2023, 139 ff.). Gegen den freien Willen des Betroffenen darf betreuungsrechtlich ohnehin nicht gehandelt werden. Der Gesetzgeber hat daher nun bewusst die Wünsche zum neuen Orientierungspunkt gemacht – und nicht den Willen, der in der Regel als freier Wille verstanden wird. Die Wünsche des Betreuten sind insbesondere auch dann maßgeblich, wenn ihnen kein freier Wille zugrunde liegt, sodass auch der **natürliche Wille** beachtlich ist (BT-Drs. 19/24445, 250). Selbst krankheitsbedingt geäußerte Wünsche sind folglich zunächst beachtlich und dürfen nicht mit dem Argument der Unvernünftigkeit oder des Verrückten abgetan werden. Hier greift der **Perspektivwechsel,** denn der Betreute selbst erkennt nicht, dass sich sein Wunsch krankheitsbedingt gebildet hat. Aus seiner Wahrnehmung würde der Betreuer seine Wünsche grundlos missachten und in seine Selbstbestimmung eingreifen. Die **Grenze der Wunschbefolgung** ist – neben der Realisierbarkeit – **erst in Abs. 3** normiert. Ein Abweichen auch von krankheitsbedingt geäußerten Wünschen ist zum Schutz des Betreuten nur noch unter bestimmten Voraussetzungen zulässig (→ Rn. 17 ff.).

14 Der Gesetzgeber hat mit der letzten Reform zudem bewusst und konsequent den Begriff des **„Wohls"** aus dem Betreuungsrecht **gestrichen.** Trotz der Vorgaben des Grundgesetzes, der UN-BRK und der höchstrichterlichen Rechtsprechung bestand bei der früheren Formulierung des § 1901 Abs. 3 aF in der Alltagspraxis die Gefahr, dass sich Entscheidungen der Betreuer und der unteren Gerichte an einem „objektiven" Wohl im Sinne objektiver Interessen des Betreuten ausrichteten, statt an dessen Willen und Präferenzen. Das Deutsche Institut für Menschenrechte als die Monitoring-Stelle für die UN-BRK hatte bezugnehmend auf den Bericht des UN-Fachausschusses schon früh empfohlen, den „Wohlbegriff" aus dem Gesetz zu streichen, weil er aus menschenrechtlicher Perspektive kein geeigneter Maßstab in Bezug auf unterstützungsbedürftige Erwachsene sei (so auch Degener BtPrax 2016, 205). Er sei ein Relikt aus der 1992 abgeschafften Vormundschaft und damit ein Einfallstor einer überkommenen Praxis der Vormundschaft (BT-Drs. 19/24445, 249). Auch in der Fach-Arbeitsgruppe, die sich 2018/19 im Diskussionsprozess vor der Reform zentral mit der Selbstbestimmung befasst hatte, wurde ebenfalls vorgeschlagen, den bisher verwendeten Begriff des Wohls zu ersetzen. Mit der neuen Formulierung soll der Selbstbestimmung deutlicher als vorher Vorrang vor einer gut gemeinten, aber fremdbestimmten Fürsorge eingeräumt werden. Wenn festzustellen ist, dass der Betreute aktuell zu einer freien Willensbildung nicht (mehr) in der Lage ist, darf nicht an dessen Stelle der Maßstab eines objektiven Wohls oder Interesses treten. Die Selbstbestimmung Erwachsener endet nicht mit dem Verlust des freien Willens oder dem Eintritt der Geschäfts- oder Einwilligungsunfähigkeit (BT-Drs. 19/24445, 249).

Eine „natürliche" Grenze der Wunschbefolgungspflicht ist die Realisierbarkeit. **15**
Der geäußerte Wunsch muss für den Betreuten **„im Rahmen seiner Möglichkeiten"** liegen, s. **Abs. 2 S. 1.** Die äußeren Rahmenbedingungen, unter denen der Betreute lebt, wie auch seine persönlichen Fähigkeiten stellen eine natürliche Begrenzung des Machbaren dar (Loer BtPrax 2023, 79 (80); Mazur BtR 2023, 139 (140)). Unmögliches kann von einem Betreuer nicht erwartet werden. So geben die finanziellen Möglichkeiten oder sonstige körperliche oder geistige Eigenschaften des Betreuten den Rahmen vor, auch wenn er selbst dies krankheitsbedingt nicht erkennt.

In **Satz 2** ist nun ausdrücklich normiert, dass es zu den Pflichten des Betreuers **16**
gehört, die Wünsche des Betreuten **festzustellen.** Der Gesetzgeber ist dabei einer Empfehlung aus der einschlägigen Fach-Arbeitsgruppe gefolgt (BT-Drs. 19/24445, 252). Soweit die **Kommunikation** aufgrund der Erkrankung oder Behinderung des Betreuten eingeschränkt ist, hat der Betreuer – soweit möglich – Hilfen zur Ermöglichung oder Erleichterung der Verständigung hinzuzuziehen. Die Feststellung der Wünsche kann im Einzelfall schwierig sein und gehört daher zu den ausdrücklich benannten Grundpflichten des Betreuers – und letztlich auch aller anderen Akteure im Betreuungswesen. Sie ist die Grundvoraussetzung, um die Selbstbestimmung der betreuten Menschen wahren zu können. Daher ist ein Handeln auf Zuruf Dritter ausgeschlossen. Auch bei einer Bestellung im Wege einer einstweiligen Anordnung und bei Gefahr im Verzug darf der Betreuer keine Entscheidungen treffen, zB über eine medizinische Maßnahme oder die Entlassung aus dem Krankenhaus in eine Kurzzeitpflege, bevor er nicht zumindest versucht hat, die Wünsche des Betreuten im unmittelbaren Kontakt festzustellen. Zu berücksichtigen sind dabei auch **nonverbale Willensbekundungen,** die einen Wunsch des Betreuten ausdrücken können. Es ist unerheblich, ob ein Wunsch ausdrücklich geäußert wird, oder ob dieser sich aus anderen Umständen (Gesten, Mimik etc.) ergibt. Eine adressatengerechte Kommunikation ist die Voraussetzung dafür, dass der Betreuer nicht eigene Werte oder Vorstellungen umzusetzen versucht, sondern sich bei seinem Handeln an den Vorstellungen des Betreuten orientiert. Wünsche, die der Betreute gegenüber Dritten geäußert hat – zB den Mitarbeitern eines Pflegedienstes – sind ebenfalls zu berücksichtigen. Erfährt der Betreuer von solchen gegenüber Dritten geäußerten Wünschen, gilt die Bindung ebenfalls (MüKoBGB/Schneider Rn. 20).

Erst wenn der Betreuer die Wünsche des Betreuten kennt, kann er ihnen gemäß **Satz 3** entsprechen bzw. den Betreuten bei der Umsetzung unterstützen. Bei **widersprüchlichen Wünschen** hat der Betreuer mit dem Betreuten herauszufinden, welcher Wunsch wichtiger ist, wenn mehrere Wünsche nicht parallel erfüllt werden können. Unter Umständen wird es zur Erreichung des „Hauptzieles", zB Erhalt der Wohnung, nötig sein, gewisse Mindestmaßnahmen auch gegen den natürlichen Willen des Betreuten durchzusetzen (Loer BtPrax 2023, 79 (81)).

Nach **Satz 4** sind auch früher geäußerte Wünsche beachtlich. Ist eine Kommunikation mit dem Betreuten gar nicht möglich, hat der Betreuer zu versuchen, die Wünsche auf andere Weise festzustellen, zum Beispiel durch die Befragung nahestehender Personen, die Auskunft geben können über konkret geäußerte Wünsche des Betreuten (BT-Drs. 19/24445, 252).

Wann ein Wunsch des Betreuten ausnahmsweise unbeachtlich ist, ist in Abs. 3 geregelt.

3. Grenzen der Wunschbefolgung (Abs. 3)

17 **a) Schutz vor Selbstgefährdung Abs. 3 Nr. 1.** Wenn der Betreuer in seinem Handeln die Abs. 1 und 2 beherzigt hat, hat er zum Schutz des Betreuten zu fragen, ob er von der Befolgung der festgestellten Wünsche abzusehen hat. Der Reformgesetzgeber hat die bisherige „Wohlschranke" des § 1901 Abs. 3 aF deutlicher konturiert und die Grenze hin zu mehr Selbstbestimmung verschoben. In der Diskussion, die der Reform voraus- und noch bis ins unmittelbare parlamentarische Gesetzgebungsverfahren hineinging, war die Grenzziehung grundlegend thematisiert worden. Es stellte sich die Grundsatzfrage, ob das Betreuungsrecht eine rechtliche Grundlage dafür bieten muss, dass ein Betreuer auch die Befugnis erhält, von den mit natürlichen Willen geäußerten Wünschen des Betreuten abzuweichen. Dies ist – auch im Hinblick auf die vom BVerfG betonte **Schutzpflicht des Staates** gegenüber hilfebedürftigen Erwachsenen aus Art. 2 Abs. 2 GG (BVerfG BtPrax 2016, 182 ff.; BtPrax 2021, 146 (149); Mazur BtR 2023, 139 (141)) – zu bejahen und entspricht ebenso den Vorgaben der UN-BRK. Zu beachten ist dabei jedoch, dass auch die Eingriffsbefugnisse sich stets an den eigenen subjektiven Werten, Lebensvorstellungen und Präferenzen der Betreuten zu orientieren haben. Auch die Grenzziehung zum Schutz der Betreuten ist nicht am Kriterium eines objektiven Wohls zu bemessen. Es ist aber weiterhin festgeschrieben, dass das Betreuungsrecht nicht nur die Aufgabe hat, die Betreuten bei der Umsetzung ihrer Rechte zu unterstützen, sondern sie auch bei der Abwehr von **Gefährdungen und Schäden,** die sie sich **aufgrund ihrer Erkrankung oder Behinderung** selbst zufügen würden, zu schützen (Brosey/Lesting/Loer/Marschner BetreuungsR-HdB/Loer Rn. 185). Deutlicher als im früheren § 1901 aF ist jetzt klargestellt, dass es nicht Aufgabe des Betreuers ist, die Angelegenheiten des Betreuten nach objektiven Kriterien zu erledigen und jeden möglichen Schaden von ihm abzuwenden.

So ist weder die Wahrung oder gar Mehrung des Vermögens nach wirtschaftlichen Gesichtspunkten das Ziel der Betreuung, noch der Erhalt der Gesundheit mit allen medizinisch indizierten Maßnahmen oder eine optimale pflegerische Versorgung nach dem Motto „sauber, satt und sicher".

Die Eingriffsgrenze ist in Abs. 3 durch zwei Ausschlusstatbestände jetzt gesetzlich normiert.

18 In Abs. 3 ist daher klargestellt, unter welchen Umständen die Schutzpflicht des Staates über den Wünschen des Betreuten steht und wann dementsprechend dessen Wünsche übergangen werden können bzw. von ihnen abgewichen werden darf und muss. Zum einen muss eine gewisse **Erheblichkeit** der drohenden Selbstgefährdung zu befürchten sein und zum anderen muss der Wunsch **Ausdruck der Erkrankung** sein, es also an der Eigenverantwortlichkeit fehlen. Der Betreuer muss zunächst versuchen, den Betreuten durch entsprechende Informationen gegebenenfalls in die Lage zu versetzen, die bei der Umsetzung seines Wunsches drohende Gefährdung zu erkennen also ihn zB über die Folgen unterlassener medizinischer Behandlungen oder vorgesehener Vermögensver-

wertungen oder Geldausgaben aufklären (BGH BtPrax 2009, 290). Hält der Betreute dennoch an ihnen fest, ist es nicht geboten, diese in jedem Fall umzusetzen. Das Abweichen von den Wünschen stellt aber die **Ausnahme** dar und bedarf der **besonderen Rechtfertigung.** Es gilt mit der Neuregelung von 2023 ein strengerer Maßstab (Dodegge FamRZ 2022, 844 (847); Kersting BtPrax 2021, 203; Schnellenbach/Normann-Scheerer/Giers/Thielke BetreuungsR-HdB/Schnellenbach Rn. 364 ff.).

Zum einen müssen **höherrangige Rechtsgüter** des Betreuten gefährdet sein. Nur dann ist von einer gewissen Erheblichkeit auszugehen. Das Rechtsgut, das gefährdet ist, zB Gesundheit, Freiheit oder Vermögen muss subjektiv gewichtiger sein als das Rechtsgut, das der Betreute mit seinem Wunsch verfolgt. Auch die Erheblichkeit ist wiederum **subjektiv aus der Perspektive des Betreuten zu beurteilen.** Erheblich ist die Gefährdung insbesondere dann, wenn sich die gesamte Lebens- und Versorgungssituation erheblich verschlechtern würde und folglich andere Wünsche oder Ziele des Betreuten nicht mehr realisiert werden können. Bei der Abwägung müssen die negativen Folgen der Wunschbefolgung deutlich überwiegen – und zwar **aus der Sicht des Betreuten.** Die Erheblichkeit ist **nicht nach objektiven Maßstäben** zu beurteilen. Wann die Erheblichkeitsschwelle überschritten ist und welches Rechtsgut höherrangig ist, hängt von der Lebensweise des Betreuten ab (Loer BtPrax 2023, 79 (82)). Auslegungen, die hier nach wie vor einen objektiven Maßstab anlegen, entsprechen nicht der Neuorientierung der Reform von 2023.

Zum anderen ist weitere wichtige Voraussetzung, dass der geäußerte Wunsch **Ausdruck der Erkrankung und** gerade **nicht von Selbstbestimmung** ist. Nur die **fehlende Eigenverantwortlichkeit** rechtfertigt es, von den Wünschen abzusehen. Ansonsten dürfen Betreute sich genauso gefährden, wie Nichtbetreute es tagtäglich tun. Sie müssen also nicht deswegen geschützt werden, weil sie sich gefährden, sondern **weil sie die Gefährdung nicht erkennen können.** Der Betreute darf also aufgrund seiner Beeinträchtigung nicht (mehr) in der Lage sein, die seiner Willensbildung zugrunde liegenden Tatsachen und die Folgen seines Handelns zu erkennen. Ausreichend ist auch, dass der Betreute die ihm drohende Gefahr zwar erkennt, aber krankheitsbedingt nicht nach dieser Einsicht handeln kann. Die Selbstbestimmung steht gerade nicht in Konkurrenz zu anderen hohen Rechtsgütern des Betreuten, sondern überragt sie (BT-Drs. 19/24445, 271). In diesem Sinne ist auch die Schutzpflicht mit der Selbstbestimmung vereinbar.

Das Gesetz geht davon aus, dass der Betreuer im Kontakt mit seinem Betreuten, ggf. unter Heranziehung weiterer Informationen Dritter, erkennen kann, ob die Wunschäußerung ihre Grundlage in der Erkrankung hat. Eine **psychiatrische Begutachtung** ist dafür **nicht durchzuführen.** Ist die Einschätzung schwierig, kann das Gericht bei der Entscheidung beteiligt werden, um den Betreuer zu beraten oder ggf. Aufsichtsmaßnahmen einzuleiten (Dodegge FamRZ 2022, 844 (848)).

b) Unzumutbarkeit Nr. 2. Für die zweite Grenze der Befolgungspflicht, die **Zumutbarkeit,** gelten andere Maßstäbe. Der Betreuer ist an einen Wunsch des Betreuten nicht gebunden, wenn ihm dies nicht zuzumuten ist. Dies kann aber nur von Bedeutung sein, wenn ausnahmsweise **eigene Rechte des Betreuers** betroffen sind. Da der Betreuer gegenüber dem Betroffenen auch hoheitliche Aufgaben wahrnimmt und allein dessen Rechte als Treuhänder wahrzunehmen hat, kann die Frage der Zumutbarkeit jedoch keine Bedeutung haben für die **19**

Erfüllung der Aufgaben an sich. Entscheidungen über die Vermögensanlage und noch deutlicher für Angelegenheiten der Personensorge – zB Einwilligungen in medizinische Maßnahmen – können nicht davon abhängig sein, ob dies dem Betreuer persönlich zuzumuten ist. Kann ein Betreuer aufgrund **eigener ethischer oder religiöser Grundüberzeugung** in eine vom Willen des Betreuten getragene Entscheidung zur Beendigung einer lebenserhaltenden Maßnahme nicht einwilligen, so ist er aus persönlichen Gründen insoweit **nicht geeignet.** Ihm ist die Gesundheitssorge zu entziehen und es ist ein neuer Betreuer zu bestellen. Dies ist kein Fall der Unzumutbarkeit (BT-Drs. 19/24445, 253; Dodegge FamRZ 2022, 844 (851); Loer BtPrax 2023, 79 (82)).

Nur soweit der Betreuer in **eigenen Rechten** betroffen ist, kann die Zumutbarkeit ein sinnvoll anzuwendendes Abwägungskriterium sein. Der Betreute kann vom Betreuer keine völlig überzogenen Handlungen verlangen, die diesen unangemessen stark belasten oder über Gebühr völlig unverhältnismäßig in Anspruch nehmen würden, wobei die pauschalierte Vergütung für berufliche Betreuer insoweit keine Limitierung bedeutet (Jurgeleit/Kieß Rn. 51; BGH BtPrax 2012, 163). Auch eine Gefährdung Dritter oder der Allgemeinheit muss vom Betreuer abgelehnt werden. Da der Betreute auch das Recht hat, sich mit freiem Willen zu schädigen, muss es für den Betreuer die Möglichkeit geben, sich **nicht aktiv** an der **Selbstschädigung** des Betreuten zu beteiligen oder diese gar unterstützen zu müssen (HK-BUR/Bauer Rn. 104). Dies gilt besonders bei schwerwiegenden Gefahren. Auch kann vom Betreuer nicht verlangt werden, auf Wunsch des Betreuten eine **rechtswidrige Handlung** vorzunehmen oder diesen bei einer solchen zu unterstützen (BT-Drs. 19/24445, 253). So ist ein Betreuer nicht verpflichtet, bei der Beantragung von Sozialleistungen auf Wunsch des Betreuten falsche Angaben zu machen (Kersting BtPrax 2021, 205). Rechtswidriges Handeln hat selbstverständlich auch unabhängig von der Frage der Zumutbarkeit zu unterbleiben.

4. Mutmaßlicher Wille (Abs. 4)

20 Der Rückgriff auf den mutmaßlichen Willen war nach altem Recht nur in § 1901a Abs. 2 und § 1901b Abs. 2 aF ausdrücklich normiert und bezog sich damit auf die Wünsche der Betreuten im Rahmen der Gesundheitssorge in Bezug auf eine indizierte medizinische Behandlung. Mit der Reform wurde klargestellt, dass diese Grundidee für jegliches Betreuerhandeln gilt, und zwar nicht nur dann, wenn der Wille nicht feststellbar ist, sondern auch dann, wenn der Betreuer ausnahmsweise nach Abs. 3 zum Schutz vor einer **Selbstgefährdung** an den Wunsch des Betreuten nicht gebunden ist, weil dieser **nicht Ausdruck von Selbstbestimmung** ist. Voraussetzung ist in jedem Fall, dass ein freier Wille nicht vorhanden ist und auch mit Hilfe der unterstützten Entscheidungsfindung alle Möglichkeiten ausgeschöpft sind, einen Wunsch zu ermitteln, dem der Betreuer folgen kann. Der Anwendungsbereich ist erheblich ausgedehnt, so dass es **in keinem Fall** einen **Rückgriff auf objektive Kriterien** geben darf. Das ist eine konsequente Umsetzung der Selbstbestimmung (BeckOK BGB/Müller-Engels Rn. 22, 23).

21 Der erste und bereits vertraute Anwendungsfall liegt vor, wenn der Betreuer trotz aller Bemühungen einen Wunsch für die konkret anstehende Entscheidung nicht feststellen kann **(1. Alt.).** Dies ist typischerweise der Fall des früheren § 1901a und b aF, wenn eine medizinische Maßnahme indiziert ist, der Patient

sich nicht äußern kann, keine auf die Situation passende Patientenverfügung vorliegt und Behandlungswünsche nicht bekannt sind. Zu solchen Sachverhalten gibt es inzwischen eine differenzierte Literatur und Rechtsprechung, die darin übereinstimmt, dass der mutmaßliche Wille strikt **aus der Perspektive der Betreuten** zu ermitteln ist (BGH BtPrax 2014, 270; Joecker/Loer/Seidel Gesundheitssorge-HdB/Joecker Teil 1 A.V.2.e.; Mazur BtR 2023, 139 (142)). Ähnlich gelagerte schwierige Situationen gibt es auch vor anderen Entscheidungen außerhalb der Gesundheitssorge. ZB kann sich der Betreute nicht mehr dazu äußern, wie mit seinem Vermögen umgegangen werden soll. Er ist plötzlich schwer erkrankt, nicht bei Bewusstsein, ab jetzt dauerhaft stationär pflegebedürftig: Bei der Frage, was der Betreuer mit der Eigentumswohnung machen soll – Vermieten oder Verkaufen – geht es nicht darum, was wirtschaftlich sinnvoller ist (Erhaltung und Mehrung des Vermögens ist nicht das entscheidende Kriterium), sondern was dem mutmaßlichen Willen des Betreuten entspricht; ebenso bei der Frage, wie Vermögen angelegt werden soll, ab wann eine Heimversorgung angemessen ist und ob ein Heim in der gewohnten Umgebung oder in der Nähe von entfernt wohnenden Angehörigen ausgewählt werden soll etc. Dieser Grundsatz gilt im Übrigen **auch in gerichtlichen Genehmigungsverfahren.** Gerichte dürfen nicht vorschnell behaupten, eine „günstige" Vermögensanlage oder ähnliches entspreche dem mutmaßlichen Willen des Betreuten, weil sie aus finanziellen Gesichtspunkten für ihn vorteilhaft ist.

Der weitere und neue Anwendungsfall liegt vor, wenn der Betreuer zwar einen **22**
Wunsch des Betreuten feststellen kann, er aber ausnahmsweise nach Abs. 3 zum Schutz vor einer erheblichen Selbstgefährdung an diesen geäußerten Wunsch nicht gebunden ist, weil dieser nicht Ausdruck seiner Selbstbestimmung ist **(2. Alt.).** Ein **Handeln gegen den geäußerten Willen** ist dem Betreuungsrecht nicht grundsätzlich fremd. In der Regel benötigt der Betreuer dafür keine gerichtliche Genehmigung. Mit Ausnahmen: zB wenn es um eine medizinische Maßnahme geht und der Betreuer gegen den natürlichen Willen des Betreuten eine Einwilligung erteilen will, handelt es sich um eine ärztliche Zwangsmaßnahme und der Betreuer benötigt eine Genehmigung nach § 1832. Will der Betreuer eine bisher selbstgenutzte Wohnung gegen den Willen des Betreuten kündigen, benötigt er eine Genehmigung nach § 1833 Abs. 3 (hier sogar wenn es dem natürlichen Willen entspricht), etc. Will der Betreuer verhindern, dass der Betreute bestimmte Willenserklärungen abgibt, kann er die Anordnung eines Einwilligungsvorbehalts anregen.

Selbst bei einer erheblichen krankheitsbedingten Selbstgefährdung hat der Betreuer nicht in jedem Fall die Pflicht, den drohenden Schaden vom Betreuten abzuwenden. Er hat vielmehr zu fragen, welche Entscheidung der Betreute treffen würde, wenn er von seiner Krankheit oder Behinderung nicht so stark eingeschränkt wäre (Brosey/Lesting/Loer/Marschner BetreuungsR-HdB/Loer Rn. 188). Wenn der Betreute sich mutmaßlich auch mit freiem Willen erheblich gefährden würde, ist der Betreuer an den Wunsch gebunden. Es gibt keine Grundlage, auch einen betreuten Menschen vor der Selbstschädigung, die mit (mutmaßlich) freiem Willen erfolgt, zu bewahren. Die Grenze für eine aktive Unterstützung einer Selbstschädigung wäre dann nur die Unzumutbarkeit für den Betreuer. Dies stellt eine schwierige Abgrenzung im Einzelfall dar. Wenn der Betreute sich oder sein Vermögen mutmaßlich nicht in dem Maße selbst schädigen würde, ist zu fragen, wie er mutmaßlich denn anders entscheiden würde.

23 In der konkreten Situation ist der mutmaßliche Wille unter Berücksichtigung **konkreter Anhaltspunkte** zu ermitteln. Er ist aus allen erkennbaren Umständen, die für die Willensrichtung des Betroffenen Bedeutung haben können, zu rekonstruieren. Zwar soll für diese Rekonstruktion auch frühere Äußerungen (S. 2) herangezogen werden, es geht aber um die Frage, wie der Betroffene **jetzt,** in der konkreten Situation, entscheiden würde, wenn er selbstverantwortlich entscheiden könnte. Dazu wird der Betreuer oftmals auf Äußerungen Dritter angewiesen sein. Dass er dabei nach **S. 3** nahen Angehörigen und sonstigen Vertrauenspersonen des Betreuten Gelegenheit zur Äußerung geben soll, dient nicht dem Recht dieser Personen auf rechtliches Gehör oder Informationen. Sie dienen vielmehr allein dem Betreuer als **Informationsquelle,** damit dieser in die Lage versetzt wird, den mutmaßlichen Willen des Betreuten festzustellen (BT-Drs. 19/24445, 254). **S. 3** berechtigt den Betreuer also zum einen, mit solchen Personen, die eine verlässliche Aussage dazu machen können, wie der Betreute in der konkreten Situation vermutlich seinen Willen bilden würde, über ihn und die vorgesehene Maßnahme zu sprechen und ihnen die dafür notwendigen Auskünfte zu erteilen. **Datenschutzgründe stehen** folglich **nicht entgegen,** wenn der Betreuer diese Informationen im Interesse des Betreuten benötigt. Zum anderen ist er dazu sogar verpflichtet, wenn er nicht selbst über die zur Ermittlung des Willens nötigen Informationen verfügt. Der Rückgriff auf **ethische oder religiöse Überzeugungen** und sonstige **persönliche Wertvorstellungen** sind auf die konkrete Situation zu beziehen.

Auch wenn nur wenige Informationen zur Verfügung stehen, darf nicht auf ein objektives Wohl zurückgegriffen werden, wohl aber auf allgemeine Lebenserfahrungen mit der Frage, wie dieser Betreute in seiner konkreten Situation vermutlich entscheiden würde, wenn er sie realistisch einschätzen könnte. Das Kriterium, wie sich ein verständiger durchschnittlicher Mensch üblicherweise in einer solchen Situation entscheiden würde, darf lediglich für die Ermittlung des **subjektiven und individuellen hypothetischen Willens** des Betreuten herangezogen werden. Wenn die konkreten Anhaltspunkte unzureichend sind, dürfte bei medizinischen Fragen im Zweifel eine Einwilligung in die individuell ärztlich indizierte Maßnahme naheliegend sein, bei sonstigen Angelegenheiten allgemein übliche und wirtschaftlich sinnvolle Entscheidungen für Menschen in der konkreten Situation des Betreuten (BT-Drs. 19/24445, 254; Dodegge FamRZ 2022, 844 (847); Schnellenbach/Normann-Scheerer/Giers/Thielke BetreuungsR-HdB/Schnellenbach Rn. 372). Bei einzelnen Vermögensangelegenheiten gelten gem. **§ 1838 Abs. 1 S. 2** die Auffangregelungen der **§§ 1839 ff.**

Ein Rückgriff auf den mutmaßlichen Willen kann auch für andere Akteure notwendig werden, zB im gerichtlichen Verfahren.

5. Kontakt- und Besprechungspflicht (Abs. 5)

24 Abs. 5 konkretisiert die Pflicht zur persönlichen Betreuung als eigenständige **Rechtspflicht.** Der Betreuer ist verpflichtet, **persönlichen Kontakt** zum Betreuten zu halten und ein entsprechendes Vertrauensverhältnis aufzubauen (Michel BtPrax 2012, 150). Damit der Betreute nicht Objekt der Fürsorge und Fremdbestimmung wird, sind ein regelmäßiger **kommunikativer Austausch** und eine vertrauensvolle Beziehung Grundlage jeder Betreuertätigkeit (BeckOK BGB/Müller-Engels Rn. 29; Jurgeleit/Kieß Rn. 61 ff.; Brosey/Lesting/Loer/Marschner BetreuungsR-HdB/Loer Rn. 191). Nur so können die Wünsche und

Vorstellungen des Betreuten die notwendige Berücksichtigung finden und eine unterstützte Entscheidungsfindung gelingen. Zu besprechen sind alle Angelegenheiten, die Gegenstand der Betreuung sind. Auch wenn der Betreuer stellvertretend für den Betreuten Angelegenheiten schriftlich erledigt, wie die **Beantragung von Sozialleistungen,** hat er dies mit dem Betreuten zu besprechen. Der Betreute muss wissen, was der Betreuer in seinem Namen erledigt und soweit möglich in die Entscheidung und die Umsetzung eingebunden werden. Wie ausführlich welche Angelegenheit zu besprechen ist – anders als im früheren Recht gilt die Besprechungspflicht nicht nur vor wichtigen Angelegenheiten (§ 1901 Abs. 3 S. 3 aF) – hängt vom Einzelfall ab, je nach Verständnis des Betreuten. Besprechen bedeutet in der Regel einen persönlichen Dialog, soweit sinnvoll und hilfreich im Beisein Dritter, hilfsweise telefonisch oder auf Wunsch des Betreuten durch andere Kommunikationsmittel. Die Einhaltung der Besprechungspflicht setzt nicht voraus, dass mit dem Betreuten ein „vernünftiges" Gespräch möglich ist (BT-Drs. 19/24445, 256). Auch geäußertes **Desinteresse des Betreuten** zB hinsichtlich behördlicher Vorgänge darf den Betreuer nicht davon abhalten, den Betreuten immer wieder mit **seinen** Angelegenheiten zu konfrontieren. Ist es dem Betreuer nicht möglich, mit dem Betreuten zu sprechen, muss er versuchen, andere Wege der Kommunikation zu wählen, gegebenenfalls unter Zuhilfenahme weiterer Personen oder Hilfsmittel.

Sollte ein Gespräch nicht möglich sein oder liegen keine Angelegenheiten an, die besprochen werden müssen, hat sich der Betreuer dennoch **regelmäßig** einen **persönlichen Eindruck** zu verschaffen. Er muss durchgängig ein eigenes Bild von der aktuellen Verfassung und den Lebensverhältnissen des Betreuten haben. Ausschließlicher Kontakt über Dritte, zB Pflege- oder sonstiges Betreuungspersonal, reicht nicht aus. Diese Pflicht besteht unabhängig vom Aufgabenkreis. Keine Betreuung darf allein vom Schreibtisch ausgeführt werden, es sei denn, der Betreute verweigert den Kontakt. In der Diskussion vor der Reform wurde ausführlich beraten, ob auch im Betreuungsrecht – wie in der Vormundschaft (§ 1790 Abs. 2 S. 2: mindestens monatlich) – eine **Mindestfrequenz** gesetzlich festgelegt werden sollte. Darauf wurde schließlich verzichtet, weil die Erfordernisse des Einzelfalls sehr unterschiedlich sein können. Dennoch kann die Regelung im Vormundschaftsrecht als Richtschnur gelten: **monatlich** (BT-Drs. 19/24445, 255). Sollte der Betreute die persönlichen Kontakte ausdrücklich ablehnen und lassen sich die Aufgaben auch ohne direkten Kontakt, etwa durch Telefonate, Kurznachrichten oder E-Mails erledigen, und kann der Betreuer auch auf andere Weise Informationen über die Situation des Betreuten erhalten, können auch längere Intervalle tolerabel sein.

Das **Gericht** hat die Einhaltung der erforderlichen persönlichen Kontakte des **25**
Betreuers zum Betreuten zu **beaufsichtigen,** da es sich um eine **Rechtspflicht** handelt. Dieser ist verpflichtet, sie im Jahresbericht nach Art, Umfang und Anlass darzulegen (§ 1863 Abs. 3 S. 3 Nr. 1) und dem Gericht auf konkrete Nachfrage mitzuteilen (§ 1864). Das Gericht kann den Betreuer im Rahmen der **Aufsicht** zu regelmäßigen Besuchen **anweisen,** wenn er diese pflichtwidrig unterlassen hat (§ 1862 Abs. 3). Ein Betreuer ist bei der Auswahl nur dann geeignet, wenn er den regelmäßigen Kontakt leisten kann (§ 1816 Abs. 1). Folglich liegt ein wichtiger Grund für die Entlassung des Betreuers vor, wenn er den erforderlichen persönlichen Kontakt mit dem Betreuten trotz entsprechender Aufsichtsmaßnahmen nicht hält (§ 1868 Abs. 1 S. 2).

6. Rehabilitationsgrundsatz (Abs. 6)

26 Im Vergleich zum früheren Recht ist nun deutlicher normiert, dass sich die Pflicht des Betreuers, an der Rehabilitation des Betreuten mitzuwirken, nicht auf gesundheitliche Maßnahmen beschränkt, sondern **für alle Bereiche** gilt, in denen der Betreute aufgrund seiner Erkrankung oder Behinderung eine Unterstützung in seiner rechtlichen Handlungsfähigkeit benötigt (HK-BUR/Bauer Rn. 127 ff). Die Pflicht gilt folglich **im Rahmen seines gesamten Aufgabenkreises,** also für alle ihm übertragenen Angelegenheiten (s. zum „Recovery-Modell" in der rechtlichen Betreuung: Engel BtPrax 2018, 95). Er hat die Verpflichtung, auf die Beseitigung aller Gründe hinzuwirken, die eine Betreuung erforderlich gemacht haben, also neben den medizinischen auch die sozialen oder sonstigen Umstände, die den Betreuungsbedarf hervorgerufen haben. Er soll im Rahmen des Möglichen aktiv tätig werden, um den Betreuten – auch bei weiterhin bestehender Erkrankung oder Behinderung – zu befähigen, seine rechtlichen Angelegenheiten wieder **selbst oder mit niederschwelliger Hilfe** zu besorgen. Dazu gehört ua eine Unterstützung beim Erlernen einer eigenverantwortlichen Wahrnehmung seiner rechtlichen Angelegenheiten zur Förderung seiner Selbstbefähigung und Wirksamkeit einschließlich der (Wieder-) Erlangung der eigenen Entscheidungsfähigkeit (BT-Drs. 19/24445, 256), wie auch die **Organisation anderer Hilfen.** Nebeneffekt ist auch, die Betreuung langfristig entbehrlich zu machen oder den Aufgabenkreis einzuschränken. Im Anfangs- und im Jahresbericht (§ 1863 Abs. 1 und 3) an das Gericht sind Angaben zu solchen Bemühungen zu machen, und zwar auch dann, wenn die Gesundheitssorge nicht zum Aufgabenkreis des Betreuers gehört. Betreuung soll **nicht als eine Dauermaßnahme** verstanden werden, sondern als **Krisenintervention** mit anschließender Vorbereitung auf mehr Eigenständigkeit. Bei der Staffelung der Vergütung der beruflichen Betreuer geht der Gesetzgeber davon aus, dass im ersten Jahr der Betreuung die Weichenstellung durch ein „Empowerment" so gesetzt wird, dass der Betreute stabilisiert wird und an Eigenständigkeit gewinnt.

27 Zur Sicherung und Koordinierung der Teilhabe hat der Betreuer im Rahmen des **Bundesteilhabegesetzes** die Rechte des Betreuten wahrzunehmen. Insbesondere bei den Leistungen der Eingliederungshilfe nach dem 2. Teil des SGB IX gehört die Beteiligung des Leistungsberechtigten in allen Verfahrensschritten zu den tragenden Maßstäben (§ 117 Abs. 1 Nr. 1 SGB IX) für das gesamte Verwaltungsverfahren vom Leistungsantrag bis zur Aufstellung des Gesamtplans über die erforderliche Leistung. Gemeinsam mit dem Leistungsberechtigten oder auch in dessen Vertretung kann der Betreuer daher den Antrag auf Teilhabeleistung stellen, bei der Bedarfsermittlung (§ 118 SGB IX), an einer möglichen Gesamtplankonferenz (§ 119 SGB IX) und an der Aufstellung des Gesamtplans (§ 120 SGB IX) mitwirken sowie ggf. Rechtsbehelfe gegen den Leistungsbescheid einlegen. Dies gilt allerdings nur, soweit sich aus dem Gesetz nicht eine eigene Verpflichtung der Sozialleistungsträger ergibt, zB auf Beratung über Teilhabeleistungen und Unterstützung der antragstellenden Person bei der Auswahl eines Leistungserbringers (§ 106 SGB IX). Das Erfordernis der Betreuertätigkeit ist gegenüber diesen „anderen Hilfen" **nachranging.** Nach § 33 SGB IX sollen Betreuer ihren Betreuten bei Bedarf einer Beratungsstelle für Rehabilitation zur Beratung über die geeigneten Leistungen zur Teilhabe vorstellen. Ggf. sind die **Fachleistungsstunden der Eingliederungsmaßnahme** zu erhöhen und die vereinbarten Ziele zu ergänzen. Soziale Rechte dürfen im Übrigen generell nach **§ 17 Abs. 4 SGB I**

nicht abgelehnt, versagt oder eingeschränkt werden, weil ein rechtlicher Betreuer bestellt ist.

III. Besondere gesetzliche Pflichten

1. Infektionsschutzgesetz

Soweit vom Aufgabenkreis umfasst und erforderlich, treffen den Betreuer verschiedene Pflichten nach dem Infektionsschutzgesetz (IfSG), nicht jedoch eine allgemeine Meldepflicht. Eine generelle Verpflichtung für Betreuer, Verstöße eines infizierten Betreuten gegen die Auflagen des Gesundheitsamtes zu melden, kann dem Gesetz nicht entnommen werden. Nach § 16 Abs. 1 IfSG kann die zuständige Behörde verschiedene Maßnahmen treffen, wenn Tatsachen festgestellt werden, die zum Auftreten einer übertragbaren Krankheit führen können. Nach § 16 Abs. 2 IfSG sind die Beauftragten der zuständigen Behörden u.a. berechtigt, zur Durchführung von Ermittlungen und zur Überwachung der angeordneten Maßnahmen Grundstücke, Räume, Anlagen und Einrichtungen zu betreten, Bücher und andere Unterlagen einzusehen etc. Der Inhaber der tatsächlichen Gewalt hat diese Maßnahmen zu dulden und auf Verlangen die erforderlichen Auskünfte zu erteilen. Ist für die von einer solchen Maßnahme betroffenen Person ein Betreuer mit dem entsprechenden Aufgabenbereich bestellt, trifft ihn die Verpflichtung nach den Abs. 1 und 2 (§ 16 Abs. 5 S. 2 IfSG). Betreuer erhalten dadurch allerdings **keine Zwangsbefugnisse** (Lütgens BtPrax 2020, 83). Auch eine drittschützende Wirkung kommt dieser Norm nicht zu. Eine freiheitsentziehende Unterbringung zum Eigenschutz dürfte ebenfalls betreuungsrechtlich nicht gerechtfertigt sein, auch nicht während einer Pandemie. Unterbringungen sind nur nach §§ 28, 30 IfSG zulässig. **28**

Nach § 34 Abs. 4 S. 2 IfSG hat ein Betreuer mit dem entsprechenden Aufgabenbereich für die Einhaltung der Verpflichtungen nach § 34 Abs. 1 und 2 IfSG zu sorgen. § 34 Abs. 1 IfSG schreibt vor, dass Personen, die an einer der im Gesetz ausdrücklich genannten ansteckenden Krankheiten erkrankt sind, in Schulen und sonstigen Gemeinschaftseinrichtungen keine Lehr-, Erziehungs-, Pflege-, Aufsichts- oder sonstige Tätigkeiten ausüben dürfen, bei denen sie Kontakt zu den dort Betreuten haben. Unter den gleichen Voraussetzungen dürften auch die **Gemeinschaftseinrichtungen** von erkrankten Betreuten nicht betreten werden. Ausscheider von verschiedenen im Gesetz genannten Viren und Salmonellen dürfen nur mit Zustimmung des Gesundheitsamtes und unter Beachtung der gegenüber dem Ausscheider und der Gemeinschaftseinrichtung verfügten Schutzmaßnahmen die dem Betrieb der Einrichtung dienenden Räume betreten, Einrichtungen nutzen und an Veranstaltungen teilnehmen. Auch die Einhaltung dieser Verpflichtung zu überwachen ist Aufgabe des Betreuers mit einem entsprechenden Aufgabenbereich. **29**

2. Steuerrecht

Der Betreuer mit dem Aufgabenbereich Vermögenssorge ist gesetzlicher Vertreter iSd § 34 AO mit eigenen steuerrechtlichen Pflichten, zB der Abgabe einer Steuererklärung. Die Übertragung an einen Steuerberater ist bei umfangreichem Vermögen zulässig. Die Pflicht besteht gem. § 36 AO über das Ende der Betreuung hinaus, § 69 AO normiert eine eigene Haftung des Betreuers und § 153 verpflich- **30** tet ihn, der Finanzbehörde Unrichtigkeiten mitzuteilen, also Obacht! (Deinert/Lütgens/Meier-HdB Haftung des Betreuers Rn. 1046 ff.).

3. Waffengesetz

31 Wer Waffen oder Munition, deren Erwerb der Erlaubnis bedarf, in Besitz nimmt, hat dies **unverzüglich** der zuständigen Behörde **anzuzeigen** (§ 37c Abs. 1 WaffenG). Dies kommt auch in Betracht bei erlaubnispflichtigen Waffen und Munition des Betreuten, deren Besitz der Betreuer in Erfüllung seiner Aufgaben erwirbt. Unerheblich ist hierbei der Umfang des Aufgabenkreises des Betreuers und die Frage, ob er berechtigt erwirbt oder in Verkennung seiner Rechte gegenüber dem Betreuten. Es geht allein um die Sicherstellung der Überwachung durch die zuständige Behörde, die jederzeit über den Verbleib erlaubnispflichtiger Waffen informiert sein muss.

4. Psychisch-Kranken-Hilfegesetze

32 In manchen öffentlich-rechtlichen Psychisch-Kranken-Hilfegesetzen sowie in den Regelungen zum Maßregelvollzug der Länder sind den Betreuern Auskunfts- und Beteiligungsrechte zugewiesen. Soweit erforderlich und vom Aufgabenkreis umfasst, sind die Betreuer zur Wahrnehmung verpflichtet. Soweit die Untergebrachten nicht einwilligungsfähig sind, haben Betreuer zB Tätigkeiten im Rahmen der Gesundheitssorge auszuüben (Joecker/Loer/Seidel Gesundheitssorge-HdB/Loer Teil 2 E). Allein durch die Unterbringung im Maßregelvollzug entfällt jedenfalls nicht die Erforderlichkeit der Betreuung. **Am gerichtlichen Unterbringungsverfahren sind sie gem. §§ 312 Ziff. 4, 315 Abs. 1 Ziff. 2 FamFG zu beteiligen.**

§ 1822 Auskunftspflicht gegenüber nahestehenden Angehörigen

Der Betreuer hat nahestehenden Angehörigen und sonstigen Vertrauenspersonen des Betreuten auf Verlangen Auskunft über dessen persönliche Lebensumstände zu erteilen, soweit dies einem nach § 1821 Absatz 2 bis 4 zu beachtenden Wunsch oder dem mutmaßlichen Willen des Betreuten entspricht und dem Betreuer zuzumuten ist.

I. Überblick

1 Mit der Vorschrift wurde eine Auskunftspflicht des Betreuers gegenüber nahestehenden Angehörigen und Vertrauenspersonen des Betreuten eingeführt. Diese beschränkt sich auf Fälle und Umfang, in denen die Erteilung einer solchen Auskunft dem Wunsch oder hilfsweise mutmaßlichen Willen des Betreuten entspricht und dem Betreuer zuzumuten ist. Hintergrund der Regelung ist „eine vielfach geäußerte Kritik, dass insbesondere bei Betreuten, die sich krankheits- oder behinderungsbedingt nicht äußern können, die Gefahr des Missbrauchs der Betreuerstellung und einer Isolierung des Betreuten besteht, weil Angehörigen kein Recht auf Information gegenüber dem Betreuer zusteht. Zudem soll verhindert werden, dass Betreuer jegliche Kontaktaufnahme zu Angehörigen unterbinden, es sei denn, dies ist vom Betreuten so gewünscht ist." (BT-Drs. 19/24445, 257)

II. Auskunftsberechtigter Personenkreis

Auskunftsberechtigt sind **nur solche Angehörige,** die dem Betreuten tatsächlich **nahestehen** (BT-Drs. 19/24445, 257), so dass allein aus dem Angehörigenverhältnis kein Anspruch abgeleitet werden kann. Es handelt sich hierbei um den Personenkreis aus § 274 Abs. 4 Nr. 1 FamFG zur Beteiligungsmöglichkeit im Verfahren, also um den nicht getrenntlebenden Ehegatten oder Lebenspartner, Eltern, Pflegeeltern, Großeltern, Abkömmlinge oder Geschwister. Ein Näheverhältnis setzt grundsätzlich eine gewisse Beziehungsqualität voraus, die allerdings vom Wunsch des Betreuten oder hilfsweise seinem mutmaßlichen Willen abhängt und damit aus seiner Perspektive und nicht der der Angehörigen zu bestimmen ist (dazu auch Engel BtPrax 2022, 123 ff.) 2

Bei einer **Vertrauensperson** kann auf das Vorliegen eines persönlichen Näheverhältnisses zum Betreuten geschlossen werden. Diese muss nicht ausdrücklich als solche benannt werden (→ FamFG § 274 Rn. 13). Von einem bestehenden Vertrauensverhältnis ist auszugehen, wenn der Betroffene einer Person eng verbunden ist und ihr daher, was jeweils im Einzelfall festzustellen ist, in besonderem Maße Vertrauen entgegenbringt (BGH BtPrax 2017, 115).

III. Inhalt des Auskunftsanspruchs

Die Pflicht des Betreuers auf Auskunftserteilung beschränkt sich auf die **Darlegung der aktuellen Lebensumstände des Betreuten.** Beispielhaft wird dazu die Wohnsituation oder der allgemeine Gesundheitszustand des Betreuten benannt (BT-Drs. 19/24445, 257). Detaillierte Auskünfte über die Vermögensverhältnisse des Betreuten sind ebenso wenig umfasst, wie das Betreuerhandeln im Detail darzulegen (BT-Drs. 19/24445, 257). Allerdings soll die Auskunft dazu geeignet sein, dass sich Angehörige und Vertrauenspersonen ein Bild von der Lebenssituation des Betroffenen machen können (Engel BtPrax 2022, 123 ff., s. auch zur Zumutbarkeit → Rn. 5). Eine detaillierte Darlegungspflicht über die Tätigkeit ergibt sich aber gegenüber dem Gericht im Rahmen der Berichtspflichten (§§ 1863 ff., s. zum Akteneinsichtsrecht von Angehörigen, wenn sie beteiligt sind, → FamFG § 13 Rn. 4) 3

IV. Betreutenwunsch

Der geäußerte Wunsch bzw. hilfsweise der mutmaßliche Wille des Betreuten bilden Maßstab und Grenze für die Auskunftspflicht. Der Wunsch ist in jedem Fall entsprechend § 1821 Abs. 2–4 zu ermitteln und durch den Betreuer bezüglich der Auskunftserteilung festzustellen (BT-Drs. 19/24445, 257). Eine Ablehnung der Auskunft gegenüber einem Angehörigen kann daher nur unter den Voraussetzungen von § 1821 Abs. 3 unbeachtlich sein, dann ist aber der mutmaßliche Wille festzustellen und beachtlich (dazu Engel BtPrax 2022, 123 ff.). Der Betreuer hat auch hier eine Besprechungspflicht nach § 1821 Abs. 5. 4

V. Zumutbarkeit für den Betreuer

Die konkrete Auskunftspflicht des Betreuers besteht nur insoweit, als ihm die Auskunftserteilung zumutbar ist. „Wenngleich es sich um einen offenen Rechtsbe- 5 griff handelt, darf der Betreuer die Auskunft nicht in rechtsmissbräuchlicher Weise verweigern. Eine Zumutbarkeitsgrenze kann sich insbesondere aus der Frequenz der gewünschten Auskunftserteilung ergeben" (BT-Drs. 19/24445, 257). Die Grenze der Zumutbarkeit ist mit Blick auf den konkreten Fall und die Situation individuell zu bestimmen. Daher kann eine häufigere Auskunftserteilung wegen einer akuten Krankheitsphase angemessen sein (BT-Drs. 19/24445, 257).

VI. Geltendmachung des Auskunftsanspruchs

6 Die Auskunftspflicht ist eine gesetzliche Verpflichtung des Betreuers, um dem (informationellen) Selbstbestimmungsrecht des Betreuten Geltung zu verschaffen. Das Betreuungsgericht hat nach § 1862 Abs. 3 entsprechende Weisungen zu erteilen, die ggf. auch mit einem Zwangsgeld durchsetzbar sind, wenn der Betreuer gegen seine Pflicht entgegen § 1821 Abs. 2–4 verstößt. Denkbar ist auch, dass der Betreuer mangels Eignung zu entlassen ist (§ 1868 Abs. 1).

Die Regelung der Auskunftspflicht gibt aber den berechtigten Personen keinen Anspruch, der zivilrechtlich durchgesetzt werden kann (BT-Drs. 19/24445, 257).

§ 1823 Vertretungsmacht des Betreuers

In seinem Aufgabenkreis kann der Betreuer den Betreuten gerichtlich und außergerichtlich vertreten.

Übersicht

I. Überblick

1 Die Vorschrift regelt die gesetzliche Vertretungsmacht des Betreuers. Die Überschrift soll verdeutlichen, dass Vertretung nicht der regelhafte Gegenstand der Betreuung ist, sondern dass es sich um eine Befugnis handelt (BT-Drs. 19/24445, 258). Nach dem Wortlaut vertritt der Betreuer „vertritt" nicht mehr, wie im früheren Recht, sondern der Betreuer kann den Betreuten gerichtlich und außergerichtlich vertreten. Neben § 1821 gehört die Änderung der Formulierung dieser Norm zu den Kernstücken der Reform 2023. Das Unterstützungsprinzip des Art. 12 UN-BRK sollte durch die Neuregelung der Befugnisse des Betreuers im Außenverhältnis besser verankert werden (BT-Drs. 19/24445, 136). Dies erfolgte durch die Ausgestaltung als Kann-Regel. Die Studie zur „Qualität in der rechtlichen Betreuung" (Matta/Engels/Brosey ua, 285 ff.) hat ua ergeben, dass Betreuer zu oft als Vertreter handeln, statt die Betreuten darin zu unterstützen, sich selbst

rechtlich zu vertreten. Die Neuregelung bezweckt einen Appell an den Betreuer, von der Vertretungsbefugnis nur dann Gebrauch zu machen, **soweit es erforderlich** ist, wie in § 1821 Abs. 1 S. 2 verdeutlicht und mit dem Schlagwort zur UN-BRK „Unterstützung vor Vertretung" zusammengefasst wird (BT-Drs. 19/24445, 258 → BGB § 1821 Rn. 12). Die Regelung schließt unmittelbar an die Betreuerpflichten aus § 1821 Abs. 1 S. 2 an, wonach er den Betreuten dabei unterstützt, seine Angelegenheiten rechtlich selbst zu besorgen.

II. Vertretungsmacht

Die Vorschrift begründet im Rahmen des Aufgabenkreises die Vertretungsmacht des Betreuers iSd § 164. Der Aufgabenkreis entspricht den durch das Betreuungsgericht angeordneten Aufgabenbereichen oder des Aufgabenbereichs nach § 1815. Die Vertretungsmacht folgt im Aufgabenkreis unmittelbar durch Gesetz als Folge der Betreuerbestellung, so dass es sich um eine gesetzliche Vertretungsmacht handelt (BT-Drs. 19/24445, 258), auch wenn der Betreute die Betreuerbestellung beantragt hat. Der Betreuer wird damit begrifflich zu einem gesetzlichen Vertreter des Betreuten, denn die Vertretung leitet sich nicht unmittelbar von der Wirkung einer Willenserklärung des Vertretenen ab, wie es bei der Bevollmächtigung der Fall ist (MüKoBGB/Schubert § 164 Rn. 26). Damit ist aber nicht automatisch eine Einschränkung der Selbstbestimmung verbunden, da der Betreute selbst handeln kann und der Betreuer an die Wünsche nach § 1821 gebunden ist (→ Rn. 3). Eine rechtliche Betreuung ohne Vertretungsmacht sieht das Gesetz im Gegensatz etwa zur Begleitbeistandschaft in der Schweiz (Art. 393 ZGB) nicht vor. 2

Die Vertretungsmacht des Betreuers gilt für die Abgabe von Willenserklärungen (zB für den Abschluss eines Vertrages §§ 145 ff.), für den Empfang solcher Erklärungen gegenüber dem Betreuten (§ 131 Abs. 1), für rechtsgeschäftsähnliche Handlungen und für die Vertretung in gerichtlichen oder behördlichen Verfahren (siehe dazu → ZPO § 53 Rn. 3 ff.). Für bestimmte rechtsgeschäftsähnliche Handlungen, wie die Gestattung in eine Rechtsverletzung durch Dritte (zB Einwilligung in eine medizinische Maßnahme nach § 630d Abs. 1 S. 2), ist die Vertretungsmacht allerdings durch die tatsächliche Fähigkeit des Betreuten begrenzt. **Nur bei Einwilligungsunfähigkeit** des Betroffenen kann der Betreuer, zu dessen Aufgabenkreis dies gehört, an Stelle des Betreuten **wirksam** einwilligen (§ 630d Abs. 1 S. 2 → BGB § 630d Rn. 10 ff.) und hat dann auch §§ 1829 und 1832 zu berücksichtigen. Gleiches gilt für Maßnahmen mit Freiheitsentziehung für die zudem § 1831 gilt.

Die Vertretungsbefugnis gibt dem Betreuer als Rechtsfolge die grundsätzliche rechtliche Möglichkeit zur Fremdbestimmung, denn das „rechtliche Können" hängt mit Blick auf die Wirksamkeit nicht vom „rechtlichen Dürfen", also dem Einhalten der Pflichten aus § 1821 ab. Daher ist die Bestellung eines Betreuers zumindest ein potentieller Eingriff in dessen Grundrecht aus Art. 2 Abs. 1 GG. Die Vertretungsbefugnis des Betreuers ist dennoch nicht mit Fremdbestimmung gleichzusetzen. Sie beruht auch nicht auf Fürsorge gegenüber dem vertretenen Betreuten, die nicht den Willen des Vertretenen repräsentiert (so aber MüKoBGB/Schubert § 164 Rn. 26). Die gesetzliche Vertretungsbefugnis gegenüber Volljährigen hat sich durch die Abschaffung der Entmündigung qualitativ verändert und wird durch die §§ 1821, 1823 fortgesetzt. Vielmehr ist daher bei 3 der Beurteilung, zwischen der Wirkung der Vertretungsmacht für das Außenverhältnis und der Verpflichtung im Innenverhältnis, also gegenüber dem Betreuten, zu differenzieren und die Bedeutung des Selbstbestimmungsrechts einzubeziehen.

Trotz der kontroversen Diskussion um die Vereinbarkeit von Vertretungsmacht des Betreuers mit der UN-BRK (dafür Brosey BtPrax 2014, 211; Harm BtPrax 2015, 135, ablehnend Lachwitz BtPrax 2008, 143 ff.), hat der Gesetzgeber an der für das Außenverhältnis durch den Aufgabenkreis beschränkten Vertretungsbefugnis festgehalten und eine Kann-Regelung getroffen. Die Vertretungsbefugnis des Betreuers gegenüber Dritten wird im Interesse des Rechtsverkehrs auch mit der Neuregelung nicht eingeschränkt und nicht etwa von der Zustimmung des Betreuten abhängig gemacht. Die Vertretungsbefugnis des Betreuers entfällt nur nach den allgemeinen Vorschriften der §§ 164 ff., wenn ein Missbrauch der Vertretungsmacht vorliegt (BT-Drs. 19/24445, 258, HK-BetrR/Kieß Rn. 46). Zudem ist die Vertretungsbefugnis durch die gerichtlichen Genehmigungspflichten beschränkt (§§ 1829 ff., 1833 Abs. 3, 1848 ff. → Rn. 22 ff.), ebenso wie durch den Ausschluss der Vertretungsmacht nach § 1824).

Die Stellvertretung nach § 1823 stellt eine Form der Unterstützung dar, wenn die gesetzlichen Vorgaben (§ 1821) pflichtgemäß angewendet werden, da so der Wille ggf. der mutmaßliche Wille des Betreuten zur Geltung mit rechtlicher Wirkung gebracht wird. Der Gebrauch der Vertretungsmacht ist ein Mittel der Unterstützung, um die Rechte des Betreuten nach dessen Willen, Wünschen und hilfsweise früher geäußerten oder mutmaßlichen Willen, erforderlichenfalls nach außen, geltend zu machen (BT-Drs. 19/24445, 258 → BGB § 1821 Rn. 12). Stellvertretung im Betreuungsrecht bedeutet regelmäßig kein stellvertretendes Entscheiden. Es gilt der Vorrang der Unterstützung beim Entscheiden (→ BGB § 1821 Rn. 12). Ist ein Entscheiden durch den Betreuer erforderlich, so ist seine Entscheidung durch die Wünsche bzw. denn mutmaßlichen Willen vorgegeben. Es gibt keinen Raum für eine davon losgelöste eigene Entscheidung des Betreuers. § 1821 bindet den Betreuer und das Gericht in einem möglichen Genehmigungsverfahren. Die Wirksamkeit einer durch den Betreuer abgegeben Erklärung hängt aber nicht vom Willen des Betreuten ab (so auch MüKoBGB/Schneider Rn. 20). Es liegt dann ggf. ein Verstoß gegen die Pflichten des § 1821 vor, so dass der Betreuer pflichtwidrig handelt, was Maßnahmen der Aufsicht § 1862 oder im Falle eines Schadens, der Haftung nach § 1826 (→ BGB § 1826 Rn. 4 ff.) zur Folge hat.

4 Der Umfang der Vertretungsbefugnis wird durch den **Aufgabenkreis** des Betreuers bestimmt (→ BGB § 1815 Rn. 13 ff.). Alle mit der Erfüllung der Aufgaben verbundenen Rechtsgeschäfte werden hiervon erfasst. Ob ein bestimmtes Rechtsgeschäft zum Aufgabenkreis des Betreuers gehört, ist gegebenenfalls durch Auslegung zu ermitteln. Maßgeblich ist der gerichtliche Bestellungsbeschluss (§ 286 FamFG) nicht die Bestellungsurkunde. Die Übertragung von Aufgaben aus dem Bereich der personalen Angelegenheiten beinhaltet stets auch die Ermächtigung zum Abschluss hierfür notwendiger Rechtsgeschäfte (§ 1815 Rn. 20). Soweit zB die Aufenthaltsangelegenheiten zum Aufgabenkreis des Betreuers gehören, umfasst dies auch den Abschluss entsprechender Heim- oder Mietverträge für Räumlichkeiten, in denen der Betroffene Aufenthalt nehmen soll, auch wenn diese Zahlungspflichten zur Folge haben. Für die Beendigung solcher Verträge, bzw. die Aufgabe von Wohnraum ist § 1833 zu beachten. Die Übertragung der Gesundheitssorge umfasst auch den Abschluss von Arzt- und/ oder Krankenhausverträgen, Geltendmachung von Ansprüchen gegenüber einer

privaten oder gesetzlichen Krankenversicherung etc (dazu § 1358 Abs. 1). Ist dem Betreuer die Vermögenssorge übertragen, umfasst dies auch die Zwangsvollstreckung aus Vollstreckungstiteln zugunsten des Betreuten, aber nicht die Herausgabe persönlicher Briefe und Unterlagen, eine Entrümpelung der Wohnung oder die Anfechtung einer strafrechtlichen Entscheidung (OLG Hamm BtPrax 2007, 226). Um als Beistand in einem Strafrechtsverfahren beteiligt zu werden, bedarf es des Aufgabenkreises Strafverfahren (→ BGB § 1821 Rn. 11 und HK-BetrR/Kieß Rn. 116). Besteht die Betreuung im Bereich der Vermögenssorge, dann hat der Betreuer innerhalb des Aufgabenbereichs einen eigenen Anspruch gegen die Bank oder Sparkasse des Betreuten, dass diese unmittelbar mit ihm korrespondiert (AG Elmshorn BtPrax 2024, 100)

Die Vertretungsbefugnis ist als Kann-Regel ausgestaltet. Damit soll deutlich **5** werden, dass es keine allgemeine Verpflichtung zum Vertreten durch den Betreuer gibt (BT-Drs. 19/24445, 258). Für § 1902 aF hatte der BGH noch festgestellt, dass dieser nicht allein eine Berechtigung, sondern zugleich auch eine Verpflichtung des Betreuers zur Vertretung des Betreuten begründet (BGH 2008, 257).

Ein Betreuer wird nach neuer Rechtslage **nicht** mehr nach Wahl des Vollstreckungsgerichts zur Abgabe einer eidesstattlichen Versicherung/Abgabe einer Vermögensauskunft herangezogen werden können, wenn ihm die Vermögenssorge übertragen und der Betreute geschäftsfähig ist und kein Einwilligungsvorbehalt angeordnet ist (so BGH BtPrax 2011, 38; 2008, 257). Der Betreuer macht nach § 1821 Abs. 1 von seiner Vertretungsmacht nur Gebrauch soweit dies erforderlich ist. Außerdem beinhaltet § 1823 gerade keine Verpflichtung zur Vertretung (zu § 1902 aF BGH BtPrax 2008, 257, NJW 2022, 393 ff.). Ist der Betreute daher handlungsfähig aber handlungsunwillig, so ist ein Betreuerhandeln regelmäßig gerade nicht erforderlich und der Betreuer auch nicht verpflichtet. Das Argument der Verpflichtung zur gesetzlichen Vertretung ist zukünftig nicht mehr tragfähig, so dass die die Verpflichtung zur Abgabe der Versicherung des Betreuers, wie bei einem Bevollmächtigten zu erfolgen hat (BGH BtPrax 2008, 257; NJW 2022, 393 ff.).

Neben der Vertretungsmacht wird mit der Übertragung von Aufenthaltsbestim- **6** mungs- und Umfangsbestimmungsrecht neben der Aufgabe die Aufenthaltsangelegenheiten zu besorgen, die Übertragung einer **tatsächlichen Bestimmungskompetenz,** die über die Wirkung einer Vertretungsbefugnis hinausgeht (Schneider FamRZ 2022, 1 ff.) und auch die Befugnis gegenüber Dritten umfasst (→ BGB § 1834 Rn. 2 ff.).

Für das Vertreterhandeln des Betreuers gelten die allgemeinen Vorschriften über **7** die **Stellvertretung** (§§ 164 ff.) entsprechend. Nach allgemeinen Grundsätzen wird der Betreuer nur dann im Namen des Betreuten tätig und verpflichtet/berechtigt diesen, wenn der Wille, für den Betreuten zu handeln, dem jeweiligen Geschäftspartner erkennbar ist (Offenkundigkeitsprinzip). Das Handeln des Betreuers wird für den Betreuten auch nur wirksam, wenn es sich im Rahmen der gesetzlichen Vertretungsmacht hält. Bei Überschreiten der Vertretungsmacht hängt die Wirksamkeit eines Vertrages von der Genehmigung des Vertretenen ab (§ 177), die der Betreute jedoch nur dann nicht erteilen kann, wenn er geschäftsunfähig nach § 104 Nr. 2 ist. Wird der Vertrag nicht genehmigt, haftet der Betreuer dem Geschäftspartner nach § 179 Abs. 1 auf Erfüllung oder Schadensersatz (→ BGB § 179 Rn. 3). Nach der ausdrücklichen Vorschrift des § 47 FamFG bleiben die von einem wirksam bestellten Betreuer vorgenommenen Rechtsgeschäfte selbst dann wirksam, wenn der Bestellungsbeschluss ungerechtfertigt war und später (ex nunc) aufgehoben wird. Dies gilt auch für Prozesshandlungen des wirksam bestellten Betreuers. Eine Ausnahme gilt nur bei einer von Anfang an unwirksamen, das heißt nichtigen, Betreuerbestellung (OLG Karlsruhe, NJW 2017, 415). Dem Vertrauensschutz des Rechtsverkehrs und dem Gebot der Rechtssicherheit ist hier Vorrang vor dem Schutzbedürfnis des Betreuten zu gewähren. Ein entlassener Betreuer (§ 1868) kann den Betroffenen nicht mehr wirksam vertreten.

8 Mit **dem Ende der Betreuung** (§ 1870) endet die Vertretungsbefugnis. Die Betreuung endet mit der Aufhebung durch das Gericht oder dem Tod des Betreuten. Nach dem Ende der Betreuung durch Aufhebung darf der Betreuer die Besorgung der Angelegenheiten des Betreuten fortführen, bis er von der Beendigung Kenntnis erlangt oder diese kennen muss (§ 1871 Abs. 1). Im Falle des Todes hat der Betreuer im Rahmen des Aufgabenkreises noch Angelegenheiten zu besorgen, die keinen Aufschub dulden, bis der Erbe sie besorgen kann (§ 1874 Abs. 2). Ist der **Betreuer aber vorläufig durch einstweilige Anordnung** bestellt, so endet diese mit dem Fristablauf und spätestens nach sechs Monaten (§ 302 FamFG).

9 Die Bestellung eines Betreuers hat keinen Einfluss auf die **Geschäftsfähigkeit** des Betroffenen. Sie wird ihm nicht entzogen (→ BGB § 1814 Rn. 6). Ob der Betreute mit Blick auf einen konkreten Rechtsakt geschäftsfähig ist oder nicht, richtet sich für die jeweilige Willenserklärung nach § 104 Nr. 2 (→ BGB § 104 Rn. 3 ff.) mit der Folge der Nichtigkeit der Willenserklärungen (§ 105 Abs. 1). Die Geschäftsfähigkeit wird bei volljährigen Menschen vermutet. Ein Betreuter kann daher auch nach Betreuerbestellung selbstständig rechtsgeschäftlich in denjenigen Angelegenheiten handeln, für die ein Betreuer bestellt ist, soweit nicht ein Einwilligungsvorbehalt (§ 1825) angeordnet ist und der Betreute damit auf die Zustimmung des Betreuers angewiesen ist.

Es kann daher grundsätzlich zu widersprüchlichen Rechtsgeschäften durch den Betreuer einerseits und den Betreuten andererseits kommen. Bei Rechtsgeschäften, deren Rechtswirkungen miteinander kollidieren (zB unterschiedliche Verfügungen über den gleichen Gegenstand), gilt das Prioritätsprinzip, dh die zeitlich erste Erklärung hat Vorrang (HK-BetrR/Kieß Rn. 17). Soweit verschiedene Rechtsgeschäfte lediglich wirtschaftliche Folgen haben, sich aber rechtlich nicht widersprechen, verbleibt es dagegen bei der jeweiligen Wirksamkeit. Im Rahmen der Besprechungspflicht hat der Betreuer in Erfahrung zu bringen, ob das Rechtsgeschäft dem Wunsch des Betreuten entspricht und ob er an diesem festhalten möchte. Der Betreute ist bei seiner Entscheidungsfindung zu unterstützen (§ 1821 Rn. 12) und gegebenenfalls sind Möglichkeiten einer Loslösung vom Rechtsgeschäft (etwa durch Widerruf, Rücktritt oder Anfechtung) nach den allgemeinen Vorschriften aufzuzeigen.

10 Die Vertretungsmacht des Betreuers erstreckt sich auch auf die Vertretung im **Prozess** oder **Verwaltungsverfahren** (gerichtlich und außergerichtlich). Die Übertragung eines Aufgabenbereichs Vertretung gegenüber ist dazu weder notwendig noch sinnvoll (→ BGB § 1815 Rn. 13). Die Regelung des § 53 ZPO gilt Kraft Verweisung auch für einige andere Verfahrensordnungen (§ 11 Abs. 3 SGB X; § 71 Abs. 3 SGG; § 62 Abs. 4 VwGO; § 12 Abs. 3 VwVfG) und ist daher von großer Bedeutung.

Eine Person ist nach § 52 ZPO nur insoweit prozessfähig, als sie sich durch Verträge verpflichten kann (§ 104 Nr. 2 oder § 1825) Liegt keine zustandsbedingte Geschäftsunfähigkeit vor, ist der Betreute prozessfähig. § 53 ZPO sieht eine spezifische Regelung vor, die ebenfalls reformiert wurde. Danach kann der Betreuer in jeder Lage des Verfahrens gegenüber dem Prozessgericht schriftlich oder zu

Protokoll der Geschäftsstelle erklären, dass der Rechtsstreit fortan ausschließlich durch ihn geführt wird (**Ausschließlichkeitserklärung** → BGB § 53 Rn. 5 ff.).

Zustellungen richten sich nach § 170a ZPO. Damit wird gesichert, dass sowohl Betreuter als auch Betreuer die Dokumente erhalten. Wird an den Betreuten zugestellt, so hat der Betreuer mit entsprechendem Aufgabenkreis eine Abschrift zu bekommen. Wird hingegen an den Betreuer zugestellt, nachdem dieser die Ausschließlichkeitserklärung abgegeben hat, erhält der Betreute eine Abschrift. Zustellungen in Verwaltungsverfahren richten sich nach § 6 VwZG.

Zur Bestellung eines besonderen Vertreters bei Prozessunfähigkeit der beklagten Partei vgl. § 57 Abs. 1 ZPO, zum Wegfall der Prozessfähigkeit oder des gesetzlichen Vertreters im Verlaufe des Prozesses § 241 ZPO. Diese Norm dient dem Schutz der Betreuten. Solange kein Betreuer für den relevanten Aufgabenkreis bestellt ist, kann eine prozessunfähige Person nicht wirksam zugestellt werden (zB im Räumungsverfahren bzgl. der Wohnung).

III. Grenzen der Vertretungsmacht

Da sich die gesetzliche Vertretungsmacht des Betreuers nur auf rechtsgeschäftliches Handeln bezieht, gilt diese grundsätzlich nicht für **höchstpersönliche Geschäfte.** Teilweise ergeben sich Grenzen auch aus dem Gesetz. 11

Die Einwilligung in eine **ärztliche Maßnahme** ist keine rechtsgeschäftliche Willenserklärung. Für ihre Wirksamkeit kommt es auf die natürliche Einsichts- und Steuerungsfähigkeit des Betroffenen an. Nur bei Einwilligungsunfähigkeit des Betroffenen kann daher der Betreuer, zu dessen Aufgabenkreis dies gehört, an Stelle des Betreuten wirksam einwilligen (§ 630d Abs. 1 S. 2). Unter den Voraussetzungen des § 1829 bedarf er hierzu der Genehmigung des Betreuungsgerichts, wenn kein Einvernehmen zwischen Arzt und Betreuer über den Willen des Betreuten besteht. Ist der Betreute einwilligungsunfähig, ist für die Entscheidung hierüber ein Betreuer zu bestellen (OLG Frankfurt a. M. NJW 2008, 3790), wenn Ehegattenvertretungsrecht (§ 1358) oder Bevollmächtigung nicht greifen.

Für die Einwilligung in eine Sterilisation des besonderen Betreuers gelten 12
besondere Anforderungen (→ BGB § 1830 Rn. 5 ff.). Für die Einwilligung in eine freiheitsentziehende **Unterbringung** und freiheitsentziehende **Maßnahmen** siehe → BGB § 1831 Rn. 3 ff.

Eheschließungen können nach § 1311 Abs. 1 nur persönlich vorgenommen 13
werden. Eine Vertretung durch den Betreuer ist daher ausgeschlossen, auch wenn der Betreute die Eheschließung wünscht, aber insoweit geschäftsunfähig ist und damit gem. § 1304 nicht heiraten kann. Auch ein Einwilligungsvorbehalt kann sich nicht hierauf beziehen (§ 1825 Abs. 2). Der Standesbeamte hat die Pflicht, von Amts wegen vor der Eheschließung die Ehegeschäftsfähigkeit zu prüfen (§ 5 Personenstandsgesetz; zur Ehegeschäftsfähigkeit → BGB § 104 Rn. 5). Im Zweifel entscheidet das Personenstandsgericht. Ist der Betroffene geschäftsunfähig, kann der Betreuer mit dem entsprechenden Aufgabenkreis jedoch die **Aufhebung der Ehe beantragen,** § 1316 Abs. 2 (§ 1815 Rn. 18). Scheidungen sind nicht höchstpersönlicher Natur, sodass eine Vertretung möglich ist. Zur Erhebung des **Scheidungsantrags** durch den Betreuer ist die **betreuungsgerichtliche Genehmigung** gem. § 125 Abs. 2 FamFG erforderlich.

Die **Anfechtung der Vaterschaft** eines Kindes kann durch einen geschäftsfä- 14
higen Betreuten nur durch diesen selbst erfolgen (§ 1600a Abs. 5). Bei einem

geschäftsunfähigen Betreuten kann der Betreuer vertretungsweise handeln (§ 1600a Abs. 2 S. 3). Dies gilt für eine Anfechtung durch den Vater ebenso wie durch die Mutter.

15 Auch bei einer **Vaterschaftsanerkennung** kommt nur bei Geschäftsunfähigkeit des Betreuten ein Vertretungshandeln des Betreuers mit Genehmigung des Betreuungsgerichts in Betracht (§ 1596 Abs. 1 S. 3), ansonsten kann der Betreute nur selbst anerkennen, allerdings ist die Anordnung eines Einwilligungsvorbehalts möglich (§ 1596 Abs. 3). Für einen Widerruf der Anerkennung gelten die gleichen Grundsätze (§ 1597 Abs. 3 S. 2).

16 **Testamente** und **Erbverträge** können nur vom Erblasser persönlich errichtet werden (§§ 2064, 2274). Ein Betreuerhandeln ist hier ausgeschlossen. Dies gilt auch für den Widerruf oder den Rücktritt. Die Anfechtung ist jedoch durch den Betreuer möglich. Die Anordnung eines Einwilligungsvorbehalts kommt hierbei ebenfalls nicht in Betracht (→ BGB § 1825 Rn. 17).

17 Die **elterliche Sorge** eines insoweit Geschäftsunfähigen ruht (§ 1673 Abs. 1). Vertretungshandeln durch einen Betreuer ist nicht möglich. Mit einem zutreffenden Aufgabenbereich (zB Familiengerichtliches Verfahren) kann er die Rechte des betreuten Elternteils in Bezug auf dessen Sorgerecht geltend machen, zB im Verfahren gegen den Entzug oder das Ruhen der elterlichen Sorge oder zu Umgangsregelungen. Hier ist eine Vertretung durch einen Betreuer zulässig, nicht hingegen bei der eigentlichen Ausübung der elterlichen Sorge. Nicht zur Ausübung der elterlichen Sorge, sondern zum Aufgabenbereich Behördenangelegenheiten gehört das Stellen von kinderbezogenen Anträgen des Betreuten bei Behörden, wie Elterngeld, Kindergeld oder Hilfen zur Erziehung. Insoweit geht es um die Geltendmachung der Rechte des Betreuten und nicht des Kindes.

18 **Schenkungen** kann der Betreuer nach neuem Recht mit der **Genehmigung des Betreuungsgerichts** im Namen des Betreuten machen (§ 1854 Nr. 8, ausführlich Reinfahrt BtPrax 2024, 117 ff.).

IV. Einschränkungen der Vertretungsmacht

19 Wegen der Gefahr einer **Interessenkollision** ist der Betreuer bei bestimmten Geschäften von der Vertretung des Betreuten ausgeschlossen, nämlich bei Rechtsgeschäften zwischen Ehegatten, Verwandten in gerader Linie des Betreuers mit dem Betreuten (§ 1824 Abs. 1). Hier ist ein **Ergänzungsbetreuer** nach § 1817 Abs. 4 zu bestellen (→ BGB § 1817 Rn. 13).

20 Nach § 181 kann der Betreuer im Namen des Betreuten mit sich im eigenen Namen oder als Vertreter eines Dritten kein Rechtsgeschäft vornehmen, es sei denn, das Rechtsgeschäft besteht ausschließlich in der Erfüllung einer Verbindlichkeit. Er darf also nicht auf beiden Seiten des Rechtsgeschäftes eine Willenserklärung abgeben, unabhängig davon, ob tatsächlich ein Interessenkonflikt besteht. Deshalb ist ein Mietvertrag unwirksam, den der Vater als Betreuer seines Sohnes und zugleich als Vermieter abschließt (OVG Saarlouis BtPrax 2008, 261). Soweit der Betreuer neben dem Betreuten zum Erben wird, entsteht noch kein Vertretungsausschluss, da sich die Miterben bei einer streitlosen Erbauseinandersetzung nicht gegenüberstehen. Etwas anderes gilt, wenn der Betreuer einen Pflichtteil des Betreuten gegen sich selber geltend machen muss. (→ BGB § 181 Rn. 2)

Ein Entzug der Vertretungsmacht (§§ 1908i, 1796 aF) ist nicht mehr vorgesehen. Hier kommt die **Einschränkung der Aufgabenbereiche** nach § 1871

Abs. 1 in Betracht (BT-Drs. 19/24445, 259), die zu einem Entzug der Vertretungsmacht in dem entsprechenden Aufgabenbereich führt.

Spezialfälle einer möglichen Interessenkollision sind im Versicherungsvertragsgesetz (VVG) geregelt, siehe § 150 Abs. 2, § 179 Abs. 2 VVG. 21

In beiden Fällen soll der Versicherungsnehmer die erforderliche Einwilligung des anderen, dessen Person versichert sein soll, nicht vertretungsweise sozusagen sich selbst erteilen. Voraussetzung ist allerdings, dass der Versicherungsnehmer Vertreter „in den seine Person betreffenden Angelegenheiten" ist, also die gesamte Personensorge zu seinem Aufgabenkreis gehört.

V. Betreuungsgerichtliche Genehmigungsvorbehalte

Einer vorbeugenden Kontrolle des Betreuers dient eine Reihe von Vorschriften, die das wirksame Betreuerhandeln unter den Vorbehalt der gerichtlichen Genehmigung stellt. Dies ist auch eine vorbeugende Sicherungsmaßnahme iSd Art. 12 Abs. 4 UN-BRK, um Rechte, Wille und Präferenzen des Betreuten in wichtigen Angelegenheiten zu wahren. Das Betreuungsrecht enthält insbesondere für Bereiche der Personensorge Genehmigungsvorbehalte, so für gefährliche ärztliche Maßnahmen (§ 1829), für eine Sterilisation (§ 1830), eine freiheitsentziehende Unterbringung oder freiheitsentziehende Maßnahme (§ 1831), eine ärztliche Zwangsmaßnahme (§ 1832), Aufgabe von Wohnraum, wie Kündigung eines Wohnraummietverhältnisses (§ 1833 Abs. 3). 22

Weitere Vorschriften zu den Bereichen der Vermögensverwaltung- und Übertragung finden sich in den **§§ 1848–1854.** Klargestellt ist dabei die ausdrückliche Verpflichtung für die Gerichte im Rahmen des Genehmigungsverfahrens **§ 1821 Abs. 2–4** zu achten. Dazu gehört regelhaft die persönliche Anhörung des Betreuten § 278 FamFG. 23

VI. Vertretung bei Betreuermehrheit

Auch die Bestellung eines Verhinderungsbetreuer (§ 1817 Abs. 4), die grundsätzlich erfolgen soll, ist nicht folgenlos. Die gleichzeitige Bestellung von zwei Betreuern führt dazu, dass im Außenverhältnis beide unabhängig voneinander nach § 1823 vertretungsbefugt sind. Der Verhinderungsbetreuer kann den Betreuten in demselben Umfang vertreten wie der Hauptbetreuer und es besteht das Risiko der **Doppel-Vertretung,** mit der Begrenzung nur im Innenverhältnis nach § 1821. Eine Überschreitung dieser Grenzen ist eine **Pflichtverletzung.** Die Gerichte haben daher bereits bei der Auswahl des Verhinderungsbetreuers die Eignungskriterien zu berücksichtigen. 24

Mehrere Betreuer können auch in der Weise bestellt werden, dass die übertragenen Aufgabenbereiche ganz oder teilweise zusammenfallen. Dies kommt ua dann in Betracht, wenn die zB **Eltern** eines gerade volljährigen Betroffenen in gleicher Weise geeignet erscheinen und wegen des Wunschs des Betreuten auch gemeinsam die Betreuung führen sollen. In diesem Fall können die Betreuer, wenn eine Angelegenheit zum Aufgabenkreis beider gehört, nur gemeinsam handeln (Abs. 3), soweit das Betreuungsgericht nichts andres bestimmt oder mit dem Aufschub **Gefahr** verbunden ist. Bei **Meinungsverschiedenheiten** der Mitbetreuer kann das Betreuungsgericht nach § 1817 Abs. 3 bestimmen, dass ein Betreuer die 25

Angelegenheiten nach Maßgabe des § 1821 allein besorgen kann. oder es hat Maßnahmen nach § 1862 zu treffen.

VII. Untervollmachten

26 Eine **Übertragung der Befugnisse** des Betreuers **auf Dritte** ist grundsätzlich nur in engen Grenzen zulässig, so kann zB ein Rechtsanwalt oder ein Steuerberater bevollmächtigt werden, wenn dies erforderlich ist.

Für den Fall der tatsächlichen Verhinderung des Betreuers sieht das Gesetz nun regelhaft die Bestellung eines Verhinderungsbetreuers vor (→ BGB § 1817 Rn. 10). Zudem setzt die Bestellung eines bestimmten Betreuers voraus, dass dieser geeignet ist, in dem gerichtlich angeordneten Aufgabenkreis die Angelegenheiten des Betreuten nach Maßgabe des § 1821 rechtlich zu besorgen und insbesondere in dem hierfür erforderlichen Umfang, persönlichen Kontakt mit dem Betreuten zu halten. Dazu gehört, dass der Betreuer sich regelmäßig einen persönlichen Eindruck von dem Betroffenen zu verschaffen hat und seiner **Besprechungspflicht** nach § 1821 Abs. 5 nachkommt. Diese Aufgaben sind grundsätzlich nicht delegierbar.

Allerdings ermöglicht eine gesetzlich eingeräumte Vertretungsmacht auch eine Delegation und stets auch die Erteilung von begrenzten Untervollmachten an eigene Hilfskräfte, wenn nicht ausdrücklich durch Gesetz höchstpersönliches Handeln vorgesehen ist oder sonstige gesetzliche Bestimmungen entgegenstehen. Danach sind Generalvollmachten grundsätzlich unzulässig. Darüber hinaus muss der Betreuer den Bevollmächtigten überwachen, haftet für dessen Fehler selbst und darf ihn auch nur als untergeordnete „Hilfskraft" einsetzen, also zB für überschaubare Verwaltungsaufgaben (Kontovollmacht, Anlage von Vermögenswerten etc) oder Assistenzleistungen für den Betreuten.

VIII. Vertreterhandeln in besonderen gesetzlich geregelten Fällen

27 Im Hinblick auf das **Personalausweis- und Passangelegenheiten** werden nach § 9 Abs. 1 S. 1 PAuswG Personalausweise auf Antrag für Deutsche im Sinne des Grundgesetzes ausgestellt. Für Volljährige, die geschäftsunfähig sind, kann der Betreuer als gesetzlicher Vertreter mit entsprechendem Aufgabenbereich den Antrag stellen (§ 9 Abs. 2 S. 1 PAuswG). Das Aufenthaltsbestimmungsrecht ist dazu nicht mehr notwendig. Nach § 6 Abs. 1 S. 1 PassG wird ein Pass nur auf Antrag ausgestellt.

Nach § 1 Abs. 3 PAuswG kann eine **Befreiung von der Ausweispflicht** nur gewährt werden (zB bei dauerhaftem Pflegeheimaufenthalt), wenn für den Betroffenen entweder ein Betreuer bestellt ist (vorläufige Betreuerbestellungen nach §§ 300, 301 FamFG reicht nicht).

28 Im **Strafverfahren** darf ein Betreuter, der wegen einer Krankheit oder einer Behinderung von der Bedeutung eines bestehenden **Zeugnisverweigerungsrechts** keine genügende Vorstellung hat, nur vernommen werden, wenn er zur Aussage bereit ist und auch sein gesetzlicher Vertreter – also der Betreuer – zustimmt. Ist dieser selbst Beschuldigter, so kann er über die Ausübung des Zeugnisverweigerungsrechts nicht entscheiden (§ 52 Abs. 2 StPO). Einen **Strafantrag**

kann bei einer gegen den Betreuten gerichteten Tat der Betreuer nach dem Wortlaut nur stellen, wenn ihm die „persönlichen Angelegenheiten" oder die Personensorge übertragen wurde und der Betreute selbst geschäftsunfähig ist (§ 77 Abs. 3 StGB). Einer ausdrücklichen Zuweisung der Strafantragsbefugnis bedarf es jedoch nicht (BGH NJW 2014, 2968). Diese umfangreichen Aufgabenbereiche werden in der Praxis mit Blick auf den Grundsatz der Verhältnismäßigkeit eher selten vergeben. Ein spezifischer Aufgabenbereich kann die Befugnis zur Antragsstellung durch den Betreuer aber auch umfassen. Die Frage nach der Geschäftsunfähigkeit ist insofern problematisch, als dass die Betreuerbestellung keine Auswirkung auf die Geschäftsfähigkeit hat, auch ein Einwilligungsvorbehalt (§ 1825) führt nicht grundsätzlich zu einer beschränkten Geschäftsfähigkeit. Allerdings ist die Anknüpfung des § 77 Abs. 3 StGB an die Geschäftsunfähigkeit problematisch, denn bei einem Strafantrag geht es um die „Gestattung oder Ermächtigung zur Vornahme tatsächlicher Handlungen, die in den Rechtskreis des Gestattenden eingreifen", für die die Einwilligungsfähigkeit maßgeblich ist (Böhm FamRZ 2014, 1829). Insofern ist die Einwilligungsfähigkeit des Betroffenen hier das Kriterium für die Ausübung der Befugnis des Betreuers.

Vom Recht der Strafantragstellung ist der Betreuer ausgeschlossen, wenn er selbst der Beteiligung an der Tat verdächtig ist (OLG Celle BtPrax 2012, 121). Der Betreuer kann gem. § 298 Abs. 1 StPO selbständig von den zulässigen **Rechtsmitteln** Gebrauch machen. Auch hier muss die Angelegenheit, um die es geht, vom Aufgabenkreis umfasst sein (OLG Celle FamRZ 2026, 67). Dies ist im Einzelnen strittig. Es ist jedenfalls immer dann der Fall, wenn dem Betreuer alle persönlichen Angelegenheiten übertragen sind. Ansonsten dürfte ein separater Aufgabenkreis „Beteiligung am/oder Vertretung im Strafverfahren" notwendig sein. Zur Rolle des Betreuers an Strafverfahren s. Gerdes BtPrax 2021, 53 ff. und → BGB § 1821 Rn. 11.

Für einen **Notar** kann nach § 39 Abs. 1 BNotO auf seinen Antrag durch die 29
Aufsichtsbehörde für die Zeit seiner Abwesenheit oder Verhinderung ein Vertreter bestellt werden. Diesen Antrag kann in seiner Vertretung auch ein Betreuer stellen (§ 39 Abs. 3 S. 4 BNotO). Die Bestellung eines Betreuers hierfür kommt nur in Betracht, wenn der Notar auf Grund einer psychischen Krankheit oder einer Behinderung zur weiteren Ausübung seines Amtes nicht mehr in der Lage und die Vertretung in seinem Interesse erforderlich ist. Unerheblich ist, ob die Antragstellung allein oder neben anderen Aufgaben zum Aufgabenkreis des Betreuers gehört.

Die Erklärung zum **Kirchenaustritt** ist höchstpersönlicher Natur. Die stellver- 30
tretende Erklärung kann nur erfolgen, wenn der Betreute selbst die Erklärung nicht wirksam abgeben kann. Der Kirchenaustritt muss dann dem Wunsch des Betreuten iSd § 1821 Abs. 2 entsprechen. Die vertretungsweise Erklärung kommt in Betracht, wenn der Betreute zur eigenen Kirchenaustrittserklärung nicht in der Lage ist bzw. das formale Verfahren selbst nicht einhalten kann, zB erfolgt der Kirchenaustritt in NRW mündlich zur Niederschrift des Urkundsbeamten des Amtsgerichts oder schriftlich in öffentlich beglaubigter Form. Für die Entgegennahme der Kirchenaustrittserklärung sind nach Landesrecht entweder die Standesämter oder die Amtsgerichte zuständig. Nur in Bremen ist der Austritt bei der Kirche zu erklären. Bezüglich der Möglichkeit der gesetzlichen Vertretung durch einen rechtlichen Betreuer erweisen sich die Regelungen der einzelnen Bundesländer als sehr unterschiedlich. Es gibt Bundesländer, die eine Vertretung durch einen Betreuer keinesfalls zulassen, es gibt Bundesländer, die über die Vertretung

durch einen Betreuer schweigen, und es gibt Bundesländer, die die Erklärung durch einen Betreuer ausdrücklich gestatten, wobei hier wiederum einige eine betreuungsgerichtliche Genehmigung fordern (hierzu Deinert FamRZ 2006, 243). Der Aufgabenkreis des Betreuers muss die Tätigkeit ausdrücklich benennen.

§ 1824 Ausschluss der Vertretungsmacht

(1) **Der Betreuer kann den Betreuten nicht vertreten:**

1. **bei einem Rechtsgeschäft zwischen seinem Ehegatten oder einem seiner Verwandten in gerader Linie einerseits und dem Betreuten andererseits, es sei denn, dass das Rechtsgeschäft ausschließlich in der Erfüllung einer Verbindlichkeit besteht,**
2. **bei einem Rechtsgeschäft, das die Übertragung oder Belastung einer durch Pfandrecht, Hypothek, Schiffshypothek oder Bürgschaft gesicherten Forderung des Betreuten gegen den Betreuer oder die Aufhebung oder Minderung dieser Sicherheit zum Gegenstand hat oder die Verpflichtung des Betreuten zu einer solchen Übertragung, Belastung, Aufhebung oder Minderung begründet,**
3. **bei einem Rechtsstreit zwischen den in Nummer 1 bezeichneten Personen sowie bei einem Rechtsstreit über eine Angelegenheit der in Nummer 2 bezeichneten Art.**

(2) **§ 181 bleibt unberührt.**

Übersicht

I. Überblick

1 Der Ausschluss der Vertretungsmacht war im früheren Recht über das Vormundschaftsrecht für Minderjährige geregelt, § 1795 aF, und durch § 1908i Abs. 1 S. 1 aF sinngemäß auf die Betreuung anwendbar. Nun wird im Vormundschaftsrecht wird nun durch § 1789 Abs. 1 auf die betreuungsrechtliche Regelung verweisen.

2 Die Regelung bewirkt, dass ein Betreuer bei bestimmten Rechtsgeschäften oder Rechtsstreitigkeiten von der gesetzlichen Vertretung (§ 1823) des Betreuten ausgeschlossen ist, um Interessenkonflikte auszuschließen. die isolierte gerichtliche Entziehung der Vertretungsbefugnis des Betreuers wegen erheblichen Interessengegensatzes nicht mehr zulässig (BGB NJW 2025, 3217 ff.). Ob im Einzelfall tatsächlich ein Interessenkonflikt besteht, ist unerheblich. Das Vertretungsverbot umfasst auch die **Prozessführung** (§ 181 entsprechend bzw. Abs. 1 Nr. 3). Sind die Voraussetzungen des § 1824 erfüllt, ist der Betreuer ohne weiteres **kraft Gesetzes** von der Vertretung ausgeschlossen (→ BGB § 181 Rn. 2 ff.); das Betreuungsgericht hat von Amts wegen die Bestellung eines Ergänzungsbetreuers zu prüfen (§ 1817 Abs. 5).

3 Sind in einer Angelegenheit **konkrete Interessenkollisionen** zu befürchten, **ohne** dass die Voraussetzungen des § 1817 vorliegen, hat das Betreuungsgericht

die Einschränkung der Aufgabenbereiche nach § 1871 Abs. 1 vorzunehmen, die zu einem **Entzug der Vertretungsmacht** in dem entsprechenden Aufgabenbereich führt (BT-Drs. 19/24445, 259).

II. Insichgeschäfte (Abs. 2)

Der Betreuer darf nicht auf **beiden Seiten** eines Rechtsgeschäfts auftreten (→ BGB § 181 Rn. 2) dh auf der einen Seite als Vertreter des Betreuten (§ 1823) und auf der anderen Seite in eigenem Namen **(Selbstkontrahieren)** oder als Vertreter eines Dritten **(Mehrvertretung).** 4

Handelt der Betreuer hingegen nur auf der Seite des Betreuten, kann er zugleich in eigenem Namen auftreten oder als Vertreter eines Dritten, zB wenn Betreuer und Betreuter als Miterben ein Nachlassgrundstück an einen Dritten veräußern (→ Rn. 9).

Das Verbot gilt auch für **einseitige** Rechtsgeschäfte. Hier steht der Betreuer auf beiden Seiten, wenn er zugleich als Erklärender und Empfänger auftritt, zB bei Kündigung eines Mietvertrages als Vermieter gegenüber dem Betreuten oder umgekehrt im Namen des Betreuten als Mieter ggü. sich als Vermieter (BayObLG BtPrax 2004, 69). Vgl. aber → Rn. 23 zu einseitigen Rechtsgeschäften nach Abs. 1. 5

Auch im **Grundbuchverfahren** ist § 181 zu beachten. Die Eigentumsumschreibung darf nur erfolgen, wenn die Auflassung wirksam erfolgt ist (§ 20 GBO). Die Eintragung oder Löschung eines sonstigen Rechts, zB einer Grundschuld, kann der Betreuer nur bewilligen (§ 19 GBO), wenn er zur Bestellung oder Aufhebung nach materiellem Recht befugt ist (BGH NJW 1980, 1577). Auch wenn die materiell-rechtliche Erklärung gegenüber dem Grundbuchamt abgegeben werden kann, ist der Betreuer von der Vertretung ausgeschlossen, wenn er sachlich der eigentliche Erklärungsempfänger ist. So kann er als Grundstückseigentümer nicht in Vertretung des Betreuten als Grundschuldgläubiger die Aufhebung des Rechts nach § 875 Abs. 1 S. 2 gegenüber dem Grundbuchamt erklären (BGH NJW 1980, 1577) oder als Erbbauberechtigter in Vertretung des Betreuten, der Inhaber eines Wohnungsrechts am Erbbaurecht ist, der Aufhebung des Erbbaurechts nach § 876 zustimmen (OLG Düsseldorf Rpfleger 1993, 337). 6

Bei der **Erbausschlagung** gegenüber dem Nachlassgericht (§ 1945 Abs. 1) soll § 181 auch dann nicht anzuwenden sein, wenn der Betreuer infolge der Ausschlagung selbst zum Erben berufen ist (BayObLG Rpfleger 1983, 482; str. siehe Buchholz NJW 1993, 1161). Schutz bietet jedoch der Genehmigungsvorbehalt des § 1851 Nr. 1. 7

Beim Abschluss eines **Erbauseinandersetzungsvertrages** ist der Betreuer als Vertreter des Betreuten ausgeschlossen, wenn er Miterbe ist oder einen anderen Miterben vertritt. Denn die Erben tätigen hier untereinander (gegenläufige) Willenserklärungen. Für jeden vertretenen Miterben ist, wenn der Vertreter nach § 1824 bzw. § 181 ausgeschlossen ist, ein Ergänzungsbetreuer (§ 1817 Abs. 5). 8

Wird ein **Nachlassgrundstück** zum Zwecke der Erlösverteilung an einen **Dritten veräußert,** so ist diese Veräußerung nicht Teilakt einer (Teil)-Erbauseinandersetzung, sondern dient nur deren Vorbereitung; der beteiligte Betreuer ist an der Vertretung des betreuten Miterben nicht gehindert, da auf Seiten der Erben nur parallele und keine gegenläufigen Willenserklärungen abgegeben werden (OLG Stuttgart Rpfleger 2003, 501; OLG Jena FamRZ 1996, 185 = Rpfleger 9

1996, 26 mkritAnm Wesche Rpfleger 1996, 198). Anderes gilt dann, wenn in der Kaufvertragsurkunde zugleich die Aufteilung des Erlöses unter den Miterben geregelt wird (s. dazu auch Klüsener Rpfleger 1993, 133).

10 Soll der Betreute durch Vereinbarung mit den Miterben gegen Abfindung aus der fortbestehenden Erbengemeinschaft ausscheiden (**Abschichtung;** BGH Rpfleger 1998, 287), so ist der beteiligte Betreuer von der Vertretung ausgeschlossen.

11 Ist der Betreuer zugleich **Testamentsvollstrecker,** kann er den Betreuten nicht bei der Feststellung des Auseinandersetzungsplans (§ 2204) vertreten (OLG Hamm Rpfleger 1993, 340; Grüneberg/Weidlich BGB § 2204 Rn. 4).

12 Der Betreuer als **Mitgesellschafter** ist von der Vertretung des Betreuten bei der Gesellschaftsgründung ausgeschlossen, desgleichen bei einer späteren Änderung des Gesellschaftsvertrages. Auf gewöhnliche Gesellschafterbeschlüsse hingegen in Angelegenheiten der Geschäftsführung und laufenden Angelegenheiten der Gesellschaft ist § 181 nicht anwendbar. Der Betreuer ist als Mitgesellschafter also nicht von der Ausübung des Stimmrechts im Namen des Betreuten ausgeschlossen (BGH NJW 1976, 49; hM vgl. MüKoBGB/Spickhoff Rn. 8).

13 Durch **Bevollmächtigung** eines Dritten durch den Betreuer, der für den Betreuer oder den Betreuten auftritt, kann der Betreuer § 181 nicht umgehen (BayObLG Rpfleger 1993, 441; KG FGPrax 1998, 81), weil der Betreuer seine Vertretungsmacht nicht im Wege der Untervertretung delegieren darf.

14 Der Betreuer kann auch nicht als Vertreter des Betreuten mit sich als **Vertreter** eines **Dritten ohne Vertretungsmacht** ein Rechtsgeschäft wirksam vornehmen, zB im Namen des Betreuten mit sich als Vertreter ohne Vertretungsmacht des Sozialhilfeträgers eine Vereinbarung treffen über die Sicherung der als Darlehen gewährten Sozialhilfe. Es bedarf dann der Genehmigung beider Vertretenen (§ 177 Abs. 1), die alleinige Genehmigung des vollmachtlos vertretenen Dritten führt nicht zur Wirksamkeit des Rechtsgeschäfts (OLG Düsseldorf FGPrax 1999, 80 mAnm Lichtenberg MittBayNot 1999, 471). Der Betreuer kann nicht in Vertretung des Betreuten das Insichgeschäft gestatten oder genehmigen.

15 Ist ein **Einwilligungsvorbehalt** angeordnet (§ 1825), umfasst das Vertretungsverbot auch die Zustimmung zu Willenserklärungen des Betreuten, die unter das Vertretungsverbot fallen.

16 Bedarf ein Rechtsgeschäft, das der **Betreuer** in **eigenem Namen** abschließt, der Zustimmung des Betreuten, so ist er ebenfalls von der Vertretung ausgeschlossen. Ist zB der Vorerbe zugleich **Betreuer des Nacherben** und veräußert er ein Nachlassgrundstück, so ist er nicht befugt, im Namen des Betreuten zuzustimmen (§§ 2113 Abs. 1, 185 Abs. 1), auch dann nicht, wenn er die Zustimmung nach § 182 gegenüber dem Geschäftsgegner abgibt. Nach aA ist § 181 in diesem Fall nicht anzuwenden (KG FGPrax 2004, 69; OLG Hamm DNotZ 2003, 635; OLG Düsseldorf Rpfleger 1985, 61; Grüneberg/Ellenberger BGB § 181 Rn. 8). Nach Erman/Schulte-Bunert BGB Rn. 3 reicht es aus, dass das einseitige Geschäft darauf zielt, die rechtliche Situation des Betreuten zu beeinflussen.

17 **Ausnahmsweise zulässig** ist das Insichgeschäft, wenn der Vertretene lediglich einen **rechtlichen Vorteil** iSd § 107 erlangt (BGH NJW 1972, 2262), zB bei **Schenkungen.** Bei Schenkungen des **gesetzlichen Vertreters** ist jedoch zum Schutze des Vertretenen in einer **Gesamtbetrachtung** (BGH NJW 1981, 109) bzw. nach geänderter Rechtsprechung in einer **isolierten Betrachtung** (BGH NJW 2005, 415; BGH NJW 2010, 3643) des schuldrechtlichen und des dinglichen Rechtsgeschäfts zu prüfen, ob der Erwerb rechtlich nachteilig ist. Damit wird verhindert, dass der gesetzliche Vertreter das dingliche Rechtsgeschäft als Erfüllung einer für sich gesehen nach § 107 vorteilhaften Verbindlichkeit (§ 181 aE; → Rn. 18) vollzieht, unbeschadet etwaiger mit dem dinglichen Erwerb verbundenen rechtlichen Nachteile. Diese zum Schutz des Minderjährigen vor **belastenden Schenkungen** entwickelten Grundsätze sind auch auf die gesetzliche Vertretung des **Betreuten** anzuwenden. Lediglich rechtlich vorteilhaft sind zB Schenkung und Abtretung einer Forderung (OLG Stuttgart FamRZ 1992, 1423). Kein rechtlicher Nachteil des Eigentumserwerbs ist auch die bei der Schenkung bereits bestehende Belastung mit einer **Grundschuld** (BGH FamRZ 2005, 359) oder einer **Auflassungsvormerkung,** desgleichen der **Nießbrauch,** jedenfalls dann, wenn der Nießbraucher auch die Kosten außergewöhnlicher Ausbesserungen und Erneuerungen sowie die außergewöhnlichen Grundstückslasten zu tragen hat (BGH FamRZ 2005 359) und ebenso wenig die Haftung des Erwerbers für die gewöhnlichen **öffentlichen Lasten** des Grundstücks (BGH FamRZ 2005, 359), anders hingegen im Hinblick auf den mit dem dinglichen Erwerb verbundenen Eintritt in die Mietverträge (§§ 566, 1056) der schenkweise Erwerb eines **vermieteten** Grundstücks, auch wenn das Grundstück mit einem Nießbrauch belastet ist und der Nießbraucher das Grundstück vermietet hat (BGH NJW 2005, 1430; BayObLG NJW 2003, 1129;). Mit rechtlichen Nachteilen ist aber regelmäßig der Erwerb von **Wohnungseigentum** verknüpft, schon wegen des Eintritts in die Wohnungseigentümergemeinschaft als Folge der dinglichen Übertragung, ohne dass es auf den Inhalt der Gemeinschaftsordnung oder das Bestehen eines Mietvertrages ankommt (BGH RPfleger 2011, 203). Diese zum Teil sehr formalistischen Betrachtungsweisen spielen jedoch bei der Genehmigungsfähigkeit gem. § 1850 keine Rolle mehr. Ist hingegen bei **isolierter Betrachtung** der dinglichen Übertragung der Erwerb eines Grundstücks lediglich rechtlich vorteilhaft, ist § 181 nicht anzuwenden, eine **Gesamtbetrachtung** ist in diesem Fall nicht veranlasst; die Übereignung ist wirksam, auch wenn die zugrunde liegende schuldrechtliche Vereinbarung rechtlich nachteilig und damit schwebend unwirksam ist (BGH NJW 2005, 415 in **Abgrenzung** zu BGH NJW 1981, 109). Wird bei einer Grundstücksschenkung eine Rückforderung vorbehalten, die über die bereicherungsrechtliche Rückabwicklung hinausgeht, liegt ebenfalls ein rechtlicher Nachteil vor (BayObLG FGPrax 2004, 123; OLG Köln Rpfleger 2003, 570 (572); Klüsener Rpfleger 1981, 258 (264) und Jürgens/v. Crailsheim, 6. Aufl., § 1821 Rn. 25), der aber nur das schuldrechtliche Geschäft betrifft. Die Aufnahme in eine **Gesellschaft** wird als unmittelbare Zuwendung eines „Bündels von Rechten und Pflichten" stets mit rechtlichen Nachteilen verbunden sein (BGH NJW 1977, 1339 (1341); OLG Zweibrücken FamRZ 2000, 117; LG Aachen Rpfleger 1994, 104; zur Problematik vgl. auch Klüsener Rpfleger 1990, 321 (325)).

Erfüllungsgeschäfte werden vom Vertretungsverbot nicht erfasst **(§ 181 letzter Hs.),** wenn eine **wirksame** Verbindlichkeit besteht, sei es entweder des Betreuten gegenüber dem Betreuer oder dem von diesem vertretenen Dritten oder umgekehrt. Der Betreuer darf also zB Ersatz für seine Aufwendungen dem Vermögen des Betreuten entnehmen (BayObLG Rpfleger 1981, 302). Der Betreuer als Alleinerbe darf durch Insichgeschäft ein dem Betreuten **vermachtes** Grundstück an diesen auflassen, auf die Frage, ob das Geschäft rechtlich vorteilhaft ist oder nicht, kommt es nicht an, denn es dient ausschließlich der Erfüllung einer wirksamen Verbindlichkeit (§ 2174) (BayObLG RNotZ 2004, 329; OLG München NJW-RR 2012, 137; OLG München ZEV 2013, 202; aA OLG München Rpfleger 2013, 434; Jänike/Braun NJW 2013, 2474). Hingegen ist § 181 **18**

letzter Halbsatz nicht anzuwenden, wenn eine rechtlich nachteilige **Schenkung** des Betreuers vollzogen werden soll (teleologische Reduktion des Begriffs auf das „reine" Erfüllungsgeschäft durch isolierte Betrachtung → Rn. 17). Der Betreuer ist also zB gehindert, durch Insichgeschäft ein vermietetes Grundstück in Vollzug der Schenkung an den Betreuten aufzulassen.

19 Der **geschäftsfähige Betreute** kann die **Vertretungsmacht** des Betreuers durch Bevollmächtigung **erweitern** und das Insichgeschäft gestatten oder genehmigen (str.; s. Vorb. § 1802 Rn. 7f, Grüneberg/Götz BGB Rn. 9). Hier gelten die §§ 177 ff. Eine **Gestattung** durch das **Betreuungsgericht** ist ausgeschlossen und führt nicht zur Wirksamkeit (Grüneberg/Götz BGB Rn. 9), anderenfalls würde die vom Gesetz vorgegebene Trennung zwischen gesetzlicher Vertretung und betreuungsgerichtlicher Aufsicht aufgehoben (Buchholz NJW 1993, 1163 (1165)). So liegt auch in der betreuungsgerichtlichen Genehmigung der Aufgabe einer Mietwohnung nach § 1833 keine Gestattung eines diesbezüglichen Insichgeschäfts des Betreuers iSv § 181 (zu § 1907 aF BayObLG BtPrax 2004, 69). Auch **Dritte** können nicht von den Vertretungsverboten befreien. So ist der vom Erblasser befreite Testamentsvollstrecker, der zugleich Betreuer des Erben ist, nicht zu Insichgeschäften mit dem Betreuten befugt (OLG Hamm Rpfleger 1993, 340).

20 Ist ein Rechtsgeschäft genehmigungspflichtig, zB ein Grundstückserwerb (§ 1850 Abs. 1 Nr. 5), so darf ein gegen § 181 verstoßendes Geschäft nicht genehmigt werden (OLG Düsseldorf Rpfleger 1993, 337). Eine dennoch erteilte **Genehmigung heilt** den Vertretungsmangel **nicht** (MüKoBGB/Schneider BGB § 1824 Rn. 11).

21 **Verbotswidrig** vorgenommene Insichgeschäfte sind ohne Vertretungsmacht und daher als **Verträge schwebend unwirksam** (§ 177) als **einseitige Rechtsgeschäfte** grds. **nichtig** (§ 180 S. 1). Über Genehmigung oder Neuvornahme entscheidet ein vom Betreuungsgericht für diese Angelegenheit zu bestellender Ergänzungsbetreuer (§ 1817 Abs. 5).

III. Interessenkollisionen nach Abs. 1

22 Der Betreuer darf den Betreuten nicht vertreten bei einem Rechtsgeschäft zwischen dem Betreuten und dem **Ehegatten** des Betreuers oder einem **Verwandten** in **gerader Linie** des Betreuers (Abs. 1 Nr. 1; zur Verwandtschaft s. § 1589). Erfasst sind somit zB Kinder, Enkel, Eltern, Großeltern des Betreuers, nicht hingegen Geschäfte mit früheren Ehegatten oder Lebenspartnern sowie Verwandten in der Seitenlinie (Geschwister, Geschwisterkinder) oder Verschwägerten; eine analoge Anwendung ist unzulässig (BayObLG Rpfleger 1996, 111), hier ist die Einschränkung des Aufgabenbereichs zu prüfen.

23 Auch **einseitige** Rechtsgeschäfte fallen unter das Verbot des Abs. 1 Nr. 1, zB die Kündigung eines Mietverhältnisses durch den Betreuer für den Betreuten als Mieter gegenüber dem Ehegatten des Betreuers als Vermieter. Umgekehrt ist der Betreuer **nicht gehindert,** eine entsprechende Kündigungserklärung seines Ehegatten als **Passivvertreter** des Betreuten entgegenzunehmen (BayObLG FamRZ 1977, 141; Erman/Schulte-Bunert § 1795 Rn. 3). Diese von § 181 (→ Rn. 5) abweichende Auslegung überzeugt nicht; hier wie dort besteht die Gefahr, dass der Betreuer nicht unbefangen die interessewahrenden Handlungen vornimmt, die ggf. aus Anlass der Erklärung erforderlich sind.

Im Übrigen gilt für den **Anwendungsbereich des Abs. 1 Nr. 1** und die **Ausnahmen** vom Vertretungsverbot das oben zu § 181 Gesagte entsprechend. So greift das Vertretungsverbot nicht, wenn eine wirksame Verbindlichkeit erfüllt wird (Abs. 1 Nr. 1 aE) oder das Rechtsgeschäft dem vertretenen Betreuten lediglich einen rechtlichen Vorteil bringt (BayObLG FGPrax 2004, 123 mwN; → Rn. 17). **24**

Der Betreuer ist ferner ausgeschlossen von Rechtsgeschäften, die sich auf eine **Forderung des Betreuten** gegen ihn beziehen, wenn die Forderung durch Pfandrecht, Hypothek oder Bürgschaft **gesichert** ist (Abs. 1 Nr. 2); entsprechend anwendbar bei Sicherung durch Sicherungsgrundschuld oder Sicherungseigentum (str. MüKoBGB/Spickhoff Rn. 33; Dodegge/Roth Teil D Rn. 77 je mwN). Der Betreuer darf weder über die Forderung, noch über das Sicherungsrecht verfügen, zB durch Abtretung der Forderung oder Auswechslung der Sicherheit. **25**

Nach allgemeinen Grundsätzen kann im **Prozess** niemand auf **beiden Seiten** Partei oder Vertreter einer Partei sein (Grüneberg/Ellenberger § 181 Rn. 5). Abs. 1 Nr. 3 schließt den Betreuer darüber hinaus von der Vertretung in Rechtsstreitigkeiten des Betreuten mit dem Ehegatten oder einem Verwandten in gerader Linie des Betreuers aus. Das Vertretungsverbot gilt im **Zivilprozess** und ebenso in den **echten Streitsachen** der **freiwilligen Gerichtsbarkeit,** zB Wohnungseigentumssachen, nicht hingegen in Fürsorgesachen, wie dem Erbscheinverfahren (allgA, Grüneberg/Götz BGB § 1795 Rn. 6). Das Verbot betrifft nur die **Prozessführung.** Ob ein Prozess überhaupt geführt werden soll, entscheidet der Betreuer, auch wenn er betroffen ist, zB bei einem Schadensersatzanspruch des Betreuten gegen den Betreuer. Diese Entscheidung ist weder Rechtsgeschäft noch Verfahrenshandlung und wird von § 1795 nicht erfasst (BGH NJW 1975, 345; BayObLG FGPrax 2003, 268); OLG Hamm FamRZ 1993, 1122 (1123)); ggf. hat das Betreuungsgericht den Aufgabenbereich nach § 1871 einzuschränken. **26**

§ 1825 Einwilligungsvorbehalt

(1) [1]**Soweit dies zur Abwendung einer erheblichen Gefahr für die Person oder das Vermögen des Betreuten erforderlich ist, ordnet das Betreuungsgericht an, dass der Betreute zu einer Willenserklärung, die einen Aufgabenbereich des Betreuers betrifft, dessen Einwilligung bedarf (Einwilligungsvorbehalt).** [2]**Gegen den freien Willen des Volljährigen darf ein Einwilligungsvorbehalt nicht angeordnet werden. Die §§ 108 bis 113, 131 Absatz 2 und § 210 gelten entsprechend.**

(2) **Ein Einwilligungsvorbehalt kann sich nicht erstrecken**

1. **auf Willenserklärungen, die auf Eingehung einer Ehe gerichtet sind,**
2. **auf Verfügungen von Todes wegen,**
3. **auf die Anfechtung eines Erbvertrags,**
4. **auf die Aufhebung eines Erbvertrags durch Vertrag und**
5. **auf Willenserklärungen, zu denen ein beschränkt Geschäftsfähiger nach den Vorschriften dieses Buches und des Buches 5 nicht der Zustimmung seines gesetzlichen Vertreters bedarf.**

(3) [1]**Ist ein Einwilligungsvorbehalt angeordnet, so bedarf der Betreute dennoch nicht der Einwilligung seines Betreuers, wenn die Willenserklärung dem Betreuten lediglich einen rechtlichen Vorteil bringt.** [2]**Soweit**

das Gericht nichts anderes anordnet, gilt dies auch, wenn die Willenserklärung eine geringfügige Angelegenheit des täglichen Lebens betrifft.

(4) **Auch für einen Minderjährigen, der das 17. Lebensjahr vollendet hat, kann das Betreuungsgericht einen Einwilligungsvorbehalt anordnen, wenn anzunehmen ist, dass ein solcher bei Eintritt der Volljährigkeit erforderlich wird.**

Übersicht

I. Überblick

1 Die frühere Vorschrift über den Einwilligungsvorbehalt nach § 1903 Abs. 1 bis 3 aF findet sich ganz überwiegend in der neuen Regelung wieder. Hinzugefügt wurde in Abs. 1 S. 2 der Satz: **„Gegen den freien Willen des Volljährigen darf ein Einwilligungsvorbehalt nicht angeordnet werden."** Damit berücksichtigt der Wortlaut nun die Bedeutung des Rechtseingriffs für den Betreuten durch den Einwilligungsvorbehalt und die durch die Rechtsprechung entwickelten Schwelle für die Anordnung des Einwilligungsvorbehalts (seit BayObLG FamRZ 1993, 998). Der Einwilligungsvorbehalt war wegen der Beschränkung der rechtlichen Handlungsfähigkeit kritisiert worden (Lachwitz BtPrax 2008, 143 ff., DIMR Stellungnahme August 2020; ausführlich zum Verhältnis zu Art. 12 UN-BRK: Brosey BtPrax 2014, 243 ff.). Der Gesetzgeber stellt klar, dass das Selbstbestimmungsrecht durch den Einwilligungsvorbehalt nicht aufgehoben wird, sondern den Wünschen des Betreuten auch iRd Einwilligungsvorbehalts entsprechend **§ 1821** zu entsprechen ist (BT-Drs. 19/24445, 259).

Abs. 4 enthält die in § 1908a aF geregelte vorsorgliche Anordnung eines Einwilligungsvorbehalts für einen noch 17-Jährigen. Die in § 1903 Abs. 4 durch Verweisung auf § 1901 Abs. 5 aF enthaltene **Mitteilungspflicht** an das Betreuungsgericht ist nun in § 1864 Abs. 2 Nr. 5 enthalten.

Ist ein Einwilligungsvorbehalt erstmalig angeordnet, so ergibt sich mit Blick auf eine Verlängerung in § 295 Abs. 2 S. 2 FamFG eine Neuerung. Ist der Einwilligungsvorbehalt gegen den erklärten natürlichen Willen des Betroffenen angeordnet worden, so ist die erstmalige **Verlängerung spätestens nach zwei Jahren** zu entscheiden.

II. Regelungszweck

Die Bestellung eines Betreuers hat keinen Einfluss auf die Geschäftsfähigkeit des Betreuten (→ BGB § 1814 Rn. 7). Die Geschäftsfähigkeit wird bei Volljährigen vermutet, so dass auch ein Betreuter grundsätzlich in denjenigen Angelegenheiten, für die der Betreuer bestellt ist, rechtlich wirksame **Willenserklärungen** abgeben kann (→ BGB § 1823 Rn. 4). Sofern er bei der Abgabe einer Willenserklärung geschäftsunfähig ist (→ BGB § 104 Nr. 2 Rn. 3 ff.), ergibt sich deren (§ 105 Abs. 1) mit der Beweislast für denjenigen, der sich auf die Nichtigkeit wegen Geschäftsunfähigkeit beruft. Stimmt der Betreuer einem Rechtsgeschäft des Betreuten iR seines Aufgabenkreises zu, so führt dies stets zur Wirksamkeit eines Rechtsgeschäfts, wenn der Betreute geschäftsunfähig iSd § 1904 Nr. 1 war und zwar unabhängig dem Bestehen eines Einwilligungsvorbehaltes (Lipp FamRZ 2003, 724 mwN → Rn. 21 und → BGB § 105 Rn. 3). 2

Um erhebliche Gefahren für die Person oder das Vermögen des Betreuten abzuwenden, ordnet das Betreuungsgericht einen Einwilligungsvorbehalt nach Abs. 1 an, soweit dies erforderlich ist, um diese Gefahren abzuwenden. Im Wirkkreis des Einwilligungsvorbehalts kann der Betreute dann nicht mehr allein wirksam handeln, sondern ist auf die Zustimmung des Betreuers angewiesen. Die Zustimmung ist ein Mittel des präventiven Schutzes, den der Betreuer verwirklicht. Die Zuständigkeit über das Herstellen der Wirksamkeit der vom Betreuten abgegebenen Willenserklärungen wurde damit dem Betreuer übertragen. Die Wirksamkeit der Willenserklärungen steht unter dem Vorbehalt der vorherigen Einwilligung des Betreuers oder der nachträglichen Genehmigung (→ Rn. 14 ff.).

Die Anordnung eines Einwilligungsvorbehaltes bedeutet **einen schwerwiegenden Eingriff in die Grundrechte des Betreuten** (BGH BtPrax 2018, 115; 2017, 114; 2017, 73). Daher sind nach der gefestigten Rechtsprechung des BGH vor der Anordnung umfangreiche Ermittlungen erforderlich (vgl. §§ 278 ff. FamFG). Da die Anordnung einen direkten Eingriff in die rechtliche Handlungsfähigkeit des Betreuten bedeutet, wird die Vereinbarkeit mit Art. 12 UN-BRK in Frage gestellt. Dagegen kann eingewendet werden, dass der Einwilligungsvorbehalt – pflichtgemäß angewendet – ein angemessenes Schutzinstrument ist, das gegen den Willen des Betroffenen nur angeordnet werden darf, wenn eine eingeschränkte Fähigkeit zur Willensbildung festzustellen ist, die gerade auch Auswirkungen auf die Fähigkeit zur Selbstbestimmung hat (so bereits BT-Drs. 11/4528 138 und BayObLG FamRZ 1993, 998). Zum anderen hat der Betreuer bei der Ausübung seiner Aufgaben, die Wünsche des Betreuten nach § 1821 zu beachten, so dass der Betreute einen Anspruch auf Zustimmung zu seiner Willenserklärung hat, sofern kein Fall des § 1821 Abs. 3 vorliegt. Nur in den Fällen, in denen auch situativ die Anforderungen des Einwilligungsvorbehalts vorliegen, hat der Betreuer den Bereuten als Ultima Ratio soweit vor erheblichen Selbstschädigung zu bewahren, die dieser selbst nicht erkennen kann. 3

III. Gefahrenlage

1. Erhebliche Gefahr

4 Voraussetzung ist eine konkrete erhebliche Gefahr für die Person oder das Vermögen des Betreuten durch von diesem in der Zukunft abzugebende Willenserklärungen (Brosey/Lesting/Loer/Marschner BetreuungsR Rn. 117 ff.; Grüneberg/Götz BGB Rn. 4). Es muss sich dabei um eine erhebliche Gefahr handeln, für die **hinreichend konkrete Anhaltspunkte** vorliegen müssen (BGH NJW 2024, 1270, BtPrax 2018, 115; 2017, 73; 2011, 208), die eine erhebliche Selbstschädigung an persönlichen und wirtschaftlichen Gütern erwarten lassen. Auch beim umfangreichen Vermögen müssen konkrete Anhaltspunkte für eine Vermögensgefährdung erheblicher Art vorliegen (BGH NJW 2024, 1270, NJW 2017, 1958). Eine Gefährdung kann gegeben sein, wenn der Betroffene vermögenserhaltende oder -schützende Maßnahmen des Betreuers konterkariert (BGH FamRZ 2026, 66-67). Es kann nicht darum gehen, den Betroffenen von der Verfügung aus reiner Vorsicht auszuschließen, sondern es muss eine wesentliche Beeinträchtigung des Betreuten in seiner konkreten Lebenssituation zu erwarten sein. Eine Gefahr für das Vermögen des Betreuten kann sich auch daraus ergeben, dass er sein umfangreiches Vermögen nicht überblicken und verwalten kann und konkrete Anhaltspunkte für eine Vermögensgefährdung erheblicher Art vorliegen (BGH BeckRS 2015, 14297). Die bloße Möglichkeit der Selbstschädigung reicht nicht aus (BGH BtPrax 2016, 147; 2011, 208). Es muss daher auch festgestellt werden, dass der Betreute überhaupt am Rechtsverkehr teilnimmt und dass er hierbei Willenserklärungen abgeben werde, die ihm nachteilig sind. Die bloße Befürchtung, er würde möglicherweise künftig rechtsgeschäftlich handeln, genügt hierfür nicht. Auch die missbräuchliche Einflussnahme von Dritten kann eine Gefahr begründen und damit einen Einwilligungsvorbehalt erforderlich machen (vgl. Art. 12 Abs. 4 UN-BRK).

5 Gefahren für die **Person** liegen vor, wenn durch die vom Betroffenen abgegebenen Willenserklärungen negative Auswirkungen auf wichtige personenbezogene Rechtsgüter wie Leben, Gesundheit und Freiheit zu erwarten sind, etwa durch die Kündigung von Mietverträgen, und somit der tägliche Bedarf nicht gesichert werden kann oder es zu erheblichen psychischen Belastungen durch nachteilige Geschäfte kommt. Eine Gefahr für das **Vermögen** liegt vor, wenn wirtschaftlich nachteilige Geschäfte abgeschlossen werden, regelmäßig oder von erheblichem Umfang (zB Eingehung von erheblichen Verpflichtungen ohne Gegenleistung, BayObLG BtPrax 2000, 123) das Vermögen für Dinge eingesetzt wird, die nach den Lebensverhältnissen und aus dessen Perspektive für den Betroffenen selbst keinen Nutzen bringen (Mietverträge, hierzu BayObLG BtPrax 1997, 160). Hier ist aber streng zu prüfen, ob ein Einwilligungsvorbehalt erforderlich ist und nicht auch durch unterstützte Entscheidungsfindung (§ 1821 Abs. 1) die Gefahr abgewendet werden kann. Zudem muss es sich um erhebliche Gefahren handeln, so dass lediglich geringfügige Vermögensnachteile einen Einwilligungsvorbehalt nicht begründen können (Brosey/Lesting/Loer/Marschner BetreuungsR Rn. 118). Der Betroffene soll nicht von dem Genuss seines Vermögens ausgeschlossen werden, auch wenn die Ausgaben aus der Sicht Dritter unvernünftig erscheinen. Nicht jede Vermögenseinbuße ist eine Gefährdung im Sinne der Vorschrift (s. auch → Rn. 7). Das verfassungsrechtlich geschützte Selbstbestimmungsrecht des Betreuten erfordert, dass der Betreuer dessen Wunsch nicht wegen

Vermögensgefährdung ablehnen darf, solange dieser sich von seinen Einkünften und aus seinem Vermögen voraussichtlich bis zu seinem Tod wird unterhalten können, selbst wenn durch die Erfüllung der Wünsche des Betreuten dessen Vermögen erheblich geschmälert wird (BGH BtPrax 2018, 115). Ein Einwilligungsvorbehalt kann auch notwendig sein, um eine (weitere) Verschuldung des Betroffenen zu verhindern (BGH BtPrax 2016, 117; BayObLG BtPrax 1997, 160) oder um Vermögensschädigungen durch einen Bevollmächtigten, dessen Vollmacht möglicherweise unwirksam ist, zu verhindern (BayObLG FamRZ 2004, 1814). Bei massenhaft erhobener, von vornherein aussichtslosen Klagen, kann ein Einwilligungsvorbehalt für Behördenangelegenheiten und gerichtliche Auseinandersetzungen angeordnet werden, um weitere Gefahren für das Vermögen durch entstehende Kosten zu vermeiden (KG BtPrax 2007, 84). Werden aber nur gerichtskostenfreie Verfahren betrieben, scheidet eine Vermögensgefährdung aus und ein Einwilligungsvorbehalt kommt nicht in Betracht. Aufgabe des Einwilligungsvorbehaltes ist es nicht, Behörden oder Gerichten zeitaufwendige „Querulatoren" zu ersparen. Die Voraussetzungen liegen nur vor, wenn die konkrete Gefährdung durch ein aktives Tun des Betreuten zu befürchten ist, zB auch dadurch, dass er vermögenssichernde Maßnahmen des Betreuers konterkariert (BGH BtPrax 2018, 197 mwN).

Ein Einwilligungsvorbehalt kann nicht weiterhelfen, wenn der Betroffene einem Sparzwang unterliegt und deshalb auch lebensnotwendige Lebensmittel nicht beschafft. Eine Vermögensgefahr liegt dann gerade nicht vor (LG München I BtPrax 1999, 114). Beim Tätigwerden des Betreuers ist die Regelung in § 1821, insbesondere Abs. 2 S. 1, zu beachten: Der Betreute muss im Rahmen des Möglichen sein Leben nach eigenen Wünschen und Vorstellungen gestalten können, also auch aus dritter Perspektive „unvernünftige" Verfügungen über sein Vermögen treffen können. Auch hier ist der Betreute zu unterstützen, um seine Wünsche und Präferenzen zu bilden und ggf. über die nachteiligen Folgen seiner Wünsche, adressatengerecht informiert zu werden (§ 1821 Abs. 5). Die Beratung des Betreuers durch das Gericht und die Aufsicht sind im weiteren Verlauf besonders wichtig für die Wahrung der Rechte des Betreuten (§§ 1861 ff.). 6

2. Keine Anordnung gegen den freien Willen

Eine Neuerung im Wortlaut ist in Abs. 1 S. 2, dass gegen den freien Willen 7
des Volljährigen ein Einwilligungsvorbehalt nicht angeordnet werden darf. Damit greift der Gesetzgeber das durch die Rechtsprechung einwickelte ungeschriebene Tatbestandsmerkmal auf. Schon seit 1993 muss festgestellt werden, dass der Betreute auf Grund der der Betreuerbestellung zugrunde liegenden psychischen Krankheit oder geistigen/seelischen Behinderung **nicht in der Lage** ist, **seinen Willen frei zu bestimmen** (BayObLG FamRZ 1993, 851; BayObLG BtPrax 1999, 681; FamRZ 1998, 454). Die Fähigkeit des Erkennens, der Willensbildung oder -steuerung muss zumindest erheblich eingeschränkt sein. Diese im Rahmen von § 1903 aF ungeschriebene Voraussetzung folgte aus der verfassungskonformen Auslegung. Die Grundrechte schützen die Freiheit des Einzelnen, so dass der Staat kein Recht hat, „seine erwachsenen und zur freien Willensbildung fähigen Bürger zu erziehen, zu bessern oder sie daran zu hindern, sich selbst zu schädigen" (BayObLG BtPrax 2000, 123; FamRZ 1993, 851).

Der freie Wille ist ein Rechtsbegriff. Die freie Willensbildungsfähigkeit besteht 8
aus den Elementen der Einsichtsfähigkeit und der Fähigkeit, nach dieser Einsicht

zu handeln (→ BGB § 1814 Rn. 30 ff.; → BGB § 104 Rn. 3 ff.). Als Voraussetzung für einen Einwilligungsvorbehalt heißt dies, dass sich die mangelnde Einsichtsfähigkeit darauf beziehen muss, was der Einwilligungsvorbehalt bezweckt. Dies sind die Gefahren für Person oder Vermögen durch eigenes rechtsgeschäftliches Handeln, denn vor diesen Gefahren soll der Betreute geschützt werden. Kann der Betroffene nicht erkennen, dass er seine Person oder sein Vermögen zukünftig erheblich gefährdet, und kann er keine Handlungsalternativen erfassen, so ist die Selbstbestimmungsfähigkeit im Hinblick auf eine bevorstehende Selbstgefährdung ausgeschlossen (Brosey BtPrax 2014, 243). Ist die Fähigkeit nicht aufgehoben, darf gegen den Willen des Betreuten kein Einwilligungsvorbehalt angeordnet werden. Allein die Unsicherheit, ob der Betreute geschäftsfähig ist oder nicht, reicht nicht aus (BGH BtPrax 2018, 115).

3. Verhältnis zur Geschäftsunfähigkeit

9 Ebenso wie die Bestellung eines Betreuers ist auch die Entscheidung über einen Einwilligungsvorbehalt unabhängig davon, ob der Betreute geschäftsfähig oder geschäftsunfähig ist (BGH BtPrax 2018, 115; BayObLG BtPrax 1994, 136). Die Geschäftsunfähigkeit begründet keinen Status der Person, sondern beschreibt einen (situativen) Zustand, an den rechtliche Folgen geknüpft werden (→ BGB § 104 Rn. 5). Der Ausschluss der rechtlichen Anerkennung nach §§ 104 Nr. 2, 105 betrifft nur einen jeweiligen konkreten Rechtsakt (Lipp FamRZ 2003, 722). Willenserklärungen im Zustand der Geschäftsunfähigkeit sind damit nach § 105 Abs. 1 unwirksam, so dass es eines Einwilligungsvorbehalts nicht bedürfte. Der Einwilligungsvorbehalt geht darüber hinaus, da alle künftigen Rechtsakte im Wirkbereich der Beschränkung unterliegen. Auch die Geschäftsunfähigkeit hat die Funktion das Selbstbestimmungsrecht und die Person vor Nachteilen zu schützen. Allerdings müsste im Streitfall der Betreute seine Geschäftsunfähigkeit jeweils nachträglich beweisen, wenn er sich von einer Verpflichtung lösen will, was erhebliche Schwierigkeiten bereiten kann. Zum anderen wechseln bei vielen Betroffenen die Zustände der Geschäftsfähigkeit mit Zuständen der Geschäftsunfähigkeit ab und die Grenzen zwischen Geschäftsunfähigkeit und -fähigkeit sind ohnehin fließend und für jede einzelne Willenserklärung festzustellen (BGH BtPrax 2018, 115; s. → BGB § 104 Rn. 5). Der Einwilligungsvorbehalt gewährleistet daher einen effektiveren Schutz als die §§ 104 Nr. 2, 105. Der Betreute kann auf die fehlende Zustimmung des Betreuers verweisen. Das Vorliegen möglicher situativer Geschäftsunfähigkeit steht der Anordnung eines Einwilligungsvorbehalts daher nicht entgegen (BGH FamRZ 2026, 66; BGH BtPrax 2018, 115; BayObLG BtPrax 1994, 136).

Ein Einwilligungsvorbehalt kommt von vornherein nicht in Betracht, wenn der Betreute offensichtlich gar nicht handeln kann. Auf der anderen Seite ist ein Einwilligungsvorbehalt dort nicht erforderlich, wo der Betreute ohnehin handlungsunfähig ist oder keine Willenserklärungen abgeben kann. Denkbar ist aber auch, dass Gefahren durch den **Empfang von Willenserklärungen** drohen (§ 131). Der Einwilligungsvorbehalt hat besondere Bedeutung gerade dann, wenn von Seiten des Betreuten (rechtsgeschäftliche) Aktivität entwickelt wird und nicht offensichtlich ist, ob er geschäftsunfähig ist, oder seine persönliche Situation – wie zB häufig bei psychischen Krankheiten – so unterschiedlich ist, dass Zustände der Geschäftsfähigkeit mit solchen der Geschäftsunfähigkeit regelmäßig abwechseln. Die Anordnung eines Einwilligungsvorbehaltes kann daher zum Schutz des

Betreuten und zur Vermeidung von Unsicherheiten zum Schutz des Betreuten sinnvoll und geboten sein (BGH BtPrax 2014, 129; Grüneberg/Götz BGB Rn. 10). Allein die Unsicherheit reicht als Voraussetzung jedoch nicht (BGH BtPrax 2018, 155).

4. Interessen Dritter

Die Anordnung eines Einwilligungsvorbehalts ist nur zur Abwendung erheblicher Gefahren für den Betreuten zulässig, nicht aber im **Drittinteresse** (HK-BetrR/Kieß Rn. 24). Weder das Interesse der Erben an einem möglichst ungeschmälerten Nachlass noch die Gefährdung der Gläubigerinteressen durch Minderung des vollstreckungsfähigen Vermögens können daher einen Einwilligungsvorbehalt begründen. 10

5. Erforderlichkeit

Auch der Einwilligungsvorbehalt unterliegt wie die Bestellung des Betreuers dem Erforderlichkeitsgrundsatz (→ BGB § 1814 Rn. 36 ff.). In diesem Zusammenhang stellen sich die Fragen des Ob und die Frage des Umfangs. Die Erforderlichkeit muss unter Berücksichtigung des **Verhältnismäßigkeitsgrundsatzes** für jeden Aufgabenbereich geprüft und konkretisiert werden (HK-BetrR/Kieß Rn. Rn. 20 ff.; Brosey/Lesting/Loer/Marschner BetreuungsR Rn. 121 ff.). Zu fragen ist auch, ob durch Beratung und Unterstützung die erhebliche Gefahr bereits abgewendet werden kann. So können durch Vereinbarungen mit dem Betreuten auch weniger einschränkende Maßnahmen den notwendigen Schutz bieten, zB die Eröffnung eines 2. Kontos, über das der Betreute frei verfügen kann oder die wöchentliche Überweisung von Teilen seines Einkommens, die Zahlung von Sozialleistungen direkt an den Vermieter. Zudem sind die **Widerrufsmöglichkeiten bei Verbraucherverträgen** nach § 312g, zB bei Online-Verträgen, Katalogbestellungen, Haustürgeschäften oder Verträge außerhalb der Geschäftsräume zB in der Fußgängerzone, ebenfalls ein effizientes Mittel um nachteilige Folgen durch Rechtsgeschäfte abzuwenden. Der Betreuer muss hier auf die Fristen achten. Ist der Betreute nicht kooperativ, kann ein Einwilligungsvorbehalt erforderlich sein. 11

Der Einwilligungsvorbehalt kann daher auf **einzelne Willenserklärungen** beschränkt werden, zB auf solche, die einen bestimmten Gegenstandswert übersteigen (BayObLG BtPrax 1994, 30: über 500 DM monatlich). Er kann auch gegenständlich eingegrenzt werden (BayObLG BtPrax 1995, 143: nur für Verwaltung und insbesondere Sanierung eines bestimmten Hauses). Beruht die Gefährdung des Vermögens nahezu ausschließlich auf Rechtsgeschäften, die Dauerschuldverhältnisse und Ratenzahlungsvereinbarungen betreffen, reicht ein hierauf beschränkter Einwilligungsvorbehalt für den Schutz aus.

Ein Einwilligungsvorbehalt ist nicht erforderlich, um dem Betreuer ein Handeln gegen den natürlichen Willen des Betreuten zu ermöglichen. Der Betreuer kann nach§ 1823 zum Schutz des Betreuten rechtsgeschäftlich und in Vertretung auch gegen dessen Wunsch handeln und darf dies nach § 1823 Abs. 3 tun, soweit die Person des Betreuten oder dessen Vermögen hierdurch erheblich gefährdet würde und der Betreute diese Gefahr aufgrund seiner Krankheit oder Behinderung nicht erkennen oder nicht nach dieser Einsicht handeln kann. Dann darf der Betreuer auch gegen den Wunsch des Betreuten von seiner Vertretungsbefugnis Gebrauch machen, wenn dies § 1821 Abs. 4 entspricht. Eines Einwilligungsvorbe- 12 haltes bedarf es daher nur dann, wenn der Betreute durch eigenes Handeln die Entscheidungen des Betreuers rechtswirksam aufhebt. Ein Einwilligungsvorbehalt ist aber kein Disziplinierungsinstrument bei bloßen Meinungsverschiedenheiten zwischen Betreuer und Betreutem (MüKoBGB/Schneider Rn. 13).

IV. Umfang und Grenzen des Einwilligungsvorbehalts

13 Ein Einwilligungsvorbehalt kann nur für **Willenserklärungen** des Betreuten angeordnet werden und für rechtsgeschäftsähnliche Handlungen, nicht jedoch für rein tatsächliches Handeln. (Brosey/Lesting/Loer/Marschner BetreuungsR Rn. 120; HK-BetrR/Kieß Rn. Rn. 26 ff.; OLG Hamm BtPrax 1995, 70). Bei Einwilligungen in ärztliche Maßnahmen/Heileingriffe, eine Sterilisation, einen Schwangerschaftsabbruch oder in eine freiheitsentziehende Maßnahme handelt es sich nicht um Willenserklärungen, sondern um **Einwilligungen in Rechtsgutsverletzungen und damit höchstpersönliche Entscheidungen.** Sie können gerade nicht Gegenstand eines Einwilligungsvorbehalts sein (OLG Hamm BtPrax 1995, 70, Bienwald/Bienwald Rn. 8; zur Einwilligungsunfähigkeit → BGB § 630d Rn. 7). Ist der Betreute einwilligungsfähig, ist ausschließlich er selbst für die Einwilligung zuständig. Nur im Fall der Einwilligungsunfähigkeit ist nach § 630d Abs. 1 S. 2 ein Berechtigter (Betreuer/Bevollmächtigter/Ehegatte iRd § 1358) befugt, die Einwilligung vertretungsweise zu erklären. Anforderungen an vertretende Entscheidungen gegen den natürlichen Willen des Betreuten **(Zwangsmaßnahmen)** sind in §§ 1831, 1832 besonders geregelt.

Für tatsächliches Handeln ist der Einwilligungsvorbehalt ebenfalls ungeeignet (HK-BetrR/Kieß Rn. 26) und damit nicht verhältnismäßig, weil dieser nicht zielführend ist, um dadurch das Verhalten des Betreuten tatsächlich zu verhindern.

14 Das Gleiche gilt auch für die **Aufenthaltsbestimmung** (LG Hildesheim BtPrax 1996, 230), soweit es um die Ausübung des tatsächlichen Bestimmungsrechts als Realakt geht (HK-BetrR/Kieß Rn. 26). Zwar ist nach der ausdrücklichen Erwähnung in § 309 Abs. 2 FamFG davon auszugehen, dass sich ein Einwilligungsvorbehalt auch auf den Aufgabenbereich der Aufenthaltsbestimmung erstrecken kann (hierzu BayObLG FamRZ 1993, 851). Allerdings wirkt dieser nur für Willenserklärungen im Zusammenhang mit der Aufenthaltsbestimmung, also etwa Abschluss oder Kündigung von Miet- oder Heimverträgen. Auch wenn für den Bereich der Gesundheitsfürsorge ein Einwilligungsvorbehalt angeordnet wäre, würde dieser nur für Willenserklärungen gelten, die von diesem Aufgabenbereich umfasst sind, etwa für den Abschluss von Arzt- und/oder Krankenhausverträgen (Klüsener/Rausch NJW 1993, 617).

15 Das Gesetz nennt außer in § 309 Abs. 2 FamFG noch an weiteren Stellen ausdrücklich die Möglichkeit eines Einwilligungsvorbehalts. So kann nach § 1596 Abs. 3 ein geschäftsfähiger Betreuter nur selbst die **Anerkennung einer Vaterschaft** erklären. Allerdings kann hierfür ein Einwilligungsvorbehalt angeordnet werden („§ 1825 bleibt unberührt"). Ein Einwilligungsvorbehalt für diese Erklärungen kann ausdrücklich angeordnet werden.

16 Vom Einwilligungsvorbehalt können nur Willenserklärungen umfasst sein, die zu einem **Aufgabenbereich** des Betreuers gehören (Akzessorietät). Der Einwilligungsvorbehalt kann niemals weiter reichen als die einzelnen Aufgabenbereiche. Er kann und sollte allerdings in seinem Umfang dahinter zurückbleiben, wenn nur für ein Aufgabenbereich oder den Teil eines Aufgabenbereichs ein Einwilli-

gungsvorbehalt erforderlich ist. Die Anordnung eines Einwilligungsvorbehalts muss für jede einzelne Aufgabe geprüft und konkretisiert werden (BayObLG BtPrax 1999, 247). Im Rahmen einer **Bevollmächtigung** kann ein Einwilligungsvorbehalt nicht angeordnet werden. Soweit erforderlich, muss der Bevollmächtigte für den Einwilligungsvorbehalt trotz bestehender Vollmacht zum Betreuer bestellt werden und zusätzlich ist der Einwilligungsvorbehalt anzuordnen (→ BGB § 1814 Rn. 45).

Nach Abs. 2, der durch das Gesetz zur Bekämpfung von Kinderehen vom **17** 17.7.2017 neu gefasst wurde, sind bestimmte Willenserklärungen von einem Einwilligungsvorbehalt **ausgenommen.** Dazu gehören höchstpersönliche Entscheidungen, für die schon ein Betreuerhandeln ausgeschlossen ist (→ BGB § 1823 Rn. 9 ff.). Dies gilt für Willenserklärungen, die auf die Eingehung einer **Ehe** gerichtet sind. Eine Person kann im Zustand der Geschäftsunfähigkeit nach § 1304 eine Ehe nicht eingehen. Ein Betreuter kann daher grundsätzlich eine Ehe eingehen (zur Ehegeschäftsfähigkeit s. BayObLG BtPrax 1997, 111 → BGB § 104 Rn. 8). Das Gleiche gilt für **Verfügungen von Todes wegen.** Hier ist nach § 2229 Abs. 4 allein entscheidend, ob der Betreute wegen krankhafter Störung der Geistestätigkeit, wegen Geistesschwäche oder wegen Bewusstseinsstörungen nicht in der Lage ist, die Bedeutung einer von ihm abgegebenen Willenserklärungen einzusehen. In diesem Falle kann er kein Testament errichten. Im Übrigen ist er jedoch in seinen Verfügungen von Todes wegen frei und bedarf nicht der Mitwirkung seines Betreuers. Einen Erbvertrag kann nach § 2275 Abs. 1 als Erblasser nur schließen, wer geschäftsfähig ist. Ob bei Errichtung eines Testaments Testierfähigkeit vorlag oder nicht, kann nur im Einzelfall entschieden werden.

Schließlich kann sich der Einwilligungsvorbehalt nicht auf Willenserklärungen **18** erstrecken, zu denen ein beschränkt geschäftsfähiger Minderjähriger nach den Vorschriften des Vierten **(Familienrecht)** und Fünften Buches **(Erbrecht)** nicht der Zustimmung seines gesetzlichen Vertreters bedarf. Dies betrifft §§ 1516 Abs. 2 S. 1, 1600a Abs. 2 S. 2, 1747 Abs. 2 und 3 iVm 1750 Abs. 3 S. 2, 1760 Abs. 3 S. 2, Abs. 5 S. 2, 1762 Abs. 1 S. 4, 2282 Abs. 1 S. 2, 2290 Abs. 2 S. 2, 2296 Abs. 1 S. 2, 2347 Abs. 2 S. 1. Auch für die Ausübung der elterlichen Sorge gegenüber Kindern des Betreuten kann ein Einwilligungsvorbehalt nicht angeordnet werden. Hier sind ggf. Maßnahmen nach § 1666 seitens des Familiengerichts zu ergreifen.

Ein Einwilligungsvorbehalt im Zusammenhang mit Änderungen des Geschlechtseintrags nach dem Selbstbestimmungsgesetzes (SBGG) ist abzulehnen (Pelkmann FamRZ 2026, 1855 (1856)).

V. Betreuerhandeln bei angeordnetem Einwilligungsvorbehalt

1. Einwilligung und Genehmigung des Betreuers

Der Betreute bedarf zu einer Willenserklärung, die vom Einwilligungsvorbehalt **19** umfasst wird, der Zustimmung des Betreuers. Sie kann als vorherige Einwilligung oder als nachträgliche Genehmigung erteilt werden, und zwar in der Regel sowohl dem Geschäftspartner (Außengenehmigung) als auch dem Betreuten (Innengenehmigung). Bei **einseitigen Rechtsgeschäften** ist nur die vorherige Einwilligung möglich (§ 111). Die Willenserklärung des Betreuten ist bei zweiseitigen Rechtsgeschäften bis zur Entscheidung des Betreuers schwebend unwirksam

(§ 108 Abs. 1), so dass der Betreuer (idR nach einer Besprechung gem. § 1821 Abs. 5) zu entscheiden hat, ob er zum Schutz des Betreuten seine Zustimmung verweigert oder er dem Wunsch des Betroffenen folgend dem Rechtsgeschäft zustimmt. Für die Erklärung der Zustimmung s. §§ 182 ff. In jedem Falle ist der Betreuer auch bei der Frage, ob er einer Erklärung des Betreuten zur Wirksamkeit verhilft, gem. § 1821 Abs. 2 an dessen Wünsche gebunden und nicht an objektive wirtschaftliche Überlegungen (BT-Drs. 19/24445, 260, zu § 1903 aF: BGH BtPrax 2018, 155).

20 IdR wird der Betreuer in jedem Einzelfall zu prüfen haben, ob er einer Willenserklärung des Betreuten die Zustimmung zu erteilen hat oder nicht. Es ist aber auch denkbar, dass er durch eine **Generaleinwilligung** einer Vielzahl zunächst nicht individualisierter Rechtsgeschäfte zustimmt. Allerdings ist hierbei im Rahmen des § 1825 mehr Zurückhaltung geboten, als nach § 107 bei Minderjährigen, bei denen solche Generaleinwilligungen jedenfalls eng auszulegen sind (Grüneberg/Ellenberger BGB § 107 Rn. 9). Denn der Einwilligungsvorbehalt darf nur für einen Bereich an Willenserklärungen angeordnet werden, bei denen eine erhebliche Gefahr der Selbstschädigung für den Betreuten besteht. Das Betreuungsgericht hat den Umfang des Einwilligungsvorbehalts abzuändern und so evtl. geänderten Verhältnissen anzupassen, wenn dazu Anlass besteht (§ 1871 Abs. 4). Der Betreuer hat eine Mitteilungspflicht gegenüber dem Betreuungsgericht, wenn zB die Einschränkung in Betracht kommt (§ 1864 Abs. 2). Es widerspräche dem Sinn des Einwilligungsvorbehalts, wenn der Betreuer durch umfassende Einwilligungen über die ohnehin einwilligungsfreien Willenserklärungen hinaus dem Betreuten weitere Rechtsgeschäfte zur alleinigen Entscheidung überlassen würde (Jürgens/Loer, 6. Aufl., § 1903 Rn. 14). Er kann allenfalls für einen überschaubaren Zeitraum erkennbar gehäuft auftretende gleichartige Willenserklärungen aus Vereinfachungsgründen insgesamt einwilligen.

2. Bedeutung der Geschäftsunfähigkeit

21 Wie die Bestellung eines Betreuers insgesamt ist auch die Anordnung eines Einwilligungsvorbehalts unabhängig von der Geschäftsfähigkeit des Betreuten (→ Rn. 4). In diesem Zusammenhang wird vertreten wird vertreten die Nichtigkeitsfolge des § 105 Abs. 1 auch bei angeordnetem Einwilligungsvorbehalt gelte (Dodegge/Roth Kap. A Rn. 83; MüKoBGB/Schneider Rn. 47 mwN). Dagegen wird eingewendet die Rechtsfolge des Einwilligungsvorbehalt sei lex specialis (Jürgen/Loer, 6. Aufl., § 1903 aF Rn. 16). Davon zu unterscheiden, ist eine weitere Auffassung, nach der das Rechtsgeschäft des Betreuten aufgrund der Zustimmung des Betreuers wirksam sein soll (Lipp FamRZ 2003, 723 ff. mwN; aA Grüneberg/Götz BGB Rn. 7, Fröschle FamRZ 2018, 627). Für diese Auffassung sprechen der Sinn und Zweck des Einwilligungsvorbehalts, die Vertretungsbefugnis, Art. 12 UN-BRK und das verfassungsrechtliche Übermaßverbot.

Der Einwilligungsvorbehalt kann seinen Zweck, den Betreuten zu schützen, Beweiserleichterungen zu erbringen und Rechtsklarheit zu fördern, nur erhalten, wenn die Zustimmung des Betreuers endgültig **Zweifel an der Wirksamkeit der Willenserklärung** des Betreuten beseitigt (Brosey Wunsch und Wille des Betreuten bei Einwilligungsvorbehalt und Aufenthaltsbestimmung, 17 ff.). Liegt die Zustimmung des Betreuers vor, so ist der Betreute hinreichend durch die Kontrolle des Betreuers geschützt. Es spricht nichts dafür, die Wirksamkeit einer Willenserklärung des Betreuten, zu der der Betreuer seine Zustimmung erklärt hat, an der – möglicherweise gar nicht erkannten – Geschäftsunfähigkeit des Betreuten scheitern zu lassen, obwohl der Betreuer das Rechtsgeschäft nicht für gefährdend angesehen hat. Da der Einwilligungsvorbehalt gerade für solche Grenzfälle unklarer Geschäftsunfähigkeit mit erheblicher Gefahr für den Betreuten vorrangig ist (→ Rn. 9), wäre es geradezu widersinnig, am Ende dann doch die Frage der Geschäftsunfähigkeit klären zu müssen und der unter Mitwirkung des Vertreters erfolgten Erklärung die Anerkennung zu versagen. Damit ist für die Rechtsfolge des § 105 Abs. 1 kein Raum, wenn der Betreuer dieser Willenserklärung zugestimmt hat. Auch für den in der 6. Auflage erfolgten Verweis auf eine **Umdeutung** der Erklärung (Einwilligung o. Genehmigung) des Betreuers oder nachträgliche Bestätigung (§ 141) besteht keine Notwendigkeit. Das unwirksame aber genehmigte Rechtsgeschäft muss nicht in ein vertretungsweises Handeln des Betreuers für den Betreuten nach § 140 umgedeutet werden (Jürgens/Loer, 6. Aufl., § 1903 Rn. 17, s. auch BT-Drs. 11/4528, 137). Die Geschäftsunfähigkeit hat die Funktion das Selbstbestimmungsrecht und die Person vor Nachteilen zu schützen (Wolf, 32). Diese Funktion wird durch die präventive Kontrolle des Betreuers im Rahmen des Einwilligungsvorbehalts bereits geleistet. Die Zustimmung des Betreuers führt bereits de lege lata stets zur Wirksamkeit eines vom Betreuten vorgenommenen Rechtsgeschäfts (Lipp FamRZ 2003, 723). Der Schutz des Betreuten wird durch die Beteiligung des Betreuers umfassend gewährleistet und damit ist der Anwendungsbereich der §§ 104 Nr. 2, 105 mit Blick auf die Nichtigkeitsfolge teleologisch zu reduzieren (Lipp FamRZ 2003, 723 f. mwN; aA Grüneberg/Götz BGB Rn. 8, Fröschle FamRZ 2018, 627). Andere Auffassung sehen für die Lösung des genannten Problems die Notwendigkeit der Reform der §§ 104, 105 (MüKoBGB/Schneider Rn. 47, Fröschle FS Dose, 123 ff.)

Zur Sicherheit für den Rechtsverkehr ist der Betreuer gehalten, zeitnah nach 22 der Kenntnis von dem Rechtsgeschäft zu entscheiden, ob er zustimmt oder nicht. Sein Verhalten ist als Willenserklärung vom Empfängerhorizont aus zu deuten und entsprechend auszulegen. Der Vertragspartner kann den Betreuer im Fall von Unsicherheiten nach § 108 Abs. 2 zur Erklärung über die Genehmigung auffordern. Dann kann die Erklärung nur diesem gegenüber erfolgen. Eine vor der Aufforderung dem Betreuten gegenüber erklärte Genehmigung oder Verweigerung der Genehmigung wird unwirksam. Die Genehmigung kann nur bis zum Ablauf von zwei Wochen nach dem Empfang der Aufforderung erklärt werden. Wird sie nicht erklärt, so gilt sie als verweigert.

3. Betreuungsgerichtliche Genehmigung

Soweit der Betreuer selbst für eine entsprechende Willenserklärung in Vertre- 23 tung des Betreuten der Genehmigung des Betreuungsgerichts bedarf (→ BGB § 1823 Rn. 22 f.), gilt dies auch für seine Einwilligung zu einer entsprechenden Willenserklärung des Betreuten. Der Betreute erhält hier den Schutz der präventiven Aufsicht des Gerichts. Vor der Erteilung der Einwilligung/Genehmigung hat er in diesen Fällen daher die Genehmigung des Betreuungsgerichts einzuholen (§§ 1833, 1848 ff.).

4. Erklärungen gegenüber dem Betreuten

Für die Wirksamkeit einer gegenüber dem Betreuten abgegebenen Willenser- 24 klärung gilt nach § 1825 Abs. 1 S. 3 entsprechend die Vorschrift des § 131 Abs. 2. Eine solche Erklärung wird dann erst wirksam, wenn sie dem Betreuer zugegangen ist. Etwas anderes gilt nur, wenn die Erklärung dem Betreuten lediglich einen rechtlichen Vorteil bringt (→ Rn. 27) oder der Betreuer seine Einwilligung zuvor erteilt hat. Eine direkte Zahlung einer Schuld an den Betreuten hat keine Erfüllungswirkung (BGH Rpfleger 2015, 641). Dies gilt auch bei Zahlungen von Sozialleistungen. Wenn der Betreute das Geld verbraucht und nicht zurückzahlen kann, ist erneut zu leisten. Die Erfüllungswirkung einer Leistung an den Betreuten hängt nicht davon ab, ob der Schuldner, zB die Bank, Kenntnis von der Betreuung und dem Einwilligungsvorbehalt hat.

5. Aufhebung des Einwilligungsvorbehalts

25 Wird eine Entscheidung, durch die ein Einwilligungsvorbehalt angeordnet worden ist, in der **Beschwerdeinstanz** als von Anfang an ungerechtfertigt aufgehoben, so kann die Wirksamkeit eines von oder gegenüber dem Betreuten vorgenommenen Rechtsgeschäfts nach § 306 FamFG nicht auf Grund dieses Einwilligungsvorbehalts in Frage gestellt werden. In diesen Fällen wären Willenserklärungen des Betreuten, die er in der Zeit nach Anordnung und vor Aufhebung des Einwilligungsvorbehalts abgegeben hat, ohne Einwilligung des Betreuers wirksam, wenn sie nicht aus anderen Gründen bereits unwirksam sind. Nicht hierunter fällt allerdings eine Aufhebung oder Änderung des Einwilligungsvorbehalts nach § 1871 Abs. 1 und 4 wegen nachträglichen Wegfalls der Voraussetzungen. In diesem Fall sind erst die nach der Aufhebung vorgenommenen Willenserklärungen einwilligungsfrei, die davor abgegebenen jedoch einwilligungsbedürftig. Der Betreute kann dann jedoch selber die Einwilligung erklären, § 108 Abs. 3 (Grüneberg/Götz BGB Rn. 9).

Für die Folgen **fehlender** Einwilligung des Betreuers gelten §§ 108 ff. entsprechend (→ BGB § 108 Rn. 6).

VI. Einwilligungsfreie Willenserklärungen

26 Der Betreute bedarf trotz angeordneten Einwilligungsvorbehalts nicht der Einwilligung des Betreuers bei Willenserklärungen, die unter Abs. 2 fallen, selbst dann, wenn diese Erklärungen zum Aufgabenkreis des Betreuers gehören sollten und ein Einwilligungsvorbehalt in umfangreichen Aufgabenbereichen angeordnet wurde.

27 Darüber hinaus sind nach Abs. 3 S. 1 Willenserklärungen einwilligungsfrei, die dem Betreuten lediglich einen **rechtlichen Vorteil** bringen. Allein die rechtlichen Folgen sind für die Beurteilung ausschlaggebend. Auf wirtschaftliche Vor- oder Nachteile kommt es nicht an. Die entwickelten Grundsätze zu § 107 sind hier anzuwenden. Die unmittelbaren Wirkungen eines Geschäfts dürfen die Rechtsstellung des Betreuten lediglich verbessern (HK-BetrR/Kieß Rn. 46; Grüneberg/Ellenberger BGB § 107 Rn. 2). Damit scheiden zweiseitige Verträge, durch die der Betreute jedenfalls zu einer Gegenleistung verpflichtet wird, von vornherein aus. Dagegen ist der Erwerb von Rechten wie die Aneignung oder Übereignung einer Sache oder die Abtretung einer Forderung idR auch dann ein rechtlicher Vorteil, wenn zB die übereignete Sache mit öffentlichen (Abgaben, Steuern etc.) oder privatrechtlichen (Grundpfandrechte, Wohnrecht) Verpflichtungen belastet ist (MüKoBGB/Spickhoff § 107 Rn. 47). Auch eine Schenkung ist idR ein rechtlicher Vorteil, wenn sie nicht mit einer Auflage oder der Verpflichtung späterer Rückgabe verbunden ist (Grüneberg/Ellenberger BGB § 107

Rn. 6). Dies gilt auch dann, wenn die geschenkte Sache – zB ein Grundstück – belastet ist. In diesem Falle kommt es auf eine Gesamtbetrachtung des schuldrechtlichen und des dinglichen Vertrages an (BGH NJW 1981, 111). Der Erlass einer Forderung (§ 397) oder der Verzicht auf sonstige Rechte gegenüber dem Betreuten ist ebenso rechtlich vorteilhaft wie die Ausübung von Gestaltungsrechten, die in ihrer Wirkung lediglich vorteilhaft sind (Kündigung eines zinslosen Darlehens, Mahnung etc.). Auch für neutrale Geschäfte, die dem Betreuten weder Vor- noch Nachteile bringen, bedarf er nicht der Einwilligung.

Einwilligungsfrei sind schließlich nach Abs. 3 S. 2 auch Willenserklärungen, die eine **geringfügige Angelegenheit des täglichen Lebens** betreffen, soweit das Betreuungsgericht nichts anderes anordnet (sog. qualifizierter Einwilligungsvorbehalt). Für den Fall der Geschäftsunfähigkeit gilt zudem § 105a (→ BGB § 105a Rn. 1 ff.). Welche Angelegenheiten solche des täglichen Lebens sind, bestimmt sich wiederum nach den Besonderheiten des Einzelfalls. In aller Regel werden jedenfalls Bargeschäfte über geringwertige Gegenstände hierunter fallen, insbesondere die zum alltäglichen Verzehr bestimmten Lebensmittel, zur Körperpflege benötigte Dinge etc. Auch die Anschaffung notwendiger Kleidungsstücke kann hierunter fallen, schließlich auch die Inanspruchnahme einfacher Dienstleistungen wie Postdienste, Fahrten mit öffentlichen Verkehrsmitteln, Kinobesuch etc. In jedem Falle bildet der persönliche Bedarf unter Berücksichtigung der Vermögensverhältnisse die Grenze der Angelegenheiten des täglichen Lebens. Vorratswirtschaft ist im Rahmen des Abs. 3 nicht vorgesehen, hierzu bedarf es vielmehr der Betreuereinwilligung. Eine einzelne Angelegenheit, die für sich betrachtet zu den geringfügigen des täglichen Lebens gehört, kann sich in der Summe als überflüssig und damit nicht mehr einwilligungsfrei erweisen. Der Abschluss eines Mobiltelefonvertrages kann bei weiteren Folgebelastungen keine geringfügige Angelegenheit mehr darstellen (LG Trier BtPrax 2004, 78). Das Gericht hat die Möglichkeit auch solche Willenserklärungen für geringfügige Angelegenheit unter einen Einwilligungsvorbehalt zu stellen, als sog. qualifizierten Einwilligungsvorbehalt. Die Voraussetzungen sind im Rahmen einer Verhältnismäßigkeit besonders zu prüfen. Mit einer solchen Anordnung kann aber verhindert werden, dass der Betreute auch mit geringen finanziellen Mitteln täglich geringe Mengen Alkoholika erwirbt (BGH BtPrax 2017, 74 mAnm Strobel). Dies ist zwar rechtlich möglich, um eine erhebliche Gefahr für die Person des Betreuten abzuwenden, ob die Maßnahme im konkreten Fall aber geeignet, verhältnismäßig und zielführend ist, unterliegt einer strengen Prüfung. 28

VII. Mitteilungspflichten

Die Mitteilungspflichten des Betreuers aus § 1901 Abs. 5 aF ist nun in der allgemeinen Vorschrift zu Auskunfts- und Mitteilungspflichten in § 1864 geregelt. Der Betreuer hat danach dem Betreuungsgericht wesentliche Änderungen der persönlichen und wirtschaftlichen Verhältnisse des Betreuten unverzüglich mitzuteilen (Abs. 1). Dies gilt auch für solche Umstände, die eine Aufhebung des Einwilligungsvorbehalts ermöglichen (Abs. 2 Nr. 1) oder die Anordnung eines Einwilligungsvorbehalts erfordern (Abs. 2 Nr. 5). Auch Umstände, die eine **Änderung** des Umfanges des angeordneten Einwilligungsvorbehalts erfordern, sind mitzuteilen. Bei einer Erweiterung des Einwilligungsvorbehalts sind die glei- 29 chen Grundsätze zu beachten, wie bei der ursprünglichen Anordnung (BayObLG FamRZ 1998, 454; Dodegge/Roth Teil A Rn. 97).

VIII. Auswirkungen des Einwilligungsvorbehalts in anderen Rechtsgebieten

30 Im **Verwaltungsverfahren** und **Verwaltungsstreitverfahren** vor den Verwaltungs-, Sozial- und Finanzgerichten ist die Handlungsfähigkeit des Betreuten beschränkt, soweit es um einen Gegenstand geht, der vom Einwilligungsvorbehalt umfasst ist (§ 12 Abs. 2 VwVfG, § 79 Abs. 2 AO, § 11 Abs. 2 SGB X, § 62 Abs. 2 VwGO, § 58 Abs. 3 FGO, hierzu BFH BtPrax 2012, 121). Für eine **Namensänderung,** die vom Einwilligungsvorbehalt umfasst ist, muss der Betreuer den Antrag stellen (§ 2 Abs. 1 S. 2 NamensänderungsG). Ein Betreuter, der bei der Besorgung seiner Vermögensangelegenheiten ganz oder teilweise einem Einwilligungsvorbehalt unterliegt, kann nicht Mitglied des Vorstands oder Aufsichtsrats einer **Aktiengesellschaft** (§§ 76 Abs. 3 S. 2, 100 Abs. 1 S. 2 AktG) oder Geschäftsführer einer **GmbH** sein (§ 6 Abs. 2 S. 2 GmbHG).

§ 1826 Haftung des Betreuers

(1) [1]**Der Betreuer ist dem Betreuten für den aus einer Pflichtverletzung entstehenden Schaden verantwortlich.** [2]**Dies gilt nicht, wenn der Betreuer die Pflichtverletzung nicht zu vertreten hat.**

(2) **Sind für den Schaden mehrere Betreuer nebeneinander verantwortlich, so haften sie als Gesamtschuldner.**

(3) **Ist ein Betreuungsverein als Betreuer bestellt, so ist er dem Betreuten für ein Verschulden des Mitglieds oder des Mitarbeiters in gleicher Weise verantwortlich wie für ein Verschulden eines verfassungsmäßig berufenen Vertreters.**

Übersicht

I. Überblick

Die Vorschrift regelt die Haftung **des Betreuers** und gleichermaßen **des Betreuungsvereins** als Betreuer. Die Vorschrift geht, in geänderter Form, aus § 1833 aF und mit Blick Betreuungsvereine aus § 1791a Abs. 3 S. 2 aF hervor, die beide auf die Betreuung nach § 1908i Abs. 1 S. 1 aF sinngemäß anzuwenden waren. Zur Haftung der Behörde als Betreuer → Rn. 19. 1

Nach § 1833 Abs. 1 S. 1 aF war die Beweislast für **das Verschulden des Betreuers** hinsichtlich der Pflichtverletzung dem Betreuten ausdrücklich zugewiesen. Die Rspr. hatte dazu aber bereits einen Anscheinsbeweis angenommen (Grüneberg/Götz BGB, 81. Auflage, § 1833 aF Rn. 3). Nun regelt Abs. 1 S. 2 eine **Beweislastumkehr** des Betreuers entsprechend § 280 Abs. 1 S. 2 (→ Rn. 17). Der Betreuer haftet gegenüber dem Betreuten für den aus einer Pflichtverletzung entstandenen Schaden, es sei denn, er hat ihn nicht zu vertreten. Eine Haftungsprivilegierung zugunsten von Eltern, Kinder und Ehegatten des Betreuten durch eine Begrenzung des Sorgfaltsmaßstabs wurde hingegen nicht eingeführt (BT-Drs. 19/24445, 260).

Abs. 3 übernimmt § 1791a Abs. 3 S. 2 aF (§ 1908i Abs. 1 S. 1 aF) und gilt, wenn der Betreuungsverein als Betreuer nach § 1818 Abs. 1 bestellt wird. Das Gesetzgeber stellt damit auch klar, dass nur, wenn der Betreuungsverein selbst Betreuer ist, eine Haftung für seine Angestellten in Betracht kommt. Ist der Angestellte persönlich als Vereinsbetreuer bestellt, bleibt es bei seiner Haftung nach Absatz 1 (BT-Drs. 19/24445, 260).

Die Vorschrift regelt die Haftung für **Schäden,** die ein Betreuer **dem Betreuten** zufügt (Abs. 1 S. 1). Erfasst sind alle Betreuertypen, auch der Verein und die Behörde als Betreuer. Rechtsgrund für die Haftung ist das besondere gesetzliche Schuldverhältnis, welches durch die Betreuerbestellung (§ 287 FamFG) entsteht und Pflichten des Betreuers begründet. Sie endet grundsätzlich mit Beendigung der Betreuung oder mit einer der sonstigen Amtsbeendigung. Dazu gehören die Entlassung des Betreuers, der Tod des Betreuers, die Aufhebung der Betreuung, der Tod des Betreuten oder die Beendigung einer vorläufigen Betreuung nach Ablauf der Frist des § 302 FamFG. 2

Der in einer Betreuungsverfügung vorweggenommene Verzicht auf den haftungsrechtlichen Schutz aus § 1826 durch **Haftungsausschluss** oder **Haftungserleichterung** zugunsten eines bestimmten Betreuers sollte jedenfalls insoweit zulässig sein, als eine solche Vereinbarung zwischen dem Verfügenden und dem künftigen Betreuer auch sonst gesetzlich zulässig und rechtsgeschäftlich üblich ist (HK-BetrR/Meier BGB § 1826 Rn. 55.), so zB in Form der betragsmäßigen Begrenzung auf eine adäquate Höchstsumme der abzuschließenden Haftpflichtversicherung (für berufliche Betreuer s. § 23 Abs. 1 Nr. 3 BtOG). Unter dieser Prämisse sollte es keinen Unterschied machen, ob die Vorsorgeverfügung zugunsten eines bestimmten Bevollmächtigten/Betreuers in einer Vertretung durch Vollmacht oder in einer gesetzlichen Vertretung mündet (aA Epple BtPrax 1993, 156, bezogen allerdings auf eine generelle Befreiung bei Fahrlässigkeit). Die mangels einer gesetzlichen Regelung unbeschränkte Haftung des ohne Betreuungsverfügung bestellten Betreuers steht dem nicht entgegen, da der Wille des Betroffenen zu berücksichtigen ist (§ 1821 Abs. 2) und keine Schlechterstellung im Vergleich zur grundsätzlich vorrangigen (§ 1814 Abs. 3 Nr. 1) Bevollmächtigung vorliegt. 3

II. Voraussetzungen der Haftung

1. Pflichtwidrigkeit

4 Der Betreuer muss **pflichtwidrig** gehandelt haben. Auch das Unterlassen einer gebotenen Handlung kann eine Pflichtverletzung darstellen. Seine Pflichten leiten sich aus dem allgemeinen Grundsatz der treuen und gewissenhaften **Amtsführung** ab, die dem Maßstab des § 1821 zu entsprechen hat. Das Wohl des Betreuten ist nach neuer Rechtslage kein Maßstab mehr (BT-Drs. 19/24445, 249 f. → BGB § 1821 Rn. 1 ff.) Weitere Gesetzliche Vorgaben, zB §§ 1838 ff. (Pflichten des Betreuers in Vermögensangelegenheiten, Weisungen des Betreuungsgerichts (§ 1862 Abs. 3), begründen ebenfalls Betreuerpflichten.

Pflichtwidrig handelt der Betreuer daher, wenn er mittels der Vertretungsbefugnis die Wirksamkeit einer rechtlichen Handlung iR seines Aufgabenkreises herbeiführt und dabei die Pflichten im Innenverhältnis nach § 1821 nicht eingehalten hat.

5 **Pflichtwidrig** handelt der Betreuer auch, wenn er seine **Kompetenzen überschreitet also außerhalb seines Aufgabenkreises vertritt,** zB mit dem Aufgabenbereich „Gesundheitsfürsorge" die geschlossene Unterbringung des Betreuten veranlasst (OLG Hamm FamRZ 2001, 861 mAnm Bienwald, 863 und Beck BtPrax 2001, 195), siehe dazu → BGB § 1815 Rn. 21. Auch die zwangsweise Verbringung des Betreuten in ein offenes Altenpflegeheim stellt eine Pflichtwidrigkeit dar, weil es hier an einer Kompetenz mangelt (LG Offenburg FamRZ 1997, 899 f.). Aber auch die Nichtbeendigung freiheitsentziehender Maßnahmen nach Wegfall der Voraussetzungen ist eine Pflichtverletzung (→ BGB § 1831 Rn. 12). Entsprechendes gilt, wenn er seine Kompetenzen **nicht ausschöpft,** zB trotz Zuweisung der Vermögensangelegenheiten die Geltendmachung von Rentenansprüchen unterlässt (LG Berlin BtPrax 2001, 215). Zum Verschulden in diesen Fällen → Rn. 10.

6 Zentral für die Frage der Pflichtverletzung ist ein Verstoß gegen die Pflichten aus § 1821 (vgl. Brosey/Lesting/Loer/Marschner BetreuungsR Rn. 175 ff. und → BGB § 1821 Rn. 8 ff.). Danach hat der Betreuer **die Pflicht zur rechtlichen Besorgung aller erforderlichen Angelegenheiten aus dem Aufgabenkreis und hat ggf. eine Aufgabenkreiserweiterung anzuzeigen, soweit dies erforderlich ist** (§ 1864 Abs. 2). Aus § 1821 ergeben sich verschiedene Pflichten, die die Art und Weise der Angelegenheitenbesorgung betreffen und deren Verhältnis zueinander in einem Regel-Ausnahme-Verhältnis stehen (Brosey/Lesting/Loer/Marschner BetreuungsR Rn. 283):

– Pflicht zur rechtlichen Besorgung aller erforderlicher Angelegenheiten → Ziel, dass der Betreute im Rahmen seiner Möglichkeiten, ein Leben nach seinen Wünschen gestalten kann
– Pflicht zur Unterstützung zur Selbstbesorgung
– aber auch Pflicht zu vertreten, soweit erforderlich
– Pflicht zur Feststellung der Wünsche
– Pflicht zur Entsprechung der Wünsche und rechtliche Unterstützung bei der Umsetzung
– Pflicht zum erforderlichen persönlichen Kontakt
– Pflicht zur regelmäßigen Verschaffung eines persönlichen Eindrucks
– Pflicht zur Besprechung der Angelegenheiten

- Pflicht Möglichkeiten zu nutzen, um Fähigkeiten des Betreuten, seine eigenen Angelegenheiten zu besorgen, wiederherzustellen oder zu verbessern.
- Pflicht den Wünschen des Betreuten nicht zu entsprechen, soweit nach § 1821 Abs. 3 die Person des Betreuten oder dessen Vermögen hierdurch erheblich gefährdet wird und der Betreute diese Gefahr aufgrund seiner Krankheit oder Behinderung nicht erkennen oder nicht nach dieser Einsicht handeln kann oder
- Pflicht den mutmaßlichen Willen zu ermitteln, sofern der Betreuer die Wünsche des Betreuten nicht feststellen kann oder ihnen nach § 1821 Abs. 3 nicht entsprechen darf.

Die unterschiedlichen Pflichten des § 1821 und ihr Verhältnis untereinander 7 bestimmen sich jeweils im Einzelfall nach dem jeweiligen Sachverhalt. Dabei ist das klare Regel-Ausnahme-System des § 1821 zu beachten. Die Kausalität ist gesondert zu prüfen (→ Rn. 16). Das Spannungsverhältnis zwischen Selbstbestimmung und Schutz vor Schädigungen besteht auch nach der Reform fort. Ein Ermessensspielraum besteht für den Betreuer nicht. Die gesetzliche Formulierung der Schranke der Wunschbeachtung durch Abs. 3 drückt aus, dass **kein Ermessensspielraum** besteht (Brosey BtPrax 2020, 163 mwN so aber zur früheren Rechtslage, wonach der Betreuer selbstständig und eigenverantwortlich nach pflichtgemäßem Ermessen zu entscheiden hatte, ob die Erfüllung des Wunsches dem Wohl des Betreuten zuwiderläuft, hM: BayObLG FamRZ 2000, 565, Jürgens/v. Crailheim, 6. Aufl., § 1837 Rn. 13, aA Brosey BtPrax 2010, 16). Der Betreuer hat aber einen **Beurteilungsspielraum,** der an seinen Pflichten orientierte, nachvollziehbare Gründe bei der Anwendung von § 1821 Abs. 2–4 erkennen lassen muss.

Mit der Regelung zum Maßstab des Betreuerhandelns von Wunsch/hilfsweise 8 mutmaßlichen Willen des Betreuten ergeben sich Haftungsrisiken für den Betreuer, wenn er hinsichtlich der Erfüllung bzw. Ablehnung eines Wunsches eine Entscheidung trifft, die zu einem Schaden des Betreuten führt (dazu Schwab FamRZ 2023, 1 ff.). Bei der Einführung des Betreuungsrechts 1992 ging der Gesetzgeber noch davon aus, dass der Betreuer einer Haftung nicht entkommen könne, mit dem Argument, er sei nur einem selbstschädigenden Wunsch gefolgt (BT-Drs. 11/4528, 67 (133)). § 1821 Abs. 3 stellt die Einschränkung der Wunschentsprechung mittlerweile klarer und lässt auch solche Wünsche zu, die eine Schädigung zur Folge haben können (zu § 1901 aF: BGH BtPrax 2009, 290 mAnm Thar BtPrax 2010, 12 und Brosey BtPrax 2010, 16). Wenn ein Wunsch nicht befolgt wird, ist das die betreuungsrechtliche Ausnahme, die begründungsbedürftig ist. § 1821 Abs. 3 stellt die Anforderungen an diese Begründung nun konkret dar und verfolgt damit konsequent die Stärkung des Selbstbestimmungsrechts betreuter Menschen (Brosey BtPrax 2020, 163). Dennoch wird es bei Wünschen, die eine Gefährdung der Person oder des Vermögens des Betreuten zur Folge haben können, ein Haftungsrisiko geben (Dodegge FamRZ 2022, 844 ff.). Die Besprechungspflicht und die Pflicht zur unterstützten Entscheidungsfindung gehören hier mit einbezogen, denn diese sind Teil der Pflichten des Betreuers zum Besorgen der Angelegenheiten des Betreuten (kritisch Schwab FamRZ 2023, 1 ff., jurisPK BGB/Herberger Rn. 11). Der Betreuer hat den Betreuten vor Befolgung eines die Person oder das Vermögen gefährdenden Wunsches über die damit verbundenen Risiken aufzuklären und ihm andere, weniger nachteilige oder nicht so riskante Wege zur Erreichung des verfolgten Ziels aufzuzeigen (Dodegge FamRZ 2022, 844 ff., Brosey BtPrax 2020, 161 f.). „Der Umfang und die Intensität der Aufklärung bemessen sich zum einen nach der

Wichtigkeit des Geschäfts und zum anderen danach, was in den Lebenskreisen, denen der Betreuer angehört, billigerweise erwartet werden kann" (Dodegge FamRZ 2022, 851). Ein (geschäftsunerfahrener) Betreuer hat dazu ggf. fachlichen Rat, zB bei einem Betreuungsverein, Betreuungsgericht, der Verbraucherzentrale, einem Steuerberater bzw. Rechtsanwalt einzuholen, um den Betreuten ausreichend und adressatengerecht informieren zu können. Erfolgt keine ausreichende Aufklärung bleibt dem Betreuer ggf. die Möglichkeit, darzulegen und zu beweisen, dass der Betreute den – vom Betreuer später umgesetzten – Wunsch auch dann geäußert hätte, wenn der Betreuer ihn zuvor im erforderlichen Umfang aufgeklärt hätte (Dodegge FamRZ 2022, 851 mit Verweis auf BGH BtPrax 2009, 290.)

9 Die Entscheidung muss evtl. später nachvollzogen werden, etwa auf Verlangen der Erben des Betreuten und sollte daher hinreichend **dokumentiert** sein. Auch sollte das Betreuungsgericht einbezogen werden, das sich auch zur Pflichtgemäßheit beabsichtigter Maßnahmen zu erklären hat (BayObLG Rpfleger 1999, 445), was aber grundsätzlich die Verantwortung des Betreuers unberührt lässt (→ Rn. 12). Ist eine Maßnahme des Betreuers nach § 1821 **pflichtgemäß,** was im Haftungsprozess das Prozessgericht aus dessen Sicht ex ante zu beurteilen hat, kann sie nicht zur Haftung führen, auch wenn ein Vermögensschaden eingetreten ist. So auch, wenn er zB dem Wunsch des Betreuten folgend, eine rechtlich mögliche **Mieterhöhung** unterlässt, auf die der Betreute zu seinem Unterhalt oder zum Erhalt des Vermögens nicht angewiesen ist, oder eine **Wohnung beibehält,** obwohl nicht davon auszugehen ist, dass der Betreute jemals wieder in diese zurückkehren wird (BayObLG BtPrax 2004, 69). Pflichtverstoß liegt vor, wenn ein Einfamilienhaus gegen den Willen des im Heim lebenden dementen Betreuten vermietet werden soll (OLG Schleswig BtPrax 2001, 211). **Kein Pflichtverstoß** liegt vor, wenn dem Wunsch der wirtschaftlich abgesicherten Betreuten folgend, vor Stellung des Antrags auf Erwerbsunfähigkeitsrente zunächst Rehabilitationsmaßnahmen eingeleitet werden (LG Berlin BtPrax 2001, 83). Ein Pflichtverstoß ist auch darin zu sehen, dass der Betreuer eine Haftpflicht- und/oder Hausratsversicherung ohne Rücksprache mit dem Betreuten kündigt, auch wenn der Betreute dadurch Geld spart. Der Betreuer ist **nicht** verpflichtet, **Ausgaben** des Betreuten zu **verhindern,** um zur Entlastung der Staatskasse seine Vergütung aus dem Vermögen des Betreuten zu sichern (OLG Düsseldorf BtPrax 1999, 74: dem Betreuten ist auch kein Schaden entstanden, da er für seine Ausgaben einen Gegenwert bezogen hat; der Staatskasse steht kein Schadensersatzanspruch gegen den Betreuer zu, → Rn. 22).

2. Schuldhaftes Handeln

10 Die Pflichtverletzung des Betreuers muss schuldhaft sein, wobei nach § 276 **Vorsatz oder Fahrlässigkeit** vorausgesetzt werden. Auch bei einem verwandten bzw. verschwägerten Betreuer kann nicht von einer Haftungsmilderung ausgegangen werden (LG Köln BeckRS 2004, 16971). Vielmehr lehnt der Gesetzgeber nunmehr eine Haftungsprivilegierung zugunsten von Eltern, Kinder und Ehegatten des Betreuten durch eine Begrenzung des Sorgfaltsmaßstabs ausdrücklich ab (BT-Drs. 19/24445, 260). Wenn der Betreuer krankheitsbedingt meint, seine Aufgaben nicht mehr erledigen zu können, muss er auf seine Entlassung dringen. Seine Haftung ist hierdurch nicht ausgeschlossen (LG Köln BtPrax 2001, 83).

Fahrlässig handelt, wer die im Verkehr erforderliche Sorgfalt außer Acht lässt (§ 276). Der **Maßstab** der von einem Betreuer zu verlangenden **Sorgfalt** bestimmt sich nach dem Lebenskreis sowie nach der Rechts- und Geschäftserfahrung des Betreuers (BGH FamRZ 2003, 1924; Grüneberg/Götz BGB Rn. 5). **Rechtliche Unerfahrenheit** kann einen ehrenamtlichen Betreuer entschuldigen (LG Köln FamRZ 2006, 1874). Dabei ist zu berücksichtigen, dass ehrenamtliche Betreuer die Beratung bei den Betreuungsvereinen in Anspruch nehmen können. Alle Betreuer können Beratung des Betreuungsgerichts zur Wahrnehmung ihrer Aufgaben erhalten (§ 1861 Abs. 1). Der **Sorgfaltsmaßstab eines beruflichen Betreuers** wird sich künftig an den Mindestanforderungen des Sachkundenachweises orientieren (§ 23 Abs. 3 BtOG). Diese sind zudem zur Fortbildung verpflichtet, § 29 BtOG (Brosey/Lesting/Loer/Marschner BetreuungsR Rn. 286). Aus dem jeweiligen Lebenskreis können höhere Maßstäbe an die Sorgfalt hergeleitet werden. Zur Sorgfalt, die von einem **anwaltlichen** Betreuer geschuldet wird: BGH FamRZ 2003, 1924; OLG Hamm FamRZ 2001, 861. So wird von diesem erwartet, dass er – erforderlichenfalls mit Hilfe der Fachliteratur – die rechtlichen Risiken eines abzuschließenden Vertrages prüft und ggf. die entsprechenden Vorkehrungen trifft, diese auszuschließen oder zu vermindern (BGH FamRZ 2003, 1924). Bei möglichen sozial- oder unterhaltsrechtlichen Ansprüchen ergibt sich aus dem Gesetz die Pflicht „über den Tellerrand" des Aufgabenkreises zu sehen und anzuzeigen, wenn **anderweitiger Betreuungsbedarf** besteht (§ 1864 Abs. 2). 11

3. Mitwirkung des Betreuungsgerichts

Bei allen genehmigungspflichtigen Maßnahmen ist eine Haftung des Betreuers nicht schon deshalb ausgeschlossen, weil die entsprechende betreuungsgerichtliche **Genehmigung** erteilt wurde. Der Betreuer führt die Betreuung **selbstständig,** daher entbindet ihn auch eine erteilte **betreuungsgerichtliche Genehmigung** nicht von der Pflicht, vor deren Gebrauch erneut zu prüfen, ob das Rechtsgeschäft noch dem Wunsch des Betreuten nach § 1821 entspricht. Betreuungsgericht und Betreuer haben jeweils eine selbstständige Prüfungspflicht für das Vorliegen der Tatbestandvoraussetzungen (BGH FamRZ 2003, 1924; Dodegge/Roth Kap. D Rn. 148). Dies gilt auch bei nachträglicher Genehmigung (§ 1856 Abs. 1 S. 2). Insbesondere bei Wahrnehmung der vom Gesetz besonders hervorgehobenen Aufgaben aus dem Bereich der Personensorge (§§ 1829 ff.), zB bei Einwilligung in eine ärztliche Zwangsmaßnahme oder eine Unterbringung ist dies von Bedeutung (BGH BtPrax 2004, 30), aber auch beim Abschluss genehmigungsbedürftiger Verträge (zB §§ 1848 ff.). Die Genehmigung ist „nur" die Erlaubnis, eine Entscheidung treffen zu dürfen. Der Betreuer muss immer auch in eigener Verantwortung prüfen, ob die beabsichtigte Maßnahme, zu der er betreuungsgerichtlich ermächtigt ist, noch den gesetzlichen Vorgaben, insbesondere § 1821 entspricht. Dies gilt insbesondere, wenn sich die Verhältnisse in der Zwischenzeit geändert haben oder wenn dem Betreuer auf Grund des persönlichen Kontakts zum Betreuten Umstände bekannt sind, die das Betreuungsgericht bei seiner Entscheidung nicht berücksichtigen konnte. Für die **Unterbringung** wird dieser Grundsatz und die Verantwortung in § 1831 Abs. 3 besonders deutlich: Der Betreuer hat die Unterbringung zu beenden, wenn ihre Voraussetzungen weggefallen sind. Dies ist deshalb wichtig, weil Genehmigungen über Unterbringungsmaßnahmen eine 12 zeitliche lange Dauer von einem oder gar zwei Jahren haben können (§ 329 FamFG).

13 **Rat und Auskunft des Betreuungsgerichts** (§§ 1861, 1862) darf der Betreuer zwar nicht ungeprüft umsetzen. Geht es aber bei einer **Genehmigung** im Wesentlichen um **Rechtsfragen,** ist er regelmäßig entlastet, wenn dem Betreuungsgericht alle Tatsachen bekannt sind und er, zumal wenn er weder juristisch vorgebildet noch beruflicher Betreuer ist, deshalb davon ausgehen darf, beim Abschluss des genehmigten Rechtsgeschäfts pflichtgemäß zu handeln (BGH FamRZ 2003, 1924). Desgleichen, wenn er in einer Angelegenheit **rechtlichen Rat** und Auskunft des Betreuungsgerichts einholt, das ihm „wie ein Rechtsanwalt zur weiteren Hilfe an die Seite gegeben ist" (OLG Schleswig FamRZ 1997, 1427). Er braucht sich dann nicht noch **anderweitig** zu informieren (BGH FamRZ 1983, 1220).

4. Delegation

14 **Aufgaben,** die der Betreuer **persönlich** wahrzunehmen hat, wie zB die Kontakt- und Besprechungspflicht (§ 1821 Abs. 5), kann er nicht auf Dritte übertragen. Ebenso müssen notwenige Entscheidungskompetenz und Verantwortung beim Betreuer verbleiben. Eine dem Leitbild der persönlichen Betreuung widersprechende **Delegation** ist **unzulässig** (OLG Frankfurt a. M. FGPrax 2004, 29 mwN; → § 1823 Rn. 26).

Von der Delegation abzugrenzen ist die Frage der **Erforderlichkeit** des Tätigwerdens des Betreuers selbst. Nach § 1821 Abs. 1 nimmt der Betreuer alle Tätigkeiten vor, die erforderlich sind, um die Angelegenheiten des Betreuten rechtlich zu besorgen. Er unterstützt den Betreuten dabei, seine Angelegenheiten rechtlich selbst zu besorgen, und macht von seiner Vertretungsmacht nach § 1823 nur Gebrauch, soweit dies erforderlich ist. Das kann aber auch bedeuten, dass der Betreuer bis auf eine Unterstützung des Betreuten gar nicht tätig werden muss. Vielmehr sind hier auch ggf. **andere Hilfen,** zB Schuldnerberatung, vorrangig (→ BGB § 1814 Rn. 46 ff.; → BGB § 1821 Rn. 8 ff. und § 17 Abs. 4 SGB, wonach soziale Rechte nicht deswegen abgelehnt, versagt oder eingeschränkt werden dürfen, weil ein rechtlicher Betreuer nach § 1814 Abs. 1 bestellt werden könnte).

15 **Zulässig** muss aber eine Beauftragung Dritter in den Fällen sein, in denen ein durchschnittlich verständiger Bürger ohne Fachwissen bzw. Infrastruktur häufig ebenfalls Dritte mit Teilen seiner Vermögensverwaltung oder mit sonstigen Angelegenheiten betraut (so auch Erman/Schulte-Bunert § 1826 Rn. 10), oder bei sehr umfangreichen Vermögensverwaltungen (OLG München BtPrax 2008, 129). Werden Untervollmachten erteilt zB an Steuerberater, Rechtsanwalt), so hat er diese zu überwachen (Gründeberg/Götz BGB Einf. v. § 1814 Rn. 5). Bei unzulässiger Delegation handelt der Betreuer hingegen **pflichtwidrig** und haftet für Schäden aus eigenem Verschulden, das in der unzulässigen Heranziehung der Hilfsperson zu sehen ist (Dodegge/Roth Kap. D Rn. 151). Zieht er **erlaubtermaßen Hilfspersonen** hinzu, ist strittig, ob er stets nur für ein **Verschulden** bei der **Auswahl** und Beaufsichtigung dieser Personen haftet (so Staudinger/Veit BGB § 1833 aF Rn. 47; Damrau/Zimmermann § 1833aF Rn. 16; Erman/Schulte-Bunert § 1826 Rn. 10; Grüneberg/Götz BGB § 1826 Rn. 5). Nach anderer Ansicht haftet er bei Aufgaben, die er selbst erledigen könnte, entsprechend § 278 für ein Verschulden des Dritten (Dodegge/Roth Teil D Rn. 152).

Diese Auffassung führt aber zu **problematischen Abgrenzungsfragen.** Gehören zB umfassender Immobilienbesitz oder umfangreiche Wertpapierdepots zum Vermögen, wird der Betreuer die Verwaltung einer geeigneten Hausverwaltung oder der Vermögensverwaltung einer Bank etc. übertragen dürfen. Versäumen diese etwas, müsste der Betreuer haften, wenn er die konkrete Angelegenheit (zB die Prüfung einer Handwerkerrechnung, den Kauf eines Wertpapiers) auch hätte selbst erledigen können. Dies würde zu einer ungerechtfertigten **verschuldensunabhängigen Haftung** des Betreuers führen (Erman/Schulte-Bunert § 1826 Rn. 10). Die Gegenansicht ist im Falle der Berufsbetreuungen auch vor dem Hintergrund der Pauschalvergütung abzulehnen, die ua damit gerechtfertigt wird, dass der Betreuer zumindest bei sehr umfangreichen Vermögensverwaltungen zur entgeltlichen Übertragung von Teilbereichen auf Dritte berechtigt ist (OLG München BtPrax 2008, 129). Auch dem würde eine über das Auswahlverschulden und damit über die allgemeinen Grundsätze hinausgehende Haftung widersprechen.

5. Kausaler Schaden

Der Betreuer hat den durch seine Pflichtverletzung verursachten Vermögensschaden zu ersetzen. Art und Umfang des Schadensersatzes richten sich nach den §§ 249 ff. 16

Ein Handeln ist ursächlich, wenn ohne die schädigende Handlung der Verletzungserfolg der Schaden nicht eingetreten wäre. Ein Unterlassen führt zur Kausalität, wenn bei einem pflichtgemäßen Handeln der Verletzungserfolg und der Schaden vermieden worden wären.

Ein Schaden ist jede unfreiwillige Einbuße an Rechtsgütern, wozu sowohl Vermögens- als auch Personenschäden gehören (ausführlich MüKoBGB/Oetker § 249 Rn. 16–22). Vermögensschäden sind die Einbußen an allen geldwerten Rechtsgütern, wozu auch Sachbeschädigungen zu rechnen sind. Bei Personenschäden sind Gesundheitsbeeinträchtigungen oder Körperverletzungen einzubeziehen, so dass hier vor allem Heilungskosten einen Schaden begründen. Zu Art und Umfang des Schadensersatzes s. §§ 249 ff.

6. Beweislast und gerichtliche Geltendmachung

Der Betreute hat Tatsachen für Pflichtverletzung, Kausalität und Schaden darzulegen (Grüneberg/Götz BGB § 1826 Rn. 3). Im Bestreitensfall hatte er nach früherem Recht (§§ 1908i, 1833 aF) auch zu beweisen, dass der Betreuer schuldhaft im Sinne des § 276 gehandelt hat. Für das **Verschulden** gilt nun durch § 1826 Abs. 1 S. 2 eine **Umkehr der Beweislast.** Das ist vor allem für einen Zivilprozess relevant und bedeutet, dass der Betreuer sich entlasten muss. Er muss zunächst selbst darlegen, dass er nicht schuldhaft gehandelt hat und hat dies ggf. zu beweisen. Dies entspricht der Beweislastverteilung im Schuldrecht nach § 280 Abs. 1 S. 2 und folgt Wertungsgesichtspunkten. Danach ist ein Betreuter, der sich in einem gesetzlichen Schuldverhältnis befindet, genauso schutzwürdig wie ein Vertragspartner, dem § 280 Abs. 1 S. 2 zu Gute kommt. Die Rechtsprechung hatte vielfach bereits eine Beweislastumkehr zugunsten eines Betreuten angenommen (BT-Drs. 19/24445, 259), die sich nun im Gesetz ausdrücklich wiederfindet. Die Beweislastumkehr bezieht sich **lediglich** auf das Verschulden, bei Pflichtverletzung. Kausalität und Schaden bleibt es bei der Beweislast des Betreuten. In der Regel wird es darum gehen, dass er darlegt und ggf. beweisen muss, dass er 17 die gebotene Sorgfalt bei der Besorgung der Angelegenheiten eingehalten hat (→ Rn. 10 ff.).

Der Betreuer muss als Schuldner damit darlegen und beweisen, dass er weder vorsätzlich noch fahrlässig gehandelt hat. Die Zuweisung der Beweislast an den Schuldner betrifft insofern lediglich die „subjektive" Seite des Verhaltensvorwurfes (MüKoBGB/Ernst BGB § 280 Rn. 149), wenn die Pflichtverletzung des Betreuers und deren Kausalität für den eingetretenen Schaden feststehen. Mit Rücksicht auf den objektiven Fahrlässigkeitsbegriff des Schuldrechts (§ 276 Abs. 1 S. 2) steht mit dem Nachweis einer „objektiven" Pflichtverletzung idR auch schon das Verschulden des Schuldners fest (MüKoBGB/Ernst BGB § 280 Rn. 150). Der Betreuer wird sich damit entlasten können, dass er die erforderliche Sorgfalt bei der Besorgung der Angelegenheiten eingehalten hat (s. zu § 280 Grüneberg/Grüneberg BGB § 280 Rn. 40). Überforderung entlastet nicht, sondern begründet die Verpflichtung fachlichen Rat einzuholen (MüKoBGB/Schneider Rn. 9).

Der Anspruch ist vom Betreuten vor den ordentlichen Gerichten geltend zu machen und nicht etwa vom Betreuungsgericht festzusetzen. Die Ersatzpflicht gilt für Einzelbetreuer unabhängig, ob ehrenamtlich oder beruflich (§ 1826 Abs. 1). Sind mehrere nebeneinander verantwortlich, so haften sie als Gesamtschuldner (§ 1826 Abs. 2 → Rn. 20).

Für die **Verjährung** gelten §§ 195, 207 Abs. 1 S. 2 Nr. 4, daraus folgt, dass die Verjährung des Anspruchs aus § 1826 während der Dauer des Betreuungsverhältnisses gehemmt ist.

III. Haftung des Vereins

18 Der **Verein als Betreuer** (§ 1818 Abs. 1) haftet gleichfalls nach § 1826. Für das Verschulden seiner Vertreter, wie seiner Mitarbeiter und Mitglieder gilt Abs. 3. Da die bei einem Betreuungsverein angestellten Betreuer in der Regel weder Organe des Vereins (§ 31) noch Erfüllungsgehilfen des Vereins sind, regelt Abs. 3 ausdrücklich, dass der Verein für ein Verschulden seiner Mitglieder und Angestellten haftet.

Der persönlich zum **Vereinsbetreuer** bestellte Mitarbeiter (§§ 1816 Abs. 2, 19 Abs. 2 2. Alt. BtOG) ist Einzelbetreuer und haftet nach § 1826 Abs. 1. Hiergegen hat ihn der Verein zu versichern (§ 14 Abs. 1 Nr. 2 BtOG). Der Streit, ob daneben auch der Verein haftet, wurde durch die Neuregelung beigelegt, so dass der Verein hier nicht nach § 1826 haftet (→ Rn. 1).

IV. Haftung der Behörde

19 Die **Behörde als Betreuer** (§ 1816 Abs. 4) haftet auch weiterhin unmittelbar nach § 1826 für Pflichtverletzungen der von ihr beauftragten Mitarbeiter. Daneben besteht die Amtshaftung nach § 839 iVm Art. 34 GG, aus der auch Haftung gegenüber Dritten abgeleitet werden kann.

Strittig war nach alter Rechtslage, ob die Behörde auch für den persönlich zum **Behördenbetreuer** bestellten Mitarbeiter haftet (Jürgens/v. Crailsheim, 6. Aufl., § 1833 Rn. 14). Diese Frage hat sich, wie für den Vereinsbetreuer geklärt, so dass ein Haftung nach § 1826 ausscheiden muss (→ Rn. 1).

V. Haftung mehrerer Betreuer

Ist eine Angelegenheit mehreren Betreuern (§ 1817 Abs. 1) zugewiesen und sind sie für den Schaden nebeneinander verantwortlich (Abs. 1), so haften sie im Außenverhältnis gegenüber dem Betreuten als **Gesamtschuldner (Abs. 2)** und im Innenverhältnis nach Kopfteilen (§ 426 Abs. 1). Sind mehrere Betreuer mit verschiedenen Aufgabenbereichen bestellt (§ 1817 Abs. 1 S. 2), so haften sie nur für die Erledigung der ihnen zugewiesenen Angelegenheiten. **20**

Die Gesamtschuldnerhaftung ist ebenfalls denkbar für Verhinderungsbetreuer nach § 1817 Abs. 4 und den Betreuer, wenn zB Pflichtwidrigkeiten des Betreuers vor dem Eintritt des Verhinderungsfalls kausal für einen Schaden war.

VI. Haftung gegenüber Dritten

Für die Haftung des Betreuers gegenüber **Dritten** im Zusammenhang mit der Führung in der Betreuung verbleibt es bei den **allgemeinen Vorschriften.** **21**

Handelt der Betreuer **rechtsgeschäftlich,** trifft die Verantwortung den vertretenen Betreuten (§ 278), der dann im Innenverhältnis beim Betreuer nach § 1826 **Regress** nehmen kann. Eine **Eigenhaftung** des Betreuers kommt hier nur in Betracht, wenn dieser als Vertreter ein eigenes wirtschaftliches Interesse am Vertragsschluss hat, also gleichsam in eigener Sache tätig wird, oder wenn er das besondere Vertrauen des Vertragspartners in Anspruch genommen und dadurch die Verhandlungen beeinflusst hat (§ 311; BGH FamRZ 1995, 282; Damrau/Zimmermann § 1833 aF Rn. 26). Bei Abschluss eines Heimvertrages ist dies jedoch in der Regel nicht der Fall (LG Duisburg FamRZ 2012, 815). Überschreitet der Betreuer seine gesetzliche Vertretungsmacht (§ 1823), haftet er dem Dritten nach § 179 Abs. 1, wenn der Vertrag nicht durch Genehmigung des Betreuten oder eines Ergänzungsbetreuers zustande kommt.

§ 1826 hat keine drittschützende Funktion, daher lassen sich hieraus auch keine Ansprüche der **Staatskasse** gegen den Betreuer herleiten wegen unterlassener Bildung von Rücklagen zur Sicherung des Vergütungsanspruchs (OLG Düsseldorf BtPrax 1999, 74). Desgleichen nicht Ansprüche des aus einer **Lebensversicherung** des betreuten Begünstigten, wenn sich die Versicherungsleistung verringert, weil der Betreuer auf Beitragsfreiheit umgestellt hat (AG Hamburg-Harburg NJW-RR 2002, 511). S. auch OLG Zweibrücken Rpfleger 2003, 426: Rechte Dritter sind auch bei unwiderruflicher Bezugsberechtigung nicht betroffen, wenn der Betreuer den Versicherungsvertrag beendet. Keine Haftung wegen Verschweigens der Verwahrlosungstendenzen des Betreuten beim Abschluss eines **Mietvertrages** (LG Flensburg BtPrax 2008, 228). **22**

Bezieht der Betreute zu Unrecht **Sozialhilfeleistungen,** ist auch der Betreuer **kraft Gesetzes** zum **Kostenersatz** verpflichtet, wenn er die Rechtswidrigkeit des der Leistung zu Grunde liegenden Verwaltungsaktes kannte oder infolge grober Fahrlässigkeit nicht kannte (§ 103 Abs. 1 S. 2 SGB XII). ZB die Übernahme von Krankenkassenbeiträgen, obwohl Betreuter beitragsfrei versichert ist (BayVGH BtPrax 2004, 203 mAnm Meier). **23**

Eine ausdrückliche **gesetzliche Haftung** ergibt sich auch aus § 69 AO iVm § 34 AO. Diese lauten: **24**

§ 34 AO

(1) Die gesetzlichen Vertreter natürlicher […] Personen […] haben deren steuerliche Pflichten zu erfüllen. Sie haben insbesondere dafür zu sorgen, dass die Steuern aus den Mitteln errichtet werden, die sie verwalten.

(2) […]

§ 69 AO

Die in § 34 […] bezeichneten Personen haften, soweit Ansprüche aus dem Steuerschuldverhältnis (§ 37) infolge vorsätzlicher oder grob fahrlässiger Verletzung der ihnen auferlegten Pflichten nicht oder nicht rechtzeitig festgesetzt oder erfüllt oder soweit infolgedessen Steuervergütungen oder Steuererstattungen ohne rechtlichen Grund gezahlt werden. Die Haftung umfasst auch die infolge der Pflichtverletzung zu zahlenden Säumniszuschläge.

Soweit der Aufgabenkreis die Vermögenssorge umfasst, treffen den Betreuer umfassende steuerliche Pflichten bis hin zur persönlichen Haftung auch gegenüber dem Fiskus oder einer strafrechtlichen Verantwortung im Falle einer Steuerverkürzung. Es ist also zu unterscheiden zwischen der Haftung gegenüber dem Betreuten (zB durch Nichtberücksichtigung von Abzugsmöglichkeiten bei der Steuerveranlagung, der nicht fristgerechten Einlegung eines Einspruchs oder der Verhängung von Säumniszuschlägen) und der Haftung gegenüber dem Fiskus. Erstere ergibt sich aus den → Rn. 4 ff. Letztere wird dann relevant, wenn der Steuerschuldner selbst, also der Betreute, nach Eintritt des steuerpflichtigen Tatbestands vermögenslos wird und bei pflichtgemäßer Erfüllung der steuerlichen Obliegenheiten die Befriedigung des Fiskus möglich gewesen wäre. Häufig bestehen bei Übernahme der Betreuung bereits Steuer- und andere Schulden. In diesem Fall ist der Betreuer nicht zu einer vorrangigen, sondern nur zu einer anteiligen Tilgung der Steuerschulden verpflichtet (Pump/Krüger BtPrax 2013, 51 mit weiteren Ausführungen zu diesem Haftungsthema). In erhebliche Interessenkonflikte kann der Betreuer kommen, wenn er bei pflichtgemäßer Ermittlung aller Vermögenswerte und steuerlich relevanten Tatbestände von jahrelang nicht deklarierten „Schwarzgeldern" des Betreuten Kenntnis erlangt und es dem ausdrücklichen Wunsch des Betreuten entspricht, „hieran nicht zu rühren". Wegen der strafrechtlichen Relevanz für den Betreuer selbst, wird entweder der Willensvorrang des Betreuten zurücktreten müssen oder die steuerlichen Pflichten müssen, soweit sie der Betroffene zB mit Hilfe eines Steuerberaters auch selbst erfüllen kann, wieder aus dem Aufgabenkreis herausgenommen werden (Deinert/Römer BtPrax 2010, 212, ebenfalls mit weiteren Ausführungen zu diesem Haftungsthema). Zur Exkulpation nicht ausreichend ist jedenfalls, die Steuererklärung nur vom Betreuten unterschreiben zu lassen (Deinert/Römer BtPrax 2010, 212).

25 Eine Haftung gegenüber Dritten ergibt **sich künftig unzweifelhaft nicht wegen einer Aufsichtspflichtverletzung** aus **§ 832.** Nach der Gesetzesbegründung kann es eine Aufsichtspflicht „begriffsnotwendig nur über eine dritte Person geben, so dass diese dem Betreuer nicht übertragen kann, sondern nur originär bei diesem begründet werden kann." (BT-Drs. 19/24445, 234, → BGB § 832 Rn. 2).

VII. Haftpflichtversicherung

26 Nach dem Reformgesetz gehört es zu den gesetzlichen **Voraussetzungen an eine Registrierung** als beruflicher Betreuer, dass dieser eine **Berufshaftpflicht-**

versicherung für Vermögensschäden zur Deckung der sich aus der Berufstätigkeit ergebenden Haftpflichtgefahren mit einer Mindestversicherungssumme von 1.000.000 EUR für jeden Versicherungsfall nachweist (§ 23 Abs. 1 Nr. 3 BtOG geändert durch das „Änderungsgesetz" v. 24.6.2022 BGBl. I 959 (963)).

Auch die Betreuungsvereine sind verpflichtet, ihre Mitarbeiter angemessen gegen Schäden zu versichern (§ 14 Abs. 1 Nr. 2 BtOG), die sie im Rahmen ihrer Tätigkeit anderen zufügen. Die Kosten für derartige Versicherungen, hat der Verein aufzubringen. Durch Abschlüsse entsprechender Sammelversicherungen können die Belastungen der Betreuungsvereine hier wohl in einem vertretbaren Rahmen gehalten werden.

In allen Bundesländern sind die **ehrenamtlichen Betreuer** im Rahmen von **Sammelhaftpflichtversicherungen,** die durch die Länder mit verschiedenen Versicherungsträgern abgeschlossen wurden, haftpflichtversichert.

VIII. Umfang und Geltendmachung von Ansprüchen

Der Betreuer haftet für jeden Vermögensschaden; zu Art und Umfang des **27**
Schadensersatzes vgl. §§ 249 ff. Eine weitergehende Haftung aus unerlaubter Handlung (§§ 823, 826, 847) ist nicht ausgeschlossen. Die Ansprüche aus § 1826 beruhen auf einem besonderen gesetzlichen Schuldverhältnis (→ Rn. 2). Sie unterliegen zwar der regelmäßigen, also dreijährigen Verjährungsfrist. Während der Dauer der Betreuung ist die Verjährung jedoch gehemmt (§ 207 Abs. 1 Nr. 4). Schadensersatzansprüche können aber schon vor Beendigung der Betreuung gerichtlich geltend gemacht werden (§ 1866 Abs. 2). Zuständig ist das Prozessgericht. Das Betreuungsgericht darf die Regulierung solcher Ansprüche nicht erzwingen.

Kapitel 2. Personenangelegenheiten

§ 1827 Patientenverfügung; Behandlungswünsche oder mutmaßlicher Wille des Betreuten

(1) [1]**Hat ein einwilligungsfähiger Volljähriger für den Fall seiner Einwilligungsunfähigkeit schriftlich festgelegt, ob er in bestimmte, zum Zeitpunkt der Festlegung noch nicht unmittelbar bevorstehende Untersuchungen seines Gesundheitszustands, Heilbehandlungen oder ärztliche Eingriffe einwilligt oder sie untersagt (Patientenverfügung), prüft der Betreuer, ob diese Festlegungen auf die aktuelle Lebens- und Behandlungssituation des Betreuten zutreffen.** [2]**Ist dies der Fall, hat der Betreuer dem Willen des Betreuten Ausdruck und Geltung zu verschaffen. Eine Patientenverfügung kann jederzeit formlos widerrufen werden.**

(2) [1]**Liegt keine Patientenverfügung vor oder treffen die Festlegungen einer Patientenverfügung nicht auf die aktuelle Lebens- und Behandlungssituation des Betreuten zu, hat der Betreuer die Behandlungswünsche oder den mutmaßlichen Willen des Betreuten festzustellen und auf dieser Grundlage zu entscheiden, ob er in eine ärztliche Maßnahme nach Absatz 1 einwilligt oder sie untersagt.** [2]**Der mutmaßliche Wille ist aufgrund konkreter Anhaltspunkte zu ermitteln.** [3]**Zu berücksichtigen sind insbesondere frühere Äußerungen, ethische oder religiöse Überzeugungen und sonstige persönliche Wertvorstellungen des Betreuten.**

(3) **Die Absätze 1 und 2 gelten unabhängig von Art und Stadium einer Erkrankung des Betreuten.**

(4) **Der Betreuer soll den Betreuten in geeigneten Fällen auf die Möglichkeit einer Patientenverfügung hinweisen und ihn auf dessen Wunsch bei der Errichtung einer Patientenverfügung unterstützen.**

(zur möglichen Gesetzesänderung Ende 2026 siehe Rn. 21)

(5) [1]**Niemand kann zur Errichtung einer Patientenverfügung verpflichtet werden.** [2]**Die Errichtung oder Vorlage einer Patientenverfügung darf nicht zur Bedingung eines Vertragsschlusses gemacht werden.**

(6) **Die Absätze 1 bis 3 gelten für Bevollmächtigte entsprechend.**

Übersicht

I. Entstehung

1 Die Vorschrift entspricht § 1901a aF. Nur die Überschrift wurde ergänzt, da sie auch Situationen umfasst, in denen keine (passende) Patientenverfügung vorhanden ist. Die Abs. 1–3 gelten auch für den vertretenden Ehegatten, § 1358 Abs. 6.

Die Norm wurde eingefügt durch das 3. BtÄndG v. 29.7.2009 (BGBl. I 2286) und ist seit dem 1.9.2009 in Kraft. Vorangegangen war eine lange kontrovers geführte rechtspolitische Diskussion über die Frage, ob und in welcher Weise Verfügungen eines Volljährigen (Patientenverfügung) für den Fall der Behandlungsbedürftigkeit von Ärzten, Betreuern und Gerichten beachtet werden müssen, insbesondere lebenserhaltende Maßnahmen unterlassen werden müssen, weil der Patient keine Behandlung (mehr) wünscht (aus der umfangreichen Literatur vgl. nur Riedel BtPrax 2005, 45; v. Renesse BtPrax 2005, 47; Kutzer BtPrax 2005, 50; Lipp FamRZ 2004, 317; Holzhauer FamRZ 2006, 518; May BtPrax 2007, 149; Schaffer BtPrax

2003, 143 und BtPrax 2007, 157; Hoffmann BtPrax 2009, 7; Brosey BtPrax 2009, 175 jeweils mwN; Lipp Vorsorgeverfügungen-HdB § 17 Rn. 75 ff.; BeckOK/Müller-Engels Rn. 5; Jurgeleit/Kieß Rn. 1 ff.; Joecker/Loer/Seidel Gesundheitssorge-HdB/Joecker Teil 1 E III). Es gab verschiedene Gesetzentwürfe und eine umfangreiche Sachverständigenanhörung (s. Beschlussempfehlung BT-Drs. 16/13314; zur kritischen Würdigung der Norm vgl. ua Höfling NJW 2009, 2849; Spickhoff FamRZ 2009, 1949; Bühler/Stolz BtPrax 2009, 261; Olzen JR 2009, 354; Albrecht/Albrecht MittBayNot 2009, 426; Meyer-Götz NJ 2009, 363; Lange ZEV 2009, 537; und aus medizinischer und medizinethischer Sicht die Empfehlungen der Bundesärztekammer und der Zentralen Ethikkommission bei der Bundesärztekammer zum Umgang mit Vorsorgevollmacht und Patientenverfügung in der ärztlichen Praxis, Deutsches Ärzteblatt 2013, A1580 ff. und aktualisiert im Dezember 2018, A 2405 ff.). Dass die Regelung im Betreuungsrecht aufgenommen wurde, ist nur bedingt überzeugend. Sie ist jedenfalls im Zusammenhang mit § 630d zu lesen, der erst später kodifiziert wurde (→ BGB § 630d Rn. 1 ff.). Auch Ärzte können im zentralen Vorsorgeregister der Bundesnotarkammer Auskunft über das Bestehen einer Patientenverfügung erhalten.

Mit der Änderung von § 1832 Abs. 7, die durch die Entscheidung des BVerfG vom 26.11.2024 notwendig geworden ist, wird Abs. 4 bis Ende 2026 vermutlich ergänzt (→ Rn. 21).

II. Überblick

Jede medizinische Maßnahme oder ärztliche Behandlung bedarf zunächst einer **Indikation,** die allein in ärztlicher Verantwortung liegt (→ BGB § 1828 Rn. 1). Der behandelnde Arzt macht sodann ein Behandlungsangebot, das zur rechtmäßigen Durchführung der **Einwilligung** des Patienten bedarf. Dies ist im Medizinrecht in § 630d normiert (→ BGB § 630d Rn. 1 ff.). Der Behandelnde ist verpflichtet, vor der Maßnahme die Einwilligung des Patienten einzuholen (ausführlich Joecker/Loer/Seidel Gesundheitssorge-HdB/Joecker 1. Teil E). Soweit dieser einwilligungsfähig ist, darf er nur selbst die Einwilligungserklärung abgeben. Das Betreuungsrecht regelt in §§ 1827, 1829 dagegen die **Aufgaben des Betreuers.** Dieser kann allein die Rechte seines Betreuten geltend machen. Ist der Betreute einwilligungsfähig, kann der Betreuer ihn bei der Entscheidungsfindung unterstützen. Die Einwilligung oder die Ablehnung darf der Betreuer nur dann stellvertretend erklären, wenn der Betreute tatsächlich einwilligungsunfähig ist. 2

Die Norm ist inhaltlich ausgestaltet als **Konkretisierung des § 1821 Abs. 2,** wonach der Betreuer verpflichtet ist, Wünschen des Betreuten zu entsprechen, einschließlich solcher Wünsche, die dieser schon vor seiner Bestellung geäußert hat (→ BGB § 1821 Rn. 16). Als Patientenverfügung wird nach **Abs. 1** nur eine **antizipierte Entscheidung** der betroffenen Person über ärztliche Maßnahmen nach Eintritt der Einwilligungsunfähigkeit verstanden. Da diese Entscheidung unmittelbar gelten soll, ist ein Handeln einer Vertretungsperson (Bevollmächtigter oder Betreuer) nicht erforderlich (BGH BtPrax 2016, 190; 2019, 27; Jurgeleit/Kieß Rn. 4; Schnellenbach/Normann-Scheerer/Giers/Thielke BetreuungsR-HdB/Schnellenbach Rn. 394). Dies ergibt sich auch aus **§ 630d Abs. 1 S. 2.** Im Rahmen eines Behandlungsvertrages muss vor einer medizinischen Maßnahme die **Einwilligung** des Patienten eingeholt werden (Joecker/Loer/Seidel Gesundheitssorge-HdB/Joecker Teil 1 E. II). Ist der Patient einwilligungsunfähig, ist –

außerhalb eines Notfalles – die Einwilligung eines hierzu Berechtigten einzuholen, soweit nicht eine Patientenverfügung die Maßnahme unmittelbar gestattet oder untersagt. Die Patientenverfügung enthält somit selbst die Einwilligung des Patienten. Der Betreuer hat der Verfügung lediglich noch **„Ausdruck und Geltung"** zu verschaffen. Gibt es keine Patientenverfügung oder wirkt sie nicht unmittelbar, weil sie für die konkrete Behandlungssituation nicht ausreichend aussagekräftig ist, hat der Betreuer nach Abs. 2 für seine stellvertretende Entscheidung die **Behandlungswünsche** des Betreuten zu beachten und diese ggf. umzusetzen. Sind auch solche nicht bekannt, hat er sich nach dem mutmaßlichen Willen der betroffenen Person zu richten. Voraussetzung ist in jedem Fall, dass ein Handeln im Zusammenhang mit einer Untersuchung, Heilbehandlung oder einem ärztlichen Eingriff zum Aufgabenkreis des Betreuers (→ BGB § 1815 Rn. 20 ff.; Brosey/Lesting/Loer/Marschner BetreuungsR-HdB/Loer Rn. 214 ff.) gehört und der Betreute **einwilligungsunfähig** geworden ist (→ BGB § 630d Rn. 7). Bei seinem Handeln ist der Betreuer unter den im Gesetz genannten Voraussetzungen an eine Patientenverfügung des Betreuten gebunden. Liegt eine solche nicht vor, gibt Abs. 2 dem Betreuer konkrete Vorgaben für seine Entscheidung, um die Selbstbestimmung des Betreuten zu wahren. Alle Regelungen der Abs. 1–3 gelten in gleicher Weise auch für einen Bevollmächtigten (Abs. 5), wie für vertretende Ehegatten (§ 1358 Abs. 6). Die Vorschrift hat auch Bedeutung für die strafrechtliche Beurteilung etwa eines Behandlungsabbruchs, auch wenn die Rechtfertigung der beteiligten Personen jeweils strafrechts-spezifisch zu beurteilen ist (BGH BtPrax 2011, 131; 2010, 226; Schuhr BtPrax 2018, 139).

3 Nicht ausdrücklich geregelt ist die Frage, inwieweit auch der **behandelnde Arzt** an eine Patientenverfügung gebunden ist. Inzwischen ist aber unumstritten, dass alle am Behandlungsprozess Beteiligte sie zu beachten haben. Im Rahmen eines Behandlungsvertrages ist der Behandelnde – also auch der Arzt – nämlich verpflichtet, die Einwilligung des Patienten einzuholen. Ist dieser einwilligungsunfähig, so gilt die Einwilligung in der Patientenverfügung unmittelbar (→ Rn. 2), so auch die höchstrichterliche Rechtsprechung (BGH BtPrax 2017, 120) und die Äußerungen der Bundesärztekammer. Der Betreuer hat, soweit er bestellt ist, dieser nur „Ausdruck und Geltung" zu verschaffen. Um unterschiedliche Sichtweisen abstimmen zu können, sieht § 1828 in diesem Falle ein Gespräch zur Feststellung des Patientenwillens vor. Liegt zwar eine Patientenverfügung vor, ist aber weder ein Betreuer noch ein Bevollmächtigter bestellt, muss der Arzt aus eigener Verantwortung entscheiden, ob er der Patientenverfügung folgt oder die Bestellung eines Betreuers in die Wege leitet. In **Notsituationen,** die sofortiges Handeln erfordern, kann vom Arzt nicht erwartet werden, zunächst zu ermitteln, ob eine Patientenverfügung vorliegt und wie diese zu verstehen ist (Stolz BtPrax 2011, 103). Wenn eine wirksame Patientenverfügung eine antizipierte Einwilligung für die bestimmte Maßnahme (→ Rn. 7 ff.) enthält und als eigene Einwilligung des Patienten gilt, bedarf es für ihre Umsetzung nicht der obligatorischen **Bestellung eines Betreuers,** wenn ein solcher oder ein Bevollmächtigter nicht bestellt ist (MüKoBGB/Schneider Rn. 36; Grüneberg/Götz BGB Rn. 9; aA BeckOK/Müller-Engels Rn. 33).

Auch die Empfehlungen der Bundesärztekammer (Deutsches Ärzteblatt 2018, 2405) sehen inzwischen folgende Verantwortlichkeiten und Aufgabenteilung vor: **Ärztliche Aufgabe** ist die **Indikationsstellung** sowie die Feststellung der **Einwilligungsfähigkeit** bzw. Einwilligungsunfähigkeit von Patienten. Die **Aufgabe des Patientenvertreters** ist die Erkundung des **Patientenwillens** und dessen

Durchsetzung. Das heißt zum einen, dass eine nicht indizierte medizinische Maßnahme nicht verlangt werden kann und eine Einwilligung nicht mehr erforderlich ist, wenn aufgrund eines fehlenden Behandlungszieles eine Behandlung ärztlicherseits nicht mehr angeboten wird. Daraus folgt übrigens, dass es keinen Anspruch auf eine ärztlich nicht indizierte Behandlung gibt und auch ein Betreuer eine solche nicht verlangen kann. Das heißt andererseits, dass die Unterschrift der Vertretungsperson nicht allein den Zweck hat, den Arzt vor einer möglichen Haftung zu bewahren. Vielmehr dient der Dialog bezüglich der Einwilligungserklärung dazu, **gemeinsam** den Patientenwillen zu eruieren, um eine Behandlung durchzuführen, die dem Patientenwillen entspricht, ein Ziel, das für alle am Behandlungsprozess Beteiligten maßgeblich sein sollte.

III. Patientenverfügung

Abs. 1 S. 1 enthält eine Legaldefinition der Patientenverfügung. Alle dort genannten Merkmale müssen vorliegen, um von einer wirksamen Patientenverfügung auszugehen. Nur in diesem Falle ist der Betreuer nach Abs. 1 verpflichtet, dieser Ausdruck und Geltung zu verschaffen. **4**

1. Einwilligungsfähiger Volljähriger

Nur eine volljährige natürliche Person, die einwilligungsfähig ist, kann wirksam eine Patientenverfügung errichten. Minderjährige oder nicht-einwilligungsfähige Personen können eine Patientenverfügung nicht wirksam errichten (kritisch hierzu Hoffmann BtPrax 2009, 7; Schumacher FPR 2010, 474). Insbesondere bei grundrechtsmündigen **Minderjährigen,** die durchaus einwilligungsfähig sind, ist diese Entscheidung des Gesetzgebers nicht nachvollziehbar (Grüneberg/Götz BGB Rn. 4; BeckOK/Müller-Engels Rn. 24) zumal eine zum Zeitpunkt der Minderjährigkeit abgefasste (unwirksame) Verfügung auch durch die Volljährigkeit des Verfügenden nicht zur (wirksamen) Patientenverfügung erstarken kann. In diesem Fall kommt für das Betreuerhandeln nur Abs. 2 in Betracht (→ Rn. 16). Die **Einwilligungsfähigkeit** (→ BGB § 630d Rn. 7; Brosey/Lesting/Loer/Marschner BetreuungsR-HdB/Loer Rn. 216) bei Erstellung der Patientenverfügung muss sich auf diejenigen ärztlichen Maßnahmen (→ Rn. 7) beziehen, die von der Patientenverfügung umfasst sein sollen. Maßgeblich ist der Zeitpunkt, in dem die Patientenverfügung schriftlich abgefasst, also in der Regel von dem Verfügenden eigenhändig unterschrieben wird. Die Errichtung einer Patientenverfügung ist **höchstpersönlicher Natur** und kann nicht stellvertretend durch den Betreuer erfolgen. Dieser soll den Betreuten jedoch in geeigneten Fällen bei der Erstellung unterstützen, s. Abs. 4. **5**

2. Schriftform

Eine Patientenverfügung muss schriftlich abgefasst sein. Die Urkunde, also das entsprechende Schriftstück, muss vom Aussteller eigenhändig durch **Namensunterschrift** oder mittels notariell beglaubigten Handzeichens unterzeichnet sein (§ 126). Nicht notwendig ist, dass der gesamte Text vom Unterzeichner selbst geschrieben oder gar eigenhändig abgefasst wurde. Er kann auch einen Text aufsetzen lassen oder sich einen vorgedruckten Text zu eigen machen. Da sich die Einwilligungsfähigkeit und die Frage der nicht unmittelbar bevorstehenden Maß- **6** nahmen (→ Rn. 8) auf den Zeitpunkt der Errichtung beziehen, ist es ratsam, das **Datum** der Unterzeichnung anzugeben. Die Schriftform hat ua den Zweck, den Betroffenen vor übereilten oder unüberlegten Festlegungen zu schützen (BT-Drs. 16/8442, 13) und zugleich den Betreuer vor der Prüfung zu bewahren, ob lediglich „dahin gesagte" Äußerungen bereits eine wirksame Patientenverfügung enthielten. Patientenverfügungen können, jedenfalls zusammen mit einer Vorsorgevollmacht, beim **zentralen Vorsorgeregister der Bundesnotarkammer** registriert werden. Weitere formelle Anforderungen, die im Gesetzgebungsverfahren diskutiert wurden, sind nicht ins Gesetz übernommen worden, insbesondere eine obligatorische vorangegangene ärztliche Beratung (Spickhoff FamRZ 2009, 1948; Olzen NJ 2009, 354; Höfling NJW 2009, 2849; Lipp/Strasse BtPrax 2012, 103; Jurgeleit/Kieß Rn. 21 ff.). Wenn die Patientenverfügung unmittelbar die Entscheidung des Betroffenen über eine ärztliche Maßnahme antizipiert, müsste ihr nun gem. § 630d nach dem Konzept des „informed consent" eigentlich erst eine ausreichende ärztliche Beratung oder Aufklärung voraus gehen (so Olzen/Lilius-Karakaya BtPrax 2013, 127, jedenfalls bei positiver Einwilligung). Auch eine zeitnahe Bestätigung ist nicht notwendig, aber empfehlenswert. Für die Wirksamkeit einer Patientenverfügung ist daher der Zeitpunkt, in dem sie errichtet wurde, ohne Bedeutung. Auch lange zurückliegende Verfügungen sind beachtlich, obwohl sich zwischenzeitlich sowohl die Behandlungsmethoden ändern können und auch die Palliativmedizin weitere Fortschritte macht. Bei der **Auslegung** ist daher zu fragen, ob der Patient aktuell noch daran festhalten will.

3. Bestimmte ärztliche Maßnahme/Auslegung

7 Die Patientenverfügung muss Regelungen darüber enthalten, wie bei Untersuchungen des Gesundheitszustandes, Heilbehandlungen oder ärztlichen Eingriffen zu verfahren ist. Umfasst sein können also alle ärztlichen Maßnahmen der Anamnese, Diagnostik und Therapie sowie ggf. Eingriffe, die nicht medizinisch indiziert sind („Schönheitsoperationen"), und Maßnahmen, die nicht von Ärzten, sondern von Angehörigen anderer Heilberufe auf ärztliche Anordnung vorgenommen werden. Da dies **unabhängig von Art und Stadium der Erkrankung** gilt (Abs. 3), kann die Patientenverfügung Regelungen über alle Maßnahmen enthalten, nicht nur über solche, die Fragen am Lebensende zur Beendigung lebenserhaltender Maßnahmen betreffen (Brosey BtPrax 2010, 161; Brosey/Lesting/Loer/Marschner BetreuungsR-HdB/Loer Rn. 225). Dabei muss sich die Verfügung auf „bestimmte" Maßnahmen beziehen. Dies ist folgerichtig, weil die Patientenverfügung als antizipierte Entscheidung des Betroffenen ausgestaltet ist. Da sie die eigene Entscheidung ersetzen soll, die der Betroffene im Falle der Einwilligungsfähigkeit treffen würde, muss sie **hinreichend bestimmt** sein. Sie kann sowohl eine Einwilligung wie eine Ablehnung einer indizierten ärztlichen Maßnahme enthalten. Allgemeine Festlegungen, zB Behandlungen nur in einem speziellen Krankenhaus der Wahl oder von einem Arzt des Vertrauens durchführen zu lassen, reichen nicht aus, sind aber als zusätzliche Ergänzung möglich. Solche Festlegungen können nach allgemeinen Regeln (§ 1821 Abs. 2) für den Betreuer bindend sein, erfüllen aber nicht den Begriff der Patientenverfügung. Dies gilt auch für allgemeine Richtlinien einer künftigen Behandlung („ich möchte würdevoll sterben können, wenn eine Behandlung nicht mehr aussichtsreich ist") (BT-Drs. 16/8442, 13).

Die Rechtsprechung hatte an das **Bestimmtheitserfordernis** und die unmittelbare Bindungswirkung zunächst sehr hohe Anforderungen gestellt, diese dann aber wieder relativiert. Aus der Verfügung muss sich feststellen lassen, in welcher Behandlungssituation welche konkrete ärztliche Maßnahme durchgeführt bzw. unterlassen werden soll. Eine Auslegung ist jedoch möglich und in der Regel auch nötig (BGH BtPrax 2019, 27; BtPrax 2017, 120; BtPrax 2016, 187; BtPrax 2014, 268; Fallbeispiele bei Floren BtPrax 2018, 87; Schuhr BtPrax 2018, 139; Brosey/Lesting/Loer/Marschner BetreuungsR-HdB/Loer Rn. 225; Joecker/Loer/Seidel Gesundheitssorge-HdB/Joecker Teil 1 E. III. 3. c; Schnellenbach/Normann-Scheerer/Giers/Thielke BetreuungsR-HdB/Schnellenbach Rn. 396 ff; zur Entwicklung der BGH Rspr. zum Bestimmtheitsgebot BeckOK/Müller-Engels Rn. 10 ff.; MüKoBGB/Schneider Rn. 20 f.). Die Patientenverfügung muss Festlegungen im Zustande der Einwilligungsfähigkeit treffen für Maßnahmen in einer Zukunft, in der der Verfügende nicht mehr einwilligungsfähig sein wird. Wegen der großen Vielzahl von nicht vorhersehbaren Krankheitssituationen ist es gerade für gesunde Menschen schwierig, sich für oder gegen bestimmte Maßnahmen zu entscheiden (Albrecht/Albrecht MittBayNot 2009, 426 (428) mit einem Beispiel), zumal gerade bei der Auseinandersetzung mit Krankheit, Sterben und Tod die meisten Menschen ambivalente und sich wandelnde Einstellungen entwickeln (Höfling NJW 2009, 2849). Wann eine Maßnahme **hinreichend bestimmt** benannt ist, muss im Einzelfall beurteilt werden. Am ehesten wird dies noch anzunehmen sein, wenn ein Betroffener mit einer Grunderkrankung denkbare Weiterentwicklungen der Erkrankung vorwegnimmt und mögliche Behandlungsmethoden ablehnt oder befürwortet. Jedenfalls muss es sich um Maßnahmen handeln, die im Zeitpunkt der Festlegung „nicht unmittelbar bevorstehen". Bei unmittelbar bevorstehenden Maßnahmen kann der einwilligungsfähige Patient noch selbst entscheiden, ohne dass es einer Verfügung in Schriftform bedarf. In Fragen akuter Behandlungsbedürftigkeit ist die Errichtung einer Patientenverfügung daher ausgeschlossen. Für die Bestimmtheit einer Maßnahme ist es allerdings nicht erforderlich, dass diese nach Zeit und Ort genau festgelegt sein muss. Es geht vielmehr um die konkrete **Art der Maßnahme,** die für den Fall, dass sie aufgrund des Gesundheitszustandes des Patienten, der ebenfalls konkret beschrieben werden muss, in Betracht kommen sollte, durchgeführt oder unterlassen werden soll (zB künstliche Ernährung, Beatmung, Dialyse, Organersatz, Wiederbelebung, Verabreichung von Medikamenten, Elektrokrampftherapie, alternative Behandlungsmethoden etc.). Die bloße Aussage, nicht künstlich ernährt werden zu wollen, ist jedenfalls nicht ausreichend. Eine vorübergehende künstliche Ernährung mit der Hoffnung auf Genesung ist völlig anders zu beurteilen als eine dauerhafte. Die Verfügung ist nach ihrem Sinn auszulegen. 8

Soweit zwischen Arzt und Patientenvertreter Einigkeit hinsichtlich des Willens des Patienten besteht, bedarf es **keiner betreuungsgerichtlichen Genehmigung,** siehe **§ 1829 Abs. 4,** auch wenn der Betroffene aufgrund der Unterlassung oder Beendigung einer medizinischen Maßnahme verstirbt. Auf Antrag hat das Gericht jedoch ein sog. **Negativattest** zur erteilen (BGH BtPrax 2014, 268; VerfGH NRW BtPrax 2024, 135 mAnm Mazur; → BGB § 1829 Rn. 21). Soweit das Betreuungsgericht dann zu dem Ergebnis kommt, dass der Patient eine wirksame und auf die konkrete Situation anwendbare Vorausverfügung getroffen hat, hat es lediglich auszusprechen, dass eine gerichtliche Genehmigung nicht erforderlich ist. Diese Feststellung dürfte dann auch für ein etwaiges Strafverfahren bindend sein.

9 Nach **Abs. 3** gelten die Regeln der Abs. 1 und 2 **unabhängig von Art und Stadium** der Erkrankung des Betreuten. Insbesondere die Festlegung, ärztliche Maßnahmen zu unterlassen auch für den Fall, dass dies zum **Tod** des Verfügenden führen würde, ist zulässig, und zwar nicht nur für den Fall, dass der Sterbeprozess bereits eingesetzt hat. Der Verfügende kann also Vorkehrungen treffen für jede denkbare Erkrankung unter Berücksichtigung aller denkbarer Folgen. Dies gebietet das Recht auf Selbstbestimmung, das durch die Reform des Betreuungsrechts, insbesondere § 1821, noch verschärft wurde (zur Patientenverfügung bei psychischen Erkrankungen Brosey/Lesting/Loer/Marschner BetreuungsR-HdB/Loer Rn. 228; Brosey BtPrax 2010, 161; Winzen BtPrax 2018, 58; Steinert/Stolz BtPrax 2018, 174; zur Bindung im Rahmen einer psychiatrischen Zwangsbehandlung nach § 1832 BVerfG BtPrax 2021, 185; im Rahmen einer Unterbringung im Maßregelvollzug BGH BtPrax 2023, 144). Insbesondere die **Ablehnung lebenserhaltender Maßnahmen** in einer Patientenverfügung ist möglich. In der Regel werden solche für den Fall schwerer gesundheitlicher Beeinträchtigungen verfügt. Es ist inzwischen einhellige Meinung, dass solche Festlegungen des Verfügenden bindend sind, soweit sie dem Bestimmtheitserfordernis genügen. Einigkeit besteht allerdings darüber, dass eine aktive und strafbewährte **Sterbehilfe** auch in einer Patientenverfügung nicht verlangt werden kann. Nach der **strafrechtlichen** Rechtsprechung eignet sich dabei die Unterscheidung zwischen aktivem Tun und Unterlassen zur Abgrenzung von strafbarer Tötung und strafloser Sterbehilfe nicht. Ein aktiver Behandlungsabbruch (zB durch Abschalten einer Beatmungsmaschine oder Durchtrennen einer PEG-Magensonde) und ein Unterlassen von möglichen lebenserhaltenden Maßnahmen sind rechtlich gleich zu bewerten, und zwar im Hinblick auf die Einheitlichkeit der Rechtsordnung sowohl zivil- wie strafrechtlich. Ausschlaggebend ist, ob nach gründlicher Prüfung dem tatsächlichen oder dem mutmaßlichen Willen des Patienten gefolgt wird und einem Krankheitsprozess, der ohne Behandlung zum Tode führen würde, sein natürlicher Lauf gelassen wird (BGH BtPrax 2010, 226; Grüneberg/Götz BGB Rn. 19; zu den Konsequenzen der betreuungsrechtlichen Rechtsprechung auf die Strafgerichtsbarkeit und der „Einheitlichkeit der Rechtsordnung" s. Schuhr BtPrax 2018, 139; zur Unterstützung des Betreuers bei einem Suizid Brosey/Lesting/Loer/Marschner BetreuungsR-HdB/Loer Rn. 223; Henking BtPrax 2021, 92).

10 Nicht einer Patientenverfügung zugänglich sind allerdings Maßnahmen der sog. **Basisbetreuung.** Für diese haben Ärzte und Pflegepersonal auf jeden Fall zu sorgen, der Betreuer hat ggf. darauf hinzuwirken (Jurgeleit/Kieß Rn. 37). Hierbei handelt es sich um eine menschenwürdige Unterbringung, Zuwendung, Körperpflege, das Lindern von Schmerzen, Atemnot und Übelkeit sowie das Stillen von Hunger und Durst auf natürlichem Wege (BT-Drs. 16/8442, 13). Wenn für die Aufrechterhaltung der Grundfunktionen des Körpers wie Atmung, Ernährung und Ausscheidung ärztliche Eingriffe notwendig sind, ist dies wiederum einer Patientenverfügung zugänglich.

4. Widerruf

11 Eine Patientenverfügung kann jederzeit formlos widerrufen werden (Abs. 1 S. 3). Im Gegensatz zur Errichtung ist für deren Widerruf keine Schriftform vorgesehen. Sie kann also auch mündlich oder non-verbal erfolgen (BT-Drs. 16/8442, 13), selbstverständlich auch schriftlich oder mit Hilfe elektronischer Medien. Erforderlich ist auch nicht, dass das Schriftstück mit der Patientenverfügung ver-

nichtet oder entsprechend gekennzeichnet wird. Der Betreuer muss sich daher in jedem Falle vergewissern, ob eine schriftlich abgefasste Patientenverfügung vom Betreuten nicht zwischenzeitlich vollständig oder teilweise widerrufen wurde. Dies kann ihn in nicht unerhebliche Beweisschwierigkeiten bringen. Er muss daher insbesondere in den Gesprächen nach § 1828 versuchen, entsprechende Anhaltspunkte in Erfahrung zu bringen. Für den Verfügenden bedeutet dies zudem, dass im Falle eines Widerrufs, wenn möglich, auch die schriftliche Urkunde vernichtet oder ein entsprechender Widerrufvermerk angebracht werden sollte (ausf. Lindner/Huber NJW 2017, 6 ff.; Jurgeleit/Kieß Rn. 40 ff.).

Das Gesetz macht keine Angaben darüber, ob für den Widerruf **Einwilligungsfähigkeit** vorliegen muss. Hieraus wird geschlossen, dass Einwilligungsfähigkeit erforderlich sei (so MüKoBGB/Schneider Rn. 38; Joecker/Loer/Seidel Gesundheitssorge-HdB/Joecker Teil 1 E.III. c.ee.). Da der Widerruf aber „jederzeit" – also nicht nur bis zum Eintritt der Einwilligungsunfähigkeit – erfolgen kann und die Patientenverfügung gerade Vorkehrungen für die Zeit nicht mehr bestehender Einwilligungsfähigkeit treffen will, muss auch ein einwilligungsunfähiger Patient die Patientenverfügung noch widerrufen können. Auch nach § 1821 Abs. 2 ist der Betreuer nicht mehr an zuvor geäußerte Wünsche des Betreuten gebunden, wenn dieser **erkennbar nicht mehr daran festhalten will.** Auch hier wird auf den natürlichen Willen abgestellt, unabhängig von Geschäfts- oder Einwilligungsfähigkeit (→ BGB § 1821 Rn. 13). Dies sollte dann auch für existenzielle Fragen wie Durchführung oder Abbruch einer Behandlung gelten. Anhaltspunkte für einen Widerruf können sich auch aus dem konkreten Verhalten des nicht mehr einwilligungsfähigen Betreuten ergeben, etwa aus situativ spontanem Verhalten des Patienten gegenüber vorzunehmenden oder zu unterlassenden ärztlichen Maßnahmen (BT-Drs. 16/8442, 15). Eine geänderte – auch non verbal geäußerte – Willensbekundung gibt jedenfalls Anlass zur Frage, ob die getroffenen Festlegungen auf die aktuelle konkrete Situation überhaupt zutreffen. 12

IV. Betreuerpflichten

1. Einwilligungsunfähigkeit

Ein Tätigwerden des Betreuers auf Grundlage der Patientenverfügung kommt nur in Betracht, wenn der Verfügende einwilligungsunfähig geworden ist. Solange er einwilligungsfähig ist, kann und muss er selbst über Durchführung oder Unterlassung von ärztlichen Maßnahmen entscheiden, selbstverständlich auch entgegen seiner eigenen Patientenverfügung. Einwilligungsunfähig ist, wer Art, Bedeutung und Tragweite bzw. Folgen der Maßnahme auch nach ärztlicher Aufklärung nicht verstehen oder seinen Willen nicht danach bestimmen kann (→ BGB § 630d Rn. 7). Dieser Zustand kann Ergebnis eines fortschreitenden krankhaften Prozesses (neurodegenerative Erkrankungen wie zB Alzheimer oder andere Ursachen einer fortgeschrittenen Demenz), einer plötzlichen auftretenden Erkrankung (Schlaganfall, Herzinfarkt) oder eines Unfalles (Schädel-Hirn-Trauma mit Bewusstlosigkeit bzw. Koma bis zum apallischen Syndrom) sein. Es ist Aufgabe des behandelnden Arztes im Rahmen des **Aufklärungsgespräches** die Einwilligungsfähigkeit oder -unfähigkeit für die konkrete indizierte Maßnahme festzustellen. Der Betreuer sollte sich jedoch ein eigenes Bild über die mangelnde Einwilligungsfähigkeit des Betreuten machen. In geeigneten Fällen ist weitere Unterstützung hinzuzuziehen, um dem 13

Patienten selbst eine eigene Entscheidung zu ermöglichen, so die Verpflichtung nach Art. 12 UN-BRK (zum Vorrang und zur Methode der unterstützenden Entscheidungsfindung siehe Bühler BtPrax 2017, 167; Kosuch BtPrax 2018, 18; Brosey/Lesting/Loer/Marschner BetreuungsR-HdB/Loer Rn. 214). In Zweifelsfällen sollte ein psychiatrisches oder neurologisches Konsil eingeholt werden.

2. Prüfungspflicht

14 Der Betreuer muss neben dem behandelnden Arzt – soweit trotz aller Bemühungen von der Einwilligungsunfähigkeit auszugehen ist – als erstes prüfen, ob die Festlegungen in der Patientenverfügung auf die konkrete Lebens- und Behandlungssituation **zutreffen** (Abs. 1 S. 1), also Festlegungen gerade für den Fall enthält, in der sich der Betreute jetzt befindet. Dies gilt sowohl hinsichtlich der notwendigen ärztlichen Maßnahmen, über die entschieden werden muss, als auch hinsichtlich der Bestimmtheit und der Umstände, bei deren Vorliegen eine Maßnahme durchgeführt oder unterlassen werden soll. Der BGH stellt daran hohe Anforderungen (zuletzt BGH BtPrax 2019, 27; 2017, 120; → Rn. 8). **Auslegungsmaßstab** ist allein **der Wille** des Verfügenden, nicht eigene Wertvorstellungen oder Vorverständnisse des Betreuers oder Bevollmächtigten. Die Auslegung der Patientenverfügung, der auch das Gespräch nach § 1828 Abs. 1 dienen soll, erfolgt unter Hinzuziehung aller denkbaren Erkenntnisquellen, insbesondere der nach § 1828 Abs. 2 vorgesehenen Beteiligung von Angehörigen und nahestehenden Personen. Die nach Abs. 2 heranzuziehenden Anhaltspunkte (→ Rn. 15) können auch zur Auslegung einer Patientenverfügung herangezogen werden, allerdings nur im Rahmen des Wortlauts der Verfügung. Ansonsten dienen sie nur der Ermittlung des mutmaßlichen Willens (→ Rn. 16). Der Betreuer muss auch prüfen, ob der Verfügende nicht inzwischen die Verfügung widerrufen hat (→ Rn. 11) oder sie nicht mehr gelten lassen will (MüKoBGB/Schneider Rn. 28).

3. Umsetzung des Willens

15 Kommt der Betreuer zum Ergebnis, die Festlegungen der Patientenverfügung sind auf die konkrete Lebens- und Behandlungssituation anzuwenden und eine Abkehr des Betroffenen hiervon nicht feststellbar, hat er dem Willen des Verfügenden **„Ausdruck und Geltung zu verschaffen"** (Abs. 1 S. 2). Dies bedeutet, er hat bei Ärzten und Pflegepersonal, insbesondere im Gespräch nach § 1828, auf die Beachtung der Patientenverfügung **hinzuwirken.** Er hat dafür zu sorgen, dass der Wille des Betreuten beachtet wird. Er kann diesem auch Geltung verschaffen, indem er als Vertreter des Betreuten (§ 1823) die Entscheidung über eine ärztliche Maßnahme ausdrücklich trifft oder diese verweigert. Nach dem Konzept des Gesetzes ist dieses allerdings nicht notwendig, da die Patientenverfügung unmittelbar die eigene Entscheidung des Betroffenen antizipiert. Bestehen Zweifel, können sowohl der Arzt wie der Betreuer ein sog. **Negativattest** nach § 1829 Abs. 4 beim Betreuungsgericht beantragen (→ Rn. 8; → BGB § 1829 Rn. 21).

V. Entscheidung des Betreuers – Abs. 2

1. Voraussetzungen

16 Stärker noch als bei der Umsetzung einer Patientenverfügung ist der Betreuer im Falle des Abs. 2 gefordert und muss in Ausübung seiner **Vertretungsbefugnis**

(§ 1823) eine Erklärung für den Betreuten abgeben (Grüneberg/Götz BGB Rn. 15). Abs. 2 regelt im Innenverhältnis die Betreuerpflichten für zwei Alternativen. Alternative 1: es liegt **keine Patientenverfügung** vor. Dies ist auch dann der Fall, wenn der Betreute zwar Behandlungswünsche geäußert hat, diese aber nicht ausreichend bestimmte ärztliche Maßnahmen (→ Rn. 7 ff.) oder lediglich die Basisbetreuung betreffen oder bei Verfügungen, die der Schriftform nicht entsprechen. Alternative 2: der Betreuer kommt zu dem Ergebnis, dass die Festlegungen der Patientenverfügung auf die aktuelle Lebens- oder Behandlungssituation **nicht zutreffen.** Dies kann der Fall sein, wenn die Verfügung für den aktuellen Fall keine ausreichend konkreten Festlegungen trifft oder die Voraussetzungen, unter denen eine Maßnahme durchgeführt oder unterlassen werden soll, von denen der aktuellen Situation abweichen oder der Verfügende ausdrücklich festgelegt hat, dass der Betreuer selbst entscheiden soll (weitere Differenzierungen bei MüKoBGB/Schneider Rn. 50). In allen diesen Fällen ist der Betreuer in seiner Entscheidung nicht frei, sondern hat die **Behandlungswünsche** oder den **mutmaßlichen Willen** des Betreuten festzustellen und nach dieser Maßgabe eine stellvertretende Entscheidung zu treffen (Joecker/Loer/Seidel Gesundheitssorge-HdB/Joecker Teil 1 III. 4.). Hierbei sind auch die Pflichten nach **§ 1821** zu beachten. Bevor der Betreuer jedoch eine eigene Entscheidung für den Betroffenen trifft, hat er zu versuchen, ob es nicht doch möglich ist, dass dieser mit angemessener Unterstützung, zB auch durch die Hinzuziehung von Assistenz, eine **eigene Entscheidung** treffen kann nach dem allgemeinen Grundsatz des Betreuerhandelns nach § 1821: „Assistenz vor Vertretung" und „Unterstützte Entscheidungsfindung" (Bühler/Stolz BtPrax 2017, 167; konkretes Fallbeispiel bei einer psychiatrischen Erkrankung Zinkler/De Sabbata R&P 2017, 207). Die in der Praxis leider immer noch anzutreffende irrige Auffassung, dass allein der Betreuer zu entscheiden und einzuwilligen hat, wenn ihm die Gesundheitssorge übertragen wurde, entspricht schon lange nicht mehr dem geltenden Recht.

2. Behandlungswünsche und mutmaßlicher Wille

Behandlungswünsche sind konkrete vorsorgliche Willensbekundungen über Art, Umfang und Dauer sowie die Umstände der Behandlung, die aber zB mangels Schriftform nicht die Voraussetzungen einer Patientenverfügung erfüllen. Der BGH verlangt aber auch hier einen gewissen Bezug auf die konkrete Behandlungssituation (BGH BtPrax 2016, 187). Einwilligungsfähigkeit ist gerade nicht erforderlich. Anders als beim mutmaßlichen Willen handelt es sich nicht um einen vermuteten, sondern den **tatsächlichen** Patientenwillen. Sie sind rechtlich bindend und müssen als Ausdruck des wirklichen Patientenwillens Beachtung finden. Anders als eine Patientenverfügung können sie aber nicht als unmittelbare Einwilligung oder Ablehnung in eine konkrete Behandlung genutzt werden. Sie bedürfen der Umsetzung durch eine Vertretungsperson, soweit der Patient aktuell einwilligungsunfähig ist. Der Betreuer ist schon durch die Generalnorm des **§ 1821 Abs. 2** an die Wünsche des Betreuten gebunden. **17**

Sind Behandlungswünsche nicht festzustellen, kommt es auf den **mutmaßlichen Willen** an, was § 1821 Abs. 4 entspricht. Für die Ermittlung dürfen nur konkrete **Anhaltspunkte** herangezogen werden (Abs. 2 S. 2), keine Spekulationen (Bühler/Stolz BtPrax 2009, 261; Brosey/Lesting/Loer/Marschner BetreuungsR-HdB/Loer Rn. 188; → BGB § 1821 Rn. 20 ff.). Außerdem ist der mutmaßliche Wille wiederum strikt aus Sicht des Betroffenen zu ermitteln (BGH

BtPrax 2014, 270). Zu berücksichtigen sind insbesondere frühere mündliche oder schriftliche Äußerungen, ethische oder religiöse Überzeugungen und sonstige Wertvorstellungen des Betreuten (Abs. 2 S. 3). Schriftliche Angaben des Betreuten, die nicht den Anforderungen an eine Patientenverfügung genügen, sind besonders authentische Erkenntnisquellen. Hierbei kann – anders als bei einer Patientenverfügung – auch berücksichtigt werden, wie alt diese Festlegungen sind: Je aktueller diese sind, umso mehr werden sie auch noch die tatsächliche Einstellung des Betroffenen wiedergeben. **Mündliche Äußerungen** müssen hinreichend belegt sein, zB durch Angaben von Angehörigen oder sonstigen nahestehenden Personen. Das ursprünglich im Gesetzentwurf enthaltene Merkmal „Schmerzempfinden" als Kriterium für die Ermittlung des mutmaßlichen Willens ist im Laufe des Gesetzgebungsverfahrens entfallen, weil es als derart subjektiv eingestuft werden muss, dass es durch einen Außen stehenden Dritten kaum beurteilt werden kann (BT-Drs. 13314, 20). Letztlich muss der Betreuer versuchen herauszufinden, wie sich der Betroffene selbst in der konkreten Situation entschieden hätte, wenn er entscheidungsfähig wäre. Sollte sich der Betreuer aufgrund seiner eigenen ethischen Grundsätze oder Wertvorstellungen zur Umsetzung der Wünsche des Betreuten nicht in der Lage sehen, gilt er insoweit als ungeeignet, sodass für diese Angelegenheit ein anderer Betreuer zu bestellen ist.

18 Der Betreuer hat den mutmaßlichen Willen des Betreuten umzusetzen und die Einwilligung zur indizierten ärztlichen Maßnahme als Vertreter entweder zu erteilen oder zu versagen. Auch bei geringen Informationen darf ein Betreuer, der erst in einer Situation bestellt wurde, in der der Betreute keine eigenen Angaben mehr machen kann und auch keine Angehörigen bekannt sind, nicht auf objektive Kriterien zurückgreifen. Er muss versuchen, aus allen Informationen, die er erhalten kann, ein **Gesamtbild der Persönlichkeit** des Betreuten zu entwerfen. So können zB die Häufigkeit früherer Arztbesuche oder der körperliche Zustand der Person Auskunft darüber geben, wie sie bisher mit ihrer Gesundheit umgegangen ist. Je weniger Informationen der Betreuer allerdings für die anstehende Entscheidung erhalten kann, umso mehr ist er gezwungen, bei der Rekonstruktion des mutmaßlichen Willens auf **allgemeine Lebenserfahrungen** zurückzugreifen. So dienen die Überlegungen, wie ein Mensch in der konkreten Situation und mit dem über ihn bekannten Hintergrund normalerweise handeln oder entscheiden würde als Ermittlungen des individuellen hypothetischen Willens. Liegen keine Anhaltspunkte dafür vor, dass sich der Betreute anders entschieden hätte, wird davon auszugehen sein, dass sein (hypothetischer) Wille mit dem übereinstimmt, was gemeinhin als normal und vernünftig angesehen werden kann. Der Rückgriff auf allgemeine Kriterien ist dabei aber nicht zu verwechseln mit einem objektiven Wohl.

VI. Psychiatrische Patientenverfügung und Zwangsbehandlung

19 Auch wenn im Verlauf des Gesetzgebungsverfahrens vor 2029 ausschließlich die Behandlung am Lebensende diskutiert wurde, gelten die genannten Grundsätze auch für die **Behandlung psychischer Erkrankungen** – gem. Abs. 3 unabhängig von Art und Stadium (Brosey BtPrax 2010, 161, → BGB § 1829 Rn. 17). Das Selbstbestimmungsrecht von Psychiatriepatienten ist in der gleichen Weise zu beachten wie das aller anderen Patienten. So bedarf auch die Behandlung mit einem Neuroleptikum der Einwilligung des Patienten – und zwar **auch im Rahmen einer freiheitsentziehenden Unterbringung** durch den Betreuer oder nach öffentlich-rechtlichen Vorschriften. In der Patientenverfügung können sowohl Einwilligungen wie Ablehnungen konkreter ärztlicher Maßnahmen erklärt werden. In der Praxis gibt es zunehmend „negative" psychiatrische Patientenverfügungen, die bestimmte Maßnahmen, meist die Behandlung mit allen oder bestimmten Psychopharmaka, die eigentlich medizinisch indiziert wären, verbieten. Sie gelten dann bei vorübergehender Einwilligungsunfähigkeit unmittelbar, sodass auch eine **Zwangsbehandlung** ausscheidet (Jurgeleit/Kieß Rn. 59; BGH BtPrax 2025, 181 mAnm Mazur; → BGB § 1832 Rn. 14). Gerade in besonders eingriffsintensiven Anwendungsfällen von ärztlichen Zwangsbehandlungen sind Patientenverfügungen und Behandlungsvereinbarungen in besonderem Maße geeignet sind, die Patientenautonomie zu stärken und die wiederholte Anwendung von ärztlichen Zwangsmaßnahmen zu vermeiden. Voraussetzung für die Wirksamkeit ist, dass der Patient bei der Erstellung einwilligungsfähig war und die konkrete Behandlungssituation tatsächlich vor Augen hatte (Gurke/Kießling/Mazur BtPrax 2022, 85). Dies gilt grundsätzlich auch für eine Behandlung im **Maßregelvollzug** (BVerfG BtPrax 2021, 185 (189); BGH BtPrax 2023, 144). Es finden sich Vordrucke aus der Anti-Psychiatrie-Bewegung, in denen sämtliche Maßnahmen radikal abgelehnt werden. Sollte das Verbot einer Behandlung zu einer langfristigen oder gar dauerhaften schweren Beeinträchtigung führen, ohne die Chance auf die Wiedererlangung der Einwilligungsfähigkeit, eventuell verbunden mit der Notwendigkeit einer freiheitsentziehenden Unterbringung, so ist zu fragen, ob der Betroffene diese Entwicklung bei seiner Erklärung tatsächlich in Betracht gezogen und in Kauf genommen hat. War ihm also seine Freiheit zur Krankheit wichtiger als die körperliche Freiheit (Steinert/Stolz BtPrax 2018, 174; → BGB § 1832 Rn. 14; BGH BtPrax 2025, 181)? Nach der gefestigten Rechtsprechung des Bundesverfassungsgerichts schließt die grundrechtlich geschützte Freiheit gerade auch die **„Freiheit zur Krankheit"** ein und damit das Recht, eine auf Heilung zielende Behandlung abzulehnen, auch wenn sie aus vernünftigen Gesichtspunkten medizinisch dringend geboten wäre (BVerfG BtPrax 2015, 192). Die Willensentscheidung des Patienten ist aber nur soweit bindend, wie seine eigenen Rechte betroffen sind. Bei einer Gefährdung Dritter, die nicht durch einen Freiheitsentzug abgewendet werden kann, stößt die Patientenverfügung an ihre Grenzen (BGH BtPrax 2023, 144 mit Anm. Mazur).

Wenn der Patient in seiner Verfügung in eine neuroleptische Behandlung eingewilligt hat, im Zustand der Einwilligungsunfähigkeit dann aber mit natürlichem Willen widerspricht, liegt zwar eine ärztliche Zwangsmaßnahme nach **§ 1832** vor, deren Einwilligung nach Abs. 2 auch genehmigungspflichtig ist, vor. Die Hürde ist allerdings deutlich geringer. Verfahrensrechtliche Maßnahmen sowie Maßnahmen nach den Landesgesetzen, wie zB eine Untersuchung des Gesundheitszustandes, können durch eine Patientenverfügung nicht ausgeschlossen werden.

Auch der **Ort der Behandlung** kann Gegenstand einer Patientenverfügung sein. Ob eine Behandlung, in die antizipierend eingewilligt wird, an dem gewünschten Ort tatsächlichen stattfinden kann, hängt von den medizinischen Möglichkeiten ab. Wird ein Ort ausgeschlossen, dürfte dies bindend sein. Aufgrund des Urteils des BVerfG vom 26.11.2024 zu § 1832 Abs. 1 Nr. 7 (BVerfG BtPrax 2025, 21) muss in Ausnahmefällen eine **Zwangsbehandlung außerhalb eines Krankenhauses** ermöglicht werden. Patienten können darauf Einfluss nehmen. Im Interesse möglichst selbstbestimmter Entscheidungen besteht auch bei einer notwendigen Anwendung von Zwang durch die selbstbestimmte Festlegung eines alternativen Durchführungsortes die Chance, erneute Traumata zu vermeiden. Es kann sowohl festgelegt werden, dass eine Zwangsbehandlung – bei Vorliegen sämtlicher Voraussetzungen des § 1832 als ultima ratio – ausschließlich in einem geeigneten Krankenhaus durchgeführt werden darf, um andere, insbesondere privat genutzte Räume von Zwang freizuhalten. Das BVerfG hat zum anderen in seinem Urteil dargelegt, dass auch Raum dafür zu geben ist, dass Betroffene mit ihrem ursprünglichen von Art. 2 Abs. 2 S. 1 Alt. 2 GG geschützten freien Willen positiv einen abweichenden Durchführungsort bestimmen können, soweit an diesem Ort der notwendige Krankenhausstandard gewahrt ist. Betroffene können also zB. festlegen, dass eine Zwangsbehandlung – wenn sämtliche Zulässigkeitsvoraussetzungen vorliegen – ausnahmsweise in der Einrichtung durchgeführt werden sollen, in der sie wohnen, wenn ihnen eine Verbringung in ein Krankenhaus nicht zumutbar ist.

20 Eine **Behandlungsvereinbarung,** die zwischen dem Patienten und einem konkreten Behandlungsteam in der Regel nach einer stationären Behandlung geschlossen wird, enthält Verabredungen für einen zukünftigen Aufenthalt erneut im Zustand der Einwilligungsunfähigkeit (BeckOGK/Diener Rn. 25 f.). Patient und Arzt begegnen sich bei einer solchen zweiseitigen Vereinbarung auf Augenhöhe („Shared-Decision-Making") und müssen eine gemeinsame Lösung finden. Da eine solche Auseinandersetzung sowohl therapeutisch bei der Verarbeitung zB einer erlebten **Zwangsbehandlung** hilfreich ist als auch erneuten Zwang vermeiden kann, sollte es in psychiatrischen Kliniken im Entlassungsgespräch eigentlich zum Standard gehören. Ansonsten müssten die psychiatrischen Institutsambulanzen ein solches Angebot vorhalten. Der Vorteil liegt darin, dass durch die Mitwirkung eines Arztes die Einwilligungsfähigkeit des Betroffenen bei der Erstellung nicht in Frage stehen dürfte. Teile der Behandlungsvereinbarungen können je nach Ausgestaltung auch eine Patientenverfügung darstellen. Jedenfalls enthält sie konkrete Behandlungswünsche, die zu beachten sind. Sie kann sich auch auf den Ort beziehen, wo die (Zwangs-) Behandlung durchgeführt werden soll und wo nicht. Der Betreuer hat nach Abs. 4 den Betreuten auf eine solche Möglichkeit hinzuweisen und ihn auf seinen Wunsch zu unterstützen (→ Rn. 21).

VII. Hinweis und Unterstützung bei der Errichtung

21 **Abs. 4** wurde 2017 mit dem „Gesetz zur Änderung der materiellen Zulässigkeitsvoraussetzungen von ärztlichen Zwangsmaßahmen und zur Stärkung des Selbstbestimmungsrechts von Betreuten" neu eingefügt. Der Betreuer soll im Rahmen der Gesundheitssorge den Betreuten in geeigneten Fällen auf dessen Wunsch bei der Errichtung einer Patientenverfügung unterstützen (Kieß BtR 2025, 92). Dies dient der Stärkung des Selbstbestimmungsrechtes, damit der Betreuer im Falle der später eingetretenen Einwilligungsunfähigkeit in der Lage ist, die Wünsche des Betreuten umzusetzen. In der Praxis wird dieser Verpflichtung selten gefolgt, obwohl es in den meisten Jahresberichtsvordrucken erfragt wird. Nach der Gesetzesbegründung liegt ein geeigneter Fall zB **nach einer erfolgten Zwangsbehandlung** vor (BT-Drs. 18/11240, 18). Wenn der Betreute wieder selbst einwilligungsfähig ist, aber aufgrund der Erkrankung erneute Krisensituationen mit Eintreten der Einwilligungsunfähigkeit zu befürchten sind, sollen vor dem Hintergrund der jüngsten Erfahrungen Festlegungen für die Zukunft erfolgen – zur Vermeidung von erneuten Zwangsbehandlungen. Die Aufforderung an den Betreuer gilt aber auch für andere geeignete Fälle.

Im Zusammenhang mit der Entscheidung des BVerfG vom 26.11.2024 (BVerfG BtPrax 2025, 21; → Rn. 19), die eine Neuregelung von § 1831 Abs. 1 Nr. 7 bis zum 31.12.2026 erfordert, wird eine Ergänzung von Absatz 4 erwogen, um genau diesen Aspekt zu verdeutlichen. Der bei Redaktionsschluss vorliegende **Referentenentwurf** („*Entwurf eines Gesetzes zur Änderung der Regelung über ärztliche Zwangsmaßnahmen im Betreuungsrecht und zur Stärkung des ultima-ratio-Gebots sowie der Selbstbestimmung der Betroffenen*" vom 26.2.2026 sah folgende Neuregelung vor:

(4) „Der Betreuer soll den Betreuten in geeigneten Fällen auf die Möglichkeit einer Patientenverfügung hinweisen und ihn auf dessen Wunsch bei der Errichtung einer Patientenverfügung unterstützen. Ein geeigneter Fall liegt insbesondere vor, wenn bei dem Betreuten eine ärztliche Zwangsmaßnahme nach § 1832 durchgeführt wurde und damit zu rechnen ist, dass auch nach Wiedererlangung der Einwilligungsfähigkeit weitere ärztliche Zwangsmaßnahmen durchgeführt werden. In diesem Fall ist der Arzt, der die ärztliche Zwangsmaßnahme durchgeführt hat, in die Erstellung der Patientenverfügung nach Möglichkeit einzubinden."

Eine Änderung von § 1832 muss spätestens Ende 2026 in Kraft treten.

VIII. Freiwilligkeit

Nach **Abs. 5** kann (gemeint ist „darf") niemand zur Errichtung einer Patien- 22
tenverfügung verpflichtet werden. Jeder wie auch immer geartete Zwang ist damit unzulässig: weder durch den behandelnden Arzt, Angehörige oder sonstige Personen darf jemand zur Errichtung einer Patientenverfügung veranlasst werden. Es soll eine höchstpersönliche Entscheidung bleiben. Allerdings regelt das Gesetz nicht, dass etwa eine gleichwohl durch (unzulässigen) Druck zustande gekommene Patientenverfügung unwirksam wäre. Die Festlegungen einer solchen Verfügung dürften letztlich nicht in Übereinstimmung mit der konkreten Lebens- und Behandlungssituation stehen und daher unbeachtlich sein (MüKoBGB/Schneider Rn. 62; Spickhoff FamRZ 2009, 1948).

Außerdem darf die Errichtung oder Vorlage einer Patientenverfügung nicht 23
zur Bedingung eines Vertragsschlusses gemacht werden: ein allgemeines zivilrechtliches Koppelungsverbot. Dies gilt insbesondere für den Abschluss von Heimverträgen, Hospizverträgen, Behandlungsverträgen mit Krankenhäusern oder niedergelassenen Ärzten, Versicherungsverträgen etc. (BeckOK BGB/Müller-Engels Rn. 42; MüKoBGB/Schneider Rn. 61). So kann zB eine private Krankenversicherung keinen Beitragsrabatt gewähren, wenn im Falle eines apallischen Syndroms durch eine Patientenverfügung auf (teure) medizinische Hilfe verzichtet wird (Beispiel bei Spickhoff FamRZ 2009, 1948). Auch dieses **Koppelungsverbot** dient der Entscheidungsfreiheit des Betroffenen. Damit soll individuellem und gesellschaftlichem Druck zur Errichtung einer (bestimmten) Patientenverfügung entgegengewirkt werden (BT-Drs. 13314, 20). Sollte gleichwohl ein Vertrag eine entsprechende Bedingung erhalten, führt die Regelung in Abs. 4 zu einer Unwirksamkeit dieser Vertragsklausel wegen Verstoßes gegen ein gesetzliches Verbot (§ 134), nicht jedoch zu einer Unwirksamkeit des gesamten Vertrages.

IX. Bevollmächtigte

24 Es bietet sich an, eine Vorsorgevollmacht mit einer Patientenverfügung zu verbinden. Die Regelungen der Abs. 1 bis 3 gelten nach Abs. 6 für Bevollmächtigte entsprechend (MüKoBGB/Schneider Rn. 63–66). Der Verfügende kann gemeinsam mit der Patientenverfügung oder getrennt davon einen Bevollmächtigten bestellen, der dann als Stellvertreter des Betroffenen handeln kann. Dies ist vor allem in Form der Vorsorgevollmacht (→ BGB § 1820 Rn. 1 ff.) möglich, die zunächst nicht an die Anforderungen des § 1820 Abs. 2 Nr. 1 gebunden ist (BGH BtPrax 2016, 187). Durch diese Neuregelung ist endgültig klargestellt, dass eine Bevollmächtigung auch für Fragen der ärztlichen Behandlung möglich ist. Nur bei Erklärungen, für die der Betreuer einer Genehmigung des Betreuungsgerichts nach § 1829 bedürfte, ist die Form zu beachten. Ist der Bevollmächtigte nicht willens oder nicht in der Lage, die Vollmacht entsprechend den oben genannten Kriterien dem Willen des Vollmachtgebers folgend auszuüben, so kann zunächst ein **Kontrollbetreuer** bestellt oder aber auch gleich der Aufgabenbereich der Gesundheitssorge angeordnet werden, mit der Möglichkeit, die **Vollmacht zu widerrufen,** § 1820 Abs. 3 und 5.

X. Aufsicht/Genehmigung des Betreuungsgerichts

25 Bestehen Anhaltspunkte, dass der Betreuer seine Entscheidung für oder gegen eine Einwilligung nicht an den Wünschen des Betreuten orientiert, so hat das Betreuungsgericht im Rahmen der Aufsicht gem. § 1862 einzuschreiten und kann nach Abs. 2 und 3 eine Weisung erteilen. Ersetzen kann es die Einwilligung nicht, ggf. muss es den Betreuer entlassen und einen neuen geeigneten bestellen.

Unter den in § 1829 Abs. 1 und 2 genannten Voraussetzungen benötigt der Betreuer für seine Entscheidung die Genehmigung des Betreuungsgerichts (→ BGB § 1829 Rn. 1 ff.). Eine solche ist nach **§ 1829 Abs. 4** allerdings **entbehrlich,** wenn zwischen Betreuer und behandelndem Arzt **Einvernehmen** darüber besteht, dass die Erteilung, die Nichterteilung oder der Widerruf der Einwilligung dem nach § 1827 festgestellten Willen des Betreuten entspricht. Dies gilt nicht nur für die Anwendung einer Patientenverfügung nach Abs. 1, sondern auch bei Beachtung der Behandlungswünsche und des mutmaßlichen Willens nach Abs. 2. Stimmen also die Bewertung des Betreuers über die Anwendbarkeit einer Patientenverfügung oder der von ihm ermittelte mutmaßliche Wille des Betreuten mit der Feststellung des Arztes überein, gibt es **keine Beteiligung des Betreuungsgerichts.** Nur auf Antrag eines der Beteiligten hat es ein sog. **Negativattest** zu erteilen mit dem Inhalt, dass keine gerichtliche Genehmigung erforderlich ist (BGH BtPrax 2014, 268).

XI. Umgang mit Vordrucken und Formularen

26 In der Praxis gibt es eine fast unüberschaubare Fülle von Mustern für Patientenverfügungen, häufig verbunden mit Vorsorgevollmachten und Betreuungsverfügungen, ua von Ärztekammern (Übersicht: www.bundesaerztekammer.de), von Justizministerien (zB www.bmjv.de) oder von Kirchen (zB www.ekd.de, www.dbk.de), die im Internet oder als Broschüre erhältlich sind. Die Verbraucher-

zentrale bietet die Möglichkeit, eine Verfügung online zu erstellen, s. www.verbraucherzentrale.de/patientenverfuegung-online. Die verschiedenen Muster unterscheiden sich zum Teil erheblich, ua in der Form, in der Reichweite und der Differenziertheit der Behandlungswünsche. Die meisten Patientenverfügungen sind Formulare, in denen vorgegebene Situationen und Behandlungswünsche angekreuzt werden können (Achtung: mal kumulativ, mal alternativ). Andere bestehen aus Textbausteinen, aus denen der Patient seine eigene, individuelle Patientenverfügung zusammenstellen kann. Einige Formulare beschränken sich auf sterbensnahe Situationen wie die unmittelbare Sterbephase oder das weit fortgeschrittene Stadium einer zum Tode führenden Erkrankung, andere sehen auch Festlegungen für Situationen wie eine irreversible Bewusstlosigkeit oder eine fortgeschrittene Demenzerkrankung vor. Um in Situationen, die in einem Formular möglicherweise nicht erfasst sind, den mutmaßlichen Willen besser ermitteln zu können, empfiehlt es sich, Lebenseinstellungen, ethische oder religiöse Überzeugungen und sonstige persönliche Wertvorstellungen mitzuteilen (so die Empfehlungen der Bundesärztekammer und der Zentralen Ethikkommission bei der Bundesärztekammer Deutsches Ärzteblatt 2018 A 2405 mwH).

Auch für spezifische psychiatrische Patientenverfügungen gibt es inzwischen Leitfäden und Vordrucke samt Ausfüllhilfen, zB wissenschaftlich fundiert vom SALUS – Projekt, online abrufbar unter https://forschen-und-teilen.de/selbstbestimmt-in-der-krise.

§ 1828 Gespräch zur Feststellung des Patientenwillens

(1) [1]**Der behandelnde Arzt prüft, welche ärztliche Maßnahme im Hinblick auf den Gesamtzustand und die Prognose des Patienten indiziert ist.** [2]**Er und der Betreuer erörtern diese Maßnahme unter Berücksichtigung des Patientenwillens als Grundlage für die nach § 1827 zu treffende Entscheidung.**

(2) **Bei der Feststellung des Patientenwillens nach § 1827 Absatz 1 oder der Behandlungswünsche oder des mutmaßlichen Willens nach § 1827 Absatz 2 soll nahen Angehörigen und sonstigen Vertrauenspersonen des Betreuten Gelegenheit zur Äußerung gegeben werden, sofern dies ohne erhebliche Verzögerung möglich ist.**

(3) **Die Absätze 1 und 2 gelten für Bevollmächtigte entsprechend.**

Mögliche Ergänzung Ende 2026 (→ Rn. 4)

Die Vorschrift wurde eingefügt durch das **Dritte Gesetz zur Änderung des Betreuungsrechts** vom 29.7.2009 (BGBl. I 2268), entspricht § 1901b aF. In Abs. 1 wird durch eine klarstellende Regelung (BGH BtPrax 2014, 268) der **dialogische Prozess** zwischen dem behandelnden Arzt und dem Betreuer oder dem Bevollmächtigten (Abs. 3) verankert, was sich für den Arzt schon aus seinen allgemeinen Pflichten ergibt (→ BGB § 630e Rn. 2). Soweit möglich ist auch der Patient immer zu beteiligen, auch bei Einwilligungsunfähigkeit, § 630e Abs. 5 (→ § 630e Rn. 3; Joecker/Loer/Seidel Gesundheitssorge-HdB/Joecker Teil 1 D.II.3.; Dodegge R&P 2024, 84, 87; HK-BUR Bauer/Schwedler Rn. 14 ff.). Der Arzt stellt nach Abs. 1 S. 1 zunächst die **medizinische Indikation** für eine ärztliche Maßnahme. Dies liegt **allein in ärztlicher Verantwortung.** Der Betreuer hat insoweit notwendige Informationen beizusteuern. Befindet sich der 1

Patient bereits im Sterbeprozess, wird zB eine Reanimation oder weitere künstliche Beatmung vielfach als nicht mehr indiziert angesehen. Die dauerhafte Versorgung durch eine **PEG-Magensonde** ohne Aussicht auf Wiedererlangung des vollen Bewusstseins dürfte mangels Behandlungszieles schon überwiegend nicht mehr indiziert sein und ist daher schon durch den Arzt zu beenden, ohne dass es auf die Zustimmung eines Patientenvertreters ankommt. Wurde eine Magensonde zB in der Hoffnung auf Besserung des Gesamtzustandes gelegt, stellt sich diese Besserung dann aber nach Ablauf einer gewissen Zeit nicht ein, fehlt es langfristig an der Indikation. Dem Betreuer darf insoweit keine Verantwortung übertragen werden. Wenn schon keine medizinische Indikation besteht, besteht für den Betreuer kein Entscheidungsspielraum. Auf der anderen Seite kann der Betreuer keine Behandlung verlangen, die medizinisch nicht indiziert ist.

Besteht eine medizinische Indikation, erörtern der Arzt und der Betreuer diese Maßnahmen unter Berücksichtigung des Patientenwillens. Der Arzt ist gem. **§ 630e** verpflichtet, mit dem Patienten und hilfsweise mit dem Betreuer ein **Aufklärungsgespräch** zu führen (→ § 630e). Selbstverständlich ist es zunächst auch die Aufgabe des Arztes zu versuchen, den Patienten bei einer eigenen Entscheidung zu unterstützen, um zu einem „informed consent" zu kommen, siehe die Stellungnahme der Zentralen Ethikkommission bei der Bundesärztekammer zur Entscheidungsassistenz durch den behandelnden Arzt vom 15.4.2016 (deutsches Ärzteblatt, 2016 A 716; 2018 A 952). Ist allerdings der Patient trotz aller Bemühungen nicht in der Lage, selbst eine Einwilligung oder Ablehnung zu erklären, stehen dem Arzt keine Entscheidungsbefugnisse zu (zur Einwilligungsfähigkeit → § 630d Rn. 7; Joecker/Loer/Seidel Gesundheitssorge-HdB/Joecker Teil 1 E. I.2.). Er benötigt für die Behandlung eine **Einwilligung nach § 630d.** Bei einer wirksamen unmittelbar geltenden Patientenverfügung ist er an diese gebunden, im Übrigen entscheidet gem. § 630d Abs. 2 S. 2 der hierzu Berechtigte, also Betreuer, Bevollmächtigte oder Ehegatte nach § 1358 als Vertreter des Patienten. Das heißt, der Arzt unterbreitet mit der Indikationsstellung ein **Behandlungsangebot.** Der Berechtigte hat in Vertretung des Patienten zu entscheiden, ob er dieses Angebot **ablehnt oder annimmt.** Dann ist dieser anstelle des Patienten im selben Umfang aufzuklären, § 630d Abs. 2. Der behandelnde Arzt eines nicht mehr einwilligungsfähigen Patienten ist im Rahmen seiner Aufklärungspflicht verpflichtet, die Fortsetzung der künstlichen Ernährung im Stadium der finalen Demenz oder deren Beendigung und die Umstellung auf rein palliative Versorgung eingehend mit dem Betreuer zu erörtern und ihm damit die Grundlage für eine verantwortungsbewusste Entscheidung an die Hand zu geben. Ein Unterlassen dieser Pflicht stellt eine rechtswidrige Pflichtverletzung dar. Dass der BGH die Lebens- und Leidensverlängerung des Patienten (anders als die Vorinstanz) dennoch nicht als Schaden nach § 249 anerkennt, überzeugt nicht (NZFam 2019, 487 mAnm Hermes = BtPrax 2019, 154 mAnm Loer BtPrax 2019, 189; OLG München FamRZ 2018, 723), ebensowenig die Entscheidung des KG Berlin zum Vergütungsanspruch des Krankenhauses bei Weiterbehandlung trotz entgegenstehender Patientenverfügung in FamRZ 2023, 1064 mAnm Bergschneider).

Der Betreuer wiederum ist an die Behandlungswünsche oder den (mutmaßlichen) Willen des Betreuten gem. § 1827 Abs. 2 gebunden.

Andererseits muss auch der Betreuer das **Gespräch mit dem Arzt** suchen, sowohl bei der Prüfung, ob eine Patientenverfügung nach § 1827 Abs. 1 vorliegt (→ BGB § 1827 Rn. 4 ff.) und einschlägig ist (→ BGB § 1827 Rn. 15), als auch bei der Ermittlung der Behandlungswünsche und eines mutmaßlichen Willens

(→ BGB § 1827 Rn. 17) für den Fall, dass eine Patientenverfügung nicht vorliegt oder keine einschlägigen Festlegungen für die jeweilige Lebens- und Behandlungssituation des Betroffenen enthält. Nach dem Ergebnis der Erörterungen handelt der Betreuer dann entsprechend § 1827 Abs. 1 oder 2 (BT-Drs. 16/13314, 20). Kommen Arzt und Betreuer zum übereinstimmenden Ergebnis bzgl. des Willens, muss eine Genehmigung des Betreuungsgerichts selbst dann nicht eingeholt werden, wenn eine lebensgefährliche Maßnahme durchgeführt oder eine lebenserhaltende Maßnahme nicht durchgeführt werden soll (§ 1829 Abs. 4). Bei Unsicherheiten hat das Betreuungsgericht auf Antrag ein sog. **Negativattest** zu erlassen (BGH BtPrax 2014, 268; → BGB § 1829 Rn. 21).

Abs. 2 gibt dem Betreuer **Vorgaben für die Feststellung des** in einer Patien- 2
tenverfügung festgelegten **Patientenwillens** nach § 1827 Abs. 1 (→ BGB § 1827 Rn. 4 ff.) sowie bei Behandlungswünschen oder dem mutmaßlichen Willen nach § 1827 Abs. 2 (→ BGB § 1827 Rn. 16 ff.). Hierbei soll jeweils nahen Angehörigen und sonstigen Vertrauenspersonen des Betreuten Gelegenheit zur Äußerung gegeben werden. Nahe **Angehörige** sind verwandte oder verschwägerte Personen, insbesondere Kinder oder Eltern, Geschwister, Ehegatten oder Lebenspartner. Als **Vertrauenspersonen** kommen Freunde, Nachbarn, Betreuer, Pflegekräfte oder sonstige nahestehende Personen in Betracht. Auch der behandelnde Hausarzt sollte hinzugezogen werden, wenn eine Entscheidung im Krankenhaus zu treffen ist. Die Äußerungen dieser Personen sollen den Betreuer in die Lage versetzen, den persönlichen Hintergrund der betreuten Person besser kennenzulernen und für seine Bewertung heranzuziehen. Deshalb dürfte in der Regel das persönliche Gespräch sinnvoll sein. Allerdings wäre auch eine telefonische oder schriftliche Anhörung (zB per E-Mail) möglich, wenn hierdurch entsprechende Erkenntnisgewinne zu erwarten sind. Da es sich allerdings um eine **Sollvorschrift** handelt, führt ein Verstoß noch nicht zur Rechtswidrigkeit der (Nicht-) Einwilligung (BGH BtPrax 2016, 187 (192)). Da ärztliche Maßnahmen uU keinen längeren Zeitaufschub dulden, kann von der Beteiligung von Angehörigen oder Vertrauenspersonen abgesehen werden, wenn diese nur mit erheblicher Verzögerung möglich wäre. Hierbei sind Möglichkeiten der Telekommunikation besonders zu prüfen. Wird ein Betreuer erst unmittelbar vor einer solchen Entscheidung bestellt und hat er seinen Betreuten vorher gar nicht gekannt, ist es allerdings besonders wichtig, Informationen von Dritten einzuholen, auch bei einem kurzen Zeitfenster. Das Aufklärungsgespräch über die medizinische Indikation alleine dürfte in der Regel nicht ausreichen. Aufgabe der Betreuer ist es nicht, durch ihre Unterschrift die Ärzte vor einer möglichen Haftung zu bewahren, sondern die Wünsche des Patienten in den Entscheidungsprozess einzubringen, um dessen Selbstbestimmung zu sichern.

Die Tätigkeit des Betreuers unterliegt der Aufsicht des Gerichts nach § 1862 in der Zuständigkeit der Rechtspfleger (Köppel BtPrax 2020, 54). Deshalb sind beim Verpflichtungsgespräch ehrenamtliche Betreuer auch die Aufgaben im Rahmen der Gesundheitssorge zu thematisieren.

Die Vorschrift ist auf alle Erkrankungen und Behandlungsformen anwendbar, 3
sowohl auf die Erkrankung, die Anlass der Betreuerbestellung war wie auch andere, somatische wie psychische. Eine Aufklärung über die Behandlung mit **Psychopharmaka** (→ BGB § 630e Rn. 2) und insbesondere über die Folgen ist genauso erforderlich wie bei allen anderen Behandlungen, wird in der Praxis jedoch häufig vernachlässigt. Hinsichtlich der Einwilligung ist es nicht ausreichend, wenn ein psychiatrischer Patient der Verordnung eines Neuroleptikums

nicht widerspricht. Wenn er widerspricht, ist zu prüfen, ob die Voraussetzungen zur Durchführung einer ärztlichen Zwangsmaßnahme nach § 1832 vorliegen (Joecker/Loer/Seidel Gesundheitssorge-HdB/Loer Teil 2 D.II.). In beiden Fällen kommt es auf den mutmaßlichen Willen an, wenn der Patient aktuell nicht einwilligungsfähig ist (Gurke/Kießling/Mazur BtPrax 2022, 85).

4 Aufgrund der Verfassungsgerichtsentscheidung vom 26.11.2024 (BVerfG BtPrax 2025, 21) zur ärztlichen **Zwangsbehandlung,** die eine Änderung von § 1832 Abs. 7 bis Ende 2026 erfordert, wird eine Ergänzung auch dieser Vorschrift dahingehend vorgeschlagen, die Anforderungen an das Prüfungsgespräch nach Absatz 1 bei ärztlichen Zwangsmaßnahmen zu konkretisieren. Bei Redaktionsschluss lag folgende Formulierung eines neuen Abs. 3 des Referentenentwurfs vom 26.2.2026 vor:

„Bei einer ärztlichen Zwangsmaßnahme nach § 1832 sind das Ergebnis der Prüfung des behandelnden Arztes nach Absatz 1 Satz 1 sowie der Ablauf und der wesentliche Inhalt des Gesprächs nach Absatz 1 Satz 2 zu dokumentieren. Sofern bei einer ärztlichen Zwangsmaßnahme nach § 1832 davon abgesehen wird, nahen Angehörigen oder sonstigen Vertrauenspersonen des Betreuten Gelegenheit zur Äußerung zu geben, ist dies zu begründen.“

Im Hinblick auf die Zulässigkeitsvoraussetzung des **§ 1832 Abs. 1 S. 1 Nr. 3** (→ § 1832 Rn. 14) besteht wegen der Intensität des Eingriffs ein besonderes Bedürfnis nach einer sorgfältigen Feststellung des zu beachtenden Willens des Betreuten. In der bisherigen Praxis wurde nur unzureichend versucht, den **mutmaßlichen Willen** des Betreuten zu ermitteln, so das Ergebnis der Studie „Evaluierung des Gesetzes zur Änderung der materiellen Zulässigkeitsvoraussetzungen von ärztlichen Zwangsmaßnahmen und zur Stärkung des Selbstbestimmungsrechts von Betreuten“. Da der Betreute der indizierten Behandlung widerspricht, er sich aber unbehandelt einer erheblichen Gefahr für seine Gesundheit aussetzen würde, ist entscheidend, ob er sich (mutmaßlich) für oder gegen die Behandlung aussprechen würde, wenn er aktuell in der Lage wäre, einen freien Willen zu bilden. Eine solche Prüfung ist Maßgabe für jedes Betreuerhandeln nach **§ 1821 Abs. 3 und 4.**

Die Dokumentationspflicht im Vorfeld der Behandlung soll sicherstellen, dass alle Beteiligten ihren Aufgaben nachkommen und der Ablauf „des Gesprächs“ (in der Praxis vermutlich vieler Gespräche) und das Ergebnis transparent und nachprüfbar niedergelegen und dies auch im gerichtlichen Genehmigungsverfahren herangezogen werden kann, § 1832 Abs. 3.

Der behandelnde Arzt hat eine doppelte Indikation zu stellen, sowohl für die Behandlung an sich, als auch für die Anwendung von Zwang, soweit dieser aus medizinischer Sicht als ultima ratio notwendig und keine langfristigen therapeutischen Bedenken entgegenstehen. Der Betreuer hat – nachdem alle Versuche der unterstützten Entscheidungsfindung gescheitert sind – alle Informationen einzuholen, die er benötigt, um den mutmaßlichen Willen seines Betreuten rechtzeitig feststellen zu können. Wenn er dabei auf die Stellungnahmen von Dritten verzichtet, hat er dies zu begründen. Eine Form, wie und durch wen die Dokumentation zu erstellen ist und wie mit Dritten Kontakt aufzunehmen ist, sieht der Referentenentwurf bewusst nicht vor.

Eine Neuregelung würde – wie die gesamte Vorschrift – dann auch für Bevollmächtigte gelten, so vermutlich der neue Abs. 4.

§ 1829 Genehmigung des Betreuungsgerichts bei ärztlichen Maßnahmen

(1) [1]**Die Einwilligung des Betreuers in eine Untersuchung des Gesundheitszustands, eine Heilbehandlung oder einen ärztlichen Eingriff bedarf der Genehmigung des Betreuungsgerichts, wenn die begründete Gefahr besteht, dass der Betreute aufgrund der Maßnahme stirbt oder einen schweren und länger dauernden gesundheitlichen Schaden erleidet.** [2]**Ohne die Genehmigung darf die Maßnahme nur durchgeführt werden, wenn mit dem Aufschub Gefahr verbunden ist.**

(2) **Die Nichteinwilligung oder der Widerruf der Einwilligung des Betreuers in eine Untersuchung des Gesundheitszustands, eine Heilbehandlung oder einen ärztlichen Eingriff bedarf der Genehmigung des Betreuungsgerichts, wenn die Maßnahme medizinisch angezeigt ist und die begründete Gefahr besteht, dass der Betreute aufgrund des Unterbleibens oder des Abbruchs der Maßnahme stirbt oder einen schweren und länger dauernden gesundheitlichen Schaden erleidet.**

(3) **Die Genehmigung nach den Absätzen 1 und 2 ist zu erteilen, wenn die Einwilligung, die Nichteinwilligung oder der Widerruf der Einwilligung dem Willen des Betreuten entspricht.**

(4) **Eine Genehmigung nach den Absätzen 1 und 2 ist nicht erforderlich, wenn zwischen Betreuer und behandelndem Arzt Einvernehmen darüber besteht, dass die Erteilung, die Nichterteilung oder der Widerruf der Einwilligung dem nach § 1827 festgestellten Willen des Betreuten entspricht.**

(5) **Die Absätze 1 bis 4 gelten nach Maßgabe des § 1820 Absatz 2 Nummer 1 für einen Bevollmächtigten entsprechend.**

Übersicht

I. Überblick

§ 1904 BGB aF wurde durch das 3. BtÄndG im Hinblick auf die gesetzlichen 1
Regelungen über die Patientenverfügung geändert und ergänzt. Durch die Betreu-

ungsrechtsreform zum 1.1.2023 wurde gegenüber § 1904 BGB aF Abs. 5 neu formuliert. Die Vorschrift betrifft nicht den Abschluss des Arztvertrages, sondern die Vornahme tatsächlicher Handlungen (BGH NJW 2023, 1435; zur Einwilligung und Aufklärung bei ärztlichen Maßnahmen → BGB § 630d Rn. 1 ff. und → BGB § 630e Rn. 1 ff.).

2 Die praktische Relevanz der Vorschrift in der bis zum 31.8.2009 geltenden Fassung ist entgegen den vor Inkrafttreten des Betreuungsrechts geäußerten Erwartungen (Rink R&P 1991, 148) vor allem in der stationären psychiatrischen Versorgungspraxis gering (Konrad R&P 1996, 76). Die Zahl der Genehmigungsverfahren nach § 1904 BGB aF im Jahr 2015 betrug 1619, davon wurden 1487 Genehmigungen erteilt. Dies bedeutet eine Genehmigungsquote von 91,8 %. Die Zahl der Genehmigungen pro 10.000 Einwohner zwischen den einzelnen Bundesländern variiert erheblich (Deinert BtPrax 2016, 218 und www.btprax.de). Nicht erfasst wird, ob es sich um Genehmigungen nach Abs. 1 oder Abs. 2 handelt. Durch die 2009 in Kraft getretene Neuregelung liegt der Hauptanwendungsbereich der Vorschrift im Bereich des Abs. 2, da in der Praxis im Fall des Abs. 1 in der Regel davon ausgegangen wird, dass zwischen Betreuer und Bevollmächtigtem sowie dem behandelnden Arzt Einvernehmen über den nach § 1827 festgestellten Willen des Betroffenen besteht. Es lässt sich aber befürchten, dass von den Betreuern nicht in allen Fällen, in denen dies rechtlich geboten ist, um Genehmigung nachgesucht wird, und die Betreuungsgerichte daher nicht mit entsprechenden Genehmigungsverfahren befasst werden. Daraus erklärt sich auch die geringe Zahl der bekannt gewordenen Gerichtsentscheidungen zu Abs. 1.

II. Anwendungsbereich

3 Abs. 1 betrifft die **Einwilligung des Betreuers** in Untersuchungen des Gesundheitszustandes, dh diagnostische Maßnahmen, Heilbehandlungsmaßnahmen und ärztliche Eingriffe, bei denen es sich nicht um eine Heilbehandlung handelt, wie zB im Fall einer kosmetischen Operation. Abs. 2 betrifft die **Nichteinwilligung oder den Widerruf der Einwilligung** des Betreuers in eine der in Abs. 1 genannten ärztlichen Maßnahmen, wenn diese Maßnahme medizinisch angezeigt ist. Voraussetzung ist jeweils die begründete Gefahr, dass der Betreute durch die Maßnahme oder auf Grund des Unterbleibens oder des Abbruchs der Maßnahme stirbt oder einen schweren und länger dauernden gesundheitlichen Schaden erleidet.

4 Voraussetzung für ein Tätigwerden des Betreuers ist zunächst, dass ihm der **Aufgabenbereich der ärztlichen Behandlung** oder Heilbehandlung ggf. mit Beschränkung auf einen bestimmten ärztlichen Bereich übertragen wurde (→ BGB § 1815 Rn. 20). Der Aufgabenbereich der Aufenthaltsbestimmung bzw. eine Unterbringung rechtfertigen keine Einwilligung in eine ärztliche Behandlung. Bereits bei der Betreuerbestellung bzw. Festlegung des Aufgabenbereichs ist zu prüfen, ob der Betroffene nicht selbst in die Behandlung einwilligen kann und ob die beabsichtigte Maßnahme Erfolg versprechend ist (hierzu OLG Schleswig R&P 2009, 35; zur Erforderlichkeit der Betreuerbestellung mit dem Aufgabenkreis der Gesundheitssorge bei Unterbringung im Maßregelvollzug OLG Schleswig R&P 2008, 38; BGH BtPrax 2015, 206). Die Ablehnung einer notwendigen Behandlung steht der Betreuerbestellung mit dem Aufgabenbereich der ärztlichen bzw. psychiatrischen Behandlung nicht von vornherein entgegen (BGH FamRZ 2013, 618).

Die Einwilligung oder Nichteinwilligung eines **Bevollmächtigten** in Maßnahmen nach Abs. 1 und Abs. 2 ist nur wirksam, wenn die Vollmacht schriftlich erteilt worden ist und die in Abs. 1 Satz 1 und Abs. 2 genannten Maßnahmen ausdrücklich umfasst (Abs. 5 iVm § 1820 Abs. 2 Nr. 1), insbesondere deutlich wird, dass die jeweilige Entscheidung mit der begründeten Gefahr des Todes oder eines schweren oder länger dauernden gesundheitlichen Schadens verbunden sein kann (zur Bestimmtheit einer entsprechenden Vollmacht BGH FamRZ 2016, 1671; LG Hamburg FamRZ 1999, 1613; LG Düsseldorf MDR 2000, 646; OLG Zweibrücken FamRZ 2003, 113; zu den Anforderungen an die Vollmacht grundsätzlich Milzer NJW 2003, 1936; Keilbach FamRZ 2003, 969; Klie/Bauer FPR 2004, 671; Diehn FamRZ 2009, 1958; Lipp, 322 ff.; Nedden-Böger BtPrax 2019, 87 ff.; zur Vollmachtsgestaltung bei ärztlichen Zwangsmaßnahmen Müller ZEV 2013, 304). Der Betroffene muss bei Erteilung der Vollmacht einwilligungsfähig sein (aA MüKoBGB/Schneider § 1829 Rn. 82: partielle Geschäftsfähigkeit). Bei wirksamer Vollmachtserteilung im Bereich der Gesundheitsfürsorge kommt eine Betreuerbestellung nicht in Betracht, insbesondere wenn der Bevollmächtigte den in einer Patientenverfügung niedergelegten Willen umsetzt, auch wenn dadurch eine aus ärztlicher Sicht erforderliche Behandlung (zB mit Psychopharmaka) nicht durchgeführt werden kann. Auch insoweit gilt die Bindung an die Wünsche und den Willen des Betroffenen nach §§ 1821 und 1827. Eine Vollmacht kann auch in einer Patientenverfügung oder Behandlungsvereinbarung enthalten sein. In anderen Fällen muss die Vollmacht nicht zwingend schriftlich erteilt sein, obwohl sich zum Nachweis des Umfangs einer Vollmacht in Gesundheitsangelegenheiten grundsätzlich die Schriftform empfiehlt. 5

III. Voraussetzungen der Genehmigungspflicht nach Abs. 1

Rechtsprechung und Literatur betreffen überwiegend die Rechtslage vor Inkrafttreten des 3. BtÄndG. Soweit die Voraussetzungen des Abs. 4 nicht vorliegen (→ Rn. 20), sind sie aber weiterhin zugrunde zu legen. 6

Voraussetzung für die Genehmigungspflicht durch das Betreuungsgericht ist zunächst die begründete Gefahr, dass der Betreute auf Grund der Maßnahme stirbt oder einen schweren und länger dauernden gesundheitlichen Schaden erleidet. Es handelt sich wegen der Schwere des Grundrechtseingriffs um eine Schutzvorschrift zugunsten der Betreuten (BT-Drs. 11/4528, 70 ff.). Eine restriktive Auslegung kommt daher nicht in Betracht (aA Wolter-Henseler BtPrax 1994, 183). Eine **begründete Gefahr** liegt vor bei einer konkreten und naheliegenden Möglichkeit des Schadenseintritts. Eine überwiegende Wahrscheinlichkeit ist nicht erforderlich. Lediglich nicht ausschließbare Risiken lösen die Genehmigungspflicht nicht aus (OLG Hamm NJW 2003, 2392 für den Fall einer Zahnbehandlung unter Vollnarkose). Es ist auf den Einzelfall abzustellen, insbesondere auf den Gesundheitszustand der Person, bei der die Maßnahme durchzuführen ist. Dies kann bei alten und kranken Menschen zu einer häufigeren Annahme der Genehmigungspflicht führen. Als Anhaltspunkt können die Komplikationshäufigkeit sowie die Rechtsprechung zur **Aufklärungspflicht** über typische Risiken der Behandlung (Winkler/Wilfurth, 121 ff.; Kern MedR 1991, 68) sowie zu §§ 81a StPO, 65 SGB I dienen. Hinsichtlich der **Schwere der Gesundheitsschädigung** wird in der Gesetzesbegründung auf § 224 StGB verwiesen, ohne dass diese Aufzählung abschließenden Charakter hätte (Beispiele bei Joecker Handbuch der

Gesundheitssorge, 103). Es kommt auf die Schwere der Beeinträchtigung der alltäglichen Lebensführung infolge der Behandlung im Vergleich zu einem gesunden Menschen an (LG Berlin BtPrax 1993, 66). Als länger dauernd wird der Zeitraum von mindestens einem Jahr angenommen, bei besonders schweren Gesundheitsschäden kommen auch kürzere Zeiträume in Betracht (LG Hamburg FamRZ 1994, 1204; R&P 1999, 42). Letztlich ist immer eine Abwägung im Einzelfall geboten. Auch **psychische Schäden** kommen in Betracht, zB eine Abhängigkeit oder Selbsttötungsgefahr als Folge von Medikamenteneinnahmen.

1. Gefahren bei ärztlichen Maßnahmen außerhalb der Anlasskrankheit

7 Die Genehmigungspflicht betrifft zunächst den Bereich der ärztlichen Maßnahmen, die nicht Anlass der Betreuerbestellung sind, bei einem Betreuten aber wie bei jedem anderen erforderlich werden können. Auch hier ist auf die Einwilligung des Betreuten abzustellen, wenn er einwilligungsfähig ist. Bei chronisch kranken, alterskranken und geistig behinderten Menschen dürfte bei diesen ärztlichen Maßnahmen der Hauptanwendungsbereich des § 1829 liegen. Die Untersuchungen und Behandlungen können entweder ambulant oder stationär in einem Krankenhaus ohne Ausübung von Zwang durchgeführt werden (zur Möglichkeit einer Zwangsbehandlung während eines stationären Krankenhausaufenthaltes → § 1832 Rn. 8).

8 Als genehmigungspflichtige **Untersuchungen** werden genannt die Herzkatheterisierung, Liquorentnahme aus Gehirn oder Rückenmark (BVerfGE 16, 194 zu § 81a StPO), die Angiographie (Meyer-Goßner/Schmitt StPO § 81a Rn. 21 f.) sowie bei alten bzw. gebrechlichen Menschen je nach Einzelfall die Arthroskopie (Schreiber FamRZ 1991, 1015 f.). Von den **operativen Behandlungsmaßnahmen** werden als genehmigungsbedürftig angesehen Amputationen (LG Darmstadt FamRZ 2009, 543; AG Brandenburg BtPrax 2021, 240 LS), Herzoperationen, Transplantationen, neurochirurgische Operationen (MüKoBGB/Schneider § 1829 Rn. 36), gefäßchirurgische Eingriffe, Operationen am Gehirn und Rückenmark sowie Operationen am offenen Thorax (4. Vormundschaftsgerichtstag, 148; siehe auch die Aufstellung mit Operationsrisiken bei Winkler/Wilfurth, 125). Die Genehmigungspflicht bei der Anästhesie kann jedenfalls bei alten und gebrechlichen Menschen bestehen und ist daher im Einzelfall zu entscheiden (siehe OLG Hamm NJW 2003, 2392). Zu den genehmigungsbedürftigen **nichtoperativen Behandlungsmethoden** gehören Chemotherapie, Strahlenbehandlungen (s. MüKoBGB/Schneider § 1829 Rn. 36), die Dauerkatheterisierung der Harnblase sowie die Behandlung mit Medikamenten je nach Art, Verwendungszweck, Menge und Verträglichkeit (Schreiber FamRZ 1991, 1016). Auch das Legen einer PEG-Magensonde unterliegt zumindest bei Risikopatienten und damit häufig bei alten Menschen der Genehmigungspflicht (Schreiber BtPrax 2003, 148). Die Einwilligung in eine **Corona-Schutzimpfung** ist im Regelfall nicht genehmigungspflichtig, soweit sich nicht aus dem konkreten Gesundheitszustand eine begründete Gefahr für die Gesundheit ableiten lässt (LG Stuttgart FamRZ 2021, 1746). Wenn die Impfung medizinisch indiziert ist und kein gegenteiliger beachtlicher Wille des Betreuten erkennbar ist, ist der Betreuer zur Einwilligung verpflichtet; in diesem Fall würde die Nichteinwilligung eine Genehmigungspflicht nach Abs. 2 auslösen (BVerfG BtPrax 2021, 146).

2. Gefahrbegriff bei psychiatrischen Behandlungsmaßnahmen

Im Bereich der **psychiatrischen Behandlungsmaßnahmen** unterliegt die **Elektrokrampftherapie (EKT)** nach hier vertretener Ansicht der Genehmigungspflicht. Demgegenüber wird zunehmend die Auffassung vertreten, dass auf Grund moderner Technik bei der EKT mit Ausnahme der Anwendung bei Risikopatienten keine Gefahr im Sinn des § 1829 bestehen würde (Dodegge FamRZ 1996, 74). Das LG Hamburg unterscheidet zwischen der EKT mit unilateraler Stimulation der nicht dominanten Hirnhälfte sowie der bilateralen Stimulation und hält die bilaterale Stimulation wegen der Gefahr länger anhaltender retrogarder Gedächtnisstörungen weiterhin für genehmigungspflichtig (LG Hamburg R& P 1999, 42; FamRZ 1994, 1204 mAnm Richter). Aufgrund der nach wie vor kontroversen Diskussion und des sehr unterschiedlichen Einsatzes der EKT in der Praxis sollte weiterhin von der Genehmigungspflicht bei der EKT ausgegangen werden, um im Genehmigungsverfahren Alternativen zur EKT und die Wünsche des Betroffenen prüfen zu können (hierzu Zinkler/Schneeweiß R&P 2000, 12; Besse ua Nervenarzt 2017, 46; zur nur in Ausnahmefällen zulässigen Zwangsbehandlung mit einer EKT BGH FamRZ 2020, 534 und BtPrax 2021, 232; → § 1832 Rn. 12 und 16). Eine EKT darf außer im Fall von Lebensgefahr nie gegen den erklärten Willen des Betroffenen durchgeführt werden (§ 1821 Abs. 2 und 3). Entsprechendes gilt für die Insulinschockbehandlung sowie die hirnchirurgischen oder stereotaktischen Operationsmethoden. Hier scheidet eine Genehmigungsfähigkeit allerdings aus, da diese Operationsmethoden auf Grund der weitreichenden Persönlichkeitsveränderungen gegen die Menschenwürde verstoßen. 9

Grundsätzlich kann eine Genehmigungspflicht auf Grund der bekannten Nebenwirkungen auch bei der Behandlung mit **Psychopharmaka** bestehen (zu Wirkungen und Alternativen psychopharmakologischer Behandlung Aderholt/Crefeld BtPrax 2010, 58 und Greve BtPrax 2010, 62). Eine Entscheidung über die Anwendbarkeit des § 1829 ist jeweils im Einzelfall vorzunehmen, was nicht ausschließt, bei bestimmten Gruppen der Psychopharmaka oder einzelnen Medikamenten grundsätzlich von einer Genehmigungspflicht auszugehen (siehe die Diskussion zwischen Schreiber FamRZ 1991, 1014 und 1993, 26, Nedopil FamRZ 1993, 24 und Dose FamRZ 1993, 1032). Eine Listenlösung wie von Schreiber vorgeschlagen ist daher abzulehnen, da diese notwendigerweise unvollständig ist und die Beurteilung der Gefahren in der Regel auch von der Dosierung und Dauer der Behandlung abhängt (Wolter/Henseler BtPrax 1994, 183 und 1995, 168; Pardey BtPrax 1995, 83; Wiebach ua BtPrax 1997, 48). 10

Für die Auslegung des **Gefahrbegriffs** als Voraussetzung der gerichtlichen Genehmigungspflicht bedeutet dies, dass anders als die kurzfristige Akutbehandlung die **Langzeitbehandlung** mit Neuroleptika und Antikonvulsiva genehmigungspflichtig ist (Müller/Nedopil 2017, 78 und Nedopil FamRZ 1993, 26; aA Wiebach ua BtPrax 1997, 48). Die Genehmigungspflicht betrifft auch die Depot-Behandlung als Form der Langzeitbehandlung. Eine Langzeitbehandlung liegt nach Nedopil vor, wenn sie über die Dauer der ursprünglichen Erkrankung hinaus fortgeführt werden soll. So bedarf die Behandlung mit Glianimon, Atosil und Neurocil oder vergleichbarer Neuroleptika über mehrere Wochen hinweg wegen der **Gefahr von Spätfolgen** in Form eines Parkinsonoids oder von Spätdyskinesien der betreuungsgerichtlichen Genehmigung (LG Berlin BtPrax 1993, 66). Dies betrifft im Fall der Behandlung über einen längeren Zeitraum wegen der Gefahr nicht rückbildungsfähiger Spätdyskinesien auch das Medikament Ciatyl- 11

Z-Depot sowie andere Neuroleptika wie zB Haldol (AG Bremen R&P 1997, 84; offen gelassen in OLG Hamm BtPrax 1997, 162). Nach anderer Ansicht beginnt die Genehmigungspflicht erst im Fall der Weiterbehandlung nach Auftreten der ersten Anzeichen von Spätdyskinesien (4. VGT, 147). In diesem Fall ist der häufig irreversible Gesundheitsschaden aber bereits eingetreten.

Eine Genehmigungspflicht wird darüberhinaus für die Medikamente Lithium (Müller/Nedopil 2017, 78) sowie Leponex (aA Dose Nervenarzt 1994, 787) angenommen. Schreiber sieht darüber hinaus bei der Verordnung von Antikonvulsiva und von Antidepressiva insbesondere wegen der am Anfang der Behandlung erhöhten Suizidgefahr die Genehmigungspflicht in jedem Fall der Behandlung vor (Schreiber FamRZ 1991, 1018; hierzu auch Wolter/Henseler BtPrax 1994, 183 (185)).

IV. Voraussetzungen der Genehmigungspflicht nach Abs. 2

12 Auf Grund der zuvor ungeklärten und kontrovers diskutierten Fragen zu den Grenzen der Sterbehilfe hat das 3. BtÄndG die Patientenverfügung (§ 1827) und die Voraussetzungen der Genehmigungspflicht in Abs. 2 gesetzlich geregelt (zum Gesetzgebungsverfahren Kutzer ZRP 2004, 213 und FPR 2004, 683; von Renesse BtPrax 2005, 47; Wagenitz FamRZ 2005, 699; Holzhauer FamRZ 2006, 518; Schreiber NStZ 2006, 473; May BtPrax 2007, 149; Höfling NJW 2009, 2849). Danach ist eine Genehmigung des Betreuungsgerichts auch erforderlich ist, wenn der Betreuer oder Bevollmächtigte (Abs. 5) oder Ehegatte im Rahmen des § 1358 BGB in eine Untersuchung des Gesundheitszustands, eine Heilbehandlung oder eine ärztliche Maßnahme nicht einwilligt oder die zuvor erteilte Einwilligung widerruft. Die Vorschrift betrifft in erster Linie Behandlungsmaßnahmen am Lebensende, ist aber grundsätzlich auch bei anderen (insbesondere psychiatrischen) Behandlungen anwendbar, wenn aktuell oder nach § 1827 bestimmte oder alle Behandlungsmaßnahmen abgelehnt werden. Die Vorschrift erfasst nicht die Stellung des Betreuers oder Bevollmächtigten bei der Hilfe zur Selbsttötung (Dodegge FamRZ 2021, 5 ff.; Henking BtPrax 2021, 92 ff.).

Es ist allerdings zweifelhaft, ob die erwünschte Rechtsicherheit erreicht werden konnte (Spickhoff FamRZ 2009, 1949). Die gesetzliche Regelung knüpft grundsätzlich an die frühere Rechtsprechung des BGH an, wonach lebenserhaltende oder -verlängernde Maßnahmen unterbleiben müssen, wenn der Betroffene einwilligungsunfähig ist, sein Grundleiden einen irreversiblen tödlichen Verlauf angenommen hat und er zuvor einen entsprechenden Willen zB in einer Patientenverfügung geäußert hat (BGH FamRZ 2003, 743), und stellt diese auf eine gesetzliche Grundlage (hierzu grundlegend BGH FamRZ 2010, 1551). Der Anwendungsbereich der Vorschrift wird somit auf diejenigen Fälle erweitert, in denen die begründete Gefahr besteht, dass **der Betroffene** auf Grund des Unterbleibens oder des Abbruchs der medizinisch indizierten Maßnahme **stirbt oder länger dauernden gesundheitlichen Schaden erleidet** (siehe Höfling NJW 2009, 2849). Ist die ärztliche Maßnahme nicht medizinisch indiziert und wird daher keine ärztliche Behandlung angeboten, bedarf es weder einer Entscheidung des Betreuers noch einer gerichtlichen Genehmigung (BGH FamRZ 2003, 743). Die Ablehnung lebensverlängernder Maßnahmen enthält für sich genommen allerdings noch keine für eine bindende Patientenverfügung notwendige konkrete Behandlungsentscheidung. Vielmehr muss diese Entscheidung durch die Benennung bestimmter ärztlicher Maßnahmen oder die Bezugnahme auf ausreichend spezifizierte Krankheiten oder Behandlungssituationen konkretisiert werden (BGH FamRZ 2019, 236; 2017, 748; 2016, 1671; hierzu Schuhr BtPrax 2018, 139). Nicht erforderlich ist nach der gesetzlichen Regelung außerdem, dass eine Grunderkrankung mit einem irreversibel tödlichen Verlauf vorliegt (BGH FamRZ 2014, 1909). Für die Verbindlichkeit des tatsächlichen oder vermuteten Willens kommt es nicht auf die Art und das Stadium einer Erkrankung an (§ 1827 Abs. 3). Hinsichtlich des Begriffs der begründeten Gefahr gelten nach der Gesetzesbegründung (BT-Drs. 16/8442, 18) die gleichen Maßstäbe wie nach Abs. 1 (→ Rn. 6 ff.). Unter den Voraussetzungen des Abs. 4 ist eine Genehmigung des Betreuungsgerichts nicht erforderlich (hierzu → Rn. 20 ff.).

V. Voraussetzungen der Genehmigung (Abs. 3)

Der Gesetzgeber hat in Abs. 3 für die Einwilligung nach Abs. 1 sowie die Nichteinwilligung bzw. den Widerruf der Einwilligung nach Abs. 2 die Voraussetzungen festgelegt, unter denen die betreuungsrechtliche Genehmigung zu erteilen ist. Die Genehmigung ist zu erteilen, wenn die Entscheidung des Betreuers bzw. Bevollmächtigten dem Willen des Betroffenen entspricht. Damit sind als für die gerichtliche Entscheidung verbindliche Grundlagen sowohl die aktuellen Wünsche des Betroffenen nach § 1821 Abs. 2 als auch die Behandlungswünsche bzw. der mutmaßliche Wille nach §§ 1821 Abs. 4 und 1827 Abs. 2 zu beachten. 13

1. Patientenverfügung, Behandlungswünsche und mutmaßlicher Wille

Einer gerichtlichen Genehmigung bedarf es nicht, wenn der Betroffene einen ausreichend konkretisierten eigenen Willen bereits in einer **wirksamen Patientenverfügung** nach § 1827 Abs. 1 niedergelegt hat (BGH FamRZ 2014, 1909; 2023, 1059; 2025, 971 und 1401; zu den Wirksamkeitsvoraussetzungen einer Patientenverfügung im Einzelnen → BGB § 1827 Rn. 4 ff.). Liegt eine verbindliche Patientenverfügung vor, hat der Betreuer bzw. Bevollmächtigte (§ 1827 Abs. 6) dem Willen des Betroffenen Ausdruck und Geltung zu verschaffen, soweit die Festlegungen in der Patientenverfügung auf die aktuelle Lebens- und Behandlungssituation zutreffen. Eine eigene (stellvertretende) Willenserklärung durch den Betreuer oder Bevollmächtigten erfolgt in diesem Fall nicht (BGH FamRZ 2014, 1909). Eine Unterbringung oder freiheitsentziehende Maßnahme kann nicht Gegenstand einer Patientenverfügung sein. 14

Wenn keine beachtliche Patientenverfügung im Sinn des § 1827 Abs. 1 vorliegt, hat der Betreuer bzw. Bevollmächtigte bei seiner Entscheidung die **Behandlungswünsche** und den **mutmaßlichen Willen** des Betroffenen festzustellen und zu berücksichtigen (§§ 1821 Abs. 2 und 4, 1827 Abs. 2). Insoweit ist keine Schriftform erforderlich. 15

2. Entscheidungsgrundlagen für die Genehmigung nach Abs. 2

Ein Ermessen des Gerichts besteht auch bei den Entscheidungen am Lebensende nicht, soweit ein verbindlicher Wille des Betroffenen festgestellt werden kann. Bestehen Zweifel hinsichtlich des Vorliegens eines zumindest mutmaßlichen Willens des Betroffenen, ist die Entscheidung „für das weitere Leben“ zu treffen 16

(LG Kleve BtPrax 2009, 199; Bühler/Stolz BtPrax 2009, 261). Eine uneingeschränkte Unterbrechung der Versorgung per Magensonde (also auch bezüglich der Flüssigkeitszufuhr und schmerzlindernder Medikamente) verstößt gegen die Menschenwürde im Sinn des Art. 1 GG und ist daher nicht genehmigungsfähig (OLG Düsseldorf FamRZ 2008, 1283).

3. Entscheidungsgrundlagen für die Genehmigung nach Abs. 1

17 Abs. 3 ist auch anwendbar bei Genehmigungen nach Abs. 1 und betrifft damit auch den ursprünglichen Anwendungsbereich des § 1829. Dadurch wird gerade im Bereich **psychiatrischer Behandlungen** die Patientenautonomie gestärkt. Auch insoweit sind in erster Linie der in einer Patientenverfügung niedergelegter Wille des Betroffenen (§ 1827 Abs. 1) und, soweit eine verbindliche Patientenverfügung nicht vorliegt, seine Wünsche und sein mutmaßlicher Wille zu beachten (§ 1827 Abs. 2). Eine Patientenverfügung oder beachtliche Wünsche können auch in einer Betreuungsverfügung bzw. **Behandlungsvereinbarung** schriftlich niedergelegt sein. Liegen eine beachtliche Patientenverfügung nach § 1827 Abs. 1 oder zu berücksichtigende Behandlungswünsche nach § 1827 Abs. 2 vor, darf eine Behandlung gegen den Willen des Betroffenen nicht stattfinden. Im ersten Fall fehlt es bereits an der erforderlichen Einwilligung, im zweiten Fall darf sich der Betreuer bzw. Bevollmächtigte nicht über die Behandlungswünsche hinwegsetzen, sofern nicht höherrangige Rechtsgüter gefährdet sind (§ 1821 Abs. 3 Nr. 1). Eine Behandlung gegen den Willen des Betroffenen ist dann, soweit es nicht um die Gefährdung anderer geht, auch unter den Voraussetzungen des öffentlichen Unterbringungsrechts nicht zulässig (BVerfG BtPrax 2021, 185 und BGH FamRZ 2023, 1059 zur Beachtlichkeit einer Patientenverfügung bei Unterbringung im Maßregelvollzug; zum Ganzen auch Marschner/Lesting/Stahmann Kap. B Rn. 244 f.).

18 Soweit keine beachtlichen Wünsche und kein verbindlicher Wille nach § 1821 Abs. 2 und 4 festgestellt werden können, sind eine Einwilligung durch den Betreuer oder Bevollmächtigten und eine Genehmigung nach Abs. 1 nicht möglich, soweit nicht die Voraussetzungen für eine Zwangsbehandlung nach § 1832 vorliegen. Ein Abstellen auf allgemeine Werte oder darauf, was eine vernünftige Person tun würde, ist nicht zulässig. Eine Genehmigung auf Grund des mutmaßlichen Willens des Betroffenen dürfte eher bei organischen Erkrankungen als bei der sog. Anlasskrankheit in Betracht kommen (s. OLG Hamm NJW 2003, 2392 für den Fall einer Zahnbehandlung zur Abwehr lebensbedrohlicher Folgen).

VI. Absehen von der Genehmigungspflicht (Abs. 1 S. 2, Abs. 4)

19 Wenn mit dem Aufschub der Genehmigung, insbesondere durch das zur Einholung der Genehmigung erforderliche Verfahren, selbst **Gefahr** verbunden ist, darf die Maßnahme auch ohne Genehmigung durchgeführt werden (Abs. 1 S. 2). Diese muss nicht nachgeholt werden. Zu denken ist an akute Behandlungsindikationen im somatischen Bereich sowie schwere Gefahrensituationen für den Betroffenen im psychiatrischen Bereich (zB Behandlung eines Stupors). Die normale psychiatrische Behandlung auch im Akutbereich fällt nicht unter diese Ausnahmeregelung.

20 Eine Genehmigung nach den Absätzen 1 und 2 ist weiterhin nicht erforderlich, wenn **zwischen Betreuer und behandelndem Arzt Einvernehmen** darüber besteht, dass die Erteilung, die Nichterteilung oder der Widerruf der Einwilligung dem nach § 1827 festgestellten Willen des Betroffenen entspricht (Abs. 4). Im Bereich des Abs. 1 wird die praktische Relevanz der Vorschrift eher im Bereich der somatischen Erkrankungen liegen. Aber auch im Bereich der psychiatrischen Erkrankungen sind differenzierte Patientenverfügungen oder Willensbekundungen denkbar, in denen der Betroffene sein Einverständnis mit einer bestimmten Behandlung erklärt. Überwiegen dürften aber insoweit die Behandlung ganz oder teilweise ablehnende Patientenverfügungen. Liegt weder ein beachtlicher Wunsch des Betroffenen vor noch lässt sich ein mutmaßlicher Wille feststellen, bleibt es bei der Genehmigungspflicht nach Abs. 1 und 2 (MüKoBGB/Schneider § 1829 Rn. 65; zur Einwilligung in eine Zwangsbehandlung in diesem Fall BGH BtPrax 2021, 36).

Liegen die Voraussetzungen einer **Zwangsbehandlung** vor, erfolgt in der Praxis keine gesonderte Prüfung und Genehmigung nach § 1829 Abs. 1, weil die durch die Behandlung zu erwartenden Beeinträchtigungen auch nach § 1832 Abs. 1 Nr. 6 im Rahmen des Genehmigungsverfahrens der Einwilligung in eine ärztliche Zwangsmaßnahme geprüft werden müssen (→ BGB § 1832 Rn. 17). Es ist allerdings zweifelhaft, ob damit die Kriterien des § 1829 Abs. 1 in jedem Fall in die erforderliche Abwägungsentscheidung einfließen. Der Gesetzgeber hat die Genehmigungspflichten der §§ 1829 und 1831 nebeneinander bestehen gelassen.

Die durch das 3. BtÄndG eingeführten Vorschrift des Abs. 4 hat ihre Bedeutung 21
vor allem im Bereich des Abs. 2 und entspricht insoweit der zuvor ergangenen Rechtsprechung (BGH FamRZ 2003, 748; OLG München FamRZ 2007, 1128; LG Berlin NJW 2006, 3014; aA LG Essen NJW 2008, 1170). Bereits nach dieser Rechtsprechung sollte eine gerichtliche Genehmigung nur in **Konfliktfällen** erforderlich sein. Nach der Gesetzesbegründung dient die Einschaltung des Betreuungsgerichts zum Schutz des Betreuten der Kontrolle, ob die Entscheidung des Betreuers tatsächlich dem ermittelten individuell-mutmaßlichen Patientenwillen entspricht. Im Fall des Einvernehmens zwischen Arzt und Betreuer ist danach eine Kontrolle durch das Betreuungsgericht nicht erforderlich, weil bereits eine wechselseitige Kontrolle der Entscheidungsfindung stattfindet. Das Einvernehmen ist zu dokumentieren (BT-Drs. 16/8442, 19). Die betreuungsgerichtliche Kontrolle ist damit auf Fälle von Meinungsdivergenzen zwischen Arzt und Betreuer bzw. Bevollmächtigtem über den Willen des Patienten oder über die medizinische Indikation von Maßnahmen beschränkt (BGH BtPrax 2010, 228; LG Oldenburg BtPrax 2010, 246; Bühler/Stolz BtPrax 2010, 261). Es ist allerdings zweifelhaft, ob der auch nach der Gesetzesbegründung nicht völlig auszuschließenden Gefahr des Missbrauchs durch rechtsmissbräuchliches Zusammenwirken von Arzt und Betreuer zum Nachteil des Betreuten durch Aufsichtsmaßnahmen des Betreuungsgerichts oder die Präventionswirkung des Strafrechts ausreichend begegnet werden kann (so auch Spickhoff FamRZ 2009, 1949). Denn dies setzt voraus, dass jemand das Betreuungsgericht informiert. In Zweifelsfällen sollte der Betreuer den Antrag auf Genehmigung stellen, da grundsätzlich von einer Genehmigungspflicht auszugehen ist (BGH FamRZ 2014, 1909). Das Betreuungsgericht kann ggf. ein sog. **Negativattest** erteilen (BGH FamRZ 2014, 1909; 2019, 236; LG Oldenburg BtPrax 2010, 246).

VII. Arzneimittelgesetz

Ein weitergehendes Verbot der Behandlung ergibt sich aus den §§ 40a und 40b 22
AMG (Schutz des Menschen bei klinischer Prüfung). Durch das im Januar 2022

in Kraft getretene Vierte Gesetz zur Änderung arzneimittelrechtlicher und anderer Vorschriften (BGBl. 2016 3053) wurden die arzneimittelrechtlichen Vorschriften geändert (hierzu Götz FamRZ 2017, 413 (415)). Unterschieden wird weiterhin zwischen den Allgemeinen Voraussetzungen der Klinischen Prüfung nach § 40a AMG und den besonderen Voraussetzungen der Klinischen Prüfung nach § 40b AMG. Grundsätzlich ist für einen sog. Heilversuch die Einwilligung der einwilligungsfähigen volljährigen Person nach entsprechender Aufklärung erforderlich. Bei der stellvertretenden Einwilligung durch einen Betreuer oder Bevollmächtigten hat sich dieser bei seiner Entscheidung an den §§ 1821 und 1827 zu orientieren (zur Strafbarkeit bei fehlender Einwilligung BayObLG NJW 1990, 1552). Eine gruppennützige klinische Prüfung bei einwilligungsunfähigen Personen ist nur noch zulässig, wenn der Betroffene zuvor schriftlich (zB in einer Patientenverfügung) in die Prüfung eingewilligt hat (§ 40b Abs. 4 S. 3–8 AMG). Die klinische Prüfung bei untergebrachten Personen bleibt verboten (§ 40a S. 1 Nr. 3 AMG). Dies gilt nicht nur für die nach öffentlichem Recht, sondern auch für die nach § 1831 Untergebrachten (so bereits Holzhauer NJW 1992, 2325).

§ 1830 Sterilisation

(1) **Die Einwilligung eines Sterilisationsbetreuers in eine Sterilisation des Betreuten, in die dieser nicht selbst einwilligen kann, ist nur zulässig, wenn**

1. **die Sterilisation dem natürlichen Willen des Betreuten entspricht,**
2. **der Betreute auf Dauer einwilligungsunfähig bleiben wird,**
3. **anzunehmen ist, dass es ohne die Sterilisation zu einer Schwangerschaft kommen würde,**
4. **infolge dieser Schwangerschaft eine Gefahr für das Leben oder die Gefahr einer schwerwiegenden Beeinträchtigung des körperlichen oder seelischen Gesundheitszustands der Schwangeren zu erwarten wäre, die nicht auf zumutbare Weise abgewendet werden könnte, und**
5. **die Schwangerschaft nicht durch andere zumutbare Mittel verhindert werden kann.**

(2) [1]**Die Einwilligung bedarf der Genehmigung des Betreuungsgerichts.** [2]**Die Sterilisation darf erst zwei Wochen nach Wirksamkeit der Genehmigung durchgeführt werden.** [3]**Bei der Sterilisation ist stets der Methode der Vorzug zu geben, die eine Refertilisierung zulässt.**

I. Überblick

1 Die Einwilligung des Betreuers in eine Sterilisation des Betreuten ist besonders geregelt, weil diese nur unter wesentlich engeren Voraussetzungen erfolgen darf als andere von § 1829 umfasste **ärztliche Eingriffe.** Sterilisation ist jede Maßnahme, durch die die Zeugungs- oder Gebärfähigkeit gezielt beseitigt wird. Ärztliche Maßnahmen wie die Entfernung der Gebärmutter, die als unerwünschte Nebenfolge zur Unfruchtbarkeit führen, sind nicht nach § 1830, sondern nach § 1829 zu beurteilen (Grüneberg/Götz BGB § 1830 Rn. 2; AG Elmshorn BtPrax 2023, 188). Gegenüber der Vorgängervorschrift des § 1905 BGB aF wurden im Hinblick auf die Vorgaben der UN-BRK im Gesetzestext des Abs. 1 Änderungen vorgenommen. S. 1 Hs. 1 und Nr. 1 wurden anders formuliert, S. 2 ist entfallen. In der

Praxis spielt die Vorschrift nur eine geringe Rolle. 2015 gab es bundesweit 39 Genehmigungsverfahren mit 25 erteilten Genehmigungen. Die geringe Zahl deutet daraufhin, dass in vielen Fällen die Einwilligungsfähigkeit unterstellt wird und damit kein Genehmigungsverfahren stattfindet (BLLM Rn. 234; Zinsmeister BtPrax 2012, 227).

Im Vorfeld der Verabschiedung des Betreuungsrechts war die Frage einer Rege- 2
lung der Sterilisation Betreuter hochumstritten (hierzu: Horn DuR 1988, 62; Schumacher/Jürgens R&P 2/1988, 2; Wolf ZRP 1988, 313; Reis ZRP 1988, 318; Finger R&P 2/1988, 14; Finger DAVorm 1989, 11 und 449; Lachwitz DAVorm 1989, 453). Eine Sterilisation ist ein so schwerwiegender Eingriff in die körperliche Unversehrtheit, das allgemeine Persönlichkeitsrecht und die gesamte Lebensführung, dass sie nur unter engen Voraussetzungen vorgenommen werden darf. Eine Sterilisation Minderjähriger ist nach § 1631c BGB verboten.

Deshalb liegen auch nur in seltenen **Ausnahmefällen** die Voraussetzungen des § 1830 vor. Die UN-Behindertenrechtskonvention hat erneut die Frage der Zulässigkeit der Regelung aufgeworfen. Danach gibt es einen **Kernbereich höchstpersönlicher Angelegenheiten,** die durch die Vertragsstaaten nicht eingeschränkt werden dürfen. Hierzu zählt nach einer Ansicht auch eine Sterilisation wegen einer Behinderung (Aichele/v. Bernstorff BtPrax 2010, 199). Nach anderer Ansicht dient die Vorschrift in den verbleibenden Fällen gerade der Verwirklichung des Selbstbestimmungsrechts der Betroffenen (BT-Drs. 19/27287, 24).

Für die Einwilligung in eine Sterilisation muss stets ein **besonderer Betreuer** 3
bestellt werden (§ 1817 Abs. 2). Diese Aufgabe muss auch von einer natürlichen Person wahrgenommen werden, sie darf nicht Vereinen oder Behörden übertragen werden (§ 1818 Abs. 5). Das Betreuungsgericht hat bereits bei der Bestellung des Betreuers zu überprüfen, ob die Voraussetzungen des § 1830 vorliegen. Wird ein Sterilisationsbetreuer bestellt, muss dieser seinerseits überprüfen, ob eine Sterilisation notwendig ist. Entscheidet er sich für den Eingriff, muss er sodann die **Genehmigung des Betreuungsgerichts** nach Abs. 2 einholen und erst nach Erteilung der Genehmigung darf die Sterilisation erfolgen.

Auch bei der Sterilisation ist wie bei der Heilbehandlung (→ BGB § 630d 4
Rn. 2) ein strafrechtlicher Aspekt zu beachten. Die Sterilisation, also die operative Unfruchtbarmachung durch Unterbrechung der Ei- oder Samenleiter ohne wirksame Einwilligung des Betroffenen, ist wegen der Folge der Zeugungsunfähigkeit als beabsichtigte **schwere Körperverletzung** nach §§ 224, 225 StGB mit Freiheitsstrafe von zwei bis zehn Jahren bedroht. Der Bundesgerichtshof hat in mehreren Entscheidungen (so zB NJW 1976, 1790) klargestellt, dass die Strafbarkeit nur bei einer wirksamen Einwilligung der/des Sterilisierten entfällt.

II. Wille des Betreuten

1. Grundsatz

Wie bei der Einwilligung zur Heilbehandlung (→ BGB § 630d Rn. 5) setzt 5
die Entscheidung der Einwilligung in eine Sterilisation grundsätzlich die **Einwilligungsfähigkeit** der oder des Betroffenen voraus, also die Fähigkeit, nach entsprechender Aufklärung durch den Arzt Bedeutung und Tragweite der Entscheidung zu erfassen und seinen Willen hiernach auszurichten (Einsichts- und Steuerungsfähigkeit). Liegt diese Einwilligungsfähigkeit beim Betroffenen vor, kommt eine

ersatzweise Einwilligung des Betreuers wie auch bei sonstigen ärztlichen Maßnahmen nicht in Betracht (AG Dresden NJW-RR 2026, 67).

Das Betreuungsgericht hat bereits im Verfahren über die Bestellung des besonderen Betreuers zu prüfen, ob eine Einwilligung in eine Sterilisation grundsätzlich in Betracht kommt (LG Flensburg BtPrax 2020, 69), und unter Beteiligung von entsprechenden Sachverständigen zunächst zu beurteilen, ob Einwilligungsfähigkeit zum Zeitpunkt der Entscheidung vorliegt. Eine stellvertretende Einwilligung kommt nur in Betracht, wenn die fehlende eigene Einwilligungsfähigkeit des Betroffenen nachgewiesen ist (OLG Hamm BtPrax 2000, 168). Bei nicht auszuräumenden Zweifeln muss sie unterbleiben.

Nur im Fall der **Einwilligungsunfähigkeit** ist eine stellvertretende Einwilligung des Betreuers, die das Genehmigungsverfahren auslöst, denkbar.

2. Natürlicher Wille des Betroffenen

6 Der Betreuer kann nach dem geänderten Gesetzeswortlaut nur wirksam in eine Sterilisation einwilligen, wenn diese dem **natürlichen** Willen des Betreuten entspricht (Abs. 1 Nr. 1). Hierbei handelt es sich um den nicht notwendig von Einsichts- und Steuerungsfähigkeit getragenen Willen. Es muss ein ausdrücklicher Wunsch für die Sterilisation vorliegen.

Damit bleibt eine Sterilisation insbesondere bei einem vom natürlichen Willen getragenen **Widerspruch** des Betroffenen unzulässig, der durch jede Art von Ablehnung oder Gegenwehr zum Ausdruck kommen kann. Dabei reicht jeder durch Gestik, Gefühlsäußerungen oÄ zum Ausdruck gebrachte Widerwillen gegen die beabsichtigte Maßnahme (Lachwitz FuR 1990, 266; MüKoBGB/Schneider § 1830 Rn. 6). Ein genereller Widerstand gegen jede ärztliche Maßnahme reicht aus, er muss sich nicht gerade gegen die beabsichtigte Sterilisation richten (Hoffmann BtPrax 2000, 235; Pöld/Krämer BtPrax 2000, 237; MüKoBGB/Schneider § 1830 Rn. 8; anders OLG Hamm BtPrax 2000, 168). Eine Gegenwehr ist auch vom Betreuer und vom Arzt zu beachten. Wenn das Betreuungsgericht die Sterilisation genehmigt hat, wird diese nachträglich unwirksam, wenn sich erst später – etwa auch kurz vor dem Eingriff – ein entsprechender Widerstand zeigt. In diesem Falle wird die zunächst uU zulässige Einwilligung des Betreuers wegen Wegfalls einer ihrer Voraussetzungen unwirksam und eine gleichwohl durchgeführte Sterilisation wäre rechtswidrig. Nur so kann jede Form von Zwangssterilisation gegen den Willen der Betroffenen ausgeschlossen werden.

Fälle, in denen die oder der Betroffene nicht einwilligungsfähig ist, aber dennoch einen **natürlichen Willen für eine Sterilisation** bilden kann, dürften eher selten vorkommen. Nach dem Willen des Gesetzgebers soll mit der jetzigen Formulierung dem Selbstbestimmungsrecht von Betroffenen Rechnung getragen werden, die zwar als einwilligungsunfähig gelten, sich aber mit natürlichem Willen für eine Sterilisation aussprechen. Ihnen würde anderenfalls die Wahl einer bestimmten Verhütungsmethode abgesprochen werden (BT-Drs. 19/27287, 24).

3. Dauerhafte Einwilligungsunfähigkeit

7 Darüber hinaus muss feststehen, dass der Betreute **auf Dauer** einwilligungsunfähig bleiben wird (Abs. 1 Nr. 2). Dies entspricht der Sterilisation als grundsätzlich dauerhafter Maßnahme. Die Ansicht, hohe Wahrscheinlichkeit dauernder Einwilligungsfähigkeit reiche aus (MüKoBGB/Schneider § 1830 Rn. 11), widerspricht

dem insoweit eindeutigen Gesetzeswortlaut. Betreuungsgericht und Gutachter müssen daher berücksichtigen, dass durch spätere Entwicklungen die Einwilligungsunfähigkeit wegfallen kann, etwa durch eine Veränderung in den persönlichen Verhältnissen, durch Rehabilitations- oder sexualpädagogische Maßnahmen. Insbesondere ist die bei vielen geistig Behinderten im Vergleich zu nichtbehinderten Menschen später eintretende Entwicklung in der Persönlichkeit zu beachten.

Es muss also feststehen, dass während der gesamten Dauer der Zeugungs-/Empfängnisfähigkeit Einwilligungsunfähigkeit bestehen wird. Hierzu dürfte allein die Feststellung, die die Einwilligungsfähigkeit herbeiführende Hirnmissbildung sei einer Behandlung nicht zugänglich, allerdings nicht ausreichen (so aber OLG Hamm BtPrax 2000, 168). Die gesicherte Prognose muss zu der Feststellung der zum Zeitpunkt der Entscheidung fehlenden Einwilligungsfähigkeit hinzutreten und auch hier gilt, dass bei bestehenden Zweifeln die Maßnahme unterbleiben muss.

III. Konkrete Schwangerschaftserwartung

Bei der Annahme, dass es ohne die Sterilisation zu einer Schwangerschaft kommen würde (Abs. 1 Nr. 3), kann nur eine **konkrete und ernstliche** Möglichkeit in Betracht kommen, eine „vorsorgliche" Sterilisation wegen der nur abstrakten Möglichkeit des Geschlechtsverkehrs mit ungewollten Folgen wäre nicht rechtmäßig (so auch OLG Hamm BtPrax 2000, 168; BayObLG BtPrax 2001, 204; 1997, 158). Dies setzt zunächst die Feststellung voraus, dass die betreffenden Betreuten überhaupt genitale Formen der Sexualität ausüben und dass sie zur Fortpflanzung in der Lage sind (hierzu LG Fulda BtPrax 2014, 286), was bei einigen Menschen mit Behinderung zumindest zweifelhaft ist und durch sachverständige Feststellungen geklärt werden muss. Als konkrete Schwangerschaftserwartung wäre jedenfalls die gemeinsame Unterbringung in einer Einrichtung oder einer Wohngruppe mit Bewohnern beiderlei Geschlechts nicht ausreichend. Auch die Gefahr des sexuellen Missbrauchs durch andere kann eine Sterilisation nicht rechtfertigen. 8

IV. Gefahr für Leben oder Gesundheit

1. Gefahrensituation

Die konkret zu erwartende Schwangerschaft muss zu einer Gefahr für das Leben oder einer schwerwiegenden Beeinträchtigung des körperlichen oder seelischen **Gesundheitszustandes** der Schwangeren führen (Abs. 1 Nr. 4). Dies ist das wichtigste Merkmal der Einwilligungsvoraussetzungen, weil es im Gegensatz zu den meisten anderen nicht nur negative Voraussetzungen normiert, unter denen die Sterilisation zu unterbleiben hat, sondern die eigentliche **Indikation** für die Sterilisation darstellt. Diese Anknüpfung an eine konkrete Gefahr für die Schwangere macht auch deutlich, dass Betroffene der genehmigungsfähigen Sterilisation fast ausnahmslos Frauen sein dürften (zur möglichen Sterilisation von Männern LG Fulda BtPrax 2014, 286; MüKoBGB/Schneider § 1830 Rn. 17). Nur dann, wenn aus Sicht der Betroffenen feststeht, dass der schwerwiegende Eingriff der Sterilisation im Vergleich zu den Beeinträchtigungen durch eine konkret zu erwartende Schwangerschaft das kleinere Übel ist, darf die Einwilligung durch den Betreuer erfolgen. 9

2. Eigeninteresse der Betroffenen

10 Dies bedeutet zunächst, dass bei der Entscheidung über die Sterilisation die Interessen **Dritter** immer außer Betracht bleiben müssen. Eugenische Überlegungen, insbesondere die Verhinderung behinderten Nachwuchses im angeblichen Interesse der Allgemeinheit, dürfen ebenso wenig zu einer Sterilisation führen wie zB die Interessen von Verwandten, die eine erhebliche Belastung durch die Übernahme der Betreuung eines zu erwartenden Kindes befürchten (BT-Drs. 11/4528, 75). Nur wenn sicher davon ausgegangen werden kann, dass die Betreute selbst in die Sterilisation eingewilligt hätte, wäre sie einwilligungsfähig gewesen, kommt eine Einwilligung des Betreuers in Betracht.

3. Gesundheitsgefahren

11 Nach der gesetzlichen Wertung ist dies dann der Fall, wenn die erwartete Schwangerschaft eine Gefahr für das **Leben** der Schwangeren bedeuten würde. Bei der Sterilisation eines Mannes muss diese Voraussetzung bei der Partnerin vorliegen (LG Fulda BtPrax 2014, 286). In diesen Fällen kann sicher davon ausgegangen werden, dass auch eine einwilligungsfähige Betreute einer Sterilisation zustimmen würde, weil das Interesse am Überleben überwiegt. Allerdings muss es sich auch hier um eine konkrete Gefahr handeln.

Das Gleiche gilt für die Gefahr einer schwerwiegenden Beeinträchtigung des körperlichen **Gesundheitszustandes,** wobei ein nicht auf die Sterilisation gerichteter notwendiger Eingriff, der aber eine solche zur Folge hat – etwa bei einer Krebsoperation – bereits als Heileingriff nach § 1829 zulässig sein kann. In Betracht kommen zB schwere Herz- und Kreislauferkrankungen, durch die eine Schwangerschaft zum erheblichen Gesundheitsrisiko wird oder wenn es in Folge einer Schwangerschaft bei einer medikamentös nur schwer einzustellenden Epileptikerin zu gehäuften epileptischen Anfällen mit weiteren Gesundheitsschäden kommen würde (OLG Hamm BtPrax 2000, 168).

12 Schwieriger zu beurteilen ist die Gefahr einer **schwerwiegenden Beeinträchtigung des seelischen Gesundheitszustandes** der Schwangeren. Die Gesetzesbegründung nennt hier als Beispiel allein eine Selbstmordgefahr auf Grund schwerer Depressionen (BT-Drs. 11/4528, 78 und 143). Die in § 1905 Abs. 1 S. 2 BGB aF enthaltene Konkretisierung eines schweren und nachhaltigen Leides, das der Schwangeren drohen würde, weil familiengerichtliche Maßnahmen nach §§ 1666, 1666a BGB, die mit einer Trennung vom Kind verbunden wären, gegen sie ergriffen werden müssten, ist in der jetzigen Fassung nicht mehr enthalten. Eine Prognose, dass eine entsprechende Maßnahme im Interesse des Kindes ergriffen werden müsste und dass diese dann zu einem schweren und nachhaltigen Leiden der Schwangeren führen würde, ist kaum möglich (BT-Drs. 19/27287, 24; zur bisherigen Rechtsprechung OLG Hamm BtPrax 2000, 168; LG Fulda BtPrax 2014, 286). Vielmehr ist auf bestehende Unterstützungsangebote für Eltern mit Behinderung zu verweisen, insbesondere die Regelung zur Elternassistenz in § 78 Abs. 3 SGB IX.

13 Nur wenn die Gefahr nicht auf **zumutbare Weise** abgewendet werden kann – etwa durch andere Verhütungsmittel, die im konkreten Einzelfall zumutbar eingesetzt werden können (MüKoBGB/Schneider § 1830 Rn. 19) – kommt eine Sterilisation in Betracht. Ein Schwangerschaftsabbruch oder eine geschlossene Unterbringung kommen zur Vermeidung sexueller Kontakte nicht als zumutbare Alternative in Betracht kommen (MüKoBGB/Schneider § 1830 Rn. 19).

V. Vorrang anderer Mittel

Andere zumutbare **Verhütungsmittel** gehen einer Sterilisation vor (Abs. 1 Nr. 5). In Betracht kommen hier alle denkbaren chemischen und mechanischen Verhütungsmittel (BayObLG BtPrax 2001, 204; LG Fulda BtPrax 2014, 286), deren Anwendung den Betroffenen zuzumuten ist. Die Frage der Zumutbarkeit ist allein aus Sicht der Betroffenen zu beurteilen und richtet sich nach den Besonderheiten des Einzelfalles (BayObLGBtPrax 2001, 204). Auch hier gilt, dass Interessen anderer keine Berücksichtigung finden dürfen. Die Anwendung eines anderen Verhütungsmittels muss auch dann Vorrang haben, wenn hiermit ein größerer Betreuungsaufwand etwa in einer Einrichtung verbunden ist. In Betracht kommt etwa die sog. Drei-Monats-Spritze (so LG Fulda BtPrax 2014, 286), bei der als hormonelles Verhütungsmittel einerseits der Eisprung gehemmt und andererseits das Einnisten in der Gebärmutter erheblich erschwert wird (hierzu ausführlich Leeb/Weber BtPrax 2015, 45). 14

VI. Betreuerentscheidung

Wird ein besonderer Betreuer für die Sterilisation bestellt, muss er in eigener **Verantwortung** prüfen, ob er in eine Sterilisation einwilligen kann oder nicht (OLG Düsseldorf FamRZ 1996, 375). Allein die Bestellung als Betreuer für die Sterilisation bedeutet noch nicht, dass eine Einwilligung hierzu auch erteilt werden muss. Kommt der Betreuer rechtlich vertretbar zum Ergebnis, eine Sterilisation solle nicht vorgenommen werden, darf ihn das Betreuungsgericht nicht etwa deshalb entlassen, weil es seine Entscheidung für falsch hält (LG Hildesheim BtPrax 1997, 121). Die Einwilligung des Betreuers in die Sterilisation ist unwirksam, wenn ihm zum Zeitpunkt der Einwilligung der Genehmigungsbeschluss des Betreuungsgerichts noch nicht vorliegt (OLG Düsseldorf FamRZ 1996, 375). Auch wenn die Genehmigung zur Einwilligung in die Sterilisation durch das Gericht erteilt wird, bedeutet dies noch nicht, dass der Betreuer in jedem Falle auch zu einer entsprechenden Einwilligung verpflichtet ist. Insbesondere hat er in der Zwischenzeit eingetretene **Veränderungen** zu beachten – etwa ein erst später zu Tage getretener entgegenstehender Wille (§ 1830 Abs. 1 Nr. 1) – und Umstände zu berücksichtigen, die ihm durch den persönlichen Kontakt weiterhin bekannt geworden sind und die das Betreuungsgericht erkennbar in seine Entscheidung nicht einbeziehen konnte. Der Betreuer hat schließlich darauf zu achten, dass die Sterilisation erst zwei Wochen nach Wirksamkeit der betreuungsgerichtlichen Genehmigung durchgeführt werden darf (Abs. 2 S. 2). 15

VII. Verfahren

Die Einwilligung des Betreuers in eine Sterilisation bedarf der **Genehmigung des Betreuungsgerichts** (Abs. 2 S. 1). Das Verfahren ist in § 297 FamFG geregelt (→ FamFG § 297 Rn. 1 ff.). Verrichtungen nach § 1830 unterliegen dem **Richtervorbehalt** des § 15 Abs. 1 Nr. 4 RPflG. Bei der Bestellung des besonderen Betreuers für die Sterilisationseinwilligung ist das gleiche Verfahren einzuhalten, wie bei der Bestellung anderer Betreuer. Da das Betreuungsgericht einen solchen nur bestellen darf, wenn es die Voraussetzungen des § 1830 für gegeben erachtet, 16 muss sich auch das Gutachten des Sachverständigen (§ 280 Abs. 1 FamFG) auf Fragen der Einwilligungsfähigkeit, der schwerwiegenden Gefahr etc. beziehen. Sodann muss der besondere Betreuer prüfen, ob er die Einwilligung für eine Sterilisation erteilen will. In einem weiteren betreuungsgerichtlichen Verfahren muss die Frage der Genehmigung geklärt werden.

§ 1831 Freiheitsentziehende Unterbringung und freiheitsentziehende Maßnahmen

(1) **Eine Unterbringung des Betreuten durch den Betreuer, die mit Freiheitsentziehung verbunden ist, ist nur zulässig, solange sie erforderlich ist, weil**

1. **aufgrund einer psychischen Krankheit oder geistigen oder seelischen Behinderung des Betreuten die Gefahr besteht, dass er sich selbst tötet oder erheblichen gesundheitlichen Schaden zufügt, oder**
2. **zur Abwendung eines drohenden erheblichen gesundheitlichen Schadens eine Untersuchung des Gesundheitszustands, eine Heilbehandlung oder ein ärztlicher Eingriff notwendig ist, die Maßnahme ohne die Unterbringung des Betreuten nicht durchgeführt werden kann und der Betreute aufgrund einer psychischen Krankheit oder geistigen oder seelischen Behinderung die Notwendigkeit der Unterbringung nicht erkennen oder nicht nach dieser Einsicht handeln kann.**

(2) **[1]Die Unterbringung ist nur mit Genehmigung des Betreuungsgerichts zulässig. [2]Ohne die Genehmigung ist die Unterbringung nur zulässig, wenn mit dem Aufschub Gefahr verbunden ist; die Genehmigung ist unverzüglich nachzuholen.**

(3) **[1]Der Betreuer hat die Unterbringung zu beenden, wenn ihre Voraussetzungen weggefallen sind. [2]Er hat die Beendigung der Unterbringung dem Betreuungsgericht unverzüglich anzuzeigen.**

(4) **Die Absätze 1 bis 3 gelten entsprechend, wenn dem Betreuten, der sich in einem Krankenhaus, einem Heim oder einer sonstigen Einrichtung aufhält, durch mechanische Vorrichtungen, Medikamente oder auf andere Weise über einen längeren Zeitraum oder regelmäßig die Freiheit entzogen werden soll.**

(5) **Die Absätze 1 bis 4 gelten nach Maßgabe des § 1820 Absatz 2 Nummer 2 für einen Bevollmächtigten entsprechend.**

Übersicht

I. Überblick

§ 1831 wurde gegenüber der Vorgängervorschrift des § 1906 BGB aF nur insoweit geändert, als in Abs. 1 S. 1 in Übereinstimmung mit den Grundsätzen der Neuregelungen zum 1.1.2023 auf den Begriff des Wohls des Betreuten verzichtet wird sowie in Abs. 5 auf § 1820 Abs. 2 Nr. 2 verwiesen wird. Inhaltliche Änderungen sind damit nicht verbunden. Betreuer und Bevollmächtigte unterliegen aber auch im Unterbringungsrecht dem Prinzip der **unterstützten Entscheidungsfindung** nach § 1821 Abs. 2 (→ BGB § 1821 Rn. 2 und 3). Wünschen der Betroffenen ist in den Grenzen des § 1821 Abs. 3 zu entsprechen. Wegen der Grundrechtsbetroffenheit sind aber zusätzlich die in § 1831 geregelten Voraussetzungen zu beachten. 1

Geregelt werden die materiell-rechtlichen Voraussetzungen der Unterbringung des Betreuten (Abs. 1), das Erfordernis der betreuungsgerichtlichen Genehmigung der Unterbringung (Abs. 2), die Beendigung der Unterbringung (Abs. 3), die Anwendbarkeit der Abs. 1 bis 3 für freiheitsentziehende Maßnahmen (Abs. 4) sowie die Unterbringung bzw. Einwilligung in Maßnahmen nach Abs. 4 durch einen Bevollmächtigten (Abs. 5). Durch die Regelung des Abs. 4 und die dadurch erfolgte Gleichstellung der freiheitsentziehenden Maßnahmen kann für die Auslegung des Abs. 1 ein engerer Unterbringungsbegriff zugrunde gelegt werden. Im Fall einer rechtswidrigen Unterbringung besteht Strafbarkeit nach § 239 StGB und Schadensersatzpflicht nach §§ 823 ff. BGB (zur Haftung bei rechtswidriger Unterbringung Marschner/Lesting/Stahmann Kap. A Rn. 152 f.; zu strafrechtlichen Risiken rechtswidriger gerichtlicher Unterbringungsentscheidungen Krüger FamRZ 2021, 741). 2

Die Zahl der Unterbringungsverfahren ist seit Inkrafttreten des Betreuungsrechts am 1.1.1992 erheblich gestiegen, wobei der Anstieg im Wesentlichen die Verfahren nach Abs. 4 betrifft (hierzu ausführlich Marschner/Lesting/Stahmann Kap. A Rn. 51 ff.). Dies bedeutet, dass den handelnden Personen im Unterbringungsverfahren (insbesondere Rechtlichen Betreuern, Sachverständigen, Betreuungsrichtern) im Hinblick auf die Schwere des Grundrechteingriffs erhebliche Verantwortung zukommt mit dem Ziel, die Unterbringung bzw. Freiheitsentziehung zu vermeiden oder so kurz wie möglich zu halten (zur Qualitätssicherung im Unterbringungsverfahren Melchinger BtPrax 2009, 59). Die Auslegung des § 1831 wird durch die Vorschriften der UN-BRK, insbesondere Art. 12 und

Art. 14 UN-BRK beeinflusst (s. König BtPrax 2009, 105; Marschner R&P 2009, 135 und 2011, 160; Rosenow BtPrax 2013, 39; Masuch/Gmati NZS 2013, 521; zur Kritik aus menschenrechtlicher Sicht Bernot R&P 2022, 132). Eine Anpassung der Vorschrift an die Vorgaben der UN-BRK wäre daher sinnvoll (zur diskriminierungsfreien Beschreibung der Unterbringungsvoraussetzungen Aichele/Marschner 2013, 203).

II. Voraussetzungen der Unterbringung durch Betreuer und Bevollmächtigten (Abs. 1)

1. Psychische Krankheit, geistige oder seelische Behinderung

3 Anders als bei der Bestellung eines Betreuers nach § 1814 Abs. 1, wo nur noch von Krankheit und Behinderung gesprochen wird (zur Konkretisierung → § 1814 Rn. 16 ff.), setzt die Unterbringung durch Betreuer und Bevollmächtigten nach dem Gesetzestext weiterhin das Vorliegen einer **psychischen Krankheit oder geistigen oder seelischen Behinderung** voraus. Bei den Begriffen psychische Krankheit, geistige und seelische Behinderung handelt es sich um **Rechtsbegriffe,** die psychiatrisch konkretisiert werden müssen. Eine Verdachtsdiagnose genügt nicht (BGH FamRZ 2012, 1210; 2015, 44; 2017, 140). Altersstarrsinn ist keine psychische Krankheit iSd Betreuungsrechts. Vielmehr erfordert die Feststellung einer psychischen Krankheit oder seelischen Behinderung deren fachpsychiatrische Konkretisierung und die Darlegung ihrer Auswirkungen auf die kognitiven und voluntativen Fähigkeiten des Betroffenen (BayOblG FamRZ 2002, 494). Typische Krankheitsbilder sind Schizophrenien, wahnhafte Störungen und affektive Störungen sowie die organischen Störungen (zB Demenzen). Das Vorliegen einer psychiatrischen Diagnose allein begründet nicht das Vorliegen einer psychischen Krankheit iSd § 1831 Abs. 1, da die Krankheit einen bestimmten Schweregrad erreicht haben muss, um eine freiheitsentziehende Unterbringung oder Maßnahme zu rechtfertigen (BVerfG NJW 1982, 691 und 1984, 1806). Dies ist besonders bei Persönlichkeitsstörungen zu beachten. **Sucht- oder Abhängigkeitserkrankungen** erfüllen ohne Hinzutreten weiterer Kriterien nicht die Voraussetzungen einer psychischen Krankheit iSd § 1831 Abs. 1 BGB (hierzu → Rn. 17).

2. Betreuung und Bevollmächtigung

4 Geregelt wird innerhalb des Betreuungsrechts zunächst die Unterbringung von Betreuten durch den **Betreuer.** Für den Betroffenen muss daher zumindest ein vorläufiger Betreuer nach § 300 FamFG bestellt worden sein. Der Betreuer ist innerhalb seines Aufgabenkreises unter Beachtung der in § 1821 BGB niedergelegten Grundsätze selbstverantwortlich tätig (Diekmann BtPrax 2009, 49). Für Freiheitsentziehungen des Betreuten bedarf er zusätzlich der vorherigen Genehmigung des Betreuungsgerichts (Abs. 2). Eine Freiheitsentziehung durch den Betreuer setzt voraus, dass diese von dem **Aufgabenbereich** des Betreuers umfasst ist, dh dem Betreuer ausdrücklich der Aufgabenbereich der mit **Freiheitsentziehung verbundenen Unterbringung** zugewiesen worden ist (so jetzt § 1815 Abs. 2 Nr. 1; zu den Aufgabenbereichen nach neuem Recht → BGB § 1815 Rn. 21; Schneider FamRZ 2022, 1 ff.). Im Rahmen einer Entscheidung über die Genehmigung der Unterbringung ist der bisherige Aufgabenkreis an die neue

Gesetzeslage anzupassen (BGH FamRZ 2024, 888). Ist dies geschehen, richtet sich die Entscheidungsbefugnis des Betreuers allein nach § 1815 Abs. 2 Nr. 1 (BGH FamRZ 2026, 229). Der Aufgabenbereich ist ggf. auf die Unterbringung zur Verwirklichung der Gesundheitssorge einzuschränken (BGH FamRZ 2018, 1186). Dies ist vor allem im Fall der beabsichtigten Unterbringung in einem (psychiatrischen) Krankenhaus geboten. Der Aufgabenbereich Gesundheitsfürsorge genügt nicht (OLG Hamm FamRZ 2001, 861), muss aber zusätzlich angeordnet werden, wenn es um eine Unterbringung zur Behandlung nach Abs. 1 Nr. 2 geht (BGH FamRZ 2013, 1726).

Nach Abs. 5 können eine Unterbringung sowie die Einwilligung in eine freiheitsentziehende Maßnahme nach Abs. 4 auch durch einen **Bevollmächtigten** erfolgen, wenn die Vollmacht schriftlich erteilt worden ist und ausdrücklich die Unterbringung bzw. Maßnahmen nach Abs. 4 umfasst (jetzt geregelt in § 1820 Abs. 2 Nr. 2; zur bisherigen Rechtslage und Rechtsprechung BVerfG NJW 2009, 1803; BGH BtPrax 2012, 206; LG Frankfurt a. M. FamRZ 2001, 1555; s. auch → BGB § 1829 Rn. 5). Die Verwendung des Begriffs Unterbringungsregelungen genügt hierfür nicht (aA BGH FamRZ 2012, 969 mablAnm Böhm). Auf das Genehmigungsverfahren kann in der Vollmacht nicht verzichtet werden (BGH FamRZ 2012, 1372 und BVerfG FamRZ 2015, 1365; Schwab FamRZ 2015, 1357). Unter den vorgenannten Voraussetzungen kann eine Bevollmächtigung zur Unterbringung auch in Vorsorgevollmachten, Patientenverfügungen und Behandlungsvereinbarungen enthalten sein (hierzu Marschner R&P 1997, 171 und 2000, 161; Walter FamRZ 1999, 685). Durch die Regelung des § 326 Abs. 1 FamFG ist klargestellt, dass der Bevollmächtigte wie ein Betreuer bei der Zuführung zur Unterbringung oder der Verbringung durch die zuständige Behörde unterstützt werden kann. Nach § 326 Abs. 2 und 3 FamFG beinhaltet dies auch die Anwendung von Gewalt durch die zuständige Behörde sowie das Betreten der Wohnung auf Grund einer ausdrücklichen gerichtlichen Entscheidung (→ FamFG § 326 Rn. 4). 5

3. Freiheitsentziehung

Der Begriff der Freiheitsentziehung wird gesetzlich in § 415 Abs. 2 FamFG definiert. Eine Freiheitsentziehung liegt danach vor, wenn einer Person gegen ihren Willen oder im Zustand der Willenlosigkeit insbesondere in einer abgeschlossenen Einrichtung, wie in einem Gewahrsamsraum oder einem abgeschlossenen Teil eines Krankenhauses, die Freiheit entzogen wird. Anders als im öffentlichen Unterbringungsrecht besteht keine Festlegung auf einen bestimmten Einrichtungsbegriff (zur Amtshaftung auch im Fall der Unterbringung mit Einwilligung des Betreuten und seines Betreuers BGH BtPrax 2008, 73; zur Rechtsnatur der Beziehungen zwischen Patient und Krankenhaus Bienwald R&P 2008, 212). Für den Bereich der zivilrechtlichen Unterbringung gelten als übliche Kriterien, dass Betroffene in einem Krankenhaus oder einem Heim auf einem bestimmten beschränkten Raum festgehalten werden, ihr Aufenthalt ständig überwacht wird sowie die Aufnahme des Kontaktes mit Personen außerhalb dieses Raumes durch Sicherheitsmaßnahmen kontrolliert wird (BGH FamRZ 2001, 149; OLG Düsseldorf NJW 1963, 397; s. auch von Eicken ua, Fürsorglicher Zwang, 24 ff.). Entscheidend ist die nicht nur kurzfristige Begrenzung der persönlichen Bewegungsfreiheit auf einen bestimmten räumlichen Lebensbereich (BGH FamRZ 2008, 866; 2013, 1646; 2015, 567 und 1484). 6

7 Für die Praxis bedeutet dies, dass eine Freiheitsentziehung jedenfalls bei der Unterbringung in einer **geschlossenen Einrichtung, einem geschlossenen Krankenhaus oder einem geschlossenen Heim** bzw. in einem abgeschlossenen Teil einer der genannten Einrichtungen vorliegt. Auch eine sogenannte halboffene oder offene Unterbringung kann die Voraussetzungen der Freiheitsentziehung erfüllen, wenn keine Möglichkeit des freien Zutritts und keine Möglichkeit des Ausgangs ohne Aufsicht besteht (AG Kamen FamRZ 1983, 299; AG Wolfhagen BtPrax 1998, 83). Vor allem in der Psychiatrie wird zunehmend die **Unterbringung auf offenen Stationen** durchgeführt (Bernardi R&P 1994, 11; Arnold/Kloß FuR 1996, 263; Zinkler/Nyhuis R&P 2017, 63; Gather/Nyhuis/Juckel R&P 2017, 80).

8 Die Abgrenzung zwischen genehmigungsbedürftiger Freiheitsentziehung und einer Freiheitsbeschränkung, die nicht unter § 1831 Abs. 1 fällt, ist jeweils im Einzelfall nach der Eingriffsintensität und Dauer der Maßnahme zu treffen (BVerfG NJW 2018, 2619; BGH FamRZ 2015, 567; s. auch → Rn. 31). Dabei ist zu berücksichtigen, dass es außer abgeschlossenen Türen andere Möglichkeiten der Überwachung gibt (zB Trickschlösser, Überwachung der Tür durch einen Pförtner, Kameras oder Alarmanlagen, Eins-zu-Eins-Betreuungen; siehe auch Gusy NJW 1992, 457, (459). Die Vorschriften über den **offenen Vollzug** im öffentlichen Unterbringungsrecht (hierzu Marschner/Lesting/Stahmann Kap. B Rn. 304 ff.) zeigen, dass es weniger auf die Vorkehrungen gegen Entweichungen in jedem Fall (siehe § 141 Abs. 2 StVollzG) als auf die Beschränkung auf einen bestimmten Raum sowie die Reglementierung des Zusammenlebens und des Kontaktes nach außen ankommt. Daher steht die an einem engen Unterbringungsbegriff orientierte Rechtsprechung des BGH dem Konzept der offenen Türen nicht entgegen, soweit die vorgenannten Kriterien erfüllt sind und Maßnahmen gegen ein Entweichen vorgesehen sind (ebenso im Ergebnis Henking R&P 2017, 68; HK-BUR/Bauer/Braun § 1906 Rn. 47). § 1831 Abs. 1 enthält aber keine Rechtsgrundlage für die zwangsweise Unterbringung in einer offenen Pflegeeinrichtung (OLG Hamm BtPrax 2003, 42). Entscheidend ist das tatsächliche Maß der Beschränkung der Freiheit, nicht die Bezeichnung. Das Motiv der Freiheitsentziehung ist unerheblich. Eine Freiheitsentziehung liegt bei psychisch kranken, geistig behinderten und altersverwirrten Menschen nur dann nicht vor, wenn überhaupt **keine Möglichkeit der Fortbewegung** besteht (BGH FamRZ 2015, 1484 und BVerfG FamRZ 2016, 1738). Das Grundrecht der Freiheit der Person schützt im Übrigen alle Menschen unabhängig von ihrem psychischen oder geistigen Zustand. Die zivilrechtliche Unterbringung in einer forensischen Station ist unzulässig (Dahle BtPrax 1994, 199).

9 Eine Freiheitsentziehung liegt vor, wenn sie **ohne oder gegen den Willen des Betroffenen** erfolgt. Ist dieser mit der Unterbringung einverstanden, liegt keine Freiheitsentziehung vor (BayObLG FamRZ 1996, 1375; Bienwald/Bienwald § 1831 Rn. 9; HK-BUR/Bauer Vorb. § 1906 Rn. 3 f. und § 1906 Rn. 53 ff.; so jetzt auch MüKoBGB/Schneider § 1831 Rn. 18 ff.). Für die Einwilligung in eine Freiheitsentziehung kommt es auf die **Einwilligungsfähigkeit** des Betroffenen an, da es sich nicht um ein Rechtsgeschäft oder eine Willenserklärung handelt, sondern um die Gestattung zur Vornahme von Handlungen, die in rechtlich geschützte Güter eingreifen (BGH NJW 1964, 1177; OLG München FGPrax 2007, 267; Gusy NJW 1992, 457 (462); Klüsener/Rausch NJW 1993, 617 (621)). Maßgeblich ist daher nicht die Geschäftsfähigkeit, sondern die natürliche Einsichts- und Urteilsfähigkeit (→ BGB § 630d Rn. 11). Einwilligung ist danach

die im Augenblick der Freiheitsentziehung vorhandene, freiwillige und ernstliche Zustimmung in die beabsichtigte Rechtsgutverletzung (BGH NJW 1964, 1177; OLG München FGPrax 2007, 267). Diese setzt voraus, dass der Betroffene Wert und Bedeutung des betroffenen Freiheitsrechts sowie die Folgen und Risiken seiner Zustimmung erkennen kann und bei seiner Entscheidung die Alternativen, dh die zur Erreichung des angestrebten Zwecks weniger belastenden Mittel, einbeziehen kann bzw. sein Handeln danach bestimmen kann (Amelung R&P 1995, 20). Dabei ist wie bei der Behandlung auf das subjektive Wertsystem des Betroffenen abzustellen (→ BGB § 630d Rn. 7).

Die Einwilligung des Betroffenen in die Freiheitsentziehung ist jederzeit frei **widerruflich** mit der Folge, dass das weitere Festhalten in der Folge eine rechtswidrige Freiheitsberaubung darstellt, es sei denn, es liegen nunmehr auf Grund veränderter Umstände die Voraussetzungen für eine Unterbringung vor und der Betreuer hat die Genehmigung des Betreuungsgerichts eingeholt (BayObLG FamRZ 1996, 1375; EGMR NJW-RR 2006, 308; MüKoBGB/Schneider § 1831 Rn. 22; HK-BUR/Bauer Vorb. § 1906 Rn. 6). Anderenfalls ist der Betroffene unverzüglich zu entlassen. 10

4. Erforderlichkeit der Unterbringung des Betreuten

Eine mit Freiheitsentziehung verbundene Unterbringung des Betreuten durch den Betreuer ist nur im Interesse des Betreuten bei **Vorliegen der gesetzlich geregelten Gefahrenschwellen** zulässig. Die Erforderlichkeit der Unterbringung wird in Abs. 1 durch die beiden dort aufgeführten Tatbestände konkretisiert. Nicht mehr das Wohl des Betreuten ist Voraussetzung der Unterbringung, sondern eine Unterbringung kommt nur in Betracht, wenn die Voraussetzungen einer der beiden Ziffern des Abs. 1 vorliegen. Es handelt sich um eine abschließende Regelung. Dabei genügt, wenn die Voraussetzung der Nr. 1 oder der Nr. 2 vorliegen. Dies hat die Folge, dass eine Unterbringung im Interesse der **Allgemeinheit** oder im **Drittinteresse** durch den Betreuer zB bei der Gefahr fremdaggressiver Handlungen nicht zulässig ist (OLG Hamm BtPrax 2001, 40; OLG München BtPrax 2006, 36; OLG Schleswig FGPrax 2008, 180; MüKoBGB/Schneider § 1831 Rn. 24; Bienwald/Bienwald § 1831 Rn. 25; HK-BUR/Bauer/Braun § 1906 Rn. 8, 77; aA LG Kassel FamRZ 2013, 1605; Pardey FamRZ 1995, 713). Dies hat der Gesetzgeber durch die Neuformulierung von Abs. 1 Nr. 2 nochmals zum Ausdruck gebracht. Damit ist insbesondere die Rechtsprechung überholt, die eine Unterbringung als im Interesse des Betroffenen liegend angesehen hat, die der Verhinderung von Straftaten durch den Betroffenen oder der Abwendung von Gefahren für Dritte dienen sollte (BayObLG FamRZ 1982, 199). Der Schutz der Allgemeinheit oder Dritter ist eine ausschließliche Aufgabe des öffentlichen Unterbringungsrechts. Die Neuformulierung der Unterbringungsvoraussetzungen diente aus Sicht des Gesetzgebers vor allem auch einer sachgerechten Abgrenzung von zivilrechtlicher und öffentlich-rechtlicher Unterbringung. 11

a) Selbstgefährdung (Nr. 1). Die Erforderlichkeit der Unterbringung wird in Nr. 1 dahingehend konkretisiert, dass auf Grund der psychischen Krankheit oder geistigen oder seelischen Behinderung die **Gefahr** besteht, dass der Betreute sich entweder selbst **tötet** oder **erheblichen gesundheitlichen Schaden** zufügt. Die Unterbringung setzt demnach eine **ernstliche und konkrete Gefahr** voraus (BGH FamRZ 2023, 463 und 310; 2022, 1648; 2020, 1406; 2019, 552; 2018, 950; 2014, 831; 2011, 1141; 2010, 365). Der Gefahrbegriff entspricht weitgehend 12 dem des öffentlichen Unterbringungsrechts. Die Gefahr muss wahrscheinlich sein, die bloße Möglichkeit des Gefahreintritts genügt nicht (OLG Celle NJW 1963, 2377; zum Gefahrbegriff ausführlich Marschner/Lesting/Stahmann Kap. B 113 ff.). Eine Festlegung auf einen bestimmten **Grad der Wahrscheinlichkeit** ist damit nicht erfolgt, da dieser auch von der Schwere der in Betracht kommenden Gefahr abhängt. Es handelt sich um eine **Prognoseentscheidung** auf Grund von tatsächlichen Feststellungen (BGH FamRZ 2017, 1422; 2014, 831; 2011, 1141; BayObLG BtPrax 1994, 211; zu den Prognosemethoden im Unterbringungsrecht Marschner/Lesting/Stahmann Kap. A 116 ff.; Alperstedt FamRZ 2001, 467). Je länger die Unterbringung dauert, desto höher sind die Anforderungen an die Gefahrenprognose und die Verhältnismäßigkeit der Unterbringung auch im Hinblick auf mögliche Alternativen (BGH FamRZ 2023, 310; 2020, 1406).

13 Eine Unterbringung zur Verhinderung einer Selbstschädigung infolge psychischer Erkrankung setzt weiterhin voraus, dass der Betroffene auf Grund der Krankheit **seinen Willen nicht frei bestimmen** kann, weil der Staat von Verfassungs wegen nicht das Recht hat, seine erwachsenen und zu freier Willensbestimmung fähigen Bürger zu erziehen, zu bessern oder zu hindern, sich selbst gesundheitlich zu schädigen (BGH BtPrax 2021, 29 und 191; FamRZ 2010, 365; 2011, 1141; 2014, 740; 2016, 807 und 1065; BayObLG FamRZ 1993, 600; FamRZ 1998, 1327; OLG München BtPrax 2006, 36; FGPrax 2007, 43 und 267; OLG Brandenburg BtPrax 2007, 224; OLG Hamm FGPrax 2009, 133). Aus der fehlenden Krankheitseinsicht kann nicht zwingend auf das Fehlen des freien Willens geschlossen werden, da damit häufig die Ablehnung einer ärztlicherseits angebotenen Therapie beschrieben wird, was nicht in jedem Fall die Aufhebung der freien Willensbestimmung indiziert (hierzu → BGB § 630d Rn. 7; aA BGH FamRZ 2016, 807 und 1065, der allerdings auch die fehlende Krankheitseinsicht aus der Ablehnung der Behandlung ableitet).

14 Die **Gefahr der Selbsttötung** setzt voraus, dass die konkrete Gefahr besteht, dass der Betreute auf Grund seiner psychischen Krankheit oder geistigen oder seelischen Behinderung einen (weiteren) Selbsttötungsversuch unternehmen wird. Es müssen **objektivierbare konkrete Anhaltspunkte** für eine akute Suizidgefahr vorliegen (BGH NJW 2000, 3426; FamRZ 2014, 831; 2011, 1141; 2010, 365; OLG München BtPrax 2006, 36; OLG Hamm R&P 1991, 185; OLG Frankfurt R&P 1992, 66; OLG Köln R&P 1993, 33; OLG Dresden FamRZ 2018, 529). Die anhaltende Basissuizidalität eines stationär behandelten, psychisch kranken Patienten ist noch kein Grund, ihn ständig in einer geschlossenen Abteilung unterzubringen, solange nicht eine krisenhafte Zuspitzung der Krankheit mit erkennbarer akuter Suizidalität vorliegt (OLG Stuttgart NJW-RR 1995, 662). Es genügt nicht, wenn der Betroffene eine geringe Zahl von Beruhigungsmitteln und Schlaftabletten geschluckt hat, ohne dass feststeht, um welche Mittel es sich gehandelt hat, oder wenn der Betroffene aus dem Fenster seiner Erdgeschosswohnung springt, wenn dies die einzige Möglichkeit ist, die versperrte Wohnung zu verlassen (s. BayObLG R&P 1986, 115). Von Bedeutung sind suizidale Gedanken, Todeswünsche, Suiziddrohungen und insbesondere frühere Suizidversuche (OLG Hamm VersR 1991, 1026), darüber hinaus die Zugehörigkeit zu Risikogruppen, die Krisenanfälligkeit, die suizidale Entwicklung und insbesondere das präsuizidale Syndrom (Wolfslast Psychotherapie in den Grenzen des Rechts, 131). Die Zugehörigkeit zu einer bestimmten Diagnosegruppe kann aber nur ein Anhaltspunkt unter anderen für das Vorliegen einer akuten Suizidalität sein (zum Ganzen → Marschner/Lesting/Stahmann Kap. A Rn. 90).

Die Gefahr der Selbsttötung muss ihre **Ursache** in der psychischen Krankheit oder geistigen oder seelischen Behinderung des Betreuten haben. Diese müssen der Grund für die Aufhebung der freien Willensbestimmung sein (BGH FamRZ 2023, 78). Der in freier Willensbestimmung vorgenommene Suizidversuch rechtfertigt keine Unterbringung durch den Betreuer (s. BayObLG FamRZ 1993, 600). Die Abgrenzung zwischen einem sog. Bilanzselbstmord und einem durch Krankheit oder Behinderung beeinflussten Selbsttötungsversuch im Einzelfall ist schwierig. Anders als im öffentlichen Unterbringungsrecht ist durch die Betreuerbestellung das Vorliegen einer psychischen Krankheit oder geistigen oder seelischen Behinderung bereits im Betreuungsverfahren festgestellt worden. Auch dies bedeutet nicht, dass in jedem Fall und zu jedem Zeitpunkt ein Selbsttötungsversuch seine Ursache in der Krankheit oder Behinderung des Betreuten hat. Jedenfalls ist es unzulässig, aus dem Versuch einer Selbsttötung auf das Vorliegen einer psychischen Krankheit zurückzuschließen. Vielmehr ist die Motivation des Betroffenen im Einzelfall zu untersuchen.

Die Gefahr der Zufügung eines **erheblichen gesundheitlichen Schadens** 15
setzt ebenso wie die Gefahr der Selbsttötung **konkrete Anhaltspunkte** für das Eintreten der Gefahr (BVerfG NJW 2020, 2790) sowie die Kausalität zwischen der psychischen Krankheit oder geistigen oder seelischen Behinderung des Betreuten und der Gesundheitsschädigung voraus (→ Rn. 13). Die Gefahr einer erheblichen Gesundheitsschädigung kommt in den folgenden Situationen in Betracht:

- wenn der Betreute krankheitsbedingt sein Leben gefährdet, insbesondere **lebenswichtige Medikamente** nicht einnimmt (OLG Hamm NJW 1976, 378 für den Fall eines an einer Psychose erkrankten Diabetikers, der krankheitsbedingt die Behandlung verweigert und dadurch die Gefahr eines Komas heraufbeschwört),
- im Fall einer krankheitsbedingten Verweigerung der **Nahrungsaufnahme,** wobei die Alternativen der Unterbringung im Rahmen der Erforderlichkeit besonders sorgfältig zu prüfen sind (BT-Drs. 11/4528, 146 f.),
- wenn ein **altersverwirrter Betreuter** planlos oder nachts oder bei Kälte oder ohne Beachtung des Straßenverkehrs umherläuft und sein Leben oder seine Gesundheit dadurch gefährdet, dass er überfahren wird oder sich Erfrierungen zuzieht (BT-Drs. 11/4528, 146 f.).
- bei wiederholten Verletzungen durch Stürze im Alkoholrausch bei Vorliegen einer psychischen Krankheit iSd § 1831 (BayObLG FamRZ 1994, 1617; OLG Hamm DAVorm 1997, 55).

Dagegen ist für die Annahme einer erheblichen Gesundheitsschädigung nicht alleine ausreichend, dass der Betreute an **seniler Demenz** mit Verwirrtheit und Unruhezuständen leidet und es während eines Krankenhausaufenthaltes zu einem Sturz mit einer Oberarmfraktur kommt, ohne dass der Zusammenhang zwischen der Krankheit und dem Sturz festgestellt wird (OLG Zweibrücken NJW 1985, 2769 mAnm Göppinger). Ebenso wenig genügt, dass der Betreute die Einnahme der zu seiner Behandlung erforderlichen **Medikamente** ablehnt und dadurch ein gesundheitlicher Rückfall zu befürchten ist (OLG Zweibrücken NJW 1974, 610; OLG Saarbrücken BtPrax 1997, 202). Allein die **Verweigerung der Behandlung,** die Gefahr eines Rückfalls oder des Ausbruchs einer Psychose rechtfertigen keine Unterbringung nach Nr. 1. Vielmehr muss in jedem Einzelfall festgestellt werden, inwieweit die Verweigerung der Medikamenteneinnahme zu einer erheblichen Gesundheitsschädigung führt (OLG Brandenburg BtPrax 2007, 224; OLG München BtPrax 2006, 36; OLG Stuttgart NJW 1974, 2052) und ob die Gesundheitsschädigung auf der Krankheit bzw. Behinderung des Betreuten beruht. **Nicht ausreichend** ist die Beschreibung **abstrakter Gefahren,** die sich aus der Fortentwicklung der Erkrankung ohne Behandlung ergeben können

– wie Antriebsverminderung, sozialer Rückzug, psychomotorische Verlangsamung, verminderte Belastbarkeit bis hin zum Verlust eines selbstständigen Lebens (BGH FamRZ 2017, 1422), oder
– das Vorliegen einer paranoid-halluzinatorischen Schizophrenie mit Realitätsverkennung und wahnhaftem Erleben (BVerfG NJW 2020, 2790), oder
– dass nach Absetzen der Medikation mit erneuten psychotischen Exazerbationen und einer Gefährdung im Straßenverkehr zu rechnen sei BGH FamRZ 2025, 1402), oder
– die Unfähigkeit zur Körperhygiene nach Absetzen der Medikation (BGH FamRZ 2025, 381). Vielmehr muss die Gefahr einer erheblichen Verschlimmerung oder Chronifizierung der Krankheit aufgrund konkreter Tatsachen festgestellt werden (BVerfG NJW 2020, 2790; BGH FamRZ 2025, 381 und 1402; 2017, 1422; 2014, 831). Ein erheblicher Gesundheitsschaden kann vorliegen, wenn die Verweigerung der Medikamenteneinnahme zu einer weiteren Chronifizierung der Erkrankung mit der Folge langfristiger stationärer Behandlungsnotwendigkeit führen würde. Im Hinblick auf die Alternativen zur Unterbringung (→ Rn. 25) dürfte dies nur selten in Betracht kommen.

16 Nicht ausreichend für eine Unterbringung nach Nr. 1 sind andere als gesundheitliche Schäden, insbesondere **Vermögensschäden.** Gegebenenfalls ist mit der Anordnung eines Einwilligungsvorbehalts nach § 1825 zu reagieren. Nicht ausreichend für eine Unterbringung nach Nr. 1 ist weiterhin die drohende **Verwahrlosung** des Betreuten, da diese nicht notwendigerweise mit der Gefahr der erheblichen Gesundheitsschädigung einhergeht. Vielmehr muss die Verwahrlosung mit einer Gesundheitsgefahr durch körperliche Verelendung und Unterversorgung verbunden sein, um eine Unterbringung zu rechtfertigen (BGH FamRZ 2024, 1396; 2019, 552; 2010, 365; 2011, 1141). Dies bedeutet, dass entgegen einer in der Psychiatrie vertretenen Auffassung subjektives Leiden, eine Verwahrlosung oder eine Beeinträchtigung der sozialen Teilhabe selbst als Folge einer psychischen Erkrankung keinen erheblichen gesundheitlichen Schaden und damit keine Unterbringung begründen können (so aber Konsensuspapier der DGPPN Ärzteblatt 2016 A 1252 unter Verkennung der verfassungsrechtlichen und völkerrechtlichen Anforderungen an den Eingriff in das Grundrecht der Freiheit der Person).

17 Problematisch ist die Frage, ob ein **alkoholabhängiger Betreuter** nach Nr. 1 untergebracht werden kann. In der Regel scheitert die Unterbringung von alkoholabhängigen Personen schon daran, dass keine psychische Krankheit im Sinn des Betreuungsrechts vorliegt (BGH FamRZ 2023, 310; 2018, 1691; 2016, 807 und 1068; 2015, 1017; 2011, 1725; BayObLG FamRZ 1999, 1306; FamRZ 1998, 1327; BtPrax 1993, 208; OLG München BtPrax 2005, 113; OLG Schleswig BtPrax 1998, 125). Aus der Alkoholabhängigkeit selbst und dem darauf beruhenden Mangel an Steuerungsfähigkeit in Bezug auf den Konsum von Alkohol kann außerdem nicht auf ein Unvermögen zur freien Willensbildung geschlossen werden (BVerfG FamRZ 2015, 565). Der Alkoholsüchtige kann allein darüber befinden, ob er geheilt werden will oder nicht (OLG Frankfurt a. M. NJW 1988, 1527). Sollte im Einzelfall auf Grund einer zugrunde liegenden psychischen Krankheit des Betreuten oder des durch die Sucht verursachten Persönlichkeitsabbaus von einer psychischen Krankheit im Sinn des § 1831 Abs. 1 ausgegangen werden (BayObLG BtPrax 1994, 211), muss die ernstliche und konkrete Gefahr

einer erheblichen lebensbedrohlichen Gesundheitsschädigung hinzutreten (BGH FamRZ 2015, 1017; 2011, 1725; BayObLG BtPrax 2005, 68; OLG Hamm FGPrax 2009, 135; BtPrax 2001, 41). Die Notwendigkeit einer Behandlung reicht entgegen dem früheren Recht für eine Unterbringung nach Abs. 1 Nr. 1 nicht aus. Um eine Unterbringung zu rechtfertigen, muss daher die konkrete Gefahr einer durch den Alkoholismus verursachten Lebensgefahr oder schweren Gesundheitsschädigung, zB in Form eines Suizidversuches, einer akuten Alkoholintoxikation, eines Alkoholdeliriums, epileptischer Krampfanfälle mit der Gefahr des Abbaus von Gehirnmasse oder schwerer Stürze bis hin zur Todesgefahr bestehen (BGH FamRZ 2018, 1691; 2015, 1017; 2011, 1725). Eine gezielte Therapiemöglichkeit muss in diesem Fall nicht bestehen (BGH FamRZ 2015, 1017; 2011, 1725; BayObLG FamRZ 2004, 1135; anders im Fall des Abs. 1 Nr. 2, hierzu → Rn. 21).

b) Unterbringung zur Durchführung ärztlicher Maßnahmen (Nr. 2). **18** Die Formulierung der Nr. 2 war im Gesetzgebungsverfahren zum Betreuungsrecht umstritten. Als fraglich wurde angesehen, ob die ursprünglich Gesetz gewordene Regelung dem **verfassungsrechtlichen Bestimmtheitsgebot,** nach dem die Voraussetzungen der Freiheitsentziehung in berechenbarer, messbarer und kontrollierbarer Weise zu regeln sind, sowie den Anforderungen der Rechtsprechung des Bundesverfassungsgerichts zur Zulässigkeit der fürsorgerechtlichen Unterbringung genügt. Das Bundesverfassungsgericht hat die zu der fürsorgerechtlichen Unterbringung nach dem baden-württembergischen Unterbringungsgesetz entwickelten Grundsätze ausdrücklich auf die Unterbringung nach Abs. 1 Nr. 2 übertragen (BVerfG NJW 1998, 1774). Danach ist die Unterbringung eines psychisch Kranken zu seinem eigenen Schutz bei Beachtung des Grundsatzes der Verhältnismäßigkeit nur zulässig, wenn sich diese als unumgänglich erweist, eine **drohende gewichtige gesundheitliche Schädigung** von dem Betroffenen abzuwenden; bei weniger gewichtigen Fällen muss auch dem psychisch Kranken die „Freiheit zur Krankheit" belassen bleiben (BVerfG NJW 1998, 1774; BGH FamRZ 2006, 615). Im Rahmen der gesetzlichen Neuregelungen zur Zwangsbehandlung (→ BGB § 1832 Rn. 1 ff.) hat der Gesetzgeber dieses Kriterium nunmehr ausdrücklich als Unterbringungsvoraussetzung nach Abs. 1 Nr. 2 festgeschrieben. Durch die Aufnahme des zusätzlichen Kriteriums ist gewährleistet, dass letztendlich der Richter über die Voraussetzungen der Unterbringung entscheidet und nicht die faktische Entscheidungsgewalt wie bei dem Begriff der notwendigen Heilbehandlung auf den Sachverständigen übergeht (Schumacher FamRZ 1991, 280). Nur in der jetzigen Fassung genügt Nr. 2 (abgesehen von der nicht diskriminierungsfreien Beschreibung der Krankheit bzw. Behinderung als Unterbringungsvoraussetzung) den Anforderungen des Art. 14 UN-BRK, wonach das Vorliegen einer Behinderung in keinem Fall eine Freiheitsentziehung rechtfertigt (König BtPrax 2009, 105; Marschner R&P 2009, 135).

Die Vorausaussetzungen der Nr. 2 liegen vor, wenn **19**
- eine **Untersuchung** des Gesundheitszustands, eine **Heilbehandlung** oder ein **ärztlicher Eingriff** des Betreuten im Sinn des § 1829 zur **Abwendung eines drohenden erheblichen gesundheitlichen Schadens** notwendig sind,
- die beabsichtigte Maßnahme ohne eine Unterbringung des Betreuten (oder eine unterbringungsähnliche Maßnahme nach Abs. 4) nicht durchgeführt werden kann,
- die **beabsichtigte ärztliche Maßnahme zulässig** ist,

– der Betreute auf Grund seiner psychischen Krankheit oder geistigen oder seelischen Behinderung nicht in der Lage ist, die **Notwendigkeit** der Unterbringung zur Durchführung der Maßnahme zu erkennen bzw. nach dieser **Einsicht** zu handeln.

20 Die Unterbringung nach Nr. 2 ist nur dann zulässig, wenn die **beabsichtigte ärztliche Maßnahme zulässig** ist, also die Voraussetzungen für eine ärztliche Zwangsmaßnahme nach § 1832 vorliegen oder zumindest nicht ausgeschlossen werden kann, dass sich der Betroffene in der Unterbringung behandeln lassen wird (BVerfG FamRZ 2022, 557; NJW 2020, 2790; BGH NJW 2018, 1086; FamRZ 2025, 971; 2024, 646; 2017, 1422; 2016, 1065; 2014, 1694; 2013, 1726; BtPrax 2012, 253; 2006, 145; MüKoBGB/Schneider § 1831 Rn. 37). In diesem Zusammenhang ist zu berücksichtigen, ob die beabsichtigte Behandlung durch eine verbindliche Patientenverfügung nach § 1827 Abs. 1 ausgeschlossen ist (BGH FamRZ 2025, 971) oder auch sonst beachtlichen Wünschen des Betroffenen gemäß §§ 1827 Abs. 2, 1821 Abs. 2 BGB widerspricht (hierzu → BGB § 1832 Rn. 14). Diese Wünsche können auch in einer Behandlungsvereinbarung niedergelegt sein. Eine Unterbringung ist auch dann nicht zulässig, wenn eine Freiheitsentziehung als solche nicht erforderlich ist und die Unterbringung nur der Rechtfertigung einer Zwangsbehandlung in einer offenen Einrichtung dienen soll (BGH FamRZ 2008, 866).

21 Im Fall der sog. **Anlasskrankheit,** also insbesondere der psychischen Krankheit, die zur Betreuerbestellung geführt hat, ist eine Unterbringung nur zulässig, wenn die beabsichtigte Behandlungsmaßnahme geeignet ist, den gewünschten Behandlungserfolg herbeizuführen, und die Nachteile, die ohne Unterbringung und Behandlung entstehen würden, die Schwere der Freiheitsentziehung überwiegen (BT-Drs. 11/4528, 147; BGH FamRZ 2017, 1422; 2013, 1726; BtPrax 2006, 145; OLG Hamm FamRZ 2009, 811; FGPrax 2008, 50; OLG Schleswig FGPrax 2008, 180; OLG Naumburg FamRZ 2008, 2060; OLG Celle NJW-RR 2007, 230; LG Frankfurt a. M. FamRZ 1993, 478). Einer Behandlung mit **Einwilligung** des Betreuten ist gegenüber der Behandlung ohne Einwilligung des Betreuten der Vorzug zu geben. Eine Unterbringung zur Erzwingung der **Krankheits- und Behandlungseinsicht** ist unzulässig (LG Frankfurt a. M. FamRZ 1993, 478; OLG Schleswig R&P 2000, 29; LG Rostock FamRZ 2003, 704). Diese Ansicht wird bestätigt durch Untersuchungen zur Zwangsmedikation im psychiatrischen Alltag, wonach in einer Vielzahl von Fällen die Zwangsbehandlung vermeidbar gewesen wäre und aus therapeutischen Gründen sinnvollerweise hätte vermieden werden sollen (Zinkler/Laupichler/Osterfeld Prävention von Zwangsmaßnahmen, 2016). Zur Abschätzung der Nachteile und möglichen ernstlichen Gesundheitsschäden ist eine doppelte **Verlaufsprognose** vorzunehmen: Dem Verlauf der Krankheit mit Unterbringung und Behandlung ist der Verlauf der Krankheit ohne Unterbringung, gegebenenfalls unter Berücksichtigung vorhandener Behandlungsalternativen, gegenüberzustellen.

22 Für den Bereich **psychiatrischer Behandlungsmethoden** bedeutet dies weiterhin, dass eine Unterbringung nach Nr. 2 unzulässig ist, wenn die beabsichtigte Behandlung mit Psychopharmaka genehmigungspflichtig nach § 1829 ist, wegen der fehlenden Heilungs- bzw. Besserungsmöglichkeit die Genehmigung aber zu versagen ist (LG Berlin BtPrax 1993, 66; OLG Hamm BtPrax 2000, 173, s. auch OLG Stuttgart NJW 1981, 638; OLG Saarbrücken BtPrax 1997, 202). Für den Bereich der beabsichtigten Behandlung mit Psychopharmaka als notwendiger Heilbehandlung im Sinn der Nr. 2 muss daher in jedem Einzelfall eine therapeuti-

sche Indikation bestehen und der mögliche therapeutische Nutzen gegen die Gesundheitsschäden abgewogen werden, die ohne die Behandlung entstehen würden. Dabei sind die negativen psychischen Auswirkungen der Unterbringung und ggf. einer Zwangsbehandlung als solcher auf den Betroffenen in die Abwägung einzubeziehen (hierzu für die Zwangsbehandlung → BGB § 1832 Rn. 16). Steht die sedierende oder dämpfende Wirkung der Vergabe von Psychopharmaka im Vordergrund, kommt eine Unterbringung nach Nr. 2 nicht in Betracht (LG Berlin BtPrax 1993, 66). Eine erhebliche Gesundheitsschädigung kann im Einzelfall bei einer durch Drogenkonsum ausgelösten psychotischen Dekompensation (BGH FamRZ 2016, 1065) oder bei der (weiteren) Chronifizierung der Anlasskrankheit vorliegen (OLG Schleswig R&P 2005, 72; KG R&P 2007, 30; zum Begriff des erheblichen gesundheitlichen Schadens bereits → Rn. 13 f.). Ein Vorratsbeschluss für den Fall, dass sich der Betroffene gegen die Verabreichung von Medikamenten durch Spritzen wehren wird, ist nicht zulässig (BGH BtPrax 2011, 38).

Unzulässig ist in der Regel eine Unterbringung nach Nr. 2 zur Durchführung einer **Alkoholentwöhnungsbehandlung,** da diese unter Zwangsbedingungen nicht durchführbar, vielmehr auf die Mitarbeit des Betroffenen angewiesen ist (LG Regensburg FamRZ 1994, 125; OLG Schleswig FamRZ 1998, 1328). Ausnahmsweise kann eine Unterbringung zur Behandlung des Alkoholismus gerechtfertigt sein, wenn diese das letzte verfügbare Mittel darstellt, um einer lebensbedrohlichen Entwicklung entgegenzuwirken (OLG Hamm FGPrax 2009, 135). Demgegenüber kann eine **Entgiftungsbehandlung** eine Unterbringung nach Ziff. 2 rechtfertigen (BT-Drs. 11/4528, 147). Aber auch im Fall der Entgiftungsbehandlung ist im Einzelfall die Gefahr einer gewichtigen Gesundheitsschädigung festzustellen. Das Betreuungsrecht und die zivilrechtliche Unterbringung sind insgesamt betrachtet kein geeignetes Instrumentarium zur Behandlung therapieunwilliger abhängiger Personen (siehe zu diesem Problemkreis Bienwald FamRZ 1992, 1130). Entsprechendes gilt für alle psychotherapeutischen Verfahren, die auf die Einwilligung und Mitarbeit des Betroffenen angewiesen sind. 23

Eine Unterbringung ist nach Nr. 2 nur zulässig, wenn und solange die **Einsichts- bzw. Steuerungsfähigkeit krankheitsbedingt fehlt,** wenn also der Widerstand des Betroffenen gegen eine nur durch die Unterbringung ermöglichte Heilbehandlung auf einer psychischen Krankheit oder geistigen oder seelischen Behinderung beruht (BayObLG BtPrax 2004, 193; 1996, 128; OLG Düsseldorf BtPrax 1995, 25; OLG Hamm FGPrax 2009, 90 und 135; OLG München BtPrax 2006, 105; Seitz FGPrax 1997, 142). Dabei bezieht sich die Einsichtsfähigkeit auf die kognitiven Aspekte, die Steuerungsfähigkeit auf die voluntativen Aspekte. Letztlich kommt es wie bei der ärztlichen Behandlung auf die **Einwilligungsfähigkeit** des Betroffenen an (hierzu → BGB § 630d Rn. 6), da die Unterbringung auf die Durchführung einer Behandlungsmaßnahme abzielt, ohne diese aber unzulässig ist (zur Problematik der fehlenden Krankheitseinsicht des Betroffenen Rn. 13). Dies bedeutet, dass eine Ablehnung der mit der Unterbringung beabsichtigten Behandlung zu beachten ist, soweit die freie Willensbestimmung des Betroffenen nicht krankheitsbedingt aufgehoben ist. mit der Folge, dass eine Unterbringung nach Nr. 2 unzulässig ist. 24

Ein weiterer Anwendungsbereich der Nr. 2 betrifft **Krankheiten, die nicht Grundlage der Betreuerbestellung** waren. In Betracht kommt jede notwendige Untersuchung oder Behandlung, deren Nichtvornahme zu einer gewichtigen Gesundheitsschädigung führen würde, zB die Diabetes-Einstellung (Rink R&P 1991, 158). Hier besteht nunmehr auch die Möglichkeit der Verbringung in ein 25

Krankenhaus zur stationären Behandlung nach § 1832 BGB, ohne dass es zu einer Unterbringung kommt (→ BGB § 1832 Rn. 8, 19). Entscheidend ist auch insoweit, dass die Nichtvornahme der notwendigen Behandlung ihre **Ursache** in der psychischen Krankheit oder geistigen oder seelischen Behinderung der Betreuten hat. Ausschlaggebend ist die Aufhebung der Einsichts- und Steuerungsfähigkeit (OLG Düsseldorf BtPrax 1995, 25; Seitz FGPrax 1997, 142). Anderenfalls besteht das Recht zur Ablehnung ärztlicher Behandlungsmaßnahmen, auch wenn dies zu Gesundheitsschäden führen würde oder als unvernünftig erscheint.

26 **c) Unterbringung als ultima ration.** Beide Alternativen des Abs. 1 setzen voraus, dass die Unterbringung erforderlich ist. Eine Freiheitsentziehung kommt nur als **ultima ratio** in Betracht. Alle einer Freiheitsentziehung vorrangigen Hilfs- und Behandlungsmöglichkeiten müssen ausgeschöpft sein. Im Einzelfall ist zu prüfen, ob Maßnahmen nach Abs. 4 weniger in die Rechte des Betroffenen eingreifen als eine Unterbringung nach Abs. 1.

27 Als **vorrangige Behandlungsmöglichkeiten** kommen im psychiatrischen Bereich vor allem in Betracht:

- freiwillige Behandlungen im stationären Bereich (zB in Soteria-Stationen, zur gesprächstherapeutischen Behandlung auf offener Station BGH FamRZ 2011, 1141),
- die Behandlung im „Home-Treatment" oder in Tag- und Nachtkliniken,
- die Behandlung durch niedergelassene Psychiater und Therapeuten,
- die Sicherstellung der regelmäßigen Einnahme der Medikamente im häuslichen Umfeld durch einen ambulanten Pflegedienst (BGH FamRZ 2011, 1804),
- die Betreuung in therapeutischen Wohngemeinschaften (besonderen Wohnformen) oder im betreuten Einzelwohnen (zu betreuten Wohneinrichtungen als Alternative zur Unterbringung BGH FamRZ 2023, 310; 2020, 1406; 2018, 950; 2012, 441),
- die Begleitung durch rund um die Uhr verfügbare sozialpsychiatrische Dienste und Krisendienste und
- die Hilfestellung durch persönliche Assistenz oder EX-IN- bzw. Genesungsbegleiter.

Gerade bei längerdauernden Unterbringungen bedarf es der Prüfung, ob eine Betreuung in einer offenen Wohnform mit engmaschiger Begleitung als Alternative in Betracht kommt (BGH FamRZ 2023, 310; 2018, 950).

Verbesserte Möglichkeiten der psychiatrischen **Behandlung und Betreuung bis zu 24 Stunden täglich außerhalb einer Unterbringung** ergeben sich durch Änderungen in der Sozialgesetzgebung im Krankenversicherungsrecht und insbesondere durch das Bundesteilhabegesetz (hierzu Marschner/Lesting/Stahmann Kap. B Rn. 12 und 19 f.; Marschner R&P 2017, 213 und 2026, 26; → BtOG § 8 Rn. 9 ff.). Die verschiedenen Angebote können im Einzelfall kombiniert werden. Zu berücksichtigen sind gleichermaßen die Angebote von **Selbsthilfegruppen** und Patienteninitiativen, wenn dies dem Wunsch des Betroffenen entspricht (§ 1821 Abs. 2). Nach § 33 SGB IX sollen Betreuer Betroffene einer Beratungsstelle nach § 32 SGB IX (Ergänzende unabhängige Teilhabeberatung) oder einer sonstigen Beratungsstelle für Rehabilitation zur Beratung über geeignete Maßnahmen der Teilhabe vorstellen. Wichtig ist, dass die erreichbaren Alternativen im Versorgungsangebot auch tatsächlich ausgeschöpft werden. Ist eine stationäre Krankenhausbehandlung nicht mehr erforderlich oder indiziert, kommt eine tägliche 24-stündige 1:1-Betreuung in einer offenen Wohneinrichtung in

Betracht (SG Hamburg und LSG Hamburg BtPrax 2023, 73 und 152). Die vorgenannten Entscheidungen begrenzen diesen Anspruch zwar bis zu dem Zeitpunkt, an dem ein Platz in einer geschlossenen Einrichtung der Eingliederungshilfe zur Verfügung steht. Es ist dann aber auch zu prüfen, ob eine entsprechende 24-stündige Betreuung einer Vermeidung einer geschlossenen Unterbringung in einer besonderen Wohnform dienen kann (s. auch Nagel/Selle/Stumpf BtPrax 2023, 15 ff.; Selle BtPrax 2023, 97 f.).

Im **geriatrischen Bereich** und im Bereich der Alterserkrankungen sind die Alternativen zu einer geschlossenen Heimunterbringung auszuschöpfen. Dies betrifft insbesondere die Möglichkeiten der Betreuung und Pflege im **ambulanten Bereich** unter Aufrechterhaltung der eigenen Wohnung. Die sozialrechtlichen Möglichkeiten hinsichtlich einer **häuslichen Pflege** sind wahrzunehmen, wenn dies dem Wunsch oder mutmaßlichen Willen des Betreutenentspricht (§ 1821 Abs. 2 und 4 BGB) und die andernfalls bestehende Gefahr für das Leben oder die Gesundheit des Betroffenen verhindert werden kann.

III. Genehmigung des Betreuungsgerichts (Abs. 2)

Die Zuständigkeit für die Unterbringung liegt zunächst ausschließlich beim **Betreuer bzw. Bevollmächtigten.** Das Betreuungsgericht hat die Unterbringung zu genehmigen. Es handelt sich bei der Vorschrift um eine Konkretisierung des Art. 104 Abs. 2 GG (BVerfG NJW 1960, 811; NJW 2018, 2619). Anders als im öffentlichen Unterbringungsrecht ordnet der Betreuungsrichter die Unterbringung nicht selbst an. Die **Genehmigung** hat **vor der Unterbringung** zu erfolgen. Das Verfahren richtet sich nach den §§ 312 ff. FamFG. Nur im Ausnahmefall, wenn mit dem Aufschub Gefahr verbunden wäre, kommt eine Unterbringung durch den Betreuer oder Bevollmächtigten ohne betreuungsgerichtliche Genehmigung in Betracht (Abs. 2 S. 2). In diesem Fall ist die Genehmigung unverzüglich nachzuholen (Abs. 2 S. 2 Hs. 2). Mit dem Aufschub der Unterbringung bis zum Vorliegen einer richterlichen Genehmigung, die notfalls im Wege der einstweiligen Anordnung nach §§ 331 ff. FamFG ergehen kann, muss **Gefahr für den Betreuten** verbunden sein. Die Auslegung des Gefahrbegriffs ist an den materiellen Unterbringungsvoraussetzungen des Abs. 1 zu orientieren. Unterbleibt die vorherige Genehmigung des Betreuungsgerichts, ist diese unverzüglich nachzuholen, dh ohne jede Verzögerung, die sich nicht aus sachlichen (tatsächlichen oder rechtlichen) Gründen rechtfertigen lässt (BVerfG NJW 1974, 807; 2018, 2619). Weniger dringliche Dienstgeschäfte sind zurückzustellen (siehe BVerfG NJW 1990, 2309). Dies gilt sowohl für die Pflicht des Betreuers, die Genehmigung durch das Betreuungsgericht unverzüglich zu veranlassen, als auch für die Tätigkeit des Betreuungsrichters. **28**

IV. Beendigung der Unterbringung (Abs. 3)

Nach Genehmigung der Unterbringung durch das Betreuungsgericht liegt die ausschließliche Verantwortung für den Aufenthalt des Betroffenen wieder bei dem Betreuer bzw. Bevollmächtigten. Er verfügt in der Regel über die Informationen, um über das Fortbestehen oder den **Wegfall der Unterbringungsvoraussetzungen** entscheiden zu können. Sind die Voraussetzungen der Unterbringung nach Abs. 1 weggefallen, hat der Betreuer die Unterbringung zu beenden, dh die **29**

Entlassung des Betreuten zu veranlassen. Diese Pflicht besteht gegebenenfalls auch gegen ärztlichen Rat. Nur der Betroffene selbst kann nach Wegfall der Unterbringungsvoraussetzungen in eine weitere freiwillige Behandlung einwilligen, wenn der diesbezügliche rechtlich verbindliche Wille (→ Rn. 9) vorliegt. Zwischen der Bereitschaft zur Weiterbehandlung und dem Wegfall der Unterbringungsvoraussetzungen kann unter dem Gesichtspunkt der Erforderlichkeit eine Wechselwirkung bestehen. Der Betreuer hat die Beendigung der Unterbringung dem Betreuungsgericht unverzüglich, dh ohne jede Verzögerung anzuzeigen (Abs. 3 S. 2). Mit zunehmender Dauer der Unterbringung steigen die Voraussetzungen für deren Fortdauer (BGH FamRZ 2024, 299 und 805; 2023, 310; 2021, 1242; 2018, 950; BayObLG BtPrax 1994, 211). Gerade bei langfristigen Unterbringungen besteht für rechtliche Betreuer die Pflicht, sich fortlaufend **aktiv um Alternativen zur Unterbringung zu bemühen,** um die Freiheitsentziehung zum frühestmöglichen Zeitpunkt zu beenden (Rehabilitationsgrundsatz nach § 1821 Abs. 6 BGB).

30 Kommt der Betreuer seiner Pflicht nach Abs. 3 nicht nach, besteht die Verpflichtung zur Beendigung der Unterbringung bei Wegfall der Unterbringungsvoraussetzungen nach § 330 FamFG auch für das Betreuungsgericht (BGH FamRZ 2024, 1580 und 2025, 1649) sowie für die Einrichtung. Diese haben gegebenenfalls gegen den Willen des Betreuers tätig zu werden und die **Entlassung** des Betroffenen zu veranlassen. Die Aufrechterhaltung der Unterbringungsgenehmigung kommt auch nicht für eine Übergangsfrist in Betracht (BGH FamRZ 2024, 1580). Die Unterbringungsmaßnahme ist nach § 330 FamFG auch dann aufzuheben, wenn der Betroffene zwischenzeitlich von der Einrichtung oder auf Veranlassung des Betreuers bzw. Bevollmächtigten entlassen wurde (BayObLG R&P 1995, 146). Die Genehmigung der Unterbringung ist in jedem Fall vor einer erneuten Unterbringung einzuholen, auch wenn der ursprüngliche Genehmigungszeitraum noch nicht abgelaufen ist. Die ursprüngliche Unterbringungsgenehmigung gilt auch im Fall der Flucht des Betroffenen als verbraucht (OLG München FGPrax 2008, 137). Dies gilt auch im Fall der Verlegung des Betroffenen von einer geschlossenen auf eine offene Station einer psychiatrischen Klinik, es sei denn, diese ist von vorneherein auf einen kurzen Zeitraum unmittelbar vor der Entlassung beschränkt (OLG Hamm FamRZ 2000, 1120; KG R&P 2007, 30; LG Rottweil NJW 2018, 3191). Eine probeweise Entlassung aus der zivilrechtlichen Unterbringung ist – anders als im öffentlichen Unterbringungsrecht nach § 328 FamFG – nicht vorgesehen.

V. Freiheitsentziehende Maßnahmen (Abs. 4)

1. Grundzüge der Regelung und Anwendungsbereich

31 Durch die Regelung werden die freiheitsentziehenden Maßnahmen der Unterbringung gleichgestellt. Dies bedeutet die entsprechende Anwendung der Abs. 1 bis 3 auf solche Maßnahmen. Auch im Fall der Durchführung freiheitsentziehender Maßnahmen durch den Betreuer bzw. Bevollmächtigten sind die materiellrechtlichen Voraussetzungen des Abs. 1 Nr. 1 und 2 zu prüfen, ist nach Abs. 2 die betreuungsgerichtliche **Genehmigung** einzuholen und ist nach Abs. 3 Satz 1 die Maßnahme durch den Betreuer bzw. Bevollmächtigten zu beenden, wenn die Voraussetzungen weggefallen sind. Die Auslegung der Vorschrift wird entscheidend beeinflusst durch die Rechtsprechung des BGH und des BVerfG zum Begriff der Freiheitsentziehung und zur Abgrenzung von Abs. 1 und Abs. 4.

Der BGH geht bei Zugrundelegung eines engen Unterbringungsbegriffs (hierzu Rn. 5) davon aus, dass keine Unterbringung im Sinn des Abs. 1 vorliegt, wenn in einer grundsätzlich offenen Wohngruppe zur Nachtzeit (20 Uhr bis 6 Uhr) zwar die Eingangstür verschlossen wird, aber jederzeit Pflegepersonal zum Öffnen der Tür geholt werden kann und dies höchstens 30 Minuten dauert (BGH FamRZ 2015, 567). Es kann aber eine **freiheitsentziehende Maßnahme** nach Abs. 4 vorliegen. Entscheidend hierfür ist, dass die **Bewegungsfreiheit** des Betroffenen auch **kurzzeitig begrenzt** wird und dies auch bezweckt wird (BGH FamRZ 2015, 567). Dabei muss es sich nicht um eine individuelle, also personenbezogene Einzelmaßnahme handeln. Vielmehr unterliegen auch Maßnahmen, die sich an eine Mehrzahl an Personen oder alle Bewohner einer Einrichtung richten, dem Genehmigungsvorbehalt des Abs. 4 (BGH FamRZ 2015, 567). Nach anderer Ansicht richten sich individuelle freiheitsentziehende Maßnahmen nach Abs. 4, generelle Maßnahmen nach Abs. 1 (HK-BUR/Bauer/Braun § 1906 Rn. 75). Dies ist sachgerecht, da anderenfalls eine Abgrenzung zwischen Abs. 1 und 4 kaum möglich ist.

Das BVerfG hat in seiner Entscheidung vom 24.7.2018 materiell-rechtliche und verfahrensrechtliche Anforderungen an die Fixierung während einer öffentlich-rechtlichen Unterbringung in der Psychiatrie aufgestellt (BVerfG NJW 2018, 2619), die im Wesentlichen auf die Fixierung im Rahmen einer betreuungsrechtlichen Unterbringung übertragbar sind (ebenso Gietl NZFam 2018, 739 ff.; Dodegge NJW 2018, 2678, 2683; Goerdeler R&P 2018, 199; Schneider FamRZ 2019, 89; Nenadic/Schmidt-Recla MedR 2019, 55; Lützenkirchen BetR 2024, 1: AG Frankfurt a. M. BtPrax 2022, 71; zur Unterbringung Minderjähriger nach § 1631b BGB OLG Hamburg NJW-RR 2021, 6). Das BVerfG geht dabei davon aus, dass es sich bei der **nicht nur kurzfristigen Fixierung** zumindest mit einem **5-Punkt- bzw. 7-Punkt-Gurt** auf Grund der besonderen **Intensität des Eingriffs** um eine eigenständige vom Gericht zu genehmigende **Freiheitsentziehung** im Sinn des Art. 104 Abs. 2 GG auch während einer Unterbringung handelt, da dadurch der Betroffene auf seinem Bett vollständig bewegungsunfähig gemacht wird und damit seine Bewegungsfreiheit vollständig aufgehoben wird. Von einer kurzfristigen Maßnahme ist in der Regel auszugehen, wenn sie absehbar eine **halbe Stunde** nicht überschreitet. Die Entscheidung des BVerfG ist auf andere **funktionsäquivalente Maßnahmen vergleichbarer Eingriffsintensität** übertragbar. In Betracht kommen insbesondere 1-4-Punkt-Fixierungen, Isolierungen (hierzu Rodenbusch NJW 2020, 2509) und Bettgitter (zu den freiheitsentziehenden Maßnahmen Rn. 33; differenzierend Schneider FamRZ 2019, 89). Es besteht weiterhin gesetzgeberischer Handlungsbedarf, da die Vorgaben des BVerfG durch das Gesetz vom 19.6.2019 (BGBl. I 840) nicht oder nur unzureichend umgesetzt wurden (zum Reformbedarf für freiheitsentziehende Maßnahmen im Bereich der stationären Altenpflege Glaab FamRZ 2022, 1586 ff.; für freiheitsentziehende Maßnahmen in Einrichtungen der Behindertenhilfe Brosey/Dodegge BtPrax 2023, 48 ff.).

Die Anwendung des Abs. 4 setzt voraus, dass ein Betreuer mit entsprechendem **32**
Aufgabenbereich bestellt ist (§ 1815 Abs. 2 Nr. 2), eine Vollmacht nach Abs. 5 vorliegt oder ausnahmsweise die Voraussetzungen des Ehegattenvertretungsrechts nach § 1358 vorliegen (hierzu → BGB § 1358 Rn. 1 ff.), sich der Betroffene in einem Krankenhaus, einem Heim oder einer sonstigen Einrichtung aufhält, und

ihm dort durch mechanische Vorrichtungen, Medikamente oder auf andere Weise über einen längeren Zeitraum oder regelmäßig die Freiheit entzogen wird.

Die Regelung des Abs. 4 ist nach einer Klarstellung durch den Gesetzgeber auch anwendbar auf **Betreute, die bereits untergebracht sind.** Dies entspricht der ganz überwiegenden bereits zuvor vertretenen Auffassung in Rechtsprechung und Literatur (BGH FamRZ 2015, 1707; 2012, 1866; Grünewald/Götz BGB § 1831 Rn. 23; Seifert FamRZ 2015, 1449 ff.; aA LG Baden-Baden FamRZ 2010, 1471; LG Ulm FamRZ 2010, 1764; LG Freiburg FamRZ 2010, 1846). Durch die Entscheidung des BVerfG vom 24.7.2018 (NJW 2018, 2619) ist die Notwendigkeit einer weiteren gerichtlichen Entscheidung zumindest bei Fixierungen aus verfassungsrechtlicher Sicht nochmals bestätigt worden. Ob dies verfassungsrechtlich für alle Maßnahmen im Sinn des Abs. 4 geboten ist, kann offenbleiben.

33 Der Betroffene muss sich in einer offenen oder geschlossenen Einrichtung befinden. Dabei handelt es sich um alle **stationären Einrichtungen** der Altenhilfe (Altenheime und Altenpflegeheime), der Behindertenhilfe (besondere Wohnformen für Menschen mit Behinderung) sowie der Psychiatrie (psychiatrische Krankenhäuser, psychiatrische Abteilungen von Allgemeinkrankenhäusern, insbesondere auch gerontopsychiatrische Einrichtungen). In Betracht kommen auch Allgemeinkrankenhäuser und teilstationäre Einrichtungen in der Alten- und Behindertenhilfe. Der Einrichtungsbegriff ist vom Schutzzweck der Norm her weit auszulegen (so auch MüKoBGB/Schneider § 1831 Rn. 45). Eine sonstige Einrichtung kann daher auch die eigene Wohnung des Betreuten sein, wenn er in dieser durch den Betreuer eingesperrt wird (LG München I FamRZ 2000, 1123; AG Tempelhof-Kreuzberg BtPrax 1998, 194; LG Hamburg BtPrax 1995, 31; Grünewald/Götz § 1831 Rn. 24; aA für den Fall der Betreuung und Pflege durch Familienangehörige BayObLG BtPrax 2003, 37; aA Rodenbusch FamRZ 2021, 411 und Lützenkirchen BetR 2024, 1; zu freiheitsentziehenden Maßnahmen in der häuslichen Pflege Klie BtPrax 2011, 154; Brosey BtPrax 2020, 94). Keine Einrichtung ist ein Kraftfahrzeug für die Dauer der Beförderung in eine Tagesstätte (AG Rüdesheim BtPrax 2025, 112).

2. Betreuung und Bevollmächtigung

34 Die Regelung betrifft Personen, für die ein **Betreuer** bestellt ist, gegebenenfalls durch **einstweilige Anordnung** nach §§ 300 ff. FamFG, oder die eine andere Person schriftlich mit der Einwilligung in Maßnahmen nach Abs. 4 beauftragt haben (Abs. 5). Der Aufgabenbereich muss sich ausdrücklich auf die beabsichtigten Grundrechtseingriffe beziehen (§ 1815 Abs. 2 Nr. 2, hierzu → Rn. 4). Für einen Zeitraum von bis zu sechs Wochen kann auch ein Ehegattenvertreter über freiheitsentziehende Maßnahmen entscheiden (§ 1358 Abs. 1 Nr. 3), soweit die Voraussetzungen für das Ehegattenvertretungsrecht vorliegen. Es besteht die Möglichkeit einer einstweiligen Anordnung nach §§ 331 ff. FamFG, in Ausnahmefällen auch durch den Betreuungsrichter gemäß § 1867 iVm § 334 FamFG (→ BGB § 1867 Rn. 3 f. und → FamFG § 334 Rn. 5 ff.). Ob ein Betreuer bereits bestellt ist, ist im Rahmen der Entscheidung nach § 1867 über eine Fixierung zu ermitteln (OLG Frankfurt a. M. FamRZ 2007, 673). Ist ein Betreuer nicht bestellt bzw. liegt keine Vollmacht nach Abs. 5 vor oder handelt es sich um Maßnahmen zum Schutz Dritter, muss auf die Rechtsgrundlagen des öffentlichen Unterbringungsrechts unter Zugrundelegung des dort geltenden engeren Unterbringungsbegriffs zurückgegriffen werden. Die freiheitsentziehenden Maßnahmen im Sinn des Abs. 4 werden ausschließlich vom Betreuer bzw. Bevollmächtigten angeordnet und verantwortet, nicht von der Einrichtung.

3. Mittel der Freiheitsentziehung

Als Mittel der Freiheitsentziehung kommen mechanische Vorrichtungen, Medikamente oder sonstige Vorkehrungen in Betracht. Es handelt sich um einen offenen Katalog. Gemeint sind alle typischen **Sicherungsmaßnahmen** in den oben genannten Einrichtungen (zur Kasuistik von Eicken ua, Fürsorglicher Zwang, 38 ff.; Klie Recht auf Verwirrtheit?, 56; Hoffmann/Klie Freiheitsentziehende Maßnahmen; Walther BtPrax 2005, 214 und 2006, 8; Stalinski BtPrax 2014, 58; Gietl NZFam 2020, 959; in Einrichtungen für Menschen mit Behinderung Henking et. al. BtPrax 2023, 197): 35

- das Festbinden des Betreuten durch Gurte am Stuhl oder Bett (BVerfG NJW 2018, 2619; LG Berlin R&P 1990, 178; BayObLG FamRZ 1994, 721; OLG Hamm FamRZ 1993, 1490), also die typische Fixierung, die in Alten- und Behinderteneinrichtungen sowie in der Psychiatrie in Akutsituationen verwendet wird,
- das Verhindern des Verlassens des Bettes durch Bettgitter (LG Berlin R&P 1990, 178) oder besondere Schutzdecken,
- die Anbringung eines Therapietisches am Stuhl oder Rollstuhl (LG Frankfurt a. M. FamRZ 1993, 601; OLG Frankfurt a. M. FamRZ 1994, 992),
- das Verhindern des Verlassens der Einrichtung durch besonders komplizierte Schließmechanismen oder durch zeitweises Versperren der Eingangstür tagsüber oder nachts, ohne dass der Betreute einen Schlüssel erhält oder das Öffnen der Tür anderweitig sichergestellt ist (BGH FamRZ 2015, 567 und 1707; BT-Drs. 11/4528, 148),
- das Arretieren des Rollstuhls,
- das Verhindern des Verlassens der Einrichtung durch das Personal (BT-Drs. 11/4528, 148),
- das Verhindern des Verlassens der Einrichtung durch Vergabe von Medikamenten (Schlafmittel, Psychopharmaka),
- durch Wegnahme der Straßenbekleidung, besondere Pflegehemden oder im Einzelfall Schutzhandschuhe,
- durch Ausübung psychischen Drucks sowie Anwendung von Verboten, List, Zwang oder Drohungen.

Bei sog. körpernahen oder **postoperativen Fixierungsmaßnahmen** ist nach dem vorrangigen Zweck der Maßnahme im Einzelfall zu entscheiden, ob es sich um eine freiheitsentziehende Maßnahme oder eine ärztliche Zwangsmaßnahme nach § 1832 Abs. 1 BGB handelt (Gietl NZFam 2020, 959 (962); Joecker/Loer/Seidel Gesundheitssorge-HdB/Loer, 181).

Umstritten ist die Zulässigkeit der Ausstattung der Betreuten mit sog. Sendeanlagen oder **Personenortungsanlagen,** die bei Verlassen der im Übrigen offenen Einrichtung ein Signal auslösen und damit das Eingreifen des Personals ermöglichen. Die Maßnahme ist genehmigungspflichtig, wenn sie der Feststellung des Verlassens eines offenen Heimes dient und entsprechende Maßnahmen auslöst (LG Ulm FamRZ 2009, 544; AG Stuttgart-Bad Cannstadt FamRZ 1997, 704; LG Bielefeld BtPrax 1996, 232; AG Hannover BtPrax 1992, 113; differenzierend AG Brandenburg BtPrax 2019, 166 mAnm Jacobs BtPrax 2019, 147; aA OLG 36

Brandenburg FamRZ 2006, 1481). Nach Ansicht des AG Hannover verstößt diese Maßnahme gegen die Menschenwürde (BtPrax 1992, 113) und darf daher nicht verwendet werden. Fraglich dürfte sein, ob eine derartige Maßnahme zur Verhinderung des Verlassens der Einrichtung erforderlich ist, da eine Kontrolle bei ausreichender Personalausstattung auch durch eine Beobachtung möglich ist (zum ganzen Feuerabend BtPrax 1999, 93).

37 Eine Freiheitsentziehung durch **Medikamente** liegt vor, wenn diese dazu verwendet werden, den Betreuten an der Fortbewegung in der Einrichtung oder am Verlassen der Einrichtung zu hindern (OLG Hamm FGPrax 1997, 64 mAnm Seitz 142; kritisch hierzu Pardey BtPrax 1999, 85). In der Praxis geschieht dies, um die Pflege zu erleichtern oder um generell Ruhe auf der Station oder in der Einrichtung herzustellen (zu den Risiken bei Demenzkranken Wojnar BtPrax 1995, 12 und 1997, 92). Werden Medikamente zu Heilzwecken oder aus therapeutischen Gründen gegeben, ist Abs. 4 nicht anwendbar, auch wenn als Nebenwirkung der Bewegungsdrang des Betreuten eingeschränkt wird (Gietl NZFam 2020, 959 (962); ebenso Hoffmann; aA Klie jeweils in Hoffmann/Klie, 19). In diesen Fällen ist § 1829 BGB anzuwenden. Die Zielsetzung der Medikamentenvergabe ist daher im Einzelfall hinsichtlich der Frage der Genehmigungsbedürftigkeit zu überprüfen (zur entsprechenden Einordnung verschiedener Medikamentengruppen und Indikationen Kirsch/Hirsch BtPrax 2012, 12). Hierfür kann eine sorgfältige Dokumentation hilfreich sein. Für die Zwangsbehandlung eines Betroffenen, der sich freiwillig in einem psychiatrischen Krankenhaus aufhält, ist Abs. 4 ebenso wenig entsprechend anwendbar wie im Fall der ambulanten Zwangsbehandlung (BGH BtPrax 2008, 115 (123); FamRZ 2001, 149; OLG Bremen NJW-RR 2006, 75, siehe der Fall AG und OLG Bremen R&P 1997, 85 mit Anmerkung Marschner; zur Zwangsbehandlung → BGB § 1832 Rn. 1 ff.). Auch die zwangsweise Verabreichung einer Depotspritze zur Schwangerschaftsverhütung lässt sich nicht auf Abs. 4 stützen (OLG Karlsruhe FGPrax 2008, 133)

4. Dauer und Häufigkeit der Freiheitsentziehung

38 Die Freiheitsentziehung durch die genannten Mittel muss über einen längeren Zeitraum oder regelmäßig erfolgen. Der Begriff des **längeren Zeitraums** ist an den verfassungsrechtlichen Vorgaben zu orientieren. Eine verhältnismäßig kurze Zeit kann ausreichen (BayObLG BtPrax 1993, 139). Bei Fixierungen und vergleichbar eingriffsintensiven Maßnahmen ist nach der Rechtsprechung des BVerfG davon auszugehen, dass eine Freiheitsentziehung im Sinn des Art. 104 Abs. 2 GG vorliegt, wenn sie **absehbar die Dauer einer halben Stunde** überschreitet (BVerfG NJW 2018, 2619). Bei Unterbrechungen ist der gesamte Zeitraum der freiheitsentziehenden Maßnahme zu berücksichtigen, soweit nicht bereits das Kriterium der Regelmäßigkeit erfüllt ist. **Regelmäßigkeit** liegt vor, wenn eine freiheitsentziehende Maßnahme entweder stets zur selben Zeit (zB nachts oder mittags) oder aus wiederkehrendem Anlass (zB bei der Gefahr aus dem Bett zu fallen) erfolgt. Auch ungeplante Wiederholungen lösen die Genehmigungspflicht aus (2. Vormundschaftsgerichtstag, 76, These 4). Auf die Dauer der Freiheitsentziehung kommt es nicht an, soweit Regelmäßigkeit gegeben ist. Dies bedeutet, dass auch kurzzeitige Freiheitsbeschränkungen genehmigungspflichtig sind (BGH FamRZ 2015, 567).

39 Eine Freiheitsentziehung im Sinn des Abs. 4 liegt vor, wenn der Betroffene noch **in der Lage ist, sich fortzubewegen und die Einrichtung zu verlassen**

(BGH FamRZ 2012, 1372; OLG Hamm BtPrax 1994, 32). Nicht entscheidend ist dagegen, ob der Betroffene den aktuellen Willen zur Fortbewegung hat (OLG Hamm FamRZ 1993, 1490; aA BGH FamRZ 2015, 567, wonach keine Genehmigung erforderlich sein soll, wenn der Betroffene die Wohngruppe während der Nacht nicht verlassen will). Wie bei der Unterbringung nach Abs. 1 schließt die Einwilligung des Betreuten das Vorliegen einer freiheitsentziehenden Maßnahme bis zum Widerruf aus, wenn der Betreute über den maßgeblichen Willen verfügt (→ Rn. 9 ff.). Auf den Widerruf kann nicht im Voraus verzichtet werden (Lützenkirchen BetR 2023, 121).

5. Voraussetzungen der Genehmigung

Hinsichtlich der Voraussetzungen der Genehmigung gilt Abs. 1 entsprechend. **40**
Dies bedeutet, dass die freiheitsentziehende Maßnahme zur **Abwendung einer der in Abs. 1 Nr. 1 oder 2 konkretisierten Gefahren für den Betroffenen** erforderlich sein muss. Eine freiheitsentziehende Maßnahme im **Drittinteresse** kommt nach dem eindeutigen Gesetzeswortlaut nicht in Betracht, sondern ist ausschließlich Aufgabe des öffentlichen Unterbringungsrechts (MüKoBGB/Schneider § 1831 Rn. 62; HK-BUR/Bauer/Braun § 1906 Rn. 77; 2. Vormundschaftsgerichtstag, 76, These 7; OLG Frankfurt a. M. FamRZ 2007, 673; LG Hildesheim BtPrax 1994, 106; Stalinski BtPrax 2014, 58; Gietl NZFam 2018, 739, der aber Handlungsbedarf des Gesetzgebers sieht; ebenso Glaab FamRZ 2022, 1586; aA Pardey BtPrax 1995, 81 und FamRZ 1995, 713; OLG Karlsruhe FamRZ 2009, 640 für den Fall, dass zugleich eine Gefahr für die eigene Gesundheit besteht; insoweit zustimmend Grünberger/Götz BGB § 1831 Rn. 28 und MüKoBGB/Schneider § 1831 Rn. 62; kritisch zur teilweise widersprechenden Praxis Henking et. al. BtPrax 2023, 197).

Zur Legitimation von freiheitsentziehenden Maßnahmen verbietet sich jeglicher Rückgriff auf die Figur des **besonderen Gewaltverhältnisses** (hierzu Marschner/Lesting/Stahmann Kap. A Rn. 29). Dies gilt auch für **Hausordnungsmaßnahmen** von unterbringungsähnlichem Gewicht, die Holzhauer in die alleinige Kompetenz der Einrichtung stellen will (Holzhauer FuR 1992, 249 (257); BtPrax 1992, 54), weil diese Konstruktion nichts anderes als einen Rückgriff auf das besondere Gewaltverhältnis darstellt und damit verfassungswidrig ist. Sie widerspricht im Übrigen den gesetzlichen Vorgaben des Betreuungsrechts, da die Einrichtung aus eigenem Recht zu keinerlei Grundrechtseingriffen außerhalb oder während einer Unterbringung befugt ist (BT-Drs. 11/4528, 83). Die Entscheidungskompetenz liegt ausschließlich bei dem Betreuer. Allerdings konnte das Betreuungsgericht schon nach bisheriger Rechtsprechung anordnen, dass der Betreuer die Fixierung nur nach ausdrücklicher Anordnung des behandelnden Arztes vornehmen darf (siehe BayObLG BtPrax 1993, 139). Die **Anordnung und Überwachung** der Fixierung **durch einen Arzt** ist nunmehr verbindlich vorgeschrieben (BVerfG NJW 2018, 2619). Wegen der Schwere des Eingriffs und der damit verbundenen Gesundheitsgefahren ist bei 5-Punkt- und 7-Punkt-Fixierungen und vergleichbar eingriffsintensiven Maßnahmen wie der Isolierung eine **Eins-zu-Eins-Betreuung durch therapeutisches oder pflegerisches Personal** zu gewährleisten (BVerfG NJW 2018, 2619; LG Lübeck FamRZ 2021, 58; AG Frankfurt a. M. BtPrax 2022, 71 und 2025, 232; einschränkend für Pflegeeinrichtungen Jauss BetR 2025, 28). Außerdem sind die Anordnung der Fixierung, die maßgeblichen Gründe, ihre Durchsetzung, Dauer und die Art der Überwachung zu dokumentieren (BVerfG NJW 2018, 2619). Dies bedarf der gesetzlichen Regelung (ebenso Schneider FamRZ 2019, 89).

41 Eine freiheitsentziehende Maßnahme nach Abs. 4 iVm Abs. 1 Nr. 1 setzt voraus, dass die Gefahr besteht, dass der Betreute sich **selbst tötet** oder **erheblichen gesundheitlichen Schaden** zufügt. Dies betrifft vor allem behinderte oder altersverwirrte Menschen, bei denen die konkrete Gefahr besteht, dass sie hilflos und orientierungslos im **Straßenverkehr** umherirren und vom Auto überfahren werden, nicht zurückfinden und dadurch erfrieren, keine Nahrung zu sich nehmen oder lebensnotwendige Medikamente nicht erhalten. Eine weitere Fallgruppe betrifft Personen, bei denen die Gefahr besteht, aus dem Bett zu fallen oder anderweitig zu stürzen und sich dabei zu verletzen. Es müssen konkrete Anhaltspunkte für eine Gefährdung bestehen. Dabei müssen die Freiheitsrechte auch des verwirrten Betroffenen berücksichtigt werden (OLG Koblenz FamRZ 2002, 1359).

In aller Regel werden freiheitsentziehende Maßnahmen nicht erforderlich sein, da als Alternative **therapeutische Angebote** einschließlich einer entsprechenden Strukturierung des Alltags in der Einrichtung oder Sitzwachen **vorrangig heranzuziehen** sind (zu alternativen Problemlösungen Bauer/Hasselbeck FuR 1994, 293; bei Demenzkranken Wojnar BtPrax 1995, 12; Hirsch/Wassermann BtPrax 2009, 109 – Werdenfelser Weg –; Klie BtPrax 2011, 154 – ReDuFix –; Promies BtPrax 2019, 147; Ritzi/Klie BtPrax 2021, 59; in der Psychiatrie DGPPN S3-Leitlinie „Verhinderung von Zwang: Prävention und Therapie aggressiven Verhaltens bei Erwachsenen" vom 1.7.2018). Insbesondere **Fixierungen** dürfen nur als **letztes Mittel** vorgesehen werden, wenn mildere Mittel nicht in Betracht kommen (BVerfG NJW 2018, 2619; OLG München FamRZ 2006, 63; zu den Gesundheitsgefahren Berzlanovich/Kirsch/Kohls BtPrax 2012, 95). Die unzureichende organisatorische und **personelle Ausstattung** und damit verbundene **fiskalische Gesichtspunkte** rechtfertigen keine Eingriffe in Grundrechte und damit auch nicht die Anwendung freiheitsentziehender Maßnahmen (so schon BayObLG BtPrax 1994, 211; OLG Schleswig R&P 1991, 37, ähnlich LG Berlin R&P 1990, 178; 2. Vormundschaftsgerichtstag, 76 f., These 8; aA Holzhauer BtPrax 1992, 54, der aber die Anwendung des Abs. 1 bereits für nicht hilfreich hält; differenzierend OLG Frankfurt BtPrax 1993, 138; OLG Hamm BtPrax 1993, 172; OLG München FamRZ 2006, 63). Dies schließt den Einsatz von Fixierungen und sedierenden Medikamenten zur Erleichterung der Pflege oder wegen Personalmangels aus (BVerfG NJW 2018, 2619). Das BVerfG verlangt eine **Eins-zu-Eins-Betreuung durch therapeutisches oder pflegerisches Personal** während der Fixierung (BVerfG NJW 2018, 2619). Dies bedeutet, dass erst recht eine Eins-zu-Eins-Betreuung zur Vermeidung einer Fixierung zur Verfügung stehen muss und durch die Einrichtungsträger vorzuhalten ist (AG Frankfurt a. M. BtPrax 2025, 223). Im Einzelfall kommt eine Genehmigung allenfalls für eine kurze Übergangszeit unter Auflagen im Betracht (s. 2. Vormundschaftsgerichtstag, 76 f., These 8). Es ist dann Aufgabe des Trägers der Einrichtung, gegenüber dem Kostenträger die erforderliche finanzielle und personelle Ausstattung sicherzustellen (AG Frankfurt a. M. BtPrax 2013, 76; zum Mindestpersonalbestand einer psychiatrischen Station OLG Hamm NJW 1993, 2387; zur sozialrechtlichen Finanzierung einer Sitzwache als Alternative zur Fixierung SG Freiburg und LSG Baden-Württemberg BtPrax 2012, 35 und 2016, 48; zur heimaufsichtsrechtlichen Anordnung des Einsatzes von Niedrigflurbetten zur Vermeidung freiheitsentziehender Maßnahmen VG Würzburg BtPrax 2014, 288). Eigene finanzielle Mittel des Betreuten sind für Alternativen vorrangig einzusetzen (AG Marburg BtPrax 1994, 106).

Eine freiheitsentziehende Maßnahme wegen der Notwendigkeit einer Untersuchung oder ärztlichen Behandlung kommt nur in Betracht, wenn die Maßnahme ohne Fixierung oder Sedierung des Betroffenen nicht durchgeführt werden kann, mit dem Verzicht auf die Maßnahme die **Gefahr einer gewichtigen Gesundheitsschädigung** des Betreuten verbunden wäre und dieser auf Grund seiner Krankheit oder Behinderung die Notwendigkeit der Maßnahme nicht erkennen oder nicht nach dieser Einsicht handeln kann, sich gegen die ärztliche Maßnahme selbst aber nicht wehrt (Abs. 1 Nr. 2). Anderenfalls handelt es sich um eine Zwangsbehandlung (hierzu § 1832). Zu denken ist in erster Linie an organische Erkrankungen, bei denen ohne Behandlung eine erhebliche Verschlechterung des Gesundheitszustandes eintreten würde. **42**

Die Abwägung zwischen verschiedenen freiheitsentziehenden Maßnahmen unter dem Gesichtspunkt der Erforderlichkeit bzw. Verhältnismäßigkeit im Einzelfall ist schwierig. Eindeutig ist lediglich, dass alle vorrangigen Möglichkeiten ohne Freiheitsentziehung ausgeschöpft werden müssen, bevor es zu einem **Eingriff in die Freiheitsrechte des Betroffenen** kommen darf (OLG München FamRZ 2006, 441 – Bettnest –; LG Frankfurt a. M. FamRZ 2013, 1606 – geteiltes Bettgitter –; Walther BtPrax 2006, 8). Ob dann allerdings die Unterbringung in einer geschlossenen Einrichtung mit dem Erhalt der Fortbewegungsmöglichkeit innerhalb der Einrichtung bzw. Station oder die vollständige oder zeitweise Ruhigstellung durch freiheitsentziehende Maßnahmen in einer im Übrigen offenen Einrichtung den geringeren Eingriff in die Grundrechte des Betroffenen darstellt, kann nur im Einzelfall entschieden werden und ist von dem Betreuungsgericht im Rahmen der Genehmigungsentscheidung zu prüfen (ebenso Ewers FamRZ 1993, 853; aA LG Köln FamRZ 1993, 110). Auch eine Isolierung des Betroffenen in der Psychiatrie ist nicht in jedem Fall ein milderes Mittel gegenüber einer Fixierung (BVerfG NJW 2018, 2619; zur Abwägung zwischen verschiedenen Sicherungsmaßnahmen bei Unterbringung im Maßregelvollzug LG Lübeck BtPrax 2024, 107). Die Beurteilung der Eingriffsintensität hat dabei **aus Sicht des Betroffenen** zu erfolgen. Dabei sind Patientenverfügungen und Behandlungsvereinbarungen zu berücksichtigen. **43**

6. Genehmigung und Beendigung der Maßnahme

Die entsprechende Anwendung des Abs. 2 bedeutet die Verpflichtung zur **vorherigen Genehmigung** durch das Betreuungsgericht, es sei denn, mit dem Aufschub der Genehmigung ist Gefahr verbunden (→ Rn. 28). Dies gilt insbesondere für Fixierungen. Zur Sicherstellung der vorherigen gerichtlichen Kontrolle sind tägliche **richterliche Bereitschaftsdienste** von 6 bis 21 Uhr vorzuhalten (BVerfG NJW 2018, 2619; FamRZ 2022, 726). Ist wegen akuter Gefahr die vorherige Entscheidung des Gerichts nicht möglich, ist diese unverzüglich nachzuholen. Nach Beendigung der Maßnahme kann der Betroffene die Zulässigkeit der durchgeführten Fixierung nachträglich gerichtlich überprüfen lassen; auf diese Möglichkeit ist er ausdrücklich hinzuweisen (BVerfG NJW 2018, 2619; hierzu § 62 FamFG Rn. 8 und § 335 FamFG Rn. 13). Für das Verfahren gelten die §§ 312 ff. FamFG (§ 312 Ziff. 2 FamFG), Im Fall der vorläufigen Genehmigung von Fixierungen gelten die Fristen des § 333 Abs. 2 FamFG (LG Lübeck und LG Gera BtPrax 2024, 68). Die Einschaltung des Betreuers bzw. Bevollmächtigten **44** alleine oder denkbare Maßnahmen der Heimaufsicht ersetzen die gesetzlich vorgeschriebene und verfassungsrechtlich gebotene richterliche Genehmigung genauso wenig wie dies umgekehrt der Fall ist.

45 Der Betreuer ist wie im Fall der Unterbringung zur sofortigen Beendigung einer freiheitsentziehenden Maßnahme verpflichtet (Abs. 3). Dieselbe Pflicht besteht für die Einrichtung und das Betreuungsgericht (→ Rn. 30). Die Verhältnismäßigkeit einer Fixierung ist in kurzen Abständen jeweils neu einzuschätzen (BVerfG R&P 2024, 147). Die rechtzeitige Beendigung der freiheitsentziehenden Maßnahme setzt einen engen Kontakt zwischen Betreuer, Einrichtung und Betreuungsgericht voraus (2. Vormundschaftsgerichtstag, 76, These 1).

VI. Verhältnis zu öffentlich-rechtlicher und strafrechtlicher Unterbringung

46 Vor Inkrafttreten des Betreuungsgesetzes wurden unterschiedliche Auffassungen zum Rangverhältnis von zivilrechtlicher und öffentlich-rechtlicher Unterbringung vertreten. Durch die Regelung der Unterbringungsvoraussetzungen in Abs. 1 sowie die Vereinheitlichung des Verfahrensrechts in den §§ 312 ff. FamFG mit der Zuständigkeitskonzentration bei dem Betreuungsgericht ist die Diskussion überholt. Es ist von einer **Gleichrangigkeit** von zivilrechtlicher und öffentlich-rechtlicher Unterbringung auszugehen (hierzu Marschner/Lesting/Stahmann Kap. A 131 ff.; Marschner BtPrax 2020, 172). Allein sachliche Gesichtspunkte sind dafür ausschlaggebend, welche Unterbringung in Betracht kommt. Überschneidungen sind nur im Bereich der **Selbstgefährdung** denkbar. Ist bereits zumindest durch einstweilige Anordnung ein Betreuer bestellt und liegen die Voraussetzungen des Abs. 1 Nr. 1 vor, ist die zivilrechtliche Unterbringung vorrangig, wenn sich der Betreuer zu einer Unterbringung entschließt (OLG Hamm BtPrax 2000, 35). Andernfalls oder im Fall von Fremdgefährdungen kommt ausschließlich die öffentlich-rechtliche Unterbringung in Betracht (zu Aufgaben des Betreuers bei der öffentlich-rechtlichen Unterbringung Betreuter Walther BtPrax 2017, 217). Dies betrifft vor allem Fälle der psychiatrischen Krisenintervention, in denen es anders als im Fall der Unterbringung von alterskranken oder geistig behinderten Personen langfristig nicht auf eine Betreuerbestellung ankommt. Eine gleichzeitige Unterbringung nach § 1831 und nach öffentlichem Unterbringungsrecht kommt nicht in Betracht. Ist der Betroffene bereits nach § 1831 untergebracht, ist eine öffentlich-rechtliche Unterbringung in der Regel nicht erforderlich (AG Frankfurt a. M. BtPrax 2025, 213; aA AG Fulda BtPrax 2025, 215 mAnm Kersting). Tritt während der Unterbringung durch den Betreuer eine Gefahr für Dritte hinzu, ist ggf. die betreuungsrechtliche Unterbringung aufzuheben und eine öffentlich-rechtliche Unterbringung anzuordnen.

Eine betreuungsrechtliche Unterbringung zur **Abwehr von Infektionsrisiken** für den Betreuten ist in der Regel unverhältnismäßig, da in diesem Fall die Menschen nach dem IfSG abzusondern sind, von denen die Infektionsgefahr ausgeht. Gefährdet der Betreute, der selbst infektiös ist, Dritte, kommt nur eine Absonderung nach § 30 Abs. 2 IfSG in Betracht (zum Ganzen Gietl NZFam 2020, 959 (966 f.)).

47 Gegenüber einer strafrechtlichen Unterbringung nach §§ 63, 64 StGB ist die zivilrechtliche Unterbringung **subsidiär** (hierzu Marschner/Lesting/Stahmann Kap. A Rn. 61 ff.). Allerdings bleibt für die Anwendung des § 63 StGB kein

Raum, wenn der Betroffene die Anlasstaten im Rahmen einer zivilrechtlichen Unterbringung begangen hat und diese sich gegen das Pflegepersonal richten (BGH R&P 1998, 204 mAnm Bode; R&P 2020, 167; teilweise aA BGH R&P 2020, 106). Eine zivilrechtliche Unterbringung sowie eine Betreuerbestellung können außerdem einen besonderen Umstand nach § 67b StGB darstellen mit der Folge, dass die Vollstreckung der strafrechtlichen **Unterbringung zur Bewährung** ausgesetzt werden kann (BGH NStZ-RR 2017, 309; FamRZ 2009, 421; R&P 2002, 192; R&P 1997, 183; R&P 1993, 32). Problematisch ist demgegenüber die sog. zivilrechtliche Anschlussvollstreckung zur Vorbereitung einer Entlassung aus dem Maßregelvollzug nach § 67d Abs. 2 StGB, da hier häufig lediglich eine Umwandlung der Rechtsgrundlage erfolgt, ohne dass der Betroffene die Möglichkeit erhält, in die Freiheit entlassen zu werden (zu Einzelheiten Rentzel-Rothe R&P 1991, 18). In diesem Fall sind die Voraussetzungen der zivilrechtlichen Unterbringung durch das Betreuungsgericht besonders sorgfältig zu prüfen.

VII. Vollzug der Unterbringung

Der Gesetzgeber hat davon abgesehen, Vorschriften über den Vollzug der zivilrechtlichen Unterbringung zu erlassen (kritisch hierzu aus verfassungsrechtlicher Sicht Lesting R&P 2010, 137). Anders als im öffentlichen Unterbringungsrecht liegen daher alle Maßnahmen während einer Unterbringung (Besuch, Ausgang, Schriftverkehr) in der ausschließlichen **Verantwortung des Betreuers,** soweit diesem der entsprechende Aufgabenbereich zugewiesen ist (zB Post- und Telekommunikationskontrolle, Umgang des Betreuten). Die Einrichtung ist aus eigenem Recht zu keinen weitergehenden Eingriffen in die Rechte des Betroffenen befugt (zur Zwangsbehandlung → § 1832 BGB). **48**

§ 1832 Ärztliche Zwangsmaßnahmen

(1) [1]**Widerspricht eine Untersuchung des Gesundheitszustands, eine Heilbehandlung oder ein ärztlicher Eingriff dem natürlichen Willen des Betreuten (ärztliche Zwangsmaßnahme), so kann der Betreuer in die ärztliche Zwangsmaßnahme nur einwilligen, wenn**

1. **die ärztliche Zwangsmaßnahme notwendig ist, um einen drohenden erheblichen gesundheitlichen Schaden vom Betreuten abzuwenden,**
2. **der Betreute aufgrund einer psychischen Krankheit oder einer geistigen oder seelischen Behinderung die Notwendigkeit der ärztlichen Maßnahme nicht erkennen oder nicht nach dieser Einsicht handeln kann,**
3. **die ärztliche Zwangsmaßnahme dem nach § 1827 zu beachtenden Willen des Betreuten entspricht,**
4. **zuvor ernsthaft, mit dem nötigen Zeitaufwand und ohne Ausübung unzulässigen Drucks versucht wurde, den Betreuten von der Notwendigkeit der ärztlichen Maßnahme zu überzeugen,**
5. **der drohende erhebliche gesundheitliche Schaden durch keine andere den Betreuten weniger belastende Maßnahme abgewendet werden kann,**
6. **der zu erwartende Nutzen der ärztlichen Zwangsmaßnahme die zu erwartenden Beeinträchtigungen deutlich überwiegt und**

7. die ärztliche Zwangsmaßnahme im Rahmen eines stationären Aufenthalts in einem Krankenhaus, in dem die gebotene medizinische Versorgung des Betreuten einschließlich einer erforderlichen Nachbehandlung sichergestellt ist, durchgeführt wird.

[2]§ 1867 ist nur anwendbar, wenn der Betreuer an der Erfüllung seiner Pflichten verhindert ist.

(2) **Die Einwilligung in die ärztliche Zwangsmaßnahme bedarf der Genehmigung des Betreuungsgerichts.**

(3) **[1]Der Betreuer hat die Einwilligung in die ärztliche Zwangsmaßnahme zu widerrufen, wenn ihre Voraussetzungen weggefallen sind. [2]Er hat den Widerruf dem Betreuungsgericht unverzüglich anzuzeigen.**

(4) **Kommt eine ärztliche Zwangsmaßnahme in Betracht, so gilt für die Verbringung des Betreuten gegen seinen natürlichen Willen zu einem stationären Aufenthalt in ein Krankenhaus § 1831 Absatz 1 Nummer 2, Absatz 2 und 3 Satz 1 entsprechend.**

(5) **Die Absätze 1 bis 4 gelten nach Maßgabe des § 1820 Absatz 2 Nummer 3 für einen Bevollmächtigten entsprechend.**

Übersicht

I. Überblick

1 Der Unterschied zur Vorgängervorschrift des § 1906a BGB aF besteht darin, dass in Abs. 1 S. 1 Nr. 1 in Übereinstimmung mit den Grundsätzen der Neuregelungen zum 1.1.2023 auf den Begriff des Wohls des Betreuten verzichtet wird sowie in Abs. 5 auf § 1820 Abs. 2 Nr. 3 verwiesen wird. Inhaltliche Änderungen sind damit nicht verbunden. Betreuer und Bevollmächtigte unterliegen auch bei der Einwilligung in eine ärztliche Zwangsmaßnahme dem Prinzip der **unterstützten Entscheidungsfindung** nach § 1821 Abs. 2 (→ § 1821 Rn. 2 und 3; hierzu Reus BetR 2025, 65). Patientenverfügungen sind zu beachten, Behandlungswünschen der Betroffenen ist nach Maßgabe der §§ 1821 Abs. 2 und 1827 Abs. 2 zu entsprechen. Liegen keine beachtlichen Wünsche des Betroffenen vor, ist der mutmaßliche Wille zu ermitteln und umzusetzen (§ 1821 Abs. 4 BGB). Wegen der Grundrechtsbetroffenheit sind aber zusätzlich die in § 1831 geregelten Voraussetzungen zu beachten. Verfahrensrechtlich handelt es sich weiterhin um eine Unterbringungssache iSd §§ 312 ff. FamFG handelt. Aus menschenrechtlicher Sicht sind Zulässigkeit und Grenzen ärztlicher Zwangsmaßnahmen weiterhin umstritten, auch weil Alternativen im Gesundheitssystem, die ohne Zwang auskommen, nicht ausreichend zur Verfügung stehen (Bernot R&P 2022, 132).

1a In dem **Referentenentwurf des Bundesministeriums der Justiz und für Verbraucherschutz** zur Änderung der Regelung über ärztliche Zwangsmaßnahmen im Betreuungsrecht und zur Stärkung des ultima-ratio-Gebots sowie der

Selbstbestimmung der Betroffenen vom 26.2.2026 (www.bmjv.de; hierzu Schneider FamRZ 2026, 744) wird in einem neuen Abs. 2 der Entscheidung des Bundesverfassungsgerichts vom 26.11.2024 (NJW 2025, 144; hierzu Rn. 5) Rechnung getragen. Abs. 2 in der Fassung des Entwurfs lautet:

Abweichend von Absatz 1 Satz 1 Nummer 7 ist die Durchführung einer ärztlichen Zwangsmaßnahme ausnahmsweise außerhalb eines Aufenthalts in einem Krankenhaus zulässig, wenn die Durchführung der ärztlichen Zwangsmaßnahme in einem Krankenhaus für den Betreuten unzumutbar ist. Dies ist nur dann der Fall, wenn

1. *aufgrund konkreter Anhaltspunkte zu erwarten ist, dass dem Betreuten durch die Verbringung in ein Krankenhaus oder durch den Aufenthalt in einem Krankenhaus erhebliche gesundheitliche Beeinträchtigungen drohen,*
2. *aufgrund konkreter Anhaltspunkte zu erwarten ist, dass die drohenden gesundheitlichen Beeinträchtigungen bei Durchführung der ärztlichen Zwangsmaßnahme außerhalb des Krankenhauses vermieden oder signifikant reduziert werden,*
3. *am Ort der Durchführung der ärztlichen Zwangsmaßnahme sichergestellt ist, dass die im konkreten Fall gebotene medizinische Versorgung des Betreuten einschließlich der Nachversorgung entsprechend dem Standard eines Krankenhauses nahezu erreicht wird, und die Behandlung im Krankenhaus unter Berücksichtigung des konkreten Krankheitsbildes und der anstehenden ärztlichen Zwangsmaßnahme nicht zu einer signifikanten Verbesserung des medizinischen Versorgungsniveaus führt,*
4. *bei der Durchführung der ärztlichen Zwangsmaßnahme außerhalb des Krankenhauses keine Beeinträchtigungen der Gesundheit, der Unverletzlichkeit der Wohnung oder einer anderen grundrechtlich geschützten Position des Betreuten von vergleichbarem Gewicht drohen und*
5. *die Durchführung der ärztlichen Zwangsmaßnahme außerhalb des Krankenhauses dem nach § 1827 zu beachtenden und nach § 1828 festgestellten Willen des Betreuten entspricht.*

Die bisherigen Abs. 2 bis 5 werden Abs. 3 bis 6. Zusätzlich wird in Abs. 1 Nr. 3 eine Bezugnahme auf den geänderten § 1828 BGB aufgenommen und in Abs. 1 Nr. 7 nur noch von einem Aufenthalt in einem Krankenhaus gesprochen. In Abs. 3 wird ergänzend geregelt, dass der Betreuer im Rahmen des Genehmigungsverfahrens dem Gericht die Dokumentation nach § 1828 Abs. 3 BGB sowie konkrete Angaben zum Überzeugungsversuch (wie und von wem) und zu den geprüften weniger belastenden Maßnahmen übermitteln soll.

Nach ursprünglicher Auffassung des BGH konnte eine Behandlung des Betreuten während einer durch das Betreuungsgericht nach § 1906 Abs. 1 Nr. 2 BGB (nicht nach Nr. 1) aF genehmigten Unterbringung erforderlichenfalls ausnahmsweise unter Anwendung von Zwang gegen dessen körperlichen Widerstand durchgesetzt werden, da die erforderliche Behandlung sonst nicht durchgeführt werden könne (BGH BtPrax 2006, 145; aA Marschner R&P 2001, 132 und 2005, 47; OLG Celle BtPrax 2005, 235). Im Anschluss an die Rechtsprechung des BVerfG zur Zwangsbehandlung im Maßregelvollzug (BVerfG BtPrax 2011, 112; BtPrax 2011, 253; BtPrax 2013, 61) hat der BGH im Jahr 2012 unter Aufgabe seiner früheren Rechtsprechung entschieden, dass es zum damaligen Zeitpunkt keine den verfassungsrechtlichen Anforderungen genügende (insbesondere hinreichend bestimmte) gesetzliche Grundlage für eine betreuungsrechtliche Zwangsbehandlung gab und der Betreuer daher auch nicht im Rahmen einer geschlossenen Unterbringung eine Zwangsbehandlung veranlassen konnte (BGH BGH BtPrax 2012, 145 und 253; zur Rechtsprechung des BVerfG und des BGH Dodegge 2

NJW 2012, 3694; Marschner R&P 2011, 160; Mittag R&P 2012, 197; Olzen/Metzmacher BtPrax 2011, 233; Schmidt-Recla/Diener MedR 2013, 6; Grengel/Roth ZRP 2013, 12; aus psychiatrischer Sicht Finzen R&P 2013, 71 und Zinkler/Koussemou R&P 2013, 76). Auch das BVerfG hat dies für die betreuungsrechtliche Zwangsbehandlung bestätigt (BVerfG BtPrax 2014, 266). Die wesentlichen Anforderungen des BVerfG an eine verfassungskonforme Ausgestaltung der Zwangsbehandlung im Maßregelvollzug gelten daher auch für die Zwangsbehandlung im Betreuungsrecht.

3 Die **Voraussetzungen der betreuungsrechtlichen Zwangsbehandlung** wurden zunächst 2013 in dem neu eingefügten § 1906 Abs. 3 BGB aF entsprechend den engen verfassungsrechtlichen Vorgaben geregelt (zur damaligen Neuregelung Dodegge NJW 2013, 1265; Grotkopp BtPrax 2013, 83; Lipp FamRZ 2013, 913; Masuch/Gmati NZS 2013, 521; Moll-Vogel FamRB 2013, 157; Zimmermann NJW 2014, 2479; Bünnigmann BtPrax 2015, 91; Henking R&P 2016, 155). Die Anforderungen an die Zulässigkeit der Zwangsbehandlung waren (und sind) strenger als nach früherer Rechtsprechung und Praxis. Der Betreuer konnte nur im Rahmen einer Unterbringung nach § 1906 Abs. 1 Nr. 2 BGB (nicht Nr. 1) aF in eine ärztliche Zwangsmaßnahme einwilligen. Nach ersten statistischen Erkenntnissen und Erfahrungsberichten aus der Praxis kamen ärztliche Zwangsmaßnahmen wesentlich seltener als nach früherem Recht zur Anwendung (hierzu Marschner/Lesting/Stahmann Kap. A Rn. 56 und 91).

4 Eine Zwangsbehandlung in offenen Einrichtungen oder außerhalb einer geschlossenen Unterbringung zur Durchführung der Behandlung kam nach der Neuregelung im Jahr 2013 nicht in Betracht. Allerdings hat das BVerfG zunächst entschieden, dass es mit der aus Art. 2 Abs. 2 S. 1 GG folgenden **Schutzpflicht des Staates** nicht vereinbar ist, dass für Betreute, die deswegen nicht geschlossen untergebracht werden können, weil sie sich einer notwendigen Behandlung räumlich nicht entziehen wollen oder hierzu körperlich nicht in der Lage sind, eine Behandlung gegen ihren Willen unter keinen Umständen in Betracht kommt (BVerfG BtPrax 2016, 182 mAnm Loer/Brosey; hierzu Lipp/Güttler BtPrax 2017, 94).

5 Der Gesetzgeber hat daher 2017 durch eine erneute Neuregelung der Voraussetzungen für die Einwilligung in eine ärztliche Zwangsmaßnahme den Vorgaben des BVerfG Rechnung getragen. Dies geschah durch eine **Entkoppelung der Vorschriften über die Unterbringung und der Vorschriften über die Einwilligung in ärztliche Zwangsmaßnahmen** im Betreuungsrecht (§ 1906a BGB aF; zu dieser Neuregelung Götz FamRZ 2017, 413 und Spickhoff FamRZ 2017, 1633). Außerdem wurde der Vorrang des Patientenwillens im Sinn des § 1901a BGB aF nochmals ausdrücklich betont. Dieses Regelungskonzept wurde dann in § 1832 BGB übernommen. Weitere Änderungen blieben einem gesonderten Gesetzgebungsverfahren vorbehalten. Insoweit sollte aus Sicht des Gesetzgebers zunächst das Ergebnis der Evaluierung der Vorschriften über die ärztlichen Zwangsmaßnahmen gemäß Art. 7 des Gesetzes zur Änderung der materiellen Zulässigkeitsvoraussetzungen von ärztlichen Zwangsmaßnahmen und zur Stärkung des Selbstbestimmungsrechts von Betreuten vom 17.7.2017 (BGBl. I 2017, 2426) abgewartet werden. Die Evaluierung sieht keinen Änderungsbedarf durch den Gesetzgeber. Probleme werden vielmehr in der praktischen Anwendung des § 1832 gesehen (Henking et. al. 2024). Allerdings hat das Bundesverfassungsgericht auf Vorlagebeschluss des BGH vom 8.11.2023 (NJW 2024, 696) § 1906a Abs. 1 S. 1 Nr. 7 BGB aF sowie § 1832 Abs. 1 S. 1 Nr. 7 BGB für teilweise

unvereinbar mit Art. 2 Abs. 2 S. 1 Alt. 1 GG erklärt, soweit eine ärztliche Zwangsmaßnahme ausnahmslos an einen stationären Krankenhausaufenthalt gebunden ist (Urt. v. 26.11.2024 NJW 2025, 144 mit abweichender Meinung Wolff). Vielmehr hält das BVerfG eine **Ausnahme** für geboten, soweit

- **dem Betreuten durch den stationären Krankenhausaufenthalt erhebliche Beeinträchtigungen der körperlichen Unversehrtheit mit einiger Wahrscheinlichkeit drohen,**
- **zu erwarten ist, dass diese Beeinträchtigungen bei einer Durchführung in der Einrichtung, in der die Betreuten untergebracht sind und in welcher der Krankenhausstandard im Hinblick auf die konkret erforderliche medizinische Versorgung einschließlich der Nachversorgung voraussichtlich nahezu erreicht wird, vermieden oder jedenfalls signifikant reduziert werden können,**
- **keine anderen Beeinträchtigungen der körperlichen Unversehrtheit oder einer anderen grundrechtlich geschützten Position mit vergleichbarem Gewicht drohen.**

Der dem BVerfG zur Entscheidung vorliegende Fall betraf eine in einer Wohneinrichtung geschlossen untergebrachte Betreute. Die Zwangsbehandlung sollte im Rahmen einer stationsäquivalenten Behandlung in der Einrichtung erfolgen, um unter Zwang durchgeführte wiederholte Verbringungen in ein psychiatrisches Krankenhaus und dadurch ausgelöste Traumatisierungen zu vermeiden. Die Entscheidung des BVerfG betrifft aber auch darüber hinaus gehende Konstellationen, wie sie insbesondere dem vom BVerfG letztlich inhaltlich nicht entschiedenen Fall BtPrax 2022, 23 zugrunde lagen (durch Ortswechsel ausgelöste Verwirrtheitszustände aufgrund von Verbringung eines an schwerer Demenz leidenden im Heim lebenden Betreuten in ein psychiatrisches Krankenhaus). Für eine Neuregelung wurde dem Gesetzgeber eine Frist bis zum 31.12.2026 gesetzt. Bis zur Neuregelung bleibt die Vorschrift in der geltenden Fassung anwendbar (BGH FamRZ 2025, 807; aus der umfassenden Literatur zur Entscheidung des BVerfG und möglichen Regelungskonzepten Kraemer NJW 2025, 124; Lipp MedR 2025, 769; Loer BetR 2025, 1; Röthel FamRZ 2025, 649; Treichel NZFam 2025, 328).

II. Anwendungsbereich

Bei der ärztlichen Maßnahme kann es sich um die Behandlung der **psychischen Krankheit oder geistigen oder seelischen Behinderung** handeln, die der Betreuerbestellung zugrunde liegt **(Anlasskrankheit),** oder um die Behandlung einer sonstigen insbesondere **körperlichen Erkrankung.** Anders als im öffentlichen Unterbringungsrecht differenziert das Betreuungsrecht nicht zwischen Anlasskrankheit und sonstigen Erkrankungen. Daher hat die Vorschrift auch Bedeutung für die Behandlung interkurrenter Erkrankungen von nach PsychKG und im Maßregelvollzug untergebrachten Personen (hierzu Marschner/Lesting/Stahmann Kap. B Rn. 221). 6

Bei der Definition der ärztlichen Zwangsmaßnahme wird (wie in § 1830 Abs. 1 S. 1 Nr. 1 BGB) auf den **natürlichen Willen des Betroffenen** abgestellt. Umfasst werden wie in §§ 1829 und 1831 Untersuchungen, Heilbehandlungen und sonstige ärztliche Eingriffe. Eine Zwangsbehandlung liegt vor, wenn der Betroffene die Maßnahme **ablehnt oder sich ihr widersetzt.** Nicht erforderlich ist, dass der Betroffene sich physisch wehrt (BVerfG BtPrax 2011, 112) oder die Ablehnung 7 auf einer freien Willensbildung beruht (zur Einwilligungsfähigkeit bei ärztlichen Maßnahmen § 630d Rn. 3 ff.). Eine **heimliche Vergabe von Medikamenten** verstößt gegen die Menschenwürdegarantie des Art. 1 GG und ist nach hier vertretener Auffassung unzulässig (ähnlich Joecker/Loer/Seidel Gesundheitssorge-HdB/Loer, 195). Nach anderer Ansicht handelt es sich um eine ärztliche Zwangsmaßnahme (LG Lübeck BtPrax 2014, 282; AG Fulda BtPrax 2024, 112; Beckmann BtPrax 2019, 190; insoweit offen gelassen von BVerfG BtPrax 2022, 23; zur rechtspolitischen Diskussion Wedel/Kraemer FamRZ 2020, 1525).

8 Die ärztliche Zwangsmaßnahme darf im Regelfall nach Abs. 1 nur im Rahmen eines **stationären Aufenthalts in einem Krankenhaus,** in dem die gebotene medizinische Versorgung einschließlich einer erforderlichen Nachbehandlung sichergestellt ist, durchgeführt werden (Abs. 1 Nr. 7). In einer **besonderen Wohnform der Eingliederungshilfe** oder in einem **Pflegeheim** ist eine Zwangsbehandlung nach derzeit geltender Gesetzeslage ebenso **unzulässig** wie bei einem freiwilligen Krankenhausaufenthalt (so bereits BGH BtPrax 2008, 115). Dies gilt nach dem Willen des Gesetzgebers für alle Formen der **ambulanten Zwangsbehandlung.** Die diesbezügliche Differenzierung beruhte auf sachlich begründeten Erwägungen, so dass durch den Ausschluss der ambulanten Zwangsbehandlung zunächst von keiner Verfassungswidrigkeit des Abs. 1 Nr. 7 auszugehen ist (so in einem Verfahren des einstweiligen Rechtsschutzes BVerfG FamRZ 2018, 1599; offen gelassen im Hinblick auf die staatliche Schutzpflicht (→ Rn. 4) in der in demselben Verfahren ergangenen Hauptsacheentscheidung BVerfG BtPrax 2022, 23). Auf die sozialrechtliche Definition von Krankenhausbehandlung kommt es nicht an, so dass eine Zwangsbehandlung auch nicht im Rahmen einer stationsäquivalenten Behandlung nach § 39 Abs. 1 S. 4 SGB V zulässig ist, da diese im häuslichen Umfeld stattfindet (ebenso BGH NJW 2024, 696, der allerdings insoweit von einer verfassungswidrigen Regelung ausgeht; hierzu → Rn. 5 und im Ergebnis ebenso BVerfG NJW 2025, 144 Rn. 137). Zwang im psychiatrischen Hilfesystem sollte nach dem Willen des Gesetzgebers so weit wie möglich vermieden werden (BT-Drs. 18/11240, 15). Das BVerfG hielt für klärungsbedürftig, ob auch teilstationäre Behandlungen von Nr. 7 erfasst werden, ließ aber auch diese Frage im Hinblick auf die gesetzlich vorgesehene Evaluierung und ein sich eventuell anschließendes erneutes Gesetzgebungsverfahren zunächst unbeantwortet (BVerfG BtPrax 2022, 23). Der Referentenentwurf spricht nunmehr ausdrücklich nur noch von einem Aufenthalt in einem Krankenhaus (zur Abgrenzung von vollstationärer und teilstationärer Behandlung aus sozialrechtlicher Sicht BSG R&P 2026, 38).

Mit der bisherigen Regelung sind die von dem BVerfG (→ Rn. 4) angesprochenen Fälle erfasst, ohne die Möglichkeiten der Zwangsbehandlung mehr als erforderlich in den ambulanten Bereich oder den Heimbereich auszudehnen, wie es teilweise gefordert wurde und wird (so insbesondere Spickhoff FamRZ 2017, 1633 und nunmehr BGH NJW 2024, 696). Der Gesetzgeber hat sich insoweit der Auffassung angeschlossen, dass eine Zwangsbehandlung den Grundsätzen einer modernen Psychiatrie widerspricht und nur bei einer stationären Behandlung davon ausgegangen werden kann, dass die im Einzelfall gebotene medizinische und psychologische Begleitung vor und nach der Behandlung gesichert ist (s. Götz FamRZ 2017, 413). Entscheidend ist, dass der Betroffene unmittelbar nach Durchführung der ärztlichen Zwangsmaßnahme nicht sich selbst überlassen bleiben darf, wenn weiterer therapeutischer Bedarf besteht (BT-Drs. 18/11240, 20).

Diese Nachbehandlung ist im Regelfall nur in einem stationären Setting mit ausreichend qualifizierten Personal möglich.

Dieses Regelungskonzept hat das Bundesverfassungsgericht auch in seinem Urteil vom 26.11.2024 (NJW 2025, 144) als Regelfall für verfassungsrechtlich grundsätzlich zulässig und legitim erachtet, im Einzelfall aber die gesetzliche Regelung von Ausnahmen gefordert (hierzu Rn. 5). Es ist daher Aufgabe des Gesetzgebers, bis spätestens 31.12.2026 gesetzlich festzulegen, unter welchen Voraussetzungen eine Zwangsbehandlung ausnahmsweise außerhalb eines Krankenhauses zulässig sein soll. Im Hinblick auf die menschenrechtlichen Vorgaben und die Ergebnisse der Evaluierung (Henking et. al. 2024) kommt dabei nur eine enge an den Vorgaben des BVerfG orientierte Ausnahmeregelung in Betracht. Dem entspricht der Referentenentwurf des BMJV (Rn. 1a), der sich in einem neuen Abs. 2 für eine enge an den Leitsätzen des BVerfG (Rn. 5) orientierte Regelung ausspricht. Von zentraler Bedeutung sind dabei die **Unzumutbarkeit der Durchführung der ärztlichen Zwangsmaßnahme in einem Krankenhaus** sowie die Frage, ob bei Durchführung der Zwangsmaßnahme außerhalb eines Krankenhauses der **Krankenhausstandard im Hinblick auf die konkret erforderliche medizinische Versorgung einschließlich der Nachversorgung voraussichtlich nahezu erreicht** wird. Dabei kann zwischen der Behandlung der Anlasskrankheit und der Behandlung körperlicher Krankheiten zu differenzieren sein. Die Schwere der Erkrankung und mögliche Komplikationen können von vorneherein eine Behandlung im Krankenhaus erfordern. **8a**

Der vorgenannte Standard wird außerhalb eines Krankenhausaufenthalts nur ausnahmsweise sicherzustellen sein. In **besonderen Wohnformen** der Eingliederungshilfe wird es in der Regel an Fachpersonal fehlen, das die gebotene medizinische Versorgung und Nachbehandlung sicherstellt. Eine Zwangsbehandlung im Rahmen einer **stationsäquivalenten Behandlung** ist einerseits problematisch, weil diese die Mitarbeit und das Einverständnis des Betroffenen voraussetzt (hierzu Brieger et.al. R&P 2021, 80 ff.). Zum anderen geht auch das Bundesverfassungsgericht davon aus, dass die erforderliche Nachbehandlung hinsichtlich Intensität und Multiprofessionalität mit einer vollstationären Krankenhausbehandlung nicht vergleichbar ist (BVerfG NJW 2025, 144 Rn. 137). Das medizinische Fachpersonal hält sich zwar täglich, aber nur für kurze Zeiträume in der Wohnung des Betroffenen auf (s. zum Ganzen Brosey/Loer BtPrax 2024, 90). Dies gilt auch für die Unterbringung in **Pflegeheimen,** da es in aller Regel an dem erforderlichen Fachpersonal fehlt und damit unklar ist, wie die auch vom BVerfG geforderte medizinische Versorgung und Nachbetreuung sichergestellt werden könnte. Die **eigene Wohnung des Betreuten sowie Arztpraxen** scheiden wegen der fehlenden Nachbetreuung von vornherein als alternative Orte aus.

Im Fall der Zwangsbehandlung an anderen Orten kommt den übrigen in § 1832 Abs. 1 BGB genannten Kriterien eine (noch) höhere Bedeutung zu (hierzu im Einzelnen Rn. 11 ff.). Es ist vor allem zu berücksichtigen, dass es sich auch bei Unterbringung in einer besonderen Wohnform der Eingliederungshilfe oder im Pflegeheim um eine **von Art. 13 GG geschützte Wohnung** des Betroffenen handelt und die Zwangsanwendung in den eigenen Wohnräumen ihrerseits zu erheblichen Traumatisierungen führen kann (Abs. 1 Nr. 6; im Referentenentwurf in Abs. 2 S. 2 Nr. 4 ausdrücklich geregelt). Außerdem ist die Einhaltung der gesetzlichen **Verfahrensstandards** zu gewährleisten. Bei freiheitsentziehenden Maßnahmen in Einrichtungen der Eingliederungshilfe ist dies nicht immer der

Fall (Henking et.al. BtPrax 2023, 197 ff.). Von Defiziten in der Praxis sprechen auch die Ergebnisse der Evaluierung (Henking et. al. 2024).

Eine Zwangsbehandlung im Krankenhaus außerhalb einer Unterbringung und insbesondere außerhalb eines Krankenhauses wird vor allem in Betracht kommen, wenn es um die **Diagnostik und Behandlung leichter körperlicher Erkrankungen** der Betreuten geht und diese die Notwendigkeit der Behandlung krankheitsbedingt nicht erkennen oder nicht nach dieser Einsicht handeln können. Aber auch insoweit ist zu prüfen, ob das Personal jeweils geeignet ist, mit psychisch auffälligen Patienten umzugehen (Joecker/Loer/Seidel Gesundheitssorge-HdB/Loer, 203). Bei psychisch erkrankten Menschen wird eine Zwangsbehandlung ihrer psychischen Krankheit in der Regel weiterhin nur im Rahmen einer Unterbringung in einem psychiatrischen Krankenhaus durchgeführt werden können (so auch Stellungnahme der DGPPN vom 8.7.2025 zum Ort der Durchführung ärztlicher Zwangsmaßnahmen www.dgppn.de).

9 **Voraussetzung für die Einwilligung** des Betreuers in eine ärztliche Zwangsmaßnahme ist ein diesbezüglich hinreichend bestimmter Aufgabenbereich (zur Einschränkung der Aufgabenbereiche bei psychischen Erkrankungen BayOblG FamRZ 1994, 1060; BGH FamRZ 2018, 1186). Der Aufgabenbereich muss die ärztliche Zwangsmaßnahme ausdrücklich umfassen (LG Tübingen FamRZ 2014, 19).

10 Die Vorschrift gilt auch für Bevollmächtigte, soweit die **Vollmacht** schriftlich erteilt wurde und die ärztlichen Zwangsmaßnahmen ausdrücklich umfasst (Abs. 5 iVm § 1820 Abs. 2 Nr. 3). Dies entspricht den Vorschriften der §§ 1829 Abs. 5 und § 1831 Abs. 5. Vollmachten, die sich bisher nur auf eine ärztliche Zwangsmaßnahme im Rahmen einer Unterbringung beziehen, sind insoweit anzupassen (Grüneberg/Götz BGB § 1832 Rn. 14). Die Entscheidung des BVerfG vom 26.11.2024 (Rn. 5) erstreckt sich nicht auf ärztliche Zwangsmaßnahmen durch Bevollmächtigte. Insoweit verbleibt es zunächst bei der Einschränkung auf einen stationären Krankenhausaufenthalt. Nach dem Referentenentwurf gilt die Neuregelung des Abs. 2 zu den Ausnahmen vom Krankenhausvorbehalt auch für Bevollmächtigte.

III. Voraussetzungen der Einwilligung

11 Die in Abs. 1 S. 1 geregelten Voraussetzungen für die Einwilligung des Betreuers in eine ärztliche Zwangsmaßnahme gegen den natürlichen Willen des Betreuten müssen **kumulativ** vorliegen (zu ethischen und rechtlichen Fragen des Zwangs bei gesundheitlicher Selbstgefährdung Bundesärztekammer Dtsch ÄrzteBl 2023 A 994).

12 Die ärztliche Zwangsmaßnahme muss **erforderlich** sein, um einen drohenden erheblichen gesundheitlichen Schaden abzuwenden (Nr. 1). Nr. 1 entspricht der Formulierung des § 1831 Abs. 1 Nr. 2 für die Unterbringung. Die aus ärztlicher Sicht bestehende Indikation und Notwendigkeit der Behandlung reichen nicht aus. Vielmehr muss die **Indikation** auch die Durchführung der beabsichtigen Behandlung als Zwangsmaßnahme umfassen und muss die Gefahr eines erheblichen gesundheitlichen Schadens hinzutreten. Dies entspricht den Anforderungen an die Unterbringung (hierzu → BGB § 1831 Rn. 15 ff.). Insbesondere bei chronischen Krankheitsbildern ist dies besonders zu begründen, weil die Chronifizierung bereits eingetreten ist und als solche keinen (weiteren) gesundheitlichen

Schaden begründen kann (s. BGH FamRZ 2017, 1422 zur Unterbringung). Für die Zwangsbehandlung eines an Schizophrenie leidenden Betroffenen mit einer Elektrokrampftherapie (EKT) gegen seinen ausdrücklichen Willen fehlt es in der Regel bereits an der medizinischen Indikation (BGH FamRZ 2020, 534). Sie kommt nur ausnahmsweise in Betracht, wenn sich der Betroffene in einem exazerbierten, teilweise katatonen Zustand befindet, um eine nachfolgende neuroleptische Behandlung zu ermöglichen (BGH BtPrax 2021, 232). Dagegen ist eine zulassungsüberschreitende Anwendung eines Medikaments („Off-Label-Use") nicht ausgeschlossen, wenn insoweit ein medizinisch-wissenschaftlicher Konsens besteht und die Entscheidung gemeinsam mit dem Betreuer getroffen wurde (BGH FamRZ 2025, 1321).

Auch Abs. 1 S. 1 Nr. 2 entspricht § 1831 Abs. 1 Nr. 2 (bezogen auf die Unter- **13**
bringung) und betrifft die Einwilligungsfähigkeit bezüglich der ärztlichen Maßnahme (→ § 630d Rn. 3 ff.). Es entspricht ständiger Rechtsprechung des BVerfG, dass Grundrechtseingriffe gegen den freien Willen des Betroffenen unzulässig sind (so für die Bestellung eines Betreuers § 1814 Abs. 2, für die Unterbringung → § 1831 Rn. 12 und 25). Vielmehr ist einzige Legitimation für einen so schweren Grundrechtseingriff wie eine Zwangsbehandlung aus Sicht des BVerfG **die Wiederherstellung der krankheitsbedingt aufgehobenen Einsichts- und Entscheidungsfähigkeit** (BVerfG BtPrax 2011, 112). Dabei wird weiterhin auf eine psychische Krankheit, geistige oder seelische Behinderung als Ursache der aufgehobenen Einsichts- und Steuerungsfähigkeit abgestellt (hierzu → BGB § 1831 Rn. 3). Insoweit liegt nach Auffassung des BVerfG auch kein Verstoß gegen Art. 12 UN-BRK vor (ebenso Masuch/Gmati NZS 2013, 521; enger Aichele/von Bernstorff BtPrax 2010, 199; Marschner R&P 2011, 160).

Die ärztliche Zwangsmaßnahme muss dem nach § 1827 zu beachtenden (und **14**
nach dem Referentenentwurf dem nach § 1828 BGB festgestellten) **Willen des Betroffenen** entsprechen (Abs. 1 S. 1 Nr. 3). Ist dies nicht der Fall, weil eine insoweit verbindliche ablehnende Patientenverfügung iSd § 1827 Abs. 1 oder ein beachtlicher Wille nach § 1827 Abs. 2 vorliegt, darf die Behandlung auch als Zwangsbehandlung nicht durchgeführt werden (BVerfG BtPrax 2021, 185 und BGH FamRZ 2023, 1059 zur Patientenverfügung bei Behandlung im Maßregelvollzug; BGH FamRZ 2025, 971). Enthält dagegen eine Patientenverfügung oder Behandlungsvereinbarung eine wirksame Einwilligung in eine bestimmte Behandlung und wird diese in der aktuellen Behandlungssituation mit natürlichem Willen abgelehnt, ist dieser Wille bei den Entscheidungen über die Zwangsbehandlung zu berücksichtigen (ebenso Götz FamRZ 2017, 413 (415)). Ist kein zu beachtender Wille nach Abs. 1 S. 1 Nr. 3 feststellbar, kommt eine Zwangsbehandlung in Betracht, wenn die übrigen Voraussetzungen vorliegen (BGH BtPrax 2021, 36). Der nach §§ 1827 und 1828 BGB festzustellende Wille des Betroffenen kann sich auch auf den Ort der ärztlichen Zwangsmaßnahme beziehen (so ausdrücklich § 1832 Abs. 2 S. 2 Nr. 5 des Referentenentwurfs).

Nach Abs. 3 S. 1 Nr. 4 muss vor der Einwilligung in eine Zwangsbehandlung **15**
versucht worden sein, den Betreuten von der Notwendigkeit der Behandlung zu überzeugen. Dieser Versuch muss wie die ärztliche **Aufklärung auch bei dem einwilligungsunfähigen Patienten** vorgenommen werden (so jetzt auch § 630e Abs. 5). Der Versuch muss **ernsthaft,** mit dem nötigen Zeitaufwand und **ohne Ausübung unzulässigen Drucks** erfolgen (BVerfG BtPrax 2011, 112; BGH BtPrax 2019, 34; NJW 2017, 3714; FamRZ 2015, 2050; 2014, 1358). Der Überzeugungsversuch ist materiell-rechtliche Voraussetzung für die Wirksamkeit der

Einwilligung durch den Betreuer (BGH FamRZ 2026, 230; FamRZ 2014, 1358). Auch wenn der Gesetzgeber keine Zeitvorgabe macht, ist mindestens von einem Zeitraum von 10 bis 14 Tagen auszugehen (Dodegge NJW 2013, 1265; ähnlich Bünnnigmann BtPrax 2015, 91). Der Überzeugungsversuch muss durch eine überzeugungsfähige und – bereite Person erfolgen (BGH FamRZ 2014, 1358). Die daher in der Regel durch Arzt und Betreuer (Besprechungspflicht nach § 1821 Abs. 5) zu führenden Gespräche sind auf eine **vertrauensbasierte, freiwillige,** insbesondere nicht bloß auf eine anderenfalls drohende Gewaltanwendung gegründete **Zustimmung** des Betroffenen zu richten (BVerfG BtPrax 2013, 61). Die Zustimmung des Betroffenen führt zwar nicht zwingend dazu, dass die Behandlung mit Einwilligung des insoweit einwilligungsfähigen Betroffenen durchgeführt wird. Sie lässt aber auf jeden Fall den Zwangscharakter der Maßnahme entfallen (HK-BUR/Bauer/Braun § 1906a Rn. 198). Ist der Betroffene im rechtlichen Sinn einwilligungsunfähig, bleibt es dabei, dass der Betreuer die Einwilligung erklären muss.

Für den Überzeugungsversuch müssen die erforderlichen **personellen und räumlichen Ressourcen** durch das Krankenhaus zur Verfügung stehen. Wie im Fall des § 1831 Abs. 4 rechtfertigen fehlende organisatorische und personelle Vorkehrungen keine Grundrechtseingriffe. Eine entsprechende Auslegung mit dem Vorrang der Erforschung des tatsächlichen oder mutmaßlichen Willens des Betroffenen (ggf. durch leichte Sprache oder Methoden der Unterstützten Entscheidungsfindung) gebieten auch die Vorschriften der UN-BRK (Masuch/Gmati NZS 2013, 521; zu entsprechenden Erfahrungen aus psychiatrischer Sicht Zinkler/Koussemou R&P 2013, 76 und Zinkler/De Sabbata R&P 2017, 207). Die vorstehenden Anforderungen gelten auch im Rahmen einer eiligen Entscheidung durch einstweilige Anordnung (BVerfG FamRZ 2015, 1589).

16 Abs. 1 S. 1 Nr. 5 und 6 betrifft die **Verhältnismäßigkeit** der Zwangsmaßnahme.

Der drohende gesundheitliche Schaden darf durch **keine andere dem Betroffenen zumutbare Maßnahme** abgewendet werden können (Nr. 5), und der zu erwartende **Nutzen** der ärztlichen Zwangsmaßnahme muss die zu erwartenden **Beeinträchtigungen** deutlich überwiegen (Nr. 6).

Der Grundsatz der Verhältnismäßigkeit hat Verfassungsrang und lässt eine Zwangsbehandlung nur als ultima ratio zu. Die Abwägungsentscheidungen sind **aus Sicht des Betroffenen** vorzunehmen, wobei dessen Wertevorstellungen und vor allem frühere Erfahrungen mit psychiatrischen Behandlungen zu berücksichtigen sind. Dies entspricht den Grundsätzen der §§ 1821 Abs. 2 und 1827 Abs. 2 BGB. Zumutbare Behandlungsalternativen können das sog. weiche Zimmer (Soteria), das Home-Treatment oder die Begleitung durch Krisendienste sein (Dodegge NJW 2013, 1265; zur Reduzierung von Zwangsmaßnahmen Stellungnahme der Zentralen Ethikkommission bei der Bundesärztekammer Dtsch ÄrzteBl 2013, A 1334 und Zinkler/Laupichler/Osterfeld 2016; Reus BetR 2025, 65).

Als Beeinträchtigungen im Sinn der Nr. 6 kommen **unerwünschte Nebenwirkungen** und Komplikationen der Behandlung wie extrapyramidal-motorische Nebenwirkungen, eine tardive Dyskenesie (BGH BtPrax 2021, 232 zur EKT) und insbesondere mit der Zwangsanwendung verbundene Traumatisierungen in Betracht. Insoweit sind zumindest die Kriterien des § 1829 Abs. 1 zugrunde zu legen (hierzu → BGB § 1829 Rn. 6 ff.), wenn wie in der Praxis bei der Zwangsbehandlung keine weitere Genehmigung nach § 1829 Abs. 1 eingeholt wird. Im Übrigen verlangt das BVerfG ein nach medizinischen Fachkreisen deutliches

Überwiegen des Nutzens gegenüber den Beeinträchtigungen. Insbesondere bei der Behandlung mit Psychopharmaka ist eine Heilung oft nicht möglich und gar nicht intendiert; häufig ist allenfalls eine Sedierung oder dämpfende Wirkung zu erreichen (LG Berlin BtPrax 1993, 66). Es hat daher in jedem Fall eine **Güterabwägung** zwischen den betroffenen Rechtsgütern unter Einbeziehung der mit der Behandlung verbundenen möglichen Gefahren iSd § 1829 Abs. 1 stattzufinden. Ist eine Heilung bzw. nachhaltige Besserung des Gesundheitszustandes nicht zu erreichen oder bestehen auf der anderen Seite erhebliche Gefahren in Form von schwerwiegenden Nebenwirkungen, die den Behandlungserfolg nicht aufwiegen, so ist die Behandlung nicht genehmigungsfähig (LG Berlin BtPrax 1993, 66). Irreversible Nebenwirkungen einer Behandlung mit Neuroleptika schließen eine Zwangsbehandlung aus (BVerfG BtPrax 2011, 112).

IV. Genehmigung des Betreuungsgerichts (Abs. 2)

Dem Betreuer bzw. Bevollmächtigten kommt bei der Einwilligung in eine ärztliche Zwangsmaßnahme eine besondere Verantwortung zu (Thar BtPrax 2013, 91; Reus BetR 2025, 65; Stoy/Pitz BtPrax 2025, 173 und 199). Er muss unter Beachtung betreuungsrechtlicher Grundsätze (insbesondere der §§ 1821 und 1827) sich davon überzeugen, dass alle Voraussetzungen des Abs. 1 S. 1 vorliegen, bevor er sich zu einer Zwangsbehandlung des Betroffenen entschließt und einen **begründeten Genehmigungsantrag** bei dem Betreuungsgericht stellt. Vorrang hat auch hier die Unterstützung des Betroffenen mit dem Ziel der Befähigung zu einer eigenen Entscheidung. Nach dem neuen § 1832 Abs. 3 in der Fassung des Referentenentwurfs (Rn. 1a) soll der Betreuer dem Gericht die Dokumentation über die Feststellung des Patientenwillens nach § 1828 Abs. 3 BGB sowie konkrete Angaben dazu übermitteln, wie und von wem der Überzeugungsversuch durchgeführt wurde und welche den Betreuten weniger belastenden Maßnahmen geprüft wurden. Der Betreuer bzw. Bevollmächtigte muss auch im Fall der Genehmigung durch das Betreuungsgericht von der Genehmigung keinen Gebrauch machen. Bei Wegfall der Voraussetzungen ist die **Einwilligung unverzüglich zu widerrufen;** dies ist dem Betreuungsgericht mitzuteilen (Abs. 3). Beides kommt in Betracht, wenn sich nach Genehmigung des Betreuungsgerichts die für die Entscheidung maßgeblichen Umstände ändern, insbesondere die beabsichtigte Behandlung nicht mehr erforderlich ist, oder sich herausstellt, dass die Voraussetzungen für die Genehmigung von vornherein nicht vorlagen. Eine bereits erteilte Genehmigung darf nicht aufrechterhalten werden (zum Unterbringungsrecht BGH BtPrax 2010, 80). **17**

Neben der Genehmigung nach Abs. 2 können die **Genehmigungen nach § 1829 und § 1831 Abs. 4** erforderlich sein, wenn die jeweiligen Voraussetzungen vorliegen, insbesondere eine mehr als halbstündige oder regelmäßige Fixierung (zB zur Medikamentengabe) erforderlich ist (HK-BUR/Bauer/Braun § 1906a Rn. 23 ff.). Dies kann auch den Fall postoperativer Fixierungen betreffen. Nach anderer Ansicht handelt es sich insoweit um eine ärztliche Zwangsmaßnahme (Beckmann BtPrax 2019, 190; für Entscheidung nach dem Schutzgut im Einzelfall Gietl NZFam 2020, 959). In der Praxis findet in aller Regel kein gesondertes Genehmigungsverfahren nach § 1829 statt, obwohl der Gesetzgeber beide Vorschriften nebeneinander bestehen gelassen hat. Dann sind die Kriterien des § 1829 Abs. 1 (→ BGB § 1829 Rn. 6 ff.) aber im Rahmen der Verhältnismäßigkeit der Zwangsbehandlung zu prüfen.

18 Der Betreuer bzw. Bevollmächtigte bedarf der **vorherigen Genehmigung des Betreuungsgerichts** (Abs. 2). Anders als bei der Unterbringung (§ 1831 Abs. 2 S. 2) und den ärztlichen Maßnahmen des § 1829 Abs. 1 besteht keine Befugnis für ein eigenständiges Handeln des Betreuers oder Bevollmächtigten in unaufschiebbaren Fällen. Wegen der insbesondere nach Abs. 1 Nr. 4 erforderlichen Zeit bedarf es regelmäßig neben der Genehmigung der Unterbringung einer weiteren Genehmigungsentscheidung. § 1867 ist im Fall der Einwilligung in eine ärztliche Zwangsmaßnahme nur anwendbar, wenn der Betreuer verhindert ist, nicht aber wenn noch kein Betreuer bestellt ist (Abs. 1 S. 2). Dies bedeutet, dass der Betreuungsrichter anders als bei der Unterbringung keine Entscheidung im Vorgriff auf den noch zu bestellenden Betreuer treffen kann. Die Entscheidung über die Zwangsbehandlung trifft (außer im Fall der Verhinderung) immer der Betreuer bzw. Bevollmächtigte. Für Fälle der Verhinderung des Betreuers ist ein Verhinderungsbetreuer nach § 1817 Abs. 4 zu bestellen. Die durchzuführende Behandlung ist in der Entscheidung über die Genehmigung der Zwangsmaßnahme hinsichtlich Arzneimittel, Wirkstoff, Dosis, Verabreichungshäufigkeit, Nebenwirkungen und ggf. Behandlungsalternativen sowie der Durchführung und Dokumentation unter Verantwortung eines Arztes präzise zu bezeichnen (§ 323 Abs. 2 FamFG; BGH FamRZ 2025, 809; BtPrax 2015, 64; FamRZ 2014, 1358; so bereits BGH BtPrax 2006, 145; OLG Köln NJW-RR 2006, 1664; OLG Schleswig FGPrax 2008, 180; insoweit aA OLG Karlsruhe FGPrax 2007, 263). Außerdem muss der Beschluss Angaben zu Zeitpunkt, äußerem Rahmen, Beteiligten, Umfang und Inhalt des Überzeugungsversuchs enthalten (BGH FamRZ 2014, 1694; 2017, 2056; 2022, 728). Das BVerfG hat in seinem Urt. v. 26.11.2024 NJW 2025, 144 offengelassen, ob wegen des abgesenkten Prüfungsmaßstabs eine ärztliche Zwangsmaßnahme außerhalb des Krankenhauses auch im **Verfahren der einstweiligen Anordnung** zu genehmigen sein kann. Dies ist zu verneinen (s. § 331 FamFG Rn. 1; so auch der Referentenentwurf).

V. Verbringung (Abs. 4)

19 In Abs. 4 wird die notwendige **Verbringung des Betroffenen in ein Krankenhaus** (oder ggf. an einen alternativen Behandlungsort) geregelt insbesondere in den Fällen, in denen der Betroffene die Verbringung in ein Krankenhaus mit natürlichem Willen ablehnt, sich dem Aufenthalt selbst im Krankenhaus aber nicht entziehen kann oder will (BT-Drs. 18/12842, 8). Die Verbringung wird wie eine Unterbringung nach § 1831 Abs. 1 Nr. 2 behandelt, es gelten dieselben Voraussetzungen und Verfahrensgarantien. Dies bedeutet nach dem Willen des Gesetzgebers auch, dass grundsätzlich (wie bei der Unterbringung) erst über die zwangsweise Verbringung in das Krankenhaus entschieden wird, bevor später in einem zweiten Schritt darüber zu entscheiden ist, ob die Genehmigung der Einwilligung in eine ärztliche Zwangsmaßnahme erteilt werden darf. Kommt eine Zwangsbehandlung von vornherein nicht in Betracht, scheidet auch eine Verbringung aus (zur entsprechenden Problematik bei der Unterbringung → BGB § 1831 Rn. 20).

§ 1833 Aufgabe von Wohnraum des Betreuten

(1) [1]**Eine Aufgabe von Wohnraum, der vom Betreuten selbst genutzt wird, durch den Betreuer ist nur nach Maßgabe des § 1821 Absatz 2 bis**

4 zulässig. [2]Eine Gefährdung im Sinne des § 1821 Absatz 3 Nummer 1 liegt insbesondere dann vor, wenn eine Finanzierung des Wohnraums trotz Ausschöpfung aller dem Betreuten zur Verfügung stehenden Ressourcen nicht möglich ist oder eine häusliche Versorgung trotz umfassender Zuhilfenahme aller ambulanten Dienste zu einer erheblichen gesundheitlichen Gefährdung des Betreuten führen würde.

(2) **[1]Beabsichtigt der Betreuer, vom Betreuten selbst genutzten Wohnraum aufzugeben, so hat er dies unter Angabe der Gründe und der Sichtweise des Betreuten dem Betreuungsgericht unverzüglich anzuzeigen. [2]Ist mit einer Aufgabe des Wohnraums aus anderen Gründen zu rechnen, so hat der Betreuer auch dies sowie die von ihm beabsichtigten Maßnahmen dem Betreuungsgericht unverzüglich anzuzeigen, wenn sein Aufgabenkreis die entsprechende Angelegenheit umfasst.**

(3) **[1]Der Betreuer bedarf bei vom Betreuten selbst genutzten Wohnraum der Genehmigung des Betreuungsgerichts**
1. **zur Kündigung des Mietverhältnisses,**
2. **zu einer Willenserklärung, die auf die Aufhebung des Mietverhältnisses gerichtet ist,**
3. **zur Vermietung solchen Wohnraums und**
4. **zur Verfügung über ein Grundstück oder über ein Recht an einem Grundstück, sofern dies mit der Aufgabe des Wohnraums verbunden ist.**

[2]Die §§ 1855 bis 1858 gelten entsprechend.

I. Überblick

Die Vorschrift ersetzt zum Teil § 1907 aF und §§ 1821 iVm 1908i Abs. 1 S. 1 aF. Die früheren Regelungen zur Genehmigung der Wohnungskündigung und Veräußerung einer Immobilie waren unzureichend, um einen effektiven Schutz der Betreuten vor einer Verlagerung ihres Lebensmittelpunktes gegen ihren Willen zu gewährleisten, da zum einen der Entscheidung keine klaren gesetzlichen Kriterien zugrunde lagen und zum anderen die gerichtliche Aufsicht bei einer rein faktischen Wohnungsaufgabe zu spät kam (Harm BtPrax 2013, 99). Ausgangspunkt ist die überragende und durch Art. 13 GG grundrechtlich geschützte Bedeutung der Wohnung des Betreuten als **räumlicher Mittelpunkt seines Lebens und seiner sozialen Bezüge** (BT-Drs. 19/24445, 136 (261) und auch schon 11/4528, 83 ff; BeckOK/Müller-Engels Rn. 3; MüKoBGB/Schneider Rn. 3; Schnellenbach/Normann-Scheerer/Giers/Thielke BetreuungsR-HdB Rn. 502). Zweck der Vorschrift ist es, zur Sicherung des Selbstbestimmungsrechts der Betreuten in dieser typischerweise durch eine besondere Vulnerabilität und eine erhebliche Eingriffsintensität gekennzeichneten Situation durch inhaltliche Vorgaben und betreuungsgerichtlicher Aufsicht die Aufgabe oder den Verlust der Wohnung zu verhindern und die eigene Wohnung als Lebensmittelpunkt und eventuell übrig gebliebene „Lebenswelt" solange wie möglich aufrechtzuerhalten, jedenfalls solange es dem Wunsch des Betreuten entspricht. 1

Die Norm ist der **Personensorge** und nicht der Vermögenssorge zugeordnet. In Abs. 1 sind die Voraussetzungen für die Zulässigkeit einer Aufgabe von Wohnraum durch den Betreuer normiert, in Abs. 2 und 3 die Prüfung der Zulässigkeit durch das Gericht durch Einführung von Anzeige- und Genehmigungspflichten. 2

Die **„Aufgabe von Wohnraum"** ist dabei **umfassend** gemeint, unabhängig von den jeweiligen rechtlichen Verhältnissen. Der Vermögensschutz ist in § 1850 im Rahmen der Vermögenssorge geregelt.

Entscheidender Anknüpfungspunkt ist die „Aufgabe von Wohnraum, der vom Betreuten selbst genutzt wird". Dies gilt **umfassend** – einschließlich der selbst genutzten Eigentumswohnung – und ist nicht auf bestimmte rechtliche Konstruktionen begrenzt, bezieht sich also auf die Besitzaufgabe, die Veräußerung, die Auflösung des Hausstandes, den sonstigen Verlust der bisherigen Wohnung oder die Unmöglichkeit ihrer Nutzung oder Rückkehr, eine Fremdvermietung während vorübergehender Abwesenheit oder schlicht die Verlagerung des tatsächlichen Lebensmittelpunktes, die mit einem endgültigen Verlassen der Wohnung verbunden ist. Umfasst sind damit sämtliche Orte, die dem Betreuten zum Zwecke des Wohnens allein oder auch mit weiteren Personen zur Verfügung stehen. Dazu gehört also auch ein Zimmer in einer WG oder in einem Altenpflegeheim, nicht jedoch im Rahmen einer Kurzzeitpflege. Voraussetzung ist nicht, dass der Betreute aktuell den Wohnraum noch bewohnt und sich zB im Krankenhaus oder nach einer Krankenhausentlassung in einer stationären Einrichtung befindet (LG Freiburg, BtPrax 2024, 108 – auch bei Wohnungseigentum). Nicht anwendbar ist die Norm jedoch auf Wohnraum, der nicht den eigenen Wohnzwecken des Betreuten dient oder gedient hat und auch künftig eine eigne Nutzung zum Wohnen nicht absehbar ist, zB wenn der Betreute seine Wohnung leer stehen lassen will. Dann ist der Betreuer unmittelbar an § 1821 gebunden.

Abs. 1 regelt unter welchen Voraussetzungen der Betreuer den Wohnraum aufgeben darf und Abs. 2 und 3 in welcher Form das Betreuungsgericht zu beteiligen ist, um seiner Aufsichtspflicht nachkommen zu können (zur gesamten Norm Harm BtPrax 2021, 174 ff.). Eine Wohnungsaufgabe ist ohne eine gerichtliche Überprüfung nicht mehr zulässig.

Die Vorschrift gilt nicht für Bevollmächtigte.

II. Voraussetzungen – Abs. 1

3 Voraussetzung für das Tätigwerden des Betreuers ist zunächst, dass dies von seinem **Aufgabenkreis** umfasst ist. Welche **Aufgabenbereiche** erforderlich sind, hängt vom Einzelfall ab. Benötigt der Betreuer eine Befugnis in Bezug auf den tatsächlichen Aufenthaltswechsel, ist eine Regelung von Aufenthaltsangelegenheiten erforderlich, muss er den Aufenthalt „bestimmen", die Aufenthaltsbestimmung. Kann der Betreute seinen Aufenthalt selbst bestimmen, ist aber zB nicht in der Lage, eine Kündigung auszusprechen, wäre dies gegebenenfalls von der Vermögenssorge umfasst. Der Aufgabenbereich „Wohnungsangelegenheiten" ist sicher ausreichend, aber nicht in jedem Fall erforderlich (Brosey/Lesting/Loer/Marschner BetreuungsR-HdB/Loer Rn. 237; Weber/Leeb BtPrax 2014, 247). Im Einzelfall kann die Erweiterung des Aufgabenkreises erforderlich sein.

4 Abs. 1 nimmt zur Sicherung der Selbstbestimmung der Betreuten und deren eigenen subjektiven Vorstellungen auf **§ 1821** als Maßstab Bezug und ergänzt es um zwei Regelbeispiele. Soweit der Betreute selbst nach außen rechtlich handlungsfähig ist, hat sich der Betreuer auf eine **Unterstützung bei der Entscheidungsfindung** oder eine Beratung bei der konkreten Umsetzung zu beschränken. Auch hier gilt „Assistenz vor Vertretung". Zu beachten ist, dass die eigenständige Kündigung oder Veräußerung der Wohnung als Rechtshandlung nach außen die

Geschäftsfähigkeit dazu voraussetzt. Eine Unterstützung bei der Entscheidungsfindung kann im Einzelfall zu einer Geschäftsfähigkeit für diese Willenserklärung führen. Will der Betreute von sich aus die bisherige Wohnung aufgeben oder umziehen, kann aber seinen Wunsch letztlich nicht selbst rechtlich umsetzen – zB durch eine wirksame Kündigungserklärung –, darf der Betreuer diesen **Wunsch umsetzen,** ohne dass die sonstigen Voraussetzungen vorliegen müssen. Das Gericht ist zwar auch dann nach Abs. 2 zu informieren, hat in einem solchen Fall aber nur zu prüfen, ob der Umzug tatsächlich dem Wunsch des Betreuten entspricht.

Will der Betreute aber seine Wohnung nicht aufgeben, darf der Betreuer nur unter der Voraussetzung des § 1821 Abs. 3 und 4 davon abweichen. Das bedeutet zunächst, dass eine **erhebliche Gefährdung** drohen muss. Wann eine Gefährdung erheblich ist, ist allein **aus Sicht der Betreuten** zu beurteilen und nicht anhand von objektiven Kriterien. § 1821 Abs. 3 räumt dem objektiven Wohl des Betreuten keinen Vorrang vor seinen subjektiven Wünschen ein, im Gegenteil. Auch Betreute dürfen sich gefährden, wenn ihnen das Leben in der eigenen Wohnung wichtiger ist und sie die Risiken, die mit dem Alter oder der Erkrankung verbunden sind, zB Stürze, in Kauf nehmen (MüKoBGB/Schneider Rn. 5 f.). „Sauber, satt und sicher" ist nicht das Ziel der rechtlichen Betreuung. Gewisse Risiken sind hinzunehmen. Will der Betreute weiter in seiner Wohnung leben, sind **ambulante Maßnahmen** vorrangig – zur Not auch gegen dessen Willen, wenn nur dadurch das für ihn höherrangige Ziel des Erhalts der Wohnung erreicht werden kann.

Eine Vermüllung allein dürfte nicht ausreichen. Wann der Zustand der Wohnung für den Betreuten eine erhebliche Gefährdung darstellt, ist vom Einzelfall abhängig. (Zur Problematik einer vermüllten Wohnung siehe Noll BtPrax 2021, 96). Bei einer Gefährdung, zB bei Unterversorgung, sind vorrangig ambulante Maßnahmen durchzuführen. Lehnt der Betreute diese ab, so sind sie als ein milderes Mittel anzunehmen, wenn ansonsten ein Umzug in eine Pflegeeinrichtung und damit der Wohnungsverlust im Raum steht, den der Betreute erst recht nicht will (Loer BtPrax 2023, 79 (81)). Die Aufgabe der Wohnung gegen den Willen des Betreuten ist in der Regel jedenfalls ein größerer Grundrechtseingriff als die zu ihrem Erhalt notwendigen Maßnahmen.

S. 2 enthält zwei **Regelbeispiele,** wann von einer **erheblichen Gefährdung** ausgegangen werden kann und die **§ 1821 Abs. 3 Nr. 1** präzisieren: Die Finanzierung der Wohnung ist nicht mehr möglich oder die häusliche Versorgung würde trotz aller denkbaren ambulanten Leistungen zu einer erheblichen gesundheitlichen Gefährdung führen, wobei wiederum subjektiv auszulegen ist, was für den Betreuten erheblich ist. Diese Beispiele sind nicht abschließend, aber typische Hintergründe für eine Wohnungsaufgabe, die der Betreute selbst nicht will. Auch andere schwerwiegende Gründe können in Betracht kommen. 5

Die **Finanzierung** des Wohnraums kann an ihre Grenzen kommen, insbesondere bei einem dauerhaften Heimaufenthalt oder wenn die Miete die wirtschaftliche Leistungsfähigkeit deutlich übersteigt. Die Pflichten des Betreuers unterliegen den tatsächlichen Rahmenbedingungen. Rein wirtschaftliche Überlegungen oder eine „vernünftige", weil kostensparende Handhabung, dürfen jedoch nicht handlungsleitend sein, wenn sie nicht dem Wunsch des Betreuten entsprechen. Auch „unsinnige" Ausgaben sind erlaubt, solange sie höherrangige Rechtsgüter nicht gefährden (LG Gera BtPrax 2024, 146). Sozialrechtliche Ansprüche sind auszuschöpfen, auch im Fall eines vorübergehenden Krankenhaus- oder Pflegeheimaufenthalts. Kann der Betreute die Miete neben den Heimkosten ohne Not zahlen und wirkt sich die Beibehaltung der Wohnung positiv auf sein Befinden aus, sind auch dann, wenn eine Rückkehr in die Wohnung so gut wie ausgeschlossen ist, finanzielle Gesichtspunkte nachrangig, wenn der Erhalt der Wohnung seinem (mutmaßlichen) Willen entspricht (BayObLG BtPrax 2004, 69; zur Verpflichtung der Sozialleistungsträger, während des Genehmigungsverfahrens ggf. doppelte Unterkunftskosten zu bezahlen: LSG Berlin-Brandenburg BtPrax 2011, 179).

Bei einer **erheblichen Gesundheitsgefährdung** ist eine Abwägung zu treffen. Zunächst müssen sämtliche ambulanten Maßnahmen ausgeschöpft sein. Wenn der Betreute den Einsatz verbal ablehnt, ist dennoch zu versuchen, inwieweit sie tätig werden können, um ein Mindestmaß an Versorgung sicherzustellen. Eine optimale Versorgung ist nicht zu verlangen. Ein **Betreten der Wohnung** ist dann auch gegen den natürlichen Willen des Betreuten gerechtfertigt, wenn nur durch externe Hilfe ein Verbleib in der Wohnung unter menschenwürdigen Bedingungen vertretbar ist – soweit der Erhalt des Wohnraums das oberste Ziel für den Betreuten ist, siehe → Rn. 7.

6 Weitere Voraussetzung nach **§ 1821 Abs. 3** ist, dass der Betreute seine Gefährdung **aufgrund seiner Erkrankung nicht erkennen kann** (LG Gera BtPrax 2024, 146). Ein Eingreifen durch den Betreuer ist nur dann zulässig, wenn die Lebensweise in der Wohnung gerade nicht mehr **Ausdruck von Selbstbestimmung** ist. Ist dem Betreuten die Gefährdung bewusst, ist er insoweit einsichts- wie auch steuerungsfähig, darf der Betreuer nicht gegen seinen Willen handeln (→ BGB § 1821 Rn. 18). Wenn aber zB ein demenzerkrankter Betreuter seine eigene Wohnung gar nicht mehr als solche wahrnimmt, sich in ihr nicht mehr zurecht findet und ausschließlich durch für ihn fremde Menschen versorgt wird, beruht der Wunsch zu Hause bleiben zu wollen möglicherweise auf einer Verkennung der Realität. Damit ist auch die Ablehnung, in eine stationäre Einrichtung wechseln zu wollen, nicht mehr Ausdruck von Selbstbestimmung.

7 Selbst wenn von einer erheblichen krankheitsbedingten Gefährdung auszugehen ist und der Betreuer deshalb gem. § 1821 Abs. 3 von den Wünschen des Betreuten abweichen darf oder ein aktueller Wunsch nicht feststellbar ist, muss der Betreuer gem. **§ 1821 Abs. 4** nach dem **mutmaßlichen Willen** fragen: Würde der Betreute mutmaßlich die Aufgabe der Wohnung und ggf. einem Umzug zustimmen, wenn seine Fähigkeit zur freien Willensbildung nicht aufgehoben wäre? Unter der Methode der unterstützten Entscheidungsfindung muss versucht werden zu klären, was für den Betreuten wichtig ist und welche Maßnahmen zur Erreichung seines eigenen Zieles notwendig sind. Hat der Erhalt der eigenen Wohnung für den Betreuten höchste Priorität, sind auch Maßnahmen gegen seinen natürlichen Willen zulässig, um einen Verlust der Wohnung zu vermeiden, zB der Einsatz ambulanter Dienste zum Aufräumen (Loer BtPrax 2023, 79 (81)).

Gewisse **Risiken** sind hinzunehmen. Kann der Betreute seinen Willen nicht mehr äußern, kommt es auch hier auf seinen mutmaßlichen Willen an. Erst bei einer Gefährdung, die der Betreute krankheitsbedingt nicht selbst erkennen kann und auch mutmaßlich nicht in Kauf nehmen würde, darf der Betreuer gegen dessen Willen die Wohnung aufgeben. Zu fragen ist, ob der Betreute (mutmaßlich) den zum Erhalt der Wohnung notwendigen Maßnahmen zustimmen würde, wenn ansonsten die Aufgabe bzw. der Verlust der Wohnung oder einer eigenständigen Lebensform droht.

Die bestehenden Rehabilitationsmöglichkeiten zur und durch Aufrechterhaltung der eigenen Wohnung sind durch den Betreuer wahrzunehmen bzw. zu vermitteln (**§ 1821 Abs. 6**).

III. Anzeigepflichten – Abs. 2

Abs. 2 verpflichtet den Betreuer dem Gericht eine Mitteilung zu machen, nach S. 1, wenn er beabsichtigt, den Wohnraum des Betreuten aufzugeben, nach S. 2, wenn aus anderen Gründen mit der Aufgabe des Wohnraums zu rechnen ist. Damit besteht eine **Mitteilungspflicht in allen Formen der Wohnungsaufgabe.** Hintergrund ist zum einen die Erfahrung nach dem früheren Recht, wenn Betreuer durch tatsächliche Handlungen teilweise erheblich in die Selbstbestimmung der Betreuten eingriffen, ohne dass dem Gericht dies bekannt wurde, sodass ein rechtzeitiges Eingreifen der Aufsicht nicht mehr möglich war. Dies ist insbesondere dann der Fall, wenn bereits vor der entsprechenden betreuungsgerichtlichen Genehmigung einer Wohnungskündigung oder einer Immobilienveräußerung aufgrund der Räumung bzw. Entrümpelung der Wohnung Tatsachen geschaffen werden, die nicht mehr rückgängig zu machen sind und der Betreute gegen seinen Willen in ein Heim gewechselt ist. Ein solches, rein tatsächliches Handeln des Betreuers kann jedoch keiner nach außen wirkenden Genehmigungspflicht unterworfen werden, da es an einem zu genehmigenden Rechtsgeschäft fehlt, das ohne die Genehmigung unwirksam wäre. Gleiches gilt für Situationen, in denen aus anderen Gründen der Verlust der Wohnung droht, zB drohende Kündigung und Räumung durch den Vermieter wegen Mietrückständen oder mietwidrigen Verhaltens und der Betreuer nicht tätig wird, um die Kündigung zu verhindern (zum Vollstreckungsschutz bei psychischer Krankheit und Suizidgefahr BGH FamRZ 2018, 372 mwN; BVerfG BtPrax 2014, 220; BGH BtPrax 2010, 281). Eine Anzeigepflicht besteht auch dann, wenn der Betreute selbst kündigt oder die Wohnung sonst aufgibt; Voraussetzung insoweit ist allerdings, dass der Aufgabenkreis die Angelegenheit umfasst. 8

Soweit der Betreute durch eine eigene Entscheidung oder eigene Willenserklärung seinen bisher bewohnten Wohnraum selbst aufgibt, handelt es sich um eine wesentliche Änderung der persönlichen Verhältnisse des Betreuten, die der Betreuer gemäß **§ 1864 Abs. 2 S. 1** dem Gericht unverzüglich mitzuteilen hat, und zwar unabhängig vom Aufgabenkreis. Auch in diesem Fall kann das Gericht Aufsichtsmaßnahmen ergreifen, wenn es ein Tätigwerden des Betreuers für geboten hält und der Aufgabenkreis insoweit zu erweitern ist. Auch darauf hat der Betreuer schon von sich aus hinzuweisen, **§ 1864 Abs. 2 S. 2 Nr. 3.** Diese anderen Mitteilungspflichten bestehen neben der Anzeigepflicht nach Abs. 2.

Sinn der Anzeigepflichten des Betreuers ist es, dem Gericht ein frühzeitiges Eingreifen im Rahmen der **Aufsicht** zu ermöglichen (MüKoBGB/Schneider Rn. 9–13). Da sich die Prüfung des Gerichts gerade nicht auf ein Rechtsgeschäft bezieht, kann kein übliches Genehmigungsverfahren durchgeführt werden, vielmehr erfolgt eine **Überprüfung der Rechtmäßigkeit des beabsichtigten Handelns** des Betreuers. Das Gericht hat seiner Aufsichtspflicht nach **§ 1862** (→ § 1862) nachzukommen. Es hat eine Prüfung durchzuführen und dabei auf die Einhaltung der Pflichten des Betreuers zu achten, die sich aus Abs. 1 und aus § 1821 ergeben. 9

Gefordert ist eine **qualifizierte Mitteilung,** die alle Umstände, die für die Entscheidung relevant sind, enthalten sollte. Die Übersendung einer ärztlichen Stellungnahme, wonach eine ambulante pflegerische Versorgung nicht mehr ausreichend sei, ist gerade nicht ausreichend, weil es nach dem oben Gesagten nicht allein darauf ankommt. Auch ein Hinweis auf die Empfehlungen Dritter ist nicht hinreichend. Wenn der Wohnraum gegen den Willen des Betreuten aufgegeben werden soll, muss die Mitteilung den Entscheidungsprozess und die Sichtweise des Betreuten darstellen, die Abwägung, warum aus dessen Perspektive eine erhebliche Gefährdung vorliegt und bei fehlender Finanzierung die entsprechenden Gründe (Harm BtPrax 2021, 174 (176)).

Auch wenn das Gesetz dies nicht ausdrücklich benennt, ist dem Sinn der Vorschrift zwingend zu entnehmen, dass das Gericht auf eine solche Mitteilung seiner **Aufsichtspflicht** nachkommen und entsprechend tätig werden muss. So ergibt es sich aus der Gesetzesbegründung (BT-Drs. 19/24445, 262). Die Tiefe der eigenen **Ermittlungen** ist wiederum vom Einzelfall abhängig. Wenn die Wohnungsaufgabe durch den Betreuer erfolgt, ist zunächst zu prüfen, ob die Voraussetzungen des Abs. 1 vorliegen und die Sichtweise des Betreuten nachvollziehbar dargestellt ist (Harm BtPrax 2021, 174 (176); HK-BUR/Harm Rn. 36 ff.). Wenn es Zweifel gibt, hat sich das Gericht schon allein deswegen einen **persönlichen Eindruck** vom Betreuten zu verschaffen. Wunsch und Wille des Betreuten sind entscheidungsrelevant. Ist der Betreute mit der Wohnungsaufgabe nicht einverstanden, hat das Gericht nach § 1862 Abs. 2 ihn **persönlich anzuhören.** Der Schutz des Betreuten muss hier genauso ausgestaltet sein wie in einem Genehmigungsverfahren. Soweit erforderlich hat das Gericht einen geeigneten **Verfahrenspfleger** zu bestellen (→ FamFG § 276 Rn. 1 ff.), der die **Wünsche des Betreuten** in das Verfahren einbringt, aber nicht die persönliche Anhörung des Gerichts ersetzen kann.

Sollte das Gericht bei seiner Prüfung zu dem Ergebnis kommen, dass der Betreuer nicht nach den gesetzlichen Vorgaben handelt und das Selbstbestimmungsrecht nicht ausreichend achtet, hat es gemäß § 1862 Abs. 3 durch geeignete **Gebote oder Verbote** einzuschreiten.

10 Wenn der Betreuer gleichzeitig eine nach Abs. 3 genehmigungspflichtige Willenserklärung abgeben will, geht der entsprechende Antrag unter Benennung der Gründe und der Sichtweise des Betreuten der Anzeige nach Abs. 2 vor. Eine Anzeige nach Abs. 2 und ein Antrag nach Abs. 3 müssen nicht getrennt voneinander dem Betreuungsgericht vorgelegt werden, wenn es sich um denselben Sachverhalt handelt. In dem Genehmigungsverfahren nach Abs. 3 ist die Aufsichtstätigkeit des Gerichts nach Abs. 2 enthalten (BT-Drs. 19/24445, 262).

IV. Genehmigungsvorbehalt – Abs. 3

11 Abs. 3 bezieht sich (anders als §§ 1907, 1821 aF) wie die gesamte Norm ausschließlich auf die **Aufgabe selbstgenutzten Wohnraums** (→ Rn. 2) und normiert eine **Außengenehmigung** eines entsprechenden Rechtsgeschäfts.

Nach Nr. 1 und 2 sind alle Willenserklärungen genehmigungspflichtig, die der Betreuer in Ausübung seiner Vertretungsmacht nach § 1823 zur Beendigung des Mietverhältnisses abgibt. **Nr. 1** bezieht sich nur auf die Kündigung eines **Mietverhältnisses,** nicht aber auf die Kündigung eines Heimplatzes. Will der Betreuer in Vertretung des Betreuten einen **Heimplatz** nach den Regeln des **Wohn- und**

Betreuungsvertragsgesetzes (WBVG) kündigen, kommt kein Genehmigungsverfahren in Betracht, da es sich nicht um ein Mietverhältnis handelt, sondern um einen eigenen zivilrechtlichen Vertragstyp, der Wohnraum zuweist. Das WBVG schützt die Bewohner in die andere Richtung, indem es ihnen das Recht zusichert, jederzeit auszuziehen zu können. Ein übliches Genehmigungsverfahren, bei dem erst der Eintritt der Rechtskraft der Genehmigung abgewartet werden muss, würde die kurzen Kündigungsfristen aus dem WBVG unwirksam machen. Deshalb ist eine beabsichtigte Heimplatzkündigung dem Gericht nach Abs. 2 anzuzeigen (HK-BUR/Harm Rn. 7 f.).

Nr. 2 umfasst neben der **Aufhebung eines Mietvertrags** auch die vertragliche Aufgabe eines Wohnrechts, wenn damit eine Wohnungsauflösung einhergeht.

Nr. 3 bezieht sich auf die **Vermietung von Wohnraum,** den der Betreute nutzt. Unerheblich ist dabei, ob der Wohnraum im Eigentum des Betreuten steht. Die Vermietung kann sowohl die Weitervermietung des gemieteten, selbst genutzten Wohnraums sowie die Vermietung des selbst genutzten Eigentums oder Wohnungseigentums des Betreuten betreffen. Die Vermietung kann entweder im Wege der Untervermietung erfolgen oder wenn der Betreute Eigentümer der Wohnung ist (Jurgeleit/vom Felde Rn. 26 f.; OLG Schleswig BtPrax 2001, 211). Auch hierdurch soll sichergestellt werden, dass bei Krankenhaus- oder Heimaufenthalt dem Betreuten die Rückkehr in die eigene Wohnung möglich ist.

Nr. 4 bezieht sich auf **Immobilien,** sofern mit der Verfügung die Aufgabe von selbst genutztem Wohnraum verbunden ist. Ansonsten, wenn es allein um die vermögensrechtliche Bedeutung des Wohnraums als Immobilie geht, ist § 1850 Nr. 1 einschlägig (→ § 1850). Wenn durch die Verfügung über das Grundstück gleichzeitig der selbst genutzte Wohnraum aufgegeben werden soll, ist die Genehmigung nach Abs. 3 vorranging, wobei im Verfahren sowohl die persönlichen wie auch die wirtschaftlichen Aspekte entscheidungsrelevant sind. Die Veräußerung einer Eigentumswohnung kann auch gegen den natürlichen Willen des Betreuten gerechtfertigt sein, wenn ansonsten die Kosten für den notwendigen Heimaufenthalt nicht gezahlt werden können und bei längerem Zuwarten eine Zwangsversteigerung droht (LG Freiburg BtPrax 2024, 108).

Verfahrensrechtlich handelt sich um eine Außengenehmigung, die **vor** dem 12
Rechtsgeschäft erteilt sein muss und erst mit Rechtskraft wirksam wird. Vorher ist zB eine Kündigung nichtig. Wenn der Betreute nicht zustimmt, ist die Genehmigung erst dann zu erteilen, wenn eine Rückkehr in die Wohnung ausgeschlossen erscheint (MüKoBGB/Schneider Rn. 24; OLG Frankfurt a. M. FamRZ 2006, 1875). Zuständig für die Genehmigungen ist der **Rechtspfleger,** da kein Richtervorbehalt besteht (§ 15 RPflG; zum Verfahren Renner BtPrax 1999, 96). Maßstab ist Abs. 1 und die Pflichten des Betreuers nach § 1821 Abs. 3 und 4. Der Betreute ist dazu **persönlich anzuhören** (§ 299 S. 2 FamFG), insbesondere um seinen Willen zu ermitteln. In aller Regel ist wegen der Bedeutung der Angelegenheit ein **Verfahrenspfleger** zu bestellen (§ 276 FamFG), der zwar das rechtliche Gehör gewähren und den Willen des Betreuten in das Verfahren einbringen soll, aber nicht die Anhörung ersetzt. Soweit es auf medizinische Fragen ankommt, sei es zur Entscheidungsfähigkeit des Betreuten, zum Pflegebedarf, zur Prognose oder zu den Möglichkeiten ambulanter Maßnahmen, hat das Gericht ein **ärztliches Zeugnis, ggf. auch ein Sachverständigengutachten** gem. § 26 FamFG einzuholen, falls dies nicht bereits bei der erforderlichen Erweiterung des Aufgabenkreises im Betreuungsverfahren geschehen ist (OLG Frankfurt a. M. FamRZ 2006, 1875). Soweit der Betreute widerspricht,

dürfte ein ärztliches Zeugnis nicht ausreichen (Weber/Leeb BtPrax 2014, 248 (251); LG Gera BtPrax 2024, 146). Ob der Betreute eventuell besser in einer Pflegeeinrichtung als in der eigenen Wohnung versorgt werden kann, soll allerdings nicht allein von einer ärztlichen Empfehlung abhängen, so ausdrücklich die Gesetzesbegründung (BT-Drs. 19/24445, 261). Auch die **Betreuungsbehörde** kann gem. **§ 11 Abs. 1 Nr. 3 BtOG** um eine fachliche Beurteilung gebeten werden.

Sowohl gegen die Genehmigung als auch gegen deren Ablehnung kann eine befristete **Beschwerde** nach den §§ 58 ff. FamFG eingelegt werden.

§ 1834 Bestimmung des Umgangs und des Aufenthalts des Betreuten

(1) **Den Umgang des Betreuten mit anderen Personen darf der Betreuer mit Wirkung für und gegen Dritte nur bestimmen, wenn der Betreute dies wünscht oder ihm eine konkrete Gefährdung im Sinne des § 1821 Absatz 3 Nummer 1 droht.**

(2) **Die Bestimmung des Aufenthalts umfasst das Recht, den Aufenthalt des Betreuten auch mit Wirkung für und gegen Dritte zu bestimmen und, falls erforderlich, die Herausgabe des Betreuten zu verlangen.**

(3) **Über Streitigkeiten, die eine Angelegenheit nach Absatz 1 oder 2 betreffen, entscheidet das Betreuungsgericht auf Antrag.**

I. Überblick

1 Bis zum 31.12.2022 waren gemäß § 1908i aF auf die Betreuung § 1632 Abs. 1 bis 3 aF sinngemäß anzuwenden. Mit entsprechendem Aufgabenkreis (Personensorge, Aufenthaltsbestimmung) hatte der Betreuer das Recht, die Herausgabe des Betreuten von jedem zu verlangen, der es dem Betreuer widerrechtlich vorenthielt. Überdies umfasste die übertragene Personensorge (oder das Umgangsrecht) ferner das Recht, den Umgang des Betreuten auch mit Wirkung für und gegen Dritte zu bestimmen.

Nach den Bestrebungen des Reformgesetzgebers soll mit der Regelung des § 1834 dem Selbstbestimmungsrecht des Betreuten in möglichst weitem Umfang Rechnung getragen werden. Die Anforderungen an die Anordnung und die Ausübung dieser Bestimmungsbefugnisse werden klarer geregelt. Der Betreuer soll eine Umgangsbestimmung und das Recht auf Herausgabe des Betreuten gegenüber Dritten nur insoweit erhalten und ausüben dürfen, als eine konkrete erhebliche Schädigung des Betroffenen zu befürchten ist (BT-Drs. 19/24445, 263 f., s. auch Engelfried BtPrax 2022, 77 ff., Schneider FamRZ 2022, 1 ff.).

Die Regelung stellt damit Inhalt und Reichweite der Befugnisse zur Umgangsbestimmung und der Aufenthaltsbestimmung des Betreuers vor allem mit Wirkung für Dritte klar. Die Umgangs- oder Aufenthaltsbestimmung ist im Fall von Streitigkeiten mit Dritten auf Antrag des Betreuers durch das Betreuungsgericht (Abs. 3) geklärt und kann zwangsweise durchgesetzt werden. Umgangs- und Aufenthaltsbestimmung unterliegen einer strengen Erforderlichkeitsprüfung im Einzelfall und berücksichtigen § 1821.

II. Die Ausübung des Umgangsbestimmungsrechts

2 Die Übertragung des Umgangsbestimmungsrechts richtet sich nach § 1815 Abs. 2 Nr. 4 und erfordert die **ausdrückliche Anordnung.** Die Anordnung kommt als Aufgabe des Betreuers nur in Betracht, wenn der Betreute krankheits- oder behinderungsbedingt seinen Umgang nicht mehr eigenverantwortlich bestimmen kann und dadurch **erheblich geschädigt wird** (→ § 1815 Rn. 23). Ziel der ausdrücklichen Anordnung in § 1815 Abs. 2 ist es, die Grenzen der Handlungsmacht des Betreuers deutlich zu machen (BT-Drs. 19/24445, 234).

3 Der Umgang umfasst den persönlichen Kontakt des Betroffenen mit anderen Personen (Dodegge/Roth D Rn. 127) im weiteren Sinne, dh unmittelbar, persönlich, aber auch über soziale Medien und andere technische Kommunikationsmittel. Neben einer Verweigerung von Kontakten des Betreuten kann auch die Zulassung von nicht gewünschten Besuchen rechtswidrig sein (MüKoBGB/Schneider Rn. 10). Das Umgangsbestimmungsrecht kann durch **Weisungen sowie Umgangsverbote** (Kontaktverbote) ausgeübt werden, die sich gegen einen Dritten richten. Der Betreuer wird im Außenverhältnis als Vertreter nach § 1823 tätig. Die Umgangsbestimmung kann gegenüber dem Dritten rechtliche Konsequenzen nach sich ziehen, etwa in Form von Unterlassungsansprüchen oder auch bezogen auf Gewaltschutzanordnungen (Engelfried BtPrax 2022, 77).

4 Für die Ausübung des Umgangsbestimmungsrechts durch den Betreuer macht § 1834 Abs. 1 zudem Einschränkungen. Dahinter verbirgt sich der Grundsatz, dass jeder Volljährige selbst bestimmt, mit wem er Umgang haben möchte oder nicht. Es handelt sich um einen wichtigen Aspekt der freien Lebensgestaltungen, auch wenn dieser Umgang vielleicht den Wertvorstellungen des Betreuers nicht entspricht (BT-Drs. 19/24445, 264). Das Umgangsbestimmungsrecht dient, wie die Betreuung, dem Zweck, das Selbstbestimmungsrecht des Betroffenen zu gewährleisten und ihn, nur soweit erforderlich, vor erheblichen Schädigungen zu schützen. Denkbar ist, dass der Betreute eine Umgangsbestimmung selbst wünscht, weil er sich selbst nicht gegen einen Dritten behaupten kann mit dem er keinen Kontakt wünscht. Eine Umgangsbestimmung ohne oder gegen den Wunsch mit Wirkung für und gegen Dritte erfolgt dort, wo eine konkrete erhebliche Schädigung des Vermögens oder der Person des Betreuten zu erwarten ist, die er aufgrund seiner Krankheit oder Behinderung nicht erkennen oder nicht nach dieser Einsicht handeln kann und soweit es keine anderen Möglichkeiten des Schutzes gibt. Der Betreuer hat Betreuten bei seiner Entscheidungsfindung vorrangig zu unterstützen und diese ggf. umzusetzen (§ 1821 Abs. 1). Regelmäßig wird ein vollumfänglicher Umgangsausschluss unverhältnismäßig sein; zu erwägen ist erforderlichenfalls Kontakt in Anwesenheit Dritter.

5 Eine **Gefahr für das Vermögens** kommt in Betracht, wenn Dritte für den Betreuten signifikante Mengen an Geld oder andere Vermögensgegenstände gegen oder ohne dessen Willen entwenden (BT-Drs. 19/24445, 264). Denkbar ist auch eine missbräuchliche Einflussnahme auf den Willen des Betreuten. Eine **Gefahr für die Person** liegt vor, wenn der Dritte dem Betreuten Gewalt antut, wie körperliche Verletzungen, Beschränkung der Bewegungsfreiheit, die pflegerische oder medizinisch notwendige Versorgung verhindert, auch psychische Belastungen etwa wegen Drohungen können ebenso darunterfallen (Engelfried BtPrax 2022, 77). Jede Umgangsbestimmung muss strikt erforderlich sein (MüKoBGB/Schneider Rn. 10). Der Kontakt des Betreuten mit einem Rechtsanwalt seiner Wahl darf nicht behindert werden (BayObLG Rpfleger 1990, 361), sonst würde

§ 275 FamFG unterlaufen. Die Gefahr einer Schwangerschaft wegen möglicher einvernehmlicher, sexueller Kontakte kann ebenfalls keine Umgangsbestimmung rechtfertigen. Die Möglichkeit eines Einwilligungsvorbehalts nach § 1825 ist bei Gefahren für das Vermögen vorrangig zu prüfen.

6 Ein allgemeines **Kontaktaufnahmerecht** Dritter besteht nicht (OLG Saarbrücken BtPrax 1999, 153). Auch für **nahe Angehörige** ist kein gesetzliches Kontaktaufnahmerecht vorgesehen (zum Auskunftsrecht → BGB § 1822 Rn. 2 ff.). Der Umgang mit dem Betreuten sollte sich zunächst aus dessen Wunsch oder, wenn dieser keine Wünsche mehr äußern kann, aus dessen mutmaßlichen Willen nach § 1821 Abs. 4 ergeben. Auch hier hat der Betreuer die Wünsche des Betreuten festzustellen (§ 1821 Abs. 2) und er hat den Betreuten bei seiner Entscheidungsfindung zu unterstützen und diese ggf. umzusetzen. Soll jedoch der Umgang des Betreuten mit seinen **Eltern** oder **volljährigen Kindern** reglementiert werden, ist auch der verfassungsrechtliche **Schutz** der **Familie** aus Art. 6 Abs. 1 GG zu beachten (BayObLG FamRZ 2004, 1670; ausführlich Engelfried BtPrax 2022, 77).

7 Auch wenn das Umgangsbestimmungsrecht inhaltlich neben der Regelung persönlicher Kontakte die briefliche und telefonische Kontaktaufnahme sowie den E-Mail- und Messengerverkehr erfasst, bedarf der Betreuer zur **Kontrolle des Telefon- und Postverkehrs** des Betreuten nach § 1815 Abs. 2 Nr. 5 und Nr. 6 des ausdrücklichen Aufgabenbereichs. Die Wegnahme oder das Außerbetriebsetzen eines Handys, um Anrufe zu unterbinden, ist ohne den Aufgabenbereich von vornherein unzulässig (BayObLG FamRZ 2003, 962).

8 Erlangt das Betreuungsgericht Anhaltspunkte über Pflichtverletzungen bei der Ausübung des Umgangsrechts, so richtet sich das Vorgehen nach § 1862 und kann ggf. nach Abs. 3 Weisungen erteilen. Es ist Sache des Betreuungsgerichts, sachlich **unangemessene Verbote** der Kontaktaufnahme zu Betreuten zu korrigieren (OLG Saarbrücken BtPrax 1999, 153).

III. Herausgabeverlangen

9 Abs. 2 stellt klar, dass der Betreuer die Befugnis die **Herausgabe** des Betreuten zu verlangen dann hat, wenn das **Aufenthaltsbestimmungsrecht** übertragen wurde. Die Personensorge genügt im Gegensatz zum früheren Recht nicht mehr aus (BT-Drs. 19/24445, 264). Abs. 2 stellt den Umfang des Aufenthaltsbestimmungsrechts auch für und mit Wirkung gegenüber Dritten klar und gibt dem Betreuer das Herausgaberecht.

10 Zur Herausgabe verpflichtet ist jeder, dem das Aufenthaltsbestimmungsrecht nicht zusteht und der den Betreuten dem Betreuer widerrechtlich vorenthält, zB ein Angehöriger, der den Betreuten eigenmächtig aus dem Heim nimmt, etwa um Heimkosten zu sparen oder ihn abredewidrig nach einem Ausflug nicht wieder zurückbringt (OLG Frankfurt a. M. FamRZ 2003, 964). Die Ausübung des Aufenthaltsbestimmungsrechts und damit auch das Herausgabeverlangen sind durch § 1821 vorgegeben. Die Ausübung der Befugnis bestimmt sich zunächst aus der Erforderlichkeit des Herausgabeverlangens zum Schutz des Betreuten vor Nichtbeachtung seiner Wünsche bzw. erheblichen Schädigungen. Der Inhalt der Wünsche des Betreuten zu diesem Sachverhalt ist daher zu klären. In diesem Zusammenhang kann eine missbräuchliche Einflussnahme Dritter, auf die Wünsche des Betreuten zu klären sein.

IV. Streitigkeiten und gerichtliche Durchsetzung

11 Die Durchsetzung der Umgangsbestimmung und des Herausgabeverlangens gegenüber und mit Wirkung für Dritte ist durch Antrag beim Betreuungsgericht möglich und notwendig; § 1834 Abs. 3. Das Verfahren nach Abs. 3 dient nicht der bloßen Vollstreckung einer Umgangsregelung oder des Herausgabeverlangens des Betreuers, vielmehr ist zu prüfen, ob diese nach den Vorschriften des Betreuungsrecht zur Wahrnehmung der Rechte des Betreuten geboten sind; im Streitfall trifft das Betreuungsgericht die konkrete Regelung (BayObLG FamRZ 2003, 962). Es entscheidet der Richter (§ 15 Abs. 1 S. 1 Nr. 7 RPflG).

12 Widersetzt sich der Dritte einem Kontaktverbot oder einem Herausgabeverlangen, muss der Betreuer eine **Entscheidung** des **Betreuungsgerichts** herbeiführen. Antragsberechtigt sind Betreuer und der Betreute (jurisPK BGB-Herberger Rn. 23) Auch das Betreuungsgericht hat bei seiner Entscheidung § 1821 zu berücksichtigen. Dazu sollte der Betreute angehört werden, ggf. ist ein Verfahrenspfleger zur Wahrung der Rechte des Betreuten zu bestellen.

Durch eine **Umgangsregelung** des **Betreuers** betroffene Dritte können ebenfalls den Antrag auf gerichtliche Entscheidung nach Abs. 3 zu stellen (AG Elmshorn BtPrax 2025, 74), bzw. können sich an das Betreuungsgericht wenden, mit der Anregung im Wege der **Aufsicht** von **Amts wegen** zu prüfen, ob die Umgangsregelung oder das Herausgabeverlangen einer pflichtgemäßen Betreuung entspricht. Für eine Umgangsverweigerung durch einen Bevollmächtigten ist Abs. 3 nicht anwendbar (AG Elmshorn BtPrax 2025, 74).

Zuständig ist der der Richter (§ 15 Abs. 1 Nr. 7 RPflG), der nur auf Antrag tätig werden kann. Das Gericht kann den Betreuer aber im Rahmen der Aufsicht (§ 1862) anweisen, einen Antrag nach Abs. 3 zu stellen (Dodegge/Roth Teil D Rn. 132). Das Gericht (durch den Richter) kann zur Streitbeilegung einen gegebenenfalls **neutralen** Betreuer für die Umgangsregelung bestellen (BayObLG BtPrax 2004, 197 (198)). Denkbar ist eine Kontrollbetreuerbestellung bei einer Umgangsverweigerung durch einen Bevollmächtigten (§ 1820 Abs. 3)

13 Werden **Aufsichtsmaßnahmen** gegen ein **Umgangsverbot** des Betreuers abgelehnt, steht neben dem Betreuten auch nahen Angehörigen ein Beschwerderecht aus § 59 Abs. 1 FamFG zu, da ihnen aus Art. 6 Abs. 1 GG ein Recht auf Umgang mit dem Betreuten zusteht (BayObLG FamRZ 2003, 962); ebenso gegen ein nach Abs. 2 ausgesprochenes Verbot gegenüber einem Abkömmling (OLG Hamm FGPrax 2009, 68).

Kapitel 3. Vermögensangelegenheiten

Unterkapitel 1. Allgemeine Vorschriften

Vorbemerkungen §§ 1835–1845

I. Entstehung

1 Die Vermögensangelegenheiten werden nunmehr zusammenfassend unter §§ 1835 ff. dargestellt. Zuvor waren sie über den Verweis gem. **§ 1908i Abs. 1**

S. 1 BGB aF im Vormundschaftsrecht verstreut, wobei größtenteils aus **§§ 1802 ff. BGB aF** zu entnehmen.

II. Mitwirkung des Betreuten bei der Vermögensverwaltung

2 Das 3. Kapitel befasst sich mit den Rechten und Pflichten des Betreuers bei der Ausübung der **Vermögenssorge.** Zur Bestimmung der Aufgabenbereiche und den Abgrenzungsfragen → § 1815 Rn. 6 ff.

3 Innerhalb der ihm zugewiesenen Aufgabenbereiche kann der Betreuer den Betreuten – soweit erforderlich – gerichtlich und außergerichtlich vertreten und macht von dem Vertretungsrecht nur Gebrauch, soweit dies erforderlich erscheint (§ 1823 iVm § 1821 Abs. 1). Die gesetzliche Vertretungsmacht lässt die Handlungsfähigkeit des Betreuten unberührt; soweit er **geschäftsfähig** ist, kann er eigenständig handeln und der Vermögensverwaltung des Betreuers zuwiderlaufende Rechtsgeschäfte abschließen. Auch im Bereich der **tatsächlichen Vermögenssorge** kann es zu Konflikten kommen. Als **gesetzlicher Vertreter** des Betreuten ist er grundsätzlich befugt, dessen Sachen, soweit dies zur Wahrnehmung seiner Aufgaben erforderlich ist, in Besitz zu nehmen (BayObLG NJW 1999, 3205). **Verweigert der Betreute die Mitwirkung** bei der Vermögensverwaltung (Zutritt zu den Räumen des Betreuten; erforderliche Herausgabe von Geldern, Wertpapieren und Kostbarkeiten; Herausgabe von Belegen, Bankauszügen, Behördenschreiben, Rechnungen usw. oder Einsicht von Unterlagen über Immobiliarbesitz), oder schließt er eigenständig Rechtsgeschäfte ab, die (Schutz-)Handlungen des Betreuers konterkarieren, so kann dies zur Folge haben, dass der Betreuer außerstande ist, seine Aufgaben wahrzunehmen (aber → Rn. 4). Das Betreuungsgericht hat alsdann die Betreuung aufzuheben oder einzuschränken, falls nicht die Durchsetzung der Betreueraufgaben unabweisbar erforderlich ist (→ Rn. 6). Im Einzelfall ist auch zu erwägen, den Betreuer auszuwechseln, wenn er sich als ungeeignet erweist, mit dem persönlich schwierigen Betreuten umzugehen. Die Verweigerung des Betreuten kann ferner Anlass sein, die Betreuung zu erweitern, etwa die **Postkontrolle** einzubeziehen (§ 1815 Abs. 2 Nr. 6) oder einen **Einwilligungsvorbehalt** anzuordnen (§ 1825).

4 Im Übrigen sollten sich Betreuer und Gericht hier **flexibel** verhalten; können zB Hausrat und Bargeld nicht verzeichnet werden, ist dies im Vermögensverzeichnis festzuhalten, weitere Maßnahmen sind nicht zu prüfen, wenn sich die Vermögensbetreuung unabhängig hiervon durchführen lässt. Über Bankkonten und Wertpapierdepots kann sich der Betreuer bei den Banken kundig machen und ggf. bei berechtigten Zweifeln an der Geschäftsfähigkeit des Betreuten diesen vor selbstschädigenden Verfügungen schützen. Schriftverkehr mit Banken, Behörden usw. wird der Betreuer unmittelbar führen können.

III. Zwangsbefugnisse des Vermögensbetreuers

5 Leistet der Betreute **Widerstand** gegen die Vermögensverwaltung und weigert er sich zB, ein Dokument herauszugeben, das der Betreuer anderweitig nicht beschaffen kann, stellt sich die Frage, ob der Betreuer befugt ist, die **Wohnung** des Betreuten gegen dessen Willen zu betreten und das Dokument ggf. mit Gewalt wegzunehmen. Auch wenn er auf Grund der Aufgabenzuweisung grundsätzlich zur **Inbesitznahme** befugt ist (→ Rn. 3), berechtigt ihn das nicht ohne Weiteres

zu deren zwangsweisen Durchsetzung. Nach heutigem Verständnis wird überwiegend angenommen, dass sich allein aus der Aufgabenzuweisung keine **Zwangsbefugnisse** ableiten lassen, auch nicht gegenüber dem Geschäftsunfähigen, der seinen **„natürlichen Willen“** entgegensetzt. Spätestens seit der Entscheidung des BGH (BtPrax 2012, 156) zur Zwangsbehandlung von Untergebrachten unter Aufgabe seiner früheren Rechtsprechung (BGH BtPrax 2006, 145) müssen Zwangsbefugnisse mit erheblichen Grundrechtseingriffen, wie sie in bei einer Zwangsbehandlung vorliegen, auf einer ausdrücklichen gesetzlichen Grundlage beruhen. Dieser Entscheidung gingen zwei verfassungsgerichtliche Entscheidungen zur Zwangsbehandlung voraus, die Klarheit und Bestimmtheit der Rechtsgrundlage einfordern (BVerfG BtPrax 2011, 112 und 253). Dies führte zunächst zur gesetzlichen Regelung der Zwangsbehandlung von Untergebrachten in § 1906 Abs. 3 und Abs. 3a BGB aF, später noch ergänzt durch § 1906a BGB aF für Patienten in Krankenhäusern ohne eine beschützende Abteilung, nun durch 1832 geregelt (→ BGB § 1832 Rn. 2 ff.). Siehe zur Problematik auch BGH BtPrax 2001, 32 (ähnlich seiner aktuellen Rechtsprechung); OLG Hamm BtPrax 2003, 45; Abram BtPrax 2003, 243. An einer ausdrücklichen Regelung fehlt es jedenfalls auch für die gewaltsame Überwindung des Widerstands gegen Maßnahmen der **Vermögensverwaltung.** Ebenso fehlt eine Rechtsgrundlage für das **Betreten** und **Durchsuchen** der Wohnung des Betreuten gegen dessen Willen (näher und zutreffend: Weber BtR 2024, 73 (76 f.)). Der Betreute kann sich auf den Schutz des Art. 13 Abs. 2 GG berufen (BayObLG FamRZ 2002, 348; ausführlich im LS LG Darmstadt BtPrax 2012, 129; zur kontroversen Diskussion s. Abram FamRZ 2004, 11). Schließlich ist die im Februar 2009 ratifizierte **UN-BRK** in die Abwägung einzubeziehen. Etwas anderes muss gelten, wenn der Betroffene für einen längeren Zeitraum abwesend ist (zB aufgrund eines Krankenhausaufenthaltes, oder einer geschlossenen Heimunterbringung) und die Aufgabenbereiche ein Betreten der Wohnung oder des Hauses zwingend erforderlich machen. Daraus ist zu schließen, dass der Betreuer in sonstigen Fällen, also auch im Bereich der Vermögenssorge, keinen Zwang zur Überwindung körperlichen Widerstands des Betreuten anwenden darf.

Konsequenterweise ist auch die Anordnung der Gewaltanwendung durch das **6** **Betreuungsgericht** nach § 35 bzw. §§ 86 ff. FamFG ausgeschlossen. Das Betreuungsgericht hat zwar den Betreuer bei der Wahrnehmung seiner Aufgaben zu **unterstützen;** dies ist der umfassenden **Aufsichts- und Fürsorgepflicht** immanent, die dem Gericht nach §§ 1861, 1862 zugewiesen ist. Aber § 35 bzw. §§ 86 ff. FamFG regeln nur die Vollziehung einer gerichtlichen Verfügung, für deren Erlass es jedoch an einer Rechtsgrundlage fehlt (BGH BtPrax 2001, 32). **Zwang** kann allerdings im Rahmen der Verhältnismäßigkeit **unabweisbar notwendig** sein, wenn der Betreute krankheits- oder behinderungsbedingt zu eigenverantwortlichem Handeln nicht mehr in der Lage ist und eine **erhebliche Selbstschädigung** droht. Schickt sich zB der Betreute an, Bargeld und Kostbarkeiten an seine Mitbürger zu „verteilen“, darf ihm der notwendige Schutz nicht versagt werden, wenn die Voraussetzungen des § 1821 Abs. 3 vorliegen. Der Betreuer hat den Anspruch auf Inbesitznahme des Vermögens gegen den Betreuten ggf. im Wege der Selbsthilfe (§ 229) durchzusetzen. Der Gesetzgeber kennt die Problematik, konnte sich aber bisher nur entschließen, die Zwangsbehandlung von Untergebrachten bzw. von Patienten in anderweitiger stationärer Behandlung gesetzlich konkret zu regeln. **Schutz** kann im Übrigen nur durch Anzeige der Geschäftsunfähigkeit bei Vertragspartnern des Betreuten (bspw. Banken) oder durch Anregung eines **Einwilligungsvorbehaltes** gewährleistet werden.

IV. Eigenverwaltung/Eigennutzung des Betreuten

7 Grundsätzlich hat der Betreute seine Gelder selbst zu verwalten. Soweit es notwendig erscheint, dass der Betreuer im Rahmen der Vermögenssorge die Geldverwaltung (teilweise) übernimmt, sollte der Betreuer dem Betreuten **Gelder zur eigenen Verwaltung** überlassen, wenn dieser das wünscht und dies seine eigenständige Lebensgestaltung fördert, § 1821 Abs. 2, 3 (zur Kontensperrung → BGB § 1845 Rn. 3 u. zur Rechnungslegung → BGB § 1865 Rn. 13 ff.). Eine **Pflicht zum Sparen** lässt sich aus der Zuweisung der Vermögenssorge nicht ableiten (OLG Düsseldorf BeckRS 1980, 1232); dem Betreuten ist der **Genuss des eigenen Vermögens und der eigenen Einkünfte** zu ermöglichen (BayObLG NJW 1991, 432; → § 1838 Rn. 3). Es ist nicht Sinn und Zweck der Betreuung, Vermögen des Betreuten zugunsten eines Erben zu erhalten (BayObLG NJW 1991, 432; OLG Köln FamRZ 2004, 1124). Erhaltung und Mehrung des Vermögens sind insbesondere bei betagten Betreuten, die keine Wünsche mehr äußern können, nicht zwingend geboten (zum damaligen Wohl vgl. OLG Schleswig FGPrax 2001, 194). Dem Betreuten ist ungeachtet der Betreuung auch bei bestehendem Einwilligungsvorbehalt weiterhin eine **angemessene Lebensgestaltung** unter Würdigung der Wünsche zu ermöglichen. Einschränkungen sind erst möglich, wenn die Person oder das Vermögen des Betreuten erheblich gefährdet würde und der Betreute diese Gefahr aufgrund seiner Krankheit oder Behinderung nicht erkennen oder nach dieser Einsicht handeln kann oder die Handlung dem Betreuer nicht zumutbar ist, § 1821 Abs. 3; erst ab dieser Grenze hat der Betreute durch die Betreuerbestellung bedingte Einschränkungen in der bisherigen Lebensführung hinzunehmen (weiter ging bisher: BayObLG FamRZ 1998, 507). Der Wunsch des Betreuten hat nach §§ 1838, 1821 Abs. 2 auch **Vorrang,** wenn es um die Alternative **Sparen oder Ausgeben** geht (OLG Düsseldorf BtPrax 1999, 74). Es ist nicht Aufgabe des Betreuers, Ausgaben des Betreuten zu verhindern, soweit nicht die Person oder das Vermögen gefährdet wird; das Gesetz gibt dem Betreuer keine Handhabe, **Rücklagen** zur Sicherung seiner künftigen Vergütungsansprüche zu bilden (OLG Düsseldorf BtPrax 1999, 74 zum Verbrauch einer Erbschaft über ca. 23.000 DM binnen vierzehn Monaten durch Ausgaben des Betreuten für Reisen, Kleidung, Einrichtungsgegenstände u. Videokamera, sodass die Vergütung des Betreuers aus der Staatskasse zu leisten war; s. zu dieser Entscheidung auch → BGB § 1826 Rn. 9, 22); kritisch zur Funktion einer Vermögensbetreuung in derartigen Fällen: Zimmermann, Betrifft: Betreuung Nr. 2/2000, 11 (16); zur Bildung von Rücklagen ebenso BayObLG FamRZ 1998, 507 und OLG Frankfurt a. M. FGPrax 2001, 115; aA AG Betzdorf FamRZ 2004, 904 mit zutreff. abl. Anm. Bienwald.

V. Bevollmächtigung durch den Betreuten

8 Der **geschäftsfähige** Betreute kann sich, soweit kein Einwilligungsvorbehalt angeordnet ist, weiterhin **selbstständig verpflichten** und über sein Vermögen verfügen. Die Sperrung von Bankguthaben für den Betreuer berührt seine Verfügungsbefugnis nicht (→ BGB § 1845 Rn. 3). Er vermag entsprechend vor und

nach der Bestellung eines Betreuers auch **Dritte** zu bevollmächtigen. Für das **Handeln des Bevollmächtigten** gelten die Beschränkungen der gesetzlichen Vertretungsmacht nicht, insbesondere **nicht** die betreuungsgerichtlichen **Genehmigungsvorbehalte** (so wohl auch Kieß BetreuungsR § 12 Rn. 42, der zu Recht zweifelhafte Vollmachten hiervon ausnimmt), wie bspw. bzgl. einer Schenkung (§ 1854 Nr. 8), soweit für Bevollmächtigte ausdrücklich nichts anderes geregelt ist (vgl. §§ 1829 Abs. 5, 1831 Abs. 5 u. 1832 Abs. 5). Eine abweichende Ansicht vertritt das OLG Köln FamRZ 2000, 1525: „Wird der Vollmachtgeber nach Erteilung der Vollmacht geschäftsunfähig und wird der Bevollmächtigte zum Betreuer des Vollmachtgebers bestellt, so gelten ab Eintritt der **Geschäftsunfähigkeit** die für einen Betreuer bestehenden Handlungsbeschränkungen auch für die rechtsgeschäftliche Bevollmächtigung. Anders ist dies im Fall der Vorsorgevollmacht zu beurteilen." Der Leitsatz zeigt, dass diese Entscheidung **nicht** verallgemeinernd dahingehend verstanden werden darf, dass mit Eintritt der Geschäftsunfähigkeit für den Bevollmächtigten die gleichen Beschränkungen wie für einen gesetzlichen Vertreter gelten (insofern missverständlich Grüneberg/Ellenberger § 168 Rn. 4). Ist noch kein Betreuer bestellt, bezieht sich der Aufgabenbereich nicht auf den Gegenstand der Vollmacht oder ist der Bevollmächtigte ein Dritter, verbleibt es auch nach dieser Entscheidung bei der **Freistellung des Bevollmächtigten.** Im Übrigen hätte es im entschiedenen Fall zu einem Nebeneinander bereits erteilter Vollmacht und einer personenidentischen Betreuung mit denselben Aufgabenbereichen nicht kommen dürfen (→ BGB § 1814 Rn. 44 f.). Zudem sollte bei wirksamer Vollmachtserteilung nach Einrichtung der Betreuung die Erforderlichkeit der Betreuung überprüft werden (Aufhebung, Einschränkung, → Rn. 11).

Ob der geschäftsfähige Betreute **innerhalb** der diesem zugewiesenen Aufgabenbereichen den **Betreuer bevollmächtigen** kann, ist strittig. Die Gesetzesbegründung verneinte dies damals mit dem Hinweis auf die gesetzlich umrissene Vertretungsmacht des Betreuers, deren Schranken nicht unterlaufen werden dürften (BT-Drs. 11/4528, 135 (136); in der letzten Reform (BT-Drs. 19/24445) wurden hierzu vom Gesetzgeber keine Ausführungen gemacht). Indes lässt sich dies dem Gesetz nicht entnehmen. Der **Geschäftsfähige** muss unberührt von der Betreuung **befugt** sein, jedes ihn betreffende **Rechtsgeschäft an sich zu ziehen** durch Bevollmächtigung oder Genehmigung und damit auch die betreuungsgerichtliche Kontrolle auszuschließen (wie hier: MüKoBGB/Schneider § 1823 Rn. 11, 12; Damrau/Zimmermann § 1823 Rn. 25; aA OLG Köln FamRZ 2000, 1525; im Ergebnis auch Seitz Anm. zu OLG Frankfurt a. M. BtPrax 1997, 76 in BtE 1997, 72). 9

Das OLG Frankfurt a. M. (BtPrax 1997, 76) lässt offen, ob eine Freistellung des Betreuers durch rechtsgeschäftliche Bevollmächtigung seitens des Betreuten zulässig ist, **lehnt** aber jedenfalls eine **Freistellung** von den **Genehmigungspflichten** durch den Betreuten ab, wenn der Betreuer das **Rechtsgeschäft** (hier Grundstücksveräußerung) **bereits** in seiner Eigenschaft als gesetzlicher Vertreter **vorgenommen** hat (zust. MüKoBGB/Schneider § 1823 Rn. 11). Eine Genehmigung durch den Betreuten sei dann gegenstandslos, weil der Betreuer mit Vertretungsmacht als Betreuer und nicht als Bevollmächtigter gehandelt habe, was die Anwendung des § 177 ausschließe. Dieses Ergebnis kann indes nur teilweise, aber nicht vollends überzeugen; der tatsächlich Geschäftsfähige muss ein in seinem Namen getätigtes noch nicht wirksames Rechtsgeschäft zu jeder Zeit an sich ziehen können (so auch Dressler-Berlin/Reinfarth BtPrax 2025, 83 zu Recht 10 unter Verweis auf Art. 2 Abs. 1 GG und Art. 12 UN-BRK). Es ist nicht einsichtig, wieso für die nachträgliche Genehmigung etwas anderes gelten soll als für die Bevollmächtigung. Im Regelfall ist die Betreuung in solchen Fällen aufzuheben, was jedoch dem Ziel der Unterstützung unabhängig von der Geschäftsfähigkeit widersprechen kann. Liegen die Voraussetzungen hingegen zweifelsfrei vor, kommt die Regelung des § 1856 Abs. 3 zum Zuge, dh die Genehmigung des ehemals Betreuten tritt nach Aufhebung der Betreuung an die Stelle der Genehmigung des Betreuungsgerichts. Im Übrigen könnte das Rechtsgeschäft auch ohne Weiteres annulliert und nach der Bevollmächtigung wiederholt werden, sodass dann die Handlung als Bevollmächtigter ohne Genehmigungsbedürftigkeit erfolgt.

11 Bevollmächtigt der Betreute den Betreuer oder einen Dritten zu Rechtsgeschäften, die von der Betreuung erfasst sind, hat der Betreuer das Betreuungsgericht zu informieren (§ 1864 Abs. 2). Das **Betreuungsgericht** hat im Rahmen seiner Aufsichtspflicht hieraus die erforderlichen **Konsequenzen** zu ziehen und die Betreuung ggf. aufzuheben, einzuschränken bzw. zu erweitern oder einen Einwilligungsvorbehalt anzuordnen; ggf. wird es auch gegen den Betreuer einschreiten § 1862 Abs. 1, 3. Etwas anderes muss im Hinblick auf § 1814 Abs. 3 gelten, wenn Vollmachten über die Betreuung hinaus erteilt werden.

12 Der Betreute kann den Betreuer nicht **allgemein** von der **Aufsicht des Betreuungsgerichts** freistellen. Nach bisheriger Rechtslage konnte er auch keine bestimmten Befreiungen erteilen, etwa von den Anlagepflichten (s. dazu auch BayObLG FamRZ 2005, 389) oder der Rechnungslegungspflicht (→ BGB § 1865 Rn. 4), auch nicht durch eine Betreuungsverfügung (Epple BtPrax 1993, 156). Mit dem neu eingeführten § 1859 Abs. 2 S. 2 erhält das Betreuungsgericht jedoch nunmehr die Möglichkeit, andere als die in § 1859 Abs. 2 S. 1 genannten Betreuer von den in § 1859 Abs. 1 S. 1 genannten Pflichten (Verpflichtung zur Sperrvereinbarung, Genehmigungen, Rechnungslegungspflicht) zu befreien, wenn der Betreute dies vor der Bestellung des Betreuers schriftlich verfügt hat; dies gilt nicht, wenn der Betreute erkennbar an diesem Wunsch nicht festhalten will. Betreuer und Betreuungsgericht sind jedoch bei ihren **Einzelfallentscheidungen** gehalten, die Wünsche des Betreuten zu berücksichtigen, soweit nicht die Person oder das Vermögen gefährdet wird oder dem Betreuer die Handlung unzumutbar ist (§ 1821 Abs. 2, 3), was auch dann gilt, wenn der Betreute einen hohen Geldbetrag zu Hause verwahren will (aA BayObLG FamRZ 2005, 389 für einen Betrag über 13.400 EUR).

13 Zur Vollmachterteilung des Betreuers innerhalb des ihm zugewiesenen Aufgabenkreises an einen Dritten werden unterschiedliche Rechtsauffassungen vertreten. Zum einen wird sich auf die persönliche Amtsführung der Betreuung berufen, die eine Vertretung faktisch ausschließen würde, zum anderen werden aber Vollmachten für Vertretung in rechtlichen Angelegenheiten etc ohne Zweifel anerkannt (s. ausführl. zur Problematik: Bestelmeyer Rpfleger 2024, 429 ff.).

§ 1835 Vermögensverzeichnis

(1) [1]**Soweit die Verwaltung des Vermögens des Betreuten zum Aufgabenkreis des Betreuers gehört, hat er zum Zeitpunkt seiner Bestellung ein Verzeichnis über das Vermögen des Betreuten zu erstellen und dieses dem Betreuungsgericht mit der Versicherung der Richtigkeit und Vollständigkeit einzureichen.** [2]**Das Vermögensverzeichnis soll auch Angaben zu den regelmäßigen Einnahmen und Ausgaben des Betreuten enthalten.**

[3]Der Betreuer hat das Vermögensverzeichnis um dasjenige Vermögen zu ergänzen, das der Betreute später hinzuerwirbt. [4]Mehrere Betreuer haben das Vermögensverzeichnis gemeinsam zu erstellen, soweit sie das Vermögen gemeinsam verwalten.

(2) **Der Betreuer hat seine Angaben im Vermögensverzeichnis in geeigneter Weise zu belegen.**

(3) **Soweit es für die ordnungsgemäße Erstellung des Vermögensverzeichnisses erforderlich und mit Rücksicht auf das Vermögen des Betreuten angemessen ist, kann der Betreuer die zuständige Betreuungsbehörde, einen zuständigen Beamten, einen Notar oder einen Sachverständigen zur Erstellung des Verzeichnisses hinzuziehen.**

(4) **[1]Bestehen nach den Umständen des Einzelfalls konkrete Anhaltspunkte dafür, dass die Kontrolle der Richtigkeit und Vollständigkeit des Vermögensverzeichnisses durch eine dritte Person zum Schutz des Vermögens des Betreuten oder zur Vermeidung von Rechtsstreitigkeiten erforderlich ist, kann das Betreuungsgericht eine dritte Person als Zeuge bei der Erstellung des Vermögensverzeichnisses, insbesondere bei einer Inaugenscheinnahme von Vermögensgegenständen, hinzuziehen. [2]Für die Erstattung der Aufwendungen der dritten Person sind die Vorschriften über die Entschädigung von Zeugen nach dem Justizvergütungs- und -entschädigungsgesetz anzuwenden. [3]Der Betreuer hat der dritten Person die Wahrnehmung ihrer Aufgaben zu ermöglichen. [4]Die dritte Person hat dem Betreuungsgericht über die Erstellung des Vermögensverzeichnisses und insbesondere das Ergebnis der Inaugenscheinnahme zu berichten.**

(5) **Ist das eingereichte Vermögensverzeichnis ungenügend, so kann das Betreuungsgericht anordnen, dass das Vermögensverzeichnis durch die zuständige Betreuungsbehörde oder einen Notar aufgenommen wird.**

(6) **Das Betreuungsgericht hat das Vermögensverzeichnis dem Betreuten zur Kenntnis zu geben, es sei denn, dadurch sind erhebliche Nachteile für dessen Gesundheit zu besorgen oder er ist offensichtlich nicht in der Lage, das Vermögensverzeichnis zur Kenntnis zu nehmen.**

I. Entstehung

§ 1835 entspricht im Wesentlichen dem bisherigen **§ 1908i Abs. 1 S. 1 iVm § 1802 BGB aF.** Abgesehen von Detailänderungen sind dabei Abs. 4 und 6 gänzlich neu hinzugekommen. 1

II. Vermögensverzeichnis

Zur Einreichung eines Vermögensverzeichnisses ist nur der Betreuer verpflichtet, dem die **Vermögenssorge als Aufgabenbereich ganz oder zumindest teilweise** zugewiesen ist. Das Vermögensverzeichnis ist Grundlage einer ordnungsgemäßen Verwaltertätigkeit und deren Kontrolle durch das Betreuungsgericht, und ermöglicht es dem Gericht, die **wirtschaftliche Lage des Betreuten** zu beurteilen (OLG Schleswig BtPrax 2004, 201; SG Lübeck BtPrax 2018, 80; Brosey/Lesting/Loer/Marschner BetreuungsR Rn. 248). Daher sieht das Gesetz 2 auch **keine Befreiung** von dieser Verpflichtung vor (zur Befreiung der Behörde nach Landesrecht → BGB § 1859 Rn. 12). Bei jedem Betreuerwechsel muss ein neues Verzeichnis errichtet zu werden; dabei muss es sich nicht zwingend um ein neues Gesamtverzeichnis handeln, sondern es genügt die Überprüfung des bereits vorliegenden Verzeichnisses des Vorbetreuers mit Angabe der Neuerungen/Ergänzungen (vgl. Damrau/Zimmermann § 1835, Rn. 7). War das Vermögensverzeichnis bisher unverzüglich zu erstellen (OLG Schleswig BtPrax 2004, 201; BayObLG, BeckRS 2003, 30330707), ist nunmehr durch das Gericht eine Frist im **pflichtgemäßen Ermessen** zu bestimmen (BT-Drs. 19/24445, 265), wodurch in Einzelfällen weiterhin die **unverzügliche** Einreichung geboten sein kann (insbesondere bei der Neueröffnung von Konten mit der dazugehörigen unverzüglichen Anzeigepflicht gem. § 1846 Abs. 1). Soweit parallel ein Anfangsbericht gem. § 1863 Abs. 1 BGB zu erstellen ist, soll das Vermögensverzeichnis binnen einer Frist von **drei Monaten** zusammen mit dem Anfangsbericht eingereicht werden, § 1863 Abs. 1 S. 3, 4 BGB (vgl. BT-Drs. 19/24445, 265; dies kann aufgrund § 1846 Abs. 1 BGB jedoch nicht für unverzüglich anzuzeigende Neueröffnungen von Konten gelten; s. → BGB § 1846 Rn. 5). Zur Mitwirkung des Betreuten → Vorb. § 1835 Rn. 3. Die Erstellung des Vermögensverzeichnisses ist eine **Pflicht gegenüber dem Betreuungsgericht** (zu den Rechten des Betreuten nach Aufhebung der Betreuung s. §§ 1872, 1873; vgl. OLG Jena BeckRS 2013, 4138; OLG Koblenz FamRZ 2016, 2032)

3 **Stichtag** ist in entsprechender Anwendung des Abs. 1 S. 1 die Bestellung des Betreuers, die zugleich die **Anordnung der Betreuung** (in dem Bereich der Vermögenssorge) beinhaltet (OLG Schleswig BtPrax 2004, 201); die Bestellung wird mit der **Bekanntmachung** der gerichtlichen Entscheidung an den Betreuer wirksam (§ 287 Abs. 1 FamFG), bei Anordnung der **sofortigen Wirksamkeit** idR mit Übergabe an die Geschäftsstelle (§ 287 Abs. 2 S. 2 Nr. 2 FamFG). Auf die Rechtskraft des Beschlusses kommt es nicht an (vgl. auch BGH BeckRS 2022, 7328).

Im Falle eines **Betreuerwechsels** ist der Stichtag des Wechsels entscheidend (Bekanntgabe, sofortige Wirksamkeit oder ggf. Datum im Beschlusstenor).

Sofern es auf die **Bekanntgabe des Beschlusses bei einem Betreuerwechsel** ankommt (keine sofortige Wirksamkeit), ist fraglich, auf welche der Bekanntgaben (an alten oder neuen Betreuer) abgestellt werden muss. Hierbei müssen zwei Fälle unterschieden werden.

Grundsätzlich muss für beide Betreuer im Hauptsacheverfahren auf ihre separate Wirksamkeit, also Bekanntgabe gem. § 287 Abs. 1 FamFG ankommen, mithin wäre für den entlassenen Betreuer auf die Bekanntgabe an ihn und für den neu bestellten Betreuer auf die Bekanntgabe an diesen abzustellen (so auch → FamFG § 287 Rn. 2), da es sich um zwei separate Beschlüsse handelt (Entlassung und Neubestellung). Es kann also (trotz der Maßgabe in § 1817 Abs. 1 S. 3) ausnahmsweise zu unterschiedlichen Stichtagen für das Schlussverzeichnis des alten und Anfangsverzeichnis des neuen Betreuers kommen (so auch für die Vergütung, vgl. Deinert RpflStud 2026/2).

Eine Ausnahme hiervon bildet nur der Fall, in dem zunächst ein vorläufiger Betreuer bestellt und im Hauptsacheverfahren dann ein anderer Betreuer bestellt wird. In diesem Fall ist insgesamt für beide Betreuer auf das Datum der Bekanntgabe an den neuen Betreuer abzustellen (so auch: HK-BUR/Braun FamFG § 287 Rn. 12; s. auch MüKoFamFG/Schmidt-Recla FamFG § 287 Rn. 4; Sternal/Giers FamFG § 287 Rn. 5).

Zu erfassen sind auch Vorgänge aus der Zeit vor der Bestellung des Betreuers. Vielfach war der Betreute schon geraume Zeit nicht in der Lage, seine Vermögensangelegenheiten zu besorgen oder es wurde zu Ungunsten des Betreuten Missbrauch durch Dritte betrieben. Der Betreuer hat daher zweifelhaften Abgängen von Sachwerten und Kontoabhebungen nachzugehen und evtl. daraus resultierende mögliche Herausgabe- und Bereicherungsansprüche in das Vermögensverzeichnis einzustellen, bzw. dieses später entsprechend zu ergänzen. Hierauf hat das Betreuungsgericht ausdrücklich hinzuweisen.

Das **Vermögen** muss **vollständig** verzeichnet werden, ebenso alle **regelmäßigen Einnahmen** und **Ausgaben;** ist jedoch nur eine Teilaufgabe wahrzunehmen, zB die Verwaltung des Immobilienbesitzes, bezieht sich die Verpflichtung auch nur auf diesen Vermögensbestandteil (sind für das Gericht weitere Angaben zB zwecks Gerichtskostenberechnung notwendig, hat dieses beim Betreuten bzw. Bevollmächtigten selbst anzufragen). Neben regelmäßig aufzunehmenden Vermögenswerten wie Konten, Bausparverträge oder Versicherungen sind durch den Betreuer auch evtl. **Rückforderungsansprüche** gegen Dritte in der Zeit vor der Bestellung als Betreuer zu prüfen und im Vermögensverzeichnis aufzuführen (Kieß BetreuungsR § 12 Rn. 14 f.). Die **Einzelgegenstände** sind ggf. genau zu beschreiben (OLG Schleswig BtPrax 2004, 201); bspw. sollte zur exakten Identifizierung für Konten daher die IBAN genannt, bei Versicherungen die Versicherungsnummer angegeben werden (Schnellenbach/Normann-Scheerer/Giers/Thielke BetreuungsR-HdB/Thielke Rn. 520). Die für den Wert maßgeblichen Kriterien sind aufzunehmen, so zB bei **Grundstücken** auch Lage und Nutzung oder im Falle von **Kryptowährungen** die Anzahl der Währungseinheiten nebst Wert in Euro zum Stichtag (ausführl. Gojowczyk Rpfleger 2026, 109 (115)). Obwohl nicht vorgeschrieben, sollte das Inventar mit Wertangaben versehen werden (OLG Schleswig BtPrax 2004, 201). In der Regel genügen eigene **Schätzungen,** aber auch solche sind eher in das pflichtgemäße Ermessen des Betreuers gestellt (Schnellenbach/Normann-Scheerer/Giers/Thielke BetreuungsR-HdB/Thielke Rn. 529). Ein **Sachverständiger** muss aber beigezogen werden, wenn es Anhaltspunkte gibt, dass es sich um einen besonders wertvollen Kunstgegenstand handeln könnte („Picasso statt Kinderzeichnung"). Hausrat, Wäsche und Bücher können aber zusammenfassend angegeben werden, wenn der Wert verhältnismäßig gering ist (OLG Schleswig BtPrax 2004, 201; Staudinger/Veit BGB § 1802 aF Rn. 17 mwN). Grundstücke sind grundbuchmäßig zu bezeichnen. Regelmäßig ist vorherige Grundbucheinsicht erforderlich, um **Eigentumsverhältnisse** und Belastungen zu ermitteln, der **Verkehrswert** ist zu schätzen (OLG Schleswig BtPrax 2004, 201; Anhaltspunkte: notarielle Kaufurkunden, Gebäudeversicherung; Bodenrichtwerte der Kommunen, vgl. Damrau/Zimmermann § 1835 Rn. 11, 23). Das Gericht führt diesbezüglich ggf. mit internen Programmen eigene Berechnungen durch; eine Angabe des Wertes durch den Betreuer ist nicht verpflichtend (beipflichtend Weber BtR 2024, 73 (77)). Ist die Immobilie hingegen Teil eines Betriebsvermögens, Eigentum einer Personen- oder Kapitalgesellschaft oder Bestandteil eines Nachlasses, ist sie nicht gesondert, sondern in der entsprechenden Vermögensposition aufzunehmen (Weber BtR 2024, 73 (76)). Bestehen Kapitallebensversicherungen, sind die **Rückkaufswerte** (Rückvergütung und Gewinnbeteiligung) über die Versicherungsgesellschaften abzufragen und zu verzeichnen. Bei Wertpapieren sind die Wertpapierkennnummern anzugeben und die Kurswerte zum Stichtag. **Forderungen** sind nach Betrag, Person des Schuldners, Schuldgrund und Zinshöhe aufzuführen. 4

4a Die Verzeichnispflicht umfasste damals auch die Gegenstände, die zwar zum Vermögen des Betreuten zählen, aber der Verwaltung eines Dritten unterliegen, zB eines Testamentsvollstreckers (Meier BtPrax 2011, 68). Dem **Zweck** des Vermögensverzeichnisses entsprechend war eine lückenlose Bestandsaufnahme erforderlich. Nunmehr legt der Gesetzgeber in Abs. 1 S. 1 fest, dass nur noch dasjenige Vermögen zu verzeichnen ist, das der **Verwaltung des Betreuers** unterliegt; damit sind Vermögenswerte, die von **Dritten** verwaltet werden, nicht mehr zu verzeichnen, was der Verzeichnispflicht von Eltern entspricht, die nach § 1640 Abs. 1 S. 1 BGB lediglich das ihrer Verwaltung unterliegende Vermögen zu verzeichnen haben (vgl. BT-Drs. 19/24445, 265). Ob ein für diese Fälle in gewisser Weise unvollständiges Vermögensverzeichnis in der Praxis zur Wahrnehmung der vollständigen Kontrolle der Betreuerhandlungen gem. § 1862 BGB ausreichend ist, muss bezweifelt werden (krit. auch Fröschle Neues VormundschaftsR/BetreuungsR Rn. 360). Der Betreuer ist seitens des Gerichts im Rahmen des § 1862 Abs. 1 S. 1 BGB auch dahingehend zu kontrollieren, ob er die Rechte des Betreuten gegen verwaltende Dritte (bspw. § 2215 BGB) ordnungsgemäß wahrnimmt. Dem Gericht sollte daher durch den Betreuer mit einem entsprechenden Aufgabenbereich in diesen Fällen zumindest ergänzend zum Vermögensverzeichnis mitgeteilt werden, ob und welche Informationen zu weiteren Vermögenswerten vorhanden sind, wem die Verwaltung hierüber obliegt und wie die Rechte des Betreuten verwirklicht werden. Der Betreuer ist ohnehin verpflichtet, vom Testamentsvollstrecker ein entsprechendes Nachlassverzeichnis anzufordern (§ 2215 BGB, vgl. hierzu Felix BtPrax 2023, 163 (164)), das er dann auch an das Gericht weiterleiten kann.

5 Auch der **Schuldenstand** ist aufzuschlüsseln und zu belegen. Hierzu hat der Betreuer ggf. ein Gläubigerverzeichnis aufzustellen (BGH BeckRS 2022, 40105; KG NZI 2011, 856) und ggf. eine SCHUFA-Auskunft einzuholen (Goldenberg BtR 2025, 79 (80)). Ebenso sind regelmäßige **Einkommen** (Renten und Pensionen) und Ausgaben (Miete, Nebenkosten, Telefon, …) des Betreuten zu verzeichnen (so nun auch Damrau/Zimmermann § 1835 Rn. 18).

6 Bei Beteiligung des Betreuten an einer **Erbengemeinschaft** ist der **Nachlass** unter Angabe des Erbanteils des Betreuten zu verzeichnen; dies gilt auch, wenn der Nachlass unter Verwaltung eines **Testamentsvollstreckers** steht (vgl. § 2215; beachte für Anteile des Betreuten, die der Testamentsvollstreckung unterliegen → Rn. 4a). Ist der Betreute Nacherbe, ist ebenfalls im Hinblick auf seine Anwartschaft auf den Erwerb der Nachlassgegenstände (§ 2139) ein **Nachlassverzeichnis** vorzulegen (vgl. auch §§ 2121, 2139); evtl. ist ein alternativer Pflichtteilsanspruch (§ 2303) aufzunehmen (Staudinger/Veit BGB § 1802 aF Rn. 24).

7 Der **Pflichtteilsanspruch** als Geldforderung ist zu verzeichnen durch Angabe des Reinbestandes des Nachlasses und die Quote des Betreuten; ein Nachlassverzeichnis kann das Betreuungsgericht nach § 1835 nicht verlangen (RGZ 80, 65 (67) zu § 1640); das ändert aber nichts daran, dass der Betreuer die **Auskunftsrechte** des betreuten Pflichtteilsberechtigten nach § 2314 wahrnehmen muss, wozu ihn ggf. das Betreuungsgericht anzuhalten hat (§§ 1864 Abs. 1, 1862 Abs. 1).

8 Ist der Betreute **Gesellschafter einer Personengesellschaft** genügt Inventar und Bilanz der Gesellschaft (Staudinger/Veit BGB § 1802 aF Rn. 20; Grüneberg/Götz BGB § 1835 Rn. 3), wobei bei der anteiligen Wertangabe (→ Rn. 4) auch stille Reserven etc in etwa zu berücksichtigen sind. Nach aA ist das Gesellschaftsvermögen zu verzeichnen und zu bewerten, um den Wert des Anteils beurteilen zu können (MüKoBGB/Kroll-Ludwigs § 1835 Rn. 5). Diese wohl weitergehende Forderung ist nicht praxisgerecht und angesichts der eingeschränkten Befugnisse

des Betreuers im Hinblick auf den Gesellschaftsanteil auch nicht erforderlich. Ein dem Betreuten nach Ausscheiden aus der Gesellschaft zustehendes **Auseinandersetzungsguthaben** ist als Geldforderung in das Verzeichnis einzustellen und zu erläutern (Staudinger/Veit BGB § 1802 aF Rn. 21). Soweit von der hM und Rspr. (zB Grüneberg/Götz BGB § 1835 Rn. 3; MüKoBGB/Kroll-Ludwigs § 1835 Rn. 54; Staudinger/Veit BGB § 1802 aF Rn. 24) zu Recht auch die Aufnahme aller Bestandteile eines **betagten Nacherbenanspruchs** verlangt wird (selbst bei befreiter Vorerbschaft), kann sich dies nur auf das Anfangsverzeichnis gem. § 1835 beziehen, da der Vorerbe die Pflicht zur Erstellung des Verzeichnisses nach § 2121 auch nur einmal zu erfüllen hat (Grüneberg/Weidlich BGB § 2121 Rn. 2).

Mehrere Betreuer mit Aufgaben aus dem Bereich der Vermögenssorge haben je nach Zuschnitt der Aufgabenbereiche (§ 1815 Abs. 1) das Vermögen gemeinschaftlich oder getrennt für ihren Bereich (vgl. zur Vertretung durch mehrere Betreuer in den Aufgabenbereichen → BGB § 1817 Rn. 4 ff.) aufzunehmen (MüKoBGB/Kroll-Ludwigs § 1835 Rn. 11; Damrau/Zimmermann § 1835 Rn. 20; aA Staudinger/Veit BGB § 1802 aF Rn. 12: bei getrennten Aufgabenbereichen hat jeder Mitbetreuer das gesamte Vermögen zu verzeichnen). 9

Fällt dem Betreuten später neues Vermögen zu (Abs. 1 S. 3), zB eine Schenkung oder eine Erbschaft, so ist das Vermögensverzeichnis unverzüglich und nicht erst mit der nächsten Rechnungslegung zu ergänzen **(Nachtragsverzeichnis).** Umschichtungen und sonstige Bestandsänderungen werden in der Jahresrechnung erfasst (§ 1865 Abs. 3). 10

Der Betreuer hat seine Angaben in geeigneter Weise zu **belegen** (Abs. 2), um dem Gericht eine **Überprüfung** seiner Angaben zu ermöglichen (BT-Drs. 19/24445, 266). Der Gesetzgeber hat allerdings keine Festlegung dazu getroffen, welcher Art diese Belege sein müssen, vielmehr wird dies nach dessen Intention in das **Ermessen des Gerichts** gestellt. Die Einreichung von **Kopien** oder Ausdrucken digitaler Dokumente kann dabei ausreichen (BT-Drs. 19/24445, 266), da der Betreuer die Richtigkeit und Vollständigkeit seiner Angaben zu versichern hat (Abs. 1 S. 1). 11

Der Betreuer darf sich bei Aufnahme des Verzeichnisses **sachverständiger Hilfe** bedienen (Abs. 3), wenn dies nach Art und Umfang des Vermögens angezeigt ist, zB bei einer zu verzeichnenden Kunstsammlung. Er ist hingegen **nicht verpflichtet,** jeden einzelnen Vermögensgegenstand gegenüber dem Gericht zu **bewerten,** da anderenfalls zu hohe Sachverständigenkosten drohen würden (BT-Drs. 19/24445, 266; für Immobilien vgl. Weber BtR 2024, 73 (77)). In der Praxis sollte vor Beauftragung kostenintensiver Sachverständigenbewertungen das Gericht befragt werden. 12

Die Möglichkeit zur Wahrnehmung sachverständiger Hilfe soll die Erstellung eines ordnungsgemäßen Vermögensverzeichnisses, insbesondere von ehrenamtlichen Betreuern, gewährleisten. Von beruflichen Betreuern ist grundsätzlich zu erwarten, dass sie zur Erstellung eines ordnungsgemäßen Vermögensverzeichnisses **ohne Hinzuziehung eines Dritten** in der Lage sind (BT-Drs. 19/24445, 266).

Der Betreuer darf zur Erstellung des Vermögensverzeichnisses je nach Sachlage einen **Sachverständigen,** einen **Notar** (§ 20 Abs. 1 BNotO), einen nach Landesrecht für die Aufnahme von Vermögensverzeichnissen zuständigen **Beamten** (§ 66 Abs. 1 Nr. 2 BeurkG; regelmäßig ist dies der Gerichtsvollzieher) oder auch die zuständige **Betreuungsbehörde** (§ 1 BtOG) hinzuziehen. Die erforderlichen Kosten trägt der Betreute (§§ 1877, 670), was der Betreuer insbesondere bei der

Prüfung der Notwendigkeit der Hinzuziehung eines Sachverständigen zu berücksichtigen hat.

13 Sowohl zur **Vorbeugung von Missbrauch** (bei erheblichen Vermögenswerten) als auch zur **Absicherung des Betreuers** bei (drohenden) Vorwürfen, er habe Vermögensgegenstände an sich genommen oder beiseitegeschafft (vgl. BT-Drs. 19/24445, 267) hat das Gericht die Möglichkeit, eine dritte Person als Zeuge bei der Erstellung des Vermögensverzeichnisses, insbesondere bei einer **Inaugenscheinnahme** von Vermögensgegenständen, hinzuzuziehen (Abs. 4), vgl. Brosey/Lesting/Loer/Marschner BetreuungsR Rn. 248.

Konkrete Anhaltspunkte für eine solche Anordnung können sich dem Gericht bspw. aus dem Sozialbericht der Betreuungsbehörde, den Anregungen Dritter oder aufgrund der Bitte des Betreuers ergeben. Die Anordnung dieser Maßnahme liegt im **Ermessen** des zuständigen Rechtspflegers (bzw. Richters direkt bei Anordnung der Betreuung).

Anwendungsfälle ergeben sich bspw. bei dem erstmaligen Betreten der Wohnung des Betreuten, der Öffnung eines Schließfaches oder allgemein bei Vorwürfen des Betreuten oder dessen Verwandtschaft/Bekanntschaft gegen den Betreuer.

Mangels weiterer Spezifizierung können neben den in Abs. 3 genannten Personen auch Dritte ohne weitere Sachkenntnis als **Zeugen** hinzugezogen werden. Bei dem Zeugen handelt es sich nicht um einen Zeugen, der nach Maßgabe der §§ 29, 30 FamFG zur Beweiserhebung in einem gerichtlichen Verfahren hinzugezogen wird; er hat nach Intention des Gesetzgebers vielmehr eher die Rolle eines **Augenscheinsgehilfen** (BT-Drs. 19/24445, 267). Das Gericht hat im Rahmen seines pflichtgemäßen Ermessens zu prüfen, welche (bzw. ob die vorgeschlagene) Person als Zeuge geeignet ist. Hierbei sollte insbesondere die Fähigkeit zur **neutralen, unvoreingenommenen Mitwirkung** beachtet werden. Eine Möglichkeit könnte hier bspw. die Hinzuziehung eines Mitarbeiters der **Betreuungsbehörde, Notar oder eine weiterer Berufsbetreuer** sein (vgl. Schnellenbach/Normann-Scheerer/Giers/Thielke BetreuungsR-HdB/Thielke Rn. 535). Indes wird es bisher in der Praxis recht selten der Fall sein, dass ein Zeuge hinzugezogen wird, obwohl die neu geschaffene Möglichkeit sehr viel Potenzial bietet.

Der Betreuer hat dem Zeugen die Wahrnehmung der vom Gericht übertragenen Aufgaben zu **ermöglichen.** Hierzu hat er ihm – soweit es sein Aufgabenkreis gestattet und der Betreute sein Einverständnis erteilt hat – den **Zutritt zur Wohnung** sowie die **Einsicht in Unterlagen** zu gewähren und eine gemeinsame Inaugenscheinnahme zu ermöglichen.

Inwieweit eine allgemeine Berufung des Zeugen durch das Gericht ausreicht oder spezifische Angaben zu einzelnen Befugnissen erteilt werden müssen, wurde durch den Gesetzgeber offengelassen. Es bietet sich jedoch an, die Aufgaben des Zeugen so **konkret** wie möglich zu fassen, um Irritationen zu vermeiden.

Der Zeuge hat sodann dem Gericht über die Erstellung des Vermögensverzeichnisses und über das Ergebnis der Inaugenscheinnahme zu berichten, Abs. 4 S. 4.

Für die **Entschädigung** der dritten Person sind die Vorschriften über die Entschädigung von Zeugen nach dem Justizvergütungs- und entschädigungsgesetz anwendbar (Abs. 4 S. 2). Die an den Zeugen gezahlte Entschädigung wird im Wege der Gerichtskostenerhebung beim entsprechenden Kostenschuldner (zumeist der Betreute) geltend gemacht.

14 Soweit das vom Betreuer vorgelegte Vermögensverzeichnis **ungenügend** ist, kann das **Betreuungsgericht** zur Sicherstellung der ordnungsgemäßen Erstellung

anordnen, dass es durch die zuständige Betreuungsbehörde (§ 1 BtOG) oder einen Notar (§ 20 Abs. 1 BNotO) aufgenommen wird (Abs. 5). Bei der Notwendigkeit einer derartigen Maßnahme sollte aber vorab geprüft werden, ob die Vorlage ggf. bereits mit **Zwangsmitteln** (§ 1862 Abs. 3 S. 2) erreicht werden kann bzw. inwieweit der Betreuer für den Bereich der Vermögenssorge überhaupt **geeignet** erscheint. In der Praxis wird diese Möglichkeit daher wohl eher selten genutzt werden.

Das Betreuungsgericht hat dem Betreuten das durch den Betreuer eingereichte Vermögensverzeichnis zur Kenntnis **weiterzuleiten,** außer es sind dadurch erhebliche Nachteile für die Gesundheit des Betreuten zu besorgen oder er ist offensichtlich nicht mehr zur Kenntnisnahme in der Lage (Abs. 6). Nach Intention des Gesetzgebers soll der Betreute im Vergleich zur bisherigen Gesetzeslage unter Beachtung des Art. 12 UN-BRK stärker in die Kontrolle des Betreuers eingebunden werden und durch Übersendung des Vermögensverzeichnisses in die Lage versetzt werden, **nachzuvollziehen,** welche Angaben zu den Vermögensgegenständen sein Betreuer dem Gericht gegenüber macht (BT-Drs. 19/24445, 267). Durchaus förderlich dürfte in geeigneten Fällen in diesem Zusammenhang die Durchführung eines **Einführungsgesprächs** zwischen Betreuten, Betreuer und Betreuungsgericht sein, § 1863 Abs. 2 S. 2. 15

III. Verfahren

Der Betreuer hat das Vermögensverzeichnis, seinem Zweck entsprechend, **unverzüglich** nach der Bestellung anzufertigen (vgl. OLG Schleswig BtPrax 2004, 201; BayObLG BeckRS 2003, 30330707), mit der **Versicherung** der Vollständigkeit und Richtigkeit zu versehen und beim Betreuungsgericht einzureichen (Abs. 1 S. 1). Geeignete Belege und Urkunden, wie Sparbücher, Kontoauszüge, Grundbuchblätter etc, müssen beigefügt werden und können hilfsweise vom Betreuungsgericht jederzeit verlangt werden (§ 1864 Abs. 1). Das Gericht prüft, ob das Vermögensverzeichnis **formell ordnungsgemäß** errichtet ist. Im Rahmen seiner Aufsicht nach § 1862 hat es sodann ggf. auf die **Sicherung von Geldanlagen** hinzuwirken (§§ 1841, 1845) oder die Hinterlegung von Kostbarkeiten anzuordnen (§ 1844). 16

Kommt der Betreuer seinen Pflichten nach § 1835 Abs. 1, 2 nicht oder nur **unvollständig** nach, hat das Betreuungsgericht Maßnahmen nach § 1862 Abs. 3 S. 1 zu treffen (und ggf. **Zwangsmittel** nach § 1862 Abs. 3 S. 2 in Erwägung zu ziehen), die **Geeignetheit** des Betreuers für den Aufgabenbereich zu überprüfen und hilfsweise Anordnungen gem. Abs. 5 zu treffen (→ Rn. 14). 17

Die Anordnung durch das Betreuungsgericht gem. § 1835 Abs. 4 erfolgt durch Beschluss des Richters direkt bei Bestellung des Betreuers oder durch den Rechtspfleger im laufenden Verfahren (näher: Schnellenbach/Normann-Scheerer/Giers/Thielke BetreuungsR-HdB/Thielke Rn. 536). 18

§ 1836 Trennungsgebot; Verwendung des Vermögens für den Betreuer

(1) [1]**Der Betreuer hat das Vermögen des Betreuten getrennt von seinem eigenen Vermögen zu halten.** [2]**Dies gilt nicht für das bei Bestellung des Betreuers bestehende und das während der Betreuung hinzukommende gemeinschaftliche Vermögen des Betreuers und des Betreuten, wenn das Betreuungsgericht nichts anderes anordnet.**

(2) [1]**Der Betreuer darf das Vermögen des Betreuten nicht für sich verwenden.** [2]**Dies gilt nicht, wenn die Betreuung ehrenamtlich geführt wird und zwischen dem Betreuten und dem Betreuer eine Vereinbarung über die Verwendung getroffen wurde.** [3]**Verwendungen nach Satz 2 sind unter Darlegung der Vereinbarung dem Betreuungsgericht anzuzeigen.**

(3) **Absatz 2 Satz 1 gilt nicht für Haushaltsgegenstände und das Verfügungsgeld im Sinne des § 1839, wenn der Betreuer mit dem Betreuten einen gemeinsamen Haushalt führt oder geführt hat und die Verwendung dem Wunsch oder mutmaßlichen Willen des Betreuten entspricht.**

I. Entstehung

1 Mit § 1836 wurde nun ausdrücklich das **Trennungsgebot** in das Gesetz aufgenommen. § 1836 entspricht im Wesentlichen **§ 1908i Abs. 1 S. 1 iVm § 1805 BGB aF** und baut die Vorgaben aus.

II. Trennungsgebot (Abs. 1)

2 Das **Vermögen** des Betreuten ist strikt von dem des Betreuers zu **trennen** (Abs. 1 S. 1). Auf diese Weise soll nach Intention des Gesetzgebers zum einen ein Zugriff des Betreuers auf das Vermögen des Betreuten verhindert werden, zum anderen soll der Betreute vor etwaigen gegen den Betreuer gerichteten Zwangsvollstreckungsmaßnahmen oder einer Insolvenz des Betreuers **geschützt** werden (BT-Drs. 19/24445, 268). Das Trennungsverbot galt, wenngleich noch nicht ausdrücklich normiert, auch schon vor der letzten Betreuungsrechtsreform und wird nun intensiviert (vgl. Münch FamRZ 2020, 1513 (1515)). Eine Trennung des Vermögens des Betreuten vom Vermögen des Betreuers findet regelmäßig bereits mit der Erstellung des **Vermögensverzeichnisses** (§ 1835) statt und ist auch bei der **Führung der Betreuung** strikt zu beachten (zur **Amtshaftung** des Gerichts bei Nichtbeachtung s. RGZ 85, 416; Zimmermann BtPrax 2008, 185 (186)).

3 Das Trennungsgebot ist auch für die **Anlage** (§ 1841) und **Bereithaltung** (§ 1839) von Geldern des Betreuten zu beachten. Geld ist, gleich welcher Art, stets **auf den Namen des Betreuten** anzulegen; auch die laufenden Konten sind auf dessen Namen einzurichten. Dies gilt auch dann, wenn bspw. der Sohn zum Betreuer seiner Mutter bestellt wird (LG Krefeld Rpfleger 2001, 302; aA wohl OLG Rostock FamRZ 2005, 1588 mAnm Bienwald). **Ausnahmen** hiervon ergeben sich nur insoweit, als **gemeinschaftliche Konten** bereits vor der Betreuung bestanden haben (→ Rn. 5). Kritisch zu betrachten sind insbesondere (regelmäßige) Darlehensvergaben des Betreuers an den Betreuten (bspw. wenn der Betreuer vor Monatsende seinem Betreuten, der kein Geld mehr hat, aushelfen möchte), da diese gegen das Trennungsgebot verstoßen (ggf. sollte Rückspr. mit dem Betreuungsgericht gehalten werden, Schnellenbach/Normann-Scheerer/Giers/Thielke BetreuungsR-HdB/Thielke Rn. 565). Das Vermögen des Betreuten ist vor dem Zugriff durch Gläubiger des Betreuers, zu denen auch die Kreditinstitute gehören können, zu schützen (OLG Oldenburg Rpfleger 1979, 101). Der Betreute bzw. ein neuer Betreuer muss jederzeit über die Gelder verfügen können. Strittig war vor der letzten Reform, ob ausnahmsweise kleinere Verfügungsbeträge auch auf **treuhänderisch geführten Konten** (Anderkonten) bereitgehalten werden können, wenn dies aus

Gründen der Effizienz sinnvoll ist. Die Führung von Anderkonten entspricht nicht der Rechtsprechung des BGH (FamRZ 2019, 306; vgl. auch OLG Köln 1997, 51), der dies als **pflichtwidriges Handeln** ansieht. Die Führung von Anderkonten wurde nunmehr auch ausdrücklich durch den Gesetzgeber durch die Normierung der §§ 1839, 1840 in der Gesetzesbegründung abgelehnt (BT-Drs. 19/24445, 274; vgl. auch MüKoBGB/Kroll-Ludwigs § 1836 Rn. 6).

Bestrebungen der Vereine und anderer Berufsbetreuer, **Sammelgiro- oder Sammelanlagekonten** für eine Vielzahl von Betreuten zu führen, sind mit § 1836 nicht zu vereinbaren, und zwar auch dann nicht, wenn aus der internen Buchführung des Betreuers oder des Betreuungsvereins jederzeit zweifelsfrei ermittelt werden kann, welcher Betrag welchem Betreuten zuzuordnen ist (Dodegge/Roth Teil D Rn. 48). Dass durch die Einrichtung mehrerer separater Konten auch höhere Kosten für den einzelnen Betreuten entstehen, ist hinzunehmen (vgl. OLG Bremen FGPrax 2021, 278 (279) zur Nachlasspflegschaft). Selbiges Verbot dürfte laut OLG Bremen (FGPrax 2021, 278 (279)) auch für sog. **Unterkonten** gelten, da diese nur gedanklich selbständige Konten darstellen, die immer einem Hauptkonto zugeordnet sind, wodurch sie – zB im Fall der Insolvenz oder Pfändung – dessen Schicksal teilen (vgl. BAG MDR 2004, 281; zustimmend auch Anm. Bestelmeyer FGPrax 2021, 278 (279 f.)) Dies gilt auch für die Betreuungsbehörde. Die für das Vormundschaftsrecht geltende Ausnahme durch die abweichende Regelung des § 56 Abs. 3 S. 1 SGB VIII, die es gestattet, Mündelgelder auf Sammelkonten des Jugendamtes (auch bei der Stadt- oder Kreissparkasse) bereitzuhalten oder anzulegen (vgl. auch Staudinger/Bienwald BGB § 1908i aF Rn. 190, 376), berechtigt die Betreuungsbehörde nicht, in gleicher Weise zu verfahren (Staudinger/Bienwald BGB § 1908i aF Rn. 190, 376: auch dann nicht, wenn sie dem Jugendamt angegliedert ist). Die entsprechende Anwendung ist auch nicht geboten, da sie regelmäßig mit den Zielen der Betreuung nicht zu vereinbaren ist (§ 1821); die Auflösung der Einzelkonten nimmt dem Betreuten die eigene Verfügungsgewalt und vermittelt ihm das Gefühl der anonymen Verwaltung. Anderslautende Anweisungen der kommunalen Aufsichtsbehörde wären unzulässig (→ BGB § 1862 Rn. 4). 4

Eine **Ausnahme** vom Trennungsgebot regelt Abs. 1 S. 2. Soweit das Betreuungsgericht nichts anderes anordnet, kann bereits zu **Beginn der Betreuung** vorhandenes bzw. während der Betreuung hinzugekommenes **gemeinschaftliches Vermögen** (auch Haushaltsgegenstände, vgl. Treichel NZFam 2024, 298) von Betreuer bzw. Dritten und Betreuten **bestehen bleiben** (vgl. Brosey/Lesting/Loer/Marschner BetreuungsR Rn. 249). Hierdurch kann laut Gesetzgeber einerseits im Einzelfall einem etwaigen Missbrauch (doppelte Überwachung bei gemeinsamen Konten mit Dritten), einer erheblichen Abrechnungsproblematik sowie Verlusten durch Kündigung gemeinsamer Anlagen begegnet werden (BT-Drs. 19/24445, 268), eröffnet andererseits wiederum Missbrauch durch Verfügungsberechtigte und kann bei der Abrechnung Probleme hervorrufen (wer hat welche Verfügung getätigt, dh wofür muss der Betreuer Belege vorlegen?, vgl. → BGB § 1865 Rn. 15 ff.). Der Vorrang des **Wunsches des Betreuten** ist grundsätzlich oberste Maxime und damit auch im Zusammenhang mit der Verwaltung seiner Vermögenswerte zu beachten, §§ 1838, 1821. Gemeinschaftliche Konten von Ehegatten oder Familienmitgliedern sollen mit dieser Regelung fortgeführt werden können, wenn dies dem Wunsch oder mutmaßlichen Willen des Betreuten entspricht (BT-Drs. 19/24445, 268; vgl. Harm Rpfleger 2012, 185). Genauso sollen weiterhin **Einkünfte von Mitberechtigten** (Renten, Lohn, …) auf dem Konto des Betreuten nicht gegen das Trennungsgebot verstoßen (BT-Drs. 19/24445, 268 f.). Grund- 5 sätzlich kann mangels weiterer Indizien davon ausgegangen werden, dass die bei Einrichtung der Betreuung vorgefundene Situation zur Verwaltung von Vermögen des Betreuten bestehen bleiben soll.

Eine **weitere Ausnahme** bildet durch Auslegung die **Geringwertigkeitsgrenze** des § 30 Abs. 2 Nr. 2 BtOG (vgl. hierzu Treichel NZFam 2024, 298).

III. Verwendungsverbot (Abs. 2)

6 Die Betreuung ist **fremdnützig;** das Verbot der eigennützigen Verwendung (Abs. 2 S. 1) besagt also etwas Selbstverständliches. **Unzulässig** ist jedwede **eigennützige Verwendung,** so die Inanspruchnahme von Geldern ebenso wie der Gebrauch von Sachen des Betreuten (zB überwiegend eigennütziger Gebrauch des PKW des Betreuten (AG Grimma BeckRS 2019, 46633); Wohnen im Hause des Betreuten ohne jede Beteiligung an den lfd. Kosten). Die Norm greift jedoch gem. Abs. 3 nicht für **gemeinsame Haushaltsgegenstände** von Betreuer und Betreuten und für **Verfügungsgeld** iSd § 1839, wenn der Betreuer mit dem Betreuten einen **gemeinsamen Haushalt** führt oder geführt hat und die Verwendung dem Wunsch oder mutmaßlichen Willen des Betreuten entspricht (§§ 1838, 1821).

7 **Berufsbetreuern** wird jedwede Form der Verwendung des Betreutenvermögens, also auch der entgeltlichen (verzinsliche Darlehen etc), **strikt untersagt** (zu den **Ausnahmen** per Auslegung der Norm im Bereich der **Aufmerksamkeiten** und **Geringwertigkeitsgrenze** des § 30 Abs. 2 Nr. 2 BtOG vgl. Treichel NZFam 2024, 298 (299 f.)).

Nicht ausgeschlossen ist damit aber die entgeltliche Nutzung auf Grund korrekt getroffener vertraglicher Vereinbarungen bei **ehrenamtlichen Betreuern** (Abs. 2 S. 2, 3). So könnte bspw. die entgeltliche (oder anderweitig abgegoltene) Mitbenutzung eines PKW der Betreuten mit dem Ehepartner vereinbart werden (AG Grimma BeckRS 2019, 46633). Auch konkludente Vereinbarungen sollen hierunter fallen; die Schriftform ist nicht zwingend vorgeschrieben, aber sinnvoll. Derartige Verträge sind jedenfalls unter Beachtung des **Selbstbestimmungsrechts** zuzulassen, wenn sie den Wünschen (hilfsweise dem mutmaßlichen Willen) des Betreuten entsprechen (§§ 1838, 1821 Abs. 2, 3), zB dem Betreuer eine Wohnung im Hause des Betreuten vermietet werden soll (Damrau/Zimmermann § 1836 Rn. 11). Zum Vertragsschluss bedarf es ggf. der **Ergänzungsbetreuung** (§ 1817 Abs. 5) inklusive etwaiger betreuungsgerichtlicher **Genehmigungen** nach §§ 1848 ff. (bspw. für einen Darlehensvertrag als Anlage § 1848). Der Betreuer hat eine entsprechende Vereinbarung dem Gericht anzuzeigen (Abs. 2 S. 3). Soweit das Gericht Anhaltspunkte für eine missbräuchliche Behauptung oder Verwendung vermutet oder es zu Streitigkeiten zwischen Angehörigen kommt, kann es die üblichen **Aufsichtsmaßnahmen** gem. § 1862 ergreifen.

IV. Sonstiges

8 Der Betreuer ist durch § 1836 nicht gehindert, Aufwendungsersatz, Aufwandsentschädigung und bewilligte **Vergütung** (§§ 1875 ff.) dem freien Vermögen des Betreuten zu entnehmen.

9 Der Betreuer darf die **Arbeitskraft** des Betreuten nicht unentgeltlich ausnutzen. Lebt das behinderte Kind oder der ältere Betreute in Hausgemeinschaft mit dem Betreuer, wird eine Mithilfe im Haushalt seinen Interessen förderlich sein;

auch hierfür ist auf die Selbstbestimmung des Betreuten abzustellen. Arbeits- und Dienstverträge sind zulässig.

Die Vertretungsmacht des Betreuers (§ 1823) wird durch § 1836 nicht berührt; bei **Pflichtwidrigkeiten** hat das **Betreuungsgericht** einzuschreiten (§ 1862 Abs. 3). 10

Der Betreuer ist wie ein Beauftragter (analoge Anwendung des § 667) verpflichtet, **Gelder,** die er bei Ausübung der Betreuung aus dem Vermögen des Betreuten **erlangt hat, herauszugeben,** soweit er nicht den Nachweis der bestimmungsgemäßen Verwendung erbringen kann. Anders als § 1826 setzt dies weder eine Pflichtverletzung noch ein Verschulden voraus (OLG Saarbrücken BtPrax 2014, 45). 11

§ 1837 Vermögensverwaltung durch den Betreuer bei Erbschaft und Schenkung

(1) **Der Betreuer hat das Vermögen des Betreuten, das dieser von Todes wegen erwirbt, das ihm unentgeltlich durch Zuwendung auf den Todesfall oder unter Lebenden von einem Dritten zugewendet wird, nach den Anordnungen des Erblassers oder des Zuwendenden, soweit diese sich an den Betreuer richten, zu verwalten, wenn die Anordnungen von dem Erblasser durch letztwillige Verfügung oder von dem Dritten bei der Zuwendung getroffen worden sind.**

(2) **[1]Das Betreuungsgericht kann die Anordnungen des Erblassers oder des Zuwendenden aufheben, wenn ihre Befolgung das Vermögen des Betreuten erheblich gefährden würde. [2]Solange der Zuwendende lebt, ist zu einer Abweichung von den Anordnungen seine Zustimmung erforderlich und genügend. [3]Ist er zur Abgabe einer Erklärung dauerhaft außerstande oder ist sein Aufenthalt dauerhaft unbekannt, so kann das Betreuungsgericht unter Beachtung der Voraussetzungen von Satz 1 die Zustimmung ersetzen.**

I. Entstehung

§ 1837 entspricht dem bisherigen **§ 1908i Abs. 1 S. 1 iVm § 1803 BGB aF** mit geringen Abwandlungen. 1

II. Fallkonstellationen

Die Norm enthält **drei Fallkonstellationen: 1.** Vermögen, das der Betreute von Todes wegen erwirbt, **2.** Vermögen, das dem Betreuten unentgeltlich auf den Todesfall zugewendet wird und **3.** Vermögen, das dem Betreuten unter Lebenden von Dritten zugewendet wird. Eine Anordnung des Zuwendenden im Rahmen einer unentgeltlichen Zuwendung auf den Todesfall stellt einen Vertrag zugunsten Dritter (= Betreuter) gemäß § 328 dar (abzugrenzen von Variante 3; vgl. BT-Drs. 19/24445, 270). 2

Bei der Norm handelt es sich ausdrücklich um Anordnungen des Erblassers an den **Betreuer,** nicht an den **Betreuten** (Abs. 1: „[…] soweit diese sich an den Betreuer richten […]", MüKoBGB/Kroll-Ludwigs § 1837 Rn. 4). Folgerichtig 3 sind laut Fröschle (Neues VormundschaftsR/BetreuungsR Rn. 401) daher weiterhin die **Wünsche des Betreuten für den Betreuer vorrangig** maßgebend. Der Zuwendende kann den Betreuer völlig von der Verwaltung ausschließen. Die Anordnung des **Verwaltungsausschlusses** ist für den Erwerb von Todes wegen (Erbschaft, Vermächtnis, Pflichtteil) durch Testament bzw. Erbvertrag (§§ 1937, 2299) zu treffen oder zusammen mit der unentgeltlichen Zuwendung (Schenkung, Ausstattung). Die **Verwaltungs- und Verfügungsbefugnis des Betreuers** erlischt aber erst mit der Einschränkung seines Aufgabenkreises durch die Bestellung eines **Ergänzungsbetreuers** (§ 1817 Abs. 5). Möchte der Zuwendende auch den Betreuten selbst Anordnungen erteilen, müsste er sich bspw. einer **Auflage** (§§ 525 ff. BGB, §§ 2192 ff. BGB) bedienen (Fröschle Neues VormundschaftsR/BetreuungsR Rn. 401).

4 Statt des Ausschlusses kann sich der Zuwendende mit bestimmten **Anordnungen** begnügen, die der Betreuer zu beachten hat. Diese Anordnungen binden den Betreuer nur im **Innenverhältnis,** seine **Vertretungsmacht** wird nicht beschränkt. **Verstößt** er gegen die Anordnungen, hat das **Betreuungsgericht** nach § 1862 Abs. 3 einzuschreiten. Die Anordnungen können den Betreuer über das gesetzlich Vorgesehene hinaus **beschränken,** zB die Hinterlegungspflichten erweitern, oder ihn von bestimmten Pflichten aus §§ 1838 ff. **befreien.** Eine Freistellung von den **Anzeige- oder Genehmigungspflichten** nach §§ 1846 ff. oder von der Aufsicht des Betreuungsgerichts (§ 1862) ist **ausgeschlossen** (MüKoBGB/Kroll-Ludwigs § 1837 Rn. 8). Hingegen wird bspw. bei vom Betreuten durch Erbschaft erlangten Anlagen keine Genehmigung nach § 1848 notwendig sein, sondern nur, sofern das vererbte Vermögen neu angelegt werden soll (vgl. Schönenberg-Wessel/Kaufmann BtPrax 2021, 99 (100)). Die Anordnungen müssen sich **an den Betreuer richten** (Auslegungsfrage); die Aufforderung an die Erben, den Grundbesitz zu erhalten, ist nicht an den Fremdverwalter gerichtet und stellt keine Anordnung nach Abs. 1 dar (BayObLG Rpfleger 2003, 82). Der Erwerb ist zwingend als neues Vermögen nach § 1835 Abs. 1 S. 3 zu verzeichnen.

5 Will der Betreuer von den Anordnungen **abweichen,** so bedarf er bei der Schenkung oder einem Vertrag zugunsten Dritter, solange der Zuwendende lebt, dessen **Zustimmung** (Abs. 2 S. 2). Eine Aufhebung durch das Gericht ist in diesem Fall ebenso wenig notwendig wie eine Vermögensgefährdung.

Sofern die Befolgung der Anordnungen das Vermögen des Betreuten erheblich gefährden würde und der **lebende Zuwendende keine Zustimmung** zur Abweichung gibt, ist dies **bindend** (BT-Drs. 19/24445, 270); auch das Betreuungsgericht kann bei fehlender Zustimmung die **Anordnungen** des lebenden Zuwendenden **nicht aufheben, selbst wenn dies das Vermögen des Betreuten erheblich gefährdet.** Die Zustimmung kann nur in den gesetzlich vorgeschriebenen Fällen des Abs. 2 S. 3 erfolgen, dh wenn der Zuwendende entweder zur Abgabe einer Erklärung dauerhaft außerstande oder sein Aufenthalt dauerhaft unbekannt ist. Eine Vermögensgefährdung ist für die Ersetzung der Zustimmung nicht erforderlich, sondern erst bei der darauffolgenden Aufhebung. Indes werden die Praxisfälle, in denen der Zuwendende dem Betreuer direkt Anordnungen erteilt, die das Vermögen des Betreuten gefährden könnten, schwindend gering sein.

Nach dem **Tode des Zuwendenden** und beim Erwerb von Todes wegen kann die **Zustimmung** des Zuwendenden gem. Abs. 2 S. 1 durch das Betreuungsgericht nur **ersetzt** werden, wenn anderenfalls das Vermögen des Betreuten

erheblich gefährdet würde, zB eine sichere zinsgünstigere Geldanlage blockiert wäre (str., eine Testamentsanfechtung liegt dabei nicht vor; ausführlich mit Beispiel hierzu Damrau/Zimmermann § 1837 Rn. 16 mwN).

Für den **Maßstab** der Entscheidung des Betreuungsgerichts zur **Aufhebung** der Anordnung(en) kann es im Gegensatz zur bisherigen Gesetzeslage nicht darauf ankommen, ob der Zuwendende verstorben, unbekannten Aufenthalts oder zur Erklärung dauerhaft außerstande ist, sondern es kommt auch bei der Ersetzung der Zustimmung **ausschließlich** auf eine **erhebliche Vermögensgefährdung** an (BT-Drs. 19/24445, 270). 6

Unterkapitel 2. Verwaltung von Geld, Wertpapieren und Wertgegenständen

§ 1838 Pflichten des Betreuers in Vermögensangelegenheiten

(1) [1]Der Betreuer hat die Vermögensangelegenheiten des Betreuten nach Maßgabe des § 1821 wahrzunehmen. [2]Es wird vermutet, dass eine Wahrnehmung der Vermögensangelegenheiten nach den §§ 1839 bis 1843 dem mutmaßlichen Willen des Betreuten nach § 1821 Absatz 4 entspricht, wenn keine hinreichenden konkreten Anhaltspunkte für einen hiervon abweichenden mutmaßlichen Willen bestehen.

(2) [1]Soweit die nach Absatz 1 Satz 1 gebotene Wahrnehmung der Vermögensangelegenheiten von den in den §§ 1839 bis 1843 festgelegten Grundsätzen abweicht, hat der Betreuer dies dem Betreuungsgericht unverzüglich unter Darlegung der Wünsche des Betreuten anzuzeigen. [2]Das Betreuungsgericht kann die Anwendung der §§ 1839 bis 1843 oder einzelner Vorschriften ausdrücklich anordnen, wenn andernfalls eine Gefährdung im Sinne des § 1821 Absatz 3 Nummer 1 zu besorgen wäre.

I. Entstehung

Die Norm wurde im Wege der Reform **neu geschaffen,** wobei deren Regelungsgehalt nicht gänzlich neu ist. 1

II. Wünsche als Magna Charta des Betreuungsrechts

Mit dieser neuen Vorschrift wird durch den Gesetzgeber sichergestellt, dass **§ 1821** als Grundnorm des betreuungsrechtlichen Handelns – die **„Magna Charta des Betreuungsrechts“** – nicht nur für Angelegenheiten der Personensorge gilt, sondern in gleicher Weise auch für Vermögensangelegenheiten. Im Übrigen setzt sie die Vorgaben des Art. 3 lit. a), 12 UN-BRK um (s. auch: General Comment Nr. 1 (2014) zu Art. 12; Ward BtPrax 2017, 12). Sie ist in diesem Sinne als eine **Bestärkungsnorm** zu verstehen (Abs. 1 S. 1), die allerdings auch dem **Schutzgebot** (S. 2) und der Notwendigkeit gerichtlicher Aufsicht (Abs. 2) Rechnung trägt, BT-Drs. 19/24445, 271, vgl. Brosey/Lesting/Loer/Marschner BetreuungsR Rn. 246. Die Vorschriften der §§ 1839 ff. gelten daher hilfsweise in Form von **Auffangnormen,** wenn dem Betreuer eine Entscheidung nach § 1821 Abs. 2 bis 4 nicht möglich ist. Sie öffnen **nicht** das Tor für am **objektiven Wohl** orientierte Entscheidungen (s. ausführlich: BT-Drs. 19/24445, 270 f.). 2

3 Auf die Kommentierung zu → § 1821 BGB wird verwiesen. Auch im Bereich der Vermögensangelegenheiten bleibt der Grundsatz bestehen, dass der Betreuer von seiner Vertretungsmacht **(§ 1823)** nur Gebrauch machen darf, soweit der Betreute selbst zur Handlung außerstande ist (§ 1821 Abs. 1 S. 2); vorrangig greift die unterstützte Entscheidungsfindung. Der Betreuer hat bei sämtlichen Handlungen zu beachten, dass er den **Wünschen** und **Lebensvorstellungen** des Betreuten gerecht wird, selbst wenn die Maßnahme objektiv wirtschaftlich **unvernünftig** erscheint und nur mit dem natürlichen Willen Wünsche geäußert werden, Art. 3 lit. a), 12 UN-BRK (anschaulich: Brosey/Lesting/Loer/Marschner BetreuungsR Rn. 175, 244; Kieß BetreuungsR § 12 Rn. 26). Der Gesetzgeber wollte in Anlehnung an die BGH-Rechtsprechung (BGH FamRZ 2009, 1656) ausdrücklich nunmehr die **subjektiven Interessen** des Betreuten zur Gewährleistung seiner **Selbstbestimmung** in den Vordergrund rücken (s. auch → Vorb. § 1835–1845 Rn. 7). Durch die Verlagerung der Vorschriften zur Vermögensverwaltung weg vom Vormundschaftsrecht, in welchem dem objektiven Wohl eine durchaus entscheidende Bedeutung zukommt, hin zum Betreuungsrecht, sollte dieser Umschwung weiter verdeutlicht werden (vgl. hierzu Kieß BetreuungsR § 12 Rn. 25). Eine Gesetzesauslegung in Richtung Fremdbestimmung durch Zugrundelegung objektiver Kriterien zum „Wohl" des Betreuten, wie es in § 1901 Abs. 2 BGB aF möglich war, soll damit gänzlich vermieden werden („Die Selbstbestimmung steht gerade nicht in Konkurrenz zu anderen hohen Rechtsgütern des Betreuten, sondern überragt sie", BT-Drs. 19/24445, 271). Zum Recht auf Selbstbestimmung gehört in Bezug auf die Vermögensangelegenheiten schließlich auch bedingt das Recht, falsche Entscheidungen treffen zu dürfen, soweit die Risiken erkannt werden (wie auch im Gesundheitsbereich das Recht auf Krankheit besteht). Laut Gesetzgeber hat die Abwägung zwischen der Selbstbestimmung und dem Schutz vor einer Selbstschädigung ausschließlich aus der **Perspektive des Betreuten** zu erfolgen; er hat selbst sein Wohl zu definieren und hat das Recht, sich und auch sein Vermögen zu gefährden oder gar zu schädigen (BT-Drs. 19/24445, 271; Brosey/Lesting/Loer/Marschner BetreuungsR Rn. 175 f.).

4 Die Norm soll hierdurch auch die in der Praxis missliche Lage des Betreuers beseitigen, die „richtige" Entscheidung zwischen der Pflicht zur **Wunschbefolgung** und der Pflicht, **Schaden** vom Betreuten **abzuwenden,** zu treffen, die ihn letztlich auch vor der Haftung bewahrt (BT-Drs. 19/24445, 270). Da der Betreuer wegen Abs. 1 S. 2 im Schadensersatzprozess die volle Beweislast dafür trägt, dass jede Abweichung von §§ 1839–1843 einem Wunsch oder mutmaßlichen Willen des Betreuten entsprach (Fröschle Neues VormundschaftsR/BetreuungsR Rn. 407), ist er gut beraten, die Wünsche bzw. den mutmaßlichen Willen und deren Ermittlung genau zu **dokumentieren** (beipflichtend: Gojowczyk BtR 2023, 19 (21)). Vermögen des Betreuten muss bspw. nicht angespart werden, wenn der Betreute dies nicht wünscht, sondern der Betreuer hat durch die Pflicht zur Wunschbefolgung dafür zu sorgen, dass der Betreute sein Vermögen nach seinen Lebensvorstellungen verwenden kann. Gleichwohl wird das Problem, die „richtige" Entscheidung zu treffen, nicht gänzlich gelöst, sondern lediglich – immerhin unter Würdigung der Vorgaben der UN-BRK zu Gunsten der Selbstbestimmung des Betreuten – verlagert. Mussten Betreuer bisher bereits Wünschen des Betreuten entgegentreten, soweit sie zu einer erheblichen **Selbstgefährdung** führten, ist dies nunmehr ausgeschlossen. Entscheidend ist damit vorrangig die **Abgrenzung der geäußerten Wünsche des Betreuten zwischen selbstbestimmter und nicht mehr selbstbestimmter Personen- oder Vermögensgefährdung.**

Aber auch diese Abgrenzung wird – wie die vorherige zwischen Wunschbefolgung und Wohlgefährdung – Betreuer wie auch Betreuungsgerichte im Rahmen ihrer Aufsichtspflichten in der Praxis vor gleichwertige Probleme stellen und kann im Einzelfall schwierig sein. Allerdings kann insoweit ein ärztliches Gutachten Anhaltspunkte geben, soweit es einzuholen wäre, wenn das Gericht eine eigene Entscheidung zu treffen hat. Fraglich ist bei (vermögensrechtlichen) Gefährdungen, die von Betreuten unter Zugrundelegung eines freien Willens bewusst in Kauf genommen werden, inwieweit die Betreuungsanordnung für diesen Bereich (noch) das richtige Mittel darstellt.

Soweit der Betreute **nicht mehr zur freien Willensbestimmung fähig** ist, sind zwar seine Wünsche und Vorstellungen weiterhin einzubeziehen (Brosey/Lesting/Loer/Marschner BetreuungsR Rn. 175), aber nicht mehr streng verbindlich, soweit durch die Wunschbefolgung eine **erhebliche Gefahr** für die Person oder das Vermögen des Betreuten entsteht, § 1821 Abs. 3 Nr. 1, oder die Handlung dem Betreuer **nicht zuzumuten** wäre, § 1821 Abs. 3 Nr. 2 (s. näher hierzu → BGB § 1821 Rn. 17 ff.; Wünsche des Betreuten sind „bis zur Grenze der Selbstschädigung zu beachten", Kieß BetreuungsR § 12 Rn. 25 f.). Dem Betreuungsrecht wohnt dahingehend auch ein Schutzgedanke inne, sodass nicht jedwede Selbstbestimmung ungeachtet einer etwaigen Gefährdung für Person oder Vermögen des Betreuten zu berücksichtigen ist (ausführl. Brosey/Lesting/Loer/Marschner BetreuungsR Rn. 185 ff.). Betreuer können nicht einfach jedwede schädigende Handlung mit den Wünschen eines entscheidungsunfähigen Betreuten legitimieren (→ Rn. 6). In diesen Fällen ist auf den **mutmaßlichen Willen** des Betreuten abzustellen, § 1821 Abs. 4. Zur Erleichterung der Betreuerhandlungen bei der Feststellung des mutmaßlichen Willens dient dabei die Hilfestellung aus Abs. 1 S. 2: Nur, wenn hinreichende konkrete Anhaltspunkte für einen nach den Vorgaben der §§ 1839 ff. abweichenden mutmaßlichen Willen bestehen, hat der Betreuer von entsprechenden Verfügungen Abstand zu nehmen (vgl. Fröschle Neues VormundschaftsR/BetreuungsR Rn. 404; vgl. zur Dokumentation und Haftung → Rn. 4). Dies kann bspw. der Fall sein, wenn der Betreute sein Leben lang überzeugt sämtliches Vermögen in Aktien angelegt hat und nun die Anlage auf einem Sparkonto vorgenommen werden soll, wobei wiederum ebenfalls die veränderte Situation des Betreuten einzubeziehen und zu berücksichtigen ist, die ihn ggf. mutmaßlich zu einer sicheren Anlage bewegt hätte. Wenn der Betreute die Gefährdung des Vermögens durch Aktieninvestments mutmaßlich in Kauf genommen hätte, ist diesem Wunsch auch Folge zu leisten. Der Gesetzgeber führt hierzu klarstellend aus: „Der Erhalt des Vermögens oder eine Verwaltung nach objektiv sinnvollen wirtschaftlichen Gesichtspunkten ist für den Betreuer nur dann handlungsleitend, wenn dies auch das Bestreben des Betreuten war und auch weiterhin seinen Wünschen oder hilfsweise seinem mutmaßlichen Willen entspricht. Ansonsten ist das Vermögen nach seinen Wünschen oder nach seinem mutmaßlichen Willen zu verwalten und entsprechend anzulegen oder auch auszugeben" (BT-Drs. 19/24445, 271). Erst wenn wenige bis gar **keine Informationen** zum mutmaßlichen Willen des Betreuten im Hinblick auf die Vermögensverwaltung vorliegen, können die gesetzlichen **Auffangregelungen der §§ 1839 ff.** umgesetzt bzw. dürfen auch **objektive Kriterien** (bspw. allgemeine Lebenserfahrungen, wirtschaftlich vernünftige Entscheidung eines verständigen durchschnittlichen Menschen in dieser Situation) herangezogen werden, wobei nicht auf das objektive Wohl zurückgegriffen werden darf; dies ist der im Ergebnis stets **subjektive „individuelle hypothetische Wille"** des Betreuten (BT-Drs. 19/24445, 5

254; → BGB § 1821 Rn. 23). Der Betreuer hat jedoch stets die Aufgabe, eventuelle Risiken und Gefährdungen durch bestimmte Handlungen mit dem Betreuten zu besprechen und ihn bestmöglich zu beraten (BT-Drs. 19/24445, 272).

Zur Abwendung einer **erheblichen Gefährdung** für das Vermögen des Betreuten hat der Betreuer ggf. die Anordnung eines **Einwilligungsvorbehalts** bei Gericht anzuregen, § 1825 Abs. 1.

6 Absatz 2 dient zum einem dem **Schutz des Betreuten** vor einer vorschnellen Behauptung des Betreuers, dass bei Eintritt eines Vermögensschadens dieser die Folge der Wunschbefolgung sei (vgl. auch Studie zu Vermögensdelikten im Betreuungswesen: Meier/Peikert/Görgen BtPrax 2019, 175 ff.). Zum anderen **sichert** sie den **Betreuer** ab. Daher stehen solche Entscheidungen oder Verfügungen, die unsicher sind, nach den §§ 1839 bis 1843 unter **gerichtlicher Aufsicht** (vgl. BT-Drs. 19/24445, 273). Soweit der Betreuer von den Grundsätzen **abweicht,** hat er dies dem Gericht sofort **anzuzeigen** und eine entsprechende **Begründung** unter Darlegung der Wünsche und Vorstellungen des Betreuten abzugeben (Dokumentation der Wunschermittlung → Rn. 4). Das Gericht hat im Rahmen seiner **Aufsichtspflicht** (§ 1862) sodann zu prüfen und zu ermitteln, inwieweit die Betreuerhandlung das Selbstbestimmungsrecht des Betreuten wahrt und hat dieses mit etwaigen Gefahrenlagen nach § 1821 Abs. 3 Nr. 1 **abzuwägen.** Notfalls hat es die Anwendung der §§ 1839 ff. ausdrücklich anzuordnen und darüber hinaus ggf. durch geeignete **Ge- und Verbote** iSd § 1862 Abs. 3 S. 1 einzuschreiten. Im Übrigen ist § 1838 auch im Wege des Genehmigungsverfahrens im vermögensrechtlichen Bereich (§§ 1848 ff.) über den indirekten Verweis aus § 1862 Abs. 1 S. 2 auf § 1821 Abs. 2 bis 4 umfassend zu beachten und insoweit auch für das Gericht Entscheidungsmaßstab (vgl. Ahr BtR 2023, 25).

§ 1839 Bereithaltung von Verfügungsgeld

(1) [1] **Geld des Betreuten, das der Betreuer für dessen Ausgaben benötigt (Verfügungsgeld), hat er auf einem Girokonto des Betreuten bei einem Kreditinstitut bereitzuhalten.** [2] **Ausgenommen ist Bargeld im Sinne § 1840 Absatz 2.**

(2) **Absatz 1 steht einer Bereithaltung von Verfügungsgeld auf einem gesonderten zur verzinslichen Anlage geeigneten Konto des Betreuten im Sinne von § 1841 Absatz 2 nicht entgegen.**

I. Entstehung

1 Die Unterscheidung zwischen Verfügungs- und Anlagegeld ist zwar nicht neu, wurde jedoch mit der Reform nun **explizit im Gesetz** als solche verankert (vgl. bisher: **§ 1908i Abs. 1 S. 1 iVm § 1806 Hs. 2 BGB aF**).

II. Verfügungsgeld

2 Soweit Gelder des Betreuten zur Bestreitung des laufenden Lebensunterhalts dienen **(Verfügungsgeld),** sind diese durch den Betreuer auf einem **Girokonto** des Betreuten bereitzuhalten (OLG Bremen FGPrax 2021, 278). Verfügungsgelder sind die Mittel, die bereitzuhalten sind zum **Unterhalt** des Betreuten, zur Erfül-

lung von **Verpflichtungen** und sonstigen **absehbaren Ausgaben,** wie zB für Reparaturen zur Erhaltung von Sachwerten (vgl. auch Veit FamRZ 2019, 337 (344) und Beispiele bei Gojowczyk BtR 2023, 19 (21)). Reserven für Notfälle können grundsätzlich nicht hierunter gezählt werden (zust. Damrau/Zimmermann § 1839 Rn. 5; aA Gojowczyk BtR 2023, 19 (21)), es sei denn, es handelt sich um eine gewöhnliche, geringfügige Reserve für anstehende laufende bzw. übliche Verbindlichkeiten auf dem Girokonto.

Dabei spielt es keine Rolle, ob ein solches Girokonto bereits vorhanden ist oder neu eingerichtet werden muss (Anzeigepflicht gem. § 1846 Abs. 1 Nr. 1). Die Einordnung und Überprüfung bei Beginn bzw. Übernahme der Betreuung obliegt dem Betreuer (→ Rn. 4). Eine Verwaltung von Verfügungsgeld auf **(Sammel-)Anderkonten** ist ausgeschlossen (→ § 1836 Rn. 3, 4, BT-Drs. 19/24445, 274). Die Führung einer **Barkasse** wird mit der Vorgabe des Girokontos in § 1840 Abs. 1 grundsätzlich **ausgeschlossen** bzw. sollte gem. Abs. 1 S. 1 nur in den **Ausnahmefällen** des § 1840 Abs. 2 geführt werden, da die Geldflüsse auf dem Girokonto zum Schutz des Betreuten besser **kontrolliert** und **nachvollzogen** werden können (BGH FamRZ 2019, 306; BT-Drs. 19/24445, 274). Die Ausnutzung eines **Dispositionskredites** ist dabei **ohne Genehmigung** zulässig, sofern er bereits (vor Eintritt der Geschäftsunfähigkeit des Betreuten) eingeräumt war, die Ausstellung einer Kreditkarte hingegen nur mit Genehmigung (vgl. § 1854 Nr. 2). Über Verfügungsgeld gem. Abs. 1 kann ohne Genehmigung verfügt werden, § 1849 Abs. 1 S. 1 Nr. 1 Alt. 1, Abs. 2 S. 1 Nr. 1 lit. b).

Abs. 2 stellt darüber hinaus klar, dass Verfügungsgelder anders als bisher auch 3
auf **anderen** zur verzinslichen Anlage geeigneten **Konten** (Sparkonto, Tagesgeldkonto, …) bereitgehalten werden können, soweit eine schnelle Verfügbarkeit des Geldes gewährleistet ist (vgl. Gojowczyk BtR 2023, 19 (20); daher bspw. wohl ausgeschlossen: Termingeldkonten). Diese Konten unterliegen **nicht** der **Sperrverpflichtung** (§ 1845 Abs. 1 S. 2), sodass ebenfalls wie über Verfügungsgeldkonten nach Abs. 1 problemlos genehmigungsfrei über sie verfügt werden kann (§ 1849 Abs. 1 S. 1 Nr. 1 Alt. 1, Abs. 2 S. 1 Nr. 1 lit. c). Damit soll dem Betreuer die Arbeit in der Praxis erleichtert werden (BT-Drs. 19/24445, 275). Allerdings darf es nicht zur Vermischung von Verfügungs- und Anlagegeld auf einem Konto kommen; die Konten sollten stets separat geführt werden.

Welche Gelder als Verfügungsgelder dienen, legt der **Betreuer** unter Beachtung 4
des **§ 1838 im eigenen Ermessen** bei der **Wunschbefolgung** unter **Aufsicht des Gerichts** (Anzeigepflichten gem. § 1846; → BGB § 1846 Rn. 5) fest (zur Prüfung der Anlage bei Beginn/Übernahme der Betreuung vgl. Anm Schulteis NZFam 2020, 1079 zu OLG Schleswig BeckRS 2020, 17731), das gem. § 1862 mit Ge- und Verboten einschreiten kann, wenn der Betreuer gegen die Vorgaben aus §§ 1821, 1838 verstößt oder seine Einschätzungen Ermessenfehlern unterliegen (BT-Drs. 19/24445, 275); in Ermangelung der Informationen und Anhaltspunkte zum Wunsch oder mutmaßlichen Willen des Betreuten greift § 1839 als **Auffangnorm** (→ BGB § 1838 Rn. 2, 5, → BGB § 1821 Rn. 23; subsidiäre Anwendung vgl. Damrau/Zimmermann § 1839 Rn. 3; Gojowczyk BtR 2023, 19 (22)). Größere Beträge, die nicht zur Deckung laufender Kosten dienen, sind als **Anlagegeld** zu behandeln **(§ 1841). Nicht** als Verfügungsgeld iSd Vorschrift zählen geplante **Vermögensumschichtungen,** zB die Anschaffung von Immobilien; hierfür bereitgehaltene Gelder sind als **Anlagegeld** zu behandeln (Dodegge/Roth Teil E Rn. 58 mwN; Gojowczyk BtR 2023, 19 (21)).

5 Zu **Eigengeldkonten** bzw. zu verschiedenen Modellen s. → BGB § 1840 Rn. 5; → BGB § 1865 Rn. 13 ff.; vgl. auch Schnellenbach/Normann-Scheerer/Giers/Thielke BetreuungsR-HdB/Thielke Rn. 563.

§ 1840 Bargeldloser Zahlungsverkehr

(1) **Der Betreuer hat den Zahlungsverkehr für den Betreuten bargeldlos unter Verwendung des gemäß § 1839 Absatz 1 Satz 1 zu unterhaltenden Girokontos durchzuführen.**

(2) **Von Absatz 1 sind ausgenommen**
1. im Geschäftsverkehr übliche Barzahlungen und
2. Auszahlungen an den Betreuten.

I. Entstehung

1 § 1840 wurde im Wege der Reform gänzlich **neu** geschaffen.

II. Bargeldloser Zahlungsverkehr

2 Absatz 1 regelt grundsätzlich die **Pflicht** zum **bargeldlosen** Zahlungsverkehr. Dass es sich um eine Muss-Vorschrift handelt, wird an dem Wort „hat" deutlich. Der Betreuer hat die Verwaltung des Verfügungsgeldes über ein **Girokonto** zu führen und Zahlungen des Betreuten an Dritte sowie Zahlungen an den Betreuten von Dritten über dieses zu bewirken bzw. entgegenzunehmen. Somit können die **Geldflüsse** auf dem Girokonto zum Schutz des Betreuten besser **nachvollzogen** und **kontrolliert** werden (BT-Drs. 19/24445, 275; vgl. → BGB § 1839 Rn. 2), als wenn sie über eine Barkasse des Betreuers durchgeführt werden. Dies dient dem Schutz des Betreuten, da somit Geldflüsse durch das Betreuungsgericht im Rahmen der Aufsichtspflicht bei der Berichts- und Rechnungslegungsprüfung besser geprüft werden können (vgl. Gojowczyk BtR 2023, 19 (20)). Kontoauszüge des jeweiligen unabhängigen Bankinstituts belegen die Zu- und Abgänge, ohne dass der Betreuer hierauf durch die Erstellung einer eigenen Übersicht Einfluss hat und Manipulationen vornehmen könnte, wie bspw. bei einer Barkasse. Barkassenbestände sollen mithin nach und nach minimiert bzw. abgeschafft werden.

3 Zur Regelung des Zahlungsverkehrs kann sich der Betreuer nach Vorstellung des Gesetzgebers zwar durchaus der elektronischen Kontoführung, **nicht** aber **elektronischer Bezahlmethoden** (bspw. „amazon pay" oder „PayPal") oder im Internet generierter Zahlungsmittel („Bitcoin") bedienen (BT-Drs. 19/24445, 275).

4 Abs. 2 regelt Ausnahmen von der Pflicht. **Ausgenommen** von der Pflicht zum bargeldlosen Zahlungsverkehr sind nach Abs. 2 demnach im Geschäftsverkehr **übliche** Zahlungen (Nr. 1; idR Bargeschäfte des tägl. Lebens wie bspw. Bäcker, Friseur, …) und **Auszahlungen an den Betreuten** (Nr. 2), soweit dieser nicht selbst sein Geld vom Konto abhebt und die Bargeldauszahlungen wünscht bzw. diese zur **Förderung** seiner eigenständigen Lebensführung dienen. Diese Vorgehensweise muss in der Praxis weiter gewährleistet werden können, weil viele Betreute hierauf angewiesen sind.

Als gängige **Alternative** zur Barkasse kann insbesondere bei Geschäftsunfähigen ein Zwei-Konten-Modell dienen – mit einem **Hauptkonto,** über das der Betreuer verfügt und die wichtigsten Lebensunterhaltskosten wie Miete, Strom etc zahlt, und einem **eigenverwalteten Konto,** über das nur der Betreute verfügt und (mehrmals) monatlich Geldbeträge vom Hauptkonto überwiesen bekommt (s. ausführlich zur Eigenverwaltung und den Grenzen bei Geschäftsunfähigkeit → BGB § 1865 Rn. 14). Spätestens mit dieser Gesetzeskonstruktion und der Pflicht zum bargeldlosen Zahlungsverkehr muss auch dem geschäftsunfähigen Betreuten Zugriff auf Bankgeschäfte im Rahmen des § 105a durch Etablierung von Eigenverwaltungskonten gewährt werden, da anderenfalls Art. 5, 9, 12 Abs. 2, 3 **UN-BRK** leerlaufen würden. Auf ausdrücklichen **Wunsch des Betreuten** können jedoch auch weiterhin **Bargeldkassen** zur Auszahlung iSd Abs. 2 Nr. 2 geführt werden; § 1840 greift jedenfalls als Auffangnorm in Ermangelung der Informationen und Anhaltspunkte zum Wunsch oder mutmaßlichen Willen des Betreuten (→ BGB § 1838 Rn. 2, 5; → BGB § 1821 Rn. 23). 5

§ 1841 Anlagepflicht

(1) **Geld des Betreuten, das nicht für Ausgaben nach § 1839 benötigt wird, hat der Betreuer anzulegen (Anlagegeld).**

(2) **Der Betreuer soll das Anlagegeld auf einem zur verzinslichen Anlage geeigneten Konto des Betreuten bei einem Kreditinstitut (Anlagekonto) anlegen.**

I. Entstehung

Der Begriff des Anlagegeldes wird mit § 1841 im Gesetz verankert und entspricht dem Regelungsgehalt nach **§ 1908i Abs. 1 S. 1 iVm §§ 1806 Hs. 1,** wobei das Erfordernis der **Innengenehmigung** zur Anlage aus **1810 BGB aF wegfällt.** 1

II. Anlagegeld

Der Betreuer ist dazu verpflichtet, Geld des Betreuten, das nicht zur Deckung des laufenden Unterhalts benötigt wird, anzulegen **(Anlagegeld),** soweit dies dem **Wunsch** des Betreuten entspricht. Dadurch soll einerseits das **Vermögen** des Betreuten **erhalten** bleiben und – wenn möglich – **vermehrt** werden, andererseits aber auch für einen gewissen **Schutz** (Sperrvereinbarung, § 1845 Abs. 1) von hohen Geldbeträgen gesorgt werden (BT-DRs. 19/24445, 275). Es muss dabei beachtet werden, dass noch ausreichendes Vermögen zur Deckung des laufenden Lebensunterhalts zur Verfügung steht, dh der Betreuer darf andererseits zur Deckung des **laufenden Lebensunterhalts** erforderliches Geld **nicht anlegen** (s. LG Karlsruhe NJW 2014, 2203; BayObLG FamRZ 2005, 389). Dies gilt auch für größere Reserven für Notlagen des Betreuten, allerdings nicht für kleine, monatliche Rücklagen auf dem Girokonto (ggf. etwas zu weit: Gojowczyk BtR 2023, 19 (21)). Nach Übernahme der Betreuung bzw. im laufenden Betreuungsverfahren sollte der Betreuer stets auf absehbare Zeit nicht benötigtes Geld vom Girokonto auf ein Sparkonto umbuchen bzw. anlegen, selbst wenn es sich um 2 verhältnismäßig geringe Beträge handelt. Es ist in der Praxis nicht hinnehmbar, dass – sofern kein entsprechender Wunsch des Betreuten gegeben ist – der Betreuer mehrere tausend Euro auf dem Girokonto belässt, weil sich eine Anlage aufgrund der Niedrigzinsphase nicht lohnen würde – bei der Verwahrung auf dem Sparkonto spielt auch der Schutzgedanke durch den Sperrvermerk (§ 1845) eine entscheidende Rolle (vgl. auch Schnellenbach/Normann-Scheerer/Giers/Thielke BetreuungsR-HdB/Thielke Rn. 568).

3 Der Betreuer legt nach **pflichtgemäßem Ermessen unter Wunschbefolgung** selbst fest, welche Geldbeträge des Betreuten **Verfügungsgeld** und welche **Anlagegeld** sein sollen. Dabei muss er sich strikt an den Vorgaben aus **§ 1838** und der UN-BRK orientieren, dh der zur freien Willensbestimmung fähige Betreute bestimmt zunächst stets selbst, ob er sein Geld anlegen möchte oder nicht; hilfsweise ist der mutmaßliche Wille umzusetzen (s. ausführlich in → § 1838 Rn. 3 ff.). Der Betreuer hat den **Wünschen und Lebensvorstellungen** des Betreuten nachzukommen und nur in seinem subjektiven Interesse Geld anzulegen. Erst wenn der Betreute nicht mehr zur freien Willensbestimmung fähig ist und die Wunschbefolgung mit **Gefahren** für das Vermögen verbunden wäre, darf im nächsten Schritt der mutmaßliche Wille herangezogen werden. Liegen dem Betreuer zur Rekonstruktion des mutmaßlichen Willens des Betreuten wenige bis gar keine Informationen vor, greifen gem. § 1838 Abs. 2 S. 1 im Umkehrschluss die gesetzlichen Vorgaben des Abs. 2 (→ BGB § 1838 Rn. 2, 5; → BGB § 1821 Rn. 23; vgl. BT-Drs. 19/24445, 271). Der Betreuer untersteht bei der Einordnung der **Aufsicht des Gerichts,** das gem. § 1862 mit Ge- und Verboten einschreiten kann, wenn der Betreuer gegen §§ 1821, 1838 verstößt oder seine Einschätzungen Ermessenfehlern unterliegen (→ BGB § 1839 Rn. 3). Bei der **Art der Anlage** hat der Betreuer ebenfalls stets **§ 1838** zu beachten und auf **Wünsche** des Betreuten einzugehen. Die Pflicht zur **verzinslichen Anlage** führt nicht dazu, dass ein Betreuer, der nicht verzinslich angelegtes Vermögen vorfindet, dieses kurzfristig insgesamt in eine verzinsliche Anlage umzuwandeln hat; er hat vielmehr nach pflichtgemäßem Ermessen im **Einzelfall** zu entscheiden, welche **Anlagen beibehalten** und welche **veräußert** oder durch andere Anlagen **ersetzt** werden sollen (LG Flensburg BeckRS 2019, 23970).

4 Anlagegeld soll auf einem **zur verzinslichen Anlage geeigneten Konto** angelegt werden. Das Erfordernis der „Mündelsicherheit", das noch in der alten Rechtslage galt (§§ 1806, 1807 BGB aF), entfällt (Kieß BetreuungsR § 12 Rn. 30). Weitere Voraussetzungen für die Anlageart werden vom Gesetzgeber bewusst nicht gewählt, um diesbezüglich den Verwaltungsaufwand für den Betreuer gering zu halten (BT-Drs 19/24445, 275 f.); zu beachten sind aber die Anforderungen an das Kreditinstitut gem. § 1842 („…zur verzinslichen Anlage geeignetes Konto…"). Aufgrund der bisweilen historischen **Niedrigzinsphase,** die es kaum ermöglicht, Gelder fest verzinslich zu einem Zinssatz anzulegen, der oberhalb der Inflationsrate liegt (vgl. auch Bley/Pastor BKR 2022, 758 (760)), ist ein Betreuer im Rahmen einer wirtschaftlichen Vermögensverwaltung insbesondere bei hohem Vermögen gehalten, eine **risikobegrenzte rentablere** Anlageform für einen Teil des Vermögens zu finden (LG Augsburg BtPrax 2018, 159). Zu den Anlageformen und deren Grenzen bei der Erhaltungsrücklage von Wohnungseigentümergemeinschaften s. von Möller/Nack ZWE 2024, 382. Zur Anlage auf einem Anlagekonto ist nach neuer Gesetzgebung **keine Genehmigung** des Betreuungsgerichts mehr notwendig (für **andere Anlagen** gem. **§ 1848** aber sehr wohl, vgl. dort), um den Verwaltungsaufwand der Betreuer für übliche

Geschäftsvorgänge, wie die Anlage auf einem Sparkonto einer ist, gering zu halten (BT-Drs. 19/24445, 276) – allerdings darf bei hohen Vermögenswerten der Aufwand auch nicht im Missverhältnis zum anzustrengenden Verwaltungsaufwand stehen (vgl. Bley/Pastor BKR 2022, 758 (760)); § 1810 BGB aF wurde abgeschafft. Bei Neuanlage ist nunmehr eine **Anzeige** der Neueröffnung mitsamt der Übermittlung des **Sperrvermerksnachweises** an das Gericht ausreichend, § 1846 Abs. 1 Nr. 2, Abs. 2 Nr. 2, 5.

§ 1842 Voraussetzungen für das Kreditinstitut

Das Kreditinstitut muss bei Anlagen nach den §§ 1839 und 1841 Absatz 2 einer für die jeweilige Anlage ausreichenden Sicherungseinrichtung angehören.

I. Entstehung

§ 1842 wurde **neu** geschaffen, wobei sich der Regelungsgehalt bisher maßgeblich aus **§ 1908i Abs. 1 S. 1 iVm § 1807 Abs. 1 Nr. 5 BGB aF** ergeben hat. 1

II. Anforderungen an Anlagegeldkonten

Das Anlageinstitut muss einer für die jeweilige Anlage ausreichenden **Sicherungseinrichtung** angehören; die **Wunschbefolgungspflicht** ist jedoch stets primär zu beachten. Erst in Ermangelung der Informationen und Anhaltspunkte zum Wunsch oder mutmaßlichen Willen des Betreuten greift § 1842 als Auffangnorm (→ BGB § 1838 Rn. 2, 5; → BGB § 1821 Rn. 23). Anlageinstitute können inländische öffentliche Sparkassen (→ Rn. 3), Genossenschaftsbanken, Regionalbanken, Privatbanken, öffentliche Banken oder Großbanken (→ Rn. 4) sowie öffentliche, genossenschaftliche oder private Bausparkassen (→ Rn. 6) sein. 2

Sicher sind Anlagen zunächst bei einer **inländischen öffentlichen Sparkasse** (Stadt-, Kreissparkasse); hierzu zählen auch die privatrechtlich organisierten Sparkassen („freie Sparkassen“). Es kommt lediglich auf die **ausreichende Sicherungseinrichtung** an. In der Vergangenheit hafteten für die Verbindlichkeiten der kommunalen Sparkassen die Gebietskörperschaften („Gewährträger“); jedoch wurden mit Wirkung vom 19.7.2005 Anstaltslast und Gewährträgerhaftung aus wettbewerbsrechtlichen Gründen abgeschafft (Vereinbarung zwischen der EU-Kommission und der Bundesregierung, umgesetzt durch Änderung der Landessparkassengesetze); s. iÜ zur Einlagensicherung der Sparkassenorganisationen → Rn. 5. Nachdem die **Gewährsträgerhaftung** der Trägereinrichtung **nicht mehr zulässig** ist, gilt auch für die Sparkasse, dass sie wie die anderen Kreditinstitute (→ Rn. 4) einer **entsprechenden Sicherungseinrichtung** anzugehören hat (Sparkassen sowie Volks- und Raiffeisenbanken haben verbandseigene Institutssicherungen Bley/Pastor BKR 2022, 758 (761)). Die separate Erwähnung der inländisch öffentlichen Sparkassen in der bisherigen Gesetzesfassung (§ 1807 Abs. 1 Nr. 5 BGB aF) wurde daher gestrichen (vgl. BT-Drs. 19/24445, 276). Anlagen bei derartigen Kreditinstituten sind Sicht-, Termin-, Spareinlagen und Sparbriefe (Namensschuldverschreibungen), sowie sonstige Bankschuldverschreibungen, zB vom Kreditinstitut begebene Inhaberschuldverschreibungen. Für die Anlage auf einem Postsparbuch bei der Postbank gelten die allgemeinen Vorschriften (→ Rn. 4). 3

4 Gleichgestellt sind Anlagen bei **anderen Kreditinstituten** (Genossenschaftsbanken, Regionalbanken, Privatbanken, öffentliche Banken, Großbanken), sofern diese einer für die konkrete Kapitalanlage **ausreichenden Einlagensicherung** angehören. Hierbei ist zu unterscheiden zwischen der **gesetzlichen Pflichtsicherung** und der **ergänzenden freiwilligen Einlagensicherung,** bei letzterer wiederum zwischen Einrichtungen, die bei Insolvenz des Kreditinstituts das Guthaben des einzelnen Anlegers schützen und solchen, die die Liquidität und Solvenz des Instituts selbst garantieren (institutssichernde Einrichtungen). Jedes Kreditinstitut, mit Ausnahme der Genossenschaftsbanken und der Sparkassen, muss einer freiwilligen institutssichernden Einrichtung angehören, einer **gesetzlichen Entschädigungseinrichtung** zugeordnet sein. Diese Pflichtsicherung umfasst **100 %** des Guthabens des einzelnen Anlegers bis zur Höhe von **maximal 100.000 EUR** (geregelt im Einlagensicherungsgesetz vom 28.5.2015, BGBl. I 786, s. dort auch zu den Voraussetzungen im Einzelnen). Da die Einlagensicherung pro Kunde je Bank greift, erhöht sich der Sicherungsbetrag bei mehreren Kunden entsprechend (bspw. Ehepaar als gemeinschaftliche Kontoinhaber bis zu 200.000 EUR je Bank). Privatbanken werden über den „Einlagensicherungsfonds des Bundesverbands deutscher Banken, BdB" abgesichert (Bley/Pastor BKR 2022, 758 (761)). Auch die Niederlassungen **ausländischer Banken** gehören einer gesetzlichen Entschädigungseinrichtung an und können sich einem freiwilligen Einlagensicherungsfonds anschließen. Niederlassungen deutscher Banken im Ausland sind in das Sicherungssystem der Bank einbezogen, hingegen unterliegen ausländische Tochtergesellschaften als eigenständige Banken dem jeweiligen nationalen Recht. Zu den Informationspflichten der Kreditinstitute → Rn. 7.

5 Da der gesetzliche Schutz unzureichend ist, gehören nahezu alle Institute einer **ergänzenden freiwilligen Einlagensicherung** an, deren Träger die Verbände der jeweiligen Institutsgruppen sind (zu Auskünften → Rn. 9). Der **Einlagensicherungsfonds der Privatbanken** schützt im Insolvenzfall die Einlagen des jeweiligen Bankkunden bis zur Höhe von **8,75 %** (seit 1.1.2025) des **haftenden Eigenkapitals** (§ 10 KWG) des betroffenen Instituts (www.einlagensicherungsfonds.de); allerdings ist hier Vorsicht geboten, da Banken – anders als beim gesetzlichen Schutz – keinen Rechtsanspruch auf Eingreifen des Fonds haben (vgl. § 6 Nr. 10 des Statuts des Einlagensicherungsfonds, 2009).

Damit sind auch bei kleineren Banken Einlagen in Millionenhöhe abgesichert und das Geld sicher angelegt. Entsprechenden **Schutz,** jedoch ohne betragsmäßige Begrenzung der Haftungssumme, bietet der **Einlagensicherungsfonds der Öffentlichen Banken (VÖB),** dem zB die Postbank angehört. Die Sicherungseinrichtung der Genossenschaftsbanken schützt das angeschlossene Institut selbst und damit umfassend die Einlagen des einzelnen Gläubigers. Entsprechendes gilt für die Sicherungseinrichtungen der Sparkassenorganisation, denen auch die freien Sparkassen angehören.

6 Auch die **Bausparkassen** gehören verschiedenen **Einlagensicherungsfonds** an (zu Auskünften → Rn. 9).

7 Die **Sicherungseinrichtungen** der Sparkassen und der Genossenschaftsbanken garantieren den Bestand des angeschlossenen Instituts (ggf. durch Fusion), **erfassen daher alle Einlagen** (Kontenguthaben und Schuldverschreibungen). Bei anderen Instituten kann der Schutz des Gläubigers **gegenständlich beschränkt** sein, so sind bei den Sicherungseinrichtungen der Bankenverbände die Verbindlichkeiten ausgeschlossen, über die die betroffene Bank Inhaberpapiere ausgestellt hat (Inhaberschuldverschreibungen). Der Betreuer muss sich also verge-

wissern, dass das von ihm für die Anlage ausgewählte Institut einer Einlagensicherungseinrichtung angehört und der hierdurch gewährte Schutz die Anlage ihrer Art und Höhe nach umfasst (die Kreditinstitute müssen den Kunden über die Sicherungseinrichtungen informieren, denen sie angeschlossen sind § 23a KWG). Im Sicherungsfall hat der Gläubiger nur gegen die **gesetzlichen Entschädigungseinrichtungen** (→ Rn. 4) einen eigenen Anspruch; im Übrigen gewähren die freiwilligen Sicherungseinrichtungen weder den angeschlossenen Instituten noch deren Gläubigern unmittelbare Ansprüche.

Wertpapiere, die das Institut begeben hat, Namenspapiere (Sparbriefe) und Inhaberschuldverschreibungen sind Einlagen, die **nicht bei allen Instituten** von der **Sicherungseinrichtung** erfasst sind (→ Rn. 7). Pfandbriefe sind zwar Bankanleihen, werden aber von der Insolvenz des ausgebenden Instituts nicht berührt (§ 35 Abs. 1 HypBankG; § 6 Abs. 1 PfandbrG); sie sind mittelbar besichert durch die für die mit der Anleihe finanzierten Darlehen bestellten Grundpfandrechte oder im Falle der **Kommunalschuldverschreibungen** die Haftung der Kommunen für die aufgenommenen Darlehen. Keine Anlagen bei den Kreditinstituten sind die in ein Wertpapierdepot eingelieferten Wertpapiere, sie bleiben in jeder Verwahrart Eigentum des Gläubigers und fallen nicht in die **Insolvenzmasse.** Jedoch werden Forderungen gegen das Institut aus Wertpapiergeschäften geschützt, insbesondere gehören hierzu Herausgabeansprüche aus der Verwahrung und Verwaltung der Wertpapiere (§ 8 EinlagensicherungsG; → Rn. 4). Einen allgemeinen Anlegerschutz gegen die Risiken einer Kapitalanlage gibt es nicht. 8

Auskünfte: Bundesverband deutscher Banken (BdB), Burgstr. 28, 10178 Berlin (www.bdb.de); Bundesverband Öffentlicher Banken Deutschlands e.V. (VÖB), Lennéstr. 11, 10785 Berlin (www.voeb.de); Bundesverband der Deutschen Volksbanken und Raiffeisenbanken e.V. (BVR) Heussallee 5, 53113 Bonn, (www.vrnet.de); Deutscher Sparkassen- und Giroverband e.V., Simrockstr. 4, 53113 Bonn (www.dsgv.de); ferner die Bundesanstalt für Finanzdienstleistungsaufsicht (Bankenaufsicht): Graurheindorfer Str. 108, 53117 Bonn und (Wertpapieraufsicht): Marie-Curie-Str. 24–28, 60439 Frankfurt (www.bafin.de). 9

§ 1843 Depotverwahrung und Hinterlegung von Wertpapieren

(1) **Der Betreuer hat Wertpapiere des Betreuten im Sinne des § 1 Absatz 1 und 2 des Depotgesetzes bei einem Kreditinstitut in Einzel- oder Sammelverwahrung verwahren zu lassen.**

(2) **Sonstige Wertpapiere des Betreuten hat der Betreuer in einem Schließfach eines Kreditinstituts zu hinterlegen.**

(3) **Die Pflicht zur Depotverwahrung oder zur Hinterlegung besteht nicht, wenn diese nach den Umständen des Einzelfalls unter Berücksichtigung der Art der Wertpapiere zur Sicherung des Vermögens des Betreuten nicht geboten ist.**

I. Entstehung

§ 1843 wurde gänzlich **neu** geschaffen und entspricht dem Grundgedanken der **§ 1908i Abs. 1 S. 1 iVm §§ 1814, 1818 BGB aF,** wobei der Anwendungsbereich im Vergleich zur Hinterlegung der Inhaberpapiere erweitert wird (→ Rn. 3). 1

II. Depotverwahrung

2 Der Betreuer hat **Wertpapiere** des Betreuten bei einem Kreditinstitut in **Einzel- oder Sammelverwahrung** verwahren zu lassen, soweit es seinem **Wunsch oder mutmaßlichen Willen** entspricht. Indes erfasst die Vorschrift keine Wertpapiere, die sich im Besitz des Betreuten befinden (Fröschle Neues VormundschaftsR/BetreuungsR Rn. 406).

Wertpapiere iSd § 1 Abs. 1 DepotG sind Aktien, Kuxe, Zwischenscheine, Zins-, Gewinnanteil- und Erneuerungsscheine, auf den Inhaber lautende oder durch Indossament übertragbare Schuldverschreibungen, ferner andere Wertpapiere, wenn diese vertretbar sind, mit Ausnahme von Banknoten und Papiergeld. Daneben zählen hierzu auch Namensschuldverschreibungen, soweit sie auf den Namen einer Wertpapiersammelbank ausgestellt wurden und elektronisch begebene Wertpapiere im Sinne des Gesetzes über elektronische Wertpapiere. Zur Einordnung, welche Wertpapiere **depotfähig** und wie diese zu verwahren bzw. zu verwalten sind, kann sich der Betreuer auf die **Einschätzung der Depotinstitute** verlassen. Das Wertpapierdepot muss aufgrund des Trennungsgebots auf den Namen des Betreuten laufen, § 1836 Abs. 1 S. 1.

Da nur die **Einzel- oder Sammelverwahrung** Gewähr dafür bietet, dass im Falle einer **Insolvenz** eine **Aussonderung** möglich ist, ist diese Form der Verwahrung durch den Betreuer auszuwählen (BT-Drs. 19/24445, 277).

3 Zu den unter § 1 Abs. 1 DepotG zu fassenden Wertpapieren gehören als Erweiterung im Vergleich zur Hinterlegung der Inhaberpapiere gem. § 1814 BGB aF auch **Zins-, Renten- und Gewinnanteilscheine.** Hierbei soll der Betreuer jedoch nicht weiter eingeschränkt werden. Die Depotbank sorgt für die Einlösung von Zins-, Gewinnanteil- und Ertragsscheinen sowie von rückzahlbaren Wertpapieren bei Fälligkeit von im Inland verwahrten Wertpapieren (Nummer 14 Absatz 1 Sonderbedingungen der Kreditwirtschaft für Wertpapiergeschäfte). Eine die Einlösung veranlassende **Verfügung des Betreuers** ist hierfür nach den depotrechtlichen Vorgaben **nicht vorgesehen.** Der Betreuer hat lediglich mit der Depotbank zu vereinbaren, dass die eingelösten Zinsen, Gewinne und Veräußerungserlöse auf ein **Verfügungsgeldkonto** (bspw. Zinsen; § 1839) oder ein zu versperrendes **Anlagekonto** (bspw. Einlösung eines fälligen Wertpapiers von hohem Wert, § 1841) ausgezahlt werden. Es hat aber für Zinsen und Ausschüttungen gem. § 1845 Abs. 2 S. 1 zunächst grundsätzlich **keine Versperrung** zu erfolgen (vgl. ausführlich: BT-Drs. 19/24445, 277).

III. Hinterlegung

4 Im Gegensatz zum bisherigen Recht hat der Betreuer nicht nur Inhaberpapiere, sondern auch sonstige, **nicht depotfähige Wertpapiere** des Betreuten in einem **Schließfach** eines Kreditinstituts, das auf den Namen des Betreuten läuft (§ 1836 Abs. 1 S. 1), nebst den dazugehörenden Erneuerungsscheinen (Urkunden, die zum Empfang neuer Zins- oder Gewinnanteilscheine **ermächtigen,** § 805) zu **hinterlegen** (Verwahrung gemäß § 688) und entsprechend zu **versperren** (§ 1845 Abs. 2 S. 2), um einem Verlust bzw. Untergang der Wertpapiere vorzubeugen (BT-Drs. 19/24445, 276 f.). Das **Betreuungsgericht** kann eine **Befreiung** hiervon erteilen (§ 1860 Abs. 1). Es entscheidet der Rechtspfleger (§ 3 Nr. 2b

RPflG). Für die kraft Gesetzes **befreiten Betreuer** (§ 1859 Abs. 2 S. 1) besteht **keine Hinterlegungs- und Sperrpflicht** (§ 1859 Abs. 1 Nr. 1).

Mit der Formulierung „eines Kreditinstituts" ist nicht gemeint, dass die Wertpapiere lediglich bei einem Kreditinstitut angelegt werden können, sondern der Betreuer kann auch bei mehreren Banken Hinterlegungen vornehmen (BT-Drs. 19/24445, 277).

Die Hinterlegung bei den Kreditinstituten erfolgt nach den Vorschriften des Gesetzes über die Verwahrung und Anschaffung von Wertpapieren (Depotgesetz – **DepotG**) sowie der **Hinterlegungsgesetze der Länder.** Aus dem Zusammenspiel mit § 1845 Abs. 2 S. 2 ist ersichtlich, dass der Gesetzgeber keine Hinterlegung im Sinne des Hinterlegungsrechts (Hinterlegung bei einer geeigneten Stelle nach dem jeweiligen HintG der Bundesländer), sondern eine Verwahrung in einem Bankschließfach meinte, wobei eine Hinterlegung nach dem HintG des jeweiligen Bundeslandes ebenfalls möglich ist (vgl. Fröschle Neues VormundschaftsR/BetreuungsR Rn. 423). Die Kreditinstitute dürfen die Papiere – wenn nicht ausdrücklich gesonderte Verwahrung verlangt wird – einer Wertpapiersammelbank zur **Sammelverwahrung** anvertrauen (§ 5 Abs. 1 S. 1 DepotG). Mit der Einlieferung in die Sammelverwahrung entsteht für den Betreuten **Miteigentum zu Bruchteilen** an dem Sammelbestand von Wertpapieren derselben Art (§ 6 Abs. 1 DepotG). Die Einlieferung in die Sammelverwahrung bedarf **nicht** der betreuungsgerichtlichen **Genehmigung.** Der Hinterleger kann **jederzeit** verlangen, dass ihm das Kreditinstitut (Verwahrer) aus dem Sammelbestand entsprechende **Papiere ausliefert** (§ 7 Abs. 1 DepotG). Dementsprechend hat der Betreuer mit dem Kreditinstitut zu vereinbaren, dass er eine Auslieferung nur mit **Genehmigung des Betreuungsgerichts** verlangen kann. 5

IV. Anzeige- und Sperrpflichten

Die Hinterlegung von Wertpapieren ist dem Gericht **unverzüglich anzuzeigen** (§ 1856 Abs. 1 Nr. 3). Sämtliche Wertpapiere und ihnen gleichgestellte Anlagen iSd § 1 Abs. 1 DepotG sind durch den Betreuer bei Übernahme der Betreuung zu **versperren** bzw. im laufenden Verfahren sofort versperrt anzulegen, § 1845 Abs. 2, 3. Die Sperrvereinbarung ist dem Gericht bei der Anzeige zu übermitteln, § 1846 Abs. 2 Nr. 5. 6

Zur Verfügung über hinterlegte Wertpapiere ist die **betreuungsgerichtliche Genehmigung** gem. § 1849 Abs. 1 Nr. 2 notwendig. 7

V. Ausnahmen

Abs. 3 regelt eine **Ausnahme** von der Depotverwahrung bzw. Hinterlegung, wenn diese nach den Umständen des **Einzelfalls** unter Berücksichtigung der **Art** der Wertpapiere zur Sicherung des Vermögens des Betreuten nicht geboten ist. Diese Norm korrespondiert mit **§§ 1821, 1838:** Wenn der Betreute keine Depotverwahrung oder Hinterlegung seiner Wertpapiere wünscht, ist diesem **Wunsch** nach Möglichkeit zu entsprechen (der Gesetzgeber nennt hier bspw. effektive Liebhaberstücke, wie etwa Aktien und Anleihen von Fußballvereinen oder dem (ehemaligen) Arbeitgeber des Betreuten, BT-Drs. 19/24445, 278). Erst in Ermangelung der Informationen und Anhaltspunkte zum Wunsch oder mutmaßlichen 8

Willen des Betreuten greift § 1843 als Auffangnorm (→ BGB § 1838 Rn. 2, 5; → BGB § 1821 Rn. 23).

Weitere Ausnahmen sind bspw. gegeben, wenn die Depotführungs-, Schließfach- oder **Hinterlegungskosten zu erwartende Gewinne übersteigen,** Sparbücher anderweitig sicher verwahrt sind, der Betreuer beabsichtigt, das Wertpapier in eine Schuldbuchforderung umzuwandeln oder auf den Namen des Betreuten umschreiben zu lassen (keine Genehmigung notwendig, § 1849 Abs. 2 Nr. 2 lit. b), Wertpapiere **Verfügungsgeld** oder **Nutzungen** darstellen (keine Genehmigung notwendig, § 1849 Abs. 2 Nr. 2 lit. a) oder es sich um einen dem **Unterhalt** dienenden Scheck handelt (BT-Drs. 19/24445, 278).

Einfache Schuldurkunden sowie Wertpapiere, die den persönlichen Angelegenheiten des Betreuten zuzurechnen sind, unterfallen ebenfalls nicht der Norm (Fröschle Neues VormundschaftsR/BetreuungsR Rn. 419 f.).

VI. Globalurkunde/Wertrechte

9 Bei Anleihen, zB Pfandbriefen, wird regelmäßig auf die Ausgabe von **Einzelurkunden** (effektive Stücke) verzichtet. Die Anleihen sind ausschließlich in einer (oder mehreren) Global- oder Sammelurkunde(n) verbrieft (§ 9a DepotG). Herstellung und Auslieferung von Einzelurkunden ist regelmäßig ausgeschlossen. Der Erwerber der Anleihe ist **Miteigentümer zu Bruchteilen** des in der **Sammelurkunde** verbrieften Sammelbestandes (§§ 9a Abs. 2, 6 Abs. 1 DepotG). Erwerb und Veräußerung der in der Sammelurkunde verbrieften Einzelrechte erfolgt nach sachenrechtlichen Grundsätzen buchmäßig über ein Wertpapierdepot bei einem Kreditinstitut (BGH NJW 2004, 3340). Da Einzelurkunden nicht existieren, muss mit dem Kreditinstitut eine **Sperrvereinbarung** entsprechend § 1845 dahingehend getroffen werden, dass der Betreuer zu einer Verfügung über das Wertpapier, zB einen Pfandbrief, der Genehmigung des Betreuungsgerichts bedarf (§ 1849 Abs. 1 S. 1 Nr. 2).

10 Der **Bund** vergibt seine Anleihen **(Bundeswertpapiere),** zB Bundesschatzbriefe und (börsenfähige) Bundesobligationen, ohne jede Verbriefung durch Eintragung in das Bundesschuldbuch, wobei als Gläubiger treuhänderisch eine **Wertpapiersammelbank** eingetragen wird. Diese **Sammelschuldbuchforderung** ist einem Wertpapiersammelbestand gleichgestellt und wird als **Wertrecht** bezeichnet. Die Gläubiger sind Miteigentümer nach Bruchteilen. Anteile an einer solchen Sammelschuldbuchforderung können als Bundeswertpapiere, zB Bundesobligationen, über ein Wertpapierdepot bei einem Kreditinstitut erworben werden. Verfügungen erfolgen buchmäßig nach sachenrechtlichen Grundsätzen (zu Einzelheiten s. § 6 BundesschuldenwesenmodernisierungsG). Mit dem depotführenden Kreditinstitut ist eine **Sperrvereinbarung** entsprechend § 1845 zu treffen.

11 Der Betreuer kann beantragen, dass für den Betreuten auf dessen Namen ein **eigenes Konto** im **Bundesschuldbuch** eingerichtet wird **(Einzelschuldbuchforderung).** Allerdings ist derzeit nur die Übertragung von bis Ende 2012 erworbener Papiere vom Wertpapierdepot bei einem Kreditinstitut auf ein Schuldbuchkonto möglich. Das Schuldbuchkonto wird kostenlos geführt (Einzelheiten unter www.deutsche-finanzagentur.de). Der Betreuer hat mit der Bundeswertpapierverwaltung zu vereinbaren, dass der in § 1845 vorgesehene **Sperrvermerk** in das Schuldbuch eingetragen wird. Verfügungen, wie Abtretung oder Verpfändung der Forderung (Bundeswertpapier), sind dann an die **Genehmigung** des **Betreu-**

ungsgerichts gebunden, § 1849 Abs. 1 S. 1 Nr. 2. Gleiches gilt nach § 1849 Abs. 1 S. 2 für die Verpflichtung zu einer Verfügung, zB den Verkauf der Schuldbuchforderung. Es besteht kein Bedürfnis dafür, den Betreuer zu zwingen, den Sammelbestandsanteil in eine Einzelschuldbuchforderung umzuwandeln. Zwar wird das Schuldbuchkonto kostenlos geführt, es muss aber in das Ermessen des Betreuers gestellt werden, ob er eine Abwicklung der Wertpapiergeschäfte des Betreuten über ein Kreditinstitut vorzieht.

Das (vorgefundene) Wertpapierdepot des Betreuten kann also Sammelbestand- 12 anteile enthalten an Rechten, die in Einzelurkunden verbrieft sind, an solchen, für die lediglich Globalurkunden bestehen, und an unverbrieften Wertrechten. Die **Sperrvereinbarung** mit dem Kreditinstitut ist dementsprechend so zu fassen, dass sowohl die **Herausgabe** effektiver Stücke als auch die buchmäßige **Verfügung** über die Rechte der **betreuungsgerichtlichen Genehmigung** bedürfen (§ 1845). Unterbleibt diese Sperrung, findet trotz alledem die Genehmigungspflicht nach § 1849 Abs. 1 S. 1 Nr. 2 Anwendung.

§ 1844 Hinterlegung von Wertgegenständen auf Anordnung des Betreuungsgerichts

Das Betreuungsgericht kann anordnen, dass der Betreuer Wertgegenstände des Betreuten bei einer Hinterlegungsstelle oder einer anderen geeigneten Stelle hinterlegt, wenn dies zur Sicherung des Vermögens des Betreuten geboten ist.

I. Entstehung

Die Norm wurde **neu** geschaffen und **erweitert** die bisherigen Normen der 1 **§ 1908i Abs. 1 S. 1 iVm §§ 1814, 1818 BGB aF.**

II. Hinterlegung von Wertgegenständen

Die Hinterlegung von **Wertgegenständen** und **Kostbarkeiten,** wie bspw. 2 Schmuck, Edelmetalle oder Gemälde, kann durch das **Gericht** angeordnet werden. Dabei hat auch das Gericht den Maßstab der **§§ 1821, 1838** zu beachten, dh den Wünschen des Betreuten ist stets vorrangig zu folgen, hilfsweise ist der mutmaßliche Wille zu ermitteln. Erst in Ermangelung weiterer Anhaltspunkte können bei der Rekonstruktion des mutmaßlichen Willens objektive Kriterien (bspw. allgemeine Lebenserfahrungen, wirtschaftlich vernünftige Entscheidung eines verständigen durchschnittlichen Menschen in dieser Situation etc) einfließen, wobei insgesamt betrachtet nicht auf das objektive Wohl zurückgegriffen werden darf (sog. individueller hypothetischer Wille des Betreuten, → BGB § 1838 Rn. 5; → BGB § 1821 Rn. 23).

Die **Anordnung** erfolgt, wenn dies zur **Sicherung** des Vermögens des Betreu- 3 ten erforderlich ist. Dh zur Anordnung sind **besondere Gründe** erforderlich, zB wenn der Betreuer die Sicherung des Vermögens nicht gewährleisten kann (erhöhte Gefahr von Elementarschäden, Diebstahl, …) oder Zweifel an der Zuverlässigkeit des Betreuers bestehen (MüKoBGB/Kroll-Ludwigs § 1844 Rn. 6, soweit in derartigen Fällen die Geeignetheit des Betreuers nicht konkret infrage steht –

in diesen Fällen dürfte der Aufgabenbereich gar nicht erst übertragen bzw. müsste entzogen werden). Wünscht der Betreute keine Hinterlegung, sondern bspw. die Verwahrung von Wertgegenständen wie Schmuck oder Gemälden daheim, ist dies zu berücksichtigen, soweit die Grenzen der §§ 1838 Abs. 1, 1821 Abs. 3 nicht erreicht sind (vgl. HK-BetrR/Kieß § 1844 Rn. 5, der hier allerdings die Grenze der Wunschbefolgung zu eng zieht – erst bei Vermögensgefährdung und fehlender Eigenverantwortlichkeit des Betreuten ist diese erreicht).

4 Die Hinterlegung kann nicht nur bei einer **Hinterlegungsstelle beim Amtsgericht** vorgenommen werden, sondern auch bei **anderen geeigneten Stellen** (bspw. Lagerhalle für Gemälde). Die Hinterlegungsmöglichkeit bei einem **Kreditinstitut** war durch den Gesetzgeber **nicht** vorgesehen, da die Kreditinstitute keine klassische Verwahrung für Wertgegenstände anbieten, sondern lediglich Schrank- bzw. Tresorfächer vorsehen (BT-Drs. 19/24445, 278).

5 Wertgegenstände sind mit der Anordnung des Gerichts derart zu hinterlegen, dass eine **Herausgabe nur mit Genehmigung** des Gerichts erfolgen darf, §§ 1845 Abs. 2 S. 2, 1849 Abs. 1 Nr. 3.

6 Die Entscheidung ergeht nach **pflichtgemäßem Ermessen unter Beachtung der §§ 1821, 1838 (→ Rn. 2);** funktionell zuständig ist der Rechtspfleger (§ 3 Nr. 2b RPflG).

7 Die Norm greift **auch für befreite Betreuer** (§§ 1859, 1860), da die Befreiung hierfür nicht greift.

§ 1845 Sperrvereinbarung

(1) [1]**Für Geldanlagen des Betreuten im Sinne von § 1841 Absatz 2 hat der Betreuer mit dem Kreditinstitut zu vereinbaren, dass er über die Anlage nur mit Genehmigung des Betreuungsgerichts verfügen kann.** [2]**Anlagen von Verfügungsgeld gemäß § 1839 Absatz 2 bleiben unberührt.**

(2) [1]**Für Wertpapiere im Sinne von § 1843 Absatz 1 hat der Betreuer mit dem Verwahrer zu vereinbaren, dass er über die Wertpapiere und die Rechte aus dem Depotvertrag mit Ausnahme von Zinsen und Ausschüttungen nur mit Genehmigung des Betreuungsgerichts verfügen kann.** [2]**Der Betreuer hat mit dem Kreditinstitut zu vereinbaren, dass er die Öffnung des Schließfachs für Wertpapiere im Sinne des § 1843 Absatz 2 und die Herausgabe von nach § 1844 hinterlegten Wertgegenständen nur mit Genehmigung des Betreuungsgerichts verlangen kann.**

(3) [1]**Die Absätze 1 und 2 sind entsprechend anzuwenden, wenn ein Anlagekonto, ein Depot oder eine Hinterlegung des Betreuten bei der Bestellung des Betreuers unversperrt ist.** [2]**Der Betreuer hat dem Betreuungsgericht die Sperrvereinbarung anzuzeigen.**

I. Entstehung

1 Die Norm entspricht in weiten Teilen den Regelungen zu den Sperrvermerken aus der Systematik der **§ 1908i Abs. 1 S. 1 iVm §§ 1809, 1814, 1815 Abs. 1, 1816 BGB aF** und fasst sie in einer Norm zusammen.

II. Anlagegeld

Der Betreuer hat **Anlagegeld** bei Kreditinstituten (§ 1841 Abs. 2) **versperrt** anzulegen, dh er hat **rechtsgeschäftlich** mit dem Kreditinstitut zu **vereinbaren,** dass zur Erhebung des Geldes die **Genehmigung des Betreuungsgerichts** erforderlich ist. Bereitgehaltenes **Verfügungsgeld** (§ 1839 Abs. 2) muss **nicht** versperrt angelegt werden. Über die Einordnung von Geldern in Verfügungs- und Anlagegeld entscheidet der Betreuer nach **pflichtgemäßem Ermessen bei Wunschbefolgung** unter Aufsicht des Gerichts (→ BGB § 1839 Rn. 4); das Kreditinstitut trifft keine Prüfpflicht. 2

Die Vorschrift dient dem **Schutz des Betreuten** vor Veruntreuung. Es soll sichergestellt werden, dass zur **Abhebung** und daraus folgenden **Verringerung** derjenigen Beträge, die nicht zur Bestreitung der alltäglichen Ausgaben benötigt werden oder die auf Wunsch bzw. im mutmaßlichen Interesse des Betreuten für den Notfall bzw. zur Bestreitung unvorhergesehener Ausgaben **angelegt** wurden, eine betreuungsgerichtliche Genehmigung notwendig ist (BayObLG FamRZ 2005, 389). Damit führt die Sperrvereinbarung eines Bankkontos zu einem rechtsgeschäftlichen Verfügungsverbot des Kreditinstituts iSd § 137 S. 2 (BT-Drs. 19/24445, 279; MüKoBGB/Kroll-Ludwigs § 1845 Rn. 7). Zahlt das Kreditinstitut abredewidrig **ohne Genehmigung** aus, tritt keine Befreiung von der Leistungspflicht ein, wodurch erneut geleistet werden muss bzw. sich das Kreditinstitut schadensersatzpflichtig gegenüber dem Betreuten macht (BT-Drs. 19/24445, 279; LG Berlin Rpfleger 1988, 186).

Die Sperre **bindet nur den Betreuer** (und von ihm Bevollmächtigte, vgl. KG Berlin MDR 2015, 160), aber **nicht den Betreuten.** Der **geschäftsfähige** Betreute vermag jederzeit über seine Gelder zu verfügen und er bedarf dazu auch nicht der betreuungsgerichtlichen Genehmigung, obschon dies in der Praxis oft nicht gelingt, da Kreditinstitute aus Angst, an einen Geschäftsunfähigen auszuzahlen und sich einer doppelten Inanspruchnahme auszusetzen, nicht auszahlen (Kieß BetreuungsR § 12, Rn. 31). An der Handlungskompetenz eines geschäftsfähigen Betreuten neben dem Betreuer ist auch für diesen Bereich festzuhalten (→ Vorb. § 1835 Rn. 8). Unzulässig wäre daher der Sperrvermerk: „Verfügung nur durch Betreuer". Aber auch, wenn die Sperrung eines Guthabens durch den Betreuer zum faktischen Ausschluss des Betreuten führt, weil die Kreditinstitute aus Rechtsunkenntnis oder zur Vermeidung eines Haftungsrisikos dessen Anweisungen nicht beachten, darf die Sperre nicht unterbleiben (aA LG Mönchengladbach BtPrax 1997, 203 mablAnm Bienwald BtPrax 1998, 15 und Blank BtPrax 1998, 21). Besteht die Gefahr, dass ein geschäftsunfähiger Betreuter in **vermögensgefährdender** Weise unkontrolliert über Guthaben verfügt, hat der sachlich zuständige Betreuer die **Pflicht,** dies (neben der Anregung eines Einwilligungsvorbehalts gem. § 1825) dem **Kreditinstitut mitzuteilen;** verletzt er sie, kann das Kreditinstitut mit dem sich daraus ergebenden Schadensersatzanspruch aufrechnen, weil der Betreute sich das Handeln des Betreuers zurechnen lassen muss (OLG Celle FamRZ 2013, 70). Bei fraglicher Geschäftsfähigkeit hilft nur die Anordnung eines **Einwilligungsvorbehalts** gem. § 1825, um Rechtssicherheit in der Konfliktsituation zu schaffen, in der sich die Banken in solchen Fällen befinden. Die Vorschrift gilt auch dann, wenn der Betreute ihren Sinn nicht einzusehen vermag und hohe Bargeldbeträge zu Hause verwahren will (BayObLG FamRZ 2005, 398). 3

Die Sperre ist **rechtsgeschäftlich** zu vereinbaren **zwischen Betreuer und Kreditinstitut** und enthält ein **rechtsgeschäftliches Verfügungsverbot** für 4 das Kreditinstitut (§ 137 S. 2). Das **Betreuungsgericht** selbst ist hierzu nicht berufen, muss aber die Sperrung **kontrollieren** und ggf. unverzüglich Maßnahmen ergreifen, zB das Kreditinstitut unmittelbar unterrichten (OLG Oldenburg Rpfleger 1979, 101). Zur Kontensperrung als vorläufige Maßregel des Gerichts → § 1867 Rn. 6. Erfolgt ein **Betreuerwechsel,** ist die Sperrvereinbarung des ehemaligen Betreuers für den neuen Betreuer nicht ausreichend (zumal ggf. bei befreiten Betreuern bisher keine Versperrung erfolgte). Der neue Betreuer hat selbst die Sperrabrede nach seiner Bestellung zu vereinbaren und dem Gericht vorzulegen.

5 Die Sperrvereinbarung setzt die Ausnahmen der **Genehmigungspflicht** des Betreuers bei einer Verfügung über das Anlagegeld außer Kraft, § 1849 Abs. 1 S. 1 Nr. 1 Alt. 1, Abs. 2 Nr. 1 lit. a) und d), Abs. 3 (bei pflichtwidrig fehlender Versperrung s. → Rn. 13; → BGB § 1849 Rn. 25).

6 Von § 1845 erfasst wird zwar allgemein die Verfügung über das **Anlagegeld;** nicht erfasst werden hingegen die anfallenden **Zinsen des Anlagegeldes,** die durch den Betreuer genehmigungsfrei entgegengenommen werden können, § 1849 Abs. 2 Nr. 1 lit. d).

7 Wird durch **konkurrierendes Handeln** des Betreuten die Vermögensverwaltung erschwert oder vereitelt, hat das Betreuungsgericht zu erwägen, ob die Betreuung oder einzelne Aufgabenbereiche (teilweise) aufzuheben sind, ein anderer Betreuer besser mit dem Betreuten zusammenarbeiten kann oder ggf. ein Einwilligungsvorbehalt (§ 1825) anzuordnen ist. Im Einzelfall wird es uU helfen, neben dem vom Betreuten **eigenverwalteten Konto** ein weiteres Konto zur Bedienung laufender Kosten einzurichten (→ BGB § 1865 Rn. 13 ff.).

III. Wertpapiere und Wertgegenstände

8 Nach Abs. 2 hat der Betreuer auch **Wertpapiere** iSv § 1843 Abs. 1 (→ BGB § 1843 Rn. 2 f.), § 1843 Abs. 2 und sonstige hinterlegte Wertgegenstände gem. § 1844 derart **versperren** zu lassen, dass eine Verfügung (hierzu zählt auch die Abtretung der Herausgabeansprüche gegen den Hinterleger oder Verwahrer) hierüber nur mit **Genehmigung** des Betreuungsgerichts zulässig ist. Auch hierbei handelt es sich um ein **rechtsgeschäftliches Verfügungsverbot** für das Kreditinstitut bzw. die jeweilige Hinterlegungsstelle (§ 137 S. 2). Die Abrede ist mit dem jeweiligen Hinterleger oder Verwahrer zu treffen.

Zur Verfügung über versperrte Wertpapiere oder sonstige Hinterlegungsgegenstände benötigt der Betreuer eine **Genehmigung** gem. § 1849 Abs. 1 S. 1 Nr. 2, 3. Ebenso benötigt er zur Verfügung über Forderungen aus der Einlösung von Wertpapieren gemäß § 1849 Abs. 1 Nr. 1 eine Genehmigung, da die Ausnahme aus § 1849 Abs. 2 Nr. 1 lit. a) durch Abs. 3 S. 1 ausgeschlossen ist.

9 Darüber hinaus ist eine Genehmigung auch dann erforderlich, wenn der Betreuer über ein Recht verfügt, kraft dessen der Betreute die Leistung eines Wertpapiers verlangen kann (etwa infolge der Kündigung des Depotvertrages), § 1849 Abs. 1 S. 1 Nr. 1 Alt. 2. Ohne Genehmigung des Betreuungsgerichts kann der Betreuer daher nicht rechtswirksam den **Depotvertrag ändern** oder die im Depot gehaltenen Papiere bewirtschaften und Papiere im Rahmen des Depotvertrages **veräußern** oder **neu anschaffen,** wodurch der gutgläubige Erwerb Dritter im Wege der treuwidrigen Abtretung der Ansprüche aus dem Depotvertrag durch

den Gesetzgeber verhindert wird (BT-Drs. 19/24445, 279). Die Bank hat die Verpflichtungen aus dem **Depotvertrag** weiterhin zu erfüllen.

Die **Einlösung** von Zins-, Gewinnanteil- und Ertragsscheinen sowie von rück- 10
zahlbaren Wertpapieren bei Fälligkeit sind von der Sperrvereinbarung **nicht umfasst,** da sie keine Verfügung des Betreuers darstellen, sondern im Rahmen der durch das **Kreditinstitut** vorzunehmenden **Geschäftsbesorgung** erfolgen. Infolgedessen ist hierfür auch **keine Genehmigung** durch das Gericht erforderlich, § 1849 Abs. 1 S. 1 Nr. 1 Alt. 2, Abs. 2 S. 1 Nr. 1 lit. d). Fällige Kapitalrückzahlungen sind hingegen in der Regel als Anlagegeld zu behandeln und dementsprechend auf ein versperrtes Anlagekonto zu buchen, außer das Gericht hat eine andere Anlegung genehmigt.

Gesetzlich neu geschaffen wurde die Versperrung von Wertpapieren und Wert- 11
gegenständen in Schließfächern. Wird bei Betreuungsanordnung/-übernahme ein Schließfach unbekannten Inhalts vorgefunden und wird es wegen möglicher Wertpapiere gem. § 1843 Abs. 2 versperrt, so hat dies die Wirkung, dass bereits zur **Öffnung** des Schließfachs die betreuungsgerichtliche **Genehmigung** notwendig ist (vgl. BT-Drs. 19/24445, 280; die Hinterlegung und damit einhergehende Versperrung von Wertgegenständen gem. § 1844 kann erst im laufenden Verfahren erfolgen). Bei einer Öffnung ohne betreuungsgerichtliche Genehmigung macht sich das Kreditinstitut **schadensersatzpflichtig.** Für **Schließfächer mit bekanntem Inhalt,** die hinterlegte Wertpapiere enthalten, greift im Übrigen die **Genehmigung** aus § 1849 Abs. 1 S. 1 Nr. 1 Alt. 2.

IV. Versperrung zu Beginn der Betreuung; Befreiung

Aus Gründen der Rechtssicherheit und des Schutzes des Betreuten – auch im 12
Hinblick auf § 808 (vgl. Grüneberg/Sprau BGB § 808 Rn. 6) – sind auch die zu Beginn der Betreuung (ebenfalls bei Betreuerwechsel) bereits **vorgefundenen Anlagen zu sperren.** Die Versperrung ist dem Gericht anzuzeigen.

Pflichtwidrig nicht versperrte Anlagen lösen in der Regel trotzdem das 13
Genehmigungserfordernis aus § 1849 Abs. 1 aus, da sich in der Regel (Sparvermögen über 3.000 EUR) keine Ausnahme aus § 1849 Abs. 2 ergibt. Allerdings gilt dies nicht für pflichtwidrig nicht versperrte Anlagen unter 3.000 EUR – diese lösen bei Verfügung nicht das Genehmigungserfordernis gem. § 1849 Abs. 1 aus, da eine Ausnahme in § 1849 Abs. 2 Nr. 1 lit. a) besteht. Die hierfür bestimmte Gegenausnahme aus § 1849 Abs. 3 S. 1 Alt. 1 greift nicht, da diese nur für tatsächlich versperrte Anlagen gilt (→ BGB § 1849 Rn. 25). In derartigen Fällen würde die Bank allerdings nicht schuldbefreiend leisten (RGZ 85, 416 (422); MüKoBGB/Kroll-Ludwigs § 1845 Rn. 11); darüber hinaus haftet der Betreuer (§ 1826) und ist dem Betreuten gegenüber schadensersatzpflichtig, § 280 Abs. 1 (zur Problemlage s. → § 1849 Rn. 25; BeckOGK/Kilian BGB § 1845 Rn. 18 f.).

§ 1845 betrifft **nicht** den **befreiten Betreuer** (§§ 1859 Abs. 1 S. 1 Nr. 1, 1860 14
Abs. 1).

Unterkapitel 3. Anzeigepflichten

§ 1846 Anzeigepflichten bei der Geld- und Vermögensverwaltung

(1) **Der Betreuer hat dem Betreuungsgericht unverzüglich anzuzeigen, wenn er**

1. ein Girokonto für den Betreuten eröffnet,
2. ein Anlagekonto für den Betreuten eröffnet,
3. ein Depot eröffnet oder Wertpapiere des Betreuten hinterlegt,
4. Wertpapiere des Betreuten gemäß § 1843 Absatz 3 nicht in einem Depot verwahrt oder hinterlegt.

(2) **Die Anzeige hat insbesondere Angaben zu enthalten**
1. zur Höhe des Guthabens auf dem Girokonto nach Absatz 1 Nummer 1,
2. zu Höhe und Verzinsung der Anlage gemäß Absatz 1 Nummer 2 sowie ihrer Bestimmung als Anlage- oder Verfügungsgeld,
3. zu Art, Umfang und Wert der depotverwahrten oder hinterlegten Wertpapiere gemäß Absatz 1 Nummer 3 sowie zu den sich aus ihnen ergebenden Aufwendungen und Nutzungen,
4. zu den Gründen, aus denen der Betreuer die Depotverwahrung oder Hinterlegung gemäß Absatz 1 Nummer 4 für nicht geboten erachtet, und wie die Wertpapiere verwahrt werden sollen,
5. zur Sperrvereinbarung.

I. Entstehung

1 Die Anzeigepflichten wurden **neu** im Gesetz etabliert und machen dadurch unter anderem bisher bestehende Innengenehmigungspflichten **(§ 1908i Abs. 1 S. 1 iVm § 1810 BGB aF)** obsolet.

II. Allgemeines

2 § 1846 listet verschiedene Anzeigepflichten des Betreuers für bestimmte Handlungen im Bereich der **Vermögenssorge** auf. Damit soll dem **Gericht** ein **Überblick** über die Geld- und Vermögensgeschäfte des Betreuers ermöglicht werden, damit ggf. zeitnah **Aufsichtsmaßnahmen** (§ 1862) eingeleitet werden können (BT-Drs. 19/24445, 280 f.; Gojowczyk BtR 2023, 19 (21)).

3 Während bereits durch die Verpflichtung zur Einreichung eines Vermögensverzeichnisses zu Beginn bzw. Übernahme der Betreuung (§ 1835) dem Gericht einen Überblick über die Vermögenswerte verschafft, sollen die Anzeigepflichten insbesondere dazu beitragen, dass auch die Vermögensverwaltung durch den Betreuer **während der Betreuung** ordnungsgemäß **überwacht** werden kann. Durch die Pflicht zur **unverzüglichen** Anzeige wird dem Gericht ermöglicht, zeitnah mit entsprechenden Aufsichtsmaßnahmen einzuschreiten, wenn der Betreuer bspw. gegen die Wunschbefolgung verstößt, ohne ausdrücklichen Wunsch des Betreuten hohe Gelder unversperrt als Verfügungsgeld bereithält oder Anordnungen gem. § 1844 veranlasst sind.

4 Damit das Gericht die Angaben des Betreuers entsprechend würdigen kann, enthält **Abs. 2** in den Nr. 1 bis 4 zu den jeweiligen Anzeigepflichten **ergänzende Anforderungen** an die Angaben. Letztlich muss bei der Anzeige eines neuen Anlagegeldkontos bzw. einer neuen Wertpapieranlage der entsprechende Sperrvermerk eingereicht werden (Abs. 2 Nr. 5).

III. Im Einzelnen

Abs. 1 Nr. 1: Bei der **Eröffnung eines Girokontos** für den Betreuten muss der Betreuer dies dem Gericht unter Angabe zur **Höhe des Guthabens** unverzüglich anzeigen (Abs. 2 Nr. 1). Grundsätzlich steht es zwar im Ermessen des Betreuers unter Beachtung der **Wunschbefolgung** zu entscheiden, welche Gelder als **Verfügungs- und** welche als **Anlagegeld** eingestuft werden, jedoch kann das Gericht bei Ermessensfehlern im Rahmen der Aufsichtspflicht gem. § 1862 Abs. 1, 3 einschreiten (→ BGB § 1839 Rn. 4), so bspw., wenn Wünsche nicht befolgt werden oder ohne Verweis auf eine Wunschbefolgung hohe Beträge auf dem Girokonto bereitgehalten werden sollen, die nicht zeitnah benötigt werden. Mit der Anzeigepflicht hat das Gericht nunmehr die Möglichkeit, zeitnah einzuschreiten. Der Betreuer sollte daher nach Eröffnung des Girokontos dem Gericht die Kontodaten mitteilen und einen Kontoauszug vorlegen, aus dem die Eröffnungsbuchung hervorgeht, hilfsweise sollte er angeben, welche Vermögensübertragungen auf das Girokonto geplant sind. Diese Pflicht korrespondiert bei neuem Vermögen mit der Ergänzung des **Vermögensverzeichnisses** gem. § 1835 Abs. 1 S. 3 (→ BGB § 1835 Rn. 10). Laufende Überweisungen auf bestehende Girokonten sind nicht anzuzeigen, da diese im Rahmen der **Rechnungslegung** überprüft werden (BT-Drs. 19/24445, 281). In der Praxis ist es nicht unüblich, dass mit Betreuungsübernahme oder Betreuerwechsel neue Girokonten eröffnet werden (Wunsch des Betreuten, bessere Handlungsmöglichkeiten des Betreuers bei Schikanen durch Kreditinstitute etc). Auch in diesen Fällen müssen die Anzeigen an das Gericht nach dem Wortlaut des Abs. 1 zum Schutz des Betreuten (BT-DRs. 19/24445, 281) **unverzüglich** erfolgen und können in der Regel nicht später innerhalb der **3-Monatsfrist** mit Einreichung des Anfangsberichts und Anfangsvermögensverzeichnisses nachgeholt werden (s. → BGB § 1835 Rn. 2). 5

Abs. 1 Nr. 2: Auch die **Eröffnung von Anlagekonten** hat der Betreuer dem Gericht anzuzeigen, wobei er dabei nicht nur die **Höhe,** sondern auch die **Verzinsung** der Anlage nachzuweisen und eine Angabe darüber zu machen hat, ob das Anlagekonto für **Verfügungs- oder Anlagegeld** eröffnet wurde (Abs. 2 Nr. 2). Anlagekonten müssen nicht mehr zwingend Anlagegelder bereithalten, sondern können auch für die Bereithaltung von Verfügungsgeld genutzt werden, § 1839 Abs. 2. Eine **Vermischung** von Anlage- und Verfügungsgeld auf einem Konto darf jedoch nicht stattfinden (→ BGB § 1839 Rn. 3). Mit der Angabe der Verzinsung kann das Gericht überprüfen, ob es sich – abgesehen von der Wunschbefolgung – um eine geeignete Anlage handelt oder ob es andere Anlagen mit höheren Zinserträgen gibt. Soweit es sich um Anlagegeld auf dem neueröffneten Anlagekonto handelt, muss der nicht befreite Betreuer das Konto **versperren** lassen (§ 1845 Abs. 1; → BGB § 1845 Rn. 2 ff.) und hat hierüber den Nachweis bei Gericht vorzulegen (Abs. 2 Nr. 5). Auch in diesem Fall eignet sich die Vorlage eines Kontoauszugs nach der Eröffnungsbuchung mitsamt einem separaten Nachweis zur Verzinsung und ggf. zur Versperrung. 6

Abs. 1 Nr. 3: Ebenso hat der Betreuer die **Eröffnung eines Depots** und die **Hinterlegung von Wertpapieren** anzuzeigen. Dabei hat er Angaben zu **Art, Umfang** und **Wert** der depotverwahrten oder hinterlegten Wertpapiere sowie zu den sich aus ihnen ergebenden **Aufwendungen** und **Nutzungen** zu machen (Abs. 2 Nr. 3). Bei Anlegung von Vermögen in Wertpapiere ist jedoch neben der Anzeigepflicht auch die **Genehmigungspflicht** aus § 1848 zu beachten, außer 7 es wurde eine Befreiung gem. § 1860 erteilt. Daher wird das Gericht bei Anlegung von Vermögen in Wertpapieren in aller Regel ohnehin durch das vorherige Genehmigungsverfahren gem. § 1848 Kenntnis über die Anforderungen in Abs. 2 Nr. 3 haben. Die Anzeige dient dann der Bestätigung, dass von der Genehmigung Gebrauch gemacht wurde. Zudem hat der nicht befreite Betreuer nach erfolgter Eröffnung oder Hinterlegung einen Nachweis über den angebrachten Sperrvermerk einzureichen, § 1845 Abs. 2 (→ BGB § 1845 Rn. 8 ff.).

8 **Abs. 1 Nr. 4:** Soweit der Betreuer ein Wertpapier **nicht** im Depot **verwahrt oder hinterlegt,** hat er dies ebenfalls dem Gericht mit einer entsprechenden **Begründung** anzuzeigen (Abs. 2 Nr. 4). Grundsätzlich ist der Betreuer zur Depotverwahrung bzw. Hinterlegung gem. § 1843 Abs. 1, 2 angehalten. Eine **Ausnahme** ergibt sich jedoch aus **§ 1843 Abs. 3.** Es sind daher nähere Angaben zu den Gründen notwendig, aus denen der Betreuer in Anwendung von § 1843 Abs. 3 von den Vorgaben gem. § 1843 Abs. 1, 2 abgewichen ist (BT-Drs. 19/24445, 281 – dort wurde sich unzutreffend auf § 1844 bezogen). Zu den möglichen Gründen s. → BGB § 1843 Rn. 8.

§ 1847 Anzeigepflicht für Erwerbsgeschäfte

Der Betreuer hat Beginn, Art und Umfang eines neuen Erwerbsgeschäfts im Namen des Betreuten und die Aufgabe eines bestehenden Erwerbsgeschäfts des Betreuten beim Betreuungsgericht anzuzeigen.

I. Entstehung

1 § 1847 wurde als **Anzeigepflicht neu** eingeführt und ersetzt die bisherige Regelung des **§ 1908i Abs. 1 S. 1 iVm § 1823 BGB aF.**

II. Anzeigepflicht für Erwerbsgeschäfte

2 Der Betreuer hat **Beginn** (mit **Art** und **Umfang**) und **Aufgabe** eines **Erwerbsgeschäfts** des Betreuten nunmehr lediglich **anzuzeigen.** Eine **Genehmigung** für die einzelnen Rechtsgeschäfte ist im Gegensatz zur alten Rechtslage (Innengenehmigung gem. § 1908i Abs. 1 S. 1 iVm § 1823 BGB aF) **nicht notwendig.** Zur Definition von Erwerbsgeschäft s. → § 1852 Rn. 2. Da lediglich der Beginn und die Aufgabe eines neuen Erwerbsgeschäfts im Namen des Betreuten anzeigepflichtig sind, gilt diese Vorschrift nicht für die Fortführung eines Erwerbsgeschäfts, wozu auch die Fortführung bei Schenkung oder Erbe/Vermächtnis zu zählen ist, außer es handelt sich lediglich um ein Eintrittsrecht (MüKoBGB/Kroll-Ludwigs § 1847 Rn. 4).

3 **Aufgabe** eines Erwerbsgeschäfts ist die Aufgabe des Einzelunternehmens, die Mitwirkung beim Auflösungsbeschluss einer Gesellschaft, desgleichen die Kündigung einer Erwerbsgesellschaft durch den Betreuer. Die **Veräußerung** steht der Aufgabe nicht gleich (BGH NJW 1970, 33).

4 Dem **Betreuungsgericht** wird durch die Anzeige die Möglichkeit eingeräumt, seiner Aufsicht hierüber nachzukommen und ggf. **Aufsichtsmaßnahmen** zu ergreifen (§ 1862 Abs. 3). Dies wäre zB der Fall, wenn der Betreuer nicht nach den **Wünschen oder mutmaßlichen Willen** des Betreuten handelt.

Unterkapitel 4. Genehmigungsbedürftige Rechtsgeschäfte

Vorbemerkungen §§ 1848–1854

I. Entstehung

1 Sämtliche **Genehmigungsbedürftige Rechtsgeschäfte** im Aufgabenbereich der **Vermögenssorge** wurden mit der Reform nun einheitlich und **zusammenhängend** in **§§ 1848 ff.** geregelt, wodurch das Gesetz deutlich **übersichtlicher** wird. Der Gesetzesanwender muss nunmehr nicht mehr in allen Büchern (insbesondere im Buch 5 des BGB) nach Genehmigungspflichten nachschauen. Zu den Genehmigungspflichtigen Rechtsgeschäften den **persönlichen Bereich** des Betreuten betreffend s. **§§ 1829 ff.** Darüber hinaus ergeben sich **ergänzend** aus anderen Teilen des BGB weiterhin einige Genehmigungspflichten (bspw. § 1411 Abs. 1, 2; § 1484 Abs. 2; § 1491 Abs. 3; § 1492 Abs. 3; § 1493 Abs. 2; § 1596 Abs. 1; § 1597 Abs. 3); auch außerhalb des BGB gibt es Normen für Genehmigungen wie bspw. § 125 Abs. 2 FamFG, § 30 Abs. 3 BtOG, § 2 Abs. 1 NamÄndG, § 181 Abs. 2 ZVG, § 3 Abs. 1 TSG, § 1 Abs. 6 HöfeO oder § 16 Abs. 3 VerschG (zur Namensänderung, Todeserklärung, Teilungsversteigerung und Ehescheidung/-aufhebung vgl. ausführl. König Rpfleger 2024, 507 f.) – hierbei hat es der Gesetzgeber verpasst, diese ebenfalls entsprechend übersichtlich im Bereich der gesetzlichen Betreuung zu regeln bzw. Verweise aufzunehmen.

II. Allgemeines zu den Genehmigungen im Bereich der Vermögenssorge

2 Zum Schutz des Betreuten wird für den Betreuer durch die §§ 1848–1854 ein Katalog **bedeutsamer** oder **riskanter** Rechtsgeschäfte aufgestellt, sodass dieser neben der **Wunschbefolgungspflicht** auch die (vorherige) **Genehmigungspflicht** des Betreuungsgerichts zu beachten hat. Ohne die erforderliche Genehmigung ist das Rechtsgeschäft (schwebend) **unwirksam** („**Außengenehmigungen**" in Abgrenzung zu den nach alter Rechtslage möglichen Innengenehmigungen als bloße Ordnungsvorschriften). Das Betreuungsgericht kann die Genehmigung nur **gegenüber dem Betreuer** erklären (§ 1855); wird ein Vertrag ohne die erforderliche Genehmigung abgeschlossen, so hängt die Wirksamkeit des Vertrages davon ab, dass der Betreuer von einer ihm **nachträglich** erteilten Genehmigung gegenüber dem Vertragsgegner Gebrauch macht (§ 1856 Abs. 1), indes können konkrete Verträge aber auch vorgenehmigt werden (→ § 1855 Rn. 3), was in der Praxis aber selten der Fall sein wird (vgl. → BGB § 1848 Rn. 14; Gojowczyk BtR 2023, 30 (33)). **Einseitige** Rechtsgeschäfte, die der Betreuer ohne die erforderliche Genehmigung vornimmt, sind **nichtig** (§ 1858), außer es handelt sich um ein Rechtsgeschäft des Betreuers gegenüber einem **Gericht** oder einer **Behörde,** § 1858 Abs. 3. Zu Einzelheiten s. Erläuterungen zu → BGB §§ 1855 ff.

3 Der Kreis der genehmigungspflichtigen Rechtsgeschäfte ist um der **Rechtssicherheit** willen **formal** und nicht nach den Umständen des Einzelfalls zu bestimmen (BGH Rpfleger 1989, 281; BGH ZEV 2003, 375). Dies steht der Berücksichtigung wirtschaftlicher Zusammenhänge nicht entgegen, wenn es um typische

Sachverhalte geht (BGH ZEV 2003, 375 mit insoweit kritischer Anm. Damrau) und schließt damit eine am **Schutzzweck der Norm** orientierte **Auslegung** nicht aus, wenn sie vom Wortlaut und Sinn des Gesetzes her begründet ist und über den Einzelfall hinausgeht (MüKoBGB/Kroll-Ludwigs § 1850 Rn. 3; OLG Köln Rpfleger 1995, 353). „Der gesetzgeberische Zweck, der mit der Einschaltung des Vormundschaftsgerichts [jetzt: Betreuungsgericht] verfolgt wird … muss auch hier (bei dem nicht ausdrücklich erfassten Rechtsgeschäft) zum Tragen kommen" (BGH NJW 1982, 1100). Die Auslegung kann auch ergeben, dass eine ausdrücklich vorgesehene Genehmigung nach dem Schutzzweck der Vorschrift über den Einzelfall hinausgehend **nicht erforderlich** ist (LG Mönchengladbach Rpfleger 2003, 651)

4 Das Rechtsgeschäft ist **genehmigungspflichtig,** wenn es der **Mitwirkung** des **Betreuers** bedarf. Es ist also gleich, ob der Betreuer selbst handelt, einen Dritten bevollmächtigt (da der Betreuer nicht mehr Rechte übertragen kann, als er selbst hat, Felix BtPrax 2025 128 (129)) oder dem Geschäftsabschluss des unter **Einwilligungsvorbehalt** (§ 1825) stehenden Betreuten zustimmt. Genehmigungspflichtig ist nicht die Erteilung der Vollmacht, sondern das in Verwendung der Vollmacht **getätigte Rechtsgeschäft** (KG Rpfleger 1993, 284; LG Berlin Rpfleger 1994, 355). Entsprechendes gilt für die Erklärung auf Grund einer **Verfügungsermächtigung** (§ 185 Abs. 1), die regelmäßig in der Finanzierungsvollmacht enthalten sein wird (OLG Naumburg DNotZ 1999, 1013). Dies hat das **Betreuungsgericht** zweckmäßigerweise **klarzustellen,** wenn es einen Grundstückskaufvertrag genehmigt, der eine Belastungsvollmacht des betreuten Veräußerers zugunsten des Erwerbers enthält. Auch wenn die im Kaufvertrag enthaltene **Belastungsvollmacht** bereits betreuungsgerichtlich genehmigt ist, bedarf die Belastung des Grundstücks mit einer Grundschuld zur Kaufpreisfinanzierung der Genehmigung (inzwischen **strittig; befürwortend** OLG Hamm RNotZ 2014, 104 mwN; OLG Frankfurt a. M. BeckRS 2012, 2364; OLG Zweibrücken DNotZ 2005, 634 mwN; BeckOK BGB/Kadelbach § 1850 Rn. 6; Weber DNotZ 2015, 498 (523); Anm. Dressler-Berlin zu OLG Düsseldorf RNotZ 2024, 26 in FGPrax 2023, 244 (246 ff.); nunmehr **abweichend:** OLG Düsseldorf RNotZ 2024, 26 mit iE zust. Anm Frie RPfleger 2024, 61; vgl. → § 1850 Rn. 4).

5 **Keiner Genehmigungspflicht** unterliegt das Handeln des **Testamentsvollstreckers** bzw. eines vom Erblasser über den Tod hinaus bestellten **(postmortal) Bevollmächtigten,** selbst wenn für einen Erben Betreuung angeordnet ist (OLG Zweibrücken DNotZ 1983, 104), wie auch das Handeln des vom Betreuten vor Anordnung der Betreuung wirksam bestellten **Bevollmächtigten** oder eines **Insolvenzverwalters (**Felix BtPrax 2025 128 (129)). Der Betreuer hat ggf. diese **Vollmachten** zu **widerrufen,** soweit sie eine **Gefahr** für den Betreuten darstellen (s. strenge Bedingungen des § 1820 Abs. 5). Der **geschäftsfähige Betreute** kann auch nach Bestellung des Betreuers wirksam einen Dritten bevollmächtigen. Ob er auch den Betreuer zu bevollmächtigen und dadurch von den Beschränkungen der §§ 1850 ff. zu befreien vermag, ist strittig (→ Vorb. § 1835 Rn. 9).

6 Ist der Betreute **Nacherbe** und stimmt der Betreuer einer Verfügung des Vorerben zu (§ 2113), zB der Veräußerung eines Nachlassgrundstücks, ist die Zustimmung als Verfügung über ein **Anwartschaftsrecht** entsprechend §§ 1850, 1851 **genehmigungspflichtig.**

7 Verfügungen einer **juristischen Person,** zB einer GmbH, an welcher der Betreute beteiligt ist, sind Rechtsgeschäfte einer eigenständigen Rechtspersönlichkeit, sodass **kein** Raum für ein **Genehmigungserfordernis** verbleibt. **Geneh-**

migungspflichtig sind hingegen die gemeinschaftlichen Verfügungen einer **Bruchteilsgemeinschaft** (§§ 741, 747 S. 2), falls für einen Miteigentümer ein Betreuer bestellt ist. Bei den **Gesamthandsgemeinschaften** ist zu **differenzieren.** Die **Erbengemeinschaft** ist nicht rechtsfähig (BGH NJW 2002, 3389), sodass zB die gemeinschaftliche Verfügung über ein Nachlassgrundstück (§ 2040 Abs. 1) der Genehmigung nach § 1850 bedarf, sofern ein Miterbe betreut wird. Anders bei der **OHG** und **KG:** sie sind zwar keine juristischen Personen, handeln aber unter eigenem Namen, können Träger von Rechten und Pflichten sein (§§ 124, 161 Abs. 2 HGB) und sind insoweit rechtsfähig. Verfügungen über ein Gesellschaftsgrundstück bedürfen keiner betreuungsgerichtlichen Genehmigung (BGH NJW 1971, 375; allgM). Der OHG gleichgestellt ist die **BGB-Erwerbsgesellschaft.** Als **BGB-(Außen-)Gesellschaft** ist sie rechtsfähig, insoweit sie am Rechtsverkehr teilnimmt und eigene Rechte und Pflichten begründet (Grundsatzentscheidung BGH NJW 2001, 1056). Die Grundstücksgeschäfte der Gesellschaft sind nicht genehmigungspflichtig (OLG Schleswig FamRZ 2002, 55). An eine Genehmigung gebunden sind aber die laufenden Geschäfte einer **BGB-Gesellschaft,** die **kein Erwerbsgeschäft** betreibt, sondern deren alleiniger Zweck die Verwaltung des (Familien)Vermögens ist, denn bei solchen Gesellschaften unterliegt die Beteiligung des Betreuten nicht der Gründungs- bzw. Eintrittskontrolle nach § 1852 (OLG Koblenz NJW 2003, 1401 mablAnm Wertenbruch FamRZ 2003, 1714; s. zur Problematik → § 1852 Rn. 9). Nach OLG Hamm NJW-RR 2001, 1084 soll es auch für Rechtsgeschäfte einer unter § 1852 fallenden genehmigten Gesellschaft darauf ankommen, ob das Geschäft vom Gesellschaftszweck erfasst wird und Beschränkungen der Vertretungsmacht beachtet sind. So ist eine Genehmigung erforderlich bei vermögensverwaltenden Gesellschaften, deren Geschäftsgegenstand nicht die Veräußerung von Grundbesitz ist (OLG Nürnberg FamRZ 2013, 1055).

Im **Grundbuchverfahren** ist **nicht** die **verfahrensrechtliche** Bewilligung **8**
nach § 19 GBO Genehmigungsgegenstand, sondern das **Rechtsgeschäft,** das grundbuchmäßig vollzogen werden soll; anders bei einer **Berichtigungsbewilligung,** hier hat das Betreuungsgericht zu prüfen, ob tatsächlich nur eine Buchposition des Betreuten betroffen ist. Soll zB ein Grundstück des Betreuten mit einem Grundpfandrecht im Wege der Berichtigung belastet werden, so bedarf die Berichtigungsbewilligung einer Genehmigung des Betreuungsgerichts entsprechend § 1850 Abs. 1 Nr. 1. Wird der **Unrichtigkeitsnachweis** nach § 22 GBO geführt, ist eine Genehmigung nicht erforderlich.

Prozesshandlungen sind **nicht genehmigungsbedürftig,** auch dann nicht, **9**
wenn sie sich auf das materielle Recht auswirken, zB bei einem Klageverzicht (§ 306 ZPO). Der Betreuer muss sich aber ggf. der Zustimmung des Betreuungsgerichts versichern, will er eine evtl. Haftung vermeiden, da die Prozesshandlungen durchaus Wirkungen auslösen können, die den Schutzgedanken der §§ 1850 ff. gleichkommen (Damrau/Zimmermann Vorb. § 1848 ff. Rn. 8 mwN). Anders der **Prozessvergleich,** der wegen seiner **Doppelnatur** (Prozesshandlung und Rechtsgeschäft) **genehmigungspflichtig** ist; vgl. auch § 1854 Nr. 6 (→ § 1854 Rn. 7). Für Abtretungserklärungen gem. § 287 Abs. 2 InsO ist es hingegen nicht unumstritten, ob sie eine Prozesshandlung oder einer materiellrechtliche Verfügung darstellten (letztere Alt. wohl hM; vgl. Brzoza ZinsO 2018, 1087; BGH NZI 2006, 599; LG Hamburg NZI 2019, 384).

Die Durchführung der **Zwangsvollstreckung** zu Gunsten oder zu Lasten des **10**
Betreuten ist **grundsätzlich genehmigungsfrei** (zur betreuungsgerichtlichen

Genehmigung im Zusammenhang mit der Zwangsversteigerung s. Eickmann Rpfleger 1983, 199). Ausnahmen existieren für den Antrag des Betreuers auf **Teilungsversteigerung** eines Grundstücks des Betreuten (→ BGB § 1850 Rn. 2; vgl. hierzu auch König Rpfleger 2024, 506 f.) und für das Bieten in einer Zwangsversteigerung (→ BGB § 1850 Rn. 15).

11 Wird der Betreute zur **Abgabe** einer **Willenserklärung** verurteilt (§ 894 ZPO), zB einer Auflassungserklärung, so bedarf es zur Wirksamkeit dieser Erklärung keiner betreuungsgerichtlichen Genehmigung (hM: MüKoBGB/Kroll-Ludwigs § 1850 Rn. 14). Die Verurteilung setzt aber eine voll wirksame Verpflichtung voraus; fehlt es an der erforderlichen Genehmigung des Verpflichtungsgeschäfts, ist die Klage abzuweisen (OLG Köln Rpfleger 1995, 353).

12 Die Genehmigung des **Verpflichtungsgeschäftes** macht die Genehmigung der **Verfügung** nicht entbehrlich. Allerdings wird zB in der Genehmigung eines Grundstücksverkaufs regelmäßig auch die Genehmigung der Auflassung liegen (BayObLG Rpfleger 1985, 235). Das Genehmigungserfordernis für die Verfügung entfällt auch dann nicht, wenn bereits eine rechtlich erzwingbare Verpflichtung des Betreuten besteht, zB eine Nachlassverbindlichkeit des betreuten Erben. Aufgabe des Betreuungsgerichts ist es dann, die Wirksamkeit der Verpflichtung zu prüfen.

13 Eine **Befreiung** von den **Genehmigungspflichten** nach §§ 1848–1854 sieht das Bundesrecht in **§§ 1859, 1860** vor. Gesetzlich befreite Betreuer (§ 1859) sind von **§ 1849** Abs. 1 S. 1 Nr. 1, 2 und S. 2 befreit. Überdies können Betreuer auf ihren **Antrag** beim Vorliegen der jeweiligen Voraussetzungen des § 1860 von **§§ 1848, 1849** Abs. 1 S. 1 Nr. 1, 2 und S. 2 sowie **§ 1854** Nr. 2 bis 5 durch das **Betreuungsgericht befreit** werden. Die **Betreuungsbehörde** kann aber nach Landesrecht von einzelnen Pflichten entbunden sein (→ BGB § 1859 Rn. 12)

14 Zur betreuungsgerichtlichen **Genehmigung** in Fällen mit **Auslandsbezug** s. OLG Frankfurt a. M. Rpfleger 1981, 19; Jaspersen FamRZ 1996, 397; Rausch BtPrax 2004, 137 (140).

§ 1848 Genehmigung einer anderen Anlegung von Geld

Der Betreuer bedarf der Genehmigung des Betreuungsgerichts, wenn er Anlagegeld anders als auf einem Anlagekonto gemäß § 1841 Absatz 2 anlegt.

Übersicht

I. Entstehung

§ 1848 entspricht **§ 1908i Abs. 1 S. 1 iVm § 1811 BGB aF,** wobei es sich nunmehr nicht lediglich um eine Innengenehmigung handelt. 1

II. Andere Anlegung

1. Möglichkeiten der Anlage

Dem Betreuer soll – insbesondere aufgrund der derzeitigen historischen **Niedrigzinsphase** (vgl. LG Lübeck FamRZ 2016, 399) – ermöglicht werden, Gelder **abweichend von § 1841 Abs. 2** anzulegen, soweit dies dem **Wunsch** oder **mutmaßlichen Willen** des Betreuten entspricht. Damit sind andere Anlagen zB möglich in **Schuldverschreibungen, Aktien, Edelmetalle** (vgl. LG Rottweil FamRZ 2017, 561), **Sterbegeldversicherungen** (vgl. hierzu Salaw-Hanslmaier/Böh FamRB 2015, 190 (194)), privaten Rentenversicherungen (vgl. hierzu LG Karlsruhe NJOZ 2023, 561; Wagner VersR 1999, 1079 ff.), **Immobilien, Kunst, Kryptowährungen** (bspw. Bitcoin, vgl. Ahr BtR 2023, 25 (26), sehr ausführl. Gojowczyk Rpfleger 2026, 109) oder auch **Investmentpapieren.** Damit ist auch der Weg offen zur Anlage in **Wertpapieren,** die neben Erträgen auch die Chance bieten, die Substanz des Vermögens zu mehren (nach alter Rechtslage sog. „nicht mündelsichere" Anlagen nach § 1811 BGB aF; vgl. Anm. Weber zu LG Karlsruhe NJOZ 2023, 561 in BtR 2023, 90). Im Bereich der verzinslichen Anlagen hat § 1848 Bedeutung für Inhaberschuldverschreibungen der Banken, **Kommunalanleihen, Industrieanleihen, ausländische Staatsanleihen** und **ausländische Pfandbriefe,** Anlage bei Kreditinstituten, die keiner ausreichenden Sicherungseinrichtung angehören, also **sämtlichen Anlagen, die nicht unter § 1842 fallen** (es sind alle sonstigen Geldanlagen gemeint, Damrau/Zimmermann § 1848 Rn. 2). Sofern der Betreute bereits bestehende Anlagen durch Erbschaft erhält, ist hierfür keine Genehmigung erforderlich (vgl. Schönenberg-Wessel/Kaufmann BtPrax 2021, 99 (100)). Durch den Gesetzeswortlaut abgedeckt sind bei der anderen Anlegung durch teleologische Auslegung konsequenterweise sowohl **Verpflichtungs- als auch Verfügungsgeschäft,** da bereits die Verpflichtung zu einer anderen Anlegung große Auswirkungen auf den Betreuten hat und Nachteile mit sich bringen kann, von denen sich später nicht mehr gelöst werden könnte. 2

Auflage und Vertrieb von – auch ausländischen – **Investmentanteilen** erfolgen durch Kapitalanlagegesellschaften und müssen den strengen Anforderungen des Investmentgesetzes genügen. Zur Betreutengeldanlage in Investmentanteilen s. Vogt Rpfleger 1996, 389 und Fiala/Behrendsen Rpfleger 1997, 281; Werkmüller/Oyen Rpfleger 2003, 66. Der Erwerb von Anteilen an einem **offenen Immobilienfonds** (Eigentümerin der Immobilien ist die Kapitalanlagegesellschaft) bedarf der Genehmigung nach § 1848, dasselbe gilt für Anteile an einem **Beteiligungsfonds** (stille Unternehmensbeteiligungen iSd § 230 HGB; stiller Gesellschafter ist die Kapitalanlagegesellschaft). Zu den Anlageformen und deren Grenzen bei der Erhaltungsrücklage von Wohnungseigentümergemeinschaften s. von Möller/Nack ZWE 2024, 382. 3

Auch die Anlage in **Sachwerten,** zB Aktien, Immobilien und Edelmetallen (vgl. LG Rottweil FamRZ 2017, 561), sowie in **Unternehmensbeteiligungen** 4 ist dem Erlaubnisvorbehalt des § 1848 unterworfen (Grüneberg/Götz BGB § 1848 Rn. 1; Staudinger/Veit BGB § 1811 aF Rn. 11 mwN). Der Erwerb von **Immobilien** und **Unternehmensbeteiligungen** ist daneben nach **§§ 1850, 1852 genehmigungspflichtig.**

2. Bewertungsmaßstab

5 **a) Wunsch und mutmaßlicher Wille.** Vorrangiger **Bewertungsmaßstab** für die Prüfung der Anlage ist zunächst stets der **Wunsch des Betreuten** im Rahmen der §§ 1838 Abs. 1 S. 1, 1821 Abs. 2 bis 4 (vgl. Kommentierung dort; Anm. Weber zu LG Karlsruhe NJOZ 2023, 561 in BtR 2023, 90; Gojowczyk BtR 2023, 30 (31 f.); auch im Falle riskanter Kryptowährungen vgl. Gojowczyk Rpfleger 2026, 109 (117)). Sofern der Betreute sich nicht mehr adäquat äußern kann, dh die Anlage nicht lediglich auf den ausdrücklichen **Wunsch des Betreuten** erfolgt, ist entscheidend, welchen **mutmaßlichen Willen** er hat (Gojowczyk BtR 2023, 30 (31 f.)). Zur Rekonstruktion des mutmaßlichen Willens kann der Betreuer in letzter Konsequenz auch auf **objektive Kriterien** (bspw. allgemeine Lebenserfahrungen, wirtschaftlich sinnvolle Entscheidungen eines vernünftigen durchschnittlichen Menschen in dieser Situation) zurückgreifen, ohne dass insgesamt betrachtet das objektive Wohl als Maßstab angelegt wird; es verbleibt beim **individuellen hypothetischen Willen** des Betreuten (vgl. → § 1838 Rn. 5; → § 1821 Rn. 23; BT-Drs. 19/24445, 254, 271). Nur soweit keine ausreichend konkreten Anhaltspunkte zum mutmaßlichen Willen vorliegen, dass der Betreute eine andere Anlegung wünscht, kann hilfsweise auf die Auffangnorm des § 1838 Abs. 1 S. 2 zurückgegriffen werden (BT-Drs. 19/24445, 272), wodurch durch den Verweis auf § 1841 Abs. 2 nur noch die **Sicherheit entscheidend** ist, mithin keine andere Anlegung nach § 1848 in Betracht kommt. Die Wünsche des Betreuten müssen nicht notwendigerweise **vernünftig** sein oder den Grundsätzen einer ordnungsgemäßen Verwaltung entsprechen. Die **Grenzen** liegen in der **Gefährdung** der Versorgungs- oder Vermögenslage im Zusammenspiel mit fehlender Einsichtsfähigkeit des Betreuten (§ 1838 Abs. 1 S. 1, 1821 Abs. 3 Nr. 3; vgl. BGH BtPrax 2009, 290; Harm BtPrax 2013, 196; allg. Harm Rpfleger 2012, 183). In der Praxis wird es indes eher selten vorkommen, dass Betreute noch klar einen Anlagewunsch äußern.

6 Dass der Betreuer bei seiner Anlageentscheidung dem **Wunsch und mutmaßlichen Willen des Betreuten** verpflichtet ist und **nicht den Interessen potenzieller Erben,** versteht sich von selbst (vgl. BGH NJW-RR 2021, 1082; Weber NZFam 2021, 993 (996)). Ebenso ist der Betreuer nicht dazu verpflichtet, das Vermögen des Betreuten zu vermehren (Weber NZFam 2021, 993 (996)); die Mehrung des Vermögens um jeden Preis, insbesondere gegen den Wunsch oder (mutmaßlichen) Willen des Betreuten, ist daher ausgeschlossen. Zudem besteht keine grundsätzliche Verpflichtung des Betreuers dazu, bereits vorgefundene Anlagen zu Beginn der Betreuung **wirtschaftlich** besser anzulegen (OLG Schleswig BeckRS 2020, 17731). Gleichwohl kann bereits zu Beginn der Betreuung die Umwandlung zur **Sicherung** der Anlagen notwendig sein, soweit nicht der Wunsch oder mutmaßliche Wille des Betreuten entgegensteht und die vorgefundene Anlage nicht ausreichend sicher ist, bspw. weil sie nicht einer Sperrvereinbarung zugänglich ist (BT-Drs. 19/24445, 282),

7 **b) Einfluss der Grundsätze wirtschaftlicher Vermögensverwaltung. Fraglich** ist, inwieweit nach geltender Rechtslage die **Grundsätze einer wirt-**

schaftlichen Vermögensverwaltung Beachtung finden. Diese waren nach alter Rechtslage vor dem 1.1.2023 maßgeblich entscheidend (§ 1811 S. 2 BGB aF: „Die Erlaubnis soll nur verweigert werden, wenn die beabsichtigte Art der Anlegung nach Lage des Falles den Grundsätzen einer wirtschaftlichen Vermögensverwaltung zuwiderlaufen würde"; OLG München FamRZ 2009, 1860; OLG Schleswig Rpfleger 2000, 112; LG Augsburg BtPrax 2018. 159; LG Karlsruhe NJOZ 2023, 561, BGH NJW 1987, 1070 zu den Grenzen einer Vermögensverwaltung nach § 1811 BGB aF). Zum Teil wird einerseits nahezu uneingeschränkt vertreten, dass die bisherigen Maßstäbe weiterhin gelten (HK-BetrR/vom Felde § 1848 Rn. 25; durch teleologisch-systematische Auslegung auch Damrau/Zimmermann, § 1848 Rn. 3, 4). Andererseits wird unter Berufung auf die Gesetzesbegründung BT-Drs. 19/24445, 281 f. (MüKoBGB/Kroll-Ludwigs § 1848 Rn. 5, 11, 12) bzw. unter Verweis auf § 1838 Abs. 1 S. 2 (Ahr BtR 2023, 25 (26)) ausgeführt, dass die Grundsätze der wirtschaftlichen Vermögensverwaltung mit Ausnahme der **Sicherheit** (so auch die Anlegung gem. § 1841 Abs. 2) nicht mehr beachtenswert wären.

Wie bereits dargestellt, müssen vor der Anwendung der Auffangnorm des § 1838 Abs. 1 S. 2 alle Möglichkeiten zur Feststellung des mutmaßlichen Willens, und sei es auch nur des individuellen hypothetischen Willens, **ausgeschöpft** werden. Laut Gesetzesbegründung gelten die Vorschriften der §§ 1839 ff. BGB für den mutmaßlichen Willen ausdrücklich nur hilfsweise in Form von Auffangnormen, wenn dem Betreuer eine Entscheidung nach § 1821 Abs. 2 bis 4 nicht möglich ist bzw. keine konkreten Anhaltspunkte für eine andere Anlegung feststellbar sind (BT-Drs. 19/24445, 272). Im Wege der Ermittlung des **individuellen mutmaßlichen Willens,** der nach §§ 1838 Abs. 1 S. 1, 1821 Abs. 2 bis 4 vorrangig ist, können dabei sehr wohl weiterhin die **Grundsätze einer wirtschaftlichen Vermögensverwaltung** einzubeziehen sein, soweit es zumindest ansatzweise **Hinweise** gibt, dass der Betreute eine den Grundsätzen der wirtschaftlichen Vermögensverwaltung entsprechende Anlegung wünscht oder dies sein mutmaßlicher Wille wäre. Indes stellt es kein Hindernis zur Genehmigung mehr dar, wenn bei einer gewünschten Anlage die Grundsätze der wirtschaftlichen Vermögensverwaltung eben gerade nicht gewahrt werden. Das korrespondiert auch mit der Intention des Gesetzgebers für die gesamte Reform (Wunsch und Wille des Betreuten als Magna Charta des Betreuungsrechts). Es ist im Gegensatz zum Vormundschaftsrecht nicht Aufgabe des Staates, dem Betreuten eine wirtschaftlich bessere Vermögensverwaltung vorzuschreiben. Insofern ist sich der Meinung von MüKoBGB/Kroll-Ludwigs § 1848 Rn. 5, 11, 12 und Ahr BtR 2023, 25 (26) anzuschließen. **8**

Wenngleich nicht mehr alle Grundsätze wirtschaftlicher Vermögensverwaltung einbezogen werden (müssen), können trotz alledem zur Ermittlung des mutmaßlichen Willens die **individuellen Verhältnisse** (voraussichtliche Dauer der Betreuung; ist der Betreute auf die Erträge angewiesen; welche Gelder müssen im Hinblick auf die Verpflichtungen des Betreuten kurzfristig verfügbar sein usw), **Art und Umfang des Vermögens** (LG Karlsruhe NJOZ 2023, 561), bisherige eigenverantwortliche **Anlageentscheidungen** des Betreuten, **steuerliche Vor- und Nachteile** und **Fachkenntnisse** des gesetzlichen Vertreters (OLG Frankfurt a. M. BtPrax 2002, 266; NJW-RR 1999, 1236 mAnm Wanner/Laufer) ausschlaggebend sein. Zudem können bei der Ermittlung des mutmaßlichen Willens, insbesondere bei der Beachtung der Grenzen der Wunschbefolgung gem. § 1821 Abs. 3 Nr. 1, auch wirtschaftliche Gesichtspunkte eine Rolle spielen, vor allem die **Sicherheit** **9** (zum Verlustrisiko von Anlagen und deren Aufklärung s. BGH MDR 2014, 1680; BGH BKR 2016, 35; LG Ravensburg BeckRS 2016, 110482; OLG Düsseldorf BeckRS 2016, 1542), die **Rentabilität** (LG Karlsruhe NJOZ 2023, 561) und die **Verfügbarkeit** der Anlage (zu allen Punkten vgl. LG Lübeck FamRZ 2016, 399; Damrau/Zimmermann § 1848 Rn. 4; Lamberz NJW 2023, 249 (251)). Bei größeren Vermögen dürfte in der Regel – soweit es dem Wunsch oder mutmaßlichen Willen des Betreuten entspricht – eine **Streuung auf verschiedene Anlagearten** vorzunehmen sein (LG Lübeck FamRZ 2016, 399; Weber NZFam 2021, 993 (996); OLG Frankfurt a. M. NJW-RR 2002, 1660). Soweit sich zu den genannten Kriterien Feststellungen für den mutmaßlichen Willen des Betreuten treffen lassen, sind diese entscheidend. Erst in Ermangelung von Anhaltspunkten zu diesen Kriterien ist hilfsweise § 1838 Abs. 1 S. 2 anzuwenden und das Vermögen nach §§ 1841 Abs. 2, 1842 risikofrei anzulegen.

10 **c) Sicherheit.** Die **Sicherheit** ist bei der Anlage ist unter Beachtung der gesetzgeberischen Intention (BT-Drs. 19/24445, 281 f.) weiterhin ein zu beachtender Maßstab (MüKoBGB/Kroll-Ludwigs § 1848 Rn. 5, 11, 12), was im Zusammenspiel mit den Grenzen der Wunschbefolgung gem. § 1838 Abs. 1 S. 1, § 1821 Abs. 3 Nr. 1 auch folgerichtig ist. Die Anlage in **Aktien** oder **Kryptowährungen** ist mit Blick auf die Sicherheit **problematisch;** andererseits entspricht es wirtschaftlichen Grundsätzen, jedenfalls bei **mittleren und größeren Vermögen** einen Teil des Vermögens **langfristig** in Aktien zu investieren, um den Geldwertschwund verzinslicher Anlagen auszugleichen (Hötzel/von Oerst DB 1994, 2303). Außerdem handelt es sich um einen „Sachwert", der auch im Falle einer (allerdings eher unwahrscheinlichen) Währungsreform mehr Sicherheit böte, als eine sichere Anlage iSd § 1841. Die Grenzen der Sicherheit sind im Rahmen des § 1821 Abs. 3 nicht bereits da zu ziehen, wo der „sicherste Weg" verlassen wird (BGH NJW 1987, 1070). Der Erwerb von **Aktien** oder Kryptowährungen ist trotz des hohen Verlustrisikos im Rahmen des § 1848 auch deshalb **nicht generell ausgeschlossen,** weil die bloße Streuung bei der Kapitalanlage schon eine sinnvolle Vorsichtsmaßnahme sein kann (BGH NJW 1987, 1070; für Einzelfälle zu Investments in Aktien, Investmentanteilen, Industrieanleihen und Zertifikaten s. Damrau/Zimmermann § 1848 Rn. 9 mwN; für Kryptowährungen ausführl. Gojowczyk Rpfleger 2026, 109 (117 f.)). Die mit der Anlage in Aktien verbundenen **Risiken** lassen sich im Hinblick auf die für Investmentfonds gesetzlich vorgeschriebene Risikomischung auch streuen durch die Beteiligung an **Aktieninvestmentfonds** (OLG Köln FamRZ 2003, 708; OLG Schleswig Rpfleger 2000, 112). Zur Vielschichtigkeit des Risikobegriffs im Vergleich verzinslicher Anlagen zum Aktieninvestment (Kaufkraftschwund vs. Wertsteigerung) vgl. Werkmüller/Oyen Rpfleger 2003, 66 (68).

11 **Nicht erforderlich** ist, dass die geplante Anlage gegenüber einer solchen nach § 1841 Abs. 2 neben erkennbar wirtschaftlichen Vorteilen **gleich sicher** ist. Angesichts der Bandbreite und differenzierten Ausgestaltung der sicheren Anlagen in Bundeswertpapieren und Pfandbriefen, sowie bei Sparkassen und privaten Kreditinstituten wird sich nämlich – jedenfalls im Bereich der verzinslichen Anlagen – ein besonderer **wirtschaftlicher Vorteil** bei **gleichwertiger Sicherheit** heute nur **schwer** darstellen lassen.

12 Der nicht sachkundige Betreuer darf im Vorfeld seiner Anlageentscheidungen **sachverständige Hilfe** heranziehen, wenn Art und Umfang des (wieder)anzulegenden Vermögens die Kosten des Gutachtens eines unabhängigen Sachverständigen für Finanzplanung rechtfertigen.

Zur Anlage bei Kreditinstituten s. zunächst → §§ 1841, 1842, dort auch zu ausländischen Banken (→ BGB § 1842 Rn. 4). Eine **höhere Rendite** ist regelmäßig mit **höherem Risiko** verbunden. Auch das Risiko bei Anlage in Anleihen lässt sich streuen durch Erwerb von Renteninvestmentanteilen (→ Rn. 10). 13

Als hinreichend sicher wird man die **Bankschuldverschreibungen** einer Großbank oder einer großen Privatbank ansehen müssen, desgleichen die meisten **ausländischen Staatsanleihen** im Bereich der EU, sowie die **Standardinvestmentfonds** der Sparkassen, Genossenschaftsbanken und Großbanken (so für die Standardfonds der Genossenschaftsbanken das OLG Schleswig Rpfleger 2000, 112). Gleichwohl ist der Renditeunterschied zu Pfandbriefen etc dann nur noch so gering, dass die **ungesicherte Schuldverschreibung** (→ BGB § 1842 Rn. 7) als Alternative idR **ausscheidet.** 14

d) Besonderer Maßstab bei familieninternen Anlagen. Aus besonderen Gründen kann auch eine Anlage gestattet werden, die **stark nachteilig** für den Betreuten wäre, wenn dies dem berücksichtigungsfähigen Wunsch bzw. mutmaßlichen Willen des Betreuten gem. §§ 1838 Abs. 1, 1821 Abs. 2 bis 4 entspricht, zB die Gewährung eines Darlehens an Angehörige oder Investitionen in Familienunternehmen. Hier werden Wünsche und mutmaßlicher Wille des Betreuten (§§ 1821, 1838) unter Beachtung der Grenzen der Wunschbefolgung durch Versorgungs- und Vermögensgefährdung (§ 1821 Abs. 3 Nr. 1) und seine Stellung in der Familie abzuwägen sein. Die Auszahlung eines solchen Darlehens wird regelmäßig mit einer Verfügung über eine Bankforderung des Betreuten verbunden und damit nach § 1849 genehmigungspflichtig sein (OLG Köln FGPrax 1999, 26). 15

3. Sonderfall Bestattungsvorsorgevertrag

In der Praxis wird darüber hinaus immer wieder diskutiert, ob **Bestattungsvorsorgeverträge** gem. § 1848 als andere Anlagen zu genehmigen wären. Dabei stellt sich zunächst die Frage, in welchen Aufgabenbereich eine Bestattungsvorsorge einzuordnen ist und ob ein Betreuer ein derartiges Rechtsgeschäft überhaupt vornehmen darf **(Totenfürsorge).** Die Totenfürsorge ist ein **höchstpersönlicher** Bereich, der nicht der Vertretung zugänglich ist, mithin auch nicht der Betreuung (vgl. MüKoBGB/Schneider § 1815 Rn. 43). Nach vereinzelter Auffassung wird die Bestattungsvorsorge als Teil der Totenfürsorge für ein höchstpersönliches Rechtsgeschäft gehalten. Dies greift allerdings zu weit. Der Betreuer muss zur Ausübung seines Amtes den **Wunsch** bzw. **mutmaßlichen Willen** des Betreuten umsetzen (nicht aber Wünsche und Vorstellungen der potenziellen Erben). Der geschäftsfähige Betreute sollte nur selbst über seine Bestattung entscheiden und entsprechend ohne Betreuer handeln, §§ 1821 Abs. 1 S. 2, 1823. Soweit der Betreute allerdings nicht mehr geschäfts- bzw. einsichtsfähig ist, sich dennoch eine entsprechende Bestattung wünscht oder dies seinem mutmaßlichen Willen entspricht, hat der Betreuer die Pflicht gem. § 1821, dies umzusetzen und einen Bestattungsvorsorgevertrag abzuschließen (so auch MüKoBGB/Schneider § 1815 Rn. 41). Es handelt sich indes nicht um die Ausübung der Totenfürsorge, die durch den jeweiligen Totenfürsorgeberechtigten (das müssen nicht zwingend die Erben sein, sondern wird nach den jeweiligen Bestattungsgesetzen der Länder geregelt, s. ausführlich Stelkens/Cohr NVwZ 2002, 917 (918)) **nach dem Erbfall** ausgeübt wird. **Vor dem Erbfall,** also zu **Lebzeiten** des Betreuten, besteht **kein Totenfürsorgerecht** (so: Kurze ErbR 2016, 299 (301)). Demnach steht der 16

Bestattungsvorsorgevertrag eher einer **Bestattungsverfügung** gleich (Kurze ErbR 2016, 299 (300)), die jederzeit, auch mithilfe eines Betreuers, möglich ist; im Zweifelsfall könnte der Totenfürsorgeberechtigte nach dem Tod Änderungen vornehmen.

Der Bestattungsvorsorgevertrag kann dabei verschieden rechtlich eingeordnet werden. Möglich wäre einerseits, ihn als **Dienstleistungsvertrag** einzustufen (dann betrifft er die Vermögenssorge; so ua Schnellenbach/Normann-Scheerer/Giers/Thielke BetreuungsR-HdB/Schnellenbach Rn. 601). Andererseits könnte dieser seinem Sinn und Zweck nach nicht in den Bereich der Vermögenssorge, sondern in den Bereich der **persönlichen Angelegenheiten** eingeordnet werden, da es vorrangig um die Bestattungsmodalitäten und weniger um die finanzielle Ausgestaltung geht.

Ganz gleich, für welche Variante sich entschieden wird, fällt der Abschluss eines Bestattungsvorsorgevertrags jedenfalls nicht unter dem Genehmigungsvorbehalt des § 1848, da es sich **nicht** um eine **Anlegung von Geld,** sondern um eine **persönliche Angelegenheit,** allenfalls um einen **Dienstleistungs- oder Werkvertrag** handelt (Dienstleistungsverträge sind auch nicht gem. **§ 1849** genehmigungsbedürftig, da diese auch dort nicht umfasst sind, vgl. → BGB § 1849 Rn. 12). Der Anwendungsbereich des § 1848 ist damit für Bestattungsvorsorgeverträge nicht eröffnet (so unter Einstufung als Dienstleistungsvertrag, aber im Ergebnis die Genehmigungspflicht ebenfalls ablehnend: Schnellenbach/Normann-Scheerer/Giers/Thielke BetreuungsR-HdB/Schnellenbach Rn. 601). Allenfalls für Rechtsgeschäfte, die mit dem Abschluss des Bestattungsvorsorgevertrags in **Zusammenhang** stehen, könnten Genehmigungstatbestände greifen, bspw. bei der Abtretung von **Sterbegeldversicherungen** oder der Verfügung über **Wertpapiere,** § 1849 Abs. 1 S. 1 Nr. 1, 2 (s. Schnellenbach/Normann-Scheerer/Giers/Thielke BetreuungsR-HdB/Schnellenbach Rn. 601).

III. Entscheidung des Betreuungsgerichts

17 Über die Erlaubnis entscheidet der **Rechtspfleger** des Betreuungsgerichts (§ 3 Nr. 2b RPflG). Bei Neuanlagen und Umstrukturierung des Vermögens sind stets die **Wünsche des Betreuten, hilfsweise dessen mutmaßlicher Wille** zu berücksichtigen (§§ 1821, 1838); dies gilt auch für das Betreuungsgericht (→ Rn. 5). Erst in Ermangelung der Informationen und Anhaltspunkte zum mutmaßlichen Willen des Betreuten dürfen auch objektive Kriterien (bspw. allgemeine Lebenserfahrungen, wirtschaftlich sinnvolle Entscheidungen eines verständigen durchschnittlichen Menschen in dieser Situation) einfließen, ohne dass insgesamt betrachtet das objektive Wohl als Maßstab angelegt wird; es verbleibt beim individuellen hypothetischen Willen des Betreuten (→ BGB § 1838 Rn. 5, → BGB § 1821 Rn. 23). **Sicherheit** der Anlage muss der Rechtspfleger nach § 26 FamFG **von Amts wegen ermitteln** (vgl. zB BayObLG bei Goerke Rpfleger 1985, 182 für kanadische Staatspapiere iHv 5 % eines Millionenvermögens; OLG Frankfurt a. M. DB 1999, 739 für Auslandsimmobilien; OLG Schleswig Rpfleger 2000, 112 für Renten- und Aktienfonds; ebenso OLG Köln FamRZ 2003, 708 für einen Aktienfonds; Vogt Rpfleger 1996, 389 und Fiala/Behrendsen Rpfleger 1997, 281; zum Amtsermittlungsgrundsatz s. insbes. OLG München RPfleger 2009, 617).

18 **Allgemeine Auskünfte** über die Anlage in Investmentfonds erteilt der Bundesverband Investment und Asset Management e.V. in Frankfurt. Eine laufend

aktualisierte Aufstellung der Investmentfonds, bei denen die Betreutengeldanlage betreuungsgerichtlich gestattet worden ist, kann im Internet abgerufen werden (https://www.bvi.de/fondswissen/basiswissen-zu-fonds/sind-fonds-muendelsicher/). Aktuelle Informationen über Wertentwicklung und Ertrag einzelner Fonds sind bei der Stiftung Warentest abrufbar (Postfach 30 41 41, 10724 Berlin; www.stiftung-warentest.de). Auskünfte können auch eingeholt werden bei den Banken- und Sparkassenverbänden (Anschriften → BGB § 1842 Rn. 9), dort auch die Anschrift der Bundesanstalt für Finanzdienstleistungsaufsicht, die aber keine amtlichen Auskünfte erteilt zu Wirtschaftlichkeit und Sicherheit der im Einzelfall in Frage stehenden Anlage.

Bei der Prüfung der komplexen Frage, welche Anlagen sicher sind **19**
(→ Rn. 10 ff.), wird sich der Rechtspfleger des Betreuungsgerichts im Einzelfall **externen Sachverstands** bedienen müssen, was im Rahmen der Ermittlungen nach § 26 FamFG ohne Weiteres zulässig ist (OLG Schleswig Rpfleger 2000, 112; ebenso OLG Köln FamRZ 2003, 708; OLG Frankfurt a. M. BtPrax 2002, 266), zB **Gutachten** eines öffentlich bestellten Finanzsachverständigen für Kapitalanlagen und private Finanzplanung (IHK). Die Entscheidung des Gerichts ergeht nach **pflichtgemäßem Ermessen** (wohl hM; OLG München RPfleger 2009, 617; OLG Köln FamRZ 2003, 708; Damrau/Zimmermann § 1848 Rn. 7) unter Abwägung aller für die konkrete Anlage ermittelten Umstände, wobei auch die Fachkenntnisse des gesetzlichen Vertreters einbezogen werden können (OLG Frankfurt a. M. DB 1999, 739). Es handelt sich um eine Einzelfallprüfung, allgemeine Erwägungen wie „Schwankungen des Rentenmarkts" „Risiko des Kursverfalls" „generell nicht das erforderliche Maß an Sicherheit" genügen nicht (OLG München RPfleger 2009, 617; OLG Köln FamRZ 2003, 708; OLG Frankfurt a. M. BtPrax 2002, 266).

Zur **Wirksamkeit** der Anlage bedarf der Betreuer der **Genehmigung** des **20**
Betreuungsgerichts (beachte daneben ggf. Genehmigungspflicht gem. § 1853 S. 1 Nr. 1). Durch das **Rechtskrafterfordernis** der Genehmigung (§ 40 FamFG) sind insbesondere Geschäfte am Finanzmarkt zuweilen nicht in der wünschenswerten Schnelligkeit durchführbar. Dies soll jedoch laut Gesetzgeber in Kauf genommen werden (BT-Drs. 19/24445, 282). Inwieweit sich jedoch ein Vertragspartner finden wird, der sich nunmehr auf eine schwebend unwirksame Anlage einlässt (zur Kritik vgl. Veit FamRZ 2019, 337 (344) mwN), bleibt offen.

Es kann nur eine **konkrete Anlage** genehmigt werden, **nicht abstrakt** eine künftige Anlage oder Anlageart (MüKoBGB/Kroll-Ludwigs § 1848 Rn. 13). In der Praxis empfehlenswert ist aber eine grundsätzliche **„Inaussichtstellung"** der Genehmigung bestimmter Anlageformen (zB Aktien von DAX-Unternehmen) im Rahmen einer konkreten Betreuung. Anlageverträge werden in der Regel erst **nachträglich genehmigt.** Indes wäre theoretisch jederzeit unter Vorlage konkreter Vertragsentwürfe auch eine **Vorgenehmigung** von konkreten Anlagen möglich (Verträge müssen nicht zwingend, können aber nachgenehmigt werden, § 1856 Abs. 1 S. 1). In der Praxis wird eine Vorgenehmigung indes eher die Ausnahme bilden (Gojowczyk BtR 2023, 30 (33)), da der Beschlusstenor entsprechend eng und ausführlich formuliert werden müsste, sodass mit der Genehmigung kein anderes als das konkret gewünschte Rechtsgeschäft getätigt werden kann; das dürfte im Einzelfall sehr schwierig und umständlich sein, könnte wiederum eine schnelle Handlung ermöglichen. Für Rechtsgeschäfte wie der „Anlage einer bestimmten Geldsumme in Gold zu einem aktuellen Kurs von …" oder den „Kauf des näher zu bezeichnenden Kunstwerks zu einem Preis von …" wäre eine Vorgenehmigung durchaus denkbar, für andere Anlagen wie Aktieninvestments oder Grundstückskäufe wohl eher nicht. Um der Schnelllebigkeit des Finanzgeschäfts zu entsprechen, kann im Einzelfall auch von einer generellen Befreiung gem. § 1860 Abs. 1 bis 3 Gebrauch gemacht werden (Ahr BtR 2023, 25 (26). Umschichtungen des Bestandes sind gesondert zu gestatten. Auch größere Vermögen können daher nicht der Verwaltung durch externe Dritte (Vermögensverwalter) in dem Sinne frei überlassen werden, dass dessen Anlageentscheidungen keiner Einzelgenehmigung mehr bedürfen; zur sachverständigen Hilfe → Rn. 10, 19. Der Betreuer wird also insbesondere bei **großen Vermögen** eine **Vermögensverwaltung** beauftragen und bevollmächtigen dürfen (Bundesratsentwurf BtÄndG BT-Drs. 15/2494, 29 zu § 1899 Abs. 1 S. 3), kann ihr aber nicht mehr Rechte übertragen als er selbst hat. Die Verwaltung des Betreutendepots steht also unter dem grundsätzlich keiner Befreiung zugänglichen Genehmigungsvorbehalt des § 1848. Die Befreiung nach § 1860 Abs. 1 setzt voraus, dass praktisch kein Kapitalanlagevermögen vorhanden ist. Eine darüberhinausgehende Befreiung des Betreuers nach § 1860 Abs. 2, 3 ist auf dessen Antrag möglich. Zur **gesetzlichen Befreiung** des Betreuers nach § 1859 (→ BGB § 1859 Rn. 1 ff.)

In gewisser Weise **umgangen** wird die **Einzelgenehmigungspflicht** durch den Kauf von Anteilen an einem oder mehreren **Fonds** bzw. Dachfonds. Zwar ist der Erwerb genehmigungspflichtig, die **Transaktionen** innerhalb des einzelnen Fonds entziehen sich aber der Mitwirkungsmöglichkeit des Betreuungsgerichts. Dabei besteht in der Sache kein Unterschied, ob der vom Betreuer beauftragte **Vermögensverwalter** handelt oder der durch Erwerb des Fonds beauftragte **Fondsmanager.**

21 Soweit die vorrangige Pflicht des Betreuers, die **Wünsche** und den **mutmaßlichen Willen** des Betreuten zu entsprechen (§§ 1821, 1838), nicht entgegensteht, hat er vorgefundene andere Anlegungen des Betreuten zur Sicherung umzuwandeln; bspw., wenn im Einzelfall die **Anlegung einer Sperrvereinbarung nicht zugänglich** ist, obwohl diese nach dem Gesetz erforderlich wäre (BT-Drs. 19/24445, 282).

22 Soweit der Betreuer in Wertpapiere oder sonstige Vermögenswerte investiert, sind diese entsprechend in einem Depot zu **verwahren** oder (auf Anordnung des Gerichts) zu **hinterlegen,** §§ 1843, 1844. Zudem hat der Betreuer nach erfolgter Genehmigung dem Gericht die Eröffnung des Depots respektive die Hinterlegung **anzuzeigen** (§ 1846 Abs. 1 Nr. 3, Abs. 2 Nr. 3) und ggf. einen **Sperrvermerk** anzubringen (§ 1845 Abs. 2, § 1846 Abs. 2 Nr. 5; nicht erforderlich bei Befreiung, §§ 1859 Abs. 1 S. 1 Nr. 1, 1860). Von der Hinterlegung bzw. Depotverwahrung kann bei entsprechender Begründung nur in Ausnahmefällen abgesehen werden, § 1843 Abs. 3, § 1846 Abs. 1 Nr. 1, Abs. 2 Nr. 4 (→ BGB § 1843 Rn. 8, → BGB § 1846 Rn. 8)

§ 1849 Genehmigung bei Verfügung über Rechte und Wertpapiere

(1) [1]**Der Betreuer bedarf der Genehmigung des Betreuungsgerichts zu einer Verfügung über**

1. ein Recht, kraft dessen der Betreute eine Geldleistung oder die Leistung eines Wertpapiers verlangen kann,
2. ein Wertpapier des Betreuten,
3. einen hinterlegten Wertgegenstand des Betreuten.

[2]Das Gleiche gilt für die Eingehung der Verpflichtung zu einer solchen Verfügung.

(2) **[1]Einer Genehmigung bedarf es nicht,**

1. im Fall einer Geldleistung nach Absatz 1 Satz 1 Nummer 1, wenn der aus dem Recht folgende Zahlungsanspruch
   a) nicht mehr als 3 000 Euro beträgt,
   b) das Guthaben auf einem Girokonto des Betreuten betrifft,
   c) das Guthaben auf einem vom Betreuer für Verfügungsgeld ohne Sperrvereinbarung eröffneten Anlagekonto betrifft,
   d) zu den Nutzungen des Vermögens des Betreuten gehört oder
   e) auf Nebenleistungen gerichtet ist,

2. im Fall von Absatz 1 Satz 1 Nummer 2, wenn die Verfügung über das Wertpapier
   a) eine Nutzung des Vermögens des Betreuten darstellt,
   b) eine Umschreibung des Wertpapiers auf den Namen des Betreuten darstellt,

3. im Fall einer Verfügung nach Absatz 1 Satz 1, wenn die Eingehung der Verpflichtung zu einer solchen Verfügung bereits durch das Betreuungsgericht genehmigt worden ist.

[2]Satz 1 Nummer 2 gilt entsprechend für die Eingehung einer Verpflichtung zu einer solchen Verfügung.

(3) **[1]Absatz 2 Nummer 1 Buchstabe a ist nicht anzuwenden auf eine Verfügung über einen sich aus einer Geldanlage ergebenden Zahlungsanspruch, soweit er einer Sperrvereinbarung unterliegt, sowie über den sich aus der Einlösung eines Wertpapiers ergebenden Zahlungsanspruch. [3]Absatz 2 Nummer 1 Buchstabe d ist nicht anzuwenden auf eine Verfügung über einen Zahlungsanspruch, der einer Sperrvereinbarung unterliegt und eine Kapitalnutzung betrifft.**

(4) **Die vorstehenden Absätze gelten entsprechend für die Annahme der Leistung.**

Übersicht

I. Entstehung

§ 1849 vereint im Wesentlichen das bisherige Zusammenspiel der **§ 1908i Abs. 1 S. 1 iVm §§ 1812, 1813 BGB aF,** schränkt den Anwendungsbereich jedoch entscheidend ein (→ Rn. 5; → Rn. 10). Bei § 1849 handelt es sich um eine sehr komplexe Norm, deren Anwendung durch Ausnahmen und Gegenausnahmen in der Praxis Probleme bereitet. 1

II. Allgemeines

2 **Verfügungen** über **Geldforderungen** sowie **Wertpapiere** und hinterlegte **Wertgegenstände** des Betreuten sind zum **Schutz** des Betreuten an die Zustimmung des Betreuungsgerichts gebunden, soweit nicht eine spezielle Genehmigungsausnahme nach Abs. 2 besteht. Gleiches gilt für die Annahme der Leistung (Abs. 4).

Ohne die erforderliche **Genehmigung** vorgenommene Rechtsgeschäfte sind (zunächst) **unwirksam. Verträge** können auch nachträglich genehmigt werden **(schwebende Unwirksamkeit),** § 1856. **Einseitige** Rechtsgeschäfte sind hingegen unheilbar **nichtig,** § 1858 Abs. 1 (bspw. Umschreibung des Bezugsrechts einer Lebensversicherung, BGH NZFam 2019, 1051).

Die Pflichten aus § 1849 betreffen grds. nicht die beteiligten Kreditinstitute bzw. Schuldner, sie tragen aber das **Ausfallrisiko,** da sie bei einer Verfügung ohne Genehmigung nicht von der Leistungspflicht frei werden (BGH BtPrax 2007, 170; BSG BeckRS 2019, 42149).

3 Die grundsätzliche Genehmigungspflicht für die Verfügungen bzw. die Annahme geschuldeter Geldleistungen dient der **Kontrolle des Betreuers;** das Betreuungsgericht kann so seiner **Aufsichtspflicht** genügen und ggf. der ordnungsgemäßen **Verwendung der Gelder** nachgehen (§ 1862). Maßgeblich ist für alle Beteiligten (Betreuer, Betreuungsgericht, Verfahrenspfleger) vorrangig der **Wunsch** des Betreuten, hilfsweise dessen **mutmaßlicher Wille;** erst in Ermangelung dahingehender Anhaltspunkte können objektive Kriterien im Rahmen der Feststellung des individuellen hypothetischen Interesses einfließen (es verbleibt jedoch beim subjektiven Wohl; → BGB § 1838 Rn. 5). Andererseits muss die Verwaltung der ein- und ausgehenden Gelder praktikabel sein. Der Ausnahmekatalog des Abs. 2 soll auch die Arbeit des Betreuers erleichtern. Verfügungen und Annahmen iSd Abs. 1 sind unter den in Abs. 2 genannten Voraussetzungen ausgenommen, soweit keine Gegenausnahme (Abs. 3) vorliegt.

III. Erfasste Rechte und Wertpapiere

4 Vom Genehmigungsvorbehalt erfasst sind **Rechte,** kraft derer eine **Geldleistung** (Abs. 1 S. 1 Nr. 1 Alt. 1) oder die Leistung eines **Wertpapiers** (Abs. 1 S. 1 Nr. 1 Alt. 2), Wertpapiere (Abs. 1 S. 1 Nr. 2) oder hinterlegte **Wertgegenstände** des Betreuten (Abs. 1 S. 1 Nr. 3) verlangt werden können.

5 Abs. 1 S. 1 **Nr. 1 Alt. 1** behandelt Verfügungen über Rechte, kraft derer der Betreute eine **Geldleistung** verlangen kann. Es fallen demnach nicht alle **Forderungen** des Betreuten unter diese Norm, sondern nur Forderungen, die auf eine **Geldleistung** gerichtet sind, mithin ausschließlich **Geldforderungen** (anders als bisher § 1812 BGB aF). Somit sind Ansprüche, die auf **eine Sach-, Dienst- oder sonstige Leistung** außer auf Geld oder Wertpapiere gerichtet sind, von der Norm – im Gegensatz zur bisherigen Rechtslage – **nicht umfasst** (BT-Drs. 19/24445, 283; vgl. Ahr BtR 2023, 25 (26 f.)). Zur Liste möglicher genehmigungspflichtiger Geldforderungen s. Felix BtPrax 2025, 128 (130): ua Abtretungen, Aufrechnungen, Erlassverträge, negative Schuldanerkenntnisse, ….

6 Durch Abs. 1 S. 1 **Nr. 1 Alt. 2** sollen ergänzend zu Nr. 1 Alt. 1 in erster Linie die **Kündigung eines Depotvertrages** durch den Betreuer, wenn dieser bei Übernahme der Betreuung ein unversperrtes Depot vorfindet, und die **Übertra-**

gung der Rechte aus dem Depotvertrag auf einen Dritten erfasst werden (BT-Drs. 19/24445, 283). Mithin werden vom Begriff der Leistung auch vertragliche **Nebenleistungen** erfasst (bspw. die Rückgabepflicht aus dem Verwahrvertrag). Es ist mit Blick auf die Variante des Abs. 1 S. 1 Nr. 2 genau zu differenzieren.

Abs. 1 S. 1 **Nr. 2** erfasst Verfügungen über **Wertpapiere** als solche. Zu den 7 Wertpapieren zählen Inhaber-, Order- und Namens-(Rekta)papiere (näher: Grüneberg/Sprau BGB Einf. Vorb. § 793 Rn. 1 ff., s. auch Felix BtPrax 2025, 128 (130 f.)); bei den Namenspapieren (Sparbrief, Sparbuch) wird jedoch nicht über das Wertpapier, sondern unmittelbar über die verbriefte Forderung verfügt. Die Genehmigungsnorm für Wertpapiere soll **flankierend zur Sicherung durch die Versperrung** (§ 1845 Abs. 2) greifen, um auch ein **absolutes Verfügungsverbot** mit **unbeschränkter Außenwirkung** zu erhalten (BT-Drs. 19/24445, 283).

Abs. 1 S. 1 **Nr. 3** erfasst **hinterlegte Wertgegenstände** des Betreuten, mithin 8 auch diese, die auf Anordnung des Betreuungsgerichts zu hinterlegen sind (§ 1844). Es fallen nicht generell alle Wertgegenstände unter diese Norm, sondern es muss sich um hinterlegte Wertgegenstände handeln. Wiederum sind Erlöse aus dem Verkauf von Wertgegenständen, die nicht hinterlegt sind, von Abs. 1 S. 1 Nr. 1 Alt. 1 erfasst.

IV. Verfügungen und Leistungsannahmen

Verfügung ist jedes Rechtsgeschäft, durch das der Verfügende auf ein Recht 9 unmittelbar einwirkt, es dadurch also **aufgehoben, übertragen, belastet** oder sonst **inhaltlich geändert** wird (BGH FamRZ 2010, 207 mit allg. Ausführungen zur eingeschränkten Reichweite des § 1812 BGB aF), zB die **Abtretung** einer Forderung (§ 398).

Auch die **Annahme einer Leistung,** die als reale Leistungsbewirkung nicht als Verfügung zu klassifizieren ist (BT-Drs. 19/24445, 283), soll von der Norm miterfasst werden, was durch Abs. 4 klargestellt wird (ausführl. hierzu Felix, BtPrax 2025 128 (131 f.)). Wird die Annahme durch **Überweisung** auf das **Girokonto** des Betreuten vollzogen, muss hierfür ebenfalls die Genehmigungspflicht greifen; eine teleologische Einschränkung der Norm ist hier nicht zielführend (vgl. Felix BtPrax 2025, 128 (132), aA Zorn FamRZ 2024, 1605 (1608)). Dass Annahmen über 3.000 EUR genehmigungsbedürftig sind, kann für die Praxis im Einzelfall uU zu einem nicht vom Gesetzgeber beachteten Mehraufwand führen, da die Norm damit zu einem „Massengenehmigungstatbestand" wird (so Anm. Bestelmeyer Rpfleger 2023, 582 (584 ff.). Zur Annahme einer geschuldeten Leistung ist auszuführen, dass der Betreuer also grundsätzlich die Leistung nur mit Genehmigung des Betreuungsgerichts einziehen darf. Zahlt der Schuldner ohne die erforderliche Genehmigung an den Betreuer, so tritt **keine Erfüllung** nach § 362 ein (OLG Karlsruhe NJW-RR 1999, 230 für die Auszahlung einer Versicherungsleistung). Der Betreute behält seine Forderung und der Geschäftspartner ist darauf verwiesen, den angewiesenen Betrag zurückzubuchen und trägt das Risiko der Uneinbringlichkeit des Rückforderungsanspruchs gegen den Betreuten als Empfänger (BGH NJW 2006, 430 (431)). Der Schuldner muss demnach erneut leisten. Ein Gegenanspruch aus ungerechtfertigter Bereicherung (§ 812) steht ihm nur dann zu, wenn die ungenehmigte Leistung in das Vermögen des Betreuten gelangt ist.

Die Genehmigungspflicht bzgl. der Annahme einer Leistung trifft auch auf die **Kündigung** einer Darlehensforderung oder eines Sparguthabens zu, die zur Einziehung erforderlich ist, oder eine **Aufrechnung,** die zum Erlöschen der Forderung führt, es sei denn, die Einziehung der betroffenen Forderung wäre nach Abs. 2 genehmigungsfrei. Zu weiteren genehmigungsbedürftigen Leistungsannahmen s. Felix BtPrax 2025 128 (131).

Für Verfügungen über **Grundpfandrechte und Rentenschulden** greift – anders als bisher durch § 1812 BGB aF – der Genehmigungsvorbehalt aus **§ 1850 Nr. 1.**

10 Die Vorschrift schränkt zwar umfassend die gesetzliche Vertretungsmacht des Betreuers ein. Der in der Vergangenheit vorherrschende Meinungsstreit, wie weit die Vorgängernorm § 1812 BGB aF aufgrund der offenen Formulierung reicht (s. hierzu ua Damrau FamRZ 1984, 842; Staudinger/Veit BGB § 1812 aF Rn. 21 ff., 26 ff.; BGH FamRZ 2010, 207; OLG Hamm Rpfleger 1991, 56; MüKoBGB/Kroll-Ludwigs § 1849 Rn. 8; Lamberz FamRZ 2012, 162), wurde jedoch durch den Gesetzgeber mit Einführung des § 1849 behoben, da nunmehr die **Reichweite** der Genehmigungspflicht (beschränkt auf **Geldforderungen**) stark eingeschränkt wurde (→ Rn. 5). Selbiges gilt im Übrigen auch für die Leistungsannahmen – es fallen nur Leistungsannahmen von Geldbeträgen unter diese Norm (vgl. Schnellenbach/Normann-Scheerer/Giers/Thielke BetreuungsR-HdB/Thielke Rn. 597a)

11 **Genehmigungspflichtig** ist die Verfügung, wenn sie der **Mitwirkung des Betreuers** bedarf, gleich, wie sie zustande kommt: ob der Betreuer selbst handelt, einen Bevollmächtigten einschaltet oder der Verfügung des unter **Einwilligungsvorbehalt** stehenden Betreuten zustimmt; vgl. hierzu und zu Verfügungen des Testamentsvollstreckers, des postmortal Bevollmächtigten, des vom Betreuer Bevollmächtigten, des Vorerben, der Gesamthandsgemeinschaft die Erläuterungen zu → Vorb. §§ 1848–1854 Rn. 5 ff. Keine Verfügungen sind Prozesshandlungen → Vorb. §§ 1848–1854 Rn. 9.

12 Damit der Genehmigungsvorbehalt für die Verfügungen nicht umgangen werden kann, ist auch das **Verpflichtungsgeschäft genehmigungsbedürftig** (Abs. 1 S. 2); ist dieses jedoch bereits nach einer anderen Norm genehmigungsbedürftig (zB § 1850 für den Grundstücksverkauf), muss für die Annahme der Leistung (zB Erlös für den Grundstücksverkauf) in der Praxis nicht zusätzlich eine separate Genehmigung nach § 1849 eingeholt werden (so Schnellenbach/Normann-Scheerer/Giers/Thielke BetreuungsR-HdB/Thielke Rn. 597a) – es wird in der Genehmigung des Verpflichtungsgeschäfts nach der anderen Norm ebenfalls die Genehmigung nach § 1849 konkludent liegen, wenngleich in der Theorie § 1849 ebenfalls einschlägig bleibt. Bei gegenseitigen Leistungsverträgen, wie **Dienstverträgen,** handelt es sich jedoch weder um einen Fall des Abs. 1 S. 1 Alt. 1 noch des S. 2, da keine unmittelbare Verpflichtung zu einer Verfügung vorliegt (so bereits BGH FamRZ 2010, 207; dies gilt insbes. für **Bestattungsvorsorgeverträge,** s. ausführlich → § 1848 Rn. 16; Schnellenbach/Normann-Scheerer/Giers/Thielke BetreuungsR-HdB/Thielke Rn. 601). Eine uU genehmigungspflichtige Verfügung liegt lediglich bei den Handlungen zur Erfüllung des Vertrages vor, also insbes. der Bezahlung der vereinbarten Vergütung, soweit nicht frei verfügt werden kann, wie in den Fällen des Abs. 2. Auch wenn bereits eine Verpflichtung wirksam besteht, bleibt das Genehmigungserfordernis für die Verfügung unberührt. Nicht vom Genehmigungsvorbehalt umfasst sein kann jedoch bspw. der **Verkauf einer beweglichen Sache** eines Betreuten, bspw.

eines PKW (vgl. auch LG Berlin BeckRS 2026, 315; aA und zu weitgreifend, weil bereits zur (Verpflichtung zur) Verfügung über den PKW eine Genehmigung gefordert wird: OLG Karlsruhe FGPrax 2023, 83 (84) mAnm Zimmermann ZEV 2023, 313, der dies ebenfalls nicht erkennt; **zustimmend** in Abgrenzung zur Entscheidung: Anm. Bestelmeyer Rpfleger 2023, 582 (584)). Der Verkauf einer Sache ist keine Verfügung oder Verpflichtung zur Verfügung über eine Geldleistung (Abs. 1 S. 1 Nr. 1, S. 2), auch ist damit keine Verpflichtung zur Annahme begründet, sondern lediglich eine Verpflichtung zur Geldleistung für den Vertragspartner. Lediglich beim darauffolgend notwendigen Rechtsgeschäft zur Annahme der Geldleistung (vereinbarter Kaufpreis) ist eine Genehmigung notwendig, sofern der Anspruch über 3.000 EUR beträgt, Abs. 4 (zur Kritik hieran s. Anm. Bestelmeyer Rpfleger 2023, 582 (584 ff.), da somit eine Vielzahl von Annahmen in der Praxis genehmigungsbedürftig wäre („Massengenehmigungstatbestand")).

V. Ausnahmen von der Genehmigungspflicht

Von der Genehmigungspflicht **ausgenommen** sind sämtliche Verfügungen (Veräußerung, Erlass, Verzicht, Abtretung, Belastung und Kündigung) sowie die Annahmen geschuldeter Leistungen, soweit sie unter Abs. 2 fallen. **13**

Abs. 2 Nr. 1 betrifft Rechte aus Abs. 1 S. 1 Nr. 1. **14**

Abs. 2 S. 1 **Nr. 1 a):** Maßgeblich ist die Höhe des **Gesamtanspruchs,** nicht die einer Teilleistung (vgl. auch Felix, BtPrax 2025 128 (132)). Dies gilt grds. auch für Ansprüche aus Bankeinlagen. Entscheidend ist also der aktuelle Kontostand. Der Betreuer wäre ansonsten befugt, ein Guthaben in beliebiger Höhe durch beliebige Teilabhebungen aufzulösen (hM; OLG Karlsruhe FamRZ 2001, 786; OLG Köln Rpfleger 1994, 503; Grüneberg/Götz BGB § 1849 Rn. 6; MüKoBGB/Kroll-Ludwigs § 1849 Rn. 35; Ahr BtR 2023, 25 (27)). Es kommt stets auf die Höhe des Gesamtanspruchs an und nicht auf den geltend gemachten Teilbetrag. Bei Kündigung einer **Lebensversicherung,** die nach Abs. 1 S. 1 Nr. 1 Alt. 1 genehmigungspflichtig ist (OLG Nürnberg NJOZ 2022, 393 (394)), kommt es daher bspw. nicht auf den Rückkaufswert, sondern auf die **Todesfallleistung** an (OLG Nürnberg BtPrax 2016, 157). **15**

Bei zu Beginn der Betreuung vorgefundenen Bankguthaben hat sich der Betreuer unter Aufsicht des Gerichts (§ 1862) zu entscheiden, welche Gelder er als **Verfügungsgelder** (§ 1839) und welche er als **Anlagegelder** (§ 1841) kategorisiert. Soweit es sich um versperrte Anlagegelder (§ 1845 Abs. 1 S. 1) handelt, ist jede Abhebung unabhängig von der Höhe des Kontostandes und der Teilabhebung genehmigungspflichtig (Abs. 3 S. 1). Zur Gegenausnahme s. → Rn. 25.

Abs. 2 S. 1 **Nr. 1 b):** Diese Ausnahme betrifft Geld auf Girokonten (Verfügungsgelder). **Genehmigungsfrei** ist hiernach die **Abhebung oder Überweisung etc vom Girokonto.** Ebenfalls von der Genehmigungspflicht ausgenommen ist die **Kündigung des Girovertrages** bei Restguthaben, da der Zahlungsanspruch auf das (Rest-)Guthaben auf einem Girokonto gerichtet ist (MüKoBGB/Kroll-Ludwigs § 1849 Rn. 41; bei leerem Kontostand indes nicht erst nach Anwendung dieser Ausnahme, sondern bereits nach Abs. 1, da der Anspruch nach Auszahlung der Gelder nicht mehr auf eine Geldleistung gerichtet ist – Abs. 1 S. 1 Nr. 1 Alt. 1 greift sodann von vornherein nicht). **16**

17 Das Girokonto dient aber auch der Einziehung von Geldern. **Zieht** der Betreuer **Forderungen** des Betreuten **über das Girokonto ein,** so liegt darin die **genehmigungspflichtige** Verfügung über die geschuldete Leistung. Dem Betreuten wird stattdessen eine Forderung gegen die Bank verschafft. Die Abhebung des Geldes ist aber sodann eine Verfügung über die Forderung gegen die Bank und nicht über die ursprüngliche Forderung gegen den Schuldner (anders Spanl Rpfleger 1989, 392 (395)), mithin nicht (noch einmal) genehmigungsbedürftig. Über die auf das Girokonto eingezahlten oder **überwiesenen Gelder** kann der Betreuer frei verfügen durch Abhebung, Überweisung oder im Lastschriftverfahren, ohne dass es auf die Guthabenhöhe und die Höhe des Betrages, über den verfügt wird, ankommt; kann der Betreuer die Verwendung aber nicht nachweisen, hat er sie herauszugeben (OLG Saarbrücken BtPrax 2014, 45). Zur bestehenbleibenden Leistungspflicht des Schuldners bei nicht genehmigter Leistungsannahme → Rn. 2, 9.

Ebenso wenig genehmigungspflichtig ist die Inanspruchnahme eines **Überziehungskredits,** sofern dieser bereits eingeräumt wurde (§ 1854 Nr. 2).

18 Abs. 2 S. 1 **Nr. 1 lit. c):** Zur Verfügung über **Anlagekonten,** die der Betreuer zur **Bereithaltung von Verfügungsgeld** eröffnet hat (§ 1839 Abs. 2, sodann auch ohne Sperrvermerk § 1845 Abs. 1 S. 2), bedarf der Betreuer ebenfalls **keiner Genehmigung.** Verfügungsgeld soll für den Betreuer stets frei verfügbar sein, egal auf welcher Art von Konto es liegt.

19 Unter Abs. 2 S. 1 **Nr. 1 d)** fallen **Rentenzahlungen** (BSG MDR 1982, 698), **Mietzinsen, Dividenden, Kapitalerträge,** ohne dass es auf deren Höhe ankommt (weitere Liste s. Felix BtPrax 2025 128 (133)). **Sparguthabenzinsen** werden zwar am Jahresschluss dem Kapital zugeschlagen, können aber binnen angemessener Frist (AGB der Sparkassen und Banken: zwei Monate) genehmigungsfrei getrennt eingezogen werden. Soweit es sich jedoch um versperrte Zahlungsansprüche handelt, die eine Kapitalnutzung betreffen, greift die Ausnahme aufgrund Abs. 3 S. 2 nicht.

20 Abs. 2 S. 1 **Nr. 1 lit. e): Ohne Rücksicht auf die Höhe** können zB die Kosten eines Rechtsstreits (§ 91 ZPO) oder einer Kündigung, Verzugszinsen oder andere Nebenleistungen eingezogen werden.

21 Abs. 2 S. 1 **Nr. 2 lit. a):** Eine Ausnahme von der Pflicht zur Genehmigung des Betreuers für die Verfügung über Wertpapiere des Betreuten ist des Weiteren gegeben, wenn die **Verfügung** über das **Wertpapier** eine **Nutzung des Vermögens** des Betreuten, also bspw. die Einlösung von Zins-, Renten- und Gewinnanteilscheinen darstellt. **Entsprechendes** gilt für die **Verpflichtung** zu einer solchen Verfügung, Abs. 2 S. 2. Indes ist diese Ausnahme irrelevant, sofern die Papiere nicht ohnehin im Depot gehalten und nicht vom Betreuer, sondern vom Kreditinstitut verwaltet werden (§ 1843 Abs. 2), mithin keine Betreuerhandlung vorliegt.

22 Abs. 2 S. 1 **Nr. 2 b):** Diese letzte Ausnahme ergibt sich, wenn die Verfügung über ein Wertpapier des Betreuten eine **Umschreibung des Wertpapiers** auf den Namen des Betreuten darstellt. Entsprechendes gilt für die Verpflichtung zu einer solchen Verfügung, Abs. 2 S. 2. Hierfür reicht die Anzeige des Betreuers gem. § 1846 Abs. 1 Nr. 4, Abs. 2 Nr. 4.

23 Sofern der Betreuer bereits eine Genehmigung zur Verpflichtung über eine Verfügung iSd Abs. 1 S. 1 eingeholt hat, muss **keine (zusätzliche) Genehmigung für die Erfüllung der Verpflichtung** eingeholt werden (Abs. 2 Nr. 3).

Gleiches gilt bei einer bereits erfolgten Genehmigung über die Verpflichtung zur Entgegennahme einer Leistung (Abs. 4).

Ist die Einziehung einer Forderung genehmigungsfrei, so bleibt auch die evtl. erforderliche **vorbereitende Kündigung ungebunden.** Der Sparverkehr ist nicht mehr gesetzlich geregelt, die Kreditinstitute sehen nun einheitlich in ihren Geschäftsbedingungen vor, dass bei Sparbüchern mit einer Kündigungsfrist von drei Monaten ohne Kündigung bis zu 2.000 EUR innerhalb eines Kalendermonats zurückgezahlt werden können (weitere Informationen unter www.bafin.de). **24**

VI. Gegenausnahmen

Der Katalog der genehmigungsfreien Leistungen wird durch die **Gegenausnahmen** des **Abs. 3** wieder **eingeschränkt.** Die Befreiung nach Abs. 2 Nr. 1 lit. a) erstreckt sich nicht auf Verfügungen über einen sich aus der Geldanlage ergebenden Zahlungsanspruch, soweit dieser einer **Sperrvereinbarung** unterliegt, Abs. 3 S. 1 Alt. 1. Dh für **versperrtes Anlagegeld** (§§ 1841 Abs. 2, 1845 Abs. 1 S. 1) greift die Ausnahme der Grenze von 3.000 EUR des Abs. 2 S. 1 Nr. 1 a) nicht (vgl. KG Berlin MDR 2015, 160). Sofern Zinsen entgegen der Möglichkeiten des § 1845 Abs. 2 S. 1 von der Sperrvereinbarung miterfasst sein sollten, fällt auch deren Entgegennahme unter die Genehmigungspflicht (BT-DRs. 19/24445, 285). **25**

Allerdings behandelt der Gesetzeswortlaut in der Gegenausnahme in Abs. 3 S. 1 Alt. 1 lediglich Zahlungsansprüche, soweit sie (tatsächlich) einer Sperrvereinbarung unterliegen, nicht aber Zahlungsansprüche, die der Verpflichtung zu einer Sperrvereinbarung unterliegen. Damit greift für von nicht befreiten Betreuern **pflichtwidrig nicht nach § 1845 versperrte Anlagegelder** die Gegenausnahme des Abs. 3 S. 1 Alt. 1 ebenfalls dem Wortlaut nach nicht, sodass eine Verfügung über diese Gelder nicht genehmigungsbedürftig wäre (vgl. auch BeckOGK/Kilian BGB § 1845 Rn. 18; → BGB § 1845 Rn. 13). Das kann zu **Problemen** führen, da pflichtwidrig handelnde Betreuer damit noch begünstigt werden (vormals diente diese Lücke der Bereithaltung von Verfügungsgeld auf Anlagekonten, was aber nunmehr durch die neue Regelung in Abs. 2 S. 1 Nr. 1 lit. c) berücksichtigt wird). Allenfalls leistet das Kreditinstitut in diesen Fällen nicht befreiend (MüKoBGB/Kroll-Ludwigs § 1845 Rn. 11) und der Betreuer wäre hierfür in Haftung zu nehmen (§ 1826) und ist dem Betreuten gegenüber gem. § 280 Abs. 1 schadensersatzpflichtig (vgl. BeckOGK/Kilian BGB § 1845 Rn. 19). Indes werden in der Praxis die meisten Anlagekonten über 3.000 EUR Guthaben aufweisen (anderenfalls wären sie wohl eher als Verfügungsgeld auf einem Anlagekonto anzusehen, § 1839 Abs. 2), wodurch für Verfügungen hierüber die Ausnahme aus Abs. 2 Nr. 1 lit. a) gar nicht erst greift, mithin trotz fehlender Versperrung eine Genehmigung erforderlich ist (s. auch → BGB § 1845 Rn. 13).

Ferner greift die Ausnahme der 3.000 EUR-Grenze aus Abs. 2 S. 1 Nr. 1 lit. a) gem. Abs. 3 S. 1 Alt. 2 nicht für die Verfügung über einen sich aus der **Einlösung eines Wertpapiers ergebenden Zahlungsanspruch.** Zwar sind die Wertpapiere in der Regel bereits versperrt (§ 1845 Abs. 2), sodass eine Kontrolle des Gerichts gewährleistet wird, jedoch werden von der Norm auch unversperrte Wertpapiere (zB nicht hinterlegte Namenspapiere) erfasst und gesichert (BT-Drs. 19/24445, 285). **26**

27 **Verfügungen über Nutzungen des Vermögens** bleiben entgegen der Ausnahme des Abs. 2 S. 1 Nr. 1 lit. d) gem. Abs. 3 S. 2 genehmigungspflichtig, sofern sie eine **Kapitalnutzung** betreffen und einer **Sperrvereinbarung** unterliegen.

VII. Genehmigungsverfahren; Befreiung

28 Die **Genehmigung** (bis zur Genehmigung **schwebende Unwirksamkeit** bzw. **Nichtigkeit**) erfolgt durch das **Betreuungsgericht.** Es entscheidet der **Rechtspfleger** (§ 3 Nr. 2b RPflG). Zu den Verfahrensgrundsätzen vgl. die Erläuterungen zu → BGB § 1855 Rn. 11 ff. Es ist vorrangig der Wunsch des Betreuten, hilfsweise dessen mutmaßlicher Wille entscheidend. Erst in Ermangelung der Informationen und Anhaltspunkte zum mutmaßlichen Willen des Betreuten dürfen auch objektive Kriterien (bspw. allgemeine Lebenserfahrungen, wirtschaftlich sinnvolle Entscheidungen eines verständigen durchschnittlichen Menschen in dieser Situation) bei der Ermittlung des mutmaßlichen Willens einfließen, ohne dass insgesamt betrachtet das objektive Wohl als Maßstab angelegt wird; es verbleibt beim stets subjektiven individuellen hypothetischen Willen des Betreuten (→ BGB § 1838 Rn. 5, → BGB § 1821 Rn. 23).

29 Von den Pflichten nach **§ 1849 Abs. 1 S. 1 Nr. 1, 2 und S. 2** sind **gesetzlich befreite** Betreuer **entbunden** (§ 1859 Abs. 1 S. 1 Nr. 2) sowie auch die Betreuungsbehörde nach Landesrecht (vgl. Felix BtPrax 2025 128 (129)). Es können auch nicht gesetzlich befreite Betreuer bei Vorliegen weiterer Voraussetzungen auf ihren **Antrag entbunden** werden (§ 1860).

§ 1850 Genehmigung für Rechtsgeschäfte über Grundstücke und Schiffe

Der Betreuer bedarf der Genehmigung des Betreuungsgerichts

1. **zur Verfügung über ein Grundstück oder über ein Recht an einem Grundstück, sofern die Genehmigung nicht bereits nach § 1833 Absatz 3 Satz 1 Nummer 4 erforderlich ist,**
2. **zur Verfügung über eine Forderung, die auf Übertragung des Eigentums an einem Grundstück, auf Begründung oder Übertragung eines Rechts an einem Grundstück oder auf Befreiung eines Grundstücks von einem solchen Recht gerichtet ist,**
3. **zur Verfügung über ein eingetragenes Schiff oder Schiffsbauwerk oder über eine Forderung, die auf Übertragung des Eigentums an einem eingetragenen Schiff oder Schiffsbauwerk gerichtet ist,**
4. **zu einem Rechtsgeschäft, durch das der Betreute unentgeltlich Wohnungs- oder Teileigentum erwirbt,**
5. **zur Eingehung einer Verpflichtung zu einer der in den Nummern 1 bis 3 bezeichneten Verfügungen oder des in Nummer 4 bezeichneten Erwerbs sowie**
6. **zu einem Rechtsgeschäft, durch das der Betreute zum entgeltlichen Erwerb eines Grundstücks, eines eingetragenen Schiffes oder Schiffsbauwerks oder eines Rechts an einem Grundstück verpflichtet wird, sowie zur Verpflichtung zum entgeltlichen Erwerb einer Forderung auf Übertragung des Eigentums an einem Grundstück, an einem ein-**

getragenen Schiff oder Schiffsbauwerk oder auf Übertragung eines Rechts an einem Grundstück.

I. Entstehung

1 § 1850 entspricht in weiten Teilen dem bisherigen **§ 1908i Abs. 1 S. 1 iVm § 1821 BGB aF,** wobei nunmehr neben der ausdrücklichen Regelung des **Wohnungs- und Teileigentums** auch **Hypotheken, Grundschulden** und **Rentenschulden** durch Aufhebung der Ausnahmeregelung (§ 1821 Abs. 2 BGB aF) unter die Norm fallen.

II. Verfügungen

2 Zum **Verfügungsbegriff** → § 1849 Rn. 9. Zu den Verfügungen über das Grundstückseigentum (Nr. 1) zählen zB die **Auflassung** (§§ 873, 925); Begründung von **Wohnungseigentum** (§ 3 WEG); Belastung mit **Grundpfandrechten** (§ 873), auch die Bestellung einer **Eigentümergrundschuld** (aA Lamberz FamRZ 2012, 162: keine Genehmigung erf.), ebenso die Übernahme einer **Baulast** (wegen ihrer dinglichen Wirkung: OVG Münster NJW 1996, 275). Der Antrag auf **Teilungsversteigerung** des Grundstücks ist zwar keine Verfügung, kann aber nur mit Genehmigung des Betreuungsgerichts gestellt werden (§ 181 Abs. 2 S. 2 ZVG; ausführl. hierzu König Rpfleger 2024, 506 f.).

3 Die **Auflassungsvormerkung** steht in ihren Auswirkungen einer **dinglichen Belastung** gleich; die Bewilligung (§ 885) ist in entsprechender Anwendung nach Nr. 1 **genehmigungspflichtig** (hM BayObLG Rpfleger 2003, 573; OLG Frankfurt a. M. FamRZ 1997, 1342; gilt auch für die neue Rechtslage seit 1.1.2023, vgl. Zorn FamRZ 2023, 915 (917), Dressler-Berlin/Reinfarth BtPrax 2025, 83 (84)). Besteht noch kein wirksamer Auflassungsanspruch gegen den Betreuten, darf das Betreuungsgericht die Vormerkung nur **gleichzeitig** mit dem **Verpflichtungsgeschäft** (Nr. 5) genehmigen (Klüsener Rpfleger 1981, 461 (468)) und das Grundbuchamt erst dann eintragen, wenn der Betreuer von der Genehmigung nach § 1856 Abs. 1 S. 2 Gebrauch gemacht hat (§ 1858 Abs. 3 S. 2 gilt nur für einseitige Rechtsgeschäfte; vgl. LG Lübeck Rpfleger 1991, 363). Zur **Löschung** von **Belastungen** im Zusammenhang mit dem **Verkauf** s. OLG Naumburg NJW-RR 2019, 1352, Rpfleger 2019, 588.

4 Durch den Genehmigungsvorbehalt nach Nr. 1 soll das vorhandene Vermögen des Betreuten **geschützt** werden (BGH Rpfleger 1998, 210). Dementsprechend ist eine Genehmigung zu einer **Belastungsverfügung** nicht erforderlich, wenn ein Grundstück, das vom Betreuten **erworben** werden soll, im Zusammenhang mit dem Erwerb belastet wird, zB durch Nießbrauch oder eine Restkaufpreishypothek zu Gunsten des Veräußerers oder eine Grundschuld zur Sicherung eines Bankdarlehens (sog. bloße **Erwerbsmodalität,** BayObLG Rpfleger 1992, 62; BGH NJW 2010, 3643 (3644), BGH RNotZ 2021, 354 (355 f.); OLG Zweibrücken MittBayNot 2024, 50 mAnm Everts; Zorn FamRZ 2023, 915 (916), Dressler-Berlin/Reinfarth BtPrax 2025, 83 (84 f.)); auch dann, wenn durch die Bestellung der Grundschuld Mittel für andere Zwecke als der **Kaufpreisfinanzierung** beschafft werden sollen (BGH Rpfleger 1998, 210). Zur Genehmigungspflicht des **Erwerbs** s. Nr. 6; zur Genehmigung der **Darlehensaufnahme** s. § 1854 Nr. 2. Sofern der Betreute hingegen ein **Grundstück veräußert** und in diesem Zusammenhang eine

Belastungsvollmacht erteilt und betreuungsgerichtlich genehmigt wird, bedarf die Belastung des Grundstücks mit einer Grundschuld zur Kaufpreisfinanzierung der Genehmigung (inzwischen **strittig; befürwortend** OLG Frankfurt a. M. FGPrax 2025, 99, OLG Köln ZEV 2025, 241, OLG Hamm RNotZ 2014, 104 mwN; OLG Frankfurt a. M. BeckRS 2012, 2364; OLG Zweibrücken DNotZ 2005, 634 mwN; BeckOK BGB/Kadelbach § 1850 Rn. 6; Weber DNotZ 2015, 498 (523); Anm. Dressler-Berlin zu OLG Düsseldorf RNotZ 2024, 26 in FGPrax 2023, 244 (246 ff.), Dressler-Berlin/Reinfarth BtPrax 2025, 83 (84); **abweichend:** OLG Düsseldorf RNotZ 2024, 26 mit iE zust. Anm Frie RPfleger 2024, 61, ablAnm Dressler-Berlin FGPrax 2023, 244 (246 ff.) und Lamberz FamRZ 2023, 1817; vgl. → BGB Vorb. §§ 1848–1854 Rn. 4). Ebenso genehmigungsbedürftig nach Nr. 1 ist eine Zustimmung des Betreuers eines Betreuten in Nacherbenrechtsstellung zur Verfügung des Vorerben über einen Nachlassgegenstand gem. § 2113 Abs. 1, 2 BGB (vgl. Zorn FamRZ 2023, 915 (916)).

5 Wird die vorbehaltene Belastung nicht gleichzeitig mit dem Erwerb vollzogen (vgl. § 16 GBO), ist das spätere **Vollzugsgeschäft** als Verfügung über bestehendes **Eigentum** des Betreuten **genehmigungspflichtig** (wie hier: Staudinger/Veit BGB § 1821 aF Rn. 23; MüKoBGB/Kroll-Ludwigs § 1850 Rn. 25; KG Berlin MDR 2020, 89; aA OLG Frankfurt a. M. Rpfleger 1981, 19; s. hierzu auch Klüsener Rpfleger 1981, 259 (263)).

6 Genehmigungspflichtig nach Nr. 1 sind ferner **Verfügungen über dingliche Rechte** am Grundstückseigentum. Betroffen von der Genehmigungspflicht nach Nr. 1 und 2 sind also Verfügungen über **Hypotheken, Grundschulden, Rentenschulden, Dienstbarkeiten** (zB der Verzicht auf ein im Rahmen eines Leibgedingevertrags bestellten **Wohnungsrechts,** BayObLG Rpfleger 2003, 27), **Nießbrauch, Vorkaufsrecht und Reallast** (näher zum Wohnungsrecht, Nießbrauchsrecht und zur Eigentumsvormerkung vgl. auch Dressler-Berlin/Reinfarth BtPrax 2025, 83 (86). Einzelleistungen aus einer Reallast stehen Hypothekenzinsen gleich (§ 1107). Ebenfalls nach Nr. 1, 2 zu beurteilen sind **Verfügungen über Grundpfandrechte** zB Aufhebung einer Grundschuld (OLG Hamm FamRZ 2011, 1249), für welche ggf. auch § 1854 Nr. 7 eingreift (strittig), zB bei **Rangrücktritt** oder die Abtretung einer **Eigentümergrundschuld** (aA Lamberz FamRZ 2012, 162: letztere nach § 1850 Nr. 1). Ist der Betreute Gläubiger eines Grundpfandrechts, bedarf der Betreuer bspw. zur Aufgabe des Grundpfandrechts der Genehmigung nach § 1850 (ohne Umweg über § 1854 Nr. 7, Dressler-Berlin/Reinfarth BtPrax 2025, 83 (85)).

7 Über ein Grundstück des Betreuten wird auch verfügt, wenn ihm das **Eigentum** als **Teilhaber** einer **Bruchteilsgemeinschaft** zusteht oder in **Gesamthandsgemeinschaft** als Mitglied einer **Erbengemeinschaft;** dies gilt nicht nur, wenn unmittelbar über das Grundstück verfügt wird, sondern auch dann, wenn der Betreute über seinen Anteil an der Bruchteilsgemeinschaft oder Erbengemeinschaft verfügt (§§ 747, 2033 Abs. 1 S. 1; vgl. § 1851 Nr. 1). **Anders,** wenn **Personengesellschaften** einschl. der BGB-Erwerbsgesellschaft, an denen der Betreute beteiligt ist, handeln (→ BGB Vorb. §§ 1848–1854 Rn. 7).

8 Ebenso fällt das Wohnungseigentum betreffend die **Teilung gem. § 3 WEG** sowie die **Aufteilung gem. § 8 WEG** und die **Änderung der Gemeinschaftsordnung** unter Nr. 1 (vgl. Dressler-Berlin/Reinfarth BtPrax 2025, 83 (84) mwN zur teilw. strittigen Rechtslage; Zorn, FamRZ 2023, 915 (916)).

9 Gebunden sind nach Nr. 2 Verfügungen über **grundstücksbezogene Forderungen,** zB Verfügung über einen Anspruch nach § 3 VermG; Abtretung eines

Auflassungsanspruchs, auch Löschung einer Auflassungsvormerkung (LG Mainz Rpfleger 1993, 149). Da mit keinem Rechtsverlust verbunden, ist die **Entgegennahme** der **Auflassung** (§§ 873, 925) **genehmigungsfrei** (BayObLG FamRZ 1992, 604 mAnm Damrau) und ebenso die **Löschung** der **Vormerkung** nach zwischenrechtsfreier Umschreibung (LG Oldenburg Rpfleger 1972, 401). Die zum Eigentumserwerb führende Auflassungsannahme kann aber nach anderen Vorschriften genehmigungspflichtig sein (→ Rn. 18).

Sofern mit der Verfügung über ein Grundstück bzw. über ein Recht an einem Grundstück (Nr. 1) die **Aufgabe** von **selbstgenutztem Wohnraum des Betreuten** verbunden ist, ist die Genehmigung nach **§ 1833 Abs. 3 S. 1 Nr. 4** aufgrund des Bezugs zu einer Personenangelegenheit vorrangig (vgl. Zorn FamRZ 2023, 915 (916), Dressler-Berlin/Reinfarth BtPrax 2025, 83 (85); hierbei ist insbesondere die Pflicht des Gerichts zur **persönlichen Anhörung** zu beachten, § 299 S. 1 FamFG). Aus vermögensrechtlicher Sicht des § 1850 hält sich die betreuungsgerichtliche Genehmigung des Verkaufs eines Grundstücks des Betroffenen auch dann noch im Rahmen des eröffneten Beurteilungsspielraums, wenn der Verkauf zwar nicht notwendig ist, um den aktuellen **Finanzbedarf** des Betroffenen zu decken, das unbewohnte Grundstück aber nicht unerhebliche **Kosten** verursacht und die Herstellung der **Vermietbarkeit** umfangreiche **Investitionen** erfordert (BGH FamRZ 2017, 245). **10**

Auch die Verfügung über ein **Schiff, Schiffsbauwerk** oder eine Forderung im Zusammenhang mit der Übertragung solcher Rechte, ist gem. Nr. 3 genehmigungspflichtig. **11**

Neu hinzugekommen ist Nr. 4 als Ergänzung zu Nr. 6 (entgeltlicher Erwerb von **Wohnungs- und Teileigentum**) als Sonderfall für den **unentgeltlichen** Erwerb von Wohnungs- und Teileigentum. Anders als es die Formulierung des Gesetzgebers vermuten lässt („unentgeltlicher Erwerb"), ist mit Nr. 4 wohl nicht das Verpflichtungs-, sondern allein das Verfügungsgeschäft gemeint (so auch Damrau/Zimmermann BGB § 1850 Rn. 20), wobei die Gesetzesbegründung (BT-Drs. 19/24445, 286) von der Erfassung des Verpflichtungs- und Verfügungsgeschäfts ausgeht (Kritik von Zorn, NotBZ 2023, 107 (108); Zorn FamRZ 2023, 915 (918), vgl. auch Dressler-Berlin/Reinfarth BtPrax 2025, 83 (87)). Neben der Verfügung ist jedenfalls im Ergebnis auch das **Verpflichtungsgeschäft** genehmigungsbedürftig, da es insbesondere durch Nr. 5 Alt. 2 miterfasst wird, wobei die Notwendigkeit einer Genehmigung für einen unentgeltlichen schuldrechtlichen Vertrag zum Erwerb von Wohnungs- oder Teileigentum aufgrund nicht vorhandener Risiken infrage zu stellen ist (vgl. Zorn FamRZ 2023, 915 (919)). Daneben fällt das Wohnungs- und Teileigentum neben dem entgeltlichen Erwerb unter Nr. 6 auch weiterhin unter Nr. 1, 2 und 4 (s. → Rn. 8). **12**

Zwar ist der **unentgeltliche Erwerb von Eigentum** an einem Grundstück **genehmigungsfrei** (Nr. 6 iU); die besondere Gefährlichkeit des unentgeltlichen Erwerbs von Wohnungs- und Teileigentum liegt aber darin, dass uU umfangreiche **Haftungsfolgen** (§ 9a Abs. 4 WEG) eintreten und gleichzeitig im Gegensatz zu Grundstücken keine Möglichkeit der **Eigentumsaufgabe** besteht (BT-Drs 19/24445, 286 f.; vgl. KG Berlin BeckRS 2010, 28459; OLG München BeckRS 2012, 21804). Die Haftungsfolge tritt zwar erst durch die Rechtsinhaberschaft des Betreuten ein, also durch das Verfügungsgeschäft, gleichwohl soll aber nach Intention des Gesetzgebers auch das Verpflichtungsgeschäft bereits der Genehmigungspflicht unterliegen, um einen **Doppelschutz** zu gewährleisten (BT-Drs 19/24445, 287; Siegel/Kraus DNotZ 2022, 906 (920 f.)).

III. Verpflichtungsgeschäfte

13 Mit dem durch Nr. 1 bis 4 bezweckten Schutz wäre es unvereinbar, wenn der Betreuer befugt wäre, den Betreuten zu diesen Verfügungen unkontrolliert zu **verpflichten.** Nr. 5 erweitert daher den Vorbehalt auf die entsprechenden **Verpflichtungsgeschäfte,** zB den **Verkauf** eines Grundstücks. Zur Bestellung einer **Auflassungsvormerkung für den Erwerber** → Rn. 3. Gebunden ist auch ein **Vorvertrag** über die Veräußerung eines Grundstücks, das noch nicht im Eigentum des Betreuten steht (OLG Köln Rpfleger 1995, 353). Unter Nr. 4 ist das Verpflichtungsgeschäft neben dem Verfügungsgeschäft bereits der Genehmigungspflicht unterworfen (→ Rn. 12).

Streitig ist, ob sich für **Verpflichtungsgeschäfte** im Zusammenspiel mit § 1833 eine **Regelungslücke** ergibt. In § 1833 gibt es kein Erfordernis einer Genehmigung für Verpflichtungsgeschäfte zur Verfügung über Wohnraum. Die Verpflichtungsgeschäfte, die § 1833 tangieren, sind aber prima facie auch nicht von § 1850 Nr. 5 gedeckt. Hierzu hat der Bundesrat in BT-Drs 20/1416, 3 bereits angeführt: „Die Genehmigungspflicht für das Verpflichtungsgeschäft nach § 1850 Nr. 5 BGB nF besteht nur für Verpflichtungen zu „einer der in den Nr. 1 bis 3 bezeichneten Verfügungen". § 1850 Nr. 1 BGB nF bezieht sich aber nur auf **Verfügungen** deren „Genehmigung nicht bereits nach § 1833 Abs. 3 S. 1 Nr. 4 erforderlich ist". Die **Verpflichtung** zu einer Verfügung, die nach § 1833 BGB nF genehmigungsbedürftig ist, ist daher nach dem ausdrücklichen Wortlaut nicht von § 1850 Nr. 5 BGB nF umfasst." Die Bundesregierung erwiderte in der Gegendarstellung, § 1850 Nr. 5 sei für diese Fälle trotzdem anwendbar und in § 1833 sei das Verpflichtungsgeschäft bewusst weggelassen worden, da mit dem Verpflichtungsgeschäft noch nicht die unmittelbare Gefahr des Wohnraumverlusts bestehe (BT-Drs 20/1416, 8 f.). Zumindest vermag diese Erwiderung nicht in Bezug auf die Genehmigungspflicht für ein Verpflichtungsgeschäft zu einer Verfügung im Bereich des § 1833 vollends zu überzeugen, denn dieses ist nach dem Wortlaut gerade nicht umfasst – hier wird die Auffassung des Bundesrates geteilt (aA Ahr BtR 2023, 25 (29)). Gleichwohl dürfte dieser Meinungsstreit wohl eher **akademischer Natur** und kaum praxisrelevant sein, da in der Praxis im **Regelfall** Verpflichtungs- und Verfügungsgeschäft, also Verkauf und Auflassung unmittelbar (in einer Urkunde bzw. zeitlich eng) zusammenfallen, wodurch das Betreuungsgericht von vornherein durch ein Genehmigungsverfahren im Rahmen des § 1833 Abs. 3 S. 1 Nr. 4 (soweit damit eine Aufgabe von Wohnraum verbunden ist, anderenfalls durch § 1850 Nr. 1) involviert wäre, jedenfalls aber spätestens mit Abgabe der Auflassungserklärung und davor ggf. schon im Rahmen der Rechtmäßigkeitsprüfung des § 1833 Abs. 2 – der für den Betreuten notwendige Schutz wäre in diesem Regelfall jedenfalls gegeben (gleichwohl würde diese Argumentation sämtl. Genehmigungspflichten für Verpflichtungsgeschäfte obsolet werden lassen). Hilfsweise wäre eine mögliche Regelungslücke, sofern sie angenommen würde, durch **Analogie** zu schließen. In der Praxis bietet sich daher – wie nach bisheriger Rechtslage – an, regelmäßig auch das Verpflichtungsgeschäft zu prüfen und zu genehmigen; die Rechtsprechung bleibt abzuwarten. Zur Handhabung im Rahmen des § 1833 s. → BGB § 1833 Rn. 11.

14 Ist eine Belastung des Grundstücks als **Erwerbsmodalität** genehmigungsfrei, gilt das auch für die entsprechenden **Verpflichtungsgeschäfte** (→ Rn. 4).

15 Der im Zusammenhang mit einem **schenkweisen Erwerb** vereinbarte Rückforderungsvorbehalt ist genehmigungsfrei („Erwerbsmodalität", → Rn. 4). Laut bisheriger Rechtsprechung galt dies jedoch nur, wenn gesichert ist, dass die Haftung des beschenkten Betreuten auf das unentgeltlich Zugewandte beschränkt bleibt, ansonsten wäre diese Vereinbarung als Verpflichtung zur Verfügung über das erworbene Grundstück nach Nr. 5 **genehmigungspflichtig** (OLG München MDR 2020, 735; OLG Brandenburg NJW 2021, 477; OLG Köln Rpfleger 1998, 118; Klüsener Rpfleger 1981, 461 (467); nicht so eindeutig OLG München Rpfleger 2007, 603). Laut neuster Rechtsprechung wird ein im Zusammenhang mit dem Erwerb des Grundstücks eingeräumtes Rückübertragungsrecht (unbenommen, ob es ggf. zusätzlich durch Vormerkung abgesichert ist) aber nunmehr generell als nicht genehmigungspflichtig eingestuft – hierin könne keine Schmälerung des Vermögens des Betreuten gesehen werden, da das betroffene Grundstück faktisch vor dem Erwerb noch nicht im Eigentum des Betreuten ist (OLG Zweibrücken MittBayNot 2024, 50 mAnm Everts unter Bezugnahme auf BGH RNotZ 2021, 354 und BGH NJW 2010, 3643; so auch MüKoBGB/Kroll-Ludwigs § 1850 Rn. 47). Umso verwunderlicher ist, dass der Gesetzgeber mit Nr. 5 Alt. 2 schuldrechtliche Verträge zum unentgeltlichen Erwerb von Wohnungs- oder Teileigentum (Schenkungsverträge) unter einen Genehmigungsvorbehalt stellt, obwohl damit keine Risiken verbunden sind (vgl. → Rn. 12).

IV. Auf entgeltlichen Erwerb gerichtete Verträge

Wegen ihrer **wirtschaftlichen Bedeutung** sind grundstücksbezogene Erwerbsgeschäfte genehmigungsbedürftig, soweit der Erwerb entgeltlich ist, zB **Kauf, Tausch** (Nr. 6). Auf die **Art der Gegenleistung kommt es nicht an** (OLG Dresden FGPrax 2021, 61). Erfasst wird lediglich das schuldrechtliche Rechtsgeschäft, nicht die dingliche Rechtsänderung. Zur Auflassungsannahme → Rn. 9 und zur Belastung eines Grundstücks im Zusammenhang mit dem Erwerb → Rn. 4, 14. Im Zusammenhang mit dem Eintritt in **Mietverträge** s. OLG Dresden FGPrax 2021, 61. Das **Grundbuchamt** ist nicht berechtigt, das Vorliegen einer Genehmigung des schuldrechtlichen Erwerbsgeschäfts nach Nr. 6 zu prüfen (BayObLG Rpfleger 1990, 54); die Eintragung einer **Auflassungsvormerkung** zu Gunsten des Betreuten hängt nicht von der Genehmigung des Kaufvertrags ab (BayObLG DNotZ 1994, 182). **Genehmigungspflichtig** ist auch das **Bieten** in der **Zwangsversteigerung** (Brüggemann FamRZ 1990, 5 (10)). Zur Genehmigungsfähigkeit eines Grundstückserwerbs für den Betreuten s. Bienwald Rpfleger 2000, 435. Zur strittigen Rechtslage bzgl. der Genehmigung für den **entgeltlichen Erwerb von Wohnungseigentum** s. Dressler-Berlin/Reinfarth BtPrax 2025, 83 (88). 16

Der entgeltliche Erwerb eines Anteils an einer **Gesamthandsgemeinschaft,** die mit Grundbesitz ausgestattet ist, bedarf der Genehmigung nach Nr. 6 (OLG Köln Rpfleger 1996, 446 zum Erwerb eines Erbteils; das Gericht hat den Erwerb als entgeltlich angesehen, weil die gesamtschuldnerische Haftung für Nachlassverbindlichkeiten übernommen wurde; MüKoBGB/Kroll-Ludwigs § 1850 Rn. 50; OLG Köln Rpfleger 1996, 446 f; Kölmel RNotZ 2010, 1 (18)). Nach aA ist § 1850 Nr. 6 nicht anzuwenden, da Erwerbsgegenstand nicht das Grundstück, sondern der **Erbanteil** sei (Staudinger/Veit BGB § 1821 aF Rn. 83 mwN zum Streitstand). 17

Genehmigungsfrei, da von keiner Variante des § 1850 erfasst, ist der **unentgeltliche Erwerb** eines Grundstücks, auch wenn das Grundstück belastet ist oder 18 die Belastung, zB mit einem Nießbrauch, vorbehalten ist (Grüneberg/Götz BGB § 1850 Rn. 9; OLG Dresden ZEV 2021, 648; → Rn. 4, 14, 15 zur Erwerbsmodalität). Etwas anderes gilt für den unentgeltlichen Erwerb von Wohnungs- und Teileigentum, das von § 1850 Nr. 4 erfasst wird (s. hierzu → Rn. 12). Ist das Grundstück jedoch mit einer **Reallast** belastet, haftet der Erwerber für die Einzelleistungen auch persönlich (§§ 1105, 1108 Abs. 1); hieran ändert eine mit dem Veräußerer vereinbarte Haftungsfreistellung nichts. Eine andere Bestimmung (§ 1108 Abs. 1 aE) kann nur durch **Vereinbarung** mit dem **Reallastberechtigten** getroffen werden; das dingliche Erwerbsgeschäft (Entgegennahme der Auflassung) ist in diesem Fall nach § 1854 Nr. 2 genehmigungspflichtig. Der mit dem dinglichen Erwerb verbundene **Eintritt** in **Mietverhältnisse** (§ 566) ist weder nach § 1853 S. 1 Nr. 1 genehmigungspflichtig, da hierfür die gesetzliche Haftungsfolge nicht genügt, noch nach § 1854 Nr. 4, da kein Regress im Innenverhältnis (BGH NJW 1983, 1780). Zum **Rückforderungsvorbehalt** beim schenkweisen Erwerb → Rn. 15. **Strittig** ist die **Abgrenzung** zwischen **entgeltlichem** und **unentgeltlichem** Erwerb, wenn **persönliche Verbindlichkeiten** übernommen werden sollen (sog. **„gemischte Schenkungen"**; s. hierzu MüKoBGB/Kroll-Ludwigs § 1850 Rn. 53 mwN; Staudinger/Veit BGB § 1821 aF Rn. 87 je mwN zum Streitstand; Klüsener Rpfleger 1981, 461, Dressler-Berlin/Reinfarth BtPrax 2025, 83 (89)).

V. Verfahren

19 Es entscheidet der **Rechtspfleger** (§ 3 Nr. 2b RPflG); der Betreute **soll persönlich gehört** werden (§ 299 S. 2 FamFG); zur Genehmigungsfähigkeit und zum Verfahren im Einzelnen s. Erläuterungen zu → BGB § 1855 Rn. 11 ff. Es ist vorrangig der **Wunsch** des Betreuten, hilfsweise dessen **mutmaßlicher Wille** entscheidend. Erst in Ermangelung der Informationen und Anhaltspunkte zum mutmaßlichen Willen des Betreuten dürfen auch objektive Kriterien (bspw. allgemeine Lebenserfahrungen, wirtschaftlich sinnvolle Entscheidungen eines verständigen durchschnittlichen Menschen in dieser Situation) einfließen, ohne dass insgesamt betrachtet das objektive Wohl als Maßstab angelegt wird; es verbleibt beim stets subjektiven individuellen hypothetischen Willen des Betreuten (→ BGB § 1838 Rn. 5, → BGB § 1821 Rn. 23). Ein in einer notariellen Vertragsurkunde bezüglich eines nach § 1850 Nr. 1 betreuungsgerichtlich genehmigungspflichtigen Grundstückskaufvertrags erklärter **Rechtsmittelverzicht** hinsichtlich der betreuungsgerichtlichen Genehmigung ist vor deren Bekanntgabe **ohne rechtliche Wirkung** (LG Meiningen FamRZ 2016, 1198).

§ 1851 Genehmigung für erbrechtliche Rechtsgeschäfte

Der Betreuer bedarf der Genehmigung des Betreuungsgerichts

1. **zur Ausschlagung einer Erbschaft oder eines Vermächtnisses, zum Verzicht auf die Geltendmachung eines Vermächtnisses oder Pflichtteilsanspruchs sowie zu einem Auseinandersetzungsvertrag,**
2. **zu einem Rechtsgeschäft, durch das der Betreute zu einer Verfügung über eine ihm angefallene Erbschaft, über seinen künftigen gesetzlichen Erbteil oder seinen künftigen Pflichtteil verpflichtet wird,**

3. zu einer Verfügung über den Anteil des Betreuten an einer Erbschaft oder zu einer Vereinbarung, mit der der Betreute aus der Erbengemeinschaft ausscheidet,
4. zu einer Anfechtung eines Erbvertrags für den geschäftsunfähigen Betreuten als Erblasser gemäß § 2282 Absatz 2,
5. zum Abschluss eines Vertrags mit dem Erblasser über die Aufhebung eines Erbvertrags oder einer einzelnen vertragsmäßigen Verfügung gemäß § 2290,
6. zu einer Zustimmung zur testamentarischen Aufhebung einer in einem Erbvertrag mit dem Erblasser geregelten vertragsmäßigen Anordnung eines Vermächtnisses, einer Auflage sowie einer Rechtswahl gemäß § 2291,
7. zur Aufhebung eines zwischen Ehegatten oder Lebenspartnern geschlossenen Erbvertrags durch gemeinschaftliches Testament der Ehegatten oder Lebenspartner gemäß § 2292,
8. zu einer Rücknahme eines mit dem Erblasser geschlossenen Erbvertrags, der nur Verfügungen von Todes wegen enthält, aus der amtlichen oder notariellen Verwahrung gemäß § 2300 Absatz 2,
9. zum Abschluss oder zur Aufhebung eines Erb- oder Pflichtteilsverzichtsvertrags gemäß §§ 2346, 2351 sowie zum Abschluss eines Zuwendungsverzichtsvertrags gemäß § 2352.

I. Entstehung

Unter § 1851 werden alle Genehmigungen übersichtlich dargestellt, die in Verbindung mit **erbrechtlichen** Rechtsgeschäften stehen („Erbrechts-Super-Paragraf“ laut Müller-Engels ErbR 2022, 666 (667 f.)). Zuvor waren diese verstreut in **§ 1908i Abs. 1 S. 1 iVm § 1822 Nr. 1, 2 BGB aF** und dem **5. Buch des BGB** zu entnehmen. 1

II. Zu Nr. 1

Erfasst werden die **Ausschlagung** der Erbschaft (§§ 1942 ff.) und die als Ausschlagung geltende **Anfechtung** der Annahme (§ 1957 Abs. 1; wenngleich die Anfechtung der Annahme nicht explizit genannt ist, ist sie durch den Tatbestand der Ausschlagung, mit der sie durch § 1957 Abs. 1 rechtlich gleichgestellt wird, erfasst; so auch: MüKoBGB/Kroll-Ludwigs § 1851 Rn. 4; insoweit kann kein redaktionelles Versehen gesehen werden, wie durch Horn ZEV 2020, 748 (750); Everts MittBayNot 2023, 9 (16) vertreten wird), **nicht** hingegen die **Annahme** (BayObLG Rpfleger 1996, 455) sind **genehmigungspflichtig** (LG Bochum BeckRS 2019, 42390); zum Verfahren der betreuungsgerichtlichen Genehmigung der Ausschlagung → § 1858 Rn. 5; zu den Übergangsregelungen für Anträge vor dem 1.1.2024 beachte OLG Karlsruhe BeckRS 2024, 17512; insbesondere gilt zu beachten, dass eine Genehmigung zur Ausschlagung nicht deshalb zu verweigern ist, weil die Ausschlagungsfrist ggf. bereits abgelaufen ist, denn dies bleibt der Entscheidung des Prozessgerichts vorbehalten (s. LG Köln BeckRS 2023, 48169); zu den Übergangsregelungen. Zu den Besonderheiten des **Verfahrens** bei der Genehmigung einer Ausschlagung s. → Rn. 12. Mit Eingang des Antrags auf betreuungsgerichtliche Genehmigung zur Erbausschlagung wird die **Aus-** 2

schlagungsfrist gehemmt bis zur rechtskräftigen Entscheidung. Die Frist bleibt weiterhin gehemmt, wenn die Betreuung später aufgehoben wird, der Betreute jedoch geschäftsunfähig ist (AG Lörrach, BeckRS 2024, 17513). Für den Beginn der Ausschlagungsfrist ist die Kenntnis des Betreuers oder – falls Geschäftsfähigkeit vorliegt – die Kenntnis des Betreuten ausschlaggebend bzw. die erste Kenntnis eines der beiden Beteiligten (vgl. OLG Celle FGPrax 2025, 79 mit ausführl. ausdifferenzierter Anm. Felix).

Ferner fällt die **Ausschlagung** (bzw. Anfechtung der Annahme) eines **Vermächtnisses** (§ 2180) oder der (Teil-)**Verzicht** auf die Geltendmachung des Vermächtnisses (durch Erlassvertrag (§ 397 Abs. 1), vgl. Müller-Engels ErbR 2022, 666 (668); Ahr BtR 2023, 49) unter die Norm. Die Ausschlagung eines Erbteils, der einem Betreuten angefallen ist, wird bei **nicht überschuldetem** Nachlass in der Regel nicht genehmigungsfähig sein. Dies gilt auch, wenn durch die Ausschlagung der Zugriff des **Sozialhilfeträgers** verhindert werden soll (OLG Hamm RPfleger 2009, 679; OLG Stuttgart NJW 2001, 3484 = ZEV 2002, 367 mablAnm Mayer; aA LG Neuruppin BtPrax 2018, 162), es sei denn, der damit einhergehende **Verstoß gegen die guten Sitten** (str.) ist ausnahmsweise durch ein überwiegendes Interesse des Erben motiviert. Ist ein Betreuter zum **Vorerben** eingesetzt und/oder durch **Testamentsvollstreckung** beschränkt (sog. Behindertentestament, s. zur Problematik Grüneberg/Ellenberger BGB § 138 Rn. 50a), kann er zwar grds. die Erbschaft ausschlagen und den Pflichtteil verlangen (§ 2306), der damit dem **Sozialhilfeträger** zur Verfügung stünde (§ 93 SGB XII). Die Ausschlagung wird aber nur im Ausnahmefall genehmigungsfähig sein. Die Ausschlagungsbefugnis ist auch nicht auf den Sozialhilfeträger überleitbar (Grüneberg/Weidlich BGB § 2306 Rn. 7, BGH NJW 2011, 1586). Selbst wenn der Betreuer der **Nacherbe** ist, muss er für den Betreuten nicht ausschlagen, damit der dann mögliche **Pflichtteil** einem anderen Erben zugutekommt (OLG Hamm BtPrax 2018, 124).

3 Als (Teil-)Verzicht auf den Pflichtteil verbleibt nur der **Erlassvertrag** (§ 397 Abs. 1) mit dem Erben über den entstandenen **Pflichtteilsanspruch** (§ 2317), vgl. Müller-Engels ErbR 2022, 666 (668); Ahr BtR 2023, 49.

4 **Auseinandersetzungsvertrag** ist jeder Vertrag, der die Erbengemeinschaft zur **Aufhebung** bringt, sei es insgesamt oder nur bezüglich eines einzelnen Gegenstandes. Erfasst sind sowohl die **schuldrechtlichen** Vereinbarungen als auch die **dinglichen** Vollzugsgeschäfte (MüKoBGB/Kroll-Ludwigs § 1851 Rn. 7). Die Veräußerung eines **Nachlassgrundstückes** unter Aufteilung des Erlöses ist einheitlich als **Erbteilung** anzusehen (Klüsener Rpfleger 1993, 133); nach anderer Ansicht dient die Veräußerung auch in diesem Falle nur der **Vorbereitung der Erbauseinandersetzung** am Erlös (OLG Jena Rpfleger 1996, 26; → § 1824 Rn. 8 zur Parallelproblematik im Vertretungsrecht). Die Auseinandersetzung ist auch dann genehmigungspflichtig, wenn der Nachlass nach den **gesetzlichen Regeln** (§§ 2042 Abs. 2, 749 ff.) verteilt wird, zB **quotenmäßige Erlösverteilung,** denn das **Betreuungsgericht** hat zu prüfen, ob die Interessen des betreuten **Miterben** gewahrt sind (str., Staudinger/Veit BGB § 1822 aF Rn. 26 mwN). Haben die Erben anwaltliche Hilfe zum Entwurf eines Erbauseinandersetzungsvertrages in Anspruch genommen und die Kostentragung im Vertrag geregelt, so hindert eine derartige Kostenklausel die Genehmigung nach Nr. 1 nicht, wenn der Vertrag den Interessen des Betreuten entspricht (LG Wuppertal Rpfleger 2001, 235). Zur **persönlichen Teilerbauseinandersetzung** durch **Abschichtung** → Rn. 9. Die Überprüfung des Erbauseinandersetzungsvertrags im Rahmen des Genehmigungsverfahrens dient dem Schutz des Betreuten, da mit der Erbausei-

nandersetzung finanzielle Risiken verbunden sind, nicht aber dem Schutz Dritter (wie hier Pfändungsgläubiger: LG München II ZEV 2023, 663). Gleichwohl sind auch Dritte in das Genehmigungsverfahren zur Erbauseinandersetzung einzubeziehen, soweit sie in ihren Rechten betroffen sind (wie hier Pfandgläubiger, deren Zustimmung erforderlich ist: LG München II ZEV 2023, 377 mAnm Roth NJW-Spezial 2023, 328).

Der Betreuer bedarf zur **Erhebung** einer **Teilungsklage** keiner Genehmigung; wohl aber für den mit der Klageschrift vorzulegenden **Teilungsplan,** falls dieser genehmigungspflichtige Rechtsgeschäfte enthält (Grüneberg/Weidlich BGB § 2042 Rn. 21). **Genehmigungsfrei** ist der Antrag auf **Vermittlung** der **Erbauseinandersetzung** durch den **Notar** (§§ 363 ff. FamFG; OLG Frankfurt a. M. Rpfleger 1993, 505). Hingegen kann der Betreuer den Antrag auf **Teilungsversteigerung** eines Nachlassgrundstücks nur mit **Zustimmung** des **Betreuungsgerichts** stellen (§ 181 Abs. 2 S. 2 ZVG). Der **Testamentsvollstrecker** bedarf zur Aufstellung eines Teilungsplanes grundsätzlich keiner betreuungsgerichtlichen Genehmigung (zu Ausnahmen und Einzelheiten s. Grüneberg/Weidlich BGB § 2204 Rn. 4). 5

III. Zu Nr. 2

Als Verpflichtung zur Verfügung über eine angefallene Erbschaft kommen in Betracht der **Erbschaftsverkauf** (§§ 2371 ff.) und die **Verpflichtung** zur **Nießbrauchbestellung** (§ 1089). Einbezogen sind auch **Verpflichtungen** zur Verfügung über den **Erbteil** (§ 1922 Abs. 2), die auch in **Erbauseinandersetzungsverträgen** oder **Auslegungsverträgen** (BGH Rpfleger 1986, 181) enthalten sein können. Die **Anfechtung** eines **Testaments** durch den Betreuer fällt nicht hierunter (OLG Frankfurt a. M. BeckRS 2016, 2605). 6

Verpflichtungsverträge zur Verfügung über den **künftigen** gesetzlichen **Erbteil** oder **Pflichtteil** (vorgezogene Auseinandersetzung; sog. Erbschaftsverträge) sind nur zwischen **künftigen gesetzlichen Erben** in notariell beurkundeter Form zulässig (§ 311b Abs. 5) oder wenn eine der gesetzlichen Erbfolge entsprechende **testamentarische** Anordnung vorliegt (BGH NJW 1988, 2726). Erfasst von Nr. 2 sind lediglich **Verpflichtungsverträge** zum Abschluss eines Erb- oder Pflichtteilsverzichtsvertrages; der Abschluss von Erb- und Pflichtteilsverzichtsverträge ist separat gem. Nr. 9 genehmigungsbedürftig. 7

IV. Zu Nr. 3

Verfügungen über den **Erbanteil** (§ 2033 Abs. 1) sind zB **Verpfändung** an den Sozialhilfeträger, **Übertragung** an Miterben im Rahmen der **Erbauseinandersetzung** (→ Rn. 2). Die Verfügung über eine angefallene (Allein-)Erbschaft kann nur durch Verfügung über die einzelnen Nachlassgegenstände erfolgen; ggf. genehmigungspflichtig nach §§ 1849, 1850. Zur Genehmigungsbedürftigkeit zur Übertragung des Nacherbenanwartschaftsrechts auf den Vorerben s. ausführl. MüKoBGB/Kroll-Ludwigs § 1851 Rn. 11. 8

Ebenfalls genehmigungsbedürftig ist eine Vereinbarung, mit welcher der Betreute aus der Erbengemeinschaft ausscheidet (sog. **Abschichtungsvereinbarung,** vgl. MüKoBGB/Kroll-Ludwigs § 1851 Rn. 12), nicht aber, mit der lediglich weitere Miterben aus der Erbengemeinschaft ausscheiden (Fröschle Neues 9

VormundschaftsR/BetreuungsR Rn. 470). Insoweit fehlte es bislang an einer gesetzlichen Regelung, so dass die Rechtsprechung bislang § 1822 Nr. 2 BGB aF analog anwendete (BT-Drs. 19/24445, 287; vgl. OLG Hamm FamRZ 2018, 114; BGH Rpfleger 2005, 140; 1988, 287; Keim DNotZ 2003, 375 (387); s. auch KG Berlin FamRZ 2018, 1673).

V. Zu Nr. 4 bis 9

10 Nr. 4 bis 9 beinhalten ursprünglich im Erbrecht verortete Genehmigungstatbestände, die nun zusammenfassend in § 1851 aufgelistet werden. Es handelt sich um eine **abschließende Aufzählung,** sodass keine weiteren erbrechtlichen Genehmigungstatbestände im 5. Buch des BGB zu beachten sind. Da Erbverträge und damit zusammenhängende Rechtsgeschäfte höchstpersönlicher Natur sind, ist eine Handlung des Betreuers ausgeschlossen, wodurch auch kein Genehmigungsvorbehalt gegeben ist. Insoweit meinen Nr. 5–8 den Betreuten nicht als Erblasser, sondern als nicht letztwillig verfügender Vertragspartner bzw. -teil (Ahr BtR 2023, 49 (50)).

11 Genehmigungsbedürftig ist die **Anfechtung** eines **Erbvertrags** durch den Betreuer gem. § 2282 Abs. 2 (Nr. 4; die Anfechtung eines Testaments durch den Betreuer fällt nicht hierunter, OLG Frankfurt BeckRS 2016, 2605; dem Betreuer muss dabei ein entsprechender Aufgabenbereich übertragen worden sein; es genügt die Vermögenssorge (bzw. ein entsprechender Teil dieser), BeckOK BGB/Müller-Engels § 1851 Rn. 21; MüKoBGB/Kroll-Ludwigs § 1851 Rn. 13), die vertragliche **Aufhebung** eines **Erbvertrags** durch den Betreuer gem. § 2290 (Nr. 5), die **Zustimmung** des Betreuers zur testamentarischen **Aufhebung** einer in einem Erbvertrag geregelten vertragsmäßigen Anordnung eines **Vermächtnisses,** einer **Auflage** sowie einer **Rechtswahl** gem. § 2291 Abs. 1 S. 2 (Nr. 6), die **Aufhebung** eines zwischen Ehegatten geschlossenen Erbvertrags durch **gemeinschaftliches Testament** der Ehegatten durch einen Betreuer gem. § 2292 (Nr. 7; zur Problematik mit Kinderehen s. Zorn FamRZ 2023, 1343 (1346)), die **Rücknahme** eines mit dem Erblasser geschlossenen **Erbvertrags,** der nur Verfügungen von Todes wegen enthält, aus der **amtlichen** oder **notariellen Verwahrung** gem. § 2300 Abs. 2 (Nr. 8) und der Abschluss eines **Erb- oder Pflichtteilsverzichtsvertrags** gem. §§ 2346, 2351 sowie eines Zuwendungsverzichtsvertrags durch einen Betreuer gem. § 2352 (Nr. 9). Detailliert unter Würdigung der Gesetzeshistorie für Nr. 4 bis 9 einordnend: MüKoBGB/Kroll-Ludwigs § 1851 Rn. 13 ff.

VI. Verfahren

12 Es entscheidet der **Rechtspfleger** (§ 3 Nr. 2b RPflG); der Betreute **soll persönlich** gehört werden (§ 299 S. 2 FamFG); zu den Einzelheiten → BGB § 1855 Rn. 11 ff. Es ist vorrangig der Wunsch des Betreuten, hilfsweise dessen mutmaßlicher Wille entscheidend. Erst in Ermangelung konkreter Informationen und Anhaltspunkte zum mutmaßlichen Willen des Betreuten dürfen auch objektive Kriterien (bspw. allgemeine Lebenserfahrungen, wirtschaftlich sinnvolle Entscheidungen eines verständigen durchschnittlichen Menschen in dieser Situation) einfließen, ohne dass insgesamt betrachtet das objektive Wohl als Maßstab angelegt wird; es verbleibt beim stets subjektiven individuellen hypothetischen Willen des

Betreuten (→ BGB § 1838 Rn. 5, → BGB § 1821 Rn. 23). Soweit der Betreuer ein genehmigungsbedürftiges **einseitiges Rechtsgeschäft** gegenüber einer **Behörde** oder dem **Gericht** vornimmt (bspw. Erbausschlagung), wird das Rechtsgeschäft mit der **Rechtskraft** der Genehmigung **wirksam** und das Betreuungsgericht hat dem **Gericht/**der **Behörde** (bspw. Nachlassgericht) die Erteilung der Genehmigung **mitzuteilen,** § 1858 Abs. 3. **Beschwerdeberechtigt** bei Versagung der Genehmigung zur Ausschlagung einer Erbschaft ist der **Betreuer nur im Namen des Betreuten,** nicht im eigenen Namen (BGH FamRZ 2020, 1034 mAnm Zimmermann; LG Bochum BeckRS 2019, 42390).

§ 1852 Genehmigung für handels- und gesellschaftsrechtliche Rechtsgeschäfte

Der Betreuer bedarf der Genehmigung des Betreuungsgerichts

1. zu einer Verfügung und zur Eingehung der Verpflichtung zu einer solchen Verfügung, durch die der Betreute
   a) ein Erwerbsgeschäft oder
   b) einen Anteil an einer Personen- oder Kapitalgesellschaft, die ein Erwerbsgeschäft betreibt,
   erwirbt oder veräußert,

2. zu einem Gesellschaftsvertrag, der zum Betrieb eines Erwerbsgeschäfts eingegangen wird, und

3. zur Erteilung einer Prokura.

I. Entstehung

§ 1852 fasst alle notwendigen Genehmigungen des Betreuers für **handels- und gesellschaftsrechtliche** Rechtsgeschäfte zusammen. Die Aufzählung ist abschließend. Zuvor waren die Genehmigungstatbestände in **§ 1908i Abs. 1 S. 1 iVm §§ 1822 Nr. 3, 11, 1823 BGB aF** geregelt. 1

II. Zu Nr. 1

Erwerbsgeschäft ist jede **berufsmäßig** ausgeübte auf **selbstständigen Erwerb** ausgerichtete Tätigkeit, gleich welcher Art (Grüneberg/Götz BGB § 1852 Rn. 3 mwN). Die Einbindung des Betreuten in ein Erwerbsgeschäft, sei es ein **Einzelunternehmen,** ein von einer **Erbengemeinschaft fortgeführtes** Einzelunternehmen oder eine **Personengesellschaft,** kann zur **unbeschränkten persönlichen Haftung** führen (s. auch Klüsener Rpfleger 1990, 321). Der Betreute **haftet** auch nach Aufhebung der Betreuung unbegrenzt für **Verbindlichkeiten,** die mit Wirkung gegen ihn während der Betreuung begründet wurden. Aber auch hier darf die gesetzliche Vertretung nicht dazu führen, dass dem Betreuten durch den **Verlust** des gesamten **Vermögens** und hohe **Verschuldung** jeglicher Handlungsspielraum für ein selbstbestimmtes Leben (§§ 1821, 1838) genommen wird (s. dazu die Ausführungen des BVerfG NJW 1986, 1859 zur unbeschränkten Haftung des volljährig Gewordenen). Diese der **Fremdbestimmung** gesetzten **Grenzen** gelten grundsätzlich auch für den Betreuer als gesetzlicher Vertreter (§ 1823): **bedenklich** ist im Hinblick hierauf, wenn nach Nr. 1 dem 2

Betreuer die Entscheidung überlassen bleibt, ob ein von Todes wegen erworbenes unternehmerisches Risiko (Einzelunternehmen, Gesellschafterstellung) fortgeführt werden soll (→ Rn. 6; → Rn. 11).

3 Die Einbindung des Betreuten in neue **unternehmerische Risiken** dürfte nur in **Ausnahmefällen** zulässig sein, soweit nicht der ausdrückliche Wunsch oder mutmaßliche Wille des Betreuten andersgelagert ist. Bei vorgefundenen oder später von Todes wegen erworbenen Einzelunternehmen oder unternehmerischen Beteiligungen wird der Betreuer versuchen müssen, eine **Haftungsbeschränkung** herbeizuführen und anderenfalls die **Verwertung** erwägen. Maßgeblich sind die konkreten Umstände und vorrangig – wie stets – die **Selbstbestimmung** des Betreuten (§§ 1821, 1838).

4 Nach **Nr. 1 a)** ist der **entgeltliche** sowie **unentgeltliche Erwerb** eines **Erwerbsgeschäfts** (→ Rn. 2) an die Genehmigung des Betreuungsgerichts gebunden; erfasst sind ausdrücklich **Verpflichtungs- sowie Erfüllungsgeschäft.**

5 Gem. **Nr. 1 b)** ist auch der **entgeltliche** sowie **unentgeltliche Erwerb** der Beteiligung an einer **Personengesellschaft,** die ein Erwerbsgeschäft betreibt (OHG, KG → Rn. 10, BGB-Erwerbsgesellschaft → Rn. 9) genehmigungsbedürftig; an **Kapitalgesellschaften** galt es nach alter Rechtslage nur dann, wenn die Beteiligung über eine bloße Kapitalbeteiligung hinausgeht und wirtschaftlich als Beteiligung am von der GmbH betriebenen Erwerbsgeschäft anzusehen ist, was bei einer 50 % übersteigende Beteiligung anzunehmen war (damals streitig; vgl. BGH ZEV 2003, 375 mAnm Damrau; OLG Schleswig MittBayNot 2018, 256; MüKoBGB/Kroll-Ludwigs § 1852 Rn. 11; Baßler/Frese NZG 2023, 1302 (1306)) nunmehr unterliegt seit der Reform auch **jedweder Erwerb** an einer **Kapitalgesellschaft** dem **Genehmigungserfordernis** (vgl. BT-Drs. 19/24445, 288; Damrau/Zimmermann § 1852 Rn. 5; Ahr BtR 2023, 49 (50); Fröschle Neues VormundschaftsR/BetreuungsR Rn. 474; MüKoBGB/Kroll-Ludwigs § 1852 Rn. 12; Baßler/Frese NZG 2023, 1302 (1306)); Zur Genehmigung von **Unternehmensakquisitionen** s. auch Fortun NJW 1999, 152.

6 **Genehmigungsbedürftig** ist auch der **schenkweise Erwerb** eines **Erwerbsgeschäfts** oder die **schenkweise Übertragung einer Beteiligung an einer Personengesellschaft** (wie hier bzgl. eines Kommanditanteils OLG Karlsruhe MittbayNot 2023, 367 mAnm Köhler NZFam 2023, 797; OLG Schleswig NJW-RR 2020, 805; nach alter Rechtslage streitig vgl. MüKoBGB/Kroll-Ludwigs § 1852 Rn. 18) wie auch einer **Kapitalgesellschaft** (Baßler/Frese NZG 2023, 1302 (1306); Kollmeyer/Meyer ZEV 2025, 438); ferner der **Erwerb von Todes wegen;** auch die **Fortführung** eines ererbten Einzelunternehmens in Erbengemeinschaft bedarf einer Genehmigung (anders bisher: BGH NJW 1985, 136). Zum unentgeltlichen Erwerb der Beteiligung an einer Personengesellschaft durch Anteilsübertragung → Rn. 11, zur GmbH → Rn. 13. Erfasst wird der **unentgeltliche Erwerb** nunmehr nach Intention des Gesetzgebers aufgrund der **Haftungsrisiken** des Betreuten (BT-Drs. 19/24445, 288).

7 Zu genehmigen ist nach **Nr. 1** auch die **Veräußerung** eines **Erwerbsgeschäfts,** die den Verlust der **Existenzgrundlage** bedeuten kann, auch einer freiberuflichen Praxis (str.; MüKoBGB/Kroll-Ludwigs § 1822 Rn. 12); ferner die **Veräußerung** eines **Gesellschaftsanteils** und das **Ausscheiden** gegen **Abfindung** aus einer **Personengesellschaft** (OLG Karlsruhe NJW 1973, 1977). Zur Genehmigungsfähigkeit s. Wüstenberg Rpfleger 2002, 295. Keine Veräußerung nach Nr. 1 sind **Auflösung** einer Erwerbsgesellschaft und **Kündigung** eines Gesellschaftsvertrages. Für die Veräußerung von GmbH-Anteilen gilt das zum

Erwerb Gesagte entsprechend (→ Rn. 5). Zu erbrechtlichen Fallkonstellationen das Gesellschaftsrecht betreffend s. Damrau NJW 2025, 1521.

III. Zu Nr. 2

Gesellschaftsverträge zum Betrieb eines **Erwerbsgeschäfts** (Nr. 2) sind die **Gründungsverträge** der Personen- und Kapitalgesellschaften; vom Wortlaut nicht erfasst, aber dem Sinn und Zweck nach ferner der **Beitritt** zu einer Personengesellschaft (so auch MüKoBGB/Kroll-Ludwigs § 1852 Rn. 18; so unter Bezeichnung als „Aufnahme" auch Damrau/Zimmermann § 1852 Rn. 8) durch **Anteilsübertragung** oder **Aufnahmevertrag** (BayObLG Rpfleger 1989, 455 mAnm Grube Rpfleger 1990, 67; aA Damrau ZEV 2000, 209, nur Gründungsverträge). Falls bereits Anteile bestehen und weitere aufgenommen werden sollen, unterfällt dies nicht zwingend der Norm (vgl. Baßler/Frese NZG 2023, 1302 (1306)). 8

Der Genehmigungspflicht nach Nr. 2 unterliegt auch die Gründung oder der Beitritt, dh die **Beteiligung** des Betreuten an einer **BGB-Gesellschaft,** sofern deren **Zweck** auf den Betrieb eines **Erwerbsgeschäfts** gerichtet ist **(BGB-Erwerbsgesellschaft).** Abgrenzungsprobleme ergeben sich, wenn alleiniger Zweck der Gesellschaft die Verwaltung des (Familien-)Vermögens ist (reine Vermögensverwaltungsgesellschaft, **Familiengesellschaft, Familiengrundstücksgesellschaft**). Für eine erwerbsgeschäftlich ausgerichtete Tätigkeit (→ Rn. 11) sprechen hier eine auf **Dauer** angelegte Gesellschaft, der **Erwerb** neuen **Vermögens** und das **unternehmerische Risiko** der Gesellschafter (BayObLG FamRZ 1996, 119; OLG Schleswig FamRZ 2003, 55; OLG Koblenz FamRZ 2003, 249; OLG Nürnberg FamRZ 2015, 1407). Die Abgrenzung ist unsicher: Erwerbsgesellschaft wird bejaht bei **Verwaltung, Vermietung** und **Verwertung gewerblich** nutzbarer **Immobilien** von erheblichem Wert (BayObLG FamRZ 1997, 842; OLG Zweibrücken FamRZ 2000, 117), aber auch bei vier Mietwohnungen (LG Aachen Rpfleger 1994, 104), Verwaltung eines unbebauten Grundstücks (OLG Hamm FamRZ 2001, 54), verneint bei Verwaltung des von den Gesellschaftern selbst genutzten Wohnhauses (OLG München Rpfleger 2009, 84) aber auch bei 16 Mietobjekten (LG Münster FamRZ 1997, 842; s. auch LG Koblenz Rpfleger 2000, 15). Die **Haftungsstruktur** der **BGB-Außengesellschaft** ist derjenigen der **OHG** angeglichen. Für **Verbindlichkeiten** der Gesellschaft **haftet** der Gesellschafter analog § 128 HGB **persönlich** mit seinem ganzen Vermögen (BGH NJW 2001, 1056), der Eintretende analog § 130 HGB auch für die **bestehenden Verbindlichkeiten** (BGH NJW 2003, 1803). Da bei jeder **BGB-Außengesellschaft** somit das **Risiko** der **persönlichen Haftung** gegeben ist, welcher der Betreute nicht ohne vorherige Kontrolle ausgesetzt werden soll, reicht nach dem Schutzzweck der Nr. 2 für die Genehmigungspflicht aus, wenn die Gesellschaft nach außen in Erscheinung tritt und Verträge mit Dritten schließt, auch wenn sie nur ihr eigenes Vermögen verwaltet (Wertenbruch FamRZ 2003, 1714; aA Czeghuhn/Dickmann FamRZ 2004, 1534), vgl. auch § 105 Abs. 2 HGB. Bei entgeltlichem **Erwerb eines Gesellschaftsanteils** bleibt § 1850 Nr. 6 zu prüfen (OLG Köln Rpfleger 1996, 446; → BGB § 1850 Rn. 16). Für mit Abschluss des Gesellschaftsvertrags übernommene Verbindlichkeiten ist § 1854 Nr. 4 zu beachten (OLG Hamm FamRZ 2001, 53; vgl. → BGB § 1854 Rn. 5). 9

Vgl. zur Genehmigungsbedürftigkeit der laufenden Geschäfte der BGB-Erwerbsgesellschaft → BGB Vorb. §§ 1848–1854 Rn. 7.

Genehmigungsfähigkeit: Zu den **allgemeinen Zweifeln** an der **Genehmigungsfähigkeit** der mit dem Risiko der unbeschränkten persönlichen Haftung verbundenen Beteiligung → Rn. 2, → Rn. 3. Das **Betreuungsgericht** hat umfassend zu ermitteln und alle erheblichen Umstände heranzuziehen von der vertraglichen **Stellung** des **Betreuten** bis hin zur **charakterlichen Eignung** der geschäftsführenden **Mitgesellschafter** (BayObLG FamRZ 1990, 208; OLG Hamm FamRZ 2001, 53; KG Berlin Rpfleger 2020, 396) und in einer Gesamtschau Vor- und Nachteile abzuwägen (OLG Braunschweig ZEV 2001, 75), wobei der **Wunsch** des Betreuten, hilfsweise dessen **mutmaßlicher Wille** vorrangig zu beachten sind (§§ 1821, 1838), vgl. auch Lohse/Triebel ZEV 2000, 337. Aber auch bei einer **lukrativen Beteiligung** bleibt das **Risiko** des völligen Vermögensverlustes und unbeschränkter Verschuldung. Dem steht gegenüber, dass für eine BGB-Gesellschaft jedweden Zwecks – auch bei reiner Vermögensverwaltung – das Handelsregister offen ist und dem Betreuten die **haftungsbegrenzte Stellung** eines **Kommanditisten** eingeräumt werden kann (§§ 105 Abs. 2, 161 Abs. 2 HGB; s. hierzu auch Spiegelberger ZEV 2003, 391; von Oertzen/Hermann ZEV 2003, 400). Im Hinblick hierauf wird die Beteiligung an der BGB-Außen-Gesellschaft **nur im Ausnahmefall** bzw. auf ausdrücklichen **Wunsch** des Betreuten **genehmigungsfähig** sein.

10 **Gründung** und späterer **Eintritt** in eine **Kommanditgesellschaft** als **Kommanditist** sind nach Nr. 2 **genehmigungspflichtig** (BGHZ 17, 160; OLG Bremen NJW-RR 1999, 876; OLG Zweibrücken NJW-RR 2001, 145; OLG Schleswig-Holstein ZIP 2020, 2399; OLG Frankfurt a. M. NZG 2008, 749; OLG Oldenburg FamRZ 2019, 1934; OLG Brandenburg DNotZ 2020, 687), und jedenfalls dann genehmigungsfähig, wenn dem Risiko eines Verlustes der nicht aus eigenen Mitteln aufgebrachten **Kommanditeinlage** erhebliche **Gewinnchancen** gegenüberstehen (OLG Zweibrücken NJW-RR 2001, 145). Es kommt ua auf die mit der Beteiligung an der Gesellschaft verbundenen **abstrakten Gefahren** für das Vermögen des Betreuten an (OLG Schleswig-Holstein ZIP 2020, 2399). Auch die **schenkungsweise Übertragung** einer Gesellschaftsbeteiligung ist nunmehr (wie auch gem. Nr. 1) **genehmigungsbedürftig** (so bereits nach alter Rechtslage OLG Schleswig-Holstein ZIP 2020, 2399; OLG Brandenburg DNotZ 2020, 687 und NotBZ 2020, 101; OLG München MittBayNot 2019, 132; auch im Rahmen der **vorweggenommenen Erbfolge** OLG Oldenburg FamRZ 2019, 1934). Dies gilt jedenfalls dann, wenn der Zweck der Gesellschaft in der Vermietung von Grundstücken und grundstücksgleichen Rechten besteht (OLG Brandenburg NotBZ 2020, 101). Die **Genehmigungspflicht** kann allerdings **entfallen,** wenn die Tätigkeit der Gesellschaft sich lediglich **vermögensverwaltend,** nicht hingegen gewerbsmäßig oder unternehmerisch darstellt (OLG Brandenburg DNotZ 2020, 687; OLG München MittBayNot 2019, 132; OLG Dresden, NZG 2018, 1108; OLG Thüringen FamRZ 2014, 140; OLG Bremen, FamRZ 2009, 621; OLG Frankfurt a. M. FamRZ 2009, 620). Beteiligung sollte wegen der Haftungsrisiken in der **Gründungs- und Beitrittsphase** (§ 176 HGB) nur unter der **aufschiebenden Bedingung** der **Handelsregistereintragung** erfolgen (BGH NJW 1983, 2258). Zur **Erhöhung** einer **Kommanditeinlage** → Rn. 12. Genehmigungspflichtig nach Nr. 2 ist auch der Erwerb eines Anteils an einem **geschlossenen Immobilienfonds** in der Form der GmbH und Co KG (OLG Frankfurt a. M. NJW-RR 1999, 1236 mAnm Wanner/Laufer; → BGB § 1848 Rn. 6), desgleichen die Beteiligung

als **stiller Gesellschafter** nach § 230 HGB, ohne dass es auf deren konkrete Ausgestaltung ankommt (streitig; befürwortend: Damrau/Zimmermann § 1851 Rn. 5; Kollmeywer/Meyer ZEV 2025, 438 (440); **ablehnend** nunmehr MüKoBGB/Kroll-Ludwigs § 1851 Rn. 24) und die **Unterbeteiligung** an einem Gesellschaftsanteil (LG München NJW-RR 1999, 1018; MüKoBGB/Kroll-Ludwigs § 1852 Rn. 18 mwN str.; s. auch Klüsener Rpfleger 1990, 321 (324) und 1993, 133). Zum Erwerb von Anteilen an einem **Beteiligungsinvestmentfonds** → BGB § 1848 Rn. 10.

Bezüglich Rechtsnachfolgeklauseln muss differenziert werden. Rechtsgeschäftliche Rechtsnachfolgeklauseln, die den Eintritt von Gesellschaftern nach Tod eines Mitgesellschafters regeln, sind genehmigungsbedürftig, da hierfür ein Vertrag geschlossen werden muss (so auch: Damrau/Zimmermann § 1852, Rn. 8; gleiches gilt für Gesellschafterwechsel mit Vertragsschluss zwischen dem Betreuten und den weiteren Gesellschaftern). Anders verhält es sich bei erbrechtlichen Nachfolgeklauseln (§ 131 HGB), da dort der Anteil eines persönlich haftenden Gesellschafters von Todes wegen kraft Gesetzes auf den eintretenden Erben übergeht ((**Nachfolgeklausel,** vgl. hierzu Grüneberg/Weidlich BGB § 1922 Rn. 16); diese sind aufgrund dessen, dass eben kein Gesellschaftsvertrag abgeschlossen werden muss, nicht nach Nr. 2 **genehmigungspflichtig** (hM: Grüneberg/Götz BGB § 1852 Rn. 6; Damrau/Zimmermann § 1852 Rn. 8; MüKoBGB/Kroll-Ludwigs § 1852 Rn. 19 f.). 11

Die Genehmigungspflicht der **Änderung** eines **Gesellschaftsvertrages** nach Nr. 2 ist **umstritten** (bejahend: MüKoBGB/Kroll-Ludwigs § 1852 Rn. 26; teilweise: OLG Dresden NZG 2018, 1108; aA Damrau/Zimmermann § 1852 Rn. 9; Baßler/Frese NZG 2023, 1302 (1305 f.); Kollmeywer/Meyer ZEV 2025, 438 (440); nunmehr ebenfalls für Genehmigungsfreiheit Grüneberg/Götz BGB § 1852 Rn. 5). Der BGH sprach sich in seiner bisherigen Rechtsprechung vor der Reform eher für eine Genehmigungsfreiheit aus (vgl. BGH NJW 1961, 724; BGH NJW 1962, 2344). Die Genehmigungspflicht der **Erhöhung** einer **Kommanditeinlage** ist als **Vertragsänderung** analog Nr. 2 ebenso strittig bzw. wird größtenteils abgelehnt (BGH NJW 1992, 300; LG Stuttgart BWNotZ 2001, 91; Baßler/Frese NZG 2023, 1302 (1303)); zum Genehmigungserfordernis aus § 1854 Nr. 4 (→ BGB § 1854 Rn. 5). 12

Der **Gründungsvertrag** einer **GmbH,** die ein **Erwerbsgeschäft** betreibt, unterliegt Nr. 2 (MüKoBGB/Kroll-Ludwigs § 1852 Rn. 23). 13

IV. Auswirkungen fehlender Genehmigungen zu Nr. 1, 2

Werden Genehmigungen nach Nr. 1 oder Nr. 2 nicht erteilt, ist bei den Auswirkungen zu differenzieren. Die **endgültig versagte Genehmigung** zur Gründung oder zum Beitritt des Betreuten in ein Erwerbsgeschäft (Nr. 2) hat die Unwirksamkeit des Vertrags hinsichtlich des Betreuten zur Folge, der Gesellschaftsvertrag ist insoweit nichtig (§ 1856 Abs. 1; Gesellschaft ohne Haftung des Betreuten; hinsichtlich der Wirksamkeit für übrige Gesellschafter gilt § 139; so auch Damrau/Zimmermann § 1852, Rn. 10; MüKoBGB/Kroll-Ludwigs § 1852, Rn. 28). Die endgültig versagte Genehmigung zum Erwerb (eines Anteils) an einem Erwerbsgeschäft (Nr. 1) ist ebenfalls nichtig, lässt jedoch die **Wirksamkeit** der späteren Einzelgeschäfte **unberührt** (Damrau/Zimmermann § 1852 Rn. 10). Ein betreuungsgerichtliches **Negativattest** ersetzt nicht die fehlende erforderliche Genehmigung (→ BGB § 1855 Rn. 21; vgl. auch Damrau ZEV 2000, 210 (213)). 14

V. Zu Nr. 3

15 Die Erteilung einer **Prokura** durch den Betreuer in Vertretung des Betreuten ist nach Nr. 3 **genehmigungspflichtig** (Vorgenehmigung erforderlich → BGB § 1858 Rn. 2), nicht jedoch bei Prokuraerteilung ohne den Betreuten, wenn dieser bspw. nicht Inhaber des Handelsgeschäfts ist (vgl. MüKoBGB/Kroll-Ludwigs § 1852, Rn. 30). Der wirksam bestellte Prokurist bedarf dann für die **Rechtsgeschäfte im Rahmen der Prokura** (§ 49 HGB). Zur Rechtsstellung eines **Bevollmächtigten** → BGB Vorb. §§ 1848–1854 Rn. 4 und → BGB Vorb. §§ 1835–1845 Rn. 8.

VI. Verfahren

16 Es entscheidet der **Rechtspfleger** (§ 3 Nr. 2b RPflG); der Betreute **soll persönlich** gehört werden (§ 299 S. 2 FamFG); zu Einzelheiten → BGB § 1855 Rn. 11 ff. Es ist vorrangig der Wunsch des Betreuten, hilfsweise dessen mutmaßlicher Wille entscheidend. Erst in Ermangelung konkreter Informationen und Anhaltspunkte zum mutmaßlichen Willen des Betreuten dürfen auch objektive Kriterien (bspw. allgemeine Lebenserfahrungen, wirtschaftlich sinnvolle Entscheidungen eines verständigen durchschnittlichen Menschen in dieser Situation) einfließen, ohne dass insgesamt betrachtet das objektive Wohl als Maßstab angelegt wird; es verbleibt beim stets subjektiven individuellen hypothetischen Willen des Betreuten (→ BGB § 1838 Rn. 5, → BGB § 1821 Rn. 23).

§ 1853 Genehmigung bei Verträgen über wiederkehrende Leistungen

[1]Der Betreuer bedarf der Genehmigung des Betreuungsgerichts

1. **zum Abschluss eines Miet- oder Pachtvertrags oder zu einem anderen Vertrag, durch den der Betreute zu wiederkehrenden Leistungen verpflichtet wird, wenn das Vertragsverhältnis länger als vier Jahre dauern soll, und**
2. **zu einem Pachtvertrag über einen gewerblichen oder land- oder forstwirtschaftlichen Betrieb.**

[2]Satz 1 Nummer 1 gilt nicht, wenn der Betreute das Vertragsverhältnis ohne eigene Nachteile vorzeitig kündigen kann.

I. Entstehung

1 § 1853 entspricht den bisherigen Genehmigungspflichten aus **§ 1908i Abs. 1 S. 1 iVm § 1822 Nr. 4, § 1907 Abs. 3 BGB aF,** welche inhaltlich vollständig **übernommen** und in § 1853 zusammengefasst wurden.

II. Nr. 1

2 **Genehmigungspflichtig** sind nach S. 1 Nr. 1 **alle Dauerschuldverhältnisse,** insbesondere Miet- und Pachtverträge, deren **Dauer mehr als vier Jahre** beträgt. Hierzu zählen neben Miet- und Pachtverträgen ua auch **Dienst-**, **Arbeits-** (LG Münster FamRZ 2005, 1860), **Renten-**, **Spar-** oder **Versiche-**

rungsverträge (zu Lebensversicherungsverträgen mit Prämienzahlungspflicht s. BGH NJW 1958, 1393; zu Sterbegeldversicherungsverträgen mit wiederkehrenden Leistungen vgl. Salaw-Hanslmaier/Böh FamRB 2015, 190 (193); beachte ggf. auch Genehmigungspflicht gem. § 1848). Bei Verträgen auf **unbestimmte Dauer** ist auf die individuell vereinbarten und gesetzlichen **Kündigungsmöglichkeiten** abzustellen. Einer Genehmigung bedarf es auch dann, wenn zwar eine Kündigungsmöglichkeit vor dem Ablauf von vier Jahren besteht, aber diese mit **erheblichen Rechtsnachteilen** einhergeht (bspw. bei der vorzeitigen Kündigung von Sterbegeldversicherungen, Salaw-Hanslmaier/Böh FamRB 2015, 190 (193 f.) mwN).

Für die **Vermietung** von **Wohnraum des Betreuten** greift **speziell § 1833** 3
Abs. 3 S. 1 Nr. 3, da es sich vorwiegend um eine **persönliche** Angelegenheit handelt (abgekoppelt von § 1907 Abs. 1 BGB aF). In § 1853 wird hingegen aufgrund der Zuordnung zu Kapitel 3 „Vermögensangelegenheiten" vordergründig auf die **finanziellen** Aspekte der jeweiligen Rechtsgeschäfte abgestellt. Damit fallen unter S. 1 Nr. 1 der systematischen und teleologischen Auslegung folgend Mietverträge über **Wohnungen** oder andere **Immobilien,** die vom Betreuten **vermietet** werden sollen und die er **nicht selbst bewohnt bzw. nutzt,** sondern lediglich als **Wertanlage** dienen.

Gewöhnliche, **unbefristete Wohnraummietverträge,** bei denen der 4
Betreute Mieter ist, sind mithin **nicht genehmigungsbedürftig** (vgl. auch Weber BtR 2024, 55 (57)), ggf. aber **befristete Mietverhältnisse,** die innerhalb von vier Jahren nicht ohne Weiteres **gekündigt** werden können.

Der Abschluss **unbefristeter Heimverträge** (§ 4 Abs. 1 WBVG) mit dem Betreuten als Mieter wird regelmäßig ebenso wenig unter § 1853 fallen, da verkürzte Kündigungsmöglichkeiten gesetzlich vorgesehen sind (§ 11 WBVG). Auch die Kündigung von Heimverträgen ist ohne Genehmigung gem. § 1833 Abs. 3 S. 1 Nr. 1 möglich, da anderenfalls die durch das WBVG eingeräumten erleichterten Kündigungsmöglichkeiten konterkariert würden (**strittig,** vgl. → § 1833 Rn. 11; so wohl die hM: MüKoBGB/Schneider BGB § 1833 Rn. 16; HK-BetrR/vom Felde BGB § 1833 Rn. 24; BeckOGK/Schmidt-Recla BGB § 1833 Rn. 38; nach aA wird jedoch für WBVG-Verträge mit einer konkreten Zimmerzuweisung im Vertrag ein Schutzbedürfnis und damit eine Genehmigungsbedürftigkeit aus § 1833 gesehen, anders nur bei Verträgen ohne konkrete Zuweisung eines Zimmers der Einrichtung).

Soweit der **Betreute** selbst **Vermieter** ist, bedarf es zum Abschluss befristeter 5
und unbefristeter Mietverträge der Genehmigung des Betreuungsgerichts, wenn die **Kündigung** mit **erheblichen Nachteilen** verbunden oder nur eingeschränkt möglich ist (bei unbefristeten Verträgen ist eine Kündigung seitens des Vermieters idR nur bei Geltendmachung des Eigenbedarfs oder wenn der Mieter durch sein Verhalten einen triftigen Grund gibt möglich, vgl. LG Wuppertal FamRZ 2007, 1269).

Ausgeschlossen ist die Genehmigungspflicht nach S. 1 Nr. 1, wenn zwar ein 6
Dauerschuldverhältnis über vier Jahre andauern soll, der Betreute das Vertragsverhältnis aber **ohne eigene Nachteile vorzeitig kündigen** kann (S. 2), da hierfür kein Schutz erforderlich ist (vgl. ua LG Münster FamRZ 2005, 1860). Diese Ausnahme galt nach bisheriger Rechtslage bereits durch Auslegung der Norm (§ 1907 BGB aF); nunmehr ist sie mit der Reform gesetzlich ausdrücklich normiert. Von der Ausnahme erfasst sind mithin Mobilfunkverträge, Streaming-Dienstverträge, Vereinsmitgliedschaften oder ÖPNV-Verträge (Ahr BtR 2023, 49

(51)). Damit fällt der Abschluss standardisierter, in der Praxis üblicher unbefristeter Mietverträge, bei denen der Betreute **Mieter** ist, nicht unter die Genehmigungsnorm (→ Rn. 4). Der Mietvertrag sollte in der Praxis aber ggf. vorgelegt und genau auf eine Genehmigungspflicht geprüft werden. Soweit der Betreute **Vermieter** ist, kann eine Kündigung unbefristeter Mietverträge **nicht ohne Nachteile** oder nur eingeschränkt vorgenommen werden und fällt damit unter die Genehmigungsnorm (→ Rn. 5). Nicht von der Norm abgedeckt ist jedoch der Eintritt in ein Mietverhältnis durch Erwerb einer vermieteten Immobilie (Ahr BtR 2023, 49 (51)).

III. Nr. 2

7 S. 1 Nr. 2 bindet die **Pacht** oder **Verpachtung** eines land- oder forstwirtschaftlichen Betriebes oder eines Gewerbebetriebes zB Handelsgeschäft, Handwerksbetrieb. Neben S. 1 Nr. 2 kann auch eine Genehmigungspflicht nach S. 1 Nr. 1 bestehen. Pachtverträge, die unter S. 1 Nr. 2 fallen, sind anders als in S. 1 Nr. 1 **ohne Rücksicht** auf die **Vertragsdauer genehmigungsbedürftig,** da sie nicht von der Ausnahme des S. 2 umfasst sind.

IV. Maßstab und Verfahren

8 **Oberste Maxime** sind die **Wünsche** des Betreuten, §§ 1821, 1838. Wäre eine Vermietung von leerstehenden Immobilien des Betreuten zwar **wirtschaftlich sinnvoll** und lukrativ, aber würde dies **gegen** den erklärten **Wunsch** oder den mutmaßlichen **Willen** des Betreuten geschehen, der finanziell ausreichend abgesichert ist, und keine Gefahr für das Vermögen besteht (s. Grenzen § 1821 Abs. 3 Nr. 1), sollte der Betreuer diese Handlung nicht vornehmen bzw. darf **keine Genehmigung** zur Vermietung erteilt werden (vgl. ua OLG Schleswig-Holstein NZM 2001, 868 und BtPrax 2001, 211).

9 Es entscheidet der **Rechtspfleger** (§ 3 Nr. 2b RPflG); der Betreute **soll persönlich** gehört werden (§ 299 S. 2 FamFG); zu Einzelheiten → BGB § 1855 Rn. 11 ff. Es ist vorrangig der Wunsch des Betreuten, hilfsweise dessen mutmaßlicher Wille entscheidend. Erst in Ermangelung konkreter Informationen und Anhaltspunkte zum mutmaßlichen Willen des Betreuten dürfen auch objektive Kriterien (bspw. allgemeine Lebenserfahrungen, wirtschaftlich sinnvolle Entscheidungen eines verständigen durchschnittlichen Menschen in dieser Situation) einfließen, ohne dass insgesamt betrachtet das objektive Wohl als Maßstab angelegt wird; es verbleibt beim stets subjektiven individuellen hypothetischen Willen des Betreuten (→ BGB § 1838 Rn. 5, → BGB § 1821 Rn. 23).

§ 1854 Genehmigung für sonstige Rechtsgeschäfte

Der Betreuer bedarf der Genehmigung des Betreuungsgerichts

1. **zu einem Rechtsgeschäft, durch das der Betreute zu einer Verfügung über sein Vermögen im Ganzen verpflichtet wird,**
2. **zur Aufnahme von Geld auf den Kredit des Betreuten mit Ausnahme einer eingeräumten Überziehungsmöglichkeit für das auf einem Girokonto des Betreuten bei einem Kreditinstitut bereitzuhaltende Verfügungsgeld (§ 1839 Absatz 1),**

3. zur Ausstellung einer Schuldverschreibung auf den Inhaber oder zur Eingehung einer Verbindlichkeit aus einem Wechsel oder einem anderen Papier, das durch Indossament übertragen werden kann,
4. zu einem Rechtsgeschäft, das auf Übernahme einer fremden Verbindlichkeit gerichtet ist,
5. zur Eingehung einer Bürgschaft,
6. zu einem Vergleich oder einer auf ein Schiedsverfahren gerichteten Vereinbarung, es sei denn, dass der Gegenstand des Streites oder der Ungewissheit in Geld schätzbar ist und den Wert von 6 000 Euro nicht übersteigt oder der Vergleich einem schriftlichen oder protokollierten gerichtlichen Vergleichsvorschlag entspricht,
7. zu einem Rechtsgeschäft, durch das die für eine Forderung des Betreuten bestehende Sicherheit aufgehoben oder gemindert oder die Verpflichtung dazu begründet wird, und
8. zu einer Schenkung oder unentgeltlichen Zuwendung, es sei denn, diese ist nach den Lebensverhältnissen des Betreuten angemessen oder als Gelegenheitsgeschenk üblich.

I. Entstehung

§ 1854 listet als Auffangnorm alle **sonstigen Genehmigungen** für Rechtsgeschäfte im Bereich der **Vermögensangelegenheiten** auf, die nicht bereits von §§ 1848–1853 erfasst werden. Die Genehmigungen waren bisher in **§ 1908i Abs. 1 S. 1 iVm §§ 1822 Nr. 1, 8, 9, 10, 12 und 13 BGB aF** zu finden. Das Genehmigungserfordernis für **Schenkungen** ist neu (Nr. 8) und ersetzt das bisherige Schenkungsverbot **(§ 1908i Abs. 2 S. 1 iVm § 1804 BGB aF)**. 1

Befreiungen von Nr. 2 bis 5 sind mit der Maßgabe des § 1860 Abs. 2 möglich.

II. Erfasste Rechtsgeschäfte nach Nr. 1 bis 7

Eine Verpflichtung zur Verfügung über **Vermögen im Ganzen (Nr. 1)** ist iSd § 311b Abs. 3 zu verstehen; der Wille der Vertragspartner muss sich auf die Übertragung des Vermögens beziehen (hM Grüneberg/Götz BGB § 1854 Rn. 2). Nicht erfasst ist demnach ein Rechtsgeschäft über einen **Einzelgegenstand** (wie bei § 1365; Gesamttheorie, vgl. Lamberz NJW 2023, 249 (254); Ahr BtR 2023, 49 (51)), mag damit auch tatsächlich wirtschaftlich das gesamte Vermögen erschöpft sein, zB die Verpflichtung zur Abtretung einer Forderung an den Sozialhilfeträger (zur Einordnung: AG Ingolstadt BeckRS 2020, 46152). 2

Genehmigungspflichtig nach **Nr. 2** ist die Aufnahme von Geld auf den **Kredit** des Betreuten, also hauptsächlich die **Darlehensaufnahme** (§ 607). Dazu zählt zwar grundsätzlich auch die Inanspruchnahme eines bei Führung des **Girokontos** des Betreuten **eingeräumten Dispositionskredits,** für den die Norm allerdings mit Einführung der Reform eine **Ausnahme** regelt, soweit es sich um Verfügungsgeld auf dem Girokonto des Betreuten handelt (§ 1839 Abs. 1); zu beachten ist insoweit, dass der Dispositionskredit (bei Übernahme der Betreuung) **bereits eingeräumt** sein muss – für eine nachträgliche Einräumung, dh Nutzung des Dispositionskredits ohne dass dieser in der Vergangenheit bereits eingeräumt wurde, bedarf es der Genehmigung des Betreuungsgerichts. Bei einer Neueröffnung eines Girokontos greift lediglich die Anzeigepflicht nach 3

§ 1846 Abs. 1 Nr. 1, da in der Regel nicht automatisch die Überziehungsmöglichkeit eingeräumt wird, sondern durch separate Vereinbarung; letztere wäre bei Abschluss (sofern mit Girokontoeröffnung direkt verbunden, sogleich mit dieser) genehmigungsbedürftig (Lamberz NJW 2023, 249 (255)). Soweit der Betreute selbst über sein Girokonto verfügt und den Dispositionskredit ausnutzt, liegt keine Betreuerhandlung, mithin kein Genehmigungsbedürfnis vor. Dispositionskredite für Verfügungs- oder Anlagegelder auf **Anlagekonten** (§ 1841 Abs. 2) oder anderen Verfügungsgeldkonten mit Ausnahme von Girokonten sind im Umkehrschluss genehmigungsbedürftig. Die **Umwandlung** einer bestehenden **Zahlungsverpflichtung** in ein Darlehen fällt nicht unter Nr. 2 (OLG Hamm FamRZ 2004, 23; aA MüKoBGB/Kroll-Ludwigs § 1854 Rn. 8). Zu den Ermittlungs- und Anhörungspflichten im Rahmen der Genehmigung eines **Ratenkreditvertrages** vgl. OLG Hamm FamRZ 2004, 23. Nicht zu genehmigen sind Darlehensaufnahmen einer **Gesellschaft,** an welcher der **Betreute beteiligt** ist (vgl. OLG Hamm Rpfleger 2016, 563; gilt auch für **Personenhandelsgesellschaften** OLG Hamm Rpfleger 2016, 563; BGH NJW 1971, 375; RGZ 125, 380; OLG Thüringen FamRZ 2014, 140; bei weiteren, mit der Darlehensaufnahme wirtschaftlich verbundenen Geschäfte, s. OLG Hamm Rpfleger 2016, 563).

4 **Nr. 3** erfasst nicht die Begebung eines **Inhaberschecks** (str.; MüKoBGB/Kroll-Ludwigs § 1854 Rn. 15; s. auch Kunkel Rpfleger 1999, 1 (3)). Im Regelfall wird die Verwendung von Schecks zur Verwaltung des Vermögens des Betreuten nicht erforderlich sein.

5 **Nr. 4** soll verhindern, dass eine **fremde Schuld** leichtfertig **übernommen** wird im Vertrauen auf eine **Rückgriffsmöglichkeit** gegen den Erstschuldner. Dieses Risiko besteht nicht, wenn eine Schuld als wirtschaftlich eigene und damit auch von vorneherein ohne Möglichkeit des Regresses übernommen wird (BGH NJW 1989, 1946). Nicht genehmigungsbedürftig ist daneben eine Verbindlichkeit, die sich lediglich als **Nebenfolge** eines anderen Rechtsgeschäfts ergibt (BT-Drs. 19/24445, 289; ausführlich vergleichend mit alter Rechtslage vor 1.1.2023 Zorn FamRZ 2023, 1343 (1349); vgl. OLG München MittBayNot 2023, 599 (600); KG Berlin ZEV 2024, 185 (186), OLG Düsseldorf BeckRS 2025, 5993). Somit ist von der Genehmigung nach Nr. 4 bspw. der Beitritt zu einer GbR nicht mehr erfasst (so nach alter Rechtslage, vgl. Harbecke RNotZ 2022, 521 (538)).

Intention des Gesetzgebers ist, dass die Vorschrift den Betreuten davor schützen soll, dass die **Erwartung,** er werde **nicht** in **Anspruch** genommen oder könne beim Schuldner der Primärverbindlichkeit Regress nehmen, **enttäuscht** wird (BT-Drs. 19/24445, 289). Unter Nr. 4 fällt somit jedwede Übernahme fremder Schuld, soweit ein Regressanspruch gegen den Erstschuldner besteht. Genehmigungsbedürftig ist damit ein **Schuldbeitritt** bzw. die **Schuldübernahme,** da der Betreute einen Ersatzanspruch gegen den ursprünglichen Schuldner erwirbt. Genehmigungsbedürftig ist wegen der **Erbenhaftung** auch der **unentgeltliche Erwerb eines Erbteils** durch einen Betreuten (auch dann, wenn er bereits Miterbe ist; vgl. Pöting MittBayNot 2007, 376 (379); LG Deggendorf MittBayNot 1999, 285; OLG Frankfurt a. M. ZEV 2015, 342). Die **Auflassung** eines Bruchteils eines **Wohnungseigentums** an einen Betreuten unterfällt ebenfalls Nr. 4 (KG Berlin NZM 2011, 78; vgl. auch BGH FamRZ 1983, 371; **anders** bei der Auflassung eines **Miteigentumsanteils** eines **Grundstücks,** KG Berlin ZEV 2024, 185 (186), OLG München MittBayNot 2023, 599 (600), da sich hier eine

Haftung lediglich als Nebenfolge darstellt) wie auch die Übernahmen fremder Verbindlichkeiten bei Abschluss eines **Gesellschaftsvertrags** (OLG Hamm FamRZ 2001, 53).

Nicht genehmigungsbedürftig nach dieser Norm sind aber Fälle, in denen der Betreute die **Schuld eines Dritten** als eigene Schuld **übernimmt** und auch **nicht** bei einem anderen **Regress** nehmen kann, wie zB bei der Übernahme von Grundpfandrechten beim Erwerb eines Grundstückes in Anrechnung auf den Kaufpreis (→ § 1850 Rn. 17).

Die **privative (befreiende) Schuldübernahme** (§§ 414, 415) ist nur insoweit erfasst, als der Betreute im Innenverhältnis einen Rückgriffs- oder Befreiungsanspruch gegen den ursprünglichen Schuldner hat; in der Regel werden aber befreiende Schuldübernahmen gem. §§ 414, 415 nach Nr. 4 nicht genehmigungsbedürftig sein, da sie eine eigene Verbindlichkeit ohne Regress darstellen (vgl. Lamberz NJW 2023, 249 (255); Ahr BtR 2023, 49 (52)); hierzu aber ggf. Nr. 8 beachten.

Neben Rechtsgeschäften zur Übernahme fremder Verbindlichkeiten (Nr. 4) ist auch die **Übernahme einer eigenen Verbindlichkeit** durch Eingehung einer **Bürgschaft** (§§ 765 ff.) genehmigungsbedürftig (**Nr. 5;** ausdrückliche Abgrenzung zu Nr. 4 durch Gesetzgeber BT-Drs. 19/24445, 290). 6

Genehmigungspflichtig nach **Nr. 6** ist der **Vergleich** (§ 779), auch der **Anwaltsvergleich** (§ 796a ZPO) und der **Prozessvergleich** (§ 794 Abs. 1 Nr. 1 ZPO; → Vorb. §§ 1848–1854 Rn. 9) sowie auf ein Schiedsverfahren gerichtete Vereinbarungen (hierunter fallen die **Schiedsvereinbarung** selbst, § 1029 Abs. 1 ZPO, aber auch Vereinbarungen über die Besetzung des Schiedsgerichts **(Konstituierungsvereinbarungen)** als auch solche über das Schiedsverfahren als solches **(Schiedsverfahrensvereinbarungen),** allerdings **nicht Schiedsgutachtenvereinbarungen** (BGH FamRZ 2014, 655). 7

Keiner Genehmigung nach Nr. 6 bedarf es, wenn der gerichtliche oder außergerichtliche Vergleich einem schriftlichen oder protokollierten gerichtlichen **Vergleichsvorschlag entspricht** (zu den Anforderungen LG Fulda BeckRS 2020, 50832; OLG Köln VersR 2018, 999); ferner, wenn das, was streitig oder ungewiss ist, den Wert von **6.000 EUR** nicht übersteigt, auf die Höhe des Gesamtanspruchs kommt es nicht an. Die Wertgrenze wurde mit der Reform von vormals 3.000 EUR (§ 1822 Nr. 12 BGB aF) auf nunmehr 6.000 EUR erhöht, um Preisentwicklungen zu entsprechen und Vergleichsverhandlungen nicht über Gebühr zu beeinträchtigen, BT-Drs. 19/24445, 290). Die Genehmigungspflicht nach anderen Vorschriften, zB § 1833 Abs. 3, §§ 1849 ff., bleibt unberührt (vgl. ua LG Berlin ZMR 2011, 873). Große Verantwortung treffen Betreuer und Betreuungsgericht bei Prüfung eines **Abfindungsvergleichs** mit der **Haftpflichtversicherung** zugunsten des schwer verletzten Betreuten (s. Überblick bei Heß/Burmann NJW Spezial 2004, 207; vgl. hierzu auch OLG Köln VersR 2018, 999). Die Genehmigung eines im Vergleichswege abgegebenen Schuldanerkenntnisses setzt voraus, dass das Betreuungsgericht die gegenüber dem Betreuten behaupteten Forderungen daraufhin geprüft hat, ob ihre **Höhe, Plausibilität,** mögliche **Durchsetzbarkeit** und **rechtliche Grundlage** schlüssig dargelegt sind, auch im Hinblick auf Schenkungen bzw. unentgeltlichen Zuwendungen gem. Nr. 8 (BayObLG NJW-RR 2003, 1587 (1589)). Enthält ein im Übrigen genehmigungsfreies Rechtsgeschäft eine Schiedsvereinbarung, so hat das Betreuungsgericht das Rechtsgeschäft **insgesamt** auf seine Vereinbarkeit mit Wunsch bzw. mutmaßlichen Willen des Betreuten zu überprüfen (OLG Hamm FamRZ 2001, 373 für einen **Prozessfinanzierungsvertrag,** gegen dessen Genehmigung unter anderem die Befugnis des Prozessfinanzierers sprach, die Vereinbarung im Laufe des Verfahrens zu kündigen).

8 **Nr. 7** soll Rechtsgeschäfte kontrollieren, mit denen die für eine Forderung bestellte **Sicherheit aufgehoben** oder **vermindert** wird. Voraussetzung ist, dass die Forderung selbst bestehen bleibt. Erfasst sind zB **Aufhebung** (§ 875) oder **Rangrücktritt** (§ 880) eines Grundpfandrechts. Die Vorschrift dient der **Realisierung** der **gesicherten Forderung** (vgl. BGH WM 1966, 575). Ist die Forderung **unzweifelhaft wertlos,** bedarf die Aufhebung einer zu ihrer Sicherung bestellten Hypothek **nicht** der **Genehmigung** nach Nr. 7 (LG Mönchengladbach Rpfleger 2003, 651). Nur §§ 1849, 1850 sind einschlägig, wenn nicht nur das Sicherungsrecht, sondern auch die gesicherte Forderung betroffen ist, so bei Erfüllungsannahme (vgl. Ahr BtR 2023, 49 (52 f.)).

III. Schenkungen (Nr. 8)

9 Das bisherige **Schenkungsverbot,** das mit Ausnahmen bestand (§§ 1908i Abs. 2 S. 1 iVm **1804 BGB aF**), wird in Betreuungsverfahren **aufgehoben.** An die Stelle des Verbots tritt ein **Genehmigungstatbestand** für Schenkungen und unentgeltliche Zuwendungen in Nr. 8 mit Ausnahmen. Umfasst sind hier Verpflichtungs- sowie Verfügungsgeschäft (Ahr BtR 2023, 49 (53); s. auch Zorn FamRZ 2023, 1343 (1351) mwN).

10 Schenkung setzt **Bereicherung** des **Empfängers** durch **Zuwendung** aus dem Vermögen des **Schenkers** voraus und Einigung über die **Unentgeltlichkeit** der Zuwendung (§ 516 Abs. 1). Fallen Zuwendung und Einigung zeitlich zusammen, wie regelmäßig bei Gelegenheitsgeschenken, zB einem Geldgeschenk, spricht man von einer (formlos gültigen) **Handschenkung.** Das **Schenkungsversprechen** hingegen bedarf der **notariellen** Beurkundung (§ 518 Abs. 1). Schenkung ist nicht nur die unentgeltliche Übertragung von Sachen, auch die **Aufgabe oder Minderung eines Rechts** kann Schenkung sein, zB der unentgeltliche Erlass einer Schadensersatzforderung (OLG Stuttgart FamRZ 1969, 39) oder die Aufgabe eines Nießbrauchsrechts (OLG Frankfurt a. M. Rpfleger 2018, 667); weitere Bsp.: Reinfarth BtPrax 2024, 117 (119).

11 Schenkung ist grundsätzlich auch die **unentgeltliche** Übertragung von **Grundbesitz** an die **künftigen Erben** („vorweggenommene Erbfolge", BayObLG BtPrax 1996, 183); der **Verzicht auf den Pflichtteil** ist keine Gegenleistung für eine Grundstücksübertragung (BGH NJW 1991, 1610); desgleichen nicht die Übernahme dinglicher Lasten, die Einräumung eines Wohnrechts (BGH NJW 1989, 2122) oder eines Nießbrauchs (BayObLG BtPrax 1998, 72), diese Lasten mindern lediglich den Wert der Schenkung.

12 Als **Gegenleistung** kann aber die Zusage von Pflege und Betreuung mit der Grundstücksüberlassung verknüpft sein **(Übertragungs- und Versorgungsverträge; Altenteils- oder Leibgedingverträge).** Bei der Bewertung der Gegenleistung sind hier auch in Geldwert nicht messbare Belastungen zu berücksichtigen, die der Erwerber im Interesse des Veräußerers übernimmt, insbesondere Einschränkungen in der Lebensführung, wie Verzicht auf Urlaubsreisen und der Zwang, auf dem übernommenen Grundstück zu wohnen (OLG Hamm NJW-RR 1992, 1170). Zur möglichen hinzutretenden finanziellen Belastung des Übernehmers durch Beteiligung an den Heimkosten bei notwendiger Heimunterbrin-

gung des Betreuten: BGH NJW 2003, 1126; beim Altenteil iSv Art. 15 PrAGBGB, Art. 96 EGBGB (zum Begriff BGH NJW 2003, 1126) Anspruch auf Zahlung einer Geldrente; bei sonstigen Verträgen bei fehlender Regelung ergänzende Vertragsauslegung: Ausgleich ersparter Aufwendungen (BGH NJW 2003, 1126) oder Vermietung der Wohnräume an Dritte (OLG Koblenz NJW-RR 2004, 1375). Keine Schenkung ist der Baukostenzuschuss an Angehörige, wenn damit eine Betreuungsabsicht verbunden ist, die Wohnung des Betreuten gesichert und der Umzug ins Altenheim verhindert wird (OLG Hamm FamRZ 1993, 1434). Eine Geldzuwendung ist **nicht unentgeltlich,** wenn damit die **Besuche von Verwandten** des Betreuten **finanziert** werden (BayObLG Rpfleger 1988, 22); ggf. ist bei diesem Sachverhalt das Vorliegen eines **Gelegenheitsgeschenks** zu prüfen (→ Rn. 17).

Überwiegt der **unentgeltliche Charakter** der Zuwendung, handelt es sich 13 um eine **gemischte Schenkung** (zum Begriff und zur Abgrenzung s. BGH NJW 1999, 1626; OLG Frankfurt a. M. BtPrax 2008, 84; Grüneberg/Weidenkaff BGB § 516 Rn. 13), die grundsätzlich dem Genehmigungsvorbehalt unterliegt (Staudinger/Veit BGB § 1804 aF Rn. 9). Soweit trotz der og in Geldwert nicht messbaren Belastungen des Erwerbers die entsprechende Vereinbarung als gemischte Schenkung eingeordnet werden muss, ist zu prüfen, ob es sich um eine von der Schenkungsgenehmigung ausgenommene **Gelegenheitsschenkung** handelt (OLG Hamm Rpfleger 1987, 200; → Rn. 17).

Keine Schenkungen sind nach § 517 kraft gesetzlicher Bestimmung die **Aus-** 14 **schlagung einer Erbschaft** oder eines **Vermächtnisses** (§ 2180), ein **Erb- und Pflichtteilsverzicht** (nicht der Verzicht auf den angefallenen Pflichtteilsanspruch, Grüneberg/Weidenkaff BGB § 517 Rn. 4) sowie ein **unterlassener Vermögenserwerb,** zB die unterlassene Mieterhöhung. Andere Genehmigungspflichten sind mit den dortigen Kriterien zu beachten. So ist zB der schenkweise Erlass eines angefallenen Pflichtteilsanspruches (§ 397 Abs. 1) nach § 1851 Nr. 1 genehmigungspflichtig (→ § 1851 Rn. 3), aber wohl eher selten genehmigungsfähig, außer es wäre der ausdrückliche Wunsch oder mutmaßliche Wille des Betreuten.

Legt der Betreuer Geld im Namen des Betreuten in der Weise an, dass der Rückzahlungsbetrag im Falle des Todes des Betreuten an einen Drittbegünstigten fallen soll (**Vertrag zugunsten Dritter** § 331), unterliegt diese Vereinbarung mit dem Kreditinstitut selbst **nicht** dem **Genehmigungstatbestand** aus Nr. 8 (so bisher zum Schenkungsverbot BayObLG FGPrax 2002, 221). Anderes gilt für die Absprachen im Rechtsverhältnis zwischen dem Betreuten und dem Drittbegünstigten. Die Vereinbarung mit dem Kreditinstitut ist nach **§ 1849 genehmigungspflichtig,** im Rahmen des Genehmigungsverfahrens sind dann etwaige Absprachen zwischen Betreuer und Drittbegünstigtem zu bewerten (BayObLG FGPrax 2002, 221). Keine Schenkung, sondern **Leihe** (§ 598) ist die **unentgeltliche Überlassung einer Sache** zum Gebrauch (vgl. auch § 1836). Keine Schenkung sind **Zuwendungen zur Abgeltung zweifelhafter (Erbschafts-)Ansprüche,** hier handelt es sich um einen **Vergleich** (§ 779; Damrau/Zimmermann § 1854 Rn. 25), welcher ggf. der Genehmigung nach Nr. 6 bedarf.

Eine **Ausstattung** ist **keine Schenkung,** insoweit sie das den Umständen, 15 insbesondere den Vermögensverhältnissen der betreuten Mutter oder des betreuten Vaters entsprechende Maß nicht übersteigt (§ 1624 Abs. 1). Bei der Ausstattung handelt es sich um Zuwendungen durch Mutter oder Vater an ihre Kinder aus **Anlass der Eheschließung** oder der Erlangung einer **selbständigen Lebensstellung** mit dem Ziel der Begründung oder Erhaltung der Lebensstellung des

Kindes. Eine Ausstattung liegt nur vor, solange sie das den Umständen, insbesondere den Vermögensverhältnissen des Vaters oder der Mutter, **entsprechende Maß** nicht übersteigt. Anderenfalls handelt es sich um eine **Schenkung,** die nach Nr. 8 zu beurteilen ist. Auch eine **unentgeltliche Grundstücksübertragung** kann eine Ausstattung sein, zB im Rahmen einer Hof- oder Geschäftsübergabe (OLG Stuttgart Rpfleger 2004, 695). Keine Ausstattung liegt vor bei der Übertragung eines Miteigentumsanteils an einer Eigentumswohnung im Wege der vorweggenommenen Erbfolge (OLG Frankfurt a. M. FamRZ 2008, 544).

16 Soweit der Betreute **geschäftsfähig** ist, ist keine Handlung des Betreuers notwendig, mithin auch kein Genehmigungsverfahren durchzuführen (ein Schutz würde sich insoweit nur durch Anordnung eines Einwilligungsvorbehalts oder durch Feststellung der Sittenwidrigkeit erreichen lassen, vgl. Reinfarth BtPrax 2024, 117 mwN.). Nr. 8 greift erst dann, wenn der Betreuer auf den Wunsch des Betreuten hin Schenkungen vornehmen möchte.

Ausschlaggebendes Kriterium für die Durchführung und Genehmigung einer Schenkung durch den Betreuer nach Nr. 8 ist der **Wunsch** bzw. mutmaßliche **Wille** des Betreuten, §§ 1838 Abs. 1, 1821 Abs. 2, 4 unter Berücksichtigung der Schranken des § 1821 Abs. 3.

Dem **Wunsch** des Betreuten, einem Dritten eine Schenkung zu machen, muss daher durch den Betreuer **entsprochen** werden, sofern nicht dadurch eine **erhebliche Gefahr** für die Person oder das Vermögen des Betreuten entsteht (detailliert zur Vermögensgefährdung Reinfarth BtPrax 2024, 117 (118 f.)) und der Betreute diese Gefährdung aufgrund seiner Erkrankung nicht erkennen oder nicht nach dieser Einsicht handeln kann (§ 1821 Abs. 3 Nr. 1) oder die Durchführung der Schenkung dem Betreuer **nicht zuzumuten** wäre (§ 1821 Abs. 3 Nr. 2).

Daher hat der Betreuer grundsätzlich auch **wirtschaftlich unvernünftigen Entscheidungen** des Betreuten selbst bei **erheblicher Schmälerung** des Vermögens **Folge zu leisten** (vgl. BT-Drs. 19/24445, 290 f.). Auch Wünsche, die der Betreute zu einem **früheren Zeitpunkt** geäußert hat, sind bei einem fortschreitenden geistigen Verfall unter Heranziehung des mutmaßlichen Willens in der konkreten Situation zu **respektieren.** Allerdings birgt die Wunsch- und Willensermittlung selbstverständlich auch Risiken, etwa wenn der vom Betreuer ermittelte mutmaßliche Wille zu Lebzeiten des Betreuten von den testamentarischen Verfügungen des verstorbenen Betreuten abweicht (Grziwotz ZRP 2020, 248 (250); Zorn FamRZ 2023, 1343 (1350)) oder der Wunsch durch sittenwidrige Beeinflussung des Betreuten geäußert wurde (vgl. Reinfarth BtPrax 2024, 117; BGH MDR 2022, 1207; BGH MDR 2023, 218).

17 **Ausgenommen** von der Genehmigungspflicht sind Schenkungen und unentgeltliche Zuwendungen, die nach den **Lebensumständen** des Betreuten **angemessen** sind oder **übliche Gelegenheitsgeschenke** darstellen.

Den **Lebensumständen** des Betreuten **angemessen** sind Schenkungen, die mit Einkommen, Vermögen, Lebenszuschnitt und bisherigen Gepflogenheiten vereinbar sind (Reinfarth BtPrax 2024, 117 (120); kritisch zur Kopplung an eine „Schenkungsbiographie": Holzhauer FamRZ 2000, 1063). Auch wenn es dem Wunsch des Betreuten entspricht, sind die Grenzen des § 1821 Abs. 3 zu beachten, soweit die Schenkungen das nach den Lebensumständen des Betreuten Übliche überschreiten.

Übliche Gelegenheitsgeschenke erfassen nicht nur Geschenke zu **Geburts- und Festtagen,** sondern gehen aber darüber hinaus und erfassen auch Geschenke aus **allgemeiner Nächstenliebe** oder Zuwendungen im **Freundeskreis. Spen-**

den, zB an eine karitative Organisation, die als juristische Person satzungsgemäß wohltätige Zwecke verfolgt, sind Schenkungen (Grüneberg/Weidenkaff BGB § 516 Rn. 6) und dem Betreuer als Gelegenheitsschenkung unter den og Voraussetzungen gestattet, zB anlässlich von Haussammlungen oder gelegentlich bestimmter Jahrestage, etwa als **Weihnachtsspende.** Näher zu üblichen Gelegenheitsgeschenken s. Reinfarth BtPrax 2024, 117 (120).

Im Übrigen sollte eine **großzügige Auslegung** erfolgen, die sich auch an den allgemeinen, vom Vermögen und Einkommen geprägten Lebensumständen orientiert. Die Ausnahmen von der Genehmigungspflicht dienen letztlich der **Verwirklichung des Selbstbestimmungsrechts** des Betreuten. Das Gericht hat zur Kontrolle seinen Aufsichtspflichten gem. § 1862 nachzukommen und ggf. erforderliche Maßnahmen gem. § 1862 Abs. 3 zu treffen. In Zweifelsfällen kann das Betreuungsgericht zur Beratung und ggf. zum Erlass eines Negativattests herangezogen werden (Reinfarth BtPrax 2024, 117 (120 f.)).

IV. Verfahren

Es entscheidet der **Rechtspfleger** (§ 3 Nr. 2b RPflG); der Betreute **soll persönlich** gehört werden (§ 299 S. 2 FamFG); zu Einzelheiten → § 1855 Rn. 11 ff. Es ist vorrangig der Wunsch des Betreuten, hilfsweise dessen mutmaßlicher Wille entscheidend. Erst in Ermangelung konkreter Informationen und Anhaltspunkte zum mutmaßlichen Willen des Betreuten dürfen auch objektive Kriterien (bspw. allgemeine Lebenserfahrungen, wirtschaftlich sinnvolle Entscheidungen eines verständigen durchschnittlichen Menschen in dieser Situation) einfließen, ohne dass insgesamt betrachtet das objektive Wohl als Maßstab angelegt wird; es verbleibt beim stets subjektiven individuellen hypothetischen Willen des Betreuten (→ BGB § 1838 Rn. 5, → BGB § 1821 Rn. 23). Da es sich bei einer Schenkung um einen Vertrag handelt, ist dieser nicht nur vor-, sondern auch nachgenehmigungsfähig, § 1856 Abs. 1. 18

Unterkapitel 5. Genehmigungserklärung

§ 1855 Erklärung der Genehmigung

Das Betreuungsgericht kann die Genehmigung zu einem Rechtsgeschäft nur dem Betreuer gegenüber erklären.

Übersicht

I. Überblick

Die Vorschrift entspricht § 1828 aF, der auf die Betreuung nach § 1908i Abs. 1 S. 1 sinngemäß anzuwenden war. Nach § 1862 Abs. 1 S. 2 hat das Gericht vor Erteilungen einer Genehmigung den in § 1821 Abs. 2–4 festgelegten Maßstab zu 1 beachten. Damit soll die „Magna Charta" des Betreuungsrechts auch für die Aufsichtstätigkeit des Gerichts gelten, weil dieses das Handeln des Betreuers zu beaufsichtigen hat, der an § 1821 gebunden ist (BT-Drs. 19/24445, 298).

2 § 1855 betrifft Genehmigungen, von denen die Wirksamkeit eines Rechtsgeschäfts abhängt (**Außengenehmigungen** nach §§ 1833, 1848–1854, 1833). Bloße Innengenehmigungen, wie in §§ 1810, 1811, 1823 aF, sind nicht mehr vorgesehen. Diese sind nun in §§ 1846, 1847 als Anzeigepflichten ausgestaltet.

Ausschließlicher Adressat der gerichtlichen Genehmigung ist der Betreuer, der selbst zu entscheiden hat, ob er von dieser Gebrauch macht. Die Genehmigung erlaubt dem Betreuer damit ein Handeln. Dadurch hat der Betreuer die Möglichkeit im Vornahmezeitpunkt des Rechtsgeschäfts das Fortbestehen der Vorgaben von § 1821 BGB zu prüfen, so dass seine Entscheidungsfreiheit gesetzlichen Anforderungen unterliegtund nicht auf Zweckmäßigkeit ausgerichtet ist (→ Rn. 8 ff.). Die Genehmigung ist ihrer **Rechtsnatur** nach ein Akt der freiwilligen Gerichtsbarkeit, durch den eine gesetzlich angeordnete Beschränkung der **Vertretungsmacht** des Betreuers beseitigt wird (BayObLG Rpfleger 2003, 82; Grüneberg/Götz BGB Rn. 1; MüKoBGB/Kroll-Ludwigs Rn. 6). §§ 116 ff. zu den Willensmängeln finden auf die gerichtliche Genehmigung keine Anwendung; Korrekturen erfolgen nach den Vorschriften des FamFG (MüKoBGB/Kroll-Ludwigs Rn. 7, §§ 48 Abs. 3, 40 Abs. 2, 3 FamFG).

3 Die Genehmigung zu einem **Vertrag** kann vor Abschluss als **Vorgenehmigung** erteilt werden oder nachträglich als **Nachgenehmigung** (§ 1856 Abs. 1 S. 1). **Einseitige Rechtsgeschäfte** müssen vorweg genehmigt sein (§ 1858). Ist zu einem Vertrag die Vorgenehmigung rechtskräftig erteilt, wird dieser mit Abschluss sofort wirksam; bei einer Nachgenehmigung muss der Betreuer durch Erklärung gegenüber dem Vertragsgegner von der Genehmigung Gebrauch machen (§ 1856 Abs. 1 S. 2). Der Vertrag wird dann entsprechend § 184 Abs. 1 rückwirkend wirksam.

4 Für das Genehmigungserfordernis ist es gleich, ob der Betreuer das Rechtsgeschäft im Namen des Betreuten selbst abschließt, ausnahmsweise einen Vertreter damit beauftragt oder ob der Betreuer dem Abschluss des dem **Einwilligungsvorbehalt** (§ 1825) unterliegenden Rechtsgeschäfts des Betreuten zustimmt. **Genehmigungsgegenstand** ist stets das Rechtsgeschäft und nicht die Zustimmungserklärung des Betreuers. Ist nur eine **Teilbestimmung** eines einheitlichen Vertrages genehmigungspflichtig, so ist er seinem ganzen Inhalt nach der betreuungsgerichtlichen Genehmigung unterworfen und die Vereinbarkeit mit § 1821 Abs. 2–4 zu beachten (§ 1862 Abs. 1). Grundsätzlich ist das **gesamte Rechtsgeschäft** mit all seinen Bestimmungen dem Gericht zur Genehmigung zu unterbreiten. Vereinbarungen, die dem Gericht unbekannt geblieben sind, werden von der Genehmigung nicht erfasst und bleiben unwirksam. Ob dies zur Nichtigkeit des ganzen Rechtsgeschäfts führt, beurteilt sich nach **§ 139** (BGH ZEV 2003, 275; mAnm Damrau; Grüneberg/Götz BGB Rn. 10; aA MüKoBGB/Kroll-Ludwigs Rn. 10). **Zusammenhängende** Rechtsgeschäfte sind einzeln zu genehmigen, was nicht ausschließt, dass zB mit dem Verkauf eines Grundstücks auch schlüssig dessen Auflassung genehmigt ist.

5 Schließt ein **geschäftsfähiger** Betreuter das Rechtsgeschäft selbst ab, besteht keine Genehmigungspflicht, es sei denn, es besteht ein Einwilligungsvorbehalt (§ 1825) für den Wirkungskreis des Rechtsgeschäfts. Die Genehmigungspflicht besteht auch, wenn der Betreuer dem Rechtsgeschäft eines geschäftsunfähigen Betreuten zustimmt und damit die Nichtigkeitsfolge von § 105 Abs. 2 nicht ein-

tritt (strittig s. → BGB § 105 Rn. 3). Das gilt auch, wenn der Betreuer neben dem Betreuten vorsorglich eine eigene Erklärung abgibt, zB bei der notariellen Beurkundung eines Grundstücksvertrags, so wird das Betreuungsgericht bei begründeten Zweifeln an der Geschäftsfähigkeit des Betreuten die Genehmigung des (auch) vom Betreuer vorgenommenen Rechtsgeschäfts prüfen müssen.

II. Genehmigungsvoraussetzungen

Das Gericht hat die **Wirksamkeit** des Rechtsgeschäfts zu prüfen. Bloße Zweifel genügen zur Versagung der Genehmigung nicht (Grüneberg/Götz BGB Rn. 7). Eine sachliche Entscheidung ist aber abzulehnen, wenn das Rechtsgeschäft offensichtlich nichtig ist, zB nach § 138 sittenwidrig (OLG Frankfurt a. M. BtPrax 2004, 200: Vermögensverschiebung zu Lasten der Sozialhilfe) oder unwirksam, weil der Betreuer von der Vertretung ausgeschlossen ist (§§ 181, 1824). Bei Vertretungsausschluss hat das Betreuungsgericht von Amts wegen einen Ergänzungsbetreuer zu bestellen (§ 1817 Abs. 5). Materiell-rechtliche Mängel werden durch die betreuungsgerichtliche Genehmigung nicht geheilt. Hierauf ist insbesondere bei Verstoß gegen ein Vertretungsverbot nach § 1824 zu achten (BayObLG FamRZ 2001, 51 (52)). 6

Die **Genehmigungspflicht** entfällt auch nicht, wenn bereits eine **Verpflichtung** zur Vornahme des Rechtsgeschäfts besteht. Das Gericht prüft dann die Begründetheit des angeblichen Anspruchs; desgleichen den Grundbuchberichtigungsanspruch, wenn eine Berichtigungsbewilligung genehmigt werden soll. Ist der Betreute zur Leistung wirksam verpflichtet, so kann auch die Erfüllung der Verpflichtung gegen den Wunsch des Betreuten nur nach § 1821 Abs. 3 erfolgen (aA zur früheren Rechtslage mit Verweis auf das Interesse des Betreuten: BayObLG FamRZ 2001, 151; MittBayNot 1999, 387). Gläubiger sind in diesem Fall auf Mittel der Zwangsvollstreckung angewiesen, wie bei anderen verweigernden Schuldnern auch. Das Erfordernis der betreuungsgerichtlichen Genehmigung des Erfüllungsgeschäfts hindert weder den Eintritt der Fälligkeit, noch des Verzugs (BGH Rpfleger 1997, 221 zur Rückabwicklung einer Grundstücksveräußerung). 7

Der **Vorrang** des Wunschs des Betreuten (§ 1821 Abs. 2) ist auch im Genehmigungsverfahren zu beachten (§ 1862 Abs. 1 S 2). Entspricht zB die Veräußerung eines Grundstücks nicht den Wünschen des Betreuten, so hat der Betreuer grundsätzlich die Veräußerung zu unterlassen, auch wenn ein sehr günstiger Preis zu erzielen wäre. Der Betreute ist aber über die Umstände adressatengerecht zu informieren. Wird dennoch gegen den Wunsch veräußert, so handelt der Betreuer **pflichtwidrig** und das Betreuungsgericht muss die Genehmigung versagen (BayObLG DNotZ 2002, 494 mAnm Bienwald; Rpfleger 1998, 22). Entsprechendes gilt für die nicht gewünschte Vermietung des Einfamilienhauses des im Heim lebenden dementen Betreuten (OLG Schleswig BtPrax 2001, 211). Der Betreutenwunsch ist aber unter den Voraussetzungen des § 1821 Abs. 3 **unbeachtlich** (→ BGB § 1821 Rn. 17 ff.). In diesem Fall wird sein mutmaßlicher Wille hilfsweise der Maßstab (§ 1821 Abs. 4). Soweit umgekehrt der Betreuer einem Wunsch des Betreuten folgt und die Voraussetzungen von § 1821 Abs. 3 nicht vorliegen, darf sich auch das Betreuungsgericht dem nicht mit Nützlichkeits- und Zweckmäßigkeitserwägungen verschließen. 8

Erwägungen zur **Nützlichkeit** und **Zweckmäßigkeit** des Rechtsgeschäfts können als Hinweis in die Beratung des Betreuers und Betreuten einfließen und 9 ggf. für die Bestimmung des mutmaßlichen Willens genutzt werden (§ 1821 Abs. 4), (Zur alten Rechtslage: OLG Hamm Rpfleger 2004, 214; BayObLG FamRZ 1990, 208; übernommen jurisPK BGB/Herberger Rn. 74);). Im Falle zweifelhafter Forderungen gegenüber dem Betreuten entspricht es regelmäßig nicht seinem mutmaßlichen Willen, behaupteten Rückzahlungsansprüchen Folge zu leisten (BGH BtPrax 2013, 68). Ein Wohnrecht kann ohne Gegenleistung aufgegeben werden, wenn der Betroffene es selbst nicht mehr nutzen will/kann und auch eine Überlassung an Dritte ausgeschlossen ist (BGH FamRZ 2012, 967). Denn damit verliert es seinen Vermögenswert insgesamt. Mit Blick auf die Vermögenssorge und damit finanzielle, materielle Aspekte sieht § 1838 Abs. 1 vor, dass der Betreuer die Vermögensangelegenheiten nach Maßgabe des § 1821 wahrzunehmen hat. Für einen mutmaßlichen Willen des Betreuten nach § 1821 Abs. 4 ist vorgesehen, dass die Wahrnehmung der Vermögensangelegenheiten nach §§ 1839 bis 1843 erfolgt, es sei denn, es bestehen Anhaltspunkte für einen abweichenden Willen des Betreuten.

10 Die Bestimmung des mutmaßlichen Willens erfolgt nach § 1821 Abs. 4 aufgrund konkreter Anhaltspunkte und ihm ist Geltung zu verschaffen (→ BGB § 1821 Rn. 21 ff.). Zu berücksichtigen sind dabei insbesondere frühere Äußerungen, ethische oder religiöse Überzeugungen und sonstige persönliche Wertvorstellungen des Betreuten, so dass auch „**persönliche** immaterielle Interessen" des Betreuten weiterhin einzubeziehen sind (so bereits BGH NJW 1986, 2829; OLG Hamm Rpfleger 1987, 200; BayObLG FamRZ 1990, 208; Erman/Schulte-Bunert Rn. 9) und ein stärkeres Gewicht erhalten. Nach der neuen Rechtslage ist das Wohl des Betreuten nicht mehr der Maßstab und damit sind objektive Interessen des Betreuten zurückgestellt (BT-Drs. 19/24445, 249). Öffentliche Interessen (zB des Umweltschutzes, der Nachhaltigkeit) sind daher außerhalb privat auferlegter Pflichten nicht maßgebend (Erman/Schulte-Bunert Rn. 10. Dasselbe gilt für Interessen Dritter (BGH NJW-RR 2017, 324). Mit einer Abwägung zwischen den ideellen Interessen des Betreuten und der Wirtschaftlichkeit des Vertrages ist daher Zurückhaltung geboten.

Nach früher Rechtslage wurde auch der Gesichtspunkt des Friedens und Zusammenhalts in der Familie besondere Bedeutung beigemessen (OLG Hamm Rpfleger 1987, 200); krit. hierzu Kroll-Ludwigs (MüKoBGB/Kroll-Ludwigs § 1828 aF Rn. 19), weil sich hinter dem **„Familienfrieden"** die egoistischen Interessen Angehöriger verbergen können. Bei der Bestimmung des mutmaßlichen Willens ist in diesem Zusammenhang Sorgfalt geboten (→ BGB § 1821 Rn. 22 f.), denn Familienangehörige sind idR auch Auskunftspersonen, die Anhaltspunkte für den mutmaßlichen Willen eines nicht mehr ansprechbaren Betreuten liefern können. Dies kann zB eine Rolle spielen bei Grundstücksübertragung an Angehörige, wenn keine wirtschaftlich gleichwertige Gegenleistung vereinbart wird, sondern nur Pflege und Betreuung (OLG Hamm Rpfleger 1987, 200) verbunden mit nicht messbaren Belastungen des Erwerbers, zB Verzicht auf Reisen (OLG Hamm NJW-RR 1992, 1170). Entscheidend ist nach neuer Rechtslage, dass der Wunsch/mutmaßliche Wille des Betreuten zu diesem Rechtsgeschäft festzustellen ist, der **nicht auf missbräuchlicher Einflussnahme beruht** (Art. 12 Abs. 4 UN-BRK). Die Interessen der Angehörigen sind ohne Belang, die nicht zugleich Wünsche des Betreuten sind; es geht bei der Betreuung nicht darum, das Vermögen des Betreuten ungeschmälert für die Erben zu erhalten (OLG Düsseldorf BtPrax 1993, 103), vielmehr ist dem Betreuten, seinen Wünschen folgend, der **Genuss des eigenen Vermögens** zu ermöglichen (BayObLG NJW 1991, 432).

III. Verfahren

Es entscheidet der Rechtspfleger (§ 3 Nr. 2b RPflG) des Gerichts, bei dem die Betreuungssache anhängig ist (§ 272 Abs. 1 Nr. 1 FamFG). Ein **Antrag** ist nicht vorgeschrieben. Dennoch wird das Gericht das Verfahren erst einleiten, wenn ein Antrag des Betreuers im Sinne einer Anregung vorliegt, da der Betreuer über den Gebrauch der Genehmigung entscheidet. Will der Betreuer keine Genehmigung beantragen, weil er das Rechtsgeschäft für genehmigungsfrei hält, kann das Gericht auch ohne Antrag die Genehmigung verweigern (KG NJW 1976, 1946). Ob **Vor- oder Nachgenehmigung** beantragt wird, liegt im Ermessen des Betreuers; auch die Genehmigung eines Grundstücksgeschäftes kann schon vor Vertragsschluss erteilt werden, wenn der Vertragsinhalt im Wesentlichen feststeht (BayObLG Rpfleger 2003, 361). Das Gericht kann sich im Vorfeld eines vorgesehenen Vertragsabschlusses schon zu den Erfolgsaussichten eines Genehmigungsantrags äußern, ist dazu aber nicht verpflichtet. 11

Am betreuungsgerichtlichen Genehmigungsverfahren sind **der Betreute und der Betreuer beteiligt.** Der **Vertragsgegner** ist nicht zu beteiligen. Er wird durch die gerichtliche Entscheidung nicht in seinen Rechten berührt, denn der Betreuer ist nicht verpflichtet, eine betreuungsgerichtliche Genehmigung zu beantragen oder von einer erteilten Genehmigung Gebrauch zu machen, anders nur, wenn das Betreuungsgericht unzutreffend von einer Genehmigungspflicht ausgeht (BayObLG Rpfleger 2003, 82). Die **Angehörigen** des Betreuten können im Interesse des Betreuten nach § 274 Abs. 4 FamFG beteiligt werden. Dem kann entgegenstehen, dass sie dessen **Erben** werden könnten. Durch die unzulässige formelle Beteiligung wird das Recht des Betreuten auf **informationelle Selbstbestimmung** verletzt (OLG Saarbrücken FGPrax 2001, 70: Grundstücksverkauf), wenn der Betreute dem nicht ausdrücklich zustimmt. Angehörigen steht auch kein Beschwerderecht im Genehmigungsverfahren zu (BayObLG FamRZ 1995, 302). Gleiches gilt für **Stiefkinder,** denen der Anspruch auf Übertragung des väterlichen Miteigentumsanteils an einem Grundstück **vermächtnisweise** zugewandt ist, aufschiebend bedingt durch den Tod der betreuten Stiefmutter, wenn diese berechtigt ist, das Grundstück zu veräußern. Sie werden durch eine Genehmigung nicht beeinträchtigt und sind nicht zu beteiligen (BayObLG BtPrax 2003, 220). Das ändert nichts daran, dass Angehörige gegebenenfalls im Rahmen der **Amtsermittlung** (§ 26 FamFG) im Genehmigungsverfahren als **Auskunftspersonen anzuhören** sind, insbesondere auch mit Blick auf den mutmaßlichen Willen des Betreuten nach § 1821 Abs. 4. Sie werden dadurch aber nicht zu Beteiligten (§ 7 Abs. 6 FamFG). Zum informationellen Selbstbestimmungsrecht des Betreuten vgl. auch OLG Köln FamRZ 2004, 1124. Eine Auskunftspflicht des Betreuers über vermögensrechtliche Angelegenheiten des Betreuten (mit dessen Zustimmung) sieht das Gesetz im Gegensatz zu persönlichen Lebensumständen nach neuer Rechtslage gerade nicht vor (s. → BGB § 1822 Rn. 3). 12

Die Entscheidungsgrundlagen hat das Gericht von **Amts wegen zu ermitteln** (§ 26 FamFG); ggf. ist sachverständige Hilfe in Anspruch zu nehmen, wenn die eigene Sachkunde nicht ausreicht, die Tragweite des Rechtsgeschäfts zu überblicken (BGH NJW 1986, 2829 (2831)). Der entscheidungserhebliche Sachverhalt 13 ist sorgfältig aufzuklären, um das Gericht in die Lage zu versetzen, eine Gesamtwürdigung der Interessen des Betreuten vorzunehmen. Hieran ändert auch ein Drängen der Vertragsschließenden auf alsbaldige Genehmigung nichts (BGH Rpfleger 1995, 156; s. dort auch zu Inhalt und Umfang der Ermittlungspflichten). Art und Umfang der erforderlichen Ermittlungen bestimmt das Gericht nach pflichtgemäßem Ermessen. So kann im Einzelfall davon abgesehen werden, zum Wert eines Grundstücks ein Sachverständigengutachten einzuholen, wenn konkrete Erkenntnisse zum Wert vorliegen (BayObLG Rpfleger 2003, 361).

14 Der **Betreute** wird vor der Entscheidung regelmäßig zum Zwecke der **Sachaufklärung** zu hören sein (§ 26 FamFG), denn das Gericht hat § 1821 Abs. 2–4 zu beachten und entsprechende Tatsachen aufzuklären. Dazu ist die persönliche Anhörung idR unerlässlich. Die Anhörung dient nicht nur der Sachaufklärung, sondern auch der Gewährung des **rechtlichen Gehörs** (Art. 103 Abs. 1 GG). Dieses **Verfahrensgrundrecht** ist im Verfahren vor dem Rechtpfleger Ausfluss des rechtsstaatlichen Grundsatzes des fairen Verfahrens (BVerfG NJW 2000, 1709). Der Betreute durfte bereits nach früherer Rechtslage nicht zum bloßen Objekt staatlicher Entscheidung werden. Ihm musste insbesondere die Möglichkeit gegeben werden, vor der Entscheidung, die seine Rechte betrifft, zu Wort zu kommen, um Einfluss auf das Verfahren und dessen Ergebnis nehmen zu können (BVerfG NJW 2000, 1709). Es gelten also die zum rechtlichen Gehör entwickelten Grundsätze (so zutreffend Eickmann Rpfleger 2000, 245). Dies gilt durch die mit der Reform erfolgte Stärkung des Selbstbestimmungsrechts umso mehr.

15 Die Anhörung erfolgt idR mündlich **(persönlich).** Für eine schriftliche Anhörung bedarf es hinreichender Gründe, so dass der Betreute dieser nachkommen kann und damit einverstanden ist. Nach § 299 FamFG hat das Gericht den Betreuten vor einer Entscheidung nach § 1833 Abs. 3 persönlich anzuhören und soll den Betreuten in den Fällen der §§ 1850–1854 persönlich hören, denn regelmäßig wird sich nur im **persönlichen Gespräch** ermitteln lassen, ob das Rechtsgeschäft den zu Wünschen des Betreuten entspricht (OLG Hamm Rpfleger 2004, 214). Die persönliche Anhörung ist aus diesen Gründen grundsätzlich sehr sachdienlich (BayObLG BtPrax 2003, 220). Der Katalog des § 299 FamFG ist **nicht abschließend,** so dass auch vor anderen Entscheidungen eine **persönliche Anhörung** geboten sein kann (§§ 1848, 1849). Zwingend ist gem. § 299 S. 1 FamFG die persönliche Anhörung vor Entscheidungen nach § 1833 Abs. 3, zB über eine Wohnungskündigung, soweit nicht nach § 34 Abs. 2 FamFG hiervon abgesehen werden darf. Absehen von der persönlichen Anhörung heißt aber nicht, dass dann jede Anhörung unterbleiben kann. Das rechtliche Gehör bleibt auch im **Genehmigungsverfahren** unberührt.

16 Die unter dem Gesichtspunkt des rechtlichen Gehörs bzw. des fairen Verfahrens gebotene Anhörung des Betreuten ist auch nicht deshalb entbehrlich, weil der Betreuer als **gesetzlicher Vertreter** des Betreuten am Genehmigungsverfahren beteiligt ist. „Im Regelfall kann das rechtliche Gehör nicht durch denjenigen vermittelt werden dessen Handeln, wie hier, im Genehmigungsverfahren überprüft werden soll" (BVerfG NJW 2000, 1710). Der Betreute ist auch im Genehmigungsverfahren **verfahrensfähig** (§ 275 FamFG). Er kann für das Genehmigungsverfahren ohne Rücksicht auf seine Geschäftsfähigkeit einen Bevollmächtigten, auch einen Rechtsanwalt, beauftragen und bestellen (BayObLG FamRZ 1999, 1612; aA OLG Saarbrücken BtPrax 1999, 153 mablAnm Schmidt FGPrax 1999, 178). Seine Rechte werden **nicht** durch den **Betreuer** wahrgenommen, insbesondere erfolgt das **rechtliche Gehör** nicht „über" den Betreuer, sondern wird dem

Betreuten abhängig von der konkreten Auswirkung der Behinderung und der Bedeutung sowie der Schwierigkeit der konkreten Angelegenheit unmittelbar selbst gewährt.

Ergibt die **Anhörung,** dass der Betreute nicht in der Lage ist, seine Interessen sachgerecht wahrzunehmen (OLG Frankfurt a. M. FGPrax 1997, 109) oder ist der Betreute **nicht in der Lage, seinen Willen kund zu tun** (vgl. auch § 34 Abs. 2 FamFG), hat ihm das Gericht (Richter oder Rechtspfleger) auch im **Genehmigungsverfahren** zur Wahrung des Verfahrensgrundrechts auf rechtliches Gehör bzw. ein faires Verfahren (Rn. 14) einen **Verfahrenspfleger** zu bestellen (§ 276 FamFG; Sternal/Giers FamFG § 276 Rn. 3). So ist auch zu verfahren, wenn von der **persönlichen Anhörung abgesehen** wird, weil sich aus den Akten anhand etwa der Ergebnisse einer im Unterbringungsverfahren durchgeführten persönlichen Anhörung und der Berichte des Betreuers ergibt, dass der Betreute nicht mehr in der Lage ist, seinen Willen kundzutun (BayObLG BtPrax 2003, 220); seine Bestellung verhindert, dass der **nicht anhörungsfähige** Betreute zum bloßen Objekt des Verfahrens wird (→ Rn. 15). Der Verfahrenspfleger hat nach § 276 Abs. 3 FamFG die Wünsche, hilfsweise den mutmaßlichen Willen des Betreuten festzustellen und im gerichtlichen Verfahren zu Geltung zu bringen. 17

Die Anhörung im Genehmigungsverfahren nach § 299 FamFG kann auch im Wege der Rechtshilfe erfolgen (OLG Karlsruhe Rpfleger 1994, 203). 18

IV. Entscheidung

Die Entscheidung, ob das Rechtsgeschäft § 1821 Abs. 2–4 entspricht, ist **keine Ermessensentscheidung** (BeckOK BGB/Kadelbach, 65. Ed. 1.2.2023, Rn. 4, MüKoBGB/Kroll-Ludwigs Rn. 16; aA Grüneberg/Götz BGB Rn. 6, jurisPK BGB/Herberger Rn. 76; zur alten Rechtslage des Wohls iSv § 1901 aF: BGH NJW 1998, 2829; BayObLG DNotZ 2002, 547 mAnm Bienwald). Die Entscheidung muss das Gericht auf der Basis des Sachverhalts auf der Grundlage von § 1821 treffen. Weder das Wohl, noch das Interesse des Betreuten, sind nach neuer Rechtslage relevante Maßstäbe, ebenso wie allgemeine Zweck- und Nützlichkeitserwägungen. Es geht darum, die Selbstbestimmung des Betreuten zu verwirklichen und iRv § 1821 Abs. 1, Abs. 3 und Abs. 5 den Betreuten ggf. vor erheblichen Selbstschädigungen zu bewahren. Bei Grundstücksgeschäften ist daher nicht nur auf materielle, sondern auch auf ideelle Gesichtspunkte abzustellen (LG Hagen BtPrax 2014, 184; umfassend dazu Lipp/Schrader BtPrax 2014, 208). Die Genehmigung wird dem Betreuer erteilt (§ 1855), jedoch als Beschluss des Betreuungsgerichts erst **mit Rechtskraft wirksam** (§ 40 Abs. 2 FamFG). Sie ist auch dem Betreuten selbst bekannt zu machen (§ 41 FamFG), nicht hingegen dem Geschäftsgegner oder Angehörigen. Die Form der Bekanntmachung richtet sich nach § 15 FamFG. Vorab genehmigte Rechtsgeschäfte werden mit Vornahme wirksam, zur nachträglichen Genehmigung von Verträgen → Rn. 3. 19

Die Genehmigung kann zum Schutz des Betreuten auch unter einer **aufschiebenden Bedingung** erteilt werden, zB der Eintragung in das Handelsregister bei Erwerb eines Kommanditanteils (Haftung aus § 176 Abs. 2 HGB, s. dazu BGH NJW 1983, 2258) oder der Bestellung eines Ersatzpfandrechts bei Aufhebung einer Sicherheit (§ 1822 Nr. 13). Dies darf aber nicht dazu führen, dass das Gericht den vom Betreuer angestrebten Zweck dadurch verändert (MüKoBGB/Kroll- 20

Ludwigs Rn. 14), sondern muss sich zB auf die Reduzierung von Risiken beschränken. Es handelt sich dann um eine Ablehnung mit vorheriger Genehmigung für den Fall einer Veränderung des Rechtsgeschäfts (wie hier auch: Erman/Schulte-Bunert Rn. 12). Unzulässig ist hingegen eine **auflösende** Bedingung. **Auflagen,** eine bestimmte Anlage des Verkaufserlöses, lassen die Wirkungen der Genehmigungen unberührt, sind aber nur zulässig, soweit sie als Aufsichtsmaßnahme nach § 1861 geboten sind.

21 Ist das Gericht der Auffassung, das Rechtsgeschäft sei nicht genehmigungsbedürftig, erteilt es ein **„Negativattest".** War die Genehmigung dennoch erforderlich, so wird sie durch das Negativattest nicht ersetzt. Das **Rechtsgeschäft** bleibt **unwirksam** (BGH NJW 1966, 952). Das Grundbuchamt ist an ein Negativattest des Betreuungsgerichts nicht gebunden, sondern prüft die Genehmigungsbedürftigkeit in eigener Verantwortung (OLG Köln Rpfleger 2003, 560 (572); OLG Zweibrücken FamRZ 2000, 117). Wegen der mit dem Negativattest verbundenen tatsächlichen Vermutung für die Genehmigungsfreiheit (OLG Hamm Rpfleger 1991, 56) kann bei unklarer Rechtslage ein Vertrag unter der Bedingung geschlossen werden, so dass ein Negativattest eingeholt wird (BGH FamRZ 1989, 605 (608)).

22 **Beschwerdeberechtigt** ist gegen **Erteilung** und **Versagung** der Genehmigung der **Betreute** (§ 59 Abs. 1 FamFG) und in seinem Namen der Betreuer (§ 1823); gegen die Versagung auch der Betreuer in eigenem Namen (MüKoBGB/Kroll-Ludwigs Rn. 51; aA OLG Stuttgart FGPrax 2001, 199). Auch der Verfahrenspfleger kann Rechtsmittel einlegen (§ 303 Abs. 3 FamFG, → § 276 FamFG Rn. 12). Der Geschäftsgegner ist nicht Beteiligter des Genehmigungsverfahrens und nicht beschwerdeberechtigt (OLG München Rpfleger 2009, 679), es sei denn, er bestreitet die Genehmigungspflicht (OLG Hamm FamRZ 1984, 1036). Angehörige des Betreuten haben kein Beschwerderecht (BayObLG FamRZ 1995, 302), auch nicht, wenn sie selbst Vertragspartner sind (OLG Celle FamRZ 2012, 1066).

23 Ist die Genehmigung oder deren Verweigerung gegenüber dem **Geschäftsgegner wirksam** geworden (im Falle der Nachgenehmigung durch Mitteilung nach § 1856 Abs. 1 S. 2), besteht im Interesse der Rechtssicherheit ein **Abänderungsverbot.** Weder das Betreuungsgericht (§ 48 Abs. 3 FamFG) noch das Beschwerdegericht (§ 68 Abs. 3 S. 1 FamFG) dürfen die Entscheidung ändern.

24 Die Entscheidung über die Genehmigung von Rechtsgeschäften des Betreuers oder solchen des Betreuten, denen er zustimmt, fällt ausnahmslos in die Zuständigkeit des Rechtspflegers. Beschlüsse werden mit Rechtskraft wirksam (§ 40 Abs. 2 FamFG). Rechtskraft wiederum tritt ein, wenn innerhalb der Frist von zwei Wochen (§ 63 Abs. 2 Nr. 2 FamFG) keine Beschwerde eingelegt wird. Dem Rechtschutzbedürfnis des Betreuten ist damit ausreichend Rechnung getragen.

§ 1856 Nachträgliche Genehmigung

(1) [1]**Schließt der Betreuer einen Vertrag ohne die erforderliche Genehmigung des Betreuungsgerichts, so hängt die Wirksamkeit des Vertrags von der nachträglichen Genehmigung des Betreuungsgerichts ab.** [2]**Die Genehmigung sowie deren Verweigerung wird dem anderen Teil gegenüber erst wirksam, wenn ihm die wirksam gewordene Genehmigung oder Verweigerung durch den Betreuer mitgeteilt wird.**

(2) **Fordert der andere Teil den Betreuer zur Mitteilung darüber auf, ob die Genehmigung erteilt sei, so kann die Mitteilung der Genehmigung nur bis zum Ablauf des zweiten Monats nach dem Empfang der Aufforderung erfolgen; wird die Genehmigung nicht mitgeteilt, so gilt sie als verweigert.**

(3) **Soweit die Betreuung aufgehoben oder beendet ist, tritt die Genehmigung des Betreuten an die Stelle der Genehmigung des Betreuungsgerichts.**

I. Überblick

Die Vorschrift übernimmt den früheren § 1829 aF, der nach § 1908i Abs. 1 S. 1 aF sinngemäß auf die Betreuung anzuwenden war. Abs. 1 wurde leicht sprachlich angepasst und entspricht dem bisherigen § 1829 Abs. 1 aF. In Abs. 2 hat sich die Frist zur Mitteilung der Genehmigung des Betreuungsgerichts wegen der Dauer des Genehmigungsverfahrens auf zwei Monate verlängert. Damit soll dem Betreuer eine realistische Chance gegeben werden, die Genehmigung beizubringen, ohne den Vertragspartner unangemessen lange zu binden (BT-Drs. 19/24445, 291). Abs. 3 enthält gegenüber der früheren Rechtslage eine Neuerung, dass „in dem Fall, in dem die Betreuung endet oder hinsichtlich des betroffenen Aufgabenbereiches aufgehoben wird, dem Betreuten die Entscheidung darüber zusteht, den vom Betreuer abgeschlossenen Vertrag zu genehmigen" (BT-Drs. 19/24445, 291). 1

II. Abschluss ohne Genehmigung

Wird ein Vertrag mit der erforderlichen Genehmigung abgeschlossen, ist er sofort wirksam. Eine Mitteilung der Genehmigung an den Geschäftsgegner ist nicht erforderlich. Schließt der Betreuer ohne vorherige Genehmigung den Vertrag, ist dieser **schwebend unwirksam** (Abs. 1 S. 1). Die nachträgliche Genehmigung, die dem Betreuer erteilt wird (§ 1855), beendet diesen Schwebezustand nicht. Erst wenn der Betreuer dem Geschäftsgegner die Genehmigung mitteilt, wird der Vertrag entsprechend § 184 von Anfang an wirksam (Abs. 1 S. 2). Diese **Mitteilung** ist keine bloße Tatsacheninformation, sondern eine empfangsbedürftige Willenserklärung; der Betreuer muss zum Ausdruck bringen, dass er die gerichtliche Entscheidung als endgültig und den Vertrag als zustande gekommen ansieht (BayObLG FamRZ 1989, 540; Grüneberg/Götz Rn. 4). Entsprechendes gilt, wenn das Betreuungsgericht die Genehmigung des Rechtsgeschäfts verweigert; die dem Vertragsgegner durch das Betreuungsgericht unmittelbar mitgeteilte Versagung einer Genehmigung ist rechtlich wirkungslos (BayObLG FamRZ 1996, 242). 2

Schließt der Betreuer einen Vertrag ohne vorherige Genehmigung ab, ist er dem Geschäftsgegner gegenüber weder verpflichtet, eine Genehmigung einzuholen, noch von einer erteilten Genehmigung Gebrauch zu machen. Er hat vielmehr **erneut** zu **prüfen,** ob der Vertrag den Wünschen des Betreuten nach § 1821 entspricht. Betreuungsgericht und Betreuer haben also eine **selbstständige Prüfungspflicht** (BGH BtPrax 2004, 30 (31)), die für das Gericht aus § 1862 Abs. 1 folgt. Auf die Mitteilung nach Abs. 1 S. 2 darf daher nicht verzichtet werden; jede darauf hinauslaufende Vereinbarung wäre nichtig (BayObLG FamRZ 1989, 1113 (1115)). 3

4 Eine besondere Form ist für die Mitteilung nach Abs. 1 S. 2 nicht vorgeschrieben. Im **Grundbuchverfahren** muss der Gebrauch der Genehmigung nach Abs. 1 S. 2 im Falle der Auflassung eines Grundstücks des Betreuten (§ 20 GBO) in der Form des § 29 GBO nachgewiesen werden, was zB dadurch geschehen kann, dass der Erwerber den ihm vom Betreuer überlassenen Genehmigungsbeschluss beim Grundbuchamt einreicht. Im Verfahren nach § 19 GBO, zB bei Bestellung eines Grundpfandrechts durch den Betreuer, wird die materiell-rechtliche Einigung nicht geprüft, so dass dem Grundbuchamt nur die Erteilung der mit Rechtskraftvermerk versehenen Genehmigung nach § 1855 nachzuweisen ist. Ein formgerechter Nachweis der Bekanntgabe ist nicht erforderlich (KG BtPrax 2018, 78).

5 Bei **grundstücksbezogenen** Rechtsgeschäften wird regelmäßig dem **Notar** vom Betreuer die **Vollmacht** erteilt, die Genehmigung des Betreuungsgerichts zu beantragen und entgegenzunehmen (§ 1855) sowie dem Vertragspartner mitzuteilen (Abs. 1 S. 2). Dieser bevollmächtigt den Notar, für ihn die Mitteilung entgegenzunehmen. Der Notar hat den Gebrauch der Vollmacht durch Vornahme des gestatteten Insichgeschäfts nach außen erkennbar zu machen. Hierzu genügt die Einreichung der Eintragungsunterlagen beim Grundbuchamt (BayObLG FamRZ 1989, 1113) oder zB ein entsprechender Vermerk auf der Ausfertigung des Genehmigungsbeschlusses (BayObLG BtPrax 1997, 199 (200)).

6 Diese sog. **„Doppelvollmacht"** wird allgemein für zulässig erachtet (BayObLG FamRZ 1998, 1325; MüKoBGB/Kroll-Ludwigs Rn. 16), obwohl der Betreuer als gesetzlicher Vertreter ein Insichgeschäft (§ 181) nicht gestatten kann. Trotz Doppelvollmacht kann der Betreuer durch Weisung an den bevollmächtigten Notar sicherstellen, dass der weitere Ablauf sich nicht verselbständigt, sondern die Mitteilung gem. Abs. 1 S. 2 seiner gesonderten Zustimmung bedarf.

III. Aufforderung zur Mitteilung

7 Der **Vertragspartner** ist an den schwebend unwirksamen Vertrag gebunden. Er kann den Schwebezustand beenden, indem er den Betreuer auffordert, ihm mitzuteilen, ob die Genehmigung erteilt sei **(Abs. 2).** Die Mitteilung der Genehmigung muss dann binnen von **zwei Monaten** erfolgen, anderenfalls gilt die Genehmigung als verweigert. Ob bereits eine betreuungsgerichtliche Genehmigung vorliegt oder beantragt wurde, ist unerheblich (RGZ 130, 148 (152)). Die Aufforderung ist Willenserklärung (str.; MüKoBGB/Kroll-Ludwigs Rn. 12 mwN). Die Anfrage des Vertragsgegners muss aber so beschaffen sein, dass der Betreuer erkennen kann, dass es sich nicht um eine bloße Sachstandsanfrage handelt (OLG Düsseldorf FGPrax 2003, 266).

IV. Entscheidung des Betroffenen

8 Wird die Betreuung **aufgehoben** oder der Aufgabenkreis, zu dem das betreffende Rechtsgeschäft gehört, eingeschränkt (§ 1871), muss der Betroffene (Geschäftsfähigkeit vorausgesetzt) nach **Abs. 3** selbst über die Genehmigung entscheiden, falls der Vertrag noch in der Schwebe ist. Unabhängig hiervon ist er befugt, das Rechtsgeschäft jederzeit an sich zu ziehen und die betreuungsgerichtliche Genehmigung entbehrlich zu machen (str. → BGB Vorb. § 1835 Rn. 7). Beim Tode des Betreuten geht die Entscheidungsbefugnis auf dessen Erben über.

§ 1857 Widerrufsrecht des Vertragspartners

Hat der Betreuer dem anderen Teil gegenüber wahrheitswidrig die Genehmigung des Betreuungsgerichts behauptet, so ist der andere Teil bis zur Mitteilung der nachträglichen Genehmigung des Betreuungsgerichts zum Widerruf berechtigt, es sei denn, dass ihm das Fehlen der Genehmigung bei dem Abschluss des Vertrags bekannt war.

Wird ein Vertrag ohne die erforderliche Genehmigung geschlossen, ist der Vertragspartner gebunden und kann den Schwebezustand nur nach § 1856 Abs. 2 beenden. Ein **Widerrufsrecht** steht ihm jedoch dann zu, wenn der Betreuer vor oder bei Vertragsschluss wahrheitswidrig das Vorhandensein einer betreuungsgerichtlichen Genehmigung behauptet hat. Ob er das Geschäft bei Abschluss überhaupt für genehmigungsbedürftig hielt oder nicht spielt keine Rolle. (MüKoBGB/Kroll-Ludwigs BGB § 1857 Rn. 5). 1

Das Widerrufsrecht steht nur dem Vertragspartner zu. Der Betreuer ist aber stets verpflichtet, zu prüfen, ob er unter Berücksichtigung der Wünsche des Betreuten (§ 1821 Abs. 2–4) von der Genehmigung Gebrauch macht (MüKoBGB/Kroll-Ludwigs BGB § 1857 Rn. 2). 2

Liegt im Wirkungskreis des Vertrags ein **Einwilligungsvorbehalt** (§ 1825) vor und hat der Betreute selbst den Vertrag geschlossen, gilt § 1857 entsprechend (Dodegge/Roth Teil E Rn. 132). Fehlt schon die Zustimmung des Betreuers, ist zunächst ein Widerrufsrecht des Vertragspartners nach §§ 1825 Abs. 1 S. 2, 109 Abs. 1 gegeben. 3

§ 1858 Einseitiges Rechtsgeschäft

(1) **Ein einseitiges Rechtsgeschäft, das der Betreuer ohne die erforderliche Genehmigung des Betreuungsgerichts vornimmt, ist unwirksam.**

(2) **Nimmt der Betreuer mit Genehmigung des Betreuungsgerichts ein einseitiges Rechtsgeschäft einem anderen gegenüber vor, so ist das Rechtsgeschäft unwirksam, wenn der Betreuer die Genehmigung nicht vorlegt und der andere das Rechtsgeschäft aus diesem Grunde unverzüglich zurückweist.**

(3) **[1]Nimmt der Betreuer ein einseitiges Rechtsgeschäft gegenüber einem Gericht oder einer Behörde ohne die erforderliche Genehmigung des Betreuungsgerichts vor, so hängt die Wirksamkeit des Rechtsgeschäfts von der nachträglichen Genehmigung des Betreuungsgerichts ab. [2]Das Rechtsgeschäft wird mit Rechtskraft der Genehmigung wirksam. [3]Der Ablauf einer gesetzlichen Frist wird während der Dauer des Genehmigungsverfahrens gehemmt. [4]Die Hemmung endet mit Rechtskraft des Beschlusses über die Erteilung der Genehmigung. [5]Das Betreuungsgericht teilt dem Gericht oder der Behörde nach Rechtskraft des Beschlusses die Erteilung oder Versagung der Genehmigung mit.**

Abs. 1 und Abs. 2 entsprechen dem früheren § 1831 S. 1 und S. 2 aF, der singngemäß nach§ 1908i Abs. 1 S. 1 aF anzuwenden war. Der Abs. 3 greift die in Rechtsprechung und Literatur diskutierte Frage auf, ob § 1831 S. 2 aF amtsempfangsbedürftige Willenserklärungen (zB Erbausschlagungen, Antrag auf Teilungsversteigerungen) bzw. genehmigungsbedürftige Klagen/Anträge (zB 1

Antrag auf Aufhebung der Ehe) anzuwenden war und regelt dies nun gesetzlich (BT-Drs. 19/24445, 292 → Rn. 5).

2 **Einseitigen** Rechtsgeschäften des Betreuers ist der Erklärungsgegner passiv ausgesetzt. Sie vertragen daher keinen Schwebezustand (vgl. auch § 111) und sind unheilbar nichtig, wenn sie ohne die erforderliche Genehmigung vorgenommen werden. Solche einseitigen Rechtsgeschäfte sind zB die Erteilung einer Prokura (§ 1852 Nr. 3) und die Kündigung eines Mietverhältnisses (§ 1833 Abs. 3 Nr. 1), der Widerruf einer Vollmacht (LG Gera, BtPrax 2025, 187). Die nichtigen einseitigen Rechtsgeschäfte sind ggf. mit (vorheriger) Genehmigung des Betreuungsgerichts neu vorzunehmen.

3 **Kein selbstständiges** einseitiges Rechtsgeschäft iSd § 1858 ist die **Zustimmung** des Betreuers zu einem Rechtsgeschäft, das den Wirkkreis eines Einwilligungsvorbehalts (§ 1825) betrifft. Stimmt er zB der genehmigungspflichtigen Kündigung durch den Betreuten zu, genügt es, wenn die betreuungsgerichtliche Genehmigung beim Zugang der Kündigung vorliegt; stimmt er einem Vertragsabschluss zu, ist eine nachträgliche Genehmigung möglich (§ 1856 Abs. 1). Selbstständiges einseitiges Rechtsgeschäft ist die Zustimmung zur Verfügung eines Dritten, so des betreuten Eigentümers zur Aufhebung einer Fremdgrundschuld nach § 1183 (→ BGB § 1849 Rn. 6) oder des betreuten Nacherben zur Verfügung des Vorerben §§ 2113, 185 (→ BGB § 1850 Rn. 7). Nach § 1858 BGB können nur Rechtsgeschäfte genehmigt werden, nicht hingegen der eigentliche Akt der Abgabe Im Kontext des Selbstbestimmungsgesetzes (Pelkmann FamRZ 2025, 1855 (1860)).

4 Die Genehmigung zur **Annahme einer Leistung** (§§ 1849, 1850) soll die Empfangszuständigkeit des gesetzlichen Vertreters begründen (Grüneberg/Grüneberg BGB § 362 Rn. 4). Dies kann auch nachträglich geschehen (Erman/Schulte-Bunert Rn. 2), zB schlüssig im Zusammenhang mit der Prüfung der **Jahresrechnung** durch das Betreuungsgericht.

5 Wird ein einseitiges Rechtsgeschäft **gegenüber einem Gericht oder einer Behörde** ohne die erforderliche Genehmigung des Betreuungsgerichts vorgenommen, so hängt die Wirksamkeit des Rechtsgeschäfts nach Abs. 3 von der nachträglichen Genehmigung des Betreuungsgerichts ab. Damit wird das vom Betreuer ohne die erforderliche Genehmigung des Betreuungsgerichts vorgenommene einseitige Rechtsgeschäft **ausnahmsweise schwebend unwirksam.** Mit Rechtskraft der Genehmigung wird es dann wirksam. Während der Dauer des Genehmigungsverfahrens ist der Fristablauf der gesetzlichen Frist (zB § 1944 Abs. 1: Erbausschlagung) gehemmt. Die Wirksamkeit der Ausschlagung einer Erbschaft durch einen Betreuer tritt mit Rechtskraft des Genehmigungsbeschlusses des Betreuungsgerichts ein (OLG Karlsruhe BeckRS 2024, 17512). Damit ist nun unzweifelhaft ausreichend, **wenn die erforderliche Genehmigung vor dem Ablauf der Frist beantragt wird** (BT-Drs. 19/24445, 292). In diesem Zusammenhang genügt es, wenn dem Gericht oder der Behörde durch das Betreuungsgericht die Mitteilung übersandt wird, dass eine (rechtskräftige) Genehmigung erteilt wurde (BT-Drs. 19/24445, 292). Wird die Genehmigung durch das Betreuungsgericht erteilt, ist dies der mit der Hauptsache befassten Stelle nach Rechtskraft mitzuteilen (BT-Drs. 19/24445, 292). Die Regelung über die Hemmung bezieht sich nur auf gesetzliche und nicht auf gerichtlich festgelegte Fristen. In diesem Fall sollte der Betreuer ggf. die Fristverlängerung selbst beantragen und im Falle einer Ablehnung dagegen vorgehen (BT-Drs. 19/24445, 292).

6 Einseitige **grundstücksbezogene** Rechtsgeschäfte, zB die Aufhebung einer Grundschuld (§ 875), gleich, ob sie gegenüber dem **Begünstigten** oder gegen-

über dem **Grundbuchamt** vorgenommen werden, sind erst mit der Eintragung vollzogen. Die Genehmigung kann daher auch nachträglich bis zur **Grundbucheintragung** erfolgen. Den Schwebezustand begrenzt das Grundbuchamt durch Fristsetzung mittels **Zwischenverfügung** nach § 18 GBO. Die **Eintragungsbewilligung** nach § 19 GBO selbst ist nicht Genehmigungsgegenstand mit Ausnahme der Berichtigungsbewilligung.

Unterkapitel 6. Befreiungen

§ 1859 Gesetzliche Befreiungen

(1) [1]**Befreite Betreuer sind entbunden**

1. von der Pflicht zur Sperrvereinbarung nach § 1845,

2. von den Beschränkungen nach § 1849 Absatz 1 Satz 1 Nummer 1 und 2, Satz 2 und

3. von der Pflicht zur Rechnungslegung nach § 1865.

[2]**Sie haben dem Betreuungsgericht jährlich eine Übersicht über den Bestand des ihrer Verwaltung unterliegenden Vermögens des Betreuten (Vermögensübersicht) einzureichen.** [3]**Das Betreuungsgericht kann anordnen, dass die Vermögensübersicht in längeren, höchstens fünfjährigen Zeiträumen einzureichen ist.**

(2) [1]**Befreite Betreuer sind**

1. Verwandte in gerader Linie,

2. Geschwister,

3. Ehegatten,

4. der Betreuungsverein oder ein Vereinsbetreuer,

5. die Betreuungsbehörde oder ein Behördenbetreuer.

[2]**Das Betreuungsgericht kann andere als die in Satz 1 genannten Betreuer von den in Absatz 1 Satz 1 genannten Pflichten befreien, wenn der Betreute dies vor der Bestellung des Betreuers schriftlich verfügt hat.** [3]**Dies gilt nicht, wenn der Betreute erkennbar an diesem Wunsch nicht festhalten will.**

(3) **Das Betreuungsgericht hat die Befreiungen aufzuheben, wenn bei ihrer Fortgeltung eine Gefährdung im Sinne des § 1821 Absatz 3 Nummer 1 zu besorgen wäre.**

I. Entstehung

§ 1859 ersetzt die komplizierte Normenkette **§ 1908i Abs. 2 S. 2 iVm** 1
§§ 1857a, 1852 Abs. 2, 1853, 1854 BGB aF und **erweitert** den Kreis der befreiten Betreuer um die **Geschwister,** alle Verwandten in gerader Linie (nun auch **Großeltern,** …) und um alle **weiteren** (per Betreuungsverfügung) durch den Betreuten befreite Personen.

II. Allgemeines

Unter „Befreiter Betreuung" versteht man eine **Sonderform** der Betreuung, 2
die den Betreuer im Rahmen der Vermögenssorge von bestimmten gesetzlichen **Pflichten,** die mit der Vermögensverwaltung verbunden sind, **freistellt.** Die

Befreiungen für die in Abs. 2 genannten Betreuer greifen **von Gesetzes wegen.** Andere Betreuer können auf **Antrag nach § 1860** durch das Gericht zusätzlich befreit werden.

III. Gesetzliche Befreiungen

3 Befreite Betreuer sind von der Pflicht zur **Sperrvereinbarung** nach § 1845 befreit (Abs. 1 S. 1 Nr. 1). Die Befreiung greift sowohl für die Pflicht zur Versperrung von **Geldanlagen** (§ 1845 Abs. 1) als auch von im Depot verwahrten oder hinterlegten **Wertpapieren** (§ 1845 Abs. 2 S. 1).

Die **Verwahrungs- und Hinterlegungspflichten** gem. §§ 1843, 1844 sowie die **Anzeigepflichten** gem. § 1846 und sämtliche Genehmigungspflichten treffen jedoch von Gesetzes wegen befreite Betreuer gleichermaßen wie nicht befreite Betreuer. Allenfalls ergibt sich durch den Wegfall der Gegenausnahme aus § 1849 Abs. 3 aufgrund der fehlenden Pflicht zur Versperrung von Anlagegeldern und Wertpapieren ein **breiterer Handlungsspielraum** für gesetzlich befreite Betreuer ohne Mitwirkung des Betreuungsgerichts.

4 Daneben sind gesetzlich befreite Betreuer von den **Beschränkungen** nach § 1849 Abs. 1 S. 1 Nr. 1, 2 und S. 2 **befreit.** Dies entspricht dem bisher geltenden Recht (§ 1908i Abs. 1 und 2 S. 2 iVm §§ 1857a, 1852 Abs. 2, 1812 BGB aF). Befreite Betreuer können damit über **Geldforderungen** (§ 1849 Abs. 1 S. 1 Nr. 1) und **Wertpapiere** (§ 1849 Abs. 1 S. 1 Nr. 2) **frei verfügen** und benötigen auch **keine Genehmigung** zur Eingehung von Verpflichtungen zu derartigen Verfügungen (§ 1849 Abs. 1 S. 2). Die Aufsicht des Betreuungsgerichts wird durch die Pflicht des Betreuers zur jährlichen Vorlage einer **Vermögensübersicht** sichergestellt (Abs. 1 S. 2, 3; vgl. BT-Drs. 19/27287, 25) sowie durch die **Anzeigepflichten** gem. § 1846, die auch befreite Betreuer treffen. Keine Befreiung erfolgt aber von der Pflicht zur **Genehmigung** der Verfügung über einen **hinterlegten Wertgegenstand** des Betreuten (§ 1849 Abs. 1 S. 1 Nr. 3) oder zu einer Verpflichtung hierzu (§ 1849 Abs. 1 S. 2).

5 Ebenso sind sie **befreit** von der Pflicht zur **Rechnungslegung** nach § 1865 (Abs. 1 S. 1 Nr. 3). Die Einreichung des **jährlichen Berichts** über die **persönlichen Verhältnisse** (§ 1863 Abs. 3) mit entsprechender **Vermögensübersicht** unter Anknüpfung an das Vermögensverzeichnis (§ 1835) bei (Teil-)Anordnung der **Vermögenssorge** (Abs. 1 S. 2) hat jedoch zu erfolgen. Anders als für den Bericht über die persönlichen Verhältnisse, können für die einzureichende Vermögensübersicht längere, maximal aber fünfjährige Vorlagefrequenzen durch das Gericht gewährt werden (Abs. 1 S. 3).

Wie beim Vermögensverzeichnis ist auch bei der **Bestandsübersicht** der **Schuldenstand** anzuführen (allgA Staudinger/Veit BGB § 1854 aF Rn. 5). Der Bestand ist nicht nachzuweisen, auf Verlangen sind aber dem Betreuungsgericht **Belege** und **Urkunden** einzureichen (→ BGB § 1865 Rn. 9). Das Betreuungsgericht prüft die **Vermögensübersicht** und geht auffälligen **Bestandsveränderungen** und sonstigen Anhaltspunkten nach, die das in den befreiten Betreuer gesetzte Vertrauen in Frage stellen (§ 1862). Besonders sorgfältig ist auch die jährliche obligatorische **Berichtspflicht** nach § 1863 Abs. 3 zu **überwachen,** die mit der Verpflichtung zur periodischen Auskunft verbunden werden kann; ggf. sind **Einzelauskünfte** einzuholen und der Betreuer zum persönlichen Bericht über die Führung seines Amtes aufzufordern. Wichtig ist, dass das Gericht auch bei befreiter Betreuung kontrolliert, ob dem Betreuten **genügend eigene Mittel** überlassen werden für seine persönlichen Bedürfnisse und ob allgemein seinen **Wünschen** entsprochen wird (§§ 1821, 1838).

Darüber hinaus **entfällt** bei Beendigung der Betreuung, wenngleich in dieser Norm nicht ausdrücklich aufgeführt, auch die Pflicht zur **Schlussrechnungslegung** gem. § 1872 Abs. 5; die Erstellung einer Vermögensübersicht genügt. 6

Im Übrigen können gesetzlich befreite Betreuer auf **Antrag** auch von **weiteren Pflichten** gem. § 1860 **befreit** werden. 7

IV. Befreiter Betreuerkreis

Befreite Betreuer sind **sämtliche Verwandte in gerader Linie** (Nr. 1). Mithin sind hierunter Eltern, Großeltern und sämtliche Abkömmlinge (Kinder, Enkelkinder) zu fassen. Des Weiteren sind **Geschwister** befreit (Nr. 2). Hierzu zählen nach Intention des Gesetzgebers neben den Vollgeschwistern auch **Halbgeschwister** mit einem gemeinsamen Elternteil sowie durch **Adoption** hinzugewonnene Geschwister (BT-Drs. 19/24445, 293). Auch **Ehegatten** sind befreit (Nr. 3). Sofern die Betreuung durch einen **Verein** bzw. **Vereinsbetreuer** (interne Überwachung durch Verein, BT-Drs. 11/4528, 161) oder die **Behörde** bzw. einen **Behördenbetreuer** übernommen wird, sind auch diese befreit (Nr. 4, 5). 8

Neben den ausdrücklich aufgeführten Personenkreis können auch sämtliche **weitere Personen befreit** sein, soweit der Betreute dies in einer (ggf. im Kausalvertrag zur Vorsorgevollmacht antizipierten) **Betreuungsverfügung** festgelegt hat (Abs. 2 S. 2), außer wenn der Betreute erkennbar an diesem Wunsch nicht festhalten will (Abs. 2 S. 3). Die Befreiung nach Abs. 2 S. 2 setzt voraus, dass dieser **Wunsch** in **schriftlicher** Form (§ 126) verfügt wurde. Die Befreiung ist in diesen Fällen durch das **Betreuungsgericht** festzustellen. Sollte sich während der Betreuung ein Bedürfnis zur Befreiung ergeben, können Anträge gem. § 1860 gestellt werden. 9

V. Aufhebung der Befreiung

Soweit es durch die gesetzliche Befreiung zu einer erheblichen **Gefährdung** für die Person oder das Vermögen des Betreuten iSd § 1821 Abs. 3 Nr. 1 kommen sollte und der Betreute diese Gefahr aufgrund seiner Krankheit oder Behinderung nicht erkennen oder nicht nach dieser Einsicht handeln kann, hat das **Betreuungsgericht** im Rahmen seiner **Aufsichtspflicht** gem. § 1862 die **Befreiung aufzuheben** (Abs. 3). Die Aufhebung kann nur für die **Zukunft,** nicht aber rückwirkend erfolgen (LG Mainz Rpfleger 2017, 704). 10

Wird der Betreuer uneingeschränkt bestellt, erfordert die nachträgliche Aufhebung der Befreiung die **Feststellung** einer **konkreten Gefährdung** der Person oder des Vermögens des Betreuten (Staudinger/Bienwald BGB § 1908i aF Rn. 382). Die **Änderungsermächtigung** betrifft nicht die Betreuung durch **Verein** (wohl aber einen Vereinsbetreuer, LG Mainz Rpfleger 2017, 704) und **Behörde.** Hier verbleibt dem Betreuungsgericht neben Geboten und Verboten (§ 1862 Abs. 3) unter Umständen nur die **Entlassung** des Betreuers (§ 1868 Abs. 1).

Insbesondere hat das Gericht die **Befreiung von der Rechnungslegungspflicht** (Abs. 1 S. 1 Nr. 3) **aufzuheben** oder **einzuschränken,** wenn dies zur

Abwendung der **Gefährdung** der Person oder des Vermögens des Betreuten erforderlich ist, falls zB erhebliches Barvermögen zu verwalten ist und der Betreuer keine Sachkompetenz belegen kann und sich als beratungsresistent erweist (LG München I BtPrax 1998, 83). Die Aufhebung der Befreiung kann schon mit der **Bestellung** erfolgen, wenn anderenfalls von der Bestellung eines Angehörigen abgesehen werden müsste; dem **Betreuungsgericht** obliegt insoweit eine entsprechende **Prüfungspflicht** (BayObLG FamRZ 1999, 51). Fraglich ist aber, ob in diesen Fällen der **Betreuer geeignet** ist. Die Kontrolle kann auch **zeitlich beschränkt** sein. Mangelt es beispielsweise an Erfahrung und Sachkompetenz, kann bei erstmaliger Bestellung eines Betreuers die Rechnungslegung angeordnet werden, um zu prüfen, ob er sein Amt ordnungsgemäß führt (BayObLG FamRZ 2003, 475). Ist die Mitarbeiterin eines anerkannten Betreuungsvereins zur Betreuerin bestellt, ist hingegen grundsätzlich gewährleistet, dass die Vermögenssorge die Person oder das Vermögen des Betreuten nicht gefährdet (LG München I FamRZ 1999, 468 Ls.).

VI. Verfahren bei Anordnungen nach Abs. 2 S. 2, Abs. 3

11 Die Befreiung für weitere Personen (Abs. 2 S. 2) sowie die **Aufhebung** der Befreiung (Abs. 3) erfolgt durch **Beschluss,** § 38 Abs. 1 S. 1 FamFG. Die Beteiligten sind **anzuhören.** Funktionell zuständig für die Befreiung und die evtl. Aufhebung einer Befreiung ist der **Rechtspfleger** (§ 3 Nr. 2b RPflG). Wird die Aufhebung oder Anordnung der Befreiung mit der Bestellung verbunden, fällt dies in die Zuständigkeit desjenigen, der den Betreuer bestellt.

Befreiungen sind in der Bestellungsurkunde zu vermerken, § 290 Abs. 1 S. 2 Nr. 6 FamFG.

VII. Weitere Befreiungen durch Landesgesetze

12 Der **Betreuungsbehörde** als Betreuer, nicht dem Behördenbetreuer, können nach **Landesrecht** weitere Befreiungen erteilt werden, soweit diese die Aufsicht des Betreuungsgerichts in vermögensrechtlicher Hinsicht sowie den Abschluss von Ausbildungs-, Dienst- oder Arbeitsverträgen betreffen (§ 1862 Abs. 4). Dementsprechend können Betreuungsbehörden (nicht Mitarbeiter der Betreuungsbehörden) von bestimmten Pflichten im Bereich der Vermögenssorge (bspw. §§ 1835, 1844, 1848 bis 1854) befreit werden. Von diesen Möglichkeiten können einzelne Länder durch entsprechende **Ausführungsgesetze** in unterschiedlichem Umfang Gebrauch machen (wie zT in Sachsen-Anhalt (§ 5 „BtR AG"), Hessen (§ 3 „HAG/BtR") und Bayern (§ 1 Abs. 3 „BayAGBtG"); in allen anderen Bundesländern wurde bisher davon kein Gebrauch gemacht).

VIII. Übergangsregelungen

13 Durch die Erweiterung der Befreiungen sind nunmehr auch Betreuer befreit, die es bisher nicht waren, aber ggf. bereits Betreuungen führen (bspw. Bruder, Schwester, …). Dies hat zur Folge, dass ab 1.1.2023 die **Sperrvermerke** entfernt werden können. Ebenso unterliegen sie ab 1.1.2023 nicht mehr der **Genehmigungsvorbehalte** des § 1849 Abs. 1 S. 1 Nr. 1, 2, S. 2. Bei der Beurteilung der

Genehmigungsbedürftigkeit eines Rechtsgeschäfts im Rahmen des § 1849 Abs. 1 S. 1 Nr. 1, 2, S. 2 kommt es auf den Zeitpunkt der Rechtshandlung des Betreuers an: Hat der erst ab 1.1.2023 befreite Betreuer das Rechtsgeschäft noch vor dem 1.1.2023 vorgenommen, unterliegt die Rechtshandlung noch der Genehmigungspflicht, außer er nimmt es ab 1.1.2023 erneut vor. Nimmt er das Rechtsgeschäft erst nach dem 1.1.2023 vor, unterliegt es nicht der Genehmigungsbedürftigkeit. Ist bereits die Vorgenehmigung für ein Rechtsgeschäft des § 1849 Abs. 1 S. 1 Nr. 1, 2, S. 2 vor dem 1.1.2023 beim Betreuungsgericht beantragt worden, kann dieser Antrag einfach zurückgenommen oder hilfsweise ein Negativattest erteilt werden. Indes wird es im Rahmen des § 1849 Abs. 1 S. 1 Nr. 1, 2, S. 2 nur wenige Fälle in der Praxis geben, die in diesem Zusammenhang betroffen sein werden. Die **Rechnungslegung** hat hingegen noch für das aktuell laufende Betreuungsjahr wie bisher regulär zu erfolgen und entfällt erst im daran anschließenden Betreuungsjahr, Art. 229, § 54 Abs. 5 EGBGB.

§ 1860 Befreiungen auf Anordnung des Gerichts

(1) **Das Betreuungsgericht kann den Betreuer auf dessen Antrag von den Beschränkungen nach den §§ 1841, 1845, 1848 und 1849 Absatz 1 Satz 1 Nummer 1 und 2 sowie Satz 2 ganz oder teilweise befreien, wenn der Wert des Vermögens des Betreuten ohne Berücksichtigung von Immobilien und Verbindlichkeiten 6 000 Euro nicht übersteigt.**

(2) **Das Betreuungsgericht kann den Betreuer auf dessen Antrag von den Beschränkungen nach den §§ 1848, 1849 Absatz 1 Satz 1 Nummer 1 und 2 sowie Satz 2 und nach § 1854 Nummer 2 bis 5 befreien, soweit mit der Vermögensverwaltung der Betrieb eines Erwerbsgeschäfts verbunden ist oder besondere Gründe der Vermögensverwaltung dies erfordern.**

(3) **Das Betreuungsgericht kann den Betreuer auf dessen Antrag von den Beschränkungen nach § 1845 Absatz 2, den §§ 1848 und 1849 Absatz 1 Satz 1 Nummer 1 und 2 sowie Satz 2 befreien, wenn ein Wertpapierdepot des Betreuten häufige Wertpapiergeschäfte erfordert und der Betreuer über hinreichende Kapitalmarktkenntnis und Erfahrung verfügt.**

(4) **Eine Befreiung gemäß den Absätzen 1 bis 3 kann das Betreuungsgericht nur anordnen, wenn eine Gefährdung im Sinne des § 1821 Absatz 3 Nummer 1 nicht zu besorgen ist.**

(5) **Das Betreuungsgericht hat eine Befreiung aufzuheben, wenn ihre Voraussetzungen nicht mehr vorliegen.**

I. Entstehung

§ 1860 wurde komplett **neu** im Gesetz etabliert, wobei **§ 1908i Abs. 1 S. 1 iVm §§ 1817, 1825 BGB aF** bereits den Kern bildeten. 1

II. Allgemeines

Neben den **gesetzlichen** Befreiungen (§ 1859) hat das Gericht auch die Möglichkeit, den Betreuer auf seinen **Antrag** von **weiteren Beschränkungen** zu 2

befreien. Befreit werden können sowohl bereits gesetzlich befreite Betreuer (die Regelungen in § 1860 gehen weiter als in § 1859 Abs. 1) als auch nicht bereits gesetzlich befreite Betreuer. Befreit werden kann in den jeweiligen Einzelfällen der Abs. 1 bis 3 nur von den **ausdrücklich** aufgelisteten Normen. Daher können nicht gesetzlich befreite Betreuer auch nicht von der **Rechnungslegung** und der **Schlussrechnungslegung** (nun ohnehin nur noch von nicht gesetzliche befreiten Betreuern bei einem Betreuerwechsel zu erbringen, § 1872 Abs. 3 BGB nF, BGBl. I 2025, 5 f.) befreit werden, da diese Befreiungen nur den **gesetzlich befreiten Betreuern vorbehalten** bleiben, §§ 1859 Abs. 1 S. 1 Nr. 3, 1874 Abs. 4 S. 1, § 1860 iU.

III. Befreiungen nach Absatz 1

3 Absatz 1 bietet die Möglichkeit, den Betreuer bei einem **geringen Vermögen** des Betreuten (bis 6.000 EUR) von der **Anlagepflicht** (§ 1841), der Verpflichtung zur Anbringung von **Sperrvermerken** (§ 1845), der Genehmigung zu einer **anderen Anlage** (§ 1848) und der Genehmigung zu **Verfügungen über Rechte und Wertpapiere** (§ 1849 Abs. 1 S. 1 Nr. 1, 2, S. 2) zu befreien. Die Ausnahmeregelungen von § 1849 Abs. 2 sind dabei zu beachten (bspw. ist in § 1849 Abs. 2 S. 1 Nr. 1 bereits die Ausnahme für Geldforderungen bis 3.000 EUR normiert; nur für darüberhinausgehende Forderungen bis 6.000 EUR wäre eine zusätzliche Befreiung gem. § 1860 Abs. 1 notwendig). Eine Befreiung von § 1843 ist aufgrund der dortigen Ausnahme in § 1843 Abs. 3 nicht separat erforderlich.

4 Mit diesen Befreiungsmöglichkeiten soll die **Führung von Betreuungen erleichtert** und der **bürokratische Aufwand** der Vermögensverwaltung **verringert** werden (BT-Drs. 19/24445, 294). Nicht befreit werden kann von der Verpflichtung zur laufenden Rechnungslegung (§ 1865), obwohl gerade dies den og Zielen dienlich wäre (Wesche Rpfleger 1998, 93). Dass die Befreiung von den Anlagebeschränkungen die **Verpflichtung** unberührt lässt, das anvertraute Betreutengeld nach den Wünschen des Betreuten, hilfsweise dessen mutmaßlichen Willen anzulegen (→ BGB § 1848 Rn. 5 ff.), versteht sich von selbst.

5 Die **Befreiung** kann erteilt werden, wenn der **Umfang** der Vermögensverwaltung dies rechtfertigt. Dies ist laut Vorschrift der Fall, wenn das Vermögen des Betreuten – unter Außerachtlassung des Grundbesitzes und Verbindlichkeiten – **6.000 EUR** nicht übersteigt. Maßgebend ist mithin der **Aktivwert** (ohne Verbindlichkeiten) des beweglichen Vermögens (MüKoBGB/Kroll-Ludwigs § 1860 Rn. 7 f.). Da hierzu auch Hausrat, Möbel, Schmuck, Kunstgegenstände usw. zählen, wird der Richtwert schnell überschritten (vgl. hierzu auch Salaw-Hanslmaier/Böh FamRB 2015, 190 (194)). Nach dem Zweck der Norm soll der Betreuer von den Anlagebeschränkungen des § 1841 befreit werden, sodass der **Wert des Kapitalvermögens** entscheidend sein muss; hierfür spricht auch die damalige Gesetzesbegründung zur Vorgängernorm § 1817 BGB aF (BT-Drs. 13/7158, 21, 22). Das Betreuungsgericht hat jedenfalls, auch wenn der Wert des beweglichen Vermögens (einschließlich des Hausrats usw) 6.000 EUR überschreitet, zu prüfen, ob der Umfang der Vermögensverwaltung eine Befreiung von allen oder einzelnen Pflichten aus dem Katalog des Abs. 1 **rechtfertigt** (iE wie hier: Staudinger/Veit BGB § 1817 aF Rn. 8).

6 Die Befreiung ist gem. Abs. 4 **nicht zu erteilen,** wenn eine **Gefährdung** iSd § 1821 Abs. 3 Nr. 1 zu besorgen ist (zu den Maßstäben s. → BGB § 1821 Rn. 17 ff.).

IV. Befreiungen nach Abs. 2

Das Betreuungsgericht kann den Betreuer auf Antrag von der **Anlagepflicht** (§ 1841) sowie von den Genehmigungen zu **Rechtsgeschäften** gem. § 1849 Abs. 1 S. 1 Nr. 1, 2, S. 2 und § 1854 Nr. 2 bis 5 befreien, soweit mit der Vermögensverwaltung der **Betrieb eines Erwerbsgeschäfts** verbunden ist oder **besondere Gründe** der Vermögensverwaltung dies fordern (Abs. 2). 7

Die Befreiung von den Genehmigungen erfasst somit zB **Verfügungen** über **Geldforderungen** und **Wertpapiere** (§ 1849 Abs. 1 S. 1 Nr. 1, 2, S. 2), **Kreditaufnahme** (§ 1854 Nr. 2), **Wechselbegebung** (§ 1854 Nr. 3), Rechtsgeschäfte zur **Übernahme** einer fremden **Verbindlichkeit** (§ 1854 Nr. 4) und **Bürgschaft** (§ 1854 Nr. 5). Dies wird zweckmäßig sein, wenn ansonsten eine Fülle von Einzelfallgenehmigungen die Führung der Betreuung erschweren. 8

Beim Betrieb eines **Erwerbsgeschäfts** (Var. 1) geht es vor allem darum, dass der Betreuer etwa im Zusammenhang mit einem Erwerbsgeschäft **Schulden** machen und **Forderungen** einziehen kann, ohne dass das Gericht dies jedes Mal genehmigen muss, und dass er **Gelder** ohne Genehmigung anders **anlegen** kann (BT-Drs. 19/24445, 294). Auch sollen die Befreiungen bei **umfangreicher Vermögensverwaltung** erteilt werden (Var. 2). Besondere Umstände der Vermögensverwaltung liegen bspw. vor, wenn etwa im Zusammenhang mit einem umfangreichen Vermögen **regelmäßige Vermögenszuflüsse** und **häufige Überweisungen** verbunden sind (vgl. OLG Köln FamRZ 2007, 1268). Allein die Tatsache, dass ein Konto nicht im Wege des online-banking geführt werden kann, erschwert die Vermögensverwaltung dagegen nicht unzumutbar und rechtfertigt damit auch keine Befreiung (LG Duisburg BeckRS 2007, 12521).

Die Ermächtigung ist **beschränkbar** auf **bestimmte Rechtsgeschäfte, Zeiträume** und **Geldbeträge** (s. zur Führung eines Girokontos OLG Köln Rpfleger 1994, 503; ihm folgend OLG Karlsruhe FamRZ 2001, 786; vgl. auch LG Duisburg BeckRS 2007, 12521), jedoch **nicht** über den Gesetzeswortlaut hinaus **erweiterbar.** Bei Kapitalvermögen empfiehlt es sich daher, die Befreiung ggf. mit einer Befreiung nach Abs. 1 von der Hinterlegungs- und Sperrpflicht für Wertpapiere (§ 1845 Abs. 2; → Rn. 3 ff.) zu verbinden. 9

§ 1860 Abs. 2 ist eine **Ausnahmeregelung.** Das **Betreuungsgericht** darf **nicht** der Gefahr erliegen, Ermächtigungen zur **eigenen Arbeitserleichterung** zu erteilen; eine grundlose Ermächtigung kann zur Amtshaftung führen (§ 839). Von der Möglichkeit, die Ermächtigung zu **beschränken** (→ Rn. 9), sollte daher nach entsprechender **Sachverhaltsaufklärung** Gebrauch gemacht werden (OLG Karlsruhe FamRZ 2001, 786). Im Übrigen ist auch hierbei Abs. 4 insoweit zu beachten, als es bei einer solchen Anordnung zu **keiner Gefährdung** des Vermögens des Betreuten gem. § 1821 Abs. 3 Nr. 1 führen darf (zu den Maßstäben s. → BGB § 1821 Rn. 17 ff.). Zu **Risikogeschäften** vgl. ua KG Berlin FamRZ 2019, 1249. 10

V. Befreiungen nach Abs. 3

Nach Absatz 3 besteht die Möglichkeit, den Betreuer von der Verpflichtung zur Anbringung von **Sperrvermerken** für Wertpapiere (§ 1845 Abs. 2), der Genehmigung zu einer anderen (Neu-)**Anlage** (§ 1848) und der Genehmigung zu Verfügungen über Rechte und **Wertpapiere** (§ 1849 Abs. 1 S. 1 Nr. 1, 2, 11

S. 2) zu befreien, soweit **häufige Wertpapiergeschäfte** erforderlich sind und der Betreuer über **hinreichende Kapitalmarktkenntnisse** verfügt.

12 Erforderlich kann eine Befreiung werden, wenn bspw. in einem bei Anordnung der Betreuung vorhandenen Depot **zahlreiche kurzfristige Anlagen** enthalten sind, ohne dass der Depotvertrag eine Neuanlage durch die Bank vorsieht (BT-Drs. 19/24445, 295). Die Befreiung sollte daher nur für ein **konkretes Depot** und **nicht allumfassend** erteilt werden. Welche **Kapitalmarktkenntnisse** des Betreuers als hinreichend erachtet werden, fällt aufgrund fehlender Bestimmung durch den Gesetzgeber in das **Ermessen des Gerichts.** Auch bei der Befreiung nach Abs. 3 muss gem. Abs. 4 geprüft werden, ob eine **Gefährdung** iSd § 1821 Abs. 3 Nr. 1 vorliegt (zu den Maßstäben s. → BGB § 1821 Rn. 17 ff.).

VI. Aufhebung der Befreiung(en) (Abs. 5)

13 Das Gericht hat die erteilten Befreiungen wieder **aufzuheben,** wenn ihre **Voraussetzungen weggefallen** sind (Abs. 5). Dies kann bspw. der Fall sein, wenn das Vermögen nach Anordnung der Befreiung **6.000 EUR übersteigt** (Abs. 1), das **Erwerbsgeschäft aufgegeben** wird (Abs. 2 Var. 1), das **Wertpapierdepot aufgelöst** wird (Abs. 3) oder eine **Gefährdung** iSd § 1821 Abs. 3 Nr. 1 zu besorgen ist (Abs. 4). Ebenfalls ist die Befreiung aufzuheben, wenn der Betreuer seinen **Antrag** auf Befreiung **zurücknimmt.**

VII. Verfahren

14 Die Befreiung nach § 1860 Abs. 1 bis 3 kann nur auf **Antrag des Betreuers** erteilt werden. Das Gericht kann keine Befreiung ohne Antrag des Betreuers erteilen, da die Anordnungen den Betreuer teilweise von seiner Verantwortung lösen und ggf. notwendige Hilfestellungen im Rahmen der **Aufsichts- und Beratungspflicht** der Gerichte (§§ 1861, 1862) und der **Genehmigungsverfahren** entfallen lässt (BT-Drs. 19/24445, 294). Die Entscheidung trifft der **Rechtspfleger** (§ 3 Nr. 2b RPflG) nach **pflichtgemäßem Ermessen.** Er kann die **Befreiung** auf einzelne Verpflichtungen **beschränken, befristen** oder mit **Auflagen** versehen. Die Befreiung soll in der Bestellungsurkunde vermerkt werden, § 290 Abs. 1 S. 2 Nr. 6 FamFG.

15 Die Befreiung ist **von Amts wegen aufzuheben** oder **einzuschränken,** wenn ihre Voraussetzungen nicht mehr vorliegen. Die **Rechtsgrundlage** zur Aufhebung der Befreiung, die bisher im Gesetz nach Wegfall des § 48 FGG nicht mehr etabliert war, bietet nunmehr Abs. 5.

Untertitel 3. Beratung und Aufsicht durch das Betreuungsgericht

§ 1861 Beratung; Verpflichtung des Betreuers

(1) **Das Betreuungsgericht berät den Betreuer über dessen Rechte und Pflichten bei der Wahrnehmung seiner Aufgaben.**

(2) [1]**Der ehrenamtliche Betreuer wird alsbald nach seiner Bestellung mündlich verpflichtet, über seine Aufgaben unterrichtet und auf Beratungs- und Unterstützungsangebote hingewiesen.** [2]**Das gilt nicht für sol-**

che ehrenamtlichen Betreuer, die mehr als eine Betreuung führen oder in den letzten zwei Jahren geführt haben.

I. Einführung – Beratung und Aufsicht der Betreuer durch das Gericht

Im 3. Untertitel ist die Beratung und Aufsicht der Betreuer durch das Betreuungsgericht durch die Reform von 2023 in den §§ 1861 ff. neu geregelt worden. Vor der Reform waren die entsprechenden Regelungen im Vormundschaftsrecht in §§ 1837 aF verortet und über § 1908i aF „sinngemäß" auf die Betreuung anwendbar. Im Abschlussbericht „Qualität in der rechtlichen Betreuung" wird die Tätigkeit des Gerichts als teilweise unbefriedigend beschrieben (Matta/Engels/Brosey/Köller Kapitel 10.1, 575; Handlungsempfehlungen 26, 27 und 29). An der früheren Praxis wurde zum einen kritisiert, dass die Betreuten unzureichend an der gerichtlichen Kontrolle beteiligt werden. Selbst wenn dem Gericht eine Pflichtverletzung bekannt geworden ist, hat es den Betreuten selbst so gut wie nie dazu persönlich angehört. Zum anderen wurde kritisiert, dass sich der inhaltliche Maßstab durch die „sinngemäße" Anwendung der Vormundschaftsnormen häufig nicht an die eigenen Kriterien der Betreuung ausgerichtet hat. Dies hatte u.a. zur Folge, dass der Blick des Gerichts überwiegend auf die vermögensrechtliche Tätigkeit des Betreuers gerichtet war und zwar inhaltlich unter vorrangig wirtschaftlichen Gesichtspunkten. Es geht – anders als in der Vormundschaft für Minderjährige – in der Betreuung aber gerade nicht darum, nach vernünftigen Maßstäben ein objektives Wohl des Betreuten zu sichern, sondern dessen eigenen Wünschen und Vorstellungen Geltung zu verschaffen. Eine Neugestaltung der Aufsichtstätigkeit des Gerichts war daher einer der Schwerpunkte im Diskussionsprozess, der der Reform vorausgegangen war. Mit der **Stärkung der Selbstbestimmung** der Betreuten erhält auch die Aufgabe des Gerichts im Rahmen der Aufsicht eine **neue Orientierung.** Das Aufgabenverständnis insbesondere der Rechtspfleger sollte durch diese neue Norm verändert werden. (BT-Drs. 19/24445, 295; Schnellenbach/Normann-Scheerer/Giers/Thielke BetreuungsR-HdB/Thielke Rn. 664; HK-BUR/Harm Rn. 6). Die Praxis tut sich überwiegend noch schwer. 1

Da das Gericht dem Betreuer mit dessen Bestellung erhebliche Eingriffsbefugnisse überträgt, hat es als Garant für die Sicherung der Qualität der Betreuungsführung die rechtmäßige Wahrnehmung dieser Befugnisse zu beaufsichtigen (BT-Drs. 19/24445, 141). Die Aufgabe des Gerichtes ist zentral auf die Wahrung des Selbstbestimmungsrechts der Betreuten ausgerichtet. Aufsicht und Beratung haben allein dem Schutz der Betreuten zu dienen und sind kein Selbstzweck. Das Gericht kann die Betreuer im Hinblick auf die Wahrung der Selbstbestimmung nur dann richtig beraten und beaufsichtigen, **wenn es selbst die Wünsche und Vorstellungen der Betreuten kennt.** Das Reformgesetz hat daher den Fokus der gerichtlichen Tätigkeit deutlich verschoben. Vorgesehen sind **mehr persönliche Kontakte** zum Betreuten als auch eine andere inhaltliche Ausrichtung der Berichte durch den Betreuer. Die wichtigsten Instrumente der Aufsicht sind die Berichts- und Mitteilungspflichten und die Genehmigungsverfahren.

Funktionell unterliegen die Beratung und die Aufsicht grundsätzlich dem **Rechtspfleger** (§§ 3 Nr. 2b, 15 Abs. 1 RPflG). Wünscht der Betreuer jedoch eine Beratung zB zur Frage, ob er eine freiheitsentziehende Unterbringung seines

Betreuten anordnen sollte, kann dies selbstverständlich auch mit dem Richter besprochen werden, der für das Genehmigungsverfahren zuständig ist. Werden Pflichtverletzungen festgestellt, die die Eignung des Betreuers in Frage stellen, sollte das weitere Vorgehen zwischen Rechtspfleger und Richter abgestimmt werden (Mazur BtPrax 2021, 128 (131)).

II. Beratungspflicht des Gerichtes (Abs. 1)

2 Nach Abs. 1 hat der Betreuer einen Anspruch auf **Beratung,** und zwar nicht nur zu Beginn einer Betreuung, sondern **dauerhaft** (BT-Drs. 19/24445, 297; Jurgeleit/Meier Rn. 2). Diese ist jedoch begrenzt auf die Rechte und Pflichten als Betreuer, also auf **betreuungsrechtliche Fragen** im Rahmen der Amtsführung. Hierbei kann es um Zweifelsfragen gehen, zB wieweit die Vertretungsbefugnis in einem Aufgabenbereich reicht oder ob von ihr Gebrauch gemacht werden sollte, oder ob ein Rechtsgeschäft, das der Betreuer stellvertretend für den Betreuten abschließen will, genehmigungspflichtig ist. Es kann aber auch schlicht um die Beratung bei der Erstellung eines Berichtes oder der Rechnungslegung gehen. Die Beratung soll dazu dienen, dem Betreuer die Tätigkeit zu erleichtern und mögliche Konflikte schon im Vorfeld zu vermeiden. Dazu gehören auch komplexe Abwägungen zur **Beachtlichkeit der Wünsche** des Betreuten. Die Beratung hat sich an Art. 12 UN-BRK zu orientieren, konkretisiert in § 1821. Dh das Gericht hat darauf hinzuwirken, dass der Betreuer dem Betreuten eine unterstützte Entscheidungsfindung ermöglicht und das Gebot „Assistenz vor Vertretung" beachtet (BT-Drs. 19/24445, 296; BeckOGK/Gietl Rn. 7; MüKoBGB/Kroll-Ludwigs Rn. 2).

Das Betreuungsgericht hat jedoch nicht die Aufgabe, über allgemeine Rechtsfragen zu beraten, mit denen der Betreuer konfrontiert wird – zB speziell sozialrechtlicher Art (Aufzählung bei Schnellenbach/Normann-Scheerer/Giers/Thielke BetreuungsR-HdB Rn. 671).

3 Der Betreuer, zumal, wenn er juristisch nicht vorgebildet ist, hat darüber hinaus ein verständliches Interesse daran, sich durch **rechtliche Auskunft** und Rat des Betreuungsgerichts zu entlasten. Ein falscher Rat entbindet jedoch nicht zwingend von der Haftung (→ § 1826 Rn. 12 f.). Die Beratungspflicht des Gerichtes darf nicht zur Verlagerung von Verantwortlichkeiten führen; das Betreuungsgericht hat darauf zu achten, dass der Betreuer sein Amt eigenständig führt, und wird sich auf den Rat in Grundfragen der Amtsführung und bei wichtigen Entscheidungen beschränken (MüKoBGB/Kroll-Ludwigs Rn. 8). Es darf – bis auf die gesetzlich normierten Ausnahmen – nicht anstelle des Betreuers handeln.

Darüber hinaus hat das Gericht den Betreuer ggf. auch zu unterstützen, etwa durch vermittelnde Gespräche mit Angehörigen, Behörden, Geldinstituten oder der Heimleitung. Es hat auch bei der Lösung von Meinungsverschiedenheiten zwischen Betreutem und Betreuer mitzuwirken.

In der Regel haben ehrenamtliche Betreuer einen höheren Bedarf an Beratung als berufliche. Darauf sollte das Gericht eingehen (HK-BUR/Harm Rn. 11). Für sie sollte die Schwelle, sich ans Gericht zu wenden, möglichst niedrig sein, eher persönlich oder telefonisch, nicht zwingend schriftlich. Es gibt keine Norm, der sich entnehmen lässt, dass das Gericht nur auf schriftliche Anfragen reagiert. Ein Anruf in der Geschäftsstelle sollte also an den Rechtspfleger weitergeleitet werden. Der daneben bestehende Anspruch der Betreuer auf Beratung und Unterstützung durch die Betreuungsbehörde und die Betreuungsvereine bleibt unberührt. Das Gericht kann ehrenamtliche Betreuer auf diese Beratungsmöglichkeiten, insbesondere auf die Möglichkeit des Abschlusses einer Vereinbarung zur Begleitung und Unterstützung nach § 15 Abs. 1 S. 1 Nr. 4, § 5 Abs. 2 S. 3 BtOG hinweisen.

III. Verpflichtungsgespräch (Abs. 2)

Abs. 2 ist mit der Reform von 2023 neu ins BGB aufgenommen worden und ersetzt § 289 Abs. 1 FamFG aF. Das Verpflichtungsgespräch der **ehrenamtlichen Betreuer** ist damit im materiellen Recht Teil der gerichtlichen Beratung geworden. Damit wird deutlich, dass es nicht um eine Verfahrenshandlung geht. Es hat aber weiterhin keine konstitutive Wirkung. Es bietet sich an, dem Betreuer in diesem Gespräch die Bestellungsurkunde (§ 290 FamFG) auszuhändigen. Es ist **obligatorisch** mit allen ehrenamtlichen Betreuern zu führen und zwar auch nach vorläufigen Bestellungen im Rahmen einer einstweiligen Anordnung und **unabhängig vom Umfang des Aufgabenkreises** (BT-Drs. 19/24445, 297; MüKoBGB/Kroll-Ludwigs Rn. 12 ff.; Schnellenbach/Normann-Scheerer/Giers/Thielke BetreuungsR-HdB/Thielke Rn. 674 ff.). Betreuer nur dann zum Gespräch zu laden, wenn auch die Vermögenssorge angeordnet ist, ihnen ansonsten aber mit dem Betreuerausweis nur ein Merkblatt zu übersenden, war schon bisher unzulässig. Ziel des Beratungsgespräches ist es nicht, den Betreuer mit den Anforderungen an die Rechnungslegung vertraut zu machen, sondern sie in einem persönlichen Gespräch umfassend zu allen angeordneten Aufgabenbereichen zu beraten und auf ihre Pflichten im Hinblick auf die **Förderung der Selbstbestimmung** und der Abkehr von einem vermeintlich objektiven Wohl hinzuweisen. Da mit der Reform die Tätigkeiten des Betreuers im Rahmen der Personensorge für die Aufsicht des Gerichts an Bedeutung gewinnt, sollte auch zu Beginn einer Betreuung zB Aufgaben im Rahmen der Gesundheitssorge größeres Gewicht erhalten (Köppel BtPrax 2020, 54). 4

Eine Vertretung des Betreuers ist wegen des höchstpersönlichen Charakters ausgeschlossen. Er kann auch nicht auf das Gespräch verzichten, da es auch dem Rechtspfleger dazu dient, sich für die weitere Aufsicht einen eigenen Eindruck vom Betreuer zu verschaffen. Es sollte in jedem Fall ein persönlicher Kontakt gewährleistet sein, der nicht zwingend im Gericht stattfinden muss. Bei weiten Anfahrtswegen des Betreuers ist seine Verpflichtung durch das **Rechtshilfegericht** am Wohnort des Betreuers möglich. Dieser sollte aber vorab gefragt werden, ob er lieber zum zuständigen Gericht kommen könnte, da ein persönliches Kennenlernen für die weitere Beratung und Aufsicht hilfreich ist. Schließlich sollen durch diesen Erstkontakt mit dem zuständigen Rechtspfleger auch etwaige Hemmschwellen abgebaut und die Grundlage für eine vertrauensvolle Zusammenarbeit gelegt werden (MüKoBGB/Kroll-Ludwigs Rn. 12 f.; HK-BUR/Harm Rn. 12; Schnellenbach/Normann-Scheerer/Giers/Thielke BetreuungsR-HdB/Thielke Rn. 675 ff.). Funktionell ist allein das Gericht des ersten Rechtszuges zuständig, selbst wenn ausnahmsweise die Betreuerbestellung durch das Landgericht im Rahmen einer Beschwerdeentscheidung erfolgt ist. Jedoch sollte das Verpflichtungsgespräch keinen Selbstzweck erfüllen und daher bei bereits kundigen Betreuern kein reiner Formalismus walten. Bei einer nicht unerheblichen Erweiterung des Aufgabenkreises sollte im Einzelfall entschieden werden, ob ein weiteres persönliches Gespräch stattfinden sollte oder eine fernmündliche Beratung ausreicht (Schnellenbach/Normann-Scheerer/Giers/Thielke BetreuungsR-HdB/Thielke Rn. 680). Verweigert der Betreuer das Verpflichtungsgespräch, dürfte die Anwendung von Zwangsmitteln nicht in Frage kommen (MüKoBGB/Kroll-Ludwigs Rn. 16), da das Verpflichtungsgespräch noch keine Aufsichtsmaßnahme ist. Dann stellt sich die Frage der Eignung.

5 Informiert werden soll in diesem Verpflichtungsgespräch zum einen über die Aufgaben und Pflichten, die der Betreuer insbesondere gemäß **§ 1821** gegenüber seinem Betreuten hat, und zum anderen über die Pflichten **gegenüber dem Betreuungsgericht oder Dritten** (Katalog bei Schnellenbach/Normann-Scheerer/Giers/Thielke BetreuungsR-HdB/Thielke Rn. 677). Wenn es ansteht, sollte über etwaige Genehmigungspflichten informiert werden. Schließlich ist über die Beratungspflichten der Betreuungsbehörde nach § 5 BtOG und insbesondere auf die Möglichkeit des Abschlusses einer Vereinbarung zur Begleitung und Unterstützung nach § 15 Abs. 1 S. 1 Nr. 4 BtOG zu informieren und die Inanspruchnahme anzuregen. Das Gespräch sollte zeitlich „alsbald" auf die Bestellung folgen – auch nach einstweiligen Anordnungen. Dem Rechtspfleger sind aber bewusst keine Fristen gesetzt. Stehen unmittelbar gewichtige Entscheidungen des Betreuers bevor, so ist das Gespräch entsprechend zeitnah zu führen (BT-Drs. 19/24445, 297). Bei einem ehrenamtlichen Fremdbetreuer kann zudem ein Gespräch über den Anfangsbericht nach § 1863 Abs. 1 S. 5 geführt werden (→ § 1863 Rn. 11), bei einem ehrenamtlichen Betreuer mit einer familiären Bindung oder persönlichen Beziehung zum Betreuten ein **Anfangsgespräch** nach § 1863 Abs. 2 S. 2. In manchen Fallgestaltungen dürfte es sich anbieten, das Verpflichtungsgespräch mit einem dieser Gespräche unter Beteiligung des Betreuten zu **verbinden** (BT-Drs. 19/24445, 298). Die Verpflichtung mit der dazugehörigen Beratung könnte also idealerweise iVm dem Anfangsgespräch und unter Anwesenheit des Betreuten und bei Bedarf in dessen gewöhnlicher Umgebung stattfinden (HK-BUR/Harm Rn. 13).

6 Von dem Gespräch kann nach S. 2 abgesehen werden, wenn der ehrenamtliche Betreuer bereits eine Betreuung führt oder geführt hat. Hintergrund ist, dass diese Betreuer nicht wiederholt in ihre Aufgaben eingeführt werden müssen. Es steht dem Rechtspfleger aber frei, auch einen solchen Betreuer erneut zu einem Verpflichtungsgespräch in einem neuen Verfahren zu bitten, sei es, weil eine Verpflichtung aus welchen Gründen auch immer bisher unterblieben ist, im neuen Verfahren andere Aufgabenbereiche angeordnet wurden als bisher oder die Besonderheit des Falles eine spezifische Beratung erfordert. Auch Rechtsanwälte sind zu verpflichten, wenn sie die Betreuung ehrenamtlich führen, also nicht als berufliche Betreuer registriert sind.

§ 1862 Aufsicht durch das Betreuungsgericht

(1) [1]**Das Betreuungsgericht führt über die gesamte Tätigkeit des Betreuers die Aufsicht.** [2]**Es hat dabei auf die Einhaltung der Pflichten des Betreuers zu achten und insbesondere bei Anordnungen nach Absatz 3, der Erteilung von Genehmigungen und einstweiligen Maßnahmen nach § 1867 den in § 1821 Absatz 2 bis 4 festgelegten Maßstab zu beachten.**

(2) **Das Betreuungsgericht hat den Betreuten persönlich anzuhören, wenn Anhaltspunkte dafür bestehen, dass der Betreuer pflichtwidrig den Wünschen des Betreuten nicht oder nicht in geeigneter Weise entspricht**

oder seinen Pflichten gegenüber dem Betreuten in anderer Weise nicht nachkommt, es sei denn, die persönliche Anhörung ist nicht geeignet oder nicht erforderlich, um die Pflichtwidrigkeit aufzuklären.

(3) [1]**Das Betreuungsgericht hat gegen Pflichtwidrigkeiten des Betreuers durch geeignete Gebote und Verbote einzuschreiten.** [2]**Zur Befolgung seiner Anordnungen kann es den Betreuer durch die Festsetzung von Zwangsgeld anhalten. Gegen die Betreuungsbehörde, einen Behördenbetreuer oder einen Betreuungsverein wird kein Zwangsgeld festgesetzt.**

(4) **Durch Landesrecht kann bestimmt werden, dass Vorschriften, welche die Aufsicht des Betreuungsgerichts in vermögensrechtlicher Hinsicht sowie beim Abschluss von Ausbildungs-, Dienst- oder Arbeitsverträgen betreffen, gegenüber der Betreuungsbehörde außer Anwendung bleiben.**

I. Überblick

Die mit dem Reformgesetz neu geregelte Aufsichtspflicht des Gerichts hat den Regelungsgehalt von § 1837 Abs. 2 und 3 aF aus dem Vormundschaftsrecht aufgenommen, der gem. § 1908i Abs. 1 S. 1 aF für das Betreuungsrecht „sinngemäß“ anwendbar war. Er normiert nun ausschließlich die Aufsichtstätigkeit. Für die Beratung ist mit § 1861 eine eigene Vorschrift geschaffen worden. Die Aufsichtsführung umfasst sowohl die **Personen- als auch die Vermögenssorge** und gilt für **alle Betreuer,** ehrenamtlich wie beruflich tätige, die für den Betreuten tätig werden, also zB auch Ergänzungs- und Kontrollbetreuer (→ Rn. 6). Einen Gegenbetreuer gibt es seit dem 1.1.2023 nicht mehr. Befreite Betreuer (§§ 1859 f.) unterliegen hinsichtlich der Vermögenssorge einer geminderten Beaufsichtigung. Sie beginnt mit der Bestellung und endet mit dem Ende der jeweiligen Betreuung (§ 1870). Danach kann noch die Einreichung einer Vermögensübersicht oder der Schlussrechnung (§ 1872 Abs. 2 und 3) und die Rückgabe der Bestellungsurkunde (§ 290 Abs. 3 FamFG) mit den Mitteln des Abs. 3 durchgesetzt werden. Den Anspruch auf Herausgabe des Vermögens und das Erteilen von (weiteren) Auskünften muss der ehemalige Betreute bzw. dessen Rechtsnachfolger im **Zivilrechtswege** gegen den früheren Betreuer durchsetzen. Das Betreuungsgericht ist jedoch dem Betreuten und dessen Rechtsnachfolgern zur Hilfe verpflichtet, indem es bei berechtigtem Interesse zB Akteneinsicht gewährt oder sonstige Auskunft erteilt (Jurgeleit/Meier Rn. 3). Der **Verfahrenspfleger** unterliegt keiner gerichtlichen Aufsicht. 1

Der Betreuer führt die Betreuung grundsätzlich **selbständig** und in eigener Verantwortung im Rahmen des ihm übertragenen Aufgabenkreises. In diese Amtsführung darf das Betreuungsgericht nicht mit bindenden Anweisungen eingreifen. Andererseits gebietet der Schutz des Betreuten die **Aufsicht** über die **Rechtmäßigkeit** der Amtsführung. Diese Aufgabe weist § 1862 dem Betreuungsgericht zu. Es hat umfassend die gesamte Tätigkeit des Betreuers zu überwachen, in allen angeordneten Aufgabenbereichen. Damit obliegt dem Gericht eine besondere Verantwortung bei der Kontrolle der Pflichten des Betreuers aus **§ 1821,** wie es nun ausdrücklich normiert ist. Die Bindung des Betreuers an den Erforderlichkeitsgrundsatz, an die Wünsche des Betreuten sowie die Durchführung persönlicher Kontakte und Bemühungen zur Rehabilitation sind **Rechtspflichten,** und keine bloßen Empfehlungen (Jurgeleit/Meier Rn. 1; MüKoBGB/ 2

Kroll-Ludwigs Rn. 3 ff.; BeckOGK/Gietl Rn. 28 ff.). Das Gericht hat auf die Einhaltung dieser Rechtspflichten hinzuwirken, zB wenn ein Betreuer entgegen § 1821 Abs. 1 S. 2 von seiner Vertretungsmacht Gebrauch macht, obwohl es nicht erforderlich wäre (BeckOGK/Gietl Rn. 42; HK-BUR/Bauer § 1821 Rn. 31). Eine Begründung, der Betreute wünscht dies so, ist unzureichend. Der **Erforderlichkeitsgrundsatz** geht der Pflicht zur **Wunschbefolgung** vor (→ § 1821 Rn. 12.) Die an der Selbstbestimmung des Betreuten ausgerichteten Ziele der Betreuung werden nur zu erreichen sein, wenn die Tätigkeit des Betreuers behutsam, aber beharrlich an den in § 1821 normierten Maßstäben gemessen wird. Da eine besondere Norm hierfür nicht vorgesehen ist, hat das Betreuungsgericht im Rahmen der Aufsicht auch bei Konflikten zwischen Betreutem und Betreuer zu vermitteln (BT-Drs. 11/4528, 113), soweit nicht schon Abs. 2 greift. Sobald ein mögliches pflichtwidriges Verhalten bekannt wird, hat der Rechtspfleger eigene Ermittlungen anzustellen, im Regelfall durch eine persönliche Anhörung des Betreuten (HK-BUR/Harm Rn. 6; Schnellenbach/Normann-Scheerer/Giers/Thielke BetreuungsR-HdB Rn. 68).

3 Die Aufsicht umfasst die **Überwachung** der gesamten Tätigkeit und das **Einschreiten bei Pflichtwidrigkeiten,** wobei das Gericht auch befugt und verpflichtet ist, die Pflichtwidrigkeit beabsichtigter Maßnahmen aufzuzeigen (→ Rn. 15). Der Kontrolle dienen insbesondere die Berichte und Mitteilungen des Betreuers (§§ 1863, 1864 Abs. 1), das Vermögensverzeichnis (§ 1835), die Rechnungslegung (§§ 1865 f.) und schließlich die vielfältigen Genehmigungserfordernisse (zB §§ 1848 ff.). Zur Frage, ob das Betreuungsgericht den Betreuer auch bei der **(zwangsweisen) Durchsetzung** seiner Aufgaben gegenüber dem Betreuten zu unterstützen hat, s. → BGB Vorb. § 1835 Rn. 5.

4 **Persönlich bestellte Behörden-** und **Vereinsbetreuer** unterliegen derselben betreuungsgerichtlichen Aufsicht wie beruflich oder ehrenamtlich bestellte Einzelbetreuer; daneben bestehen die allgemeine Dienstaufsicht der Behörde und die entsprechende vereinsinterne Aufsicht. Die betreuungsgerichtliche Aufsicht wird in Abgrenzung hierzu als Fachaufsicht charakterisiert.

Ist die **Behörde oder der Verein selbst** zum **Betreuer** bestellt (s. § 1818) und ist die Wahrnehmung der Betreuung einzelnen Mitarbeitern übertragen (§ 1818 Abs. 2 und 4), erledigen die Beauftragten die Angelegenheiten zwar eigenverantwortlich, der **Adressat** betreuungsgerichtlicher Aufsicht ist aber gleichwohl nur die Betreuungsbehörde oder der Verein selbst. Betreuungsbehörde und Verein unterliegen bei Führung der Betreuung den Vorschriften des BGB und der **ausschließlichen** Aufsicht des Betreuungsgerichts. Weisungen der Kommunalaufsicht oder des Trägers des Vereins sind mit dem Betreuungsrecht und der Eigenständigkeit des Betreuers nicht vereinbar und daher unzulässig.

5 **Auch der Kontrollbetreuer** (§ 1815 Abs. 3) unterliegt der Aufsicht des Betreuungsgerichts. Hierzu wird zweckmäßigerweise, aber letztlich je nach Einzelfall, eine periodische Berichtspflicht verfügt, die die begrenzte Aufgabe berücksichtigt. Der Bericht muss Aufschluss über die Aktivitäten des **Bevollmächtigten** und dessen Kontrolle durch den Betreuer geben; er hat notwendigerweise auch die persönlichen Verhältnisse des Betreuten, also des Vollmachtgebers, zu erfassen. Das Gericht prüft, ob der Bevollmächtigte pflichtgemäß überwacht worden ist (→ BGB § 1815 Rn. 26; → BGB § 1820 Rn. 10 ff.) und er weiterhin die Angelegenheiten des Betroffenen gleichermaßen wie ein Betreuer mit diesem Aufgabenkreis zu besorgen vermag (§ 1814 Abs. 3 S. 2 Nr. 1). Der Bevollmächtigte hat dem Betreuer **Rechenschaft** abzulegen (§§ 666, 259); deren ordnungsgemäße

Prüfung durch den Betreuer ist stichprobenweise vom Gericht zu kontrollieren, wozu sich der Betreuer – soweit finanzielle Tätigkeiten des Bevollmächtigten der Kontrolle bedürfen – Einsicht in Abrechnungen und Belege des Bevollmächtigten zu verschaffen hat. Ergibt sich, dass der Betreuer die Ansprüche des Betreuten ggü. dem Bevollmächtigten aus § 666 nicht durchsetzt, hat das Betreuungsgericht ggf. Aufsichtsmaßnahmen nach Abs. 3 einzuleiten. Zur Rechnungslegung ggü. dem Gericht sind weder Bevollmächtigter noch Kontrollbetreuer gehalten; Rechtsgeschäfte des Bevollmächtigten sind nicht genehmigungspflichtig.

II. Einhaltung der Pflichten (Abs. 1)

Das Betreuungsgericht hat auf die Einhaltung der Pflichten des Betreuers zu achten (Abs. 1 S. 2) und gegen Pflichtwidrigkeiten einzuschreiten (Abs. 3 S. 1). Insoweit besteht **kein Ermessen.** Die gerichtliche Aufsicht muss sich auf die Einhaltung der sich aus dem Gesetz oder einer Anordnung des Gerichts ergebenden Handlungspflichten sowie der allgemeinen Pflicht zu einer gewissenhaften Führung der Betreuung beschränken. Aufgabe der Betreuung ist es, den Betreuten in der Ausübung seiner rechtlichen Handlungsfähigkeit zu unterstützen. Der Betreuer ist dabei an den **Erforderlichkeitsgrundsatz,** an die **Wünsche** bei gleichzeitiger Gewährung von **Schutz,** sowie an die **persönlichen Kontakte** zu dem Betreuten gebunden (Schnellenbach/Normann-Scheerer/Giers/Thielke BetreuungsR-HdB Rn. 685). Über die persönlichen Kontakte muss er Bericht erstatten (§ 1863 Abs. 3 Nr. 1, → BGB § 1863 Rn. 15), sodass auf die Erwähnung an dieser Stelle im Gesetz verzichtet werden konnte, s. § 1837 Abs. 2 S. 2 aF. Ausdrücklich aufgeführt ist nun, dass auch bei der Aufsicht der **in § 1821 dargelegte Maßstab** zu gelten hat. Anders als bei der Vormundschaft, auf deren Regelungen im alten Recht verwiesen wurde, sind im Erwachsenenschutzrecht Erforderlichkeit, Wünsche, mutmaßlicher Wille und Präferenzen der Betreuten sowie Rehabilitationsbemühungen maßgeblich, und nicht das „Wohl". Die neue Perspektive der Reform bedeutet eine endgültige Abkehr von einem vermeintlich objektiven Wohl. Im Rahmen der Vermögenssorge bedeutet dies die **Abkehr von Kriterien einer wirtschaftlichen Vermögensverwaltung.** Da, wo dem Betreuer ein Ermessensspielraum zusteht, darf das Gericht nur einschreiten, wenn ein Ermessensfehler vorliegt. 6

Die „Magna Charta" des § 1821 richtet sich zwar an die Betreuer, gilt aber in gleicher Weise auch für die Aufsichtstätigkeit des Gerichts, weil dieses das Handeln des Betreuers zu beaufsichtigen hat. Der Betreuer ist an die dort normierten **Rechtspflichten** gebunden und unterliegt insoweit der gerichtlichen Aufsicht, die in Abs. 1 S. 2 konkretisiert wird (BT-Drs. 19/24445, 298). Dieser Maßstab gilt ausdrücklich auch in **gerichtlichen Genehmigungsverfahren.** Im Rahmen dieser Vorgaben hat der Betreuer einen weiten Ermessensspielraum. Die Bindung an die **Wünsche** des Betroffenen (→ BGB § 1821 Rn. 13 ff.) ist jedoch eine Rechtspflicht, ebenso die erforderlichen **persönlichen Kontakte** (→ BGB § 1821 Rn. 24 ff.). Dass dem Betreuer bei Zweckmäßigkeitsfragen ein breiter Spielraum offenstehe (so zB BeckOGK/Gietl BGB § 1862 Rn. 26; HK-BetreuungsR/Jurgeleit/Meier BGB § 1862 Rn. 6), ist nur insoweit richtig, als dass nicht auch diesbezüglich Wünsche des Betreuten feststellbar sind. So ist zB die Auswahl eines Pflegeheimes, die Durchführung einer medizinischen Maßnahme oder die Art der Vermögensverwaltung **keine Zweckmäßigkeitsfrage,** sondern an die 7

Wünsche oder hilfsweise an den mutmaßlichen Willen des Betroffenen gebunden und insoweit auch Gegenstand der gerichtlichen Kontrolle. Sind in einer Angelegenheit tatsächlich verschiedene Maßnahmen mit den festgestellten Wünschen des Betreuten vereinbar, verbleibt dem Betreuer ein Entscheidungsspielraum, mag dem Gericht auch die eine Maßnahme zweckmäßiger und nützlicher als die andere erscheinen. Eine Pflichtwidrigkeit begeht der Betreuer dann, wenn er den ihm gegebenen Ermessensspielraum überschreitet, missbraucht oder nicht ausübt (BayObLG BtPrax 2004, 69).

8 In seinem Aufgabenkreis hat der Betreuer alle Tätigkeiten vorzunehmen, die erforderlich sind, um die Angelegenheiten des Betreuten rechtlich zu besorgen (§ 1821, zum Erforderlichkeitsgrundsatz → BGB § 1821 Rn. 8 ff.). Hinzu treten – jeweils abhängig vom Aufgabenkreis – eine Reihe von gesetzlichen Einzelbestimmungen, zB zur Beachtung des Patientenwillens (§§ 1827, 1828), zur Erstellung eines Vermögensverzeichnisses (§ 1835), zur getrennten Vermögensverwaltung (§ 1836) und zur sonstigen Vermögensverwaltung (§ 1839 ff.), wenn nicht anders vom Betreuten gewünscht; gerichtliche Anordnungen (zB § 1844) und ggf. Anweisungen Dritter (§ 1837).

9 Ob eine **Pflichtwidrigkeit** vorliegt, muss für den Einzelfall unter Abwägung der festgestellten Umstände, insbesondere nach den **Wünschen,** soweit der Betreuer ihnen zu folgen hat, oder dem **mutmaßlichen Willen** des Betreuten beurteilt werden. Auf Geschäftsfähigkeit des Betreuten und Vernünftigkeit des Wunsches kommt es nicht an (→ BGB § 1821 Rn. 13). Erhaltung und Mehrung des Vermögens sind insbesondere bei betagten Betreuten nicht die Kriterien. Auch der Erhalt der Gesundheit und gar des Lebens ist nicht zwingend das oberste Ziel. Gleichzeitig hat der Betreuer aber auch die Pflicht, den Betreuten vor Gefahren, in die dieser sich oder sein Vermögen aufgrund seiner Erkrankung begeben könnte, zu **schützen.** Die mitunter schwierige Entscheidung des Betreuers nach § 1821 Abs. 3 und 4 unterliegt der gerichtlichen Aufsicht. Der Rechtspfleger hat keine eigene Entscheidung zu treffen, sondern zu prüfen, ob die Entscheidung des Betreuers nachvollziehbar ist und er sich an seine Pflichten gehalten hat (→ BGB § 1821 Rn. 17 f. und 20 ff.). Lässt sich die Entscheidung des Betreuers hiermit (noch) vereinbaren, hat das Gericht sie hinzunehmen und darf nicht seine Entscheidung an die Stelle des Betreuers stellen. Der Rechtspfleger darf keine eigene Wertentscheidung treffen und schon gar nicht ein objektives Wohl des Betreuten zum Kriterium nehmen. Gegen eine als pflichtwidrig erachtete Entscheidung hat er allerdings einzuschreiten, ohne Ermessen. Auch eine zweckmäßige Entscheidung ist nicht hinzunehmen, wenn sie Wünsche des Betreuten unberechtigt missachtet.

10 Eine Pflichtwidrigkeit liegt vor, wenn der Betreuer aus einer **eigenen ethischen Grundentscheidung** trotz eines entgegenstehenden (mutmaßlichen) Willens in lebensverlängernde Maßnahmen einwilligt; ebenso wenn er eine Heimunterbringung veranlasst, die zwar eine bessere Versorgung des Betreuten gewährleistet, dieser aber den Verbleib in der eigenen Wohnung wünscht und eine etwaige Gefährdung in Kauf nimmt. Ziel der Betreuung im persönlichen Bereich ist nicht ein „Sauber, Satt und Sicher" des Betreuten.

Pflichtwidrig handelt der Betreuer, wenn er ohne dass eine erhebliche Gefährdung zu befürchten wäre, den Umgang des Betreuten gegen dessen Wunsch mit Angehörigen oder auch nicht verwandten Bezugspersonen verbietet oder die Voraussetzungen zwar vorliegen, der Aufgabenbereich des § 1815 Abs. 2 Nr. 4 aber (noch) nicht angeordnet ist.

Pflichtwidrig wäre es, den Wunsch eines im Heim lebenden an Demenz erkrankten Betreuten abzulehnen, das leerstehende Eigenheim nicht zu vermieten, wenn keine vorrangigen Rechtsgüter, wie Leben und Gesundheit gefährdet werden und der Betreute auf die Mieteinkünfte nicht angewiesen ist.

Ebenso ist es pflichtwidrig, dem Betreuten entgegen dessen Wünsche und Möglichkeiten einen sparsamen Lebenszuschnitt aufzunötigen oder dem vermögenden Betreuten den Wunsch nach einem neuen Wintermantel mit der Begründung abzulehnen, der alte Mantel sei noch nicht verschlissen. Das mag eine Zweckmäßigkeitsentscheidung sein, sie verstößt aber gegen die Betreuerpflichten. Die Aufgabe in der Ausübung der Vermögenssorge liegt nicht darin, das **Vermögen** des Betreuten zu sichern oder zu vermehren, sondern es **nach dessen Wünschen oder mutmaßlichem Willen zu verwenden.** Diese Pflicht gilt selbstverständlich auch für betreuende Familienangehörige und potenzielle Erben. Bei Prüfung einer Rechnungslegung sollte also darauf geachtet werden, dass vorhandenes Vermögen für die Betreuten ausgegeben und nicht nur verwaltet wird.

Der Betreuer handelt dagegen nicht pflichtwidrig, wenn ihm die Befolgung der Wünsche des Betreuten nicht zumutbar ist (§ 1821 Abs. 3 Nr. 2, → BGB § 1821 Rn. 19).

Bei erheblichen **Gefährdungen** wie aber auch bei bewusster Nichtbefolgung 11
von geäußerten Wünschen sollte der Betreuer im Zweifel die Beratung des Gerichts einholen oder dem Gericht seine beabsichtigte Entscheidung mitteilen. So kann dieses entscheiden, ob es im Rahmen der Aufsicht vorab einschreiten oder Ermittlungen anstrengen will, vgl. ausdrücklich § 1833 Abs. 2 bei einem bevorstehenden Wohnungsverlust (→ BGB § 1833 Rn. 8 ff.). Das Gericht ist nicht darauf beschränkt, bereits vollzogenes Handeln oder Unterlassen nachträglich zu beurteilen; es ist vielmehr befugt und ggf. verpflichtet, aufzuzeigen, ob **beabsichtigte Maßnahmen** des Betreuers als pflichtwidrig zu beurteilen sind. Mit der Reform soll den Betreuten mehr Selbstbestimmung und größere Freiheiten ermöglicht werden, was auf der anderen Seite natürlich mit mehr **Risiken** verbunden ist. Beim Austarieren kann das Gericht beratend tätig werden. Zu vermeiden ist, dass Betreuer sich mit dem Argument „das hat der Betreute so gewollt", aus der Verantwortung leichtfertig zurückziehen.

III. Anhörungspflicht (Abs. 2)

In Abs. 2 ist eine anlassbezogene Anhörungspflicht des Gerichts im Rahmen 12
der Aufsicht durch das Reformgesetz 2023 neu eingeführt worden. Sie ist bewusst nicht als Verfahrenshandlung im FamFG normiert, sondern als eine materiellrechtliche Aufgabe des Gerichts ins BGB aufgenommen worden (BT-Drs. 19/24445, 298; BeckOGK/Gietl Rn. 45 ff.). Vorausgegangen war im vorgeschalteten Diskussionsprozess die kritikwürdige Feststellung, dass die Betreuten in die Aufsichtstätigkeit des Gerichts bisher so gut wie nie **beteiligt** wurden. Die Anhörung dient dem Ziel, die **Sichtweise des Betreuten,** insbesondere dessen **Wünsche,** aus erster Hand zu erfahren, um die Pflichtwidrigkeit zu vermeiden oder ggf. zu besprechen, welche Folge dieser sich bei einer tatsächlichen bereits erfolgten Pflichtverletzung wünscht (BT-Drs. 19/24445, 299). Ohne diese Kenntnis kann eine Aufsicht nicht durchgeführt werden, da die Pflicht des Betreuers bei allen seinen Tätigkeiten darin besteht, sich an den Wünschen und Vorstellungen des Betreuten zu orientierten.

Gemeint sind hier vorrangig solche Pflichten, die der Betreuer gegenüber dem Betreuten einzuhalten hat, insbesondere also, wenn er die Wünsche des Betreuten entgegen den Vorgaben des § 1821 Abs. 2 bis 4 missachtet. Anhaltspunkte können sich aus den Berichten ergeben oder aus Hinweisen (HK-BUR/Harm Rn. 15; Schnellenbach/Normann-Scheerer/Giers/Thielke BetreuungsR-HdB/Thielke Rn. 689 ff.) Aber auch dann, wenn der Betreute keine Wünsche äußert, kann es zu Pflichtverletzungen kommen, zum Beispiel durch allzu sparsame Geldausgaben bei ausreichendem Vermögen oder mangelnde persönliche Kontakte nach § 1821 Abs. 5. Wenn der Betreuer seine Berichte nicht im angegebenen Zeitraum erstellt, kann auch dies Anlass für eine Anhörung sein, damit das Gericht prüfen kann, ob er seine Pflichten gegenüber dem Betreuten einhält.

13 Dem Gericht steht es zunächst frei, bei einem ersten Hinweis auf eine mögliche Pflichtverletzung Vorermittlungen durchzuführen, um diesem Hinweis nachzugehen. Die persönliche Anhörung muss nicht die erste Maßnahme des Gerichtes sein. Es reichen allerdings **Anhaltspunkte** für eine Pflichtverletzung aus, die gerade durch die Anhörung des Betreuten verifiziert werden sollen. Die Anhörung ist also insbesondere dann durchzuführen, wenn die Pflichtwidrigkeit darin besteht, dass der Betreuer den Wünschen des Betreuten nicht oder nicht in geeigneter Weise entsprochen hat. Dann steht die Anhörung nicht im Belieben des Gerichts.

14 Da es aber Situationen geben kann, in denen von einer persönlichen Anhörung keinerlei Erkenntnisgewinn zu erwarten ist, kann **ausnahmsweise** auf eine solche **verzichtet** werden. Ein reiner Formalismus ist zu vermeiden. Der Ausnahmefall ist in dem „es sei denn …" gesetzlich geregelt, steht also nicht im Ermessen des Gerichts und liegt nur dann vor, wenn die persönliche Anhörung nicht geeignet oder nicht erforderlich ist, um die Pflichtwidrigkeit aufzuklären. Dies kann zum Beispiel der Fall sein, wenn der Betreute einen bestimmten Sachverhalt telefonisch bestätigt und es keinen weiteren Grund gibt, die Angelegenheit persönlich zu erörtern (BT-Drs. 19/24445, 299). Eine Anhörung kann entsprechend § 34 Abs. 2 FamFG zudem ausnahmsweise unterbleiben, wenn der Betreute offensichtlich nicht in der Lage ist, seinen Willen kundzutun und es um früher geäußerte Wünschen oder den mutmaßlichen Willen geht, der vom Betreuer nicht berücksichtigt worden ist.

Die neu eingeführte Pflicht zur Anhörung des Betreuten im Rahmen der gerichtlichen Aufsicht ist ein zentraler Bestandteil zur Stärkung des Selbstbestimmungsrechts. Der Rechtspfleger soll mehr als früher im persönlichen Kontakt mit der betreuten Person stehen. Die Durchführung einer Anhörung sollte also die Regel sein und nicht die Ausnahme. Die Praxis der ersten Jahre nach Inkrafttreten der Reform scheint aber überwiegend die Ausnahme zur Regel zu machen und muss sich noch entwickeln, was allerdings von den gerichtlichen Kapazitäten abhängen wird. Anders als vom Bundesrat im Gesetzgebungsverfahren vorgeschlagen (BT-Drs. 19/24445, 249) ist Abs. 2 **keine Sollvorschrift;** das Gericht „hat anzuhören". Auf die Anhörung darf also nur dann verzichtet werden, wenn der gesetzlich genannte Ausnahmefall tatsächlich vorliegt.

IV. Maßnahmen (Abs. 3)

15 Abs. 3 hat § 1837 Abs. 2 S. 1. Hs. 2 und Abs. 3 S. 1 aF ersetzt.

Stellt das Betreuungsgericht Pflichtwidrigkeiten fest, hat es **geeignete Maßnahmen** zu ergreifen (zum Verfahren → Rn. 18). Ob eine Pflichtwidrigkeit vorliegt oder nicht, ist keine Ermessensfrage, sondern eine in allen Instanzen nachprüfbare Rechtsfrage (BayObLG BtPrax 2004, 69; BeckOGK/Gietl Rn. 56 ff.). Untätigkeit kann zur Amtshaftung führen. Ein **Verschulden** des Betreuers ist **nicht erforderlich** (MüKoBGB/Kroll-Ludwigs Rn. 14), desgleichen muss noch kein Schaden entstanden sein, auch eine konkrete Gefährdung ist nicht erforderlich. Bei der Auswahl der Maßnahme, die wiederum nach pflichtgemäßem Ermessen zu treffen ist, ist der Grundsatz der Verhältnismäßigkeit zu beachten. Vielfach reicht es aus, auf den Betreuer beratend einzuwirken (§ 1861), anderenfalls sind **Gebote** und **Verbote** auszusprechen (Abs. 3 S. 1), die das konkrete Handeln des Betreuers vorgeben. Vorrangiges Ziel der Maßnahme ist das pflichtgemäße Handeln des Betreuers und nicht seine Entlassung (Schnellenbach/Normann-Scheerer/Giers/Thielke BetreuungsR-HdB/Thielke Rn. 692).

Dem Betreuungsgericht steht unter den Voraussetzungen des Abs. 1 ein **Weisungsrecht** zu, so kann der Rechtspfleger zB den Betreuer anweisen, den Betreuten aus dem Heim in die häusliche Pflege durch Angehörige zu geben, wenn dies dem Wunsch des Betreuten gem. § 1821 entspricht (BGH BtPrax 1997, 28).

Das Gericht kann den Betreuer zur Befolgung seiner Anordnungen durch Festsetzung von **Zwangsgeld** anhalten, Abs. 3 S. 2 (→ Rn. 17). Auch diese Maßnahme muss erforderlich sein, dh sie ist unstatthaft, wenn das gleiche Ziel mit weniger belastenden Maßnahmen erreicht werden kann.

Führen Gebote und Verbote evtl. verbunden mit der Festsetzung von Zwangs- **16**
geld nicht zum Erfolg, sind andere Maßnahmen zu prüfen. Sinn der Aufsichtsmaßnahme ist es, den Betreuer dahin zu bringen oder bei Bedarf durch Beratung darin zu unterstützen, im Interesse des Betreuten seinen Pflichten nachzukommen. Daher ist die **Entlassung** (§ 1868 Abs. 1) eigentlich keine Aufsichtsmaßnahme. Die Ge- und Verbote sollten die Pflichtwidrigkeiten abstellen. Bei ehrenamtlichen Betreuern kommt eine Teilentlassung in Betracht, wenn sie nur mit der Erledigung einzelner Aufgaben überfordert sind. Berufliche Betreuer sollten dagegen aus der gesamten Betreuung entlassen werden, wenn sie pflichtwidrig gehandelt haben, keine Einsicht zeigen und beratungsresistent sind. Dann sollte das Gericht der Stammbehörde eine Mitteilung machen, da bei mehrfachen Entlassungen wegen Ungeeignetheit ein **Widerruf der Registrierung** zu prüfen ist (§ 17 Abs. 1 Nr. 3 BtOG). Bei Gefahr im Verzug kann eine sofortige Entlassung geboten sein, die aber stets nur das äußerste Mittel darstellt (BayObLG FamRZ 1996, 509 (511); → § 1868 Rn. 21). Das Betreuungsgericht darf aber **nicht unmittelbar** an Stelle des Betreuers **für** den **Betreuten handeln.** Es ist auch nicht befugt, Erklärungen des Betreuers zu ersetzen. Eine Kontensperrung durch das Gericht ist unzulässig. Die Aufsicht umfasst allerdings das Recht, selbst gerichtliche Ermittlungen durchzuführen, wie zB den Kontenstand bei der Sparkasse abzufragen und mit den Angaben des Betreuers abzugleichen. Ist im Zusammenhang mit einer Pflichtwidrigkeit des Betreuers sofortiges Handeln geboten und verweigert sich der Betreuer, kann das Gericht ggf. nach der (teilweisen) Entlassung im Wege der **einstweiligen Anordnung** selbst nach § 1867 handeln (→ BGB § 1867 Rn. 5).

V. Zwangsgeld

Das Betreuungsgericht kann seinen Anordnungen durch Festsetzung von **17**
Zwangsgeld Nachdruck verleihen (§ 35 Abs. 3 S. 2 FamFG), ausgenommen sind Behörde und Verein als Betreuer sowie der Behördenbetreuer, nicht hingegen der

Vereinsbetreuer (Abs. 3 S. 3). Gegen den Behördenbetreuer kann beim Dienstherrn eine Dienstaufsichtsbeschwerde eingereicht werden und er kann, wenn die Voraussetzungen vorliegen, aus dem Amt entlassen werden.

Das Zwangsgeld ist eine **Beugemittel,** keine Strafe oder Sühne; die Festsetzung hat also zu unterbleiben, wenn die Anordnung befolgt ist oder nicht mehr befolgt werden kann (Schnellenbach/Normann-Scheerer/Giers/Thielke BetreuungsR-HdB/Thielke Rn. 694 ff.; MüKoBGB/Kroll-Ludwigs Rn. 16). Es kann wiederholt festgesetzt werden. Der **Hinweis** auf die Folgen der Zuwiderhandlung muss in die gerichtliche Verfügung aufgenommen werden, mit der das Gebot oder Verbot ausgesprochen wird (§ 35 Abs. 2 FamFG). Es ist nicht erforderlich, dass bereits eine konkrete Zuwiderhandlung stattgefunden hat oder zu erwarten ist (OLG Brandenburg FamRZ 2001, 38). Die Höhe des einzelnen Zwangsgeldes darf **25.000 EUR** nicht übersteigen (§ 35 Abs. 3 S. 1 FamFG). Es ist ein bestimmter Geldbetrag anzudrohen, die Angabe des in Aussicht genommenen Höchstbetrags genügt: „bis zu 1.000 EUR". Bevor gegen ehrenamtliche Betreuer ein Zwangsgeld angedroht oder gar festgesetzt wird, weil sie trotz wiederholter Erinnerungen zB den Jahresbericht nicht einreichen oder eine bestimmte Erklärung nicht abgeben, sollte zunächst eine telefonische Kontaktaufnahme zur Beratung versucht werden. Das ist immer ein **milderes Mittel.**

VI. Verfahren

18 Das Betreuungsgericht wird **von Amts wegen** tätig. Von Amts wegen sind auch Vorgänge nachzuhalten und zu kontrollieren, die Anlass zu (weiteren) Aufsichtsmaßnahmen geben können, zB bei Anlage von Geld des Betreuten auf den Namen des Betreuers oder bei Eingang von Geldern auf Konten des Betreuers; vgl. die Auskunfts- und Vorlagepflicht des Betreuers nach §§ 1838 Abs. 2; 1864. Die Anregung zu Aufsichtsmaßnahmen kann auch von der **Betreuungsbehörde** ausgehen (§ 9 Abs. 2 BtOG). **Dritten,** zB Angehörigen, bleibt es unbenommen, Aufsichtsmaßnahmen gegen Pflichtwidrigkeiten des Betreuers **anzuregen;** sie haben aber **kein Beschwerderecht,** wenn das Gericht es ablehnt, tätig zu werden (OLG Zweibrücken Rpfleger 2003, 426 = BtPrax 2003, 184 (Ls.)); auch nicht die Eltern unter Berufung auf Art. 6 Abs. 1 GG, wenn sie nicht zuvor am Verfahren beteiligt worden sind (OLG München BtPrax 2009, 237). Bei pflichtwidriger Beeinträchtigung des Kontakts des Betreuten mit seinen Angehörigen kann gleichwohl eingegriffen werden, weil dann auch die Rechte des Betreuten betroffen sind und der Betreuer die ausdrückliche Befugnis benötigt, den Umgang zu regeln, § 1815 Abs. 2 Nr. 4.

19 **Zuständig** für Tätigkeiten nach § 1862 ist der Rechtspfleger (§ 3 Nr. 2b RPflG), auch soweit die Aufsicht über die Ausübung der Personensorge betroffen ist (Köppel BtPrax 2020, 54); desgleichen für die Festsetzung von Zwangsgeld zur Durchsetzung seiner Anordnungen (§ 4 Abs. 1 RPflG). Kommt eine Zuständigkeit des Richters in Betracht, zB die (Teil-) Entlassung des Betreuers (§ 1868 Abs. 1), hat er die Sache dem Richter vorzulegen (§ 15 Abs. 1 RPflG); zu **Abgrenzungsfragen** im Zusammenhang mit der Aufsichtsführung vgl. Erläuterungen zu § 3 RPflG, → RPflG § 15 Rn. 6, 18.

Werden Aufsichtsmaßnahmen erwogen, ist der **Betreute** zu **beteiligen** (§§ 26, 275 FamFG; Art. 103 Abs. 1 GG). **Beschwerdeberechtigt** sind Betreuer und Betreuter (§ 59 Abs. 1 FamFG). Während gegen die gerichtliche Anordnung der Handlung die Beschwerde nach § 58 ff. FamFG eröffnet ist, findet im **Zwangs-**

geldverfahren die Beschwerde analog der §§ 567 bis 572 ZPO statt (§ 35 Abs. 5 FamFG). Die Beschwerdefrist beträgt hier nur zwei Wochen; die Beschwerde hat aufschiebende Wirkung (§ 570 ZPO), (zum Vollstreckungsverfahren HK-BUR/Harm Rn. 25 ff).

Kommt das Gericht seiner Aufsichtspflicht nicht oder unzureichend nach und greift zB nicht ein, um eine Pflichtverletzung des Betreuers gegenüber dem Betreuten zu verhindern oder erlässt ungeeignete Anordnungen, kommt es bei einem Schadenseintritt zur Amtshaftung nach § 839 iVm Art. 34 GG (Deinert/Lütgens/Meier Haftung des Betreuers Rn. 432), allerdings nur bei grober Fahrlässigkeit.

VII. Befreiung der Behörde nach Landesrecht

Abs. 4 entspricht § 1908i Abs. 1 S. 2 aF und wurde auf Wunsch der Länder 2023 unverändert in die Reform übernommen. Der Behörde als Betreuer (§ 1818 Abs. 4) können nach Landesrecht bestimmte Befreiungen im Rahmen der Aufsicht in vermögensrechtlichen Angelegenheiten, einschließlich einzelnen Genehmigungspflichten, erteilt werden. Befreiungen können zudem für den Abschluss von Arbeits- und Lehrverträgen vorgesehen werden. Soweit ein Land davon Gebrauch macht, gilt dies allerdings nur für die Behörden, nicht jedoch für einen Behördenbetreuer. 20

§ 1863 Berichte über die persönlichen Verhältnisse des Betreuten

(1) [1]**Mit Übernahme der Betreuung hat der Betreuer einen Bericht über die persönlichen Verhältnisse (Anfangsbericht) zu erstellen. [2]Der Anfangsbericht hat insbesondere Angaben zu folgenden Sachverhalten zu enthalten:**

1. **persönliche Situation des Betreuten,**
2. **Ziele der Betreuung, bereits durchgeführte und beabsichtigte Maßnahmen, insbesondere im Hinblick auf § 1821 Absatz 6, und**
3. **Wünsche des Betreuten hinsichtlich der Betreuung.**

[3]Sofern ein Vermögensverzeichnis gemäß § 1835 zu erstellen ist, ist dieses dem Anfangsbericht beizufügen. Der Anfangsbericht soll dem Betreuungsgericht innerhalb von drei Monaten nach Bestellung des Betreuers übersandt werden. [4]Das Betreuungsgericht kann den Anfangsbericht mit dem Betreuten und dem Betreuer in einem persönlichen Gespräch erörtern.

(2) [1]**Absatz 1 gilt nicht, wenn die Betreuung ehrenamtlich von einer Person mit einer familiären Beziehung oder persönlichen Bindung zum Betreuten geführt wird. [2]In diesem Fall führt das Betreuungsgericht mit dem Betreuten auf dessen Wunsch oder in anderen geeigneten Fällen ein Anfangsgespräch zur Ermittlung der Sachverhalte nach Absatz 1 Satz 2. [3]Der ehrenamtliche Betreuer soll an dem Gespräch teilnehmen. [4]Die Pflicht zur Erstellung eines Vermögensverzeichnisses gemäß § 1835 bleibt unberührt.**

(3) [1]**Der Betreuer hat dem Betreuungsgericht über die persönlichen Verhältnisse des Betreuten mindestens einmal jährlich zu berichten (Jahresbericht). [2]Er hat den Jahresbericht mit dem Betreuten zu besprechen,**

es sei denn, davon sind erhebliche Nachteile für die Gesundheit des Betreuten zu besorgen oder dieser ist offensichtlich nicht in der Lage, den Inhalt des Jahresberichts zur Kenntnis zu nehmen. [3]Der Jahresbericht hat insbesondere Angaben zu folgenden Sachverhalten zu enthalten:

1. **Art, Umfang und Anlass der persönlichen Kontakte zum Betreuten und der persönliche Eindruck vom Betreuten,**
2. **Umsetzung der bisherigen Betreuungsziele und Darstellung der bereits durchgeführten und beabsichtigten Maßnahmen, insbesondere solcher gegen den Willen des Betreuten,**
3. **Gründe für die weitere Erforderlichkeit der Betreuung und des Einwilligungsvorbehalts, insbesondere auch hinsichtlich des Umfangs,**
4. **bei einer beruflich geführten Betreuung die Mitteilung, ob die Betreuung zukünftig ehrenamtlich geführt werden kann, und**
5. **die Sichtweise des Betreuten zu den Sachverhalten nach den Nummern 1 bis 4.**

(4) **Bei einem Wechsel des Betreuers hat der bisherige Betreuer einen abschließenden Bericht (Schlussbericht) zu erstellen, in dem die seit dem letzten Jahresbericht eingetretenen Änderungen der persönlichen Verhältnisse mitzuteilen sind. [2]Der Schlussbericht hat Angaben zu den Sachverhalten nach Absatz 3 Satz 3 Nummer 1, 2 und 5 sowie über die Erfüllung der Herausgabepflicht nach § 1872 Absatz 3 Satz 1 zu enthalten. [3]Der Schlussbericht ist dem Betreuungsgericht zu übersenden.**

I. Einführung

1 Die Norm ersetzt § 1840 Abs. 1 aF, der über § 1908i Abs. 1 aF sinngemäß für die Betreuung anwendbar war, wie auch vom Sinn her § 1901 Abs. 4 S. 2 und 3 aF bzgl. des Betreuungsplans. In einer eigenen Norm und losgelöst von der Vermögensaufsicht ist die Berichtspflicht des Betreuers über die persönlichen Verhältnisse des Betreuten deutlich klarer geregelt als vor der Reform, damit präzisiert und erweitert. Die Berichterstattung ist neben der Anhörung (§ 1862 Abs. 2) das wichtigste Instrument der **gerichtlichen Aufsicht.** Sie dient im Interesse der Betreuten der **Sicherung der Qualität** der rechtlichen Betreuung, die mit der Reform verbessert werden sollte. Die gerichtliche Aufsicht ist nun stärker auf die **Ermittlung der Wünsche** des Betreuten als zentralen Maßstab ausgerichtet, sodass sich auch die Aufsichtsinstrumente dahingehend zu fokussieren haben, Beeinträchtigungen der Selbstbestimmung zu erkennen und ggf. nach § 1862 zu sanktionieren (BT-Drs. 19/24445, 299; Thielke BtPrax 2022, 39; HK-BUR/Harm Rn. 4). Hat sich die gerichtliche Kontrolle durch die Rechtspfleger in der Vergangenheit häufig auf die Überprüfung des vorgelegten Zahlenwerks im Rahmen der Vermögenssorge konzentriert und die Aufsicht zB im Rahmen der Personensorge bisher vernachlässigt (Köppel BtPrax 2020, 54), so soll der Rechtspfleger sich nun ein umfassendes Bild von der Persönlichkeit des Betreuten – dh über seine Lebenssituation, seine Vorstellungen zu seiner Lebensführung, seine Fähigkeiten und Ressourcen – verschaffen, um auf dieser Grundlage die Handlungspflichten des Betreuers erkennen und damit die Aufsicht sinnvoll führen zu können.

Die Berichte dienen zudem dem Richter zur Vorbereitung einer Anhörung und/oder seiner Entscheidung zB bei der Überprüfung der Betreuung zur Verlängerung oder zur Aufgabenkreiserweiterung oder -einschränkung.

Dem Betreuer selbst können sie zur eigenen Dokumentation dienen, um über getroffene Vereinbarungen oder die Erreichung von gesetzten Zielen zu reflektieren. Damit ist es nicht nur eine aufwändige Tätigkeit, die allein als Pflicht gegenüber dem Gericht wahrgenommen werden sollte, sondern Teil der **eigenen Qualitätssicherung** in dem einzelnen Verfahren (Thielke BtPrax 2022, 39 (44); Gojowczyk BtR 2026, 20). Überlegungen, die Anforderungen zu begrenzen, begegnen daher Bedenken.

Die Wahrnehmung der Kontrollfunktion des Gerichts muss nach den Vorgaben von **Art. 12 UN-BRK** insbesondere darauf ausgerichtet sein, im Interesse größtmöglicher Selbstbestimmung des Betreuten zu überprüfen, ob der Betreuer sein Handeln nach den Wünschen des Betreuten ausrichtet und so weit wie möglich eine **unterstützte Entscheidungsfindung** und -umsetzung ermöglicht (Holtermann BtPrax 2022, 191 ff.), dh insbesondere das Gebot des Vorrangs eines unterstützenden Handelns bei der eigenen Rechtsausübung durch den Betreuten vor ersetzendem Handeln und Entscheiden wahrt (*Assistenz vor Vertretung,* s. § 1821 Abs. 1 und § 1823, → BGB § 1821 Rn. 12). Das Betreuungsgericht, das dem Betreuer durch dessen Bestellung eine Rechtsmacht treuhänderisch übertragen hat, hat dabei vor allem die Einhaltung der Pflichten aus Art. 12 Abs. 4 UN-BRK zu gewährleisten. Danach sind bei allen Maßnahmen, die die Ausübung der Rechts- und Handlungsfähigkeit betreffen, geeignete und **wirksame Sicherungen** vorzusehen, um Missbrauch zu verhindern. Diese Sicherungen sollen gewährleisten, dass die Rechte, der Wille und die Präferenzen der betreffenden Person geachtet und Interessenkonflikte und missbräuchliche Einflussnahme verhindert werden. Dem Gericht kommt damit eine bedeutsame Rolle bei der Sicherung der Qualität der Betreuungsführung im Interesse einer größtmöglichen Wahrung des Selbstbestimmungsrechts des Betreuten während einer laufenden Betreuung zu. Eine effektive, an den Wünschen des Betreuten ausgerichtete Aufsicht und Kontrolle kann dabei nur gelingen, wenn sie sich zentral am Maßstab der Selbstbestimmung der Betreuten orientiert (BT-Drs. 19/24445, 141). 2

Nach dem Inhalt der Vorschrift werden drei verschiedene Arten von Berichten geregelt: Der Anfangsbericht (Abs. 1 und 2), der Jahresbericht (Abs. 3) und der Schlussbericht (Abs. 4, neu geregelt am 1.1.2026). Die Verpflichtung zum Bericht besteht jeweils nur gegenüber dem Betreuungsgericht; es besteht kein klagbarer Anspruch des Betreuten gegen den Betreuer. Allerdings soll der Betreuer den Bericht mit seinem Betreuten besprechen. Im Übrigen hat der Betreute ein **Akteneinsichtsrecht** und kann auch über diesen Weg Kenntnis vom Bericht erhalten. Eine Befreiung von diesen Berichtspflichten sieht das Gesetz nicht vor. Die Berichte sollten schriftlich eingereicht werden. Eine Verpflichtung, ein vom Gericht zur Verfügung gestellten Vordruck zu verwenden, besteht dagegen nicht. Nur die gesetzlichen Vorgaben sind bindend. Vorgesehen sind zudem mehrere Gelegenheiten zum persönlichen Gespräch. Eine vertrauensvolle Zusammenarbeit der Beteiligten untereinander und mit dem Gericht ist zu fördern (BT-Drs. 19/24445, 299). 3

II. Anfangsbericht (Abs. 1)

Berufliche Betreuer und ehrenamtliche Fremdbetreuer haben nach Übernahme der Betreuung einen Anfangsbericht zu erstellen. Dies gilt sowohl bei der Erstbestellung – auch bei einstweiligen Anordnungen – wie nach einem Betreuerwech- 4 sel, nicht jedoch für den Verhinderungsbetreuer. Von Ergänzungs- und Kontrollbetreuern sollte er nur erfordert werden, wenn im Einzelfall dafür ein Bedarf besteht. § 1901 Abs. 4 S. 2 aF sah als Aufsichtsmaßnahme durch die Rechtspfleger die Möglichkeit vor, berufliche Betreuer zu verpflichten, in geeigneten Fällen einen **Betreuungsplan** zu erstellen. Davon hatte die Praxis allerdings so gut wie keinen Gebrauch gemacht. Er ist mit der Reform durch einen **obligatorischen** Anfangsbericht ersetzt worden, der innerhalb von drei Monaten ab Bestellung dem Gericht übersandt werden soll. Verzögerungen können im Einzelfall begründet sein. Die Frist beginnt auch schon mit einer vorläufigen Bestellung durch eine einstweilige Anordnung. Ein solcher Bericht kann dann gleichzeitig in die Ermittlungen des Hauptsacheverfahrens zur endgültigen Bestellung einfließen und ggf. der Betreuungsbehörde oder dem Sachverständigen zur Erstellung des Gutachtens zur Verfügung gestellt werden. Er ersetzt aber nicht die verpflichtende Stellungnahme der Betreuungsbehörde. Enthalten sein sollte zudem eine Darlegung und Beschreibung zu den bereits durchgeführten Kontakten, sowie die Angabe, wie diese zukünftig gestaltet werden sollen. Daher kann er nicht schon unmittelbar nach Bestellung verfasst werden. Sollte er sich allerdings über die 3 Monate hinaus verzögern, muss das Gericht tätig werden, da es sonst seiner Aufsichtspflicht nicht nachkommen und damit nicht sicherstellen kann, dass der Betreuer seine Pflichten gegenüber dem Betreuten erfüllt.

5 Der obligatorische Anfangsbericht hat über die **persönlichen Verhältnisse** des Betreuten Auskunft zu geben. Es gehört ohnehin zu den selbstverständlichen Aufgaben eines Betreuers, sich am Anfang einen eigenen Eindruck von der Situation des Betreuten zu verschaffen und unabhängig von Sozialbericht und Gutachten den Handlungs- und Unterstützungsbedarf und die Ziele der Betreuung festzustellen. Dies gehört zur Fachlichkeit der Betreuer (HK-BUR/Harm Rn. 6). Der Bericht hat Angaben zur persönlichen Ausgangssituation, den Betreuungszielen, den bereits durchgeführten und beabsichtigten Maßnahmen sowie zu den Wünschen des Betreuten hinsichtlich der Betreuung zu enthalten. Damit sollen eine möglichst frühzeitige Einbindung des Betreuten und eine Ermittlung von dessen Wünschen durch Betreuer und Betreuungsgericht erreicht werden. Dabei sind auch solche Maßnahmen zu benennen, die den Betreuten (wieder) dazu befähigen, seine rechtlichen Angelegenheiten selbst zu erledigen, um die Betreuung ggf. wieder aufheben zu können. Durch die Feststellung der Gesamtsituation zu Beginn der Betreuung kann auch eine bessere Dokumentation von **Entwicklungen** bzw. der Erreichung von Zielen in den folgenden Jahresberichten erfolgen. Dem Gericht gibt der Anfangsbericht zudem eine gute Grundlage für die weitere Aufsichtsführung, da es zu einem für das Gelingen einer Betreuung besonders bedeutsamen frühen Zeitpunkt Kenntnis von den wesentlichen auf die Betreuung gerichteten Wünschen des Betreuten erhält, an denen es die weitere Aufsicht ausrichten kann (BT-Drs. 19/24445, 300; Thielke BtPrax 2022, 39 (40); Schnellenbach/Normann-Scheerer/Giers/Thielke BetreuungsR-HdB Rn. 705 ff.).

6 Der Anfangsbericht hat nach S. 2 **Nr. 1** Angaben zu der persönlichen Ausgangssituation des Betreuten bei der Übernahme der Betreuung durch den Betreuer zu enthalten. Diese können von den Angaben des Sozialberichts der Betreuungsbehörde durchaus abweichen, da dieser zu einem anderen Zeitpunkt und mit einer anderen Intention erstellt wurde. Es sind – unabhängig vom Aufgabenkreis – Grundangaben insbesondere über die Lebens-, Wohn- und Arbeitssituation, zu sozialen sowie wirtschaftlichen Verhältnisse des Betreuten, Fähigkeiten,

Ressourcen, wie auch Beeinträchtigungen, Schwierigkeiten, Behinderungen, denen der Betreute ausgesetzt ist, seine familiären und sozialen Kontakte darzulegen (BT-Drs. 19/24445, 300; Thielke BtPrax 2022, 39 (40), krit. Dodegge FamRZ 2022, 844 (850)). Soweit sie mit bereits vorhandenen Angaben zB aus dem Sozialbericht identisch sind, kann auf diese verwiesen werden. Dem Betreuer sollten daher stets **Sozialbericht** und **Gutachten** zur Verfügung gestellt werden.

Nach **Nr. 2** sind im Anfangsbericht darüber hinaus die sich aus den Wünschen und Vorstellungen des Betreuten sowie den vorgefundenen tatsächlichen Umständen ergebenden realistischen **Ziele** und die **zu deren Umsetzung** bereits eingeleiteten und weiterhin **erforderlichen Maßnahmen** zu benennen. Dabei geht es sowohl um präventive als auch um rehabilitative Maßnahmen im Sinne von § 1821 Abs. 6. Konkret geht es um die Frage, welcher Unterstützungsbedarf durch die rechtliche Betreuung bezogen auf die Ziele der Betreuung unter Berücksichtigung der Kompetenzen des Betreuten zur Selbstverantwortung besteht. Mit dem Ziel der Betreuung ist allerdings nicht die Erledigung der Aufgabenbereiche gemeint, also nicht etwa „Beantragung von Sozialleistungen“, sondern eher „Sicherstellung einer geregelten Lebensgrundlage“. **7**

Da die **Wünsche** des Betreuten im Mittelpunkt der Betreuertätigkeit stehen, ist der Betreuer nach § 1821 Abs. 2 S. 2 nunmehr ausdrücklich verpflichtet, die Wünsche des Betreuten festzustellen, und dies natürlich auch gleich zu Beginn seiner Tätigkeit, und auch in Bezug auf die Betreuung: was erwartet und erhofft sich der Betreute? Was soll erreicht werden? Was soll verhindert werden? etc. Dies ist im Anfangsbericht gem. **Nr. 3** zu benennen. Da sie auch für die Aufsichtstätigkeit des Gerichts maßgeblich sind, müssen die Wünsche entsprechend möglichst frühzeitig zu Beginn der Betreuung dokumentiert werden, was nicht heißt, dass sie sich im Verlauf einer Betreuung nicht auch ändern können. Wenn auch die Vermögenssorge zum Aufgabenkreis gehört, sollten auch Angaben zu den Wünschen des Betreuten hinsichtlich der **Verwendung der finanziellen Mittel** angegeben werden, insbesondere dann, wenn von den Regelungen der §§ 1839–1845 abgewichen werden soll, s. § 1838 Abs. 2 (Thielke BtPrax 2022, 39 (40); → BGB § 1838 Rn. 6). Dies schützt Betreuten und Betreuer, wenn die Wahrnehmung der Selbstbestimmung und die Befolgung der Wünsche zu einem finanziellen Schaden führen sollte (BT-Drs. 19/24445, 273). **8**

S. 3 enthält im Rahmen der Vermögenssorge die Selbstverständlichkeit, das Anfangsvermögen in einem **Vermögensverzeichnis** (→ BGB § 1835 Rn. 1 ff.) bei Übernahme der Betreuung genau angeben zu müssen, um eine Aufsicht über die Entwicklung zu ermöglichen. Zur Angabe des Vermögens des Betreuten durch den Betreuer zu dem Zweck, die **gerichtlichen Kosten für das Gericht** zu ermitteln, besteht nur dann eine Verpflichtung, wenn die Vermögenssorge zum Aufgabenkreis gehört. **9**

Dem Rechtspfleger steht es nach **S. 5** frei, den Anfangsbericht bei Bedarf mit dem Betreuten und dem Betreuer in einem **persönlichen Gespräch** zu erörtern. Damit wird sogleich ein persönliches Kennenlernen von Rechtspfleger, Betreutem und Betreuer in einem frühen Stadium ermöglicht, das die beste Grundlage für die weitere Aufsicht bietet. Die Gesetzesbegründung spricht von einem **„Appell“ an den Rechtspfleger,** von dieser Möglichkeit Gebrauch zu machen, damit der Betreute „seinen“ Rechtspfleger gleich zu Beginn der Betreuung kennenlernen kann, um Hemmschwellen abzubauen (BT-Drs. 19/24445, 300; Holtermann BtPrax 2022, 191; Schnellenbach/Normann-Scheerer/Giers/Thielke BetreuungsR-HdB/Thielke Rn. 711 ff.). So bleibt „das Gericht“ keine gesichtslose bür- **10** gerferne Institution. Gehört die Vermögenssorge zum Aufgabenkreis, kann das Gespräch auch dazu genutzt werden, dem Betreuten das Vermögensverzeichnis zur Kenntnis zu geben und mit ihm zu besprechen (Thielke BtPrax 2022, 39 (40)), denn gem. § 1835 Abs. 6 (→ BGB § 1835 Rn. 15) ist er verpflichtet, dieses dem Betreuten bekannt zu geben.

Andererseits ist darauf zu achten, dass zu Beginn der Betreuung nicht zu viele fremde Menschen mit dem Betreuten sprechen, wobei die „Termine" in der Regel zeitlich weit auseinander liegen. Für den Rechtspfleger ergibt sich auf der anderen Seite erst durch das persönliche Kennenlernen des Betreuten ein genaueres Bild von dessen Person, seinen Wünschen und auch etwaigen Hemmnissen bei der Umsetzung. Das Verständnis weiterer Berichte oder sonstiger Anfragen in diesem Verfahren ist erheblich größer, wenn der Rechtspfleger den Betreuten gewissermaßen **persönlich „vor Augen hat".** Wenn sich von Anfang an Konflikte abzeichnen oder Angaben im Sozialbericht der Betreuungsbehörde von denen des Anfangsberichts erheblich unterscheiden, sollte dieses Gespräch geführt werden. Auch die Art der künftigen Kommunikation kann besprochen werden (Thielke BtPrax 2022, 39 (40)). Soweit notwendig, sollte das Gespräch aufsuchend, dh in der gewöhnlichen Umgebung des Betreuten stattfinden. Auch eine **Vertrauensperson** sollte auf Wunsch des Betreuten hinzugezogen werden. In der Praxis scheint dieses Instrument bei manchen Gerichten unbekannt zu sein.

III. Anfangsgespräch mit ehrenamtlichen Angehörigenbetreuern (Abs. 2)

11 Abs. 2 nimmt diejenigen ehrenamtlichen Betreuer von der Verpflichtung, einen Anfangsbericht schriftlich zu erstellen, aus, die schon vor ihrer Bestellung mit dem Betreuten in einer familiären Beziehung oder persönlichen Bindung standen und deswegen bestellt worden sind. Diese sollten mit einer solchen Verpflichtung nicht von der Übernahme der Betreuung abgeschreckt werden. Die Einschränkung ist jedoch nicht unbedenklich, da gerade die Qualität im Hinblick auf die Achtung der Selbstbestimmung bei angehörigen Betreuern sehr unterschiedlich ist. Die Anforderungen aus § 1821 sind jedoch dieselben. Gedanken über Wünsche des Betreuten, Ziele der Betreuung und den konkreten Regelungsbedarf muss sich auch ein Angehörigenbetreuer machen. Sie sollten daher durchaus aufgefordert werden, einen solchen Bericht zu erstellen, allerdings mit dem Hinweis, dass die Anfertigung freiwillig ist und sich ggf. nur auf einzelne Aspekte beschränken kann. Ansonsten sind die Angaben vom Rechtspfleger anders zu ermitteln (Thielke BtPrax 2022, 39 (40)). **Statt des schriftlichen Berichts** sollte das Betreuungsgericht daher **ein Anfangsgespräch** mit dem Betreuten und dem ehrenamtlichen Betreuer führen (BeckOK BGB/Kadelbach Rn. 8; Schnellenbach/Normann-Scheerer/Giers/Thielke BetreuungsR-HdB/Thielke Rn. 715). Auch wenn Angehörige die Betreuung führen, muss das Gericht eine Grundlage für seine Aufsicht haben. Sind Eltern bestellt, sollte diesen dargelegt werden, dass die Betreuung gerade nicht die Fortsetzung des elterlichen Erziehungsauftrages ist, sondern an die Vorgaben des § 1821 BGB gebunden (Holtermann BtPrax 2022, 190 (192)). Wenn der Betreute es wünscht, **muss** ein solches Gespräch stattfinden, soweit erforderlich auch aufsuchend, dh in der gewöhnlichen Umgebung des Betreuten. Darauf ist der Betreute **hinzuweisen,** nach Möglichkeit in der vorgelagerten Ermittlungstätigkeit, zB kann in der richterlichen Anhörung

danach gefragt werden. Ansonsten hat es in **geeigneten Fällen** stattzufinden. Die Aufsicht über die Frage, ob der Betreuer die Wünsche des Betreuten und dessen Selbstbestimmung hinreichend wahrt, kann letztlich nur erfolgreich stattfinden, wenn das Gericht hierüber Kenntnisse hat. Wenn es möglich ist, von dem Betreuten selbst etwas dazu zu erfahren, ist der Fall für ein Gespräch geeignet und es **hat stattzufinden** (BT-Drs. 19/24445, 301). Es ist daher unverständlich, dass an manchen Gerichten so gut wie keine Anfangsgespräche durchgeführt werden.

Anfangsgespräch und Verpflichtung des ehrenamtlichen Betreuers nach § 1861 Abs. 2 S. 1 können in einem Termin **verbunden** werden (→ BGB § 1861 Rn. 5), auch wenn sie unterschiedlichen Zielrichtungen unterliegen und darauf zu achten ist, dass der Betreute nicht überfordert ist.

IV. Jahresbericht (Abs. 3)

Abs. 3 regelt den Jahresbericht und hat in **S. 1** inhaltlich § 1840 Abs. 1 S. 1 aF 12
übernommen, der vorher über die Verweisung des § 1908i Abs. 1 S. 1 aF im Betreuungsrecht sinngemäß anwendbar war. Die Verpflichtung gilt unabhängig vom angeordneten Aufgabenkreis. Ist die Führung der Betreuung nach bestimmten Aufgabenbereichen auf mehrere Betreuer aufgeteilt, so hat jeder Betreuer für den Bereich seiner Tätigkeit selbständig zu berichten. Sind sie in einem Aufgabenbereich nebeneinander bestellt, können sie den Bericht auch gemeinsam erstellen. Verhinderungsbetreuer haben den Bericht nur dann und nur für den Zeitraum zu erstellen, in dem sie tatsächlich tätig waren. „Befreite Betreuer" (Behörde/Verein, Behörden-/Vereinsbetreuer, Angehörige des Betreuten) sind nicht von der Verpflichtung zur Berichterstattung befreit. Der Betreuer hat dem Gericht mindestens einmal jährlich – eigentlich unaufgefordert – über die **persönlichen Verhältnisse** des Betreuten zu berichten. Der Zeitraum richtet sich nach der Anordnung der Betreuung, auch der vorläufigen, und nicht nach dem Kalenderjahr. Verzögert sich der Bericht, sollte er den gesamten Zeitraum bis zur Erstellung umfassen. In Ausnahmefällen kann dem (ehrenamtlichen) Betreuer auch ein **mündlicher Bericht** gestattet werden, was dann aber in der Betreuungsakte inhaltlich zu dokumentieren ist.

Die Berichte müssen so genau wie möglich die Lebenssituation und die Sichtweise des Betreuten wiedergeben, damit das Gericht zum einen in der Lage, etwaige Pflichtwidrigkeiten im Handeln des Betreuers oder Gefährdungen des Betreuten zu entdecken und zum anderen die weitere Erforderlichkeit der Betreuung feststellen kann. Im Einzelfall kann sich auch die Notwendigkeit ergeben, eigene Ermittlungen zu führen, zB einen Hausbesuch durchzuführen, um die Wohnsituation in Augenschein zu nehmen.

Anregungen zu Änderungen der Betreuung können und sollen im Bericht enthalten sein, nicht jedoch Anträge auf Genehmigungen oder Vergütung. Für ehrenamtliche Betreuer gilt der Jahresbericht als Folgeantrag bzgl. der Aufwandspauschalen, wenn sie zu Beginn einmalig beantragt worden ist (§ 1878 Abs. 4 S. 2, → BGB § 1878 Rn. 9).

Um die Einbeziehung des Betreuten nicht nur in die Betreuungsführung, son- 13
dern auch in die gerichtliche Kontrolle sicherzustellen, ist der Betreuer in **S. 2** verpflichtet, den Jahresbericht mit dem Betreuten zu **besprechen.** Dies soll das Selbstbestimmungsrecht des Betreuten stärken und ihn über den Verlauf der Betreuung aus Sicht des Betreuers informieren. Es macht die Arbeit des Betreuers

transparent und stärkt das Vertrauen (BT-Drs. 19/24445, 301). Die Besprechung sollte in für den Betreuten verständlicher Sprache erfolgen. So können sie die betreuungsrelevanten Ereignisse des vergangenen Jahres gemeinsam Revue passieren lassen und ihre Sichtweisen und Erfahrungen damit austauschen. Der Betreuer kann eine **Kopie des Berichtes** seinem Betreuten vollständig zur Verfügung stellen, muss es aber nicht, sollte aber wissen, dass dieser ein Akteneinsichtsrecht hat. Herabwürdigende Ausdrucksweisen (wie zB „der Betreute lügt ständig") sollten ohnehin vermieden und sachlich dargestellt werden. Sinn und Zweck des Jahresberichts ist allerdings die Sicherstellung der notwendigen Aufsicht durch das Gericht, so dass die Art und Weise der Mitteilungen diesem Zweck gerecht werden müssen und daher auch nichts schöngeredet werden darf.

Eine **Ausnahme von der Besprechungspflicht** besteht dann, wenn von ihr erhebliche Nachteile für die Gesundheit des Betreuten zu besorgen sind oder der Betreute offensichtlich nicht in der Lage ist, den Inhalt des Jahresberichts zur Kenntnis zu nehmen. Wenn es nicht gelingt, den Bericht im Einzelnen zu erörtern, ist die Besprechungspflicht auf das Mögliche begrenzt. Die Praxis hält weitere Ausnahmen für geboten, zB Konstellationen wie ein aggressives oder depressives Verhalten des Betreuten (Harm Rpfleger 2024, 8 ff.).

14 In **S. 3** ist der verpflichtende Inhalt des Jahresberichts konkretisiert, der notwendig ist, um dem Gericht die für eine sinnvolle und wirksame Aufsicht notwendigen Informationen zu verschaffen, die es dafür benötigt. In den Nr. 1 bis 5 werden die Sachverhalte aufgeführt, zu denen der Jahresbericht verpflichtende Angaben zu enthalten hat. Die Landesjustizverwaltungen haben entsprechende Formblätter oder Vordrucke entwickelt, deren Nutzung aber nicht vorgeschrieben werden kann. Daneben gibt es Muster von Betreuungsvereinen und Berufsverbänden. Die Verwendung von Vordrucken ausschließlich zum Ankreuzen erfüllt den Zweck allerdings nicht. Um die eigene Arbeit reflektieren zu können, sollten auch eigene Formulierungen des Betreuers enthalten sein. Ein Beispiel aus Hamburg findet sich im Aufsatz von Thielke BtPrax 2022, 39 (43), in dem im Übrigen auch die einzelnen Nummern 1–5 erörtert werden, ebenso und mit Praxistipp: Schnellenbach/Normann-Scheerer/Giers/Thielke BetreuungsR-HdB/Thielke Rn. 724–730.

15 **Nr. 1** spiegelt die Pflicht des Betreuers nach § 1821 Abs. 5, persönlich Kontakt zum Betreuten zu halten und sich regelmäßig einen persönlichen Eindruck von ihm zu verschaffen. Auch wenn das Reformgesetz weiterhin keine allgemeine Mindestkontaktpflicht vorschreibt (→ BGB § 1821 Rn. 24), erscheint es notwendig, den Betreuer zu **präzisen Angaben zu den persönlichen Kontakten,** dh zu Zeit und Ort, anzuhalten, nicht zwingend durch Auflistung aller Termine. Der Betreuer hat den Bericht dabei so abzufassen, dass das Gericht ein klares Bild von der jeweiligen Situation des Betreuten und dessen Befinden erhält. Der Betreuer hat daher nicht nur darzulegen, wie häufig und in welcher Umgebung er den Betreuten getroffen hat, sondern auch, ob es weitere Kontakte, etwa telefonischer oder elektronischer Art, gab und – kurz – was jeweils der Anlass für einen entsprechenden Kontakt war. Wiederkehrende wöchentliche Kontakte bei Geldeinteilung müssen nicht dezidiert beschrieben werden. Wenn Kontakte ungewöhnlich selten stattfinden, zB auch ohne konkreten Anlass weniger als vierteljährlich, sollte dies begründet werden, zB wenn der Betreute häufigere persönliche Kontakte ausdrücklich ablehnt. Daneben hat der Betreuer auch über seinen **persönlichen Eindruck** vom Betreuten zu berichten, der sich im Regelfall nur anlässlich der **eigenen Inaugenscheinnahme** persönlichen gewinnen lässt. Damit wird sichergestellt, dass ein Betreuer sich einen solchen Eindruck auch dann verschafft, wenn aufgrund des Zustands des Betreuten ein persönlicher Kontakt in Form eines Gesprächs nicht möglich ist (BT-Drs. 19/24445, 302; MüKoBGB/Kroll-Ludwigs Rn. 13 f.).

Nr. 2 verpflichtet den Betreuer zum Bericht über die Umsetzung der bisherigen **Betreuungsziele** bzgl. des Aufgabenkreises, also nur der einzeln angeordneten Aufgabenbereiche, sowie zur Darstellung der durchgeführten Maßnahmen. Dieser Teil des Berichts bezieht sich auf die **konkreten Tätigkeiten** des Betreuers, die er im letzten Jahr vorgenommen hat, insbesondere bezogen auf die konkreten Betreuungsziele, die am Anfang der Betreuung im Anfangsbericht (→ Rn. 7) oder im letzten Jahresbericht definiert worden sind. Der Bericht sollte also auf diese Bezug nehmen. Der Satz „Tätigkeiten im Rahmen des Aufgabenkreises" ist nichtssagend, da eine Selbstverständlichkeit. Auch „notwendige Anträge bei den Behörden gestellt" ist unzureichend. Ist die Gesundheitssorge vom Aufgabenkreis erfasst, könnte zB ein Medikationsplan beigefügt werden (Klöppel BtPrax 2020, 54 (55)). Daraus ergibt sich, dass der Betreuer seinen Pflichten insoweit nachgekommen ist und Kontakt zum behandelnden Arzt hat. 16

Es geht darum, das Gericht in die Lage zu versetzen, den Betreuungsverlauf nachzuvollziehen. Das Gericht hat über den Bericht festzustellen, ob die Tätigkeit des Betreuers zielführend war oder ob noch andere Tätigkeiten zur Erreichung des Ziels erforderlich wären. Darüber hinaus hat der Betreuer auch die in Zukunft beabsichtigten Maßnahmen darzustellen, um dem Gericht im Folgejahr einen Anknüpfungspunkt für die **weitere Kontrolle** zu geben. Daher sind auch neue Betreuungsziele und eine Änderung darzustellen. Verpflichtend ist zudem die Darstellung solcher Maßnahmen, die **gegen den Willen** des Betreuten vorgenommen worden sind oder vorgenommen werden. Hier hat das Gericht zum Schutz des Betreuten in besonderer Weise zu prüfen, ob diese Maßnahmen notwendig und erforderlich waren bzw. sein werden und den Vorgaben des § 1821 Abs. 3 entsprechen.

Letztlich spricht es für den Betreuer, auch Misserfolge oder gar von ihm versäumte Tätigkeiten offen zu benennen. Dies schafft mehr Vertrauen als Umschreibungen, die den aufmerksamen Rechtspfleger zu Nachfragen drängt.

Nr. 3 verpflichtet den Betreuer, jährlich die weitere **Erforderlichkeit** der Betreuung und gegebenenfalls des Einwilligungsvorbehalts sowie der bisher angeordneten Aufgabenbereiche ausdrücklich und substantiiert darzulegen. Damit soll der Erforderlichkeitsgrundsatz gestärkt und das Gericht in die Lage versetzt werden, ggf. eine Aufhebung oder Einschränkung der Betreuung zu prüfen. S. dazu auch die Mitteilungspflichten in § 1864 Abs. 2 (→ BGB § 1864 Rn. 6). 17

Nr. 4 verpflichtet darüber hinaus den **beruflichen** Betreuer darzulegen, ob die Betreuung zukünftig auch **ehrenamtlich** geführt werden kann. Er hat zum Umfang und zur Schwere der Betreuertätigkeit zu berichten, es geht nicht um die Schwere der Erkrankung. Wichtiger ist vielmehr der konkrete **Regelungsbedarf.** Denn gerade bei schwer bzw. fortgeschritten erkrankten älteren Betreuten, die in einer Alteneinrichtung leben, kommt eine ehrenamtliche Weiterführung der Betreuung in Betracht. Die Angabe ist nicht davon abhängig, ob der Betreuer eine bestimmte Person benennen kann, die zur Übernahme der Betreuung bereit und geeignet ist. Einen konkreten Vorschlag kann ggf. die zuständige Betreuungsbehörde unterbreiten (BT-Drs. 19/24445, 303). 18

Nr. 5 verpflichtet den Betreuer, nicht nur über seine eigenen Tätigkeiten, sondern auch über die **Sichtweise des Betreuten** bezüglich der vorab genannten 19

Nummern zu berichten. Dieser Punkt muss nicht als eigener auftauchen, sondern kann auch an die jeweiligen Ausführungen zu den Nr. 1–4 angehängt werden. Dies erleichtert die Zuordnung. Die Pflicht stellt eine Neuerung dar und dient dazu, den Betreuten mit seiner Perspektive stärker als bisher in die Aufsicht des Gerichts einzubeziehen. Das Gericht soll hierdurch prüfen können, ob der Betreuer seinen Pflichten aus § 1821 in ausreichender Weise nachkommt. Insbesondere können sich hieraus Anhaltspunkte für eine Anhörungspflicht nach § 1862 Abs. 2 ergeben (→ BGB § 1862 Rn. 12), wenn der Betreuer den Wünschen nicht folgt. Besonders wichtig sind die Wünsche des Betreuten hinsichtlich der Betreuungsführung.

V. Schlussbericht (Abs. 4)

20 Seit der Änderung vom 1.1.2026 durch das KostBRÄG 2025 (BGBl. 1 Nr. 109 v. 10.4.2025, Bt-Drs. 20/14259) ist nur noch im Falle eines **Betreuerwechsels** ein Schlussbericht zu erstellen. Der Gesetzgeber ist damit der Forderung aus der Praxis weitgehend gefolgt (Thielke BtPrax 2024, 3). Die Verpflichtung, die ehrenamtliche wie berufliche Betreuer in gleicher Weise trifft, wurde inhaltlich konkretisiert und den Anforderungen an den Jahresbericht angepasst. Er dient dem Gericht weiterhin hauptsächlich zur Feststellung, ob der bisherige Betreuer seine **Pflichten im Rahmen der Schlussabwicklung,** die ebenfalls neu geregelt wurden, erfüllt hat (ausführlich Thielke BtPrax 2023, 193 (195 f.)).

Zudem hat der Betreuer in diesem Bericht Angaben zu machen, was er an den neuen Betreuer herausgegeben hat, um seine Pflicht nach § 1872 Abs. 1 zu erfüllen. Regelungen zur Schlussrechnungslegung sind in § 1872 Abs. 3 normiert (→ § 1872 Rn. 2). Bei Aufhebung der Betreuung oder Tod des Betreuten ist kein Schlussbericht mehr zu erstellen, es reicht eine **Schlussmitteilung nach § 1873 Abs. 1.**

§ 1864 Auskunfts- und Mitteilungspflichten des Betreuers

(1) **Der Betreuer hat dem Betreuungsgericht auf dessen Verlangen jederzeit über die Führung der Betreuung und über die persönlichen und wirtschaftlichen Verhältnisse des Betreuten Auskunft zu erteilen.**

(2) [1]**Der Betreuer hat dem Betreuungsgericht wesentliche Änderungen der persönlichen und wirtschaftlichen Verhältnisse des Betreuten unverzüglich mitzuteilen.** [2]**Dies gilt auch für solche Umstände,**
1. **die eine Aufhebung der Betreuung oder des Einwilligungsvorbehalts ermöglichen,**
2. **die eine Einschränkung des Aufgabenkreises des Betreuers ermöglichen,**
3. **die die Erweiterung des Aufgabenkreises des Betreuers erfordern,**
4. **die die Bestellung eines weiteren Betreuers erfordern,**
5. **die die Anordnung eines Einwilligungsvorbehalts erfordern und**
6. **aus denen sich bei einer beruflich geführten Betreuung ergibt, dass die Betreuung zukünftig ehrenamtlich geführt werden kann.**

1 Neben den Berichtspflichten des § 1863 fasst § 1864 alle **anlassbezogenen** Auskunfts- und Mitteilungspflichten des Betreuers gegenüber dem Gericht zusam-

men, die vor der Reform an verschiedenen Orten, überwiegend im Vormundschaftsrecht, normiert waren. Daneben unterliegt der berufliche Betreuer weiteren Mitteilungspflichten gegenüber seiner Stammbehörde (§§ 25, 28 BtOG) unabhängig von seinen einzelnen Betreuungsverfahren (Übersicht bei Gojowczyk BtR 2026, 20).

I. Auskunft auf Verlangen (Abs. 1)

Abs. 1 entspricht § 1839 aF aus dem Vormundschaftsrecht, auf den § 1908i aF verwiesen hatte, nur dass der Gegenbetreuer gestrichen ist, da dieser mit der Reform abgeschafft wurde, und die wirtschaftlichen Verhältnisse hinzukommen. 2

Das Betreuungsgericht kann seiner laufenden **Aufsichtspflicht** (§ 1862) nur genügen, wenn es über entsprechende **Informationen** verfügt. Betreuer sind daher gehalten, auf Verlangen **jederzeit Auskunft** zu erteilen über die **Führung** der Betreuung und die **persönlichen und wirtschaftlichen Verhältnisse** des Betreuten. Das Auskunftsverlangen des Gerichts setzt nicht voraus, dass konkrete Anhaltspunkte für eine Pflichtwidrigkeit vorliegen. Sie dient allerdings der Prävention zur Vermeidung von Pflichtwidrigkeiten, ohne dass ein Misstrauen begründet sein muss. Das Gericht hat einen umfassenden Auskunftsanspruch, von dem es nach pflichtgemäßem Ermessen Gebrauch machen kann, wenn die Abstände zwischen den Jahresberichten zu lang sind, weil zB in dieser Zeit gewichtige Entscheidungen anstehen, von denen das Gericht bereits Kenntnis hat. Die Anfrage sollte allerdings präzisiert sein. Es geht nicht um eine umfassende Berichtspflicht in kürzeren Abständen. Das Gericht sollte um Auskunft zu einer **konkreten Frage** oder einem konkreten Sachverhalt bitten. Wenn der Wunsch des Betreuten nach einem Umzug bekannt ist, kann es nachfragen, ob eine Unterkunft gefunden wurde oder in welcher Form gesucht wird. Wenn ein größeres Erbe erwartet wird, kann es nachfragen, wie es angelegt wurde (HK-BUR/Hilbert Rn. 5).

Die Auskunftspflicht ist zunächst nicht an die Aufgabenbereiche gebunden. Insbesondere hat auch der Betreuer, dem nur die **Vermögenssorge** zugewiesen ist, über die persönlichen Verhältnisse zu berichten, da sich nur aus diesen die Maßstäbe des § 1821 messen lassen. So vermag das Gericht zB nur bei Kenntnis der aktuellen persönlichen Umstände des Betreuten zu beurteilen, ob der Umgang mit den finanziellen Mitteln pflichtgemäß ist. Zudem lassen sich die Aufgabenbereiche nicht stets sicher der Personen- bzw. Vermögenssorge zuordnen. Die inhaltlichen Anforderungen an den Bericht richten sich jedoch nach Art und Umfang des Aufgabenkreises aus. Wenn der Betreuer mangels Aufgabenbereiches keinen Zugang zu den Konten des Betreuten hat, kann er dazu keine Auskunft geben.

Auch der **befreite** Betreuer (§ 1859) ist ohne Ausnahme, die Behörde eingeschlossen, zur jederzeitigen **Auskunft** über die **Führung** des Amtes und die persönlichen und wirtschaftlichen Verhältnisse des Betreuten verpflichtet. Hier gewinnt die Vorschrift sogar **besondere Bedeutung** durch die Befreiung der Eltern, Großeltern, der Abkömmlinge und des Ehegatten von der jährlichen Rechnungslegungspflicht. Durch den Wegfall der Rechnungsprüfung entfallen für das Betreuungsgericht der periodische Anlass und die Gelegenheit, sich mit der Führung der Betreuung in Bezug auf die wirtschaftlichen Verhältnisse zu befassen. Daher kann es im Einzelfall geboten sein, auch einem befreiten Betreuer eine Berichtspflicht aufzuerlegen über die Führung des Amtes, soweit der Jahresbericht nicht ausreicht. Das Gericht darf aber mit der Verfügung einer periodi- 3 schen Berichtspflicht nicht in unzulässiger Weise in die Befreiung des Betreuers eingreifen. Soweit erforderlich, wäre dann die Befreiung aufzuheben ist (§ 1860 Abs. 3).

4 Dem Gericht ist die Einsicht in Papiere zu gestatten, die sich auf die Betreuung beziehen (Arztberichte, Verträge, Sparbücher usw), sofern der Betreute nicht widerspricht. Es stehen weder **datenschutzrechtliche Aspekte** noch eine Schweigepflicht des Betreuers entgegen. Der Schutz von Sozialdaten nach dem SGB wird von § 1864 verdrängt, soweit nicht ohnehin schon eine Befugnis zur Weitergabe durch den Betreuer nach § 20 BtOG besteht. Das Gericht muss allerdings beachten, dass es solche schutzwürdigen Daten nicht an unberechtigte Dritte weitergibt (BeckOGK/Gietl Rn. 12).

Auf Verlangen des Gerichts ist der Betreuer verpflichtet, persönlich zu erscheinen und die Auskunft mündlich zu erstatten.

Das Gericht kann mit **Zwangsmitteln** nach § 1862 Abs. 3 die Einhaltung der Auskunftspflicht durchsetzen. Kommt der Betreuer der Aufforderung nicht nach, kann ggf. **Zwangsgeld** festgesetzt werden (→ BGB § 1862 Rn. 17). Bei ehrenamtlichen Betreuern sollte immer erst ein persönlicher Kontakt, zB telefonisch, aufgenommen werden. **Verstößt** der Betreuer wiederholt und über einen längeren Zeitraum gegen die Berichtspflicht, kann er **entlassen** werden (BayObLG BtPrax 2003, 218). Nach **Beendigung** des Amtes können Auskünfte über die Führung des Amtes jedoch nicht mehr im Aufsichtswege erzwungen werden (MüKoBGB/Kroll-Ludwigs Rn. 6).

II. Auskunft aus besonderem Anlass (Abs. 2)

5 Abs. 2 enthält zusätzliche Informationspflichten des Betreuers gegenüber dem Gericht im jeweiligen Verfahren (ausf. MüKoBGB/Kroll-Ludwigs Rn. 8 ff.). Über die jährliche Berichtspflicht hinaus ist der Betreuer nach **S. 1** verpflichtet, dem Betreuungsgericht **wesentliche Änderungen** der persönlichen und wirtschaftlichen Verhältnisse des Betreuten unverzüglich von sich aus mitzuteilen, damit das Gericht zeitnah in die Lage versetzt wird, seiner Aufsichtspflicht nachzukommen oder Änderungen in der Betreuung vornehmen kann. Dies sind wesentliche Änderungen mit erheblichem Einfluss auf die Lebenssituation des Betreuten, zB Umzug, Verlust des Arbeitsplatzes etc.

6 In **S. 2** werden einzelne weitere Mitteilungspflichten des Betreuers geregelt, die vor der Reform in verschiedenen Vorschriften verstreut waren. Es sind **keine Anträge,** die der Betreuer zu stellen hat, sondern Hinweise oder Anregungen. Das Gericht hat dann von Amts wegen zu ermitteln:

Nr. 1 entspricht § 1901 Abs. 5 S. 1 und § 1903 Abs. 4 aF und folgt dem Erforderlichkeitsgrundsatz. Sie erfasst solche Umstände, die eine **Aufhebung** der Betreuung oder des Einwilligungsvorbehaltes ermöglichen. Eine Betreuung ist gem. § 1871 Abs. 1 S. 1 aufzuheben, wenn ihre Voraussetzungen weggefallen sind, also etwa, wenn eine Besserung des Gesundheitszustandes oder eine Verringerung des betreuungsrechtlich relevanten Regelungsbedarfes eingetreten ist, so dass die dem Betreuer übertragenen Aufgaben nicht mehr von diesem wahrgenommen werden müssen oder diese von anderen Hilfen ausreichend besorgt werden, worauf der Betreuer aufgrund des Rehabilitationsgebots nach § 1821 Abs. 6 selbst hinzuwirken hat. Der Betreuer hat das Gericht selbst dann darauf hinzuweisen, wenn der Betreute eine Weiterführung der Betreuung wünscht (*„Erforderlichkeit sticht Wunsch"* → § 1821 Rn. 12).

Ein Einwilligungsvorbehalt ist gem. § 1871 Abs. 4 entsprechend aufzuheben, wenn eine erhebliche Gefahr für die Person oder das Vermögen des Betreuten durch dessen krankheitsbedingte Handlungen nicht mehr zu befürchten ist.

Nr. 2 entspricht § 1901 Abs. 5 S. 2 Hs. 1 aF. Der Aufgabenkreis ist gem. § 1871 Abs. 1 S. 2 **einzuschränken,** wenn einzelne Aufgabenbereiche nicht mehr erforderlich sind. Ob das Gericht auf eine solche Mitteilung den Aufgabenkreis sofort ändert, hat es selbst zu entscheiden (→ BGB § 1871 Rn. 3).

Nrn. 3 bis 5 entsprechen § 1901 Abs. 5 S. 2 Hs. 2 aF. Auf eine mögliche **Erweiterung** des Aufgabenkreises nach **Nr. 3** ist hinzuweisen, wenn etwa ein bisher nicht berücksichtigter Betreuungsbedarf auftritt oder neu bekannt wird, oder der Betroffene aufgrund einer Verschlimmerung der Erkrankung bisher selbst erledigte Angelegenheiten nicht mehr regeln kann. Der Betreuer darf sich dann nicht auf seine Untätigkeit zurückziehen mit der Begründung, dass er mangels Aufgabenbereichs nicht zuständig sei. Zwar hat das Gericht von Amts wegen zu ermitteln, es benötigt aber einen Hinweis (keinen Antrag) des Betreuers, wenn dieser von einem weiteren Betreuungsbedarf Kenntnis hat. Zum gerichtlichen Verfahren s. § 293 FamFG.

Nach **Nr. 4** muss der Betreuer einen Hinweis geben, wenn er selbst nicht handlungsfähig ist und für einen Regelungsbedarf die Bestellung eines weiteren Betreuers gem. § 1817 in Betracht kommt.

Wenn der Betreuer wahrnimmt, dass sein Betreuter Gefahr läuft, sich oder sein Vermögen durch selbstschädigendes Verhalten erheblich zu gefährden, und eine freiwillige Vereinbarung nicht ausreicht, hat er nach **Nr. 5** die Anordnung eines **Einwilligungsvorbehalts** nach § 1825 **anzuregen.**

Nr. 6 entspricht § 1897 Abs. 6 S. 2 aF. Die Verpflichtung trifft nur berufliche Betreuer, und zwar dann, wenn der Regelungsbedarf sich reduziert hat oder sich ein ehrenamtlicher Betreuer anbietet, die Betreuung zu übernehmen. Es gilt der **Vorrang des Ehrenamtes.** Nach § 1816 Abs. 5 soll ein beruflicher Betreuer nur dann bestellt werden, wenn ein ehrenamtlicher nicht zur Verfügung steht und er soll nach § 1868 Abs. 3 entlassen werden, wenn der Betreute zukünftig ehrenamtlich betreut werden kann (→ BGB § 1868 Rn. 14). Bei Reduzierung des Regelungsumfanges, zB durch Umzug in ein Pflegeheim, muss der Hinweis keine konkrete Person benennen, die zur Übernahme bereit wäre. Einen ehrenamtlichen Betreuer vorzuschlagen ist Aufgabe der Betreuungsbehörde.

§ 1865 Rechnungslegung

(1) **Der Betreuer hat dem Betreuungsgericht über die Vermögensverwaltung Rechnung zu legen, soweit sein Aufgabenkreis die Vermögensverwaltung umfasst.**

(2) [1]**Die Rechnung ist jährlich zu legen.** [2]**Das Rechnungsjahr wird vom Betreuungsgericht bestimmt.**

(3) [1]**Die Rechnung soll eine geordnete Zusammenstellung der Einnahmen und Ausgaben enthalten und über den Ab- und Zugang des vom Betreuer verwalteten Vermögens Auskunft geben.** [2]**Das Betreuungsgericht kann Einzelheiten zur Erstellung der geordneten Zusammenstellung nach Satz 1 bestimmen.** [3]**Es kann in geeigneten Fällen auf die Vor-**

lage von Belegen verzichten. [4]Verwaltet der Betreute im Rahmen des dem Betreuer übertragenen Aufgabenkreises einen Teil seines Vermögens selbst, so hat der Betreuer dies dem Betreuungsgericht mitzuteilen. [5]Der Betreuer hat die Richtigkeit dieser Mitteilung durch eine Erklärung des Betreuten nachzuweisen oder, falls eine solche nicht beigebracht werden kann, die Richtigkeit an Eides statt zu versichern.

(4) **[1]Wird vom Betreuten ein Erwerbsgeschäft mit kaufmännischer Buchführung betrieben, so genügt als Rechnung ein aus den Büchern gezogener Jahresabschluss. [2]Das Betreuungsgericht kann Vorlage der Bücher und sonstigen Belege verlangen.**

Übersicht

I. Entstehung

1 Die **Rechnungslegung** wird nun in § 1865 zusammengefasst, nachdem sie zuvor in **§ 1908i Abs. 1 S. 1 iVm §§ 1840, 1841 BGB aF** geregelt war. Wichtigste Änderung in diesem Zusammenhang ist die Aufnahme der in der Praxis häufig eingereichten **Eigenverwaltungserklärung** des Betreuten, die bisher im Gesetz keinen Anklang fand.

II. Allgemeines zur Rechnungslegung

2 Der Betreuer hat dem Betreuungsgericht über seine **Vermögensverwaltung** Rechnung zu legen, soweit die Vermögensverwaltung zu seinem **Aufgabenkreis** gehört (Abs. 1). Diese laufende Rechnungslegung ist zu **unterscheiden** von der **Rechenschaftspflicht** nach Beendigung des Amtes (**Schlussrechnung** § 1872 Abs. 2). Erfasst ist das Vermögen, das seiner **Verwaltung** oder **Mitverwaltung** (zB Erbengemeinschaft) unterliegt, nicht hingegen das Vermögen, das kraft Gesetzes von **Dritten verwaltet** wird, zB bei **Testamentsvollstreckung.** Hier hat der Betreuer aber nachzuweisen, dass er die Rechte des Betreuten wahrgenommen hat (zB Prüfung der Rechnungslegung des Testamentsvollstreckers, § 2218 Abs. 2;

beachte daher auch Angaben im Anfangsvermögensverzeichnis → § 1835 Rn. 4a). Ist die Vermögensverwaltung **mehreren Betreuern** (§ 1817) zugewiesen, legen sie bei gemeinschaftlicher Verwaltung **gemeinschaftlich Rechnung,** anderenfalls getrennt nach Aufgabenbereichen.

Die Rechnung ist **jährlich** zu legen (Abs. 2 S. 1). Das **Rechnungsjahr** wird vom **Betreuungsgericht** bestimmt (Abs. 2 S. 2); ob das Kalenderjahr als Abrechnungszeitraum gewählt wird, hängt von **Zweckmäßigkeitsüberlegungen** ab. In der Praxis ist es jedoch üblich, dass der Beginn der Betreuung bzw. die Übernahme der Betreuung bei Betreuerwechsel zugleich den Beginn der Jahresfrist darstellt. Ein einmal festgelegter Rechnungslegungszeitraum darf deshalb verkürzt werden, um die Umstellung auf das Kalenderjahr zu erreichen, jedoch ist keine weitere Verkürzung oder Verlängerung der Abrechnungsperiode möglich (Damrau/Zimmermann § 1865 Rn. 8 ff.). Unbenommen bleibt es dem Betreuungsgericht jedoch im Rahmen des § 1864 Abs. 1 jederzeit, mithin auch vor Ablauf des Rechnungslegungszeitraums, eine Auskunft (und ggf. Zwischenabrechnung) zu verlangen. 3

Die Rechnungslegungspflicht dient dem **Schutz** des Betreuten vor Nachlässigkeiten, Fehlern und Missbräuchen bei der Vermögensverwaltung, gegen die der in diesem Bereich Betreuungsbedürftige regelmäßig selbst nicht wirksam einzuschreiten vermag. Daher kann auch der **geschäftsfähige** Betreute den Betreuer **nicht** von der Rechnungslegungspflicht **entbinden** (OLG München FamRZ 2006, 80; OLG Hamm Rpfleger 1989, 20). Der Betreuer muss gegenüber dem Betreuungsgericht, das seinerseits nicht als Geschäftsherr, sondern als Interimsaufpasser fungiert, Nachweis dafür erbringen, dass das Geld bestimmungsgemäß verwendet wurde (Kieß BetreuungsR § 12 Rn. 10 f.). Selbst bei dauerhaft sehr geringem Vermögen ist stets Rechnung zu legen (BeckOGK/Gietl BGB § 1865 Rn. 10). 4

Hingegen ist die Vorschrift nicht anzuwenden auf den gesetzlich **befreiten Betreuer** (§ 1859 Abs. 1 S. 1 Nr. 3; → § 1859 Rn. 5); Von der Verpflichtung, während der Dauer des Amtes Rechnung zu legen, sind also von Gesetzes wegen entbunden: Verwandte in gerader Linie, Geschwister, Ehegatten, Verein bzw. Vereinsbetreuer und Betreuungsbehörde bzw. Behördenbetreuer oder andere vom Betreuten befreite Betreuer **(§ 1859 Abs. 2 S. 2);** stattdessen ist in mehrjährigen Abständen eine **Vermögensübersicht** einzureichen (§ 1859 Abs. 1 S. 2; → BGB § 1859 Rn. 5). Andere als die in § 1859 Abs. 2 genannten Betreuer sind kraft Gesetzes rechnungslegungspflichtig, **ohne** dass es einer **besonderen Anordnung** bedarf (BayObLG Rpfleger 2003, 188). Die gesetzliche **Befreiung** der Betreuer iSd § 1859 Abs. 2 kann das Betreuungsgericht **einschränken** oder **aufheben** (§ 1859 Abs. 3; → BGB § 1859 Rn. 10). 5

III. Inhalt der Rechnungslegung

Die **erste Rechnung** knüpft an das **Vermögensverzeichnis** an (§ 1835), die **weiteren** Rechnungen an die jeweils **vorhergehenden.** Die Rechnung enthält eine **geordnete Zusammenstellung der Einnahmen und Ausgaben** des Abrechnungszeitraums (Abs. 3). Die bloße Vorlage von Unterlagen und Belegen, aus denen sich das Gericht erst selbst eine Übersicht erarbeiten muss, genügt nicht (LG Paderborn BtPrax 2013, 212). Die Einnahmen und Ausgaben sind im Rechnungsjahr schriftlich so klar und **übersichtlich** darzulegen, dass das Betreu- 6 ungsgericht ohne Zuziehung von Sachverständigen einen Überblick über alle Vorgänge erhält und seiner **Aufsichtspflicht** gem. § 1862 BGB nachkommen kann (BayObLG BtPrax 2001, 39; FamRZ 1993, 237; LG Meiningen BeckRS 2021, 44593). Darüber hinaus gibt es grundsätzlich keine verbindlichen Vorschriften für die Ordnung der Jahresrechnung. Das Betreuungsgericht hat jedoch die Möglichkeit, eine bestimmte **Systematisierung** der Rechnungslegung nach eigenen Vorstellungen (bspw. chronologisch, getrennt nach Konten, …) zu verlangen (Abs. 3 S. 2). Ob der Betreuer chronologisch Einnahmen und Ausgaben gegenüberstellt (so Birkenfeld FamRZ 1976, 197) oder getrennt nach Einzelkonten abrechnet, bleibt ihm ohne separate Anordnung des Gerichts selbst überlassen; aber auch bei der Einzelauflistung bedarf es zusätzlich einer **zusammenfassenden Aufstellung aller Vermögensbewegungen,** die einen Überblick über die Vermögenslage am Ende des Abrechnungszeitraumes vermittelt (BayObLG BtPrax 2001, 39). **Amtliche Vordrucke** braucht der Betreuer nicht zu benutzen (BayObLG BtPrax 2001, 39), jedoch ist eine **elektronische Übermittlung** der Rechnungslegung durch Berufsbetreuer mit zunehmender Digitalisierung der Gerichte und anderer Verfahrensbeteiligten zu begrüßen (vgl. AG Dillingen BeckRS 2024, 46186). Möglich – gleichwohl wenig praxisdienlich und daher strikt davon abzuraten – dürfte die Übermittlung der Rechnungslegung als CD sein (LG Koblenz BeckRS 2024, 48682 mAnm Noll BtR 2025, 37). Für den Abrechnungszeitraum muss die **Rechnungslegung lückenlos** sein (BayObLG FamRZ 2004, 220).

7 Die einzelnen Einnahmen und Ausgaben sind **nachprüfbar** zu beschreiben; für alltägliche Geschäfte genügen **Pauschalangaben.** Ist über **angelegtes Vermögen** Rechnung zu legen, bedarf es einer Aufstellung jedenfalls dann, wenn seit der zuletzt vorgelegten Abrechnung Veränderungen zu verzeichnen sind, zB durch Zinserträge (BayObLG FamRZ 2004, 220).

8 Die Rechnung soll ferner ausgehend vom Vermögensverzeichnis (§ 1835) Auskünfte geben über **Ab- und Zugänge** des Vermögens zB Umschichtung der Kapitalanlagen (für Krptowährungen s ausführl. Gojowczyk Rpfleger 2026, 109 (120 f.)). Nicht vorgeschrieben (aber **zweckmäßig)** ist ein **Verzeichnis des Vermögens** zum Ende des Abrechnungszeitraums.

9 Soweit üblicherweise **Belege** erteilt werden, sind diese **vorzulegen.** Unter „Belege" versteht die allgemeine Rechtsauffassung Beweismittel, die den tatsächlichen Vorgang des Ab- oder Zugangs eines Vermögensstücks dokumentieren (Staudinger/Veit BGB § 1841 Rn. 7 aF). Zu den Belegen zählen – neben quittierten Rechnungen, Einkaufsbons und anderen Quittungen (BeckOGK/Gietl BGB § 1865 Rn. 32) – auch Depotauszüge, Ablichtungen der Sparkontenblätter, **Kontoauszüge** usw. **Online-Kontoauszüge** und Online-Umsatzübersichten sind ausreichend, solange kein Manipulationsverdacht vorliegt (LG Hamburg BeckRS 2018, 2518; LG Neuruppin Rpfleger 2017, 212; ohne Manipulationsverdacht keine Belegforderung und auch kein Zwangsgeldverfahren zulässig vgl. LG Berlin II BeckRS 2026, 1158). In Einzelfällen **nicht ausreichend** dürften hingegen Auszüge aus einer **Betreuersoftware** sein (aA LG Hamburg BeckRS 2020, 48033), da diese nicht vom Bankinstitut ausgestellt werden und damit in der Praxis einem geringeren Schutz unterliegen; es kann den Gerichten im Rahmen der Aufsichtspflicht nicht zugemutet werden, von zahlreichen unterschiedlichen Betreuersoftware-Programmen die Vollständigkeit der übertragenen Kontoumsätze und deren Wahrheitsgehalt zu prüfen, denn die dort aufgestellten Umsätze entsprechen vielmehr einem (handschriftlichen bzw. ohne Hilfsprogrammen erstellten) Buchungsprotokoll, das mit den (originalen) Kontoauszügen abzugleichen ist. Soweit es sich jedoch um Auszüge aus einer **anerkannten Online-Banking-Software** oder **weit verbreiteten Betreuersoftware** handelt, dürften diese ohne konkreten Manipulationsverdacht **ausreichend** sein, da allein schon Online-Kontoauszüge genügen (aA LG Freiburg BeckRS 2026, 1998 mit der Begründung, dass ein Manipulationsverdacht überhaupt erst bei der Vorlage von (Online-)Kontoauszügen aufkommen kann – dies verkennt, dass auch Online-Kontoauszüge entsprechend manipuliert sein können; es sollte in der Praxis nicht so weit gehen, dass Betreuern generell eine Manipulation unterstellt wird). Im Zweifel können auch Bestätigungen oder Funktionsdarlegungen der Hersteller der jeweiligen (Betreuer-/Online-Banking-)Software zur Darlegung der (manipulationsfreien) Generierung von Umsatzübersichten ausreichen, damit der Rechtspfleger sich ohne große Umstände vergewissern kann, dass die Umsätze 1:1 den Umsätzen auf den Kontoauszügen entsprechen. Darüber hinaus bleibt es dem Rechtspfleger in der Praxis unbenommen, Umsatzübersichten einer Software, die regelmäßig verwendet wird und deren Funktion bekannt ist, in geeigneten Fällen genügen zu lassen und insoweit auf die Vorlage von Belegen zu verzichten (vgl. Abs. 3 S. 3). Soweit der Betreute sein Konto allein oder teilweise allein verwaltet, die Kontoauszüge selbst abruft bzw. verwahrt und dies in der **Selbstverwaltungserklärung** bestätigt, dürfte die Vorlage von (originalen) Kontoauszügen jedenfalls entbehrlich sein (→ Rn. 15 ff.; LG Hamburg BeckRS 2018, 2518). **Sparbücher** selbst sind keine Belege in diesem Sinne (KGJ 50, A 28, 31; BeckOGK/Gietl BGB § 1865 Rn. 32, Staudinger/Veit BGB § 1841 aF Rn. 7 f.), können aber als Nachweis dienen, wenn alle Buchungen erfasst sind; ihre Vorlage kann auch vom Gericht verlangt werden. **Kontoauszüge** sind **lückenlos** bis zum Ende des Abrechnungszeitraums vorzulegen (BayObLG FamRZ 2004, 220).

Grundsätzlich ist für eine **vollständige Rechnungslegung** zu jedem Posten **10** ein Beleg einzureichen, damit die Rechnungslegung nachvollziehbar ist und sich der Betreuer auch rechtfertigen bzw. entlasten kann. Das **Betreuungsgericht** kann jedoch **im eigenen Ermessen** darüber entscheiden, ob ggf. (teilweise) auf die Vorlage von **Belegen verzichtet** wird (Abs. 3 S. 3). Dies kann zum Beispiel sinnvoll sein, wenn es sich um monatlich bzw. jährlich wiederkehrende Abbuchungen handelt oder für wiederkehrende Abbuchungen nicht immer aktuelle Rechnungen erstellt werden. Diese Verfahrensweise soll nach Intention des Gesetzgebers das Gericht und den Betreuer entlasten (BT-Drs. 19/24445, 305), was in der Praxis auch erwartet werden kann.

Wird ein **Erwerbsgeschäft** mit kaufmännischer Buchführung betrieben, so **11** genügt für diesen Vermögensteil die Vorlage des **Jahresabschlusses** (Abs. 4 S. 1); ggf. hat sich das Betreuungsgericht die Bücher und sonstigen Belege vorlegen zu lassen (Abs. 4 S. 2); zum Jahresabschluss vgl. §§ 242 ff. HGB.

Eine **Versicherung** der Vollständigkeit und Richtigkeit der Rechnung ist **12** **nicht vorgeschrieben. Kosten** für erforderliche sachverständige Hilfe bei der Rechnungslegung sind dem Betreuer als **Aufwendung** zu **erstatten** (§§ 1877 Abs. 1, 670).

IV. Eigenverwaltung und Heimkonten

1. Allgemeines zur Eigenverwaltung

Soweit der **Betreute** über seine Vermögensgegenstände (bspw. Girokonto, **13** Sparbücher, …) teilweise oder ausschließlich **selbst verfügt** (vgl. hierzu Brosey/

Lesting/Loer/Marschner BetreuungsR Rn. 245 ff.), hat der Betreuer dies dem Gericht mitzuteilen und hierfür dem Gericht eine Erklärung des Betreuten (sog. **„Eigenverwaltungserklärung“** (BT-Drs. 19/24445, 305) oder auch **„Selbstverwaltungserklärung“** genannt) vorzulegen. Diese ist streng zu unterscheiden von einer **unzulässigen Entlastungserklärung,** die in der Praxis im laufenden Betreuungsverfahren bisweilen abgegeben wird (zur Problematik: Bienwald RpflStud 2016, 130; Gleißner Rpfleger 1986, 462; OLG München Rpfleger 2006, 73 – eine Entlastung ist nur nach Beendigung der Betreuung oder Aufhebung des Aufgabenbereichs der Vermögenssorge möglich). **Hilfsweise** kann eine **Versicherung an Eides statt** hierüber eingereicht werden (Abs. 3 S. 4, 5). Zur **Rechnungslegungspflicht** s. → Rn. 15 ff. Grundsätzlich hat der Betreuer die Eigenverwaltungserklärung beizubringen; sie ist nicht vom Betreuungsgericht im Wege der Amtsermittlungspflicht einzuholen (nun exakter Wortlaut im Gesetz, bisher war dies strittig, vgl. LG Göttingen Rpfleger 2019, 650; LG Koblenz FamRZ 2018, 1948; LG Konstanz BtPrax 2019, 118).

2. Geschäfts(un-)fähigkeit des eigenverwaltenden Betreuten

14 Diskutabel bleibt in der Praxis die Frage, welche Voraussetzungen zur ordnungsgemäßen Eigenverwaltungserklärung verlangt werden, insbesondere soweit es die Geschäftsfähigkeit des Betreuten anbelangt. Zur Abgabe einer Eigenverwaltungserklärung ist in jedem Fall ein **geschäftsfähiger** Betreuter fähig. Eine von einem gem. § 104 Nr. 2 **geschäftsunfähigen** Betreuten abgegebene Erklärung könnte dagegen im Grunde unbeachtlich sein, da schon allein jedwede Verfügung über das Konto nichtig wäre, § 105 Abs. 1 (zu den Konsequenzen: → § 1845 Rn. 3; OLG Celle FamRZ 2013, 70). Gleichwohl muss beachtet werden, dass die Einrichtung der Betreuung keinen Einfluss auf die Geschäftsfähigkeit hat. Zudem gebietet **Art. 12 UN-BRK,** dass Menschen mit Behinderungen gleichermaßen wie alle anderen Menschen in allen Bereichen **Rechts- und Handlungsfreiheit** besitzen, so auch im Bereich der Vermögenssorge; die Erkrankung oder Behinderung lässt daher keinen Rückschluss auf eine Geschäftsunfähigkeit zu (→ BGB § 104 Rn. 1). Als **steile These** formuliert, kann nach Vorgabe des Art. 12 UN-BRK durchaus auch so weit gegangen werden, dass ein geschäftsunfähiger Betreuter durch die Mitwirkung des Betreuers an einem Rechtsgeschäft hinreichend geschützt ist und die Nichtigkeitsfolge des § 105 Abs. 1 durch teleologische Reduktion nicht zur Anwendung kommt (Lipp FamRZ 2003, 723 → BGB § 105 Rn. 1). Der ihm **notwendige Schutz** wird im Rahmen der Betreuung (Unterstützte Entscheidungsfindung durch den Betreuer gem. § 1821 Abs. 1 S. 2 unter Würdigung der Grenzen des § 1821 Abs. 3; Möglichkeit zur Anordnung eines Einwilligungsvorbehalts gem. § 1825) erbracht (vgl. → BGB § 105 Rn. 3). Zur Geschäftsunfähigkeit und deren Voraussetzungen s. ausführlich → BGB § 104 Rn. 1 ff. In der Praxis sollte sich der Rechtspfleger in besonderen Fällen durch eine **persönliche Anhörung** einen eigenen Eindruck von der Eigenverwaltung verschaffen.

Aber auch **Geschäfte im Zustand der Geschäftsunfähigkeit** gelten als wirksam, wenn es sich um **Geschäfte des täglichen Lebens** handelt (§ 105a). Demnach muss auch der geschäftsunfähige Betreute in gewissem Umfang über Konten oder Gelder verfügungsberechtigt bleiben, um seinen Alltag gestalten zu können. In der Praxis bieten sich bspw. durch den Betreuer extra eingerichtete Konten mit **dauerhaft geringem Kontostand** auf Sozialhilfeniveau an, die für die

Geschäfte des täglichen Lebens des Betreuten separat neben dem Hauptgirokonto eingerichtet wurden (in der Praxis oft fachlich missverständlich in Anlehnung an das Vormundschaftsrecht als „**Taschengeldkonten**" bezeichnet), vgl. hierzu LG Leipzig, BeckRS 2002, 164901; Staudinger/Bienwald BGB § 1908i aF Rn. 293; Kieß BetreuungsR § 12 Rn. 19 f. Der Betreuer überweist dem Betreuten in dieser Konstellation nach Begleichung aller laufenden Kosten und Verbindlichkeiten zur Abwendung einer Gefahr für das Vermögen (mehrmals monatlich) einen Geldbetrag in entsprechender Höhe („Taschengeld") auf das Unterkonto des Betreuten, sofern dies der **ausdrückliche Wunsch** des Betreuten ist; über derartige Konten wird – unbenommen der Möglichkeit, diese ohnehin als wirksam zu betrachten, sobald ein Betreuer bestellt ist (→ BGB § 105 Rn. 1) – auch ein geschäftsunfähiger Betreuter zumindest im Rahmen des **§ 105a** stets verfügen (so auch Meier/Deinert BetreuungsR-HdB Teil C Rn. 1071; über Heimtaschengeldkonten (→ Rn. 18) können Geschäftsunfähige in der Praxis regelmäßig ebenso verfügen, soweit der Betreuer hierzu die Zustimmung erteilt; umfassend zur Reichweite und Gesetzesauslegung des § 105a BGB: Lipp FamRZ 2003, 721; → BGB § 105a Rn. 1 ff.), mithin auch eine entsprechende **Eigenverwaltungserklärung** abgeben können. Diese Rechtsansicht dürfte auch im Einklang mit **Art. 5, 9, 12 Abs. 2, 3 UN-BRK** stehen, da dem geschäftsunfähigen Betreuten somit eine Teilhabe am Rechtsleben ermöglicht wird (es kommt spätestens seit der Reform ab 1.1.2023 vorrangig auf **Unterstützung anstatt Vertretung** an, wodurch die Regelungen zu §§ 104, 105 im deutschen Recht als konventionswidrig eingestuft werden könnten (vgl. hierzu auch Lipp FamRZ 2012, 669 (674 ff.); Lachwitz KJ 2012, 385 (404); → BGB § 104 Rn. 1, 4 ff., → BGB § 105 Rn. 3.; aA aber auch krit.: Staudinger/Klumpp BGB § 105 Rn. 28). Spätestens mit der Forderung des Gesetzgebers in § 1840 Abs. 1, mit der die Pflicht zum bargeldlosen Zahlungsverkehr im Gesetz etabliert wurde (→ § 1840 Rn. 2), muss auch dem geschäftsunfähigen Betreuten Zugriff auf Bankgeschäfte im Rahmen des § 105a gewährleistet werden, um den Bestimmungen der UN-BRK gerecht zu werden. Eine solche Konstellation kann auch zur Förderung der Selbstständigkeit des Betreuten geboten sein (vgl. Staudinger/Bienwald BGB § 1908i aF Rn. 293). Zur Umsetzung sind Rahmenabsprachen zwischen Betreuer und Bank notwendig. Durch die **Absprache eines Rahmens** für das **Taschengeldkonto (Unterkonto),** in dem Auszahlungen an den Betroffenen vorgenommen werden können, übernimmt der **Betreuer persönlich** die **Verantwortung** für die in Rede stehenden Abhebungen und die Bank kann mit **befreiender Wirkung** auszahlen (so: Meier/Deinert BetreuungsR-HdB Teil C Rn. 1071), denn der Betreuer macht das Rechtsgeschäft durch seine Mitwirkung unzweifelhaft wirksam. Im Zweifelsfall sollte das Gericht jedoch in einem derartigen Fall den Betreuten **persönlich anhören** und die Praxis der Eigenverwaltung prüfen.

3. Umfang der Rechnungslegung bei Eigenverwaltung

Auf den ersten Blick nicht eindeutig erkennbar ist, ob die Norm mangels weiterer Einschränkungen so zu verstehen ist, dass die Vorlage einer **Eigenverwaltungserklärung** die gesamte Rechnungslegung über das entsprechende Konto, dh nicht nur die **Belegvorlage** für einzelne Buchungen (Nachweis der Verwendung durch Rechnungen, …), sondern auch die Vorlage von Belegen zu den einzelnen Einnahmen und Ausgaben über das eigenverwaltete Konto als solche (bspw. Kontoauszüge, …) entfallen lässt (zur Definition von Belegen vgl. **15**

→ Rn. 9; KGJ 50, 28; BeckOGK/Gietl BGB § 1865 Rn. 32). Der Gesetzgeber führt hierzu aus: „Über die **Verwendung** von Mitteln, die dem Betreuten überlassen sind oder über Vermögen, das der Betreute **ausschließlich selbst verwaltet** (zB ein Sparguthaben), braucht der Betreuer keine Rechnung zu legen; hier reicht vielmehr eine entsprechende Mitteilung an das Betreuungsgericht." (BT-Drs. 19/24445, 305). Dem ist zu entnehmen, dass zwar die **Verwendung** der ausschließlich zur Eigenverwaltung überlassenen Gelder nicht nachgewiesen werden muss (Rechnungen, …), sehr wohl aber die durch den Betreuer zur Verfügung gestellten Beträge für das Gericht ersichtlich sein müssen (vgl. auch BeckOGK/Gietl BGB § 1865 Rn. 6). Es sind demnach verschiedene Konstellationen zu unterscheiden:

16 **a) Eigengeldkonto neben dem Hauptkonto.** Wird neben dem Hauptkonto, das durch den Betreuer verwaltet wird, ein separates Konto geführt, über das **ausschließlich** der Betreute verfügt, muss der Betreuer über das von ihm verwaltete Hauptkonto vollständig Rechnung legen (Kontoumsätze und Verwendungsbelege) und für das durch den Betreuten eigenverwaltete Konto neben der Eigenverwaltungserklärung zumindest die Überweisungen vom Hauptkonto bzw. die zur Verfügung gestellten Beträge nachweisen.

17 **b) Heimkonten.** Der Betreuer muss darüber hinaus **nicht** über die vom **Heim verwalteten Barbeträge** („Heimkonto") Rechnung legen, und zwar auch dann nicht, wenn es vom Betreuer einbezahlt wurde (LG Mönchengladbach FamRZ 2010, 1190). Für diesen Fall ist aber eine gewisse **Kontrolle** durch den **Betreuer** zu fordern, ob das Geld auch **bestimmungsgemäß** verwendet wird, zB durch **regelmäßige Vorlage** der **Aufzeichnungen** des Heimes über die Auszahlungen und sonstigen hierüber getätigten Ausgaben des persönlichen Bedarfs. Nicht zuletzt wegen der **Anrechnungspflicht** bei **Vermögensüberprüfungen** nach dem SGB ist es in beiden Fällen gängige und sinnvolle Praxis, den Saldo – ggf. unter Beifügung des **Jahreskontoauszugs** des Heimes – informativ in das aktuelle Vermögensverzeichnis und die laufende Abrechnung aufzunehmen.

18 **c) Gemeinsam verwaltete Konten.** Für Konten, die vom Betreuer und Betreuten **gemeinsam** verwaltet werden, gilt hingegen, dass sämtliche Einnahmen und Ausgaben im Rechnungslegungszeitraum durch Kontoauszüge (auch Umsatzübersichten und Ausdrucke von Programmen können insoweit genügen, vgl. → Rn. 9) belegt werden müssen (bisher strittig, zur Diskussion zur alten Rechtslage s. ua: Schwab FamRZ 2018, 1948, 1949; Staudinger/Veit BGB § 1840 aF Rn. 31; LG Göttingen Rpfleger 2019, 650; LG Koblenz FamRZ 2018, 1948; LG Leipzig BeckRS 2002, 164901). Die Eigenverwaltungserklärung ersetzt bei gemeinsam verwalteten Konten lediglich die Nachweise zur Verwendung einzelner, entsprechend kenntlich gemachter Abbuchungen/Überweisungen des Betreuten. Verfügungen durch den Betreuer müssen von diesem belegt werden und sind nicht von der Erklärung des Betreuten umfasst.

19 **d) Ausschließliche Eigenverwaltung durch Betreuten über alle Konten.** Verwaltet der Betreute sein Hauptkonto oder sogar alle seine Konten ausschließlich selbst und ist der Betreuer lediglich kontrollierend, aber nicht verfügend tätig, stellt sich die Frage, weswegen der Aufgabenbereich der Vermögenssorge in Gänze angeordnet ist, denn die Betreuung ist insoweit nicht **erforderlich,** außer es handelt sich um eine Probephase zur Prüfung der Eigenständigkeit des Betreuten. Dies gilt vor allem für die Fälle, in denen der Betreute über Jahre hinweg sein

Konto ohne Beanstandungen bzw. notwendige Betreuerhandlungen selbst verwaltet. Das in der Praxis bisweilen vorgetragene Argument, der Betreuer benötige zumindest zur Beantragung von Sozialleistungen den Zugriff auf das Konto, kann den Aufgabenbereich nicht erforderlich werden lassen, da der Betreute hierfür selbst mitwirken und die notwendigen Kontoinformationen zur Verfügung stellen kann. Der Aufgabenbereich ist dann entweder vollständig zu **streichen** oder zumindest insoweit **einzuschränken,** als lediglich die Kontrolle über die entsprechenden Konten als Aufgabenbereich verbleiben kann bzw. die Verwaltung des entsprechenden Kontos explizit aus der Vermögenssorge ausgenommen wird. Die Rechnungslegung entfällt jedenfalls vollständig bei Vorlage einer wirksamen Eigenverwaltungserklärung.

4. Kontrolle durch das Gericht bei Eigenverwaltung

Aber selbst für die Fälle, in denen der Betreute laut Erklärung über seine Konten ausschließlich selbst verfügt, kann das Gericht in Anbetracht dessen, dass der Betreuer mit der **uneingeschränkten Vermögenssorge** die **Verfügungsmacht** über **alle,** dh auch über vom Betreuten selbst- bzw. mitverwalteten Konten hat und theoretisch auch von diesen Konten jederzeit Abbuchungen/Überweisungen für eigene Zwecke vornehmen könnte, die **Vorlage von Kontoauszügen** zur **Überprüfung** im Einzelfall (wechselnde Geschäftsfähigkeit des Betreuten aufgrund der Krankheit/Behinderung, Hinweise auf Unstimmigkeiten, …) durchaus **verlangen,** da der Betreuer dem Gericht gegenüber zur Auskunft verpflichtet ist (§ 1864 Abs. 1) und dieses anderenfalls seiner **Aufsichtspflicht** gem. § 1862 nicht vollständig nachzukommen vermag. Selbst der geschäftsfähige Betreute kann das Betreuungsgericht insoweit nicht von seinen Pflichten entbinden (Schwab FamRZ 2019, 1948 (1949); Staudinger/Veit BGB § 1840 aF Rn. 32). Um diese Problematik zu vermeiden, sollte der Aufgabenbereich der Vermögenssorge entsprechend aufgehoben oder eingeschränkt werden. Lediglich gänzlich unbegründete Forderungen des Gerichts nach Belegen für eigenverwaltete Konten dürften nicht von der Aufsichtspflicht gedeckt sein. 20

5. Fehlende Mitwirkung des Betreuten/Versicherung an Eides statt des Betreuers

Können die geforderten Unterlagen durch den Betreuer mangels Mitwirkung des Betreuten nicht beigebracht werden, genügt laut Gesetzgeber die **Versicherung des Betreuers** hierüber. Mit dieser Möglichkeit eröffnet der Gesetzgeber nicht die bloße Vorlage einer Versicherung von vornherein, sondern laut Gesetzeswortlaut nur für diejenigen Einzelfälle, in denen die Eigenverwaltungserklärung nicht beigebracht werden kann (BT-Drs. 19/24445, 305: **„hilfsweise"**); der Betreuer hat dementsprechend bei der Einreichung einer solchen Erklärung dem Gericht darzulegen, welche Versuche er unternommen hat, die Erklärung vom Betreuten zu erhalten. Bei Versicherungen des Betreuers, **Unstimmigkeiten** oder wechselnder Geschäftsfähigkeit sowie Lese- und Rechtschreibschwächen des Betreuten, sollte sich das Gericht ggf. durch eine **Anhörung** einen **persönlichen Eindruck** vom Betreuten zu verschaffen, § 1862 Abs. 2. Sinnvoll kann es im Einzelfall auch sein, den Betreuten seitens des Gerichts anzuschreiben und ihm unter Gewährung einer angemessenen Frist die Möglichkeit zur Erhebung von Einwendungen gegen die Versicherung des Betreuers einzuräumen. Falls der 21

Betreute (wieder) zur freien Willensbildung fähig ist und eine solche Überprüfung nicht wünscht, wäre die **Betreuung** entsprechend ihrer Erforderlichkeit **einzuschränken** und entweder die **Vermögenssorge** oder die Verwaltung des Kontos aus dem Aufgabenkreis des Betreuers (explizit) **herauszunehmen** (§§ 1815 Abs. 1, 1864 Abs. 2 S. 2 Nr. 2) oder als Aufgabenbereich lediglich die Kontrolle der Kontobewegungen zu belassen (vgl. ua Schwab FamRZ 2018, 1948 (1949); Staudinger/Veit BGB § 1840 aF Rn. 31; Kieß BetreuungsR § 12 Rn. 22; LG Göttingen Rpfleger 2019, 650).

V. Verfahren

22 **Zuständig** für die Anordnungen im Zusammenhang mit der Rechnungslegung ist der **Rechtspfleger** (§ 3 Nr. 2b RPflG). Die Rechnungslegung kann durch Festsetzung von **Zwangsgeld** durchgesetzt werden, § 1862 Abs. 3 S. 2; bei hartnäckiger Weigerung ist ein Zwangsgeld von 500 EUR nicht zu beanstanden (BayObLG Rpfleger 2003, 188); ggf. ist der Betreuer ganz oder teilweise zu **entlassen,** sofern es verhältnismäßig erscheint (§ 1868 Abs. 1; BayObLG Rpfleger 1994, 252 und FamRZ 1996, 1105; LG Neuruppin BeckRS 2007, 143024; OLG Schleswig-Holstein FGPrax 2006, 74; zur **Verhältnismäßigkeit:** LG Kleve FamRZ 2008, 640); zuständig ist der **Richter** (§ 15 Abs. 1 RPflG). Eine eigenständige **Berichtigung** des Berichts oder eine Ersatzvornahme durch das **Betreuungsgericht** ist **nicht zulässig** (OLG Naumburg FamRZ 2012, 800).

§ 1866 Prüfung der Rechnung durch das Betreuungsgericht

(1) **Das Betreuungsgericht hat die Rechnung sachlich und rechnerisch zu prüfen und, soweit erforderlich, ihre Berichtigung und Ergänzung durch den Betreuer herbeizuführen.**

(2) [1]**Die Möglichkeit der Geltendmachung streitig gebliebener Ansprüche zwischen Betreuer und Betreutem im Rechtsweg bleibt unberührt.** [2]**Die Ansprüche können schon vor der Beendigung der Betreuung geltend gemacht werden.**

I. Entstehung

1 § 1866 ersetzt nahezu unverändert die bisherige Verweisungskette **§ 1908i Abs. 1 S. 1 iVm § 1843 BGB aF.**

II. Prüfung der Rechnungslegung

2 Das Betreuungsgericht hat im Rahmen seiner **Aufsichtspflicht** (§ 1862) die Rechnung auf ihre sachliche und rechnerische Richtigkeit zu überprüfen (Abs. 1 Hs. 1). Die sachliche Prüfung umfasst zum einen die **Vollständigkeit** der Rechnung, also die Frage, ob zB die Zinseinnahmen verbucht sind, zum anderen die **Recht- und Pflichtgemäßheit** der Verwaltung (§§ 1838 ff.): Wurden die **Wünsche** des Betreuten bzw. sein **mutmaßlicher Wille** befolgt (§§ 1821, 1838), sind die erforderlichen **Genehmigungen** eingeholt, die Kapitalanlagen **versperrt,** Gel-

der wirtschaftlich bzw. wunschgemäß auf Giro- oder Sparkonten **verwahrt,** Ausgaben **angemessen,** dem Betreuten zur Wahrung seiner Selbstbestimmung ausreichende Mittel zur **freien Verfügung** überlassen worden und sind **Auslagen** gerechtfertigt gewesen, die sich der Betreuer entnommen hat (§ 670), …?. Zu weiteren Prüfungsfragen s. HK-BetreuungsR/Meier BGB § 1866 Rn. 5. Zum Inhalt der Rechnungslegung s. → BGB § 1865 Rn. 1 ff. In der Rechnung muss der Betreuer darlegen und belegen, dass ihm entsprechende Aufwendungen entstanden sind; anderenfalls hat er die entnommenen Gelder nach § 667 an den Betreuten herauszugeben (OLG Karlsruhe FamRZ 2004, 1601 mAnm Bienwald).

Soweit erforderlich, hat das Gericht **Ergänzungen** und **Berichtigungen herbeizuführen** (Abs. 1 Hs. 2); es darf solche Korrekturen **nicht selbst** vornehmen. **Belege** sind ggf. **nachzufordern** (vgl. LG Hamburg BeckRS 2020, 48033). Sind zB tatsächlich eingenommene Zinsen nicht verbucht, ist der Betreuer zur Ergänzung aufzufordern und ggf. zu zwingen (§ 1862 Abs. 3). Anders verhielt es sich bisher nach vereinzelter Rechtsprechung, wenn das Gericht der Auffassung ist, bestimmte **Einnahmen** stünden dem Betreuten zu und einzelne **Ausgaben** seien nicht erforderlich gewesen – das Gericht dürfe dem Betreuer nicht aufgeben, etwa einen Ausgabeposten zu streichen und Auslagen an den Betreuten zurückzuzahlen (OLG Zweibrücken Rpfleger 1980, 103; LG Bonn Rpfleger 1985, 297). Das leuchtet generell ein, denn anderenfalls würde der Betreuer stets Gefahr laufen, nach der Prüfung der Rechnungslegung nach dem Dafürhalten des Betreuungsgerichts ggf. hohe Beträge zurückzuzahlen. **In Ausnahmefällen** kann dies der Praxis bei bestimmten **Pflichtverletzungen** des Betreuers bisweilen jedoch nicht standhalten; so zB, wenn dem mit **Nachdruck** geäußerten Wunsch oder mutmaßlichen Willen des Betreuten **zuwider unerwünschte Ausgaben** getätigt werden (bspw. keine Kündigung eines Zeitungsabos, wozu der Betreute mehrfach dringlich aufgefordert, der Betreuer dies aber nicht veranlasst hat und der Betreute selbst nicht in der Lage war, dies vorzunehmen und/oder durch das Gericht wiederholt Aufforderungen diesbezüglich erfolgten), der Betreuer **unstreitig Betreutenvermögen für eigene Zwecke** verwendet hat (bspw. Kauf eigener Kleidung, …) oder **Einnahmen des Betreuten auf fremde bzw. dubiose Konten gelangen** – dann kann und muss sehr wohl eine Aufforderung und notfalls ein Zwang zur Rückerstattung der Ausgaben bzw. Umleitung der Einnahmen durch geeignete Gebote des Betreuungsgerichts erfolgen, § 1862 Abs. 3 S 1 Alt. 1. Zur Regulierung des Schadens kann der Betreuer notfalls seine Haftpflichtversicherung (für Berufsbetreuer gesetzlich vorgeschrieben, § 23 Abs. 1 Nr. 3 BtOG) bemühen und die Angelegenheit wäre im Interesse aller zügig ohne Klageverfahren niederschwellig geklärt. Im Einzelfall kann sich – je nach Grad der Pflichtverletzung – noch ein Prüfverfahren zur Eignung des Betreuers anschließen. Lenkt der Betreuer daraufhin nicht ein bzw. bleibt er (ggf. zu Recht) uneinsichtig, sind **streitige Ansprüche** zwischen Betreutem und Betreuer im Prozesswege vor dem **Zivilgericht** zu klären (Abs. 2) und **nicht** vor dem **Betreuungsgericht** (vgl. MüKoBGB/Kroll-Ludwigs BGB § 1866 Rn. 13). Darüber hinaus kann das Gericht nach § 1862 Abs. 3 S. 1 Alt. 2 dem Betreuer auch **verbieten, künftig** derartige Auslagen dem Vermögen zu **entnehmen** (BayObLG Rpfleger 1981, 302). 3

Ansprüche zwischen Betreutem und Betreuer können schon **vor Beendigung** der Betreuung vor dem Prozessgericht **geltend gemacht** werden (Abs. 2). Das Betreuungsgericht ist aber nicht befugt, zu entscheiden, ob ein solcher Prozess geführt wird. Soweit der geschäftsfähige Betreute nicht selbst aktiv wird, hat der 4

Betreuer hierüber zu befinden; ggf. hat ihm das Betreuungsgericht die **Entscheidungsbefugnis** hierüber zu **entziehen** (**Vertretungsausschluss** gem. § 1824 Abs. 1 Nr. 3) und auf einen **Ergänzungsbetreuer** (§ 1817 Abs. 5) zu übertragen (BayObLG Rpfleger 1981, 302). Während der Dauer des Betreuungsverhältnisses ist die **Verjährung** der Ansprüche **gehemmt** (§ 207 Abs. 1 S. 2 Nr. 4).

5 Die **Rechnungsprüfung** obliegt dem **Rechtspfleger** (§ 3 Nr. 2b RPflG). Er kann **Sachverständige** zur Vorbereitung seiner Entscheidung **heranziehen** (die Kosten trägt der Betreute, unzulässig daher die Beauftragung eines Sachverständigen zur Entlastung des Gerichts wegen personeller Unterbesetzung: AG Bad Oeynhausen BtPrax 2003, 235), wobei die Rechnungslegung durch den Betreuer derart erfolgen sollte, dass keine Hinzuziehung eines Sachverständigen notwendig ist (vgl. LG Paderborn BtPrax 2013, 212). Die **Erklärung** des Gerichts, die **Rechnung** werde **nicht beanstandet,** hat materiell zum Inhalt, dass Maßnahmen nach § 1862 Abs. 3 nicht geboten sind, der **Betreuer** wird hierdurch aber **nicht entlastet** (BayObLG Rpfleger 1997, 476, Kieß BetreuungsR § 12 Rn. 11 mwN). Rechte des Betreuten werden durch den Prüfbescheid nicht beeinträchtigt; er ist nicht gehindert, Ansprüche gegen den Betreuer geltend zu machen (vgl. Damrau/Zimmermann § 1866, Rn. 8, 11); das Prozessgericht ist an die Auffassung des Betreuungsgerichts nicht gebunden (BayObLG Rpfleger 1996, 246; OLG Karlsruhe FamRZ 2004, 1601). Der Betreuer haftet für nicht belegte Ausgaben gem. § 1826 (Kieß BetreuungsR § 12 Rn. 13). Werden **Ausgaben** des Betreuers **beanstandet** und beschränkt sich das Gericht auf die Mitteilung seiner Rechtsansicht, ist der Betreuer nicht beschwert; anders verhält es sich, wenn mit dem Prüfbescheid **Gebote und Verbote** gem. § 1862 Abs. 3 S. 1 verbunden werden (OLG Jena Rpfleger 2001, 75; MüKoBGB/Kroll-Ludwigs § 1866 Rn. 8). Das Gericht kann auch **Aufsichtsmaßnahmen** ergreifen (→ BGB § 1862 Rn. 15 f.); der Betreute ist dabei zu beteiligen (→ BGB § 1862 Rn. 19). Werden Beanstandungen gar nicht, nicht in der vorgegebenen Frist oder nur unzureichend bzw. mit bereits entstandenen Nachteilen für den Betreuten erledigt, sollte über die Geeignetheit des Betreuers durch den Richter befunden werden; ein vorausgehendes **Zwangsgeldverfahren** gegen den Betreuer sollte **keine Voraussetzung** für einen Betreuerwechsel in diesen Fällen sein, wenn anderenfalls Nachteile für den Betreuten entstehen und das Gericht über einen langen Zeitraum an einer Prüfung gehindert ist (aA LG Dresden BeckRS 2017, 164513). Die Übermittlung eines Jahresberichts (ggf. mit Rechnungslegung) an den Sozialhilfeträger zur dortigen Verwendung ist nur unter Beachtung **datenschutzrechtlicher** Vorgaben möglich (wie hier: BayObLG BeckRS 2021, 704).

§ 1867 Einstweilige Maßnahmen des Betreuungsgerichts

Bestehen dringende Gründe für die Annahme, dass die Voraussetzungen für die Bestellung eines Betreuers gegeben sind, und konnte ein Betreuer noch nicht bestellt werden oder ist der Betreuer an der Erfüllung seiner Pflichten gehindert, so hat das Betreuungsgericht die dringend erforderlichen Maßnahmen zu treffen.

I. Überblick

1 Die Vorschrift wurde im Hinblick auf ihren Ausnahmecharakter enger als die Vorgängervorschrift des § 1846 BGB aF gefasst.

Krankheit oder Behinderung des Betroffenen können **sofortiges Handeln** erforderlich machen. Ist noch **kein Betreuer** bestellt oder der bestellte Betreuer **weggefallen** oder **verhindert,** muss in **dringenden** Fällen das Betreuungsgericht selbst unmittelbar für den Betroffenen tätig werden, ggf. also auch in dessen Namen rechtsgeschäftliche Erklärungen abgeben, in eine ärztliche Maßnahme einwilligen oder seinen Aufenthalt bestimmen. Voraussetzung ist stets, dass nicht mehr genügend Zeit verbleibt, einen geeigneten (vorläufigen) Betreuer oder einen Verhinderungsbetreuer zu bestellen und mit einem **Aufschub Gefahr** verbunden wäre. 2

II. Voraussetzungen der einstweiligen Maßnahmen

Einstweilige Maßnahmen sind auch zulässig, wenn für den Betroffenen noch **kein Betreuer** bestellt ist. Nach anderer Ansicht sind hingegen Maßregeln nach § 1867 **nur zulässig,** wenn zumindest **gleichzeitig** ein (vorläufiger) **Betreuer** bestellt wird und dieser verhindert ist (OLG Frankfurt a. M. FamRZ 1993, 357; Wiegand FamRZ 1991, 1022; im Ergebnis zust. Rink FamRZ 1993, 512). Der **BGH** (BtPrax 2002, 162) hat die **Streitfrage** mit der hM dahingehend entschieden, dass das Betreuungsgericht in Eilfällen einstweilige Maßnahmen treffen kann, ohne dass zugleich damit schon ein **Betreuer** bestellt werden muss. Allerdings hat das Gericht, jedenfalls bei der Unterbringung, durch geeignete Maßnahmen sicherzustellen, dass dem Betroffenen **unverzüglich** – binnen weniger Tage – ein Betreuer oder jedenfalls ein vorläufiger Betreuer zur Seite gestellt wird (BGH BtPrax 2002, 162; OLG München FamRZ 2008, 917; BayObLG BtPrax 2003, 176). Im Falle des § 1832 Abs. 1 ist ein Handeln des Betreuungsgerichts ausschließlich bei Verhinderung des Betreuers zulässig (§ 1832 Abs. 1 S. 2 BGB). 3

Der BGH (BtPrax 2002, 162) betont den **Ausnahmecharakter** der Vorschrift, Eingriffe des Betreuungsgerichts sollen in der Regel auf Kontrollfunktionen beschränkt sein. Von der **eigenständigen** Anordnungsbefugnis des § 1867 kann nur in **dringenden** Fällen, in denen ein Aufschub einen **Nachteil** für den Betreuten zur Folge haben würde, Gebrauch gemacht werden. Die Bestellung eines vorläufigen Betreuers ist **vorrangig** (Schwab FamRZ 1990, 681 (688)). Dies kann aber nur dann gelten, wenn ein geeigneter (vorläufiger) Betreuer zur Verfügung steht, die Bestellung einer beliebigen, mit den persönlichen Verhältnissen des Betreuers nicht vertrauten Person zum (vorläufigen) Betreuer würde sich in einem formalen Akt erschöpfen, der dem Betroffenen keine Vorteile brächte (BGH BtPrax 2002, 162). Maßregeln nach § 1867 sind also nur zulässig, wenn **dringende Gründe** für die Annahme bestehen, dass die **Voraussetzungen** für die Bestellung eines **Betreuers** gegeben sind, nicht mehr genügend **Zeit** verbleibt, einen **geeigneten** (vorläufigen) Betreuer zu bestellen und mit einem **Aufschub Gefahr** verbunden wäre (vgl. zur Unterbringung → FamFG § 334 Rn. 5). Entsprechendes gilt, wenn der bestellte Betreuer durch Tod oder Entlassung weggefallen ist oder der ihm zugewiesene Aufgabenbereich die betreffende Angelegenheit nicht erfasst. Im Letzteren Fall ist zunächst die Erweiterung der Betreuung durch einstweilige Anordnung gem. §§ 1871 Abs. 3 BGB, 300 FamFG zu prüfen. 4

Ist der Betreuer **verhindert,** sei es tatsächlich, zB durch Krankheit, oder rechtlich, zB infolge eines Vertretungsausschlusses, hat das Betreuungsgericht im Eilfall zunächst die Bestellung eines (vorläufigen) **weiteren** Betreuers **(Ergänzungsbetreuers)** nach § 1817 Abs. 4 und 5 zu prüfen, bevor Maßnahmen nach § 1867 5 durch das Gericht ergriffen werden. Auf keinen Fall darf das Gericht in die **Führung** der Betreuung über § 1867 **eingreifen** (OLG Schleswig BtPrax 2001, 211; OLG Düsseldorf FamRZ 1995, 637; LG Frankfurt a. M. BtPrax 2001, 174). Dies gilt auch für den Fall der Nichterreichbarkeit des nach § 1358 BGB vertretungsbefugten Ehegatten (aA AG Schmallenberg FamRZ 2024, 146). Auf **Pflichtwidrigkeiten** ist mit **Aufsichtsmaßnahmen** zu reagieren, bei Gefahr im Verzug der Betreuer durch einstweilige Anordnung zu **entlassen** (§ 1868 Abs. 1 BGB iVm § 300 Abs. 2 FamFG) und ein geeigneter (vorläufiger) Betreuer zu bestellen (zur Entlassung des Betreuers wegen Nichteinwilligung in die Impfung des Betreuten BVerfG BtPrax 2021, 146). Auch wenn das Betreuungsgericht vom Betreuer beabsichtigte Maßnahmen für rechtswidrig erachtet, befugt dies nicht zu eigenständigen **gegenläufigen Anordnungen,** solange der Betreuer nicht an einer Entscheidung verhindert ist (so OLG Zweibrücken für den Abbruch einer Sondenernährung FamRZ 2003, 1127).

III. Maßnahmen

6 Ist **unmittelbares** Handeln erforderlich und kann ein zumindest vorläufiger Betreuer nicht rechtzeitig bestellt werden, trifft das Gericht **alle** Maßnahmen, die auch ein Betreuer mit dem entsprechenden Aufgabenbereich treffen könnte; zB Kündigung eines Darlehens, Erklärung gegenüber Behörden, Sicherung von Vermögensgegenständen, Kontensperrung, Maßnahmen bei Wohnraumkündigung und Räumungsverlangen. Auch die Einwilligung in **ärztliche Maßnahmen** zählt hierzu, wenn der Betroffene einwilligungsunfähig ist und mit dem Aufschub Gefahr verbunden wäre (AG Nettetal FamRZ 1996, 1104: Einwilligung in eine Bluttransfusion). Bei **dringlichen** Maßnahmen ist das ärztliche Handeln aber durch mutmaßliche Einwilligung oder berechtigte Geschäftsführung ohne Auftrag gerechtfertigt, so dass es der Einschaltung des Betreuungsgerichts nach § 1867 nicht bedarf (Kern NJW 1994, 753 (756)). Es sind die im **Interesse** des Betroffenen erforderlichen Maßregeln zu treffen. Dies können vorläufige Regelungen sein, zB die Aufenthaltsbestimmung, nur im Ausnahmefall endgültige (zB eine Wohnraumkündigung), wobei konkludent eine erforderliche Genehmigung zB nach § 1833 BGB erfasst ist.

7 Auch die **vorläufige Unterbringung** des Betroffenen **durch** das **Betreuungsgericht** ist als Maßregel nach § 1867 grundsätzlich zulässig (BGH BtPrax 2002, 162), ohne dass bereits ein Betreuer bestellt sein muss (→ Rn. 3). Allerdings ist in der Gesetzesbegründung ausdrücklich darauf hingewiesen, dass bei besonderer Dringlichkeit auch eine öffentlich-rechtliche Unterbringung in Betracht kommt (BT-Drs. 19/24445, 306), die gegenüber einer Maßnahme nach § 1867 vorrangig sein kann (Marschner BtPrax 2020, 167). Entsprechendes gilt für die Anordnung freiheitsentziehender Maßnahmen (§ 1831 Abs. 4 BGB). Bei der unmittelbaren Unterbringung durch das Gericht nach § 1867 sind dieselben **Verfahrensgarantien** zu beachten wie bei der vorläufigen Genehmigung einer Unterbringung durch den Betreuer (§ 334 FamFG; zu Einzelheiten → FamFG § 331 Rn. 2 ff.).

8 Ist eine gerichtliche Maßregel nach § 1867 ihrer Natur nach noch abänderbar (zB bei der Aufenthaltsbestimmung), entscheidet über den **Fortbestand** der Maßnahme der Betreuer in eigener Verantwortung. Über diese Entscheidungsbefugnis hat das Betreuungsgericht den Betreuer in Kenntnis zu setzen (BayObLG FamRZ

2003, 78). Trifft er in angemessener Zeit keine Entscheidung, wird die gerichtliche Maßregel unzulässig (BayObLG FamRZ 1990, 1154 (1156)). Unterbringungsmaßnahmen haben längstens Bestand bis zu der im Beschluss genannten Frist (§ 334 iVm § 333 S. 1 FamFG). Sind sie ohne Bestellung eines Betreuers ergangen und hat das Gericht nicht unverzüglich die zur Bestellung eines Betreuers erforderlichen Maßnahmen getroffen, ist die Anordnung von vornherein unzulässig und ihre Rechtswidrigkeit festzustellen (BGH BtPrax 2002, 162; BayObLG FamRZ 2003, 1322).

IV. Verfahren

Örtlich **zuständig** ist das Betreuungsgericht, bei dem die Betreuung anhängig ist (§ 272 Abs. 1 Nr. 1 FamFG), sonst das allgemein örtlich zuständige Gericht (§ 272 Abs. 1 Nr. 2 ff. FamFG); daneben für vorläufige Maßregeln nach § 1867 das Gericht, in dessen Bezirk das Bedürfnis der **Fürsorge** hervortritt (§ 272 Abs. 2 FamFG). Für Unterbringungsmaßregeln nach § 1867 iVm § 334 FamFG gelten diese Zuständigkeiten entsprechend (§ 313 Abs. 1, 2 FamFG). **9**

Ist ein Betreuer **noch nicht bestellt,** entscheidet über die vorläufige Maßnahme nach § 1867 der **Richter,** da vor der Entscheidung die Voraussetzungen der Betreuung zu prüfen sind (§ 15 Abs. 1 RPflG). War **bereits** ein Betreuer **bestellt** und ist der Betreuer weggefallen oder verhindert, besteht für Verrichtungen nach § 1867 grundsätzlich kein Richtervorbehalt. **10**

Die **Unterbringung** ist jedoch stets **Richtersache;** zwar wird die Maßregel nach § 1867 nicht im Katalog des § 312 FamFG aufgeführt, aber in § 334 FamFG folgerichtig als Unterbringungsmaßnahme eingeordnet (Sternal/Kroll-Ludwigs § 1867 Rn. 15). **11**

Ferner ist über eine **Einwilligung** in gefährliche **ärztliche Maßnahmen** sowie in **ärztliche Zwangsmaßnahmen,** soweit zulässig, im Hinblick auf das Genehmigungserfordernis nach §§ 1829, 1832 notwendig vom Richter zu entscheiden. Ihm sollte darüber hinaus aber jede Entscheidung in diesem Bereich zugewiesen werden, denn es ist – unabhängig von systematischen und rechtspolitischen Gesichtspunkten – von der Sache her geboten, dass für die Abgrenzung derjenige die Verantwortung übernimmt, der die umfassendere Entscheidungskompetenz hat (→ RPflG § 15 Rn. 54). Generell ist zu beachten, dass vor Erlass einer Maßnahme nach § 1867 vorrangig die Bestellung eines (neuen bzw. weiteren) **vorläufigen Betreuers** zu prüfen ist. Ist hierfür der Richter zuständig, wird er ggf. auch die Eilmaßnahme erledigen, da eine getrennte Bearbeitung angesichts der Dringlichkeit regelmäßig nicht sachdienlich wäre (§ 6 RPflG). **12**

Das Verfahren nach § 1867 ist nur für die Unterbringung näher geregelt (vgl. Erläuterungen zu § 334 FamFG). Im Übrigen gelten die **allgemeinen Verfahrensgrundsätze** (Art. 103 Abs. 1 GG; §§ 26, 275 FamFG). Soweit dies nicht wegen der Dringlichkeit oder des Zustandes des Betroffenen ausgeschlossen ist, muss der Betroffene vor der Entscheidung gehört werden; ggf. ist Verfahrenspflegschaft anzuordnen (§ 276 FamFG). Ist noch kein Betreuer bestellt, hängt es von den Umständen des Einzelfalls ab, welche Anforderungen das Gericht an die Prüfung der Voraussetzungen der Betreuung stellt. Die Einwilligung in eine **ärztliche** Maßnahme setzt stets voraus, dass ein ärztliches Zeugnis vorliegt, das Auskunft gibt über den Zustand des Betroffenen, dessen Einwilligungsfähigkeit sowie die Erforderlichkeit und Dringlichkeit der vorgesehenen Maßnahme. Zu beachten **13** ist, dass mit dem Verfahren nach § 1867 zugleich das Verfahren zur Bestellung eines (vorläufigen) Betreuers eingeleitet wird, und somit – jedenfalls nach Erlass der Maßregel – unverzüglich die **Verfahrensgarantien** des **§ 300 ff. FamFG** umzusetzen sind (vgl. Erläuterungen zu § 300 ff. FamFG).

14 Gegen Maßregeln nach § 1867 findet die Beschwerde statt; bei einstweiligen Anordnungen verkürzt sich die Beschwerdefrist auf zwei Wochen (§ 63 Abs. 2 FamFG); beschwerdeberechtigt sind Betroffener und Betreuer (§ 59 Abs. 1 FamFG; zur Beschwerde bei Unterbringung und zum Kreis der Beschwerdeberechtigten s. Erläuterungen zu § 335 FamFG).

Untertitel 4. Beendigung, Aufhebung oder Änderung von Betreuung und Einwilligungsvorbehalt

§ 1868 Entlassung des Betreuers

(1) [1]**Das Betreuungsgericht hat den Betreuer zu entlassen, wenn dessen Eignung, die Angelegenheiten des Betreuten zu besorgen, nicht oder nicht mehr gewährleistet ist oder ein anderer wichtiger Grund für die Entlassung vorliegt.** [1]**Ein wichtiger Grund liegt auch vor, wenn der Betreuer eine erforderliche Abrechnung vorsätzlich falsch erteilt oder den erforderlichen persönlichen Kontakt zum Betreuten nicht gehalten hat.**

(2) **Das Betreuungsgericht hat den beruflichen Betreuer zu entlassen, wenn dessen Registrierung nach § 27 Absatz 1 und 2 des Betreuungsorganisationsgesetzes widerrufen oder zurückgenommen wurde.**

(3) **Das Betreuungsgericht soll den beruflichen Betreuer, den Betreuungsverein, den Behördenbetreuer oder die Betreuungsbehörde entlassen, wenn der Betreute zukünftig ehrenamtlich betreut werden kann.**

(4) **Das Betreuungsgericht entlässt den Betreuer auf dessen Verlangen, wenn nach dessen Bestellung Umstände eingetreten sind, aufgrund derer ihm die Führung der Betreuung nicht mehr zugemutet werden kann.**

(5) **Das Betreuungsgericht kann den Betreuer entlassen, wenn der Betreute eine mindestens gleich geeignete Person, die zur Übernahme der Betreuung bereit ist, als neuen Betreuer vorschlägt.**

(6) [1]**Der Vereinsbetreuer ist auch dann zu entlassen, wenn der Betreuungsverein dies beantragt.** [2]**Wünscht der Betreute die Fortführung der Betreuung durch den bisherigen Vereinsbetreuer, so kann das Betreuungsgericht statt der Entlassung des Vereinsbetreuers mit dessen Einverständnis feststellen, dass dieser die Betreuung künftig als Privatperson weiterführt.** [3]**Die Sätze 1 und 2 gelten für den Behördenbetreuer entsprechend.**

(7) [1]**Der Betreuungsverein oder die Betreuungsbehörde ist als Betreuer zu entlassen, sobald der Betreute durch eine oder mehrere natürliche Personen hinreichend betreut werden kann.** [2]**Dies gilt für den Betreuungsverein nicht, wenn der Wunsch des Betreuten dem entgegensteht.**

Die Regelung übernimmt § 1908b aF mit einigen Ergänzungen.

Übersicht

I. Regelungszweck

1 Geregelt wird die Entlassung des Betreuers trotz fortbestehenden Betreuungsbedarfs. Folgerichtig ist in jedem Fall des § 1868 nach der Entlassung sogleich ein neuer Betreuer zu bestellen (§ 1869), sog. **Betreuerwechsel,** der rechtlich aus zwei Schritten besteht. Wenn ein Betreuungsbedarf nicht mehr gegeben ist, gilt stattdessen § 1871 Abs. 1 S. 1. Eine Aufhebung der Betreuung geht der Betreuerentlassung vor, weil damit automatisch das Amt des Betreuers beendet ist. Soll dem Betreuer nur die Vertretungsmacht für einzelne Tätigkeiten entzogen werden, kommt eine Einschränkung des Aufgabenkreises nach § 1871 Abs. 1 S. 2 in Betracht. Weder der Betreute noch der Betreuer kann die Betreuung „kündigen", die Entscheidung trifft das Gericht, wobei es zwingende Entlassungsgründe wie auch Ermessensspielräume gibt (Schnellenbach/Normann-Scheerer/Giers/Thielke BetreuungsR-HdB Rn. 740 ff.).

II. Entlassungsgründe

1. Mangelnde Eignung und anderer wichtiger Grund (Abs. 1)

2 Bei berechtigten Zweifeln an der Eignung des Betreuers („nicht mehr gewährleistet", Abs. 1 Alt. 1.) ist dieser zu entlassen. Die Entlassung ist zwingend, das Gericht hat **kein Ermessen.** Die Frage der Eignung als unbestimmter Rechtsbegriff unterliegt dagegen einer Wertung (BayObLG BtPrax 2001, 163; BayObLG BtPrax 2004, 153 (154)). Die Regelung gilt für alle Betreuer – berufliche, ehrenamtliche, Verhinderungs-, Ergänzungs-, Kontrollbetreuer etc – in gleicher Weise. Die Frage der Eignung richtet sich nach **§ 1816 Abs. 1,** auch wenn dies nicht ausdrücklich benannt ist (BVerfG BtPrax 2021, 146 (148); Brosey/Lesting/Loer/Marschner BetreuungsR-HdB/Loer Rn. 154; ausführlich HK-BUR/Bauer Rn. 37 ff.; zur Eignung → BGB § 1816 Rn. 7 ff.). Das Gericht war also bei Bestellung des Betreuers noch von dessen Eignung ausgegangen, in dem gerichtlich angeordneten Aufgabenkreis die Angelegenheiten des Betreuten nach Maßgabe des § 1821 rechtlich zu besorgen. Sie ist dann nicht oder nicht mehr gewährleistet, wenn sich ihr Fehlen nachträglich herausstellt oder sie wegen zwischenzeitlicher Veränderungen für die Zukunft nicht mehr vorhanden ist. Ersteres dürfte die Ausnahme sein. In der Regel tritt die mangelnde Eignung erst im Verlauf der Betreuung ein. Die Veränderungen können sich auf verschiedenen Ebenen ergeben, im Umfang des objektiven betreuungsrelevanten Regelungsbedarfs, in der subjektiven Regelungsbedürftigkeit des Betreuten, in der Beziehungsgestaltung oder in der Person des Betreuers. Betreuungen befinden sich in ständiger Entwicklung.

3 Ein Betreuer ist vorrangig dann ungeeignet, wenn er seinen Pflichten aus **§ 1821** nicht nachkommt, insbesondere wenn er im Innenverhältnis gegen seine Betreuerpflichten gegenüber dem Betreuten verstößt, zB gegen die Pflicht, dessen Wünsche festzustellen und zu beachten oder gegen die Pflicht, diesen bei seiner Entscheidungsfindung zu unterstützen, statt von seinem Vertretungsrecht Gebrauch zu machen oder gegen die Besprechungspflicht. Die Zweifel an der Eignung müssen aber nicht zwangsläufig auf einer Pflichtverletzung beruhen. Für die Entlassung genügt jeder Grund, der den Betreuer ungeeignet iSd § 1816 Abs. 1 macht.

Die Eignung entfällt bei mangelndem Einsatz für die Belange des Betroffenen, wenn sich der Regelungsbedarf oder die Einsatzbereitschaft des Betreuers geändert hat. Dies kann an einer **fachlichen Überforderung** liegen aber auch an zu **knappen zeitlichen Ressourcen.** Die Eignung ist mangelhaft, wenn der Betreuer den ihm zugewiesenen Aufgabenkreis nur unzulänglich und unter Gefährdung der Interessen des Betreuten bewältigen kann, oder es ihm an dem nötigen Einsatz mangelt. Anhaltspunkte können sich auch aus dem Jahresbericht ergeben. Ist ein beruflicher Betreuer durch die Übernahme zu vieler Betreuungen überlastet, kann das Gericht die Zahl der Betreuungen durch Entlassungen auf ein vertretbares Maß reduzieren, auch wenn dem Betreuer in dem konkreten Verfahren keine Pflichtverletzung nachgewiesen werden kann (Jurgeleit/Kieß Rn. 38).

Ein beruflicher Betreuer erweist sich als ungeeignet, wenn er sich vom Betreuten eine Vollmacht erteilen lässt und die Aufhebung der Betreuung anregt, um dann entgeltlich und ohne gerichtliche Kontrolle für den ehemals Betreuten tätig zu werden. Wenn es auch noch gezielt darum geht, im Testament bedacht werden zu können, um § 30 BtOG zu umgehen, erweist der (frühere) Betreuer sich erst recht als generell ungeeignet (aA LG Leipzig FamRZ 2000, 190 nach altem Recht).

Auch aus der Person des Betreuten können sich Gründe für eine Betreuerentlassung ergeben, etwa bei einem Ortswechsel im Zusammenhang mit einer längerdauernden Behandlungsmaßnahme oder Verlegung des Lebensmittelpunktes oder bei Änderung der konkret wahrzunehmenden Aufgaben zB Vermögenssorge nach umfangreicher Erbschaft des Betreuten etc (weitere Beispiele bei Dodegge B Rn. 147 und MüKoBGB/Schneider Rn. 6; Jurgeleit/Kieß Rn. 16 ff., wobei zu berücksichtigen ist, dass sich ältere Rechtsprechung auf die frühere Rechtslage bezieht). Allerdings sollte wegen § 27 Abs. 1 Nr. 3 BtOG das Gericht die Entlassung nur dann mit der Ungeeignetheit eines beruflichen Betreuers begründen, wenn sie in dessen Person liegt. Andere Umstände objektiver Art sowie solche in der Person des Betreuten lassen sich zwanglos unter die anderen wichtigen Gründe subsumieren (HK-BUR/Bauer Rn. 37).

4 Auch **Pflichtverletzungen gegenüber dem Gericht** kommen in Betracht, wenn diesem die Aufsicht nicht mehr möglich ist (→ BGB § 1862 Rn. 6), zB bei nachhaltigen Verstößen gegen **Berichts-, Mitteilungs- oder Rechnungslegungspflichten.** So ist die Eignung nicht mehr gewährleistet, wenn die jährliche Berichterstattung oder Rechnungslegung auch nach angemessener Aufforderung und Zwangsgeldandrohung nicht erfolgt oder Mitteilungspflichten nach § 1864 missachtet werden und das Gericht deshalb nicht in der Lage ist, im Interesse des Betreuten die **Aufsicht** über die Tätigkeit des Betreuers zu führen. Im Übrigen ergeben sich aus den Berichten wesentliche Anhaltspunkte zur Eignung. So kann das Gericht auch durch die Vorlage des Vermögensverzeichnisses und der Berichte

zur Rechnungslegung Erkenntnisse darüber gewinnen, ob der Betreuer überhaupt die notwendige Sachkenntnis besitzt, um im konkreten Fall die Vermögenssorge wahrzunehmen. Dies ist anzuzweifeln, wenn er sich als unfähig erweist, ein aussagekräftiges Vermögensverzeichnis zu erstellen. Bei der Bewertung solcher Verstöße ist jedoch immer zu berücksichtigen, dass die Pflichten gegenüber dem Gericht keinen Selbstzweck darstellen, sondern immer den Rechten und Interessen der Betreuten dienen. Das Gericht hat vor der Entlassung zunächst **mildere Aufsichtsmittel** der §§ 1861 f. zu nutzen, bei ehrenamtlichen Betreuern in anderer Form als bei beruflichen. Das Gericht hat eine **Beratungspflicht.** Es ist nicht zwingend, dass ein Bericht schriftlich verfasst sein muss. Ziel der gerichtlichen Aufsicht nach § 1861 ist es, die Betreuer darin zu unterstützen und dazu zu bewegen, ihren Pflichten nachzukommen und nicht ihre Entlassung vorzubereiten. Ob eine Entlassung als letztes Mittel tatsächlich erforderlich ist, hängt vom Einzelfall ab.

Da es auf ein **Verschulden** des Betreuers nicht ankommt, kann auch bei länge- **5**
rer Krankheit oder Ortsabwesenheit des Betreuers seine Eignung entfallen. Dies gilt namentlich, wenn der Betreuer wegen mehrmonatiger Abwesenheit zu persönlichen Kontakten nicht mehr in der Lage ist (BayObLG FamRZ 2005, 931) und kein Verhinderungsbetreuer bestellt ist. Wenn dies zugleich einen wichtigen Grund für die Entlassung nach S. 2 darstellt, sollte sie damit begründet werden. Eine konkrete **Schädigung** des Betreuten oder seiner finanziellen Interessen muss noch nicht eingetreten sein.

Erkenntnisse, die den Schluss rechtfertigen, dass die Eignung des Betreuers nicht mehr gewährleistet ist, können sich nicht nur aus dem konkreten Betreuungsverfahren, sondern auch aus Vorgängen **im Zusammenhang** mit der Führung **anderer Betreuungen** ergeben (BGH BtPrax 2022, 36 (Ls.) = FamRZ 2022, 53). So kann das Gericht einen beruflichen Betreuer auch dann schon aus seinen sämtlichen Verfahren entlassen, ohne dass die Betreuungsbehörde seine Registrierung bereits widerrufen hat (s. Abs. 2), insbesondere weil ein Widerrufsverfahren längere Zeit in Anspruch nehmen kann. Betreuungsbehörde und Gericht sollten daher ihre Erkenntnisse austauschen.

Da das Gericht sicherstellen muss, dass für den Betreuten durchgehend ein geeigneter Betreuer bestellt ist, reichen **erhebliche Zweifel** an der Eignung aus (BVerfG 2021, 146 (148)). Die fehlende Eignung muss nicht erwiesen sein, es genügen berechtigte Zweifel auf Grund konkreter Tatsachen, die in dem Beschluss über die Entlassung des Betreuers vom Gericht festgehalten werden müssen. Diese liegen etwa dann vor, wenn gegen den Betreuer ein einschlägiges Strafverfahren anhängig ist. Trotz der Unschuldsvermutung im Strafverfahren besteht kein Anlass, den Betreuten das Risiko eines ungesetzlichen Verhaltens eines ihm durch den Staat zugeordneten Betreuers tragen zu lassen (BayObLG FamRZ 2005, 931). Nur die Tatsachen, die die Zweifel begründen, sind festzustellen.

Ein Betreuer, der die Wünsche und Vorstellungen des Betreuten aus **sachfrem- 6**
den Erwägungen negiert, ist ungeeignet (auch schon nach altem Recht, s. BayObLG BtPrax 2013, 269). Unzulängliche oder sogar interessenwidrige Bewältigung der zugewiesenen Aufgabenbereiche, Überforderung etwa im Zusammenhang mit einer Vermögensverwaltung (KG BtPrax 2008, 265) oder wichtiger Fragen der Personensorge, etwa wenn ein Betreuer entgegen fachärztlicher Stellungnahme und ohne Genehmigung des Gerichts eine Unterbringung des Betreuten „verfügt" (BayObLG BtPrax 2005, 71), können Eignungsmängel darstellen. Ein Betreuer ist jedoch nicht deshalb als ungeeignet anzusehen, weil

er seine Einwilligung in lebenserhaltende Maßnahmen unter Berufung auf den mutmaßlichen Willen des Betreuten ablehnt (OLG München BtPrax 2007, 79). Im Gegenteil zeichnet dies gerade seine Eignung aus. Zu den Pflichten des Betreuers bei einer Patientenverfügung oder Behandlungswünschen des Betreuten vgl. §§ 1827 f.

Eignungsmängel können bestehen, wenn zu hohe Barentnahmen ohne konkreten Nachweis vorgenommen werden, Vermögen vermischt wird, ohne in einem Haushalt zu leben, Rechnungen des Betreuten nicht rechtzeitig beglichen werden und damit das **Vermögen oder die sonstige Lebensgrundlage** des Betreuten **gefährdet** wird (OLG Hamm BtPrax 2008, 273; LG Darmstadt BtPrax 2014, 50 Ls.). Wenn jedoch eine Mutter als Betreuerin die geringen Einkünfte ihres Sohnes zusammen mit ihrem eigenen Renteneinkommen auf einem Girokonto verwaltet, begründet dies nicht ihre mangelnde Eignung (OLG Rostock FamRZ 2005, 1588), solange es nicht den Wünschen des Betreuten widerspricht. Manche Verpflichtungen der Betreuer im Rahmen der **Vermögenssorge** sind mit der Reform entschärft worden, so dass ältere Rechtsprechung nur noch bedingt herangezogen werden kann.

7 Fehlt die Eignung des Betreuers oder fällt sie später weg, hat die Entlassung auch gegen den Willen des Betreuten zu erfolgen (so schon BayObLG BtPrax 1997, 200). Insoweit ist der Wunsch des Betreuten nachrangig *(„Eignung sticht Wunsch“)*. Der **Wunsch,** an einem ungeeigneten Betreuer festzuhalten, ist unbeachtlich. Zwar hat das Gericht das Selbstbestimmungsrecht des Betreuten zu achten, indem es einem Wunsch des Betroffenen, eine bestimmte Person als Betreuer zu bestellen, grundsätzlich (und ohne Ermessen) zu folgen hat. Hieraus folgt aber kein Anspruch auf fortwährende Betreuung durch die selbst gewählte Person, wenn sich diese später als ungeeignet erweist (Braun NZFam 2021, 581; Dodegge/Roth B Rn. 149).

8 Bei einem **sonstigen wichtigen Grund (S. 1 Alt. 2),** der nicht in einer mangelnden Eignung des Betreuers begründet ist, muss der Betreuer ebenfalls entlassen werden. Der Entlassungsgrund muss auf Tatsachen gestützt sein und das Gericht hat im Interesse der Rechte des Betreuten eine umfassende Prüfung der Verhältnismäßigkeit vorzunehmen. Die Anwendung des Begriffs „wichtiger Grund“ setzt jedenfalls eine **Abwägung** der beteiligten Interessen voraus. Da ein einfacher Grund nicht ausreicht, muss diese Interessenabwägung auch ein deutliches Ergebnis haben (BayObLG BtPrax 1995, 65; Dodegge/Roth B Rn. 150 ff.).

Gründe können sich zB aus den Umständen der persönlichen Beziehung ergeben. So kann das Vertrauensverhältnis zwischen dem Betreuer und dem Betreuten auf Grund einseitiger oder gegenseitiger Abneigung erheblich gestört sein, sodass eine persönliche Betreuung unmöglich ist. Eine **Unzufriedenheit** des Betreuten mit seinem Betreuer reicht allein nicht aus. Meinungsverschiedenheiten in der Erledigung alltäglicher Abwicklung der Betreuung mögen zu Spannungen führen. Solange der Betreuer den grundlegenden Wünschen des Betreuten folgt und in diesem Sinne dessen Selbstbestimmung gewährleistet und die erforderlichen Tätigkeiten dazu ausübt, dürfte noch keine für eine Entlassung vorauszusetzende Zerstörung des Vertrauensverhältnisses oder ein begründeter hinreichenden Vertrauensverlust vorliegen (Jurgeleit/Kieß Rn. 35). Nicht selten ist Hintergrund der Unzufriedenheit entweder eine falsche Erwartungshaltung gegenüber der Betreuung oder unbefriedigende Lebensumstände, die nicht dem Betreuer anzulasten sind und sich auch mit einem neuen Betreuer voraussichtlich nicht ändern werden. Dennoch sollte der **Wunsch des Betreuten** nach einem Betreuerwechsel nicht allzu lapidar abgelehnt werden, jedenfalls nicht beim ersten Mal, wenn der Betreute ihn nicht nur aus einer kurzen Laune heraus äußert. Bei der Auswahl des Betreuers mitwirken zu können ist eine wichtige Grundlage für eine Betreuung, die vorrangig an den Wünschen des Betreuten orientiert ist. In der Regel sollte das Gericht eine Anhörung durchführen, um sich die Hintergründe selbst anzuhören. Wenn der Betreute eigenständig und ernsthaft einen anderen Betreuer wünscht, ist dies in der Regel ein wichtiger Grund für einen Betreuerwechsel (BayObLG BtPrax 2005, 31). Eine **Pflichtverletzung** muss jedenfalls **nicht festgestellt** werden. In diesem Falle darf vom Betreuten kein konkreter Vorschlag verlangt werden (s. Abs. 5). Es genügt, wenn ein konkreter Vorschlag zB nach Vermittlung durch die Betreuungsbehörde erfolgen soll (OLG München BtPrax 2007, 221). Auf der anderen Seite kommt nach der ausdrücklichen Wertung des Abs. 4 eine Entlassung nur bei Unzumutbarkeit für den Betreuer (→ Rn. 15 f.) in Betracht.

Es können als wichtiger Grund auch neue **Interessenkonflikte** beim Betreuer eintreten, die zu einer gewissen Befangenheit führen, wenn zB Ansprüche des Betreuten gegen andere Angehörige des Betreuers geltend gemacht werden müssen. Soweit sich der Interessenkonflikt zwischen dem Betreuten und dem Betreuer aber nur auf einzelne Aufgaben begrenzt, kann dessen Aufgabenkreis gem. § 1871 Abs. 1 S. 2 entsprechend eingeschränkt und ein weiterer Betreuer gem. § 1817 Abs. 1 S. 2 in geteilter Mitbetreuung bestellt werden (BGH BtPrax 2026, 20 spricht (versehentlich?) von Entlassung).

Im Übrigen kommt in Betracht, dass ein (zB wegen eines engeren persönlichen Verhältnisses zum Betreuten) besser geeigneter Betreuer, der bisher die Übernahme der Betreuung verweigert hatte oder hierzu nicht in der Lage war, nunmehr zur Verfügung steht, oder dass der bisherige Betreuer seine Bereitschaft (§ 1819 Abs. 2) widerruft.

Bei einzelnen Pflichtverletzungen des Betreuers kann ein wichtiger Grund für 9
die Entlassung gegeben sein, wenn nicht schon seine Eignung nach S. 1 Alt. 1 in Frage steht, so im Einzelfall, wenn der Betreuer seiner Berichts- und Rechnungslegungspflicht nicht nachkommt und über einen langen Zeitraum die Zusammenarbeit mit dem Gericht verweigert, wobei einmalige Verstöße nicht ausreichen, da zunächst Aufsichtsmittel zu nutzen sind (LG Dresden FamRZ 2016, 2035; BayObLG BtPrax 2005, 148; BayObLG BtPrax 2002, 218). Ein wichtiger Grund liegt auch vor bei umfangreichen Zuwendungen an sich selbst und andere Verwandte des Betreuten, wenn dies nicht dem Wunsch des Betreuten entspricht (BayObLG FamRZ 2004, 734), oder wenn der Betreuer nicht sicherstellen kann, dass der Betroffene vor Übergriffen des Ehegatten des Betreuers geschützt ist (BayObLG BtPrax 2000, 123). Die Veranlassung, ein **Testament** zu eigenen Gunsten zu erstellen, gibt einen Hinweis auf eine erhebliche Pflichtverletzung. Nach der Neuregelung des § 30 BtOG ist es beruflichen Betreuern allerdings schon von Rechts wegen untersagt, Zuwendungen im Rahmen eines Testamentes oder Vermächtnisses anzunehmen. Wer dagegen verstößt, muss mit einem Widerruf der Registrierung durch die Stammbehörde rechnen. Das Betreuungsgericht kann den Betreuer aber schon vor der rechtskräftigen Entscheidung nach Abs. 1 aus allen Verfahren entlassen. Bloße Spannungen zwischen Betreuer und Betreutem im Zusammenhang mit einzelnen Verrichtungen der Vermögenssorge begründen dagegen eine Entlassung nicht ohne weiteres. Auch die Erwartungen Dritter rechtfertigen keine Entlassung, soweit der Betreuer gerade seiner Ver-

pflichtung nachkommt und sich an den Wünschen des Betreuten nach § 1821 Abs. 3 orientiert, zB bei einer drohenden Vermüllung der Wohnung.

10 Haben bei mehreren Betreuern die Voraussetzungen für eine Mitbetreuung nach § 1817 nicht vorgelegen (OLG München BtPrax 2006, 34), fallen diese nachträglich weg (OLG Schleswig BtPrax 2002, 271; OLG München BtPrax 2007, 77) oder wird vom Betreuten eine bisher als weiterer Betreuer bestellte Person zum alleinigen Betreuer vorgeschlagen, begründet dies einen wichtigen Grund für die Entlassung des anderen Mitbetreuers.

Zwingend entlassen werden muss aber ein Betreuer, der nach Entlassung eines Betreuers nach § 1869 an dessen Stelle bestellt wurde, wenn im Beschwerdeverfahren die Entlassung des Erstbetreuers aufgehoben wird (BayObLG BtPrax 1995, 219). Hier liegt der wichtige Grund in der Regel bereits in der Aufrechterhaltung der Bestellung des Erstbetreuers.

11 Ausdrücklich gilt nach **S. 2 Alt. 1** als wichtiger Grund für eine Entlassung eine **vorsätzlich falsch erstellte Abrechnung** durch den Betreuer **zu Lasten der Staatskasse.** Dies kommt bei nachgewiesenem Vorsatz einem Betrug gleich und stellt in der Regel einen wichtigen Entlassungsgrund dar (BT-Drs. 15/2492, 30; s. auch OLG Köln FamRZ 2007, 765).

12 Als weiteren wichtigen Grund nennt das Gesetz seit 2011 in **S. 2 Alt. 2,** wenn der **erforderliche persönliche Kontakt** zum Betreuten nicht gehalten wird. Die Pflicht zum persönlichen Kontakt ist seit dem Reformgesetz in § 1821 Abs. 5 ausdrücklich normiert ist (→ BGB § 1821 Rn. 24). Er gehört zum Kernbereich der Betreuerpflichten. Im Gesetz ist allerdings nicht festgelegt, wie häufig persönliche Kontakte stattzufinden haben. Dies richtet sich im Einzelfall nach der jeweiligen Erforderlichkeit. Persönliche (also nicht bloß telefonische) Kontakte sind immer vor wichtigen Entscheidungen notwendig, der Besprechungspflicht zwischendurch kann unter Umständen auch durch andere Medien genüge getan werden. Aber auch wenn ein Gespräch mit dem Betreuten gar nicht möglich ist, ist dennoch ein persönliches Aufsuchen erforderlich, um sich regelmäßig einen eigenen Eindruck von der Lebenssituation oder bei Heimbewohnern von ihrer Versorgung und ihrem Pflegezustand zu machen. Die Kontakte sind erforderlich, damit der Betreuer entsprechend den Wünschen des Betreuten handeln kann. Der Betreuer ist gem. § 1863 Abs. 3 S. 3 Nr. 1 verpflichtet, in seinem Jahresbericht an das Betreuungsgericht entsprechende Angaben zu machen (BT-Drs. 19/24449, 302). Das Gericht kann im Einzelfall Vorgaben machen, bei deren Missachtung eine Entlassung ansteht.

2. Widerruf oder Rücknahme der Registrierung (Abs. 2)

13 Bei Widerruf oder Rücknahme der Registrierung als beruflicher Betreuer durch die Stammbehörde nach § 27 Abs. 1 und 2 BtOG ist dieser aus **allen seinen Verfahren** zu entlassen. Diese Entlassung ist zwingend, denn durch das Verwaltungsverfahren der Stammbehörde ist festgestellt, dass der Betreuer aufgrund fehlender Mindestvoraussetzungen nicht mehr geeignet ist, berufliche Betreuungen zu führen, unabhängig von der Eignung in dem einzelnen Verfahren. Vorauszusetzen ist ein bestandskräftiger Verwaltungsakt, es sei denn, dass die sofortige Vollziehung angeordnet wurde (§ 80 II Nr. 4 VwGO) und der Vollzug nicht ausgesetzt bzw. die aufschiebende Wirkung des Widerspruches oder der Anfechtungsklage auch nicht wieder hergestellt worden ist (§ 80 IV und V VwGO) (so auch HK-BUR/Bauer Rn. 49). Die Stammbehörde sollte daher gem. § 26 Abs. 2

BtOG den Betreuungsgerichten, bei denen der Betreuer Betreuungen führt, den Verwaltungsakt übermitteln. Da begründete Zweifel an der Eignung ausreichen, sollte bei einem noch nicht bestandskräftigen Widerruf die Entlassung bereits nach Abs. 1 in Betracht gezogen werden, wenn die Tatsachen unstreitig sind.

Sollte jedoch im Einzelfall die Eignung für ein konkretes Betreuungsverfahren nicht entfallen sein oder wurde die Registrierung auf Antrag des Betreuers gelöscht, kann das Gericht durch richterliche Entscheidung im Einverständnis aller Beteiligten den Betreuer in diesem Verfahren als **ehrenamtlichen** Betreuer belassen (BT-Drs. 19/24445, 306; Brosey/Lesting/Loer/Marschner BetreuungsR-HdB/Loer Rn. 159). Mit dem rechtskräftigen Widerruf oder Rücknahme der Registrierung entfällt jedenfalls der Vergütungsanspruch als beruflicher Betreuer. Danach ist Aufwendungsersatz als ehrenamtlicher Betreuer zu gewähren.

3. Vorrang des Ehrenamts (Abs. 3)

Einen beruflichen Betreuer oder eine Institution **soll** das Gericht gem. Abs. 3 **14** entlassen, wenn der Betreute zukünftig ehrenamtlich betreut werden kann. Diese Regelung knüpft an § 1816 Abs. 5 (→ § 1816 Rn. 4, 19) an und dokumentiert weiterhin das **Leitbild der ehrenamtlichen Betreuung.** Die Entlassung ist aber nicht zwingend, sondern erfordert eine Ermessensentscheidung des Gerichts, die allerdings bei Vorliegen der Voraussetzungen die Entlassung als Regel vorgibt, von der nur bei besonderen Umständen abgewichen werden kann – „Soll-Regel" (BayObLG BtPrax 2005, 148; MüKoBGB/Schneider Rn. 18). Ein Wechsel von einer beruflich auf eine ehrenamtlich geführte Betreuung bietet sich an, wenn der Regelungsbedarf zB nach einem Umzug in ein Heim deutlich geringer geworden ist und daher nicht mehr die fachlichen Qualifikationen, sondern menschliche Belange im Vordergrund stehen.

Sobald möglich soll die grundsätzliche Rangfolge mit dem Vorrang der Ehrenamtlichkeit hergestellt werden. Die Entscheidung muss sich allerdings im Interesse der Betreuten an den Umständen des Einzelfalls orientieren. Da die ehrenamtliche Betreuung der Regelfall sein soll, unterliegt sie ausnahmsweise nicht grundsätzlich dem **Wunsch** des Betreuten. Dies ist trotz Stärkung der Selbstbestimmung im Reformgesetz – nach umfangreicher Debatte – nicht geändert worden. Allein der Wunsch des Betreuten nach Kontinuität ist daher nicht ausreichend, wenn ansonsten der Regelungsbedarf deutlich geringer geworden ist und ein ehrenamtlicher Betreuer zur Verfügung steht. Dieser Grundsatz gilt auch bei vermögenden Betreuten, die die Vergütung selbst aufzubringen haben. Die Wünsche eines Vermögenden dürfen nicht anders bewertet werden als die Wünsche vermögensloser Betreuter (strittig, anders zB HK-BUR/Bauer Rn. 78). Ein Wechsel hat dann zu unterbleiben, wenn es dem Betreuten **krankheitsbedingt nicht zumutbar** ist, sich auf eine neue Betreuungsperson einzulassen und der **Kontinuität** besonderes Gewicht bei der Abwägung zukommt. Ein Wechsel hat auch dann zu unterbleiben, wenn bei Streitigkeiten unter den Kindern der Betreuten, an deren Stelle deshalb ein beruflicher Betreuer bestellt wurde, die ehrenamtlich tätige Person zu einem der zerstrittenen „Lager" gehört (BayObLG BtPrax 2005, 148). Ein lediglich kurzfristiger Betreuerwechsel mit Umstellung auf eine ehrenamtliche Betreuung und alsbaldige Rückkehr zu einer berufsmäßigen Betreuung mit einem anderen beruflichen Betreuer kommt allerdings nicht in Betracht (OLG Hamm BtPrax 2008, 273). Der berufliche Betreuer hat nach § 1864 Abs. 2 S. 2 Nr. 6 von sich aus darauf hinzuweisen, dass eine ehrenamtliche Betreuung möglich ist. Er muss dazu keine bestimmte ehrenamtliche Person vorschlagen. Die Fortführung einer beruflichen Betreuung mit dem Hinweis auf die Mischkalkulation sieht das Gesetz nicht vor. Dem beruflichen Betreuer stand bei Abgabe eine „Wechselpauschale" nach § 10 Abs. 3 VBVG aF zu, die aber mit allen anderen Sonderpauschalen zum 1.1.2026 weggefallen ist. Wird die Entlassung eines beruflichen Betreuers abgelehnt, kann der Vertreter der Staatskasse unter den Voraussetzungen des § 304 Abs. 1 S. 2 FamFG hiergegen Beschwerde einlegen.

4. Unzumutbarkeit (Abs. 4)

15 Der Betreuer selbst kann nach Abs. 4 seine Entlassung verlangen, wenn ihm durch nachträglich eingetretene Umstände die Führung der Betreuung nicht mehr zugemutet werden kann. Dies gilt nicht für die Betreuungsbehörde. War die Übernahme der Betreuung von Anfang an unzumutbar, durfte der Betreuer gar nicht bestellt werden, § 1819 Abs. 1. Die Einschränkung auf Umstände **nach** seiner Bestellung soll verhindern, dass die Kontinuität einer Betreuung gestört wird. Was dem Betreuer zum Zeitpunkt seiner Bestellung bekannt ist, muss er zu diesem Zeitpunkt vortragen. Ist er aber einmal bestellt, soll zur Aufrechterhaltung der persönlichen Betreuung auch möglichst dieselbe Person Betreuer bleiben. Eine Veränderung der familiären, beruflichen oder sonstigen Verhältnisse des Betreuers, wie aber auch eine vom Betreuten ausgehende, tiefgreifende Entfremdung oder gar Bedrohung etc kann eine Unzumutbarkeit herbeiführen. Der Betreuer ist nicht von Amts wegen zu entlassen, er kann dies aber verlangen und das Gericht hat nach pflichtgemäßem Ermessen zu entscheiden. Zu berücksichtigen ist, dass einem Betreuer, der eine Betreuung nicht mehr führen will, das nötige Engagement für diesen Betreuten fehlen dürfte. In der Regel kann der Betreuer seine Entlassung jedoch nicht mit dem Argument verlangen, ihm werde nur eine unzureichende Vergütung bewilligt. Die Höhe der Vergütung ist in der Regel bereits bei Übernahme der Betreuung vorhersehbar und kann daher keine nachträgliche Unzumutbarkeit begründen. Die Einstufung in die Vergütungstabelle kann der Betreuer auf Antrag gem. § 8 Abs. 3 VBVG mit bundesweiter Geltung feststellen lassen. Sowohl subjektive – in der Person des Betreuers oder in der des Betreuten liegende – als auch objektive Umstände können zu einer Unzumutbarkeit der Betreuung führen. Die Kriterien bei einem beruflichen Betreuer sind strenger als bei ehrenamtlicher Führung, zB wenn der Betreute den Betreuer regelmäßig beschimpft. Abzuwägen ist letztlich das Interesse des Betreuers an seiner Entlassung gegen das Interesse des Betreuten, diesen Betreuer zu behalten (BayObLG BtPrax 2001, 206).

5. Neuer Vorschlag (Abs. 5)

16 Nach Abs. 5 kann das Gericht den Betreuer entlassen, wenn der Betreute eine mindestens gleich geeignete und zur Übernahme bereite Person als neuen Betreuer vorschlägt („konstruktives Misstrauensvotum", so BeckOGK/Schmidt-Recla Rn. 45). Diese Regelung schließt an **§ 1816 Abs. 2** an, wonach der Wunsch des Betroffenen bei der Erstbestellung eines Betreuers maßgeblich ist (→ § 1816 Rn. 14 ff.). Konnte er zu jener Zeit niemanden vorschlagen, findet er aber im Verlaufe einer Betreuung eine geeignete und bereite Person, die ihm lieber ist, als der vom Gericht bestellte Betreuer, so sollte er seinen Wunsch vortragen. Das Gericht hat bei der Entlassungsentscheidung allerdings ein Ermessen. Im Gegensatz zu § 1816 Abs. 2 hat der Betreute bei einer fortlaufenden Betreuung zwar ein Mitspracherecht, aber – anders als bei der Bestellung – keinen Anspruch auf konsequente Befolgung seines Willens hinsichtlich des Betreuers (Braun NZFam 2021, 581 (586)). Dennoch ist nach einer verfassungsmäßigen Auslegung dem **Selbstbestimmungsrecht** große Bedeutung beizumessen. Das Gericht hat zu begründen, wenn es dem Wunsch des Betreuten nach einem Betreuerwechsel nicht folgen sollte. So kann es in seinen Erwägungen im Rahmen eines pflichtgemäßen Ermessens zB die **Kontinuität** einer Betreuung in die Abwägung einbeziehen. Zudem muss es fragen, ob der Wunsch nach einem Betreuerwechsel dem eigenen Willen des Betreuten entspricht oder in Wirklichkeit von dritten Personen dem Betreuten eingegeben ist, insbesondere von der Person, die bestellt werden möchte (BayObLG BtPrax 2005, 35). Der Vorschlag muss auf einem ernsthaften und auf Dauer angelegten eigenständigen Wunsch beruhen (strenger BeckOK/Kadelbach Rn. 15), nicht notwendigerweise auf einem freien Willen. Auch ist zu fragen, ob die Unzufriedenheit mit dem bisherigen Betreuer eher auf einer **Unzufriedenheit** der Lebenssituation beruht und der Betreute sich von der Bestellung des neu vorgeschlagenen Betreuers unrealistische Veränderungen erhofft. Es soll mit der Ermessensregelung verhindert werden, dass der Betreute durch häufige oder gar ständige Wünsche nach neuen Betreuern unnötige Aktivitäten aller Beteiligten herbeiführen kann, ohne dass sich dadurch seine Situation verbessert. Das Gericht hat einen ausdrücklichen Wunsch des Betroffenen, eine andere geeignete Person anstelle des bisherigen Betreuers zu bestellen, aber zu beachten, wenn dadurch die Selbstbestimmung des Betreuten gewahrt wird. Ist der Betreute zu einer freien Willensbildung in der Lage und wird seinem Wunsch nicht entsprochen, so ist die Betreuung aufzuheben, wenn er die Fortsetzung mit dem bisherigen Betreuer ablehnt (BGH FamRZ 2017, 1157; BGH BtPrax 2017, 72). Der Wunsch nach einem Betreuerwechsel kann allerdings auch einen wichtigen Grund und damit eine Entlassung ohne Ermessen begründen (→ Rn. 8).

Soweit sich der Wunsch des Betreuten auf eine für die Übernahme ungeeignete **17** Person bezieht, ist der Wunsch allerdings unbeachtlich (BGH NJW 2017, 3302). Die **Eignung** ist dem Wunsch vorrangig (*„Eignung sticht Wunsch“*, s. oben Rn. 7). Einen ungeeigneten Betreuer darf das Gericht nicht bestellen. Dies gilt hier genauso wie bei der Betreuerbestellung nach § 1816 (→ BGB § 1816 Rn. 16 ff.). Ob der vorgeschlagene Betreuer mindestens so geeignet ist wie der bisherige, richtet sich nicht nach der formalen Qualifikation, sondern nach der Eignung im Einzelfall. Dass ein bestimmter Betreuer ausdrücklich vom Betreuten gewünscht wird, kann in diesem Vergleich zugunsten des Vorgeschlagenen eine ausschlaggebende Rolle spielen.

Wenn nicht überwiegende Gründe für eine Kontinuität in der Betreuung sprechen – etwa wenn in kurzem Abstand häufig wechselnde Vorschläge ohne sachlichen Grund vorgebracht werden – so hat das Gericht in der Regel keinen Ermessensspielraum und muss dem Vorschlag folgen. Ein wichtiger Grund nach Abs. 1 ist gerade nicht zu verlangen.

6. Vereins- und Behördenbetreuer (Abs. 6)

Der Verein und die Behörde können nach Abs. 6 die Entlassung ihres Mitarbei- **18** ters als Vereins- oder Behördenbetreuer beantragen. Das Gericht hat diesem **Antrag** zu entsprechen, denn die Personalhoheit über die Mitarbeiter liegt beim Verein bzw. der Behörde. Ein Vereinsbetreuer darf nur mit Zustimmung des Vereins und ein Behördenbetreuer nur mit Zustimmung der Behörde bestellt werden

(§ 1819 Abs. 3). Da dies der Dispositionsfreiheit des Vereins/der Behörde unterliegt, muss der Betreuer auf Antrag auch folgerichtig entlassen werden, wenn sich die Dispositionen ändern. Das Gericht ist an die Entscheidung gebunden und darf sie nicht auf ihre Berechtigung überprüfen. Das Gesetz sieht aber die Möglichkeit vor, den Vereins- oder Behördenbetreuer mit seinem Einverständnis **als Privatperson** die Betreuung weiterführen zu lassen, wenn der Betreute dies ausdrücklich wünscht. Schließlich wird der Betreuer nicht dadurch ungeeignet, dass er den Verein oder die Behörde verlässt. Um die persönliche Kontinuität der Betreuung zu wahren, sollte das Gericht dem Wunsch des Betreuten dann folgen, wenn ein Vertrauensverhältnis entstanden ist. Will der Betreuer die Betreuung beruflich weiterführen, muss er unabhängig vom Verein als beruflicher Betreuer nach § 19 Abs. 2 BtOG **registriert** sein. Der Verein hat keinen Anspruch darauf, die Betreuung im Verein zu behalten und auf einen anderen Vereinsbetreuer übertragen zu lassen. Komplikationen im internen Beschäftigungsverhältnis bei Entlassung des Vereinsbetreuers aus dem Verein haben keine unmittelbaren Auswirkungen auf das Rechtsverhältnis des Betreuers zum Betreuten, wie es allein durch das Gericht festgelegt wird (s. zu dieser Problematik Deinert BtPrax 2015, 138 ff.). Im Konfliktfall hat das Gericht festzustellen, ob die **persönliche Kontinuität** für den Betreuten wichtiger ist als der Kontakt zum Verein oder zur Behörde. Im ersten Fall hat das Gericht den Statuswechsel im Beschlusswege festzustellen. Allein der Wunsch des Betreuers, die Betreuung weiterzuführen ist nicht ausreichend. Vom Betreuten unterschriebene Einverständniserklärungen sollten überprüft werden. Im Rahmen dieser Prüfung ist allerdings auch der Vorrang der Ehrenamtlichkeit zu beachten. Wenn der Verein seinem Mitarbeiter die Lehrgänge für die Registrierung finanziert hat, kann im Arbeitsvertrag entsprechende Rückzahlungsklauseln für den Fall vereinbart werden, dass der Vereinsbetreuer den Verein vor einer bestimmten Frist verlässt und „seine" Betreuungen als freiberuflicher Betreuer weiterführt.

7. Natürliche Person statt Verein oder Behörde (Abs. 7)

19 Die Institution Verein oder Behörde ist als Betreuer zu entlassen, sobald der Betreute durch eine oder mehrere natürliche Personen hinreichend betreut werden kann. Die Betreuung durch einen Verein oder eine Behörde ist von Anfang an nur subsidiär zulässig, wenn der Betreute dies ausdrücklich wünscht oder durch eine oder mehrere Personen nicht hinreichend betreut werden kann (§ 1818 Abs. 1 und 4). Seit der Reform hat ein anerkannter Betreuungsverein (anders als zuvor) einen Vergütungsanspruch nach § 13 VBVG, so dass seine Bestellung für den Verein attraktiver geworden ist. Zu jedem Zeitpunkt, zu dem eine Umstellung von einer Institution auf eine Einzelperson möglich ist, hat der Verein oder die Behörde dem Gericht Mitteilung zu machen und die Entlassung der Institution anzuregen, § 1818 Abs. 3. Hierbei hat das Gericht **kein Ermessen,** sondern nur die Eignung der vorgeschlagenen Person zu prüfen. S. 1 macht weiterhin den **Vorrang der Einzelbetreuung** auch für die Zeit nach der Betreuerbestellung deutlich. In S. 2 ist allerdings eine Ausnahme neu normiert, wenn der Betreute die Beibehaltung des Vereins ausdrücklich wünscht. Dies entspricht den Grundsätzen des **§ 1816 Abs. 2** und des **§ 1818 Abs. 1,** die die Relevanz der Wünsche des Betroffenen bei der Auswahl des Betreuers als Ausdruck der Selbstbestimmung betont (BT-Drs. 19/24445, 307). Als Hintergrund des Wunsches wäre denkbar, dass der Betreute einen Betreuerwechsel zu einer natürlichen Person ablehnt, weil nicht nur der mit der Wahrnehmung der Betreuung beauftragte Mitarbeiter des Vereins, sondern gerade der Verein an sich vertrauensbildend wirkt oder der Betreute Wert darauf legt, zu den üblichen Bürozeiten des Vereins immer einen Ansprechpartner anzutreffen.

III. Folgen der Entlassung

Nach Entlassung bzw. Betreuerwechsel hat der Betreuer nach § 1863 Abs. 4 einen Schlussbericht und nach § 1872 Abs. 4 S. 2 eine Schlussrechnung für das Gericht zu erstellen (→ BGB § 1863 Rn. 20) und nach § 1872 Abs. 3 das verwaltete Vermögen sowie die erlangten Unterlagen an den neuen Betreuer herauszugeben. Soweit erforderlich kann er die Unterlagen für kurze Zeit so lange behalten, bis er seine Aufgaben erledigt hat, muss aber auch gleichzeitig darauf achten, dass der neue Betreuer für den Betreuten tätig werden kann. Die Geschäfte hat er fortzuführen, bis ihm der Betreuerwechsel wirksam bekannt gegeben ist. Die Urkunde über die Betreuerbestellung (§ 290 FamFG) ist dem Betreuungsgericht zurückzugeben. 20

IV. Verfahren

Funktionell zuständig ist in den Fällen der Abs. 1 bis 4 und 7 der Richter (§ 15 Abs. 1 S. 1 Nr. 1 RPflG), für Abs. 5 und 6 der Rechtspfleger, also bei neuem Vorschlag des Betreuten und bei einem Wechsel eines Vereins- oder Behördenbetreuers auf einen anderen oder der Feststellung, dass der bisherige Vereinsbetreuer die Betreuung als Privatperson weiterführt. Diese Zuständigkeitsverteilung, die sich an der Eingriffstiefe der jeweiligen Entscheidungen ausrichtet, gilt auch für die unmittelbar anschließende Bestellung eines neuen Betreuers. Dem Betreuten ist vorab rechtliches Gehör zu gewähren. Widerspricht er der Entlassung, so hat das Gericht den Betroffenen und den Betreuer **persönlich anzuhören** (§ 296 Abs. 1 FamFG). Der Betreute ist vor der Bestellung des neuen Betreuers persönlich anzuhören, es sei denn, dass er sein Einverständnis zum Betreuerwechsel erklärt hat (§ 296 Abs. 2 S. 2 FamFG). Der Betreuer kann durch einstweilige Anordnung entlassen werden, wenn dringende Gründe für die Annahme bestehen, dass die Voraussetzungen für die Entlassung vorliegen und ein dringendes Bedürfnis für ein sofortiges Tätigwerden besteht (§ 300 Abs. 2 FamFG). Da die Betreuung als solche fortgesetzt wird und nicht unterbrochen werden soll, erfolgt in der Regel die Entlassung des bisherigen und die Bestellung des neuen Betreuers in einem Beschluss (ausführlich zum Verfahren einschließlich Rechtsbehelfe HK-BUR/Bauer Rn. 6 ff.). Geht es nur um einzelne Tätigkeiten und muss der Betreuer nicht insgesamt entlassen werden, kann das Gericht den Aufgabenkreis einschränken. 21

§ 1869 Bestellung eines neuen Betreuers

Mit der Entlassung des Betreuers oder nach dessen Tod ist ein neuer Betreuer zu bestellen.

Die Regelung entspricht § 1908c aF mit sprachlichen Änderungen.

1 Fällt bei fortbestehendem Betreuungsbedarf und -bedürfnis der Betreuer durch Tod oder Entlassung weg, so ist notwendig ein neuer Betreuer zu bestellen. Bei der Auswahl des neuen Betreuers sind die gleichen Voraussetzungen zu beachten wie bei der Bestellung des ursprünglichen Betreuers (BayObLG BtPrax 2001, 252); iE hierzu §§ 1816, 1818, ggf. 1868 Abs. 5 und 6. Die **Voraussetzungen des § 1814** müssen weiterhin vorliegen, sind allerdings ohne die verfahrensrechtlichen Ermittlungen zu überprüfen. Da das Gericht ständig von Amts wegen Anhaltspunkten für eine Aufhebung oder eine Änderung des Aufgabenkreises nachzugehen hat, sollte es die Neubestellung nutzen, um entsprechende Fragen zu stellen. Soll zB ein Angehöriger oder eine andere nahestehende Person anstelle eines beruflichen Betreuers bestellt werden, so ist zu prüfen, ob der Betreute willens und in der Lage ist, im Zustand der Geschäftsfähigkeit eine **Vollmacht** zu erteilen, sodass die Betreuung aufgehoben werden kann. Die Betreuungsbehörde hat auf Anforderung des Gerichts einen neuen Betreuer vorzuschlagen, § 12 BtOG, wobei nach Abs. 2 auf Wunsch des Betreuten auch ein Kennenlerngespräch zu vermitteln ist.

Nach **§ 296 Abs. 2 FamFG** ist der Betreute anzuhören (genauer MükoBGB/Schneider Rn. 7 f.), wenn er nicht vorher sein Einverständnis erklärt hat. Dieses muss sich auf eine konkrete Person beziehen (OLG Schleswig BtPrax 2007, 268 (Ls.)). Da die Auswahl des Betreuers von großer Bedeutung für den Betreuten ist, sollte in der Regel nicht auf die persönliche Anhörung verzichtet werden. Ansonsten sind die Beteiligten und auf Wunsch eine Vertrauensperson anzuhören, bei Bedarf auch die Betreuungsbehörde, die zur Frage der Eignung in jedem Fall hinzugezogen werden sollte.

Der Überprüfungszeitpunkt bleibt bestehen und muss nicht neu festgesetzt werden, kann aber verkürzt werden. Das Wirksamwerden des Beschlusses richtet sich nach § 287 FamFG.

Wird der Betreuerwechsel mit einer Erweiterung des Aufgabenkreises oder einer Verlängerung verbunden, was in einer Beschlussfassung möglich ist, so erfolgt die Entlassung nicht nach § 1868 und es sind die entsprechenden Verfahrensvorschriften zu beachten (Schnellenbach/Normann-Scheerer/Giers/Thielke BetreuungsR-HdB Rn. 751).

2 Beim Tod des Betreuers oder wenn der frühere Betreuer wegen Gefahr im Verzug bereits entlassen wurde, ohne dass sofort ein neuer bestellt werden konnte, bleibt „die Betreuung" einschließlich Einwilligungsvorbehalt bis zur Neubestellung bestehen, auch wenn vorübergehend kein Betreuer bestellt ist (MükoBGB/Schneider Rn. 16). Bei Dringlichkeit ist die vorläufige Bestellung im Wege einer einstweiligen Anordnung möglich. Die funktionelle Zuständigkeit entspricht der für die Entlassung, § 15 Abs. 1 S. 1 Nr. 1 RPflG (→ § 1868 Rn. 21), bei Tod des Betreuers ist der Richter für die Neubestellung zuständig.

Der Erbe des verstorbenen Betreuers erbt zwar noch offene Vergütungs- oder Aufwendungsersatzansprüche, tritt aber ansonsten nicht in die Stellung als Betreuer ein. Er ist jedoch wie der entlassene Betreuer verpflichtet, das verwaltete Vermögen sowie weitere Unterlagen des Betreuten herauszugeben (HK-BUR/Bauer Rn. 18 ff).

§ 1870 Ende der Betreuung

Die Betreuung endet mit der Aufhebung der Betreuung durch das Betreuungsgericht oder mit dem Tod des Betreuten.

Mit der Reform wurde eine Definition des Endes der Betreuung neu eingeführt, zur Klarstellung und Vereinfachung (BT-Drs. 19/24445, 307). Sie ist die Grundlage für die folgenden Vorschriften. Es gibt bei laufenden Betreuungen nur die genannten beiden Möglichkeiten. Eine Betreuung **endet nicht,** wenn die gesetzte **Überprüfungsfrist** überschritten ist. Es bedarf eines ausdrücklichen gerichtlichen Aufhebungsbeschlusses. Nur **vorläufige Betreuungen** enden dagegen **mit Ablauf der Frist,** maximal nach sechs Monaten. Mit dem Ende der Betreuung erlischt die Vertretungsbefugnis. Ein Betreuerwechsel oder der Tod des Betreuers bedeutet kein Ende der Betreuung, selbst wenn zwischen der Entlassung oder dem Tod des bisherigen und der Bestellung eines neuen ein kurzer „unbetreuter" Zeitraum liegt. 1

§ 1871 Aufhebung oder Änderung von Betreuung und Einwilligungsvorbehalt

(1) [1]**Die Betreuung ist aufzuheben, wenn ihre Voraussetzungen wegfallen.** [2]**Fallen die Voraussetzungen nur für einen Teil der Aufgabenbereiche des Betreuers weg, so ist dessen Aufgabenkreis einzuschränken.**

(2) [1]**Ist der Betreuer auf Antrag des Betreuten bestellt, so ist die Betreuung auf dessen Antrag wieder aufzuheben, es sei denn, die Aufrechterhaltung der Betreuung ist auch unter Berücksichtigung von § 1814 Absatz 2 erforderlich.** [2]**Dies gilt für die Einschränkung des Aufgabenkreises des Betreuers entsprechend.**

(3) [1]**Der Aufgabenkreis des Betreuers ist zu erweitern, wenn dies erforderlich wird.** [2]**Die Vorschriften über die Bestellung des Betreuers gelten hierfür entsprechend.**

(4) **Für den Einwilligungsvorbehalt gelten die Absätze 1 und 3 entsprechend.**

Die Regelung entspricht im Wesentlichen § 1908d aF.

I. Aufhebung der Betreuung (Abs. 1 S. 1)

Die Betreuung endet – außer bei Tod des Betreuten – nicht automatisch, sondern muss durch eine Entscheidung des Betreuungsgerichts ausdrücklich aufgehoben werden, s. § 1870 und auch § 294 Abs. 3, § 295 Abs. 2 FamFG. Dies gilt auch dann, wenn nur eine einzelne Angelegenheit dem Betreuer übertragen war – etwa die Einwilligung in eine bestimmte medizinische Maßnahme, die Veräußerung einer Eigentumswohnung, die Kündigung eines Kontos oder die einmalige Geltendmachung einer Rente – und diese erledigt ist. Das Gericht kann allerdings die Betreuung gleich mit der Bestellung zeitlich befristen. Die Überschreitung der **Überprüfungsfrist** hat keine Auswirkung auf die Wirksamkeit. Nur die **einstweilige Anordnung,** mit der ein vorläufiger Betreuer bestellt wurde, tritt nach der festgesetzten Dauer außer Kraft, spätestens nach sechs Monaten (§ 302 FamFG). 1

Die Betreuerbestellung darf nur solange und soweit aufrechterhalten werden, wie dies **erforderlich** ist. Die Betreuung ist **von Amts** wegen aufzuheben, wenn die Voraussetzungen nach **§ 1814** nicht mehr vorliegen. Der Erforderlichkeitsgrundsatz, der durch das Reformgesetz noch gestärkt worden ist, durchzieht das gesamte Betreuungsrecht. Der Betreuer hat nach **§ 1864 Abs. 2 S. 2 Nr. 1** dem 2

Gericht Mitteilung zu machen, wenn eine Aufhebung der Betreuung in Betracht kommt. Der **Betreute** selbst kann **jederzeit** die Aufhebung **beantragen,** Dritte können die Aufhebung **anregen.** Wenn Anhaltspunkte bestehen, hat das Gericht auch vor Ablauf der selbst gesetzten Überprüfungsfrist die Erforderlichkeit von Amts wegen zu prüfen, zB bei Antritt einer längeren Strafhaft. Anhaltspunkte können sich zB aus dem Jahresbericht ergeben.

Die Voraussetzungen liegen nicht mehr vor, wenn die **Betreuungsbedürftigkeit** aufgrund eines verbesserten **Gesundheitszustandes** nicht mehr vorliegt. Die Erkrankung muss dauerhaft die Ursache dafür sein, dass der Betroffene nicht in der Lage ist, seine Angelegenheiten rechtlich zu besorgen. Wenn der Betreute die Angelegenheiten wieder selbst wahrnehmen kann, weil es ihm gesundheitlich besser geht, ist die Betreuung aufzuheben, auch wenn der Betreute die Weiterführung wünscht *(„Erforderlichkeit sticht Wunsch")*. Ein ärztliches Attest, das die Fortsetzung einer Betreuung empfiehlt, weil der Betreute dies so wünscht, ohne eine Diagnose zu benennen, aus der sich die Beeinträchtigung ergibt, ist daher – auch im Verlängerungsverfahren – unzureichend. Spätestens in der Anhörung ist die Betreuungsbedürftigkeit zu prüfen und ggf. ein Gutachten einzuholen. Bei wechselnden Krankheitsverläufen mit Auf und Ab der Kompetenzen des Betreuten ist die Betreuung jedoch nicht gleich aufzuheben. Bei einer nur vorübergehenden Besserung des Gesundheitszustandes ist eine Aufhebung nicht zwingend, es sei denn, dass der Betreute in dieser Phase eine Vollmacht erteilen kann, durch die er bei Verschlechterung genauso unterstützt werden kann wie durch die Betreuung. Wenn allerdings der Betreute die Aufhebung wünscht und er aktuell die möglicherweise schon bald wieder eintretende Erforderlichkeit einer Neubestellung erkennen kann, ist seinem frei gebildeten Willen zu folgen. Die Fortsetzung einer Betreuung gegen den freien Willen des Betreuten ist unzulässig (BT-Drs. 19/24445, 307 f.; BGH BtPrax 2016, 39).

Die Voraussetzungen liegen des Weiteren nicht mehr vor, wenn der **Betreuungsbedarf** – dh der Regelungsbedarf – nicht mehr besteht oder die Angelegenheiten von einem Bevollmächtigten gleichermaßen wahrgenommen werden können oder sonstige Hilfen ohne gesetzlichen Vertreter ausreichen (im Einzelnen hierzu § 1814 Abs. 3 → § 1814 Rn. 9 ff., 36 ff.). Daher ist es in manchen laufenden Verfahren durchaus geboten, die Betreuungsbehörde auch nach Jahren des Bestehens um einen **aktuellen Sozialbericht** zu bitten mit der Frage, welche anderen Hilfen in Betracht kommen, um die Betreuung aufheben zu können, weil es der Sachaufklärung dient, s. §§ 294 Abs. 1 S. 2, 295 Abs. 3 S. 3, 279 Abs. 2 FamFG. Der Betreuer ist nach § 1821 Abs. 6 verpflichtet dazu beizutragen, Möglichkeiten zu vermitteln und zu nutzen, um die Fähigkeiten des Betreuten, seine eigenen Angelegenheiten zu besorgen, wiederherzustellen oder zu verbessern. Die Betreuung soll **kein Dauerzustand** sein. Der Wegfall nur einer dieser Voraussetzungen (Betreuungsbedürftigkeit, Betreuungsbedarf und Kausalität) reicht aus für die Aufhebung (BGH BtPrax 2016, 30; BGH BtPrax 2014, 78 mwN; Jurgeleit/Kieß Rn. 7 ff.; HK-BUR/Bauer Rn. 20). Es gilt stets der Grundsatz der **Erforderlichkeit** und der **Subsidiarität.** Die Betreuung ist uU auch aufzuheben, wenn zwar die Voraussetzungen weiterhin vorliegen, der Betreute aber jeglichen Kontakt mit dem Betreuer oder die Betreuung überhaupt ablehnt und der Betreuer **deshalb** keinerlei Tätigkeiten für diesen erledigen kann (zur **„Unbetreubarkeit"** BGH BtPrax 2018, 35; BtPrax 2015, 62; BeckOGK/Schmidt-Recla Rn. 8, 9; HK-BUR/Bauer Rn. 21 ff.; Sturmberg/Hövelmann BtPrax 2020, 47 ff.; Schnellenbach/Normann-Scheerer/Giers/Thielke BetreuungsR-HdB Rn. 772). Ein Tätigwerden aus dem Hintergrund, um dem Betreuten die Lebensgrundlage zu erhalten, reicht allerdings aus, um die Betreuung fortzusetzen, insbesondere wenn die fehlende Kooperationsbereitschaft gerade Folge der Erkrankung ist, also keine Fähigkeit zur Kooperation besteht.

II. Einschränkung des Aufgabenkreises (Abs. 1 S. 2)

Fallen die Voraussetzungen für einen **Teil der Aufgaben** weg, ist der Aufgaben- 3
kreis entsprechend zu beschränken. Sind einzelne Angelegenheiten erledigt oder kann der Betreute diese wieder selbst oder mit anderen Hilfen erledigen, ist der Aufgabenkreis entsprechend einzuschränken. Eine erfolgreiche **Rehabilitation** nach § 1821 Abs. 6 auch in Teilbereichen sollte sich in der entsprechenden Einschränkung des Aufgabenkreises erkennbar niederschlagen (Jurgeleit/Kieß Rn. 15). Mit der Reform sollen bei der Erstbestellung die Aufgabenbereiche gem. § 1815 Abs. 1 konkret gefasst werden nach der Maßgabe der **Erforderlichkeit** (Brosey/Lesting/Loer/Marschner BetreuungsR-HdB/Brosey Rn. 66; → § 1815 Rn. 13). Die Festlegung der einzelnen Aufgabenbereiche korrespondiert zu Betreuungsbedarf und Subsidiarität. Der Umfang des Aufgabenkreises ist nicht allein davon abhängig, was der Betreute eventuell nicht selbst regeln kann, sondern eben auch davon, was regelungsbedürftig ist und wofür es andere Hilfen gibt. Daher sind – mit der Reform mehr als früher – Aufgabenbereiche auch nur für einzelne Tätigkeiten anzuordnen, wenn der Regelungsbedarf auf diese eine Maßnahme beschränkt ist (BT-Drs. 19/24445, 234). Je konkreter die Aufgabenbereiche angeordnet sind, umso eher können jedoch auch Änderungen erforderlich werden. Möglich ist auch, einen umfassenden typisierten Aufgabenbereich wie zB die Gesundheitssorge oder die Vermögenssorge aufzubrechen und nur noch solche Aufgaben zu benennen, in denen die Betreuung erforderlich ist. Wenn der Betreute über sein Konto wieder ganz allein verfügen kann, reicht statt Vermögenssorge zB „Bankangelegenheiten ohne Verfügungsbefugnis" (AG Bremerhaven BtPrax 2023, 116) oder „Geltendmachung von Sozialleistungen" oder „Schuldenregulierung", statt der Gesundheitssorge zB „Sicherstellung der stationären Heilbehandlung" oÄ. Bei wechselnden Krankheitsverläufen mit Auf und Ab der Kompetenzen des Betreuten gilt es in der Praxis einen Weg zu finden, der zwischen ständigen Änderungsverfahren und Praktikabilität liegt. Bei einer vorübergehenden Besserung des Gesundheitszustandes des Betreuten bei schon absehbarer zu erwartender neuer Verschlechterung wäre zB keine Änderungsentscheidung angezeigt.

Entsteht im Laufe der Betreuung ein Interessenkonflikt zwischen dem Betreuten und dem Betreuer für einzelne Aufgaben, kann der Aufgabenkreis für diesen Betreuer entsprechend eingeschränkt und ein weiterer Betreuer im Sinne einer geteilten Mitbetreuung nach § 1817 Abs. 1 S. 2 bestellt werden. Eine Entziehung der Vertretungsbefugnis gab es nur nach altem Recht. Einer analogen Anwendung von § 1789 Abs. 2 bedarf es nicht (BGH BtPrax 2026, 20, der allerdings von einer teilweisen Entlassung spricht, statt von der Einschränkung des Aufgabenkreises).

III. Aufhebung oder Einschränkung auf Antrag des Betreuten (Abs. 2)

Hat der Betreute die Bestellung eines Betreuers selbst beantragt (→ BGB 4
§ 1814 Rn. 34), kann er auch die Aufhebung oder Beschränkung des Aufgaben-

kreises **beantragen,** und zwar unabhängig davon, ob er diesen im Zustand der Geschäftsfähigkeit stellt. In der Regel ist einem solchen Antrag zu folgen. Besteht die Betreuungsbedürftigkeit allein aufgrund einer körperlichen Beeinträchtigung, ist die Aufhebung oder Einschränkung zwingend, weil der Antrag nach § 1814 Abs. 4 S. 2 Voraussetzung für die Betreuerbestellung ist. Das Gericht muss ansonsten allerdings prüfen, ob nunmehr von Amts wegen ein Betreuer bestellt werden müsste, ob also die Betreuerbestellung nicht auch unabhängig vom Antrag erforderlich ist. Dann ist eine Betreuerbestellung von Amts wegen aufrechtzuerhalten, wenn sie auch gegen den natürlichen Willen des Betreuten zulässig ist (BT-Drs. 19/24445, 307). Es erfolgt dann keine Neubestellung, sondern es bleibt bei der ursprünglichen Betreuerbestellung und der Antrag ist abzulehnen. Gegen die Ablehnungsentscheidung kann der Betreute Beschwerde einlegen.

IV. Erweiterung des Aufgabenkreises (Abs. 3)

5 Im Laufe der Betreuung kann sich die Betreuungsbedürftigkeit erhöhen oder für weitere Aufgaben ein neuer Betreuungsbedarf ergeben. In diesem Falle ist der Aufgabenkreis des Betreuers zu **erweitern,** wenn die Voraussetzungen des § 1814 vorliegen (BeckOGK/Schmidt-Recla Rn. 14). Es ist wie bei der Erstbestellung die **Betreuungsbedürftigkeit** wie auch der **Betreuungsbedarf** sowie die **Kausalität** zwischen diesen Voraussetzungen zu prüfen. Gegen den freien Willen des Betreuten ist eine Erweiterung nicht zulässig. Außerdem muss der Betreuer für die Erledigung der erweiterten Aufgaben geeignet sein. Das Verfahren (→ Rn. 7), dh der Umfang der gerichtlichen Ermittlungen, richtet sich nach **§ 293 FamFG** und ist differenziert zu gestalten; grundsätzlich gelten dieselben Verfahrensregeln wie bei der Erstbestellung, jedoch mit erleichternden Ausnahmen (→ FamFG § 293 Rn. 3). Davon zu unterscheiden ist die Bestellung eines weiteren Betreuers nach § 1817, die jederzeit von Amts wegen bei Vorliegen der Voraussetzungen erfolgen kann. Diese Möglichkeit ist von Abs. 3 nicht erfasst.

V. Anordnung, Aufhebung oder Änderung eines Einwilligungsvorbehaltes (Abs. 4)

6 Auch ein nach **§ 1825** angeordneter Einwilligungsvorbehalt kann **aufgehoben** oder sein Umfang nachträglich **erweitert** oder **eingeschränkt** werden. Auf Abs. 2 wird nicht verwiesen, weil der Einwilligungsvorbehalt nicht auf dem Antrag des Betroffenen beruhen kann. Die **erstmalige Anordnung** richtet sich dagegen unmittelbar nach § 1825, ist also keine Erweiterung der Betreuung. Er ist aufzuheben, wenn die Voraussetzungen nicht mehr vorliegen. Auch hier ist der Wegfall einer Voraussetzung ausreichend, was bei veränderter Sachlage von Amts wegen zu ermitteln ist. Die vom Betreuten begehrte Aufhebung des Einwilligungsvorbehaltes kann nur dann ohne weitere Ermittlungen abgelehnt werden, wenn die im Ausgangsverfahren getroffenen Feststellungen noch immer eine tragfähige Grundlage bieten (BGH BtPrax 2018, 236). Soll der Kreis der einwilligungsbedürftigen Willenserklärungen erweitert werden, so müssen die Voraussetzungen für den Erweiterungsbereich wie bei der Erstanordnung nach § 1825 gegeben und gem. § 293 FamFG ermittelt sein. Bei Aufhebung oder Einschränkung gelten geringere Verfahrensanforderungen als bei der Erweiterung, s. § 294 FamFG (MüKoBGB/Schneider Rn. 20 f.)

VI. Überprüfungspflicht des Gerichts von Amts wegen

7 Betreuung und Einwilligungsvorbehalt sollen **keine Dauermaßnahmen** der staatlichen Fürsorge sein. Ihr Bestehen und ihr Umfang sind flexibel dem Unterstützungsbedarf des Betreuten anzupassen. Das Gericht setzt eine Frist, bis zu der es über die Aufhebung oder Verlängerung wieder zu entscheiden hat. In der Zwischenzeit hat es über den Fortbestand der laufenden Betreuung nur aus besonderem Anlass zu entscheiden (BayObLG BtPrax 2005, 69). Dies kann ein Antrag des Betreuten auf Aufhebung oder Änderung der Betreuung sein, eine entsprechende Anregung Dritter oder sonst jede Kenntnis von Tatsachen, die auf einen möglichen Änderungsbedarf hindeuten. Der Betreuer hat im Jahresbericht kenntlich zu machen oder dem Betreuungsgericht anlassbezogen **Mitteilung** zu machen, wenn ihm Umstände bekannt werden, die eine Aufhebung der Betreuung oder des Einwilligungsvorbehaltes oder eine Einschränkung des Aufgabenkreises ermöglichen oder dessen Erweiterung, die Bestellung eines weiteren Betreuers oder die Anordnung eines Einwilligungsvorbehalts erfordern (§§ 1863 Abs. 3 S. 3 Nr. 3, 1864 Abs. 2). Die Betreuungsbehörde kann ebenfalls dem Gericht Umstände mitteilen, die eine entsprechende Überprüfung rechtfertigen (§ 9 BtOG). Geben die mitgeteilten Umstände hinreichende Anhaltspunkte für eine notwendige Maßnahme nach § 1871, muss das Betreuungsgericht wegen des Erforderlichkeitsgrundsatzes dieses von Amts wegen prüfen. Darüber hinaus ist bereits im Beschluss zur Bestellung des Betreuers eine Frist zu bestimmen, nach deren Ablauf die Betreuerbestellung von Amts wegen zu überprüfen ist (§ 286 Abs. 3 FamFG). Die Frist darf nicht länger als sieben Jahre betragen (§ 294 Abs. 3 FamFG), die auszuschöpfen aber angesichts des Rehabilitationsgrundsatzes die Ausnahme sein sollte. Innerhalb der Frist muss eine Überprüfung auch dann stattfinden, wenn konkrete Umstände, die eine Änderung der Betreuung rechtfertigen, bekannt geworden sind.

VII. Verfahren

8 Verrichtungen auf Grund des § 1871 unterliegen dem **Richtervorbehalt** (§ 15 Abs. 1 Nr. 3 RPflG).

Für die **Aufhebung** der Betreuung, die **Einschränkung** des Aufgabenkreises des Betreuers, die Aufhebung eines Einwilligungsvorbehalts oder die Einschränkung des Kreises der einwilligungsbedürftigen Willenserklärungen gilt **§ 294 FamFG,** also ein **vereinfachtes Verfahren,** weil durch diese Maßnahmen nicht in die Rechte der Betreuten eingegriffen wird. Danach ist vor der Entscheidung den in § 279 FamFG genannten Personen und Institutionen Gelegenheit zur **Stellungnahme** zu geben. Weitere Ermittlungen, zB Einholung eines Sachverständigengutachtens, eines Sozialberichts oder Durchführung einer Anhörung, sind immer dann durchzuführen, soweit es zur aktuellen Feststellung der Voraussetzungen erforderlich ist. Was im Einzelfall geboten ist, richtet sich nach dem Amtsermittlungsgrundsatz (BGH BtPrax 2018, 236; BGH BtPrax 2011, 130; HK-BUR/Bauer Rn. 7). Die Ermittlungstätigkeit des Gerichts ist in der Regel gering, wenn sich der Betreuungsbedarf verringert hat oder wenn der Betreute und der Betreuer übereinstimmend die Einschränkung oder gar die Aufhebung anregen. Die Entscheidung ist der zuständigen Behörde bekanntzugeben (§ 288 Abs. 2 S. 1 FamFG).

Ist der Betreuer auf Antrag des Betreuten bestellt und hat das Gericht deswegen nach § 281 Abs. 1 Nr. 1 FamFG von der Einholung eines **Sachverständigengutachtens** abgesehen, ist dieses nach § 294 Abs. 2 FamFG nunmehr nachzuholen, wenn ein Antrag des Betreuten auf Aufhebung der Betreuung erstmals abgelehnt werden soll, weil ein Betreuer von Amts wegen zu bestellen wäre.

9 Für die **Erweiterung** des Aufgabenkreises und der einwilligungsbedürftigen Willenserklärungen gelten die Vorschriften für die Bestellung eines Betreuers grundsätzlich entsprechend (§ 293 Abs. 1 FamFG). Wenn eine Erweiterung nicht wesentlich ist oder Verfahrenshandlungen nicht länger als sechs Monate zurückliegen, kann allerdings von einer erneuten Anhörung und Einholung eines weiteren Gutachtens oder ärztlichen Zeugnisses abgesehen werden (→ FamFG § 293 Rn. 3). Eine wesentliche Erweiterung liegt nach § 293 Abs. 2 S. 2 immer vor, wenn erstmals ganz oder teilweise die Personensorge oder eingriffsintensive Aufgaben einbezogen werden. Hat sich bei **unverändertem Gesundheitszustand** ausschließlich der Regelungsbedarf vergrößert, ist gem. § 293 Abs. 3 FamFG ein neues Gutachten oder ärztliches Zeugnis verzichtbar, wenn die Erweiterung aufgrund der Änderung der Lebensumstände, eines neu hinzukommenden Regelungsbedarfs oder einer unzureichenden Wirkung anderer Hilfen erforderlich wird (Schnellenbach/Normann-Scheerer/Giers/Thielke BetreuungsR-HdB Rn. 761 ff.).

§ 1872 Herausgabe von Vermögen und Unterlagen; Schlussrechnungslegung

(1) **Endet die Betreuung, hat der Betreuer das seiner Verwaltung unterliegende Vermögen und alle im Rahmen der Betreuung erlangten Unterlagen an den Betreuten, dessen Erben oder sonstigen Berechtigten herauszugeben und auf deren Verlangen über die Verwaltung Rechenschaft abzulegen.**

(2) **[1]Der Betreuer hat nach Beendigung der Betreuung eine Vermögensübersicht mit der Versicherung der Richtigkeit und Vollständigkeit beim Betreuungsgericht einzureichen. [2]Die Vermögensübersicht soll auch Angaben zu den regelmäßigen Einnahmen und Ausgaben des Betreuten enthalten.**

(3) **[1]Bei einem Wechsel des Betreuers hat der bisherige Betreuer das seiner Verwaltung unterliegende Vermögen und alle im Rahmen der Betreuung erlangten Unterlagen an den neuen Betreuer herauszugeben. [2]Über die Verwaltung seit der letzten beim Betreuungsgericht eingereichten Rechnungslegung hat er Rechenschaft durch eine Schlussrechnung abzulegen. [3]Die Schlussrechnung ist beim Betreuungsgericht einzureichen.**

(4) **War der Betreuer bei Beendigung seines Amtes gemäß § 1859 befreit, genügt zur Erfüllung der Verpflichtung aus Absatz 3 Satz 2 die Erstellung einer Vermögensübersicht nach Absatz 2.**

Die Norm hat mit der Reform von 2023 § 1890 aF ersetzt, der über § 1908i Abs. 1 S. 1 aF sinngemäß im Betreuungsrecht anwendbar war. Nach dreijähriger Probezeit wurde sie durch das am 1.1.2026 in Kraft getretene KostBRÄG 2025 erneut geändert und deutlich entschlackt (BGBl. I Nr. 109 vom 10.4.2025, BT-Drs. 20/14259). Der Kritik der Praxis (Thielke BtPrax 2024, 3) wurde weitgehend gefolgt.

I. Herausgabepflicht bei Ende der Betreuung an Berechtigte (Abs. 1)

Abs. 1 regelt die Pflichten des Betreuers bei Ende der Betreuung iSd § 1870, also bei **Tod** des Betreuten oder bei **Aufhebung** der Betreuung. Darüber hinaus ist die Norm auch anzuwenden bei entsprechender **Einschränkung des Aufgabenkreises** (insbesondere um den Aufgabenbereich der Vermögenssorge) oder bei **Außerkrafttreten einer einstweiligen Anordnung** gem. § 302 FamFG, wenn (noch) keine Betreuung oder mit reduzierten Aufgabenbereichen im Hauptsacheverfahren angeordnet wurde. Bei Beendigung des Betreueramtes durch Betreuerwechsel gilt jedoch Abs. 3. Herauszugeben ist bei Aufhebung der Betreuung an den Betreuten oder auch an dessen Bevollmächtigten, wenn die Vollmacht diese Befugnis umfasst. Nach dem Tod des Betreuten ist an dessen Erbe oder einen sonstigen Berechtigten, wie etwa einen Testamentsvollstrecker, herauszugeben. Bei einer Gesamtberechtigung geht der Anspruch nur auf Herausgabe an alle Berechtigten. Soweit er Informationen darüber hat, wer als Erbe in Betracht kommt, hat der Betreuer mit diesem Kontakt aufzunehmen. Zu einer weitergehenden Erbenermittlung ist er nicht verpflichtet, muss aber in eigener Verantwortung entscheiden, an wen er was herausgibt (ausführlich Thielke BtPrax 2023, 193 ff.). 1

Wenn der Berechtigte **Rechenschaft** verlangt, hat sie den gesamten Zeitraum der Vermögensverwaltungstätigkeit zu umfassen. Der Betreuer hat nach den allgemeinen Vorschriften – siehe §§ 259, 260 – Auskunft über die Führung des Amtes in finanziellen Angelegenheiten zu erteilen, die Entwicklung des Vermögens darzulegen und eine geordnete Zusammenstellung der Einnahmen und Ausgaben zu fertigen, soweit üblich mit Belegen; ggf. die Vollständigkeit der verzeichneten Einnahmen an Eides Statt zu versichern (§ 259 Abs. 2). Häufig hat der Berechtigte jedoch kein Interesse, sei es, weil ohnehin kein Vermögen vorhanden ist, sei es, weil die Betreuungsführung unproblematisch war. Eine Schlussrechnung hat der Betreuer nur noch bei einem Betreuerwechsel zu erstellen. Stehen dem Betreuer Ansprüche gegen den Betreuten auf Grund der Vermögensverwaltung zu, zB Aufwendungsersatz (§§ 1875, 1877), kann er ein Zurückbehaltungsrecht geltend machen (§§ 273, 274; HK-BUR/Deinert Rn. 65 ff.), das aber nicht überdehnt werden darf; Vergütungsansprüche setzen eine vorherige Bewilligung voraus. Ansonsten ist das **Vermögen sofort herauszugeben.** Der Herausgabeanspruch ist **privatrechtlicher** Natur und daher vor dem Prozessgericht geltend zu machen (HK-BUR/Deinert Rn. 70 ff.). Das Betreuungsgericht kann die Herausgabe nicht mit Aufsichtsmitteln erzwingen (zum Umfang des Herausgabeanspruches ausführlich HK-BUR/Deinert Rn. 44–60). Es kann aber unterstützen, indem es zB Akteneinsicht gewährt. Zu den Unterlagen zählen nicht eigene Notizen des Betreuers, sondern nur solche Unterlagen, die er in seiner Funktion als Betreuer von Dritten erlangt hat. Er ist nicht verpflichtet, die Unterlagen dem Berechtigten zu bringen, es handelt sich um eine sog. Holschuld. 2

II. Vermögensübersicht an das Gericht (Abs. 2)

Beim Betreuungsgericht hat der bisherige Betreuer nur eine Vermögensübersicht einzureichen, die neben einer Auflistung der Vermögensgegenstände ebenfalls eine Übersicht über die Einnahmen und Ausgaben seit der letzten Rech- 3 nungslegung umfassen soll (Schnellenbach/Normann-Scheerer/Giers/Thielke BetreuungsR-HdB Rn. 791). Diese Verpflichtung gilt auch dann, wenn der Aufgabenkreis der Betreuung um die Vermögenssorge eingeschränkt wurde.

III. Pflicht zur Schlussrechnung bei Betreuerwechsel (Abs. 3)

4 Abs. 3 regelt die Pflichten des bisherigen Betreuers im Falle eines Betreuerwechsels. Anders als in Abs. 1 ist die Herausgabeverpflichtung betreffend das verwaltete Vermögen und die im Rahmen der Betreuung erlangten Unterlagen gegenüber dem neuen Betreuer zu erfüllen (S. 1). Nach S. 2 ist **in jedem Fall** – also auch ohne Verlangen – eine Schlussrechnung zu erstellen, und zwar über die Verwaltung des Vermögens seit der letzten beim Gericht eingereichten Rechnungslegung. Sie ist dem Gericht vorzulegen. Dadurch wird geklärt, wofür der alte und wofür der neue Betreuer verantwortlich ist (BT-Drs. 19/24445, 309). Der neue Betreuer kann darauf nicht verzichten. Wird die Betreuung innerhalb der Familie weitergegeben, mag ausnahmsweise mit Zustimmung aller auf eine Schlussrechnung verzichtet werden können, wenn nicht ohnehin eine Befreiung nach Abs. 4 vorliegt.

IV. Keine Pflicht zur Schlussrechnung bei befreiten Betreuern (Abs. 4)

5 Abs. 4 befreit die „befreiten" Betreuer iSd **§ 1859** auch bei einem Betreuerwechsel von der Verpflichtung zu einer umfassenden Schlussrechnung. Diese Erleichterung war bereits 2023 mit der Reform eingeführt worden. Befreite Betreuer erhalten durch die grundsätzliche Befreiung von der jährlichen Rechnungslegung bei der Führung der Betreuung einen Vertrauensvorschuss, weil sie entweder als nahe Angehörige oder als Vereins- bzw. Behördenmitarbeiter besonders vertrauenswürdig sind oder einer vereins- bzw. behördeninternen Kontrolle unterliegen. Dennoch eine umfassende Schlussrechnung zu verlangen, wäre eine Zumutung und im Ergebnis unverhältnismäßig. Befreite Betreuer genügen ihren Verpflichtungen aus Abs. 2 und 3 dadurch, dass sie eine **Vermögensübersicht** mit einer Übersicht über die Einnahmen und Ausgaben seit der letzten Vermögensübersicht, die nach § 1859 Abs. 1 S. 2 regelmäßig zu erstellen ist, vorlegen. Zudem haben sie die Richtigkeit und Vollständigkeit der Vermögensübersicht an Eides statt zu versichern, wobei dies einfach schriftlich erklärt oder vor Gericht niedergeschrieben werden kann. Auffällige Veränderungen im Bestand des Vermögens sind durch das Gericht zu erkennen, so dass es ihnen im Rahmen seiner Aufsichtspflicht nachgehen muss. Anhand der aktuellen Vermögensübersicht mit einer Darlegung der seitdem erfolgten Vermögensentwicklung wird der Berechtigte in die Lage versetzt zu entscheiden, ob er streitige Ansprüche gerichtlich geltend machen will (BT-Drs. 19/24445, 309).

§ 1873 Schlussmitteilung; Rechnungsprüfung

(1) [1]**Nach Beendigung der Betreuung hat der Betreuer dem Betreuungsgericht eine Schlussmitteilung mit Angaben zur Herausgabe des der**

Verwaltung des Betreuers unterliegenden Vermögens des Betreuten und aller im Rahmen der Betreuung erlangten Unterlagen zu übersenden. [2]Sollte der Betreuer nach Beendigung der Betreuung gemäß § 1874 tätig geworden sein, hat die Mitteilung auch Angaben zu den nach Beendigung der Betreuung besorgten Angelegenheiten zu enthalten.

(2) **[1]Liegt ein Fall des § 1872 Absatz 3 vor, hat das Betreuungsgericht die Schlussrechnung oder die Vermögensübersicht sachlich und rechnerisch zu prüfen und, soweit erforderlich, ihre Ergänzung herbeizuführen. [2]Das Betreuungsgericht übersendet das Ergebnis seiner Prüfung nach Satz 1 an den neuen Betreuer.**

Die Vorschrift hat mit der Reform von 2023 § 1892 aF ersetzt. Vermittlungsverfahren, Abnahme und Anerkenntnisbeurkundung sind weggefallen. Mit dem KostBRÄG 2025 wurde sie noch weiter vereinfacht (→ BGB § 1872 Rn. 1 ff.).

I. Schlussmitteilung (Abs. 1)

Zunächst ist der Betreuer verpflichtet, das Gericht zu informieren, sobald er 1
Kenntnis vom Tod des Betreuten hat. In diesem Fall und bei Aufhebung der Betreuung hat er dem Gericht danach **Angaben zur Herausgabe** des seiner Verwaltung unterliegenden Vermögens und aller im Rahmen der Betreuung erlangten Unterlagen zu machen, siehe § 1872 Abs. 1 (→ BGB § 1872 Rn. 2). Außerdem hat er gem. § 290 Abs. 3 FamFG die Bestellungsurkunde zurückzugeben. Ihm ist zudem zu empfehlen, allen Institutionen, mit denen er Kontakt hatte, über die Beendigung der Betreuung zu informieren.

Ist der Betreuer noch nach Ende der Betreuung gem. § 1874 tätig geworden, sei es unwissend oder bewusst, so hat er dem Gericht auch darüber entsprechende Angaben zu machen.

II. Prüfung durch das Gericht nach Betreuerwechsel (Abs. 2)

Das Betreuungsgericht hat nur bei einem Betreuerwechsel die **Schlussrech-** 2
nungslegung – oder im Falle befreiter Betreuer nach § 1872 Abs. 4 die **Vermögensübersicht** – sachlich und rechnerisch zu prüfen. Es gelten dieselben Regeln wie bei der periodischen Rechnungslegung. Entspricht diese nicht den **formalen Anforderungen,** kann das Gericht eine Ergänzung oder Vervollständigung verlangen und ggf. auch erzwingen. Hingegen ist es nicht befugt, sachliche Berichtigungen durchzusetzen (Thielke BtPrax 2024, 3 (5)). Damit der neue Betreuer die Möglichkeit hat zu entscheiden, ob die Beanstandungen des Betreuungsgerichts Anlass geben, gegen den bisherigen Betreuer im Prozesswege vorzugehen, hat das Betreuungsgericht ihm das Ergebnis seiner Prüfung zu übersenden.

Ist die Betreuung jedoch beendet, hat das Gericht nicht mehr die Aufgabe, im Rahmen der Aufsicht tätig zu werden. Der Betroffene oder sonstige Berechtigte muss seine Rechte gegenüber dem ehemaligen Betreuer alleine geltend machen.

§ 1874 Besorgung der Angelegenheiten des Betreuten nach Beendigung der Betreuung

(1) **[1]Der Betreuer darf die Besorgung der Angelegenheiten des Betreuten fortführen, bis er von der Beendigung der Betreuung Kenntnis erlangt**

oder diese kennen muss. [2]Ein Dritter kann sich auf diese Befugnis nicht berufen, wenn er bei der Vornahme des Rechtsgeschäfts die Beendigung kennt oder kennen muss.

(2) **Endet die Betreuung durch den Tod des Betreuten, so hat der Betreuer im Rahmen des ihm übertragenen Aufgabenkreises die Angelegenheiten, die keinen Aufschub dulden, zu besorgen, bis der Erbe diese besorgen kann.**

1 Die Regelungen entsprechen inhaltlich §§ 1893 Abs. 1, 1698a, 1698b aF, die über § 1908i aF für die Betreuung sinngemäß anwendbar waren. Sie gelten sowohl bei der Entlassung eines Betreuers nach § 1868 wie bei Ende der Betreuung durch Aufhebung der Betreuung oder Tod des Betreuten nach § 1870. Die Rückgabe der Bestellungsurkunde ist seit der Reform in § 290 Abs. 3 FamFG geregelt.

I. Fortführung der Betreuung bis zur Kenntnis ihrer Beendigung (Abs. 1)

2 Die Betreuung oder das Amt des Betreuers können ganz oder teilweise auch **ohne Wissen** des Betreuers enden. Damit entfallen grundsätzlich auch die Rechte und Pflichten aus dem Betreuungsverhältnis und die Vertretungsmacht nach § 1823 erlischt. Die Norm dient seinem Schutz vor Ersatzpflichten aus **§ 179** (Handeln ohne Vertretungsmacht → BGB § 179 Rn. 1). Solange der Betreuer die Beendigung der Betreuung oder seines Amtes nicht kennt und auch nicht kennen muss (fahrlässige Unkenntnis, § 122 Abs. 2), also gutgläubig ist, wird das **Fortbestehen** seiner Vertretungsbefugnisse fingiert. Dh die Vertretungsmacht gilt als fortbestehend, sodass seine Willenserklärungen weiterhin für den ehemals Betreuten wirksam sind. Soweit auch Dritte gutgläubig sind, werden auch sie geschützt und dürfen von der Vertretungsmacht des Betreuers ausgehen (Jurgeleit/Kieß Rn. 11–14). Ob dem Betreuer für die Zeit weiterhin eine Pauschalvergütung zusteht oder er gem. §§ 12 iVm § 3 Abs. 1 VBVG seinen Zeitaufwand durch Einzelaufstellung geltend machen muss, ist umstritten. Da er – anders als nach Abs. 2 – davon ausgeht, dass die Betreuung weiterhin besteht und er daher in üblicher Weise tätig ist, dürfte die Fortgeltung der Pauschalen angemessener sein (so auch LG Traunstein FamRZ 2010, 329; anders BGH BtPrax 2016, 200).

Von praktischer Bedeutung wird überwiegend der **Tod des Betreuten** sein, da Aufhebung der Betreuung, Einschränkung des Aufgabenkreises oder Entlassung erst mit Bekanntmachung der gerichtlichen Entscheidung an den Betreuer wirksam werden (§ 287 Abs. 1 FamFG), soweit nicht ausnahmsweise die sofortige Wirksamkeit angeordnet wird (§ 287 Abs. 2 FamFG), was aber in der Regel nicht erforderlich ist. Der **Ablauf einer einstweiligen Anordnung** ist dem vorläufigen Betreuer von vornherein seit seiner (vorläufigen) Bestellung bekannt und im Betreuerausweis vermerkt, sodass die Norm nicht greift.

Liegen die Voraussetzungen vor, wird auch der gutgläubige **Dritte** geschützt (Abs. 1 S. 2). Im Übrigen können sich Dritte nicht auf das Fortbestehen der Vertretungsmacht verlassen. Gerichtliche Genehmigungen dürfen nach Ende der Betreuung bzw. der Vertretungsmacht nicht mehr erteilt werden. Ob sie wirksam sind, wenn sie bei Unkenntnis erteilt wurden, ist strittig (Jurgeleit/Kieß Rn. 17 mit Hinweis auf das Rechtskrafterfordernis).

II. Notgeschäftsführung (Abs. 2)

Hat der Betreuer Kenntnis vom Tod des Betreuten, richten sich seine Rechte und Pflichten nach Abs. 2. 3

Mit dem Tod des Betreuten endet die Betreuung von selbst, ohne dass es einer gerichtlichen Entscheidung bedarf (→ BGB § 1870 Rn. 1). Das Vermögen des Betreuten geht als Ganzes auf den oder die Erben über (§ 1922 Abs. 1), auch wenn die Erben unbekannt sind. Im Interesse der Erben berechtigt und **verpflichtet** Abs. 2 den Betreuer, im Rahmen seines **Aufgabenkreises** Geschäfte zu erledigen, die keinen Aufschub dulden, insbesondere fristgebundene Angelegenheiten, aber auch solche, bei deren Unterlassung dem Erben ein Nachteil drohen würde, zB Entgegennahme von Geldern und deren (kurzfristige) Anlage, Begleichung von Sachversicherungsprämien, Beseitigung von erkennbaren Gefahrenquellen, Unterbringung von Haustieren etc. (HK-BUR/Deinert Rn. 21). Dies gilt aber nur, bis der Erbe anderweitig Fürsorge treffen kann und umfasst nicht die Beisetzung (→ Rn. 5). Verbleibt Zeit, ist vorrangig das Nachlassgericht einzuschalten (→ Rn. 4). Unstrittig steht dem Betreuer Aufwendungsersatz bzw. Vergütung zu. Anders als bei Abs. 1 weiß der Betreuer allerdings, dass er nach Ende der Betreuung tätig wird und noch bestimmte einzelne Aufgaben zu erledigen hat, sodass in diesem Fall ganz überwiegend eine Vergütung nach Zeitaufwand mit Einzelaufstellung für angemessen angesehen wird. Verletzt der Betreuer die Notgeschäftsführungspflicht, haftet er dem Erben aus § 1826.

Nachlasssicherung und **Nachlassabwicklung** sind im Übrigen nicht Aufgabe des Betreuers, hier mag das Nachlassgericht nach § 1960 die erforderlichen Maßnahmen treffen, zu denen bei unbekannten Erben regelmäßig die Bestellung eines Nachlasspflegers gehören wird, wofür auch der bisherige Betreuer in Betracht kommt. Ggf. **hinterlegt** der Betreuer auf Anordnung des Gerichts oder aus eigener Befugnis (§ 372) Geld, Wertpapiere (auch Sparbücher) oder Kostbarkeiten; Hinterlegungsstelle ist jedes Amtsgericht. Das zuständige **Nachlassgericht** ist das Amtsgericht des letzten Wohnsitzes des Erblassers (§ 343 FamFG), dies muss nicht stets das Gericht seines letzten Aufenthaltsortes sein, wenn eine wirksame Änderung der Wohnsitzbestimmung nicht vorgenommen wurde (→ BGB § 1874 Rn. 1 ff.). Für die **Sicherung** des Nachlasses ist aber jedes **Amtsgericht** zuständig, in dessen Bezirk das Fürsorgebedürfnis besteht (§ 344 Abs. 4 FamFG). Schriftstücke des Betreuten, die der Betreuer im Besitz hat und die nach Form oder Inhalt **letztwillige Verfügungen** des Betreuten enthalten könnten, sind zwingend beim Nachlassgericht, ggf. beim nächsten Amtsgericht abzuliefern (§ 2259), auch dann, wenn der Betreuer die Schriftstücke für unerheblich oder nichtig hält. 4

III. Bestattung des Betreuten

Die **Totenfürsorge** (insbesondere Art und Ort der Bestattung) obliegt gewohnheitsrechtlich den **nächsten Angehörigen,** soweit der Verstorbene nichts anderes bestimmt hat. Das müssen nicht zugleich die Erben sein, da es mit dem Nachlass nichts zu tun hat. Nachlassregelungen sind zivilrechtlicher Natur, Totenfürsorge gehört zum öffentlichen Recht. Die Bestattungspflicht wird in landesrechtlichen Bestimmungen geregelt (Jurgeleit/Kieß Rn. 30 ff., HK-BUR/Deinert Rn. 31 ff.). Die Kosten der Bestattung trägt jedoch der Erbe (§§ 1967, 1968). Zu den Aufgaben des **Betreuers** zählt folglich die Totenfürsorge **nicht,** auch nicht 5 als Notgeschäftsführungsmaßnahme für die Erben nach Abs. 2, denn die Bestattung ist weder eine ihm übertragene Angelegenheit noch eine solche der Erben (BayObLG FamRZ 1999, 465; LG Leipzig FamRZ 1996, 1361; Stockert BtPrax 1996, 203; aA Spranger BtPrax 1999, 174). Sind die Angehörigen unbekannt oder nicht erreichbar oder nicht willens, ihren Pflichten nachzukommen, ist die Bestattung Aufgabe der **zuständigen Behörde** (vgl. zB für Nordrhein-Westfalen § 1 Abs. 1 Bestattungsgesetz); zu Nachweisen für sonstiges Landesrecht s. Deinert, Todesfall- und Bestattungsrecht. Die Landesgesetze sehen den Betreuer in der Regel nicht als totenfürsorgeberechtigt (und -verpflichtet) an (Jurgeleit/Kieß § Rn. 40). Will der **Betreuer** aus menschlich verständlichen Gründen die Durchführung der Beerdigung nicht der Ordnungsbehörde überlassen, wird man ihm nicht verwehren können, selbst die entsprechenden Anordnungen zu treffen. Das Kostenrisiko trifft aber dann den Betreuer, er ist auf die Durchsetzung eines Anspruchs aus Geschäftsführung ohne Auftrag gegen den Erben angewiesen (§§ 677, 683). Ein unmittelbarer Anspruch aus § 1968 steht nur dem Bestattungsberechtigten zu. Auf die Nachlasskonten darf er nicht zugreifen. (Zu den mit der Bestattung und der Kostenregelung zusammenhängenden Fragen s. ausführlich Bienwald BtPrax 2000, 107; Jochum BtPrax 1996, 88; Stockert BtPrax 1996, 203; Jurgeleit/Kieß Rn. 30–50; Weber BtR 2025, 114). Die Bestattung bzw. Grabpflege kann vorsorglich geregelt werden in einem **Bestattungsvorsorgevertrag** mit einem Bestattungsunternehmen oder durch Abschluss einer Sterbegeldversicherung, die nicht zu beanstanden sind, auch wenn die Aufwendungen hierfür zur Mittellosigkeit des Betreuten führen, denn der Betreute ist nicht gehalten, sein Vermögen zB für die Bestreitung zukünftiger Betreuerkosten aufzusparen (BGH BtPrax 2014, 171); Ersparnisse für eine angemessene Bestattung zählen sozialhilferechtlich zum **Schonvermögen.** Schließt der Betreuer einen solchen Vertrag, muss ihm die Vermögenssorge zugewiesen sein, evtl. auch ein spezieller Aufgabenbereich, sodass eine Abstimmung mit dem Betreuungsgericht anzuraten ist, ggf. Erweiterung des Aufgabenkreises. Der Vertrag ist nicht genehmigungspflichtig, ggf. aber die Verfügung über die erforderlichen Mittel. Die **Kündigung** eines zu seinen Gunsten abgeschlossenen **Dauergrabpflegevertrages** zum Zwecke der Begleichung von Heimkosten entspricht regelmäßig nicht dem (mutmaßlichen) Willen des Betreuten und widerspricht daher § 1821.

Untertitel 5. Vergütung und Aufwendungsersatz

§ 1875 Vergütung und Aufwendungsersatz

(1) **Vergütung und Aufwendungsersatz des ehrenamtlichen Betreuers bestimmen sich nach den Vorschriften dieses Untertitels.**

(2) **Vergütung und Aufwendungsersatz des beruflichen Betreuers, des Betreuungsvereins, des Behördenbetreuers und der Betreuungsbehörde bestimmen sich nach dem Vormünder- und Betreuervergütungsgesetz.**

1 Die Vorschriften zum Vergütungs- und Aufwendungsersatzanspruch werden in ein neues System überführt (BGB §§ 1835, 1835a, 1836 Abs. 2, 1908i aF überführt in BGB §§ 1875 Abs. 1, 1876 bis 1881). Ansprüche der beruflichen Betreuer (BtOG §§ 19 Abs. 2, 33 S. 2) werden im VBVG und die der ehrenamtlichen Betreuer im BGB geregelt.

Mit Inkraft treten des Gesetzes zur Reform des Vormundschafts- und Betreuungsrechts zum 1.1.2023 gilt ein ehrenamtlicher Betreuer, der die Voraussetzungen eines registrierten/vorläufig registrierten beruflichen Betreuer erfüllt als beruflicher Betreuer und hat nach dem VBVG einen Vergütungsanspruch, auch wenn er vormals als ehrenamtlicher Betreuer bestellt wurde (vgl. BGH RPfleger 2025, 91; LG Lübeck SchlHA 2025, 267).

Diese neue Vorschrift stellt klar, dass die Vorschriften des Untertitels 5 unmittelbar nur die Vergütung und den Aufwendungsersatz (Ansprüche auf Vorschuss, Aufwendungsersatz, Aufwendungspauschale und ggf. zu bewilligende Ermessensvergütung) des ehrenamtlichen Betreuers regeln (Abs. 1). Aufgrund der Generalverweisung richtet sich für alle anderen Betreuer (berufliche Betreuer, Betreuungsvereine, Behördenbetreuer und Betreuungsbehörden) die Vergütung und der Aufwendungsersatz nach dem Vormünder- und Betreuervergütungsgesetz (Abs. 2). 2

Es wurde für den Betreuungsverein eine Vergütungsregelung (VBVG § 12) eingeführt, für die Betreuungsbehörde bleibt es beim Vergütungsausschluss (VBVG § 13 Abs. 3 S. 1). Ausnahmsweise kann die Betreuungsbehörde Vergütung oder Aufwendungen erhalten, wenn der Betreute nicht mittellos ist. Dann ist eine Verweisung ins BGB §§ 1876 S. 2 und 1877 Abs. 1 vorgesehen (VBVG § 13 Abs. 1 S. 1 und 2). 3

Der im Ausnahmefall geltend zu machende Aufwendungsersatz eines beruflichen Betreuers erfolgt nach BGB mit einer Rückverweisung aus dem VBVG § 15.

§ 1876 Vergütung

[1]Dem ehrenamtlichen Betreuer steht grundsätzlich kein Anspruch auf Vergütung zu. [2]Das Betreuungsgericht kann ihm abweichend von Satz 1 eine angemessene Vergütung bewilligen, wenn
1. der Umfang oder die Schwierigkeit der Wahrnehmung der Angelegenheiten des Betreuten dies rechtfertigen und
2. der Betreute nicht mittellos ist.

I. Einleitung

Die Vorschrift ersetzt § 1836 BGB aF und übernimmt ihn teilweise nur für den ehrenamtlichen Betreuer in das Betreuungsrecht, vgl. BT-Drs. 19/24445, 312. Der Grundsatz, dass Betreuungen unentgeltlich zu führen sind, entspricht nicht mehr der Realität, deswegen wird auch BGB § 1836 Abs. 1 S. 1 aF nicht übernommen (BT-Drs. 19/24445, 312, Thar BtPrax 2022, 8). Unterscheidungsmerkmal ist aber nicht die Unentgeltlichkeit, sondern der Vorrang des Ehrenamts, der weiterhin besteht (BT-Drs. 19/24445, 312). 1

Besondere Vergütungsregelungen für Betreuer (gemeint sind berufliche Betreuer, Betreuungsvereine, Behördenbetreuer sowie Betreuungsbehörden) ergeben sich aus dem VBVG, ggf. mit Verweis ins BGB.

Die bisherige Rechtsprechung kann weiter entsprechend angewendet werden.

II. Vergütungsfähige Tätigkeiten

Der Umfang oder die Schwierigkeit dieser Tätigkeiten müssen ein Maß erreichen, bei dem vom ehrenamtlichen Betreuer billigerweise nicht (mehr) verlangt 2 werden kann, die Betreuung unentgeltlich zu leisten. Umfang und/oder Schwierigkeit müssen daher über das hinausgehen, was üblicherweise von einem Einzelbetreuer ohne Vergütung verlangt werden kann. Kein entscheidendes Kriterium für eine Vergütung war in der Vergangenheit das Vermögen des Betreuten. Allerdings kann ein hohes Vermögen Indiz für eine umfangreiche bzw. schwierige Vermögensverwaltung sein (OLG Düsseldorf BtPrax 2000, 219) und daher für eine Vergütung sprechen. Dies auch gerade im Hinblick auf die gesonderten Pauschalen nach VBVG § 10 aF. Die Pauschalen wurden zwar mit dem KostBRÄG 2025 aufgehoben, jedoch aus dem Grunde einer fehlenden Gleichbehandlung von vergleichbaren, aber unberücksichtigten Fallgestaltungen, die nicht in VBVG § 10 aF aufgeführt worden waren (vgl. BT-Drs. 20/14259, 30). Die neue Vergütung stellt in diesem Sinne wohl eine angemessene Vergütung dar (vgl. BT-Drs. 20/14259, 30) Auch die dem ehrenamtlichen Betreuer nach § 1821 obliegenden Tätigkeiten (→ BGB § 1821 Rn. 2 ff.) sind in diesem Sinne „vergütungsfähig".

3 Grundsätzlich sind danach Bürotätigkeit und Aktenbearbeitung nicht vergütungsrelevante Tätigkeiten, können aber im Einzelfall vergütet werden (BayObLG BtPrax 1997, 112; LG Hamburg BtPrax 1997, 207).

Tätigkeiten vor der Zeit seiner Bestellung sind nicht vergütungsfähig, gleiches gilt für den Zeitraum, der zwischen dem Ablauf einer vorläufigen Betreuung und der Betreuerbestellung in der Hauptsache liegt (BGH BtPrax 2016, 154). Mit Aufhebung der Betreuung, der Entlassung des Betreuers oder dem **Tod des Betreuten** enden die Aufgaben des Betreuers, so dass Tätigkeiten nach diesem Zeitpunkt nicht mehr vergütungsfähig sind (BGH BtPrax 2022, 103) (ausführlich → VBVG § 9 Rn. 11). Jedoch hat eine **fehlerhafte Bestellung** aufgrund formell-rechtlicher oder materiell rechtlicher Mängel ebenso wie die nachträgliche Aufhebung der Bestellung keinen Einfluss auf den Vergütungsanspruch des Betreuers (BGH BtPrax 2014, 275). Auch eine zu Unrecht angeordnete Betreuung hat keine Auswirkungen auf den Vergütungsanspruch (BGH BtPrax 2016, 75). Eine Betreuerbestellung tritt mit dem im Beschluss genannten Zeitpunkt, spätestens nach sechs Monaten, außer Kraft, wenn keine Verlängerung erfolgt (BGH BtPrax 2016, 75).

III. Vergütung nach Ermessen

4 Über die Höhe und die Bemessung der Vergütung macht das Gesetz keinerlei Vorgaben, dies unterliegt vielmehr dem freien Ermessen des Betreuungsgerichts. Dem ehrenamtlichen Betreuer kann eine Vergütung für den notwendigen Zeitaufwand gewährt werden oder auch ein Pauschalbetrag aus dem Vermögen des Betreuten. Da nach dem VBVG die Gewährung eines Pauschalbetrages für einen beruflichen Betreuer vorgeschrieben ist, wäre auch für eine Vergütung nach S. 2 die Festsetzung einer Pauschale angezeigt (vgl. OLG Köln BtPrax 2008, 271). Im Falle einer Zeitvergütung müsste das Betreuungsgericht zumindest den Stundensatz festlegen, wobei es sich an den Sätzen des VBVG orientieren kann, hieran aber nicht gebunden ist. Zwar war in der Vergangenheit der Umfang des Vermögens des Betreuten kein Vergütungsargument (OLG Hamm FamRZ 1997, 767; OLG Düsseldorf FamRZ 1999, 1223), jedoch dürfte die gesonderte Vermögenspauschale nach VBVG § 10 eine andere Entscheidung zulassen. Gleiches gilt für zu verwaltenden, nicht vom Betreuten oder Ehegatten bewohnten Wohnraum oder das Erwerbsgeschäft des Betreuten. Hohe Einkünfte, vor allem solche, die auf die

Tätigkeit des Betreuers zurückzuführen sind, es rechtfertigen es, die Vergütung höher zu bemessen (Gerold/Schmidt/Müller-Rabe RVG § 1 Rn. 381). Ebenso der finanzielle Erfolg der Geschäfte ganz allgemein (OLG Zweibrücken FamRZ 1999, 1229). Die Vergütung der beruflichen Betreuer, die nach VBVG §§ 8, 9 und 10 als Pauschalbetrag festgesetzt wird, kann weder als Kontroll- noch als Höchstwert der Vergütung ehrenamtlicher (richtiger: Einzel-) Betreuer herangezogen werden (OLG Karlsruhe BtPrax 2007, 184; OLG Köln BtPrax 2008, 271). Dies ergibt sich bereits aus der Tatsache, dass dem VBVG der Gedanke der Mischkalkulation zugrunde liegt, die Ermessensvergütung hingegen am konkreten Fall zu orientieren ist. Sie ist vielmehr vom Gericht unter Berücksichtigung aller Umstände nach billigem Ermessen festzusetzen (LG München II BeckRS 2008, 12900). Hierbei kann aber die Vergütung nach VBVG § 3 ein Maßstab sein (OLG Frankfurt a. M. BtPrax 2008, 275). Nach dem LG Mainz (BtPrax 2013, 119) soll die Vergütung des ehrenamtlichen Betreuers nicht mit der eines beruflichen Betreuers vergleichbar (also niedriger) sein, da er seine Dienste nicht mit Gewinnerzielungsabsicht, sondern aus anderen Motiven erbringt. Der Gesetzgeber geht bei ehrenamtlichen Betreuern von familiären Beziehungen oder besonderen persönlichen Beziehungen aus (BT-Drs. 19/24445, 367).

Im Einzelfall kann ein praktisches Bedürfnis bestehen, in denen dies dem Betreuteninteresse dient und/oder dessen ausdrücklichem Wunsch entspricht, einen fachkundigen *Einzelbetreuer* (zB Rechtsanwalt, Sozialpädagogen) zu bestellen und dessen Tätigkeit angemessen zu vergüten. Angemessen im Sinne des § 1876 S. 2 ist eine Vergütung, die leistungsgerecht ist und vom Betreuten getragen werden kann (Gerold/Schmidt/Müller-Rabe RVG § 1 Rn. 381). Im Allgemeinen ist eine Vergütung nur angemessen, wenn sie dem übrigen Berufseinkommen des Betreuers, im Falle eines Rechtsanwalts also dem des Rechtsanwalts, entspricht (Gerold/Schmidt/Müller-Rabe RVG § 1 Rn. 382). Wie hier unterscheidet auch Grüneberg/Götz BGB (Rn. 5) zwischen dem (professionell) tätigen Einzelbetreuer, ohne beruflicher Betreuer zu sein, und einem (zB dem Betreuten nahestehenden) ehrenamtlichen Betreuer im engeren Sinne.

Die Ermessensvergütung nach Abs. 2 zählt zu den Einkünften aus sonstiger selbständiger Tätigkeit nach § 18 Abs. 1 Nr. 3 EStG (BFH NJW 2011, 108).

Hingegen sind die Leistungen von allen Betreuern nach § 4 Nr. 16 S. 1k) UStG bzw. von Vormündern und Ergänzungspflegern nach Nr. 25 S. 4c) seit 1.7.2013 generell von der Umsatzsteuer befreit.

IV. Geltendmachung der Vergütung

Der ehrenamtliche Betreuer kann nach FamFG § 292 beim Betreuungsgericht **5** die Festsetzung einer Vergütung durch gerichtlichen Beschluss beantragen (zu den Einzelheiten vgl. → FamFG § 292 Rn. 1 ff.). Dies gilt für eine Vergütung für berufliche Betreuer nach dem VBVG ebenso wie für eine Vergütung nach Ermessen entsprechend S. 2. Von den Fällen des VBVG § 12 abgesehen, bei denen es ausschließlich auf den tatsächlichen Zeitaufwand ankommt, wird man bei der Ermessensvergütung nach S. 2 von der Darstellung nach Datum, Art und Dauer jeder Einzeltätigkeit absehen können. Vielmehr ist der Zeitaufwand in seiner ungefähren Größenordnung festzustellen (Grüneberg/Götz BGB Rn. 8). Bei pauschalen Ansätzen (→ Rn. 9) muss dieser nachvollziehbar und die Grundlage erkennbar sein. Die Verjährungsfrist der Ansprüche, die auf einer Ermessensvergütung beruhen, beträgt 3 Jahre und unterscheidet sich insoweit von der Frist des § 16 VBVG. Gegenansprüche, die sich auf mangelnde Amtsführung stützen, können im Festsetzungsverfahren nicht berücksichtigt werden (BGH BtPrax 2012, 163); der Vergütungsanspruch endet mit Aufhebung der Betreuung (BGH BtPrax 2013, 252). Mit Rechtskraft des Festsetzungsbeschlusses können Zinsen entsprechend BGB § 291 verlangt (OLG Hamm BtPrax 2003, 81) und die Zwangsvollstreckung betrieben werden (→ FamFG § 292 Rn. 33). Die Abtretung des Vergütungsanspruchs an eine anwaltliche Verrechnungsstelle ist auch ohne Zustimmung des Betreuten zulässig (BGH FamRZ 2013, 1392).

6 Die anderen Betreuertypen (beruflicher Betreuer, Vereinsbetreuer und Betreuungsverein) erhalten bei Vorliegen der Voraussetzungen grundsätzlich eine Vergütung nach dem VBVG. Das Vergütungsverbot für den Betreuungsverein entfällt. Der Behördenbetreuer kann eine Ermessensvergütung erhalten. Differenzierte Regelungen finden sich im VBVG (§§ 5 Abs. 1, 6 Abs. 1, 7 Abs. 2, 13 Abs. 1, 14 Abs. 1 und 14 Abs. 3). Die Generalverweisung erfolgt über § 1875 Abs. 2.

§ 1877 Aufwendungsersatz

(1) [1]**Macht der Betreuer zur Führung der Betreuung Aufwendungen, so kann er nach den für den Auftrag geltenden Vorschriften der §§ 669 und 670 vom Betreuten Vorschuss oder Ersatz verlangen.** [2]**Für den Ersatz von Fahrtkosten des Betreuers gilt die in § 5 des Justizvergütungs- und -entschädigungsgesetzes für Sachverständige getroffene Regelung entsprechend.**

(2) [1]**Zu den Aufwendungen gehören auch die Kosten einer angemessenen Versicherung gegen Schäden, die**
1. dem Betreuten durch den Betreuer zugefügt werden können oder
2. dem Betreuer dadurch entstehen können, dass er einem Dritten zum Ersatz eines durch die Führung der Betreuung verursachten Schadens verpflichtet ist.

[2]**Kosten für die Haftpflichtversicherung des Halters eines Kraftfahrzeugs gehören nicht zu diesen Aufwendungen.**

(3) **Als Aufwendungen gelten auch solche Dienste des Betreuers, die zu seinem Gewerbe oder Beruf gehören.**

(4) [1]**Der Anspruch auf Aufwendungsersatz erlischt, wenn er nicht binnen 15 Monaten nach seiner Entstehung gerichtlich geltend gemacht wird.** [2]**Die Geltendmachung beim Betreuungsgericht gilt als Geltendmachung gegen den Betreuten.** [3]**Die Geltendmachung gegen den Betreuten gilt auch als Geltendmachung gegen die Staatskasse.**

(5) [1]**Das Betreuungsgericht kann eine von Absatz 4 Satz 1 abweichende kürzere oder längere Frist für das Erlöschen des Anspruchs bestimmen sowie diese gesetzte Frist auf Antrag verlängern.** [2]**Mit der Fristbestimmung ist über das Erlöschen des Ersatzanspruchs bei Versäumung der Frist zu belehren. Der Anspruch ist innerhalb der Frist zu beziffern.**

I. Überblick

1 Der Regelungsgehalt von BGB § 1835 aF ist durch diese Vorschrift in das Betreuungsrecht übertragen worden. Die Regelungen sind nur für den ehrenamt-

lichen Betreuer anwendbar. Es entfällt der Gegenbetreuer. Die bisher ergangene Rechtsprechung kann weiterhin herangezogen werden.

Nur der *ehrenamtliche Betreuer* kann unmittelbar Aufwendungsersatz unter den Voraussetzungen des § 1877 in jedem Falle geltend machen, einen Anspruch auf Vergütung nach § 1876 jedoch nur in den dort genannten Ausnahmefällen. Steht dem Betreuer ein Vergütungsanspruch nicht zu, kann er statt des Aufwendungsersatzes die Aufwandspauschale nach § 1878 beanspruchen. Der Anspruch auf Ersatz von Aufwendungen ist nach § 256 S. 1 von der Zeit der Aufwendung an zu verzinsen, der Zinssatz beträgt 4 % pro Jahr, § 246 (OLG Hamm BtPrax 2003, 81). Verzugszinsen nach § 288 (5 Prozentpunkte über dem Basiszinssatz), setzen allerdings eine verzugsbegründende Mahnung voraus (LG Karlsruhe FamRZ 2004, 1816).

Ein *beruflicher Betreuer* erhält eine Vergütung nach VBVG Abschnitt 2. Damit sind auch Ansprüche auf Ersatz von Aufwendungen abgegolten (VBVG § 10 S. 1), so dass ein Anspruch nach § 1877 nur mittelbar durch Verweisung aus dem VBVG hierher in Betracht kommt. Ausgenommen sind die beruflichen Dienste des Betreuers, für die ein anderer Betreuer einen entsprechenden Fachmann (zB Rechtsanwalt, Steuerberater, usw.) hinzuziehen würde, VBVG § 10 S. 2.

Etwas anderes gilt nur für Sonderfälle der Betreuung nach § 11 VBVG.

II. Aufwendungen

Aufwendungen sind *freiwillige Vermögensopfer,* die der ehrenamtliche Betreuer 2
für die Wahrnehmung seiner Aufgaben aufwenden muss. Dies sind va bare Auslagen des Betreuers. wie zB Portokosten, Telefongebühren einschließlich Telefax, Fotokopien, Reisekosten für Fahrten zum Betreuten, zum Gericht oder zur Betreuungsbehörde (zu den Einzelheiten → Rn. 6 ff.). Die Regelungen des JVEG sind nur für die Höhe der Fahrtkosten (→ Rn. 6) entsprechend anzuwenden.

III. Zum Zwecke der Betreuung

Ersatzfähig sind nur die Aufwendungen, die dem ehrenamtlichen Betreuer 3
zum Zwecke der Führung der Betreuung entstehen. Für Tätigkeiten vor der Betreuerbestellung kann keine Aufwandspauschale verlangt werden (BGH FamRZ 2020, 601) und auch nicht für die Zeit nach Ablauf einer vorläufigen Betreuerbestellung bis zum Wirksamwerden der endgültigen Bestellung (OLG Hamm BtPrax 2007, 39). Die Aufwendungen müssen im Rahmen des übertragenen Aufgabenkreises (hierzu → BGB § 1815 Rn. 23 ff.) erfolgen. Nur bei der Wahrnehmung von Tätigkeiten, die hiervon gedeckt sind, können ersatzfähige Aufwendungen entstehen. Es handelt sich hierbei um Tätigkeiten, die bei einem beruflichen Betreuer auch vergütungsfähig wären, auf die Darstellung der vergütungsfähigen Tätigkeiten wird daher verwiesen (→ BGB § 1876 Rn. 3 ff.). Daher kann auch ein Verfahrenspfleger keine Vergütung verlangen für Aktivitäten, die den ihm zugewiesenen Aufgabenbereich überschreiten (OLG Oldenburg FamRZ 2005, 391; OLG Köln BeckRS 2008, 19923). Zum anderen kommen aber auch nur Aufwendungen in Betracht, die dem Betreuer selbst für seine Aufgaben entstehen. Dagegen werden Ausgaben für den Betreuten vom Aufwendungsersatz grundsätzlich nicht erfasst (Karmasin BtPrax 1998, 133). Wenn der Betreuer für den Betreuten notwendige Anschaffungen tätigt (Kleidung, Möbel oÄ), eine

Wohnungsrenovierung veranlasst, für ihn eine Haushaltshilfe oder eine ärztliche Behandlung bezahlt (weitere Beispiele bei Karmasin BtPrax 1998, 133), so handelt es sich nicht um Aufwendungen zum Zwecke der Führung der Betreuung. Hier ist der Betreuer vielmehr darauf verwiesen, die Aufwendungen zu Lasten des Vermögens des Betreuten zu veranlassen oder für deren Finanzierung hierfür vorgesehene Sozialleistungen geltend zu machen (Dodegge/Roth Teil F Rn. 8). Dies gilt auch für Aufwendungen, die zu Lasten anderer erfolgen. So sind die Kosten eines Schlüsseldienstes zum Öffnen der Wohnung zum Zwecke der zwangsweisen Vorführung des Betroffenen zu einer Untersuchung von der Betreuungsbehörde zu tragen und daher nicht Bestandteil des Aufwendungsersatzes des Betreuers (LG Limburg BtPrax 1998, 116). Das Gleiche gilt für die Kosten der Beschaffung eines Passes (Lichtbild, Verwaltungsgebühr etc.) für den Betreuten (BayObLG FamRZ 2003, 405).

4 *Vermögensschäden* des Betreuers, also unfreiwillige Vermögensopfer, sind allenfalls ausnahmsweise ersatzfähig, wenn der Betreuer freiwillig ein im Interesse des Betreuten unbedingt erforderliches Schadensrisiko eingegangen ist (MüKoBGB/Fröschle § 1877 Rn. 16). Nicht ersatzfähig sind allerdings Schäden, die dem Betreuer durch den Betreuten zugefügt werden (LG Hamburg BtPrax 2002, 270 – beschädigte Bürotür). Der Betreute haftet dann nach den allgemeinen Grundsätzen.

Nicht ersatzfähig sind die durch den Betreuer eingesetzte *Arbeitszeit* und der Zeitaufwand für die Betreuung, diese können lediglich im Rahmen einer evtl. Vergütung nach § 1876 oder als Berufsdienste nach Abs. 3 (→ Rn. 10 ff.) berücksichtigt werden. Hiervon zu unterscheiden ist allerdings die umstrittene Frage, ob auch *Verdienstausfälle* des Betreuers ersatzfähige Aufwendungen sind (→ Rn. 10).

IV. Erforderliche Aufwendungen

5 Aus der Verweisung auf § 670 ergibt sich, dass der Betreuer nur Ersatz für Aufwendungen verlangen kann, die er den Umständen nach für erforderlich halten durfte. Die Erforderlichkeit ist daher zu beurteilen aus Sicht des Betreuers (BayObLG FamRZ 2002, 638; Dodegge/Roth Teil F Rn. 9). Der Ersatzanspruch besteht für Aufwendungen, die der Betreuer unter Beachtung der ihm nach § 1826 BGB obliegenden Sorgfalt den Umständen nach für erforderlich halten durfte (LG Hamburg BtPrax 2003, 43 für Anfertigung von Fotokopien), auch wenn sich dies nachträglich als Fehlbeurteilung herausstellen sollte. Entscheidend ist die Sicht des sorgfältig abwägenden Betreuers. Was über das hinaus geht, was ein vernünftiger Mensch für angemessen hält, ist nicht erstattungsfähig (BayObLG BtPrax 2005, 34). Der Betreuer hat daher grundsätzlich auch zu beurteilen, wie häufig er den Betroffenen besucht und hierfür Fahrtkosten geltend macht. Eine Regel, wonach ein Besuch eines im Altenheim lebenden Betreuten nur ein oder maximal zweimal im Monat erfolgen darf (so LG Mainz BtPrax 2002, 174; 1997, 245) ist daher nicht anzunehmen. Vielmehr kommt es jeweils auf die Besonderheiten des Einzelfalles an. Die persönliche Kontaktaufnahme mit dem Betreuten gehört immer zu den Aufgaben eines Betreuers. Es können daher auch wöchentliche Besuche erforderlich sein, wenn dies zur seelischen Stabilisierung notwendig ist und nicht von anderen Diensten geleistet werden kann (BayObLG BtPrax 2003, 130). Aber auch die zur Verständigung zwischen Betreuer und Betreuten erforderlichen Kosten eines Dolmetschers dürften zu den erstattungsfähigen Aufwendungen gehören (Bienwald/

Felix BGB § 1977 Rn. 62). Gleiches gilt für die Kosten des Einsatzes einer Drittperson in begründeten Fällen (BayObLG FamRZ 2004, 565)

V. Ersatzfähige Aufwendungen

1. Fahrtkosten

Ersatzfähig sind die erforderlichen Fahrtkosten des Betreuers zum Gericht, zu Behörden, zu Besuchen des Betroffenen etc. (Bienwald/Felix § 1877 Rn. 41 f.). Für den Ersatz von Fahrtkosten gilt die in § 5 JVEG für Sachverständige getroffene Regelung entsprechend (Abs. 1 S. 2). Ersetzt werden danach die tatsächlich entstandenen Kosten für die Benutzung des preiswertesten öffentlichen Beförderungsmittels bis zur ersten Wagenklasse. Bei Fahrten mit dem eigenen PKW wird die in § 5 Abs. 2 JVEG vorgesehene Pauschale von 0,42 EUR für jeden gefahrenen Kilometer berücksichtigt. Hinzu kommen bare Auslagen wie zB Parkentgelte. Mit der Pauschale sind alle Aufwendungen im Zusammenhang mit dem PKW abgegolten, so dass zB Ersatz von zusätzlich angeschafften Winterreifen nicht in Betracht kommt (LG Koblenz BtPrax 1997, 247). 6

2. Porto, Telefon, Telefax

Ersatzfähig sind auch die notwendigen Kosten für Porto, Telefon und Telefax, die durch Gespräche, Briefsendungen und Telefaxkontakte mit den am Betreuungsverfahren beteiligten Personen und Stellen entstehen. Auch hierbei ist grundsätzlich die *preiswerteste Möglichkeit des Telefonierens* zu wählen. Angesichts der weit verbreiteten Flatrate-Tarife sowohl bei Festnetzanschlüssen als auch bei Mobilfunkverträgen spielt zwar die Art des Telefonierens insoweit keine Rolle, es sei denn es kommen Zusatzkosten, zB für Auslandsgespräche hinzu. Jedoch ist bei Flatratetarifen ein Nachweis des Aufwands für das einzelne Gespräch allenfalls mit großem Aufwand in Form einer Aufteilung aller geführten Gespräche zu führen. Nicht zu erstatten sind jedenfalls die anteiligen Anschaffungskosten für Telekommunikationsgeräte (Bach BtPrax 1995, 8). 7

3. Versicherungskosten, Eigenschäden des Betreuers

Durch die ausdrücklich in Abs. 2 geregelte Erstattungsfähigkeit der Kosten einer *Haftpflichtversicherung* soll der ehrenamtliche Betreuer von den Kosten einer entsprechenden Schädigung freigestellt werden. Erstattungsfähig sind dabei die Versicherungsprämien für eine Versicherung gegen jede Haftung des Betreuers für Schäden des Betreuten oder Dritter, für eine deliktische Haftung ebenso wie für eine vertragliche (vgl. Erman/Posselt BGB § 1877 Rn. 13 f.). Für ehrenamtliche Betreuer schließen die Länder eine Sammelhaftpflichtversicherung ab (BT-Drs. 19/24445, 298), insoweit dürfte zusätzlicher Versicherungsschutz nicht in Betracht kommen und entsprechende Kosten nicht anfallen. Im Einzelfall kann das Betreuungsgericht den ehrenamtlichen Betreuer verpflichten eine weitere Versicherung abzuschließen, um einen größeren Schaden abzudecken (BT-Drs. 19/24445, 298 (368)), diese Kosten sind erstattungsfähig. 8

Eine Versicherung für Eigenschäden des ehrenamtlichen Betreuers liegt dagegen allein in seinem eigenen Interesse, die Kosten hierfür sind daher nicht erstattungsfähig (vgl. Deinert; Bauer/Lütgens/Schwedler; HK-BetreuungsR Rn. 112).

Dies gilt insbesondere für eine Kasko- oder Unfallversicherung. Allerdings sind Betreuer uU nach § 2 Abs. 1 Nr. 9 SGB VII in der gesetzlichen Unfallversicherung gegen Unfälle versichert (MüKoBGB/Fröschle BGB § 1877 Rn. 28), insoweit käme eine private Versicherung mangels Erforderlichkeit ohnehin nicht in Betracht, es sei denn das Gericht weist den Abschluss einer Versicherung an (→ BGB § 1862 Abs. 3 S. 1).

Erstattungsfähig sind die *angemessenen* Versicherungskosten. Der ehrenamtliche Betreuer ist daher gehalten, eine möglichst preiswerte Versicherung abzuschließen, soweit neben der bestehenden Sammelhaftpflichtversicherung der Länder überhaupt Bedarf besteht. In diesem Sinne dürfte es angebracht sein, den Versicherungsschutz der bestehenden Sammelhaftpflichtversicherung anzupassen, soweit das Gericht einen höheren Versicherungsschutz anweist. Ansonsten ergeben sich keine Gründe dafür, einen zusätzlichen, parallel zur Sammelhaftpflichtversicherung bestehenden Versicherungsschutz abzuschließen.

Die Kosten einer *Kfz-Haftpflichtversicherung* sind ausdrücklich ausgenommen (Abs. 2 S. 2), um uU schwierige Abgrenzungen bei teilweise privat und teilweise für die Betreuung genutztem PKW zu vermeiden.

Nicht erstattungsfähig sind auch die Schäden, die der Betreute dem Betreuer zufügt, jedenfalls soweit er vorsätzlich handelt bzw. schuldunfähig ist. Andernfalls greift uU die Haftpflichtversicherung des Betreuten ein, ggf. auch im Rahmen des § 839 BGB. Das Gericht kann den Abschluss einer Haftpflichtversicherung durch den Betreuer für Schäden gegen den Betreuten anweisen (Ermann/Posselt BGB § 1877 Rn. 13).

Aufwendungsersatz und Aufwandspauschale für ehrenamtliche Betreuer bleiben bis zu einer Höhe von jährlich 3.000 EUR steuerfrei (NJW 2021, 2695).

4. Schreibmaterial- und Kopierkosten

9 Auslagen für Schreibpapier, Umschläge, Quittungsblocks, Aktendeckel und sonstige Materialien sind ersatzfähig, wobei die Zuordnung zu einer konkreten Betreuung erforderlich ist (LG Koblenz BtPrax 1997, 247; Erman/Posselt BGB § 1877 Rn. 8). Bei kleineren Aufwendungen dieser Art kann aber auch eine pauschalierte Abrechnung erfolgen (AG Mühldorf Rpfleger 1993, 154). Sind Barauslagen neben einer Vergütung zu erstatten, wird man diese Kosten jedoch als in den Vergütungsstundensätzen enthalten anzusehen haben (OLG Zweibrücken Rpfleger 2003, 364). Für mit eigenem Gerät angefertigte S/W-Kopien können nach inzwischen hM für jede Seite 0,15 EUR verlangt werden (Bienwald/Sonnenfeld/Harm/Bienwald BtG Rn. 22 mwN). Bei Farbkopien dürfte das Doppelte angemessen sein. Im Falle einer anwaltlichen Verfahrenspflegschaft hat der BGH (BtPrax 2014, 80) allerdings auch 0,50 EUR für die ersten 50 Kopien in Anlehnung an RVG VV Nr. 7000 Nr. 1 nicht beanstandet, was jedoch bei Dauerbetreuungen nicht sinnvoll ist. Erman/Posselt BGB (§ 1877 Rn. 8) zählt hingegen die mit eigenem Kopierer gefertigten Kopien zu den nicht erstattungsfähigen Allgemeinkosten. Eine Analogie zu JVEG § 7 Abs. 2 ist nicht gerechtfertigt. Eingehende Faxschreiben sind erstattungsfähige (Fern-)kopien.

5. Verdienstausfall

10 Abgesehen vom Ersatz für Berufsdienste (→ Rn. 15) kann der Betreuer Ersatz für aufgewandte Zeit und Arbeitskraft nicht verlangen (→ Rn. 3). Umstritten ist die Frage, ob auch ein Verdienstausfall wegen Wahrnehmung von Betreueraufga-

ben während der Arbeitszeit erstattungsfähig ist (dagegen: MüKoBGB/Fröschle § 1877 Rn. 19 mwN). Hierbei handelt es sich nicht um eine Vergütung für die Tätigkeit des Betreuers, die nur unter den Voraussetzungen des § 1876 in Betracht kommt, sondern um den Ausfall von Einnahmen, die ansonsten hätten erzielt werden können. Dennoch würde eine Bejahung auf eine Umgehung der klaren Trennung von Vergütung und Aufwendungsersatz hinauslaufen. Dodegge/Roth (Teil F Rn. 25) bejahen den Anspruch, wenn eine wichtige Angelegenheit des (ehrenamtlichen) Betreuers nicht außerhalb der Arbeitszeit erledigt werden kann (so auch noch die Vorauflage). Der Verdienstausfall ist durch einen Nachweis des Arbeitgebers nachzuweisen.

6. Personalkosten für Hilfskräfte, Allgemeine Bürokosten

Die zahlreichen hierzu vertretenen Meinungen in Literatur und Rechtspre- 11
chung sind zumindest im Betreuungsrecht weitestgehend überholt, da sie sich fast ausschließlich auf Berufsbetreuer bezogen haben, für die ein gesonderter Aufwendungsersatz ausgeschlossen ist (→ VBVG § 10 Rn. 1 ff.). Relevant ist ein eventueller Ersatzanspruch daher nur noch für unentgeltlich geführte Betreuungen, für Betreuungen mit Ermessensvergütung (→ BGB § 1876 Rn. 1 ff.) oder für Sonderfälle gem. → VBVG § 11 Rn. 1 ff.

Bei der *Ermessensvergütung* wird diese sinnvoller Weise so bemessen, dass die Kosten für Hilfskräfte über die Höhe der Vergütung abgedeckt sind. Für die *Sonderfälle des VBVG § 11* gilt: Werden Kernaufgaben von Hilfskräften wahrgenommen, kann keine Erstattung erfolgen, da diese nicht delegiert werden dürfen. Bei *untergeordneten Tätigkeiten* ist eine Delegation hingegen zulässig und eine Erstattung sinnvoll; sie hat daher auch zu erfolgen, soweit dadurch eine Kostensenkung beim Zahlungspflichtigen (Betreuten oder Staatskasse) eintritt; die Kosten dürfen in solchen Fällen die Vergütung des beruflichen Betreuers nicht überschreiten (MüKoBGB/Fröschle § 1876 Rn. 14 f.).

Beim *ehrenamtlichen Betreuer* stellt sich die Frage, ob er gerade wegen der Ehrenamtlichkeit grundsätzlich gehalten ist, auf die Zuziehung von ersatzpflichtigen Hilfskräften zu verzichten. Für den ehrenamtlichen Betreuer sollte dies aufgrund der geringen Anzahl von Betreuungen, die ein ehrenamtlicher Betreuer übernimmt, nachrangige Bedeutung haben. Aufgrund der Qualitätsoffensive, die mit der Änderung des Betreuungsrechts für die ehrenamtlichen Betreuer einhergeht und der geringen Anzahl von übernommenen Betreuungen, sollten diese grundsätzlich nicht mehr auf Hilfskräfte angewiesen sein. Für die Qualitätssicherung wird zwischen dem ehrenamtlichen Betreuer und dem Betreuungsverein/der Betreuungsbehörde eine Vereinbarung geschlossen, vgl. BtOG § 15. Der ehrenamtliche Betreuer sollte zum einen die Bereitschaft für Fortbildungen im Betreuungsrecht mitbringen und die Fähigkeit zum förmlichen Schriftverkehr und einer geordneten Dokumentenablage sowie die Einhaltung des Datenschutzes und Erreichbarkeit gewährleisten (vgl. BT-Drs. 19/24445, 368). Die ehrenamtlichen Betreuer sind bei ihren Aufgaben auch tatkräftig durch Betreuungsverein/-behörde zu unterstützen, BtOG §§ 15, 5.

Die ehrenamtlichen Betreuer mit familiärem Bezug oder persönlicher Bindung könnten hier außen vorstehen, da eine verpflichtende enge Anbindung an einen Verein von Gesetzes wegen nicht vorgesehen ist. Es bleibt zu hoffen, dass durch Weitergabe der persönlichen Daten an den Betreuungsverein (BtOG § 10) auch diese ehrenamtlichen Betreuer gut begleitet werden können.

Grundsätzlich ist davon auszugehen, dass ein ehrenamtlicher Betreuer die Betreuungstätigkeit, die üblicherweise das Ehrenamt ausmacht, einschließlich von *Hilfstätigkeiten* nicht kostenpflichtig delegieren kann (so auch OLG Celle FamRZ 2002, 1221).

Kosten für urlaubsbedingte Abwesenheit des ehrenamtlichen Betreuers dürften nicht mehr entstehen, da die Verhinderungsbetreuung sichergestellt ist (BtOG § 15 Abs. 2 Ziff. 4).

Für Schreiben können grundsätzlich nur die reinen Materialkosten (→ Rn. 9) ersetzt werden, die Inanspruchnahme von *Schreibdiensten Dritter* dürfte nur in seltenen Ausnahmefällen in Betracht kommen (weitergehend Grüneberg/Götz BGB § 1877 Rn. 9; Dodegge/Roth Teil F Rn. 21 Abrechnung nach Seiten bzw. Anschlägen zulässig).

Bei Tätigkeiten, die *über die allgemeine Führung* der Betreuung *hinausgehen,* kommt ein Aufwendungsersatz für Hilfskräfte hingegen in Betracht (Dodegge/Roth Teil F Rn. 17), wobei zu unterscheiden ist, ob es sich tatsächlich um Aufwendungsersatz handelt oder um im Namen des Betreuten erteilte Aufträge. Letzteres müsste die Regel sein, was bei Vermögenslosigkeit wiederum bedeutet, die primär dafür zuständigen anderen Kostenträger in Anspruch zu nehmen.

Allgemeine Bürokosten (Miete, Strom, PC, Literatur etc.) sind grundsätzlich in keinem der genannten Fälle als Aufwendungen ersatzfähig. Denn eine Individualisierung kann auch nicht durch Aufteilung über einen bestimmten Schlüssel erreicht werden (vgl. auch BGH FamRZ 2000, 1566). Dies ist dann nicht unbillig, wenn solche Kosten bei aufwändigen Einzelbetreuungen über § 1876 bei der Ermessensvergütung berücksichtigt werden und bei anderen ehrenamtlichen Betreuungen Einzelner die allgemeinen Bürokosten verhältnismäßig gering sind.

7. Rechtsverfolgungskosten

12 Ersatzfähig sind die Kosten einer notwendigen Rechtsverfolgung (Dodegge/Roth Teil F Rn. 20), nicht jedoch für einen Rechtsstreit gegen den Betreuten (AG Völklingen FamRZ 1996, 229) oder bei der Geltendmachung eigener Vergütungsansprüche des Betreuers (Dodegge/Roth Teil F Rn. 20). Da bei Rechtstreitigkeiten, die der Betreuer als Vertreter des Betreuten führt, in der Regel dieser Kostenschuldner ist, dürften ersatzfähige Aufwendungen des Betreuers in der Praxis kaum vorkommen.

8. Beratungs- und Fortbildungskosten

13 Nach überwiegender Auffassung sind die Kosten der Einführung des Betreuers in seine Aufgaben sowie die Fortbildungs- und Beratungskosten durch einen Betreuungsverein nicht ersatzfähig (AG Betzdorf BtPrax 1998, 243; Dodegge/Roth Teil F Rn. 30; Seitz BtPrax 1992, 82). Geschlossen wird dies in der Regel daraus, dass die ursprünglich im Gesetzentwurf vorgesehene Ersatzfähigkeit derartiger Kosten im Laufe des Gesetzgebungsverfahrens auf Anregung des Bundesrates wieder gestrichen wurde (BT-Drs. 11/4528, 110 und BT-Drs. 11/6949, 8 und 69 f.). Ein solcher Rückschluss dürfte indes unzulässig sein. Dennoch scheitert die Ersatzfähigkeit von Fortbildungskosten (zB Teilnahme an Seminaren, Kursen, Vorträgen) idR daran, dass diese nicht einer einzelnen Betreuung zugeordnet werden können. Beratungskosten (zB Schuldnerberatungsstelle, Mieterberatung, Rechtsanwalt) und hiermit im Zusammenhang stehende Aufwendungen (Fahrtkosten, Telefonkosten) können dagegen einer einzelnen Betreuung durchaus zuge-

ordnet werden und dürften dann – soweit sie erforderlich waren – auch ersatzfähig sein (so auch Dodegge/Roth Teil F Rn. 20).

VI. Ersatz der Mehrwertsteuer

14 Ehrenamtliche Betreuer sind nicht umsatzsteuerpflichtig. Soweit also dem nicht umsatzsteuerpflichtigen Betreuer Aufwendungen entstehen, die ihrerseits Umsatzsteuer enthalten (zB Büromaterialien), unterliegen diese auch nicht mehr dem Vorsteuerabzug, so dass der Betreuer sie nicht von der eigenen Umsatzsteuer abziehen kann. Die Umsatzsteuer ist daher *ersatzfähig.* Soweit es sich um umsatzsteuerfreie Aufwendungen handelt und von Pauschalen (zB Kilometergeld, Fotokopien), die nun nicht mehr als steuerbares Entgelt gelten, fehlt es bereits an einer Aufwendung.

VII. Berufsdienste als Aufwendungen

15 Abs. 3 enthält eine Ausnahme von dem Grundsatz, dass Arbeitszeit des Betreuers grundsätzlich nicht erstattungsfähig ist (→ Rn. 3). Diejenigen beruflichen Dienste sind als Aufwendungen erstattungsfähig, für die ein anderer Betreuer einen entsprechenden Fachmann hinzuziehen würde (MüKoBGB/Fröschle § 1877 Rn. 35; vgl. auch BGH BtPrax 2010, 30), also etwa Dienste als Rechtsanwalt, Steuerberater, Wirtschaftsprüfer, Therapeut etc. Aufwendungen für Berufsdienste können nur für diejenigen Tätigkeiten geltend gemacht werden, die auch zum Beruf des Betreuers gehören (BGH BtPrax 2010, 30). In diesem Falle richtet sich die Höhe des Anspruchs nach den üblichen oder festgelegten Entgelten, bei Rechtsanwälten nach RVG. Allerdings ist RVG § 1 zu beachten.

§ 1 RVG

(1) …

(2) Dieses Gesetz gilt nicht für eine Tätigkeit als Vormund, Betreuer, Pfleger, Verfahrenspfleger, Testamentsvollstrecker, … oder für eine ähnliche Tätigkeit. § 1877 Abs. 3 des Bürgerlichen Gesetzbuchs bleibt unberührt.

Hierdurch wird klargestellt, dass sich Ansprüche des als beruflichen Betreuer bestellten Rechtsanwalts allein nach § 1875 Abs. 2 und VBVG §§ 7 ff. richten und das Rechtsanwaltsvergütungsgesetz nicht anwendbar ist. Allerdings bleibt nach der ausdrücklichen Regelung in RVG § 1 Abs. 2 S. 3 § 1877 Abs. 3 unberührt. Dies bedeutet, dass bei der Entschädigung von Berufsdiensten nach Abs. 3 eine Anwendung des RVG nicht entgegensteht, weil es nicht um eine Entschädigung für die Tätigkeit als Betreuer an sich, sondern um *berufsspezifische Dienste* geht.

Ist ein Rechtsanwalt als beruflicher Betreuer tätig, kann Aufwendungsersatz für berufsbezogene Dienste immer neben der (pauschalen) Betreuervergütung verlangt werden (MüKoBGB/Fröschle § 1877 Rn. 34; HK-BetreuungsR/Maier § 1877 Rn. 19). Denn es handelt sich um eine zusätzliche, nicht von der Pauschale abgedeckte Tätigkeit, die auch delegiert werden könnte bzw. müsste, wenn der Betreuer kein Anwalt ist. Ein Wahlrecht kommt allenfalls in den Fällen in Betracht, in denen der Aufgabenkreis sich auf die anwaltsspezifische Tätigkeit beschränkt (KG FamRZ 2012, 63). Ein Antrag des anwaltlichen Betreuers auf Festsetzung pauschaler Vergütung schließt die nachträgliche Geltendmachung von Aufwendungsersatz nach VBVG § 10 und BGB § 1877 Abs. 3 für im betreffenden Zeitraum erbrachte anwaltliche Dienste nicht aus (BGH BtPrax 2014, 234). Der Anspruch nach Abs. 3 ist vom generellen Ausschluss des Aufwendungsersatzanspruchs nach VBVG § 10 S. 1 für berufliche Betreuer ausgenommen, VBVG § 10 S. 2. So kann ein Rechtsanwalt als Betreuer seine Dienste nach dem RVG abrechnen, wenn eine originär anwaltliche Dienstleistung erbracht wird, bei denen ein Laie als Betreuer Rechtsrat eingeholt hätte (BGH BtPrax 2014, 234). Dies ist zB der Fall bei der Prüfung einer schwierigen Rechtsfrage (OLG München BtPrax 2009, 34: Genehmigungsfähigkeit eines Vergleichs nach Schweizer Recht), nicht aber bei der Prüfung der Ernsthaftigkeit einer Freiwilligkeitserklärung des Betroffenen im Unterbringungsverfahren (OLG München BtPrax 2008, 219) oder gar, wenn ein Rechtsanwalt als Betreuer einen Grabpflegevertrag schließt (LG Karlsruhe FamRZ 2004, 403) oder die Vertretung des Betreuten bei einem notariell beurkundeten Verkauf eines Grundstücks (OLG München BtPrax 2009, 190). Letzteres wird man auf die Fälle einzuschränken haben in denen dem Abschluss keine aufwändigen Verhandlungen mit auch rechtlich klärungsbedürftigen Fragen sowie eine maßgebliche Beteiligung an der Vertragsgestaltung vorausgingen. Im Widerspruchsverfahren ist die Notwendigkeit der Zuziehung und damit die Anwendung des § 1877 Abs. 3 auch in einfachen Fällen dann zu bejahen, wenn der Widerspruchsführer ohne den Bevollmächtigten hilflos wäre (SG Trier BtPrax 2017, 40).

Der Rechtsanwalt kann auf eine Vergütung nach dem RVG vertrauen, wenn das Gericht ihm bei der Bestellung Einzelheiten mitteilt, die die erforderliche Heranziehung eines Rechtsanwalts begründen (BayObLG BtPrax 2002, 121).

16 Bei *Führung eines Rechtsstreits* für einen mittellosen Betreuten kann der Rechtsanwalt allerdings nur dasjenige verlangen, was ein nach Gewährung von Prozesskostenhilfe bestellter Anwalt abrechnen könnte (BayObLG BtPrax 2004, 70; 2003, 273; LG Zweibrücken FamRZ 2003, 477) bzw. die Gebühren nach dem Beratungshilfegesetz, zB für die Vorbereitung eines Regelinsolvenzverfahrens (KG FamRZ 2012, 63). Insgesamt gilt der Grundsatz, der Betreute und bei mittellosen Betreuten die Staatskasse soll keinen Vorteil daraus ziehen, dass die kostenrelevante Heranziehung eines Dritten wegen einer besonderen Qualifikation seines Betreuers unterbleiben konnte (OLG Oldenburg FamRZ 1996, 1346; BayObLG BtPrax 2003, 273). Der anwaltliche Betreuer ist daher in jedem Falle unter dem Gesichtspunkt einer kostensparenden Amtsführung gehalten, für den Betreuten Prozesskostenhilfe zu beantragen (BGH BtPrax 2007, 126; OLG Köln BtPrax 2009, 248; LSG Berlin-Brandenburg BtPrax 2009, 193; OVG Hamburg BtPrax 2009, 132). Nur wenn die Prozesskostenhilfe offensichtlich fehlerhaft endgültig verweigert wird, kann der anwaltliche berufliche Betreuer stattdessen Vergütung nach § 1877 S. 2 verlangen (BGH BtPrax 2007, 126). In gleicher Weise muss ein anwaltlicher Berufsbetreuer, der im Rahmen einer Betreuung, die auch die Vertretung des Betreuten im Strafverfahren umfasst, den Betreuten als Verteidiger vertritt, seine Beiordnung als Pflichtverteidiger beantragen (OLG Köln BtPrax 2009, 250). Gehört die Vertretung im Strafverfahren nicht zum Aufgabenkreis des Betreuers, kann dieser hierfür keine Vergütung verlangen (LG Mainz FamRZ 2009, 251). Zu seinen Aufgaben gehört dies nicht schon deshalb, weil die Verurteilung zu einer Geld- oder Freiheitsstrafe Auswirkungen auf das Vermögen oder die Aufenthaltsbestimmung haben kann (OLG Frankfurt BtPrax 2005, 197).

Der Betreuer soll die gleiche Vergütung erhalten, die ein herangezogener Dritter für seine Dienste erhalten würde. Dies gilt auch für eine psycho-soziale Therapie, die eine Betreuerin wegen ihrer besonderen Qualifikation der Betreuten erbringen kann (BayObLG BtPrax 1998, 146).

VIII. Ersatz und Vorschuss, Geltendmachung, Ausschlussfrist

In Abs. 4 wird § 1835 Abs. 1 S. 3 BGB aF übernommen. Die S. 2 und 3 übernehmen § 1835 Abs. 1 S. 3 Hs. 2 und Abs. 4 S. 2 BGB aF In Abs. 5 wird § 1835 Abs. 1a BGB aF übernommen, unter Verzicht der Mindestfrist. Der Gegenbetreuer fällt weg. 17

Der Betreuer kann Ersatz der Aufwendungen oder Vorschuss verlangen, letzteres bei vorhersehbar in der Zukunft entstehenden Aufwendungen. Der Anspruch richtet sich gegen den Betreuten, unter den Voraussetzungen des § 1879 gegen die Staatskasse (siehe Kommentierung dort → §§ 1879, 1880). Der Betreuer kann ohne Einschaltung des Betreuungsgerichts Vorschuss oder Ersatz dem Vermögen des Betreuten selbst entnehmen, soweit er hierzu im Rahmen seines Aufgabenkreises befugt ist (HK-BetreuungsR/Maier Rn. 30). Dies ist dann der Fall, wenn die *Vermögenssorge* vom Betreuer wahrzunehmen ist. In diesem Falle braucht der Betreuer die entsprechenden Beträge nur in die jährliche Abrechnung (§ 1865 Abs. 1, 2 und 3) einzustellen und kann sie selbst einbehalten. Ansonsten müsste der Anspruch gegenüber dem Betreuten geltend gemacht und von diesem erstattet werden.

Nach → FamFG § 292 (s. Erläuterungen dort) steht ein besonderes gerichtliches Verfahren zur Geltendmachung des Aufwendungsersatzes zur Verfügung. Dieses gilt bei Ansprüchen gegenüber der Staatskasse bei Mittellosigkeit (→ § 1880) oder für den Fall, dass dem Betreuer nicht die Vermögenssorge übertragen wurde.

Der *Anspruch* auf Aufwendungsersatz *erlischt,* wenn er nicht binnen 15 Monaten nach der Entstehung gerichtlich geltend gemacht wird (Abs. 4 S. 1), wobei die Geltendmachung des Anspruchs beim Betreuungsgericht auch als Geltendmachung gegenüber dem Betreuten (Prozessgericht) gilt und auch andersherum. Damit soll bei unklarer Vermögenslage des Betreuten der Betreuer nicht gezwungen sein, die Geltendmachung des Anspruchs sowohl beim Prozessgericht (bemittelter Betreuter) als auch beim Betreuungsgericht (Zahlung aus der Staatskasse) vorzunehmen (vgl. BT-Drs. 19/24445, 312). Die Ausschlussfrist gilt auch für die Berufsdienste nach Abs. 3, so dass ein Rechtsanwalt, der ausnahmsweise seine Gebühren nach dem RVG berechnen kann, hieran gebunden ist (BayObLG FamRZ 2003, 1413; OLG Frankfurt a. M. NJW 2003, 3642). Die Ansprüche entstehen in dem Zeitpunkt, in dem die Aufwendungen tatsächlich anfallen: Fahrtkosten zB an dem Tag, an dem die ersatzfähige Fahrt durchgeführt wird, Portokosten an dem Tag, an dem das fragliche Schreiben abgeschickt wird. Der Betreuer wird aus praktischen Gründen bei laufenden Betreuungen eine periodische Abrechnung vornehmen, wobei er innerhalb der 15-Monats-Frist in der Wahl des Abrechnungszeitraums frei ist. Sinn der Erlöschensregelung ist es, den Betreuer zu einer zeitnahen Abrechnung anzuhalten und den Betreuten nicht dem Risiko auszusetzen, noch Jahre später mit hohen aufgelaufenen Ansprüchen des Betreuers belastet zu werden (BT-Drs. 13/7158, 22 (24)). Das Betreuungsgericht muss den Betreuer grundsätzlich nicht auf einen drohenden Anspruchsverfall hinweisen (OLG Dresden FamRZ 2004, 137). Der Ablauf der Ausschlussfrist ist allerdings unschädlich, wenn das Gericht den Betreuer durch Falschinformationen von der Einhaltung der Frist abgehalten hat (OLG Frankfurt a. M. BtPrax 2001, 257). 18

Soweit dem Betreuer die Vermögenssorge zusteht und er deshalb auf eine gerichtliche Geltendmachung nicht angewiesen ist, wird die 15-Monats-Frist so zu verstehen sein, dass der Betreuer innerhalb dieser Frist die Aufwendungen dem Vermögen des Betreuten entnehmen muss und dass eine spätere Entnahme wegen Erlöschens des Anspruchs nicht mehr zulässig wäre. Im Übrigen ist die Frist nur gewahrt, wenn vor Ablauf ein vom Gericht hinreichend überprüfbarer Antrag eingereicht wurde (OLG München Rpfleger 2006, 73).

Das Betreuungsgericht kann eine *abweichende kürzere oder längere Frist* als Ausschlussfrist bestimmen (Abs. 5). Dem Wortlaut nach kommt daher auch eine Verkürzung der Regelfrist von 15 Monaten in Betracht, praktisch wird allerdings eher die Verlängerung der Frist auf Antrag des Betreuers in Betracht kommen. Eine Fristverlängerung kann allerdings nicht bereits in einer Erinnerung an eine Nachreichung der Abrechnung gesehen werden, sondern setzt die Bestimmung eines konkreten Schlusspunktes voraus, zu dem die Abrechnung erfolgen muss (OLG Schleswig FGPrax 2006, 119). Die dann bestimmte Frist kann auch wiederum verlängert werden (Abs. 5 S. 1). Setzt das Betreuungsgericht eine von der Regel abweichende Frist, muss über die Folgen der Versäumung (Erlöschen des Anspruchs) ausdrücklich belehrt werden (Abs. 5 S. 2). Der Anspruch muss innerhalb der Frist beziffert werden (Abs. 5 S. 3).

§ 1878 Aufwandspauschale

(1) [1]**Zur Abgeltung seines Anspruchs auf Aufwendungsersatz kann der Betreuer für die Führung jeder Betreuung, für die er keine Vergütung erhält, vom Betreuten einen pauschalen Geldbetrag verlangen (Aufwandspauschale).** [2]**Dieser entspricht für ein Jahr dem Achtzehnfachen dessen, was einem Zeugen als Höchstbetrag der Entschädigung für eine Stunde versäumter Arbeitszeit (§ 22 des Justizvergütungs- und -entschädigungsgesetzes) gewährt werden kann.** [3]**Hat der Betreuer für solche Aufwendungen bereits Vorschuss oder Ersatz erhalten, so verringert sich die Aufwandspauschale entsprechend.**

(2) [1]**Sind mehrere Betreuer bestellt, kann jeder Betreuer den Anspruch auf Aufwandspauschale geltend machen.** [2]**In den Fällen der Bestellung eines Verhinderungsbetreuers nach § 1817 Absatz 4 kann dieser den Anspruch auf Aufwandspauschale nur für den Zeitraum geltend machen, in dem er tatsächlich tätig geworden ist.**

(3) [1]**Die Aufwandspauschale ist jährlich zu zahlen, erstmals ein Jahr nach Bestellung des Betreuers.** [2]**Endet das Amt des Betreuers, ist die Aufwandspauschale anteilig nach den Monaten des bis zur Beendigung des Amtes laufenden Betreuungsjahres zu zahlen; ein angefangener Monat gilt als voller Monat.**

(4) [1]**Der Anspruch erlischt, wenn er nicht binnen sechs Monaten nach Ablauf des Jahres, in dem der Anspruch entstanden ist, gerichtlich geltend gemacht wird. § 1877 Absatz 4 Satz 2 und 3 gilt entsprechend.** [2]**Ist der Anspruch einmalig ausdrücklich gerichtlich geltend gemacht worden, so gilt in den Folgejahren die Einreichung des Jahresberichts jeweils als Antrag, es sei denn, der Betreuer verzichtet ausdrücklich auf eine weitere Geltendmachung.**

I. Einleitung

BGB § 1835a aF ist bis auf seine Abs. 3 und 5 hierher übernommen und in das Betreuungsrecht integriert worden. Der Begriff „Aufwandsentschädigung“ ist durch „Aufwandspauschale“ ersetzt worden. In Abs. 2 ist nun geregelt, wie die Pauschale bei mehreren Betreuern und bei Verhinderungsbetreuern zu berechnen ist. Darüber hinaus ist die Erlöschensfrist verlängert und die Beantragung für die Folgejahre vereinfacht worden. Die Regelung zur Aufwandspausschale gilt nur für den ehrenamtlichen Betreuer. 1

Die bisherige Regelung zu Zahlungen aus der Landeskasse (BGB § 1835a Abs. 3 aF) wird in § 1879 übernommen. BGB § 1835a Abs. 5 aF wird in § 13 VBVG aufgenommen; eine Rückverweisung in das BGB gibt es nicht, so dass die Pauschale für den Betreuungsverein ausgeschlossen ist.

Mit Wirksamwerden des KostBRÄG2025 (1.1.2026) wird die Pauschale in Abs. 1 auf das 18-fache erhöht (dann: 450 EUR). Mit Auslaufen der Infl.-AusglZahlung zum 31.12.2025 folgt die Erhöhung zum 1.1.2026 und soll neben der Preissteigerung auch die Bedeutung des Ehrenamts „hervorheben“. Die Regelung, dass bei mehreren Betreuern ein jeder die Pauschale erhält, wurde hinsichtlich der Verhinderungsbetreuer in Abs. 2 S. 2 geändert; künftig erhält dieser die Pauschale nur anteilig (siehe unten Rn. 7) (BT-Drs. 20/14259, 38).

Die Rechtsprechung kann weiterhin entsprechend angewendet werden.

Mit dem BetrInASG hat der ehrenamtliche Betreuer (→ § 19 Abs. 1 BtOG) zusätzlichen Anspruch auf eine jährliche Inflationsausgleichs-Sonderzahlung (Infl.SoZ.) iHv 24 EUR. Dieser Anspruch besteht für den gesetzlich festgesetzten Zeitraum 1.1.2024 – 31.12.2025, → § 4 Abs. 5 BetrInASG Der Anspruch kann jährlich nach Ablauf des Jahres nach Bestellung verlangt werden. Endet das Amt des ehrenamtlichen Betreuers vorzeitig, ist die Infl.-SoZ. Anteilig nach Monaten bis zur Beendigung des Amtes zu leisten. Ein Angefangener Monat gilt als voller Monat. Der Anspruch erlischt, wenn er nicht binnen sechs Monaten nach Ablauf des Jahres, in dem er entstanden ist, geltend gemacht wird, → § 4 Abs. 3 BetrInASG. Die Geltendmachung ggü. dem Betreuungsgericht gilt auch gegen den Betreuten und andersherum, → § 1877 Abs. 4 S. 2 und 3 iVm → § 4 Abs. 3 BetrInASG.

Ist der Betreute mittellos, kann die Infl.-SoZ. gegen die Landeskasse geltend gemacht werden, → § 4 Abs. 4 BetrInASG. Ob Mittellosigkeit vorliegt, ist nach → § 1880 BGB zu prüfen, es wird auf die Kommentierung dort verwiesen. Wird der Betreuer aus der Landeskasse befriedigt, gehen die Ansprüche des Betreuers auf die Staatskasse über, es wird auf die Kommentierung in → § 1881 BGB verwiesen.

Die Infl-SoZ. kann nur gemeinsam mit der Aufwandspauschale geltend gemacht werden. Der Antrag gilt als gestellt, wenn die Aufwandspauschale geltend gemacht wird. Für das Folgejahr ist die Einreichung des Berichts ausreichend, → § 1878 Abs. 4 S. 3 BGB iVm → § 5 Abs. 2 BetrInASG. Es soll ein Verfahren zur Entlastung der Gerichte geschaffen werden, so dass die bisherigen Verfahrensweisen übernommen werden, BT-Drs. 20/8864, 17.

II. Aufwandspauschale

Die Vorschrift ist unmittelbar auf die Betreuung anzuwenden und gilt nur für die ehrenamtlichen Betreuer. Die Aufwandspauschale beträgt ab dem 1.1.2026 2 das 18-fache des Höchstbetrages der Zeugenentschädigung nach § 22 JVEG, also (18 ×25 EUR =) 450 EUR pro Jahr (BT-Drs. 20/14259, 38). Ein Nachweis konkret entstandener Kosten ist für die Aufwandspauschale nicht erforderlich, sie kann jedoch nur für Betreuungen verlangt werden, für die ein *Vergütungsanspruch* nach § 1876 nicht besteht. Sollte im Einzelfall ein Aufwendungsersatz von weniger als 450 EUR für einen Jahreszeitraum gewährt werden, bleibt ein Anspruch auf ergänzende Aufwandspauschale bis zum Betrag von insgesamt 450 EUR bestehen (Deinert/Bauer/Lütgens/Schwendler Rn. 76 f.).

3 Die Aufwandspauschale ist gem. EStG § 3 Nr. 26b (eingefügt mit Wirkung 1.1.2011) *einkommensteuer*steuerfrei, soweit sie zusammen mit den anderen steuerfreien Einnahmen der Nr. 26 (sog. Übungsleiterpauschale etc.) den Betrag von 3.000 EUR nicht überschreitet. Bei EUR 450 pro Jahr (→ Rn. 1) können also die Aufwandspauschalen für sechs ehrenamtlich geführte Betreuungen steuerfrei vereinnahmt werden. Das Limit von 3.000 EUR übersteigende Beträge unterliegen der Einkommensteuerpflicht nach EStG § 18 Abs. 1 Nr. 3. Die Aufwandspauschale des Betreuers, der Leistungen nach dem SGB II bezieht, ist nach Abzug des Freibetrags von 200 EUR gem. SGB II § 11b Abs. 2 S. 3 im Monat des Zuflusses als Einkommen anzurechnen (BSG BtPrax 2018, 70 mit krit. Beitrag von Deinert BtPrax 2018, 56).

Die *Umsatz*steuerfreiheit ergibt sich bereits aus UStG § 4 Nr. 26b. Durch die in § 4 neu eingefügte Nr. 16 S. 1k sind zudem die Leistungen von Betreuern (bzw. nach Nr. 25 S. 4c) von Vormündern und Ergänzungspflegern) generell umsatzsteuerbefreit.

4 Durch die Pauschale werden sämtliche Ansprüche auf Ersatz von Aufwendungen nach § 1877 abgegolten (zur Haftpflichtsammelversicherung → § 1877 Rn. 8). Sie tritt also an Stelle des Anspruchs nach § 1877, der Betreuer kann daher nur wahlweise konkret berechneten Ersatz nach § 1877 oder die Pauschale nach § 1878 verlangen (LG München I BtPrax 1999, 205). Nur wenn bereits für Aufwendungen im gleichen Zeitraum ein Ersatz nach § 1877 gewährt wurde, ist dieser nach Abs. 1 S. 3 auf die Pauschale anzurechnen. Die Wahlmöglichkeit besteht allerdings nicht für ehrenamtliche Betreuer, die eine Vergütung nach dem BGB §§ 1875 Abs. 1, 1876 erhalten, weil dann die Voraussetzungen der Aufwandspauschale nicht vorliegen. Gleiches gilt für berufliche Betreuer, diese sind mit der Vergütung abgegolten, VBVG § 10. Auch Betreuungsvereine erhalten keinen Ersatz oder eine Pauschale, da es an einer Rückverweisung aus dem VBVG fehlt.

5 Auch die Aufwandspauschale ist vorrangig aus dem Vermögen des Betreuten zu begleichen, bei *Mittellosigkeit* (hierzu → BGB § 1880 Rn. 1 ff.) erfolgt die Zahlung aus der Landeskasse (→ § 1879). Einkommen und Unterhaltsansprüche bleiben unberücksichtigt aufgrund der neuen Regelung in § 1880.

6 Die Aufwandspauschale steht nur dem *ehrenamtlichen* Betreuer (→ § 1876 S. 1) zu, unabhängig davon, in welchem Verhältnis Betreuter und Betreuer zueinanderstehen; Mittellosigkeit, siehe Rn. 4.

III. Mehrere ehrenamtliche Betreuer

7 In Abs. 2 wurde der Anspruch auf die volle Aufwandspauschale für einen jeden von mehreren bestellten ehrenamtlichen Hauptbetreuernetreuern neu geregelt (Begriffsübernahme aus BT-Drs. 20/14259. 38). Damit ist die in der Vergangen-

heit umstrittene Ansicht klargestellt (siehe hierzu Deinert/Bauer/Lütgens/Schwendler Rn. 56). Eine Besonderheit ergibt sich beim Verhinderungsbetreuer, Abs. 2 S. 2. Hier kann die Aufwandspauschale nur für den Zeitraum geltend gemacht werden, in dem er tatsächlich tätig geworden ist. Sind Betreuer und Verhinderungsbetreuer ehrenamtliche Betreuer, ist die Pauschale zeitanteilig nur den Verhinderungsbetreuer betreffend aufzuteilen, der ehrenamtliche Hauptbetreuer erhält mit dieser Änderung die ungekürzte Pauschale (BT-Drs. 20/14259, 38).

Die ehrenamtlichen Betreuer können mit einem anerkannten Betreuungsverein/einer Betreuungsbehörde eine Vereinbarung u.a. darüber schließen, dass dieser seine Bereitschaft zur Übernahme einer Verhinderungsbetreuung zu erklären hat, vgl. BtOG §§ 22, 15, 5. Es ist hier zwischen ehrenamtlichen Betreuern mit und ohne persönlichem Näheverhältnis zum Betreuten zu unterscheiden. Diejenigen ehrenamtlichen Betreuer mit persönlichem Näheverhältnis zum Betreuten können vom Vereinbarungsangebot mit dem Betreuungsverein/der Betreuungsbehörde Gebrauch machen, was auch sehr wünschenswert ist (BT-Drs. 19/24445, 370). Die Personendaten werden nach BtOG § 10 an den Betreuungsverein weitergereicht, Kontaktaufnahme soll dann durch den Betreuungsverein erfolgen. Hierdurch und durch das Verpflichtungsgespräch (§ 1861 Abs. 2) soll über die Unterstützungsangebote aufgeklärt werden.

Ehrenamtliche Betreuer, die kein persönliches Näheverhältnis zum Betreuten haben, sollen nur dann bestellt werden, wenn sie eine Vereinbarung mit dem Betreuungsverein/der Betreuungsbehörde abgeschlossen haben, §§ 1816 Abs. 4, BtOG 22 Abs. 1. Diese umfasst auch die verpflichtende Übernahme bei Verhinderung durch den Betreuungsverein.

Durch die jeweilige Anbindung der ehrenamtlichen Betreuer an den Betreuungsverein/die Betreuungsbehörde wird versucht, die Qualität der ehrenamtlichen Betreuer so zu verbessern, dass die Betreuung lange ausgeübt werden kann und ein Übergang auf eine berufliche Betreuung vermieden wird (vgl. BT-Drs. 19/24445, 370). Das Bestehenbleiben der vollen Pauschale für den ehrenamtlichen Hauptbetreuer soll für eine positive Wahrnehmung der Verhinderungsbetreuung und Attraktivitätssteigerung zur Gewinnung ehrenamtlicher Betreuer sorgen (BT-Drs. 20/14259, 20).

Wird ein beruflicher Betreuer zum Verhinderungsbetreuer bestellt, weil der ehrenamtliche Betreuer verhindert ist, erfolgt die Vergütungsfestsetzung taggenau nach VBVG § 11 Abs. 2. Der ehrenamtliche Hauptbetreuer erhält die Aufwandspauschale ohne Abzug (s. oben).

IV. Jährliche Pauschale

Die Aufwandspauschale ist *jährlich zu zahlen,* erstmals ein Jahr nach Bestellung 8
des Betreuers (Abs. 3). Der Berechnungszeitraum bestimmt sich nach dem Zeitpunkt der Betreuerbestellung, nicht nach dem Kalender-/Rechnungsjahr. Damit sollte verhindert werden, dass auf die Betreuungsgerichte zum Jahreswechsel eine Flut von Festsetzungsanträgen zukommt. Der Anspruch entsteht nach dem Tag der Bestellung des Betreuers am gleichen Tag ein Jahr darauf und dann jeweils an den hierauf folgenden Jahrestagen (OLG Celle FamRZ 2002, 1591; LG Koblenz BtPrax 2002, 88). Ergänzt wurde die Regelung für den Fall der Beendigung der Betreuung im laufenden Jahr (zB Betreuer entlassen oder Betreuung aufgehoben).

Es folgt eine anteilige Zahlung nach Monaten, wobei ein angebrochener Monat als voller Monat gilt. Damit ist eine zeitnahe anteilige Abrechnung möglich.

V. Erlöschen des Anspruchs

9 Der *Anspruch erlischt* nach Abs. 4, wenn er nicht innerhalb von sechs Monaten nach Ablauf des Jahres (Kalenderjahres, OLG Celle FamRZ 2002, 1591), in dem er entsteht, geltend gemacht wird. Die vormals knappe Frist von drei Monaten ist auf sechs Monate verlängert worden. Er muss also bis zum 30.6. des jeweiligen Folgejahres seiner Entstehung geltend gemacht werden (OLG Frankfurt a. M. FamRZ 2005, 393). Die Erlöschensproblematik dürfte in Zukunft wohl weniger relevant sein, aufgrund Erleichterung der Antragstellung und Verlängerung der Frist auf sechs Monate. Es ist ausreichend, den Antrag einmalig ausdrücklich gerichtlich geltend zu machen. In den Folgejahren gilt die rechtzeitige Einreichung des Jahresberichts (§ 1863 Abs. 3) als Folgeantrag. Etwas anderes gilt nur bei ausdrücklichem Verzicht auf die Aufwandspauschale. Dies soll auch Anreize setzen, den Jahresbericht rechtzeitig einzureichen. Unabhängig davon darf der Antrag für die Aufwandspauschale weiterhin ausdrücklich geltend gemacht werden. In beiden Fällen muss die Ausschlussfrist von 6 Monaten beachtet werden. Änderungen der Bankdaten oder anderweitige Änderungen des Betreuers können im Berichtsvordruck aufgenommen werden (vgl. BT-Drs. 19/24445, 313).

Die Geltendmachung gegenüber dem Betreuungsgericht gilt zugleich als Geltendmachung gegenüber dem Betreuten. Dabei gilt das Gleiche, wie bei dem Anspruch nach § 1877, siehe dort Rn. 17 f.: Die Versäumung der Ausschlussfrist ist unschädlich, wenn der Betreuer an der rechtzeitigen Geltendmachung durch fehlerhafte Auskunft des Gerichts gehindert wurde (OLG Frankfurt a. M. BtPrax 2001, 257). In der gleichen Frist erlischt ein Rückforderungsanspruch der Staatskasse nach § 1 Abs. 1 Nr. JBeitrG, der zudem verwirkt sein kann (LG Dessau BtPrax 2012, 173; aA LG Detmold BtPrax 2012, 33).

10 Ein Verein oder Vereinsbetreuer hat keinen Anspruch auf die Aufwandspauschale. Ein entsprechender Verweis vom VBVG auf BGB § 1878 fehlt, das gilt auch, wenn vom Betreuungsverein ein ehrenamtlicher Mitarbeiter eingesetzt worden ist (vgl. BT-Drs. 19/24445, 397 (398)). Gleiches gilt für die Betreuungsbehörde oder den Behördenbetreuer aufgrund des Wegfalls des ehemaligen Abs. 5 § 1835a BGB aF (vgl. BT-Drs. 19/24445, 398).

§ 1879 Zahlung aus der Staatskasse

Gilt der Betreute als mittellos im Sinne von § 1880, so kann der Betreuer den Vorschuss, den Aufwendungsersatz nach § 1877 oder die Aufwandspauschale nach § 1878 aus der Staatskasse verlangen.

1 BGB § 1879 entspricht BGB §§ 1835 Abs. 4 S. 1 und 1835a Abs. 3 Hs. 1 aF und überträgt die Vorschrift in das Betreuungsrecht.

Die Vorschrift stellt nunmehr auf eine gesetzliche Fiktion der Mittellosigkeit des Betreuten ab. Maßgebend ist das Vermögen des Betreuten, der Einsatz des Einkommens entfällt (siehe Kommentierung zu BGB § 1880). Unterhaltsansprüche des Betreuten sind nicht mehr relevant, BGB § 1835a Abs. 3 Hs. 2 aF entfällt.

Die Fristen zur Geltendmachung des Aufwendungsersatzes und der Aufwandspauschale sind in §§ 1877 Abs. 4 und 1878 Abs. 4 geregelt. Siehe Kommentierung dort.

Die bisherige Rechtsprechung kann entsprechend herangezogen werden.

Der Anspruch des Betreuers auf Aufwendungsersatz/Aufwandspauschale ist aus dem Vermögen des Betreuten zu zahlen. Gilt der Betreute als mittellos (vgl. → § 1880), so kann der Betreuer den Vorschuss/Aufwendungsersatz (→ § 1877) oder die Aufwandspauschale (→ § 1878) aus der Staatskasse verlangen. Der Betreute gilt als mittellos, wenn er die Ansprüche des Betreuers aus seinem Vermögen nicht, nur zum Teil oder nur in Raten zahlen kann. Einkommen und Unterhaltsansprüche des Betreuten dürfen bei der Prüfung der Mittellosigkeit nicht mehr herangezogen werden. Damit wird die Prüfung für die Gerichte aufgrund des geringeren Arbeitsaufwandes erleichtert, vgl. Kommentierung zu → § 1880. 2

Das Verfahren richtet sich nach → § 292 FamFG; Rückerstattungen der Landeskasse richten sich nach → § 292a FamFG, siehe Kommentierung dort.

§ 1880 Mittellosigkeit des Betreuten

(1) **Der Betreute gilt als mittellos, wenn er den Vorschuss, den Aufwendungsersatz oder die Aufwandspauschale aus seinem einzusetzenden Vermögen nicht, nur zum Teil oder nur in Raten aufbringen kann.**

(2) **Der Betreute hat sein Vermögen nach Maßgabe des § 90 des Zwölften Buches Sozialgesetzbuch einzusetzen.**

I. Überblick

Die Vorschrift ersetzt BGB § 1836d und § 1836c aF und überträgt sie in das Betreuungsrecht als eigenständige Regelung. Um einen unmittelbaren Anschluss an § 1879 zu erreichen werden die Abs. in der Reihenfolge getauscht, so dass hier in Abs. 1 Mittellosigkeit (vormals § 1836d BGB aF) und Abs. 2 das einzusetzende Vermögen (vormals § 1836c BGB aF) angeführt werden. Wesentliche Änderungen gegenüber §§ 1836c und d BGB aF sind die entfallene Prüfung des Einkommens- und Unterhaltsanspruchs. Damit entfällt die Prüfung des komplexen Sozialrechts bzgl. des Einkommens in dieser Sache und ein nicht unbeachtlicher Zeitaufwand für die Gerichte. Gleiches gilt für den Unterhaltsanspruch des Betreuten ggü. einem unterhaltsverpflichteten Betreuer aus dem Familienkreis (vgl. BT-Drs. 19/24445, 314). Einzig die Berechnung des einzusetzenden Vermögens unter Verweis auf § 90 SGB XII bleibt beibehalten. Fälle von verschwenderischen Betreuten mit hohem Einkommen, ohne Vermögensbildung, bleiben unberücksichtigt, der Gesetzgeber geht davon aus, dass diese nur in geringer Zahl vorhanden sind. 1

Dahingehend entsteht ein Gleichlauf mit den Gerichtskosten in Betreuungssachen, die nur bei entsprechend hohem Vermögen (über 10.000 EUR) anfallen. 2

Die Regelung gilt unmittelbar nur für den Aufwendungsersatz und die Aufwandspauschale der ehrenamtlichen Betreuer. Insoweit findet die Rechtsprechung weiterhin Anwendung. Für die beruflichen Betreuer erfolgt bzgl. Vergütung und Aufwendungsersatz die Verweisung aus dem VBVG hierher (§ 15 Abs. 1 VBVG).

Abs. 1 bestimmt, wann der Betreute mittellos ist. Mittellos ist er, wenn die Betreuungskosten nicht bzw. nur teil-/ratenweise aus dem Vermögen gezahlt werden kann. Dies ist Voraussetzung dafür, dass der ehrenamtliche Betreuer Aufwen- 3 dungsersatz oder Aufwandspauschale (§§ 1877, 1878) und der berufliche Betreuer bei Vorliegen der Voraussetzungen die zu bewilligende Vergütung ggf. den Aufwendungsersatz aus der Staatskasse verlangen kann (VBVG § 15 Abs. 1). Abs. 2 verweist auf das SGB XII § 90 und das dahingehend einzusetzende Vermögen.

II. Vergleichsrechnung

4 Die Frage der Mittellosigkeit wird anhand eines Vergleichs zwischen den Kosten der Betreuung und des einzusetzenden Aktivvermögens des Betreuten unter Berücksichtigung des Schonbetrags nach SGB XII § 90 Abs. 2 Nr. 9 entschieden. Es muss zunächst ermittelt werden, welche Beträge dem ehrenamtlichen Betreuer als Aufwandspauschale oder Aufwendungsersatz und dem beruflichen Betreuer als Vergütung/Aufwendungsersatz (Betreuungskosten) zustehen. Dann muss festgestellt werden, ob und ggf. in welchem Umfange Vermögen des Betreuten für diese Kosten einzusetzen ist. Dies bestimmt sich nach § 1880 Abs. 2. Liegt dieser Anteil über den Betreuungskosten unter Berücksichtigung des Schonbetrags (SGB XII § 90 Abs. 2 Nr. 9, heranzuziehen ist der jeweils geltende Schonbetrag (vgl. LG Halle BtPrax 2023, 154; LG Lübeck BtPrax 2023, 108), so ist der Betroffene nicht mittellos die Betreuungskosten sind vom Betreuten zu zahlen. Sind die Kosten höher als die einzusetzenden Anteile des Vermögens, so gilt der Betroffene als mittellos. Denn dann kann der Betreute sie gar nicht oder nur zum Teil oder nur in Raten aufbringen. Die Betreuungskosten werden dann vollständig aus der Staatskasse gezahlt – nicht etwa nur anteilig, soweit sie den Eigenanteil des Betreuten übersteigen – und der Anspruch des Betreuers gegen den Betreuten geht auf die Staatskasse über (§ 1881). Unterhaltsansprüche und **Einkommen** des Betreuten sind **nicht mehr relevant.**

5 Bei der *Vergleichsrechnung* sind grundsätzlich die festsetzbaren Betreuungskosten einzustellen, die in dem vom Betreuer geltend gemachten Zeitraum angefallen sind (OLG Schleswig BtPrax 2000, 128; vgl. auch LG Koblenz BtPrax 1998, 153). Hierbei sind die jeweiligen Erlöschensfristen zu beachten (Aufwendungsersatz 15 Monate, → BGB § 1877 Rn. 18; Aufwandspauschale, → § 1878 Abs. 4). Eine Vergütung kann zudem nur nach Ablauf von jeweils drei Monaten für diesen Zeitraum geltend gemacht werden (VBVG § 14 Abs. 1). Innerhalb dieses Rahmens kann der Betreuer aber entscheiden, wann er seine Ansprüche geltend macht und für welche Zeiträume. Er kann damit auch bestimmen, welche Betreuungskosten in dieser Zeit angefallen und dem einzusetzenden Vermögen gegenüberzustellen sind. Für die Frage der Mittellosigkeit ist auf den Zeitpunkt der letzten Tatsachenentscheidung abzustellen (BGH NJOZ 2021, 1208). Davon zu unterscheiden ist der Umfang des zu vergütenden Zeitaufwandes, der sich ebenfalls danach richtet, ob der Betreute bemittelt oder unbemittelt ist (BGH NJOZ 2021, 1208).

6 Ist die Frage der Mittellosigkeit im Verfahren nach FamFG → FamFG § 292a Rn. 1 ff. (s. Kommentierung dort) nach gebotener Aufklärung (OLG Schleswig FamRZ 2004, 979; OLG Köln FGPrax 2009, 268) nicht positiv feststellbar, kann Vorschuss, Aufwendungsersatz oder Aufwandspauschale aus der Staatskasse verlangt werden (LG Zwickau BtPrax 2008, 275). Dies folgt nunmehr bereits daraus, dass auch bei nur teil-/ratenweise aus dem Vermögen nicht gedeckten Betreuungskosten Mittellosigkeit angenommen wird. Nur wenn die gesamten Betreuungskosten durch einzusetzendes Vermögen gedeckt sind, kann der Betreuer diese

vom Betreuten verlangen. Zweifelsfragen müssen anschließend im Rahmen des Forderungsübergangs nach § 1881 geklärt werden. Besteht Mittellosigkeit, scheidet die Festsetzung einer Regressforderung auch zum Zweck der dinglichen Absicherung des festsetzbaren Rückgriffsanspruchs bei später eintretender Leistungsfähigkeit des Betreuten aus (OLG Düsseldorf FGPrax 2001, 110; OLG Frankfurt a. M. BtPrax 2003, 85).

III. Zeitpunkt der Mittellosigkeit

Für die Frage, auf welchen *Zeitpunkt* es bei der Feststellung der Mittellosigkeit ankommt, muss auf den Zeitpunkt der *letzten Tatsacheninstanz* abgestellt werden (BGH NJOZ 2021, 1208); so dass eine zwischenzeitlich eingetretene Vermögensminderung zu Mittellosigkeit auch dann führen kann, wenn ursprünglich noch ausreichend Vermögen vorhanden war. Auf die Gründe der Mittellosigkeit kommt es nicht an (OLG Brandenburg FamRZ 2007, 2109). Dies gilt auch bei einem Verzicht auf das Pflichtteilsrecht (BGH FamRZ 2011, 472; LG Neuruppin BtPrax 2018, 162). Ausnahmsweise ist auf den Zeitpunkt der Entnahme von Aufwendungsersatz oder Vergütung abzustellen, wenn der Betreuer diese bereits aus dem Vermögen des Betroffenen entnommen hat (BayObLG BtPrax 1998, 233). Der Betreuer ist nicht verpflichtet, den Vergütungsantrag so frühzeitig zu stellen, dass die Vergütung noch aus dem Vermögen des Betroffenen bezahlt werden kann (OLG Schleswig BeckRS 2005, 01964; OLG Köln BtPrax 2002, 264; aA OLG München BtPrax 2009, 191). Allein durch die in VBVG § 16 Abs. 3 geregelte Ausschlussfrist soll der Betreuer zu einer zügigen Geltendmachung seiner Vergütung angehalten werden (OLG Schleswig BeckRS 2005, 01964 zu VBVG § 2 S. 2 aF; BT-Drs. 13/7158, 23 (27)). Eine weitergehende Beschränkung über die Ausschlussfrist hinaus ist durch die Entscheidung des Gerichts im Rahmen der Vorschriften zu regeln (OLG Schleswig BeckRS 2005, 01964 zu VBVG § 2 S. 2 aF; Verlängerung/Kürzung der Ausschlussfrist durch gerichtlichen Beschluss). 7

Ist der Betreute zwischenzeitlich verstorben, ist der Zeitpunkt des *Todes* entscheidend (BayObLG BtPrax 1998, 79). Die Erben müssen für die Betreuungskosten grundsätzlich das Erbe nach Maßgabe des § 1881 S. 2 einsetzen (OLG Frankfurt a. M. BtPrax 2004, 37), ohne dass zu ihren Gunsten die Vorschriften über die Mittellosigkeit des Betreuten angewandt werden können (→ BGB § 1881 Rn. 5 ff.). 8

IV. Vermögen

Sein Vermögen muss der Betreute nach Maßgabe des SGB XII § 90 einsetzen (Nr. 2). Hierzu gehört das gesamte verwertbare Vermögen, soweit es nicht zum sogenannten Schonvermögen nach SGB XII § 90 Abs. 2 (→ Anhang zu § 1880) gehört. Zu berücksichtigen ist das verfügbare Aktivvermögen; Verbindlichkeiten bleiben außer Betracht (BGH BtPrax 2022, 111), selbst wenn sie tituliert oder durch öffentlich-rechtlichen Leistungsbescheid festgesetzt sind (BayObLG FamRZ 2004, 308; BtPrax 2005, 108; LG Koblenz FamRZ 2005, 306). Der Einsatz oder die Verwertung folgender Vermögensgegenstände darf danach nicht verlangt werden: 9

– ein Vermögen, das aus öffentlichen Mitteln zum Aufbau oder zur Sicherung einer Lebensgrundlage oder zur Gründung eines Hausstandes gewährt wird,

– das staatlich geförderte Kapital einschließlich seiner Erträge, das der zusätzlichen Altersvorsorge im Sinn des Einkommensteuergesetzes dient; dies gilt auch für das in der Auszahlungsphase insgesamt zur Verfügung stehende Kapital, soweit die Auszahlung monatlich oder anderweitig regelmäßig erfolgt,
– ein sonstiges Vermögen, das nachweislich zur baldigen Beschaffung oder Erhaltung eines Hausgrundstücks für behinderte oder pflegebedürftige Menschen bestimmt ist,
– der angemessene Hausrat,
– Gegenstände, die zur Aufnahme oder Fortsetzung der Berufsausbildung oder der Erwerbstätigkeit unentbehrlich sind,
– Familien- und Erbstücke, deren Veräußerung für die Hilfesuchenden oder seiner Familie eine besondere Härte bedeuten würde,
– Gegenstände, die zur Befriedigung geistiger, besonders wissenschaftlicher oder künstlerischer Bedürfnisse dienen und deren Besitz nicht Luxus ist,
– ein angemessenes Hausgrundstück, das vom Betreuten oder nahen Angehörigen (§ 19 Abs. 1–3 SGB XII) bewohnt wird,
– ein kleiner Bar- oder sonstiger Geldbetrag.

Der anrechnungsfreie Geldbetrag wird durch die nach SGB XII § 90 Abs. 2 Nr. 9 ergangene Rechtsverordnung (s. Anhang zu § 1880) konkretisiert. Die DVO zu § 90 Abs. 2 Nr. 9 SGB XII ist mit Wirkung zum 1.4.2017 geändert worden (BGBl. 2017 I 519) und hinsichtlich der Anwendung des Schonbetrages vereinfacht worden. Der Vermögensschonbetrag beträgt für jede volljährige, aber auch alleinstehende minderjährige leistungsberechtigte Person, ohne notwendige Differenzierung der möglichen verschiedenen Leistungen (Eingliederungshilfe, Blindenhilfe, Hilfe zur Pflege) 5.000 EUR, dieser erhöht sich auf 10.000 EUR, wenn das Bürgergeld eingeführt wird. Unterhaltsberechtigte Personen (insbesondere Kinder von Leistungsberechtigten) erhalten 500 EUR (vgl. § 1 DVO zu § 90 II Nr. 9 SGB XII).

Der nach SGB XII § 60a erhöhte Freibetrag (50.000 EUR) für Leistungsbezieher aus Eingliederungshilfe zur Sicherstellung einer angemessenen Lebensführung und Aufbau einer angemessenen Alterssicherung ist bei der Prüfung des Einsatzes des Vermögens nicht anzuwenden (vgl. BGH BtPrax 2020, 25); es gilt ausschließlich der am Tag der Entscheidung geltende Barbetrag nach SGB XII § 90 Abs. 2 Nr. 9 (vgl. LG Halle BtPrax 2023, 154; LG Lübeck BtPrax 2023, 108).

10 *Verwertbar ist* jedenfalls *Grundvermögen,* das nicht als „angemessenes Hausgrundstück" zum Schonvermögen gehört, etwa, weil es wegen seiner Größe oder seines Wertes die Grenze der Angemessenheit übersteigt, oder nicht vom Betroffenen und/oder nahen Angehörigen bewohnt wird oder von letzteren nach dem Tod des Betreuten bewohnt werden soll. Hierbei ist insbesondere zu beachten, dass diese bereits mit dem Betreuten das Haus bewohnt haben müssen und nach dem Tod des Betreuten weiter dort wohnen sollen (hierzu BGH XII ZB 106/18, NJOZ 2021, 1208). Hierbei muss allerdings berücksichtigt werden, ob überhaupt im Falle der Verwertung ein die auf dem Grundstück liegenden Belastungen übersteigender Erlös erzielt werden kann (BayObLG BtPrax 1998, 31). Verwertung des nicht als angemessen anzusehenden Hausgrundstücks kann auch Beleihung desselben bedeuten (BGH BtPrax 2014, 272 zum Regress). Grundsätzlich verwertbar ist auch der Rückkaufswert einer Lebensversicherung (BGH BtPrax 2013, 65). *Nicht verwertbar* ist Vermögen, wenn der Verwertung ein rechtliches oder tatsächliches Hindernis entgegensteht, wenn die Verwertung wirtschaftlich unvertretbar ist oder nicht in angemessener Zeit durchgeführt werden kann (BayObLG FamRZ 2002, 416; OLG

Frankfurt a. M. BtPrax 2008, 269). Unverwertbarkeit liegt vor, wenn bei geerbtem Vermögen Dauertestamentsvollstreckung angeordnet ist und nur der Reinertrag des Vermögens monatlich ausbezahlt werden darf, es sei denn, der Erblasser wollte die Vergütungsansprüche des Betreuers nicht ausschließen; dies ist gegebenenfalls durch Auslegung zu ermitteln (BGH BtPrax 2013, 106, Fortsetzung BGH BtPrax 2017, 127; OLG Köln FamRZ 2009, 1091; zum „Behindertentestament" Dreher/Görner NJW 2011, 1761). Die pflichtwidrige Freigabe von Nachlassgegenständen im Rahmen einer Testamentsvollstreckung (Behindertentestament) lässt die Mittellosigkeit nicht entfallen (BGH BtPrax 2017, 206). Sittenwidrigkeit liegt wohl auch dann nicht vor, wenn ein beträchtliches Vermögen (hier: mehr als 7 Mio. EUR) im Wege des Behindertentestaments und Anordnung einer Dauertestamentsvollstreckung dem Zugriff des Staates verwehrt wird (OLG Hamm FamRZ 2017, 929; krit. Zimmermann FamRZ 2017, 934). Schließen die Anordnungen des Erblassers die Vergütungszahlungen des Betreuers nicht ausdrücklich aus, ist dieses Vermögen für die Zahlung der Vergütung heranzuziehen, ggf. ist der Anspruch geltend zu machen (LG Düsseldorf FamRZ 2018, 1197). Ein Vermächtnis ist für die Vergütungszahlung bei konkretem Vermögenszuwachs des Vermögens des Betreuten einzubeziehen, das gilt nicht, wenn lediglich der schuldrechtliche Vermächtnisanspruch besteht (LG Leipzig 1 T 967/15). Im Fall des SGB XII § 90 Abs. 2 Nr. 3 muss der Bau oder Erwerb eines Eigenheims konkret in Aussicht stehen (OLG Hamm BeckRS 2005, 11043). Sozialhilferechtlich zulässig ist es, verwertbares Vermögen in nicht verwertbares oder geschütztes Vermögen zu überführen. Dies muss auch für das Betreuungsrecht gelten (aA LG Köln FamRZ 2009, 1092). Anrechnungsfrei bleiben, wie im Sozialhilferecht, *Schmerzensgeldzahlungen* Dritter, Entschädigung wegen DDR-Haft, Rente nach OEG, Erziehungsgeld, Grundrentennachzahlung einschließlich der daraus resultierenden Zinszahlungen (BGH BtPrax 2015, 69; zu Schmerzensgeld und Zinszahlungen auch: LG Köln BtPrax 1998, 196; OLG Hamm FGPrax 2007, 171; OLG Frankfurt a. M. BtPrax 2009, 305). Diese gelten als Schonvermögen. Bedürftigkeit kann auch vorliegen, wenn Vermögen mit entsprechender Zweckbindung für die Bestattungsvorsorge angespart wird, dies gilt nicht für eine kapitalbildende Versicherung für den Todesfall (BGH BtPrax 2014, 171). Angespartes Pflegegeld stellt einzusetzendes Vermögen dar, ein Härtefall nach SGB XII § 90 Abs. 3 S. 1 ist zu verneinen, mithin ist es für die Vergütung heranzuziehen (BGH BtPrax 2020, 107). Nachzahlungen von Renten nach OEG sind als Vermögen anzusehen, soweit sie nicht binnen Jahresfrist verbraucht werden (LG Freiburg BtPrax 2020, 155).

Nach SGB XII § 90 Abs. 3 darf Sozialhilfe nicht vom Einsatz oder von der Verwertung eines Vermögens abhängig gemacht werden, soweit dies für den Betroffenen und seine unterhaltsberechtigten Angehörigen eine Härte bedeuten würde. Dies ist vor allem der Fall, soweit eine angemessene Lebensführung oder die Aufrechterhaltung einer angemessenen Alterssicherung wesentlich erschwert würde. Diese Grundsätze sind auch bei der Beurteilung der Mittellosigkeit anzuwenden (BayObLG FamRZ 1996, 245; FamRZ 2004, 566) und können uU dazu führen, dass auch ein Barvermögen nach Auszahlung einer Kapitallebensversicherung von ca. 16.000 EUR noch anrechnungsfrei bleiben kann, um eine Rente von 733 EUR monatlich aufstocken zu können (OLG München BtPrax 2009, 72; dgl. OLG Köln BtPrax 2005, 237 für aus einem NS-Härtefonds angespartes Vermögen). Ein Vermögen von 37.000,00 EUR bei einer Rentenerwartung von mehr als 1.000 EUR monatlich ist dagegen nicht mehr geschützt (LG Koblenz FamRZ 2006, 647 Ls.). Anders verhält es sich auch, wenn durch den schrittweisen **11**

Verbrauch des Vermögens lediglich der Sozialhilfebezug herausgezögert werden soll (OLG München BtPrax 2005, 191) Die Verwertung eines Hausgrundstücks ist aber dann keine Härte, wenn sichergestellt ist, dass der Betreute weiterhin dort wohnen kann (BayObLG BtPrax 1995, 217 = FamRZ 1996, 245).

12 Das verwertbare Vermögen muss so berücksichtigt werden, wie es dem Betreuten zum Zeitpunkt der letzten tatrichterlichen Entscheidung zur Verfügung steht (OLG Frankfurt a. M. BtPrax 2008, 269). Ein später eintretender *Vermögenserwerb* beseitigt die Mittellosigkeit nicht etwa rückwirkend. Allerdings kann die Staatskasse in diesem Falle den auf sie übergegangenen Rückgriffsanspruch (BGB § 1881) innerhalb von drei Jahren realisieren (siehe BGH BtPrax 2013, 29; BayObLG FamRZ 2004, 305, 306). Umstritten ist die Frage, ob ein zum Zeitpunkt der Entscheidung bereits absehbarer Vermögenszuwachs – etwa wegen Realisierung einer bestehenden Forderung – berücksichtigt werden muss (LG Arnsberg FamRZ 1998, 119 mAnm Bienwald). Es besteht jedenfalls kein Anspruch der Staatskasse auf dingliche Sicherung eines möglicherweise später entstehenden Rückgriffsanspruchs, da BGB § 1880 nicht auf SGB XII § 91 verweist (OLG Frankfurt a. M. BtPrax 2008, 269). Keine Mittellosigkeit liegt vor, wenn vorsätzlich eine Vermögenslosigkeit herbeigeführt wurde (LG Kleve BtPrax 1999, 202). Andererseits ist aber auch der Betreuer, zu dessen Aufgabenkreis die Vermögenssorge gehört, nicht verpflichtet, aus dem Einkommen des Betreuten Rücklagen zu bilden, damit hieraus die Betreuervergütung gezahlt werden kann (BayObLG FamRZ 1998, 507).

Der Rückgriffsanspruch der Landeskasse erfolgt nach → § 292a FamFG. Es wird auf die dortige Kommentierung verwiesen. Ein Beschluss über den Rückgriff hat den konkreten Betrag, Zeitraum und den Zeitpunkt der Auszahlung zu enthalten, damit eine mögliche Einrede der Verjährung für den Betreuten prüfbar ist, das Einkommen bleibt unberücksichtigt (LG Halle BtPrax 2023, 154). Des Weiteren ist bei Änderung der Vermögensverhältnisse, die anzuzeigen sind, der Beschluss ggfls. zu ändern (LG Halle BtPrax 2023, 154).

§ 1881 Gesetzlicher Forderungsübergang

[1]Soweit die Staatskasse den Betreuer befriedigt, gehen Ansprüche des Betreuers gegen den Betreuten auf die Staatskasse über. [2]Nach dem Tode des Betreuten haftet sein Erbe nur mit dem Wert des im Zeitpunkt des Erbfalls vorhandenen Nachlasses; § 102 Absatz 3 und 4 des Zwölften Buches Sozialgesetzbuch gilt entsprechend, § 1880 Absatz 2 ist auf den Erben nicht anzuwenden.

I. Überblick

1 Diese Vorschrift übernimmt BGB § 1836e Abs. 1 aF Damit ist die Regelung in das Betreuungsrecht übertragen worden. Die Institution des Gegenbetreuers entfällt, genauso wie die Prüfung der Unterhalts- und Rentenansprüche, da diese bei der Ermittlung der Mittellosigkeit nicht mehr berücksichtigt werden.

Hier wird der Forderungsübergang zugunsten der Staatskasse geregelt, wenn diese wegen Mittellosigkeit des Betreuten (§ 1880 Abs. 1) Aufwendungsersatz, Aufwandspauschale oder Vergütung an den ehrenamtlichen Betreuer oder beruflichen Betreuer (VBVG § 15 Abs. 2) gezahlt hat.

Die bisherige Rechtsprechung kann entsprechend weiter angewendet werden.

II. Forderungsübergang

2 Soweit die Staatskasse den Betreuer befriedigt, gehen Ansprüche des Betreuers gegen den Betreuten auf die Staatskasse über (Satz 1). Staatskasse ist die jeweilige Landeskasse für das örtlich zuständige Betreuungsgericht; dies gilt auch bei einem Umzug des Betroffenen in ein anderes Bundesland (OLG Köln BtPrax 2009, 81). Durch diesen Forderungsübergang auf die Staatskasse bleibt dagegen der mittellose Betreute weiterhin Schuldner, nur der *Gläubiger* des Anspruchs wechselt. Statt des Betreuers ist nunmehr die Staatskasse Forderungsinhaber. Danach muss selbst ein mittelloser Betreuter weiterhin für die Kosten der Betreuung aufkommen; der übergegangene Anspruch unterliegt der dreijährigen Regelverjährung des § 195. Die Mittellosigkeit steht dem Verjährungsbeginn nicht entgegen und führt auch nicht zu einer Hemmung der Verjährung (BGH BtPrax 2013, 29). Die Verjährung wird auch nicht durch Einleitung eines Regressverfahrens oder Anhörung der Beteiligten gehemmt (BGH BtPrax 2015, 28). Der Verfahrenspfleger kann für den Betreuten nicht die Einrede der Verjährung erheben (BGH BtPrax 2012, 252). Der Eintritt der Staatskasse ist daher praktisch nur ein (zinsloses) Darlehen. Diese generelle Rückzahlungspflicht erhaltener Leistungen ist einmalig im geltenden Recht. Selbst Sozialhilfeleistungen müssen nur in Ausnahmefällen zurückgezahlt werden, nämlich wenn sie als Darlehen gewährt wurden (SGB XII §§ 37, 38, 91) oder bei schuldhafter Herbeiführung der Sozialhilfebedürftigkeit (SGB XII § 103).

3 Voraussetzung ist, dass die Staatskasse den Betreuer „befriedigt", also tatsächlich *Zahlung* geleistet hat. Es reicht nicht aus, dass der Betreuer einen Anspruch gegen die Staatskasse geltend gemacht hat oder auch ein solcher nach FamFG § 292a bereits festgesetzt wurde. Der Zeitpunkt des Forderungsübergangs kann vor allem von Bedeutung sein, wenn der Betroffene zwischenzeitlich stirbt. Weil die Erben den Einwand der Mittellosigkeit nicht geltend machen können (→ § 1880 Rn. 8), kann der Anspruch des Betreuers nunmehr gegenüber den Erben bestehen. Ist der Betreuer aber bereits befriedigt, kann die Staatskasse nunmehr den übergegangenen Anspruch gegen die Erben geltend machen (→ Rn. 5).

4 Die Forderung geht in vollem Umfang auf die Staatskasse über. Diese kann vom Betreuten Zahlung insoweit verlangen, als dieser über Vermögen verfügt, das er nach § 1880 Abs. 2 für die Betreuungskosten einzusetzen hat. Sehr häufig wird die Staatskasse daher nur einen Teil ihrer Kosten wiederbekommen. Mittellosigkeit liegt bereits vor, wenn der Betreute die Kosten nur teilweise oder nur in Raten tragen kann (§ 1880 Abs. 1; BGH BtPrax 2013, 67). Die Staatskasse muss die Ansprüche des Betreuers dann aber in vollem Umfange befriedigen und kann ihrerseits den Betreuten insoweit in Anspruch nehmen, als er sich an den Kosten beteiligen muss; das kann auch Teil-/Ratenzahlung aus dem Vermögen an die Staatskasse bedeuten, da § 1880 Abs. 1 im Regressfall gegen den Betreuten nicht gilt (BGH BtPrax 2013, 67). Eine Regressforderung hat den konkreten Betrag, Zeitraum und den Zeitpunkt der Auszahlung zu enthalten, damit eine mögliche Einrede der Verjährung für den Betreuten prüfbar ist, das Einkommen bleibt unberücksichtigt (LG Halle BtPrax 2023, 154). Des Weiteren ist bei Änderung der Vermögensverhältnisse, die anzuzeigen sind, der Beschluss ggfls. zu ändern (LG Halle BtPrax 2023, 154). Ist der Vergütungsanspruch wegen Untreue des Betreuers zum Nachteil des Betreuten verwirkt, gilt dies auch für den auf die Staatskasse übergegangenen Anspruch gegen den vermögend gewordenen Betreuten (OLG Hamm BtPrax 2007, 134).

III. Erbenhaftung

5 Soweit eine Forderung auf die Staatskasse übergegangen ist, haften nach dem Tod des Betreuten die *Erben* für den Rückgriffsanspruch der Staatskasse, allerdings beschränkt auf den Wert des Nachlasses zum Zeitpunkt des Todes (Satz 2). Die Beschränkung der Erbenhaftung gilt auch im Fall der unmittelbaren Inanspruchnahme der Erben nach dem Tod des Betreuten (OLG Frankfurt a. M. BtPrax 2004, 37). Der Anspruch kann auch gegen die unbekannten Erben festgesetzt werden (OLG Thüringen FamRZ 2006, 645). Ist die Zahlung der Vergütung aus dem Nachlass zeitnah nicht möglich ist die Betreuervergütung zunächst durch die Staatskasse zu tragen (LG Kassel FamRZ 2015, 1317). Nachlassverbindlichkeiten sind vom Aktivvermögen in Abzug zu bringen; hierzu gehören alle Verpflichtungen, die vom Erblasser veranlasst worden sind oder durch den Erblasser bereits angelegt waren; gleich- oder nachrangige Nachlassverbindlichkeiten mindern den Nachlasswert nicht; Vermögensgegenstände setzen die Verwertbarkeit voraus; dies ist bei Immobilien grundsätzlich zu bejahen, da diese nicht nur veräußert sondern auch beliehen werden können; die Eintragung eines aufgrund Vermächtnisses einzutragenden Wohnrechts hindert die Beleihung der Immobilie nicht, was auch nicht unbillig ist (BGH BtPrax 2014, 272). Ebenfalls ist zu ermitteln, ob der Rückgriff der Staatskasse, die nicht mit einem Sozialhilfeträger gleichzusetzen ist, ausgeschlossen worden ist (LG Leipzig 01 T 471/13, juris). Vermögen des verstorbenen Betreuten, das zu Lebzeiten Schonvermögen darstellte, ist im Rückgriff gegen die Erben zugänglich (LG Verden BtPrax 2016, 84). Nachlassverbindlichkeiten wie die Kosten einer angemessenen Bestattung, sind in Abzug zu bringen (OLG Frankfurt a. M. BtPrax 2004, 37). Ob Rückforderungsansprüche des Sozialhilfeträgers zu berücksichtigen sind, ist strittig; es bestehen unterschiedliche Ansichten, ob es sich um einen vor- oder höchstens gleichrangigen Anspruch handelt (für einen vorrangigen Anspruch: OLG Frankfurt a. M. BtPrax 2004, 37; LG Saarbrücken BtPrax 2009, 88; aA LG Koblenz BeckRS 2012, 02638, OLG Stuttgart FGPrax 2007, 71; BayObLG BtPrax 2005, 151). Der BGH (BtPrax 2014, 173) hat zumindest hinsichtlich der Beschwerdeberechtigung des Sozialhilfeträgers darauf hingewiesen, dass das öffentliche Interesse an der Verringerung von Sozialausgaben durch die Festsetzung des Vergütungsbeschlusses nicht beeinträchtigt ist, da beide Ansprüche der Staatskasse zugutekommen; das dürfte im Ergebnis keine Vorrangigkeit für die Rückforderungsansprüche des Sozialhilfeträgers bedeuten, dementsprechend ist der Regress schnellstmöglich geltend zu machen. In diesem Falle findet § 1880 Abs. 2 keine Anwendung, die Erben können sich also nicht auf die Mittellosigkeit berufen.

6 Satz 2 verweist auf SGB XII *§ 102 Abs. 3 und 4*. Diese lauten:

(3) Der Anspruch auf Kostenersatz ist nicht geltend zu machen,

1. soweit der Wert des Nachlasses unter dem Dreifachen des Grundbetrages nach § 85 Abs. 1 liegt,
2. soweit der Wert des Nachlasses unter dem Betrage von 15.340 EUR liegt, wenn der Erbe der Ehegatte oder Lebenspartner der leistungsberechtigten Person oder mit dieser verwandt ist und nicht nur vorübergehend bis zum Tod der leistungsberechtigten Person mit dieser in häuslicher Gemeinschaft gelebt und sie gepflegt hat,
3. soweit die Inanspruchnahme des Erben nach der Besonderheit des Einzelfalles eine besondere Härte bedeuten würde.

(4) Der Anspruch auf Kostenersatz erlischt in drei Jahren nach dem Tod der leistungsberechtigten Person, ihres Ehegatten oder ihres Lebenspartners. § 103 Abs. 3 S. 2 und 3 gilt entsprechend.

SGB XII § 103 Abs. 3 S. 2 lautet:

Für die Hemmung, die Ablaufhemmung, den Neubeginn und die Wirkung der Verjährung gelten die Vorschriften des Bürgerlichen Gesetzbuchs sinngemäß.

Den Erben verbleibt also nach Abs. 3 Nr. 1 in jedem Falle ein Freibetrag in Höhe des dreifachen Grundbetrages nach SGB XII § 85 Abs. 1, also seit dem 1.1.2025 ein Betrag von 3.378 EUR. Weitergehend freigestellt von der Haftung sind nach Abs. 3 Nr. 2 der Ehegatte des Verstorbenen oder verwandte Haushaltsangehörige, die den Betroffenen bis zu seinem Tode gepflegt haben. Ihnen verbleibt ein Wert bis zu 15.340 EUR aus dem Nachlass. Weiterhin ist der Rückgriff nicht geltend zu machen, wenn dies eine besondere Härte bedeuten würde (Abs. 3 Nr. 3), die nur bei außergewöhnlich gelagerten Sachverhalten unter Berücksichtigung aller Umstände des Einzelfalls zu bejahen sein wird (BGH BtPrax 2014, 272). Der Rückgriffsanspruch gegen die Erben erlischt innerhalb von drei Jahren (Abs. 4), wobei nach der Verweisung über SGB XII § 103 Abs. 3 S. 2 die Bestimmungen des BGB über die Verjährung (§§ 194 ff.) entsprechend gelten. Die Verjährung wird nicht durch Einleitung eines Regressverfahrens oder Anhörung der Beteiligten gehemmt (BGH BtPrax 2015, 28).

Verfahrensrechtlich wird auf die Kommentierung zu → FamFG § 292a Rn. 1 ff. verwiesen.

Anhang

§ 90 SGB XII Einzusetzendes Vermögen

(1) Einzusetzen ist das gesamte verwertbare Vermögen.

(2) Die Sozialhilfe darf nicht abhängig gemacht werden vom Einsatz oder von der Verwertung

1. eines Vermögens, das aus öffentlichen Mitteln zum Aufbau oder zur Sicherung einer Lebensgrundlage oder zur Gründung eines Hausstandes erbracht wird,
2. eines nach § 10a oder Abschnitt XI des Einkommensteuergesetzes geförderten Altersvorsorgevermögens im Sinne des § 92 des Einkommensteuergesetzes; dies gilt auch für das in der Auszahlungsphase insgesamt zur Verfügung stehende Kapital, soweit die Auszahlung als monatliche oder als sonstige regelmäßige Leistung im Sinne von § 82 Absatz 5 Satz 3 erfolgt; für diese Auszahlungen ist § 82 Absatz 4 und 5 anzuwenden,
3. eines sonstigen Vermögens, solange es nachweislich zur baldigen Beschaffung oder Erhaltung eines Hausgrundstücks im Sinne der Nummer 8 bestimmt ist, soweit dieses Wohnzwecken von Menschen mit einer wesentlichen Behinderung oder einer drohenden wesentlichen Behinderung (§ 99 Absatz 1 und 2 des Neunten Buches) oder von blinden Menschen (§ 72) oder pflegebedürftigen Menschen (§ 61) dient oder dienen soll und dieser Zweck durch den Einsatz oder die Verwertung des Vermögens gefährdet würde,
4. eines angemessenen Hausrats; dabei sind die bisherigen Lebensverhältnisse der nachfragenden Person zu berücksichtigen,
5. von Gegenständen, die zur Aufnahme oder Fortsetzung der Berufsausbildung oder der Erwerbstätigkeit unentbehrlich sind,
6. von Familien- und Erbstücken, deren Veräußerung für die nachfragende Person oder ihre Familie eine besondere Härte bedeuten würde,
7. von Gegenständen, die zur Befriedigung geistiger, insbesondere wissenschaftlicher oder künstlerischer Bedürfnisse dienen und deren Besitz nicht Luxus ist,
8. eines angemessenen Hausgrundstücks, das von der nachfragenden Person oder einer anderen in den § 19 Abs. 1 bis 3 genannten Person allein oder zusammen mit Angehörigen ganz oder teilweise bewohnt wird und nach ihrem Tod von ihren Angehörigen bewohnt werden soll. Die Angemessenheit bestimmt sich nach der Zahl der Bewohner, dem Wohnbedarf (zum Beispiel behinderter, blinder oder pflegebedürftiger Menschen), der Grundstücksgröße, der Hausgröße, dem Zuschnitt und der Ausstattung des Wohngebäudes sowie dem Wert des Grundstücks einschließlich des Wohngebäudes,
9. kleinerer Barbeträge oder sonstiger Geldwerte; dabei ist eine besondere Notlage der nachfragenden Person zu berücksichtigen,
10. eines angemessenen Kraftfahrzeuges.

(3) [1]Die Sozialhilfe darf ferner nicht vom Einsatz oder von der Verwertung eines Vermögens abhängig gemacht werden, soweit dies für den, der das Vermögen einzusetzen hat, und für seine unterhaltsberechtigten Angehörigen eine Härte bedeuten würde. [2]Dies ist bei der Leistung nach dem Fünften bis Neunten Kapitel insbesondere der Fall, soweit eine angemessene Lebensführung oder die Aufrechterhaltung einer angemessenen Alterssicherung wesentlich erschwert würde.

VzD § 90 Abs. 2 Nr. 9 SGB XII

Eingangsformel

Auf Grund des § 88 Abs. 4 des Bundessozialhilfegesetzes in der Fassung der Bekanntmachung vom 20. Januar 1987 (BGBl. I S. 401) wird mit Zustimmung des Bundesrates verordnet:

§ 1

Kleinere Barbeträge oder sonstige Geldwerte im Sinne des § 90 Absatz 2 Nummer 9 des Zwölften Buches Sozialgesetzbuch sind:

1. für jede in § 19 Absatz 3, § 27 Absatz 1 und 2, § 41 und § 43 Absatz 1 Satz 2 des Zwölften Buches Sozialgesetzbuch genannte volljährige Person sowie für jede alleinstehende minderjährige Person, 10.000 Euro,
2. für jede Person, die von einer Person nach Nummer 1 überwiegend unterhalten wird, 500 Euro.

Eine minderjährige Person ist alleinstehend im Sinne des Satzes 1 Nummer 1, wenn sie unverheiratet und ihr Anspruch auf Leistungen nach dem Zwölften Buch Sozialgesetzbuch nicht vom Vermögen ihrer Eltern oder eines Elternteils abhängig ist.

§ 2

(1) Der nach § 1 maßgebende Betrag ist angemessen zu erhöhen, wenn im Einzelfall eine besondere Notlage der nachfragenden Person besteht. Bei der Prüfung, ob eine besondere Notlage besteht, sowie bei der Entscheidung über den Umfang der Erhöhung sind vor allem Art und Dauer des Bedarfs sowie besondere Belastungen zu berücksichtigen.

(2) Der nach § 1 maßgebende Betrag kann angemessen herabgesetzt werden, wenn die Voraussetzungen der §§ 103 oder 94 des Gesetzes vorliegen.

§ 3

Diese Verordnung gilt nach § 14 des Dritten Überleitungsgesetzes in Verbindung mit § 136 des Zwölften Buches Sozialgesetzbuch auch im Land Berlin.

§ 4

Diese Verordnung tritt am 1. April 1988 in Kraft.

§ 102 SGB XII Kostenersatz durch Erben

(1) [1]Der Erbe der leistungsberechtigten Person oder ihres Ehegatten oder ihres Lebenspartners, falls diese vor der leistungsberechtigten Person sterben, ist vorbehaltlich des Absatzes 5 zum Ersatz der Kosten der Sozialhilfe verpflichtet. [2]Die Ersatzpflicht besteht nur für die Kosten der Sozialhilfe, die innerhalb eines Zeitraumes von zehn Jahren vor dem Erbfall aufgewendet worden sind und die das Dreifache des Grundbetrages nach § 85 Abs. 1 übersteigen. [3]Die Ersatzpflicht des Erben des Ehegatten oder Lebenspartners besteht nicht für die Kosten der Sozialhilfe, die während des Getrenntlebens der Ehegatten oder Lebenspartner geleistet worden sind. [4]Ist die leistungsberechtigte Person der Erbe ihres Ehegatten oder Lebenspartners, ist sie zum Ersatz der Kosten nach Satz 1 nicht verpflichtet.

(2) [1]Die Ersatzpflicht des Erben gehört zu den Nachlassverbindlichkeiten. [2]Der Erbe haftet mit dem Wert des im Zeitpunkt des Erbfalles vorhandenen Nachlasses.

(3) Der Anspruch auf Kostenersatz ist nicht geltend zu machen,

1. soweit der Wert des Nachlasses unter dem Dreifachen des Grundbetrages nach § 85 Abs. 1 liegt,
2. soweit der Wert des Nachlasses unter dem Betrag von 15 340 Euro liegt, wenn der Erbe der Ehegatte oder Lebenspartner der leistungsberechtigten Person oder mit dieser verwandt ist und nicht nur vorübergehend bis zum Tod der leistungsberechtigten Person mit dieser in häuslicher Gemeinschaft gelebt und sie gepflegt hat,
3. soweit die Inanspruchnahme des Erben nach der Besonderheit des Einzelfalles eine besondere Härte bedeuten würde.

(4) [1]Der Anspruch auf Kostenersatz erlischt in drei Jahren nach dem Tod der leistungsberechtigten Person, ihres Ehegatten oder ihres Lebenspartners. [2]§ 103 Abs. 3 Satz 2 und 3 gilt entsprechend.

(5) Der Ersatz der Kosten durch die Erben gilt nicht für Leistungen nach dem Vierten Kapitel und für die vor dem 1. Januar 1987 entstandenen Kosten der Tuberkulosehilfe.

Einführungsgesetz zum Bürgerlichen Gesetzbuche

Art. 7 Rechts- und Geschäftsfähigkeit

(1) [1]Die Rechtsfähigkeit einer Person unterliegt dem Recht des Staates, dem die Person angehört. [2]Die einmal erlangte Rechtsfähigkeit wird durch Erwerb oder Verlust einer Staatsangehörigkeit nicht beeinträchtigt.

(2) [1]Die Geschäftsfähigkeit einer Person unterliegt dem Recht des Staates, in dem die Person ihren gewöhnlichen Aufenthalt hat. [2]Dies gilt auch, soweit die Geschäftsfähigkeit durch Eheschließung erweitert wird. [3]Die einmal erlangte Geschäftsfähigkeit wird durch einen Wechsel des gewöhnlichen Aufenthalts nicht beeinträchtigt.

Art. 7 aF enthielt in beiden Absätzen Regelungen zur Rechts- und zur Geschäftsfähigkeit. Die Neuregelung trennt nun zwischen der Rechtsfähigkeit (Abs. 1) und den Regelungen zur Geschäftsfähigkeit (Abs. 2). Die Vorschrift bezieht sich sowohl auf Minderjährige als auch auf Volljährige. Die Geschäftsfähigkeit nach Art. 7 Abs. 2 ist eng mit dem internationalen internationalen Betreuungsrecht (Art. 24) und dem Haager Erwachsenenschutzübereinkommens vom 13.1.2000 (ErwSÜ) verbunden (ausführlich MüKoBGB/Lipp EGBGB Art. 7 Rn. 4 ff.). 1

Rechtsfähigkeit bedeutet die allgemeine Fähigkeit, Träger von Rechten und Pflichten zu sein und ist weltweit anerkannt (MüKoBGB/Lipp EGBGB Art. 7 Rn. 4 mit Verweis auf Art. 6 AEMR, s. auch Art. 12 UN-BRK und → § 1 BGB). Aus Art. 3 EGBGB ergibt sich, dass die Neuregelung nur anwendbar ist, wenn im Einzelfall keine unions- oder völkerrechtliche Regelung zum Zuge kommt (BT-Drs. 19/24445, 318). Nach Abs. 1 ist grundsätzlich das durch die Staatsangehörigkeit des Betroffenen vermittelte sog. Heimatrecht maßgeblich. Bei mehreren Staatsangehörigkeiten gilt nach Art. 5 Abs. 1 S. 1 das Recht des Staates, mit dem die Person am engsten verbunden ist, bei ausländisch-deutscher Staatsangehörigkeit ist nach Art. 5 Abs. 1 S. 2 die deutsche Staatsangehörigkeit vorrangig. Als Personalstatut von Staatenlosen, Geflüchteten, und Asylberechtigten ist das Recht des Wohnsitzes bzw. des gewöhnlichen oder schlichten Aufenthalts maßgeblich (Art. 5 Abs. 2). 2

Abs. 2 knüpft für die **Geschäftsfähigkeit** an das Recht des gewöhnlichen Aufenthalts der Person an und nicht mehr, wie Art. 7 aF, an die Staatsangehörigkeit der betreffenden Person. „Diese Änderung stellt sicher, dass die Geschäftsfähigkeit von ausländischen Staatsangehörigen, die ihren gewöhnlichen Aufenthalt im Inland haben und die hier Rechtsgeschäfte tätigen, nicht mehr nach dem Heimatrecht dieser Personen einschließlich einer etwaigen Rück- oder Weiterverweisung ermittelt werden muss." (BT-Drs. 19/24445, 318). In diesen Fällen ist durch die Neuregelung grundsätzlich deutsches Recht (zB §§ 104 f., 131 Abs. 2 BGB) anwendbar, was dem Verkehrsschutz dient und den Rechtsverkehr erleichtert (BT-Drs. 19/24445, 318). Das Gesetz folgt damit dem internationalen, europäischen und nationalen Trend, die Anknüpfung an das (jeweilige) Heimatrecht durch die Anknüpfung an den (jeweiligen) gewöhnlichen Aufenthalt zu ersetzen (Wolf FamRZ 2022, 406). Der Begriff des gewöhnlichen Aufenthalts in Abs. 2 S. 1 3 gehört dem „autonomen Recht" an und ist damit nach den jeweiligen nationalen Grundsätzen auszulegen (Wolf FamRZ 2022, 406). Die Geschäftsfähigkeit eines Ehegatten, die durch die Eheschließung durch einige Rechtsordnungen ausgeweitet wird („Heirat macht mündig"), richtet sich nach Abs. 2 S. 2. Das bedeutet, dass sich die Geschäftsfähigkeit des Ehegatten nicht nach Ehewirkungsstatut (Art. 14 EGBGB) richtet, sondern nach der allgemeinen Kollisionsnorm des Abs. 2 S. 1 (MüKoBGB/Lipp EGBGB Art. 7 Rn. 59, 60). Abs. 2 S. 3 stellt klar, dass eine einmal erlangte Geschäftsfähigkeit auch nach dem Wechsel des gewöhnlichen Aufenthalts in einen anderen Staat erhalten bleibt. Dadurch wird vermieden, dass eine Person, die bereits geschäftsfähig ist, nach dem Umzug in ein anderes Land beschränkt geschäftsfähig oder gar geschäftsunfähig wird (BT-Drs. 19/24445, 318). Nach deutschem Recht ist die Entmündigung mit der gerichtlichen Entscheidung über die (beschränkte) Geschäftsunfähigkeit seit dem 1.1.1992 abgeschafft. Zu den Entmündigungen nach ausländischem Recht und der Anerkennung ausländischer Entmündigungen in Deutschland nach dem ErwSÜ (MüKoBGB/Lipp ErwSÜ Art. 22 Rn. 28 ff.)

Art. 15 Gegenseitige Vertretung von Ehegatten

In Angelegenheiten der Gesundheitssorge, die im Inland wahrgenommen werden, ist § 1358 des Bürgerlichen Gesetzbuchs auch dann anzuwenden, wenn nach anderen Vorschriften insoweit ausländisches Recht anwendbar wäre.

1 Die Vorschrift wurde als *Kollisionsnorm* (MüKoBGB/Lipp Rn. 1) zusammen mit der *korrespondierenden Norm § 1358 BGB* zum 1.1.2023 neu eingeführt. Die Vorschrift sieht eine klare Regelung darüber vor, welches Recht auf die gesetzliche Vertretung von Ehegatten in Angelegenheiten der Gesundheitssorge anzuwenden ist: Die ausschließliche Anwendbarkeit deutschen Rechts wird angeordnet (Croon-Gestefeld FamRZ 2021, 1942). Damit ist klar, dass sich § 1358 BGB „als Eingriffsnorm gegenüber den an sich vorrangigen Vorschriften der EuGüVO, EuPartVO und Rom II-VO durchsetzt. (BT-Drs. 19/24445, 319). Dies dient dem Interesse der Gesundheit einzelner, der Ehegatten und des Gesundheitswesens. Die Regelung soll sicherstellen, dass in schwierigen und unvorhersehbaren Situationen mit Auslandsbezug zeitnah insbesondere wichtige medizinische Entscheidungen getroffen und sofort umgesetzt werden können (BT-Drs. 19/24445, 31 ausf. Wagner FamRZ 2022, 407 ff., Croon-Gestefeld FamRZ 2021, 1939 ff.; Dutta FamRZ 2020, 1884).

2 Damit weicht Art. 15 von der allgemeinen Regel des Art. 24 Abs. 1 ab (MüKoBGB/Lipp Rn. 5)

Ergänzend wird ein Verweis in Art. 17b Abs. 2 ein Verweis auf die Vorschrift eingefügt, sodass eingetragene Lebenspartnerschaften und gleichgeschlechtliche Ehen ebenfalls vom Anwendungsbereich erfasst sind.

S. im Verhältnis zu weiteren internationale Abkommen MüKoBGB/Lipp Rn. 7 ff.

Art. 24 Vormundschaft, Betreuung und Pflegschaft

(1) **Die Entstehung, die Ausübung, die Änderung und das Ende eines Fürsorgeverhältnisses (Vormundschaft, Betreuung, Pflegschaft), das kraft**

Gesetzes oder durch Rechtsgeschäft begründet wird, unterliegen dem Recht des Staates, in dem der Fürsorgebedürftige seinen gewöhnlichen Aufenthalt hat.

(2) [1]**Maßnahmen, die im Inland in Bezug auf ein Fürsorgeverhältnis angeordnet werden, und die Ausübung dieses Fürsorgeverhältnisses unterliegen deutschem Recht.** [2]**Besteht mit dem Recht eines anderen Staates eine wesentlich engere Verbindung als mit dem deutschen Recht, so kann jenes Recht angewendet werden.**

(3) **Die Ausübung eines Fürsorgeverhältnisses aufgrund einer anzuerkennenden ausländischen Entscheidung richtet sich im Inland nach deutschem Recht.**

I. Überblick

1 Das EGBGB regelt das intertemporale und internationale Privatrecht. Das EGBGB legt fest, wann die im BGB enthaltenen Regelungen in zeitlicher und räumlicher Hinsicht zur Anwendung kommen. Dabei ordnen die Kollisionsnormen des IPR an, wann das Privatrecht des eigenen Staates oder das eines anderen, des sog. Heimatstaates, anzuwenden ist (MüKoBGB/Säcker Vorb. EGBGB Rn. 1). Die Prüfung des Vorrangs staatsvertraglicher Regelungen bezieht sich sowohl auf die Frage nach dem anwendbaren Recht (Art. 24 Abs. 1 und 2) als auch auf die Frage der Anerkennung ausländischer Entscheidungen (Abs. 3). Art. 24 ist eine sogenannte Kollisionsnorm, die klärt, welches Recht bei einem Auslandsbezug anwendbar ist. Art. 24 ist sowohl für Minderjährige als auch für Volljährige einschlägig. Zur Zuständigkeit der deutschen Gerichte vgl. §§ 99, 104 FamFG und Bundesamt für Justiz (BfJ). Verlegt ein Betreuter mit deutscher Staatsangehörigkeit seinen gewöhnlichen Aufenthalt in einen Staat, der dem Haager Erwachsenenschutzübereinkommen (ErwSÜ) nicht beigetreten ist, so sind die deutschen Betreuungsgerichte jedenfalls nach § 104 FamFG international zuständig und ist deutsches Recht als lex fori anzuwenden (BGH BeckRS 2025, 7487). Heute wird Art. 24 allerdings weitgehend durch internationale Abkommen **verdrängt** (Art. 3 Nr. 2 EGBGB) → Rn. 5 ff., insbesondere durch **das Haager Erwachsenenschutzübereinkommen (**ErwSÜ), so dass der Anwendungsbereich der Vorschrift insgesamt eher schmal ist (Wolf FamRZ 2022, 412; zum ErwSÜ ausführlich MüKoBGB/Lipp Rn. 31 ff. mwN).

2 Die Vorschrift führt den Begriff des **Fürsorgeverhältnisses als Oberbegriff** für Vormundschaft, Pflegschaft und Betreuung zusammen, wobei auch die Vollmacht als rechtsgeschäftliches Instrument der Rechtsfürsorge unter den Oberbegriff fällt (→ Rn. 5). **Abwesenheitspflegschaften,** § 1884 BGB, sowie für **Pflegschaften für unbekannte Beteiligte,** § 1882 BGB, sind ebenfalls erfasst. Nicht umfasst von Art. 24 ist die **Ehegattenvertretung** in Angelegenheiten der Gesundheitsfürsorge nach § 1358, die nach Art. 15 im Inland für alle Ehepaare vorrangig ist (→ Art. 15)

3 Nach Abs. 1 unterliegt ein Fürsorgeverhältnis, das kraft Gesetzes (s zu gesetzlicher Vormundschaft, gesetzlicher Vertretungsmacht für Erwachsene MüKoBGB/Lipp Art. 24 Rn. 44 ff.; Lagger-Zach BtPrax 2022, 93 ff.: Die gesetzliche Erwachsenenvertretung oder die gesetzliche Vertretung erwachsener Angehöriger nach österreichischem Recht) oder durch Rechtsgeschäft begründet wird, dem Recht des Staates, in dem der Fürsorgebedürftige seinen gewöhnlichen Aufenthalt hat.

Dies gilt für die Entstehung, Ausübung, Änderung des gesetzlichen Fürsorgeverhältnisses, ebenso bei einer Vollmacht. Auf die Staatsbürgerschaft kommt es nicht mehr an, der gewöhnliche Aufenthalt ist entscheidend. Nach Abs. 2 ist grundsätzlich deutsches Betreuungsrecht (etc.) mit Blick auf alle im Inland getroffenen Maßnahmen anzuwenden ist, dies soll die Rechtsanwendung erleichtern. Nur für den Fall, dass der Sachverhalt eine wesentlich engere Verbindung zum Recht eines anderen Staates hat, gilt Absatz 2 Satz 2. Nach Absatz 3 regelt nun den Umgang mit ausländischen Entscheidungen.

4 Bei Vorliegen einer **Vorsorgevollmacht** ist Art. 15 und Art. 16 ErwSÜ vorrangig zu beachten. Überdies wird das Vorsorgeverhältnis (Innenverhältnis zwischen Fürsorgeperson und Fürsorgebedürftigem) kollisionsrechtlich von der Rom I-VO erfasst (MüKoBGB/Lipp Rn. 33 mwN). Nach der Rom I-VO ist vorrangig das gewählte Recht anzuwenden (Art. 3 und 4 Rom I-VO).

5 Wechselt der gewöhnliche Aufenthalt des Fürsorgebedürftigen, so ändert dies die Rechtslage aus deutscher Sicht erst einmal nicht (BT-Drs. 19/24445, 321). Ein nach dem früheren Aufenthaltsrecht entstandenes Fürsorgeverhältnis bleibt auch dann bestehen, wenn das neue Aufenthaltsrecht andere Voraussetzungen für das Entstehen vorsieht. Die Regelung will, dass auch rechtsgeschäftliche Maßnahmen in Bezug auf ein Fürsorgeverhältnis bei einem Wechsel des gewöhnlichen Aufenthalts grundsätzlich aufrechterhalten bleiben. (BT-Drs. 19/24445, 321), soweit keine neuen Fürsorgemaßnahmen ergriffen werden.

II. Vorrangige Staatsverträge

6 Abs. 2 S. 1 bestimmt in Übereinstimmung mit Art. 15 Abs. 1 KSÜ und für Volljährige Art. 13 Abs. 1 **ErwSÜ,** dass deutsche Gerichte und Behörden ihr eigenes Recht anwenden, wenn sie international zuständig und keine anderen Regeln vorrangig sind (s. dazu auch Gojowczyk FamRZ 2020, 1615 ff.: Betreuungsverfahren mit Auslandsberührung). Alle Entscheidungen deutscher Gerichte einschließlich vorläufiger Anordnungen werden von Abs. 1 S. 1 erfasst. Unerheblich ist, wo sich der Betroffene aufhält. Auch bei gewöhnlichem Aufenthalt des Betroffenen im Ausland wenden deutsche Gerichte – sofern sie zuständig sind und keine Sonderregeln eingreifen – deutsches Recht an (BT-Drs. 19/24445, 321). Das Handeln eines Betreuers aufgrund einer solchen Entscheidung unterliegt ebenfalls dem deutschen Recht (BT-Drs. 19/24445, 321). Diese Regelung trägt nach Art. 22 Abs. 1 dem engen Zusammenhang zwischen Verfahrens- und Sachrecht in diesen Rechtsbereichen Rechnung und erleichtert durch die Anwendung des eigenen Rechts die Rechtsanwendung (BT-Drs. 19/24445, 321).

Eine Ausnahme sieht Abs. 2 S. 2 für die Sachverhalte vor, die eine wesentlich engere Verbindung zum Recht eines anderen Staates haben. Im begründeten Ausnahmefall kann, soweit dies ausnahmsweise im Einzelfall erforderlich erscheint, entsprechend Art. 13 Abs. 2 ESÜ anstelle des deutschen Rechts das Recht dieses anderen Staates angewendet werden.

7 Im Verhältnis zum Iran gibt es ein bilaterales Abkommen, so dass als vorrangige völkerrechtliche Vereinbarung das **deutsch-iranische Niederlassungsabkommen** vom 17.2.1929 (RGBl. 1930 II 1006; BGBl. 1955 II 829) zu beachten ist (dazu MüKoBGB/Lipp Rn. 37). Nach dessen Art. 8 Abs. 3 ist für einen Iraner in Deutschland eine Schutzmaßnahme nur nach iranischem Recht zu ergreifen. Bei mehrfacher Staatsangehörigkeit sowie bei Geflüchteten Flüchtlingen und

Asylbewerbern ist allerdings wieder an Art. 24 Abs. 2 EGBGB, mithin Betreuungsrecht, anzuknüpfen (s. dazu Winzenried BtPrax 2016, 54; Türk/Salman/Grabow Teil 6, 3).

Seit 1.1.2009 ist das **Haager Übereinkommen über den internationalen Schutz von Erwachsenen** vom 13.1.2000 (ErwSÜ) in Kraft. 2007 sind das deutsche Ratifizierungsgesetz (BGBl. 2007 II 323) und das Begleitgesetz (Erwachsenenschutzübereinkommens-Ausführungsgesetz – ErwSÜAG, BGBl. 2007 I 313) verabschiedet worden. Das ErwSÜ gilt für erwachsene Schutzbedürftige ab 18 Jahren und ist unabhängig von Staatsangehörigkeit, Wohnsitz oder Aufenthalt für Sachverhalte mit Auslandsbezug anwendbar. Es ist als staatsvertragliche Regelung anzuwenden für Belgien Estland, Frankreich, Finnland, Monaco, Österreich, Portugal, Schottland, Schweiz, Tschechische Republik, Zypern, Griechenland, Malta, Irland, Deutschland und geht Art. 24 vor. Unterzeichnet, aber bisher nicht ratifiziert haben Italien, Luxemburg, Niederlande, Polen. Die **zuständige zentrale Behörde** nach dem genannten Abkommen ist in Deutschland das **Bundesamt für Justiz,** 53094 Bonn, das Ersuchen und Mitteilungen an die zentralen Behörden der anderen Vertragsstaaten weiterleitet und unterstützt (zum Verfahren, vgl. § 104 FamFG). 8

Nach Art. 1 ErwSÜ ist das Übereinkommen bei internationalen Sachverhalten auf den Schutz von Erwachsenen, dh Personen ab 18 Jahren (Art. 2 ErwSÜ), anzuwenden, die aufgrund einer Beeinträchtigung oder der Unzulänglichkeit ihrer persönlichen Fähigkeiten nicht in der Lage sind, ihre Interessen zu schützen. „Betreuung" iSd Art. 24 ist ein kollisionsrechtlicher Systembegriff und damit nicht auf die Fürsorge durch einen gerichtlich bestellten Betreuer iSd §§ 1814 ff. BGB begrenzt, sondern erfasst alle vergleichbaren Rechtsinstitute, unabhängig ob sie kraft Gesetzes oder rechtsgeschäftlich begründet wurden. (MüKoBGB/Lipp Rn. 72 ff.). Auch betreuungsrechtliche Unterbringungsmaßnahmen nach § 1831 BGB sind umfasst sowie Unterbringungsanordnungen nach öffentlich-rechtlichen Psychisch-Kranken(hilfe)gesetzen der Länder, soweit sie auf einer **Eigengefährdung** beruhen (MüKoBGB/Lipp ErwSÜ Art. 1–4 Rn. 26). Das ErwSÜ regelt sowohl die Zuständigkeit, die Anerkennung und Vollstreckung derartiger Schutzmaßnahmen als auch das hierbei anzuwendende Recht. Das ist regelmäßig das Sachrecht des zuständigen Gerichts bzw. der zuständigen Behörde (vgl. Art. 13, 14 ErwSÜ). **Die Kollisionsnormen des ErwSÜ sind anstelle des Art. 24 anzuwenden,** wenn sich die Zuständigkeit deutscher Gerichte (auch) aus dem ErwSÜ ergibt. Vorrangig zuständig sind die Gerichte bzw. Behörden des **gewöhnlichen Aufenthalts** des Hilfebedürftigen, Art. 5 ErwSÜ. Daneben treten die subsidiär ausgestalteten Zuständigkeiten des Heimatstaates (Art. 7 ErwSÜ) und des Staates der Vermögensbelegenheit (Art. 9 ErwSÜ). Ergänzt werden diese Zuständigkeiten durch die Zuständigkeit aufgrund eines Ersuchens des Aufenthaltsstaates (Art. 8 ErwSÜ), die Eilzuständigkeit (Art. 10 ErwSÜ) und die beschränkte Zuständigkeit für vorläufige Maßnahmen (Art. 11 ErwSÜ). Sind **deutsche Betreuungsgerichte** danach zuständig, haben sie nach Art. 13, 14 ErwSÜ in der Regel deutsches Betreuungsrecht anzuwenden; auf Art. 24 kommt es insoweit nicht mehr an (MüKoBGB/Lipp ErwSÜ Art. 13 Rn. 1 ff., Türk/Salman/Grabow Teil 6, 3.). 9

Ausländische Maßnahmen aus einem Vertragsstaat des ErwSÜ werden in einem anderen Vertragsstaat automatisch **anerkannt** (Art. 22 ErwSÜ). Streitigkeiten über die Voraussetzungen und Wirkungen der Anerkennung werden inzident in dem Verfahren entschieden, in dem sie auftreten. Darüber hinaus können 10 sie nach Art. 23 ErwSÜ in einem besonderen Verfahren geklärt werden. Müssen Maßnahmen in einem anderen Vertragsstaat **vollstreckt** werden, so ist nach Art. 25 ErwSÜ eine Vollstreckbarerklärung durch den Vollstreckungsstaat erforderlich (MüKoBGB/Lipp ErwSÜ Vor Art. 22 Rn. 1 ff.). Zuständig für die Verfahren nach Art. 23 und 25 ErwSÜ sind die **Betreuungsgerichte am Sitz des OLG,** in dessen Bezirk der Betroffene seinen gewöhnlichen Aufenthalt hat, bzw. ein Fürsorgebedürfnis entstanden ist, § 6 ErwSÜAG (in Baden-Württemberg nur das AG Karlsruhe, in Berlin das AG Schöneberg, s dazu Bundesamt für Justiz).

III. Umgang mit Entscheidungen aus dem Ausland

11 Abs. 3 betrifft ausländische Entscheidungen in Bezug auf Fürsorgeverhältnisse, die im Inland anerkannt werden (§§ 108 f. FamFG). Die Ausübung des Fürsorgeverhältnisses im Inland richtet sich in diesen Sachverhalten in Anlehnung an Art. 14 ErwSÜ nach deutschem Recht. Dies steht unter dem Vorbehalt, einer Änderung, Ersetzung oder Aufhebung der ausländischen Entscheidung durch deutsche Gerichte oder Behörden (BT-Drs. 19/24445, 321). Vorrangig sind auch hier Art. 22 ff. ErwSÜ zu beachten.

IV. Verfahren

12 Soweit deutsche Staatsangehörige ihren Lebensabend im Ausland verbringen und damit kein gewöhnlicher Aufenthalt in Deutschland mehr besteht, ist für ein neu eingeleitetes Betreuungsverfahren das Amtsgericht Schöneberg zuständig (OLG Köln BtPrax 2018, 78). Wird eine unterstützungsbedürftige Person ohne eigenen Willen durch Angehörige oder Bevollmächtigte zB aus Kostengründen in ein Pflegeheim eines anderen Staates verbracht (dazu auch § 1815 Abs. 2 Nr. 3 BGB), bleibt das Amtsgericht des letzten gewöhnlichen Aufenthaltes zuständig, da durch den so begründeten Aufenthaltswechsel kein neuer gewöhnlicher Aufenthalt im Ausland entsteht (LG Augsburg BtPrax 2018, 160). Soweit ein deutsches Betreuungsgericht Maßnahmen für einen ausländischen Betroffenen ergreift, sind Belehrungs- und Verständigungspflichten nach Art. 36 und 37 des Wiener Übereinkommens über konsularische Beziehungen vom 24.4.1963 zu beachten, ebenso Abschnitt II Nr. 1 und Abschnitt XV Nr. 8 der „Mitteilungen in Zivilsachen" (MiZi). Im Interesse des Schutzbefohlenen in Betreuungs- und Unterbringungsverfahren ist die konsularische Vertretung des „Heimatstaates" zu informieren, insbesondere bei Freiheitsentziehungen.

Art. 229 § 54 Übergangsvorschrift zum Gesetz zur Reform des Vormundschafts- und Betreuungsrechts

(1) **Eine bei Ablauf des 31. Dezember 2022 bestehende Geschäftsfähigkeit besteht fort.**

(2) **Mit Inkrafttreten dieses Gesetzes am 1. Januar 2023 wird die Bestellung eines Gegenvormunds und eines Gegenbetreuers wirkungslos.**

(3) **Ist am 1. Januar 2023 ein Betreuer zur Besorgung aller Angelegenheiten bestellt, ist der Aufgabenkreis bis zum 1. Januar 2024 nach Maßgabe des § 1815 Absatz 1 des Bürgerlichen Gesetzbuchs zu ändern.**

(4) [1]**Auf Betreuungen, die am 1. Januar 2023 bestehen, findet § 1815 Absatz 2 Nummer 1 bis 4 des Bürgerlichen Gesetzbuchs bis zum 1. Januar 2028 keine Anwendung.** [2]**Bei der nächsten Entscheidung über die Aufhebung oder Verlängerung der Betreuung oder im Rahmen eines gerichtlichen Genehmigungsverfahrens nach § 1831 Absatz 2 des Bürgerlichen Gesetzbuchs hat das Betreuungsgericht über den Aufgabenkreis nach Maßgabe des § 1815 Absatz 2 des Bürgerlichen Gesetzbuchs zu entscheiden.**

(5) **Betreuer, die erstmals durch § 1859 Absatz 2 des Bürgerlichen Gesetzbuchs befreit sind, haben bis zum Ablauf des am 1. Januar 2023 noch laufenden Betreuungsjahres Rechnung zu legen.**

(6) **Auf vor dem 1. Januar 2023 abgeschlossene Vorgänge bleibt das bisherige Internationale Privatrecht anwendbar.**

Anlass der Regelung ist das am 1.1.2023 in Kraft getretene Reformgesetz.

Abs. 1 bezieht sich auf eine Änderung des **IPR,** nämlich Art. 7 Abs. 2, wonach 1
mit dem Reformgesetz die Geschäftsfähigkeit fortan nicht mehr an die Staatsangehörigkeit der betreffenden Person, sondern an deren gewöhnlichen Aufenthalt anknüpft (→ Art. 7 Rn. 3). Die Übergangsregelung bestimmt, dass eine Person, die nach dem bislang geltenden Recht geschäftsfähig war, diesen „Status" auch unter der Neuregelung beibehält. Dies soll selbst dann gelten, wenn die Person nach dem durch die Neuregelung berufenen Recht zunächst nur beschränkt oder nicht geschäftsfähig war (BT-Drs. 19/24445, 321).

Im Reformgesetz ist die Bestellung eines Gegenvormundes nicht mehr vorgese- 2
hen, da sich dieses Institut nicht als erforderlich erwiesen hat. Die Tätigkeit ist ureigene Aufgabe des Gerichts im Rahmen der Aufsicht. Durch **Abs. 2** sind bestehende Bestellungen mit Inkrafttreten dieses Gesetzes wirkungslos geworden, müssen also nicht aufgehoben werden. Sie sind verfahrensrechtlich wie entlassene Betreuer zu behandeln.

Durch die Neuregelung des **§ 1815 Abs. 1** kann ein Aufgabenkreis nicht mehr 3
„sämtliche" oder „alle Angelegenheiten" umfassen. Die in **Abs. 3** normierte **Übergangsfrist** von einem Jahr ist längst überschritten. Sollte mal ein solches Verfahren übersehen worden sein, ist die Betreuung unwirksam geworden, dh der Betreuer hat komplett seine Vertretungsbefugnis verloren. Es ist jedoch nicht zwingend erforderlich, ein neues Betreuungsverfahren zu beginnen. Auf die Kenntnisse aus dem Verfahren kann zurückgegriffen werden, sodass nicht alle Ermittlungsschritte erneut durchgeführt werden müssen.

Durch die Neuregelung des **§ 1815 Abs. 2** (→ BGB § 1815 Rn. 21) sind seit 4
dem 1.1.2023 die dort genannten Aufgabenbereiche ausdrücklich anzuordnen, damit der Betreuer die entsprechende Vertretungsbefugnis erhält. Soweit zB „nur" die Aufenthaltsbestimmung angeordnet ist, ist davon nicht mehr die Befugnis zur Anordnung einer freiheitsentziehenden Unterbringung umfasst. Eine solche Befugnis ist ausdrücklich anzuordnen. Durch **Abs. 4** bleiben für eine Übergangsfrist von 5 Jahren die vor dem 1.1.2023 erhaltenen Befugnisse jedoch bestehen. So kann ein Betreuer mit dem Aufgabenbereich der Aufenthaltsbestimmung, **wenn** dieser **vor dem 1.1.2023 angeordnet** wurde, auch über eine mit Freiheitsentzug verbundene Unterbringung weitere fünf Jahre entscheiden, also längstens bis zum **31.12.2027.** Dies ist jedoch eine **Maximalfrist.** Das Gericht ist gem. S. 2 verpflichtet, im Rahmen der nächsten anstehenden Überprüfung oder im

Rahmen eines gerichtlichen Verfahrens zur Genehmigung einer freiheitsentziehenden Unterbringung durch den Betreuer die Anordnung der Aufgabenbereiche dem neuen Gesetz nach Maßgabe des § 1815 Abs. 2 anzupassen. Wird also die Betreuung nach dem 1.1.2023 verlängert und die Aufgabenbereiche nicht entsprechend § 1815 Abs. 2 geändert, gilt ab diesem Zeitpunkt ausschließlich das neue Recht. Zu Änderungen im Wege der einstweiligen Anordnung siehe BGH BtPrax 2026, 69. Die Gesetzesbegründung geht eindeutig von einer **Anpassung** der Aufgabenbereiche aus (BT-Drs. 19/24445, 321 und 488 zu Nr. 28), nicht von einer Erweiterung des Aufgabenkreises, sodass § 293 FamFG nicht anzuwenden ist. Dem ist zu folgen, da die Vertretungsbefugnis des Betreuers nicht erweitert wird. Anders jedoch der BGH für den Fall, dass der Aufgabenkreis vor dem 1.1.2028 im Rahmen einer Entscheidung über die Genehmigung der Unterbringung des Betreuten nach § 1831 Abs. 2 Satz 1 BGB anzupassen ist. Er sieht in der Anpassung eine Erweiterung, allerdings mit der Möglichkeit der Verfahrenserleichterung nach § 293 Abs. 3 FamFG (BGH BtPrax 2024, 133 mAnm Mazur). An sich darf sich die Frage gar nicht stellen, da in einem Genehmigungsverfahren für eine Unterbringung §§ 319, 321 FamFG zu beachten sind (was im Fall des BGH eben gerade unzureichend war). Die Beschränkung auf § 1815 Abs. 2 Nr. 1–4 erklärt sich dadurch, dass für die Nr. 5 und 6 bereits nach dem alten Recht eine ausdrückliche Anordnung vorgeschrieben war.

5 Der Regelungsinhalt von Abs. 5 hat sich inzwischen durch Zeitablauf erledigt.

6 **Abs. 6** bezieht sich wiederum auf das IPR und bekräftigt den Grundsatz, dass die kollisionsrechtlichen Änderungen in Art. 24 EGBGB abgeschlossene Tatbestände unberührt lassen. Durch diese Regelung wird vermieden, dass wirksame Rechtsgeschäfte aufgrund der Neuregelung unwirksam oder unwirksame Geschäfte wirksam werden, weil sich die Anknüpfung der Vorschriften zur Geschäftsfähigkeit mit dem 1.1.2023 ändern.

Rechtspflegergesetz

Erster Abschnitt. Aufgaben und Stellung des Rechtspflegers

§ 1 Allgemeine Stellung des Rechtspflegers

Der Rechtspfleger nimmt die ihm durch dieses Gesetz übertragenen Aufgaben der Rechtspflege wahr.

§ 2 Voraussetzungen für die Tätigkeit als Rechtspfleger

(1) [1]Mit den Aufgaben eines Rechtspflegers kann ein Beamter des Justizdienstes betraut werden, der einen Vorbereitungsdienst von drei Jahren abgeleistet und die Rechtspflegerprüfung bestanden hat. [2]Der Vorbereitungsdienst vermittelt in einem Studiengang einer Fachhochschule oder in einem gleichstehenden Studiengang dem Beamten die wissenschaftlichen Erkenntnisse und Methoden sowie die berufspraktischen Fähigkeiten und Kenntnisse, die zur Erfüllung der Aufgaben eines Rechtspflegers erforderlich sind. [3]Der Vorbereitungsdienst besteht aus Fachstudien von mindestens achtzehnmonatiger Dauer und berufspraktischen Studienzeiten. [4]Die berufspraktischen Studienzeiten umfassen die Ausbildung in den Schwerpunktbereichen der Aufgaben eines Rechtspflegers; die praktische Ausbildung darf die Dauer von einem Jahr nicht unterschreiten.

(2)–(6) …

§ 3 Übertragene Geschäfte

Dem Rechtspfleger werden folgende Geschäfte übertragen:

1. …
2. vorbehaltlich der in den §§ 14 bis 19b dieses Gesetzes aufgeführten Ausnahmen die nach den gesetzlichen Vorschriften vom Richter wahrzunehmenden Geschäfte des Amtsgerichts in
   a) Kindschaftssachen und Adoptionssachen sowie entsprechenden Lebenspartnerschaftssachen nach den §§ 151, 186 und 269 des Gesetzes über das Verfahren in Familiensachen und in den Angelegenheiten der freiwilligen Gerichtsbarkeit,
   b) Betreuungssachen sowie betreuungsgerichtlichen Zuweisungssachen nach den §§ 271 und 340 des Gesetzes über das Verfahren in Familiensachen und in den Angelegenheiten der freiwilligen Gerichtsbarkeit,
   …
3. …
4. …

§ 4 Umfang der Übertragung

(1) Der Rechtspfleger trifft alle Maßnahmen, die zur Erledigung der ihm übertragenen Geschäfte erforderlich sind.

(2) Der Rechtspfleger ist nicht befugt,
1. eine Beeidigung anzuordnen oder einen Eid abzunehmen,
2. Freiheitsentziehungen anzudrohen oder anzuordnen, …

(3) Hält der Rechtspfleger Maßnahmen für geboten, zu denen er nach Absatz 2 Nr. 1 und 2 nicht befugt ist, so legt er deswegen die Sache dem Richter zur Entscheidung vor.

§ 5 Vorlage an den Richter

(1) Der Rechtspfleger hat ihm übertragene Geschäfte dem Richter vorzulegen, wenn
1. sich bei der Bearbeitung der Sache ergibt, dass eine Entscheidung des Bundesverfassungsgerichtes oder eines für Verfassungsstreitigkeiten zuständigen Gerichts eines Landes nach Artikel 100 des Grundgesetzes einzuholen ist;
2. zwischen dem übertragenen Geschäft und einem vom Richter wahrzunehmenden Geschäft ein so enger Zusammenhang besteht, dass eine getrennte Behandlung nicht sachdienlich ist.

(2) Der Rechtspfleger kann ihm übertragene Geschäfte dem Richter vorlegen, wenn die Anwendung ausländischen Rechts in Betracht kommt.

(3) [1]Die vorgelegten Sachen bearbeitet der Richter, solange er es für erforderlich hält. [2]Er kann die Sachen dem Rechtspfleger zurückgeben. [3]Gibt der Richter eine Sache an den Rechtspfleger zurück, so ist dieser an eine von dem Richter mitgeteilte Rechtsauffassung gebunden.

§ 6 Bearbeitung übertragener Sachen durch den Richter

Steht ein übertragenes Geschäft mit einem vom Richter wahrzunehmenden Geschäft in einem so engen Zusammenhang, dass eine getrennte Bearbeitung nicht sachdienlich wäre, so soll der Richter die gesamte Angelegenheit bearbeiten.

§ 7 Bestimmung des zuständigen Organs der Rechtspflege

[1]Bei Streit oder Ungewissheit darüber, ob ein Geschäft von dem Richter oder dem Rechtspfleger zu bearbeiten ist, entscheidet der Richter über die Zuständigkeit durch Beschluss. [2]Der Beschluss ist unanfechtbar.

§ 8 Gültigkeit von Geschäften

(1) Hat der Richter ein Geschäft wahrgenommen, das dem Rechtspfleger übertragen ist, so wird die Wirksamkeit des Geschäfts hierdurch nicht berührt.

(2) Hat der Rechtspfleger ein Geschäft wahrgenommen, das ihm der Richter nach diesem Gesetz übertragen kann, so ist das Geschäft nicht deshalb unwirksam, weil die Übertragung unterblieben ist oder die Voraussetzungen für die Übertragung im Einzelfalle nicht gegeben waren.

(3) Ein Geschäft ist nicht deshalb unwirksam, weil es der Rechtspfleger entgegen § 5 Abs. 1 dem Richter nicht vorgelegt hat.

(4) [1]Hat der Rechtspfleger ein Geschäft des Richters wahrgenommen, das ihm nach diesem Gesetz weder übertragen ist noch übertragen werden kann, so ist

das Geschäft unwirksam. [2]Das gilt nicht, wenn das Geschäft dem Rechtspfleger durch eine Entscheidung nach § 7 zugewiesen worden war.

(5) Hat der Rechtspfleger ein Geschäft des Urkundsbeamten der Geschäftsstelle wahrgenommen, so wird die Wirksamkeit des Geschäfts hierdurch nicht berührt.

§ 9 Weisungsfreiheit des Rechtspflegers

Der Rechtspfleger ist sachlich unabhängig und nur an Recht und Gesetz gebunden.

§ 10 Ausschließung und Ablehnung des Rechtspflegers

[1]Für die Ausschließung und Ablehnung des Rechtspflegers sind die für den Richter geltenden Vorschriften entsprechend anzuwenden. [2]Über die Ablehnung des Rechtspflegers entscheidet der Richter.

§ 11 Rechtsbehelfe

(1) Gegen die Entscheidungen des Rechtspflegers ist das Rechtsmittel gegeben, das nach den allgemeinen verfahrensrechtlichen Vorschriften zulässig ist.

(2) [1]Kann gegen die Entscheidung nach den allgemeinen verfahrensrechtlichen Vorschriften ein Rechtsmittel nicht eingelegt werden, so findet die Erinnerung statt, die innerhalb einer Frist von zwei Wochen einzulegen ist. [2]Hat der Erinnerungsführer die Frist ohne sein Verschulden nicht eingehalten, ist ihm auf Antrag Wiedereinsetzung in den vorigen Stand zu gewähren, wenn er die Erinnerung binnen zwei Wochen nach der Beseitigung des Hindernisses einlegt und die Tatsachen, welche die Wiedereinsetzung begründen, glaubhaft macht. [3]Ein Fehlen des Verschuldens wird vermutet, wenn eine Rechtsbehelfsbelehrung unterblieben oder fehlerhaft ist. [4]Die Wiedereinsetzung kann nach Ablauf eines Jahres, von dem Ende der versäumten Frist an gerechnet, nicht mehr beantragt werden. [5]Der Rechtspfleger kann der Erinnerung abhelfen. [6]Erinnerungen, denen er nicht abhilft, legt er dem Richter zur Entscheidung vor. Auf die Erinnerung sind im Übrigen die Vorschriften der Zivilprozessordnung über die sofortige Beschwerde sinngemäß anzuwenden

(3) [1]Gerichtliche Verfügungen, Beschlüsse oder Zeugnisse, die nach den Vorschriften der Grundbuchordnung, der Schiffsregisterordnung oder des Gesetzes über das Verfahren in Familiensachen und in den Angelegenheiten der freiwilligen Gerichtsbarkeit wirksam geworden sind und nicht mehr geändert werden können, sind mit der Erinnerung nicht anfechtbar. [2]Die Erinnerung ist ferner in den Fällen der §§ 694, 700 der Zivilprozessordnung und gegen Entscheidungen über die Gewährung eines Stimmrechts (§ 77 der Insolvenzordnung) ausgeschlossen.

(4) [1]Das Erinnerungsverfahren ist gerichtsgebührenfrei.

§§ 12–13 …

Zweiter Abschnitt. Dem Richter vorbehaltene Geschäfte …

§ 14 Kindschafts- und Adoptionssachen

§ 15 Betreuungssachen und betreuungsgerichtliche Zuweisungssachen

(1) Von den Angelegenheiten, die dem Betreuungsgericht übertragen sind, bleiben dem Richter vorbehalten:

1. **Verrichtungen aufgrund der §§ 1814 bis 1816, 1817 Absatz 1 bis 4, der §§ 1818, 1819, 1820 Absatz 3 bis 5 und des § 1868 Absatz 1 bis 4 und 7 des Bürgerlichen Gesetzbuchs sowie die anschließende Bestellung eines neuen Betreuers;**
2. **die Bestellung eines neuen Betreuers im Fall des Todes des Betreuers nach § 1869 des Bürgerlichen Gesetzbuchs;**
3. **Verrichtungen auf Grund des § 1871 des Bürgerlichen Gesetzbuchs, des § 291 des Gesetzes über das Verfahren in Familiensachen und in den Angelegenheiten der freiwilligen Gerichtsbarkeit;**
4. **Verrichtungen auf Grund der §§ 1825, 1829 und 1830 des Bürgerlichen Gesetzbuchs;**
5. ***[aufgehoben]***
6. **die Anordnung einer Betreuung oder Pflegschaft auf Grund dienstrechtlicher Vorschriften;**
7. **die Entscheidung nach § 1834 des Bürgerlichen Gesetzbuchs;**
8. **die Genehmigung nach § 6 des Gesetzes über die freiwillige Kastration und andere Behandlungsmethoden;**
9. **die Genehmigung für die Erklärungen zur Änderung des Geschlechtseintrags und der Vornamen nach § 3 Absatz 3 des Gesetzes über die Selbstbestimmung in Bezug auf den Geschlechtseintrag;**
10. **die Genehmigung für den Antrag auf Scheidung oder Aufhebung der Ehe oder auf Aufhebung der Lebenspartnerschaft durch den gesetzlichen Vertreter eines geschäftsunfähigen Ehegatten oder Lebenspartners nach § 125 Absatz 2 Satz 2, § 270 Absatz 1 Satz 1 des Gesetzes über das Verfahren in Familiensachen und in den Angelegenheiten der freiwilligen Gerichtsbarkeit.**

(2) Die Maßnahmen und Anordnungen nach den §§ 6 bis 12 des Erwachsenenschutzübereinkommens-Ausführungsgesetzes vom 17. März 2007 (BGBl. I S. 314) bleiben dem Richter vorbehalten.

Übersicht

I. Allgemeines

1. Überblick

1 Die Aufgaben des **Betreuungsgerichts** in Betreuungssachen werden vom **Richter** und vom **Rechtspfleger** wahrgenommen. Die funktionelle Zuständigkeit regelt das Rechtspflegergesetz. Grundsätzlich ist für eine betreuungsrechtliche Angelegenheit der Rechtspfleger zuständig **(§ 3 Nr. 2b),** soweit sie nicht in **§ 15** ausdrücklich dem Richter vorbehalten ist. Der durch das 2. Betreuungsrechtsänderungsgesetz eingefügte **§ 19** Abs. 1 S. 1 Nr. 1 ermächtigt die Landesregierungen, diese Richtervorbehalte in bestimmtem Umfang ganz oder teilweise aufzuheben; vgl. **Erläuterungen zu → § 19.** Soweit hiervon kein Gebrauch gemacht wird, gelten für die Abgrenzung der Zuständigkeiten die nachfolgenden Erläuterungen.

Das **frühere Recht** der Vormundschaft und Pflegschaft für **Volljährige** unterschied zwischen dem Eingriff in die Rechte des Betroffenen durch Entmündigung, Anordnung der vorläufigen Vormundschaft (§ 1909 BGB aF vor 1992) und Anordnung der **Gebrechlichkeitspflegschaft** (§ 1910 BGB aF vor 1992), sowie der daran anknüpfenden Bestellung eines Vormunds bzw. Pflegers. Der Rechtseingriff zum Schutz des Betroffenen war aus verfassungsrechtlichen Gründen dem Richter vorbehalten; Bestellung und Entlassung des Vormunds oder Pflegers oblag dem Rechtspfleger.

2 Das **heutige** Recht der **rechtlichen Betreuung** (seit 1992) verbindet hingegen den Rechtseingriff und die Bestimmung der Person des Betreuers in einer **einheitlichen Entscheidung:** der Bestellung des Betreuers (§ 286 FamFG). In dieser **Einheitsentscheidung** werden die Voraussetzungen der Betreuung festgestellt, der erforderliche Aufgabenkreis bezeichnet, die Person des Betreuers bezeichnet und ggf. bestimmt, wenn der Betreuer die Betreuung als beruflicher Betreuer führt. Bei der **erstmaligen Bestellung** des Betreuers fallen also Betreuerbestellung und **Auswahl** des Betreuers zusammen.

2. Richtervorbehalt für Einheitsentscheidung

3 Diese **Einheitsentscheidung** ist dem **Richter** (frühere Ausnahme im württembergischen Landesteil von Baden-Württemberg → Rn. 57 f.) zugewiesen mit Ausnahme der Bestellung eines Ergänzungsbetreuers nach § 1817 Abs. 5 BGB (vgl. § 15 Abs. 1 Nr. 1, der den Ergänzungsbetreuer nach § 1817 Abs. 5 BGB vom Richtervorbehalt ausgenommen hat; vgl. iE → Rn. 36 und § 19). Seit 1.1.2023 fällt die Bestellung eines **Kontrollbetreuers** nach § 1815 Abs. 3 BGB nicht mehr in die Rechtspflegerzuständigkeit. Für die grundsätzliche Richterzuständigkeit bei der Einheitsentscheidung werden in der Gesetzesbegründung (BT-Drs. 11/4528, 97) systematische, rechtspolitische und praktische Gründe aufgezeigt. Maßgebend sind auch verfassungsrechtliche Gründe. Die Betreuerbestellung verleiht dem Betreuer gesetzliche Vertretungsmacht und ermöglicht die **Fremdbestimmung** des Betreuten. Dies darf nicht verschleiert werden, zumal unter bestimmten Voraussetzungen ein Betreuer auch gegen den (natürlichen) Willen des Betroffenen bestellt werden kann. Ein derartiger **Grundrechtseingriff** (BVerfG BtPrax 2009, 27; BVerfG NJW 2002, 206; BT-Drs. 15/2494, 14) ist grundsätzlich dem **„Kernbereich“** der dem Richter vorbehaltenen Tätigkeiten zuzuordnen (BVerfG NJW 1967, 1219). Der Rechtspfleger ist aber kein Richter, weder im Sinne des Grundgesetzes noch des Gerichtsverfassungsgesetzes (BVerfG

RPfleger 2000, 205; BGH BeckRS 2014, 20843). Zwingend ist unter diesem Gesichtspunkt auch die Zuweisung der Anordnung des **Einwilligungsvorbehalts** (§ 1825 BGB), desgleichen die **Erweiterung** des Aufgabenkreises und die **Genehmigungen** im Bereich der **Personensorge** (§§ 1829, 1830 BGB) dem Richter vorbehalten. Bei **Folgeentscheidungen** zu **Ergänzungsbetreuungen,** wie zB Entlassung und Neubestellung des Ergänzungsbetreuers gilt: da für die Ergänzungsbetreuung der Rechtspfleger zuständig ist (→ Rn. 36, 38, 39), bleibt damit auch bei Folgeentscheidungen der Rechtspfleger zuständig (→ Rn. 36, 38).

3. Unterbringungssachen (§§ 312 ff. FamFG)

Diese sind in § 3 Nr. 2b nicht aufgenommen und daher dem Rechtspfleger 4 grundsätzlich auch nicht zugewiesen. Sie sind **ausschließlich** vom **Richter** zu erledigen, was sich schon aus Art. 104 Abs. 2 GG ergibt. Die zuvor in § 14 Abs. 1 Nr. 4 RPflG enthaltene Zuweisung der Unterbringungen als Richteraufgabe hat § 15 konsequenterweise nicht mehr aufgenommen. Eine **Unterbringungsmaßnahme** ist auch die Unterbringung durch das Betreuungsgericht nach **§ 1867 BGB** (ohne Antrag eines Betreuers). Zwar wird die Maßregel nach § 1867 BGB nicht unmittelbar von der gesetzlichen Definition der Unterbringungsmaßnahmen nach § 312 FamFG erfasst, aber in § 334 FamFG dennoch folgerichtig als Unterbringungsmaßnahme bezeichnet. Diskutiert werden kann in diesem Zusammenhang, ob durch die ausschließliche Zuständigkeit des Richters im Unterbringungsverfahren der Rechtspfleger für die Prüfung der **Verfahrenspflegervergütung** in diesen gesonderten Verfahren überhaupt zuständig sein kann, was in der Praxis bisher jedoch nicht hinterfragt wird. Während das Betreuungsverfahren generell in den Zuständigkeitsbereich des Rechtspflegers mit Ausnahme von Richtervorbehalten fällt, ist für das Unterbringungsverfahren ausschließlich der **Richter** zuständig, mithin folgerichtig sogar bis zur Prüfung der Verfahrenspflegervergütung (zust.: Damrau/Zimmermann RPflG § 15 Rn. 14 mwN).

4. Arbeitsteilung

Der Gesetzgeber normiert in §§ 3, 15 RPflG **die betreuungsgerichtliche** 5 **Arbeitsteilung** zwischen Richter und Rechtspfleger. Die allgemeine Aufsicht über die gesamte Tätigkeit des Betreuers einschließlich der Personensorge obliegt dem Rechtspfleger (§ 1861 BGB). Stellt der Rechtspfleger im Zuge seiner Aufsicht fest, dass dem Richter vorbehaltene Maßnahmen angezeigt sind, wie zB die Entlassung des Betreuers wegen mangelnder Eignung (§ 1868 Abs. 1 BGB), wird er den Richter „einschalten" (BT-Drs. 11/4528, 165; → Rn. 18).

5. Abgrenzungsprobleme

Gesetzestechnisch erfolgt die Aufteilung der funktionellen Zuständigkeit durch 6 die **Übertragung der Betreuungssachen auf den Rechtspfleger** in § 3 Nr. 2b, vorbehaltlich ausdrücklicher Richterzuweisungen in § 15 Abs. 1. Die Zuständigkeiten stehen im Regel-Ausnahmeverhältnis zueinander (KG RPfleger 1978, 321). Im Zweifel spricht in allen Betreuungsangelegenheiten nach §§ 1814–1880 BGB die Vermutung für die Zuständigkeit des Rechtspflegers (BayObLG RPfleger 1982, 423), es sei denn, die Angelegenheit ist in § 15 RPflG genannt.

6. Richtervorlage (§§ 5 ff.)

7 Besteht zwischen einem dem Rechtspfleger übertragenen Geschäft und einem vom Richter wahrzunehmenden Geschäft ein so **enger Zusammenhang,** dass eine getrennte Bearbeitung nicht sachdienlich ist, hat der Rechtspfleger die Sache dem **Richter vorzulegen** (§ 5 Abs. 1 Nr. 2);dieser hat sodann die gesamte Angelegenheit zu bearbeiten (§ 6); eine Rückgabe an den Rechtspfleger ist nach der Übernahme durch den Richter nicht mehr möglich (Jox/Fröschle Anhang II zu FamFG § 1 Rn. 18). Vorzulegen ist zB, wenn über eine **Vorfrage** der Richter zu entscheiden hätte, so beim Erlass einstweiliger Maßregeln nach § 1867 BGB, wenn für die vorrangige Bestellung eines vorläufigen Betreuers (§ 300 FamFG) der Richter zuständig ist, oder wenn sonst einander widersprechende Entscheidungen getroffen werden könnten (Jox/Fröschle Anhang II zu FamFG § 1 Rn. 16). Hält der Richter den Sachzusammenhang für nicht eng genug, gibt er die Sache bindend an den Rechtspfleger zurück (Jox/Fröschle Anhang II zu FamFG § 1 Rn. 17). Halten sich Richter und Rechtspfleger in einer Angelegenheit beide für zuständig oder unzuständig, entscheidet der Richter durch Beschluss den **Kompetenzkonflikt.** Gleiches gilt, wenn ungewiss ist, ob ein Geschäft vom Richter oder Rechtspfleger zu bearbeiten ist (§ 7). § 7 gilt nur, wenn streitig oder unklar ist, ob ein Geschäft dem Rechtspfleger überhaupt nach §§ 3, 4 RPflG übertragen ist oder ob einer der in § 15 RPflG genannten Richtervorbehalte eingreift (Jox/Fröschle Anhang II zu FamFG § 1 Rn. 25). Eine innerdienstliche Verfügung genügt nicht, die Entscheidung nach § 7 hat durch formellen unanfechtbaren Beschluss zu erfolgen (§ 7 S. 1), der den Beteiligten bekannt zu machen ist (LG Koblenz RPfleger 1997, 427). Im Übrigen kann der **Richter wirksam** Geschäfte des Rechtspflegers erledigen (§ 8 Abs. 1); umgekehrt sind vom **Rechtspfleger** wahrgenommene richterliche Geschäfte grundsätzlich **unwirksam** (§ 8 Abs. 4 S. 1; BGH FamRZ 2022, 893; Jox/Fröschle Anhang II zu FamFG § 1 Rn. 27). Dies gilt nicht für die nach § 7 zugewiesenen Geschäfte (§ 8 Abs. 4 S. 2).

7. Umfang der Übertragung (§ 9)

8 Der Rechtspfleger ist **sachlich unabhängig** und nur an Recht und Gesetz gebunden (§ 9), was ihn im Bereich der übertragenen Geschäfte vor Weisungen des Dienstherrn schützt und im Verhältnis zum Richter nur im Rahmen des Vorlageverfahrens bindet (§ 5 Abs. 3 S. 3; BGH RPfleger 1986, 147). Er trifft selbstständig **alle** Maßnahmen, die zur **Erledigung** der ihm übertragenen Geschäfte erforderlich sind (§ 4 Abs. 1; → Rn. 51 ff.); ausgenommen die in § 4 Abs. 2 aufgezählten Verrichtungen. Zu den **Freiheitsentziehungen** nach § 4 Abs. 2 Nr. 2 gehört auch die Anordnung der **Vorführung** eines Beteiligten, zB die Vorführung des Betroffenen im Anhörungsverfahren nach §§ 278 Abs. 5, 319 Abs. 5 FamFG. Wie die Fassung des § 19 Abs. 1 Nr. 1 zeigt, geht der Gesetzgeber davon aus, dass auch insoweit ein Richtervorbehalt besteht (BT-Drs. 15/2494). Von der Einschränkung ist auch die Vorführung nach § 33 Abs. 3 S. 3 FamFG erfasst; in diesem Fall ist der Richter für die Entscheidung über die Vorführung zuständig.

8. Verfahren vor dem Rechtspfleger

9 Für das Verfahren vor dem Rechtspfleger gelten die allgemeinen Vorschriften. Er hat den **Sachverhalt** umfassend **aufzuklären** (§ 26 FamFG) und den Beteilig-

ten **rechtliches Gehör** zu gewähren. Das Gebot des rechtlichen Gehörs leitet sich im Rechtspflegerverfahren aus dem Verfahrensgrundrecht des Beteiligten auf ein **rechtsstaatliches faires Verfahren** ab (Art. 2 Abs. 1 iVm Art. 20 Abs. 3 GG; BVerfG RPfleger 2000, 205). Der Rechtspfleger trifft auch die erforderlichen **Nebenentscheidungen,** wie zB die Bestellung eines Verfahrenspflegers (§ 276 FamFG). Seine Entscheidungen sind immer zu begründen (§ 38 Abs. 3, 5 FamFG); dies ist auch bei Verweigerung einer Genehmigung oder bei Aufsichtsmaßnahmen nach dem Rechtsstaatsprinzip geboten.

9. Rechtsmittel

Gegen die Entscheidungen des Rechtspflegers in **Betreuungssachen** ist das nach den **allgemeinen** verfahrensrechtlichen Vorschriften zulässige **Rechtsmittel** gegeben (§ 11 Abs. 1). Im Betreuungsverfahren ist dies die befristete **Beschwerde** (§§ 58, 63 FamFG; → FamFG § 58 Rn. 15), über die das Landgericht als Beschwerdegericht entscheidet (siehe auch die Ausführungen zur Erinnerung → Rn. 11). Zu den Entscheidungen zählen auch die Aufsichtsmaßnahmen (§ 1862 Abs. 1 BGB), soweit es sich nicht um bloße Meinungsäußerungen handelt, wie zB Beanstandungen im Zusammenhang mit der Rechnungsprüfung (→ BGB § 1843 Rn. 5). Die Beschwerde ist grundsätzlich befristet (→ FamFG § 63 Rn. 1 ff.; vgl. die dortige Kommentierung). Die Beschwerde kann nur beim Amtsgericht eingelegt werden (§ 64 Abs. 1 FamFG). Wird sie eingelegt, so hat der Rechtspfleger zu prüfen, ob der Beschwerde **abgeholfen** werden kann (§ 68 Abs. 1 FamFG). Hierfür kommt es nicht auf die Zulässigkeit der Beschwerde an, etwa, ob der Beschwerdeführer beschwerdebefugt ist (→ FamFG § 68 Rn. 2). Der Rechtspfleger ist, wenn er die befristete Beschwerde für begründet hält, zur Änderung seiner Entscheidung befugt und verpflichtet (§ 68 Abs. 2 FamFG); das gilt auch in den Festsetzungsverfahren nach §§ 277, 292 FamFG (→ FamFG § 292 Rn. 27). Hält der Rechtspfleger die angefochtene Entscheidung für richtig, trifft er eine zu begründende und mitzuteilende **Nichtabhilfeentscheidung** und legt die Beschwerde **unmittelbar** dem Beschwerdegericht vor (vgl. § 68 Abs. 1 Hs. 2 FamFG). Beschwerdegegenstand ist die angefochtene Erstentscheidung. **10**

Erinnerung: Ist gegen die Entscheidung des Rechtspflegers nach den allgemeinen verfahrensrechtlichen Vorschriften ein **Rechtsmittel nicht gegeben,** weil das Gesetz die Anfechtung ausschließt (bspw. bei der Verfahrenspflegerbestellung, § 276 Abs. 7 FamFG) oder der Beschwerdewert nicht überschritten wird (§ 61 Abs. 1 FamFG), so findet – anstatt der befristeten Beschwerde (→ Rn. 10) – die **Erinnerung** statt. Sie ist binnen einer Frist von zwei Wochen einzulegen (§ 11 Abs. 2 S. 1). Seit 1.1.2014 wird in § 11 Abs. 2 S. 2 und 3 für die Wiedereinsetzung in den vorigen Stand der Rechtsgedanke des § 17 Abs. 2 FamFG (wonach ein Unterbleiben oder eine fehlerhafte Erteilung der nach § 39 FamFG vorgeschriebenen Rechtsbehelfsbelehrung der Annahme eines Verschuldens im Sinne des § 17 Abs. 1 FamFG entgegensteht) auf die Rechtspflegererinnerung übertragen (BR-Drs. 308/12, 24). Erachtet der Rechtspfleger die Erinnerung im Rahmen der Abhilfeentscheidung (§ 11 Abs. 2 S. 5) für sachlich begründet, obliegt ihm insoweit auch die Entscheidung über den Wiedereinsetzungsantrag. Der Richter der **ersten Instanz,** also idR der Amtsrichter (§ 28), entscheidet abschließend, falls der Rechtspfleger der Erinnerung nicht abhilft (§ 11 Abs. 2 S. 6). Im Festsetzungsverfahren nach §§ 277, 292 FamFG kann **11**

das erstinstanzliche Gericht die befristete Beschwerde zulassen, auch wenn der Beschwerdewert nicht überschritten wird (§ 61 Abs. 2 FamFG). Zuständig hierfür ist der Rechtspfleger (OLG Hamm RPfleger 2000, 271). Grundsätzlich ist über die Zulassung der Beschwerde im Ausgangsbeschluss zu entscheiden. Ist dieser allerdings vom Rechtspfleger erlassen worden, ist die wegen Nichterreichens des Beschwerdewerts unzulässige Beschwerde zunächst als Rechtspflegererinnerung nach § 11 Abs. 2 zu behandeln; dieser kann der Rechtspfleger dadurch (teilweise) abhelfen, dass er im Abhilfebeschluss die Beschwerde zulässt und die Sache sogleich dem Beschwerdegericht zur Entscheidung über die Beschwerde vorlegt (BGH BeckRS 2017, 110951). Zuständig für die Zulassung des Rechtsmittels ist im Erinnerungsverfahren – nach entsprechender Vorlage durch den Rechtspfleger – auch der Richter: der für die Entscheidung über die Erinnerung zuständige Richter kann im Fall der Annahme grundsätzlicher Bedeutung seinerseits auch die Beschwerde zulassen (BGH FamRZ 2017, 1318). Die in § 11 Abs. 2 S. 7 vorgenommene Bezugnahme für die weitere Behandlung der Erinnerung verweist auf die Vorschriften der sofortigen Beschwerde iSd §§ 567 ff. ZPO, nachdem eine einfache (unbefristete) Beschwerde in den von § 11 erfassten Verfahren nicht vorgesehen ist (BR-Drs. 308/12, 24).

12 Erinnerung und befristete Beschwerde haben **keine aufschiebende Wirkung** (→ FamFG § 58 Rn. 3). Die Vollziehung der angefochtenen Verfügung kann jedoch ausgesetzt werden (§ 64 Abs. 3 FamFG). Allerdings hat die sofortige Beschwerde (nach §§ 567 ff. ZPO) gegen die Festsetzung von **Ordnungs- und Zwangsmittel** aufschiebende Wirkung (§ 35 Abs. 5 FamFG iVm § 570 ZPO); diese Beschlüsse unterfallen der Richterzuständigkeit (→ Rn. 33).

II. Richtervorbehalte (§ 15)

Dem Richter sind in Betreuungssachen vorbehalten (§ 15 Abs. 1):

1. Nr. 1

a) Bestellung eines Betreuers (§§ 1814, 1815 BGB).

13 – **Einheitsentscheidung** nach § 286 FamFG über die Betreuerbestellung durch Bestimmung des **Aufgabenkreises** und **Auswahl** des Betreuers (§ 1816 BGB). Ausgenommen ist die Betreuung nach § 1817 Abs. 5 BGB **(Ergänzungsbetreuung),** hierfür ist der Rechtspfleger zuständig (§ 3 Nr. 2b; § 15 Abs. 1 Nr. 1; → Rn. 36).
– Als Teil der Einheitsentscheidung: die Feststellung, dass der Betreuer die Betreuung berufsmäßig führt (§ 286 Abs. 1 Nr. 4 FamFG iVm § 7 VBVG), allerdings nur, wenn er auch für die Bestellung des Betreuers zuständig ist; dies gilt auch für eine **nachträgliche** Feststellung. Die Feststellung ist Teil des Bestellungsverfahrens, nicht des Vergütungsverfahrens (BayObLG FamRZ 2001, 1484; → VBVG § 1 Rn. 8). Die nachträgliche Feststellung der Berufsmäßigkeit durch den Rechtspfleger ist in allen Fällen, in denen der Rechtspfleger nicht zur Betreuerbestellung berufen ist, unwirksam (§ 8 Abs. 4; BayObLG FamRZ 2001, 1484; Jox/Fröschle Anhang II zu FamFG § 1 Rn. 27). Seit der Betreuungsrechtsreform zum 1.1.2023 werden durch die Einführung des Betreuerregisters aber ohnehin alle registrierten Berufsbetreuer berufsmäßig bestellt; die Bezeichnung im Tenor hat zwar zu erfolgen (§ 286 Abs. 1 Nr. 4 FamFG),

gleichwohl wirkt sich deren Fehlen – anders als in der Vergangenheit – nicht auf die Vergütung aus (→ FamFG § 286 Rn. 7).

– **Vorsorgliche** Bestellung eines Betreuers und die Anordnung eines Einwilligungsvorbehalts für einen **Minderjährigen** (§ 1814 Abs. 5 bzw. 1825 Abs. 4 BGB). 14

b) Betreuung durch Betreuungsverein oder Betreuungsbehörde (§ 1818 BGB). Der Richter ist auch für die Bestellung einer Betreuung, die durch den Betreuungsverein oder die Betreuungsbehörde geführt werden soll, zuständig. 15

c) Mehrere Betreuer (§ 1817 BGB). § 1817 BGB strukturiert und definiert die unterschiedlichen Betreuer: 16

§ 1817 Abs. 1 und 3 BGB trifft eine Regelung, wenn ausnahmsweise **mehr** als ein Betreuer bestellt wird **(Mitbetreuung).** In § 1817 Abs. 2 BGB ist der besondere Betreuer **(Sterilisationsbetreuer)** geregelt. In § 1817 Abs. 4 BGB werden die Aufgaben des **Verhinderungsbetreuers** (Verhinderung aus tatsächlichen Gründen) normiert. In § 1817 Abs. 5 BGB wird der **Ergänzungsbetreuer** (Verhinderung aus rechtlichen Gründen) definiert; die Bestellung des Ergänzungsbetreuers ist jedoch nicht dem Richter vorbehalten (→ Rn. 36).

– Die Entscheidung über die Auswahl mehrerer Betreuer und den jeweiligen **Aufgabenkreis** (§ 1817 Abs. 1, 3 BGB).
– Bestellung des **besonderen Betreuers** für die Einwilligung in die **Sterilisation** (§ 1817 Abs. 2 BGB).
– Die gleichzeitige oder nachträgliche Bestellung eines **Verhinderungsbetreuers** (§ 1817 Abs. 4 BGB). Da hier eine Ermessensentscheidung zu treffen ist, besteht eine Richterzuständigkeit. Dies gilt **allerdings nicht,** wenn ein **Ergänzungsbetreuer** (§ 1817 Abs. 5 BGB; → Rn. 36) bestellt werden muss, weil der Erstbetreuer aus rechtlichen Gründen von der **Vertretung ausgeschlossen** ist. Der Gesetzgeber hat in der Verweisung von Nr. 1 ausdrücklich den 1817 Abs. 5 BGB nicht genannt. In diesem Fall der gebundenen Entscheidung ohne ein Ermessen über das „Ob" der Betreuung ist daher der Rechtspfleger zuständig.
  Rechtslage in Bayern: Aufgrund der Verordnungsermächtigung des § 19 Abs. 1 Nr. 1 RPflG wurde in Bayern § 1 Nr. 1 AufhRiVbV (Verordnung zur Aufhebung von Richtervorbehalten) erlassen, wonach der in § 15 bestimmte Richtervorbehalt für die Bestellung eines **Verhinderungsbetreuers** (§ 1817 Abs. 4 BGB) insoweit aufgehoben wird. Damit ist der Rechtspfleger für die Bestellung eines Verhinderungsbetreuers iSd § 1817 Abs. 4 BGB (ausdrücklich) zuständig (AG Regensburg FamRZ 2024, 964).
– Zum 1.1.2023 wurde der **Gegenbetreuer** ersatzlos abgeschafft; die Frage, wer für dessen Bestellung zuständig ist, stellt sich daher nicht (mehr).

d) Kontrollbetreuung (§§ 1815 Abs. 3, 1820 Abs. 3 bis 5 BGB)/Widerruf der Vorsorgevollmacht.

– Seit 1.1.2023 steht die **Bestellung eines Kontrollbetreuers** nach §§ 1815 Abs. 3 BGB iVm 1820 Abs. 3 BGB, die seither dem Rechtspfleger übertragen war, unter **Richtervorbehalt.** Der Kontrollbetreuer ist in § 1815 Abs. 3 BGB gesetzlich definiert: eine Kontrollbetreuung liegt vor, wenn dem Betreuer der Aufgabenbereich der Geltendmachung von Rechten des Betreuten gegenüber seinem Bevollmächtigten sowie zusätzlich der Geltendmachung von Auskunfts- und Rechenschaftsansprüchen des Betreuten übertragen wurde. Denn es wurde 17 richtig erkannt, dass bereits die gerichtliche Bestellung eines Kontrollbetreuers für den Betreuten einen **gewichtigen Grundrechtseingriff** darstellt und in das Selbstbestimmungsrecht des Betreuten eingreift. Dies gilt umso mehr, da der Kontrollbetreuer mit seiner Bestellung die rechtliche Befugnis, die Vollmacht zu widerrufen, erhält, was einen erheblichen Rechtseingriff in die Autonomie des Vollmachtgebers bedeutet. Es erscheint vor diesem Hintergrund geboten, auch für die Bestellung eines Kontrollbetreuers einen Richtervorbehalt vorzusehen (BT-Drs. 19/24445, 323). In § 1820 Abs. 3 BGB ist geregelt, unter welchen Voraussetzungen das Betreuungsgericht (hier der Richter) eine Kontrollbetreuung anordnen darf. Die in den Entscheidungen des BGH, zB FamRZ 2022, 893 und BtPrax 2020, 182, aufgeworfenen Fragen und Bedenken zur Rechtspflegerzuständigkeit beim Kontrollbetreuer dürften sich mit der Gesetzesänderung zum 1.1.2023 erledigt haben.

- Der Richter ist auch zuständig für die **Vollzugsverbot** nach § 1820 Abs. 4 BGB: danach kann der Richter anordnen, dass der Bevollmächtigte die ihm erteilte Vollmacht nicht ausüben darf und er die Vollmachtsurkunde an den Betreuer herauszugeben hat.
- Ebenfalls in die Richterzuständigkeit fällt die nach § 1820 Abs. 5 BGB erforderliche gerichtliche **Genehmigung des Widerrufs** der Vorsorgevollmacht nebst ggf. der Anordnung der Herausgabe der Vollmacht.

e) Die Entlassung des Betreuers.

18 – Entlassung es Betreuers bei **mangelnder Eignung** oder aus anderem **wichtigem Grund** (§ 1868 Abs. 1 S. 1, 2 BGB). Dem Rechtspfleger, dem die Aufsicht über die gesamte Tätigkeit des Betreuers übertragen ist (§ 1862 Abs. 1 BGB), ist damit die **Folgeentscheidung** über die Entlassung eines pflichtwidrig handelnden Betreuers versagt. Diese **Aufspaltung** der Zuständigkeit ist bewusst in Kauf genommen worden, führt aber zu praktischen Schwierigkeiten. Der Rechtspfleger hat die Sache dem **Richter** vorzulegen, wenn Maßnahmen geboten erscheinen, die dem Richter vorbehalten sind (BT-Drs. 11/4528, 164 (165)); den Richter treffen aber aus der Zuweisung der Entlassungszuständigkeit keine Überwachungspflichten (→ Rn. 5, 30, 36).

- Entlassung des **Betreuers** (§ 1868 Abs. 2 BGB) bei Rücknahme oder Widerruf der Registrierung nach § 27 Abs. 1 und 2 BtOG.
- Entlassung des **beruflichen Betreuers** (§ 1868 Abs. 3 BGB), falls die Betreuung durch geeignete ehrenamtlich tätige Personen durchgeführt werden kann.
- Entlassung auf **Verlangen des Betreuers,** wenn ihm die Betreuung nicht mehr zugemutet werden kann (§ 1868 Abs. 4 BGB).
- Die **Entlassung** des **Vereins** oder der **Behörde als Betreuer,** wenn eine natürliche Person die Betreuung übernehmen kann (§ 1868 Abs. 7 BGB).
- Handlungen nach §§ 1868 Abs. 5 und 6 BGB fallen **nicht** unter den Richtervorbehalt, vgl. hierzu → Rn. 37.
- Diskutiert wird zT, ob aufgrund des Wortlauts von § 15 Abs. 1 Nr. 3, der einen Richtervorbehalt für sämtliche Geschäfte nach § 1871 BGB anordnet, auch die Entlassung eines durch den Rechtspfleger bestellten Ergänzungsbetreuers durch den Richter zu erfolgen hat. Dies kann jedoch nicht Ziel des Gesetzgebers bei der Erweiterung der Zuständigkeit des Rechtspflegers bei der Ergänzungsbetreuerbestellung gewesen sein. Wenn dem Rechtspfleger für die Bestellung eines Ergänzungsbetreuers Befugnisse eingeräumt werden, dann muss dies erst recht für die Entlassung gelten (→ Rn. 36); anders nur, sofern der Ergänzungsbetreuer durch den Richter bestellt wurde.

f) Neubestellung eines Betreuers.

– **Neubestellung nach Entlassung** des Betreuers in den Fällen des § 1868 Abs. 1, 2, 3, 4, oder 7 (→ Rn. 18) iVm § 1969 BGB. 19

2. Nr. 2: Neubestellung des Betreuers nach dem Tod des bisherigen Betreuers

– Neubestellung nach dem **Tod des Betreuers** (§ 1869 BGB). 20
– **Rechtslage in Bayern:** Aufgrund der Verordnungsermächtigung des § 19 Abs. 1 Nr. 1 RPflG wurde in Bayern § 1 Nr. 2 AufhRiVbV (Verordnung zur Aufhebung von Richtervorbehalten) erlassen, wonach der Richtervorbehalt für die Bestellung eines neuen Betreuers (§ 1869 BGB), sofern diese wegen Todes des bisherigen Betreuers erforderlich wird, aufgehoben wird. Damit ist der Rechtspfleger in diesem Fall für die Bestellung eines neuen Betreuers zuständig.

3. Nr. 3: Verlängerung, Aufhebung und Änderung der Erstentscheidung

– **Verlängerung** der Betreuung (§ 295 FamFG; nicht ausdrücklich in Nr. 3 benannt); **Aufhebung** der Betreuung (§ 1871 Abs. 1 S. 1 BGB; § 294 FamFG); teilweise Aufhebung durch **Einschränkung** des Aufgabenkreises (§ 1871 Abs. 1 S. 2 BGB; § 294 FamFG); erstmaliger Aufhebungsantrag durch den Betroffenen nach eigenem Betreuungsantrag (§§ 1871 Abs. 2, 1814 Abs. 2 BGB), **Erweiterung** des Aufgabenkreises des Betreuers (§ 1871 Abs. 3 BGB; § 293 FamFG). 21
– **Verlängerung** der Anordnung eines **Einwilligungsvorbehalts** (§ 295 FamFG; nicht in Nr. 3 ausdrücklich benannt), sowie dessen Aufhebung, Einschränkung und Erweiterung (§ 1871 Abs. 4 BGB; §§ 294 und 293 FamFG).
– Verrichtungen nach § 291 FamFG: auf Antrag des Betreuten die **Überprüfung** hinsichtlich der **Auswahl** der vom Verein oder der Behörde nach § 1818 Abs. 2, 4 BGB mit der Wahrnehmung der Betreuung **beauftragten Personen** (→ BGB § 1900 Rn. 3; → FamFG § 291 Rn. 1 ff.). Soweit eine Ergänzungsbetreuung betroffen ist (§ 1817 Abs. 5 BGB), ist die Verrichtung iSd § 291 FamFG Rechtspflegeraufgabe.

4. Nr. 4: Verfahrenshandlungen nach §§ 1825, 1829 und 1830 BGB

– Anordnung eines Einwilligungsvorbehalts (§ 1825 BGB) 22
– Genehmigung der **Einwilligung** des Betreuers in gefährliche **ärztliche Maßnahmen** (§ 1829 Abs. 1 BGB) und in den Abbruch **lebenserhaltender Maßnahmen** (§ 1829 Abs. 2 BGB) und entsprechend die Genehmigung der Einwilligung des Bevollmächtigten (§ 1829 Abs. 5 BGB); ferner die Genehmigung der Einwilligung des besonderen Betreuers (§ 1817 Abs. 2 BGB) in die **Sterilisation** des Betreuten (§ 1830 BGB). 23
– Genehmigung der mit Freiheitsentziehung verbundenen **Unterbringung** des Betreuten (§ 1831 Abs. 1 BGB) sowie freiheitsentziehender Maßnahmen (§ 1831 Abs. 4 BGB) und die Genehmigung der entsprechenden Maßnahmen des Bevollmächtigten (§ 1831 Abs. 5 BGB) sowie die Zwangsbehandlung (§ 1832 BGB) sind dem Rechtspfleger nach § 3 Nr. 2b sowieso nicht übertra-

gen; sie wurden daher konsequenterweise hier nicht benannt; die Richterzuständigkeit ergibt sich aus Art. 104 Abs. 2 GG → Rn. 4.

5. Nr. 5: aufgehoben (ehemals Auslandsberührung)

24 – Vor 1.1.2023 war für die Anordnung einer Betreuung oder Pflegschaft über einen Angehörigen eines fremden Staates einschließlich der vorläufigen Maßregeln nach Art. 24 EGBGB der Richter zuständig. Dieser Richtervorbehalt wurde durch vollständige Aufhebung der Nr. 5 gestrichen. Nach Art. 24 Abs. 2 S. 1 EGBGB werden künftig deutsche Gerichte in den in § 15 Abs. 1 Nr. 10 genannten Geschäften deutsches Recht anwenden. Dadurch kann der Richtervorbehalt, der in der Prüfung des Internationalen Privatrechts und der Anwendung ausländischen Rechts begründet war, entfallen. Sollte in Ausnahmefällen die Anwendung ausländischen Rechts gemäß Artikel 24 Abs. 2 S. 2 EGBGB in Betracht kommen, so kann der Rechtspfleger die Sache gemäß § 5 Abs. 2 dem Richter vorlegen. Die Prüfung, ob die Anwendung ausländischen Rechts in Betracht kommt, und die Entscheidung, ob die Angelegenheit dem Richter vorgelegt wird, obliegt dabei dem Rechtspfleger (BT-Drs. 19/24445, 327).

6. Nr. 6: Dienstrechtliche Vorschriften

25 – Die Bestellung eines Betreuers aufgrund **dienstrechtlicher Vorschriften** (in Disziplinarverfahren § 85 Abs. 2 Nr. 1 WDO; § 3 BDG iVm VwVfG und entsprechende landesrechtliche Vorschriften).
– Die Bestellung eines Vertreters nach § 340 Abs. 1 Nr. 2 FamFG (betreuungsgerichtliche Zuweisungssache) im **Verwaltungsverfahren** für einen Beteiligten, der infolge einer psychischen Krankheit oder einer Behinderung nicht in der Lage ist, in dem Verwaltungsverfahren selbst tätig zu werden (§ 16 Abs. 1 Nr. 4 VwVfG; Jox/Fröschle Anhang II zu FamFG § 1 Rn. 37), entsprechend den Vorschriften über die Betreuung (§ 16 Abs. 4 VwVfG). Parallelregelungen finden sich etwa in § 81 AO, § 15 SGB X, § 207 Abs. 1 BauGB; § 20 Abs. 6 WPO; § 119 Abs. 1 FlurbG und den Verwaltungsverfahrensgesetzen der Länder.

7. Nr. 7: Herausgabe und Umgang des Betreuten

26 – Die Entscheidung über die **Herausgabe des Betreuten** (§ 1834 Abs. 1, 3 BGB) und den **Umgang des Betreuten mit Dritten** (§ 1834 Abs. 2, 3 BGB; Jox/Fröschle Anhang II zu FamFG § 1 Rn. 52; s. auch → Rn. 6).
– Vor dem 1.1.2023 wurde die Entscheidung bei **Meinungsverschiedenheiten zwischen mehreren Betreuern** (§ 1797 BGB aF) durch den Richter getroffen; § 1797 BGB aF wurde jedoch nicht ins Betreuungsrecht übernommen, so dass kein Regelungsbedürfnis für eine Zuständigkeit besteht (BT-Drs. 19/24445, 327).

8. Nr. 8: Freiwillige Kastration

27 – Die gerichtliche Genehmigung nach § 6 des Gesetzes über die freiwillige Kastration und andere Behandlungsmethoden zur zB Einwilligung des Betreuers in eine Kastration.

9. Nr. 9: Entscheidungen nach dem Gesetz über die Änderung der Vornamen und die Feststellung der Geschlechtszugehörigkeit in besonderen Fällen

– Nicht ganz eindeutig ist die Zuordnung der Entscheidung nach § 3 Abs. 1 S. 2 dem Gesetz über die Änderung der Vornamen und die Feststellung der Geschlechtszugehörigkeit in besonderen Fällen (TSG). Nach § 15 Nr. 9 RPflG handelt es sich hierbei, zumindest was die Überschrift und die Gesetzesbegründung anbelangt, um eine betreuungsgerichtliche Zuweisungssache (BT-Drs. 16/6308, 322). In § 3 Abs. 1 S. 2 dem Gesetz über die Änderung der Vornamen und die Feststellung der Geschlechtszugehörigkeit in besonderen Fällen werden diese Entscheidungen jedoch ausdrücklich dem Familien- und nicht dem Betreuungsgericht zugewiesen. Insgesamt ist wegen des eindeutigen Sachzusammenhangs trotz dieser Unsicherheit das Verfahren nach § 3 Abs. 1 S. 2 dem Gesetz über die Änderung der Vornamen und die Feststellung der Geschlechtszugehörigkeit in besonderen Fällen als dem **Betreuungsgericht** (dort dem Richter nach § 15 Nr. 9 RPflG) **zugewiesen** anzusehen (→ FamFG § 340 Rn. 4; Prütting/Helms/Fröschle FamFG § 271 Rn. 13; Sternal/Giers FamFG § 340 Rn. 4 Fn. 5). Das TSG wurde mit Wirkung zum 1.11.2024 aufgehoben und durch das Geschlechtseintrag-Selbstbestimmungs-Gesetz (SBGG) ersetzt; Entscheidungen nach § 3 Abs. 1 S. 2 **Transsexuellengesetz** (TSG) werden danach nur noch in den bis 31.10.2024 anhängigen aber noch nicht abgeschlossenen Verfahren ergehen. 28

10. Die Durchführung des Verfahrens und die verfahrensrechtlichen Nebenentscheidungen in den vorbehaltenen Sachen

– Dem Richter ist nicht nur die Entscheidung vorbehalten, sondern selbstverständlich auch die Durchführung des Verfahrens und der Erlass der **verfahrensrechtlichen Nebenentscheidungen** (BT-Drs. 11/4528, 165). Er hat in **vorbehaltenen** Sachen die notwendigen **Ermittlungen** und Beweiserhebungen selbst zu veranlassen, insbesondere die erforderlichen **Anhörungen** unmittelbar vorzunehmen (BayObLG BWNotZ 1994, 18). 29

– In den ihm **vorbehaltenen** Sachen entscheidet der Richter über die **Abgabe** bzw. Übernahme des Verfahrens und ggf. die **Vorlage** bei einem diesbezüglichen Streit an das **gemeinschaftliche obere Gericht** (§§ 273, 4, 5 FamFG). Dem Richtervorbehalt unterliegt damit die Entscheidung über Abgabe einer Betreuungssache, wenn sie mit einem **Unterbringungsgenehmigungsverfahren** verbunden ist (BayObLG RPfleger 1992, 285), wenn die Abgabe wegen eines Betreuerwechsels erfolgen soll, für den der Richter zuständig ist (OLG Frankfurt NJW 1993, 699), oder wenn die Abgabe sich auf ein bereits anhängiges Verfahren erstreckt, das dem Richtervorbehalt unterliegt (OLG Hamm RPfleger 1994, 211); etwa, wenn über die anhängige Anordnung eines Einwilligungsvorbehalts noch nicht entschieden ist (BayObLG BtPrax 1993, 28). Im **Übrigen** ist der **Rechtspfleger** funktionell **zuständig** (vgl. auch → § 273 Rn. 12 FamFG; Jox/Fröschle Anhang II zu FamFG § 1 Rn. 47). Das OLG Brandenburg hat entschieden, dass der Umstand, dass die Vorlage der Akten durch den Rechtspfleger des abgebenden Gerichts erfolgt, auch wenn bei dem um die Übernahme der Bearbeitung ersuchten Gericht künftig auch der Richter mit dem Fall befasst sein kann, es noch nicht erforderlich macht, dass die 30

Abgabe-, Übernahme- oder Vorlageentscheidung in Betreuungssachen ausschließlich durch den Richter erfolgt (OLG Brandenburg FamRZ 2019, 232). Nach **anderer Ansicht** ist der Rechtspfleger in Betreuungsverfahren – mit Ausnahme eines Verfahrens nach § 1817 Abs. 5 BGB; Ergänzungsbetreuer – nicht befugt, über Abgabe oder Übernahme eines Verfahrens und die Vorlage bei einem diesbezüglichen Streit zu entscheiden, vielmehr bestehe ein **genereller Richtervorbehalt.** In jeder Betreuungssache seien laufend dem Richter vorbehaltene Angelegenheiten zu erledigen und es gehe nicht an, dass der Rechtspfleger dem Richter möglicherweise unmittelbar vor einer anstehenden richterlichen Entscheidung die Sache durch eine Abgabeverfügung entziehe (OLG Zweibrücken BtPrax 2010, 126; OLG Frankfurt a. M. FGPrax 2007, 119; Jurgeleit/Bučić FamFG § 273 Rn. 4 und § 272 Rn. 13). Dieser **Auffassung** kann **nicht gefolgt** werden, sie wird der gesetzlichen Aufgabenverteilung zwischen Richter und Rechtspfleger in Betreuungssachen nicht gerecht. Das BtG hat an der Grundstruktur der Arbeitsteilung zwischen Richter und Rechtspfleger nichts geändert. Dem Rechtspfleger obliegt die **allgemeine Aufsicht** über die gesamte Tätigkeit des Betreuers, den **Richter** treffen **keine laufenden Überwachungspflichten.** Dass der Rechtspfleger dem Richter durch eine Abgabe eine unmittelbar anstehende Entscheidung entzieht, ist bei korrekter Verfahrensweise ausgeschlossen. Ist ein Verfahren, das unter Richtervorbehalt steht, bereits anhängig oder stellt der Rechtspfleger im Zuge der laufenden Aufsicht fest, dass Anlass zu richterlichen Maßnahmen besteht, hat er vorzulegen. Die Bejahung der generellen Zuständigkeit des Richters lässt sich nicht damit begründen, dass sich der Rechtspfleger möglicherweise nicht gesetzmäßig verhält. Wie hier: OLG Köln FamRZ 2001, 939; FGPrax 2006, 72; OLG Zweibrücken FGPrax 2005, 216; FGPrax 2008, 210; BtPrax 2010, 126; Sternal/Sternal FamFG § 4 Rn. 39; Bienwald/Sonnenfeld/Mazur FamFG § 272 Rn. 10; Jox/Fröschle Anhang II zu FamFG § 1 Rn. 47. Das um die Übernahme einer Betreuungssache durch den Rechtspfleger ersuchte Gericht darf die Übernahme nicht mit der Begründung ablehnen, dass es nicht durch den Richter ersucht wurde, wenn im Zeitpunkt des Abgabeverlangens keine akuten, dem Richter vorbehaltenen Geschäfte zu erledigen sind (OLG Köln FamRZ 2001, 939: unter Hinweis auf die durch das 3. RPflÄndG gestärkte Stellung des Rechtspflegers). Verfügt der Rechtspfleger abweichend hiervon die Abgabe einer dem Richtervorbehalt unterliegenden Sache, so ist die Verfügung unwirksam (§ 8 Abs. 4 S. 1; BGH FamRZ 2022, 893). Das angegangene Gericht kann den Mangel jedoch durch eine richterliche Handlung heilen (BayObLG RPfleger 1993, 189); im Übrigen sind die Handlungen des angegangen – mangels wirksamer Abgabe örtlich unzuständigen – Gerichts wirksam (§ 2 Abs. 3 FamFG).

31 – Der **Richter** bestellt in den von ihm zu bearbeitenden Verfahren den **Verfahrenspfleger** (§ 276 FamFG; Jox/Fröschle Anhang II zu FamFG § 1 Rn. 3). Dessen Vergütung wird jedoch in allen Fällen durch den **Rechtspfleger** festgesetzt, auch wenn die Bestellung in einem Unterbringungsverfahren erfolgt ist (→ Rn. 50; aA LG Krefeld FamRZ 1996, 1347).

32 – Der Richter trifft die **einstweiligen Maßregeln** (**§1867 BGB**) und die **vorläufigen Anordnungen** nach §§ 300, 301 FamFG in den vorbehaltenen Sachen (→ Rn. 54). Die einstweilige Unterbringung des Betroffenen nach § 1867 BGB iVm §§ 331, 334 FamFG ist als Unterbringungsmaßnahme ausschließlich vom Richter zu erledigen (→ Rn. 4).

– Für **Ablieferungs- bzw. Herausgabeanordnungen** nach § 285 Abs. 2 FamFG ist grundsätzlich der Richter zuständig, da er in der Regel auch für das Verfahren zuständig ist, in dem die Herausgabe erforderlich ist (zB §§ 1814, 1816 Abs. 2 bzw. 1820 Abs. 1 bzw. 4 und 5 BGB; → § 285 Rn. 1 FamFG). Der Richter erzwingt nach § 285 FamFG durch Festsetzung von Zwangsgeld (Jurgeleit/Bučić FamFG § 272 Rn. 13) oder Maßnahmen nach § 35 FamFG die **Ablieferung** einer **Betreuungsverfügung** (§ 1816 Abs. 2 BGB) bzw. der Abschrift (§ 1820 Abs. 1 BGB) oder des Originals einer Vorsorgevollmacht (§ 1820 Abs. 4 und 5 BGB). **33**

– In den ihm **vorbehaltenen** Angelegenheiten trifft der **Richter** die **Anordnungen** nach **§§ 308** bis **311 FamFG** über die **Mitteilung** der betreuungsgerichtlichen Entscheidung oder bestimmter Tatsachen an andere Gerichte, Behörden oder sonstige öffentliche Stellen als Pflichtaufgabe des Betreuungsgerichts (Jurgeleit/Bučić FamFG § 272 Rn. 14; zu den Mitteilungspflichten: vgl. die Erläuterungen zu → §§ 308 ff. FamFG). Entsprechendes gilt für den **Rechtspfleger** in den ihm übertragenen Angelegenheiten (Sternal/Giers FamFG § 308 Rn. 12; Bienwald/Sonnenfeld/Mazur/Sonnenfeld FamFG § 308 Rn. 25). Soweit eine Mitteilungspflicht allein an den Inhalt der Entscheidung des Richters bzw. des Rechtspflegers anknüpft, zB den Betreuerwechsel (§ 310 FamFG), ist der Urkundsbeamte der Geschäftsstelle zuständig. Dies gilt wegen der rechtlichen Unklarheiten **nicht** bei Mitteilungen zum Melderegister nach § 309 FamFG; hier ist der Richter zuständig (Jurgeleit/Bučić FamFG § 272 Rn. 14; Bienwald/Sonnenfeld/Mazur/Sonnenfeld FamFG § 309 Rn. 12). Vgl. zu den Mitteilungspflichten in Betreuungssachen auch Kapitel XV/5 bis 7 der Anordnung über Mitteilungen in Zivilsachen (MiZi) 17. Änderung; Stand Oktober 2023. **34**

III. Rechtspflegeraufgaben (§ 3 Nr. 2b)

Zur funktionalen Zuständigkeit in betreuungsgerichtlichen Zuweisungssachen → § 341 FamFG Rn. 2. Dem Rechtspfleger sind bezogen auf Betreuungsverfahren folgende Aufgaben übertragen:

1. Aufnahme von Anträgen, Ersuchen und Erklärungen im Zusammenhang mit einem Betreuungsverfahren (§ 25 FamFG; §§ 3 Nr. 3e, 24 Abs. 2 Nr. 3 RPflG)

Die dem Gericht von Angehörigen, Freunden, Nachbarn vorgetragenen Anregungen zur Einleitung eines Betreuungsverfahrens sind vom Rechtspfleger zu protokollieren; dies sollte wegen der Bedeutung **nicht der Geschäftsstelle** überlassen werden. Der Rechtspfleger wird im Gespräch für das Verfahren notwendige **Informationen** nach §§ 1814, 1815, 1825 BGB abfragen und im Einzelfall auch ersten **Rat** und **Unterstützung** leisten können. Die Antragsaufnahme durch den Rechtspfleger ist auch geboten, wenn er den Betreuer nicht bestellt, da ihm jedenfalls das nachfolgende Verfahren übertragen ist, so dass der Vorbehalt für die Freie und Hansestadt Hamburg (§ 36a) nicht entgegensteht. **35**

2. Bestellung eines Ergänzungsbetreuers (§ 1817 Abs. 5 BGB)

Für die Bestellung eines Ergänzungsbetreuers nach § 1817 Abs. 5 BGB, die bei einer rechtlichen Verhinderung des Betreuers zur Erledigung einzelner (zumeist **36** vermögensrechtlicher) Angelegenheiten, für die bereits durch richterlichen Beschluss ein Aufgabenbereich angeordnet ist, erforderlich ist, ist seit 1.1.2023 der Rechtspfleger zuständig. Der Betreuer ist kraft Gesetzes sowohl in den Fällen des § 1824 Abs. 1 BGB wie auch im Fall eines selbstkontrahierenden Rechtsgeschäfts nach § 1824 Abs. 2 BGB in Verbindung mit § 181 BGB von der Vertretung des Betreuten ausgeschlossen. Der Ausschluss der Vertretungsmacht tritt nicht konstitutiv durch die Bestellung eines Ergänzungsbetreuers ein, vielmehr dient diese lediglich dazu, eine Vertretung des Betreuten in den betreffenden Rechtsgeschäften durch einen anderen Betreuer sicherzustellen. Durch die Bestellung eines Ergänzungsbetreuers wird kein neuer Aufgabenbereich zugewiesen, also keine neue Eingriffsbefugnis geschaffen. Ein Ermessen, ob ein Ergänzungsbetreuer zu bestellen ist, steht dem Gericht insoweit nicht zu (BT-Drs. 19/24445, 323), denn das Betreuungsgericht hat – einen entsprechenden Handlungsbedarf vorausgesetzt – die Vornahme der notwendigen Rechtsgeschäfte durch die entsprechende Betreuerbestellung nach § 1817 Abs. 5 BGB zu ermöglichen (BT-Drs. 19/24445, 242). Im Rahmen der übertragenen Aufgabe trifft der Rechtspfleger auch alle Folgeentscheidungen, wie Entlassung und Neubestellung des Ergänzungsbetreuers, Aufhebung und Verlängerung der Ergänzungsbetreuung; obgleich der Gesetzeswortlaut in § 15 Abs. 1 Nr. 3 durch den generellen Verweis auf § 1871 BGB hier etwas unglücklich gewählt wurde, liegt auch die Entlassung des vom Rechtspfleger bestellten Ergänzungsbetreuers nach Sinn und Zweck der Norm in Rechtspflegerzuständigkeit (vgl. → Rn. 18).

3. Entlassung und Neubestellung des Betreuers (§ 1868 Abs. 5 und 6 BGB iVm § 15 Abs. 1 Nr. 1, der § 1868 Abs. 5 und 6 BGB ausdrücklich von der Richterzuständigkeit ausnimmt)

37 – Wenn der Betreute eine **übernahmebereite** Person als **neuen** Betreuer vorschlägt **(§ 1868 Abs. 5 BGB).**
– Wenn der Verein oder die Behörde die **Entlassung** des **Vereins-** oder **Behördenbetreuers** verlangt (§ 1868 Abs. 6 BGB); auch der **Weiterführungsbeschluss (§ 1868 Abs. 6 S. 2 BGB)** fällt in die Zuständigkeit des Rechtspflegers.

38 – Die Zuständigkeit zur **Neubestellung** eines Betreuers (§ 1869 BGB) ist ausdrücklich gekoppelt an die Zuständigkeit zur **Entlassung** (§ 15 Abs. 1 Nr. 1) und liegt somit in den in Rn. 37 genannten Fällen beim Rechtspfleger (BT-Drs. 11/6949, 78; BayObLG FamRZ 1996, 250, 251). Dabei ist der Rechtspfleger in der **Auswahl** des neuen Betreuers **nicht gebunden.** Hat er zB auf Antrag des Vereins den Vereinsbetreuer entlassen (§ 1868 Abs. 6 BGB), kann er, auch wenn der Verein einen neuen Vereinsbetreuer vorschlägt, unter den Voraussetzungen der §§ 1816, 1818 BGB jeden beliebigen neuen Betreuer auswählen, zB einen privaten beruflichen Betreuer oder die Behörde. Für die **Folgeentscheidungen,** wie zB die Entlassung des vom Rechtspfleger neu bestellten Betreuers wegen mangelnder Eignung nach § 1868 Abs. 1 BGB, ist aber wiederum der Richter zuständig. Die einander überschneidenden Zuständigkeiten für Bestellung, Entlassung, Neubestellung und Folgeentscheidungen erscheinen willkürlich und sind schwer praktikabel. **Nur** im Bereich der **Ergänzungsbetreuung** (§ 1817 Abs. 5 BGB) besteht für das gesamte Verfahren (erstmalige Bestellung, Entlassung aus jedem Grund, Aufhebung der

Betreuung usw.) mangels Richtervorbehalts die umfassende **Entscheidungskompetenz** des Rechtspflegers (→ Rn. 3, 36).

4. Bestellung mehrerer Betreuer (§ 1817 BGB)

– Im Rahmen der **Ergänzungsbetreuung** (§ 1817 Abs. 5 BGB) ist die Bestellung **mehrerer Betreuer** Rechtspflegersache (im Einzelnen vgl. → Rn. 36), auch wenn der Richter den Hauptbetreuer bestellt hat. 39
– Soweit der Rechtspfleger für eine **Neubestellung** zuständig ist (→ Rn. 37; § 1868 Abs. 5 und 6 BGB), kann er mehrere Betreuer bestellen, wenn damit keine Erweiterung der Betreuung verbunden ist.

5. Die Einführung des Betreuers in sein Amt und Beratung des Betreuers (§ 1861 Abs. 1 BGB)

– **Verpflichtung** des Betreuers und Unterrichtung über seine Aufgaben (§ 1861 Abs. 2 BGB). 40
– Erörterung des **Anfangsberichts** in einem persönlichen Gespräch mit dem Betreuten und dem beruflichen Betreuer (§ 1863 Abs. 1 S. 5 BGB).
– Bei einer ehrenamtlich geführten Betreuung: **Anfangsgespräch** des Gerichts mit dem Betroffenen und dem Betreuer nach § 1863 Abs. 2 S. 2 und 3 BGB.
– Mitwirkung an Einführungsveranstaltungen.
– **Beratung** und **Unterstützung** des Betreuers.

6. Die Aufsicht über die gesamte Tätigkeit des Betreuers (§ 1862 Abs. 1 und 2 BGB)

– Die Aufsicht umfasst Ausübung der **Vermögens-** wie der **Personensorge.** Der Rechtspfleger hat auch einzuschreiten (§ 1868 Abs. 1 S. 1 BGB), wenn der Betreuer die **Personensorge** vernachlässigt (BT-Drs. 11/4528, 165). 41
– Einschreiten bei **Pflichtwidrigkeiten** durch Gebote und Verbote (§ 1862 Abs. 3 S. 1 BGB). Die Entlassung des Betreuers nach § 1868 Abs. 1 BGB ist aber dem Richter vorbehalten (→ Rn. 18). Desgleichen ist die Genehmigung des Widerrufs der Vorsorgevollmacht nach § 1820 Abs. 5 BGB (→ Rn. 17) sowie die Bestellung eines Verhinderungsbetreuers nach § 1817 Abs. 4 BGB Richtersache (→ Rn. 16). Hingegen stehen bei der **Ergänzungsbetreuung** alle Folgeentscheidungen und -verrichtungen dem Rechtspfleger zu (→ Rn. 3, 36, 38, 39).
– Festsetzung von **Zwangsgeld** zur Durchsetzung seiner Anordnungen (§ 1862 Abs. 3 S. 2 BGB). Der Richter setzt allerdings das Zwangsgeld und Zwangshaft nach § 285 FamFG fest (→ Rn. 33); für Herausgabeanordnungen nach § 285 FamFG ist grundsätzlich der Richter zuständig, da er in der Regel auch für das Verfahren zuständig ist, in dem die Herausgabe erforderlich ist (zB §§ 1814, 1816 Abs. 2 bzw. 1820 Abs. 1 bzw. 4 und 5 BGB; → FamFG § 285 Rn. 1). 42
– **Alle Einzelverrichtungen,** Anordnungen, Ermächtigungen und Genehmigungen im Bereich der **Vermögenssorge** (§§ 1835 ff. BGB; → Rn. 42).
– Die **Entbindung** des Betreuers von bestimmten **Pflichten** gegenüber dem Betreuungsgericht (§ 1860 BGB).
– Die **Aufhebung** und Einschränkung der gesetzlichen **Befreiungen** bestimmter Angehöriger, des Vereinsbetreuers und des Behördenbetreuers (§ 1859 Abs. 2

S. 2 bzw. Abs. 3 BGB). Soll die Befreiung schon bei der Bestellung des Betreuers aufgehoben werden (§ 1859 BGB) besteht gegebenenfalls Richterzuständigkeit kraft Sachzusammenhangs (§ 6; → Rn. 7).

7. Die betreuungsgerichtliche Genehmigung zB

43 – der **„Wohnungsaufgabe“** durch Kündigung oder Aufhebung des Mietverhältnisses über Wohnraum, den der Betreute gemietet hat, oder Vermietung von Wohnraum des Betreuten (§ 1833 Abs. 3 Nr. 1 bis 3 BGB)
– einer Verfügung über ein Grundstück, das vom Betreuten als **Wohnraum** genutzt wird, soweit Wohnraum durch die Verfügung aufgegeben wird (§ 1833 Abs. 3 Nr. 4 BGB)
– von **Rechtsgeschäften** nach §§ 1848 bis 1854 BGB
– der **Ermächtigung** des Betreuers zum **selbstständigen Betrieb** eines **Erwerbsgeschäfts** durch den unter Einwilligungsvorbehalt stehenden Betreuten oder zu dessen Eintritt in ein **Dienst-** oder **Arbeitsverhältnis** (§§ 1825 Abs. 1 S. 2, 112, 113 BGB).

8. Die Verrichtungen im Zusammenhang mit Vorschuss und Aufwendungsersatz, Aufwandspauschalen und Vergütung des Betreuers sowie des Verfahrenspflegers §§ 292, 277, 318 FamFG iVm §§ 7 ff. VBVG bzw. §§ 1877, 1878 BGB; dies gilt nicht für die Festsetzung der Vergütung, des Aufwendungsersatzes und pauschaler Aufwandsentschädigung im formlosen Verwaltungsverfahren durch den Urkundsbeamten der Geschäftsstelle (→ Rn. 49; § 292 Abs. 5 FamFG; → FamFG § 292 Rn. 25)

44 – **Feststellung** der **berufsmäßigen** Führung der Betreuung (§ 286 Abs. 1 Nr. 4 FamFG iVm § 7 VBVG), falls der Rechtspfleger den Betreuer bestellt (zB beim Ergänzungsbetreuer nach § 1817 Abs. 5 BGB). Im Übrigen Zuständigkeit des Richters auch bei **nachträglicher** Feststellung; → Rn. 13.

45 – **Festsetzung** von Vorschuss, Aufwendungsersatz oder Aufwandspauschale (§§ 1877, 1878 BGB) des **ehrenamtlichen** Betreuers gegen den Betreuten oder gegen die Staatskasse bei mittellosen Betreuten (→ FamFG § 292 Rn. 4), falls dem Betreuer die Vermögenssorge nicht zusteht.

46 – **Festsetzung** von **Aufwendungsersatz** (§ 11 VBVG) des **beruflichen** Betreuers gegen den Betreuten oder gegen die Staatskasse bei mittellosen Betreuten (→ FamFG § 292 Rn. 4), falls dem Betreuer die Vermögenssorge nicht zusteht. Im Übrigen ist Festsetzung gegen den Betreuten unzulässig (OLG Köln FamRZ 1998, 1451).

47 – **Festsetzung** der dem beruflichen Betreuer zu bewilligenden **Vergütung** oder Abschlagszahlung gegen den Betreuten oder gegen die Staatskasse (§§ 8 ff. VBVG iVm § 292 FamFG; → § 292 Rn. 5 ff. FamFG), falls dem Betreuer die Vermögenssorge nicht zusteht und Festsetzung der Vergütung für **zukünftige** Zeiträume (§ 15 Abs. 2 VBVG).

48 – **Festsetzung** der **Regressforderung** der **Staatskasse** gegen den Betreuten oder dessen Erben (§§ 1881 S. 1 oder S. 2 BGB iVm § 292a FamFG; → § 292a Rn. 5 ff. FamFG).

– Soweit **keine gerichtliche** Festsetzung der Ansprüche des Betreuers gegen die Staatskasse erfolgt, gegebenenfalls **Festsetzung** im **Verwaltungswege** (§ 292 Abs. 5 FamFG; → FamFG § 292 Rn. 25) durch den Rechtspfleger, soweit das Landesrecht dies vorsieht (§ 27), sofern dies nicht durch den Urkundsbeamten der Geschäftsstelle erfolgt. **49**

– **Festsetzung** der stets gegen die Staatskasse gerichteten **Ansprüche** des **Verfahrenspflegers** in Betreuungssachen auf Aufwendungsersatz und Vergütung (§ 277 iVm § 292 FamFG), **gleich** ob der **Richter** oder der **Rechtspfleger** den Verfahrenspfleger bestellt hat. Dies gilt **auch** für den in einem **Unterbringungsverfahren** bestellten Verfahrenspfleger (§§ 318, 277 iVm 292 FamFG; aA LG Krefeld FamRZ 1996, 1347). In der Sache handelt es sich bei dem Entschädigungsverfahren um eine eigenständige Verrichtung nach §§ 1877 ff. BGB, die generell dem Rechtspfleger übertragen ist. Hieran sollte auch die grundsätzliche Nichtübertragung der Unterbringungssachen nichts ändern (wie hier: BeckOK FamFG/Günter § 292 Rn. 8; vgl. auch → FamFG § 292 Rn. 56). **50**

9. Die Durchführung des Verfahrens in den übertragenen Sachen einschließlich der verfahrensrechtlichen Nebenentscheidungen (§ 4 Abs. 1). Zu den Beschränkungen nach § 4 Abs. 2 → Rn. 8

– Die **Abgabe** des Verfahrens, die **Übernahme** und die **Vorlage** eines **Abgabestreits** an das gemeinschaftliche Obergericht (§§ 4, 273 FamFG; Sternal/Sternal FamFG § 4 Rn. 39), sofern die Betreuungssache nicht mit einer Unterbringungssache verbunden ist oder ein bereits anhängiges, dem Richter vorbehaltenes Verfahren betrifft oder konkret Anlass zu einer Maßnahme besteht, die dem Richter vorbehalten ist (→ Rn. 30 und → § 273 Rn. 12 FamFG). Das OLG Brandenburg hat entschieden, dass der Umstand, dass die Vorlage der Akten durch den Rechtspfleger des abgebenden Gerichts erfolgt, auch wenn bei dem um die Übernahme der Bearbeitung ersuchten Gericht künftig auch der Richter mit dem Fall befasst sein kann, es noch nicht erforderlich macht, dass die Abgabe-, Übernahme- oder Vorlageentscheidung in Betreuungssachen ausschließlich durch den Richter erfolgt (OLG Brandenburg FamRZ 2019, 232). **51**

– **Ermittlungen** (§ 26 FamFG): Anhörungen, erforderlichenfalls die Erhebung von Sachverständigengutachten bei den dem Rechtspfleger vorbehaltenen Verfahren. **52**

– **Persönliche Anhörungen** (zB nach § 299 FamFG bei Verfahren nach § 1833 Abs. 3 BGB).

– Bestellung eines **Verfahrenspflegers** (§ 276 FamFG) bei dem Rechtspfleger vorbehaltenen Verfahren.

– **Rechtshilfeersuchen:** Der Rechtspfleger ist befugt, **unmittelbar** ein anderes Gericht um Rechtshilfe zu ersuchen (§§ 156 ff. GVG), zB zwecks persönlicher Anhörung des Betroffenen im Genehmigungsverfahren nach §§ 1833 Abs. 3 BGB iVm § 299 FamFG (insoweit zulässiges Ersuchen: OLG Karlsruhe RPfleger 1994, 203). Wird sein Ersuchen abgelehnt, kann er **unmittelbar** die Entscheidung des Oberlandesgerichts nach § 159 Abs. 1 S. 1, Abs. 2 GVG herbeiführen (OLG Karlsruhe RPfleger 1994, 203; OLG Stuttgart RPfleger 2002, 255). **53**

54 – Die **einstweiligen Maßregeln** nach § 1867 BGB in den übertragenen Sachen und die vorläufigen Anordnungen nach § 300 FamFG. Jedoch sind einstweilige Maßregeln vor **erstmaliger Bestellung** eines Betreuers **Richtersache.** War bereits ein Betreuer bestellt und ist nach dessen Wegfall oder Verhinderung die Bestellung eines neuen (weiteren) Betreuers nicht dem Rechtspfleger übertragen, wird wegen des Vorrangs der Bestellung eines vorläufigen Betreuers regelmäßig die Vorlage an den Richter erfolgen müssen.

55 – **Mitteilungen** nach §§ 308–311 FamFG, soweit eine dem Rechtspfleger übertragene Entscheidung betroffen ist (→ Rn. 34).

IV. Neue Bundesländer

56 In den neuen Bundesländern ist das RPflG mit der Maßgabe in Kraft getreten, dass Beschäftigte (der Landesjustizverwaltungen), die nicht über eine dem § 2 entsprechende Ausbildung verfügen, mit Rechtspflegeraufgaben betraut werden können, zB Gerichtssekretäre mit Betreuungssachen (**Bereichsrechtspfleger** § 34 Abs. 2).

Die Maßgaben des Einigungsvertrags sind mit Ablauf des 31.12.1996 nicht mehr anzuwenden (§ 34 Abs. 1). Die Bereichsrechtspfleger nehmen die übertragenen Aufgaben aber **weiterhin** wahr und können auch mit **zusätzlichen** Aufgaben betraut werden (§ 34 Abs. 2 und 3); ihnen steht die Ausbildung zum (Voll-)Rechtspfleger offen (§ 34a).

V. Vorbehalte für Baden-Württemberg *(gültig bis 31.12.2017)*

57 Seit 1.1.2018 ist für Betreuungssachen (auch) im OLG-Bezirk Stuttgart das örtlich zuständige Amtsgericht zuständig.

Bis zum 31.12.2017 galt im württembergischen Raum folgende Sonderregelung, auf die lediglich der Vollständigkeit halber hingewiesen werden soll:

In Baden-Württemberg waren bis 31.12.2017 im **württembergischen** und hohenzollerischen **Rechtsgebiet** (OLG-Bezirk Stuttgart) für Aufgaben des Betreuungsgerichts die Amtsgerichte und die Bezirksnotare (**Notare im Landesdienst;** Beamte des gehobenen Dienstes) zuständig (Art. 147 EGBGB; §§ 1, 36, 50 Abs. 1 BaWüLFGG aF). Dem **Richter** des Amtsgerichts waren nach § 37 Abs. 1 Nr. 1–4 BaWüLFGG aF in Betreuungs- und Unterbringungssachen Entscheidungen, insbesondere die nach §§ 1825 bis 1832 BGB, **vorbehalten.**

58 Dem Amtsnotariat (Bezirksnotar) als Betreuungsgericht waren also grundsätzlich alle vom Vorbehalt nicht erfassten Betreuungssachen übertragen, insbesondere auch die Bestellung eines Betreuers einschließlich der Folgeentscheidungen.

Im **badischen** Teil von Baden-Württemberg (OLG-Bezirk Karlsruhe) bestanden diese Besonderheiten nicht.

§ 19 Aufhebung von Richtervorbehalten

(1) [1]**Die Landesregierungen werden ermächtigt, durch Rechtsverordnung die in den vorstehenden Vorschriften bestimmten Richtervorbehalte ganz oder teilweise aufzuheben, soweit sie folgende Angelegenheiten betreffen:**

1. die Geschäfte nach § 14 Absatz 1 Nummer 9 sowie § 15 Absatz 1 Nummer 1 bis 6, soweit sie nicht die Entscheidung über die Anordnung einer Betreuung und die Festlegung des Aufgabenkreises des Betreuers aufgrund der §§ 1814, 1815 und 1820 Absatz 3 des Bürgerlichen Gesetzbuchs sowie die Verrichtungen aufgrund des § 1820 Absatz 4 und 5, der §§ 1825, 1829 und 1830 und 1871 des Bürgerlichen Gesetzbuchs und von § 278 Absatz 5 und § 283 des Gesetzes über das Verfahren in Familiensachen und in den Angelegenheiten der freiwilligen Gerichtsbarkeit betreffen;

2. …
3. …
4. …
5. …
6. …

[2]Die Landesregierungen können die Ermächtigung auf die Landesjustizverwaltungen übertragen.

(2) …

(3) **Soweit von der Ermächtigung nach Absatz 1 Nr. 1 hinsichtlich der Auswahl und Bestellung eines Betreuers Gebrauch gemacht wird, sind die Vorschriften des Gesetzes über das Verfahren in Familiensachen und in den Angelegenheiten der freiwilligen Gerichtsbarkeit über die Bestellung eines Betreuers auch für die Anordnung einer Betreuung und Festlegung des Aufgabenkreises des Betreuers nach den §§ 1814 und 1815 des Bürgerlichen Gesetzbuchs anzuwenden.**

I. Allgemeines

In Abs. 1 Nr. 1 werden die Landesregierungen ermächtigt, durch Rechtsverordnung bestimmte Richtervorbehalte ganz oder teilweise aufzuheben. Bundesrecht kann also durch Landesrecht ersetzt werden. Eine solche (Länder-)**Öffnungsklausel** ist nach Art. 72 GG zulässig, wenn eine Erforderlichkeit für eine bundesgesetzliche Regelung nicht mehr gegeben ist. Jedenfalls besteht ein Bedürfnis nach landesrechtlicher Regelung, da die Ausbildungssituation in den Ländern nicht einheitlich ist, vgl. zB die eingeschränkte Einsetzbarkeit der **Bereichsrechtspfleger** (→ RPflG § 15 Rn. 56), was einer umfassenden bundeseinheitlichen zeitgleichen Aufgabenübertragung entgegensteht. 1

Erst wenn ein Bundesland von der Option des § 19 Gebrauch macht, wird das Bundesrecht dort durch Landesrecht ersetzt, bis dahin gelten die zur Disposition gestellten Vorschriften des **Bundesrechts** fort.

II. Umfang der Ermächtigung

§ 19 hält den **Richtervorbehalt** für die Betreuerbestellung und die **Festlegung** des **Aufgabenkreises** des Betreuers aufrecht (Abs. 1 Nr. 1 Hs. 1). Dem Rechtspfleger verbleibt im Falle der Öffnung die Auswahl und Bestellung des Betreuers. Damit würde im Falle der Öffnung die **Einheitsentscheidung** geopfert, die zu den Kernpunkten der Reform gehörte (vgl. Brosey/Lesting/Loer/Marschner BetreuungsR Rn. 362; → RPflG § 15 Rn. 2f). 2

3 Bei der Zuständigkeit des Rechtspflegers für die **Anordnung** einer **Ergänzungsbetreuung** nach § 1817 Abs. 5 BGB verbleibt es, da insoweit kein Richtervorbehalt besteht (vgl. iE → RPflG § 15 Rn. 36).

Der Richtervorbehalt besteht somit auch im Falle der Öffnung nach § 19 Abs. 1 Nr. 1 Hs. 2 für Entscheidungen über die Anordnung einer Betreuung und die Festlegung des Aufgabenkreises des Betreuers aufgrund der §§ 1814, 1815 und 1820 Abs. 3 BGB sowie für die Verrichtungen aufgrund der §§ 1820 Abs. 4 und 5, 1825, 1829, 1830, 1871 BGB; → RPflG § 15 Rn. 21–23 und §§ 278 Abs. 5, 283, 319 Abs. 5, 322 FamFG; → RPflG § 15 Rn. 8.

III. Neue Rechtspflegeraufgaben

4 Bisher haben in betreuungsrechtlicher Sicht nur die Bundesländer Bayern (nach § 1869 BGB) und Rheinland-Pfalz (zB für Betreuerentlassung- und Neubestellung nach § 1868 Abs. 1 BGB; LG Mainz BeckRS 2016, 135372) von der Öffnungsklausel Gebrauch gemacht. Wird landesrechtlich von der **Ermächtigung** (umfassend) **Gebrauch** gemacht, können damit dem Rechtspfleger insbesondere folgende (weitere) Aufgaben übertragen werden:

- **Auswahl** und Bestellung des Betreuers und die damit verbundenen Verrichtungen nach §§ 1816–1820 Abs. 1 und 2 BGB für Volljährige sowie als Teilgeschäft der Betreuerbestellung nach §§ 1814 Abs. 5 BGB für den 17-jährigen Minderjährigen,
- Bestellung **weiterer Betreuer** (Mitbetreuer; § 1817 BGB), die ohne (erneute) Vorschaltung des Richters möglich sind,
- (Teil-)**Entlassung** aus jedem Grund (§ 1868 BGB),
- Bestellung eines **neuen Betreuers** – aus jedem Grund (§ 1869 BGB).

Ausdrücklich von der Öffnung ausgeschlossen sind wegen der Schwere des Grundrechtseingriffs auch die **Bestellung eines Kontrollbetreuers** nach § 1820 Abs. 3 BGB sowie die Verrichtungen nach § 1820 Abs. 4 und 5 BGB. Durch eine auf § 19 Abs. 1 S. 1 Nr. 1 gestützte landesrechtliche Rechtsverordnung kann der Richtervorbehalt für die Bestellung eines **Verhinderungs**betreuers gemäß § 1817 Abs. 4 BGB aufgehoben werden, soweit dadurch lediglich ein Ausschnitt aus dem Aufgabenbereich des Hauptbetreuers auf einen Verhinderungsbetreuer übertragen wird, ohne den **Gesamtumfang** des von der Betreuung erfassten Aufgabenkreises zu erweitern oder zu beschränken (BGH FamRZ 2017, 549). Soweit der Rechtspfleger in Betreuungssachen gem. § 19 Abs. 1 Nr. 1 zuständig ist, hat er nach § 4 im Rahmen seiner Zuständigkeit alle maßgeblichen Verfahrenshandlungen vorzunehmen. Erfolgt die Anhörung des Betroffenen gleichwohl nicht durch den Rechtspfleger, sondern durch den Richter, ist dies unschädlich, wenn der Richter bei der Anhörung lediglich die Voraussetzungen feststellt, unter denen das Betreuungsgericht gem. § 34 Abs. 2 FamFG von der persönlichen Anhörung hätte absehen können und dem Betroffenen bereits zuvor gem. § 276 FamFG ein Verfahrenspfleger bestellt worden war (LG Mainz BeckRS 2016, 135372).

Rechtslage in Bayern: Aufgrund der Verordnungsermächtigung des § 19 Abs. 1 Nr. 1 RPflG wurde in Bayern § 1 Nr. 1 AufhRiVbV (Verordnung zur Aufhebung von Richtervorbehalten) erlassen, wonach der in § 15 RPflG bestimmte Richtervorbehalt für die Bestellung eines **Verhinderungsbetreuers** (§ 1817 Abs. 4 BGB) insoweit aufgehoben wird. Damit ist der Rechtspfleger für die Bestellung eines Verhinderungsbetreuers iSd § 1817 Abs. 4 BGB (ausdrücklich) zuständig (AG Regensburg FamRZ 2024, 964). Entsprechendes gilt in Bayern für die Bestellung eines neuen Betreuers (§ 1869 BGB), sofern diese wegen Todes des bisherigen Betreuers erforderlich wird (§ 1 Nr. 2 AufhRiVbV).

IV. Ausblick

Bisher haben die Länder nur in geringem Umfang von der Ermächtigung **5**
Gebrauch gemacht (zB Bayern in der Verordnung zur Aufhebung des Richtervorbehalts im Betreuungsverfahren, GVBl. 2006, 170, nach dem Tod des bisherigen Betreuers). Abgesehen von den strukturellen Problemen (→ Rn. 2) überwiegen die Nachteile der Aufspaltung der Einheitsentscheidung – zB doppelte Anhörungen – den Vorteil, richterliche Arbeitskraft anderweitig einsetzen zu können. Hinzu treten verfahrensrechtliche Schwierigkeiten, die Verfahren sind auf die Einheitsentscheidung zugeschnitten, s. hierzu die vorsorgliche Regelung des § 19 Abs. 3 und den Hinweis auf die nach § 486 Abs. 2 FamFG zulässigen Ausführungsbestimmungen (Rechtsausschuss BT-Drs. 15/4874, 61).

Nahe gelegen hätte, zunächst **bundeseinheitlich** die **Entlassungskompetenz** zur Stärkung der Aufsichtsfunktion auf den Rechtspfleger zu übertragen. Die dagegen erhobenen verfassungsrechtlichen Bedenken sind nicht überzeugend; der bloße Betreuerwechsel lässt die richterliche Grundentscheidung unberührt (vgl. hingegen Stellungnahme des Vormundschaftsgerichtstags BtPrax 2003, 187).

Zivilprozessordnung (ZPO)

§ 53 Prozessfähigkeit bei rechtlicher Betreuung

(1) **Bei Personen, für die ein Betreuer bestellt ist, richtet sich die Prozessfähigkeit nach den allgemeinen Vorschriften.**

(2) [1]**Wird ein Betreuter in einem Rechtsstreit durch einen Betreuer vertreten, kann der Betreuer in jeder Lage des Verfahrens gegenüber dem Prozessgericht schriftlich oder zu Protokoll der Geschäftsstelle erklären, dass der Rechtsstreit fortan ausschließlich durch ihn geführt wird (Ausschließlichkeitserklärung).** [2]**Mit Eingang der Ausschließlichkeitserklärung steht der Betreute für den weiteren Rechtsstreit einer nicht prozessfähigen Person gleich. Der Betreuer kann die Ausschließlichkeitserklärung jederzeit mit Wirkung für die Zukunft zurücknehmen.**

I. Überblick

1 Da die Bestellung eines Betreuers grundsätzlich keinen Einfluss auf die Geschäfts- und Prozessfähigkeit des Betreuten hat, soweit kein Einwilligungsvorbehalt (§ 1825 BGB) für den Wirkbereich vorliegt, ist eine Konkurrenz zwischen Verfahrenshandlungen des Betreuers einerseits und solchen des Betreuten denkbar. Für den außerprozessualen Rechtsverkehr wurde dies seit 1992 mit Blick auf die Selbstbestimmung des Betreuten in Kauf genommen und hat zu keinen nennenswerten Problemen geführt. Für den Prozess und sämtliche Verwaltungsverfahren wurde diese Doppelzuständigkeit hingegen im Interesse eines sachgerechten Prozessverlaufs im Falle der Vertretung durch den Betreuer nach § 53 aF ausgeschlossen. Durch die Rechtsfolge des § 53 aF wurde der Betreute für den konkreten Rechtsstreit einer nicht prozessfähigen Person gleichgestellt. Die Vorschrift war insoweit noch ganz dem Denken der Entmündigung und Gebrechlichkeitspflegschaft verpflichtet (Kersting BtPrax 2022, 203). Kritik an § 53 aF hatte der Bundesrat im Gesetzgebungsverfahren zur Betreuungsrechtsreform aufgegriffen die Neufassung vorgeschlagen (BT-Drs. 19/24445, 445 ff.). Die Studie über die „Qualität in der rechtlichen Betreuung“ bezweifelte die Vereinbarkeit von § 53 aF mit der UN-BRK und empfahl, die Streichung der Regelung zu prüfen (Matta/Engels/Brosey, 568).

Die Neuregelung wählt einen Mittelweg, der die generelle Prozessfähigkeit klarstellt, dem Betreuer aber mittels **Ausschließlichkeitserklärung** (Abs. 2) die Möglichkeit gibt, den Betreuten von Prozesshandlungen auszuschließen, wenn dies mit Blick auf § 1821 BGB erforderlich ist. Damit wird die Stärkung des Selbstbestimmungsrechts und der Erforderlichkeit in das Prozess- und Verfahrensrecht integriert, was bereits durch die veränderte Überschrift deutlich wird (Prozessfähigkeit bei rechtlicher Betreuung statt Prozessunfähigkeit).

In Ergänzung zu § 170 sieht der neu eingeführte § 170a eine **Erweiterung der Zustellungspflicht bei rechtlicher Betreuung** vor. (→ Rn. 8 und § 170a). Für **Verwaltungsverfahren wurde § 6 VwZG** angepasst.

II. Prozessfähigkeit

2 Die Vorschrift stellt klar, dass sich bei Personen, für die ein Betreuer bestellt ist, die Prozessfähigkeit nach den allgemeinen Vorschriften richtet und zwar unabhängig davon, ob ein Verfahren durch den Betreuer eingeleitet wird oder ob der Betreuer in einem bereits laufenden Verfahren von der Vertretungsbefugnis (§ 1823 BGB) Gebrauch macht (Gottwald FamRZ 2022, 332).

Nach § 52 richtet sich die Prozessfähigkeit einer Person danach, als sie sich durch Verträge verpflichten kann. Ist eine Person im Zustand der Geschäftsunfähigkeit (§ 104 Nr. 2 BGB), liegt zugleich auch Prozessunfähigkeit vor, die auch als **partielle** Geschäftsunfähigkeit bzw. Prozessunfähigkeit in Betracht kommt, sich mithin nur auf einen gegenständlich beschränkten Bereich erstreckt (→ BGB § 104 Rn. 6). Geschäftsfähigkeit ist die Fähigkeit, durch Rechtsgeschäfte Rechte zu begründen, zu übertragen, zu belasten, zu ändern oder erlöschen zu lassen. Ihr folgt auch die Prozessfähigkeit, also die Fähigkeit, rechtlich wirksame Prozesserklärungen abzugeben (→ BGB § 104 Rn. 3). Ist für den Betreuten ein Einwilligungsvorbehalt angeordnet (§ 1825), der den Wirkbereich des Prozesses oder Verfahrens betrifft, so ist er auch diesbezüglich prozessunfähig. Allerdings kann der Betreuer eine Zustimmung erteilen und den Handlungen des Betreuten damit zur Wirksamkeit verhelfen (Lipp Prozessfähigkeit und Menschenrechte – zur Diskussion um § 53 ZPO, FS Roth 2020, 438 f., Gottwald FamRZ 2022, 331).

Über den unmittelbaren Anwendungsbereich im Zivilprozess hinaus gilt § 53 ZPO **in allen gerichtlichen Prozessordnungen** § 71 SGG; § 62 VwGO, §§ 46, 46a, 64, 72, 77, 78 AGG; § 9 FamFG; § 58 FGO; § 4 InsO) und allen **Verwaltungsverfahrensordnungen** (§ 11 SGB X; § 12 VwVfG (nebst den entsprechenden Landesgesetzen, § 79 AO. Nur für das Strafverfahrensrechts und der Verfahren in Betreuungs- und Unterbringungssachen (§§ 275, 316 FamFG) gilt § 53 ZPO nicht.

III. Ausschließlichkeitserklärung

3 Der Betreuer kann den Prozess mit einer Ausschließlichkeitserklärung an sich ziehen (Abs. 2 S. 1) und diese im späteren Verlauf mit Wirkung für die Zukunft zurücknehmen (Abs. 2 S. 3 → Rn. 7).

Hat der Betreuer Kenntnis von dem (geplanten) Rechtsstreit, der seinen Aufgabenkreis betrifft, muss er den Betreuten im Prozess nicht vertreten. Vielmehr hat er den Betreuten nach § 1821 Abs. 1 S. 2 BGB zu unterstützen seine Angelegenheiten rechtlich selbst zu besorgen und macht von seiner Vertretungsmacht nach § 1823 BGB nur Gebrauch, soweit dies erforderlich ist. Das Gesetz geht daher grundsätzlich von einem Miteinander von Betreutem und Betreuer als Regelfall aus. Gelingt dies nicht, kann nach Maßgabe des § 1821 Abs. 2–4 BGB (→ BGB § 1821 Rn. 8 ff.) ein Eingreifen des Betreuers durch eine Ausschließlichkeitserklärung erfolgen, insbesondere wenn der Betreute dies wünscht oder eine erhebliche Gefährdung anzunehmen ist, die dieser krankheitsbedingt nicht erkennen kann (§ 1821 Abs. 3 BGB).

4 Die Ausschließlichkeitserklärung wird als prozessuale Erklärung gegenüber dem Gericht oder der Behörde abgegeben, nicht gegenüber möglichen Prozessgegnern oder gar den Betreuten. Die Erklärung kann der Betreuer selbst abgeben oder

„zu Protokoll der Geschäftsstelle" geben und so auch in Verfahren, in denen im Übrigen eine Vertretung durch einen Rechtsanwalt vorgeschrieben ist, vgl. § 78 Abs. 3 ZPO (BT-Drs. 19/24445, 451). Die Erklärung des Betreuers ist gegebenenfalls auszulegen oder mittels Rücksprache zu klären, ob eine Ausschließlichkeitserklärung erfolgt ist. Eine Ausschließlichkeitserklärung ist auch möglich, wenn der Betreute nach den allgemeinen Vorschriften prozessunfähig ist und hat dann klarstellende Funktion (BT-Drs. 19/24445, 450). Eine Ausschließlichkeitserklärung betrifft den *gesamten „Rechtsstreit", so dass eine* Beschränkung auf bestimmte prozessuale Erklärungen, wie die Klagerücknahme oder ein Anerkenntnis, nicht möglich ist (BeckOK ZPO/Kersting Rn. 21).

Mit Eingang der Ausschließlichkeitserklärung steht der Betreute für dieses Verfahren mit Wirkung für die Zukunft einer nicht prozessfähigen Person gleich. **5** Dies setzt voraus, dass der Aufgabenkreis inhaltlich den Gegenstand des Prozesses/Verfahrens umfasst (§ 1823 BGB), andernfalls hat der Betreuer ggf. eine Mitteilungspflicht nach § 1864 Abs. 2 BGB bezüglich einer Erweiterung des Aufgabenkreises. Die Prozessunfähigkeit wird damit aber nicht festgestellt (Schnellenbach/Normann-Scheerer/Loer BtPrax 2021, 86). Die Wirksamkeit zuvor von einem Betreuten abgegebener Erklärungen wird nicht unberührt (BT-Drs. 19/24445, 451). Ein Widerruf seiner Erklärungen ist mit Blick auf die Sicherstellung eines ordnungsgemäßen Prozessablaufs ausgeschlossen (BT-Drs. 19/24445, 451). Der Betreute kann danach selbst keine Prozesshandlungen mehr vornehmen. Er erhält aber nach § 170a Abs. 2 alle auch an den Betreuer zugestellten Dokumente, damit er über den Prozessverlauf Kenntnis behält (Schnellenbach/Normann-Scheerer/Loer BtPrax 2021, 86).

Eine Beschränkung auf bestimmte prozessuale Erklärungen ist nicht zulässig, **6** zB um die Abgabe einer Klagerücknahme oder eines Anerkenntnisses zu verhindern. Die Wirkung einer Ausschließlichkeitserklärung bezieht sich auf den gesamten Rechtsstreit bis zum rechtskräftigen Abschluss (Kersting BtPrax 2022, 155 ff. mwN).

IV. Rücknahme der Ausschließlichkeitserklärung

Nach Abs. 2 S. 3 kann der Betreuer eine Ausschließlichkeitserklärung jederzeit **7** mit Wirkung für die Zukunft zurücknehmen. Der Gesetzgeber begründet dies mit wechselnden Krankheitsphasen, die schubförmig verlaufen können und eine Änderung der Fähigkeiten des Betreuten zu Folge haben können (BT-Drs. 19/24445, 451). Gerade bei längerdauernden Prozessen, muss der Betreute auch mit Blick auf sein Selbstbestimmungsrecht und den Rehabilitationsgrundsatz des § 1821 Abs. 6 BGB, die Möglichkeit haben, wieder aktiv am Prozess mitzuwirken, wenn er dies wünscht. Diese Möglichkeit wahrt das Übermaßgebot, da der Eingriff nur so lange andauern darf, wie er erforderlich ist.

Für die Abgabe der Rücknahme gelten die Regeln über die Abgabe der Ausschließlichkeitserklärung, so dass sich die Prozessfähigkeit ab Eingang der Rücknahme wieder nach den allgemeinen Vorschriften richtet (BT-Drs. 19/24445, 451). Eine neue Ausschließlichkeitserklärung kann nach einer Rücknahme der Ausschließlichkeitserklärung erfolgen. Hier gibt es mit Blick auf das Gebot, das größtmögliche Maß an Selbstbestimmung zu gewähren und gleichzeitig der Schutzauftrag zu wahren, keine Beschränkung (BT-Drs. 19/24445, 451).

V. Zustellungen

8 Die Prozessunfähigkeit spielt auch für die Zustellung von Dokumenten eine Rolle. Bei nicht prozessfähigen Personen ist an den gesetzlichen Vertreter zuzustellen (§ 170 Abs. 1 S. 1). Zustellung ist die Bekanntgabe eines Dokuments an eine Person in der gesetzlich bestimmten Form (§ 166 zB Klageschrift, Versäumnisurteil, Vollstreckungsbescheid). Die Zustellung an die nicht prozessfähige Person ist nach § 170 Abs. 1 S. 2 unwirksam. In der Ergänzung zu § 170 sieht der neu eingeführte § 170a eine **Erweiterung der Zustellungspflicht bei rechtlicher Betreuung** vor. Nach der Neuregelung soll bei einer Zustellung an prozessfähige Betreute, der Betreuer nach § 170a Abs. 1 eine Abschrift erhalten (→ ZPO § 170a Rn. 2). Der Betreute erhält wiederum eine Abschrift, wenn die Zustellung an den Betreuer der prozessunfähigen bzw. diesen gleichgestellten Betreuten, also bei einer Ausschließlichkeitserklärung, erfolgt (→ ZPO § 170a Rn. 4, ausführlich Mroß DGVZ 2025, 219 f.). Gleiches gilt nach § 6 Abs. 1 VwVZ für Verwaltungsverfahren (→ ZPO § 170a Rn. 5).

§ 170a Zustellung bei rechtlicher Betreuung

(1) **Wird an eine Person zugestellt, für die ein Betreuer bestellt ist, ist diesem eine Abschrift des zugestellten Dokuments mitzuteilen, soweit er bekannt ist und sein Aufgabenkreis betroffen ist.**

(2) **Wird nach § 170 Absatz 1 an den Betreuer zugestellt, ist dem Betreuten eine Abschrift des zugestellten Dokuments mitzuteilen.**

I. Überblick

1 Die Vorschrift wurde zum 1.1.2023 neu eingeführt und ergänzt § 170 Abs. 1, nach dem bei nicht prozessfähigen Personen an den gesetzlichen Vertreter zuzustellen ist. Bei mehreren Betreuern genügt nach § 170 Abs. 3 die Zustellung an einen von ihnen. Vorsorgebevollmächtigte, deren Vollmacht die Erforderlichkeit einer Betreuung entbehrlich machen, stehen nach § 51 Abs. 3 Betreuern gleich.

Die Zustellung an die nicht prozessfähige Person ist nach § 170 Abs. 1 S. 2 unwirksam.§ 170a sieht eine **Erweiterung der Zustellungspflicht bei rechtlicher Betreuung** vor, die im Zusammenhang mit der Neuregelung des § 53 (Prozessfähigkeit bei rechtlicher Betreuung) erfolgte. Danach soll bei einer Zustellung an einen prozessfähigen Betreuten, der Betreuer nach § 170a Abs. 1 eine Abschrift erhalten (→ Rn. 2), um informiert zu werden. Der Betreute erhält eine Abschrift, wenn die Zustellung an den Betreuer der prozessunfähigen bzw. diesen wegen der Abgabe einer Ausschließlichkeitserklärung gleichgestellte Betreuten erfolgt (→ § 53 Rn. 2 ff. und Mroß DGVZ 2025, 219 f.).

II. Zustellung an betreute Person

2 Zustellung ist die Bekanntgabe eines Dokuments an eine Person in der gesetzlich bestimmten Form (§ 166 zB Klageschrift, Versäumnisurteil, Vollstreckungsbescheid). Nach Abs. 1 ist wegen § 170 Abs. 1 an den prozessfähigen Betreuten selbst zuzustellen. Hat das Gericht Kenntnis von der Betreuung, ist auch dem

Betreuer das zugestellte Dokument „formlos" zu übermitteln, damit dieser Kenntnis erlangt. Dies dient dem Schutz des Betreuten, damit der Betreuer nach einer Besprechung (§ 1821 Abs. 5) den Betreuten unterstützen bzw. gegebenenfalls in das Verfahren eingreifen kann. Wird eine Klage gegen den Betreuten, ausdrücklich gesetzlich vertreten durch den Betreuer, erhoben, bleibt es bei § 170 Abs. 1 S. 1, so dass an den Betreuten und gerade nicht an seinen gesetzlichen Vertreter zuzustellen ist (s. MüKoZPO/Häublein/Müller § 170 Rn. 2).

Auch wenn die Mitteilung an den Betreuer unterbleibt, wird die Wirksamkeit **3**
der förmlichen Zustellung nicht beeinflusst, da es sich um eine bloße Ordnungsvorschrift handelt (BT-Drs. 19/27287, 29). Dies kann insgesamt praktische Probleme mit sich bringen, denn wenn aus einer Klageschrift hervor, dass ein Betreuter einen Betreuer hat, der benannt wird, richtet sich der Zustellungsempfänger danach, ob der Beklagte prozessfähig ist. Ist er dies nicht, ist für die Zustellung an den Betreuer der entsprechende Aufgabenbereich des Klagegegenstands notwendig, um die Vertretungsbefugnis zu begründen. Beides wird für das Gericht in aller Regel nicht anhand der Klageschrift erkennbar sein (Kersting BtPrax 2022, 155 ff., Gottwald FamRZ 2022, 333). Das Prozessgericht hat aber nach § 56 Abs. 1 einen Mangel der Prozessfähigkeit von Amts wegen zu berücksichtigen (Kersting BtPrax 2022, 155 ff. mwN). Die Prozessfähigkeit wird bei Volljährigen vermutet (→ BGB § 104 Rn. 2). Das Bestehen einer Betreuung allein, ist noch kein konkreter Anhaltspunkt, der weitere Prüfung erforderlich macht (so aber Kersting BtPrax 2022, 155 ff. mwN). Denkbar ist aber, dass sowohl an den Betreuten als auch an den Betreuer zugestellt wird, damit jedenfalls über die Heilungsvorschrift des § 189 ZPO eine ordnungsgemäße Zustellung sichergestellt wird (Kersting BtPrax 2022, 155 ff. mwN).

III. Zustellung an Betreuer

Bei Betreuten, die infolge einer nach § 53 Abs. 2 abgegebenen Ausschließlich- **4**
keitserklärung als prozessunfähig anzusehen sind und solche die es nach den allgemeinen Vorschriften sind (§ 52, §§ 104 Nr. 2 BGB, 1825 BGB), ist nach§ 170 Abs. 1 an den Betreuer als gesetzlichen Vertreter (§ 1823 BGB) zuzustellen. Zur Stärkung des Selbstbestimmungsrechts des Betreuten und der Transparenz über seine Angelegenheiten, sieht Abs. 2 vor, dass ihm das zugestellte Dokument abschriftlich mitzuteilen ist (BT-Drs. 19/27287, 29). Der Betreute erhält damit die Möglichkeit der Kenntnisnahme an seinem Prozessgeschehen, die Besprechungspflicht des Betreuers (§ 1821 Abs. 5) bleibt diesbezüglich bestehen. Es handelt sich um eine Ordnungsvorschrift, so dass die Zustellung an den Betreuer wirksam wird, auch wenn die Mitteilung an den Betreuten versehentlich unterbleibt (BT-Drs. 19/27287, 29).

IV. Zustellung in Verwaltungsverfahren

Nach § 6 Abs. 1 S. 2 VwZG erfolgt die Zustellung in Verwaltungsverfahrung **5**
hingegen an den Betreuer, soweit der Aufgabenkreis betroffen ist. Der BR hatte im Gesetzgebungsverfahren eine weitergehende Regelung vorgeschlagen, die wie § 6 VwVG, eine generelle Zustellungspflicht an den Betreuer vorsah (BT-Drs. 19/24445, 451 f.), dem ist der Rechtsausschuss des BT nicht gefolgt (BT-Drs. 19/27287, 29). Für die Zustellung in Verwaltungsverfahren ergibt die Änderung

des § 6 Abs. 1 VwZG (Zustellung an gesetzliche Vertreter) aber, dass Behörden verpflichtet sind, dem Betreuten das dem Betreuer zugestellte Dokument nach Wahl der Behörde abschriftlich mitzuteilen oder elektronisch zu übermitteln. Dies ist für die Selbstbestimmung der Betreuten ein großer Gewinn, da sie in behördlichen Verfahren aus erster Hand informiert werden und die Kommunikation nicht ausschließlich über den Betreuer geführt werden muss (Schnellenbach/Normann-Scheerer/Loer BtPrax 2021, 87).

Gesetz über das Verfahren in Familiensachen und in den Angelegenheiten der freiwilligen Gerichtsbarkeit (FamFG)

Einleitung FamFG

Am 1.9.2009 trat das **FamFG** (Gesetz über das Verfahren in Familiensachen und in den Angelegenheiten der freiwilligen Gerichtsbarkeit) in Kraft. Das FamFG regelt – unter Aufhebung des früher geltenden FGG – seit dem 1.9.2009 unter anderem das gerichtliche Verfahren in Betreuungs- und Unterbringungssachen. Die Änderungen beruhen zu einem nicht unerheblichen Teil darauf, dass verstärkt der Allgemeine Teil des FamFG für die Betreuungs- und Unterbringungssachen gilt, soweit nicht in §§ 271 ff. Sonderregelungen getroffen wurden. Seit Inkrafttreten hat das FamFG bereits zahlreiche Änderungen erfahren. Die letzte relevante Änderung für Verfahren in Betreuungs- und Unterbringungssachen erfolgte mit dem Kosten- und Betreuervergütungsrechtsänderungsgesetz 2025 (KostBRÄG 2025) in den §§ 277, 292 (G v. 7.4.2025, BGBl. 2025 I Nr. 109).

Buch 1. Allgemeiner Teil

Abschnitt 1. Allgemeine Vorschriften

§ 4 Abgabe an ein anderes Gericht

[1]Das Gericht kann die Sache aus wichtigem Grund an ein anderes Gericht abgeben, wenn sich dieses zur Übernahme der Sache bereit erklärt hat. [2]Vor der Abgabe sollen die Beteiligten angehört werden.

1 S. hierzu die Kommentierung zu → FamFG § 273 Rn. 1 ff.

§ 5 Gerichtliche Bestimmung der Zuständigkeit

(1) **Das zuständige Gericht wird durch das nächsthöhere gemeinsame Gericht bestimmt:**
1. **wenn das an sich zuständige Gericht in einem einzelnen Fall an der Ausübung der Gerichtsbarkeit rechtlich oder tatsächlich verhindert ist;**
2. **wenn es mit Rücksicht auf die Grenzen verschiedener Gerichtsbezirke oder aus sonstigen tatsächlichen Gründen ungewiss ist, welches Gericht für das Verfahren zuständig ist;**
3. **wenn verschiedene Gerichte sich rechtskräftig für zuständig erklärt haben;**
4. **wenn verschiedene Gerichte, von denen eines für das Verfahren zuständig ist, sich rechtskräftig für unzuständig erklärt haben;**
5. **wenn eine Abgabe aus wichtigem Grund (§ 4) erfolgen soll, die Gerichte sich jedoch nicht einigen können.**

(2) **Ist das nächsthöhere gemeinsame Gericht der Bundesgerichtshof, wird das zuständige Gericht durch das Oberlandesgericht bestimmt, zu dessen Bezirk das zuerst mit der Sache befasste Gericht gehört.**

(3) **Der Beschluss, der das zuständige Gericht bestimmt, ist nicht anfechtbar.**

1 S. hierzu die Kommentierung zu → FamFG § 273 Rn. 14–15.

§ 7 Beteiligte

(1) **In Antragsverfahren ist der Antragsteller Beteiligter.**

(2) **Als Beteiligte sind hinzuzuziehen:**
1. **diejenigen, deren Recht durch das Verfahren unmittelbar betroffen wird,**
2. **diejenigen, die auf Grund dieses oder eines anderen Gesetzes von Amts wegen oder auf Antrag zu beteiligen sind.**

(3) **Das Gericht kann von Amts wegen oder auf Antrag weitere Personen als Beteiligte hinzuziehen, soweit dies in diesem oder einem anderen Gesetz vorgesehen ist.**

(4) [1]**Diejenigen, die auf ihren Antrag als Beteiligte zu dem Verfahren hinzuzuziehen sind oder hinzugezogen werden können, sind von der Einleitung des Verfahrens zu benachrichtigen, soweit sie dem Gericht bekannt sind.** [2]**Sie sind über ihr Antragsrecht zu belehren.**

(5) [1]**Das Gericht entscheidet durch Beschluss, wenn es einem Antrag auf Hinzuziehung gemäß Absatz 2 oder Absatz 3 nicht entspricht.** [2]**Der Beschluss ist mit der sofortigen Beschwerde in entsprechender Anwendung der §§ 567 bis 572 der Zivilprozessordnung anfechtbar.**

(6) **Wer anzuhören ist oder eine Auskunft zu erteilen hat, ohne dass die Voraussetzungen des Absatzes 2 oder Absatzes 3 vorliegen, wird dadurch nicht Beteiligter.**

S. hierzu die Kommentierung zu → FamFG § 274 Rn. 2, 10, 14–17. 1

§ 9 Verfahrensfähigkeit

(1) **Verfahrensfähig sind**

1. **die nach bürgerlichem Recht Geschäftsfähigen,**
2. **die nach bürgerlichem Recht beschränkt Geschäftsfähigen, soweit sie für den Gegenstand des Verfahrens nach bürgerlichem Recht als geschäftsfähig anerkannt sind,**
3. **die nach bürgerlichem Recht beschränkt Geschäftsfähigen, soweit sie das 14. Lebensjahr vollendet haben und sie in einem Verfahren, das ihre Person betrifft, ein ihnen nach bürgerlichem Recht zustehendes Recht geltend machen,**
4. **diejenigen, die auf Grund dieses oder eines anderen Gesetzes dazu bestimmt werden.**

(2) **Soweit ein Geschäftsunfähiger oder in der Geschäftsfähigkeit Beschränkter nicht verfahrensfähig ist, handeln für ihn die nach bürgerlichem Recht dazu befugten Personen.**

(3) **Für Vereinigungen sowie für Behörden handeln ihre gesetzlichen Vertreter und Vorstände.**

(4) **Das Verschulden eines gesetzlichen Vertreters steht dem Verschulden eines Beteiligten gleich.**

(5) **Die §§ 53 bis 58 der Zivilprozessordnung gelten entsprechend.**

S. hierzu die Kommentierung zu → FamFG § 275 Rn. 1–2. 1

§ 13 Akteneinsicht

(1) **Die Beteiligten können die Gerichtsakten auf der Geschäftsstelle einsehen, soweit nicht schwerwiegende Interessen eines Beteiligten oder eines Dritten entgegenstehen.**

(2) [1]**Personen, die an dem Verfahren nicht beteiligt sind, kann Einsicht nur gestattet werden, soweit sie ein berechtigtes Interesse glaubhaft machen und schutzwürdige Interessen eines Beteiligten oder eines Dritten nicht entgegenstehen.** [2]**Die Einsicht ist zu versagen, wenn ein Fall des § 1758 des Bürgerlichen Gesetzbuchs vorliegt.**

(3) [1]**Soweit Akteneinsicht gewährt wird, können die Berechtigten sich auf ihre Kosten durch die Geschäftsstelle Ausfertigungen, Auszüge und Abschriften erteilen lassen.** [2]**Die Abschrift ist auf Verlangen zu beglaubigen.**

(4) [1]**Einem Rechtsanwalt, einem Notar oder einer beteiligten Behörde kann das Gericht die Akten in die Amts- oder Geschäftsräume überlassen.** [2]**Ein Recht auf Überlassung von Beweisstücken in die Amts- oder Geschäftsräume besteht nicht.** [3]**Die Entscheidung nach Satz 1 ist nicht anfechtbar.**

(5) **Werden die Gerichtsakten elektronisch geführt, gilt § 299 Absatz 3 und 4 der Zivilprozessordnung entsprechend.**

(6) **Die Entwürfe zu Beschlüssen und Verfügungen, die zu ihrer Vorbereitung gelieferten Arbeiten sowie die Dokumente, die Abstimmungen betreffen, werden weder vorgelegt noch abschriftlich mitgeteilt.**

(7) **Über die Akteneinsicht entscheidet das Gericht, bei Kollegialgerichten der Vorsitzende.**

I. Anwendungsbereich

1 Das Betreuungsrecht selbst kennt keine eigene Regelung über die **Einsichtnahme** in Betreuungsakten. Das Einsichtsrecht in Gerichtsakten ergibt sich aus der im Allgemeinen Teil befindlichen Regelung des § 13. Daneben besteht allerdings keine rechtliche Verpflichtung, aus den Akten Auskunft oder Bescheinigungen zu erteilen. Die Auskunft aus der Akte ist als Minus gegenüber der Akteneinsicht unter den Voraussetzungen zulässig, unter denen es auch die Akteneinsicht wäre, nämlich, wenn der Fragesteller ein berechtigtes Interesse glaubhaft macht und die Auskunftserteilung pflichtgemäßem Ermessen entspricht (Jox/Fröschle Rn. 25).

Behörden, die **nicht** Verfahrensbeteiligte sind, haben uU weitergehende Rechte aus Art. 35 GG oder Landesrecht. Die Entscheidung darüber ist jedoch dann eine Maßnahme der Justizverwaltung nach §§ 23 ff. EGGVG (→ Rn. 7; OLG Hamm FGPrax 2009, 20). Hier sind die Datenschutzgesetze zu beachten (Sternal/Sternal FamFG Rn. 53).

Umfang der Akteneinsicht: Das Recht auf Akteneinsicht erstreckt sich auf die dem Gericht im Zusammenhang mit dem Rechtsstreit vorgelegten oder vom Gericht selbst geführten Akten einschließlich aller beigezogenen Unterlagen, sofern diese Akten zur Grundlage der Entscheidung gemacht werden sollen oder gemacht worden sind (BayObLG FamRZ 1998, 1625). Allerdings darf in von anderen Gerichten/Behörden **beigezogene Akten** durch das Betreuungsgericht ohne Zustimmung des anderen Gerichts/Behörde keine Akteneinsicht gewährt werden, da das Betreuungsgericht darüber nicht verfügungsbefugt ist (Sternal/Sternal FamFG Rn. 57). „Geheime" Unterlagen dürfen nicht zur Grundlage der Entscheidung gemacht werden. Bei der Akteneinsicht nicht überlassen oder versandt werden müssen **Entwürfe** von Beschlüssen oder Verfügungen (Abs. 6). Zur Durchführung der Gewährung von Akteneinsicht → Rn. 9–10.

Bei der Regelung des § 13 FamFG über die Gewährung von Akteneinsicht in gerichtlichen Verfahren handelt es sich um Vorschriften, für die das datenschutzrechtliche Subsidiaritätsprinzip des § 1 Abs. 2 BDSG mit der Folge greift, dass die

Datenschutzgesetze grundsätzlich keine Anwendung finden (Prütting/Helms/Ahn-Roth FamFG Rn. 14).

II. Akteneinsicht für Beteiligte (Abs. 1)

1. Grundsatz

Abs. 1 regelt die Akteneinsicht für sämtliche Muss- und tatsächlich hinzugezogene Kann-**Beteiligte** (→ FamFG § 274 Rn. 2 ff. und 10 ff.) und räumt ihnen grundsätzlich ein **uneingeschränktes** Akteneinsichtsrecht ohne besondere Glaubhaftmachung ein. Das Gericht hat kein Ermessen (Sternal/Sternal FamFG Rn. 24). Dieser Anspruch ist Ausdruck des Rechts der Verfahrensbeteiligten auf rechtliches Gehör (Art. 103 Abs. 1 GG) und wurde durch das FGG-Reformgesetz ausdrücklich normiert (zur Rechtslage nach FGG für die Verfahrensbeteiligten vgl. zB OLG Köln BtPrax 2008, 177). Den Beteiligten steht ein Akteneinsichtsrecht aus ihrer Verfahrensstellung zu (BayObLG BtPrax 1998, 78; LG München I BtPrax 1997, 245; Betreuungsbehörde: LG Köln BtPrax 1998, 118). Falls der Wille des Betreuten entgegensteht, führt die Interessenabwägung auch unter Berücksichtigung seiner Interessen in der Regel zur Bevorzugung des Beteiligten (zu den Ausnahmen → Rn. 3). **Vor** der Bestellung zur Prüfung der Übernahmebereitschaft und für die **Dauer ihres Amts** besteht ein Akteneinsichtsrecht des **Verfahrenspflegers** und **Betreuers.** Das Amt des Verfahrenspflegers endet mit dem Tod des Betroffenen, so dass dieser nicht mehr berechtigt ist, Beschwerde gegen die Bewilligung der Einsicht in die Betreuungsakten an einen Erben des Betroffenen einzulegen (OLG Frankfurt a. M. BtPrax 2010, 40). Einen Anspruch auf Akteneinsicht hat auch der Vorsorgebevollmächtigte, soweit es sich um Aktenteile handelt, die seinen Aufgabenbereich betreffen (→ Rn. 5). 2

Als ehemaliger Beteiligter hat auch ein **entlassener Betreuer** ein Akteneinsichtsrecht ohne Glaubhaftmachung eines berechtigten Interesses (Sternal/Sternal FamFG Rn. 44). Etwas anderes gilt, wenn er sich bereits im Besitz erbetener Informationen befindet und nicht ersichtlich ist, dass die erstrebte Akteneinsicht zu weiteren Erkenntnissen führt (KG BtPrax 2006, 118).

2. Ausnahme: Abs. 1 Hs. 2

Das Recht auf Akteneinsicht nach Abs. 1 ist allerdings nicht völlig uneingeschränkt gegeben. Dem Beteiligten wird zwar grundsätzlich Akteneinsicht gewährt, damit dieser seine Rechte im Verfahren wirksam geltend machen kann (OLG Köln BtPrax 2008, 177). Das Gericht kann jedoch einem Beteiligten die Einsicht im **Einzelfall versagen,** wenn dies aufgrund **schwerwiegender Interessen** eines anderen Beteiligten oder eines Dritten erforderlich ist (Prütting/Helms/Ahn-Roth FamFG Rn. 21). Dem Betroffenen ist vor Akteneinsicht immer **rechtliches Gehör** zu gewähren. Widerspricht der Betroffene, so ist der genaue **Auskunftszweck** des Beteiligten – also das Interesse des Antragstellers an der Einsichtnahme – zu ermitteln. Hierbei genügt aber noch nicht jedes Interesse aus der Privatsphäre oder aus dem Vermögensbereich eines Beteiligten. Liegen im konkreten Einzelfall besondere Umstände (entgegenstehende schwerwiegende Interessen) vor, welche die Geheimhaltung ausnahmsweise notwendig erscheinen lassen, kann auch der Antrag eines Beteiligten zurückgewiesen werden (Sternal/Sternal FamFG Rn. 25). Es ist vor vollständiger Zurückweisung des Einsichtsan- 3 trags auch abzuwägen, ob das seitens des Betroffenen bestehende Interesse so schwerwiegend ist, dass das Recht auf vollumfängliche Akteneinsicht im Einzelfall **zurückzustehen** hat oder ob die Akteneinsicht nur teilweise gewährt wird. Dies kann etwa ein psychiatrisches Gutachten betreffen, das einem Beteiligten nicht bekannt gegeben werden darf, wenn mit der Akteneinsicht Gefahr für den Betreuten oder einen anderen Beteiligten verbunden ist. Dem **Betroffenen** darf die Einsicht in das eingeholte ärztliche Gutachten nur verwehrt werden, wenn hiervon nach Einschätzung des Arztes erhebliche Nachteile für die Gesundheit des Betroffenen zu besorgen sind (§§ 278 Abs. 4, 34 Abs. 2; KG FGPrax 2006, 159; BeckOK FamFG/Perleberg-Kölbel Rn. 14). Im Fall des Abs. 1 ist das verfassungsrechtlich gewährleistete **Informationsinteresse** des Beteiligten gegen das Recht des Betreuten auf informationelle **Selbstbestimmung** sowie gegen das auf das gleiche Recht gestützte Geheimhaltungsinteresse des Betreuers bzw. Verfahrenspflegers abzuwägen, falls deren Geheimhaltungsinteressen betroffen sind (LG Saarbrücken FamRZ 2009, 1000; LG Nürnberg-Fürth FamRZ 2008, 90; OLG München BtPrax 2005, 199). Unter diesem Aspekt hat ein **Abkömmling** kein Einsichtsrecht, wenn dieses allein dem Zweck dienen soll, die Erfüllung der Rechnungslegungspflicht des Betreuers zu überwachen (OLG München BtPrax 2007, 219; anders bei der Überwachung der Betreuungsführung, → Rn. 5). Andererseits kann nach **Ablehnung** der Betreuerbestellung oder Unterbringung auch ein Beteiligter gegen den Willen des Betroffenen keine Akteneinsicht erhalten (OLG Frankfurt a. M. FGPrax 2005, 154).

Wenn eine Akteneinsicht aus diesen Gründen ausgeschlossen ist, haben die Beteiligten zur Wahrung des rechtlichen Gehörs Anspruch auf **Bekanntgabe des wesentlichen Inhalts** in geeigneter Form, soweit dies mit dem Zweck der Versagung vereinbar ist, etwa durch Auszüge oder eine schriftliche oder mündliche Zusammenfassung. Kann auf diese Weise das rechtliche Gehör nicht hinreichend gewährt werden, dürfen die Erkenntnisse aus den betroffenen Unterlagen grundsätzlich **nicht** zur Grundlage der Entscheidung gemacht werden (BT-Drs. 16/6308, 181).

Zum Beschwerderecht von am Verfahren **Beteiligten,** die um Akteneinsicht ersuchen: → Rn. 14.

III. Akteneinsicht für Dritte (Abs. 2)

1. Dritte

4 Jeder nicht nach § 274 (→ FamFG § 274 Rn. 1 ff.) am Betreuungsverfahren tatsächlich Beteiligte gilt als **Dritter** im Sinne des Abs. 2. Dies gilt auch für versehentlich nicht nach § 274 Beteiligte (→ FamFG § 303 Rn. 6). Wer die Voraussetzungen des § 274 nicht erfüllt, wird nicht dadurch zum Beteiligten – und erhält damit auch kein Recht zur Akteneinsicht als Beteiligter – in einem Betreuungsverfahren, dass er dieses angeregt hat (OLG Düsseldorf FamRZ 2021, 1748). Dem Dritten ist nach pflichtgemäßem Ermessen Akteneinsicht zu gewähren; das Ermessen (Abwägung zwischen Informationsbedürfnis des Auskunftssuchenden und dem informationellen Selbstbestimmungsrecht des Betroffenen; Sternal/Sternal FamFG Rn. 38) übt das Gericht aus. Die Akteneinsicht ist Akt der Rechtsprechung und nicht der Justizverwaltung (→ Rn. 15; OLG Köln BeckRS 2019, 30062, 4.2.2019 – 7 VA 11/18; OLG Hamm FGPrax 2004, 141). In jedem

Fall sollte bei einem Akteneinsichtsbegehren eines Dritten durch das Gericht bei den Beteiligten nachgefragt werden **(rechtliches Gehör),** ob sie einwilligen oder an einer Geheimhaltung interessiert sind (OLG Karlsruhe FamRZ 2010, 1467). Wenn diese einwilligen, kann ggf. ohne die Angabe des berechtigten Interesses (→ Rn. 5) Akteneinsicht gewährt werden (Sternal/Sternal FamFG Rn. 30).

2. Berechtigtes Interesse

Einem Dritten darf nur Akteneinsicht gewährt werden, wenn hierfür ein berechtigtes Interesse besteht (OLG Saarbrücken FGPrax 1999, 108) und es dafür auch konkrete Anhaltspunkte gibt (OLG Brandenburg BeckRS 2025, 12766; OLG München BtPrax 2005, 234). Das ist jedes vernünftigerweise durch die Sachlage gerechtfertigte Interesse – auch nur tatsächlicher, wirtschaftlicher oder wissenschaftlicher Art (OLG Köln FamRZ 2021, 298) – das sich nicht auf vorhandene Rechte zu gründen oder auf das Verfahren zu beziehen braucht (KG BtPrax 2006, 38; Prütting/Helms/Ahn-Roth FamFG Rn. 24), sondern auch außerhalb des Verfahrens liegen kann. Ein berechtigtes Interesse, das sich auf ein bereits vorhandenes Recht stützen muss, ist dann gegeben, wenn die erstrebte Kenntnis vom Akteninhalt zur Verfolgung von Rechten oder zur Abwehr von Ansprüchen erforderlich ist. Befindet sich jedoch der Antragsteller **bereits im Besitz** aller notwendigen Informationen und ist nicht ersichtlich, dass die Einsicht zu weiteren Erkenntnissen führen könnte, fehlt insoweit das berechtigte Interesse (OLG Köln FamRZ 2021, 298). Das berechtigte Interesse ist insbesondere dann gegeben, wenn ein künftiges Verhalten des Antragstellers durch die Aktenkenntnis beeinflusst sein kann (OLG Brandenburg BeckRS 2019, 37461, Beschl. v. 28.11.2019 – 3 W 126/19), wobei das Interesse grundsätzlich nicht durch den Verfahrensgegenstand begrenzt wird (OLG Stuttgart FGPrax 2011, 263). Es genügt jedes nach vernünftiger Abwägung durch die Sachlage gerechtfertigte Interesse (Sternal/Sternal FamFG Rn. 33). **5**

Ein Einsichtsrecht wird **bejaht:** Ein berechtigtes Interesse auf Akteneinsicht zur beabsichtigten Geltendmachung von **Amtshaftungsansprüchen** besteht nur für denjenigen, der zum Kreis der durch die Amtspflicht geschützten Dritten gehört (KG NJW-RR 2006, 1294). Ein **Ehepartner** des Betroffenen hat ein Recht auf Akteneinsicht, wenn er gegen die Bestellung eines Ergänzungsbetreuers Beschwerde einlegen will (OLG Köln FGPrax 2008, 155; Sternal/Sternal FamFG Rn. 44) oder wenn der nicht beteiligte Ehemann die betreuungsgerichtliche Genehmigung des von einem Betreuer für die verfahrensunfähige Ehefrau gestellten Scheidungsantrages begehrt (KG BtPrax 2006, 38; BeckOK FamFG/Perleberg-Kölbel Rn. 27); einen Anspruch nach Abs. 2 auf Akteneinsicht kann auch der **Vorsorgebevollmächtigte** haben – soweit er nicht bereits als Beteiligter nach Abs. 1 ein Einsichtsrecht hat (→ Rn. 2; KG FGPrax 2007, 118) – und der ehemalige Betreuer in die seine Bestellzeit betreffenden Aktenteile (Sternal/Sternal FamFG Rn. 44; etwas Anderes gilt, wenn er sich bereits im Besitz der erbetenen Informationen befindet und nicht ersichtlich ist, dass die erstrebte Akteneinsicht zu weiteren Erkenntnissen führt, KG BtPrax 2006, 118). Beim **Miterben** des Betreuten, der den Bestand des Nachlasses erfahren will (OLG Köln NJW-RR 1998, 438), wird ein Recht bejaht, wenn hierdurch vermieden werden kann, dass weitere Auseinandersetzungen mit dem Betroffenen geführt werden müssen. **Nach dem Tod des Betreuten** steht einem Pflichtteilsberechtigten ein Einsichtsrecht in die Betreuungsakten des Erblassers zu, da ein berechtigtes Interesse daran besteht, sich Kenntnis vom Umfang des Nachlasses und damit von der Höhe etwaiger Pflichtteils- und Pflichtteilsergänzungsansprüche zu verschaffen (OLG Brandenburg NJW-RR 2025, 771; LG Mainz FamRZ 2017, 2076). Ein Einsichtsrecht besteht auch für den Erben des Betroffenen und auch schon vor Annahme der Erbschaft, wenn der Erbe prüft, ob er die Erbschaft annehmen will. Bei einer rechtlichen Betreuung des Erblassers zu Lebzeiten steht den **gesetzlichen Erben** des betreuten Erblassers ein Einsichtsrecht in der gerichtliche Betreuungsakte zu, da ein künftiges Verhalten der Erben im Hinblick auf mögliche Rechtsansprüche durch Kenntnis des Inhalts der Betreuungsakte beeinflusst werden kann (LG Stendal BeckRS 2018, 35406, Beschl. v. 12.11.2018 – 25 T 133/18). Für einen **Insolvenzverwalter** besteht ein Akteneinsichtsrecht in die Betreuungsakte des Schuldners nur bei Glaubhaftmachung eines besonderen Interesses (LG Wuppertal BeckRS 2016, 120722).

Ein Einsichtsrecht wird **abgelehnt:** Wenn ausschließlich eigene **wirtschaftliche** Ziele verfolgt werden (gewerbsmäßiger Erbenermittler), ist ein Einsichtsrecht zu **verneinen;** das berufliche Interesse eines **Erbenermittlers** genügt aber ausnahmsweise dann, wenn es durch den Auftrag eines Berechtigten, zB eines Nachlasspflegers, legitimiert ist (KG BeckRS 2019, 14382, Beschl. v. 11.6.2019 – 19 W 46/19; OLG Hamm FGPrax 2011, 27). Ebenfalls ist ein berechtigtes Interesse zu **verneinen** beim künftigen **Alleinerben** aufgrund Erbvertrags (OLG Köln FamRZ 2004, 1124), bei betreuungsgerichtlicher Genehmigung der Abtretung einer Forderung für den betroffenen **Schuldner** der Forderung (BayObLG BtPrax 2001, 85) und beim nicht am Verfahren beteiligten Kind, das die ordnungsgemäße Führung der Betreuung überwachen will (OLG München BtPrax 2007, 219; Prütting/Helms/Ahn-Roth FamFG Rn. 34). Ein Interesse daran, die Meinungsbildung des Betreuungsgerichts vor der Genehmigung eines **Grundstücksverkaufs** überprüfen zu wollen, ist kein berechtigtes Interesse im Sinne des Abs. 2 (OLG München BtPrax 2005, 199).

Der Auskunfts- bzw. Informationszweck ist auch entscheidend dafür, in welchem **Umfang** (vollständige Akte oder Aktenteile) und in welcher Ausführungsform (Akteneinsicht, Aktenübersendung, Abschriften, Ablichtungen, schriftliche oder mündliche Mitteilung → Rn. 3) Einsicht gewährt wird.

Der Dritte muss sein berechtigtes Interesse **glaubhaft machen** (§ 31; alle Beweismittel und die eigene eidesstattliche Versicherung). Dazu genügt die Darlegung (und Glaubhaftmachung) von Umständen, aus denen sich nach dem gewöhnlichen Lauf der Dinge ein berechtigtes Interesse ergibt (Sternal/Sternal FamFG Rn. 35). **Schikanöse** oder unlautere Akteneinsichtsgesuche können trotz Glaubhaftmachung eines Interesses zurückgewiesen werden (Sternal/Sternal FamFG Rn. 47).

Zum Beschwerderecht von nicht am Verfahren **Beteiligten,** die um Akteneinsicht ersuchen: → Rn. 15.

3. Interessenabwägung

6 Auch bei Vorliegen eines berechtigten Interesses dürfen schutzwürdige (solche von anderen Verfahrensbeteiligten, insbes. des Betreuten) und öffentliche Interessen anderer nicht entgegenstehen. Schutzwürdige Interessen von Beteiligten oder Dritten können sich aus Persönlichkeitsrechten der Beteiligten, insbesondere aus ihrem Recht auf informationelle Selbstbestimmung und aus ihrer Vermögenssphäre ergeben (Prütting/Helms/Ahn-Roth FamFG Rn. 28).

4. Akteneinsicht von Behörden

Die zu **beteiligende Behörde** hat nach Abs. 1 ein Akteneinsichtsrecht. 7

Für **andere,** nicht am Verfahren beteiligte **Behörden und Gerichte bzw. Abteilungen des Amtsgerichts,** bei dem das Betreuungsgericht angesiedelt ist (dazu zählt auch der Gerichtsvollzieher, OLG Bamberg BtPrax 2018, 73), ist die Überlassung als Amtshilfe nach Art. 35 Abs. 1 GG anzusehen. Die Entscheidung über den Antrag einer am Verfahren nicht beteiligten Behörde, ihr Einsicht in die gerichtliche Betreuungsakte eines laufenden Verfahrens zu bewilligen, ergeht als **Justizverwaltungsakt** durch den **Dienstvorstand** (OLG Zweibrücken FamRZ 2023, 555; BayObLG FamRZ 2022, 1732; 2020, 1942).

Zum Akteneinsichtsgesuch von **Staatsanwaltschaften:** die in der StPO verankerten Ermittlungsbefugnisse der **Staatsanwaltschaft** können keine Befugnis und auch keine Verpflichtung der Justizbehörde zur Datenermittlung im Wege der Amtshilfe begründen. Hinzukommen muss eine einfach-gesetzlichen Vorschrift für das Amtshilfeersuchen der Staatsanwaltschaft. Die Übermittlung einer Betreuungsakte im Rahmen der Amtshilfe an eine ersuchende Staatsanwaltschaft kommt mangels spezialgesetzlicher Bestimmungen nur im Rahmen der durch die datenschutzrechtlichen Vorschriften des jeweiligen Bundeslandes gezogenen Grenzen in Betracht (OLG Zweibrücken FamRZ 2023, 555). Dies gilt auch für den um Akteneinsicht ersuchenden **Sozialhilfeträger** (BayObLG FamRZ 2021, 891; BeckOK FamFG/Perleberg-Kölbel Rn. 32a). § 13 Abs. 2 ist nach herrschender Auffassung für diese Behörden nicht anwendbar, weil die Antragsteller keine „Personen" sind (BayObLG FamRZ 2020, 1942). Die **Staatsanwaltschaft** hat auch dann kein Einsichtsrecht in die Betreuungsakte zur Prüfung der Schuldfähigkeit des Betreuten, wenn der Betreute mit der Begehung erheblicher Straftaten gegen Dritte gedroht hat (LG Fulda BeckRS 2013, 22699). Auch der Staatsanwaltschaft darf Akteneinsicht in eine Betreuungsakte nur gestattet werden, soweit sie ein **berechtigtes Interesse glaubhaft** macht und schutzwürdige Interessen eines Beteiligten oder eines Dritten nicht entgegenstehen oder die Beteiligten einverstanden sind (BayObLG FamRZ 2020, 1942; OLG Köln BtPrax 2014, 183; Brosey/Lesting/Loer/Marschner BetreuungsR/Lesting Rn. 613). § 161 Abs. 1 S. 1 StPO gibt der Staatsanwaltschaft wegen des gesteigerten Geheimhaltungsinteresses der Verfahrensbeteiligten keine Ermächtigung – ohne Darlegung der berechtigten Interessen –, Akteneinsicht zu verlangen und begründet mithin keine Verpflichtung der Justizbehörde zu einer Datenübermittlung im Wege der Amtshilfe, wenn damit – was im Betreuungsbereich regelmäßig der Fall sein dürfte – ein erheblicher Grundrechtseingriff für die davon betroffene Person verbunden ist (BayObLG FamRZ 2020, 1942). Vielmehr hat die Staatsanwaltschaft alle für die Güterabwägung maßgebenden Umstände darzulegen, wobei zudem auszuführen ist, warum gerade diese Akten die einzige **verfügbare Erkenntnisquelle** sind (OLG Naumburg FamRZ 2018, 846) oder sie muss substantiiert vortragen, welcher konkrete Erkenntnisgewinn für welchen Prüfungsgegenstand des Ermittlungsverfahrens zu erwarten ist (OLG Zweibrücken FamRZ 2023, 555). Denkbar wäre ein Herausgabeverlangen der Staatsanwaltschaft als spezifische Ermittlungsmaßnahme zur Erlangung und Sicherstellung von Beweisen nach § 95 StPO; dann müssten aber die entsprechenden Voraussetzungen von der Staatsanwaltschaft vorgetragen werden und auch tatsächlich vorliegen (BayObLG FamRZ 2022, 1732).

5. Gerichtsentscheidungen

8 Diese sind nicht von Abs. 2 erfasst, denn deren Veröffentlichung ist Teil der rechtsprechenden Gewalt; Entscheidungen müssen daher in anonymisierter Form der Öffentlichkeit zugänglich gemacht werden (Sternal/Sternal FamFG Rn. 31).

IV. Durchführung (Abs. 3) und Umfang (Abs. 6) der Akteneinsicht

9 Zur Durchführung der Akteneinsicht haben die Berechtigten nach Abs. 3 die Möglichkeit, die Akten auf der **Geschäftsstelle** des Gerichts einzusehen. Daneben wird ihnen im Rahmen der Akteneinsicht auch ein Anspruch auf die Erteilung von Ausfertigungen, Auszügen und Abschriften (S. 1) und von beglaubigten Abschriften (S. 2) jeweils auf **ihre eigenen Kosten** gewährt (OLG Brandeburg NJW-RR 2025, 771: Anspruch auf vollständigen Aktenauszug bei Kostenübernahme). Eine Ausnahme ist nur dann zu machen, wenn der Auftrag als missbräuchlich anzusehen wäre, insbesondere für die Geschäftsstelle unzumutbaren Aufwand bedeuten könnte (OLG Köln BeckRS 2019, 8778, Beschl. v. 8.4.2019 – 2 Wx 100/19). Dies kann jedoch nur in absoluten Ausnahmefällen angenommen werden. Wer zur Einsicht gemäß § 13 berechtigt ist, dem steht im Rahmen der Akteneinsicht ein grundsätzlich nicht beschränkbarer Anspruch auf Fertigung von Ablichtungen zu. Der Anspruch auf Fertigung von Ablichtungen ist nicht von der Darlegung eines berechtigten oder rechtlichen Interesses abhängig (KG FGPrax 2011, 157). Zur Fertigung von Ablichtungen kann sich der Einsichtsberechtige technischer Reproduktionsgeräte (zB eines Fotoapparates oder eines Handys) bedienen (KG FGPrax 2011, 108; str.). Wenn allerdings zuvor durch das Gericht gegen das Gebot des rechtlichen Gehörs verstoßen worden war, kann sich ein Anspruch auf kostenlose Fertigung von Abschriften ergeben. Die Erteilung von Abschriften hängt nicht von weiteren Voraussetzungen ab; besteht ein Akteneinsichtsrecht, besteht auch ein Anspruch auf Erteilung von Abschriften oder Beglaubigungen (Sternal/Sternal FamFG Rn. 74).

Zum Umfang der Akteneinsicht: Nach Abs. 6 ist Einsicht in die vollständige Akte – einschließlich aller beigezogenen Unterlagen und Akten (mit Zustimmung des aktenführenden Gerichts) – zu gewähren. Kein Einsichtsrecht besteht in Entwürfe zu Beschlüssen und Verfügungen, die zu ihrer Vorbereitung gelieferten Arbeiten (zB Voten) sowie die Dokumente, die Abstimmungen betreffen (Sternal/Sternal FamFG Rn. 56; OLG Hamm BeckRS 2021, 1233, Beschl. v. 4.1.2021 – 4 WF 258/20).

V. Rechtsanwälte, Notare und Behörden (Abs. 4)

10 Die Akten sind grundsätzlich auf der Geschäftsstelle des aktenführenden Gerichts einzusehen. Eine Versendung an das für den Antragsteller örtlich zuständige Amtsgericht zur Einsichtnahme auf der dortigen Geschäftsstelle ist zulässig (Sternal/Sternal FamFG Rn. 71). Nach S. 1 kann bei Überlassung von Akten zur Einsichtnahme an Rechtsanwälte, Notare oder beteiligte Behörden grundsätzlich von einer besonderen Zuverlässigkeit ausgegangen werden. Das Gericht kann diesen nach seinem Ermessen die Akten in deren Geschäftsräume überlassen. Können die Akten unschwer kurzfristig entbehrt werden, werden die Vorausset-

zungen für deren Überlassung regelmäßig gegeben sein. Beweismittel müssen jedoch nicht herausgegeben werden (S. 2). Zwar hat ein Rechtsanwalt grundsätzlich keinen Anspruch darauf, dass ihm die Akten zum Zweck der Einsichtnahme in sein Büro überlassen werden (OLG Hamm MDR 2013, 273), jedoch müssen besondere Gesichtspunkte wie Eilbedürftigkeit usw. gegen eine Übersendung an die in Abs. 4 genannten Stellen sprechen, da diese von vornherein als besonders vertrauenswürdig gelten. Eine Beeinträchtigung der Rechtsstellung liegt vor, wenn die Entscheidung, dass die Akteneinsicht nur auf der Geschäftsstelle erfolgen darf, dem Beteiligten faktisch die Möglichkeit nimmt, von seinem Anspruch auf Gewährung rechtlichen Gehörs Gebrauch zu machen. In einem Beschwerdeverfahren wird es jedenfalls dann allein ermessensgerecht sein, dem Antrag eines Verfahrensbevollmächtigten auf Überlassung von Verfahrensakten zu entsprechen, wenn die zeitlichen Umstände dies erlauben und weder akten- noch personenbezogene wichtige Gründe dem entgegenstehen (BGH NJW 2021, 3402).

Zur Vermeidung von Zwischenstreitigkeiten ist die Anfechtung der gerichtlichen Entscheidung über die Aktenüberlassung an die in Abs. 4 genannten Stellen gemäß S. 3 ausgeschlossen.

VI. Elektronische Akte (Abs. 5)

Abs. 5 regelt die Akteneinsicht bei elektronischer Aktenführung (§ 299 Abs. 3 ZPO) und erweitert den Kreis der auf die elektronische Akte zugriffsbefugten Stellen. **11**

VII. Entscheidungsträger (Abs. 7)

Über die Akteneinsicht entscheidet das jeweils verfahrensführende Gericht. **12** Welcher Entscheidungsträger **funktionell** zuständig ist, richtet sich nach den für die jeweilige Angelegenheit geltenden Vorschriften. Daher ist der Rechtspfleger für die Akteneinsicht im Zusammenhang mit den ihm nach § 3 Nr. 2b RPflG übertragenen (der Richter für die ihm nach § 15 RPflG übertragenen) Geschäften zuständig. Zur Beschleunigung und Straffung des Verfahrens entscheidet über Akteneinsichtsgesuche bei Kollegialgerichten der **Vorsitzende** allein (S. 2).

VIII. Rechtsmittel

§ 13 trifft zur (Un-)Anfechtbarkeit der Gewährung oder Versagung von Akten- **13** einsicht keine Regelung (außer in Abs. 4 S. 3, was die Einsicht der Akte durch einen Rechtsanwalt auf der Geschäftsstelle anbelangt). Nach früherem Rechtsstand (§ 34 FGG) wurde jedenfalls demjenigen ein Beschwerderecht zugebilligt, dem die Akteneinsicht **verweigert** wurde. Weiter hatte der Geheimhaltungsinteressent (idR der Betroffene, aber auch der Betreuer und Verfahrenspfleger; OLG München FamRZ 2006, 146) ein Beschwerderecht, wenn Akteneinsicht **gewährt** wurde.

Aufgrund der gesetzlichen Regelung in § 13 muss zwischen dem Akteneinsichtsrecht unterschieden werden, das durch **Beteiligte** einerseits (Abs. 1) und durch **Dritte** andererseits (Abs. 2) ausgeübt wird.

14 Bei der Akteneinsicht **durch Beteiligte** im **laufenden** Verfahren handelt es sich um eine Zwischenentscheidung, die in der Regel nur zusammen mit der Endentscheidung anfechtbar ist (§ 58 Abs. 2). Daher vertritt die hA (zB Sternal/Sternal FamFG Rn. 79 ff.; Sternal/Göbel FamFG § 58 Rn. 35) den Standpunkt, dass der Beteiligte die Zurückweisung eines Akteneinsichtsgesuches nur zusammen mit der Endentscheidung anfechten kann (so auch der BGH hinsichtlich eines Akteneinsichtsbegehren einer Vertrauensperson in einem Haftaufhebungsverfahren: BGH BeckRS 2025, 31174). Jedoch ist auch der am Verfahren Beteiligte berechtigt, die Entscheidung über die Gewährung der Akteneinsicht dann gesondert anzufechten, wenn sein Akteneinsichtsgesuch nicht Ausdruck seines Anspruchs auf rechtliches Gehör ist, der dem Beteiligten die effektive Mitwirkung bei der Wahrheitsfindung des Gerichts ermöglichen soll. Um nicht die Rechte des Beteiligten hinter denen eines Dritten zurücktreten zu lassen, muss die Entscheidung über das Akteneinsichtsgesuch des Beteiligten jedenfalls dann als Endentscheidung verstanden werden, die einer Anfechtung im Wege der Beschwerde unterliegt, wenn der Beteiligte mit dem Akteneinsichtsgesuch gerade nicht beabsichtigt, sich über das konkrete Verfahren mit dem Ziel der Einflussnahme auf die Endentscheidung des Gerichts zu informieren, sondern – vergleichbar einem nicht am Verfahren beteiligten Dritten – davon abweichende Interessen verfolgt (OLG Jena NJW-RR 2012, 139; BeckOK FamFG/Perleberg-Kölbel Rn. 45; Dutta/Jacoby/Schwab/Jacoby FamFG Rn. 15). In diesem Fall sind die §§ 58 ff. anwendbar (→ FamFG § 58 Rn. 12; nach HK-BetreuungsR/Bučić – § 274 Rn. 37 – soll sogar unbeschränkt die sofortige Beschwerde entsprechend §§ 567 ff. ZPO eröffnet sein). Dies gilt schon allein deswegen, weil im Betreuungsverfahren auch von einem Beteiligten Akteneinsicht beantragt werden kann, die nicht im Zusammenhang mit einem gerade betriebenen Verfahren steht, zB wenn die Interessen des Beteiligten außerhalb des Betreuungsverfahrens liegen (→ Rn. 5) und gerade kein Betreuungs(änderungs)verfahren betrieben wird. In diesem Falle könnte die Akteneinsicht nie überprüft werden, weil es keine Endentscheidung gibt. Ebenso muss die Entscheidung von demjenigen Beteiligten, dessen Geheimhaltungsinteresse durch eine gewährte Akteneinsicht betroffen ist, anfechtbar sein (differenziert Sternal/Sternal FamFG Rn. 79).

Beim **Verfahrensbeteiligten,** der **nach Abschluss** des Verfahrens Akteneinsicht beantragt, ist die Beschwerde nach § 58 statthaft (OLG Bamberg FamRZ 2023, 1648). Ein Einsichtsgesuch eines Verfahrensbeteiligten in ein bereits abgeschlossenes Verfahren ist hinsichtlich der Voraussetzungen dem Akteneinsichtsgesuch eines Dritten gleichgestellt (BGH FamRZ 2015, 1176 für § 299 ZPO). Es ist also auch vom Verfahrensbeteiligten nach Abschluss des Verfahrens ein berechtigtes Interesse an der Akteneinsicht glaubhaft zu machen, da ein Akteneinsichtsrecht des Beteiligten allein der Prozessführung dient und daher mit endgültigem Verfahrensabschluss endet (OLG Bamberg FamRZ 2023, 1648).

15 Stellt ein **Dritter** in einem **laufenden** Betreuungsverfahren einen Akteneinsichtsantrag, wird das Gericht als Rechtspflegeorgan und nicht als Organ der Justizverwaltung tätig. Das Gericht trifft in diesem Fall in der Regel keine Zwischen- sondern eine Endentscheidung, die nach § 58 Abs. 1 selbstständig mit der befristeten Beschwerde anfechtbar ist (BayObLG BtPrax 2025, 222; OLG Frankfurt a. M. BeckRS 2022, 54044, Beschl. v. 1.3.2022 – 20 VA 5/22).

Lange Zeit war umstritten, ob die Ablehnung eines Akteneinsichtsantrags eines **Dritten** in einem **abgeschlossenen** Betreuungsverfahren mit der Beschwerde nach § 58 angegriffen werden kann oder ob der statthafte Rechtsbehelf die gerichtliche Entscheidung nach § 23 EGGVG ist (**Beschwerde nach § 58:** zB Sternal/Sternal FamFG Rn. 84; für Betreuungsverfahren: BayObLG FamRZ 2020, 942 und 621; für familiengerichtliche Verfahren: OLG Bamberg FamRZ 2023, 1648; OLG Köln FamRZ 2024, 459; OLG Karlsruhe FamRZ 2022, 1867; für Nachlassverfahren: BayObLG FamRZ 2023, 1076; **Anfechtbarkeit folgt aus § 23 EGGVG:** zB MüKoFamFG/Pabst Rn. 33; Prütting/Helms/Ahn-Roth FamFG Rn. 50; OLG Hamm BeckRS 2023, 39532, Beschl. v. 14.2.2023 – 15 VA 12/22; OLG Düsseldorf FamRZ 2021, 1748; OLG Frankfurt a. M. FamRZ 2020, 1581; OLG Schleswig ZEV 2019, 219; für Nachlassverfahren: OLG Köln FamRZ 2024, 1309).

Mit Beschl. v. 15.11.2023 – IV ZB 6/23 – (BGH FamRZ 2024, 453) hat der Bundesgerichtshof den Meinungsstreit bei einem **Nachlassverfahren** aufgegriffen und entschieden, dass der statthafte Rechtsbehelf gegen eine Entscheidung des Nachlassgerichts nach § 13 Abs. 7 über die Nichtgewährung von Einsicht in die Akten eines **abgeschlossenen** Verfahrens für einen am Verfahren nicht beteiligten Dritten der Antrag auf gerichtliche Entscheidung nach § 23 EGGVG sei (so auch OLG Hamburg BeckRS 2025, 30322). Dem hat sich das Oberlandesgericht Köln angeschlossen (OLG Köln FamRZ 2024, 1309; BayObLG BeckRS 2024, 15215; Beschl. v. 28.6.2024 – 102 VA 232/23 für Umgangsverfahren). Es ist davon auszugehen, dass dieser Grundsatz auch für **Betreuungsverfahren** Anwendung findet, da die Entscheidung des BGH nicht so zu verstehen ist, dass sie auf Nachlassverfahren beschränkt wäre. Der BGH hat auf den Umstand abgestellt, dass es sich um ein abgeschlossenes Verfahren handelt, das nach den Regeln des FamFG geführt wurde und in dem sich die Akteneinsicht daher auch weiterhin nach § 13 Abs. 7 richtet, auch wenn die Aufgabe ihrer Art nach nunmehr der Gerichtsverwaltung zuzuordnen ist. Das betreffende Verfahren ist bereits abgeschlossen und eine spruchrichterliche Tätigkeit findet in diesem Verfahren daher grundsätzlich nicht mehr statt (OLG Köln FamRZ 2024, 1309).

Das Beschwerderecht von am Verfahren **nicht beteiligten Behörden,** die um Akteneinsicht ersuchen, folgt aus §§ 23 ff. EGGVG (OLG Zweibrücken FamRZ 2023, 555; BayObLG FamRZ 2020, 1942), da es sich hierbei um einen Justizverwaltungsakt handelt, für den der Dienstvorstand und nicht der Betreuungsrichter zuständig ist: → Rn. 7.

§ 22a Mitteilungen an die Familien- und Betreuungsgerichte

(1) **Wird infolge eines gerichtlichen Verfahrens eine Tätigkeit des Familien- oder Betreuungsgerichts erforderlich, hat das Gericht dem Familien- oder Betreuungsgericht Mitteilung zu machen.**

(2) [1]**Im Übrigen dürfen Gerichte und Behörden dem Familien- oder Betreuungsgericht personenbezogene Daten übermitteln, wenn deren Kenntnis aus ihrer Sicht für familien- oder betreuungsgerichtliche Maßnahmen erforderlich ist, soweit nicht für die übermittelnde Stelle erkennbar ist, dass schutzwürdige Interessen des Betroffenen an dem Ausschluss der Übermittlung das Schutzbedürfnis eines Minderjährigen oder Betreuten oder das öffentliche Interesse an der Übermittlung überwiegen.** [2]**Die Übermittlung unterbleibt, wenn ihr eine besondere bun-**

des- oder entsprechende landesgesetzliche Verwendungsregelung entgegensteht.

I. Anwendungsbereich

1 § 22a verpflichtet bzw. berechtigt verschiedene öffentliche Stellen, ua an das Betreuungsgericht Informationen über deren Verfahren weiterzuleiten. Umgekehrt werden in §§ 308–311 Mitteilungsrechte und -pflichten für die Betreuungsgerichte an andere Stellen geschaffen.

II. Im Einzelnen

1. Benachrichtigungspflicht

2 Abs. 1 begründet eine **Benachrichtigungspflicht** für ordentliche Gerichte, also alle Zivil- (OLG Karlsruhe FamRZ 2010, 1762) und Strafgerichte, jedes Instanzgericht (BGH FamRZ 2016, 632) sowie auch für das mit einer Beurkundung befasste Gericht; entsprechendes gilt im Zwangsversteigerungs- (LG Saarbrücken 2010, 587), Zwangsvollstreckungs- und Insolvenzverfahren. Diese Pflicht muss ebenso für das Familiengericht gegenüber dem Betreuungsgericht gelten, wenn dem ersteren im Laufe eines Verfahrens entsprechende Umstände bekannt werden. Hat ein **Gerichtsvollzieher** Zweifel an der Wirksamkeit einer Vorsorgevollmacht kann er das Zwangsvollstreckungsverfahren aussetzen und gemäß § 22a Abs. 1 das Betreuungsgericht informieren, damit dieses die Eignung der Vollmacht zur Vermeidung der Betreuung prüft (BGH FamRZ 2020, 441). Eine Benachrichtigung darf jedoch nur dann erfolgen, wenn das Tätigwerden des Betreuungsgerichts (zB Betreuerbestellung oder andere Maßnahmen) für das Verfahren des anzeigenden Gerichts **notwendig** oder für dessen ordnungsgemäße Durchführung **erforderlich** ist (BGH NJW 1992, 1884). Das Betreuungsgericht kann – nach eigenverantwortlicher Entscheidung (Sternal/Sternal FamFG Rn. 8) – die im Interesse des Betroffenen erforderlichen Maßnahmen ergreifen, zB einen Betreuer bestellen. Werden dem ordentlichen Gericht jedoch nur **bei Gelegenheit** eines Verfahrens Umstände bekannt, die ein Einschreiten des Betreuungsgerichts im Rahmen einer Betreuung lediglich geboten erscheinen lassen, besteht eine solche Benachrichtigungspflicht nicht (Sternal/Sternal FamFG Rn. 7). Eine Benachrichtigung ist etwa geboten, wenn für den Betreuer ein Betreuer bestellt wird oder über das Vermögen des Betreuers ein Insolvenzverfahren eröffnet wird.

Denkbar ist auch eine Mitteilung des Vollstreckungsgerichts an das Betreuungsgericht im Rahmen von Vollstreckungsschutz bei der Vollstreckung eines Räumungstitels gegenüber einer **suizidgefährdeten** Person. Grundsätzlich kommt in diesem Fall ein Vollstreckungsschutz nach § 765a ZPO wegen besonderer Härte in Betracht. Nach einer Entscheidung des BGH (FamRZ 2018, 372) kann der Gefahr eines Suizids des Schuldners jedoch möglicherweise auf andere Weise entgegengewirkt werden. Wenn nämlich die Ingewahrsamnahme eines suizidgefährdeten Schuldners durch eine betreuungsrechtliche Unterbringung (§ 1831 Abs. 1 BGB) in Betracht kommt, scheidet eine Einstellung der Zwangsvollstreckung nach § 765a ZPO aus. In einem solchen Fall dürfte jedoch eine Mitteilungspflicht des Vollstreckungsgerichts an das Betreuungsgericht nach § 22a FamFG bestehen (BGH FamRZ 2016, 632).

2. Benachrichtigungsrecht

Abs. 2 ermöglicht es Gerichten und Behörden (zB Polizei, Staatsanwaltschaft) – nach Ausübung des pflichtgemäßen Ermessens – unter datenschutzrechtlichen Gesichtspunkten, **personenbezogene Daten** ua an das Betreuungsgericht weiterzuleiten, wenn diese für betreuungsgerichtliche Maßnahmen erforderlich sind. Die Stelle hat ein Ermessen, ob und in welchem Umfang sie einschlägige Daten weitergibt. Dazu hat sie eine Abwägung zwischen den schutzwürdigen Interessen der Betroffenen des Ausgangsverfahrens an einem Ausschluss der Übermittlung einerseits und dem Schutzbedürfnis des Betreuungsbedürftigen sowie dem öffentlichen Interesse hieran andererseits auf der Grundlage des Kenntnisstandes der übermittelnden Stelle vorzunehmen. Eine Übermittlung ist jedoch **unzulässig,** 3
- soweit für die ermittelnde Stelle erkennbar wird, dass bei einer Gesamtabwägung der schutzwürdigen Interessen des Betroffenen an der **Geheimhaltung** einerseits und dem **Schutzbedürfnis** der genannten Personen und dem **öffentlichen Interesse** andererseits das Geheimhaltungsinteresse überwiegt (S. 1) oder
- wenn andere gesetzliche Vorschriften ein **Verwendungs- und damit Übermittlungsverbot** vorsehen (S. 2); dies sind insbesondere entsprechende Datenschutzbestimmungen (MüKoFamFG/Pabst Rn. 18).

3. Betreuungsbehörde

Neben § 22a findet § 9 BtOG Anwendung, wonach die **Betreuungsbehörde** dem Betreuungsgericht Umstände mitteilen kann, die eine betreuungsrechtliche Maßnahme zur Abwendung einer erheblichen Gefahr den Betroffenen erforderlich machen (Sternal/Sternal FamFG Rn. 5). Diese können nicht nur in der Betreuungsbedürftigkeit einer Person, sondern ua auch in der Gefährdung des Betroffenenvermögens durch pflichtwidriges Handeln oder Untätigbleiben des Betreuers liegen. 4

Abschnitt 2. Verfahren im ersten Rechtszug

§ 26 Ermittlung von Amts wegen

Das Gericht hat von Amts wegen die zur Feststellung der entscheidungserheblichen Tatsachen erforderlichen Ermittlungen durchzuführen.

I. Allgemeines

In **Betreuungssachen** gilt nach § 26 (zuvor § 12 FGG) der Grundsatz der **Amtsermittlung.** Der Entschluss über die Verfahrenseinleitung und den Umfang des Verfahrens hängt nicht von den Beteiligten dieses Verfahrens ab (wie zB beim Zivilprozess, dort gilt der Beibringungsgrundsatz), sondern von der Entscheidung des Gerichts (Untersuchungsgrundsatz). Im Zuständigkeitsbereich der Betreuungsgerichte gibt es neben den hauptsächlich vorkommenden **Amtsverfahren** auch vereinzelt **Antragsverfahren.** Das sind in betreuungsrechtlicher Hinsicht vor allem Eigenbetreuungsanträge nach § 1814 Abs. 4 S. 2 BGB (→ BGB § 1814 1

Rn. 34), der Antrag auf Aufhebung der Eigenbetreuung (§ 1871 Abs. 2 BGB) oder der Antrag des Betreuers auf Vergütung (§ 292 Abs. 1; zu den Ausnahmen: → § 292 Rn. 7; vgl. zum Antragsverfahren Sternal/Sternal FamFG § 23 Rn. 10 ff.). Hier wird das Betreuungsgericht nicht tätig, solange kein entsprechender Antrag gestellt wurde.

Daneben gibt es **Anträge des Betreuers im laufenden Betreuungsverfahren** auf gerichtliche Genehmigung zB nach § 1829 BGB (gesundheitliche Maßnahmen), § 1830 BGB (Sterilisation), § 1831 Abs. 1 BGB (Unterbringung), § 1832 BGB (Zwangsbehandlung) usw. In diesem Bereich kann das Gericht im Ergebnis nicht von Amts wegen, sondern nur tätig werden, wenn es ein zu genehmigendes Betreuerhandeln gibt. Wenn der Betreuer eine genehmigungspflichtige Handlung (zB Unterbringung) vornimmt, ohne die gerichtliche Genehmigung einzuholen, kann das Betreuungsgericht das Betreuerhandeln von sich aus auch ohne dessen förmlichen Antrag genehmigen (→ FamFG § 298 Rn. 1; Prütting/Helms/Fröschle FamFG § 299 Rn. 9). Tut der Betreuer jedoch gar nichts und ist das Betreuungsgericht der Auffassung, dass Handlungsbedarf besteht, so kann es keine eigenen Maßnahmen ergreifen; vielmehr kann das Betreuungsgericht den Betreuer – nach entsprechenden betreuungsgerichtlichen Aufsichtsmaßnahmen nach § 1862 BGB – allenfalls entlassen, sofern in der fehlenden Handlung des Betreuers eine pflichtwidrige Unterlassung zu sehen ist. Denkbar sind zur zwischenzeitlichen Gefahrenabwehr einstweilige Maßnahmen des Betreuungsgerichts nach § 1867 BGB.

Das Betreuungsgericht ist jedoch auch in einem Antragsverfahren nach § 26 verpflichtet, den gesamten Sachverhalt von Amts wegen möglichst umfassend zu ermitteln (Sternal/Sternal FamFG Rn. 13). Zum Beschwerderecht in Antragsverfahren bei laufenden Betreuungsverfahren → FamFG § 59 Rn. 14.

II. Rechtliches Gehör

2 Für das gerichtliche Verfahren ist zwischen der Anhörung der Beteiligten zur **Aufklärung des Sachverhalts** nach § 26 einerseits und ihrer Anhörung zur **Gewährung rechtlichen Gehörs** nach Art. 103 Abs. 1 GG andererseits zu unterscheiden. Für die Anhörung nach § 26 ergibt sich der Grundsatz, dass es im pflichtgemäßen Ermessen des Gerichts steht, ob und in welchem Umfang es sich dazu dieses Mittels bedienen will. Eine Anhörung nach Art. 103 Abs. 1 GG dient jedoch in erster Linie dem Zweck, die Würde der Person (Art. 1 Abs. 1 GG) des von einem gerichtlichen Verfahren Betroffenen zu wahren und soll verhindern, dass über seinen Kopf hinweg verfügt wird. Unabhängig von den in § 26 normierten Grundsätzen und von den ausdrücklich im Betreuungsverfahren normierten Anhörungsvorschriften ist daher der **verfassungsmäßige** Grundsatz auf Gewährung rechtlichen Gehörs im Betreuungsverfahren durchweg zu beachten. Soweit die persönliche Anhörung der Aufklärung des Sachverhalts dient, hat das Gericht unter Berücksichtigung der Verpflichtung zur Amtsermittlung nach seinem **pflichtgemäßen Ermessen** zu prüfen, ob ein **persönliches Gespräch** mit dem Betroffenen über den Verfahrensgegenstand zur Sachverhaltsaufklärung unabdingbar ist, oder ob nach Ausschöpfung aller sonstigen Erkenntnismöglichkeiten eine dem Sach- und Streitstand entsprechende Entscheidung auch ohne eine Äußerung des Betroffenen zum Verfahrensgegenstand im Anhörungstermin getroffen werden kann (BGH BtPrax 2021, 153).

III. Zu ermittelnde Tatsachen

1. Umfang und Art der Ermittlungen

Das Gericht hat von Amts wegen alle für die später zu treffende Entscheidung **erforderlichen** Umstände auf die von ihm für notwendig gehaltene Weise zu ermitteln, um die entscheidungserheblichen Tatsachen festzustellen und zu erheben. Dabei muss dem erkennenden Gericht die Entscheidung darüber vorbehalten sein, welchen Weg es innerhalb der ihm vorgegebenen Verfahrensordnung für geeignet hält, um zu den für eine Entscheidung notwendigen Erkenntnissen zu gelangen (BGH FamRZ 2023, 1748 Der Umfang dieser Tatsachen wird daher vom Verfahrensgegenstand bestimmt (Prütting/Helms/Prütting FamFG Rn. 24). Das Gericht entscheidet nach pflichtgemäßem, teilweise gebundenem Ermessen, ob es sich zur Beschaffung der für seine Entscheidung erheblichen Tatsachen mit formlosen Ermittlungen (§ 29) begnügen kann oder ob es eine förmliche Beweisaufnahme nach den Vorschriften der Zivilprozessordnung (§ 30) durchführen muss (BT-Drs. 16/6308, 186). Im **Betreuungsverfahren** ist das Ermessen zum Teil gebunden; so regelt beispielsweise § 280, dass bei der Einholung eines Sachverständigengutachtens die Vorschriften des Strengbeweises nach § 30 zu beachten sind (→ BGB § 280 Rn. 3). 3

Aufgrund des Amtsermittlungsgrundsatzes sind die von Amts wegen einzuleitenden und durchzuführenden Ermittlungen so weit auszudehnen, als es die **Sachlage** erfordert (Sternal/Sternal FamFG Rn. 17). Der Umfang der Ermittlungen richtet sich immer nach den Umständen des Einzelfalls (Bumiller/Harders/Schwamb/Bumiller FamFG Rn. 6). Im Ergebnis muss daher das Gericht alle gebotenen Ermittlungsansätze ausschöpfen (BGH FamRZ 2010, 720). Die Ermittlungen sind somit erst dann abzuschließen, wenn der Sachverhalt so **vollständig** aufgeklärt ist, dass von einer weiteren Beweisaufnahme ein sachdienliches, die Entscheidung beeinflussendes Ergebnis nicht mehr erwartet werden kann (BGH BtPrax 2022, 30; OLG Celle BeckRS 2005, 11460). Das Gericht ist nicht an Beweisanträge der Beteiligten gebunden (Sternal/Sternal FamFG Rn. 23) und kann sie zB als nicht sachdienlich nicht verfolgen. Daher kann das Gericht nach seinem **Ermessen** von weiteren Ermittlungen und weiteren Beweiserhebungen absehen, wenn das bisherige Beweisergebnis ausreicht (Bumiller/Harders/Schwamb/Bumiller FamFG Rn. 6). Das bedeutet auch, dass das Gericht nicht allen denkbaren Möglichkeiten nachgehen muss. Eine Verpflichtung besteht nur dahingehend, alle Umstände zu ermitteln und aufzuklären, zu denen das Vorbringen der Beteiligten und der schon festgestellte Sachverhalt **Anlass** geben. Eine Ermittlungspflicht ins Blaue hinein besteht nicht (BGH FamRZ 2011, 1047; Prütting/Helms/Prütting FamFG Rn. 22). Die Grenze setzt das pflichtgemäße Ermessen des Gerichts. Feststellungen aufgrund **Hörensagens** Dritter genügen in der Regel nicht den Anforderungen einer ordnungsgemäßen Amtsermittlung, denn die Umstände müssen anhand konkreter Tatsachen nachprüfbar sein (BGH BtPrax 2011, 84; OLG Brandenburg BeckRS 2012, 11399). Aus dem Amtsermittlungsgrundsatz ergibt sich auch, dass ungeachtet des Ablaufs gerichtlich bestimmter Äußerungsfristen Schriftsätze vom Gericht zu berücksichtigen sind, solange die Entscheidung nicht erlassen ist (OLG Düsseldorf MDR 2013, 1186).

2. Betreuungs- und Unterbringungsverfahren

Diese Verfahren, die zur Vermeidung einer Gefahr für den Betroffenen – und dennoch oft gegen dessen erklärten Willen – geführt werden, sind in besonderem 4

Maße vom Amtsermittlungsgrundsatz geprägt. Bei sämtlichen Verfahrensschritten gebietet er eine sorgfältige, gewissenhafte und fürsorgliche Ermittlung des Sachverhalts einerseits und Beteiligung des Betroffenen an sämtlichen Verfahrenshandlungen, die zur Sachverhaltsfeststellung erforderlich werden, andererseits. Vor allem bei Maßnahmen gegen (und ohne) den Willen des Betroffenen ist der Sorgfaltsmaßstab des Gerichts sehr hoch anzusiedeln. Die Rechtsprechung zu § 26 (früher § 12 FGG) ist fast unüberschaubar. Zu berücksichtigen sind insbesondere das Gewicht der beteiligten Interessen, der Wahrscheinlichkeitsgrad der zu ermittelnden Tatsache, ihr Erkenntniswert und der damit einhergehende Einfluss auf die Sachentscheidung (Haußleiter/Gomille FamFG § 26 Rn. 7). Die persönliche Anhörung in einem Betreuungsverfahren dient nicht nur der Gewährung rechtlichen Gehörs, sondern hat vor allem den Zweck, dem Gericht einen unmittelbaren Eindruck von dem Betroffenen zu verschaffen. Ihr kommt damit auch in den Fällen, in denen sie nicht durch Gesetz vorgeschrieben ist, eine zentrale Stellung im Rahmen der von Amts wegen durchzuführenden Ermittlungen zu (BGH FamRZ 2016, 1663).

Beispiele der Ermittlungspflicht nach § 26 in Betreuungs- und Unterbringungsverfahren:

Gutachteneinholung: Das Gutachten für die Betreuungsbedürftigkeit bzw. für die Unterbringung muss zum Zeitpunkt der Anhörung bereits eingeholt sein (BGH FamRZ 2022, 1133). Das Gesetz kennt keine starre **Frist,** binnen derer ein eingeholtes Sachverständigengutachten noch verwertet werden kann; der zu verwertende Beweis muss jedoch dazu geeignet sein, Feststellungen über eine im Zeitpunkt der Entscheidung bestehende Betreuungsbedürftigkeit zu treffen; dazu ist eine bereits ein Jahr zurückliegende Gutachtenseinholung generell geeignet (BGH FamRZ 2016, 2091), es sei denn, es gibt konkrete Anhaltspunkte dafür, dass sich die Sachlage nach Erstellung des Gutachtens verändert hat und diese neue Tatsachenlage für die Entscheidung nicht offensichtlich unerheblich ist (BGH BtPrax 2017, 38). Bei Widersprüchen zwischen einem gerichtlich eingeholten Gutachten und Privatgutachten gebietet die Amtsermittlungspflicht weitere Ermittlungen (BGH BeckRS 2025, 24704; BtPrax 2020, 150). Hält das Gericht das eingeholte Sachverständigengutachten für unverwertbar oder es gelangt zu der Auffassung, dass das Gutachten an inhaltlichen Mängeln leidet und damit keine ausreichende Grundlage für die zu treffende Entscheidung bietet, kann die Einholung eines weiteren/ergänzenden Gutachtens geboten sein (BGH FamRZ 2019, 1648). So ist ein Gutachten, das ohne Untersuchung des Betroffenen erstellt wurde, grundsätzlich nicht verwertbar (BGH BeckRS 2019, 5355). Bei Einholung eines Gutachtens bei **Erstbestellung** eines Betreuers ist auch die Fachkunde des Arztes zu klären. Die Voraussetzungen für eine Betreuung nach § 1814 BGB können nicht aufgrund einer bloßen Verdachtsdiagnose des Sachverständigen festgestellt werden (BGH FamRZ 2017, 140; BtPrax 2012, 161). Die Ausführungen des Sachverständigen in seinem Gutachten müssen so gehalten sein, dass sie eine verantwortliche richterliche Prüfung auf ihre wissenschaftliche Fundierung, Logik und Schlüssigkeit zulassen (BGH BtPrax 2012, 25; OLG Zweibrücken FamRZ 2005, 1196). Weiter muss sich der Tatrichter nach den Grundsätzen des § 26 davon überzeugen, dass das seiner Entscheidung zugrunde gelegte Sachverständigengutachten auf zutreffenden Tatsachengrundlagen beruht (BGH BtPrax 2013, 27). Ein ärztliches **Attest** bei Bestellung eines vorläufigen Betreuers ohne zeitnahe persönliche Untersuchung (zB nur aufgrund eines telefonischen Gesprächs) ist nicht ausreichend (OLG Frankfurt a. M. FamRZ 2005, 303).

Der Amtsermittlungsgrundsatz verpflichtet das Gericht nur dann zur Einholung eines Sachverständigengutachtens, wenn das Verfahren mit einer **Betreuerbestellung** oder der Anordnung eines **Einwilligungsvorbehalts endet** (BGH FamRZ 2021, 1738). Wenn das Gericht vor Anordnung der Gutachtenserstellung aber feststellt, dass **keine hinreichenden Anhaltspunkte** für einen Betreuungsbedarf bestehen, darf es auch das Verfahren nicht weiter betreiben; eine Gutachtenseinholung ist in diesem Fall unter dem Aspekt der Amtsermittlung nicht geboten (zB Anhörung des Betroffenen oder die Gutachtenseinholung: BGH BeckRS 2025, 33832; FamRZ 2021, 1738; BtPrax 2019, 201; FamRZ 2017, 1962; BtPrax 2015, 105). **Im Zweifelsfall** kann die Einholung eines Gutachtens geboten sein (BGH FamRZ 2019, 736). Denn die Amtsermittlungspflicht kann auch in den Fällen, die nicht mit einer Betreuerbestellung enden, gebieten, den Betroffenen anzuhören und ein Sachverständigengutachten einzuholen (BGH FamRZ 2023, 1748; 2019, 736), da ansonsten ohne die erforderlichen Ermittlungen die Bestellung eines Betreuers versagt würde und dem Betroffenen der ihm durch das Betreuungsrecht gewährleistete Erwachsenenschutz ohne ausreichende Grundlage vorenthalten würde (BGH FamRZ 2022, 1738; BtPrax 2015, 105).

Im Verfahren der Betreuerbestellung ist auch das (Erst)**Beschwerdegericht** grundsätzlich zur **Anhörung** des Betroffenen verpflichtet (OLG Köln BtPrax 2009, 80). Die Nichtdurchsetzung einer notwendigen Anhörung mit den Mitteln des § 278 Abs. 5 bis 7 stellt einen Verstoß gegen § 26 dar (BGH BeckRS 2022, 18411, Beschl. v. 6.7.2022 – XII ZB 551/21). Bei der **Betreuerauswahl** (§ 1816 BGB) ist es Aufgabe des Gerichts, das Vorbringen des Betroffenen zu prüfen und bei seiner Entscheidung zu berücksichtigen (OLG Schleswig FamRZ 2007, 1126) und bei einem kommunikationsbeeinträchtigten Betroffenen tiefer gehende Ermittlungen bzgl. eines geeigneten Betreuers durchzuführen (OLG Köln BeckRS 2005, 03693). Wird die **Eignung** des zum Betreuer vorgeschlagenen Angehörigen von Dritten in Zweifel gezogen, darf sich der Richter nicht auf diese Mitteilungen Dritter berufen, ohne zuvor den als Betreuer Vorgeschlagenen – bei derart gravierenden Vorwürfen sogar regelmäßig persönlich – zu den von Dritten mitgeteilten Tatsachen anzuhören (BGH BWNotZ 2025, 359; BtPrax 2019, 159; BtPrax 2011, 84). Bei der Auswahl des Betreuers muss das Betreuungsgericht die Aufklärung durchführen, ob die Bestellung des vorgesehenen Betreuers den Interessen des Betroffenen zuwiderläuft, wenn für eine diesbezügliche Aufklärung gewichtige Anhaltspunkte vorliegen (BGH BtPrax 2019, 111). Das Gericht muss sich mit der Bestellung **mehrerer** Betreuer auseinandersetzen, wenn die von dem Betroffenen gewünschte Person nicht für alle erforderlichen Aufgabenbereiche geeignet erscheint und dem Willen des Betroffenen mit der Bestellung mehrerer Betreuer am ehesten entsprochen werden kann (KG FamRZ 2009, 910). Bei der Prüfung der **Entlassung** des Betreuers auf Wunsch des Betroffenen (§ 1868 Abs. 5 BGB) muss der Wunsch auf einer eigenständigen Willensentschließung beruhen (OLG Hamm BeckRS 2006, 03909). Bei der Feststellung des **Erweiterungsbedarfs** einer Betreuung (§ 1871 Abs. 3 BGB) darf sich das Gericht nicht allein auf das Gutachten verlassen, wenn der Betroffene trotz geistiger Behinderung seine Angelegenheiten in dem fraglichen Bereich selbst besorgen kann (KG BtPrax 2005, 153).

Wenn trotz erteilter **Vorsorgevollmacht** die Bestellung eines Betreuers in Betracht kommt, muss das Gericht Zweifel an der Geschäftsfähigkeit des Betroffenen im Zeitpunkt der Vollmachtserteilung aufklären (vgl. nur BGH FamRZ 2024, 549; 2023, 228; 2022, 1556; 2021, 1573). Weist ein Beteiligter auf die Existenz einer Vorsorgevollmacht hin, ohne diese vorzulegen, muss dem nachgegangen werden (BayObLG BtPrax 2003, 184).

Auch für das Verfahren auf **Aufhebung der Betreuung** gilt der Grundsatz der Amtsermittlung (BGH BtPrax 2016, 39; OLG München NJW-RR 2006, 512); hier kann die Einholung ggf. eines neuen Gutachtens geboten sein (BayObLG FamRZ 2003, 115), insbesondere, wenn nicht geklärt ist, ob der Betroffene krankheitsbedingt in der Lage ist, einen freien Willen zu bilden (BGH BtPrax 2016, 39). Entschließt sich das Gericht in einem Verfahren zur **Aufhebung** der Betreuung oder des Einwilligungsvorbehaltes zur Einholung eines psychiatrischen Sachverständigengutachtens und will es dieses Gutachten als Tatsachengrundlage für seine Entscheidung heranziehen, muss es den Betroffenen grundsätzlich auch dann persönlich anhören (BGH FamRZ 2025, 1231; FamRZ 2022, 982; BeckRS 2020, 1518; BtPrax 2019, 245; BtPrax 2018, 33; BtPrax 2016, 233), um sich einen persönlichen Eindruck vom Betroffenen zu verschaffen. Dies gilt auch, wenn das Gericht beabsichtigt, die Betreuung oder den Einwilligungsvorbehalt nicht einzurichten oder anzuordnen bzw. aufzuheben (BGH FamRZ 2021, 1412). Auch das Beschwerdegericht muss den Betroffenen (ggf. erneut) persönlich anhören (BGH FamRZ 2025, 1834). Für die Durchführung tatsächlicher Ermittlungen im Verfahren auf Aufhebung einer Betreuung bedarf es greifbarer Anhaltspunkte für eine Veränderung der der Betreuerbestellung zugrundeliegenden tatsächlichen Umstände, die – wenn sie dem Gericht nicht bereits auf anderem Wege bekannt gemacht worden sind – vom Betroffenen vorzubringen sind (BGH BtPrax 2011, 130). Das Gericht kann die Aufhebung der Betreuung oder des Einwilligungsvorbehalts allerdings nur dann **ohne weitere Ermittlungen** ablehnen, wenn die im Ausgangsverfahren getroffenen Feststellungen eine tragfähige Grundlage für die Beurteilung bilden, dass die Tatbestandsvoraussetzungen des Ausgangsbeschlusses (weiterhin) vorliegen (BGH BtPrax 2018, 236). Hat das Betreuungsgericht vor der Betreuerbestellung kein Sachverständigengutachten gemäß § 280 eingeholt, ohne dass eine der Ausnahmen der §§ 281, 282 vorgelegen hat, gebietet die Amtsermittlungspflicht im Verfahren auf Aufhebung der Betreuung die Einholung eines Sachverständigengutachtens, das den Anforderungen des § 280 entspricht (BGH NJW 2013, 945). Auch bei **beabsichtigter Zurückweisung** des Antrags auf Aufhebung der Betreuung ist das Gericht zu Ermittlungen verpflichtet (OLG Hamm NJWE-FER 2001, 326), im Rahmen des § 26 ggf. auch zur persönlichen Anhörung des Betroffenen in seiner üblichen Umgebung (BGH FamRZ 2016, 1663); allerdings müssen kürzlich zuvor durchgeführte Ermittlungen nicht wiederholt werden (BayObLG FamRZ 1998, 323: zwei Monate). Jedoch kann bei einem mitwirkungsunwilligen Betreuten eine erneute Anhörung durch das Beschwerdegericht entbehrlich sein (BGH BtPrax 2016, 196). Die Aufrechterhaltung des **Einwilligungsvorbehalts** (§ 1825 BGB) ist nur möglich, wenn der Betroffene tatsächlich am Rechtsverkehr teilnimmt (OLG Zweibrücken FamRZ 1999, 1171) und wenn hinreichend konkrete Anhaltspunkte für eine Gefahr iSd § 1825 Abs. 1 S. 1 BGB bestehen (BGH BtPrax 2017, 73; BtPrax 2011, 208).

Zur Ermittlungspflicht bei der **Sterilisation** s. § 1830 BGB (s. auch OLG Hamm BtPrax 2000, 168).

Zur Feststellung der Eigengefährdung bei **Unterbringung** (§ 1831 Abs. 1 Nr. 1 BGB) müssen konkrete Tatsachen ermittelt werden, aus denen sich Art und Umfang sowie die Wahrscheinlichkeit der gesundheitlichen Selbstschädigung ergeben (OLG München BtPrax 2006, 36). Vor einer Unterbringung hat eine förmliche Beweisaufnahme durch Einholung eines Gutachtens über die Notwen-

digkeit der Maßnahme stattzufinden; die Anhörung des behandelnden Arztes vermag eine förmliche Beweisaufnahme nicht zu ersetzen (BGH BtPrax 2012, 63). Vor Erlass einer **einstweiligen Anordnung** zur Unterbringung ist der Betroffenen grundsätzlich persönlich anzuhören, da der **unmittelbare Eindruck** des entscheidenden Richters als **Kernstück** des Amtsermittlungsverfahrens zu den **wichtigsten Verfahrensgrundsätzen** des Unterbringungsrechts gehört. Unterbleibt die Anhörung zunächst wegen Gefahr im Verzug, so ist sie vor diesem Hintergrund zumindest unverzüglich nachzuholen. Zu diesem Zweck müssen bei Unterbringungsmaßnahmen im Hinblick auf die ihnen eigene Eilbedürftigkeit andere, weniger vordringliche Dienstgeschäfte notfalls zurückgestellt werden (BVerfG FamRZ 2020, 1864).

Im Rahmen einer Entscheidung über die Genehmigung einer **Zwangsbehandlung** nach § 1832 BGB gebietet § 26, sachverständig zu klären, ob für eine beabsichtigte zulassungsüberschreitende Anwendung (sog. Off-Label-Use) ein medizinisch-wissenschaftlicher Konsens besteht, etwa in Form einer kassenärztlichen Expertenbewertung nach § 35c SGB V oder aktuellen Empfehlungen anerkannter medizinischer Fachgesellschaften (BGH NJW 2025, 2542).

Bei der Genehmigung der **Wohnungskündigung** usw. (§ 1833 Abs. 3 BGB) ist der Betroffene vorher anzuhören. Der Amtsermittlungsgrundsatz gebietet die Einholung eines Gutachtens zur Rückkehrmöglichkeit in die Wohnung, zu den Auswirkungen der Wohnungsaufgabe, zum Krankheitsverlauf und den verbliebenen Möglichkeiten selbstständiger Lebensführung (OLG Frankfurt a. M. FamRZ 2006, 1875; OLG Oldenburg NJW-RR 2003, 587; LG Stendal BeckRS 2011, 12961).

Die Feststellung der **Mittellosigkeit** nach § 1880 BGB ist Gegenstand der Amtsermittlung (BGH BtPrax 2022, 30). Auch im Verwaltungsverfahren auf Feststellung der anzuwendenden **Vergütungstabelle** gemäß § 8 Abs. 3 S. 1 VBVG findet der Rechtsgedanke des § 26 Anwendung (OLG Düsseldorf BeckRS 2024, 611, Beschl. v. 22.1.2024 – I-3 VA 15/23).

Abschnitt 3. Beschluss

§ 38 Entscheidung durch Beschluss

(1) [1]**Das Gericht entscheidet durch Beschluss, soweit durch die Entscheidung der Verfahrensgegenstand ganz oder teilweise erledigt wird (Endentscheidung).** [2]**Für Registersachen kann durch Gesetz Abweichendes bestimmt werden.**

(2) **Der Beschluss enthält**
1. **die Bezeichnung der Beteiligten, ihrer gesetzlichen Vertreter und der Bevollmächtigten;**
2. **die Bezeichnung des Gerichts und die Namen der Gerichtspersonen, die bei der Entscheidung mitgewirkt haben;**
3. **die Beschlussformel.**

(3) [1]**Der Beschluss ist zu begründen.** [2]**Er ist zu unterschreiben.** [3]**Das Datum der Übergabe des Beschlusses an die Geschäftsstelle oder der Bekanntgabe durch Verlesen der Beschlussformel (Erlass) ist auf dem Beschluss zu vermerken.**

(4) **Einer Begründung bedarf es nicht, soweit**
1. **die Entscheidung auf Grund eines Anerkenntnisses oder Verzichts oder als Versäumnisentscheidung ergeht und entsprechend bezeichnet ist,**
2. **gleichgerichteten Anträgen der Beteiligten stattgegeben wird oder der Beschluss nicht dem erklärten Willen eines Beteiligten widerspricht oder**
3. **der Beschluss in Gegenwart aller Beteiligten mündlich bekannt gegeben wurde und alle Beteiligten auf Rechtsmittel verzichtet haben.**

(5) **Absatz 4 ist nicht anzuwenden:**
1. **in Ehesachen, mit Ausnahme der eine Scheidung aussprechenden Entscheidung;**
2. **in Abstammungssachen;**
3. **in Betreuungssachen;**
4. **wenn zu erwarten ist, dass der Beschluss im Ausland geltend gemacht werden wird.**

(6) **Soll ein ohne Begründung hergestellter Beschluss im Ausland geltend gemacht werden, gelten die Vorschriften über die Vervollständigung von Versäumnis- und Anerkenntnisentscheidungen entsprechend.**

1 S. hierzu die Kommentierung zu → FamFG § 286 Rn. 2, 3, 12 und 14.

§ 39 Rechtsbehelfsbelehrung

[1]Jeder Beschluss hat eine Belehrung über das statthafte Rechtsmittel, den Einspruch, den Widerspruch oder die Erinnerung sowie das Gericht, bei dem diese Rechtsbehelfe einzulegen sind, dessen Sitz und die einzuhaltende Form und Frist zu enthalten. [2]Über die Sprungrechtsbeschwerde muss nicht belehrt werden.

1 S. hierzu die Kommentierung zu → FamFG § 286 Rn. 13.

§ 40 Wirksamwerden

(1) **Der Beschluss wird wirksam mit Bekanntgabe an den Beteiligten, für den er seinem wesentlichen Inhalt nach bestimmt ist.**

(2) **[1]Ein Beschluss, der die Genehmigung eines Rechtsgeschäfts zum Gegenstand hat, wird erst mit Rechtskraft wirksam. [2]Dies ist mit der Entscheidung auszusprechen.**

(3) **[1]Ein Beschluss, durch den auf Antrag die Ermächtigung oder die Zustimmung eines anderen zu einem Rechtsgeschäft ersetzt oder die Beschränkung oder Ausschließung der Berechtigung des Ehegatten oder Lebenspartners, Geschäfte mit Wirkung für den anderen Ehegatten oder Lebenspartner zu besorgen (§ 1357 Abs. 2 Satz 1 des Bürgerlichen Gesetzbuchs, auch in Verbindung mit § 8 Abs. 2 des Lebenspartnerschaftsgesetzes), aufgehoben wird, wird erst mit Rechtskraft wirksam. [2]Bei Gefahr im Verzug kann das Gericht die sofortige Wirksamkeit des Beschlusses anordnen. [3]Der Beschluss wird mit Bekanntgabe an den Antragsteller wirksam.**

S. hierzu die Kommentierung zu → FamFG § 287 Rn. 1 ff. 1

§ 41 Bekanntgabe des Beschlusses

(1) [1]**Der Beschluss wird den Beteiligten in beglaubigter Abschrift bekannt gegeben; Ausfertigungen werden nur auf Antrag und nur in Papierform erteilt.** [2]**Ein anfechtbarer Beschluss ist demjenigen zuzustellen, dessen erklärtem Willen er nicht entspricht.**

(2) [1]**Anwesenden kann der Beschluss auch durch Verlesen der Beschlussformel bekannt gegeben werden.** [2]**Dies ist in den Akten zu vermerken.** [3]**In diesem Fall ist die Begründung des Beschlusses unverzüglich nachzuholen.** [4]**Der Beschluss ist im Fall des Satzes 1 auch schriftlich bekannt zu geben.**

(3) **Ein Beschluss, der die Genehmigung eines Rechtsgeschäfts zum Gegenstand hat, ist auch demjenigen, für den das Rechtsgeschäft genehmigt wird, bekannt zu geben.**

S. hierzu die Kommentierung zu → FamFG § 288 Rn. 1 ff. 1

§ 44 Abhilfe bei Verletzung des Anspruchs auf rechtliches Gehör

(1) [1]**Auf die Rüge eines durch eine Entscheidung beschwerten Beteiligten ist das Verfahren fortzuführen, wenn**

1. **ein Rechtsmittel oder ein Rechtsbehelf gegen die Entscheidung oder eine andere Abänderungsmöglichkeit nicht gegeben ist und**
2. **das Gericht den Anspruch dieses Beteiligten auf rechtliches Gehör in entscheidungserheblicher Weise verletzt hat.**

[2]**Gegen eine der Endentscheidung vorausgehende Entscheidung findet die Rüge nicht statt.**

(2) [1]**Die Rüge ist innerhalb von zwei Wochen nach Kenntnis von der Verletzung des rechtlichen Gehörs zu erheben; der Zeitpunkt der Kenntniserlangung ist glaubhaft zu machen.** [2]**Nach Ablauf eines Jahres seit der Bekanntgabe der angegriffenen Entscheidung an diesen Beteiligten kann die Rüge nicht mehr erhoben werden.** [3]**Die Rüge ist schriftlich oder zur Niederschrift bei dem Gericht zu erheben, dessen Entscheidung angegriffen wird.** [4]**Die Rüge muss die angegriffene Entscheidung bezeichnen und das Vorliegen der in Absatz 1 Satz 1 Nr. 2 genannten Voraussetzungen darlegen.**

(3) **Den übrigen Beteiligten ist, soweit erforderlich, Gelegenheit zur Stellungnahme zu geben.**

(4) [1]**Ist die Rüge nicht in der gesetzlichen Form oder Frist erhoben, ist sie als unzulässig zu verwerfen.** [2]**Ist die Rüge unbegründet, weist das Gericht sie zurück.** [3]**Die Entscheidung ergeht durch nicht anfechtbaren Beschluss.** [4]**Der Beschluss soll kurz begründet werden.**

(5) **Ist die Rüge begründet, hilft ihr das Gericht ab, indem es das Verfahren fortführt, soweit dies auf Grund der Rüge geboten ist.**

I. Allgemeines

1 Nach den Forderungen aus den Entscheidungen des BVerfG aus dem Jahr 2003 (NJW 2003, 1924 und NJW 2003, 3687) wurde vom Gesetzgeber § 44 geschaffen, der den Verfahrensbeteiligten bei Verletzung des rechtlichen Gehörs zur Verfügung steht. Der Anwendungsbereich der Vorschrift betrifft unter anderem Verfahren der freiwilligen Gerichtsbarkeit (also auch Betreuungs- und Unterbringungssachen). Er beschränkt sich nur auf **Gehörsverletzungen** und ist nicht bei Verletzung anderer Verfahrensgrundrechte anwendbar. Das bedeutet gleichzeitig, dass nur Verfahren vor dem **Richter** erfasst werden (Art. 103 Abs. 1 GG; BVerfG NJW 2000, 1709). Für Verfahren vor dem **Rechtspfleger** folgt die Anhörungspflicht aus Art. 2 Abs. 1, 20 Abs. 3 GG (Sternal/Göbel FamFG Rn. 12); in diesem Fall kommt keine Anhörungsrüge, sondern nur eine Gegenvorstellung (→ Rn. 8) in Betracht. Die Anhörungsrüge stellt einen **förmlichen Rechtsbehelf** gegen eine entscheidungserhebliche Verletzung rechtlichen Gehörs im Sinne einer instanzinternen Selbstkontrolle dar. Sie ist kein selbstständiges Rechtsmittel, sondern ist dem durch den angegriffenen Beschluss zunächst beendeten Verfahren angegliedert (Sternal/Göbel FamFG Rn. 43).

Die Anhörungsrüge ist Zulässigkeitsvoraussetzung für eine **Verfassungsbeschwerde** (BVerfG BeckRS 2024, 19127, Beschl. v. 1.7.2024 – 1 BvR 1192/24; BeckRS 2021, 25280; BtPrax 2015, 195; Prütting/Helms/Abramenko FamFG Rn. 1), denn diese gehört zum Rechtsweg iSd § 90 Abs. 2 S. 1 BVerfGG. Ob dies auch für eine unanfechtbare Zwischenverfügung gilt, wurde bisher vom BVerfG offen gelassen (BVerfG FamRZ 2022, 815; BtPrax 2019, 198). Jedenfalls dem anwaltlich nicht vertretenen Beschwerdeführer kann die Einlegung eines Rechtsbehelfs, der nach dem Gesetzeswortlaut nicht vorgesehen ist und dessen Statthaftigkeit in der Rechtsprechung des Bundesverfassungsgerichts bislang offengelassen wurde, nicht zugemutet werden (BVerfG FamRZ 2022, 815).

II. Zulässigkeit der Anhörungsrüge

1. Form und Frist (Abs. 2)

2 Die Rüge ist innerhalb von **zwei Wochen** (Notfrist) nach Kenntnis der Verletzung des rechtlichen Gehörs (idR Bekanntgabe nach § 41 bzw. §§ 288 oder 325) schriftlich oder zur Niederschrift bei dem Gericht zu erheben, das die Entscheidung getroffen hat (S. 3). Der Zeitpunkt der Kenntniserlangung ist glaubhaft zu machen (§ 31). Es kommt auf die positive Kenntniserlangung der Gehörsverletzung durch den Betroffenen oder dessen Bevollmächtigten an. Die bloße Möglichkeit der Kenntniserlangung ist nicht ausreichend, selbst wenn sie grob fahrlässig nicht genutzt wird (Sternal/Göbel FamFG Rn. 27). Da es sich bei den zwei Wochen um eine Notfrist handelt, ist bei unentschuldigter Versäumung dieser Frist Wiedereinsetzung in den vorigen Stand (§§ 17 ff.) möglich. Auch ohne Kenntniserlangung der Verletzung rechtlichen Gehörs kann die Rüge **ein Jahr** nach Bekanntgabe der Entscheidung an den Rügeführer nicht mehr erhoben werden (S. 2). Die Jahresfrist stellt eine Ausschlussfrist dar, die nicht verlängert werden kann und bei der auch eine Wiedereinsetzung ausgeschlossen ist.

Die Tatsachen, aus denen sich die Verletzung rechtlichen Gehörs ergibt und weshalb dies entscheidungserheblich ist, müssen unter Nennung der angegriffenen

Entscheidung (Gericht, Datum und Aktenzeichen) substantiiert dargelegt werden (S. 4). Die Bezeichnung der angegriffenen Entscheidung muss innerhalb der gesetzlichen Frist von zwei Wochen (§ 44 Abs. 2 S. 1 und 4; OLG Dresden FamRZ 2011, 1807) erfolgen. Eine Anhörungsrüge ist nicht zulässig, wenn keine schlüssige und substantiierte Darlegung einer entscheidungserheblichen Gehörsverletzung vorgetragen wird (BGH BeckRS 2018, 15634), und wenn nicht dargelegt wird, warum die Entscheidung ohne die Gehörsverletzung möglicherweise anders ausgefallen wäre (LG Aachen BeckRS 2013, 14294).

2. Rügeberechtigung

Nur wenn ein Beteiligter iSd §§ 274, 7 in seiner materiellen Rechtsstellung 3
iSd § 59 unmittelbar beeinträchtigt wird, ist er berechtigt, eine Anhörungsrüge zu erheben (Sternal/Göbel FamFG Rn. 21). Rechtliches Gehör steht jedem zu, dem gegenüber die zu treffende Entscheidung materiellrechtlich wirkt und der deshalb vom Verfahren rechtlich unmittelbar betroffen wird. Damit kann auch ein Dritter rügeberechtigt und beschwert sein (Sternal/Göbel FamFG Rn. 23).

III. Voraussetzungen der Anhörungsrüge

Die Rüge richtet sich gegen **Endentscheidungen** (auch einstweilige Anord- 4
nungen). Bei **Zwischenentscheidungen** (Abs. 1 S. 2) ist die Rüge grundsätzlich ausgeschlossen. Allerdings gilt der Ausschluss der Rüge nicht für solche Zwischenentscheidungen, die nicht selbständig anfechtbar sind und die gleichzeitig abschließend und mit Bindungswirkung für das weitere Verfahren auch im Rahmen der Endentscheidung nicht mehr inzident überprüft werden können (BVerfG NJW 2009, 833; Sternal/Göbel FamFG Rn. 14; BeckOK FamFG/Obermann Rn. 6). Dies gilt namentlich für die – unanfechtbare – Entscheidung über die richterliche **Befangenheit** (BVerfG NJW 2009, 833) und über die Gewährung von **Wiedereinsetzung** in den vorigen Stand (BGH FamRZ 2009, 685; offen gelassen für die **Beauftragung eines Gutachters** in einem Betreuungsverfahren (BVerfG FamRZ 2022, 815; BeckRS 2011, 46767); für eine Rügemöglichkeit: BeckOK FamFG/Obermann Rn. 6).

1. Unanfechtbarkeit der Entscheidung (Abs. 1 Nr. 1)

Die Anhörungsrüge ist nur in den Fällen **statthaft,** in denen ein Rechtsmittel, 5
ein anderer Rechtsbehelf oder eine andere Abänderungsmöglichkeit nicht zu Verfügung steht (Abs. 1 Nr. 1). Die Anhörungsrüge ist ebenso nicht statthaft, wenn der Beteiligte die Frist zur Einlegung eines gegebenen Rechtsmittels ungenutzt ablaufen lässt (Sternal/Göbel FamFG Rn. 4). Es ist im Betreuungs- und Unterbringungsverfahren immer zunächst zu prüfen, ob eine **Ergänzung oder Berichtigung** der Entscheidung nach § 43 oder 42 in Betracht kommt.

2. Entscheidungserhebliche Gehörsverletzung (Abs. 1 Nr. 2)

Daneben muss eine **Verletzung des rechtlichen Gehörs** (Abs. 1 Nr. 2) 6
vorliegen. Dies ist insbesondere dann der Fall, wenn ein Antrag oder Sachvortrag eines Beteiligten vom Gericht übergangen, ein erheblicher Beweisantritt nicht berücksichtigt, eine Anhörung oder rechtliche Hinweise unterlassen oder

Ermittlungsergebnisse und Sachvortrag eines anderen Beteiligten nicht mitgeteilt worden sind (Sternal/Göbel FamFG Rn. 41). Denkbar sind auch Fälle, in denen der Beteiligte seine Rechte entschuldigt nicht wahrnehmen konnte, etwa, weil er abwesend/krank war. Ein Verstoß gegen das rechtliche Gehör kann auch bei Vertreten einer vereinzelten Rechtsauffassung vorliegen, wenn eine Auseinandersetzung mit gegenteiligen Auffassungen fehlt (LG Bonn BeckRS 2013, 04456). Bleibt schriftsätzliches Vorbringen, das vor Erlass der Entscheidung eingegangen ist, unberücksichtigt, wird der Beschwerdeführer in seinem Anspruch auf rechtliches Gehör auch dann verletzt, wenn dem Beschwerdegericht der Schriftsatz nicht mehr rechtzeitig vorgelegt wurde (BGH BtPrax 2018, 234). Die Rüge muss zu einer **günstigeren Entscheidung** für den Rügeführer führen können (Bumiller/Harders/Schwamb/Bumiller FamFG Rn. 10). Das ist dann der Fall, wenn nicht ausgeschlossen werden kann, dass das Gericht ohne die Verletzung des Anspruchs auf rechtliches Gehör im Sinne einer **möglichen Kausalität** zu einer anderen Entscheidung gekommen wäre; das Ziel lediglich der Begründungsänderung ist nicht ausreichend. Wäre die Entscheidung auch ohne Verstoß in gleicher Weise ausgefallen, ist die Rüge als unbegründet zurückzuweisen.

IV. Entscheidung des Gerichts

7 Nachdem allen Beteiligten nach Abs. 3 Gelegenheit zur Stellungnahme – schriftlich reicht aus – gegeben wurde, wird in einem **ersten** Verfahrensschritt von Amts wegen die Zulässigkeit der Rüge, dh die Beachtung der vorgeschriebenen Form und Frist sowie ihre Statthaftigkeit geprüft. Entspricht die Rüge diesen Erfordernissen nicht, so ist sie durch einen **unanfechtbaren** Beschluss als unzulässig zu **verwerfen** (Abs. 4 S. 1). Bei Zulässigkeit der Rüge prüft das Gericht von Amts wegen in einem **zweiten** Verfahrensschritt die Begründetheit. Erweist sich die Rüge als unbegründet, ist sie durch einen **unanfechtbaren** Beschluss **zurückzuweisen.** Die rechtsfehlerhafte Verwerfung einer Gehörsrüge führt nicht zu einer erneuten Zulässigkeit einer solchen, sondern eröffnet ggf. den Weg zum Verfassungsgericht (→ Rn. 1). Der verwerfende oder zurückweisende Beschluss soll kurz begründet werden; es ist ausreichend, wenn die Begründung sich auf die Gründe der Unzulässigkeit oder der Unbegründetheit beschränkt (Sternal/Göbel FamFG Rn. 52). Bei Zurückweisung der Rüge ist analog § 84 die Auferlegung der Kosten zu Lasten des Rügeführers auszusprechen, sofern Kosten angefallen sind (Sternal/Göbel FamFG Rn. 54).

Stellt das Gericht die Verletzung des Anspruchs auf rechtliches Gehör fest (zB, weil der Vorführungsbeschluss nach § 283 ohne vorherige Anhörung des Betroffenen erfolgte – BVerfG BtPrax 2019, 198), dessen Einfluss auf die Entscheidung nicht auszuschließen ist, dann hat das Gericht das Verfahren **fortzuführen** (Abs. 5). Eine ausdrückliche Entscheidung der Verfahrensfortsetzung ist nicht zwingend, aber iSd Rechtsklarheit zweckmäßig (nach Prütting/Helms/Abramenko FamFG Rn. 27 sogar geboten). Der deklaratorische Beschluss, der den Tenor „Der Rüge wird abgeholfen“ haben könnte, ist unangreifbar (Dutta/Jakoby/Schwab/Bartels FamFG Rn. 42). Aufgrund des Amtsermittlungsgrundsatzes sind nicht nur die gerügten Handlungen nachzuholen, sondern alle, die aufgrund der Gehörsgewährung nach § 26 geboten sind. Die neue Entscheidung hat sich auf den bestehenden Beschluss zu beziehen (ihn also aufzuheben oder ganz oder teilweise aufrecht zu erhalten). Das Verbot der Schlechterstellung gilt nicht. Das Gericht ist an seine Einschätzung im Abhilfeverfahren nicht gebunden (Dutta/Jakoby/Schwab/Bartels FamFG Rn. 44).

Zur nachträglichen **Zulassung der Rechtsbeschwerde** im Wege der Anhörungsrüge: das Beschwerdegericht kann die Rechtsbeschwerde nachträglich auf die von einem Verfahrensbeteiligten ordnungsgemäß angebrachte Anhörungsrüge für das Rechtsbeschwerdegericht bindend zulassen, wenn bei der vorangegangenen Entscheidung, die Rechtsbeschwerde nicht zuzulassen, ein Verstoß gegen den Anspruch auf rechtliches Gehör dieses Beteiligten vorgelegen hat (BGH FamRZ 2024, 198; FamRZ 2023, 1646). Lässt das Beschwerdegericht analog § 44 auf eine Gegenvorstellung hin die Rechtsbeschwerde nachträglich zu, ohne festzustellen, dass seine ursprüngliche Entscheidung, die Rechtsbeschwerde nicht zuzulassen, objektiv willkürlich gewesen wäre oder den Instanzenzug unzumutbar und in sachlich nicht zu rechtfertigender Weise verkürzt hätte, ist die Zulassungsentscheidung verfahrensfehlerhaft ergangen und bindet das Rechtsbeschwerdegericht nicht (BGH FamRZ 2018, 936). Eine Bindung des Rechtsbeschwerdegerichts erfolgt nur, wenn das Beschwerdegericht bei seiner ursprünglichen Entscheidung über die Nichtzulassung der Rechtsbeschwerde auf die Zulassungsentscheidung bezogenen Vortrag der Verfahrensbeteiligten verfahrensfehlerhaft übergangen hat (BGH FamRZ 2024, 198) oder wenn das Beschwerdeverfahren aufgrund eines Gehörsverstoßes gem. § 44 Abs. 5 fortgeführt wird und sich erst aus dem anschließend gewährten rechtlichen Gehör ein Grund für die Zulassung ergibt (BGH FamRZ 2023, 1646).

V. Verletzung anderer Grundrechte als rechtliches Gehör (greifbare Gesetzeswidrigkeit)

§ 44 gilt nur für den Fall der Verletzung rechtlichen Gehörs und stellt für **8**
diesen Bereich einen förmlichen Rechtsbehelf dar. Neben der Verletzung des rechtlichen Gehörs sind andere gravierende Verfahrensfehler denkbar, zB greifbare Gesetzeswidrigkeit wegen **Unvereinbarkeit** mit der geltenden Rechtsordnung, Verstoßes gegen das **Willkürverbot, Fehlens** jeglicher gesetzlichen Grundlage, schwere **Grundrechtseingriffe.** Nach Einführung des § 44 (damals noch § 29a FGG) war streitig, ob daneben eine außerordentliche Beschwerde, insbesondere bei Verletzung anderer Verfahrensrechte, möglich war. Aus der Begründung des Gesetzes (BT-Drs. 15/3708, 14) ergibt sich ausdrücklich, dass das Anhörungsrügengesetz „keine Aussage zu der Frage (trifft), wie die Gerichte künftig mit Verletzungen etwa des Willkürverbots umgehen sollen; insbesondere die bisher in diesen Fällen zur Anwendung gekommenen außerordentlichen Rechtsbehelfe wie die außerordentliche Beschwerde oder die Gegenvorstellung sollen durch die Beschränkung des Gesetzes auf eine Erweiterung der Rügemöglichkeiten bei Anhörungsverstößen **nicht ausgeschlossen** werden" (BeckOK FamFG/Obermann Rn. 16).

Da der Gesetzgeber gerade keine abschließende Regelung treffen wollte, wird in der **Literatur** in Fällen der **greifbaren Gesetzeswidrigkeit** außerhalb der Verletzung rechtlichen Gehörs zum Teil die **Gegenvorstellung** (→ § 58 Rn. 16) zum Teil daneben noch die **außerordentliche Beschwerde** (→ § 58 Rn. 15) für zulässig erachtet. Die **Rechtsprechung** ist in diesem Punkt ebenfalls nicht einheitlich: Nach Einführung der Anhörungsrüge ist für die Annahme eines außerordentlichen Rechtsmittels allenfalls dann Raum, wenn sich das Rechtsmittel **nicht** auf die Verletzung des rechtlichen Gehörs stützt (OLG Celle FGPrax 2007, 296) zB auf die Verletzung des **Willkürverbots** (OLG Brandenburg BeckRS 2006, 12481; aA OLG München BeckRS 2009, 19426; BtPrax 2008, 124; OLG Jena RPfleger 2006, 400, Beschwerde unstatthaft; nach BGH FamRZ 2007, 1315; FamRZ 2006, 695 und OLG Dresden FamRZ 2006, 717 soll eine **Gegenvorstellung** zulässig sein). Eine außerordentliche Beschwerde ist jedenfalls dann nicht statthaft, wenn ein Fall greifbarer Gesetzwidrigkeit erkennbar **nicht** vorliegt (OLG München FGPrax 2006, 175). Zulässig bzw. statthaft dürfte jedenfalls bei Verletzung anderer Grundrechte als rechtliches Gehör die **Gegenvorstellung** (→ FamFG § 58 Rn. 16) sein, aufgrund derer sich das Ausgangsgericht mit den vorgetragenen Argumenten befassen muss.

Zur Möglichkeit der Anfechtung einer unanfechtbaren Zwischenentscheidung mittels **Verfassungsbeschwerde** → FamFG § 58 Rn. 18.

Der BGH (BtPrax 2007, 167; im Anschluss daran auch OLG Jena FamRZ 2015, 1994; LG Saarbücken BeckRS 2009, 08055; LG Verden BtPrax 2010, 243) hat entschieden, dass auch die Anordnung der psychiatrischen Untersuchung (grundsätzlich unanfechtbare Zwischenentscheidung; vgl. → FamFG § 283 Rn. 5) mit der Beschwerde anfechtbar ist, wenn die Anordnung objektiv **willkürlich,** dh in so krassem Maße rechtsfehlerhaft ist, dass sie unter Berücksichtigung des Schutzzwecks von Art. 3 Abs. 1 und 103 Abs. 1 GG nicht mehr verständlich erscheint. Das kann etwa dann der Fall sein, wenn die Maßnahmen getroffen werden, ohne den Betroffenen zu den angeordneten Maßnahmen vorher persönlich gehört oder sonstige Feststellungen, welche die Annahme der Erforderlichkeit der Maßnahme rechtfertigen könnten, getroffen zu haben. Zu der – zu bejahenden – Frage, ob diese Rechtsprechung unter der Geltung des FamFG und der abschließenden Regelung in § 58 noch Gültigkeit haben kann → FamFG § 58 Rn. 9 und 15, → FamFG § 278 Rn. 23, → FamFG § 280 Rn. 24 und → FamFG § 283 Rn. 6. Vgl. Sternal/Göbel FamFG Rn. 9; Sternal/Göbel FamFG Anhang zu FamFG § 58 Rn. 60; Sternal/Göbel FamFG § 58 Rn. 32, der eine außerordentliche Beschwerde ablehnt und der Auffassung ist, dass bei unanfechtbaren Zwischenentscheidungen die Verfassungsbeschwerde das zulässige Rechtsmittel sei, da es Rechtsmittelklarheit geben müsse (vgl. hierzu → FamFG § 58 Rn. 9). Mit gleicher Begründung lehnt auch BeckOK FamFG/Günter § 283 Rn. 8 die außerordentliche Beschwerde ab; für eine außerordentliche Beschwerde (aber gesetzgeberischer Handlungsbedarf): MüKoFamFG/Schmidt-Recla § 283 Rn. 12.

VI. Rechtsmittel

9 Gegen die Entscheidung über die Anhörungsrüge – Gehörsgewährung ebenso wie Verwerfung oder Zurückweisung – ist **kein Rechtsmittel** zulässig. Auch ein nicht mit Gründen versehener Beschluss ist wirksam und beendet endgültig die Instanz (Sternal/Göbel FamFG Rn. 53). Über eine erneute Anhörungsrüge ist nicht mehr zu entscheiden (OLG München BeckRS 2025, 26412; Prütting/Helms/Abramenko FamFG Rn. 25). Ist die Anhörungsrüge – rechtsfehlerhaft – als unzulässig verworfen oder zurückgewiesen worden, ist ggf. die **Verfassungsbeschwerde** eröffnet (BVerfG NJW 2007, 2241). Zur Möglichkeit der Anfechtung einer unanfechtbaren Entscheidung mittels Verfassungsbeschwerde → Rn. 1 und → FamFG § 58 Rn. 18.

Abschnitt 5. Rechtsmittel

Unterabschnitt 1. Beschwerde

§ 58 Statthaftigkeit der Beschwerde

(1) **Die Beschwerde findet gegen die im ersten Rechtszug ergangenen Endentscheidungen der Amtsgerichte und Landgerichte in Angelegenheiten nach diesem Gesetz statt, sofern durch Gesetz nichts anderes bestimmt ist.**

(2) **Der Beurteilung des Beschwerdegerichts unterliegen auch die nicht selbständig anfechtbaren Entscheidungen, die der Endentscheidung vorausgegangen sind.**

Übersicht

I. Allgemeines

1. Grundzüge

1 Nach § 58 findet die Beschwerde in Betreuungs- und Unterbringungssachen grundsätzlich gegen alle im ersten Rechtszug ergangenen **Endentscheidungen** (§ 38 Abs. 1) der Amtsgerichte statt. **Neben**- und **Zwischenentscheidungen** sind nur anfechtbar, wenn dies im Gesetz ausdrücklich bestimmt ist, ansonsten sind sie grundsätzlich nach Abs. 2 zusammen mit der Endentscheidung zu überprüfen (→ Rn. 6 ff. auch zu den Ausnahmen). Die Beschwerde eröffnet grundsätzlich eine **zweite Tatsachen- und Rechtsinstanz.** Das Beschwerdegericht überprüft in den Grenzen des Rechtsmittels von Amts wegen die gesamte Sach- und Rechtslage.

2. Überblick über die Regelungen im Beschwerderecht durch das FamFG

2 Die Reform von 2009 hat eine **generelle Befristung** der Beschwerde (ein Monat oder zwei Wochen; § 63) unter weitestgehender Abschaffung der einfachen bzw. der sofortigen Beschwerde eingeführt. Die – befristete – Beschwerde kann nur noch beim entscheidenden Gericht **(judex a quo)** eingelegt werden (§ 64 Abs. 1). Daneben gibt es die **Anschluss**(rechts)beschwerde (§§ 66, 73) und die **Sprungrechtsbeschwerde** (§ 75). Dem Gericht, dessen Entscheidung angefochten wird, wird – wie bei der ZPO-Beschwerde – die Möglichkeit eröffnet, der Beschwerde **abzuhelfen** (§ 68). Für die Beschwerden nach FamFG sind grundsätzlich die Oberlandesgerichte zuständig. Allerdings sind für Beschwerden in personenbezogenen FG-Sachen (wie bei Betreuung und Unterbringung) im Interesse einer zeitnahen und effektiven Bearbeitung – die es häufig erfordert, dass das Beschwerdegericht sich zu dem Betroffenen begibt oder umgekehrt – die **Landgerichte** zuständig. In **vermögensrechtlichen** Streitigkeiten und in Kostenangelegenheiten ist die Beschwerde nur statthaft, wenn der Beteiligte mit mehr als **1.000 EUR** beschwert ist. Soweit das erstinstanzliche Gericht die Tatsachen bereits richtig und fehlerfrei festgestellt hat, kann das Beschwerdegericht von der Wiederholung der Verfahrenshandlungen im Beschwerdeverfahren absehen (§ 68 Abs. 3). Dadurch werden unnötige doppelte Beweisaufnahmen vermieden. Die Durchführung eines Termins ist entbehrlich, wenn die Sache bereits in der ersten Instanz im erforderlichen Umfang mit den Beteiligten erörtert wurde. Die weitere Beschwerde zum Oberlandesgericht wurde im Rahmen der Reform durch die **zulassungsabhängige Rechtsbeschwerde** zum **Bundesgerichtshof** ersetzt (§ 70 Abs. 1). **Beschwerdeinstanz** in den von den Betreuungsgerichten entschiedenen Sachen ist nach § 72 Abs. 1 S. 2 GVG das **Landgericht;** für die Rechtsbeschwerde ist der BGH nach § 133 GVG zuständig.

3. Wirkungen der befristeten Beschwerde

3 Die Beschwerde **hindert** den Eintritt der **formellen Rechtskraft** (Hemmungswirkung). Sie hat im Allgemeinen **keine aufschiebende** Wirkung. Allerdings hat die **sofortige Beschwerde** (nach §§ 567 ff. ZPO) gegen die Festsetzung von Ordnungs- und Zwangsmittel aufschiebende Wirkung (§ 35 Abs. 5 iVm § 570 ZPO). Ausnahmsweise hemmt die Beschwerde den **Eintritt** der **Wirksamkeit.** Vgl. Kommentierung zu § 287.

II. Statthaftigkeit der Beschwerde bei Endentscheidungen (Abs. 1)

Die Beschwerde in Betreuungssachen ist grundsätzlich gegen alle im ersten Rechtszug ergangenen **Endentscheidungen** der Amtsgerichte iSd § 38 Abs. 1 zulässig. Abs. 1 nennt als Entscheidungsträger der erstinstanzlichen Entscheidung das Amts- oder Landgericht. Erstinstanzliche Entscheidungen des Landgerichts sind zB gesellschaftsrechtliche Verfahren (zB nach AktG). § 38 Abs. 1 schreibt, anders als das früher geltende FGG, für alle Endentscheidungen die Beschlussform vor. 4

Anfechtbar sind nur die Entscheidungen des Gerichts, die ein Verfahren oder einen Abschnitt innerhalb des Verfahrens **abschließen** (sog. Endentscheidungen nach § 38 Abs. 1). 5

Anfechtbar sind demnach bezogen auf **Betreuungs- bzw. Unterbringungssachen** folgende Entscheidungen: die Bestellung eines Betreuers nach § 1814 BGB, sowie die Änderung, Ablehnung oder Aufhebung einer Betreuung; betreuungsgerichtliche **Genehmigung** (Aufhebung, Ablehnung oder Verlängerung) einer zivilrechtlichen Unterbringung nach § 1831 Abs. 1 BGB, einer Zwangsbehandlung nach § 1832 BGB oder einer ärztlichen Maßnahme bzw. des Abbruchs lebenserhaltender Maßnahmen nach § 1829 Abs. 1 bzw. Abs. 2 BGB oder einer Sterilisation nach § 1830 BGB; Anordnung, Änderung oder Ablehnung eines **Einwilligungsvorbehalts** nach § 1825 BGB; Festsetzung der **Vergütung** des Betreuers (OLG Frankfurt a. M. BeckRS 2016, 117316) oder des Verfahrenspflegers (wenn der Beschwerdewert 1.000 EUR übersteigt).

Mit der Beschwerde angreifbar sind auch selbstständige **Einzelbeschlüsse,** wie zB Weisungen im Rahmen der Aufsicht und die Genehmigung einer **Kündigung eines Mietverhältnisses** gemäß § 1833 Abs. 3 BGB; die Einstellung eines Betreuungsverfahrens von Amts wegen oder der Beschluss des Betreuungsgerichts, dass ein Rechtsgeschäft keiner Genehmigung bedarf (**Negativattest;** BVerfG BtPrax 2022, 23) sowie der ein Negativattest ablehnende Beschluss. Ebenso ist mit der Beschwerde die Entscheidung über die Gewährung von Akteneinsicht von Dritten im laufenden Verfahren anfechtbar (→ FamFG § 13 Rn. 15; auch zu den Rechten Dritter nach Abschluss des Verfahrens); anders regelmäßig bei Entscheidungen über die Gewährung von Akteneinsicht von Verfahrensbeteiligten im laufenden Verfahren (→ FamFG § 13 Rn. 14 und unten → Rn. 12).

Einstweilige Anordnungen zur Gewährung vorläufigen Rechtsschutzes in **Betreuungs- und Unterbringungssachen** sind, nachdem seit Einführung des FamFG das einstweilige Anordnungsverfahren hauptsacheunabhängig ist (§ 51 Abs. 3), mit der befristeten Beschwerde mit kurzer Beschwerdefrist – zwei Wochen – anfechtbar (§ 63 Abs. 2 Nr. 1). Auch für die Beschwerde gegen die Ablehnung des Erlasses einer einstweiligen Anordnung gilt die Zweiwochenfrist des § 63 Abs. 1 Nr. 1 (OLG Frankfurt a. M. NJW 2012, 3250).

III. Zwischenentscheidungen (Abs. 2)

Zwischen- und Nebenentscheidungen sind die die Endentscheidung (§ 38 Abs. 1 S. 1) lediglich vorbereitenden Entscheidungen, die den Verfahrensgegenstand weder ganz noch teilweise erledigen. Sie können einen ganz unterschiedlichen Charakter haben und sind in der Regel nicht selbstständig, sondern nur 6 zusammen mit der Endentscheidung überprüfbar (Abs. 2). Abs. 2 bestimmt zum einen, dass Zwischen- und Nebenentscheidungen grundsätzlich nicht anfechtbar sind, es sei denn, deren Anfechtbarkeit durch sofortige Beschwerde, die sich nach ZPO richtet (→ Rn. 11), ist ausdrücklich zugelassen (BT-Drs. 16/6308, 166). Zum anderen sagt Abs. 2 damit auch aus, dass grundsätzlich auch die Entscheidungen, die einer Endentscheidung vorausgegangen sind, im Beschwerderechtszug – zusammen mit der Endentscheidung – überprüft werden können. Zur Möglichkeit der Anfechtung einer unanfechtbaren Zwischenentscheidung mittels **Verfassungsbeschwerde** → Rn. 18.

Bei **Zwischenentscheidungen** ist trotz dieser gesetzgeberischen Wertung insgesamt eine differenzierte Betrachtungsweise erforderlich:

1. Zugelassene sofortige Beschwerde

7 Aufgrund ausdrücklicher gesetzlicher Ermächtigung im Sinne des Abs. 2 sind aus betreuungsrechtlicher Sicht u.a. folgende Zwischenentscheidungen **anfechtbar** (mit **sofortiger Beschwerde** nach **ZPO** → Rn. 11):

- § 6 Abs. 2: **Zurückweisung** der Ablehnung wegen **Befangenheit** (Rechtsbeschwerde ist dagegen ohne ausdrückliche Zulassung nicht statthaft; BGH FamRZ 2012, 619); die **Ablehnung** wegen Befangenheit ist unanfechtbar
- § 7 Abs. 5: **Ablehnung** der Zuziehung als **Beteiligter**
- § 33 Abs. 3: **Ordnungsgeldbeschluss** zur Erzwingung des persönlichen Erscheinens (für die alte Rechtslage: BayObLG NJW-RR 1998, 437). Die reine Anordnung zum Erscheinen vor Gericht ist **unanfechtbar** (OLG Karlsruhe FamRZ 2004, 712; Sternal/Göbel FamFG Rn. 28; aA KG FamRZ 2007, 227)
- § 35 Abs. 5: Anordnung von **Zwangsmaßnahmen** zB für die nach § 30 angeordnete **Vorlage** von **Beweismitteln und Urkunden** (Vorlage eines Rechtsgeschäfts in schriftlicher Form im Verfahren gemäß § 1854 Nr. 6 BGB: OLG Frankfurt a. M. RPfleger 1977, 362) sowie für die nach § 285 angeordnete Beibringung einer **Vorsorgevollmacht oder Betreuungsverfügung** (→ FamFG § 285 Rn. 6). Beides wird nach § 35 vollstreckt. Mit der sofortigen Beschwerde anfechtbar ist auch die Verhängung eines **Zwangsgeldes,** wenn der Betreuer seiner Rechnungslegungspflicht nicht nachkommt (LG Neuruppin BtPrax 2017, 39)
- § 42 Abs. 3: Anordnung der **Berichtigung** eines Beschlusses
- § 76 Abs. 2: Beschlüsse in Verfahren der **Verfahrenskostenhilfe.** Im Interesse der Harmonisierung der Verfahrensordnungen ist auch dort als Rechtsmittel nicht die Beschwerde, sondern die sofortige Beschwerde nach den Vorschriften der ZPO vorgesehen (BT-Drs. 16/6308, 203); lässt das Beschwerdegericht in einem Verfahrenskostenhilfeverfahren die Rechtsbeschwerde in der Hauptsache zu, darf es dem Beschwerdeführer Verfahrenskostenhilfe auch dann nicht mangels Erfolgsaussicht versagen, wenn die Rechtsfrage seiner Auffassung nach zu Ungunsten des Beschwerdeführers zu entscheiden ist (BGH FamRZ 2020, 1855)
- § 85: **Kostenfestsetzung** (iVm § 104 Abs. 3 ZPO)
- § 87 Abs. 4: **Androhung** bzw. **Anordnung** von **Zwangsmaßnahmen** im Wege der Zwangsvollstreckung zB zur Erzwingung von Handlungen oder Duldungen

– § 284 Abs. 3: **Unterbringung** zur Vorbereitung eines Gutachtens (→ FamFG § 284 Rn. 9)
– Rechtswegverweisungen nach § 17a Abs. 2 GVG (OLG Saarbrücken FamRZ 2022, 201).

2. Ausdrücklich für unanfechtbar erklärte Zwischenentscheidungen

Das FamFG erklärt an mehreren Stellen bestimmte (Zwischen-)Entscheidungen ausdrücklich für **unanfechtbar;** ua kann das aus betreuungsrechtlicher Sicht sein: 8
– § 3 Abs. 3: **bindende Verweisung** an ein anderes Gericht (anders bei Abgabe → Rn. 9)
– § 5 Abs. 3: **Bestimmung** des zuständigen Gerichts
– § 13 Abs. 4: **Nicht/Überlassung** der Akten an Rechtsanwalt usw. außerhalb der Geschäftsstelle
– § 19 Abs. 2: **Gewährung** der Wiedereinsetzung
– § 42 Abs. 3: **Ablehnung** der Beschlussberichtigung
– § 44 Abs. 4: **Entscheidung** über die Anhörungsrüge
– §§ 55 Abs. 1, 93 Abs. 1: **Aussetzung** der Vollstreckung einer einstweiligen Anordnung bzw. einer Beschwerde
– § 104 Abs. 2, 99 Abs. 3: Zustimmungsersetzung, wenn der Betreuer einer Abgabe an ein **ausländisches Gericht** nicht zustimmt
– §§ 276 Abs. 7, 317 Abs. 7: **Verfahrenspfleger**bestellung
– § 327 Abs. 4: **Vollzugsangelegenheiten.**

Diese ausdrücklichen Regelungen der Unanfechtbarkeit scheinen überflüssig, soweit es sich um Zwischenentscheidungen handelt, die nach Abs. 2 ohnehin unanfechtbar sind. Einige Entscheidungen, wie bei der Gewährung der Wiedereinsetzung, sind jedoch keine Zwischenentscheidungen. Zweifelhaft ist, ob – so Sternal/Göbel FamFG Rn. 135 – die ausdrückliche Unanfechtbarerklärung einer Zwischenentscheidung bedeutet, dass deren Rechtmäßigkeit auch nicht im Rahmen der Prüfung der Endentscheidung nach Abs. 2 überprüft werden darf. Jedenfalls wenn der Gesetzgeber, wie bei der Verfahrenspflegerbestellung (§ 276 Abs. 7), anordnet, dass diese Entscheidung nicht **selbständig** überprüfbar ist, muss diese zusammen mit der Hauptsacheentscheidung überprüfbar sein (so auch Bumiller/Harders/Schwamb/Bumiller FamFG § 276 Rn. 15; differenziert Sternal/Giers FamFG § 276 Rn. 28). Zur Möglichkeit der Anfechtung einer unanfechtbaren Zwischenentscheidung mittels **Verfassungsbeschwerde** → Rn. 18.

3. Unanfechtbare Zwischenentscheidungen ohne ausdrückliche Bestimmung

Unter anderem sind aus betreuungsrechtlicher Sicht folgende Zwischenentscheidungen bzw. Zwischenverfügungen **unanfechtbar:** 9
– **Anordnungen,** durch die ein Betreuungsverfahren **eingeleitet** (OLG Stuttgart FGPrax 2003, 72) oder einzelne **Ermittlungshandlungen** verfügt werden (BayObLG BtPrax 1998, 148)
– **Abgabe** an ein anderes Gericht wegen Änderung des gewöhnlichen Aufenthalts des Betroffenen nach §§ 4, 273 (→ FamFG § 273 Rn. 14; BGH FamRZ 2011, 282; Sternal/Göbel FamFG Rn. 36); anders bei der Abgabe an ein auslän-

disches Gericht nach §§ 104, 99, diese ist anfechtbar (→ FamFG § 104 Rn. 7 und unten → Rn. 10); anders bei Verweisung → Rn. 8
- Hinweis auf **Zwangsmittel** nach § 35 Abs. 2 sowie die – gesetzlich nicht mehr vorgesehene – Androhung von Zwangsmaßnahmen (BGH FamRZ 2012, 1204)
- **Terminsbestimmung** bzw. **-vertagung** (OLG Hamm RPfleger 1995, 161; Sternal/Göbel FamFG Rn. 28) und die reine Anordnung zum **Erscheinen** vor Gericht (OLG Karlsruhe FamRZ 2004, 712; Sternal/Göbel FamFG Rn. 28; aA nach altem Recht KG FamRZ 2007, 227)
- Anordnung ärztlicher oder psychologischer **Gutachten** mit und ohne Untersuchungsanordnung sowie die Auswahl des Sachverständigen (→ FamFG § 280 Rn. 24, → FamFG § 283 Rn. 5 und 6; **BVerfG** BtPrax 2010, 173; **BGH** BtPrax 2008, 120; BayObLG FGPrax 2001, 78; KG FamRZ 2010, 494; Sternal/Göbel FamFG Rn. 31). **Untersuchung** von **Körper- und Geisteszustand** (BayObLG BtPrax 2002, 215) und **Anordnung** der **Vorführung** nach § 278 Abs. 5 (Sternal/Giers FamFG § 278 Rn. 37; → FamFG § 278 Rn. 23) sowie die **Vorführungsanordnung** nach § 283 Abs. 1, 2 und 3 (BVerfG BtPrax 2018, 151), auch wenn sie mit der Gestattung der Inanspruchnahme der **Unterstützung der Polizei** und des **Betretens der Wohnung** zum Zweck der Vorführung verbunden ist (→ FamFG § 283 Rn. 5; BT-Drs. 16/6308, 203; Haußleiter/Heidebach § 283 Rn. 12; einschränkend Prütting/Helms/Fröschle FamFG § 283 Rn. 22).
- Der Grundsatz der **Unanfechtbarkeit** dieser Entscheidungen wurde durch den **BGH** im Jahre 2007 (BtPrax 2007, 167; so auch LG Saarbrücken BeckRS 2009, 08055; LG Verden BtPrax 2010, 243 und BVerfG BtPrax 2010, 173) **eingeschränkt.** Der Betroffene kann zB die gerichtliche Anordnung, sich psychiatrisch untersuchen zu lassen, jedenfalls dann mit der Beschwerde angreifen, wenn die Anordnung **objektiv willkürlich,** dh in so **krassem Maße rechtsfehlerhaft** ist, dass sie unter Berücksichtigung des Schutzzwecks von Art. 3 Abs. 1 und 103 Abs. 1 GG nicht mehr verständlich erscheint (hier ohne vorherige Anhörung nach § 283 Abs. 1; → FamFG § 283 Rn. 6 und unten → Rn. 15). Es ist äußerst umstritten, ob diese Rechtsprechung unter der Geltung des FamFG und der abschließenden Regelung in § 58 noch Gültigkeit haben kann (**bejahend:** Musielak/Borth/Frank/Frank FamFG Rn. 8; MüKo-FamFG/Schmidt-Recla § 278 Rn. 57 und § 283 Rn. 11; Jox/Fröschle § 283 Rn. 13; HK-BetreuungsR/Bučić FamFG § 280 Rn. 33 und § 283 Rn. 18; Prütting/Helms/Fröschle FamFG § 283 Rn. 22 zu den in § 283 enthaltenen Anordnungen; **verneinend:** Sternal/Göbel FamFG Rn. 32, § 44 Rn. 8, Anhang zu § 58 Rn. 60; § 278 Rn. 37, § 283 Rn. 8; BeckOK FamFG/Obermann Rn. 75; BeckOK FamFG/Günter § 283 Rn. 8; Haußleiter/Heidebach § 283 Rn. 12). Zunehmend wird insbesondere wegen der sogenannten **Rechtmittelklarheit** jedenfalls in der Literatur (Sternal/Göbel FamFG Rn. 32 und BeckOK FamFG/Günter § 283 Rn. 8) gefordert, dass die außerordentliche Beschwerde auch in Fällen krassen Unrechts abzulehnen sei und der einzig zulässige Weg die Verfassungsbeschwerde sei. Eine gesetzgeberische Klarstellung wäre hier nicht nur wünschenswert, sondern auch geboten.
- **Ablehnung** von Beweisanträgen (OLG Zweibrücken FamRZ 1998, 1243) bzw. **Aufhebung** von Beweisanordnungen (OLG Naumburg FamRZ 2001, 168)
- **Verrichtungen** und **Handlungen,** die den tatsächlichen und rechtlichen **Erfolg** sofort herbeiführen (wie zB die Mitteilung des Betreuungsgerichts, die

Schlussrechnung werde nicht beanstandet, da damit nur zu erkennen gegeben wird, dass ein Einschreiten nach § 1862 BGB nicht geboten ist, BayObLG RPfleger 1997, 476)
- Bloße **Meinungsäußerung** des Gerichts **ohne Außenwirkung,** zB Mitteilung des Gerichts an die Bank, dass der Betreute nicht verfügungsberechtigt sei (BayObLG FamRZ 1983, 92); Anheimstellung der Antragsrücknahme; Übermittlung einer Rechtsauffassung, Ankündigung einer Entscheidung (Sternal/Göbel FamFG Rn. 40); Auskunft über Zuständigkeit, ohne dass ein konkreter Fall vorliegt; bloße Bekanntgabe der Rechtsauffassung ohne Außenwirkung; Aufforderung zur Stellungnahme zu Bedenken des Gerichts oder anderer Beteiligter, die noch keine Folgen für ein bestimmtes Verhalten des Adressaten ankündigt
- Entscheidung des Beschwerdegerichts, den **Nichtabhilfe**- und Vorlagebeschluss des erstinstanzlichen Gerichts **aufzuheben** und die Sache zur erneuten Durchführung des Abhilfeverfahrens dorthin zurückzugeben (BGH FamRZ 2021, 372)
- **Nichtabhilfebeschluss** nach § 68 (Sternal/Göbel FamFG Rn. 39; OLG Köln FGPrax 2010, 229); etwas anderes gilt allerdings, wenn durch eine Abhilfeentscheidung ein Verfahrensbeteiligter **erstmalig** beschwert wird, hier eröffnet der Abhilfebeschluss die Möglichkeit einer Anfechtung der Ausgangsentscheidung (BGH FamRZ 2020, 1941).

4. Zweifelsfälle

Nach bisheriger Rechtsprechung waren folgende Zwischenentscheidungen anfechtbar und müssen es auch wegen der **Schwere des Eingriffs** bleiben, obwohl nach § 58 Abs. 2 die Anfechtbarkeit mangels ausdrücklicher Zulassung der sofortigen Beschwerde ausgeschlossen scheint. Hier muss – unabhängig von der Frage eines außerordentlichen Beschwerderechts bei schwerwiegenden Eingriffen (→ Rn. 15) – ein Beschwerderecht zulässig sein (in entsprechender Anwendung der §§ 58 ff.): 10
- bei der **Entscheidung** über **Akteneinsicht** für Beteiligte → FamFG § 13 Rn. 14 ff.) besteht grundsätzlich kein Beschwerderecht (BGH BeckRS 2025, 31174; OLG Hamm BeckRS 2012, 09827); wenn jedoch das Akteneinsichtsgesuch des Beteiligten nicht Ausdruck seines Anspruchs auf rechtliches Gehör ist, der dem Beteiligten die effektive Mitwirkung bei der Wahrheitsfindung des Gerichts ermöglichen soll, besteht ein Beschwerderecht für diesen Beteiligten (BeckOK FamFG/Perleberg-Kölbel § 13 Rn. 45; OLG Thüringen NJW-RR 2012, 139; KG FGPrax 2006, 159; nach HK-BetreuungsR/Bučić FamFG § 274 Rn. 37 soll sogar unbeschränkt die sofortige Beschwerde entsprechend §§ 567 ff. ZPO eröffnet sein; differenziert Sternal/Göbel FamFG Rn. 35; Prütting/Helms/Ahn-Roth FamFG § 13 Rn. 49).
- beim **Ausschluss** von der Teilnahme an der **Beweisaufnahme** (OLG Hamm FamRZ 1979, 1065) und bei der **Zurückweisung** des **Verfahrensvertreters** (zB die Anweisung, der Betroffene dürfe zur Untersuchung keinen Rechtsbeistand mitbringen: OLG Zweibrücken FGPrax 2000, 109). Der Verwertbarkeit eines Sachverständigengutachtens in einer Betreuungssache steht allerdings nicht entgegen, dass der Sachverständige den Verfahrensbevollmächtigten des Betroffenen nicht vom Termin zur Untersuchung oder Befragung des Betroffenen benachrichtigt hat (BGH BtPrax 2017, 113).

- bei der isolierten Anfechtung der **Kostentragungspflicht** nach § 81 und § 307 (→ FamFG § 81 Rn. 9 und → FamFG § 307 Rn. 7), soweit der Beschwerdewert 1.000 EUR übersteigt
- bei den Mitteilungen von Entscheidungen nach §§ 308, 309a Abs. 2 und 311 an andere Stellen (→ FamFG § 308 Rn. 13; → FamFG § 309 Rn. 3; → FamFG § 311 Rn. 4)
- bei der Anordnung unzulässiger **Untersuchungsmethoden** (→ FamFG § 280 Rn. 8 und 24)
- bei der Abgabe an ein ausländisches Gericht nach §§ 104, 99 (→ FamFG § 104 Rn. 7).

5. Sofortige Beschwerde nach ZPO

11 Soweit das Gesetz die **selbstständige** Anfechtbarkeit von Zwischen- und Nebenentscheidungen **zulässt** (→ Rn. 7), orientiert sich diese an der ZPO. Das Gesetz sieht daher in diesem Fällen immer die **sofortige Beschwerde** in entsprechender Anwendung der §§ 567 bis 572 ZPO vor. Diese enthalten ein für die Anfechtung von Zwischen- und Nebenentscheidungen geeignetes Verfahren. Sie sehen eine kurze, 14-tägige Beschwerdefrist, den originären Einzelrichter sowie im Übrigen ein weitgehend entformalisiertes Rechtsmittelverfahren vor, in dem neue Tatsachen und Beweismittel zu berücksichtigen sind.

IV. Entscheidungen des Rechtspflegers

1. Nach den allgemeinen Vorschriften anfechtbare Rechtspflegerentscheidungen (§ 11 Abs. 1 RPflG)

12 Gemäß § 11 Abs. 1 RPflG wird bei Entscheidungen des Rechtspflegers in Betreuungssachen nach den allgemeinen Vorschriften das **Rechtsmittel** der befristeten **Beschwerde** (kein Rechtsbehelf des Einspruchs oder Widerspruchs) eröffnet (→ RPflG § 15 Rn. 10), die zu einer Nachprüfung der angefochtenen Entscheidung in der höheren Instanz führt (Devolutiveffekt). Der Rechtspfleger muss zuvor immer eine **Abhilfeentscheidung** treffen (§ 68 Abs. 1 S. 1 Hs. 1). Hilft er der Beschwerde ab, so kann er selbst eine abweichende Entscheidung treffen. Bei vollständiger oder teilweiser Nichtabhilfe legt er die Sache unverzüglich dem Beschwerdegericht vor (§ 68 Abs. 1 S. 1 Hs. 2). War die Beschwer von 600 EUR ursprünglich erreicht und hilft der Rechtspfleger nur teilweise ab, so dass nunmehr die Beschwer des Beschwerdeführers unter 600 EUR liegt, ist im Weiteren die Beschwerde als befristete Erinnerung zu behandeln (→ Rn. 14; Sternal/Göbel FamFG Anhang zu FamFG § 58 Rn. 11).

2. Befristete Erinnerung (§ 11 Abs. 2 RPflG)

13 Die befristete Erinnerung nach § 11 Abs. 2 RPflG erfasst alle Entscheidungen, die, hätte sie der Richter getroffen, wegen Erschöpfung des Instanzenzugs oder kraft ausdrücklicher gesetzlicher Anordnung nicht anfechtbar sind. Dieser **Rechtsbehelf** führt zu einer abschließenden Entscheidung durch den Amtsrichter. Anwendungsfälle sind ua:

- das Nichterreichen der Beschwerdesumme von 1.000 EUR in vermögensrechtlichen Angelegenheiten (§ 61 Abs. 1) zB in Vergütungs- und Auslagenentscheidungen bei Betreuervergütung von unter 1.000 EUR bzw. bei Nichtzulassung der

Beschwerde (§ 61 Abs. 3). Ist der Beschwerdewert von 1.000 EUR nicht erreicht, hat der in einem Festsetzungsverfahren nach § 292 tätige Rechtspfleger die eingelegte Beschwerde als Erinnerung auszulegen und sie bei Nichtabhilfe dem Richter zur abschließenden Entscheidung vorzulegen (BGH BtPrax 2012, 253),
– Bestellung eines Verfahrenspflegers durch den Rechtspfleger (BayObLG RPfleger 2003, 19; → FamFG § 276 Rn. 22).

Es gilt die Zweiwochenfrist gemäß §§ 11 Abs. 2 S. 1, 22 RPflG, § 569 Abs. 1 S. 1 ZPO unabhängig von einer bestimmten Erinnerungssumme. Der Erinnerungsführer muss durch die angefochtene Entscheidung **beschwert** sein. Die Einlegung hat gemäß den Formvorschriften der §§ 64, 65 zu erfolgen. Neben der Abhilfe**befugnis** besteht im Hinblick auf die Amtspflicht des Rechtspflegers auch eine Abhilfe**pflicht.** In einem zu begründenden Beschluss hat der Rechtspfleger daher eine Abhilfeentscheidung zu treffen und bei (teilweiser) Nichtabhilfe dem Richter vorzulegen. Zu den seit 1.1.2014 für die Rechtspflegererinnerung neu geltenden Vorschriften → RPflG § 15 Rn. 11.

Der für die Entscheidung über die Erinnerung zuständige Richter kann im Fall der Annahme grundsätzlicher Bedeutung seinerseits die Beschwerde zulassen (BGH FamRZ 2017, 1318 und 1158). Grundsätzlich ist über die Zulassung der Beschwerde im Ausgangsbeschluss zu entscheiden. Ist der Ausgangsbeschluss vom Rechtspfleger ohne eine Entscheidung über die Zulassung der Beschwerde erlassen worden, ist die wegen Nichterreichens des Beschwerdewerts unzulässige Beschwerde zunächst als Rechtspflegererinnerung nach § 11 Abs. 2 RPflG zu behandeln; dieser kann der Rechtspfleger dadurch (teilweise) abhelfen, dass er im Abhilfebeschluss die Beschwerde zulässt und die Sache sogleich dem Beschwerdegericht zur Entscheidung über die Beschwerde vorlegt (BGH BeckRS 2017, 110951).

3. Unanfechtbare Entscheidungen des Rechtspflegers (§ 11 Abs. 3 RPflG)

Soweit ein **Rechtsgeschäft** gerichtlich zu **genehmigen** ist (**Rechtspfleger**zu- 14
ständigkeit), wird der Beschluss nach § 40 Abs. 2 erst mit der **Rechtskraft** wirksam (zur Frage des Eintritts der Rechtskraft → FamFG § 70 Rn. 6), was auch in der Entscheidung **auszusprechen** ist (nach der früheren Rechtslage waren die Genehmigungen unanfechtbar nach §§ 62, 55 FGG). Nach der Entscheidung des BVerfG vom 18.1.2000 (BVerfG FamRZ 2000, 731) waren die damals geltenden §§ 62, 55 FGG mit Art. 19 Abs. 4 GG insoweit unvereinbar, als den in ihren Rechten Betroffenen jede Möglichkeit verwehrt wurde, Entscheidungen des Rechtspflegers der Prüfung durch den Richter zu unterziehen (BT-Drs. 16/6308, 196). Durch § 40 Abs. 2 wurde dieser Zustand abgeschafft. Das bedeutet, dass die verbreitete Praxis der Rechtspfleger, Vorbescheide (→ Rn. 14) zu erlassen, nicht mehr erforderlich ist. Im Bereich der betreuungsrechtlichen Entscheidungen des Rechtspflegers gibt es daher kaum noch unanfechtbaren Entscheidungen iSd § 11 Abs. 3 RPflG.

V. Sonstiger Rechtsschutz

1. Außerordentliche Beschwerde bei unanfechtbaren Entscheidungen

Die Rechtsprechung vor dem Jahre 2005 ließ bei **greifbarer Gesetzwidrig-** 15
keit eine **außerordentliche Beschwerde** zu, wenn die Entscheidung ansonsten

unanfechtbar war. Damit sollte für Ausnahmefälle bei krassem Unrecht aus verfassungsrechtlichen Gründen ein Rechtsbehelf geschaffen werden. Ebenso wie bei greifbarer Gesetzwidrigkeit wurde dieses Institut auch bei Verletzung aller **Verfahrensgrundrechte** angenommen, zB:

aa) rechtstaatlich **faires Verfahren:** Art. 6 EMRK; Art. 2 Abs. 1 iVm Art. 20 Abs. 3 GG

bb) **Willkürverbot:** Fehlen jeglicher gesetzlichen **Grundlage**

cc) **Rechtliches Gehör:** Art. 103 Abs. 1 GG (BVerfG NJW 2003, 1924).

Seit dem 1.1.2005 können nicht anfechtbare Entscheidungen nach dem **Anhörungsrügengesetz** (BGBl. 2004 I 3220) nach § 44 (früher § 29a FGG) mit der Anhörungsrüge angegriffen werden (vgl. hierzu § 44), sofern das **Verfahrensgrundrecht** des rechtlichen **Gehörs** verletzt wurde. Zur Verletzung **anderer** Verfahrensgrundrechte als das rechtliche Gehör → § 44 Rn. 8.

Im Hinblick auf die Entscheidung des BGH (BtPrax 2007, 167; BVerfG BtPrax 2010, 173; LG Verden BtPrax 2010, 243; zur Geltung dieser Rechtsprechung auch nach FamFG → Rn. 11) ist für **unanfechtbare** Entscheidungen (zB für unanfechtbare Zwischenentscheidungen) folgender **allgemeiner Grundsatz** festzuhalten: Zur Gewährleistung effektiven Rechtsschutzes und zur Wahrung des Rechtsstaatsprinzips ist immer dann ein **außerordentliches Beschwerderecht** zu **bejahen,** wenn bereits durch die Zwischenentscheidung ein solcher **Eingriff in die Grundrechte** eines Beteiligten erfolgt, dass dieser später nicht mehr (ganz) behoben werden kann (für Zwischenentscheidungen: Musielak/Borth/Frank/Frank FamFG Rn. 8; MüKoFamFG/Schmidt-Recla § 278 Rn. 57 und § 283 Rn. 11).

Diese **außerordentliche** Beschwerde muss jedoch in das System der Rechtsmittel des FamFG passen; das bedeutet, dass diese sich in **Form** und **Frist** nach dem eigentlich für die Entscheidung, wäre sie anfechtbar, zulässigen Rechtsbehelf richtet (mit der Möglichkeit der Wiedereinsetzung). Wenn es sich also um eine unanfechtbare **Zwischenentscheidung** handelt, so richten sich die Formvorschriften nach der sofortigen Beschwerde (→ Rn. 11), da eine Zwischenentscheidung, wenn sie anfechtbar ist, mit dieser angreifbar ist. Wenn es sich um eine unanfechtbare **einstweilige Anordnung** oder eine Genehmigung eines Rechtsgeschäfts handelt, ist die befristete Beschwerde mit kurzer Beschwerdefrist der Rechtsbehelf, an dem sich das außerordentliche Rechtsmittel zu orientieren hat (§ 63 Abs. 2). In allen **anderen Fällen** (§ 63 Abs. 1) sind die Formvorschriften der befristeten Beschwerde mit einmonatiger Beschwerdefrist maßgeblich. Jede andere Betrachtungsweise insbesondere zu den Fristen hätte zur Folge, dass der Beschwerdeführer bei einer eigentlich unanfechtbaren Entscheidung bessergestellt wäre als der „ordentliche" Beschwerdeführer.

2. Gegenvorstellung bei unanfechtbaren Entscheidungen

16 Eine Gegenvorstellung ist nur statthaft, wenn gegen die Entscheidung kein förmliches Rechtsmittel oder kein förmlicher Rechtsbehelf zulässig ist und auch eine Abhilfe oder Abänderung nicht in Betracht kommt. Eine Gegenvorstellung kommt nur dann in Betracht, wenn das Gericht zu einer Änderung seiner Entscheidung befugt ist und diese auch von Amts wegen vornehmen durfte (Sternal/Göbel FamFG Anh. zu FamFG § 58 Rn. 51); wenn also die Beschwerdefrist abgelaufen und die Entscheidung damit formell rechtskräftig geworden ist, ist keine Gegenvorstellung mehr statthaft (Sternal/Göbel FamFG Anh. zu FamFG

§ 58 Rn. 52). Sie soll als formloser Rechtsbehelf das entscheidende Gericht veranlassen, seine Entscheidung noch einmal zu überprüfen. Im Unterschied zur außerordentlichen Beschwerde führt die Gegenvorstellung nicht zu einer Überprüfung der Entscheidung durch die nächste Instanz. Das Gericht hat bei der Gegenvorstellung sachlich zu überprüfen, ob seine Entscheidung objektiv willkürlich war. Lässt das Beschwerdegericht zB analog § 44 auf eine Gegenvorstellung hin die Rechtsbeschwerde nachträglich zu, ohne festzustellen, dass seine ursprüngliche Entscheidung, die Rechtsbeschwerde nicht zuzulassen, objektiv willkürlich gewesen wäre oder den Instanzenzug unzumutbar und in sachlich nicht zu rechtfertigender Weise verkürzt hätte, ist die Zulassungsentscheidung verfahrensfehlerhaft ergangen und bindet das Rechtsbeschwerdegericht nicht (BGH FamRZ 2018, 936; zum weiteren vgl → FamFG § 44 Rn. 7).

Sofern sich die Gegenvorstellung auf die Verletzung von **Verfahrensgrundrechten** stützt, gilt das diesbezüglich in → Rn. 15 auch zu Form und Frist Gesagte (aA OLG Frankfurt a. M. FamRZ 2013, 1678; Sternal/Göbel FamFG Anhang zu FamFG § 58 Rn. 53).

3. Untätigkeit des Gerichts

Bleibt das **Gericht untätig,** ist die Dienstaufsichtsbeschwerde zulässig. Nach 17
§ 198 GVG hat **daneben** jeder Verfahrensbeteiligte die Möglichkeit, eine **Verzögerungsrüge** zu erheben, die im Ergebnis auf – gesondert einzuklagenden – Schadensersatz gerichtet ist. Dort wird eine zweistufige Lösung normiert, die eine Kombination von Prävention (Verzögerungsrüge) und Kompensation (Entschädigungsklage) vorsieht (Sternal/Meyer-Holz Anh. zu FamFG § 58 Rn. 71). Der früheren **Untätigkeitsbeschwerde** wurde durch §§ 198 ff. GVG der Boden entzogen (so auch statt vieler BGH FamRZ 2014, 1285).

Art. 13 EMRK fordert einen wirksamen Schutz und damit einen innerstaatlichen Rechtsbehelf gegen eine unangemessene Verfahrensdauer (EGMR NJW 2010, 3355; NJW 2001, 2694). Dieser wurde im Jahre 2011 mit §§ 198 ff. GVG (Verzögerungsrüge) geschaffen. Die Verzögerungsrüge unterliegt den jeweiligen Wirksamkeitsanforderungen für Verfahrenshandlungen im Ausgangsverfahren (OLG Hamm BeckRS 2012, 23368) und ist zunächst im Ausgangsverfahren zu erheben (und später dann klageweise in einem gesonderten Prozess geltend zu machen).

Der in § 198 GVG normierte Anspruch ist ein staatshaftungsrechtlicher Anspruch sui generis auf Ausgleich für Nachteile infolge rechtswidrigen hoheitlichen Verhaltens und setzt ein Verschulden des Gerichts nicht voraus. Der Ausgleich umfasst dem Umfang nach sowohl den vollen Ersatz für materielle Nachteile als auch einen Ausgleich für immaterielle Nachteile. Die Erhebung der Verzögerungsrüge ist erst zulässig, wenn ein Beteiligter aufgrund bestimmter Anhaltspunkte Anlass für die Besorgnis hat, das Verfahren bzw. die Instanz könne nicht in angemessener Zeit abgeschlossen werden (§ 198 Abs. 3 S. 2 Hs. 1 GVG). Maßgeblich ist die Besorgnis der Gefährdung dh die konkrete Möglichkeit einer Verzögerung (BT-Drs. 17/3802, 20 f.). Eine Begründung der (im Ausgangsverfahren zu erhebenden) Verzögerungsrüge ist zu ihrer Wirksamkeit nicht erforderlich. Notwendig ist allein eine Erklärung, aus der sich zweifelsfrei ergibt, dass der Beteiligte mit der Verfahrensdauer nicht einverstanden ist. Insbesondere muss nicht dargelegt werden, aus welchen Umständen sich eine unangemessene Verfahrensdauer ergeben soll. Mit der Rüge gegenüber dem Ausgangsgericht sind entsprechend ihrer Beschränkung auf eine Warnfunktion keine Beweispflichten verknüpft (BT-Drs. 17/3802, 21). Der eigentliche Schadensersatz ist in einem gesonderten Gerichtsverfahren geltend zu machen. Die Zuständigkeit ergibt sich aus § 201 GVG. Im späteren Schadensersatzprozess muss der Betroffene neben dem Verlangen nach Beschleunigung auch auf solche Umstände hinweisen, die für das Maß der gebotenen Zügigkeit wichtig, aber noch nicht in das Verfahren eingeführt sind; dies können beispielweise besondere Nachteile wie drohender Wohnungsverlust oder bevorstehende Insolvenz sein.

Unter Zugrundelegung der bisherigen Rechtsprechung zur Untätigkeitsbeschwerde dürfte die Verzögerungsrüge jedenfalls dann begründet sein, wenn die Untätigkeit einer **Sachentscheidung** oder einer **Rechtsverweigerung** gleichkommt (OLG Köln FGPrax 2007, 194; OLG Jena FamRZ 2003, 1673; LG München FamRZ 2010, 2013). Dies kann dann der Fall sein, wenn die Untätigkeit im Betreuungsverfahren, soweit es nach einer Anregung von Amts wegen eingeleitet wird, einer Einstellung (OLG Bamberg FamRZ 2003, 1310), im Antragsverfahren einer Antragszurückweisung gleichkommt (OLG Zweibrücken NJW-RR 2003, 1653 für PKH-Antrag). Schließlich kann die Untätigkeit Tatsachen schaffen, die Auswirkungen auf die Sachentscheidung haben können (BVerfG NJW 2004, 835 für das Umgangsverfahren). Voraussetzung ist somit jedenfalls, dass eine über das Normalmaß hinausgehende, den Beteiligten unzumutbare Verzögerung vorliegt und sich die Untätigkeit des Gerichts bei objektiver Betrachtung als **Rechtsschutzverweigerung** darstellt (Sternal/Göbel FamFG Anhang zu FamFG § 58 Rn. 84). Krankheit des Entscheidungsträgers oder personeller Engpass beim Gericht können wegen des Justizgewährungsanspruches der Bevölkerung keine – längere – Untätigkeit rechtfertigen (Sternal/Göbel FamFG Anhang zu FamFG § 58 Rn. 84).

4. Verfassungsbeschwerde

18 Bei Unanfechtbarkeit einer Entscheidung steht schließlich dem Beschwerten unter gewissen, engen Voraussetzungen bei Verletzung von Verfassungsrecht die Verfassungsbeschwerde zu. Handelt es sich bei der anzufechtenden Entscheidung um eine unanfechtbare **Zwischenentscheidung,** dann ist diese mit der Verfassungsbeschwerde nur dann anfechtbar, wenn ein dringendes schutzwürdiges Interesse daran besteht, dass über die Verfassungsmäßigkeit sofort und nicht erst in Verbindung mit der Endentscheidung erkannt wird (BayVerfGH FamRZ 2009, 1863). Unanfechtbare Zwischenentscheidungen können nur dann Gegenstand einer Verfassungsbeschwerde sein, wenn bereits die Zwischenentscheidung zu einem irreparablen, bleibenden rechtlichen **Nachteil** für den Betroffenen führt, was bei einem Beweisbeschluss über die Einholung eines Sachverständigengutachtens zum weiteren Vorliegen einer bereits eingerichteten Betreuung nicht der Fall ist (BVerfG BtPrax 2016, 145). Allerdings kann eine Anordnung nach § 283 zur Untersuchung und zwangsweisen Vorführung des Betroffenen dann die Verfassungsbeschwerde begründen, wenn der Betroffene entgegen § 283 Abs. 1 S. 2 vor der Anordnung nicht persönlich oder zumindest schriftlich angehört wurde (BVerfG BtPrax 2019, 198). Eine Verfassungsbeschwerde kann auch begründet sein, wenn die Gerichte im Betreuungsverfahren ein Sachverständigengutachten zu den medizinischen Voraussetzungen einer Betreuung in Auftrag geben, ohne dem Betroffenen vorher die Möglichkeit zur Stellungnahme einzuräumen. Dies kann auch dann gelten, wenn in dem Beschluss noch keine zwangsweise Untersuchung und Vorführung des Betroffenen angeordnet wurde. Die vorherige Anhörung des Betroffenen erhält zum Schutz seiner Rechte besondere Bedeutung, da ein Rechtsmittel gegen die Beauftragung des Gutachters gem. § 58 Abs. 2 jedenfalls nicht ausdrücklich vorgesehen ist (BVerfG FamRZ 2022, 815). Ist eine Anhörungsrüge nach § 44 unterblieben, so steht dies der Zulässigkeit der Verfassungsbeschwerde jedenfalls im Falle eines nicht anwaltlich vertretenen Beschwerdeführers nicht entgegen; denn ihm kann die Einlegung eines Rechtsbehelfs, der nach dem Gesetzeswortlaut nicht vorgesehen und dessen Statthaftigkeit in der Rechtsprechung des BVerfG bislang offengelassen wurde, nicht zugemutet werden (BVerfG FamRZ 2022, 815).

VI. Rücknahme und Verwirkung der Beschwerde; Verzicht

Der Betroffene ist im Betreuungs- und Unterbringungsverfahren verfahrensfähig (§§ 275, 316), sodass er gegenüber dem Gericht auf eine Beschwerde verzichten oder sie zurücknehmen kann. Trotz Verfahrenspflegerbestellung ist daher eine Beschwerderücknahme oder ein Verzicht auf die Einlegung einer Beschwerde wirksam, auch wenn sie nachteilig für den Betroffenen ist (→ FamFG § 275 Rn. 5). Der Verzicht oder die Rücknahme ist aber **unwirksam,** wenn dem Betroffenen ein Verfahrenspfleger hätte bestellt werden müssen (OLG Hamm FamRZ 1990, 1262). **19**

1. Rücknahme der Beschwerde (§ 67 Abs. 4)

Die Beschwerde kann durch **formfreie** (OLG Stuttgart FamRZ 2003, 776) Erklärung gegenüber dem Gericht – nicht gegenüber einer anderen Stelle – bis zum **Erlass der Beschwerdeentscheidung** jederzeit zurückgenommen werden (§ 67 Abs. 4). Sie ist bedingungsfeindlich (auch eine innerprozessuale Bedingung ist unzulässig, Sternal/Sternal FamFG § 67 Rn. 26 mwN), unanfechtbar und unwiderruflich und bedarf **keiner Zustimmung** sonstiger Beteiligter (BayObLG NJW-RR 2002, 206). Auch die innerprozessuale Bedingung, ob das erkennende Gericht die Rechtsauffassung des Rechtsmittelführers, wonach er in seinen Rechten verletzt sei, teilt, ist unzulässig (OLG Düsseldorf FamRZ 2014, 330). Mit der Rücknahme verliert der Rechtsmittelführer das eingelegte Rechtsmittel, ohne dass ein Verbrauch eintritt. Es kann somit **erneut** eingelegt werden, soweit nicht **Fristablauf** eine Wiederholung verhindert (Bumiller/Harders/Schwamb/Bumiller FamFG § 67 Rn. 9). Im Einzelfall ist in diesem Fall jedoch zu prüfen, ob aus der ersten Zurücknahme der Beschwerde auf einen Verzichtswillen (§ 67 Abs. 1) geschlossen werden kann. Dieser wird nicht vermutet. **20**

2. Verzicht (§ 67 Abs. 1)

Durch **Verzicht** auf die Beschwerde kann u.a. durch **einseitige,** unbedingte, aber eindeutige (nicht notwendig ausdrückliche) Erklärung gegenüber dem Gericht das Recht aufgegeben werden, die Entscheidung zur erneuten Überprüfung durch die übergeordnete Instanz zu stellen (§ 67 Abs. 1); dadurch begibt sich der Beschwerdeführer des Rechts auf Nachprüfung durch das Rechtsmittelgericht. Dazu reicht jedoch grundsätzlich allein die Erklärung, sich nicht zu beschweren (BayObLGZ 1998, 62) oder die Beschwerde zurückzunehmen (BayObLG NJW 1965, 539), **nicht** aus, wenn sich nicht aus der Begründung die **21** vorbehaltlose Akzeptanz der Entscheidung ergibt, was von Amts wegen zu prüfen ist. Einer bestimmten Form bedarf der Verzicht nicht. Der einseitige Verzicht ist weder widerruflich noch anfechtbar, kann jedoch erst **nach** Bekanntgabe der Entscheidung erklärt werden und macht eine dennoch eingelegte Beschwerde **unzulässig** (LG Meiningen FamRZ 2016, 1198).

3. Verwirkung der Beschwerde

22 Im Hinblick auf die Beschwerde, die nach FamFG immer **befristet** ist, dürfte sich die Frage der **Verwirkung** des Beschwerderechts kaum noch stellen (Sternal/Sternal FamFG § 64 Rn. 67). Eine solche kann eintreten, wenn neben einem längeren Zeitablauf seit Erlass der Entscheidung weitere Umstände hinzutreten, welche die Beschwerdeeinlegung als rechtsmissbräuchlich erscheinen lassen (OLG Köln NJW-RR 2007, 799), zB weil die Beteiligten den geschaffenen Zustand als endgültig angesehen haben und ansehen durften (BayObLG NJW-RR 1989, 136). Die Umstände sind von Amts wegen zu beachten, wobei die Auslegung ergeben kann, dass die unzulässige Beschwerde als Antrag auf eine Zweitentscheidung zu deuten ist (BayObLG FamRZ 1975, 647).

VII. Weitere Rechtsbehelfe nach FamFG

23 Weitere Rechtsbehelfe im FamFG sind der **Einspruch** im Verfahren über die Festsetzung von Zwangsgeld gemäß §§ 388 bis 390 sowie der **Widerspruch** im Amtslöschungsverfahren nach §§ 393 bis 395, 397 bis 399 und im Dispacheverfahren nach §§ 406, 407.

§ 59 Beschwerdeberechtigte

(1) **Die Beschwerde steht demjenigen zu, der durch den Beschluss in seinen Rechten beeinträchtigt ist.**

(2) **Wenn ein Beschluss nur auf Antrag erlassen werden kann und der Antrag zurückgewiesen worden ist, steht die Beschwerde nur dem Antragsteller zu.**

(3) **Die Beschwerdeberechtigung von Behörden bestimmt sich nach den besonderen Vorschriften dieses oder eines anderen Gesetzes.**

I. Anwendungsbereich

1 § 59 regelt – als Zulässigkeitsvoraussetzung für eine befristete Beschwerde nach § 58 – die **Beschwerdeberechtigung** des Beschwerdeführers, da im FamFG **nicht allen** Beteiligten (→ FamFG § 274 Rn. 2 ff.) oder Dritten der Rechtsweg eröffnet wird. §§ 303, 304 (für Betreuungssachen) und 335 (für Unterbringungssachen) enthalten Sondervorschriften, die unberührt bleiben und § 59 nur ausschließen, wenn die betroffenen Normen das anordnen. Fehlt die Beschwerdeberechtigung, ist die Beschwerde ohne weiteres als **unzulässig** nach § 68 Abs. 2 zu verwerfen. Abs. 1 regelt das Beschwerderecht im Amtsverfahren, Abs. 2 das im Antragsverfahren.

Zur **Abgrenzung** zwischen § 59 einerseits und §§ 303, 304, 335 andererseits: Während die Vorschrift des § 59 ausschließlich die Beschwerdebefugnis bei Verletzung **eigener** Rechte betrifft (ohne allerdings das Recht ausschließen zu wollen, Beschwerde in **fremdem** Namen einzulegen, sofern eine **prozessuale** Befugnis zur Ausübung des Beschwerderechts besteht, BT-Drs. 16/6308, 204), wird in §§ 303, 304, 335 vorrangig das Beschwerderecht unter dem Aspekt der Verfahrensstellung als – möglicher – **Beteiligter** nach § 274 bzw. § 315 **ohne (zwingende) eigene Betroffenheit** geregelt. Eine Beschwerdeberechtigung kann sich daher sowohl aus § 59 als auch aus §§ 303, 304 oder 335 ergeben.

Grundsätzlich ist es daher zunächst möglich, Beschwerde **in eigenem Namen** nach § 59 einzulegen, wenn die Verletzung eigener Rechte gerügt wird. Daneben wird in §§ 303, 304, 335 bestimmten Personen (Betreuer, Verfahrenspfleger, Vorsorgebevollmächtigten, nahe stehende Person usw.) das Recht eingeräumt, die Verletzung **fremder Rechte** zu rügen. Legt der Betreuer bzw. der Verfahrenspfleger Beschwerde nicht in eigenem, sondern in fremdem Namen ein, so müssen die Rechte **des Betroffenen** verletzt sein. Zumeist fehlt eine genaue Bezeichnung, ob Beschwerde in eigenem oder in fremdem Namen eingelegt wird; in diesem Fall ist dies anhand der Beschwerdebegründung zu ermitteln. Es ist eine Beschwerdeeinlegung sowohl in eigenem als auch in fremdem Namen möglich.

II. Rechtsbeeinträchtigung nach § 59 Abs. 1

1. Betroffene Rechte

2 Abs. 1 setzt voraus, dass der Beschwerdeführer in seinem **eigenen subjektiven materiellen Recht** beeinträchtigt ist. Das ist nur dann der Fall, wenn es sich um ein Recht handelt, das von der Rechtsordnung verliehen und von der Staatsgewalt geschützt ist, sei es privatrechtlicher oder öffentlich-rechtlicher Natur (BGH NJW 1997, 1855; BayObLG RPfleger 2002, 424). Dies kann auch das informationelle Selbstbestimmungsrecht sein (OLG Saarbrücken FamRZ 2001, 651). Dieses Recht muss der betroffenen Person als ihr **eigenes Recht** materiell zustehen (Sternal/Jokisch FamFG Rn. 13). Eine Ausnahme wird nur angenommen, wenn jemandem die Berechtigung eingeräumt wird, ein fremdes Recht in eigenem Namen geltend zu machen (→ Rn. 1). Der Begriff des (subjektiven) Rechts entspricht dem des § 7 Abs. 2 Nr. 1 (→ FamFG § 274 Rn. 16).

Auf die **Beteiligtenstellung** (§§ 7, 274) in erster Instanz kommt es **nicht** an (hierauf kommt es indessen bei der Beschwerdeberechtigung nach §§ 303, 335 an). Mithin ist es nach § 59 unerheblich, ob der Beschwerdeberechtigte tatsächlich etwa als Kann-Beteiligter (→ FamFG § 274 Rn. 10 ff.) des erstinstanzlichen Verfahrens hinzugezogen war oder aufgrund seiner Rechtsbetroffenheit hätte hinzugezogen werden müssen. Umgekehrt ist ein Beteiligter im erstinstanzlichen Verfahren nicht beschwerdeberechtigt, wenn er vom Ergebnis der Entscheidung in seiner materiellen Rechtsstellung nicht betroffen ist (BT-Drs. 16/6308, 204).

3 Lediglich **rechtlich geschützte Interessen,** seien sie wirtschaftlicher, rechtlicher, berechtigter, ideeller oder sozialer Art, werden von der Rechtsprechung (BGH NJW 1999, 3718; BGH NJW-RR 1991, 771; BayObLG RPfleger 2003, 424) **nicht** als Rechte **anerkannt,** die ein Beschwerderecht begründen können. Ebenso ist es nicht ausreichend, wenn eine moralische Berechtigung oder eine sittliche Pflicht durch den Ausgang des Verfahrens berührt wird (BGH NJW 1999, 3718). Nicht genügend sind auch rein mittelbare Auswirkungen einer Entscheidung oder die lediglich tatsächlich „präjudizielle" Wirkung auf andere, gleich

gelagerte Fälle (BT-Drs. 16/6308, 178 Auch **Verfahrensrechte** sind grundsätzlich keine Rechte iSd § 59, so dass die Verletzung des Rechts eines Beteiligten auf gesetz- und sachgemäße Behandlung seiner Angelegenheit für sich allein nicht ausreicht (BGH DNotZ 1996, 890; BayObLG FamRZ 1997, 1266; OLG Karlsruhe FamRZ 1998, 568), es sei denn es kommt noch eine Beeinträchtigung der materiellen Rechtsstellung hinzu (Sternal/Jokisch FamFG § 59 Rn. 7; BeckOK FamFG/Obermann § 59 Rn. 8). Eine **Ausnahme** gilt lediglich dann, wenn eine **Verletzung des rechtlichen Gehörs** (Art. 103 GG) **oder des fairen Verfahrens** (Art. 19 Abs. 4 GG) vorliegt und eine **materielle Beeinträchtigung möglich** erscheint (Haußleiter/Haußleiter Rn. 4; BGH FamRZ 2013, 1725) dh, dass es ohne den Verfahrensverstoß zu einer für den Beschwerdeführer in materiellrechtlicher Hinsicht günstigeren Entscheidung hätte kommen können (Sternal/Jokisch FamFG Rn. 7); hierbei handelt es sich um eine Fortschreibung der Rechtsprechung des BVerfG (FamRZ 2002, 532) zur Gewährung effektiven Rechtsschutzes.

2. Beeinträchtigung des Rechts

4 Es ist ein **unmittelbarer** Eingriff in die Rechtsposition des Beschwerdeführers erforderlich. Dies ist dann der Fall, wenn Rechte durch den **Entscheidungssatz** (nicht nur durch seine Begründung) aufgehoben, beschränkt, gemindert oder deren Ausübung gestört oder erschwert werden (Bumiller/Harders/Schwamb/Bumiller FamFG Rn. 4) oder auch nur die Verbesserung der Rechtsstellung vorenthalten wird (Prütting/Helms/Abramenko FamFG Rn. 7). Gemeint ist hiermit **eine direkte negative Auswirkung** auf eigene materielle, nach öffentlichem oder privatem Recht geschützte Positionen im Sinne eines unmittelbaren nachteiligen Eingriffs auf die materielle Rechtsstellung des Beschwerdeführers (Sternal/Jokisch FamFG Rn. 9).

Maßgebender Zeitpunkt, zu dem die Beeinträchtigung vorliegen muss, ist der **Erlass der Entscheidung,** wobei sie zur Zeit der Einlegung der Beschwerde fortbestehen und bis zur **Beschwerdeentscheidung** andauern muss. Bei Wegfall der Beschwer im Laufe des Beschwerdeverfahrens vgl. § 62.

III. Beschwerdeberechtigung in Betreuungs- und Unterbringungssachen

1. Betroffener

5 Regelmäßig ist der **Betroffene** ebenso wie dessen **Erbe** (LG Bochum BeckRS 2014, 05726) selbst beschwerdeberechtigt und zwar auch gegen die Aufhebung der Betreuung (BayObLG MDR 2001, 94; Prütting/Helms/Abramenko FamFG Rn. 26); dies gilt allerdings dann nicht, wenn die Betreuerbestellung auf seinen „Antrag" erfolgt (aA OLG Hamm BtPrax 1995, 221), insbesondere dann, wenn nur auf Antrag ein Betreuer hätte bestellt werden dürfen. Auch für eine Beschwerde des Betroffenen gegen die **Ablehnung** der Betreuung ist ein Rechtsschutzbedürfnis erforderlich; das Rechtsmittel muss sich in diesem Fall auf die Beseitigung der in der Ablehnung liegenden Rechtsbeeinträchtigung und mithin auf die Bestellung eines Betreuers richten (BGH BtPrax 2017, 34). Wenn ein Betreuer entsprechend dem Antrag des Betroffenen nicht bestellt wird, so kann allerdings dem Betroffenen für eine Beschwerde das Rechtsschutzbedürfnis fehlen

(LG Bonn BeckRS 2012, 20430). Eine erneute Beschwerde gegen einen betreuungsgerichtlichen Beschluss, gegen den ein vom selben Beteiligten betriebenes Beschwerdeverfahren rechtskräftig erledigt worden ist, ist mangels **Rechtsschutzbedürfnisses** unzulässig; ein solcher neuer Antrag ist allerdings daraufhin zu prüfen, ob dieses gegebenenfalls als Antrag auf Aufhebung der Betreuung anzusehen ist (LG Görlitz BeckRS 2013, 200171). Der Betroffene ist auch bei Ablehnung der vom Betreuer beantragten Genehmigung nach § 1829 Abs. 1 BGB beschwerdeberechtigt, wenn er die Maßnahme für genehmigungspflichtig aber nicht für genehmigungsfähig hält (Sternal/Jokisch FamFG Rn. 78), ebenso gegen die Ablehnung der Entlassung des Betreuers und gegen die Zurückweisung der Genehmigung der Zwangsbehandlung nach § 1832 BGB (BGH BtPrax 2021, 36). Verweigert das Betreuungsgericht eine **Genehmigung** eines **Rechtsgeschäfts** nach §§ 1851 ff. BGB, das der Betreuer als gesetzlicher Vertreter für den Betroffenen abgeschlossen hat, so werden die subjektiven Rechte des Betroffenen verletzt; der Betroffene kann in eigenem Namen, der Betreuer kann und muss in fremdem Namen Beschwerde einlegen (BGH FamRZ 2020, 947; Sternal/Jokisch FamFG Rn. 95); bei Erteilung der Genehmigung besteht für den Betroffenen und für den Betreuer in der Regel kein Beschwerderecht (allerdings gelten die Ausführungen zum Antragsverfahren entsprechend → Rn. 15). Der Betroffene ist allerdings nicht, da (noch) nicht in seinen Rechten beeinträchtigt, beschwerdeberechtigt, wenn die **Vergütung** des anwaltlichen Verfahrenspflegers gegen die Staatskasse festgesetzt ist (LG Koblenz MDR 2011, 1007). **Unterbringungssachen:** Dem Betroffenen steht gegen die Genehmigung der Unterbringung, und ebenso wie gegen die Ablehnung einer Genehmigung einer Unterbringung nach § 1831 Abs. 1 BGB ein Beschwerderecht zu (BGH FamRZ 2022, 1561 und 726). Ist der eine Unterbringung genehmigende Beschluss des Amtsgerichts durch weitere Verfahrensbeteiligte zulässig mit der Beschwerde angefochten worden, ist der Betroffene zur Rechtswahrung nicht gehalten, selbst eine Beschwerde einzulegen (BGH FamRZ 2023, 1904; FamRZ 2021, 138).

2. Verfahrenspfleger

Zwar ist der Verfahrenspfleger **nicht der rechtliche Vertreter** des Betroffenen, 6
so dass er nicht im Namen des Betreuten Beschwerde gegen die Betreuungsbestellung oder gegen die Unterbringungsgenehmigung einlegen kann (BGH FamRZ 2017, 1069). Aufgrund seiner besonderen Stellung nach § 276 (→ FamFG § 276 Rn. 13) kann der **Verfahrenspfleger** jedoch nach § 303 Abs. 3 Beschwerde einlegen (→ FamFG § 303 Rn. 11). Soweit der Verfahrenspfleger aber in eigenen Rechten beeinträchtigt ist, kann er auch in eigenem Namen **(Abs. 1)** Beschwerde einlegen (zB im Verfahren auf Festsetzung der Vergütung nach § 277; Prütting/Helms/Fröschle FamFG § 303 Rn. 36). Das Amt des Verfahrenspflegers endet mit dem Tod des Betroffenen, so dass dieser nicht mehr berechtigt ist, Beschwerde gegen die Bewilligung der Einsicht in die Betreuungsakten an einen Erben des Betroffenen einzulegen (OLG Frankfurt a. M. BtPrax 2010, 40).

Unterbringungssachen: Der Verfahrenspfleger ist regelmäßig beschwerdeberechtigt. Wird die Anordnung einer Unterbringung **aufgehoben,** ist der Verfahrenspfleger weder namens des Betroffenen noch im eigenen Namen zur Einlegung einer Beschwerde berechtigt (BayObLG BtPrax 2002, 165); entsprechendes gilt für die Versagung der betreuungsgerichtlichen Genehmigung der Unterbringung (Sternal/Jokisch FamFG Rn. 78; → FamFG § 303 Rn. 11). Der Verfahrenspfleger kann gegen die Genehmigung der Unterbringung nur in seiner verfahrensrechtlichen Funktion Beschwerde einlegen, nicht aber das dem Betroffenen persönlich zustehende Beschwerderecht ausüben (OLG Hamm BtPrax 2006, 190).

3. Betreuer/Vorsorgebevollmächtigter

7 Der **Betreuer** hat zunächst nach § 59 ein eigenes Beschwerderecht bei **Beeinträchtigung eigener Rechte.** Eine solche ist anzunehmen, wenn ein ihm nachteiliger Eingriff in das ihm übertragene Betreueramt oder in die ihm daraus zustehenden Rechte vorliegt (Sternal/Giers FamFG § 303 Rn. 22).

Daneben steht dem Betreuer und dem Vorsorgebevollmächtigten nach **§ 303 Abs. 4** das Recht zu, im Namen des Betroffenen Beschwerde einzulegen, wenn sein Aufgabenkreis betroffen ist (vgl. hierzu → FamFG § 303 Rn. 12). Ein **Vorsorgebevollmächtigter** hat jedoch kein eigenständiges Beschwerderecht aus **§ 59 Abs. 1** (BGH BtPrax 2020, 59; FamRZ 2020, 541). Der Vorsorgebevollmächtigte ist daher **nicht** berechtigt, im eigenen Namen gegen einen Beschluss zur Bestellung eines Betreuers Beschwerde einzulegen (BGH BtPrax 2015, 151 und 15); eine Beschwerdeeinlegung kann unter Umständen jedoch nach § 303 auch nach dem Widerruf der Vollmacht durch den Betreuer im Namen des Betroffenen erfolgen (BGH BtPrax 2015, 241 und 21). Legt der Bevollmächtigte bzw. der Betreuer im eigenen Namen Beschwerde ein, muss das Beschwerdegericht in Erwägung ziehen, dass die Beschwerdeberechtigung hierfür auch aus § 303 Abs. 2 Nr. 2 (Vertrauensperson) folgen kann (BGH BtPrax 2020, 59).

In folgenden **Fällen** kommt ein Beschwerderecht des **Betreuers** nach § 59 Abs. 1 (oder teilweise daneben bzw. teilweise nur nach § 303 Abs. 4) in Betracht: Auswahl als Betreuer und Zurückweisung der Bestellungsverweigerung nach § 1819 Abs. 2 BGB; Ablehnung der Entlassung; Entlassung bei fortbestehender Betreuung (BGH BtPrax 2015, 155); Entziehung oder Erweiterung einzelner Aufgabenbereiche (BayObLG FamRZ 2004, 493); Vergütungsfestsetzung (§ 292); auch Änderung des Beschlusses zur Dauervergütungsfestsetzung nach § 292 Abs. 2 (BGH FamRZ 2025, 629); Entlassung eines Betreuers, wenn **zugleich** ein Kontrollbetreuer bestellt wird (KG BtPrax 2006, 39); Aufsichtsmaßnahmen nach § 1862 BGB; Entscheidungen zum Einwilligungsvorbehalt; der Betreuungsverein bei Entlassung des Vereinsbetreuers, der die Betreuung als Privatperson fortführen will (BayObLG BtPrax 2005, 71; OLG Hamm FamRZ 2001, 253). Gegen die Festsetzung der Betreuervergütung ist zwar der **Betreuungsverein** nicht jedoch der Vereinsbetreuer selbst beschwerdeberechtigt (BGH FamRZ 2020, 1592). Dem vom Betroffenen vorgeschlagenen, aber vom Gericht nicht bestellten berufsmäßigen Betreuer steht ausnahmsweise ein eigenes Beschwerderecht nach § 59 zu, wenn ihm darin die generelle Eignung zur Führung von Betreuungen abgesprochen wird und deshalb konkret zu besorgen ist, dass die Entscheidung die faktische Wirkung eines Berufsverbots entfaltet (OLG München BeckRS 2008, 77027).

Gegen die **Aufhebung der Betreuung** (§ 1871 BGB) steht dem **Betreuer** (im Gegensatz zum Betroffenen) **kein** Beschwerderecht zu, da er keinen Anspruch auf Fortbestand der Betreuung hat und der Betreuer lediglich im Interesse des Betroffenen bestellt wird (BGH BtPrax 2014, 81). Entsprechendes gilt für die **Einschränkung** einer Betreuung (LG Aachen BeckRS 2020, 34729) sowie für die Bestellung eines weiteren Betreuers für einen nicht den Aufgabenkreis dieses Betreuers betreffenden Bereich (BayObLG FamRZ 2002, 1590). Kein Beschwerderecht des Betreuers besteht für die Versagung der gerichtlichen Genehmigung nach §§ 1851 ff. BGB; hier kann der Betreuer nur im Namen des Betroffenen Beschwerde einlegen (BGH FamRZ 2020, 1034). Gegen die Aufhebung einer Entlassung des Betreuers durch das Landgericht steht dem durch das Betreuungsgericht bestellten neuen **(Nachfolge-)**Betreuer kein Beschwerderecht zu, da die Bestellung als Nachfolgebetreuer nicht rechtskräftig und damit nur vorläufiger Natur ist (OLG Zweibrücken FGPrax 2002, 25; OLG Düsseldorf BtPrax 1995, 108; OLG Stuttgart FamRZ 1996, 420; BayObLG BtPrax 2001, 86). Ebenso steht auch dem ehemaligen beruflichen Betreuer gegen die Feststellung, dass der derzeitige Betreuer die Betreuung berufsmäßig führt, kein Beschwerderecht zu (Sternal/Jokisch FamFG Rn. 78; OLG Köln FamRZ 2008, 1117). Dem **Vorsorgebevollmächtigten** steht gegen die Bewilligung der öffentlichen Bekanntmachung der Kraftloserklärung der Vollmacht keine Beschwerdebefugnis zu (OLG Köln BeckRS 2011, 06754.)

Unterbringungssachen: Gegen die Ablehnung seines Antrags auf Unterbringung ist der Betreuer beschwerdeberechtigt (LG Lübeck BtPrax 2021, 75); da der Betroffene durch diese Entscheidung materiell beschwert ist, kann der Betreuer auch im Namen des Betreuten Beschwerde gegen die Versagung der Genehmigung der Unterbringung Beschwerde einlegen (BGH BeckRS 2023, 1724, Beschl. v. 11.1.2023 – XII ZB 419/22; FamRZ 2022, 726).

4. Nahe Angehörige und Vertrauenspersonen

8 Auch bei nahen Angehörigen und Vertrauenspersonen (diese sind eigentlich nur Dritte) des Betroffenen kann sich die Beschwerdeberechtigung aus der eigenen Betroffenheit (§ 59 Abs. 1), aber auch aufgrund ihrer Verfahrensstellung (§ 303 Abs. 2; → FamFG § 303 Rn. 4 ff.) ergeben.

9 **a) Verletzung subjektiver Rechte von Angehörigen und Vertrauenspersonen (Abs. 1).** Nach Abs. 1 können nahe Angehörige oder Vertrauenspersonen **nur** dann Beschwerde einlegen, wenn sie in eigenen Rechten verletzt wurden. Dies gilt auch im Verfahren der einstweiligen Anordnung (BayObLG BtPrax 2004, 111). Eine Verletzung eigener Rechte von Angehörigen ist kaum denkbar (Sternal/Giers FamFG § 303 Rn. 8), zumindest werden sie regelmäßig nicht vorliegen (Sonnenfeld BtPrax 2009, 169; Brosey/Lesting/Loer/Marschner BetreuungsR Rn. 564). Etwas anderes kann sich aus § 303 Abs. 2 (→ FamFG § 303 Rn. 4 ff.) ergeben. Denkbar wäre ein sich aus Art. 6 GG ergebendes Recht, trotz Eignung und Übernahmebereitschaft als näherer Angehöriger bei der Betreuerauswahl übergangen worden zu sein. Allerdings hat der BGH entschieden, dass sich aus Art. 6 GG kein subjektives Recht der Eltern herleiten lässt, als Betreuer für deren Kind bestellt zu werden (BGH FamRZ 2011, 966; LG Bielefeld FamRZ 2013, 804; FamRZ 2011, 1617). Der BGH hat allgemein die Frage, ob einem nicht beteiligten nahen Angehörigen aus **verfassungsrechtlichen Gründen** (Art. 6 GG) ein Beschwerderecht eingeräumt werden kann bzw. muss, ausdrücklich verneint (BGH FamRZ 2018, 1607). Dagegen dürfte der Ehegatte in eigenen Rechten verletzt sein, wenn seine Rechte aus Art. 6 GG verletzt sind; so namentlich bei Bestellung eines Betreuers mit dem Aufgabenbereich der Aufenthaltsbestimmung, Genehmigung der Sterilisation und Genehmigung der Veräußerung der Ehewohnung (Prütting/Helms/Fröschle FamFG § 303 Rn. 27). **Kein** Beschwerderecht wegen Verletzung **eigener** Rechte besteht (hier sind auch zT noch Rechtsgedanken aus dem früher geltenden § 69g Abs. 1 FGG enthalten, der den nahen Angehörigen bei bestimmten Beschlussarten ein Beschwerderecht

einräumte): für einen Elternteil gegen die betreuungsgerichtliche Weigerung, dem Betreuer eine **Weisung** zu erteilen (OLG München FGPrax 2009, 226); für den **Ehegatten** gegen die Erteilung einer Genehmigung zum Scheidungsantrag (OLG München BtPrax 2006, 229; KG BtPrax 2006, 38) – dies gilt auch für die Erteilung einer Genehmigung zum Scheidungsantrag des Betreuers für einen geschäftsunfähigen Ehegatten nach § 125 Abs. 2 S. 2 (Sternal/Giers FamFG § 303 Rn. 30) – oder die Genehmigung der Teilungsversteigerung (LG Münster FamRZ 2003, 937), für die Schwester bei Ablehnung der Betreuerentlassung mit dem Ziel selbst Betreuerin zu werden (OLG Rostock FamRZ 2007, 235), gleiches gilt für die Tochter (OLG Zweibrücken RPfleger 2003, 190), für den **nahen Angehörigen,** wegen Zurückweisung der Entlassung des bisherigen Betreuers nach § 1868 Abs. 1 BGB (Sternal/Jokisch FamFG Rn. 78) und die im Unterbringungsverfahren nicht beteiligte **Schwester,** die auch nicht als Person des Vertrauens benannt wurde (BGH BeckRS 2022, 39098. Beschl. v. 7.12.2022 – XII ZB 340/22). Auch aus dem Vorschlag des Betroffenen in der **Betreuungsverfügung,** eine bestimmte ihm nahestehende Person zum Betreuer zu bestellen, erwächst der benannten Person kein subjektives Recht auf Bestellung zum Betreuer, da die Bestellung eines Betreuers nicht dessen eigenen Interessen, sondern nur denen des Betreuten zu dienen bestimmt ist (OLG Frankfurt a. M. FamRZ 2004, 1322; LG Bielefeld FamRZ 2013, 804).

Unterbringungssachen: Die Tochter kann gegen die Unterbringung des Betroffenen keine Beschwerde nach § 59 einlegen (OLG Schleswig BeckRS 2001, 30207077 und 30207085; BayObLG BeckRS 1999, 27807).

10 **b) Tatsächlich hinzugezogene Angehörige/Vertrauenspersonen.** In § 303 Abs. 2 Nr. 1 und Nr. 2 erfährt dieser Grundsatz des § 59 für bestimmte, in § 303 Abs. 2 näher genannte **nahe Angehörige** und weitere Personen eine Einschränkung. Diese können auch ohne eigene Beeinträchtigung altruistisch Beschwerde einlegen (vgl. hierzu → FamFG § 303 Rn. 5 ff.).

11 **Unterbringungssachen:** Für nahe Angehörige und Vertrauenspersonen sehen § 335 Abs. 1 Nr. 1 (Angehörige) bzw. § 335 Abs. 1 Nr. 2 (Vertrauenspersonen) eine dem § 303 Abs. 2 entsprechende Regelung vor, so dass auf die Ausführungen unter → Rn. 9 und 10 verwiesen wird. Über § 335 Abs. 1 Nr. 3 erhält auch der Leiter der Einrichtung, in der der Betroffene lebt, ein Beschwerderecht.

5. Andere Dritte

12 Das Beschwerderecht von im Sinne des § 274 nicht beteiligten **Dritten** ist sehr eingeschränkt, weil durch die betreuungsrechtliche Maßnahme regelmäßig kein eigenes Recht von Dritten im Sinne des Abs. 1 verletzt wird. Ein Beschwerderecht von **verwandten** (→ Rn. 9) und **nicht verwandten Dritten** gegen Maßnahmen bzw. Entscheidungen des Betreuungsgerichts im Rahmen der Frage des Umgangs dieses Personenkreises mit einem Betreuten (§ 1834 BGB) scheitert daran, dass der betreffende Personenkreis kein subjektives Recht auf Besuch oder Umgang hat (BayObLG FamRZ 1993, 1223; OLG Zweibrücken NJW-RR 2003, 870). Der Kläger eines Zivilrechtsstreits hat gegen die Ablehnung der Betreuerbestellung für den prozessunfähigen Beklagten (BGH BtPrax 2011, 72) ein Beschwerderecht, es sei denn der Betreute hat, bevor er prozessunfähig geworden ist, seinem Rechtsanwalt gemäß § 80 ZPO wirksam Prozessvollmacht erteilt. Ein Beschwerderecht hat auch ein Dritter, der geltend macht, dem Betroffenen gegenüber eine materiell-rechtliche Willenserklärung abgeben zu

wollen und für die Wirksamkeit dieser Erklärung wegen der Geschäftsunfähigkeit des Betroffenen auf die Bestellung eines gesetzlichen Vertreters angewiesen zu sein (BGH BtPrax 2021, 112). **Kein Beschwerderecht** haben allerdings der **Lebensgefährte** (OLG Karlsruhe BtPrax 2007, 258; OLG Schleswig FamRZ 2002, 987), der keine Vertrauensperson iSd § 303 Abs. 2 Nr. 2 ist (→ § 303 Rn. 5 und 8); der **Testamentsvollstrecker** gegen die Ablehnung der Entlassung des Betreuers (OLG München FamRZ 2007, 1571; OLG Schleswig FamRZ 2002, 987); oder der nach § 1816 Abs. 2, 3 **Vorrangige** (BGH NJW 1996, 1825). Ein **Testamentsvollstrecker** einer Erbschaft, die der Betroffene gemacht hat, bzw. ein naher **Angehöriger** eines vermögenden Betreuten (Sternal/Giers FamFG § 303 Rn. 30) ist weder nach § 303 noch nach § 59 Abs. 1 im **Vergütung**sfestsetzungsverfahren, in dem die Vergütung des Betreuers festgesetzt wird, beschwerdeberechtigt, da es an der Unmittelbarkeit der Beeinträchtigung des Rechts fehlt (BGH BtPrax 2015, 149). Entsprechendes gilt auch für die Weigerung des Betreuungsgerichts, gegen den Betreuer mit Aufsichtsmaßnahmen vorzugehen (OLG Zweibrücken NJW-RR 2003, 870). Verwandte können dies auch nicht aus §§ 1591 ff. BGB oder einem evtl. Erbrecht herleiten (BayObLG FamRZ 1995, 302). Fordert die **Staatskasse** Betreuervergütung zurück, hat die unterhaltspflichtige Mutter mangels unmittelbarer Betroffenheit selbst dann kein Beschwerderecht, wenn in der Folge des Beschlusses etwaige Unterhaltsforderungen der Betreuten gegen die Mutter geltend gemacht werden können (LG Koblenz BeckRS 2010, 20815). Auch der **Sozialhilfeträger,** der gegen einen Betreuten Rückforderungsansprüche wegen erbrachter Sozialleistungen geltend macht, ist im Festsetzungsverfahren nach § 292a Abs. 1, in dem das Amtsgericht Höhe und Zeitpunkt der Zahlungen bestimmt, die der Betreute an die Staatskasse nach § 1881 BGB bzw. § 16 Abs. 2 VBVG zu leisten hat, nicht beschwerdebefugt (BGH BtPrax 2014, 173). Einem **Mitarbeiter eines Landkreises,** der dort nicht bei der örtlichen Betreuungsbehörde tätig ist, steht gegen die Ablehnung einer von ihm angeregten Bestellung eines Betreuers kein Beschwerderecht zu (BGH BtPrax 2023 24).

Dritten steht gegen die Erteilung oder Versagung einer betreuungsgerichtlichen **Genehmigung eines Vertrages** grundsätzlich kein Beschwerderecht zu, weil sie weder ein Recht auf Erteilung noch auf Versagung haben (OLG Schleswig BtPrax 1994, 142). Dem **Schlusserben** steht somit kein Beschwerderecht gegen die Versagung der Genehmigung eines **Mietvertrages** zwischen der Betroffenen als Vollerben und ihm zu (LG Lübeck FamRZ 2024, 799). Auch der **Pfändungsgläubiger** am Erbteil eines Betreuten ist am betreuungsrechtlichen Genehmigungsverfahren in Ansehung eines Erbauseinandersetzungsvertrags nicht beschwerdeberechtigt (LG München FamRZ 2023, 1226). Grundsätzlich ist somit zwar bei der Versagung einer gerichtlichen Genehmigung eines Vertrages der Vertragspartner des Betroffenen mangels unmittelbarer Betroffenheit in eigenen Rechten nicht beschwerdeberechtigt. Ausnahmsweise besteht ein Beschwerderecht bei Versagung der Genehmigung jedoch dann, wenn das Geschäft nicht genehmigungspflichtig und der Dritte als Geschäftspartner durch den Anschein der Unwirksamkeit des Geschäfts beeinträchtigt ist (OLG Hamm FamRZ 1984, 1036; Sternal/Jokisch FamFG Rn. 95). Entsprechendes gilt, wenn der Vertragspartner geltend macht, dass ihm gegenüber eine zuvor erteilte und nunmehr aufgehobene Genehmigung gemäß § 1856 Abs. 1 S. 2 BGB wirksam und deshalb nach § 48 Abs. 3 unabänderlich geworden sei (BGH BtPrax 2016, 27). Anerkannt wird ein Beschwerderecht eines Dritten auch dann, wenn die

Geltendmachung von Rechten gegen den Betroffenen in Frage steht und der Dritte daran ohne die Bestellung eines Betreuers wegen Geschäftsunfähigkeit des Betroffenen gehindert wäre (Sternal/Giers FamFG § 303 Rn. 29).

Unterbringungssachen: Ein Dritter kann in Unterbringungsverfahren nicht nach § 59 beschwerdeberechtigt sein.

Das Beschwerderecht des **Vorsorgebevollmächtigten** ist in Betreuungssachen in § 303 Abs. 4 (→ Rn. 7, und → FamFG § 303 Rn. 13) und in Unterbringungssachen in § 335 Abs. 3 (→ FamFG § 335 Rn. 5) geregelt.

IV. Beschwerdeberechtigung in Antragsverfahren (Abs. 2)

13 **Abs. 2** betrifft Entscheidungen, bei denen ein **Antrag** notwendige **Verfahrensvoraussetzung** ist (zu Antrags- und Amtsverfahren → FamFG § 26 Rn. 1). Nicht erfasst wird die Zurückweisung eines an das Gericht im Amtsverfahren gerichteten „Antrags", der lediglich die Bedeutung einer Anregung hat (OLG Hamm FamRZ 1966, 46; Sternal/Jokisch FamFG Rn. 38: „Antrag" nach § 1814 Abs. 4 BGB). Das Antragserfordernis muss sich ausdrücklich aus dem Gesetz ergeben und nicht lediglich aus dessen Auslegung. Die Anwendung des § 59 Abs. 2 scheidet daher bei betreuungsgerichtlichen Genehmigungen nach §§ 1850, 1851 ff. BGB (BGH NJW 1987, 1770) aus. Zusätzlich zur Rechtsbeeinträchtigung des Beschwerdeführers muss hinzukommen, dass dieser den Antrag gestellt hat. Abs. 2 schränkt daher Abs. 1 ein (BGH FamRZ 2003, 1738; Sternal/Jokisch FamFG Rn. 39).

14 Wohl, weil es sich bei den Antragsverfahren im engeren Sinn um streitige Verfahren nach FamFG handelt (vgl. Sternal/Sternal FamFG § 23 Rn. 8), zählen zu den echten Antragsverfahren nicht die Anträge bei **laufender Betreuung** (→ FamFG § 26 Rn. 1) wie zB Anträge des Betreuers oder des Bevollmächtigten nach § 1831 Abs. 1, 4, 5 BGB (**Unterbringung** usw.), bzw. nach § 1832 BGB **(Zwangsbehandlung)** bzw. § 1829 Abs. 1 und Abs. 2 BGB **(gefährlicher ärztlicher Eingriff; Abbruch lebenserhaltender Maßnahmen)** bzw. Antrag des Betreuers nach § 1830 BGB **(Sterilisation)** und Antrag nach § 1833 Abs. 3 BGB (**Wohnungskündigung** usw.; Sternal/Sternal FamFG § 23 Rn. 8). Als Antrag in diesem Sinne ist jedoch der Antrag des Betreuers auf Vergütung (§ 292) oder des Betroffenen selbst auf die Bestellung eines Betreuers (§ 1814 Abs. 4 S. 2 BGB) anzusehen. Ebenso dürfte es sich bei Anträgen nach § 1834 Abs. 3 BGB (Umgangsbestimmung und Herausgabe des Betreuten) um echte Anträge nach Abs. 2 handeln.

15 Abs. 2 setzt eine Antragszurückweisung voraus, die ganz oder teilweise erfolgen und auch Zwischenentscheidungen (zB: Aussetzung, § 21 Abs. 2) erfassen kann. Bei Zurückweisung allein aus verfahrensrechtlichen Gründen (fehlendes Antragsrecht, unwirksame Vertretung) genügt die in der Zurückweisung liegende formelle Beschwer (BGH FamRZ 2015, 1787). Ist durch das Gericht **antragsgemäß** entschieden worden und macht der Antragsteller zB geltend, er sei bei Antragstellung von falschen Voraussetzungen ausgegangen, so kann er, obwohl seinem Antrag stattgegeben worden ist, Beschwerde einlegen, wenn er materiell beschwert ist. Abs. 2 gilt hier nicht. Eine formelle Beschwer ist nach hM nicht erforderlich (BGH FamRZ 2015, 1787; Sternal/Jokisch FamFG Rn. 44 mwN; str.).

V. Beschwerdeberechtigung von Behörden (Abs. 3)

Die zuständige Betreuungsbehörde kann zunächst nach **Abs. 1** beschwerdeberechtigt sein, wenn ein ihr zustehendes Recht verletzt wird, insbesondere, wenn sie durch die Entscheidung an der Erfüllung der ihr auferlegten öffentlich-rechtlichen Pflichten gehindert wird bzw. dass die Wahrnehmung konkreter Aufgaben ohne die angestrebte Entscheidung zumindest erheblich gestört wird (Sternal/Jokisch FamFG Rn. 64, 65). 16

Abs. 3 regelt die Beschwerdeberechtigung von Behörden und damit auch die der **Betreuungsbehörden.** Behörden haben danach nur dann ein Beschwerderecht, wenn ihnen im FamFG oder in einem anderen Gesetz ein solches eingeräumt wird. Aus Sicht des Betreuungs- und Unterbringungsrechts wird der Betreuungsbehörde **unabhängig** von einer Beeinträchtigung eigener Rechte spezialgesetzlich in § 303 Abs. 1 bzw. § 335 Abs. 4 (→ FamFG § 303 Rn. 2–3 und → FamFG § 335 Rn. 7) eine besondere Beschwerdebefugnis zugewiesen, wenn sie zur Wahrnehmung öffentlicher Interessen anzuhören ist und sich an dem Verfahren beteiligen kann. In Betreuungs- und Unterbringungssachen hat die Betreuungsbehörde über § 274 Abs. 3 und § 315 Abs. 3 ein Beteiligungsrecht, aber keine Beteiligungspflicht (zu den nach § 279 Abs. 2 erweiterten Anhörungsrechten der Behörde → FamFG § 279 Rn. 3 ff.). Die Beteiligtenstellung in erster Instanz ist aber **keine** notwendige Voraussetzung für das Beschwerderecht (Jox/Fröschle Rn. 14). Dadurch wird vermieden, dass sich Behörden nur zur Wahrung ihrer Beschwerdeberechtigung stets am Verfahren erster Instanz beteiligen. Die effektive Ausübung des Beschwerderechts wird dadurch gewährleistet, dass den Behörden die Endentscheidung unabhängig von ihrer Beteiligtenstellung mitzuteilen ist. **Unterbringungssachen:** Entgegen der früheren Auffassung in der Rechtsprechung (OLG Frankfurt a. M. BtPrax 2002, 43) steht der Betreuungsbehörde gegen die Aufhebung der **Unterbringung** ein Beschwerderecht zu (Sternal/Jokisch FamFG Rn. 59).

VI. Beschwerdeberechtigung der Staatskasse

S. hierzu → § 304 Rn. 3. 17

§ 61 Beschwerdewert; Zulassungsbeschwerde

(1) **In vermögensrechtlichen Angelegenheiten ist die Beschwerde nur zulässig, wenn der Wert des Beschwerdegegenstandes 1.000 Euro übersteigt.**

(2) **Übersteigt der Beschwerdegegenstand nicht den in Absatz 1 genannten Betrag, ist die Beschwerde zulässig, wenn das Gericht des ersten Rechtszugs die Beschwerde zugelassen hat.**

(3) [1]**Das Gericht des ersten Rechtszugs lässt die Beschwerde zu, wenn**
1. **die Rechtssache grundsätzliche Bedeutung hat oder die Fortbildung des Rechts oder die Sicherung einer einheitlichen Rechtsprechung eine Entscheidung des Beschwerdegerichts erfordert und**
2. **der Beteiligte durch den Beschluss mit nicht mehr als 1.000 Euro beschwert ist.**

[2]**Das Beschwerdegericht ist an die Zulassung gebunden.**

I. Allgemeines

1 Diese Norm trifft Regelungen zur Statthaftigkeit von Beschwerden vermögensrechtlicher Art. Bei Streitigkeiten mit geringer wirtschaftlicher und rechtlicher Bedeutung ist die regelmäßige Beschränkung des Rechtswegs auf eine Instanz grundsätzlich sinnvoll, was sich auch aus anderen Verfahrensordnungen (zB § 511 ZPO) ergibt.

II. Statthaftigkeit der Beschwerde (Abs. 1)

2 Abs. 1 beschränkt den Zugang zur Beschwerdeinstanz. Die Beschwerde ist bei vermögensrechtlichen Angelegenheiten erst bei einem Beschwerdegegenstand von mehr als **1.000 EUR** zulässig. Dies gilt bei **allen vermögensrechtlichen** Angelegenheiten (eine Ausnahme gibt es beim Versorgungsausgleich). Darunter versteht man solche, die entweder ein vermögensrechtliches Rechtsverhältnis betreffen oder zwar auf einem nicht vermögensrechtlichen Verhältnis beruhen, jedoch selbst eine vermögenswerte Leistung zum Gegenstand haben (Sternal/Göbel FamFG Rn. 2). Bei der Festsetzung der Vergütung für einen Betreuer handelt es sich – unabhängig davon, welche Rechtsnatur dem Hauptsacheverfahren zukommt – um eine vermögensrechtliche Angelegenheit (LG Meiningen Beschl. v. 18.9.2020 – (114) 4 T 195/20). Der **Beschwerdegegenstand** ist der Teil der Beschwer, dessen Beseitigung die Beschwerde erstrebt, wobei es nur auf die Beschwer des jeweiligen **Beschwerdeführers** ankommt. Jede Beschwer ist gesondert zu berechnen (Bumiller/Harders/Schwamb/Bumiller FamFG Rn. 2). Maßgeblich für den Zeitpunkt der Berechnung der Beschwer ist der Zeitpunkt des Erlasses der Entscheidung (Bumiller/Harders/Schwamb/Bumiller FamFG Rn. 2). **Betreuungs- und Unterbringungssachen** sind, soweit sie den Richterbereich betreffen, in der Regel **nicht** vermögensrechtlicher Art und damit beschwerdewertunabhängig regelmäßig beschwerdefähig (Ausnahme zB Entscheidung über die Kostentragungspflicht eines Beteiligten/Dritten nach §§ 81 bzw. 307). Vermögensrechtliche Angelegenheiten kommen in Betreuungssachen vorwiegend in dem Bereich, über den der Rechtspfleger zu entscheiden hat (Betreuervergütung, Auslagen usw.), vor. Zu beachten ist, dass – anders als bei den Kostenentscheidungen nach §§ 81, 307 (→ FamFG § 81 Rn. 9) – sich bei Kostenentscheidungen nach § 85 der Beschwerdewert nicht nach § 61, sondern über § 104 ZPO nach § 567 Abs. 2 ZPO richtet (Mindestbeschwer in diesen Fällen 200 EUR; Prütting/Helms/Abramenko FamFG Rn. 7).

Das Gesetz verzichtet auf eine Sonderregelung für die Anfechtbarkeit von **Kosten**- und **Auslagenentscheidungen.** Für die Anfechtung dieser Entscheidungen sind §§ 58 ff. einschlägig und damit ist ein Wert des Beschwerdegegenstands von 1.000 EUR erforderlich. Dies beruht auf der Erwägung, dass es keinen wesentlichen Unterschied für die Beschwer eines Beteiligten ausmacht, ob er sich gegen eine Kosten- oder Auslagenentscheidung oder aber gegen eine ihn wirtschaftlich belastende Entscheidung in der Hauptsache wendet.

Bei teilweiser Abhilfe oder Rücknahme der Beschwerde kommt es auf die verbliebene Beschwerdesumme an (Sternal/Göbel FamFG Rn. 18; → FamFG § 58 Rn. 12). **Rechtspflegererinnerung:** Ist der Beschwerdewert im Sinne des § 61 Abs. 1 nicht erreicht, hat der in einem Festsetzungsverfahren tätige Rechtspfleger die eingelegte Beschwerde als Erinnerung auszulegen und sie bei Nichtabhilfe dem Richter zur abschließenden Entscheidung vorzulegen (BGH BtPrax 2012, 253; → FamFG § 58 Rn. 13).

III. Zulassungsbeschwerde (Abs. 2, Abs. 3 S. 1)

Für Fälle, in denen die Beschwer des Beteiligten 1.000 EUR nicht übersteigt 3
(Abs. 3 Nr. 2) und demzufolge die Beschwerde nicht nach Abs. 1 statthaft ist, wird durch **Abs. 2** dem **erstinstanzlichen** Richter oder Rechtspfleger die Möglichkeit eröffnet, die Beschwerde zuzulassen, wenn dies wegen **grundsätzlicher Bedeutung** der Rechtssache oder zur **Rechtsfortbildung** oder **Rechtsvereinheitlichung** (Abs. 3 Nr. 1) geboten erscheint. Trifft das Ausgangsgericht **keine ausdrückliche Entscheidung** über die Zulassung, so wird damit regelmäßig dessen Unanfechtbarkeit zum Ausdruck gebracht, da die Nichtzulassung keines ausdrücklichen Ausspruchs bedarf (OLG Braunschweig FamRZ 2023, 1307; Sternal/Göbel FamFG Rn. 37).

a) **Grundsätzliche Bedeutung** hat eine Rechtssache dann, wenn dem Rechts- 4
streit eine über den Einzelfall hinausgehende Bedeutung zukommt und sie eine klärungsbedürftige Rechtsfrage aufwirft, die sich in einer unbestimmten Vielzahl weiterer Fälle stellen kann. Klärungsbedürftig ist eine Rechtsfrage, deren Beantwortung zweifelhaft ist oder zu denen unterschiedliche Auffassungen vertreten werden und die noch nicht hinreichend höchstrichterlich geklärt sind (BVerfG BeckRS 2022, 32862, Beschl. v. 21.9.2022 – 1 BvR 1349/20) oder wenn dazu in der Literatur unterschiedliche Meinungen vertreten werden (BGH BeckRS 2018, 25625; FamRZ 2018, 1766). Auch das tatsächliche oder wirtschaftliche Gewicht einer Sache für den beteiligten Rechtsverkehr kann ein besonderes Interesse der Allgemeinheit an einer Entscheidung des Beschwerdegerichts begründen. Die Bedeutung über den Einzelfall hinaus ist aus Sicht des erstinstanzlichen Gerichts schon dann gegeben, wenn die zur Entscheidung stehende Frage eine nur regionale Bedeutung für den Bereich des betroffenen Gerichtsbezirks besitzt (BeckOK FamFG/Obermann Rn. 37).

b) **Rechtsfortbildung.** Eine Beschwerdeentscheidung ist dann zur **Rechtsfort-** 5
bildung erforderlich, wenn eine obergerichtliche Entscheidung der Rechtsfrage noch nicht erfolgt ist und daher Anlass besteht, diese Rechtsfrage einer Klärung zugänglich zu machen. Zur **Fortbildung des Rechts** ist eine Zulassung der Beschwerde dann angezeigt, wenn der Einzelfall dazu Veranlassung gibt, Leitsätze für die Auslegung von Gesetzesbestimmungen des materiellen oder formellen Rechts aufzustellen oder Gesetzeslücken auszufüllen. Ein solcher Anlass besteht dann, wenn der Streitfall eine verallgemeinerungsfähige rechtliche Frage aufwirft, die sich voraussichtlich in einer Vielzahl von künftigen vergleichbaren Fällen stellen wird und für deren rechtliche Beurteilung eine richtungsweisende Orientierungshilfe ganz oder teilweise fehlt (BGH FamRZ 2024, 684).

c) **Vereinheitlichung des Rechts.** Zur Sicherung einer **einheitlichen Recht-** 6
sprechung zählen die Fälle, in denen das Gericht des ersten Rechtszugs in einer Rechtsfrage von einer obergerichtlichen Entscheidung abweicht (Divergenz). Hierzu gehören aber auch Fälle, bei denen vermieden werden soll, dass „schwer erträgliche Unterschiede in der Rechtsprechung entstehen oder fortbestehen“, wenn eine Frage noch nicht obergerichtlich entschieden ist,

wobei es darauf ankommt, welche Bedeutung die angefochtene Entscheidung für die Rechtsprechung im Ganzen hat.

IV. Bindung an die Zulassung durch das Gericht des ersten Rechtszugs (Abs. 3 S. 2)

7 Das **Beschwerdegericht** ist an die Wertung des Eingangsgerichts zur Zulassung der Beschwerde **gebunden.** Die Beschwerde kann daher nicht mit der Begründung als unzulässig verworfen werden, das erstinstanzliche Gericht habe die Voraussetzungen für die Zulassung der Beschwerde zu Unrecht angenommen. Die **Nichtzulassung** der Beschwerde ist **nicht anfechtbar.** Entscheidet der Rechtspfleger über die Nichtzulassung, ist gegen diese Entscheidung nach § 11 RPflG die Erinnerung (→ FamFG § 58 Rn. 13) gegeben. Enthält der Ausgangsbeschluss des Rechtspflegers keinen ausdrücklichen Ausspruch zur Zulassung der Beschwerde, ist die wegen Nichterreichens des Beschwerdewerts unzulässige Beschwerde zunächst als Rechtspflegererinnerung nach § 11 Abs. 2 RPflG zu behandeln; dieser kann der Rechtspfleger dadurch (teilweise) abhelfen, dass er im Abhilfebeschluss die Beschwerde zulässt und die Sache sogleich dem Beschwerdegericht zur Entscheidung über die Beschwerde vorlegt (BGH BeckRS 2021, 15144; BeckRS 2017, 110951; OLG Braunschweig FamRZ 2023, 1307). Auch der für die Entscheidung über die Erinnerung zuständige Richter kann im Fall der Annahme grundsätzlicher Bedeutung seinerseits die Beschwerde zulassen (BGH BeckRS 2021, 14420). Über die Zulassung entscheidet das Gericht des ersten Rechtszugs von Amts wegen in seinem Beschluss, sofern es sich um eine vermögensrechtliche Streitigkeit handelt. Es genügt allerdings, wenn sich die Zulassung mit hinreichender Deutlichkeit aus den Gründen der Beschwerdeentscheidung ergibt (BGH BeckRS 2018, 18299). Grundsätzlich ist die versehentlich unterlassene Nichtzulassung **nicht nachholbar** (auch nicht durch einen Ergänzungsbeschluss; BGH BtPrax 2014, 225). Es kann zwar eine Berichtigung des Beschlusses, in den eine beschlossene Zulassung versehentlich nicht aufgenommen wurde, erfolgen (Prütting/Helms/Abramenko FamFG Rn. 18); dass die Zulassung der Rechtsbeschwerde beschlossen und nur versehentlich nicht im Beschluss ausgesprochen war, muss sich aber aus dem Zusammenhang des Beschlusses selbst oder mindestens aus den Vorgängen bei seinem Erlass oder seiner Verkündung ergeben, weil nur dann eine offenbare Unrichtigkeit vorliegen kann (BGH BtPrax 2014, 225). Damit kommt ggf. bei willkürlicher Nichtzulassung und Verletzung von Verfahrensgrundrechten eine – zeitlich befristete – Gegenvorstellung in Betracht (→ FamFG § 58 Rn. 16); eine außerordentliche Beschwerde (→ FamFG § 58 Rn. 15) kann hier nicht zulässig sein, da nach der Wertung des Gesetzgebers das Beschwerdegericht nicht über die Zulassungsvoraussetzungen der Beschwerde entscheiden darf. Umgekehrt kann das Ausgangsgericht den Beschwerdewert für über 600 EUR liegend angenommen haben; in diesem Fall fehlt eine Zulassungsentscheidung. Steht dies fest, so hat das **Beschwerdegericht,** wenn es den Mindestwert für nicht erreicht hält und die Voraussetzungen nach Abs. 3 S. 1 Nr. 1 vorliegen, die Zulassung selbst nachzuholen (BGH BeckRS 2007, 19597; OLG Braunschweig FamRZ 2023, 1307; BeckOK FamFG/Obermann Rn. 46a). Keine Bindung ist allerdings gegeben, wenn im Wege der Zulassung der Beschwerde ein Rechtsmittelzug eröffnet würde, der im Gesetz nicht vorgesehen ist (BeckOK FamFG/Obermann Rn. 48; → FamFG § 72 Rn. 3 mwN zur Zulassung der

Rechtsbeschwerde). Lässt das Beschwerdegericht analog § 44 FamFG auf eine Gegenvorstellung hin die Rechtsbeschwerde nachträglich zu, ohne festzustellen, dass seine ursprüngliche Entscheidung, die Rechtsbeschwerde nicht zuzulassen, objektiv willkürlich gewesen wäre oder den Instanzenzug unzumutbar und in sachlich nicht zu rechtfertigender Weise verkürzt hätte, ist die Zulassungsentscheidung verfahrensfehlerhaft ergangen und bindet das Rechtsbeschwerdegericht nicht (BGH FamRZ 2018, 936).

§ 62 Statthaftigkeit der Beschwerde nach Erledigung der Hauptsache

(1) **Hat sich die angefochtene Entscheidung in der Hauptsache erledigt, spricht das Beschwerdegericht auf Antrag aus, dass die Entscheidung des Gerichts des ersten Rechtszugs den Beschwerdeführer in seinen Rechten verletzt hat, wenn der Beschwerdeführer ein berechtigtes Interesse an der Feststellung hat.**

(2) **Ein berechtigtes Interesse liegt in der Regel vor, wenn**
1. **schwerwiegende Grundrechtseingriffe vorliegen oder**
2. **eine Wiederholung konkret zu erwarten ist.**

(3) **In Verfahren der Abschiebungs- Zurückschiebung- und Zurückweisungshaft liegt ein berechtigtes Interesse auch bei Vorliegen der Voraussetzungen des § 70 Absatz 2 Satz 1 vor.**

(4) **Hat der Verfahrensbeistand oder der Verfahrenspfleger die Beschwerde eingelegt, gelten die Absätze 1 und 2 entsprechend.**

I. Anwendungsbereich

§ 62 regelt, unter welchen Voraussetzungen eine Entscheidung in FamFG-Sachen auch dann noch mit der Beschwerde angefochten werden kann, wenn sich der Verfahrensgegenstand nach Erlass der Entscheidung **erledigt** hat. Fällt nach Einleitung des Verfahrens durch Änderung der Sach- und Rechtslage der Verfahrensgegenstand (Beschwerdegrund) weg, erledigt sich die Hauptsache in dem Sinne, dass eine **Sachentscheidung** keine Rechtswirkungen mehr haben kann (BGH BtPrax 2019, 247; BtPrax 2011, 214). In diesem Fall kommt lediglich noch die Feststellung in Betracht, dass die getroffene Maßnahme den Betroffenen in seinen Rechten verletzt hat. Für diese Beurteilung ist die Rechtslage im Zeitpunkt des Erlasses der Entscheidungen maßgeblich (BGH FamRZ 2024, 213). **Keine** Erledigung tritt ein, wenn während eines auf Einrichtung einer Betreuung gerichteten Hauptsacheverfahrens eine vorläufige Betreuung angeordnet wird (BGH FamRZ 2019, 736). Bei einer Erledigung ist das **Rechtsschutzinteresse** für eine Beschwerde nicht mehr vorhanden, da das ursprüngliche Beschwerdeziel des Beschwerdeführers entfallen ist und er durch die Entscheidung lediglich noch Auskunft über die Rechtslage erhalten kann, ohne dass damit noch eine wirksame Regelung getroffen werden könnte. Die Beschwerde wäre eigentlich unzulässig. Vor dem Inkrafttreten des FamFG war eine Anfechtungsmöglichkeit nach Erledigung der Hauptsache nicht geregelt. Gleichwohl ging die damalige verfassungsgerichtliche Rechtsprechung davon aus, dass im Einzelfall trotz Erledigung des ursprünglichen Rechtsschutzziels ein Bedürfnis nach einer gerichtlichen Entscheidung fortbestehen kann, wenn das Interesse des Betroffenen an der Feststellung 1 der Rechtslage besonders geschützt ist (BVerfG NJW 2002, 2456). § 62 greift diese Grundsätze auf und regelt die Anforderungen an ein Feststellungsinteresse des Beschwerdeführers (BT-Drs. 16/6308, 205). Die sonstigen Verfahrensvoraussetzungen für ein Beschwerdeverfahren, wie zB eine erneute gebotene Anhörung (BGH BeckRS 2021, 32780; → FamFG § 68 Rn. 8) oder die vorherige Bekanntgabe des Gutachtens an den Betroffenen (BGH FamRZ 2022; 729; FamRZ 2021, 1742), sind auch im Verfahren nach § 62 einzuhalten.

II. Erledigung der Hauptsache (Abs. 1)

2 Die Rechtmäßigkeit der Entscheidung, wenn sich die Hauptsache zwischenzeitlich nach Erlass der erstinstanzlichen Entscheidung erledigt hat, kann mit der Beschwerde nur in Frage gestellt werden, wenn ein **berechtigtes Interesse** des Beteiligten an dieser Feststellung besteht. Dies ist dann der Fall, wenn das Interesse des Beteiligten an der Feststellung der Rechtslage in **besonderer Weise schutzwürdig** ist (BVerfG NJW 2002, 2456). In diesem Fall ist vom Beschwerdegericht festzustellen, dass die erstinstanzliche Entscheidung den Beschwerdeführer in seinen Rechten verletzt hat.

3 Nur derjenige, der selbst in seinen Rechten verletzt ist – **nicht** jedoch zB die **Betreuungsbehörde** (BGH BeckRS 2018, 18299; BtPrax 2014, 274) oder eine Klinik, welche die Unterbringung beantragt hatte (BGH BtPrax 2019, 115) – kann den Feststellungsantrag nach Erledigung stellen (Sternal/Göbel FamFG Rn. 15), da es bei Dritten an der eigenen Grundrechtsverletzung fehlt. Damit kann auch der Betreuer in einem Unterbringungsverfahren keinen Feststellungsantrag in eigenem Namen stellen (BGH FamRZ 2023, 159). Das Feststellungsinteresse hat höchstpersönlichen Charakter; Verwandte, Erben oder Vertrauenspersonen (BGH BeckRS 2016, 14861 für die Unterbringung Minderjähriger) können die Feststellung daher ebenfalls nicht begehren (Prütting/Helms/Abramenko FamFG Rn. 10; aA MüKoFamFG/A. Fischer Rn. 19).

In **Betreuungs- und Unterbringungsverfahren** ist somit derjenige Beteiligte antragsbefugt, dessen Rechtssphäre betroffen ist und der ein berechtigtes Interesse iSd Abs. 2 an der Feststellung hat. Durch Einführung des Abs. 3 (im Jahre 2017) wird auch dem **Verfahrenspfleger** die Möglichkeit eröffnet, nach Erledigung der angefochtenen Entscheidung in der Hauptsache die Feststellung zu beantragen, dass die Entscheidung den Betroffenen in seinen Rechten verletzt hat (BGH FamRZ 2022, 728; FamRZ 2018, 121; Sternal/Göbel FamFG Rn. 17). Die zuvor ergangenen gegenteiligen Entscheidungen sind durch die Gesetzesänderung gegenstandslos geworden. Im Beschwerdeverfahren gegen eine Betreuerbestellung kann nach der Erledigung durch den **Tod** des Betroffenen auch von den gemäß § 303 beschwerdeberechtigten **Angehörigen, Vorsorgebevollmächtigten** oder Vertrauenspersonen **kein** Feststellungsantrag nach § 62 mehr gestellt werden, da ein besonderes Bedürfnis zur Geltendmachung eines postmortalen Rehabilitationsinteresses nicht besteht (BGH NJW-RR 2025, 515; BeckRS 2023, 20693, Beschl. v. 21.6.2023 – XII ZA 14/23; FamRZ 2023, 1382; BtPrax 2013, 30).

4 Voraussetzung für die Feststellung ist ein entsprechender **Antrag** des Beschwerdeführers (BGH BtPrax 2011, 214). Für eine Antragstellung reicht es aus, wenn sich aus dem gesamten Vorbringen des Betroffenen konkludent das Begehren ergibt, die Rechtmäßigkeit der getroffenen Maßnahme überprüfen zu lassen,

wobei zum Ausdruck kommen muss, dass eine Sachentscheidung auch in Ansehung der Erledigung der Hauptsache begehrt wird (BGH BtPrax 2019, 247). Der Feststellungsantrag kann auch mit dem Antrag auf Aufhebung der Unterbringung nach § 330 verbunden werden (Sternal/Göbel FamFG Rn. 6); in diesem Fall gibt es eine Hauptsacheentscheidung und eine Feststellungsentscheidung. Der Antrag kann auch bedingt für den Fall, dass bis zur Entscheidung die Maßnahme beendet wurde, gestellt werden (BGH BeckRS 2018, 11244). Liegt ein durch einen entsprechenden Antrag des Beschwerdeführers manifestiertes Interesse an der Feststellung nicht vor, ist die Sache dagegen nach den allgemeinen Regeln nach Erledigung der Hauptsache abzuschließen (BT-Drs. 16/6308, 205). Das heißt, es ist grundsätzlich nur noch eine Entscheidung **über die Kosten** möglich und, wenn das ursprüngliche Begehren nicht auf eine Kostenentscheidung reduziert wird, ist die Beschwerde kostenpflichtig als unzulässig zurückzuweisen. Der Anspruch auf ein faires Verfahren gebietet es, einen anwaltlich nicht vertretenen Betroffenen eines zivilrechtlichen Unterbringungsverfahrens im Fall der Erledigung der Hauptsache auf die Möglichkeit **hinzuweisen,** seinen Antrag auf Feststellung der Rechtswidrigkeit der Unterbringungsanordnung umzustellen (BGH BtPrax 2018, 196).

Der Feststellungsantrag kann auch schon mit der Beschwerdeeinlegung beim Amtsgericht – allerdings nicht isoliert, siehe weiter unten – gestellt werden, so dass er Gegenstand der Abhilfe nach § 68 Abs. 1 ist; damit ist bereits das erstinstanzliche Gericht in der Lage, im Rahmen einer **Abhilfeentscheidung** die Rechtswidrigkeit seiner eigenen, mit der Beschwerde angefochtenen Entscheidung festzustellen (Sternal/Göbel FamFG Rn. 7). Es wird auch die Auffassung vertreten, dass nur das Beschwerdegericht als Gericht höherer Instanz im gerichtsverfassungsrechtlichen Sinne diese Feststellungsentscheidung treffen kann (Prütting/Helms/Abramenko FamFG Rn. 5); dem ist jedoch aus verfahrensökonomischen Gründen nicht zuzustimmen. Hat sich die Hauptsache **vor Einlegung** der Beschwerde erledigt, ist die Feststellungsbeschwerde verbunden mit dem Antrag nach § 62 form- und fristgerecht beim Ausgangsgericht einzulegen (MüKoFamFG/A. Fischer Rn. 27; Sternal/Göbel FamFG Rn. 10). Die Rechtswidrigkeit einer erledigten Maßnahme ist auch in diesem Fall im Beschwerdeverfahren zu klären; ein **isoliertes** Feststellungsverfahren vor einem erstinstanzlichen Gericht ist nicht statthaft (BVerfG BeckRS 2023, 11614, Beschl. v. 26.4.2023 – 2 BvL 14/19; BGH BtPrax 2013, 32). Das gilt auch für den **einstweiligen** Rechtsschutz: die Überprüfung der Rechtmäßigkeit einer im Eilrechtsschutzverfahren richterlich genehmigten Maßnahme mittels eines isolierten Fortsetzungsfeststellungsantrags außerhalb des für einstweilige Anordnungen vorgesehenen Beschwerdeverfahrens ist unzulässig (BGH BtPrax 2013, 32). Die Maßnahme muss **vollzogen** und nicht nur angeordnet sein (BayObLG FGPrax 2004, 307; Sternal/Göbel FamFG Rn. 20).

Die Beschwerdefrist bezüglich der ergangenen Unterbringungsmaßnahme darf noch **nicht abgelaufen** sein, da der Instanzenzug durch die Erledigung der Hauptsache nicht neu eröffnet wird.

III. Berechtigtes Feststellungsinteresse (Abs. 2)

In Abs. 2 werden in Anlehnung an die Rechtsprechung des BVerfG (NJW 2002, 2456 mAnm Demharter FGPrax 2002, 137) zwei **Regelfälle** des Vorliegens eines berechtigten Feststellungsinteresses aufgeführt. Ausgangspunkt ist, dass es 5 sich um einen Sachverhalt handelt, in dem eine Maßnahme **befristet** ist oder sich sehr **schnell** sonst **erledigt** hat. Hinzu kommt, dass die Befristung einen Zeitraum umfasst bzw. die Erledigung in einer Zeit eintritt, innerhalb derer die gegen die gerichtliche Entscheidung eröffneten Instanzen kaum durchlaufen werden könnten.

1. Schwerwiegender Grundrechtseingriff (Abs. 2 Nr. 1)

6 Nach Abs. 2 Nr. 1 liegt ein berechtigtes Interesse in der Regel bei schwerwiegenden Grundrechtseingriffen (zB Unverletzlichkeit der **Wohnung, Freiheit, allgemeines Persönlichkeitsrecht**) vor. Also in den Fällen, in denen sich die direkte Belastung durch den Hoheitsakt regelmäßig auf eine relativ kurze Zeitspanne beschränkt, so dass der Beschwerdeführer eine Entscheidung des zuständigen Beschwerdegerichts vor Erledigung der Hauptsache regelmäßig kaum erlangen kann. Dies sind etwa die Fälle der Wohnungsdurchsuchung aufgrund richterlicher Anordnung, der erledigte polizeirechtliche Unterbindungsgewahrsam (vgl. BVerfGE 104, 220) sowie aus dem Bereich der FamFG-Verfahren die **vorläufige Unterbringung** psychisch auffälliger Personen (BVerfG NJW 1998, 2432). Zu Betreuungs- und Unterbringungsverfahren → Rn. 8.

2. Wiederholungsgefahr (Abs. 2 Nr. 2)

7 Ein berechtigtes Interesse an der Feststellung ist regelmäßig auch dann gegeben, wenn eine Wiederholung **konkret** zu erwarten ist, wenn die Entscheidung also einer Wiederholungsgefahr begegnet (BVerfGE 104, 220).

IV. Betreuungs- und Unterbringungssachen

8 In Betreuungssachen ist anerkannt, dass die gerichtliche Bestellung eines Betreuers für den Betroffenen einen schwerwiegenden Grundrechtseingriff darstellt (BVerfG BtPrax 2016, 145; BGH FamRZ 2021, 457; Sternal/Göbel FamFG Rn. 23). Das gilt auch für die **vorläufige Betreuung** (OLG München BtPrax 2009, 122) und die **Kontrollbetreuung** (BVerfG BtPrax 2009, 27). Nach der wirksamen Erklärung des Widerrufs ist eine angefochtene Betreuerbestellung hinsichtlich des Aufgabenbereiches Vollmachtwiderruf zwar erledigt, der Betroffene – ggf. vertreten durch den Bevollmächtigten – hat insoweit jedoch die Möglichkeit der Beschwerde mit dem Ziel der Feststellung einer Verletzung seiner Rechte nach § 62 (BGH BtPrax 2020, 182). Ob die nach alter Rechtslage getroffene Entscheidung des KG (BtPrax 2009, 245), dass beim **Betreuerwechsel** kein schwerwiegender Grundrechtseingriff vorliege, nach der Neueinführung des § 62 noch Bestand haben kann, erscheint zweifelhaft. Wurde eine Betreuung auf **eigenen Antrag** eingerichtet, so fehlt das Rechtsschutzbedürfnis für die Feststellung der Rechtswidrigkeit, wenn es das alleinige Ziel des Rechtsmittels ist, die **Kostenfolgen** der Betreuung abzuwenden, da insoweit besondere Kostenvorschriften (zB §§ 81, 307) bestehen (BayObLG BtPrax 2005, 30). Die Rechtsverletzung muss tatsächlich eingetreten sein; hat sich die Hauptsache schon **vor** dem angedrohten Eingriff erledigt, ist für einen Feststellungsantrag kein Raum (BeckOK FamFG/Obermann Rn. 23). Hat das Betreuungsgericht nach Einlegung einer Beschwerde des Betroffenen gegen eine Betreuerbestellung die Bestellung noch innerhalb der zeitlichen Befristung der angeordneten Betreuung aufgehoben, so fehlt dem

Betroffenen auch dann das Rechtsschutzbedürfnis für ein Rechtsmittel gegen die ursprüngliche Betreuerbestellung, wenn die Aufhebung nicht aus den in der Beschwerde aufgeführten Gründen erfolgte, sondern wegen nachträglich festgestellter fehlender Erforderlichkeit der Bestellung (OLG Köln BtPrax 2009, 88; krit.: BeckOK FamFG/Obermann Rn. 21). Es besteht für die Feststellung nach Abs. 1 auch kein Raum, wenn das Vorliegen des Rechtsfehlers noch vor Eintritt der Erledigung festgestellt worden ist und wenn das Ausgangs- oder Beschwerdegericht einen Verfahrensfehler erkannt und geheilt hat (BGH BtPrax 2015, 238). Bei einem „erledigten" **Einwilligungsvorbehalt** gelten die Grundsätze der Erledigung insgesamt **nicht,** weil § 306 für das Ende des Einwilligungsvorbehalts Sonderregelungen trifft (vgl. die Kommentierung zu → FamFG § 306 Rn. 1 ff.).

Weiter kommt § 62 in (vor allem vorläufigen) **Unterbringungssachen** eine gewichtige Rolle zu, da die vorläufige Unterbringung für zunächst höchstens sechs Wochen angeordnet werden darf und innerhalb dieser relativ kurzen Zeit oft eine obergerichtliche Entscheidung über die Rechtmäßigkeit der Maßnahme nicht zu erzielen sein wird; die Erledigung tritt in diesem Fall durch Zeitablauf ein (BGH BtPrax 2012, 253). Die gerichtliche Genehmigung einer **freiheitsentziehenden Maßnahme** bedeutet stets einen schwerwiegenden Grundrechtseingriff (BGH FamRZ 2023, 1234; FamRZ 2021, 457; FamRZ 2017, 2056; BtPrax 2017, 197). Hat sich das (Rechts)Beschwerdeverfahren erledigt, weil die angefochtene Genehmigung der Unterbringung des Betroffenen infolge einer Verbesserung seines Zustandes aufgehoben worden ist, sind im Verfahren nach § 62 regelmäßig keine weiteren Ermittlungen mehr darüber anzustellen, ob die – gegenstandslos gewordene – Genehmigung der Unterbringung auf einer verfahrensfehlerhaften Anhörung beruht. Dies wird vielmehr zugunsten des Betroffenen **unterstellt** (BGH FamRZ 2021, 462; BtPrax 2019, 153; FamRZ 2017, 477), denn eine fehlende/fehlerhafte Anhörung stellt immer einen Verfahrensmangel dar, der derart schwer wiegt, dass der genehmigten Unterbringungsmaßnahme insgesamt der Makel einer rechtswidrigen Freiheitsentziehung anhaftet (BGH FamRZ 2025, 972; FamRZ 2023, 474; FamRZ 2021, 462); zur Frage, wann eine erstinstanzliche Anhörung verfahrensfehlerhaft ist, → FamFG § 68 Rn. 8. Daneben kommen entsprechende Grundrechtseingriffe in Betreuungs- bzw. Unterbringungsverfahren bei der Durchsuchung bzw. beim Betreten der **Wohnung** (BeckOK FamFG/Obermann Rn. 21; zB im Zusammenhang mit § 283 Abs. 3, 284 Abs. 3: Vorführung zur Untersuchung bzw. Unterbringung zur Gutachtenerstellung) und bei Eingriffen in die **körperliche Unversehrtheit** (namentlich bei **Zwangsbehandlungen:** BGH FamRZ 2023, 1234; FamRZ 2021, 457; BtPrax 2019, 153; FamRZ 2017, 2056;) in Betracht; dies gilt auch für eine vorläufige Zwangsbehandlung (BGH BtPrax 2020, 142).

Die Feststellung, dass ein Betroffener durch die angefochtenen Entscheidungen in seinen Rechten verletzt ist, kann auch auf einer **Verletzung des Verfahrensrechts** beruhen. Dabei ist die Feststellung nach § 62 dann gerechtfertigt, wenn der Verfahrensfehler – wie zB die Verletzung rechtlichen Gehörs durch **Nichtüberlassung des Gutachtens** an den Betroffenen oder an den Verfahrenspfleger – so gravierend ist, dass die Entscheidung den Makel eines rechtswidrigen Eingriffs in die grundrechtlich geschützte körperliche Integrität und in das Recht auf Selbstbestimmung des Betroffenen hinsichtlich seiner körperlichen Integrität hat, der durch Nachholung der Maßnahme rückwirkend nicht mehr zu tilgen ist (BGH BeckRS 2024, 17413, Beschl. v. 12.6.2024 – XII ZB 197/24; BtPrax 2023, 150; FamRZ 2023, 1234, 638 und 474; FamRZ 2022, 1132; FamRZ 2021, 1742 und 462). Entsprechendes gilt, wenn der Betroffene **nicht angehört** wurde (BGH BtPrax 2023, 150; FamRZ 2022, 729; FamRZ 2021, 145), angehört wurde, ohne dass dem **Verfahrenspfleger** Gelegenheit gegeben wurde, an der Anhörung teilzunehmen (BGH FamRZ 2023, 639; FamRZ 2022, 1873 und 1132) oder wenn die Anhörung ohne den Verfahrensbevollmächtigten erfolgte (BGH BeckRS 2023, 6149, Beschl. v. 28.2.2023 – XIII ZB 70/21).

V. Rechtsmittel

9 Die den Feststellungsantrag zurückweisende Entscheidung des Beschwerdegerichts ist mit der nach § 70 Abs. 3 zulassungsfreien **Rechtsbeschwerde** anfechtbar (→ FamFG § 70 Rn. 4; BGH FGPrax 2010, 150; BeckOK FamFG/Obermann Rn. 31 und § 70 Rn. 34; Sternal/Göbel FamFG Rn. 55), wenn es sich um ein Verfahren iSd § 70 Abs. 3 handelt und sofern nicht eine Rechtsbeschwerde nach § 70 Abs. 4 ausgeschlossen ist. Die beteiligte Behörde kann ein in der Hauptsache erledigtes Verfahren nicht mit dem Feststellungsantrag analog § 62 fortsetzen (→ Rn. 3) und kann somit auch kein Rechtsmittel einlegen (Sternal/Göbel FamFG Rn. 55).

VI. Beschlussformel

10 „Es wird festgestellt, dass der/die im Beschluss des Amtsgerichts …… vom …… angeordnete …… den Beschwerdeführer in seinen Rechten verletzt hat."

§ 63 Beschwerdefrist

(1) **Die Beschwerde ist, soweit gesetzlich keine andere Frist bestimmt ist, binnen einer Frist von einem Monat einzulegen.**

(2) **Die Beschwerde ist binnen einer Frist von zwei Wochen einzulegen, wenn sie sich gegen folgende Entscheidungen richtet:**
1. **Endentscheidungen im Verfahren der einstweiligen Anordnung oder**
2. **Entscheidungen über Anträge auf Genehmigung eines Rechtsgeschäfts.**

(3) [1]**Die Frist beginnt jeweils mit der schriftlichen Bekanntgabe des Beschlusses an die Beteiligten.** [2]**Kann die schriftliche Bekanntgabe an einen Beteiligten nicht bewirkt werden, beginnt die Frist spätestens mit Ablauf von fünf Monaten nach Erlass des Beschlusses.**

I. Anwendungsbereich

1 § 63 hat die unbefristete (einfache) Beschwerde für die im FamFG geregelten Verfahren abgeschafft. Lediglich im Grundbuch- und Schiffsregisterwesen wird an der unbefristeten Beschwerde festgehalten. Die Bezeichnung lautet: (befristete) **Beschwerde.** Die Unterscheidung zwischen sofortiger und einfacher Beschwerde ist weitestgehend (Ausnahme: zB unbefristete Beschwerde nach § 382 Abs. 4 bei Zwischenverfügungen in Registersachen und → Rn. 5) abgeschafft.

II. Beschwerdefristen

Im FamFG sind – neben der in Rn. 1 genannten ausnahmsweise statthaften Beschwerde und den in → FamFG § 58 Rn. 23 beschriebenen weiteren Rechtsbehelfen und der Rechtspflegererinnerung; → FamFG § 58 Rn. 12 ff. – im Wesentlichen drei verschiedene Beschwerdearten vorgesehen: 2

1. Befristete Beschwerde nach § 63 Abs. 1 mit normaler Beschwerdefrist

Alle Beschwerden in Betreuungs- und Unterbringungssachen, mit Ausnahme der in → Rn. 4 und 5 genannten, sind (ebenso wie die sonstigen Beschwerden im FamFG) innerhalb **eines Monats** beim Eingangsgericht einzulegen. 3

2. Befristete Beschwerde nach § 63 Abs. 2 mit kurzer Beschwerdefrist

Ausnahmsweise beträgt die Beschwerdefrist nur **zwei Wochen** nämlich bei: 4

- **Nr. 1:** Endentscheidungen im Verfahren der **einstweiligen** Anordnung; das beinhaltet auch die Ablehnung der einstweiligen Anordnung. Bei der Auslegung von § 63 Abs. 2 aF stellte sich ursprünglich die Frage, ob die verkürzte Beschwerdefrist von zwei Wochen nur bei stattgebenden Entscheidungen oder auch im Falle der Ablehnung gilt. Dies führte zu unterschiedlichen Auffassungen in Literatur und Rechtsprechung. Mit Wirkung vom 1.1.2013 wurde dies durch das Gesetz zur Einführung einer Rechtsbehelfsbelehrung im Zivilprozess und zur Änderung anderer Vorschriften geregelt: durch die Neufassung von § 63 Abs. 2 wurde klargestellt, dass die Beschwerdefrist auf stattgebende und ablehnende Endentscheidungen Anwendung findet (BR-Drs. 308/12, 28).
- **Nr. 2:** Entscheidungen über Anträge auf Genehmigung eines Rechtsgeschäfts (§ 40 Abs. 2) oder die entsprechende Ablehnung (Sternal/Sternal FamFG Rn. 18). Zum Rechtskräftigwerden dieser Beschlüsse im Verhältnis zur ebenfalls möglichen Sprungrechtsbeschwerde (§ 75) → FamFG § 70 Rn. 6.

3. Sofortige Beschwerde nach ZPO

Für anfechtbare **Zwischen- und Nebenentscheidungen** (vgl. im Einzelnen → § 58 Rn. 7, 11) sieht das FamFG die **sofortige** Beschwerde nach den Vorschriften der **Zivilprozessordnung** (§§ 567–572 ZPO) mit einer regelmäßigen Beschwerdefrist von lediglich **zwei Wochen** vor. Durch die kurze, 14-tägige Beschwerdefrist, den originären Einzelrichter im Beschwerdeverfahren sowie im Übrigen ein weitgehend entformalisiertes Rechtsmittelverfahren ist es möglich, auch für diese nicht instanzbeendenden Beschlüsse einen effektiven und raschen Rechtsschutz zu gewähren, in dem neue Tatsachen und Beweismittel zu berücksichtigen sind. 5

III. Beginn der Beschwerdefrist (Abs. 3)

Abs. 3 bestimmt, dass für den Beginn der Frist eine **schriftliche Bekanntgabe** (→ FamFG § 288 Rn. 9 u. 10, auch zum Erfordernis der **Zustellung** des Beschlusses an einen Beteiligten) erfolgen muss; eine mündliche Bekanntgabe 6 nach § 41 Abs. 2 reicht nicht aus (Prütting/Helms/Abramenko FamFG Rn. 11). Die Frist beginnt für jeden Beteiligten gesondert (Sternal/Sternal FamFG Rn. 21). Die Beschwerdefrist wird für den Betroffenen in einer Betreuungssache nur durch Zustellung an ihn selbst in Lauf gesetzt (BGH BtPrax 2019, 31; BtPrax 2016, 198), auch wenn der Betreuer für den Aufgabenbereich „Entgegennahme, Anhalten und Öffnen der Post" bestellt ist (BGH FamRZ 2019, 1636; FamRZ 2011, 1049). Etwas anderes gilt, wenn der Betroffene einen Verfahrensbevollmächtigten beauftragt hat. In diesem Fall ist an diesen nach § 172 ZPO iVm § 15 Abs. 1 S. 1 bekanntzugeben und zuzustellen. Der Betroffene ist allerdings von dem Beschluss zu unterrichten (Sternal/Sternal FamFG Rn. 31). Hat der Betroffene mehrere Verfahrensbevollmächtigten bestellt, so ist die zeitlich erste Zustellung für den Fristbeginn ausschlaggebend (KG BeckRS 2023, 32887, Beschl. v. 18.9.2023 – 22 W 31/23). Wesentliche Abweichungen zwischen Urschrift und zugestellter Ausfertigung führen zur **Unwirksamkeit der Zustellung** (und setzen somit keine Rechtsmittelfrist in Lauf); wesentlich sind Abweichungen, die die Entschließung über die Einlegung eines Rechtsmittels beeinflussen können (BGH BeckRS 2024, 18093, Beschl. v. 5.6.2024 – XII ZB 493/22). Kritisch ist im Lichte der vorzitierten Rechtsprechung des BGH die Auffassung des OLG Düsseldorf zu sehen, dass auch ein nicht mit Gründen versehener Beschluss, nicht den Lauf der Rechtsmittelfrist hindern soll (OLG Düsseldorf MDR 2013, 916). Die Übersendung eines unvollständigen Beschlusses setzt jedenfalls keine Rechtmittelfrist in Gang (OLG Köln NJW-RR 2002, 1017). Eine Rechtsmittelfrist für einen (versehentlich) nicht hinzugezogenen Beteiligten, der in seinen Rechten unmittelbar beeinträchtigt wird, beginnt nicht vor der Möglichkeit seiner vollständigen Kenntnisnahme von der anzufechtenden Entscheidung, wenn diesem der instanzabschließende Beschluss nicht bekanntgegeben worden ist (BGH FamRZ 2021 584; FamRZ 2017, 727); das gilt auch für den Kann-Beteiligten (BGH FamRZ 2021, 1357).

Eine Beschwerdeeinlegung **vor** dem förmlichen Erlass des Beschlusses im Sinne des § 38 Abs. 3 S. 3 ist nicht zulässig (LG Meiningen FamRZ 2014, 1315). Vor Verwerfung einer Beschwerde wegen Versäumung der Beschwerdefrist ist dem Rechtsmittelführer durch einen Hinweis rechtliches Gehör zu gewähren, um ihm die Möglichkeit zu geben, sich zu der Fristversäumung zu äußern und einen Antrag auf Wiedereinsetzung in den vorigen Stand zu stellen (BGH BtPrax 2013, 205).

Die Rechtsmittelfrist in Betreuungssachen wird somit nur durch eine wirksame **Zustellung** in Gang gesetzt. Die aufgrund § 41 Abs. 1 **S. 2** erfolgte Zustellungserleichterung (ein anfechtbarer Beschluss ist nur demjenigen zuzustellen, dessen erklärtem Wille er nicht entspricht) wird durch Abs. 3 wieder erheblich eingeschränkt, da der Lauf der Rechtsmittelfrist nur durch schriftliche Bekanntgabe nach § 15 Abs. 2 (Zustellung nach ZPO oder Aufgabe zur Post) in Gang gesetzt wird (→ FamFG § 288 Rn. 9). In einer Betreuungssache wird die Beschwerdefrist für einen Betroffenen, der mit der Einrichtung der Betreuung nicht einverstanden ist und der Aufhebung der Betreuung begehrt, nur dann in Lauf gesetzt, wenn der Beschluss über die Betreuerbestellung wirksam an ihn selbst zugestellt wurde (BGH BtPrax 2019, 31). Aus dem bloßen Schweigen auf eine Äußerung des Gerichts lässt sich nicht der Schluss ziehen, dass der Beteiligte mit einer angekündigten Entscheidung einverstanden wäre (BGH BtPrax 2020, 101). Die Beschwerdefrist gegen eine nicht dem erklärten Willen des Betroffenen entsprechende Unterbringungsgenehmigung wird **nicht in Gang** gesetzt, wenn der Beschluss dem Betroffenen lediglich durch Aufgabe zur Post bekanntgegeben wird (BGH FamRZ 2021, 1662). Eine **Heilung** der fehlerhaften Zustellung durch tatsächlichen Zugang ist in diesem Fall wegen fehlenden Zustellungswillens des Gerichts **nicht möglich** (BGH FamRZ 2022, 226; FamRZ 2021, 1662). Allerdings ist eine Heilung des Zustellungsmangels gem. § 15 Abs. 2 S. 1 Alt. 1 iVm § 189 ZPO grundsätzlich möglich, da eine Zustellung keinen Selbstzweck hat (BGH FamRZ 2021, 55). Das kann der Fall sein, wenn der Zustellungsempfänger auf eine andere Weise – als durch die fehlerhafte Zustellung – eine inhaltlich mit diesem Schriftstück übereinstimmende Kopie erhält, die auch einem anderen Verfahrensbeteiligten zugegangenen sein kann (BGH BeckRS 2023, 12282, Beschl. v. 4.4.2023 – XIII ZB 75/20; FamRZ 2021, 55).

Die **Rechtskraft** (§ 45) der Entscheidung tritt mit Ablauf der Rechtsmittelfrist für den letzten Muss- bzw. tatsächlich hinzugezogenen Kann-Beteiligten (→ FamFG § 274 Rn. 2 ff. und 10 ff.) ein. Vgl. zur fehlerhaften Unterlassung der Beteiligung und zur Beschwerdeberechtigung → § 303 Rn. 6. Der nicht hinzugezogene Kann-Beteiligte hat kein Beschwerderecht; ihm ist die Entscheidung nicht bekanntzugeben. Diese Einschränkung ist im Sinne der Rechtssicherheit hinzunehmen. Der übergangene Angehörige kann jederzeit mangels materieller Rechtskraft der Entscheidung des Betreuungsgerichts unter Darstellung seines bislang nicht berücksichtigten Vorbringens mit einem neuen Antrag eine Änderung der Entscheidung anregen und zur Vorbereitung dieser Entscheidung nunmehr seine Hinzuziehung als Verfahrensbeteiligter beantragen (BGH BtPrax 2015, 72). Für einen erstinstanzlich nicht hinzugezogenen Beteiligten, der durch den Beschluss unmittelbar in seinen Rechten beeinträchtigt und daher nach § 59 Abs. 1 beschwerdebefugt ist, wird die Beschwerdefrist jedenfalls dann in Lauf gesetzt, sobald ihm die vollständige Entscheidung – in Form einer schriftlichen Bekanntgabe des Beschlusses an ihn oder einer anderweitigen Kenntnisnahme – vorliegt (BGH FamRZ 2021, 1357).

Die Frist zur Einlegung der Rechtsbeschwerde beträgt für die **Staatskasse** in analoger Anwendung des § 304 Abs. 2 drei Monate. Sie beginnt mit der – auch formlos möglichen – Bekanntgabe der Beschwerdeentscheidung; § 63 Abs. 3 Satz 2 findet keine Anwendung (BGH FamRZ 2017, 758).

Die Beschwerdefrist wird auch ohne Bekanntgabe spätestens **fünf Monate** 7
nach Erlass in Lauf gesetzt (Abs. 3 S. 2). Der Zeitpunkt des Erlasses einer Entscheidung definiert § 38 Abs. 3 S. 3. Die Beschwerdefrist beginnt auch dann nach Ablauf der fünfmonatigen Frist des § 63 Abs. 3 S. 2 zu laufen, wenn die erforderliche Zustellung mit Mängeln behaftet war (BGH BtPrax 2013, 203).

IV. Rechtsmittelbelehrung

Nach § 39 hat jede Entscheidung, also auch eine Zwischenentscheidung, eine 8
Rechtsmittelbelehrung zu enthalten (→ FamFG § 286 Rn. 13). Daher muss in der **Ausgangsentscheidung** über den zulässigen Rechtbehelf belehrt werden: dh über die kurze befristete (→ Rn. 4), über die normale befristete (→ Rn. 3) oder über die sofortige Beschwerde und die Rechtspflegererinnerung (Bumiller/Harders/Schwamb FamFG § 39 Rn. 3; → Rn. 5) mit den jeweiligen Fristen. Eine Belehrung hat auch darüber zu erfolgen, dass eine Entscheidung ggf. nicht anfechtbar ist. Nicht belehrt werden muss über die Sprungrechtsbeschwerde (§ 39 S. 2); zum Rechtskräftigwerden dieser Beschlüsse im Verhältnis zur ebenfalls möglichen

Sprungrechtsbeschwerde (§ 75) → FamFG § 70 Rn. 6. Bei der Formulierung der Rechtsmittelbelehrung ist auch zu beachten, dass bei den FamFG-Beschwerden eine Einlegung nur beim Ausgangsgericht, also bei dem Gericht, das die angefochtene Entscheidung getroffen hat, eingelegt werden kann (§ 64 Abs. 1). Die **sofortige Beschwerde** nach ZPO (→ Rn. 5), der zB die **Unterbringung** zur Vorbereitung eines **Gutachtens** nach § 284 Abs. 3 unterliegt, kann jedoch wegen § 569 Abs. 1 S. 1 ZPO sowohl beim Eingangsgericht, als auch beim Beschwerdegericht eingelegt werden, was in der Rechtsmittelbelehrung zu berücksichtigen ist.

Das Fehlen einer Rechtsmittelbelehrung oder deren Fehlerhaftigkeit hindert den Lauf der Beschwerdefrist nicht, es schafft aber ggf. einen Wiedereinsetzungsgrund nach § 17 Abs. 2 (BGH FamRZ 2012, 1796; KG BeckRS 2014, 01799). Hat ein Gericht seine Entscheidung mit einer inhaltlich fehlerhaften Rechtsmittelbelehrung versehen, wird aus Gründen des fairen Verfahrens auch für einen Rechtsanwalt ein Vertrauenstatbestand geschaffen, wenn die Belehrung nicht offensichtlich falsch ist, so dass nach der Vermutung des § 17 Abs. 2 nicht von einem Verschulden auszugehen ist (BVerfG FamRZ 2021, 40).

§ 64 Einlegung der Beschwerde

(1) [1]**Die Beschwerde ist bei dem Gericht einzulegen, dessen Beschluss angefochten wird.** [2]**Anträge auf Bewilligung von Verfahrenskostenhilfe für eine beabsichtigte Beschwerde sind bei dem Gericht einzulegen, dessen Beschluss angefochten werden soll.**

(2) [1]**Die Beschwerde wird durch Einreichung einer von dem Beschwerdeführer oder seinem Bevollmächtigten unterzeichneten Beschwerdeschrift oder zur Niederschrift der Geschäftsstelle eingelegt.** [2]**Die Einlegung der Beschwerde zur Niederschrift der Geschäftsstelle ist in Ehesachen und in Familienstreitsachen ausgeschlossen.** [3]**Die Beschwerde muss die Bezeichnung des angefochtenen Beschlusses sowie die Erklärung enthalten, dass Beschwerde gegen diesen Beschluss eingelegt wird.** [4]**§ 25 Absatz 2 bis 4 gilt entsprechend.**

(3) **Das Beschwerdegericht kann vor der Entscheidung eine einstweilige Anordnung erlassen; es kann insbesondere anordnen, dass die Vollziehung des angefochtenen Beschlusses auszusetzen ist.**

I. Anwendungsbereich

1 § 64 regelt die Förmlichkeiten der Beschwerdeeinlegung sowie die Möglichkeit vor einer Entscheidung im Hauptsacheverfahren einstweilige Anordnungen zu erlassen (Abs. 3).

II. Beschwerdeeinlegung beim zuständigen Gericht (Abs. 1)

2 Die Beschwerde kann nach Abs. 1 **nur** bei dem Gericht, dessen Entscheidung angefochten wird (judex a quo), eingelegt werden. Nicht eingelegt werden kann die Beschwerde beim Beschwerdegericht. Dies dient der Beschleunigung des Verfahrens. Für den Beschwerdeführer wird durch die Einführung einer **Rechtsmittelbelehrung** gemäß § 39 hinreichend Klarheit darüber geschaffen, bei welchem

Gericht er gegen die erstinstanzliche Entscheidung Rechtsmittel einlegen kann. Der **untergebrachte** Betroffene kann nach §§ 305, 336 Beschwerde auch bei dem Amtsgericht einlegen, in dessen Bezirk er untergebracht ist.

III. Beschwerde (Abs. 2)

1. Beschwerdeeinlegung (S. 1)

Die Beschwerde wird durch Einreichung einer Beschwerdeschrift beim **Ausgangsgericht** oder zur Niederschrift der Geschäftsstelle eingelegt. Der fristgerechte Eingang der Beschwerdeschrift beim Beschwerdegericht wahrt die Frist nach § 63 daher nicht. Ist die Beschwerde entgegen Abs. 1 beim Beschwerdegericht eingelegt worden, darf der Verfahrensbeteiligte darauf vertrauen, dass seine Beschwerdeschrift aus Gründen der verfahrensrechtlichen Fürsorge, um ein faires Verfahren zu gewährleisten, vom unzuständigen Gericht nach Erkennen des Fehlers unverzüglich an das zuständige Gericht, weitergeleitet wird; hier besteht jedoch lediglich Anspruch darauf, dass sein Antrag im **„gewöhnlichen bzw. ordentlichen Geschäftsgang"** an das zuständige Amtsgericht weitergeleitet wird (BVerfG FamRZ 2005, 1231; BGH FamRZ 2011, 1649; KG FamRZ 2023, 723; vgl. OLG Rostock FGPrax 2025, 291 zu den Anforderungen an die Weiterleitung eines beim unzuständigen Gerichts eingelegten Rechtsmittels bei elektronischer Aktenführung). Die Rechtsmittelfrist ist in diesem Fall gewahrt, wenn der Schriftsatz beim Ausgangsgericht innerhalb des Laufs der Rechtsmittelfrist eingeht. Für die Beschwerde des Betroffenen in einem **Betreuungsverfahren** gelten keine von § 64 abweichenden, weniger strengen Formerfordernisse (BGH BtPrax 2020, 181). 3

Eine **Beschwerdeschrift** muss **schriftlich** (auch per Computerfax – hier ist eine eingescannte Unterschrift ausreichend – Telebrief, Telefax, usw.) eingereicht werden; zur **Nutzungspflicht des elektronischen Rechtsverkehrs** → Rn. 3 aE. Nicht ausreichend ist eine Mail (OLG Brandenburg BeckRS 2023, 35524, Beschl. v. 24.11.2023 – 13 UF 150/23). Ebenfalls nicht ausreichend ist, wenn die Unterschrift in den Schriftsatz **eingescannt,** der Schriftsatz danach jedoch ausgedruckt und mittels eines normalen Faxgerätes und nicht unmittelbar aus dem Computer versandt wird, da in diesem Fall die technischen Besonderheiten des Übermittlungswegs per Computerfax nicht gewahrt werden (BGH BtPrax 2020, 101; KG FamRZ 2023, 723). Entsprechendes gilt, für das-Mail-to-Fax-Verfahren, denn in diesem Verfahren liegt lediglich eine eingescannte Unterschrift vor. Der Anbieter transportiert nicht lediglich wie ein Post- oder Telekommunikationsunternehmen eine fremde Erklärung in seinem Netz, sondern wandelt vielmehr ein Dokument in das zu übermittelnde technische Format, ohne zuvor zu prüfen, ob das Dokument der Person zugeordnet werden kann, die den Übermittlungsauftrag erteilt hat (OLG Dresden FamRZ 2021, 772). Eine per einfacher E-Mail an das Gericht übermittelte Bilddatei mit einem (abfotografierten oder eingescannten) von dem Beschwerdeführer eigenhändig unterzeichneten Schriftstück wahrt nicht die gesetzlich vorgeschriebene Schriftform für die Einlegung einer Beschwerde (LG Mainz FamRZ 2019, 380). Erklärt der Betroffene mündlich gegenüber dem Betreuungsrichter außerhalb eines Termins, Beschwerde einzulegen, genügt dies auch dann nicht der Form des Abs. 2, wenn der Richter später einen schriftlichen Vermerk darüber anfertigt (LG Kleve FamRZ 2017, 1075). Eine Beschwerde ist erst eingereicht, wenn sie in die Verfügungsgewalt des Gerichts gelangt. Fristwahrend ist die rechtzeitige Einlegung in den **Nachtbriefkasten** oder in das **Postfach** eines Gerichts (Sternal/Sternal FamFG § 63 Rn. 48), auch wenn die Leerung erst nach Fristablauf erfolgt. Der Formmangel der fehlenden Unterzeichnung der Beschwerdeschrift kann **bis zum Ablauf** der Beschwerdefrist behoben werden; hierzu genügt ein vom Beschwerdeführer oder dessen Bevollmächtigten eigenhändig unterzeichnetes Schreiben, welches eindeutig auf die Beschwerdeschrift Bezug nimmt (BGH BtPrax 2020, 101).

Die Einreichung kann auch zu **Protokoll der Geschäftsstelle** (auch des Richters – BGH FamRZ 2019, 1951 – oder des Rechtspflegers; Sternal/Sternal FamFG Rn. 26) des Gerichts, dessen Entscheidung angefochten wird, erfolgen. Ausreichend ist nach § 25 Abs. 2 aber auch die Erklärung zu Protokoll der Geschäftsstelle eines **beliebigen** Amtsgerichts (BeckOK FamFG/Obermann Rn. 12; Jurgeleit/Stauch FamFG § 303 Rn. 54; Prütting/Helms/Abramenko FamFG Rn. 6; Sternal/Sternal FamFG Rn. 27). Eine andere Auslegung ergibt sich auch nicht aus der Gesetzesbegründung (BT-Drs. 16/6308, 206). **Eingelegt** ist die Beschwerde in diesem Fall allerdings erst mit Eingang des Protokolls beim Entscheidungsgericht. Hiernach richtet sich auch die **Fristwahrung.** Die Geschäftsstelle des nach § 25 Abs. 2 zuständigen Amtsgerichts hat die zu Protokoll eingelegte Beschwerde **unverzüglich** an das Gericht zu übermitteln, an das die Beschwerde gerichtet ist (§ 25 Abs. 3 S. 1). Eine bei einem gänzlich **unzuständigen** Gericht – das auch nicht nach § 25 Abs. 2 zur Niederschrift berechtigt ist – zu Protokoll der Geschäftsstelle gegebene Beschwerdeeinlegung (zB beim Landgericht das für die Beschwerde selbst, nicht jedoch für die Beschwerdeeinlegung zuständig ist) soll **unwirksam** sein, selbst wenn sie noch innerhalb der Frist beim zuständigen Gericht eingeht (OLG München RPfleger 2008, 192). Diese Auffassung ist bedenklich, da es dem Rechtsschutzgedanken des betreffenden Verfahrensbeteiligten zuwiderläuft. Das unzuständige Gericht ist im Rahmen seiner gerichtlichen Fürsorgepflicht gehalten, die Beschwerde im Rahmen des üblichen Geschäftsgangs an das zuständige Gericht weiterzuleiten (stRspr. vgl. nur BVerfG NJW 2006, 1579; NJW 2016, 3668; Sternal/Sternal Rn. 13).

Ein Protokoll hat Ort und Datum, den Willen des Betroffenen, gegen eine bestimmte Entscheidung Beschwerde einzulegen und Unterschrift des Urkundsbeamten zu enthalten (Sternal/Sternal FamFG Rn. 23). Zur Wirksamkeit der Niederschrift nicht zwingend erforderlich ist weder der Umstand, dass das Protokoll laut vorgelesen und genehmigt wurde, noch die Unterschrift des **Betroffenen** (BayObLG BtPrax 2005, 70). Soweit in Abs. 2 S. 4 geregelt ist, dass die Beschwerde zu unterschreiben ist, kann damit nur die Beschwerde**schrift** gemeint sein, so dass hieraus **keine** Notwendigkeit der Unterschrift des Beschwerdeführers bei der Einreichung zu Protokoll der Geschäftsstelle gefolgert werden kann (Sternal/Sternal FamFG Rn. 23; Prütting/Helms/Abramenko FamFG Rn. 6; aA LG Freiburg NJW-RR 2012, 638; LG Essen NJW-RR 2010, 1234). Da die Person, die das Rechtsmittel einlegt, bestimmbar sein muss, ist eine **telefonische** Beschwerdeeinlegung, die nach alter Rechtslage teilweise als ausreichend angesehen wurde, nicht zulässig (BGH FamRZ 2009, 970; OLG Frankfurt a. M. BtPrax 2001, 82; Sternal/Sternal FamFG Rn. 21), selbst wenn der Urkundsbeamte zur Entgegennahme der Erklärung bereit ist.

Aktive Nutzungspflicht des elektronischen Rechtsverkehrs:

Seit 1.1.2022 gilt nach § 14b für bestimmte Einreicher die sog. aktive Nutzungspflicht des elektronischen Rechtsverkehrs. **Rechtsanwälte, Notare** und

Behörden bzw. juristische Personen des öffentlichen Rechts müssen seither bestimmte Schriftsätze als elektronisches Dokument einreichen. Es sind diejenigen Schriftsätze elektronisch einzureichen, für die das Gesetz die Schriftform – wie bei § 64 Abs. 2 – erfordert; daher hat von dem genannten Personenkreis die **Einlegung einer Beschwerde** in **elektronischer Form** zu erfolgen (BGH FamRZ 2024, 452; FamRZ 2023, 1380 und 461; OLG Düsseldorf NJW-RR 2025, 252; BeckOK FamFG/Perleberg-Kölbel § 14b Rn. 5a); entsprechendes gilt nach § 71 für die Einlegung der **Rechtsbeschwerde und die Rechtsbeschwerdebegründung** nach § 71 Abs. 3 (OLG Frankfurt a. M. FamRZ 2024, 159; Sternal/Sternal FamFG § 14b Rn. 11). Hiermit ist keine normale E-Mail gemeint, sondern ein elektronisches Dokument, das auf einem sicheren Übertragungsweg (zB über das besondere Anwaltspostfach oder über das Behördenpostfach) übertragen wird; zu den Einzelheiten vgl. **§ 130a ZPO.** Rechtsanwälte (BGH FamRZ 2023, 1577 und 719), aber auch die Betreuungsbehörden, die Staatskasse (BGH FamRZ 2024, 452) usw. müssen daher die Beschwerdeschrift nach § 14b unter Nutzung des elektronischen Rechtsverkehrs einreichen. An der Pflicht zur elektronischen Einreichung ändert sich für die genannten Berufsgruppen auch durch § 64 Abs. 2 S. 1 2. Alt. (alternative Möglichkeit der Einlegung einer Beschwerde zu Protokoll der Geschäftsstelle) nichts, wenn die Beschwerde durch eine Beschwerdeschrift eingereicht wird (OLG Frankfurt a. M. FamRZ 2024, 200).

2. Inhalt der Beschwerde (S. 3)

Die Beschwerde muss die Bezeichnung des angefochtenen Beschlusses sowie **4** die Erklärung enthalten, dass Beschwerde gegen diesen Beschluss eingelegt wird. Es müssen somit – bei großzügiger Auslegung – der Beschwerdeführer, die angefochtene Entscheidung und das Anliegen einer Überprüfung derselben durch die höhere Instanz hinreichend klar erkennbar sein. Daher sollte in der Beschwerdeschrift die angegriffene Entscheidung in der Regel durch eine vollständige Bezeichnung der Verfahrensbeteiligten, des Gerichts, das den angefochtenen Beschluss erlassen hat, des Verkündungs-/Erlassdatums und des Aktenzeichens bezeichnet werden (BGH FamRZ 2023, 719). Allerdings ist ausreichend, wenn aufgrund der Angaben in der Beschwerdeschrift und den sonstigen aus den Verfahrensakten erkennbaren Umständen vor Ablauf der Beschwerdefrist für das Gericht nicht zweifelhaft bleibt, welche Entscheidung angefochten wird, und es anhand der im Übrigen richtigen und vollständigen Angaben in der Rechtsmittelschrift nicht daran gehindert ist, seine verfahrensvorbereitende Tätigkeit aufzunehmen (BGH FamRZ 2023, 1733). Dazu gehört weiter, dass bei der Einlegung des Rechtsmittels aus der Rechtsmittelschrift selbst oder in Verbindung mit sonstigen Unterlagen oder Umständen der **Rechtsmittelführer** erkennbar ist oder doch jedenfalls bis zum Ablauf der Rechtsmittelfrist erkennbar wird (BGH FamRZ 2024, 640; FamRZ 2023, 1983; FamRZ 2020, 778), dh, wenn eine verständige Würdigung der Beschwerdeeinlegung jeden Zweifel an der Person des Rechtsmittelführers ausschließt. Dieser Mindestinhalt wird als zumutbar angesehen, da jeder Beteiligte hierauf gem. § 39 im Rahmen der Rechtsmittelbelehrung hingewiesen wird (BT-Drs. 16/6308, 206). Ein bestimmter **Antrag** muss nicht gestellt werden, ist jedoch zweckmäßig (Sternal/Sternal FamFG Rn. 39). Die Angabe eines falschen erstinstanzlichen Aktenzeichens steht dem fristgerechten Eingang einer Beschwerdebegründungsschrift nicht entgegen, wenn aufgrund der sonstigen erkennbaren Umstände die Zuordnung zu dem Beschwerdeverfahren zweifelsfrei möglich ist (BGH FamRZ 2017, 731). Eine **bedingte** Beschwerde ist nicht zulässig, wobei jedoch innerprozessuale Bedingungen – zB die, dass das Rechtsmittel eines anderen Beteiligten erfolglos bleibt – als zulässig angesehen werden (Sternal/Sternal FamFG Rn. 32); soll ein Beschwerdeverfahren nur nach Gewährung von **Verfahrenskostenhilfe** durchgeführt werden, muss das Rechtsmittel unbedingt, nicht nur bedingt für den Fall der Gewährung von Verfahrenskostenhilfe, erhoben und bei Nichtgewährung zurückgenommen werden (Prütting/Helms/Abramenko FamFG Rn. 19; BeckOK FamFG/Obermann Rn. 23).

Die Beschwerde kann auf einen selbstständigen Teil der Entscheidung **beschränkt** werden; dies muss jedoch ausdrücklich und zweifelsfrei erklärt werden (BayObLG FamRZ 2001, 364). Die Entscheidung zur Person des Betreuers ist nach dem Grundsatz der **Einheitsentscheidung** notwendiger Bestandteil der Betreuerbestellung. Eine isolierte Anfechtung ist nicht möglich, sondern die Beschwerde muss sich gegen die Bestellung des Betreuers richten. Die Beschwerde kann jedoch auf die **Auswahl** des Betreuers beschränkt werden (BGH BtPrax 2016, 116); in diesem Fall hat das Beschwerdegericht nicht über die Rechtmäßigkeit der Betreuerbestellung selbst zu befinden. Ebenso kann die Entscheidung über die Erforderlichkeit der Betreuung für den Aufgabenbereich der Postkontrolle selbstständig geprüft werden (BGH FamRZ 2016, 121). Die Feststellung der Berufsmäßigkeit der Führung der Betreuung kann nicht isoliert Gegenstand einer Beschwerde sein (OLG Hamm BtPrax 2006, 187; FamRZ 2001, 1482).

3. Unterschrift (S. 4)

5 S. 4 führte das Erfordernis ein, dass die Beschwerdeschrift entweder vom Beschwerdeführer selbst oder von seinem Bevollmächtigten zu unterschreiben ist (Ausnahme bei der Einlegung zu Protokoll der Geschäftsstelle → Rn. 3). Das Schreiben muss handschriftlich unterschrieben sein, eine maschinengeschriebene Formulierung ist nicht ausreichend (OLG Karlsruhe BeckRS 2024, 12903, Beschl. v. 7.6.2024 – 18 WF 59/24; OLG Brandenburg BeckRS 2023, 2548, Beschl. v. 16.2.2023 – 9 UF 11/23; OLG Bamberg FamRZ 2013, 480). Die Unterschrift darf auch nicht eingescannt sein (OLG Celle FamRZ 2012, 1894); Ausnahme bei Computerfax (→ Rn. 3). Bevollmächtigt werden können nur Rechtsanwälte und die in § 10 Abs. 2 genannten Personen. Die Lesbarkeit der Unterschrift ist nicht erforderlich. Es genügt ein Schriftzug, der die Identität des Unterzeichners ausreichend kennzeichnet. Legt eine Behörde Beschwerde sein, so genügt die Unterschrift des beauftragten Sachbearbeiters (Sternal/Sternal FamFG Rn. 44). Eine anwaltliche Verfahrensvollmacht „in Sachen Betreuung" berechtigt im Zweifel auch zur Vertretung in einem zivilrechtlichen Unterbringungsverfahren (OLG München BtPrax 2006, 80). Das Gericht hat die Frage einer wirksamen Vertretungsbefugnis des Verfahrensbevollmächtigten für den Betroffenen von Amts wegen (§ 26) aufzuklären, zB durch Aufgeben einer Vollmachtvorlage (BayObLG BtPrax 2005, 150).

Zur aktiven Nutzungspflicht des elektronischen Rechtsverkehrs nach § 14b → Rn. 3. Bei Nutzung des elektronischen Rechtsverkehrs ist die Voraussetzung einer eigenhändigen Unterzeichnung gem. S. 4 dahingehend modifiziert, dass die als elektronisches Dokument eingelegte Beschwerde von der verantwortlichen Person entweder mit einer qualifizierten elektronischen Signatur gem. Art. 3 Nr. 12 der VO (EU) Nr. 910/2014 versehen oder von der verantwortenden Person einfach signiert (Art. 3 Nr. 10 der VO (EU) Nr. 910/2014) und auf einem sicheren Übermittlungsweg eingereicht werden muss (OLG Bamberg FamRZ 2022, 1049).

IV. Einstweilige Anordnungen des Beschwerdegerichts (Abs. 3)

Abs. 3 gibt dem Beschwerdegericht (nicht dem Ausgangsgericht) in seiner Vollbesetzung die Möglichkeit (im Sinne eines Ermessens; OLG Rostock BeckRS 2024, 19130, Beschl. v. 1.8.2024 – 10 UF 74/24) zu einstweiligen Anordnungen im Laufe des Beschwerdeverfahrens. Zulässig sind diese Maßnahmen erst, sobald das Beschwerdegericht mit der Sache befasst ist, also ab Eingang der Beschwerde dort (Sternal/Sternal FamFG Rn. 78). Die Maßnahmen ergehen von Amts wegen durch das Beschwerdegericht; sie können aber auch beantragt/angeregt werden. Sie können ergehen, wenn für den Erlass einer einstweiligen Anordnung ein **dringendes** Bedürfnis besteht, das ein Abwarten der endgültigen Entscheidung nicht zulässt, und wenn eine Endentscheidung im Sinne der zunächst vorläufigen Maßregel **wahrscheinlich** ist (Sternal/Sternal FamFG Rn. 75). Eine Maßnahme nach Abs. 3 kann also erfolgen, wenn aufgrund der gebotenen summarischen Prüfung zumindest überwiegend wahrscheinlich ist, dass die (Rechts-)Beschwerde Erfolg haben wird, oder die Rechtslage jedenfalls zweifelhaft erscheint (BGH BtPrax 2024, 99; FamRZ 2019, 115). Bei offenem Ausgang des Hauptsacheverfahrens sind die Folgen, die eintreten würden, wenn die einstweilige Anordnung nicht erginge, die Beschwerde aber später Erfolg hätte, gegenüber den Nachteilen abzuwägen, die entstünden, wenn die einstweilige Anordnung erlassen würde, der Beschwerde aber der Erfolg zu versagen wäre (OLG Rostock BeckRS 2024, 19130, Beschl. v. 1.8.2024 – 10 UF 74/24; OLG Karlsruhe FamRZ 2024, 127). Die Aussetzung der Vollziehung eines Beschlusses über die Erteilung der Einwilligung in eine **Zwangsbehandlung** des Betroffenen kommt regelmäßig nur dann in Betracht, wenn aufgrund der gebotenen summarischen Prüfung zumindest überwiegend wahrscheinlich ist, dass die Rechtsbeschwerde des Betroffenen Erfolg haben wird, oder die Rechtslage jedenfalls zweifelhaft erscheint (BGH BtPrax 2024, 99). Das Beschwerdegericht kann eigene vorläufige Maßnahmen mit eigenem Inhalt erlassen. Diese sind jedoch auf den beim Beschwerdegericht anhängigen Gegenstand beschränkt (Bumiller/Harders/Schwamb/Bumiller FamFG Rn. 14). Namentlich genannt ist die **Aussetzung der Vollziehung** der angefochtenen Entscheidung (Hs. 2) zB die der Unterbringung. Hier ist allerdings zu beachten, dass damit uU im Ergebnis schon endgültige Zustände geschaffen werden. Denn bei Aussetzung einer Unterbringung nach § 1831 Abs. 1 BGB ist der ursprüngliche Beschluss verbraucht (OLG Hamm FGPrax 1999, 22), weshalb auch § 328 nur Regelungen für die Aussetzung der Unterbringung nach öffentlichem Recht trifft. 6

Da Abs. 3 dem Beschwerdegericht nur die Möglichkeit gibt, Verfügungen zu ändern, deren Wirkungen bereits **eingetreten** sind, darf es zB bei nach § 40 Abs. 2 noch nicht wirksamen Rechtsgeschäften **nicht** deren sofortigen Wirksamkeit anordnen (auch für Familienstreitsachen nach § 116 Abs. 3: OLG Schleswig FamRZ 2022, 1387; Sternal/Sternal FamFG Rn. 72). Das Beschwerdegericht darf auch keinen erst mit dem Rechtsmittel selbst erstrebten Zustand durch die einstweilige Anordnung herbeiführen (Sternal/Sternal FamFG Rn. 80). Die vorläufigen Maßnahmen dürfen nur für die Zeit zwischen Eingang der Beschwerde beim Beschwerdegericht bis zur Schlussentscheidung getroffen werden. Das Beschwerdegericht kann zeitliche Begrenzungen für die vorläufigen Maßnahmen treffen (Sternal/Sternal FamFG Rn. 88).

Die **einstweilige** Anordnung des Beschwerdegerichts ist grundsätzlich **nicht** eigenständig **anfechtbar** (BVerfG FamRZ 2023, 1641; Prütting/Helms/Abramenko FamFG Rn. 37; Sternal/Sternal FamFG Rn. 89).

§ 68 Gang des Beschwerdeverfahrens

(1) [1]**Hält das Gericht, dessen Beschluss angefochten wird, die Beschwerde für begründet, hat es ihr abzuhelfen; anderenfalls ist die Beschwerde unverzüglich dem Beschwerdegericht vorzulegen.** [2]**Das Gericht ist zur Abhilfe nicht befugt, wenn die Beschwerde sich gegen eine Endentscheidung in einer Familiensache richtet.**

(2) [1]**Das Beschwerdegericht hat zu prüfen, ob die Beschwerde an sich statthaft und ob sie in der gesetzlichen Form und Frist eingelegt ist.** [2]**Mangelt es an einem dieser Erfordernisse, ist die Beschwerde als unzulässig zu verwerfen.**

(3) [1]**Das Beschwerdeverfahren bestimmt sich im Übrigen nach den Vorschriften über das Verfahren im ersten Rechtszug.** [2]**Das Beschwerdegericht kann von der Durchführung eines Termins, einer mündlichen Verhandlung oder einzelner Verfahrenshandlungen absehen, wenn diese bereits im ersten Rechtszug vorgenommen wurden und von einer erneuten Vornahme keine zusätzlichen Erkenntnisse zu erwarten sind.**

(4) [1]**Das Beschwerdegericht kann die Beschwerde durch Beschluss einem seiner Mitglieder zur Entscheidung als Einzelrichter übertragen; § 526 der Zivilprozessordnung gilt mit der Maßgabe entsprechend, dass eine Übertragung auf einen Richter auf Probe ausgeschlossen ist.** [2]**Zudem kann das Beschwerdegericht die persönliche Anhörung des Kindes durch Beschluss einem seiner Mitglieder als beauftragtem Richter übertragen, wenn es dies aus Gründen des Kindeswohls für sachgerecht hält oder das Kind offensichtlich nicht in der Lage ist, seine Neigungen und seinen Willen kundzutun.** [3]**Gleiches gilt für die Verschaffung eines persönlichen Eindrucks von dem Kind.**

(5) **Absatz 3 Satz 2 und Absatz 4 Satz 1 finden keine Anwendung, wenn die Beschwerde ein Hauptsacheverfahren betrifft, in dem eine der folgenden Entscheidungen in Betracht kommt:**
1. **die teilweise oder vollständige Entziehung der Personensorge nach den §§ 1666 und 1666a des Bürgerlichen Gesetzbuchs,**
2. **der Ausschluss des Umgangsrechts nach § 1684 des Bürgerlichen Gesetzbuchs oder**
3. **eine Verbleibensanordnung nach § 1632 Absatz 4 oder § 1682 des Bürgerlichen Gesetzbuchs.**

I. Anwendungsbereich

1 Die Vorschrift regelt den Gang des Beschwerdeverfahrens.

II. Abhilfebefugnis des Eingangsgerichts und Vorlage (Abs. 1)

1. Abhilfe

Abs. 1 S. 1 Hs. 1 gibt dem **Ausgangsgericht** bei jeder **Beschwerde** in Betreuungssachen das **Recht** und die **Pflicht,** ihr abzuhelfen. Hierdurch wird dem Gericht der ersten Instanz die Gelegenheit eingeräumt, seine Entscheidung nochmals zu überprüfen und sie gegebenenfalls zeitnah zurückzunehmen oder zu korrigieren. Zuständig für die Abhilfe ist der Abteilungsrichter; bei Beschwerde gegen eine Entscheidung des Rechtspflegers (§ 11 Abs. 1 RPflG) dieser (OLG Schleswig BeckRS 2010, 30080). Die Abhilfe hängt allein davon ab, ob das untere Gericht die Beschwerde für **begründet** hält. Die Zulässigkeit der Beschwerde (aA Bumiller/Harders/Schwamb/Bumiller FamFG Rn. 2; die Beschwerde muss statthaft sein) spielt daher im Abhilfeverfahren keine Rolle (Sternal/Sternal FamFG Rn. 16; HK-BetreuungsR/Stauch FamFG § 303 Rn. 67; str.). Die Kompetenz zur Prüfung der Zulässigkeit oder Statthaftigkeit der Beschwerde liegt ausnahmslos beim **Beschwerdegericht** (BGH FamRZ 2022, 1042). Auch in Fällen, in denen die Beschwerde unzulässig oder unstatthaft ist, darf das Untergericht der in ihr enthaltenen Gegenvorstellung abhelfen (ablehnend mit Begründung Prütting/Helms/Abramenko FamFG Rn. 6). Bei der Entscheidung über die Abhilfe sind neue Tatsachen und Beweise zu berücksichtigen, ggf. ist im Rahmen von § 26 vor der Entscheidung über die Abhilfe Beweis zu erheben oder weitere Ermittlungen zu tätigen. 2

Das Gericht kann wie folgt entscheiden: Bei vollständiger Abhilfe ist die Beschwerde damit erledigt. Wird ganz oder teilweise nicht abgeholfen, so ist die Beschwerde ganz bzw. soweit nicht abgeholfen wurde, dem Beschwerdegericht vorzulegen. Hält das Untergericht die angefochtene Entscheidung mit anderer Begründung für im Ergebnis richtig, so ist sie unter Darlegung der abweichenden Begründung in der Nichtabhilfeentscheidung dem Beschwerdegericht vorzulegen. Das Verschlechterungsverbot (→ FamFG § 69 Rn. 6) gilt im Abhilfeverfahren nicht (Sternal/Sternal FamFG Rn. 22). Die Nichtabhilfe ergeht durch **Beschluss** (§ 69 Abs. 3 iVm § 38) und ist zu **begründen** (BGH BeckRS 2010, 18941, Beschl. v. 15.7.2010 – V ZB 10/10), soweit sich die Beschwerde auf neue Tatsachen stützt, der Beschwerdeführer nach Erlass der angefochtenen Entscheidung seinen Vortrag ergänzt (OLG Köln BeckRS 2012, 01113) oder die angefochtene Entscheidung keine Begründung enthält. Bei seiner Nichtabhilfeentscheidung muss sich das Ausgangsgericht somit mit einem veränderten Sachverhalt befassen, um seiner Verpflichtung zur Selbstkontrolle nachzukommen (LG Stuttgart BeckRS 2022, 1869, Beschl. v. 10.2.2022 – 19 T 46/22; OLG Düsseldorf FamRZ 2012, 653).

Eine Abhilfe ist **ausgeschlossen,** soweit sich die Beschwerde gegen eine Endentscheidung in einer **Familiensache** richtet (Abs. 1 S. 2). In Betreuungs- und Unterbringungssachen ist Abhilfe grundsätzlich zulässig.

Wird eine Beschwerde vor dem Amtsgericht zurückgenommen, bevor dieses über die Abhilfe entschieden und das Rechtsmittel an das Beschwerdegericht weitergeleitet hat, obliegt die **Kostenentscheidung** dem Amtsgericht (KG FamRZ 2011, 1750). Das Beschwerdegericht kann das Verfahren bei fehlender Abhilfeentscheidung zurückgeben (→ FamFG § 69 Rn. 7), gleichwohl hindert der Umstand, dass das erstinstanzliche Gericht auf die Beschwerde keine Abhilfeentscheidung getroffen hat, das Beschwerdegericht nicht, über die Beschwerde zu entscheiden (BGH BtPrax 2017, 117).

Das sich auf eine Beschwerde anschließende Abhilfeverfahren gehört **nicht** mehr zum ersten Rechtszug, sondern schließt an diesen an und gehört zum Gang des Beschwerdeverfahrens (BGH FamRZ 2023, 1153; FamRZ 2018, 1251). Daher führt eine Hinzuziehung eines Beteiligten erst im Abhilfeverfahren nicht zur Beteiligung dieser Person (und damit zur Beschwerdebefugnis nach § 303 Abs. 2 Nr. 1) im ersten Rechtszug (BGH FamRZ 2023, 1153). Mit der Nichtabhilfeentscheidung fällt die Sache beim Beschwerdegericht an, welches dann über die Ausgangsentscheidung in der Form, die diese durch die (Teil-)Nichtabhilfeentscheidung erhalten hat, entscheidet (BGH FamRZ 2020, 1941).

Ein den Ausgangsbeschluss **abändernder Abhilfebeschluss** macht die Ausgangsentscheidung, mit der die erste Instanz abgeschlossen worden ist, nicht gegenstandlos, daher darf sich auch im Fall einer Abhilfe eine Beschwerde eines Beteiligten nicht allein gegen den Abhilfebeschluss richten, sondern muss sich gegen den Ausgangsbeschluss in der Form wenden, den er im Abhilfeverfahren erhalten hat (BGH FamRZ 2023, 1153; FamRZ 2020, 1941).

2. Vorlage

3 Mit der Verpflichtung zur unverzüglichen Vorlage an das Beschwerdegericht wird einerseits dem Grundsatz der Verfahrensbeschleunigung Rechnung getragen, andererseits dem erstinstanzlichen Gericht eine angemessene Überprüfungsfrist eingeräumt. Die Pflicht zur unverzüglichen Vorlage an das Beschwerdegericht besagt, dass das Gericht sich ohne schuldhaftes Zögern (§ 121 Abs. 1 BGB) darüber klarwerden muss, ob es der Beschwerde abhilft oder nicht. Über Nichtabhilfe und Vorlage ist durch **Beschluss** zu entscheiden (s. oben). Mit der Abgabe wird die Sache beim Beschwerdegericht anhängig (Devolutiveffekt). Für die Beschwerde in Betreuungs- und Unterbringungssachen ist nach § 72 Abs. 1 S. 2 GVG das **Landgericht** zuständig. Wurde das Abhilfeverfahren nicht oder nur unvollständig durchgeführt, kann das Beschwerdegericht die Sache in analoger Anwendung des § 69 Abs. 1 S. 2 unter Aufhebung der Vorlageverfügung zur ordnungsgemäßen Durchführung des Abhilfeverfahrens zurückgeben (→ FamFG § 69 Rn. 7; Prütting/Helms/Abramenko FamFG Rn. 12 mwN; BeckOK FamFG/Obermann Rn. 8; OLG Schleswig BeckRS 2010, 30080).

III. Zulässigkeitsprüfung des Beschwerdegerichts (Abs. 2)

4 Vom Beschwerdegericht ist die **Zulässigkeit** grundsätzlich **vorrangig** zu prüfen. Das Beschwerdegericht prüft in diesem Stadium, ob die Beschwerde statthaft ist, beim zuständigen Gericht, in der gesetzlichen Form (§ 64) und innerhalb der gesetzlichen Frist (§ 63) eingelegt wurde. Weiter prüft das Beschwerdegericht, ob Beschwerdeberechtigung (zB nach § 59 Abs. 1), Beschwerdeführungsbefugnis und ggf. die Vertretungsbefugnis, Beschwer und ein Rechtsschutzinteresse des Beschwerdeführers vorliegen. Mit dieser Regelung wird klargestellt, dass der Amtsermittlungsgrundsatz sich uneingeschränkt auch auf die Prüfung der Zulässigkeitsvoraussetzungen erstreckt (BT-Drs. 16/6308, 207).

Dieser Grundsatz der Vorrangigkeit der Zulässigkeit gilt jedoch nicht ausnahmslos. Ist eine Beschwerde jedenfalls **unbegründet,** hat ihre **Zurückweisung** (als unbegründet) keine weitergehenden Folgen als ihre Verwerfung (als unzulässig).

In diesem Fall kann die Zulässigkeit dahinstehen und unabhängig hiervon eine Sachentscheidung über die Beschwerde – Zurückweisung als unbegründet – ergehen (BGH NJW-RR 2005, 1346; Prütting/Helms/Abramenko FamFG Rn. 16; zurückhaltend Sternal/Sternal FamFG Rn. 88).

Ist die Beschwerde **unzulässig,** so ist sie durch zu begründenden Beschluss 5 (§ 69 Abs. 3 iVm § 38) zu **verwerfen.** Vor Verwerfung einer Beschwerde wegen Versäumung der Beschwerdefrist ist dem Rechtsmittelführer durch einen Hinweis rechtliches Gehör zu gewähren, um ihm die Möglichkeit zu geben, sich zu der Fristversäumung zu äußern und einen Antrag auf Wiedereinsetzung in den vorigen Stand zu stellen (BGH FamRZ 2013, 1569). Aber auch in allen anderen Fällen, in denen das Beschwerdegericht beabsichtigt, die Beschwerde als unzulässig zu verwerfen, sollte der Beschwerdeführer hierauf aus Gründen des fairen Verfahrens hingewiesen werden. Verwirft das Beschwerdegericht die Beschwerde als unzulässig und führt hilfsweise aus, dass die Beschwerde auch unbegründet sei, gelten diese Rechtsausführungen des Beschwerdegerichts und grundsätzlich auch seine dazu getroffenen Feststellungen als nicht geschrieben (BGH FamRZ 2021, 1217).

IV. Begründetheitsprüfung des Beschwerdegerichts (Abs. 3)

1. Verfahren (S. 1)

Insgesamt finden für das Beschwerdeverfahren in **Betreuungssachen §§ 1–48** 6 Anwendung: **Abschnitt 1** (§§ 1–22a) findet unmittelbare Anwendung. Abs. 3 S. 1 ordnet die Anwendbarkeit des **Abschnitts 2** (§§ 23–37) an und **Abschnitt 3** (§§ 38–48) wird in § 69 Abs. 3 für anwendbar erklärt. Es gilt somit u.a. der Amtsermittlungsgrundsatz (§ 26) und der Gang des Verfahrens hat dem der ersten Instanz zu entsprechen (§ 29 ff. für Beweisaufnahme und § 32 ff. für den Termin). Damit wird ausdrücklich klargestellt, dass das Beschwerdegericht in den Grenzen des Rechtsmittels vollständig an die Stelle der ersten Instanz tritt und die gleichen Befugnisse wie diese hat. **Gegenstand** des Beschwerdeverfahrens kann grundsätzlich nur der Verfahrensgegenstand sein (BGH BeckRS 2025, 16425; FamRZ 2011, 1143; BtPrax 2011, 81), über den im ersten Rechtszug entschieden worden ist; bei der zivilrechtlichen Unterbringung nach § 1831 BGB und der öffentlich-rechtlichen Unterbringung nach den Landesgesetzen handelt es sich um unterschiedliche Verfahrensgegenstände (BGH FamRZ 2021, 1661).

2. Absehen von Verfahrenshandlungen (S. 2)

Grundsätzlich sind die Verfahrenshandlungen in **Betreuungs- und Unterbringungsbeschwerden** nach Abs. 3 S. 1 zu wiederholen. Abweichend von S. 1 7 kann das Beschwerdegericht nach S. 2 von der Wiederholung solcher **Verfahrenshandlungen** absehen, die das Gericht der ersten Instanz bereits **umfassend** und **vollständig** durchgeführt hat. Nach pflichtgemäßem Ermessen kann auch von der erneuten Durchführung eines **Termins** oder einer mündlichen **Verhandlung** im Beschwerdeverfahren abgesehen werden. Das ist dann der Fall, wenn die Verfahrenshandlung (zB die Anhörung des Betroffenen) in erster Instanz bereits durchgeführt wurde und von einer erneuten Durchführung **keine zusätzlichen Erkenntnisse** zu erwarten sind (→ Rn. 8). Wenn das Beschwerdegericht von der Wiederholung der Verfahrenshandlungen absehen will, hat es dies zu **begründen**

(BGH FamRZ 2021, 1414; BtPrax 2012, 164). Das Absehen der Verfahrenshandlungen im Beschwerdeverfahren setzt weiter voraus, dass die betroffene Verfahrenshandlung bereits im ersten Rechtszug **ohne Verletzung** zwingender Verfahrensvorschriften vorgenommen worden ist (BGH FamRZ 2024, 550; BeckRS 2023, 25956, Beschl. v. 16.8.2023 – XII ZB 7/23; Sternal/Sternal FamFG Rn. 71). Die verfahrensfehlerhaft durchgeführte/unterlassene Handlung ist im Verfahren der Rechtsbeschwerde nur auf entsprechende Rüge zu berücksichtigen (BGH FamRZ 2015, 1603).

Im Einzelnen:

8 **a) Anhörung des Betroffenen. Ausnahmsweise** kann das Beschwerdegericht nach S. 2 von einer erneuten Anhörung absehen, wenn der Betroffene in 1. Instanz gehört worden ist, jedoch von einer erneuten Anhörung keine zusätzlichen Erkenntnisse für eine **Sachaufklärung** zu gewinnen sind. Das ist zB der Fall, wenn es nur um Rechtsfragen geht oder wenn die Beschwerde als unzulässig verworfen werden soll. Die zu stellende Prognose wird im Hinblick auf die Möglichkeit der Veränderung des Zustands des Betroffenen regelmäßig die Wiederholung der Anhörung gebieten. Wenn der Betroffene in erster Instanz **beharrlich geschwiegen** hat und er sich trotz Aufforderung des Beschwerdegerichts nicht äußert, kann unter Umständen von einer eigenen Anhörung durch das Beschwerdegericht abgesehen werden (OLG München BtPrax 2005, 154). Eine erneute Anhörung ist entbehrlich, wenn von ihr keine neuen Erkenntnisse zu erwarten sind. Diese Voraussetzung ist insbesondere dann erfüllt, wenn die erstinstanzliche Anhörung des Betroffenen nur kurze Zeit zurückliegt, sich nach dem Akteninhalt keine neuen entscheidungserheblichen Tatsachen oder rechtliche Gesichtspunkte ergeben, das Beschwerdegericht das in den Akten dokumentierte Ergebnis der erstinstanzlichen Anhörung nicht abweichend werten will und es auf den persönlichen Eindruck des Gerichts von dem Betroffenen nicht ankommt (BGH BtPrax 2017, 36). Gleiches gilt, wenn das Amtsgericht in verfahrensrechtlich ordnungsgemäßer Weise – etwa nach § 293 Abs. 2 S. 1 Nr. 1 – von einer persönlichen Anhörung des Betroffenen absehen konnte (BGH FamRZ 2023, 1907). Verweigert der Betroffene im Verfahren zur Aufhebung einer Betreuung beim erstinstanzlichen Anhörungstermin die Kommunikation mit dem Richter, ergibt sich allein hieraus keine Verpflichtung des Beschwerdegerichts zur erneuten Anhörung des Betroffenen (BGH BtPrax 2016, 196). Das Beschwerdegericht hat die Gründe, aus denen es von einer Anhörung ausnahmsweise absehen will, in den Entscheidungsgründen nachprüfbar darzulegen (BGH FamRZ 2021, 1414; BtPrax 2014, 131; BtPrax 2012, 164).

In **Unterbringungssachen** ist wegen der Schwere des freiheitsentziehenden Eingriffs die Wiederholung der persönlichen Anhörung des Betroffenen im Beschwerdeverfahren **in der Regel** geboten (BayObLG FamRZ 2001, 1646; FamRZ 2003, 1854; OLG Hamm BtPrax 2001, 212; Sternal/Sternal FamFG Rn. 75), vor allem dann, wenn die Unterbringung für die gesetzlich zulässige Höchstdauer von zwei Jahren genehmigt werden soll (BayObLG NJW-RR 2005, 1314). Hier ist auch zu beachten, dass sich allein durch die Behandlung zwischen erstinstanzlicher Anhörung und der zweitinstanzlichen Entscheidung der Gesundheitszustand des Betroffenen verbessert haben könnte.

Einzelfälle: Die Anhörung ist vom Beschwerdegericht zu wiederholen, wenn das Amtsgericht – gleich aus welchem Grund (BGH BtPrax 2021, 27) – verfahrenswidrig die **Anhörung unterlassen** (BGH FamRZ 2016, 802) bzw. der

Betroffene auf die persönliche Anhörung im erstinstanzlichen Verfahren verzichtet hat (BGH BtPrax 2017, 202; BtPrax 2010, 279) oder zwingende **Verfahrensgrundsätze** verletzt wurden (BGH FamRZ 2012, 1556). Auch in Zeiten einer (**Corona**-)Pandemie kann in einem Betreuungsverfahren nur unter den engen Voraussetzungen des Abs. 4 iVm § 34 Abs. 2 und damit lediglich ausnahmsweise von der gemäß Abs. 1 S. 1 erforderlichen persönlichen Anhörung des Betroffenen abgesehen werden (Brosey/Lesting/Loer/Marschner BetreuungsR Rn. 494). Aus dem den anhörenden Richtern und sonstigen an der Anhörung zu beteiligenden Personen zu gewährenden Gesundheitsschutz folgen ebenfalls keine weitergehenden Möglichkeiten, von der persönlichen Anhörung abzusehen (BGH BtPrax 2021, 31). Der pauschale Verweis eines Gerichts auf die mit der Corona-Pandemie verbundenen Gesundheitsgefahren ist nicht geeignet, das Absehen von der persönlichen Anhörung des Betroffenen zu rechtfertigen; ein Absehen kann auch nicht auf § 34 Abs. 3 oder ohne ärztliches Gutachten auf § 34 Abs. 2 gestützt werden (BGH BtPrax 2021, 109 sowie 31 und 25); auch eine coronabedingt **telefonisch** erfolgte Anhörung ist verfahrensfehlerhaft (BGH BtPrax 2021, 26).

Die Anhörung ist vom Beschwerdegericht auch zu wiederholen, wenn die erstinstanzliche **Anhörung verfahrenswidrig** war: zB weil das **Gutachten** dem Betroffenen – Überlassung an Betreuer/Verfahrenspfleger reicht nicht aus (BGH BtPrax 2021, 111; FamRZ 2020, 127; FamRZ 2018, 1769) – nicht (BGH FamRZ 2023, 1062 und 474), nicht rechtzeitig vor (BGH FamRZ 2025, 383; FamRZ 2023, 1234 und 472; BtPrax 2023, 64; FamRZ 2021, 1414, 1064, 889, 220, 219 und 145) oder erst bei der Anhörung (BGH NJW 2025, 3723; FamRZ 2021, 220; BtPrax 2020, 221 und 100; FamRZ 2020, 1124) oder nicht vollständig (BGH FamRZ 2019, 139) überlassen wurde. Wurde im Verlängerungsverfahren nach § 295 Abs. 1 S. 2 lediglich ein ärztliches **Zeugnis** eingeholt, muss dieses ebenfalls dem Betroffenen rechtzeitig vor dem Termin übergeben worden sein (BGH FamRZ 2024, 550; FamRZ 2022, 229). Verfahrensfehlerhaft ist es auch, wenn die Anhörung des Betroffenen in erster Instanz nur **vor** Erstattung des der Betreuungsanordnung zugrunde liegenden Sachverständigengutachtens durchgeführt worden ist (BGH FamRZ 2022, 136; BeckRS 2022, 19174, Beschl. v. 22.6.2022 – XII ZB 200/21). Die Anhörung ist auch zu wiederholen, wenn der **Verfahrensbevollmächtigte** des Betroffenen nicht zum Anhörungstermin geladen wurde (BGH FamRZ 2017, 131; BtPrax 2012, 25). Gleiches gilt, wenn ein erforderlicher **Verfahrenspfleger** nicht – rechtzeitig – vor der Anhörung (auch im Verlängerungsverfahren (BGH FamRZ 2024, 550; FamRZ 2023, 637; BtPrax 2023, 64)), bestellt (BGH FamRZ 2025, 383; BeckRS 2023, 5964; Beschl. v. 8.3.2023 – XII ZB 169/22; FamRZ 2021, 1239; BtPrax 2020, 145 und 25) oder nicht geladen wurde (BGH FamRZ 2021, 636; FamRZ 2020, 1671; BtPrax 2018, 113; BtPrax 2017, 197; BtPrax 2011, 125) bzw. dieser nicht Gelegenheit zur Teilnahme an der Anhörung hatte (BGH FamRZ 2022, 1132; FamRZ 2021, 225; BtPrax 2020, 219, FamRZ 2019, 1356 und 1272) oder wenn die Anhörung verfahrenswidrig im Wege der Rechtshilfe erfolgte (BGH NJW 2025, 3152; BtPrax 2020, 142; BtPrax 2018, 153; FamRZ 2017, 996; BtPrax 2016, 194). Hört das Gericht nur den Betroffenen an und ist sein Verfahrenspfleger damit einverstanden, ist das **verfahrensfehlerfrei.** Der rechtzeitig vom Termin unterrichtete Verfahrenspfleger kann selbst entscheiden, ob er an dem Termin teilnimmt (BGH FamRZ 2022, 1873; FamRZ 2022, 1225). Sieht das Betreuungsgericht entsprechend § 288 Abs. 1 von der Bekanntgabe eines Gutachtens an den Betroffenen aus gesundheitlichen Gründen ab, ist die Bekanntgabe des Gutachtens allein an den Verfahrenspfleger allenfalls dann verfahrensfehlerfrei, wenn zusätzlich die Erwartung gerechtfertigt ist, dass der **Verfahrenspfleger** mit dem Betroffenen **über das Gutachten spricht,** was in der Regel einen entsprechenden Hinweis des Betreuungsgerichts an den Verfahrenspfleger voraussetzt (BGH FamRZ 2022, 891).

Die Anhörung ist vom Beschwerdegericht auch dann zu wiederholen, wenn die Anhörung schon längere **Zeit** zurückliegt (sechs Monate sind zu lange; OLG Köln BeckRS 2008, 01326) oder das Amtsgerichtsprotokoll oder die Beschlussgründe keinen ausreichenden persönlichen **Eindruck** (OLG Hamm FGPrax 2006, 230; BtPrax 1999, 238) vermitteln. Da eine fehlerhafte oder unterbliebene erstinstanzliche Anhörung des Betroffenen in einem Betreuungsverfahren im **Abhilfeverfahren** regelmäßig weder geheilt noch nachgeholt werden kann, weil das Abhilfeverfahren Teil des Beschwerde- und nicht des Ausgangsverfahrens ist, ist die Anhörung vom Beschwerdegericht auch dann zu wiederholen, wenn der Betroffene im Abhilfeverfahren ordnungsgemäß angehört wurde (BGH BtPrax 2024, 64; BGH BtPrax 2024, 64; FamRZ 2023, 78; FamRZ 2022, 1392, 1133, 729 und 135); dies gilt auch für das Verlängerungsverfahren (BGH FamRZ 2022, 816). Daran ändert auch nichts, dass das Beschwerdegericht den ersten Nichtabhilfebeschluss des Amtsgerichts im Hinblick auf die unterbliebene persönliche Anhörung des Betroffenen zu dem eingeholten psychiatrischen Gutachten aufgehoben und das Verfahren an das Amtsgericht zur Nachholung dieser Verfahrenshandlung zurückgegeben hat (BGH FamRZ 2022, 1133).

Entsprechendes gilt, wenn durch das Beschwerdegericht neue **Tatsachen** (BGH FamRZ 2019, 140) oder **Tatsachengrundlagen** (BGH BtPrax 2022, 63; BtPrax 2022, 27; BtPrax 2021, 25; FamRZ 2019, 140; BtPrax 2019, 245, 111 und 33; FamRZ 2018, 1770) herangezogen oder vorgetragen (BGH BtPrax 2014, 38; BeckRS 2012, 09746) werden oder zu erörtern sind (BayObLG BtPrax 2004, 197; BtPrax 2003, 184). Neue Tatsachen werden namentlich erhoben, wenn vom Beschwerdegericht ein neues (BGH BeckRS 2024, 17413, Beschl. v. 12.6.2024 – XII ZB 197/24; BeckRS 2024, 8508, Beschl. v. 28.2.2024 – XII ZB 496/23; FamRZ 2023, 1062; BeckRS 2023, 25956, Beschl. v. 16.8.2023 – XII ZB 7/23; FamRZ 2023, 1906; FamRZ 2022, 1130 und 227; FamRZ 2021, 1312 und 303) oder ein ergänzendes **Gutachten** (BGH BtPrax 2022, 63; BtPrax 2020, 147; BtPrax 2019, 249; FamRZ 2017, 477) oder ergänzende telefonische/mündliche Ausführungen des Sachverständigen (BGH FamRZ 2022, 56) oder auch nur eine neue fachärztliche Einschätzung (BGH FamRZ 2016, 2089) eingeholt wurde. Dies gilt allerdings **nicht,** wenn der Sachverständige in seiner ergänzenden Stellungnahme nur seine bereits in dem ursprünglichen Gutachten niedergelegten Ausführungen wiederholt oder bestätigt (BGH FamRZ 2021, 1555). Als neue Tatsachengrundlage ist auch der Wechsel der Einrichtung, in der der Betroffene freiheitsentziehend untergebracht ist, einzuordnen (BGH FamRZ 2025, 972). Eine erneute Anhörung ist allerdings erforderlich, wenn der Sachverständige den Betroffenen während der Anhörung begutachtet und eine mündliche Einschätzung zur Betreuungsbedürftigkeit abgibt, die dem Betroffenen mitgeteilt wird, wenn danach diese vorläufige Einschätzung schriftlich abgefasst wird (BGH BtPrax 2021, 71; BtPrax 2020, 187; FamRZ 2020, 1671). Ist das Amtsgericht nach Anhörung des Betroffenen davon ausgegangen, dass dieser der Einrichtung einer Betreuung (BGH NJW-RR 2025, 385; FamRZ 2025, 382; FamRZ 2022, 1224) oder dem Einwilligungsvorbehalt (BGH NJW-RR 2025, 385; FamRZ 2023, 881) **zustimmt** und ist es deshalb nicht der Frage nachgegangen, ob eine Betreuung gegen den Willen des Betroffenen angeordnet werden kann, hat das Beschwerdegericht den Betroffenen erneut anzuhören, wenn dieser mit seiner Beschwerde gegen den Betreuungsbeschluss zu erkennen gegeben hat, dass er mit der Betreuung bzw. dem Einwilligungsvorbehalt tatsächlich nicht oder nicht mehr einverstanden ist. Eine neue Tatsachengrundlage kann auch die **telefonische Anhörung** des Betreuers und/oder des Verfahrenspflegers durch das Beschwerdegericht begründen (BGH BtPrax 2023, 67) oder wenn es seine Beschwerdeentscheidung auf einen Bericht des Betreuers über einen nach der Entscheidung des Amtsgerichts stattgefundenen Besuch beim Betroffenen stützt (BGH FamRZ 2022, 227). Eine erneute Anhörung durch das Beschwerdegericht ist auch dann nötig, wenn das Beschwerdegericht unter Aufhebung der Entscheidung des Amtsgerichts einen Betreuer bestellen oder einen Einwilligungsvorbehalt anordnen will oder sonst **zu Lasten** des Betroffenen abändern will (BGH BtPrax 2011, 208; OLG Hamm FGPrax 2009, 135). Das Beschwerdegericht darf in einem Betreuungsverfahren zB auch dann **nicht** von der persönlichen Anhörung **absehen,** wenn Anhaltspunkte dafür vorliegen, dass der Betroffene an seinem bei der erstinstanzlichen Anhörung geäußerten Wunsch, eine bestimmte Person zum Betreuer zu bestellen (BGH BtPrax 2013, 24) oder an seinem Einverständnis mit der Betreuung (BGH BtPrax 2021, 190; BtPrax 2020, 220; FamRZ 2017, 323; FamRZ 2015, 1603) nicht mehr festhält oder wenn der Betroffene im Beschwerdeverfahren erstmals den Wunsch äußert, ihm einen bestimmten Betreuer zu bestellen (BGH BtPrax 2016, 38; BtPrax 2011, 124) oder einen gegenüber dem erstinstanzlichen Verfahren geänderten Betreuerwunsch mitteilt (BGH BtPrax 2021, 25). Ist das Amtsgericht trotz eines gegenläufigen Sachverständigengutachtens aufgrund des persönlichen Eindrucks des Betroffenen zu der Überzeugung gelangt, dass dieser einen freien Willen iSd § 1814 Abs. 2 BGB bilden könne, und hat es deshalb die Einrichtung einer Betreuung abgelehnt, darf das Beschwerdegericht die Betreuung grundsätzlich nicht ohne Anhörung des Betroffenen anordnen (BGH BtPrax 2011, 208). Entsprechendes gilt, wenn erstmals im zweitinstanzlichen Verfahren die Frage, ob der Betroffene noch zur Bildung eines freien Willens iSv § 1814 Abs. 2 BGB in der Lage ist, bejaht wird (BGH BtPrax 2014, 82). Sieht das Beschwerdegericht von einer persönlichen Anhörung ab, muss es die **Gründe** dafür in der Beschwerdeentscheidung nachvollziehbar darlegen (BGH BtPrax 2014, 131; BtPrax 2012, 164).

b) Gutachten. Auf durch das Amtsgericht eingeholte Gutachten und vorgelegte ärztliche Zeugnisse kann sich das Beschwerdegericht dann stützen, wenn sie unter den Beteiligten unstreitig sind (BT-Drs. 11/4528, 179) und sie im Hinblick auf Erstellungszeitpunkt, Qualifikation des Ausstellers und auf ihre inhaltlichen Anforderungen als ausreichende Grundlage zur Feststellung der erforderlichen Tatsachen dienen (§ 26). Ein **erneutes** Gutachten ist daher vom Beschwerdegericht – vorbehaltlich einer Zurückverweisung – § 69 Abs. 1 – einzuholen, wenn der Sachverständige nicht hinreichend **qualifiziert** ist (BGH BeckRS 2024, 17413, Beschl. v. 12.6.2024 – XII ZB 197/24; BtPrax 2012, 160) oder wenn es nicht auf seine wissenschaftliche Begründung, innere **Logik** und Schlüssigkeit hin überprüft werden kann (BGH BtPrax 2012, 25), wenn der Betroffene gegen seinen Willen in seiner **Wohnung** begutachtet wurde (BGH BtPrax 2013, 31) oder wenn sich die Anknüpfungstatsachen verändert haben. Es muss sich um eine gerichtliche Beauftragung eines Sachverständigen mit der Prüfung der Notwendigkeit der betreffenden Maßnahme handeln: wenn also das Gutachten lediglich 9 in einem **Betreuungsverfahren** zu der Frage der Betreuungsbedürftigkeit in Auftrag gegeben worden war und darin überschießende Vorschläge zur **Unterbringung** der Betroffenen enthalten sind, stehen diese nicht nur außerhalb der Beweisfrage, sondern auch außerhalb des Verfahrensgegenstands des Betreuungsverfahrens und konnten somit allenfalls als Anregung verstanden werden; das Beschwerdegericht muss in diesem Fall ein Gutachten zur Frage der Unterbringung einholen (BGH FamRZ 2022, 980).

10 **c) Anhörung von Beteiligten und Zeugen.** Abs. 3 S. 2 gestattet das Absehen von erneuten Zeugenvernehmungen, wenn die Zeugenaussage ausreichend protokolliert ist und es auf den persönlichen Eindruck des Zeugen nicht ankommt, nichts Zusätzliches aufzuklären ist und gegen die Richtigkeit der Zeugenaussage weder etwas vorgebracht ist noch sich Bedenken aufdrängen. Entsprechendes gilt für die erneute Anhörung von Beteiligten. Regt allerdings ein beschwerdeberechtigter Angehöriger eine Betreuerbestellung an, so ist ihm auch im Beschwerdeverfahren rechtliches Gehör zu gewähren, wenn das Beschwerdegericht die Betreuerbestellung wieder aufheben will (BayObLG BtPrax 2002, 270).

11 **d) Verfahrenspfleger.** Wenn eine Person für die 1. Instanz in Betreuungs- und Unterbringungssachen zum **Verfahrenspfleger** bestellt wurde, bleibt sie dies auch im Beschwerdeverfahren, da ihr Amt erst mit Rechtskraft der Entscheidung endet (§ 276 Abs. 6 bzw. § 317 Abs. 6). Wurde in erster Instanz kein Verfahrenspfleger bestellt und erachtet das Beschwerdegericht dies nach § 276 bzw. § 317 für erforderlich, kann er nur durch die **Kammer** selbst, nicht aber durch den Berichterstatter, bestellt werden, es sei denn, die Sache wurde auf den Einzelrichter nach Abs. 4 (→ Rn. 12) übertragen. Ist in erster Instanz die **Bestellung eines Verfahrenspflegers** unterblieben, hat das Beschwerdegericht für die Beschwerdeinstanz das Vorliegen der Voraussetzungen des § 276 Abs. 1 erneut zu prüfen (BGH BeckRS 2024, 16052, Beschl. v. 5.6.2024 – XII ZB 521/23, FamRZ 2022, 730). Im Verfahren über die **Erstbestellung** ebenso wie über die **Verlängerung bzw. Erweiterung** der Bestellung eines Betreuers oder der Anordnung eines Einwilligungsvorbehalts **gegen den erklärten Willen** des Betroffenen ist gemäß § 276 Abs. 1 S. 2 Nr. 2 die Bestellung eines Verfahrenspflegers in der Regel erforderlich.

V. Übertragung auf den Einzelrichter (Abs. 4)

12 Nach alter Rechtslage war die Übertragung auf den Einzelrichter bereits nach § 30 Abs. 1 S. 3 FGG iVm § 526 ZPO möglich. Der fakultative Einzelrichtereinsatz in der Beschwerdeinstanz ist durch Abs. 4 nicht nur auf die Zivilkammern am Landgericht beschränkt, sondern in allen Beschwerdesachen möglich. Dies betrifft grundsätzlich sowohl die Beschwerdezuständigkeit der Oberlandesgerichte und der Landgerichte als auch die Beschwerdezuständigkeit der Kammern für Handelssachen. Eine Übertragung auf den Einzelrichter ist möglich, wenn die angefochtene Entscheidung von einem Einzelrichter erlassen wurde, die Sache keine besonderen Schwierigkeiten tatsächlicher oder rechtlicher Art aufweist, die Rechtssache keine grundsätzliche Bedeutung hat und noch nicht darüber verhandelt wurde (§ 526 ZPO). Die Übertragung des Beschwerdeverfahrens auf den Einzelrichter ist auch in **Betreuungs**- und **Unterbringungssachen** nicht ausgeschlossen (BGH BtPrax 2008, 169; Sternal/Sternal FamFG Rn. 124). Die **Über-**

tragung hat durch **Beschluss** der Kammer (bzw. beim OLG des Senats) zu erfolgen. Hat also das Landgericht über eine Beschwerde in einer Betreuungssache nach § 58 zu entscheiden, ist hierzu gemäß § 68 Abs. 4 Hs. 1 iVm § 75 GVG die mit drei Richtern besetzte Zivilkammer berufen; eine originäre Einzelrichterzuständigkeit kommt hier nicht in Betracht. Entscheidet gleichwohl das Beschwerdegericht in einer vom Gesetz dem Kollegium zugewiesenen Sache unbefugt – dh ohne entsprechende Übertragung – durch den Einzelrichter, so liegt darin eine von Amts wegen zu berücksichtigende Verletzung des Verfassungsgebots des gesetzlichen Richters, die als absoluter Rechtsbeschwerdegrund zur Aufhebung der Entscheidung führt (BGH FamRZ 2021, 272; BtPrax 2016, 76; FamRZ 2016, 803). Unter den Voraussetzungen des § 526 Abs. 2 S. 1 ZPO, also bei wesentlicher Änderung der Verfahrenslage oder bei übereinstimmendem Antrag, kann die Kammer die Sache, die auf den Einzelrichter übertragen wurde, wieder übernehmen **(Rücknahme).**

Wird die Sache – ohne Übertragung auf den Einzelrichter – als **Kammersache** **13**
behandelt, ist denkbar, dass die Anhörung des Betroffenen auf ein Mitglied der Kammer als **beauftragter** Richter übertragen wird, auch wenn Abs. 4 nicht ausdrücklich auf die Parallelnorm des § 527 ZPO verweist. Die Übertragung auf den beauftragten Richter wurde nach FGG unter Bezugnahme auf § 69g Abs. 5 S. 2 FGG in bestimmten Fällen als zulässig angesehen (vgl. OLG Rostock BeckRS 2006, 06041) und wird auch unter der Geltung des FamFG bejaht (BGH FamRZ 2017, 996), wenn das Beweisergebnis auch ohne unmittelbaren Eindruck von dem Verlauf der Beweisaufnahme sachgemäß gewürdigt werden kann; das gilt auch für Unterbringungssachen (BGH FamRZ 2018, 1594). Gemäß § 278 Abs. 1 S. 1 und 2 hat das Gericht den Betroffenen persönlich anzuhören und sich einen persönlichen Eindruck von ihm zu verschaffen. Die Formulierung Anhörung durch „das Gericht" lässt keinen Rückschluss darauf zu, dass es sich um den voll besetzten, erkennenden Spruchkörper handeln muss. Die Beauftragung eines Kammermitglieds mit der Anhörung des Betroffenen scheidet allerdings dann aus, wenn es wegen der **Besonderheiten** des Falles für die Entscheidung darauf ankommt, dass sich die gesamte Kammer einen eigenen Eindruck von dem Betroffenen verschafft (BGH BtPrax 2012, 25). Das Beschwerdegericht muss nach pflichtgemäßem Ermessen nach § 26 entscheiden, ob es für seine Entscheidung wegen der Besonderheiten des Falles darauf ankommt, dass sich die gesamte Kammer einen eigenen Eindruck von dem Betroffenen verschafft, oder ob der Kammer durch eine vom beauftragten Richter durchgeführte Anhörung eine ausreichende Grundlage für die zu treffende Entscheidung vermittelt wird (BGH BtPrax 2018 232; BtPrax 2017, 73). Dabei ist jedoch zu beachten, dass die Anhörung durch den beauftragten Richter nur in ihrem **objektiven Ertrag** und als dessen persönlicher Eindruck verwertet werden darf (BGH NJW 2025, 3151; FamRZ 2024, 643; FamRZ 2023, 1062; FamRZ 2020, 1671; BtPrax 2018, 232). Daher ist für die Beurteilung der Geschäftsfähigkeit des die Vorsorgevollmacht erteilenden Betroffenen ein Eindruck aller Kammermitglieder erforderlich (BGH BtPrax 2016, 192). Wird der Betroffene in einem Betreuungsverfahren durch die vollbesetzte Beschwerdekammer angehört und wirken infolge eines anschließenden Richterwechsels nur noch zwei der an der Anhörung beteiligt gewesenen Richter an der Beschwerdeentscheidung mit, kann die Anhörung weiterhin in ihrem objektiven Ertrag verwertet werden (BGH FamRZ 2024, 643); die Anhörung hätte aber in voller (neuer) Kammerbesetzung wiederholt werden müssen, sofern darüber

hinaus zB der persönliche Eindruck dem neuen Kammermitglied hätte vermittelt werden müssen.

14 Abs. 4 S. 1 Hs. 2 beschränkt die Übertragungsmöglichkeiten für Verfahren an den Landgerichten auf **Richter,** die auf **Lebenszeit** ernannt sind. Eine Entscheidung durch einen Richter auf Probe als Einzelrichter erscheint im Hinblick auf die Tragweite einer Beschwerdeentscheidung verfehlt (BT-Drs. 16/6308, 208). Wechselt der Einzelrichter im Laufe des Beschwerdeverfahrens und ist der neue Richter einer im Sinne des Abs. 4 S. 1 Hs. 2 (also ein Richter auf Probe), so muss die Kammer das Verfahren wieder zurücknehmen (BGH FGPrax 2025, 287). Nach der Rückübernahme ist eine erneute Übertragung auf den Einzelrichter ausgeschlossen.

Durch die durch die Gesetzesänderung zum 1.1.2023 eingefügten Abs. 4 S. 2 und Abs. 5 ergeben sich in betreuungsrechtlicher Hinsicht keine Änderungen.

§ 69 Beschwerdeentscheidung

(1) [1]**Das Beschwerdegericht hat in der Sache selbst zu entscheiden.** [2]**Es darf die Sache unter Aufhebung des angefochtenen Beschlusses und des Verfahrens nur dann an das Gericht des ersten Rechtszugs zurückverweisen, wenn dieses in der Sache noch nicht entschieden hat.** [3]**Das Gleiche gilt, soweit das Verfahren an einem wesentlichen Mangel leidet und zur Entscheidung eine umfangreiche oder aufwändige Beweiserhebung notwendig wäre und ein Beteiligter die Zurückverweisung beantragt.** [4]**Das Gericht des ersten Rechtszugs hat die rechtliche Beurteilung, die das Beschwerdegericht der Aufhebung zugrunde gelegt hat, auch seiner Entscheidung zugrunde zu legen.**

(2) **Der Beschluss des Beschwerdegerichts ist zu begründen.**

(3) **Für die Beschwerdeentscheidung gelten im Übrigen die Vorschriften über den Beschluss im ersten Rechtszug entsprechend.**

I. Anwendungsbereich

1 Die Vorschrift trifft Regelungen über die Entscheidungsmöglichkeiten des Beschwerdegerichts und über Formalien der Beschwerdeentscheidung.

II. Sachentscheidung

1. Entscheidungsgrundlage

2 Das Beschwerdegericht entscheidet unter Berücksichtigung der ggf. neu gewonnenen Erkenntnisse der Ermittlungen in zweiter Instanz (sei es aufgrund der Wiederholung von Verfahrenshandlungen der ersten Instanz oder aufgrund neuen schriftlichen Vorbringens) und des gesamten Akteninhalts, der bis zur Hinausgabe des Beschlusses eingeht; ggf. muss erneut beraten und beschlossen werden. Neue Tatsachen sind im Beschwerdeverfahren zu berücksichtigen (BGH FamRZ 2017, 97) und im Rahmen des § 26 zu ermitteln. Gegenstand des Beschwerdeverfahrens kann grundsätzlich nur der Verfahrensgegenstand sein, über den im ersten

Rechtszug entschieden worden ist (BGH BeckRS 2025, 16425; FamRZ 2021, 1661; FamRZ 2011, 1143; BtPrax 2011, 81).

2. Entscheidungsmöglichkeiten

3 Das Gericht der 2. Instanz hat folgende Möglichkeiten der Entscheidung:

- **Verwerfung** der Beschwerde (als unzulässig) nach § 68.
- **Zurückweisung** der Beschwerde (als unbegründet).
- (vollständige oder teilweise) **Aufhebung** der erstinstanzlichen Entscheidung und ggf. neue Sachentscheidung, falls erforderlich (→ Rn. 4–6).
- Aufhebung und **Zurückverweisung** nach § 69 Abs. 1 S. 2 bei fehlender Sachentscheidung (→ Rn. 7).
- Aufhebung und Zurückverweisung auf Antrag nach § 69 Abs. 1 S. 3 bei schweren Verfahrensmängeln (→ Rn. 8 ff.).
- Entscheidung nach § 62, wenn sich das Beschwerdeverfahren in der Hauptsache erledigt.

III. Entscheidung (Abs. 1)

1. Eigene Sachentscheidung (Abs. 1 S. 1)

4 S. 1 stellt klar, dass im Interesse der Verfahrensbeschleunigung das Beschwerdegericht grundsätzlich selbst abschließend in der Sache zu entscheiden hat. Dies kann entweder zur **Zurückweisung** der Beschwerde oder zur (vollständigen oder teilweisen) **Aufhebung** der erstinstanzlichen Entscheidung und ggf. zu einer Neuentscheidung des Beschwerdegerichts führen, die sich allerdings immer im Rahmen des **Verfahrensgegenstands** der ersten Instanz bewegen muss (BGH FamRZ 2021, 1661; FamRZ 2011, 1143; BtPrax 2011, 81). Da §§ 1814, 1815 BGB nicht zwischen „Anordnung" der Betreuung und Bestellung des Betreuers unterscheiden (Einheitsentscheidung), ist bei der Verlängerung einer Betreuung Entscheidungsgegenstand zugleich die Fortdauer der Betreuung durch den derzeitigen Betreuer. Damit ist auch die Auswahl der Person des Betreuers Gegenstand der amtsgerichtlichen Entscheidung (BGH BtPrax 2011, 81). Bei der Bestellung des Betreuers und der Anordnung des Einwilligungsvorbehalts handelt es sich um unterschiedliche Verfahrensgegenstände (BGH FamRZ 2018, 1533). Nur ausnahmsweise kann eine Zurückverweisung an das Vordergericht erfolgen (S. 2 und 3; → unten Rn. 7, 8).

Wird eine erstinstanzlich mit sofortiger Wirksamkeit angeordnete **Unterbringung** im Beschwerdeverfahren **aufgehoben,** wird die Beschwerdeentscheidung erst mit Rechtskraft wirksam, es sei denn, dass ihre sofortige Wirksamkeit angeordnet worden ist (BayObLG FamRZ 2002, 909).

5 **a) Abänderung der Entscheidung.** Grundsätzlich trifft das Beschwerdegericht unter **Aufhebung** der erstinstanzlichen Entscheidung **selbst** die vollständige neue und vollziehbare Entscheidung, soweit nicht eine ersatzlose Aufhebung geboten ist. Wenn durch die bloße Aufhebung des angegriffenen Beschlusses abschließend über das Verfahren entschieden werden kann, etwa weil hierdurch die Anhängigkeit des Verfahrens endet, ist eine weitere Sachentscheidung des Beschwerdegerichts oder eine Zurückverweisung an das erstinstanzliche Gericht entbehrlich (BGH FamRZ 2022, 1130; FamRZ 2017, 1866 Rn. 12 mwN). Lie-

gen die Voraussetzungen für die Einrichtung einer Betreuung vor, muss durch das Beschwerdegericht auch ein Betreuer bestellt werden, denn das Beschwerdegericht tritt – in den Grenzen der Beschwerde – vollständig an die Stelle des Gerichts erster Instanz und hat das gesamte Sach- und Rechtsverhältnis, wie es sich zur Zeit seiner Entscheidung darstellt, seiner Beurteilung zu unterziehen (BGH FamRZ 2022, 1130). Hiervon abzugrenzen sind die so genannten **Ausführungshandlungen,** die zur Ausführung der Beschwerdeentscheidung erforderlich sind (BeckOK FamFG/Obermann Rn. 15). Diese obliegen allein dem **Amtsgericht.** Dazu zählen aus betreuungsrechtlicher Sicht insbesondere die Verpflichtung und die Entlassung des Verfahrenspflegers oder des Pflegers und die Verpflichtung des Betreuers (BGH FamRZ 2022, 1130; FamRZ 2017, 1866; Sternal/Sternal FamFG Rn. 14). Wird eine solche Ausführungshandlung erforderlich, so ist dies in der Beschwerdeentscheidung hinreichend deutlich zu machen. Wenn das hieran gebundene Erstgericht die Ausführungshandlung nach Weisung des Beschwerdegerichts durchführt, ist hiergegen keine Beschwerde mehr möglich (Sternal/Sternal FamFG Rn. 16). **Keine Ausführungshandlung** ist jedoch die **Betreuerbestellung:** Kommt das Beschwerdegericht, anders als das Erstgericht, zum Ergebnis, dass die Voraussetzungen für die **Bestellung** eines Betreuers vorliegen, dann muss in jedem Fall vom Beschwerdegericht ein Betreuer im Wege der **Einheitsentscheidung** bestellt werden, denn eine Betreuung ohne gleichzeitige Bestellung des Betreuers ist nicht zulässig (BGH FamRZ 2017, 1866). Wird gegen die Entscheidung über einen **Betreuerwechsel** Beschwerde eingelegt, ist Gegenstand des Beschwerdeverfahrens die Auswahl des Betreuers. In diesem Fall ist das Beschwerdegericht befugt, auch eine neu benannte Person als Betreuer zu bestellen (BayObLG BtPrax 2000, 91).

6 **b) Verschlechterungsverbot in der Beschwerdeentscheidung.** Grundsätzlich soll auch im FamFG-Verfahren der Beschwerdeführer davor **geschützt** sein, dass er auf sein eigenes Rechtsmittel hin, über die mit der angegriffenen Entscheidung vorhandene Beschwer hinaus, weiter beeinträchtigt wird (Verschlechterungsverbot; im Einzelnen sehr streitig; Sternal/Sternal FamFG Rn. 32 ff.). Dieser Grundsatz muss allerdings in **Amtsverfahren,** wie Betreuungs- und Unterbringungsverfahren, eine Einschränkung erfahren. In diesen Verfahren kann eine Schlechterstellung des Beschwerdeführers, ohne dass dies von einem anderen Beteiligten erstrebt wird, jedenfalls dann bejaht werden, wenn die Interessen des Betroffenen dies erfordern und sofern es sich im Rahmen des **Verfahrensgegenstands** hält (Sternal/Sternal FamFG Rn. 35). Das Verschlechterungsverbot bezieht sich nicht auf Verfahrensfragen, über die von Amts wegen zu befinden ist (OLG Brandenburg FamRZ 2008, 287).

In diesem Sinne als unzulässig wird daher bei **Betreuungssachen** angesehen, wenn das Beschwerdegericht auf die Beschwerde des Betroffenen hin den Aufgabenkreis der Betreuung erweitert (BGH FamRZ 2017, 1157; BtPrax 2015, 67; 2014, 79), die Betreuervergütung auf Beschwerde des Betreuers hin herabsetzt (BGH BtPrax 2002, 75) oder einen Einwilligungsvorbehalt auf die Beschwerde des Betroffenen hin erstmalig anordnet oder erweitert (MüKoFamFG/Fischer Rn. 51). Ebenso verhält es sich, wenn das Betreuungsgericht auf einen Aufhebungsantrag des Betroffenen den Aufgabenkreis des Betreuers oder auch den Umfang des Einwilligungsvorbehalts einschränkt und nur der Betroffene mit dem Ziel Beschwerde einlegt, eine Aufhebung auch im Übrigen zu erreichen. In diesem Fall darf das Beschwerdegericht die Betreuung nicht wieder auf den ursprünglichen Umfang erweitern, denn die erstgerichtliche Entscheidung erwächst mit Ablauf der Rechtsmittelfrist in formeller Rechtskraft, soweit durch sie die Betreuung oder der Einwilligungsvorbehalt in Wegfall kommt, so dass die Betreuungsaufhebung in diesem Umfang nicht Gegenstand des Beschwerdeverfahrens wird und es dem Beschwerdegericht insoweit an der Entscheidungskompetenz fehlt (BGH FamRZ 2017, 1157; BtPrax 2015, 67). Bei **Unterbringungssachen** kann nicht – auf die Beschwerde des Betroffenen – durch eine andere Berechnungsweise der Dauer der Freiheitsentziehung die faktische Unterbringungsdauer durch die Beschwerdeentscheidung **verlängert** werden (OLG Hamm FamRZ 1998, 922).

Bei der **Kostenentscheidung** nach § 81 und der Geschäftswertfestsetzung ist eine Änderung zum Nachteil des Beschwerdeführers zulässig (MüKoFamFG/Fischer Rn. 60), da in diesem Fall die angefochtene Entscheidung auch von Amts wegen zu Ungunsten des Beschwerdeführers geändert werden kann.

2. Aufhebung und Zurückverweisung mangels Sachentscheidung (Abs. 1 S. 2)

Davon sind zunächst die Fälle erfasst, in denen sich das erstinstanzliche Gericht ausschließlich mit **Zulässigkeitsfragen** beschäftigt hat und eine Befassung in der Sache unterblieben ist. Ist die Zulässigkeitsfrage in erster Instanz richtig beurteilt worden oder ergibt sich die Unzulässigkeit aus anderen Gründen, ist die Beschwerde **zurückzuweisen.** Hätte hingegen über das Begehren des Beschwerdeführers in der Sache entschieden werden müssen, so ist **zurückzuverweisen,** auch wenn das Zulässigkeitshindernis erst während des Beschwerdeverfahrens behoben worden ist. 7

Eine Zurückverweisung nach S. 2 (anders als in S. 3 erfordert die nach S. 2 keinen entsprechenden Antrag) kann auch erfolgen, wenn ein nach § 7 am Verfahren zu Beteiligender fehlerhaft nicht hinzugezogen worden ist, denn das Gericht hat diesem gegenüber noch keine Entscheidung in der Sache getroffen (OLG Bamberg FamRZ 2024, 61; OLG Frankfurt a. M. BeckRS 2024, 9567, Beschl. v. 25.3.2024 – 1 UF 266/23; OLG Brandenburg BeckRS 2023, 39623 Beschl. v. 19.12.2023 – 3 W 61/23; OLG Nürnberg FamRZ 2023, 1043; OLG Düsseldorf FamRZ 2020, 531; OLG Hamm FamRZ 2018, 456; zur Beschwerdeberechtigung → § 303 Rn. 6) oder wenn für den Betroffenen entgegen § 276 Abs. 1 kein Verfahrenspfleger bestellt wurde (LG Kleve BtPrax 2014, 144). Keine Sachentscheidung in diesem Sinne ist auch erfolgt, wenn sich die Grundlagen für die Entscheidung (OLG Zweibrücken FamRZ 2011, 992 für einen familienrechtlichen Fall) grundlegend ändern (zB wenn im erstinstanzlichen Verfahren eine Betreuerbestellung auf Antrag des Betroffenen mit den vereinfachten Verfahrensschriften erfolgte und dieser Antrag im Beschwerdeverfahren zurückgenommen wird), wenn das erstinstanzliche Gericht keine Regelung hinsichtlich des dem Verfahrensgegenstand zugrundeliegenden Rechtsverhältnisses trifft (OLG Hamm FamRZ 2013, 310), wenn die erstinstanzliche Entscheidung von dem funktionell unzuständigen Rechtspfleger getroffen worden ist (LG Saarbrücken BeckRS 2011, 06323) oder wenn sich die erste Instanz fälschlich daran gehindert sah, eine vorrangig zu prüfende Frage zu entscheiden (OLG Köln FamRZ 2017, 1164). Leidet das **Abhilfeverfahren** an einem schwerwiegenden Mangel (zB durch Verletzung rechtlichen Gehörs durch Nichtabwarten einer angekündigten Beschwerdebegründung, LG Kassel FamRZ 2018, 843 oder wenn sich das Abhilfeverfahren nicht mit einem erheblichen Beschwerdevorbringen auseinandersetzt, OLG Düsseldorf BeckRS 2016, 7668) oder ist es nicht durchgeführt worden, kann das Beschwerdegericht die Sache entsprechend Abs. 1 S. 2 an das Amtsgericht zur (erneuten) Durchführung des Abhilfeverfahrens **zurückgeben** (OLG Schleswig BeckRS 2010, 30080). Eine Zurückverweisung ist auch denkbar, wenn das Beschwerdegericht nicht über einen im Rahmen des Abhilfeverfahrens geänderten Antrag entschieden hat (OLG Brandenburg BeckRS 2022, 28379, Beschl. v. 22.8.2022 – 3 W 83/22). In all diesen Fällen – auch bei Vorliegen eines absoluten Aufhebungsgrundes – kann aber das Beschwerdegericht iSd Beschleunigungsgebotes auch selbst über den Sachverhalt entscheiden (BGH BtPrax 2017, 117; Sternal/Sternal FamFG Rn. 17).

3. Aufhebung und Zurückverweisung bei wesentlichem Verfahrensfehler (Abs. 1 S. 3)

8 S. 3 eröffnet die Möglichkeit der Zurückverweisung ausschließlich bei Verstoß gegen eine **Verfahrensnorm.** Materiell-rechtliche Fehler können nicht zur Zurückverweisung führen, selbst wenn es sich um grobe Fehler handelt und die erstinstanzlich gebotene Sachaufklärung vollständig unterblieben ist. Mit der Aufhebung und Zurückverweisung hat das Gericht erster Instanz regelmäßig auch über die **Kosten der Beschwerde** zu entscheiden. Zur Kostenentscheidung durch das Gericht in erster Instanz nach Zurückverweisung vgl. im Einzelnen Prütting/Helms/Abramenko FamFG Rn. 20.

Trotz Vorliegens der Voraussetzungen des S. 3 kann das Beschwerdegericht nach seinem pflichtgemäßen **Ermessen** von einer Zurückverweisung **absehen** und selbst abschließend entscheiden (Sternal/Sternal FamFG Rn. 17). Bei der Ermessensentscheidung zwischen Zurückverweisung und eigener Sachentscheidung hat das Beschwerdegericht abzuwägen, dass eine Zurückverweisung der Sache in aller Regel zu einer Verteuerung und Verzögerung der Verfahrensentscheidung und zu weiteren, den schützenswerten Interessen der Beteiligten entgegenstehenden Nachteilen führen kann (BGH FamRZ 2005, 971). Andererseits kann den Beteiligten bei einer eigenen Sachentscheidung durch das Beschwerdegericht de facto eine Instanz entzogen werden. Das Beschwerdegericht muss bei Ausübung des ihm eingeräumten Ermessens erkennen lassen, dass es den maßgeblichen Gesichtspunkt der Verfahrensökonomie in Betracht gezogen hat. Folgende drei Voraussetzungen müssen **kumulativ** vorliegen:

9 **a) Wesentlicher Verfahrensfehler.** Ein Verfahrensmangel ist dann **wesentlich,** wenn er so erheblich ist, dass das Verfahren keine **ordnungsgemäße Grundlage** für die Entscheidung darstellt (BGH FamRZ 2015, 221; OLG Karlsruhe BeckRS 2024, 8080, Beschl. v. 22.4.2024 – 18 WF 44/24). Die angefochtene Entscheidung muss auf dem Verfahrensfehler beruhen. Als schwere Verfahrensfehler werden in jedem Fall die **absoluten Revisionsgründe** des § 547 ZPO angesehen, ua also, wenn das erkennende Gericht nicht **vorschriftsmäßig** besetzt war; wenn ein Richter entschieden hat, der kraft Gesetzes **ausgeschlossen** oder **befangen** war (OLG Frankfurt a. M. BeckRS 2022, 5379, Beschl. v. 17.3.2022 – 3 UF 215/21); bei Verletzung der **Öffentlichkeit** (Sternal/Sternal FamFG Rn. 22) oder wenn der erstinstanzliche Beschluss entgegen § 38 nicht **begründet** wurde (OLG Brandenburg FamRZ 2024, 469). Als schwerer Verfahrensfehler ist nicht jeder schwerwiegende Verfahrensverstoß zu sehen, sondern nur bei vollkommen **unzureichender Aufklärung** des Sachverhalts oder bei unerträglichen

Ergebnissen, bei denen dem Beschwerdeführer faktisch eine Instanz entzogen würde.

Dies dürfte zu **bejahen** sein bei: Ablehnung einer Betreuung ohne weitere Ermittlungen unter Berufung auf ein zwei Jahre altes Gutachten (BayObLG FamRZ 2003, 1968); Betreuerbestellung ohne ausreichendes **Gutachten** (OLG Hamm FamRZ 2024, 204); Unterbringung ohne Bestellung eines eigentlich erforderlichen **Verfahrenspflegers,** wenn der Betroffene zu einer Willensäußerung außerstande ist (OLG München RPfleger 2005, 429); Unterbringung/Betreuerbestellung nach grob verfahrensfehlerhafter oder unterlassener **Anhörung** (OLG Brandenburg BeckRS 2022, 27875, Beschl. v. 11.8.2022 – 10 UF 26/22); wenn Ermittlungen nicht durchgeführt worden sind, zu denen nach dem Sachverhalt Anlass bestand (OLG Schleswig FGPrax 2013, 214), wenn die erstinstanzliche Entscheidung durch einen befangenen Richter getroffen wurde, was auch erst in der Beschwerdeinstanz festgestellt werden kann (OLG Frankfurt a. M. BeckRS 2022, 5379, Beschl. v. 17.3.2022 – 3 UF 215/21).

b) Aufwendige Beweisaufnahme. Eine Zurückverweisung ist nur zulässig, 10
wenn neben dem schweren Verfahrensmangel zur Herbeiführung der Entscheidungsreife noch eine umfangreiche oder aufwendige Beweisaufnahme notwendig ist. Diese Entscheidung liegt im pflichtgemäßen, nachprüfbaren Ermessen des Beschwerdegerichts. Hiervon ist insbesondere nicht auszugehen, wenn nur ein – leicht zu erreichender – Zeuge oder ein Sachverständiger zu vernehmen oder ein Sachverständigengutachten einzuholen ist (Sternal/Sternal FamFG Rn. 26).

c) Antrag eines Beteiligten. Nach Abs. 1 S. 3 letzter Hs. ist eine Zurückver- 11
weisung nur zulässig, wenn diese (von mindestens einem Beteiligten) beantragt wird. Der Antrag kann hilfsweise gestellt werden (OLG Frankfurt a. M. BeckRS 2003, 05669). Im **Umkehrschluss** bedeutet dies, dass, wenn sämtliche Beteiligten nichts Gegenteiliges äußern, das Beschwerdegericht auch bei wesentlichen Verfahrensmängeln abschließend entscheiden muss, selbst wenn dies eine umfangreiche und aufwendige Beweisaufnahme notwendig macht.

4. Bindung des erstinstanzlichen Gerichts (S. 4)

Nach Zurückverweisung ist das Ausgangsgericht unter Beachtung der rechtli- 12
chen Beurteilung des Beschwerdegerichts zur neuen Entscheidung verpflichtet (Abs. 1 S. 4). Es wird so an die der Aufhebung zugrundeliegende Rechtsauffassung des Beschwerdegerichts gebunden, auch wenn es diese für unrichtig hält. Nur die **rechtliche Beurteilung** des Beschwerdegerichts entfaltet die Bindungswirkung, nicht aber die Erfahrungssätze oder die zugrunde gelegten Tatsachen, auf denen die Beschwerdeentscheidung beruht. Daher hat das Beschwerdegericht auch in den Gründen der zurückverweisenden Entscheidung die notwendigen Richtlinien für die neue Entscheidung des Erstgerichts zu geben. Gegen die daraufhin erfolgende Entscheidung des Erstgerichts ist erneut die Beschwerde gegeben, wobei dann das Beschwerdegericht auch an seine in der Zurückverweisungsentscheidung aufgestellten Grundsätze gebunden ist (Selbstbindung des Rechtsmittelgerichts; BayObLG BeckRS 2021, 53950, Beschl. v. 14.9.2021 – 102 ZBR 68/21). Etwas anderes gilt nur, wenn sich inzwischen die Tatsachen verändert haben oder nicht dasselbe Verfahren erneut in die Rechtsmittelinstanz gelangt (Sternal/Sternal FamFG Rn. 27). Das **Verschlechterungsverbot** (→ Rn. 6) für den Beschwerdeführer gilt jedenfalls in Amtsermittlungsverfahren **nicht** für die Vorinstanz,

wenn die Sache vom Beschwerdegericht zurückverwiesen wird (Sternal/Sternal FamFG Rn. 44).

IV. Beschluss (Abs. 2 und 3)

1. Beschluss

13 Abs. 3 erklärt den dritten Abschnitt des FamFG (§§ 38–48) für anwendbar und stellt damit insbesondere klar, dass die Entscheidung durch Beschluss zu ergehen hat, der zu **begründen** (Abs. 2) und mit einer **Rechtsmittelbelehrung** (§ 39) zu versehen ist. Der Beschluss hat eine **Beschlussformel** (mit **Kostenentscheidung** §§ 81, 84) zu enthalten, die ggf. einen Ausspruch über die Zulassung der Rechtsbeschwerde (nach § 70) einschließen muss. Die Wirksamkeit richtet sich nach § 40, die Bekanntgabe nach § 41. Der Beschluss ist nach der Maßgabe des § 41 Abs. 1 S. 2 zuzustellen (BGH BtPrax 2017, 114). Auch im Beschwerdeverfahren kann eine Anhörungsrüge nach § 44 erhoben werden (vgl. Kommentierung zu § 44).

2. Begründung

14 Die Begründung einer Beschwerdeentscheidung ist nach Abs. 2 ausnahmslos erforderlich. Der Umfang der Begründung richtet sich nach den jeweiligen Besonderheiten des Einzelfalls (BGH BeckRS 2012, 24547). Eine Beschwerdeentscheidung muss, sofern gegen sie eine Rechtsbeschwerde statthaft ist, eine vollständige, klare Darstellung des Sachverhalts unter Anführung der Gründe, aus denen die entscheidungsrelevanten Tatsachen für erwiesen erachtet wurden oder nicht, sowie die Rechtsanwendung auf den festgestellten Sachverhalt enthalten. Enthält der Beschluss keine tatsächlichen Feststellungen, ist das Rechtsbeschwerdegericht zu einer rechtlichen Überprüfung nicht in der Lage und die Beschwerdeentscheidung ist bereits aus diesem Grunde aufzuheben (BGH FamRZ 2021, 1989). Die Gründe der Entscheidung müssen also den **Sachverhalt,** über den entschieden wurde, vollständig und klar wiedergeben unter Ausführung der Argumente, aus denen eine Tatsache für erwiesen erachtet wurde oder nicht. Ausführungen des Beschwerdegerichts, die keine rechtliche Überprüfung ermöglichen, begründen einen Verfahrensmangel, der von Amts wegen zu berücksichtigen ist und die Aufhebung der Beschwerdeentscheidung durch das Rechtsbeschwerdegericht nach sich zieht (BGH BeckRS 2021, 11582, Beschl. v. 23.3.2021 – XIII ZB 24/20). Daneben muss die Begründung auch die **Rechtsanwendung** auf den festgestellten Sachverhalt enthalten, dh eine Zusammenfassung der Erwägungen, auf denen die Entscheidung in tatsächlicher und rechtlicher Hinsicht beruht (Sternal/Sternal FamFG Rn. 63). Es muss also möglich sein, die Anwendung des Rechts auf den festgestellten Sachverhalt nachzuprüfen (BGH FamRZ 2017, 227). Folgt das Beschwerdegericht dem Untergericht im Ergebnis und in der Begründung, genügt es nicht, die Beschwerde „aus den zutreffenden Gründen der angefochtenen Entscheidung" zurückzuweisen. Vielmehr muss die Begründung so ausführlich gehalten sein, dass ein mögliches Rechtsbeschwerdegericht feststellen kann, ob die Beweisunterlagen sachgemäß und erschöpfend geprüft wurden und ob das dem Beschwerdegericht zugestandene Ermessen ordnungsgemäß ausgeübt wurde (BGH BeckRS 2012, 11669; Sternal/Sternal FamFG Rn. 64). Zu einer vollständigen Begründung gehört, dass aus ihr hervorgeht, dass die **wesentlichen**

Behauptungen und Beweisangebote des Beschwerdeführers gewürdigt worden sind. Das ist dann **nicht** der Fall, wenn die Entscheidung den für festgestellt erachteten Sachverhalt gar nicht oder nur undeutlich erkennen lässt und es insbesondere an Tatsachen fehlt, die unter das Gesetz subsumiert werden können, so dass die Richtigkeit des gefundenen Ergebnisses vom Rechtsbeschwerdegericht nicht nachgeprüft werden kann (BayObLG FamRZ 1998, 1327). Die Beschwerdeentscheidung muss zB auch eine Begründung darüber enthalten, warum vom Grundsatz der Vorschrift des § 329 Abs. 2 S. 2 (bei **Unterbringungen** mit einer Gesamtdauer von mehr als vier Jahren soll das Gericht keinen Sachverständigen bestellen, der den Betroffenen bisher behandelt oder begutachtet hat) abgewichen wurde (BayObLG BtPrax 2005, 68). Ergibt sich die entsprechende Sachkunde des **Gutachters** nicht ohne weiteres, so muss auch diese begründet werden (BGH BtPrax 2013, 250); das Gutachten darf nicht kritiklos übernommen werden (Sternal/Sternal FamFG § 68 Rn. 122).

V. Beschlussformel

Verwerfung der Beschwerde (unzulässig): 15

„Die Beschwerde des/der …… vom …… gegen den Beschluss des Amtsgerichts …… vom …… wird verworfen. (Kosten nach §§ 81, 84)"

Zurückweisung der Beschwerde (unbegründet):

„Die Beschwerde des/der …… vom …… gegen den Beschluss des Amtsgerichts …… vom …… wird zurückgewiesen. (Kosten nach §§ 81, 84)"

Ersatzloses Stattgeben der Beschwerde:

„Auf die Beschwerde des/der… vom …… wird der Beschluss des Amtsgerichts …… vom …… aufgehoben. (Kosten nach §§ 81, 84)."

Stattgeben der Beschwerde mit eigener Sachentscheidung:

„Auf die Beschwerde des/der… vom …… wird der Beschluss des Amtsgerichts …… vom …… wie folgt abgeändert: (anderweitige Sachentscheidung). (Kosten nach §§ 81, 84)."

Teilweise Stattgeben der Beschwerde:

„Auf die Beschwerde des/der… vom …… wird der Beschluss des Amtsgerichts …… vom …… aufgehoben, soweit ……. Die weitergehende Beschwerde wird zurückgewiesen. (Kosten nach §§ 81, 84)."

Zurückverweisung:

„Auf die Beschwerde des/der… vom …… wird der Beschluss des Amtsgerichts …… vom …… aufgehoben. Das Verfahren wird zur erneuten Bearbeitung und Entscheidung an das Amtsgericht …… zurückverwiesen, dem auch die Entscheidung über die Kosten der Beschwerde übertragen wird."

Bei allen Entscheidungen ist der Zusatz möglich:

„Die Rechtsbeschwerde wird zugelassen."

Unterabschnitt 2. Rechtsbeschwerde

§ 70 Statthaftigkeit der Rechtsbeschwerde

(1) **Die Rechtsbeschwerde eines Beteiligten ist statthaft, wenn sie das Beschwerdegericht oder das Oberlandesgericht im ersten Rechtszug in dem Beschluss zugelassen hat.**

(2) [1]**Die Rechtsbeschwerde ist zuzulassen, wenn**
1. **die Rechtssache grundsätzliche Bedeutung hat oder**
2. **die Fortbildung des Rechts oder die Sicherung einer einheitlichen Rechtsprechung eine Entscheidung des Rechtsbeschwerdegerichts erfordert.**

[2]**Das Rechtsbeschwerdegericht ist an die Zulassung gebunden.**

(3) [1]**Die Rechtsbeschwerde gegen einen Beschluss des Beschwerdegerichts ist ohne Zulassung statthaft in**
1. **Betreuungssachen zur Bestellung eines Betreuers, zur Aufhebung einer Betreuung, zur Anordnung oder Aufhebung eines Einwilligungsvorbehalts,**
2. **Unterbringungssachen und Verfahren nach § 151 Nr. 6 und 7 sowie**
3. **Freiheitsentziehungssachen.**
4. [2]**In den Fällen des Satzes 1 Nr. 2 und 3 gilt dies nur, wenn sich die Rechtsbeschwerde gegen den Beschluss richtet, der die Unterbringungsmaßnahme oder die Freiheitsentziehung anordnet.** [3]**In den Fällen des Satzes 1 Nummer 3 ist die Rechtsbeschwerde abweichend von Satz 2 auch dann ohne Zulassung statthaft, wenn sie sich gegen den eine freiheitsentziehende Maßnahme ablehnenden oder zurückweisenden Beschluss in den in § 417 Absatz 2 Satz 2 Nummer 5 genannten Verfahren richtet.**

(4) **Gegen einen Beschluss im Verfahren über die Anordnung, Abänderung oder Aufhebung einer einstweiligen Anordnung oder eines Arrests findet die Rechtsbeschwerde nicht statt.**

§ 71 Frist und Form der Rechtsbeschwerde

(1) [1]**Die Rechtsbeschwerde ist binnen einer Frist von einem Monat nach der schriftlichen Bekanntgabe des Beschlusses durch Einreichen einer Beschwerdeschrift bei dem Rechtsbeschwerdegericht einzulegen.** [2]**Die Rechtsbeschwerdeschrift muss enthalten:**
1. **die Bezeichnung des Beschlusses, gegen den die Rechtsbeschwerde gerichtet wird und**
2. **die Erklärung, dass gegen diesen Beschluss Rechtsbeschwerde eingelegt werde.**

[3]**Die Rechtsbeschwerdeschrift ist zu unterschreiben.** [4]**Mit der Rechtsbeschwerdeschrift soll eine Ausfertigung oder beglaubigte Abschrift des angefochtenen Beschlusses vorgelegt werden.**

(2) [1]**Die Rechtsbeschwerde ist, sofern die Beschwerdeschrift keine Begründung enthält, binnen einer Frist von einem Monat zu begründen.** [2]**Die Frist beginnt mit der schriftlichen Bekanntgabe des angefochtenen**

Beschlusses. [3]§ 551 Abs. 2 Satz 5 und 6 der Zivilprozessordnung gilt entsprechend.

(3) **Die Begründung der Rechtsbeschwerde muss enthalten:**
1. **die Erklärung, inwieweit der Beschluss angefochten und dessen Aufhebung beantragt werde (Rechtsbeschwerdeanträge);**
2. **die Angabe der Rechtsbeschwerdegründe, und zwar**
   a) **die bestimmte Bezeichnung der Umstände, aus denen sich die Rechtsverletzung ergibt;**
   b) **soweit die Rechtsbeschwerde darauf gestützt wird, dass das Gesetz in Bezug auf das Verfahren verletzt sei, die Bezeichnung der Tatsachen, die den Mangel ergeben.**

(4) **Die Rechtsbeschwerde- und die Begründungsschrift sind den anderen Beteiligten bekannt zu geben.**

§ 72 Gründe der Rechtsbeschwerde

(1) **[1]Die Rechtsbeschwerde kann nur darauf gestützt werden, dass die angefochtene Entscheidung auf einer Verletzung des Rechts beruht. [2]Das Recht ist verletzt, wenn eine Rechtsnorm nicht oder nicht richtig angewendet worden ist.**

(2) **Die Rechtsbeschwerde kann nicht darauf gestützt werden, dass das Gericht des ersten Rechtszugs seine Zuständigkeit zu Unrecht angenommen hat.**

(3) **Die §§ 547, 556 und 560 der Zivilprozessordnung gelten entsprechend.**

I. Rechtsbeschwerdevorschriften

§ 70 regelt die **Statthaftigkeit** der Rechtsbeschwerde. Die dritte Instanz soll im Grundsatz ausschließlich mit Fällen befasst werden, an deren Entscheidung ein allgemeines, über den Einzelfall hinausgehendes Interesse besteht. In **§ 71** werden **Form** und **Frist** der Rechtsbeschwerde und in **§ 72** die **Gründe,** auf denen eine Rechtsbeschwerde beruhen kann, geregelt. Die Rechtsbeschwerde ist nur gegen **Endentscheidungen** (→ FamFG § 58 Rn. 4), nicht aber gegen Zwischenentscheidungen wie eine Nichtabhilfeentscheidung zulässig (BGH FamRZ 2021, 372). 1

Das FamFG hat die weitere Beschwerde zum Oberlandesgericht abgeschafft und durch die **zulassungsabhängige** Rechtsbeschwerde zum **Bundesgerichtshof** (§ 133 GVG) ersetzt. Die Rechtsbeschwerde ist von dem Beschwerdegericht zuzulassen, wenn nicht ausnahmsweise – wie bei Betreuungs- und Unterbringungssachen – eine Rechtsbeschwerde zulassungsfrei möglich ist (→ Rn. 4).

II. Statthaftigkeit der Rechtsbeschwerde

1. Ausdrückliche Zulassung (§ 70 Abs. 1)

Die Rechtsbeschwerde hängt gemäß § 70 Abs. 1, außer in den Fällen des Abs. 3, davon ab, dass sie vom OLG als Eingangsgericht oder vom Beschwerdegericht **zugelassen** worden ist. Über die Zulassung hat das **Beschwerdegericht** 2 von Amts wegen zu entscheiden. Eines entsprechenden Antrags der Beteiligten bedarf es nicht. Die Entscheidung über die Zulassung muss ausdrücklich erfolgen, daher stellt eine Rechtsmittelbelehrung, die fälschlicherweise darauf hinweist, dass gegen den Beschluss das Rechtsmittel der Rechtsbeschwerde stattfinde, keine Entscheidung über die Zulassung der Rechtsbeschwerde dar (BGH BeckRS 2023, 16318, Beschl. v. 17.5.2023 – 3 ZA 1/21; BtPrax 2019, 114; BeckRS 2014, 00399; FamRZ 2011, 1728). Eine im Beschwerdebeschluss unterbliebene Zulassung der Rechtsbeschwerde kann nicht durch einen Ergänzungsbeschluss nachgeholt werden (BGH BtPrax 2014, 225). Lässt das Beschwerdegericht auf eine **Gegenvorstellung** hin die Rechtsbeschwerde nachträglich zu, ohne festzustellen, dass seine ursprüngliche Entscheidung, die Rechtsbeschwerde nicht zuzulassen, objektiv willkürlich gewesen wäre oder den Instanzenzug unzumutbar und in sachlich nicht zu rechtfertigender Weise verkürzt hätte, ist die Zulassungsentscheidung verfahrensfehlerhaft ergangen und bindet das Rechtsbeschwerdegericht nicht (BGH FamRZ 2024, 684; FamRZ 2023, 1646; FamRZ 2018, 936). Denn eine nachträgliche Zulassung holt in diesem Fall keine unterbliebene Entscheidung nach, sondern sie widerspricht der bereits getroffenen Entscheidung und ändert diese ab (zur Zulassung der Rechtsbeschwerde im Wege der Anhörungsrüge → FamFG § 44 Rn. 2). Gegen eine Nichtzulassung gibt es kein Rechtsmittel, das FamFG kennt **keine Nichtzulassungsbeschwerde** (BGH BeckRS 2024, 35615; BeckRS 2023, 16318). Vgl. zur unterbliebenen Zulassung → FamFG § 61 Rn. 7. Vgl. zur Zulassung der Rechtsbeschwerde in selbständigen Nebenverfahren bei einstweiligen Anordnungen → Rn. 5.

2. Zulassungsgründe (§ 70 Abs. 2)

3 Nach § 70 Abs. 2 ist die Rechtsbeschwerde nur bei Vorliegen der in den Nr. 1 und 2 genannten Voraussetzungen zuzulassen, wenn dies wegen grundsätzlicher Bedeutung der Rechtssache zur Rechtsfortbildung oder Rechtsvereinheitlichung geboten erscheint (→ FamFG § 61 Rn. 3–6). Für die Zulassung einer Rechtsbeschwerde wegen grundsätzlicher Bedeutung ist kein Raum, wenn die Rechtslage vom Bundesgerichtshof bereits entschieden ist (LG Köln BeckRS 2012, 25478). Eine Sache hat **grundsätzliche Bedeutung** nach Abs. 2 S. 1 Nr. 1, wenn sie klärungsbedürftig ist, dh Rechtsfragen aufwirft, deren Beantwortung zweifelhaft ist oder zu denen unterschiedliche Auffassungen vertreten werden und die noch nicht hinreichend höchstrichterlich geklärt sind (BVerfG BeckRS 2022, 32862, Beschl. v. 21.9.2022 – 1 BvR 1349/20). Zur **Fortbildung des Rechts** nach Abs. 2 S. 1 Nr. 2 1. Alt. ist eine Zulassung der Rechtsbeschwerde dann angezeigt, wenn der Einzelfall dazu Veranlassung gibt, Leitsätze für die Auslegung von Gesetzesbestimmungen des materiellen oder formellen Rechts aufzustellen oder Gesetzeslücken auszufüllen. Ein solcher Anlass besteht dann, wenn der Streitfall eine verallgemeinerungsfähige rechtliche Frage aufwirft, die sich voraussichtlich in einer Vielzahl von künftigen vergleichbaren Fällen stellen wird und für deren rechtliche Beurteilung eine richtungsweisende Orientierungshilfe ganz oder teilweise fehlt (BGH FamRZ 2024, 684). Zur Sicherung einer **einheitlichen Rechtsprechung** Abs. 2 S. 1 Nr. 2 2. Alt. zählen die Fälle, in denen das Gericht in einer Rechtsfrage von einer obergerichtlichen Entscheidung abweicht (Divergenz).

Das Rechtsbeschwerdegericht (in betreuungsrechtlicher Hinsicht ist dies der BGH) ist an die Zulassung gebunden (Abs. 2 S. 2; → FamFG § 61 Rn. 7). Das Rechtsbeschwerdegericht hat somit bei zugelassener Rechtsbeschwerde in der

Sache zu entscheiden, auch wenn seines Erachtens die Gründe für die Zulassung der Rechtsbeschwerde nicht vorliegen (BGH BeckRS 2023, 39940, Beschl. v. 15.11.2023 – XII ZB 575/21); es kann in diesem Fall den Weg des § 74a gehen (einstimmiger Zurückweisungsbeschluss: Sternal/Göbel FamFG § 70 Rn. 46). Allerdings eröffnet eine (unzutreffende) Zulassung der Rechtsbeschwerde kein Rechtsmittel gegen eine unanfechtbare Entscheidung des Beschwerdegerichts (BGH FamRZ 2012, 1204). Entsprechendes gilt, wenn bereits die erstinstanzliche Entscheidung von Gesetzes wegen nicht anfechtbar war (BGH FamRZ 2012, 1204).

III. Zulassungsfreie Rechtsbeschwerde in Betreuungs- und Unterbringungssachen (§ 70 Abs. 3) und einstweilige Anordnungen (§ 70 Abs. 4)

§ 70 Abs. 3 gewährt die Verbesserung des Rechtsschutzes in bestimmten **Betreuungssachen** sowie in **Unterbringungs**- und **Freiheitsentziehungssachen.** Wenn durch eine gerichtliche Entscheidung in **höchstpersönliche Rechte** des Beteiligten eingegriffen wird oder freiheitsentziehende Maßnahmen angeordnet werden, steht mit Abs. 3 eine weitere Überprüfungsinstanz ohne weitere Zulassungsvoraussetzungen zur Verfügung. Dieses wird in sämtlichen Betreuungs- und Unterbringungssachen – mit Ausnahme der einstweiligen Anordnungen – durch die zulassungsfreie Rechtsbeschwerde zum Bundesgerichtshof (§ 133 GVG) gewährleistet. 4

Danach ist in folgenden Fällen **ohne vorherige Zulassung** die Rechtsbeschwerde zum **BGH** möglich – was bei den entsprechenden Angelegenheiten jeweils auch gilt, wenn die **Hauptsache erledigt** ist und nur noch eine Entscheidung nach § 62 zu ergeben hat (BGH FamRZ 2023, 474; FamRZ 2021 462) –:

- Nr. 1: bei **Betreuungssachen** (iSd § 271 Nr. 1 und 2; → § 271 Rn. 3): ua bei Betreuerbestellung, Anordnung eines Einwilligungsvorbehalts (BGH FamRZ 2018, 1533), Verlängerung (BGH BtPrax 2015, 155; BtPrax 2010, 276) oder Aufhebung einer **Betreuung** oder eines **Einwilligungsvorbehalts.** Als Betreuungs- und nicht als Unterbringungssache iSd Nr. 1 ist auch eine Unterbringung nach § 284 anzusehen (→ FamFG § 284 Rn. 9). Gegen eine die Bestellung eines Betreuers **ablehnende** Beschwerdeentscheidung ist die zulassungsfreie Rechtsbeschwerde ebenfalls statthaft (BGH FamRZ 2021, 1729; FamRZ 2018, 1935; BtPrax 2014, 135). Im Verfahren über die Verlängerung einer Betreuung ist die Rechtsbeschwerde auch dann zulassungsfrei, wenn sich der Betroffene nicht gegen die Verlängerung der Betreuung als solche, sondern nur gegen die Auswahl des Betreuers wendet (BGH BtPrax 2010, 276). Die Bestellung eines **Ergänzungsbetreuers** (BGH FamRZ 2013, 369), die **Entlassung** des bisherigen Betreuers (BGH BeckRS 2016, 11942; BtPrax 2012, 39; 2011, 212) und der isolierte **Betreuerwechsel** (BGH FamRZ 2018, 1533; BtPrax 2012, 207) werden nicht von den § 70 Abs. 3 S. 1 Nr. 1 erfasst, weshalb in diesen Fällen eine zulassungsfreie Rechtsbeschwerde **nicht statthaft** ist (anders bei Bestellung eines **Verhinderungsbetreuers:** BGH FamRZ 2026, 64). Ebenfalls nicht zulassungsfrei ist die Entscheidung über die Entlassung eines Betreuers gemäß § 1868 Abs. 1 BGB und die damit korrespondierende Bestellung eines neuen Betreuers nach § 1869 BGB, da hierdurch der Bestand der Betreuung unberührt bleibt (BGH BeckRS 2016, 11942). Entsprechendes –

keine zulassungsfreie Rechtsbeschwerde – gilt für einen Beschluss, durch den ein gegen ein Mitglied des Beschwerdegerichts gerichtetes Befangenheitsgesuch zurückgewiesen wird (BGH FamRZ 2012, 619) oder bei Ablehnung der Verfahrensbeteiligung nach § 274 Abs. 4 Nr. 1 (BGH FamRZ 2011, 966; BtPrax 2011, 80), bei Vergütungsfestsetzung (BGH BtPrax 2012, 162) und bei betreuungsgerichtlichen Zuweisungssachen nach § 340 (BGH FamRZ 2018, 1935).
- Nr. 2: bei **Unterbringungssachen** (§ 312 Nr. 1–4): Das sind gerichtliche Maßnahmen, die die Anordnung oder Verlängerung von Unterbringungen nach § 1831 Abs. 1 BGB (§ 312 Nr. 1), von freiheitsentziehenden Maßnahmen nach § 1831 Abs. 4 BGB (§ 312 Nr. 2), von ärztlichen Zwangsmaßnahmen (§ 312 Nr. 3; BGH FamRZ 2018, 1947; FamRZ 2017, 2056; BtPrax 2015, 204) nach § 1832 BGB und von Unterbringungen nach den Landesgesetzen über die Unterbringung psychisch Kranker betreffen (§ 312 Nr. 4). **Nicht** erfasst sind Ablehnungen (BGH BtPrax 2019, 114; BtPrax 2014, 171) oder Aufhebungen (§ 70 Abs. 3 S. 2). Ebenfalls nicht ohne Zulassung zulässig ist die Rechtsbeschwerde des Betroffenen gegen einen Beschluss in einer Unterbringungssache, mit dem das Beschwerdegericht die Sache an das erstinstanzliche Gericht **zurückverweist** (BGH BtPrax 2015, 201). Die ebenfalls in Nr. 2 genannten Kindschaftssachen, die Unterbringungen zum Gegenstand haben (§ 151 Nr. 6 und 7), sind für das Betreuungsrecht nicht einschlägig. Zulassungsfreiheit besteht auch, wenn sich eine Unterbringungssache **erledigt** hat (BGH BtPrax 2014, 137).
- Nr. 3: bei **Freiheitsentziehungssachen** (nach §§ 415 ff.).

5 Bei **einstweiligen Anordnungen** ist nach § 70 **Abs. 4** eine Rechtsbeschwerde **nicht statthaft;** dazu gehören auch Entscheidungen über einstweilige Anordnungen in Betreuungs-, Unterbringungs- und Freiheitsentziehungssachen (BGH BeckRS 2012, 09851). Eine gleichwohl erfolgte Zulassungsentscheidung nach Abs. 1 entfaltet keine Wirkungen (BGH BtPrax 2020, 66; Sternal/Göbel FamFG § 70 Rn. 46). Wird in einer Unterbringungssache die amtsgerichtliche Entscheidung fälschlicherweise als einstweilige Anordnung bezeichnet, steht Abs. 4 der Statthaftigkeit der Rechtsbeschwerde nicht entgegen (BGH BtPrax 2016, 194). Und umgekehrt gilt, wurde eine einstweilige Anordnung in einer Unterbringungssache in der zugestellten Ausfertigung fälschlicherweise nicht als solche bezeichnet, ist die Rechtsbeschwerde nach Abs. 4 gleichwohl nicht statthaft (BGH BtPrax 2015, 205). Abs. 4 schließt die Rechtsbeschwerde und deren Zulassung nach Abs. 1 nur für das Verfahren über die einstweilige Anordnung selbst, nicht aber für selbständige Nebenverfahren wie das zugehörige Verfahrenskostenhilfeverfahren (BGH BeckRS 2020, 14462), das Kostenfestsetzungsverfahren (BGH FamRZ 2017, 643) oder die Entschädigungsfestsetzung für den Verfahrenspfleger (BGH FamRZ 2021, 886) aus, wenn in diesen Fällen die Rechtsbeschwerde zugelassen wurde.

IV. Form und Frist der Rechtsbeschwerde (§ 71)

§ 71 regelt Frist, Form und Begründung der Rechtsbeschwerde. Nicht jeder kann Rechtsbeschwerde einlegen. Es bedarf einer Rechtsbeschwerdebefugnis. Zur Einlegung der Rechtsbeschwerde ist ein Beteiligter des Verfahrens befugt; dies kann ein Muss- oder ein hinzugezogener Kann-Beteiligter sein (BGH BeckRS 2024, 8515, Beschl. v. 20.2.2024 – XIII ZB 42/21; BGH FamRZ 2023, 1655).

Die Rechtsbeschwerdebefugnis kann jedoch grundsätzlich nur dann bejaht werden, wenn der Rechtsbeschwerdeführer in seinen Rechten beeinträchtigt (§ 59 Abs. 1 FamFG) oder ausnahmsweise – wie etwa in § 303 Abs. 2 – eine Beschwerdeführung im fremden Interesse zugelassen ist (BGH FamRZ 2023, 1655). Einlegen (im Sinne einer Rechtsbeschwerdeberechtigung) kann die Rechtsbeschwerde derjenige, der durch die **Beschwerdeentscheidung beschwert** ist (→ § 59 Rn. 5 ff.). Einer Rechtsbeschwerdeberechtigung steht nicht entgegen, dass der Betroffene seine Beschwerde in der Beschwerdeinstanz zurückgenommen hat, wenn er durch die Beschwerdeentscheidung beschwert ist (BGH BtPrax 2021, 31). **§ 303 Abs. 2** gilt weitestgehend für die **Rechtsbeschwerdeberechtigung** analog. Der Beteiligte hat eine Rechtsbeschwerdeberechtigung, wenn die erstinstanzliche Entscheidung auf die Beschwerde des Betroffenen oder eines anderen Beteiligten geändert wird. Etwas anderes gilt allerdings, wenn der Beteiligte selbst **keine Erstbeschwerde** geführt hat, nunmehr aber die den amtsgerichtlichen Beschluss durch Verwerfung oder Zurückweisung der Beschwerde eines Dritten **bestätigende** Beschwerdeentscheidung mit der Rechtsbeschwerde angreifen möchte. In diesem Fall fehlt dem Beteiligten die Rechtsbeschwerdebefugnis, da die erstinstanzliche Entscheidung keine inhaltliche Abänderung durch das Beschwerdegericht erfährt (BGH FamRZ 2021, 228). Eine Rechtsbeschwerdeberechtigung wird auch für Beteiligte nach **§ 303 Abs. 4** uneingeschränkt angenommen (BGH FamRZ 2021, 228).

1. Frist (§ 71 Abs. 1 S. 1)

Die Rechtsbeschwerde ist binnen einer nicht verlängerbaren **Notfrist** (Sternal/ 6
Göbel FamFG § 71 Rn. 5) von **einem Monat** nach der schriftlichen Bekanntgabe (es kommt auf die tatsächliche wirksame Bewirkung der Bekanntgabe an) des Beschlusses durch Einreichen einer Rechtsbeschwerdeschrift bei dem **Rechtsbeschwerdegericht (BGH)** einzulegen. § 71 enthält keine Regelung für den Fall, dass eine Bekanntgabe an einen Beteiligten ganz unterblieben ist. Hier ist davon auszugehen, dass die Frist erst mit der tatsächlichen Bekanntgabe beginnt und nicht durch die fünf Monatsfrist des § 569 Abs. 1 S. 2 ZPO eingeschränkt wird (str., wie hier Prütting/Helms/Abramenko FamFG § 71 Rn. 6; offenlassend BGH NJW-RR 2012, 961). Die Rechtsbeschwerde kann in Betreuungs- und Unterbringungssachen entgegen §§ 305, 336 **nicht** auch bei dem Amtsgericht eingelegt werden, in dessen Bezirk der Betroffene untergebracht ist. Dies stellt keine Verkürzung des Rechtsschutzes des Untergebrachten dar, da auch andere Betroffene die Beschwerde schriftlich durch einen beim BGH zugelassenen Rechtsanwalt einlegen müssen (Sternal/Göbel FamFG § 71 Rn. 4). Der Gesetzgeber hat der Einlegung bei dem Rechtsbeschwerdegericht den Vorrang gegeben, weil allein dieses Gericht mit der Sachentscheidung befasst ist. Eine **Abhilfebefugnis** des Beschwerdegerichts besteht **nicht** (BT-Drs. 16/6308, 209). Vgl. iÜ zur Frist → FamFG § 63 Rn. 6.

Die Frist zur Einlegung der Rechtsbeschwerde beträgt für die **Staatskasse** in analoger Anwendung des § 304 Abs. 2 drei Monate (BGH FamRZ 2017, 758).

Sprungrechtsbeschwerde: Mit Wirkung zum 1.1.2013 wurde durch das Gesetz zur Einführung einer Rechtsbehelfsbelehrung im Zivilprozess und zur Änderung anderer Vorschriften § 75 Abs. 2, der die Sprungrechtsbeschwerde regelt, ergänzt. Durch die Einfügung des § 75 Abs. 2 S. 1 wird ein **Gleichlauf der Rechtsmittelfristen** für die Beschwerde und die Sprungrechtsbeschwerde erreicht. Dadurch wird verhindert, dass die auf zwei Wochen verkürzte Beschwerdefrist des § 63 Abs. 2 wegen der sich aus § 71 Abs. 1 S. 1 ergebenden Monatsfrist, die auch für die Sprungrechtsbeschwerde gilt, praktisch leerläuft. Die Rechtskraft kann nunmehr in den betreffenden Fällen unmittelbar nach Ablauf der verkürzten Beschwerdefrist des § 63 Abs. 2 bescheinigt werden. Zuvor war dies nur möglich, wenn die Erklärung eines Beteiligten vorlag, nicht in die Übergehung der Beschwerdeinstanz (also nicht in die Sprungrechtsbeschwerde) einzuwilligen. Eine solche Erklärung ist seit der Neuregelung des § 75 Abs. 2 entbehrlich (BR-Drs. 308/12, 29).

2. Form (§ 71 Abs. 1 S. 2–4)

7 Vgl. zum notwendigen Inhalt der Rechtsbeschwerdeschrift → FamFG § 64 Rn. 4. Sie ist in elektronischer Form nach § 14b einzureichen (→ FamFG § 64 Rn. 3; OLG Frankfurt a. M. FamRZ 2024, 159; Sternal/Sternal FamFG § 14b Rn. 11). Die Rechtsbeschwerdeschrift muss die Bezeichnung des angefochtenen Beschlusses sowie die Erklärung enthalten, dass Rechtsbeschwerde gegen diesen Beschluss eingelegt wird (BGH FamRZ 2023, 1983). Sie muss unterschrieben sein (S. 3). Grundsätzlich kann sich der Betroffene in einem Verfahren vor dem **BGH** nicht selbst vertreten, sondern er muss sich, mit wenigen Ausnahmen (Verfahren über Ausschließung und Ablehnung von Gerichtspersonen und über Verfahrenskostenhilfe), von einem dort **zugelassenen Rechtsanwalt** vertreten lassen (§ 10 Abs. 4 S. 1; BGH BtPrax 2015, 112; BtPrax 2010, 234). Insbesondere kann der Betroffene die Rechtsbeschwerdeschrift **nicht** selbst unterschreiben, sondern dies muss durch einen dort zugelassenen Rechtsanwalt geschehen. Zu den Vertretungsverhältnissen der Betreuungsbehörde vor dem BGH vgl. § 10 Abs. 4 S. 2. Anders als der Betreuer ist der Verfahrenspfleger nicht gesetzlicher Vertreter des Betroffenen, dieser kann daher nicht mit Wirkung für den Betroffenen einen Rechtsanwalt mit der Einlegung einer Rechtsbeschwerde beauftragen und ihm eine entsprechende Verfahrensvollmacht erteilen (BGH BtPrax 2015, 112). Der Rechtsmittelführer muss aus der Rechtsmittelschrift selbst oder in Verbindung mit sonstigen Unterlagen oder Umständen zweifelsfrei erkennbar sein oder jedenfalls bis zum Ablauf der Rechtsmittelfrist erkennbar werden (BGH FamRZ 2023, 1983).

Gemäß Abs. 1 S. 4 soll der Rechtsbeschwerdeschrift eine Ausfertigung oder beglaubigte Abschrift der angefochtenen Entscheidung beigefügt werden. Dies dient dazu, das Rechtsbeschwerdegericht möglichst frühzeitig über den Inhalt der angegriffenen Entscheidung zu informieren. Hierbei handelt es sich um eine reine **Ordnungsvorschrift,** deren Nichteinhaltung **keine prozessualen Nachteile** nach sich zieht (BT-Drs. 16/6308, 209).

3. Begründungspflicht der Rechtsbeschwerde (§ 71 Abs. 2 und 3)

8 **§ 71 Abs. 2** sieht für die Rechtsbeschwerde eine Begründungspflicht vor. Die Begründungsfrist der Rechtsbeschwerde beträgt, wie bei der Einlegung der Rechtsbeschwerde, **einen Monat** (§ 71 Abs. 2 S. 1) ab schriftlicher Bekanntgabe des angefochtenen Beschlusses. Die Frist ist keine Notfrist und nach Maßgabe des § 551 Abs. 2 S. 5 und 6 ZPO auf Antrag verlängerbar.

Die Rechtsbeschwerdebegründung ist, wie die Rechtsbeschwerde selbst, in elektronischer Form nach § 14b einzureichen (→ FamFG § 64 Rn. 3; OLG

Frankfurt a. M. FamRZ 2024, 159; Sternal/Sternal FamFG § 14b Rn. 11). Die Rechtsbeschwerdebegründung muss einen konkreten **Rechtsbeschwerdeantrag** enthalten (§ 71 Abs. 3 Nr. 1). Damit hat der Rechtsbeschwerdeführer konkret zu bezeichnen, inwieweit die Beschwerdeentscheidung angefochten und ihre Abänderung beantragt wird. Es muss weiter im Einzelnen bezeichnet werden, aus welchen Umständen sich eine **Rechtsverletzung** ergibt und, soweit die Rechtsbeschwerde auf einen Verfahrensfehler gestützt wird, müssen die Tatsachen vorgetragen werden, aus denen sich der **Verfahrensmangel** ergibt (§ 71 Abs. 3 Nr. 2).

V. Gründe der Rechtsbeschwerde (§ 72)

Die Rechtsbeschwerde kann sich nur auf die in § 72 aufgeführten Gründe stützen, nämlich darauf, dass die angefochtene Entscheidung auf einer **Verletzung** des **formellen oder materiellen Rechts** beruht. Das Recht ist verletzt, wenn eine Rechtsnorm **nicht** oder **nicht richtig** angewendet worden ist. Unter verletztem „Recht" im Sinne des § 72 Abs. 1 sind Gesetze im materiellen Sinn zu verstehen. Das sind neben förmlichen Bundes- und Landesgesetzen somit auch Rechtsverordnungen. Die vom Tatrichter vorgenommene Beurteilung der Eignung einer Person als Betreuer kann im Rechtsbeschwerdeverfahren nur auf Rechtsfehler überprüft werden. Das ist dann der Fall, wenn der Tatrichter den unbestimmten Rechtsbegriff der Eignung verkennt, relevante Umstände in unvertretbarer Weise bewertet oder bei der Subsumtion wesentliche Umstände unberücksichtigt lässt (BGH BtPrax 2016, 29). Die Rechtsbeschwerde kann nur Erfolg haben, wenn die Entscheidung des Beschwerdegerichts auf der **Verletzung** des Rechts **beruht.** Das ist bei Verletzung **materieller Vorschriften** nur der Fall, wenn die Entscheidung ohne den Gesetzesverstoß im Ergebnis für den Rechtsbeschwerdeführer **günstiger** ausgefallen wäre. Eine solche Verletzung liegt vor, wenn das Beschwerdegericht eine auf den festgestellten Sachverhalt nach Maßgabe ihrer Tatbestandsmerkmale anzuwendende Norm nicht berücksichtigt hat, ebenso bei Interpretations- oder Subsumtionsfehlern oder bei Gültigkeitsirrtum (Sternal/Göbel FamFG § 72 Rn. 6). Bei Verletzung von **Verfahrensrecht** genügt die Möglichkeit, dass das Beschwerdegericht ohne den Verfahrensfehler zu einem anderen Ergebnis gelangt wäre (Sternal/Göbel FamFG § 72 Rn. 26). Ist die Entscheidung trotz der Rechtsverletzung aus anderen Gründen richtig, beruht sie nicht auf dieser. Ist ein Verfahrensfehler absoluter Revisionsgrund nach § 547 ZPO (zB wenn die Ausgangsentscheidung nicht begründet wurde, BGH FamRZ 2021, 1989), so wird seine Ursächlichkeit unwiderlegbar vermutet (Abs. 3; → FamFG § 69 Rn. 9). Das Vorbringen neuer Tatsachen und Beweise – also eine weitere **Tatsacheninstanz** – wird **nicht** eröffnet (Prütting/Helms/Abramenko FamFG § 72 Rn. 3). Eigene Ermittlungen durch das Rechtsbeschwerdegericht sind daher grundsätzlich ausgeschlossen. **Nicht** mit der Rechtsbeschwerde gerügt werden kann die **Zuständigkeit** des Ausgangsgerichts (§ 72 Abs. 2). 9

Abs. 3 erklärt neben § 547 ZPO auch §§ 556, 560 ZPO für entsprechend anwendbar. Damit ist ein Beschluss bei Vorliegen eines absoluten Revisionsgrundes nach § 547 ZPO auf die Rechtsbeschwerde hin aufzuheben. Wird in einer Anhörung die Öffentlichkeit (also eine nicht am Verfahren beteiligte Person) zugelassen, liegt darin ein absoluter Revisionsgrund (BGH BeckRS 2024, 10194, Beschl. v. 24.3.2024 – XIII ZB 29/21). Gemäß **§ 556 ZPO** kann eine Verfahrensverletzung dann nicht mehr geltend gemacht werden, wenn der Rechtsbeschwerdeführer sein Rügerecht bereits zuvor nach § 295 ZPO verloren hat. Auf bestimmte Verfahrensvorschriften, wie zB auf das Recht auf den gesetzlichen Richter (zu Proberichter als Einzelrichter entgegen § 68 Abs. 4 S. 1, BGH FGPrax 2025, 287) oder die Beachtung des Grundsatzes der Nichtöffentlichkeit kann der Betroffene allerdings nicht verzichten (Sternal/Göbel FamFG § 72 Rn. 51). Die entsprechende Anwendung des **§ 560 ZPO** bewirkt, dass das Rechtsbeschwerdegericht an die tatsächlichen Feststellungen des Beschwerdegerichts über das Bestehen und den Inhalt lokalen und ausländischen Rechts gebunden ist. In einer Betreuungssache kann das Rechtsbeschwerdegericht ausnahmsweise auch dann in der Sache entscheiden, wenn die Beschwerde eines Beteiligten zwar zu Unrecht als unzulässig verworfen worden ist, das Beschwerdegericht die Sache aber auf die Beschwerde eines anderen Beteiligten vollständig aufgeklärt hat und diese entscheidungsreif ist (BGH BtPrax 2021, 226).

Abschnitt 7. Kosten

§ 81 Grundsatz der Kostenpflicht

(1) [1]**Das Gericht kann die Kosten des Verfahrens nach billigem Ermessen den Beteiligten ganz oder zum Teil auferlegen.** [2]**Es kann auch anordnen, dass von der Erhebung der Kosten abzusehen ist.** [3]**In Familiensachen ist stets über die Kosten zu entscheiden.**

(2) **Das Gericht soll die Kosten des Verfahrens ganz oder teilweise einem Beteiligten auferlegen, wenn**

1. **der Beteiligte durch grobes Verschulden Anlass für das Verfahren gegeben hat;**
2. **der Antrag des Beteiligten von vornherein keine Aussicht auf Erfolg hatte und der Beteiligte dies erkennen musste;**
3. **der Beteiligte zu einer wesentlichen Tatsache schuldhaft unwahre Angaben gemacht hat;**
4. **der Beteiligte durch schuldhaftes Verletzen seiner Mitwirkungspflichten das Verfahren erheblich verzögert hat;**
5. **der Beteiligte einer richterlichen Anordnung zur Teilnahme an einem kostenfreien Informationsgespräch über Mediation oder über eine sonstige Möglichkeit der außergerichtlichen Konfliktbeilegung nach § 156 Absatz 1 Satz 3 oder einer richterlichen Anordnung zur Teilnahme an einer Beratung nach § 156 Absatz 1 Satz 4 nicht nachgekommen ist, sofern der Beteiligte dies nicht genügend entschuldigt hat.**

(3) **Einem minderjährigen Beteiligten können Kosten in Kindschaftssachen, die seine Person betreffen, nicht auferlegt werden.**

(4) **Einem Dritten können Kosten des Verfahrens nur auferlegt werden, soweit die Tätigkeit des Gerichts durch ihn veranlasst wurde und ihn ein grobes Verschulden trifft.**

(5) **Bundesrechtliche Vorschriften, die die Kostenpflicht abweichend regeln, bleiben unberührt.**

I. Anwendungsbereich

1. Keine Pflicht des Betreuungsgerichts zur Entscheidung über die Gerichtskosten

Nach der früher durch das FGG geltenden Rechtslage (§ 13a FGG) musste das **Betreuungsgericht** in Betreuungs- und Unterbringungssachen keine **Kostenentscheidung** treffen, welche die Verpflichtung des Betroffenen regelte, ob und in welchem Umfang dieser die **Gerichtskosten** (Gebühren und Auslagen) zu tragen hatte. Eine allgemeine Verpflichtung des Gerichts zur Entscheidung über die Kosten (jedweder Art) folgt auch aus dem jetzt geltenden § 81 nicht. Trifft das Betreuungsgericht, wie in Betreuungs- und Unterbringungssachen üblich, **keine Entscheidung über die Verteilung** der Gerichtskosten, richtet sich diese nach den maßgeblichen Vorschriften des GNotKG. Nach § 81 kann das Betreuungsgericht bestimmen, dass die Kosten eines Beteiligten von einem anderen Beteiligten oder einem Dritten (Abs. 4) zu erstatten sind. In Betreuungssachen findet die Sonderregelung des **§ 307** Anwendung. 1

2. Betroffene Kosten

§ 81 regelt die **„Kosten des Verfahrens".** Diese setzen sich aus den Gerichtskosten (Gebühren und Auslagen zB für Gutachteneinholung usw.) sowie den außergerichtlichen Kosten des Beteiligten (zB Kosten des Verfahrensbevollmächtigten, Fahrtkosten, Verdienstausfall usw.) zusammen. Die Norm regelt allgemein, dass nicht nur die Erstattung der **außergerichtlichen Kosten,** sondern auch die Verteilung der **Gerichtskosten** nach billigem Ermessen erfolgt. 2

II. Kostentragung nach Abs. 1 und 2

Abs. 1 S. 1 eröffnet dem Gericht die Möglichkeit, den **Beteiligten** (vgl. § 274) die **Kosten des Verfahrens** nach billigem Ermessen aufzuerlegen, wodurch der Verfahrensausgang auch bei der Verteilung der gerichtlichen Kosten berücksichtigt werden kann. Gem. S. 2 kann das Gericht auch anordnen, dass von der Erhebung der Kosten abgesehen wird. Dies wird regelmäßig dann in Betracht kommen, wenn es nach dem Verlauf oder dem Ausgang des Verfahrens unbillig erscheint, die Beteiligten mit den Gerichtskosten zu belasten. Das Gericht kann auch, wie im Betreuungsrecht üblich, **keine** Kostenentscheidung treffen. Ein Erstattungsanspruch für außergerichtliche Kosten nach Abs. 1 setzt voraus, dass wenigstens zwei **Beteiligte** iSd § 274 am Verfahren tatsächlich teilgenommen und unterschiedliche Entscheidungen angestrebt haben. Das ist im Antragsverfahren dann der Fall, wenn der andere Beteiligte dem Antrag widerspricht, im Amtsverfahren dann, wenn entgegengesetzte Ziele oder Interessen erstrebt werden (Bumiller/Harders/Schwamb/Bumiller FamFG Rn. 8). Das könnte bei einem **Herausgabebegehren oder bei einem Umgangsbestimmungsverfahren** des Betreuten nach § 1834 Abs. 3 BGB der Fall sein. Ein **Rechtsschutzbedürfnis** fehlt allerdings, wenn ein Erstattungsberechtigter nicht mitgewirkt hat oder ihm keine erstattungsfähigen Kosten entstanden sind. 3

Beteiligte im Rechtssinne können neben rechtsfähigen Personen auch **Behörden** sein, soweit sie nicht nur Anregungen geben, sondern (zB über ein ausgeübtes 4

Beschwerderecht) sich formell am Verfahren beteiligen (vgl. Sternal/Weber FamFG Rn. 27 ff.).

1. Kostentragung nach billigem Ermessen (Abs. 1)

5 Eine Auferlegung der Kosten nach Abs. 1 kommt in Betracht, wenn dies nach dem Ermessen des Gerichts aufgrund der besonderen Umstände des Einzelfalls der **Billigkeit** entspricht. So ist es bei Vergütungsfestsetzungsstreitigkeiten von berufsmäßigen Betreuern angemessen, die Kosten bei Erfolglosigkeit ihres Rechtsmittels der **Staatskasse** aufzuerlegen, wenn diese auch formell am Verfahren beteiligt ist (OLG München BtPrax 2007, 257). Wie auch im Fall der **Erledigung** der Hauptsache (OLG Braunschweig FamRZ 2022, 740) ist bei einer Verfahrensbeendigung ohne Sachentscheidung eine Billigkeitsentscheidung nach **dem bisherigen Verfahrensstand** – ohne weitere Ermittlungen und abschließende Prüfung schwieriger Rechtsfragen – zu beschließen (OLG München BtPrax 2009, 122). Dies gilt auch für erledigte Unterbringungsverfahren (OLG München BtPrax 2008, 77). Die **Weigerung** eines Betroffenen zu Gesprächen mit Behörden und Gerichten im Betreuungsverfahren kann nicht dazu führen, dem Betroffenen die Rechtsmittelkosten aufzuerlegen (BGH BtPrax 2018, 154). Bei der **Zurücknahme** eines **Rechtsmittels** entspricht es regelmäßig der Billigkeit, dass der Antragsteller des Rechtsmittelverfahrens die einem anderen Beteiligten dadurch entstandenen Kosten erstattet. Es können jedoch besondere Umstände – wie Austragung eines Familienstreits – eine andere Beurteilung rechtfertigen (BayObLG FamRZ 2001, 1405; OLG Köln FGPrax 2005, 76). Daneben führt auch ein unbegründetes **Rechtsmittel** zur Kostenerstattungspflicht (§ 84); allerdings ist ein Rechtsmittel, das zur teilweisen Aufhebung der Betreuung führt, nicht erfolglos im Sinne des § 84 (BGH BtPrax 2018, 154). Einem **Verfahrenspfleger** können wegen der Regelung des § 277 Abs. 5 bzw. wegen § 276 Abs. 8 keine Kosten nach Abs. 1 auferlegt werden (BGH FamRZ 2022, 123).

2. Kostentragung wegen groben Verschuldens (Abs. 2)

6 Durch Abs. 2 wird das Ermessen des Gerichts aus Abs. 1 eingeschränkt. Einem Beteiligten eines Betreuungsverfahrens sollen die Kosten nach Abs. 2 auferlegt werden, namentlich wenn dieser Beteiligte durch **grobes** Verschulden Anlass für das Verfahren gegeben hat **(Nr. 1),** wenn er zu einer wesentlichen Tatsache **schuldhaft** unwahre Angaben gemacht hat **(Nr. 3),** wenn er durch **schuldhaftes** Verletzen seiner Mitwirkungspflichten das Verfahren erheblich verzögert hat **(Nr. 4)** oder wenn der Antrag des Beteiligten von vornherein keine Aussicht auf Erfolg hatte und der Beteiligte dies **erkennen** musste **(Nr. 2).** Ein **grobes Verschulden** oder ein **schuldhaftes Verhalten** in diesem Sinn liegt vor, wenn eine ungewöhnlich große Sorgfaltsverletzung im Verfahren oder in Bezug auf den Verfahrensgegenstand gegeben ist (OLG Brandenburg FamRZ 1996, 496; LG Koblenz BtPrax 1998, 190). Ein grobes Verschulden verlangt daher Vorsatz oder in ungewöhnlich großem Maß eine Außerachtlassung der nach den Umständen erforderlichen Sorgfalt im Sinne einer Nichtbeachtung dessen, was jedem einleuchten muss (LG Berlin BtPrax 2008, 275). Dies kann in falschem, unzureichendem oder verspätetem Sachvortrag liegen. Dazu gehören auch Sachverständigenkosten, die durch Nichtvorlage einer Vorsorgevollmacht – trotz Aufforderung durch das Gericht – entstanden sind (AG Sinzig FamRZ 2006, 146). Ordnet das Betreuungsgericht die Erstattung von Kosten des Betroffenen an, so sind der

Erstattungspflichtige und der Betroffene Gesamtschuldner nach §§ 23 Nr. 1, 27 Nr. 1, 32 GNotKG. Einem **Verfahrenspfleger** können wegen der Regelung des § 277 Abs. 5 auch keine Kosten nach Abs. 2 auferlegt werden (BGH FamRZ 2022, 123).

III. Kostenauferlegung auf einen Dritten (Abs. 4)

Einem nicht am Verfahren beteiligten **Dritten** (vgl. § 274 zu den Beteiligten eines Verfahrens), wie Nachbarn, Altenheime, nicht beteiligte Verwandte, Behörden, können nach billigem Ermessen die notwendigen Auslagen des Betroffenen und die Gerichtskosten auferlegt werden, wenn er die Tätigkeit des Gerichts **veranlasst** hat. Für Betreuungs- und Unterbringungssachen bestehen mit §§ 307 und 337 Sonderregelungen. Eine Kostentragungspflicht besteht für den Dritten jedoch nur, wenn ihn ein **grobes Verschulden** trifft. Das wird dann der Fall sein, wenn falsche Tatsachenbehauptungen oder leichtfertige Übertreibungen bzw. entstellende Anregungen vorgenommen wurden. Dabei ist zu beachten, dass das Mitverantwortungsgefühl Dritter nicht durch ein Kostenrisiko gebremst werden soll. Die Beteiligung des Betreuers am Beschwerdeverfahren erfolgt grundsätzlich im Rahmen der Betreuertätigkeit. Weder der Betroffene noch der Betreuer können diese Kosten von dem im Beschwerdeverfahren zur Tragung der außergerichtlichen Kosten Verpflichteten erstattet verlangen (LG München I NJWE-FER 1999, 98). Die Kosten eines Betreuungsverfahrens können einer **Bank** als Drittem nach Abs. 4 auferlegt werden, wenn diese sich ohne triftigen Grund weigert, eine Vorsorgevollmacht anzuerkennen (LG Hamburg BtPrax 2018, 79; LG Mainz BeckRS 2020, 5650; AG Altötting BeckRS 2020, 40593). Entsprechendes gilt für ein **Krankenhaus,** das trotz Vorliegens einer Vorsorgevollmacht, an deren Wirksamkeit keine Zweifel bestehen, ein Betreuungsverfahren anregt (AG Erfurt BeckRS 2020, 46069). 7

IV. Bundesrechtliche Vorschriften (Abs. 5)

Abs. 5 stellt klar, dass kostenrechtliche Sondervorschriften, wie zB die nach § 307 für Betreuungssachen oder § 337 für Unterbringungssachen von dieser Norm unberührt bleiben. 8

V. Isolierte Anfechtbarkeit

Insbesondere aus Abs. 2 und der daraus resultierenden möglichen Abweichung der Sachentscheidung von der Kostenentscheidung folgt, dass die Kostenentscheidung in analoger Anwendung der §§ 58 ff. mit der befristeten Beschwerde **isoliert** – und nicht nur zusammen mit der Hauptsacheentscheidung – **anfechtbar** ist (→ FamFG § 58 Rn. 12; BT-Drs. 16/6308, 168; BeckOK FamFG/Weber Rn. 38; Prütting/Helms/Feskorn FamFG Rn. 32). Eine ausdrückliche gesetzliche Regelung im FamFG hierzu fehlt allerdings. Erst recht ist eine isolierte Kostenentscheidung, die ohne Hauptsacheentscheidung ergeht (etwa nach Antragsrücknahme), isoliert anfechtbar (Sternal/Weber FamFG Rn. 60). 9

Abschnitt 9. Verfahren mit Auslandsbezug

Unterabschnitt 2. Internationale Zuständigkeit

§ 104 Betreuungs- und Unterbringungssachen; Pflegschaft für Erwachsene

(1) [1]**Die deutschen Gerichte sind zuständig, wenn der Betroffene oder der volljährige Pflegling**
1. Deutscher ist oder
2. seinen gewöhnlichen Aufenthalt im Inland hat
[2]**Die deutschen Gerichte sind ferner zuständig, soweit der Betroffene oder der volljährige Pflegling der Fürsorge durch ein deutsches Gericht bedarf.**

(2) **§ 99 Abs. 2 und 3 gilt entsprechend.**

(3) **Die Absätze 1 und 2 sind in Verfahren nach § 312 Nummer 4 nicht anzuwenden.**

I. Allgemeines

1 § 104 nimmt im Wesentlichen die Vorschriften der §§ 69e S. 1, 35b und 70 Abs. 4 FGG auf und trifft Regelungen im Bereich der **internationalen** Zuständigkeit in Betreuungs- und Unterbringungssachen. **Betreuungssachen** sind Verfahren nach § 271, dh Betreuerbestellungs-, Einwilligungsvorbehaltsanordnungs- und Aufhebungsverfahren sowie sämtliche Verfahren nach §§ 1814 bis 1881 BGB, außer nach §§ 1831, 1832 BGB. **Unterbringungssachen** sind Verfahren nach § 312 Nr. 1 bis 3, soweit sie Entscheidungen nach § 1831 Abs. 1–5 und nach § 1832 BGB betreffen. **Ausgenommen** ist jedoch nach **Abs. 3** die freiheitsentziehende Unterbringung eines Volljährigen nach den **Landesgesetzen** über die Unterbringung psychisch Kranker (§ 312 Nr. 4). Daneben gilt diese Vorschrift für alle **Pflegschaften** für Erwachsene (Sternal/Dimmler FamFG Rn. 1).

In bestimmten Staaten (zB Österreich, Frankreich, Schweiz, Finnland, Estland, Lettland, Tschechische Republik, Portugal usw.) ist das Haager Übereinkommen über den internationalen Schutz von Erwachsenen vom 13.1.2000 **(ESÜ)** zu beachten, welches für Deutschland am 1.1.2009 in Kraft getreten ist. Das ESÜ **geht der Zuständigkeitsregelung des § 104 FamFG vor** (LG Cottbus FamRZ 2018, 1693 für Österreich; LG Augsburg BtPrax 2018, 160 für die Tschechische Republik). Gemäß Art. 5 Abs. 1 ESÜ sind die Behörden des Landes, in dem der Erwachsene seinen **gewöhnlichen Aufenthalt** hat, zuständig. Bei einem Wechsel des gewöhnlichen Aufenthalts eines Erwachsenen in einen anderen Vertragsstaat (zB nach Österreich) sind die Behörden des Staates des neuen gewöhnlichen Aufenthalts zuständig (§ 5 Abs. 2 ESÜ). Darunter ist – abweichend von § 271 – der Ort zu verstehen, der Ausdruck einer gewissen sozialen Integration ist. Maßgeblich sind insbesondere die Dauer, die Regelmäßigkeit und die Umstände des Aufenthalts in einem Mitgliedstaat sowie die Gründe für diesen Aufenthalt und den Umzug in diesen Staat, die Staatsangehörigkeit, die Sprachkenntnisse sowie die sozialen Bindungen in dem betreffenden Staat (LG Augsburg BtPrax 2018, 160). Der Wechsel des gewöhnlichen Aufenthalts entzieht den Gerichten des vorherigen gewöhnlichen Aufenthalts unmittelbar die Zuständigkeit und zwingt sie, sich für unzuständig zu erklären.

Weil Deutschland Vertragsstaat des ausweislich § 97 vorrangig anzuwendenden ESÜ ist, bleibt für § 104 nur ein eher geringer Restanwendungsbereich (Prütting/Helms/Hau FamFG Rn. 16).

II. Internationale Zuständigkeit (Abs. 1)

2 Ein deutsches Betreuungsgericht ist in folgenden Fällen **international** zuständig, wobei die Zuständigkeiten **gleichrangig** (Bumiller/Harders/Schwamb/Bumiller FamFG § 99 Rn. 4) und **nicht ausschließlich** sind (MüKoFamFG/Rauscher Rn. 21):

1. Heimatzuständigkeit S. 1 Nr. 1

Der Betroffene besitzt die deutsche Staatsbürgerschaft und lebt im Ausland; bei mehreren Staatsbürgerschaften ist nach Art. 5 Abs. 1 S. 2 EGBGB die deutsche maßgebend (Sternal/Dimmler FamFG Rn. 7).

2. Aufenthaltszuständigkeit S. 1 Nr. 2

3 Der Betroffene hat seinen gewöhnlichen **Aufenthalt** im Inland. Ein schlichter Aufenthalt reicht dazu nicht aus (Sternal/Dimmler FamFG Rn. 8; zum Begriff des gewöhnlichen Aufenthalts → FamFG § 272 Rn. 4).

3. Fürsorgebedürfniszuständigkeit S. 2

4 Ergänzend dazu bestimmt S. 2 eine Zuständigkeit für Maßnahmen deutscher Gerichte, soweit der Betroffene einer **Fürsorge** bedarf (zum Begriff des Fürsorgebedürfnisses → § 272 Rn. 5). Ein Fürsorgebedürfnis kann zB dort entstehen, wo der Schutzbedürftige sich gerade aufhält oder wo dessen Vermögen belegen ist (Sternal/Dimmler FamFG Rn. 9).

III. Absehen von der Betreuerbestellung und Abgabe (Abs. 2 iVm § 99 Abs. 2 und 3)

Bei **Deutschen,** die im Ausland leben, gelten über § 99 besondere Regelungen:

1. Absehen von der Betreuerbestellung (Abs. 2 iVm § 99 Abs. 2)

5 Ist eine Zuständigkeit deutscher Gerichte gegeben, kann ausnahmsweise das deutsche Betreuungsgericht von einer **Betreuerbestellung** nach pflichtgemäßem Ermessen **absehen** (§ 99 Abs. 2), wenn in einem anderen Staat eine der deutschen Betreuung gleichwertige Rechtseinrichtung anhängig ist – also der Schutz und die Vorteile in gleichem Maß gewährt werden (Bumiller/Harders/Schwamb/Bumiller FamFG Rn. 9) – und vom deutschen Recht anerkannt wird und dies im Interesse des Betroffenen liegt (Sternal/Dimmler FamFG Rn. 10). Von **anderen Maßnahmen,** die im Rahmen der Fortführung der Betreuung getroffen werden müssen, kann das Gericht nicht absehen, wie sich aus der Verweisung auf die Anordnung

einer Maßnahme ergibt. Ist einmal ein Betreuer bestellt, ist die Betreuung fortzuführen, sofern nicht § 99 Abs. 3 (→ Rn. 6) greift. Wird im Inland ein Betreuer bestellt, wird eine im Ausland bestehende Betreuung für die deutsche Rechtsordnung unwirksam (Sternal/Dimmler FamFG Rn. 10).

2. Abgabe an ein ausländisches Gericht (Abs. 2 iVm § 99 Abs. 3)

6 Die **Abgabe** einer Betreuung an das **Gericht eines anderen Staates** sieht § 99 Abs. 3 vor, auf den Abs. 2 verweist. Voraussetzung ist, dass sowohl das deutsche Gericht als auch das Gericht des anderen Staats zuständig ist und im Inland bereits eine Betreuung besteht. Das aufnehmende Gericht muss international zuständig sein. Die Entscheidung muss im **Interesse** des Betroffenen liegen. Der Betreuer muss dieser Maßnahme **zustimmen** und der andere Staat muss sich – im Wege der Rechtshilfe – zur **Übernahme** bereit erklären. Zur Aufhebung der Betreuung ohne Zustimmung des ausländischen Gerichts: AG Elmshorn BeckRS 2023, 38091, Beschl. v. 28.3.2023 – 75 XVII 13843. Wird die Zustimmung durch den Betreuer (bei mehreren durch einen von ihnen) verweigert, so entscheidet anstelle des **Betreuungsgerichts** das im Instanzenzug übergeordnete Landgericht (nach Sternal/Dimmler FamFG Rn. 12, soll das Familiengericht zuständig sein). Dessen Entscheidung ist **unanfechtbar.** Vor der Abgabe ist nach § 4 Abs. 2 dem Betroffenen Gelegenheit zur Äußerung zu geben (Brosey/Lesting/Loer/Marschner BetreuungsR Rn. 403). Die Abgabe an das ausländische Gericht bewirkt die Beendigung der Betreuung, so dass bei einer eventuellen Rückgabe, die Betreuung erneut anzuordnen wäre (Bumiller/Harders/Schwamb/Bumiller FamFG § 99 Rn. 12). Allerdings ist bei Abgabe ins Ausland der Betreuer nach Erfüllung der ihm nach §§ 1872 ff. BGB obliegenden Aufgaben (vgl. die entsprechende Kommentierung zu §§ 1872 ff. BGB) ausdrücklich zu entlassen (Sternal/Dimmler FamFG Rn. 13). Vgl. Sternal/Giers FamFG § 272 Rn. 5, der eine Abgabe an das ausländische Gericht ablehnt.

IV. Rechtsmittel

7 Die Abgabe an ein ausländisches Gericht ist – trotz des gesetzgeberischen Schweigens hierzu mit der **Beschwerde** (→ FamFG § 58 Rn. 12) anfechtbar (s. Ausführungen zu → FamFG § 273 Rn. 14). Der Betreuer muss zwar der Abgabe zustimmen, bzw. seine Zustimmung wird unanfechtbar ersetzt (§§ 104 Abs. 2, 99 Abs. 3 S. 3), jedoch ist auch denkbar, dass der Betroffene oder dessen Verfahrenspfleger mit der Abgabe nicht einverstanden ist.

Buch 3. Verfahren in Betreuungs- und Unterbringungssachen

Abschnitt 1. Verfahren in Betreuungssachen

§ 271 Betreuungssachen

Betreuungssachen sind

1. **Verfahren zur Bestellung eines Betreuers und zur Aufhebung der Betreuung,**
2. **Verfahren zur Anordnung eines Einwilligungsvorbehalts sowie**
3. **sonstige Verfahren, die die rechtliche Betreuung eines Volljährigen (§§ 1814 bis 1881 des Bürgerlichen Gesetzbuchs) betreffen, soweit es sich nicht um eine Unterbringungssache handelt.**

I. Anwendungsbereich

Für Betreuungssachen (§ 271) finden die §§ 271 bis 311, für Unterbringungssachen (→ FamFG § 312 Rn. 2 ff.) die §§ 312 bis 339 Anwendung. 1

Zur internationalen Zuständigkeit → FamFG § 104 Rn. 1 ff.

II. Betreuungssachen

Die überwiegende Zahl der Verfahrensvorschriften bezieht sich auf die Bestellung eines Betreuers und die Anordnung eines Einwilligungsvorbehalts. Diese Verfahrensgegenstände sind nach Auffassung des Gesetzgebers von besonderer Bedeutung und werden daher an erster Stelle genannt. 2

Betreuungssachen sind nach **Nr. 1** Verfahren über die **Bestellung** eines Betreuers und die **Aufhebung** der Betreuung sowie nach **Nr. 2** Verfahren auf Anordnung eines Einwilligungsvorbehalts (§ 1825 BGB). 3

Darunter fallen ua folgende **Verfahren:**

- Betreuerbestellung (§§ 278 ff.), Verlängerung (§ 295; BGH BtPrax 2010, 276), Erweiterung (§ 293) und Einschränkung/Aufhebung (§ 294) von Betreuungsmaßnahmen und des Einwilligungsvorbehalts (§ 1871 BGB; BeckOK FamFG/Günter Rn. 5) → § 72 Rn. 4,
- sämtliche **einstweilige Anordnungen** (§§ 300 ff.) in den genannten Betreuungssachen (→ FamFG § 300 Rn. 2).

Betreuungssachen sind ferner gemäß **Nr. 3** Verfahren über die rechtliche Betreuung von Volljährigen, wie sie im BGB in Buch 4 Abschnitt 3 Titel 3, dh §§ 1814 bis 1881 BGB, beschrieben werden; ua: 4

- Verfahren bzw. Genehmigungen nach §§ 1829, 1830 und 1833 Abs. 3 BGB (nicht nach §§ 1831, 1832 BGB, hierfür sehen §§ 312 ff. gesonderte Regelungen vor; → Rn. 5),
- Bestellung eines Ergänzungsbetreuers (§ 1817 Abs. 5; BGH BtPrax 2013, 78), Bestellung eines weiteren Betreuers ohne Änderung des Aufgabenbereichs (§ 1817 BGB; § 296 FamFG),

- Verfahren über einen isolierten Betreuerwechsel (BGH BtPrax 2012, 207),
- Entlassung des Betreuers gemäß § 1868 BGB (und Neubestellung eines Betreuers in diesem Zusammenhang), soweit sie nicht die Aufhebung der Betreuung nach sich zieht (BGH BtPrax 2011, 212, BtPrax 2011, 128; FamRZ 2011, 1143),
- Entscheidungen nach §§ 1848 bis 1854 BGB,
- Verfahren über die Festsetzung von Aufwendungsersatz und Vergütung des Betreuers (§ 292; Sternal/Giers FamFG Rn. 4) oder des Verfahrenspflegers (§ 277),
- sämtliche einstweilige Anordnungen (§§ 300 ff.) und Maßnahmen nach § 1867 BGB (HK-BetreuungsR/Bučić FamFG § 271 Rn. 5) in den entsprechenden Betreuungssachen (→ FamFG § 300 Rn. 2).

5 Aufgrund der Ausnahmeregelung im letzten Halbsatz der Nr. 3 sind Verfahren über die **Unterbringung** des Betreuten nach **§ 1831** Abs. 1 bis 5 BGB, Verfahren über die Zwangsbehandlung nach § 1832 BGB und Verfahren nach § 1867 BGB, wenn durch diese eine Unterbringungsmaßnahme getroffen werden soll (§ 334), keine **Betreuungssachen.** Für diese gilt das Verfahren in Unterbringungssachen (§§ 312 ff.).

§ 272 Örtliche Zuständigkeit

(1) **Ausschließlich zuständig ist in dieser Rangfolge:**

1. **das Gericht, bei dem die Betreuung anhängig ist, wenn bereits ein Betreuer bestellt ist;**
2. **das Gericht, in dessen Bezirk der Betroffene seinen gewöhnlichen Aufenthalt hat;**
3. **das Gericht, in dessen Bezirk das Bedürfnis der Fürsorge hervortritt;**
4. **das Amtsgericht Schöneberg in Berlin, wenn der Betroffene Deutscher ist.**

(2) [1]**Für einstweilige Anordnungen nach § 300 oder vorläufige Maßregeln ist auch das Gericht zuständig, in dessen Bezirk das Bedürfnis der Fürsorge bekannt wird.** [2]**Es soll die angeordneten Maßregeln dem nach Absatz 1 Nr. 1, 2 oder Nr. 4 zuständigen Gericht mitteilen.**

I. Anwendungsbereich

1 § 272 trifft Regelungen zur **örtlichen** Zuständigkeit. Zur internationalen, sachlichen und funktionalen Zuständigkeit → Rn. 12.

Zur örtlichen Zuständigkeit sind zunächst im Allgemeinen Teil in § 2 Regelungen getroffen. § 272 regelt die örtliche Zuständigkeit speziell für Betreuungssachen, die in § 271 gesetzlich definiert sind (→ FamFG § 271 Rn. 2 ff.). Nicht in § 272 aufgenommen wurde die Anknüpfung an eine Erstbefassung des Gerichts, da diese bereits in § 2 Abs. 1 enthalten ist.

Für Verfahren nach § 1831 BGB, § 1832 BGB bzw. § 1867 BGB (wenn sie eine Unterbringungsmaßnahme anordnen) enthält § 313 eine Sonderregelung.

II. Örtliche Zuständigkeit für Betreuungssachen

2 **Abs. 1** schafft eine **ausschließliche** örtliche Zuständigkeit und gleichzeitig eine **verbindliche Rangfolge** mehrerer potentiell zuständiger Gerichte.

1. Zuständigkeit nach Abs. 1 Nr. 1: Betreuerbestellung

Zunächst ist örtlich nach **Abs. 1 Nr. 1** das Gericht zuständig, bei dem die Betreuung anhängig ist, wenn bereits ein Betreuer bestellt ist (Fortdauer der örtlichen Zuständigkeit). Ist für den Betroffenen bereits ein **Betreuer** bestellt, bleibt das Gericht, bei dem die Betreuung anhängig ist, auch für alle weiteren, die Betreuung betreffenden Angelegenheiten zuständig, um die Erkenntnisse des mit der Betreuung befassten Gerichts verwerten zu können. Es kommt dabei auf den Zeitpunkt der Betreuerbestellung (Sternal/Giers FamFG Rn. 2) und nicht allein auf die Anhängigkeit des Betreuungsverfahrens an. Bestellt ist ein Betreuer schon dann, wenn der Beschluss erlassen ist, nicht erst, wenn er nach § 287 wirksam geworden (Prütting/Helms/Fröschle FamFG Rn. 13; BeckOK FamFG/Günter Rn. 4; HK-BetreuungsR/Bučić FamFG § 272 Rn. 4) oder nach § 288 bekannt gegeben worden ist. Trifft ein örtlich **unzuständiges** Betreuungsgericht, in dessen Bezirk das Bedürfnis der Fürsorge bekannt wurde **(Abs. 2),** nicht lediglich Eilmaßnahmen, sondern bestellt endgültig einen Betreuer, wird es allein hierdurch aufgrund Abs. 1 Nr. 1 für weitere, die Betreuung betreffende Verrichtungen zuständig (OLG München BtPrax 2007, 267). In diesem Fall besteht jedoch die Möglichkeit der Abgabe an das örtlich zuständige Betreuungsgericht, sofern die Voraussetzungen hierfür (§§ 4, 273) gegeben sind. 3

2. Zuständigkeit nach Abs. 1 Nr. 2: gewöhnlicher Aufenthalt

Ist noch kein Betreuer bestellt, richtet sich die örtliche Zuständigkeit regelmäßig zunächst nach **Abs. 1 Nr. 2.** Der gewöhnliche Aufenthalt des Betroffenen im Inland begründet, ohne Rücksicht auf die Staatsangehörigkeit, die örtliche Zuständigkeit nach Nr. 2. 4

Die Begründung eines **gewöhnlichen Aufenthalts** ist ein rein tatsächlicher Vorgang, der im Gegensatz zu der Begründung des Wohnsitzes, keinen rechtsgeschäftlichen Begründungswillen voraussetzt. Er befindet sich dort, wo der Betroffene für längere Zeit den tatsächlichen **Mittelpunkt der Lebensführung** hat; es kommt somit darauf an, an welchem Ort der Betroffene den Schwerpunkt seiner Bindungen hat (Sternal/Giers FamFG Rn. 3; OLG Brandenburg BeckRS 2024, 19451, Beschl. v. 26.7.2024 – 1 AR 19/24). Der gewöhnliche Aufenthalt an einem Ort wird begründet, wenn sich aus den Umständen ergibt, dass der Aufenthalt dort auf eine längere Zeit angelegt ist und der neue Aufenthaltsort anstelle des bisherigen der Lebensmittelpunkt (OLG Frankfurt a. M. BeckRS 2023, 14937, Beschl. v. 17.2.2023 – 20 UH 1/23; OLG Stuttgart FGPrax 2011, 326) bzw. künftig der Daseinsmittelpunkt sein soll (OLG Köln BtPrax 2018, 78). Er fehlt bei „schlichtem Aufenthalt" (Bumiller/Harders/Schwamb/Bumiller FamFG Rn. 5), während der Durchreise und bei vorübergehender Anwesenheit (zB bei kurzen Reisen, kurzer Auslandsarbeit, kürzerem Klinikaufenthalt, kürzerer Strafhaft). Wo der Betroffene gemeldet ist, ist ein Indiz, aber nicht ausschlaggebend (Jox/Fröschle Rn. 11; OLG Brandenburg BeckRS 2024, 19451, Beschl. v. 26.7.2024 – 1 AR 19/24). Während ein erst kurzer Aufenthalt ausreicht, wenn er **auf Dauer** angelegt ist, wird regelmäßig kein gewöhnlicher Aufenthalt begründet, wenn er von vornherein nur als vorübergehend, wenn auch für längere Zeit, angelegt ist (z.B. Internatsaufenthalt: BGH FamRZ 1975, 272; Wehrdienst: OLG Hamm FamRZ 1989, 1331, Rehabilitationsklinikaufenthalt: BayObLG RPfleger 1993, 63; OLG Karlsruhe FamRZ 1996, 1341; OLG Stuttgart FamRZ 1997, 438). **Anders** kann es sein, wenn bei mehrjährigem Klinikaufenthalt lediglich eine abstrakte, jedoch keine konkrete Rückkehrmöglichkeit besteht (BayObLG BtPrax 2003, 132; OLG Köln BtPrax 2018, 78). Allein das zwangsweise Verbringen (zB Strafhaft, Untersuchungshaft, Unterbringung in einem psychiatrischen Krankenhaus) begründet zwar nicht ohne weiteres einen gewöhnlichen Aufenthalt an dem jeweiligen Ort (OLG Oldenburg FGPrax 2014, 212; OLG Köln FamRZ 1996, 946). Etwas anderes gilt bei einem längeren Verbleiben an diesem Ort, da der Betroffene während der Verbüßung einer längeren Strafhaft neben seinem Lebensmittelpunkt in der Vollzugsanstalt keinen anderen tatsächlichen Lebensmittelpunkt hat (BGH BtPrax 2012, 65); das gilt erst recht, wenn die frühere Wohnung/der Platz in einer Wohneinrichtung aufgegeben wurde (OLG Brandenburg BeckRS 2023, 25296, Beschl. v. 10.8.2023 – 1 AR 22/23; OLG München BtPrax 2007, 29). Liegen die Voraussetzungen für die Abgabe des Betreuungsverfahrens insgesamt nicht vor, ist bei untergebrachten Betreuten über eine isolierte Abgabe der Unterbringungssache nach § 314 FamFG nachzudenken (OLG Karlsruhe BeckRS 2014, 17735). Ausnahmsweise sind auch mehrere gewöhnliche Aufenthalte denkbar (KG FamRZ 1983, 603). Wenn ein Betreuter **ohne festen Wohnsitz** seinen Lebensmittelpunkt ohne Rückkehrabsicht in eine andere Stadt verlagert, kann das Betreuungsverfahren an das dortige Betreuungsgericht abgegeben werden (OLG Brandenburg BeckRS 2024, 19451, Beschl. v. 26.7.2024 – 1 AR 19/24; OLG Köln FGPrax 2006, 162).

3. Zuständigkeit nach Abs. 1 Nr. 3: Fürsorgebedürfnis

5 Ist kein Betreuer bestellt und hat der Betroffene im **Inland** auch keinen gewöhnlichen Aufenthalt oder führen die Ermittlungen nicht zur Feststellung eines inländischen Aufenthalts (spätere Feststellung lässt die Zuständigkeit unberührt), ist das Gericht zuständig, in dem ein **Fürsorgebedürfnis** hervortritt. Das ist dort der Fall, wo das tatsächliche Regelungsbedürfnis der konkreten Betreuungsmaßnahme entsteht, zB:

– in Grundstücksangelegenheiten der Gerichtsbezirk, in dem das Grundstück liegt (OLG München FamRZ 2011, 399);
– in anderen Vermögensangelegenheiten der Ort, an dem eine Angelegenheit zu regeln ist (Geschäft, Fabrik);
– in personensorgerechtlichen Fragen der tatsächliche Aufenthaltsort (Krankenhaus, Unterbringungsanstalt; vorübergehendes Wohnen bei Bekannten mit der Absicht neuer Wohnsitzbegründung, wenn Betreuerbestellung zu prüfen ist; BT-Drs. 11/4528, 169).

Reicht eine vom Betroffenen erteilte Vollmacht nicht zur Verfügung über die Immobilie aus und wird deshalb eine Betreuerbestellung notwendig, kann das Fürsorgebedürfnis auch an dem Ort entstehen, an dem der unzureichend Bevollmächtigte einen inländischen gewöhnlichen Aufenthalt hat (OLG München FamRZ 2011, 399). Zur Begründung der Zuständigkeit genügt es bereits, dass das Bestehen eines Fürsorgebedürfnisses möglich ist (Prütting/Helms/Fröschle FamFG Rn. 9). Kommen mehrere Orte für eine Zuständigkeit nach dem Bedürfnis der Fürsorge in Betracht, ist das Gericht zuständig, welches als erstes mit der Sache befasst wurde, § 2 Abs. 1 (OLG München FamRZ 2011, 399).

4. Auffangzuständigkeit nach Abs. 1 Nr. 4

6 Fehlt eine Zuständigkeit nach den Nr. 1 bis 3, so ist für Personen mit deutscher Staatsbürgerschaft das **Amtsgericht Schöneberg** zuständig. Die Regelung

betrifft im Wesentlichen Deutsche, die im Ausland leben (Sternal/Giers FamFG Rn. 5). Zur Abgabemöglichkeit → FamFG § 273 Rn. 13 (KG FGPrax 1995, 61 zur alten Rechtslage). Verbringen deutsche Staatsangehörige unter Aufgabe ihres Lebensmittelpunkts in Deutschland ihren Lebensabend im Ausland, ist in Betreuungssachen grundsätzlich das AG Schöneberg nach Nr. 4 zuständig (OLG Köln BtPrax 2018, 78). Zur internationalen Zuständigkeit → FamFG § 104 Rn. 1 ff.

III. Örtliche Zuständigkeit für Eilmaßnahmen (Abs. 2)

Neben dem nach Abs. 1 zuständig bleibenden Amtsgericht (OLG Hamm BeckRS 2016, 17276) begründet Abs. 2 für Eilmaßnahmen eine weitere Zuständigkeit des Gerichts, in dessen Bezirk ein **Fürsorgebedürfnis** (→ Rn. 5) bekannt wird; es handelt sich um folgende Eilmaßnahmen: 7

- **Einstweilige Anordnungen** nach § 300; hierzu gehören auch ohne ausdrückliche gesetzliche Nennung einstweilige Anordnungen bei gesteigerter Dringlichkeit nach § 301, die lediglich ein Unterfall der einstweiligen Anordnung ohne gesteigerte Dringlichkeit sind, sowie sämtliche einstweiligen Anordnungen nach § 49, in den dem Betreuungsgericht zugewiesenen Verfahren (Sternal/Giers FamFG Rn. 6),
- Vorläufige Maßnahmen bei **Personen ohne deutsche Staatsbürgerschaft** (EGBGB Art. 24 Abs. 3),
- Einstweilige Maßnahmen nach **§ 1867 BGB.**

Der Ort, an dem das Fürsorgebedürfnis bekannt wird, kann auch dort sein, wo sich der Betroffene zur Zeit der Gutachtenerstattung befindet (BayObLG FamRZ 1996, 304 und 485).

Eine vorrangige Zuständigkeit des Eilgerichts auch für das Hauptsacheverfahren ergibt sich weder aus einer zwischenzeitlichen Änderung des gewöhnlichen Aufenthaltsorts, noch daraus, dass das Eilgericht als erstes Gericht mit der Sache befasst war (OLG Hamm NJW-RR 2007, 157). Anders allerdings, wenn das Eilgericht nicht nur Eilmaßnahmen, sondern auch weitere Maßnahmen, wie die Bestellung eines endgültigen Betreuers, trifft; → Rn. 3. 8

Wenn sich ein Fürsorgebedürfnis ergibt, darf das Eilgericht die Maßnahmen **nicht** im Hinblick auf die parallel bestehende Zuständigkeit des Hauptsachegerichts ablehnen (Sternal/Giers FamFG Rn. 8).

Die Zuständigkeit nach Abs. 2 **endet** mit **Wegfall** des Fürsorgebedürfnisses (die erforderliche vorläufige Maßnahme ist getroffen, BayObLG RPfleger 1996, 454, oder wenn das Fürsorgebedürfnis aus anderen Gründen entfallen ist, OLG Hamm NJW-RR 2007, 157) oder dem Tätigwerden des zuständigen Gerichts (Brosey/Lesting/Loer/Marschner BetreuungsR Rn. 404). Die Maßnahme der Bestellung eines vorläufigen Betreuers ist erst dann abgeschlossen, wenn der Betroffene **angehört** wurde (im Fall des § 300 vor Erlass und im Fall des § 301 unverzüglich nach Erlass der einstweiligen Anordnung) und wenn der **Betreuer** gemäß § 289 auch mündlich **verpflichtet** wurde und ihm der nach § 290 vorgeschriebene **Betreuerausweis** ausgehändigt wurde (OLG Frankfurt a. M. FGPrax 2004, 287). Das Eilgericht hat nach Erledigung sämtlicher durch die Dringlichkeit des Falles gebotenen Maßnahmen dem nach Abs. 1 allgemein zuständigen Gericht den Vorgang zu übersenden. Letzteres ist verpflichtet, das Verfahren fortzuführen (OLG Hamm BeckRS 2016, 17276; NJW-RR 2007, 157; OLG Frankfurt a. M. NJW-RR 2013, 1160; FamRZ 2012, 1240). Für ein

Abgabeverfahren nach §§ 4, 273 ist kein Raum. Daher ist eine Zuständigkeitsbestimmung durch das obere Gericht nach § 5 abzulehnen, wenn sich das Eilgericht und das Hauptsachegericht nach Erledigung sämtlicher durch die Dringlichkeit des Falles gebotenen Maßnahmen nicht über den Verbleib der vom Eilgericht über die einstweilige Anordnung angelegten Akte verständigen können (OLG Frankfurt a. M. FamRZ 2012, 1240). Hat das Eilgericht im Rahmen seiner Eilzuständigkeit sämtliche durch die Dringlichkeit des Falles gebotenen Maßnahmen einschließlich der Veranlassung der Verpflichtung des vorläufigen Betreuers und der Aushändigung der Bestellungsurkunde erledigt und hält der Betroffene sich nach der Krankenhausentlassung nicht mehr in dessen Bezirk auf, so ist das für den gewöhnlichen Aufenthalt des Betroffenen zuständige Betreuungsgericht zur Fortführung des vorläufigen Betreuungsverfahrens verpflichtet (OLG Frankfurt a. M. FGPrax 2013, 214). Die Abgabe eines durch Zeitablauf beendeten vorläufigen Betreuungsverfahrens durch das Eilgericht an das für den Wohnsitz des Betroffenen zuständige Gericht kommt nicht in Betracht, wenn dieses Betreuungsgericht das von ihm eingeleitete Verfahren bereits durch die Feststellung beendet hat, dass dort ein Betreuer nicht zu bestellen ist (OLG Frankfurt a. M. BtPrax 2013, 161). Die zum Abschluss des vorläufigen Betreuungsverfahrens erforderlichen Verrichtungen der Vergütung und Entgegennahme des Vermögensverzeichnisses obliegen in diesem Fall dem Eilgericht (OLG Frankfurt a. M. BtPrax 2013, 161).

Mit der Vornahme abweichender Regelungen des hauptzuständigen Gerichts, wozu auch die Möglichkeit der Abänderung nach § 48 gehört, werden die Maßnahmen des Eilgerichts gegenstandslos (Bumiller/Harders/Schwamb/Bumiller FamFG Rn. 11). Unter mehreren nach Abs. 2 zuständigen Gerichten wird das zuständig, welches zuerst in der Sache tätig geworden ist (§ 2).

9 Bis zur Übernahme durch das Hauptsachegericht ist bei Beschwerdeeinlegung das Eilgericht für eine Abhilfeentscheidung nach § 68 Abs. 1 zuständig. Zur Entscheidung über die **Beschwerde** gegen eine Verfügung des Eilgerichts ist das diesem übergeordnete Gericht zuständig (OLG Schleswig BeckRS 2021, 62778, Beschl. v. 17.6.2021 – 2 AR 18/21). Hat allerdings das hauptzuständige Gericht die Sache zur Fortführung **übernommen** und die Verfügung des Eilgerichts aufrechterhalten, ist für die Beschwerde das Landgericht, das dem Hauptgericht übergeordnet ist, zuständig.

10 Nach Abs. 2 S. 2 soll das aufgrund des Fürsorgebedürfnisses tätig gewordene Gericht das nach Abs. 1 Nr. 1, 2 oder 4 zuständige Gericht über eine Eilmaßnahme unterrichten.

IV. Zeitpunkt

11 Für die Beurteilung der Zuständigkeit kommt es auf den Zeitpunkt an, zu dem das Gericht (erstmals) mit der Angelegenheit befasst wird. Das ist im Antragsverfahren der Zeitpunkt in dem ein Antrag oder eine Anregung bei Gericht eingeht, im Amtsverfahren die amtliche Kenntnis von tatsächlichen Umständen, die ergeben, dass das Gericht tätig werden muss (Sternal/Giers FamFG Rn. 1). Eine einmal begründete Zuständigkeit bleibt bestehen, auch wenn sich ihre tatsächlichen Voraussetzungen ändern, wobei dies dann zur Abgabe des Verfahrens nach §§ 4, 273 führen kann (OLG Brandenburg FamRZ 1998, 109).

V. Sachliche, funktionale, internationale Zuständigkeit

Die **sachliche** Zuständigkeit des Amtsgerichts (Betreuungsgericht) ergibt sich aus § 23a Abs. 1 Nr. 2 und Abs. 2 Nr. 1, § 23c Abs. 1 GVG. Die **funktionale** Zuständigkeit innerhalb des Gerichts für Betreuungssachen und betreuungsgerichtliche Zuweisungssachen (unten → Rn. 14 und → § 340 Rn. 2–4) ist im RPflG geregelt: aus § 15 Abs. 1 Nr. 1–9 RPflG ergibt sich in diesem Bereich die funktionale Zuständigkeit des Richters (→ RPflG § 15 Rn. 13 ff.), aus § 3 Nr. 2b RPflG die des Rechtspflegers (→ RPflG § 15 Rn. 35 ff.). Zur bis zum 31.12.2017 geltenden Sonderregelung im württembergischen Raum → RPflG § 15 Rn. 57 f. Die **internationale** Zuständigkeit wird in § 104 ggf. iVm § 99 Abs. 2 und 3 (→ FamFG § 104 Rn. 2–6) bzw. im Haager Übereinkommen über den internationalen Schutz von Erwachsenen vom 13.1.2000 (ESÜ; → § 104 Rn. 1) geregelt. 12

VI. Sondervorschriften

Das Betreuungsgericht des § 272 ist über **§ 341** auch für Betreuerbestellungen in betreuungsgerichtlichen Zuweisungssachen (vgl. § 340) zuständig, also zB in den gesetzlich geregelten Sonderfällen, in denen zur Fortführung des jeweiligen behördlichen oder gerichtlichen Verfahrens eine Betreuerbestellung erforderlich wird (zB § 16 Abs. 2 VwVfG; § 81 Abs. 2 AO; § 15 Abs. 2 SGB X; § 85 Abs. 2 WDO; § 207 Abs. 1 BauGB; § 20 Abs. 6 WPO; § 119 Abs. 2 FlurbG). Vgl. die Kommentierung zu § 341. 13

§ 273 Abgabe bei Änderung des gewöhnlichen Aufenthalts

[1]Als wichtiger Grund für eine Abgabe im Sinne des § 4 Satz 1 ist es in der Regel anzusehen, wenn sich der gewöhnliche Aufenthalt des Betroffenen geändert hat und die Aufgaben des Betreuers im Wesentlichen am neuen Aufenthaltsort des Betroffenen zu erfüllen sind. [2]Der Änderung des gewöhnlichen Aufenthalts steht ein tatsächlicher Aufenthalt von mehr als einem Jahr an einem anderen Ort gleich.

I. Voraussetzungen der (nicht bindenden) Abgabe nach §§ 4, 273

1. Allgemeines

Da der Allgemeine Teil des FamFG auch für die Betreuungssachen gilt, ist für die Abgabe eines Verfahrens zunächst § 4 einschlägig. Dieser regelt die **nicht bindende** Abgabe einer Sache an ein anderes Gericht bei nach wie vor bestehender Zuständigkeit des angerufenen Gerichts (§ 3 regelt daneben die bindende Abgabe – **Verweisung** – unter bestimmten Voraussetzungen; → Rn. 11). 1

§ 273 ist nicht nur auf eine bereits erfolgte Betreuerbestellung anwendbar, sondern auch auf Verfahren, in welchem erst noch geprüft wird, ob eine Betreuung einzurichten ist (OLG Köln FamRZ 2015, 75).

Grundsätzlich ist § 273 auch auf in der **Beschwerdeinstanz** anhängige Verfahren anwendbar (OLG Brandenburg BeckRS 2023, 1590, Beschl. v. 19.1.2023 – 2

1 AR 3/23; OLG Schleswig BeckRS 2020, 42008). Zur Abgabemöglichkeit des Dauerverfahrens der Betreuung bzw. des Einzelverfahrens der Beschwerde vgl.: OLG Schleswig BeckRS 2021, 62778, Beschl. v. 17.6.2021 – 2 AR 18/21.

Grundsätzlich wird die einmal begründete örtliche Zuständigkeit durch den nachträglichen Wegfall der sie begründenden Umstände nicht berührt (§ 2 Abs. 2). Gleichwohl können Umstände vorliegen, die eine nicht bindende Abgabe an ein anderes Gericht nahelegen:

2. Wichtiger Grund

3 **§ 4 S. 1** sieht die Möglichkeit vor, ein Betreuungsverfahren unter bestimmten Voraussetzungen an ein anderes Gericht abzugeben, wenn die beiden Gerichte sich über die Abgabe verständigen. Voraussetzung für die Abgabe bleibt unverändert das Vorliegen eines **wichtigen Grundes.** Ein solcher liegt vor, wenn durch die Abgabe unter besonderer Berücksichtigung der **Interessen des Betroffenen** eine zweckmäßigere und leichtere Führung der Betreuung ermöglicht wird (OLG Koblenz FamRZ 2018, 1112; OLG Köln FamRZ 2015, 75). Soweit eine ausdrückliche gesetzliche Regelung für den wichtigen Grund nicht vorhanden ist, können die von der Rechtsprechung entwickelten Kriterien für das Vorliegen eines wichtigen Grundes unverändert Anwendung finden (BT-Drs. 16/6308, 176). Daher kann auch der **Aufenthaltswechsel** des Betreuten **für sich allein als wichtiger Grund** ausreichen, wenn die Interessen des Betreuten eine Abgabe des Verfahrens nahelegen.

In § 273 wird in Auslegung der §§ 4 und 5 ein **Regelfall** des „wichtigen Grundes" für den Bereich des Betreuungsrechts gesetzlich festgelegt (Prütting/Helms/Fröschle FamFG Rn. 3). Nach § 273 **S. 1** ist der **Regelfall** eines wichtigen Grundes iSd § 4 S. 1 gegeben, wenn sich der gewöhnliche Aufenthalt (→ FamFG § 272 Rn. 4) des Betreuten geändert hat (→ Rn. 4) **und** die Aufgaben des Betreuers im Wesentlichen am neuen Aufenthaltsort des Betreuten zu erfüllen sind (→ Rn. 5). Beide Voraussetzungen müssen **kumulativ** vorliegen (vgl. BayObLG NJW 1992, 1243; LG Stade RPfleger 1992, 157; Bienwald/Sonnenfeld/Mazur Rn. 8).

4 **a) Aufenthaltsänderung nach § 273.** Der gewöhnliche Aufenthalt an einem Ort wird begründet, wenn sich aus den Umständen ergibt, dass der Aufenthalt dort auf eine längere Zeit angelegt ist und der neue Aufenthaltsort anstelle des bisherigen der Lebensmittelpunkt sein soll (OLG Stuttgart FGPrax 2011, 326; im Weiteren → FamFG § 272 Rn. 4). Ist der Betroffene ohne eigene Wohnung, so kann bereits sein Aufenthalt als solcher die Abgabe eröffnen (OLG Brandenburg BeckRS 2024, 19451, Beschl. v. 26.7.2024 – 1 AR 19/24). Ein wichtiger Grund zur Abgabe liegt auch dann vor, wenn die tatsächliche **Entfernung** zwischen dem Gerichtsgebäude des bisher zuständigen Gerichts und dem neuen Wohnort des Betroffenen geringer ist als die vom Gerichtsgebäude des neuen Gerichts zum neuen Wohnort (OLG Hamm FGPrax 2010, 214).

Auch bei einem Aufenthalt von weniger als einem Jahr (ansonsten gilt S. 2) ist ein zuständigkeitsbegründender Tatbestand gegeben, wenn der Aufenthalt objektiv von gewisser Dauer oder subjektiv auf eine gewisse Dauer angelegt ist. Eine Mindestverweildauer hängt von den Umständen des Einzelfalls ab; von der Praxis wird eine Frist von sechs Monaten angenommen (OLG Koblenz FamRZ 2018, 1112). Bei einem Aufenthalt von weniger als einem Jahr sind – anders als bei S. 2 – immer die Einzelumstände zu prüfen. Ein viermonatiger Aufenthalt in einer geschlossenen Abteilung einer psychiatrischen Klinik oder einer Übergangseinrichtung (OLG Frankfurt a. M. BeckRS 2023, 14937, Beschl. v. 17.2.2023 – 20 UH 1/23) begründet noch keinen gewöhnlichen Aufenthalt, wenn der Betroffene einen Rückzug an seinen bisherigen gewöhnlichen Aufenthaltsort anstrebt und die behandelnde Klinik einen längerfristigen Verbleib nicht befürwortet (OLG Brandenburg BeckRS 2023, 25296, Beschl. v. 10.8.2023 – 1 AR 22/23; OLG Hamburg BeckRS 2018, 43198).

S. 2 führt als weiteren **Regelfall** – neben dem Wechsel des **gewöhnlichen** Aufenthalts – einen **tatsächlichen** Aufenthalt von **mehr als einem Jahr** an einem anderen Ort ein. Damit soll das Gericht von der Prüfung der Frage **befreit** werden, ob zB bei einem Klinikaufenthalt von mehr als einem Jahr der Betroffene dort seinen **Lebensmittelpunkt** begründet hat, was bei einem bloßen Aufenthaltswechsel Voraussetzung wäre (BT-Drs 15/2494, 40; → § 272 Rn. 4). Allerdings reicht **allein** der tatsächliche Aufenthalt des Betroffenen von mehr als einem Jahr im Bezirk eines anderen Gerichts zur Abgabe der Sache **nicht** aus; hinzukommen muss auch hier, dass die Aufgaben des Betreuers im Wesentlichen am **neuen Aufenthaltsort** zu erfüllen sind (→ Rn. 5; OLG Schleswig BtPrax 2006, 37).

b) Aufgaben des Betreuers im Wesentlichen am neuen Aufenthaltsort. 5
Weitere Voraussetzung für die Abgabe nach S. 1 **und** S. 2 ist, dass die Aufgaben des Betreuers im Wesentlichen am neuen Aufenthaltsort des Betreuten zu erfüllen sind. Davon ist in der Regel auszugehen, wenn dem Betreuer Aufgabenkreise auch aus dem Bereich der **Personensorge** übertragen sind (OLG Frankfurt a. M. BeckRS 2023, 14937, Beschl. v. 17.2.2023 – 20 UH 1/23); OLG Brandenburg FGPrax 1997, 186). Auch die Interessen des Betreuers an einer möglichst einfachen, förderlichen und kostensparenden Führung der Geschäfte sind in eine Gesamtabwägung einzubeziehen (BayObLG FamRZ 1997, 439; OLG Köln FamRZ 1998, 840; OLG Celle BeckRS 2003, 30309764), soweit dadurch die Belange des Betroffenen nicht beeinträchtigt werden. Ein gewichtiger Grund für die Nichtabgabe kann der persönliche Kontakt des Betroffenen zum Betreuungsgericht sein oder wenn der Betreuer mit beachtlichen Gründen widerspricht (Prütting/Helms/Fröschle FamFG Rn. 11). Die Abgabe an ein Gericht kann erfolgen, wenn das Vermögen sich am Wohnsitz des Betreuers befindet, der ausschließlich die Vermögenssorge hat (BayObLG FGPrax 1998, 56); auch eine Abgabe an den Ort des Nachlasses ist möglich. Die Interessen der beteiligten Gerichte sind nur insoweit von Bedeutung, ob das entscheidende Gericht mit den örtlichen Verhältnissen vertraut sein muss und inwieweit der persönliche Kontakt zum Betroffenen erforderlich ist (BayObLG FamRZ 1997, 439). Der personale Bezug der Betreuung und die Anhörungspflicht des Gerichts, die Notwendigkeit der örtlichen Ermittlungen sowie die Beteiligung Dritter sprechen regelmäßig für eine Übernahme des neuen Gerichts.

Allerdings kann die Abgabe des Betreuungsverfahrens an das „neue" Wohnortgericht ohne Hinzutreten aktueller Gründe unzulässig sein, wenn seit dem Umzug des Betroffenen eine längere Zeit (9 Jahre) vergangen sind, in denen das Betreuungsverfahren beanstandungsfrei am bisherigen Wohnortgericht weitergeführt wurde (LG Lüneburg BtPrax 2007, 265; differenzierter BayObLG FamRZ 2004, 736 bei ca. fünf Jahren).

Die zur Übernahme verpflichtenden Umstände müssen zum **Zeitpunkt** der Entscheidung vorliegen. Dabei reicht es aus, wenn durch das Abgabegericht hinreichend sicher die zukünftigen Veränderungen (zB Betreuerwechsel) festgestellt werden (OLG Karlsruhe FamRZ 1994, 450). 6

3. Anhörung

7 Nach **§ 4 S. 2** sollen die Beteiligten **vor** der Abgabe **angehört** werden. Dem Gericht wird es durch die Soll-Vorschrift ermöglicht, in besonders eiligen Fällen oder in solchen, in denen eine Anhörung nur mit einem zu einer Verfahrensverzögerung führenden Zeitaufwand möglich ist, von einer Anhörung abzusehen. Derartige Situationen werden vor allem in eiligen Unterbringungs- und Betreuungssachen auftreten, in denen rasch Entscheidungen getroffen werden müssen oder in denen die Beteiligten nicht in der Lage sind, sich zu äußern (BT-Drs. 16/6308, 176).

Die **Anhörung der Beteiligten** ist an keine bestimmte Form gebunden. Die Möglichkeit zur **schriftlichen** Äußerung unter Fristsetzung reicht aus. Beteiligte sind jedenfalls der Betroffene und der Betreuer. Hat der Betroffene einen Verfahrenspfleger nach § 276, ist auch diesem Gelegenheit zur Äußerung zu geben, da dieser die Rechte des Betroffenen wahrnimmt. Eine Bestellung eines Verfahrenspflegers für das Abgabeverfahren ist nicht erforderlich (BayObLG FamRZ 2000, 1443). Dies gilt auch dann, wenn der geistige Zustand des Betroffenen eine Verständigung zur Abgabefrage nicht zulässt (BayObLG MDR 1998, 540; OLG Zweibrücken FamRZ 1993, 351; Bienwald/Sonnenfeld/Mazur Rn. 18). Die Zustimmung des Betreuers (falls schon einer bestellt ist) zur Abgabe ist nicht erforderlich; ein Widerspruchsrecht des Betroffenen besteht ebenfalls nicht. Ein sachlicher Grund für ein solches fehlt nämlich, wenn im Übrigen die Abgabevoraussetzungen vorliegen und den Interessen des Betreuers und des Betroffenen durch seine Anhörung Rechnung getragen wurde. Denn Betreuer und Betroffener haben über § 4 S. 2 im Rahmen der Anhörung Gelegenheit, sich dazu zu äußern, ob aus ihrer Sicht ein wichtiger Grund für eine Abgabe vorliegt. Auch wenn der Gesetzgeber das Zustimmungserfordernis des Betreuers zur Abgabe aufgehoben hat, folgt aus dem Anhörungserfordernis, dass die vom Betreuer/Betroffenen im Rahmen der Anhörung hervorgebrachten Bedenken vom abgebenden Gericht gewürdigt werden müssen (LG Berlin BeckRS 2007, 10621).

4. Übernahmebereitschaft

8 Weitere Abgabevoraussetzung ist die **Übernahmebereitschaft des annehmenden Gerichts,** welches verpflichtet ist, diese formlos zu erklären, wenn nach dessen Überzeugung ein wichtiger Grund vorliegt (BayObLG FamRZ 1994, 1189). Ob das Gericht, an das abgegeben werden soll, seine Übernahmebereitschaft bejaht oder verneint, hängt nicht von seinem Belieben ab, sondern davon, ob es nach **pflichtgemäßem Ermessen** zur Erkenntnis gelangt, dass ein wichtiger Grund für die Abgabe vorliegt (OLG Schleswig BeckRS 2020, 42008). Bei Übernahmeverweigerung trotz Vorliegen eines wichtigen Grunds, kommt § 5 Abs. 1 Nr. 5 zur Anwendung (→ Rn. 13). Zur Anhörung des Übernahmegerichts sind regelmäßig die Akten an dieses zu übersenden. Eine telefonische Anhörung reicht nur dann aus, wenn der übernehmende Richter in Kenntnis der maßgeblichen Umstände zu einer Erklärung bereit ist (BayObLG BeckRS 2003, 16590). Eine „Rückgabe" nach Veränderung der Verhältnisse ist möglich. Sobald das neue Gericht in dieser Sache tätig wird, ist die Übernahme vollzogen (Bumiller/Harders/Schwamb/Bumiller FamFG Rn. 7).

5. Abgabereife

Vor einer Abgabe des Betreuungsverfahrens hat das abgebende Gericht grundsätzlich **alle Verfügungen** zu treffen, die im Zeitpunkt der Abgabe von Amts wegen oder auf Antrag ergehen müssen (OLG Brandenburg FamRZ 2019, 232; OLG Hamburg RPfleger 2013, 333; BayObLG FamRZ 1994, 1189 für die Abrechnung, OLG Karlsruhe FamRZ 1994, 449 für die betreuungsgerichtliche Genehmigung). Abgabereife liegt daher nicht vor, wenn das abgebende Gericht die Gebühren im vereinfachten Justizverwaltungsverfahren gemäß § 292 Abs. 5 (→ § 292 Rn. 25) angeordnet hat, statt die vom Betreuer beantragte Vergütungsfestsetzung (→ § 292 Rn. 5 ff.) vorzunehmen (OLG Stuttgart BtPrax 2011, 271). Entscheidend für die Frage, welche Verfügungen noch zu treffen sind, ist der Zeitpunkt der Abgabe; die Abgabeentscheidung ist nur dann maßgeblich, wenn ihr eine Anhörung des übernehmenden Gerichts vorausgegangen ist (OLG München BeckRS 2005, 33744). Auch wenn die Betreuerbestellung mit der Bekanntgabe an den Betreuer wirksam wird (§ 287), ist der Vorgang der Betreuerbestellung erst abgeschlossen (und das Verfahren abgabereif), wenn der Betreuer mündlich verpflichtet und ihm der Betreuerausweis ausgehändigt ist (OLG Frankfurt a. M. FGPrax 2004, 287). 9

Dieser Grundsatz der Abgabereife gilt nicht ausnahmslos. Vielmehr richtet sich die Abgabereife nach **Zweckmäßigkeitsgesichtspunkten** wie Entscheidungsreife, Ermittlungsstand, Aufwand für das übernehmende Gericht, Bedeutung und Notwendigkeit der persönlichen Anhörung, wenn es um Aufhebung der Betreuung, Verlängerung und Betreuerwechsel geht (OLG Frankfurt a. M. BeckRS 2023, 14937, Beschl. v. 17.2.2023 – 20 UH 1/23; OLG Brandenburg BeckRS 2020, 4908 und FamRZ 2019, 232; KG FGPrax 2012, 19). Dabei ist das Interesse des Betroffenen vorzugswürdig, dies kann gebieten, dass ein ortsnahes Gericht die Betreuung führt (OLG Frankfurt a. M. BeckRS 2023, 14937, Beschl. v. 17.2.2023 – 20 UH 1/23; OLG Brandenburg BeckRS 2020, 4908). Das objektive Interesse des Betroffenen daran, dass ein ortsnahes Gericht die Betreuung führt, geht regelmäßig dem Interesse des um Übernahme angegangenen Gerichts vor, keine Aufgaben übernehmen zu müssen, die das andere Gericht – weil bereits sachkundig – mit weniger Arbeitsaufwand erledigen könnte (OLG Karlsruhe BeckRS 2023, 1115; Beschl. v. 10.1.2023 – 19 AR 3/22; OLG Köln FamRZ 2015, 75; Sternal/Giers FamFG Rn. 14). Es kommt also darauf an, ob anstehende Entscheidungen leichter, schneller und zweckmäßiger von dem Gericht getroffen werden können, das mit dem Verfahren bisher befasst und folglich vertraut ist, oder ob eine Fallgestaltung vorliegt, in der eine anstehende Tätigkeit wesentlich leichter durch das übernehmende Gericht ausgeführt werden kann bzw. ob durch die Abgabe im Hinblick auf die Interessen des Betroffenen ein Zustand geschaffen wird, der eine zweckmäßigere, leichtere Führung der Angelegenheit ermöglicht (OLG Brandenburg BtPrax 2020, 34; BeckRS 2020, 4908; BeckRS 2019, 29133; OLG Koblenz FamRZ 2018, 1112). Dies wird regelmäßig bejaht, wenn die Notwendigkeit einer **persönlichen Anhörung** des Betroffenen durch das ortnähere Gericht besteht oder entstehen kann (OLG Brandenburg BeckRS 2023, 1590, Beschl. v. 19.1.2023 – 1 AR 3/23). Entlässt das Betreuungsgericht einen Betreuer unter gleichzeitiger Bestellung eines neuen Betreuers, steht der noch ausstehende **Schlussbericht** des bisherigen Betreuers der Abgabe des Verfahrens an das Betreuungsgericht des neuen Wohnorts des Betroffenen grundsätzlich nicht entgegen (KG FGPrax 2012, 19). Regelmäßig ist es aber dem übernehmenden

Gericht nicht zuzumuten, Verrichtungen wie die Prüfung der jährlichen **Rechnungslegung** vornehmen zu müssen, die das bisher zuständige Gericht vor der Abgabe bereits hätte erledigen können und müssen; eine abweichende Beurteilung kann jedoch dann angebracht sein, wenn nach einem Aufenthaltswechsel über weitere betreuungsrechtliche Maßnahmen zu entscheiden ist, die eine persönliche Anhörung des Betroffenen erfordern und keinen Aufschub dulden (OLG Oldenburg FGPrax 2014, 212). Einer Abgabe steht auch entgegen, wenn das abgebende Gericht die Beantwortung der Frage nach dem Verbleib bestimmter Gelder noch nicht geklärt hat (OLG Brandenburg BeckRS 2018, 34913, Beschl. v. 26.11.2018 – 1 AR 22/18). Die vollzogene Abgabe hat zur Folge, dass das nunmehr zuständige Gericht auch für noch **nicht abgerechnete Vergütungen** vor Abgabe zuständig ist (OLG Karlsruhe FamRZ 1998, 1056; → § 292 Rn. 5).

Auch ein ohne hinreichenden Grund eingeleitetes Betreuungsverfahren kann an das Gericht am Hauptwohnsitz des Betroffenen abgegeben werden, um dem Betroffenen die bessere Wahrnehmung seiner verfahrensmäßigen Rechte zu ermöglichen (KG BeckRS 2005, 04978).

10 Für das Verfahren der **Beschwerde** gegen eine Entscheidung des abgebenden Gerichts (die Abgabeentscheidung selbst ist nicht anfechtbar → Rn. 14) richtet sich die Zuständigkeit nach dem übernehmenden Gericht. Nach Übernahme ist sie bei dem nunmehr zuständigen Gericht einzulegen (§ 64 Abs. 1); ist sie bereits zuvor eingelegt, ist dennoch das dem übernehmenden Gericht übergeordnete Gericht zuständig (KG FGPrax 2014, 137; LG Darmstadt FamRZ 2017, 2036; BeckOK FamFG/Günter Rn. 12). → Rn. 12 zur Zuständigkeit bei Zuständigkeitsbestimmung nach § 5.

II. Bindungswirkung, Verweisung

11 Grundsätzlich ist die Abgabe nach §§ 4, 273 **nicht bindend** (BT-Drs. 16/6308, 175). Wenn jedoch ein Betreuungsgericht die Betreuungssache aus wichtigen Gründen an ein anderes Betreuungsgericht abgibt und sich das abgebende und übernehmende Gericht über die Übernahme einig sind, ist diese Entscheidung für das andere Gericht **ohne weiteres bindend** (OLG Naumburg FamRZ 2008, 1658). Für eine Entscheidung nach § 5 ist danach kein Raum mehr, da gemäß § 5 Abs. 1 Nr. 5 eine Zuständigkeitsbestimmung nur bei **Uneinigkeit** der Gerichte erfolgen kann.

Hält sich ein Gericht nicht für örtlich zuständig, kommt keine Abgabe nach §§ 4, 273, sondern eine **Verweisung** nach § 3 FamFG in Betracht. In diesem Fall kann die Frage der Übernahmebereitschaft durch das übernehmende Gericht dahin gestellt bleiben, da ausschließlich maßgebend das Vorliegen der Voraussetzungen des § 3 Abs. 1 iVm § 272 ist (OLG Köln BtPrax 2018, 78).

III. Funktionale Zuständigkeit beim Gericht

12 Zuständig für die Abgabe des Verfahrens, die Übernahme und die Vorlage eines Abgabestreits an das Obergericht ist der **Richter,** soweit im Zeitpunkt der Abgabe ein Verfahren anhängig ist, für das der Richter zuständig ist oder konkreter Anlass zu einer richterlichen Maßnahme besteht. Im Übrigen ist nach hM der **Rechtspfleger** zuständig (OLG Brandenburg FamRZ 2019, 232; OLG Zweibrücken FGPrax 2008, 210; OLG Köln FGPrax 2006, 72; → RPflG § 15 Rn. 30; mit ausführlicher Begründung und weiteren Nachweisen: Sternal/Sternal FamFG § 4 Rn. 40; Prütting/Helms/Fröschle FamFG Rn. 14, 15; aA – Richter ist immer zuständig – OLG Frankfurt a. M. FGPrax 2007, 119; OLG München FamRZ 2008, 920; OLG Zweibrücken BtPrax 2010, 126).

IV. Entscheidung des übergeordneten Gerichts zur Bestimmung der örtlichen Zuständigkeit; § 5

13 Der Hauptfall der Vorlage an das übergeordnete Gericht zur Bestimmung der örtlichen Zuständigkeit dürfte in Betreuungssachen § 5 Absatz 1 Nr. 5 sein, wenn sich die beiden Gerichte **nicht** über den wichtigen Grund **einigen** können. Das gemeinschaftliche obere Gericht entscheidet bei **Abgabestreit** der beteiligten Gerichte, nachdem das die Entscheidung anrufende Gericht das andere Gericht gehört hat.

Bei Meinungsverschiedenheiten zwischen zwei Amtsgerichten, die im Bezirk desselben Landgerichts liegen, ist dieses zuständig. Liegen die beiden Amtsgerichte in den Bezirken von verschiedenen Landgerichten desselben Oberlandesgerichts, ist dieses zuständig. Bei zwei Amtsgerichten, die im Bezirk verschiedener Oberlandesgerichte liegen, ist das Oberlandesgericht zur Entscheidung berufen, in dessen Bezirk das Amtsgericht liegt, das mit der Sache **zuerst** befasst war (§ 5 Abs. 2). Verneint in einem Zuständigkeitsstreit das an sich gemäß § 5 Abs. 2 für die Entscheidung des Kompetenzkonflikts zuständige Oberlandesgericht seine Zuständigkeit, kann das Oberlandesgericht den Zuständigkeitsstreit entscheiden, in dessen Bezirk das zweitbefasste Amtsgericht befindet (OLG Brandenburg BeckRS 2020, 35283, Beschl. v. 2.11.2020 – 1 AR 30/20). Für eine Bestimmung ist kein Raum mehr, wenn die Abgabe vollzogen ist (→ Rn. 7) oder wenn die Sache im Einverständnis mit dem übernehmenden Gericht abgegeben wurde (→ Rn. 10: Bumiller/Harders/Schwamb/Bumiller FamFG § 5 Rn. 18). Die Entscheidung des Oberlandesgerichts wird mit der Bekanntmachung an das Gericht, das übernehmen soll, wirksam. Ab diesem Zeitpunkt ändert sich auch die Zuständigkeit des zur Entscheidung berufenen Beschwerdegerichts – das, dem neu bestimmten Gericht übergeordnete Beschwerdegericht ist fortan zuständig – unabhängig davon, welches Gericht die angefochtene Entscheidung getroffen hat (Bumiller/Harders/Schwamb/Bumiller FamFG § 5 Rn. 21).

Die Entscheidung des Obergerichts selbst ist **unanfechtbar** (§ 5 Abs. 3).

V. Abgabe durch das AG Schöneberg

14 Ist das Amtsgericht Schöneberg zuständig, kann auch dieses das Verfahren aus wichtigem Grund **(nicht bindend)** abgeben. In § 152 FamFG – Nachfolger des § 36 FGG, bei dem früher die bindende Abgabemöglichkeit des Amtsgerichts Schöneberg an ein anderes Gericht geregelt war –, fehlt eine ausdrückliche Regelung, ebenso wie im Allgemeinen Teil des FamFG. Jedoch kann aus der amtlichen Begründung des – insofern mit § 273 inhaltsgleichen – § 187 FamFG (BT-Drs. 16/6308, 247), welcher die örtliche Zuständigkeit für das Adoptionsverfahren regelt, entnommen werden, dass sich die Abgabemöglichkeit des Amtsgerichts Schöneberg nach § 4 FamFG richtet (so auch Bumiller/Harders/Schwamb/Bumiller FamFG § 272 Rn. 8); das übernehmende Gericht muss somit Übernah-

mebereitschaft erklären. Vor der Abgabe ist auch in diesem Fall den Beteiligten nach § 4 Satz 2 Gelegenheit zur Äußerung zu geben (Bumiller/Harders/Schwamb/Bumiller FamFG Rn. 8).

VI. Rechtsmittel

15 Die Abgabe und die Ablehnung der Abgabe des Betreuungsgerichts nach §§ 273, 4 sind **unanfechtbar** (→ FamFG § 58 Rn. 9; BGH FamRZ 2011, 282; Sternal/Sternal FamFG § 4 Rn. 46; BeckOK FamFG/Günter Rn. 12; Jox/Fröschle Rn. 7). Diese Wertung widerspricht nicht den Gesetzesmaterialien (BT-Drs. 16/6308, 176). Dort wird ausgeführt, dass Vormund, Betreuer und Betroffener die Möglichkeit haben, die Abgabeentscheidung im Beschwerdeweg überprüfen zu lassen. Ob damit eine selbständige Anfechtbarkeit der Abgabeentscheidung gemeint ist, erscheint jedoch zweifelhaft. Denn es ist kein Grund ersichtlich, warum der Gesetzgeber gerade bei der Anfechtbarkeit der Abgabeentscheidung nach § 4 von der Systematik des einheitlich konzipierten Rechtsmittelrechts abweichen wollte (BGH FamRZ 2011, 282). Daher unterliegt die Abgabeentscheidung nur der Nachprüfung im Rahmen der Beschwerde gegen die Endentscheidung. Diese Nachprüfung ist darauf beschränkt, ob die Abgabe willkürlich erfolgt ist. Etwas anderes gilt allerdings bei der Nachprüfbarkeit der Abgabe an ein ausländisches Gericht nach §§ 104, 99 (→ FamFG § 104 Rn. 7). Hier würde ggf. der Rechtsschutz ins Leere laufen, da beim ausländischen Gericht andere Vorschriften gelten können. Die Erhebung einer Anhörungsrüge gegen die Entscheidung über die Abgabe ist allerdings eröffnet (Sternal/Sternal FamFG § 4 Rn. 47), sofern das rechtliche Gehör nicht gewährt wurde.

§ 274 Beteiligte

(1) **Zu beteiligen sind**

1. **der Betroffene,**
2. **der Betreuer, sofern sein Aufgabenkreis betroffen ist,**
3. **der Bevollmächtigte im Sinne des § 1814 Absatz 3 Satz 2 Nummer 1 des Bürgerlichen Gesetzbuchs, sofern sein Aufgabenkreis betroffen ist.**

(2) **Der Verfahrenspfleger wird durch seine Bestellung als Beteiligter zum Verfahren hinzugezogen.**

(3) **Die zuständige Behörde ist auf ihren Antrag als Beteiligte in Verfahren über**

1. **die Bestellung eines Betreuers oder die Anordnung eines Einwilligungsvorbehalts,**
2. **Umfang, Inhalt oder Bestand von Entscheidungen der in Nummer 1 genannten Art**

hinzuzuziehen.

(4) **Beteiligt werden können**

1. **in den in Absatz 3 genannten Verfahren im Interesse des Betroffenen dessen Ehegatte oder Lebenspartner, wenn die Ehegatten oder Lebenspartner nicht dauernd getrennt leben, sowie dessen Eltern, Pflegeeltern, Großeltern, Abkömmlinge, Geschwister und eine Person seines Vertrauens,**

2. der Vertreter der Staatskasse, soweit das Interesse der Staatskasse durch den Ausgang des Verfahrens betroffen sein kann.

I. Beteiligtenbegriff

Das früher geltende FGG nahm zwar verschiedentlich auf den Begriff des „Beteiligten" Bezug, es fehlte jedoch vor Einführung des FamFG an einer allgemeinen Definition, wer im Verfahren der freiwilligen Gerichtsbarkeit zu beteiligen ist. 1

Mit der Einführung des FamFG ist der Beteiligtenbegriff gesetzlich geregelt. Die gesetzliche **Systematik** zur Feststellung, wer an einem Verfahren zu beteiligen ist oder beteiligt werden kann, ist so aufgebaut, dass entweder in **§ 7** im Allgemeinen Teil **abstrakt** der Beteiligte genannt wird, der dann – bezogen auf das Betreuungsrecht – in **§ 274** näher **konkretisiert** wird (→ Rn. 2 ff.) oder dass sich die Beteiligung direkt aus § 7 ergibt (→ Rn. 14 ff.). 2

II. Beteiligte nach §§ 7 iVm 274

1. Muss-Beteiligte aufgrund gesetzlicher Regelung (§§ 7 Abs. 2 Nr. 2, 274 Abs. 1–3)

Nach **§ 7 Abs. 2 Nr. 2** sind bestimmte Personenkreise zwingend am Verfahren zu beteiligen, wenn dies entweder aufgrund von Vorschriften der Bücher 2 bis 8 des FamFG oder aufgrund anderer Gesetze mit Bezug zu dem Verfahren der freiwilligen Gerichtsbarkeit gesetzlich vorgesehen ist. 3

§ 7 Abs. 4 gewährleistet das rechtliche Gehör der Personen, die nach § 7 Abs. 2 ein Antragsrecht haben. Durch die Mitteilung, dass ein Verfahren eingeleitet ist, und die Belehrung über ihr Antragsrecht erhalten sie die Möglichkeit, einen Antrag auf Hinzuziehung zum Verfahren zu stellen. **§ 7 Abs. 5** regelt das Verfahren, wenn das Gericht einen Antrag auf Beteiligung nach § 7 Abs. 2 zurückweist.

Muss-Beteiligte nach **§ 7 Abs. 2 Nr. 2** in **betreuungsrechtlicher Hinsicht** sind folgende Beteiligte nach § 274 Abs. 1 bis 3:

a) Muss-Beteiligte nach § 274 Abs. 1. § 274 Abs. 1 enthält im Sinne des § 7 Abs. 2 Nr. 2 (→ Rn. 2) eine Aufzählung der **Muss-Beteiligten,** also derjenigen, die in jedem Fall von Amts wegen als Beteiligte zum Verfahren hinzuzuziehen sind. Die obligatorische Beteiligung nach § 7 Abs. 2 Nr. 1 (→ Rn. 16) bleibt von den Regelungen in § 274 Abs. 1 unberührt. Da die in § 274 Abs. 1 aufgeführten Personen in einem Betreuungsverfahren in ihren Rechten betroffen sein können, kann sich die Notwendigkeit ihrer Hinzuziehung zugleich aus § 7 Abs. 2 Nr. 1 ergeben (BT-Drs. 16/6308, 264). 4

Zwingend nach § 274 Abs. 1 Nr. 1 zu beteiligen ist zunächst der **Betroffene,** dessen Beteiligtenstellung sich **daneben** auch noch aus § 7 Abs. 2 Nr. 1 herleitet. 5

Der **Betreuer bzw. der Bevollmächtigte** ist nach § 274 Abs. 1 Nr. 2 bzw. Nr. 3 nur zu beteiligen, **soweit sein Aufgabenkreis betroffen** ist. Seine Beteiligung ist somit nur in bestimmten Fällen zwingend. Diese Einschränkung kann beispielsweise dann zum Tragen kommen, wenn mehrere Betreuer bzw. Bevollmächtigte für verschiedene Aufgabenbereiche bestellt wurden, und im Verfahren der einem bestimmten Betreuer zugewiesene Aufgabenkreis nicht berührt ist. 6

§ 274 **Abs. 1 Nr. 2** erfasst auch die Erweiterung oder Einschränkung des Aufgabenkreises eines Betreuers (Sternal/Giers FamFG Rn. 3) und die Aufhebung, denn auch in diesem Fall ist sein Aufgabenkreis betroffen (Prütting/Helms/Fröschle FamFG Rn. 19). Die Beteiligung eines **künftigen Betreuers,** dessen mögliche Bestellung den Gegenstand des Verfahrens bildet, folgt bereits aus § 7 Abs. 2 Nr. 1 (→ Rn. 16 f.). Seine Beteiligung kann etwa erforderlich sein, wenn die Notwendigkeit einer Betreuerbestellung bereits feststeht und sich die Betreuerauswahl auf eine bestimmte Person konzentriert (BT-Drs. 16/6308, 265; BeckOK FamFG/Günter Rn. 4; Sternal/Giers FamFG Rn. 3).

Ist der **Bevollmächtigte** durch ein **Betreuungsverfahren** zB durch drohenden Widerruf seiner Bevollmächtigung oder durch die Bestellung eines Kontrollbetreuers nach §§ 1815 Abs. 3, 1820 Abs. 3 BGB in seinen Rechten betroffen, ist er unter diesen Voraussetzungen ebenfalls zwingend zu beteiligen (differenzierend Sternal/Giers FamFG Rn. 4). Auch kann der Bevollmächtigte dann Beteiligter eines Betreuungsverfahrens sein, wenn er etwa als Bevollmächtigter die **betreuungsgerichtliche Genehmigung** zu einem schwerwiegenden Gesundheitseingriff nach § 1829 Abs. 1 und 2 (→ BGB § 1829 Rn. 5, 12) oder zu einer Unterbringung nach § 1831 Abs. 5 BGB (→ BGB § 1831 Rn. 4) bzw. einer Zwangsbehandlung nach § 1832 Abs. 5 (→ BGB § 1832 Rn. 10) braucht.

7 **b) Verfahrenspfleger als Muss-Beteiligter (§ 274 Abs. 2).** § 274 Abs. 2 regelt die Beteiligtenstellung des Verfahrenspflegers. Mit dieser Norm hat der Gesetzgeber dem Verfahrenspfleger die Rolle eines selbständigen Verfahrensbeteiligten zugewiesen (BGH FamRZ 2021, 457; BtPrax 2016, 76). Sofern ein solcher nach § 276 Abs. 1 im Interesse des Betroffenen bestellt wird, ist er **zugleich** Beteiligter. § 274 Abs. 2 ordnet an, dass der Verfahrenspfleger bereits mit dem Akt seiner Bestellung, sofern diese nach § 276 erforderlich ist, zum Beteiligten wird. Er hat damit eine **Sonderstellung** im Bereich der Beteiligten. Ein weiterer Hinzuziehungs- oder Beteiligungsakt ist nicht notwendig.

Mit seiner Bestellung – und damit gleichzeitigen Hinzuziehung zum Verfahren – erhält der Verfahrenspfleger alle Rechte und Pflichten eines Beteiligten, etwa ein Akteneinsichtsrecht nach § 13 oder eine Mitwirkungspflicht iSd § 27. Ausgenommen ist nach § 276 Abs. 8 jedoch seine Pflicht zur Kostentragung. Weiterhin steht dem Verfahrenspfleger nach § 303 Abs. 3 im Interesse des Betroffenen ein Recht zur Beschwerde zu. Seine Aufgabe ist es, die Wünsche des Betroffenen festzustellen, hilfsweise dessen mutmaßlichen Willen; er hat diese zur Geltung zu bringen. Er ist ein Pfleger eigener Art (BT-Drs. 16/6308, 265; vgl. weiter hierzu → FamFG § 276 Rn. 13).

8 **c) Betreuungsbehörde als Muss-Beteiligte (§ 274 Abs. 3).** § 274 Abs. 3 regelt die Beteiligung der Betreuungsbehörde. Die Beteiligung der Behörde erfolgt **nicht von Amts wegen.** Sie ist lediglich dann zum Verfahren hinzuzuziehen, wenn sie es beantragt. Dann ist ihre **Hinzuziehung** jedoch **obligatorisch.** Durch das Antragserfordernis sollen unnötige Beteiligungen und dadurch bedingte Zustellungen oder sonstige Verfahrenshandlungen vermieden werden. Von dieser Vorschrift unberührt bleibt jedoch die im Rahmen der Amtsermittlung des Gerichts nach § 279 Abs. 2 S. 2 bestehende Pflicht, die zuständige Betreuungsbehörde anzuhören (→ FamFG § 279 Rn. 3 ff.). Die Behörde hat somit die Wahl, ob sie nur im Rahmen der Anhörung am Verfahren teilnehmen will oder als Beteiligte aktiv am Verfahren mitwirkt. Stellt die Betreuungsbehörde einen Antrag auf Beteiligung, hat das Gericht gem. § 7 Abs. 2 Nr. 2 ihre Hinzuziehung zu

veranlassen; ein Ermessensspielraum besteht hier nicht. Die Betreuungsbehörde hat dann alle Verfahrensrechte, kann allerdings auch mit Verfahrenskosten belastet werden. Das Beschwerderecht besteht für die Behörden allerdings unabhängig von der Beteiligung in der ersten Instanz (§ 303 Abs. 1). Damit soll vorsorglichen Beteiligungen zur Rechtswahrung vorgebeugt werden (BT-Drs. 16/6308, 179).

Das Vorgesagte gilt für **folgende Entscheidungsarten:**

Nach § 274 Abs. 3 **Nr. 1** wird die Betreuungsbehörde auf ihren Antrag hin in **9**
Verfahren zur **Bestellung eines Betreuers** und zur **Anordnung eines Einwilligungsvorbehalts** beteiligt.

Ebenfalls zu beteiligen ist die Betreuungsbehörde entsprechend ihrem Antrag **10**
nach § 274 Abs. 3 **Nr. 2** bei Entscheidungen über Umfang, Inhalt und Bestand der Bestellung eines Betreuers und bei Anordnung eines Einwilligungsvorbehalts.

Dies sind unter anderem:

– Aufhebung und Verlängerung der Betreuung und/oder des Einwilligungsvorbehalts,
– Einschränkung und Erweiterung des Aufgabenkreises des Betreuers und/oder des Kreises der einwilligungsbedürftigen Willenserklärungen,
– die Entlassung des alten und/oder Bestellung eines neuen Betreuers,
– die Bestellung eines weiteren Betreuers.

2. Kann-Beteiligte kraft Hinzuziehung nach § 7 Abs. 3; § 274 Abs. 4

§ 7 Abs. 3 regelt im Allgemeinen Teil abstrakt die Beteiligtenstellung von Perso- **11**
nen, die das Gericht von Amts wegen oder auf Antrag zum Verfahren hinzuziehen **kann** (Kann-Beteiligte kraft Hinzuziehung). Diese Beteiligten werden nicht durch eine Generalklausel, sondern ausschließlich durch abschließende Aufzählung in den Büchern 2 bis 8 des FamFG und in anderen Gesetzen mit Bezug zu dem Verfahren der freiwilligen Gerichtsbarkeit definiert (vgl. unten → Rn. 11). Das Gericht kann nach § 7 Abs. 3 **von Amts wegen** eine Person hinzuziehen.

Die Hinzuziehung durch das Gericht muss hinreichend deutlich erfolgen; dazu ist es nicht ausreichend, dass sich die Person wiederholt schriftlich von sich aus an das Betreuungsgericht gewandt hat (LG Bielefeld FamRZ 2011, 1617). Eine Person wird nicht allein dadurch zum (Kann-) Beteiligten, wenn sie eine Betreuung anregt und zum Verfahren Stellung nimmt (BGH FamRZ 2021, 1062; FamRZ 2019, 915; OLG Düsseldorf FamRZ 2021, 1748). Für die **auch konkludent** mögliche Hinzuziehung zu einem Betreuungsverfahren ist erforderlich, dass das Gericht dem Beteiligten eine Einflussnahme auf das laufende Verfahren ermöglichen will und dies zum Ausdruck bringt (BGH NJW-RR 2025, 129; FamRZ 2023, 1154; BtPrax 2021, 110; OLG Frankfurt a. M. FamRZ 2021, 48; BGH BtPrax 2019, 156; FamRZ 2019, 1647; 2019, 915; 2019, 618; 2018, 197; → FamFG § 303 Rn. 5), etwa durch das Übersenden von Schriftstücken oder die Ladung zu Terminen (BGH FamRZ 2018, 1607). Ausreichend ist, dass ein Angehöriger bei der erstinstanzlichen Anhörung nicht nur anwesend war, sondern vom Gericht in diese einbezogen wurde (BGH FamRZ 2019, 915); allerdings genügt die **bloße Bekanntgabe** der die Instanz abschließenden Entscheidung (BGH FamRZ 2023, 1154; FamRZ 2021, 1062; FamRZ 2019, 915), die Nennung des Angehörigen im Rubrum des Beschlusses (BGH NJW-RR 2025, 129; FamRZ 2023, 1154; BtPrax 2020, 183) oder die Akteneinsicht, die dem Informationsinteresse des nahen Angehörigen dient (BGH FamRZ 2023, 1154) **nicht.**

Eine Person kann auch einen **Antrag** auf Hinzuziehung nach § 7 Abs. 3 stellen. Das Gericht muss diesem Antrag nicht entsprechen, es muss aber über den Antrag entscheiden. Die Zurückweisung der Hinzuziehung erfolgt durch Beschluss (§ 7 Abs. 5); entsprechendes gilt für die Aufhebung einer bereits bewilligten Hinzuziehung (BGH BtPrax 2020, 104). Gegen eine Ablehnung des Antrags (Zwischenentscheidung, → FamFG § 58 Rn. 6) ist nach § 7 Abs. 5 S. 2 die **sofortige Beschwerde** nach §§ 567 bis 572 ZPO zulässig (→ FamFG § 58 Rn. 7 u. 11).

§ 7 Abs. 4 gewährleistet das rechtliche Gehör für den in § 7 Abs. 3 genannten Personenkreis. Durch die Mitteilung, dass ein Verfahren eingeleitet ist, und Belehrung über ihr Antragsrecht soll den potentiellen Beteiligten die Möglichkeit eröffnet werden, einen Antrag auf Hinzuziehung zu dem Verfahren zu stellen.

Die durch Hinzuziehung in erster Instanz begründete Beteiligtenstellung besteht in der **Beschwerde**instanz ohne weiteres fort (BGH FamRZ 2012, 1049). Die Hinzuziehung von Dritten ist bezogen auf das Betreuungsverfahren als Bestandsverfahren nicht zulässig, sondern nur bezüglich der **einzelnen Verfahrensgegenstände,** die jeweils einer Endentscheidung zugänglich sind; nach Beendigung des (Einzel-)Verfahrens, auf das sich der Hinzuziehungsantrag eines Angehörigen des Betroffenen bezieht, ist eine Beteiligung gegenstandslos (BGH FamRZ 2020, 1588).

12 Kann-Beteiligte nach § 7 Abs. 3 sind in **betreuungsrechtlicher Hinsicht** folgende **Personen:**

Personen, die nicht oder nicht zwingend in ihren Rechten betroffen werden, deren Hinzuziehung jedoch geboten sein kann, weil sie etwa als Angehörige ein **schützenswertes ideelles Interesse** haben. Einem Antrag auf Hinzuziehung der hier genannten Personen muss das Gericht jedoch nicht entsprechen (→ Rn. 10).

Der Beschluss, mit dem ein Antrag auf Verfahrensbeteiligung nach § 274 Abs. 4 Nr. 1 abgelehnt wird, kann nur dann mit der **Rechtsbeschwerde** angefochten werden, wenn das Beschwerdegericht die Rechtsbeschwerde zugelassen hat (BGH BtPrax 2011, 80). Die Beteiligung kann ausdrücklich durch Beschluss erfolgen, aber auch konkludent (→ Rn. 10; → FamFG § 303 Rn. 5).

Ist eine Beteiligung an einem Verfahren versehentlich unterblieben – etwa, weil der Beteiligte unbekannt war – so kann eine Beteiligung weder im Abhilfeverfahren noch im Beschwerdeverfahren nachgeholt werden (im Einzelnen: → § 303 Rn. 6).

13 Nach § 274 **Abs. 4 Nr. 1** können bestimmte **Angehörige und Vertraute** des Betroffenen in seinem Interesse beteiligt werden. Das sind: **Ehegatte** oder Lebenspartner, wenn die Ehegatten oder Lebenspartner nicht dauernd getrennt leben, sowie dessen – gemeint ist der Betroffene – **Eltern,** Pflegeeltern (→ FamFG § 303 Rn. 5), Großeltern, Abkömmlinge, Geschwister oder eine Person seines Vertrauens. Das Gericht hat bei der Frage der Hinzuziehung nach Nr. 1 ein **pflichtgemäßes Ermessen** auszuüben. Bei dieser Ermessensausübung ist auch zu berücksichtigen, dass tragfähige Informationen über Einschränkungen der Lebensbewältigungskompetenz des Betroffenen und seinen tatsächlichen Hilfsbedarf oft am ehesten von Angehörigen zu erwarten sind, die mit dem Betroffenen durch ein Näheverhältnis verbunden sind (LG Ulm BeckRS 2012, 08242); daher ist der Vater, der mit dem Betroffenen in Haushaltsgemeinschaft lebt und von ihm ausdrücklich als Betreuer gewünscht wird, in der Regel am Verfahren über die Betreuung zu beteiligen (BGH FamRZ 2012, 960). Einem Angehörigen erwächst allerdings kein subjektives Recht auf Bestellung zum Betreuer, wenn er von dem Betroffenen als Betreuer gewünscht oder vorgeschlagen wird (OLG Frankfurt a. M. FamRZ 2004, 1322; LG Bielefeld FamRZ 2013, 804; → Rn. 16 mwN).

Es handelt sich um eine altruistische Beteiligung. Es soll vermieden werden, dass Personen ohne ein Betroffensein in eigenen Rechten auch dann Einfluss auf das Verfahren nehmen können, wenn dies den Interessen des Betroffenen zuwiderläuft. Das Interesse des Betroffenen ist aus seiner Sicht zu beurteilen. Seine Wünsche und Belange hat das Gericht damit schon zum Zeitpunkt der Beteiligung der Verwandten zu berücksichtigen (BT-Drs. 16/6308, 265). Nach der Betreuungsrechtsreform 2023 (Gesetz zur Reform des Vormundschafts- und Betreuungsrecht vom 4.5.2021, BGBl. I 882 ff.), welche insbesondere eine Stärkung des Selbstbestimmungsrechts betroffener Personen im Blick hatte, dürfte entgegen dem in der Gesetzesbegründung zu § 274 aus dem Jahr 2007 noch postulierten Abstellen auf das wohlverstandene Interesse des Betroffenen dessen tatsächliches Interesse an einer Verfahrensbeteiligung ausschlaggebend sein (anders BeckOK FamFG/Günter Rn. 13; differenzierend Sternal/Giers FamFG Rn. 14). Die Beteiligung muss sachgerecht und verfahrensfördernd sein (BGH FamRZ 2023, 1903). Die Frage der Beteiligung einer Vertrauensperson richtet sich vornehmlich nach dem subjektiven Willen des Betroffenen; es ist nur in engen Grenzen möglich, **gegen den geäußerten Willen** des Betroffenen eine Kann-Beteiligung zu erlauben (AG Frankfurt a. M. FamRZ 2012, 141). Hat also der Betroffene klar zum Ausdruck gebracht, er wünsche eine Beteiligung einer bestimmten Person nicht, so ist dieser Wunsch in der Regel zu beachten (AG Bielefeld FamRZ 2014, 2025).

Der Betroffene muss diese Vertrauensperson nicht als solche ausdrücklich **benennen,** da es Sinn und Zweck des Abs. 4 Nr. 1 widersprechen würde, durch das Erfordernis einer – wie auch immer gearteten – Benennung den Betroffenen, die zu einer solchen nicht (mehr) in der Lage sind, die Hinzuziehung einer Vertrauensperson generell zu verwehren. In einem solchen Fall ist von einem bestehenden Vertrauensverhältnis auszugehen, wenn der Betroffene einer Person eng verbunden ist und ihr daher, was jeweils im Einzelfall festzustellen ist, in besonderem Maße Vertrauen entgegenbringt (BGH BtPrax 2017, 115; aA AG Frankfurt a. M. FamRZ 2012, 141; LG Koblenz BeckRS 2011, 01804: wenn sich der Betroffene zur Kann-Beteiligung nicht mehr äußern kann, so scheidet eine Beteiligung einer Person als Vertrauensperson aus). Ist der Betroffene zu einer subjektiven Willensäußerung nicht (mehr) in der Lage, so können massive innerfamiliäre Konflikte gegen sein Interesse an einer Beteiligung der Verwandten sprechen (LG Wuppertal FamRZ 2016, 1485).

Die Hinzuziehung der Angehörigen des Betroffenen unabhängig von ihrem Betroffensein in eigenen Rechten ist nur in Verfahren über die in § 274 Abs. 3 genannten Gegenstände (→ Rn. 8, 9) möglich. Durch die Privilegierung und das Beschwerderecht ohne eigene Rechtsverletzung (→ FamFG § 59 Rn. 9–11 und → Rn. 18) wird eine Kongruenz zwischen erster und zweiter Instanz geschaffen und sichergestellt, dass die Angehörigen in diesen Verfahren bereits vom Erstgericht beteiligt werden können (BT-Drs. 16/6308, 266).

Im Interesse des Betroffenen kann nach den Grundsätzen, die beim Angehörigen anzuwenden sind, auch eine **Person seines Vertrauens** am Verfahren beteiligt werden. Diese Regelung ermöglicht es dem Gericht, im Einzelfall auch entfernte Angehörige, einen getrenntlebenden Ehegatten oder Lebensgefährten sowie sonstige Personen hinzuzuziehen, wenn sie mit dem Betroffenen eng verbunden sind. Es kann sich dabei nur um eine **natürliche** Person handeln, weshalb zB eine **Ordensgemeinschaft** als Vertrauensperson nicht in Betracht kommt (BGH BtPrax 2018, 68). Die Beteiligung einer Person in einem Betreuungsverfahren als Betreuer oder Bevollmächtigter schließt nicht aus, dass dieselbe Person **zugleich** nach Abs. 4 Nr. 1 auch Kann-Beteiligter des Verfahrens ist (BGH BtPrax 2017, 115).

Das fremdnützig ausgestaltete Betreuungsverfahren kennt kein subjektives Recht auf eine Bestellung als Betreuer; die Bewilligung von **Verfahrenskostenhilfe** für eine Beteiligung am Betreuungsverfahren von nahen Verwandten (Eltern, Geschwister usw.) nach Abs. 4 Nr. 1 ist daher ausgeschlossen (BGH BtPrax 2017, 199; BtPrax 2015, 24).

Im **Rechtsbeschwerdeverfahren** findet keine neue Tatsachenfeststellung statt, vielmehr wird der angefochtene Beschluss des Beschwerdegerichts ausschließlich auf Rechtsfehler überprüft. Die erstmalige Beteiligung eines Angehörigen am Rechtsbeschwerdeverfahren liegt regelmäßig nicht im Interesse des Betroffenen und ist daher im Regelfall nicht veranlasst (BGH NJW-RR 2023, 1425).

14 § 274 **Abs. 4 Nr. 2** nennt weiter den **Vertreter der Staatskasse** als fakultativen Beteiligten im Sinne des § 7 Abs. 3. Er verfolgt fiskalische Interessen. Seine Hinzuziehung kommt nur in Betracht, wenn die Belange der Staatskasse betroffen sein können. Voraussetzung ist die Anwendung einer Norm, die zumindest auch den Schutz der fiskalischen Interessen des Staates bezweckt, **und** dass die Staatskasse durch die Entscheidung beschwert ist (LG Magdeburg BeckRS 2011, 141974). Auf diese Weise wird das dem Gericht eingeräumte Ermessen konkretisiert. Unnötige Beteiligungen und damit verbundener zusätzlicher Verfahrensaufwand werden nach Auffassung des Gesetzgebers vermieden (BT-Drs. 16/6308, 266). Die Belange der Staatskasse dürften jedenfalls bei Vorliegen der Voraussetzungen des § 304 betroffen sein, wenn dem Vertreter der Staatskasse ein Beschwerderecht eingeräumt wird: bei der Abrechnungserstellung selbst und wenn anstatt eines beruflichen Betreuers auch ein ehrenamtlicher Betreuer in Betracht käme (vgl. weitere Beispiele → FamFG § 304 Rn. 2; Sternal/Giers FamFG Rn. 22). Hier ist jedoch anzumerken, dass in einem nicht unerheblichen Teil der Verfahren, in denen ein **beruflicher Betreuer** bestellt wird, die Betroffenen mittellos sind. Hier müsste – strenggenommen – in jedem Fall auch der Vertreter der Staatskasse bereits bei der Betreuerbestellung hinzugezogen werden, denn in diesen Fällen sind immer die Belange der Staatskasse betroffen, da jedenfalls die Betreuervergütung aus der Staatskasse zu tragen ist. Entsprechendes gilt in Verfahren zur **Unterbringungsgenehmigung** bei einem mittellosen Betroffenen. Dies führt zu einer erheblichen Ausweitung der Beteiligung der Staatskasse und damit zu einer weiteren **Formalisierung** und Verlängerung eines nicht unerheblichen Teils der Betreuungsverfahren. Da das Gericht jedoch ein Ermessen zur Beteiligung des Vertreters der Staatskasse hat, kann es in diesem Zusammenhang die Beteiligung der Staatskasse auf die tatsächlich und rechtlich zweifelhaften Fälle beschränken (Sternal/Giers FamFG Rn. 23).

III. Weitere Beteiligte nach § 7

15 Sofern sich die Beteiligung nicht bereits aus §§ 274 iVm 7 Abs. 2 Nr. 2 und Abs. 3 ergibt, kann sich eine Beteiligtenstellung auch direkt aus § 7 Abs. 1 oder § 7 Abs. 2 Nr. 1 ergeben.

1. Beteiligter kraft Antragstellung (§ 7 Abs. 1)

16 Nach § 7 Abs. 1 ist kraft Gesetzes der Antragsteller an einem Verfahren beteiligt. **Antragsteller** ist, soweit es sich um **Antragsverfahren** handelt, wer die verfahrenseinleitende Erklärung (§ 23) abgibt (→ FamFG § 26 Rn. 1). Wer einen Antrag stellt, wird in den meisten Fällen antragsbefugt und durch die ergehende Entscheidung in eigenen materiellen Rechten betroffen sein (näher hierzu → FamFG § 59 Rn. 13–15). Ist dies ausnahmsweise nicht der Fall, muss der Antrag gleichwohl beschieden werden (BT-Drs. 16/6308, 178). Schon deswegen ist es erforderlich, dass der Antragsteller in jedem Fall am Verfahren als Beteiligter teilnimmt.

2. Beteiligung des unmittelbar Betroffenen (§ 7 Abs. 2 Nr. 1)

17 Nach § 7 Abs. 2 **Nr. 1** ist derjenige, dessen Recht durch das Verfahren unmittelbar betroffen wird, zwingend am Verfahren zu beteiligen. Entscheidend ist, dass der Gegenstand des Verfahrens **ein Recht des zu Beteiligenden unmittelbar betrifft.** Mit dem Begriff des unmittelbar Betroffenen knüpft der Gesetzgeber an den ehemaligen § 20 FGG (Beschwerdeberechtigung) an und erweitert den Anwendungsbereich. § 20 FGG setzte voraus, dass der Beschwerdeführer in seinem eigenen (subjektiven materiellen) Recht (unmittelbar) beeinträchtigt war. Diese Voraussetzung wird beim Beteiligtenbegriff von einer Beeinträchtigung erweitert auf **eine direkte Auswirkung** auf das subjektive Recht, das lediglich „betroffen" sein muss.

In Betreuungsverfahren dürften Beteiligungen, die ausschließlich auf § 7 Abs. 2 Nr. 1 beruhen, eher selten sein, da § 274 fast alle Fälle abdeckt.

Nahe Angehörige – nur **Eltern, Kinder und Ehegatten** – sind nicht in ihren eigenen subjektiven Rechten aus Art. 6 GG verletzt, wenn sie im Betreuerauswahlverfahren selbst die Betreuerbestellung anstreben, denn Art. 6 GG gewährt den engsten Familienangehörigen kein eigenes subjektives Recht im Betreuungsverfahren (BGH FamRZ 2011, 966; LG Bielefeld FamRZ 2013, 804 und FamRZ 2011, 1617; differenzierend Prütting/Helms/Fröschle FamFG Rn. 14). Der BGH hat die Frage, ob einem nicht beteiligten nahen Angehörigen aus **verfassungsrechtlichen Gründen** (Art. 6 GG) ein Beschwerde- und damit Beteiligtenrecht eingeräumt werden kann bzw. muss, ausdrücklich verneint (BGH FamRZ 2018, 1607).

Einer Prognose, ob es voraussichtlich zu einem rechtsbeeinträchtigenden Verfahrensausgang kommt, bedarf es nicht. Denn eine solche Prognose ist zu Beginn des Verfahrens häufig auch noch gar nicht möglich. Es genügt, wenn das Verfahren **darauf gerichtet ist,** eine unmittelbare Beeinträchtigung eines Rechts des zu Beteiligenden zu bewirken.

Mit dem Kriterium der **Unmittelbarkeit** stellt die Regelung klar, dass eine Beteiligung nur dann zu erfolgen hat, wenn **subjektive Rechte** des Einzelnen betroffen sind. Gemeint ist hiermit **eine direkte Auswirkung** auf eigene materielle, nach öffentlichem oder privatem Recht geschützte Positionen. Der Begriff des (subjektiven) Rechts entspricht dem des § 59 Abs. 1 (→ § 59 Rn. 2–3). Betroffen sein muss ein Recht des Beteiligten, das von der Rechtsordnung anerkannt oder verliehen und von der Staatsgewalt geschützt wurde, sei es privatrechtlicher oder öffentlich-rechtlicher Natur (BGH NJW 1997, 1855; BayObLG RPfleger 2002, 424). Dieses Recht muss der betroffenen Person als sein eigenes Recht materiell zustehen, umfasst werden auch Anwartschaften. Es genügt **nicht,** dass lediglich rechtlich geschützte Interessen – seien sie **ideeller, sozialer oder**

wirtschaftlicher Art oder aufgrund einer moralischen Berechtigung oder einer sittlichen Pflicht begründet – durch den Ausgang des Verfahrens berührt werden (BGH NJW 1999, 3718). Nicht ausreichend sind auch rein mittelbare Auswirkungen einer Entscheidung oder die lediglich tatsächlich „präjudizielle" Wirkung auf andere, gleich gelagerte Fälle (BT-Drs. 16/6308, 178). Eine **Ordensgemeinschaft** ist durch das für ein Ordensmitglied geführte Betreuungsverfahren nicht unmittelbar betroffen iSd § 7 Abs. 2 Nr. 1. Denn die Bestellung eines Betreuers oder deren Ablehnung für eines ihrer Ordensmitglieder greifen nicht unmittelbar in der Ordensgemeinschaft zustehende Rechte ein und mit dem Eintritt in einen kirchlichen Orden begibt sich das Ordensmitglied nicht des durch das Betreuungsrecht gewährleisteten staatlichen Erwachsenenschutzes (BGH BtPrax 2018, 68). Ein **Testamentsvollstrecker** einer Erbschaft, die der Betroffene gemacht hat, ist **nicht** Beteiligter im Vergütungsfestsetzungsverfahren, in dem die Vergütung des Betreuers festgesetzt wird, da es an der Unmittelbarkeit der Beeinträchtigung des Rechts fehlt (BGH BtPrax 2015, 149).

Der **Pfändungsgläubiger** an einem **Miterbenanteil** eines Betreuten ist am betreuungsrechtlichen Genehmigungsverfahren in Ansehung eines Erbauseinandersetzungsvertrag weder nach § 7 Abs. 2 Nr. 1 noch nach § 274 Abs. 1 bis 4 zu beteiligen (LG München II FamRZ 2023, 1226).

18 **Verfahrensrechte** sind grundsätzlich keine Rechte iSd § 7 Abs. 2 Nr. 1, so dass die Verletzung des Rechts einer Person auf gesetzmäßige und sachgemäße Behandlung ihrer Angelegenheit für sich allein nicht ausreicht, eine Beteiligtenstellung nach § 7 Abs. 2 Nr. 1 zu begründen (BGH DNotZ 1996, 890; BayObLG FamRZ 1997, 1266; OLG Karlsruhe FamRZ 1998, 568; BeckOK FamFG/Obermann § 59 Rn. 8; Sternal/Jokisch FamFG § 59 Rn. 7; aA OLG Düsseldorf BtPrax 1998, 80); hinzukommen muss auch noch eine Beeinträchtigung der **materiellen Rechtsstellung** (Sternal/Jokisch FamFG § 59 Rn. 7; BeckOK FamFG/Obermann § 59 Rn. 8). Eine Ausnahme ist – in Fortschreibung der Rechtsprechung des BVerfG (FamRZ 2002, 532) zur Gewährung effektiven Rechtsschutzes – lediglich dann gegeben, wenn eine Verletzung des rechtlichen Gehörs (Art. 103 GG) oder des fairen Verfahrens (Art. 19 Abs. 4 GG) vorliegt und eine materielle Beeinträchtigung möglich erscheint (im Ergebnis ebenso Sternal/Jokisch FamFG § 59 Rn. 7).

IV. Folgen der Nichtbeteiligung

19 Ist ein **Muss-Beteiligter** übergangen wurden, so kann er ohne weiteres Beschwerde einlegen; es ist im Zuge der Abhilfeprüfung (§ 68 Abs. 1 S. 2, 3) gegebenenfalls ein Teil des Verfahrens – jetzt unter Einbeziehung des bisher übergangenen Beteiligten – zu wiederholen und erneut erstinstanzlich zu entscheiden (Sternal/Sternal FamFG § 7 Rn. 29). Hilft das Ausgangsgericht der Beschwerde nicht in dieser Weise ab, kann das Beschwerdegericht auf Antrag eines Beteiligten das Verfahren nach § 69 Abs. 1 S. 3 wegen schweren Verfahrensmangels zurückverweisen (→ FamFG § 69 Rn. 8). Zur Nichtbeteiligung eines **Kann-Beteiligten** → FamFG § 303 Rn. 6. Wenn es sich um eine unanfechtbare Entscheidung handelt, kann die Nichthinzuziehung ausnahmsweise eine **Anhörungsrüge** begründen (§ 44).

§ 275 Stellung des Betroffenen im Verfahren

(1) **In Betreuungssachen ist der Betroffene ohne Rücksicht auf seine Geschäftsfähigkeit verfahrensfähig.**

(2) **Das Gericht unterrichtet den Betroffenen bei Einleitung des Verfahrens in möglichst adressatengerechter Weise über die Aufgaben eines Betreuers, den möglichen Verlauf des Verfahrens sowie die Kosten, die allgemein aus der Bestellung eines Betreuers folgen können.**

I. Verfahrensfähigkeit nach § 9

§ 9 regelt die Verfahrensfähigkeit allgemein. § 275 bestimmt die Verfahrensfähigkeit des geschäfts**un**fähigen Betroffenen. 1

Verfahrensfähigkeit ist die Fähigkeit, selbst oder durch einen selbst gewählten Vertreter in einem Verfahren als Beteiligter aufzutreten und Rechte im Verfahren auszuüben. Fehlt es an der Verfahrensfähigkeit, so sind regelmäßig die vorgenommenen Verfahrenshandlungen unwirksam.

Verfahrensfähig kann nur sein, wer auch beteiligtenfähig ist.

§ 9 Abs. 1 Nr. 1 bestimmt, dass die nach bürgerlichem Recht voll Geschäftsfähigen verfahrensfähig sind. Die Geschäftsfähigkeit richtet sich nach §§ 2 und 104 ff. BGB. Es darf weder eine Pflegschaft gemäß §§ 1882, 1884 BGB vorliegen noch im Verfahren ein Prozesspfleger gemäß § 57 ZPO bestellt sein. 2

§ 9 Abs. 1 Nr. 2 regelt, dass auch die nach bürgerlichem Recht beschränkt Geschäftsfähigen verfahrensfähig sind, soweit sie nach bürgerlichem Recht als geschäftsfähig (§§ 112, 113 BGB) oder nach öffentlichem Recht als handlungsfähig (→ Rn. 15 ff.) angesehen werden.

§ 9 Abs. 1 Nr. 3 trägt ua den Besonderheiten der betreuungs- und unterbringungsrechtlichen Verfahren Rechnung; gem. §§ 275 (→ Rn. 3 ff.), 316 ist der Betroffene in diesen Verfahren stets verfahrensfähig.

Nach **§ 9 Abs. 2** handeln grundsätzlich für den **nicht Verfahrensfähigen** die nach bürgerlichem Recht dazu befugten Personen.

II. Anwendungsbereich des § 275

In **Abs. 1** wird in betreuungsrechtlicher Hinsicht die Verfahrensfähigkeit iSd **§ 9 Abs. 1 Nr. 3** gesetzlich bestimmt. Um die Rechtsposition des Betroffenen im Verfahren zu stärken und ihn nicht lediglich als bloßes **Verfahrensobjekt** zu behandeln, stellt § 275 ausdrücklich klar, dass der Betroffene in allen Betreuungssachen (s. Kommentierung zu § 271) – sowohl bei der Bestellung eines Betreuers, Veränderung, Verlängerung und Anfechtung der Betreuung oder eines Einwilligungsvorbehalts, aber zB auch bei Auswahl, Entlassung und Vergütung des Betreuers usw. – verfahrensfähig ist und daher auch in solchen Fällen die Frage der **Geschäftsfähigkeit keine Bedeutung** hat. Durch diese Vorschrift soll sichergestellt werden, dass Betroffene in allen mit der Betreuung zusammenhängenden Verfahren alle Angriffs- und Verteidigungsmittel selbst vorbringen und von Rechtsmitteln Gebrauch machen können (BGH FamRZ 2011, 1049). Daher ist dem Betroffenen wegen der bestehenden Verfahrensfähigkeit auch das eingeholte Gutachten mit seinem vollen Wortlaut grundsätzlich persönlich zur Verfügung zu stellen (BGH FamRZ 2019, 139; FamRZ 2018, 1770; 2018, 1769; 2018, 954; 2018, 176). Dies gilt allerdings nicht, wenn das Gutachten dem Verfahrensbevollmächtigten bekannt gegeben wurde (BGH FamRZ 2018, 954) oder wenn die Voraussetzungen des § 288 Abs. 1 (BGH FamRZ 2015, 2156; BtPrax 2014, 137; BtPrax 2013, 254) gegeben sind. 3

Durch die Neueinführung des **Abs. 2** seit 1.1.2023 wird das Gericht verpflichtet, den Betroffenen in adressatengerechter Weise – das heißt in für ihn verständlicher Weise – zu informieren (BT-Drs. 19/24445, 158; → Rn. 20).

III. Abs. 1: Verfahrensfähigkeit in Betreuungsverfahren

4 Der Betroffene ist im Betreuungsverfahren ohne Rücksicht auf seine Geschäftsfähigkeit verfahrensfähig. Die Verfahrensfähigkeit umfasst dabei das gesamte Verfahren, so dass dem Betroffenen insoweit alle Befugnisse eines Geschäftsfähigen zur Verfügung stehen (BGH BeckRS 2024, 16057, Beschl. v. 24.4.2024 – XII ZB 531/23). Unabhängig von der Geschäftsfähigkeit des Betroffenen kann dieser in allen Betreuungsverfahren selbst **Anträge** stellen, sämtliche Angriffs- und Verteidigungsmittel vorbringen, Richter und Sachverständige ablehnen, Verfahrenskostenhilfe beantragen, Wiedereinsetzung begehren, Rechtsmittel selbst einlegen, Bekanntmachungen (§ 40) und Gerichtspost entgegennehmen; er muss auch selbst angehört werden (Sternal/Giers FamFG Rn. 3).

Die Fragen, ob § 275 auch ermöglicht, zB einem Rechtsanwalt unabhängig von der Geschäftsfähigkeit **Verfahrensvollmacht** zu erteilen (**bejahend:** BVerfG BeckRS 2022, 14412, Beschl. v. 23.5.2022 – 1 BvR 842/22; BGH FamRZ 2023, 1310; BtPrax 2014, 37; OLG Koblenz FamRZ 2014, 1483; Sternal/Giers FamFG Rn. 4; BeckOK FamFG/Günter Rn. 8; Haußleiter/Heidebach Rn. 3; HK-BetreuungsR/Meier § 275 Rn. 4; Jox/Fröschle Rn. 5; OLG Schleswig FamRZ 2007, 1126; BayObLG FamRZ 2002, 764; HK-BUR/Bauer Rn. 11; **verneinend:** BayObLG BtPrax 2004, 15 – es muss eine dem Vollmachtgeber zuzurechnende Willenserklärung vorliegen –; AG Mannheim BtPrax 2012, 219 und OLG Saarbrücken FGPrax 1999, 178 – es muss ein „natürlicher Wille" vorliegen –) sowie diesbezüglich einen wirksamen **Anwaltsvertrag** abzuschließen (LG Saarbrücken BeckRS 2013, 11812; vgl. auch BeckOK FamFG/Günter Rn. 8) werden unterschiedlich beantwortet. Obwohl § 275 eine **rein formelle Vorschrift** ist, die in der Regel keine Auswirkungen auf die materielle Rechtslage hat, muss im Sinne der Rechtsklarheit und des optimalen Rechtsschutzes des Betroffenen, der Auffassung der Vorzug gegeben werden, die von der Fähigkeit zur Vollmachtserteilung ausgeht. Für Verfahrensvollmachtserteilungen in **betreuungsrechtlichen** Verfahren und für das entsprechende anwaltliche Mandat kommt es somit entsprechend der hA auf die Geschäftsfähigkeit des Betroffenen für die Wirksamkeit der Rechtshandlungen **nicht** an (BVerfG BeckRS 2022, 14412, Beschl. v. 23.5.2022 – 1 BvR 842/22; BGH FamRZ 2023, 1310; BtPrax 2014, 37; OLG Koblenz FamRZ 2014, 1483; LG Meiningen FamRZ 2018, 1260).

Ein nicht geschäftsfähiger Betreuter ist für **Zivilklagen** gegen seinen Betreuer **nicht prozessfähig.** § 275 findet keine entsprechende Anwendung im Zivilverfahren, auch wenn dieses im direkten Zusammenhang mit der Betreuung steht (AG Zossen FamRZ 2018, 1695).

5 Der Betroffene ist auch nicht gehindert, Handlungen vorzunehmen, die möglicherweise nachteilig für ihn sind, wie die selbstständige Erklärung von **Rücknahme** oder **Verzicht** von Rechtsmitteln (BGH FamRZ 2021, 457; Sternal/Giers FamFG Rn. 5). Auch wenn mit der Verfahrensfähigkeit eine Verschlechterung der Rechtsstellung dadurch einhergeht, dass nachteilige Verfahrenshandlungen vorgenommen werden können, rechtfertigt dies nicht eine Differenzierung zwischen nachteiligen und nicht nachteiligen Verfahrenshandlungen, auch wenn

die Regelung des § 275 Schutzfunktion haben soll. Für eine Rechtshandlung des Betroffenen im Betreuungsverfahren, wie z.B. die Beschwerderücknahme, gelten keine weniger strengen Formerfordernisse; um seine verfahrensrechtliche Position zu stärken, stehen ihm bezogen auf das Verfahren alle Befugnisse eines Geschäftsfähigen zur Verfügung (BGH BeckRS 2024, 16057, Beschl. v. 24.4.2024 – XII ZB 531/23; FamRZ 2021, 457). Dem Schutz des Betroffenen kann auch ausreichend durch eine Verfahrenspflegerbestellung nach § 276 Rechnung getragen werden (so richtig Sternal/Giers FamFG Rn. 6; OLG Hamm RPfleger 1990, 510), wenn Verfahrensgegenstand zB die Anordnung eines umfassenden Einwilligungsvorbehalts in Vermögensangelegenheiten war. Wenn § 275 dazu führt, dass die Rechtsposition des Betroffenen durch Fristablauf verschlechtert wird, kann allein der Umstand, dass ihm im Verfahren kein Verfahrenspfleger zur Seite wurde, zur Wiedereinsetzung in den vorigen Stand nach §§ 17, 18 führen (BVerfG FamRZ 2020, 1674; BGH FamRZ 2021, 457).

Wird dem Betroffenen nach § 276 ein **Verfahrenspfleger** bestellt, so bleiben die von ihm selbst vorgenommenen Verfahrenshandlungen wirksam, auch wenn sie denen des Pflegers widersprechen sollten. **Widersprechende Verfahrenshandlungen** beider behandelt das Gericht 1. Instanz wie solche von mehreren Beteiligten. Widersprechende Rechtsmittel sind jeweils selbstständig zu prüfen (→ FamFG § 276 Rn. 13; BGH FGPrax 1996, 1825). Der Betroffene kann nicht ein Rechtsmittel des Verfahrenspflegers, dieser nicht ein Rechtsmittel des Betroffenen zurücknehmen (Bienwald/Bienwald/Harm § 276 Rn. 17). Legt der Verfahrenspfleger Beschwerde ein, so hat er im Zweifel nur das ihm in dieser Funktion, nicht aber das dem Betroffenen persönlich zustehende Beschwerderecht ausgeübt (OLG Hamm BtPrax 2006, 190). 6

IV. Verfahrensfähigkeit in anderen Verfahren

1. Zivilrechtsstreit

Vorschriften der ZPO: 7

§ 51 ZPO Prozessfähigkeit; gesetzliche Vertretung; Prozessführung

(1) Die Fähigkeit einer Partei, vor Gericht zu stehen, die Vertretung nicht prozessfähiger Parteien durch andere Personen (gesetzliche Vertreter) und die Notwendigkeit einer besonderen Ermächtigung zur Prozessführung bestimmt sich nach den Vorschriften des bürgerlichen Rechts, soweit nicht die nachfolgenden Paragraphen abweichende Vorschriften enthalten.

(2) Das Verschulden eines gesetzlichen Vertreters steht dem Verschulden der Partei gleich.

(3) Hat eine nicht prozessfähige Partei, die eine volljährige natürliche Person ist, wirksam eine andere natürliche Person schriftlich mit ihrer gerichtlichen Vertretung bevollmächtigt, so steht diese Person einem gesetzlichen Vertreter gleich, wenn die Bevollmächtigung geeignet ist, gemäß § 1814 Absatz 3 Satz 2 Nummer 1des Bürgerlichen Gesetzbuchs die Erforderlichkeit einer Betreuung entfallen zu lassen.

§ 52 ZPO Umfang der Prozessfähigkeit

Eine Person ist insoweit prozessfähig, als sie sich durch Verträge verpflichten kann.

§ 53 ZPO Prozessfähigkeit bei rechtlicher Betreuung

(1) Bei Personen, für die ein Betreuer bestellt ist, richtet sich die Prozessfähigkeit nach den allgemeinen Vorschriften.

(2) [1]Wird ein Betreuter in einem Rechtsstreit durch einen Betreuer vertreten, kann der Betreuer in jeder Lage des Verfahrens gegenüber dem Prozessgericht schriftlich oder zu Protokoll der Geschäftsstelle erklären, dass der Rechtsstreit fortan ausschließlich durch ihn geführt wird (Ausschließlichkeitserklärung). [2]Mit Eingang der Ausschließlichkeitserklärung steht der Betreute für den weiteren Rechtsstreit einer nicht prozessfähigen Person gleich. [3]Der Betreuer kann die Ausschließlichkeitserklärung jederzeit mit Wirkung für die Zukunft zurücknehmen.

8 **§ 53 Abs. 1 ZPO:**

Die Prozessfähigkeit bei Personen, für die ein Betreuer bestellt ist, richtet sich nach den allgemeinen Vorschriften. Ist der Betreute nach den allgemeinen Vorschriften prozessunfähig, muss er vor Gericht durch seinen Betreuer vertreten werden. Ist er dagegen geschäftsfähig und damit prozessfähig kann er selbst vor Gericht handeln.

Soweit der Betreute **geschäftsunfähig** und daher prozessunfähig iSd § 52 ZPO iVm §§ 105, 104 Nr. 2 BGB ist, kann für ihn **im Zivilprozess** nur ein gesetzlicher Vertreter oder ein Bevollmächtigter handeln. Die durch einen Betreuer vertretene prozessunfähige Partei eines Zivilprozesses kann nur durch den Betreuer, nicht aber selbst, wirksam eine **Prozesshandlung** vornehmen (LG Hannover FamRZ 1998, 380).

Früher war es umstritten, ob eine Vollmacht eines Geschäftsunfähigen sich auf eine zivilgerichtliche Vertretung erstrecken konnte (verneinend BayObLG FamRZ 1998, 920; aA LG Konstanz BeckRS 2001, 01004). Durch § 51 Abs. 3 ZPO wird jedoch klargestellt, dass durch **wirksame schriftliche** Vollmacht die Bestellung eines Betreuers entbehrlich wird, wenn der Bevollmächtigte ebenso gut wie ein Betreuer die gerichtliche Vertretung wahrnehmen kann. Mit dem Erfordernis der Wirksamkeit der Vollmacht wird auf die **Geschäftsfähigkeit** zum Zeitpunkt der Vollmachterteilung abgestellt (BT-Drs. 15/2494, 62). Die Vollmacht muss konkret die gerichtliche Vertretung umfassen und diese auch bezwecken, um iSv § 1814 Abs. 3 S. 2 Nr. 1 BGB die Notwendigkeit einer Betreuerbestellung entfallen zu lassen. Damit muss der Betroffene bei Mandats- bzw. Vollmachtserteilung **geschäftsfähig** sein (anders beim betreuungsrechtlichen Verfahren; → Rn. 4)

Ob diese Voraussetzungen vorliegen, prüft das **Prozessgericht** (Zivilgericht) von Amts wegen und macht ggf. gemäß § 22a (vgl. die Kommentierung zu → § 22a) dem Betreuungsgericht Mitteilung, das dann ggf. seinerseits die Voraussetzungen einer Betreuerbestellung prüft.

9 Im Umfang des **Einwilligungsvorbehalts** nach § 1825 BGB ist der Betreute **prozessunfähig** (BeckOK ZPO/Hübsch/Kersting § 52 Rn. 3a), denn er ist insofern einem beschränkt Geschäftsfähigen gleichgestellt. Besteht eine Betreuung mit Einwilligungsvorbehalt für den Aufgabenbereich „gerichtliche Auseinandersetzungen", ist der Betreute, auch wenn er geschäftsfähig ist, insoweit nicht prozessfähig (BGH BeckRS 2002, 3862). Dies stellt jedoch einen größeren Eingriff in die Selbstbestimmung des Betroffenen dar als eine Ausschließlichkeitserklärung (→ Rn. 10), weshalb ein Vorgehen des Betreuers nach § 53 Abs. 2 ZPO in der Regel einem Einwilligungsvorbehalt vorgeht (BT-Drs. 19/24445, 450).

Eine **beschränkte** Prozessfähigkeit iSd § 52 ZPO kann sich bei einem geschäftsfähigen Betreuten ergeben, auch soweit für ihn ein Einwilligungsvorbehalt angeordnet worden ist. Über §§ 112, 113 BGB ist jedoch eine gegenständlich beschränkte Geschäftsfähigkeit und damit Prozessfähigkeit des Betreuten möglich, nicht jedoch bei Angelegenheiten des täglichen Lebens.

§ 53 Abs. 2 ZPO: **10**

Der **geschäftsfähige** Betreute, für den kein Einwilligungsvorbehalt angeordnet ist, ist **voll prozessfähig,** sofern sich nicht aus **§ 53 Abs. 2 ZPO** etwas anderes ergibt.

Seit 1.1.2023 wurde das Selbstbestimmungsrecht des Betreuten durch § 53 Abs. 2 ZPO im Vergleich zur Rechtslage nach § 53 ZPO aF erheblich gestärkt. In den Fällen, in denen dem Betreuten durch die Prozessführung eine erhebliche Selbstgefährdung droht, kann der Betreuer durch eine **Ausschließlichkeitserklärung** nach § 53 Abs. 2 ZPO eine Prozessunfähigkeit des Betreuten herbeiführen. Im betreuungsrechtlichen Innenverhältnis hat ein Betreuer sein Handeln gemäß § 1821 Abs. 2 BGB grundsätzlich an den Wünschen des Betreuten auszurichten. Von seiner Vertretungsbefugnis macht er dabei gemäß § 1821 Abs. 1 S. 2 BGB nur Gebrauch, soweit dies erforderlich ist (BT-Drs. 19/24445, 450). Die **Prozessfähigkeit** des Betreuten ist **keine Voraussetzung** für die Abgabe einer Ausschließlichkeitserklärung. Diese kann auch für einen nach den allgemeinen Vorschriften **prozessunfähigen** Betreuten abgegeben werden, wenn dies zur Vermeidung von Unsicherheiten sinnvoll und geboten ist (BT-Drs. 19/24445, 450).

Die vor der Abgabe der Ausschließlichkeitserklärung vorgenommenen Zustellungen und Verfahrenshandlungen bleiben wirksam (LG Berlin BeckRS 2002, 16602); insofern ist auch auf den seit 1.1.2023 geltenden § 170a ZPO hinzuweisen. Die Wirksamkeit ist im Hinblick auf Prozesse oder Zwangsvollstreckungsmaßnahmen, von denen der gesetzliche Vertreter nichts weiß, zwar nicht unproblematisch, aber im Interesse der Rechtsklarheit hinzunehmen. Zur Sicherung eines ordnungsgemäßen Prozessablaufs ist ein nachträglicher Widerruf derartiger Erklärungen ausgeschlossen. Eine Ausschließlichkeitserklärung kann in jeder Lage des Verfahrens abgegeben werden, insbesondere auch dann, wenn eine zuvor abgegebene Ausschließlichkeitserklärung zurückgenommen worden ist (BT-Drs. 19/24445, 451).

Zur Erteilung der Vermögensauskunft nach § 802c ZPO → Rn. 13 und zum Insolvenzverfahren → Rn. 14.

§ 455 ZPO Prozessunfähige

(1) [1]Ist eine Partei nicht prozessfähig, so ist vorbehaltlich der Vorschrift im Absatz 2 ihr gesetzlicher Vertreter zu vernehmen. [2]Sind mehrere gesetzliche Vertreter vorhanden, so gilt § 449 entsprechend.

(2) [1]Minderjährige, die das 16. Lebensjahr vollendet haben, können über Tatsachen, die in ihren eigenen Handlungen bestehen oder Gegenstand ihrer Wahrnehmung gewesen sind, vernommen und auch nach § 452 beeidigt werden, wenn das Gericht dies nach den Umständen des Falls für angemessen erachtet. [2]Das gleiche gilt für eine prozessfähige Person, die in dem Rechtsstreit durch einen Betreuer oder Pfleger vertreten wird.

Im Rahmen der Regelung der Beweisaufnahme durch **Parteivernehmung** im Zivilprozess betrifft § 455 ZPO die nicht prozessfähige Partei. **11**

Nach § 455 Abs. 1 ZPO ist anstelle der prozessunfähigen Person (§ 52 ZPO) nicht diese selbst, sondern der gesetzliche Vertreter als Partei zu vernehmen. Gleichbehandelt wird der von einem Betreuer im Prozess vertretene Betreute, bei dem der Betreuer eine Ausschließlichkeitserklärung nach § 53 Abs. 2 ZPO abgegeben hat. Der Betreute kann dann Zeuge sein.

12 Ausnahmsweise kann das Gericht jedoch nach pflichtgemäßem Ermessen den **Prozessunfähigen** als Partei vernehmen. Das gilt nach § 455 Abs. 2 ZPO auch, wenn der Betreuer eine Ausschließlichkeitserklärung nach § 53 Abs. 2 ZPO abgegeben hat. Im Hinblick auf die abgeschaffte Gebrechlichkeitspflegschaft verbleiben für die ebenfalls in § 455 Abs. 2 ZPO geregelte **Pflegschaft** lediglich zB die Abwesenheitspflegschaft oder die Pflegschaft für unbekannte Beteiligte. Die Vorschrift bleibt in diesem Fall auf Anwendungsfälle beschränkt, in denen der Abwesende wieder auftaucht, jedoch die Pflegschaft noch nicht aufgehoben ist (BT-Drs. 11/4528, 167).

13 Ein Schuldner, für den ein Betreuer bestellt worden ist, bleibt grundsätzlich zur **Erteilung der Vermögensauskunft** nach § 802c ZPO verpflichtet, sofern der Betreuer nicht in das Verfahren eingetreten ist (AG Haßfurt DGVZ 2003, 46). Wenn für die Vermögenssorge des Schuldners ein Betreuer bestellt, nicht aber ein Einwilligungsvorbehalt gemäß § 1825 BGB angeordnet ist, hat das Vollstreckungsgericht nach pflichtgemäßem Ermessen zu bestimmen, ob der Vertreter oder der Schuldner die eidesstattliche Versicherung nach § 802c Abs. 3 ZPO abzugeben hat (BGH BtPrax 2008, 257). Selbst wenn der Schuldner, für den ein Betreuer bestellt wurde, noch verfahrensfähig ist, kann der Gläubiger die Abgabe der eidesstattlichen Versicherung durch den (auch) für den Bereich Vermögenssorge bestellten Betreuer verlangen, wenn dieser, zB durch die Ladung und die Abgabe von Erklärungen, in das Verfahren eingetreten ist (LG Osnabrück DGVZ 2005, 128 zur alten Rechtslage des § 53 ZPO). Besteht für den Schuldner eine Betreuung mit dem Aufgabenbereich Vermögenssorge **und** hat der Betreuer die Ausschließlichkeitserklärung nach § 53 Abs. 2 ZPO (→ Rn. 10) abgegeben, so ist zur Abgabe der Vermögensauskunft der Betreuer zu laden und ggfs. gegen diesen der Haftbefehl zu erlassen (so AG Calw BeckRS 2023, 12108, Beschl. v. 25.5.2023 – 9 M 950/23).

14 Ist in einem **insolvenzrechtlichen Verfahren** für den Geschäftsführer einer GmbH ein Betreuer bestellt, ist der Betreuer nicht zur Stellung eines (Eigen-)Insolvenzantrags über das Vermögen der GmbH berechtigt (AG Göttingen DZWiR 2004, 130).

Im **Verbraucherinsolvenzverfahren** muss der Schuldner gemäß § 305 Abs. 1 Nr. 3 InsO dem Antrag ein Verzeichnis des vorhandenen Vermögens und des Einkommens (Vermögensverzeichnis), eine Zusammenfassung des wesentlichen Inhalts dieses Verzeichnisses (Vermögensübersicht), ein Verzeichnis der Gläubiger und ein Verzeichnis der gegen ihn gerichteten Forderungen sowie nach § 13 Abs. 1 S. 3 InsO ein Gläubiger- und Forderungsverzeichnis beifügen. Den Verzeichnissen und der Vermögensübersicht ist zudem die Erklärung beizufügen, dass die enthaltenen Angaben richtig und vollständig sind. Diese Erklärung ist höchstpersönlicher Natur und nicht der Stellvertretung zugänglich. Wenn der Betreuer den Insolvenzantrag für den Betreuten stellt und ist die Situation des § 53 Abs. 2 ZPO (→ Rn. 10) gegeben, hat der Betreuer die oben aufgeführten Erklärungen abzugeben und zu unterschreiben. Damit ist jedoch nicht die streitige Frage beantwortet, ob die Erklärungen daneben auch vom Betreuten selbst abzugeben (und zu unterzeichnen) sind. Es dürfte jedoch der Auffassung der Vorzug zu geben sein, dass neben dem Betreuer auch der Betreute die Erklärungen anzugeben hat (so auch AG Hannover FamRZ 2019, 1009), es sei denn, das Insolvenzgericht stellt nach pflichtgemäßem Ermessen fest, dass der Betreute nicht in der Lage ist, die Folgen seiner Erklärung abzusehen. In diesem Fall kann das Gericht nach den Grundsätzen des § 455 Abs. 2 S. 2 ZPO auf eine entsprechende Erklärung verzichten (so auch LG Potsdam BeckRS 2022, 2164, Beschl. v. 7.1.2022 – 14 T 206/21: ein betreuter Schuldner ist neben dem Betreuer verpflichtet, die Erklärungen zur Richtigkeit und Vollständigkeit der Vermögensübersicht, des Vermögensverzeichnisses und des Gläubiger- und Forderungsverzeichnisses persönlich abzugeben, soweit er hierzu in der Lage ist).

Nicht geklärt ist die Frage, ob, wenn der Betreuer die zwingend erforderliche **Abtretungserklärung** nach § 287 Abs. 2 InsO im Insolvenzverfahren abgibt, diese Erklärung einer **betreuungsgerichtlichen Genehmigung** nach § 1849 Abs. 1 Nr. 1 BGB – Verfügung über eine Forderung – bedarf. Beim geschäftsunfähigen Betreuten dürfte dies zu bejahen sein (ebenso Jaeger/Preuß InsO § 287 Rn. 48). Beim geschäftsfähigen Betreuten erscheint das Genehmigungsbedürfnis als Förmelei, da der Entscheidungsspielraum des Betreuungsgerichts gegen Null tendiert (BeckOK InsO/Riedel § 287 Rn. 17.1). Gleiches gilt für den vom Betreuer außergerichtlich vorgeschlagenen Schuldenbereinigungsplan (§ 305 Abs. 1 Nr. 1 InsO) nach § 1854 Nr. 6 BGB (Jaeger/Preuß InsO § 304 Rn. 8).

2. Öffentliches Recht

a) Verwaltungs-, Sozialverwaltungs- und Finanzverfahren sowie Verwaltungsgerichts- und Finanzgerichtsverfahren. Durch das Betreuungsreformgesetz vom 4.5.2021 wurde eine einheitliche Regelung der **Verfahrensfähigkeit** in § 12 Abs. 2 VwVfG (Verwaltungsverfahren und in den einzelnen Landesverwaltungsverfahrensgesetzen), § 11 Abs. 2 SGB X (Sozialverwaltungsverfahren), § 58 Abs. 3 FGO (Finanzgerichtsverfahren), § 62 Abs. 2 VwGO (Verwaltungsgerichtsverfahren), § 79 Abs. 2 AO (Finanzgerichtsverfahren) eingeführt, die jeweils folgenden Wortlaut hat: 15

> Betrifft ein Einwilligungsvorbehalt nach § 1825 des Bürgerlichen Gesetzbuchs den Gegenstand des Verfahrens, so ist ein geschäftsfähiger Betreuter nur insoweit zur Vornahme von Verfahrenshandlungen fähig, als er nach den Vorschriften des bürgerlichen Rechts ohne Einwilligung des Betreuers handeln kann oder durch Vorschriften des öffentlichen Rechts als handlungsfähig anerkannt ist.

Sämtliche Bestimmungen gehen im jeweiligen Abs. 1 davon aus, dass jeder Volljährige verfahrensfähig ist, wenn er nicht in natürlichem Sinne **geschäftsunfähig** ist (§ 104 Nr. 2 BGB). Die oben wiedergegebenen Regelungen erfassen damit ausschließlich den **geschäftsfähigen Volljährigen,** für den ein Betreuer bestellt worden ist. Sämtliche Verfahrensgesetze enthalten Verweisungen auf § 53 ZPO, womit zunächst sichergestellt ist, dass widersprechende Erklärungen des Betreuers und des Betreuten in Verfahren vermieden werden (→ Rn. 10).

Für das Verwaltungs-, Sozialverwaltungs- und Finanzverfahren ebenso wie für das Verwaltungsgerichts- und Finanzgerichtsverfahren gilt somit: Ist ein **Einwilligungsvorbehalt** angeordnet (§ 1825 BGB), der den Gegenstand des Verfahrens erfasst, so führt dies dazu, dass zum Schutz des Betroffenen von ihm vorgenommene Verfahrenshandlungen **unwirksam** sind. 16

17 Trotz bestehenden Einwilligungsvorbehalts bleibt der Betreute jedoch in dem Umfang **handlungsfähig,** in dem er keine Einwilligung des Betreuers braucht oder nach öffentlichem Recht seine Handlungen wirksam sind. Handlungsfähigkeit nach § 1825 Abs. 3 S. 2 BGB im Rahmen **geringfügiger Angelegenheiten** des täglichen Lebens dürfte jedoch nicht zu einer partiellen Handlungsfähigkeit führen, da die Angelegenheiten der genannten Verfahren nicht als „geringfügige" Angelegenheiten anzusehen sein dürften.

b) Sozialgerichtliches Verfahren.

§ 72 SGG [Bestellung eines besonderen Vertreters]

(1) Für einen nicht prozessfähigen Beteiligten ohne gesetzlichen Vertreter kann der Vorsitzende bis zum Eintritt eines Vormunds, Betreuers oder Pflegers für das Verfahren einen besonderen Vertreter bestellen, dem alle Rechte, außer dem Empfang von Zahlungen, zustehen.

(2) Die Bestellung eines besonderen Vertreters ist mit Zustimmung des Beteiligten oder seines gesetzlichen Vertreters auch zulässig, wenn der Aufenthaltsort eines Beteiligten oder seines gesetzlichen Vertreters vom Sitz des Gerichts weit entfernt ist.

18 Ergibt sich im sozialgerichtlichen Verfahren, dass ein nicht gesetzlich vertretener Beteiligter – dh ein Beteiligter, der nicht durch einen Betreuer vertreten ist – seit einem Zeitpunkt, der **vor** der Rechtshängigkeit des Verfahrens liegt, prozessunfähig ist oder haben sich Zweifel an seiner Prozessfähigkeit unter Ausschöpfung aller erdenklichen Beweismittel nicht ausräumen lassen, ist er wie ein Prozessunfähiger zu behandeln. In diesem Fall kann (iSv Befugnis, nicht von Ermessen) der Vorsitzende für ihn bis zum Eintritt eines Vormunds, Betreuers oder Pflegers nach **§ 72 Abs. 1 SGG** einen **besonderen Vertreter** bestellen (vgl. BSG NZS 2004, 501). Sieht das Sozialgericht trotz Prozessunfähigkeit einer Partei ohne hinreichenden Grund von der Bestellung eines besonderen Vertreters nach § 72 Abs. 1 SGG ab, so kann dies die Grundrechte des betroffenen Beteiligten aus Art. 19 Abs. 4 GG sowie aus Art. 103 Abs. 1 GG beeinträchtigen (BVerfG BeckRS 2017, 123034). Die Entscheidung ergeht – nach Anhörung des Betroffenen (BSG NJW 1994, 215) zur Bestellung als solcher, wie auch zur Person des besonderen Vertreters – durch Beschluss. Dieser Beschluss ist dem Betreuungsgericht zur Kenntnis zu geben (vgl. § 22a; das Unterlassen der Mitteilung stellt keinen Verfahrensfehler dar). Dem besonderen Vertreter stehen alle **Verfahrensrechte** zu, außer dem Empfang von Zahlungen.

Tritt die Prozessunfähigkeit erst **im Laufe** des Verfahrens ein, so dürfte nach wohl inzwischen gefestigter Meinung auch aus prozessökonomischen Gründen ebenfalls ein besonderer Vertreter zu bestellen sein (Berchtold/Littmann SGG § 72 Rn. 4); nach einer anderen Meinung finden §§ 202 SGG, 241 und ggf. 246 ZPO Anwendung.

Steht die Prozessunfähigkeit für den Prozess fest, kann dieser grundsätzlich nur mit einem besonderen Vertreter fortgeführt werden, wenn eine sonstige gesetzliche Vertretung nicht gewährleistet ist und das Amtsgericht von der Bestellung eines Betreuers abgesehen hat (BSG BeckRS 2014, 69104).

c) Asylverfahren.

§ 12 AsylG Handlungsfähigkeit

(1) Fähig zur Vornahme von Verfahrenshandlungen nach diesem Gesetz ist ein volljähriger Ausländer, sofern er nicht nach Maßgabe des Bürgerlichen Gesetzbu-

ches geschäftsunfähig oder in dieser Angelegenheit zu betreuen und einem Einwilligungsvorbehalt zu unterstellen wäre.

(2) …

Grundsätzlich geht § 12 AsylG von der Verfahrensfähigkeit (= Handlungsfähigkeit) des volljährigen Betroffenen aus. Die Vorschrift regelt sowohl die aktive als auch die passive Verfahrenshandlungsfähigkeit (BeckOK AuslR/Kluth/Heusch/Neundorf AsylG § 12 Rn. 9). Für das AsylG beginnt die Verfahrenshandlungsfähigkeit mit der Volljährigkeit; Geschäftsunfähigkeit und Betreuungsbedürftigkeit richten sich allein nach §§ 104 ff. BGB. Eine Verfahrensfähigkeit des Betroffenen fehlt daher dann, wenn dieser entweder nach deutschem Recht **geschäftsunfähig** wäre oder für ihn wegen seiner Krankheit oder Behinderung nach deutschem Recht ein Betreuer zur Seite gestellt werden müsste und gleichzeitig ein Einwilligungsvorbehalt für das Asylverfahren anzuordnen wäre. Die Tatsache, dass das Gesetz den Konjunktiv verwendet, erklärt sich daraus, dass nach Art. 7 EGBGB die Rechtsfähigkeit und Geschäftsfähigkeit eines Menschen dem Recht des Staates unterliegen, dem der Betroffene angehört. Über Art. 24 Abs. 1 EGBGB gilt dies auch für die Entstehung, Änderung und das Ende einer Betreuung (bzw. einer Vormundschaft oder Pflegschaft oder eines vergleichbaren Rechtsinstituts). Die Handlungsfähigkeit bestimmt sich jedoch im Gegensatz dazu nach deutschem Recht. 19

Handlungsunfähig (und damit nicht fähig zur Vornahme von Verfahrenshandlungen nach dem AsylG) sind nicht volljährige Ausländer iSd § 12 AsylG und außerdem solche, die in dieser Angelegenheit zu betreuen **und** einem Einwilligungsvorbehalt zu unterstellen wären. Sie bedürfen der Vertretung durch ihren gesetzlichen Vertreter (Eltern bzw. Betreuer, Pfleger). Ist ein gesetzlicher Vertreter nicht vorhanden oder im Bundesgebiet nicht erreichbar, ist auf Ersuchen der Behörde vom Betreuungsgericht ein geeigneter Vertreter zu bestellen (§ 16 VwVfG).

V. Abs. 2 Unterrichtung des Betroffenen

Abs. 2 verbessert die Stellung des Betroffenen im Verfahren durch die frühzeitige Verpflichtung des Gerichts zur Information in adressatengerechter Weise und trägt Kritik an der bis 2022 geltenden Rechtslage Rechnung, dass der Betroffene bei der Einleitung eines gerichtlichen Betreuungsverfahrens nicht ausreichend unterrichtet würde. Die verpflichtende Unterrichtung der betroffenen Person bereits **bei Einleitung** des Verfahrens über die Aufgaben eines Betreuers, den möglichen Verlauf des Verfahrens sowie Kostenfolgen aus der Bestellung eines Betreuers entspricht der auch verfahrensrechtlich gebotenen Stärkung des Selbstbestimmungsrechts des Betroffenen im Betreuungsrecht. Die Unterrichtung über den möglichen Verlauf des Verfahrens umfasst dabei auch den Hinweis, dass das Gericht im Verfahren auf Verlangen des Betroffenen eine ihm nahestehende Person nach § 279 Abs. 3 anhört, wenn dies ohne erhebliche Verzögerung möglich ist. Hierbei soll die Unterrichtung möglichst **adressatengerecht,** das heißt in für die Betroffenen verständlicher Weise, erfolgen. Eine absolute Pflicht zur adressatengerechten Unterrichtung ist nicht vorgesehen, da das Betreuungsgericht zu Verfahrensbeginn vielfach nicht die hierfür erforderlichen Kenntnisse über die betroffene Person hat. 20

Die Unterrichtung über Kostenfolgen sind vor allem für vermögende Betroffene wichtig, da sie bei Bestellung eines rechtlichen Betreuers verpflichtet sind, die laufenden Gerichtskosten sowie eine etwaige Betreuervergütung zu bezahlen. Die Informationen können auch dazu beitragen, späteren Konflikten zwischen Betroffenem und beruflichem Betreuer vorzubeugen. Da bei Verfahrensbeginn die Kosten des Einzelfalls noch nicht berechnet werden können, beschränkt sich die Unterrichtung auf die Kosten, die allgemein aus der Bestellung eines Betreuers folgen können.

Barrierefreie Informationsmaterialien in möglichst adressatengerechter (zB leichter) Sprache existieren mittlerweile ua vom Bundesministerium für Justiz und Verbraucherschutz, den Landesjustizverwaltungen und auch anderen im Betreuungswesen engagierten Organisationen wie den Wohlfahrtsverbänden.

§ 276 Verfahrenspfleger

(1) [1]**Das Gericht hat dem Betroffenen einen geeigneten Verfahrenspfleger zu bestellen, wenn dies zur Wahrnehmung der Interessen des Betroffenen erforderlich ist.** [2]**Die Bestellung ist in der Regel erforderlich, wenn**

1. **von der persönlichen Anhörung des Betroffenen nach § 278 Abs. 4 in Verbindung mit § 34 Abs. 2 abgesehen werden soll oder**
2. **die Bestellung eines Betreuers oder die Anordnung eines Einwilligungsvorbehalts gegen den erklärten Willen des Betroffenen erfolgen soll.**

(2) [1]**Von der Bestellung kann in den Fällen des Absatzes 1 Satz 2 abgesehen werden, wenn ein Interesse des Betroffenen an der Bestellung des Verfahrenspflegers offensichtlich nicht besteht.** [2]**Die Nichtbestellung ist zu begründen.**

(3) [1]**Der Verfahrenspfleger hat die Wünsche, hilfsweise den mutmaßlichen Willen des Betroffenen festzustellen und im gerichtlichen Verfahren zur Geltung zu bringen.** [2]**Er hat den Betroffenen über Gegenstand, Ablauf und möglichen Ausgang des Verfahrens in geeigneter Weise zu informieren und ihn bei Bedarf bei der Ausübung seiner Rechte im Verfahren zu unterstützen.** [3]**Er ist nicht gesetzlicher Vertreter des Betroffenen.**

(4) [1]**Als Verfahrenspfleger ist eine natürliche Person zu bestellen.** [2]**Wer Verfahrenspflegschaften im Rahmen seiner Berufsausübung führt, soll nur dann zum Verfahrenspfleger bestellt werden, wenn keine andere geeignete Person zur Verfügung steht, die zur ehrenamtlichen Führung der Verfahrenspflegschaft bereit ist.**

(5) **Die Bestellung eines Verfahrenspflegers soll unterbleiben oder aufgehoben werden, wenn die Interessen des Betroffenen von einem Rechtsanwalt oder einem anderen geeigneten Verfahrensbevollmächtigten vertreten werden.**

(6) **Die Bestellung endet, sofern sie nicht vorher aufgehoben wird, mit der Rechtskraft der Endentscheidung oder mit dem sonstigen Abschluss des Verfahrens.**

(7) **Die Bestellung eines Verfahrenspflegers oder deren Aufhebung sowie die Ablehnung einer derartigen Maßnahme sind nicht selbständig anfechtbar.**

(8) **Dem Verfahrenspfleger sind keine Kosten aufzuerlegen.**

Übersicht

I. Anwendungsbereich

1 § 276 sieht die Möglichkeit der Bestellung eines Verfahrenspflegers für **alle Verfahren** nach den §§ 1814 bis 1830 und 1833 bis 1881 BGB vor. § 276 findet auch Anwendung, wenn erst im Beschwerdeverfahren ein Verfahrenspfleger bestellt wird. Für Unterbringungen (zB nach § 1831 BGB) und Zwangsbehandlungen nach § 1832 BGB enthält § 317 eine Sonderregelung.

Die Verfahrenspflegschaft bezieht sich immer nur auf das **konkret anstehende Verfahren** bzw. den Verfahrensgegenstand, nicht auch auf etwaige Folgeverfahren.

Durch die Gesetzesänderung zum 1.1.2023 (Gesetz zur Reform des Vormundschafts- und Betreuungsrechts) wurde die Aufgabe des Verfahrenspflegers deutlicher darauf fokussiert, den Betroffenen einerseits ebenfalls über das gerichtliche Verfahren zu informieren und andererseits – als Hauptaufgabe – dessen Wünsche oder ggf. den mutmaßlichen Willen in das Verfahren einzubringen und damit dessen Mitwirkungsmöglichkeiten zur Stärkung seines Selbstbestimmungsrechts zu verbessern (BT-Drs. 19/24445, 158).

II. Voraussetzungen für die Verfahrenspflegerbestellung

2 **Allgemeines.** Nach Abs. 1 S. 1 bestellt das Gericht nach pflichtgemäßem Ermessen einen geeigneten Verfahrenspfleger, wenn eine Gesamtabwägung aller Umstände des konkreten Falls ergibt, dass aufgrund des Grads der Krankheit bzw. der Behinderung des Betroffenen einerseits und der Bedeutung des jeweiligen Verfahrensgegenstands andererseits, eine Verfahrenspflegerbestellung zur Wahrnehmung der Interessen des Betroffenen erforderlich ist (BGH BtPrax 2014, 79). Das Gericht ist verpflichtet, bei der Auswahl des Verfahrenspflegers darauf abzustellen, ob die ausgewählte Person die **fachliche und persönliche Eignung** besitzt, ihre gesetzlichen Aufgaben zu erfüllen. Dem Betroffenen soll dort, wo er infolge seiner Erkrankung seine Interessen nicht mehr angemessen wahrnehmen kann, eine Person zur Seite gestellt werden, die aus der objektiven Sicht eines Dritten dafür Sorge trägt, dass die Vorstellungen und Interessen des Betroffenen

in dem Verfahren zur Geltung gebracht werden (Sternal/Giers FamFG Rn. 1). Grundsätzlich ist die Bestellung eines Verfahrenspflegers **nicht erforderlich,** wenn sich der Betroffene verständlich und nachdrücklich äußern kann (BayObLG FamRZ 1993, 348; OLG Oldenburg FamRZ 1996, 757), was sich zB aus der Einreichung von Eingaben zu den Akten oder dem Eindruck aus einem anderen Anhörungstermin ergeben kann. Mangels weiterer Umstände kann ein Verfahrenspfleger auch dann nicht erforderlich sein, wenn es um die Bestellung eines Betreuers auf Antrag eines nur körperlich Behinderten (Brosey/Lesting/Loer/Marschner BetreuungsR Rn. 435) geht, wenn beim Betroffenen nur leichte psychische Krankheiten oder seelische Behinderungen bestehen oder im Rahmen von Genehmigungsverfahren von überschaubaren Rechtsgeschäften bei laufender Betreuung. Ist in erster Instanz die Bestellung eines Verfahrenspflegers unterblieben, hat das Beschwerdegericht das Vorliegen der Voraussetzungen des Abs. 1 erneut zu prüfen (BGH BeckRS 2024, 16052, Beschl. v. 5.6.2024 – XII ZB 521/23; FamRZ 2022, 730; FamRZ 2021, 220), wobei es hierfür weiterhin auf den erstinstanzlichen Verfahrensgegenstand ankommt (BGH FamRZ 2022, 730).

3 Ist aber der Betroffene **nicht** in der Lage, seine Interessen und Rechte im Verfahren ausreichend wahrzunehmen oder besteht die Gefahr eines **Interessenkonflikts** zwischen Betreuer und Betroffenen, so muss ihm – ggf. gegen seinen Willen – ein Verfahrenspfleger bestellt werden. Das wird in der Regel der Fall sein, wenn der Betroffene **nicht in der Lage ist, seinen Willen** kundzutun oder die Anhörung ergibt, dass er nicht ansprechbar ist. Ob einem Betroffenen auch dann, wenn ein Regelfall nach Abs. 1 S. 2 (→ Rn. 4 ff.) nicht vorliegt, ein Verfahrenspfleger zu bestellen ist, hängt vom Grad der Krankheit oder Behinderung sowie von der Bedeutung des jeweiligen Verfahrensgegenstands ab (BGH BtPrax 2014, 79).

Einzelentscheidungen außerhalb des Abs. 1 S. 2: BayObLG FamRZ 1993, 491 **Auswahl** des Betreuers bei Gefahr von Interessenkollision bei Wahrnehmung vermögensrechtlicher Interessen und bestehender familiärer Bindung; LG Lübeck BtPrax 1993, 211 für Genehmigung einer **Hypothekenbestellung;** BGH BtPrax 2014, 232 bei **Verlängerung;** BGH BtPrax 2014, 32 bei **Kontrollbetreuung;** KG BtPrax 2008, 265 bei **Betreuerwechsel;** BayObLG FamRZ 2004, 1231; OLG Karlsruhe FamRZ 2003, 405 für das **Vergütungsfestsetzungsverfahren;** BGH BtPrax 2011, 211 zur **Aufhebung** d. Betreuung (im Aufhebungsverfahren ist eine Verfahrenspflegerbestellung erforderlich, wenn das Gericht in nennenswerte neue Tatsachenermittlungen eintritt: BGH NJW-RR 2025, 641; BtPrax, 2020, 27; FamRZ 2018, 1776); OLG Oldenburg NJW-RR 2003, 587 für das Verfahren bei **Wohnraumkündigung;** OLG Naumburg FamRZ 2007, 1688 für das teilweise **Entziehen des Aufgabenkreises** des Betreuers; BGH FamRZ 2019, 309; BtPrax 2017, 202 bei **Nichtbekanntgabe des Gutachtens;** BGH FamRZ 2018, 1692; BtPrax 2018, 197 beim **Einwilligungsvorbehalt über das gesamte Vermögen.**

Hält das Betreuungsgericht in einem Verfahren auf **Aufhebung** einer Betreuung die Bestellung eines Verfahrenspflegers für erforderlich, muss es grundsätzlich durch die rechtzeitige Bestellung des Verfahrenspflegers und dessen Benachrichtigung vom Anhörungstermin sicherstellen, dass dieser an der Anhörung des Betroffenen teilnehmen kann (BGH FamRZ 2022, 982). Derjenige, der nur vordergründig in der Lage scheint, seine Verfahrensrechte wahrzunehmen, braucht einen Verfahrenspfleger. Das ist namentlich der Fall, wenn sich der Betroffene mit ausufernden Eingaben am Verfahren „beteiligt“, ohne jedoch sich mit den eigentlich relevanten Gesichtspunkten auseinander zu setzen (Sternal/Giers FamFG Rn. 4). Eine Verfahrenspflegerbestellung ist ua auch erforderlich, wenn die **Sprachkennt-**

nisse des Betroffenen nicht ausreichen, um eine von Sprachschwierigkeiten unbeeinträchtigte Wahrnehmung seiner Interessen zu gewährleisten (KG BtPrax 2008, 42). Wenn § 275 dazu führt, dass die Rechtsposition des Betroffenen durch Fristablauf verschlechtert wird, kann der Umstand, dass ihm im Verfahren kein Verfahrenspfleger zur Seite wurde, zur **Wiedereinsetzung** in den vorigen Stand nach §§ 17, 18 führen (BVerfG FamRZ 2020, 1674; BGH FamRZ 2021, 457).

Zur Notwendigkeit der Verfahrenspflegerbestellung beim erkennbar nicht ansprechbaren Betroffenen → Rn. 8.

Regelfälle der Verfahrenspflegerbestellung nach Abs. 1: Abs. 1 S. 2 führt zwei Fallgruppen auf, in denen – idR – ein Verfahrenspfleger **zwingend** zu bestellen ist. 4

Nr. 1: Soll wegen erheblicher Gesundheitsgefährdung oder Verständnisunfähigkeit (§ 278 Abs. 4 iVm § 34 Abs. 2) von der **persönlichen Anhörung** des Betroffenen abgesehen werden, so ist nach Nr. 1 zur Sicherstellung des rechtlichen Gehörs ein Verfahrenspfleger zu bestellen. Das muss auch gelten, ohne dass dies im Gesetzestext Niederschlag gefunden hat, wenn von der Bekanntmachung der Entscheidungsgründe (§ 288 Abs. 1) oder des Inhalts des Gutachtens (BGH FamRZ 2019, 309; BtPrax 2017, 202) abgesehen werden soll. Um ein Mindestmaß an rechtlichem Gehör zu gewährleisten, muss in den Fällen, in denen dem Betroffenen in entsprechender Anwendung des § 288 Abs. 1 das Gutachten nicht zur Kenntnis gegeben wird, stets geprüft werden, ob nicht der **Verfahrenspfleger** mit der Aufgabe betraut wird, das Gutachten – unter Berücksichtigung der besonderen Umstände des Einzelfalls – mit dem Betroffenen zu besprechen (BGH BtPrax 2021, 71; BeckRS 2020, 37283 für § 325, der im Unterbringungsverfahren eine entsprechende Regelung trifft). Da das rechtliche Gehör ein essenzielles Verfahrensgrundrecht ist, wird empfohlen, die Entscheidung, den Verfahrenspfleger mit der Besprechung des Gutachtens zu beauftragen, zu begründen. Bei einem durch § 278 Abs. 4 gedeckten Absehen von einer Anhörung ist ein Verfahrenspfleger zu bestellen, der die Rechte des Betroffenen wahrnehmen soll. Das gilt in allen Verfahren nach §§ 1814 bis 1881 BGB (außer für Verfahren nach §§ 1831, 1832 BGB, für die § 317 eine besondere Regelung trifft) – zB auch für das Verfahren zur Genehmigung einer **Wohnungskündigung** usw. nach § 1833 Abs. 3 BGB (LG Stendal BeckRS 2011, 12961). Liegen die Voraussetzungen des § 278 Abs. 4 nicht vor, kann die aus diesem Grund erfolgte Bestellung eines Verfahrenspflegers, die Pflicht zur persönlichen Anhörung und zur Verschaffung eines unmittelbaren Eindrucks nicht ersetzen (BGH FamRZ 2021, 224; BayObLG BeckRS 2001, 30227394). Die nach Nr. 1 erforderliche Bestellung eines Verfahrenspflegers dient der Sicherstellung des rechtlichen Gehörs für den Betroffenen; die Verpflichtung des Gerichts nach § 278 Abs. 1 Satz 2, sich einen persönlichen Eindruck vom Betroffenen zu verschaffen, kann durch die Verfahrenspflegerbestellung nicht ersetzt werden (BGH BtPrax 2021, 27). 5

Nr. 2: In der bis 31.12.2022 geltenden Fassung regelte Nr. 2 die Fälle, in denen Gegenstand des Verfahrens die Bestellung eines Betreuers für **alle Angelegenheiten** oder die Erweiterung des Aufgabenkreises hierauf waren. Diese Fallgruppe gibt es seit 1.1.2023 nicht mehr, da gemäß § 1815 Abs. 1 BGB der Aufgabenkreis eines Betreuers aus einzelnen oder mehreren vom Betreuungsgericht im Einzelnen anzuordnenden und konkret zu bezeichnenden Aufgabenbereichen besteht, was eine Betreuung zur „Besorgung aller Angelegenheiten des Betroffenen" ausschließt. Im Falle eines Verfahrens zur Bestellung eines Betreuers mit absehbar 6

nahezu umfassenden Aufgabenbereichen wird die Bestellung eines Verfahrenspflegers weiterhin häufig angezeigt sein (BT-Drs. 19/24445, 330).

Die Bestellung eines Verfahrenspflegers für den Betroffenen war nach der alten Gesetzeslage regelmäßig schon dann geboten, wenn der Verfahrensgegenstand die Bestellung eines Betreuers in allen wesentlichen Angelegenheiten als **möglich** erscheinen ließ (BGH FamRZ 2021, 1239), selbst wenn in der abschließenden Entscheidung eine Betreuerbestellung unterblieb. Ein Verfahrenspfleger war ebenfalls zu bestellen, wenn die angeordnete Betreuung die für die Lebensgestaltung wesentlichen Angelegenheiten umfasste (BGH FamRZ 2023, 1310; BtPrax 2013, 205), wenn die Betreuung auf einen Aufgabenkreis erstreckt wurde, der in seiner Gesamtheit alle wesentlichen Bereiche der Lebensgestaltung des Betroffenen umfasste (BGH BtPrax 2018, 234), wenn der Umfang der Betreuung in allen wesentlichen Bereichen **maßgeblichen Einfluss** auf die Lebensgestaltung des Betroffenen hatte (BGH BtPrax 2011, 257) oder wenn ein **umfassender Einwilligungsvorbehalt** in Vermögensangelegenheiten in Betracht kam (BGH FamRZ 2021, 457). In all diesen Fällen dürfte eine Verfahrenspflegerbestellung trotz der Änderung des Nr. 2 wegen der Bedeutung der Sache auch künftig erforderlich sein.

7 **Neue Rechtslage:** Seit 1.1.2023 betrifft Nr. 2 die Fälle der Bestellung eines Betreuers oder die Anordnung eines Einwilligungsvorbehalts **gegen den erklärten Willen** des Betroffenen (→ § 63 Rn. 6; § 288 Rn. 10). Die regelmäßige Notwendigkeit der Bestellung eines Verfahrenspflegers in diesen Fällen beruht darauf, dass die beabsichtigte Entscheidung aufgrund des entgegenstehenden Willens besonders erheblich in das Selbstbestimmungsrecht der Betroffenen eingreift und sie in diesem Fall krankheitsbedingt häufig nicht oder nur eingeschränkt in der Lage sind, die Gründe für die beabsichtigte Entscheidung zu verstehen und diesbezüglich ihre Interessen zu vertreten (BT-Drs. 19/24445, 330). Nach einer Entscheidung des BGH, die zwar zur alten Rechtslage getroffen wurde, ist die Bestellung eines Verfahrenspflegers für den Betroffenen nach Nr. 2 regelmäßig auch dann erforderlich, wenn in der abschließenden Entscheidung **eine Betreuerbestellung unterbleibt** (BGH BtPrax 2018, 234); diese Entscheidung kann nach der Intension des BGH ohne weiteres auch auf die neue Nr. 2 übertragen werden.

Auch im Verfahren über die **Verlängerung** der Bestellung eines Betreuers oder der Anordnung eines Einwilligungsvorbehalts **gegen den erklärten Willen** des Betroffenen ist gemäß Nr. 2 die Bestellung eines Verfahrenspflegers in der Regel erforderlich (BGH BeckRS 2024, 16052, Beschl. v. 5.6.2024 – XII ZB 521/23); dies dürfte auch für Verfahren gelten, in denen die Betreuung gegen den Willen des Betreuten **erweitert** wird.

Der Betroffene kann auf die Bestellung eines Verfahrenspflegers **nicht verzichten.** Sind die Voraussetzungen nämlich erfüllt, wird er häufig nicht in der Lage sein, die Tragweite der Verfahrenshandlung zu erkennen. Darüber hinaus ist § 276 im Hinblick auf seine Schutzfunktion zwingend (vgl. OLG Hamm RPfleger 1990, 510 zum Rechtsmittelverzicht im Falle einer Verfahrenspflegerbestellung).

III. Absehen von der Verfahrenspflegerbestellung (Abs. 2)

8 Nach **Abs. 2** kann von einer Verfahrenspflegerbestellung abgesehen werden, wenn zwar ein Regelfall des Abs. 1 S. 2 Nr. 1 oder 2 (→ Rn. 5 u. 6) vorliegt, **gleichzeitig** ein Interesse des Betroffenen an der Verfahrenspflegerbestellung aber offensichtlich nicht besteht. Eine Verfahrenspflegschaft ist nur dann nicht anzuord-

nen, wenn sie nach den gegebenen Umständen einen rein formalen Charakter hätte (BGH FamRZ 2020, 435; FamRZ 2018, 1111). Die Nichtbestellung eines Verfahrenspflegers ist stets zu **begründen** (Abs. 2 S. 2; zu den Anforderungen der Begründung: BGH BtPrax 2018, 197; BtPrax 2017, 154).

Ein Interesse des Betroffenen an der Verfahrenspflegerbestellung besteht – nach dem Willen des Gesetzgebers – **offensichtlich nicht,** wenn der Betroffene nach dem unmittelbaren Eindruck des Gerichts offenkundig nicht in der Lage ist, seinen Willen kundzutun (BT-Drs. 13/7158, 36), dh erkennbar nicht ansprechbar ist. Grundsätzlich kann nur durch **richterlichen Augenschein** festgestellt werden, ob der Betroffene nicht in der Lage ist, seinen Willen kundzutun (KG BtPrax 2008, 38). Dies wird zu Recht als zumindest **bedenklich** (Sternal/Giers FamFG Rn. 9 rät zu einem zurückhaltenden Gebrauch der Ausnahmeregelung) angesehen, da gerade der unansprechbare Betroffene nicht in der Lage ist, seine **verfassungsmäßigen Rechte** selbst wahrzunehmen.

Abs. 2 ist unmittelbar nur für Abs. 1 S. 2 Nr. 1 u. 2 anwendbar. In allen anderen 9
Fällen kann beim **nicht ansprechbaren** Betroffenen von der Verfahrenspflegerbestellung nur abgesehen werden, wenn dies **zur Wahrnehmung der Interessen des Betroffenen nicht erforderlich** ist (Abs. 1 S. 1; → Rn. 2). Im Sinne eines Erst-Recht-Schlusses ist anzunehmen, dass auch dann, wenn ein Interesse des Betroffenen an der Verfahrenspflegerbestellung nach Abs. 2 offensichtlich nicht besteht (→ Rn. 8), – erst recht – in den Fällen des **Abs. 1 S. 1** von einer Verfahrenspflegerbestellung abgesehen werden kann.

Wurde in erster Instanz rechtswidrig, dh entgegen Abs. 1 S. 1 bzw. ohne Vorliegen der Voraussetzungen des Abs. 2 von der Verfahrenspflegerbestellung abgesehen, so kann dies durch eine Bestellung in zweiter Instanz, jedenfalls in den Fällen des § 62 (Erledigung der Hauptsache in der Beschwerdeinstanz), nicht mehr geheilt werden (KG BtPrax 2008, 42).

IV. Weitere zwingende Fälle der Verfahrenspflegerbestellung

Nach § 297 Abs. 5 ist zwingend ein Verfahrenspfleger zu bestellen, wenn Gegen- 10
stand des Verfahrens die Genehmigung einer Einwilligung des Betreuers in eine **Sterilisation** des Betroffenen nach § 1830 Abs. 2 BGB ist und der Betroffene nicht von einem Rechtsanwalt oder von einem anderen geeigneten Verfahrensbevollmächtigten vertreten wird (vgl. zu letzterem → Rn. 20 sowie → FamFG § 297 Rn. 8).

In Verfahren, deren Gegenstand die betreuungsgerichtliche Genehmigung zu 11
der Entscheidung des Betreuers **gegen** eine **lebenserhaltende oder -verlängernde Behandlung** des Patienten ist (§ 1829 Abs. 2 BGB), muss dem Betreuten ebenfalls zwingend ein Verfahrenspfleger bestellt werden (§ 298 Abs. 3; → FamFG § 298 Rn. 10; OLG Karlsruhe BtPrax 2004, 202).

In § 317 FamFG ist die Verfahrenspflegerbestellung bei der **Unterbringung** und bei ärztlicher **Zwangsbehandlung** (letzteres ist zwingend) geregelt.

V. Aufgaben des Verfahrenspflegers (Abs. 3) und dessen Stellung im Verfahren

In dem durch das Gesetz zur Reform des Vormundschafts- und Betreuungs- 12
rechts zum 1.1.2023 neu eingefügten Abs. 3 wird eine Konkretisierung der gesetz-

lichen Aufgaben des Verfahrenspflegers in Betreuungssachen vorgenommen. Die Feststellung der Wünsche, hilfsweise des mutmaßlichen Willens des Betroffenen durch den Verfahrenspfleger und seine Pflicht, diese zur Geltung zu bringen, entspricht dem gesetzlichen Leitbild und den Vorgaben, wie sie in § 1821 Abs. 2 bis 4 BGB für die Aufgaben und Pflichten eines rechtlichen Betreuers normiert werden. Da die Wünsche, hilfsweise der mutmaßliche Wille des Betroffenen, maßgeblich seine Interessen bestimmen, sind diese prägender Maßstab für die Tätigkeit des Verfahrenspflegers. Die in Abs. 3 S. 2 normierte Pflicht des Verfahrenspflegers, den Betroffenen über das Verfahren in geeigneter Weise zu informieren und ihn bei Bedarf bei der Ausübung seiner Rechte zu unterstützen, stärkt das Selbstbestimmungsrecht des Betreuten und korrespondiert mit der Regelung des § 275 Abs. 2 (→ FamFG § 275 Rn. 20).

Abs. 3 S. 3 stellt klar, dass der Verfahrenspfleger nicht gesetzlicher Vertreter des Betroffenen ist (BGH FamRZ 2017, 1069). Durch die gesetzliche Regelung soll insbesondere vermieden werden, dass aufgrund der Bestellung und Anhörung eines Verfahrenspflegers von einer gesetzlich vorgeschriebenen persönlichen Anhörung, etwa nach § 299, oder der Gewährung des rechtlichen Gehörs des Betroffenen abgesehen wird. Die Ergänzung dient insoweit auch der Klarstellung, dass durch die Bestellung eines Verfahrenspflegers die Verfahrensfähigkeit des Betroffenen und seine Befugnis, Rechte im Verfahren auszuüben, unberührt bleiben.

13 **Stellung des Verfahrenspflegers:**

Der Verfahrenspfleger ist ein **Pfleger eigener Art,** auf den die Vorschriften des BGB nicht ohne weiteres anwendbar sind, und – wie § 274 Abs. 2 klarstellt – um einen Beteiligten des Betreuungsverfahrens. Er ist ein **Beteiligter kraft Amtes,** der fremde Rechte in eigenem Namen geltend macht (Prütting/Helms/Fröschle FamFG Rn. 2; → FamFG § 274 Rn. 28). Anders als der Betreuer ist der Verfahrenspfleger **nicht** der Vertreter des Betroffenen (Abs. 3 S. 3; BGH FamRZ 2017, 1069), so dass dieser nicht mit Wirkung für den Betroffenen einen Rechtsanwalt mit der Einlegung einer Rechtsbeschwerde beauftragen und ihm eine entsprechende Verfahrensvollmacht erteilen kann (BGH BtPrax 2015, 112). Die Bestellung eines Verfahrenspflegers soll die Wahrung der Belange des Betroffenen in dem Verfahren gewährleisten. Er soll – wenn es im Hinblick auf die einzurichtende Betreuung erforderlich ist – nicht allein stehen, sondern fachkundig beraten und im Verfahren begleitet werden (BGH BtPrax 2023, 114). Er ist von Weisungen des Gerichts unabhängig und nur den **Interessen/Wünschen** des Betroffenen verpflichtet. Er hat die Wünsche des Betroffenen (HK-BetreuungsR/Meier Rn. 3) hilfsweise den mutmaßlichen Willen (BeckOK FamFG/Günter Rn. 3) zu erkunden und dies im gerichtlichen Verfahren zur Geltung zu bringen (BGH BtPrax 2017, 156). Er entscheidet selbstständig und eigenverantwortlich, ob er eine Verfahrenshandlung durchführt. In diesem Rahmen soll der Verfahrenspfleger auch Anliegen des Betroffenen vor Gericht vorbringen, soweit er sie mit seinen – des Betroffenen – Interessen für vereinbar hält (LG Rostock NJOZ 2003, 2913). Er ist wie der Betroffene am Verfahren zu **beteiligen.** Er hat daher zB ein Akteneinsichtsrecht nach § 13 oder eine Mitwirkungspflicht iSd § 27. Weiterhin steht dem Verfahrenspfleger nach § 303 Abs. 3 im Interesse des Betroffenen ein Recht zur Beschwerde zu; hierzu → FamFG § 59 Rn. 6 und → FamFG § 303 Rn. 11. Die Funktion des Verfahrenspflegers besteht darin, den Betroffenen **im Verfahren** zu begleiten, seine Interessen/Wünsche zu erkennen und diese im Verfahren zur Geltung zu bringen; darüber hinausgehende Ermittlungen oder Vermittlungsversuche sind nicht seine Aufgabe (OLG Schleswig SchlHA 2000, 138). Der Verfahrenspfleger hat in erster Linie die Pflicht, den Verfahrensgarantien, insbesondere dem Anspruch des Betreuten auf rechtliches Gehör, Geltung zu verschaffen (BGH BtPrax 2009, 290). Nach einer die Pflichten des Verfahrenspflegers ausweitenden Entscheidung des OLG München ist der Verfahrenspfleger gehalten, sich eine eigene Überzeugung davon zu verschaffen, dass der Vorgang, dessentwegen er bestellt wurde, tatsächlich im objektiven Interesse des Betroffenen liegt, was regelmäßig eine **inhaltliche Überprüfung** dieses Vorgangs voraussetzt (OLG München FamRZ 2022, 383). Jedenfalls hat, wenn in einem Verfahren die Bestellung eines Verfahrenspflegers erforderlich ist, diese so frühzeitig zu erfolgen, dass der Verfahrenspfleger noch Einfluss auf die Entscheidung nehmen kann (BGH BtPrax 2011, 125). Aufgabe des Verfahrenspflegers ist es daher, von einem objektiven Standpunkt die Ergebnisse der gerichtlichen Ermittlungen einer kritischen Überprüfung zu unterziehen. Er kann im Verfahren Anträge stellen, Zustellungen entgegennehmen, das Recht auf Gehör ausüben und selbst Rechtsmittel einlegen.; Er ist über den Verfahrensverlauf zu unterrichten, ihm ist das Sachverständigengutachten in Abschrift zuzuleiten und er ist vom Gericht zur persönlichen Anhörung des Betroffenen zu laden (BGH BeckRS 2022, 11341; FamRZ 2021, 636; BayObLG FamRZ 2002, 629). Das Betreuungsgericht muss durch die rechtzeitige Benachrichtigung des Verfahrenspflegers vom Anhörungstermin sicherstellen, dass dieser an der Anhörung des Betroffenen teilnehmen kann (BGH FamRZ 2023, 1310; FamRZ 2017, 1864). Eine Anhörung des Betroffenen im Betreuungsverfahren, die stattgefunden hat, ohne dass der Verfahrenspfleger Gelegenheit hatte, an ihr teilzunehmen, ist verfahrensfehlerhaft (BGH FamRZ 2023, 1310; BtPrax 2018, 113; BtPrax 2017, 197). Wird der Verfahrenspfleger erst am Tag vor der Anhörung geladen und wendet er im Hinblick auf die Kurzfristigkeit Verhinderung ein und wird hierauf nicht Rücksicht genommen, stellt dies grundsätzlich eine Verweigerung des rechtlichen Gehörs dar (OLG Naumburg BeckRS 2001, 30206623). Hört das Gericht nur den Betroffenen an und ist sein Verfahrenspfleger damit einverstanden, liegt kein Verfahrensfehler vor. Der rechtzeitig vom Termin unterrichtete Verfahrenspfleger kann selbst entscheiden, ob er an dem Termin teilnimmt (BGH FamRZ 2025, 1740; FamRZ 2022, 1225). Die Verfahrenspflegschaft in betreuungsrechtlichen Verfahren umfasst auch die Befugnis zur Einlegung einer **Verfassungsbeschwerde** für den Betreuten (BVerfG BtPrax 2018, 111; BtPrax 2013, 150). Nach § 1816 Abs. 2 BGB verbindliche Vorschläge kann er jedoch nicht machen (OLG Hamm FGPrax 1996, 183). Aus seiner Verfahrensstellung ergibt sich, dass er auch Handlungen vornehmen kann, die denen des Betroffenen widersprechen. Bei Einlegung sich **widersprechender Rechtsmittel** ist über diese jeweils eigenständig zu entscheiden (→ FamFG § 275 Rn. 6), wobei bei rechtsgestaltenden Entscheidungen (zB Genehmigung nach § 1833 Abs. 3 BGB) einheitliche Entscheidungen des Beschwerdegerichts ergehen müssen (Bumiller/Harders/Schwamb/Bumiller FamFG Rn. 2). Aus der Stellung des Verfahrenspflegers ergibt sich, dass dieser bezüglich des Rückzahlungsanspruchs aus dem Vermögen des Betreuten (§ 1881 BGB) für den Betreuten die Einrede der **Verjährung** nicht erheben kann, da er durch die Erhebung der Einrede der Verjährung die materielle Rechtslage ändern würde (BGH BtPrax 2012, 252). In § 62 Abs. 3 wird auch dem Verfahrenspfleger die Möglichkeit eröffnet, nach **Erledigung** der angefochtenen Entscheidung in der Hauptsache die Feststellung zu beantragen, dass die Entscheidung den Betroffenen in seinen Rechten verletzt hat (BGH FamRZ 2018, 121; Sternal/Göbel FamFG § 62 Rn. 17; → FamFG § 62 Rn. 3).

VI. Bestellungsverfahren

14 **Zuständig** ist das Gericht, das über die Betreuungsmaßnahme entscheidet. Die funktionelle Zuständigkeit folgt derjenigen für die Entscheidung in der Hauptsache; zuständig ist also der Richter in seinem Zuständigkeitsbereich (Sternal/Giers FamFG Rn. 19) und zB in den Fällen des § 1833 BGB der Rechtspfleger (→ RPflG § 15 Rn. 31, 36); im Beschwerdeverfahren das Beschwerdegericht als vollständig besetzte Kammer (BayObLG FamRZ 1999, 874); der ersuchte Richter darf im Wege der Rechtshilfe keine Zwischenentscheidungen, wie die Verfahrenspflegerbestellung, treffen.

15 **Verfahren:** Zeichnet sich bei oder nach den Anfangsermittlungen des Gerichts bzw. bei oder nach Einleitung eines Verfahrens in Betreuungssachen jedweder Art (→ FamFG § 271 Rn. 2) eine Fortführung des Verfahrens ab, so ist der Verfahrenspfleger so **rechtzeitig** zu bestellen, dass er vor der Entscheidung des Gerichts die ihm im Rahmen seiner Stellung im Verfahren zukommenden Rechte (→ Rn. 13) rechtzeitig geltend machen kann (BGH BtPrax 2011, 125); jedenfalls aber **vor** Erlass einer einstweiligen Anordnung (OLG München BeckRS 2006, 07913) nach § 300 (Ausnahme bei einstweiliger Anordnung „bei gesteigerter Dringlichkeit" nach § 301). Die Bestellung des Verfahrenspflegers erst mit der Endentscheidung verfehlt den gesetzlichen Zweck, die Belange des Betroffenen in die Endentscheidung einfließen zu lassen (BGH BtPrax 2020, 142) und ist daher verfahrensfehlerhaft (BGH BeckRS 2023, 5964, Beschl. v. 8.3.2023 – XII ZB 169/22). Vor Bestellung des Verfahrenspflegers ist grundsätzlich dem Betroffenen (Ausnahme konsequent: Abs. 1 S. 2 Nr. 1) im Hinblick auf Vorschläge zur Person und mögliche Anwaltsvertretung **rechtliches Gehör** zu gewähren. Das gilt auch für den Verfahrenspfleger selbst wegen möglicher Ablehnung des Amts.

16 **Entscheidung:** Bei der zu treffenden Entscheidung handelt es sich um eine die Instanz nicht abschließende **Zwischenentscheidung.** Die Bestellung erfolgt durch Beschluss (Sternal/Giers FamFG Rn. 20; MüKoFamFG/Schmidt-Recla Rn. 13), durch verfahrensleitende Verfügung (BGH FamRZ 2022, 981; Haußleiter/Heidebach, Rn. 9) oder konkludent (BeckOK FamFG/Günter Rn. 18). Mit der Bestellung ist **gleichzeitig,** falls dies angeordnet wird (→ Rn. 19), auszusprechen, dass die Verfahrenspflegschaft **berufsmäßig** geführt wird und ggf., falls ein Rechtsanwalt bestellt wird, dass dessen Tätigkeiten anwaltsspezifisch sind (BGH BtPrax 2013, 207; zu den vergütungsrechtlichen Konsequenzen und der Frage, wann eine Tätigkeit anwaltsspezifisch ist → FamFG § 277 Rn. 5; zu den vergütungsrechtlichen Risiken, wenn die Berufsmäßigkeit – versehentlich – nicht bei Bestellung des Verfahrenspflegers festgestellt wird → FamFG § 292 Rn. 19; zur Zulässigkeit eines Rechtmittels → Rn. 22).

17 Sofern ein Verfahrenspfleger nach Abs. 1 im Interesse des Betroffenen bestellt wird, ist er **zugleich Beteiligter.** § 274 Abs. 2 ordnet an, dass der Verfahrenspfleger bereits mit dem Akt seiner Bestellung zum Beteiligten wird. Damit kann der Verfahrenspfleger vor eigener Kenntnis Beteiligter eines Verfahrens werden. Ein weiterer Hinzuziehungs- oder Beteiligungsakt ist nicht notwendig.

VII. Auswahl des Verfahrenspflegers

18 Das Gericht wählt nach pflichtgemäßem Ermessen, das durch die Abs. 4 u. 5 konkretisiert wird, die Person des Verfahrenspflegers aus. Das kann ein Sozialarbei-

ter, eine im Umgang mit psychisch Kranken besonders erfahrene Person, ein Rechtsanwalt, ein Familienangehöriger usw sein.

Die Bestellung des Betreuers auch zum Verfahrenspfleger ist mit dessen Stellung **unvereinbar** (BeckOK FamFG/Günter Rn. 17; Sternal/Giers FamFG Rn. 16); jedoch führt dies nicht zur Unwirksamkeit der Bestellung (OLG Naumburg BeckRS 2001, 30206623). Die Unvereinbarkeit beider Ämter ergibt sich vor allem im Hinblick auf Abs. 6 (→ Rn. 21), nach welchem die Verfahrenspflegerbestellung nicht mehr mit der Wirksamkeit der die Instanz beendenden Entscheidung, sondern mit deren Rechtskraft endet; bei einem langwierigen Verfahren durch mehrere Instanzen ist eine derartige Verquickung der beiden Ämter nur schwer vorstellbar und kann den Interessen des Betreuten nicht gerecht werden. Auch im Verfahren auf **Aufhebung der Betreuung** kann nicht der Betreuer gleichzeitig zum Verfahrenspfleger bestellt werden, da dieser im Hinblick auf die Notwendigkeit zur (objektiven) Interessenwahrnehmung des Betreuten in diesem Verfahren zur Frage, ob die Betreuung noch fortbestehen soll oder Bedenken gegen die Person des Betreuers bestehen, als ungeeignet angesehen werden muss (BayObLG FamRZ 1994, 780).

1. Vorrang des ehrenamtlichen Verfahrenspflegers (Abs. 4)

Durch die Regelung in Abs. 4 S. 1, dass als Verfahrenspfleger eine **natürliche** 19
Person zu bestellen ist, wird die Möglichkeit der Bestellung einer juristischen Person als Verfahrenspfleger – etwa die Bestellung eines Betreuungsvereins oder der Betreuungsbehörde – **ausgeschlossen.** Allerdings kann ein Mitarbeiter eines Betreuungsvereins noch zum Verfahrenspfleger bestellt werden (BT-Drs. 19/24445, 331). Die gesetzlichen Aufgaben eines Verfahrenspflegers, die insbesondere die Feststellung der Wünsche des Betroffenen umfassen, bedürfen eines persönlichen Austauschs zwischen Verfahrenspfleger und Betroffenem und können daher nicht durch eine juristische Person wahrgenommen werden (BT-Drs. 19/24445, 331).

Um sicherzustellen, dass das Betreuungsgericht unter Wahrung dieser Grundsätze und zur Entlastung der Staatskasse vorrangig Verfahrenspfleger auswählt, die das Amt nicht berufsmäßig führen, verweist Abs. 4 S. 2 auf das Subsidiaritätsprinzip: grundsätzlich soll das Amt des Verfahrenspflegers ehrenamtlich ausgeführt werden. Wer Verfahrenspflegschaften im Rahmen seiner Berufsausübung führt, soll nur dann zum Verfahrenspfleger bestellt werden, wenn keine andere geeignete Person zur Verfügung steht. In der Praxis werden gleichwohl und mit Berechtigung zunehmend **Rechtsanwälte** als Verfahrenspfleger bestellt, da bei – geeigneten – Rechtsanwälten in besonderem Maße die Gewähr einer neutralen und zugleich kritischen Verfahrensbegleitung besteht (Sternal/Giers FamFG Rn. 16; BeckOK FamFG/Günter Rn. 17; MüKoFamFG/Schmidt-Recla Rn. 16; zur Vergütung → FamFG § 277 Rn. 5).

2. Ausreichende Vertretung (Abs. 5)

Grundsätzlich soll die Bestellung eines Verfahrenspflegers unterbleiben bzw. 20
aufgehoben werden, wenn der Betroffene von einem Rechtsanwalt oder von einem anderen geeigneten **Verfahrensbevollmächtigten** (zur Frage d. Wirksamkeit d. Vollmachtserteilung im Betreuungsverfahren trotz Geschäftsunfähigkeit → FamFG § 275 Rn. 4) vertreten wird, wenn nicht ausnahmsweise der Betroffene durch ständig wechselnde Beauftragung von Rechtsanwälten oder durch

wechselnde Weisungen an Bevollmächtigte das Verfahren behindert. Ordnet das Gericht im Wege der **Verfahrenskostenhilfe** dem Betroffenen einen Rechtsanwalt bei, ist die Verfahrenspflegerbestellung mit Wirkung ex nunc aufzuheben. Das gilt auch dann, wenn dem Betroffenen ein Anwalt als Verfahrenspfleger bestellt war, der nunmehr im Wege der Verfahrenskostenhilfe im Auftrag des Betroffenen beigeordnet werden soll. Ob dem Betroffenen im Betreuungsverfahren bei bewilligter Verfahrenskostenhilfe ein Rechtsanwalt beizuordnen ist, richtet sich nach den Umständen des Einzelfalles. Die maßgeblichen Kriterien, nach denen zu bewerten ist, ob ein solcher Einzelfall vorliegt, entsprechen denen, nach den zu entscheiden gewesen wäre, ob für den Betroffenen ein Verfahrenspfleger zu bestellen gewesen wäre, wenn er keinen anwaltlichen Verfahrensbevollmächtigten gehabt hätte (LG München BeckRS 2016, 17639; LG Kleve BtPrax 2015, 31).

Solange die Bestellung des Verfahrenspflegers allerdings nicht aufgehoben ist, ist der Verfahrenspfleger auch dann noch am Verfahren zu beteiligen, wenn der Betroffene durch einen Rechtsanwalt als Verfahrensbevollmächtigten vertreten wird (BGH FamRZ 2020, 1123).

VIII. Wirksamwerden und Ende der Verfahrenspflegschaft (Abs. 6)

21 Die Verfahrenspflegschaft wird mit der Bekanntgabe an den Verfahrenspfleger wirksam (§ 40 Abs. 1). Sie endet nicht mit Wirksamwerden der instanzabschließenden Entscheidung über die einzelne Betreuungsmaßnahme, sondern, wie **Abs. 6** regelt, mit der **Rechtskraft der Endentscheidung,** sofern sie nicht vom Gericht früher aufgehoben wird. Die Verfahrenspflegerbestellung erfolgt also **nicht** für jede Instanz **gesondert.** Ein in erster Instanz bestellter Verfahrenspfleger ist auch im Beschwerdeverfahren zu beteiligen (BGH FamRZ 2023, 886; BtPrax 2015, 25).

Da das Rechtsmittel der Beschwerde gemäß §§ 58, 63 grundsätzlich befristet ist, bedarf es keiner zeitlichen Begrenzung der Bestellung zum Verfahrenspfleger. Im **Beschwerdeverfahren** und im **Rechtsbeschwerdeverfahren** ist es damit nicht notwendig, einen Verfahrenspfleger in einem gesonderten Beschluss erneut zu bestellen. Der Verfahrenspfleger für die Rechtsbeschwerde muss kein beim BGH zugelassener Rechtsanwalt sein, denn er kann die Kosten für den von ihm für das Rechtsbeschwerdeverfahren beauftragten – beim BGH zugelassenen – Rechtsanwalt letztlich gegenüber der Staatskasse geltend machen, und zwar unabhängig davon, ob seine Rechtsbeschwerde Erfolg hat (BGH FamRZ 2022, 123).

Daneben endet die Verfahrenspflegschaft mit deren Aufhebung (Bumiller/Harders/Schwamb/Bumiller FamFG Rn. 12; zB bei ausreichender Vertretung nach Abs. 4) oder wenn das Verfahren sonst endet (Antrags- oder Beschwerderücknahme usw). Die Verfahrenspflegschaft endet jedoch jedenfalls im Beschwerdeverfahren wegen § 62 nicht mit der Erledigung der Hauptsache.

IX. Rechtsmittel (Abs. 7)

22 **Abs. 7** ordnet generell an, dass eine Entscheidung über die Bestellung eines Verfahrenspflegers einschließlich deren Ablehnung **nicht** selbstständig anfechtbar ist (MüKoFamFG/Schmidt-Recla Rn. 26). Diese durch das FamFG neu getrof-

fene Regelung entspricht insofern höchstrichterlicher Rechtsprechung (BGH BtPrax 2003, 266) vor dem Inkrafttreten des FamFG. Die Unanfechtbarkeit gilt erst recht für die Feststellung der **Berufsmäßigkeit** der Verfahrenspflegschaft bzw. die Verfahrenspflegschaft erfordere **anwaltsspezifische** Tätigkeiten (BGH BtPrax 2013, 207; → FamFG § 277 Rn. 10). Die Unanfechtbarkeit gilt auch unter Berücksichtigung des § 304, wenn die Staatskasse Beschwerde einlegt (BGH BtPrax 2013, 207). Die Aufhebung oder die Ablehnung einer Verfahrenspflegerbestellung, stellen den Rechtszug nicht abschließende **Zwischenentscheidungen** dar. Sie greifen – wie auch die Bestellung des Verfahrenspflegers selbst – nicht in einem Maße in die Rechtssphäre des Betroffenen ein, die eine selbstständige Anfechtbarkeit notwendig machen würde (BGH BtPrax 2003, 266; BayObLG FamRZ 1993, 1106). Wie jede Zwischenentscheidung ist die Bestellung, Ablehnung und Aufhebung der Verfahrenspflegerbestellung nach § 58 Abs. 2 zusammen mit der Endentscheidung anfechtbar (→ FamFG § 58 Rn. 8, 10; Sternal/Giers FamFG Rn. 28; BeckOK FamFG/Günter Rn. 21).

Hat der Rechtspfleger entschieden, ist im Hinblick auf Art. 19 Abs. 4 GG die befristete Erinnerung nach § 11 Abs. 2 RPflG zulässig (BayObLG RPfleger 2003, 19).

X. Kostentragung (Abs. 8)

In **Abs. 8** ist geregelt, dass der Verfahrenspfleger **nicht mit Verfahrenskosten** 23 belegt werden darf. Das ist sachgerecht, da er allein im Interesse des Betroffenen tätig wird und dessen Rechte wahrnimmt. Damit ist es ausgeschlossen, dass dem Verfahrenspfleger nach §§ 81, 84 die Kosten eines erfolglos eingelegten Rechtsmittels (vor allem die Kosten einer erfolglosen Beschwerde oder Rechtsbeschwerde; BGH BeckRS 2017, 101346) auferlegt werden (Sternal/Giers FamFG Rn. 26). Verursacht ein Verfahrenspfleger im Einzelfall wider Erwarten nicht gerechtfertigte Kosten, kann das Gericht reagieren und ihn als Pfleger entlassen (BT-Drs. 16/6308, 266). Weil dem Verfahrenspfleger nach Abs. 8 keine Kosten auferlegt werden können, kann diesem in einem Betreuungs- oder Unterbringungsverfahren Verfahrenskostenhilfe für das Rechtsbeschwerdeverfahren nicht bewilligt werden (BGH FamRZ 2022, 123).

Zu seinen **eigenen Vergütungsansprüchen** vgl. § 277.

XI. Beschlussformel

„Für den Betroffenen wird …… zum Verfahrenspfleger bestellt. Ggf.: Die Führung 24 der Verfahrenspflegschaft erfolgt berufsmäßig. Ggf. (bei Rechtsanwälten, allerdings nur in bestimmten Fällen; → § 277 Rn. 6): Die Führung der Verfahrenspflegschaft erfolgt berufsmäßig mit der Maßgabe, dass die Tätigkeit des Rechtsanwalts …… anwaltsspezifisch ist."

§ 277 Vergütung und Aufwendungsersatz des Verfahrenspflegers

(1) **[1]Die Verfahrenspflegschaft wird unentgeltlich geführt. [2]Der Verfahrenspfleger erhält Ersatz seiner Aufwendungen nach § 1877 Absatz 1 bis 2 und 4 Satz 1 des Bürgerlichen Gesetzbuchs. [3]Vorschuss kann nicht verlangt werden.**

(2) [1]**Wird die Verfahrenspflegschaft ausnahmsweise berufsmäßig geführt, ist dies in der Bestellung festzustellen.** [2]**Die Ansprüche des berufsmäßig tätigen Verfahrenspflegers auf Vergütung und Aufwendungsersatz richten sich nach § 2 Absatz 2 Satz 1 und den §§ 3 bis 5 und § 16 des Vormünder- und Betreuervergütungsgesetzes.**

(3) [1]**Anstelle des Aufwendungsersatzes und der Vergütung nach Absatz 2 kann das Gericht dem Verfahrenspfleger eine Pauschale zubilligen, wenn die für die Führung der Pflegschaftsgeschäfte erforderliche Zeit vorhersehbar und ihre Ausschöpfung durch den Verfahrenspfleger gewährleistet ist.** [2]**Bei der Bemessung des Geldbetrags ist die voraussichtlich erforderliche Zeit mit den in § 3 Absatz 1 des Vormünder- und Betreuervergütungsgesetzes bestimmten Stundensätzen zuzüglich einer Aufwandspauschale von 4 Euro je veranschlagter Stunde zu vergüten.** [3]**In diesem Fall braucht der Verfahrenspfleger die von ihm aufgewandte Zeit und eingesetzten Mittel nicht nachzuweisen; weitergehende Aufwendungsersatz- und Vergütungsansprüche stehen ihm nicht zu.**

(4) [1]**Der Aufwendungsersatz und die Vergütung des Verfahrenspflegers sind stets aus der Staatskasse zu zahlen.** [2]**§ 292 Absatz 1 und 5 ist entsprechend anzuwenden.**

I. Zahlungspflicht der Staatskasse, Abs. 4 S. 1

1 Um die Ansprüche des Verfahrenspflegers sicherzustellen, ist Schuldner des Aufwendungsersatzes und der Vergütung die **Landeskasse.** Diese kann die gezahlten Beträge als Verfahrensauslagen von dem Betroffenen zurückfordern, soweit er nicht iSv § 1880 BGB mittellos ist und keine Nichterhebung nach § 21 GNotKG (Antragsablehnung) oder § 25 GNotKG (begründete Beschwerde) erfolgt. Zur **Verfahrenskostenhilfe** des Verfahrenspflegers → FamFG § 276 Rn. 23.

II. Umfang der Vergütung und des Aufwendungsersatzes

2 Bei der Festsetzung des an den Verfahrenspfleger zu zahlenden Geldbetrags regelt **Abs. 1** den Anspruch auf Ersatz von Aufwendungen des **ehrenamtlichen** Verfahrenspflegers, während in **Abs. 2** die Ansprüche auf Vergütung und Aufwendungsersatz des Verfahrenspflegers, der die Verfahrenspflegschaft im Rahmen seiner **Berufsausübung** führt, normiert sind. Dem ehrenamtlichen Verfahrenspfleger stehen lediglich **Aufwendungen** wie Telefon- oder Fahrtkosten usw (§ 1877 Abs. 1 bis 2 und Abs. 4 S. 1 BGB) zu, während der berufliche Verfahrenspfleger Aufwendungen und **Vergütung** (§ 2 Abs. 2 S. 1; §§ 3 bis 5 VBVG) verlangen kann.

3 Ein **Umgangsbegleiter** kann im Vergütungsfestsetzungsverfahren auch dann nicht Vergütung und Aufwendungsersatz verlangen, wenn seine Tätigkeit auf einer **betreuungsgerichtlichen** Umgangsregelung beruht (BGH FamRZ 2022, 1562). Denn bei den Kosten eines solchen Begleiters handelt es sich um die Kosten des Umgangs selbst, nicht aber um erstattungsfähige Kosten des gerichtlichen Verfahrens.

1. Aufwendungsersatz des ehrenamtlichen Verfahrenspflegers (Abs. 1)

Die ehrenamtliche Verfahrenspflegschaft ist **unentgeltlich** zu führen, dh grundsätzlich ist keine Vergütung zu gewähren. Der ehrenamtliche Verfahrenspfleger kann jedoch Ersatz seiner **Aufwendungen** nach Maßgabe des § 1877 Abs. 1–2 und Abs. 4 BGB verlangen; das gilt auch für die Kosten einer Haftpflichtversicherung. **Fahrtkosten** können nach § 1877 Abs. 1 BGB gem. § 5 JVEG abgerechnet werden (in der Regel 0,42 EUR pro gefahrenem Kilometer; Brosey/Lesting/Loer/Marschner BetreuungsR Rn. 302). Unter dem Aspekt der Aufwendungen erstattungsfähig sind **Kopierkosten** in Höhe der Auslagen, die ein Rechtsanwalt verlangen könnte (BGH BtPrax 2014, 80), also nach Nr. 7000 Nr. 1 VV RVG eine Pauschale von 0,50 EUR für die ersten 50 Kopien und 0,15 EUR für jede Folgeseite. Nicht erstattungsfähig sind jedoch die Kosten für eine Supervision (OLG Koblenz FamRZ 2013, 240). Die Frage, ob ein Verfahrenspfleger **Dolmetscherkosten** als Aufwendungen geltend machen kann, ist bislang höchstrichterlich nicht entschieden. Für Betreuer und Verfahrensbeistände nach § 158c FamFG hat der BGH entschieden, dass etwaige Dolmetscherkosten mit der jeweilige Vergütungspauschale als abgegolten gelten (vgl. BtPrax 2014, 174 für Betreuer und NZFam 2025, 75 für den Verfahrensbeistand). Gegen eine Übertragung dieser BGH-Rechtsprechung auf Verfahrenspfleger spricht, dass diese (wenn kein Fall von Abs. 3 vorliegt) keine Pauschale, sondern Vergütung und Aufwendungsersatz nach dem VBVG gelten machen können (Erstattungsfähigkeit bejahend: MüKoFamFG/Schmidt-Recla Rn. 5). Der Verfahrenspfleger kann keinen Vorschuss auf Aufwendungen verlangen (Abs. 1 S. 3). 4

2. Vergütung und Aufwendungsersatz des beruflichen Verfahrenspflegers (Abs. 2)

Der Verfahrenspfleger erhält eine **Vergütung** und Ersatz seiner Aufwendungen, wenn **bei** seiner **Bestellung** festgestellt wird, dass die Verfahrenspflegschaft **berufsmäßig** geführt wird **(Abs. 2 S. 2).** Die insofern konstitutive Feststellung kann nachträglich getroffen werden (BeckOK FamFG/Günter Rn. 5; LG Münster FamRZ 2010, 473), aber nur mit Wirkung für die Zukunft (BGH BtPrax 2016, 154; BtPrax 2014, 76); zu den vergütungsrechtlichen Risiken, wenn die Berufsmäßigkeit (versehentlich) nicht bei Bestellung des Verfahrenspflegers festgestellt wird → FamFG § 292 Rn. 19. 5

In welcher Höhe eine **Vergütung** gezahlt wird, richtet sich aufgrund Abs. 2 S. 2 nach §§ 3–5 VBVG (vgl. jedoch → Rn. 5 für Rechtsanwälte als Verfahrenspfleger). Die Höhe der Vergütung bestimmt sich nach § 3 VBVG nach **Zeitaufwand** und **Stundensatz** (§ 3 Abs. 1 VBVG); der BFH hat entschieden, dass Verfahrenspfleger von der **Umsatzsteuer** zu befreien sind (BFH FamRZ 2022, 896). Vergütungsfähig ist nur die Tätigkeit, die sich im Rahmen des Aufgabenkreises der Verfahrenspflegschaft hält (Sternal/Giers FamFG Rn. 8). Die Höhe des Stundensatzes bemisst sich (wie beim Betreuer) nach seinem Ausbildungsstand (Prütting/Helms/Fröschle FamFG Rn. 31 ff.); nach Sternal (Sternal/Giers FamFG Rn. 7) ist dies grundsätzlich der Höchstsatz. Anders als nach bisheriger Rechtslage kann das Betreuungsgericht bei besonderer Schwierigkeit der Angelegenheit den Stundensatz des Verfahrenspflegers nach Maßgabe des § 3 Abs. 3 VBVG erhöhen.

Die Abrechnung der Vergütung hat nach § 2 Abs. 2 S. 1 VBVG – genau wie die der Aufwendungen – **innerhalb von 15 Monaten** zu erfolgen.

Nach Abs. 2 S. 2 iVm § 4 VBVG kann der berufliche Verfahrenspfleger neben der Vergütung auch **Aufwendungsersatz** verlangen; zum Umfang → Rn. 3; die Kosten für eine Berufshaftpflicht kann der berufliche Verfahrenspfleger im Gegensatz zum ehrenamtlichen nicht geltend machen.

6 **Der anwaltliche Verfahrenspfleger:** Auch beim Rechtsanwalt ist die berufsmäßige Führung seines Amtes nicht selbstverständlich; er sollte in jedem Fall auf eine entsprechende Feststellung bei der Bestellung hinwirken. Unter welchen Umständen ein Verfahrenspfleger im Einzelfall die Voraussetzungen erfüllt, unter denen ihm eine Vergütung nach dem RVG zu bewilligen ist, obliegt einer wertenden Betrachtung des Tatrichters (vgl. NJW-RR 2025, 1281; NJW 2025, 1573) Hinzu kommt noch folgendes: Wird ein **Rechtsanwalt** als Verfahrenspfleger tätig, ist es ihm grundsätzlich **verwehrt,** Gebühren nach dem **RVG** als **Vergütung** zu verlangen, denn auch Rechtsanwälte, die Verfahrenspflegschaften nach § 276 übernommen haben, sind danach grundsätzlich auf eine Vergütung nach diesen Vorschriften zu verweisen, zumal das RVG für eine Tätigkeit als Verfahrenspfleger nicht gilt (§ 1 Abs. 2 S. 2 RVG). Entsprechendes gilt grundsätzlich auch für den **Aufwendungsersatz** (BayObLGZ FamRZ 2002, 1201 zur Rechtslage nach BVormVG). Nach § 1 Abs. 2 S. 3 RVG bleiben § 1877 Abs. 3 BGB und § 4 Abs. 2 VBVG unberührt. Während nach bisheriger Rechtslage die Vorschriften über die Vergütung des Verfahrenspflegers nicht auf diese Normen verwiesen, gelten seit 1.1.2023 als Aufwendungen des Verfahrenspflegers auch solche Dienste, die zu seinem Gewerbe oder seinem Beruf gehören. Nach §§ 1 Abs. 2 S. 3 RVG, 1877 Abs. 3 BGB, 4 Abs. 2 VBVG kann der Verfahrenspfleger somit über § 277 Abs. 2 auch Aufwendungen – für seine anwaltliche Tätigkeit – ersetzt verlangen. Eine Abrechnung nach RVG ist daher zwar möglich, aber nicht die Regel. Es sind Fallkonstellationen denkbar, in denen auch ein Berufsverfahrenspfleger einen Rechtsanwalt hinzugezogen hätte, dessen Gebühren er als Aufwendungen, die er für die Verfahrenspflegschaft tätigt, wieder ersetzt verlangen könnte. Daher kann nach der absolut **hM** der Rechtsanwalt als Verfahrenspfleger seine eigenen Rechtsanwaltsgebühren dann nach §§ 4 Abs. 2 VBVG iVm § 1877 Abs. 3 BGB als **Aufwendungsersatz** in Form von Vergütung nach **RVG** (BGH BtPrax 2015, 109; Prütting/Helms/Fröschle FamFG Rn. 58) verlangen, wenn der konkrete Fall **vertiefte spezifische Rechtskenntnisse** erfordert und, soweit er im Rahmen seiner Bestellung solche Tätigkeiten zu erbringen hat, für die ein juristischer Laie in gleicher Lage **vernünftigerweise** einen Rechtsanwalt zuziehen würde (BGH NJW 2025, 1573; FamRZ 2021, 549; BtPrax 2015, 109; 2014, 224; 2012, 205; 2011, 85; Sternal/Giers FamFG Rn. 13; Prütting/Helms/Fröschle FamFG Rn. 55; BeckOK FamFG/Günter Rn. 10). Gleiches gilt, wenn neben der Berufsmäßigkeit der Verfahrenspflegschaft auch die **Erforderlichkeit anwaltsspezifischer Tätigkeiten** bereits im Bestellungsbeschluss festgestellt wurde (BGH FamRZ 2021, 549; BtPrax 2014, 224) oder diese dem Rechtsanwalt bei der Bestellung mitgeteilt worden ist (BayObLG FGPrax 2002, 68). Die in dem Beschluss über die Bestellung eines Verfahrenspflegers getroffene Anordnung, dass die Verfahrenspflegschaft berufsmäßig ausgeübt werde, hat nur zur Folge, dass der Verfahrenspfleger überhaupt eine Vergütung beanspruchen, nicht aber, dass er nach RVG abrechnen kann (BGH BtPrax 2014, 224; LG Saarbrücken BtPrax 2013, 211). Es ist daher, falls dies vom Entscheidungsträger gewünscht wird, ratsam, dies gleich bei Bestellung des Verfahrenspflegers auszusprechen

(→ FamFG § 276 Rn. 24). Fehlt eine solche Feststellung, ist im Vergütungsfestsetzungsverfahren auf entsprechenden Antrag des Verfahrenspflegers anhand der konkreten Umstände des Einzelfalls zu prüfen, ob dieser im Rahmen seiner Bestellung solche Tätigkeiten zu erbringen hatte, für die ein juristischer Laie in gleicher Lage vernünftigerweise einen Rechtsanwalt hinzugezogen hätte (BGH NJW 2025, 1573; FamRZ 2021, 549). Hat jedoch das Amtsgericht bereits bei der Bestellung des Verfahrenspflegers die Feststellung getroffen, dass der Verfahrenspfleger eine anwaltsspezifische Tätigkeit ausübt, ist diese Feststellung für das Vergütungsfestsetzungsverfahren bindend (BGH NJW 2025, 1573; FamRZ 2021, 549; BtPrax 2015, 109). In diesem Fall entfällt eine gesonderte Prüfung durch den Kostenbeamten im Kostenfestsetzungsverfahren, ob die Tätigkeit tatsächlich anwaltsspezifisch war. Die Abrechnung nach RVG unterliegt auch den **Fristen** des § 2 Abs. 2 VBVG und hat daher innerhalb von 15 Monaten zu erfolgen (BGH FamRZ 2023, 793; BtPrax 2012, 205). Für den Beginn der Ausschlussfrist des § 2 VBVG wird allein auf das **Entstehen** des Ersatzanspruchs abgestellt. Die Ausschlussfrist zur Geltendmachung dieses Aufwendungsersatzes beginnt für den **anwaltlichen** Verfahrenspfleger mit der **Fälligkeit** der Rechtsanwaltsvergütung nach § 8 RVG (BGH FamRZ 2023, 793).

Beispiele für anwaltsspezifische Tätigkeiten: Der **Verkauf** eines mit einem Eigenheim bebauten **Grundstücks** wird als anwaltsspezifische Tätigkeit angesehen, wenn es Aufgabe des Verfahrenspflegers ist zu prüfen, ob der vom Betreuer beabsichtigte Verkauf des renovierungsbedürftigen, zum Teil eigengenutzten, zum Teil vermieteten Grundbesitzes des Betroffenen dessen Interesse entspricht (BGH BtPrax 2015, 26; OLG Bremen FamRZ 2021, 453; LG Saarbrücken FamRZ 2022, 1393; aA LG Wuppertal BeckRS 2015, 124368). Die Prüfung eines Kaufvertrages über eine **Eigentumswohnung,** die im Miteigentum zweier Personen steht und vermietet ist und darüber hinaus Regelungen zur Ablösung einer Grundschuld enthält, stellt regelmäßig anwaltsspezifische Tätigkeit dar (OLG Jena BeckRS 2017, 123185). Wurde ein Rechtsanwalt in einem Verfahren zum Verfahrenspfleger bestellt, das die betreuungsgerichtliche Genehmigung der Veräußerung von Grundbesitz des Betroffenen zum Gegenstand hat mit der Folge, dass der Verfahrenspfleger alle in dem notariellen Kaufvertrag enthaltenen Regelungen eingehend auf ihre Auswirkungen für den Betroffenen zu untersuchen hat, so ist dies anwaltsspezifisch (LG Saarbrücken NJW-RR 2022, 654 = BeckRS 2022, 6697). Die Tätigkeit eines Rechtsanwalts als Verfahrenspfleger in **Unterbringungssachen** ist grundsätzlich **nicht** als anwaltsspezifische Tätigkeit zu beurteilen (BGH BtPrax 2014, 224). Die Prüfung verschiedener **Mietverträge** mit Untermietverträgen kann als anwaltsspezifisch angesehen werden; für den Geschäftswert einer außergerichtlichen Tätigkeit eines Rechtsanwalts im Zusammenhang mit der Erstellung oder Überprüfung eines Miet- oder Pachtvertrags ist nach §§ 23 Abs. 3 S. RVG iVm § 99 Abs. 1 S. 1 GNotKG die Höhe der vom Mieter während der gesamten Vertragslaufzeit zu erbringenden Mietzahlungen maßgeblich (BGH BtPrax 2015, 109). Das Aufsetzen eines kurzen und einfach strukturierten **Erbauseinandersetzungsvertrages** ist nicht anwaltsspezifisch (BGH BtPrax 2014, 234); die gerichtliche Genehmigung eines Erbteilungsvertrages kann jedoch eine anwaltsspezifische Tätigkeit sein (BGH FamRZ 2023, 793).

Liegt eine anwaltsspezifische Dienstleistung vor, steht dem Verfahrenspfleger ein **Wahlrecht** zu, eine Vergütung nach VBVG zu verlangen oder seine Tätigkeit nach dem Rechtsanwaltsvergütungsgesetz abzurechnen (BGH BtPrax 2015, 109). Eine einmal getroffene Entscheidung des Rechtsanwalts, eine Vergütung nach

VBVG zu verlangen oder seine Tätigkeit nach dem Rechtsanwaltsvergütungsgesetz abzurechnen, bindet ihn nicht, solange keine rechtskräftige Entscheidung über den ersten Antrag erfolgt ist. Solange der Festsetzungsbeschluss somit nicht in formelle (§ 45 FamFG) und damit auch in materielle Rechtskraft (analog § 322 ZPO) erwächst, kann der Verfahrenspfleger somit seine zunächst getroffene Entscheidung revidieren und die Festsetzung der Vergütung nach dem Rechtsanwaltsgebührengesetz in einem neuen Antrag beantragen (OLG Brandenburg BeckRS 2022, 39889, Beschl. v. 4.10.2022 – 3 W 106/22 und BeckRS 2022, 29253, Beschl. v. 19.8.2022 – 3 W 90/22).

Der nach RVG abrechnende Verfahrenspfleger ist, sofern anwaltsspezifische Tätigkeiten festgestellt werden, befugt, für jeden Verfahrensgegenstand gesondert abzurechnen: hat das Betreuungsgericht den anwaltlichen Verfahrenspfleger in einem Verfahren über die Genehmigung einer ärztlichen **Zwangsbehandlung** nach § 1832 BGB, einer **Unterbringung** nach § 1831 Abs. 1 bis 3 BGB und einer **freiheitsentziehenden Maßnahme** nach § 1831 Abs. 4 BGB bestellt, kann er, soweit die Tätigkeiten als anwaltsspezifisch festgestellt werden, alle drei Tätigkeiten jeweils nach Nr. 6300 VV RVG abrechnen; es handelt sich insoweit nicht um dieselbe Angelegenheit im Sinne des § 15 Abs. 2 Satz 1 RVG (BGH BtPrax 2012, 249).

Beim **mittelosen** Betroffenen ist die anwaltsspezifische Vergütung des Verfahrenspflegers allerdings auf die Höhe der Gebühren beschränkt, die im Rahmen der Beratungs- oder **Verfahrenskostenhilfe** verlangt werden können (BGH FamRZ 2021, 549).

III. Zahlung eines festen Geldbetrags

7 Anstelle von Aufwendungsersatz und Vergütung kann das Betreuungsgericht dem **berufsmäßig tätigen** (BT-Drs. 19/24445, 331) Verfahrenspfleger eine **Individualpauschale** auf Antrag oder von Amts wegen in Form eines **festen Geldbetrags** zubilligen, wenn die für die Führung der Pflegschaftsgeschäfte erforderliche Zeit vorhersehbar und ihre Ausschöpfung durch den Pfleger gewährleistet ist. Damit wird der Einzelnachweis der aufgewandten Zeit entbehrlich. Andererseits trägt der Verfahrenspfleger das Risiko, wenn sich später ein höherer Zeitaufwand herausstellt, diesen nicht mehr abrechnen zu können **(Abs. 3).** Auch der Anspruch des berufsmäßigen Verfahrenspflegers auf einen festen Geldbetrag unterliegt einer **Ausschlussfrist** von 15 Monaten, da der Anspruch nicht qualitativ von demjenigen auf Zahlung von Aufwendungsersatz oder Vergütung verschieden ist (BGH BtPrax 2024, 97; § 292 → Rn. 20). Der Pauschbetrag wird durch Multiplikation des veranschlagten Zeitaufwands mit dem nach § 3 Abs. 1 VBVG anzuwendenden Stundensatz zuzüglich einer Aufwandspauschale von 4 Euro je veranschlagter Stunde berechnet (Sternal/Giers FamFG Rn. 8). Im Fall der Zahlung eines festen Geldbetrages braucht der Verfahrenspfleger die von ihm aufgewandte Zeit und eingesetzten Mittel nicht nachzuweisen; weitergehende Aufwendungsersatz- und Vergütungsansprüche stehen ihm allerdings auch nicht zu. Die Zubilligung eines festen Geldbetrags an den Verfahrenspfleger schließt jedoch dessen Ansprüche auf Vergütung und Aufwendungsersatz, die sich aus seiner Tätigkeit in einer **nachfolgenden Instanz** ergeben, nicht aus (BGH FamRZ 2021, 886). Nicht problematisiert wurde bisher die Frage, ob dem Verfahrenspfleger die Möglichkeit der Anfechtung zusteht, wenn das Gericht von Amts wegen nach Abs. 3

verfährt, der Verfahrenspfleger damit aber nicht einverstanden ist. Nach der hier vertretenen Auffassung muss die Pauschalierung nach Abs. 3 für den Verfahrenspfleger anfechtbar sein, wobei allerdings die Beschwer mehr als 600 EUR betragen oder die Beschwerde zugelassen sein muss.

IV. Sonderregelungen bei Vereins- und Behördenpfleger

8 Der Aufwendungsersatz und die Vergütung eines **Mitarbeiters** eines Betreuungs**vereins** als Verfahrenspfleger werden in Abs. 2 durch Verweis auf § 5 VBVG mitgeregelt. Die Möglichkeit, einen Mitarbeiter der Betreuungs**behörde** als Verfahrenspfleger zu bestellen, gibt es seit 1.1.2023 nicht mehr, denn diese entspricht insbesondere nicht der Beteiligtenstellung des Verfahrenspflegers im gerichtlichen Verfahren, die eine Unabhängigkeit von der Betreuungsbehörde voraussetzt (BT-Drs. 19/24445, 331).

V. Das Verfahren zur Festsetzung der Vergütung, § 292

9 Gemäß Abs. 4 S. 2 sind betreffend Aufwendungsersatz und Vergütung § 292 Abs. 1 und 5 entsprechend anzuwenden. Bezüglich des Vergütungsfestsetzungsverfahrens wird auf die Kommentierung zu → § 292 hingewiesen. Der Vergütungsantrag muss nicht zwingend schriftlich gestellt werden (OLG Dresden FamRZ 2021, 772). Aus Rechtssicherheitsgründen empfiehlt sich jedoch eine schriftliche Antragstellung.

VI. Rechtsmittel

10 Der Beschluss zur Festsetzung von Aufwendungen und Vergütung ist grundsätzlich mit der befristeten **Beschwerde** anfechtbar (§ 61). Die betragsmäßige Beschränkung der **Beschwerdemöglichkeit** folgt aus § 61 Abs. 1; ein Festsetzungsbeschluss ist nur anfechtbar, wenn die Beschwer **600 EUR** übersteigt. Gem. § 61 Abs. 3 ist jedoch die Zulassung der Beschwerde (durch das Betreuungsgericht) wegen **grundsätzlicher Bedeutung, Fortbildung des Rechts oder Sicherung** einer einheitlichen Rechtsprechung auch bei einem Beschwerdewert bis 600 EUR möglich (BT-Drs. 16/6308, 266; → FamFG § 61 Rn. 3–6 und → FamFG § 292 Rn. 27). In diesem Fall ist die Beschwerde vom Betreuungsgericht zuzulassen. Zur Frage, ob eine von Amts wegen erfolgte Pauschalierung nach Abs. 3 isoliert anfechtbar ist, → Rn. 6.

Wird der Verfahrenspfleger erst vom **Landgericht** als Beschwerdegericht bestellt, und wurde die Vergütung vom Landgericht festgesetzt, so ist diese Erstentscheidung nicht durch befristete Beschwerde (zum OLG) anzufechten, sondern es ist, sofern die weiteren Voraussetzungen vorliegen, die Rechtsbeschwerde zum BGH zu erheben (Prütting/Helms/Fröschle FamFG Rn. 67; aA MüKoFamFG/Schmidt-Recla Rn. 22: isolierte Beschwerde zum OLG).

11 Die **Staatskasse** und der **Betroffene** haben kein Beschwerderecht gegen die Feststellung der **Berufsmäßigkeit** des Verfahrenspflegers, gegen die Vergütungsfestsetzung nach dem RVG dagegen schon (vgl. nur BGH NJW 2025, 1573). Ein solches Recht ergibt sich für die Staatskasse auch nicht aus § 304 (BGH BtPrax 2013, 207); anders bei der entsprechenden Feststellung für Betreuer (→ FamFG

§ 304 Rn. 2). Auch für den **Verfahrenspfleger** besteht kein Beschwerderecht gegen die Nichtfeststellung der **Berufsmäßigkeit** der Verfahrenspflegschaft (→ Rn. 4). Der Verfahrenspfleger kann allenfalls die Übernahme der Verfahrenspflegschaft ablehnen oder im Rahmen der Vergütungsfestsetzung Beschwerde einlegen, sollte die Vergütung anders als beantragt nicht nach dem RVG festgesetzt werden. Da schon die Nicht-/Bestellung zum Verfahrenspfleger als Zwischenentscheidung nach § 276 Abs. 7 nicht anfechtbar ist, muss dies erst recht für die entsprechende Feststellung der Berufsmäßigkeit gelten (Sternal/Giers FamFG Rn. 6). Gleiches gilt für die Feststellung, dass ein **Rechtsanwalt** nicht im Rahmen seiner **Berufsausübung** bestellt wird (→ Rn. 5) bzw. dass er eine anwaltsspezifische Tätigkeit bei der Verfahrenspflegschaft entfalte (BGH BtPrax 2013, 207).

Die tatrichterliche Würdigung zur Frage, unter welchen Umständen ein Verfahrenspfleger im Einzelfall die Voraussetzungen erfüllt, unter denen ihm eine Vergütung nach dem RVG zu bewilligen ist, kann im Rechtsbeschwerdeverfahren nur daraufhin überprüft werden, ob der Tatrichter die maßgebenden Tatsachen vollständig und fehlerfrei festgestellt und gewürdigt hat, von ihm Rechtsbegriffe verkannt oder Erfahrungssätze verletzt wurden und er die allgemein anerkannten Maßstäbe berücksichtigt und richtig angewandt hat (vgl. BGH NJW-RR 2025, 1281; NJW 2025, 1573; NJW-RR 2015, 66).

§ 278 Persönliche Anhörung des Betroffenen

(1) [1]**Das Gericht hat den Betroffenen vor der Bestellung eines Betreuers oder der Anordnung eines Einwilligungsvorbehalts persönlich anzuhören und dessen Wünsche zu erfragen.** [2]**Es hat sich einen persönlichen Eindruck von dem Betroffenen zu verschaffen.** [3]**Diesen persönlichen Eindruck soll sich das Gericht in dessen üblicher Umgebung verschaffen, wenn es der Betroffene verlangt oder wenn es der Sachaufklärung dient und der Betroffene nicht widerspricht.**

(2) [1]**In der Anhörung erörtert das Gericht mit dem Betroffenen das Verfahren, das Ergebnis des übermittelten Gutachtens, die Person oder Stelle, die als Betreuer in Betracht kommt, den Umfang des Aufgabenkreises und den Zeitpunkt, bis zu dem das Gericht über eine Aufhebung oder Verlängerung der Betreuung oder der Anordnung eines Einwilligungsvorbehalts zu entscheiden hat.** [2]**In geeigneten Fällen hat es den Betroffenen auf die Möglichkeit der Vorsorgevollmacht, deren Inhalt sowie auf die Möglichkeit ihrer Registrierung bei dem zentralen Vorsorgeregister nach § 78a Absatz 2 der Bundesnotarordnung hinzuweisen.** [3]**Hat das Gericht dem Betroffenen nach § 276 einen Verfahrenspfleger bestellt, soll die persönliche Anhörung in dessen Anwesenheit stattfinden.**

(3) **Verfahrenshandlungen nach Absatz 1 dürfen nur dann im Wege der Rechtshilfe erfolgen, wenn anzunehmen ist, dass die Entscheidung ohne eigenen Eindruck von dem Betroffenen getroffen werden kann.**

(4) [1]**Soll eine persönliche Anhörung nach § 34 Abs. 2 unterbleiben, weil hiervon erhebliche Nachteile für die Gesundheit des Betroffenen zu besorgen sind, darf diese Entscheidung nur auf Grundlage eines ärztlichen Gutachtens getroffen werden.** [2]**Unterbleibt aus diesem Grund die persönliche Anhörung, bedarf es auch keiner Verschaffung eines persönlichen Eindrucks.**

(5) **Das Gericht kann den Betroffenen durch die zuständige Behörde vorführen lassen, wenn er sich weigert, an Verfahrenshandlungen nach Absatz 1 mitzuwirken.**

(6) [1]**Gewalt darf die Behörde nur anwenden, wenn das Gericht dies ausdrücklich angeordnet hat.** [2]**Die zuständige Behörde ist befugt, erforderlichenfalls um Unterstützung der polizeilichen Vollzugsorgane nachzusuchen.**

(7) [1]**Die Wohnung des Betroffenen darf ohne dessen Einwilligung nur gewaltsam geöffnet, betreten und durchsucht werden, wenn das Gericht dies zu dessen Vorführung zur Anhörung ausdrücklich angeordnet hat.** [2]**Bei Gefahr im Verzug kann die Anordnung nach Satz 1 durch die zuständige Behörde erfolgen.** [3]**Durch diese Regelung wird das Grundrecht auf Unverletzlichkeit der Wohnung aus Artikel 13 Absatz 1 des Grundgesetzes eingeschränkt.**

Übersicht

I. Anwendungsbereich

Die Anhörung des Betroffenen ist zunächst im Allgemeinen Teil (§ 34) geregelt. 1
§ 278 gilt als **lex specialis** zu §§ 33, 34 (BT-Drs. 16/6308, 191; Prütting/Helms/Abramenko FamFG § 33 Rn. 2). Noch nicht beschäftigt hat sich die Rechtsprechung mit der Problematik, ob nicht – nach Schaffung der entsprechenden Voraussetzungen, wie Anordnung des persönlichen Erscheinens usw – ein Ordnungsgeld nach § 33 Abs. 3 (als milderes Mittel als die Vorführung) angedroht und verhängt werden kann oder sogar unter Verhältnismäßigkeitsgesichtspunkten muss, wenn der Tatrichter zu der Auffassung gelangt, dass der Betroffene durch ein Ordnungsgeld zur Mitwirkung, dh zur Teilnahme am Anhörungstermin, veranlasst werden könnte. Da aber § 278 mit der spezialgesetzlichen Regelung der Vorführung vorgeht, dürfte ein Zurückgreifen auf den allgemeinen § 33 ausgeschlossen sein.

Für die Anhörungen in **Betreuungssachen** gilt: § 278 regelt nur die Verfahren, die die **Betreuerbestellung** (§ 1814 BGB) und die Anordnung eines **Einwilligungsvorbehalts** (§ 1825 BGB) zum Gegenstand haben; § 26 kann eine persönliche Anhörung auch dann gebieten, wenn das Verfahren nicht mit einer Betreuerbestellung endet (BGH FamRZ 2023, 1748; → FamFG § 26 Rn. 4).

Durch Verweisung auf die Verfahrensnormen der Erstbestellung findet § 278 Anwendung zB bei Verfahren nach § 293 (BGH FamRZ 2023, 1907) und nach § 295 (BGH BtPrax 2010, 279). Bei der Aufhebung der Betreuung findet § 278 keine Anwendung, sondern es gelten nach § 294 lediglich die §§ 279, 288 Abs. 2 S. 1 entsprechend (BGH BtPrax 2011, 130). Für das Verfahren auf **Aufhebung der Betreuung** gilt der Grundsatz der Amtsermittlung (BGH BtPrax 2016, 39; → § 294 Rn. 5). Hier kann nach **§ 26** die Einholung eines neuen Gutachtens (BayObLG FamRZ 2003, 115), insbesondere, wenn nicht geklärt ist, ob der Betroffene krankheitsbedingt in der Lage ist, einen freien Willen zu bilden (BGH BtPrax 2016, 39), und auch eine (erneute) persönliche Anhörung geboten sein (BGH Beschl. v. 13.8.2025 – XII ZB 616/24, BeckRS 2025, 24108; FamRZ 2025, 1231). Wird im Verfahren über die Aufhebung der Betreuung ein neues Sachverständigengutachten eingeholt, ist nach dem BGH eine persönliche Anhörung des Betroffenen unverzichtbar, wenn das Ergebnis des Gutachtens als neue Tatsachengrundlage für die Entscheidung herangezogen werden soll (NJW 2025, 2406). Wird ein **Einwilligungsvorbehalt** angeordnet, nachdem ein zuvor bestehender (anderer) Einwilligungsvorbehalt bereits aufgehoben war, handelt es sich nicht um eine Erweiterung des Einwilligungsvorbehalts, sondern um dessen erneute Anordnung, so dass § 278 unmittelbar anzuwenden ist; § 293 Abs. 2 findet in diesen Fällen keine Anwendung (BGH BtPrax 2012, 204).

Im Übrigen gelten für Art, Form und Umfang der **Anhörung** des Betroffenen Art. 103 Abs. 1 GG und § 26 (zu den im Zusammenhang mit der persönlichen Anhörung nach § 26 bestehenden Amtsermittlungspflichten → FamFG § 26 Rn. 4). Über die Anhörung des Betroffenen ist ein Vermerk **(Protokoll)** nach § 28 Abs. 4 zu fertigen (→ FamFG § 319 Rn. 5, 6). Die Anhörung erfolgt **nicht öffentlich** (→ Rn. 19 ff. und → FamFG § 319 Rn. 7).

II. Verfahrenshandlungen nach Abs. 1

2 Gem. Abs. 1 **S. 1** klärt das Gericht **vor der Bestellung eines Betreuers** oder **der Anordnung eines Einwilligungsvorbehalts** den Sachverhalt dadurch auf, dass es den Betroffenen **persönlich** (mündlich) **anhört** und nach Abs. 1 **S. 2** sich durch Inaugenscheinnahme von dem Betroffenen einen **persönlichen Eindruck** verschafft. Außerdem begründet Abs. 1 S. 1 eine Pflicht des Richters, bei der Anhörung die **Wünsche** des Betroffenen zu erfragen (BT-Drs. 19/24445, 331), damit dieser bei der Bestellung, der Auswahl und der Tätigkeit eines rechtlichen Betreuers maßgeblich mitwirken kann. Eine Übertragung durch Kamera/Mikrofon ist wegen der fehlenden Unmittelbarkeit wohl nicht zulässig (Prütting/Helms/Fröschle FamFG Rn. 14; Brosey/Lesting/Loer/Marschner BetreuungsR Rn. 479). Die Anhörung, die Ermittlung der Wünsche und die Verschaffung eines persönlichen Eindrucks durch das Gericht konkretisieren die Amtsermittlungspflicht des Gerichts nach § 26 und bestimmen sich nach dem Einzelfall (BGH BtPrax 2021, 153). Die persönliche Anhörung in einem Betreuungsverfahren dient nicht nur der Gewährung rechtlichen Gehörs, sondern hat daneben den Zweck der Sachverhaltsermittlung, um dem Gericht einen unmittelbaren Eindruck von dem Betroffenen zu verschaffen (BGH FamRZ 2016, 1663), durch den es in die Lage versetzt wird, das eingeholte Sachverständigengutachten zu würdigen (BGH BtPrax 2021, 153 für den parallel laufenden § 319: persönliche Anhörung bei Unterbringungssachen). Diese Elemente stellen eigene Erkenntnis-

quellen des Richters dar und gehen damit über die Pflicht zur Gewährung rechtlichen Gehörs nach Art. 103 GG hinaus (→ FamFG § 26 Rn. 2).

Abs. 1 S. 1 ordnet eine persönliche Anhörung nur vor der Bestellung eines Betreuers für den Betroffenen an. Damit ist aber nicht die Aussage verbunden, dass es einer persönlichen Anhörung dann, wenn es **nicht zur Betreuerbestellung** kommt, grundsätzlich nicht bedarf. Sieht das Gericht in solchen Fällen, in denen es im Ergebnis eine Betreuerbestellung ablehnen will, von vornherein von einer persönlichen Anhörung des Betroffenen ab, verkürzt es damit seine Ermittlungspflicht in einer Weise, die mit dem durch das Betreuungsrecht gewährleisteten Erwachsenenschutz nicht zu vereinbaren ist (BGH FamRZ 2023, 174; BtPrax 2015, 105). Wenn allerdings keine hinreichenden Anhaltspunkte dafür bestehen, dass Betreuungsbedarf besteht, gebietet § 26 auch keine weiteren Ermittlungen (zB Anhörung des Betroffenen, BGH BtPrax 2018, 116; FamRZ 2017, 1962).

Wenn das Amtsgericht den Betroffenen nur in dem auf Bestellung eines vorläufigen Betreuers gerichteten Verfahren der einstweiligen Anordnung angehört hat, ist es fraglich, ob der Richter sich in dem nachfolgenden Hauptsacheverfahren auf die Vorschrift des § 51 Abs. 3 S. 2 berufen kann. Nach dieser Bestimmung kann das Gericht von einzelnen Verfahrenshandlungen im Hauptsacheverfahren absehen, wenn diese bereits im Verfahren der einstweiligen Anordnung vorgenommen wurden und von einer erneuten Vornahme keine zusätzlichen Erkenntnisse zu erwarten sind. Die Annahme, nach diesen verfahrensrechtlichen Vorgaben sei die in Betreuungssachen nach § 278 Abs. 1 S. 1 zwingend erforderliche persönliche Anhörung des Betroffenen im Hauptsacheverfahren entbehrlich, dürfte allerdings regelmäßig schon daran scheitern, dass mit Blick auf die gegenüber dem Eilverfahren andere Tatsachengrundlage (§ 280 einerseits und § 300 Abs. 1 S. 1 Nr. 2 andererseits) zumeist davon auszugehen sein wird, dass die erneute Vornahme der persönlichen Anhörung zusätzliche Erkenntnisse erwarten lässt (BGH BtPrax 2020, 150). Gänzlich ausgeschlossen ist jedoch die Anwendung des § 51 Abs. 3, wenn die Anhörung im einstweiligen Verfahren durch den ersuchten Richter erfolgt (→ Rn. 13).

Abs. 1 **S. 3** regelt den Ort, an dem sich das Gericht den persönlichen Eindruck **3**
zu verschaffen hat. Ob dies in der **üblichen Umgebung** des Betroffenen (zB Wohnung, Krankenhaus, Altenheim) oder im Gerichtsgebäude geschieht, entscheidet das Gericht nach pflichtgemäßem Ermessen („soll") im Rahmen einer Gesamtabwägung von Zweckmäßigkeit (Schwierigkeiten für den Betroffen, bei Gericht zu erscheinen) bzw. dessen Verlangen und im Hinblick auf die Frage, welche Erkenntnisse das Gericht von der Persönlichkeit, dem sozialen Umfeld und den eigenen Angelegenheiten des Betroffenen erwarten kann. Die Notwendigkeit zur eigenen Sachverhaltsaufklärung des Gerichts wird daher häufig die Anhörung in der üblichen Umgebung des Betroffenen verlangen, insbesondere wenn der Eindruck von der konkreten Lebenssituation des Betroffenen für die Entscheidung erforderlich ist (BeckOK FamFG/Günter Rn. 9). Hat das Gericht davon abgesehen, den Betroffenen in seiner üblichen Umgebung anzuhören, so muss es diesen Ermessensgebrauch im Beschluss begründen. Erscheint der Betroffene nicht freiwillig zur Anhörung bei Gericht, muss dieses erwägen, sich einen persönlichen Eindruck vom Betroffenen in seiner üblichen Umgebung zu verschaffen (BGH FamRZ 2016, 1663).

Widerspricht jedoch der Betroffene der Anhörung in seiner üblichen Umge- **4**
bung, so hat sie dort zu unterbleiben, denn der Betroffene darf gegen seinen Willen in seiner Wohnung weder angehört noch begutachtet werden (BGH BtPrax 2013,

31). Über den Widerspruch braucht weder belehrt zu werden, noch ist er befristet. Er muss auch vom Betroffenen nicht begründet werden; er kann sogar **konkludent** erklärt werden (zB durch Zutrittsverweigerung). Der Richter kann sich den Zutritt zur Anhörung nicht erzwingen (BVerfG BtPrax 2018, 111); in diesem Fall ist der Betroffene, wenn er auch nicht freiwillig zum gerichtlichen Anhörungstermin erscheint, ggf. dem Richter gem. § 278 Abs. 5 zur Anhörung vorzuführen (BGH BtPrax 2013, 31). Die Einschränkung der Amtsermittlung vor Ort im Hinblick auf den Schutz der Intimsphäre des Betroffenen kann dazu führen, dass in Grenzfällen ein Betreuer nicht bestellt werden kann.

Die Nichtbeachtung des **Abs. 1** ist ein Verfahrensfehler, der das Beschwerdegericht in aller Regel zur Aufhebung der Entscheidung veranlasst (BGH BtPrax 2013, 31). Das Unterbleiben der persönlichen Anhörung begründet die **Rechtswidrigkeit** der Betreuerbestellung. Insoweit kommt eine rückwirkende Heilung der unterbliebenen Anhörung nicht in Betracht (BVerfG BtPrax 2016, 145).

5 Vor der (persönlichen) Anhörung nach Abs. 1 – möglichst zu Beginn des Betreuungsverfahrens – muss der Betroffene über die Einleitung eines Betreuungsverfahrens unterrichtet werden (hier genügt zunächst eine **schriftliche Möglichkeit zur Stellungnahme**), um ihm rechtliches Gehör zu gewähren.

Hier könnten folgende Punkte angesprochen bzw. geklärt werden:
- Erforderlichkeit und Umfang der Betreuungsmaßnahme (ua Defizite des Betreuten, welche Angelegenheiten kann der Betroffene nicht mehr besorgen, Auswahl eines Betreuers, Bestehen einer Vollmacht, welche – anderen – Hilfen stehen zur Verfügung),
- welche Wünsche hat der Betroffene im Zusammenhang mit der Betreuung (Abs. 1 S. 1),
- welche Vorschläge, Wünsche oder Vorstellungen hat der Betroffene zur Person des Betreuers (KG FGPrax 1995, 110),
- die Feststellung der zu beteiligenden Dritten iSd § 279,
- ist ein Verfahrenspfleger zu bestellen; ggf. wen wünscht sich der Betroffene.

Diese Fragen werden selbstverständlich auch im Rahmen der persönlichen Anhörung erneut zu klären sein.

III. Verfahrenshandlungen nach Abs. 2

6 In **Abs. 2 S. 1** werden die Pflichten des Gerichts im Rahmen der Anhörung des Betroffenen weiter konkretisiert. Zunächst sind die für die Entscheidung des Betreuungsverfahrens maßgeblichen Fragen, auch verfahrensrechtliche, mit dem Betroffenen zu erörtern (→ Rn. 5). Zum ersten Mal hat der Gesetzgeber seit 1.1.2023 geregelt, dass das (zuvor) übermittelte Gutachten zu erörtern ist; damit wird gesetzlich normiert, was der BGH in ständiger Rechtsprechung forderte (BGH FamRZ 2022, 135, BeckRS 2022, 10299). Dem Betroffenen muss rechtzeitig **vor** der Anhörung die Möglichkeit gewährt werden, persönlich Kenntnis von dem Sachverständigengutachten gemäß § 280 zu nehmen (BT-Drs. 19/24445, 332). Die Anhörung des Betroffenen ist somit grundsätzlich durchzuführen, nachdem ihm das nach § 280 einzuholende **Sachverständigengutachten** (BGH FamRZ 2022, 229; 136; FamRZ 2021, 1064) oder ein nach § 295 Abs. 1 S. 2 im Verlängerungsverfahren einzuholendes **ärztliches Zeugnis** bekannt gegeben worden ist (BGH FamRZ 2024, 550). Das Gutachten/ärztliche Zeugnis muss dem Betroffenen zuvor **rechtzeitig** übersandt/bekannt gegeben werden (BGH

FamRZ 2024, 550; FamRZ 2021, 1064; FamRZ 2022, 136; BtPrax 2021, 71; FamRZ 2017, 1324). Rechtzeitig bedeutet, dass der Betroffene vor der Anhörung Gelegenheit hat, sich mit dem Gutachten des Sachverständigen auseinander zu setzen. Die Überlassung des Gutachtens einen Tag vor der Anhörung dürfte nicht rechtzeitig sein (BGH BtPrax 2020, 100). Regelmäßig dürfte der Betroffene im ersten Anhörungstermin durch die Erstattung des mündlichen Gutachtens ohne vorherige Ankündigung überfordert sein (KG BtPrax 2008, 38). Auch wenn der Sachverständige den Betroffenen während der Anhörung begutachtet und eine mündliche Einschätzung zur Betreuungsbedürftigkeit abgibt, die dem Betroffenen mitgeteilt wird, ist der Betroffene nach Erstattung des schriftlichen Gutachtens erneut anzuhören (BGH BtPrax 2021, 71). Wenn ein Sachverständiger sein Gutachten ausnahmsweise im Anhörungstermin mündlich erstattet hat, ist sicherzustellen, dass der Betroffene ausreichend Zeit hat, von dessen Inhalt Kenntnis zu nehmen und sich dazu zu äußern. Kann oder will sich der Betroffene im Anhörungstermin nach einem Hinweis des Gerichts auf die Möglichkeit einer Stellungnahmefrist hierzu nicht abschließend äußern, ist ihm gegebenenfalls das Protokoll der mündlichen Gutachtenerstattung zu übersenden und seine Anhörung erneut durchzuführen (BGH FamRZ 2022, 728; BtPrax 2020, 221). Die Anhörung muss ebenfalls wiederholt werden, wenn das Gericht mit einem neuen oder ergänzenden Sachverständigengutachten eine neue Tatsachengrundlage heranziehen will (BGH BeckRS 2024, 8508, Beschl. v. 28.2.2024 – XII ZB 496/23; BtPrax 2022, 63).

Neben dem Gutachten ist nach Abs. 2 S. 1 das Verfahren, die Person des Betreuers, der Umfang des Aufgabenkreises und die Dauer der Betreuung zu erörtern. Weder Form noch Zeitpunkt der Verfahrenshandlungen nach Abs. 2 sind gesetzlich festgelegt, um dem Gericht die Möglichkeit zu geben, den Besonderheiten des Einzelfalls Rechnung zu tragen. Der Verfahrensgang ist häufig mit Blick auf den Zustand des Betroffenen schriftlich kaum zu vermitteln. Zur Frage des Zeitpunktes der Anhörung → Rn. 10.

Zur Frage, wann eine erstinstanzliche Anhörung verfahrensfehlerhaft ist, → § 68 Rn. 8.

Eine zwingend erforderliche persönliche Anhörung des Betroffenen kann zwar vom Amtsgericht auch im **Abhilfeverfahren** nachgeholt werden; dies ist jedoch verfahrensfehlerhaft und führt dazu, dass das Beschwerdegericht nicht von der auch im zweitinstanzlichen Verfahren grundsätzlich gebotenen persönlichen Anhörung des Betroffenen absehen darf (BGH BtPrax 2024, 64; BeckRS 2024, 26036; FamRZ 2022, 1392; 135); dies gilt auch für das Verlängerungsverfahren (BGH FamRZ 2022, 816).

Nach **Abs. 2 S. 2** soll in geeigneten Fällen auf die Möglichkeit einer **Vorsorge-** 7
vollmacht und deren Inhalt hingewiesen werden. Damit kann nur gemeint sein, dass ein möglicher Inhalt besprochen wird. Es bleibt dem Betroffenen dann selbst überlassen, ggf. nach fachkundiger Beratung dazu berufener Stellen und Institutionen, über das Ob und Wie der Ausgestaltung zu entscheiden. Das Gericht hat bei diesem Gespräch auch auf die Möglichkeit der **Registrierung** der Vorsorgevollmacht bei dem zentralen Vorsorgeregister nach § 78a Abs. 1 der Bundesnotarordnung hinzuweisen. Diese Verfahrenshandlung kann durch den ersuchten Richter erfolgen.

Abs. 2 S. 3 ist seit 1.1.2023 neu geregelt. Abs. 2 S. 3 sieht vor, dass bei Bestel- 8
lung eines Verfahrenspflegers die Anhörung des Betroffenen in dessen Anwesenheit durchgeführt werden soll. Daraus ergibt sich, dass das Gericht dafür Sorge

zu tragen hat, dass der Verfahrenspfleger auch möglichst bei der Anhörung anwesend ist. Zur Anhörung des Betroffenen ohne Verfahrenspfleger → § 68 Rn. 8. Hört das Gericht nur den Betroffenen an und ist sein Verfahrenspfleger damit einverstanden, ist das verfahrensfehlerfrei. Der rechtzeitig vom Termin unterrichtete Verfahrenspfleger kann selbst entscheiden, ob er an dem Termin teilnimmt (BGH BeckRS 2022, 13528).

IV. Weitere Verfahrenshandlungen bei der Anhörung

9 Weiter ist dem Betroffenen das **Ergebnis der Ermittlungen** (evtl. Anhörungen/Stellungnahmen Dritter) bei der Anhörung bekannt zu geben. Diese Pflicht ergibt sich aus § 37 Abs. 2. In Betreuungssachen ist es grundsätzlich erlaubt, rechtliches Gehör durch Übersendung von Anhörungsprotokollen, Sachverständigengutachten usw zu gewähren. In der Regel müssen Sachverständigengutachten (BGH FamRZ 2019, 139; FamRZ 2018, 1770; 1769; 954 und 176) und andere Ermittlungsergebnisse (BayObLG BtPrax 1994, 29) in vollem Umfang auch an den Betroffenen herausgegeben werden; die Übersendung an den Verfahrenspfleger oder an den Betreuer allein genügt nicht, wenn nicht die Voraussetzungen des **Abs. 4** gegeben sind (→ Rn. 16; BGH FamRZ 2018, 1769). Dies gilt allerdings nicht, wenn das Gutachten dem Verfahrensbevollmächtigten bekannt gegeben wurde (BGH FamRZ 2018, 954) oder wenn die Voraussetzungen des § 288 Abs. 1 gegeben sind (BGH FamRZ 2015, 2156; BtPrax 2014, 137; BtPrax 2013, 254). Dennoch muss das **Ergebnis der Ermittlungen** mit dem Betroffenen bei der Anhörung nach § 37 Abs. 2 auch mündlich **erörtert** werden.

V. Zeitpunkt und Umfang der Anhörung

10 Wenn all diese Inhalte – Verschaffung des persönlichen Eindrucks, Anhörung zur Fragenerörterung nach Abs. 1 und Abs. 2 sowie die **Mitteilung der Ermittlungen** (die durch Anhörungen, Gutachteneinholung usw erlangt wurden) – in **einem einzigen** Anhörungstermin vermittelt werden sollen, erscheint es zweckmäßig, dass die Anhörung des Betroffenen eher **am Ende** des Betreuungsverfahrens erfolgt (BT-Drs. 19/24445, 332; iE kann § 26 auch eine Anhörung zu Beginn des Betreuungsverfahrens erforderlich machen; vgl. hierzu BGH BtPrax 2007, 167). Daher ist anerkannt, dass in der Praxis das Betreuerbestellungsverfahren zumeist mit der abschließenden Anhörung des Betroffenen beendet wird. Problematisch erscheint eine einzige Anhörung gegen Ende des Betreuungsverfahrens vor dem Hintergrund, dass in diesem Fall der Betroffene nicht frühzeitig auf das Betreuungsverfahren zB auf die Wahl des Betreuers Einfluss nehmen kann. Zwischenzeitlich stärken jedoch die Neuregelungen in § 275 Abs. 2 die Stellung des Betroffenen, indem er frühzeitig adressatengerecht über das Verfahren zu informieren ist und auch der Verfahrenspflegers nach § 276 Abs. 3 verpflichtet wird, die Wünsche des Betroffen zu ermitteln und ihnen Geltung zu verschaffen. Unter diesem Aspekt ist es im Regelfall angebracht (aber auch ausreichend), den Betroffenen zu Beginn des Betreuungsverfahrens (in geeigneten Fällen ggf. **schriftlich** und nach § 275 Abs. 2 adressatengerecht) über die Einleitung des Verfahrens und den Verfahrensverlauf zu informieren, um nach Durchführung der ersten Ermittlungen einen umfassenden – mündlichen –

Anhörungstermin abhalten zu können → Rn. 5. Die Anhörung muss **im** Betreuungsverfahren erfolgen; der Eindruck, den der Betreuungsrichter vor Einleitung des Betreuungsverfahrens, zB in seiner Eigenschaft als Familienrichter anlässlich eines Termins von dem Betroffenen gewonnen hat, kann die gem. **Abs. 1** erforderliche Anhörung nicht ersetzen (OLG Köln BeckRS 2007, 13051).

Zur Pflicht des Gerichts, dem Betroffenen nach Art. 103 GG vor der Beauftragung des Sachverständigen rechtliches Gehör zu gewähren → FamFG § 280 Rn. 5. Der Betroffene muss von dem Betreuungsgericht vor der Einholung eines Sachverständigengutachtens zur Überprüfung seiner Betreuungsbedürftigkeit grundsätzlich nicht persönlich angehört werden (LG Saarbrücken FamRZ 2011, 1094); eine schriftliche Anhörung reicht aus.

Das Gericht muss, wenn die Anhörung in **einem** Termin erfolgt, **zusammenfassend** 11

– in einem **ersten Schritt** Alternativen einer Betreuung (Vorsorgevollmachten), die Wünsche des Betreuten, die Frage der Verfahrenspflegerbestellung, mögliche (weitere) Ermittlungen, den Verlauf des Verfahrens usw (vgl. iE → Rn. 5) mit dem Betroffenen besprechen
– und **sodann** das Ergebnis der Anhörung in Form seines persönlichen Eindrucks, das Sachverständigengutachten oder ärztliche Zeugnis, mögliche weitere Ermittlungen und Stellungnahmen Dritter, den Umfang des Aufgabenkreises, die Frage, welche Person oder Stelle als Betreuer vorgesehen ist usw (vgl. iE → Rn. 6–9) mit dem Betroffenen mündlich erörtern.

Die Anhörung hat jedenfalls dann in diesem Umfang zu erfolgen, soweit dies zur Gewährung des rechtlichen Gehörs oder zur Sachaufklärung **erforderlich** ist (Maßstab: § 26), was regelmäßig der Fall sein wird, wenn der Betroffene konkrete Einwendungen gegen die tatsächlichen Grundlagen des Sachverständigengutachtens erhebt (BayObLG FamRZ 1994, 1059). Wurde der Verfahrensbevollmächtigte des Betroffenen zum Anhörungstermin weder geladen noch hiervon benachrichtigt, leidet die Anhörung an einem Verfahrensfehler, der eine erneute Anhörung – ggf. durch das Beschwerdegericht – erforderlich macht (BGH FamRZ 2017, 131; BtPrax 2012, 25). Unter den Voraussetzungen des **Abs. 4** kann **ausnahmsweise** von der Bekanntmachung des Inhalts des Gutachtens abgesehen werden (→ Rn. 16; OLG München RPfleger 2006, 16). In diesem Fall muss dem Betroffenen allerdings ein Verfahrenspfleger bestellt werden (§ 276). Um ein Mindestmaß an rechtlichem Gehör zu gewährleisten, muss in den Fällen, in denen dem Betroffenen in entsprechender Anwendung des § 288 Abs. 1 das Gutachten nicht zur Kenntnis gegeben wird, stets geprüft werden, ob nicht der **Verfahrenspfleger** mit der Aufgabe betraut wird, das Gutachten – unter Berücksichtigung der besonderen Umstände des Einzelfalls – mit dem Betroffenen zu besprechen (BGH BtPrax 2021, 71; BeckRS 2020, 37283 für § 325, der im Unterbringungsverfahren eine entsprechende Regelung trifft). Da das rechtliche Gehör ein essenzielles Verfahrensgrundrecht ist, wird empfohlen, die Entscheidung, den Verfahrenspfleger mit der Besprechung des Gutachtens zu beauftragen, zu begründen.

Stellt sich bei der Anhörung/Erörterung noch weiterer Ermittlungsbedarf heraus, so gebietet § 26 die Durchführung dieser Ermittlungen. Das Ergebnis ist sodann erneut mit dem Betroffenen in einer weiteren Anhörung zu erörtern (rechtliches Gehör nach § 37 Abs. 2). 12

VI. Anhörung im Wege der Rechtshilfe durch ein anderes Gericht oder durch beauftragten Richter (Abs. 3)

13 Verfahrenshandlungen nach Abs. 1 dürfen grundsätzlich nicht im Wege der Rechtshilfe erfolgen; eine Ausnahme gilt für die einstweiligen Anordnungen nach §§ 300, 301 bzw. nach §§ 331, 332. Darüber hinaus darf das erkennende Gericht ausnahmsweise von einer eigenen persönlichen Anhörung und der Verschaffung des persönlichen Eindrucks absehen und einen **ersuchten Richter** beauftragen, wenn anzunehmen ist, dass das Gericht die Entscheidung ohne eigenen Eindruck vom Betroffenen treffen kann. Daraus wird der Schluss gezogen, dass es, anders als nach dem früher geltenden § 68 Abs. 1 FGG, auch beim **kommunikationsfähigen** Betroffenen ausreichend ist, wenn das Gericht aufgrund der **protokollierten Feststellungen** des ersuchten Richters eine Endentscheidung treffen kann. Gleichwohl zeigt die Praxis, dass die Anhörungen im Wege der Rechtshilfe auf atypische Fälle beschränkt bleiben, zB wenn der Betroffene bewusstlos in einer weit entfernten Klinik liegt und der ersuchte Richter dem erkennenden Richter den Zustand des Betroffenen einfach vermitteln kann (BGH FamRZ 2016, 1667; BtPrax 2016, 114).

Geht es um die erstmalige Betreuerbestellung, bei der der persönliche Eindruck von der betroffenen Person zentrale Bedeutung hat und zwar sowohl für die Erforderlichkeit der Betreuung als auch für die Bestimmung der Aufgabenbereiche und für die Auswahl des Betreuers, stellt sich ein **Rechtshilfeersuchen** des zuständigen Betreuungsgerichts auf Anhörung des Betroffenen als Fehlgebrauch des eingeräumten Ermessens dar (OLG Stuttgart BWNotZ 2007, 39). Ordnet das Betreuungsgericht abweichend von dem in Abs. 3 niedergelegten Grundsatz eine Anhörung im Wege der Rechtshilfe an, so bedarf dies besonderer Gründe, aus denen sich ergibt, dass eine persönliche Anhörung nicht erforderlich war; diese Gründe sind im Betreuungsbeschluss darzulegen (BGH FamRZ 2016, 1667; BtPrax 2016, 114). Eine derartige Ausnahme kann bei Koma-Patienten, wenn der Betroffene kommunikationsunfähig ist oder im Falle von ergänzenden Anhörungen im Laufe eines längeren Verfahrens vorliegen. Der ersuchte Richter seinerseits ist allerdings **nicht berechtigt,** mit der Begründung, die Voraussetzungen des **Abs. 3** lägen nicht vor, das Ersuchen abzulehnen (BayObLG FamRZ 1993, 450; OLG Frankfurt a. M. FamRZ 1993, 1221; OLG Hamm FGPrax 1996, 183; MüKoFamFG/Schmidt-Recla Rn. 34). Der Antrag darf von dem ersuchten Gericht nur verweigert werden, wenn das Rechtshilfeersuchen offensichtlich rechtsmissbräuchlich ist (OLG Köln FamRZ 2004, 818). In einer Betreuungssache darf ein Rechtshilfeersuchen um Anhörung des Betroffenen an seinem **Zweitwohnsitz** nicht als **unzweckmäßig** abgelehnt werden, zB mit der Begründung, das ersuchende Gericht könne den Betroffenen ebenso gut zur Anhörung an seinem Hauptwohnsitz vorladen (OLG München BtPrax 2005, 199). Es wird vertreten, dass es in den an sich zulässigen Fällen der Anhörung im Wege der Rechtshilfe bei einstweiliger Anordnung (§§ 300, 301) für den Richter zumutbar sei, einen eine Stunde entfernten Ort aufzusuchen (LG Kleve FamRZ 2009, 1245).

§ 51 Abs. 3, wonach das Gericht von einzelnen Verfahrenshandlungen im Hauptsacheverfahren absehen kann, wenn diese bereits im Verfahren der einstweiligen Anordnung vorgenommen wurden und von einer erneuten Vornahme keine zusätzlichen Erkenntnisse zu erwarten sind, ist auf jeden Fall unanwendbar, wenn die Anhörung im einstweiligen Verfahren durch den ersuchten Richter erfolgt (→ Rn. 2 aE; BGH BtPrax 2020, 150).

Wenn der Betroffene sich **nicht mehr** im Bezirk des ersuchten Gerichts aufhält, hat sich die Sache verfahrensmäßig überholt und damit erledigt. Das ersuchte Gericht ist nicht mehr in der Lage, dem Rechtshilfeersuchen zu entsprechen und kann die Sache ohne weiteres dem ersuchenden Gericht **zurücksenden** (BayObLG FamRZ 2005, 640).

Wenn der Betroffene sich nicht nur vorübergehend im **Ausland** aufhält, erfolgen die Verfahrenshandlungen nach **Abs. 1** im Wege der internationalen Rechtshilfe. Zur Abgabe des Verfahrens an ein ausländisches Gericht → FamFG § 104 Rn. 6. **14**

Für **Beschwerdeverfahren** gelten Verfahrenshandlungen nach Abs. 1 S. 1 entsprechend (§ 68 Abs. 3 S. 1; → FamFG § 68 Rn. 6). Die Anhörung des Betroffenen kann durch **den beauftragten Richter** (einer Beschwerdekammer) erfolgen (zu den Voraussetzungen → FamFG § 68 Rn. 12; BGH BtPrax 2017, 73; Sternal/Giers FamFG Rn. 17; BeckOK FamFG/Günter Rn. 10b). Im Übrigen kann das Beschwerdegericht von einer **erneuten Anhörung** absehen, wenn die erstinstanzliche Anhörung des Betroffenen nur kurze Zeit zurückliegt, sich nach dem Akteninhalt keine neuen entscheidungserheblichen Tatsachen oder rechtliche Gesichtspunkte ergeben, das Beschwerdegericht das in den Akten dokumentierte Ergebnis der erstinstanzlichen Anhörung nicht abweichend werten will, es auf den persönlichen Eindruck des Gerichts von dem Betroffenen nicht ankommt oder wenn von der erneuten Anhörung keine zusätzlichen Erkenntnisse zu erwarten sind (BGH BtPrax 2017, 36; BtPrax 2012, 164; BtPrax 2011, 124). Sieht das Beschwerdegericht von einer persönlichen Anhörung ab, muss es die Gründe dafür in der Beschwerdeentscheidung nachvollziehbar darlegen (BGH BtPrax 2014, 131; BtPrax 2012, 164). Das Beschwerdegericht darf im Verfahren zur Betreuerbestellung oder Verlängerung der Betreuung nicht von der Anhörung des Betroffenen absehen, wenn das Amtsgericht auf eine Anhörung des Betroffenen verzichtet hat, weil dieser schon im Vorfeld des Anhörungstermins mitgeteilt hatte, er wolle in Ruhe gelassen werden (BGH BtPrax 2017, 202). Auch ein „Verzicht" des Betroffenen auf die persönliche Anhörung im erstinstanzlichen Verfahren macht eine Anhörung durch das Beschwerdegericht nicht entbehrlich (BGH BtPrax 2010, 279). Ist das Amtsgericht trotz eines gegenläufigen Sachverständigengutachtens aufgrund des persönlichen Eindrucks des Betroffenen zu der Überzeugung gelangt, dass dieser einen freien Willen iSd § 1814 Abs. 2 BGB bilden könne, und hat es deshalb die Einrichtung einer Betreuung abgelehnt, darf das Beschwerdegericht die Betreuung grundsätzlich **nicht ohne Anhörung des Betroffenen** anordnen (BGH BtPrax 2011, 208). Entsprechendes gilt, wenn Anhaltspunkte dafür vorliegen, dass der Betroffene nicht mehr an seinem bei der erstinstanzlichen Anhörung geäußerten Wunsch, eine bestimmte Person zum Betreuer zu bestellen, festhält und die Bestellung eines beruflichen Betreuers vorzieht (BGH BtPrax 2013, 24) oder wenn der Betroffene an seinem in der amtsgerichtlichen Anhörung erklärten Einverständnis mit einer Betreuung im Beschwerdeverfahren nicht mehr festhält (BGH NJW-RR 2025, 385; BeckRS 2024, 37115; FamRZ 2022, 1224) oder wenn er im Beschwerdeverfahren erstmals den Wunsch äußert, ihm einen bestimmten Betreuer zu bestellen (BGH BtPrax 2011, 124). Zu den weiteren Einzelfällen, in denen das Beschwerdegericht nicht von der erneuten Anhörung absehen kann → FamFG § 68 Rn. 7 f. **15**

VII. Unterbleiben der Anhörung (Abs. 4)

16 Das Gesetz sieht in zwei Fällen das **Unterbleiben** der persönlichen Anhörung vor:

– Sind aufgrund eines eingeholten ärztlichen **Gutachtens** (ärztliches Zeugnis oder/und Attest reichen nicht) erhebliche **gesundheitliche Nachteile** für den Betroffenen zu besorgen, kann von der persönlichen Anhörung abgesehen werden (§§ 34 Abs. 2 1. Alt. iVm 278 Abs. 4). Es muss die Gefahr einer schwerwiegenden, insbesondere irreversiblen oder lebensgefährlichen gesundheitlichen Beeinträchtigung bestehen (Sternal/Giers FamFG Rn. 21), die konkret darzulegen ist. Daher kann von der Anhörung nicht abgesehen werden, wenn der drohenden gesundheitlichen Beeinträchtigung des Betroffenen durch ärztliche Hilfe, ggf. mit medikamentöser Unterstützung, begegnet werden kann (BeckOK FamFG/Günter Rn. 11a). Durch Abs. 4 S. 3 wird geregelt, dass für den Fall, dass auf Grundlage eines ärztlichen Gutachtens von der Anhörung des Betroffenen gemäß § 34 Abs. 2, **1. Alt.** abgesehen wird, weil hiervon erhebliche Nachteile für die Gesundheit des Betroffenen zu besorgen wären, auch **keine** Pflicht des Gerichts besteht, sich einen persönlichen Eindruck von dem Betroffenen zu verschaffen. Allerdings besteht aufgrund der ausdrücklichen Regelung in Abs. 1 S. 2 im Hauptsacheverfahren weiterhin die Pflicht zur Verschaffung eines persönlichen Eindrucks, wenn das Gericht von der persönlichen Anhörung deshalb absieht, weil gemäß § 34 Abs. 2, **2. Alt.** der Betroffene offensichtlich nicht in der Lage ist, seinen Willen kundzutun (BT-Drs. 19/24445, 332; BGH BtPrax 2021, 30). Können wegen Unverhältnismäßigkeit in diesen Fällen keine Maßnahmen gemäß Abs. 5 bis 7 angeordnet werden, kann das Gericht entsprechend § 34 Abs. 3 ausnahmsweise auch von der Verschaffung eines persönlichen Eindrucks absehen, wenn nur dadurch eine dem Sach- und Streitstand entsprechende Endentscheidung ermöglicht wird (BGH BtPrax 2014, 226).
– Weiterhin kann dann von der Anhörung abgesehen werden, wenn das Gericht aufgrund seines eigenen von ihm gewonnenen **persönlichen Eindrucks,** wobei bei Zweifeln das Gericht einen Sachverständigen zuziehen wird (was allerdings nicht zwingend ist), der Betroffene nicht in der Lage ist, seinen Willen kundzutun (§ 34 Abs. 2, 2. Alt.). Dies ist nicht schon dann der Fall, wenn der Betroffene nichts Sinnvolles zur Sache äußern kann, sondern erst, wenn er entweder überhaupt nichts oder jedenfalls nichts irgendwie auf die Sache Bezogenes zu äußern imstande ist, sei es etwa, weil der Betroffene bewusstlos ist oder weil er künstlich beatmet wird und dabei **weder** zu einer **verbalen** noch zu einer **nonverbalen** Kommunikation in der Lage ist, sich also in keiner Weise mehr mitteilen kann (BGH BtPrax 2022, 27). Solange nicht ausgeschlossen ist, dass aus den Antworten und dem Verhalten des Betroffenen Rückschlüsse auf dessen **natürlichen Willen** gezogen werden können, darf das Betreuungsgericht nicht nach § 34 Abs. 2 FamFG von einer persönlichen Anhörung absehen (BGH BtPrax 2017, 35). Grundsätzlich kann nur durch **richterlichen Augenschein** festgestellt werden, ob die persönliche Anhörung unterbleiben kann, weil der Betroffene nicht in der Lage ist, seinen Willen kundzutun (KG BtPrax 2008, 38), so dass auch ein nicht kommunikationsfähiger Betroffener vom Richter zur Schaffung eines persönlichen Eindrucks aufgesucht, aber dann nach § 34 Abs. 2 nicht angehört werden muss. Die Möglichkeit des Betreuungsgerichts, nach § 34 Abs. 2 von einer persönlichen Anhörung des Betroffenen

abzusehen, wenn dieser offensichtlich nicht in der Lage ist, seinen Willen kundzutun, entbindet daher das Gericht nicht von der in Abs. 1 S. 2 enthaltenen Verpflichtung, sich einen persönlichen Eindruck vom Betroffenen zu verschaffen (BGH FamRZ 2023, 1150; FamRZ 2022, 1130; 227; FamRZ 2021, 224). Sofern bei Vorliegen der Voraussetzungen des Abs. 4 ein Gutachten eingeholt wird, gilt § 29 (Strengbeweis; BT-Drs. 16/6308, 267). Dieses Gutachten kann auch im Rahmen des Gutachtens nach § 280 erstellt werden.

In jedem Fall ist das Absehen von der Anhörung in der Entscheidung konkret zu begründen, um der Beschwerdeinstanz eine Überprüfung zu ermöglichen. Ist die Anhörung vor Abschluss des Verfahrens möglich, kann sich die Notwendigkeit der Nachholung aus § 26 FamFG, Art. 103 Abs. 1 GG ergeben.

Bei einem durch Abs. 4 gedeckten Absehen von einer Anhörung ist ein Verfahrenspfleger zu bestellen (→ FamFG § 276 Rn. 5), der die Rechte des Betroffenen wahrnehmen soll. Liegen jedoch die Voraussetzungen des Abs. 4 nicht vor, kann die gleichwohl aus diesem Grund erfolgte Bestellung eines Verfahrenspflegers die Pflicht zur persönlichen Anhörung und zur Verschaffung eines persönlichen Eindrucks nicht ersetzen (BayObLG BeckRS 2001, 30227394).

Die Entscheidung, nach Abs. 4 von der Anhörung abzusehen, ist nicht selbständig mit der Beschwerde, sondern erst zusammen mit der Entscheidung über die Hauptsache angreifbar (Haußleiter/Heidebach Rn. 8).

Das Betreuungsgericht kann auch nach **§ 34 Abs. 3,** dessen Anwendung auch im Rahmen von § 278 nicht ausgeschlossen ist, in bestimmten Fallkonstellationen das Verfahren ohne persönliche Anhörung des Betroffenen beenden. Da die Anhörung in Betreuungssachen aber nicht nur der Gewährung rechtlichen Gehörs, sondern auch der Sachverhaltsaufklärung dient, darf das Betreuungsgericht grundsätzlich nur nach § 34 Abs. 3 verfahren, wenn die gemäß § 278 Abs. 5 bis 7 zu Gebote stehende Vorführung des Betroffenen unverhältnismäßig ist (BGH BeckRS 2022, 18411; Beschl. v. 6.7.2022 – XII ZB 551/21), wobei die Bedeutung des Verfahrensgegenstandes in den Blick zu nehmen ist (BGH FamRZ 2022, 379), **und** zudem alle zwanglosen Möglichkeiten – auch der Versuch, den Betroffenen in seiner üblichen Umgebung aufzusuchen (BGH FamRZ 2023, 1906; FamRZ 2022, 379) – ausgeschöpft sind, den Betroffenen anzuhören bzw. sich von ihm einen persönlichen Eindruck zu verschaffen (BGH FamRZ 2023, 1906; FamRZ 2022, 379; FamRZ 2021, 795; BtPrax 2019, 249; BtPrax 2017, 202, BtPrax 2015, 71; BtPrax 2014, 226). In einem Verfahren über eine Betreuung, die weite Lebensbereiche des Betroffenen abdeckt, kommt jedoch die Annahme einer Unverhältnismäßigkeit der Vorführung nur ausnahmsweise in Betracht (BGH BtPrax 2017, 33; → Rn. 17).

VIII. Vorführung des Betroffenen (Abs. 5)

Das Gesetz enthält keine nähere Regelung der Voraussetzung der zwangsweisen **17**
Vorführung des Betroffenen im Falle der Weigerung, an Verfahrenshandlungen nach Abs. 1 (persönliche Anhörung und persönlicher Eindruck) mitzuwirken. Der Grundsatz der Verhältnismäßigkeit erfordert jedoch, dass ausreichend **Anknüpfungstatsachen** vorliegen, die eine solche Maßnahme als Eingriff in das Persönlichkeitsrecht des Betroffenen rechtfertigen. Bei der Frage, ob vor der (erstmaligen) Bestellung eines Betreuers die Vorführung des Betroffenen und deren zwangsweise Vollziehung ausnahmsweise **unverhältnismäßig** ist, ist insbesondere

die Bedeutung des Verfahrensgegenstands in den Blick zu nehmen (BGH BeckRS 2022, 18411; Beschl. v. 6.7.2022 – XII ZB 551/21; FamRZ 2022, 379). Geht es um eine Betreuung, die weite Lebensbereiche des Betroffenen abdeckt, kommt die Annahme einer Unverhältnismäßigkeit nur ausnahmsweise in Betracht, zB wenn von der Vorführung und deren Durchsetzung negative Folgen erheblichen Ausmaßes für den Betroffenen zu erwarten wären, also insbesondere die sachverständig festgestellte Gefahr besteht, dass es durch die Vorführung zu erheblichen Nachteilen für die Gesundheit des Betroffenen käme (BGH FamRZ 2022, 379; BtPrax 2017, 33). Der Betroffene muss vor der Anordnung der Vorführung schon einmal geäußert/gezeigt haben, dass er nicht mitwirken wird. Von einer Nichtmitwirkung ist auszugehen, wenn der Betroffene trotz nachgewiesener Ladung zum Anhörungstermin nicht erscheint bzw. der Anhörungsperson den Zutritt zu seiner Wohnung verweigert. Die Vorführung nach Abs. 5 wird nicht durch den Gerichtsvollzieher, sondern durch die zuständige Fachbehörde (§ 1 BtOG) durchgeführt.

Erscheint der Betroffene auf Ladung nicht freiwillig zur Anhörung bei Gericht, muss dieses erwägen, sich einen persönlichen Eindruck vom Betroffenen in seiner üblichen Umgebung zu verschaffen (BGH FamRZ 2016, 1663), bevor es über eine Vorführung entscheidet.

Wenn es sich bei dem Betroffenen um einen **Rechtsanwalt** handelt und das Verfahren auf Bestellung eines Betreuers nur dem Zwecke dient, die Durchführung eines anwaltsgerichtlichen Verfahrens zu ermöglichen, kann die Anhörung durch Vorführung nicht erzwungen werden. Denn nach **§ 117 BRAO** darf ein Rechtsanwalt zur Durchführung eines solchen Verfahrens weder vorläufig festgenommen noch verhaftet oder vorgeführt werden. Er kann auch nicht zur Vorbereitung eines Gutachtens über seinen psychischen Zustand in ein psychiatrisches Krankenhaus verbracht werden. Die sich hieraus ergebenden Nachteile einer gerichtlichen Entscheidung ohne persönliche Anhörung und auf Gutachtenbasis nach Aktenlage werden dafür in Kauf genommen (OLG Stuttgart FGPrax 2007, 47).

Funktional zuständig für die Anordnung der Vorführung ist immer der Richter, auch wenn es um die Durchsetzung einer Anhörung geht, für die der Rechtspfleger zuständig ist (Sternal/Giers FamFG Rn. 34).

Führt die Betreuungsbehörde auf Ersuchen des Gerichts einen Betroffenen zur gerichtlichen Anhörung vor, so sind ihr die hierdurch entstandenen **Kosten nicht aus der Staatskasse** zu ersetzen. Denn eine Betreuungsbehörde, die einen Betroffenen zum Zweck der Anhörung nach Abs. 5–7 vorführt, nimmt eine originär eigene Aufgabe im Sinne von § 11 Abs. 1 S. 1 BtOG wahr und hat demzufolge die hierdurch verursachten Kosten (Schlüsseldienst, Krankentransport usw) selbst zu tragen. Angesichts der spezialgesetzlich geregelten Aufgabenzuweisung in Abs. 7 kann insbesondere nicht von einem Tätigwerden der Betreuungsbehörde im Wege der Amtshilfe ausgegangen werden (BGH BtPrax 2016, 76 für den inhaltsgleichen § 283 Abs. 3).

IX. Gewaltanwendung und Betreten der Wohnung (Abs. 6 und 7)

18 Mit Wirkung zum 1.1.2013 wurde durch das Gesetz zur Einführung einer Rechtsbehelfsbelehrung im Zivilprozess und zur Änderung anderer Vorschriften § 278 an § 283 Abs. 2 und Abs. 3 angepasst.

Ebenso wie bei der Vorführung des Betroffenen ist bei einer Entscheidung nach Abs. 6 und 7 eine Verhältnismäßigkeitsprüfung durchzuführen (→ Rn. 17; BGH BtPrax 2017, 33).

Mit der Ergänzung der Vorschrift wurde eine ausreichende Rechtsgrundlage für die Anwendung unmittelbaren Zwangs **(Abs. 6)** und für Eingriffe in das Grundrecht der Unverletzlichkeit der Wohnung nach Art. 13 Abs. 1 GG **(Abs. 7)** geschaffen. Mit dieser Gesetzesergänzung wurde dem Beschluss des **BVerfG** vom 21.8.2009 (FamRZ 2009, 1814 mAnm Leibold FamRZ 2009, 1984) zum Betreten einer Wohnung ohne gesetzliche Ermächtigungsgrundlage Rechnung getragen (zur Formulierung der Beschlussformel → Rn. 24). Wegen der Einzelheiten wird auf die Kommentierung zu § 283 (→ FamFG § 283 Rn. 3 und 4) verwiesen. Die **Behörde** darf Maßnahmen bei der zwangsweisen Durchführung der Vorführung gegen den Betroffenen nur anwenden, wenn sie dazu durch ergänzende gerichtliche Anordnung **ausdrücklich ermächtigt** worden ist (Sternal/Giers FamFG Rn. 40). § 278 Abs. 7 stellt keine Ermächtigungsgrundlage dafür dar, eine Anhörung des Betroffenen in dessen Wohnung gegen dessen Willen durchzuführen (BVerfG BtPrax 2018, 111).

X. Anwesenheit Dritter bei der Anhörung; Öffentlichkeit

19 Ausgangspunkt des FamFG ist, dass die freiwillige Gerichtsbarkeit neben der streitigen Zivilgerichtsbarkeit und der Strafgerichtsbarkeit eigenständiger Bestandteil der ordentlichen Gerichtsbarkeit ist und dass die Vorschriften des GVG für die freiwillige Gerichtsbarkeit unmittelbar gelten.

20 Nach § 170 GVG ist die Anhörung grundsätzlich **nicht öffentlich** (Prütting/Helms/Fröschle FamFG Rn. 15). Auf Verlangen des Betroffenen ist einer **Person seines Vertrauens** die Anwesenheit zu gestatten (§ 170 Abs. 1 S. 3 GVG). Andere Personen dürfen nach pflichtgemäßem Ermessen des Gerichts teilnehmen, sofern der Betroffene nicht widerspricht § 170 Abs. 1 S. 2 GVG. Damit kann der Betroffene auch verhindern, dass sonstige **Beteiligte** des Verfahrens (vgl § 274), auch der (künftige) **Betreuer,** an der Anhörung teilnehmen, da das Teilnahmerecht von einem entsprechenden Verlangen des Betroffenen abhängig ist (Sternal/Giers FamFG Rn. 12; Brosey/Lesting/Loer/Marschner BetreuungsR Rn. 489). Das Gericht kann die Anwesenheit von Personen – mit Zustimmung des Betroffenen – zu **Ausbildungszwecken** zulassen (Sternal/Giers FamFG Rn. 11; BeckOK FamFG/Günter Rn. 7). Wird jedoch in einer Anhörung die Öffentlichkeit (also eine nicht am Verfahren beteiligte Person) zugelassen, liegt darin ein absoluter Revisionsgrund (BGH BeckRS 2024, 10194, Beschl. v. 24.3.2024 – XIII ZB 29/21).

21 Es steht im pflichtgemäßen Ermessen des Gerichts, wann es den von ihm ausgewählten (oder mehrere) **Sachverständigen** hinzuzieht. Im Interesse sachgerechter Ermittlungen kann es geboten sein, den Sachverständigen in einem sehr frühen Verfahrensstadium und/oder bei der Anhörung hinzuzuziehen (Bienwald/Sonnenfeld/Harm/Bienwald Rn. 34). Eine Anwesenheit des Sachverständigen im Termin ist auch gegen den Willen des Betroffenen möglich, da der Sachverständige vom Gericht bestellt wird und damit keine andere Person iSd § 170 Abs. 1 S. 2 GVG ist.

22 Der **Verfahrenspfleger/Bevollmächtige/Verfahrensbevollmächtigte** hat infolge seiner Verfahrensstellung als **Beteiligter besonderer Art** ein Anwesen-

heitsrecht auch gegen den Widerspruch des Betroffenen, da er sonst seine Aufgabe nicht wahrnehmen kann (Sternal/Giers FamFG Rn. 19 für den Verfahrenspfleger). Er ist keine andere Person iSd § 170 Abs. 1 S. 2 GVG. Einem **nicht anwaltlichen Verfahrensbevollmächtigten,** der nicht durch Beschluss nach § 10 Abs. 3 Satz 1 zurückgewiesen worden ist, ist Gelegenheit zu geben, an der Anhörung des Betroffenen teilzunehmen (BGH BeckRS 2024, 16057, Beschl. v. 24.4.2024 – XII ZB 531/23). Eine Anhörung des Betroffenen im Betreuungsverfahren, die stattgefunden hat, ohne dass der Verfahrenspfleger Gelegenheit hatte, an ihr teilzunehmen, ist verfahrensfehlerhaft (BGH BtPrax 2018, 113; BtPrax 2017, 197); etwas anderes gilt ausnahmsweise dann, wenn das Gericht – wie es in den Entscheidungsgründen nachvollziehbar darzulegen hat – vor der Anhörung des Betroffenen die Erforderlichkeit der Bestellung eines Verfahrenspflegers nicht erkennen konnte und aus diesem Grunde daran gehindert war, den Verfahrenspfleger schon vor der abschließenden Anhörung des Betroffenen zu bestellen; in diesen Fällen muss die Anhörung des Betroffenen wiederholt werden, wenn der nachträglich bestellte Verfahrenspfleger dies verlangt (BGH BtPrax 2018, 113). Auch der Verfahrensbevollmächtigte hat ein Recht auf Teilnahme an der Anhörung (BGH FamRZ 2017, 131). Zur Stellung des Verfahrenspfleger vgl. die Kommentierung zu § 276; insbes. → FamFG § 276 Rn. 12, 13.

XI. Rechtsmittel

23 Die Anordnung der Anhörung und die Androhung der Vorführung, die nicht zwingend ist, ebenso wie ihre Anordnung selbst sind **nicht anfechtbar** (Sternal/Giers FamFG Rn. 37; BeckOK FamFG/Günter Rn. 15; zur nach früherem Recht geltenden gegenteiligen Rechtsprechung, die aus § 68 Abs. 3 FGG folgte, vgl. BayObLG FamRZ 1997, 1568; LG Berlin BtPrax 1999, 112). Die andere Auffassung, dass § 33 Abs. 3 S. 5 entsprechend anwendbar sei und dass somit die sofortige Beschwerde eröffnet sei (Prütting/Helms/Fröschle FamFG Rn. 42; Jox/Fröschle Rn. 34), ist abzulehnen, da § 58 Abs. 2 klar regelt, dass eine Zwischenentscheidung nur im Zusammenhang mit der Hauptentscheidung anfechtbar ist.

Der Grundsatz der **Unanfechtbarkeit** dieser Entscheidungen wurde durch den **BGH** im Jahre 2007 (BtPrax 2007, 167; so auch LG Saarbrücken BeckRS 2009, 08055; LG Verden BtPrax 2010, 243 und BVerfG BtPrax 2010, 173) **eingeschränkt.** Der Betroffene kann die gerichtliche Anordnung der Vorführung zur Anhörung jedenfalls dann mit der Beschwerde angreifen, wenn die Anordnung **objektiv willkürlich,** dh in so **krassem Maße rechtsfehlerhaft** ist, dass sie unter Berücksichtigung des Schutzzwecks von Art. 3 Abs. 1 und 103 Abs. 1 GG nicht mehr verständlich erscheint (hier ohne vorherige Anhörung nach § 283 Abs. 1; → FamFG § 58 Rn. 9 und Rn. 15; → FamFG § 283 Rn. 6). Es ist äußerst umstritten, ob diese Rechtsprechung unter der Geltung des FamFG und der abschließenden Regelung in § 58 noch Gültigkeit haben kann (**bejahend:** Musielak/Borth/Frank/Frank FamFG § 58 Rn. 8; MüKoFamFG/Schmidt-Recla § 278 Rn. 57 und § 283 Rn. 11; Jox/Fröschle § 283 Rn. 13; HK-BetreuungsR/Bučić FamFG § 280 Rn. 33 und § 283 Rn. 18; Prütting/Helms/Fröschle FamFG § 283 Rn. 22 zu den in § 283 enthaltenen Anordnungen; **verneinend:** Sternal/Göbel FamFG § 58 Rn. 32, § 44 Rn. 8, Anhang zu § 58 Rn. 60; § 278 Rn. 37, § 283 Rn. 8; BeckOK FamFG/Obermann § 58 Rn. 75; BeckOK FamFG/Günter § 283 Rn. 8; Haußleiter/Heidebach § 283 Rn. 12). Zunehmend wird insbesondere wegen der sogenannten **Rechtmittelklarheit** jedenfalls in der Literatur (Sternal/Göbel FamFG § 58 Rn. 32 und BeckOK FamFG/Günter § 283 Rn. 8) gefordert, dass die außerordentliche Beschwerde auch in Fällen krassen Unrechts abzulehnen sei und der einzig zulässige Weg die Verfassungsbeschwerde sei. **Dem ist jedoch nicht zuzustimmen:** zwar nimmt sich das BVerfG solcher Rechtsfragen an (BVerfG FamRZ 2022, 815; Besch. v. 24.9.2021 – 1 BvQ 103/21). Die Anrufung des BVerfG stellt nach wie vor – gerade in Betreuungsverfahren, in denen die Beteiligten oft nicht anwaltlich vertreten sind – eine überaus hohe Hürde dar. Außerdem kann allein aus verfahrensrechtlichen Gründen eine Annahme beim BVerfG scheitern, obwohl das rechtliche Gehör verletzt wurde (zB BVerfG FamRZ 2021, 1234). Eine gesetzgeberische Klarstellung wäre hier nicht nur wünschenswert, sondern auch geboten. Da aber auch der BGH hier – lediglich – von einem außerordentlichen Beschwerderecht ausgeht, ist bei derart gravierenden Grundrechtseingriffen nach wie vor noch von der **Zulässigkeit** der **außerordentlichen Beschwerde** zur Korrektur krassen Unrechts als allgemeiner Grundsatz auszugehen (→ FamFG § 58 Rn. 9 und 15; → FamFG § 280 Rn. 24 und → FamFG § 283 Rn. 6). Diese Auffassung wird auch durch die verschiedenen Entscheidungen des BVerfG gestützt, die dieses im Zusammenhang mit einer Gutachtens- und Vorführungsanordnung in Betreuungsverfahren getroffen hat, die ohne vorherige Anhörung des Betroffenen ergangen sind (BVerfG BtPrax 2011, 28; NJW 2011, 1275); die Entscheidungen beziehen sich zwar auf eine Verletzung des Art. 103 GG, jedoch zeigen sie klar, dass in derartigen Fällen ein – außerordentliches – Rechtmittel möglich sein muss, um die Möglichkeiten des Betroffenen nicht allein auf die Verfassungsbeschwerde zu reduzieren. Zur Möglichkeit der Anfechtung einer unanfechtbaren Zwischenentscheidung mittels **Verfassungsbeschwerde** → FamFG § 58 Rn. 18.

XII. Beschlussformel

„Der/Die Betroffene …… ist zu seiner/ihrer persönlichen Anhörung und/oder zur Schaffung eines persönlichen Eindrucks zur Prüfung der Notwendigkeit der Anordnung einer Betreuung (bzw. eines Einwilligungsvorbehalts usw) durch die Betreuungsbehörde …… dem Betreuungsgericht …… vorzuführen. 24

(Hinweis: Der Beschluss ist unanfechtbar, sofortige Wirksamkeit muss nicht angeordnet werden.)

Termin zur Anhörung des Betroffenen wird bestimmt auf: ______________ , ______________ Uhr, im Gerichtsgebäude ……

Ggf.: Der Betreuungsbehörde …… wird gestattet, bei der Vorführung des Betroffenen zu dessen Anhörung Gewalt anzuwenden. Die Betreuungsbehörde …… ist befugt, hierbei erforderlichenfalls um die Unterstützung der polizeilichen Vollzugsorgane nachzusuchen.

Ggf.: Die Wohnung des Betroffenen in …… (genaue Bezeichnung) darf zum Zwecke der Vorführung des Betroffenen zu dessen Anhörung gewaltsam gegen den Willen des Betroffenen geöffnet, betreten und durchsucht werden."

§ 279 Anhörung der sonstigen Beteiligten, der Betreuungsbehörde und des gesetzlichen Vertreters

(1) **Das Gericht hat die sonstigen Beteiligten vor der Bestellung eines Betreuers oder der Anordnung eines Einwilligungsvorbehalts anzuhören.**

(2) [1]**Das Gericht hat die zuständige Behörde vor der Bestellung eines Betreuers oder der Anordnung eines Einwilligungsvorbehalts anzuhören.** [2]**Die Anhörung soll vor der Einholung eines Gutachtens nach § 280 erfolgen und sich insbesondere auf folgende Kriterien beziehen:**
1. persönliche, gesundheitliche und soziale Situation des Betroffenen,
2. Erforderlichkeit der Betreuung einschließlich geeigneter anderer Hilfen (§ 1814 Absatz 3 des Bürgerlichen Gesetzbuchs),
3. Betreuerauswahl unter Berücksichtigung des Vorrangs der Ehrenamtlichkeit (§ 1816 des Bürgerlichen Gesetzbuchs) und
4. diesbezügliche Sichtweise des Betroffenen.

(3) **Auf Verlangen des Betroffenen hat das Gericht eine ihm nahestehende Person anzuhören, wenn dies ohne erhebliche Verzögerung möglich ist.**

(4) **Das Gericht hat im Fall einer Betreuerbestellung oder der Anordnung eines Einwilligungsvorbehalts für einen Minderjährigen (§ 1814 Absatz 5 und § 1825 Absatz 4 des Bürgerlichen Gesetzbuchs) den gesetzlichen Vertreter des Betroffenen anzuhören.**

I. Anwendungsbereich

1 Gegenstand der Regelung sind die Verfahren, die die **Betreuerbestellung** oder die Anordnung eines **Einwilligungsvorbehalts** betreffen. Durch Verweisung auf die Verfahrensnormen der Erstbestellung findet § 279 auch Anwendung bei Verfahren nach § 293 (Erweiterung der Betreuung und des Kreises der einwilligungsbedürftigen Willenserklärungen) und nach § 295 (Verlängerung der Betreuung und des Kreises der einwilligungsbedürftigen Willenserklärungen). Für entsprechend anwendbar erklärt wird diese Norm in Verfahren nach § 294 (Aufhebung der Betreuung und des Einwilligungsvorbehalts) und nach § 296 (Entlassung des Betreuers). Eigene Anhörungsvorschriften für Dritte befinden sich in § 297 (Sterilisation), § 298 (Maßnahmen nach § 1829 BGB) und § 320 (Unterbringungssachen).

Die Anhörungen sind **Auskunftsmittel,** keine Beweisaufnahmen. Die Angehörten sind keine Zeugen und zur Äußerung nicht verpflichtet (soweit sich aus anderen Vorschriften nichts anderes ergibt, vgl. § 11 BtOG). Da eine bestimmte Form nicht vorgeschrieben ist, steht es im pflichtgemäßen Ermessen des Gerichts, ob es **mündlich** in einem Termin, **schriftlich** (KG FGPrax 1995, 110; Sternal/Giers FamFG Rn. 2) oder in sonstiger Weise, sogar **telefonisch** (Prütting/Helms/Fröschle FamFG Rn. 9) und **elektronisch** (BeckOK FamFG/Günter Rn. 19) anhört. Soll den zu beteiligenden Personen keine Gelegenheit zur Äußerung gegeben werden, ist dies in der Endentscheidung zu begründen (OLG Hamm RPfleger 1993, 338). Die Anhörung kann ggf. im Wege der **Rechtshilfe** erfolgen; Grenze: § 26 (Prütting/Helms/Fröschle FamFG Rn. 31).

Am 1.7.2014 trat das Gesetz zur Stärkung der Funktionen der Betreuungsbehörden in Kraft. Durch Änderungen im Verfahrensrecht und Änderungen im Betreuungsbehördengesetz wurden die Funktionen der **Betreuungsbehörde** sowohl im Vorfeld als auch im gerichtlichen Verfahren deutlich gestärkt, um die Bestellung eines rechtlichen Betreuers – soweit möglich – zu vermeiden und damit die Selbstbestimmung des Betroffenen zu stärken (BR-Drs. 220/13, 5). Durch dieses Gesetz, dessen verfahrensrechtliches Kernstück § 279 Abs. 2 S. 2

darstellt, soll der Betreuungsbehörde frühzeitig die Möglichkeit gegeben werden, in geeigneten Fällen ehrenamtliche Betreuer vorzuschlagen (→ Rn. 4).

II. Anhörung der Beteiligten

Abs. 1 ordnet die Anhörung der zum Verfahren **hinzugezogenen Beteiligten** im Sinne des § 274 (vgl. zum Beteiligtenbegriff → FamFG § 274) an. Das sind die Muss-Beteiligten (→ FamFG § 274 Rn. 2–9) außer dem Betroffenen – für ihn gilt § 278 – und die tatsächlich hinzugezogenen Kann-Beteiligten (→ FamFG § 274 Rn. 10–13). Dieses Erfordernis folgt bereits aus Art. 103 GG. Ein **Widerspruchsrecht** des Betroffenen gegen eine Anhörung eines Angehörigen besteht **nicht** mehr. Ist eine Person beteiligt, ist sie auch anzuhören. Das Gericht muss daher die **fakultative Beteiligung** eines Verwandten nach § 274 Abs. 4 Nr. 1 zunächst sorgfältig prüfen. Die Verwandten können, sofern sie nicht in eigenen Rechten betroffen sind, nur **im Interesse des Betroffenen** beteiligt werden. Bei der Beurteilung des Interesses des Betroffenen muss das Gericht – mit Einschränkungen – grundsätzlich dessen Willen beachten (→ FamFG § 274 Rn. 12). Widerspricht der Betroffene der Hinzuziehung eines Kann-Beteiligten (→ FamFG § 274 Rn. 10 ff.), so ist von dieser abzusehen, es sei denn, es sprechen – im Interesse des Betroffenen – schwerwiegende Gründe dafür. 2

Das Gericht kann bei Nichterreichbarkeit eines Beteiligten oder dessen krankheitsbedingter Verhinderung die Anhörung unterlassen. Stützt sich das Sachverständigengutachten auf Äußerungen naher Angehöriger und wird im Verfahren erkennbar, dass diese solche Äußerungen bestreiten, muss Gelegenheit zur Äußerung gegeben, möglicherweise sogar persönlich angehört werden (BayObLG FamRZ 1994, 1060 (1061): sonst Verstoß gegen Art. 103 GG, § 26 FamFG).

Unabhängig davon besteht aufgrund § 26 daneben auch die Möglichkeit, von nicht formell am Verfahren beteiligten Personen als Auskunftspersonen einzelne Informationen zu erfragen (Sternal/Giers FamFG Rn. 3).

III. Anhörung der zuständigen Behörde (Abs. 2)

Die zuständige **Behörde** (die Zuständigkeit richtet sich nach §§ 1 ff. BtOG) ist in den Fällen des § 274 Abs. 3 anzuhören, wenn sie – nach entsprechender Antragstellung – Beteiligte ist (→ FamFG § 274 Rn. 7–9); hier folgt die Anhörungspflicht aus der Beteiligtenstellung. Sie hat dann ein Antragsrecht und, unabhängig von der Beteiligung, ein Beschwerderecht. 3

Unabhängig von ihrer Beteiligung nach § 274 Abs. 3 ist vor der Erstbetreuerbestellung und vor Anordnung eines Einwilligungsvorbehalts die Anhörung der Betreuungsbehörde nach **Abs. 2** S. 1 und 2 **zwingend.** Abs. 2 S. 2 regelt, dass die Anhörung der Betreuungsbehörde **vor** der Einholung eines Gutachtens nach § 280 erfolgen soll (so schon nach der bis Ende 2022 geltenden Rechtslage: BGH BtPrax 2021, 228). Durch diese Regelung soll zum einen die Einholung nicht erforderlicher Gutachten vermieden werden, insbesondere, wenn nach dem Sozialbericht der Betreuungsbehörde (§ 11 Abs. 1 Nr. 1 BtOG) die Bestellung eines Betreuers nicht erforderlich ist. Zum anderen soll es dem Sachverständigen ermöglicht werden, im Gutachten über die Notwendigkeit der Bestellung eines Betreuers oder der Anordnung eines Einwilligungsvorbehalts die Einschätzungen und Erkenntnisse der Betreuungsbehörde zu berücksichtigen. Durch die „Soll"-

Bestimmung wird gewährleistet, dass Abweichungen im Einzelfall möglich sind, etwa aufgrund besonderer Eilbedürftigkeit, wenn der maßgebliche Sachverhalt bereits weitgehend geklärt ist, oder wenn so eine erhebliche Verfahrensverzögerung vermieden werden kann (BT-Drs. 19/24445, 332).

Die Verpflichtung nach S. 2 (umfangreiche Berichtspflicht; → Rn. 5–8) bezieht sich nur auf Verfahren zur **erstmaligen Bestellung** eines Betreuers, nicht jedoch auf Verfahren zur Anordnung eines Einwilligungsvorbehalts oder zur Änderung der Betreuung. In den Fällen der Änderung der Betreuung (§§ 293–295) verbleibt es bei dem Grundsatz, dass die Anhörung der Betreuungsbehörde nur erfolgen soll, wenn es der Betroffene verlangt oder wenn es der Sachverhaltsaufklärung dient. Bei der Neubestellung eines Betreuers findet nach § 296 Abs. 2 S. 2 die Norm des § 279 Abs. 1, 3 und 4 entsprechende Anwendung. Ausgenommen von dieser Bezugnahme ist ein Verweis auf Abs. 2, weshalb bei der Neubestellung eines Betreuers die umfassenden Berichtspflichten der Behörde (→ Rn. 5–8) nicht gelten. Durch die Ausnahme des Abs. 2 in dem Verweis wird die Pflicht zur Anhörung der zuständigen Behörde bei einem Betreuerwechsel somit auf die Fallkonstellationen beschränkt, in denen es der Betroffene verlangt oder es zur Sachaufklärung erforderlich ist.

4 Durch die obligatorische Anhörung der Betreuungsbehörde (möglichst) unmittelbar nach Einleitung des Verfahrens wird ihre Fachkompetenz in jedem Verfahren vor der Bestellung eines Betreuers oder der Anordnung eines Einwilligungsvorbehalts nutzbar gemacht, da bereits frühe Studien ergeben haben, dass im Bereich einer aktiven und gut ausgestatteten örtlichen Betreuungsbehörde vergleichsweise wenige Betreuungen eingerichtet werden (BR-Drs. 220/13, 8). Durch frühzeitige Einbindung der Betreuungsbehörde soll zuverlässig verhindert werden, dass andere Hilfen, die unterhalb der Schwelle der rechtlichen Betreuung noch zur Verfügung stehen, nicht ausgeschöpft werden. Vor diesem Hintergrund wurde auch § 8 BtOG eingeführt, der die zuständige Betreuungsbehörde mit einem Beratungs- und Unterstützungsangebot, der Vermittlung anderer Hilfen sowie dem Angebot der erweiterten Unterstützung betraut, siehe die Kommentierung dort → BtOG § 8 Rn. 1 ff.

Die Regelung enthält keine Vorgaben zur Form der Anhörung. Daher kann das Gericht neben einer **schriftlichen** Anhörung auch eine **fernmündliche** Stellungnahme der Behörde einholen, die jedoch nur in einfach gelagerten oder besonders eiligen Fällen in Betracht kommen dürfte. Das Gericht erfüllt seine Anhörungspflicht, indem es der Betreuungsbehörde Gelegenheit zur Äußerung gibt (BR-Drs. 220/13, 9); hierbei ist es ratsam, die einzelnen Kriterien, die das Gericht für erforderlich hält, ausdrücklich zu formulieren. Die Betreuungsbehörde soll – zumindest – zu den vier in **S. 2** genannten Kriterien angehört werden (→ Rn. 5–8) und – nach § 11 BtOG noch vor der gerichtlichen Entscheidung – einen **Sozialbericht** erstellen und dem Gericht zur Verfügung zu stellen. Die verfahrensrechtlichen Regelungen für die Betreuungsbehörde finden sich in § 11 BtOG, der den Bericht der Behörde regelt. Die Kriterien der Nummern 1 bis 4 sind nicht abschließend zu verstehen, sondern sind durch das Wort „insbesondere" für weitere Gesichtspunkte nach den jeweiligen Erfordernissen im Einzelfall offen (BR-Drs. 220/13, 9). Aus § 11 BtOG ergeben sich **weitere Mitwirkungspflichten** der Betreuungsbehörde, zu denen unter anderem nach § 11 Abs. 1 Nr. 2–5 BtOG der Vorschlag eines **geeigneten Betreuers** oder, auf Wunsch des Betreuungsgerichts, eines geeigneten Verfahrenspflegers gehört.

Durch die nach Abs. 2 S. 2 erforderliche Anhörung wird die Behörde allerdings **nicht** zur **Beteiligten** nach § 274 Abs. 3; diese Stellung nimmt die Behörde erst dann ein, wenn sie ihre Hinzuziehung beantragt (Sternal/Giers FamFG Rn. 6).

Ob gegen die Behörde, die den Sozialbericht nicht bzw. verspätet einreicht, ein **Zwangsgeld** nach § 35 Abs. 1 verhängt werden kann, ist streitig (bejahend LG Lübeck BtPrax 2023, 71; ablehnend LG Frankfurt (Oder) BtPrax 2023, 151). § 35 Abs. 1 FamFG regelt die Durchsetzung des Verfahrens, wenn die Verpflichtung ausdrücklich normiert ist (Sternal/Jokisch FamFG § 35 Rn. 10). Entgegen der Auffassung des LG Frankfurt (Oder) ist die Betreuungsbehörde nach § 11 Abs. 1 S. 1 BtOG verpflichtet, Betreuungsgerichte zu unterstützen; in § 279 Abs. 2 und § 11 Abs. 1 S. 2 Nr. 1 BtOG ist ausdrücklich geregelt, dass die Behörde – nach gerichtlicher Aufforderung – einen Sozialbericht zu erstellen hat. Daher kann bei Nichteinreichung bzw. verspäteter Einreichung des Sozialberichts ein Zwangsgeld gegen die Betreuungsbehörde verhängt werden. Kein ausreichender Grund für die lange Dauer für einen Sozialbericht (im vom LG Lübeck zu entscheidenden Fall vier Monate) sind personelle Engpässe in der Betreuungsbehörde; solche Engpässe seitens der Betreuungsbehörde dürfen nicht entstehen und diesen muss durch geeignete Abhilfemaßnahmen begegnet werden. Denn aus Sicht eines betroffenen Menschen ist es nicht hinnehmbar, wenn sich ein gerichtliches Betreuungsverfahren um mehrere Monate allein dadurch verlängert, dass die Betreuungsbehörde einen Sozialbericht noch nicht erteilt hat (LG Lübeck BtPrax 2023, 71). Es kann auch nicht aufgrund der zeitlichen Länge auf einen Sozialbericht verzichtet werden; denn dies widerspricht der grundsätzlich gebotenen Amtsaufklärungspflicht (§ 26) und der im Verfahren konkret erforderlichen Sachverhaltsaufklärung.

Um die Aufgaben nach S. 2 sachgemäß erfüllen zu können, wird die Betreuungsbehörde den Betroffenen regelmäßig vor dem nach § 11 Abs. 1 S. 2 Nr. 1 BtOG zu erstellenden **qualifizierten Bericht (Sozialbericht)** persönlich anhören müssen, da ansonsten ein Bericht nicht zu allen Punkten erstellt werden kann. 5

Im Einzelnen soll die Betreuungsbehörde zumindest zu folgenden Punkten angehört werden:

Die Anhörung der Behörde soll zunächst zur **Situation des Betroffenen** in allen Bereichen erfolgen, das heißt in persönlicher, gesundheitlicher und sozialer Hinsicht (Nr. 1).

Mit der ausdrücklichen Erwähnung des Erforderlichkeitsgrundsatzes in Nr. 2 soll ein besonderes Augenmerk auf die **Möglichkeit anderer Hilfen** gelegt werden. Die Formulierung orientiert sich am Wortlaut des § 1814 Abs. 3 BGB. Zu den anderen Hilfen gehört auch die Vorsorgevollmacht, zu deren Möglichkeiten im Bericht der Behörde regelmäßig Stellung genommen werden soll. 6

Nach Nr. 3 soll die Betreuungsbehörde auch zur **Betreuerperson** angehört werden und dementsprechend dazu Stellung nehmen. Die Eignung eines Betreuers bemisst sich individuell und unter Berücksichtigung der Wünsche des Betroffenen. Ein relevanter Gesichtspunkt für die Betreuerauswahl ist daher, ob im Vorfeld der Bestellung eines Fremdbetreuers ein vorheriges Kennenlernen mit dem Betroffenen möglich war und falls ja, wie die Sichtweise des Betroffenen zu dem Betreuervorschlag ist (vgl. hierzu Nr. 4; → Rn. 8). Bei dem Kriterium der Betreuerauswahl wird außerdem die Ehrenamtlichkeit eigens erwähnt, um den in § 1816 Abs. 4 und 5 BGB verankerten Vorrang des ehrenamtlichen Betreuers zu betonen. Die Betreuungsbehörde kann durch die Sachverhaltsaufklärung in diesem Punkt verstärkt dazu beitragen, dass in geeigneten Fällen ehrenamtliche 7

Betreuer bestellt werden. Eine ehrenamtliche Betreuung kann für den Betreuten in geeigneten Fällen ein Mehr an Zuwendung bedeuten (Abschlussbericht der interdisziplinären Arbeitsgruppe zum Betreuungsrecht vom 20.10.2011, 25).

8 Obwohl selbstverständlich, wurde in Nr. 4 noch einmal ausdrücklich festgehalten, dass die Betreuungsbehörde auch zur **Sichtweise des Betroffenen** angehört werden soll.

IV. Anhörung einer Vertrauensperson des Betroffenen (Abs. 3)

9 Der Betroffene kann nach **Abs. 3** die Anhörung einer (oder mehrerer) ihm nahestehender Person verlangen. Eine Person iSd Abs. 3 kann nur sein, wer nicht als Beteiligter zum Verfahren hinzugezogen wurde. Vertrauenspersonen (ebenso wie die näheren Verwandten) sind regelmäßig bereits nach Abs. 1 anzuhören, wenn sie nach § 274 Abs. 4 Nr. 1 als Kann-Beteiligte zum Verfahren hinzugezogen wurden (→ § 274 Rn. 10 ff.).

Das Gericht hat nach pflichtgemäßem Ermessen zu prüfen, ob die Anhörung dieser Personen das Verfahren verzögert. Im Rahmen dieser Ermessensentscheidung ist auch die Möglichkeit einer einstweiligen Anordnung nach § 300 zu prüfen (Prütting/Helms/Fröschle FamFG Rn. 23), so dass möglicherweise erst eine Verfahrensverzögerung von mehreren Wochen die Ablehnung der Anhörung einer Vertrauensperson rechtfertigen kann (Sternal/Giers FamFG Rn. 7). Die Ablehnung des Antrags wegen erheblicher zeitlicher Verzögerung ist im Beschluss zu begründen. Das Gericht wird abwägen müssen, ob die Anhörung der Person die Verzögerung des Verfahrens, die damit regelmäßig einhergeht, rechtfertigt. Je schwieriger diese Person erreichbar ist, umso gewichtiger müssen die durch die weiteren Ermittlungen erwarteten Ergebnisse sein. Entsprechendes gilt für die Ermittlung des Aufenthalts dieser Personen: das Gericht hat im Rahmen des § 26 die Pflicht, den Aufenthalt der benannten Person zu ermitteln, soweit dies verhältnismäßig ist (eine Einwohnermeldeamtsanfrage dürfte immer verhältnismäßig sein); wegen des Amtsermittlungsgrundsatzes ist die gegenteilige Auffassung, dass überhaupt keine Ermittlungspflicht des Gerichts besteht, wenn der Aufenthalt der benannten Person nicht bekannt ist, abzulehnen. Der Antrag auf Anhörung eines einfach erreichbaren Dritten dürfte unter dem Aspekt der zeitlichen Verzögerung im Hinblick auf den Amtsermittlungsgrundsatz (§ 26) nur schwer zurückzuweisen sein. Ob eine solche Anhörung zweckmäßig ist, ist nur im Rahmen der Verzögerung zu prüfen. Eine vollkommen unsinnige Anhörung einer dritten Person ist jedoch nicht durchzuführen, auch wenn sie keinerlei Verfahrensverzögerung verursacht.

V. Anhörung des gesetzlichen Vertreters (Abs. 4)

10 Wenn für einen 17-jährigen Minderjährigen bei Erreichen des 18. Lebensjahrs eine Betreuung eingerichtet werden soll (§ 1814 Abs. 5 BGB), hat das Gericht dem gesetzlichen Vertreter, der nicht Beteiligter ist (MüKoFamFG/Schmidt-Recla Rn. 20; Anhörungsnorm: § 278), der aber nach § 274 Abs. 4 als Beteiligter hinzugezogen werden kann (Prütting/Helms/Fröschle FamFG Rn. 29), Gelegenheit zur Äußerung zu geben.

§ 280 Einholung eines Gutachtens

(1) [1]Vor der Bestellung eines Betreuers oder der Anordnung eines Einwilligungsvorbehalts hat eine förmliche Beweisaufnahme durch Einholung eines Gutachtens über die Notwendigkeit der Maßnahme stattzufinden. [2]Der Sachverständige soll Arzt für Psychiatrie oder Arzt mit Erfahrung auf dem Gebiet der Psychiatrie sein.

(2) [1]Der Sachverständige hat den Betroffenen vor der Erstattung des Gutachtens persönlich zu untersuchen oder zu befragen. [2]Das Ergebnis einer Anhörung nach § 279 Absatz 2 Satz 2 hat der Sachverständige zu berücksichtigen, wenn es ihm bei Erstellung seines Gutachtens vorliegt.

(3) Das Gutachten hat sich auf folgende Bereiche zu erstrecken:
1. **das Krankheits- oder Behinderungsbild einschließlich dessen Entwicklung,**
2. **die durchgeführten Untersuchungen und die diesen zugrunde gelegten Forschungserkenntnisse,**
3. **den körperlichen und psychischen Zustand des Betroffenen,**
4. **den aus medizinischer Sicht aufgrund der Krankheit oder Behinderung erforderlichen Unterstützungsbedarf und**
5. **die voraussichtliche Dauer der Maßnahme.**

Übersicht

I. Anwendungsbereich

§ 280 erfasst die Notwendigkeit der Gutachteneinholung bei **Betreuerbestellung** (§ 1814 BGB) und bei Anordnung eines **Einwilligungsvorbehalts** (§ 1825 Abs. 1 S. 1 BGB). 1

§ 280 ist **entsprechend** anwendbar bei Verfahren nach § 293 (Erweiterung der Betreuung und des Kreises der einwilligungsbedürftigen Willenserklärungen) und nach § 295 (Verlängerung der Betreuung und des Kreises der einwilligungsbedürftigen Willenserklärungen). Soweit keine **Sondervorschriften** in § 297 (Sterilisation), § 298 (Maßnahmen nach § 1829 BGB) und § 321 (Unterbringungssachen) bestehen, bestimmt sich die Notwendigkeit der Einholung eines Gutachtens oder ärztlichen Zeugnisses nach **§ 26.** In diesen Verfahren – insbesondere im Verfahren über einen Antrag auf **Aufhebung** der Betreuung – ist eine Gutachteneinholung zwar nicht zwingend (BGH BtPrax 2011, 130), es ist nach § 26 jedoch dann erneut ein Gutachten einzuholen, wenn die Erstellung des letzten Gutachtens lange zurückliegt (mehr als ein Jahr) oder eine erhebliche Veränderung dessen Tatsachengrundlage naheliegt (BayObLG FamRZ 2003, 115).

In der Regel muss das Sachverständigengutachten **rechtzeitig und in vollem Umfang** auch an den Betroffenen herausgegeben werden (BGH FamRZ 2022, 229; FamRZ 2019, 139; FamRZ 2018, 1770; 1769, 954 und 176; → Rn. 8). Dies gilt allerdings nicht, wenn das Gutachten dem Verfahrensbevollmächtigten bekannt gegeben wurde (BGH FamRZ 2018, 954) oder wenn die Voraussetzungen des § 288 Abs. 1 FamFG (BGH FamRZ 2015, 2156; BtPrax 2014, 137; BtPrax 2013, 254) gegeben sind.

Zu den im Zusammenhang mit § 280 nach § 26 bestehenden Amtsermittlungspflichten → FamFG § 26 Rn. 4.

II. Notwendigkeit eines Sachverständigengutachtens (Abs. 1 S. 1)

2 Nach **Abs. 1 S. 1** muss das Gericht grundsätzlich bei der Erstbestellung eines Betreuers und beim Einwilligungsvorbehaltsanordnungsverfahren ein **Gutachten** einholen (zu den Anforderungen an ein **ärztliches Zeugnis,** → § 281 Rn. 6 und → FamFG § 300 Rn. 7). Das Gutachten soll zeitlich nach dem Sozialbericht der Betreuungsbehörde erstellt werden, damit der Gutachter diesen bei seiner Einschätzung zugrunde legen kann (→ FamFG § 279 Rn. 3; BT-Drs. 19/24445, 332) Die Einholung eines Sachverständigengutachtens ist aber nur dann zwingend, wenn das Verfahren mit einer Betreuerbestellung oder der Anordnung eines Einwilligungsvorbehalts endet. Liegen also keine hinreichenden Anhaltspunkte vor, dass Betreuungsbedarf besteht, ist eine Gutachtenseinholung entbehrlich (BGH NJW-RR 2026, 196; BtPrax 2021, 228; BtPrax 2018, 116; FamRZ 2017, 1962). Wird ein **Einwilligungsvorbehalt** angeordnet, nachdem ein zuvor bestehender (anderer) Einwilligungsvorbehalt bereits aufgehoben war, handelt es sich nicht um eine Erweiterung des Einwilligungsvorbehalts, sondern um dessen erneute Anordnung, so dass § 280 unmittelbar anzuwenden ist; § 293 Abs. 2 findet in diesen Fällen keine Anwendung (BGH BtPrax 2012, 204).

3 Abs. 1 stellt klar, dass die Einholung eines Sachverständigengutachtens durch **förmliche Beweisaufnahme** erfolgt (§ 30). Danach gelten die Vorschriften der ZPO über den Beweis durch Sachverständige entsprechend **(Strengbeweis).** Eine entsprechende Anwendung der ZPO erfordert keine schematische Übertragung aller Beweisregelungen und -grundsätze, sondern es verbleibt Spielraum im Einzelfall. So wird beispielsweise eine im Zivilprozess übliche mündliche Erörterung des Sachverständigengutachtens auf das Betreuungsverfahren nicht ohne weiteres übertragbar sein (BT-Drs. 16/6308, 268, Haußleiter/Haußleiter Rn. 2). Dementsprechend hat der BGH (FamRZ 2022, 980; BtPrax 2015, 239) entschieden, dass es bei der Bestellung eines Sachverständigen zwar nicht zwingend eines förmlichen Beweisbeschlusses bedarf, die Ernennung des Sachverständigen dem Betroffenen jedoch zumindest formlos mitzuteilen ist. Diese Auffassung wird von Teilen der Literatur nicht geteilt, die die Regeln der ZPO für stringent anwendbar halten und zB vorschlagen, die Gutachtenserstellung in Form eines Beweisbeschlusses anzuordnen (BeckOK FamFG/Günter Rn. 8; vgl. hierzu → Rn. 5). Der Auffassung der BGH ist zuzustimmen, denn eine derart strenge Handhabung würde das Verfahren unnötig aufblähen und zu überflüssigem Formalismus führen.

III. Auswahl des Sachverständigen (Abs. 1 S. 2)

Die Auswahl des Sachverständigen steht im **pflichtgemäßen Ermessen** des Gerichts. Auch im Falle der Bestellung von Kliniken und Institutionen ist eine bestimmte natürliche Person festzulegen (Prütting/Helms/Fröschle FamFG Rn. 17; HK-BetreuungsR/Bučić Rn. 9); eine Forderung, die allerdings durch die Praxis mancher Kliniken, eine Gutachtenstelle zu unterhalten, die ihrerseits die Gutachtenaufträge intern zuteilt, zuweilen praktischen Schwierigkeiten begegnen dürfte. Hier muss dennoch ein bestimmter Sachverständiger genannt werden (zB der Chefarzt), der dann, falls dies vom Richter gestattet wird, die Gutachtenserstellung delegieren kann. 4

Bei Beauftragung des **behandelnden** Stationsarztes können Probleme im Zusammenhang mit der **ärztlichen Schweigepflicht** entstehen (vgl. iE → Rn. 21–23).

Die erforderliche **Qualifikation** des Sachverständigen ist durch **Abs. 1 S. 2** geregelt (vgl. Sternal/Giers FamFG Rn. 13). Der Sachverständige soll ein **Arzt** sein. Er soll Arzt für **Psychiatrie** oder Arzt **mit Erfahrung** auf dem Gebiet der Psychiatrie sein. Wen das Gericht konkret bestellt, wird in der Regel davon abhängen, welcher Art die Krankheit oder Behinderung des Betroffenen ist.

Abs. 1 S. 2 enthält eine **Sollvorschrift.** Nur bei psychischen Krankheiten oder geistig-seelischen Behinderungen ist ein Facharzt für Psychiatrie oder Neurologie zu beauftragen, zumindest aber ein in der Psychiatrie erfahrener Arzt zu bestellen. Bei anderen Erkrankungen, die nicht lediglich aus psychiatrischer Sicht beurteilt werden können, sind eine Facharztausbildung oder Erfahrungen auf dem Gebiet der Psychiatrie nicht zwingend erforderlich (BGH BtPrax 2011, 127). Im Falle von **psychischen Erkrankungen** haben medizinische Gesichtspunkte für die Prognose des Verlaufs der Krankheit und der Rehabilitation jedenfalls bei Fehlen zeitnaher früherer Erkenntnisse qualifizierter Art (auch wenn die Diagnose nicht der wesentliche, sondern nur ein Teil des Gutachtens ist) eine schwerwiegende Bedeutung. Daher **sollen** nach dem Willen des Gesetzgebers regelmäßig **Fachärzte** für Psychiatrie oder Neurologie sowie Spezialisten auf diesen Gebieten (Geronto-Psychiater) bestellt werden (BayObLG BtPrax 2002, 37). Es kann auch ein öffentlich bestellter **Amtsarzt** mit psychiatrischer Vorbildung zugezogen werden. Im Falle festgestellter körperlicher Behinderungen könnte auch ein Psychologe oder Facharzt geeignet sein, der sich auf diese Behinderung spezialisiert hat. Die in Bayern bestellten Landgerichtsärzte entsprechen aufgrund ihres Ausbildungsganges und ihrer besonderen praktischen Erfahrungen üblicherweise den Anforderungen, die an die Sachkunde des Sachverständigen gestellt werden (BGH BtPrax 2014, 38). Handelt es sich bei dem Sachverständigen nicht um einen Facharzt auf dem entsprechenden Gebiet (OLG Zweibrücken BeckRS 2005, 02770; OLG Schleswig BtPrax 2007, 227) oder um einen Assistenzarzt oder Sachverständigen in der Facharztausbildung (BayObLG FamRZ 1993, 352) oder ergibt sich die Qualifikation nicht ohne weiteres aus der Fachbezeichnung des Arztes (BGH FamRZ 2024, 723; BtPrax 2017, 79; FamRZ 2016, 456; BtPrax 2013, 250), hat das Gericht den **Umfang der Erfahrungen des Arztes** und die **Sachkunde** auf diesem Gebiet zu klären und in der Entscheidung darzulegen (Sternal/Giers FamFG Rn. 13). Hierfür genügt regelmäßig die tatrichterliche Feststellung, dass der beauftragte Sachverständige Arzt mit Erfahrung auf dem Gebiet der Psychiatrie ist (BGH BtPrax 2016, 235). Allein aus seinem akademischen Grad „Dr. med." (BGH FamRZ 2024, 723) oder aus seiner Tätigkeit als

Arzt (BGH BtPrax 2024, 65) lässt sich nicht auf eine den Anforderungen des § 280 Abs. 1 genügende Qualifikation des Sachverständigen schließen. Auch der allgemein gehaltene Hinweis, dass der Arzt dem Gericht aus einer Vielzahl an Betreuungs- und Unterbringungsverfahren als sorgfältig und gewissenhaft arbeitender Sachverständiger bekannt sei, kann den konkreten Nachweis der erforderlichen Qualifikation nicht ersetzen (BGH BtPrax 2024, 65). Das Gericht hat auch darzulegen, warum ausnahmsweise eine Begutachtung durch einen Sachverständigen mit anderer Qualifikation geboten erscheint (BGH BtPrax 2012, 160; FamRZ 2010, 1726). Das Gericht ist allerdings nicht verpflichtet, dem Betroffenen unaufgefordert die Qualifikation des Sachverständigen darzulegen (BGH BtPrax 2013, 26). Wenn der Sachverständige insoweit nicht hinreichend qualifiziert ist, darf das von ihm erstattete Gutachten nicht verwertet werden (BGH BeckRS 2024, 17413, Beschl. v. 12.6.2024 – XII ZB 197/24; BtPrax 2011, 129).

Soweit ärztliche Gutachten durch Privatpersonen und Einrichtungen bzw. andere Stellen vorgelegt werden, sind dies zunächst **Privatgutachten,** weil sie nicht vom Gericht veranlasst wurden. Der Aussteller kann zwar mit der Begutachtung beauftragt werden, davon sollte unter Objektivitätsgesichtspunkten jedoch regelmäßig Abstand genommen werden (zur möglichen Schweigepflichtverletzung → Rn. 21–23).

IV. Gerichtliche Entscheidung über die Einholung des Gutachtens

5 DieBeauftragung des Sachverständigen ist an keine bestimmte Form gebunden, sie muss nicht in Form eines Beweisbeschlusses ergehen (BGH BtPrax 2015, 239; HK-BetreuungsR/Bučić Rn. 11; aA BeckOK FamFG/Günter Rn. 8: förmlicher Beweisbeschluss). Von der Einholung des Gutachtens darf auch dann **nicht abgesehen** werden, wenn das Betreuungsgericht bereits aufgrund anderer Erkenntnisse von der Erforderlichkeit einer Betreuerbestellung oder der Anordnung eines Einwilligungsvorbehalts überzeugt ist (BeckOK FamFG/Günter Rn. 6). Soweit nicht die Voraussetzungen des § 282 vorliegen, bedeutet dies, dass das Betreuungsgericht die Erstattung des Gutachtens veranlasst, dabei die Tatsachen bezeichnet, sowie den Gutachter nach pflichtgemäßem Ermessen selbst auswählt und dem Betroffenen vor der Gutachtenerstellung bekannt gibt (KG FamRZ 2007, 81). Holt das Betreuungsgericht nach § 280 ein Gutachten ein, hat es zuvor den Betroffenen über den Zweck sowie über die Person des Sachverständigen in Kenntnis zu setzen (BGH FamRZ 2013, 1725; FamRZ 2010, 1726; KG BtPrax 2008, 38; BtPrax 2007, 137). Ist der **behandelnde** Arzt zum Sachverständigen bestellt worden, muss er dem Betroffenen deutlich zu erkennen geben, dass er von seiner Bestellung zum Sachverständigen an auch als Gutachter tätig sein wird (BGH BtPrax 2019, 111). In dieser Funktion muss er den Betroffenen untersuchen und darf sich für sein Gutachten nicht darauf beschränken, die aus der vorherigen Behandlung gewonnenen Erkenntnisse zu verwerten (BGH FamRZ 2025, 1834; FamRZ 2024, 888; FamRZ 2022, 304; BtPrax 2020, 220). Der behandelnde Arzt muss jedenfalls **vor** der Untersuchung des Betroffenen zum Sachverständigen bestellt sein und muss ihm den Zweck der Untersuchung eröffnet haben (BGH FamRZ 2024, 888; BtPrax 2019, 111). Aufgrund Art. 103 Abs. 1 GG muss ein Gericht vor dem Erlass einer Entscheidung – dazu gehört auch die Beauftragung eines Gutachters – den Verfahrensbeteiligten rechtliches Gehör gewähren, insbesondere

wenn der Betroffene kein Verhalten gezeigt hat, das Anlass geben würde, von einer Krankheit oder Behinderung im Sinne des § 1814 Abs. 1 BGB auszugehen (BVerfG BeckRS 2011, 46767; BtPrax 2011, 28; BtPrax 2010, 173 und 75).

V. Ärztliche Untersuchung (Abs. 2)

Gemäß Abs. 2 hat der Sachverständige den Betroffenen **selbst** zu **untersuchen** oder zu **befragen.** Die Untersuchung erfordert einen persönlichen Kontakt zwischen dem Gutachter und dem Betroffenen und darf zeitlich nicht länger zurückliegen (BGH FamRZ 2018, 1601; BeckOK FamFG/Günter Rn. 15; nach Auffassung von Sternal/Giers FamFG Rn. 20 ist keine besonders zeitnahe Untersuchung erforderlich). Die Verwertbarkeit des in einem Betreuungsverfahren eingeholten Gutachtens hängt nicht davon ab, dass ein verbaler Kontakt zwischen dem Betroffenen und dem Sachverständigen hergestellt werden kann. Der Sachverständige muss den Betroffenen aber untersucht und sich damit einen persönlichen Eindruck von ihm verschafft haben. Hierbei wird als ausreichend angesehen, wenn der Sachverständige Kontakt mit dem Betroffenen aufgenommen hat, indem er zweimal sein Zimmer betreten und kurz mit ihm gesprochen hat und sich damit einen persönlichen Eindruck von dem Betroffenen verschaffen konnte (BGH FamRZ 2019, 1272). Ein ohne die erforderliche persönliche Untersuchung erstattetes Sachverständigengutachten ist nicht verwertbar (BGH FamRZ 2025, 1834; BtPrax 2018, 116), auch wenn aus ärztlicher Sicht bereits auf der Grundlage anderer Erkenntnisse der sichere Schluss auf eine erkrankungsbedingte Betreuungsbedürftigkeit gezogen werden könnte (BGH BtPrax 2019, 249; FamRZ 2018, 1601; BtPrax 2017, 196). Wird ein Betroffener zB zum Unterbringungsbedarf vom Sachverständigen untersucht, muss die Untersuchung nicht noch einmal wiederholt werden, wenn innerhalb kurzer Zeit (drei Tage) ein Gutachten zu einem Einwilligungsvorbehalt erstellt wird und sich der Gutachter auf die erste Untersuchung beruft (BGH BtPrax 2020, 191). Sofern der Gutachter nicht zugleich behandelnder Arzt des Betroffenen ist und wenn keine konkreten Anhaltspunkte dafür vorliegen, dass dem Betroffenen seine Begutachtung verborgen geblieben ist, kann im Regelfall, indem dem Betroffenen vorab der Beweisbeschluss bekanntgegeben worden ist, unterstellt werden, dass der Sachverständige den Betroffenen über die beabsichtigte Begutachtung unterrichtet hat (BGH FamRZ 2020, 784). Kann der Sachverständige seine Erkenntnisse nicht aus einer Befragung des Betroffenen schöpfen, ist eine Untersuchung des Betroffenen zwingend; diese erfordert zumindest, dass sich der Sachverständige einen persönlichen Eindruck vom Betroffenen verschafft (BGH FamRZ 2017, 1324). Wenn jedoch der Sachverständige nach Untersuchungsverweigerung durch den Betroffenen einen persönlichen Eindruck im Zusammenhang mit den zur Verfügung stehenden Unterlagen als eine ausreichende Grundlage angesehen hat, um sich ein eigenständiges Bild vom Betroffenen zu machen, welches ihm eine gutachterliche Einschätzung ermöglichte, so wird dies als ausreichend erachtet (BGH BtPrax 2016, 148). Ergänzende Untersuchungen (zB EEG, Labor), die keinen persönlichen Eindruck voraussetzen, können Dritte vornehmen. Der Sachverständige kann sich Hilfskräfte bedienen, die er im Gutachten namhaft zu machen hat und deren Tätigkeitsumfang er angeben muss (OLG Brandenburg FamRZ 2001, 40). Eine **Begutachtung nach Aktenlage** genügt auch dann nicht, wenn das Gericht von der Erforderlichkeit einer Betreuung durch die persönliche Anhörung überzeugt 6 ist (OLG Brandenburg FamRZ 2001, 40). Weigert sich der Betroffene, am Gutachten mitzuwirken, müssen Maßnahmen nach §§ 283, 284 (Vorführung oder Unterbringung zur Begutachtung) erwogen werden (BGH BtPrax 2019, 249 FamRZ 2017, 1614; FamRZ 2017, 1324), wobei stets der Verhältnismäßigkeitsgrundsatz zu beachten ist. Soweit ersichtlich, ist bisher nicht entschieden, was die Folge wäre, wenn das Gericht zu dem Ergebnis käme, eine Vorführung nach § 283 oder eine Unterbringung zur Begutachtung nach § 284 sei unverhältnismäßig. In diesem Falle müsste nach der hier vertretenen Auffassung die ins Auge gefasste Maßnahme insgesamt als unverhältnismäßig unterbleiben. Keinesfalls kann dies nämlich zur Folge haben, dass das Gutachten ohne Untersuchung erstellt werden kann. Entsprechendes gilt, wenn eine Untersuchung mangels Kooperationsbereitschaft nicht möglich ist, auch wenn der Sachverständige den Betroffenen kurz befragen konnte (OLG Köln FamRZ 2001, 310). Werden im Gutachten Tatsachenfeststellungen aufgrund eigener Ermittlungen getroffen (Befragung dritter Personen), so sind die Quellen (hier Zeugen) zu benennen, um dem Gericht eine ausreichende Grundlage für die von ihm vorzunehmende Beweiswürdigung zu geben. Der Verwertbarkeit eines Sachverständigengutachtens in einer Betreuungssache steht nicht entgegen, dass der Sachverständige den Verfahrensbevollmächtigten des Betroffenen nicht vom Termin zur Untersuchung oder Befragung des Betroffenen benachrichtigt hat (BGH BtPrax 2017, 113).

Durch den – zum 1.7.2014 durch das Gesetz zur Stärkung der Funktionen der Betreuungsbehörden eingeführten – S. 2 soll das Sachverständigengutachten den Bericht der Betreuungsbehörde berücksichtigen. Dementsprechend wird in § 279 Abs. 2 S. 2 geregelt, dass die Anhörung der Betreuungsbehörde **vor** Einholung eines Gutachtens nach § 280 erfolgen soll, damit der behördliche Sozialbericht vom Gutachter verwertet werden kann (→ FamFG § 279 Rn. 3). Der ärztliche Sachverständige soll bei seiner gutachterlichen Stellungnahme zu den Auswirkungen der Krankheit des Betroffenen auch auf dessen soziale Situation eingehen und hierzu nach Möglichkeit den Bericht der Behörde in den Erkenntnisprozess einbeziehen (BT-Drs. 220/13, 9; Sternal/Giers FamFG Rn. 24).

7 Sind zB zum sozialen Umfeld weitere **Ermittlungen** erforderlich, wird der Gutachter beim Gericht entsprechende Untersuchungen anregen. Vernehmungen von Zeugen zu strittigen, bedeutenden Fragen sollte der Gutachter dem Gericht überlassen, um ihm seinen unmittelbaren eigenen Eindruck und den ausreichenden Einfluss auf den Verlauf des Verfahrens zu gewährleisten. Nicht Gegenstand des Gutachtens ist regelmäßig die Frage der **Geschäftsfähigkeit** des Betroffenen, es sei denn, es werden ausdrücklich Ausführungen dazu vom Gericht gewünscht (zB für die Frage der Wirksamkeit einer Vorsorgevollmacht). Die Frage, ob der Betroffene im Zeitpunkt der Vollmachterteilung nach § 104 Nr. 2 BGB geschäftsunfähig war, hat das Gericht nach § 26 von Amts wegen aufzuklären; insoweit bedarf es nicht zwingend einer förmlichen Beweisaufnahme durch Einholung eines Sachverständigengutachtens nach § 280 Abs. 1 (BGH BtPrax 2016, 112).

8 Im Rahmen der zur Begutachtung notwendigen Untersuchung sind **körperliche Eingriffe** gegen den Willen des Betroffenen **nicht zulässig.** Eine Mitwirkung, zB in Form der Beantwortung von Fragen oder Teilnahme an Tests, kann nicht erzwungen werden. In diesem Fall sieht das Gesetz ggf. Maßnahmen nach § 284 vor, wenn durch die Weigerung eine Gutachtenerstellung nicht möglich ist. Der Betroffene darf **nicht gegen seinen Willen** untersucht (BeckOK FamFG/Günter Rn. 15) und er darf nicht gegen seinen Willen in seiner **Wohnung** begutachtet werden (BGH BtPrax 2013, 31).

VI. Inhalt und Umfang des Gutachtens (Abs. 3)

Das Gutachten ist grundsätzlich **schriftlich** zu erstatten und lediglich im **Ausnahmefall** mündlich. Die Anhörung des behandelnden Arztes kann eine förmliche Beweisaufnahme nicht ersetzen (BGH BtPrax 2012, 63). Wird ausnahmsweise ein mündliches Gutachten eingeholt, so hat dieses in Anwesenheit des Betroffenen zu geschehen oder – wenn dies aus gesundheitlichen Belangen nicht möglich ist – in Anwesenheit eines bestellten Verfahrenspflegers (OLG Schleswig BtPrax 2008, 43). Es muss nach §§ 29 Abs. 3, 28 Abs. 4 vollständig protokolliert werden und muss den Anforderungen eines schriftlichen Gutachtens entsprechen (Sternal/Giers FamFG Rn. 25). Wird nicht der Arzt, der das schriftliche Gutachten erstattet hat, sondern ein anderer Arzt mündlich angehört, stellt dies eine völlig neue Begutachtung dar (OLG Naumburg BeckRS 2001, 30206623). Ergänzungsgutachten sind nach vorheriger Absprache mit dem Gericht möglich.

Die Ausführungen des Sachverständigen in seinem Gutachten müssen so gehal- **9**
ten sein, dass sie eine verantwortliche richterliche Prüfung zulassen (BGH BtPrax 2012, 25; BtPrax 2011, 129; BtPrax 2013, 26). Unzureichend sind ärztliche Stellungnahmen in Form einer Zusammenfassung des Ergebnisses der ärztlichen Beurteilung ohne nähere Darstellung der Befunderhebung (Sternal/Giers FamFG Rn. 27). Kann das Gericht die vom Sachverständigen vorgegebenen Schlussfolgerungen nicht nachvollziehen, so hat es diesen Zweifeln im Wege der Amtsermittlung nachzugehen. Die Anforderungen an den Inhalt des Sachverständigengutachtens sollen gewährleisten, dass das Gericht seiner Pflicht, das Gutachten auf seine wissenschaftliche Begründung, seine innere Logik und seine Schlüssigkeit hin zu überprüfen, nachkommen kann (BGH FamRZ 2023, 1903; BtPrax 2020, 144; BtPrax 2020, 191; BtPrax 2017, 118; BtPrax 2015, 25; BtPrax 2013, 26). Das Gutachten muss Art und Ausmaß der Erkrankung im Einzelnen anhand der Vorgeschichte, der durchgeführten Untersuchungen und der sonstigen Erkenntnisse darstellen und wissenschaftlich begründen. Die Erkenntnisse, die gestellten Diagnosen und die vom Sachverständigen gezogenen Schlüsse müssen nachvollziehbar ausgeführt werden (BGH FamRZ 2023, 1903). Hierzu kann der Sachverständige Befunde von behandelnden Ärzten heranziehen, Tests oder Untersuchungen vornehmen oder sonstige belastbare Erkenntnisquellen für seine Diagnosen nutzen.

Im Verfahren zur Bestellung eines Betreuers kann die Begutachtung des Betroffenen gemäß § 30 Abs. 1 iVm § 411a ZPO durch die Verwertung eines gerichtlich oder staatsanwaltschaftlich eingeholten Sachverständigengutachtens aus einem **anderen Verfahren** ganz oder teilweise ersetzt werden, wenn dieses Gutachten den Anforderungen des § 280, insbesondere des Abs. 3 genügt (BGH FamRZ 2012, 293; BeckOK FamFG/Günter Rn. 7a). Beabsichtigt das Gericht, in einem Betreuungsverfahren ein in einem anderen Verfahren eingeholtes Sachverständigengutachten entsprechend § 411a ZPO zu verwerten, muss es den Beteiligten zuvor rechtliches Gehör gewähren (BGH BtPrax 2017, 35; BtPrax 2016, 148) und das Gutachten förmlich in das Verfahren einführen (BGH BtPrax 2020, 182).

Abs. 3 gibt einen **Fragenkatalog** vor, mit dem sich das Gutachten (mindestens) auseinanderzusetzen hat. Das sind iE:

– Das Gutachten muss sich mit dem **Krankheits- oder Behinderungsbild,** **10**
einschließlich der **jeweiligen Entwicklung,** befassen (Nr. 1). Da gemäß § 1814 Abs. 1 BGB auch eine Behinderung eine rechtliche Betreuung erforderlich machen kann, hat sich das Gutachten auch auf ein Behinderungsbild und dessen Entwicklung zu erstrecken. Der bis 2022 allein krankheitsbezogene

Gesetzeswortlaut war zu eng gefasst (BT-Drs. 19/24445, 333). Das Gutachten muss also genaue Angaben darüber enthalten, welche Krankheit bzw. Behinderung (Diagnose) beim Betroffenen vorliegt (Grad der Ausprägung und der Krankheit/Behinderung) und wie sich deren Verlauf gestaltet hat und gestalten wird (Prognose und ggf. Pflegeplan). Soweit eine Fremdanamnese erfolgte, ist diese als solche kenntlich zu machen, sofern hierauf auch die Überzeugungsbildung des Arztes beruht.

11 – Es müssen die durchgeführten **Untersuchungen** und die diesen zugrunde gelegten Forschungserkenntnisse offengelegt werden (Nr. 2).

12 – Das Gutachten muss Angaben über den **körperlichen und psychischen Zustand** des Betroffenen enthalten (Nr. 3), die der Arzt aufgrund der Untersuchungen und Befragungen festgestellt hat. Hierzu gehören auch Ausführungen darüber, welche normalerweise vorhandenen physischen, psychischen oder geistigen Strukturen und Fähigkeiten beeinträchtigt oder verloren gegangen sind bzw. welche funktionellen Einschränkungen bestehen (zB Störungen der Merkfähigkeit, der Gehfähigkeit, des Antriebs, Einschränkungen des sozialen Kontakts und der Beziehungsfähigkeit).

13 – Weiterhin gehören zum Mindestumfang der Begutachtung Ausführungen zum **Unterstützungsbedarf** aus medizinischer Sicht (Nr. 4). Während nach bisheriger Gesetzeslage der Sachverständige zum Umfang der Aufgabenkreise Stellung nehmen musste, wurde diese Anforderung seit 1.1.2023 eingeschränkt. Seither muss vom Gutachter nur der aus medizinischer Sicht aufgrund der Krankheit oder Behinderung erforderliche Unterstützungsbedarf des Betroffenen dargelegt werden (BT-Drs. 19/24445, 333). Es müssen daher die krankheits- bzw. behinderungsbedingten Auswirkungen auf die Fähigkeit des Betroffenen, seine Angelegenheiten zu besorgen, aufgeführt werden (vorausgesetzt, der Gutachter kennt die Angelegenheiten des Betroffenen). Zum Inhalt eines Gutachtens gehört auch der Hinweis auf für den Sachverständigen erkennbare mögliche Alternativen zur Betreuung bzw. zum Einwilligungsvorbehalt durch Einschaltung von Verwandten, Nachbarn, Pflegediensten, finanziellen Hilfen oder Erteilung einer Vollmacht.

14 – Auch muss das Gutachten eine **Prognose** zur voraussichtlichen **Dauer der Maßnahme** (Nr. 5) unter Berücksichtigung von Rehabilitationsmaßnahmen enthalten. Weicht der Tatrichter von der gutachterlichen Stellungnahme ab, indem er die Überprüfungsfrist zum Nachteil des Betroffenen über die vom Sachverständigen als erforderlich bezeichnete Dauer der Maßnahme hinaus ausdehnt, muss er die hierfür tragenden Gründe in dem Beschluss darlegen (BGH BtPrax 2013, 28) und seine abweichende Überzeugung begründen (BGH FamRZ 2022, 229).

15 – Falls Anhaltspunkte für entsprechende Feststellungen bestehen, insbesondere, wenn die Maßnahme gegen den Willen des Betroffenen erfolgen soll oder wenn der Betroffene die Betreuung ablehnt (BGH BtPrax 2013, 26), ist auch zur **Frage des Ausschlusses der freien Willensbildungsfähigkeit** Stellung zu nehmen (BGH FamRZ 2017, 1324; BtPrax 2016, 148; Sternal/Giers FamFG Rn. 12; Prütting/Helms/Fröschle FamFG Rn. 26). Feststellungen hierzu setzen konkrete Ausführungen zu den tatsächlichen Auswirkungen der Erkrankung beim Betroffenen voraus.

16 – Beim **Einwilligungsvorbehalt** muss das Gutachten Feststellungen zu den Voraussetzungen des § 1825 BGB (→ BGB § 1825 Rn. 4 ff.) enthalten, insbesondere über die krankheitsbedingte Gefahr für Vermögen oder die Person des

Betroffenen (Sternal/Giers FamFG Rn. 9). Für den Fall, dass ein **Einwilligungsvorbehalt** im Bereich der Gesundheitssorge angeordnet werden soll (Zulässigkeit eines solchen ist streitig), hat sich das Gutachten auch mit der Frage der **Einwilligungsfähigkeit** in ärztliche Maßnahme auseinander zu setzen. – Nicht zwingend vom Gesetzgeber vorgesehen, aber dennoch **unabdingbar** 17
für den Inhalt eines Gutachtens sind – bei entsprechenden Anhaltspunkten – Ausführungen darüber, ob die **Anhörung** des Betroffenen (§ 278 Abs. 4) oder die **Bekanntgabe** der Entscheidungsgründe (§ 288 Abs. 1) unterbleiben soll, um erhebliche **Nachteile für die Gesundheit** des Betroffenen zu vermeiden. In diesem Fall sollte das Gutachten zu den konkreten gesundheitlichen Nachteilen des Betroffenen Stellung nehmen (OLG München BtPrax 2006, 35). Bei Anhaltspunkten sind auch Ausführungen dazu zu machen, ob bei Mitteilung des Beschlusses an andere Stellen, die dem Betroffenen bekanntzugeben ist (§ 308 Abs. 3 Nr. 2), erhebliche **Nachteile für die Gesundheit** des Betroffenen zu besorgen sind. In all diesen Fällen müsste dem Betroffenen allerdings ein **Verfahrenspfleger** bestellt werden (§ 276). Um ein Mindestmaß an rechtlichem Gehör zu gewährleisten, muss in den Fällen, in denen dem Betroffenen in entsprechender Anwendung des § 288 Abs. 1 das Gutachten nicht zur Kenntnis gegeben wird, stets geprüft werden, ob nicht der **Verfahrenspfleger** mit der Aufgabe betraut wird, das Gutachten – unter Berücksichtigung der besonderen Umstände des Einzelfalls – mit dem Betroffenen zu besprechen (BGH FamRZ 2022, 891; BtPrax 2021, 71; BtPrax 2020, 103; BeckRS 2020, 37283 für § 325, der im Unterbringungsverfahren eine entsprechende Regelung trifft). Da das rechtliche Gehör ein essenzielles Verfahrensgrundrecht ist, wird empfohlen, die Entscheidung, den Verfahrenspfleger mit der Besprechung des Gutachtens zu beauftragen, zu begründen.

Für die Verwertung eines Sachverständigengutachtens als Entscheidungsgrundlage setzt § 37 Abs. 2 voraus, dass das Gericht den Beteiligten Gelegenheit zur Stellungnahme eingeräumt hat. Das Gutachten ist dem Betroffenen **in vollem Wortlaut rechtzeitig** vor der Anhörung zur **Kenntnis** zu geben (BGH BtPrax 2025, 99; FamRZ 2022, 229; 136; FamRZ 2021, 1064; FamRZ 2022, 136; FamRZ 2019, 139; FamRZ 2018, 1770; 1769; 954 und 176). Rechtzeitig bedeutet, dass der Betroffene vor der Anhörung Gelegenheit hat, sich mit dem Gutachten des Sachverständigen auseinander zu setzen. Die Überlassung des Gutachtens einen Tag vor der Anhörung dürfte nicht rechtzeitig sein (BGH BtPrax 2020, 100). Eine Bekanntgabe lediglich des wesentlichen Inhalts des Gutachtens im Rahmen der Anhörung genügt nicht (BGH BtPrax 2025, 99). Soll in einem Betreuungsverfahren eine Entscheidung, die die Rechte des Betroffenen beeinträchtigt, auf Ausführungen eines Sachverständigen gestützt werden, die dieser im Termin zur Anhörung in Abwesenheit des Betroffenen gemacht hat, so ist dem Betroffenen zuvor Gelegenheit zur Stellungnahme zu geben (BGH FamRZ 2011, 1574). Es kann jedoch **ausnahmsweise** von der Bekanntmachung des Inhalts wegen der Voraussetzungen des § 278 Abs. 4 bzw. des § 288 Abs. 1 abgesehen werden (→ Rn. 17; BGH FamRZ 2015, 2156; BtPrax 2014, 137; BtPrax 2013, 254). 18

§ 280 ist eine Konkretisierung des **Amtsermittlungsgrundsatzes** (§ 26). Ein Verstoß dagegen ist ein Verfahrensfehler. Es ist ein Verfahrensmangel, wenn sich das Gericht auf ein **älteres Gutachten** bezieht (BayObLG FamRZ 2003, 1968). Bei der Erstbestellung kann aber auch ein bereits ein Jahr altes Gutachten (bei entsprechend langer Verfahrensdauer) geeignet sein, der Beweisaufnahme 19 zugrunde gelegt zu werden (BGH FamRZ 2016, 2091). Hat das Betreuungsgericht vor Betreuerbestellung kein Sachverständigengutachten gemäß § 280 eingeholt, ohne dass eine der Ausnahmen der §§ 281, 282 vorgelegen hat, gebietet die Amtsermittlungspflicht im Verfahren auf Aufhebung der Betreuung die Einholung eines Sachverständigengutachtens, das den Anforderungen des § 280 entspricht (BGH BtPrax 2013, 69). Der Tatrichter hat Schlüsse zum Bestehen eines objektiven Betreuungsbedarfes, also zur krankheits- bzw. behinderungsbedingten Unfähigkeit des Volljährigen, seine Angelegenheiten zu besorgen, zu treffen. Die pauschale Bezugnahme auf den Inhalt des Sachverständigengutachtens lässt eine solche Würdigung regelmäßig vermissen (BGH BtPrax 2012, 250). Weiter muss sich der Tatrichter davon überzeugen, dass das seiner Entscheidung zugrunde gelegte Sachverständigengutachten auf zutreffenden Tatsachengrundlagen beruht (BGH BtPrax 2013, 27). Weicht das Gericht zum Nachteil des Betroffenen vom Gutachten ab, so muss es dies begründen (BGH BtPrax 2012, 63). Der Tatrichter darf sich bei nicht dargelegter eigener medizinischer Sachkunde nicht ohne weitere Aufklärung über das erstattete Gutachten zur Notwendigkeit einer Betreuung hinwegsetzen (BGH BtPrax 2016, 199). Dem Gutachten muss mit hinreichender **Sicherheit** zu entnehmen sein, dass die **Voraussetzungen für die Betreuerbestellung** nach § 1814 BGB vorliegen; eine Verdachtsdiagnose genügt nicht (BGH FamRZ 2017, 140; BtPrax 2012, 161). Die Frage, ob der Betroffene im Zeitpunkt der Vollmachterteilung nach § 104 Nr. 2 BGB geschäftsunfähig war, hat das Gericht nach § 26 FamFG von Amts wegen aufzuklären; die Ermittlung erfolgt nicht nach § 280 (BGH BtPrax 2021, 190). Dabei ist die Geschäftsunfähigkeit nach § 104 Nr. 2 BGB kein medizinischer Befund, sondern ein Rechtsbegriff, dessen Voraussetzungen das Gericht unter kritischer Würdigung des Sachverständigengutachtens festzustellen hat (BGH BtPrax 2020, 223 und 148).

VII. Obergutachten

20 Die Anordnung, durch einen anderen Sachverständigen ein neues Gutachten (Obergutachten) erstatten zu lassen, liegt im pflichtgemäßen Ermessen des Gerichts. Sie kommt grundsätzlich nur bei besonders schwierigen Fragen oder groben Mängeln vorliegender Gutachten in Betracht; ferner bei Zweifeln an der Sachkunde des bisherigen Gutachters, wenn dessen Gutachten von unzutreffenden tatsächlichen Voraussetzungen ausgeht oder Widersprüche enthält oder wenn ein neuer Sachverständiger über Forschungsmittel verfügt, die denen des früheren überlegen sind (BayObLG FamRZ 1998, 921).

VIII. Ärztliche Schweigepflicht und Verwertungsverbot

21 Fraglich ist, ob eine ärztliche Schweigepflicht des **behandelnden** Arztes insbesondere bei der Unterbringung, aber auch bei anderen Verfahrensgegenständen besteht und ob der behandelnde Arzt vom Betreuungsgericht als Gutachter bestellt werden kann. Nach Auffassung des BGH soll aus einem Verstoß gegen die ärztliche Schweigepflicht kein Verwertungsverbot für das Gutachten folgen (BGH BtPrax 2015, 239; FamRZ 2010, 1726; FamRZ 2011, 1141; Prütting/Helms/Fröschle FamFG Rn. 21; BeckOK FamFG/Günter Rn. 10). Dies wird im Hinblick darauf, dass der Arzt sich damit auch des Bruchs eines Berufsgeheimnisses schuldig und ggf. strafbar macht, für äußerst bedenklich erachtet (Sternal/Giers

FamFG Rn. 16). Sofern allerdings der einwilligungsfähige Betroffene oder der **Betreuer,** dem die **Gesundheitssorge** übertragen wurde, **den Arzt** von der Schweigepflicht **entbindet,** kann das Attest/Gutachten der Entscheidung ohne weiteres zugrunde gelegt werden (Prütting/Helms/Fröschle FamFG Rn. 21; HK-BUR/Bauer Rn. 144; HK-BetreuungsR/Bučić § 281 Rn. 11). Von einer Entbindung des Arztes von der Schweigepflicht kann jedenfalls dann ausgegangen werden, wenn der Betreuer, dem die Gesundheitssorge übertragen ist, selbst das ärztliche Attest vorlegt.

1. Ärztliches Gutachten

22 Grundvoraussetzung für alle Fallgestaltungen ist zunächst, dass dem Betroffenen die Gutachterbestellung (inklusive der Person des Gutachters) und der Gutachtenumfang zur Gewährung rechtlichen Gehörs mitgeteilt wurde; denn allein ein Verstoß hiergegen würde ein Verwertungsverbot begründen (BGH FamRZ 2017, 1614; BtPrax 2015, 204; FamRZ 2013, 1725). Soweit der Arzt vom Betreuungsgericht beauftragt wurde, ist die Verwertung des Gutachtens, das aufgrund einer in Kenntnis des Auftrags erfolgten persönlichen Untersuchung und Befragung des Sachverständigen erstattet wurde, unproblematisch. Nicht unter dem Aspekt der Verletzung der Schweigepflicht zu beanstanden ist ebenfalls ein Gutachten, das das Gericht vom **behandelnden** Arzt eines **untergebrachten** Betroffenen erhebt, wenn der Arzt dem Gericht über die in der aktuellen Unterbringung getroffenen Befunde berichtet und nicht darüber hinaus der ärztlichen Schweigepflicht unterliegende Kenntnisse als behandelnder Arzt verwertet (KG FamRZ 2009, 1517). Wird **allerdings** der behandelnde Arzt als Sachverständiger bestellt, sind bei der Behandlung erhobene Befunde jedenfalls dann verwertbar, wenn der Betroffene oder der Betreuer den Sachverständigen von der ärztlichen Schweigepflicht entbunden hat (KG BtPrax 2007, 137). Hat er den Arzt nicht von der Schweigepflicht entbunden, besteht zwar kein formelles Verwertungsverbot (BGH BtPrax 2015, 239; FamRZ 2010, 1726; FamRZ 2011, 1141; Prütting/Helms/Fröschle Rn. 21). Allerdings ist die Verwertung der bei einer früheren ärztlichen Behandlung gewonnenen Erkenntnisse verfahrensrechtlich bedenklich (Sternal/Giers FamFG Rn. 13). Im Hinblick auf diese Einschränkungen sollte – sowohl im Interesse des Betroffenen, aber auch des behandelnden Arztes – seitens des Gerichts möglichst darauf **verzichtet** werden (Brosey/Lesting/Loer/Marschner BetreuungsR Rn. 451), dass der behandelnde Arzt ein Gutachten für den Betroffenen erstellt, soweit er auf Wissen aus der Zeit vor der Beauftragung zurückgreift.

2. Ärztliches Zeugnis (§ 281)

23 Entsprechendes gilt für ärztliche Atteste; insbesondere für solche, die der behandelnde Arzt ausstellt. Eine allzu strenge Auslegung der Vorschriften würde die Praxis vor allem im Bereich der einstweiligen Anordnungen vor erhebliche Probleme stellen, denn ein nicht unerheblicher Teil der vorgelegten Atteste stammen vom (behandelnden) Arzt. Da nach Auffassung des BGH (FamRZ 2010, 1726; FamRZ 2011, 1141) diese ärztlichen Zeugnisse keinem Verwertungsverbot unterliegen und die Vorlage und Verwertung solcher Atteste möglich ist (BGH BtPrax 2015, 239), können sie dem Gericht vorgelegt werden und dieses darf die ärztlichen Zeugnisse zum Gegenstand seiner Entscheidung machen. Bei **Gefahr im Verzug,** wenn das Attest des behandelnden Arztes im Rahmen der §§ 300, 301 verwendet werden soll, kann ein Rechtfertigungs- oder Entschuldigungsgrund

vorliegen, der die Verwertung des Attestes unbedenklich machen kann (ähnlich HK-BetreuungsR/Bučić § 281 Rn. 11). Dies bedarf jedoch einer Einzelfallprüfung (zum Meinungsstand in der Literatur und Rechtsprechung → Rn. 21 und 22).

IX. Rechtsmittel

24 Die Entscheidung des Gerichts über die Anordnung eines Sachverständigengutachtens und die Auswahl der Person des Sachverständigen kann als **Zwischenverfügung** grundsätzlich nach § 58 Abs. 2 nicht gesondert, sondern nur zusammen mit der Hauptentscheidung **angefochten** werden (BGH BtPrax 2008, 120; Haußleiter/Haußleiter Rn. 5; BeckOK FamFG/Günter Rn. 19; Sternal/Giers FamFG Rn. 18; Prütting/Helms/Fröschle FamFG Rn. 33; → § 58 Rn. 9). Nach der Wertung des Gesetzgebers in § 58 Abs. 2 sind Zwischenentscheidungen nur anfechtbar, wenn das Gesetz dies ausdrücklich zulässt, was in § 280 gerade nicht erfolgt (→ FamFG § 58 Rn. 6, 9).

Der Grundsatz der Unanfechtbarkeit in diesem Bereich wurde durch den **BGH** im Jahre 2007 (BtPrax 2007, 167; so auch LG Saarbücken BeckRS 2009, 08055; LG Verden BtPrax 2010, 243; BVerfG BtPrax 2010, 173; BtPrax 2010, 75) eingeschränkt. Der Betroffene kann die gerichtliche Anordnung, sich psychiatrisch untersuchen zu lassen, jedenfalls dann mit der Beschwerde angreifen, wenn die Anordnung **objektiv willkürlich,** dh in so **krassem Maße rechtsfehlerhaft** ist, dass sie unter Berücksichtigung des Schutzzwecks von Art. 3 Abs. 1 und 103 Abs. 1 GG nicht mehr verständlich erscheint (hier ohne vorherige Anhörung nach § 283 Abs. 1; → FamFG § 58 Rn. 9 und 15). Hier ist von einem außerordentlichen Beschwerderecht auszugehen (ebenso zB Musielak/Borth/Frank/Frank FamFG § 58 Rn. 8; MüKoFamFG/Schmidt-Recla § 278 Rn. 57 und § 283 Rn. 11; HK-BetreeungsR/Bučić Rn. 33 und § 283 Rn. 18; Prütting/Helms/Fröschle FamFG § 283 Rn. 22). Zur – streitigen, aber im Ergebnis zu bejahenden – Frage, ob diese Rechtsprechung auch noch für das FamFG Anwendung findet → FamFG § 58 Rn. 9 und 15, → FamFG § 278 Rn. 23 und → FamFG § 283 Rn. 6. Zur Möglichkeit der Anfechtung einer unanfechtbaren Zwischenentscheidung mittels **Verfassungsbeschwerde** → FamFG § 58 Rn. 18.

§ 281 Ärztliches Zeugnis; Entbehrlichkeit eines Gutachtens

(1) **Anstelle eines Sachverständigengutachtens nach § 280 genügt ein ärztliches Zeugnis, wenn der Betroffene die Bestellung eines Betreuers beantragt und auf die Begutachtung verzichtet hat und die Einholung des Gutachtens insbesondere im Hinblick auf den Umfang des Aufgabenkreises des Betreuers unverhältnismäßig wäre.**

(2) **§ 280 Abs. 2 gilt entsprechend.**

I. Ärztliches Zeugnis statt Gutachten (Abs. 1)

1 Grundsätzlich ist bei Betreuerbestellung und bei der Anordnung eines Einwilligungsvorbehalts ein Gutachten einzuholen. Ausnahmsweise reicht für den Fall der **Erst-Betreuerbestellung** die Vorlage eines ärztlichen Zeugnisses nach **§ 281** aus,

sofern der Betroffene selbst einen Antrag auf Betreuung stellt (gilt nicht für den Eigenantrag auf Anordnung eines Einwilligungsvorbehalts; Sternal/Giers FamFG Rn. 1; Haußleiter/Haußleiter Rn. 2).

Eine **eigene Antragstellung** des Betroffenen im Sinne des Gesetzes liegt nur 2 vor, wenn der Antrag vom Willen des Betroffenen getragen wird. Die weitergehende Feststellung der Geschäftsfähigkeit ist dazu nicht erforderlich (MüKoBGB/Schneider § 1896 Rn. 137). Das Gericht muss sich aber zumindest davon überzeugen, dass der Betroffene die Tragweite seines Antrags und die sich daraus ergebenden Konsequenzen überschauen kann. Im Hinblick auf die Ausführungen in → Rn. 4, sollte der Betroffene bei der Antragstellung auch den Umfang (Aufgabenkreis) der beantragten Betreuung angeben. Stellt das Gericht fest, dass weitere Aufgabenbereiche erforderlich sind, ist Abs. 1 nicht einschlägig und es muss ein Gutachten nach § 280 eingeholt werden.

Der Betroffene muss auf eine Begutachtung **verzichten.** Zu den Anforderun- 3 gen an den Verzicht gilt das unter → Rn. 2 Gesagte, dh der Verzicht muss vom Willen des Betroffenen getragen sein.

Die Einholung des Gutachtens muss im Hinblick auf den Umfang des Aufga- 4 benkreises des Betreuers **unverhältnismäßig** sein. Das wird regelmäßig nur dann der Fall sein, wenn nur konkrete Einzelpunkte Gegenstand der Betreuung sind und eine Gesamtabwägung der objektiven Interessen des Betreuten die Bedeutung des Aufgabenkreises als relativ gering erscheinen lässt. Bei einer Betreuerbestellung für umfassende Aufgabenbereiche findet § 281 daher keine Anwendung.

Mit der Gesetzesänderung zum 1.1.2023 wurde Nr. 2 gestrichen. Daher kann 5 auch bei der Bestellung eines **Kontrollbetreuers** nach §§ 1820 Abs. 3, 1815 Abs. 3 BGB nicht auf die Einholung eines Gutachtens gemäß § 280 verzichtet werden, da der für einen Kontrollbetreuer angeordnete Aufgabenbereich der Geltendmachung von Rechten des Betreuten gegenüber seinem Bevollmächtigten auch den Widerruf der Vollmacht beinhaltet. Ein Widerruf einer zur Vermeidung einer rechtlichen Betreuung erteilten Vorsorgevollmacht stellt jedoch eine erhebliche Einschränkung des grundrechtlich geschützten Selbstbestimmungsrechts des Betroffenen dar, wegen der auch ein besonderer Schutz der Rechte des Betroffenen im Verfahren geboten ist. Dem wird zum einen dadurch Rechnung getragen, dass die Bestellung eines Kontrollbetreuers ohne vorherige Einholung eines Gutachtens gemäß § 280 nicht mehr möglich ist; zum anderen wird der Widerruf einer Vorsorgevollmacht zukünftig unter den Vorbehalt der gerichtlichen Genehmigung gestellt, welche seit 1.1.2023 nach § 15 Abs. 1 RPflG in die richterliche Zuständigkeit fällt (BT-Drs. 19/24445, 333).

II. Anforderungen an das ärztliche Zeugnis

Das ärztliche Zeugnis (vgl. auch → FamFG § 300 Rn. 7) muss wie das Sachver- 6 ständigengutachten die für die Entscheidung **erheblichen Gesichtspunkte** (allerdings in verkürzter Form; vgl. hierzu → FamFG § 280 Rn. 10 ff.) enthalten (BT-Drs. 11/4528, 174). Außerdem unterscheidet es sich in der Art seiner Einführung in das Verfahren (zB Verwertung der Stellungnahme des Gesundheitsamts, das Betreuung anregt oder eines vom Betreuer vorgelegten ärztlichen Zeugnisses) und seiner verfahrensrechtlichen Bewertung. § 281 lässt die Verpflichtung des Gerichts zur kritischen Würdigung des ärztlichen Zeugnisses sowie seine Amtsermittlungspflicht unberührt (BGH FamRZ 2022, 893). Das ärztliche Zeugnis ist dem Sachverständigengutachten inhaltlich vergleichbar. Wie das Sachverständigengutachten soll auch das ärztliche Zeugnis dem Gericht eine ausreichende Tatsachengrundlage für seine Entscheidung verschaffen, was bei einem Zeugnis nur dann gewährleistet ist, wenn es – zumindest in groben Zügen und in verkürzter Form – die durchgeführten Untersuchungen, die sich hieraus ergebende Diagnose und den aus den krankheitsbedingten Einschränkungen des Betroffenen folgenden Betreuungsbedarf darstellt (BGH FamRZ 2022, 893). Das Attest ist kein dem Strengbeweis unterliegendes Sachverständigengutachten im prozessrechtlichen Sinne, sondern es kann vom Betroffenen – oder anderen Beteiligten oder Stellen – eingebracht und vom Gericht nach den Regeln des Freibeweises gewürdigt werden (Brosey/Lesting/Loer/Marschner BetreuungsR Rn. 470); es ist Privaturkunde iSv § 418 ZPO (BeckOK FamFG/Günter Rn. 4). Das Attest darf sich nicht auf die Wiedergabe von Ergebnissen beschränken, sondern muss die Anknüpfungstatsachen – wie Angaben zum Sachverhalt, zur Vorgeschichte, zu Art und Ausmaß der psychischen Erkrankung oder Störung und ggf. dazu, ob der Betroffene aufgrund seiner Erkrankung seinen Willen nicht frei bestimmen kann – nennen. Sofern der Betroffene das Attest vorlegt, bestimmt er durch die Vorlage den Aussteller und dessen Qualifikation. Das Gericht kann jedoch auch nach § 26 selbst ein ärztliches Attest einholen. Das Attest muss **nicht** zwingend **schriftlich** verfasst werden (Prütting/Helms/Fröschle FamFG Rn. 16); in diesem Fall muss sich aber der wesentliche Inhalt aus einem gerichtlichen Protokoll ergeben. Wenn die Voraussetzungen des Abs. 1 vorliegen und sich das Gericht gleichwohl zur Einholung eines Gutachtens entschließt, muss das Gutachten den Anforderungen des § 280 entsprechen (BGH FamRZ 2016, 456). Das ärztliche Zeugnis muss ebenso wie das Gutachten **vor der Anhörung** nach § 278 vorliegen (Prütting/Helms/Fröschle FamFG Rn. 17; BGH FamRZ 2024, 550 zum ärztlichen Zeugnis nach § 295).

7 Durch den Verweis auf § 280 Abs. 2 stellt **Abs. 2** klar, dass das ärztliche Attest **zumindest** auf einer – zeitnahen – **persönlichen Untersuchung oder Befragung** des Betroffenen (BGH FamRZ 2017, 1866) durch den Arzt, der das Attest ausstellt, beruhen muss (→ FamFG § 280 Rn. 6). Es ist daher unerlässlich, im Attest den Zeitpunkt der Untersuchung anzugeben. Eine telefonische Befragung durch den Arzt ist nicht ausreichend (OLG Frankfurt a. M. FamRZ 2005, 303). Das Attest muss auch zumindest knappe Angaben zum Sachverhalt, zur Vorgeschichte, zu den Untersuchungsergebnissen sowie zur medizinischen Beurteilung der Erkrankung des Betroffenen, der daraus folgenden Beeinträchtigung seiner Lebensbewältigungskompetenz, zur Notwendigkeit einer Betreuerbestellung ebenso wie zum Umfang und zur voraussichtlichen Dauer der Maßnahme enthalten.

8 Zu den **Kosten** für das ärztliche Zeugnis → FamFG § 295 Rn. 5.

Die im Verfahren zur Verlängerung einer Betreuerbestellung vom Betreuungsgericht geforderte Stellungnahme eines psychiatrischen Sachverständigen ist im Zweifel kein Zeugnis über einen ärztlichen Befund iSv Nr. 202 Anl. 2 zu § 10 Abs. 1 JVEG, sondern ein Gutachten iSv § 9 Abs. 1 JVEG und nach einer der Honorargruppen der Anlage 1 zur § 9 Abs. 1 JVEG zu vergüten (OLG Naumburg BeckRS 2015, 10357); das gilt auch für einen Sachverständigen, der auftragsgemäß ein ärztliches Zeugnis nach § 281 erstellt (LG Darmstadt FamRZ 2017, 1344).

III. Ärztliche Schweigepflicht und Verwertungsverbot

9 Vgl. hierzu → § 280 Rn. 21–23.

IV. Ärztliches Zeugnis außerhalb von § 281

Der Gesetzgeber sieht in betreuungsrechtlicher Hinsicht auch in anderen Fällen ein ärztliches Zeugnis als ausreichend an: 10
- wenn von der Bekanntgabe der Gründe des Beschlusses nach § 288 oder § 325 abgesehen werden soll,
- bei Verlängerung der Betreuung, wenn sich der Umfang der Betreuungsbedürftigkeit offensichtlich nicht verringert hat (§ 295),
- bei einer einstweiligen Anordnung nach §§ 300, 301 bzw. nach §§ 331, 332
- wenn von dem Umstand, dass die Entscheidung anderen Behörden usw. mitgeteilt wurde, abgesehen wurde (§ 308 Abs. 3)
- bei Genehmigung von freiheitsentziehenden Maßnahmen oder Unterbringungsmaßnahmen nach § 311 Nr. 4 (§ 321 Abs. 2).

§ 282 Vorhandene Gutachten zur Feststellung der Pflegebedürftigkeit

(1) **Das Gericht kann im Verfahren zur Bestellung eines Betreuers von der Einholung eines Gutachtens (§ 280 Absatz 1) absehen, soweit es durch die Verwendung eines bestehenden ärztlichen Gutachtens zur Feststellung der Pflegebedürftigkeit nach § 18b des Elften Buches Sozialgesetzbuch feststellen kann, inwieweit bei dem Betroffenen infolge einer Krankheit oder einer Behinderung die Voraussetzungen für die Bestellung eines Betreuers vorliegen.**

(2) [1]**Das Gericht darf dieses Gutachten einschließlich dazu vorhandener Befunde zur Vermeidung weiterer Gutachten bei der Pflegekasse anfordern.** [2]**Das Gericht hat in seiner Anforderung anzugeben, für welchen Zweck das Gutachten und die Befunde verwandt werden sollen.** [3]**Das Gericht hat übermittelte Daten unverzüglich zu löschen, wenn es feststellt, dass diese für den Verwendungszweck nicht geeignet sind.**

(3) [1]**Kommt das Gericht zu der Überzeugung, dass das eingeholte Gutachten und die Befunde im Verfahren zur Bestellung eines Betreuers geeignet sind, eine weitere Begutachtung ganz oder teilweise zu ersetzen, hat es vor einer weiteren Verwendung die Einwilligung des Betroffenen oder des Pflegers für das Verfahren einzuholen.** [2]**Wird die Einwilligung nicht erteilt, hat das Gericht die übermittelten Daten unverzüglich zu löschen.**

(4) **Das Gericht kann unter den Voraussetzungen der Absätze 1 bis 3 von der Einholung eines Gutachtens nach § 280 insgesamt absehen, wenn die sonstigen Voraussetzungen für die Bestellung eines Betreuers zur Überzeugung des Gerichts feststehen.**

I. Allgemeines

Bei Einleitung eines **Betreuungsverfahrens** steht das Betreuungsgericht häufig vor der Schwierigkeit, sich allein aufgrund der aus der Anregung ergebenden Erkenntnisse kein ausreichendes Bild darüber verschaffen zu können, welche weiteren Erkenntnisse und Ermittlungen notwendig sein werden, um die Frage u.a. der Betreuungsbedürftigkeit abschließend klären zu können. § 282 will dem Betreu- 1 ungsgericht sowie dem beauftragten Sachverständigen durch **Verwertung bereits bestehender Gutachten** die Verschaffung dieser Kenntnisse ermöglichen (BT-Drs. 15/2494, 41; BT-Drs. 15/4874, 29). Auf eine wiederholte Begutachtung soll verzichtet werden **können,** wenn in einem Gutachten zur **Pflegeversicherung** bereits zu in Betreuungsverfahren klärungsbedürftigen Fragen Aussagen enthalten sind. Das Betreuungsgericht wird dadurch **nicht** von seiner eigenverantwortlichen **Prüfungspflicht entbunden.** § 282 findet auf die – besonders einschneidende – Anordnung eines **Einwilligungsvorbehalts** keine Anwendung. Zu Recht zweifelt Giers (Sternal/Giers FamFG Rn. 1) die praktische Relevanz dieser Vorschrift an. Aus Praktikabilitätsgesichtspunkten hat sich die Gutachtenverwertung nach § 282 auch längere Zeit nach seiner Einführung nicht durchsetzen können (Brosey/Lesting/Loer/Marschner BetreuungsR/Lesting Rn. 467).

II. Absehen von der Einholung eines Gutachtens (Abs. 1)

2 **Abs. 1** gibt dem Gericht die Möglichkeit, von der Einholung eines Gutachtens nach § 280 abzusehen, soweit durch die Verwendung eines bestehenden ärztlichen Gutachtens des Medizinischen Dienstes der Krankenversicherung festgestellt werden kann, inwieweit bei dem Betroffenen infolge einer psychischen Krankheit oder einer geistigen oder seelischen Behinderung die Voraussetzungen für eine Betreuerbestellung vorliegen. Die **Pflegekassen** haben gemäß **§ 18 SGB XI** durch den **Medizinischen Dienst** der Krankenversicherung (§ 275 ff. SGB V) prüfen zu lassen, ob die Voraussetzungen der Pflegebedürftigkeit erfüllt sind. **Pflegebedürftig** im Sinne des § 14 Abs. 1 SGB XI sind Personen, die gesundheitlich bedingte Beeinträchtigungen der Selbständigkeit oder der Fähigkeiten aufweisen und deshalb der Hilfe durch andere bedürfen. Es muss sich um Personen handeln, die körperliche, kognitive oder psychische Beeinträchtigungen oder gesundheitlich bedingte Belastungen oder Anforderungen nicht selbständig kompensieren oder bewältigen können. Die Pflegebedürftigkeit muss auf Dauer, voraussichtlich für mindestens sechs Monate, bestehen. Die bei der Prüfung der Pflegebedürftigkeit des Betroffenen gewonnenen Erkenntnisse kann der Betreuungsrichter unter gewissen Voraussetzungen verwerten. Denn auch § 1814 Abs. 1 BGB setzt als Ursache, dass jemand seine Angelegenheiten ganz oder teilweise nicht mehr besorgen kann, eine krankheits- bzw. behinderungsbedingte Ursache voraus. Insoweit überschneiden sich die Prüfungen.

III. Gerichtliche Anforderung des Gutachtens (Abs. 2)

3 **Abs. 2 S. 1** gibt dem Betreuungsgericht das Recht, das von der Pflegekasse in Auftrag gegebene Gutachten einschließlich der vom Medizinischen Dienst erhobenen Befunde anzufordern. Dem Betroffenen gegenüber ist die Pflegekasse zur Übermittlung gemäß § 94 Abs. 2 SGB XI berechtigt, da diese in seinem Interesse zur Vermeidung weiterer Begutachtungen erfolgt und die Verwertung nach Abs. 3 seiner Zustimmung bedarf. Der Betroffene muss zunächst über die Beiziehung nicht informiert werden; dies geschieht spätestens, wenn das Gericht die Eignung nach Abs. 3 bejaht (→ Rn. 5).

4 **Abs. 2 S. 2** verlangt von dem Gericht bei seiner Anforderung die **Angabe** des **Verwendungszwecks.** Das soll sicherstellen, dass das übersandte Gutachten nur der Prüfung der Betreuerbestellung und keinen anderen Zwecken dient.

IV. Eignung des Gutachtens (Abs. 3)

5 Nach Übermittlung des Gutachtens stellt das Gericht nach pflichtgemäßem Ermessen in einem ersten Prüfungsschritt fest, ob die in Form von Gutachten oder Befunden übermittelten Daten (elektronische Daten, Abschriften oder Kopien) nach seiner Beurteilung für die Prüfung der Voraussetzungen einer Betreuerbestellung **geeignet** sind (Abs. 3 S. 1 Hs. 1). Will das Gericht diese Gutachten und Befunde verwenden, bedarf es zur weiteren Verwertung der **Einwilligung** des **Betroffenen** oder eines **Verfahrenspflegers** (Abs. 3 S. 1 Hs. 2; krit. und diff. zur Einwilligung des Verfahrenspflegers Haußleiter/Haußleiter Rn. 3; Sternal/Giers FamFG Rn. 6; BeckOK FamFG/Günter Rn. 7). Dem nicht einwilligungsfähigen Betroffenen muss zur Prüfung der Erteilung der Einwilligung ein Verfahrenspfleger bestellt werden, dessen Einwilligung die des Betroffenen ersetzt. Ihm ist zur Entscheidungsfindung Einsicht in die angeforderten Befunde und das Gutachten, aber auch in die übrige Akte zu gewähren **(Abs. 3 S. 1).**

6 Stellt das Gericht fest, dass die übermittelten Gutachten oder Befunde für die Prüfung der Voraussetzungen einer Betreuerbestellung **ungeeignet** sind (Abs. 2 S. 3) oder hat der Betroffene oder der Verfahrenspfleger seine Zustimmung **verweigert** (Abs. 3 S. 2), hat es diese unverzüglich zu **löschen** (BeckOK FamFG/Günter Rn. 8) bzw. eventuell überlassene Ablichtungen zu vernichten. Aus der **verweigerten Zustimmung** des Betroffenen bzw. des Verfahrenspflegers folgt für das Gericht ein **Verwertungsverbot** der erhobenen Daten (BT-Drs. 15/4874, 65) und die Pflicht zur Rückgabe der in Papierform übermittelten Originale. Damit wird vermieden, dass solche für das Verfahren unnütze Daten weiter Teil der Akten bleiben und uU Dritten zugänglich gemacht werden.

V. Verwertung des Gutachtens (Abs. 4)

7 Nach **Abs. 4** hat das Gericht – bei Vorliegen der sonstigen Voraussetzungen – die Möglichkeit (nach eigenem Ermessen) auf eine Begutachtung zu verzichten bzw. von der Einholung weiterer Gutachten abzusehen, wenn aufgrund seiner weiteren Ermittlungen und Erkenntnisse und nach Anhörung des Betroffenen eine **zweifelsfreie** Überzeugungsbildung zu den gesamten Voraussetzungen der Betreuerbestellung möglich ist. Soll das Gutachten der Betreuerbestellung nicht nur teilweise, sondern ganz zugrunde gelegt werden, so muss es durch einen den Anforderungen des § 280 entsprechenden Sachverständigen erstellt worden sein (Sternal/Giers FamFG Rn. 3).

Hatte der Betroffene bei Eigenbetreuungsantrag ursprünglich nach § 281 auf eine Begutachtung verzichtet, so dass nur ein **ärztliches Attest** eingeholt worden war, ist nach § 294 Abs. 2 ein Gutachten dann einzuholen (nachzuholen), wenn ein Antrag des Betroffenen auf Einschränkung oder Aufhebung der Betreuung erstmalig abgelehnt werden soll. Dieses Gutachten kann nicht das Gutachten nach § 282 sein, welches der Betroffene nach § 281 als ärztliches Attest vorlegte (KG FamRZ 2007, 81).

8 Ist das Gericht im Verfahren auf Bestellung eines Betreuers und nach der mündlichen Erläuterung nicht von der Richtigkeit der Gutachten überzeugt, dann muss es ein weiteres Gutachten in Auftrag geben, wenn es nicht seine eigene überlegene Sachkunde nachprüfbar darlegt (BayObLG FamRZ 1994, 720 für Zweifel am Vorliegen einer Erkrankung). Liegen in dem Gutachten der Pflegeversicherung

medizinische Diagnosen vor, die der Betreuungsrichter selbst oder unter Beiziehung von sachverständiger Hilfe seiner Entscheidung zugrunde legen kann, entfällt damit nicht zwangsläufig jede weitere Begutachtung. Möglicherweise sind ergänzende gutachtliche Feststellungen erforderlich.

§ 283 Vorführung zur Untersuchung

(1) [1]**Das Gericht kann anordnen, dass der Betroffene zur Vorbereitung eines Gutachtens untersucht und durch die zuständige Behörde zu einer Untersuchung vorgeführt wird.** [2]**Der Betroffene soll vorher persönlich angehört werden.**

(2) [1]**Gewalt darf die Behörde nur anwenden, wenn das Gericht dies ausdrücklich angeordnet hat.** [2]**Die zuständige Behörde ist befugt, erforderlichenfalls die Unterstützung der polizeilichen Vollzugsorgane nachzusuchen.**

(3) [1]**Die Wohnung des Betroffenen darf ohne dessen Einwilligung nur gewaltsam geöffnet, betreten und durchsucht werden, wenn das Gericht dies zu dessen Vorführung zur Untersuchung ausdrücklich angeordnet hat.** [2]**Vor der Anordnung ist der Betroffene persönlich anzuhören.** [3]**Bei Gefahr im Verzug kann die Anordnung durch die zuständige Behörde ohne vorherige Anhörung des Betroffenen erfolgen.** [4]**Durch diese Regelung wird das Grundrecht auf Unverletzlichkeit der Wohnung aus Artikel 13 Absatz 1 des Grundgesetzes eingeschränkt.**

I. Vorführung (Abs. 1)

1 Ist der Betroffene nicht bereit, beim Sachverständigen zur Untersuchung zu erscheinen und wird der Sachverständige im Rahmen einer richterlichen Anhörung in seiner Gegenwart keinen ausreichenden Eindruck gewinnen können, so ist bei ausreichenden Anknüpfungstatsachen **(Verhältnismäßigkeitsgrundsatz)** die zwangsweise **Vorführung** des Betroffenen gerechtfertigt. Dabei ist entscheidend, ob **hinreichende Anhaltspunkte** für eine Betreuungsbedürftigkeit des Betroffenen sprechen (BGH BtPrax 2018, 116). Die Vorführung zur Untersuchung kann durch das Betreuungsgericht durch Beschluss (Haußleiter/Heidebach Rn. 3) angeordnet werden, wenn der Betroffene nicht freiwillig zum Untersuchungstermin erscheint. Der Betroffene darf **nicht** gegen seinen Willen in seiner **Wohnung** begutachtet werden (BGH BtPrax 2013, 31). Im Gegensatz zur Untersuchung selbst (→ FamFG § 280 Rn. 8) kann die Vorführung zum Sachverständigen gegen den Willen des Betroffenen erfolgen. Die Vorführung muss zur Schonung des Betroffenen durch die nach BtOG zuständige **Fachbehörde,** d.h. die örtlich zuständige Betreuungsbehörde (nicht den Gerichtsvollzieher), vorgenommen werden. Es ist anzunehmen, dass diese über hinreichend geschultes Personal verfügt (BT-Drs. 16/6308, 268). Abs. 1 gestattet lediglich die Organisation des Transports. Die Anwendung von Gewalt, also das physische Überwinden körperlichen Widerstands, ist nach Abs. 2 zusätzlich richterlich anzuordnen (Prütting/Helms/Fröschle FamFG Rn. 4).

Die Norm gilt für alle Gutachtenerstellungen im Sinne des § 280 (Sternal/Giers FamFG Rn. 2; BeckOK FamFG/Günter Rn. 2; diff. Prütting/Helms/Fröschle FamFG Rn. 2).

Ausnahmsweise darf der Betroffene, wenn es sich um einen **Rechtsanwalt** handelt und das Verfahren auf Bestellung eines Betreuers nur dem Zweck dient, die Durchführung eines **anwaltsgerichtlichen Verfahrens** zu ermöglichen, **nicht** zur Vorbereitung eines Gutachtens über seinen psychischen Zustand zwangsweise **in ein psychiatrisches Krankenhaus** verbracht werden. Denn nach **§ 117 BRAO** darf ein Rechtsanwalt zur Durchführung eines solchen Verfahrens weder vorläufig festgenommen noch verhaftet oder vorgeführt werden. Die sich hieraus ergebenden Nachteile einer gerichtlichen Entscheidung ohne persönliche Anhörung und auf Gutachtenbasis nach Aktenlage werden dafür in Kauf genommen (OLG Stuttgart FGPrax 2007, 47).

Die **Zwangsmaßnahmen** (Anordnung der Untersuchung und die Vorführung des Betroffenen ebenso wie die Maßnahmen nach **Abs. 2 und 3**) als solche müssen **verhältnismäßig** sein (BGH FamRZ 2019, 1648; BtPrax 2015, 67). Hieran fehlt es, wenn noch mildere Mittel – wie zB eine Androhung der Maßnahmen – zur Verfügung stehen (BGH BtPrax 2018, 116; vgl. MüKoFamFG/Schmidt-Recla Rn. 4 mwN; Brosey/Lesting/Loer/Marschner BetreuungsR Rn. 476) oder wenn nach Abwägung aller betroffenen Rechtgüter der angestrebte Zweck außer Verhältnis zur Schwere der eingesetzten Mittel steht d.h., wenn die Vorführung usw. des Betroffenen oder deren zwangsweise Vollziehung außer Verhältnis zum Verfahrensgegenstand stehen würden (BGH BtPrax 2018, 116). Soweit ersichtlich, ist bisher noch nicht höchstrichterlich entschieden, was die Folge wäre, wenn das Gericht zu dem Ergebnis käme, eine Vorführung nach § 283 oder eine Unterbringung zur Begutachtung nach § 284 sei wegen der Mittel-Zweckrelation unverhältnismäßig. In diesem Falle müsste nach der hier vertretenen Auffassung die ins Auge gefasste Maßnahme wie zB Betreuerbestellung insgesamt als unverhältnismäßig unterbleiben; keinesfalls kann dies nämlich zur Folge haben, dass das Gutachten ohne Untersuchung erstellt werden kann. 2

Zur Sicherung der Verfahrensrechte des Betroffenen **soll** dieser daher vor der Vorführung **persönlich angehört** werden (Abs. 1 S. 2), um ihm die Konsequenzen seiner Weigerung vor Augen zu führen (BGH BtPrax 2018, 116) und ihm die Möglichkeit zu geben, eine überraschende zwangsweise Vorführung zu vermeiden (BVerfG BtPrax 2021, 188; BtPrax 2018, 151). Häufig wird sich jedoch der Betroffene, der sich nicht freiwillig zum Sachverständigen begibt, auch weigern, an einer richterlichen Anhörung teilzunehmen. Es muss jedoch zumindest versucht werden, einen persönlichen Kontakt zu dem Betroffenen herzustellen. Bei einer **dauerhaft verweigerten Kontaktaufnahme** wird eine schriftliche Anhörung des Betroffenen, bei der ihm im Anschluss an eine Belehrung über die Folgen seines Verhaltens Gelegenheit zur Stellungnahme gegeben wird, ausreichen, aber auch erforderlich sein (Sternal/Giers FamFG Rn. 5; BVerfG FamRZ 2021, 1234). Das Gericht soll sowohl im Rahmen der persönlichen Anhörung (BeckOK FamFG/Günter Rn. 3) als auch im Fall der **Verweigerung** der vorherigen **persönlichen Anhörung** durch den Betroffenen dem Betroffenen vor Augen führen, welche Konsequenzen – nämlich Vorführung – seine Weigerung der Kontaktaufnahme hat (Sternal/Giers FamFG Rn. 5). Eine Anhörung kann beim nicht mitwirkungsbereiten Betroffenen ausnahmsweise **unterbleiben** (die vorherige Anhörung soll nach S. 2 erfolgen), wenn das Gericht die Zwangsmaßnahmen für unverhältnismäßig hält oder wenn zu befürchten ist, dass sich der Betroffene bei Ankündigung der Vorführung entzieht. Unterbleibt die Anhörung, muss das Gericht vor der Vorführungsanordnung sonstige Feststellungen treffen, die die Annahme der Betreuungsbedürftigkeit des Betroffenen rechtfertigen können (→ Rn. 6).

II. Anwendung von Gewalt (Abs. 2)

3 Abs. 2 S. 1 regelt, dass die Anwendung von Gewalt in jedem Fall einer Entscheidung des Gerichts bedarf (Formulierung im Beschluss → Rn. 7). Die Unterstützung durch **polizeiliche Vollzugsorgane** nach Abs. 2 S. 2 ist nur als ultima ratio zulässig (BT-Drs. 16/6308, 268). Immer hat eine Verhältnismäßigkeitsprüfung stattzufinden (→ Rn. 2).

III. Betreten der Wohnung (Abs. 3)

4 Mit Abs. 3 S. 1 wurde zum einen der verfassungsrechtlichen Forderung nach einer Ermächtigungsgrundlage für das Öffnen und Betreten einer Wohnung, dem auch das BVerfG in seinem Beschluss vom 21.8.2009 (FamRZ 2009, 1814; LG Darmstadt BtPrax 2012, 129 sowie RPfleger 2012, 538) Ausdruck verliehen hat, Rechnung getragen. Zum anderen wurde das – ebenfalls verfassungsrechtliche – Erfordernis einer **richterlichen Ermächtigung,** die Wohnung des Betroffenen ggf. **gegen seinen Willen** zu betreten, aufgenommen. S. 1 stellt klar, dass gerichtliche Betretens- und Durchsuchungsanordnungen nur zu dem Zweck erfolgen dürfen, den Betroffenen aufzufinden, um ihn zu einer Untersuchung in den Räumlichkeiten des Sachverständigen vorzuführen (BVerfG BtPrax 2018, 111; Formulierung im Beschluss → Rn. 7). Aufgrund des mit einer Durchsuchungsanordnung verbundenen erheblichen Eingriffs in Artikel 13 Abs. 1 GG ist die **Angabe des Zwecks** der Durchsuchung im Wortlaut des Beschlusses geboten. Zugleich wird dem Gesetzesvorbehalt für Durchsuchungen in Artikel 13 Abs. 2 GG entsprochen (BR-Drs. 308/12, 32). Das Betreten der Wohnung des Betroffenen darf nur angeordnet werden, wenn ausreichend Erkenntnisse darüber vorliegen, dass der Betroffene die Mitarbeiter der Betreuungsbehörde nicht freiwillig in die Wohnung lassen oder er die Wohnungstür nicht öffnen wird (BeckOK FamFG/Günter Rn. 7). Im Fall einer Durchsuchungsanordnung **muss** der Betroffene vorher **persönlich angehört** werden (BVerfG BtPrax 2018, 151), damit soll der erhöhten Grundrechtsrelevanz einer solchen Maßnahme Rechnung getragen werden (Abs. 3 S. 2; dies wird auch vom BVerfG in verschiedenen Entscheidungen gefordert: BtPrax 2021, 188; BtPrax 2011, 28; BtPrax 2010, 173; BtPrax 2010, 75). Verweigert der Betroffene die persönliche Anhörung zum Thema Wohnungsöffnung und -durchsuchung so kann das Betreuungsgericht ausschließlich in Bezug auf dieses Thema nach § 33 vorgehen (so HK-BetreuungsR/Bučić Rn. 16). Von der persönlichen Anhörung darf nach S. 3 darüber hinaus nur bei Vorliegen der Voraussetzungen von Gefahr im Verzug abgesehen werden. In diesem Fall kann die Anordnung auch durch die zuständige Behörde getroffen werden (BR-Drs. 308/12, 32; Haußleiter/Heidebach Rn. 8–9). § 283 stellt jedoch keine Ermächtigungsgrundlage dafür dar, eine Anhörung/Begutachtung des Betroffenen in dessen Wohnung gegen dessen Willen durchzuführen (BVerfG BtPrax 2018, 111); entsprechendes gilt für § 322. Auch bei einer Maßnahme nach Abs. 3 hat immer eine **Verhältnismäßigkeitsprüfung** stattzufinden (→ Rn. 2).

Die Durchsuchung der Wohnung eines **Dritten,** bei dem sich der Betroffene lediglich aufhält, ohne dort zu wohnen, ist nicht zulässig; ggf. muss eine Herausgabeverfügung nach §§ 1834 Abs. 2 und 3 BGB erwirkt werden (Prütting/Helms/Fröschle FamFG Rn. 18).

Eine Betreuungsbehörde, die einen Betroffenen zum Zweck der Begutachtung vorführt, nimmt eine **originär eigene** Aufgabe im Sinne von § 11 Abs. 1 S. 1 BtOG wahr und hat demzufolge die hierdurch verursachten **Kosten** – zB für die Türöffnung – oder die **Kosten der Vorführung** selbst zu tragen; angesichts der spezialgesetzlich geregelten Aufgabenzuweisung in § 283 FamFG kann insbesondere nicht von einem Tätigwerden der Betreuungsbehörde im Wege der Amtshilfe ausgegangen werden (BGH BtPrax 2016, 76). Dies gilt auch bei der Unterstützung des Betreuers durch die Betreuungsbehörde bei der Zuführung zur genehmigten **Unterbringung** nach § 326, da es sich auch hier um eine eigene, originäre Aufgabe der Behörde handelt (LG Karlsruhe BeckRS 2011, 24483).

IV. Rechtsmittel

Da es sich bei der Vorführungsanordnung um eine **Zwischenentscheidung** handelt (→ FamFG § 58 Rn. 6 ff.), weil mit dieser Entscheidung der Verfahrensgegenstand weder ganz noch teilweise erledigt wird (§ 38 Abs. 1 S. 1), ist diese **nicht** bzw. nach § 58 Abs. 2 nur zusammen mit der Hauptentscheidung **anfechtbar** (BT-Drs. 16/6308, 203; Haußleiter/Heidebach Rn. 12; aA Prütting/Helms/Fröschle FamFG Rn. 22). Neben- und Zwischenentscheidungen sind nur dann anfechtbar, wenn dies im Gesetz ausdrücklich bestimmt ist (BT-Drs. 16/6308, 166). Die Unanfechtbarkeit ergibt sich auch aus einem Umkehrschluss aus § 284 Abs. 3 S. 2, in dem gegen die Zwischenentscheidungen der §§ 284 Abs. 1 und 2 die sofortige Beschwerde ausdrücklich zugelassen wurde. 5

Die Unanfechtbarkeit der Zwischenentscheidung gilt nicht nur für die Anordnung nach **Abs. 1,** sondern auch für die Anordnungen nach **Abs. 2 und 3** (Sternal/Giers FamFG Rn. 8). Die Vorführungsanordnung ist somit auch unanfechtbar, wenn sie mit der Gestattung der Inanspruchnahme der **Unterstützung der Polizei** und des **Betretens der Wohnung** zum Zweck der Vorführung verbunden ist (BayObLG BtPrax 2002, 215; FamRZ 1994, 1190; OLG Hamm FamRZ 1997, 440; aA OLG Celle FamRZ 2007, 167 unter Geltung der alten Rechtslage).

Der Grundsatz der **Unanfechtbarkeit** dieser Entscheidungen wurde durch den **BGH** im Jahre 2007 (BtPrax 2007, 167; so auch LG Saarbrücken BeckRS 2009, 08055; LG Verden BtPrax 2010, 243 und BVerfG BtPrax 2010, 173) **eingeschränkt.** Der Betroffene kann die gerichtlichen Anordnungen nach § 283 Abs. 1, 2 und 3 jedenfalls dann mit der Beschwerde angreifen, wenn die Anordnung **objektiv willkürlich,** d.h. in so **krassem Maße rechtsfehlerhaft** ist, dass sie unter Berücksichtigung des Schutzzwecks von Art. 3 Abs. 1 und 103 Abs. 1 GG nicht mehr verständlich erscheint (hier ohne vorherige Anhörung nach § 283 Abs. 1; → FamFG § 58 Rn. 11 und Rn. 18). Es ist äußerst umstritten, ob diese Rechtsprechung unter der Geltung des FamFG und der abschließenden Regelung in § 58 noch Gültigkeit haben kann (**bejahend:** Musielak/Borth/Frank/Frank FamFG § 58 Rn. 8; MüKoFamFG/Schmidt-Recla § 278 Rn. 57 und § 283 Rn. 11; Jox/Fröschle Rn. 13; HK-BetreuungsR/Bučić § 280 Rn. 33 und § 283 Rn. 18; Prütting/Helms/Fröschle FamFG Rn. 22 zu den in § 283 enthaltenen Anordnungen; **verneinend:** Sternal/Göbel FamFG § 58 Rn. 32, § 44 Rn. 8, Anhang zu § 58 Rn. 60; § 278 Rn. 37, § 283 Rn. 8; BeckOK FamFG/Obermann § 58 Rn. 75; BeckOK FamFG/Günter Rn. 8; Haußleiter/Heidebach Rn. 12). Zunehmend wird insbesondere wegen der sogenannten **Rechtmittelklarheit** jedenfalls in der Literatur (Sternal/Göbel FamFG § 58 Rn. 32 und BeckOK 6

FamFG/Günter Rn. 8) gefordert, dass die außerordentliche Beschwerde auch in Fällen krassen Unrechts abzulehnen sei und der einzig zulässige Weg die Verfassungsbeschwerde sei. Eine gesetzgeberische Klarstellung wäre hier nicht nur wünschenswert, sondern auch geboten.

Zur Möglichkeit der Anfechtung einer unanfechtbaren Zwischenentscheidung mittels **Verfassungsbeschwerde** → FamFG § 58 Rn. 18. Eine Anordnung nach § 283 zur Untersuchung und zwangsweisen Vorführung des Betroffenen kann eine Verfassungsbeschwerde begründen, wenn der Betroffene entgegen § 283 Abs. 1 S. 2 vor der Anordnung nicht persönlich oder zumindest schriftlich angehört wurde (BVerfG BtPrax 2019, 198). Dies gilt auch, wenn der Betroffene seine Zusammenarbeit mit dem Gutachter ausdrücklich verweigerte (BVerfG BeckRS 2010, 56392); hier wäre im Übrigen auch eine **Anhörungsrüge** nach § 44 möglich.

V. Beschlussformel

7 „Der/Die Betroffene …… ist zur Vorbereitung der Gutachtenerstellung zur Prüfung der Notwendigkeit einer Betreuerbestellung (bzw. eines Einwilligungsvorbehalts usw.) durch Dr. …… ärztlich zu untersuchen. Hierzu ist er/sie durch die Betreuungsbehörde …… zum Sachverständigen in …… (Hinweis: *Vorführungsort benennen*) vorzuführen.

(Hinweis: Der Beschluss ist unanfechtbar, sofortige Wirksamkeit muss nicht angeordnet werden.)

Ggf.: Der Betreuungsbehörde …… wird gestattet, bei der Vorführung des Betroffenen zu dessen Untersuchung Gewalt anzuwenden. Die Betreuungsbehörde …… ist befugt, hierbei erforderlichenfalls um die Unterstützung der polizeilichen Vollzugsorgane nachzusuchen.

Ggf.: Die Wohnung des Betroffenen in …… (genaue Bezeichnung) darf zum Zwecke der Vorführung des Betroffenen zu dessen Untersuchung gewaltsam gegen den Willen des Betroffenen geöffnet, betreten und durchsucht werden."

§ 284 Unterbringung zur Begutachtung

(1) [1]**Das Gericht kann nach Anhörung eines Sachverständigen beschließen, dass der Betroffene auf bestimmte Dauer untergebracht und beobachtet wird, soweit dies zur Vorbereitung des Gutachtens erforderlich ist.** [2]**Der Betroffene ist vorher persönlich anzuhören.**

(2) [1]**Die Unterbringung darf die Dauer von sechs Wochen nicht überschreiten.** [2]**Reicht dieser Zeitraum nicht aus, um die erforderlichen Erkenntnisse für das Gutachten zu erlangen, kann die Unterbringung durch gerichtlichen Beschluss bis zu einer Gesamtdauer von drei Monaten verlängert werden.**

(3) [1]**§ 283 Abs. 2 und 3 gilt entsprechend.** [2]**Gegen Beschlüsse nach den Absätzen 1 und 2 findet die sofortige Beschwerde nach den §§ 567 bis 572 der Zivilprozessordnung statt.**

I. Unterbringung zur Vorbereitung des Gutachtens (Abs. 1)

Ist ohne Beobachtung für eine gewisse Zeit eine Gutachtenerstattung nicht möglich oder weigert sich der Betroffene, an einer Untersuchung mitzuwirken bzw. sich untersuchen zu lassen und kann deswegen das Gericht nicht erstattet werden (→ FamFG § 280 Rn. 8), kann das Gericht die zeitlich **befristete Unterbringung** und **Beobachtung** (keine Zwangsuntersuchung) des Betroffenen anordnen **(Abs. 1).** Voraussetzung für eine Unterbringung zur Begutachtung ist ein **konkreter Verdacht** auf die Betreuungsbedürftigkeit des Betroffenen (BayObLG FamRZ 2006, 289). § 284 ist nur zur Vorbereitung der Erstattung eines Gutachtens im Sinne des § 280 anwendbar (Sternal/Giers FamFG Rn. 1; einschränkend BeckOK FamFG/Günter Rn. 2). 1

Der Betroffene darf während dieser Zeit **nicht** gegen seinen Willen **untersucht** werden; er kann auch nicht zur Mitwirkung an der Untersuchung gezwungen werden (Sternal/Giers FamFG Rn. 9). Er darf **nur beobachtet** werden und der Sachverständige muss sein Gutachten aus diesen Beobachtungen erstellen (Prütting/Helms/Fröschle FamFG Rn. 7). Eine (andere) Behandlung gegen den Willen des Betroffenen darf in dieser Zeit nicht erfolgen, wenn der Betroffene ausschließlich nach § 284 (und nicht auch nach öffentlich-rechtlichen Vorschriften oder nach §§ 1831, 1867 BGB) untergebracht ist.

Vor der Unterbringung zur Beobachtung hat eine schriftliche oder persönliche **Anhörung** des **Sachverständigen** dazu, **ob** und für welche **Dauer** eine Beobachtung erforderlich ist, zu erfolgen. Hierzu muss eine sachverständige Stellungnahme zu den sachlichen Voraussetzungen der Unterbringung nach § 284 erfolgen. Zweckmäßigerweise sollte diese Stellungnahme von dem Sachverständigen abgegeben werden, der später das Gutachten erstellen soll bzw. der mit der Gutachtenerstellung beauftragt ist. Der Sachverständige muss insbesondere dazu Stellung nehmen, ob **deutliche Anhaltspunkte** für eine Erkrankung bei dem Betroffenen bestehen, die im Rahmen der abschließenden Entscheidung zu einer Betreuerbestellung führen kann (Sternal/Giers FamFG Rn. 5; Haußleiter/Heidebach Rn. 5). Die Anordnung einer Unterbringung zur Beobachtung setzt daher **deutliche Anzeichen** für eine Krankheit/Behinderung des Betroffenen und eine damit einhergehende Beeinträchtigung der Lebensbewältigungskompetenz voraus. 2

Ebenso ist der Betroffene selbst vorher zu dieser Maßnahme **anzuhören.** Genau wie bei der Anhörungsvorschrift des § 283 Abs. 3 S. 2 handelt es sich bei der des Abs. 1 S. 2 um eine **zwingende Vorschrift** („ist vorher persönlich anzuhören"). Für diese gilt § 278 Abs. 1, 3 und 5 (Haußleiter/Heidebach Rn. 3). Im Fall der **Verweigerung der vorherigen Anhörung** durch den Betroffenen, kann nach der hier vertretenen Auffassung auch **Zwang** nach § 278 Abs. 5 ebenso wie nach Abs. 3 S. 1 iVm § 283 Abs. 2 und 3 (→ FamFG § 283 Rn. 3–4) angeordnet werden (BeckOK FamFG/Günter Rn. 8), da die Verweisung in Abs. 3 S. 1 auf § 283 Abs. 2 und 3 auf die Durchsetzung des Abs. 1 insgesamt – nicht nur auf die dort genannte Unterbringung, sondern auch auf die in Abs. 1 S. 2 angeordneten Anhörung – abzielt. Daneben sind § 34 Abs. 2 und Abs. 3 anzuwenden (Sternal/Giers FamFG Rn. 2; Prütting/Helms/Fröschle FamFG Rn. 5), wenn das Gericht nach pflichtgemäßem Ermessen entscheidet, dass die Anwendung von Zwang unverhältnismäßig wäre. Erscheint also der Betroffene in diesem Fall zum Anhörungstermin nicht und ist er vorher über diese Folge belehrt worden, kann die Unterbringung daher ohne persönliche Anhörung angeordnet werden (§ 34 3

Abs. 3). In diesen Fällen ist jedoch immer ein **Verfahrenspfleger** zu bestellen (Sternal/Giers FamFG Rn. 2).

II. Kosten der Unterbringung

4 Grundsätzlich sind die Kosten der Unterbringung **Auslagen des Sachverständigen** (Erstattung der Kosten des stationären Aufenthalts sind Aufwendungen des Sachverständigen nach §§ 8 Abs. 1 Nr. 4, 12 JVEG), weil er die Beobachtung allein für seine Gutachtenerstellung braucht (BeckOK FamFG/Günter Rn. 25; so wohl auch Haußleiter/Heidebach Rn. 12). Auch wenn die Unterbringung eines Betroffenen in einem Psychiatrischen Krankenhaus zur Vorbereitung eines Gutachtens richterlich angeordnet wird, kommt die Erstattung der Kosten nach §§ 8 Abs. 1 Nr. 4, 12 JVEG nur dann in Betracht, wenn der Aufenthalt ausschließlich der Begutachtung diente. Sind daneben auch medizinische Gründe gegeben, die einen stationären Krankenhausaufenthalt zur Erkennung oder Behandlung einer Krankheit erfordern, so wird die Leistungspflicht der Krankenkasse bzw. des Sozialhilfeträgers durch die richterliche Anordnung der Unterbringung nicht ausgeschlossen (OLG Frankfurt a. M. FGPrax 2008, 275; Prütting/Helms/Dürbeck FamFG Rn. 19). Zu den Kosten der **Betreuungsbehörde** bei Ausübung von Zwang → § 283 Rn. 4.

III. Dauer der Unterbringung (Abs. 2)

5 Die Unterbringung ist auf maximal **sechs Wochen** befristet, mit Verlängerungsmöglichkeit auf eine Gesamtdauer von drei Monaten. Bei der Verlängerungsentscheidung sind die förmlichen Voraussetzungen wie bei der Erstunterbringung (persönliche Anhörung des Betroffenen und sachverständige Stellungnahme, vgl. → Rn. 2–3) einzuhalten (Sternal/Giers FamFG Rn. 7, Haußleiter/Heidebach Rn. 7; aA BeckOK FamFG/Günter Rn. 8: erneute persönliche Anhörung – nicht jedoch rechtliches Gehör – kann unterbleiben).

IV. Entscheidung des Gerichts

6 Da es sich um eine Freiheitsentziehung handelt, ist der Richter für diese Entscheidung funktional zuständig, die in Form eines **Beschlusses,** welcher zu begründen ist, ergeht (§ 38). Die Maßnahme (Unterbringung) wird **angeordnet** und nicht genehmigt (anders bei § 1831 Abs. 1 BGB). Es sind ebenso die (Höchst-) **Dauer,** der **Ort** und der **Zweck** der Unterbringung genau zu bezeichnen (Sternal/Giers FamFG Rn. 6). Die Höchstdauer muss nicht ausgeschöpft werden, wenn vorher eine Begutachtung möglich ist. Ggf. ist der Unterbringungsbeschluss in entsprechender Anwendung des § 330 aufzuheben (Prütting/Helms/Fröschle FamFG Rn. 11).

Der Beschluss ist mit einer **Rechtsmittelbelehrung** nach § 39 zu versehen. Zulässiges Rechtsmittel ist die „sofortige Beschwerde" nach §§ 567 bis 572 ZPO (zweiwöchige Frist); vgl. → Rn. 9.

V. Ultima ratio

§ 284 findet nur Anwendung, wenn mildere ärztliche Maßnahmen, insbesondere eine Vorführung zur Untersuchung oder zum Erörterungstermin (§ 283), gescheitert sind und der Betroffene nach wie vor seine Mitwirkung bei der Untersuchung verweigert (Brosey/Lesting/Loer/Marschner BetreuungsR Rn. 476). Wegen der Schwere des Grundrechtseingriffs muss bei jeder Entscheidung nach § 284 eine **strenge Verhältnismäßigkeitsabwägung** erfolgen. Es müssen vorher sämtliche Möglichkeiten der Kontaktaufnahme durch den Sachverständigen ausgeschöpft worden sein (Sternal/Giers FamFG Rn. 4). Danach kommt eine Unterbringung nur dann in Betracht, wenn die Nachteile, die ohne Unterbringung und Beobachtung im klinischen Rahmen entstehen würden (also die Ablehnung der Betreuung ohne weitere betreuungsgerichtliche Ermittlungen), die Schwere der Freiheitsentziehung deutlich überwiegen (BayObLG BtPrax 2002, 215; OLG Saarbrücken BeckRS 2005, 01473; LG München I FamRZ 2007, 2008; AG Obernburg FamRZ 2008, 1559). Ziel der Maßnahme ist die Beschaffung einer ausreichenden Datenbasis für die notwendige psychiatrische Begutachtung (BeckOK FamFG/Günter Rn. 5). Der Betroffene darf bei Vollzugshilfe der Polizei festgehalten und im äußersten Fall gefesselt werden. Die Vergabe beruhigender Medikamente ist einem behandelnden Arzt vorbehalten; gegen den Willen des Betroffenen darf er nur sediert werden, um eine akute psychische Krise aufzufangen (BeckOK FamFG/Günter Rn. 14). Eine Unterbringungsanordnung nach Abs. 2 setzt eine ambulante Vorführungsanordnung nach § 283 voraus (Sternal/Giers FamFG Rn. 4; aA BeckOK FamFG/Günter Rn. 16), sie kann sich aber an eine Vorführungsanordnung nach § 283 unmittelbar anschließen, wenn sich der Betroffene auch bei der Vorführung nicht kooperationsbereit zeigt (Sternal/Giers FamFG Rn. 4). 7

VI. Durchsetzung (Abs. 3 S. 1)

Durch den Verweis in **Abs. 3 S. 1** auf § 283 Abs. 2 und 3 wird klargestellt, dass sowohl die Anwendung von **Gewalt** als auch das **Betreten der Wohnung** des sich weigernden Betroffenen – nach dessen vorheriger Anhörung – richterlich angeordnet werden können (und müssen). Zwang ist ggf. notwendig, um den Betroffenen aufzufinden, ihn zur Einrichtung zuzuführen und seinen Verbleib während der Dauer der Beobachtungsunterbringung zu sichern (BeckOK FamFG/Günter Rn. 10). Die **richterliche Anordnung** dieser Gewaltmittel bezieht sich auf die Durchsetzung der Unterbringungsanordnung und lässt konkret die richterliche Anordnung der **zwangsweisen Zuführung** zur Unterbringung und eines **Betretensrechts** der Wohnung des Betroffenen zur Erreichung dieses Zwecks zu (Formulierung im Beschluss → Rn. 10). Wegen der Einzelheiten wird auf die Kommentierung zu § 283 (→ FamFG § 283 Rn. 3 und 4) verwiesen. Zu den Kosten der **Betreuungsbehörde** → FamFG § 283 Rn. 4. 8

VII. Rechtsmittel (Abs. 3 S. 2)

Nach Abs. 3 **S. 2** ist die **Unterbringungsanordnung** und die **Anordnung der Verlängerung** der Unterbringung selbstständig mit der **sofortigen** 9

Beschwerde nach **ZPO** (§§ 567 bis 572 ZPO) anfechtbar. Als Zwischenentscheidung (→ FamFG § 58 Rn. 6 ff.), mit der der Verfahrensgegenstand weder ganz noch teilweise erledigt wird (§ 38 Abs. 1 S. 1), ist die Unterbringung nur deswegen selbstständig anfechtbar, weil das Gesetz in Abs. 3 S. 2 die Anfechtbarkeit ausdrücklich zulässt (§ 58 Abs. 2; → FamFG § 58 Rn. 7). Dies gilt **nicht** für die **Maßnahmen** zur zwangsweisen Durchsetzung der Unterbringung nach Abs. 3 iVm § 283 Abs. 2 und 3 (→ Rn. 8 und → FamFG § 283 Rn. 5); diese sind unanfechtbar. Zur Unanfechtbarkeit der Anordnung der Gutachteneinholung vgl. → FamFG § 280 Rn. 24. Die Statthaftigkeit einer Rechtsbeschwerde kann nicht nach § 70, sondern nur nach § 574 ZPO beurteilt werden, bedarf also immer der Zulassung durch das Beschwerdegericht (Prütting/Helms/Fröschle FamFG Rn. 16; Sternal/Giers FamFG Rn. 11).

VIII. Beschlussformel

10 „Der Betroffene wird für die Dauer von längstens …… Wochen/Tagen zur Vorbereitung der Erstattung eines Sachverständigengutachtens zur Prüfung der Frage der Notwendigkeit einer Betreuerbestellung (bzw. eines Einwilligungsvorbehalts usw) in folgender Einrichtung **untergebracht:** __________ und dort zu diesem Zweck **beobachtet.** Der Leiter der Einrichtung hat die Unterbringung nach Zweckerreichung – Vorbereitung der Gutachtenerstattung – unverzüglich zu beenden und die Beendigung dem Gericht mitzuteilen. Die Entscheidung ist sofort wirksam.

Ggf.: Der Betreuungsbehörde …… wird gestattet, bei der Zuführung des Betroffenen zu dessen Unterbringung Gewalt anzuwenden. Die Betreuungsbehörde …… ist befugt, hierbei erforderlichenfalls um die Unterstützung der polizeilichen Vollzugsorgane nachzusuchen.

Ggf.: Die Wohnung des Betroffenen in …… (genaue Bezeichnung) darf zum Zwecke der Zuführung des Betroffenen zu dessen Unterbringung gewaltsam gegen den Willen des Betroffenen geöffnet, betreten und durchsucht werden."

§ 285 Ermittlung und Herausgabe einer Betreuungsverfügung oder einer Vorsorgevollmacht

(1) [1]**Vor der Bestellung eines Betreuers soll das Gericht die Auskunft einholen, ob eine Vorsorgevollmacht oder eine Betreuungsverfügung des Betroffenen im Zentralen Vorsorgeregister registriert ist.** [2]**Hat das Gericht von der Einholung einer Auskunft nur wegen Gefahr in Verzug abgesehen, ist die Auskunft unverzüglich nachträglich einzuholen.**

(2) [1]**In den Fällen des § 1820 Absatz 1 Satz 2, Absatz 4 Satz 1 und 2, Absatz 5 Satz 3 des Bürgerlichen Gesetzbuchs erfolgt die Anordnung der Vorlage einer Abschrift des dort genannten Dokuments oder die Anordnung der Herausgabe der Vollmachtsurkunde durch Beschluss.** [2]**Gleiches gilt für eine Anordnung der nach § 1816 Absatz 2 Satz 4 des Bürgerlichen Gesetzbuchs vorgeschriebenen Übermittlung einer Betreuungsverfügung.**

I. Allgemeines

1 § 285 wurde durch das Gesetz zur Reform des Vormundschafts- und Betreuungsrechts zum 1.1.2023 erweitert. Er enthält im neuen Abs. 1 eine Ermittlungspflicht des Betreuungsgerichts über eventuell vorhandene Vorsorgevollmachten.

Bei Abs. 2 handelt es sich um eine gerichtliche Anordnung mit vollstreckbarem Inhalt auf Vornahme bestimmter Handlungen (prozessuale Mitwirkungspflichten bestimmter Personen). Die Durchsetzung dieser Mitwirkungspflichten bedarf der **Zwangsmittel,** die in **§ 35** geregelt sind. Örtlich zuständig ist das Gericht, bei dem die Betreuungssache anhängig ist. Funktional zuständig ist der **Richter,** da er in der Regel auch für das Verfahren zuständig ist, in dem die Herausgabe erforderlich ist (zB §§ 1814, 1816 Abs. 2 bzw. 1820 Abs. 1 bzw. 4 und 5 BGB), bei Zwangsmitteln und Zwangshaft ist ebenfalls der Richter zuständig (→ RPflG § 15 Rn. 33).

II. Ermittlungspflicht (Abs. 1)

2 Im Abs. 1 wird die grundsätzliche Pflicht des Betreuungsgerichts geregelt, vor der Bestellung eines Betreuers eine Auskunft beim Zentralen Vorsorgeregister der Bundesnotarkammer einzuholen, ob dort eine Vorsorgevollmacht (§ 1820 BGB) oder eine Betreuungsverfügung (§ 1816 Abs. 2. S. 4 BGB) des Betroffenen registriert ist. Dies ist Teil der gerichtlichen Prüfung im Rahmen der Amtsermittlung (§ 26), ob eine rechtliche Betreuung erforderlich ist und welche Person gegebenenfalls als rechtlicher Betreuer zu bestellen ist. Aufgrund der Wichtigkeit der Abfrage für die gerichtliche Entscheidung, erfolgt eine ausdrückliche Regelung im Verfahrensrecht. Durch die Formulierung als „Soll"-Bestimmung kann im Einzelfall von der Einholung einer Auskunft beim Zentralen Vorsorgeregister abgesehen werden, etwa wenn ein rechtlicher Betreuer für eine Person bestellt werden soll, bei der behinderungsbedingt die wirksame Erteilung einer Vorsorgevollmacht von vornherein als ausgeschlossen erscheint. In S. 2 wird geregelt, dass es zulässig ist, bei Gefahr im Verzug von der Einholung der Auskunft abzusehen, was dann aber unverzüglich nachzuholen ist (BT-Drs. 19/24445, 333).

III. Ablieferungsplicht für Vorsorgevollmacht und Betreuungsverfügung (Abs. 2)

1. Gesetzgeberische Intention

3 Abs. 2 verweist zum einen auf **§ 1820 BGB,** in dem seit 1.1.2023 u.a. die **Vorsorgevollmacht** neu geregelt wird. Nach § 1820 Abs. 1 S. 2, Abs. 4 S. 1 und 2, Abs. 5 S. 3 BGB kann das Betreuungsgericht die Vorlage einer Abschrift oder der Herausgabe der Vollmachtsurkunde durch Beschluss anordnen. Eine Vorsorgevollmacht im engeren Sinne liegt dann vor, wenn eine Vollmacht für den Fall der **Betreuungsbedürftigkeit** erteilt worden ist (vgl. im Einzelnen dazu → BGB § 1820 Rn. 4). Ausreichend ist nach § 1820 Abs. 5 BGB, wenn sie den Bevollmächtigten zu Maßnahmen der Personensorge oder zu Maßnahmen in wesentlichen Bereichen der Vermögenssorge ermächtigt.

Daneben wird in Abs. 2 S. 2 auf die **Betreuungsverfügung** (Wunsch des Betreuten, eine bestimmte Person – nicht – zum Betreuer zu bestellen) abgestellt;

diesbezüglich ist in **§ 1816** Abs. 2 S. 4 BGB normiert, dass der Inhaber der Urkunde zur Herausgabe der Urkunde an das Betreuungsgericht verpflichtet ist. Eine **Patientenverfügung** ist nicht als Unterfall der Betreuungsverfügung anzusehen; eine Herausgabe derselben hat damit **nicht** nach § 285 Abs. 2 zu erfolgen.

2. Vorsorgevollmacht und Betreuungsverfügung

4 §§ 1820, 1816 BGB sehen an mehreren Stellen (→ Rn. 3) eine Ablieferungspflicht des Besitzers einer **Betreuungsverfügung oder Vorsorgevollmacht** vor. § 285 regelt in verfahrensrechtlicher Hinsicht den Umgang mit diesen Urkunden.

§ 285 Abs. 2 S. 1 und S. 2 betreffen folgende Fälle der Herausgabe/Ablieferung:

- Nach **§ 1820 Abs. 1 S. 1 BGB** muss, der Besitzer einer Vollmachtsurkunde das Betreuungsgericht über die Existenz der Urkunde unverzüglich unterrichten, sobald er Kenntnis von der Einleitung des Betreuungsverfahrens erlangt (§ 1820 Abs. 1 S. 1 BGB) und auf Verlangen des Betreuungsgerichts eine Abschrift **vorlegen** (§ 1820 Abs. 1 S. 2 BGB).
- Unter bestimmten Umständen kann das Betreuungsgericht nach **§ 1820 Abs. 4 S. 1 BGB** anordnen, dass der Bevollmächtigte die ihm erteilte Vollmacht nicht ausüben darf und dass er die Vollmachtsurkunde an den Betreuer **herausgeben** muss. Wenn die Voraussetzungen für diese Anordnung nicht mehr vorliegen kann das Betreuungsgericht den Betreuer nach **§ 1820 Abs. 4 S. 2 BGB** dazu verpflichten, die Vollmachtsurkunde an den Bevollmächtigten **zurückzugeben.**
- Der Kontrollbetreuer hat auch das Recht, die Vollmacht zu widerrufen (**§ 1820 Abs. 5 BGB).** Der Widerruf ist betreuungsgerichtlich zu genehmigen. Mit der Genehmigung kann das Betreuungsgericht aussprechen, dass der Bevollmächtigte die Vollmachtsurkunde an den Betreuer **herauszugeben** hat (§ 1820 Abs. 5 S. 3 BGB).
- Ist eine Person im Besitz einer Urkunde, in der der Betroffene wünscht, dass eine bestimmte Person zum Betreuer bestimmt wird oder gerade nicht als solcher bestimmt wird, kann das Betreuungsgericht nach **§ 1816 Abs. 2 S. 4 BGB** anordnen, dass der Urkundsinhaber diese Urkunde an das Betreuungsgericht zu übermitteln hat.

§ 285 findet nur bei **privat verwahrten Urkunden** Anwendung. Befindet sich ein betreffendes Schriftstück im Besitz eines Notars oder einer Behörde, kommt bei nicht freiwilliger Herausgabe/Vorlage nur Dienstaufsichtsbeschwerde in Betracht (BeckOK FamFG/Günter Rn. 3).

IV. Ablieferung von Betreuungsverfügungen und Abschriften Vorsorgevollmachten

5 Nach 285 ist in einem **Beschluss** anzuordnen, dass die betreffende Person (auch ein nicht am Verfahren Beteiligter), in deren Besitz das Gericht die entsprechende Urkunde wähnt, diese abzuliefern bzw. vorzulegen hat. Bei der Betreuungsverfügung und bei der Vollmachtsurkunde in den Fällen des § 1820 Abs. 4 und 5 BGB ist dies die **Ablieferung** des **Originals** der Urkunde, bei der Vorsorgevollmacht im Fall des § 1820 Abs. 1 BGB ist dies nach § 1820 Abs. 1 S. 2 BGB die **Vorlage** einer **Abschrift** (zur Formulierung → Rn. 7). Sind in einer Urkunde sowohl eine Betreuungsverfügung als auch eine Vorsorgevollmacht enthalten, kann eine Abschrift der Gesamturkunde verlangt werden (HK-BetreuungsR/Bučić Rn. 11).

Es können zur Durchsetzung des Beschlusses, der eine Handlung anordnet, Zwangsmittel nach § 35 Abs. 1 bzw. 4 verhängt werden. Vor Verhängung des Zwangsmittels ist nach § 35 Abs. 2 – möglichst gleich mit der gerichtlichen Entscheidung – auf die **Folgen des Zuwiderhandelns hinzuweisen.** Neben der Festsetzung von **Zwangsgeld** nach § 35 Abs. 1 S. 1 (höchstens 25.000 EUR; § 35 Abs. 3 FamFG, Art. 6 Abs. 1 EGStGB) besteht gemäß § 35 Abs. 1 S. 2 auch die Möglichkeit der Anordnung von **Zwangshaft.**

Daneben verbleibt die Verfahrensweise nach § 35 Abs. 4. Danach kann das Gericht zur Vollstreckung einer Anordnung auf Herausgabe oder Vorlage einer Sache **neben** oder **anstelle** einer Maßnahme nach §§ 35 Abs. 1–3 FamFG die in §§ 883, 886, 887 ZPO vorgesehenen Maßnahmen anordnen. Nach §§ 35 Abs. 4 FamFG iVm § 883 ZPO kann die Herausgabe des Schriftstücks durch den Gerichtsvollzieher vollstreckt werden. Bestreitet derjenige, in dessen Besitz eine Betreuungsverfügung oder Vorsorgevollmacht vermutet wird, den Besitz, so kann das Betreuungsgericht den Betreffenden zur Abgabe einer **eidesstattlichen Versicherung** darüber auffordern, dass er die Verfügung nicht habe und auch nicht wisse, wo sie sich befinde (§ 35 Abs. 4 FamFG, § 883 Abs. 2 ZPO; vgl. iE Bienwald/Glaab Rn. 12 ff.; Sternal/Jokisch FamFG § 35 Rn. 40; Prütting/Helms/Fröschle FamFG Rn. 5; HK-BetreuungsR/Bučić Rn. 35).

V. Rechtsmittel

6 Die Anordnung der Herausgabe der Urkunde oder einer Abschrift nach § 285 Abs. 2 ist als Endentscheidung nach § 58 Abs. 1 mit der **Beschwerde** anfechtbar (MüKoFamFG/Schmidt-Recla Rn. 4; Prütting/Helms/Fröschle FamFG Rn. 8; aA BeckOK FamFG/Günter Rn. 7: unanfechtbare Zwischenentscheidung). Dies gilt auch für die Ablehnung der Anordnung der Herausgabe. Gegen die Festsetzung der Zwangsmittel ist nach § 35 Abs. 5 die **sofortige Beschwerde** nach §§ 567 ff. ZPO zulässig; dieses Rechtsmittel hat aufschiebende Wirkung (Sternal/Jokisch FamFG § 35 Rn. 44).

VI. Beschlussformel

7 Bei Betreuungsverfügung nach § 1816 Abs. 2 BGB:

„Dem …… wird aufgegeben, das Original der Betreuungsverfügung des …… vom …… an das Betreuungsgericht … bis zum …… herauszugeben. Für den Fall der Zuwiderhandlung wird dem …… bereits jetzt ein Zwangsgeld bis zu … EUR (höchstens 25.000 EUR), ersatzweise Zwangshaft bis zu sechs Monaten angedroht."

Bei Vorsorgevollmacht nach §§ 1820 Abs. 4 und 5 BGB:

„Dem …… wird aufgegeben, das Original der Vollmachtsurkunde des …… vom …… an den Betreuer (§ 1820 Abs. 4 S. 1 bzw. § 1820 Abs. 5 S. 3 BGB)/an den Bevollmächtigten (§ 1820 Abs. 4 S. 2 BGB) bis zum …… herauszugeben. Für den Fall der Zuwiderhandlung wird dem …… bereits jetzt ein Zwangsgeld bis zu … EUR (höchstens 25.000 EUR), ersatzweise Zwangshaft bis zu sechs Monaten angedroht."

Bei Vorsorgevollmacht nach § § 1820 Abs. 1 BGB:

„Dem …… wird aufgegeben, eine Abschrift einer Vorsorgevollmacht des …… vom ……an das Betreuungsgericht …… bis zum …… vorzulegen bzw. das Original der Urkunde dem Betreuungsgericht vorzulegen, damit von dort aus eine Abschrift gefertigt werden kann. Für den Fall der Zuwiderhandlung wird dem …… bereits jetzt ein Zwangsgeld bis zu … EUR (höchstens 25.000 EUR), ersatzweise Zwangshaft bis zu sechs Monaten angedroht."

§ 286 Inhalt der Beschlussformel

(1) **Die Beschlussformel enthält im Fall der Bestellung eines Betreuers auch**

1. **die Bezeichnung des Aufgabenkreises des Betreuers unter Benennung der einzelnen Aufgabenbereiche;**
2. **bei Bestellung eines Vereinsbetreuers die Bezeichnung als Vereinsbetreuer und die des Vereins;**
3. **bei Bestellung eines Behördenbetreuers die Bezeichnung als Behördenbetreuer und die der Behörde;**
4. **bei Bestellung eines beruflichen Betreuers die Bezeichnung als beruflicher Betreuer.**

(2) **Die Beschlussformel enthält im Fall der Anordnung eines Einwilligungsvorbehalts die Bezeichnung des Kreises der einwilligungsbedürftigen Willenserklärungen.**

(3) **Der Zeitpunkt, bis zu dem das Gericht über die Aufhebung oder Verlängerung einer Maßnahme nach Absatz 1 oder Absatz 2 zu entscheiden hat, ist in der Beschlussformel zu bezeichnen.**

I. Anwendungsbereich

1 Welchen notwendigen Inhalt eine Entscheidung im Falle einer Betreuerbestellung oder einer Anordnung eines Einwilligungsvorbehalts (ggf. auch im Falle der einstweiligen Anordnung nach § 300) haben muss, bestimmt § 286; für zweitinstanzliche Entscheidungen folgt das aus § 69; in Unterbringungssachen gilt § 323.

2 Jede Entscheidung im Betreuungsrecht, die den Verfahrensgegenstand ganz oder teilweise erledigt (Endentscheidung), ergeht durch **Beschluss** (§ 38 FamFG).

An der Entscheidungsformel bzw. der Entscheidung ändert sich im Vergleich zum früher geltenden Recht durch das FamFG nichts Wesentliches. Teilweise hat der Gesetzgeber Beschlussbestandteile ausdrücklich gesetzlich geregelt, welche die Praxis im Betreuungsbereich auch vor der Geltung des FamFG schon – zumindest weitestgehend – in den Beschluss aufgenommen hat. Die ausdrückliche Normierung war zumindest teilweise zur Schaffung von Rechtsklarheit erforderlich.

II. Beschlusseinleitung nach § 38 Abs. 2

3 Zunächst ergeben sich aus dem Allgemeinen Teil (§ 38) einige Bestandteile der Entscheidung. So folgt aus § 38 Abs. 2 Nr. 1–3, dass der Beschluss ein **Rubrum** (Bezeichnung der **Beteiligten,** deren – gesetzlicher – Vertreter und Bevollmächtigte, die Gerichtsbezeichnung und die mitwirkenden Richter) und eine **Beschlussformel** zu enthalten hat. Der **Betroffene** ist mit Vor- und Zunamen,

Geburtsdatum, Wohn- oder Aufenthaltsort zu bezeichnen. Es ist sachgerecht, die Beteiligten auch mit ihrer Stellung im Verfahren (zB Betreuer, Verfahrenspfleger usw.) zu bezeichnen.

III. Beschlussbestandteile nach § 286

1. Beschlussformel bei Betreuerbestellung (Abs. 1)

Welchen weiteren Inhalt eine **Beschlussformel** nach § 38 Abs. 2 Nr. 3 im Falle der **Betreuerbestellung** haben muss, ergibt sich aus Abs. 1: 4

Bei der **Betreuerbestellung** hat die Beschlussformel nach Abs. 1 **Nr. 1** die Bezeichnung des **Betreuers** (Vor- und Nachname sowie Anschrift; Angabe des Postfach kann genügen) und den Aufgabenkreis des Betreuers durch Benennung der einzelnen Aufgabenbereiche möglichst konkret unter Wahrung des Erforderlichkeitsgrundsatzes zu enthalten (vgl. dazu → BGB § 1815 Rn. 16; Sternal/Giers FamFG Rn. 3). Die Festlegung muss in einer verständlichen und klaren Weise formuliert sein (OLG Brandenburg FamRZ 2023, 1156). Die Aufgabenbereiche müssen so genau bezeichnet werden, dass sie aus der Entscheidungsformel selbst bestimmt werden können. Ist kein Aufgabenbereich genannt, so ist die Betreuerbestellung nicht wirksam; fehlt es an der Angabe eines Betreuers, ist die Anordnung der Betreuung als Teilentscheidung wegen des Erfordernisses einer Einheitsentscheidung ebenfalls unwirksam (BeckOK FamFG/Günter Rn. 8; aA Prütting/Helms/Fröschle FamFG Rn. 8). 5

Wird ein **Vereins- oder Behördenbetreuer** bestellt, muss zusätzlich die Bezeichnung als „Vereinsbetreuer" oder „Behördenbetreuer" sowie die Angabe des Vereins oder der Behörde erfolgen (Abs. 1 **Nr. 2 und 3**). Im Vergütungsverfahren werden aufgrund dieser Feststellung die bereits im Rahmen der Bestellung nach § 1819 Abs. 3 BGB zu prüfenden Voraussetzungen eines Vereins- oder Behördenbetreuers nicht nochmals geprüft oder in Frage gestellt (KG RPfleger 2006, 398; LG Koblenz FamRZ 2001, 303). 6

Nach der Regelung des Abs. 1 **Nr. 4** ist bei der Betreuerbestellung festzulegen, dass der Betreuer als **beruflicher Betreuer** bestellt wird. Der Begriff des Berufsbetreuers wird im materiellen Recht seit 1.1.2023 nicht mehr verwendet. Stattdessen spricht das Gesetz nun durchgehend von dem „beruflichen Betreuer". Aufgrund der an die **Registrierung** des Betreuers anknüpfenden Vergütungsregelung nach § 7 Abs. 1 VBVG ist die gerichtliche Feststellung, dass der Betreuer die Betreuung berufsmäßig führt, allerdings, anders als nach der bis 31.12.2022 geltenden Rechtslage **nicht mehr Voraussetzung** für den entsprechenden Vergütungsanspruch des Betreuers. Führt eine als beruflicher Betreuer tätige Person – etwa aufgrund Verwandtschaft – ausnahmsweise eine Betreuung ehrenamtlich, ist sie im Beschluss auch nicht als beruflicher Betreuer zu bezeichnen (BT-Drs. 19/24445, 334). Offen gelassen hat der Gesetzgeber allerdings, welche Konsequenz es hat, wenn das Gericht bei einem registrierten beruflichen Betreuer **versehentlich** die Feststellung nach Abs. 1 Nr. 4 unterlassen hat. Da es allein auf die Registrierung ankommt, kann es nach der hier vertretenen Auffassung nicht konstitutiv auf eine Bezeichnung als beruflicher Betreuer im Betreuungsbeschluss ankommen (LG Lübeck BtPrax 2024, 66); vielmehr ist davon auszugehen, dass – auch ohne ausdrückliche Bezeichnung im Betreuungsbeschluss – der als beruflicher Betreuer registrierte Betreuer die Betreuung auch beruflich führt und damit die entspre- 7 chende Vergütung verlangen kann. Andererseits dürfte, falls das Gericht die berufliche Führung ohne Registrierung angeordnet hat, dies nicht ausreichend sein, damit der Betreuer Vergütung nach VBVG erhält. Vielmehr kann der Betreuer erst ab dem Zeitpunkt, ab dem er registriert ist, Vergütung als beruflicher Betreuer verlangen.

2. Beschlussformel bei der Anordnung eines Einwilligungsvorbehalts (Abs. 2)

8 Welchen weiteren Inhalt eine **Beschlussformel** nach § 38 Abs. 2 Nr. 3 im Falle der **Anordnung eines Einwilligungsvorbehalts** haben muss, ergibt sich aus Abs. 2.

Bei Anordnung eines Einwilligungsvorbehalts ist der Kreis der einwilligungsbedürftigen Willenserklärungen unter Berücksichtigung des Erforderlichkeitsgrundsatzes konkret zu bezeichnen. Soll der Vorbehalt auch die geringfügigen Angelegenheiten des § 1825 Abs. 3 BGB erfassen, ist dies im Tenor ausdrücklich aufzunehmen (Sternal/Giers FamFG Rn. 8).

3. Zeitpunkt der Überprüfung (Abs. 3)

9 In den Tenor der Entscheidung sowohl über die Betreuerbestellung als auch über den Einwilligungsvorbehalt ist auch der **Überprüfungszeitpunkt,** der **längstens sieben Jahre** nach **Erlass** der Entscheidung liegen darf (§ 294 Abs. 3; bei Verlängerung: § 295 Abs. 2), aufzunehmen (BayObLG BtPrax 2005, 69). Ist die Maßnahme gegen den erklärten Willen des Betroffenen angeordnet worden, hat die **erstmalige** Entscheidung über ihre Aufhebung bzw. Verlängerung **spätestens zwei Jahre** nach der Anordnung zu erfolgen (§ 294 Abs. 3 S. 2 bzw. § 295 Abs. 2 S. 2; → FamFG § 295 Rn. 6). Bei schubförmig verlaufenden Erkrankungen muss die Frist den Krankheitsverlauf berücksichtigen (BayObLG BtPrax 1995, 68). Ein Betreuer darf nur für den Zeitraum bestellt werden, für welchen eine Betreuung nach den zum Zeitpunkt der Anordnung vorliegenden Erkenntnissen unbedingt **erforderlich** ist (OLG Köln NJWE-FER 1998, 226). Die endgültige Betreuung endet – im Gegensatz zu der mit einstweiliger Anordnung beschlossenen Betreuerbestellung (§ 302) – nicht mit Ablauf der bestimmten Frist (BeckOK FamFG/Günter Rn. 10a); dies gilt auch für einen eventuell gleichzeitig angeordneten Einwilligungsvorbehalt (Sternal/Giers FamFG Rn. 11), weil eine automatische Beendigung der Betreuung bzw. des Einwilligungsvorbehalts mit erheblichen Nachteilen für den Betroffenen verbunden sein könnte (BGH BtPrax 2019, 245). Diese Frist besagt nur, dass das Betreuungsgericht in angemessener Zeit vor Ablauf der Frist über die Aufhebung oder Verlängerung zu entscheiden hat (BayObLG BtPrax 2005, 69); weitergehende Rechtsfolgen hat die Frist nicht (OLG Naumburg BeckRS 2003, 30322819; aA LG Frankfurt a. M. FamRZ 2003, 185, wenn mehrere Jahre nach Ablauf nicht über die Verlängerung der Betreuung entschieden wurde). Die gutachterliche Stellungnahme des Sachverständigen über die voraussichtliche Dauer der Maßnahme ist wesentlicher Anhaltspunkt für die Bestimmung der Überprüfungsfrist für die Bestellung eines Betreuers. Die Prognose, welche Dauer für die Betreuung erforderlich ist, ist regelmäßig auf Grundlage des einzuholenden Sachverständigengutachtens vorzunehmen (BGH BtPrax 2016, 152). Weicht der Tatrichter von der gutachterlichen Stellungnahme ab, indem er die Überprüfungsfrist zum Nachteil des Betroffenen über die vom Sachverständigen als erforderlich bezeichnete Dauer der Maßnahme hinaus

ausdehnt, muss er die hierfür tragenden Gründe in dem Beschluss darlegen (BGH BtPrax 2013, 28). Der Fristablauf hat sich dabei grundsätzlich an dem Zeitpunkt der Erstellung des Gutachtens und nicht erst an der gerichtlichen Entscheidung zu orientieren (BGH BtPrax 2016, 152).

Bei fehlerhafter – auch zu langer – oder fehlender Angabe des Zeitpunkts gilt die Höchstfrist des §§ 294 Abs. 3 bzw. 295 Abs. 2 (HK-BetreuungsR/Bučić FamFG § 286 Rn. 21); es ist allerdings wegen § 294 Abs. 3 S. 2 bzw. § 295 Abs. 2 S. 2 davon auszugehen, dass dies bei der erstmaligen Betreuerbestellung grundsätzlich nicht sieben, sondern nur zwei Jahre sind. Fehlen die notwendigen Angaben zur Höchstdauer im Tenor und in der Begründung, so ist die Entscheidung fehlerhaft und **anfechtbar,** aber nicht unwirksam (HK-BetreuungsR/Bučić FamFG § 286 Rn. 21).

Wird für eine bereits bestehende Betreuung ein **isolierter Einwilligungsvorbehalt** angeordnet, so ist in der Beschlussformel der Zeitpunkt zu bezeichnen, bis zu dem das Gericht über die Aufhebung oder Verlängerung dieser Maßnahme zu entscheiden hat (BGH BtPrax 2012, 204).

4. Kostenentscheidung

Im Hinblick auf Anlage 1 zum GNotKG, Kostenverzeichnis, dort Teil 1, Hauptabschnitt 1, Vorbemerkung 1.1 entfällt regelmäßig eine Kostenentscheidung. Eine Anordnung der Auslagenerstattung kann uU in den Fällen des § 307 (→ FamFG § 81 Rn. 1 ff. und → FamFG § 307 Rn. 1 ff.) in Betracht kommen; ausnahmsweise kann auch eine Kostenentscheidung nach § 81 Abs. 2 oder 4 (→ FamFG § 81 Rn. 6, 7) ergehen. 10

5. Anordnung der sofortigen Wirksamkeit

Bei Vorliegen der entsprechenden Voraussetzungen (§ 287 Abs. 2; → FamFG § 287 Rn. 5) kann das Gericht die sofortige Wirksamkeit der Entscheidung anordnen. Damit wird der Beschluss nicht erst mit der Bekanntgabe an den Betreuer, sondern nach § 287 Abs. 2 Nr. 2 bereits mit der Übergabe an die Geschäftsstelle (oder mit der Bekanntgabe an den Betroffenen oder den Verfahrenspfleger; § 287 Abs. 2 Nr. 1) wirksam. 11

IV. Weiterer Beschlussinhalt nach §§ 38, 39

§ 38 Abs. 3 S. 1 bestimmt, dass ein Beschluss zwingend zu **begründen** ist. Es kann auch in Ausnahmefällen nicht von einer Begründung abgesehen werden (§ 38 Abs. 5 Nr. 3). Die Begründung muss die Tatbestandsvoraussetzungen im jeweiligen Einzelfall durch die Angabe von Tatsachen konkret nachvollziehbar machen (OLG München BtPrax 2006, 36), formelhafte „Begründungen" sind nicht ausreichend (OLG Celle FamRZ 2018, 963). Die Verwendung von Textbausteinen für die Begründung ist zulässig; sie sollten jedoch durch einige kurze fall- und personenbezogene Ausführungen ergänzt werden (Sternal/Giers FamFG Rn. 14). 12

Der Beschluss ist auch im Fall der Ablehnung einer Maßnahme zu begründen. Eine zu begründende Ablehnung in diesem Sinne liegt nur vor, wenn die am Verfahren Beteiligten im Zeitpunkt der Entscheidung noch ein Interesse an dieser haben.

Das Fehlen einer Begründung stellt zwar einen gravierenden Verfahrensmangel dar, der den Beschluss anfechtbar macht, die schriftliche Bekanntgabe eines solchen Beschlusses setzt aber die Beschwerdefrist in Lauf (Sternal/Giers FamFG Rn. 15); ein nicht begründeter Beschluss kann somit in Rechtskraft erwachsen.

13 In den Beschluss ist eine **Rechtsmittelbelehrung** aufzunehmen (§ 39). Hierbei ist zu beachten, dass unabhängig vom Entscheidungsgegenstand die Beschwerdefrist nach FamFG regelmäßig **einen Monat** (§ 63 Abs. 1) und bei Beschwerden gegen einstweilige Anordnungen und Genehmigungen von Rechtsgeschäften **zwei Wochen** (§ 63 Abs. 2) beträgt (zur Rechtsbeschwerdefrist und Sprungrechtsbeschwerdefrist bei Beschlüssen, die ein Rechtsgeschäft genehmigen → FamFG § 70 Rn. 6). Die Beschwerde nach § 64 Abs. 1 kann nur bei dem Gericht eingelegt werden kann, dessen Entscheidung angefochten wird (vgl. hierzu → FamFG § 64 Rn. 2); hierüber ist zu belehren. Es ist in der Rechtsmittelbelehrung auch darauf hinzuweisen, dass die Beschwerdeschrift – bei eventuellem Anwaltszwang von einem Rechtsanwalt (BGH BtPrax 2012, 250) – zu unterschreiben ist (OLG Dresden FGPrax 2011, 103). Über die Sprungrechtsbeschwerde ist nicht zu belehren (§ 39 S. 2).

Das Fehlen der Rechtsmittelbelehrung führt nicht dazu, dass die etwaige Rechtsmittelfrist nicht in Gang gesetzt wird (OLG Rostock BeckRS 2005, 30349536). Vielmehr hat der Gesetzgeber in § 17 Abs. 2 geregelt, dass bei fehlender/unzutreffender/fehlerhafter Rechtsmittelbelehrung – widerlegbar – ein **Wiedereinsetzungsgrund** vermutet wird.

14 Der Beschluss ist nach § 38 Abs. 3 **S. 2** vom Entscheidungsträger zu **unterschreiben.** Über § 14 Abs. 3, der auf § 130b ZPO verweist, ist eine qualifizierte elektronische Signatur ausreichend, soweit die Betreuungsakten bereits elektronisch geführt werden. Ab 1.1.2026 sind nach § 14 Abs. 1 S. 1 nF alle Gerichtsakten der freiwilligen Gerichtsbarkeit elektronisch zu führen (BGBl. 2017 I 2208).

Schließlich ist nach § 38 Abs. 3 S. 3 das Datum der Übergabe des Beschlusses an die Geschäftsstelle oder der Bekanntgabe durch Verlesen der Beschlussformel (also der Erlasszeitpunkt) auf dem Beschluss zu vermerken. Mit ihrem Erlass wird eine Entscheidung existent (BGH BtPrax 2015, 205). Soll der Beschluss den Beteiligten nur schriftlich nach § 41 Abs. 1 bekannt gegeben werden, ist die Übergabe des fertig abgefassten und unterschriebenen Beschlusses an die Geschäftsstelle zur Veranlassung der Bekanntgabe der für den Erlass maßgebliche Zeitpunkt. Bleibt schriftsätzliches Vorbringen eines Beteiligten, das vor dem Erlass der Entscheidung eingegangen ist, unberücksichtigt, wird der Beteiligte in seinem Anspruch auf rechtliches Gehör auch dann verletzt, wenn keine Frist gesetzt wurde und dem Gericht der Schriftsatz nicht vor dem Erlass der Entscheidung vorgelegt wurde (BGH BtPrax 2018, 234; BtPrax 2015, 201).

Hat das Gericht die sofortige Wirksamkeit eines Beschlusses angeordnet, so ist nach § 287 Abs. 2 S. 3 der **Zeitpunkt der sofortigen Wirksamkeit** auf dem Beschluss zu vermerken. Vgl. hierzu → FamFG § 287 Rn. 8.

V. Rechtsmittel

15 Als Endentscheidung iSd § 38 Abs. 1 S. 1 ist die Entscheidung über die Betreuerbestellung und die Anordnung eines Einwilligungsvorbehalts sowie deren Ablehnung mit der befristeten **Beschwerde** nach §§ 58 ff. anfechtbar.

VI. Beschlussformel

Betreuung: 16

„Für …… wird …… zum Betreuer – ggf. als Vereinsbetreuer/als Behördenbetreuer/als beruflicher Betreuer – bestellt.

Der Aufgabenkreis d. Betreuers/Betreuerin umfasst folgenden Aufgabenbereich/folgende Aufgabenbereiche: ………

Das Gericht wird spätestens bis zum… über eine Aufhebung oder Verlängerung der Betreuung entscheiden.

Ggf.: Die Entscheidung ist sofort wirksam."

Einwilligungsvorbehalt:

„Der Betroffene bedarf zu Willenserklärungen, die den Aufgabenbereich … (zB der Vermögenssorge) betreffen, der Einwilligung des Betreuers.

Ggf.: Der Einwilligungsvorbehalt erstreckt sich auch auf geringfügige Angelegenheiten des täglichen Lebens (§ 1825 Abs. 3 S. 2 BGB).

Ggf.: Die Entscheidung ist sofort wirksam."

§ 287 Wirksamwerden von Beschlüssen

(1) **Beschlüsse über Umfang, Inhalt oder Bestand der Bestellung eines Betreuers, über die Anordnung eines Einwilligungsvorbehalts oder über den Erlass einer einstweiligen Anordnung nach § 300 werden mit der Bekanntgabe an den Betreuer wirksam.**

(2) **[1]Ist die Bekanntgabe an den Betreuer nicht möglich oder ist Gefahr im Verzug, kann das Gericht die sofortige Wirksamkeit des Beschlusses anordnen. [2]In diesem Fall wird er wirksam, wenn der Beschluss und die Anordnung seiner sofortigen Wirksamkeit**
1. **dem Betroffenen oder dem Verfahrenspfleger bekannt gegeben werden oder**
2. **der Geschäftsstelle zum Zweck der Bekanntgabe nach Nummer 1 übergeben werden.**

[3]Der Zeitpunkt der sofortigen Wirksamkeit ist auf dem Beschluss zu vermerken.

(3) **Ein Beschluss, der die Genehmigung nach § 1829 Absatz 2 des Bürgerlichen Gesetzbuchs zum Gegenstand hat, wird erst zwei Wochen nach Bekanntgabe an den Betreuer oder Bevollmächtigten sowie an den Verfahrenspfleger wirksam.**

I. Anwendungsbereich

1 § 287 ist eine Sondervorschrift gegenüber § 40 für das **Wirksamwerden** von Entscheidungen in Betreuungssachen. Nach der Grundregel des § 40 Abs. 1 werden Beschlüsse zunächst mit der **Bekanntgabe an den Beteiligten,** für welchen sie ihrem wesentlichen Inhalt nach bestimmt sind, wirksam. Abweichend hiervon regelt § 287 das Wirksamwerden von Beschlüssen in Betreuungssachen.

II. Wirksamwerden von Entscheidungen (Abs. 1)

2 Nach **Abs. 1** werden bestimmte Beschlüsse in Betreuungssachen mit der **Bekanntgabe an den Betreuer** (vgl. zur Bekanntgabe → § 288) wirksam, da dieser erst ab diesem Zeitpunkt seine Aufgaben wahrnehmen kann; dies gilt auch, wenn der Betroffene nach der Betreuerbestellung verstorben ist (AG Gelnhausen BeckRS 2013, 02555). Von der Bekanntgabe an den Betroffenen selbst als Voraussetzung des Wirksamwerdens ist deswegen abgesehen worden, weil im Falle seiner schweren Krankheit und Behinderung Zweifel an dem Eintritt der Wirksamkeit entstehen könnten (BT-Drs. 11/4528, 175). Ungeachtet der Frage der Wirksamkeit müssen die Beschlüsse auch an den Betroffenen bekannt gegeben werden (vgl. → § 288 Rn. 4; OLG München BtPrax 2007, 180).

Die Bekanntgabe an den Betreuer muss nicht zwingend schriftlich erfolgen; sie kann auch telefonisch durch den Richter gegenüber dem Betreuer geschehen (§ 41 Abs. 2; vgl. → § 288 Rn. 11). Eine Betreuervergütung setzt eine wirksame und damit bekannt gemachte Bestellung voraus. Ein neu bestellter Betreuer kann daher erst ab (nachgewiesener schriftlicher oder telefonischer) **Bekanntgabe der Bestellung** – die auch vor dem Zeitpunkt liegen kann, zu dem die Entscheidung und die Anordnung ihrer sofortigen Wirksamkeit der Geschäftsstelle des Gerichts zum Zwecke der Bekanntgabe übergeben wurde – **Vergütung** verlangen (OLG München BtPrax 2008, 260). Andererseits kann der Betreuer auch eine Vergütung vor Bekanntgabe verlangen, wenn die Wirksamkeit nach Abs. 2 S. 2 Nr. 2 durch Übergabe an die Geschäftsstelle eingetreten ist (BGH FamRZ 2022, 983 und 733; vgl. → Rn. 5). Eine Betreuerbestellung ist dem Betreuer bei Aufgabe des Beschlusses zur Post mit dessen tatsächlichem Zugang bekannt gegeben; die Vermutung der Bekanntgabe nach § 15 Abs. 2 S. 2 (Zustellungsfiktion innerhalb von drei Tagen) schließt einen früheren Zugang nicht aus (BGH BtPrax 2012, 250). Da Beschlüsse über die Bestellung eines Betreuers nach Abs. 1 mit der Bekanntgabe an den Betreuer wirksam werden, steht dem Betreuer Vergütung ab dem Tag zu, der auf den Tag des Wirksamwerdens folgt (BGH BtPrax 2012, 78). Wird der **bisherige** Betreuer entlassen, wird diese Entscheidung durch Bekanntgabe an ihn, wenn gleichzeitig ein neuer Betreuer bestellt wird, durch Bekanntgabe an den neuen Betreuer wirksam (Sternal/Giers FamFG Rn. 5) bzw. nach Abs. 2 S. 2 Nr. 2 durch Übergabe an die Geschäftsstelle (BGH FamRZ 2022, 983 und 733; vgl. → Rn. 5). In jedem Fall sollte jedoch der bisherige Betreuer so schnell als möglich über seine Entlassung informiert werden, damit er nicht noch unnötige Tätigkeiten für den Betreuten entfaltet. Bei einem Wechsel des Berufsbetreuers **während eines laufenden Abrechnungsmonats** berechnet sich die Vergütung des ausscheidenden Betreuers zeitanteilig nach Tagen bis zur Beendigung der Betreuung. Maßgeblich für die Beendigung ist dabei nicht der Zeitpunkt der Rechtskraft, sondern der Zeitpunkt der Wirksamkeit der Entscheidung über den Betreuerwechsel (BGH FamRZ 2022, 983). Das Gericht darf im Rahmen seiner Entscheidung keinen anderen Zeitpunkt der Wirksamkeit aussprechen, als der, der sich aus §§ 287 bzw. 40 Abs. 1 ergibt (OLG Celle FamRZ 2013, 2001).

1. Betroffene Beschlüsse

3 Nur Beschlüsse über **Umfang, Inhalt oder Bestand** der Bestellung eines Betreuers (nicht aber die Ablehnung, Sternal/Giers FamFG Rn. 2), über die Anordnung eines **Einwilligungsvorbehalts** (vgl. hierzu → FamFG § 274 Rn. 9)

oder über den Erlass einer **einstweiligen Anordnung** nach § 300 (bzw. § 301 bei gesteigerter Dringlichkeit) werden mit der Bekanntgabe an den Betreuer wirksam. Die Genehmigung der **Einwilligung in den Abbruch einer lebenserhaltenden Maßnahme** nach § 1829 **Abs. 2** (gegenüber einem Betreuer bzw. einem Bevollmächtigten) wird erst **zwei Wochen** nach Bekanntgabe an den Betreuer bzw. Bevollmächtigten (und den Verfahrenspfleger) wirksam (Abs. 3; vgl. → Rn. 9, 10), denn die Einwilligung ist eine Willenserklärung des Betreuers/Bevollmächtigten selbst. Die Genehmigung richtet sich an ihn (BT-Drs. 16/6308, 269).

2. Andere Beschlüsse

Alle anderen, nicht unter § 287 fallenden Beschlüsse (zB betreuungsgerichtliche Genehmigungen in gefährliche Gesundheitseingriffe nach § 1829 Abs. 1) werden, soweit in §§ 271 ff. keine Sonderregelung getroffen wurde, nach § 40 Abs. 1 wirksam (Sternal/Giers FamFG Rn. 3; Dutta/Jacoby/Schwab/Schneider FamFG Rn. 5). 4

Soweit ein **Rechtsgeschäft** gerichtlich zu **genehmigen** ist (Rechtspflegerzuständigkeit), wird der Beschluss nach § 40 Abs. 2 erst mit **Rechtskraft** wirksam, was auch in der Entscheidung **auszusprechen** ist. Nach der Entscheidung des BVerfG (FamRZ 2000, 731) waren die früher geltenden §§ 62, 55 FGG mit Art. 19 Abs. 4 GG insoweit unvereinbar, als den in ihren Rechten Betroffenen jede Möglichkeit verwehrt wurde, Entscheidungen des Rechtspflegers der Prüfung durch den Richter zu unterziehen. Die Regelung des § 40 Abs. 2 räumt diese Überprüfungsmöglichkeit ein, indem die Wirksamkeit der Entscheidung erst mit Rechtskraft eintritt. Dies sah der Gesetzgeber als effizienter an als die zuvor in der Praxis vorherrschende Lösung, vor Erlass der Entscheidung zunächst einen Vorbescheid zu erlassen und den Beteiligten Gelegenheit zu geben, diesen Vorbescheid anzufechten (BT-Drs. 16/6308, 196). Diese Lösung kann allerdings praktische Probleme aufwerfen, denn ein Geschäftspartner, der ein genehmigungsbedürftiges Rechtsgeschäft im Sinne des § 40 Abs. 2 abschließen will, muss seit Inkrafttreten des FamFG – mindestens – zwei Wochen auf die Rechtskraft der Entscheidung warten, sofern kein Rechtsmittelverzicht ausgesprochen wird. Zur Rechtsbeschwerdefrist und Sprungrechtsbeschwerdefrist bei Beschlüssen, die ein Rechtsgeschäft genehmigen, vgl. → FamFG § 70 Rn. 6.

Unabhängig davon ist es zum Teil bei der Praxis der Betreuungsgerichte geblieben, eine betreuungsgerichtliche Genehmigung **in Aussicht** zu stellen. Denn dies war und ist ein effizientes Mittel, um eine – in diesem Bereich oft schnell und einigermaßen vorhersehbar erforderliche – Genehmigung des Betreuungsgerichts (zB beim Grundstückskauf nach § 1850 BGB oder beim gerichtlichen Vergleich nach § 1854 Nr. 6 BGB) anzukündigen.

Für die **Sterilisation** wird in § 297 Abs. 7, für die **Unterbringung** in § 325 eine **Sonderregelung** zum Wirksamwerden getroffen.

III. Sofortige Wirksamkeit von Entscheidungen (Abs. 2)

1. Anordnung der sofortigen Wirksamkeit

Ausnahmsweise wird der Zeitpunkt des Wirksamwerdens auf die Übergabe der Entscheidung an die Geschäftsstelle vorverlegt, wenn 5

– eine Bekanntgabe an den Betreuer nicht möglich ist (Betreuer ist verstorben, verreist, entlassen, unbekannt verzogen) **oder**
– Gefahr im Verzuge vorliegt
– **und** das Gericht jeweils die **sofortige Wirksamkeit** der Entscheidung nach pflichtgemäßem Ermessen anordnet. Dazu ist innerhalb der Entscheidung oder durch besonderen Beschluss konkret zu **begründen,** warum in dem Aufschub der Wirksamkeit eine **Interessengefährdung** des Betroffenen liegen würde (aA Sternal/Giers FamFG Rn. 11: Bezugnahme auf § 287 Abs. 2 ist ausreichend).

Die Anordnung ist ebenso wie die Ablehnung **nicht isoliert anfechtbar** (Sternal/Giers FamFG Rn. 11). Das Beschwerdegericht kann die sofortige Wirksamkeit der Entscheidung anordnen, wenn dies durch das Betreuungsgericht noch nicht geschehen ist. Ebenso kann es auch die Vollziehung der einstweiligen Anordnung aussetzen (§ 64 Abs. 3).

2. Eintritt der sofortigen Wirksamkeit bei gerichtlicher Anordnung (Abs. 2 S. 2)

6 **a) Bei Bekanntgabe an Betroffenen oder Verfahrenspfleger (Nr. 1).** Zur Erleichterung der Handhabung durch das Gericht (im Falle des Erlasses eines Beschlusses in einem Heim oder Krankenhaus) sieht das Gesetz das Wirksamwerden der für sofort wirksam erklärten Entscheidung nach Nr. 1 durch Bekanntgabe an den Betroffenen oder den Verfahrenspfleger vor. Im Falle der Bekanntgabe an den Verfahrenspfleger ist es im Hinblick auf die Stellung des Betroffenen dennoch angemessen, ihm die Entscheidung bekannt zu geben (Haußleiter FamFG Rn. 2). Ob der Betroffene die Bekanntgabe verstehen muss, ist zweifelhaft, aber zu verneinen, da es auch in den sonstigen Fällen der Bekanntgabe des Beschlusses auf das Verständnis des Betroffenen nicht ankommt. Die Bekanntgabe des Beschlusses richtet sich nach **§ 41.** Nach § 41 Abs. 1 kann der Beschluss schriftlich bekannt gegeben werden. Nach § 41 Abs. 2 S. 1 kann die Entscheidung auch durch Verlesen der Beschlussformel, d.h. diese muss **schriftlich** vorliegen, bekannt gegeben werden. Die mündliche Bekanntgabe löst noch keine Rechtsmittelfrist aus; sie bewirkt lediglich die Wirksamkeit der Entscheidung bei Anordnung der sofortigen Wirksamkeit (Sternal/Jokisch FamFG § 41 Rn. 15). Die Entscheidung muss auch bei mündlicher Bekanntgabe den Beteiligten unverzüglich nachträglich **schriftlich** bekannt gegeben werden (§ 41 Abs. 2 S. 3). Die schriftliche Bekanntgabe erstreckt sich auf den vollständigen Beschluss, einschließlich der Gründe (BT-Drs. 16/6308, 197). Die nach früherem Recht bestehende Möglichkeit, Entscheidungen mündlich zu erlassen und gleichzeitig bekannt zu geben, reicht nach dem FamFG nicht aus (Sternal/Giers FamFG Rn. 13).

7 **b) Bei Übergabe an die Geschäftsstelle (Nr. 2).** Daneben wird die Entscheidung nach Nr. 2 bei entsprechender Anordnung in dem Zeitpunkt wirksam, zu dem die vollständig geschriebene und unterschriebene Entscheidung des Richters zur Geschäftsstelle gelangt (Übergabe). Der Vermerk dazu kann sowohl von der Geschäftsstelle als auch vom Richter (Eildienst, Dienstschluss, Beschlüsse, die nicht im Gericht erlassen werden) vorgenommen werden.

8 Der Gesetzgeber regelt in Abs. 2 **S. 3** ausdrücklich, dass der **Zeitpunkt der sofortigen Wirksamkeit** (nach S. 2 Nr. 1 – Verkündung – oder Nr. 2 – Übergabe an Geschäftsstelle –) auf dem Beschluss zu vermerken ist.

IV. Wirksamwerden von Entscheidungen nach § 1829 Abs. 2 BGB (Abs. 3)

1. Betreuungsgerichtliche Genehmigung bei Abbruch lebenserhaltender Maßnahmen

§ 1829 Abs. 2 BGB regelt die **gerichtliche Genehmigungspflicht** von Entscheidungen des Betreuers oder des Bevollmächtigten, wenn dieser aufgrund einer Patientenverfügung nach § 1827 Abs. 1 BGB (→ BGB § 1827 Rn. 4 ff.) in bestimmte medizinisch angezeigte Maßnahmen entsprechend dem mutmaßlichen Willen des Betreuten **nicht einwilligen** oder eine früher erteilte Einwilligung widerrufen will. § 1829 Abs. 2 BGB entspricht insofern der Grundsatzentscheidung des BGH v. 17.3.2003 (BtPrax 2003, 123). Erfasst sind Entscheidungen des Betreuers/Bevollmächtigten über die Nichteinwilligung oder den Widerruf der Einwilligung, wenn das Unterbleiben oder der Abbruch der Maßnahme die **begründete Gefahr des Todes** oder des Eintritts schwerer und länger **dauernder Schäden** des Betreuten in sich birgt. Das können ua eine Nichteinwilligung oder ein Widerruf der Einwilligung des Betreuers in ärztlich indizierte Maßnahmen, wie Operation, künstliche Flüssigkeits- und Nahrungszufuhr, die zB durch die Speiseröhre (Magensonde) oder Bauchdecke (PEG) in den Magen oder intravenös erfolgt, maschinelle Beatmung, Dialyse, Bekämpfung einer zusätzlich auftretenden Krankheit (Lungenentzündung, Infektion ua) sowie Maßnahmen der Reanimation sein (BT-Drs. 16/8442, 18). Vgl. hierzu iE → BGB § 1829 Rn. 6 ff. 9

2. Regelung des Abs. 3

In § 287 Abs. 3 wird von dem allgemeinen Grundsatz in Verfahren der Freiwilligen Gerichtsbarkeit, wonach die Verfügung des Gerichts mit Bekanntgabe an den jeweiligen Beteiligten (§ 40) bzw. in bestimmten Betreuungsverfahren an den Betreuer (→ Rn. 3) wirksam wird, insofern abgewichen, als die Wirksamkeit der Genehmigung des Betreuungsgerichts nach § 1829 Abs. 2 BGB erst **zwei Wochen** nach **Bekanntgabe** (§ 41; vgl. → FamFG § 288 Rn. 9) an den Betreuer oder Bevollmächtigten **und** den Verfahrenspfleger eintritt. Da die – bei einer Genehmigung des Gerichts in den Abbruch oder in die Nichteinleitung lebenserhaltender oder -verlängernder Maßnahmen – gebotenen ärztlichen Handlungen regelmäßig nicht reversibel sind, kann nur so ein effektiver Rechtsschutz für die am Verfahren formell und materiell Beteiligten gewährleistet werden (BT-Drs. 16/8442, 19). 10

§ 288 Bekanntgabe

(1) **Von der Bekanntgabe der Gründe eines Beschlusses an den Betroffenen kann abgesehen werden, wenn dies nach ärztlichem Zeugnis erforderlich ist, um erhebliche Nachteile für seine Gesundheit zu vermeiden.**

(2) [1]**Das Gericht hat der zuständigen Behörde den Beschluss über die Bestellung eines Betreuers oder die Anordnung eines Einwilligungsvorbehalts oder Beschlüsse über Umfang, Inhalt oder Bestand einer solchen Maßnahme stets bekannt zu geben.** [2]**Andere Beschlüsse sind der zuständigen Behörde bekannt zu geben, wenn sie vor deren Erlass angehört wurde.**

I. Anwendungsbereich

1 Wem ein Beschluss in Betreuungssachen auf welche Art bekannt zu geben ist, ist im Allgemeinen Teil in § 41, ergänzt durch die Sonderregelung für das Betreuungsrecht (§ 288), geregelt.

II. Adressaten der Bekanntgabe

1. Bekanntgabe von Entscheidungen an die Beteiligten (§ 41 Abs. 1)

2 Nach § 41 Abs. 1 sind **alle Endentscheidungen** (§ 38 Abs. 1), die im Rahmen eines Betreuungsverfahrens ergehen, bekannt zu geben.

3 Die Entscheidung ist **allen Beteiligten** bekannt zu geben (§ 41 Abs. 1 **S. 1**). Wer Beteiligter (zum Beteiligtenbegriff → FamFG § 274 Rn. 2) ist, ergibt sich allgemein aus § 7 sowie aus § 274 für Betreuungssachen bzw. aus § 315 für Unterbringungssachen. Die Entscheidung ist **allen** am Verfahren Beteiligten, ob es **Muss**- (→ FamFG § 274 Rn. 2–7) oder tatsächlich hinzugezogene **Kann**-Beteiligte (→ FamFG § 274 Rn. 10–13) sind, bekannt zu geben. Im Hinblick auf die **Vertraulichkeit** des Verfahrens und schützenswerter Interessen des Betroffenen sowie auf die Prozessökonomie hat das Gericht somit **vor** Beteiligung der **Kann-Beteiligten** (iSd §§ 7 Abs. 3 und 274 Abs. 4) eine **sorgfältige Interessenabwägung** zu treffen, da dem Gericht nach der Entscheidung über die Zulassung der Kann-Beteiligung einer Person kein Ermessen mehr über die Bekanntgabe der Entscheidung zusteht. Die fehlerhafte Bekanntgabe an Nichtbeteiligte ist nicht als Beteiligung anzusehen.

4 Aus §§ 40 Abs. 1, 41 Abs. 1 folgt, dass der Beschluss **in jedem Fall dem Betroffenen** als **Subjekt des Verfahrens** bekannt zu geben ist, selbst wenn er ihn in seinem Sinngehalt nicht erfassen kann (Schutzfunktion). Dies erfolgt unabhängig davon, ob er einen Verfahrenspfleger hat (BayObLG NJW-RR 2001, 583; OLG München BtPrax 2007, 180). Hat der Betroffene einen **Verfahrensbevollmächtigten** bestellt, so ist nach § 172 Abs. 1 ZPO – in Abänderung der früheren Rechtlage – **nur** diesem **zuzustellen** (Sternal/Giers FamFG Rn. 6; Prütting/Helms/Fröschle FamFG Rn. 4); allerdings empfiehlt es sich aus Gründen des fairen Verfahrens, die Entscheidung auch dem **Betroffenen formlos zu übermitteln.** Davon wird nur bei nicht anfechtbaren Zwischenentscheidungen abgesehen werden können, wenn ein Verfahrensbevollmächtigter bzw. Verfahrenspfleger bestellt ist sowie in solchen Zwischenverfahren, an denen er nicht beteiligt ist (zB § 380 ZPO, §§ 29, 30).

Weiter folgt sowohl aus § 41 Abs. 1 als auch aus der besonderen Stellung des Verfahrenspflegers (→ FamFG § 276 Rn. 13), dass der Beschluss dem **bestellten Verfahrenspfleger** bekannt zu geben ist. Eine Bekanntgabepflicht an den **Betreuer** ergibt sich – neben § 41 Abs. 1 – auch aus § 287 für die dort genannten Entscheidungen (→ FamFG § 287 Rn. 3).

2. Absehen von der Bekanntgabe der Entscheidungsgründe (§ 288 Abs. 1)

5 Das Gericht hat nach **Abs. 1** nach pflichtgemäßem **Ermessen** zu prüfen, ob es von der Bekanntgabe der Entscheidungs**gründe** – nicht der Beschluss**formel**

(Prütting/Helms/Fröschle FamFG Rn. 9) – an den **Betroffenen** absieht, wenn erhebliche Nachteile für die Gesundheit des Betroffenen zu erwarten sind, wenn also zu besorgen ist, dass die Bekanntgabe die Gesundheit des Betroffenen schädigen oder zumindest ernsthaft gefährden werde (BGH BtPrax 2020, 103). Von der Bekanntgabe der Entscheidungsgründe an den Betroffenen darf in Betreuungsverfahren nur in eng begrenzten Ausnahmefällen abgesehen werden. Es hat eine sorgfältige Abwägung zwischen dem Recht des Betroffenen, die Gründe der Entscheidung zu erfahren, und der Rücksichtnahme auf seine Gesundheit zu erfolgen (Sternal/Giers FamFG Rn. 10). Die Befürchtung des behördlichen Sachverständigen, das Vertrauensverhältnis des Betreuten zum sozial-psychiatrischen Dienst könne gestört werden, reicht hierzu nicht aus (OLG Frankfurt a. M. BtPrax 2003, 222).

Das dazu einzuholende ärztliche Zeugnis oder ärztliche Gutachten muss eine detaillierte Begründung enthalten, welche konkreten Beeinträchtigungen entstehen können, die über das Maß dessen hinausgehen, was allgemein mit der Bekanntgabe von gerichtlichen Entscheidungen verbunden ist; wobei bloße zusätzliche Schwierigkeiten (Zittern usw) nicht ausreichen (OLG Frankfurt a. M. BtPrax 2003, 271). Die Entscheidung über die Nichtbekanntgabe ergeht zusammen mit der Hauptsacheentscheidung oder durch gesonderten Beschluss. Sie ist zu begründen. Sie ist **Teil** der instanzabschließenden Entscheidung und ebenso wie diese selbstständig mit der befristeten **Beschwerde anfechtbar** (Sternal/Giers FamFG Rn. 11; BayObLG NJW-RR 2001, 583). Im Beschwerdeverfahren entscheidet die voll besetzte Kammer über die Voraussetzungen des Abs. 1. Hat der Betroffene keinen Verfahrensbevollmächtigten und soll von der Bekanntgabe der Gründe abgesehen werden, muss das Gericht einen Verfahrenspfleger bestellen und diesem den kompletten Beschluss bekannt geben (BGH BtPrax 2011, 217; BeckOK FamFG/Günter Rn. 8).

Unter den Voraussetzungen des **Abs. 1** kann auch von der **Bekanntgabe des Gutachtens** an den Betroffenen abgesehen werden (BGH BtPrax 2021, 71; FamRZ 2019, 139; FamRZ 2018, 1770; 2018, 1769; 2018, 954; 2018, 176). Hierfür ist aber die Befürchtung des Sachverständigen, der Betroffene könne sich durch das Gutachten gekränkt fühlen, nicht ausreichend (BGH BtPrax 2021, 111). Ggf. muss auch geprüft werden, ob das Gutachten dem Betroffenen teil- oder auszugsweise zur Kenntnis gebracht werden kann (BGH BtPrax 2021, 71). Um ein Mindestmaß an rechtlichem Gehör zu gewährleisten, muss in den Fällen, in denen dem Betroffenen in entsprechender Anwendung des Abs. 1 das Gutachten nicht zur Kenntnis gegeben wird, stets geprüft werden, ob nicht der **Verfahrenspfleger** mit der Aufgabe betraut wird, das Gutachten – unter Berücksichtigung der besonderen Umstände des Einzelfalls – mit dem Betroffenen zu besprechen (BGH BeckRS 2022, 5162; FamRZ 2022, 891 und 136; FamRZ 2021, 1064; BtPrax 2021, 71; BtPrax 2020, 103; BeckRS 2020, 37283 für § 325, der im Unterbringungsverfahren eine entsprechende Regelung trifft). Da das rechtliche Gehör ein essenzielles Verfahrensgrundrecht ist, wird empfohlen, die Entscheidung, den Verfahrenspfleger mit der Besprechung des Gutachtens zu beauftragen, zu begründen.

3. Bekanntgabe an die zuständige Behörde (Abs. 2)

Der nach den §§ 1 ff. BtOG zuständigen **Behörde** sind nach Abs. 2 **S. 1** – **6**
unabhängig davon, ob sie sich tatsächlich am Betreuungsverfahren nach § 274 Abs. 3 beteiligt – folgende Entscheidungen bekannt zu geben:

- alle Entscheidungen, durch die ein Betreuer bestellt oder ein Einwilligungsvorbehalt angeordnet wird, um sie in die Lage zu versetzen, die ihr gestellten Aufgaben zu erfüllen;
- alle Beschlüsse über **Umfang, Inhalt oder Bestand** einer **Betreuung** oder eines **Einwilligungsvorbehalts** (vgl. hierzu → § 274 Rn. 9).

Gegen diese Entscheidungen steht der Behörde gemäß § 303 Abs. 1 ein Beschwerderecht zu. Dies gilt auch für die Betreuung, die auf Antrag des Betroffenen eingerichtet wurde. Obwohl vom Wortlaut der Norm die **ablehnende** Betreuungs- oder Einwilligungsvorbehaltsentscheidung nicht erfasst ist, ist nach Sinn und Zweck der Vorschrift auch diese der Betreuungsbehörde bekannt zu geben, da sie ein Beschwerderecht gegen diese Entscheidungen hat (Sternal/Giers FamFG Rn. 4).

7 Andere als die in Rn. 6 aufgeführten Entscheidungen sind der Behörde nach Abs. 2 **S. 2** nur dann bekannt zu geben, soweit die Behörde am Verfahren **beteiligt** war.

4. Bekanntgabe an den Rechtsinhaber (§ 41 Abs. 3)

8 Nach § 41 Abs. 3 müssen Beschlüsse, die die **Genehmigung eines Rechtsgeschäfts** zum Gegenstand haben, auch demjenigen bekannt gegeben werden, für den das Rechtsgeschäft genehmigt werden soll (Rechtsinhaber; vgl. BVerfG FamRZ 2000, 731).

III. Form der Bekanntgabe

9 Nach **§ 15 Abs. 1** sind Beschlüsse, die eine Frist in Gang setzen, den Beteiligten bekannt zu geben. Soweit der bekannt zu gebende Beschluss somit eine – nach § 63 mit der befristeten Beschwerde anfechtbare – Endentscheidung ist, wird mit ihr eine Frist, nämlich die **Beschwerdefrist,** im Sinne des § 15 Abs. 1 in Lauf gesetzt. Jeder anfechtbare Beschluss ist nach § 63 Abs. 3 somit **schriftlich** bekannt zu geben. Die Bekanntgabe des Beschlusses erfolgt mithin nach den allgemeinen Vorschriften über die Bekanntgabe von Dokumenten gemäß § 15 Abs. 2. Das Gericht kann danach grundsätzlich **nach freiem Ermessen** wählen zwischen:

- der **förmlichen Zustellung** nach der Zivilprozessordnung (§§ 166–195 ZPO) und
- der **Aufgabe zur Post.** Gibt der Urkundsbeamte der Geschäftsstelle das Schriftstück unter der Anschrift des Adressaten zur Post, so gilt das Schriftstück **drei Tage** nach der Aufgabe als bekannt gegeben. Der Tag der Aufgabe zählt nicht mit. Dies wird so bewirkt, dass der **Urkundsbeamte** der Geschäftsstelle in der Akte vermerkt, wann und unter welcher Anschrift der Brief in den gerichtsinternen Postabtrag gelangte (BGH BtPrax 2016, 27). Da es nach dem Willen des Gesetzgebers auf die Aufgabe zur Post ankommt (und nicht, wann das Schriftstück aus dem Machtbereich der Geschäftsstelle gelangte), ist es für eine wirksame Bekanntgabe unumgänglich, dass auch der für den Postausgang zuständige **Wachtmeister** oder Gerichtsmitarbeiter bestätigt, wann das Schriftstück zur Post gelangte. Diese Bestätigung muss zu der Gerichtsakte gelangen. Ob das eine wesentliche Erleichterung in der täglichen Praxis im Vergleich zur Zustellung nach ZPO ist, erscheint fraglich. Im Fall der Zustellung durch Aufgabe zur Post ist dem Betroffenen die **Glaubhaftmachung** – zB eigene eides-

stattliche Versicherung – möglich, dass er die Entscheidung entweder gar nicht oder aber nach dem fingierten Zeitpunkt erhalten hat.

– Das nach § 15 Abs. 2 eingeräumte Ermessen, zwischen Aufgabe zur Post und förmlicher Zustellung nach ZPO wählen zu dürfen, **schränkt** § 41 Abs. 1 **S. 2 ein.** Soweit es sich bei der bekannt zu gebenden Entscheidung um einen nach § 41 Abs. 1 S. 2 anfechtbaren Beschluss (zB eine Endentscheidung nach § 38 Abs. 1; → FamFG § 286 Rn. 2) handelt, ist demjenigen nach ZPO förmlich **zuzustellen,** dessen erklärtem Willen der Beschluss **nicht** entspricht (das kann neben dem Betroffenen auch jeder beschwerdeberechtigte Beteiligte sein; BGH FamRZ 2017, 1151). In einer Betreuungssache wird die Beschwerdefrist für einen Betroffenen, der mit der Einrichtung der Betreuung nicht einverstanden ist und der die Aufhebung der Betreuung begehrt, bei einer den Aufhebungsantrag zurückweisenden Entscheidung nur dann in Lauf gesetzt, wenn der Beschluss über die Betreuerbestellung wirksam an ihn selbst zugestellt wurde (BGH BtPrax 2019, 31). Aus dem bloßen Schweigen auf eine Äußerung des Gerichts lässt sich nicht der Schluss ziehen, dass der Beteiligte mit einer angekündigten Entscheidung einverstanden wäre (BGH BtPrax 2020, 101). Dementsprechend wird die Beschwerdefrist gegen eine nicht dem erklärten Willen des Betroffenen entsprechende Unterbringungsgenehmigung **nicht in Gang** gesetzt, wenn der Beschluss dem Betroffenen lediglich durch Aufgabe zur Post bekanntgegeben wird (BGH FamRZ 2021, 1662). Eine **Heilung** der fehlerhaften Zustellung durch tatsächlichen Zugang ist in diesem Fall wegen fehlenden Zustellungswillens des Gerichts **nicht möglich** (BGH FamRZ 2022, 226). In § 15 Abs. 2 ist zwar eine Einschränkung des **Zustellungs**erfordernisses (nicht aber des Bekanntgabeerfordernisses) zu sehen. Da das Unterbleiben einer gemäß § 41 Abs. 1 S. 2 erforderlichen Zustellung aber zur Unwirksamkeit der Bekanntgabe führt (BGH FamRZ 2015, 1374), ist aus Sicherheitsgründen oft eine förmliche Zustellung empfehlenswert. Mit dem förmlichen Zustellungserfordernis soll das schützenswerte Interesse des **Beteiligten,** dessen Anliegen mit der Entscheidung nicht entsprochen wird, hinreichend gewahrt werden. Nur diesem muss zwingend **nach ZPO** zugestellt werden. Erklärt der Betroffene, dass er die gesamte Betreuung nicht wünscht, so widerspricht er auch der isolierten Anordnung eines **Einwilligungsvorbehalts** (BGH FamRZ 2018, 1533). Ein Beschluss, der den Einwilligungsvorbehalt nicht aufhebt, ist in diesem Fall dem Betroffenen nach § 41 Abs. 1 S. 2 förmlich zuzustellen. 10

– Weiter ist darauf hinzuweisen, dass eine wirksame Bekanntgabe durch eine **formlose Mitteilung** – etwa durch einfache Übersendung mit der Post – für einen anfechtbaren Beschluss dh für **jede** Endentscheidung, nicht möglich ist, weil erst mit der **Bekanntgabe** (→ Rn. 9 und → FamFG § 63 Rn. 6) des Beschlusses der Lauf der **Rechtsmittelfrist** beginnt (§ 63 Abs. 3; OLG Braunschweig BeckRS 2023, 292, Beschl. v. 1.2.2023 – 3 W 885/22). In § 41 Abs. 1 S. 2 mag daher einerseits das Zustellungserfordernis nach ZPO eingeschränkt worden sein. Auf der anderen Seite wird jedoch jeder anfechtbare Beschluss, der nicht auf die unter Rn. 9 beschriebene Weise nach § 15 Abs. 2 bekannt gegeben wurde, zunächst nicht in Rechtskraft erwachsen können. Seit Inkrafttreten des FamFG werden, soweit ersichtlich, die Beschlüsse regelmäßig auf eine der beiden oben (→ Rn. 9) genannten Arten zugestellt, da die Betreuungsgerichte das Risiko zunächst fehlender Rechtskrafterlangung nicht eingehen wollen. Ein eventueller Zustellungsmangel würde allerdings nach sechs Monaten geheilt werden; in § 63 Abs. 3 S. 2 ist geregelt, dass, wenn eine Zustellung nicht bewirkt wurde, die Rechtmittelfrist jedenfalls fünf Monate nach Erlass des Beschlusses zu laufen beginnt. Die Beschwerdefrist beginnt auch dann nach Ablauf der fünfmonatigen Frist, wenn die erforderliche Zustellung mit Mängeln behaftet war (BGH BtPrax 2013, 1566).

11 – Schließlich kann einem **Anwesenden** nach § 41 **Abs. 2** die Entscheidung auch durch **Verlesen** der (schriftlich vorliegenden) Beschlussformel bekannt gegeben werden. In diesem Fall muss die schriftliche Begründung unverzüglich nachgeholt werden und der Beschluss ist in seiner Gesamtheit noch einmal schriftlich bekannt zu geben (§ 41 Abs. 2 S. 4). Zur Frage, ob der Betroffene die Beschlussformel verstehen muss und zur Bekanntgabe nach § 41, vgl. → FamFG § 287 Rn. 6.

§ 290 Bestellungsurkunde

(1) [1]**Der Betreuer erhält eine Urkunde über seine Bestellung.** [2]**Die Urkunde soll enthalten:**

1. **die Bezeichnung des Betroffenen und des Betreuers;**
2. **bei Bestellung eines Vereinsbetreuers oder Behördenbetreuers diese Bezeichnung und die Bezeichnung des Vereins oder der Behörde;**
3. **den Aufgabenkreis des Betreuers unter Benennung der einzelnen Aufgabenbereiche;**
4. **bei Anordnung eines Einwilligungsvorbehalts die Bezeichnung des Kreises der einwilligungsbedürftigen Willenserklärungen;**
5. **bei der Bestellung eines vorläufigen Betreuers durch einstweilige Anordnung das Ende der einstweiligen Maßnahme;**
6. **Angaben über eine Befreiung gemäß den §§ 1859 und 1860 des Bürgerlichen Gesetzbuchs.**

(2) **Soweit dies zur Beachtung berechtigter Interessen des Betroffenen erforderlich ist und der Schutz des Rechtsverkehrs dem nicht entgegensteht, erstellt das Gericht auf Antrag des Betreuers eine weitere Urkunde, in welcher die Angaben zu den Aufgabenbereichen des Betreuers oder die Anordnung eines Einwilligungsvorbehalts nur eingeschränkt ausgewiesen werden.**

(3) **Der Betreuer hat dem Gericht nach Beendigung seines Amtes die Bestellungsurkunde und weitere Urkunden nach Absatz 2 zurückzugeben.**

I. Urkunde über Betreuerbestellung (Abs. 1)

1 Um sich im Rechtsverkehr ausweisen zu können, erhält der Betreuer bei der Verpflichtung durch den Rechtspfleger (§§ 3 Nr. 2b, 15 Abs. 1 RPflG) eine **Bestellungsurkunde** (**Betreuerausweis;** zuweilen auch Bestallungsurkunde genannt) mit dem Inhalt des § 290. Diese entfaltet keine Rechtsscheinwirkungen über die Wirksamkeit der Bestellung und das Fortbestehen des Amts (Sternal/Giers FamFG Rn. 2; Prütting/Helms/Fröschle FamFG Rn. 13), ist im Falle der Aufhebung der Betreuung gemäß Abs. 3 zurückzugeben (in den Fällen des §§ 1868 ff. BGB) und bei Änderung des Aufgabenkreises zu berichtigen. Die Bestellungsurkunde eines Betreuers ist **keine Vollmachtsurkunde** iSd §§ 172 ff.

BGB (BGH BtPrax 2010, 125; Verfassungsgericht des Landes Brandenburg BtPrax 2015, 75; LG Potsdam BeckRS 2022, 2164, Beschl. v. 7.1.2022 – 14 T 206/21). Nach einem Urteil des LG Oldenburg (BeckRS 2010, 09782) ist deswegen bei laufenden Geschäftsbeziehungen zB eine Bank nicht berechtigt, die Entgegennahme und vertragsgerechte Umsetzung rechtsgeschäftlicher Erklärungen des Betreuers von der Vorlage eines Betreuerausweises abhängig zu machen, wenn der Bank dieser Ausweis einmal vorgelegt wurde. Denn wenn die Vertretungsmacht nicht auf der Erteilung einer Vollmacht durch den Vertretenen, sondern – wie bei der Betreuung – auf **gesetzlicher Grundlage** beruht, so scheidet eine Zurückweisung der Vollmacht nach § 174 BGB aus. Die mit der Inanspruchnahme gesetzlicher Vertretung verbundene Unsicherheit, ob die Vertretungsmacht wirksam besteht, wird dem Empfänger der Erklärung – also der Bank – zugemutet (BGH BtPrax 2010, 125). Wird der Betreuer im Rahmen einer Grundstücksveräußerung beim Grundbuchamt als Vertreter des Betroffenen tätig, so genügt als Nachweis der Vertretung gegenüber dem Grundbuchamt die Vorlage seiner einen einschlägigen Aufgabenbereich ausweisenden Bestellungsurkunde und des Beschlusses des Betreuungsgerichts über die Genehmigung des Rechtsgeschäfts (OLG Frankfurt a. M. BeckRS 2018, 16584; KG BtPrax 2012, 123). Die Bestellungsurkunde genießt zwar keinen öffentlichen Glauben, es besteht in der Regel jedoch kein Grund, am Fortbestand der Bestellung zu zweifeln, wenn sie in Urschrift vorgelegt wird (KG BeckRS 2021, 12698).

In der Bestellungsurkunde ist aufzuführen: 2

- der Betroffene und der Betreuer;
- bei Bestellung als Vereinsbetreuer bzw. Behördenbetreuer: diese Bezeichnung und die Bezeichnung des Vereins oder der Behörde;
- der Aufgabenkreis des Betreuers unter Benennung der einzelnen Aufgabenbereiche;
- bei Anordnung eines Einwilligungsvorbehalts: die Bezeichnung des Kreises der einwilligungsbedürftigen Willenserklärungen;
- bei der Bestellung eines **vorläufigen** Betreuers durch einstweilige Anordnung: das Ende der einstweiligen Maßnahme. Nach dem Gesetzeswortlaut ist nicht anzugeben das Ende eines mittels einstweiliger Anordnung erlassenen Einwilligungsvorbehalts. Nicht anzugeben ist ferner der Zeitpunkt, zu dem das Gericht über eine Aufhebung oder Verlängerung der **endgültigen** Betreuung oder des Einwilligungsvorbehalts entscheidet.
- Angaben über eine Befreiung nach §§ 1859 und 1860 BGB: sofern der Betreuer befreit ist, müssen die gesetzlichen Befreiungen (§ 1859 BGB) sowie die gerichtlich angeordneten Befreiungen (§ 1860 BGB) im Rahmen der Vermögenssorge in der Bestellungsurkunde angegeben werden. Dies soll insbesondere der Vereinfachung und Sicherheit des Rechtsverkehrs mit den Kreditinstituten dienen, die nunmehr auf diese Weise einfach feststellen können, welche Befugnisse dem Betreuer bei der Geldanlage und -verwaltung zustehen (BT-Drs. 19/24445, 335).

Sind **mehrere** Betreuer bestellt, so sind folgende Besonderheiten zu beachten: 3
Bei geteilter Mitbetreuung (jeder Betreuer ist gesondert für verschiedene Bereiche zum Betreuer bestellt; § 1817 Abs. 1 BGB) erhält jeder Betreuer eine Bestellungsurkunde, in der die ihm zugewiesenen Aufgabenbereiche genannt sind. Bei gemeinschaftlicher Mitbetreuung (§ 1817 Abs. 3 BGB) erhält auch jeder Betreuer eine Bestellungsurkunde, jedoch ist der andere Betreuer und die gemeinschaftliche oder alleinige Verfügungsbefugnis – je nachdem, was das Gericht anordnet –

aufzuführen (Sternal/Giers FamFG Rn. 4; Prütting/Helms/Fröschle FamFG Rn. 8).

4 Weichen Bestellungsurkunde und Entscheidung voneinander ab, ist letztere maßgebend und die Bestellungsurkunde entfaltet keine Wirkungen (Dutta/Jakoby/Schwab/Schneider FamFG Rn. 2). Gegen die die Berichtigung (der unrichtigen Urkunde) ablehnende Entscheidung ist die **Erinnerung** gemäß § 11 RPflG statthaft.

II. Weitere Urkunde über Betreuerbestellung (Abs. 2)

5 In dem durch das Gesetz zur Reform des Vormundschafts- und Betreuungsrecht zum 1.1.2023 neu eingeführten Abs. 2 wird die Möglichkeit der Erstellung einer weiteren Urkunde geregelt, in der die Angaben zu den Aufgabenbereichen des Betreuers oder die Anordnung eines Einwilligungsvorbehalts nur **eingeschränkt ausgewiesen** werden. Durch diese Regelung wird dem Interesse des Betroffenen auf Geheimhaltung bestimmter Daten, deren Offenlegung im Rechtsverkehr nicht zwingend ist, Rechnung getragen. Im Rechtsverkehr ist der Nachweis des Aufgabenkreises mit allen Aufgabenbereichen häufig nicht erforderlich. So gibt es keinen ersichtlichen Grund dafür, dass etwa eine Bank, ein Telefonanbieter oder ein Vermieter erfahren muss, dass die Betreuung neben der Vermögenssorge auch eine mit Freiheitsentziehung verbundene Unterbringung des Betreuten umfasst (BT-Drs. 19/24445, 335).

Die weitere, nur einen eingeschränkten Bereich ausweisende Urkunde wird nur auf **Antrag** des Betreuers ausgestellt. Weiter muss dies zur Beachtung berechtigter Interessen des Betroffenen **erforderlich** sein und der **Schutz des Rechtsverkehrs** darf dem nicht entgegenstehen.

III. Rückgabe der Bestellungsurkunde (Abs. 3)

6 Abs. 3 regelt die Pflicht des Betreuers, nach Beendigung des Amtes die ihm nach Abs. 1 und ggf. Abs. 2 ersteilten Bestellungsurkunden **zurückzugeben.** Zur Rückgabe kann der Betreuer (ausgenommen Verein, Behörde und Behördenbetreuer) auch nach Beendigung des Amtes durch Zwangsgeld (§ 35) angehalten werden (hM BeckOK FamFG/Günter Rn. 11). Wird der Aufgabenkreis oder der Kreis der einwilligungsbedürftigen Erklärungen geändert, ist die Urkunde abzuändern bzw. einzuziehen und eine neue auszustellen. Die inhaltlich unrichtig gewordene Urkunde muss zum Zweck der Anpassung an die Rechtslage dem Rechtspfleger ausgehändigt werden (BeckOK FamFG/Günter Rn. 10).

§ 291 Überprüfung der Betreuerauswahl

[1]Der Betroffene kann verlangen, dass die Auswahl der Person, der ein Verein oder eine Behörde die Wahrnehmung der Betreuung übertragen hat, durch gerichtliche Entscheidung überprüft wird. [2]Das Gericht kann dem Verein oder der Behörde aufgeben, eine andere Person auszuwählen, wenn einem Vorschlag des Betroffenen, dem keine wichtigen Gründe entgegenstehen, nicht entsprochen wurde oder die ausgewählte Person zur Wahrnehmung dieser Betreuung nicht geeignet erscheint. [3]§ 35 ist nicht anzuwenden.

I. Auswahl des Betreuungswahrnehmers (S. 1)

Ist ein **Betreuungsverein** oder die **Betreuungsbehörde** selbst zum Betreuer bestellt worden (§ 1818 BGB), dann haben diese zunächst gemäß § 1818 Abs. 2 u. 4 BGB bei der Auswahl der Person, welche die Betreuung für sie wahrnehmen soll, ohne Mitwirkung des Betreuungsgerichts den **Vorschlägen** des Betroffenen zu entsprechen, soweit dem nicht gewichtige Gründe entgegenstehen. Der Verein bzw. die Behörde teilt dem Gericht und dem Betreuten die ausgewählte Person mit. 1

Um dem Betreuten einen verfahrensrechtlich abgesicherten Einfluss auf die Auswahl zu ermöglichen, kann er nach **S. 1 gerichtliche Entscheidung** beantragen, wenn er mit der Auswahl der vom Verein/der Behörde ausgewählten Person nicht einverstanden ist. 2

Dieser Antrag des Betroffenen, der in dem Wunsch, eine andere Person als Betreuer zu erhalten, liegt, ist nicht an eine Frist gebunden. Der Antrag kann vom Betroffenen selbst oder von seinem Verfahrenspfleger (Haußleiter FamFG Rn. 3; BeckOK FamFG/Günter Rn. 4; Sternal/Giers FamFG Rn. 2; MüKoFamFG/Schmidt-Recla § 291 Rn. 2; Prütting/Helms/Fröschle FamFG Rn. 4, 8 weist darauf hin, dass es sich um einen eigens für dieses Verfahren bestellten Verfahrenspfleger handeln muss) gestellt werden, richtet sich gegen den Verein bzw. die Behörde und wird durch den Richter entschieden. Das Verfahren richtet sich nach § 26, nicht nach § 296, da es nicht um die Bestellung eines neuen Betreuers geht (Sternal/Giers FamFG Rn. 4).

II. Auswahl des Betreuungswahrnehmers (S. 2)

Das Gericht hat in der Regel den Vorstellungen des Betroffenen bei der Betreuungsperson zu entsprechen, soweit nicht wichtige Gründe entgegenstehen (S. 2 1. Alt; Sternal/Giers FamFG Rn. 3). Außerdem kann das Gericht zu der Auffassung gelangen, dass die ausgewählte Person zur Wahrnehmung dieser Betreuung nicht geeignet erscheint (S. 2 2. Alt). Durch die Bezugnahme auf die Eignung wird klargestellt, dass der Maßstab die Besorgung der Angelegenheiten ist und damit, dass es um die Berücksichtigung der Wünsche bzw. des mutmaßlichen Willens des Betroffenen geht. Damit wird zugleich eine Abwertung der Arbeit der bisher ausgewählten Person, die für andere Betreuungen gegebenenfalls weiterhin gut geeignet ist, vermieden (BT-Drs. 19/24445, 335). Wenn damit dem Wunsch des Betroffenen gefolgt werden kann oder wenn die ausgewählte Person zur Wahrnehmung dieser Betreuung nicht oder nicht mehr geeignet erscheint (BT-Drs. 19/24445, 335), kann das Gericht dem Verein bzw. der Behörde **aufgeben** (Prütting/Helms/Fröschle FamFG Rn. 10), eine andere Person auszuwählen, jedoch nicht die Auswahl eines anderen oder gar eines bestimmten Mitarbeiters nach § 35 erzwingen (**S. 3,** aA Prütting/Helms/Fröschle FamFG Rn. 10, der die Auffassung vertritt, dass dem Verein/der Behörde auch die Auswahl einer bestimmten Person aufgegeben werden kann). Falls die entsprechenden Voraussetzungen vorliegen, kann der Verein oder die Behörde allenfalls nach § 1868 BGB entlassen werden. 3

III. Rechtsmittel

Die Zurückweisung des Antrags kann vom Betroffenen bzw. seinem Verfahrenspfleger, die Antragsstattgabe vom Verein/Behörde jeweils mit der befristeten 4

Beschwerde nach § 58 Abs. 1 angefochten werden (BeckOK FamFG/Günter Rn. 6). Da der Verein bzw. die Behörde selbst zum Betreuer bestellt wurde, ist derjenige, der bisher die Betreuung wahrgenommen hat (BeckOK FamFG/Günter Rn. 6), nicht am Verfahren beteiligt (§§ 7, 274) und nicht beschwerdeberechtigt (§§ 59, 303). Die Rechtsbeschwerde ist zulassungsgebunden (Prütting/Helms/Fröschle FamFG Rn. 14).

§ 292 Zahlungen an den Betreuer; Verordnungsermächtigung

(1) **Das Gericht setzt auf Antrag des Betreuers, des Betreuungsvereins oder des Betroffenen oder nach eigenem Ermessen durch Beschluss fest:**

1. **einen dem Betreuer zu zahlenden Vorschuss, den ihm zu leistenden Ersatz von Aufwendungen oder die Aufwandspauschale, soweit der Betreuer die Zahlungen aus der Staatskasse verlangen kann (§ 1879 des Bürgerlichen Gesetzbuchs) oder ihm die Vermögenssorge nicht übertragen wurde,**
2. **eine dem ehrenamtlichen Betreuer zu bewilligende Vergütung oder Abschlagszahlung (§ 1876 des Bürgerlichen Gesetzbuchs) oder**
3. **eine dem beruflichen Betreuer oder dem Betreuungsverein zu bewilligende Vergütung nach dem Vormünder- und Betreuervergütungsgesetz.**

(2) [1]**Das Gericht kann die nach Absatz 1 Nummer 3 zu bewilligende Vergütung für zukünftige Zeiträume festsetzen.** [2]**Die Festsetzung ist in regelmäßigen, im Voraus festzulegenden Abständen, die zwei Jahre nicht überschreiten dürfen, zu überprüfen.** [3]**Die Auszahlung der Vergütung erfolgt für die jeweils nach § 14 Absatz 1 Satz 1 des Vormünder- und Betreuervergütungsgesetzes maßgeblichen Zeiträume.** [4]**Eine Änderung der für die Vergütungsfestsetzung maßgeblichen Kriterien hat der Betreuer dem Gericht unverzüglich mitzuteilen.**

(3) [1]**Im Antrag sollen die persönlichen und wirtschaftlichen Verhältnisse des Betroffenen dargestellt werden. § 118 Absatz 2 Satz 1 und 2 der Zivilprozessordnung ist entsprechend anzuwenden.** [2]**Steht nach der freien Überzeugung des Gerichts der Aufwand für die Ermittlung der persönlichen und wirtschaftlichen Verhältnisse des Betroffenen außer Verhältnis zur Höhe des aus der Staatskasse zu begleichenden Anspruchs oder zur Höhe der vom Betroffenen voraussichtlich zu leistenden Zahlungen, so kann das Gericht ohne weitere Prüfung den zu leistenden Betrag festsetzen oder von einer Festsetzung der vom Betroffenen zu leistenden Zahlungen absehen.**

(4) **Der Betroffene ist vor der Festsetzung einer von ihm zu leistenden Zahlung anzuhören.**

(5) **Ist eine Festsetzung nicht beantragt, so gelten für die Zahlungen, die aus der Staatskasse verlangt werden können, die Vorschriften über das Verfahren bei der Entschädigung von Zeugen hinsichtlich ihrer baren Auslagen sinngemäß.**

(6) [1]**Die Landesregierungen werden ermächtigt, durch Rechtsverordnung für Anträge nach den Absätzen 1 und 2 Formulare einzuführen.** [2]**Soweit Formulare eingeführt sind, muss der berufliche Betreuer oder**

der Betreuungsverein diese verwenden und sie, sofern sie hierzu bestimmt sind, als elektronisches Dokument einreichen. [3]Andernfalls liegt keine ordnungsgemäße Geltendmachung im Sinne des § 1875 Absatz 2 des Bürgerlichen Gesetzbuchs in Verbindung mit dem Vormünder- und Betreuervergütungsgesetz vor. [4]Die Landesregierungen können die Ermächtigung nach Satz 1 durch Rechtsverordnung auf die Landesjustizverwaltungen übertragen.

Übersicht

I. Überblick

Änderungen durch das Gesetz zur Reform des Vormundschafts- und Betreuungsrechts (seit 1.1.2023): 1

Die Vorschriften §§ 292, 292a enthalten die Bestimmungen für das zuvor in § 168 FamFG aF geregelte Verfahren für Zahlungen an den Betreuer. Dabei wird systematisch zwischen Zahlungsansprüchen des Betreuers (§ 292) und Regressforderungen der Staatskasse gegen den Betroffenen oder dessen Erben (§ 292a) unterschieden. Die beiden Normen geben einen einheitlichen Instanzenzug bei der **gerichtlichen Festsetzung** von **Aufwendungs- und Vergütungsansprüchen.**

Seit 1.1.2023 ist die Entschädigung für **ehrenamtliche** Betreuer (Aufwendungsersatz, Aufwandspauschale und ausnahmsweise Vergütung) in §§ 1875 ff. BGB geregelt. Das Vergütungsrecht für den **beruflichen** Betreuer (Vergütung, Aufwendungsersatz, Vergütung für künftige Zeiträume) ist seit 1.1.2023 ausschließlich im VBVG geregelt, zuletzt reformiert durch das Kosten- und Betreuervergütungsrechtsänderungsgesetz 2025 vom 7.4.2025 (KostBRÄG 2025, BGBl 2025 I, Nr. 109).

Allgemeines:

§ 292 enthält die verfahrensrechtlichen Regelungen für Anträge auf Festsetzung von Vergütungen, Vorschusszahlungen oder Aufwendungsersatz von **Betreuern;** durch Verweisungen werden auch die entsprechenden Ansprüche von **Verfahrenspflegern** (§§ 277, 318) und von **Vormündern** und **Pflegern** (§ 168d) geregelt.

Die Norm sieht in Abs. 1 und Abs. 5 zwei verschiedene Arten der **Auszahlung** vor: Auszahlung aufgrund eines **formlosen Antrags** des Betreuers nach Abs. 5 im vereinfachten **Verwaltungsverfahren** (→ Rn. 25), wenn die Abrechnung der Vergütungs- und Aufwendungsersatzansprüche gegen die Staatskasse unproblematisch ist und wenn der Betreuer **keine Festsetzung im förmlichen Verfahren beantragt hat.** Im Hinblick auf die Fallpauschalen dürfte oder zumindest sollte das inzwischen die Regel sein. Daneben kann der Betreuer **gerichtliche Festsetzung** nach Abs. 1 verlangen (→ Rn. 5). In Abs. 2 wird daneben das Verfahren zu der gemäß § 14 Abs. 2 VBVG (bis 31.12.2025: § 15 Abs. 2 aF) geschaffenen Möglichkeit der Festsetzung einer Vergütung auch **für zukünftige Zeiträume** geregelt (→ Rn. 23). Mit dem Abs. 2 ist die Rechtsprechung des BGH (BtPrax 2016, 237), dass ein in die Zukunft gerichteter Dauervergütungsantrag des Betreuers unzulässig ist, obsolet.

Die Auszahlung einer Vergütung – sei es nach Abs. 1, Abs. 2 oder nach Abs. 5 – erfolgt in der Regel aufgrund eines entsprechenden **Antrages** des Berechtigten (Ausnahmen: → Rn. 7)

Die Höhe der Vergütung des beruflichen Betreuers richtet sich nach dem VBVG (vgl. → VBVG §§ 7 ff.).

II. Anwendungsbereich

1. Anspruchsteller/Anspruchsgegner

2 § 292 regelt in Betreuungs- und Unterbringungssachen **Ansprüche des Betreuers,** Betreuungsvereins und der Behörde, soweit ein Mitarbeiter des Vereins oder der Behörde zum Betreuer des Betroffenen bestellt worden ist (künftig insgesamt **Betreuer** genannt). Der Mitarbeiter des Betreuungsvereins oder der Behörde selbst hat keinen eigenen Anspruch. Durch die Verweisung in § 277 bzw. § 168d werden in § 292 auch Ansprüche des Verfahrenspflegers bzw. des Vormunds, Pflegers und Verfahrenspflegers geregelt. **Anspruchsgegner** ist die Staatskasse oder der Betreute/Mündel.

2. Betroffene Ansprüche

Voranzustellen ist, dass Ansprüche des Betreuers **nicht der gerichtlichen Festsetzung** unterliegen, soweit es um Vergütung, Aufwendungen, Aufwandspauschale beim vermögenden Betreuten geht **und** wenn der Betreuer auch die Vermögenssorge innehat. In diesem Fall kann sich der Betreuer nämlich aus dem Vermögen des Betreuten **direkt befriedigen** (→ BGB § 1877 Rn. 17; HK-BetreuungsR/Maier FamFG § 292 Rn. 4; Sternal/Giers FamFG Rn. 5). Einer gerichtlichen Bewilligung für die Geltendmachung oder zur Entnahme aus dem Vermögen des Betroffenen bedarf es dann nicht (für Mündel entschieden: BayObLG BtPrax 1995, 227). Die gerichtliche Kontrolle erfolgt über §§ 1862, 1866 BGB. Bei Streit über Grund und Höhe des Aufwendungsersatzes muss dieser vor dem **Prozessgericht** geltend gemacht werden (OLG Köln NJWE-FER 1998, 152; HK-BetreuungsR/Maier FamFG § 292 Rn. 17). Eine Festsetzung durch das Betreuungsgericht ist in diesem Fall nicht zulässig. 3

Die Vorschrift erfasst nach dem Vorgesagten insbesondere:

- Abs. 1 **Nr. 1:** Die Festsetzung der vom **beruflichen** Betreuer (§ 7 Abs. 1 VBVG) oder vom Betreuungsverein (§ 7 Abs. 2 VBVG) begehrten Aufwendungen, des vom **ehrenamtlichen** Betreuer begehrten **Vorschusses,** Ersatzes von **Aufwendungen** (§ 1877 BGB) und der **Aufwandspauschale** (§ 1878 BGB) gegen die Staatskasse und den Betreuten (es sei denn – s. oben –, der Betroffene ist vermögend und der Betreuer hat den Aufgabenbereich der Vermögenssorge inne).
- Abs. 1 **Nr. 2:** Die (ausnahmsweise) Festsetzung von **Vergütungsansprüchen** des **ehrenamtlichen** Betreuers (§ 1876 S. 2 BGB) gegenüber dem vermögenden **Betreuten** (es sei denn – s. oben –, der Betroffene ist vermögend und der Betreuer hat den Aufgabenbereich der Vermögenssorge inne).
- Abs. 1 **Nr. 3:** Die Festsetzung von **Vergütungsansprüchen** des **beruflichen** Betreuers (nach VBVG) oder des Betreuungsvereins gegen die **Staatskasse** und gegenüber dem **Betreuten,** außer wenn – s. oben –, der Betroffene vermögend ist und der Betreuer den Aufgabenbereich der Vermögenssorge innehat. Das gilt auch für Ansprüche des Betreuers nach dem **Tod** des Betreuten (BayObLG FamRZ 2001, 866) gegen die **Staatskasse** (BayObLG RPfleger 2001, 419; OLG Frankfurt a. M. NJW 2004, 373; OLG Hamm JMBlNW 2003, 237) oder gegen den **Erben analog,** es sei denn, der Betreuer hat den Betreuten allein beerbt (OLG Jena FGPrax 2001, 22). Analog §§ 1878, 1881 S. 1 BGB gelten jedoch die dort genannten Haftungsbegrenzungen (OLG Frankfurt NJW 2004, 373; OLG Schleswig MDR 2004, 576). Der Betreuer, der beim verstorbenen vermögenden Betreuten die Vermögenssorge innehatte, darf, da die Betreuung mit dem Tod endet, den Aufwendungsersatz (§ 1878 BGB) und die Aufwandspauschale (§ 1878 BGB) nicht mehr selbst aus dem Vermögen des Betroffenen entnehmen; es bedarf hier ausnahmsweise einer gerichtlichen Festsetzung (Jurgeleit/Maier § 292 FamFG Rn. 20).

III. Betreuervergütung, Aufwendungsersatz und Aufwandspauschale

Grundsätze: Bei der Festsetzung des zu zahlenden Geldbetrags ist zum einen zwischen **Aufwendungen** (mit dem Unterfall der Aufwandspauschale) und **Ver-** 4

gütung und zum anderen zwischen **ehrenamtlichem** und **beruflichem** Betreuer zu unterscheiden.

Dem **ehrenamtlichen** Betreuer steht in der Regel keine Vergütung, sondern nur Aufwendungsersatz oder Aufwandspauschale (§§ 1877, 1878 BGB) zu. Ausnahmsweise kann auch dem **ehrenamtlichen** Betreuer bei vermögenden Betreuten aus besonderen Gründen eine Vergütung zugebilligt werden (§ 1876 S. 2 BGB; → BGB § 1876 Rn. 2), in diesem Fall erfolgt eine Abrechnung nach den tatsächlich geleisteten Stunden.

Dem **beruflichen** Betreuer steht Vergütung bzw. Aufwendungsersatz (nach §§ 7 ff. VBVG) im Festsetzungsverfahren zu. Anders als nach altem Recht erfolgt seit 1.1.2023 eine berufsmäßige Führung der Betreuung nicht mehr dann, wenn bei Betreuerbestellung nach § 286 Abs. 1 Nr. 4 die Feststellung getroffen wurde, dass die Betreuung berufsmäßig geführt wird. Vielmehr muss ein beruflicher Betreuer **registriert** werden. Wenn der Betreuer nicht registriert ist, dann steht ihm, auch wenn im Betreuungsbeschluss festgestellt wird, dass er die Betreuung berufsmäßig führt, keine Vergütung nach VBVG zu. Zur Frage der **versehentlichen** Feststellung als beruflicher Betreuer durch das Betreuungsgericht trotz Nichtregistrierung bzw. zum versehentlichen Unterlassen der Feststellung im Betreuungsbeschluss trotz Registrierung vgl. → § 286 Rn. 7. In §§ 23 bis 28 BtOG (→ BtOG § 23 Rn. 4 ff.) sind die **Voraussetzungen der Registrierung** als beruflicher Betreuer und das Registrierungsverfahren einschließlich der Regelung von Mitteilungspflichten und des Umgangs der Stammbehörde mit den für die Registrierung relevanten Daten geregelt. In §§ 29, 30 BtOG (zB in § 29 BtOG Pflicht zur Fortbildung) befinden sich allgemeine Regelungen zu Aufgaben und Pflichten von beruflichen Betreuern, die nicht ausschließlich die Ausführung einer konkreten Betreuung betreffen. Letztere sind weiterhin im BGB geregelt.

Nach §§ 32 Abs. 1, 33 BtOG soll es ab 1.1.2023 den sog. **vorläufig registrierten Betreuer** geben. Hier wird zwei Situationen Rechnung getragen: zum einen werden Übergangsregelungen zu den Personen getroffen, die bereits vor dem 1.1.2023 als berufliche Betreuer tätig waren (§ 32 Abs. 1 BtOG); zum anderen soll in § 33 BtOG eine Übergangsregelung für Personen getroffen werden, die nach dem 1.1.2023 erstmals neu als berufliche Betreuer tätig werden wollen und noch keinen Sachkundenachweis erworben haben.

§ 32 Abs. 1 BtOG regelt, dass sämtliche Betreuer, die bereits vor Inkrafttreten des Gesetzes zur Reform des Vormundschafts- und Betreuungsrechts am 1.1.2023 berufsmäßig Betreuungen geführt haben und weiterhin führen werden, sofort ab dem 1.1.2023 zunächst als vorläufig registriert gelten. Die vorläufige Registrierung endete allerdings automatisch, wenn der Betreuer nicht bis zum 30.6.2023 einen **Registrierungsantrag** nach § 32 Abs. 1 S. 5 BtOG gestellt hatte. Zur Frage, ob die bisherigen berufsmäßigen Betreuer einen Sachkundenachweis erbringen müssen – nur wenn sie weniger als drei Jahre als beruflicher Betreuer tätig waren – → BtOG § 32 Rn. 5. Die Betreuer, die vor dem 1.1.2023 noch **nicht** länger als drei Jahre als berufliche Betreuer tätig waren, sollen während der Zeit der vorläufigen Registrierung nach § 19 Abs. 1 S. 2 BtOG im alten Vergütungssystem bleiben, die Vergütung soll also nach dem früher geltenden § 4 VBVG aF erfolgen. Bei Betreuern, die vor dem 1.1.2023 länger als drei Jahre als beruflicher Betreuer tätig waren, wird eine Sachkunde unterstellt, ein Sachkundenachweis ist bei diesen Betreuern nicht erforderlich (§ 32 Abs. 2 BtOG). Die Bestandsbetreuer, die vor dem 1.1.2023 länger als drei Jahre als beruflicher

Betreuer (bis zum 31.12.2022: Berufsbetreuer) tätig waren, können von Anfang an nach dem geltenden Vergütungsrecht abrechnen.

In **§ 33 BtOG** ist eine Übergangsregelung für solche Bewerber getroffen, die nach dem 1.1.2023 erstmals **neu als berufliche Betreuer** tätig werden und sich – ohne vollständigen Sachkundenachweis – registrieren lassen wollen. Mit § 33 BtOG wird somit die Möglichkeit zu einer zeitlich befristeten vorläufigen Registrierung geschaffen, für Personen, die noch nicht (vollständig) den Sachkundenachweis erworben haben. Zu den Voraussetzungen: → BtOG § 33 Rn. 1. Die Abrechnung erfolgt mit der vorläufigen Registrierung nach neuem Recht.

Die Vergütung des beruflichen Betreuers bestimmt sich nach §§ 7 ff. VBVG. Der Betreuer erhält aufwandsunabhängig eine monatliche **Fallpauschale,** die in den Vergütungsstufen 1 und 2 der Anlage zum VBVG festgelegt sind (bis zum 31.12.2025 Vergütungstabellen A, B und C; vgl. im Einzelnen die Kommentierung zu → VBVG § 9 Rn. 2 ff.). Nach welcher Vergütungsstufe sich die Vergütung des einzelnen beruflichen Betreuers richtet, ergibt sich aus § 8 Abs. 2 VBVG. Mit der Reform des Betreuungsrechts zum 1.1.2023 wurde dabei darauf abgestellt, ob der (endgültig **registrierte**) berufliche Betreuer über keine Lehre oder Ausbildung (Vergütungstabelle A), über eine abgeschlossene Lehre oder eine vergleichbare abgeschlossene Ausbildung (Vergütungstabelle B) oder über eine abgeschlossene Ausbildung an einer Hochschule oder eine vergleichbare abgeschlossene Ausbildung (Vergütungstabelle C) verfügt (. Durch das KostBRÄG 2025 kommt es für die Einordnung in die beiden Vergütungsstufen nur noch darauf an, ob der Betreuer über eine abgeschlossene Ausbildung an einer Hochschule oder eine vergleichbare abgeschlossene Ausbildung verfügt (Vergütungsstufe 2) oder nicht (Vergütungsstufe 1) (§ 8 Abs. 2 VBVG, → VBVG § 8). Auf Antrag des Betreuers entscheidet der **Vorstand des zuständigen Amtsgerichts** bzw. in einigen Bundesländern **des zuständigen Landgerichts** nach der Registrierung des jeweiligen Betreuers verbindlich, nach welcher Vergütungsstufe der Betreuer für alle künftigen Betreuungen einzuordnen ist (§ 8 Abs. 3 VBVG; → VBVG § 8).

Nach § 11 VBVG sind der **Sterilisationsbetreuer** nach § 1817 Abs. 2 und der **Ergänzungsbetreuer** nach § 1817 Abs. 5 BGB (→ VBVG § 11) **nicht** nach der Fallpauschale, sondern nach Stunden zu vergüten. Keine besonderen Betreuer im Sinne des § 11 Abs. 1 VBVG sind die **Verhinderungsbetreuer,** die gem. § 11 Abs. 2 VBVG nach §§ 8, 9 VBVG abrechnen (Brosey/Lesting/Loer/Marschner BetreuungsR Rn. 330).

IV. Gerichtliches (förmliches) Festsetzungsverfahren (Abs. 1, Abs. 3 und 4)

1. Zuständigkeit

Für die förmliche Festsetzung der in Abs. 1 genannten Ansprüche (→ Rn. 3) 5
ist das **erstinstanzliche Gericht** des jeweiligen Verfahrens (Betreuungsgericht) zuständig. Es entscheidet der **Rechtspfleger** (für Betreuungssachen: § 3 Nr. 2b RPflG) auch in Unterbringungssachen (→ RPflG § 15 Rn. 50). Im Hinblick darauf, dass das Festsetzungsverfahren nicht eigenständig, sondern Teil des Ursprungsverfahrens ist, folgt die örtliche Zuständigkeit aus dem zugrundeliegenden Betreuungsverfahren, der betreuungsgerichtlichen Zuweisungssache, Familiensache bzw. Vormundschaft. Nach Abgabe des Verfahrens nach § 273 ist das

Gericht zuständig, welches das Verfahren übernommen hat (BayObLG BtPrax 1997, 114; Sternal/Giers FamFG Rn. 12). Allerdings wird ggf. die **Abgabereife** nach §§ 273, 4 verneint (→ FamFG § 273 Rn. 9), wenn die Kosten noch nicht bzw. rechtsfehlerhaft festgesetzt sind (OLG Stuttgart FGPrax 2011, 299).

2. Verfahrensbeginn

6 Die Festsetzung der Ansprüche erfolgt auf **Antrag** oder **von Amts wegen** (BGH FamRZ 2022, 733).

7 **a) Verfahren von Amts wegen.** Die Einleitung des Verfahrens von Amts wegen steht im Ermessen des Gerichts (Abs. 1). Denkbar ist dies, wenn Anlass zu der Annahme besteht, dass die Entschädigung nach Abs. 5 durch die Anweisungsstelle unrichtig berechnet ist, die Staatskasse eine Festsetzung anregt oder nach dem Tod des Betreuten. In Ausnahmefällen, zB wenn der Betreuer unverschuldet durch Krankheit an der Geltendmachung verhindert ist, kann ein Verfahren auch dann von Amts wegen einzuleiten sein, wenn aufgrund Zeitablaufs das Erlöschen des Vergütungsanspruches droht (sechs bzw. 15 Monate nach §§ 1878 Abs. 4, 1877 Abs. 4, § 15 VBVG; → Rn. 20).

8 **b) Antragsverfahren.** IdR wird das Festsetzungsverfahren auf Antrag eingeleitet. Antragsberechtigt sind Betreuer und Betreuter, Verfahrenspfleger, Vormund, Pfleger und Mündel. Die Staatskasse kann ein Amtsverfahren anregen (→ Rn. 7). Der Antrag muss inhaltlich ausreichend bestimmt und detailliert sein. Die Angaben sind glaubhaft zu machen. Ein beruflicher Betreuer, der Rechtsanwalt ist, ist nicht nach § 14b Abs. 1 verpflichtet, seinen Vergütungsantrag elektronisch zu übermitteln; für einen Vergütungsantrag ist ein Schriftformerfordernis im Sinne von § 14b Abs. 1 nicht vorgesehen (BGH FamRZ 2023, 1577, Rn. 18; LG Hildesheim BeckRS 2022, 16993, Beschl. v. 12.7.2022 – 5 T 163/22). Die Pflicht zur **elektronischen Übermittlung** unter Verwendung eines Formulars kann sich jedoch – nicht nur für einen als beruflichen Betreuer tätigen Rechtsanwalt – aus **Abs. 6** ergeben. Der Antrag auf gerichtliche Festsetzung nach § 292 kann nach § 15 Abs. 3 VBVG nur innerhalb der Frist von 15 Monaten gestellt werden (Sternal/Giers FamFG Rn. 17; LG Münster FamRZ 2011, 1689; → Rn. 20), danach erlischt der Anspruch. Der rechtzeitige Antrag auf Festsetzung der Betreuervergütung gegen den Betreuten wahrt die Frist des § 15 Abs. 3 VBVG auch gegenüber der subsidiär berufenen Staatskasse, wenn sich im Laufe des Verfahrens die Mittellosigkeit des Betreuten herausstellt (BGH BtPrax 2015, 237).

9 **c) Weiteres Verfahren.** Die für die Festsetzung **erheblichen Tatsachen** sind von Amts wegen (§ 26) zu ermitteln. Soll gegen den Betreuten (bzw. dessen Erben) eine von ihm zu leistende Zahlung festgesetzt werden, muss er gehört werden **(Abs. 4).** Dies kann unterbleiben, wenn das Gericht nach Abs. 3 S. 3 von einer Inanspruchnahme absehen will (BT-Drs. 13/7158, 57). Eine schriftliche **Anhörung** kann genügen. Das setzt jedoch voraus, dass der Betroffene in der Lage ist, auf schriftliche Anfragen in angemessener Weise (schriftlich, telefonisch oder durch persönliche Vorsprache) zu antworten. Andernfalls wird auf eine mündliche Anhörung nicht verzichtet werden können. Nach § 274 Abs. 4 Nr. 2 ist zu prüfen, ob der Vertreter der **Staatskasse** als sog. Kann-Beteiligter (→ FamFG § 274 Rn. 14) am Kostenfestsetzungsverfahren zu beteiligten ist. Dies dürfte immer dann der Fall sein, wenn die Auszahlung der Betreuervergütung aus der Staatskasse erfolgen soll.

Ein **Verfahrenspfleger** ist zu bestellen, wenn der Betreute (insbes. im Hinblick auf die wirtschaftliche Bedeutung und die umfassende Sachverhaltswürdigung bei komplexeren Abrechnungen oder bei Einschätzungsfragen) die Reichweite eines Antrags nicht erfassen und sich zu ihm nicht äußern kann (BayObLG FamRZ 2004, 1231; OLG Karlsruhe FamRZ 2003, 405).

Da der Festsetzungsbeschluss eine Endentscheidung ist, die durch Beschwerde innerhalb eines Monats anfechtbar ist (§ 63), wird mit ihr eine Frist im Sinne des § 15 Abs. 1 in Lauf gesetzt. Die **Bekanntgabe** des Beschlusses erfolgt mithin nach den allgemeinen Vorschriften über die Bekanntgabe von Dokumenten gemäß § 15 Abs. 2 (→ FamFG § 288 Rn. 9 ff.).

3. Gegenstand des Verfahrens der Festsetzung

Hierzu → Rn. 3. 10

4. Dauer der Vergütungszeit

Ansprüche des Betreuers entstehen grundsätzlich nur für die Zeit seiner **wirksamen Bestellung.** Die Bestellung wird wirksam (§ 287) mit der Bekanntgabe (vgl. § 288) an den Betreuer. Ohne eine förmliche Bestellung kann der Betreuer im Vergütungsfestsetzungsverfahren eine Vergütung und Ersatz von Aufwendungen auch dann nicht verlangen, wenn er bereits zuvor auf Veranlassung des Gerichts tätig geworden ist (BGH FamRZ 2020, 601; FamRZ 2018, 513). Die Bestellung endet mit dem Ende der Betreuung. Der Vergütungsanspruch des Betreuers **endet** daher erst mit der gerichtlichen Aufhebung der Betreuung nach § 1871 BGB (BGH BtPrax 2013, 252), es sei denn, das Ende der Betreuung steht bereits durch den Tod des Betreuten oder aufgrund eines entsprechenden Fristablaufs fest (BGH BtPrax 2015, 244). Nur ausnahmsweise sind **(Not-) Geschäftsführungen** nach dem Tod des Betreuten vergütungsfähig. Werden bei der Betreuerbestellung Vorschriften des formellen und/oder materiellen Rechts verletzt, so führt dies nur ausnahmsweise zur Unwirksamkeit gerichtlicher Entscheidungen (BayObLG FGPrax 1997, 67). Der Bestellte bleibt bis zur Aufhebung seiner Bestellung zur Wahrnehmung der in seinen Aufgabenkreis fallenden Tätigkeiten berechtigt und verpflichtet. Grundlage des Vergütungsanspruchs ist allein die **Mühewaltung,** die weder durch Mängel bei der Bestellung (formell- oder materiell-rechtlich) noch durch die nachträgliche Aufhebung wegen dieser Mängel beseitigt wird (vgl. BayObLG FGPrax 1997, 67; OLG Naumburg FamRZ 1994, 1335). Dies gilt sowohl für Ansprüche gegen die Staatskasse als auch für solche aus dem Vermögen des Betroffenen (BayObLG FGPrax 1997, 67). 11

5. Darlegung der Verhältnisse des Betroffenen (Abs. 3) und sonstige Darlegungen

Beim förmlichen Festsetzungsverfahren nach Abs. 1 sollen vom Antragsteller gemäß Abs. 3 S. 1 die persönlichen und wirtschaftlichen **Verhältnisse** des Betreuten dargestellt werden. Aufgrund der dargelegten und glaubhaft gemachten Angaben prüft das Gericht gem. § 1880 BGB die wirtschaftliche **Leistungsfähigkeit** des Betreuten. Davon hängt ab, ob ein Anspruch gegen die Staatskasse besteht (wenn der Betroffene mittellos ist; vgl. § 1880 Abs. 1 BGB) oder ob ggf. ein Regress gegen den Betreuten (§ 292a) möglich ist bzw. Ratenzahlungen zu erfolgen haben. Das Gericht hat die dem Anspruch zugrundeliegenden Tatsachen und 12 damit die persönlichen und wirtschaftlichen Verhältnisse selbst **von Amts wegen** nach § 26 zu ermitteln. Den Betreuer trifft dabei grundsätzlich eine Mitwirkungspflicht (BGH BtPrax 2022, 30). Die Amtsermittlung befreit jedoch den Antragsteller nicht davon, die ihm bekannten Verhältnisse dem Gericht mitzuteilen. Das Gericht wirkt, soweit notwendig, auf die sachgerechte Ergänzung des Antrags hin. Insbesondere, wenn dem Betreuer die Vermögenssorge nicht zusteht oder im Fall der Verfahrenspflegschaft, kommt der Amtsermittlung entscheidende Bedeutung zu.

Damit das Gericht die notwendigen Erkenntnisse **vom Betreuten** erlangt, verweist Abs. 3 S. 2 auf § 118 Abs. 2 S. 1 u. 2 ZPO. Diese lauten:

(2) Das Gericht kann verlangen, dass der Antragsteller seine tatsächlichen Angaben glaubhaft macht, es kann insbesondere auch die Abgabe einer Versicherung an Eides statt fordern. Es kann Erhebungen anstellen, insbesondere die Vorlegung von Urkunden anordnen und Auskünfte einholen.

13 Zum Zeitpunkt der Antragstellung des beruflichen Betreuers muss dieser nach §§ 23 ff. BtOG registriert oder nach § 32 bzw. § 33 vorläufig registriert sein (→ Rn. 4). Damit ist aber noch nicht festgelegt, wie hoch die Vergütung ist. Dies bestimmt sich nach § 8 VBVG (→ Rn. 4). Der Vorstand des zuständigen Amtsgerichts bzw. in einigen Bundesländern des Landgerichts entscheidet nach der Registrierung, nach welcher Vergütungsstufe sich die Vergütung des einzelnen beruflichen Betreuers richtet.

14 Eine Erleichterung der Entscheidung des Gerichts sieht **Abs. 3 S. 3** für den Fall vor, dass sich der Anspruch gegen die **Staatskasse** richtet und sich die Prüfung zugunsten des Betroffenen auswirkt. Eine detaillierte Überprüfung braucht das Gericht dann nicht vorzunehmen, wenn es nach seiner freien Überzeugung aufgrund der ihm vorliegenden Erkenntnisse zu dem Ergebnis kommt, dass der Aufwand zur Ermittlung der persönlichen und wirtschaftlichen Verhältnisse des Mündels/Betreuten **außer Verhältnis** zur Höhe des aus der Staatskasse zu begleichenden Anspruchs oder zur Höhe der vom Mündel/Betreuten voraussichtlich zu leistenden Zahlung steht. In diesem Fall kann von der Festsetzung der vom Betroffenen zu leistenden Zahlung **abgesehen** und der Betreuer aus der Staatskasse vergütet werden. Eine solche pauschalierte Betrachtungsweise ist jedoch nur dann zulässig, wenn bei realistischer Einschätzung der Gegebenheiten der Prüfungsaufwand höher ist als ein mögliches Ergebnis.

15 Der **berufliche Betreuer** ist in der Regel aufwandsunabhängig mit einer Fallpauschale (→ Rn. 4) zu vergüten. Ist **ausnahmsweise** eine Abrechnung nach Stunden möglich (zB beim berufsmäßigen Verfahrenspfleger nach § 277 oder beim beruflichen Betreuer nach § 11 VBVG usw), ist eine Darstellung des Umfangs und der Schwierigkeit der Geschäfte unverzichtbar (zB nach § 1876 S. 2 BGB beim ehrenamtlichen Betreuer). Nicht abgerechnet werden kann der Zeitaufwand für die Erstellung der **Vergütungsrechnung.** Es empfiehlt sich, den Zeitaufwand zu erfassen, die einzelnen Zeiteinheiten mit Stichworten zur geleisteten Arbeit zu versehen und ebenso bei jeder Zeiteinheit die Aufwendungen wie Telefon-, Fahrtkosten uÄ festzuhalten. Diese Anforderungen müssen auch von einem mit **EDV** erstellten Nachweis erfüllt werden (LG Traunstein BtPrax 1998, 193). Bei derartigen Zusammenstellungen erfolgt durch das Gericht eine **Plausibilitätsprüfung** der in Ansatz gebrachten Stunden, die sich im Wesentlichen auf die Kontrolle von Verstößen gegen Denkgesetze oder auf missbräuchliche, offensichtlich überzogene oder sachlich völlig ungerechtfertigte Forderungen beschränkt

(BayObLG FamRZ 1996, 1171; LG Oldenburg FamRZ 1997, 947). Einer Schätzung durch das Gericht sind daher enge Grenzen gesetzt. Eine willkürliche Kürzung von angesetzten Stunden ist nicht zulässig (LG Frankfurt a. M. BtPrax 1999, 115). Unterlaufen dem Anspruchsteller bei Abfassung der Abrechnung Fehler, so führt das allein nicht zu seiner Entlassung, wenn die Fehler auf mangelnder Sorgfalt beruhen. Sie sind aber, soweit möglich, zu vermeiden (LG Leipzig FamRZ 1999, 1614).

V. Entscheidung des Gerichts

Das Gericht kann im förmlichen Festsetzungsverfahren folgende, in der Regel mit Begründung (§ 38 Abs. 3) zu versehende, Entscheidungen durch **Beschluss** treffen (Bumiller/Harders/Schwamb FamFG Rn. 4): 16

– Im Fall des Abs. 1 S. 1 hinsichtlich der dort genannten Ansprüche: Festsetzungsbeschluss gegen den **Betreuten** oder gegen die **Staatskasse.**
– Ablehnung des Festsetzungsantrages.
– Unter den Voraussetzungen des Abs. 3 S. 3: **Absehen** von einer Festsetzung.

VI. Grundsätze bei der Vergütung des beruflichen Betreuers – bzw. bei der Vergütung des berufsmäßigen Verfahrenspflegers

1. Vergütung des berufsmäßigen Verfahrenspflegers

Hierzu die Kommentierung zu → FamFG § 277; Abrechnung nach Stunden. 17

2. Vergütung des Vormunds, bei dem die Berufsmäßigkeit festgestellt wurde

Dieser erhält den tatsächlichen Zeitaufwand (§§ 3, 1 Abs. 3 VBVG) zzgl. ggf. Umsatzsteuer und Aufwendungsersatz ersetzt.

3. Vergütung des beruflichen Betreuers

Die Vergütung des beruflichen Betreuers ergibt sich aus dem VBVG, insbesondere aus §§ 7 ff. VBVG; → Rn. 4.

Im Einzelnen zur Vergütung des beruflichen Betreuers: Da eine Betreuervergütung eine **wirksame** und bekannt gemachte (förmliche) Betreuerbestellung voraussetzt, kann ein neu bestellter Betreuer erst ab (nachgewiesener schriftlicher oder telefonischer) **Bekanntmachung** der Bestellung Vergütung verlangen (BGH FamRZ 2018, 513; OLG München BtPrax 2008, 260; → Rn. 11). Endet die Bestellung eines ehrenamtlichen **vorläufigen** Betreuers durch Zeitablauf und wird einige Zeit später (zwei Monate) endgültig ein beruflicher Betreuer bestellt, so kann dieser für die Bemessung seiner Vergütung den erhöhten Stundenansatz der Anfangsbetreuung beanspruchen (OLG Frankfurt a. M. BeckRS 2009, 20163; OLG Zweibrücken FGPrax 2006, 121 für neun Monate). Für den Zeitraum einer Tätigkeit nach Ablauf einer **vorläufigen** Betreuerbestellung bis zum Wirksamwerden der endgültigen Betreuerbestellung kann eine **Betreuervergütung nicht** festgesetzt werden, denn Gegenstand eines Festsetzungsverfahrens können nur 18

Ansprüche auf Aufwendungsersatz und Vergütung für eine Betreuertätigkeit **nach Wirksamwerden** der Betreuerbestellung sein (OLG Hamm NJW-RR 2006, 1299). Für die Einordnung in die jeweiligen **Zeitraster** des § 9 Abs. 2 VBVG ist auf die **erstmalige** Begründung des Betreuungsverhältnisses abzustellen. Dies gilt auch dann, wenn zunächst ein ehrenamtlicher Betreuer bestellt war und sodann ein Wechsel zu einem beruflichen Betreuer erfolgte (OLG Frankfurt a. M. BtPrax 2007, 136). Eine Erweiterung der Aufgabenbereiche im Rahmen des Betreuerwechsels rechtfertigt es nicht, den zweiten Betreuer so zu behandeln, als ob es sich bei seiner Betreuung um eine Erstbetreuung handle (OLG Stuttgart FGPrax 2007, 131). Die Tätigkeit eines als beruflicher Betreuer bestellten **Rechtsanwalts** in einem **Strafverfahren** ist grundsätzlich nur dann vergütungsfähig, wenn diese Tätigkeit als Aufgabenbereich der Betreuung besonders bestimmt worden ist (OLG Hamm NJW 2006, 1144). Ebenso wie der Rechtsanwalt als Verfahrenspfleger (→ FamFG § 277 Rn. 6) kann auch der **Rechtsanwalt** als beruflicher Betreuer seine Aufwendungen nach § 10 VBVG nach dem RVG geltend machen, wenn auch ein nicht anwaltlicher Betreuer einen Rechtsanwalt hinzugezogen hätte, also bei **anwaltsspezifischer Tätigkeit** (zu der Frage, wann eine Tätigkeit anwaltsspezifisch ist → § 277 Rn. 6; BGH FamRZ 2021, 549; BtPrax 2007, 126; OLG Hamm FamRZ 2007, 1186; für den Verfahrenspfleger: BGH NJW-RR 2025, 1281). Das ist bei dem Antrag auf Eröffnung des **Insolvenzverfahrens** nicht der Fall, wenn es um einen einfachen Fall deutlicher Überschuldung geht (OLG Schleswig FamRZ 2013, 1608); dies gilt auch im Bereich der Privatinsolvenz. Zur Beurteilung der **Mittellosigkeit** des Betroffenen ist auf dessen Vermögenslage zum **Zeitpunkt** der letzten Tatsacheninstanz abzustellen (OLG Zweibrücken FGPrax 2005, 264). Wenn das Betreuungsverfahren mit dem **Tod** des Betroffenen endete, ist die Tätigkeit des Betreuers **zeitanteilig** nur bis zum Todestag zu vergüten (OLG München BtPrax 2006, 233). Wenn **nach dem Tod** des Betreuten der Nachlass nicht im Stande ist, zeitnah die Vergütung des Betreuers zu bezahlen, muss zunächst die Staatskasse in Vorleistung treten, weil es allgemeiner Meinung entspricht, dass der Staat für die Vergütung des von ihm eingesetzten beruflichen Betreuers zu sorgen hat. Dem Betreuer kann nicht zugemutet werden zu warten, bis geklärt ist, ob und in welchem Umfang der Nachlass überhaupt ausreicht, die Vergütung zu bezahlen (LG Kassel FamRZ 2015, 1317; AG Lörrach BtPrax 2025, 148). Dem Rechtspfleger ist im Vergütungsfestsetzungsverfahren lediglich die Prüfung übertragen, ob und wann die dem Richter vorbehaltene Aufhebung der Betreuung erfolgt ist, nicht aber, ob die Aufhebung früher hätte erfolgen können (BGH BtPrax 2013, 252).

19 **Vergütungsrechtliche Risiken:** Ohne eine (zumindest vorläufige → Rn. 4) Registrierung als beruflicher Betreuer kann dem Betreuer keine Vergütung nach VBVG zuerkannt werden. Nach der Regelung des § 286 Abs. 1 Nr. 4 ist bei der Betreuerbestellung festzulegen, dass der Betreuer als **beruflicher Betreuer** bestellt wird. Aufgrund der an die Registrierung des Betreuers anknüpfenden Vergütungsregelung nach § 7 Abs. 1 VBVG ist die **gerichtliche Feststellung,** dass der Betreuer die Betreuung berufsmäßig führt, allerdings, anders als nach der bis 31.12.2022 geltenden Rechtslage, **nicht mehr Voraussetzung** für den entsprechenden Vergütungsanspruch des Betreuers. Zur Frage der **versehentlichen** Feststellung als beruflicher Betreuer durch das Betreuungsgericht trotz Nichtregistrierung bzw. zum versehentlichen Unterlassen der Feststellung im Betreuungsbeschluss trotz Registrierung vgl. → FamFG § 286 Rn. 7. Wegen der noch nicht geklärten Rechtslage beim versehentlichen Unterlassen der Fest-

stellung der Führung der Betreuung als beruflich ist dem Betreuer ebenso wie dem Verfahrenspfleger anzuraten, ggf. im Wege der Berichtigung des Beschlusses (§ 42 FamFG) darauf hinzuwirken, dass die Berufsmäßigkeit **vor** Aufnahme der entsprechenden Tätigkeit festgestellt wird. Jedenfalls kann die Vergütung als beruflicher Betreuer usw erst ab dem Zeitpunkt gewährt werden, ab dem der Betreuungsbeschluss **wirksam** wird (BGH FamRZ 2018, 513; → Rn. 11), dh, wenn dieser dem Betreuer/Verfahrenspfleger bekannt gegeben wird.

VII. Einwendungen im Vergütungsfestsetzungsverfahren

Das Betreuungsgericht (funktional dort der Rechtspfleger) ist grundsätzlich nur **20**
zur Entscheidung über Einwendungen berufen, die im Vergütungsrecht ihren Grund haben, nicht aber über solche, die auf mangelhafte Amtsführung gestützt werden (→ Rn. 22; BGH BtPrax 2015, 23).

Materiell-rechtliche **Einwendungen** und **Einreden** sind im Vergütungsfestsetzungsverfahren daher differenziert zu behandeln:

Soweit §§ 1875 ff. BGB oder das VBVG gesetzliche **Ausschlussfristen** vorsehen (zB Erlöschen des Vergütungsanspruches nach 15 Monaten: § 15 Abs. 3 VBVG; § 1877 Abs. 3 BGB), sind diese von Amts wegen zu beachten. Der Antrag auf gerichtliche Festsetzung nach § 292 kann nach § 15 Abs. 3 VBVG nur innerhalb der Frist von 15 Monaten gestellt werden (Sternal/Giers FamFG Rn. 17; LG Münster FamRZ 2011, 1689); für die Aufwandspauschale nach § 1878 Abs. 4 BGB sogar nur innerhalb von sechs Monaten. Diese Ausschlussfristen, die ein Erlöschen des Anspruchs zur Folge haben, beginnen für den beruflichen Betreuer grundsätzlich mit der Entstehung des Anspruchs, dh mit der Ausführung der Tätigkeit (OLG Dresden FamRZ 2020, 1029) bzw. bei der Pauschalvergütung mit dem Ablauf des einzelnen Betreuungsmonats bzw. mit dem Ablauf der dreimonatigen Abrechnungsperiode des § 14 Abs. 1 VBVG. Es bleibt abzuwarten, ob die Rechtsprechung des BGH, dass bei anwaltsspezifischer Tätigkeit die Ausschlussfrist zur Geltendmachung des Aufwendungsersatzes für den **anwaltlichen** Verfahrenspfleger mit der **Fälligkeit** der Rechtsanwaltsvergütung nach § 8 RVG beginnt (BGH FamRZ 2023, 793), auch auf den **anwaltlichen beruflichen Betreuer** übertragen wird. Der rechtzeitige Antrag auf Festsetzung der Betreuervergütung gegen den Betreuten wahrt die Frist des § 15 Abs. 3 VBVG auch gegenüber der subsidiär berufenen Staatskasse, wenn sich im Laufe des Verfahrens die Mittellosigkeit des Betreuten herausstellt (BGH BtPrax 2015, 237). Die Anmeldung einer Betreuervergütung wahrt die Ausschlussfrist des § 15 Abs. 3 VBVG nur in der Höhe, in welcher der Vergütungsanspruch auch tatsächlich geltend gemacht wird. Dabei ist eine Bezifferung hinsichtlich der Pauschalvergütung der §§ 8 ff. VBVG nicht erforderlich; jedoch die Mitteilung der für die Bemessung maßgebenden Tatsachen. Nach Fristablauf ist eine über die Anmeldung hinausgehende Nachforderung ausgeschlossen (OLG Hamm BtPrax 2009, 130). Nach Fristablauf ist auch Wiedereinsetzung in den vorigen Stand ausgeschlossen (BayObLG FGPrax 2004, 77). Eines Hinweises an den beruflichen Betreuer durch das Gericht (OLG Dresden FamRZ 2004, 137) oder einer Aufforderung, einen Vergütungsantrag zu stellen, bedarf es nicht. Nach Fristablauf **erlischt** der Vergütungsanspruch (Sternal/Giers FamFG Rn. 17). Hatte ein Betreuer im **Voraus** Abschlagszahlungen beantragt, die festgesetzt und aus dem Vermögen des Betroffenen entnommen wurden, hat er damit in dieser Höhe seine Ansprüche nach § 15 Abs. 3 VBVG geltend gemacht. Ergibt sich bei der endgültigen Vergütungsfestsetzung, dass die entnommene Abschlagszahlung die festgesetzte Vergütung übersteigt, ist der Betreuer zur **Rückzahlung** des übersteigenden Betrags im Festsetzungsbeschluss aufzufordern (BayObLG FamRZ 2003, 1221 unter Hinweis auf § 1862 Abs. 1 BGB; zum Vertrauensschutz → Rn. 25). Hat der Betroffene gegenüber dem Betreuungsgericht unrichtige Angaben über die Höhe seines Vermögens gemacht und dadurch die Zahlung der Betreuervergütung aus der Staatskasse veranlasst, ist die Prüfung einer etwaigen deliktischen Haftung des Betroffenen gegenüber der Staatskasse dem Zivilverfahren vorbehalten (LG Kassel BtPrax 2013, 116).

21 Außerhalb der von Amts wegen zu berücksichtigenden Ausschlussfristen (→ Rn. 20) bleibt im Vergütungsfestsetzungsverfahren grundsätzlich der Einwand **unberücksichtigt,** der Vormund/Betreuer habe seine Aufgaben **mangelhaft** wahrgenommen (HK-BetreuungsR/Maier FamFG § 292 Rn. 17; BGH BtPrax 2012, 163; OLG Schleswig FamRZ 2012, 143). Begehrt der Betreute den Erlass der Vergütung oder rechnet auf, zB mit einem Schadensersatzanspruch oder ein Zurückbehaltungsrecht, kann dies allein vor dem **Zivilgericht** geltend gemacht werden (BayObLG FamRZ 1999, 1591; KG FGPrax 2007, 272). Entsprechendes gilt für eine Einwendung, die Verweigerung der Vergütung würde gegen Treu und Glauben verstoßen, § 242 BGB (BGH FamRZ 2018, 513). Im Verfahren über die Betreuervergütung wird eine streitige Gegenforderung des Betreuten nicht berücksichtigt. Vielmehr kann der Betreute einen etwaigen Schadensersatzanspruch gegen den Betreuer im Wege der Vollstreckungsgegenklage (§ 767 ZPO) gegen den Festsetzungsbeschluss, der nach der hier vertretenen Meinung einen Vollstreckungstitel darstellt (→ Rn. 33), geltend machen (OLG Celle BeckRS 2004, 01264). Handelt jedoch der Anspruchsteller außerhalb seiner Befugnisse (zB bei **Straftaten,** bei Untreue oder bei schwerem Verstoß gegen die bestehende Treuepflicht; LG Kleve FamRZ 2011, 1817) oder werden nutzlose Tätigkeiten allein mit dem Ziel erbracht, unberechtigte Ansprüche zu begründen, kann dies ausnahmsweise im Vergütungsfestsetzungsverfahren nach § 242 BGB zu berücksichtigen sein (OLG Hamm BtPrax 2007, 134). Ebenso ist die Einrede der **Verjährung** zu berücksichtigen, da sonst für den Betreuer ein Vollstreckungstitel geschaffen würde, obwohl der Anspruch materiell nicht durchsetzbar ist (BGH BtPrax 2015, 23; BtPrax 2012, 118; OLG Celle FamRZ 2023, 796; HK-BetreuungsR/Maier FamFG § 292 Rn. 17). Dabei hat das Betreuungsgericht nicht nur zu prüfen, ob der Anspruch verjährt ist, sondern auch, ob die Einrede gegebenenfalls treuwidrig erfolgt und ihr damit § 242 BGB entgegensteht (BGH BtPrax 2015, 23). Die auf die Staatskasse übergegangenen Vergütungs- bzw. Aufwendungsersatzansprüche des Betreuers aus § 15 Abs. 2 VBVG sowie die gemäß § 1881 S. 1 BGB aus § 1875, 1876, 1877 BGB übergegangenen Aufwendungsersatzansprüche verjähren in **drei Jahren** (BGH FamRZ 2012, 629). Der **Verfahrenspfleger** kann bezüglich des Rückzahlungsanspruchs aus dem Vermögen des Betreuten (§ 1881 BGB) für den Betreuten die Einrede der Verjährung nicht erheben (BGH BtPrax 2015, 23; 2012, 252).

22 Ist **ausnahmsweise** eine Abrechnung nach Stunden zulässig (→ Rn. 4) und wendet der Betreute ein, der in Ansatz gebrachte Zeitaufwand sei zur pflichtgemäßen Erfüllung der Aufgaben des Betreuers **nicht notwendig** gewesen, so kann das Gericht grundsätzlich nicht darauf verzichten zu prüfen, ob die einzelnen Tätigkeiten nötig waren. Eine Zweckmäßigkeitsprüfung darf das Gericht jedoch nicht vornehmen, da es allein darauf ankommt, welche Tätigkeiten der Betreuer/

Verfahrenspfleger aus seiner Sicht zur pflichtgemäßen Wahrnehmung seiner Aufgaben für erforderlich halten durfte (BayObLG BtPrax 1999, 1591).

VIII. Entscheidung für künftige Zeiträume (Abs. 2)

Abs. 2 ermöglicht dem Gericht, aus Gründen der Verfahrenseffizienz eine dem beruflichen Betreuer oder dem Betreuungsverein nach dem VBVG zu bewilligende Vergütung auch für **künftige** Zeiträume festzusetzen. Das Gericht kann eine nach dem VBVG zu bewilligende Vergütung in Form einer Fallpauschale nunmehr rechtssicher auch für zukünftige Zeiträume festsetzen. Seit dem 1.1.1026 ist dafür kein Antrag des beruflichen Betreuers oder des Betreuungsvereins mehr erforderlich. § 15 Absatz 2 Satz 1 VBVG aF wurde ersatzlos gestrichen, sodass auch eine Festsetzung von Amts wegen möglich ist (BT-Drs 20/14259, 33). Die Eröffnung dieser Möglichkeit knüpft an positive Erfahrungen einiger Gerichte mit dieser Vergütungsform an, die beendet wurde, nachdem der BGH mit Beschluss vom 6.7.2016 (XII ZB 493/14) diese Vergütungsform als nicht mit der geltenden Rechtslage vereinbar erklärt hatte. Das Verfahren ist nicht auf mittellose Betreute beschränkt, sondern generell eröffnet. Die Interessen von Betreuten, die nicht mittellos sind, werden durch ihre Anhörung (Abs. 4) vor der Festsetzung hinreichend gewahrt (BT-Drs. 19/24445, 336). Durch das KostBRÄG 2025 wird die mit der Reform zum 1.1.2023 eingeführte Option der Dauervergütungsfestsetzung nunmehr als Regelform eingeführt (BT-Drucks 20/14259, 3). Nach einer Umsetzungsfrist zur Schaffung der technischen Voraussetzungen für die Bundesländer wird ab dem 1.7.2028 die Dauervergütungsfestsetzung insoweit zur Regel, als dass von ihr nur noch ausnahmsweise im begründeten Einzelfall abgewichen werden darf. Die Dauervergütungsfestsetzung soll nach dem Willen des Gesetzgebers spätestens zu diesem Zeitpunkt das bisherige System der individuellen Festsetzung ersetzen. 23

In den Fällen, in denen es voraussichtlich nicht zu einer Änderung der Vergütungshöhe kommen wird, kann mit einer Dauervergütungsfestsetzung eine beträchtliche Zeitersparnis der Betreuungsgerichte erreicht werden. Durch die mit dem KostBRÄG 2025 weiter vorgenommene Reduzierung der Fallpauschalen von 60 auf 16, insbesondere im Bereich der Dauer der Betreuung (nur noch Differenzierung zwischen den ersten zwölf Monaten bzw. ab dem 13. Monat), wurden die Voraussetzungen dafür geschaffen, dass ab dem 13. Monat in der Regel eine Dauervergütungsfestsetzung sinnvoll ist, wenn nicht aufgrund der schwankenden Vermögenssituation des Betreuten an der Grenze des Schonvermögens oder häufigen Aufenthaltswechsels in der Wohnform anderes zu erwarten ist. 24

Ob das Betreuungsgericht eine solche Dauervergütungsfestsetzung vornimmt, liegt nach Abs. 2 in seinem pflichtgemäßen Ermessen (vgl. LG Münster BtPrax 2025, 105 zur Rechtslage bis 31.12.2025). Das Gericht hat grundsätzlich auch weiterhin nach Abs. 1 die für die Bewilligung einer Vergütung maßgeblichen Kriterien im Vergütungszeitraum festzustellen. Zwar sind abschließende Angaben insbesondere zur Wohnform und zur Mittellosigkeit des Betreuten im Vergütungszeitraum erst nach dessen Ablauf möglich, dies soll aber eine Bewilligung der Vergütung auch für zukünftige Zeiträume nicht hindern. Bei einer Dauerfestsetzung wird die Mittellosigkeit gerade nicht nachträglich überprüft, sondern es wird eine Prognoseentscheidung dahingehend getroffen, dass sich die entscheidenden

Kriterien nicht ändern. Dies wird abgesichert durch die sofortige Mitteilungspflicht des Betreuers bei Änderung der Kriterien und der Pflicht zur Rückzahlung evtl. zu viel gezahlter Beträge (Abs. 2 Satz 4). Mit dem Wegfall des zwingenden Antragserfordernisses wird außerdem die Aufhebung oder Abänderung eines rechtskräftigen Dauerfestsetzungsbeschlusses über § 48 Absatz 1 Satz 1 von Amts wegen eröffnet; die Ausschlussregelung des § 48 Absatz 1 Satz 2 greift nicht mehr (BT-Drucks 20/14259, 33). Nach Abs. 2 Satz 2 ist die Festsetzung überdies in regelmäßigen, im Voraus festzulegenden Abständen, die zwei Jahre nicht überschreiten dürfen, zu überprüfen.

Noch ungeklärt ist die Frage, ob Abs. 2 dem Betreuer einen Anspruch auf eine Dauervergütung gibt. So hat das LG Frankenthal entschieden, dass die Bewilligung einer Dauervergütung im pflichtgemäßen Ermessen des Gerichts steht, wenn eine Prognose ergibt, dass eine Veränderung der Vergütung nicht zu erwarten ist (LG Frankenthal BtPrax 2024, 105). Aufgrund des Begriffes „kann" im Gesetzestext geht das LG Halle davon aus, dass dem Betreuer kein Anspruch auf Festsetzung seiner Vergütung nach diesem Vergütungsmodell zusteht (LG Halle BtPrax 2024, 105).

IX. Festsetzung der Vergütung, des Aufwendungsersatzes und Aufwandspauschale im formlosen Verwaltungsverfahren (Abs. 5)

25 § 292 Abs. 5 eröffnet in **einfach** gelagerten Fällen, soweit nicht vom Betreuer die gerichtliche Festsetzung (nach Abs. 1) beantragt wird, die Auszahlung der **Vergütung** und/oder des **Aufwendungsersatzes** bzw. der Aufwandspauschale nach §§ 1878, 1878 BGB ohne förmliches Beschlussverfahren durch den **Urkundsbeamten der Geschäftsstelle** – Anweisungsstelle –. Das formlose Verwaltungsverfahren ist nur zulässig, wenn der Anspruchsteller **keine förmliche Festsetzung beantragt hat.** Das hat der Gesetzgeber ausdrücklich klargestellt und unterbindet damit eine teilweise vor dem 1.1.2023 verbreitete Handhabung der Praxis, nach welcher Festsetzungsanträge zum Nachteil der Betreuer nicht durch rechtskraftfähigen Beschluss über die Vergütung beschieden wurden und die Auszahlung rechtsunsicher über das vereinfachte Auszahlungsverfahren erfolgte.

Bei nicht vermögenden Betreuten, wenn also der Anspruch gegen die **Staatskasse** gerichtet wird, sind die Vorschriften des Gesetzes über die Entschädigung von Zeugen und Sachverständigen (JVEG) nach Abs. 5 **sinngemäß** anzuwenden. Das bedeutet, dass auf einen formlosen Antrag hin der geltend gemachte Betrag durch den Kostenbeamten (Urkundsbeamten der Geschäftsstelle) geprüft und zur Auszahlung angewiesen werden kann (HK-BetreuungsR/Maier FamFG § 292 Rn. 7). Das Verwaltungsverfahren bietet sich vor allem in den Fällen der **Fallpauschalen** nach §§ 8 ff. VBVG bei beruflichen Betreuern an, da hier die Vergütungshöhe in der Regel schematisch zu bestimmen ist.

Gegen eine Auszahlung im Verwaltungsverfahren kann derjenige, der mit der Höhe der Auszahlung nicht einverstanden ist, lediglich mit einem Antrag auf Festsetzung nach § 292 Abs. 1 (→ Rn. 5 ff.) vorgehen. Die Beschwerde gemäß § 4 Abs. 3 JVEG ist unstatthaft (BayObLG BtPrax 1999, 195; Gregersen BtPrax 1999, 16). Die Anweisung des Auszahlungsbetrags durch den Kostenbeamten wird wirkungslos (HK-BetreuungsR/Maier FamFG § 292 Rn. 9; Sternal/Giers FamFG Rn. 23), wenn der Betreuer einen Festsetzungsantrag nach Abs. 1 stellt und ggf. hiergegen ein Rechtsmittel ergreift. Die Festsetzung des Anweisungsbeamten kann im gerichtlichen Festsetzungsverfahren über- oder unterschritten werden (Sternal/Giers FamFG Rn. 23), da das Gericht im Festsetzungsverfahren nicht an die vereinfachte Festsetzung durch den Kostenbeamten gebunden ist, wenn sich das gerichtliche Festsetzungsverfahren an die Festsetzung durch den Kostenbeamten des Gerichts anschließt (BGH BtPrax 2016, 237; LG Arnsberg BeckRS 2020, 25434). Im Falle der Unterschreitung im gerichtlichen Festsetzungsverfahren kommt ein Regress der Staatskasse gegen den Betreuer in Betracht (→ § 292a Rn. 2). Der **Vertrauensgrundsatz** hindert eine Unterschreitung der formlosen Auszahlung im Verwaltungsweg allerdings dann, wenn eine Abwägung ergibt, dass dem Vertrauen des beruflichen Betreuers auf die Beständigkeit der eingetretenen Vermögenslage gegenüber dem öffentlichen Interesse an der Wiederherstellung einer dem Gesetz entsprechenden Vermögenslage **Vorrang** einzuräumen ist (BGH BtPrax 2016, 77). Hierzu gibt es einige Entscheidungen, die hier beispielhaft aufgezeigt werden sollen: der Vertrauensschutz des Betreuers kann vorgehen, wenn das Betreuungsgericht von sich aus – entgegen dem gestellten Antrag des Beschwerdeführers auf förmliche Festsetzung nach Abs. 1 – eine Festsetzung im vereinfachten Verfahren (nach Abs. 5) vorgenommen hat (LG Arnsberg BeckRS 2018, 18973). Zulässig ist auch der Einwand des Betreuers, er habe sich auf die Beständigkeit der Auszahlung der im Verwaltungsverfahren erfolgten Vergütung verlassen, so dass ihm auch ein finanzieller Schaden entstehe, weil er auf der Grundlage der Einkünfte Einkommen- und Gewerbesteuer entrichtet sowie Krankenkassenbeiträge abgeführt habe (BGH BtPrax 2014, 33, bestätigt in BGH FamRZ 2019, 199 zum Umgangspfleger). Der Betreuer kann sich auch auf den Grundsatz von Treu und Glauben berufen (BGH BtPrax 2015, 111). Der BGH stellt auch auf die Frist des § 20 Abs. 1 GNotKG ab, wonach Beträge nur nachgefordert werden dürfen, wenn der berichtigte Ansatz dem Zahlungspflichtigen vor Ablauf des nächsten Kalenderjahres nach Absendung der den Rechtszug abschließenden Kostenrechnung mitgeteilt worden ist (BGH BtPrax 2020, 64; BtPrax 2016, 77); damit ist das gutgläubige Vertrauen auf die erhaltenen Zahlungen vor Ablauf des nächsten Kalenderjahres nach Auszahlung der Vergütung noch nicht schutzwürdig (LG Leipzig BtPrax 2015, 121). Auch, wenn die Vergütung des Betreuers bisher ausschließlich nach Abs. 5 festgesetzt wurde und nunmehr erstmalig nach Abs. 1 festgesetzt wird, hat der Betreuer uU keine gefestigte Vertrauensposition inne (LG Arnsberg BeckRS 2020, 25434), denn ein Betreuer muss grundsätzlich dann mit einer späteren Änderung der im Verwaltungswege erfolgten Auszahlungsanordnung rechnen, wenn er die förmliche Festsetzung seiner Vergütung nicht selbst beantragt hatte (BGH BtPrax 2020, 63).

X. Verordnungsermächtigung (Abs. 6)

Soweit Vordrucke im Sinne des Abs. 6 eingeführt sind, müssen sich die beruflichen Betreuer dieser bedienen; ansonsten wird die 15-monatige Frist des § 15 Abs. 2 VBVG nicht gewahrt. Von der Befugnis nach Abs. 6 S. 3 zur Übertragung der Ermächtigung auf die Landesjustizverwaltung haben die Bundesländer Baden-Württemberg, Brandenburg, Hamburg, Hessen, Mecklenburg-Vorpommern, Niedersachsen, Rheinland-Pfalz, Saarland, Sachsen, Sachsen-Anhalt, Schleswig-Holstein und Thüringen Gebrauch gemacht (s. Sternal/Giers Rn. 26 Fn. 29 mwN; BeckOK FamFG/Günter, Rn. 18). In Nordrhein-Westfalen tritt zum **26**

1.4.2026 die Betreuungsvergütungsformularverordnung (BeVeFoVO) in Kraft. Ab diesem Zeitpunkt müssen berufliche Betreuer und Betreuungsvereine für Anträge auf Auszahlung der Fallpauschale gemäß §§ 8 und 9 VBVG nach neuem Recht das mit der Verordnung eingeführte einheitliche Formular verwenden. Ab dem 1.7.2026 ist die Einreichung des Formulars dann nur noch als elektronisches Dokument zulässig.

XI. Rechtsmittel

1. Erinnerung

27 Übersteigt der Beschwerdewert **1.000 EUR** (§ 61 Abs. 1) **nicht,** so ist gegen den Festsetzungsbeschluss des Gerichts allein die befristete **Erinnerung** des § 11 Abs. 2 S. 1 RPflG statthaft. Ist der Beschwerdewert im Sinne des § 61 Abs. 1 nicht erreicht, hat der in einem Festsetzungsverfahren nach § 292 tätige Rechtspfleger die eingelegte Beschwerde als Erinnerung auszulegen und sie bei Nichtabhilfe dem Richter zur abschließenden Entscheidung vorzulegen (BGH BtPrax 2012, 253). Etwas anderes gilt, wenn der Rechtspfleger die befristete Beschwerde nach § 58 Abs. 1 wegen grundsätzlicher Bedeutung zugelassen hat (BGH BeckRS 2017, 110951; BtPrax 2012, 253); dann ist die Sache dem Beschwerdegericht vorzulegen. Die Zulassung kann nicht nachträglich durch den Rechtspfleger oder Richter erfolgen (vgl. hierzu → FamFG § 61 Rn. 7; aA OLG Zweibrücken FGPrax 2005, 216: Zulassung nachholbar). Die nachträgliche Zulassung durch den Rechtspfleger ist jedoch faktisch möglich, wenn der Ausgangsbeschluss vom Rechtspfleger erlassen worden ist und dieser die zunächst unterlassene Zulassungsentscheidung im Rahmen des Abhilfeverfahrens trifft (BGH BeckRS 2017, 110951). Hilft der Rechtspfleger der Erinnerung nach § 11 Abs. 2 S. 6 RPflG nicht ab, legt er die Sache dem Richter vor. Dieser entscheidet nach vollumfänglicher Überprüfung abschließend, dh ohne Rechtsmittelmöglichkeit, es sei denn, dass der Richter seinerseits die Beschwerde wegen der grundsätzlichen Bedeutung zulässt (OLG Hamm FGPrax 2000, 66). Die Beschwerde können damit sowohl der Rechtspfleger als auch – im Erinnerungsverfahren – der Amtsrichter zulassen (BGH BeckRS 2017, 110951; BtPrax 2012, 253). Von **grundsätzlicher** Bedeutung ist eine Rechtssache, wenn es um die Fortbildung des Rechts oder die wirtschaftliche Bedeutung für die Allgemeinheit geht (→ FamFG § 61 Rn. 3 ff.). Die Nichtzulassung der Beschwerde ist unanfechtbar. Eine Verschlechterung zum Nachteil des Erinnerungs-/Beschwerdeführers ist unzulässig (→ FamFG § 69 Rn. 6; BayObLG FamRZ 1997, 185; KG FamRZ 1986, 1016). Beschwerdeberechtigt nach § 59 Abs. 1 sind die Zahlungspflichtigen, der Erbe und der Vergütungsberechtigte einschließlich der Staatskasse.

2. Beschwerde

28 Übersteigt der Beschwerdewert 1.000 EUR oder lässt das Amtsgericht (Richter/Rechtspfleger) die befristete Beschwerde (§ 58 Abs. 1) zu, ist gegen den Festsetzungsbeschluss des Rechtspflegers die Beschwerde binnen eines Monats ab Bekanntgabe (§ 63) statthaft. Über die Zulassung entscheidet das Gericht des ersten Rechtszugs von Amts wegen in seinem Beschluss. Zur Nachholbarkeit einer unterbliebenen Zulassung → FamFG § 61 Rn. 7 (zum vergleichbaren § 511 ZPO: BGH NJW 2004, 2389). Weder ist eine Anfechtung der Nichtzulassung

möglich noch eine Nachholung der Zulassung durch das Beschwerde- oder Rechtsbeschwerdegericht (BayObLG FamRZ 1999, 1590; OLG Zweibrücken BtPrax 1999, 156; OLG Brandenburg BtPrax 2000, 128; → FamFG § 61 Rn. 7 und → FamFG § 58 Rn. 18). Aus Gründen des Vertrauensschutzes kann von der Zulassungsvoraussetzung abgesehen werden, wenn das Rechtsmittelverfahren bereits anhängig ist (BayObLG FamRZ 1999, 1590 (1591); OLG Hamm BtPrax 1999, 197; aA OLG Düsseldorf FamRZ 1999, 1592). Ebenso wie der Vertreter der Staatskasse (→ FamFG § 304 Rn. 2) muss auch der berufliche Betreuer die Möglichkeit der Beschwerde haben, wenn trotz Registrierung keine Berufsmäßigkeit festgestellt wird (anders beim Verfahrenspfleger → FamFG § 277 Rn. 10).

3. Rechtsbeschwerde

Die Rechtsbeschwerde (gegen die Beschwerdeentscheidung) ist statthaft, wenn sie das Beschwerdegericht **zugelassen** hat (es handelt sich bei der Vergütungsfestsetzung nicht um eine zulassungsfreie Rechtsbeschwerdesache iSd § 70 Abs. 3; BGH BtPrax 2012, 162). Hat das Beschwerdegericht, das von Amts wegen über die Zulassung zu entscheiden hat, eine solche unterlassen, gilt die Rechtsbeschwerde als nicht zugelassen, woran das Rechtsbeschwerdegericht gebunden ist. Eine Zulassung erfolgt nach § 70 Abs. 2, wenn die Sache grundsätzliche Bedeutung hat oder eine Zulassung zur Rechtsfortbildung oder zur Sicherung einer einheitlichen Rechtsprechung erforderlich ist (→ FamFG § 61 Rn. 3–6). Eine Beschränkung der Zulassung auf einen abtrennbaren Teil des Festsetzungsverfahrens oder ein Verteidigungsmittel, das einen abtrennbaren Teil betrifft, ist zulässig (OLG Schleswig BtPrax 2001, 259). Ein absoluter Rechtsbeschwerdegrund, der zur Aufhebung der Beschwerdeentscheidung führen kann, liegt darin, dass das LG keinen Verfahrenspfleger bestellt hat, obwohl dem zur Äußerung unfähigen Betreuten bereits erstinstanzlich kein Verfahrenspfleger zur Stellungnahme zum Vergütungsantrag des Betreuers bestellt worden ist (BayObLG FamRZ 2004, 1231). 29

4. Anhörungsrüge

§ 44 regelt bei Verletzung **rechtlichen Gehörs** eine instanzwahrende **Abhilfemöglichkeit** unanfechtbarer Entscheidungen. Wurde dieses Verfahrensgrundrecht verletzt, kann bei unanfechtbaren Beschlüssen die Anhörungsrüge erhoben werden. Im Übrigen dürfte bei Verstoß gegen das Willkürverbot und andere Prozessgrundrechte nach wie vor die **außerordentliche Beschwerde** zulässig sein. Der Gesetzgeber hat sich bei der Schaffung der Anhörungsrüge auf den Gesetzgebungsauftrag – Rechtsmittel bei Verletzung des rechtlichen Gehörs – beschränkt und keine abschließende Regelung für alle außerordentlichen Beschwerden treffen wollen (→ FamFG § 44 Rn. 8). 30

XII. Änderungen der Festsetzung nach Rechtskraft

Hat das Gericht über einen Festsetzungsantrag rechtskräftig entschieden, so ist eine erneute **Überprüfung** dieser Entscheidung unter denselben Beteiligten über denselben Verfahrensgegenstand unzulässig. Dies folgt daraus, dass Entscheidungen über die Bewilligung oder Ablehnung einer Vergütung oder Aufwandspauschale der materiellen Rechtskraft im Sinne des § 322 ZPO zugänglich sind, da sie im 31

Regelfall auf Antrag ergehen und den Streitverfahren der freiwilligen Gerichtsbarkeit sehr ähnlich sind (BayObLG FamRZ 1998, 1055; Sternal/Giers FamFG Rn. 20). Etwas anderes gilt für die Dauervergütungsfestsetzung (→ Rn. 24).

Ausnahmsweise tritt diese **Sperrwirkung** der materiellen Rechtskraft **nicht** ein, wenn der Vergütungsantrag des Betreuers gegen die Staatskasse mangels Mittellosigkeit abgewiesen worden ist, sich jedoch nach Festsetzung gegen den Betroffenen bzw. Erben herausstellt, dass der Betroffene bzw. sein Nachlass von Anfang an oder wegen veränderter Umstände nicht oder nicht mehr über ausreichendes Vermögen verfügt, um den Vergütungsanspruch zu erfüllen (OLG Frankfurt a. M. FGPrax 2009, 160). Da beide Entscheidungen nur inter partes (Betreuer-Staatskasse einerseits und Betreuer-Betroffener andererseits: BayObLG FamRZ 2001, 377) wirken, würde dies sonst zur Folge haben, dass der Betreuer **ohne Vergütung** bliebe, was der staatlichen Beauftragung widerspricht. Der **Zweitantrag** gegen die Staatskasse ist jedoch nur zulässig, wenn die fehlende Durchsetzbarkeit des Anspruchs gegen das vorrangig haftende private Vermögen nicht auf Gründen beruht, die der Betreuer zu vertreten hat (BayObLG FamRZ 2004, 305).

32 Bei einer **wesentlichen Änderung** der Vermögensverhältnisse (Verbesserung oder Verschlechterung) kann das Gericht seine Entscheidung ändern, dies erfolgt aber nach den Vorschriften des § 292a, der auf § 120a Abs. 1 S. 1 bis 3 ZPO verweist. In § 292 sind nur Regelungen zur Festsetzung von Zahlungen an den Betreuer, während die Regelungen über den Regress der Staatskasse in § 292a (Zahlungen an die Staatskasse) enthalten sind (→ FamFG § 292a Rn. 8).

XIII. Zwangsvollstreckung

33 Beim vermögenden Betreuten ist zu beachten, dass sich der Betreuer, wenn ihm auch die Vermögenssorge übertragen ist, den festgesetzten Betrag selbst aus dem Vermögen entnehmen kann (Sternal/Giers FamFG Rn. 5) und es einer Beitreibung/Zwangsvollstreckung nicht bedarf.

In allen anderen Fällen gilt: Der Festsetzungsbeschluss ist ein **Vollstreckungstitel.** Vor 1.1.2023 war unbestritten, dass nur Entscheidungen über Zahlungen, die an die Staatskasse zu leisten sind, nach § 1 Nr. 4b JBeitrG vollstreckt werden, während hinsichtlich der Festsetzung zugunsten des Betreuers gegen den vermögenden Betreuten/Erben § 95 Abs. 1 Nr. 1 anzuwenden war, also eine Vollstreckung durch den Betreuer selbst nach ZPO zu erfolgen hatte. Seit 1.1.2023 sind die Festsetzung zugunsten des Betreuers in § 292 und die Festsetzung zugunsten der Staatskasse in § 292a geregelt; § 1 Nr. 4b JBeitrG verweist nunmehr auf beide Vorschriften. Nach dem Gesetzeswortlaut könnte man also davon ausgehen, dass nicht nur Festsetzungen zugunsten der Staatskasse gem. § 292a, sondern auch solche nach § 292 – also zugunsten des Betreuers gegen den (vermögenden) Betreuten/Erben – gem. § 1 JBeitrG beigetrieben werden (Sternal/Giers FamFG § 95 Rn. 5, BeckOK KostR/Berendt § 1 JBeitrG Rn. 54). Dies hätte zur Folge, dass nach § 2 Abs. 1 JBeitrG die Gerichtskassen die Vollstreckungsbehörden für die Forderungen des Betreuers gegen den vermögenden Betroffenen bzw. den Erben wären. Auch vor der Gesetzesänderung war es unstreitig, dass die Vollstreckung gegen vermögende Betreute/Erben nach § 95 zu erfolgen hatte, obwohl der Verweis in § 1 Nr. 4b JBeitrG aF unbeschränkt auf §§ 168, 292 FamFG aF (also auf die Vollstreckung der Staatskasse und des Betreuers) erfolgte. Aus der Gesetzesbegründung (BT-Drs. 19/24445, 407) ergibt sich jedenfalls kein Wille des Gesetzgebers, die Vollstreckung der Beitreibung überhaupt zu ändern, da dies nur als „notwendige Folgeänderung“ bezeichnet wurde. Aus diesem Grunde wird hier die Auffassung vertreten, dass es sich um ein redaktionelles Versehen des Gesetzgebers handelt. Die Praxis wird zeigen, welche Rechtsauffassung sich durchsetzen kann, denn es erscheint schon einigermaßen systemfremd, dass die Gerichtskasse für einen Betreuer Geld beim Betreuten bzw. bei den Erben vollstreckt bzw. beitreibt (so wohl auch Prütting/Helms/Fröschle FamFG Rn. 47, der hier keinerlei Unterscheidung in der Zwangsvollstreckung macht). Sollte es bei der bisherigen Praxis bleiben (keine Beitreibung der Forderungen des Betreuers gegen den vermögenden Betreuten/Erben nach JBeitrG, sondern Zwangsvollstreckung nach ZPO, da der Gesetzestext – was nahe liegt – als Redaktionsversehen angesehen wird), müsste der Betreuer, sofern der vermögende Betreute/Erbe den festgesetzten Betrag nicht zahlt, die Zwangsvollstreckung nach der ZPO betreiben. Zur Vollstreckung aus diesem Titel wäre eine Vollstreckungsklausel erforderlich (AG Essen FamRZ 2008, 1977).

§ 292a Zahlungen an die Staatskasse

(1) [1]**Mit der Festsetzung nach § 292 Absatz 1 legt das Gericht zugleich Höhe und Zeitpunkt der Zahlungen fest, die der Betroffene nach § 1880 Absatz 2 und § 1881 Satz 1 des Bürgerlichen Gesetzbuchs an die Staatskasse zu leisten hat.** [2]**Das Gericht kann Höhe und Zeitpunkt der zu leistenden Zahlungen gesondert festsetzen, wenn dies zweckmäßig ist.** [3]**§ 120 Absatz 2 und 3 und § 120a Absatz 1 Satz 1 bis 3 der Zivilprozessordnung sind entsprechend anzuwenden.**

(2) [1]**Ist der Betroffene verstorben, so legt das Gericht Höhe und Zeitpunkt der Zahlungen fest, die der Erbe nach § 1881 Satz 2 des Bürgerlichen Gesetzbuchs an die Staatskasse zu leisten hat.** [2]**Der Erbe ist verpflichtet, dem Gericht die hierfür notwendigen Auskünfte zu erteilen, insbesondere dem Gericht auf dessen Verlangen ein Verzeichnis der zur Erbschaft gehörenden Gegenstände vorzulegen und an Eides statt zu versichern, dass er den Bestand nach bestem Wissen und Gewissen so vollständig angegeben habe, wie er dazu imstande ist.**

(3) **Vor einer Entscheidung ist der Betroffene oder der Erbe anzuhören.**

I. Überblick

§ 292a enthält Bestimmungen für die Festsetzung von **Regressforderungen** 1
der Staatskasse gegen den Betroffenen (Abs. 1) oder dessen Erben (Abs. 2).

II. Anwendungsbereich

1. Anspruchsteller/Anspruchsgegner

§ 292a regelt Ansprüche der **Staatskasse. Anspruchsgegner** ist der Betreute/ 2
Mündel (Abs. 1) oder dessen Erbe (Abs. 2).

Ausnahmsweise kann der Anspruchsgegner in analoger Anwendung des § 292a Abs. 1 auch der **Betreuer** sein. Das kann der Fall sein, wenn sich etwa bei der endgültigen Vergütungsfestsetzung nach vorherigen Abschlagszahlungen ergibt, dass die entnommene Abschlagszahlung die festgesetzte Vergütung übersteigt. In diesem Fall ist der Betreuer zur **Rückzahlung** des übersteigenden Betrags im Festsetzungsbeschluss nach § 292a – analog – aufzufordern (BayObLG FamRZ 2003, 1221). Denkbar ist auch, dass zu hohe Beträge im vereinfachten Verwaltungsverfahren nach § 292 Abs. 5 ausgezahlt wurden und dass diese im förmlichen Festsetzungsverfahren nach § 292 Abs. 1 niedriger festgesetzt werden (→ § 292 Rn. 25); auch in diesem Fall ist ein Regress gegen den Betreuer denkbar.

2. Betroffene Ansprüche

3 Soweit die Staatskasse den Betreuer befriedigt hat, gehen Ansprüche des Betreuers gegen den Betreuten oder dessen Erben nach § 1881 BGB bzw. nach § 15 Abs. 2 VBVG auf die Staatskasse über. Das bedeutet, dass die Staatskasse regelmäßig prüft, ob sich insbesondere die Situation beim Betroffenen geändert hat und ob dementsprechend ein Regressanspruch gegen den Betreuten oder nach dessen Tod gegen die Erben besteht.

- **Abs. 1:** Das Gericht bestimmt über die Höhe und den Zeitpunkt der Zahlungen, die der **Betreute** (in Ausnahmefällen auch der **Betreuer** → Rn. 2) an die Staatskasse nach § 1881 S. 1 BGB zu leisten hat (Regress gegen den Betreuten).
- **Abs. 2:** Nach dem **Tod** des Betreuten: Das Gericht bestimmt die Höhe und den Zeitpunkt der Zahlungen, die der **Erbe** des Betreuten nach § 1881 S. 2 BGB an die Staatskasse zu leisten hat (Regress gegen den Erben).

3. Verfahren

4 Die für die Festsetzung **erheblichen Tatsachen** sind von Amts wegen (§ 26) zu ermitteln. Da die Zahlung nach Abs. 1 gegen den Betreuten bzw. nach Abs. 2 gegen dessen Erben festgesetzt wird, muss der Betreute bzw. der Erbe gehört werden (**Abs. 3;** → FamFG § 292 Rn. 10).

Ein **Verfahrenspfleger** ist zu bestellen, wenn der Betreute (insbes. im Hinblick auf die wirtschaftliche Bedeutung und die umfassende Sachverhaltswürdigung bei komplexeren Abrechnungen oder bei Einschätzungsfragen) die Reichweite eines Antrags nicht erfassen und sich zu ihm nicht äußern kann (BayObLG FamRZ 2004, 1231; OLG Karlsruhe FamRZ 2003, 405).

Da der Festsetzungsbeschluss eine Endentscheidung ist, die durch Beschwerde innerhalb eines Monats anfechtbar ist (§ 63), wird mit ihr eine Frist im Sinne des § 15 Abs. 1 in Lauf gesetzt. Die **Bekanntgabe** des Beschlusses erfolgt mithin nach den allgemeinen Vorschriften über die Bekanntgabe von Dokumenten gemäß § 15 Abs. 2 (→ FamFG § 288 Rn. 9 ff.).

Das Gericht hat über die Festsetzung des Regressanspruches durch Beschluss mit Begründung (§ 38 Abs. 3) zu entscheiden.

III. Entscheidung über die Rückgriffsansprüche des Staates (Abs. 1)

5 Soweit die Staatskasse an den Betreuer/Verfahrenspfleger bzw. an den Vormund, Pfleger usw Zahlungen erbracht hat, gehen deren Ansprüche gegen den Betroffenen/Betreuten auf die Staatskasse im Wege des gesetzlichen **Forderungsübergangs** über (§ 1881 S. 1 BGB, § 15 Abs. 2 VBVG). Wenn das Gericht feststellt,

dass der Betroffene für die dem Betreuer ausgezahlten Beträge rückzahlungs- also regresspflichtig ist, sind vom Betroffenen die in Erfüllung dieser Ansprüche an die Landeskasse zu leistenden Zahlungen über § 292 Abs. 3 S. 2 nach Maßgabe von § 120 Abs. 2 und 3 ZPO zu erbringen. Damit soll ein Rückgriff/Regress der Staatskasse gegen den Betreuten ermöglicht werden, wenn dieser zur Deckung des angefallenen Anspruchs zumindest teilweise oder in Raten in der Lage ist, zunächst aber zu Unrecht für leistungsunfähig gehalten wurde oder nachträglich leistungsfähig geworden ist (Sternal/Giers FamFG Rn. 6). Die Vorschrift des § 120 ZPO lautet insoweit:

(2) Die Zahlungen sind an die Landeskasse zu leisten, im Verfahren vor dem Bundesgerichtshof an die Bundeskasse, wenn Prozesskostenhilfe in einem vorherigen Rechtszug nicht bewilligt worden ist.

(3) Das Gericht soll die vorläufige Einstellung der Zahlungen bestimmen,
1. wenn die Zahlungen der Partei die voraussichtlich entstehenden Kosten decken;
2. wenn die Partei, ein ihr beigeordneter Rechtsanwalt oder die Bundes- oder Landeskasse die Kosten gegen einen anderen am Verfahren Beteiligten geltend machen kann.

Die Festsetzung der Rückzahlung ergeht durch Beschluss, der erkennen lassen 6
muss, welchen konkreten Vergütungszahlungen der Regress zugeordnet werden soll (LG Kassel BtPrax 2018, 123). Wenn das Gericht die vom Betroffenen an die Staatskasse zu leistenden Zahlungen nachträglich gem. § 292a festsetzt, muss es auch die Höhe und den Zeitpunkt der Zahlungen bestimmen, die der Betroffene an die Staatskasse zu zahlen hat (LG Koblenz FamRZ 2013, 484). Eine Rückzahlung ist ausgeschlossen, wenn der Betreute **mittellos** ist, wenn er also den Vorschuss, den Aufwendungsersatz oder die Aufwandspauschale aus seinem einzusetzenden Vermögen nicht, nur zum Teil oder nur in Raten aufbringen kann (§ 1880 Abs. 1 BGB). **Rückgriffsansprüche** des Staates setzen die Feststellung des nach § 1880 Abs. 2 BGB (in Verbindung mit § 90 SGB XII) zu bestimmenden **Vermögens** des Betroffenen voraus (vgl. im Einzelnen §§ 1880, 1881 BGB). Bis 31.12.2022 war auch das Einkommen des Betreuten zu berücksichtigen. Seit 1.1.2023 ist der Maßstab für den Regressanspruch das einzusetzende Vermögen (§ 1880 Abs. 2 BGB; § 90 SGB XII). Der Gesetzgeber war der Auffassung, dass in der ganz überwiegenden Zahl der Fälle die vermögenden Betreuten über das vorhandene Vermögen identifiziert werden können (BT-Drs. 19/2445, 314).

Der gemäß § 1881 S. 1 BGB bzw. § 15 Abs. 2 VBVG auf die Staatskasse übergegangene Rückgriffsanspruch unterliegt der **regelmäßigen Verjährungsfrist** von drei Jahren (BGH FamRZ 2012, 629; BeckRS 2012, 04960). Die Mittellosigkeit des Betreuten steht dem Verjährungsbeginn nicht entgegen und führt nicht zu einer Hemmung der Verjährung. Der Vergütungsanspruch entsteht verjährungsrechtlich, sobald er durch den Berechtigten geltend gemacht werden kann, dh gemäß § 14 Abs. 1 S. 1 VBVG jeweils am Tag nach Ablauf eines Dreimonatszeitraums (LG Kleve FamRZ 2017, 1159). Die Verjährung des Regressanspruchs der Staatskasse gegen den Betreuten oder dessen Erben wegen gezahlter Betreuervergütung wird nicht durch die Einleitung des Regressverfahrens oder durch die Anhörung des Betreuten oder des Erben gehemmt (BGH BtPrax 2015, 28).

IV. Entscheidung über die Rückgriffsansprüche des Staates gegen den Erben (Abs. 2)

7 **Rückgriffsansprüche der Staatskasse gegen den/die Erben.** Nach dem Tod des Betreuten endet die Betreuung. Noch nicht beglichene Ansprüche des Betreuers werden zu Nachlassverbindlichkeiten (HK-BetreuungsR/Maier § 292 FamFG Rn. 19) und die Betreuervergütung ist **analog** § 292 Abs. 1 S. 1 gegen die Staatskasse oder gegen den Erben festzusetzen.

Abs. 2 regelt die Festsetzung der Zahlungen, für die der **Erbe** aufgrund der als Nachlassverbindlichkeit (§ 1967 BGB) zu behandelnden Ansprüche nach §§ 1875 ff. BGB – an die Staatskasse gem. § 1881 S. 1 BGB bzw. § 15 Abs. 2 VBVG zu zahlende – übergeleitetem Recht haftet (→ BGB § 1881 Rn. 5). Zu berücksichtigen sind die Haftungsbeschränkungen nach § 1881 S. 2 BGB (OLG Brandenburg FGPrax 2003, 220). Nach dem Tode des Betreuten sind Höhe und Zeitpunkt etwaiger Zahlungsansprüche der Staatskasse iSv § 1881 BGB gegen den Erben zu bestimmen. Es kommen die gleichen **Verfahrensgrundsätze** wie bei der Festsetzungsentscheidung gegen den Betreuten zur Anwendung (→ Rn. 4 und 6; MüKoFamFG/Heilmann § 168 Rn. 35). Der Erbe haftet nur in Höhe des Wertes, den der Nachlass im Zeitpunkt des Erbfalles hatte. Im Verfahren ist der Erbe nach Abs. 3 zu hören (Sternal/Giers FamFG Rn. 7). Nach Abs. 2 S. 2 ist der Erbe verpflichtet, dem Gericht Auskunft über den Bestand des Nachlasses zu erteilen. Das Gericht wird das Nachlassverzeichnis aus der Nachlassakte beiziehen oder das letzte Vermögensverzeichnis des Betreuers überprüfen. Das Gericht kann ein Nachlassverzeichnis verlangen und sich ggf. die darin enthaltenen Angaben eidesstattlich versichern lassen (S. 2). Nach Abs. 2 S. 1 iVm §§ 1881 S. 2 BGB, § 102 Abs. 4 SGB XII erlischt der Regressanspruch gegen den Erben drei Jahre nach dem Tod des Betreuten. Die **Verjährung** des Regressanspruchs der Staatskasse gegen dessen Erben wegen gezahlter Betreuervergütung wird nicht durch die Einleitung des Regressverfahrens oder durch die Anhörung des Erben gehemmt (BGH BtPrax 2015, 28).

V. Nachträgliche Änderung des Festsetzungsbeschlusses

8 Zur nachträglichen Änderung eines Festsetzungsbeschlusses: → § 292 Rn. 24, 31.

Bei einer **wesentlichen Änderung** der Vermögensverhältnisse (Verbesserung oder Verschlechterung) kann das Gericht seine Entscheidung über den entsprechend anwendbaren § 120a Abs. 1 S. 1 bis 3 ZPO – entsprechend den Regelungen im Rahmen der Prozesskostenhilfe – abändern (Ratenzahlung anordnen, Raten herauf- bzw. herabsetzen oder entfallen lassen).

Bei einem Rückforderungsbeschluss mit angeordneter Ratenzahlung im Zusammenhang mit einer Regressforderung der Staatskasse handelt es sich um eine Entscheidung mit Dauerwirkung i.S.v. § 48 Abs. 1. In solchen Fällen kann gemäß § 292a Abs. 1 S. 3 iVm § 120a Abs. 1 S. 1–3 ZPO analog eine Anpassung der Raten unter Berücksichtigung der neuen Vermögensverhältnisse des Betroffenen und der neuen gesetzlichen Lage hinsichtlich der Mittellosigkeit erfolgen (LG Halle FamRZ 2023, 1314).

Die Vorschrift des § 120a ZPO lautet insoweit:

(1) Das Gericht soll die Entscheidung über die zu leistenden Zahlungen ändern, wenn sich die für die Prozesskostenhilfe maßgebenden persönlichen oder wirtschaftlichen Verhältnisse wesentlich verändert haben. Eine Änderung der nach § 115 Absatz 1 Satz 3 Nummer 1 Buchstabe b und Nummer 2 maßgebenden Beträge ist nur auf Antrag und nur dann zu berücksichtigen, wenn sie dazu führt, dass keine Monatsrate zu zahlen ist. Auf Verlangen des Gerichts muss die Partei jederzeit erklären, ob eine Veränderung der Verhältnisse eingetreten ist.

VI. Rechtsmittel, Zwangsvollstreckung

Zu den Rechtsmitteln: → FamFG § 292 Rn. 27 ff. 9
Zur Zwangsvollstreckung: → FamFG § 292 Rn. 33.

§ 293 Erweiterung der Betreuung oder des Einwilligungsvorbehalts

(1) [1]Für die Erweiterung des Aufgabenkreises des Betreuers und die Erweiterung des Kreises der einwilligungsbedürftigen Willenserklärungen gelten die Vorschriften über die Anordnung dieser Maßnahmen entsprechend. [2]Das Gericht hat die zuständige Behörde nur anzuhören, wenn es der Betroffene verlangt oder es zur Sachaufklärung erforderlich ist.

(2) [1]Einer persönlichen Anhörung nach § 278 Abs. 1 sowie der Einholung eines Gutachtens oder ärztlichen Zeugnisses (§§ 280 und 281) bedarf es nicht,
1. wenn diese Verfahrenshandlungen nicht länger als sechs Monate zurückliegen oder
2. die beabsichtigte Erweiterung nach Absatz 1 nicht wesentlich ist.
[2]Eine wesentliche Erweiterung des Aufgabenkreises des Betreuers liegt insbesondere vor, wenn erstmals ganz oder teilweise die Personensorge oder eine der in § 1815 Absatz 2 oder in den §§ 1829 bis 1832 des Bürgerlichen Gesetzbuchs genannten Aufgaben einbezogen wird.

(3) Unbeschadet des Absatzes 2 kann das Gericht von der Einholung eines Gutachtens oder eines ärztlichen Zeugnisses absehen, wenn der Aufgabenkreis des Betreuers nicht aufgrund einer Änderung des Krankheits- oder Behinderungsbildes des Betroffenen, sondern aufgrund der Änderung seiner Lebensumstände oder einer unzureichenden Wirkung anderer Hilfen erweitert werden soll.

(4) Ist mit der Bestellung eines weiteren Betreuers nach § 1817 des Bürgerlichen Gesetzbuchs eine Erweiterung des Aufgabenkreises verbunden, gelten die Absätze 1 bis 3 entsprechend.

I. Anwendungsbereich

Klarer als in der Struktur des FGG werden durch das FamFG die Verfahrensvorschriften für einzelne (Änderungs-)Entscheidungen, die im Laufe eines Betreuungsverfahrens erforderlich werden können, in den §§ 293 ff. geregelt. § 293 trifft Verfahrensregelungen für die (nachträgliche) **Erweiterung** der Aufgabenbereiche des **Betreuers** – mit und ohne Betreuerwechsel – oder des Kreises der **einwilli-** 1

gungsbedürftigen Willenserklärungen (BGH FamRZ 2019, 1358). Wenn Verlängerung und Erweiterung zusammenfallen, sind § 293 und § 295 nebeneinander anwendbar; ist eine bestimmte Verfahrenshandlung nur von einer der beiden Normen gefordert und nach der anderen entbehrlich, muss sie dennoch durchgeführt werden. Die Erweiterung des Aufgabenkreises bildet einen besonderen Verfahrensgegenstand (BGH FamRZ 2018, 1251; BtPrax 2015, 109), über den das Betreuungsgericht – und nicht zB das Beschwerdegericht im Rahmen einer Beschwerdeentscheidung (BayObLG FamRZ 1996, 1035) – durch den Funktionsträger entscheidet, welcher für die erstmalige Betreuerbestellung zuständig war (HK-BetreuungsR/Bučić § 293 FamFG Rn. 3). Wird ein **Einwilligungsvorbehalt** angeordnet, nachdem ein zuvor bestehender (anderer) Einwilligungsvorbehalt bereits aufgehoben war, handelt es sich nicht um dessen Erweiterung oder Verlängerung, sondern um die erneute Anordnung, so dass §§ 278, 280 unmittelbar anzuwenden sind; § 293 Abs. 2 bzw. 295 findet in diesen Fällen keine Anwendung (BGH BtPrax 2012, 204). Die Vorschrift des § 293 Abs. 2 S. 1 Nr. 1, nach der es in einem Verfahren über die Erweiterung einer Betreuung der Einholung eines Gutachtens oder ärztlichen Zeugnisses nicht bedarf, wenn diese Verfahrenshandlungen nicht länger als sechs Monate zurückliegen, ist in einem Verfahren über die **Verlängerung** einer Betreuung nach § 295 FamFG weder direkt noch entsprechend anwendbar (BGH FamRZ 2022, 816).

Ist das Betreuungsgericht im Zeitraum **vor dem 1.1.2028** im Rahmen einer Entscheidung über die Aufhebung oder Verlängerung der Betreuung oder über die Genehmigung der Unterbringung des Betreuten gemäß Art. 229 § 54 Abs. 4 S. 2 EGBGB dazu verpflichtet, den Aufgabenkreis des Betreuers im Bestellungsbeschluss nunmehr **an die Erfordernisse des § 1815 Abs. 2 BGB anzupassen,** sind auf das Verfahren zur Neubestimmung des Aufgabenkreises die Vorschriften über die **Erweiterung der Betreuung** nach § 293 FamFG entsprechend anzuwenden (BGH FamRZ 2024, 888). Obwohl damit in materiell-rechtlicher Hinsicht innerhalb der Übergangsfrist keine Änderung der Vertretungsbefugnisse des Betreuers verbunden ist, hat das Gericht bei der Anpassung des Bestellungsbeschlusses die Verfahrensvorschriften des § 293 über die Erweiterung der Betreuung entsprechend anzuwenden, zumal die ausdrückliche Zuweisung der Aufgaben nach § 1815 Abs. 2 BGB regelmäßig Wirkung auch über den Ablauf der fünfjährigen Übergangsfrist hinaus entfalten wird. Die **Verfahrenserleichterung** gemäß § 293 Abs. 3, nach der für das Gericht die Möglichkeit des Absehens von einem Gutachten oder ärztlichen Zeugnis besteht, kommt insbesondere für solche Erweiterungen des Aufgabenkreises in Betracht, die darauf zurückzuführen sind, dass es nach dem seit dem 1.1.2023 gültigen Rechtszustand (§ 1815 Abs. 2 BGB) einer ausdrücklichen gerichtlichen Anordnung bestimmter Aufgabenbereiche bedarf (BGH FamRZ 2024, 888). Zu der Anwendbarkeit der Verfahrenserleichterungen des Abs. 2 in diesen Fällen: → Rn. 3.

Im Zusammenhang mit der Entscheidung über die Erweiterung einer bereits bestehenden Betreuung ist auch über die Betreuerauswahl für den hinzutretenden Aufgabenbereich zu befinden, hierfür richtet sich die Auswahl der Person des Betreuers nach der für die Neubestellung eines Betreuers maßgeblichen Vorschrift des § 1816 BGB, nicht nach § 1868 BGB (BGH BtPrax 2018, 153). Die Eignung der als Betreuer zu bestellenden Person ist stets anhand des gerichtlich bestimmten Aufgabenkreises zu beurteilen und muss mit jeder Erweiterung des Aufgabenkreises erneut geprüft werden.

Zu den im Zusammenhang mit der Erweiterung der Betreuung nach § 26 bestehenden Amtsermittlungspflichten → FamFG § 26 Rn. 4.

II. Erweiterung des Aufgabenkreises des Betreuers oder des Kreises der einwilligungsbedürftigen Willenserklärungen (Abs. 1 und 2)

1. Entsprechende Anwendung der Verfahrensvorschriften für die Erstbestellung

§ 1871 Abs. 3 BGB erklärt die **materiell-rechtlichen** Vorschriften über die Bestellung eines Betreuers für die Erweiterung des Aufgabenkreises des Betreuers oder des Kreises der einwilligungsbedürftigen Willenserklärungen für entsprechend anwendbar. Dementsprechend zieht § 293 die verfahrensrechtlichen Konsequenzen daraus und erklärt grundsätzlich **alle verfahrensrechtlichen** Vorschriften der Erstbetreuerbestellung für die Erweiterung des Aufgabenkreises des Betreuers oder des Kreises der einwilligungsbedürftigen Willenserklärungen für entsprechend anwendbar (Abs. 1). §§ 272–277 und 288 sind als **allgemeine** Vorschriften des Betreuungsverfahrens anwendbar (Prütting/Helms/Fröschle FamFG Rn. 5). Aufgrund der Verweisung ist weiterhin grundsätzlich zumindest der Betroffene persönlich anzuhören (§ 278) und den Beteiligten rechtliches Gehör zu gewähren (§ 279) sowie ein ärztliches Gutachten/Attest (§§ 280, 281, 282) einzuholen, soweit sich nicht aus § 26 die Notwendigkeit weiterer Verfahrenshandlungen ergibt. 2

Zur Anhörung der Betreuungsbehörde: bei der Erweiterung der Betreuung oder des Einwilligungsvorbehalts ist die Betreuungsbehörde nur anzuhören, wenn es der Betroffene verlangt oder es zur Sachaufklärung erforderlich ist. Anders als bei der erstmaligen Bestellung eines Betreuers oder der Anordnung eines Einwilligungsvorbehalts (→ FamFG § 279 Rn. 4 ff.) liegen dem Gericht in diesen Verfahren bereits Informationen zu dem Betroffenen vor. Oft enthalten die Berichte der Betreuungsbehörde im Rahmen der Erstbestellung zudem prognostische Aussagen. Der Einschätzung der Betreuungsbehörde kann jedoch auch im Erweiterungsverfahren eine wichtige Funktion bei der Sachverhaltsaufklärung zukommen. Sofern beispielsweise Anhaltspunkte für eine mögliche Aufhebung der Betreuung oder für einen möglichen Betreuerwechsel bestehen, sollte das Gericht daher eine Stellungnahme der Betreuungsbehörde anfordern (BR-Drs. 220/13, 9).

Bei Vorliegen der Voraussetzungen des § 300 bzw. § 301 kann eine vorläufige Erweiterung auch im Wege einer **einstweiligen Anordnung** ergehen (HK-BetreuungsR/Bučić FamFG § 293 Rn. 15).

2. Verfahrenserleichterungen (Abs. 2)

Die Verfahrenserleichterungen des Abs. 2 kommen dann nicht zum Tragen, wenn das Betreuungsgericht nach dem Inkrafttreten des **reformierten Betreuungsrechts zum 1.1.2023** erstmals darüber zu befinden hat, die Entscheidung über die freiheitsentziehende Unterbringung (§§ 1831, 1815 Abs. 2 Nr. 1 BGB) und freiheitsentziehende Maßnahmen (§§ 1831, 1815 Abs. 2 Nr. 2 BGB) gesondert in die Betreuung einzubeziehen. Denn die Erstreckung des Aufgabenkreises auf diese Aufgaben ist kraft gesetzlicher Anordnung in Abs. 2 S. 2 stets als wesentliche Erweiterung der Betreuung anzusehen (BGH FamRZ 2024, 888). Hier kommt jedoch die Anwendung des Abs. 3 in Betracht → Rn. 7. 3

Nach Abs. 2 kann bei der Erweiterung der Betreuung oder des Einwilligungsvorbehalts von der Wiederholung folgender Verfahrenshandlungen abgesehen werden, sofern auch die Voraussetzungen von → Rn. 4 ff. gegeben sind:
– von der **persönlichen** Anhörung des Betroffenen in seiner üblichen Umgebung und dessen Unterrichtung über den Verfahrensverlauf (§ 278; → FamFG § 278 Rn. 2, 6) **und**
– von der Einholung eines **ärztlichen Gutachtens**/Zeugnisses (§§ 280, 281).

Die Notwendigkeit der Wiederholung der einzelnen Verfahrenshandlungen kann sich jedoch aus dem Amtsermittlungsgrundsatz (§ 26) ergeben.

Nicht verzichtet hat der Gesetzgeber allerdings auf die Pflicht, dem Betroffenen zum veränderten Umfang der Betreuung oder des Einwilligungsvorbehalts **rechtliches Gehör** zu gewähren, da sich diese Pflicht aus § 34 Abs. 1 Nr. 1 ergibt (BT-Drs. 16/6308, 269). Dem Betroffenen und dem Verfahrenspfleger kann in diesem Fall jedoch auch **schriftlich** rechtliches Gehör gewährt werden (BT-Drs. 13/7158, 39 f.).

Der Gesetzgeber hat zwar in den Fällen des Abs. 2 auf die Anhörung des Betroffenen und auf die Gutachteneinholung verzichtet. **Nicht** verzichtet – jedenfalls nicht ausdrücklich – hat er auf § 279, so dass den **Beteiligten** (§ 274) – ggf. **schriftlich** – rechtliches Gehör zu gewähren ist. Die ursprüngliche Gesetzesänderung erfolgte aufgrund des Betreuungsgesetzes (1992). Es wurde bisweilen die Auffassung vertreten, es ergebe sich aus der Begründung des Gesetzes (BT-Drs. 11/4528, 23 (180, 217, 233); 11/6969, 82), dass auch auf die Wiederholung der Anhörung Dritter verzichtet werden sollte. Der Gesetzgeber hat nach mehreren Gesetzesänderungen auch das FamFG und das Gesetz zur Reform des Vormundschafts- und Betreuungsrechts (zum 1.1.2023) nicht zu einer entsprechenden Klarstellung oder Ergänzung der verzichtbaren Normen genutzt, so dass entsprechend dem klaren Gesetzeswortlaut davon auszugehen ist, dass die Gewährung rechtlichen Gehörs **sämtlicher Beteiligter wiederholt** werden muss. Zur Beteiligung der Betreuungsbehörde: → Rn. 2.

Das Absehen von einer erneuten persönlichen Anhörung nach Nr. 1 (BGH FamRZ 2017, 556; → Rn. 5) und nach Nr. 2 (BGH BtPrax 2014, 131; → Rn. 6) setzt voraus, dass der Betroffene vor der erstmaligen Betreuerbestellung verfahrensfehlerfrei angehört worden ist und sich aus dem angefochtenen Beschluss ergibt, unter welchen Umständen und mit welchem Ergebnis eine persönliche Anhörung des Betroffenen vor der erstmaligen Betreuerbestellung stattgefunden hat.

3. Absehen von Verfahrenshandlungen

4 In den folgenden **beiden Fällen** kann nach **Abs. 2** von den in Rn. 3 genannten Verfahrenshandlungen **abgesehen** werden:

5 **a) Nr. 1.** Wenn die in → Rn. 3 genannten Verfahrenshandlungen nicht länger als **sechs Monate** zurückliegen, kann auf sie verzichtet werden. Zwar gebietet der reine Gesetzestext in Verbindung mit dem Willen des Gesetzgebers eine Wiederholung der Anhörung innerhalb der sechs Monate auch dann nicht, wenn es sich um eine **wesentliche Erweiterung** der Betreuung oder des Einwilligungsvorbehalts handelt (der Gesetzgeber wollte die Praxis von hohem Verfahrensaufwand entlasten; BT-Drs. 13/7158, 39). Allerdings muss der Richter sorgfältig prüfen, ob § 26 diese Verfahrenshandlungen im Falle einer **wesentlichen** Veränderung der Verhältnisse, zu der der Betroffene möglicherweise noch nicht ange-

hört worden ist und worauf sich das Sachverständigengutachten eventuell nicht erstreckte, gebietet. Daher kann in den Fällen, in denen die Erkenntnisse, die zu einer wesentlichen Erweiterung des Aufgabenkreises führen, erst nach der Einrichtung der Betreuung erlangt werden, nicht von einer Anhörung abgesehen werden (BGH FamRZ 2017, 556). Wenn die innerhalb der kurzen Zeit zu wiederholenden Verfahrenshandlungen nicht durch den nunmehr zur Entscheidung berufenen Richter durchgeführt wurden, liegt ebenfalls eine Wiederholung der Verfahrenshandlung aufgrund § 26 nahe. Einer erneuten Anhörung des Betroffenen bedarf es dann grundsätzlich nicht, wenn zunächst nur eine **Kontrollbetreuung** angeordnet wurde und diese innerhalb von sechs Monaten zu einer Vollbetreuung zu erweitern ist, wenn der ersten Anhörung ein umfassendes Gutachten zugrunde lag (BGH BtPrax 2013, 203). Der Gegenstand der innerhalb der letzten sechs Monate stattgefundenen Anhörung muss sich auf den Bestand der Betreuung oder des Einwilligungsvorbehaltes beziehen; es reicht nicht, dass der Gegenstand der kürzlichen Anhörung die Genehmigung der Unterbringung der Betroffenen in einer geschlossenen Einrichtung war (BGH FamRZ 2023, 1907).

Zur Fristberechnung: es kommt für den Beginn der Frist auf die tatsächliche frühere Verfahrenshandlung an (Durchführung der richterlichen Anhörung bzw. Untersuchungsdatum; Prütting/Helms/Fröschle FamFG Rn. 13; aA BeckOK FamFG/Günter Rn. 11: Wirksamkeit des Beschlusses im Erstverfahren); für das Ende der Sechsmonatsfrist ist der Erlass des Erweiterungsbeschlusses maßgebend (Sternal/Giers FamFG Rn. 7).

b) Nr. 2. Bei **unwesentlicher Erweiterung** der Betreuung bzw. des Einwilligungsvorbehalts können die genannten Verfahrenshandlungen ebenfalls unterbleiben. 6

Abs. 2 S. 2 bezeichnet, ohne dass damit eine abschließende Aufzählung verbunden ist, Regelbeispiele für **wesentliche** Erweiterungen:
- Einbeziehung der **Personensorge** (ganz oder teilweise). Zur Personensorge gehören u.a. die Gesundheitssorge (BGH FamRZ 2017, 1866) und das Aufenthaltsbestimmungsrecht (KG Berlin BtPrax 2005, 153; → BGB § 1815 Rn. 13) sowie Fragen zum Umgang usw; die Erweiterung um diese Aufgabenbereiche ist immer wesentlich;
- Einbeziehung der Kontrolle von **Post**- und Fernmeldeverkehr (§ 1815 Abs. 2 Nr. 5 und 6 BGB; BGH FamRZ 2017, 556);
- Einbeziehung von ärztlichen **Eingriffen** (§ 1829 BGB), der **Sterilisation** (§ 1830 BGB) und von freiheitsentziehender **Unterbringung** bzw. freiheitsbeschränkenden Maßnahmen (§ 1831 BGB) und **Zwangsbehandlung** (§ 1832 BGB).

Die gesetzgeberische Wertung zeigt, dass es auf die **Eingriffsintensität** ankommt. Unwesentlich sind Erweiterungen, die lediglich eine Ergänzung eines bereits bestehenden Aufgabenkreises beinhalten (Sternal/Giers FamFG Rn. 9). Daher wird auch die Einbeziehung der gesamten **Vermögenssorge** oder eines wesentlichen Teils davon (BGH BtPrax 2014, 276), bei bisher lediglich bestehender Personensorge (und umgekehrt), in jedem Fall wesentlich sein. Wird der Aufgabenkreis eines Betreuers, welcher bisher u.a. für die Aufgabenbereiche Aufenthaltsbestimmung und Gesundheitsfürsorge bestellt war, um den Bereich Regelung des **Umgangs mit Familienangehörigen** erweitert, handelt es sich um eine wesentliche Erweiterung des bisherigen Aufgabenkreises (BayObLG BtPrax 2003, 38). Als **nicht wesentlich** wird es angesehen, wenn sich der neue Aufgabenbereich allein auf die Rechtsverfolgung in den von der wahnhaften Vorstellung des Betroffenen erfassten Angelegenheiten beschränkt (BGH BtPrax 2016, 117). Im Übrigen wird sich die Frage einer wesentlichen Erweiterung nur unter Berücksichtigung der inhaltlichen Änderung der Rechtsstellung des Betreuers gegenüber dem Betreuten beantworten lassen. Im Falle der Notwendigkeit mehrerer unwesentlicher Erweiterungen ist in die Abwägung die Wahrung der Verfahrensgarantien des Abs. 1 mit einzubeziehen. Bei der Erweiterung einer bestehenden Kontrollbetreuung um die Befugnis zum Widerruf einer Vorsorgevollmacht kann nach Nr. 2 von der Einholung eines Gutachtens oder eines ärztlichen Zeugnisses nicht abgesehen werden, weil es sich hierbei um eine wesentliche Erweiterung des Aufgabenkreises des Kontrollbetreuers handelt (BGH BtPrax 2020, 182). Nach dem Gesetz zur Reform des Vormundschafts- und Betreuungsrecht hat der Kontrollbetreuer nach §§ 1815 Abs. 3 iVm 1820 Abs. 5 BGB, dem die Geltendmachung von Rechten des Betreuten gegenüber seinem Betreuer übertragen wurde, seit 1.1.2023 sowieso das Recht zum Widerruf der Vorsorgevollmacht (BT-Drs. 19/24445, 236), so dass es auf diese Rechtsprechung künftig nicht mehr ankommen dürfte.

Das Absehen von einer erneuten persönlichen Anhörung nach dieser Vorschrift setzt voraus, dass der Betroffene vor der **erstmaligen Betreuerbestellung verfahrensfehlerfrei** angehört worden ist und sich aus dem jetzigen Beschluss ergibt, unter welchen Umständen und mit welchem Ergebnis eine persönliche Anhörung des Betroffenen vor der erstmaligen Betreuerbestellung stattgefunden hat (BGH FamRZ 2023, 1907; FamRZ 2016, 627; FamRZ 2014, 828).

Die Verfahrenserleichterungen des Abs. 2, wohl aber die des Abs. 3 → Rn. 7, kommen dann nicht zum Tragen, wenn das Betreuungsgericht nach dem Inkrafttreten des **reformierten Betreuungsrechts zum 1.1.2023** erstmals darüber zu befinden hat, die Entscheidung über die freiheitsentziehende Unterbringung (§§ 1831, 1815 Abs. 2 Nr. 1 BGB) und freiheitsentziehende Maßnahmen (§§ 1831, 1815 Abs. 2 Nr. 2 BGB) gesondert in die Betreuung einzubeziehen. Denn die Erstreckung des Aufgabenkreises auf diese Aufgaben ist kraft gesetzlicher Anordnung in Abs. 2 S. 2 stets als wesentliche Erweiterung der Betreuung anzusehen (BGH FamRZ 2024, 888).

III. Weitere Fälle der Erweiterung ohne Gutachten bzw. ärztliches Zeugnis (Abs. 3)

7 Die Verfahrenserleichterung gemäß Abs. 3, nach der für das Gericht die Möglichkeit des Absehens von einem Gutachten oder ärztlichen Zeugnis besteht, kommt für solche Erweiterungen des Aufgabenkreises in Betracht, die darauf zurückzuführen sind, dass es nach dem seit dem 1.1.2023 gültigen Rechtszustand (§ 1815 Abs. 2 BGB) einer ausdrücklichen gerichtlichen Anordnung bestimmter Aufgabenbereiche bedarf (BGH FamRZ 2024, 888; → Rn. 1).

Ohne eine Änderung des im Gutachten oder in dem ärztlichen Zeugnis festgestellten Krankheits- oder Behinderungsbildes des Betroffenen kann eine auch wesentliche Erweiterung der Betreuung deshalb erforderlich werden, weil der Hilfebedarf des Betroffenen sich durch Änderung seiner Lebensumstände oder dem Wegfall von anderen Hilfen verändert hat oder andere Hilfen sich als nicht ausreichend herausgestellt haben. In diesen Fällen bedarf es ebenfalls keines neuen Gutachtens oder neuen ärztlichen Zeugnisses. Der Aufwand für die nachträgliche Erweiterung der Betreuung, welche nicht auf der Änderung des Krankheits- oder

Behinderungsbildes des Betroffenen beruht, soll hierdurch verringert werden. Demgegenüber bedarf es aber, wenn es sich um eine wesentliche Erweiterung der Betreuung handelt und die letzte Anhörung bereits mehr als sechs Monate zurückliegt, nach Abs. 2 Nr. 1 einer weiteren persönlichen Anhörung des Betroffenen (BT-Drs. 19/24445, 335).

IV. Bestellung eines weiteren Betreuers (Abs. 4)

1. Weiterer Betreuer und neue Aufgabenbereiche

Ist mit der Bestellung eines weiteren Betreuers gleichzeitig die **Erweiterung des Aufgabenkreises** verbunden, so finden Abs. 1 und 2 Anwendung. Dies führt dazu, dass auch in diesem Bereich danach differenziert werden muss, ob es sich um eine wesentliche Erweiterung des Aufgabenkreises handelt (dann gelten die Vorschriften über die Erstbestellung, §§ 278 ff.) oder um eine unwesentliche (dann sind Verfahrensvereinfachungen möglich; vgl. dazu → Rn. 3–6). Ist zunächst ein **Kontrollbetreuer,** der den Bevollmächtigten überwachen soll, und dann nach Widerruf der Vollmacht ein **Vollbetreuer** bestellt worden, fällt auch die Bestellung des neuen Betreuers unter Abs. 4. Da es sich bei der Bestellung eines Betreuers nach Kontrollbetreuerbestellung um eine – wesentliche – Erweiterung der Betreuung handelt und somit über Abs. 3 die Abs. 1 und 2 Anwendung finden (BGH BtPrax 2013, 203), kann von den in Abs. 2 genannten Verfahrenshandlungen nur unter den Voraussetzungen des Abs. 2 Nr. 1 (→ Rn. 5) abgesehen werden. 8

Da die Bestellung eines weiteren Betreuers mit einer Erweiterung des Aufgabenkreises in aller Regel nur stattfinden wird, wenn die Erweiterung wesentlich ist, wird auf Verfahrenshandlungen nach §§ 278, 280 und 281 nicht verzichtet werden können. In diesem Fall sind auch hinsichtlich der Betreuerauswahl, wie bei einer Erstentscheidung, die Grundsätze des § 1816 BGB zu beachten (BGH BtPrax 2018, 153).

2. Weiterer Betreuer ohne neue Aufgabenbereiche

Wenn ein weiterer Betreuer bestellt wird, ohne dass es gleichzeitig zu einer **Erweiterung des Aufgabenkreises** kommt, fehlt hierfür eine eindeutige gesetzliche Regelung, so dass im Zweifel die allgemeinen Vorschriften Anwendung finden. In diesem Fall schreibt das Gesetz in § 296 Abs. 2 lediglich die entsprechende Anwendung des § 279 (**Anhörung** der zuständigen Behörde, naher Angehöriger und sonstiger Beteiligter) und die persönliche Anhörung des Betroffenen vor, wenn dieser nicht einverstanden ist. Im Übrigen ist dem Betroffenen lediglich rechtliches Gehör – nicht notwendigerweise mündlich – zu gewähren. § 278 gilt nicht (BayObLG FamRZ 2002, 1656; BtPrax 1998, 32). Daneben finden auch §§ 280, 281 (Gutachten bzw. ärztliches Zeugnis) keine Anwendung. 9

Diese Alternative wird hauptsächlich im Falle der Bestellung eines **Ergänzungs-** (§ 1817 Abs. 5 BGB; → BGB § 1817 Rn. 13) **oder Verhinderungsbetreuers** iSd § 1817 Abs. 4 BGB (OLG Zweibrücken FGPrax 1999, 182) zur Anwendung kommen (zu Begriff und Inhalt → BGB § 1817 Rn. 10). Bei der Auswahl des Ergänzungsbetreuers sind die Grundsätze des § 1816 BGB zu beachten (OLG Zweibrücken FGPrax 1999, 182). Denkbar ist dies auch in den Fällen der nachträglich angeordneten (gemeinschaftlichen oder einzelvertretungsberechtigten) **Mitbetreuung** (§ 1817 Abs. 1, 3 BGB; → BGB § 1817 Rn. 4) oder wenn für den Betroffenen ein weiterer Betreuer unter Aufteilung der bisherigen, einem anderen Betreuer zugewiesenen Aufgabenbereiche bestellt wird (BayObLG BtPrax 2002, 271). In diesem Fall liegt in dieser Maßnahme eine Teilentlassung des bisherigen Betreuers verbunden mit der Bestellung eines weiteren Betreuers. Nicht hierher gehört der **Vollmachts- oder Kontrollbetreuer** (→ Rn. 8; §§ 1815 Abs. 3, 1820 Abs. 3 BGB; → BGB § 1820 Rn. 4), der den Bevollmächtigten überwachen soll. Denn hierbei handelt es sich um eine (Erst-) Betreuerbestellung mit verfahrensrechtlichen Besonderheiten (→ BGB § 1820 Rn. 9); zur Bestellung eines Vollbetreuers nach einer Kontrollbetreuung: BGH BtPrax 2013, 203 und → Rn. 8.

Für die Bestellung des **Ergänzungsbetreuers** ist ab 1.1.2023 der **Rechtspfleger** nach §§ 3 Nr. 2 b), 15 Abs. 1 Nr. 1 RPflG zuständig, da dort eine Ausnahme vom Richtervorbehalt vorgesehen ist (→ RPflG § 15 Rn. 16 auch zu den Ausnahmen).

10 **Gegenbetreuer** (bis 31.12.2022 geregelt in § 1792 iVm § 1908i Abs. 1 BGB) werden nicht mehr bestellt. Das Amt bisher bestellter Gegenbetreuer endete mit dem 1.1.2023 ersatzlos (Art. 229 § 54 Abs. 2 EGBGB). Bestehende Bestellungen wurden wirkungslos, sie sind seit 1.1.2023 verfahrensrechtlich wie entlassene Betreuer zu behandeln (BT-Drs. 19/24445, 321).

V. Rechtsmittel

11 Als Endentscheidung im Sinne des § 38 Abs. 1 S. 1 ist die Entscheidung über die Erweiterung der Betreuung oder des Einwilligungsvorbehalts und die Bestellung eines weiteren Betreuers sowie der jeweiligen Ablehnung mit der befristeten **Beschwerde** nach §§ 58 ff. anfechtbar.

VI. Beschlussformel

12 „Die Betreuung wird erweitert. Die Betreuung umfasst künftig auch den/die folgenden Aufgabenbereich/e: ……

Ggf.: Das Gericht wird spätestens bis zum …… über eine Aufhebung oder (weitere) Verlängerung der Betreuung entscheiden.

Ggf.: Die Entscheidung ist sofort wirksam."

Bei Erweiterung nach **Abs. 3** mit weiterem Betreuer:

„Für …… wird …… zum **weiteren** Betreuer – ggf. als Vereinsbetreuer/als Behördenbetreuer/als beruflicher Betreuer – bestellt. Der Aufgabenkreis dieses Betreuers umfasst folgende/n Aufgabenbereich/e: ……

Ggf.: Der Betreuer ist allein vertretungsberechtigt oder Für den/die Aufgabenbereich/e … sind beide Betreuer gemeinschaftlich vertretungsberechtigt. Das Gericht wird spätestens bis zum … über eine Aufhebung oder Verlängerung der Betreuung entscheiden.

Ggf.: Die Entscheidung ist sofort wirksam."

§ 294 Aufhebung und Einschränkung der Betreuung oder des Einwilligungsvorbehalts

(1) [1]**Für die Aufhebung der Betreuung oder der Anordnung eines Einwilligungsvorbehalts und für die Einschränkung des Aufgabenkreises des Betreuers oder des Kreises der einwilligungsbedürftigen Willenserklärungen gilt § 279 Absatz 1, 3 und 4 sowie § 288 Absatz 2 Satz 1 entsprechend.** [2]**Das Gericht hat die zuständige Behörde nur anzuhören, wenn es der Betroffene verlangt oder es zur Sachaufklärung erforderlich ist.**

(2) **Hat das Gericht nach § 281 Absatz 1 von der Einholung eines Gutachtens abgesehen, ist dies nachzuholen, wenn ein Antrag des Betroffenen auf Aufhebung der Betreuung oder Einschränkung des Aufgabenkreises erstmals abgelehnt werden soll.**

(3) [1]**Über die Aufhebung der Betreuung oder des Einwilligungsvorbehalts hat das Gericht spätestens sieben Jahre nach der Anordnung dieser Maßnahmen zu entscheiden.** [2]**Ist die Maßnahme gegen den erklärten Willen des Betroffenen angeordnet worden, hat die erstmalige Entscheidung über ihre Aufhebung spätestens zwei Jahre nach der Anordnung zu erfolgen.**

I. Anwendungsbereich

§ 294 findet Anwendung bei der **Aufhebung** und der **Einschränkung** der Betreuung oder des Einwilligungsvorbehalts. Hier werden Regelungen zur Höchstdauer der Betreuung und des Einwilligungsvorbehalts sowie für den Fall getroffen, dass zunächst von der Gutachteneinholung abgesehen worden. 1

Zu den im Zusammenhang mit der Aufhebung/Einschränkung der Betreuung nach § 26 bestehenden Amtsermittlungspflichten → FamFG § 26 Rn. 4.

II. Aufhebung und Einschränkung der Betreuung oder des Einwilligungsvorbehalts (Abs. 1)

1. Betroffene Verfahren

Abs. 1 sieht für vier Verfahren des § 1871 BGB **Verfahrenserleichterungen** vor, nämlich: 2

– Aufhebung der Betreuung (§ 1871 Abs. 1 S. 1 BGB),
– Einschränkung des Aufgabenkreises des Betreuers (§ 1871 Abs. 1 S. 2 BGB),
– Aufhebung des Einwilligungsvorbehalts (§ 1871 Abs. 4 iVm Abs. 1 S. 1 BGB),
– Einschränkung des Kreises der einwilligungsbedürftigen Willenserklärungen (§ 1871 Abs. 4 iVm Abs. 1 S. 2 BGB).

2. Verfahrenshandlungen

Danach sind lediglich folgende Vorschriften zwingend zu beachten: 3

– § 279 (**Anhörung** der Beteiligten, zB der zuständigen Behörde, naher Angehöriger, Vertrauensperson); zur Anhörung der Betreuungsbehörde (Rechtslage nach Inkrafttreten des Gesetzes zur Stärkung der Funktionen der Betreuungsbehörden ab 1.7.2014) → FamFG § 293 Rn. 2

– § 288 Abs. 2 S. 1 (**Bekanntmachung** der Entscheidung an die zuständige Behörde)

4 Damit kann bei beabsichtigter Einschränkung oder Aufhebung grundsätzlich von einer erneuten **persönlichen** Anhörung des Betroffenen nach § 278 und von einer erneuten **Begutachtung** (§ 280) bzw. Einholung eines ärztlichen Zeugnisses (§ 281) abgesehen werden. Auch im Aufhebungsverfahren sind jedoch die allgemeinen Verfahrensregeln, insbesondere die Grundsätze des rechtlichen Gehörs (Art. 103 Abs. 1 GG) und der Amtsermittlung (§ 26), zu beachten. Nach § 26 hat das Gericht von Amts wegen die zur Feststellung der Tatsachen erforderlichen Ermittlungen durchzuführen und die geeignet erscheinenden Beweise zu erheben. Nach den Maßstäben des § 26 bestimmt sich, ob im Einzelfall auch im Aufhebungsverfahren eine persönliche Anhörung des Betroffenen durchzuführen ist, um dem Gericht dadurch einen unmittelbaren Eindruck von dem Betroffenen zu verschaffen (BGH FamRZ 2025, 1834; FamRZ 2022, 982; → § 26 Rn. 4). Nach dem BGH kann es dabei iE rechtlich unbedenklich sein, von einer persönlichen Anhörung des Betroffenen im Aufhebungsverfahren abzusehen, wenn sich sein Begehren nach Aufhebung der Betreuung von vornherein als eine offenkundig aussichtslose oder querulatorisch erscheinende Eingabe darstellt (NJW 2025, 2406; FamRZ 2022, 982).

Das Verfahren bestimmt sich ansonsten nach den **allgemeinen** Betreuungsvorschriften und nach §§ 272–277 (Prütting/Helms/Fröschle FamFG Rn. 8). Die Pflicht zur Gewährung des rechtlichen Gehörs des **Betroffenen** – das auch schriftlich gewährt werden kann – ergibt sich aus § 34 Abs. 1 Nr. 1 (Prütting/Helms/Fröschle FamFG Rn. 13). Eine persönliche Anhörung des Betroffenen ist jedoch auch im Verfahren auf Aufhebung einer Betreuung generell unverzichtbar, wenn sich das Gericht zur Einholung eines neuen Sachverständigengutachtens entschließt und dieses Gutachten als Tatsachengrundlage für seine Entscheidung heranziehen will (BGH NJW 2025, 2406; FamRZ 2022, 982; BeckRS 2020, 1518). Die persönliche Anhörung kann, wenn der Betroffene nicht mitwirkt, ggf. nach § 34 Abs. 3 unterbleiben. Auch wenn das Gericht die entsprechenden Verfahrenshandlungen nach § 26 für erforderlich hält, ist aus Verhältnismäßigkeitsgründen die Anwendung der Zwangsmittel nach §§ 283, 284 bzw. nach § 278 Abs. 5 nicht gerechtfertigt. Etwas anderes ergibt sich auch nicht aus der Schutzfunktion der Betreuung (Prütting/Helms/Fröschle FamFG Rn. 14; aA OLG Frankfurt a. M. NJW 1992, 1395 zur Anordnung der psychiatrischen Untersuchung des Betroffenen zur Vorbereitung einer Entscheidung über die Aufhebung der Betreuung gegen seinen Willen). Zur Untersuchung und zur Befragung durch den Sachverständigen kann der Betroffene nicht nach § 33 Abs. 3 zwangsweise vorgeführt werden (Jox/Fröschle Rn. 4). Es empfiehlt sich, die Befragung durch den Sachverständigen mit der gerichtlichen Anhörung zu verbinden. Die Bestellung eines Verfahrenspflegers ist im Verfahren auf Aufhebung der Betreuung nur geboten, wenn tatsächliche Ermittlungen anzustellen sind, d.h. es müssen greifbare Anhaltspunkte für eine Veränderung der tatsächlichen Umstände vorliegen, die der Betreuerbestellung zugrunde lagen (BGH BtPrax 2011, 211). Hält das Betreuungsgericht in einem Verfahren auf **Aufhebung** einer Betreuung die Bestellung eines Verfahrenspflegers für erforderlich, muss es grundsätzlich durch die rechtzeitige Bestellung des Verfahrenspflegers und dessen Benachrichtigung vom Anhörungstermin sicherstellen, dass dieser an der Anhörung des Betroffenen teilnehmen kann (BGH FamRZ 2022, 982). Zu den weiteren nach § 26 gebotenen Verfahrenshandlungen: → FamFG § 26 Rn. 4.

3. Gericht will Betreuung nicht aufheben

5 Es bestehen keine besonderen verfahrensrechtlichen Vorschriften für den Fall, dass das Gericht die Betreuung – zB bei Antrag des Betreuten auf Aufhebung der Betreuung – **nicht aufheben will.** Insbesondere sind die Regelungen des § 294 Abs. 1 insoweit nicht anzuwenden, da diese Norm nur Anwendung findet, wenn das Betreuungsgericht dem Antrag bzw. der Anregung auf Aufhebung der Betreuung entsprechen will (BayObLG FGPrax 1995, 52). Für den Umfang der Ermittlungen des Tatsachenrichters gilt dann § 26 (vgl. BGH BtPrax 2016, 233; BtPrax 2011, 130). Für die Durchführung neuer Ermittlungen bedarf es greifbarer Anhaltspunkte für eine Veränderung der der Betreuerbestellung zugrundeliegenden tatsächlichen Umstände, die – wenn sie dem Gericht nicht bereits auf anderem Wege bekannt gemacht worden sind – namentlich **vom Betroffenen** vorzubringen sind (BGH BtPrax 2011, 130). Im Hinblick auf § 26 kann sich eine Pflicht zur **persönlichen** Anhörung (vgl. BGH BtPrax 2011, 130) und zur Einholung eines **Sachverständigengutachtens** (zB, wenn ein entsprechendes zeitnahes Gutachten nicht vorliegt) ergeben. Maßgeblich für die Frage, ob ein neues Gutachten einzuholen ist, ist die Frage, ob das bereits eingeholte Sachverständigengutachten inhaltlich geeignet ist, eine ausreichende Tatsachengrundlage für die nun zu treffende Entscheidung zu bilden (BGH BtPrax 2018, 236). Der Tatrichter kann die vor Ablauf der Überprüfungsfrist beantragte Aufhebung der Betreuung nur dann ohne weitere Ermittlungen ablehnen, wenn die im Ausgangsverfahren getroffenen Feststellungen eine tragfähige Grundlage für die Beurteilung bilden, dass die Betreuungsvoraussetzungen bei dem Betroffenen (weiterhin) vorliegen (BGH BtPrax 2018, 236). Hat der Antragsteller in einem vor Ablauf der Überprüfungsfrist angestrengten Aufhebungsverfahren keine Gründe dargetan, die eine Aufhebung der Betreuung rechtfertigen könnten, ist das Gericht ohne konkreten Anlass nicht verpflichtet, durch Einholung eines neuen Sachverständigengutachtens in eine Amtsermittlung über die Fortdauer der Betreuungsbedürftigkeit einzutreten (BGH BtPrax 2019, 32). Auch wenn die letzte Entscheidung erst kurz (zB zwei Monate) zurückliegt, kann der Antrag grundsätzlich ohne weitere Ermittlungen zurückgewiesen werden (BayObLG FamRZ 1998, 323), wenn zwischenzeitlich keine Veränderung der Tatsachen eingetreten ist. Wenn das Gericht im Aufhebungsverfahren ein Sachverständigengutachten einholt und seine Entscheidung auf dieses stützt, muss das Gutachten den formalen Anforderungen des § 280 genügen (BGH BtPrax 2017, 38). In diesem Fall ist auch eine persönliche Anhörung des Betroffenen unverzichtbar (BGH BtPrax 2016, 233). Wird ein Gutachten eingeholt, hat der Sachverständige den Betroffenen vor der Erstellung eines Gutachtens persönlich zu untersuchen; eine Begutachtung nach Aktenlage ist auch im Aufhebungsverfahren grundsätzlich nicht zulässig (BGH BtPrax 2015, 67). Wenn das Gericht die Aufhebung der Betreuung ablehnt, muss es jedenfalls die Verfahrenshandlungen nachholen, die im Ausgangsverfahren rechtsfehlerhaft unterlassen worden sind (Prütting/Helms/Fröschle FamFG Rn. 14a).

Ergibt sich mangels greifbarer Anhaltspunkte für eine Veränderung der der Betreuerbestellung zugrunde liegenden tatsächlichen Umstände keine Notwendigkeit, die Bestellung des Betreuers als solche in Frage zu stellen, eröffnet das Aufhebungsverfahren auch keine erneute Betreuerauswahl nach den Maßstäben des § 1816 BGB, denn für einen Betreuerwechsel während laufender Betreuung hat der Gesetzgeber besondere Voraussetzungen in § 1868 BGB normiert, die andernfalls unterlaufen würden (BGH BtPrax 2019, 32).

III. Nachholung der Begutachtung im Falle des § 281 Abs. 1 (Abs. 2)

6 Ausgangspunkt des Abs. 2 ist, dass der Betroffene selbst die Bestellung eines Betreuers beantragt hatte und das Gericht sich im Hinblick auf § 281 Abs. 1 ursprünglich mit einem ärztlichen Attest statt eines Sachverständigengutachtens begnügt hatte. Beantragt in diesem Fall der krankheits- oder behinderungsbedingt betreuungsbedürftige Betroffene erstmals die **Aufhebung** der Betreuerbestellung oder die **Einschränkung** des Aufgabenkreises des Betreuers, so kann das Betreuungsgericht diesen Antrag nur ablehnen, wenn es ein Sachverständigengutachten nach § 280 eingeholt hat. Ein etwa vom Betroffenen oder sonstigen Angehörigen bei der Bestellung vorgelegtes ärztliches Attest, das den Anforderungen eines ärztlichen Gutachtens möglicherweise entspricht, ist nicht ausreichend. Es ist grundsätzlich erforderlich, dass das **Gericht** die Erstattung des Gutachtens veranlasst, dabei die Tatsachen bezeichnet, auf deren Feststellung es für die Beurteilung der Notwendigkeit der Betreuerbestellung nach §§ 1814, 1815 BGB maßgeblich ankommt, sowie den Gutachter nach pflichtgemäßem Ermessen selbst auswählt und dem Betroffenen vor der Gutachtenerstellung bekannt gibt (KG FamRZ 2007, 81).

7 Das bedeutet aber umgekehrt: Wenn im Zeitpunkt des Aufhebungsantrags keine ausreichenden Anhaltspunkte für ein Fortbestehen der Betreuerbestellung vorliegen, kann von einer Begutachtung abgesehen werden.

8 Die Pflicht zur Nachholung der Begutachtung gilt nur für die erstmalige Antragsablehnung. Die Notwendigkeit der Gutachteneinholung in weiteren Verfahren richtet sich nach § 26 (BT-Drs. 11/4528, 180). Jedoch wird sich die Pflicht zur persönlichen Anhörung des Betroffenen jedenfalls dann auch aus § 26 ergeben, wenn das Gutachten den Betreuungsbedarf bejaht und das Gericht dieses Gutachten heranziehen will (Sternal/Giers FamFG Rn. 13).

IV. Höchstdauer der Betreuung und des Einwilligungsvorbehalts (Abs. 3)

9 Die Höchstdauer der Betreuung und des Einwilligungsvorbehalts beträgt **sieben Jahre.** Ist die Maßnahme gegen den erklärten Willen des Betroffenen angeordnet worden, hat nach **Abs. 3 S. 2** die **erstmalige** Entscheidung über ihre Aufhebung spätestens **zwei Jahre** nach der Anordnung zu erfolgen (vgl. weiter → FamFG § 295 Rn. 6; zur Übergangsregelung nach § 293 Abs. 5 Nr. 1, wenn das Ausgangsgericht nach alter Rechtslage den Betreuer noch für sieben Jahre bestellt hat: vgl. BGH FamRZ 2024, 724.). Die Frist ist grundsätzlich unter Berücksichtigung der voraussichtlichen Betreuungsbedürftigkeit zu bestimmen; bei schubförmig verlaufenden psychischen Krankheiten muss die Überprüfungsfrist unter Berücksichtigung des bisherigen Verlaufs der Krankheit festgelegt werden (BayObLG BtPrax 1995, 68). Diese Frist ist nach § 286 Abs. 3 (→ § 286 Rn. 9) in die Beschlussformel aufzunehmen. Zur Beendigung der Betreuung nach Ablauf der Frist bzw. zu den Problemen bei Falsch-/Nichtangabe der Betreuungs(höchst)dauer in der Beschlussformel → FamFG § 286 Rn. 9.

V. Rechtsmittel

Als Endentscheidung im Sinne des § 38 Abs. 1 S. 1 ist die Entscheidung über die Aufhebung oder Einschränkung der Betreuung oder des Einwilligungsvorbehalts sowie der jeweiligen Ablehnung mit der befristeten **Beschwerde** nach §§ 58 ff. anfechtbar. 10

VI. Beschlussformel

„Die Betreuung wird aufgehoben." 11

bzw. „Die Betreuung wird eingeschränkt. Die Betreuung umfasst künftig nur noch den/die Aufgabenbereich/e: ……

Ggf.: Das Gericht wird spätestens bis zum… über eine Aufhebung oder (weitere) Verlängerung der Betreuung entscheiden.

Ggf.: Die Entscheidung ist sofort wirksam."

§ 295 Verlängerung der Betreuung oder des Einwilligungsvorbehalts

(1) [1]Für die Verlängerung der Bestellung eines Betreuers oder der Anordnung eines Einwilligungsvorbehalts gelten die Vorschriften über die erstmalige Anordnung dieser Maßnahmen entsprechend. [2]Von der erneuten Einholung eines Gutachtens kann abgesehen werden, wenn sich aus der persönlichen Anhörung des Betroffenen und einem ärztlichen Zeugnis ergibt, dass sich der Umfang der Betreuungsbedürftigkeit offensichtlich nicht verringert hat und eine Verlängerung dem erklärten Willen des Betroffenen nicht widerspricht. [3]Das Gericht hat die zuständige Behörde nur anzuhören, wenn es der Betroffene verlangt oder es zur Sachaufklärung erforderlich ist.

(2) [1]Über die Verlängerung der Betreuung oder des Einwilligungsvorbehalts hat das Gericht spätestens sieben Jahre nach der Anordnung dieser Maßnahmen zu entscheiden. [2]Ist die Maßnahme gegen den erklärten Willen des Betroffenen angeordnet worden, ist über eine erstmalige Verlängerung spätestens nach zwei Jahren zu entscheiden.

I. Anwendungsbereich

§ 295 betrifft die **Verlängerung** der Betreuung und des Einwilligungsvorbehalts. Wenn Verlängerung und **Erweiterung** zusammenfallen, sind § 295 und § 293 nebeneinander anwendbar (→ Rn. 4; Brosey/Lesting/Loer/Marschner BetreuungsR Rn. 596; BeckOK FamFG/Günter Rn. 3: der weiterreichende § 293 geht vor). Ist die Verfahrenshandlung nur von einer der beiden Normen gefordert und nach der anderen entbehrlich, muss sie dennoch durchgeführt werden. Im Fall der Verlängerung und **Einschränkung** findet lediglich der weiterreichende § 295 und nicht auch § 294 Anwendung (Prütting/Helms/Fröschle FamFG Rn. 2; vgl. → Rn. 4). Im Übrigen gelten für das Verfahren die **allgemeinen** Vorschriften des Betreuungsverfahrens (§§ 272–277). Die Vorschrift des § 293 Abs. 2 S. 1 Nr. 1, nach der es in einem Verfahren über die Erweiterung einer 1

Betreuung der Einholung eines Gutachtens oder ärztlichen Zeugnisses nicht bedarf, wenn diese Verfahrenshandlungen nicht länger als sechs Monate zurückliegen, ist in einem Verfahren über die Verlängerung einer Betreuung nach § 295 weder direkt noch entsprechend anwendbar (BGH FamRZ 2022, 816).

Zu den im Zusammenhang mit der Verlängerung nach § 26 bestehenden Amtsermittlungspflichten → FamFG § 26 Rn. 4.

II. Verlängerung von Betreuungsmaßnahmen und des Einwilligungsvorbehalts (Abs. 1)

2 Als Folge der gebotenen regelmäßigen **Überprüfung** finden über Abs. 1 S. 1 die Vorschriften über die **Erstbestellung** (§§ 278 ff.) bei den Verfahren über die Verlängerung der Betreuerbestellung oder der Anordnung eines Einwilligungsvorbehalts Anwendung (für Verfahrenspflegerbestellung und persönliche Anhörung: BGH BtPrax 2020, 26). Die Notwendigkeit der persönlichen Anhörung durch den erkennenden Richter (und nicht etwa im Wege der Rechtshilfe) besteht auch im Verfahren über die Verlängerung der Betreuung (BGH FamRZ 2016, 1667). Bei der Verlängerungsentscheidung hat das Gericht sowohl hinsichtlich der Betreuung als auch hinsichtlich des Einwilligungsvorbehalts darüber zu entscheiden, ob und in welchem Umfang diese fortzusetzen oder aufzuheben sind (BGH BtPrax 2018, 195). Dies bedeutet, dass das Gericht bei der Verlängerung der Betreuung, da es sich um eine Einheitsentscheidung handelt, nicht nur die Grundlagen der Betreuungsbedürftigkeit neu zu überprüfen hat, sondern auch hinsichtlich der Betreuerauswahl – wie bei einer Erstentscheidung – die Grundsätze des § 1816 BGB zu beachten hat (vgl. BGH BtPrax 2018, 112; BtPrax 2015, 155; BtPrax 2010, 276; Prütting/Helms/Fröschle FamFG Rn. 7). § 1868 BGB findet somit bei der Betreuungsentscheidung im Rahmen der Verlängerung keine Anwendung. Einem eventuellen Vorschlag des Betreuten zur Person des Betreuers (§ 1816 Abs. 2 BGB) ist daher ggf. im Rahmen des Verlängerungsverfahrens Rechnung zu tragen. Das Betreuungsgericht hat durch die rechtzeitige Benachrichtigung des **Verfahrenspflegers** vom Anhörungstermin sicherzustellen, dass dieser an der **Anhörung** des Betroffenen zur Verlängerung einer Betreuung teilnehmen kann. Die nach § 278 Abs. 1 S. 1 auch im Verlängerungsverfahren erforderliche Anhörung des Betroffenen ist grundsätzlich erst durchzuführen, nachdem dem Verfahrenspfleger das nach § 280 Abs. 1 S. 1 einzuholende **Sachverständigengutachten** rechtzeitig bekannt gegeben worden ist; entsprechendes gilt für ein nach Abs. 1 S. 2 einzuholendes **ärztliches Zeugnis** (BGH FamRZ 2024, 550; FamRZ 2022, 229). Im Verfahren über die die **Verlängerung** der Bestellung eines Betreuers oder der Anordnung eines Einwilligungsvorbehalts **gegen den erklärten Willen** des Betroffenen ist gemäß § 276 Abs. 1 S. 2 Nr. 2 die Bestellung eines Verfahrenspflegers in der Regel erforderlich (BGH BeckRS 2024, 16052, Beschl. v. 5.6.2024 – XII ZB 521/23, FamRZ 2022, 730).

Das Betreuungsgericht hat vor dem Ablauf der festgesetzten Frist einer Betreuung über deren Fortbestand und Verlängerung nur dann zu entscheiden, wenn ein **besonderer Anlass** hierzu besteht. Dieser Anlass kann ein Antrag des Betroffenen auf Aufhebung der Betreuung bilden. Es können aber auch neue Tatsachen sein, die dem Betreuungsgericht zur Kenntnis gelangen und darauf hindeuten, dass die Voraussetzungen für die Bestellung eines Betreuers weggefallen sein könnten. Schließlich gibt das Herannahen des nach § 294 Abs. 3 bzw. 295 Abs. 2 festgesetzten Zeitpunkts Anlass, über die Aufhebung oder Verlängerung der Maßnahme zu entscheiden (BayObLG BtPrax 2005, 69).

Abs. 1 S. 2 erlaubt das Absehen von der Einholung eines erneuten Gutachtens, wenn die persönliche **Anhörung** (§ 278) und ein ärztliches **Zeugnis** (§ 281) ergeben, 3

- dass sich der Umfang der Betreuungsbedürftigkeit **offensichtlich** nicht geändert hat (BGH BtPrax 2016, 238). Mit dem Wort „offensichtlich" soll zum Ausdruck kommen, dass das bisherige Ermittlungsergebnis – insbesondere die persönliche Anhörung und das ärztliche Zeugnis – **keine Zweifel** am Fortbestehen der Betreuung im bisherigen Umfang ergeben hat (Sternal/Giers FamFG Rn. 4) und
- dass eine Verlängerung dem erklärten Willen des Betroffenen nicht widerspricht (BGH FamRZ 2024, 550). Denn wenn der Betroffene widerspricht, wäre Teil der Prüfung im Sachverständigengutachten insbesondere die Frage, ob der Betroffene – weiterhin – keinen freien Willen hinsichtlich der Bestellung des Betreuers bzw. der Anordnung des Einwilligungsvorbehalts bilden kann. Besteht nämlich ein freier Wille, wäre bei fortbestehender Ablehnung durch den Betroffenen die Maßnahme aufzuheben und damit eine Verlängerung ausgeschlossen (BT-Drs. 19/24445, 338).

Ärztliches Zeugnis: Die Qualifikation des Ausstellers des ärztlichen Zeugnisses muss der des Gutachters nach § 280 Abs. 1 S. 2 entsprechen. Die relativ strengen Voraussetzungen des § 281 gelten auch für die ärztlichen Zeugnisse nach § 295 (BGH FamRZ 2022, 229; FamRZ 2017, 1866; vgl. dazu → FamFG § 280 Rn. 4 und → FamFG § 281 Rn. 6). Der Arzt muss vor Erstellung des Zeugnisses – im Hinblick darauf, dass die Verfahrensgarantien der Erstbestellung erhalten bleiben sollen – den Betroffenen **zeitnah persönlich** untersucht und befragt haben (§ 26; OLG Hamm BtPrax 1999, 238). Zur **Unterscheidung** zwischen Gutachten und ärztlichem Zeugnis → FamFG § 281 Rn. 6. Zu den Anforderungen an den – verkürzten – Inhalt eines ärztlichen Attests → FamFG § 281 Rn. 6 iVm → FamFG § 280 Rn. 10 ff. Das ärztliche Zeugnis muss in verkürzter Form die endscheidungserheblichen Gesichtspunkte (Sachverhalt, Untersuchungsergebnisse, Beurteilung und evtl. fehlende freie Willensbestimmung) darstellen. Geht das aktuelle ärztliche Zeugnis **bei entsprechenden Anhaltspunkten** auf die Frage einer zwischenzeitlichen **Besserung des Gesundheitszustands** nicht ein, kann nicht davon ausgegangen werden, dass sich der Umfang der Betreuungsbedürftigkeit offensichtlich nicht verringert habe (BayObLG BtPrax 2004, 148). Weigert sich der Betroffene, an der Untersuchung teilzunehmen, ist ein Gutachten nach § 280 einzuholen; in diesem Fall finden § 283 (Vorführung) sowie § 284 (Unterbringung) Anwendung (BeckOK FamFG/Günter Rn. 7). Liegt die Begutachtung längere Zeit zurück und nimmt sie zur Fähigkeit des Betroffenen, seinen Willen frei zu bestimmen, nicht Stellung, kann die Einholung eines Sachverständigengutachtens nach § 26 erforderlich sein (OLG Hamm BtPrax 1999, 238). Ein im Ausgangsverfahren eingeholten Gutachten kann aber nicht zugleich ein ärztliches Zeugnis iSv Abs. 1 S. 2 sein, denn das in einem Verlängerungsverfahren nach Abs. 1 Satz 2 erforderliche ärztliche Zeugnis soll dem Gericht gerade Gewissheit darüber verschaffen, ob die sachverständige Einschätzung, wie sie im vorangegangenen Verfahren im Gutachten abgegeben worden ist, noch zutreffend ist (BGH FamRZ 2022, 816).

Kommt neben der Verlängerung gleichzeitig eine **Erweiterung** des Aufgaben- 4
kreises in Betracht, so findet § 293 neben § 295 Anwendung. Die Verfahrenserleichterung Abs. 1 S. 2 greift dann nicht, wenn die Verlängerung der Betreuung

zugleich mit einer Erweiterung des Aufgabenkreises verbunden ist, denn insoweit handelt es sich um die erstmalige Betreuerbestellung für den erweiterten Aufgabenbereich, welche sich auf ein förmliches Gutachten nach § 280 stützen muss. Das gilt nach § 293 Abs. 2 aber nur dann, wenn es sich um eine substanzielle Erweiterung des Aufgabenkreises handelt und sich dem früheren Gutachten nicht bereits entnehmen lässt, dass der Betroffene aufgrund seiner Erkrankung auch zur eigenständigen Erledigung dieser Angelegenheit nicht mehr in der Lage ist (BGH BtPrax 2016, 238). Hat sich der Betreuungsbedarf im Sinne des Abs. 1 S. 2 **verringert,** so spricht der Gesetzeswortlaut zwar dafür, dass für die Verlängerung ein Gutachten erforderlich ist, selbst wenn die Einschränkung offensichtlich sein sollte (Prütting/Helms/Fröschle FamFG Rn. 11), denn man kann den Gesetzestext so verstehen, dass ein Gutachten nur dann entbehrlich ist, wenn sich der Betreuungsbedarf offensichtlich nicht verringert hat. Nach zutreffender Auffassung (BeckOK FamFG/Günter Rn. 3) besteht jedoch kein hinreichender Grund für die Annahme, dass im Fall der Verbindung einer Teilaufhebung mit einer Verlängerung der Betreuung eine andere Beurteilung Platz greifen soll als bei reiner Verlängerung.

Zur Anhörung der **Betreuungsbehörde** nach Abs. 1 S. 3 → FamFG § 293 Rn. 2.

5 Zu den **Kosten** für das ärztliche Zeugnis: grundsätzlich ist, auch wenn das Gericht an den Betreuer herantritt und diesen um die Beschaffung des ärztlichen Zeugnisses bittet, davon auszugehen, dass dies lediglich aus verfahrensökonomischen Gründen geschieht. Auch wenn in diesem Fall der Betreuer – und nicht das Gericht – Kontakt mit dem Arzt, der das ärztliche Zeugnis erstellt, aufnimmt, erfolgt die Einholung des Attestes auf **Veranlassung des Gerichts** und im Rahmen seiner eigenen Überprüfungspflicht. Damit erlangt der Arzt einen Vergütungsanspruch nach dem JVEG gegenüber der Staatskasse (OLG Brandenburg FamRZ 2011, 400; zur Höhe der Vergütung → FamFG § 281 Rn. 8). Zur Vergütung auch: LG Kassel BtPrax 2012, 212.

III. Höchstdauer der Betreuung und des Einwilligungsvorbehalts (Abs. 2)

6 Die Höchstdauer der Betreuung und des Einwilligungsvorbehalts beträgt sieben Jahre (§ 294 Abs. 3). Dementsprechend regelt § 295 die Höchstfrist der Verlängerung von ebenfalls sieben Jahren, nach deren Ablauf spätestens über eine (weitere) **Verlängerung** der Betreuung zu entscheiden ist. In Abs. 2 S. 2 ist geregelt, dass über eine **erstmalige Verlängerung** einer rechtlichen Betreuung oder eines Einwilligungsvorbehalts, die **gegen den erklärten Willen** des Betroffenen verlängert werden soll, bereits spätestens nach **zwei Jahren** zu entscheiden ist. Die seit 1.1.2023 geltende Verkürzung der Frist für die erstmalige Überprüfung beruht u.a. darauf, dass die angeordnete Maßnahme und ihre Verhältnismäßigkeit erstmals unter Berücksichtigung der Erkenntnisse aus der Betreuung danach überprüft werden können, ob, in welcher Weise und in welchem Umfang es trotz des zumindest anfangs entgegenstehenden Willens möglich und erforderlich war und weiterhin ist, die Angelegenheiten der betreuten Person rechtlich zu besorgen. Hierbei ist auch zu berücksichtigen, ob und inwieweit während der bisherigen Betreuungsführung eine Kooperation und ein Einvernehmen mit dem Betroffenen erreicht werden konnte. Die Begrenzung der verkürzten Überprüfungsfrist

auf die erstmalige Verlängerung beruht nämlich auf der Überlegung, dass die zusätzlichen Erkenntnisse in der weiteren Verlängerungsentscheidung berücksichtigt werden konnten und sich Veränderungen hinsichtlich der Dauer der weiteren Erforderlichkeit häufig im Laufe der ersten beiden Betreuungsjahre ergeben. Sollte die Überprüfung nach zwei Jahren ergeben, dass eine Betreuung auch gegen den erklärten Willen des Betroffenen weiterhin erforderlich ist, soll es dem Gericht möglich sein, jedenfalls dann, wenn nach den Ermittlungen, insbesondere dem Ergebnis des Sachverständigengutachtens, eine kurzfristige Änderung nicht zu erwarten ist, auch eine längere Überprüfungsfrist festzusetzen (BT-Drs. 19/24445, 338). Entsprechendes gilt nach § 294 Abs. 3 S. 2 für die Frist der erstmaligen Aufhebungsentscheidung. Zur Übergangsregelung nach § 493 Abs. 5 Nr. 1, wenn das Ausgangsgericht nach alter Rechtslage den Betreuer noch für sieben Jahre bestellt hat: vgl. BGH FamRZ 2024, 724.

Diese Frist ist nach § 286 Abs. 3 (→ FamFG § 286 Rn. 9) in die Beschlussformel aufzunehmen. Zur Beendigung der Betreuung nach Ablauf der Frist bzw. zu den Problemen bei Falsch-/Nichtangabe der Betreuungs(höchst)dauer in der Beschlussformel → FamFG § 286 Rn. 9.

IV. Rechtsmittel

Als Endentscheidung im Sinne des § 38 Abs. 1 S. 1 ist die Entscheidung über 7
die Verlängerung der Betreuung oder des Einwilligungsvorbehalts sowie deren Ablehnung mit der befristeten **Beschwerde** nach §§ 58 ff. anfechtbar.

V. Beschlussformel

„Die Betreuung wird verlängert. Das Gericht wird spätestens bis zum...... über 8
eine Aufhebung oder weitere Verlängerung der Betreuung entscheiden.

Ggf.: Die Entscheidung ist sofort wirksam.“

§ 296 Entlassung des Betreuers und Bestellung eines neuen Betreuers

(1) **Das Gericht hat den Betroffenen und den Betreuer persönlich anzuhören, wenn der Betroffene einer Entlassung des Betreuers (§ 1868 des Bürgerlichen Gesetzbuchs) widerspricht.**

(2) [1]**Vor der Bestellung eines neuen Betreuers (§ 1869 des Bürgerlichen Gesetzbuchs) hat das Gericht den Betroffenen persönlich anzuhören.** [2]**Das gilt nicht, wenn der Betroffene sein Einverständnis mit dem Betreuerwechsel erklärt hat.** [3]**§ 279 Absatz 1, 3 und 4 gilt entsprechend.** [4]**Das Gericht hat die zuständige Behörde nur anzuhören, wenn es der Betroffene verlangt oder es zur Sachaufklärung erforderlich ist.**

I. Anwendungsbereich

§ 296 regelt das Verfahren bei **Entlassung** und **Neubestellung** eines Betreuers. 1
Geht mit einer Entlassung und Neubestellung eine **Verlängerung** einher, ist § 295, bei **Erweiterung** der Betreuung ist § 293 und bei **Einschränkung** ist

§ 294 Abs. 1 neben § 296 für das Verfahren einschlägig (Prütting/Helms/Fröschle FamFG Rn. 4).

Wendet sich der Betroffene nach der Bestellung eines Betreuers noch innerhalb der Beschwerdefrist allein gegen die Betreuerauswahl, so ist dieses Anliegen als Beschwerde gegen den Ausgangsbeschluss auszulegen und nicht als Antrag nach § 1868 Abs. 5 BGB zu behandeln (BGH BtPrax 2015, 27).

Zu den im Zusammenhang mit der Entlassung des Betreuers nach § 26 bestehenden Amtsermittlungspflichten → FamFG § 26 Rn. 4.

II. Widerspruch des Betroffenen gegen die Entlassung des Betreuers (Abs. 1)

1. Verfahren bei Entlassung

2 Das Verfahren nach § 1868 BGB auf **Entlassung** eines Betreuers (→ BGB § 1868 Rn. 2 ff.) richtet sich zunächst nach den **allgemeinen** Betreuungsvorschriften (§§ 272–277) und den Vorschriften des Allgemeinen Teils (Sternal/Giers FamFG Rn. 1). Ebenso sind §§ 287, 288 anwendbar (BeckOK FamFG/Günter Rn. 2). §§ 280 bis 284 sind nicht anwendbar (Prütting/Helms/Fröschle FamFG Rn. 23). Das weitere Verfahren richtet sich nach § 26. Nur wenn der Betroffene der Entlassung des Betreuers widerspricht ergibt sich aus Abs. 1 eine Besonderheit. Das Gericht hat dem Betroffenen ebenso wie dem Betreuer zunächst rechtliches Gehör – zB schriftlich – zu gewähren. Widerspricht der Betroffene der Entlassung, so bestimmt **Abs. 1** die **persönliche Anhörung** des **Betroffenen** und des **Betreuers,** um dem Gericht einen persönlichen Eindruck zu verschaffen und Kommunikationsschwierigkeiten unter den Beteiligten leichter feststellen und beheben zu können. Mit dem Erfordernis der persönlichen Anhörung des Betroffenen wird **nicht** auf § 278 verwiesen, denn dieser regelt die Anhörung vor einer Betreuerbestellung oder der Anordnung eines Einwilligungsvorbehalts und ist damit weder inhaltlich noch im Falle der fehlenden Mitwirkung des Betroffenen bei einer Entlassung des Betreuers anwendbar (Prütting/Helms/Fröschle FamFG Rn. 7). Deshalb wird bewusst auch auf eine allgemeine Verweisung auf § 278 (zB Vorführungsmöglichkeit nach § 278 Abs. 5; Sternal/Giers FamFG Rn. 5; aA LG Essen NJWE-FER 1999, 59; HK-BetreuungsR/Bučić FamFG § 296 Rn. 8 schlägt Vorführung nach § 33 Abs. 3 FamFG vor) verzichtet. Möglicherweise könnte eine Vorführung zur Anhörung unverhältnismäßig sein. In diesem Fall wird vorgeschlagen, eine Widerspruchsrücknahme zu unterstellen (HK-BetreuungsR/Bučić FamFG § 296 Rn. 8). Die Anhörung des Betroffenen kann durch den **ersuchten Richter** vorgenommen werden, da § 278 Abs. 3 keine Anwendung findet (Sternal/Giers FamFG Rn. 5; BayObLG FamRZ 1993, 1225), wenn für das Gericht der persönliche Eindruck nicht entscheidungserheblich ist (BayObLG BtPrax 1997, 200; OLG Frankfurt a. M. BeckRS 2003, 08800; Sonnenfeld in Bienwald/Sonnenfeld/Mazur FamFG § 296 Rn. 16) und die Entscheidung ohne eigenen Eindruck von dem Betroffenen getroffen werden kann. Für die Durchführung der Anhörung ist § 34 anwendbar, so dass unter den Voraussetzungen des § 34 Abs. 3 eine Entscheidung ohne Anhörung des Betroffenen möglich ist (Sternal/Giers FamFG Rn. 5; Prütting/Helms/Fröschle FamFG Rn. 9). § 34 findet auch für die persönliche Anhörung des **Betreuers** Anwendung, die ebenfalls nicht gesetzlich geregelt ist (BayObLG FamRZ 1993, 1226).

Bei Fällen, in denen der Betroffene auf die schriftliche Anfrage **nicht reagiert** (das Gesetz spricht lediglich von **Widerspruch** durch den Betroffenen), ist danach zu differenzieren, ob der Betroffene zu einer Kundgabe seines natürlichen Willens in der Lage ist oder nicht. Jedenfalls muss sich das Gericht nach § 26 durch einen persönlichen Eindruck Gewissheit über den (Nicht-)Widerspruch des Betroffenen verschaffen. Die Frage hat jedoch wenig praktische Relevanz, weil die Neubestellung eines Betreuers, die regelmäßig mit der Entlassung verbunden sein dürfte, nach Abs. 2 ein aktives Tun des Betroffenen – nämlich sein Einverständnis – erfordert (→ Rn. 6). Wenn der Betroffene nicht mehr in der Lage ist, seinen Willen kundzutun, ist für ihn auch in diesem Verfahren ein **Verfahrenspfleger** zu bestellen (KG BtPrax 2008, 265). Dessen Widerspruch zwingt das Betreuungsgericht jedoch nicht zur persönlichen Anhörung des Betroffenen (Prütting/Helms/Fröschle FamFG Rn. 11). Widerspricht der Betroffene der Entlassung des Betreuers erstmals im Beschwerdeverfahren (was auch durch die Beschwerdeeinlegung zum Ausdruck kommen kann), hat das Landgericht den Betroffenen grundsätzlich **persönlich** zu hören, wenn das Amtsgericht hiervon abgesehen hat (BayObLG BtPrax 2001, 37; Prütting/Helms/Fröschle FamFG Rn. 12; Sternal/Giers FamFG Rn. 2; BeckOK FamFG/Günter Rn. 6 hält die Zulässigkeit eines Widerspruchs im Beschwerdeverfahren für zweifelhaft).

2. Erhebliche Nachteile für die Gesundheit

Sind erhebliche Nachteile für die Gesundheit des Betroffenen zu besorgen **3**
oder ist der Betroffene offensichtlich verständigungsunfähig, kann die persönliche Anhörung unterbleiben (§ 34 Abs. 2); es muss ihm jedoch in diesem Fall grundsätzlich ein Verfahrenspfleger bestellt werden (BayObLG RPfleger 1993, 491).

3. Einstweilige Anordnung

Nach § 300 Abs. 2 kann ein Betreuer im Wege der einstweiligen Anordnung **4**
bei Vorliegen der Voraussetzungen (→ FamFG § 300 Rn. 11) entlassen werden.

III. Bestellung eines neuen Betreuers (Abs. 2)

Wenn der Betreuer stirbt oder entlassen wird, ist nach § 1869 BGB ein neuer **5**
Betreuer zu bestellen. Wie schon im Falle des Abs. 1 sieht auch hier das Gesetz eine **persönliche Anhörung** vor, ohne auf § 278 zu verweisen (→ Rn. 2; aA für § 278 Abs. 5 BayObLG BtPrax 1994, 171). Damit sind Zwangsmaßnahmen nach § 278 Abs. 5 ausgeschlossen. Im Falle der Verweigerung der Mitwirkung an der persönlichen Anhörung gilt § 34 Abs. 3; die persönliche Anhörung kann unterbleiben (Prütting/Helms/Fröschle FamFG Rn. 16). Das gilt auch für den Fall, dass der Betroffene dem neuen Betreuer zunächst durch Einverständnisverweigerung widersprochen hat und dann am weiteren Verfahren nicht mehr mitwirkt. Abs. 2 findet auch Anwendung, wenn ein Betreuer zunächst im Wege der einstweiligen Anordnung bestellt wurde und bei der endgültigen Betreuung ein Betreuerwechsel vollzogen wird. Unter Zugrundelegung des § 26 entscheidet das Gericht nach pflichtgemäßem Ermessen, wo angehört werden kann und ob eine Anhörung im Wege der Rechtshilfe ausreicht.

Wenn der Betroffene – Verfahrenspfleger reicht nicht (Prütting/Helms/ **6**
Fröschle FamFG Rn. 14) – sein **Einverständnis mit dem Betreuerwechsel**

erklärt (Abs. 2 S. 2), entfällt das Erfordernis einer persönlichen Anhörung. Es bedarf jedoch im Hinblick auf die Bedeutung der Person des Betreuers der **konkreten** Zustimmung des Betroffenen zu **dieser** Person (OLG Schleswig FGPrax 2007, 269). Bloßes Schweigen genügt regelmäßig nicht (HK-BetreuungsR/Bučić FamFG § 296 Rn. 14). Die Zustimmung kann auch durch eine dritte Person übermittelt werden (Sternal/Giers FamFG Rn. 4). Aus den Umständen kann sich ergeben, dass Zweifel an der schriftlichen Erklärung angebracht sind (Beeinflussung des Betroffenen; Bedenken zur Äußerungsfähigkeit). Dann folgt die Pflicht zur persönlichen Anhörung aus § 26 (Sternal/Giers FamFG Rn. 4).

Von einer Anhörung kann bei Vorliegen der Voraussetzungen des § 34 Abs. 2 abgesehen werden (→ Rn. 3).

7 Daneben wird § 279 Abs. 1, 3 und 4 (**Anhörung** von Beteiligten, nahen Angehörigen und Vertrauenspersonen) für entsprechend anwendbar erklärt (Abs. 2 S. 3). Die Pflicht zur Anhörung **der zuständigen Behörde** bei einem Betreuerwechsel wird – ebenso wie bei § 293 und 295 – auf die Fallkonstellationen beschränkt, in denen es der Betroffene verlangt oder es zur Sachaufklärung erforderlich ist (§ 293 → Rn. 2).

IV. Rechtsmittel

8 Als Endentscheidung im Sinne des § 38 Abs. 1 S. 1 ist die Entscheidung über die Entlassung und/oder Neubestellung eines Betreuers sowie der jeweiligen Ablehnung mit der befristeten **Beschwerde** nach §§ 58 ff. anfechtbar. Die Rechtsbeschwerde ist nur bei deren Zulassung eröffnet (→ FamFG § 70 Rn. 4)

V. Beschlussformel

9 Entlassung nach **Abs. 1:**

Der bisherige Betreuer …… wird entlassen. Ggf.: Die Entscheidung ist sofort wirksam."

Neubestellung nach **Abs. 2:**

…… wird zum neuen Betreuer – ggf. als Vereinsbetreuer/als Behördenbetreuer/als beruflicher Betreuer – bestellt. Ggf.: Die Entscheidung ist sofort wirksam."

Entlassung und Neubestellung nach **Abs. 1** und **Abs. 2:**

Der bisherige Betreuer …… wird entlassen und statt seiner …… zum neuen Betreuer – ggf. als Vereinsbetreuer/als Behördenbetreuer/als beruflicher Betreuer – bestellt. Ggf.: Die Entscheidung ist sofort wirksam."

§ 297 Sterilisation

(1) [1]**Das Gericht hat den Betroffenen vor der Genehmigung einer Einwilligung des Betreuers in eine Sterilisation (§ 1830 Absatz 2 des Bürgerlichen Gesetzbuchs) persönlich anzuhören und sich einen persönlichen Eindruck von ihm zu verschaffen.** [2]**Es hat den Betroffenen über den möglichen Verlauf des Verfahrens zu unterrichten.**

(2) **Das Gericht hat die zuständige Behörde anzuhören, wenn es der Betroffene verlangt oder es der Sachaufklärung dient.**

(3) **[1]Das Gericht hat die sonstigen Beteiligten anzuhören. [2]Auf Verlangen des Betroffenen hat das Gericht eine ihm nahestehende Person anzuhören, wenn dies ohne erhebliche Verzögerung möglich ist.**

(4) **Verfahrenshandlungen nach den Absätzen 1 bis 3 können nicht durch den ersuchten Richter vorgenommen werden.**

(5) **Die Bestellung eines Verfahrenspflegers ist stets erforderlich, sofern sich der Betroffene nicht von einem Rechtsanwalt oder einem anderen geeigneten Verfahrensbevollmächtigten vertreten lässt.**

(6) **[1]Die Genehmigung darf erst erteilt werden, nachdem durch förmliche Beweisaufnahme Gutachten von Sachverständigen eingeholt sind, die sich auf die medizinischen, psychologischen, sozialen, sonderpädagogischen und sexualpädagogischen Gesichtspunkte erstrecken. [2]Die Sachverständigen haben den Betroffenen vor Erstattung des Gutachtens persönlich zu untersuchen oder zu befragen. [3]Sachverständiger und ausführender Arzt dürfen nicht personengleich sein.**

(7) **Die Genehmigung wird wirksam mit der Bekanntgabe an den für die Entscheidung über die Einwilligung in die Sterilisation bestellten Betreuer und**
1. **an den Verfahrenspfleger oder**
2. **den Verfahrensbevollmächtigten, wenn ein Verfahrenspfleger nicht bestellt wurde.**

(8) **[1]Die Entscheidung über die Genehmigung ist dem Betroffenen stets selbst bekannt zu machen. [2]Von der Bekanntgabe der Gründe an den Betroffenen kann nicht abgesehen werden. [3]Der zuständigen Behörde ist die Entscheidung stets bekannt zu geben.**

I. Anwendungsbereich

§ 297 regelt den Gang des Verfahrens, das die Genehmigung der Einwilligung 1
eines Betreuers in eine **Sterilisation** nach § 1830 Abs. 2 BGB zum Gegenstand hat. Die entsprechenden Vorschriften waren im FGG an unterschiedlichen Stellen geregelt; § 297 führte sie zusammen und schaffte damit, ohne Bezugnahme auf andere Normen, eigenständige Verfahrensvorschriften für die Sterilisation. Die Übersichtlichkeit der zahlreichen formellen Voraussetzungen wurde durch diese Zusammenfassung deutlich erhöht. Die Vorschriften der §§ 278 ff. für die Erstbetreuerbestellung sind nicht anwendbar. Die Vorschriften der **allgemeinen** Betreuungsvorschriften (§§ 272–277) finden Anwendung.

Der **Hauptbetreuer** kann nicht über die Einwilligung in die Sterilisation entscheiden. Hierzu bedarf es, sofern die Notwendigkeit eines solchen Eingriffs im Raum steht, eines gesondert und einzig zu diesem Zweck bestellten **Sterilisationsbetreuers.** Es ist also zu unterscheiden zwischen dem Verfahren zur **Bestellung** eines Sterilisationsbetreuers einerseits (Bestellung eines neuen Betreuers unter Erweiterung des Aufgabenkreises; § 293) und dem Verfahren zur **Einwilligung** in die Sterilisation andererseits (§ 297). Da jedoch der Gesetzgeber zu diesen beiden Verfahren keine weiteren Vorgaben macht, können sie gleichzeitig geführt werden (Prütting/Helms/Fröschle FamFG Rn. 2; OLG Hamm BtPrax 2000, 168). Das Gericht ist also nicht daran gehindert, im Rahmen der Bestellung eines Sterilisationsbetreuers gleichzeitig festzustellen, ob auch die Voraussetzungen für die Sterilisation selbst vorliegen (Sternal/Giers FamFG Rn. 1; aA BeckOK FamFG/Günter Rn. 3). Zwar ist es nicht ausgeschlossen, dass eine einheitliche Entscheidung über beide Verfahrensgegenstände ergeht, dies setzt jedoch zwingend voraus, dass vom – noch nicht bestellten – Sterilisationsbetreuer auch bereits ein Antrag auf betreuungsgerichtliche Genehmigung der Sterilisation, für den Fall seiner gerichtlichen Bestellung, vorliegt oder zumindest ernsthaft im Raume steht.

In Betracht kommen nicht nur **weibliche,** sondern auch **männliche** Betroffene (MüKoFamFG/Schmidt-Recla Rn. 1; LG Fulda Beschl. v. 17.3.2011 – 5 T 13/11, BeckRS 2013, 22698). Die Schwangerschaft (§ 1830 Abs. 1 Nr. 3 BGB) muss nicht dem Betroffenen selbst drohen, allerdings müssen die infolge der Schwangerschaft drohenden Gefahren (§ 1830 Abs. 1 Nr. 4 BGB) dem Betroffenen drohen. Der Betroffene muss für die Frage der Einwilligung in eine Sterilisation **einwilligungsunfähig** sein.

II. Verfahrensgarantien

2 Für die Genehmigung einer Einwilligung eines Betreuers in eine Sterilisation gelten die **strengsten Verfahrensgarantien** des Betreuungsrechts (BT-Drs. 11/4528, 177). Durch das Erfordernis verschiedenster Voraussetzungen soll ein leichtfertiger Umgang mit der Sterilisation verhindert werden und dem Umstand eines derart schwerwiegenden, idR nicht rückgängig zu machenden körperlichen Eingriffs Rechnung getragen werden. Es soll an dieser Stelle lediglich angemerkt werden, dass der Abbruch lebenserhaltender Maßnahmen nach § 1829 Abs. 2 BGB bei weitem nicht derart umfangreiche Verfahrensgarantien (§ 298) beinhaltet. Dies wird mit der Eile, die regelmäßig bei den Entscheidungen nach § 1829 Abs. 2 BGB geboten ist, begründet.

Das Gesetz sieht folgende Verfahrenshandlungen vor:

1. Anhörung des Betroffenen (Abs. 1)

3 Die persönliche Anhörung des Betroffenen durch das Gericht ist gesetzlich vorgeschrieben, um sich einen unmittelbaren Eindruck von dem Betroffenen (→ FamFG § 278 Rn. 2) – insbesondere dazu, ob dieser in eine Sterilisation einwilligen kann – zu verschaffen. Dabei ist er über den möglichen Verlauf des Verfahrens (→ FamFG § 278 Rn. 6) zu unterrichten. Der Gesetzgeber sagt nichts dazu, wo die Anhörung – übliche Umgebung – stattzufinden hat; der Ort der Anhörung bestimmt sich nach § 26. § 297 sieht keine Möglichkeit der zwangsweisen Vorführung vor, wenn der Betroffene nicht freiwillig an der Anhörung teilnimmt (BeckOK FamFG/Günter Rn. 4; HK-BetreuungsR/Bučić Rn. 12). Eine die Sterilisation genehmigende Entscheidung kann nicht ohne persönlichen Eindruck des Gerichts ergehen; § 34 Abs. 3 findet keine Anwendung. Die Nichtmitwirkung im Verfahren nach § 297 ist als Ausdruck des der Sterilisation entgegenstehenden Willens iSd § 1830 Abs. 1 Nr. 1 BGB zu sehen (Prütting/Helms/Fröschle FamFG Rn. 12), weshalb in diesem Fall ohne weiteres und ohne Verschaffung eines persönlichen Eindrucks die gerichtliche Genehmigung abgelehnt werden kann. Sofern noch keine Entscheidung über die Erweiterung der Betreuung auf die Sterilisation getroffen ist, wird folgendes für vertretbar angesehen: Da für die Frage der Erweiterung des Aufgabenbereiches zur Bestellung eines Sterilisationsbetreuers über § 293 Abs. 1 iVm § 278 Abs. 5 eine Vorführung möglich ist, wird es als sachgerecht angesehen (Sternal/Giers FamFG Rn. 5), beide

Anhörungen – die zur Bestellung des Sterilisationsbetreuers und die zur Genehmigung des Eingriffs – zusammenzulegen (OLG Hamm BtPrax 2000, 168; aA BeckOK FamFG/Günter Rn. 3). Allerdings ist darauf hinzuweisen, dass jemand, der nicht freiwillig an der Anhörung teilnimmt und vorgeführt werden muss, sich wohl in den seltensten Fällen freiwillig auf eine Sterilisation einlassen wird. Denn es ist Grundvoraussetzung für den Eingriff der Sterilisation (§ 1830 Abs. 1 Nr. 1 BGB), dass die Sterilisation dem (natürlichen) Willen des Betroffenen entspricht. Sollten die Verfahren getrennt geführt werden, also zunächst Erweiterung der Betreuung, dann Genehmigung der Sterilisation, dann kann der Betroffene zu letzterer nicht zwangsweise vorgeführt werden, da § 278 Abs. 5 im Verfahren zur Genehmigung der Sterilisation nicht anwendbar ist (Sternal/Giers FamFG Rn. 5).

2. Beteiligung der Behörde (Abs. 2)

Weiterhin hat das Gericht der zuständigen Behörde (§§ 1 ff. BtOG), wenn es der Betroffene verlangt oder es der Sachaufklärung dient – letzteres wird die Regel sein – Gelegenheit zur **Äußerung** zu geben. 4

3. Hinzuziehung von Beteiligten und Vertrauenspersonen (Abs. 3)

Über Abs. 3 erhalten sämtliche Muss- (→ FamFG § 274 Rn. 2 ff.) und Kann-Beteiligte (→ FamFG § 274 Rn. 10 ff.), wie Betreuer, Verfahrenspfleger, nahe **Angehörige** usw Gelegenheit zur (ggf. schriftlichen) Äußerung. Der Betroffene kann nach **Abs. 3** die Anhörung einer ihm **nahestehenden Person** (oder mehrerer) verlangen. Das Gericht hat nach pflichtgemäßem Ermessen zu prüfen, ob die Anhörung dieser Personen das Verfahren verzögert (→ FamFG § 279 Rn. 9). Weitere Anhörungspflichten können sich aus § 26 ergeben. 5

4. Rechtshilfe (Abs. 4)

Die in a) bis c) genannten Verfahrenshandlungen dürfen **nicht** durch den ersuchten Richter vorgenommen werden. Etwas anderes mag gelten, wenn die Verfahrenshandlung im Ausland vorzunehmen ist (Prütting/Helms/Fröschle FamFG Rn. 21). 6

5. Verfahrenspfleger (Abs. 5)

Die Bestellung eines Verfahrenspflegers ist zwingend vorgeschrieben, wenn Gegenstand des Verfahrens die Genehmigung einer Einwilligung des Betreuers in eine **Sterilisation** des Betroffenen nach § 1830 Abs. 2 BGB ist. Auf das Vorliegen der Voraussetzungen des §§ 276 Abs. 1 oder 2 kommt es damit nicht an (Prütting/Helms/Fröschle FamFG Rn. 25). 7

Grundsätzlich soll die Bestellung eines Verfahrenspflegers unterbleiben bzw. aufgehoben werden, wenn der Betroffene von einem Rechtsanwalt oder von einem anderen geeigneten **Verfahrensbevollmächtigten** vertreten wird und nicht ausnahmsweise der Betroffene durch ständig wechselnde Beauftragung von Rechtsanwälten oder durch wechselnde Weisungen an Bevollmächtigte das Verfahren behindert. Ordnet das Gericht im Wege der **Verfahrenskostenhilfe** dem Betroffenen einen Rechtsanwalt bei, ist die Verfahrenspflegerbestellung mit Wirkung ex nunc (ab dem Zeitpunkt der Entscheidung) aufzuheben. Das gilt auch 8 dann, wenn dem Betroffenen ein Anwalt als Verfahrenspfleger bestellt war, der nunmehr im Wege der Verfahrenskostenhilfe im Auftrag des Betroffenen beigeordnet werden soll. Ob dem Betroffenen im Betreuungsverfahren bei bewilligter Verfahrenskostenhilfe ein Rechtsanwalt beizuordnen ist, richtet sich nach den Umständen des Einzelfalles. Die maßgeblichen Kriterien, nach denen zu bewerten ist, ob ein solcher Einzelfall vorliegt, entsprechen denen, nach den zu entscheiden gewesen wäre, ob für den Betroffenen ein Verfahrenspfleger zu bestellen gewesen wäre, wenn er keinen anwaltlichen Verfahrensbevollmächtigten gehabt hätte (LG München I BeckRS 2016, 17639; LG Kleve BtPrax 2015, 31). Dies ist im Sterilisationsverfahren zweifelsohne zu bejahen.

Der Betroffene kann auf die Bestellung eines Verfahrenspflegers nicht **verzichten.** Sind nämlich die Voraussetzungen erfüllt, wird er häufig nicht in der Lage sein, die Tragweite der Prozesshandlung zu erkennen. Darüber hinaus ist Abs. 5 im Hinblick auf seine Schutzfunktion zwingend (vgl. OLG Hamm RPfleger 1990, 510 zum Rechtsmittelverzicht im Falle einer Verfahrenspflegerbestellung).

6. Gutachteneinholung (Abs. 6)

9 Der Gesetzgeber schreibt – einmalig im Betreuungsverfahren – die Einholung von mindestens **zwei Sachverständigengutachten** (BT-Drs. 11/4528, 177) vor. Zwar schreibt die Norm nicht ausdrücklich (mindestens) zwei Gutachten vor. So ist es theoretisch denkbar, aber sehr unwahrscheinlich, dass ein Sachverständiger in allen fünf Fachbereichen (s. nachfolgend) besondere Kenntnisse aufweist. Die Gutachten sind nach § 30 Abs. 2 im **Strengbeweisverfahren** einzuholen und haben sich auf folgende **fünf** Gesichtspunkte zu erstrecken:

- **medizinische:** Kann einer Methode, die die Rückgängigmachung zulässt, der Vorzug gegeben werden? Drohende Schwangerschaft? Konkrete Schwangerschaftserwartung?
- **psychologische:** Einwilligungsfähigkeit des Betroffenen? Deren Dauer? Notlagensituation? Mögliche Beeinträchtigung des psychisch-seelischen und körperlichen Gesundheitszustands durch Schwangerschaft bzw. durch die mögliche Trennung vom Kind? Wie schwerwiegend sind die möglichen Gesundheitsbeeinträchtigungen?
- **soziale:** Beurteilung der Gesamtsituation; familiäre und finanzielle Verhältnisse; Wohnsituation; Ausbildungsstand; allgemeine Lebenssituation; Lebensbewältigungskompetenz?
- **pädagogische:** Prognose über Entwicklungsmöglichkeit und Lebensperspektive des Betroffenen? Notlagensituation?
- **sexualpädagogische:** Kann der Betroffene – zB nach therapeutischen Maßnahmen – in die Lage versetzt werden, Schwangerschaft auf andere Weise, als durch Sterilisation (zB durch Pille, Kondome) zu verhüten (HK-BetreuungsR/Bučić Rn. 22)? Die Fixierung einer Betroffenen zur zwangsweisen Verabreichung einer Depotspritze zur Verhütung einer Schwangerschaft ist allerdings nicht möglich (OLG Karlsruhe FamRZ 2008, 1211).

Die Sachverständigen sind verpflichtet, den Betroffenen vor Erstattung ihrer Gutachten persönlich zu **untersuchen** und zu **befragen** (Abs. 6 **S. 2**). Die Auswahl des Sachverständigen nimmt das Gericht nach pflichtgemäßem Ermessen vor. Im Hinblick darauf, dass ein Gutachter vermutlich nicht alle gesetzlich aufgeführten Gesichtspunkte erfüllen kann, ist die **Qualifikation** des Sachverständigen gesetzlich nicht festgelegt und hängt von der Fallgestaltung ab. Oft werden ein **sexual-**

pädagogischer und daneben ein **psychiatrischer** Gutachter in Betracht kommen.

Sachverständiger und **ausführender Arzt** dürfen zur Vermeidung von Interessenkonflikten nicht personengleich sein (Abs. 6 **S. 3**).

Bei Weigerung der Begutachtung durch den Betroffenen kommen **keine** Zwangsmittel nach §§ 283, 284 in Betracht (Sternal/Giers FamFG Rn. 11; HK-BetreuungsR/Bučić Rn. 23). Es gilt jedoch das unter → Rn. 3 zur Vorführung Gesagte: da die Verfahrenshandlungen beider Verfahren zusammengelegt werden können (OLG Hamm BtPrax 2000, 168), gelten über § 293 für das Bestellverfahren die §§ 283, 284.

7. Die gerichtliche Entscheidung

Wenn das Gericht auf Antrag des Sterilisationsbetreuers eine zustimmende **10**
Genehmigung erteilt, ist diese, da der Gesetzgeber das nicht fordert, nicht auf eine bestimmte Sterilisationsmethode zu beschränken (Sternal/Giers FamFG Rn. 12). Die einzige Anweisung, die der Gesetzgeber zur Durchführung der Sterilisation macht, ergibt sich aus § 1830 Abs. 2 S. 3 BGB: bei der Sterilisation ist der Methode der Vorzug zu geben, die eine **Refertilisierung** (operative Wiederherstellung der Ei- bzw. Samenleiter) zulässt. Dies kann im Beschluss auch – deklaratorisch – ausgesprochen werden.

8. Wirksamkeit (Abs. 7)

Für den Fall der Genehmigung der Einwilligung des Betreuers in eine Sterilisa- **11**
tion (§ 1830 Abs. 2 BGB) wird die Entscheidung erst mit der **Bekanntmachung** an den Verfahrenspfleger oder Verfahrensbevollmächtigten (im Falle des Abs. 5 Hs. 2) sowie an den für die Entscheidung über die Einwilligung einer Sterilisation bestellten (besonderen) Betreuer (Sterilisationsbetreuer) wirksam. Entscheidend ist die **letzte Zustellung** (OLG Düsseldorf FGPrax 1996, 22). Da man diesen Zeitpunkt nur aus den Gerichtsakten ersehen kann, sollte das Betreuungsgericht den Zeitpunkt der letzten Zustellung den Beteiligten formlos mitteilen.

9. Bekanntgabe (Abs. 8)

Die Entscheidung wird zwar erst mit der Bekanntgabe an den **Verfahrenspfle-** **12**
ger oder **Verfahrensbevollmächtigten** (im Falle des Abs. 5 Hs. 2) sowie an den besonders bestellten **Betreuer** wirksam (→ Rn. 11), sie ist jedoch nach Abs. 8 dem **Betroffenen** selbst (unabhängig davon, ob er einen Verfahrensbevollmächtigten hat) und der zuständigen **Behörde** bekannt zu geben, auch wenn diese nach Abs. 2 nicht am Verfahren beteiligt war. Die Sterilisation selbst darf jedoch frühestens **zwei Wochen** nach Wirksamkeit der Genehmigung durchgeführt werden (§ 1830 Abs. 2 S. 2 BGB; → Rn. 14). Es wurde somit nicht an die Rechtskraft der Entscheidung angeknüpft, so dass der Rechtsmittelführer gleichzeitig mit der Einlegung des Rechtsmittels auch die Aussetzung der Wirksamkeit der Genehmigung nach § 64 Abs. 3 (mittels einstweiliger Anordnung) beantragen sollte, damit nicht Erledigung eintritt (→ Rn. 14; Sternal/Giers FamFG Rn. 14). Für die Feststellung der Rechtswidrigkeit besteht wegen des schweren Grundrechtseingriffs nach § 62 Abs. 2 Nr. 1 (→ FamFG § 62 Rn. 6) ein Feststellungsinteresse, auch wenn der Eingriff bereits durchgeführt ist (OLG Düsseldorf FGPrax 1996, 22).

Nach Abs. 8 **S. 2** muss der Beschluss dem Betroffenen immer mit Gründen bekannt gegeben werden; § 288 Abs. 1 findet keine Anwendung.

Willigt der Sterilisationsbetreuer, dem der Genehmigungsbeschluss (noch) **nicht** vorliegt, in die Sterilisation ein, so ist diese Genehmigung – unheilbar – unwirksam.

10. Vollziehungsfrist (§ 1830 Abs. 2 S. 2 BGB)

13 In § 1830 Abs. 2 S. 2 BGB ist geregelt, dass die Sterilisation erst 2 Wochen nach Wirksamkeit der Sterilisationsgenehmigung durchgeführt werden darf (zur Wirksamkeit → Rn. 11).

III. Rechtsmittel

14 Als Endentscheidung im Sinne des § 38 Abs. 1 S. 1 ist die betreuungsgerichtliche Genehmigung der Sterilisation sowie deren Ablehnung mit der befristeten **Beschwerde** nach §§ 58 ff. anfechtbar. Die Beschwerdefrist beträgt nach § 63 Abs. 1 einen Monat (Prütting/Helms/Fröschle FamFG Rn. 42). Im Hinblick auf die 2-Wochenfrist des § 1830 Abs. 2 S. 2 BGB ist jedoch die Monatsfrist problematisch, denn die Durchführung der Sterilisation darf vor Rechtskraft erfolgen. Es ist daher dringend zu raten, in jedem Fall die Rechtskraft der Entscheidung abzuwarten, auch wenn nach materiellen Vorschriften eine Durchführung des Eingriffs schon zulässig wäre. Denkbar ist auch ein Rechtsmittelverzicht durch die Beschwerdeberechtigten wie zB den Verfahrenspfleger und den Betroffenen. Legt ein Beteiligter Rechtsmittel ein, sollte er gleichzeitig die Aussetzung der Wirksamkeit der Genehmigung nach § 64 Abs. 3 beantragen. Beschwerdeberechtigt sind bei Genehmigung und Versagung jedenfalls der Betroffene bzw. dessen Verfahrensbevollmächtigter und der Verfahrenspfleger, der Sterilisationsbetreuer nur bei Versagung. Der Hauptbetreuer hat kein Beschwerderecht (BeckOK FamFG/Günter Rn. 14).

IV. Beschlussformel

15 „Dem Betreuer/Der Betreuerin …… wird die betreuungsgerichtliche Genehmigung zu seiner/ihrer Einwilligung in die Sterilisation des/der …… erteilt. *(lediglich deklaratorisch:)* Bei der Sterilisation ist der Methode der Vorzug zu geben, die eine **Refertilisierung** zulässt.“

§ 298 Verfahren in Fällen des § 1829 des Bürgerlichen Gesetzbuchs

(1) [1]**Das Gericht darf die Einwilligung, die Nichteinwilligung oder den Widerruf einer Einwilligung eines Betreuers oder eines Bevollmächtigten (§ 1829 Absatz 1, 2 und 5 des Bürgerlichen Gesetzbuchs) nur genehmigen, wenn es den Betroffenen zuvor persönlich angehört hat.** [2]**Das Gericht soll die sonstigen Beteiligten anhören.** [3]**Auf Verlangen des Betroffenen hat das Gericht eine ihm nahestehende Person anzuhören, wenn dies ohne erhebliche Verzögerung möglich ist.**

(2) **Die Bestellung eines Verfahrenspflegers ist stets erforderlich, wenn Gegenstand des Verfahrens eine Genehmigung nach § 1829 Absatz 2 des Bürgerlichen Gesetzbuchs ist.**

(3) [1]**Vor der Genehmigung ist ein Sachverständigengutachten einzuholen.** [2]**Der Sachverständige soll nicht auch der behandelnde Arzt sein.**

I. Anwendungsbereich

1 Bestimmte ärztliche Eingriffe, in die der **Betreuer** oder der **Bevollmächtigte** einwilligt, bedürfen nach § 1829 BGB der betreuungsgerichtlichen Genehmigung. § 298 bestimmt, welche Verfahrensvorschriften zu beachten sind, wenn es sich um Verfahren über die Genehmigung der Einwilligung eines Betreuers oder eines Bevollmächtigten in eine Untersuchung des Gesundheitszustands, eine Heilbehandlung oder einen ärztlichen Eingriff nach **§ 1829 Abs. 1 BGB** handelt. Entsprechendes gilt bei Verfahren über die Genehmigung der Nichteinwilligung oder des Widerrufs der Einwilligung des Betreuers oder Bevollmächtigten in eine Untersuchung des Gesundheitszustands, eine Heilbehandlung oder einen ärztlichen Eingriff nach **§ 1829 Abs. 2 BGB (Abbruch lebenserhaltender Maßnahmen).**

Beide Verfahren nach § 1829 Abs. 1 und 2 BGB sind **Amtsverfahren** (→ § 26 Rn. 1); sie setzen keinen Antrag voraus. Allerdings muss für Entscheidungen nach § 1829 Abs. 1 BGB der Betreuer in die ärztliche Maßnahme bereits eingewilligt haben. Gerichtliche Entscheidungen nach § 1829 Abs. 2 BGB können vom Betreuer oder Bevollmächtigten aber auch von dritter Seite zB durch den Arzt oder von Amts wegen herbeigeführt werden, etwa wenn der Betreuer die Behandlung abbricht oder nicht in die lebenserhaltende Behandlung einwilligt.

Nach § 1829 Abs. 4 BGB unterliegt sowohl beim Heileingriff nach § 1829 Abs. 1 BGB als auch beim Abbruch lebenserhaltender Maßnahmen nach § 1829 Abs. 2 BGB die Entscheidung des Betreuers bzw. des Bevollmächtigten nur dann der gerichtlichen Genehmigungspflicht, wenn zwischen dem Betreuer/Bevollmächtigten und dem behandelnden Arzt **kein Einvernehmen** darüber besteht, dass die Erteilung bzw. die Verweigerung oder der Widerruf der Einwilligung dem nach § 1827 BGB festgestellten – ausdrücklich erklärten oder mutmaßlichen – Willen des Betroffenen entspricht. Insbesondere für ärztliche Heileingriffe nach § 1829 Abs. 1 BGB hat dies dazu geführt, dass die Genehmigungsanträge im Vergleich zu früher deutlich zurückgingen, denn es sind jetzt im Ergebnis nur noch Fälle zu genehmigen, in denen sich Arzt und Betreuer bzw. der Betroffene (die Frage der Genehmigung einer Zwangsbehandlung stellt sich beim behandlungsunwilligen Betroffenen ebenso) über den Heileingriff uneinig sind. Zwar verweist § 1829 Abs. 4 BGB auf § 1827 BGB, so dass der Eindruck entstehen könnte, dass hier nur Fälle gemeint sind, in denen eine Patientenverfügung existiert. Da aber auch der mutmaßliche Wille zu beachten ist, der im Zweifel (also bei Fehlen einer Patientenverfügung) auf Lebensfortführung gerichtet ist, dürften in Fällen, in denen eine Erklärung des Betroffenen zB aufgrund des Gesundheitszustandes nicht zu erlangen ist, sich Betreuer und Arzt in der Regel einig sein, dass die (der Lebensfortführung dienenden) ärztliche Maßnahme erforderlich ist, da sie ansonsten die Maßnahme nicht durchführen würden.

II. Verfahren bei Genehmigungen nach § 1829 Abs. 1 und Abs. 2 BGB

2 Erfasst sind Entscheidungen des Betreuers über die Einwilligung in eine Untersuchung des Gesundheitszustands, eine Heilbehandlung oder einen ärztlichen Eingriff (Abs. 1) bzw. die Nichteinwilligung oder den Widerruf der Einwilligung (Abs. 2), wenn die Maßnahme selbst (Abs. 1) oder das Unterbleiben oder der Abbruch der Maßnahme (Abs. 2) die **begründete Gefahr des Todes** oder des Eintritts schwerer und länger dauernder **Schäden** des Betreuten in sich birgt. Das können u.a. eine Nichteinwilligung oder ein Widerruf der Einwilligung des Betreuers in ärztlich indizierte Maßnahmen wie zB eine Operation, eine Bluttransfusion, künstliche Flüssigkeits- und Nahrungszufuhr, die zB durch die Speiseröhre (Magensonde) oder Bauchdecke (PEG) in den Magen oder intravenös gegeben wird, maschinelle Beatmung, Dialyse, Bekämpfung einer zusätzlich auftretenden Krankheit (Lungenentzündung, Infektion ua) sowie Maßnahmen der Reanimation sein (BT-Drs. 16/8442, 18). Vgl. hierzu im Einzelnen → BGB § 1829 Rn. 8 und 11.

Zunächst sind die allgemeinen Betreuungsvorschriften zu beachten (§§ 272–277).

Weiter hat das Betreuungsgericht (funktional der Richter) folgende **Verfahrensvoraussetzungen** zu beachten:

1. Anhörung des Betroffenen

3 Nach Abs. 1 S. 1 ist der **Betroffene persönlich** anzuhören. § 298 sieht keine Möglichkeit der zwangsweisen Vorführung vor, weshalb §§ 33, 34 Abs. 3 Anwendung finden (Sternal/Giers FamFG Rn. 3; Prütting/Helms/Fröschle FamFG Rn. 11). Dies hat zur Folge, dass eine Anhörung im Ergebnis unterbleiben kann, wenn der Betroffene nicht freiwillig mitwirkt (§ 34 Abs. 3). Die Anhörung soll vor allem zur Klärung der **Einwilligungsunfähigkeit** beitragen, weil bei bestehender Einwilligungsfähigkeit des Betroffenen Maßnahmen nach § 1829 BGB ausscheiden (BeckOK FamFG/Günter Rn. 4).

2. Hinzuziehung von Beteiligten und Vertrauenspersonen (Abs. 1 S. 2 und 3)

4 Nach Abs. 1 S. 2 soll das Gericht sämtliche Muss-Beteiligte (→ FamFG § 274 Rn. 2), wie Betreuer, Verfahrenspfleger, Bevollmächtigter und Kann-Beteiligte (→ FamFG § 274 Rn. 10) anhören; dies kann schriftlich erfolgen (BeckOK FamFG/Günter Rn. 5). Nach dem Wortlaut der Vorschrift steht es scheinbar im Ermessen des Gerichts („soll"), welche weiteren Beteiligten es anhört, da aber bei den Muss- und tatsächlich hinzugezogenen Kann-Beteiligten eine Anhörungspflicht besteht, weil sie am Verfahren zu beteiligen sind, ist der Wortlaut so zu verstehen, dass diese Personen anzuhören sind (differenziert BeckOK FamFG/Günter Rn. 5). Nahen **Angehörigen,** der **Betreuungsbehörde** usw ist Gelegenheit zur (ggf. schriftlichen) Äußerung zu geben, wenn es zur Sachaufklärung (§ 26) erforderlich ist. Der Betroffene kann nach **Abs. 1 S. 3** die Anhörung einer (oder mehrerer) ihm **nahestehender Person** verlangen. Das Gericht hat nach pflichtgemäßem Ermessen zu prüfen, ob die Anhörung dieser Personen das Verfahren verzögert (→ FamFG § 279 Rn. 9). Weitere Anhörungspflichten können sich aus § 26 ergeben.

3. Sachverständigengutachten (Abs. 3)

Heileingriff nach § 1829 Abs. 1 BGB: 5
Vor der gerichtlichen Genehmigung hat das Gericht ein Gutachten einzuholen, das sich zur Frage der **Erforderlichkeit** und Gefährlichkeit des Eingriffs einerseits, und der Einwilligungsfähigkeit des Betroffenen andererseits zu äußern hat (OLG Frankfurt a. M. BtPrax 2002, 84; OLG Karlsruhe BtPrax 2002, 79). Das Gutachten soll dem Gericht ermöglichen, die Risiken des geplanten ärztlichen Eingriffs und dessen Folgen mit dem Nutzen für den Betroffenen abzuwägen. Inhaltlich hat sich das Gutachten daher an den Voraussetzungen des § 1829 Abs. 1 BGB zu orientieren (BeckOK FamFG/Günter Rn. 8). Es muss Aufschluss geben über das mit der Behandlung verbundene konkrete **Risiko** eines gesundheitlichen Schadens, über den Grad der Wahrscheinlichkeit des Schadenseintritts und darüber, welcher **Erfolg** mit der Heilbehandlung erzielt werden kann (LG Saarbrücken BeckRS 2009, 10553).

Abbruch lebenserhaltender Maßnahmen nach § 1829 Abs. 2 BGB: 6
Es ist ein Gutachten zu verschiedenen Fragen einzuholen. Insbesondere: War der Betroffene zum Zeitpunkt seiner Patientenverfügung einwilligungsfähig? Treffen die in der Patientenverfügung getroffenen Festlegungen auf die aktuelle Lebens- und Behandlungssituation zu? Sind die in der Patientenverfügung getroffenen Festlegungen bestimmt genug? Wie sind die Art und der Verlauf der Erkrankung? Ist die Behandlungsmaßnahme medizinisch angezeigt und besteht die begründete Gefahr, dass der Betreute aufgrund des Unterbleibens oder des Abbruchs der Maßnahme stirbt oder einen schweren, länger dauernden gesundheitlichen Schaden erleidet?

Liegt keine schriftliche Patientenverfügung im Sinne des § 1827 Abs. 1 BGB vor und muss der Behandlungswunsch oder mutmaßliche Wille des Betroffenen erforscht werden (§ 1827 Abs. 2 BGB), so muss das Gutachten auch dazu Stellung nehmen, welche Leiden der Betroffene bei Durchführung der Maßnahme durchleben müsste. Vgl. iÜ zur Person des Gutachters → Rn. 7.

Die **Auswahl** des Sachverständigen, der im Hinblick auf die Art der Eingriffe 7
in der Regel ein **Arzt** sein wird, trifft das Gericht nach pflichtgemäßem Ermessen. Zur Wahrung der Unabhängigkeit **sollen** Sachverständiger und ausführender Arzt **in der Regel nicht** personengleich sein (Abs. 3 S. 2). Das Absehen von dem vorgesehenen Verbot der Personenidentität zwischen Sachverständigem und behandelndem Arzt ist jedoch nur dann gerechtfertigt, wenn damit eine Eilentscheidung des Betreuers nach § 1829 Abs. 1 S. 2 BGB vermieden wird (Sternal/Giers FamFG Rn. 7; BeckOK FamFG/Günter Rn. 10; Bienwald/Bienwald Rn. 22 fordert schwerwiegende Gründe). Ein Abweichen von der Sollvorschrift bedarf der Begründung in der Entscheidung des Gerichts (Sternal/Giers FamFG Rn. 8). Die Notwendigkeit der persönlichen Untersuchung und Befragung durch den Sachverständigen richtet sich nach § 26 (BeckOK FamFG/Günter Rn. 8), dies wird aber im Hinblick auf die Schwere der Eingriffe grundsätzlich erforderlich sein (Ausnahmen nur in atypischen Fällen).

4. Weiteres Verfahren; Verfahrenspfleger

Im Übrigen sind die allgemeinen Vorschriften anzuwenden. Anwendbar sind 8
die §§ 272 bis 275, 288 (BeckOK FamFG/Günter Rn. 3).

9 **Verfahrenspfleger beim Heileingriff nach § 1829 Abs. 1 BGB:**

Beim einwilligungsunfähigen Betroffenen, den § 1829 Abs. 1 BGB immer voraussetzt, ist dem Betroffenen regelmäßig ein **Verfahrenspfleger** zu bestellen (Sternal/Giers FamFG Rn. 5). Der Gesetzgeber sah keine Notwendigkeit zur zwingenden Bestellung eines Verfahrenspflegers in den Fällen des § 1829 Abs. 1 BGB. Die allgemeine Vorschrift des § 276 ermöglicht eine sachgerechte Entscheidung des Gerichts im Einzelfall (BT-Drs. 17/11385, 19). Die gerichtliche Entscheidung wird nach § 40 Abs. 1 mit Bekanntgabe an den Betreuer/Bevollmächtigten wirksam.

10 **Verfahrenspfleger bei Abbruch lebenserhaltender Maßnahmen nach § 1829 Abs. 2 BGB:**

Die Bestellung eines Verfahrenspflegers ist in Abs. 2 zwingend vorgeschrieben, wenn Gegenstand des Verfahrens der Abbruch lebenserhaltender Maßnahmen iSd § 1829 Abs. 2 BGB ist. Die Entscheidung wird nach § 287 Abs. 3 (→ FamFG § 287 Rn. 10) zwei Wochen nach Bekanntgabe wirksam (kritisch hierzu Prütting/Helms/Fröschle FamFG § 287 Rn. 25b).

III. Rechtsmittel

11 Die Entscheidungen nach § 1829 Abs. 1 und 2 BGB (sowie die entsprechenden ablehnenden Entscheidungen) sind als Endentscheidungen im Sinne des § 38 Abs. 1 S. 1 mit der befristeten **Beschwerde** anfechtbar. Die Beschwerdefrist beträgt nach § 63 Abs. 1 einen Monat. Nicht beschwerdeberechtigt sind allerdings die **Angehörigen** und Vertrauenspersonen, da ihnen nach § 303 kein eigenes Beschwerderecht zusteht (→ FamFG § 303 Rn. 7); auch die Betreuungsbehörde hat kein eigenes Beschwerderecht (→ FamFG § 303 Rn. 3; Sternal/Giers FamFG Rn. 15; Prütting/Helms/Fröschle FamFG Rn. 29). Der **Betreuer/Bevollmächtigte** hat nur für die Ablehnung nicht aber für die Erteilung der Genehmigungen nach § 1829 Abs. 1 und 2 BGB ein Beschwerderecht. Denn ihm fehlt das Rechtsschutzbedürfnis, weil er die Einwilligung in den Gesundheitseingriff bzw. den Abbruch der lebenserhaltenden Maßnahmen nur zurücknehmen muss (BeckOK FamFG/Günter Rn. 11).

Der **Verfahrenspfleger** kann gegen eine Genehmigung mit eigenem Rechtsmittel vorgehen (Prütting/Helms/Fröschle FamFG Rn. 28). Bezüglich der Versagung/Ablehnung muss das Gleiche gelten, jedenfalls ergibt sich ein solches Recht aus § 303 Abs. 3 (Prütting/Helms/Fröschle FamFG Rn. 28). Eine Beschwerde mit dem Ziel der Erteilung einer betreuungsgerichtlichen Genehmigung ist nur so lange für den Verfahrenspfleger möglich, als der Betreuer/Bevollmächtigte seine Einwilligung in die ärztliche Maßnahme bzw. in den Abbruch derselben aufrechterhält (Sternal/Giers FamFG Rn. 17).

IV. Beschlussformel

12 **Abs. 1:** „Dem Betreuer/Der Betreuerin (Bevollmächtigten)…… wird die betreuungsgerichtliche Genehmigung zu seiner/ihrer Einwilligung in …… (ärztliche Maßnahme möglichst genau bezeichnen) des/der …… (Name d. Betreuten) erteilt."

Abs. 2: „Dem Betreuer/Der Betreuerin (Bevollmächtigten)…… wird die betreuungsgerichtliche Genehmigung (bei **Nichtaufnahme** der Behandlung) in seine/ihre

Nichteinwilligung in folgende ärztliche Maßnahme **bzw.** (bei **Abbruch** der Behandlung) in seinen/ihren Widerruf der Einwilligung in folgende ärztliche Maßnahme ...... (verweigerte bzw. abgebrochene ärztliche Maßnahme möglichst genau bezeichnen) bei ...... (Name d. Betreuten) erteilt."

§ 299 Persönliche Anhörung in anderen Genehmigungsverfahren

[1]Das Gericht hat den Betroffenen vor einer Entscheidung nach § 1833 Absatz 3 oder § 1820 Absatz 5 Satz 2 des Bürgerlichen Gesetzbuchs persönlich anzuhören. [2]Das Gericht soll den Betroffenen vor einer Entscheidung nach den §§ 1850 bis 1854 persönlich anhören.

I. Anwendungsbereich

§ 299 bestimmt, welche Verfahrensvorschriften bei der Erteilung von betreuungsgerichtlichen **Genehmigungen** nach § 1833 Abs. 3 BGB (Kündigung von Wohnraum), nach § 1820 Abs. 5 S. 2 BGB (Widerruf einer Vollmacht durch den Kontrollbetreuer) sowie nach §§ 1850–1854 BGB (Genehmigung von Rechtsgeschäften) zu beachten sind. Es gelten zunächst die allgemeinen Betreuungsvorschriften (§§ 272–277; Prütting/Helms/Fröschle FamFG Rn. 8). 1

Die Vorschrift findet nur für die **Erteilung, nicht** aber für die **Ablehnung** der begehrten Genehmigung (hierbei handelt es sich um ein sog. Negativattest, wenn festgestellt wird, dass das konkrete Rechtsgeschäft keiner Genehmigung bedarf; BeckOK FamFG/Günter Rn. 13) Anwendung (Sternal/Giers FamFG Rn. 1). Für die Ablehnung sind die allgemeinen Vorschriften zur Gewährung rechtlichen Gehörs anzuwenden (§§ 26, 28, 33, 34). Soll eine Genehmigung nicht erteilt werden, weil das Gericht sie nicht für genehmigungsbedürftig erachtet, kann eine **Zwischenfeststellung** erteilt werden (BeckOK FamFG/Günter Rn. 4). Bei beantragter gerichtlicher Genehmigung einer Schenkung finden nur die allgemeinen Vorschriften, nicht aber § 299 Anwendung (LG Kassel BtPrax 2012, 259).

II. Persönliche Anhörung des Betroffenen bei Genehmigungen

1. Anhörung des Betroffenen

Vor bestimmten, im Einzelnen aufgeführten vermögensrechtlichen Entscheidungen des Betreuungsgerichts **muss** (S. 1) bzw. **soll** (S. 2) das Gericht den Betroffenen **persönlich anhören.** § 278 gilt für die Anhörung nicht (Prütting/Helms/Fröschle FamFG Rn. 15); vielmehr sind §§ 33, 34 einschlägig. Der Katalog des S. 2 ist nicht abschließend (BT-Drs. 16/6308, 270 und BT-Drs. 11/4528, 176). In den nicht aufgeführten Fällen kann sich eine Pflicht zur persönlichen Anhörung auch aus § 26 ergeben. 2

a) Satz 1. In bestimmten Fällen, die in S. 1 näher aufgeführt sind, hat aufgrund der besonderen Bedeutung für den Betroffenen immer eine persönliche Anhörung des Betroffenen stattzufinden. Es handelt sich hierbei um die betreuungsgerichtlichen Genehmigungen nach § 1833 Abs. 3 BGB (Kündigung von **Wohnraum;** 3

zuständig: Rechtspfleger) sowie um Genehmigungen nach § 1820 Abs. 5 S. 2 BGB (**Widerruf einer Vollmacht** durch den Kontrollbetreuer; zuständig: Richter). Im Falle der Genehmigung der in S. 1 genannten Fälle **muss** der Betroffene zwingend angehört werden.

4 **b) Satz 2.** In den Fällen der vermögensrechtlichen Genehmigungsverfahren nach §§ 1850–1854 BGB **soll** eine persönliche Anhörung erfolgen. S. 2 betrifft die Fälle, in welchen der Betroffene persönlich angehört werden soll und in denen damit nur im Ausnahmefall auf die für die Amtsermittlung wichtige persönliche Anhörung verzichtet werden kann (BT-Drs. 19/24445, 339). Im Hinblick auf den Verlauf des Gesetzgebungsverfahrens bezeichnet hier das Wort **„soll"** ein **Regel-Ausnahme-Verhältnis** zu Gunsten der persönlichen Anhörung. Wobei gegenüber der zwingenden Anhörung eine vorsichtige Lockerung der Anforderungen gewollt war, ohne diese im Einzelnen festzulegen und unter Beachtung der Tatsache, dass mit dem Begriff „soll" im Verfahrensrecht allgemein eine verstärkte Pflicht zur Durchführung bezeichnet wird.

5 Von einer Anhörung kann nur **Abstand** genommen werden,

– wenn im Hinblick auf die objektive Bedeutung der vermögensrechtlichen Entscheidung der Betroffene absehbar zur **Entscheidungsfindung** (nicht notwendig Sachverhaltsaufklärung) nichts beitragen kann. Die Anhörung wäre sonst eine reine Formalie, die in dieser Form ihre Berechtigung lediglich bei einer Betreuerbestellung oder bei der Anordnung eines Einwilligungsvorbehalts hat;
– wenn im Falle einer **Verfahrenspflegerbestellung** – was bei vermögensrechtlichen Angelegenheiten häufig der Fall sein wird – diese mit Rücksicht darauf erfolgt ist, dass sich der Betroffene zu dem vorliegenden Fragenkreis nur schwer artikulieren (Gegensatz: ihn rechtlich einschätzen) kann.

6 **c) Absehen von der Anhörung nach § 34 Abs. 2 und Abs. 3.** Von der persönlichen Anhörung kann sowohl in den Fällen des S. 1 als auch in denen des S. 2 nach **§ 34 Abs. 2** abgesehen werden, wenn

– erhebliche **Nachteile** für die Gesundheit des Betroffenen zu besorgen sind oder
– der Betroffene offensichtlich nicht in der Lage ist, seinen **Willen** kundzutun (LG Hagen BtPrax 2014, 184).

Soweit sich das Gericht aufgrund zeitnaher Erkenntnisse in vorangegangenen Verfahren (frühere richterliche Anhörungen, frühere Gutachten oder aufgrund sonstiger formloser Ermittlungen) eine ausreichende **Entscheidungsgrundlage** verschaffen kann (wobei der Rechtspfleger auch auf richterliche Anhörungsprotokolle zurückgreifen kann), kann eine persönliche Anhörung unterbleiben. Das Ergebnis ist in jedem Fall schriftlich niederzulegen, um der Beschwerdeinstanz eine Überprüfung zu ermöglichen.

Bei **unentschuldigtem Nichterscheinen** kann das Verfahren – nach entsprechendem Hinweis – ohne die Anhörung des Betroffenen beendet werden **(§ 34 Abs. 3;** BeckOK FamFG/Günter Rn. 9); dies gilt allerdings nicht in Fällen der zwingenden Anhörung wie zB bei § 1833 Abs. 3 BGB.

2. Funktionale Zuständigkeit

7 Zur Entscheidung ist in den in § 299 **S. 2** genannten Fällen der **Rechtspfleger** berufen. Bei **S. 1** ist für die Genehmigung des **Widerrufs einer Vollmacht** durch den Kontrollbetreuer (§ 1820 Abs. 5 S. 2 BGB) der **Richter** zuständig; für die Genehmigungen nach § 1833 Abs. 3 BGB (Kündigung von Wohnraum) ist

der Rechtspfleger berufen. Mangels Verweisung auf § 278 ist die Durchführung der Anhörung durch den ersuchten Rechtspfleger/Richter möglich (OLG Karlsruhe FamRZ 1994, 638).

III. Weitere Verfahrensvorschriften

Die Hinzuziehung eines Sachverständigen oder anderer Personen entscheidet sich nach **§ 26** (OLG Saarbrücken FamRZ 2001, 651) und hängt insbesondere im Falle des § 1833 Abs. 3 BGB von den Einzelumständen ab. Soll Wohnraum gegen den Willen des Betroffenen aufgegeben werden, dürfte ein Gutachten zwingend sein. Dieses soll sich sowohl zur Frage der Rückkehrmöglichkeit als auch zu den Auswirkungen der Aufgabe der Wohnung auf die Gesundheit des Betroffenen äußern. 8

Die Wirksamkeit des Beschlusses, der ein Rechtsgeschäft genehmigt, richtet sich nach § 40 Abs. 2; dieser wird somit erst mit Rechtskraft wirksam. Der Beschluss ist mit der **befristeten Beschwerde** (§ 58) anfechtbar. Nach § 63 Abs. 2 beträgt die Beschwerdefrist **zwei Wochen,** wenn durch den Beschluss ein Rechtsgeschäft genehmigt oder die Genehmigung versagt (aA BeckOK FamFG/Günter Rn. 13: ein Monat) wird. In allen anderen Fällen (zB bei Erteilung eines Negativattests → Rn. 1) dauert die Beschwerdefrist nach § 63 Abs. 1 einen Monat. Zur Rechtsbeschwerdefrist und Sprungrechtsbeschwerdefrist bei Beschlüssen, die ein Rechtsgeschäft genehmigen → FamFG § 70 Rn. 6.

§ 300 Einstweilige Anordnung

(1) [1]**Das Gericht kann durch einstweilige Anordnung einen vorläufigen Betreuer bestellen oder einen vorläufigen Einwilligungsvorbehalt anordnen, wenn**

1. **dringende Gründe für die Annahme bestehen, dass die Voraussetzungen für die Bestellung eines Betreuers oder die Anordnung eines Einwilligungsvorbehalts gegeben sind und ein dringendes Bedürfnis für ein sofortiges Tätigwerden besteht,**
2. **ein ärztliches Zeugnis über den Zustand des Betroffenen vorliegt,**
3. **im Fall des § 276 ein Verfahrenspfleger bestellt und angehört worden ist und**
4. **der Betroffene persönlich angehört worden ist.**

[2]**Eine Anhörung des Betroffenen im Wege der Rechtshilfe ist abweichend von § 278 Abs. 3 zulässig.**

(2) **Das Gericht kann durch einstweilige Anordnung einen Betreuer entlassen, wenn dringende Gründe für die Annahme bestehen, dass die Voraussetzungen für die Entlassung vorliegen und ein dringendes Bedürfnis für ein sofortiges Tätigwerden besteht.**

I. Anwendungsbereich

1. Selbstständiges Verfahren

Das Verfahren für die einstweilige Anordnung ist zunächst im Allgemeinen Teil (§§ 49 ff.) geregelt. Nach dem früher geltenden FGG war nach allgemeinem 1

Verständnis das Eilverfahren auch in Betreuungssachen hauptsacheabhängig (als Zwischenentscheidung im Rahmen eines Hauptsacheverfahrens). Dies bedeutete, dass die einstweilige Anordnung als vorläufige Regelung durch eine endgültige Maßnahme in einem von Amts wegen einzuleitenden Hauptsacheverfahren zu ersetzen war. Seit Inkrafttreten des FamFG ist die einstweilige Anordnung auch bei Anhängigkeit der Hauptsache nach § 51 Abs. 3 als ein **selbstständiges Verfahren** zu sehen (BGH FamRZ 2017, 557). Die verfahrensmäßige Selbstständigkeit ist die Konsequenz aus der in § 51 Abs. 3 geregelten Hauptsacheunabhängigkeit der einstweiligen Anordnung. Falls das Betreuungsgericht in der Folge kein Hauptsacheverfahren von Amts wegen einleitet, kann der Betroffene nach § 52 Abs. 1 dessen Durchführung erzwingen. Die Prüfung der Erforderlichkeit eines Hauptsacheverfahrens in Betreuungssachen hat jedoch auch ohne Antrag des Betroffenen nach § 26 von Amts wegen zu erfolgen. Die Selbständigkeit der einstweiligen Anordnung hat auch zur Folge, dass ein Richter, der erstinstanzlich über eine einstweilige Anordnung entschieden hat, nicht befangen ist, wenn er – nunmehr an das übergeordnete Landgericht versetzt – zur Entscheidung über eine Beschwerde über das Hauptsacheverfahren berufen ist (BGH FamRZ 2017, 557).

2. Betroffene Verfahren

2 § 300 regelt die **betreuungsrechtlichen** Besonderheiten der einstweiligen Anordnung. Diese kann in folgenden, nicht abschließend aufgezählten **Betreuungssachen** (§ 271) ergehen (für Unterbringungssachen finden sich Regelungen in §§ 331 ff.):

- **Bestellung** eines vorläufigen Betreuers oder Anordnung eines vorläufigen Einwilligungsvorbehalts (Abs. 1),
- Vorläufige **Erweiterung** (§ 293; BeckOK FamFG/Günter Rn. 3) des Aufgabenkreises eines Betreuers sowie des bestehenden Kreises der einwilligungsbedürftigen Willenserklärungen oder **Verlängerung** der Betreuung (§ 295; HK-BetreuungsR/Bučić Rn. 4),
- Vorläufige Bestellung eines **weiteren** Betreuers mit und ohne Erweiterung des Aufgabenkreises (§ 293 Abs. 3),
- Bestellung eines **Ergänzungs**- oder Verhinderungsbetreuers. Besteht für den Betroffenen eine vorläufige Betreuung, so kann ein Ergänzungs- oder Verhinderungsbetreuer ebenfalls nur vorläufig und damit durch einstweilige Anordnung bestellt werden (BGH BtPrax 2020, 66),
- Vorläufige **Entlassung** eines Betreuers (Abs. 2),
- Vorläufige **Neubestellung** eines Betreuers (§ 296 Abs. 2; aA HK-BUR/Braun Rn. 6),
- **nicht** jedoch die vorläufige **Aufhebung** oder **Einschränkung** der Betreuung oder des Kreises der einwilligungsbedürftigen Willenserklärungen bei schon bestehendem Einwilligungsvorbehalt (§ 294; BeckOK FamFG/Günter Rn. 3; MüKoFamFG/Schmidt-Recla Rn. 4); eine einstweilige Anordnung ist zwar auch denkbar, aber hier gelten §§ 49 ff. (Prütting/Helms/Fröschle FamFG Rn. 7).

3. Arten der einstweiligen Anordnung; gesteigerte Dringlichkeit

3 Der früher geltende § 69f FGG kannte zwei Arten der einstweiligen Anordnung: die „gewöhnliche einstweilige Anordnung" nach § 69f Abs. 1 Nr. 1 FGG und die so genannte „eilige einstweilige Anordnung" gemäß § 69f Abs. 1 S. 4

und 5 FGG. Das FamFG unterscheidet nunmehr zwischen der einstweiligen Anordnung (§ 300) und der einstweiligen Anordnung „bei gesteigerter Dringlichkeit“ (vgl. die Kommentierung zu § 301). Damit sollte lediglich die Übersichtlichkeit des Gesetzes ohne inhaltliche Änderung erhöht werden (BT-Drs. 16/6308, 271).

Neben der einstweiligen Anordnung nach § 300 sind **vorläufige Maßnahmen** des Betreuungsgerichts nach § 1867 BGB möglich (→ Rn. 14).

II. Voraussetzungen einer einstweiligen Anordnung nach § 300

Grundsätzlich müssen zum Erlass einer einstweiligen Anordnung folgende Voraussetzungen **kumulativ** erfüllt sein: 4

1. Voraussichtlicher Handlungsbedarf (Abs. 1 Nr. 1 Hs. 1)

Es müssen **dringende Gründe** im Sinne einer **erheblichen Wahrscheinlichkeit** aufgrund konkreter Umstände (BayObLG BeckRS 2004, 11014; OLG München R + P 2007, 195) für die Annahme bestehen, dass die Bestellungs-/Änderungsvoraussetzungen für die in → Rn. 2 genannten Verfahren vorliegen. Das Vorliegen der entsprechenden Voraussetzungen muss glaubhaft erscheinen (Sternal/Giers FamFG Rn. 4). Auch bei der Bestellung eines vorläufigen Betreuers hat das Betreuungsgericht insbesondere bei Maßnahmen gegen den Willen des Betroffenen zu prüfen, ob es wahrscheinlich ist, dass der Betroffene seinen Willen nicht frei bestimmen kann (BayObLG FamRZ 1999, 1611; Sternal/Giers FamFG Rn. 4). Dringende Gründe für die Annahme eines konkreten Betreuungsbedarfs ergeben sich zB daraus, dass der Betroffene bei Einrichtung der Betreuung über keine Einkünfte verfügt und nicht krankenversichert ist (LG Bochum FamRZ 2010, 1471). 5

2. Sofortiges Tätigwerden (Abs. 1 Nr. 1 Hs. 2)

Die „gewöhnliche“ Eilbedürftigkeit im Sinne einer nicht gesteigerten Dringlichkeit wird in § 300 Abs. 1 Nr. 1 mit einem „dringenden Bedürfnis für ein sofortiges Tätigwerden“ beschrieben. Nach dem Willen des Gesetzgebers ist mit dieser abweichenden Formulierung eine inhaltliche Neuausrichtung im Vergleich zur bisherigen Regelung des § 69f Abs. 1 Nr. 1 FGG (mit dem Aufschub der Maßnahme wäre „Gefahr verbunden“) nicht gewollt (BT-Drs. 16/6308, 271). Mit dem Aufschub müsste somit aufgrund konkreter Umstände (BayObLG FamRZ 1999, 1611) eine **Gefahr für den Betroffenen** verbunden sein, deren Abwendung hinsichtlich der bestimmten Aufgabenbereiche (bei der Betreuerbestellung bzw. -änderung) keinen Aufschub duldet (OLG Schleswig BeckRS 2005, 02634), und die Entscheidung so dringlich macht, dass die bei einer Hauptsacheentscheidung erforderlichen zeitaufwendigen Verfahrensakte wie eine Gutachtenseinholung oder die Anhörungen der weiteren Beteiligten den zügigen Erlass der Entscheidung behindern (BeckOK FamFG/Günter Rn. 7). Die Gefahr muss in überschaubarer Zukunft **hinreichend wahrscheinlich** oder wegen der Unberechenbarkeit des Betroffenen zwar unvorhersehbar, aufgrund besonderer Umstände aber **jederzeit zu erwarten** sein (OLG Schleswig R + P 2006, 145). Dabei reicht nach dem Grundsatz der Verhältnismäßigkeit nicht irgendeine Gefahr aus. 6

Vielmehr rechtfertigt nur eine Gefahr eine einstweilige Anordnung, die bei Abwägung der zu erwartenden Nachteile für den Betroffenen bei Unterbleiben der Betreuungsmaßnahme mit den mit der Betreuungsmaßnahme verbundenen Einschränkungen des Betroffenen das sofortige Tätigwerden des Betreuungsgerichts erfordert. Ein sofortiges Tätigwerden des Gerichts ist zB dann notwendig, wenn ein **krisenhafter Verlauf** die Auswirkungen der Erkrankung für den Betroffenen verstärkt, so dass unverzüglich eine Behandlung eingeleitet werden muss oder dem Betroffenen erhebliche finanzielle Nachteile drohen (BeckOK FamFG/Günter Rn. 7). Trotz fehlender Krankheitseinsicht ist bei einem psychisch Kranken eine einstweilige Anordnung nicht erforderlich, wenn **konkrete Gefahren,** die keinen Aufschub dulden, nicht ersichtlich sind (OLG Oldenburg NdsRpfl 2003, 387). Bei einem **vorläufigen Einwilligungsvorbehalt** ist es nicht ausreichend, wenn zwar eine dem Vermögen drohende Gefahr nicht ausgeschlossen werden kann, jedoch konkrete Anhaltspunkte für eine Realisierung der potenziellen Gefahr fehlen (LG Marburg FamRZ 2005, 549). Zum Schutz des Betroffenen kann trotz Vorliegens einer General- und **Vorsorgevollmacht** ein vorläufiger Einwilligungsvorbehalt angeordnet werden, wenn die Wirksamkeit der Vollmacht wegen Zweifeln an der Geschäftsfähigkeit des Betroffenen unklar ist und die konkrete Gefahr besteht, dass ohne Einwilligungsvorbehalt vermögensrechtliche Transaktionen zum Nachteil des Betroffenen vorgenommen werden (BayObLG FamRZ 2004, 1814; LG Bielefeld FamRZ 2012, 1671 für **Betreuerbestellung**). Gegen einen Eilbedarf spricht der Umstand, dass die einstweilige Anordnung **nicht** sofort **vollzogen** wird (Zuwarten von einem Monat: OLG Köln FGPrax 2006, 232).

Diese Voraussetzungen nach Nr. 1 und 2 bedürfen keines vollen Beweises im Sinne des Strengbeweises; Glaubhaftmachung reicht aus (BayObLG BtPrax 2004, 159).

3. Ärztliches Zeugnis (Abs. 1 Nr. 2)

7 Dem Gericht muss ein ärztliches Zeugnis (zu den Anforderungen → § 281 Rn. 6, 7; Prütting/Helms/Fröschle FamFG Rn. 38) über den Zustand des Betroffenen vorliegen. Dabei ist aus dem Sinn der Regelung zu fordern, dass sich das ärztliche Zeugnis auch zur **Notwendigkeit der Betreuung** äußert (BT-Drs. 11/4528, 178) und sich nicht in einer Beschreibung des **Zustands** des Betroffenen erschöpfen kann. Aus dem ärztlichen Zeugnis müssen sich somit die **dringenden Gründe** ergeben, die eine sofortige Betreuerbestellung bzw. -änderung oder Anordnung eines Einwilligungsvorbehalts erforderlich machen. Das ärztliche Zeugnis sollte sich auch zum **Eilbedarf** und zur voraussichtlichen **Dauer** der vorläufigen Maßnahme äußern. Ein Gutachten wird jedoch nicht gefordert (zum Unterschied zwischen ärztlichem Zeugnis und Gutachten → FamFG § 281 Rn. 6, 7). Auch wenn das Gesetz als Aussteller „lediglich" einen Arzt vorsieht und eine Untersuchung durch den Arzt grundsätzlich nicht vorgeschrieben ist, so führt die Anwendung des § 26 dazu, dass regelmäßig – Ausnahmen sind denkbar (HK-BUR/Braun Rn. 28) – die Anforderungen des § 280 zu erfüllen sein werden (OLG Köln FGPrax 2006, 232), was die Qualifikation des Sachverständigen (OLG Zweibrücken BtPrax 2003, 80; → FamFG § 280 Rn. 4) und die Einhaltung seines Verfahrens (eigene Untersuchung und Befragung; → § 280 Rn. 6; Sternal/Giers FamFG Rn. 6) betrifft. Eine telefonische Befragung durch den Arzt ist nicht ausreichend (OLG Frankfurt a. M. FamRZ 2005, 303). In seltenen Ausnahmefällen können die Ermittlungen und die Sachkunde des Gerichts aufgrund seiner Erfah-

rung und die Eindeutigkeit des Sachverhalts dazu führen, dass für das Attest für die einstweilige Anordnung geringere Anforderungen ausreichen. So wird ausnahmsweise in dringenden Eilfällen das ärztliche Attest eines Allgemeinmediziners, nicht aber das eines Orthopäden, als ausreichend angesehen (Prütting/Helms/Fröschle FamFG § 281 Rn. 12). Aus einem sehr naheliegenden **praktischen** Bedürfnis heraus werden daher von den Richtern, vor allem in besonders eiligen Fällen, zumeist auch die – wesentlich schneller verfügbaren – **hausärztlichen** Atteste herangezogen. Diese müssen jedoch zumindest auf einer zeitnahen persönlichen Untersuchung beruhen (HK-BetreuungsR/Bučić Rn. 12). Grundsätzlich muss bei diesen jedoch die **ärztliche Schweigepflicht** des behandelnden Arztes beachtet werden, was zwar nicht zwingend einer Verwertbarkeit entgegensteht (→ § 280 Rn. 21; BGH BtPrax 2015, 239; FamRZ 2010, 1726; 2011, 1141; aA KG BtPrax 2007, 137; 2008, 38; FamRZ 2009, 1517), aber dennoch verfahrensrechtlich bedenklich ist. Unbedenklich ist die Verwertung jedenfalls dann, wenn die Erstellung bzw. die Verwertung des hausärztlichen Attests **strafrechtlich gerechtfertigt oder entschuldigt** ist, weil dem Betroffenen ansonsten Gefahr für Leib und Leben drohen würde. Auch sofern der Betroffene oder der Betreuer, dem die Gesundheitssorge übertragen wurde, den Arzt von der Schweigepflicht **entbindet** (was konkludent auch durch Vorlage des Attests geschehen kann), kann das Attest der einstweiligen Anordnung zugrunde gelegt werden.

4. Verfahrenspfleger (Abs. 1 Nr. 3)

Es muss vor Erlass der einstweiligen Anordnung ein Verfahrenspfleger bestellt sein, soweit dies nach § 276 erforderlich ist (vgl. hierzu → FamFG § 276 Rn. 2). Diesem muss vor Erlass der einstweiligen Anordnung rechtliches Gehör – ggf. schriftlich (Sternal/Giers FamFG Rn. 7) – gewährt werden, wenn nicht die Voraussetzungen des § 301 vorliegen. Eine Verfahrenspflegerbestellung ist ua erforderlich, wenn die Sprachkenntnisse des Betroffenen nicht ausreichen, um eine unbeeinträchtigte Wahrnehmung seiner Interessen zu gewährleisten (KG BtPrax 2008, 42). 8

5. Vorherige persönliche Anhörung des Betroffenen (Abs. 1 Nr. 4)

Vor Erlass der einstweiligen Anordnung (ohne gesteigerte Dringlichkeit) muss der **Betroffene persönlich angehört** werden, damit das Gericht eine ausreichende Grundlage für seine Entscheidung hat. Die Durchführung und der Umfang der persönlichen Anhörung ergeben sich aus § 278. Das Gericht muss sich insbesondere einen persönlichen Eindruck vom Betroffenen verschaffen und den Betroffenen vom Verfahrensverlauf unterrichten; wobei es auch gehalten ist, den Umfang der Betreuung und die Frage, welche Person als Betreuer in Betracht kommt, mit dem Betroffenen zu erörtern (§ 278 Abs. 2). Dem Gericht stehen gegen den nicht mitwirkungsbereiten Betroffenen die Zwangsmittel nach § 278 Abs. 5 (Vorführung) zur Verfügung (Sternal/Giers FamFG Rn. 9). Vgl. hierzu insgesamt die Kommentierung zu → § 278. Gleichwohl dürfte diese Vorschrift wegen der Eilbedürftigkeit der Entscheidung eher selten herangezogen werden, da insgesamt zu erwägen ist, ob eine einstweilige Anordnung nach § 301 – gesteigerte Dringlichkeit – in Betracht kommt 9

Die Anhörung kann abweichend zum Hauptverfahren durch den **ersuchten Richter** erfolgen. Das Rechtshilfeersuchen, den Betroffenen vor Anordnung einer vorläufigen Maßnahme persönlich anzuhören, darf grundsätzlich vom ersuchten Richter nicht abgelehnt werden (BayObLG NJOZ 2004, 2918; FamRZ 2000, 1444; 1998, 841). Soweit erhebliche Nachteile für die Gesundheit des Betroffenen zu befürchten sind oder, wenn er offensichtlich nicht in der Lage ist, seinen Willen kundzutun (§ 34 Abs. 2), kann von seiner persönlichen Anhörung abgesehen werden. In diesem Fall ist ihm ein Verfahrenspfleger zu bestellen (→ FamFG § 276 Rn. 5) und dieser ist nach Abs. 1 Nr. 3 anzuhören. Das Gebot der **vorherigen** persönlichen Anhörung des Betroffenen wird **verletzt,** wenn das Amtsgericht des Wohnsitzes des Betroffenen ohne Anhörung die geschlossene Unterbringung im Wege der einstweiligen Anordnung genehmigt und sich darauf beschränkt, das Amtsgericht, in dessen Bezirk die Unterbringung vollzogen werden soll, um die nachträgliche Anhörung des Betroffenen (§ 301) zu ersuchen, die dann erst nach neun Tagen durchgeführt wird (OLG Hamm BtPrax 2008, 37). Daraus würde streng genommen die Pflicht des Richters, einen mehrere hundert Kilometer entfernt untergebrachten Betroffenen selbst anzuhören, folgen. Dies kann jedoch nicht Sinn der Vorschrift sein, die ausdrücklich die Anhörung durch den ersuchten Richter – auch die nachträgliche nach § 301 –, die immer mit einer gewissen Zeitverzögerung verbunden ist, gestattet. Allerdings wird der ersuchende Richter – zB durch Übersendung eines Doppels des relevanten Teils der Akte per Telefax – für eine schnellstmögliche Übermittlung des Rechtshilfeersuchens an das ausführende Gericht sorgen müssen.

6. Weitere Beteiligte

10 Im Eilverfahren müssen weitere Personen wie zB die Angehörigen oder die Betreuungsbehörde nicht angehört werden. Im Einzelfall kann dies jedoch nach § 26 durch den Amtsermittlungsgrundsatz geboten sein. In der Regel bleibt jedoch die Beteiligung erforderlichenfalls dem Hauptsacheverfahren vorbehalten.

III. Entlassung eines Betreuers (Abs. 2)

11 Im Wege der einstweiligen Anordnung kann ein (vorläufiger) Betreuer entlassen werden, wenn

- eine **erhebliche Wahrscheinlichkeit** besteht, dass die Eignung des Betreuers, die Angelegenheiten des Betreuten zu besorgen, nicht mehr gewährleistet ist oder ein anderer wichtiger Grund für seine Entlassung vorliegt (§ 1868 BGB; das Vorliegen des Entlassgrundes muss glaubhaft erscheinen; Sternal/Giers FamFG Rn. 21) **und**
- ein dringendes Bedürfnis für ein **sofortiges Tätigwerden** besteht (mit dem Aufschub der Maßnahme wäre „Gefahr“ für den Betroffenen verbunden; → Rn. 6). Das ist zB der Fall, wenn der Betreuer eine Maßnahme ankündigt, vorbereitet oder fortzusetzen gedenkt, die mit einer Gefahr für die Person oder das Vermögen des Betroffenen verbunden ist und er auf andere Weise, insbesondere durch Aufsichtsmaßnahmen des Gerichts, nicht von seinem Vorhaben abgehalten werden kann (BT-Drs. 11/4528, 178). Es bedarf zusätzlich einer Feststellung, dass Aufsichtsmaßnahmen des Gerichts nicht ausreichend sind (Sternal/Giers FamFG Rn. 21). Allerdings kann dies nur gelten, wenn diese Feststellung ohne zeitliche Verzögerung getroffen werden kann. Ein Bedürfnis zum sofortigen Tätigwerden kann auch vorliegen, wenn der Betreuer

selbst psychisch krank und als Betreuer aus diesem Grund nicht geeignet ist **und**
- eine vorherige **Anhörung** des Betroffenen bzw. Verfahrenspflegers und des Betreuers stattgefunden hat, sofern dies vorher noch möglich ist und soweit dadurch nicht eine Zweckvereitelung der Maßnahme eintritt. Diese Notwendigkeit der vorherigen Anhörung ergibt sich nicht aus dem Besonderen Teil des FamFG, sondern aus §§ 26, 34 Abs. 1 iVm Art. 103 Abs. 1 GG. Ausnahmsweise ist bei Gefahr im Verzug auch ein **Absehen** von der vorherigen Anhörung möglich (vgl. § 301). In diesem Fall ist diese unverzüglich nachzuholen (Sternal/Giers FamFG Rn. 22).

Abs. 2 spricht nur von der vorläufigen **Entlassung** des Betreuers nach § 1868 BGB; gemeint ist auch die in der Regel damit verbundene **Neubestellung** eines vorläufigen Betreuers nach § 1869 BGB (so auch Sternal/Giers FamFG Rn. 24).

Da es sich um eine vorläufige Maßnahme handelt, muss danach das **endgültige** Entlass- und Neubestellungsverfahren nach § 296 mit den entsprechenden Verfahrensgarantien durchgeführt werden (vgl. BeckOK FamFG/Günter Rn. 14). Auch wenn schon ein vorläufiger Betreuer bestellt ist, muss die Auswahlentscheidung nach § 1816 BGB im Rahmen der Hauptsacheentscheidung nachgeholt werden (Sternal/Giers FamFG Rn. 24). Für die nachzuholende Anhörung gilt das zu § 296 Gesagte (→ FamFG § 296 Rn. 2, 6). Soweit die Auffassung vertreten wird, bei der Entlassung nach Abs. 2 handele es sich um eine endgültige (Jox/Fröschle Rn. 16), ist dem nicht zuzustimmen. Für eine solche Beschränkung besteht keinerlei Bedarf. So sind Fälle denkbar, in denen sich im nachträglichen Überprüfungsverfahren herausstellt, dass die Entlassung nicht gerechtfertigt war. Die im Wege der einstweiligen Anordnung ausgesprochene Entlassung des Betreuers hat einen vorläufigen Charakter in dem Sinne, dass sie gem. § 56 Abs. 1 außer Kraft tritt, wenn im Hauptsacheverfahren eine abweichende Sachentscheidung getroffen wird. Durch eine nachfolgende Entscheidung in der Hauptsache, durch die eine Entlassung des Betreuers abgelehnt wird, gelangt dieser automatisch wieder in sein Amt und der Nachfolgebetreuer muss seinerseits ohne Rücksicht darauf, ob in seiner Person ein Entlassungsgrund nach § 1868 BGB besteht, entlassen werden (Sternal/Giers FamFG Rn. 24).

IV. Entscheidung des Gerichts

Die **örtliche** Zuständigkeit ergibt sich aus § 272 Abs. 1 und daneben auch aus § 272 Abs. 2 (vgl. Kommentierung zu § 272). Funktional ergibt sich die gerichtsinterne Zuständigkeit (Richter oder Rechtspfleger) nach den Hauptsachezuständigkeiten. Grundsätzlich entscheidet das **Amtsgericht,** Betreuungsgericht. Ist das Hauptsacheverfahren in der Beschwerdeinstanz anhängig, entscheidet das Landgericht insoweit als Beschwerdegericht (Prütting/Helms/Fröschle FamFG Rn. 24). 12

Die Entscheidung ergeht nach § 286 durch zu begründenden Beschluss (§ 38 Abs. 3) ohne Kostenentscheidung (vgl. zum Inhalt und der Form die Kommentierung zu § 286).

Zweckmäßigerweise sollte die **sofortige Wirksamkeit** angeordnet werden (§ 287 Abs. 2). Der Beschluss wird regelmäßig nach §§ 40, 287 Abs. 1 mit Bekanntgabe an den Betreuer wirksam, es sei denn, es wurde die sofortige Wirksamkeit angeordnet (§ 287 Abs. 2). Dann wird die Entscheidung mit Übergabe auf die Geschäftsstelle wirksam oder wenn sie dem Betroffenen oder dem Verfahrenspfleger bekannt gegeben wird. Die Bekanntgabe richtet sich nach §§ 41, 288 (vgl. die Kommentierung zu → FamFG § 288). Nach § 55 kann ggf. die sofortige Vollziehbarkeit von dem Gericht, welches die einstweilige Anordnung erließ, ausgesetzt werden, wenn gegen den anordnenden Beschluss Beschwerde eingelegt ist (BeckOK FamFG/Günter Rn. 15).

Die einstweilige Anordnung kann nach § 54 Abs. 1 abgeändert werden; nicht jedoch nach Einlegung eines Rechtsmittels (§ 54 Abs. 4). Die sich an die einstweilige Anordnung anschließende Hauptsacheentscheidung ersetzt die vorläufige Maßnahme vollständig (§ 56 Abs. 1), auch wenn die Aufgabenbereiche der vorläufigen und der endgültigen Betreuung nicht übereinstimmen (Sternal/Giers FamFG Rn. 15).

Zur Vorgehensweise des nur nach § 272 Abs. 2 zuständigen Eilgerichts nach Erlass der einstweiligen Anordnung und zum Umfang der vom Eilgericht vor der Abgabe durchzuführenden Tätigkeiten → FamFG § 272 Rn. 8.

V. Rechtsmittel

13 – Bei Bestellung eines vorläufigen **Betreuers** bzw. Aufgabenkreiserweiterung sowie bei Ablehnung einer solchen einstweiligen Anordnung: befristete **Beschwerde** nach § 58 Abs. 1;
– Im Falle der **Entlassung** und der Ablehnung der Entlassung eines Betreuers: befristete **Beschwerde** nach § 58 Abs. 1;
– Bei Anordnung eines vorläufigen **Einwilligungsvorbehalts** bzw. Erweiterung des Kreises der einwilligungsbedürftigen Willenserklärungen sowie bei Ablehnung solcher Maßnahmen: befristete **Beschwerde** nach § 58 Abs. 1.

Zu beachten ist jeweils, dass die **Beschwerdefrist** bei **Erlass** ebenso wie bei Ablehnung der einstweiligen Anordnung nach § 63 Abs. 2 Nr. 1 **zwei Wochen** beträgt (OLG Frankfurt a. M. NJW 2012, 3250; OLG Zweibrücken FGPrax 2011, 50; Sternal/Giers FamFG Rn. 16).

Nach § 70 Abs. 4 ist die Rechtsbeschwerde ebenso wie die Sprungrechtbeschwerde (§ 75) ausgeschlossen.

VI. Einstweilige Anordnung nach § 1867 BGB

14 Auch **ohne** Bestehen eines Betreuungsverhältnisses kann – durch das Betreuungsgericht selbst – eine einstweilige Maßnahme nach § 1867 BGB getroffen werden; ebenso, wenn ein Betreuer kurzfristig verhindert oder **nicht erreichbar** ist. Da für Unterbringungsverfahren, die aufgrund des § 1867 BGB ergehen, die Sondervorschrift der §§ 331–333 gilt und §§ 300, 301 einen weiten Kreis von Dringlichkeitsfällen abdecken, bleiben als Anwendungsbereich dieser Vorschrift nur kurzfristig zu regelnde, ganz besondere Ausnahmefälle. In diesem Fall hat das Gericht, falls noch kein Betreuer bestellt ist, unverzüglich einen vorläufigen Betreuer zu bestellen, der die betreuungsgerichtliche Maßnahme durch eine eigene ersetzt (BGH BtPrax 2002, 162; OLG München BeckRS 2005, 10402). In diesen Fällen finden nicht die Vorschriften der §§ 300, 301, sondern die Vorschriften aus dem **Allgemeinen Teil** zur einstweiligen Anordnung Anwendung: einstweilige Anordnung mit Regelungscharakter im Sinne des § 49 Abs. 2 S. 1 Alt. 2. (§§ 49–57; BeckOK FamFG/Günter Rn. 4: Entscheidung ergeht auf der

Grundlage der §§ 300 ff.). So ist insbesondere keine vorherige persönliche Anhörung vorgesehen (§ 51 Abs. 2 S. 2); diese kann jedoch nach § 26 geboten sein.

Zur vorläufigen Unterbringung durch das Betreuungsgericht selbst → § 334 Rn. 2 ff.

VII. Beschlussformel

Bestellung eines vorläufigen Betreuers: **15**

„Im Wege der einstweiligen Anordnung wird für …… Herr/Frau …… zum vorläufigen Betreuer – ggf. als Vereinsbetreuer/als Behördenbetreuer/als beruflicher Betreuer – bis zum …… bestellt. Der Aufgabenkreis des vorläufigen Betreuers/der vorläufigen Betreuerin umfasst folgende/n Aufgabenbereich/e: …… In der Regel: Die Entscheidung ist sofort wirksam."

Aufhebung/Verlängerung s. → Rn. 2 aE:

„Im Wege der einstweiligen Anordnung wird die Betreuung vorläufig verlängert (bzw. aufgehoben). Bei Verlängerung: Diese Maßnahme ist bis zum …… befristet. In der Regel: Die Entscheidung ist sofort wirksam."

Erweiterung/Einschränkung:

„Im Wege der einstweiligen Anordnung wird die Betreuung vorläufig eingeschränkt (bzw. erweitert). Zum Aufgabenkreis des Betreuers gehört künftig nicht mehr (bzw. auch) der Aufgabenbereich/die Aufgabenbereiche: …… Diese Maßnahme ist bis zum …… befristet. In der Regel: Die Entscheidung ist sofort wirksam."

Betreuerentlassung/Neubestellung:

„Im Wege der einstweiligen Anordnung wird der bisherige Betreuer…… vorläufig entlassen und für ihn/sie Herr/Frau …… zum vorläufigen Betreuer – ggf. als Vereinsbetreuer/als Behördenbetreuer/als beruflicher Betreuer – bis zum …… bestellt. In der Regel: Die Entscheidung ist sofort wirksam."

§ 301 Einstweilige Anordnung bei gesteigerter Dringlichkeit

(1) [1]**Bei Gefahr im Verzug kann das Gericht eine einstweilige Anordnung nach § 300 bereits vor der persönlichen Anhörung des Betroffenen sowie vor Anhörung und Bestellung des Verfahrenspflegers erlassen.** [2]**Diese Verfahrenshandlungen sind unverzüglich nachzuholen.**

(2) **Das Gericht ist bei Gefahr im Verzug bei der Auswahl des Betreuers nicht an § 1816 Absatz 2 und 3 des Bürgerlichen Gesetzbuchs gebunden.**

I. Anwendungsbereich

§ 301 regelt die „eilige einstweilige Anordnung", die in Fällen **gesteigerter Dringlichkeit** (→ FamFG § 300 Rn. 3) unter erleichterten Voraussetzungen erlassen werden kann. Mit dem Begriff der gesteigerten Dringlichkeit (anstatt der zuvor von Literatur und Rechtsprechung so genannten „eiligen einstweiligen Anordnung") wollte der Gesetzgeber lediglich die Übersichtlichkeit des Gesetzes ohne inhaltliche Änderung erhöhen (BT-Drs. 16/6308, 271). Die einstweilige Anordnung nach § 301 ist ein Unterfall derjenigen nach § 300, so dass auch dann, **1** wenn der Gesetzgeber von einer einstweiligen Anordnung nach § 300 spricht (zB in § 272 Abs. 2), immer auch die einstweilige Anordnung nach § 301 gemeint ist.

Das einstweilige Anordnungsverfahren ist, wie das Hauptsacheverfahren, ein selbstständiges Verfahren (→ FamFG § 300 Rn. 1). Vgl. zu den betroffenen Verfahren → FamFG § 300 Rn. 2.

II. Voraussetzungen einer einstweiligen Anordnung bei gesteigerter Dringlichkeit:

1. Voraussetzungen nach § 300

2 Zunächst müssen folgende, in § 300 bereits genannte, Voraussetzungen vorliegen:
- **Voraussichtlicher Handlungsbedarf** (§ 300 Abs. 1 Nr. 1 Hs. 1) → § 300 Rn. 5.
- **Sofortiges Tätigwerden** (Abs. 1 Nr. 1 Hs. 2) → § 300 Rn. 6.
- **Ärztliches Zeugnis** (§ 300 Abs. 1 Nr. 2) → FamFG § 300 Rn. 7; **unverzichtbar** ist auch bei höchster Dringlichkeit das Votum eines Arztes.

2. Gesteigerte Dringlichkeit nach § 301

3 Eine einstweilige Anordnung bei gesteigerter Dringlichkeit darf nur ergehen, wenn im Hinblick auf die **drohenden erheblichen Nachteile** für den Betroffenen von der vorherigen Vornahme bestimmter Verfahrenshandlungen abgesehen werden muss. Wenn also die vorherige Anhörung des Betroffenen und/oder die Verfahrenspflegerbestellung bzw. -anhörung nach § 300 Abs. 1 Nr. 3 und Nr. 4 wegen der mit der Durchführung dieser Handlungen unweigerlich verbundenen **zeitlichen Verzögerung** der Eilentscheidung zur (weiteren) **Gefährdung** des Betroffenen führen würde, kann auf diese Verfahrenshandlungen (vorerst) verzichtet werden. Der Erlass der einstweiligen Anordnung muss zur Abwendung einer nachhaltigen Gefährdung des Betroffenen so dringend erforderlich sein, dass nicht einmal die Durchführung einer persönlichen Anhörung des Betroffenen und die Bestellung und die Anhörung eines Verfahrenspflegers abgewartet werden kann (Sternal/Giers FamFG Rn. 2).

3. Zeitliche Verschiebung der Verfahrenshandlungen

4 § 301 schränkt bei Gefahr im Verzuge die Verfahrensgarantien ein. Unter den in → Rn. 2 und 3 genannten Voraussetzungen können vor der Eilentscheidung sowohl die Anhörung des Betroffenen (→ FamFG § 300 Rn. 9) als auch die vorherige Bestellung des Verfahrenspflegers sowie dessen Anhörung (→ FamFG § 300 Rn. 8) unterbleiben. Das Unterlassen der vorherigen Anhörung ist im Beschluss durch **konkrete** Tatsachen **zu begründen.** Die Formulierung im Beschluss, die Anhörung des Betroffenen sei „wegen der Eilbedürftigkeit vor Erlass der Entscheidung nicht möglich", ist nicht ausreichend (OLG München BeckRS 2005, 12822).

Wurde von der Durchführung bestimmter Verfahrenshandlungen abgesehen, sind diese, soweit sie nicht ausnahmsweise entbehrlich sind, **unverzüglich** (BVerfG BtPrax 2016, 145; 2015, 195) – das heißt ohne schuldhaftes Zögern (BVerfG BtPrax 2015, 195; weniger eilige Dienstgeschäfte sind zurückzustellen, BVerfG NJW 1982, 691) – nachzuholen. Der Gesetzgeber verzichtet damit nicht auf die in Art. 103 Abs. 1 GG verfassungsrechtlich garantierten Rechte des Betroffenen; er **verschiebt** sie nur zeitlich. Hier macht es bei Heranziehung des Art. 104 Abs. 3 GG einen Unterschied, ob mit der einstweiligen Anordnung eine Unterbringung verbunden ist. In **Betreuungssachen** ist die Anhörung so rasch wie möglich und in jedem Fall nachzuholen, bevor nach Eingang einer Beschwerde über die Abhilfe entschieden und die Sache dem Landgericht vorgelegt wird (OLG Frankfurt a. M. FamRZ 2003, 964). Die zeitliche Spanne dürfte weniger kurz bemessen sein als im Unterbringungsrecht (BeckOK FamFG/Günter Rn. 5).

Im Fall der **Unterbringung** wird die Auffassung vertreten, dass die Anhörung spätestens am Tag nach dem Beginn der Unterbringung nachzuholen ist (vgl. hierzu → FamFG § 332 Rn. 3; LG Kleve BeckRS 2009, 09685). Nach anderer Ansicht kann bei Unterbringungen ggf. bis zum nächsten Werktag zugewartet werden (BayObLG FamRZ 2001, 578). Nach Auffassung des BVerfG hat die Nachholung der Anhörung jedenfalls so bald als möglich zu erfolgen (BVerfG FamRZ 2007, 1627). Fünf Tage sind zu lange (KG BtPrax 2008, 38). Neun Tage sind auch dann zu lange, wenn die Zeitverzögerung durch die Versendung der Akte im Wege der Rechtshilfe verursacht wird (OLG Hamm BtPrax 2008, 37).

Die Missachtung dieser Verfahrensgarantie zwingt zur **Aufhebung** der Entscheidung, weil ansonsten die Einhaltung der elementaren Verfahrensrechte des Betreuten nicht ausreichend gewährleistet ist. Eine nicht (unverzüglich) nachgeholte Anhörung macht die Entscheidung nicht unwirksam aber anfechtbar.

4. Weitere Verfahrenserleichterungen

Können die entsprechenden Verfahrenshandlungen nicht vorher durchgeführt **5**
werden (gemeint sind damit nicht nur die des Abs. 1, sondern auch – nach Sinn und Zweck dieser Vorschrift – eine Auswahl des Betreuers entsprechend den Grundsätzen des § 1816 BGB), sieht Abs. 2 Erleichterungen für die Auswahl des vorläufigen Betreuers im Hinblick auf Vorschläge des Betroffenen (§ 1816 Abs. 2 BGB) unter Berücksichtigung bestimmter Bindungen des Betroffenen vor (§ 1816 Abs. 3 BGB; vgl. LG Regensburg FamRZ 1993, 597). Das Gericht ist im Laufe des einstweiligen Anordnungsverfahrens nicht verpflichtet, bei einer nach Abs. 2 abweichend zu § 1816 Abs. 2 oder 3 BGB getroffenen Bestellung eines vorläufigen Betreuers nach Wegfall der Gefahr im Verzug den Prüfungsmaßstab für dessen Auswahl zu ändern (BayObLG BtPrax 2004, 111; Sternal/Giers FamFG Rn. 7). Dies ist erst bei der Hauptsacheentscheidung erforderlich.

III. Rechtsmittel

Vgl. → FamFG § 300 Rn. 13. **6**

Die Entscheidung des OLG Zweibrücken (Familiensenat), dass bei der Genehmigung der mit Freiheitsentziehung verbundenen Unterbringung die Beschwerde des Untergebrachten nicht bereits gegen eine ohne seine persönliche Anhörung erlassene „eilige einstweilige Anordnung" nach § 301, sondern erst gegen die auf die nachgeholte Anhörung ergehende Entscheidung nach § 300 statthaft sein soll (OLG Zweibrücken FamRZ 2012, 575), ist für betreuungsrechtliche einstweilige Anordnungen nicht einschlägig. Die Entscheidung wird mit § 57 begründet, der zB in Familiensachen eine Beschwerdemöglichkeit für einstweilige Anordnungen ausschließt. Diese Norm gilt jedoch für das Betreuungsrecht nicht (Bumiller/Harders/Schwamb FamFG § 302 Rn. 6).

§ 302 Dauer der einstweiligen Anordnung

[1]Eine einstweilige Anordnung tritt, sofern das Gericht keinen früheren Zeitpunkt bestimmt, nach sechs Monaten außer Kraft. [2]Sie kann jeweils nach Anhörung eines Sachverständigen durch weitere einstweilige Anordnungen bis zu einer Gesamtdauer von einem Jahr verlängert werden.

I. Anwendungsbereich

1 Vgl. zu den betroffenen Verfahren → FamFG § 300 Rn. 2.

II. Dauer der einstweiligen Anordnung (Abs. 2)

1. Anordnungsdauer

2 Die einstweilige Anordnung bzgl. Betreuerbestellung und Anordnung eines Einwilligungsvorbehalts usw (vgl. zu den betroffenen Verfahren → § 300 Rn. 2) tritt – gerechnet ab ihrem Wirksamwerden (vgl. § 287; Sternal/Giers FamFG Rn. 2) – nach spätestens **sechs Monaten** außer Kraft. In § 302 ist ausdrücklich geregelt, dass die einstweilige Anordnung nach einer bestimmten Höchstdauer außer Kraft tritt, auch wenn das Gericht keine Höchstdauer festgelegt hat (Prütting/Helms/Fröschle FamFG Rn. 6). Falls eine kürzere Dauer als sechs Monate angeordnet ist, dann tritt die Eilentscheidung vorher außer Kraft. Das Gleiche gilt, wenn sie vorher aufgehoben wird (§ 48) oder die Hauptsacheentscheidung wirksam wird (OLG Karlsruhe FamRZ 1998, 568; Prütting/Helms/Fröschle FamFG Rn. 4), die die vorläufige Entscheidung ersetzt (§ 56 Abs. 1). Diese ausdrückliche Bestimmung der Beendigung ist erforderlich, denn eine einstweilige Anordnung würde in diesen Verfahren sonst gemäß § 56 Abs. 1 bis zum Wirksamwerden einer anderen Regelung gelten. Da der Erlass einer einstweiligen Anordnung in Betreuungssachen jedoch unter erleichterten Voraussetzungen möglich ist, soll das Gericht nach einer bestimmten Zeit aufgrund erneuter Prüfung gezwungen sein, eine neue Entscheidung zu erlassen (BT-Drs. 16/6308, 608). Vor dem Außerkrafttreten aufgrund Fristerreichung oder Erreichen der Höchstdauer endet die vorläufige Betreuung nur durch eine ausdrückliche gerichtliche Entscheidung gemäß § 1871 BGB oder durch den Tod des Betroffenen (BGH BtPrax 2016, 75; 2012, 62). Aus der zeitlichen Befristung einer vorläufigen Betreuung folgt, dass auch eine eventuell angeordnete **Ergänzungsbetreuung** mit dem Ablauf der für die vorläufige Betreuung bestimmten Frist enden muss, so dass im Rahmen einer vorläufigen Betreuung nur eine vorläufige Ergänzungsbetreuung angeordnet werden kann (BGH BtPrax 2020, 66).

Einer Aufhebung der einstweiligen Anordnung eines **Einwilligungsvorbehalts** bedarf es allerdings, wenn im Anschluss auf die einstweilige Maßnahme ein endgültiger Einwilligungsvorbehalt angeordnet wird. Diese einstweilige Anordnung kann auch danach noch angefochten werden und es tritt keine Erledigung ein. Dies folgt aus dem Interesse des Betroffenen, die einstweilige Anordnung beseitigt zu sehen, weil damit rückwirkend die mit dem Einwilligungsvorbehalt verbundenen Beschränkungen entfallen und von ihm oder ihm gegenüber vorgenommene Rechtsgeschäfte wirksam bleiben (vgl. → FamFG § 306; s. auch BayObLG FamRZ 2004, 1814).

2. Verlängerung

3 Die Verlängerung ist (möglicherweise mehrmals) bis zu einer Gesamtdauer von **einem Jahr** zulässig. Der Gesamtzeitraum ist mit Beginn der Frist, die durch die erstmalige einstweilige Anordnung festgesetzt wurde, zu berechnen (Sternal/Giers FamFG Rn. 3). Bei der Verlängerung muss eine Höchstdauer angegeben werden, damit die zulässige Gesamtdauer nicht überschritten wird. Fehlt eine Festsetzung der Dauer, ist die Verlängerung unwirksam, wenn sie nicht ergänzt wird (Prütting/Helms/Fröschle FamFG Rn. 10). Die Auffassung des Amtsgerichts Gießen (AG Gießen BeckRS 2018, 25348), dass im Einzelfall die vorläufige Betreuung auch über ein Jahr hinaus angeordnet werden kann, wenn nach Ablauf eines Jahres noch keine Hauptsacheentscheidung getroffen werden kann, ist bedenklich, da sie dem eindeutigen gesetzlichen Wortlaut zuwiderläuft. Wenn es dem Gericht, aus welchen Gesichtspunkten auch immer, nach einem Jahr noch nicht gelungen ist, über die Hauptsache zu entscheiden, muss ein Ende der vorläufigen Betreuung hingenommen werden.

Die Verlängerung erfolgt im Rahmen eines erneuten Verfahrens nach § 300 (neue einstweilige Anordnung; Prütting/Helms/Fröschle FamFG Rn. 11) mit der Maßgabe, dass statt des ärztlichen Zeugnisses nunmehr die **Anhörung eines Sachverständigen** erforderlich ist, auch wenn die erste einstweilige Anordnung nicht für sechs Monate angeordnet war (Prütting/Helms/Fröschle FamFG Rn. 13). Der Sachverständige hat die Voraussetzungen der Notwendigkeit des Fortbestehens einer einstweiligen Anordnung darzutun. Der anzuhörende Sachverständige muss über die in § 280 Abs. 1 geforderte Qualifikation (Arzt für Psychiatrie oder mit Erfahrung auf dem Gebiet der Psychiatrie) verfügen. Die Form der Anhörung des Sachverständigen ist nicht vorgeschrieben und richtet sich nach § 26. Sie muss dem Umstand Rechnung tragen, dass bereits sechs Monate verstrichen sind und kann daher nicht fernmündlich oder ohne persönliche Untersuchung erfolgen.

Nicht geregelt ist die Frage, ob und wann nach Ablauf der Höchstdauer (nach einer Unterbrechung der Unterbringung) wieder eine einstweilige Anordnung ergehen kann. Ist die Höchstdauer ausgeschöpft, ist eine Betreuerbestellung in **derselben Angelegenheit** nicht mehr durch einstweilige Anordnung möglich (LG Lübeck BtPrax 2015, 119 für Unterbringungen). Maßgebend für die Beurteilung als dieselbe Angelegenheit ist, ob nach Beendigung der vorangegangenen Maßnahme eine neue Sachlage eingetreten ist. Um dieselbe Angelegenheit handelt es sich damit, wenn das Krankheitsbild der betroffenen Person im Wesentlichen unverändert geblieben ist (MüKoFamFG/Schmidt-Recla § 333 Rn. 5). Eine abweichende Bewertung ist jedoch bei einer schubförmig verlaufenden Erkrankung bei einem Abklingen der Symptome geboten, wenn nach einer zeitlich zurückliegenden einstweiligen Anordnung eine erneute Exacerbation auftritt, die eine weitere einstweilige Maßnahme erforderlich werden lässt (Sternal/Giers FamFG § 333 Rn. 5).

3. Tätigkeiten des Betreuers nach Fristablauf

Ungeachtet dessen, dass der Betroffene in der Zeit nach Ablauf der **vorläufigen** Betreuung bis zum Wirksamwerden der Bestellung des **endgültigen** Betreuers 4 ohne gesetzlichen Vertreter ist, kann für eine Tätigkeit im Zeitraum nach Ablauf der Befristung einer vorläufigen Betreuerbestellung bis zum Wirksamwerden der endgültigen Betreuerbestellung eine **Betreuervergütung nicht** festgesetzt werden, da Gegenstand eines Festsetzungsverfahrens nur Ansprüche auf Aufwendungsersatz und Vergütung für eine Betreuertätigkeit **nach Wirksamwerden** der Betreuerbestellung sein können (→ FamFG § 292 Rn. 11; BGH BtPrax 2016, 200; Sternal/Giers FamFG Rn. 5).

§ 303 Ergänzende Vorschriften über die Beschwerde

(1) **Das Recht der Beschwerde steht der zuständigen Behörde gegen Entscheidungen über**
1. die Bestellung eines Betreuers oder die Anordnung eines Einwilligungsvorbehalts,
2. Umfang, Inhalt oder Bestand einer in Nummer 1 genannten Maßnahme
zu.

(2) **Das Recht der Beschwerde gegen eine von Amts wegen ergangene Entscheidung steht im Interesse des Betroffenen**
1. dessen Ehegatten oder Lebenspartner, wenn die Ehegatten oder Lebenspartner nicht dauernd getrennt leben, sowie den Eltern, Großeltern, Pflegeeltern, Abkömmlingen und Geschwistern des Betroffenen sowie
2. einer Person seines Vertrauens
zu, wenn sie im ersten Rechtszug beteiligt worden sind.

(3) **Das Recht der Beschwerde steht dem Verfahrenspfleger zu.**

(4) [1]**Der Betreuer oder der Vorsorgebevollmächtigte kann gegen eine Entscheidung, die seinen Aufgabenkreis betrifft, auch im Namen des Betroffenen Beschwerde einlegen.** [2]**Führen mehrere Betreuer oder Vorsorgebevollmächtigte ihr Amt gemeinschaftlich, kann jeder von ihnen für den Betroffenen selbständig Beschwerde einlegen.**

I. Anwendungsbereich

1 § 303 enthält **Sonderregelungen** über die **Beschwerdebefugnis** in **Betreuungssachen** und ergänzt und erweitert damit die Regelungen des Allgemeinen Teils über die Beschwerdeberechtigung insbesondere nach § 59 Abs. 1.

Während die Vorschrift des § 59 Abs. 1 ausschließlich die Beschwerdebefugnis bei Verletzung **eigener** Rechte betrifft, wird in §§ 303, 304 das Beschwerderecht vorrangig unter dem Aspekt der Verfahrensstellung als **Beteiligter** oder als möglicher Beteiligter (wie zB bei der Behörde) nach § 274 **ohne zwingende eigene Betroffenheit** geregelt (→ FamFG § 59 Rn. 1). Eine Beschwerdeberechtigung kann sich daher sowohl aus § 59 als auch aus §§ 303, 304 ergeben. Das – erweiterte – Beschwerderecht in Unterbringungssachen ist entsprechend dem § 303 in § 335 geregelt.

Das Beschwerderecht des **Betroffenen** wird in § 303 nicht noch einmal genannt, weil sich dieses bereits aus § 59 Abs. 1 ergibt (→ FamFG § 59 Rn. 5).

II. Beschwerderecht der Behörde (Abs. 1)

1. Vergleich zur früheren Rechtslage

Der zuständigen Behörde wird auch nach § 303 Abs. 1 **ohne eigene Betroffenheit** bei den Entscheidungen des Betreuungsgerichts, die in Nr. 1 und 2 aufgezählt sind, eine Beschwerdebefugnis eingeräumt. Ihr steht damit ein Beschwerderecht auch gegen den Willen des Betroffenen zu. Die Betreuungsbehörde hat insbesondere auch ein Beschwerderecht bei Betreuerbestellung auf Antrag des Betroffenen oder bei Entlassung des bisherigen Betreuers (→ Rn. 3; BT-Drs. 16/6308, 265). 2

Die Betreuungsbehörde hat – **unabhängig** von Abs. 1 – ein Beschwerderecht nach § 59 Abs. 1, wenn sie in ihren subjektiven Rechten verletzt ist (→ FamFG § 59 Rn. 16).

2. Betroffene Entscheidungen (Abs. 1)

Die Betreuungsbehörde hat ungeachtet eigener Betroffenheit ein Beschwerderecht, sofern es um die Betreuerbestellung oder die Anordnung eines Einwilligungsvorbehalts bzw. um deren Umfang, Inhalt oder Bestand geht. Die Beschwerdebefugnis der Behörde besteht **nicht** bei Entscheidungen über eine Genehmigung einzelner Erklärungen des Betreuers nach § 298 über die Erteilung, Verweigerung oder den Widerruf der Einwilligung in ärztliche Behandlungsmaßnahmen (→ FamFG § 298 Rn. 11). 3

Beschwerdeberechtigt ist die Behörde ua bei folgenden gerichtlichen Entscheidungen (→ FamFG § 274 Rn. 8–9):

- **Bestellung** eines Betreuers (§ 1814 BGB), ebenso eines vorläufigen Betreuers durch einstweilige Anordnung (BayObLG FamRZ 2004, 978), auch auf Antrag des Betroffenen,
- Bestellung eines neuen Betreuers (§ 1869 BGB),
- Bestellung eines weiteren Betreuers,
- **Entlassung** eines Betreuers (§ 1868 BGB; vgl. BT-Drs. 16/6308, 265),
- **Erweiterung des Aufgabenkreises** des Betreuers (§ 1871 Abs. 3 BGB),
- Ablehnung der Bestellung eines Betreuers (§ 1814 BGB),
- Aufhebung der Betreuung (§ 1871 Abs. 1 BGB),
- **Einschränkung des Aufgabenkreises** des Betreuers (§ 1871 Abs. 1 BGB),
- Anordnung oder Ablehnung eines **Einwilligungsvorbehalts** (§ 1825 BGB), auch eines vorläufigen Einwilligungsvorbehalts durch einstweilige Anordnung,
- Erweiterung oder Einschränkung des Kreises der einwilligungsbedürftigen Aufgaben (§ 1871 Abs. 4, 3, 1 BGB),
- Aufhebung eines Einwilligungsvorbehalts (§ 1871 Abs. 4, 1 BGB).

Die **Auswahl** des Betreuers ist, nach dem Grundsatz der Einheitsentscheidung, notwendiger Bestandteil der Betreuerbestellung. Die Beschwerde muss sich gegen die Betreuerbestellung an sich richten (§§ 58, 59, 303; OLG Hamm FamRZ 1989, 986; BayObLG FamRZ 1993, 602; OLG Schleswig BtPrax 1994, 175). Die Beschwerde kann jedoch auf die **Auswahl des Betreuers** beschränkt werden (BGH BtPrax 2011, 34). Macht die Betreuungsbehörde von dieser **Beschränkungsmöglichkeit** Gebrauch und wendet sie sich damit nicht mehr gegen die unselbstständige Betreuerbestellung, so verliert sie damit nicht etwa ihr Beschwerderecht, das sich nach wie vor gegen die Betreuerbestellung iSd Gesetzes richtet.

Von der Gesetzestechnik her wäre eine solche Einschränkung des Beschwerderechts besonders auszusprechen gewesen. Im Hinblick auf die Erweiterung des beschwerdeberechtigten Personenkreises und im Hinblick auf ihre besondere Bedeutung in Betreuungssachen wäre es unverständlich, wenn einerseits, unabhängig von einem Eigeninteresse, ein eigenes Beschwerderecht eingeräumt wird, welches andererseits dann wieder eingeschränkt werden soll, wenn Auswahlinteressen, die in § 1816 BGB ihren besonderen Niederschlag gefunden haben, gerade unberücksichtigt bleiben sollen (BGH FGPrax 1996, 107; OLG Düsseldorf FamRZ 1994, 451; OLG Hamm FamRZ 1996, 1372). Die Feststellung der **berufsmäßigen** Führung der Betreuung kann – wie bei der Staatskasse (→ FamFG § 304 Rn. 2) – isolierter Gegenstand einer Beschwerde sein (anders bei der entsprechenden Feststellung beim Verfahrenspfleger; BGH BtPrax 2013, 207; → FamFG § 304 Rn. 2). Die Beschwerdebefugnis der Betreuungsbehörde gem. Abs. 1 umfasst auch das Recht, die **Auswahlentscheidung** der Vorinstanz mit dem Ziel angreifen zu können, die Tätigkeitsaufnahme der ausgewählten Person speziell in ihrer Eigenschaft als beruflicher Betreuer zu verhindern (OLG Hamm BtPrax 2006, 187).

Der Antrag auf Aufhebung der Betreuung enthält auch den Antrag auf **Entlassung** des Betreuers. Deshalb umfasst die Beschwerdeberechtigung der Behörde auch einen Hilfsantrag auf Entlassung des Betreuers (BayObLG FamRZ 1994, 324 für nahe Angehörige).

Die Behörde hat kein geschütztes Recht auf Feststellung der Rechtswidrigkeit nach **Erledigung** der Hauptsache der Beschwerde nach § 62 (BGH BtPrax 2014, 274; → FamFG § 62 Rn. 3).

Wenn ein Mitarbeiter einer Betreuungsbehörde nicht im Namen der Betreuungsbehörde, sondern in eigenem Namen Beschwerde einlegt (etwa, weil seiner Anregung auf Einrichtung einer Betreuung nicht gefolgt wurde), ergibt sich sein Beschwerderecht nicht aus Abs. 1 Nr. 1 (BGH BtPrax 2023, 24). Die Beschwerde muss im Namen der Behörde eingelegt werden.

III. Beschwerderecht naher Angehöriger und Vertrauenspersonen (Abs. 2)

1. Vergleich zur früheren Rechtslage

4 Nach dem früher geltenden § 69g Abs. 1 FGG konnten die nahen Angehörigen nur bei bestimmten betreuungsgerichtlichen Entscheidungen Beschwerde einlegen. Dies hat sich geändert. Nach § 303 Abs. 2 Nr. 1 können die dort genannten Angehörigen (nach Nr. 2 auch die Vertrauensperson) **ohne eigene Betroffenheit** gegen betreuungsgerichtliche Entscheidungen nach Abs. 1 – also gegen jede Entscheidung, gegen die auch eine Behörde Beschwerde einlegen könnte – im **Amtsverfahren** Beschwerde einlegen, wenn die unter → Rn. 5 genannten weiteren Voraussetzungen vorliegen (LG Stuttgart FamRZ 2011, 1091). Die Beschwerdebefugnis von Angehörigen bezieht sich somit zB nicht auf die Entscheidung über eine Genehmigung einzelner Erklärungen des Betreuers nach § 298 über die Erteilung, Verweigerung oder den Widerruf der Einwilligung in ärztliche Behandlungsmaßnahmen (→ FamFG § 298 Rn. 11; für die Ablehnung zustimmend: Prütting/Helms/Fröschle FamFG § 298 Rn. 28).

Bei nahen Angehörigen und Vertrauenspersonen des Betroffenen kann sich **daneben** die Beschwerdeberechtigung aus der eigenen Betroffenheit (§ 59 Abs. 1;

→ FamFG § 59 Rn. 9) ergeben, die jedoch nur in Ausnahmefällen vorstellbar ist. Die Beschwerde nach Abs. 2 erfolgt im **eigenen** Namen.

2. Tatsächlich hinzugezogene Angehörige in Betreuungssachen

In § 303 Abs. 2 Nr. 1 erfährt der Grundsatz des § 59 Abs. 1, dass Beschwerde **5**
nur bei eigener Rechtsverletzung eingelegt werden kann, für bestimmte in Abs. 2 genauer benannte **nahe Angehörige** eine deutliche Einschränkung. Angehörige sind Kann-Beteiligte nach § 274 Abs. 4 (→ FamFG § 274 Rn. 10); diese müssen nicht zwingend am Verfahren beteiligt werden.

Im **Amtsverfahren** steht den Angehörigen im Interesse des Betroffenen – **ohne eigene Betroffenheit** – nur dann ein Recht zur Beschwerde nach Abs. 2 Nr. 1 (in eigenem Namen) zu, wenn sie iSd § 7 Abs. 3 iVm § 274 Abs. 4 in erster Instanz **tatsächlich** am Verfahren beteiligt wurden (BGH FamRZ 2020, 541). Dadurch sollen altruistische Beschwerden solcher Angehöriger vermieden werden, die am Verfahren erster Instanz kein Interesse gezeigt haben. Dies zeigt andererseits die Bedeutung der richterlichen Entscheidung, einen Angehörigen am Verfahren zu beteiligen oder nicht. Die Beteiligung erfolgt nur im Interesse des Betroffenen (→ FamFG § 274 Rn. 12). Ein Angehöriger kann nach § 7 Abs. 3 iVm § 274 Abs. 4 den Antrag stellen, am Verfahren beteiligt zu werden. Den ablehnenden Beschluss kann er mit der sofortigen Beschwerde angreifen (§ 7 Abs. 5). Einem Angehörigen erwächst allerdings kein subjektives Recht auf Bestellung zum Betreuer, wenn er von dem Betroffenen als Betreuer gewünscht oder vorgeschlagen wird (OLG Frankfurt a. M. FamRZ 2004, 1322; LG Bielefeld FamRZ 2016, 83; 2013, 804). Insbesondere ergibt sich die Beschwerdeberechtigung nicht bereits daraus, dass der Beschwerdeführer mit seinem „Antrag" das Amtsverfahren auf Bestellung eines Betreuers oder auf Prüfung der Entlassung des Betreuers in Gang gesetzt hat, denn damit ist er nicht automatisch Beteiligter (BGH FamRZ 2018, 1607; BtPrax 2015, 72). Auch die Bekanntgabe der erstinstanzlichen Entscheidung an den Angehörigen bewirkt allein keine Beteiligung (BGH BtPrax 2018, 30). Im Verfahren der Beschwerde gegen eine Betreuungsanordnung kann **nach dem Tod** des Betroffenen von den gemäß § 303 FamFG beschwerdeberechtigten Angehörigen oder Vertrauenspersonen kein Feststellungsantrag nach § 62 FamFG gestellt werden (BGH NJW-RR 2025, 515; BtPrax 2013, 30). Die einmal durch Hinzuziehung zum Betreuungsverfahren in erster Instanz begründete **Beteiligtenstellung** eines nahen Angehörigen **besteht in der Beschwerdeinstanz fort** (BGH FamRZ 2012, 1049). Eine Beteiligung nach Nr. 1 kann auch **konkludent** erfolgen, etwa durch das Übersenden von Schriftstücken oder die Ladung zu Terminen (BGH BtPrax 2021, 110; 2019, 156; FamRZ 2019, 1647; 2019, 915; 2019, 618; 2018, 1607 und 197; BtPrax 2018, 30; vgl. im Einzelnen → § 274 Rn. 10). Für die **konkludente** Hinzuziehung zu einem Betreuungsverfahren ist allerdings erforderlich, dass das Gericht dem Beteiligten eine Einflussnahme auf das laufende Verfahren ermöglichen will und dies zum Ausdruck bringt (BGH NJW-RR 2025, 129; FamRZ 2023, 1154). Die Aufnahme in das Rubrum als Beteiligter des amtsgerichtlichen Beschlusses genügt nicht für eine Hinzuziehung (BGH NJW-RR 2025, 129; NJOZ 2020, 1061). Ebenso nicht ausreichend für eine konkludente Beteiligung ist die Teilnahme an einem Anhörungstermin (BGH FamRZ 2023, 1154; BtPrax 2019, 156). Die Verfahrensbeteiligung muss zwingend in dem Verfahren erfolgt sein, dessen abschließende Sachentscheidung angegriffen werden soll. Es genügt also nicht, dass der Angehörige zB im Verfahren der Erstbestellung beteiligt war, wenn es konkret um die Erweiterung oder Verlängerung der Betreuung geht (BGH BtPrax 2018, 30; FamRZ 2018, 1251; BtPrax 2015, 109). Die Beteiligung einer Person in einem Betreuungsverfahren als Betreuer oder Bevollmächtigter (Muss-Beteiligter) schließt nicht aus, dass dieselbe Person zugleich nach § 274 Abs. 4 Nr. 1 auch Kann-Beteiligte des Verfahrens ist, die tatsächlich am Verfahren beteiligt wurde. Diese Person kann gemäß Abs. 2 FamFG im eigenen Namen beschwerdeberechtigt sein (BGH BtPrax 2021, 230 und 226; 2017, 115). Wer tatsächlich am Verfahren im ersten Rechtszug beteiligt wurde, bleibt auch dann nach Abs. 2 beschwerdebefugt, wenn nachfolgend seine Hinzuziehung entsprechend § 7 Abs. 5 wieder aufgehoben wird (BGH BtPrax 2020, 104). § 303 Abs. 2 Nr. 1 gilt **nicht** für **Antragsverfahren** (→ FamFG § 26 Rn. 1). Wurde eine Betreuung auf Antrag des Betroffenen nach § 1814 Abs. 4 BGB eingerichtet, schließt dies eine Beschwerde privilegierter Angehöriger hiergegen aus (OLG München BtPrax 2008, 173; Prütting/Helms/Fröschle FamFG Rn. 23). Entsprechendes gilt für Betreuungen, die im Einverständnis des Betroffenen verlängert werden.

Nur der in § 303 Abs. 2 Nr. 1 abschließend aufgeführte, tatsächlich hinzugezogene Personenkreis ist beschwerdeberechtigt:

- der **Ehegatte** des Betroffenen während der Dauer der Ehe bis zum dauerhaften Getrenntleben; gleichgestellt ist der **Lebenspartner** iSv § 1 LPartG. Auf **Lebensgefährten** oder **Verlobte,** die mit dem Betreuten eheähnlich zusammenleben, findet die Vorschrift keine (analoge) Anwendung (BGH FamRZ 2022, 816). Allerdings können diese eine Vertrauensperson nach Abs. 2 **Nr. 2** (→ Rn. 8; BGH FamRZ 2022, 816) sein.
- bestimmte **Verwandte,** nämlich Abkömmlinge, Eltern, Großeltern, Pflegeeltern und Geschwister des Betroffenen; nicht aber Stiefkinder (LG Verden BeckRS 2013, 10169). **Pflegeeltern** sind gesetzlich nicht definiert; vgl. hierzu Grüneberg/Götz BGB vor § 1626 Rn. 16 zur Familienpflege iSd §§ 1630, 1632 BGB. Pflegeeltern sind diejenigen Personen, in deren dauerhafter Obhut sich das (minderjährige) Pflegekind im Rahmen der Familienpflege aufhält und die das Kind in familienähnlicher Weise im eigenen Haushalt betreuen und erziehen (Prütting/Helms/Fröschle FamFG § 274 Rn. 44). Pflegeeltern haben daher nur bei Betreuungen nach § 1814 Abs. 5 BGB (vorsorgliche Betreuerbestellung für einen 17-Jährigen) ein eigenes Beschwerderecht auch ohne Hinzuziehung (Sternal/Giers FamFG Rn. 12), beim erwachsenen Betreuten, wenn sie als Vertrauensperson hinzugezogen wurden.

6 Das Beschwerderecht wird nur an die **tatsächliche Beteiligung** geknüpft (BGH BeckRS 2025, 39044; FamRZ 2023, 1154; 2020, 1590; 2019, 1091), selbst wenn diese **verfahrensfehlerhaft** unterblieb (BGH BtPrax 2021, 110; zB bei fehlender Belehrung nach § 7 Abs. 4) oder wenn der Angehörige im Verlauf des erstinstanzlichen Verfahrens noch **nicht bekannt** war. Der BGH (FamRZ 2023, 1154; BtPrax 2021, 110; FamRZ 2018, 1607 und 1251; BtPrax 2015, 72) hat hierzu entschieden, dass eine nachträgliche Erlangung der Beschwerdebefugnis durch Hinzuziehung von Angehörigen nach Abschluss des ersten Rechtszugs – sei es in einem Zwischenverfahren, sei es im Rahmen des Abhilfeverfahrens – **nicht** in Betracht kommt. Denn nach dem Wortlaut des § 303 Abs. 2 kommt es auf die tatsächliche Beteiligung der Angehörigen im ersten Rechtszug an. Der erste Rechtszug endet mit dem Erlass des angefochtenen Beschlusses durch das Amtsgericht. Das sich auf eine Beschwerde anschließende Abhilfeverfahren nach § 68 Abs. 1 S. 1 gehört nicht mehr zum ersten Rechtszug, sondern schließt an

diesen an. Damit hat sich der BGH gegen die herrschende Auffassung in Literatur und Rechtsprechung (vgl. zum vorangehenden Meinungsstand LG Verden BtPrax 2010, 242; LG Landau FamRZ 2011, 60; LG Saarbrücken FamRZ 2010, 1371; MüKoFamFG/Schmid-Recla Rn. 5a) entschieden. Der übergangene Angehörige kann jedoch jederzeit mangels materieller Rechtskraft der Entscheidung des Betreuungsgerichts unter Darstellung seines bislang nicht berücksichtigten Vorbringens mit einem neuen Antrag eine Änderung der Entscheidung anregen und zur Vorbereitung dieser Entscheidung nunmehr seine Hinzuziehung als Verfahrensbeteiligter beantragen (BGH BtPrax 2015, 72; Sternal/Giers FamFG Rn. 19). Mit seiner Entscheidung hat der BGH auch die bis dahin höchstrichterlich noch nicht geklärte Frage, ob einem nicht beteiligten nahen Angehörigen aus **verfassungsrechtlichen Gründen** (Art. 6 GG) ein Beschwerderecht eingeräumt werden kann bzw. muss, ausdrücklich **verneint** (BGH FamRZ 2018, 1607), was zum Teil kritisiert wird (Dutta/Jacoby/Schwab/Schneider FamFG Rn. 11). Soweit ersichtlich macht der BGH eine Ausnahme von dem Grundsatz, dass die Person tatsächlich hinzugezogen sein muss: wenn ein Muss-Beteiligter zugleich auch Vertrauensperson ist, kann (darf) diese nicht förmlich hinzugezogen werden. Legt der Muss-Beteiligte im eigenen Namen Beschwerde ein und liegen die Voraussetzungen hierfür nicht vor, muss das Beschwerdegericht in Erwägung ziehen, dass die Beschwerdeberechtigung hierfür auch aus Abs. 2 Nr. 2 (Vertrauensperson) folgen kann (BGH BtPrax 2020, 59), auch wenn keine förmliche Hinzuziehung erfolgt war.

Die oben genannten Angehörigen, die auch hinzugezogen wurden, sind ohne **7**
eigene Rechtsbeeinträchtigung **im Interesse** des Betroffenen beschwerdeberechtigt. Im Interesse des Betroffenen bedeutet nicht, dass die Beschwerde dem erklärten Willen des Betroffenen entsprechen muss; sie kann sogar gegen seinen ausdrücklich erklärten Willen erfolgen (BGH BtPrax 2018, 32). Für die **Beschwerdebefugnis** naher Angehöriger ist – neben der tatsächlichen Beteiligung – maßgeblich, ob das Rechtsmittel dem **objektiven Interesse** des Betroffenen dient (BGH BtPrax 2020, 58) oder der Beteiligte mit dem Rechtsmittel lediglich und ausschließlich seine eigenen Interessen verfolgt (BGH BtPrax 2020, 58; BeckRS 2020, 1100). Ob dies der Fall ist, ergibt sich aus der Begründung des Rechtsmittels. Ausreichend für eine Beschwerdebefugnis ist, dass der Rechtsmittelführer die Interessen des Betroffenen zumindest **mit**verfolgt (BGH BtPrax 2020, 180 und 58).

Die Beschwerdeberechtigung privilegierter Angehöriger nach Abs. 2 Nr. 1 besteht nur in den betreuungsrechtlichen **Verfahren,** auf die sich auch das Beteiligungsrecht der Betreuungsbehörde und deren Beschwerdeberechtigung erstreckt (→ Rn. 3). Die Beschwerdebefugnis des nahen Angehörigen besteht ebenfalls **nicht** bei Entscheidungen über eine Genehmigung einzelner Erklärungen des Betreuers nach § 298 über die Erteilung, Verweigerung oder den Widerruf der Einwilligung in ärztliche Behandlungsmaßnahmen (→ § 298 Rn. 11). Das Verfahren über die Erteilung der nach § 1851 BGB erforderlichen betreuungsgerichtlichen Genehmigung für die Anfechtung einer Erbschaftsannahme oder einer Erbschaftsausschlagung gehört ebenfalls nicht zu den Verfahren, auf die sich der Anwendungsbereich des Abs. 2 Nr. 1 erstreckt (BGH FamRZ 2020, 1034). Dem **Schlusserben steht** kein Beschwerderecht gegen die Versagung der Genehmigung eines **Mietvertrages** zwischen der Betroffenen als Vollerben und ihm zu (LG Lübeck FamRZ 2024, 799). Die Beschwerdebefugnis naher Angehöriger erstreckt sich jedoch auf eine betreuungsgerichtliche Entscheidung, mit der ein von ihnen angeregter Betreuerwechsel abgelehnt worden ist (BGH BtPrax 2015, 203; 2014, 170).

Abs. 2 gilt weitestgehend für die **Rechtsbeschwerdeberechtigung** analog. Der Beteiligte hat eine Rechtsbeschwerdeberechtigung, wenn die erstinstanzliche Entscheidung auf die Beschwerde des Betroffenen oder eines anderen Beteiligten geändert wird. Etwas anderes gilt allerdings, wenn der Beteiligte nach Abs. 2 selbst **keine Erstbeschwerde** geführt hat, nunmehr aber die den amtsgerichtlichen Beschluss durch Verwerfung oder Zurückweisung der Beschwerde eines Dritten bestätigende Beschwerdeentscheidung mit der Rechtsbeschwerde angreifen möchte. In diesem Fall fehlt dem Beteiligten die Rechtsbeschwerdebefugnis, da die erstinstanzliche Entscheidung keine inhaltliche Abänderung durch das Beschwerdegericht erfährt (BGH Beschl. v. 16.8.2023 – XII ZB 499/22, BeckRS 2023, 25963; FamRZ 2022, 654; 2021, 228). Hingegen kann ein naher Angehöriger des Betroffenen – sofern er in erster Instanz am Verfahren beteiligt war – gegen einen in der Beschwerdeinstanz abgeänderten Betreuungsbeschluss im Interesse des Betroffenen eine Rechtsbeschwerde im eigenen Namen führen, ohne dass er eine Erstbeschwerde eingelegt hatte und durch die Beschwerdeentscheidung formell beschwert ist (BGH BtPrax 2021, 190).

3. Vertrauenspersonen in Betreuungssachen

8 Entsprechendes gilt über § 303 Abs. 2 Nr. 2 auch für die tatsächlich im Interesse des Betroffenen hinzugezogenen **Vertrauenspersonen** des Betroffenen, die aufgrund der tatsächlichen Verbundenheit zu dem Betroffenen beteiligt wurden.

4. Angehörige/Vertrauenspersonen in Unterbringungssachen

9 § 335 Abs. 1 Nr. 1 (Angehörige) bzw. § 335 Abs. 1 Nr. 2 (Vertrauenspersonen) sieht in Unterbringungssachen dem § 303 Abs. 2 entsprechende Regelungen vor, so dass diesbezüglich auf die Ausführungen oben unter → Rn. 5–7 und auf → FamFG § 335 Rn. 6 verwiesen wird. Über § 335 Abs. 1 Nr. 3 erhält auch der Leiter der Einrichtung, in der der Betroffene lebt/untergebracht ist, ein Beschwerderecht.

IV. Beschwerderecht für andere als in Abs. 2 genannte Dritte

10 Sind Dritte ausnahmsweise beteiligt worden (§ 7 Abs. 3 Alt. 2), sind sie bei Verstoß gegen Gehörspflichten beschwerdeberechtigt. Im Übrigen bestimmt sich das Beschwerderecht für nicht beteiligte **Dritte** nach § 59 Abs. 1 (→ FamFG § 59 Rn. 12–13; Sternal/Giers FamFG Rn. 29).

V. Beschwerderecht des Verfahrenspflegers (Abs. 3)

11 Auch der Verfahrenspfleger kann – wie der Betreuer – bei Verletzung eigener Rechte nach § 59 Abs. 1 Beschwerde einlegen (→ FamFG § 59 Rn. 6; das sind vorrangig Verfahren nach § 277: Festsetzung der Vergütung).

Nach Abs. 3 kann der Verfahrenspfleger darüber hinaus aufgrund seiner besonderen Rechtsstellung (vgl. § 276) Beschwerde einlegen (BGH FamRZ 2017, 549; Prütting/Helms/Fröschle Rn. 31), soweit der Betroffene selbst beschwert ist (das ist der Betroffene auch durch die ungerechtfertigte Aufhebung der Betreuung, wenn er die Aufrechterhaltung anstrebt; OLG München FamRZ 2007, 743) und er für das Verfahren bestellt worden ist, in dem die anzufechtende Entscheidung ergeht (BGH BtPrax 2020, 66). Der Verfahrenspfleger ist aber **nicht gesetzlicher Vertreter** des Betroffenen. Er ist nicht befugt, in Vertretung des Betroffenen ein Rechtsmittel im Namen des Betroffenen einzulegen (BGH FamRZ 2021, 457; 2018, 1777; BtPrax 2015, 112). Die Beschwerdebefugnis des Verfahrenspflegers ist auf den Umfang der **Beschwer des Betroffenen** durch die angefochtene Entscheidung beschränkt. Er kann also nur in dem Umfang Beschwerde einlegen, wie es der Betroffene selbst auch kann (Sternal/Giers FamFG Rn. 21; LG München II BeckRS 2013, 16253; vgl. hierzu → FamFG § 59 Rn. 5, 17). An den tatsächlichen Wunsch des Betroffenen ist er nicht gebunden. Aufgrund der dem Verfahrenspfleger in § 274 Abs. 2 zugewiesenen umfassenden **Rechtsstellung** kann dieser gegen die Ablehnung oder Aufhebung einer Betreuung, deren Aufrechterhaltung der Betroffene anstrebt (§ 1814 BGB; OLG München FamRZ 2007, 743), oder eines Einwilligungsvorbehalts (§ 1825 BGB) sowie gegen die Ablehnung/Aufhebung von gerichtlichen Genehmigungen nach §§ 1829 (→ FamFG § 298 Rn. 11) und 1830 BGB (→ FamFG § 297 Rn. 14) Beschwerde einlegen (vgl. Prütting/Helms/Fröschle FamFG § 298 Rn. 28 für die Ablehnung einer Genehmigung nach § 1829 BGB). Das gilt nach § 317 auch für Unterbringungsverfahren. Differenzierter ist die Ablehnung der Genehmigung der Unterbringung nach § 1831 BGB zu sehen, die begriffsnotwendig gegen den Willen des Betroffenen erfolgt: der Wille des Betreuten kann nicht einerseits der Freiheitsentziehung entgegenstehen und andererseits kann der Betreute nicht gegen die versagte Unterbringung Beschwerde einlegen. Hier scheidet ein Beschwerderecht des Betreuten – und damit des Verfahrenspflegers (→ FamFG § 59 Rn. 6) – aus. Der Verfahrenspfleger kann die Feststellung der Rechtswidrigkeit nach **Erledigung** der Hauptsache im Interesse des Betroffenen begehren (§ 62 Abs. 3; BGH FamRZ 2018, 121; → FamFG § 62 Rn. 3). Das Beschwerderecht des Verfahrenspflegers besteht unabhängig vom Beschwerderecht des Betroffenen (Dutta/Jakoby/Schwab/Schneider FamFG Rn. 13).

VI. Beschwerderecht des Betreuers und des Bevollmächtigten (Abs. 4)

Zum Beschwerderecht des Betreuers im eigenen Namen nach § 59 Abs. 1 → FamFG § 59 Rn. 7. **12**

Der **Betreuer** kann im Namen des Betroffenen (also in **fremdem** Namen) nach § 303 Abs. 4 (als Verfahrensstandschafter) oder im eigenen Namen nach § 59 Abs. 1 Beschwerde einlegen (Prütting/Helms/Fröschle FamFG Rn. 41). Die in Abs. 4 S. 1 genannte Beschwerdebefugnis des Betreuers im Namen des Betreuten folgt bereits aus seiner umfassenden Vertretungsbefugnis nach § 1823 BGB. S. 1, ist daher für den Betreuer deklaratorischer Natur (BT-Drs. 16/6308; HK-BUR/Bauer Rn. 175; Sternal/Giers FamFG Rn. 23; Dutta/Jakoby/Schwab/Schneider FamFG Rn. 15). Der Betreuer ist gemäß § 274 Abs. 1 Nr. 2 FamFG Verfahrensbeteiligter, soweit sein Aufgabenkreis betroffen ist, und kann nach § 303 Abs. 4 S. 1 FamFG gegen seinen Aufgabenkreis betreffende Entscheidungen im Namen des Betroffenen Beschwerde einlegen (BGH BtPrax 2014, 81). Zu den weiteren Einzelheiten → FamFG § 59 Rn. 7. Das Beschwerderecht des Betreuers nach § 303 Abs. 4 ist im Ergebnis nichts anderes als das Recht, den Betroffenen im Beschwerdeverfahren zu vertreten (Einlegung der Beschwerde im Namen des Betroffenen). Dies setzt voraus, dass die Entscheidung den **Aufgabenkreis** des Betreuers unmittelbar betrifft (OLG Schleswig FGPrax 2005, 214). Dies ist weit auszulegen, so dass auch Folgeentscheidungen und Erweiterungen bzw. Einschränkungen des Aufgabenkreises betroffen sind (Sternal/Giers FamFG Rn. 25). Bei Ablehnung eines Antrags auf Anordnung eines Einwilligungsvorbehalts, der vom Betreuer gestellt wurde, dem die Vermögenssorge übertragen wurde, ergibt sich das Beschwerderecht aus Abs. 4 (LG Duisburg BeckRS 2013, 10343). Im Namen des Betreuten kann ein Betreuer allerdings nur solange Beschwerde einlegen, wie die Betreuung noch besteht (also nicht im Falle ihrer Aufhebung BayObLG FamRZ 1994, 1189; Prütting/Helms/Fröschle FamFG Rn. 38). Dem Betreuer steht gegen die Aufhebung der Betreuung auch keine Beschwerdebefugnis aus eigenem Recht zu, da die Aufhebung der Betreuung nicht in die eigene Rechtssphäre des Betreuers eingreift, weil der Betreuer nicht in seinem Interesse, sondern ausschließlich im Interesse des Betroffenen bestellt wird (BGH BtPrax 2014, 81).

Nach S. 2 kann auch bei einer gemeinschaftlichen **Mitbetreuung** (§ 1817 Abs. 3 BGB) jeder Betreuer **selbstständig** im Namen des Betroffenen Beschwerde einlegen. Die Fälle des § 1817 Abs. 1, 2, 4 und 5 BGB (Betreuer für verschiedene Bereiche, Sterilisationsbetreuer und Verhinderungsbetreuer) werden von Abs. 4 S. 2 nicht erfasst (OLG Hamm FamRZ 2001, 314). Der Betreuer kann Beschwerde auch dann einlegen, wenn der beschwerte Betreute auf die Einlegung der Beschwerde verzichtet oder sie (noch innerhalb der Beschwerdefrist) zurückgenommen hat (BeckOK FamFG/Günter Rn. 11).

13 Im Gegensatz zur früheren Rechtslage hat seit geraumer Zeit auch zur Stärkung seiner Rechtsposition der **Vorsorgebevollmächtigte** im gleichen Umfang wie der Betreuer (→ Rn. 12) nach Abs. 4 ein ausdrückliches Recht, im Namen des Betroffenen Beschwerde einzulegen (BGH BtPrax 2016, 187). Dem Vorsorgebevollmächtigten wird damit die Möglichkeit eröffnet, einer Beeinträchtigung eigener Rechte durch einen drohenden Widerruf seiner Bevollmächtigung im Falle der Bestellung eines Betreuers bzw. eines Kontrollbetreuers (§§ 1815 Abs. 3, 1820 Abs. 3 BGB) entgegen treten zu können (Sternal/Giers FamFG Rn. 28). Der Vorsorgebevollmächtigte ist jedoch nicht berechtigt, im eigenen Namen – § 59 Abs. 1 – gegen einen die Betreuerbestellung anordnenden Beschluss Beschwerde einzulegen (BGH BtPrax 2019, 247; 2015, 151, 21 und 15). Eine Beschwerdeeinlegung nach Abs. 4 kann jedoch **auch nach dem Widerruf** der Vollmacht durch den Betreuer im Namen des Betroffenen – aber nicht in eigenem Namen (BGH BtPrax 2019, 112 und 72) – erfolgen, da dies die Garantie des effektiven Rechtsschutzes gebietet (BGH BtPrax 2020, 182; 2015, 241). Ein Vorsorgebevollmächtigter ist nach § 274 Abs. 1 Nr. 3 Beteiligter – und damit beschwerdeberechtigt – im Verfahren auf einstweilige Anordnung einer Betreuerbestellung, wenn der Widerruf der Vollmacht im Raume steht. Der Vorsorgebevollmächtigte hat ein Beschwerderecht, wenn sein Aufgabenkreis durch Bestellung eines Vollmachts- oder Kontrollbetreuers nach §§ 1815 Abs. 3, 1820 Abs. 3 BGB tangiert wird. Ist gerade streitig, ob die Vollmacht wirksam ist und damit auch, ob dem Vorsorgebevollmächtigte ein Beschwerderecht zusteht, kann dieser Umstand erst vollständig bei der Begründetheit der Beschwerde geklärt werden. Hier genügt für die Zulässigkeit der Beschwerde die schlüssige Behauptung des Vorsorgebevollmächtigten, er sei wirksam bevollmächtigt (BGH BtPrax 2019, 112). Legt der Bevollmächtigte im eigenen Namen Beschwerde ein und liegen die Voraussetzungen des Abs. 4 nicht vor, muss das Beschwerdegericht in Erwägung ziehen, dass die Beschwerdeberechtigung hierfür auch aus Abs. 2 Nr. 2 (Vertrauensperson) folgen kann (BGH BtPrax 2020, 59), auch wenn keine förmliche Hinzuziehung erfolgt war; vgl. iÜ → Rn. 5.

§ 304 Beschwerde der Staatskasse

(1) [1]Das Recht der Beschwerde steht dem Vertreter der Staatskasse zu, soweit die Interessen der Staatskasse durch den Beschluss betroffen sind. [2]Hat der Vertreter der Staatskasse geltend gemacht, der Betreuer habe eine Abrechnung falsch erteilt oder der Betreute könne anstelle eines nach § 1816 Absatz 5 des Bürgerlichen Gesetzbuchs bestellten Betreuers durch eine oder mehrere andere geeignete Personen außerhalb einer Berufsausübung betreut werden, steht ihm gegen einen die Entlassung des Betreuers ablehnenden Beschluss die Beschwerde zu.

(2) **Die Frist zur Einlegung der Beschwerde durch den Vertreter der Staatskasse beträgt drei Monate und beginnt mit der formlosen Mitteilung (§ 15 Abs. 3) an ihn.**

I. Anwendungsbereich

§ 304 enthält Sonderregelungen über die **Beschwerdebefugnis** der Staatskasse in **Betreuungssachen.** 1

Die Staatskasse kann bereits nach § 59 bei Verletzung **eigener** Rechte ein Beschwerderecht haben (aA Prütting/Helms/Fröschle FamFG § 274 Rn. 54: Staatskasse hat keine eigenen zu verletzenden Rechte). In § 304 ist das Beschwerderecht der Staatskasse für bestimmte weitere Fälle geregelt. Das Beschwerderecht des Vertreters der Staatskasse setzt **nicht** voraus, dass er bereits im ersten Rechtszug am Verfahren beteiligt worden ist (BeckOK FamFG/Günter Rn. 2).

Bei zulässiger **Rechtsbeschwerde** muss die Staatskasse sich durch eine Person vertreten lassen, die die Voraussetzungen des § 10 Abs. 4 erfüllt (BGH BeckRS 2010, 21369). Zumeist wird das nach § 10 Abs. 4 S. 2 eine Person sein, die über die Befähigung zum Richteramt verfügt.

II. Interessen der Staatskasse (Abs. 1 S. 1)

Nach § 274 Abs. 4 Nr. 2 ist der Vertreter der Staatskasse am Verfahren zu beteiligen, wenn die Interessen der Staatskasse betroffen sind (→ FamFG § 274 Rn. 13). Dementsprechend wird diesem bei entsprechender Betroffenheit der Interessen der Staatskasse auch ein Beschwerderecht eingeräumt. Das ist dann der Fall, wenn die getroffene Entscheidung einen **Einfluss** auf die wirtschaftlichen Interessen der Staatskasse hat (LG Mühlhausen FamRZ 2011, 1897). Damit wurde das Beschwerderecht der Staatskasse erheblich ausgeweitet (→ FamFG § 274 Rn. 13). Die Staatskasse hat immer ein Beschwerderecht, wenn sie unmittelbar zur Zahlung verpflichtet wird (Prütting/Helms/Fröschle FamFG Rn. 15). Der **Staatskasse** wird durch Abs. 1 **S. 1** in folgenden Fällen ein **Beschwerderecht** eingeräumt: 2

Vertreter der Staatskasse wendet sich gegen die erstmalige Bestellung eines beruflichen Betreuers oder gegen die mit der Betreuerbestellung verbundene Feststellung, der Betreuer oder der weitere Betreuer oder der Kontrollbetreuer

(BeckOK FamFG/Günter Rn. 3) führe sein Amt berufsmäßig (aA nach altem Recht: OLG Frankfurt a. M. FamRZ 2004, 122; OLG Hamm BtPrax 2006, 187) oder gegen die Erweiterung des Aufgabenkreises beim berufsmäßigen Betreuer (aA nach altem Recht: OLG Frankfurt a. M. BtPrax 2004, 115).

Ebenso hat der Vertreter der Staatskasse aufgrund Abs. 1 S. 1 im Vergütungsfestsetzungsverfahren nach § 292 ein Beschwerderecht bzgl. der Feststellung der Mittellosigkeit. **Nicht** anfechtbar ist jedoch die Feststellung, die **Verfahrenspflegschaft** werde berufsmäßig geführt oder sie erfordere anwaltsspezifische Tätigkeiten, da § 304 nur die Beschwerdebefugnis der Staatskasse regelt, nicht jedoch die Statthaftigkeit der Beschwerde als solche (BGH BtPrax 2013, 207).

III. Besondere Fälle des Beschwerderechts (Abs. 1 S. 2)

3 Abs. 1 S. 2 begründet ein Beschwerderecht der Staatskasse, wenn das Betreuungsgericht einem konkreten Vorschlag nicht nachkommt, anstelle des beruflichen Betreuers könne eine andere geeignete Person bestellt werden, die kein beruflicher Betreuer ist (§ 1816 Abs. 5 BGB; LG Koblenz FamRZ 2002, 1509; LG Saarbrücken BtPrax 2001, 88).

Die Staatskasse erhält ferner nach S. 2 ein Beschwerderecht, wenn das Betreuungsgericht den Entlassungsantrag der Staatskasse ablehnt, weil ein Betreuer vorsätzlich falsch (§ 1868 Abs. 1 S. 2 BGB) zulasten der Staatskasse abgerechnet hat.

IV. Fristen (Abs. 2)

4 Abs. 2 stellt sicher, dass die Bezirksrevisoren ihre bisherige Praxis beibehalten und in regelmäßigen Abständen Revisionen vornehmen können (BGH FamRZ 2017, 758). Der Lauf der Beschwerdefrist beginnt ihnen gegenüber daher in Abweichung zu § 63 Abs. 3 mit ihrer **tatsächlichen Kenntnisnahme** der Entscheidung (formlose Mitteilung an Vertreter der Staatskasse ist ausreichend; BGH FamRZ 2017, 758; BeckOK FamFG/Günter Rn. 7). Allerdings ist es in Fällen der Beschwerdemöglichkeit der Staatskasse aus Gründen der Rechtssicherheit empfehlenswert, den Beschluss zuzustellen. Die Frist beträgt **drei Monate.** Sie beginnt mit der formlosen Mitteilung der Entscheidung an den Bezirksrevisor. Nach dieser Zeitspanne tritt Rechtskraft ein. Die Frist zur Einlegung der **Rechtsbeschwerde** beträgt für die Staatskasse in analoger Anwendung des Abs. 2 ebenfalls drei Monate (BGH FamRZ 2017, 758).

§ 305 Beschwerde des Untergebrachten

Ist der Betroffene untergebracht, kann er Beschwerde auch bei dem Amtsgericht einlegen, in dessen Bezirk er untergebracht ist.

Beschwerde des untergebrachten Betroffenen

1 In Erweiterung des § 64 Abs. 1 kann der **untergebrachte Betroffene** im Interesse einer erleichterten Rechtsverfolgung nicht nur bei dem Gericht, dessen Entscheidung angefochten wird, **fristwahrend** Beschwerde einlegen, sondern auch bei dem **Amtsgericht,** in dessen Bezirk er nach § 1831 Abs. 1 BGB oder

nach den Landesgesetzen über die Unterbringung psychisch Kranker (§ 312 Nr. 4) **untergebracht** ist. Dies gilt nicht bei strafrechtlicher Freiheitsentziehung (vgl. BGH NJW 1965, 1182) oder Freiheitsentziehung nach § 415. Dieser Umstand des erweiterten Beschwerderechts ist in der Rechtsmittelbelehrung nach § 39 aufzuführen (Sternal/Giers FamFG Rn. 1). Die Beschwerde kann sich gegen jede Art von Entscheidungen in **Betreuungssachen** nach §§ 271 ff. – nicht nur gegen Freiheitsentziehungen (§ 336 trifft für Unterbringungssachen eine gleichlautende Regelung) – richten (BT-Drs. 11/4528, 179; HK-BetreuungsR/Stauch Rn. 1). Ausgeschlossen ist eine Beschwerdeeinlegung beim Landgericht statt beim Amtsgericht des Unterbringungsortes (BayObLG bei Göhrke, RPfleger 1981, 280). Die Erweiterung der Zuständigkeit gilt nur für den Betroffenen, nicht auch für den Betreuer (aA Sternal/Giers FamFG Rn. 3), Verfahrenspfleger oder Verfahrensbevollmächtigten (BeckOK FamFG/Günter Rn. 3; Prütting/Helms/Fröschle FamFG Rn. 4; Sternal/Giers FamFG Rn. 4).

Die zusätzliche Einlegungszuständigkeit gilt **nicht** für die **Rechtsbeschwerde** 2
nach § 70 (Sternal/Giers FamFG Rn. 2 Prütting/Helms/Fröschle FamFG Rn. 7; → FamFG § 70 Rn. 6).

§ 306 Aufhebung des Einwilligungsvorbehalts

Wird ein Beschluss, durch den ein Einwilligungsvorbehalt angeordnet worden ist, als ungerechtfertigt aufgehoben, bleibt die Wirksamkeit der von oder gegenüber dem Betroffenen vorgenommenen Rechtsgeschäfte unberührt.

I. Anwendungsbereich

§ 306 bestimmt, dass materiell-rechtlich ein **Rechtsgeschäft,** das von oder 1
gegenüber dem Betroffenen vorgenommen worden ist, wirksam bleibt, obwohl eine Entscheidung, durch die ein Einwilligungsvorbehalt – auch ein vorläufiger (§§ 1825 BGB, 300, 301 FamFG) – angeordnet worden ist, zB durch ein Rechtsmittelgericht als von Anfang an ungerechtfertigt aufgehoben wird. Diese Norm hat somit keinen verfahrensrechtlichen, sondern ausschließlich **materiell-rechtlichen Charakter** (Sternal/Giers FamFG Rn. 1; HK-BetreuungsR/Bučić Rn. 2).

II. Rechtsfolgen der Aufhebung eines Einwilligungsvorbehalts

1. Aufhebung des Einwilligungsvorbehalts

Voraussetzung dafür ist die **rückwirkende Aufhebung** des Einwilligungsvor- 2
behalts durch das Rechtsmittelgericht (Beschwerdegericht) als **von Anfang an** ungerechtfertigt. Denkbar ist auch die Aufhebung durch Abhilfe oder nach § 48 Abs. 2 (Prütting/Helms/Fröschle FamFG Rn. 4) durch das Ausgangsgericht. Eine Aufhebung des Einwilligungsvorbehalts nach § 1871 Abs. 4 BGB fällt nicht unter § 306 (→ Rn. 4 aE).

Die Aufhebungsentscheidung muss **ausdrücklich feststellen** (im Tenor oder in den Gründen), dass die sachlichen Voraussetzungen der Anordnung eines Einwilligungsvorbehalts zum Zeitpunkt des Erlasses der Entscheidung (**rückwirkend** ungerechtfertigt) nicht vorlagen (Sternal/Giers FamFG Rn. 5). Dagegen genügt **nicht** eine Aufhebung, die ihren Grund in Verfahrensfehlern (zB: Rechtspfleger statt Richter war tätig oder der Kreis der einwilligungsbedürftigen Willenserklärungen ist nicht hinreichend genau bestimmt; differenzierend Prütting/Helms/Fröschle FamFG Rn. 10) oder in **nachträglich** veränderten Umständen (§ 1864 Abs. 2 BGB; Sternal/Giers FamFG Rn. 3; Prütting/Helms/Fröschle FamFG Rn. 9) hat; in diesen Fällen gibt es keine Rückwirkung der Aufhebung.

3 Der vollständigen Aufhebung der Anordnung des Einwilligungsvorbehalts steht die Beschränkung des Kreises der einwilligungsbedürftigen Willenserklärungen gleich (Teilaufhebung: HK-BetreuungsR/Bučić Rn. 2).

2. Wirkungen der Aufhebung

4 Eine Aufhebungsentscheidung nach § 306 hat folgende Wirkungen:

– Rechtsgeschäfte, die der **Betroffene** zwischen Anordnung und Aufhebung des Einwilligungsvorbehalts vorgenommen hat oder ihm gegenüber vorgenommen wurden, sind rückwirkend so zu beurteilen, als wäre der Einwilligungsvorbehalt nicht angeordnet worden (keine Unwirksamkeit nach §§ 1825, 107, 108 BGB), sofern sie nicht nach § 105 BGB (Geschäftsunfähigkeit) unwirksam sind (Sternal/Giers FamFG Rn. 6).
– Rechtsgeschäfte, die der **Betreuer** namens des Betreuten in diesem Zeitraum vorgenommen hat, sind wirksam und verpflichten den Betreuten (§ 47).
– Bei **widersprechenden** Rechtsgeschäften hat nicht automatisch das Geschäft Vorrang, das der Betreuer abschloss. Bei **Verfügungen** hat die frühere Vorrang; **Verpflichtung**sgeschäfte werden so behandelt, als wenn eine Person widersprechende Verpflichtungen eingeht: die eine wird erfüllt, die andere wird über Schadensersatz abgewickelt. Ist der Betroffene danach schadensersatzpflichtig, richtet sich die Amtspflichtverletzung des Staates nach § 839 Abs. 1, 3 BGB.

Hebt das Betreuungsgericht nach **§ 1871** Abs. 4 iVm Abs. 1 BGB („normale" Aufhebung der Entscheidung) den Einwilligungsvorbehalt auf, so wirkt diese Entscheidung **nur für die Zukunft.** § 306 ist insoweit auf diesen Fall nicht anwendbar (BT-Drs. 11/4528, 180; BeckOK FamFG/Günter Rn. 3).

§ 307 Kosten in Betreuungssachen

In Betreuungssachen kann das Gericht die Auslagen des Betroffenen, soweit sie zur zweckentsprechenden Rechtsverfolgung notwendig waren, ganz oder teilweise der Staatskasse auferlegen, wenn eine Betreuungsmaßnahme nach den §§ 1814 bis 1881 des Bürgerlichen Gesetzbuchs abgelehnt, als ungerechtfertigt aufgehoben, eingeschränkt oder das Verfahren ohne Entscheidung über eine solche Maßnahme beendet wird.

I. Anwendungsbereich

1 § 307 geht von dem Grundsatz aus, dass in Betreuungssachen keine Pflicht zur Entscheidung über die Kosten des Verfahrens besteht (vgl. hierzu → § 81 Rn. 1). Kosten des Verfahrens sind die **Gerichtskosten,** also die Gerichtsgebühren und Auslagen zB für Gutachteneinholung usw, sowie die **außergerichtlichen Kosten**

des Beteiligten, also die Kosten für den Verfahrensbevollmächtigten, Fahrtkosten usw. Zu den Auslagen iSv § 307 sind jedoch **nicht** die **Vergütung und der Aufwendungsersatz** zu rechnen, die der nicht mittellose Betroffene dem Betreuer für seine Tätigkeit bis zur Aufhebung oder Einschränkung der Betreuung schuldet (LG Arnsberg FamRZ 2020, 1947; LG Flensburg BeckRS 2019, 31247; OLG München BtPrax 2009, 239; 2006, 32). Fehlt eine Kostenentscheidung – der Regelfall in Betreuungssachen – richten sich die Gerichtskosten nach dem GNotKG, die außergerichtlichen Kosten trägt der Beteiligte, bei dem die Kosten angefallen sind. In § 337 werden die Kosten in Unterbringungssachen geregelt.

II. Tragung der Auslagen des Betroffenen in Betreuungssachen

1. Auferlegung auf die Staatskasse

Nur in seltenen Ausnahmefällen sind in Betreuungssachen erstattungspflichtige Verfahrensgegner im Sinne des § 81 vorhanden (so zB in den gesetzlich geregelten Sonderfällen der Antragsberechtigung einer Spezialbehörde). Deswegen trifft § 307 eine Sonderregelung über die Tragung der Auslagen des Betroffenen. In bestimmten Fällen kommt die Auferlegung dieser Auslagen auf die **Staatskasse** in Betracht. 2

2. Betroffene Entscheidungen

§ 307 erfasst **sämtliche Betreuungsentscheidungen** und die Folgeentscheidungen nach §§ 1814 bis 1881 BGB (Sternal/Giers FamFG Rn. 2). Die Norm erfasst auch einstweilige Anordnungen (Prütting/Helms/Fröschle FamFG Rn. 9). § 307 gestattet nur eine Übernahme von Auslagen des Betreuten, nicht aber des Betreuers (LG Kleve BtPrax 2014, 182). 3

Wendet sich ein Betroffener mit seinem Rechtsmittel nicht nur gegen die Bestellung, sondern auch gegen die Auswahl eines Betreuers und hat er nur im letzten Punkt Erfolg, kommt die Auferlegung seiner notwendigen Auslagen auf die Staatskasse nur dann in Betracht, wenn insoweit **ausscheidbare** Kosten angefallen sind (BayObLG FamRZ 2003, 1128); bei teilweise erfolgreichem Rechtsmittel können die notwendigen Auslagen anteilig der Staatskasse auferlegt werden (BGH BtPrax 2018, 154). § 307 findet auch für die isolierte Anfechtung der Auswahl des Betreuers im Beschwerdeweg Anwendung (LG Passau BtPrax 2016, 241).

Die Anordnung der Vorführung des Betroffenen zur ärztlichen Untersuchung ist einer Betreuungsmaßnahme im Sinne des § 307 gleichwertig, so dass eine analoge Anwendung dieser Vorschrift geboten ist (LG Saarbrücken BeckRS 2009, 08056). Allerdings ist in diesem Zusammenhang folgendes zu beachten: eine Betreuungsbehörde, die einen Betroffenen zum Zweck der Begutachtung vorführt, nimmt eine **originär eigene** Aufgabe im Sinne von § 11 Abs. 1 S. 1 BtOG wahr und hat demzufolge die hierdurch verursachten **Kosten** – zum Beispiel für die Türöffnung – oder die **Kosten der Vorführung** selbst zu tragen; angesichts der spezialgesetzlich geregelten Aufgabenzuweisung in § 283 kann insbesondere nicht von einem Tätigwerden der Betreuungsbehörde im Wege der Amtshilfe ausgegangen werden (BGH BtPrax 2016, 76). Wurde dem Betroffenen für die Beschwerde gegen die Bestellung eines Betreuers **Verfahrenskostenhilfe** ohne

Raten gewährt, ist bei (teilweisem) Erfolg seines Rechtsmittels kein Raum für eine – positive oder ablehnende – Entscheidung über die Auferlegung notwendiger Auslagen zur zweckentsprechenden Rechtsverfolgung auf die Staatskasse (LG Arnsberg FamRZ 2020, 1947; OLG München BtPrax 2006, 150; Prütting/Helms/Fröschle FamFG Rn. 7). Etwas anderes gilt bei Verfahrenskostenhilfe mit Raten; hier ist an die Aufhebung der Ratenzahlung und die Anordnung der Erstattung etwaiger von dem Betroffenen bereits geleisteter Ratenzahlungen zu denken (Sternal/Giers FamFG Rn. 11).

3. Voraussetzungen

4 Die Vorschrift ermöglicht die Auferlegung der Kosten auf die Staatskasse unter folgenden Voraussetzungen:

Eine Betreuungsmaßnahme (iSd Rn. 3) nach den §§ 1814–1881 BGB wird

- **abgelehnt.** Ausnahme: der Betroffene hat die Maßnahme selbst verschuldet,
- als von Anfang an (BT-Drs. 11/4528, 95) ungerechtfertigt **aufgehoben.** Das gilt auch bei verfahrensfehlerhaftem Zustandekommen der Betreuerbestellung (OLG Zweibrücken FamRZ 2003, 1126) oder wenn die Tatsachen, die zur Aufhebung führen, erst nachträglich bekannt werden (Sternal/Giers FamFG Rn. 12),
- als von Anfang an ungerechtfertigt **eingeschränkt.** Unwesentliche Einschränkungen lösen jedoch regelmäßig keine Kostenerstattung aus,
- ohne Entscheidung über eine Maßnahme **beendet.** In Betreuungssachen kann das Gericht nach § 307 die Auslagen des Betroffenen – soweit sie zur zweckentsprechenden Rechtsverfolgung notwendig waren – dann ganz oder teilweise der Staatskasse auferlegen, wenn sich die Hauptsache **erledigt** hat (BGH BeckRS 2018, 27083; OLG München BtPrax 2009, 122; Prütting/Helms/Fröschle FamFG Rn. 12). Allerdings ist auf Folgendes hinzuweisen: Mit der endgültigen Betreuerbestellung oder mit der Verlängerung der vorläufigen Betreuung oder mit Fristablauf erledigt sich die Hauptsache des Beschwerdeverfahrens bzgl. der einstweiligen Anordnung ohne weiteres. In diesen Fällen kann der Betroffene – in Form einer Hauptsacheentscheidung – nach § 52 Abs. 1 verlangen, dass über die Erstattung der ihm entstandenen Auslagen entschieden wird.

5 Das Gericht entscheidet grundsätzlich nach pflichtgemäßem **Ermessen** (LG Saarbrücken FamRZ 2011, 1094). Entscheidend ist, ob es unter Abwägung aller Umstände des Einzelfalles (inklusive des wirklichen oder mutmaßlichen Verfahrensausgangs) dem Betroffenen zugemutet werden kann, seine Auslagen selbst zu tragen (Prütting/Helms/Fröschle FamFG Rn. 13). In der Entscheidung hat das Gericht eine wertende Gesamtbetrachtung vorzunehmen, bei der das Verhalten des Betroffenen – insbesondere ein schuldhaftes Verhalten seinerseits – und evtl. Verfahrensmängel des Gerichts zu berücksichtigen sind (LG Meiningen FamRZ 2016, 1198; 2015, 955). In den ersten beiden Fällen der → Rn. 4 besteht jedoch entgegen dem Wortlaut des Gesetzes nur ein geringes Ermessen, so dass es in diesen Fällen regelmäßig zur Auferlegung der Kosten auf die Staatskasse kommen wird, da eine Differenzierung danach, wann in diesen Fällen eine Erstattung stattfinden soll und wann nicht, schwer vorstellbar ist und es auf die Vermögenslage des Beteiligten nicht ankommen kann. Es kommt nicht darauf an, ob das Verfahren auf Antrag oder von Amts wegen eingeleitet wurde. Im Übrigen sieht die Rechts-

ordnung in vergleichbaren Fällen (zB § 91 ZPO und § 467 StPO) Kostenerstattungspflicht vor.

Erstattet werden die notwendigen Auslagen des Betroffenen. Trotz fehlender Verweisung auf § 91 Abs. 2 ZPO werden die Anwaltskosten in Betreuungssachen regelmäßig notwendig sein (Sternal/Giers FamFG Rn. 10). Neben den Kosten für einen **Rechtsanwalt** erfasst das auch die im Verfahren von dem Betroffenen gezahlten **Gerichtskosten** einschließlich **Sachverständigen**- und Zeugenentschädigung. 6

III. Isolierte Anfechtbarkeit

Zur isolierten Anfechtbarkeit → FamFG § 81 Rn. 9. Die Kostenentscheidung ist Teil der Endentscheidung und kann grundsätzlich mit isolierter Beschwerde angefochten werden (BeckOK FamFG/Günter Rn. 7). 7

§ 308 Mitteilung von Entscheidungen

(1) **Entscheidungen teilt das Gericht anderen Gerichten, Behörden oder sonstigen öffentlichen Stellen mit, soweit dies unter Beachtung berechtigter Interessen des Betroffenen erforderlich ist, um eine erhebliche Gefahr für das Wohl des Betroffenen, für Dritte oder für die öffentliche Sicherheit abzuwenden.**

(2) **Ergeben sich im Verlauf eines gerichtlichen Verfahrens Erkenntnisse, die eine Mitteilung nach Absatz 1 vor Abschluss des Verfahrens erfordern, hat diese Mitteilung über die bereits gewonnenen Erkenntnisse unverzüglich zu erfolgen.**

(3) [1]**Das Gericht unterrichtet zugleich mit der Mitteilung den Betroffenen, seinen Verfahrenspfleger und seinen Betreuer über Inhalt und Empfänger der Mitteilung.**

[2]**Die Unterrichtung des Betroffenen unterbleibt, wenn**

1. **der Zweck des Verfahrens oder der Zweck der Mitteilung durch die Unterrichtung gefährdet würde,**
2. **nach ärztlichem Zeugnis hiervon erhebliche Nachteile für die Gesundheit des Betroffenen zu besorgen sind oder**
3. **der Betroffene nach dem unmittelbaren Eindruck des Gerichts offensichtlich nicht in der Lage ist, den Inhalt der Unterrichtung zu verstehen.**

[3]**Sobald die Gründe nach Satz 2 entfallen, ist die Unterrichtung nachzuholen.**

(4) **Der Inhalt der Mitteilung, die Art und Weise ihrer Übermittlung, ihr Empfänger, die Unterrichtung des Betroffenen oder im Fall ihres Unterbleibens deren Gründe sowie die Unterrichtung des Verfahrenspflegers und des Betreuers sind aktenkundig zu machen.**

I. Anwendungsbereich

§§ 308–310 regeln die Mitteilungspflicht des Betreuungsgerichts an andere Stellen, während § 311 die Übermittlung dem gerichtlichen – pflichtgemäßen – 1

Ermessen überlässt (Sternal/Giers FamFG Rn. 1). § 308 entspricht im Wesentlichen dem früher geltenden § 69k FGG (zur Notwendigkeit dieser Norm: BVerfG NJW 1984, 419) und regelt die allgemeinen Mitteilungspflichten des Betreuungsgerichts. Dieses hat an im Einzelnen aufgeführte Adressaten Entscheidungen in Betreuungssachen mitzuteilen. Von dieser gesetzlichen **Mitteilungspflicht** werden **alle Entscheidungen** in Betreuungssachen (also auch einstweilige Anordnungen, Änderungsentscheidungen und betreuungsgerichtliche Genehmigungen) erfasst. Eine Nachberichtspflicht ist gesetzlich nicht vorgesehen. Für Mitteilungen in **Unterbringungssachen** verweist § 338 auf §§ 308 ff.

Als Gegenstück verpflichtet bzw. berechtigt § 22a verschiedene öffent. Stellen ua an das Betreuungsgericht Informationen über deren Verfahren weiterzuleiten.

Vgl. zu den Mitteilungspflichten in Betreuungssachen nach § 308 auch Kapitel XVII der Anordnung über Mitteilungen in Zivilsachen (MiZi) in der Neufassung vom 18.11.2024.

II. Mitteilungspflicht (Abs. 1)

1. Adressat der Mitteilung

2 Die Mitteilungen können nur gegenüber anderen **Gerichten, Behörden** und sonstigen **öffentlichen Stellen** erfolgen. Ausgeschlossen sind danach private Personen, Einrichtungen oder privatrechtlich organisierte Institutionen (deshalb auch nicht der anerkannte Betreuungsverein, sofern er nicht Verfahrensbeteiligter ist). Soweit Banken und Sparkassen öffentlich-rechtlich organisiert sind, handelt es sich bei ihnen gleichwohl nicht um eine öffentliche Stelle im Sinne des Gesetzes, da sie den Privatbanken gleichzusetzen sind (BeckOK FamFG/Günter Rn. 6). Die Mitteilung der Entscheidung ist nur zulässig, wenn sie der Erfüllung der den Empfängern obliegenden gesetzlichen Aufgaben dient.

Soweit keine Mitteilungspflicht nach § 308 besteht, kann sich ein Auskunftsund Akteneinsichtsrecht aus § 13 ergeben.

2. Mitteilungszweck

3 Mitteilungen sind nur zulässig, um folgende, im Gesetz abschließend aufgeführte Zwecke zu erreichen:

4 – Abwendung einer erheblichen **Gefahr** für den **Betroffenen.** Diese kann vorliegen, wenn sich aus dem Betreuungsverfahren ergibt, dass wahrscheinlich **Schuldunfähigkeit,** Geschäftsunfähigkeit oder Prozessunfähigkeit des Betroffenen vorliegt, die ansonsten zu seinen Lasten unberücksichtigt bliebe. Damit können die gewonnenen Ergebnisse auch in anderen Verfahren genutzt werden (Sternal/Giers FamFG Rn. 5).

5 – Abwendung einer erheblichen **Gefahr** für **Dritte.** Sie kann darin liegen, dass der Betroffene gewalttätig ist und beabsichtigt, bestimmte Personen als vermeintliche Feinde zu verletzen oder zu töten, oder wenn anzunehmen ist, dass der Betroffene im Rahmen seiner beruflichen Tätigkeit (zB als Arzt, Apotheker, Krankenpfleger, Polizist, Rechtsanwalt, Notar, vgl. hierzu § 54 Abs. 1 Nr. 1 BNotO und → Rn. 11) Dritte erheblich schädigt. Dem **Standesamt** ist Mitteilung zu machen, wenn Gefahr für den heiratswilligen Partner eines geschäftsunfähigen und damit eheunfähigen Betroffenen dadurch droht, dass die Schließung einer Ehe nach §§ 1304, 1314 Abs. 1 BGB aufhebbar ist (BT-Drs. 11/

4528, 182). Obwohl die Bestellung eines Betreuers für sich gesehen auf die elterliche Sorge keine Auswirkungen hat, ist die Mitteilung an das **Jugendamt** denkbar, wenn für einen sorgeberechtigten Elternteil ein Betreuer bestellt wird (LG Rostock BtPrax 2003, 233).

– Abwendung einer erheblichen **Gefahr** für die **öffentliche Sicherheit.** Diese kann daraus folgen, dass der Betroffene Inhaber eines Führerscheins, Waffenscheins oder Jagdscheins ist und die **konkrete** und **ernstliche** Gefahr besteht, dass er durch sein Kraftfahrzeug oder eine Waffe andere schädigt (BT-Drs. 11/4528, 182). **6**

3. Erforderlichkeit

Die Verpflichtung zur Mitteilung steht **nicht im Ermessen** des Gerichts. Bei Vorliegen der Voraussetzungen hat die Mitteilung zu erfolgen (BeckOK FamFG/Günter Rn. 8). Auch wenn die Mitteilung der Entscheidung den genannten Empfängern zur Erfüllung der ihnen obliegenden Aufgaben dient, bedarf es gleichwohl einer Gesamtabwägung nach dem Grundsatz der **Verhältnismäßigkeit,** ob das öffentliche Interesse an der Aufgabenerfüllung das berechtigte Interesse des Betroffenen nach informationeller Selbstbestimmung überwiegt. Im Hinblick auf die Bedeutung des Rechts auf informationelle Selbstbestimmung aus Art. 2 Abs. 1 iVm Art. 1 Abs. 1 GG sind hieran strenge Anforderungen zu stellen. **7**

4. Entscheidung

Liegen die Mitteilungsvoraussetzungen vor, so entscheidet das Betreuungsgericht nach **Rechtskraft** (Sternal/Giers FamFG Rn. 3) der Entscheidung (Ausnahme Abs. 2; → Rn. 9), ob der Tenor und/oder die Entscheidungsgründe oder die Entscheidung des Betreuungsgerichts oder auch die des Beschwerdegerichts mitgeteilt wird. Der Umfang der Mitteilung richtet sich nach dem, was zur Gefahrenabwehr im Interesse des Betroffenen erforderlich ist. **Funktionell** ist der Richter zuständig, der bei der Anordnung von Betreuungsmaßnahmen nach § 15 RPflG zuständig ist, der Rechtspfleger für die ihm nach § 3 Nr. 2b RPflG zugewiesenen Sachen (Sternal/Giers FamFG Rn. 12); vgl. aber Kapitel XVII/1 Abs. 2 der Anordnung über Mitteilungen in Zivilsachen (MiZi) wonach der Richter für die Mitteilung insgesamt zuständig ist. Bei den Mitteilungen handelt es sich nicht um Maßnahmen der Justizverwaltung (BT-Drs. 13/4709, 27; Sternal/Giers FamFG Rn. 12; aA Prütting/Helms/Fröschle FamFG Rn. 22). **8**

III. Mitteilungen vor Abschluss des Verfahrens (Abs. 2)

Zeigen sich schon vor Abschluss des betreuungsgerichtlichen Verfahrens **Erkenntnisse,** die eine Mitteilung nach Abs. 1 erforderlich machen, so hat das Gericht diese **unverzüglich** vorzunehmen. Im Hinblick darauf, dass das Betreuungsgericht in diesem Fall Erkenntnisse weiterleitet, die für eine Entscheidung von Bedeutung sein können, ist dies nur zu verantworten, wenn es sich dabei um **gesicherte Erkenntnisse** handelt, die einen Eingriff in das informationelle Selbstbestimmungsrecht rechtfertigen. Es hat vor allem eine Verhältnismäßigkeitsprüfung stattzufinden. Die Erkenntnisse müssen eine solche Bedeutung für die genannten Stellen haben können, dass es nicht gerechtfertigt ist, mit der Mitteilung bis zum Verfahrensabschluss zu warten. **9**

IV. Unterrichtungspflicht (Abs. 3 und 4)

10 Über Inhalt und Adressat der Mitteilung muss das Betreuungsgericht zugleich mit der Mitteilung den **Betroffenen,** seinen **Verfahrenspfleger** und seinen **Betreuer** unterrichten, um diesen die Möglichkeit zu geben, rechtzeitig initiativ zu werden, bevor Behörden und Stellen Maßnahmen ergreifen. Ausnahmsweise kann nach Abs. 3 von der Unterrichtung des Betroffenen (nicht des Betreuers bzw. Verfahrenspflegers) abgesehen werden bei:
– befürchteter Zweckverfehlung (Nr. 1),
– Gesundheitsgefährdung des Betroffenen (Nr. 2),
– Unterrichtungsunfähigkeit des Betroffenen (Nr. 3).
In diesem Fall besteht jedoch eine **Nachholpflicht,** sobald die entsprechenden Gründe entfallen sind (Abs. 3 S. 3), was insgesamt aktenkundig zu machen ist. Entfällt eine Benachrichtigung auf Dauer, zB wegen der Voraussetzungen nach § 34 Abs. 2, ist dem Betroffenen ein Verfahrenspfleger zu bestellen und dieser zu benachrichtigen (BeckOK FamFG/Günter Rn. 17).

Abs. 4 bestimmt, was aktenkundig zu machen ist.

V. Unterrichtung der Notarkammer/Anwaltskammer

11 Hat das Betreuungsgericht nach verantwortlicher Abwägung nach § 308 der für **Notare** zuständigen **Aufsichtsbehörde** Mitteilung über die Bestellung eines Betreuers gemacht, so wird dies in aller Regel Anlass sein – bei Vorliegen einer entsprechenden Krankheit oder Behinderung des Notars, die sich auf seine Arbeitstätigkeit auswirkt – ihn vorläufig des Amtes zu entheben, § 54 Abs. 1 BNotO.

Eine Mitteilung an die zuständige Notarkammer über ein Betreuungsverfahren, das für einen **Notar** anhängig ist, ergibt sich aus der Anordnung über die Mitteilungen in Zivilsachen (MiZi), 5. Abschnitt, XXIII/2, (1) 8., wenn keine Ausnahme nach XXIII/3 vorliegt.

12 Eine Mitteilung an die zuständige Rechtsanwaltskammer über ein Betreuungsverfahren, das für einen **Rechtsanwalt** anhängig ist, ergibt sich aus der Anordnung über die Mitteilungen in Zivilsachen (MiZi), 5. Abschnitt, XXIII/2, (1) 8., wenn keine Ausnahme nach XXIII/3 vorliegt.

VI. Rechtsmittel

13 Die Anfechtbarkeit einer Mitteilung nach dem System des FamFG ist rechtlich problematisch, da es sich bei einer derartigen Mitteilung nicht um eine Endentscheidung handelt, die nach § 58 Abs. 1 anfechtbar ist. Wegen der Subsidiarität der §§ 22, 23 EGGVG, finden auch diese Normen keine Anwendung (Sternal/Giers FamFG Rn. 13; Prütting/Helms/Fröschle FamFG Rn. 24). Wegen der Schwere des Eingriffes in die Rechte des Betroffenen bei zu Unrecht erfolgter Mitteilung – Eingriff in das informationelle Selbstbestimmungsrecht – und der grundgesetzlich garantierten Rechtsweggarantie muss jedoch eine befristete Beschwerde in entsprechender Anwendung der §§ 58 ff. zulässig sein (→ FamFG § 58 Rn. 10; MüKoFamFG/Schmidt-Recla Rn. 10; Haußleiter/Heidebach Rn. 9; differenziert Sternal/Giers FamFG Rn. 14; sofortige Beschwerde nach

§§ 567 ff. ZPO: HK-BetreuungsR/Bučić Rn. 19; aA Prütting/Helms/Fröschle FamFG Rn. 24 [unanfechtbar]). Nach Günter (BeckOK FamFG Rn. 18) ist nach der Mitteilung an die andere Stelle die Hauptsache in aller Regel schon erledigt, daher soll die Rechtmäßigkeit der Mitteilung jedenfalls im Rahmen eines Feststellungsantrags nach § 62 zu prüfen sein (ebenso Haußleiter/Heidebach Rn. 9).

§ 309 Mitteilungen an die Meldebehörde

[1]Wird ein Einwilligungsvorbehalt angeordnet, der sich auf die Aufenthaltsbestimmung des Betroffenen erstreckt, so hat das Gericht dies der Meldebehörde unter Angabe des Betreuers mitzuteilen. [2]Eine Mitteilung hat auch zu erfolgen, wenn der Einwilligungsvorbehalt nach Satz 1 aufgehoben wird oder ein Wechsel in der Person des Betreuers eintritt.

I. Ehemaliger Abs. 1

1 Nach der bis 2019 geltenden Rechtslage war nach § 309 Abs. 1 aF die zur Führung des Wählerverzeichnisses zuständige Behörde (Wahlamt) zu informieren, wenn für den Betroffenen ein Betreuer mit dem Aufgabenkreis „alle Angelegenheiten" (die spätestens seit 1.1.2024 sowieso nicht mehr als Aufgabenkreis angeordnet werden/sein dürfen) bestellt wurde, § 13 Nr. 2 BWahlG aF). Durch das am 1.7.2019 in Kraft getretene Gesetz zur Änderung des Bundeswahlgesetzes und anderer Gesetze wurde entsprechend der Forderung des BVerfG (FamRZ 2019, 632) der Ausschluss von diesen Personen vom aktiven und passiven Wahlrecht aufgehoben. § 309 Abs. 1 aF, der das Betreuungsgericht verpflichtete, das Wahlamt zu informieren, wurde ebenfalls aufgehoben.

Vgl. zu den Mitteilungspflichten in Betreuungssachen nach § 309 an die Meldebehörde auch Kapitel XVII/5 der Anordnung über Mitteilungen in Zivilsachen (MiZi) in der Neufassung vom 18.11.2024.

II. Mitteilung an die Meldebehörde (S. 1 und 2)

2 Umfasst ein **Einwilligungsvorbehalt** (§ 1825 BGB) auch den Aufgabenbereich **Aufenthaltsbestimmung,** so ist dies durch das Betreuungsgericht der Meldebehörde mitzuteilen (S. 1). Die Zulässigkeit des Einwilligungsvorbehalts im Bereich der Aufenthaltsbestimmung ist umstritten, da die Aufenthaltsbestimmung selbst ein Realakt ist, der durch die tatsächliche Durchführung der entsprechenden Handlung (Bestimmung des konkreten Ortes, an dem man sich gerade aufhält) ausgeübt wird. Dennoch sind auch rechtsgeschäftliche Willenserklärungen in diesem Zusammenhang denkbar, weshalb ein solcher Einwilligungsvorbehalt zum Beispiel für die Verhinderung der wirksamen Begründung eines Wohnsitzes (§§ 7, 8 BGB) nicht gänzlich ausgeschlossen ist. Fälle in der Praxis dürften gleichwohl äußerst selten sein.

Der Meldebehörde sind neben den persönlichen Daten des **Betroffenen** die genauen Einzelheiten des **Einwilligungsvorbehalts** (insbesondere der Kreis der Bereiche für die der Einwilligungsvorbehalt angeordnet wurde) mitzuteilen. Der Vor- und Familienname, die Anschrift, der akademische Grad (Sternal/Giers FamFG Rn. 3) und der Tag der Geburt des **Betreuers** müssen ebenfalls mitgeteilt werden. Die Kenntnis der Tatsachen ist für die Meldebehörde von Bedeutung, um eine rechtmäßige An- und Abmeldung überprüfen zu können (HK-BetreuungsR/Bučić Rn. 5).

Eine Mitteilung hat nach S. 2 auch zu erfolgen, wenn der Einwilligungsvorbehalt nach S. 1 aufgehoben wird oder ein Wechsel in der Person des Betreuers eintritt.

Da es sich beim Einwilligungsvorbehalt um eine richterliche Zuständigkeit handelt, ist auch der Richter für die Mitteilung nach S. 1 und S. 2 **funktional** zuständig (→ RPflG § 15 Rn. 34).

III. Unterrichtungspflicht und Rechtsmittel

3 Fraglich ist, ob dem Betroffenen, Betreuer oder Verfahrenspfleger diese Mitteilung an die Meldebehörde mitgeteilt werden muss. Da in § 309 – im Gegensatz zu § 311 – kein ausdrücklicher Verweis auf § 308 Abs. 3 und 4 erfolgt bzw. eine Unterrichtungspflicht des Betroffenen, wie sie in §§ 308 Abs. 3 und 4, 309a Abs. 2 vorgesehen ist, nicht angeordnet wurde, ist es hinzunehmen, dass hier der Gesetzgeber keine Mitteilungspflicht vorsieht. Dennoch dürfte es aus Gründen der Fairness überlegenswert sein, den Betroffenen über die Mitteilung in Kenntnis zu setzen.

Da der Gesetzgeber keine Anfechtbarkeit anordnete (es handelt sich nicht um eine Endentscheidung) und die Mitteilung an die Meldebehörde – im Gegensatz zu denen nach § 308, 309a Abs. 2 und 311 – nicht von großer Intensität sind, sind diese Mitteilungen auch nicht anfechtbar (umstritten; bejahend Sternal/Giers Rn. 4; Sternal/Giers § 308 Rn. 13 f.; abl. Bahrenfuss/Brosey Rn. 4; Prütting/Helms/Fröschle Rn. 24).

§ 309a Mitteilungen an die Betreuungsbehörde

(1) **Endet die Betreuung durch Tod des Betroffenen, so hat das Gericht dies der Betreuungsbehörde mitzuteilen.**

(2) [1]**Das Gericht kann der Betreuungsbehörde Umstände mitteilen, die die Eignung oder Zuverlässigkeit des Betreuers betreffen.** [2]**Das Gericht unterrichtet zugleich den Betreuer über die Mitteilung und deren Inhalt.** [3]**Die Unterrichtung des Betreuers unterbleibt, solange der Zweck der Mitteilung hierdurch gefährdet würde.** [4]**Sie ist nachzuholen, sobald die Gründe nach Satz 3 entfallen sind.**

I. Anwendungsbereich

1 Der durch das Gesetz zur Reform des Vormundschafts- und Betreuungsrechts zum 1.1.2023 neu eingefügte § 309a ergänzt die in Betreuungssachen bereits in § 308 geregelten Mitteilungspflichten um spezielle Mitteilungen **an die Betreuungsbehörde.** Hierbei geht es um solche Informationen, die für die Erfüllung der gesetzlichen Aufgaben der Betreuungsbehörde notwendig sind und von denen sie nicht bereits aufgrund ihrer verfahrensrechtlichen Stellung Kenntnis erhält (BT-Drs. 19/24445, 340).

Vgl. zu den Mitteilungspflichten in Betreuungssachen nach § 309a auch Kapitel XVII/2 der Anordnung über Mitteilungen in Zivilsachen (MiZi) in der Neufassung vom 18.11.2024.

II. Mitteilung beim Tod des Betreuten (Abs. 1)

Durch § 288 Abs. 2 wird sichergestellt, dass die Betreuungsbehörde über alle laufenden Änderungen der Betreuung, die im Beschlusswege ergehen, in Kenntnis gesetzt wird. In Abs. 1 wird eine verpflichtende Mitteilung an die Betreuungsbehörde vorgesehen, wenn eine Betreuung nicht durch Aufhebung, sondern durch Tod des Betreuten endet. Hierdurch wird sichergestellt, dass die Betreuungsbehörde nicht nur über die Anordnung, sondern stets auch über die Beendigung einer Betreuung informiert ist und so einen Überblick über die in ihrem Bezirk geführten Betreuungen und die bestellten Betreuer hat. Durch die Mitteilung über den Tod kann unnötige Arbeit vermieden und der Betreuungsbehörde ermöglicht werden, den betreffenden Vorgang zeitnah abzuschließen (BT-Drs. 19/24445, 340). 2

III. Mitteilungen über den Betreuer (Abs. 2)

In Abs. 2 wird es dem Gericht ermöglicht, der Betreuungsbehörde solche Umstände mitzuteilen, welche die Eignung oder Zuverlässigkeit des Betreuers betreffen, wegen derer aber (noch) kein der Betreuungsbehörde ohnehin zu übersendender Beschluss über einen Wechsel des Betreuers ergangen ist. Hierbei handelt es sich um solche Umstände, die für sich genommen noch nicht eine – auch an die Betreuungsbehörde zu übersendende – Entscheidung über einen Betreuerwechsel erfordern, aber gleichwohl Zweifel an der Eignung oder Zuverlässigkeit des Betreuers begründen können. Diese Kenntnis hilft der Betreuungsbehörde bei der Wahrnehmung ihrer Aufgaben. Dies betrifft die Gewinnung und den Vorschlag geeigneter Betreuer. Daneben ist die Kenntnis für die Betreuungsbehörde in ihrer Funktion als **Stammbehörde** für berufliche Betreuer wichtig, da sie so von Umständen erfährt, die Anlass geben können, gemäß § 27 Abs. 1 BtOG einen **Widerruf** der **Registrierung** des Berufsbetreuers zu prüfen. Für den Fall, dass die Betreuungsbehörde, die eine solche Mitteilung vom Gericht erhält, nicht gleichzeitig Stammbehörde für den beruflichen Betreuer ist, kann sie diese Mitteilung der zuständigen Stammbehörde nach § 26 Abs. 4 BtOG weiterleiten. Aufgrund der Erheblichkeit einer solchen Mitteilung insbesondere für berufliche Betreuer, für die hiermit die Gefahr des Widerrufs ihrer Registrierung verbunden ist, wird in S. 2 die Pflicht geregelt, dass zugleich auch der Betreuer über die Mitteilung an die Betreuungsbehörde und deren Inhalt unterrichtet wird. Nach S. 3 und 4 darf von der Unterrichtung nur abgesehen werden, wenn und solange durch die Unterrichtung der Zweck der Mitteilung gefährdet würde. Im Einzelfall könnte dies etwa bei möglichen Gefährdungen des Vermögens des Betreuten durch den Betreuer gegeben sein (BT-Drs. 19/24445, 340). 3

Eine Datenübermittlung durch das nach § 8 Abs. 3 VBVG für die Vergütungseinstufung zuständige Amtsgericht an die Betreuungsbehörde wegen etwaigen Zweifeln an der Zuverlässigkeit des Betreuers erfolgt nicht nach Maßgabe des § 309a Abs. 2, sondern auf Grundlage des § 26 Abs. 4 BtOG. § 309a Abs. 2 richtet sich allein an das Betreuungsgericht im Rahmen seiner spruchrichterlichen Tätigkeit in einem konkreten Betreuungsverfahren. Soweit sich hier Zweifel an der Eignung und Zuverlässigkeit eines Betreuers ergeben, kann das Betreuungsgericht der Betreuungsbehörde hiervon Mitteilung machen. Wird das Gericht im Rahmen der Vergütungseinstufung tätig, handelt es nicht als Betreuungsgericht, sondern als Justizverwaltung im Rahmen des Einstufungsverfahrens nach § 8 Abs. 3 VBVG. Für die behördliche Tätigkeit enthält aber nicht § 309a Abs. 2, sondern allein § 26 Abs. 4 BtOG eine entsprechende Übermittlungsbefugnis (OLG Hamburg 8.8.2023 – 2 VA 2/23, BeckRS 2023, 38022).

Nach Kapitel XVII/2 (3) der Anordnung über Mitteilungen in Zivilsachen (MiZi) ist die Mitteilung nach vom Richter zu veranlassen.

IV. Rechtsmittel

4 Wegen der erheblichen Intensität des Eingriffes einer Mitteilung nach Abs. 2 muss nach der hier vertretenen Auffassung eine (außerordentliche) Beschwerdemöglichkeit gegeben sein; vgl. → § 308 Rn. 13.

§ 310 Mitteilungen während einer freiheitsentziehenden Unterbringung oder freiheitsentziehenden Maßnahme

Während der Dauer einer freiheitsentziehenden Unterbringung oder freiheitsentziehenden Maßnahme hat das Gericht dem Leiter der Einrichtung, in der die Unterbringungsmaßnahme durchgeführt wird, die Bestellung eines Betreuers, die sich auf die Aufenthaltsbestimmung oder die Entscheidung über eine der genannten Unterbringungsmaßnahmen erstreckt, die Aufhebung einer solchen Betreuung und jeden Wechsel in der Person des Betreuers mitzuteilen.

I. Anwendungsbereich

1 § 310 behandelt die Mitteilungspflichten des Betreuungsgerichts an den Leiter der Einrichtung, in der ein Betroffener untergebracht ist oder in der die freiheitsentziehende Maßnahme durchgeführt wird. Die Norm gilt unabhängig davon, ob es sich um eine **zivilrechtliche** oder eine **öffentlich-rechtliche Unterbringung** oder freiheitsentziehende Maßnahme handelt (Sternal/Giers FamFG Rn. 2), auch wenn es sich um eine **vorläufige Unterbringung/Maßnahme** handelt. Die Mitteilung ist zwingend, falls die Voraussetzungen vorliegen.

§ 310 ist nur einschlägig, wenn für den Betroffenen ein Betreuer für den Aufgabenbereich der **Aufenthaltsbestimmung** oder der Entscheidung über eine **Unterbringungsmaßnahme** bestellt oder um diesen Bereich erweitert wird. In § 1815 Abs. 2 BGB ist unter anderem geregelt, dass der Betreuer Entscheidungen über eine mit der Freiheitsentziehung verbundene Unterbringung des Betreuten nach § 1831 Abs. 1 BGB und eine freiheitsentziehende Maßnahme im Sinne des § 1831 Abs. 4 BGB nur treffen darf, wenn sie als Aufgabenbereich vom Betreuungsgericht ausdrücklich angeordnet worden sind. Dementsprechend muss in der Mitteilung nach § 310 zum Schutz des Betroffenen auch aufgeführt werden, ob der Betreuer eine Entscheidung über eine der genannten Unterbringungsmaßnahmen treffen darf. Besteht die Mitteilungspflicht, sind bestimmte Umstände – nämlich die Betreuerbestellung, die Aufhebung oder Einschränkung der Betreuung um den Bereich der Aufenthaltsbestimmung und jeder Wechsel in der Person des Betreuers – dem Anstaltsleiter mitzuteilen.

Adressat der Mitteilung ist der Leiter der Einrichtung, in der die Unterbringungsmaßnahme durchgeführt wird. Damit wird klar, dass Adressat der Mitteilung auch der Leiter einer **offenen** Einrichtung ist, in welcher die Freiheit des Betroffenen durch eine andauernde freiheitsentziehende Maßnahme eingeschränkt wird (BT-Drs. 20/1110, 38).

Vgl. zu den Mitteilungspflichten in Betreuungssachen nach § 310 auch Kapitel XVII/6 der Anordnung über Mitteilungen in Zivilsachen (MiZi) in der Neufassung vom 18.11.2024.

II. Normzweck

Durch die Mitteilung der genannten Umstände soll der **Leiter** einer Einrichtung in die Lage versetzt werden zu prüfen, ob bei einer zivilrechtlichen Unterbringung der Betreuer noch zur Unterbringung berechtigt ist. Im Rahmen einer öffentlich-rechtlichen Unterbringung ist dies für ihn zur Abwicklung der Unterbringungsmaßnahme, aber auch zur sachgerechten Behandlung des Betroffenen erforderlich; zB bei der vorbereitenden Entlassung aufgrund Aufenthaltsbestimmungsrechts durch den Betreuer oder bei der Umwandlung der Unterbringung aufgrund öffentlich-rechtlicher Maßnahmen. Es erfolgt hier nicht die vollständige Mitteilung der Entscheidung, sondern nur die Mitteilung des **Entscheidungstenors** (BeckOK FamFG/Günter Rn. 5). 2

III. Unterrichtungspflicht und Rechtsmittel

Eine Unterrichtungspflicht des Betroffenen, wie sie in §§ 308 Abs. 3 und 4, 309a Abs. 2 und 311 vorgesehen ist, besteht nicht. Da der Gesetzgeber keine Anfechtbarkeit anordnete (es handelt sich nicht um eine Endentscheidung) und die Mitteilung an den Leiter der Einrichtung – im Gegensatz zu denen nach §§ 308, 309a Abs. 2 und 311 – nicht von großer Intensität sind, sind diese Mitteilungen auch nicht anfechtbar. 3

§ 311 Mitteilungen zur Strafverfolgung

[1]Außer in den sonst in diesem Gesetz, in § 16 des Einführungsgesetzes zum Gerichtsverfassungsgesetz sowie in § 70 Absatz 1 Satz 2 und 3 des Jugendgerichtsgesetzes genannten Fällen, darf das Gericht Entscheidungen oder Erkenntnisse aus dem Verfahren, aus denen die Person des Betroffenen erkennbar ist, von Amts wegen nur zur Verfolgung von Straftaten oder Ordnungswidrigkeiten anderen Gerichten oder Behörden mitteilen, soweit nicht schutzwürdige Interessen des Betroffenen an dem Ausschluss der Übermittlung überwiegen. [2]§ 308 Abs. 3 und 4 gilt entsprechend.

I. Anwendungsbereich

1 Die ursprünglich durch das Justizmitteilungsgesetz noch in das FGG eingefügte Vorschrift des heutigen § 311 (zuvor § 69n FGG) gibt dem Betreuungsgericht nach S. 1 die Möglichkeit, im Rahmen einer **Ermessensentscheidung** (anders die §§ 308–310, hier Mitteilungspflicht) zur Verfolgung von **Straftaten und Ordnungswidrigkeiten** Mitteilungen an Gerichte und Behörden zu machen. Im Rahmen einer **Interessenabwägung** ist zu prüfen, ob die schutzwürdigen Interessen des Betroffenen überwiegen (BeckOK FamFG/Günter Rn. 2). Betroffener, dessen schutzwürdige Interessen abzuwägen sind, ist (anders als im Sinne des EGGVG) der Betreute oder zu Betreuende, nicht der von der Mitteilung Betroffene (BT-Drs. 13/4709, 31).

Vgl. zu den Mitteilungspflichten in Betreuungssachen nach § 311 auch Kapitel XVII/7 der Anordnung über Mitteilungen in Zivilsachen (MiZi).

II. Mitteilung an andere Stellen

2 Personenbezogene Daten können nach S. 1 **außerhalb** des § 311 in folgenden Fällen mitgeteilt werden:

– nach § 16 EGGVG bei **Auslandsberührung** (direkt an ausländische öffentliche Stellen oder über zwischenstaatliche Stellen),
– nach § 70 S. 2 und 3 des JGG im **Jugendgerichts**verfahren
– in den Fällen der §§ 308–310.

III. Mitteilung von Daten nach § 311

3 Die Daten dürfen – abgesehen von den in → Rn. 2 genannten Fällen – nur zur Verfolgung von **Straftaten** und **Ordnungswidrigkeiten** übermittelt werden (im Ermessen des Gerichts), soweit nicht **schutzwürdige Interessen** des Betroffenen an dem Ausschluss der Übermittlung überwiegen. Betreffen die Erkenntnisse strafbares oder ordnungswidriges Verhalten **anderer Personen,** ist danach die Mitteilung regelmäßig zulässig (Sternal/Giers FamFG Rn. 2).

IV. Verfahrensrecht

4 Bezüglich der **Unterrichtungspflicht** und der Form des Aktenkundigmachens erklärt S. 2 § 308 Abs. 3 und 4 für entsprechend anwendbar (→ FamFG § 308 Rn. 10–12).

Zur **Anfechtbarkeit** → § 308 Rn. 13.

Abschnitt 2. Verfahren in Unterbringungssachen

Vorb. § 312 FamFG

1 In §§ 312 ff. wird das Verfahren in Unterbringungssachen einschließlich der ärztlichen Zwangsmaßnahmen geregelt. Daneben sind die allgemeinen Vorschrif-

ten des FamFG anwendbar. Bei der Gestaltung des Unterbringungsverfahrens ist auf Grund der mit der Freiheitsentziehung und der ärztlichen Zwangsmaßnahme verbundenen Grundrechtseingriffe den Rechten der Betroffenen im besonderen Maß Rechnung zu tragen (hierzu Marschner/Lesting/Stahmann Kap. D FamFG Vorb. § 312 Rn. 5 ff.). Die Regelungen betreffen die zivilrechtliche Unterbringung nach § 1831 Abs. 1 BGB sowie die öffentlich-rechtliche Unterbringung nach Landesrecht.

In dem Referentenentwurf zur Änderung der Regelung über ärztlichen Zwangsmaßnahmen im Betreuungsrecht und zur Stärkung des ultima-ratio-Gebots sowie des Selbstbestimmungsrechts der Betroffenen v. 26.2.206 (hierzu § 1832 BGB Rn. 1a und Schneider FamRZ 2026, 744) sind Änderungen der §§ 312, 315, 317, 318, 319, 321, 323 und 331 FamFG vorgesehen, neu sollen §§ 317a und 317b FamFG eingefügt werden.

§ 312 Unterbringungssachen

Unterbringungssachen sind Verfahren, die die Genehmigung oder Anordnung einer

1. **freiheitsentziehenden Unterbringung nach § 1831 Absatz 1 und 2 auch in Verbindung mit Absatz 5 des Bürgerlichen Gesetzbuchs,**
2. **freiheitsentziehenden Maßnahme nach § 1831 Absatz 4 auch in Verbindung mit Absatz 5 des Bürgerlichen Gesetzbuchs,**
3. **ärztlichen Zwangsmaßnahme, auch einschließlich einer Verbringung zu einem stationären Aufenthalt, nach § 1832 Absatz 1, 2 und 4 auch in Verbindung mit Absatz 5 des Bürgerlichen Gesetzbuchs oder**
4. **freiheitsentziehenden Unterbringung, freiheitsentziehenden Maßnahme oder ärztlichen Zwangsmaßnahme bei Volljährigen nach den Landesgesetzen über die Unterbringung psychisch Kranker**

betreffen (Unterbringungsmaßnahme).

I. Anwendungsbereich der §§ 312–339

Das Verfahren in Unterbringungssachen ist in §§ 312 ff. geregelt (zur Rechtsprechung in Unterbringungssachen Lesting FGPrax 2019, 241). In dem Referentenentwurf (Vorb. § 312 FamFG) wird Nr. 3 an die Neuregelung des § 1832 Abs. 2 BGB angepasst. 1

Unterbringungssachen sind:

1. Die zivilrechtlichen Unterbringungsmaßnahmen (Nr. 1, 2, 3)

Dazu gehören: 2

– Die Verfahren der Genehmigung der **Unterbringung** eines **Betreuten** durch den Betreuer nach § 1831 Abs. 1 bis 3 BGB sowie eines Betroffenen durch den Bevollmächtigten bei Vorliegen einer entsprechenden Vollmacht nach § 1831 Abs. 5 BGB (Nr. 1). Damit werden erfasst: die **vorherige** Genehmigung auf Antrag des Betreuers oder Bevollmächtigten (§ 1831 Abs. 2 S. 1 BGB), die **nachträgliche** Genehmigung einer Unterbringung durch den Betreuer oder Bevollmächtigten (§ 1831 Abs. 2 S. 2 Hs. 1), die **Verlängerung** der Unterbringungsmaßnahme nach § 329 Abs. 2 sowie die **Aufhebung** der Unterbringungsmaßnahme durch das Gericht nach Wegfall ihrer Voraussetzungen (§ 1831 Abs. 3 BGB iVm § 330; → FamFG § 330 Rn. 1–3). Das Verfahren wird auf **Antrag des Betreuers mit entsprechendem Aufgabenbereich oder Bevollmächtigten** (→ BGB § 1831 Rn. 4 f.) eingeleitet (BVerfG NJW 2009, 1803; BGH FamRZ 2010, 1726). Wird kein ausdrücklicher Antrag gestellt, muss sich aus dem Verhalten des Betreuers ergeben, dass er die Genehmigung wünscht (BGH FamRZ 2015, 1707). Vorläufige Unterbringungsmaßnahmen durch das Betreuungsgericht selbst nach § 1867 BGB werden von § 312 nicht unmittelbar erfasst (zu den Voraussetzungen → FamFG § 334 Rn. 15 ff.). Über § 334 erhalten sie jedoch den Charakter von Unterbringungsmaßnahmen iSd § 312 (Sternal/Giers FamFG § 312 Rn. 3).

3 – Die Genehmigung einer **freiheitsentziehenden Maßnahme** nach § 1831 Abs. 4 BGB durch Betreuer oder Bevollmächtigten (Nr. 2). § 1831 Abs. 1 bis 3 BGB gilt entsprechend, wenn dem Betroffenen, der sich in einem Krankenhaus, einem Heim oder einer sonstigen Einrichtung befindet, durch mechanische Vorrichtungen, Medikamente oder auf andere Weise über einen längeren Zeitraum oder regelmäßig die Freiheit entzogen werden soll (→ BGB § 1831 Rn. 32 ff.). Auch insoweit ist ein Antrag des Betreuers bzw. Bevollmächtigten erforderlich (→ Rn. 2).

– **Die Genehmigung der** Einwilligung des Betreuers oder Bevollmächtigten in ärztlichen Zwangsmaßnahmen **einschließlich der** Verbringung zu einem stationären Aufenthalt **nach § 1832 Abs. 1, 2 und 4 BGB (Nr. 3).** Der Gesetzgeber behandelt die Einwilligung in eine ärztliche Zwangsmaßnahme durch den Betreuer bzw. Bevollmächtigten nach § 1832 BGB als Unterbringungsmaßnahme, obwohl verschiedene Grundrechte betroffen sind. §§ 312 ff. FamFG gelten entsprechend, soweit nicht besondere Regelungen für die Zwangsbehandlung gelten. Dies gilt auch für die Einleitung des Verfahrens. Besondere Vorschriften sind §§ 317 Abs. 1 S. 3, 321 Abs. 1 S. 5, 323 Abs. 2, 329 Abs. 1 S. 2 und Abs. 3 sowie 333 Abs. 2.

4 Nicht mehr zu den Unterbringungssachen nach § 312 gehört das Verfahren der Genehmigung der **Unterbringung eines Kindes** nach § 1631b BGB. Dieses zählt nunmehr zu den Kindschaftssachen nach § 151 Nr. 6 FamFG, für die die Familiengerichte zuständig sind. Insoweit bestehen besondere Verfahrensvorschriften nach § 167 FamFG unter Verweisung auf §§ 312 ff.

2. Die öffentlich-rechtliche Unterbringung (Nr. 4)

5 In den Anwendungsbereich der §§ 312 ff. sind auch die Anordnungen einer freiheitsentziehenden Unterbringung und Maßnahme sowie die Anordnung einer ärztlichen Zwangsmaßnahme nach den Landesgesetzen über die Unterbringung psychisch Kranker (Nr. 4) einbezogen, soweit sie Volljährige betreffen. Bei der Unterbringung Minderjähriger handelt es sich auch insoweit nunmehr um eine Kindschaftssache mit Zuständigkeit des Familiengerichts (§ 151 Nr. 7 FamFG).

6 Alle Bundesländer haben ein **Landesgesetz** über die Hilfen bei psychischen Krankheiten einschließlich der Unterbringung psychisch erkrankter Menschen erlassen (vgl. die Kommentierung bei Marschner/Lesting/Stahmann Teil B):

Baden-Württemberg: Gesetz über Hilfen und Schutzmaßnahmen bei psychischen Krankheiten (Psychisch-Kranken-Hilfe-Gesetz – PsychKHG v. 25.11.2014 (GBl. 534),

Bayern: Bayerisches Psychisch-Kranken-Hilfe-Gesetz (BayPsychKHG) v. 24.7.2018 (GVBl. 583),

Berlin: Gesetz über Hilfen und Schutzmaßnahmen bei psychischen Krankheiten (PsychKG) v. 17.6.2016 (GVBl. 336),

Brandenburg: Gesetz über Hilfen und Schutzmaßnahmen sowie über den Vollzug gerichtlich angeordneter Unterbringung für psychisch kranke und seelisch behinderte Menschen im Land Brandenburg (Bbg PsychKG) v. 5.5.2009 (GVBl. I 134),

Bremen: Gesetz über Hilfen und Schutzmaßnahmen bei psychischen Krankheiten (PsychKG) v. 13.12.2022 (GBl. 901),

Hamburg: Hamburgisches Gesetz über Hilfen und Schutzmaßnahmen bei psychischen Krankheiten (HmbPsychKG) v. 27.9.1995 (HmbGVBl. 235),

Hessen: Hessisches Gesetz über Hilfen bei psychischen Krankheiten (Psychisch-Kranken-Hilfe-Gesetz – PsychKHG v. 4.5.2017 (GVBl. 66),

Mecklenburg-Vorpommern: Gesetz über Hilfen und Schutzmaßnahmen für Menschen mit psychischen Krankheiten (Psychischkrankengesetz – PsychKG M-V) v. 14.7.2016 (GVOBl. M-V, 593),

Niedersachsen: Niedersächsisches Gesetz über Hilfen und Schutzmaßnahmen für psychisch Kranke (NPsychKG) v. 16.6.1997 (Nds.GVBl. 272),

Nordrhein-Westfalen: Gesetz über Hilfen und Schutzmaßnahmen bei psychischen Krankheiten (PsychKG) v. 17.12.1999 (GV.NRW, 662),

Rheinland-Pfalz: Landesgesetz über Hilfen bei psychischen Erkrankungen (PsychKHG) v. 15.10.2020 (GVBl. 2020, 556),

Saarland: Gesetz über Hilfen bei psychischen Erkrankungen (Psychisch-Kranken-Hilfe-Gesetz – PsychKHG) v. 16.3.2022 (Amtsblatt I 2022, 615)

Sachsen: Sächsisches Gesetz über die Hilfen und die Unterbringung bei psychischen Krankheiten (SächsPsychKG) v. 10.10.2007 (SächsGVBl. 422),

Sachsen-Anhalt: Gesetz über Hilfen und Schutzmaßnahmen für Personen mit einer psychischen Erkrankung des Landes Sachsen-Anhalt (PsychKG LSA) v. 14.10.2020 (GVBl. LSA 2020, 570),

Schleswig-Holstein: Gesetz zur Hilfe und Unterbringung von Menschen mit Hilfebedarf infolge psychischer Störungenen (Psychisch-Kranken-Gesetz – PsychH G) v. 11.12.2020 (GVOBl. Schl.-H. 2020, 1035),

Thüringen: Thüringer Gesetz zur Hilfe und Unterbringung psychisch kranker Menschen (ThürPsychKG) v. 5.2.2009 (GVBl. 10).

Die verschiedenen Landesgesetze regeln sowohl die materiellen Voraussetzungen, unter denen eine Freiheitsentziehung zulässig ist, als auch verfahrensrechtliche Fragen. Soweit es allein um die materiell-rechtlichen Voraussetzungen geht, lässt die bundesrechtliche Regelung des FamFG diese unberührt. Im Vordergrund der landesrechtlichen Regelungen stehen die Gesichtspunkte der Gefahrenabwehr sowie der Kriseninvention bei psychisch kranken Menschen. 7

In verfahrensrechtlicher Hinsicht ist zu differenzieren:

– Soweit es um die **Einleitung** des **verwaltungsrechtlichen** Unterbringungsverfahrens im Vorfeld des Gerichtsverfahrens geht, bleibt es ebenfalls bei der landesrechtlichen Regelung. Dies bedeutet, dass die nach Landesrecht zuständigen Behörden und Stellen tätig werden müssen und insbesondere die nach Landesrecht für die Verwaltung vorgesehenen vorläufigen Unterbringungsmaßnahmen zu treffen haben (OLG Frankfurt a. M. NJW 1992, 1395; BayObLG FamRZ 1992, 1221). 8

9 – § 312 Ziff. 4 FamFG erfasst damit allein das **gerichtliche** Unterbringungsverfahren bei der öffentlich-rechtlichen Unterbringung. Das Gericht wird jedoch nur auf Antrag, der zwingende Verfahrensvoraussetzung ist, tätig. Soweit vorläufige Maßnahmen nach § 331 ff. auch von Amts wegen möglich sein sollen (so OLG Frankfurt a. M. NJW 1992, 1395; BayObLG NJW 1992, 2709; FamRZ 2000, 566), ist dies durch die Regelung des § 51 Abs. 1 S. 1 FamFG überholt. Unberührt davon bleibt die Möglichkeit, von Amts wegen nach § 334 vorzugehen, soweit dessen Voraussetzungen vorliegen (vgl. dazu § 334 Rn. 1 ff.). Dies ist nur im Rahmen der Selbstgefährdung möglich. Form und Inhalt des Antrages sowie die Antragsberechtigung regelt das Landesrecht (Marschner/Lesting/Stahmann Kap. B Rn. 85 ff.).

10 Ebenso umfasst wird nunmehr die Anordnung freiheitsentziehender Maßnahmen oder ärztlicher Zwangsmaßnahmen bei Volljährigen im Rahmen der öffentlich-rechtlichen Unterbringung (siehe BVerfG NJW 2018, 2619).

11 Soweit es um die **öffentlich-rechtliche Unterbringung von Betreuten** geht, hat der Betreuer die sich aus dem Aufgabenkreis und ggf. aus Landesrecht ergebenden Aufgaben wahrzunehmen (Walther BtPrax 2017, 217; zum Verhältnis zivilrechtlicher zu öffentlich-rechtlicher Unterbringung s. § 1831 Rn. 46).

12 §§ 312 ff. finden keine Anwendung auf Freiheitsentziehungssachen nach §§ 415 ff. (insbesondere Abschiebungshaft; Absonderung nach § 30 Abs. 2 IfSG sowie polizeilicher Gewahrsam, hierzu Marschner/Lesting/Stahmann Kap. E und F) sowie Unterbringungen nach dem Strafgesetzbuch (§§ 63, 64, 66 StGB) und der Strafprozessordnung (§ 81 StPO).

II. Sachliche Zuständigkeit

13 Für alle Unterbringungssachen nach §§ 312 ff. sind die **Betreuungsgerichte** bei den Amtsgerichten zuständig (§ 23c GVG). Die Bundesländer können durch Rechtsverordnung Angelegenheiten der freiwilligen Gerichtsbarkeit und damit Betreuungs- und Unterbringungssachen einem Amtsgericht für den Bezirk mehrerer Amtsgerichte zuweisen (§ 23d GVG).

§ 313 Örtliche Zuständigkeit

(1) **Ausschließlich zuständig für Unterbringungssachen nach § 312 Nummer 1 bis 3 ist in dieser Rangfolge:**

1. **das Gericht, bei dem ein Verfahren zur Bestellung eines Betreuers eingeleitet oder das Betreuungsverfahren anhängig ist;**
2. **das Gericht, in dessen Bezirk der Betroffene seinen gewöhnlichen Aufenthalt hat;**
3. **das Gericht, in dessen Bezirk das Bedürfnis für die Unterbringungsmaßnahme hervortritt;**
4. **das Amtsgericht Schöneberg in Berlin, wenn der Betroffene Deutscher ist.**

(2) [1]**Für einstweilige Anordnungen oder einstweilige Maßregeln ist auch das Gericht zuständig, in dessen Bezirk das Bedürfnis für die Unterbringungsmaßnahme bekannt wird.** [2]**In den Fällen einer einstweiligen Anordnung oder einstweiligen Maßregel soll es dem nach Absatz 1 Nr. 1 oder Nr. 2 zuständigen Gericht davon Mitteilung machen.**

(3) [1]**Ausschließlich zuständig für Unterbringungsmaßnahmen nach § 312 Nummer 4 ist das Gericht, in dessen Bezirk das Bedürfnis für die Unterbringungsmaßnahme hervortritt.** [2]**Befindet sich der Betroffene bereits in einer Einrichtung zur freiheitsentziehenden Unterbringung, ist das Gericht ausschließlich zuständig, in dessen Bezirk die Einrichtung liegt.**

(4) [1]**Ist für die Unterbringungssache ein anderes Gericht zuständig als dasjenige, bei dem ein die Unterbringung erfassendes Verfahren zur Bestellung eines Betreuers eingeleitet ist, teilt dieses Gericht dem für die Unterbringungssache zuständigen Gericht die Aufhebung der Betreuung, den Wegfall des Aufgabenbereiches Unterbringung und einen Wechsel in der Person des Betreuers mit.** [2]**Das für die Unterbringungssache zuständige Gericht teilt dem anderen Gericht die Unterbringungsmaßnahme, ihre Änderung, Verlängerung und Aufhebung mit.**

I. Anwendungsbereich

1 Die Vorschrift über die örtliche Zuständigkeit regelt die örtliche Zuständigkeit bei zivilrechtlicher und öffentlich-rechtlicher Unterbringung in Ergänzung des § 2 FamFG. Nach § 2 Abs. 2 FamFG bleibt die einmal begründete örtliche Zuständigkeit grundsätzlich erhalten (zur Abgabemöglichkeit siehe § 314). Die Vorschrift gilt auch bei ärztlichen Zwangsmaßnahmen, da es sich insoweit um eigenständige Verfahren handelt.

II. Örtliche Zuständigkeit bei zivilrechtlicher Unterbringung (Abs. 1)

2 Für die zivilrechtliche Unterbringung nach § 312 Nr. 1 und 2 ist grundsätzlich das Gericht örtlich zuständig, bei dem ein **Verfahren zur Bestellung eines Betreuers** eingeleitet oder das Betreuungsverfahren anhängig ist (Abs. 1 Nr. 1). Anhängigkeit in diesem Sinne bedeutet, dass zumindest ein vorläufiger Betreuer mit dem Aufgabenbereich Unterbringung bestellt ist. Es genügt aber auch die Einleitung eines Betreuungsverfahrens, das den Aufgabenbereich der Unterbringung umfasst.

3 Liegen die Voraussetzungen der Nr. 1 nicht vor,

- ist grundsätzlich zuständig das Gericht des **gewöhnlichen Aufenthaltes** des Betroffenen (Abs. 1 Nr. 2; zum Begriff des gewöhnlichen Aufenthalts → FamFG § 272 Rn. 4; OLG Köln BtPrax 2018, 78);
- bei Fehlen eines solchen im Inland oder fehlender Feststellbarkeit, das Gericht, in dessen Bezirk das **Fürsorgebedürfnis** hervortritt (Abs. 1 Nr. 3; → FamFG § 272 Rn. 5);
- hilfsweise bei Deutschen das Amtsgericht Schöneberg in Berlin-Schöneberg (Abs. 1 Nr. 4).

III. Zuständigkeit bei Eilmaßnahmen (Abs. 2)

4 Neben der Zuständigkeit des Gerichts nach Abs. 1 wird eine weitere Zuständigkeit für **Eilmaßnahmen** bei dem Gericht, in dem das Fürsorgebedürfnis hervor-

tritt, begründet. Dabei handelt es sich um einstweilige Anordnungen nach §§ 331 ff. sowie einstweilige Maßregeln nach § 334 iVm § 1867 BGB. Dem nach Abs. 1 Nr. 1 oder 2 zuständigen Gericht soll in diesem Fall eine Mitteilung gemacht werden, damit dieses die ggf. erforderlichen Entscheidungen treffen kann (zur entsprechenden Vorschrift im Betreuungsverfahren → FamFG § 272 Rn. 7 ff.).

IV. Zuständigkeit bei öffentlich-rechtlicher Unterbringung (Abs. 3)

5 Für die öffentlich-rechtliche Unterbringung nach § 312 Nr. 3 ist ausschließlich zuständig das Gericht, in dessen Bezirk ein **Fürsorgebedürfnis** (dh die akute Gefahrensituation) hervortritt. Die Anknüpfung an den gewöhnlichen Aufenthalt könnte bei vorübergehendem Aufenthalt des Betroffenen zu einer Anwendung auswärtigen Landesrechts führen, was vermieden werden sollte (BT-Drs. 11/4528, 218 und 233; BT-Drs. 11/6949, 83). Befindet sich der Betroffene bereits in einer Einrichtung zur freiheitsentziehenden Unterbringung, ist das Gericht des Unterbringungsortes ausschließlich zuständig (Abs. 3 S. 2). Dies gilt auch für den Fall, dass die zuständige Behörde den Betroffenen im Wege der Sofortunterbringung in diese Einrichtung verbringt. Auch der Unterbringungsantrag ist dann bei dem Gericht am Einrichtungsort zu stellen (OLG Hamm BtPrax 2009, 40).

V. Internationale Zuständigkeit

6 Die internationale Zuständigkeit deutscher Gerichte für zivilrechtliche Unterbringungen ist nunmehr in § 104 iVm § 99 Abs. 2 und 3 FamFG geregelt (siehe die Kommentierung zu § 104). Die öffentlich-rechtliche Unterbringung ist nach § 104 Abs. 3 FamFG bewusst nicht einbezogen worden (BT-Drs. 11/4528, 183).

VI. Funktionelle Zuständigkeit

7 Für Unterbringungssachen nach § 312 ist ausschließlich der **Richter** zuständig, da eine Zuweisung an den Rechtspfleger fehlt. Ein Richter auf Probe darf im ersten Jahr nach seiner Ernennung keine Geschäfte des Betreuungsrichters und damit auch keine Unterbringungssachen wahrnehmen (§ 23c Abs. 2 GVG).

VII. Mitteilungspflichten (Abs. 4)

8 In Abs. 4 werden gegenseitige Mitteilungspflichten geregelt, wenn für das Betreuungsverfahren und das Unterbringungsverfahren verschiedenen Gerichte zuständig sind. Die Vorschrift gilt auch für öffentlich-rechtliche Unterbringungsverfahren. Durch die Mitteilungen sollen Veränderungen im Betreuungs- bzw. Unterbringungsverfahren durch das jeweils andere Gericht möglichst kurzfristig berücksichtigt werden können.

§ 314 Abgabe der Unterbringungssache

Das Gericht kann die Unterbringungssache abgeben, wenn der Betroffene sich im Bezirk des anderen Gerichts aufhält und die Unterbringungs-

maßnahme dort vollzogen werden soll, sofern sich dieses zur Übernahme des Verfahrens bereit erklärt hat.

I. Anwendungsbereich

Die Vorschrift erstreckt die Möglichkeit der Abgabe auch auf die öffentlich-rechtliche Unterbringung. Es handelt sich um eine besondere Regel, die § 4 FamFG ergänzt. Voraussetzung für die Abgabe ist, dass sich der Betroffene im Bezirk des anderen Gerichts aufhält und dort untergebracht werden soll. Die erleichterte Abgabemöglichkeit dient dem Zweck, dass insbesondere die Anhörung des Betroffenen nach § 319 durch das Gericht erfolgt, in dessen Bezirk der Betroffene untergebracht ist. 1

II. Abgabe bei der zivilrechtlichen Unterbringung

Soll ein zivilrechtliches Unterbringungsverfahren abgegeben werden, ist nach der Neuregelung durch das 2. BtÄndG nicht mehr danach zu unterscheiden, ob eine Betreuung, deren Aufgabenbereich die Unterbringung umfasst, anhängig ist oder nicht. Vielmehr ist die Abgabe in beiden Fällen in das Ermessen des Gerichts gestellt. 2

Es müssen jedoch folgende Voraussetzungen vorliegen: 3

a) Ein **wichtiger Grund** ist in Abweichung von § 4 für die Abgabe nicht erforderlich (aA OLG Karlsruhe NZFam 2015, 965; Sternal/Giers FamFG § 314 Rn. 4). Der Gesetzgeber wollte dadurch die Abgabe des Unterbringungsverfahrens unabhängig von der eventuellen Anhängigkeit eines Betreuungsverfahrens bzw. der Abgabe des Betreuungsverfahrens erleichtern und ermöglichen, dass eine Abgabe an das Gericht, in dessen Bezirk die Unterbringungsmaßnahme vollzogen wird, gerade in den Fällen erfolgt, in denen die Unterbringungseinrichtung weit von dem bisherigen Wohnort des Betroffenen entfernt ist (OLG München FamRZ 2008, 1117 Ls.; BT-Drs. 15/2494, 43). Es genügt der tatsächliche Aufenthalt des Betroffenen im Bezirk des anderen Gerichts (KG BtPrax 2010, 235). Ob die Abgabe im Einzelfall sinnvoll ist, liegt im Ermessen des abgebenden Gerichts. Dabei ist einerseits zu beachten, dass das Gesetz grundsätzlich die Konzentration von Maßnahmen bei einem zuständigen Richter befürwortet, andererseits mit Rücksicht auf seine Reisetätigkeit dem Richter eine Abgabemöglichkeit schafft. Eine Abgabe scheidet daher von vornherein aus, wenn an ein benachbartes oder nicht weit entferntes Gericht abgegeben werden soll (OLG Stuttgart FamRZ 1986, 821; aA OLG Karlsruhe NZFam 2015, 965). Eine Abgabe kann auch dann erst in Betracht kommen, wenn die Ermittlungen des Gerichts eine ausreichende Wahrscheinlichkeit dafür bieten, dass die Unterbringung des Betroffenen notwendig ist und von einer gewissen Dauer sein wird (vgl. dazu OLG Schleswig Rpfleger 1983, 352). Im Übrigen sind die Interessen des Betroffenen und des Betreuers gerade auch im Hinblick auf den persönlichen Kontakt im Rahmen der Ermessensentscheidung abzuwägen.

b) **Anhörung** der Beteiligten nach § 4 S. 2 FamFG. Es handelt sich um eine Soll-Vorschrift. In der Regel muss rechtliches Gehör gewährt werden, ohne dass es einer mündlichen Anhörung bedarf. Eine Ausnahme kommt nur in besonders eiligen Fällen in Betracht. Die Zustimmung des gesetzlichen Vertre- 4 ters ist entfallen (zur Parallelvorschrift im Betreuungsverfahren → FamFG § 273 Rn. 7).

5 c) **Übernahmebereitschaft** des anderen Gerichts. Kommt es unter den beteiligten Gerichten zu einem Abgabestreit, so entscheidet das nächsthöhere gemeinsame Gericht (§ 5 Abs. 1 Nr. 5; → FamFG § 273 Rn. 13).

6 Für **einstweilige Anordnungen und Maßregeln** nach §§ 331 ff. ergibt sich die Zuständigkeit des Übernahmegerichts aus § 313 Abs. 2 Satz 1, weil in der Regel von einem akuten Unterbringungsbedürfnis auszugehen ist (s. Sternal/Giers FamFG Rn. 6). Mit der Übernahme wird das Gericht auch für die Verlängerung einer Unterbringungsmaßnahme nach § 329 Abs. 2 zuständig. Über Beschwerden entscheidet das dem zuständig gewordenen Gericht übergeordnete Landgericht (LG Darmstadt BtPrax 2018, 43 Ls.).

III. Abgabe bei öffentlich-rechtlicher Unterbringung

7 Auch bei der öffentlich-rechtlichen Unterbringung besteht eine Abgabemöglichkeit entsprechend den vorstehenden für die zivilrechtliche Unterbringung dargelegten Kriterien. Dies ermöglicht eine größere Flexibilität auch im Verfahren der öffentlich-rechtlichen Unterbringung (Sternal/Giers FamFG Rn. 6).

§ 315 Beteiligte

(1) **Zu beteiligen sind**

1. **der Betroffene,**
2. **der Betreuer,**
3. **der Bevollmächtigte im Sinne des § 1814 Absatz 3 Satz 2 Nummer 1 des Bürgerlichen Gesetzbuchs.**

(2) **Der Verfahrenspfleger wird durch seine Bestellung als Beteiligter zum Verfahren hinzugezogen.**

(3) **Die zuständige Behörde ist auf ihren Antrag als Beteiligte hinzuzuziehen.**

(4) [1]**Beteiligt werden können im Interesse des Betroffenen**

1. **dessen Ehegatte oder Lebenspartner, wenn die Ehegatten oder Lebenspartner nicht dauernd getrennt leben, sowie dessen Eltern und Kinder, wenn der Betroffene bei diesen lebt oder bei Einleitung des Verfahrens gelebt hat, sowie die Pflegeeltern,**
2. **eine von ihm benannte Person seines Vertrauens,**
3. **der Leiter der Einrichtung, in der der Betroffene lebt.**

[2]**Das Landesrecht kann vorsehen, dass weitere Personen und Stellen beteiligt werden können.**

I. Anwendungsbereich

1 Die Vorschrift knüpft an § 7 FamFG an und ist für die zivilrechtliche und öffentlich-rechtliche Unterbringung anwendbar (zur Neuregelung des Beteiligtenbegriffs → FamFG § 274 Rn. 1 ff.; Fröschle BtPrax 2009, 155). Nach § 7 Abs. 3 FamFG sind mögliche Beteiligte von dem Betreuungsgericht über die Einleitung des Unterbringungsverfahrens zu benachrichtigen und auf ihr Antrags-

recht hinzuweisen. In dem Referentenentwurf (Vorb. § 312 FamFG) wird als weiterer Kann-Beteiligter in den Fällen des § 1832 Abs. 2 BGB der Leiter der Einrichtung oder die verantwortliche Person der Stelle benannt, in der die ärztliche Zwangsmaßnahme durchgeführt werden soll.

II. Muss-Beteiligte (Abs. 1–3)

Zwingend zu beteiligen am Unterbringungsverfahren sind 2

- der **Betroffene** (so bereits § 7 Abs. 2 Nr. 1),
- der **Betreuer** ohne Rücksicht darauf, ob sein Aufgabenkreis betroffen ist (anders in § 274 Abs. 1 Nr. 2),
- der **Bevollmächtigte,** auch wenn es sich um eine öffentlich-rechtliche Unterbringung handelt (Sternal/Giers FamFG § 315 Rn. 4; siehe OLG Hamm FamRZ 2007, 934),
- der **Verfahrenspfleger** mit seiner Bestellung, die im Unterbringungsverfahren in aller Regel zu erfolgen hat (→ FamFG § 317 Rn. 2 ff.),
- die **zuständige Behörde,** wenn diese es beantragt (Abs. 3). Dies betrifft die Betreuungsbehörde in zivilrechtlichen Unterbringungsverfahren. In Verfahren der öffentlich-rechtlichen Unterbringung ist die nach Landesrecht zuständige Behörde bereits als Antragsteller nach § 7 Abs. 1 FamFG zu beteiligen.

III. Kann-Beteiligte (Abs. 4)

Der Kreis der Familienangehörigen, die nach Abs. 4 beteiligt werden können, ist enger gezogen als im Betreuungsverfahren nach § 274 Abs. 4 Nr. 1. Die Beteiligung erfolgt nach § 7 Abs. 3 FamFG von Amts wegen oder auf Antrag (zum Verfahren → FamFG § 274 Rn. 11). 3

Nach Abs. 4 können beteiligt werden im Interesse des Betroffenen

- der nicht dauernd getrenntlebende **Ehegatte oder Lebenspartner,**
- die **Eltern und Kinder** bei häuslicher Gemeinschaft im Zeitpunkt der Einleitung des Verfahrens. Elternteil ist auch der nichteheliche Vater. Ob der Elternteil sorgeberechtigt ist, ist unbeachtlich. Kinder im Sinne der Nr. 1 sind volljährige (auch Adoptiv- und nichteheliche) Kinder.
- die Pflegeeltern (→ FamFG § 303 Rn. 5),
- eine **Vertrauensperson,** die allerdings anders als nach § 274 Abs. 4 Nr. 1 von dem Betroffenen benannt sein muss (Nr. 2). Hierbei kann es sich auch um einen nichtehelichen Lebensgefährten handeln. Betroffene sollten vom Gericht befragt werden, ob sie eine Vertrauensperson benennen wollen (HK-BUR/Bauer § 315 Rn. 48).
- der **Leiter** der Einrichtung, in der der Betroffene lebt. Dieser kann seine Rechte und Pflichten in der üblichen Weise auf andere Bedienstete der Einrichtung delegieren (BT-Drs. 11/4528, 184).

Nach Landesrecht kann vorgesehen werden, dass weitere Personen und Stellen beteiligt werden können.

§ 316 Verfahrensfähigkeit

In Unterbringungssachen ist der Betroffene ohne Rücksicht auf seine Geschäftsfähigkeit verfahrensfähig.

I. Anwendungsbereich

1 Von § 316 werden alle Verfahren über Unterbringungsmaßnahmen nach den §§ 312 ff. erfasst, auch die Verfahren über ärztliche Zwangsmaßnahmen.

II. Umfang der Verfahrensfähigkeit

2 Der Betroffene kann, um nicht zum bloßen Verfahrensobjekt zu werden, auch bei Vorliegen von Geschäftsunfähigkeit alle Verfahrenshandlungen vornehmen und einen Rechtsanwalt beauftragen (vgl. dazu und zum Verhältnis zum Verfahrenspfleger und dessen Handlungen → FamFG § 275 Rn. 4 ff.).

§ 317 Verfahrenspfleger

(1) [1]**Das Gericht hat dem Betroffenen einen geeigneten Verfahrenspfleger zu bestellen, wenn dies zur Wahrnehmung der Interessen des Betroffenen erforderlich ist.** [2]**Die Bestellung ist insbesondere erforderlich, wenn von einer Anhörung des Betroffenen abgesehen werden soll.** [3]**Bei der Genehmigung einer Einwilligung in eine ärztliche Zwangsmaßnahme oder deren Anordnung ist die Bestellung eines Verfahrenspflegers stets erforderlich.**

(2) **Bestellt das Gericht dem Betroffenen keinen Verfahrenspfleger, ist dies in der Entscheidung, durch die eine Unterbringungsmaßnahme genehmigt oder angeordnet wird, zu begründen.**

(3) [1]**Der Verfahrenspfleger hat die Wünsche, hilfsweise den mutmaßlichen Willen des Betroffenen festzustellen und im gerichtlichen Verfahren zur Geltung zu bringen.** [2]**Er hat den Betroffenen über Gegenstand, Ablauf und möglichen Ausgang des Verfahrens in geeigneter Weise zu informieren und ihn bei Bedarf bei der Ausübung seiner Rechte im Verfahren zu unterstützen.** [3]**Er ist nicht gesetzlicher Vertreter des Betroffenen.**

(4) [1]**Als Verfahrenspfleger ist eine natürliche Person zu bestellen.** [2]**Wer Verfahrenspflegschaften im Rahmen seiner Berufsausübung führt, soll nur dann zum Verfahrenspfleger bestellt werden, wenn keine andere geeignete Person zur Verfügung steht, die zur ehrenamtlichen Führung der Verfahrenspflegschaft bereit ist.**

(5) **Die Bestellung eines Verfahrenspflegers soll unterbleiben oder aufgehoben werden, wenn die Interessen des Betroffenen von einem Rechtsanwalt oder einem anderen geeigneten Verfahrensbevollmächtigten vertreten werden.**

(6) **Die Bestellung endet, sofern sie nicht vorher aufgehoben wird, mit der Rechtskraft der Endentscheidung oder mit dem sonstigen Abschluss des Verfahrens.**

(7) **Die Bestellung eines Verfahrenspflegers oder deren Aufhebung sowie die Ablehnung einer derartigen Maßnahme sind nicht selbständig anfechtbar.**

(8) **Dem Verfahrenspfleger sind keine Kosten aufzuerlegen.**

I. Anwendungsbereich

Die Vorschrift findet auf alle Verfahren nach den §§ 312 ff. Anwendung, also auch bei der Genehmigung einer Einwilligung in eine ärztliche Zwangsmaßnahme oder deren Anordnung (Abs. 1 S. 3). Abs. 3 wurde durch das Gesetz zur Reform des Vormundschafts- und Betreuungsrechts vom 4.5.2021 eingefügt. Dadurch wird auch im Verfahrensrecht die mit der Reform verfolgte stärkere Bindung an die Wünsche und den Willen des Betroffenen umgesetzt (zu den Neuregelungen Weber BtPrax 2023, 131 und 157; zu Defiziten in der Praxis Dodegge BtPrax 2025, 162). 1

In dem Referentenentwurf (vor § 312 FamFG) werden die Vorschriften über den Verfahrenspfleger vollständig neu gefasst. § 317 regelt danach nur noch die Bestellung der Verfahrenspflegers. Nach § 317 Abs. 1 ist in allen Unterbringungssachen so früh wie möglich ein Verfahrenspfleger zu bestellen. Nach § 317 Abs. 2 ist vorrangig ein berufsmäßiger Verfahrensbeistand zu bestellen. Die bisherigen Absätze 5 bis 7 werden Absätze 3 bis 5. 1a

Der neue § 317a regelt neu die Eignungsvoraussetzungen für Verfahrenspfleger sowie den Nachweis der Eignung und orientiert sich dabei an den im BtOG und in der BtRegV geregelten Eignungsvoraussetzungen für berufliche Betreuer. Er lautet:

Eignung des Verfahrenspflegers; Nachweis der Eignung

(1) Geeignet im Sinne des § 317 Absatz 1 ist eine Person, die Kenntnisse auf den Gebieten des Betreuungsrechts, insbesondere im Bereich der Unterbringungssachen, und des dazugehörigen Verfahrensrechts sowie im Bereich der Vermeidung von Freiheitsentziehungen und ärztlichen Zwangsmaßnahmen und in Betracht kommender medizinischer Behandlungsmöglichkeiten hat und über Kenntnisse der betreuungsspezifischen Kommunikation und Methoden der unterstützten Entscheidungsfindung verfügt.

(2) Die nach Absatz 1 erforderlichen Kenntnisse sind auf Verlangen des Gerichts nachzuweisen. Der Nachweis kann insbesondere über eine Registrierung als beruflicher Betreuer nach § 24 des Betreuungsorganisationsgesetzes, eine sozialpädagogische, pflegerische, juristische oder psychologische Berufsqualifikation oder eine für die Tätigkeit als Verfahrenspfleger spezifische Zusatzqualifikation erbracht werden.

Der neue § 317b Abs. 1 übernimmt im Wesentlichen die Vorschrift des bestehenden § 317 Abs. 3 (Aufgaben und Rechtsstellung der Verfahrenspflegers) und ergänzt sie durch die Verpflichtung, Gespräche mit Angehörigen und Vertrauenspersonen zu führen, soweit dies erforderlich ist und der Betroffene zustimmt. Abs. 2 regelt neu die Verpflichtung des Verfahrenspflegers, über seine nach Abs. 1 erbrachten Tätigkeiten (Feststellung der Wünsche bzw. des mutmaßlichen Willens des Betroffenen, erforderliche Dauer der Unterbringung) eine schriftliche Stellungnahme vorzulegen, es sei denn es handelt sich um Verfahren der einstweiligen Anordnung nach §§ 331, 332 FamFG.

II. Voraussetzungen (Abs. 1)

Das Gesetz sieht in Abs. 1 S. 2 eine **zwingende** Verfahrenspflegerbestellung für den Fall vor, dass von der persönlichen Anhörung erhebliche Nachteile für die Gesundheit des Betroffenen zu besorgen sind oder der Betroffene offensichtlich nicht in der Lage ist, seinen Willen kundzutun, und deswegen die Anhörung unterbleibt (§ 34 Abs. 2 FamFG). 2

Gleich zu behandeln ist der Fall, dass von der Bekanntmachung der Entscheidungsgründe nach § 325 Abs. 1 gegenüber dem Betroffenen abgesehen werden soll oder dem Betroffenen der Inhalt des Sachverständigengutachtens nicht oder nicht vollständig zur Kenntnis gegeben wird (Sternal/Giers FamFG § 317 Rn. 3; OLG München BtPrax 2006, 35).

Die obligatorische Bestellung eines Verfahrenspflegers bei der Genehmigung der Einwilligung in eine ärztliche Zwangsmaßnahme oder deren Anordnung ist nunmehr in Abs. 1 S. 3 geregelt (hierzu bereits Lindemann BtPrax 2013, 44; Grotkopp BtPrax 2013, 83 (89); zu den Aufgaben des Verfahrenspflegers in diesen Verfahren Leeb/Weber BtPrax 2013, 95).

3 Im Übrigen ist eine Verfahrenspflegerbestellung vorzunehmen, soweit dies zur Wahrnehmung der Interessen des Betroffenen **erforderlich** ist. Ein Ermessen besteht insoweit nicht (Sternal/Giers FamFG § 317 Rn. 3). Wegen der Schwere des Grundrechtseingriffs muss es im Falle der zivilrechtlichen und öffentlich-rechtlichen Unterbringung in der Regel zu einer Verfahrenspflegerbestellung kommen (EGMR NJW 1992, 2945 (2946); OLG Schleswig BtPrax 1994, 62 (63); OLG Köln BtPrax 2008, 35; KG BtPrax 2008, 42; Marschner/Lesting/Stahmann Kap. D § 317 Rn. 4; Klüsener FamRZ 1994, 487 (488)). Dementsprechend sieht der Referentenentwurf **eine verbindliche Verfahrenspflegerbestellung in allen Unterbringungssachen** vor.

4 Im Rahmen einer Gesamtabwägung ist festzustellen, ob der Betroffene in ausreichendem Maße sein Recht auf **rechtliches Gehör** wahrnehmen kann. Ist ihm das auf Grund seiner Krankheit, seiner geistigen Fähigkeiten oder der verabreichten Medikation nur eingeschränkt oder gar nicht mehr möglich, weil er zu Behauptungen von Zeugen, Sachverständigen und gesetzlichem Vertreter nicht Stellung nehmen kann, ist eine Verfahrenspflegerbestellung unerlässlich.

5 Darüber hinaus kann im Rahmen einer zivilrechtlichen Unterbringungsmaßnahme die **Interessenkollision** des gesetzlichen Vertreters mit dem Betroffenen bei eigener Betroffenheit des gesetzlichen Vertreters vom Verhalten des Betroffenen oder Handeln gegen dessen natürlichen Willen eine Verfahrenspflegerbestellung erzwingen (Sternal/Giers FamFG § 317 Rn. 2; Marschner/Lesting/Stahmann Kap. D § 317 Rn. 5; BayObLG NJW 1990, 774 zu § 64b FGG aF; Schumacher FamRZ 1991, 280 (283)). Dies gilt grundsätzlich auch für unterbringungsähnliche Maßnahmen nach § 1831 Abs. 4 BGB. Zwar wird überwiegend vertreten, im Falle unterbringungsähnlicher Maßnahmen sei nach Art, Intensität und Dauer der Maßnahmen zu differenzieren. Das Anbringen eines Bettgitters kann danach anders zu beurteilen sein als das längerfristige Anlegen eines Bauchgurtes (Sternal/Giers FamFG § 317 Rn. 2a). Gerade die typischen Sicherungsmaßnahmen in Einrichtungen (→ BGB § 1831 Rn. 35) sowie Fixierungen stellen aber einen so gewichtigen Grundrechtseingriff dar, dass regelmäßig die Bestellung eines Verfahrenspflegers geboten ist (s. BVerfG BtPrax 2018, 188; ebenso Sternal/Giers FamFG § 317 Rn. 2a). Wird der Betroffene von einem Verfahrensbevollmächtigten (sachkundigen Verwandten, Rechtsanwalt) vertreten, scheidet eine Verfahrenspflegerbestellung in der Regel aus (Abs. 5; s. LG Bremen FamRZ 2005, 222). Dies gilt auch bei Verfahren über die Genehmigung oder Anordnung ärztlicher Zwangsmaßnahmen.

6 Sieht das Gericht von einer Verfahrenspflegerbestellung ab, so ist das nach § 317 Abs. 2 in der Entscheidung auf den konkreten Fall zugeschnitten zu begründen (LG Köln BtPrax 1992, 74 (75)). Eine formularmäßige Begründung scheidet

daher aus (Brosey/Lesting/Loer/Marschner BetreuungsR Rn. 686; OLG Schleswig BtPrax 1994, 62).

III. Bestellungsverfahren

Der Betreuungsrichter bestellt den Verfahrenspfleger so früh wie möglich. Die Bestellung hat so frühzeitig zu erfolgen, dass der Verfahrenspfleger noch Einfluss auf die Entscheidung nehmen kann (BGH FamRZ 2025, 383; BtPrax 2017, 38; 2011, 125). Der Beschluss über die Bestellung eines Verfahrenspflegers wird mit Bekanntgabe an diesen wirksam (§ 40 Abs. 1 FamFG). Das Gericht wählt die **Person** des Verfahrenspflegers nach pflichtgemäßem Ermessen aus, wobei nicht nur Rechtsanwälte, sondern insbesondere auch Sozialarbeiter in Betracht kommen. Dabei ist auf eine kritische Distanz zum gesetzlichen Vertreter und psychiatrischen Sachverständigen einerseits und die Fähigkeit, auf den Betroffenen eingehen zu können, andererseits zu achten. Bei freiheitsentziehenden Maßnahmen nach § 1831 Abs. 4 BGB kommt auch eine **Pflegefachkraft als Verfahrenspfleger** in Betracht (zum „Werdenfelser Weg" Kirsch/Wassermann BtPrax 2009, 109; Beckmann BtPrax 2014, 53; kritisch hierzu MüKoFamFG/Schmidt-Recla Rn. 9a). Nach Abs. 4 soll ein berufsmäßig tätiger Verfahrenspfleger nur bestellt werden, wenn eine **ehrenamtliche Person** nicht zur Verfügung steht. Dadurch werden Staatskasse bzw. der Betroffene nicht mit den Kosten eines berufsmäßig tätigen Verfahrenspflegers belastet. Allerdings ist gerade in Unterbringungsverfahren abzuwägen, ob nicht ein professioneller Verfahrenspfleger eher geeignet ist, die Grundrechte des Betroffenen zu schützen. 7

IV. Rechtsstellung des Verfahrenspflegers (Abs. 3)

Der Verfahrenspfleger ist nicht gesetzlicher Vertreter des Betroffenen (Abs. 3 S. 3). Die Verfahrenspflegschaft ist eine Pflegschaft eigener Art (→ FamFG § 276 Rn. 18). Der Verfahrenspfleger kann daher keine Verfahrenshandlungen in Vertretung des Betroffenen vornehmen und insbesondere keine Rechtsmittel im Namen des Betroffenen einlegen, es sei denn der Betroffene hat ihn ausdrücklich zum Verfahrensbevollmächtigten bestellt (BGH FamRZ 2018, 1777). Er kann auch nicht im Namen des Betroffenen Verfahrenskostenhilfe beantragen (BGH BtPrax 2023, 219). Der Verfahrenspfleger hat den Betroffenen über den Gang des Verfahrens zu informieren und in erster Linie die Pflicht, den Verfahrensgarantien des Betroffenen, insbesondere dem Anspruch auf rechtliches Gehör, Geltung zu verschaffen. Er hat die Wünsche oder den mutmaßlichen Willen des Betroffenen festzustellen und in das Verfahren einzubringen (Abs. 3 S. 1; so bereits die Rechtsprechung BVerfG BtPrax 2018, 188; BtPrax 2013, 150; BGH FamRZ 2009, 1656). Der Verfahrenspfleger ist an allen Verfahrenshandlungen im selben Umfang wie der Betroffene zu beteiligen und insbesondere zu der Anhörung des Betroffenen zu laden (BGH BtPrax 2020, 219 und 2023, 22; FamRZ 2025, 383), das Sachverständigengutachten ist ihm zugänglich zu machen (BGH BtPrax 2021, 34 und 142; 2017, 38; 2013, 150; 2011, 125; BayObLG FamRZ 2002, 629; OLG Köln BtPrax 2008, 25). Um seinen gesetzlichen Pflichten gerecht zu werden, hat der Verfahrenspfleger zwingend an der Anhörung des Betroffenen teilzunehmen (aA für das Betreuungsverfahren BGH FamRZ 2025, 1740). Der Verfahrenspfleger ist auch berechtigt, im Interesse des Betroffenen Verfassungsbeschwerde einzulegen 8

(BVerfG BtPrax 2018, 188; NJW 2018, 2185 zum Unterbringungsverfahren; BtPrax 2013, 150 für das Betreuungsverfahren). Dies ist gerade in den Verfahren über die Unterbringung und ärztliche Zwangsmaßnahmen von erheblicher praktischer Bedeutung, weil bei einstweiligen Anordnungen nach §§ 331 ff. keine Möglichkeit der Rechtsbeschwerde zum BGH besteht (§ 70 Abs. 4).

V. Beendigung der Verfahrenspflegschaft, Anfechtbarkeit (Abs. 6, 7)

9 Die Verfahrenspflegschaft endet mit formeller Rechtskraft der verfahrensabschließenden Endentscheidung, mit dem sonstigen Verfahrensabschluss (zB Rücknahme des Antrages, Entlassung des Betroffenen) oder mit der Aufhebung. Entscheidungen über die Bestellung eines Verfahrenspflegers sind nach nunmehr ausdrücklicher gesetzlicher Regelung in Abs. 7 nicht anfechtbare Zwischenentscheidungen. Dies entspricht früherer Rechtsprechung (BGH BtPrax 2003, 266) und gilt auch für die Feststellung, die Verfahrenspflegschaft erfordere anwaltsspezifische Tätigkeiten (BGH NJW 2013, 3040). Die Verfahrenspflegerbestellung umfasst nicht automatisch die Verlängerung des Unterbringungsverfahrens.

VI. Kostentragung (Abs. 8)

10 Der Verfahrenspfleger kann nicht mit Kosten insbesondere für ein erfolglos eingelegtes Rechtsmittel belastet werden. Zu den Vergütungs- und Aufwendungsersatzansprüchen des Verfahrenspflegers siehe § 318.

VII. Beschlussformel

11 S. → FamFG § 276 Rn. 24.

§ 318 Vergütung und Aufwendungsersatz des Verfahrenspflegers

Für die Vergütung und den Aufwendungsersatz des Verfahrenspflegers gilt § 277 entsprechend.

1 Zur Vergütung des Verfahrenspflegers vgl. grundsätzlich **§ 277.** Ist ein anwaltlicher Verfahrenspfleger in einem Verfahren über die Genehmigung der Unterbringung nach § 1831 Abs. 1 BGB sowie einer freiheitsentziehenden Maßnahme nach § 1831 Abs. 4 BGB bestellt, handelt es sich nicht um dieselbe Angelegenheit mit der Folge, dass beide Tätigkeiten abgerechnet werden können (BGH NJW 2012, 3728). Die Umsätze aus der Tätigkeit als Verfahrenspfleger in Unterbringungssachen sind von der Umsatzsteuer befreit (BFH FamRZ 2022, 896).

In dem Referentenentwurf (vor § 312 FamFG) werden Vergütung und Aufwendungsersatz des Verfahrenspflegers nunmehr eigenständig ohne Verweisung auf § 277 FamFG geregelt. Die Notwendigkeit ergibt sich daraus, dass nach der Neuregelung vorrangig ein berufsmäßiger Verfahrenspfleger bestellt wird. In der Bestellung ist festzustellen, ob die Verfahrenspflegschaft berufsmäßig oder ehrenamtlich geführt wird (Abs. 1). Im Übrigen entspricht die Vorschrift den in Bezug genommenen bisherigen Regelungen. Abs. 6 entspricht dem bisherigen § 317 Abs. 8.

§ 319 Persönliche Anhörung des Betroffenen

(1) [1]**Das Gericht hat den Betroffenen vor einer Unterbringungsmaßnahme persönlich anzuhören und sich einen persönlichen Eindruck von ihm zu verschaffen.** [2]**Den persönlichen Eindruck verschafft sich das Gericht, soweit dies erforderlich ist, in der üblichen Umgebung des Betroffenen.**

(2) [1]**In der Anhörung erörtert das Gericht mit dem Betroffenen das Verfahren, das Ergebnis des übermittelten Gutachtens und die mögliche Dauer einer Unterbringung.** [2]**Hat das Gericht dem Betroffenen nach § 317 einen Verfahrenspfleger bestellt, soll die persönliche Anhörung in dessen Anwesenheit stattfinden.**

(3) [1]**Soll eine persönliche Anhörung nach § 34 Abs. 2 unterbleiben, weil hiervon erhebliche Nachteile für die Gesundheit des Betroffenen zu besorgen sind, darf diese Entscheidung nur auf Grundlage eines ärztlichen Gutachtens getroffen werden.** [2]**Unterbleibt aus diesem Grund die persönliche Anhörung, so bedarf es auch keiner Verschaffung eines persönlichen Eindrucks.**

(4) **Verfahrenshandlungen nach Absatz 1 sollen nicht im Wege der Rechtshilfe erfolgen.**

(5) **Das Gericht kann den Betroffenen durch die zuständige Behörde vorführen lassen, wenn er sich weigert, an Verfahrenshandlungen nach Absatz 1 mitzuwirken.**

(6) [1]**Gewalt darf die Behörde nur anwenden, wenn das Gericht dies ausdrücklich angeordnet hat.** [2]**Die zuständige Behörde ist befugt, erforderlichenfalls um Unterstützung der polizeilichen Vollzugsorgane nachzusuchen.**

(7) [1]**Die Wohnung des Betroffenen darf ohne dessen Einwilligung nur gewaltsam geöffnet, betreten und durchsucht werden, wenn das Gericht dies zu dessen Vorführung zur Anhörung ausdrücklich angeordnet hat.** [2]**Bei Gefahr im Verzug kann die Anordnung nach Satz 1 durch die zuständige Behörde erfolgen.** [3]**Durch diese Regelung wird das Grundrecht auf Unverletzlichkeit der Wohnung aus Artikel 13 Absatz 1 des Grundgesetzes eingeschränkt.**

I. Anwendungsbereich

Die Vorschrift wurde durch das Gesetz zur Reform des Vormundschafts- und Betreuungsrechts vom 4.5.2021 modifiziert. Sie dient der Gewährung des rechtlichen Gehörs nach Art. 103 Abs. 1 GG und gehört zu den wesentlichen Verfahrensgarantien iSd Art. 104 Abs. 1 GG (BVerfG FamRZ 2018, 1025; zum Anspruch auf rechtliches Gehör im Unterbringungsverfahren BVerfG FamRZ 2022, 557). Sie gilt für alle Unterbringungsmaßnahmen einschließlich der unterbringungsähnlichen Maßnahmen nach § 312 Nr. 2 sowie der ärztlichen Zwangsmaßnahmen, soweit diese vom Gericht getroffen werden sollen, jedoch nicht 1 notwendig dann, wenn das Gericht eine solche Maßnahme ablehnen will (dafür gilt § 34 Abs. 1 FamFG). Über § 329 Abs. 2 findet sie bei Verlängerung von Unterbringungsmaßnahmen entsprechende Anwendung. Besondere Vorschriften gelten bei einstweiligen Anordnungen und Maßregeln nach §§ 331 ff. Im Übrigen gilt für Notwendigkeit und Form der Anhörung § 26 FamFG. In dem Referentenentwurf (vor § 312 FamFG) wird in Abs. 1 ergänzend geregelt, dass das Gericht sich in Verfahren nach § 1832 Abs. 2 BGB den persönlichen Eindruck an dem Ort verschafft, an dem die Maßnahme durchgeführt werden soll. In Abs. 2 wird ergänzend geregelt, dass sich die Erörterung auch auf die schriftliche Stellungnahme des Verfahrenspflegers nach dem neuen § 317b Abs. 2 FamFG, soweit diese vorliegt, erstrecken soll.

2 Ein Verstoß gegen § 319 ist ein **Verfahrensfehler,** der in aller Regel zur Feststellung der Rechtswidrigkeit durch das Beschwerdegericht auch im Fall der Erledigung führt (§ 62; s. BVerfG NJW 1990, 2309; BGH FamRZ 2025, 972; 2024, 1582; 2021, 462; BtPrax 2018, 196;).

II. Verfahrenshandlungen nach § 319

3 Das Gericht ist zur Vornahme folgender drei Verfahrenshandlungen verpflichtet:
– persönliche **Anhörung** des Betroffenen,
– Verschaffen des **persönlichen Eindrucks** von ihm,
– **Unterrichtung** des Betroffenen über den Verfahrensverlauf.

4 Das Gericht hat den Betroffenen **persönlich** (mündlich) **anzuhören** und verschafft sich einen unmittelbaren Eindruck in seiner Umgebung durch Augenscheinseinnahme. Dabei gestaltet sich der Inhalt der persönlichen Anhörung wie folgt (dazu Marschner/Lesting/Stahmann Kap. D § 319 Rn. 10 ff.; Zimmermann FamRZ 1990, 1308 (1310 ff.); Coeppicus FamRZ 1991, 892):
– Bekanntmachung mit dem Gegenstand des Verfahrens und Unterrichtung über den Verfahrensverlauf;
– Augenschein am Betroffenen und seiner Umgebung;
– Klärung der Frage, ob eine Unterbringungsmaßnahme und ggf. wie lange erforderlich ist (persönliches Bild von dem Betroffenen und seiner Erkrankung). Wie ist es zum Verfahren gekommen? Treffen die Äußerungen dritter Personen über Verhaltensweisen des Betroffenen in der Vergangenheit zu? Welche Hilfen stehen dem Betroffenen zur Verfügung? Wie ist das soziale Umfeld strukturiert; welche persönlichen Kontakte, auch zu Angehörigen, hat der Betroffene?
– Besprechung des Sachverständigengutachtens (Abs. 2 S. 1); dieses muss dem Betroffenen rechtzeitig vor der Anhörung in vollem Wortlaut vorliegen (BGH FamRZ 2025, 814 und 1921; 2023, 472; 2021, 462; 2018, 1196; BtPrax 2017, 29; 2013, 1726; BtPrax 2012, 116; 2011, 125);
– Feststellung, welche Angehörigen in das Verfahren einzubeziehen sind (§ 320);
– Benennt der Betroffene eine (ggf. auch mehrere) Vertrauensperson(en) (§ 315 Abs. 4 Nr. 2);
– Ist ein Verfahrenspfleger zu bestellen, falls dies noch nicht geschehen ist (hierzu § 317 Rn. 2 ff.) – Vorschlag des Betroffenen? Vertretung durch Anwalt?
– Prüfung der Unterrichtungsfähigkeit des Betroffenen (§ 338).

5 Über die persönliche Anhörung hat das Gericht einen **Vermerk** zu fertigen (§ 28 Abs. 4 FamFG; BGH FamRZ 2017, 996). Darin sind die wesentlichen

Vorgänge der Anhörung aufzunehmen. Inhalt und Umfang des Vermerks sind von den gegebenen Umständen abhängig, wobei es im Einzelfall angebracht sein kann, in Frage-Antwortform wörtlich zu protokollieren, während es je nach Krankheitsbild auch Fälle gibt, in denen das weder möglich noch sinnvoll sein wird.

Der Eindruck von dem Betroffenen als Ergebnis der Augenscheinseinnahme durch den Richter sollte immer protokolliert werden, insbesondere ob der Betroffene bei der Anhörung unter Medikamenteneinfluss steht. **6**

Die Anhörung des Betroffenen erfolgt nichtöffentlich, so dass außer dem Richter, dem Protokollführer, dem Verfahrenspfleger, dem Anwalt des Betroffenen, dem Sachverständigen weitere Personen kein Anwesenheitsrecht haben, soweit das Gericht diese nicht ausdrücklich zulässt und dem der Betroffene nicht widerspricht. Das Gericht muss umgekehrt der von dem Betroffenen benannten Vertrauensperson die Anwesenheit gestatten (§ 170 Abs. 1 S. 2 und 3 GVG). Ist diese jedoch nicht präsent, kann der Betroffene eine Wiederholung der Anhörung nicht verlangen. **7**

Die persönliche Anhörung und die Verschaffung des persönlichen Eindrucks können unter den Voraussetzungen des Abs. 3 iVm § 34 Abs. 2 FamFG unterbleiben, wenn dem Betroffenen schwerwiegende, insbesondere irreversible oder lebensgefährliche **gesundheitliche Schäden** drohen oder dieser offensichtlich nicht in der Lage ist, seinen Willen kundzutun; zur Klärung ist die Zuziehung eines nicht in der Unterbringungseinrichtung tätigen Sachverständigen geboten (Abs. 3; BGH FamRZ 2017, 1854; so bereits OLG Karlsruhe FamRZ 1999, 670). Wie im Betreuungsverfahren kommt ein Absehen von der Anhörung wegen der Corona-Pandemie nicht in Betracht (zum Betreuungsverfahren BGH FamRZ 2021, 138; zur Anhörung im Betreuungs- und Unterbringungsverfahren insoweit Braun FamRZ 2021, 737; Dodegge BtPrax 2020, 79). Ein Absehen von der Anhörung nach § 34 Abs. 3 FamFG kommt im Unterbringungsverfahren nicht in Betracht (Sternal/Giers FamFG Rn. 14; HK-BUR/Bauer § 319 Rn. 32; Marschner/Lesting/Stahmann Kap. D § 319 Rn. 18). **8**

Die Anhörung ist im Regelfall durch das Gericht selbst durchzuführen. Nur ausnahmsweise kann die Anhörung **im Wege der Rechtshilfe** erfolgen (Abs. 4; BGH FamRZ 2025, 1403; BtPrax 2020, 142; FamRZ 2017, 996; BtPrax 2016, 114; Sternal/Giers FamFG Rn. 7; Bienwald/Harm Rn. 13). Das fordert auch die Bedeutung von Unterbringungsmaßnahmen für die persönliche Freiheit des Betroffenen. Daher sind Ausnahmen in der Regel auch nicht bei unterbringungsähnlichen Maßnahmen denkbar, ebenso wenig bei der Verlängerung von Unterbringungsmaßnahmen nach § 329 Abs. 2. **9**

Den **persönlichen Eindruck** verschafft sich das Gericht in der üblichen Umgebung des Betroffenen (Wohnung, Altenheim, Krankenhaus oder Einrichtung). Dies ist auch in Form von Begleitung durch Personal der zuständigen Behörde vor vorläufigen Unterbringungen möglich. Mit der einschränkenden Formulierung „soweit erforderlich" zwingt das Gesetz das Gericht nicht in jedem Falle, die Anhörung in der üblichen Umgebung vornehmen zu müssen. Vielmehr hat es eine Abwägung dahingehend zu treffen, inwieweit im Hinblick auf zB den Zustand der Wohnung oder der Einrichtung dies unabweisbar erscheint. Aus der Vorführungsmöglichkeit nach Abs. 5 folgt, dass dem Betroffenen zunächst ein Widerspruchsrecht gegen ein Betreten seiner Wohnung zusteht, auch wenn § 278 Abs. 1 S. 3 Hs. 2 nicht unmittelbar anwendbar ist. **10**

III. Vorführung

11 Wie im Betreuungsverfahren besteht die Möglichkeit der Vorführung zur Erzwingung von Verfahrenshandlungen nach Abs. 1, wenn der Betroffene die Anhörung in der Wohnung und im Gericht verweigert (Abs. 5; → FamFG § 278 Rn. 17). Abs. 6 und 7 entsprechen § 278 Abs. 6 und 7 (hierzu die Kommentierung zu § 278 Abs. 6 und 7 sowie Schmidt-Recla FamRZ 2013, 255). Eine Anhörung in der Wohnung des Betroffenen gegen dessen Willen ist gesetzlich nicht vorgesehen (BVerfG BtPrax 2018, 111).

§ 320 Anhörung der sonstigen Beteiligten und der zuständigen Behörde

[1]Das Gericht hat die sonstigen Beteiligten anzuhören. [2]Es soll die zuständige Behörde anhören.

I. Anwendungsbereich

1 Die Vorschrift knüpft hinsichtlich der Anhörungspflicht an die Beteiligtenstellung nach § 315 an.

II. Anzuhörende Personen und Stellen

2 Die Anhörung der Beteiligten iSd § 315 vor einer Unterbringungsmaßnahme ist zwingend (OLG Düsseldorf FamRZ 1995, 118) und folgt bereits aus Art. 103 GG. Bei den Kann-Beteiligten nach § 315 Abs. 4 setzt dies ihre Hinzuziehung voraus. Unberührt bleibt eine weitergehende Anhörung auch nicht beteiligter Personen im Wege der Amtsermittlungspflicht als Auskunftsperson (§ 7 Abs. 6 FamFG).

3 Die zuständige **Behörde** soll unabhängig von ihrer Beteiligtenstellung nach § 315 Abs. 3 angehört werden. Zuständige Behörde ist:
- für Unterbringungsmaßnahmen nach § 312 Nr. 1 und Nr. 2 die Betreuungsbehörde nach § 1 ff. BtOG,
- bei Unterbringungsmaßnahmen nach § 312 Nr. 3 die jeweilige Behörde nach den Landesgesetzen über die Unterbringung psychisch Kranker (BT-Drs. 11/4528, 184). Diese ist allerdings als Antragstellerin bereits Muss-Beteiligte nach § 7 Abs. 1 FamFG.

III. Wesen der Anhörung

4 Die Anhörung dient der **Sachverhaltsaufklärung.** Die Anhörungen sind grundsätzlich keine Beweisaufnahmen, sondern Auskunftsmittel, so dass die Angehörten Auskunftspersonen und keine Zeugen sind. Daher besteht für sie keine Pflicht, sich äußern zu müssen. Ihre Äußerungen verwertet das Gericht im Freibeweis, wenn es sich um unwesentliche unstreitige Tatsachen handelt.

Die Anhörung geschieht in diesem Falle in der Weise, dass unter Setzung einer angemessenen Frist Gelegenheit zur Äußerung gegeben wird.

Haben die Angaben der Anzuhörenden jedoch wesentliche Bedeutung für die Entscheidung und sind diese bestritten, so ist die Form des Strengbeweises nach § 30 FamFG zu wählen, und die betroffenen Personen sind in diesem Fall Zeugen mit Zeugnispflicht, soweit dem nicht ein Zeugnisverweigerungsrecht entgegensteht. 5

Grundsätzlich ist der **Betroffene** über die Ergebnisse der Anhörung zu informieren. Die Auskunftspersonen können grundsätzlich keine Vertraulichkeit ihrer Äußerungen erwarten. Der Betroffene hat Anspruch darauf, den Inhalt der Information und den Informanten zu erfahren, soweit das Gericht die Angaben im Rahmen der Entscheidung verwerten will. Der Schutz der Auskunftspersonen tritt hinter dem Grundsatz des rechtlichen Gehörs zurück (Sternal/Jokisch FamFG § 34 Rn. 12 ff.). Zum Schutze des Betroffenen kann allerdings in analoger Anwendung des § 34 Abs. 2 FamFG von der Unterrichtung des Betroffenen abgesehen werden, wenn aus der Bekanntgabe nachteilige Folgen für den Gesundheitszustand des Betroffenen zu befürchten sind. 6

§ 321 Einholung eines Gutachtens

(1) [1]**Vor einer Unterbringungsmaßnahme hat eine förmliche Beweisaufnahme durch Einholung eines Gutachtens über die Notwendigkeit der Maßnahme stattzufinden.** [2]**Der Sachverständige hat den Betroffenen vor der Erstattung des Gutachtens persönlich zu untersuchen oder zu befragen.** [3]**Das Gutachten soll sich auch auf die voraussichtliche Dauer der Unterbringungsmaßnahme erstrecken.** [4]**Der Sachverständige soll Arzt für Psychiatrie sein; er muss Arzt mit Erfahrung auf dem Gebiet der Psychiatrie sein.** [5]**Bei der Genehmigung einer Einwilligung in eine ärztliche Zwangsmaßnahme oder bei deren Anordnung soll der Sachverständige nicht der zwangsbehandelnde Arzt sein.**

(2) **Für eine freiheitsentziehende Maßnahme nach § 312 Nummer 2 oder 4 genügt ein ärztliches Zeugnis.**

I. Anwendungsbereich

Die Vorschrift ist auf alle Unterbringungsmaßnahmen nach § 312 anwendbar. 1
In dem Referentenentwurf (vor § 312 FamFG) werden zwei neue Absätze eingefügt, der bisherige Abs. 2 wird Abs. 4. In dem neuen Abs. 2 wird geregelt, dass sich das Gutachten bei Genehmigungen nach § 1832 Abs. 2 BGB auch auf die Voraussetzungen des § 1832 Abs. 2 S. 2 Nr. 1 bis 4 BGB zu erstrecken hat. In Abs. 3 wird geregelt, dass in diesen Fällen der Leiter der Einrichtung oder die verantwortliche Person der Stelle, in der die ärztliche Zwangsmaßnahme durchgeführt werden soll, eine Bescheinigung darüber zu erstellen hat, durch welche Mittel die im konkreten Fall gebotene medizinische Versorgung des Betroffenen einschließlich der erforderlichen Nachbetreuung sichergestellt ist.

II. Sachverständigengutachten

§ 321 Abs. 1 verlangt die zwingende Einholung eines Sachverständigengutachtens durch das Gericht vor einer Unterbringungsmaßnahme nach § 312 im Wege 2 der förmlichen Beweisaufnahme (§ 30 FamFG) mit Ausnahme der freiheitsentziehenden Maßnahmen (dazu → Rn. 9). Vor der Einholung eines Gutachtens nach § 312 ist der Betroffene über die Begutachtung und die Person des Sachverständigen in Kenntnis zu setzen (BGH FamRZ 2010, 1726; 2013, 1725 und 1726; KG FamRZ 2007, 1043 = R&P 2007, 84 mAnm Lesting). Dies dient der Gewährung des rechtlichen Gehörs und ermöglicht ggf. die Ablehnung des Sachverständigen (§ 30 Abs. 1 iVm § 406 ZPO; BGH BtPrax 2018, 118; FamRZ 2015, 2050) und gilt auch, wenn nach § 411a ZPO ein in einem anderen Verfahren auf gerichtliche Anordnung eingeholtes Gutachten verwertet werden soll (BGH FamRZ 2025, 1738). Ein Verstoß gegen § 321 ist ein wesentlicher **Verfahrensfehler,** der die Feststellung der Rechtswidrigkeit der Unterbringung nach § 62 FamFG zur Folge hat (BGH FamRZ 2013, 1725 und 1726; 2018, 1196; 2025, 814 und 1921).

3 Die **Auswahl des Sachverständigen** steht in pflichtgemäßem Ermessen des Gerichts. Auch im Fall von Kliniken und Institutionen ist eine bestimmte natürliche Person zu bestimmen. Der Sachverständige soll in der Regel **Arzt für Psychiatrie** (abgeschlossene Facharztausbildung) sein. In jedem Fall muss er Arzt mit Erfahrung auf dem Gebiet der Psychiatrie sein. Dabei kann es sich um Ärzte handeln, die sich in der Facharztausbildung befinden, die als Amtsärzte tätig sind oder Ärzte von Gesundheitsämtern, die als gerichtliche Sachverständige Erfahrungen gewonnen haben. Auch Assistenzärzte und andere Ärzte können in Betracht kommen. In diesem Fall bedarf die Sachkunde besonderer Feststellung in der Entscheidung (BGH FamRZ 2010, 1726; 2014, 38; FamRZ 2024, 1582 für einen Facharzt für Neurologie). Die Feststellung der Qualifikation ist eine Einzelfallentscheidung, Standards gibt es dafür nicht. Jedoch hat der Arzt im Praktikum keine ausreichenden Erfahrungen (KG FamRZ 2007, 1127 Ls.; Brosey/Lesting/Loer/Marschner BetreuungsR Rn. 695).

Im Fall der Einwilligung in eine ärztliche Zwangsmaßnahme nach § 1832 Abs. 1 BGB (bzw. deren Anordnung im Fall der öffentlich-rechtlichen Unterbringung) soll angesichts der Schwere des Grundrechtseingriffs **der Sachverständige nicht der zwangsbehandelnde Arzt** sein (Abs. 1 S. 5). Bereits nach bisheriger Rechtsprechung wurde gefordert, dass ein externer, nicht im behandelnden Krankenhaus tätiger Sachverständiger zu bestellen ist (OLG Celle BtPrax 2007, 263, so auch Dodegge NJW 2013, 1265 (1269)). Dadurch soll den Vorgaben des BVerfG (BtPrax 2011, 112) entsprechend, die unabhängige Prüfung der Voraussetzungen der Zwangsbehandlung gewährleistet werden. Ein Absehen von der grundsätzlich zwingenden Vorschrift kommt nur in atypischen Ausnahmefällen in Betracht, wenn zB in ländlichen Bereichen trotz nachgewiesener Bemühungen kein für das Gutachten qualifizierter Arzt gefunden werden kann oder ausnahmsweise besondere Eilbedürftigkeit besteht (BGH FamRZ 2014, 29; Dodegge NJW 2013, 1265; Grotkopp BtPrax 2013, 83; Lipp FamRZ 2013, 913). Die Gründe für ein Abweichen von der Regel sind im Unterbringungsbeschluss zu dokumentieren (BGH BtPrax 2015, 204; FamRZ 2014, 29).

4 Soweit im Rahmen der öffentlich-rechtlichen Unterbringung die antragstellende Behörde nach Landesrecht dem Antrag ein ärztliches Gutachten beifügt, ist dies nicht automatisch ein gerichtlich eingeholtes Gutachten nach § 321 (s. BGH FamRZ 2013, 211, LG Tübingen FamRZ 1996, 1344). Der Aussteller kann zwar mit der Begutachtung beauftragt werden, davon sollte unter Objektivitätsgesichtspunkten jedoch regelmäßig Abstand genommen werden.

Hat der in Aussicht genommene sachverständige Arzt den Betroffenen bereits früher begutachtet, so ist er sowohl im Rahmen der öffentlich-rechtlichen als auch der zivilrechtlichen Unterbringung ohne Entbindung von einer Schweigepflicht ausgeschlossen. Für die öffentlich-rechtliche Unterbringung folgt das aus der Einheitlichkeit des Verfahrens (vgl. § 20 Abs. 1 Nr. 6 VwVfG für das vorgeschaltete Verwaltungsverfahren). Die zivilrechtliche Unterbringung kann dann nicht anders behandelt werden (Marschner/Lesting/Stahmann Kap. D § 321 Rn. 48).

Der bestellte ärztliche Sachverständige hat in Unterbringungsverfahren keine **5** ärztliche **Schweigepflicht** iSd § 203 StGB und kein darauf gestütztes Aussage- und Gutachtenverweigerungsrecht.

Dagegen unterliegt der Arzt des Unterbringungskrankenhauses, der im Verlauf der Unterbringung einen Gutachtenauftrag nach § 321 erhält und die Behandlung des Betroffenen bereits begonnen hat, hinsichtlich der im Rahmen der Behandlung anvertrauten Geheimnisse der ärztlichen Schweigepflicht, sofern keine Einwilligung des insoweit einwilligungsfähigen Betroffenen vorliegt (KG FamRZ 2007, 1043; FamRZ 2008, 813; Marschner/Lesting/Stahmann Kap. D § 321 Rn. 43 ff.; Brosey BtPrax 2011, 141). Liegt keine Einwilligung vor, ist ein anderer Arzt mit dem Gutachten zu beauftragen (ebenso Petit FamRZ 2013, 593; Lesting R&P 2013, 59). Die verbreitete Praxis, die dem zuwiderläuft, kann zu keiner anderen Beurteilung führen. Nach Auffassung des BGH steht dagegen der Verwertung eines Sachverständigengutachtens des behandelnden Arztes nicht entgegen, dass der Betroffene ihn nicht von seiner Schweigepflicht entbunden hat (BGH FamRZ 2010, 1726; 2024, 888). Allerdings hat nach Ansicht des BGH der zum Sachverständigen bestellte behandelnde Arzt dem Betroffenen zu erkennen zu geben, dass er auch als Gutachter für das Gericht tätig wird. Er hat den Betroffenen gesondert zu untersuchen und darf sich nicht darauf beschränken, die aus der bisherigen Tätigkeit als behandelnder Arzt gewonnenen Erkenntnisse zu verwerten (BGH FamRZ 2020, 784; 2022, 304; 2024, 888). Gerade diese Erkenntnisse unterliegen aber der Schweigepflicht. Da die Doppelrolle die therapeutische Beziehung zum behandelnden Arzt beeinträchtigen kann, können aus Sicht des Betroffenen Zweifel an einem fairen Verfahren bestehen (Joecker/Loer/Seidel Gesundheitssorge-HdB/Loer, 220). Die Anhörung des behandelnden Arztes im Anhörungstermin kann die förmliche Beweisaufnahme durch Einholung eines Sachverständigengutachtens nicht ersetzen (BGH BtPrax 2012, 63).

Gemäß Abs. 1 S. 2 hat der Sachverständige den Betroffenen selbst zu **untersuchen** oder zu befragen. Dies setzt eine persönliche Kommunikation zwischen Sachverständigem und Betroffenen voraus, wobei es sich nicht zwingend um einen verbalen Kontakt handeln muss (BGH BtPrax 2018, 118; 2017, 207; 2016, 142; 2014, 274; OLG Hamm BtPrax 2009, 77). Ergänzende Untersuchungen (zB EEG, Labor), die keinen persönlichen Eindruck voraussetzen, können Dritte vornehmen. Der Sachverständige kann sich Hilfskräften bedienen, die er im Gutachten namhaft zu machen hat und deren Tätigkeitsumfang er angeben muss. Die Untersuchung darf nur in einem zeitlich geringen Abstand vor der Erstattung des Gutachtens liegen (BayObLG BtPrax 2004, 114; OLG Köln FG Prax 2006, 232). Eine Begutachtung nach Aktenlage genügt auch dann nicht, wenn das Gericht von der Erforderlichkeit einer Unterbringung durch die persönliche Anhörung überzeugt ist. Um dem Gericht eine ausreichende Grundlage für die von ihm vorzunehmende Beweiswürdigung zu geben, sind von dem Gutachter auf Grund eigener Ermittlungen vorgenommene Tatsachenfeststellungen (Zeugenvernehmung) zu benennen. **6**

Das Sachverständigengutachten hat sich auf Grund des konkret zu fassenden **7** Beweisthemas inhaltlich mit folgenden Fragen zu befassen (§ 280 Abs. 3; BGH

FamRZ 2012, 104; 2011, 637; OLG Düsseldorf FamRZ 1995, 118; OLG Hamm FamRZ 2007, 763; OLG Naumburg FamRZ 2008, 2060; Brosey BtPrax 2011, 141; Qualitätskriterien für Gutachten BtPrax 2011, 145; Lesting R&P 2024, 128):

- **Krankheitsbild** und Krankheitsentwicklung, körperlicher und psychiatrischer Zustand des Betroffenen,
- materiell-rechtliche **Voraussetzungen einer Unterbringungsmaßnahme** nach § 1831 Abs. 1 Nr. 1 oder 2 BGB oder nach den Landesgesetzen, insbesondere Prognose des künftigen Verhaltens des Betroffenen (→ BGB § 1831 Rn. 12), bzw. materiell-rechtliche **Voraussetzungen einer ärztlichen Zwangsmaßnahme** nach § 1832 Abs. 1 BGB oder nach den Landesgesetzen,
- Aufhebung der freien Willensbestimmung bezüglich der Unterbringung und Behandlung,
- im Fall der Unterbringung nach § 1831 Abs. 1 Nr. 2 BGB Darlegung der **Einzelheiten der beabsichtigten Behandlung,** insbesondere wenn eine Zwangsbehandlung beabsichtigt ist, im Fall einer ärztlichen Zwangsmaßnahme auch Angabe des Arzneimittels, der Wirkstoffgruppe und Dosierung sowie der Verabreichungshäufigkeit, ggf. der Behandlungsalternativen (BGH BtPrax 2015, 64; 2006, 145; FamRZ 2025, 809; 2014, 1358; 2010, 1432; zur Zwangsbehandlung → BGB § 1832 Rn. 18).
- Kann die Gefährdung durch andere Hilfen abgewendet werden, welche **Rehabilitationsmöglichkeiten** bestehen?
- Sind von der Anhörung oder der Bekanntmachung oder künftigen Unterrichtung Dritter gesundheitliche Nachteile für den Betroffenen zu befürchten.

8 Um dem Gericht die Grundlage des Gutachtens zu vermitteln und die innere Folgerichtigkeit aufzuzeigen, muss der Sachverständige die von ihm zugrunde gelegten Anknüpfungstatsachen, seine Befragungen, Untersuchungen, Tests und angewandten **Forschungsergebnisse** im Gutachten angeben (so ausdrücklich § 280 Abs. 3 Nr. 2; Brosey/Lesting/Loer/Marschner BetreuungsR Rn. 4556 ff.).

Das schriftliche Gutachten des Sachverständigen ist dem Betroffenen zur Wahrung des **rechtlichen Gehörs vollständig und rechtzeitig vor der Anhörung zu übermitteln,** damit er dazu Stellung nehmen kann (BGH FamRZ 2025, 814 und 1921; 2023, 472; 2021, 462; 2018, 1196; 2013, 1726). Die insoweit dem Betroffenen einzuräumende Zeit muss es ihm ermöglichen, das Gutachten zur Kenntnis zu nehmen und mit anderen Personen (Arzt, Vertrauensperson) zu besprechen und sodann eine mündliche oder schriftliche Stellungnahme vorzubereiten (Grotkopp/Fölsch FamRZ 2022, 89 ff.). Wird das Gutachten ausnahmsweise mündlich erstattet, ist dem Betroffenen auf seinen Wunsch das mündliche Protokoll der Gutachtenerstattung zu übersenden und seine Anhörung erneut durchzuführen (BGH FamRZ 2022, 728).

III. Ärztliches Zeugnis

9 Abs. 2 lässt für **freiheitsentziehende Maßnahmen** iSd § 312 Nr. 2 oder 4 ein ärztliches Zeugnis genügen. Damit wird nach allgemeiner Meinung jedoch lediglich ein Mindesterfordernis festgelegt. Über § 26 FamFG wird wegen der notwendigen Sachkunde sehr häufig vom Arzt die Qualifikation des § 321 Abs. 1 S. 4 zu fordern sein. Danach werden sich auch die Anforderungen an eine persönliche Untersuchung und Befragung im Hinblick auf die notwendige Überzeugungsbildung des Gerichtes orientieren müssen (Brosey/Lesting/Loer/Marschner

BetreuungsR Rn. 699; Schumacher FamRZ 1991, 280 (284)). Ein ärztliches Zeugnis des den Untergebrachten behandelnden Arztes unterliegt nicht der Befangenheitsablehnung nach § 30 Abs. 1 iVm § 406 ZPO (KG FamRZ 2009, 1517). Die vorgetragenen Befangenheitsgründe sind im Rahmen der Sachverhaltsaufklärung nach § 26 FamFG zu würdigen.

Zur Unterscheidung zwischen Gutachten und ärztlichem Zeugnis → § 281 Rn. 6. 10

§ 322 Vorführung zur Untersuchung; Unterbringung zur Begutachtung

Für die Vorführung zur Untersuchung und die Unterbringung zur Begutachtung gelten die §§ 283 und 284 entsprechend.

I. Untersuchung und Vorführung

§ 283 findet entsprechende Anwendung. Eine Begutachtung in der Wohnung des Betroffenen gegen dessen Willen ist gesetzlich nicht vorgesehen (BVerfG BtPrax 2018, 111). 1

II. Unterbringung zur Beobachtung

Auch insoweit ist § 284 entsprechend anwendbar. Anordnungen nach §§ 322, 284 sind mit der sofortigen Beschwerde anfechtbar. 2

§ 323 Inhalt der Beschlussformel

(1) **Die Beschlussformel enthält im Fall der Genehmigung oder Anordnung einer Unterbringungsmaßnahme auch**
1. die nähere Bezeichnung der Unterbringungsmaßnahme sowie
2. den Zeitpunkt, zu dem die Unterbringungsmaßnahme endet.

(2) **Die Beschlussformel enthält bei der Genehmigung einer Einwilligung in eine ärztliche Zwangsmaßnahme oder bei deren Anordnung auch Angaben zur Durchführung und Dokumentation dieser Maßnahme in der Verantwortung eines Arztes.**

I. Anwendungsbereich

§ 323 ergänzt die Vorschriften der § 38 und 39 FamFG im Allgemeinen Teil für Unterbringungssachen. Die Vorschriften gelten für alle zu treffenden Entscheidungen der §§ 312 ff. einschließlich der ablehnenden Entscheidungen. In dem Referentenentwurf (Vorb. § 312 FamFG) wird ein dritter Absatz angefügt, wonach bei Genehmigungen nach § 1832 Abs. 2 BGB die Beschlussformel auch die Angabe des konkreten Ortes, an dem die Maßnahme durchgeführt werden soll, enthält. 1

II. Inhalt der Entscheidungsformel

2 Nach § 38 Abs. 2 Nr. 1 FamFG muss der durch das Betreuungsgericht zu fassende Beschluss zunächst den **Betroffenen** mit Aufenthaltsort und Wohnanschrift bezeichnen sowie den gesetzlichen **Vertreter** und Verfahrensbevollmächtigten bzw. **Verfahrenspfleger** angeben.

3 Die nähere **Bezeichnung der Unterbringungsmaßnahme** nach § 323 Nr. 1 hängt von der Art der zu treffenden Unterbringungsmaßnahme ab. Bei der Genehmigung der zivilrechtlichen Unterbringung ist die Art der Unterbringungseinrichtung (psychiatrische Klinik, Rehabilitationseinrichtung usw.) zu bezeichnen (BGH FamRZ 2024, 1583). Welche konkrete Anstalt oder Einrichtung gewählt wird, bestimmt der Betreuer (BayObLG FamRZ 1994, 320; OLG Düsseldorf FamRZ 1995, 118). Im Falle unterbringungsähnlicher Maßnahmen ist jedoch die ganz konkrete Maßnahme nach Zeit und Ort, Art ihrer Verabreichung oder Vornahme zu bezeichnen (Fixierung am Bett, Uhrzeiten, Art der Medikation).

Dies gilt nach Abs. 2 entsprechend für die Genehmigung einer Einwilligung in eine ärztliche Zwangsmaßnahme bzw. deren Anordnung (BGH BtPrax 2015, 64; FamRZ 2014, 1358; 2010, 1432; BtPrax 2006, 145; so bereits BGH BtPrax 2006, 145; aA OLG Karlsruhe FGPrax 2007, 263; → BGB § 1832 Rn. 18). Danach ist die beabsichtigte Behandlungsmaßnahme hinsichtlich des Arzneimittels, der Wirkstoffgruppe und Dosierung sowie der Verabreichungshäufigkeit, ggf. der Behandlungsalternativen zu bezeichnen (BGH FamRZ 2025, 809). In der Beschlussformel ist weiterhin anzugeben, dass die ärztliche Zwangsmaßnahme unter Verantwortung eines Arztes durchzuführen und zu dokumentieren ist. Der Beschluss muss Angaben zu Zeitpunkt, äußerem Rahmen, Beteiligten, Umfang und Inhalt des Überzeugungsversuchs enthalten (BGH NJW 2017, 3714; BtPrax 2019, 34; 2014, 229 und 277).

Bei der Anordnung der öffentlich-rechtlichen Unterbringung bedarf es keiner Konkretisierung der Unterbringungseinrichtung. Die Vollstreckung richtet sich nach Landesrecht.

4 Das Gericht muss weiter in seiner Entscheidung nach § 323 Nr. 2 den **Zeitpunkt** angeben, zu dem die Unterbringungsmaßnahme endet. Es ist ein bestimmtes oder bestimmbares (zB sechs Monate nach Bekanntgabe) Datum anzugeben. Jedoch sollte von letzterem abgesehen werden und lieber ein konkretes Datum bezeichnet werden, um Fristberechnungsprobleme auszuschließen. Die Frist beginnt mit der Bekanntgabe der Entscheidung (§ 16 FamFG). Mit Fristablauf endet die Unterbringungsmaßnahme ohne weiteres. Auf der Basis der vom Gutachter abgegebenen Prognose bestimmt das Gericht die Frist nach der voraussichtlich notwendigen Dauer der Maßnahme (OLG München FGPrax 2007, 43). Die Frist ist ab Erstellung des Gutachtens, nicht der gerichtlichen Entscheidung festzusetzen (BGH BtPrax 2016, 152; krit. hierzu Kitanoff BtPrax 2020, 175). Die Höchstdauer ist in § 329 Abs. 1 geregelt.

5 Die Entscheidung muss nach § 39 schließlich eine **Rechtsmittelbelehrung** enthalten. Die Beschwerdefrist beträgt einen Monat (§ 63 Abs. 1 FamFG), bei einstweiligen Anordnungen zwei Wochen (§ 63 Abs. 2 Nr. 1 FamFG). Die Frist beginnt mit schriftlicher Bekanntgabe des Beschlusses (§ 63 Abs. 3 FamFG). Fehlt eine Rechtsmittelbelehrung oder ist sie fehlerhaft, ist auf Antrag Wiedereinsetzung in den vorherigen Stand zu gewähren (§ 17 Abs. 2 FamFG).

III. Begründung

Aus rechtsstaatlichen Gründen ist jede Entscheidung, und zwar auch die ablehnende Entscheidung, zu begründen (§ 38 Abs. 3 FamFG). Zu begründen sind auch die Entscheidungen über die 6
- **Nichtbestellung** eines Verfahrenspflegers (so ausdrücklich § 317 Abs. 2),
- **Nichtbekanntmachung** der Gründe an den Betroffenen (§ 325. 1 S. 2),
- Anordnung der sofortigen **Wirksamkeit** (§ 324 Abs. 2),
- Gestattung der **Gewaltanwendung** bei Zuführung zur Unterbringung (§ 326 Abs. 2 und 3),
- Aussetzung des **Vollzugs** (§ 328),
- **Unterrichtung** über Mitteilung der Entscheidung (§ 338).

IV. Beschlussformel

Im Fall des 7
- § 312 Nr. 1 (Unterbringung): „Die Unterbringung des … in einem psychiatrischen Krankenhaus (Altenheim) wird bis längstens … betreuungsgerichtlich genehmigt. Ggf.: Die Entscheidung ist sofort wirksam."
- § 312 Nr. 2: „Die Freiheitsentziehung des … durch Anbringung von Bettgittern jeweils von 22 bis 6 Uhr wird betreuungsgerichtlich genehmigt. Ggf.: Die Entscheidung ist sofort wirksam."
- § 312 Nr. 4: „Die Unterbringung des … in einem psychiatrischen Krankenhaus wird bis längstens … angeordnet. Ggf.: Die Entscheidung ist sofort wirksam."
- § 312 Nr. 3 (ärztliche Zwangsmaßnahme): „Die Einwilligung des Betreuers in eine ärztliche Zwangsmaßnahme mit dem Medikament (Angabe von Arzneimittel; Wirkstoffgruppe, Dosierung; Verabreichungshäufigkeit, ggf. Alternativen) wird bis längstens … betreuungsgerichtlich genehmigt. Die ärztliche Zwangsmaßnahme ist unter ärztlicher Verantwortung durchzuführen und zu dokumentieren. Ggf.: Die Verbringung des … zu einem stationären Aufenthalt in ein Krankenhaus wird betreuungsgerichtlich genehmigt. Ggf.: Die Entscheidung ist sofort wirksam.

§ 324 Wirksamwerden von Beschlüssen

(1) **Beschlüsse über die Genehmigung oder die Anordnung einer Unterbringungsmaßnahme werden mit Rechtskraft wirksam.**

(2) [1]**Das Gericht kann die sofortige Wirksamkeit des Beschlusses anordnen.** [2]**In diesem Fall wird er wirksam, wenn der Beschluss und die Anordnung seiner sofortigen Wirksamkeit**
1. **dem Betroffenen, dem Verfahrenspfleger, dem Betreuer oder dem Bevollmächtigten im Sinne des § 1814 Absatz 3 Satz 2 Nummer 1 des Bürgerlichen Gesetzbuchs bekannt gegeben werden,**
2. **einem Dritten zum Zweck des Vollzugs des Beschlusses mitgeteilt werden oder**
3. **der Geschäftsstelle des Gerichts zum Zweck der Bekanntgabe übergeben werden.**

[3]**Der Zeitpunkt der sofortigen Wirksamkeit ist auf dem Beschluss zu vermerken.**

I. Anwendungsbereich

1 § 324 ist eine Sondervorschrift, die die Wirksamkeit von Beschlüssen in Unterbringungssachen abweichend von § 40 FamFG regelt.

Die Vorschrift gilt auch für einstweilige Anordnungen und Maßregeln nach § 331 ff. und die Unterbringung zur Beobachtung nach § 322, da es sich insoweit um eine Unterbringungsmaßnahme iSd § 324 handelt und der Gesetzgeber die bisherige Rechtslage nicht ändern wollte (BT-Drs. 11/4528, 185).

II. Wirksamwerden von Entscheidungen

2 Entscheidungen, durch die eine Unterbringungsmaßnahme getroffen oder abgelehnt wird, werden erst mit **Rechtskraft,** dh mit Ablauf der Frist für die Beschwerde bzw. Rechtsbeschwerde für alle Beschwerdeberechtigten, wirksam.

3 Im Hinblick auf die **Eilbedürftigkeit** von Unterbringungsmaßnahmen sieht § 324 Abs. 2 die Möglichkeit vor, die **sofortige Wirksamkeit** der Entscheidung (gesondert oder in der Hauptentscheidung) anzuordnen. Abzulehnen ist die Annahme einer stillschweigenden Anordnung der sofortigen Wirksamkeit (so aber BayObLG BtPrax 2002, 39; OLG Hamm FGPrax 2009, 135). Die Anordnung der sofortigen Wirksamkeit bedarf einer besonderen Begründung. Sie kommt nur in Betracht, wenn ein Abwarten bis zur Rechtskraft der Entscheidung im Verhältnis zu den Nachteilen, die dem Betroffenen drohen, unverhältnismäßig ist. Ist der Betroffene bereits untergebracht oder ist der Entscheidung eine einstweilige Anordnung vorausgegangen, muss die sofortige Wirksamkeit in der Regel angeordnet werden (vgl. Bienwald/Harm § 324 Rn. 18). Da auch die einstweilige Anordnung erst mit Rechtskraft wirksam wird, bedarf es auch in diesem Fall der Anordnung der sofortigen Wirksamkeit (LG Hamburg BtPrax 1992, 111).

4 Wird die sofortige Wirksamkeit angeordnet, tritt die Wirksamkeit mit Übergabe der schriftlich abgefassten Entscheidung an die Geschäftsstelle des Gerichts zur Bekanntgabe ein. Die Entscheidung wird auch wirksam, wenn sie dem Betroffenen, dem Verfahrenspfleger oder dem Betreuer bekannt gegeben wird oder einem Dritten (zB dem Leiter der Unterbringungseinrichtung) zum Zweck des Vollzugs mitgeteilt wird. Der Zeitpunkt ist auf der Entscheidung zu vermerken (§ 324 Abs. 2 S. 3). Die Anordnung der sofortigen Wirksamkeit ist ebenso wie die Ablehnung nicht anfechtbar. Das Beschwerdegericht kann aber die Vollziehung der Entscheidung nach § 64 Abs. 3 FamFG aussetzen.

III. Ende der Wirksamkeit

5 Die Genehmigung bzw. Anordnung der Unterbringung endet mit **Fristablauf** nach § 329 oder mit **Aufhebung** der Unterbringungsmaßnahme nach § 330, auch mit dem **Entweichen** des Betroffenen oder seiner Entlassung (OLG München FGPrax 2008, 137; aA für den Fall des kurzfritigen Entweichens Sternal/Giers FamfG Rn. 5; teilweise aA KG R&P 2007, 30 für den Fall einer Verlegung auf eine offene Station für einen kurzen Zeitraum vor der Entlassung). In diesem Fall ist aber die bisherige Unterbringungszeit bei einer weiteren Unterbringungsentscheidung in die Höchstfristberechnung einzubeziehen (OLG München FGPrax 2008, 137). Eine Aussetzung des Vollzugs ist nur im Fall der öffentlich-rechtlichen

Unterbringung möglich (§ 328). Die vorgenannten Grundsätze gelten auch für die tatsächliche Beendigung einer ärztlichen Zwangsmaßnahme, wenn der Betroffene ohne Druck bereit ist, die Medikamente zu nehmen. Davon ist spätestens eine Woche nach Beendigung des Zwangseinsatzes auszugehen (Sternall/Giers FamFG Rn. 7).

§ 325 Bekanntgabe

(1) **Von der Bekanntgabe der Gründe eines Beschlusses an den Betroffenen kann abgesehen werden, wenn dies nach ärztlichem Zeugnis erforderlich ist, um erhebliche Nachteile für seine Gesundheit zu vermeiden.**

(2) [1]**Der Beschluss, durch den eine Unterbringungsmaßnahme genehmigt oder angeordnet wird, ist auch dem Leiter der Einrichtung, in der der Betroffene untergebracht werden soll, bekannt zu geben.** [2]**Das Gericht hat der zuständigen Behörde die Entscheidung, durch die eine Unterbringungsmaßnahme genehmigt, angeordnet oder aufgehoben wird, bekannt zu geben.**

I. Anwendungsbereich

Die Vorschrift ergänzt die Vorschrift des § 41 FamFG im Allgemeinen Teil. 1

II. Bekanntgabe von Entscheidungen

Alle Entscheidungen, die in Unterbringungssachen ergehen, sind den am Ver- 2
fahren **Beteiligten** und damit insbesondere dem **Betroffenen** selbst bekanntzumachen (§ 41 Abs. 1 FamFG). Die Form der Bekanntgabe richtet sich nach §§ 15 Abs. 2, 41 Abs. 1 S. 2 FamFG (→ FamFG § 288 Rn. 9). In Unterbringungssachen wird regelmäßig davon auszugehen sein, dass die Entscheidung nicht dem Willen des Betroffenen entspricht. Es ist daher eine **förmliche Zustellung** nach der ZPO erforderlich (BGH FamRZ 2021, 1662; 2020, 770; 2018, 1524). Dies kann nunmehr zwar auch durch Ersatzzustellung an den Leiter der Unterbringungseinrichtung oder seinen Vertreter erfolgen (§§ 15 Abs. 2 FamFG, 178 Abs. 1 Nr. 3 ZPO; s. BayObLG FamRZ 2002, 848). Es ist aber zu gewährleisten, dass der Betroffene die Entscheidung unverzüglich ausgehändigt bekommt, damit es seine Rechtsmittel wahrnehmen kann. Eine Heilung der fehlerhaften Zustellung kommt nur bei vorliegendem Zustellungswillen in Betracht, nicht aber wenn eine Bekanntgabe durch Aufgabe zur Post erfolgte (BGH FamRZ 2021, 1662; 2020, 770). Ggf. ist ihm Wiedereinsetzung in den vorigen Stand (§ 17 FamFG) zu gewähren, wobei geringere Anforderungen an den Grad der Glaubhaftmachung zu stellen sind (BayObLG FamRZ 2002, 848; zur Wiedereinsetzung bei Zustellungsmängeln im Unterbringungsverfahren auch BGH NJW-RR 2021, 193).

Abs. 1 ermöglicht ausnahmsweise das Absehen von der Bekanntmachung der Entscheidungsgründe (→ FamFG § 288 Rn. 5).

Neben dem Betroffenen sollen Entscheidungen, durch die eine Unterbrin- 3
gungsmaßnahme getroffen wird, auch dem **Leiter** der Einrichtung, in der der Betroffene untergebracht werden soll, bekannt gemacht werden (Abs. 2 S. 1). Davon zu unterscheiden ist die Einrichtung iSv § 315 Abs. 4 Nr. 3, in der der

Betroffene sich bei Erlass der Entscheidung befindet. Jedoch ist zu beachten, dass der Leiter der Einrichtung, in der der Betroffene untergebracht werden soll, ein Unterrichtungsinteresse erst dann hat (dies ist Sinn der gesetzlichen Regelung), wenn die Anordnung vollstreckbar ist. Dies gebietet eine verfassungskonforme Auslegung mit Rücksicht auf das allgemeine Persönlichkeitsrecht nach Art. 2 Abs. 1 iVm Art. 1 Abs. 1 GG (Marschner/Lesting/Stahmann Kap. D FamFG § 325 Rn. 4).

4 Alle Entscheidungen, durch die eine Unterbringungsmaßnahme genehmigt, angeordnet oder aufgehoben wird, sind auch der zuständigen **Behörde** bekannt zu geben, da diese bereits nach § 320 im Unterbringungsverfahren angehört wurde. Die Bekanntgabe dient insbesondere der Möglichkeit der Wahrnehmung des Beschwerderechts nach § 335 Abs. 4 durch die Behörde.

5 Alle Bekanntgaben in Unterbringungssachen haben mit Rücksicht auf Art. 104 Abs. 4 GG unverzüglich zu erfolgen (BT-Drs. 11/4528, 185). Das bedeutet, dass zB Eilentscheidungen auch im Eildienst regelmäßig nicht nur geschrieben und unterschrieben, sondern auch zur förmlichen Zustellung gegeben werden müssen.

§ 326 Zuführung zur Unterbringung; Verbringung zu einem stationären Aufenthalt

(1) **Die zuständige Behörde hat den Betreuer oder den Bevollmächtigten im Sinne des § 1814 Absatz 3 Satz 2 Nummer 1 des Bürgerlichen Gesetzbuchs auf deren Wunsch bei der Zuführung zur Unterbringung nach § 312 Nr. 1 oder bei der Verbringung nach § 312 Nummer 3 zu unterstützen.**

(2) **[1]Gewalt darf die Behörde nur anwenden, wenn das Gericht dies ausdrücklich angeordnet hat. [2]Die zuständige Behörde ist befugt, erforderlichenfalls die Unterstützung der polizeilichen Vollzugsorgane nachzusuchen.**

(3) **[1]Die Wohnung des Betroffenen darf ohne dessen Einwilligung nur gewaltsam geöffnet, betreten und durchsucht werden, wenn das Gericht dies zu dessen Zuführung zur Unterbringung oder zu dessen Verbringung nach § 312 Nummer 3 ausdrücklich angeordnet hat. [2]Vor der Anordnung ist der Betroffene persönlich anzuhören. [3]Bei Gefahr im Verzug kann die Anordnung durch die zuständige Behörde ohne vorherige Anhörung des Betroffenen erfolgen. [4]Durch diese Regelung wird das Grundrecht auf Unverletzlichkeit der Wohnung aus Artikel 13 Absatz 1 des Grundgesetzes eingeschränkt.**

I. Anwendungsbereich

1 Die Vorschrift gilt für die zivilrechtliche Unterbringung nach § 1831 Abs. 1 BGB sowie die Verbringung nach § 1832 Abs. 4 BGB durch den Betreuer und Vorsorgebevollmächtigten.

Die Zuführung des Betroffenen im Rahmen der öffentlich-rechtlichen Unterbringung (§ 312 Nr. 4) wird durch die nach Landesrecht zuständige Behörde vorgenommen (zur Vollstreckung im einzelnen Marschner/Lesting/Stahmann Kap. B Rn. 145 ff.). Nach Landesrecht richtet sich auch die Gewaltanwendung und polizeiliche Unterstützung im Rahmen der Zuführungsmaßnahme.

II. Zuführung zur Unterbringung (Abs. 1)

Die Zuführung des Betroffenen im Rahmen der zivilrechtlichen Unterbringung oder Verbringung (§ 312 Nr. 1 und 3) geschieht ausschließlich durch den Betreuer oder Bevollmächtigten (LG Karlsruhe BeckRS 2011, 24483). Das Gericht erteilt für die Unterbringung bzw. Verbringung allein eine Genehmigung. Ob der gesetzliche Vertreter von der gerichtlichen Genehmigung Gebrauch macht, steht in seinem pflichtgemäßen Ermessen. Im Falle des Ermessensmissbrauchs muss das Gericht Maßnahmen nach den §§ 1862 BGB treffen. § 326 betrifft nicht die Unterbringung durch Betreuer oder Bevollmächtigten nach § 1831 Abs. 2 S. 2 BGB ohne gerichtliche Genehmigung (Sternal/Giers FamFG Rn. 2). Hier ist in akuten Fällen der Selbstgefährdung eine öffentlich-rechtliche Unterbringung zu veranlassen. 2

Verantwortet der Vertreter auch die Zuführung selbst, so sieht Abs. 1 vor, dass auf entsprechenden Wunsch die zuständige **Behörde** den Vertreter zu unterstützen hat (Widerstand des Betroffenen, Notwendigkeit von Fachpersonal und Spezialfahrzeug). Die Kosten trägt die Betreuungsbehörde (BGH FamRZ 2016, 451; LG Karlsruhe BeckRS 2011, 24483; Sternal/Giers FamFG Rn. 2). Die Unterstützung bezieht sich allerdings nur auf die Zuführung, nicht etwa auf Vollzugsmaßnahmen im Rahmen der Unterbringung (BT-Drs. 11/6949, 84). Die Unterstützung hat in diesem Fall durch die Einrichtung zu erfolgen. Ob allerdings die Übertragung von Eingriffsbefugnissen des Vertreters auf die Einrichtung eine Vollzugsregelung im Rahmen der zivilrechtlichen Unterbringung entbehrlich macht (BT-Drs. 11/4528, 83), ist durch die Rechtsprechung bisher nicht geklärt (vgl. dazu Brosey/Lesting/Loer/Marschner BetreuungsR Rn. 735; Lesting R&P 2010, 59; zur Zwangsbehandlung während der Unterbringung vgl. § 1832 BGB). 3

§ 326 findet keine Anwendung auf freiheitsentziehende Maßnahmen (§ 312 Nr. 2), da hier die Einrichtung tätig werden muss (Marschner/Lesting/Stahmann Kap. D FamFG § 326 Rn. 3).

III. Anwendung von Gewalt (Abs. 2 und 3)

Wehrt sich der Betroffene gegen eine Zuführung, bedarf die Anwendung von **Gewalt** zu ihrer Durchführung der besonderen gerichtlichen Genehmigung nach Abs. 2. Hierbei handelt es sich um ein selbstständiges Verfahren, in dem die Voraussetzungen gesondert zu überprüfen sind. Die Unterbringungsanordnung, die Androhung des unmittelbaren Zwanges und die Verfügung über die Gewaltanwendung können in einem Beschluss ergehen. Im Rahmen der Gewaltanwendung durch die zuständige Behörde auf Grund entsprechender richterlicher Ermächtigung kann sie selbst um **polizeiliche Vollzugsorgane** nachsuchen. Liegt keine entsprechende Ermächtigung zur Gewaltanwendung vor, darf die zuständige Behörde weder im Rahmen der Zuführung ohne betreuungsgerichtliche Genehmigung (§ 1831 Abs. 2 S. 2 BGB) noch im Falle der betreuungsgerichtlichen Genehmigung der Unterbringung tätig werden. Im Hinblick auf Art. 13 Abs. 2 GG wird in Abs. 3 ausdrücklich klargestellt, dass auch das **gewaltsame Öffnen und Betreten der Wohnung** gegen den Willen des Betroffenen der ausdrücklichen gerichtlichen Entscheidung nach persönlicher Anhörung des Betroffenen bedarf, soweit nicht Gefahr in Verzug ist (zum Erfordernis einer hinreichenden Rechtsgrundlage für das gewaltsame Betreten der Wohnung zum Zweck der 4

Vorführung zur Begutachtung BVerfG FamRZ 2009, 1814; BtPrax 2018, 111; zu Vor- und Zuführungen im Betreuungs- und Unterbringungsverfahren Walther R&P 2007, 167; Scheulen BtPrax 2022, 55). Sowohl bei der Entscheidung über die Anwendung von Gewalt als auch über die Wohnungsöffnung ist der Verhältnismäßigkeitsgrundsatz zu beachten.

IV. Rechtsmittel

5 Die Entscheidungen über die Anwendung von Gewalt nach Abs. 2 und 3 sind mit der **Beschwerde** anfechtbar (§ 58 Abs. 1).

V. Beschlussformel

6 „Die zuständige Behörde darf bei der Zuführung zur Unterbringung/Verbringung erforderlichenfalls mit Unterstützung der polizeilichen Vollzugsorgane Gewalt anwenden. Die Wohnung des Betroffenen darf auch ohne dessen Einwilligung geöffnet und betreten werden."

§ 327 Vollzugsangelegenheiten

(1) [1]**Gegen eine Maßnahme zur Regelung einzelner Angelegenheiten im Vollzug einer Unterbringungsmaßnahme nach § 312 Nummer 4 kann der Betroffene eine Entscheidung des Gerichts beantragen.** [2]**Mit dem Antrag kann auch die Verpflichtung zum Erlass einer abgelehnten oder unterlassenen Maßnahme begehrt werden.**

(2) **Der Antrag ist nur zulässig, wenn der Betroffene geltend macht, durch die Maßnahme, ihre Ablehnung oder Unterlassung in seinen Rechten verletzt zu sein.**

(3) [1]**Der Antrag hat keine aufschiebende Wirkung.** [2]**Das Gericht kann die aufschiebende Wirkung anordnen.**

(4) **Der Beschluss ist nicht anfechtbar.**

I. Anwendungsbereich

1 Das in § 327 geregelte Verfahren betrifft nur Maßnahmen im Vollzug der öffentlich-rechtlichen Unterbringung nach den Psychisch-Kranken-(Hilfe-)Gesetzen der Bundesländer (Überblick bei → FamFG § 312 Rn. 6). Die Vorschrift ist den §§ 23 ff. EGGVG und 109 ff. StVollzG nachgebildet und konkretisiert die **Rechtsweggarantie** des Art. 19 Abs. 4 GG in sehr knapper Form. Für die zivilrechtliche Unterbringung fehlt eine entsprechende Vorschrift, weil die Maßnahmen im Vollzug der zivilrechtlichen Unterbringung (→ BGB § 1831 Rn. 48) ausschließlich vom Betreuer, in Ausnahmefällen vom Betreuungsgericht nach § 1867 BGB verantwortet werden. Sollte während einer Unterbringung nach § 1867 BGB das Krankenhaus Zwangsmaßnahmen ergreifen, ohne dass diese vom Betreuer oder Betreuungsgericht veranlasst sind, ist hiergegen der Rechtsweg nach den §§ 23 ff. EGGVG zu den Zivilsenaten der Oberlandesgerichte gegeben (OLG München R&P 1987, 112).

II. Maßnahmen im Vollzug der Unterbringung

Als mit dem Antrag auf gerichtliche Entscheidung angreifbare Maßnahmen zur **Regelung einzelner Angelegenheiten** im Vollzug der öffentlich-rechtlichen Unterbringung gelten nicht nur Verwaltungsakte, sondern alle rechtlichen und tatsächlichen Einflussnahmen der Einrichtung auf die Lebensverhältnisse des einzelnen Betroffenen. Die Maßnahmen haben in der Regel ihre rechtliche Grundlage in den Psychisch-Kranken-Hilfe-Gesetzen der Bundesländer und betreffen vor allem Fragen der Behandlung, des Aufenthalts in der Einrichtung (Wohnen, Besitz von Sachen, Kleidung, Einkauf und Paketempfang), der Arbeit, der **Vollzugslockerungen** und des Urlaubs, des Besuchs, des Schrift- und Telefonverkehrs sowie besonderer Sicherungsmaßnahmen in der Einrichtung (siehe Marschner/Lesting/Stahmann Kap. B Rn. 168 ff.). Nicht angreifbar ist die Hausordnung, sondern nur die auf die Hausordnung gestützte einzelne Vollzugsmaßnahme. Für ärztliche Zwangsmaßnahmen nach § 312 Nr. 4 findet das Beschwerdeverfahren nach §§ 58 ff., 335 statt, da es sich um Unterbringungssachen handelt und eine vorherige gerichtliche Entscheidung ergeht. Dies gilt ebenso für Fixierungen im Rahmen der öffentlich-rechtlichen Unterbringung (§ 312 Nr. 4; s. BVerfG NJW 2018, 2619). 2

III. Zulässigkeit des Antrags

Das Verfahren ist antragsabhängig und wird nicht von Amts wegen durchgeführt. Zuständig ist das Betreuungsgericht des Unterbringungsortes iSd § 313 Abs. 2 S. 2 (ebenso Keidel/Giers FamFG Rn. 10). Entgegen dem Gesetzeswortlaut des Abs. 1 sind nicht nur der **Anfechtungsantrag** (Anfechtung einer belastenden Maßnahme der Einrichtung, zB Besuchsverbot oder Briefkontrolle) und **Verpflichtungsantrag** (Verpflichtung der Einrichtung zum Erlass einer begünstigenden Maßnahme, zB Gewährung von Ausgang oder Urlaub) zulässig, sondern auch der **Feststellungsantrag** (Feststellung der Rechtswidrigkeit einer bereits vollzogenen Maßnahme, wenn ein rechtliches Interesse zB bei Wiederholungsgefahr besteht) sowie der **vorbeugende Unterlassungsantrag,** um vorab die Rechtmäßigkeit einer beabsichtigten Maßnahme überprüfen zu lassen (Marschner/Lesting/Stahmann Kap. D § 327 Rn. 23; Sternal/Giers FamFG Rn. 5). Der Antrag ist an keine Form oder Frist gebunden. Der Antrag kann von dem Betroffenen oder jedem Dritten (Besucher, Briefpartner) gestellt werden, der geltend macht, durch die Maßnahme bzw. ihre Ablehnung oder Unterlassung in seine Rechten verletzt zu sein. 3

IV. Entscheidung des Gerichts

Das Betreuungsgericht entscheidet über die Zulässigkeit (→ Rn. 3) und die **Begründetheit des Antrags.** Bei der Begründetheitsprüfung sind die gesetzlichen Regelungen des Vollzugs der Unterbringung in den einzelnen Ländergesetzen zugrunde zu legen. Besteht keine **gesetzliche Grundlage** für einen über die Freiheitsentziehung hinausgehenden Eingriff in die Rechte des Betroffenen, ist die Maßnahme jedenfalls rechtswidrig und der Betroffene in seinen Rechten verletzt (BVerfGE 33, 1; NJW 2018, 2619). In den anderen Fällen ist zu prüfen, 4 ob die gesetzlichen Vorschriften durch die Einrichtung auf der Tatbestandsseite und auf der Rechtsfolgenseite richtig angewendet worden sind (zum ganzen Marschner/Lesting/Stahmann Kap. D § 327 Rn. 40 ff.). Im Fall von unbestimmten Rechtsbegriffen (zB Gefährlichkeit, Erforderlichkeit einer Behandlung) sind diese durch das Betreuungsgericht wie im Fall der §§ 1829, 1831 und 1832 BGB vollständig überprüfbar (teilweise anders für den Strafvollzug BGHSt 30, 320). Ist den Einrichtungen ein **Ermessen** eingeräumt, ist entsprechend § 114 VwGO zu prüfen, ob das Ermessen fehlerfrei ausgeübt worden ist. Auch bei der Ermessensausübung sind Fehler sowohl auf der Tatbestandseite (es werden unzutreffende Tatsachen zugrunde gelegt) als auch auf der Rechtsfolgenseite möglich (Ermessensfehlgebrauch). Überprüfbar sind auch ärztliche Behandlungsmaßnahmen, soweit es sich nicht um ärztliche Zwangsmaßnahmen handelt (→ Rn. 2), wobei sich die rechtlichen Grundlagen aus den jeweiligen landesrechtlichen Bestimmungen ergeben (hierzu im Einzelnen Marschner/Lesting/Stahmann Kap. B Rn. 168 ff.). Im Fall der Rechtswidrigkeit der Maßnahme hebt das Betreuungsgericht diese auf, verpflichtet die Einrichtung zur Durchführung der begehrten Maßnahme, stellt die Rechtswidrigkeit fest oder verbietet die Durchführung einer beabsichtigten Maßnahme. Die Entscheidung ist zu begründen (§ 38 Abs. 3 FamFG). Das Betreuungsgericht kann keine eigenen Entscheidungen in Vollzugsangelegenheiten treffen, sondern ist auf deren Kontrolle beschränkt (OLG Hamm FamRZ 2008, 1885).

V. Verfahren

5 Das Verfahren wird durch einen Antrag bei dem zuständigen Betreuungsgericht eingeleitet (→ Rn. 3) und richtet sich, obwohl es sich der Art nach um ein Verwaltungsgerichtsverfahren handelt, nach allgemeinen Grundsätzen des FamFG. Beteiligte sind der Antragsteller und die Einrichtung als Antragsgegner. Eine **persönliche Anhörung** des Betroffenen sowie eine Erörterung der Angelegenheiten wird in der Regel geboten sein (§ 26 FamFG; s. Sternal/Giers FamFG Rn. 12). Da der Antrag keine aufschiebende Wirkung hat (Abs. 3), hat das Betreuungsgericht in dringenden Fällen, vor allem bei belastenden bzw. beabsichtigten belastenden Maßnahmen die **aufschiebende Wirkung** des Antrags anzuordnen (Abs. 3 S. 2), soweit keine akute Gefährdungslage besteht. In der Zwischenzeit können die erforderlichen Ermittlungen durchgeführt werden. Die Entscheidung des Betreuungsgerichts ist nicht anfechtbar (Abs. 4). Um den effektiven Rechtsschutz zu gewährleisten, ist daher besondere Sorgfalt bei den Ermittlungen und Entscheidungen in Verfahren nach § 327 geboten.

§ 328 Aussetzung des Vollzugs

(1) [1]**Das Gericht kann die Vollziehung einer Unterbringung nach § 312 Nummer 4 aussetzen. Die Aussetzung kann mit Auflagen versehen werden.** [2]**Die Aussetzung soll sechs Monate nicht überschreiten; sie kann bis zu einem Jahr verlängert werden.**

(2) **Das Gericht kann die Aussetzung widerrufen, wenn der Betroffene eine Auflage nicht erfüllt oder sein Zustand dies erfordert.**

I. Anwendungsbereich

1 Die Vorschrift betrifft ausschließlich die öffentlich-rechtliche Unterbringung nach den Psychisch-Kranken-Hilfe-Gesetzen der Bundesländer (Überblick → FamFG § 312 Rn. 6). Die zivilrechtliche Unterbringung kennt keine **probeweise Entlassung.** Vielmehr ist die Unterbringungsgenehmigung auch im Fall der Flucht oder des eigenmächtigen Verlassens der Einrichtung als verbraucht anzusehen mit der Folge, dass bei Notwendigkeit erneuter Unterbringung das Verfahren der §§ 312 ff. erneut durchzuführen ist (→ FamFG § 324 Rn. 5). Dies gilt auch im Fall der Verlegung des Betroffenen von einer geschlossenen auf eine offene Station einer psychiatrischen Klinik (OLG Hamm R&P 2000, 83; LG Rottweil NJW 2018, 3191). Die Vorschrift entspricht den früheren Regelungen in den Unterbringungsgesetzen der Bundesländer und findet ihre Parallele in den §§ 67b und 67d StGB. Sie erlaubt eine flexible Handhabung der Unterbringung und kann die endgültige Entlassung vorbereiten. Die Möglichkeit der Aussetzung der Vollziehung besteht auch im Fall der **vorläufigen Unterbringung** nach §§ 331 ff. Eine Aussetzung der Vollziehung ist **gleichzeitig mit der Anordnung** der Unterbringung möglich (Marschner/Lesting/Stahmann Kap. D § 328 Rn. 4; so auch der Fall BayObLG MDR 1994, 277; aA Sternal/Giers FamFG Rn. 2; zum früheren Recht OLG Celle NJW 1988, 1529; zweifelnd OLG Frankfurt a. M. R&P 1992, 152). Die Aussetzung zugleich mit der Anordnung hat vor allem in den Bundesländern praktische Bedeutung, in denen keine besonderen Maßnahmen und kein Verfahren zur Vermeidung der Unterbringung vorgesehen sind (Marschner/Lesting/Stahmann Kap. B Rn. 64 ff. und Rn. 92 f.). Die Dauer der Aussetzungszeit ist ausdrücklich einzelfallbezogen festzusetzen und darf in der Regel sechs Monate nicht überschreiten. Eine Verlängerung bis zu einem Jahr ist möglich.

II. Voraussetzungen der Aussetzung

2 Eine Aussetzung kommt in Betracht, solange die Unterbringungsvoraussetzungen als solche noch vorliegen, unter Berücksichtigung begleitender Maßnahmen aber eine Entlassung aus der Einrichtung verantwortet werden kann. Da es sich um eine Erprobung handelt, sind die Anforderungen an eine diesbezügliche **Prognoseentscheidung** geringer als im Fall einer endgültigen Entlassung. Es handelt sich um das Eingehen eines kalkulierten Risikos (zur entsprechenden Problematik im Strafrecht BVerfGE 70, 313). Liegen die Unterbringungsvoraussetzungen nicht oder nicht mehr vor, kommt eine Unterbringung von vornherein nicht in Betracht bzw. ist sie aufzuheben (§ 330). Die Unterbringung ist ebenfalls aufzuheben, wenn die Erprobung positiv verlaufen ist.

III. Weisungen

3 Die Aussetzung kann mit Auflagen (entsprechend strafrechtlichem Sprachgebrauch besser: Weisungen) verbunden werden. Es handelt sich hierbei um Anordnungen während der Erprobungszeit, die die Lebensführung betreffen. In Betracht kommt insbesondere die Sicherstellung einer **Weiter- bzw. Nachbehandlung** zB durch einen sozialpsychiatrischen Dienst oder einen niedergelassenen Arzt.

Die Weisung, sich in ärztliche Behandlung zu begeben, setzt das Einverständnis der Betroffenen voraus (s. §§ 68b Abs. 2 S. 2, 56c Abs. 3 StGB).

IV. Widerruf der Aussetzung

4 Die Aussetzung kann bei einem **Verstoß** gegen Auflagen (Weisungen) bzw. dann widerrufen werden, wenn der **Zustand des Betroffenen** es erfordert. Auch bei einem Weisungsverstoß ist zu prüfen, ob der Zustand des Betroffenen die Vollziehung der Unterbringung erfordert, weil sich die ursprüngliche Prognose nachträglich auf Grund neuer Tatsachenfeststellungen als falsch herausgestellt hat. Es handelt sich nicht um eine Strafvorschrift, sondern die Unterbringung ist an den zugrunde liegenden Zweck (Gefahrenabwehr) gebunden (s. auch BayObLG R&P 1994, 143). Ein Weisungsverstoß kann daher nur Anlass für die Überprüfung der Prognoseentscheidung sein.

V. Verfahren

5 Für das Aussetzungs- und Widerrufsverfahren sieht das FamFG keine besonderen Regelungen vor. Es gelten daher die allgemeinen Vorschriften des FamFG, insbesondere § 26 FamFG. Dies bedeutet, dass dem Betroffenen im Widerrufsverfahren **rechtliches Gehör** zu gewähren und falls erforderlich ein Sachverständigengutachten zu der Frage einzuholen ist, ob der Zustand des Betroffenen die Vollziehung der Unterbringung erfordert. Aussetzungs- und Widerrufsverfahren sind vom Betreuungsgericht von Amts wegen durchzuführen und nicht antragsabhängig. Die Initiative wird in aller Regel aber von den Beteiligten bzw. der zuständigen Behörde ausgehen. Die Entscheidung des Gerichts ist mit der Beschwerde (§ 58 FamFG) angreifbar, für die Beschwerdebefugnis gilt § 335 (Sternal/Giers FamFG Rn. 8).

§ 329 Dauer und Verlängerung der Unterbringungsmaßnahme

(1) **[1]Die Unterbringungsmaßnahme endet spätestens mit Ablauf eines Jahres, bei offensichtlich langer Unterbringungsbedürftigkeit spätestens mit Ablauf von zwei Jahren, wenn sie nicht vorher verlängert wird. [2]Die Genehmigung einer Einwilligung in eine ärztliche Zwangsmaßnahme oder deren Anordnung darf die Dauer von sechs Wochen nicht überschreiten, wenn sie nicht vorher verlängert wird.**

(2) **[1]Für die Verlängerung der Genehmigung oder Anordnung einer Unterbringungsmaßnahme gelten die Vorschriften für die erstmalige Anordnung oder Genehmigung entsprechend. [2]Bei Unterbringungen mit einer Gesamtdauer von mehr als vier Jahren soll das Gericht keinen Sachverständigen bestellen, der den Betroffenen bisher behandelt oder begutachtet hat oder in der Einrichtung tätig ist, in der der Betroffene untergebracht ist.**

(3) **Bei der Genehmigung einer Einwilligung in eine ärztliche Zwangsmaßnahme oder deren Anordnung mit einer Gesamtdauer von mehr als zwölf Wochen soll das Gericht keinen Sachverständigen bestellen, der den**

Betroffenen bisher behandelt oder begutachtet hat oder in der Einrichtung tätig ist, in der der Betroffene untergebracht ist.

I. Anwendungsbereich

1 Die Vorschrift ist in Zusammenhang mit § 323 Abs. 1 Nr. 2 zu sehen und regelt für alle Unterbringungsmaßnahmen die Höchstdauer der Unterbringung sowie die Möglichkeit der Verlängerung der Unterbringung.

II. Dauer der Unterbringung (Abs. 1)

2 Nach § 323 Abs. 1 Nr. 2 muss das Gericht in seiner Entscheidung den **Zeitpunkt** angeben, zu dem die Unterbringungsmaßnahme endet (→ FamFG § 323 Rn. 4). Die Frist darf ein Jahr, in Ausnahmefällen bei offensichtlich langer Unterbringungsbedürftigkeit zwei Jahre nicht übersteigen. In der Regel ist eine am Einzelfall und am Grundsatz der Verhältnismäßigkeit orientierte kürzere Frist festzulegen (BGH FamRZ 2022, 57). Dies gilt besonders für freiheitsentziehende Maßnahmen. Die Prognose, welche Dauer erforderlich ist, und der sich daraus ergebende Fristablauf hat sich am Zeitpunkt der Erstellung des Gutachtens zu orientieren (BGH BtPrax 2016, 152; FamRZ 2025, 1738). Die Unterbringung endet mit Ablauf der Frist, soweit sie nicht vorher verlängert wurde. Eine über die Regelfrist von einem Jahr hinausgehende Unterbringungsdauer ist im Hinblick auf den Grundsatz der Verhältnismäßigkeit besonders zu begründen (BGH FamRZ 2025, 812 und 1820; 2024, 299; 2021, 1242; 2018, 951; 2017, 996; BayObLG BtPrax 2005, 113; OLG Schleswig FGPrax 2006, 138). Die Fristberechnung kann nicht dem Betreuer überlassen werden (BGH FamRZ 2010, 1726). Für ärztliche Zwangsmaßnahmen wird die Dauer auf sechs Wochen begrenzt, soweit keine Verlängerung erfolgt (Abs. 1 S. 2). Die Frist darf nicht überschritten werden (BGH FamRZ 2014, 1358). Dies entspricht den Erfahrungen über die tatsächlich erforderliche Behandlungsdauer in psychiatrischen Krankenhäusern.

III. Verlängerung von Unterbringungsmaßnahmen (Abs. 2)

3 Soll eine Unterbringungsmaßnahme iSd § 312 über dem **Endzeitpunkt** (§ 323 Abs. 1 Nr. 2) fortdauern, so ist über die **Verlängerung** dieser Unterbringungsmaßnahme nach Abs. 2 zu entscheiden. Für das **Verlängerungsverfahren** gelten die §§ 312 ff. entsprechend (Anhörung des Betroffenen und der Beteiligten, Begutachtung, Bekanntmachung usw.). In Ausnahmefällen kann die Unterbringung auch durch einstweilige Anordnung nach §§ 331 ff. verlängert werden (OLG Brandenburg BtPrax 2009, 124). Örtlich zuständig ist das Gericht, das die erste Unterbringungsentscheidung getroffen hat (§ 2 Abs. 2), soweit keine Abgabe nach § 314 erfolgt ist (Sternal/Giers FamFG Rn. 12).

4 Zur Stärkung der Rechtsposition des Betroffenen schreibt das Gesetz einen Gutachterwechsel nach Ablauf von 4 Jahren vollzogener Unterbringung vor. Ausreichend ist hierfür, dass der verlängerte Unterbringungszeitraum über das Fristende hinausreicht (BGH FamRZ 1024, 1584). Der Gutachter darf den Betroffenen bisher weder behandelt noch begutachtet haben noch der Einrichtung angehören, in der der Betroffene untergebracht ist. Mit dem Begriff „soll“ wird

klargestellt, dass nur in Ausnahmefällen von der Bestellung eines externen Sachverständigen abgesehen werden darf, die nur dann denkbar sein werden, wenn kurzfristig der ins Auge gefasste Sachverständige verhindert ist. Nach dem Wortlaut des Gesetzes sind nur frühere Sachverständige ausgeschlossen. Das wird jedoch auch für solche Ärzte zu gelten haben, die lediglich ein ärztliches Zeugnis erstellt haben (Bienwald/Harm § 329 Rn. 18).

IV. Verlängerung von ärztlichen Zwangsmaßnahmen (Abs. 3)

5 Wird eine ärztliche Zwangsbehandlungsmaßnahme über zwölf Wochen hinaus verlängert, ist angesichts der Schwere des Grundrechtseingriffs im Regelfall ein **externer (klinikunabhängiger) Sachverständiger** zu bestellen. Auch davon darf (wie im Fall des § 321 Abs. 1 S. 5) nur in atypischen Ausnahmefällen abgesehen werden. Die Ausnahme wird aber noch schwerer zu begründen sein, da vor einer zweiten Verlängerungsentscheidung genügend Zeit besteht, einen qualifizierten externen Sachverständigen zu finden.

§ 330 Aufhebung der Unterbringungsmaßnahme

[1]Die Genehmigung oder Anordnung der Unterbringungsmaßnahme ist aufzuheben, wenn ihre Voraussetzungen wegfallen. [2]Vor der Aufhebung einer Unterbringungsmaßnahme nach § 312 Nummer 4 soll das Gericht die zuständige Behörde anhören, es sei denn, dass dies zu einer nicht nur geringen Verzögerung des Verfahrens führen würde.

I. Anwendungsbereich

1 Die Vorschrift gilt für alle Unterbringungsmaßnahmen nach § 312. Auf Grund der Schwere des Grundrechtseingriffs darf keine Unterbringung, freiheitsentziehende Maßnahme oder ärztliche Zwangsmaßnahme länger dauern als unbedingt erforderlich.

II. Aufhebung von Unterbringungsmaßnahmen

2 Sind die materiell-rechtlichen Voraussetzungen für eine Unterbringungsmaßnahme entfallen, ist diese nach S. 1 **aufzuheben.** Eine Pflicht zur Beendigung der Unterbringung trifft neben dem gesetzlichen Vertreter (§ 1831 Abs. 3 S. 1 BGB für den Betreuer und Bevollmächtigten) und der Einrichtung (für die zivilrechtliche Unterbringung, BT-Drs. 11/4528, 148) auch die zuständige Behörde, die die Maßnahme verantwortet, sowie das Gericht nach § 330. Liegen die Voraussetzungen der Unterbringung nicht (mehr) vor, kann die Genehmigung der Unterbringung auch nicht für eine Übergangsfrist aufrechterhalten werden (BGH FamRZ 2024, 1580). Das Gericht prüft von Amts wegen auch bei einstweiligen Anordnungen und Maßregeln nach § 331 ff., ob die Voraussetzungen noch vorliegen, so dass es eine Verfahrensbeobachtungspflicht hat.

3 Die Pflicht der **Einrichtung,** für die Beendigung der Unterbringung zu sorgen, besteht auch gegen den Willen des Betreuers (Brosey/Lesting/Loer/Marsch-

ner BetreuungsR Rn. 731). Das Gericht muss die Genehmigung ggf. aufheben und ergänzende Maßnahmen nach § 1862 BGB ergreifen.

Das Gesetz hat abgesehen von den Sondervorschrift des S. 2 bewusst von Verfahrensregelungen abgesehen, um unnötige Verfahrensverzögerungen zu vermeiden (BT-Drs. 11/4528, 186). Die Zuständigkeit richtet sich nach § 313. Im Übrigen richtet sich die Notwendigkeit von Anhörungen, der Einholung von Sachverständigengutachten und der Beteiligung weiterer Personen und Stellen nach § 26 FamFG. 4

Satz 2 sieht im Rahmen der Aufhebung einer öffentlich-rechtlichen Unterbringungsmaßnahme vor, dass der zuständigen Behörde Gelegenheit **angehört** werden soll, um eventuelle Bedenken vorbringen und notwendig werdende Maßnahmen treffen zu können, es sei denn, es träten größere Verfahrensverzögerungen ein, die im Hinblick auf die heutigen Kommunikationsmittel kaum vorstellbar sind. In jedem Fall ist ihr die Entscheidung nach § 325 Abs. 2 S. 2 bekannt zu geben, um ihr die Möglichkeit zu geben, ein Rechtsmittel prüfen zu können. 5

Die Aufhebung der Unterbringungsmaßnahme wird wirksam mit der **Bekanntgabe** an den Betroffenen (§ 40 Abs. 1 FamFG; s. Sternal/Giers FamFG Rn. 10). Sie ist mit der Beschwerde nach § 58 FamFG anfechtbar. Die Beschwerdebefugnis richtet sich nach § 335 und ergibt sich für die zuständige Behörde aus § 335 Abs. 4.

§ 331 Einstweilige Anordnung

[1]Das Gericht kann durch einstweilige Anordnung eine vorläufige Unterbringungsmaßnahme anordnen oder genehmigen, wenn

1. **dringende Gründe für die Annahme bestehen, dass die Voraussetzungen für die Genehmigung oder Anordnung einer Unterbringungsmaßnahme gegeben sind und ein dringendes Bedürfnis für ein sofortiges Tätigwerden besteht,**
2. **ein ärztliches Zeugnis über den Zustand des Betroffenen und über die Notwendigkeit der Maßnahme vorliegt; der Arzt, der das ärztliche Zeugnis ausstellt, soll Arzt für Psychiatrie sein; er muss Erfahrung auf dem Gebiet der Psychiatrie haben; dies gilt nicht für freiheitsentziehende Maßnahmen nach § 312 Nummer 2 und 4,**
3. **im Fall des § 317 ein Verfahrenspfleger bestellt und angehört worden ist und**
4. **der Betroffene persönlich angehört worden ist.**

[2]Eine Anhörung des Betroffenen im Wege der Rechtshilfe ist abweichend von § 319 Abs. 4 zulässig.

I. Anwendungsbereich

§§ 331 bis 334 ergänzen die Vorschriften der §§ 49 ff. FamFG über die einstweilige Anordnung im Allgemeinen Teil (zur Selbständigkeit des Verfahrens der einstweiligen Anordnung → FamFG § 300 Rn. 1). § 331 ermöglicht nunmehr selbstständige Entscheidungen über vorläufige Unterbringungsmaßnahmen im Sinn des § 312 durch einstweilige Anordnungen (hierzu grundlegend Röck FamRZ 2017, 591). Erfasst werden vorläufige gerichtliche Regelungen, während im Rahmen der öffentlich-rechtlichen Unterbringung die verwaltungsrechtlichen Eingriffsbe- 1 fugnisse nach den Psychisch-Krankengesetzen der Länder unberührt bleiben (→ FamFG § 312 Rn. 7; Marschner/Lesting/Stahmann Kap. B Rn. 94 ff.).

Die Vorschrift gilt grundsätzlich auch für ärztliche Zwangsmaßnahmen nach § 312 Nr. 3 und 4, nicht aber außerhalb eines Krankenhauses (§ 1832 BGB Rn. 8). Auch im Fall einer Genehmigung der Einwilligung in eine ärztliche Zwangsmaßnahme durch einstweilige Anordnung müssen die Voraussetzungen des § 1832 Abs. 1 BGB vollständig erfüllt sein (BVerfG FamRZ 2015, 1367 und 1589). Daher dürften Verfahren über vorläufige Maßnahmen in der Regel nicht zur Anwendung kommen, da insbesondere der Versuch, den Betroffenen von der Notwendigkeit der ärztlichen Maßnahme zu überzeugen (§ 1832 Abs. 1 S. 1 Nr. 4 BGB), so viel Zeit erfordert, dass das reguläre Verfahren mit den entsprechenden Verfahrensgarantien durchgeführt werden kann (Dodegge NJW 2013, 1265 (1270); Röck FamRZ 2017, 591 (596)). Eine einstweilige Anordnung kommt daher allenfalls ausnahmsweise bei Fällen von Lebensgefahr oder schwersten Gesundheitsgefahren in Betracht (Moll-Vogel FamRB 2013, 157). In dem Referentenentwurf (Vorb. § 312 FamFG) wird die Vorschrift neu gegliedert. Die bisherige Vorschrift wird Abs. 1. In einem neuen Abs. 2 wird festgelegt, dass bei Unterbringungsmaßnahmen nach § 1832 Abs. 2 BGB der Erlass einer einstweiligen Anordnung oder einer einstweiligen Maßregel nach § 334 FamFG ausgeschlossen ist.

II. Voraussetzungen einer einstweiligen Anordnung

2 Grundsätzlich müssen kumulativ folgende Voraussetzungen erfüllt sein, falls nicht ausnahmsweise nach § 331 von den Verfahrenserfordernissen teilweise abgesehen werden kann:

3 Es müssen dringende Gründe im Sinne einer **erheblichen Wahrscheinlichkeit** für die Annahme bestehen, dass die Voraussetzungen einer Unterbringungsmaßnahme oder ärztlichen Zwangsmaßnahme vorliegen (BayObLG FamRZ 2001, 578; FamRZ 2000, 560; OLG München BtPrax 2006, 36; OLG Zweibrücken FGPrax 2006, 235). Bei der zivilrechtlichen Unterbringung muss damit der Betreuer, dessen Aufgabenbereich die Unterbringung oder freiheitsentziehende Maßnahmen umfasst, bzw. der Bevollmächtigte einen Genehmigungsantrag gestellt haben (ebenso HK-BUR/Bauer § 331 Rn. 19 f.; hierzu → § 312 Rn. 2). Die materiell-rechtlichen Voraussetzungen richten sich dann nach § 1831 BGB. Im Falle der öffentlich-rechtlichen Unterbringung muss die Verwaltungsbehörde einen entsprechenden Antrag gestellt haben (§ 51 Abs. 1 S. 1 FamFG, → § 312 Rn. 8). Die materiell-rechtlichen Voraussetzungen sind dann den Psychisch-Kranken-Hilfe-Gesetzen der Bundesländer zu entnehmen.

4 Weiterhin muss ein **dringendes Bedürfnis für ein sofortiges Tätigwerden** bestehen. Dies entspricht der früheren Regelung im FGG, wonach mit dem Aufschub der Unterbringungsmaßnahme eine mit konkreten Tatsachen begründete **Gefahr** verbunden sein muss (BVerfG BtPrax 1998, 144; OLG Bremen BtPrax 2007, 87). Dabei reicht nach dem Grundsatz der Verhältnismäßigkeit nicht irgendeine Gefahr aus, sondern nur eine solche, die bei Abwägung der zu erwartenden Nachteile für den Betroffenen oder Dritte bei Unterbleiben der Unterbringungsmaßnahme und der mit der Unterbringungsmaßnahme verbundenen Einschränkung des Betroffenen das sofortige Tätigwerden des Betreuungsgerichts rechtfertigt. Diese Voraussetzungen bedürfen keines vollen Beweises, sondern **Glaubhaftmachung** reicht aus.

Dem Gericht muss ein **ärztliches Zeugnis** über den Zustand des Betroffenen und die Notwendigkeit der Maßnahme vorliegen. Das ärztliche Zeugnis darf sich nach dem Sinn der Regelung jedoch nicht in einer Beschreibung des Zustandes des Betroffenen erschöpfen, sondern muss die Notwendigkeit der Unterbringung begründen und die maßgeblichen Anknüpfungstatsachen darlegen (BVerfG FamRZ 2015, 1367; OLG Frankfurt a. M. FamRZ 2005, 303; OLG Köln FGPrax 2006, 232; Sternal/Giers FamFG § 331 Rn. 3; Lesting R&P 2024, 128 (133)). Auch wenn das Gesetz als Aussteller lediglich einen Arzt vorsieht und eine Untersuchung durch den Arzt grundsätzlich nicht vorgeschrieben ist, so führt die Anwendung des § 26 FamFG im Hinblick auf die Schwere des Eingriffs in das Freiheitsrecht des Betroffenen dazu, dass grundsätzlich an die Qualifikation des Sachverständigen und die Einhaltung seines Verfahrens die Anforderungen des § 321 zu stellen sind → FamFG § 321 Rn. 2, 6). Bei freiheitsentziehenden Maßnahmen muss der Arzt nicht in jedem Fall Erfahrungen auf dem Gebiet der Psychiatrie haben. Bei ärztlichen Zwangsmaßnahmen, sollte insoweit eine einstweilige Anordnung überhaupt in Betracht kommen (→ Rn. 1), sollte das ärztliche Zeugnis im Regelfall entsprechend § 321 Abs. 1 S. 5 durch einen externen Sachverständigen ausgestellt werden (Dodegge NJW 2013, 1265 (1270); aA Sternal/Giers FamFG § 331 Rn. 4). 5

Es muss bereits ein Verfahrenspfleger bestellt sein, soweit dies nach § 317 erforderlich ist, wovon regelmäßig auszugehen ist. 6

Vor Erlass der einstweiligen Anordnung müssen der Betroffene und der Verfahrenspfleger **persönlich angehört** worden sein. Die persönliche Anhörung des Betroffenen gehört zu den wesentlichen Verfahrensgarantien gemäß Art. 103 Abs. 1 und 104 Abs. 1 GG (BVerfG NJW 1982, 691; NJW 1990, 2309; BGH BtPrax 2009, 236; BayObLG FamRZ 2000, 560; BayObLG FamRZ 2001, 578; OLG Hamm BtPrax 2008, 38). Weniger wichtige Dienstgeschäfte sind in der Regel zurückzustellen, der sofortigen Anhörung des Betroffenen vor Erlass einer einstweiligen Anordnung ist Vorrang einzuräumen (BVerfG NJW 1990, 2309). Die Anhörung des Betroffenen und des Verfahrenspflegers kann abweichend vom Hauptverfahren in diesem Fall auch im Wege der Rechtshilfe erfolgen (§ 331 S. 2; BayObLG FamRZ 1995, 304 (305)). Soweit erhebliche Nachteile für die Gesundheit des Betroffenen zu befürchten sind oder er offensichtlich nicht in der Lage ist, seinen Willen kundzutun, kann von seiner persönlichen Anhörung abgesehen werden (§ 34 Abs. 2; → FamFG § 319 Rn. 8). 7

III. Anfechtbarkeit

Entscheidungen, durch die eine vorläufige Unterbringungsmaßnahme getroffen oder abgelehnt wird, sind nach den allgemeinen Vorschriften mit der Beschwerde anfechtbar (§ 58 Abs. 1 FamFG). Die Beschwerdefrist beträgt im Fall der einstweiligen Anordnung nach § 63 Abs. 2 Nr. 1 FamFG (auch im Fall der Ablehnung) zwei Wochen. Eine Rechtsbeschwerde ist ausgeschlossen (§ 70 Abs. 4 FamFG). Es verbleibt daher in Fällen schwerer Grundrechtseingriffe nur die Verfassungsbeschwerde zum Bundesverfassungsgericht, die innerhalb eines Monats einzulegen ist. 8

IV. Beschlussformel

„Die Unterbringung des … in einem psychiatrischen Krankenhaus wird durch einstweilige Anordnung bis längstens … vorläufig genehmigt (bzw. angeordnet). Die Entscheidung ist sofort wirksam.“ 9

§ 332 Einstweilige Anordnung bei gesteigerter Dringlichkeit

[1]Bei Gefahr im Verzug kann das Gericht eine einstweilige Anordnung nach § 331 bereits vor der persönlichen Anhörung des Betroffenen sowie vor Anhörung und Bestellung des Verfahrenspflegers erlassen. [2]Diese Verfahrenshandlungen sind unverzüglich nachzuholen.

I. Anwendungsbereich

1 Aus verfassungsrechtlichen Gründen muss der Anwendungsbereich auf seltene Ausnahmefälle beschränkt werden. Bei ärztlichen Zwangsmaßnahmen ist eine dringliche einstweilige Anordnung im Hinblick auf die Voraussetzungen des § 1832 Abs. 1 BGB oder vergleichbarer Vorschriften der Bundesländer und die Schwere des Grundrechtseingriffs nicht denkbar.

II. Voraussetzungen einer dringlichen einstweiligen Anordnung

2 Unter Einschränkung wesentlicher Verfahrensgarantien mit der Folge lediglich zeitlicher Verschiebung der Verfahrenshandlungen ist eine **dringliche einstweilige Anordnung** unter folgenden Voraussetzungen zulässig:
– **dringende Gründe** für das Vorliegen der Unterbringungsvoraussetzungen,
– **ärztliches Zeugnis,**
– **Gefahr im Verzug.**
Es muss sich um eine gegenüber § 331 gesteigerte Gefahr handeln. Sie ist nur zu bejahen, wenn im Hinblick auf die drohenden Nachteile für den Betroffenen oder Dritte (KG FamRZ 2008, 813) von der Anhörung des Betroffenen oder der vorherigen Bestellung des Verfahrenspflegers sowie dessen Anhörung abgesehen werden muss. Nicht verzichtbar ist das Vorliegen eines ärztlichen Zeugnisses durch einen entsprechend qualifizierten Arzt (§ 331 Abs. 1 Nr. 2). Im Hinblick auf das verfassungsgerichtliche Gebot, tägliche Bereitschaftsdienste von 6 bis 21 Uhr vorzuhalten (BVerfG BtPrax 2018, 188), wird bei Freiheitsentziehungen in aller Regel eine vorherige persönliche Anhörung unter Beteiligung eines Verfahrenspflegers durchzuführen sein.

3 Soweit die Verfahrenshandlungen **nachzuholen** sind (für die nachträgliche Anhörung des Verfahrenspflegers LG Frankfurt a. M. NJW 1992, 986), meint unverzüglich im Hinblick auf den Eingriff in das Freiheitsrecht das unmittelbare Tätigwerden des Betreuungsgerichtes zum nächstmöglichen Zeitpunkt, in der Regel **am nächsten Tag** (BVerfG FamRZ 2007, 1627; NJW 1982, 691; OLG Schleswig BtPrax 1994, 62; BayObLG FamRZ 2000, 560; BayObLG FamRZ 2001, 578; OLG Hamm BtPrax 2008, 37; KG FamRZ 2008, 813; → FamFG § 301 Rn. 4).

§ 333 Dauer der einstweiligen Anordnung

(1) **[1]Die einstweilige Anordnung darf die Dauer von sechs Wochen nicht überschreiten. [2]Reicht dieser Zeitraum nicht aus, kann sie nach Anhörung eines Sachverständigen durch eine weitere einstweilige Anordnung**

verlängert werden. [3]Die mehrfache Verlängerung ist unter den Voraussetzungen der Sätze 1 und 2 zulässig. [4]Sie darf die Gesamtdauer von drei Monaten nicht überschreiten. Eine Unterbringung zur Vorbereitung eines Gutachtens (§ 322) ist in diese Gesamtdauer einzubeziehen.

(2) **[1]Die einstweilige Anordnung darf bei der Genehmigung einer Einwilligung in eine ärztliche Zwangsmaßnahme oder deren Anordnung die Dauer von zwei Wochen nicht überschreiten. [2]Bei mehrfacher Verlängerung darf die Gesamtdauer sechs Wochen nicht überschreiten.**

I. Anwendungsbereich

Die Vorschrift betrifft alle Unterbringungsmaßnahmen nach § 312. Sie regelt 1
die gesetzlichen Höchstfristen für vorläufige Unterbringungsmaßnahmen.

II. Dauer der einstweiligen Anordnung

Die zeitliche Höchstgrenze für einstweilige Anordnungen beträgt bei der 2
Unterbringung und freiheitsentziehenden Maßnahmen **sechs Wochen** (Abs. 1), bei ärztlichen Zwangsmaßnahmen **zwei Wochen** (Abs. 2), gerechnet ab dem Wirksamwerden. Abs. 2 gilt auch für Fixierungen (LG Gera BtPrax 2024, 68; LG Lübeck NJW-RR 2024, 425). Dadurch soll gewährleistet sein, dass die Verfahrensgarantien des Hauptsacheverfahrens (bei der Zwangsbehandlung Begutachtung durch einen unabhängigen Sachverständigen) nicht umgangen werden (BVerfG FamRZ 2015, 1367 und 1589). Sie endet nach Ablauf der Frist von selbst, es sei denn, sie wird vorher aufgehoben (§ 330) oder eine anderweitige Regelung wird wirksam (§ 56 Abs. 1 FamFG). Die Notwendigkeit von Fixierungen ist darüber hinaus in jeweils kurzen Abständen neu einzuschätzen (BVerfG BtPrax 2024, 138 (141)).

Die auch mehrfache **Verlängerung** ist ausnahmsweise bis zu einer **Gesamt-** 3
dauer von drei Monaten statthaft, wenn aus besonderen Gründen nicht vorher über die Unterbringung entschieden werden kann (OLG Karlsruhe FamRZ 2002, 1127), bei ärztlichen Zwangsmaßnahmen bis zu einer **Gesamtdauer von sechs Wochen.** Eine darüberhinausgehende Verlängerung ist in derselben Angelegenheit, also bei unveränderter Sachlage, nicht möglich, sondern nur wenn neue Umstände wie ein neues Krankheitsbild vorliegen (LG Lübeck BtPrax 2015, 119). Im Fall des Entweichens des Betroffenen ist bei Verlängerungsentscheidungen die bereits abgelaufene Unterbringungszeit in die Höchstfrist einzubeziehen (OLG München FGPrax 2008, 137). Die Entscheidung über die Verlängerung erfolgt im Rahmen eines erneuten Verfahrens unter den Voraussetzungen der §§ 331, 332 mit der Maßgabe, dass statt des ärztlichen Zeugnisses nunmehr die Anhörung eines Sachverständigen erforderlich ist. Dieser hat die Voraussetzungen der Notwendigkeit des Fortbestehens einer einstweiligen Anordnung darzulegen. Der Sachverständige muss die Qualifikation des § 321 haben. Die Form der Anhörung ist nicht vorgeschrieben und richtet sich nach § 26 FamFG.

§ 334 Einstweilige Maßregeln

Die §§ 331, 332 und 333 gelten entsprechend, wenn nach § 1867 des Bürgerlichen Gesetzbuchs eine Unterbringungsmaßnahme getroffen werden soll.

I. Anwendungsbereich

1 Die Vorschrift betrifft Unterbringungsmaßnahmen nach § 312 Nr. 1 und 2, ärztliche Zwangsmaßnahmen aber nur eingeschränkt. Entsprechend der früheren Rechtslage nach dem FGG ermöglicht das Gesetz über § 1867 BGB ausnahmsweise vorläufige Unterbringungsmaßnahmen durch das Betreuungsgericht im Wege der einstweiligen Maßregel unter den Voraussetzungen der §§ 331 ff. Auf die Einwilligung in eine ärztliche Zwangsmaßnahme nach § 1832 BGB sind §§ 1867 BGB, 334 nur anwendbar, wenn der Betreuer an der Erfüllung seiner Pflichten verhindert ist, nicht aber wenn noch kein Betreuer bestellt ist (§ 1832 Abs. 1 S. 2 BGB; → BGB § 1832 Rn. 18).

II. Einstweilige Maßregeln nach § 1867 BGB

2 Die Anwendbarkeit des § 1867 BGB auf Unterbringungsmaßnahmen war im Gesetzgebungsverfahren umstritten. Daraus haben sich unterschiedliche Ansichten über den Umfang des Anwendungsbereiches der Vorschrift entwickelt. Weitgehend Einigkeit besteht darüber, dass das Betreuungsgericht tätig werden darf, wenn der gesetzliche Vertreter **verhindert** ist. Ist allerdings ein Betreuer bestellt und nicht verhindert, kommt eine Maßnahme nach § 1867 BGB nicht in Betracht (BayObLG FamRZ 2000, 560; OLG Frankfurt a. M. FamRZ 2007, 673). Streit bestand jedoch darüber, inwieweit das Betreuungsgericht von sich aus, ohne dass nicht zumindest ein vorläufiger Betreuer bestellt worden ist, Unterbringungsmaßnahmen anordnen kann.

Der BGH hat klargestellt, dass es grundsätzlich zulässig ist, **in Eilfällen** eine **zivilrechtliche Unterbringung** anzuordnen, ohne dass zugleich schon ein Betreuer bestellt werden muss (BGH BtPrax 2002, 162).

3 Das Betreuungsgericht ist in diesen Fällen aber verpflichtet, gleichzeitig mit der Anordnung der Unterbringung durch geeignete Maßnahmen sicherzustellen, dass dem Betroffenen unverzüglich zumindest ein vorläufiger Betreuer zur Seite gestellt wird. Eine derartige Maßnahme kann zB in dem unverzüglichen Ersuchen an die Betreuungsbehörde liegen, eine als Betreuer geeignete Person vorzuschlagen. Geht eine Entscheidung über eine vorläufige Unterbringung voraus, die außerhalb des Gerichtsgebäudes getroffen wird, ist das Verfahren zur Bestellung eines (vorläufigen) Betreuers spätestens am nächsten regulären Arbeitstag des Gerichts einzuleiten (BayObLG BtPrax 2003, 176). Anderenfalls ist die Anordnung der Unterbringung unzulässig (BGH BtPrax 2002, 162; BayObLG BtPrax 2003, 176; OLG München FamRZ 2008, 917).

4 § 1867 BGB bleibt eine **restriktiv zu handhabende Ausnahmevorschrift** (BayObLGZ 1987, 7; OLG Frankfurt a. M. FamRZ 2007, 673; OLG München FamRZ 2008, 917). Eine alle Unterbringungsfälle eines psychiatrischen Krankenhauses oder eines Gerichtsbezirks umfassende Regel, wie es teilweise Praxis ist (Marschner/Lesting/Stahmann Kap. A Rn. 96; Rink FamRZ 1993, 512), lässt sich auf § 1867 BGB nicht stützen. Vielmehr ist für Fälle der Krisenintervention mit Gefährdungen für das Leben oder die Gesundheit des Betroffenen oder Dritter vom Gesetzeszweck her das öffentlich-rechtliche Unterbringungsverfahren anzuwenden (hierzu Marschner BtPrax 2020, 172). Daher kommt auch eine Umwandlung einer öffentlich-rechtlichen Unterbringung in eine Maßregel nach § 1867 BGB durch das Beschwerdegericht nicht in Betracht, weil es sich um verschiedene

Verfahrensgegenstände handelt (BGH FamRZ 2021, 1661; LG Gera BtPrax 2024, 67 für Fixierungen; Kieß BetR 2024, 92; aA OLG München R&P 2006, 91; offen gelassen in OLG Frankfurt a. M. FamRZ 2007, 673). Nur im Einzelfall, wenn es wegen des Krankheitsbildes langfristig auf die Bestellung eines Betreuers ankommt, kann § 1867 BGB in Eilfällen zur Anwendung kommen. Kommt eine Betreuerbestellung von vorneherein nicht in Betracht, ist die Anwendung des § 1867 BGB unzulässig (BayObLG FamRZ 2001, 191).

Die entsprechende Anwendung der § 331 ff. führt dazu, dass vorläufige Maßnahmen nach § 1867 BGB mindestens folgende **Voraussetzungen** haben: 5
- **dringende Gründe** für die Annahme, dass künftig ein Betreuer bestellt wird, der die Genehmigung einer endgültigen Unterbringungsmaßnahme beantragen wird, und dass das Gericht die Maßnahme genehmigen wird,
- **Gefahr** im Verzuge im Hinblick auf die Unterbringungsvoraussetzungen → FamFG § 331 Rn. 4,
- **ärztliches Zeugnis** über den Zustand des Betroffenen iSv → FamFG § 331 Rn. 5.
- Durchführung der erforderlichen Verfahrenshandlungen → FamFG § 331 Rn. 5, 7.

Soweit von der Anhörung des Betroffenen und der Bestellung und Anhörung eines Verfahrenspflegers, abgesehen worden ist, sind die Anhörungen unverzüglich nachzuholen → FamFG § 332 Rn. 3. 6

Schließlich hat das Betreuungsgericht unverzüglich (innerhalb weniger Tage) sicherzustellen, dass ein zumindest **vorläufiger Betreuer** bestellt und aufgefordert wird, alsbald zu entscheiden, ob die Genehmigung einer Unterbringungsmaßnahme beantragt wird. Darüber ist erneut zu entscheiden (Keidel/Giers FamFG Rn. 5). Unterbleibt dies, ist die Unterbringung von vornherein rechtswidrig (BGH BtPrax 2002, 162; BayObLG BtPrax 2003, 176; OLG Brandenburg BtPrax 2007, 223). 7

§ 335 Ergänzende Vorschriften über die Beschwerde

(1) **Das Recht der Beschwerde steht im Interesse des Betroffenen**
1. **dessen Ehegatten oder Lebenspartner, wenn die Ehegatten oder Lebenspartner nicht dauernd getrennt leben, sowie dessen Eltern und Kindern, wenn der Betroffene bei diesen lebt oder bei Einleitung des Verfahrens gelebt hat, den Pflegeeltern,**
2. **einer von dem Betroffenen benannten Person seines Vertrauens sowie**
3. **dem Leiter der Einrichtung, in der der Betroffene lebt,**

zu, wenn sie im ersten Rechtszug beteiligt worden sind.

(2) **Das Recht der Beschwerde steht dem Verfahrenspfleger zu.**

(3) **Der Betreuer oder der Vorsorgebevollmächtigte kann gegen eine Entscheidung, die seinen Aufgabenkreis betrifft, auch im Namen des Betroffenen Beschwerde einlegen.**

(4) **Das Recht der Beschwerde steht der zuständigen Behörde zu.**

I. Anwendungsbereich

Die Vorschriften über die Beschwerde auch in Unterbringungssachen befinden sich im Allgemeinen Teil (§§ 58 ff. FamFG) und werden durch § 335 hinsichtlich 1 der Beschwerdeberechtigung ergänzt. Sie gelten für alle Unterbringungsmaßnahmen des § 312 und auch für die gerichtlichen Entscheidungen über Fixierungen im Rahmen der öffentlich-rechtlichen Unterbringung (s. BVerfG NJW 2018, 2619).

II. Rechtsmittel in Unterbringungssachen

2 Nach § 58 Abs. 1 sind **Endentscheidungen** der Betreuungsgerichte in Unterbringungssachen mit der **Beschwerde** anfechtbar (siehe die Kommentierung zu §§ 58 ff.). Es handelt sich um folgende Entscheidungen:

– Entscheidungen, durch die eine Unterbringungsmaßnahme getroffen oder abgelehnt wird,
– Entscheidungen, durch die im Wege der einstweiligen Anordnung oder Maßregel eine vorläufige Unterbringungsmaßnahme getroffen oder abgelehnt wird (§§ 331 ff.),
– Entscheidungen, durch die eine Unterbringungsmaßnahme verlängert oder ihre Verlängerung abgelehnt wird (§ 329 Abs. 2),
– Entscheidungen über die Aufhebung der Unterbringung (§ 330),
– Entscheidungen über die Aussetzung des Vollzugs (§ 328),
– Entscheidungen über die Anwendung von Gewalt nach § 326 Abs. 2 und 3.

3 Demgegenüber sind **Zwischenentscheidungen** nur anfechtbar, wenn dies im Gesetz ausdrücklich vorgesehen ist oder von der Rechtsprechung ausnahmsweise zugelassen wurde (→ FamFG § 58 Rn. 8). Nicht mit der Beschwerde anfechtbar sind Entscheidungen des Betreuungsgerichts in Vollzugsangelegenheiten (§ 327 Abs. 4).

Die Frist zur Einlegung der Beschwerde beträgt einen Monat, bei einstweiligen Anordnungen zwei Wochen (§ 63 FamFG). Für den Betroffenen und den Verfahrenspfleger laufen eigene Beschwerdefristen beginnend mit der jeweiligen Bekanntgabe (§ 63 Abs. 3 FamFG; zur Bekanntgabe → FamFG § 325 Rn. 2; BayObLG FamRZ 2000, 1445).

4 In Unterbringungssachen ist die Rechtsbeschwerde ohne Zulassung gegeben (§ 70 Abs. 3 Nr. 2 FamFG), soweit es sich nicht um Verfahren der einstweiligen Anordnung handelt (§ 70 Abs. 4 FamFG; siehe die Kommentierung zu §§ 70 ff. → FamFG § 331 Rn. 8).

III. Beschwerdeberechtigung

5 Das Beschwerderecht gegen Entscheidungen des Betreuungsgerichts in Unterbringungssachen richtet sich grundsätzlich nach § 58 FamFG, der voraussetzt, dass der Beschwerdeführer in seinem eigenen subjektiven materiellen Recht oder in dem Verfahrensgrundrecht des Art. 103 Abs. 1 GG beeinträchtigt ist.

Insoweit ist der **Betroffene** immer in seinen Rechten verletzt. Daneben haben nach § 335 Abs. 2 und 3 ein Beschwerderecht im Interesse des Betroffenen der **Betreuer oder Vorsorgebevollmächtigte,** soweit deren Aufgabenkreis betroffen ist (§ 1815 Abs. 2 BGB; BGH FamRZ 2025, 1833), und der **Verfahrenspfleger.** Der Betreuer kann im Namen des Betroffenen auch gegen die Ablehnung der Genehmigung der Unterbringung Beschwerde einlegen (BGH BtPrax 2022, 106 und 178). Der Verfahrenspfleger kann aber kein Rechtsmittel im Namen des Betroffenen einlegen, weil er nicht dessen gesetzlicher Vertreter ist, es sei denn er wird ausdrücklich von dem Betroffenen hierfür bevollmächtigt (BGH FamRZ

2018, 1777). Ist dem **Betreuer** eine Genehmigung erteilt worden, fehlt es an einer Beschwer. Ihm bleibt die Möglichkeit, von der Genehmigung keinen Gebrauch zu machen.

§ 332 Abs. 1 erweitert das Beschwerderecht bestimmter privilegierter Personen, die im **eigenen Namen,** unabhängig von einer Beeinträchtigung eigener Rechte ein Beschwerderecht erhalten, soweit sie im ersten Rechtszug nach § 315 Abs. 4 beteiligt worden sind. **6**

Dabei handelt es sich um folgende Personen:
– der zum Zeitpunkt der Beschwerdeeinlegung nicht dauernd getrenntlebende **Ehegatte oder Lebenspartner.** Bei dauerndem Getrenntleben, das erst kurze Zeit zurückliegt, kann ein Beschwerderecht aus Art. 6 Abs. 1 GG folgen (BT-Drs. 11/4528, 187);
– jedes **Elternteil** und jedes **Kind,** bei häuslicher Gemeinschaft im Zeitpunkt der Einleitung des Verfahrens. Wohnt der Betroffene weder bei seinen Eltern noch bei seinen Kindern, kann sich eine Beschwerdeberechtigung aus Art. 6 Abs. 1, Art. 103 Abs. 1 GG ergeben (BT-Drs. 11/4528, 187);
– die Pflegeeltern (→ FamFG § 303 Rn. 5);
– die **Vertrauensperson;**
– der **Leiter der Einrichtung,** in der der Betroffene lebt (nicht untergebracht ist).

Die zuständige **Behörde** (→ FamFG § 315 Abs. 3) hat nunmehr ein unbeschränktes Beschwerderecht. **7**

IV. Beschwerdeverfahren

Auf das Beschwerdeverfahren finden nach § 68 Abs. 3 FamFG die Vorschriften über den ersten Rechtszug und damit die §§ 312 ff. Anwendung. Das Beschwerdegericht tritt vollständig an die Stelle der 1. Instanz und hat die gleichen Befugnisse wie diese. Es gilt der Grundsatz des Verbots der Schlechterstellung (BGH FamRZ 2026, 482 in einem Fall, im dem das Rechtsbeschwerdegericht die Entscheidung des Beschwerdegerichts aufgehoben hat). Über die Anwendung von § 68 Abs. 3 S. 2 FamFG finden lediglich Modifizierungen dieses Grundsatzes für das Beschwerdeverfahren in Unterbringungssachen statt, wenn die jeweiligen Verfahrenshandlungen bereits im ersten Rechtszug vorgenommen wurden und von einer erneuten Vornahme keine zusätzlichen Erkenntnisse zu erwarten sind. Besonders in Verfahren der Beschwerde gegen vorläufige Unterbringungsentscheidungen im Wege der einstweiligen Anordnung kommt der Gestaltung des Beschwerdeverfahrens erhebliche Bedeutung zu, da das Beschwerdegericht in letzter Instanz entscheidet. Deswegen sollte von der Möglichkeit des § 68 Abs. 3 S. 2 FamFG nur ausnahmsweise Gebrauch gemacht werden. Im Beschwerdeverfahren gegen eine zivilrechtliche Unterbringungsentscheidung kann nicht die Rechtsgrundlage dahingehend ausgetauscht werden, dass das Beschwerdegericht die Voraussetzungen einer (von einem förmlichen Antrag abhängigen) öffentlich-rechtlichen Unterbringung zugrunde legt (BGH FamRZ 2021, 1661). **8**

Anhörung des Betroffenen: Die in einer Unterbringung liegende Schwere des Eingriffs für den Betroffenen macht in der Regel seine erneute Anhörung im Beschwerdeverfahren erforderlich (BGH BtPrax 2021, 151; 2019, 248; OLG Hamm FamRZ 2007, 763; OLG Karlsruhe FGPrax 2000, 165; BayObLG R&P 1995, 146; OLG Schleswig BtPrax 1994, 62; OLG Hamburg FamRZ 1989, 318). **9**

Dies gilt insbesondere dann, wenn das Beschwerdegericht seine Entscheidung auf eine neue Tatsachengrundlage stützt (BGH BtPrax 2023, 67; FamRZ 2024, 1582; 2025, 972) oder das Gericht des ersten Rechtszugs zwingende Verfahrensvorschriften verletzt hat (BGH BtPrax 2011, 125; 2012, 116; 2023, 64; FamRZ 2016, 1354).

10 **Gutachten:** Auf durch das Amtsgericht eingeholte Gutachten und vorgelegte ärztliche Zeugnisse kann sich das Beschwerdegericht dann stützen, wenn sie unter den Beteiligten außer Streit stehen und sie im Hinblick auf Erstellungszeitpunkt, Qualifikation des Ausstellers und im Hinblick auf ihre inhaltlichen Anforderungen als ausreichende Grundlage zur Feststellung der erforderlichen Tatsachen dienen und der Betroffene hierzu angehört wurde.

11 **Zeugenvernehmungen:** Von einer erneuten Zeugenvernehmung kann abgesehen werden, wenn die Zeugenaussage ausreichend protokolliert ist und es auf den persönlichen Eindruck von Zeugen nicht ankommt, nichts Zusätzliches aufzuklären ist und gegen die Richtigkeit der Zeugenaussage weder etwas vorgebracht ist noch sich Bedenken aufdrängen.

12 Eine **erneute Anhörung** der in § 320 genannten Personen und Stellen ist nur dann erforderlich, wenn diese in der 1. Instanz unterblieben ist oder neue Tatsachen oder neue rechtliche Gesichtspunkte eine abweichende Äußerung erwarten lassen.

V. Entlassung des Betroffenen

13 Wird der Betroffene während des Beschwerdeverfahrens entlassen, so erledigt sich dadurch zwar die Hauptsache, eine Beschwerde wird damit aber nicht unzulässig (§ 62 FamFG). Vielmehr besteht im Hinblick auf Art. 19 Abs. 4 GG im Unterbringungsverfahren wegen des tiefgreifenden Grundrechtseingriffs ein berechtigtes Interesse an der **Feststellung der Rechtswidrigkeit** der beanstandeten Maßnahme, selbst wenn die Beschwerde nach Ende der Unterbringung eingelegt worden ist. Dies gilt auch im Verfahren der Rechtsbeschwerde (s. die Kommentierung zu § 62; BGH FamRZ 2016, 1354; 2014, 1358; NJW 2012, 1446; BtPrax 2012, 116; ebenso bereits vorher die Rechtsprechung: BVerfG BtPrax 1998, 184; EGMR NJW 2004, 2209; BayObLG FGPrax 1999, 120 und BayObLG FamRZ 2001, 578 für Unterbringung bis zu sechs Wochen; OLG Schleswig BtPrax 1998, 238; KG FamRZ 2000, 172; OLG Zweibrücken FamRZ 2000, 303; OLG Karlsruhe FGPrax 2000, 165). Auch die gerichtliche Genehmigung der Einwilligung in eine Zwangsbehandlung sowie freiheitsentziehende Maßnahmen stellt einen schwerwiegenden Grundrechtseingriff iSd § 62 Abs. 2 Nr. 1 FamFG dar (BGH FamRZ 2023, 796; 2021, 457; BtPrax 2018, 196 und 198; 2014, 229 und 277).

Eine konsequente Umsetzung der verfassungsrechtlichen Vorgaben gebietet eine Überprüfung der amtsgerichtlichen (und nicht nur der landgerichtlichen) Entscheidung im Verfahren der Rechtsbeschwerde auch dann, wenn das erledigende Ereignis erst nach der Beschwerdeentscheidung eingetreten ist (BGH FamRZ 2023, 796; OLG Hamm FamRZ 2007, 763; OLG München BtPrax 2005, 155; OLG Zweibrücken BtPrax 2005, 72; zur Reichweite der gerichtlichen Kontrolle in diesen Fällen Heidebach NJW 2011, 1708). § 62 FamFG verlangt einen Antrag des Betroffenen. Das Rechtsmittelbegehren des Betroffenen ist aber nach Beendigung der Unterbringung so auszulegen, dass die Feststellung der

Rechtswidrigkeit der Unterbringung begehrt wird (OLG Karlsruhe FGPrax 2003, 145 mAnm Demharter, 237). Zumindest der anwaltlich nicht vertretene Betroffene ist auf die Möglichkeit hinzuweisen, seinen Antrag auf die Feststellung der Rechtswidrigkeit umstellen zu können (BGH FamRZ 2018, 1361). Ist eine Fixierung im Rahmen der öffentlich-rechtlichen Unterbringung bereits beendet, ist der Betroffene auf die Möglichkeit hinzuweisen, die Maßnahme auch nachträglich gerichtlich überprüfen zu lassen (BVerfG NJW 2018, 2619). Die Anträge können aber nicht von den nach Abs. 1 beschwerdeberechtigten Personen gestellt werden, da der Grundrechtseingriff nach § 62 FamFG den Beschwerdeführer betreffen muss (BGH BtPrax 2023, 25; so bereits OLG München FamRZ 2007, 59 Ls.). Eine im Verfahren beteiligte Vertrauensperson kann daher auch keine Verfassungsbeschwerde erheben (BVerfG BtPrax 2024, 138). Dagegen kann der Verfahrenspfleger den Antrag nach § 62 Abs. 3 FamFG stellen (BGH FamRZ 2018, 121). In dem Feststellungsverfahren sind keine weiteren Ermittlungen darüber anzustellen, ob die Unterbringung auf einer verfahrensfehlerhaften Anhörung beruht, dies wird zugunsten des Betroffenen unterstellt (BGH FamRZ 2021, 462; BtPrax 2018, 196 und 198; FamRZ 2013, 1725 und 1726; BtPrax 2012, 116).

§ 336 Einlegung der Beschwerde durch den Betroffenen

Der Betroffene kann die Beschwerde auch bei dem Amtsgericht einlegen, in dessen Bezirk er untergebracht ist.

In Abweichung von § 64 Abs. 1 FamFG kann die Beschwerde auch bei dem Gericht des Unterbringungsorts eingelegt werden. Die Vorschrift entspricht § 305. 1

§ 337 Kosten in Unterbringungssachen

(1) **In Unterbringungssachen kann das Gericht die Auslagen des Betroffenen, soweit sie zur zweckentsprechenden Rechtsverfolgung notwendig waren, ganz oder teilweise der Staatskasse auferlegen, wenn eine Unterbringungsmaßnahme nach § 312 Nummer 1 bis 3 abgelehnt, als ungerechtfertigt aufgehoben, eingeschränkt oder das Verfahren ohne Entscheidung über eine Maßnahme beendet wird.**

(2) **Wird ein Antrag auf eine Unterbringungsmaßnahme nach den Landesgesetzen über die Unterbringung psychisch Kranker nach § 312 Nummer 4 abgelehnt oder zurückgenommen und hat das Verfahren ergeben, dass für die zuständige Verwaltungsbehörde ein begründeter Anlass, den Antrag zu stellen, nicht vorgelegen hat, hat das Gericht die Auslagen des Betroffenen der Körperschaft aufzuerlegen, der die Verwaltungsbehörde angehört.**

I. Anwendungsbereich

Die Vorschrift ergänzt die Vorschriften der § 81 ff. FamFG im Allgemeinen Teil. Danach können die Kosten des Verfahrens den Beteiligten ganz oder teilweise auferlegt werden (→ FamFG § 81 Rn. 5). Unter besonderen Voraussetzungen können die Kosten auch Dritten auferlegt werden (→ FamFG § 81 Rn. 9). Für 1

Betreuungs- und Unterbringungsverfahren gelten besondere Vorschriften. Abs. 1 entspricht der Regelung des § 307 für Betreuungssachen (→ FamFG § 307 Rn. 1 ff.). Die Vorschrift gilt auch für vorläufige Unterbringungsmaßnahmen. Geregelt wird die Auferlegung der **Auslagen des Betroffenen** (→ FamFG § 307 Rn. 6) auf die Staatskasse im Fall der zivilrechtlichen Unterbringung (Abs. 1) bzw. auf die antragstellende Behörde im Fall der öffentlich-rechtlichen Unterbringung (Abs. 2). **Gerichtsgebühren** werden in Unterbringungssachen nicht erhoben, gerichtliche Auslagen nur für die Kosten des Verfahrenspflegers und insoweit der Betroffene nicht mittellos iSd § 1880 BGB ist (§ 26 Abs. 3 GNotKG). Für Rechtsmittelverfahren gilt § 84 FamFG.

II. Kostenentscheidung bei zivilrechtlicher Unterbringung (Abs. 1)

2 Voraussetzung für eine **Kostenerstattung durch die Staatskasse** ist, dass eine zivilrechtliche Unterbringungsmaßnahme nach § 312 Nr. 1 bis 3
- abgelehnt,
- als ungerechtfertigt aufgehoben,
- eingeschränkt oder
- das Verfahren ohne Entscheidung beendet wird.

Die Vorschrift gilt auch im Fall der Rechtswidrigerklärung einer Unterbringungsmaßnahme nach § 62 FamFG (OLG München FamRZ 2006, 1617; FamRZ 2008, 917). Entgegen dem Wortlaut der Vorschrift besteht in den beiden erstgenannten Fällen kein Ermessen des Gerichts (→ FamFG § 307 Rn. 5).

III. Kostenentscheidung bei öffentlich-rechtlicher Unterbringung (Abs. 2)

3 Voraussetzung für die **Kostenerstattung durch die antragstellende Behörde** ist, dass ein Antrag auf Unterbringung gemäß § 312 Nr. 4
- abgelehnt oder
- zurückgenommen wird, oder dass
- kein begründeter Anlass für den Unterbringungsantrag bestand.

Kein begründeter Anlass zur Antragstellung bestand, wenn die Verwaltungsbehörde wegen unzureichender Ermittlungen, unzulänglichen Gutachtens bzw. ärztlichen Zeugnisses oder infolge rechtsfehlerhafter Gesetzesanwendung zur Antragstellung kam. Ein Ermessen besteht im Fall des Abs. 1 nicht. Abs. 2 ist wie Abs. 1 auch im Fall der Feststellung der Rechtswidrigkeit der Unterbringung anwendbar (OLG München FamRZ 2006, 1617; OLG Hamm BtPrax 2004, 75; aA Sternal/Giers FamFG Rn. 6).

§ 338 Mitteilung von Entscheidungen

[1]Für Mitteilungen gelten die §§ 308 und 311 entsprechend. [2]Die Aufhebung einer Unterbringungsmaßnahme nach § 330 Satz 1 und die Aussetzung der Unterbringung nach § 328 Abs. 1 Satz 1 sind dem Leiter der Einrichtung, in der der Betroffene lebt, mitzuteilen.

I. Anwendungsbereich

Die Vorschrift verweist für Mitteilungen in Unterbringungssachen in S. 1 auf die entsprechend anwendbaren §§ 308 und 311. Dort ist geregelt, unter welchen Voraussetzungen personenbezogene Daten weitergegeben werden dürfen. Insoweit wird auf die Kommentierung dieser Vorschriften verwiesen. 1

II. Mitteilungen bei Beendigung der Unterbringung

S. 2 begründet in den dort genannten Fällen eine besondere Mitteilungspflicht an den Leiter der Einrichtung. Dadurch soll der Schutz des Betroffenen vor einer durch gerichtliche Entscheidung nicht mehr gedeckten Unterbringung verstärkt werden. Diese Mitteilungen haben daher unverzüglich zu erfolgen. 2

§ 339 Benachrichtigung von Angehörigen

Von der Anordnung oder Genehmigung einer Unterbringungsmaßnahme und deren Verlängerung hat das Gericht einen Angehörigen des Betroffenen oder eine Person seines Vertrauens unverzüglich zu benachrichtigen.

Die Vorschrift wiederholt die bereits in Art. 104 Abs. 4 GG geregelte Pflicht zur Benachrichtigung von Angehörigen oder einer Person des Vertrauens. Die Benachrichtigungspflicht besteht insbesondere, wenn die Angehörigen oder die Person des Vertrauens nicht bereits nach § 315 beteiligt werden und ihnen daher die Entscheidung über die Unterbringung bekannt zu geben ist. Die Mitteilungspflicht obliegt dem Betreuungsgericht. Wer zu benachrichtigen ist, entscheidet soweit möglich der Betroffene. 1

Abschnitt 3. Verfahren in betreuungsgerichtlichen Zuweisungssachen

§ 340 Betreuungsgerichtliche Zuweisungssachen

Betreuungsgerichtliche Zuweisungssachen sind

1. Verfahren, die die Pflegschaft mit Ausnahme der Pflegschaft für Minderjährige oder für ein bereits gezeugtes Kind betreffen,

2. Verfahren, die die gerichtliche Bestellung eines sonstigen Vertreters für einen Volljährigen betreffen, sowie

3. sonstige dem Betreuungsgericht zugewiesene Verfahren,

soweit es sich nicht um Betreuungssachen oder Unterbringungssachen handelt.

I. Anwendungsbereich

Die Vorschrift führt mit der Bezeichnung „betreuungsgerichtliche Zuweisungssachen“ einen Sammelbegriff für weitere Zuständigkeiten des Betreuungsgerichts 1

außerhalb der Betreuungs- und Unterbringungssachen ein. Nach § 23c Abs. 1 GVG sind für betreuungsgerichtliche Zuweisungssachen, ebenso wie für die Betreuungs- und Unterbringungssachen, die **Betreuungsgerichte** zuständig, außer wenn es sich um Pflegschaft für einen Minderjährigen handelt (dann Familiengericht nach § 151 Nr. 5). Stellt also zB das Nachlassgericht fest, dass für einen abwesenden Volljährigen nach § 1884 BGB ein Abwesenheitspfleger zu bestellen ist, so ist diese Bestellung Sache des Betreuungsgerichts (OLG Köln FamRZ 2016, 1502; OLG Schleswig FamRZ 2015, 80). Es handelt sich dabei überwiegend um Verfahren, für die unter der Geltung des FGG das Vormundschaftsgericht zuständig war, die aber nach dessen Auflösung nicht dem Familiengericht, sondern dem Betreuungsgericht übertragen wurden. Sofern ein Verfahren nach der jeweiligen Definitionsnorm bereits Betreuungssache oder Unterbringungssache ist, geht diese Zuordnung vor (BT-Drs. 16/6308, 276). Nr. 1 und 2 betreffen Pflegschaften, soweit sie nicht Minderjährige betreffen; Nr. 3 schafft einen Auffangtatbestand.

§§ 340, 341 enthalten keine allgemeine Verweisung auf die Vorschriften über Betreuungssachen in §§ 271 bis 311 FamFG; betreuungsgerichtliche Zuweisungssachen sind daher keine Betreuungssachen iSv § 271, auch wenn sie den Betreuungsgerichten zugewiesen sind (BGH FamRZ 2018, 1935).

Zur funktionalen Zuständigkeit → FamFG § 341 Rn. 2.

II. Betreuungsgerichtliche Zuweisungssachen

1. Pflegschaften (Nr. 1)

2 Damit sind insbesondere Pflegschaften nach den §§ 1884 (Abwesenheitspflegschaft), 1882 (Pflegschaft für unbekannte Beteiligte; OLG Frankfurt a. M. BeckRS 2011, 26725) und 1883 BGB (Pflegschaft für gesammeltes Vermögen) gemeint. Entsprechendes gilt für die Nachlasspflegschaft (§ 1960 BGB; OLG Stuttgart FamRZ 2011, 846; OLG Hamm FamRZ 2011, 396) als Spezialfall des § 1882 BGB. Ebenso sind betreuungsgerichtliche Zuweisungssachen solche nach § 17 des Gesetzes zur Sachenrechtsbereinigung im Beitrittsgebiet (SachenRBerG; Pflegschaft für Grundstückseigentümer und Inhaber dinglicher Rechte). Dies gilt jedoch nur, soweit nicht positiv feststeht, dass der Beteiligte **minderjährig** oder noch **nicht geboren** ist. In diesen Fällen ist nach § 151 Nr. 5 das Familiengericht zuständig (MüKoFamFG/Schmidt-Recla § 340 Rn. 3).

2. Gerichtliche Bestellung (Nr. 2)

3 Hiervon werden Verfahren umfasst, die die gerichtliche Bestellung eines Vertreters, der kein Pfleger ist, für einen Volljährigen betreffen. Hierunter fallen beispielsweise Vertreterbestellungen nach § 16 VwVfG (wie zB auch: § 20 Abs. 6 WirtschaftsprüferO, §§ 50 Abs. 4, 64a Abs. 1 BNotO, § 32 BRAO jeweils iVm § 16 Abs. 1 Nr. 4 VwVfG), § 81 AO, § 207 BauGB, § 119 FlurbG, § 292 StPO; § 46 Abs. 1 OWiG iVm § 292 StPO oder § 15 SGB X (BGH FamRZ 2012, 293). Auch die weiteren Entscheidungen, die das Vertreterverhältnis betreffen, sind – vorbehaltlich anderweitiger spezialgesetzlicher Regelungen – als **Verfahren kraft Sachzusammenhangs** von Nr. 2 miterfasst. Durch die Formulierung „gerichtliche Bestellung" wird vorsorglich klargestellt, dass die **rechtsgeschäftliche** Erteilung von Vertretungsmacht durch den Vertretenen selbst oder durch dessen Organe **nicht** unter Nr. 2 fällt (BT-Drs. 16/6308, 277). Auch bei Nr. 2 gilt: Wenn

positiv feststeht, dass der Beteiligte **minderjährig** oder noch nicht geboren ist, ist nach § 151 Nr. 5 das Familiengericht zuständig.

3. Ausdrückliche Zuweisung (Nr. 3)

Nr. 3 ermöglicht die ausdrückliche Zuweisung einzelner weiterer Aufgaben an das **Betreuungsgericht;** zB nach §§ 1484 Abs. 2 S. 3, 1491 Abs. 3 S. 2, 2282 Abs. 2 letzte Alt. BGB, § 6 KastrG, § 2 NamÄndG, § 16 Abs. 3 letzte Alt. VerschG. Diese sind **keine Betreuungssachen** nach § 271 Nr. 3, sie sind nur dem Betreuungsgericht nach § 340 Nr. 3 zugewiesen (Sternal/Giers FamFG Rn. 4). 4

Nicht ganz eindeutig ist die Zuordnung der Entscheidung nach § 3 Abs. 1 S. 2 Transsexuellengesetz (TSG). Nach § 15 Nr. 9 RPflG handelt es sich hierbei, zumindest was die Überschrift und die Gesetzesbegründung anbelangt, um eine betreuungsrechtliche Zuweisungssache (BT-Drs. 16/6308, 322). In § 3 Abs. 1 S. 2 TSG werden diese Entscheidungen jedoch ausdrücklich dem Familien- und nicht dem Betreuungsgericht zugewiesen. Insgesamt ist wegen des eindeutigen Sachzusammenhangs trotz dieser Unsicherheit das Verfahren nach § 3 Abs. 1 S. 2 TSG als dem Betreuungsgericht (dort dem Richter nach § 15 Nr. 9 RPflG; → RPflG § 15 Rn. 28) zugewiesen anzusehen (Prütting/Helms/Fröschle FamFG § 271 Rn. 13; HK-BetreuungsR/Bučić § 340 FamFG Rn. 9; Sternal/Giers FamFG Rn. 4). Das TSG wurde mit Wirkung zum 1.11.2024 aufgehoben und durch das Gesetz über die Selbstbestimmung in Bezug auf den Geschlechtseintrag (SBGG) ersetzt. Entscheidungen nach § 3 Abs. 1 S. 2 **Transsexuellengesetz** (TSG) werden danach nur noch in den bis 31.10.2024 anhängigen, aber noch nicht abgeschlossenen Verfahren ergehen.

III. Verfahrensvorschriften

Mit Ausnahme der örtlichen Zuständigkeit (→ FamFG § 341) nicht geregelt ist, welche Verfahrensvorschriften für betreuungsgerichtliche Zuweisungssachen – also für die Pflegschaftsanordnungen (Nr. 1), Vertreterbestellungen (Nr. 2) und betreuungsgerichtliche Aufgaben (Nr. 3) – Anwendung finden. Insbesondere enthalten die §§ 340, 341 keine allgemeine Verweisung auf die Vorschriften über Betreuungssachen in §§ 271 bis 311 (BGH BeckRS 2018, 27077). Nach der hier vertretenen Auffassung finden mangels einschlägiger Regelungen im Besonderen Teil zumindest in den Zuweisungssachen nach Nr. 1 und 3 die verfahrensrechtlichen Vorschriften des Allgemeinen Teils des FamFG Anwendung; daneben finden auch einige betreuungsrechtliche Vorschriften wie zB § 276 und § 275 Anwendung (Sternal/Giers FamFG Rn. 5; OLG Köln FamRZ 2018, 534; OLG Hamm FamRZ 2011, 396). Wird ein Verfahrenspfleger bestellt, richtet sich die Vergütung nach § 277 (OLG Düsseldorf BeckRS 2015, 11434). Etwas anderes muss bei den Vertreterbestellungen nach Nr. 2 gelten, die dem Betreuungsverfahren so ähneln, dass grundsätzlich das Verfahren für die Betreuerbestellung entsprechende Anwendung finden muss (im Ergebnis ebenso Sternal/Giers FamFG Rn. 6; Prütting/Helms/Roth FamFG Rn. 9), zumal die in → Rn. 3 genannten Verfahrensvorschriften allesamt auf die materiellen und formellen betreuungsrechtlichen Vorschriften verweisen (BGH FamRZ 2012, 293). 5

IV. Rechtsmittel

6 Die Entscheidungen in betreuungsgerichtlichen Zuweisungssachen sind nach § 58 Abs. 1 anfechtbar, für denjenigen, der in seinen eigenen Rechten nach § 59 Abs. 1 verletzt wurde (Sternal/Giers FamFG Rn. 7). Damit ist zB bei Abwesenheitspflegschaften derjenige beschwerdeberechtigt, der geltend macht, er sei der wahre Berechtigte. **Kein** Beschwerderecht haben die Behörde (Sternal/Giers FamFG Rn. 7) und derjenige, für den das Bestehen der Pflegschaft lediglich rechtlich vorteilhaft ist, zB wenn der Beschwerdeführer nur geltend machen kann, dass sich aus dem Bestehen der Pflegschaft für die Wahrnehmung seiner eigenen Rechte gegenüber dem Pflegling rechtliche Vorteile ergeben können. Gegen Entscheidungen in betreuungsgerichtlichen Zuweisungssachen nach Nr. 1 ist die zulassungsfreie Rechtsbeschwerde nach § 70 Abs. 3 FamFG nicht statthaft (BGH FamRZ 2018, 1935). Etwas anderes gilt bei Verweisungen auf das Betreuungsrecht aus einer spezialgesetzlichen Anordnung. Gegen Entscheidungen des Beschwerdegerichts in betreuungsgerichtlichen Zuweisungssachen, welche die Bestellung eines Vertreters nach § 15 Abs. 1 Nr. 4 SGB X in einem sozialrechtlichen Verwaltungsverfahren betreffen, findet eine zulassungsfreie Rechtsbeschwerde gemäß § 15 Abs. 4 SGB X in Verbindung mit § 70 Abs. 3 S. 1 Nr. 1 statt (BGH NJW-RR 2025, 1474).

§ 341 Örtliche Zuständigkeit

Die Zuständigkeit des Gerichts bestimmt sich in betreuungsgerichtlichen Zuweisungssachen nach § 272.

I. Anwendungsbereich

1 § 341 betrifft betreuungsgerichtliche Zuweisungssachen (→ FamFG § 340 Rn. 2 ff.). Aus dieser Verweisung auf die betreuungsrechtliche Vorschrift für die Zuständigkeit kann jedoch nicht allgemein der Schluss gezogen werden, dass die §§ 271 ff. für betreuungsgerichtliche Zuweisungssachen Anwendung finden (→ FamFG § 340 Rn. 5; BGH BeckRS 2018, 27077; BGH FamRZ 2012, 293).

II. Betreuungsgerichtliche Zuweisungssachen

2 Die **örtliche** Zuständigkeit in betreuungsgerichtlichen Zuweisungssachen bestimmt sich nach § 272 (vgl. die Kommentierung zu → FamFG § 272). In vielen Fällen wird danach das Gericht des gewöhnlichen Aufenthalts gemäß § 272 Abs. 1 Nr. 2 (→ FamFG § 272 Rn. 4) örtlich zuständig sein. Bei Pflegschaften nach § 340 Nr. 1: Abwesenheitspflegschaft (§ 1884 BGB), Pflegschaft für unbekannte Beteiligte (§ 1882 BGB) und für gesammeltes Vermögen (§ 1883 BGB) dürfte der Gerichtsstand des § 272 Abs. 1 Nr. 3 (Ort, an dem das Fürsorgebedürfnis hervortritt, → FamFG § 272 Rn. 5) hauptsächlich Anwendung finden. Soweit in § 341 für die Bestimmung der örtlichen Zuständigkeit in betreuungsgerichtlichen Zuweisungssachen auf § 272 verwiesen wird, bezweckt die Regelung nur, die nach früherem Recht in zahlreichen verstreuten Einzelvorschriften geregelten Zuständigkeiten des Vormundschaftsgerichts außerhalb des Betreuungs- und

Unterbringungsrechts beim Betreuungsgericht zu bündeln, weshalb die Bestellung eines Pflegers iSd § 340 nicht einer Betreuungssache iSv § 271 Nr. 1 und 2 gleichgestellt werden kann (BGH FamRZ 2019, 1935).

Die **sachliche** Zuständigkeit der Amtsgerichte folgt aus § 23a Abs. 2 Nr. 1 GVG.

Funktional ist der Rechtspfleger nach § 3 Nr. 2b RPflG zuständig, soweit sich nicht aus § 15 Abs. 1 Nr. 1–9 RPflG betreffend die betreuungsgerichtlichen Zuweisungssachen die Richterzuständigkeit ergibt. Zu § 15 Abs. 1 Nr. 9 RPflG → FamFG § 340 Rn. 4. Grundsätzlich sind zwar dem Rechtspfleger gemäß § 3 Nr. 2b) RPflG die betreuungsgerichtlichen Zuweisungssachen nach § 340 übertragen; hierzu zählen gemäß § 340 Nr. 1 Verfahren, die die Pflegschaft Volljähriger betreffen. Gemäß § 15 Nr. 5 RPflG bleiben jedoch dem Richter von den Angelegenheiten, die dem Betreuungsgericht übertragen sind, die Anordnung einer Pflegschaft über einen Angehörigen **eines fremden Staates** vorbehalten (→ RPflG § 15 Rn. 24). Davon umfasst ist auch die Entscheidung über die Ablehnung der Anordnung. Erlässt ein Rechtspfleger einen solchen Beschluss, so ist dieser nach § 8 Abs. 4 RPflG unwirksam (LG Lüneburg FamRZ 2015, 1990).

Bei Verfahren mit Auslandsbezug ist § 104 für die **internationale** Zuständigkeit maßgeblich (vgl. die Kommentierung zu § 104).

Betreuungsorganisationsgesetz – (BtOG)

Einleitung BtOG

Mit dem am 1.1.2023 in Kraft tretenden Betreuungsorganisationsgesetz werden alle **öffentlich-rechtlichen Vorschriften** des Betreuungsrechts in einem Gesetz zusammengefasst. Diese betreffen die Tätigkeiten der Betreuungsbehörden, der Betreuungsvereine und der rechtlichen Betreuer einschließlich der neuen Registrierung der beruflichen Betreuer. Damit sind die langjährigen Reformen der Organisation des Betreuungswesens zu einem zumindest vorläufigen Abschluss gekommen. 1

Bis zum Inkrafttreten des bis zum 31.12.2022 geltenden Betreuungsbehördengesetztes (BtBG) am 1.1.1992 waren die behördlichen Zuständigkeiten und Aufgaben im **Gesetz für Jugendwohlfahrt** (JWG) und ab dem 1.1.1991 im Kinder- und Jugendhilfegesetz (KJHG) als SGB VIII geregelt. Auch für Volljährige lag die Zuständigkeit der Behörden bei den Jugendämtern. Sie haben einen großen Teil der Vormundschaften und Pflegschaften für Erwachsene selbst geführt und das Vormundschaftsgericht umfassend unterstützt. 2

Das BtBG hatte den Kommunen also keine wesentlich neuen Aufgaben zugewiesen. Mit dem neuen Betreuungsrecht von 1992 sollte aber die **Behördenstruktur** neu geregelt werden. Eine von manchen geforderte Sozialreform ist unterblieben (Pitschas BtPrax 1994, 74; Schulte BtPrax 2005, 10; Marschner R&P 2003, 182). Mit der Betreuungsbehörde sollte aber eine neue, eigene Behörde geschaffen werden. Der Umgang mit erwachsenen Menschen, die nicht mehr entmündigt werden sollten, unterliegt anderen Vorgaben als die Fürsorge von Kindern und Jugendlichen (BT-Drs. 11/4528, 99).

Die **Neuregelung** durch die Schaffung des BtBG folgte im Wesentlichen den vorher vorhandenen Grundzügen: Es blieb weitgehend den Ländern überlassen, wie sie die behördliche Arbeit organisieren und ausgestalten. Auf gewachsene Strukturen sollte Rücksicht genommen werden. Nur ein Rahmen wurde vom Bundesgesetz vorgegeben. Der Aufgabenkatalog wurde erweitert, insbesondere was die Unterstützung und Förderung von Betreuungsvereinen und die Anleitung und Fortbildung von ehrenamtlichen Betreuern betrifft (§§ 5, 6 BtBG). Es blieb auch den Ländern überlassen, ob zur Förderung der Zusammenarbeit der örtlichen Beteiligten Betreuungsarbeitsgemeinschaften bestehend aus Betreuungsbehörde, Vormundschaftsgericht und Betreuungsvereinen auf örtlicher und überörtlicher Ebene geschaffen werden sollten. 3

Den Betreuungsbehörden wurde eine **Vorschlagspflicht** für Betreuer übertragen. Damit sollte sichergestellt werden, dass das Gericht in jedem Fall einen Betreuer bestellen kann, auch wenn trotz aller Bemühungen seitens des Gerichts kein geeigneter Einzelbetreuer gefunden wird (BT-Drs. 11/4528, 223). In den Fällen, in denen die Behörde keinen geeigneten ehrenamtlichen oder beruflichen Betreuer findet, wirkt sich diese Verpflichtung wie eine **Gestellungspflicht** aus, da die Behörde sich letztlich nur selbst vorschlagen kann. 4

Nachdem durch das 1. BtÄndG 1998 eine Pflicht zur Förderung von Aufklärung und Beratung über Vorsorgevollmachten den Betreuungsbehörden auferlegt worden war (§ 6 Abs. 1 S. 2 BtBG), erweiterte das 2. BtÄndG 2005 die Pflichten der örtlichen Betreuungsbehörden mit dem Ziel der weiteren Stärkung der Vorsorgevollmachten durch eine Beratungs- und Unterstützungspflicht auch gegenüber Bevollmächtigten sowie die Übertragung einer Beglaubigungskompetenz für Unterschriften unter Vorsorgevollmachten und Betreuungsverfügungen.

5 In Umsetzung der Vorschläge einer interdisziplinären Bund-Länder-Arbeitsgruppe wurden durch das **Gesetz zur Stärkung der Funktionen der Betreuungsbehörde** (BGBl. 2013 I 3393) ab 1.7.2014 eine allgemeine Informations- und Beratungspflicht der örtlichen Betreuungsbehörde normiert und die Vermittlung von sozialen Hilfen zur Betreuungsvermeidung zu ihrer Aufgabe gemacht, die Unterstützungspflicht gegenüber den Betreuungsgerichten konkretisiert, korrespondierend mit einer Ausdehnung der Beteiligung der Betreuungsbehörde im gerichtlichen Verfahren (§ 279 FamFG), und die Beschäftigung von Fachpersonal bindend vorgeschrieben.

6 Vorausgegangen waren wiederkehrende kontroverse rechtspolitische Diskussionen mit unterschiedlichen Ideen zu grundlegenden Strukturreformen. Unter dem Stichwort „von der justizförmigen zur sozialen Betreuung" gab es Vorschläge, der Betreuungsbehörde eine dem gerichtlichen Verfahren vorgelagerte eigenständige Filterfunktion zu übertragen (Betreuungsbehörde als Eingangsinstanz; BT-Drs. 13/10331). Die von der Justizministerkonferenz 2001 gebildete Bund-Länder-Arbeitsgruppe (deren Abschlussbericht von 2003 dokumentiert in Brill, Betrifft: Betreuung 6) hatte Modelle aufgezeigt, die eine wesentliche Stärkung der örtlichen Betreuungsbehörde vorsahen, bis hin zur Kompetenz der Behörde zur Betreuerbestellung, die lediglich erhebliche Grundrechtseingriffe ausnahm. In die entgegengesetzte Richtung gingen Vorschläge zur Abschaffung der Betreuungsbehörden und zur Einrichtung eines justiznahen sozialen Dienstes (vgl. Beck BtPrax 2003, 98; Tänzer BtPrax 2009, 278), oder die Schaffung eines Erwachsenenschutzgesetzes (Pitschas BtPrax 2011, 8; Northoff Betrifft Betreuung 11, 269). Ende 2008 hatte die Konferenz der obersten Landessozialbehörden (KOLS) eine Arbeitsgemeinschaft „Rechtliche Betreuung" gebildet, die regelmäßigen Austausch zum Betreuungswesen zwischen Bund (Bundesministerium für Familie, Senioren, Frauen und Jugend; Bundesjustizministerium), Ländern (Sozialressorts, punktuelle Einbeziehung der Justizressorts), Kommunen (Kommunale Spitzenverbände) und Wissenschaft gewährleisten soll (Stehn-Helms/Kania BtPrax 2009, 68).

Die Justizministerkonferenz hatte zunächst die Ergebnisse einer rechtstatsächlichen Untersuchung zu den Wirkungen des 2. BtÄndG abgewartet, die 2009 vorgelegt wurde. Daraufhin hatte das Bundesjustizministerium eine interdisziplinäre und ressortübergreifende Bund-Länder-Arbeitsgruppe gebildet, die neben materiellen Rechtsänderungen auch Struktur- und Organisationsfragen untersuchte und ihren Abschlussbericht im Oktober 2011 vorlegte (Sonderheft BtPrax 2012).

7 Die wesentlichen Vorschläge der Arbeitsgruppe zur Neugestaltung der Arbeit der Betreuungsbehörden (Ackermann/Kania BtPrax 2012, 144) sind 2014 in das Gesetz zur Stärkung der Funktionen der Betreuungsbehörde eingegangen (→ Rn. 5).

8 Die rechtspolitische Diskussion um die Entwicklung der Strukturen im Betreuungswesen war damit aber nicht beendet. Nach den umfassenden vom BMJV in Auftrag gegebenen Studien (dies sind die rechtstatsächlichen Forschungsvorhaben zur „Qualität in der rechtlichen Betreuung" und zur „Umsetzung des Erforder-

lichkeitsgrundsatzes in der betreuungsrechtlichen Praxis") hat das Ministerium einen intensiven Diskussionsprozess eingeleitet, der in gesetzgeberische Maßnahmen mündete, um das **Recht unterstützungsbedürftiger Menschen auf Autonomie und Selbstbestimmung gemäß der UN-BRK** zu verbessern (Schnellenbach BtPrax 2018, 127). Insbesondere die Rolle und Aufgabe der Betreuungsbehörden wird in Bezug auf den Erforderlichkeitsgrundsatz mit der aktuellen Reform weiter ausgebaut (zu den Ergebnissen des Forschungsvorhabens Nolting/Zich/Tisch/Braesecke BtPrax 2017, 211). Die **Vermittlung in andere Hilfen zur Vermeidung rechtlicher Betreuungen** steht nunmehr noch stärker im Mittelpunkt der Tätigkeit der Betreuungsbehörden. Dieser Aufgabe dient insbesondere das neue Instrument der **erweiterten Unterstützung** nach §§ 8 Abs. 2 und 11 Abs. 3 BtOG. Das BtOG enthält außerdem erstmals bereichsspezifische Datenschutzvorschriften in §§ 4, 18 und 20 BtOG.

Ob die Ziele in der Praxis wie vom Gesetzgeber gewünscht erreicht werden, hängt einerseits von der **finanziellen und personellen Ausstattung der Betreuungsbehörden,** andererseits von der **Quantität und Qualität der anderen Hilfen** ab (zu den neuen Aufgaben der Betreuungsbehörden Walther/Bürkle BtPrax 2021, 123; Kraemer FamRZ 2022, 927). Diese müssen nämlich geeignet sein, den Hilfebedarf der Betroffenen abzudecken (§ 1814 Abs. 3 S. 2 Nr. 2 BGB). Die Betreuungsbehörden müssen zur Erfüllung ihrer bisherigen und neuen Aufgaben quantitativ und qualitativ besser ausgestattet werden. Nicht unproblematisch ist insoweit, dass die Kommunen als Träger der Betreuungsbehörden kein echtes finanzielles Interesse an einer guten Ausstattung und erfolgreichen Arbeit haben, weil nicht sie, sondern die Justiz von Einsparungen durch Betreuungsvermeidung als Folge einer guten Betreuungsbehördenarbeit profitieren. Doch nur bei einer qualitativ hochwertigen Betreuungsbehördenarbeit kann das eigentliche Ziel des Betreuungsrechtes erreicht werden, nämlich die Begrenzung des Eingriffes auf das erforderliche Maß und die Sicherstellung der Selbstbestimmung der Betroffenen.

Abschnitt 1. Betreuungsbehörde

Titel 1. Allgemeine Vorschriften

§ 1 Sachliche Zuständigkeit und Durchführung überörtlicher Aufgaben

(1) [1]**Welche Behörde auf örtlicher Ebene in Betreuungsangelegenheiten sachlich zuständig ist, bestimmt sich nach Landesrecht.** [2]**Diese Behörde ist auch in Unterbringungssachen nach § 312 Nummer 1 bis 3 des Gesetzes über das Verfahren in Familiensachen und in den Angelegenheiten der freiwilligen Gerichtsbarkeit zuständig.**

(2) **Zur Durchführung überörtlicher Aufgaben oder zur Erfüllung einzelner Aufgaben der örtlichen Behörde nach Absatz 1 können nach Landesrecht weitere Behörden vorgesehen werden.**

I. Behördenträgerschaft

1 Es bleibt auch im BtOG den Bundesländern überlassen, die Behördenzuständigkeit zu bestimmen. Dies kann durch Landesgesetz oder andere landesrechtliche Regelung erfolgen. Es besteht die Möglichkeit, eine eigenständige Behörde zu installieren oder auf bestehende Behörden oder Dienste zurückzugreifen. Die bestehenden Landesgesetze sind an das BtOG anzupassen.

2 In den Landesgesetzen (s. Übersicht in HK-BetreuungsR/Jurgeleit BtOG § 1 Rn. 20; Deinert/Walther 1.2.) sind die Aufgaben häufig **pauschal auf Landkreise und kreisfreie Städte** (oder je nach Kommunalrecht auf Magistrate, Oberbürgermeister, Kreisausschüsse, Landräte) und in Nordrhein-Westfalen zusätzlich auf die großen kreisangehörigen Städte (mehr als 60.000 Einwohner) übertragen worden, in Berlin auf die Bezirksämter, in der Stadtgemeinde Bremen auf das Amt für soziale Dienste und in Hamburg durch Zuständigkeitsanordnung des Senats auf das Bezirksamt Altona. In Bayern, Hessen und Niedersachsen führt die örtliche Betreuungsbehörde die Bezeichnung „Betreuungsstelle", in Sachsen-Anhalt und Nordrhein-Westfalen „Betreuungsbehörde", in Brandenburg heißt sie „Örtliche Betreuungsbehörde".

3 Die kommunalen Gebietskörperschaften, auf die die Zuständigkeit für Betreuungsangelegenheiten übertragen worden ist, können ihrerseits die Aufgabe auf schon bestehende (zB – allerdings vom Bundesgesetzgeber unerwünscht – auf das Jugendamt) oder von ihnen neu zu schaffende Behörden übertragen (HK-BetreuungsR/Jurgeleit BtOG § 1 Rn. 12) Die Gebietskörperschaften führen ihre Aufgaben als „weisungsfreie Pflichtaufgaben", „Angelegenheit des eigenen Wirkungskreises", „Pflichtaufgaben der Selbstverwaltung", „Selbstverwaltungsangelegenheit" oder „in eigener Verantwortung". Nicht zulässig ist es, die Gebietskörperschaft insgesamt als Betreuungsbehörde anzusehen. Obwohl seitens des Bundesgesetzgebers wegen der Unabhängigkeit empfohlen, sind nur die allerwenigsten Betreuungsbehörden eigenständige Fachbehörden. Nach dem Abschlussbericht des BMJV zum Erforderlichkeitsgrundsatz von 2017 waren am Stichtag 31.12.2015 nur 4,2 % eigenständige Dienststellen, 56,1 % dem Sozialamt angeglie-

dert, 17,8 % dem Gesundheitsamt, 12,1 % dem Jugendamt und 9,8 % in einer anderen Struktur organisiert (Nolting/Zich/Tisch/Braesecke BtPrax 2017, 211).

II. Sachliche Zuständigkeit

Die örtliche Betreuungsbehörde ist, sofern nicht landesrechtlich oder innerorganisatorisch etwas anderes geregelt ist, für alle Betreuungsangelegenheiten nach §§ 1814 ff. BGB, 271 ff. FamFG zuständig. Bei dieser Behörde sollen alle mit der rechtlichen Betreuung verbundenen Aufgaben des örtlichen Betreuungswesens möglichst gebündelt werden, also insbesondere die Aufgaben, die durch die Beteiligung im gerichtlichen Verfahren entstehen, aber auch die über die Einzelfallarbeit hinausgehenden Aufgaben der Beratung und Unterstützung. **4**

Abs. 1 S. 2 stellt dazu klar, dass diese Behörde auch für **Unterbringungsmaßnahmen** nach §§ 1831 und 1832 BGB zuständig ist, also für die zivilrechtliche Unterbringung, unterbringungsähnliche Maßnahmen und ärztliche Zwangsmaßnahmen bei Betreuten und Vollmachtgebern. Dies soll gewährleisten, dass bei so schwerwiegenden Eingriffen das für psychisch kranke Menschen nötige Einfühlungsvermögen und der für Betreuer notwendige Fachverstand als Beratungs- und Unterstützungsgrundlage vorhanden sind. Aus diesem Grunde ist es auch unzulässig, die **Polizeibehörden** mit dieser Aufgabe direkt zu betrauen; diese können gem. §§ 319 Abs. 6 S. 2, 322 iVm § 283 Abs. 2 S. 2 und § 326 Abs. 2 S. 2 FamFG in entsprechenden Situationen von der zuständigen Betreuungsbehörde im Wege der Amtshilfe herangezogen werden (HK-BetreuungsR/Jurgeleit BtOG § 1 Rn. 14; HK-BUR/Walther BtOG § 1 Rn. 19). Die Anhörung der Betreuungsbehörde soll in jedem Unterbringungsverfahren erfolgen (§ 320 S. 2 FamFG).

III. Überörtliche Aufgaben

Abs. 2 ermöglicht es den Bundesländern, neben den örtlich zuständigen Betreuungsbehörden für die Aufgaben nach §§ 5 bis 13 und den Ministerien für die Planungsaufgaben weitere Behörden mit Aufgaben zu betrauen, also Mittel- oder Oberbehörden zu schaffen, wenn sie dies für zweckmäßig halten. **5**

Kommunalverbände für (Jugend und) Soziales (Baden-Württemberg, Sachsen), Landesämter für Jugend und Soziales (Rheinland-Pfalz), Verwaltung (Thüringen) und Versorgung und Soziales (Brandenburg), Landschaftsverbände als Landesbetreuungsamt (Nordrhein-Westfalen), Ministerium (Hessen) und Bezirksregierungen (Bayern) haben deshalb mehr oder weniger umfangreiche überörtlich wahrzunehmende Aufgaben übertragen bekommen, zumeist die Anerkennung und/oder Förderung von Betreuungsvereinen. In den Stadtstaaten, im Saarland, in Sachsen-Anhalt und Schleswig-Holstein haben die zuständigen Landesministerien bzw. -senatoren diese Aufgaben. **6**

Hamburg und Schleswig-Holstein haben davon abgesehen, im Landesausführungsgesetz überörtliche Behörden zu benennen. Sie haben jedoch Aufgaben auf überörtliche Fachbehörden (Hamburg) oder das Landesministerium (Schleswig-Holstein) übertragen. Hessen und Mecklenburg-Vorpommern haben die Landesregierungen ermächtigt, durch Rechtsverordnung überörtliche Betreuungsbehörden zu schaffen; bisher wurde davon kein Gebrauch gemacht. Niedersachsen hat mit Wirkung vom 1.1.2019 (§ 1 Abs. 2 Nds. AG BtR) das OLG Oldenburg zur **7** überörtlichen Landesbehörde gemacht, die für die Beschäftigung von Landesbediensteten, die als Behördenbetreuerin oder Behördenbetreuer tätig sind, und für die Anerkennung der Betreuungsvereine zuständig ist. Der Einsatz von „Überhangpersonal" in Einzelbetreuungssachen ist fachlich verfehlt und im Einzelfall bedenklich (vgl. Bienwald FamRZ 2007, 1860). Er widerspricht auch der Zielsetzung des Gesetzgebers in § 1816 BGB, vorrangig ehrenamtliche Betreuer und erst nach beruflichen Betreuern Behördenmitarbeiter zu Betreuern zu bestellen. Ohne gründliche Aus- und Fortbildung der Mitarbeiter widerspricht die Regelung auch § 3 und der Zuständigkeitsverteilung durch Bundesrecht zwischen den örtlichen und überörtlichen Behörden nach § 1.

8 Als weitere Aufgaben neben der Anerkennung und Förderung von Betreuungsvereinen sind die überörtliche Einführung und Fortbildung von Betreuern, die Bedarfsplanung und die Gewinnung von Betreuern, die Gründung einer überörtlichen Arbeitsgemeinschaft und die Koordinierung der Tätigkeiten der Behörden und Institutionen genannt (Baden-Württemberg, Sachsen; Einzelheiten vgl. HK-BetreuungsR/Jurgeleit BtOG § 1 Rn. 19).

IV. Weitere Behörden auf örtlicher Ebene

9 Es kann unter den jeweiligen örtlichen Gegebenheiten sinnvoll sein, einzelne Aufgaben der örtlichen Behörde auf Behörden außerhalb der Betreuungsbehörde zu übertragen, wenn eine Einschaltung dieser Stellen im Wege der Amtshilfe nicht ausreichend erscheint. So können zB die Vollzugshilfe in Unterbringungssachen oder die Hilfe bei Vorführungen besonderen Diensten übertragen werden (Bienwald/Harm BtOG § 1 Rn. 4). Hamburg hat beispielsweise Vorführungs- und Vollzugsaufgaben auf einen außerhalb der Betreuungsstelle bestehenden, aber dem Bezirksamt Altona (örtliche Betreuungsbehörde) zugeordneten besonders geschulten Zuführungsdienst übertragen.

§ 2 Örtliche Zuständigkeit

(1) [1]**Örtlich zuständig ist vorbehaltlich der Sätze 2 und 3 und des Absatzes 4 diejenige nach Landesrecht in Betreuungsangelegenheiten zuständige Behörde, in deren Bezirk der Betroffene seinen gewöhnlichen Aufenthalt hat.** [2]**Hat der Betroffene keinen gewöhnlichen Aufenthalt im Geltungsbereich dieses Gesetzes, ist ein solcher nicht feststellbar oder betrifft die behördliche Maßnahme keine Einzelperson, so ist die Behörde zuständig, in deren Bezirk das Bedürfnis für die behördliche Maßnahme hervortritt.** [3]**Gleiches gilt, wenn mit dem Aufschub einer Maßnahme Gefahr verbunden ist.**

(2) **Ändern sich die für die örtliche Zuständigkeit nach Absatz 1 maßgebenden Umstände im Laufe eines gerichtlichen Betreuungs- oder Unterbringungsverfahrens, so bleibt für dieses Verfahren die zuletzt durch das Betreuungsgericht angehörte Behörde allein zuständig, bis die nunmehr nach Absatz 1 zuständige Behörde dem Betreuungsgericht den Wechsel der Zuständigkeit schriftlich anzeigt.**

(3) **Beglaubigungen nach § 7 Absatz 1 Satz 1 kann abweichend von Absatz 1 jede nach Landesrecht in Betreuungsangelegenheiten zuständige Behörde vornehmen.**

(4) [1]**Für die Registrierung eines beruflichen Betreuers nach § 24 und die weiteren behördlichen Maßnahmen nach Abschnitt 3 Titel 3 ist diejenige nach Landesrecht in Betreuungsangelegenheiten zuständige Behörde örtlich zuständig, in deren Zuständigkeitsbereich sich der Sitz des beruflichen Betreuers befindet oder errichtet werden soll (Stammbehörde).** [2]**Ist ein Sitz des beruflichen Betreuers nicht vorhanden und soll ein solcher auch nicht errichtet werden, so richtet sich die örtliche Zuständigkeit nach dem Wohnsitz des beruflichen Betreuers.** [3]**Für einen beruflichen Betreuer, der weder seinen Sitz noch seinen Wohnsitz im Geltungsbereich dieses Gesetzes hat, ist Stammbehörde diejenige Behörde, in deren Zuständigkeitsbereich der Schwerpunkt der beruflichen Tätigkeit des Betreuers liegt.** [4]**Verlegt der berufliche Betreuer seinen Sitz oder Wohnsitz in den Zuständigkeitsbereich einer anderen Behörde, so wird diese zur neuen Stammbehörde.** [5]**Verlegt der berufliche Betreuer seinen Sitz oder Wohnsitz ins Ausland, bleibt die bisherige Stammbehörde örtlich zuständig.**

I. Normzweck

Die Regelung der örtlichen Zuständigkeit erfolgt **zur Vermeidung von Konflikten bundeseinheitlich** (BT-Drs. 11/4528, 197). Inhaltlich lehnt sich die Regelung an die **gerichtlichen Zuständigkeitsregelungen** an. Damit soll gewährleistet werden, dass möglichst die gleichen Behörden und Gerichte auf örtlicher Ebene miteinander zu tun haben. So ist eine reibungsärmere Zusammenarbeit zu erwarten (BT-Drs. 11/4528, 197). 1

Da durch das BtOG den Betreuungsbehörden neue Aufgaben übertragen wurden, wird für die Registrierung der beruflichen Betreuer nunmehr in Abs. 4 die **örtliche Zuständigkeit der Stammbehörde** geregelt. Abs. 3 enthält nunmehr eine besondere Zuständigkeitsregelung für Beglaubigungen nach § 7 Abs. 1 S. 1 BtOG. 2

Die örtliche Zuständigkeit ist zwingend und kann nicht durch eine Vereinbarung der Beteiligten geändert werden (Bienwald/Harm BtOG § 2 Rn. 2). 3

II. Zuständigkeit nach Abs. 1

Abs. 1 S. 1 knüpft für die behördliche Zuständigkeit wie § 272 Abs. 1 FamFG für die gerichtliche an den **gewöhnlichen Aufenthalt des Betroffenen** an (zum Begriff des „gewöhnlichen Aufenthalts" → FamFG § 272 Rn. 4). Die Anknüpfung an den tatsächlichen Lebensmittelpunkt eines Betroffenen und nicht an formale Kriterien wie zB Meldeanschrift ist insbesondere bei der behördlichen Zuständigkeit sinnvoll, da für eine möglichst effektive Hilfe für den Betroffenen eine genaue Kenntnis der örtlich vorhandenen Angebote unerlässlich ist. 4

In den Fällen, in denen im Inland kein gewöhnlicher Aufenthalt besteht oder ein gewöhnlicher Aufenthalt nicht zu ermitteln ist (Abs. 1 S. 2), ist die Behörde zuständig, in deren Bezirk das **Bedürfnis für die Maßnahme** entsteht. Diese Zuständigkeit kommt insbesondere in Betracht bei Ausländern, die keinen gewöhnlichen Aufenthalt hier haben, und bei Personen, über die im Augenblick des Eingreifens so wenig bekannt ist, dass zu ihrem gewöhnlichen Aufenthalt nichts Verbindliches festgestellt werden kann. Geht es um die Verbringung eines 5

Betreuten von einem Zuständigkeitsbezirk in einen anderen, ist von den Behörden eine sachgerechte Zusammenarbeit zu erwarten.

6 Maßnahmen, die keine Einzelperson betreffen, weil sie zB auf eine **Vielzahl von Personen** sich beziehen oder **strukturelle Maßnahmen** darstellen, sind ebenfalls von der Behörde zu erledigen, in deren Bezirk der Bedarf entsteht.

7 In **Eilfällen,** dh wenn die Ermittlung der an sich zuständigen Behörde oder deren Einschaltung zu Verzögerungen führte, die die Gefahr von Nachteilen für den Betroffenen mit sich brächte, ist ebenfalls die Behörde des Bezirks, in dem der Bedarf für eine Maßnahme entsteht, zuständig (Abs. 1 S. 3), in der Regel also die Behörde des aktuellen Aufenthaltsortes. Die Eilzuständigkeiten des Gerichts nach §§ 272, 300 FamFG und der Behörde können auseinanderfallen.

III. Veränderung der Zuständigkeit (Abs. 2)

8 Ändert sich der gewöhnliche Aufenthalt des Betroffenen oder entsteht das Bedürfnis für eine Maßnahme zugunsten derselben Person in einem anderen Bezirk, ist die Behörde des neuen Bezirks zuständig, **ohne** dass es einer **förmlichen Abgabe** bedürfte (BT-Drs. 11/4528, 198). Nach landesrechtlichen Verwaltungsverfahrensvorschriften parallel zu § 3 Abs. 3 Verwaltungsverfahrensgesetz des Bundes gibt es die Möglichkeit, Verfahren unter bestimmten Umständen von der bisher zuständigen Behörde weiterführen zu lassen, also innerhalb eines Landes nach Zweckmäßigkeitserwägungen eine Zuständigkeitskontinuität zuzulassen.

9 Der grundsätzlich vorgesehene formlose Zuständigkeitswechsel kann innerhalb eines gerichtlichen Verfahrens zu Schwierigkeiten führen, wenn zB die formelle Bekanntmachung an die zuständige Behörde erforderlich ist, um Rechtsmittelfristen in Lauf zu setzen (BT-Drs. 11/4528, 198). Für solche Fälle normiert Abs. 2 das **Fortdauern der Zuständigkeit der zuletzt angehörten Behörde** bis zum **förmlichen Anzeigen** der veränderten Zuständigkeit **durch** die **neue Behörde.** Dadurch, dass die **neu** zuständige Behörde die Anzeige vorzunehmen hat, soll erreicht werden, dass ein etwaiger Zuständigkeitsstreit zwischen den Behörden nicht zu Verzögerungen im gerichtlichen Verfahren führt (BT-Drs. 11/4528, 198). So kann es geboten sein, trotz Verlegung einer Person von einem Heim in ein Hospiz in einem anderen Land die Zuständigkeit der bisherigen örtlichen Betreuungsbehörde am Verfahren auf Genehmigung des Einstellens künstlicher Ernährung beizubehalten (LG Hamburg FamRZ 2006, 145).

10 Entsprechend dem Gedanken der Beschleunigung und Vereinfachung des gerichtlichen Verfahrens ist es auch konsequent, als entscheidenden **Zeitpunkt den der Veranlassung einer Zustellung** anzusehen (HK-BUR/Walther BtOG § 2 Rn. 19). Gibt das Gericht am 1.2. die Entscheidung zur Zustellung an die Behörde A hinaus und geht am 2.2. die Mitteilung der Behörde B ein, dass nunmehr sie zuständig sei, ist die am 3.2. erfolgte Zustellung an die Behörde A wirksam, die Rechtsmittelfrist läuft. In solchen Fällen sollte das Gericht der neu zuständigen Behörde die Entscheidung formlos unter Mitteilung des förmlichen Zustellungsdatums übermitteln, da dieser Behörde die gerichtsinternen Vorgänge nicht bekannt sind und sie nur in Kenntnis der wirklichen Lage verantwortlich über etwaige Rechtsmittel entscheiden kann.

11 Ist die **Behörde zum Betreuer** bestellt gemäß § 1818 Abs. 4 BGB und wechselt der Betroffene seinen gewöhnlichen Aufenthalt, so ist **auf Antrag die bisher**

zuständige Behörde zu entpflichten und die örtlich nunmehr zuständige Betreuungsbehörde zu bestellen (Hans OLG Hamburg BtPrax 1994, 138).

IV. Zuständigkeit bei Beglaubigungen (Abs. 3)

12 Nach der neuen Regelung des Abs. 3 können Beglaubigungen von Unterschriften oder Handzeichen auf Betreuungsverfügungen und Vollmachten nach § 7 Abs. 1 S. 1 von **jeder nach Landesrecht in Betreuungssachen zuständigen Behörde** vorgenommen werden. Die beurkundende Betreuungsbehörde kann damit frei gewählt werden (BT-Drs. 19/24445, 343).

V. Zuständigkeit für das Registrierungsverfahren (Abs. 4)

13 Da durch die Reform des Betreuungsrechts mit Wirkung zum 1.1.2023 eine Registrierung beruflicher Betreuer zur Voraussetzung ihrer Tätigkeit gemacht wird, bedarf es auch insoweit der Festlegung der örtlichen Zuständigkeit für das Registrierungsverfahren nach § 24 BtOG und weitere damit zusammenhängende behördliche Maßnahmen. Hierfür wird der Begriff der **Stammbehörde** in Abs. 4 eingeführt, die für die **Registrierung** zuständig ist. Bei der Stammbehörde laufen alle für die Registrierung erheblichen Informationen über die Eignung und Zuverlässigkeit des beruflichen Betreuers zusammen (s. §§ 9 Abs. 2, 25 BtOG). Insbesondere die Betreuungsgerichte haben damit einen festen Ansprechpartner für die im Betreuungsverfahren zu treffenden Entscheidungen. Dadurch soll in der Praxis aufgetretenen Informationsdefiziten begegnet werden (BT-Drs. 19/24445, 344).

14 Die örtliche Zuständigkeit der Stammbehörde richtet sich nach dem **Sitz des beruflichen Betreuers** und, wenn er über kein entsprechendes Büro verfügt, nach seinem **Wohnsitz.** Bestehen weder ein Sitz noch im Wohnsitz im Geltungsbereich des BtOG, richtet sich die Zuständigkeit der Stammbehörde nach dem Schwerpunkt der beruflichen Tätigkeit. Bei Verlegung des Sitzes oder Wohnsitzes in den Zuständigkeitsbereich einer anderen Behörde ändert sich die Zuständigkeit der Stammbehörde. Insoweit besteht eine Mitteilungspflicht nach § 28 Abs. 1 BtOG. Bei Verlegung des Sitzes oder Wohnsitzes ins Ausland bleibt die bisherige Stammbehörde zuständig.

§ 3 Fachkräfte

Zur Durchführung der Aufgaben der Behörde werden Personen beschäftigt, die sich hierfür nach ihrer Persönlichkeit eignen und die in der Regel entweder eine ihren Aufgaben entsprechende Ausbildung erhalten haben (Fachkräfte) oder über vergleichbare Erfahrungen verfügen.

1 Die Vorgängervorschrift des § 9 BtBG ist 2014 durch das Gesetz zur Stärkung der Funktionen der Betreuungsbehörde in das BtBG eingefügt und unverändert in das BtOG übernommen worden. Damit wurde einem Vorschlag der interdisziplinären Arbeitsgruppe zur Regelung der Fachlichkeit gefolgt (Sonderheft BtPrax 2012, 6). Damit die Betreuungsbehörden wirkungsvoll ihre Aufgaben der Betreuungsvermeidung durch Vermittlung anderer Hilfen wahrnehmen können, benötigen sie Fachpersonal mit genügend Wissen über das Sozialleistungssystem (BT-

Drs. 17/13419, 11). Die Vorschrift ist entsprechenden Vorschriften im SGB nachgebildet (§§ 72 Abs. 1 SGB VIII, 97 SGB IX, 6 Abs. 1 SGB XII).

§ 4 Verarbeitung personenbezogener Daten durch die Behörde

(1) [1]Die Verarbeitung personenbezogener Daten des Betroffenen und solcher Personen, auf die es bei der Aufgabenerfüllung ankommt, einschließlich besonderer Kategorien personenbezogener Daten nach Artikel 9 der Verordnung (EU) 2016/679 des Europäischen Parlaments und des Rates vom 27.4.2016 zum Schutz natürlicher Personen bei der Verarbeitung personenbezogener Daten, zum freien Datenverkehr und zur Aufhebung der Richtlinie 95/46/EG (Datenschutz-Grundverordnung) (ABl. L 119 vom 4.5.2016, 1; L 314 vom 22.11.2016, 72; L 127 vom 23.5.2018, 2) durch die Behörde ist zulässig, soweit sie zur Erfüllung der ihr nach Abschnitt 1 Titel 2 obliegenden Aufgaben erforderlich ist. [2]Die für diesen Zweck erforderlichen Daten sind grundsätzlich bei der betroffenen Person zu erheben. [3]Ohne ihre Mitwirkung dürfen sie nur erhoben werden, wenn keine Anhaltspunkte dafür bestehen, dass überwiegende schutzwürdige Interessen der betroffenen Person beeinträchtigt werden, und

1. **die von der Behörde nach Abschnitt 1 Titel 2 zu erfüllenden Aufgaben ihrer Art nach eine Erhebung bei Dritten erforderlich machen oder**
2. **die Erhebung bei der betroffenen Person einen unverhältnismäßigen Aufwand erfordern würde.**

(2) Die Pflicht zur Information der betroffenen Person gemäß Artikel 13 Absatz 1 bis 3 und Artikel 14 Absatz 1, 2 und 4 der Verordnung (EU) 2016/679 besteht ergänzend zu den in Artikel 13 Absatz 4 und Artikel 14 Absatz 5 der Verordnung (EU) 2016/679 genannten Ausnahmen nicht,

1. **soweit die Erteilung der Information die ordnungsgemäße Erfüllung der der Behörde nach Abschnitt 1 Titel 2 obliegenden Aufgaben gefährden würde oder**
2. **soweit zum Schutz der betroffenen Person ein Absehen von der Informationserteilung erforderlich ist, was insbesondere dann der Fall ist, wenn hiervon erhebliche Nachteile für ihre Gesundheit zu besorgen sind oder die betroffene Person aufgrund einer Krankheit oder Behinderung offensichtlich nicht in der Lage ist, die Informationen zur Kenntnis zu nehmen.**

I. Vorbemerkung

1 Rechtliche Grundlagen des Datenschutzes sind zunächst die Vorschriften der Europäischen Datenschutz-Grundverordnung (DSGVO), die durch das nationale Datenschutzrecht konkretisiert werden. Abs. 1 enthält erstmals eine ausdrückliche Rechtsgrundlage für die Erhebung und Verarbeitung von personenbezogenen Daten durch die Betreuungsbehörde. Im BtBG fehlten dagegen bereichsspezifische Datenschutzregelungen für die Betreuungsbehörde mit der Folge, dass auf die allgemeinen Datenschutzgesetze zurückgegriffen werden musste (hierzu Walther BtPrax 2016, 167 und Deinert BtPrax 2019, 19). Abs. 2 regelt Informationspflichten gegenüber den Betroffenen.

Weitere für die Betreuungsbehörde datenschutzrechtlich relevante Vorschriften finden sich in §§ 9, 10, 26, 27 Abs. 4 S. 2 und 28 Abs. 2 S. 3. Die Verarbeitung personenbezogener Daten durch Betreuungsvereine ist in § 18, durch den Betreuer in § 20 geregelt.

II. Normzweck und Grundzüge

2 Zweck des Datenschutzes ist es, den Einzelnen davor zu schützen, dass er durch den Umgang mit seinen personenbezogenen Daten in seinen Grundrechten und Grundfreiheiten beeinträchtigt wird (Art. 1 Abs. 2 DSGVO). Es geht dabei um die Gewährleistung des **Rechts auf informationelle Selbstbestimmung** nach Art. 2 Abs. 1 iVm 1 Art. 1 Abs. 1 GG (BVerfG NJW 1984, 419). Die Datenverarbeitung unterliegt den Grundsätzen der Rechtmäßigkeit und Transparenz, der Zweckbindung, der Datenminimierung (Erforderlichkeit), der Richtigkeit sowie der Integrität und Vertraulichkeit (Art. 5 DSGVO). Die DSGVO unterscheidet zwischen der Verarbeitung personenbezogener Daten (Art. 6 DSGVO) und der Verarbeitung besonderer Kategorien personenbezogener Daten, wozu grundsätzlich Gesundheitsdaten gehören (Art. 9 DSGVO). Die Legaldefinition des Begriffs der Datenverarbeitung ergibt sich aus Art. 4 DSGVO. Danach gehören die Erhebung und die Übermittlung personenbezogener Daten zur Datenverarbeitung.

3 Es gilt der **Grundsatz des Verbots der Datenverarbeitung mit Erlaubnisvorbehalt.** Erlaubt ist die Verarbeitung, wenn die Einwilligung des Betroffenen vorliegt oder gesetzliche geregelte Erlaubnistatbestände vorliegen. Diese können in der DSGVO selbst, aber auch in ergänzenden nationalen Bestimmungen enthalten sein. Die Betroffenen haben umfassende Informations- und Auskunftsrechte, ein Widerspruchsrecht sowie ein Recht auf Berichtigung und Löschung (Art. 13 ff. DSGVO). Grundsätzlich ist für die Datenverarbeitung und damit auch die Übermittlung von Daten die Einwilligung des Betroffenen erforderlich (Art. 6 Abs. 1a und 9 Abs. 2a DSGVO). Die Einwilligung muss freiwillig erteilt sein und kann jederzeit widerrufen werden. Daneben stehen die gesetzlichen Befugnisse, die eine Datenübermittlung zulassen.

III. Datenverarbeitung nach Abs. 1

4 Die Rechtmäßigkeit der Datenverarbeitung richtet sich grundsätzlich nach Art. 6 DSGVO. Im Vordergrund steht insoweit die Wahrnehmung einer öffentlichen Aufgabe als Zweck der Datenverarbeitung (Art. 6 Abs. 1 S. 1d DSGVO). Weitergehend handelt es sich bei **Gesundheitsdaten** nach Art. 9 DSGVO um besondere personenbezogene Daten, deren Verarbeitung einer besonderen Zweckbindung unterliegt. Dabei kann es sich um den Schutz lebenswichtiger Interessen, die Geltendmachung von Rechtsansprüchen oder die Gesundheitsvorsorge handeln (Art. 9 Abs. 2c, f und h DSGVO). Die Verarbeitung dieser Daten bedarf der **Einwilligung des Betroffenen** oder einer besonderen gesetzlichen Legitimation. Da die Einwilligung auch insoweit Einwilligungsfähigkeit voraussetzt, kann bei betreuten Menschen zweifelhaft sein, ob in jedem Fall eine wirksame Einwilligung abgegeben werden kann. Es bedarf daher in vielen Fällen für die Datenverarbeitung einer gesetzlichen Grundlage (BT-Drs. 19/24445, 345).

Eine Datenverarbeitung durch die Betreuungsbehörde ist daher nach Abs. 1 auch zulässig, soweit diese zur Erfüllung ihrer gesetzlichen Aufgaben erforderlich ist. Es handelt sich dabei um einen Erlaubnistatbestand im Sinn der Art. 6 und 9 DSGVO. Bei den Aufgaben handelt es sich um die in §§ 5 bis 13 geregelten Aufgaben, insbesondere die in § 8 geregelte Vermittlung und erweiterte Unterstützung sowie die in § 11 geregelten Aufgaben im gerichtlichen Verfahren einschließlich der Erstellung des Sozialberichts für das Betreuungsgericht.

5 Die Daten sind grundsätzlich **bei dem Betroffenen zu erheben.** Ausnahmen bestehen nur, wenn die Erfüllung der gesetzlichen Aufgaben eine Datenerhebung bei Dritten (zB bei Angehörigen, Ärzten oder Pflegekräften) erforderlich macht oder die Datenerhebung bei dem Betroffenen mit unverhältnismäßigem Aufwand verbunden wäre. In jedem Fall ist zu prüfen, ob der Datenerhebung bei Dritten überwiegend schutzwürdige Interessen des Betroffenen entgegenstehen. Eine Datenerhebung bei Dritten kommt in Betracht, wenn offensichtlicher Betreuungsbedarf besteht und der Betroffen krankheitsbedingt keine Angaben machen kann oder will. Soweit für die Beratung, Unterstützung und Vermittlung nach § 8 Abs. 1 und 2 die Einwilligung des Betroffenen erforderlich ist, dürfen auch die erforderlichen personenbezogenen Daten in der Regel nur mit seiner Einwilligung verarbeitet werden (BT-Drs. 19/24445, 346). Die Auskunftspersonen haben außerdem ihrerseits berufsspezifische Schweigepflichtvorschriften wie § 203 StGB zu beachten.

IV. Informationspflichten (Abs. 2)

6 Nach Abs. 2 ist der Betroffene über die Datenerhebung zu informieren. Die Informationen sind in klarer und einfacher Sprache zu übermitteln (Art. 12 Abs. 1 DSGVO). Von der Information kann nur abgesehen werden, soweit diese die Erfüllung der Aufgaben gefährdet oder zum Schutz des Betroffenen ein Absehen von der Information erforderlich ist. Dies kann der Fall sein, wenn erhebliche Nachteile für die Gesundheit des Betroffenen zu erwarten sind oder dieser krankheitsbedingt die Informationen nicht zur Kenntnis nehmen kann (BT-Drs. 19/24445, 346; siehe auch die vergleichbare Vorschrift des § 308 Abs. 3 FamFG). Die erforderliche Güterabwägung ist im Einzelfall vorzunehmen. Wegen des auch Menschen mit psychischer Krankheit oder einer seelischen oder geistigen Behinderung zustehenden Rechts auf informationelle Selbstbestimmung muss das Absehen von der Information die zu begründende Ausnahme bleiben (s. Art. 5 Abs. 2 DSGVO; hierzu Walther/Bürkle BtPrax 2021, 123 f.). Die Bezugnahme auf einzelne Krankheitsbilder genügt nicht (Kraemer FamRZ 2022, 927 (934)).

Titel 2. Aufgaben der örtlichen Behörde

§ 5 Informations- und Beratungspflichten

(1) **Die Behörde informiert und berät über allgemeine betreuungsrechtliche Fragen, über Vorsorgevollmachten und über andere Hilfen, bei denen kein gesetzlicher Vertreter bestellt wird.**

(2) **[1]Die Behörde berät und unterstützt Betreuer und Bevollmächtigte auf deren Wunsch bei der Wahrnehmung von deren Aufgaben. [2]Sie unterstützt ehrenamtliche Betreuer beim Abschluss einer Vereinbarung über eine Begleitung und Unterstützung nach § 15 Absatz 1 Satz 1 Nummer 4**

mit einem gemäß § 14 anerkannten Betreuungsverein. [3]Die Behörde hat die Begleitung und Unterstützung des ehrenamtlichen Betreuers mittels einer Vereinbarung nach § 15 Absatz 1 Satz 1 Nummer 4 und Absatz 2 selbst zu gewährleisten, wenn in ihrem Zuständigkeitsbereich kein anerkannter Betreuungsverein zur Verfügung steht.

I. Vorbemerkung

Ursprünglich war nur eine **Beratung und Unterstützung der Betreuer** auf deren Wunsch eingeführt worden. Bereits das 2. BtÄndG hatte zur Stärkung der Vorsorgevollmacht die Vorschrift um die **Beratung und Unterstützung der Bevollmächtigten** erweitert. Für sie gelten die Beratungs- und Unterstützungspflichten der Behörde wie für Betreuer. Nicht erwähnt werden Ehegatten im Hinblick auf die Ausübung des **Ehegattenvertretungsrechts** nach § 1358 BGB. Zumindest die allgemeine Beratungspflicht nach Abs. 1 sollte aber diesen Personenkreis einbeziehen (Walther/Bürkle BtPrax 2021, 123 ff.). 1

Da keine gesetzliche Pflicht zur Erstellung eines Betreuungsplans mehr besteht, ist die entsprechende Beratungspflicht entfallen. Das ändert aber nichts daran, dass die Erstellung eines Betreuungsplans ein wichtiges Instrument der Qualitätssicherung der Arbeit beruflicher Betreuer bleibt (BT-Drs. 19/24445, 348). Abs. 2 S. 2 und 3 regeln neu die Unterstützungspflicht ehrenamtlicher Betreuer bei Abschluss einer **Vereinbarung** nach § 15 Abs. 1 S. 1 Nr. 4 **mit einem anerkannten Betreuungsverein.** Die Verpflichtung zur Beratung und Unterstützung der Betroffenen und zur Vermittlung sozialer Hilfen ist nunmehr in § 8 normiert. 2

II. Information und Beratung aller Bürger

Nach Abs. 1 ist den örtlichen Betreuungsbehörden eine **allgemeine Informations- und Beratungspflicht** gegenüber allen Bürgern übertragen worden, was betreuungsrechtliche Fragen betrifft. Dabei ist auch über Vorsorgevollmachten und andere betreuungsvermeidende Hilfen sowie das Ehegattenvertretungsrecht aufzuklären. Dazu gehören in erster Linie allgemein **Vorsorgeverfügungen,** also neben der Vorsorgevollmacht (→ BGB § 1820 Rn. 9) auch Betreuungsverfügungen (→ BGB § 1820 Rn. 2) und Patientenverfügungen (→ BGB § 1827 Rn. 4). Jede Beratung beginnt mit **Öffentlichkeitsarbeit,** die sowohl auf das **Beratungsangebot** hinweist als auch die **Beratungsinhalte** bekannt und **Probleme** bewusst macht, die von der Öffentlichkeit, aber auch von Betreuern oder Bevollmächtigten möglicherweise gar nicht wahrgenommen worden wären. 3

Unter „anderen Hilfen, bei denen kein gesetzlicher Vertreter bestellt wird“, sind Beratung und Unterstützung durch Sozialleistungsträger oder gemeinnützige Organisationen, die Bürgern allgemein Hilfestellungen geben, zu verstehen (→ BtOG § 8 Rn. 9 ff.). Damit werden Erfahrungen, die in verschiedenen Projekten der **Zusammenarbeit zwischen Gerichten, Betreuungsbehörden, Betreuungsvereinen und Berufsbetreuern** gemacht wurden, entsprechend den **Empfehlungen der interdisziplinären Arbeitsgruppe** (→ Vorb. § 1 Rn. 6) in die Praxis umgesetzt (vgl. Northoff Betrifft Betreuung 11, 285 zum Projekt BEOPS; Rothenburg BtPrax 2011, 242 zum Projekt IBeM). 4

III. Beratung und Unterstützung von Betreuern und Bevollmächtigten

5 Nach Abs. 2 Satz 1 ist die Beratung und Unterstützung von Betreuern und Bevollmächtigten ausdrücklich Aufgabe der örtlichen Betreuungsbehörde. Dass daneben auch die Betreuten selbst zu beraten sind, ergibt sich schon aus den allgemeinen Grundsätzen verwaltungsrechtlichen Handelns. Beratung und Unterstützung sind als Einheit zu verstehen. Schon die richtige Beratung kann dem Betreuer oder Bevollmächtigten bei der Ausführung der Aufgaben häufig eine solche Hilfestellung geben, dass er allein weiterkommt.

6 Die **Verpflichtung der Behörde zur Beratung und Unterstützung** besteht allerdings **nur auf Wunsch** der Betreuer oder Bevollmächtigten. Das Hilfsangebot soll und kann nicht aufgedrängt werden. Im Einzelfall kann der Betreuer allerdings verpflichtet sein, die Behörde zu Rate zu ziehen, wenn er sonst seine Pflichten gegenüber dem Betroffenen nicht (ausreichend) erfüllen kann. Lassen sich Betreuer (auch als Angehörige) nicht beraten, obwohl es erforderlich wäre, kann dies einen Eignungsmangel darstellen. Anspruch auf Beratung und Unterstützung haben **sowohl ehrenamtliche als auch berufliche Betreuer sowie Bevollmächtigte.** Betreuungsvereine sind nur gegenüber ehrenamtlichen Betreuern zur Beratung und Unterstützung verpflichtet (vgl. § 15 Abs. 1 S. Nr. 3). Inhaltlich kann es sowohl um betreuungsrechtliche wie auch um sozialrechtliche oder andere Fragen zu den Aufgaben und Tätigkeiten des Betreuers gehen, soweit die Betreuungsbehörde dazu über eine besondere Kompetenz verfügt. Diese kann zum einen in der Kenntnis der vor Ort bestehenden sozialen Hilfen und ihrer Vermittlung bestehen, zum anderen aber auch in sozialpädagogischer Beratung bei der Bewältigung von Konflikten. Personenbezogene Daten dürfen unter den Voraussetzungen des § 4 Abs. 1 weitergegeben werden, da eine rechtliche Verpflichtung zur Beratung und Unterstützung besteht, besonders schutzwürdige Daten gem. Art. 9 Ziff. c DSGVO aber nur bei einer Gefährdung und wenn der Betroffene nicht selbst einwilligen kann.

7 Nach § 1861 Abs. 1 BGB ist auch – nicht subsidiär – das **Betreuungsgericht** zur **Beratung** der Betreuer verpflichtet; funktional zuständig ist der Rechtspfleger. Die verschiedenen Beratungsangebote sollten je nach Kompetenzen aufeinander abgestimmt sein, entweder in der örtlichen **Betreuungsarbeitsgemeinschaft** oder in informellen Kontakten zwischen Behörde, Betreuungsverein und Gericht. Dabei kann es auch notwendig sein, unterschiedliche Auffassungen offenzulegen und die Betreuer auf die Konflikte hinzuweisen. Für fehlerhafte Beratung haftet die Behörde – wie das Gericht – nach den Grundsätzen der Amtshaftung (Art. 34 GG, § 839 BGB).

8 **Werbung und Gewinnung** von Betreuern kann nur erfolgreich sein, wenn von Anfang an ein ausreichendes Angebot an Beratung zur Verfügung steht, damit der potenzielle Betreuer sicher sein kann, dass er nicht allein gelassen wird. Insbesondere Angehörige als ehrenamtliche Betreuer, die nicht gesondert geworben werden müssen, bedürfen der Beratung, um die wegen der Nähe zum Betroffenen und der vielfach weiteren Belastungen (zB tatsächliche Pflege und Versorgung) vorhandene Konfliktpotentiale besser bewältigen zu können (zum Abschluss einer entsprechenden Vereinbarung mit einem Betreuungsverein Rn. 19).

9 Fachkundige Beratung setzt eine **Einführung** des Betreuers in seine Aufgaben voraus, dh ausreichende **Kenntnisse von der Tätigkeit** als Betreuer, aber auch von der **Krankheit oder Behinderung** des Betroffenen und von **Rehabilitati-**

onsmöglichkeiten, Sozialleistungen und Hilfsangeboten. Aufbauend auf solchen Kenntnissen oder der Bereitschaft, sie zu erwerben, ist es möglich, durch qualifizierte Beratung Interessengegensätze zwischen Betreuer und Betreuten frühzeitig zu erkennen und zu entschärfen.

Unterstützung wird dem Betreuer und Bevollmächtigten durch die **Vermittlung von sozialen Diensten,** zB ambulanten Pflegediensten, Plätzen in Wohneinrichtungen für Menschen mit Behinderungen oder in psychiatrischen Spezialeinrichtungen, zuteil. Es ist Aufgabe der Betreuungsbehörde, das örtlich vorhandene Angebot selbst zu kennen und die nötigen Kontakte der Betreuer und Bevollmächtigte zu diesen Diensten herzustellen. 10

Zur Unterstützung durch die Behörde gehört die **Hilfestellung bei Durchsetzung von Ansprüchen,** insbesondere Sozialleistungsansprüchen. Bei der Prüfung von zivilrechtlichen Ansprüchen sollte in erster Linie auf die Beratung des Gerichts (→ Rn. 11) und die Möglichkeiten der Beratungshilfe und Prozesskosten- bzw. Verfahrenskostenhilfe hingewiesen werden. 11

Zur Unterstützung des Betreuers gehört es auch, ihm bei der Erstellung des Vermögensverzeichnisses (s. § 1835 Abs. 3 BGB) oder seinen Rechenschafts- und Rechnungslegungspflichten **gegenüber dem Betreuungsgericht** bis hin zur Hilfestellung bei der Ausfüllung von Formularen beiseitezustehen, aber auch bei der Durchsetzung von Ansprüchen auf Aufwendungsersatz und Vergütung. 12

Die **Unterstützung bei Unterbringungsmaßnahmen** ist gesondert normiert (→ FamFG § 326 Rn. 1). 13

Unterstützung und Beratung in der vom Gesetz gewollten umfassenden Form sind sinnvoll mit **Erfahrungsaustausch** von Betreuern und Bevollmächtigten untereinander und mit **Fort- und Weiterbildung** zu kombinieren. Auch die Sicherstellung dieser Angebote ist Aufgabe der Behörde. 14

IV. Vereinbarung mit einem Betreuungsverein (Abs. 2 S. 2)

Ehrenamtliche Betreuer sind bei dem Abschluss einer Vereinbarung über ihre Begleitung und Unterstützung nach § 15 Abs. 1 S. 1 Nr. 4 mit einem anerkannten Betreuungsverein zu unterstützen. Dies betrifft vor allem ehrenamtliche Betreuer, die in keinem Näheverhältnis zum Betreuten stehen (§ 1816 Abs. 4 BGB) und zur Übernahme von Betreuungen motiviert werden sollen (s. → Rn. 8). Aber auch andere ehrenamtliche Betreuer können auf ihren Wunsch die Vereinbarung abschließen. Die Begleitung und Unterstützung der ehrenamtlichen Betreuer ist durch die Betreuungsbehörde selbst zu gewährleisten, wenn hierfür kein Betreuungsverein zur Verfügung steht. 15

V. Delegation der Behördenaufgaben

Durch die verschiedenen Reformgesetze (s. → Vorb. § 1) sind **neue zusätzliche Aufgaben auf die örtlichen Betreuungsbehörden** übertragen worden. Deren Erfüllung kann nur bei einer ausreichenden **personellen Ausstattung der Behörden** gelingen. § 5 verlangt ein **eigenes Tätigwerden** der Behörde. Eine **Delegation** von Aufgaben auf Dritte, insbesondere Betreuungsvereine, kommt nur in den gesetzlich vorgesehenen Fällen nach § 8 Abs. 4 und 11 Abs. 3 in Betracht (für ein Delegationsverbot auch HK-BetreuungsR/Jurgeleit BtOG § 5 Rn. 17; HK-BUR/Walther BtOG § 1 Rn. 25). 16

17 Ein umfassendes Beratungs- und Unterstützungsangebot umfasst Maßnahmen der Öffentlichkeitsarbeit, der Werbung und Gewinnung von Betreuern, der Einführung in ihre Aufgaben, der Fortbildung, der Gewährleistung von Erfahrungsaustausch und auch der Kontrolle von Qualitätsstandards. Es überschneidet sich mit den Aufgaben der **Sicherstellungspflicht** nach § 6 und den Aufgaben der Betreuungsvereine nach § 15. Eine **umfassende Abstimmung der Aufgaben der Betreuungsbehörde und der Betreuungsvereine** ist erforderlich, um eine Arbeitsteilung und eine sinnvolle Ergänzung der Angebote zu erreichen.

§ 6 Förderungsaufgaben

(1) **Die Behörde sorgt dafür, dass in ihrem Zuständigkeitsbereich ein ausreichendes Angebot zur Einführung der Betreuer und der Bevollmächtigten in ihre Aufgaben und zu ihrer Fortbildung vorhanden ist.**

(2) **Die Behörde regt die Tätigkeit einzelner Personen sowie von gemeinnützigen und freien Organisationen zugunsten Betreuungsbedürftiger an und fördert diese.**

(3) **Die Behörde fördert die Aufklärung und Beratung über Vorsorgevollmachten, Betreuungsverfügungen und Patientenverfügungen.**

I. Sicherstellung eines Angebots

1 Die Behörde ist verpflichtet, ein **genügendes Angebot** zur Einführung und Fortbildung der Betreuer und der Bevollmächtigten **sicherzustellen (Abs. 1).** Sie muss nicht selbst Veranstalter sein, aber dafür sorgen, dass ein quantitativ und qualitativ ausreichendes Angebot vorhanden ist (BT-Drs. 11/4528, 198; Deinert/Walther 2.10).

2 Die Erweiterung ab 1.7.2014 um ein **Angebot für Bevollmächtigte** sollte auf die steigende Zahl von Vorsorgevollmachten eingehen (BT-Drs. 17/13419, 11). Wie insgesamt im Bereich des Betreuungswesens handelt es sich bei den gemeinten Bevollmächtigten nur um solche mit Vorsorgevollmacht. Vorsorgebevollmächtigte sind, wenn nicht ausnahmsweise ein Rechtsanwalt im Rahmen eines entgeltlichen Geschäftsbesorgungsvertrages bevollmächtigt worden ist, ehrenamtlich tätig. Meistens handelt es sich um Angehörige. Sie sollen und können mit entsprechender Beratung und Unterstützung eine gerichtliche Betreuerbestellung vermeiden helfen. Sie üben ihre Tätigkeit jedoch weitgehend unbeaufsichtigt aus, wenn man von den grundrechtsrelevanten Ausnahmen in den §§ 1829 bis 1832 BGB absieht. Gerade deshalb bedürfen sie der Einführungs- und Fortbildungsangebote, um Fragen und Probleme und ihre Grenzen bei rechtlichen Handlungen im Umgang mit ihren häufig unterstützungsbedürftigen Angehörigen zu erkennen.

3 **Die Sicherstellung eines Angebots** kann durch einzelne Absprachen mit anderen Institutionen erfolgen, sie kann aber auch durch Rahmenverträge zB auf anerkannte Betreuungsvereine oder Bildungsstätten übertragen werden. In einem solchen Fall besteht ein Anspruch auf finanzielle Förderung nach Abs. 2.

II. Einführung und Fortbildung

4 Nach dem Wortlaut von Abs. 1 geht es nicht allgemein um die Sicherstellung eines Einführungs- und Fortbildungsangebots, sondern speziell um ein **individu-**

elles Angebot. Der Betreuer oder der Bevollmächtigte ist in **sein** Aufgabengebiet einzuführen, dh über Umfang und Bedeutung des Aufgabenkreises oder der Vollmacht zu informieren. Bei Bedarf sind ihm Hinweise für einzelne Regelungen zu geben.

Fortbildung meint einen **organisierten Lehr- und Lernprozess** mit dem Ziel, fachspezifische Kenntnisse, Fertigkeiten und Verhaltensweisen zu vermitteln und zu erweitern. Zur Fortbildung gehört auch ein **Erfahrungsaustausch in Gesprächen** (BT-Drs. 11/4528, 198; zu weiteren möglichen Inhalten von Einführungs- und Fortbildungsveranstaltungen vgl. Deinert/Walther 2.11.1). 5

III. Zusammenarbeit mit Gerichten

Gemäß § 288 Abs. 2 FamFG ist die zuständige Behörde von jeder Betreuerbestellung zu unterrichten. Sie verfügt daher ebenso wie das Gericht über die Anschriften von neuen Betreuern und ist in der Lage, diese zu Einführungs- und Fortbildungsveranstaltungen einzuladen. Nach § 1861 Abs. 2 BGB hat das Betreuungsgericht ehrenamtliche Betreuer, soweit nur eine Betreuung geführt wird, über ihre Aufgaben zu unterrichten und auf Beratungs- und Unterstützungsangebote hinzuweisen. 6

Bevollmächtigte erhalten ihre Vollmacht häufig in notariell beurkundeter oder beglaubigter Form. Es ist sinnvoll, wenn **Notare** anlässlich solcher Beurkundungsvorgänge auf die **Informations-, Beratungs- und Unterstützungsangebote der Behörden und Vereine** hinweisen. 7

IV. Anregung der Tätigkeit von Einzelpersonen

Unter **Anregung** einer Tätigkeit einzelner Personen ist im Wesentlichen **Öffentlichkeitsarbeit über die verschiedenen Medien** zu verstehen, aber auch das Aufgreifen von Einzelanfragen mit dem Ziel der Gewinnung ehrenamtlicher Betreuer. Nach dem Wortlaut der Vorschrift sind auch Einzelpersonen zu fördern (Dodegge/Roth Rn. 92). Hieraus lässt sich im Einzelfall ein Rechtsanspruch ableiten („Ob" der Förderung; siehe BT-Drs. 11/4528, 199 und 19/24445, 349). Allerdings wird es wegen der nur begrenzt zur Verfügung stehenden Mittel sachgerecht sein, direkte finanzielle Zuwendungen in der Regel auf Organisationen zu beschränken, da bei diesen ein anderer Multiplikatoreneffekt zu erzielen ist (zur Gewinnung ehrenamtlicher Betreuer ausführlich Deinert/Walther 2.5.1). Bei beruflichen Betreuern ist es ausreichend, wenn die finanzielle Förderung nach Überprüfung der Solidität und der Qualität der voraussichtlichen Arbeit sich auf eine Unterstützung bei der Beantragung von Existenzgründungsdarlehn und Überbrückungsgeldern beschränkt (vgl. HessLSG FamRZ 2009, 725). Eine finanzielle Förderung von beruflich tätigen Einzelpersonen ist nicht gesetzgeberischer Wille gewesen (zur Gewinnung von beruflichen Betreuern vgl. Deinert/Walther 2.5.2). 8

V. Anregung und Förderung der Tätigkeit von Organisationen

Gemeinnützige und freie Organisationen sind in erster Linie die im Rahmen der freien Wohlfahrtspflege tätigen Vereinigungen, auch Organisationen im Sinne 9 des § 52 AO. Meistens wird es sich um nach § 14 BtOG anerkannte Betreuungsvereine handeln. Aber auch andere private Initiativen wie Selbsthilfegruppen sind in diesem Rahmen zu unterstützen und nach Maßgabe der vorhandenen Mittel finanziell zu fördern. Streitigkeiten hierüber, auch wenn Grundlage der Förderung kein Zuwendungsbescheid, sondern ein Vertrag ist, sind dem öffentlichen Recht zuzuordnen, so dass die Verwaltungsgerichte zuständig sind (OLG München BeckRS 1999, 17216; Deinert/Walther 2.4.2).

10 Auf **Förderung** durch die zuständige Behörde besteht zwar grundsätzlich ein Anspruch („Ob" der Förderung;). Allerdings liegt die Entscheidung über Umfang und Art der Förderung im Ermessen der Behörde (siehe BT-Drs. 11/4528, 199 und 19/24445, 349). Im Rahmen der fehlerfreien pflichtgemäßen Ermessensausübung besteht die Verpflichtung, ein **Mindestmaß an finanzieller Förderung,** das zur **Sicherstellung der Ziele** des Betreuungsrechts ausreichend sein muss, zur Verfügung zu stellen. Im Haushalt bereit gestellte Mittel in Verbindung mit § 6 begründen daher **keinen einklagbaren Rechtsanspruch** einer bestimmten Organisation oder Person auf finanzielle Zuwendung (VG Ansbach BeckRS 2003, 29804; Deinert/Walther 2.4.2). Allein der Umstand einer Anerkennung als Betreuungsverein begründet keinen Anspruch auf Einbeziehung in die Förderung. Eine Konzentration der begrenzten Mittel auf zu einem Stichtag geförderte Vereine zur Sicherstellung von deren Leistungsfähigkeit ist sachbezogen und nicht willkürlich, selbst wenn die Förderung Zuschüsse zu professionellen Betreuerstunden beinhaltet (BayVGH BeckRS 2013, 58706; weitere Rechtsprechung bei Deinert/Walther 2.4.2, zur Kritik an der Förderungspraxis Deinert/Walther 2.4.3). Zur Konkretisierung und Berechenbarkeit ist es zweckmäßig, **Förderrichtlinien** zur Selbstbindung der Verwaltung zu schaffen.

11 Die Förderung sollte selbstverständlich nur solchen Organisationen und Initiativen gewährt werden, die mit den Mitteln zweckentsprechend, wirtschaftlich und sparsam umgehen. **Zweckmäßig** dürfte es auch sein, eine **angemessene Eigenleistung** der Organisationen zu fordern, um zu verhindern, dass eine völlige Abhängigkeit von öffentlichen Geldmitteln entsteht (vgl. BT-Drs. 11/4528, 199; zu den Formen der Zuwendungen vgl. Bienwald/Harm Rn. 9; HK-BUR/Walther § 6 BtBG Rn. 33 ff.). Unzweckmäßig und **rechtlich problematisch** ist es, wenn Kommunen Betreuungsvereinen **Zuschüsse** zu dem **im Einzelfall** geführten Betreuungen gewähren. Einzelfallbetreuungen sind über das VBVG zu finanzieren.

12 Sinnvoll hingegen ist es, die nicht refinanzierbare **Querschnittstätigkeit,** zu der auch die Vorbereitung der Übernahme eines Einzelfalls gehört, von Seiten der Kommunen und der Länder mit Ausnahme eines für den Verein zumutbaren Eigenanteils **vollständig zu finanzieren.** Nur auf diese Art und Weise ist sicherzustellen, dass die wichtige Querschnittstätigkeit von Vereinen nach § 15 Abs. 1 BtOG in ausreichendem Maße wahrgenommen wird.

VI. Aufklärung und Beratung über Vollmachten, Betreuungsverfügungen und Patientenverfügungen

13 Abs. 3 soll nach seinem Gesetzeszweck die Zunahme der Betreuungen einzudämmen. Er ist zusammen mit § 15 Abs. 1 Nr. 1 zu sehen, nach dem den Betreuungsvereinen die planmäßige Information über **Vorsorgevollmachten, Betreuungsverfügungen und Patientenverfügungen obliegt** (→ BtOG § 15 Rn. 2).

Durch die Aufklärung und Beratung über Vollmachten sollen Bürger angeregt werden, **Vorsorgevollmachten** zu erteilen, und so Betreuungen vermieden werden. Die Beratung über Patientenverfügungen umfasst aber nicht die Beratung über medizinische Fragen (BT-Drs. 19/24445, 349). Die Behörde ist zur **Beratung** und zur **finanziellen Unterstützung (Förderung)** entsprechender Maßnahmen verpflichtet (und berechtigt). Durch die Regelungen in § 5 und § 6 ist inzwischen eine breite Verpflichtung von Behörden und Vereinen nicht nur zur Information, Beratung und Unterstützung von Betreuern, sondern auch von Bevollmächtigten vorgesehen. Die Behörde ist verantwortlich dafür, dass in ihrem Zuständigkeitsbereich dafür ausreichende Angebote vorhanden sind.

§ 7 Öffentliche Beglaubigung; Verordnungsermächtigung

(1) **[1]Die Urkundsperson bei der Behörde ist befugt, Unterschriften oder Handzeichen auf Betreuungsverfügungen und auf Vollmachten, soweit sie von natürlichen Personen erteilt werden, öffentlich zu beglaubigen. [2]Die Wirkung der Beglaubigung endet bei einer Vollmacht mit dem Tod des Vollmachtgebers. [3]Die Zuständigkeit der Notare, anderer Personen oder sonstiger Stellen für öffentliche Beurkundungen und Beglaubigungen bleibt unberührt. [4]Die Behörde soll auf die Möglichkeit der Registrierung bei dem Zentralen Vorsorgeregister nach § 78a Absatz 2 der Bundesnotarordnung hinweisen, wenn sie eine Vollmacht oder eine Betreuungsverfügung nach Satz 1 beglaubigt hat.**

(2) **[1]Die Urkundsperson bei der Behörde darf die Beglaubigung einer Vollmacht nach Absatz 1 Satz 1 nur vornehmen, wenn diese zu dem Zweck erteilt wird, die Bestellung eines Betreuers zu vermeiden. [2]Sie darf eine Beglaubigung nicht vornehmen:**

1. **von Unterschriften oder Handzeichen ohne dazugehörigen Text oder**
2. **wenn ihr in der betreffenden Angelegenheit die Vertretung eines Beteiligten obliegt.**

(3) **[1]Die Behörde hat geeignete Beamte und Angestellte zur Wahrnehmung der Aufgaben nach Absatz 1 Satz 1 zu ermächtigen. [2]Die Länder können Näheres hinsichtlich der fachlichen Anforderungen an diese Personen regeln.**

(4) **[1]Für jede Beglaubigung nach Absatz 1 Satz 1 wird eine Gebühr in Höhe von 10 Euro erhoben. Auslagen werden gesondert nicht erhoben. [2]Aus Gründen der Billigkeit kann von der Erhebung der Gebühr im Einzelfall abgesehen werden.**

(5) **[1]Die Landesregierungen werden ermächtigt, durch Rechtsverordnung die Gebühren und Auslagen für die Beglaubigung abweichend von Absatz 4 zu regeln. [2]Die Landesregierungen können die Ermächtigung nach Satz 1 durch Rechtsverordnung auf die Landesjustizverwaltungen übertragen.**

I. Vorbemerkung

Die Vorschriften über die Unterschriftsbeglaubigung wurden 2005 durch das 2. BtÄndG in das Betreuungsrecht eingefügt und 2009 um das Wort „öffentlich" **1** ergänzt. Der zum 1.1.2023 neu eingefügte Abs. 1 S. 2 begrenzt die Wirkung der Beglaubigung auf die Zeit bis zum Tod des Vollmachtgebers. Die Vorschrift betrifft Vollmachten, soweit sie von natürlichen Personen erteilt werden (so jetzt ausdrücklich Abs. 1 S. 1), der Gesetzestext spricht nicht mehr von Vorsorgevollmachten. Damit besteht im Außenverhältnis eine uneingeschränkte Beglaubigungskompetenz. Dadurch soll Rechtssicherheit vor allem gegenüber den Grundbuchämtern gewährleistet werden (Kraemer FamRZ 2022, 927 (932)). Im Innenverhältnis wird in Abs. 2 S. 1 weiterhin die Pflicht konstituiert, zu prüfen, ob es sich um eine Vorsorgevollmacht zur Vermeidung einer Betreuerbestellung handelt.

2 Durch die **Beglaubigungskompetenz** einer Urkundsperson der Betreuungsbehörden für Unterschriften unter Vorsorgevollmachten und Betreuungsverfügungen sollen diese Institute gestärkt werden. Privatschriftlich aufgesetzte Vorsorgevollmachten werden häufig im Rechtsverkehr nicht akzeptiert, insbesondere von Behörden, Banken und Gerichten. Die Schwelle, zum Notar zu gehen, ist vielfach hoch. Teilweise werden hohe Kosten in Unkenntnis der moderaten Gebühren nach dem GNotKG befürchtet. Die Vorschrift erfasst nicht Patientenverfügungen.

II. Unterschriftsbeglaubigungen bei Vollmachten und Betreuungsverfügungen

3 Nach Abs. 1 hat die **Urkundsperson der Betreuungsbehörde** eine **Beglaubigungs-, keine Beurkundungskompetenz.** Es wird also nur die Identität des Unterschriftsleistenden geprüft. Die Unterschrift unter dem Text muss erkennen lassen, wer die Erklärung abgeben hat. Ist der Vollmachtgeber aus körperlichen Gründen zu einer Unterschrift nicht in der Lage, ist auch ein Handzeichen durch Initialen oder Kreuze möglich. Eine Beglaubigung von Unterschrift oder Handzeichen ohne dazugehörigen Text ist unzulässig (Abs. 2 S. 2 Nr. 1). Es soll vermieden werden, dass Betreuungsbehörden zur inhaltlichen Überprüfung der Vorsorgevollmachten (und Betreuungsverfügungen) gezwungen werden. Sie haben zwar zu beraten, wären in diesem Bereich ansonsten aber zu einer umfassenden rechtlichen und wirtschaftlichen Beratung und Prüfung verpflichtet. Dies würde den Kommunen eine nicht zu leistende Personalausstattung abverlangen.

4 Unterschriftsbeglaubigungen leisten kommunale Behörden heute bereits bei vielen Gelegenheiten. Hat eine Kommune hierfür geschultes Personal, so kann sie dieses als Urkundsperson der Betreuungsbehörde benennen (Abs. 3). Besser wäre es, bisher in den Betreuungsbehörden vorhandene Mitarbeiter zu schulen, um sie mit den Prüfungserfordernissen bei Beglaubigungen vertraut zu machen (Deinert/Walther 2.7.2). Abs. 3 S. 3 gibt den Ländern die Möglichkeit, die Ausbildungs- und sonstigen Anforderungen an die Urkundsperson zu regeln. Offen bleibt, ob dies durch Rechtsnorm oder Verwaltungsvorschrift geschieht. Dies richtet sich nach dem jeweiligen Landesrecht.

5 Durch die Einfügung des Wortes „öffentlich" in Abs. 1 S. 1 ist klargestellt, dass die Beglaubigung der Betreuungsbehörde nicht eine „amtliche", sondern eine „öffentliche" nach § 129 BGB und damit auch „grundbuchtauglich" ist und die Anforderungen der **öffentlichen Beglaubigung nach § 29 GBO** erfüllt (so jetzt ausdrücklich BGH FamRZ 2021, 789). Danach liegt eine Vorsorgevollmacht im Sinne des Abs. 2 S. 1 auch dann vor, wenn sie im Außenverhältnis unbedingt erteilt worden ist und lediglich im Innenverhältnis nur für den Fall gelten soll,

dass der Vollmachtgeber betreuungsbedürftig geworden ist. Allerdings hat die Betreuungsbehörde den **Vorsorgecharakter der Vollmacht** mit dem Ziel der Vermeidung der Bestellung eines Betreuers zu prüfen (Abs. 2 S. 1). Dabei ist auf die Motive des Vollmachtgebers abzustellen, die sich insbesondere aus dem Inhalt der Vollmacht ergeben können (BT-Drs. 19/24445, 350). Es muss nicht ausdrücklich das Wort Vorsorge erwähnt werden (Walther/Bürkle BtPrax 2021, 123 ff.). Bei einer **transmortalen Vollmacht** ist die Wirkung der öffentlichen Beglaubigung nunmehr auf die Lebzeiten des Vollmachtgebers beschränkt (anders noch BGH FamRZ 2021, 789, wonach die Beglaubigungsfunktion sich auch auf Vorsorgevollmachten erstreckt, die über den Tod hinaus gültig sein sollen; kritisch zur Neuregelung Volmer FamRZ 2023, 820). Nach § 34 gilt das aber nicht für sog. Bestandsvorsorgevollmachten, die vor dem 1.1.2023 beglaubigt wurden.

Ist der betreffende **Behördenmitarbeiter** als Betreuer in einem Verfahren 6 tätig, darf er die Beglaubigung wegen seiner möglichen **Befangenheit** nicht vornehmen (Abs. 2 S. 2 Nr. 2). Die Fassung als Soll-Vorschrift bedeutet, dass der Mitarbeiter grundsätzlich nicht beglaubigen darf, dass aber eine Verletzung dieser Pflicht nicht zur Unwirksamkeit der Beglaubigung führt.

Abs. 4 setzt eine **Beglaubigungsgebühr von 10 EUR** fest, auf die zB bei 7 Sozialhilfebezug verzichtet werden kann („aus Billigkeitsgründen“). Die Regelung erlaubt eine unbürokratische Handhabung. Mit der Gebühr soll der zusätzliche Aufwand der Kommunen mit dieser Aufgabe zumindest teilweise refinanziert werden. Abs. 5 ermächtigt die Länder, durch Verordnung andere Gebühren einzuführen. Die Länder könnten zB ihre Verwaltungskostengesetze oder andere Regelungen für anwendbar erklären oder einfach abweichende (höhere oder gestaffelte) Gebühren festsetzen.

§ 8 Beratungs- und Unterstützungsangebot, Vermittlung geeigneter Hilfen und erweiterte Unterstützung

(1) [1]**Wenn im Einzelfall Anhaltspunkte für einen Betreuungsbedarf nach § 1814 Absatz 1 des Bürgerlichen Gesetzbuchs bestehen, soll die Behörde dem Betroffenen zur Vermeidung der Bestellung eines Betreuers ein Beratungs- und Unterstützungsangebot unterbreiten.** [2]**Die Beratung und Unterstützung umfasst auch die Pflicht, andere Hilfen nach § 5 Absatz 1, bei denen kein Betreuer bestellt wird, mit Zustimmung des Betroffenen zu vermitteln.** [3]**Insbesondere ist ein Kontakt zwischen dem Betroffenen und dem Beratungs- und Unterstützungsangebot des sozialen Hilfesystems herzustellen.** [4]**Bei antragsabhängigen Leistungen ist der Betroffene dabei zu unterstützen, die notwendigen Anträge selbst zu stellen.** [5]**Die Behörde arbeitet zur Vermittlung geeigneter Hilfen zur Betreuungsvermeidung mit den zuständigen Sozialleistungsträgern zusammen.**

(2) [1]**Die Beratung und Unterstützung der Behörde nach Absatz 1 kann darüber hinaus in geeigneten Fällen mit Zustimmung des Betroffenen im Wege einer erweiterten Unterstützung durchgeführt werden.** [2]**Diese umfasst weitere, über Absatz 1 hinausgehende Maßnahmen, die geeignet sind, die Bestellung eines Betreuers zu vermeiden, und die keine rechtliche Vertretung des Betroffenen durch die Behörde erfordern.**

(3) **Beratungs- und Unterstützungspflichten nach dem Sozialgesetzbuch bleiben unberührt.**

(4) [1]**Die Behörde kann mit der Wahrnehmung der erweiterten Unterstützung nach Absatz 2 auch einen anerkannten Betreuungsverein oder einen selbständigen beruflichen Betreuer beauftragen.** [2]**Dabei ist sicherzustellen, dass die Durchführung durch einen für den konkreten Fall geeigneten Betreuer erfolgt.** [3]**Die Beauftragung erfolgt durch einen Vertrag, der auch die Finanzierung der übertragenen Aufgaben regeln soll.**

I. Vorbemerkung

1 Abs. 1 regelt die Beratungs- und Unterstützungspflichten gegenüber Betroffenen. Abs. 2 und 4 regeln das neue Instrument der erweiterten Unterstützung. In Abs. 3 wird klargestellt, dass sozialrechtliche Beratungs- und Unterstützungspflichten unberührt bleiben und vorrangig in Anspruch zu nehmen sind.

§ 8 regelt somit im Vorfeld eines Betreuungsverfahrens die zentrale **Schnittstelle zwischen** dem Instrument der **Betreuung** und den Hilfen des **Sozialrechts.**

II. Beratung und Unterstützung Betroffener (Abs. 1)

2 Die örtlichen Betreuungsbehörden sind nach Abs. 1 verpflichtet, Bürger **zu beraten** und bei der Suche nach Hilfen **zu unterstützen,** wenn **Anhaltspunkte für einen Betreuungsbedarf** vorliegen. Durch den Wortlaut Beratungsangebot- und Unterstützungsangebot ist klargestellt, dass das **Einverständnis des Betroffenen** Voraussetzung für diese Hilfestellung der Behörde ist (BT-Drs. 17/13419, 10; Brosey/Lesting/Loer/Marschner BetreuungsR Rn. 757). Vielfach ist es die Unwissenheit über soziale Leistungen, die dazu führt, dass Hilfe nicht abgerufen oder nicht organisiert werden kann. Eine gewisse Mitwirkung des Betroffenen ist erforderlich. Die Betreuungsbehörde übernimmt damit eine Filterfunktion. Durch Beratung und Unterstützung im Vorfeld sollen solche Fälle herausgefiltert werden, bei denen eine rechtliche Betreuung nicht erforderlich ist. Die Betreuungsbehörde kann diese Tätigkeit sowohl vor einem anhängigen Betreuungsverfahren ausüben als auch im Rahmen des gerichtlichen Verfahrens (§ 11 iVm § 279 Abs. 2 FamFG).

3 In der vom BMJV 2015 in Auftrag gegebenen und im Oktober 2017 veröffentlichten umfangreichen Studie „zur Umsetzung des Erforderlichkeitsgrundsatzes in der betreuungsrechtlichen Praxis im Hinblick auf vorgelagerte andere Hilfen" sollte ua der Umfang potenziell betreuungsvermeidender Maßnahmen erforscht werden (Nolting/Zich/Tisch/Braeseke BtPrax 2017, 211). Auch wenn große regionale Unterschiede eine Gesamtbewertung mit konkreten Zahlen erschwerte, schätzte das IGES das Potential vermeidbarer Betreuungen auf nicht unerhebliche 5 % bis 15 %. Mögliche andere Hilfen sind vielfältig, manche stehen allerdings nur auf dem Papier oder zu ihrer Erlangung sind hohe Hürden der Mitwirkungspflicht gestellt.

In Betracht kommen Beratungen und Hilfen durch Schuldnerberatungsstellen, durch Sozialdienste und Pflegestützpunkte, durch sozialpsychiatrische Dienste und Krisendienste auf der Grundlage der Psychisch-Kranken-Hilfe-Gesetze der Bundesländer oder durch Sozialleistungen nach dem SGB (hierzu unten → Rn. 9 ff. und → BGB § 1814 Rn. 46 ff.).

Schon seit 2014 hat die Behörde ausdrücklich die Aufgabe, andere **Hilfen zu vermitteln** und dazu mit den **Sozialleistungsträgern** nach dem SGB zusammenzuarbeiten. Auch hierbei handelt es sich um eine Form der Beratung und Unterstützung, die Behörde vertritt nicht etwa den ratsuchenden Bürger gegenüber einem Sozialleistungsträger. Vermittelt die Behörde an einen Sozialleistungsträger, tritt dieser in die **Fallverantwortung.** Der Betreuungsbehörde obliegt allein die **Verfahrensverantwortung** (HK-BetreuungsR/Jurgeleit § 8 Rn. 9; Ackermann BtPrax 2014, 101). Die Betreuungsbehörde leistet daher auch keine Hilfen (VGH Bayern FamRZ 2022, 1875). Unzureichend dürfte es aber sein, dem Ratsuchenden lediglich die anderen Hilfen aufzuzeigen. 4

Ist der Betroffene gerade nicht in der Lage, den Kontakt zu diesen Hilfen eigenständig herzustellen, so ist die Betreuungsbehörde verpflichtet, ihn **an die zuständige Stelle zu vermitteln** (BT-Drs. 17/13419, 11). Dies bedeutet, dass im Einzelfall ein Kontakt zwischen dem Betroffenen und dem Beratungs- und Unterstützungsangebot des sozialen Hilfesystems herzustellen ist (so jetzt ausdrücklich Abs. 1 S. 3), zB durch aktives Hinführen zu diesen Stellen durch die Vermittlung von Terminen einschließlich der Begleitung zum Erstgespräch, falls der Betroffene sich alleine nicht traut (Dodegge/Roth Rn. 104; Diekmann BtPrax 2014, 103; skeptisch insoweit HK-BUR/Plitzko § 8 Rn. 19). Umfasst ist dabei auch die Unterstützung des Betroffenen bei der eigenständigen Antragstellung (hierzu → Rn. 12).

Die Betreuungsbehörden sollten einen **Behördenwegweiser** vorhalten, der über die verschiedenen Leistungen und die Erbringer informiert, dazu ständig Aktualisierungen von den verschiedenen Leistungsträgern einfordern. Gleichzeitig sollte die Betreuungsbehörde darauf hinwirken, dass die Träger sozialer Leistungen ihren eigenen Verpflichtungen nachkommen und durch eigene Beratung, soweit nötig auch aufsuchend, es den Leistungsberechtigten ermöglicht, ihren Hilfebedarf geltend zu machen. Eine enge Kooperation vor Ort sowie eine **Netzwerkarbeit** ist dabei unerlässlich (zu den Sozialleistungsträgern Rn. 10 ff.). Die Betreuungsbehörde kann Ratsuchende auch an **Rechtsanwälte** mit Spezialisierungen im Sozialrecht verweisen. Diese können über Beratungs- und Prozesskostenhilfe im Streitfall konkret weiterhelfen. Auch auf die Bestellung eines Vertreters nach § 15 SGB X kann hingewirkt werden, wenn nur die Beantragung von Sozialleistungen im Raum steht. 5

III. Erweiterte Unterstützung (Abs. 2)

Das neue Instrument der erweiterten Unterstützung geht über die Beratungs- und Unterstützungstätigkeit des Abs. 1 hinaus und ermöglicht auf der Grundlage der Empfehlungen der Studie „zur Umsetzung des Erforderlichkeitsgrundsatzes in der betreuungsrechtlichen Praxis im Hinblick auf vorgelagerte andere Hilfen" (Nolting/Zich/Tisch/Braeseke in BtPrax 2017, 211) in geeigneten Fällen die Etablierung eines **zeitlich begrenzten fachlich besonders qualifizierten Fallmanagements** (BT-Drs. 19/24445, 352). Es handelt sich um eine besondere bei der Betreuungsbehörde angesiedelte **Assistenz** mit dem ausschließlichen Ziel, Hilfen mit dem Ziel der Vermeidung einer Betreuerbestellung zu installieren. Auch die erweiterte Unterstützung setzt die **Zustimmung des Betroffenen** sowie seine grundsätzliche Kooperationsfähigkeit voraus und soll gerade bei komplexeren Hilfebedarf den Betroffenen befähigen, langfristig seine Angelegenheiten 6 in eigener Verantwortung zu besorgen (BT-Drs. 19/24445, 352). Es geht damit um die Begleitung und **Überleitung in das sozialrechtliche Hilfesystem** (hierzu → Rn. 9 ff.).

7 Voraussetzung für die erweiterte Unterstützung ist zunächst, dass ein **geeigneter Fall** vorliegt. Dabei handelt es sich um einen vollständig gerichtlich überprüfbaren unbestimmten Rechtsbegriff (Fröschle/Pelkmann BtPrax 2020, 165 ff.). Die Ausgestaltung der erweiterten Unterstützung wird sodann den einzelnen Betreuungsbehörden überlassen und wird entscheidend von den hierfür zur Verfügung gestellten personellen und finanziellen Ressourcen abhängen. Es handelt sich um eine **Ermessensvorschrift.** Ein individueller einklagbarer Rechtsanspruch auf Durchführung einer erweiterten Unterstützung soll nach Auffassung des Gesetzgebers nicht bestehen (BT-Drs. 19/24445, 351). Allerdings sind die allgemeinen verwaltungsrechtlichen Grundsätze bei der Ermessensausübung zu beachten. Auf der Grundlage des Art. 12 Abs. 3 UN-BRK kann sich im Einzelfall eine **Ermessensreduzierung auf Null** ergeben, wenn ein geeigneter Fall vorliegt (ähnlich Fröschle/Pelkmann BtPrax 2020, 165 ff.). Dabei ist neben den rechtlich verbindlichen Vorgaben der UN-BRK auch zu berücksichtigen, dass nach § 11 Abs. 3 S. 2 im Rahmen des gerichtlichen Verfahrens in geeigneten Fällen eine erweiterte Unterstützung zwingend durchzuführen ist.

IV. Delegation der erweiterten Unterstützung

8 Abs. 4 ermöglicht die Delegation der Aufgaben der erweiterten Unterstützung auf einen Betreuungsverein oder einen beruflichen Betreuer. Dies kann dann sinnvoll sein, wenn die entsprechende Qualifikation für diese Assistenz aus Sicht der Betreuungsbehörde eher bei einem Betreuungsverein oder beruflichen Betreuer als bei der Behörde selbst vorhanden ist. Hier können fehlende Ressourcen oder Kenntnisse der Behörde kompensiert werden (Walther/Bürkle BtPrax 2021, 123 ff.). Die Beauftragung einschließlich der Finanzierung ist vertraglich zu regeln. Die Verantwortung für die Durchführung der erweiterten Unterstützung verbleibt bei der Betreuungsbehörde.

V. Verhältnis zum Sozialrecht (Abs. 3)

1. Gesetzliche Regelungen

9 Abs. 3 bezieht sich lediglich auf die Beratungs- und Unterstützungsaufgaben und stellt klar, dass entsprechende **sozialrechtliche Pflichten** (hierzu Rn. 11) durch § 8 **unberührt** bleiben, also insoweit nicht auf die Aufgaben und Pflichten der Betreuungsbehörde verwiesen werden kann.

Von Bedeutung ist darüber hinaus, dass der **Vorrang sozialer Hilfen** als Ausprägung des Erforderlichkeitsgrundsatzes nicht nur in § 1814 Abs. 3 S. 2 Nr. 2 BGB geregelt wird, sondern auch im Sozialrecht in § 17 Abs. 4 S. 2 SGB I klargestellt wird, dass **soziale Rechte nicht deshalb abgelehnt, versagt oder eingeschränkt werden dürfen, weil ein Betreuer bestellt worden ist oder bestellt werden könnte.** Diese Regelung ist eine Reaktion auf eine teilweise abweichende Rechtsprechung und Praxis, die insbesondere Hilfen der Eingliederungshilfe für behinderte Menschen verweigerten, weil die entsprechenden Angelegenheiten auch durch einen Betreuer besorgt werden könnten (anders bereits BGH BtPrax 2011, 78 und BSG FamRZ 2016, 2012).

Weitere sozialrechtliche Vorschriften über die **Zusammenarbeit von Sozialleistungsträgern und Betreuungsbehörden** zur Vermeidung einer Betreuerbestellung finden sich in § 17 Abs. 4 S. 1 SGB I für das gesamte Sozialrecht und in §§ 22 Abs. 4, 117 Abs. 5 SGB IX für das **Teilhabeplan- bzw. Gesamtplanverfahren** der Rehabilitationsträger (zu den Aufgaben des Betreuers im Teilhabeplanverfahren Sobota BtPrax 2019, 225). Allerdings steht auch insoweit die Zusammenarbeit jeweils unter dem Vorbehalt der Zustimmung der Betroffenen.

2. Sozialleistungen und Sozialleistungsträger

Ein Überblick über **alle Leistungen des Sozialrechts und die zuständigen Leistungsträger** findet sich in §§ 18 ff. SGB I. Die Leistungen sind überwiegend, aber nicht vollständig in den Büchern des SGB geregelt. So ist zB das Wohngeld nach 26 SGB I im Wohngeldgesetz (WoGG) geregelt, weil dieses noch nicht in das SGB eingegliedert wurde. 10

Für die **Existenzsicherung** kommen verschiedene Leistungen der Sozialversicherung (Krankengeld nach dem SGB V, Arbeitslosengeld nach dem SGB III, Rente wegen Erwerbsminderung nach dem SGB VI) sowie Leistungen der Sozialhilfe (Grundsicherung für Arbeitsuchende nach dem SGB II, Hilfe zum Lebensunterhalt und Grundsicherung im Alter und bei Erwerbsminderung nach dem SGB XII) in Betracht.

Von besonderer Bedeutung für die **Vermeidung einer Betreuerbestellung** (hierzu auch → BGB § 1814 Rn. 48 und 49) sind

- Leistungen der **Gesetzlichen Krankenversicherung** nach dem SGB V (insbesondere ärztliche und psychotherapeutische Behandlung, ambulante psychiatrische Krankenpflege, Soziotherapie),
- Leistungen der **Pflegeversicherung** nach dem SGB XI und der **Hilfe zur Pflege** nach dem SGB XII bei Pflegebedürftigkeit,
- Leistungen der **medizinischen Rehabilitation, der Teilhabe am Arbeitsleben und der sozialen Teilhabe** nach dem SGB IX teilwiese in Verbindung mit den einzelnen Leistungsgesetzen des SGB III, V und VI,
- Leistungen der **Hilfe für junge Volljährige** nach §§ 41, 35a SGB VIII.

In das SGB IX integriert sind die **Assistenzleistungen im eigenen Wohnraum und Sozialraum** als Teil der besonderen **Leistungen zur selbstbestimmten Lebensführung** für Menschen mit Behinderungen nach §§ 113 Abs. 2 Nr. 2 iVm § 78 SGB IX (zur Neuregelung der **Eingliederungshilfe** durch das Bundesteilhabegesetz und den Assistenzleistungen des SGB IX Fiedler BtPrax 2019, 171; Stölting BtPrax 2020, 43; Rosenow BtPrax 2021, 163 und 212). Die Assistenzleistungen dienen der selbständigen und eigenständigen Bewältigung des Alltags und umfassen im Fall der **qualifizierten Assistenz** die **Befähigung der Leistungsberechtigten zu einer eigenständigen Alltagsbewältigung** (§ 78 Abs. 1 S. 1 und Abs. 2 S. 2 Nr. 2 SGB IX). Hier bestehen offensichtlich Überschneidungen mit möglichen Aufgaben rechtlicher Betreuer im Sinn der unterstützten Entscheidungsfindung. Nach den in Rn. 9 dargelegten Grundsätzen sind die sozialrechtlichen Hilfen vorrangig vor einer Betreuerbestellung (zur Abgrenzung von rechtlicher Betreuung und Sozialleistungen, überarbeitete Handreichung des Deutschen Vereins für öffentliche und private Fürsorge 2022).

3. Beratungsstrukturen des Sozialrechts

11 Sozialleistungsträger sind verpflichtet, Betroffenen durch **Aufklärung, Beratung und Unterstützung** den Zugang zu den im Einzelfall erforderlichen Hilfen zu ermöglichen (§§ 14, 15 und 17 Abs. 1 SGB I, 32, 106 SGB IX, 7 ff. SGB XI, 11 SGB XII). Insbesondere die Beratungs- und Unterstützungspflichten der Eingliederungshilfeträger sind in § 106 Abs. 2 und 3 SGB IX umfassend geregelt. Von besonderer Bedeutung für das Rehabilitationsrecht ist die **ergänzende unabhängige Teilhabeberatung** (EUTB) nach § 32 SGB IX, da diese nicht durch die Rehabilitationsträger erbracht wird, sondern von Betroffenen für Betroffene. Die Beratungspflicht der Sozialleistungsträger kann sich auch darauf erstrecken, auf die Möglichkeit der Inanspruchnahme und Beantragung anderer (vorrangiger) Sozialleistungen hinzuweisen, ist also trägerübergreifend. Geschieht dies nicht, kann dies zu Amtshaftungsansprüchen führen (BGH BtPrax 2018, 229).

Die gesetzlichen Vorgaben bedeuten aber nicht, dass die **Sozialleistungsträger in der Praxis ihren Beratungs- und Unterstützungspflichten im Einzelfall tatsächlich nachkommen** (zum Umsetzungsdefizit insoweit auch Kersten BtPrax 2021, 213 (214)). Insbesondere bei der eventuell unrechtmäßigen Ablehnung von Sozialleistungen dürfen Betroffene nicht auf die Beratung durch die ablehnende Behörde verwiesen werden (BVerfG NJW 2022, 1876). Es muss gewährleistet sein, dass die Beratung und Unterstützung der Betreuungsbehörde so lange erfolgt, bis die erforderlichen Angebote des Sozialrechts greifen bzw. die erforderlichen Hilfen tatsächlich gewährt werden, die **Systeme also nahtlos ineinandergreifen.**

4. Antragstellung und Verfahren

12 Sozialleistungen sind in der Regel **von einer Antragstellung abhängig.** Mit dem Antrag beginnt das **Verwaltungsverfahren.** Ausnahmen bestehen bei Leistungen nach dem SGB XII. Hier gilt mit Ausnahme der Grundsicherung der **Kenntnisgrundsatz** des § 18 SGB XII. Anträge im Sozialrecht können mündlich gestellt werden. Schon die Mitteilung eines Hilfebedarfs an den Sozialleistungsträger (mit Einverständnis des Ratsuchenden) kann ausreichend sein, um ein Verwaltungsverfahren in Gang zu setzen (§ 18 SGB X). Wegen der Beweisprobleme sollten Anträge aber schriftlich gestellt werden.

Im Sozialverwaltungsverfahren gelten die Regelungen über die **Geschäftsfähigkeit** (§ 11 Abs. 1 Nr. 1 SGB X). Ist ein Betroffener infolge einer psychischen Krankheit oder seelischen Behinderung nicht in der Lage, in dem Verwaltungsverfahren tätig zu werden, kann die Behörde bei dem Betreuungsgericht die Bestellung eines **besonderen Vertreters** anregen (§ 15 Abs. 1 Nr. 4 SGB X). Soweit eine Antragstellung erforderlich ist und der Träger der Leistung nicht von Amts wegen tätig werden muss, setzt auch eine Vermittlung durch die Betreuungsbehörde voraus, dass der Betroffenen insoweit geschäftsfähig ist (Wittich/Bagniewski BtPrax 2018, 135). Allerdings können Beratung und Unterstützung der Betreuungsbehörde den Betroffenen befähigen, den erforderlichen Antrag zu stellen (zur entsprechenden Vorschrift für das Betreuerhandeln § 1821 Abs. 2 S. 3 BGB). Dann ist von Geschäftsfähigkeit auszugehen.

Anträge sind beim **zuständigen Leistungsträger** zu stellen. Bei einem unzuständigen Leistungsträger oder einer nicht zuständigen Gemeinde gestellte Anträge sind unverzüglich an den zuständigen Leistungsträger weiterzuleiten. Als Antragsdatum wird der Antragseingang bei der unzuständigen Stelle berücksichtigt (§ 16

Abs. 1 und 2 SGB I), so dass sich aus der Antragstellung bei einem unzuständigen Leistungsträger keine Nachteile ergeben. **Zuständigkeitskonflikte auf dem Rücken der Betroffenen sollen** auch durch die Vorleistungsvorschrift des § 43 SGB I bzw. die Zuständigkeitsvorschriften der §§ 14, 15 SGB IX **vermieden werden.** Allerdings sind die Zuständigkeiten gerade im Teilhabe- und Rehabilitationsrecht besonders komplex, so dass hier häufig die Unterstützung durch die Betreuungsbehörde erforderlich ist, um zu den zustehenden Leistungen zu gelangen.

Im Rahmen des Verwaltungsverfahrens bestehen **Mitwirkungspflichten** nach 13
§§ 60 ff. SGB I. Betroffene müssen alle für die Leistung erheblichen Tatsachen angeben und auch der Erteilung der erforderlichen Auskünfte durch Dritte zustimmen (§ 60 Abs. 1 Nr. 1 SGB I). Bei Verletzung der Mitwirkungspflichten kann die Leistung ganz oder teilweise versagt werden (§ 66 SGB I). Es ist aber auf die individuelle Situation des Betroffenen einzugehen und eventuellen Beeinträchtigungen aufgrund einer Krankheit oder Behinderung Rechnung zu tragen (zur Mitwirkungsfähigkeit Wittich/Bagniewski BtPrax 2018, 135). Im Bereich der sozialrechtlichen Mitwirkungspflichten besteht in besonderem Maß Bedarf auf Beratung und vor allem Unterstützung nach § 8.

§ 9 Mitteilungen an das Betreuungsgericht und die Stammbehörde

(1) **Die Behörde kann dem zuständigen Betreuungsgericht Umstände mitteilen, die die Bestellung eines Betreuers oder eine andere Maßnahme in Betreuungssachen erforderlich machen, soweit dies unter Beachtung der berechtigten Interessen des Betroffenen nach den Erkenntnissen der Behörde erforderlich ist, um eine erhebliche Gefahr im Sinne des § 1821 Absatz 3 Nummer 1 des Bürgerlichen Gesetzbuchs von dem Betroffenen abzuwenden.**

(2) [1]**Hat die Behörde Kenntnis von Umständen, die an der Eignung eines Betreuers nach § 1816 Absatz 1 des Bürgerlichen Gesetzbuchs im Rahmen einer von ihm geführten Betreuung Zweifel aufkommen lassen, hat sie das für das Betreuungsverfahren zuständige Betreuungsgericht und die zuständige Stammbehörde hierüber zu informieren.** [2]**Die Behörde unterrichtet zugleich den Betreuer über die Mitteilung und deren Inhalt.** [3]**Die Unterrichtung des Betreuers unterbleibt, solange der Zweck der Mitteilung hierdurch gefährdet würde.** [4]**Sie ist nachzuholen, sobald die Gründe nach Satz 3 entfallen sind.**

(3) **Der Inhalt der Mitteilungen nach den Absätzen 1 und 2, die Art und Weise ihrer Übermittlung und der Empfänger sind aktenkundig zu machen.**

I. Vorbemerkung

Die Vorschrift passt sich der Terminologie des zum 1.1.2023 reformierten 1
Betreuungsrechts an (Verzicht auf den Begriff des Wohls). Der neue Abs. 2 begründet eine Mitteilungspflicht bei Zweifeln an der Eignung des Betreuers.

Der **Datenfluss von Behörden zum Gericht** und ggf. zur Stammbehörde 2
ist mit Art. 6 Ziff. c) und d) DSGVO vereinbar. Es handelt sich um einen Erlaubni-

statbestand im Sinn der DSGVO. Der umgekehrte Datenweg vom Gericht zu Behörden ist in §§ 308 ff. FamFG, zur Betreuungsbehörde in § 309a Abs. 2 FamFG geregelt. Leistungsträger der Sozialverwaltung sind nach § 71 Abs. 3 SGB X unter den Voraussetzungen des § 9 Abs. 1 zu einer Datenübermittlung befugt (→ Rn. 15). Die Beschränkungen nach Abs. 1 gelten **nicht für Daten,** die die Behörde auf Anforderung des Betreuungsgerichts im Rahmen **der Sachverhaltsermittlung** nach § 11 erhebt.

II. Anzeigerecht der Behörde (Abs. 1)

3 Abs. 1 normiert ein **Anzeigerecht,** keine **Anzeigepflicht.** Die Betreuungsbehörde hat einen eigenen Ermessensspielraum und entscheidet in eigener Verantwortung. Dies ist sinnvoll, da auf diese Weise möglicherweise überflüssige Tätigkeiten der Gerichte vermieden werden können. Diesem Ziel dient auch das **Gesetz zur Stärkung der Funktionen der Betreuungsbehörde** von 2014, das durch die Ausweitung der Aufgaben im Vorfeld einer Betreuung und durch die obligatorische Beteiligung im Betreuungsverfahren in § 279 Abs. 2 FamFG der Betreuungsbehörde eine wesentlich stärkere Rolle zumisst.

4 Das mit dem BtOG und dem Verfahrensrecht in den §§ 271 ff. FamFG installierte System des Zusammenspiels von Behörde und Gericht geht davon aus, dass die Behörde eine eigenverantwortliche Überprüfung der Erforderlichkeit einer Betreuung vornimmt und das Ergebnis in einem Sozialbericht oder Sozialgutachten dem Gericht mitteilt. Dann ist es erst recht sinnvoll, wenn die Behörde Informationen, die nach ihrer Entscheidung keine Betreuerbestellung rechtfertigen, dem Gericht nicht unterbreitet. Insoweit hat die Behörde eine gesetzlich festgelegte **Filterfunktion.**

5 Auch wenn die der Behörde vorliegenden Informationen eine Betreuerbestellung rechtfertigen, kann die Behörde von einer Mitteilung an das Gericht absehen, wenn sie erwartet, durch Beratung und Unterstützung andere Hilfen zu etablieren und dadurch auf Grund eines Vertrauensverhältnisses zum Betroffenen eine ausreichende Lösung zu erzielen, oder wenn die Zerstörung des Vertrauensverhältnisses zum Betroffenen oder seiner Angehörigen nachteiliger erscheint als die Vorteile einer etwaigen Betreuerbestellung (vgl. BT-Drs. 11/4528, 199).

6 Der Maßstab für die Zulässigkeit einer Mitteilung wird durch das Erfordernis der Abwendung einer erheblichen Gefahr im Sinn des § 1821 Abs. 3 Nr. 1 BGB von den Betroffenen hoch angesetzt (Brosey/Lesting/Loer/Marschner BetreuungsR Rn. 763). **Drittinteressen** sind damit von vornherein **ausgeschlossen.** Dritte haben die Möglichkeit, sich selbst an das Betreuungsgericht zu wenden (BT-Drs. 11/4528, 199). Das gilt insbesondere auch für andere Behörden, die sich allerdings von der Betreuungsbehörde beraten lassen können.

7 Die angestrebte **Maßnahme** des Betreuungsgerichts muss nicht nur zulässig, sondern auch **geeignet** sein, die erhebliche Gefahr abzuwenden. Mit einer Betreuerbestellung oder anderen Maßnahmen im Rahmen eines Betreuungsverfahrens muss eine positive Veränderung für den Betroffenen zu erwarten sein. Wenn auch ein Betreuer keine tatsächlichen Möglichkeiten der Einflussnahme oder Veränderung hat, wäre eine Maßnahme nicht Erfolg versprechend und daher unzulässig.

8 Eine **Gefahr** ist dann gegeben, wenn nicht nur die bloße Möglichkeit, sondern bereits eine nicht unerhebliche **Wahrscheinlichkeit** eines Schadenseintritts vor-

liegt. Bei Mängeln in der Betreuung ist eine solche Gefahr noch nicht gegeben, solange der Betreuer zur Abhilfe bereit und in der Lage ist (vgl. BT-Drs. 11/4528, 199). Dies gilt auch bei Mängeln in der Wahrnehmung von Aufgaben durch einen Vorsorgebevollmächtigten (zur Problematik Riedel/Stolz BtPrax 2008, 237).

Erheblich ist die Gefahr, wenn gemessen an den Verhältnissen des Betroffenen nicht nur ein geringer, sondern ein im Verhältnis zu den mit der Maßnahme zu erwartenden Belastungen bedeutender Schaden voraussehbar ist. Sowohl vermögensrechtliche als auch persönliche Schäden sind zu betrachten (Deinert/Walther 3.1.1.1). 9

Als anzuregende Maßnahme zur Gefahrenabwehr kommt neben der Betreuerbestellung zB die Anordnung eines Einwilligungsvorbehalts sowie die Genehmigung einer Wohnungsauflösung, Heilbehandlung oder Unterbringung in Betracht (BT-Drs. 11/4528, 199). 10

III. Anzeigepflicht der Behörde (Abs. 2)

Der neu eingefügte Abs. 2 begründet eine Pflicht der Betreuungsbehörde, bei Zweifeln an der Eignung eines Betreuers die maßgeblichen Umstände dem für das Betreuungsverfahren zuständigen Betreuungsgericht und, wenn die Behörde nicht mit der Stammbehörde identisch ist, auch der zuständigen Stammbehörde mitzuteilen. Die Vorschrift soll der Qualitätssicherung der Betreuerarbeit dienen und betrifft vor allem Pflichtverletzungen eines Betreuers oder sonstige Anhaltspunkte für fehlende persönliche Eignung und Zuverlässigkeit eines Betreuers (BT-Drs. 19/24445, 355). Die diesbezügliche Prognoseentscheidung der Betreuungsbehörde muss vertretbar sein (OLG Schleswig FamRZ 2023, 384). Durch die Mitteilung sollen vorbeugende Maßnahmen zB im Wege der gerichtlichen Aufsicht ermöglicht werden. S. 2 bis 4 gewährleisten die Transparenz gegenüber dem betroffenen Betreuer mit Ausnahme der Gefährdung des Zwecks der Mitteilung. Eine korrespondierende Vorschrift für das Betreuungsgericht enthält § 309a Abs. 2 FamFG. 11

IV. Form und Inhalt der Mitteilung (Abs. 3)

Nach Abs. 3 sind Form und Inhalt sowie der Empfänger der Mitteilung **aktenkundig** zu machen, zB durch einen kurzen Aktenvermerk. Schriftliche Mitteilungen sind am zweckmäßigsten in Kopie zur Akte zu nehmen, um eine genaue Nachvollziehbarkeit zu gewährleisten. Rein telefonische Mitteilungen sind zu dokumentieren (Deinert/Walther 3.1.4; HK-BetreuungsR/Kania Rn. 8). Das Unterbleiben einer Mitteilung ist ebenso aktenkundig zu machen unter Darlegung der wesentlichen Gründe. Empfehlenswert ist auch die Information eines anzeigenden Dritten, falls keine Mitteilung an das Gericht erfolgt, um diesem den direkten Weg zum Gericht aufzuzeigen. 12

V. Mitteilungen anderer Behörden

Andere Behörden und Gerichte haben nach § 22a FamFG die Möglichkeit und ggfs. die Verpflichtung, Maßnahmen des Betreuungsgerichts anzuregen. Dies betrifft in der Praxis insbesondere Gesundheits-, Sozial- und Ordnungsämter, Altenhilfe, Polizei- und Straßenverkehrsbehörden (→ FamFG § 22a). 13

14 Wenn **besondere Verwendungsregelungen** entgegenstehen, ist eine Übermittlung den Behörden nicht gestattet (§ 22a Abs. 2 S. 2 FamFG). In Betracht kommen Steuergeheimnis, ärztliche Schweigepflicht, besondere Übermittlungsregelungen und abschließende Zweckbindungsregelungen (BT-Drs. 11/4528, 199). Weiterhin ist eine Abwägung mit etwaigen Drittinteressen oder Interessen der Allgemeinheit vorzunehmen.

VI. § 71 Abs. 3 SGB X und § 22 Abs. 4 SGB IX

15 Im SGB X ist das Verwaltungsverfahren der Sozialverwaltungen geregelt. Besonders geschützt sind die im Verlaufe eines Verfahrens dem Leistungsträger übermittelten Daten. Unter engen Voraussetzungen ist die **Übermittlung von Sozialdaten an das Betreuungsgericht und die Betreuungsbehörde** zulässig. § 71 Abs. 3 SGB X lautet:

(3) [1]Eine Übermittlung von Sozialdaten ist zulässig, soweit es nach pflichtgemäßem Ermessen eines Leistungsträgers erforderlich ist, dem Betreuungsgericht die Bestellung eines Betreuers oder eine andere Maßnahme in Betreuungssachen zu ermöglichen. [2]§ 9 des Betreuungsorganisationsgesetzes gilt entsprechend. [3]Eine Übermittlung von Sozialdaten ist auch zulässig, soweit sie im Einzelfall für die Erfüllung der Aufgaben der Betreuungsbehörden nach § 8 des Betreuungsorganisationsgesetzes erforderlich ist.

Zur **Abwendung einer erheblichen Gefahr** für den Betroffenen kann daher der Leistungsträger auch **Sozialdaten dem Betreuungsgericht** übermitteln, wenn und soweit dies für eine Maßnahme in Betreuungssachen erforderlich ist. Eine Übermittlung an die Betreuungsbehörde ist nur zulässig, wenn es um die Erfüllung deren Aufgaben nach § 8 BtOG, also die Betreuungsvermeidung durch andere Hilfen geht, nicht aber um die Anregung einer Betreuung (HK-BUR/Walther BtOG § 1 Rn. 21). Die Abwägung ist vom Leistungsträger eigenverantwortlich vorzunehmen. Eine Übermittlung reiner Personalien ohne nähere Angaben eines Grundes ist ebenso unzulässig, weil sie zu Lasten des Betroffenen zu erkennbaren Verzögerungen und etwaigen Doppelermittlungen und zusätzlichen Befragungen führt, wie die Übermittlung vollständiger Akten, da diese in der Regel eine Reihe vertraulicher Daten enthalten, die für eine Maßnahme des Betreuungsgerichts ohne Bedeutung sind.

16 Seit dem 1.1.2018 sind im Rahmen des Bundesteilhabegesetzes im SGB IX die Erstellung eines Teilhabeplanes und die Voraussetzungen für Assistenzleistungen neu geregelt worden. Gem. § 22 Abs. 4 ist die Betreuungsbehörde von der Durchführung und dem Inhalt eines **Teilhabeplanverfahrens** zu informieren, wenn der Leistungsberechtigte **zustimmt.** Die Betreuungsbehörde kann dann auch am Teilhabeplanverfahren beratend teilnehmen (zu den Aufgaben des Betreuers im Teilhabeplanverfahren Sobota BtPrax 2019, 225).

§ 22 Abs. 4 SGB IX

(4) [1]Bestehen im Einzelfall Anhaltspunkte für einen Betreuungsbedarf nach § 1814 Absatz 1 des Bürgerlichen Gesetzbuchs, wird die zuständige Betreuungsbehörde mit Zustimmung des Leistungsberechtigten vom für die Durchführung des Teilhabeplanverfahrens verantwortlichen Rehabilitationsträger informiert. [2]Der Betreuungsbehörde werden in diesen Fällen die Ergebnisse der bisherigen Ermitt-

lungen und Gutachten mit dem Zweck mitgeteilt, dass diese dem Leistungsberechtigten andere Hilfen, bei denen kein Betreuer bestellt wird, vermitteln kann. [3]Auf Vorschlag der Betreuungsbehörde kann sie mit Zustimmung des Leistungsberechtigten am Teilhabeplanverfahren beratend teilnehmen.

§ 10 Mitteilung an Betreuungsvereine

[1]Die Behörde teilt Name und Anschrift der ehrenamtlichen Betreuer, von deren Bestellung sie durch die Bekanntgabe des Betreuungsgerichts nach § 288 Absatz 2 Satz 1 des Gesetzes über das Verfahren in Familiensachen und in den Angelegenheiten der freiwilligen Gerichtsbarkeit Kenntnis erlangt hat, unverzüglich einem am Wohnsitz des ehrenamtlichen Betreuers anerkannten Betreuungsverein mit, um dem Verein eine Kontaktaufnahme zu ermöglichen. [2]Dies gilt nicht für ehrenamtliche Betreuer, die keine familiäre Beziehung oder persönliche Bindung zu dem Betroffenen haben.

1 Die Vorschrift hat kein Vorbild im BtBG und ist in Zusammenhang mit §§ 1816 Abs. 4 BGB und 15 Abs. 1 S. 1 Nr. 4 sowie 22 zu sehen. Durch die **Mitteilung von Name und Anschrift der ehrenamtlichen Betreuer,** die nicht deren Einverständnis voraussetzt, **an einen Betreuungsverein** oder hilfsweise die zuständige Betreuungsbehörde soll die Qualität der ehrenamtlichen Betreuung gestärkt werden. Ehrenamtliche Betreuer, die eine familiäre Beziehung oder persönliche Bindung zu dem Betroffenen haben, können mit einem anerkannten Betreuungsverein eine Vereinbarung über eine Begleitung und Unterstützung abschließen (§ 22 Abs. 1). Nach dem Willen des Gesetzgebers sollen die Betreuungsvereine aktiv auf die ehrenamtlichen Betreuer zugehen und ihm konkrete Fortbildungs- und Unterstützungsangebote unterbreiten sowie auf die Möglichkeit des Abschlusses einer Vereinbarung hinweisen, falls sie dies wünschen (BT-Drs. 19/24445, 356). Die Vorschrift gilt nicht für ehrenamtliche Betreuer ohne Nähebeziehung zum Betreuten.

2 Gibt es am Wohnsitz des ehrenamtlichen Betreuers mehrere Betreuungsvereine, entscheidet die Betreuungsbehörde nach pflichtgemäßem Ermessen. Dabei sind die Wünsche des ehrenamtlichen Betreuers vorrangig zu berücksichtigen. Der ehrenamtliche Betreuer ist über die Datenweitergabe zu informieren (§§ 13, 14 DSGVO).

§ 11 Aufgaben im gerichtlichen Verfahren

(1) **[1]Die Behörde unterstützt das Betreuungsgericht. [2]Dies umfasst insbesondere folgende Maßnahmen:**

1. **die Erstellung eines Berichts im Rahmen der gerichtlichen Anhörung nach § 279 Absatz 2 des Gesetzes über das Verfahren in Familiensachen und in den Angelegenheiten der freiwilligen Gerichtsbarkeit (Sozialbericht),**
2. **den Vorschlag eines geeigneten Betreuers,**
3. **die Aufklärung, Mitteilung und gegebenenfalls fachliche Beurteilung des Sachverhalts im Rahmen sonstiger Anhörungen der Behörde durch das Betreuungsgericht oder im Rahmen eines gerichtlichen Ersuchens um eine über Nummer 1 hinausgehende Sachverhaltsklärung,**

4. die Prüfung der weiteren Erforderlichkeit der Betreuung in geeigneten Fällen, sobald die Behörde durch das Betreuungsgericht nach § 7 Absatz 4 Satz 1 des Gesetzes über das Verfahren in Familiensachen und in den Angelegenheiten der freiwilligen Gerichtsbarkeit über das Verfahren zur Verlängerung einer Betreuung benachrichtigt worden ist, und

5. auf Aufforderung des Betreuungsgerichts den Vorschlag eines geeigneten Verfahrenspflegers.

(2) **Der Sozialbericht soll sich insbesondere auf folgende Kriterien beziehen:**

1. die persönliche, gesundheitliche und soziale Situation des Betroffenen,

2. die Erforderlichkeit der Betreuung einschließlich geeigneter anderer Hilfen (§ 1814 Absatz 3 Satz 2 Nummer 2 des Bürgerlichen Gesetzbuchs) und

3. die diesbezügliche Sichtweise des Betroffenen.

(3) **[1]Im Rahmen der Erstellung des Sozialberichts hat die Behörde zu prüfen, ob zur Vermeidung einer Betreuung eine erweiterte Unterstützung nach § 8 Absatz 2 in Betracht kommt. [2]In geeigneten Fällen hat die Behörde mit Zustimmung des Betroffenen eine erweiterte Unterstützung durchzuführen; § 8 Absatz 4 gilt entsprechend. [3]Die Behörde hat das Betreuungsgericht über die Durchführung und die voraussichtliche Dauer von Maßnahmen nach § 8 Absatz 2 zu informieren. [4]Während der Durchführung der erweiterten Unterstützung ist die Pflicht der Behörde zur Erstellung eines Sozialberichts ausgesetzt. [5]Das Ergebnis der Prüfung nach Satz 1 und bei Durchführung einer erweiterten Unterstützung deren Ergebnis sind im Sozialbericht darzulegen.**

(4) **[1]Auf Aufforderung des Betreuungsgerichts hat die Behörde auch unabhängig von der Erstellung eines Sozialberichts zu prüfen, ob die Durchführung einer erweiterten Unterstützung zur Vermeidung einer Betreuung führen kann. [2]Absatz 3 Satz 2, 3 und 5 gilt entsprechend.**

(5) **Die Länder können durch Gesetz die Aufgabenzuweisung nach den Absätzen 3 und 4 im Rahmen von Modellprojekten auf einzelne Behörden innerhalb eines Landes beschränken.**

I. Vorbemerkung

1 Im gerichtlichen Verfahren unterstützt die Behörde das Betreuungsgericht. Der hierfür vorgesehene Maßnahmenkatalog des Abs. 1 S. 2 wird erweitert, der Inhalt des Sozialberichts nach Abs. 2 konkretisiert. Neu ist die Pflicht, im Rahmen der Erstellung des Sozialberichts oder auf Aufforderung des Betreuungsgerichts zu prüfen, ob eine erweiterte Unterstützung nach § 8 Abs. 2 in Betracht kommt, sowie in geeigneten Fällen diese durchzuführen (Abs. 3 und 4).

II. Unterstützung im Gerichtsverfahren (Abs. 1)

2 Abs. 1 S. 1 regelt die allgemeine Unterstützungspflicht der Betreuungsbehörde im gerichtlichen Verfahren. Daraus ist nicht auf eine Abhängigkeit der Behörde vom Gericht zu schließen (BT-Drs. 11/4528, 200). Die Behörde handelt im Rah-

men der gesetzlichen Vorgaben eigenständig und **eigenverantwortlich** und unterliegt keinen Weisungen des Gerichts über die Art und Weise ihrer Tätigkeit (Deinert/Walther 3.2; HK-BetreuungsR/Kania Rn. 3). Wie die Behörde ihre Unterstützung organisiert, bleibt ihr überlassen. **Hoheitliche Aufgaben darf sie nicht delegieren.** Dazu gehören insbesondere die Erstellung des Sozialberichts und die damit verbundene Ermittlungstätigkeit (siehe BT-Drs. 20/1888, 38). Eine Ausnahme besteht bei der Wahrnehmung der erweiterten Unterstützung (§ 11 Abs. 3 S. 2). Abs. 1 S. 2 konkretisiert die einzelnen Unterstützungspflichten im gerichtlichen Betreuungsverfahren.

1. Sozialbericht (Abs. 1 S. 2 Nr. 1, Abs. 2)

Nach § 279 Abs. 2 FamFG hat das Gericht **obligatorisch die Behörde vor jeder Betreuerbestellung und der Anordnung eines Einwilligungsvorbehaltes anzuhören,** auf Verlangen des Betroffenen oder wenn es zur Sachaufklärung erforderlich ist, gem. § 293 Abs. 1 S. 2 FamFG auch bei Erweiterungen. Die Anhörung soll **vor Einholung eines Gutachtens** erfolgen. 3

Der Inhalt des **Sozialberichts** ist nunmehr in Abs. 2 in Übereinstimmung mit § 279 Abs. 2 FamFG geregelt und hat sich mindestens zu folgenden Punkten zu äußern (s. auch → FamFG § 279 Rn. 5 ff.):

1. persönliche, gesundheitliche und soziale Situation des Betroffenen,
2. Erforderlichkeit der Betreuung einschließlich geeigneter anderer Hilfen,
3. diesbezügliche Sichtweise des Betroffenen.

Die Betreuerauswahl unter Berücksichtigung des Vorrangs der Ehrenamtlichkeit ist nunmehr eigenständig in § 12 geregelt.

Nach § 26 FamFG hat das Betreuungsgericht den Sachverhalt von Amts wegen zu ermitteln. Es kann unabhängig von der Anhörung der Betreuungsbehörde selbst Ermittlungen tätigen, zB Zeugen vernehmen, Auskünfte einholen, den Betroffenen und sein soziales Umfeld befragen. Eigene Ermittlungstätigkeiten schon zu Beginn eines Betreuerverfahrens dürften nur ausnahmsweise zweckmäßig sein, wenn es im Wesentlichen um Rechtsfragen geht. Sind wie in den meisten Verfahren Ermittlungen der gesundheitlichen und sozialen Situation des Betroffenen erforderlich, ist es zweckmäßig, zunächst die Betreuungsbehörde um Sachverhaltsaufklärung zu ersuchen, um frühzeitig **sozialpädagogisches Fachwissen** in das Verfahren einzubringen (Brosey/Lesting/Loer/Marschner BetreuungsR Rn. 766). Durch eine praxisbezogene strenge Erforderlichkeitsprüfung unter Berücksichtigung möglicher die Betreuerbestellung vermeidender Hilfen können vielfach weitere, den Betroffenen und die Gerichte belastende Schritte vermieden werden, zB eine Begutachtung, wenn die Prüfung der Behörde eine Betreuerbestellung überflüssig oder unzulässig erscheinen lässt (Brosey/Lesting/Loer/Marschner BetreuungsR Rn. 766; Kort Betrifft: Betreuung 8, 168). Die Anhörung der Behörde ist im **einstweiligen Anordnungsverfahren** nicht gesetzlich vorgeschrieben, aber nicht ausgeschlossen. Sie muss dann in einem Hauptsacheverfahren vor der endgültigen Betreuerbestellung oder der Anordnung des Einwilligungsvorbehaltes **nachgeholt** werden. 4

Auch wenn für die Anhörung nach § 279 Abs. 2 FamFG keine konkrete Form vorgeschrieben ist, muss der Sozialbericht in aller Regel **schriftlich** abgefasst werden. Die Übermittlung soll nach § 14b Abs. 2 FamFG durch ein elektronisches Dokument erfolgen, auf Anforderung durch das Gericht ist dies zwingend (zum elektronischen Rechtsverkehr im Betreuungsrecht Walther BtPrax 2022, 81). Die 5

Behörde muss vorab vom Verfahren unterrichtet werden, um die notwendigen Ermittlungen anstellen können. Dem Betroffenen ist **rechtliches Gehör** zu gewähren ist, damit seine Sichtweise in den Bericht aufgenommen werden kann. Es ist Aufgabe der Kommunen, das erforderliche **Fachpersonal** (§ 3) zur Verfügung zu stellen, und nach dem Konnexitätsprinzip Aufgabe der Länder, den Kommunen dafür die notwendigen Mittel zur Verfügung zu stellen.

6 Der Vorteil der Einschaltung der Betreuungsbehörde in einem frühen Stadium liegt auch darin, einen niederschwelligen Erstkontakt **mit psychisch kranken oder behinderten Menschen** herzustellen vor dem aus der Sicht des Betroffenen häufig als belastend empfundenen Begutachtungs- oder gerichtlichen Anhörungstermin. Der Mitarbeiter sollte sich Zeit nehmen, damit auf den Betroffenen und seine Wünsche eingegangen werden kann (zum methodischen Vorgehen näher zB Deinert/Walther 3.3.5; Ansen BtPrax 2011, 189; Kersten BtPrax 1994, 53). Nach dem Gespräch mit dem Betroffenen haben sich ggf. weitere Ermittlungen unter Berücksichtigung der Datenschutzvorschrift des § 4 BtOG anzuschließen, zB Befragung von Angehörigen oder nahestehenden Personen. Der Betroffene ist darauf hinzuweisen, dass Mitarbeiter der Betreuungsbehörde gegenüber dem Betreuungsgericht nicht der Schweigepflicht unterliegen.

7 Der **Sozialbericht der Betreuungsbehörde** hat sich mit den vom Gericht geforderten, darüber hinaus mit von der Betreuungsbehörde als erforderlich erkannten Umständen zu befassen. Insoweit handelt es sich um ein **Sozialgutachten,** das nicht nur Tatsachen referiert, sondern die sozialen Zusammenhänge fachkundig bewertet (vgl. Ansen BtPrax 2011, 189; Crefeld R&P 2009, 130; BtPrax 2014, 107). Der Bericht ist aber kein Gutachten im verfahrensrechtlichen Sinne und der Mitarbeiter der Behörde kein Sachverständiger (Deinert/Walther 3.3.4). Die Ermittlungstätigkeit der Behörde kann mithin nicht die **Sachverhaltsaufklärung** und schon gar nicht die **Überzeugungsbildung** des Gerichts ersetzen, sie soll sie vielmehr **rationell vorbereiten** (Deinert/Walther 3.3.) Anzugeben ist, welche anderen Hilfen in Betracht gezogen worden sind, warum eine Vermittlung aber nicht möglich war. Damit das Gericht eine Grundlage hat, die Erforderlichkeit einer Betreuerbestellung festzustellen, sind diese anderen Hilfen konkret zu benennen (Diekmann BtPrax 2014, 105).

2. Vorschlag eines geeigneten Betreuers und eines geeigneten Verfahrenspflegers (Abs. 1 S. 2 Nr. 2 und 5)

8 Abs. 1 S. 2 Nr. 2 und 5 verpflichtet die Behörde, dem Gericht einen geeigneten Betreuer sowie auf Aufforderung des Betreuungsgerichts einen geeigneten Verfahrenspfleger vorzuschlagen. Einzelheiten zum Betreuervorschlag sind in § 12 geregelt. Der Vorschlag des Verfahrenspflegers war bisher in § 8 Abs. 1 S. 1 BtBG geregelt. Das Gericht entscheidet über die Bestellung eines geeigneten Betreuers und Verfahrenspflegers und ist an den Vorschlag der Behörde nicht gebunden.

3. Zusätzliche Sachverhaltsaufklärung (Abs. 1 S. 2 Nr. 3 und 4)

9 Hält das Gericht einen bestimmten Sachverhalt zusätzlich für aufklärungsbedürftig, ist die **Behörde** auf Ersuchen des Gerichts nach Abs. 1 S. 2 Nr. 3 **zum Tätigwerden verpflichtet.** Es liegt im Ermessen des Gerichtes, mit welcher konkreten Fragestellung zum Sachverhalt es die Behörde um Unterstützung bittet. In Betracht kommen alle betreuungsrechtlichen Entscheidungen wie die Erweite-

rung der Betreuung, Verlängerung von Betreuerbestellung und Einwilligungsvorbehalt oder im Rahmen der weiteren Verfahren nach §§ 296 ff. FamFG.

III. Erweiterte Unterstützung im Gerichtsverfahren (Abs. 3, 4 und 5)

Abs. 3 und 4 regeln das neue Instrument der erweiterten Unterstützung nach § 8 Abs. 2 im gerichtlichen Verfahren. Nach Abs. 3 ist bereits im Rahmen der Erstellung des Sozialberichts durch die Betreuungsbehörde zu prüfen, ob eine erweiterte Unterstützung in Betracht kommt. In geeigneten Fällen ist die erweiterte Unterstützung dann mit Zustimmung des Betroffenen zwingend durchzuführen. Anders als nach § 8 Abs. 2 BtOG besteht kein Ermessen. Während der Durchführung der erweiterten Unterstützung ist die Pflicht zur Erstellung des Sozialberichts vorübergehend ausgesetzt. Die Durchführung und voraussichtliche Dauer der erweiterten Unterstützung sind dem Gericht mitzuteilen. Das **Ergebnis der erweiterten Unterstützung** ist dann im **Sozialbericht** darzulegen. 10

Nach Abs. 4 hat die Betreuungsbehörde auf Aufforderung des Betreuungsgerichts auch in anderen Fällen zu prüfen, ob eine erweiterte Unterstützung zur Vermeidung einer Betreuung führen kann. In geeigneten Fällen ist die erweiterte Unterstützung entsprechend den Regelungen des Abs. 3 durchzuführen. Nach den Gesetzesmaterialien betrifft dies vor allem Fälle, in denen ein Betreuer bereits bestellt ist, aber die Aufhebung bzw. Einschränkung des Aufgabenkreises in Betracht kommen oder eine Verlängerungsentscheidung bevorsteht (BT-Drs. 19/24445, 358). Allerdings ist es nach § 1821 Abs. 6 BGB bereits Aufgabe des Betreuers, die Fähigkeiten des Betreuten, seine Angelegenheiten selbst zu regeln, wiederherzustellen oder zu verbessern (Walther/Bürkle BtPrax 2021, 123 ff.). 11

Durch die entsprechende Anwendung des § 8 Abs. 4 wird die **Delegation der Durchführung der erweiterten Unterstützung** auf einen Betreuungsverein oder beruflichen Betreuer auch im gerichtlichen Verfahren ermöglicht (Abs. 3 S. 2 Hs. 2). Ursprünglich wurde davon ausgegangen, dass die Betreuungsbehörden die erweiterte Unterstützung kostengünstiger durchführen können. Auf Wunsch der Bundesländer wurde aber eine Delegation auch im Rahmen des Abs. 3 ermöglicht (BT-Drs. 20/1888, 38 f.). 12

Abs. 5 ermöglicht den Bundesländern, die Aufgaben nach Abs. 3 und 4 im Rahmen von **Modellprojekten** auf einzelne Behörden innerhalb eines Bundeslandes zu beschränken. Es handelt sich um einen Kompromiss aus finanziellen Gründen, da einerseits den Forschungsergebnissen zur Umsetzung des Erforderlichkeitsgrundsatzes in der betreuungsrechtlichen Praxis Rechnung getragen werden sollte, andererseits die Bundesländer für die Umsetzung und Finanzierung verantwortlich sind (BT-Drs. 19/24445, 359 f.). Das neue Instrument kann im Rahmen des Abs. 3 und 4 also zunächst regional beschränkt erprobt werden. Damit wird aber das mit dem Instrument der erweiterten Unterstützung angestrebte Ziel der Betreuungsvermeidung unterlaufen und die Ansiedelung der erforderlichen Hilfen im Sozialrecht (→ BtOG § 8 Rn. 9 ff.) im Einzelfall verhindert. 13

§ 12 Betreuervorschlag

(1) [1]**Die Behörde schlägt mit dem Sozialbericht oder auf Anforderung des Betreuungsgerichts eine Person vor, die sich im konkreten Einzelfall**

zum Betreuer eignet. [2]Die Behörde soll diesen Vorschlag begründen und die diesbezügliche Sichtweise des Betroffenen darlegen. [3]Eine Person, die keine familiäre Beziehung oder persönliche Bindung zu dem Betroffenen hat, soll nur als ehrenamtlicher Betreuer vorgeschlagen werden, wenn sie sich zum Abschluss einer Vereinbarung über eine Begleitung und Unterstützung nach § 15 Absatz 1 Satz 1 Nummer 4 mit einem anerkannten Betreuungsverein oder einer Betreuungsbehörde nach § 5 Absatz 2 Satz 3 bereit erklärt. [4]Steht keine geeignete Person für eine ehrenamtliche Betreuung zur Verfügung, schlägt die Behörde dem Betreuungsgericht einen beruflichen Betreuer vor. [5]Unter den Voraussetzungen des § 1818 des Bürgerlichen Gesetzbuchs kann die Behörde auch einen anerkannten Betreuungsverein oder sich selbst als Betreuer vorschlagen. [6]Die Behörde soll in geeigneten Fällen einen weiteren Betreuer vorschlagen, der nach § 1817 Absatz 4 des Bürgerlichen Gesetzbuchs bestellt werden kann.

(2) **Auf Wunsch des Betroffenen kann die Behörde ein persönliches Kennenlernen zwischen dem Betroffenen und dem vorgesehenen Betreuer vermitteln.**

(3) **[1]Der Vorschlag nach Absatz 1 hat Angaben zur persönlichen Eignung zu enthalten. [2]Bei einem ehrenamtlichen Betreuer hat die Behörde dem Betreuungsgericht das Ergebnis der Auskünfte nach § 21 Absatz 2 Satz 1 mitzuteilen. [3]Bei einem beruflichen Betreuer sind die Anzahl und der Umfang der von ihm bereits zu führenden Betreuungen, die für ihn zuständige Stammbehörde sowie der zeitliche Gesamtumfang und die Organisationsstruktur seiner Betreuertätigkeit mitzuteilen.**

I. Vorbemerkung

1 Die Vorschrift fasst die Regelungen über den Betreuervorschlag neu und erweitert die bisherige Regelung in § 8 Abs. 2 BtBG. Sie ist in Zusammenhang mit § 11 Abs. 1 S. 2 Nr. 2 zu sehen. Erweitert werden die Regelungen für den Vorschlag eines ehrenamtlichen Betreuers sowie die Begründungspflichten für den Betreuervorschlag. Neu sind die Regelungen über den Vorschlag eines Verhinderungsbetreuers in Abs. 1 S. 6 sowie über die Möglichkeit eines Kennenlerngesprächs auf Wunsch des Betroffenen in Abs. 2.

II. Vorschlagsverpflichtung

2 Die Behörde ist nach Abs. 1 verpflichtet, mit dem Sozialbericht oder auf Anforderung des Betreuungsgerichts einen **im konkreten Fall geeignete Person** als Betreuer vorzuschlagen. Der Vorschlag ist unter Einbeziehung der Sichtweise des Betroffenen zu begründen (Abs. 1 S. 2) und hat Angaben zur persönlichen Eignung zu enthalten (Abs. 3 S. 1). Damit wird schon im behördlichen Verfahren das in § 1816 Abs. 2 BGB geregelte Vorschlagsrecht des Betroffenen berücksichtigt.

3 Wie im geltenden Recht ist **vorrangig ein ehrenamtlicher Betreuer** vorzuschlagen. Bei einer Person ohne Nähebeziehung zu dem Betroffenen soll diese aber nur vorgeschlagen werden, wenn sie zum Abschluss einer Vereinbarung über eine Begleitung und Unterstützung mit einem anerkannten Betreuungsverein bereit ist (Abs. 1 S. 3). Bei Vorschlag eines ehrenamtlichen Betreuers sind die

Auskünfte nach § 21 Abs. 2 S. 1 mitzuteilen (Führungszeugnis und Auskunft aus dem zentralen Schuldnerverzeichnis).

Der Vorschlag eines beruflichen Betreuers kommt nur in Betracht, wenn kein ehrenamtlicher Betreuer zur Verfügung steht (Abs. 1 S. 4). In diesem Fall sind die **Anzahl und der Umfang der bereits zu führenden Betreuungen,** die zuständige Stammbehörde, der zeitliche Gesamtumfang und die Organisationstruktur seiner Betreuertätigkeit mitzuteilen (Abs. 3 S. 3). Es handelt sich um wesentliche Informationen für die Entscheidung über die Betreuerauswahl des Betreuungsgerichts im Einzelfall. Angesichts der Vergütungspauschalen erfolgt die **Steuerung der Belastungen des einzelnen Betreuers** im Wesentlichen über die **Fallzahlen,** so dass das Gericht diese im Zeitpunkt seiner Entscheidung kennen muss. Wer bereits mit den bestellten Betreuungen zeitlich ausgelastet ist, ist angesichts der Pflicht zur persönlichen Betreuung durch regelmäßige persönliche Kontakte für die Übernahme weiterer nicht mehr geeignet. 4

Nur unter den Voraussetzungen des § 1818 BGB können ein **Betreuungsverein oder die Behörde** selbst als Betreuer vorgeschlagen werden (Abs. 1 S. 5). Die Regelungen zur Unterstützung und Beratung von Betroffenen, Betreuern und Bevollmächtigten sollten dazu führen, dass vor allem eine Bestellung der Behörde nur noch in Ausnahmefällen erforderlich ist, zB bei Gewaltandrohungen. Gerichte und Behörden müssen daher in **interdisziplinärer Zusammenarbeit** in jedem Einzelfall eine geeignete Person suchen und durch die Zusage kontinuierlicher Unterstützung und Beratung zur Übernahme der Betreuung motivieren. 5

Um einen qualifizierten Vorschlag machen zu können, muss die Behörde ein **Anforderungsprofil** erstellen und hierfür die dafür aussagekräftigen Teile der Gerichtsakte und genaue Angaben des Gerichts über die Erwartung an den Betreuer erhalten. Wenn die Behörde eine Einzelperson vorschlägt, sollte sie vorher die erforderliche **Einverständniserklärung** (vgl. § 1819 Abs. 2 BGB) eingeholt haben. 6

Die Auswahl des Betreuers ist nicht nur für den Betroffenen von großer Bedeutung. Der **Beruf des Betreuers** hat sich etabliert, nach der Schätzung der Qualitätsstudie dürften in Deutschland ca. 16.000 Betreuer ihr Amt beruflich ausüben (Matta ua BtPrax 2018, 3). Der Gesetzgeber macht keine über § 1816 Abs. 1 BGB hinausgehenden Vorgaben, unter welchen Voraussetzungen ein Betreuer im Einzelfall als geeignet gilt. Daran hat sich auch durch die zum 1.1.2023 eingeführten Vorschriften über die **Registrierung beruflicher Betreuer** und die Registrierungsvoraussetzungen in §§ 23 ff. BtOG grundsätzlich nichts geändert. Da in vielen Regionen die Bestellung von beruflichen Betreuern ganz überwiegend auf Vorschlag der Behörde erfolgt, haben diese einen erheblichen Einfluss auf die auskömmliche Bestellung der beruflich tätigen Betreuer. Die Betreuungsbehörde hat nach sachgerechten und transparenten Kriterien zu entscheiden, wen sie für einen konkreten Betreuten vorschlägt. 7

Bestellt das Gericht einen Betreuer, den die Behörde für ungeeignet hält, kann sie nach § 303 Abs. 1 Nr. 1 FamFG Beschwerde einlegen und mit ihr auch die Auswahlentscheidung des Betreuungsgerichts mit dem Ziel angreifen, die Aufnahme der Tätigkeit der ausgewählten Person speziell in ihrer Eigenschaft als beruflicher Betreuer zu verhindern (OLG Hamm BtPrax 2006, 187). Die Betreuungsbehörde kann im gerichtlichen Verfahren sich nicht nur nach § 279 Abs. 2 FamFG äußern, sondern sie kann in jedem Stadium des Verfahrens Stellung nehmen (→ BtOG § 13 Rn. 1). Ihre Unterstützung kann auch darin bestehen, geeig- 8 nete Verfahrenspfleger oder Sachverständige zu benennen (zu den weiteren Beteiligungen im Verfahren s. § 13).

9 Falls Anhaltspunkte für die Bestellung eines **Verhinderungsbetreuers** bestehen, soll auch insoweit ein geeigneter weiterer Betreuer vorgeschlagen werden (Abs. 1 S. 6).

III. Kennenlerngespräch (Abs. 2)

10 Erstmals enthält das Gesetz eine Regelung über ein Kennenlernen zwischen Betroffenem und dem vorgesehenen Betreuer auf Wunsch des Betroffenen. Dadurch soll sichergestellt werden, dass dem Vorschlagsrecht des Betroffenen frühzeitig Rechnung getragen wird. Das Kennenlernen vor Betreuerbestellung kann die Beziehung zwischen Betroffenem und Betreuer und damit die Qualität der Betreuungsarbeit erheblich beeinflussen und verbessern. In Betracht kommt das Kennenlernen, wenn beabsichtigt ist, einen ehrenamtlichen Betreuer ohne Nähebeziehung oder einen beruflichen Betreuer vorzuschlagen. Die Ausgestaltung (Zeitpunkt, Art des Kontaktes) obliegt der Betreuungsbehörde. Sie vermittelt aber nur den Kontakt und nimmt in der Regel nicht an dem Kennenlerngespräch teil. Eine Vergütung kann der berufliche Betreuer für das Kennenlerngespräch nicht verlangen (BT-Drs. 19/24445, 361). Verweigert ein vorgesehener Betreuer das Gespräch, obwohl der Betroffene dies wünscht, bestehen erhebliche Zweifel an seiner Eignung im konkreten Fall.

§ 13 Weitere Aufgaben

[1]Die Aufgaben, die der Behörde nach anderen Vorschriften obliegen, bleiben unberührt. [2]Zuständige Behörde im Sinne dieser Vorschriften ist die örtliche Behörde.

I. Sonstige Aufgaben der Betreuungsbehörde

1 Die Aufgaben der örtlichen Betreuungsbehörde sind nunmehr umfassend im BtOG geregelt. Daneben können den örtlichen Betreuungsbehörden landesrechtlich Aufgaben übertragen werden, zB bezüglich der Anerkennung und Förderung von Betreuungsvereinen (§ 14 Abs. 3 BtOG). S. 1 stellt ferner klar, dass die Betreuungsbehördenaufgaben nach BGB und FamFG unberührt bleiben von den Regelungen des BtOG. Es können dies sein:

- Übernahme von Betreuungen, § 1818 Abs. 4 BGB;
- Vorführung des Betroffenen im gerichtlichen Verfahren zur persönlichen Anhörung bzw. zur Verschaffung eines unmittelbaren Eindrucks, § 278 Abs. 5 FamFG (hierzu Scheulen BtPrax 2022, 55);
- Äußerung gegenüber dem Gericht im Betreuerbestellungsverfahren, § 279 Abs. 2 FamFG (→ BtOG § 11 Rn. 3);
- Vorführung des Betroffenen zur Untersuchung für die Begutachtung, § 283 Abs. 1 FamFG;
- Vorführung des Betroffenen zur Unterbringung und Beobachtung zur Vorbereitung des Gutachtens, § 284 Abs. 3 S. 1 FamFG;
- Entgegennahme der Entscheidung über eine Betreuerbestellung oder die Anordnung eines Einwilligungsvorbehalts (mit der Pflicht zur Überprüfung im

Interesse des Betreuten auch im Hinblick auf den Überprüfungszeitpunkt nach § 286 Abs. 3 FamFG, des Anleitungs- und Beratungsbedarfs des Betreuers und auch zur Feststellung der Gesamtfallzahlbelastung eines beruflichen Betreuers), § 288 Abs. 2 FamFG;
- interne Auswahl einer anderen Person, der die Aufgabe der Betreuung durch die Behörde übertragen wird, nach Vorgabe des Gerichts, § 291 FamFG;
- Äußerung gegenüber dem Gericht im Genehmigungsverfahren einer Sterilisation, § 297 Abs. 2 FamFG;
- Prüfung, ob Beschwerde gegen die Bestellung eines Betreuers oder die Ablehnung einer Bestellung oder gegen die Anordnung oder Ablehnung eines Einwilligungsvorbehalts eingelegt wird, § 303 Abs. 1 FamFG;
- Äußerung bei Veränderungsentscheidungen, § 293 Abs. 1, 294 Abs. 1, 295 Abs. 1, 296 Abs. 1 FamFG;
- Vorführung des Betroffenen im Rahmen eines Unterbringungsverfahrens zur Anhörung durch das Gericht, § 319 Abs. 5 FamFG;
- Äußerung bei zivilrechtlicher Unterbringung oder ärztlicher Zwangsmaßnahme, § 320 FamFG;
- Vorführung des Betroffenen im Rahmen eines Unterbringungsverfahrens zur ambulanten oder stationären Untersuchung zur Begutachtung, § 322 FamFG;
- Entgegennahme der Unterbringungsentscheidung mit der Pflicht zur Prüfung, ob Rechtsmittel einzulegen sind, § 325 Abs. 2 FamFG;
- Unterstützung des Betreuers bei Zuführung zur Unterbringung bzw. Verbringung, notfalls mit Gewaltanwendung auf besondere Entscheidung des Gerichts, § 326 FamFG (hierzu Scheulen BtPrax 2022, 55);
- Mitwirkung bei vorläufigen Unterbringungsmaßnahmen und Unterbringungsmaßnahmen nach § 1867 BGB durch das Gericht, §§ 331, 334 FamFG;
- Äußerung vor Aufhebung einer Unterbringungsmaßnahme, § 330 S. 1 FamFG;
- Mitwirkung bei der Verlängerung von Unterbringungsmaßnahmen wie bei Erstmaßnahmen, § 329 Abs. 2 FamFG;
- Prüfung, ob Rechtsmittel gegen Unterbringungsentscheidungen oder deren Ablehnung oder Aufhebung eingelegt werden soll, § 335 Abs. 4 FamFG;
- Hinzuziehung der Behörde durch den Betreuer bei Abgabe des Vermögensverzeichnisses, Aufnahme eines Vermögensverzeichnisses auf Anordnung des Gerichts, § 1835 Abs. 3 und 5 BGB;
- Geltendmachung von Aufwendungsersatz- und Vergütungsansprüchen bei Bestellung eines Behördenbetreuers oder der Behörde, § 14 VBVG.

II. Örtliche Behörde

S. 2 stellt klar, dass als zuständige Behörde im Sinne anderer Vorschriften nach S. 1 stets die örtliche Behörde anzusehen ist (BT-Drs. 11/4528, 200). 2

Abschnitt 2. Anerkannte Betreuungsvereine

§ 14 Anerkennung

(1) **Ein rechtsfähiger Verein kann als Betreuungsverein anerkannt werden, wenn er gewährleistet, dass er**
1. **die Aufgaben nach den §§ 15 und 16 wahrnehmen wird,**
2. **eine ausreichende Zahl geeigneter Mitarbeiter hat und diese beaufsichtigen, weiterbilden und gegen Schäden, die diese anderen im Rahmen ihrer Tätigkeit zufügen können, angemessen versichern wird, und**
3. **einen Erfahrungsaustausch zwischen den Mitarbeitern ermöglicht.**

(2) [1]**Die Anerkennung gilt für das jeweilige Land; sie kann auf einzelne Landesteile beschränkt werden.** [2]**Sie kann unter Auflagen erteilt werden und ist widerruflich.**

(3) [1]**Das Nähere regelt das Landesrecht.** [2]**Es kann auch weitere Voraussetzungen für die Anerkennung vorsehen.**

Übersicht

I. Allgemein

1 Durch das 2. BtÄndG ist die Aufgabe (und Befugnis) der Betreuungsvereine gezielt auf Beratung von Vorsorgebevollmächtigten erweitert worden (Ergänzung von Abs. 1 Nr. 2, Abs. 4), durch das Gesetz zur Stärkung der Funktion der Betreuungsbehörde wird ab 1.7.2014 in Abs. 1 Nr. 2 ausdrücklich eine Unterstützungspflicht für Betreuer und Vorsorgebevollmächtigte statuiert. Mit dem Gesetz zur Reform des Vormundschafts- und Betreuungsrechts ist zur Qualitätssicherung des Ehrenamts für eine bessere Anbindung der ehrenamtlichen Betreuer eine schriftliche Vereinbarung zwischen Betreuungsverein und Ehrenamtler eingeführt worden. Die Beratung im Einzelfall ist auf Betroffene, Angehörige und sonstige Personen erweitert worden. Darüber hinaus ist zur Stärkung der Betreuungsvereine eine gesetzliche Finanzierungspflicht eingeführt worden, der Umgang mit Personendaten ist ebenfalls geregelt.

§ 14 ist in Anlehnung an den ehemaligen BGB § 1908f aF formuliert und in wesentlichen Teilen hierher übernommen worden. Die ursprünglich in § 1908f Abs. 1 S. 1 Nr. 2 und 2a und Abs. 4 BGB aF enthaltene Aufgabenbeschreibung findet sich in Abs. 1 Nummer 1 und durch Verweis in den §§ 15 und 16 wieder. Neu ist die Pflicht zur Vorhaltung von Beschäftigten, die zur Übernahme von Betreuungen zur Verfügung stehen müssen, § 16. Abs. 1 Nr. 2 übernimmt die bisher in § 1908f Abs. 1 Nrn. 1 und 3 BGB aF.

§ 1908f BGB aF stellte eine öffentlich-rechtliche Vorschrift mit engem Zusammenhang zu den privatrechtlichen Vorschriften des Betreuungsrechts dar, jedoch werden im Zuge der Reform weitere Regelungen mit öffentlich-rechtlichem Charakter eingeführt (die Rechtsstellung und Aufgaben der Betreuungsbehörden, des Betreuungsvereins und der rechtlichen Betreuer), so dass eine Neustrukturierung im BtOG sachgerecht ist, BT-Drs. 19/24445, 342.

Die strukturelle Einordnung der Regelungen (die Rechtsstellung und Aufgaben der Betreuungsbehörden, des Betreuungsvereins und der Betreuer) im BtOG stellen eine sachorientierte Neustrukturierung dar. Es handelt sich strukturell nicht um zivilrechtliche, sondern um öffentlich-rechtliche Rechtsverhältnisse, BT-Drs. 19/24445, 342. Neu ist die Regelung über die Zulässigkeit der Verarbeitung personenbezogener Daten, → BtOG § 18.

Die Vorschrift regelt die *Mindestvoraussetzungen* für die Anerkennung von Betreuungsvereinen. Die nun in §§ 15 und 16 aufgeführten gesetzlichen Pflichtaufgaben des Vereins gehören durch Bezugnahme weiterhin dazu und sind zu gewährleisten. Ausgenommen davon bleibt die in § 15 Abs. 3 enthaltene Befugnis zur Einzelfallberatung. Durch die explizite Regelung der Pflichtaufgaben (§§ 15, 16) wird die Doppelzuständigkeit (Führung von Betreuungen und Wahrnehmung der Querschnittsarbeit) der Betreuungsvereine hervorgehoben und deren öffentliche Bedeutung. Die Tätigkeit der Vereine entlastet die öffentlichen Träger vor Ort immens, vgl. BT-Drs. 19/24445, 361. Durch die Gesetzesreform werden die Anerkennungsvoraussetzungen und die Pflichtaufgaben der Betreuungsvereine getrennt (§§ 14, 15) und die Finanzierungspflicht der Länder in § 17 durch Bundesrecht (Novum) klar zum Ausdruck gebracht. Inhalt und Umfang der von den Betreuungsvereinen geleisteten Querschnittsarbeit sowie der Finanzierungsbedarf sollen deutlich werden. Sowohl haushaltsrechtliche Vorbehalte als auch Selbsterbringung der Leistung durch die Behörden dürften die Länder nicht berechtigen die Mittel zu kürzen oder abzulehnen, vgl. Fröschle/Pelkmann BtPrax 2020, 165 (166). 2

Das Vergütungsverbot des Betreuungsvereins ist aufgegeben worden und trägt zur Stärkung der Stellung des Betreuungsvereins bei. Die Bestellung des einzelnen *Vereinsmitarbeiters* (§ 1819 Abs. 3 BGB) oder *des Vereins* (§ 1818 Abs. 1 BGB) ist nun ohne negative Vergütungsfolgen möglich (§ 13 Abs. 1 VBVG). Im letzteren Fall soweit die Betreuungstätigkeit einer oder mehreren natürlichen Personen übertragen wird, die als Betreuer registriert sind (vgl. BT-Drs. 19/24445, 361). Demgegenüber wird keine Vergütung gezahlt, wenn die Übertragung der Betreuungstätigkeit auf eine ehrenamtliche für den Verein tätige Person erfolgt, vgl. BT-Drs. 19/24445, 361. § 15 schafft die Grundlagen für eine Vereinsorganisation, die diese Mitarbeiter auswählt, anleitet und überwacht, sowie die Betroffenen sichert. 3

§§ 15, 16, 17 sollen die Betreuungsvereine und das Ehrenamt in Qualität und Umfang sowie der ausdrücklichen Herausstellung der von öffentlichem Interesse übernommenen Betreuungstätigkeiten/-aufgaben und der unverzichtbaren Querschnittsarbeit stützen und gleichzeitig die Zielvorstellung zur „Stärkung der Betreuungsvereine" erfüllen, BT-Drs. 19/24445, 361. Sie sind die Grundlage für die Betreuungsvereine, die neben *Betreuungsbehörde* (§§ 5 ff. BtOG) und *Gericht* (§ 1861, BT-Drs. 19/24445, 297) die Eckpfeiler des Systems der *Gewinnung, Anleitung und Unterstützung* der ehrenamtlichen Betreuer sind, unter Berücksichtigung des Grundsatzes der Subsidiarität staatlichen Handelns. Die im öffentlichen Interesse wahrgenommenen Aufgaben der Betreuungsvereine sind nun mit einem Anspruch auf eine bedarfsgerechte finanzielle Ausstattung mit öffentlichen Mitteln gestärkt worden, BT-Drs. 19/24445, 146. 4

5 Die *Anerkennung* ist ein *Verwaltungsakt;* bei Ablehnung eines Antrags kann Verpflichtungsklage vor dem Verwaltungsgericht erhoben werden. Liegen die Voraussetzungen von Abs. 1 und die durch Landesrecht normierten Voraussetzungen vor, hat die zuständige Behörde entgegen dem Wortlaut („kann") *kein Ermessen,* sondern ist zur Anerkennung verpflichtet (BT-Drs. 11/4528, 157, Bienwald/Bienwald Betreuungsrecht Rn. 33).

Das *Übergangsrecht* (Art. 9 § 4 BtG) ist mit dem Bereinigungsgesetz vom 19.4.2006 (1. BMJBBG) weggefallen. Die gesetzliche Fiktion der Anerkennung für vor dem 1.1.1992 für geeignet erklärte Betreuungsvereine gilt weiterhin. Eine vorher ohne Einschränkungen erteilte Anerkennung ist jetzt widerruflich, Abs. 2 S. 2.

II. Anerkennungsvoraussetzungen

6 Die *Voraussetzungen* nach Abs. 1 müssen im Zeitpunkt der Anerkennung noch nicht vorliegen, sondern *für die Zukunft gewährleistet* sein (OVG Hamburg Beschl. v. 7.2.2000 – 2 Bs 425/99, BeckRS 2000, 17251). Anerkannt werden können nur „rechtsfähige Vereine". Gemeint sind Vereine, die in das Vereinsregister eingetragen sind, andere juristische Personen, zB eine GmbH bleiben unbeachtet (Brosey/Lesting/Loer/Marschner BetreuungsR Rn. 772). *Gemeinnützigkeit* ist nicht bundesrechtlich, wohl aber zumeist landesrechtlich Voraussetzung (vgl. Staudinger/Bienwald BGB, 2017, § 1908f Rn. 15 ff.). Nr. 1 setzt die Mindestanforderungen an die Aufgabenbereiche der beruflichen Mitarbeiter des Vereins, die vor allem Einzelfallbetreuung ausführen, Nr. 2 und 3 beschreiben die *Querschnittstätigkeit* des Vereins außerhalb der Einzelfallarbeit.

7 Abs. 1 Nr. 1 verweist auf die §§ 15, 16 und damit auf die nun gesondert aufgeführten Aufgaben des Betreuungsvereins. Die Trennung der Aufgaben von den Anerkennungsvoraussetzungen soll die Bedeutung der Tätigkeit der Betreuungsvereine sowie die einhergehende Entlastung der Betreuungsbehörden hervorheben. **Weitere Ausführungen dort.**

8 ***Abs. 1 Nr. 2* verlangt,** dass ein Betreuungsverein nicht nur ehrenamtlich Tätige zur Verfügung hat, sondern für die Betreuungs- und insbesondere die Querschnittsarbeit *professionelle Mitarbeiter* beschäftigt. Die Beschäftigung von Mitarbeitern (gemeint sind registrierte Betreuer) ist wesentlich, so dass dies nun auch gesetzlich festgeschrieben wurde (s. Kommentierung zu § 16). Sinnvoll ist es, wenn nicht jeder Mitarbeiter sowohl Einzelfallarbeit als auch Querschnittstätigkeit leistet, sondern wenn innerhalb des Vereins eine Spezialisierung stattfindet. Ein kontinuierliche Querschnittarbeit dürfte nur mit einer ausreichenden Anzahl an geeigneten Mitarbeitern gewährleistet werden können, gemeint sind hierbei hauptamtlich tätige Mitarbeiter (vgl. Brosey/Lesting/Loer/Marschner BetreuungsR Rn. 774). Es muss sich mithin um Angestellte des Vereins handeln. Von Einrichtungen bezahlte, dem Verein zur Verfügung gestellte Personen reichen nicht aus (vgl. OVG Münster Urt. v. 13.12.1999 – 16 A 5153/98, BeckRS 1999, 17637). Ein hauptamtlicher Teilzeitmitarbeiter allein reicht in keinem Fall aus (OVG Hamburg Beschl. v. 7.2.2000 – 2 Bs 425/99, BeckRS 2000, 17251).

9 Eine bestimmte *berufliche Qualifikation* ist wegen der vielseitigen Anforderungen an einen Betreuer nicht festgelegt (BT-Drs. 11/2548, 158). Eine staatliche Anerkennung als Sozialpädagoge oder Sozialarbeiter ist wohl die häufigste und auch in aller Regel empfehlenswerteste fachliche Ausbildung, die die Eignung des

Mitarbeiters indiziert. Psychologie und Rechtswissenschaft sind ebenfalls Ausbildungen, die eine Eignung für die professionelle Mitarbeit im Verein gewährleisten. Wegen der Anforderungen an Betreuungsvereine sollen diese besonders qualifiziertes Personal anstellen und für Betreuerbestellungen durch die Gerichte vorhalten – woraus aber auch Ansprüche auf eine angemessene Vergütung folgen (BVerfG BtPrax 2002, 35).

Die *Beaufsichtigung* der professionellen Mitarbeiter ist eine sehr wichtige Ver- **10**
pflichtung des Vereins, werden mit ihr doch ansonsten dem Gericht obliegende Aufgaben auf die Organe des Vereins verlagert. Bei der Bestellung des einzelnen Vereinsmitarbeiters zum Betreuer nach → § 1819 Abs. 3 BGB unterliegt dieser der Aufsicht durch das Betreuungsgericht (→ § 1862 BGB), wegen der Befreiung von bestimmten Genehmigungserfordernissen (→ § 1859 BGB) ist jedoch zum *Schutz des Betroffenen* ein vereinsinterner Ausgleich notwendig. Zudem obliegt dem Verein als Arbeitgeber oder Dienstherr in jedem Fall eine dienstliche Aufsicht. Diese ist vom Vorstand oder von ihm dazu beauftragten Personen zu leisten, wobei eine ausreichende Beaufsichtigung nur dann gewährleistet ist, wenn der Vorstand oder die Aufsichtspersonen eine entsprechende Qualifikation mitbringen und die Kontrollen regelmäßig und kontinuierlich erfolgen. Insbesondere bei einer Bestellung des Vereins als Institution und der Übertragung der Aufgabe auf einen Mitarbeiter ist interne Aufsicht sicherzustellen (vgl. insgesamt zur Aufsichtsproblematik, Bienwald/Sonnenfeld/Hoffmann/Bienwald, 6. Auflage, BGB § 1908f Rn. 49).

Bei einer Verletzung seiner Aufsichtspflicht haftet der Betreuungsverein, der nach → § 1818 Abs. 1 BGB zum Betreuer bestellt worden ist nach → § 1826 Abs. 3 BGB für das Verschulden der Mitarbeiter/des Mitglieds. Die Frage, ob eine Haftung des Betreuungsvereins neben dem Vereinsbetreuer, der als beruflicher Betreuer bestellt wurde, besteht, wird nun eindeutig verneint, vgl. BT-Drs. 19/24445, 260.

Die *Weiterbildung der Mitarbeiter* muss nicht vom Verein selbst geleistet werden, **11**
seine Mitarbeiter haben jedoch einen Anspruch auf Maßnahmen, die ihre beruflichen Kenntnisse nicht nur erhalten, sondern erweitern. Die Kosten trägt der Verein. Es handelt sich nicht um abrechenbare Aufwendungen im Einzelfall.

Der Verein hat die *Pflicht zum Abschluss einer angemessenen Versicherung* für die **12**
Mitarbeiter, da diese bei Verletzung der Pflichterfüllung haften (vgl. HK-BetreuungsR/Jurgeleit Rn. 21 f.). Gesetzlich nicht vorgeschrieben, wegen der Aufsichtspflichten und der möglichen Haftung bei der Führung von Vereinsbetreuungen aber äußerst empfehlenswert, ist eine Haftpflicht- und Vermögensschadenhaftpflichtversicherung des Vereins selbst.

Nach Abs. 1 Nr. 3 muss der Verein einen *Erfahrungsaustausch seiner Mitarbeiter* **13**
gewährleisten, wobei der Wortlaut nicht nur die professionellen Mitarbeiter, sondern auch die ehrenamtlichen Betreuer des Vereins einbezieht (BT-Drs. 11/4528, 158; weitergehend HK-BetreuungsR/Deinert/Walther Rn. 37 f.). Das Angebot eines Erfahrungsaustausches auch unter oder mit ehrenamtlichen Betreuern ist jedenfalls eine sozialpädagogisch sinnvolle und wünschenswerte Maßnahme. Durch den Erfahrungsaustausch wird die *Verschwiegenheitspflicht* der professionellen Mitarbeiter (§ 203 StGB) nicht verletzt, wenn dafür Sorge getragen wird, dass die Informationen nicht aus den Gesprächskreis hinausdringen (BT-Drs. 11/4528, 158; MüKoBGB/Schneider BGB, 8. Auflage, § 1908f Rn. 9; krit. dazu Staudinger/Bienwald BGB, 2017, 1908f Rn. 71, 72).

III. Die Anerkennung

14 Das *Anerkennungsverfahren* ist vor der durch Landesrecht für zuständig erklärten Behörde durchzuführen. Mit Ausnahme von Niedersachsen und Mecklenburg-Vorpommern ist dies regelmäßig die überörtliche Betreuungsbehörde. Die Anerkennung gilt für das *jeweilige Bundesland,* was bei kirchlichen Vereinen, deren Einzugsbereich mitunter nicht mit den Landesgrenzen übereinstimmt, zu Problemen führen kann. UU muss der Verein in mehreren Ländern seine Anerkennung betreiben (zum Verfahren → Rn. 5). Durch die Beschränkung der Anerkennung auf einzelne Landesteile kann eine gleichmäßige Versorgung angestrebt und eine unerwünschte Konzentration vermieden werden; ein ausnahmsloses Beschränken auf einen Verein je Bezirk kann aber auch bedenkliche Folgen haben (Bienwald/Bienwald BGB, 6. Auflage, § 1908f Rn. 74: Anerkennung für Landesteile sei zwecklos).

15 Nach Abs. 2 S. 2 kann die Anerkennung unter *Auflagen* erteilt werden. Ob die im Regierungsentwurf als Beispiel für eine Auflage genannte Nebenbestimmung, zusätzliches Personal einzustellen, zulässig ist, ist umstritten: Bienwald (3. Aufl. Rn. 54) hielt sie für unzulässig, Schwab (MüKoBGB/Schneider BGB, 8. Auflage, § 1908f Rn. 12) für zulässig. ME ist eine solche Auflage beispielsweise zulässig, wenn der Verein nicht die nach Bundesrecht oder Landesrecht vorgeschriebene Mindestzahl von Mitarbeitern aufweist zum Zeitpunkt des Anerkennungsverfahrens, mit der Auflage dies aber sichergestellt werden soll. Auflagen zu erteilen, dürfte bei der Anerkennung problematisch sein, da verwaltungsbehördlich dem Gericht obliegende Entscheidungen verlangt würden (krit. Bienwald/Sonnenfeld/Hoffmann/Bienwald, 6. Auflage, § 1908f Rn. 76).

16 Der nach Abs. 2 S. 2 zugelassene *Widerruf* kommt zB bei Einstellung der Vereinsaktivitäten, bei Vermögensverfall oder bei Wegfall der nach Abs. 1 Nr. 1 bis 3 notwendigen Anerkennungsvoraussetzungen in Betracht (BT-Drs. 11/4528, 158). Der Widerruf ist ein belastender Verwaltungsakt, der nach Durchführung eines Widerspruchverfahrens mit der Anfechtungsklage vor dem Verwaltungsgericht angefochten werden kann (vgl. VG Ansbach Urt. v. 5.3.2009 – 16 K 05.01103, BeckRS 2009, 46985).

IV. Landesrecht

17 Nach Abs. 3 sind Einzelheiten durch Landesrecht zu regeln, da der Bundesgesetzgeber nur Grundstrukturen vorgeben und den Ländern Ausgestaltungen nach ihren jeweiligen Vorstellungen und Besonderheiten überlassen wollte. Die Bundesländer haben von dieser Ermächtigung in ihren Landesausführungsgesetzen in unterschiedlichem Umfange Gebrauch gemacht (vgl. Winterstein BtPrax 1995, 194).

18 Sehr häufig wird verlangt, dass der Verein seinen Sitz und/oder seinen überwiegenden *Tätigkeitsbereich* im jeweiligen Bundesland hat oder jedenfalls überwiegend Personen aus dem Land betreut (Baden-Württemberg, Brandenburg, Bremen, Hamburg, Mecklenburg-Vorpommern, Niedersachsen, Saarland, Sachsen, Sachsen-Anhalt, Schleswig-Holstein) und der Verein seine *Gemeinnützigkeit* im Sinne des Steuerrechts nachweist (Baden-Württemberg, Brandenburg, Bremen, Hamburg, Mecklenburg-Vorpommern, Nordrhein-Westfalen, Rheinland-Pfalz, Saarland, Sachsen, Sachsen-Anhalt, Thüringen; in Niedersachsen und Schleswig-

Holstein ist dies Voraussetzung der finanziellen Förderung durch das Land). Auch an die *fachliche Arbeit* werden weitere Anerkennungsvoraussetzungen geknüpft, wenn etwa verlangt wird, dass die Vereinsarbeit nach Inhalt, Umfang und Dauer eine Anerkennung rechtfertigt (Baden-Württemberg, Hamburg, Mecklenburg-Vorpommern, Niedersachsen, Sachsen, Sachsen-Anhalt) oder von einer nach Ausbildung oder Berufserfahrung geeignete Persönlichkeit geleitet wird (Sachsen-Anhalt und Thüringen) und über persönlich und fachlich geeignete Mitarbeiter verfügt (Baden-Württemberg, Bremen, Hamburg, Nordrhein-Westfalen, Sachsen-Anhalt, Thüringen). In Anlehnung an § 1816 Abs. 6 BGB sollen in einigen Bundesländern die Mitarbeiter des Vereins nicht in einem *Abhängigkeitsverhältnis* oder in einer anderen engen *Beziehung zu Einrichtungen* stehen, in denen Betreute auf Dauer untergebracht sind oder wohnen (Bayern, Berlin, Brandenburg, Mecklenburg-Vorpommern, Rheinland-Pfalz, Saarland, Schleswig-Holstein, Thüringen). Baden-Württemberg und Sachsen-Anhalt verlangen, dass der Verein selbst nicht in einem solchen Verhältnis zu Einrichtungen steht, Bremen und Hamburg verlangen lediglich die Offenlegung solcher Verbindungen gegenüber dem Vormundschaftsgericht und der überörtlichen Betreuungsbehörde.

Um eine Kontrolle durch die zuständige Behörde zu ermöglichen, fordern einige Landesgesetze einen jährlichen (Bayern, Hamburg, Nordrhein-Westfalen) bzw. zweijährlichen (Saarland) *Tätigkeitsbericht,* der Auskunft über Zahl und Art der übernommenen Betreuungen und die Zahl der Mitarbeiter sowie die Kosten und Finanzierung der Vereinsarbeit geben soll (keine konkreten Anforderungen an den Tätigkeitsbericht enthält das Ausführungsgesetz Nordrhein-Westfalens). Teilweise wird auch lediglich Einblick der Betreuungsbehörde in Gesamthaushalt und Kassenlage (Niedersachsen) oder die Gewähr sachgerechter Mittelverwendung (Rheinland-Pfalz, Thüringen) gefordert. Schließlich wird die *Bereitschaft zur Zusammenarbeit* mit anderen, insbesondere Behörden, Institutionen und auch Privatpersonen, verlangt (Brandenburg, Hamburg). **19**

Die Anerkennung erfolgt nach den Landesausführungsgesetzen in der Regel durch die *überörtliche Betreuungsbehörde* (→ § 1 Abs. 2 BtOG), teilweise aber auch durch die örtlich zuständigen Mittelbehörden der Landesverwaltung (Hessen: Regierungspräsidium; Nordrhein-Westfalen: Landschaftsverbände), bzw. die Kommunen (Niedersachsen: Landkreise und kreisfreie Städte) oder das zuständige Landesministerium (Schleswig-Holstein: Ministerin oder Minister für Soziales, Gesundheit und Energie). **20**

Von der Möglichkeit, weitere *Verfahrensvorschriften* in den Ausführungsgesetzen zu erlassen, haben die Bundesländer nur sparsam Gebrauch gemacht. In Bremen wird vor einer Anerkennung den örtlichen Betreuungsbehörden Gelegenheit zur Stellungnahme gegeben, in Sachsen-Anhalt sollen die Landkreise und kreisfreien Städte gehört werden, in denen die Betreuungsvereine tätig werden wollen. In Hamburg kann die Anerkennung befristet werden, Niedersachsen sieht den Widerruf der Anerkennung vor, wenn der Verein die Voraussetzungen nicht mehr erfüllt oder seine Geschäfte nicht ordnungsgemäß führt, Thüringen ermächtigt den Verordnungsgeber, Landkreise und kreisfreie Städte zu beteiligen. **21**

§ 15 Aufgaben kraft Gesetzes

(1) [1]**Ein anerkannter Betreuungsverein hat**

1. planmäßig über allgemeine betreuungsrechtliche Fragen, Vorsorgevollmachten, Betreuungsverfügungen und Patientenverfügungen zu informieren,

2. sich planmäßig um die Gewinnung ehrenamtlicher Betreuer zu bemühen,
3. vom Betreuungsgericht bestellte ehrenamtliche Betreuer in ihre Aufgaben einzuführen, sie fortzubilden und sie bei der Wahrnehmung ihrer Aufgaben zu beraten und zu unterstützen,
4. mit ehrenamtlichen Betreuern eine Vereinbarung über eine Begleitung und Unterstützung im Sinne von Nummer 3 abzuschließen, sofern eine solche Vereinbarung nach § 22 Absatz 2 in Verbindung mit § 1816 Absatz 4 des Bürgerlichen Gesetzbuchs erforderlich ist oder von dem ehrenamtlichen Betreuer gewünscht wird, und
5. Bevollmächtigte bei der Wahrnehmung ihrer Aufgaben zu beraten und zu unterstützen.

[2]Der Betreuungsverein erteilt dem ehrenamtlichen Betreuer auf dessen Aufforderung Nachweise über die Teilnahme an Einführungs- und Fortbildungsveranstaltungen nach Satz 1 Nummer 3.

(2) **Eine Vereinbarung nach Absatz 1 Satz 1 Nummer 4 hat mindestens zu umfassen:**
1. die Verpflichtung des ehrenamtlichen Betreuers zur Teilnahme an einer Einführung über die Grundlagen der Betreuungsführung,
2. die Verpflichtung des ehrenamtlichen Betreuers zur regelmäßigen Teilnahme an Fortbildungen,
3. die Benennung eines Mitarbeiters des Betreuungsvereins als festen Ansprechpartner und
4. die Erklärung der Bereitschaft des Betreuungsvereins zur Übernahme einer Verhinderungsbetreuung nach § 1817 Absatz 4 des Bürgerlichen Gesetzbuchs.

(3) **[1]Anerkannte Betreuungsvereine können im Einzelfall Betroffene, Angehörige und sonstige Personen zu allgemeinen betreuungsrechtlichen Fragen, zu Vorsorgevollmachten und über andere Hilfen nach § 5 Absatz 1, bei denen kein Betreuer bestellt wird, beraten. [2]Dies umfasst auch eine Beratung bei der Errichtung einer Vorsorgevollmacht oder Betreuungsverfügung.**

I. Einleitung

1 Die als Anerkennungsvoraussetzungen enthaltenen Aufgaben aus § 1908f Abs. 1 Nrn. 2 und 2a BGB aF werden hier in einer getrennten Vorschrift geregelt und teilweise ausgeweitet (zB Informationen über Patientenverfügung) oder klargestellt. Neu ist, dass zwischen Verein und ehrenamtlichen Betreuern eine Vereinbarung über die Begleitung und Unterstützung abzuschließen ist. Ehrenamtliche Betreuer mit familiärer Beziehung oder persönlicher Bindung zum Betroffenen können auf Wunsch eine Vereinbarung abschließen, → § 22 Abs. 2.

II. Aufgaben

Die Aufgaben werden aus BGB § 1908f Abs. 1 Nrn. 2 und 2a aF übernommen, erweitert und übersichtlicher gegliedert.

1. Planmäßige Informationen

Abs. 1 Nr. 1 (vormals BGB § 1908f Abs. 1 Nr. 2a BGB aF) ist durch das Betreuungsrechtsänderungsgesetz ab 1.1.1999 eingefügt und hierher übernommen worden. Danach haben Betreuungsvereine planmäßig über *Vorsorgevollmachten und Betreuungsverfügungen* zu informieren. Dies soll ein Baustein bei den Bemühungen um Betreuungsvermeidung sein (vgl. BT-Drs. 13/7158, 50 f.). Dieser Baustein wird auf Patientenverfügung und allgemeine betreuungsrechtliche Fragen ausgeweitet, vgl. BT-Drs. 19/24445, 363. Nicht umfasst sind die Aufklärung und Beratung von medizinischen Fragen zur Erstellung einer Patientenverfügung, BT-Drs. 19/24445, 363. Betreuungsvereine haben Informationsmaterialien bereit und *allgemeine Informationsveranstaltungen* abzuhalten. Die Beratungspflichten sind an diejenigen der Betreuungsbehörden angelehnt und verdeutlicht den Entlastungscharakter, BT-Drs. 19/24445, 362. Betreuungsvereine dürfen nach Abs. 3 auch konkret im Einzelfall (rechtlich) beraten (→ Rn. 28). Ergänzt wird die Vorschrift durch § 5 Abs. 1, nach dem die örtliche Betreuungsbehörde eine entsprechende Pflicht zur Förderung der Aufklärung und Beratung über Vollmachten und Betreuungsverfügungen trifft. 2

Damit einher geht auch die Ausweitung der zu leistenden Querschnittsarbeit.

2. Gewinnung von ehrenamtlichen Betreuern und Bevollmächtigten, Einführung in die Aufgaben, Fortbildung, Beratung und Unterstützung

Abs. 1 Nrn. 2, 3 und 5 (vormals § 1908f Abs. 1 Nrn. 2 und 3 BGB aF) fordert zunächst das *planmäßige Bemühen* um die *Gewinnung ehrenamtlicher Betreuer.* Der ehrenamtliche Betreuer soll langfristig an und in den Verein gebunden/eingebunden werden. Dafür ist es notwendig, die ehrenamtlichen Betreuer langfristig bei der Wahrnehmung ihrer Aufgaben zu unterstützen. Unterstützung, Anleitung und Beratung sind nebeneinanderstehende Pflichten des Betreuungsvereins. Daneben bleibt auch das Beratungsangebot der Gerichte und Behörden frei wählbar (vgl. hierzu BT-Drs. 17/13419, 11). Damit soll das Ehrenamt gestärkt werden, jedoch handelt es sich bei den Ehrenamtlern nicht um Vereinsbetreuer iSd § 19 Abs. 2. Das bedeutet, dass einmalige Aktionen nicht ausreichend sind, sondern eine kontinuierliche Öffentlichkeitsarbeit und Werbung Bestandteil des Konzepts des Vereins sein müssen. Gleiches gilt für die Bevollmächtigten. 3

Die bisher bestehenden Aufgaben des Vereins, die ehrenamtlichen Betreuer eng zu begleiten, wurde konkretisiert und auf die vom Betreuungsgericht bestellten ehrenamtlichen Betreuer eingeschränkt. Der Verein hat die bestellten ehrenamtlichen Betreuer in ihre Aufgaben einzuführen, dh ein Mindestmaß an Kenntnissen, die für die Betreuung unerlässlich sind zu vermitteln (HK-BetreuungsR Rn. 7 f.). Die Beratung durch das Betreuungsgericht ist dagegen rudimentär und auf den Einzelfall beschränkt, BT-Drs. 19/24445, 297. Dieses dient der Klärung der Zielsetzung der konkreten Betreuung unter Beteiligung des Betreuten mit dem Hinweis auf die bestehenden Beratungs- und Unterstützungsangebote, → BGB § 1862 Abs. 2. Das Gespräch ist obligatorisch so weit der ehrenamtliche Betreuer noch keine Betreuungen geführt hat oder diese länger als zwei Jahre zurückliegen, → BGB § 1862 Abs. 2. Die vom Verein – oder subsidiär bzw. zusätzlich von der Betreuungsbehörde gem. BtOG § 6 – durchgeführten *Einführungsveranstaltungen* und Einzelgespräche sollen bei geworbenen oder sonstigen ehrenamtlichen 4

Betreuern allgemein die Grundlagen für die Betreuertätigkeit schaffen. Das Betreuungsgericht hat die Verpflichtung, bei der Einführung der Betreuer mitzuwirken, BT-Drs. 19/24445, 297. Das Betreuungsgericht hat im Rahmen der Entgegennahme des Anfangsbericht eine weitere Möglichkeit mit dem Betreuer und Betreuten im persönlichen Gespräch die Betreuungsmaßnahmen zu unterstützen, → BGB § 1862 Abs. 2 S. 2. Eine Mitwirkungspflicht der Rechtspfleger und Richter, als Referenten an Einführungsveranstaltungen teilzunehmen, sieht das Gesetz nicht vor (ausführlicher in der Vorauflage).

5 *Fortbildung* ehrenamtlicher Betreuer auf Kosten des Vereins dient ebenso wie die Weiterbildung der professionellen Mitarbeiter dazu, vertieft Kenntnisse und Fähigkeiten zu vermitteln, typische Probleme zu erörtern und so einen möglichst hohen sozialpädagogischen Standard zu erreichen (HK-BetreuungsR Rn. 9; Bienwald Betreuungsrecht Rn. 4), wobei es nicht darum geht, aus ehrenamtlichen Betreuern halbe berufliche Betreuer zu machen, sondern durchaus auch die Laiensicht zu akzeptieren.

6 Die in Absatz 1 Nr. 3 und 5 genannte *Unterstützungspflicht* gegenüber Betreuern und Bevollmächtigten beschränkt sich auf die vom Gericht bestellten ehrenamtlichen Betreuer und die *Vorsorgebevollmächtigten* (vgl. BT-Drs. 15/2994, 31). *Beratung* betrifft die Erörterung von Problemen im Einzelfall und ist vom Verein gegenüber den von ihm gewonnenen ehrenamtlichen Betreuern und Bevollmächtigten zu gewährleisten (HK-BetreuungsR Rn. 7). Die Beratung umfasst die verschiedenen Aspekte der Betreuung und Vorsorgevollmacht, also insbesondere soziale, psychologische, medizinische und rechtliche. Der Verein muss diese Beratung nicht notwendig durch eigenes Personal leisten, er kann auch Dienstleistungsverträge mit entsprechenden Spezialisten abschließen.

7 Im Gegensatz zur Betreuungsbehörde (§ 4 BtBG) traf den Verein bisher keine *Unterstützungspflicht* gegenüber den einzelnen Betreuern und Vorsorgebevollmächtigten (aA Bienwald/Harm/Bienwald Betreuungsrecht Rn. 12), aber eine Unterstützung wie die Hilfe beim Vollzug von Entscheidungen, das Abfassen von Anträgen, das Helfen bei Abrechnungen ist eine sinnvolle und dem Leitbild der organisierten Einzelbetreuung entsprechende Ergänzung des Angebots eines Vereins (Bienwald/Bienwald Betreuungsrecht Rn. 66). Daher wird Abs. 1 Nr. 2 ab 1.7.2014 nunmehr um diese Unterstützungspflicht gegenüber Betreuern und Bevollmächtigten erweitert. Damit soll insbesondere auch eine Hilfe für Vorsorgebevollmächtigte angeboten werden, die vielfach Familienangehörige sind. Insgesamt sollen ehrenamtliche Betreuer und Bevollmächtigte enger an das Netzwerk eines Betreuungsvereins herangebracht werden und möglichst eine dauerhafte Beratung und Hilfe erreicht werden (BT-Drs. 17/13419, 11; 19/24445, 363).

8 Der Verein erteilt dem ehrenamtlichen Betreuer Nachweise über die Teilnahme an Einführungs-/Fortbildungsveranstaltungen, soweit diese gefordert werden.

3. Vereinbarung mit ehrenamtlichen Betreuern

9 Abs. 1 Nr. 4 ist neu eingefügt worden. Hier wird eine Vereinbarung zwischen ehrenamtlichen Betreuern und dem Verein normiert, die konkrete Hinweise zur Begleitung und Unterstützung gemäß Abs. 1 Nr. 3 beinhaltet. Hierbei wird zwischen ehrenamtlichen Betreuern mit familiärer Beziehung oder Bindung zum Betroffenen und denjenigen ohne Beziehung/Bindung unterschieden. Letztere sind verpflichtet eine solche Vereinbarung einzugehen, wenn sie eine ehrenamtliche Betreuung übernehmen möchten, § 1816 Abs. 4 BGB, § 22 Abs. 2. Aus-

nahmsweise kann diese unterbleiben, wenn zB ein ehrenamtlicher Betreuer mit jahrelanger Erfahrung eingesetzt wird, BT-Drs. 19/24445, 239. Durch die enge Bindung an den Verein oder, falls dieser vor Ort nicht vorhanden ist, mit der Behörde (§ 5), wird eine kontinuierliche Qualitätsverbesserung der ehrenamtlichen Kräfte angestrebt, BT-Drs. 19/24445, 239. Im besten Fall müssen aufgrund dieser Vereinbarung auch schwierige Betreuungsfälle nicht an berufliche Betreuer übergeben werden, Vorrangigkeit des Ehrenamts, BT-Drs. 19/24445, 239.

Der Mindestinhalt ergibt sich aus Abs. 2 Nr. 1–4. Hierbei werden Einführungsveranstaltungen zu Betreuungsgrundlagen und regelmäßige Teilnahme an Fortbildungsveranstaltungen festgeschrieben. Hier oder in Abs. 1 Nr. 3 hätte auch die jährliche Anzahl an solchen Veranstaltungen bestimmt werden können. Darüber hinaus wird eine feste Bezugsperson als Ansprechpartner benannt. Damit kann zum einen eine vertrauenswürdige Zusammenarbeit entstehen, ohne dass sich der Ehrenamtler immer wieder auf neue Gesprächspartner einlassen muss und zum anderen kann sich der Ehrenamtler darauf verlassen, dass der feste Ansprechpartner seinen Betreuungsfall bereits kennt. Damit werden Kontaktaufnahme erleichtert und Hemmschwellen können abgebaut werden, vgl. BT-Drs. 19/24445, 364. 10

Weitere Erleichterung für die ehrenamtlichen Betreuer ist die Sicherheit der Unterstützung durch erklärte Übernahmebereitschaft des Vereins im Verhinderungsfall, zB im Urlaubsfall.

Damit wird die Unterstützung und Qualitätssicherung für die Betreuungsführung durch ehrenamtliche Betreuer um einen wichtigen Baustein ergänzt. Soweit die Betreuungsvereine in der Vergangenheit als beratend und unterstützend den ehrenamtlichen Betreuern zur Seite standen, wird durch diese ergänzenden Maßnahmen eine gefestigte Struktur geschaffen, die die Aufgaben des Vereins nochmals verbindlicher werden lässt.

Die anderen ehrenamtliche Betreuer (Familienangehörige/andere nahestehende Person) können auf Wunsch eine solche Vereinbarung eingehen. Die durch die Vereinbarung zu erreichende Qualitätssicherung wird hier unter Umständen nicht alle hier gemeinten ehrenamtlichen Betreuer erreichen. Aufgrund der aufgeworfenen Problematiken (Informationsdefizite, nicht Inanspruchnahme der Beratung und Unterstützung durch die Vereine, BT-Drs. 19/24445, 238) wird es womöglich zwei Klassen von Betreuten geben. Es ist fraglich, ob dieser Weg an dieser Stelle richtig ist. 11

III. Einzelfallberatung bei Vorsorgevollmacht

Die vormals in BGB § 1908f Abs. 4 eingeführte *Befugnis zur Einzelfallberatung* bei Vorsorgevollmachten wird um weitere individuelle Beratungsbefugnisse sowie den beratungsbedürftigen Personenkreis erweitert. Ratsuchende Bürger wollen nach allgemeinen Informationsabenden bei ihrem ganz persönlichen Problem im Gespräch mit Vereinsmitarbeitern eine konkrete Antwort, keinen Verweis auf einen Rechtsanwalt, Notar oder eine Behörde. Um Betreuungsvereine nicht in ein Spannungsfeld zu unerlaubter Rechtsberatung zu bringen, ist nunmehr klargestellt, dass Vereine diese individuelle Beratung bei Vorsorgevollmachten durchführen dürfen. Es darf sowohl im konkreten Betreuungsfall als auch Angehörige und sonstige Personen zu allgemeinen betreuungsrechtlichen Fragen, Vorsorgevollmachten und über andere Hilfen nach § 5 beraten werden. Dies soll dazu beitragen, dass Bürger vermehrt konkrete Schritte zur Errichtung einer Vorsorgevoll- 12 macht unternehmen und nicht nach der Einführungsinformation wegen des Weiterverweisens an andere Institutionen das Interesse verlieren. Bei komplexen Rechtsfragen werden Vereine entweder selbst Rechtsanwälte zu Rate ziehen oder an Anwälte oder Notare verweisen. Für die Beratung durch den Verein kommt es nicht darauf an, ob die Vorsorgevollmacht wirksam ist (Bienwald/Bienwald Betreuungsrecht Rn. 70); dies kann der Verein zunächst im Allgemeinen nicht erkennen. Der Verein ist auch nicht verpflichtet, bei problematischen Vollmachten oder Verhalten des Bevollmächtigten dem Betreuungsgericht Mitteilung zu machen (Bienwald/Bienwald Rn. 71). Gleiches gilt für die Betreuungsverfügung.

Da es sich um eine freiwillige Aufgabe handelt, dürfen die Betreuungsvereine ein Entgelt verlangen (BT-Drs. 19/24445, 364; 15/2494, 31).

§ 16 Aufgaben kraft gerichtlicher Bestellung

Ein anerkannter Betreuungsverein ist verpflichtet, Mitarbeiter zu beschäftigen, die für die Übernahme von Betreuungen zur Verfügung stehen.

1 Die Vorschrift ist neu eingeführt worden. Verpflichtend hat der anerkannte Betreuungsverein Mitarbeiter zu beschäftigen, die Betreuungen beruflich führen können oder Personen, denen der Verein eine Betreuung überträgt (→ §§ 1818, 1817 Abs. 4 BGB). Es geht somit um registrierte Betreuer, s. § 19 Abs. 2. Die Vorschrift korrespondiert mit → §§ 14 Abs. 1. Nrn. 2 und 3, 15 Abs. 2 Nr. 4. Eine Anzahl von Mindestmitarbeitern ist nicht genannt. Es muss jedoch sichergestellt sein, dass der Verein durch den Einsatz registrierter Vereinsbetreuer Erfahrung aus der Betreuungsarbeit für die Querschnittsarbeit nutzbar machen kann, BT-Drs. 19/24445, 364. Die registrierten Vereinsbetreuer können in der Querschnittsarbeit eingesetzt werden oder Betreuungen führen, BT-Drs. 19/24445, 364. Es bleibt dem Verein überlassen, hier eine gute Regelung für den Einsatz der Mitarbeiter zu finden.

2 Die gesetzliche Verpflichtung Mitarbeiter zu beschäftigen, gewährleistet die Verbindung zwischen Haupt- und Ehrenamt zu festigen, Querschnittsarbeit zu leisten und Qualitätssicherung. Dies ist aufgrund der vielschichtigen Aufgaben des Betreuungsvereins auch nötig. Es sei nur beispielhaft auf → § 15 Abs. 2 und die dortige Vereinbarungspflicht zwischen ehrenamtlichen Betreuern und dem Betreuungsverein genannt.

3 Problematisch könnte es sein, dass die ehrenamtlichen Betreuer mit familiärem Bezug oder einer besonderen persönlichen Bindung nicht verpflichtet sind, eine Vereinbarung zu schließen. Zum einen haben diese Betreuer zwar erhöhte Kenntnisse über den Betreuten hinsichtlich seiner Wünsche und die Bereitschaft eines erhöhten persönlichen Zeit-/Müheaufwandes, zum anderen liegt aber auch ein niedrigeres Informations- und Kennntisniveau im Hinblick auf das erforderliche Wissen über rechtliche Betreuungen und die bestehenden Beratungs-/Begleitungs- und Fortbildungsangebote vor, BT-Drs. 19/24445, 144. Hier wird es für den Verein womöglich problematisch, diesen Personenkreis, der lediglich auf Wunsch eine Beratung oder Vereinbarung einzugehen braucht, entsprechend in die Querschnittsarbeit einzubinden bzw. ausreichend Personal vorzuhalten, um diese Aufgabe mit abzubilden. Es muss darauf geachtet werden, dass diese ehrenamtlichen Betreuer nicht zu kurz kommen. Aus diesem Grund müssen die Betreuungsvereine hier aktiv werden und den Kontakt suchen, § 10.

§ 17 Finanzielle Ausstattung

[1]Anerkannte Betreuungsvereine haben Anspruch auf eine bedarfsgerechte finanzielle Ausstattung mit öffentlichen Mitteln zur Wahrnehmung der ihnen nach § 15 Absatz 1 obliegenden Aufgaben. [2]Das Nähere regelt das Landesrecht.

Die ausdrückliche Regelung, dass anerkannte Betreuungsvereine finanziell aus- 1
gestattet werden sollen, ist ein Novum. Es wird festgelegt, dass anerkannte Betreuungsvereine öffentliche Mittel für die Wahrnehmung der in § 15 Abs. 1 genannten Aufgaben erhalten. Neben der Führung schwieriger Betreuungen gewährleisten sie die Querschnittsarbeit zur Stärkung des Ehrenamtes (BT Drs. 19/24445, 361). Aus den Handlungsempfehlungen ergibt sich, dass ua die Betreuungsvereine zur Bewältigung der Aufgaben personell und sachlich besser ausgestattet werden müssen, damit Betreuungen und Querschnittsarbeit geleistet werden kann (BT Drs. 19/24445, 121). Gleichzeitig sollen die Betreuungsvereine gestärkt werden, BT-Drs. 19/24445, 361. Negativ ist jedoch, dass diese Vorschrift keine Anspruchsgrundlage darstellt, OVG Lüneburg (s. BtPrax 2025, 142).

Damit die Querschnittsarbeit gesichert werden kann, wurde den anerkannten 2
Betreuungsvereinen auferlegt, Personal für die Übernahme von Betreuungen zur Verfügung zu stellen (§ 16). Zur Unterstützung der ehrenamtlichen Betreuer muss der Verein die Bereitschaft erklären, Verhinderungsbetreuung zu übernehmen (→ § 15 Abs. 2 Ziff. 4). Dazu kommen u.a. Einführungs- und Fortbildungsveranstaltungen, Beratung und Gewinnung ehrenamtlicher Betreuer (vgl. → § 15). Diese gesetzlichen Forderungen bedürfen einer entsprechenden personellen Ausstattung und Finanzierung.

Die Finanzierung obliegt den Ländern. Die Landesförderung kann unmittelbar (Landeshaushalt), über die Behörden oder aus einer Kombination aus beidem erfolgen. S. auch → BtOG § 14 Rn. 2. Nehmen die Länder keine Regelung vor, ist eine Unterstützung nicht möglich (siehe OGV Lüneburg, BtPrax 2025, 142). S. 1 dieser Vorschrift enthält keine Anspruchsgrundlage, sondern lediglich einen „guten Willen" (siehe OGV Lüneburg, BtPrax 2025, 142).

Die Voraussetzungen der Finanzierung ergeben sich aus den landesrechtlichen Gesetzen oder Verwaltungsvorschriften. Bayern, Berlin, Bremen, Hamburg, NRW, Rh-Pfl. sind Gesetze und für BW und SH sind Verwaltungsvorschriften erlassen worden.

Eine Anordnung einer vorläufigen Finanzierung des Betreuungsvereins erscheint möglich soweit durchgreifende Gründe genannt werden (OVG Bautzen BtPrax 2024, 72).

§ 18 Verarbeitung personenbezogener Daten durch den Verein

(1) **Die Verarbeitung personenbezogener Daten einschließlich besonderer Kategorien personenbezogener Daten nach Artikel 9 der Verordnung (EU) 2016/679 durch den anerkannten Betreuungsverein ist zulässig, soweit sie zur Erfüllung der ihm nach § 15 Absatz 1 und § 16 obliegenden Aufgaben erforderlich ist.**

(2) **§ 4 Absatz 1 Satz 2 und 3 sowie Absatz 2 gilt entsprechend.**

1 Der bisher in der Literatur bemängelte und weitestgehend unklar geregelte Umgang mit Personendaten hat dazu geführt, dass die ehrenamtlichen Betreuer zu einem großen Anteil keine Regelungen mit den Betreuten getroffen haben.

Mit § 18 wird die bereichsspezifische Rechtsgrundlage für die Verarbeitung von personenbezogenen Daten einschließlich besonderer Kategorien personenbezogener Daten nach Art. 9 der Datenschutz-Grundverordnung durch den anerkannten Betreuungsverein geschaffen. Die anerkannten Betreuungsvereine dürfen sowohl die Personendaten der Beschäftigten, Mitglieder etc. (Art. 6 Abs. 1b und f DGVO) als auch die Personendaten der Betreuten verarbeiten. Zum einen erfordert die Erfüllung der in §§ 15 Abs. 1, 16 genannten Aufgaben die Heranziehung der Personendaten (Art. 6 Abs. 1 lit. C DGVO), aber auch die Wahrnehmung der den anerkannten Betreuungsvereinen gesetzlich zugewiesenen Aufgaben setzen diese voraus (Art. 6 Abs. 1 lit. e DGVO; BT-Drs. 19/24445, 365).

2 **Abs. 1** entspricht § 4. Zur Erfüllung der dem anerkannten Betreuungsverein obliegenden Aufgaben (§§ 15 Abs. 1, 16) ist die Verarbeitung von Personendaten zulässig. Für den durch das Betreuungsgericht bestellten Vereinsbetreuer gilt § 20 Abs. 1 und 2. Das Gleiche gilt für Personen, denen der anerkannte Betreuungsverein die Wahrnehmung der Betreuung übertragen hat (§ 20 Abs. 3).

3 **Abs. 2** regelt unter Verweis auf § 4 Abs. 1 S. 2 und 3 sowie Abs. 2 die Personaldatendirekterhebung sowie Ausnahmen zu den Informationspflichten. In Anwendung des § 4 Abs. 2 Nr. 1 BtOG-E ist dabei auf die den Betreuungsvereinen nach den §§ 15 und 16 obliegenden Aufgaben abzustellen.

Abschnitt 3. Rechtliche Betreuer

Titel 1. Allgemeine Vorschriften

§ 19 Begriffsbestimmung

(1) [1]Ehrenamtliche Betreuer sind natürliche Personen, die außerhalb einer beruflichen Tätigkeit rechtliche Betreuungen führen. [2]Ehrenamtliche Betreuer können sowohl Personen, die familiäre Beziehungen oder persönliche Bindungen zum Betroffenen haben, als auch andere Personen sein.

(2) Berufliche Betreuer sind natürliche Personen, die selbständig oder als Mitarbeiter eines anerkannten Betreuungsvereins rechtliche Betreuungen führen und nach § 24 registriert sind oder nach § 32 Absatz 1 Satz 6 als vorläufig registriert gelten.

Die Vorschrift enthält zwei Legaldefinitionen und findet im früheren BtBG vor dem 1.1.2023 kein Äquivalent. Abs. 1 dient der Klarstellung, Abs. 2 ist für die Vergütung relevant; der Vergütungsanspruch ergibt sich aus § 7 Abs. 1 VBVG. Zu den Ehrenamtlichen → §§ 21, 22; zu den beruflichen → §§ 23–30 (ausführlich Schnellenbach/Normann-Scheerer/Giers/Thielke BetreuungsR-HdB Rn. 27 ff.; HK-BUR/Deinert § 19).

I. Ehrenamtliche Betreuer (Abs. 1)

Die ausdrückliche Benennung der ehrenamtlichen Betreuer soll zunächst deren 1
Bedeutung hervorheben. Ihre Definition erfolgt in Abgrenzung zur beruflich geführten Betreuung und stellt klar, dass nur natürliche Personen gemeint sind. Nach § 1817 Abs. 5 BGB soll vorrangig ein ehrenamtlicher Betreuer bestellt werden. Die ehrenamtliche Betreuungsführung ist weiterhin das betreuungsrechtliche **Leitbild** (BT-Drs. 19/24445, 365). Mangels verlässlicher Statistiken kann die Verteilung derzeit nur geschätzt werden. Der Anteil der ehrenamtlich geführten Betreuungen ist von ca. 70 % im Jahre 1999 auf ca. 50 % gesunken. Ca. 45 % sind Familienangehörige, ca. 5 % andere, die sog. Fremdbetreuer. Der Anteil geht weiter zurück, ist regional allerdings sehr unterschiedlich. Wenn das Gesetz von ehrenamtlichen spricht, sind beide Gruppen gemeint. In manchen Vorschriften wird ausdrücklich differenziert, wenn nur die eine Gruppe gemeint sein soll, zB § 22 Abs. 2; §§ 1816 Abs. 4, 1863 Abs. 2 BGB. Zur Gruppe der Betreuer mit einem persönlichen Näheverhältnis gehören nicht nur Personen, die in einem Verwandtschafts- oder Angehörigenverhältnis zum Betreuten stehen. Das **persönliche Näheverhältnis** bezieht auch solche ehrenamtlichen Betreuer mit ein, die das Näheverhältnis durch eine Freundschaft oder längere Bekanntschaft, zum Beispiel als Lebensgefährten, Nachbarn etc, aufgebaut haben. Der Unterschied zu den ehrenamtlichen Fremdbetreuern liegt darin, dass schon **vor** der Betreuerbestellung eine persönliche Beziehung zur betreuten Person bestand. Es ist mitunter notwendig, zwischen Betreuern mit einem persönlichen Angehörigen- oder Näheverhältnis zum Betroffenen und ehrenamtlichen Betreuern, die außerhalb

eines persönlichen Näheverhältnisses bestellt werden, zu differenzieren, weil diesen Betreuungsarten unterschiedliche Motivationen und Qualitäten innewohnen, die in unterschiedliche Anforderungen und Voraussetzungen zur Wahrnehmung des Betreueramts münden. Die Familienangehörigen oder die mit persönlicher Bindung führen von ihrem Selbstverständnis her kein Ehrenamt, sondern kümmern sich um ihre unterstützungsbedürftigen Angehörigen oder nahestehenden Personen. Sie wollen in der Regel kein gemeinnütziges Ehrenamt übernehmen, sondern benötigen die Bestellung zum Betreuer nur, um mit diesem Instrument die rechtlichen Angelegenheiten ihrer Angehörigen oder nahestehenden Personen erledigen zu können, weil keine Vollmacht (mehr) erteilt werden kann. Im allgemeinen Sprachgebrauch werden daher häufig nur die „echten" Fremdbetreuer als ehrenamtliche verstanden. Diese Differenzierung bildet S. 2 ab und stellt damit auch klar, dass selbstverständlich auch ein Familienangehöriger, der eine Betreuung für einen Angehörigen übernimmt, ein Ehrenamt ausübt und als ehrenamtlicher Betreuer Zugang zu sämtlichen **Unterstützungsangeboten,** insbesondere denen der Betreuungsvereine, hat; sowie einen Anspruch auf Aufwendungsersatz. Anderseits ist er aber auch an die Pflichten eines Betreuers gebunden.

2 Wenn auch die Motivation beider Gruppen unterschiedlich ist, werden sie in Abgrenzung zur beruflichen Betreuung gemeinsam definiert. Sie sind aber keine „unprofessionellen" Betreuer zweiter Klasse (BT-Drs. 19/24445, 365). Die besondere Qualität der ehrenamtlichen Betreuung liegt zum einen bei Betreuern, die eine familiäre Beziehung oder eine persönliche Bindung unabhängig von ihrer Betreuerbestellung bereits haben und mit der Betreuungsübernahme vertiefen, und zum anderen bei denen, die zuvor nicht in einem persönlichen Näheverhältnis zum Betroffenen stehen, in dem besonderen **persönlichen Engagement** für eine unterstützungsbedürftige Person. Beide Gruppen sind, wie auch die beruflichen Betreuer, an die Vorgaben des Betreuungsrechts gebunden und haben insbesondere das Selbstbestimmungsrecht der betreuten Person zu wahren. Um sowohl der Bedeutung des Ehrenamts gerecht zu werden als auch die Regelungen zu bündeln, die ausschließlich diese Betreuergruppe betreffen, wurden durch das Reformgesetz neben den allgemeinen, jeden Betreuer betreffenden Regelungen explizite Regelungen für ehrenamtliche Betreuer eingefügt. Die empirischen Ergebnisse des Forschungsvorhabens „Qualität in der rechtlichen Betreuung" aus dem Vorfeld der Reformdiskussion haben nämlich zum Teil gravierende **Qualitätsdefizite** bei der ehrenamtlichen Betreuung deutlich werden lassen. Zum einen wurde ein niedriges Informations- und Kenntnisniveau im Hinblick auf die rechtlichen Anforderungen an einen Betreuer, eine unzureichende Inanspruchnahme von Beratungs-, Begleitungs- und Fortbildungsangeboten sowie Mängel bei der praktischen Umsetzung des Gebots der „unterstützten Entscheidungsfindung" im Rahmen der Betreuungsführung festgestellt (Matta/Engels/Brosey Abschlussbericht, zB Handlungsempfehlungen 45 und 46; Doornick BtPrax 2020, 18). Daher werden nunmehr Eignungsanforderungen auch an ehrenamtliche Betreuer ausdrücklich gesetzlich aufgestellt (§ 21) sowie eine bessere Anbindung an Betreuungsvereine (§ 22), s. auch §§ 10, 12 Abs. 1 S. 3, 15 Abs. 1 Nr. 4 (BT-Drs. 19/24445, 144; HK-BUR/Deinert Rn. 6 ff.). Enge persönliche Beziehungen zwischen dem Betreuer und der betreuten Person können eine Betreuung erleichtern, andererseits aber auch eine allein am Willen der Betreuten orientierte Amtsführung nach § 1821 BGB erschweren, wenn dem Betreuer die nötige Distanz oder die Fähigkeit zum **Rollenwechsel** fehlt. Ein zu enges Eltern-Kind-Verhältnis kann die Stärkung der Selbstbestimmung des behinderten, erwachsen

werdenden „Kindes" erschweren (Brosey/Lesting/Loer/Marschner BetreuungsR-HdB Rn. 98; Hafke BtPrax 2021, 19). Rechtliche Betreuung ist nicht die Fortsetzung des elterlichen Sorgerechts. Die Begleitung durch einen Betreuungsverein kann helfen (zum Ehrenamt Engel BtPrax 2020, 197; Christl FamRZ 2021, 81; Schnellenbach/Normann-Scheerer/Giers/Thielke BetreuungsR-HdB Rn. 28–39).

II. Berufliche Betreuer (Abs. 2)

Die Anzahl der beruflich geführten Betreuungen hat seit Bestehen des Betreuungsrechts 1992 stetig zugenommen, und zwar deutlich mehr als erwartet. Mangels Statistik kann die Anzahl beruflicher Betreuer nur geschätzt werden. Nach dem Ergebnis der Qualitätsstudie dürften es etwa 16.000 sein (Matta ua BtPrax 2018, 3). Die Berufsbetreuung hat sich damit als unverzichtbare Säule des Betreuungswesens etabliert. Ein klares anerkanntes Berufsbild gab es bis 2023 jedoch nicht. Zur Sicherstellung eines einheitlichen Mindeststandards der beruflichen Betreuung wurde daher mit der Reform durch §§ 23, 24 und der BtRegV ein formales **Registrierungsverfahren** für berufliche Betreuer eingeführt, in dem sie persönliche und fachliche Mindesteignungsvoraussetzungen nachweisen müssen. **Allein die Registrierung** durch die Betreuungsbehörde ist entscheidend für eine berufliche Tätigkeit und damit für einen **Vergütungsanspruch.** Eine Erwähnung im Bestellungsbeschluss ist nach § 286 Abs. 1 Nr. 2 und 4 FamFG, also nach einer Verfahrensvorschrift, zwar weiterhin erforderlich, hat aber keine konstitutive Wirkung mehr. Wird sie versehentlich vergessen, hat der registrierte Betreuer dennoch einen Vergütungsanspruch. 3

Berufliche Betreuer werden als natürliche Personen definiert, die nach den genannten Vorschriften registriert sind. Die Übergangsnorm in § 32 Abs. 1 S. 6 dürfte inzwischen nicht mehr relevant sein. Unter die Definition fallen sowohl solche, die selbständig Betreuungen führen als auch solche, die als angestellte beruflich tätige **Mitarbeiter eines anerkannten Betreuungsvereins** Betreuungen führen. Folglich können zB Rechtsanwälte nur dann als berufliche Betreuer mit einem Vergütungsanspruch tätig sein, wenn sie durch die Betreuungsbehörde registriert sind (BT-Drs. 19/24445, 366). Für einen beruflichen Mitarbeiter eines anerkannten Betreuungsvereins hat der Verein denselben Vergütungsanspruch wie ein selbständig Tätiger. Daher ist es sachgerecht, diese beiden Betreuergruppen gleichzustellen und beide als berufliche Betreuer zu bezeichnen. Um Vereinen zu ermöglichen, auch Mitarbeiter zu beschäftigen, die sich erst noch registrieren lassen müssen, sieht § 23 Abs. 4 eine Erleichterung bei der Registrierung und § 13 Abs. 1 S. 3 VBVG eine Sonderregelung für die Vergütung vor. Nicht unter die Definition fallen hingegen **Mitarbeiter von Betreuungsbehörden.** Diese sind ein Betreuertyp sui generis (BR-Drs. 564/20, 499); eine Einbeziehung in das Registrierungsverfahren ist wegen des Fachkräftegebots in § 3 und der ohnehin nicht vorgesehenen Vergütung nach dem VBVG (jedenfalls soweit sie als Behördenbetreuer bestellt sind) nicht erforderlich. Die Registrierung einer Person als beruflicher Betreuer schließt es im Übrigen nicht aus, dass diese im Einzelfall eine Betreuung ehrenamtlich führt (zB für einen Familienangehörigen), wenn dies im Sinne der Begriffsbestimmung in Abs. 1 außerhalb ihrer beruflichen Tätigkeit geschieht. Auf diese Betreuungsführung finden dann die Vorschriften über Vergütung und Aufwendungsersatz des ehrenamtlichen Betreuers gemäß §§ 1876 ff. 4

BGB Anwendung. Es ist also weiterhin möglich, dass registrierte Betreuer einzelne Betreuungen ehrenamtlich weiterführen, wenn der Betreuungsbedarf erheblich gesunken ist und ein anderer ehrenamtlicher Betreuer zur Verfügung stünde.

§ 20 Verarbeitung personenbezogener Daten durch den Betreuer

(1) **Die Verarbeitung personenbezogener Daten einschließlich besonderer Kategorien personenbezogener Daten nach Artikel 9 der Verordnung (EU) 2016/679 durch den Betreuer ist zulässig, soweit sie zur Erfüllung seiner Aufgaben nach den §§ 1814 bis 1881 des Bürgerlichen Gesetzbuchs erforderlich ist.**

(2) **§ 4 Absatz 1 Satz 2 und 3 sowie Absatz 2 gilt entsprechend.**

(3) **Die Absätze 1 und 2 gelten auch für Personen, denen der anerkannte Betreuungsverein oder die Behörde die Wahrnehmung der Betreuung nach § 1818 Absatz 2 und 4 Satz 2 des Bürgerlichen Gesetzbuchs übertragen hat.**

I. Vorbemerkung

1 Zweck des Datenschutzes ist der Schutz vor Eingriffen in das Recht auf informationelle Selbstbestimmung nach Art. 2 Abs. 1 iVm Art. 1 Abs. 1 GG (BVerfG NJW 1984, 419), das auch der betreuten Person zusteht. Die europäische Datenschutzgrundverordnung (DSGVO) bildet die rechtliche Grundlage (→ BtOG § 4 Rn. 2). Zur Datenverarbeitung gehören die Erhebung und die Übermittlung personenbezogener Daten. Es gilt der Grundsatz des **Verbots der Datenverarbeitung mit Erlaubnisvorbehalt.** Erlaubt ist die Verarbeitung, wenn die Einwilligung des Betroffenen vorliegt oder gesetzlich geregelte Erlaubnistatbestände vorliegen. Da betreute Menschen möglicherweise nicht in der Lage sind, rechtlich wirksam eine Einwilligung zu erteilen, bedarf es einer gesetzlichen Grundlage für den Betreuer (Grundlegendes zum Datenschutz → BtOG § 4 Rn. 1 ff.; Deinert BtPrax 2019, 19).

Die mit der Reform eingeführte Vorschrift hat eine eigene bereichsspezifische Rechtsgrundlage für die Verarbeitung von personenbezogenen Daten einschließlich besonderer Kategorien personenbezogener Daten nach Art. 9 DSGVO durch den Betreuer geschaffen. Davor galten für Betreuer seit Inkrafttreten der Datenschutzverordnung die allgemeinen Regelungen, ohne dass sie gesondert genannt wurden (zur Einführung siehe BT-Drs. 19/24445, 366; HK-BUR/Deinert Rn. 1 ff.).

Soweit der Betreuer im Rahmen seines Aufgabenkreises bei der Besorgung der rechtlichen Angelegenheiten des Betreuten tätig ist, bildet Art. 6 Abs. 1c DSGVO den insoweit einschlägigen Erlaubnistatbestand. Soweit er im Zusammenhang mit rein zivilrechtlichen Tätigkeiten befasst ist, die außerhalb der Kernaufgaben der Ausübung der rechtlichen Betreuung anfallen, wie etwa die Geltendmachung oder Abwehr von eigenen Haftungsansprüchen, sind die Erlaubnistatbestände des Art. 6 Abs. 1b und f DSGVO heranzuziehen.

Das datenschutzrechtlich relevante Handeln von Betreuern im Rahmen der eigentlichen Betreuertätigkeit ist zulässig, da die Erfüllung der den Betreuern durch das Betreuungsrecht bei der Ausübung der Betreuungsführung zugewiesenen Pflichten die Verarbeitung der personenbezogenen Daten der Betreuten bzw. von Dritten **zwingend voraussetzt.** Auch ehrenamtliche Betreuer, die familiäre

Beziehungen oder persönliche Bindungen zum Betreuten haben, sind nicht generell von den Vorschriften des Datenschutzes ausgeschlossen. Die neu geschaffene Norm gilt daher für alle Betreuer.

II. Datenverarbeitung nach Abs. 1

Die Vorschrift für die Betreuer entspricht in Struktur und Ausgestaltung der Rechtsgrundlage für die Betreuungsbehörde in **§ 4** (s. daher → § 4). Die Verarbeitung durch den Betreuer ist zulässig, soweit sie **zur Erfüllung seiner Aufgaben nach den §§ 1814 bis 1881 BGB erforderlich** ist. Dabei kommt in den Grenzen dieser Zweckbestimmung die Verarbeitung von personenbezogenen Daten des Betreuten sowie von Dritten in Betracht (BT-Drs. 19/24445, 367). **2**

Der Betreuer benötigt daher weder von seinem Betreuten eine Einwilligung zur Erhebung und Verwaltung seiner Daten noch eine ausdrückliche Befugnis durch das Gericht. Im Rahmen seines Aufgabenkreises darf er Daten des Betreuten, soweit erforderlich, einholen und an Dritte weitergeben, zB bei der Beantragung von Sozialleistungen. Im Innenverhältnis ist er selbstverständlich gem. § 1821 BGB an die Wünsche des Betreuten gebunden. Dies gilt auch für besonders schutzwürdige Daten nach Art. 9 DSGVO, da das Betreuungsrecht als Recht des Sozialschutzes nach Art. 9 Abs. 2 Nr. b DSGVO einzuordnen ist. Problematischer sind die **Daten Dritter,** sog. Fremddaten. Soweit bei der Antragstellung auch die finanzielle Situation von Angehörigen mitzuteilen ist, bedarf es der Einwilligung dieser Personen zur Speicherung und Weitergabe. Ansonsten müssten die Daten von dieser Person direkt eingereicht werden.

Im Übrigen bestehen Verpflichtungen zur Information des Betreuten, soweit möglich, über die Verarbeitung der ihn und Dritte betreffenden Daten nach Art. 13 und 14 DSGVO und zur Erstellung eines Verfahrensverzeichnisses nach Art. 30 DSGVO.

Nicht geklärt ist die Frage, wie lange der Betreuer die Daten auch nach Beendigung der Betreuung **speichern** darf, da seine Befugnis endet. Damit werden die Daten des Betreuten zu Fremddaten und es entsteht nach Art. 17 DSGVO eigentlich das Recht auf Löschung („Recht auf Vergessen"), das vom Betroffenen selbst, dem nachfolgenden Betreuer oder den Erben geltend gemacht werden kann. Solange jedoch eine Haftung des Betreuers noch möglich ist, dürfte gem. Abs. 3e die Speicherung zur Geltendmachung, Ausübung oder Verteidigung von Rechtsansprüchen erlaubt sein.

Bei der Art der Verwaltung und Speicherung der Daten ist Art. 28 DSGVO zu beachten, wenn sie durch einen externen Anbieter erfolgt. Die technischen und organisatorischen Schutzmaßnahmen sind sicherzustellen. Die Übersendung unverschlüsselter Informationen, insbesondere von ärztlichen Zeugnissen, per E-Mail sollte unterbleiben (s. insgesamt Spieker BtPrax 2018, 63; Deinert BtPrax 2019, 19; Deinert/Lütgens/Meier Haftung des Betreuers HdB Rn. 438 ff.).

III. Verweis auf die Datenverarbeitung durch die Behörde (Abs. 2)

Die für die Behörde geltenden Regelungen zum Direkterhebungsgrundsatz sowie zu den Ausnahmen von den Informationspflichten in § 4 Abs. 1 S. 2 und **3**

3 sowie Abs. 2 sind auf die Datenverarbeitung **durch Betreuer entsprechend anzuwenden.** Damit können **alle Betreuer** unter den dort genannten Voraussetzungen von den ergänzend zu den bereits in der DSGVO vorgesehenen Ausnahmen auch von den in § 4 Abs. 2 geregelten Ausnahmen von den Informationspflichten umfassend Gebrauch machen (→ BtOG § 4 Rn. 4 ff.). Entsprechend heißt, es ist dabei auf die Aufgaben eines Betreuers nach den §§ 1814 bis 1881 BGB abzustellen.

IV. Geltung für Vereins- und Behördenbetreuer (Abs. 3)

4 Durch Abs. 3 ist klargestellt, dass die Regelungen auch für solche Personen gelten, denen ein anerkannter Betreuungsverein oder eine Betreuungsbehörde die Wahrnehmung der Betreuung nach § 1818 Abs. 2 bzw. Abs. 4 BGB übertragen hat, also nicht unmittelbar durch das Gericht bestellt sind, aber ebenfalls die Daten der Betreuten verarbeiten.

Titel 2. Ehrenamtliche Betreuer

§ 21 Voraussetzung für eine ehrenamtliche Tätigkeit

(1) [1]**Voraussetzung für die Führung einer Betreuung als ehrenamtlicher Betreuer ist die persönliche Eignung und Zuverlässigkeit. [2]§ 23 Absatz 2 Nummer 1, 2 und 4 gilt entsprechend.**

(2) [1]**Eine Person, die erstmalig zum ehrenamtlichen Betreuer bestellt werden soll, hat vor ihrer Bestellung zur Feststellung ihrer persönlichen Eignung und Zuverlässigkeit der zuständigen Behörde ein Führungszeugnis nach § 30 Absatz 5 des Bundeszentralregistergesetzes und eine Auskunft aus dem zentralen Schuldnerverzeichnis nach § 882b der Zivilprozessordnung vorzulegen, die jeweils nicht älter als drei Monate sein sollen. [2]Die Pflicht zur Vorlage einer Auskunft aus dem zentralen Schuldnerverzeichnis entfällt, wenn die zuständige Behörde die Auskunft nach § 882f Absatz 1 Satz 1 Nummer 2 der Zivilprozessordnung selbst einholt. [3]Satz 1 gilt nicht, sofern die Person im Wege der einstweiligen Anordnung nach den §§ 300 und 301 des Gesetzes über das Verfahren in Familiensachen und in den Angelegenheiten der freiwilligen Gerichtsbarkeit zum vorläufigen Betreuer bestellt wird.**

(3) **Absatz 2 gilt entsprechend, wenn eine Person, die bereits als ehrenamtlicher Betreuer bestellt ist oder war, in einem oder mehreren weiteren Verfahren zum ehrenamtlichen Betreuer bestellt werden soll und das Führungszeugnis und die Auskunft aus dem zentralen Schuldnerverzeichnis nach Absatz 2 Satz 1 zum Zeitpunkt des Betreuervorschlags nach § 12 Absatz 1 älter als drei Jahre sind.**

I. Einführung

1 Durch das Reformgesetz wurden erstmals spezifische Regelungen für ehrenamtliche Betreuer eingeführt. Mit Wirkung zum 1.1.2024 wurde die ursprüngli-

che Formulierung geringfügig geändert und ergänzt. Im vorangegangenen Diskussionsprozess bestand große Einigkeit, dass die ehrenamtliche Betreuung im System der rechtlichen Betreuung ein unverzichtbares Element des Erwachsenenschutzes bildet und dass dies gleichermaßen auch für den Vorrang des Ehrenamts gilt (→ BtOG § 19 Rn. 2; grdl. BT-Drs. 19/24445, 368; Schnellenbach/Normann-Scheerer/Giers/Thielke BetreuungsR-HdB Rn. 28 ff.; HK-BUR/Plitzko; Engel BtPrax 2020, 197). Auch wenn der Anteil der ehrenamtlichen Betreuungen an der Gesamtzahl der Betreuungen seit Jahren stetig zurückgeht (mangels verlässlicher Daten geschätzt weniger als 50 %), ist sie weiterhin das politisch gewollte Leitbild. Die **besondere Qualität** der ehrenamtlichen Betreuung liegt bei Betreuern mit einer familiären Beziehung oder einer persönlichen Bindung zum Betreuten in dem bei Übernahme der Betreuung bereits bestehenden Näheverhältnis, das in aller Regel auf Seiten des Betreuers mit vertieften Kenntnissen über die persönlichen Wünsche, Vorstellungen und Präferenzen des Betreuten sowie der Bereitschaft zu einem erhöhten persönlichen Zeit- und Müheeinsatz verbunden ist. Angehörige und nahestehende Personen kümmern sich nicht, weil sie Betreuer sind, sondern sie sind Betreuer geworden, weil sie das Instrument benötigen, um sich effektiv kümmern zu können. Bei den sogenannten ehrenamtlichen Fremdbetreuern (→ BtOG § 19 Rn. 1) resultiert die spezifische Qualität aus dem besonderen persönlichen Engagement für eine unterstützungsbedürftige Person, ein klassisches Ehrenamt mit besonders hoher Verantwortung. Beide Ausgangssituationen können eine geeignete Grundlage für eine gelingende, zugewandte und am Selbstbestimmungsrecht der Betreuten orientierte Betreuungsführung darstellen. Allerdings haben die empirischen Ergebnisse des Forschungsvorhabens „Qualität in der rechtlichen Betreuung" auch zum Teil gravierende **Qualitätsdefizite** bei der ehrenamtlichen Betreuung deutlich gemacht (s. Abschlussbericht; Matta ua BtPrax 2018, 3). Diese bestehen u.a. in einem **niedrigeren Informations- und Kenntnisniveau** im Hinblick auf die rechtlichen Anforderungen an eine Betreuung, in einer unzureichenden Inanspruchnahme von Beratungs-, Begleitungs- und Fortbildungsangeboten sowie insbesondere in Mängeln bei der praktischen Umsetzung des Gebots der „unterstützten Entscheidungsfindung" im Rahmen der Betreuungsführung (BT-Drs. 19/24449, 144; van Doornick BtPrax 2020, 18).

Mit dem Reformgesetz soll zum einen angesichts des kontinuierlich zurückgehenden Anteils der ehrenamtlichen Betreuer diese zumindest stabilisiert bzw. durch Steigerung der Attraktivität erhöht und zum anderen die Qualität der ehrenamtlichen Betreuung nachhaltig verbessert werden. Es bestand insoweit Einigkeit darüber, dass eine qualifizierte und konstante Beratung und Unterstützung von ehrenamtlichen Betreuern essenzielle Grundbedingungen sowohl für die Gewinnung geeigneter ehrenamtlicher Betreuer als auch für die Sicherung einer guten, an den Vorgaben des Art. 12 Abs. 3 UN-BRK orientierten Qualität der ehrenamtlichen Betreuungsführung bilden. Eine Qualitätssteigerung soll in erster Linie durch eine **verbesserte Beratung und Begleitung** bei der Betreuungsausübung, insbesondere durch die Betreuungsvereine, erzielt werden, siehe § 22.

II. Persönliche Eignung und Zuverlässigkeit (Abs. 1)

Die Übernahme eines Betreueramtes setzt auch bei den ehrenamtlichen Betreuern die persönliche Eignung und Zuverlässigkeit voraus. Deren Vorliegen sollte **2** die **Betreuungsbehörde** schon bei ihrem Betreuervorschlags nach § 12 prüfen und im Rahmen ihrer Sozialberichterstattung dem Gericht, das die Auswahlentscheidung im jeweiligen Betreuungsverfahren zu treffen hat, mitteilen. Die Entscheidung trifft allerdings das Gericht.

Die persönliche Eignung umfasst insbesondere auch die Bereitschaft des Betreuers, die Betreuungsführung nach den in **§ 1821 BGB** bestimmten gesetzlichen Vorgaben auszurichten, insbesondere die Wünsche des Betreuten festzustellen und umzusetzen sowie den Vorrang der Unterstützung vor einem stellvertretenden Handeln zu beachten. Gerade eine enge persönliche Beziehung zwischen dem Betreuer und der betreuten Person kann zwar einerseits die Betreuung erleichtern, andererseits aber auch eine allein am Willen der Betreuten orientierte Amtsführung nach § 1821 BGB erschweren, wenn dem Betreuer die nötige Distanz oder die Fähigkeit zum Rollenwechsel fehlt. ZB kann ein zu enges **Eltern-Kind-Verhältnis** die Stärkung der Selbstbestimmung erschweren (Brosey/Lesting/Loer/Marschner BetreuungsR-HdB Rn. 98; Hafke BtPrax 2021, 19). Rechtliche Betreuung ist nicht die Fortsetzung des elterlichen Sorgerechts für erwachsene Menschen mit Behinderungen. Es besteht die Gefahr, immer schon zu wissen, was gut ist für die betreute Person.

Besondere Fachkenntnisse oder betreuungsrechtliche Vorkenntnisse sind dagegen keine Voraussetzung für die Übernahme einer ehrenamtlichen Betreuung. Dennoch erfordert die Betreuertätigkeit oftmals Kenntnisse des örtlichen Unterstützungssystems und der einschlägigen sozialrechtlichen Leistungsträger und -erbringer. Auch ein ehrenamtlicher Betreuer muss die Bereitschaft haben, sich hiermit vertraut zu machen, bei Bedarf auf Beratungs- und Fortbildungsangebote zurückzugreifen und mit den entsprechenden Akteuren zusammenzuarbeiten. Neben einer **fachlichen Eignung** ist die **soziale Kompetenz** des ehrenamtlichen Betreuers Voraussetzung einer persönlichen Eignung. Diese umfasst „die Fähigkeit zur Selbstreflexion, Frustrationstoleranz, Wertschätzung, Konfliktfähigkeit, Rollenbewusstsein, Durchsetzungsvermögen, Empathie- und Kommunikationsfähigkeit und die Fähigkeit des Zuhörens sowie Kooperationsbereitschaft und die Fähigkeit zur kritischen Distanz zu sich selbst und anderen" so die Gesetzesbegründung in BT-Drs. 19/24445, 368.

3 Die Verweisung in **S. 2** auf § 23 und die beruflichen Betreuer konkretisiert, dass die entsprechende **Zuverlässigkeit** nicht besitzt, wer mit einem einschlägigen Berufsverbot belegt ist, wer in den letzten drei Jahren vor Aufnahme der Tätigkeit als Betreuer wegen eines Verbrechens oder eines vorsätzlich begangenen, für die Ausübung einer Betreuung relevanten Vergehens rechtskräftig verurteilt worden ist, oder wer in ungeordneten Vermögensverhältnissen lebt. Wer sein eigenes Vermögen nicht verwalten kann, sollte keine Verantwortung für andere übernehmen; dies zeigt sich zB durch die Eröffnung eines Insolvenzverfahrens oder die Eintragung in das vom Vollstreckungsgericht zu führende Verzeichnis. „In der Regel" bedeutet, dass es im Einzelfall auch begründete Ausnahmen geben kann, insbesondere bei Angehörigen, wenn nicht zu erwarten ist, dass sich die Unzuverlässigkeit in irgendeiner Form auf die Betreuungsführung auswirken wird, ggf. sind dieser Person nur einzelne Aufgabenbereiche zu übertragen.

Da die Länder für die ehrenamtlichen Betreuer eine **Sammelhaftpflichtversicherung** abschließen, bedarf es insoweit – anders als in § 23 Abs. 1 Nr. 3 für berufliche Betreuer – keiner Regelung. Es steht dem Gericht im Einzelfall weiterhin frei, den Betreuer zum Abschluss einer weiteren Versicherung zu verpflichten, um einen größeren Schaden abzudecken.

III. Führungszeugnis und Auszug aus dem Schuldnerverzeichnis (Abs. 2 und 3)

Alle ehrenamtlichen Betreuer haben der Betreuungsbehörde einmalig vor ihrer ersten Bestellung ein **Führungszeugnis** nach § 30 Abs. 5 des Bundeszentralregistergesetzes (BZRG) vorzulegen. Aus Datenschutzgründen sollten diese selbst den Antrag auf Erteilung eines Behördenführungszeugnisses stellen, nur mit ihrer ausdrücklichen Zustimmung darf es aber auch die Behörde, was das Verfahren häufig erleichtert. Der Antrag kann gemäß § 30c BZRG auch elektronisch beim Bundesamt für Justiz in Bonn gestellt werden. Die Betreuungsbehörde kann jedoch ausnahmsweise auch gemäß § 31 BZRG ohne Mitwirkung des Betreuers eine Auskunft über die Daten erhalten, wenn dieser der Aufforderung nicht nachkommt. Das kommt auch in Betracht, wenn zB später Eignungszweifel aufkommen, die zu seiner Entlassung führen könnten (BT-Drs. 19/24445, 368). Die Einholung des Führungszeugnisses ist im JVKostG mit der Reform **gebührenfrei** gestellt worden. 4

Darüber hinaus ist ein Auszug aus dem **Schuldnerverzeichnis** nach § 882b ZPO vorzulegen. Die Norm wurde diesbezüglich zur Erleichterung für potenzielle ehrenamtliche Betreuer um den S. 2 nachträglich ergänzt (BGBl. 2023 I 391), in Kraft getreten am 1.1.2024, um bürokratische Hürden abzubauen (BT-Drs. 20/8864, 17; Schnellenbach/Normann-Scheerer/Giers/Thielke BetreuungsR-HdB Rn. 31). Die Zustimmung der zum ehrenamtlichen Betreuer zu bestellenden Person ist für die Einsicht in das Schuldnerverzeichnis nicht erforderlich. Die Einsicht erfolgt online durch elektronische Übersendung eines einheitlich strukturierten Datensatzes. Da es sich bei der Führung des Schuldnerverzeichnisses um eine Angelegenheit der Justizverwaltung handelt (§ 882h ZPO), fallen keine Gerichtskosten an, evtl. geringe Gebühren nach den Landesjustizverwaltungskostengesetzen, ca. 4,50 EUR je Datensatz. Das Ergebnis der Auskunft wird mit dem Betreuervorschlag dem Betreuungsgericht mitgeteilt (§ 12 Abs. 3). Sollte sich das gesamte Bestellungsverfahren dadurch verzögern, kann beides nachgereicht werden. Die Vorlage eines Führungszeugnisses und eines Auszugs aus dem Schuldnerverzeichnis ist nach S. 3 nicht sofort erforderlich, wenn die Betreuerbestellung zunächst vorläufig erfolgt. Wird der Betreuer im Anschluss im Hauptsacheverfahren bestellt, sind die entsprechenden Nachweise jedoch nachträglich zu erbringen.

Anders als bei beruflichen Betreuern wird allerdings darauf verzichtet, deren Vorliegen während der **laufenden Betreuung** in regelmäßigen Abständen erneut behördlich zu überprüfen, da der wiederholte Nachweis die ehrenamtlichen Betreuer übermäßig belasten würde. Das Gericht hat im weiteren Verlauf über die Aufsicht für eine hinreichende Kontrolle dieser Anforderungen Sorge zu tragen.

Abs. 3 wurde ebenfalls nachträglich ergänzt (BGBl. 2023 I 391; BT-Drs. 20/8864, 18), in Kraft getreten am 1.1.2024 und regelt die Vorlagepflicht für beide Zeugnisse, wenn ein bereits bestellter ehrenamtlicher Betreuer in einem oder mehreren **weiteren** Betreuungsverfahren bestellt werden soll. Die Vorlage aktueller Zeugnisse ist dann erforderlich, wenn beide Dokumente zum Zeitpunkt des Betreuervorschlags nach § 12 Abs. 1 älter als drei Jahre sind. Die Frist entspricht der Frist, die für berufliche Betreuer nach § 25 Abs. 3 für die Vorlage eines erneuten Nachweises in laufenden Betreuungen gilt. 5

§ 22 Abschluss einer Vereinbarung über Begleitung und Unterstützung

(1) **Ein ehrenamtlicher Betreuer kann eine Vereinbarung über eine Begleitung und Unterstützung nach § 15 Absatz 1 Satz 1 Nummer 4 mit einem anerkannten Betreuungsverein oder hilfsweise nach § 5 Absatz 2 Satz 3 mit der zuständigen Behörde abschließen.**

(2) **Eine Person, die ehrenamtlich Betreuungen führen möchte und keine familiäre Beziehung oder persönliche Bindung zum Betroffenen hat, soll vor ihrer ersten Bestellung als ehrenamtlicher Betreuer eine Vereinbarung nach Absatz 1 abschließen.**

I. Einführung

1 Vor dem Hintergrund sinkender Zahlen und festgestellter Qualitätsmängel in der ehrenamtlichen Betreuung (→ BtOG § 19 Rn. 2) waren im Vorfeld der Reform verschiedene Möglichkeiten diskutiert worden, wie dem kontinuierlich zurückgehenden Anteil der ehrenamtlichen Betreuer begegnet und die Qualität nachhaltig verbessert werden kann. Gesetzlich verankert ist nun eine qualifizierte und konstante **Beratung und Unterstützung** von ehrenamtlichen Betreuern in erster Linie durch eine verbesserte Anbindung an die **Betreuungsvereine.** Die Aufgabe ist den Betreuungsvereinen nach § 15 Abs. 1 S. 1 Nr. 4 als gesetzliche Aufgabe zugewiesen und darüber hinaus Anerkennungsvoraussetzung nach § 14 Abs. 1 Nr. 1; die Finanzierung der Querschnittstätigkeit ist in § 17 geregelt. Was die Vereinbarung inhaltlich mindestens zu umfassen hat, ist in § 15 Abs. 2 geregelt (→ BtOG § 15 Rn. 10). Es geht um eine **kompetente und konstante Begleitung** von ehrenamtlichen Betreuern während der Betreuungsführung durch Schulungen und Beratung sowie sonstige individuelle Unterstützung bei konkreten Fragen (BT-Drs. 19/24445, 145; Schnellenbach/Normann-Scheerer/Giers/Thielke BetreuungsR-HdB Rn. 34; HK-BUR/Plitzko Rn. 1 ff.; Engel BtPrax 2020, 197). Die ehrenamtlichen Betreuer sollen zudem im Verein einen **festen Ansprechpartner** haben. Im Rahmen der Vereinbarung soll auch die Übernahme einer **Verhinderungsbetreuung** durch den Betreuungsverein geregelt werden.

Eine solche Anbindung wäre sicherlich für alle ehrenamtlichen Betreuer grundsätzlich wünschenswert. Der Gesetzgeber hat aber davon abgesehen, sie für Betreuer aus dem Umfeld des Betreuten zur Verpflichtung zu machen. Nur die sog. ehrenamtlichen „Fremdbetreuer" sollen eine solche Vereinbarung abschließen – und zwar schon vor der ersten Bestellung. Den übrigen ist sie anzubieten. Gezwungen werden könne niemand (so Fröschle/Pelkmann BtPrax 2020, 165).

Als Modell einer engeren Anbindung ist auch die Führung der Betreuung durch eine ehrenamtlich für den Verein tätige Person nach § 1818 Abs. 2 BGB möglich (BT-Drs. 19/24445, 369).

Falls ein Betreuungsverein vor Ort nicht vorhanden ist oder der Betreuer Gründe hat, mit diesem keine Vereinbarung schließen zu wollen, hat hilfsweise die Betreuungsbehörde gem. § 5 Abs. 2 S. 3 eine solche zu schließen.

Ob die Neuregelungen zu den genannten Zielen führen, muss die Praxis zeigen, die insbesondere von den (finanziellen) Rahmenbedingungen der Vereine abhängt. Die Entwicklung scheint regional unterschiedlich zu sein.

II. Begleitung von Angehörigenbetreuern (Abs. 1)

Die „Kann“ Regelung in Abs. 1 bedeutet, dass allen ehrenamtlichen Betreuern, 2
also auch denjenigen, die ausschließlich für eine angehörige Person bestellt sind, die Möglichkeit einer solchen Vereinbarung angeboten werden muss. Die Vereine sind verpflichtet, eine solche Vereinbarung anzubieten, ansonsten würden sie ihre Anerkennung verlieren – durch Widerruf, s. § 14 Abs. 2 S. 2 (→ BtOG § 14 Rn. 15). Im Gesetzgebungsverfahren hat sich die Forderung, eine solche Vereinbarung für alle ehrenamtlichen Betreuer obligatorisch vorzusehen, nicht durchgesetzt (Schnellenbach/Normann-Scheerer/Giers/Thielke BetreuungsR-HdB Rn. 35; Engel BtPrax 2020, 197 (198); HK-BUR/Plitzko Rn. 10 ff.).

Die Vereinbarung mit angehörigen Betreuern aus dem Näheverhältnis wird in der Regel **nach deren Bestellung** geschlossen, da anders als bei den Fremdbetreuern ein Kontakt zur betreuten Person schon vorher besteht. Um auch diesen ehrenamtlichen Betreuern gezielt Beratungs- und Unterstützungsangebote zu unterbreiten, soll, auch wenn von dem Angebot der Anbindung kein Gebrauch gemacht wird, eine Weitergabe personenbezogener Daten an den Betreuungsverein nach **§ 10** erfolgen. Zudem soll auch im Rahmen des **Verpflichtungsgesprächs** durch das Gericht auf die örtlichen Beratungsangebote hingewiesen werden (§ 1861 Abs. 2 BGB). Zwar wurde auf eine verpflichtende Anbindung dieses Betreuerkreises verzichtet, eine Heranführen an die Angebote der Betreuungsvereine ist aber ausdrücklich gewünscht, um die Qualität weiter zu verbessern und um die Betreuer in der Ausübung ihres Amtes so zu unterstützen, dass sie es möglichst lange ausüben können und auch in schwierigen Situationen ein Wechsel auf einen beruflichen Betreuer vermieden werden kann.

Das Fortbildungsangebot soll Grundkenntnisse der Betreuungsführung, insbesondere auch hinsichtlich der Nutzung einer „unterstützten Entscheidungsfindung“ (van Doornick BtPrax 2020, 18), sowie die Voraussetzungen wie Vermeidung von freiheitsentziehenden Unterbringungen vermitteln. Wichtiges Thema ist die Abgrenzung der Angehörigenrolle von der Rolle als Betreuer.

III. Vereinbarung mit Fremdbetreuern (Abs. 2)

Für Betreuer, die außerhalb des persönlichen Näheverhältnisses ehrenamtlich 3
Betreuungen führen, wird eine laufende Beratung und Unterstützung durch eine **Soll-Anbindung** an einen Betreuungsverein sichergestellt. Die Regelung korrespondiert mit § 1816 Abs. 4 BGB, wonach ein Betreuer außerhalb des persönlichen Näheverhältnisses nur dann zum Betreuer bestellt werden soll, wenn er eine entsprechende Vereinbarung abgeschlossen hat. Hier erfolgt die Anbindung an den Verein also **vor der ersten Bestellung** (BT-Drs. 19/24445, 370) und ist grundsätzlich obligatorisch (HK-BUR/Plitzko Rn. 14). Nur wenn besondere Gründe vorliegen, darf auf eine Vereinbarung als Voraussetzung für die Bestellung verzichtet werden. Dies kann zum Beispiel der Fall sein, wenn der ehrenamtlich tätige Betreuer aufgrund seiner vorherigen oder aktuellen beruflichen Tätigkeit eine besondere Sachkunde für die Führung der Betreuung aufweist. Ehrenamtliche Betreuer, die bei Inkrafttreten des Reformgesetzes bereits mehrere Betreuungen geführt haben, sind demnach zu einer Vereinbarung nicht zwingend verpflichtet, sie sollte aber auch ihnen nahe gelegt werden.

Der Verein hat in der Regel mit der Person, die zukünftig ehrenamtliche Betreuungen führen möchte, bereits Kontakt, bevor das Gericht deren Eignung geprüft hat. Wenn der Verein Zweifel an der Eignung hat, sollte er diese vor Abschluss der Vereinbarung mit der Betreuungsbehörde besprechen (anders Fröschle/Pelkmann BtPrax 2020, 165, die vom Verein eine Eignungsprüfung erwarten).

Titel 3. Berufliche Betreuer

§ 23 Registrierungsvoraussetzungen; Verordnungsermächtigung

(1) **Voraussetzungen für eine Registrierung als beruflicher Betreuer sind:**

1. **die persönliche Eignung und Zuverlässigkeit,**
2. **eine ausreichende Sachkunde für die Tätigkeit als beruflicher Betreuer und**
3. **eine Berufshaftpflichtversicherung zur Deckung der sich aus der Berufstätigkeit ergebenden Haftpflichtgefahren für Vermögensschäden mit einer Mindestversicherungssumme von 250 000 Euro für jeden Versicherungsfall und von 1 Million Euro für alle Versicherungsfälle eines Versicherungsjahres.**

(2) **Die nach Absatz 1 Nummer 1 erforderliche Zuverlässigkeit fehlt in der Regel, wenn**

1. **die Person hinsichtlich der Tätigkeit als beruflicher Betreuer einem Berufsverbot nach § 70 des Strafgesetzbuchs oder einem vorläufigen Berufsverbot nach § 132a der Strafprozessordnung unterliegt,**
2. **die Person in den letzten drei Jahren vor Stellung des Registrierungsantrags wegen eines Verbrechens oder eines vorsätzlich begangenen, für die Führung einer Betreuung relevanten Vergehens rechtskräftig verurteilt worden ist,**
3. **in den letzten drei Jahren vor der Antragstellung eine Registrierung nach § 27 widerrufen worden ist oder**
4. **die Vermögensverhältnisse der Person ungeordnet sind, was in der Regel der Fall ist, wenn über das Vermögen der Person das Insolvenzverfahren eröffnet worden oder sie in das vom zentralen Vollstreckungsgericht zu führende Schuldnerverzeichnis (§ 882b der Zivilprozessordnung) eingetragen ist.**

(3) [1]**Die nach Absatz 1 Nummer 2 erforderliche Sachkunde ist gegenüber der Stammbehörde durch Unterlagen nachzuweisen.** [2]**Sie hat zu umfassen:**

1. **Kenntnisse des Betreuungs- und Unterbringungsrechts, des dazugehörigen Verfahrensrechts sowie auf den Gebieten der Personen- und Vermögenssorge,**
2. **Kenntnisse des sozialrechtlichen Unterstützungssystems und**
3. **Kenntnisse der Kommunikation mit Personen mit Erkrankungen und Behinderungen und von Methoden zur Unterstützung bei der Entscheidungsfindung.**

(4) [1]**Ist die Person, die eine Registrierung als beruflicher Betreuer beantragt, Mitarbeiter eines nach § 14 anerkannten Betreuungsvereins oder legt sie eine Anstellungszusage eines anerkannten Betreuungsvereins vor und kann sie zum Zeitpunkt der Antragstellung das Vorliegen der Sachkunde nicht vollständig, aber in wesentlichen Teilen nachweisen, kann die Stammbehörde die Person als beruflicher Betreuer registrieren, wenn**
1. **die Voraussetzungen für die Registrierung nach Absatz 1 Nummer 1 und 3 vorliegen und**
2. **der Betreuungsverein sicherstellt, dass die Person bis zum vollständigen Nachweis ihrer Sachkunde durch einen Mitarbeiter, der als beruflicher Betreuer registriert ist, bei den von ihr geführten Betreuungen angeleitet und kontrolliert wird.**

[2]**Die Sachkunde ist gegenüber der Stammbehörde bis zum Ablauf eines Jahres ab Registrierung vollständig nachzuweisen.** [3]**Die Behörde kann die Frist für die Erbringung des Nachweises verlängern, wenn die registrierte Person nachweist, dass sie ohne ihr Verschulden verhindert ist, die Frist einzuhalten.**

(5) **Das Bundesministerium der Justiz bestimmt durch Rechtsverordnung mit Zustimmung des Bundesrates Einzelheiten zu den Voraussetzungen der Registrierung nach den Absätzen 1 bis 4, insbesondere die Anforderungen an die Sachkunde und ihren Nachweis einschließlich der Anerkennung und Zertifizierung von Anbietern von Sachkundelehrgängen und betreuungsspezifischen Studien-, Aus- oder Weiterbildungsgängen, an die Anerkennung ausländischer Berufsqualifikationen sowie, auch abweichend von den Vorschriften des Versicherungsvertragsgesetzes für die Pflichtversicherung, an Inhalt und Ausgestaltung der Berufshaftpflichtversicherung einschließlich möglicher Gründe für den Ausschluss der Haftung, die den Zweck der Haftpflichtversicherung nicht gefährden, und der Bestimmung der zuständigen Stelle im Sinne des § 117 Absatz 2 des Versicherungsvertragsgesetzes.**

I. Einführung

Die Definition der beruflichen Betreuer in § 19 verweist auf die Registrierung (→ BtOG § 19 Rn. 3). In Titel 3 sind sämtliche die beruflichen Betreuer betreffenden organisatorischen Fragen zusammengefasst geregelt. Die berufliche Betreuung hat sich als wesentliche und unverzichtbare Säule des Betreuungsrechts fest etabliert (BT-Drs. 19/24445, 147). Anders als bei anderen fremdnützigen beruflichen Tätigkeiten mit vergleichbar hoher Verantwortungstiefe und Eingriffspotential fehlte es bis zur Reform an **einheitlichen und transparenten Zugangsanforderungen,** die ein Mindestmaß an Sachkunde sowie die persönliche Eignung und Zuverlässigkeit des beruflichen Betreuers gewährleisten. Die meisten Betreuungsbehörden hatten eigene Kriterien entwickelt, häufig angelehnt an die Empfehlung des deutschen Städte- und Landkreistages. Die bundesgesetzliche Einführung eines formalen Zugangs- und Registrierungsverfahrens für berufliche Betreuer (selbständig tätige und Vereinsbetreuer) war ein Kernstück der Betreuungsrechtsreform, die am 1.1.2023 in Kraft trat. In diesem sind die persönliche Eignung und Zuverlässigkeit, eine ausreichende Sachkunde sowie das Vorliegen einer Berufshaftpflichtversicherung nachzuweisen (BT-Drs. 19/24445, 375; Dei- 1 nert BtPrax 2020, 169; Kraemer FamRZ 2022, 927; Schnellenbach/Normann-Scheerer/Giers/Thielke BetreuungsR-HdB Rn. 43 ff.; HK-BUR/Deinert/Lütgens Rn. 2 ff.; Damrau/Zimmermann Kraemer Rn. 1 ff.; Dodegge/Roth J. Rn. 193 ff.). Die Anknüpfung an die Anzahl der geführten Betreuungen als das vorher allein maßgebliche quantitative Kriterium für die Feststellung der Berufsmäßigkeit (§ 1 VBVG aF) wurde zugunsten **qualitativer Kriterien** abgeschafft. Damit wurde die an den Gesetzgeber gerichtete Handlungsempfehlung im Abschlussbericht des Forschungsvorhabens „Qualität in der rechtlichen Betreuung" umgesetzt, für berufliche Betreuer ein einheitliches, transparentes und faires Zulassungsverfahren und die gesetzliche Definition von bundeseinheitlichen und klar überprüfbaren Qualifikationsanforderungen einzuführen. Das in den §§ 23 ff. geregelte Registrierungsverfahren weist die folgenden wesentlichen Elemente auf:

- Zuständig für die Registrierung ist die für den Betreuer örtliche Betreuungsbehörde als **Stammbehörde** (§ 2 Abs. 4), bei der alle den beruflichen Betreuer betreffende Informationen gebündelt zusammenfließen und aktuell verfügbar sind.
- Das Registrierungsverfahren ist für die Behörde **niedrigschwellig** durch die Vorlage von Unterlagen ausgestaltet, insbesondere ist keine Sachkundeprüfung durch die Behörde durchzuführen. Der Betreuer hat fortlaufende Mitteilungs- und Nachweispflichten gegenüber der Behörde zu erfüllen.
- Die Registrierung erfolgt durch **Verwaltungsakt** und gilt bundesweit. Dem Betreuer stehen bei Versagung und Widerruf bzw. Rücknahme die Rechtsbehelfe der VwGO zu.
- Die Einzelheiten zu den Voraussetzungen der Registrierung, insbesondere zu den Anforderungen an die Sachkunde und ihren Nachweis, sind in einer **Rechtsverordnung** geregelt (→ BtRegV § 4 Rn. 1).
- §§ 32, 33 enthalten Übergangsvorschriften, durch die der verfassungsrechtlich gebotene **Bestandsschutz** für berufliche Betreuer gewährleistet wurde, die schon vor Inkrafttreten der Reform am 1.1.2023 tätig waren.
- Die Feststellung der **Vergütungstabelle** wird nach Registrierung einmalig und rechtssicher nach § 8 Abs. 3 VBVG durch das Gericht durch einen **Justizverwaltungsakt** vorgenommen.

2 Mit der Registrierung wird eine generelle Eignung, Betreuungen beruflich zu führen, festgestellt. Damit erwerben Betreuer noch keinen Anspruch auf die Übertragung einer bestimmten Anzahl an Verfahren. Die Bestellung bleibt den Betreuungsgerichten vorbehalten. Die Eignung für den Einzelfall ist weiterhin durch das Gericht nach § 1816 BGB zu prüfen. Ohne Registrierung steht bestellten Betreuern jedoch keine **Vergütung** zu. Die Feststellung der berufsmäßigen Führung der Betreuung im Bestellungsbeschluss hat keine konstitutive Wirkung (Deinert BtPrax 2020, 169; → § 19 Rn. 3), sie ist lediglich nach § 286 Abs. 1 Nr. 4 FamFG in der Beschlussformel zu benennen.

Mit der Registrierung sind nur **Mindestvoraussetzungen** festgestellt. Von jedem beruflichen Betreuer ist grundsätzlich zu erwarten, dass er für die Übernahme von verschiedenen Arten von Betreuungsfällen mit unterschiedlichen Graden der Komplexität zur Verfügung steht und damit letztlich auch die gesamte Bandbreite der potentiell zu besorgenden Angelegenheiten mit der notwendigen Qualität erfüllen kann. Ihnen wird im Vergleich zu den ehrenamtlich geführten in der Regel gerade solche Betreuungen übertragen, bei denen der objektive Betreuungsbedarf nach Umfang und Schwierigkeit erheblich ist, nicht selten auch der Umgang mit den Betreuten schwierig und eine komplexe Problemlage vorgefunden wird (Thar BtPrax 2022, 8). Für die Auswahl im Einzelfall dienen zusätzliche Merkmale oder **Eignungsprofile.** Sicher ist nicht jeder Betreuer für jedes Betreuungsverfahren geeignet. Die Auswahl trifft in der Regel die Betreuungsbehörde mit ihrem Betreuervorschlag nach § 11 Abs. 1 S. 2 Nr. 2; § 12. Die Entscheidung über die Eignung im Einzelfall obliegt weiterhin dem Gericht (Walther/Bürkel BtPrax 2021, 123 (126)).

Die Registrierungspflicht stellt eine an **Art. 12 Abs. 1 GG** zu messende subjektive **Berufszulassungsregelung** dar. Sie ist zum Schutz überragend wichtiger Gemeinschaftsgüter gerechtfertigt. Der Gesetzgeber darf Berufsbilder rechtlich festlegen und damit die freie Berufswahl in diesem Bereich verengen. Die bereits tätigen Berufsbetreuer hatten den von Verfassungswegen notwendigen Vertrauensschutz erhalten (§ 32). Der Gesetzgeber hat im Rahmen des ihm zukommenden Gestaltungsspielraums berufs- und gesellschaftspolitische Zielvorstellungen und Leitbilder formuliert und in den Rang wichtiger Gemeinschaftsinteressen erhoben und damit ein klarer umrissenes Berufsbild geschaffen (s. ausführlich BT-Drs. 19/24445, 372). Die Einführung von Mindesteignungskriterien für berufliche Betreuer dient dem staatlichen Schutz von betreuungsbedürftigen – und damit besonders vulnerablen – Menschen vor unqualifizierten und unzuverlässigen beruflichen Betreuern und damit einem überragend wichtigen Gemeinschaftsgut. Die einzelnen Voraussetzungen ergeben sich folglich aus Erwägungen zum Schutz der betreuten Menschen. Diese sind typischerweise nur bedingt in der Lage, die Tätigkeit der Betreuer zu kontrollieren und müssen sich darauf verlassen können, dass berufliche Betreuungen nur von persönlich zuverlässigen, sachkundigen und gegen Pflichtverletzungen versicherten Personen geführt werden. 3

II. Voraussetzungen (Abs. 1)

Abs. 1 enthält drei Voraussetzungen, die kumulativ für die Registrierung vorliegen müssen. 4

In **Nr. 1** geht es um die **persönliche Integrität,** noch nicht um eine fachliche Eignung (ausf. HK-BUR/Deinert Rn. 9 ff.; Schnellenbach/Normann-Scheerer/Giers/Thielke BetreuungsR-HdB Rn. 52).

Die persönliche **Eignung** bezieht sich auf die Aufgaben als rechtlicher Betreuer, insbesondere auf die Pflichten aus **§ 1821 BGB.** Wer es ablehnt, betreuungsbedürftige Menschen bei der Ausübung ihrer Selbstbestimmung zu unterstützen, nicht bereit ist, auf deren Wünsche einzugehen, sondern von seiner grundlegenden Haltung heraus davon überzeugt ist, dass es für die Betreuten besser sei, dass ihr Betreuer aus dem Aspekt der Fürsorge fremdbestimmt über sie entscheidet und das Instrument der Vertretungsbefugnis nach objektiven Kriterien ausübt, ist als rechtlicher Betreuer schlicht nicht geeignet. Die Feststellung der persönlichen Eignung im Gespräch nach § 24 Abs. 2 soll es der Behörde ermöglichen, bei einer **inakzeptablen Haltung** des Antragstellers gegenüber Menschen mit Beeinträchtigungen bzw. sonstigen erkennbar negativen Auffälligkeiten der Persönlichkeit dessen Registrierung unabhängig vom Vorhandensein einer Sachkunde **abzulehnen.** Die behördliche Entscheidung muss allerdings nachvollziehbar und überprüfbar, die entscheidungserheblichen Kriterien müssen transparent sein. Die für und gegen die Person sprechenden Gründe müssen einzelfallbezogen gewichtet werden. Eine Registrierung kann nur versagt werden, wenn objektiv nachvollziehbare Umstände **erhebliche Zweifel** an der pflichtgemäßen Führung von

Betreuungen begründen (BT-Drs. 19/24445, 375). Es gilt keine „Unschuldsvermutung" zugunsten der Betreuer, die Zweifel müssen aber durch Tatsachen belegt sein. Gem. § 24 Abs. 2 hat die Stammbehörde zur Feststellung der persönlichen Eignung ein persönliches Gespräch mit dem Antragsteller zu führen (→ BtOG § 24; → BtRegV § 12 Rn. 1).

Die Eignung kann auch in Frage stehen, wenn der Betreuer einen zweiten Beruf ausübt, der zu einer Interessenkollision führt, wenn mit der beruflichen Führung von Betreuungen eine generell unvereinbare anderweitige berufliche Tätigkeit ausgeübt wird. Eine solche grundlegende, eine Registrierung ausschließende Interessenkollision kann insbesondere bei dem in § 1816 Abs. 6 S. 1 BGB bezeichneten Personenkreis in Betracht kommen, was aber nicht zwingend ist.

Der Begriff der **Zuverlässigkeit** ist ausschließlich berufsbezogen zu verstehen. Die Zuverlässigkeit ist nicht allgemein zu beurteilen, vielmehr dürfen im Hinblick auf den Schutzzweck des Registrierungsverfahrens nach dem BtOG, also dem Schutz der Betreuten, bei Antragstellern keine Tatsachen erkennbar sein, die erhebliche Zweifel an der ordnungsgemäßen Führung von beruflichen Betreuungen begründen. Abs. 2 normiert Ausschlussgründe, bei deren Vorliegen regelmäßig die erforderliche Zuverlässigkeit fehlt. Die Systematik entspricht anderen bekannten Regelungen zur Zuverlässigkeit von Berufsinhabern, vgl. zB § 12 Abs. 1 Nr. 1 Rechtsdienstleistungsgesetz (RDG).

5 **Nr. 2** benennt als weitere Registrierungsvoraussetzung die besondere **Sachkunde.** Wer Betreuungen beruflich führen möchte, muss zwingend über ein **Mindestmaß** an Sachkunde verfügen. Konkretisierungen und Einzelheiten des erforderlichen Sachkundenachweises sind in Abs. 3 sowie in der nach Abs. 5 erlassenen Rechtsverordnung (→ BtRegV § 3 Rn. 1 ff) geregelt.

6 Nach **Nr. 3** ist das Vorhandensein einer ausreichenden **Berufshaftpflichtversicherung** konstitutive Voraussetzung für die Registrierung. Ebenso wie für andere Berufsgruppen, wie etwa Rechtsanwälte oder Rechtsdienstleister, stellt eine versicherungsrechtliche Absicherung des Betreuerhandelns ein unverzichtbares Qualitätsmerkmal dar. Entscheidend ist, dass von der Versicherung die sich aus der Berufstätigkeit ergebenden Haftpflichtgefahren für Vermögensschäden (diese Klarstellung wurde im Änderungsgesetz vom 24.6.2022 ergänzt, sog. Reparaturgesetz (BGBl. 2022, 959 (963)) und öffentlich-rechtliche Ansprüche abgedeckt werden. Die Regelung orientiert sich an § 114 I VVG, die Versicherer sind darauf eingestellt. Die Mindestversicherungssumme von 250.000 EUR entspricht § 51 Abs. 4 BRAO für Rechtsanwälte, mit der Ergänzung der Beschränkung auf das vierfache pro Jahr. Dennoch reicht die bisher über die Standardbedingungen der Versicherer erfolgte Mitversicherung der Tätigkeit als Betreuer nicht mehr aus, da sich die Bedingungen geändert haben (Dodegge/Roth J. Rn. 200). Die Regelung über die Mindestversicherungshöhe schließt nicht aus, dass im Einzelfall auch höhere Versicherungssummen erforderlich sein und durch gerichtliche Weisung auferlegt werden können. Näheres ist in § 10 BtRegV geregelt (→ BtRegV § 10 Rn. 1).

III. Fehlende Zuverlässigkeit (Abs. 2)

7 Unter den drei Nummern sind **Regelbeispiele** für eine fehlende persönliche Zuverlässigkeit aufgeführt. Das heißt, dass die Ausschlussgründe zum einen nicht abschließend geregelt sind, sondern auch andere, ähnlich schwerwiegende in

Betracht kommen, und zum anderen, dass auch die genannten bei besonderer Schwere oder Konstellation über den Wortlaut hinaus relevant sein können. Die BtRegV enthält keine weitere Konkretisierung zur Zuverlässigkeit. Zur **persönlichen Eignung** s. § 2 BtRegV (→ BtRegV § 2 Rn. 1) und § 24 Abs. 2 (→ § 24 Rn. 3)

Nach **Nr. 1** schließt ein einschlägiges **Berufsverbot** nach § 70 StGB oder vorläufig nach § 132a StPO die Tätigkeit als beruflicher Betreuer per se aus und führt gleichzeitig dazu, dass keine (neue) Registrierung vorgenommen werden darf.

Nr. 2 nennt als Regelfall persönlicher Unzuverlässigkeit die rechtskräftige **strafrechtliche Verurteilung.** Aus der Tat muss eine **berufsbezogene Unzuverlässigkeit** gefolgert werden können. Im Hinblick auf den hohen Rang des Grundrechts der Berufsfreiheit und auf den Grundsatz der Verhältnismäßigkeit gilt dies für Verbrechen (Mindeststrafe ein Jahr Freiheitsstrafe) ohne Einschränkung. Die rechtskräftige Verurteilung wegen eines Vergehens kann eine Versagung der Registrierung in der Regel nur dann rechtfertigen, wenn das Delikt selbst berufsbezogen ist. Das bedeutet nicht, dass die Tat innerhalb der Berufsausübung begangen worden sein muss. Es kann ausreichen, dass sich das Vergehen gegen ein Rechtsgut richtet, das für die Berufsausübung von besonderer Bedeutung ist. Das sind im Rahmen der Betreuungsführung insbesondere Delikte, die den Schutz des Eigentums oder des Vermögens des Betreuten bezwecken, wie zum Beispiel Diebstahl und Unterschlagung, Betrug, Untreue, Urkundenfälschung oder Insolvenzstraftaten. In Betracht kommen zudem Delikte gegen die körperliche Unversehrtheit von Schutzbefohlenen oder gegen die sexuelle Selbstbestimmung, wie zB Körperverletzung, Misshandlung von Schutzbefohlenen oder sexueller Missbrauch (BT-Drs. 19/24445, 376). Unter Beachtung von Art. 12 GG zugunsten des beruflichen Betreuers ist eine **Abwägung der Schutzgüter** unter Beachtung des Verhältnismäßigkeitsprinzips im Einzelfall geboten. Die Schwere der Tat und das Strafmaß sind ebenso zu berücksichtigen, wie der Umstand, ob es sich um eine im privaten oder im beruflichen Zusammenhang begangene Straftat handelt. Dabei gilt der Grundsatz, dass bei einer leichten Straftat die Ablehnung der Registrierung umso eher in Betracht kommen wird, je enger **die Straftat mit der Berufsausübung im Zusammenhang** steht. 8

Verurteilungen, die **länger als drei Jahre** zurückliegen, dürfen nicht ohne weiteres zu Lasten der Betreuer gewertet werden. Die Dreijahresfrist entspricht der Frist nach § 34 Abs. 1 Nr. 1 BZRG, nach der Verurteilungen frühestens nicht mehr in ein Führungszeugnis aufzunehmen sind. Länger zurückliegende Verurteilungen, die noch in dem vom Antragsteller beizubringenden Führungszeugnis (s. § 24 Abs. 1 Nr. 1) enthalten sind, können nur nach besonderer Prüfung, ob die Unzuverlässigkeit noch andauert, zur Zurückweisung des Antrags auf Registrierung führen. Ein Umkehrschluss – wenn die einschlägige Verurteilung länger als drei Jahre zurückliegt, darf sie nicht mehr berücksichtigt werden – geht also fehl.

Nach **Nr. 3** ist die Zuverlässigkeit in der Regel nicht gegeben, wenn der Antragsteller bereits als beruflicher Betreuer registriert war, diese **Registrierung** aber **widerrufen** wurde. Zur Wahrung des Grundrechts auf Berufsfreiheit und des Grundsatzes der Verhältnismäßigkeit gilt die Sperrung allerdings nicht dauerhaft, sondern begrenzt auf drei Jahre, wobei im Einzelfall zu entscheiden ist. 9

Ungeordnete Vermögensverhältnisse stellen nach **Nr. 4** einen Fall fehlender Zuverlässigkeit dar. Der Rechtsbegriff der ungeordneten Vermögensverhältnisse wird in S. 2 in Anlehnung an § 7 Nr. 9, § 14 Abs. 2 Nr. 7 BRAO, §§ 34b 10

Abs. 4 Nr. 2, 34c Abs. 2 Nr. 2 GewO und § 12 Abs. 2 RDG konkretisiert. Die Stammbehörde hat damit objektive Kriterien (Eröffnung des Insolvenzverfahrens, Eintragung in das Schuldnerverzeichnis) als Grundlage für ihre Entscheidung. Die Verschuldung muss nicht im Zusammenhang mit der beruflichen Tätigkeit stehen, auch eine private Verschuldung ist relevant, weil unrechtmäßige oder strafbare Handlungen gegenüber Betreuten typischerweise vor dem Hintergrund eigener finanzieller Krisen der Betreuer stattfinden, deren Ursache letztlich unerheblich ist. Wer gerade eigene finanzielle Probleme hat, ist eher geneigt, sich durch die Führung von Betreuungsverfahren persönlich zu bereichern (Meier/Peikert/Görgen BtPrax 2019, 175). Der Widerruf der Registrierung wegen Verschuldung wurde durch das Verwaltungsgericht bestätigt (VG München BtPrax 2026, 37 mAnm Scherberger).

IV. Sachkundenachweis (Abs. 3)

11 Die geforderte Sachkunde stellt das **Kernstück** der Neuregelung dar. Die Nummern 1 bis 3 umfassen solche Anforderungen an die Fachkenntnisse, deren Vorhandensein für alle Betreuungsfälle erforderlich ist. Der Umfang war nicht unumstritten. Der Gesetzgeber hat sich an den bereits bestehenden gemeinsamen Empfehlungen des Deutschen Landkreistags, des Deutschen Städtetags und der Bundesarbeitsgemeinschaft der überörtlichen Betreuungsbehörden (BAGüS) orientiert („Überarbeitete Empfehlungen für Betreuungsbehörden bei der Betreuerauswahl", 83 (84)) unter Berücksichtigung der neuen Schwerpunktsetzung der Reform, insbesondere des § 1821 BGB. Einzelheiten sind in der Rechtsverordnung geregelt (→ BtRegV § 4 Rn. 1; weitere Erläuterungen in der Gesetzesbegründung BT-Drs. 19/24445, 377 ff. und Schnellenbach/Normann-Scheerer/Giers/Thielke BetreuungsR-HdB Rn. 56 ff.).

Eine eigene Prüfung der Sachkunde ist durch die Stammbehörde nicht durchzuführen. Der Nachweis soll **durch Unterlagen** erfolgen, wobei der Begriff weit auszulegen ist. Gemeint sind vorrangig Zeugnisse über erfolgreich abgelegte Studien- und Ausbildungsgänge oder geeignete anerkannte Lehrgänge, aber auch sonstige Schriftstücke. Darunter fallen alle in einem förmlich geregelten Berufszugangsverfahren erworbene Lehr- und Prüfungszeugnisse, die eine Ausbildung abschließen und den unmittelbaren Berufszugang ermöglichen. Es ist unerheblich, ob die Stelle, die die Zeugnisse erteilt hat, staatlich oder privat ist (BT-Drs. 19/24445, 377). Praktische Berufserfahrungen sind wünschenswert, aber wegen der Schwierigkeit des Nachweises, welche Kenntnisse dadurch erworben worden sind, keine Voraussetzung. Sie können aber im Rahmen der Öffnungsklausel in § 7 Abs. 5 BtRegV eine entscheidende Rolle spielen (→ BtRegV § 7 Rn. 5). Im Ausland erworbene Nachweise können anerkannt werden, erforderlich sind aber Kenntnisse des deutschen Betreuungs- und Unterbringungsrechts sowie des sozialrechtlichen Unterstützungssystems. Der Zugang steht also auch solchen Bewerbern offen, die über keinen formalen Studien- oder Ausbildungsabschluss verfügen, was nicht ohne Kritik geblieben ist.

Die Kenntnisse müssen über das hinausgehen, was von einem ehrenamtlichen Betreuer verlangt und erwartet wird. Es ist von einem beruflichen Betreuer zu erwarten, dass er über **aktive Kenntnisse** einschließlich der Fähigkeit zu ihrer **praktischen Anwendung** verfügt, die ihn in verschiedenartigen komplexen

Betreuungen in die Lage versetzen, gegenüber dem Betreuten, Dritten und dem Gericht kompetent zu handeln.

Nachzuweisen sind nach **Nr. 1** Kenntnisse des **Betreuungs- und Unterbringungsrechts,** des zugehörigen **Verfahrensrechts** sowie Kenntnisse auf den Gebieten der Personen- und Vermögenssorge. Umfasst sind ua Kenntnisse über die Voraussetzungen und die Führung einer Betreuung, darunter Kenntnisse über die Pflichten gegenüber dem Betreuten, als auch gegenüber dem Gericht, Kenntnisse über die Anordnung eines Einwilligungsvorbehalts und den Umgang damit. Das Unterbringungsrecht umfasst insbesondere die Voraussetzungen für die Zulässigkeit einer freiheitsentziehenden Unterbringung durch den Betreuer nach Betreuungsrecht aber auch nach öffentlichem Recht, sonstiger freiheitsentziehender Maßnahmen sowie die Voraussetzung für die Einwilligung in eine ärztliche Zwangsbehandlung. Das zugehörige Verfahrensrecht beinhaltet im Wesentlichen die Vorschriften des FamFG, also einzelne Verfahrensschritte und -anforderungen. 12

Kenntnisse auf dem Gebiet der **Personensorge** umfassen insbesondere die Aufgabenbereiche der Gesundheitssorge, des Aufenthaltes sowie der Unterbringungsentscheidungen – nicht nur materiellrechtlich. Hierfür müssen medizinische Grundkenntnisse über betreuungsrelevante Erkrankungen und Behinderungen, deren Auswirkungen, Gefahren und Behandlungsbedarf vorhanden sein. Zu verlangen sind auch Kenntnisse zu den Themen Patientenrechte, Einwilligungsfähigkeit und Patientenverfügung und im Zusammenhang der Personensorge Kenntnisse über die Möglichkeiten der Vermeidung einer freiheitsentziehenden Unterbringung, sonstiger freiheitsentziehender Maßnahmen oder einer ärztlichen Zwangsmaßnahme.

Kenntnisse auf dem Gebiet der **Vermögenssorge** umfassen Grundlagen des Miet- und Haftungsrechts, der Rechtsgeschäftslehre sowie der Grundsätze der Vermögensverwaltung und -anlage. Ein Betreuer muss in der Lage sein, die Genehmigungsbedürftigkeit einzelner Rechtsgeschäfte und das Erfordernis der Hinzuziehung eines Rechtsanwalts zu beurteilen.

Die unter **Nr. 2** genannten Kenntnisse des sozialrechtlichen Unterstützungssystems umfassen insbesondere Kenntnisse der Sozial- und Hilfestrukturen sowie der Durchsetzung von **sozialrechtlichen Ansprüchen.** Diese Kenntnisse sind erforderlich, um einerseits in einem immer komplizierter werdenden System die Lebensgrundlage des Betreuten zu sichern, ihm die notwendige Unterstützung außerhalb der rechtlichen Betreuung zukommen zu lassen und andererseits andere sozialrechtliche Hilfen zu aktivieren, um die Betreuung aufgrund ausreichender Hilfe des sozialrechtlichen Hilfesystems wieder entbehrlich zu machen, entsprechend dem **Rehabilitationsgrundsatz in § 1821 Abs. 6 BGB.** 13

Nr. 3 spiegelt den neuen Geist der Reform wieder und verlangt Kenntnisse der **Kommunikation** und von Methoden zur **Unterstützung bei der Entscheidungsfindung.** Diese Kenntnisse sind zwingend erforderlich, da der Betreuer die Wünsche des Betreuten feststellen muss und ihn dazu befähigen soll, eigene Entscheidungen zu treffen (§ 1821 Abs. 1 und 2 BGB). Dies verlangt die Umsetzung von **Art. 12 Abs. 3 UN-BRK.** Der Betreuer hat die zentrale Pflicht, dem Betreuten die Unterstützung zu geben, die dieser bei der Ausübung seiner Rechts- und Handlungsfähigkeit benötigt. Hierzu gehört, dass der Betreuer den Betreuten bei dessen eigener Entscheidungsfindung unterstützt und auch bei der Entscheidungsumsetzung nur stellvertretend tätig wird, wenn ein rein unterstützendes Handeln nicht ausreicht. Um diese Pflichten erfüllen zu können, sind insbesondere bestimmte Kommunikationskenntnisse und -fähigkeiten erforder- 14 lich, die eine eigene Entscheidungsfindung des Betreuten ermöglichen und vermeiden, dass der Betreuer eine von ihm nach seinen eigenen Vorstellungen getroffene Entscheidung an die Stelle einer Entscheidung des Betreuten setzt. Solche Fähigkeiten können nur praktisch erlernt werden.

V. Erleichterung für Vereine (Abs. 4)

15 Abs. 4 wurde mit dem sog. Reparaturgesetz vom 24.6.2022 eingefügt zur Erleichterung für Betreuungsvereine (BGBl. I, 959 (963); BT-Drs. 20/1110, 38 ff.; HK-BUR/Deinert Rn. 57 ff.; Dodegge/Roth J. Rn. 212 ff.; Schnellenbach/Waßenberg/Heyder BtPrax 2022, 155 (156)). Nach § 19 sind freiberuflich tätige Betreuer und Mitarbeiter eines anerkannten Betreuungsvereins gleichgestellt. Hinsichtlich des Nachweises der Sachkunde wird jedoch eine Differenzierung zwischen diesen beiden Betreuergruppen vorgenommen. Die Tätigkeit in einem anerkannten Betreuungsverein bietet bereits eine Gewähr dafür, dass die Mitarbeiter mit Unterstützung durch den Verein bei der Betreuungsführung qualitative Mindestanforderungen erfüllen. Betreuungsvereine müssen gem. § 14 Abs. 1 Nr. 2 und 3, 16 bereits im **Anerkennungsverfahren** nachweisen, dass sie eine ausreichende Zahl geeigneter Mitarbeiter haben, diese beaufsichtigen, weiterbilden und einen Erfahrungsaustausch zwischen den Mitarbeitern ermöglichen. Das Vorliegen dieser Anerkennungsvoraussetzungen wird regelmäßig, in der Regel jährlich, durch die überörtliche Betreuungsbehörde überprüft. Damit garantieren die anerkannten Betreuungsvereine Berufsanfängern, die als Vereinsmitarbeiter berufliche Betreuungen führen, von Beginn ihrer Tätigkeit an eine **begleitende kontinuierliche Vermittlung von Sach- und Anwendungskenntnissen.** Daher können sie unter den genannten Voraussetzungen auch schon vor dem vollständigen Nachweis der erforderlichen Sachkunde registriert werden.

Der Betreuungsverein muss glaubhaft darlegen, dass der neue Mitarbeiter durch einen anderen erfahrenen Mitarbeiter des Vereins bei der Führung seiner Betreuungen angeleitet und kontrolliert wird. Diese Verpflichtung geht über die Anerkennungsvoraussetzungen des § 14 hinaus, da sie auf eine **individuelle Anleitung und Kontrolle** des einzelnen Mitarbeiters bei der Betreuungsführung gerichtet ist. Der andere Mitarbeiter muss selbst als beruflicher Betreuer bereits registriert sein und auch den vollen Sachkundenachweis erbracht haben. Nur durch diese enge und kontinuierliche Begleitung und Unterstützung ist es zu rechtfertigen, dass Berufsanfänger mit einer geringen Fallzahl von Beginn an als berufliche Betreuer bestellt werden können. Schon bei der Registrierung hat der Betreuer gegenüber der Stammbehörde konkret darzulegen, wie und wann er die noch nicht nachgewiesene Sachkunde erwerben wird.

Nur wenn **sämtliche Voraussetzungen** vorliegen, kann die Stammbehörde den Mitarbeiter als beruflichen Betreuer registrieren. Es handelt sich dabei nicht um eine vorläufige Registrierung, die nach einem Jahr oder der verlängerten Frist endet. Vielmehr ist die Registrierung zu **widerrufen,** wenn die Sachkunde nicht innerhalb eines Jahres oder der verlängerten Frist nachträglich nachgewiesen wird, s. § 27 Abs. 1 Nr. 4 (→ BtOG § 27 Rn. 5). Die Verlängerung der **Frist** steht im pflichtgemäßen Ermessen der Behörde, wenn es dem Vereinsbetreuer nicht möglich war, die Sachkunde binnen eines Jahres nachzuweisen. Dies kann daran liegen, dass ein Sachkundelehrgang bzw. das noch notwendige Modul nicht angeboten wurde, oder der Betreuer aufgrund von Krankheit, Elternzeit oder anderen persönlichen Gründen verhindert war. Eine Verlängerung soll aber die Ausnahme sein.

Mit dieser Regelung soll sichergestellt werden, dass anerkannte Betreuungsvereine auch Berufsanfänger, denen in der aktuellen Praxis oftmals gleich zu Beginn ihrer Tätigkeit bis zu 20 Betreuungen als Vereinsbetreuer übertragen werden, teilweise dadurch refinanzieren können, dass sie für ihre Betreuertätigkeit gemäß § 7 Abs. 2 S. 1 VBVG iVm § 19 Abs. 2 eine Vergütung erhalten. Ob diese Privilegierung angesichts des Fachkräftemangels ausreicht, erscheint fraglich (Stumpf BtPrax 2024, 122).

VI. Verordnungsermächtigung (Abs. 5)

Abs. 5 ermächtigt das BMJ zur Entlastung des BtOG von Detailregelungen, eine Rechtsverordnung zu erlassen (→ BtRegV § 1 Rn. 1 ff). Die Voraussetzungen der Registrierung, insbesondere an die Anforderungen des Sachkundenachweises nach Abs. 3, sollen in ständiger Rücksprache mit der Praxis spezifiziert und bei Bedarf wegen geänderter Anforderungen leichter geändert und angepasst werden können. Die Rechtsverordnung enthält ergänzende Vorschriften über Inhalt und Ausgestaltung von **Sachkundelehrgängen** sowie über die Anerkennung und **Zertifizierung privater Anbieter solcher Lehrgänge.** Entsprechendes gilt für die Anerkennung von ausländischen Berufsqualifikationen. Die Rechtsverordnung bedarf nach Art. 80 Abs. 2 GG der Zustimmung des Bundesrates, da die Vorschriften über das Registrierungsverfahren von den Ländern als eigene Angelegenheit ausgeführt werden. 16

Das Verfahren zum Erlass dieser RVO war in einigen Punkten strittiger als die Reform selbst. Das BMJ hatte auch zu dieser Verordnung eine interdisziplinäre Arbeitsgruppe als Beratungsgremium hinzugezogen. Insbesondere die Länder haben auf möglichst niedrigere Zugangsvoraussetzungen gedrängt und ganz am Ende den Diskussionsprozess einseitig nach ihrer Auffassung durch einen Maßgabenbeschluss im Bundesrat entschieden (BR-Drs. 248/22). Die BtRegV wurde am 13.7.2022 erlassen und trat zusammen mit der Reform am 1.1.2023 in Kraft (BGBl. 2022 I 1154 → BtRegV § 1 Rn. 4).

§ 24 Registrierungsverfahren; Verordnungsermächtigung; Registrierungsgebühr

(1) [1]**Die Registrierung erfolgt auf Antrag, der bei der Stammbehörde zu stellen ist.** [2]**Mit dem Antrag sind beizubringen:**

1. **ein Führungszeugnis nach § 30 Absatz 5 des Bundeszentralregistergesetzes, das nicht älter als drei Monate sein soll,**
2. **eine Auskunft aus dem zentralen Schuldnerverzeichnis nach § 882b der Zivilprozessordnung, die nicht älter als drei Monate sein soll,**
3. **eine Erklärung, ob ein Insolvenz-, Ermittlungs- oder Strafverfahren anhängig ist,**
4. **eine Erklärung, ob in den letzten drei Jahren vor Antragstellung eine Registrierung als Berufsbetreuer versagt, zurückgenommen oder widerrufen wurde, und**
5. **geeignete Nachweise über den Erwerb der nach § 23 Absatz 1 Nummer 2 und Absatz 3 erforderlichen Sachkunde.**

[3]Zudem hat der Antragsteller der Stammbehörde den beabsichtigten zeitlichen Gesamtumfang und die Organisationsstruktur seiner beruflichen Betreuertätigkeit mitzuteilen.

(2) **Zur Feststellung der persönlichen Eignung nach § 23 Absatz 1 Nummer 1 hat die Stammbehörde mit dem Antragsteller ein persönliches Gespräch zu führen.**

(3) **[1]Über den Antrag ist innerhalb von drei Monaten durch Verwaltungsakt zu entscheiden. [2]Die Frist beginnt mit Eingang der vollständigen Unterlagen. [3]Sie kann einmal angemessen verlängert werden, wenn dies wegen der Schwierigkeit der Angelegenheit gerechtfertigt ist. [4]Die Fristverlängerung ist zu begründen und dem Antragsteller rechtzeitig mitzuteilen. [5]Wenn die Voraussetzungen des § 23 Absatz 1 Nummer 1 und 2 vorliegen, fordert die Stammbehörde den Antragsteller vor Ablauf der Frist nach Satz 1 auf, den Nachweis über die Berufshaftpflichtversicherung nach § 23 Absatz 1 Nummer 3 zu erbringen. [6]Sobald sämtliche Voraussetzungen nach § 23 Absatz 1 nachgewiesen sind, nimmt die Stammbehörde die Registrierung vor. [7]Die Registrierung gilt bundesweit.**

(4) **Das Bundesministerium der Justiz bestimmt durch Rechtsverordnung mit Zustimmung des Bundesrates die Einzelheiten des Registrierungsverfahrens, darunter auch Aufbewahrungs- und Löschungsfristen.**

(5) **[1]Für jede Registrierung wird eine Gebühr von 200 Euro erhoben. [2]Auslagen werden nicht gesondert erhoben. [3]Im Einzelfall kann aus Gründen der Billigkeit von der Erhebung der Gebühr abgesehen werden. [4]Folgende Registrierungen erfolgen immer gebührenfrei:**

1. **Registrierungen nach § 28 Absatz 2,**
2. **Registrierungen nach § 32 Absatz 1 Satz 1 sowie**
3. **unbefristete Registrierungen für Antragsteller, die nach § 33 vorläufig registriert sind.**

I. Antrag (Abs. 1)

1 Es handelt sich um ein Antragsverfahren, das ein Verwaltungsverfahren nach VwVfG in Gang setzt. Anzuwenden sind die Verwaltungsverfahrensgesetze der Länder. Der Betreuer hat zur Einleitung des Registrierungsverfahrens einen Antrag in Textform bei der für ihn zuständigen **Stammbehörde** (§ 2 Abs. 4) zu stellen, siehe § 13 BtRegV. Für Vereinsbetreuer ist dies der Sitz des Vereins. Dem Antrag sind die in Nr. 1–5 genannten Unterlagen beizufügen – sie enthalten die Tatsachen, die gem. § 23 entscheidungserheblich sind – sowie eine Mitteilung über den beabsichtigten zeitlichen Gesamtumfang und die Organisationsstruktur (Thar BtPrax 2022, 8; Scheulen BtPrax 2023, 51; Schnellenbach/Normann-Scheerer/Giers/Thielke BetreuungsR-HdB Rn. 45 ff.; Dodegge/Roth J Rn. 218 ff.; HK-BUR/Deinert Rn. 2 ff., 29).

Das vom Betreuer zu beantragende Führungszeugnis, der gem. § 30c BZRG elektronisch gestellt werden kann (→ BtOG § 21 Rn. 4), wird gem. § 30 Abs. 5 S. 1 BZRG der Stammbehörde direkt übersandt. Ob die Behörde die Angaben des Betreuers nach Nr. 3 und 4 überprüft, steht in ihrem Ermessen. Es gibt Bestrebungen, ein **bundesweites Register** einzuführen, sodass die Behörde die

Daten bundesweit abrufen kann. Mit der Reform wurde ein solches Register aber noch nicht zur Verfügung gestellt.

Zum Sachkundenachweis siehe inhaltlich § 23 Abs. 3 und die BtRegV (→ BtRegV § 4 Rn. 1 f.).

2 Die Stammbehörde benötigt für die Einschätzung der Kapazitäten des Betreuers dessen Angaben über den **geplanten Umfang** seiner Tätigkeit als rechtlicher Betreuer und in welcher **Struktur** er seine Tätigkeit ausüben will, da eine Höchstgrenze der Anzahl der geführten Betreuungen gesetzlich nicht festgelegt ist (Schnellenbach/Normann-Scheerer/Giers/Thielke BetreuungsR-HdB Rn. 48). Der Betreuer hat anzugeben, ob er die Betreuertätigkeit in Vollzeit oder als Nebentätigkeit ausüben will und – im letzteren Fall – welcher zeitliche Umfang hierfür in etwa zur Verfügung steht. Hierzu gehören auch Angaben, ob und in welchem Umfang neben der Betreuertätigkeit andere berufliche Tätigkeiten oder eine Ausbildung oder Studium absolviert werden. Können diese zu einem Interessenkonflikt mit der Betreuertätigkeit führen, sollte es durch die Stammbehörde thematisiert werden. Die Angaben zur Organisationsstruktur (s. § 11 BtRegV, → BtRegV § 11 Rn. 1) beziehen sich auf die Frage, ob die Betreuertätigkeit vollständig alleine als Einzeltätigkeit ausgeübt wird, ob eine Tätigkeit in einer Bürogemeinschaft beabsichtigt ist oder ob ggf. weitere Hilfskräfte oder Mitarbeiter beschäftigt werden sollen, die dem Betreuer einen Teil der nicht zwingend von ihm selbst vorzunehmenden Tätigkeiten abnehmen. Diese Angaben sind wichtig, da anderenfalls die **Anzahl der geführten Betreuungen** nicht bewertet werden kann. Ein Betreuer, der ohne Hilfskräfte in einem Einzelbüro beispielsweise 50 Betreuungen führt, ist anders belastet, als ein Betreuer, der in einer Bürogemeinschaft mit Mitarbeitern dieselbe Anzahl von Betreuungen führt. Wenn er dann auch noch einer weiteren Tätigkeit neben der Berufsbetreuung nachgeht, kann im Zweifel davon ausgegangen werden, dass er zu viele Betreuungen führt und die notwendige Qualität, insbesondere den persönlichen Kontakt, nicht sicherstellen kann. Diese Angaben müssen einmal zu Beginn gemacht werden, in der Folge hat der berufliche Betreuer nach § 25 Abs. 1 die Verpflichtung, Änderungen dieser Angaben mitzuteilen. Da diese Angaben in den **Betreuervorschlag** nach § 12 Abs. 3 S. 3 aufzunehmen sind, müssen sie bei einer Behörde zentral vorliegen. Diese Aufgabe ist der Stammbehörde übertragen, die die Daten ggf. der zuständigen Betreuungsbehörde mitteilen muss, sofern sie mit dieser nicht identisch ist.

Der Nachweis über das Bestehen einer Berufshaftpflichtversicherung (§ 23 Abs. 1 Nr. 3) ist erst später vorzulegen (Abs. 4 S. 5). Vom Betreuer kann nicht verlangt werden, schon zu Beginn des Registrierungsverfahrens, also lange vor seinem beruflichen Tätigwerden, die Versicherungsprämien zahlen zu müssen.

II. Eignungsgespräch (Abs. 2)

3 In dem Gespräch hat sich die Stammbehörde einen **eigenen Eindruck** von der persönlichen Eignung des Betreuers zu verschaffen (zur persönlichen Eignung → § 23 Rn. 4). Die Eignung ist nicht allgemein, sondern **berufsbezogen** zu beurteilen. In dem Eignungsgespräch ist nicht zu prüfen, ob der Antragsteller über die erforderliche Sachkunde verfügt. Diese soll sich allein durch die Vorlage der Unterlagen ergeben. Dennoch dient der persönliche Eindruck, den die Stammbehörde gewinnen muss, zur Sachverhaltsaufklärung, also insbesondere zur Frage, ob der Antragsteller willens und aufgrund seiner Einstellung und seiner

kommunikativen Fähigkeiten in der Lage ist, die Pflichten als Betreuer nach § 1821 BGB zu erfüllen.

Seitens der Behörde sollen mindestens zwei Personen an diesem Gespräch teilnehmen, wobei mindestens eine dieser Personen selbst über Berufserfahrung auf dem Gebiet der rechtlichen Betreuung verfügen soll (→ BtRegV § 12 Rn. 1). Das bedeutet nicht, dass diese Person selbst Betreuungen geführt haben muss. Mindestens einer der beiden Personen muss zur Stammbehörde gehören. Die weitere Person muss dagegen nicht zwingend zu derselben Betreuungsbehörde gehören. Besonders kleine Betreuungsbehörden können im Bedarfsfall geeignete Personen hinzuziehen, die bei anderen Behörden beschäftigt sind. Hierfür kommen insbesondere andere Mitarbeiter der Kommune in Betracht, ggf. aber auch Mitarbeiter benachbarter Betreuungsbehörden. Möglich ist auch, dass mehrere Stammbehörden gemeinsam das Gespräch organisieren. Die jeweils für den Betreuer zuständige Stammbehörde muss allerdings als Veranstalter fungieren. Es können auch mehr als zwei Personen seitens der Betreuungsbehörde teilnehmen. Vorgaben zu Zeitpunkt, Dauer und Wiederholbarkeit machen weder das Gesetz noch die Verordnung. Die Behörde hat also insoweit eine **flexible Gestaltungsmöglichkeit.** Um die Entscheidung der Behörde nachvollziehbar und überprüfbar zu machen, muss das Gespräch protokolliert werden (§ 12 Abs. 2 BtRegV; Schnellenbach/Normann-Scheerer/Giers/Thielke BetreuungsR-HdB Rn. 55).

4 In dem Gespräch können gleichzeitig spezifische Interessen oder Schwerpunkte – das **„Profil“** – des Betreuers besprochen werden, was neben der allgemeinen Eignung für die Auswahl im Einzelfall entscheidend sein kann und daher für die Behörde beim Betreuervorschlag hilfreich ist. Ohnehin ist ein persönliches Kennen der Behördenmitarbeiter und „ihrer“ Betreuer im Bezirk wünschenswert. Es ist nicht vorgeschrieben, zu welchem **Zeitpunkt** das Gespräch zur persönlichen Eignung stattzufinden hat. Dies steht je nach Einzelfall im Ermessen der Behörde. Das Gespräch kann schon vor Erbringung des Sachkundenachweises stattfinden. Wenn bei Bestandsbetreuern Anhaltspunkte bekannt werden, die Eignungszweifel begründen können, ist es der Betreuungsbehörde unbenommen, ein Gespräch zu führen. Sollten sich die Zweifel erhärten, ist ein Widerrufsverfahren einzuleiten (→ BtOG § 32 Rn. 3).

III. Entscheidung durch Verwaltungsakt (Abs. 3)

5 Die Stammbehörde hat über den Antrag durch einen Verwaltungsakt zu entscheiden. Damit sind alle Vorschriften der Verwaltungsverfahrensgesetze der Länder (VwVfG) anwendbar, die den Bundesnormen ähnlich sind; Rechtsstreitigkeiten sind vor dem Verwaltungsgericht auszutragen nach VwGO (Deinert BtPrax 2020, 169; Scheulen BtPrax 2023, 51). Die Behörde hat innerhalb von drei Monaten zu entscheiden. S. 2 bis 4 übernimmt die Regelungen des § 42a Abs. 2 S. 2 bis 4 VwVfG. Nach S. 5 hat die zuständige Stammbehörde zunächst die Registrierungsvoraussetzungen nach § 23 Abs. 1 Nr. 1 und 2 zu prüfen. Dabei gilt der Untersuchungsgrundsatz (§ 24 VwVfG). Der Nachweis der Berufshaftpflichtversicherung ist erst zu erbringen, wenn die übrigen Voraussetzungen für die Registrierung vorliegen, die Behörde also grundsätzlich positiv im Sinn des Antrags entschieden hat. Sie fordert dann den Betreuer auf, die **Berufshaftpflichtversicherung** nachzuweisen. Dieser Nachweis kann bei Vereinsbetreuern auch durch den Verweis auf die Versicherung durch den Betreuungsverein nach § 14 Abs. 1

Nr. 2 erbracht werden. Liegt sodann auch der Nachweis über den Abschluss der Versicherung vor, hat die Behörde unverzüglich nach S. 6 zu „registrieren", wobei dies nicht die Aufnahme in ein Register bedeutet, sondern eine Berufszulassung, die mit Bekanntgabe an den Bewerber wirksam wird (Scheulen BtPrax 2023, 51 (52)). Erst mit diesem Zeitpunkt entsteht der Vergütungsanspruch. S. 7 stellt klar, dass die von der zuständigen Stammbehörde vorgenommene Registrierung bundesweit gilt, also auch dann, wenn der berufliche Betreuer in einem anderen Bezirk oder einem anderen Bundesland tätig wird.

IV. Verordnungsermächtigung (Abs. 4)

Einzelheiten zum Registrierungsverfahren hat das Bundesministerium der Justiz mit Zustimmung des Bundesrates, die nach Art. 80 Abs. 2 GG erforderlich war, da die Vorschriften über das Registrierungsverfahren von den Ländern als eigene Angelegenheit ausgeführt werden, durch Rechtsverordnung geregelt (BtRegV vom 13.7.2022 → **BtRegV § 1 ff.**). 6

V. Gebühren (Abs. 5)

Durch das sog. Reparaturgesetz vom 24.6.2022 sind Registrierungsgebühren normiert worden, die die Stammbehörde – bei erfolgreicher Registrierung – zu erheben hat, mit den genannten Ausnahmen. Den Ländern steht es aber frei, auch bei ablehnenden Bescheiden eine Gebühr zu erheben. Die Erhebung einer Gebühr für einen Vorabbescheid nach § 7 Abs. 4 BtRegV kann dazu dienen, sog. „Sachkunde-Nomaden" davon abzuhalten, sich bei verschiedenen Behörden zu bewerben, bis sie die gewünschte Entscheidung erhalten (Scheulen BtPrax 2023, 51 (53); Plitzko BtPrax 2024, 43 (44)). 7

§ 25 Mitteilungs- und Nachweispflichten beruflicher Betreuer

(1) [1]**Der berufliche Betreuer teilt der Stammbehörde alle Änderungen im Bestand der von ihm geführten Betreuungen alle sechs Monate sowie alle Änderungen, die sich auf die Registrierung auswirken können, unverzüglich mit.** [2]**Mitzuteilen sind auch Änderungen des zeitlichen Gesamtumfangs und der Organisationsstruktur seiner beruflichen Betreuertätigkeit sowie der Wechsel des Sitzes oder Wohnsitzes des beruflichen Betreuers.**

(2) **Der berufliche Betreuer hat der Stammbehörde ab der Registrierung alle drei Jahre unaufgefordert ein aktuelles Führungszeugnis nach § 30 Absatz 5 des Bundeszentralregistergesetzes und eine aktuelle Auskunft aus dem zentralen Schuldnerverzeichnis nach § 882b der Zivilprozessordnung vorzulegen sowie die Erklärung nach § 24 Absatz 1 Satz 2 Nummer 3 abzugeben.**

(3) **Der berufliche Betreuer teilt der Stammbehörde unaufgefordert das Ergebnis des Feststellungsverfahrens nach § 8 Absatz 3 des Vormünder- und Betreuervergütungsgesetzes mit.**

Die neue Norm enthält sämtliche Mitteilungs- und Nachweispflichten der beruflichen Betreuer **gegenüber der Stammbehörde** und ersetzt § 10 VBVG 1 aF. Es geht nicht um die Mitteilungspflichten nach § 1864 BGB zu den einzelnen Betreuungsverfahren gegenüber dem Betreuungsgericht, sondern um solche Informationen, die den **Status als beruflicher Betreuer** betreffen. Betreuungsvereine können aus Effizienzgründen für ihre Vereinsbetreuer die Informationen gesammelt übermitteln (Schnellenbach/Normann-Scheerer/Giers/Thielke BetreuungsR-HdB Rn. 73).

2 Der Betreuer hat gem. **Abs. 1 S. 1** zum einen anlassbezogen (dann unverzüglich) und ansonsten mindestens halbjährlich von sich aus seiner Stammbehörde den **Bestand** der von ihm geführten Betreuungen mitzuteilen. Die Frist beginnt mit der Registrierung. Er hat somit die Übernahme neuer wie auch die Abgabe oder die Beendigung laufender Betreuungen mitzuteilen. Die Verpflichtung gilt nicht für die Bestellung als Verhinderungsbetreuer. Nicht erforderlich ist ebenfalls eine Mitteilung von Änderungen des Aufgabenkreises, der Anordnung eines Einwilligungsvorbehalts, etc., da solche Änderungen für die Registrierung oder die Erfassung der Daten nicht relevant sind. Eine Aufschlüsselung der Betreuungen nach der Wohnform und über die erhaltene Vergütung ist nicht mehr erforderlich. Der Umzug eines Betreuten ist nur dann mitzuteilen, wenn dadurch ein anderes Gericht zuständig wird.

3 Mitzuteilen sind die **Aktenzeichen** einschließlich der Bezeichnung des jeweiligen Gerichts, bei dem das Verfahren geführt wird. Personenbezogene Daten des Betreuten sind nicht zu übermitteln, nur das Aktenzeichen. Diese Angaben dienen dazu, dass die Stammbehörde für jeden der bei ihr registrierten Betreuer die Anzahl der aktuell geführten Betreuungen kennt und weiß, bei welchen Gerichten sie geführt werden. Die für das einzelne Betreuungsverfahren zuständige Betreuungsbehörde hat die Anzahl der geführten Betreuungen nach § 12 Abs. 3 S. 3 dem jeweiligen Gericht mit dem **Betreuervorschlag** mitzuteilen. Die (zu begrenzende) Anzahl von geführten Betreuungen ist immer wieder Thema (Christl BtPrax 2023, 93). Fallen die beiden Behörden auseinander, muss die Information weitergegeben werden. Zur Vereinfachung bietet sich zukünftig die Entwicklung eines zentralen Registers an, auf das alle Betreuungsbehörden zugreifen können, das aber auch von allen gepflegt werden muss (Walther/Bürkel BtPrax 2021, 123 (127)).

4 Zudem haben die beruflichen Betreuer der Stammbehörde **unverzüglich** und **von sich aus,** alle Änderungen mitzuteilen, die sich auf die Registrierung auswirken können. Hierbei handelt es sich vor allem um nachträglich eintretende Umstände, die einen in § 23 Abs. 2 normierten Ausschlussgrund für die Zuverlässigkeit darstellen können (→ BtOG § 23 Rn. 4), dazu gehört auch bereits die Einleitung eines strafrechtlichen Ermittlungsverfahrens mit betreuungsrechtlichem Bezug.

5 Mitzuteilen sind nach **S. 2** Änderungen des zeitlichen Gesamtumfangs und der Organisationsstruktur (dazu gehört auch die Kündigung oder Neueinstellung von Mitarbeitern) sowie jede Änderung des Sitzes oder Wohnsitzes. Daneben hat der Betreuer Änderungen seiner personenbezogenen Daten mitzuteilen, wie etwa des Namens, der Anschrift, der Erreichbarkeit etc., damit der **Datenbestand der Stammbehörde stets aktuell** ist. Bei erheblichen und beharrlichen Verstößen gegen diese Mitteilungspflicht liegt aufgrund der dadurch indizierten Unzuverlässigkeit des Betreuers ein Widerrufsgrund nach § 27 Abs. 1 Nr. 1 vor (→ BtOG § 27 Rn. 2).

6 Der Betreuer hat nach **Abs. 2** unaufgefordert alle drei Jahre ein aktuelles Führungszeugnis und eine aktuelle Auskunft aus dem Schuldnerverzeichnis vorzulegen sowie erneut eine Erklärung, ob ein Insolvenz-, Ermittlungs- oder Strafver-

fahren anhängig ist. Damit hat die Stammbehörde die Möglichkeit, nicht nur am Anfang bei der Registrierung, sondern auch im Verlauf der Betreuertätigkeit die persönliche Zuverlässigkeit zu prüfen.

Wenn der Betreuer seine Vergütungstabelle gem. § 8 Abs. 3 VBVG feststellen lässt (→ VBVG § 8 Rn. 14), hat er nach **Abs. 3** das Ergebnis der Stammbehörde unaufgefordert mitzuteilen. Die Stammbehörde benötigt diese Information, um sie an Betreuungsgerichte oder andere Betreuungsbehörden im Falle einer entsprechenden Abfrage im Bestellungsverfahren übermitteln zu können. Beantragt der Betreuer diese Feststellung nicht, muss die Höhe der Vergütung weiterhin nach dem früheren System in jedem Betreuungsverfahren festgesetzt werden und die Stammbehörde kann keine verbindliche Aussage machen. Sie sollte die bei ihr registrierten Betreuer auffordern, den Antrag zu stellen. 7

§ 26 Umgang mit den für die Registrierung relevanten Daten

(1) **Die Stammbehörde verarbeitet die bei der Durchführung ihrer Aufgaben nach diesem Titel erhaltenen Daten einschließlich personenbezogener Daten, soweit dies hierfür erforderlich ist.**

(2) **Die Stammbehörde ist berechtigt und auf Verlangen des Betreuungsgerichts verpflichtet, diesem die bei ihr über einen beruflichen Betreuer vorhandenen Daten zu übermitteln, soweit dies für die Erfüllung der gesetzlichen Aufgaben des Betreuungsgerichts erforderlich ist.**

(3) **Die Stammbehörde darf anderen Betreuungsbehörden Daten übermitteln, die sie bei der Durchführung ihrer Aufgaben nach diesem Titel erhalten hat, soweit die Kenntnis dieser Daten zur Erfüllung der Aufgaben der Behörde, an die die Daten übermittelt werden, erforderlich ist.**

(4) **[1]Gerichte und Behörden dürfen der Stammbehörde personenbezogene Daten übermitteln, soweit deren Kenntnis für die Registrierung oder die Rücknahme oder den Widerruf der Registrierung erforderlich ist. [2]Satz 1 gilt nur, soweit durch die Übermittlung der Daten schutzwürdige Interessen der betroffenen Person nicht beeinträchtigt werden oder soweit das öffentliche Interesse das Geheimhaltungsinteresse der betroffenen Person überwiegt.**

I. Inhalt der Norm (Abs. 1)

Rechtliche Grundlagen des Datenschutzes sind zunächst die Vorschriften der Europäischen Datenschutz-Grundverordnung (DSGVO). Im am 1.1.2023 in Kraft getretenen BtOG sind erstmals betreuungsspezifische Rechtsgrundlagen zum Datenschutz geschaffen worden, deren Fehlen im BtBG aF zu Unsicherheiten geführt hatte (Walther BtPrax 2016, 167; Deinert BtPrax 2019, 19; Walther/Bürkel BtPrax 2021, 123; BT-Drs. 19/24445, 382). **§ 4** enthält eine Rechtsgrundlage für die Verarbeitung personenbezogener Daten für die Behörde als **Betreuungsbehörde** in den einzelnen Verfahren (→ BtOG § 4 Rn. 2 mit allgemeiner Einführung). § 26 enthält in Abs. 1 die bereichsspezifische Rechtsgrundlage für die Verarbeitung der über berufliche Betreuer im Rahmen des Registrierungsverfahrens erlangten Daten einschließlich personenbezogener Daten durch die zuständige Behörde als **Stammbehörde** sowie für die verschiedenen hierbei in Betracht kom- 1 menden Datenübermittlungen. Eine Einwilligung ist daher nicht erforderlich. Nach der Legaldefinition in Art. 4 Nr. 2 DSGVO sind insbesondere das Erheben, Erfassen, die Organisation und Speicherung und die Offenlegung durch Übermittlung umfasst (HK-BUR/Deinert § 26; Dodegge/Roth J Rn. 237 ff.).

II. Berechtigung der Stammbehörde gegenüber dem Betreuungsgericht (Abs. 2)

2 Abs. 2 ist eine spezielle Rechtsgrundlage für die Berechtigung der Datenübermittlung **an das Gericht** über die bei der Behörde über berufliche Betreuer vorhandenen Daten. Auf Verlangen **hat** die Behörde die erforderlichen Daten **zu übermitteln.** Das Gericht kann jederzeit die bei der Stammbehörde vorhandenen Daten des betreffenden Betreuers insbesondere zum Zwecke der Feststellung der persönlichen Eignung, aber auch im Hinblick auf das Bestehen eines Vergütungsanspruches, abfragen. Wurde die Registrierung durch die Behörde widerrufen, zurückgenommen oder gelöscht, ist dies auch gem. § 27 Abs. 4 mitzuteilen, also nicht nur im Rahmen eines konkreten Betreuungsverfahrens, und zwar in Form des ergangenen Verwaltungsaktes, unabhängig davon, ob er bereits bestandskräftig ist. Die Betreuungsgerichte müssen wissen, ob und ggf. welche konkreten Anhaltspunkte für einen **Eignungszweifel** vorliegen, damit sie ggf. auch schon vor einem bestandskräftigen Widerruf eine Entlassung des Betreuers nach § 1868 Abs. 1 BGB aus allen Verfahren prüfen können, und nicht erst nach § 1868 Abs. 2 BGB (zurückhaltender HK-BUR/Deinert Rn. 15). Ist keine sofortige Vollziehung angeordnet, kann ein gerichtliches Verwaltungsverfahren lange dauern. Es wäre purer Formalismus, wenn das Betreuungsgericht in jedem einzelnen Betreuungsverfahren gesondert die Betreuungsbehörde um Übermittlung der benötigten Daten bitten muss, siehe auch § 9 Abs. 2.

III. Berechtigung der Stammbehörde gegenüber anderen Betreuungsbehörden (Abs. 3)

3 Abs. 3 ist eine spezielle Rechtsgrundlage für die Berechtigung der Datenübermittlung durch die Stammbehörde **an andere Betreuungsbehörden.** Die beiden Behörden sind im Rahmen ihrer Aufgabenerfüllung im gerichtlichen Verfahren nach den §§ 11 und 12 untereinander auskunftspflichtig. Wenn eine Behörde einen beruflichen Betreuer aus einem anderen Bezirk für ein konkretes Verfahren vorschlagen will, hat sie sich regelmäßig bei der Stammbehörde des Betreuers nach den dort vorhandenen Angaben und Informationen zu erkundigen und diese nach § 12 Abs. 3 S. 3 mit dem Betreuervorschlag an das Betreuungsgericht zu übermitteln (→ BtOG § 12 Rn. 4).

IV. Berechtigung der Gerichte und der Behörden gegenüber der Stammbehörde (Abs. 4)

4 Abs. 4 ist eine spezielle Rechtsgrundlage für die Berechtigung der Datenübermittlung der Gerichte und Behörden **an die Stammbehörde,** soweit deren Kenntnis für die Registrierung oder die Rücknahme oder den Widerruf der

Registrierung erforderlich ist. Hiervon erfasst sein kann insbesondere die Übermittlung von Informationen, die nach § 23 Abs. 2 Nr. 1 für die Feststellung der persönlichen Zuverlässigkeit eines beruflichen Betreuers relevant sind, zB Mitteilungen der Strafgerichte über anhängige Strafverfahren gegen den Betreuer nach MiStra (BT-Drs. 19/24445, 383). Erkenntnisse aus einem einzelnen Verfahren zu Eignung und Zuverlässigkeit des Betreuers richtet sich nach **§ 309a FamFG.** Eine Datenübermittlung von Informationen, die aufgrund der Vergütungseinstufung dem Amtsgericht nach § 8 Abs. 3 VBVG bekannt wurden, richten sich nach § 26 und nicht nach § 309a FamFG (OLG Hamburg BtPrax 2024, 72). FamFG-Vorschriften sind nur im jeweiligen Betreuungsverfahren anzuwenden, das BtOG regelt Befugnisse der Institutionen außerhalb der konkreten Betreuungsverfahren. Betreuungsbehörden sind berechtigt, für die Registrierung relevante Informationen, die sie ihrerseits von den Betreuungsgerichten erhalten haben, der zuständigen Stammbehörde zu übermitteln. Dies gilt zB für die Information über das Ende einer Betreuung durch den Tod des Betreuten nach § 309a Abs. 1 FamFG, aber auch von Umständen, die die Eignung oder Zuverlässigkeit des Betreuers betreffen nach § 309a Abs. 2 FamFG. Hier ist es Aufgabe der jeweiligen im Verfahren zuständigen Behörde, der Stammbehörde die relevanten Informationen zu übermitteln. Nach S. 2 ist stets eine Abwägung der Rechtsgüter vorzunehmen. Steht die Eignung des beruflichen Betreuers in Frage, dürfte damit der Schutz von Gemeinschaftsgütern (so BT-Drs. 19/24445, 372) höher zu bewerten sein als dessen Interesse an einer Geheimhaltung. Ist er mit der Weitergabe einverstanden, kommt es auf die Abwägung nicht an. Weitere Mitteilungsbefugnisse und -pflichten des Gerichts finden sich in §§ 308 bis 311 FamFG.

§ 27 Widerruf, Rücknahme und Löschung der Registrierung

(1) **Die Stammbehörde widerruft die Registrierung unbeschadet der landesrechtlichen Vorschriften, die § 49 des Verwaltungsverfahrensgesetzes entsprechen, wenn**

1. **begründete Tatsachen die Annahme rechtfertigen, dass der berufliche Betreuer die persönliche Eignung oder Zuverlässigkeit nicht mehr besitzt; dies ist in der Regel der Fall, wenn einer der in § 23 Absatz 2 genannten Gründe nachträglich eintritt, der berufliche Betreuer gegen das Verbot nach § 30 oder beharrlich gegen die Pflichten nach § 25 verstößt,**
2. **der berufliche Betreuer keine Berufshaftpflichtversicherung nach § 23 Absatz 1 Nummer 3 mehr unterhält,**
3. **begründete Tatsachen die Annahme rechtfertigen, dass der berufliche Betreuer die Betreuungen dauerhaft unqualifiziert führt; dies ist in der Regel der Fall, wenn der berufliche Betreuer mehrfach wegen fehlender Eignung aus dem Betreuerverhältnis entlassen worden ist, oder**
4. **der als Mitarbeiter eines nach § 14 anerkannten Betreuungsvereins registrierte berufliche Betreuer den vollständigen Nachweis seiner Sachkunde nicht bis zum Ablauf eines Jahres ab Registrierung oder bis zum Ablauf der verlängerten Frist erbringt (§ 23 Absatz 4 Satz 2 und 3).**

(2) **Hat der berufliche Betreuer im Registrierungsantrag in wesentlichen Punkten vorsätzlich unrichtige Angaben gemacht oder für die**

Registrierung relevante Umstände pflichtwidrig verschwiegen und beruht die Registrierung auf diesen Angaben, hat die Stammbehörde die Registrierung unbeschadet der landesrechtlichen Vorschriften, die § 48 des Verwaltungsverfahrensgesetzes entsprechen, zurückzunehmen.

(3) **Auf Antrag des beruflichen Betreuers oder nach seinem Tod hat die Stammbehörde seine Registrierung zu löschen.**

(4) [1]**Der Widerruf, die Rücknahme oder die Löschung der Registrierung gelten bundesweit.** [2]**Den Widerruf, die Rücknahme oder die Löschung der Registrierung hat die Stammbehörde sämtlichen Betreuungsgerichten, bei welchen der berufliche Betreuer Betreuungen führt, sowie den jeweils für den Gerichtsbezirk zuständigen Betreuungsbehörden mitzuteilen.**

I. Widerruf der Registrierung (Abs. 1)

1 Die Vorschrift tritt neben die allgemeinen Regelungen über den Widerruf eines rechtmäßigen Verwaltungsaktes, also den entsprechenden landesrechtlichen Vorschriften nach § 49 VwVfG (HK-BUR/Deinert Rn. 7 ff.; Dodegge/Roth Rn. 243 ff.; Scheulen BtPrax 2023, 51 (54); Schnellenbach/Normann-Scheerer/Giers/Thielke BetreuungsR-HdB Rn. 68 ff.).

Sie **verpflichtet** die zuständige Behörde, Registrierungen zu widerrufen, wenn während der beruflichen Betreuertätigkeit einer der genannten Widerrufsgründe festgestellt wird. Die Behörde hat **kein Ermessen,** wenn es einen Widerrufsgrund feststellt, aber einen **Beurteilungsspielraum,** ob einer vorliegt. Da der Widerruf der Registrierung einen **Eingriff in die Berufsfreiheit** bedeutet, sind die Widerrufsgründe besonders sorgfältig zu prüfen. Es muss die Annahme gerechtfertigt sein, dass der Schutz der Betreuten durch eine Fortsetzung der Betreuungsführung durch den beruflichen Betreuer gefährdet wäre, denn nur dieses Gemeinschaftsschutzgut rechtfertigt den Eingriff in Art. 12 Abs. 1 GG (BT-Drs 19/24445, 383; → BtOG § 23 Rn. 3). Während der laufenden Betreuertätigkeit hat die Stammbehörde zwar keine allgemeine Dienstaufsicht, fungiert aber als die zentrale Stelle, die alle Informationen sammelt und bewertet, die die Fragen von **Eignung, Zuverlässigkeit und Sachkunde** des Betreuers betreffen. Sie soll sich ua die Zuverlässigkeit in regelmäßigen Abständen nachweisen lassen. Werden der Stammbehörde Umstände bekannt, die zu einem Widerruf der Registrierung führen können, hat sie dies zu prüfen. Innerhalb des Widerrufsverfahrens ist dem beruflichen Betreuer sodann nach den allgemeinen Grundsätzen des Verwaltungsrechts nicht nur rechtliches Gehör, sondern auch die Gelegenheit zu geben, das beanstandete Verhalten dauerhaft abzustellen und so den Grund für einen Widerruf zu beseitigen. Vor einem Widerruf hat die Stammbehörde zu prüfen, ob andere Maßnahmen ausreichen, dem Missstand sofort und nachhaltig abzuhelfen (VG Göttingen BtPrax 2025, 192 mAnm Mazur; VG München, BtPrax 2026, 37 mAnm Scherberger).

2 Ein Widerrufsgrund nach **Abs. 1 Nr. 1** ist die mangelnde persönliche Eignung oder Zuverlässigkeit des beruflichen Betreuers (→ BtOG § 23 Rn. 4). Der 2. Hs. verweist hinsichtlich der Regelfälle persönlicher Unzuverlässigkeit auf § 23 Abs. 2 (→ BtOG § 23 Rn. 7). Wer entgegen § 30 Zuwendungen des Betreuten entgegennimmt oder sich im Testament eines Betreuten wissentlich begünstigen lässt, muss mit einem Widerruf der Registrierung rechnen. Die erhebliche Verletzung der

Mitteilungs- und Nachweispflicht nach § 25 indiziert die fehlende Zuverlässigkeit und kann ebenfalls zum Widerruf der Registrierung führen (→ BtOG § 25 Rn. 3). Dies allein wird nur in Ausnahmefällen gerechtfertigt sein, zB wenn der Betreuer sich wiederholt der „Aufsicht" der Stammbehörde entzieht. Erforderlich für den Widerruf ist ein beharrlicher Verstoß, der erheblich ist, Nachteile für die Betreuten hat und sich der Betreuer uneinsichtig zeigt. Im Fall des sog. **Bestandsbetreuers** darf der Widerruf auch auf Sachverhalte gestützt werden, welche zeitlich vor der nach § 32 erfolgten Registrierung liegen, denn sie wurden in der Regel ohne Überprüfung der Voraussetzungen des § 23 Abs. 1 Nr. 1 und 2 registriert. (VG Köln Rpfleger 2024, 688 = FamRZ 2024, 1730 (nur Leitsatz); VG Weimar FamRZ 2024, 388; VG Göttingen BtPrax 2025, 192). Auch Pflichtverletzungen gegenüber den Betreuungsgerichten, zB durch wiederholte Untätigkeit und Fristversäumnisse – wie Verletzung der Berichtspflichten aus § 1863 BGB – in einer Vielzahl seiner Betreuungsverfahren können über das Regelbeispiel hinaus erhebliche Zweifel an der Zuverlässigkeit begründen. Denn wenn das Gericht seiner Aufsichtspflicht nicht nachkommen kann, ist auch zu befürchten, dass es bei der Erledigung der Angelegenheiten für den Betreuten zu Versäumnissen kommt.

Nach § 10 Abs. 3 BtRegV ist die **Versicherung** vertraglich zu verpflichten, der Stammbehörde Änderungen des Versicherungsvertrages unverzüglich mitzuteilen. Wenn die Behörde dadurch – oder auch auf andere Weise – Kenntnis davon erhält, dass der Betreuer keine Berufshaftpflichtversicherung mehr unterhält, ist die Registrierung nach **Nr. 2** zu widerrufen. Die Versicherung ist zum Schutz des Betreuten gem. § 23 Abs. 1 Nr. 3 konstitutive Voraussetzung für die Registrierung (→ BtOG § 23 Rn. 6). Das impliziert die Pflicht, sie permanent zu unterhalten, und rechtfertigt es, die Registrierung bei Nichteinhaltung dieser Pflicht zu widerrufen. 3

Widerrufsgrund nach **Nr. 3** ist eine dauerhaft unqualifizierte Führung der Betreuungen wodurch erkennbar wird, dass der Betreuer ungeeignet ist, Betreuungen beruflich zu führen. Durch Missachtung der Selbstbestimmung der Betreuten nach den Grundsätzen des **§ 1821 BGB,** durch eigenmächtiges Handeln in Form der Fremdbestimmung ohne die Wünsche der Betreuten zu berücksichtigen zeigt der Betreuer, dass er nicht willens oder nicht in der Lage ist, seinen **gesetzlichen Pflichten** gegenüber seinen Betreuten nachzukommen. § 1821 BGB enthält Rechtspflichten und keine Empfehlungen, sodass sich ein Betreuer disqualifiziert, der seinen Betreuten alles abnimmt, dh von seiner Vertretungsbefugnis Gebrauch macht, anstatt diesen zu unterstützen, selbst wirksam tätig zu werden. Eine einmalige Pflichtverletzung dürfte nur dann zum Widerruf führen, wenn sie derart schwer wiegt, dass aus ihr auf eine grundlegende Ungeeignetheit zu schließen ist. Die Behörde muss die Umstände besonders gründlich prüfen und eine vertiefte Abwägung durchführen (BT-Drs. 19/24445, 384). Die Behörde kann mit dem Betreuer **jederzeit** ein **Eignungsgespräch** führen, wenn ihr erste Anhaltspunkte bekannt werden, die Zweifel an der Eignung begründen können. Sie muss nicht gleich ein Widerrufsverfahren einleiten. Zunächst sind mildere Mittel anzuwenden, soweit es noch möglich erscheint, dass der Betreuer sein Verhalten zukünftig ändert. Um Anhaltspunkte zu verifizieren, ist ein **Informationsaustausch** zwischen Betreuungs- und Stammbehörde und Betreuungsgericht unabdingbar. 4

Der 2. Hs. nennt ein **Regelbeispiel** für dauerhaft unqualifiziert geführte Betreuungen, nämlich wenn der berufliche Betreuer mehrfach wegen fehlender oder mangelnder Eignung durch das Gericht nach **§ 1868 Abs. 1 BGB** aus einem Betreuerverhältnis **entlassen** worden ist. Der Widerruf ist aber nicht zwingend.

Die Behörde hat die Pflichtverletzung eigenständig zu prüfen und die Schwere zu bewerten. Sie kann zu dem Ergebnis kommen, dass auch eine mehrfache Entlassung noch nicht zur generellen Feststellung der Ungeeignetheit führt, hat es aber zu prüfen. Mit „mehrfach" hat der Gesetzgeber der Behörde bewusst einen **Spielraum** gelassen. Auf der anderen Seite kann sie die Registrierung widerrufen, wenn sie auf andere Weise von regelmäßigen Pflichtverletzungen Kenntnis erhält und ohne dass es bereits zu Entlassungen gekommen ist. Betreuungsgerichte mögen dazu neigen, eine Entlassung möglichst „leicht" zu begründen und die Ungeeignetheit nicht genauer darzulegen, insbesondere dann, wenn der Betreuer seiner Entlassung zustimmt (Dodegge/Roth Rn. 248). Ein informatorischer Austausch ist umso wichtiger, s. § 26 Abs. 4. In jedem Fall können nur erhebliche oder wiederholte Verstöße den Widerruf rechtfertigen. Nach dem Grundsatz der **Verhältnismäßigkeit** setzt ein Widerruf voraus, dass mildere Mittel, insbesondere Hinweise durch die Behörde oder Auflagen, nicht zum Erfolg führen.

5 Ein zwingender Widerrufsgrund liegt nach **Nr. 4** vor, wenn ein **Vereinsbetreuer** nach § 23 Abs. 4 bereits registriert wurde, bevor er den erforderlichen Sachkundenachweis vollständig erbracht hat, die vollständige Sachkunde aber entgegen der Verpflichtung innerhalb des folgenden Jahres oder der ggf. verlängerten Frist nicht nachweist (mit § 23 Abs. 4 erst durch sog. Reparaturgesetz vom 24.6.2022 eingefügt; → BtOG § 23 Rn. 15). Hält er diese Verpflichtung nicht ein, ist die Registrierung durch die Stammbehörde zu widerrufen. Da die Registrierung rechtmäßig war, hat der Widerruf nur eine Wirkung für die Zukunft, so dass er keinen Einfluss auf die für die Tätigkeit des Vereinsbetreuers bis zum Ablauf des Jahres nach Registrierung erworbenen Vergütungsansprüche des Vereins hat. Solange der Mitarbeiter eines anerkannten Betreuungsvereins Betreuungen als registrierter beruflicher Betreuer geführt hat, steht dem Verein für diesen Zeitraum nach § 7 Abs. 2 S. 1 VBVG die **Vergütung** für dessen Tätigkeit zu. Verlässt der Betreuer den Verein, bevor er die vollständige Sachkunde nachgewiesen hat, ist die Registrierung ebenfalls zu widerrufen, da die erleichterte Registrierung nach § 23 Abs. 4 zwingend an die Erfüllung der dort genannten Voraussetzungen, insbesondere die in Nr. 2 vorgesehene Anleitung und Kontrolle des betreffenden Vereinsbetreuers gekoppelt ist. In begründeten Ausnahmefällen soll die Stammbehörde die Möglichkeit haben, die Frist über das eine Jahr ab Registrierung hinaus zu verlängern, wenn der Mitarbeiter ohne sein Verschulden verhindert ist, die Frist einzuhalten. Ein solcher Fall kann zum Beispiel vorliegen, wenn der Vereinsbetreuer die für den vollständigen Nachweis der Sachkunde erforderlichen Module eines Sachkundelehrgangs aufgrund längerer Krankheit oder Elternzeit nicht rechtzeitig hat absolvieren können.

II. Rücknahme der Registrierung (Abs. 2)

6 Abs. 2 erfasst den Fall der Rücknahme einer von Anfang an **rechtswidrigen** Registrierung. Nicht jede unrichtige Angabe führt zu einer Rücknahme, sondern nur vorsätzlich falsch gemachte Angaben in wesentlichen Punkten, auf denen die Registrierung beruht. Versehentlich falsch vorgenommene Angaben in Punkten, die für die Entscheidung über eine Registrierung nicht wesentlich sind, können daher allein keine Rücknahme der Registrierung zur Folge haben. Es gilt der Grundsatz der **Verhältnismäßigkeit** im Rahmen einer Abwägung, gemessen an den jeweiligen Rechtsgüter der Berufsfreiheit und dem Schutz der Betreuten. Die Vorschrift tritt neben die allgemeinen Regelungen über die Rücknahme eines Verwaltungsaktes nach den § 48 VwVfG entsprechenden landesrechtlichen Vorschriften, auch zu der Frage, in welchen Fällen der Vergütungsanspruch rückwirkend wegfällt und ggf. von dem Betreuer zurückzufordern ist.

III. Löschung der Registrierung (Abs. 3)

Die Registrierung ist auf Antrag des Betreuers zu löschen, insbesondere dann, 7
wenn dieser seine berufliche Betreuertätigkeit beendet. Dafür bedarf es keines förmlichen Verwaltungsaktes. Dem ehemals beruflichen Betreuer ist es unbenommen, auch nach der Löschung Betreuungen ehrenamtlich weiterzuführen, soweit der weiterhin für geeignet gehalten wird. Das Betreuungsgericht könnte in einem solchen Fall deklaratorisch klarstellen, dass die Betreuung ehrenamtlich weitergeführt wird. Bei Tod des Betreuers hat die Stammbehörde die Löschung von Amts wegen vorzunehmen. Das bei der Stammbehörde geführte Register ist aktuell zu halten und von überflüssigen Daten zu bereinigen.

IV. Folgen (Abs. 4)

Ebenso wie die Registrierung gelten auch der Widerruf, die Rücknahme oder 8
die Löschung der Registrierung im gesamten Bundesgebiet. Um diese Maßnahmen allen mit dem Betreuer befassten Stellen bekannt zu machen, hat die Stammbehörde sämtliche Betreuungsgerichte, bei denen er Betreuungen führt, sowie die für den jeweiligen Gerichtsbezirk zuständigen Betreuungsbehörden zu unterrichten. Der Betreuer hat ohne gültige Registrierung **keinen Anspruch auf Vergütung** seiner Tätigkeit mehr. Bei Widerruf und Rücknahme ist er im Regelfall nicht mehr als geeignet anzusehen, mit der Folge, dass er von den Betreuungsgerichten nach **§ 1868 Abs. 2 BGB** aus den aktuell geführten Betreuungsverfahren **zu entlassen** ist.

V. Verfahren

Widerruf und die Rücknahme sind Verwaltungsakte, die gem. § 43 VwVfG 9
mit Bekanntgabe an den Betreuer wirksam werden und nur für die Zukunft gelten (ex nunc). Sie sind zu begründen und mit einer Rechtsmittelbelehrung zu versehen. Es ist der Verwaltungsrechtsweg nach § 40 VwGO gegeben. Ob vor dem gerichtlichen Verfahren ein behördliches Widerspruchsverfahren durchzuführen ist, hängt von den jeweiligen Vorschriften der Länder ab. Widerspruch und Anfechtungsklage haben nach § 80 VwGO (rückwirkend) **aufschiebende Wirkung,** es sei denn, dass die Behörde die sofortige Vollziehbarkeit angeordnet hat. Dagegen kann der Betreuer wiederum die Wiederherstellung der aufschiebenden Wirkung beantragen (Scheulen BtPrax 2023, 51; ausführlich HK-BUR/Deinert Rn. 63 ff.). Der Vergütungsanspruch erlischt entweder mit Bestandskraft des Verwaltungsaktes oder mit sofortiger Vollziehbarkeit.

§ 28 Wechsel des Sitzes oder Wohnsitzes

(1) Ändert der berufliche Betreuer seinen Sitz oder Wohnsitz und ist deshalb eine andere Stammbehörde örtlich zuständig, hat er dies der neuen Stammbehörde unverzüglich anzuzeigen.

(2) [1]Die neue Stammbehörde hat den beruflichen Betreuer zu registrieren. [2]Eine erneute Prüfung der Registrierungsvoraussetzungen findet anlässlich des Zuständigkeitswechsels nicht statt. [3]Die bisher zuständige Stammbehörde hat sämtliche Unterlagen und Daten, die den beruflichen Betreuer betreffen, an die neue Stammbehörde zu übermitteln.

1 **Abs. 1** regelt die Anzeigepflicht des beruflichen Betreuers bei einer Änderung seines Sitzes oder Wohnsitzes, wenn aus diesem Grund eine andere Stammbehörde zuständig wird, was sich wiederum aus § 2 Abs. 4 ergibt. Ändert sich durch einen Umzug nicht die Zuständigkeit der Stammbehörde, ergibt sich die Mitteilungspflicht aus § 25 Abs. 1 S. 2.

2 Nach **Abs. 2** hat die örtlich neu zuständige Behörde den Betreuer zu registrieren, ohne die Registrierungsvoraussetzungen neu prüfen zu müssen, es sei denn, dass die Registrierung bei der bisher zuständigen Behörde noch nicht abgeschlossen war. In diesem Fall liegt die Verantwortung bei der neuen Behörde. Die bisherige Stammbehörde hat alle Unterlagen an die neue zu übermitteln. Diese wird mit der Übernahme für alle weiteren Tätigkeiten, insbesondere für ein Eignungsgespräch oder einen eventuellen Widerruf der Registrierung, zuständig. Eine neue Gebühr ist nicht zu entrichten, siehe § 24 Abs. 5 (ausführlich HK-BUR/Deinert Rn. 11 ff.) Der Betreuer hat seine Mitteilungspflichten nun gegenüber der neuen Behörde zu erbringen.

§ 29 Fortbildung

[1]Der berufliche Betreuer stellt in eigener Verantwortung seine regelmäßige berufsbezogene Fortbildung sicher. [2]Nachweise über die erfolgte Fortbildung sind der Stammbehörde vorzulegen.

1 **S. 1** enthält eine **Verpflichtung** zur Teilnahme an regelmäßigen berufsbezogenen Fortbildungen. Der Nachweis der Sachkunde zu Beginn der Tätigkeit im Registrierungsverfahren, die bei Bestandsbetreuern auch ohne Nachweis vermutet wird, reicht nicht aus, um **dauerhaft qualifiziert** berufliche Betreuungen zu führen. Auch nach Aufnahme der Betreuungstätigkeit hat zur **Qualitätssicherung** eine kontinuierliche Fortbildung stattzufinden. Dies war eine Handlungsempfehlung des Abschlussberichts der Qualitätsstudie (Handlungsempfehlung 1, 563, (580)). Die Empfehlung umfasst die Teilnahme an aufgabenspezifischen Fortbildungen sowie einen regelmäßigen organisierten Erfahrungsaustausch zu den Möglichkeiten der Stärkung von Autonomie und Selbstbestimmung sowie zur barrierefreien Kommunikation. Das Gesetz macht keine konkreten Angaben über Art, Umfang und Abstände der Fortbildung. Der Gesetzgeber ist davon ausgegangen, dass der Fortbildungsbedarf sehr unterschiedlich sein kann und dass registrierte Betreuer in der Lage sind, ihre regelmäßige berufsbezogene Fortbildung in eigener Verantwortung sicherzustellen (BT-Drs. 19/24445, 385). Die Regelung hat wegen ihrer Unschärfe berechtigte Kritik erfahren (so Thar BtPrax 2022, 8 (12)).

Um der Stammbehörde, bei der alle Informationen über den Betreuer gesammelt werden, einen Überblick über die Erfüllung der Fortbildungsverpflichtung zu verschaffen, sind ihr nach **S. 2** die **Nachweise** über absolvierte Fortbildungen vorzulegen. Für Vereinsbetreuer kann der Nachweis auch durch den Verein erfolgen. Da die Stammbehörde nicht nur die Aufgabe hat, die Daten zu sammeln, sondern auch die **Qualität** der bei ihnen registrierten Betreuern zu sichern, darf und sollte sie Betreuer bei Ausbleiben der Nachweise auffordern, geeignete Fortbildungen zu besuchen; dies insbesondere dann, wenn bereits Anhaltspunkte für mangelnde Qualität und damit ein Bedarf an Fortbildung bekannt geworden sind. Wer zB drei Jahre nach Inkrafttreten der Reform noch immer auf die alten Paragrafen und die alte Rechtslage Bezug nimmt oder seine Anträge ausschließlich aus Formularbüchern abschreibt ohne sie zu individualisieren, könnte zu einer Fortbildung angehalten werden. Sollten **Eignungszweifel** bestehen und keine Fortbildungen besucht werden, kann die Stammbehörde den Betreuer dazu auffordern mit dem Hinweis, dass ansonsten die Einleitung eines Widerrufsverfahrens in Betracht gezogen wird. Weitere Sanktionsmöglichkeiten gibt es derzeit nicht. 2

§ 30 Leistungen an berufliche Betreuer

(1) [1]**Einem beruflichen Betreuer ist es untersagt, von dem von ihm Betreuten Geld oder geldwerte Leistungen anzunehmen.** [2]**Dies gilt auch für Zuwendungen im Rahmen einer Verfügung von Todes wegen.** [3]**Die gesetzliche Betreuervergütung bleibt hiervon unberührt.**

(2) **Absatz 1 Satz 1 und 2 gilt nicht, wenn**

1. **andere als die mit der Betreuervergütung abgegoltenen Leistungen vergütet werden, insbesondere durch die Zahlung von Aufwendungsersatz nach § 1877 Absatz 3 des Bürgerlichen Gesetzbuchs, oder**
2. **geringwertige Aufmerksamkeiten versprochen oder gewährt werden.**

(3) [1]**Das Betreuungsgericht kann auf Antrag des Betreuers im Einzelfall Ausnahmen von dem Verbot des Absatzes 1 Satz 1 und 2 zulassen, soweit der Schutz des Betreuten dem nicht entgegensteht.** [2]**Entscheidungen nach Satz 1 sind der für den beruflichen Betreuer zuständigen Stammbehörde mitzuteilen.**

Die 2023 mit der Reform neu geschaffene Norm untersagt in Abs. 1 dem Betreuer die Annahme von geldwerten Zuwendungen des Betreuten neben der gesetzlich festgelegten Vergütung. Dies gilt für **Schenkungen** (darunter fallen zB auch zinslose Darlehn) und für **erbrechtliche Verfügungen,** zB im Rahmen eines Testaments. Auf die Geschäfts- oder Testierfähigkeit des Betreuten kommt es nicht an. Schenkung und Testament sind nicht unwirksam, der Betreuer darf die Zuwendung aber nicht annehmen bzw. muss das Erbe ausschlagen. Es handelt sich um eine gesetzliche Regelung der Berufsethik. Die Annahme stellt einen Verstoß gegen Berufspflichten dar, nicht jedoch einen Verstoß gegen ein gesetzliches Verbot iSv § 134 BGB (OLG Nürnberg FamRZ 2024, 392). Daneben kommt im Einzelfall weiterhin die Feststellung der Sittenwidrigkeit durch das Nachlassgericht mit der Folge der Nichtigkeit nach § 138 BGB in Betracht, wenn der Betreuer seine gerichtlich verliehene Stellung und seinen Einfluss genutzt hat, um auf den Betreuten gezielt zu seinen eigenen Gunsten einzuwirken oder aufgrund sonstiger besonderer Umstände des Einzelfalles (OLG Celle BtPrax 2021, 1

118 (119); OLG Celle BtPrax 2024, 103 (104)). Die Rechtsprechung hatte früher mehrfach die fehlende Wertung des Gesetzgebers bemängelt. Einem Eingriff in die Testierfreiheit des Betreuten standen im Gesetzgebungsverfahren jedoch verfassungsrechtliche Gesichtspunkte entgegen.

Durch die neue „Compliance-Norm" soll schon der Anschein einer Missbrauchsmöglichkeit, die das übertragene Amt dem Betreuer eröffnet, vermieden werden (BT-Drs. 19/24445, 386; Schnellenbach/Normann-Scheerer/Giers/Thielke BetreuungsR-HdB Rn. 74). Ein Berufsverband hatte ein solches Verbot bereits 2018 in seinen Leitlinien zur Berufsethik beschlossen. Der Betreuer soll **keine persönlichen Vorteile** aus seiner Tätigkeit ziehen. Anders als bei ehrenamtlichen angehörigen Betreuern ist der Kontakt zwischen dem beruflichen Betreuer und dem Betreuten und damit das Näheverhältnis ausschließlich aufgrund seiner beruflichen Tätigkeit durch eine gerichtliche Bestellung entstanden. Daher stellt das Verbot, Begünstigungen anzunehmen, eine **Berufspflicht** dar. Es wird zum einen die abstrakte Gefahr, dass Betreuer vermögende Betreute mit der Aussicht auf eine geldwerte Begünstigung „besser" betreuen oder ihnen mehr Zuwendung zukommen lassen als nicht vermögende, vermieden und zum anderen verhindert, dass der Hilfebedarf der Betreuten in finanzieller Hinsicht ausgenutzt wird. Der Betreuer hat häufig erhebliche Einflussmöglichkeiten auf die finanziellen Belange und nicht selten auch auf die Entscheidungen des Betreuten. Diesem soll gar nicht erst die Möglichkeit eröffnet sein, seinen Betreuer zu begünstigen. Es gibt eine ähnliche Regelung in den Heimgesetzen der Länder für Träger und Mitarbeiter stationärer Einrichtungen. § 14 HeimG bzw. die korrespondierenden landesrechtlichen Regelungen stellen jedoch eine gesetzliche Verbotsnorm iSv § 134 BGB dar, mit der Folge, dass die Verfügung nichtig ist. Das Verbot für berufliche Betreuer ist anders konstruiert, sodass diese auch bei sogenannten „stillen" Testierungen, also wenn sie von dem Testament zu Lebzeiten des Betreuten keine Kenntnis hatten, die Zuwendung dennoch nicht annehmen dürfen. Das Verbot greift, wenn die Annahme nach Inkrafttreten des Gesetzes erfolgt, unabhängig davon, wann das Testament errichtet worden ist. Wenn der Betreuer die Zuwendung dennoch annimmt oder das Erbe nicht ausschlägt und gegen das Verbot verstößt, ist gem. § 27 Abs. 1 Nr. 1 seine **Registrierung** zu **widerrufen.** Dies dürfte auch dann gelten, wenn er das Erbe annimmt oder bei einem Vermächtnis den Erben zur Auszahlung auffordert und später das Testament oder die Einsetzung des Vermächtnisses für sittenwidrig erklärt wird. Ebenso anwendbar bleibt die Norm, wenn der Betreuer bewusst die Aufhebung der Betreuung anregt und sich ggf. vor der Erstellung des Testaments oder dem Erbfall oder der Schenkung bevollmächtigen lässt, um das Schenkungsverbot zu umgehen.

2 **Abs. 2 Nr. 1** ist eine Klarstellung dahingehend, dass solche Leistungen nicht gemeint sind, auf die der Betreuer einen Anspruch hat, die aber nicht mit der gesetzlichen Betreuervergütung abgegolten sind. Dies kann unter anderem Aufwendungsersatz für solche zusätzlichen Dienste des Betreuers sein, die zu seinem Gewerbe oder Beruf gehören (§ 1877 Abs. 3 BGB), typischerweise die Anwaltstätigkeit des Betreuers, wenn der Betreute ihn ausdrücklich mandatiert. Die Einsetzung des Betreuers zum Testamentsvollstrecker ist dann bedenklich, wenn erhöhte Gebühren angesetzt werden.

3 Nach **Abs. 2 Nr. 2** sind geringwertige Aufmerksamkeiten ausgenommen, soweit der Betreute sie dem Betreuer aus Dank, Höflichkeit oder Anstand zu bestimmten Anlässen zukommen lassen möchte und ohne dass er hieran besondere Erwartungen knüpft. Es soll einem Betreuer nicht verboten sein, gelegentlich

etwa eine Schachtel Pralinen, Blumen oder die Einladung zum Kaffee von seinem Betreuten entgegenzunehmen, wenn es diesem ein **Bedürfnis** ist, sich mit solchen Aufmerksamkeiten erkenntlich zu zeigen.

Nach **Abs. 3** hat das Gericht im Einzelfall die Möglichkeit, eine Ausnahme zu genehmigen. **4**

Davon sollte jedoch sehr restriktiv Gebrauch gemacht werden. Voraussetzung ist zunächst, dass der Betreute für das Rechtsgeschäft geschäfts- oder testierfähig ist. In Betracht kommen Konstellationen, wenn sich die Zuwendung zB auf besondere einzelne Gegenstände beschränkt oder die Betreuung von besonders langer Dauer ist, zB ein Gemälde aus der Wohnung des Betreuten, die bei Heimaufnahme aufgegeben werden muss, gedacht nicht als Wertanlage, sondern als persönliche Erinnerung. Eine Genehmigung kann nur **vorher** erteilt werden, wenn die Leistung noch nicht versprochen oder gewährt worden ist. Die Ausnahme muss also vor dem Versprechen oder dem Gewähren der Leistungen vom Gericht zugelassen werden. Das Gericht hat zu prüfen, ob die Zuwendung tatsächlich dem **Willen des Betreuten** entspricht und nach dem **Schutzzweck der Norm** unbedenklich ist. Eine Genehmigung nach dem Tod des Betreuten dürfte nicht erteilt werden, da kaum noch festzustellen sein dürfte, ob dieser seine Leistung freiwillig und ohne Druck erbracht hat. Nur eine vorherige Überprüfung der Absichten des Betreuten durch das Gericht erlaubt die notwendige Feststellung (BT-Drs. 19/24445, 386). Zuständig ist der **Rechtspfleger.**

Für die **Stammbehörde** ist die Information über ein solches Verfahren wichtig, um sich ein Gesamtbild von dem rechtlichen Betreuer und seiner Integrität machen zu können, insbesondere wenn von einem Betreuer immer wieder solche Ausnahmen begehrt werden.

Abschnitt 4. Offenbarungsbefugnisse für Geheimnisträger

§ 31 Beratung und Übermittlung von Informationen durch Geheimnisträger bei Gefährdung von Betreuten

(1) Werden

1. Ärzten oder Angehörigen eines anderen Heilberufes, der für die Berufsausübung oder die Führung der Berufsbezeichnung eine staatlich geregelte Ausbildung erfordert,

2. Berufspsychologen mit staatlich anerkannter wissenschaftlicher Abschlussprüfung,

3. Beratern für Suchtfragen in einer Beratungsstelle, die von einer Behörde oder Körperschaft, Anstalt oder Stiftung des öffentlichen Rechts anerkannt ist, oder

4. staatlich anerkannten Sozialarbeitern oder staatlich anerkannten Sozialpädagogen

in Ausübung ihrer beruflichen Tätigkeit gewichtige Anhaltspunkte für eine Gefährdung der Person des Betreuten bekannt, so sollen sie dies mit diesem und dem Betreuer erörtern und, soweit erforderlich, auf die Inanspruchnahme von Hilfen hinwirken, soweit hierdurch der wirksame Schutz des Betreuten nicht in Frage gestellt wird.

(2) [1]Die in Absatz 1 Nummer 1 bis 4 genannten Personen haben gegenüber der Betreuungsbehörde zur Einschätzung einer Gefährdung der Person des Betreuten Anspruch auf Beratung durch eine Fachkraft. [2]Sie sind zu diesem Zweck befugt, dieser Fachkraft die zur Einschätzung einer Gefährdung erforderlichen Daten zu übermitteln; vor der Übermittlung sind diese Daten zu pseudonymisieren.

(3) [1]Kann eine Gefährdung des Betreuten durch eine Erörterung nach Absatz 1 nicht abgewendet werden oder ist die Erörterung erfolglos geblieben und halten die in Absatz 1 Nummer 1 bis 4 genannten Personen ein Tätigwerden des Betreuungsgerichts für erforderlich, um eine Gefährdung der Person des Betreuten abzuwenden, so sind sie befugt, das Betreuungsgericht zu informieren. [2]Auf die Möglichkeit einer solchen Information ist der Betreuer vorab hinzuweisen, es sei denn, dass damit der wirksame Schutz des Betreuten in Frage gestellt wird. [3]Zum Zweck der Information des Betreuungsgerichts sind die in Absatz 1 Nummer 1 bis 4 genannten Personen befugt, diesem die erforderlichen Daten zu übermitteln.

I. Überblick

1 In § 31 findet sich eine Vorschrift, die an § 4 des Gesetzes zur Kooperation und Information im Kindeschutz (KKG) über Offenbarungsbefugnisse für bestimmte Berufsgeheimnisträger (BT-Drs. 19/24445, 343) anschließt. Damit besteht eine bundeseinheitliche Regelung zur Beratung durch bestimmte Geheimnisträger bei **Gefährdung der Person des Betreuten,** ebenso wie die Befugnis zur Weitergabe von Informationen an die Betreuungsbehörde bzw. das Betreuungsgericht

zur Gefahrenabwehr (BT-Drs. 19/24445, 387). Mit der Regelung ist für den Einzelfall die Datenübermittlung von externen Akteuren, die in beruflichem Kontakt mit der betreuten Person stehen und Gefährdungsfälle wahrnehmen, auf eine Rechtsgrundlage gestellt. Berufsgeheimnisträger unterliegen grundsätzlich der strafbewährten Schweigepflicht (§ 203 StGB) und benötigen einen Erlaubnistatbestand, den § 31 nun vorsieht, damit die Weitergabe von Informationen zum Schutz der betreuten Personen erfolgen darf. So kann es zB im Bereich der häuslichen Pflege zu Missbrauch, Vernachlässigung oder unberechtigten Freiheitsentziehungen kommen. Sind dabei pflegende und betreuende Person identisch, so ist eine Hilfe von außen oft geboten. Hier soll aber zunächst das Gespräch mit dem Betreuer gesucht werden, um auf die Inanspruchnahme von Hilfen hinzuwirken, soweit hierdurch der wirksame Schutz des Betreuten nicht in Frage gestellt wird. Dies wäre zB Pflegeberatung, Beratung bei einem Betreuungsverein. Es soll nicht vorschnell in die Betreuungsführung eingegriffen werden (BT-Drs. 19/24445, 387). § 31 sieht damit ein **mehrstufiges Verfahren** vor. Sind die Erörterungsmaßnahmen nach Abs. 1 nicht ausreichend oder erfolgversprechend, so ergeben sich aus Abs. 3 die Voraussetzungen für **die Befugnis zur Weitergabe von Informationen** (2. Stufe). Vor der Weitergabe haben die Berufsgeheimnisträger aus Abs. 1 aber auch einen Anspruch auf Beratung durch eine Fachkraft der Betreuungsbehörde, die bei der Gefährdungseinschätzung unterstützt (Abs. 2). Das Betreuungsgericht ist auf Informationen von Dritten angewiesen, um seiner **Aufsichtspflicht zum Schutz von betreuten Menschen** nachkommen zu können (BT-Drs. 19/24445, 387).

II. Personenkreis

Der Adressatenkreis wird auf Berufsgeheimnisträger begrenzt, die von ihrer 2
beruflichen Tätigkeit her typischerweise in einem unmittelbaren Kontakt zum Betreuten stehen oder stehen können (BT-Drs. 19/24445, 387). Zudem sind diese Adressaten von ihrer Ausbildung her zur Erörterung von Gefährdungslagen mit den Betreuern befähigt, worunter Ärzte, Psychologen, Psychotherapeuten, Suchtberater und staatlich anerkannte Sozialpädagogen/Sozialarbeiter zählen. Eine weitergehende Differenzierung der Berufsgruppen wollte der Gesetzgeber aus Gründen der Rechtssicherheit und Rechtsklarheit nicht vornehmen (BT-Drs. 19/24445, 387). Die Verpflichtung bezieht sich auf den Zusammenhang mit der Ausübung ihrer beruflichen Tätigkeit. Der Personenkreis erhält damit eine eigenständige Aufgabe zur Beratung, die erbracht werden soll (kritisch dazu im Wiesner/Wapler/Walther KKG § 4 Rn. 6, 14, 15). Der Gesetzgeber geht offenbar davon aus, dass die Berufsgruppen eine Schutzaufgabe gegenüber Volljährigen gefährdeten Personen haben.

III. Gewichtige Anhaltspunkte für eine Gefährdung der Person des Betreuten bekannt

Abs. 1 beschreibt keine Eingriffsschwelle, so dass die Grenze des Überschreitens 3
der gewichtigen Anhaltspunkte nicht genau zu bestimmen ist. Es erscheint sinnvoll, Abs. 1 ähnlich wie im Zusammenhang mit § 4 KKG als Appell zu interpretieren, einen akuten Schutz- bzw. Hilfebedarf hinreichend ernst zu nehmen und

ihm professionell zu entsprechen, die beschriebenen Schritte zu prüfen und ggf. auch einzuleiten (Wiesner/Wapler/Walther KKG § 4 Rn. 17). Die Gefährdung ist zudem im Kontext der Pflichten des Betreuers auszulegen (§ 1821 BGB), daher sind nicht nur körperliche oder finanzielle Gefährdungen relevant, sondern auch die Verletzung der Freiheit der Person, zB durch Türabsperren oder die Vergabe sedierender Medikamente (Brosey BtPrax 2020, 94 ff.), der Selbstbestimmung und damit die Missachtung von Wünschen des Betreuten (Wellenhofer ua BtPrax 2019, 43 ff.). Die Vorschrift stellt keinen Eingriff in die Befugnisse des Betreuers dar, sondern ist Voraussetzung dafür, dass der Betreuer selbst in die Lage versetzt wird, im Rahmen seiner Verantwortung für den Betreuten wirksame Maßnahmen zur Abwehr einer Gefährdung der Person des Betreuten zu ergreifen (BT-Drs. 19/24445, 387). Daher sollen die Adressaten zunächst auf die Inanspruchnahme von Hilfen hingewirkt werden, wie das auch bei einer Beratung bei einem Betreuungsverein, einer Pflegeberatung, einem Sozialpsychiatrischen Dienst oder durch einen Konsulentendienst (bei herausfordernden Verhaltensweisen des Betreuten) möglich ist. Ist der notwendige Schutz des Betreuten durch die Erörterung in Frage gestellt, hat die Übermittlung zu unterbleiben (BT-Drs. 19/24445, 387).

IV. Anspruch auf Beratung durch eine Fachkraft

4 Die Einschätzung einer Gefährdung der Person des Betreuten kann im Einzelfall sehr schwierig und komplex sein und setzt betreuungsrechtliche Fachkenntnisse voraus. Den unter die Norm fallenden Berufsgruppen wird daher das Recht eingeräumt, eine **erfahrene Fachkraft der Betreuungsbehörde hinzuzuziehen** (§ 3). Nach Abs. 2 dürfen der Fachkraft zu diesem Zweck auch Daten in pseudonymisierter Form übermittelt werden. Damit soll die Einbeziehung der fachlichen Expertise durch die Fachkraft zur Gefährdungseinschätzung im Einzelfall sichergestellt werden (BT-Drs. 19/24445, 387). Allerdings soll es sich nach der Gesetzesbegründung bei der Beratung durch die Fachkraft der Betreuungsbehörde um eine bloße Hilfestellung handeln, die im Falle einer etwaigen Falschberatung keine haftungsrechtlichen Konsequenzen nach sich zieht (BT-Drs. 19/24445, 387). Dies erscheint aber fraglich, denn die Betreuungsbehörden sind Teil des öffentlich-rechtlichen Erwachsenenschutzsystems und nehmen Aufgaben nach dem BtOG wahr. Dazu gehört auch der Schutzauftrag aus Art. 12 Abs. 4 UN-BRK, nach dem im Zusammenhang mit Maßnahmen, die die rechtliche Handlungsfähigkeit betreffen, Sicherungsmaßnahmen zum Schutz der Menschen mit Behinderung vorzusehen sind. Die Beratung kann daher nicht als bloße Hilfestellung angesehen werden, sondern ist Teil eines Schutzauftrags. Durch das abgestufte Verfahren nach den Abs. 1 und 2 wird gewährleistet, dass zunächst das Abwenden der Gefährdung des Betreuten durch unterstützende, auf Herstellung oder Wiederherstellung eines verantwortlichen Betreuerhandelns gerichtete Maßnahmen erreicht werden soll (BT-Drs. 19/24445, 388).

V. Befugnis zur Information des Betreuungsgerichts

5 Abs. 3 regelt die Voraussetzungen für die **Weitergabe von Informationen** durch die Berufsträger an das Betreuungsgericht zur **Abwendung einer Gefährdung der Person** des Betreuten. Diese Befugnis basiert auf einer Gefährdungseinschätzung, die zu dem Ergebnis kommt, dass eine Gefährdung der Person des

Betreuten vorliegt, die nicht anders abgewendet werden kann (BT-Drs. 19/24445, 388). Abs. 3 schafft eine Erlaubnis zur Weitergabe von Daten, die andernfalls der strafbewährten Schweigepflicht des § 203 StGB unterliegen und ohne die gesetzliche Erlaubnis in der Praxis zu Anwendungsschwierigkeiten und Unsicherheiten führte. Ein Rückgriff auf die allgemeinen strafrechtlichen Rechtfertigungs- und Entschuldigungsgründe ist innerhalb des Anwendungsbereiches der Befugnisnorm gerade nicht mehr notwendig. Außerhalb bleibt es dabei (BT-Drs. 19/ 24445, 388).

Abschnitt 5. Übergangsvorschriften

§ 32 Registrierung von bereits tätigen beruflichen Betreuern; vorläufige Registrierung

(1) [1]**Betreuer, die bereits vor dem 1. Januar 2023 berufsmäßig Betreuungen geführt haben und weiterhin führen, werden auf ihren Antrag von der zuständigen Stammbehörde ohne Überprüfung der Voraussetzungen des § 23 Absatz 1 Nummer 1 und 2 registriert. [2]Zum Nachweis der berufsmäßigen Führung von Betreuungen ist dem Antrag ein Beschluss nach § 286 Absatz 1 Nummer 2 oder 4 des Gesetzes über das Verfahren in Familiensachen und in den Angelegenheiten der freiwilligen Gerichtsbarkeit über eine vom Antragsteller aktuell geführte Betreuung beizufügen. [3]Mit dem Antrag sind außerdem ein Nachweis über eine Berufshaftpflichtversicherung nach § 23 Absatz 1 Nummer 3 sowie die Unterlagen nach § 24 Absatz 1 Nummer 1 und 2 beizubringen. [4]Zudem sind der zeitliche Gesamtumfang, die Organisationsstruktur der beruflichen Betreuertätigkeit und die Aktenzeichen der gerichtlichen Betreuungsverfahren zu den aktuell geführten Betreuungen mitzuteilen. [5]Der Antrag ist innerhalb von sechs Monaten nach dem 1. Januar 2023 zu stellen. [6]Ab dem 1. Januar 2023 bis zur Entscheidung über den Antrag nach Satz 5 gelten die in Satz 1 genannten Betreuer als vorläufig registriert. [7]Wird kein Antrag nach Satz 5 gestellt, endet die vorläufige Registrierung mit Ablauf des 30. Juni 2023. [8]§ 27 Absatz 4 Satz 2 gilt entsprechend.**

(2) [1]**Bei Personen, die zum 1. Januar 2023 bereits seit mindestens drei Jahren berufsmäßig Betreuungen geführt haben, ist davon auszugehen, dass sie über die nach § 23 Absatz 1 Nummer 2 erforderliche Sachkunde verfügen. [2]Alle übrigen bereits vor dem 1. Januar 2023 beruflich tätigen Betreuer haben bis zum 30. Juni 2025 ihre Sachkunde nach § 24 Absatz 1 Satz 2 Nummer 5 nachzuweisen. [3]Erfolgt dieser Nachweis nicht, hat die Behörde die Registrierung entsprechend § 27 zu widerrufen.**

§ 33 Vorläufige Registrierung

[1]**Antragsteller, die die Voraussetzungen für eine Registrierung nach § 23 Absatz 1 Nummer 1 und 3 erfüllen, kann die zuständige Stammbehörde vorläufig registrieren, wenn sie**
1. **die nach § 23 Absatz 1 Nummer 2 erforderliche Sachkunde teilweise nachweisen können und**
2. **den vollständigen Nachweis der Sachkunde nach § 24 Absatz 1 Satz 2 Nummer 5 nur noch nicht erbringen können, weil die hierfür notwendigen Studien-, Aus- oder Weiterbildungsangebote nicht verfügbar sind.**

[2]**Mit der vorläufigen Registrierung werden die Antragsteller berufliche Betreuer. [3]Die vorläufige Registrierung endet spätestens mit Ablauf des 30. Juni 2025. [4]§ 27 Absatz 4 Satz 2 gilt entsprechend.**

1 Abschnitt 5 enthält zunächst zwei Übergangsvorschriften in Bezug auf die am 1.1.2023 neu eingeführte Registrierungspflicht beruflicher Betreuer, freiberufli-

che wie Vereinsbetreuer, die **maximal bis zum 30.6.2025** Wirkung entfalteten. Die Registrierung ist die Voraussetzung für einen **Vergütungsanspruch** nach § 7 VBVG (→ VBVG § 7 Rn. 3). Durch § 32 wurde der verfassungsrechtlich gebotene **Bestandsschutz** für bereits vor dem Inkrafttreten des Reformgesetzes tätige berufliche Betreuer (freiberuflich tätige wie Vereinsbetreuer) gewährleistet. § 33 erleichterte Neueinsteigern den Start in die Berufsbetreuung bis zum 30.6.2025, wenn die Sachkunde noch nicht vollständig nachgewiesen werden konnte, weil die Lehrangebote noch nicht von Anfang an im erforderlichen Umfang vorhanden waren.

Da beide Vorschriften aufgrund des Zeitablaufs keine praktische Relevanz mehr **2** entwickeln, wird auf eine aktuelle Kommentierung verzichtet und auf die Vorauflagen verwiesen.

Soweit bei Bestandsbetreuern, die 2023 ohne Prüfung der Zuverlässigkeit und **3** Eignung durch die Stammbehörde registriert wurden, später Eignungszweifel festgestellt werden, darf der Widerruf der Registrierung gem. § 27 auch auf Sachverhalte gestützt werden, die zeitlich vor der nach § 32 erfolgten Registrierung als beruflicher Betreuer liegen (VG Göttingen BtPrax 2025, 192; → BtOG § 27 Rn. 2).

§ 34 Anwendungsvorschrift zu § 7

§ 7 Absatz 1 Satz 2 ist nur auf Vollmachten anzuwenden, die seit dem 1. Januar 2023 durch die Behörde nach § 7 Absatz 1 Satz 1 öffentlich beglaubigt worden sind.

Durch § 7 Abs. 1 S. 2 hat der Reformgesetzgeber den Meinungsstreit zur Frage der Beglaubigungskompetenz **bei transmortalen Vollmachten** dahingehend entschieden, dass **die Wirkung der öffentlichen Beglaubigung** auf die Lebzeiten des Vollmachtgebers beschränkt ist. Der BGH hatte dies in seiner Entscheidung vom 12.11.2020 anders gesehen (BtPrax 2021, 118; → BtOG § 7 Rn. 3). Diese Entscheidung war erst nach der Verabschiedung des Reformgesetzes veröffentlicht worden und dem Gesetzgeber vorher nicht bekannt (Walther/Bürkel BtPrax 2021, 123 (124) Schnellenbach/Normann-Scheerer/Giers/Thielke BetreuungsR-HdB Rn. 102 ff). Die erst mit dem Reparaturgesetz vom 24.6.2022 eingefügte Vorschrift stellt nun klar, dass auf Bestandsvorsorgevollmachten, also alle Vorsorgevollmachten, die vor Inkrafttreten des BtOG am 1.1.2023 erteilt und von der Behörde nach § 6 Abs. 2 S. 1 BtG aF öffentlich beglaubigt wurden, auch über den Tod hinaus öffentliche Wirkung haben, so wie vom BGH entschieden, der vermutlich von dem geplanten Gesetz keine Kenntnis hatte (Schnellenbach ua BtPrax 2022, 155 (158)).

Verordnung über die Registrierung von beruflichen Betreuern (Betreuerregistrierungsverordnung – BtRegV)

§ 1 Anwendungsbereich

(1) **Diese Verordnung dient der Sicherung der Qualität in der rechtlichen Betreuung und soll gewährleisten, dass berufliche Betreuer befähigt sind, ihre Aufgabe gegenüber den von ihnen betreuten Menschen verantwortungsvoll auszuüben.**

(2) **Diese Verordnung regelt die Einzelheiten**

1. **der nach § 23 Absatz 1 Nummer 1 des Betreuungsorganisationsgesetzes für die Registrierung als beruflicher Betreuer erforderlichen persönlichen Eignung,**
2. **der nach § 23 Absatz 1 Nummer 2 des Betreuungsorganisationsgesetzes für die Registrierung als beruflicher Betreuer erforderlichen Sachkunde sowie ihren Nachweis,**
3. **der Anforderungen an einen Sachkundelehrgang und dessen Anerkennung,**
4. **der Anerkennung ausländischer Berufsqualifikationen und**
5. **des Registrierungsverfahrens.**

Die berufliche Betreuung hat sich als wesentliche, unverzichtbare Säule des Betreuungsrechts fest etabliert. Inzwischen wird mehr als die Hälfte aller Betreuungen beruflich geführt, Tendenz weiter steigend, was bei Einführung des Betreuungsrechts 1992 nicht vorhersehbar war. Es hatte sich ein Berufsbild entwickelt, dem eine rechtliche Grundlage fehlte. Anders als bei anderen fremdnützigen beruflichen Tätigkeiten mit vergleichbar hoher Verantwortung und Eingriffspotential im Hinblick auf die Rechte von vulnerablen Personen, gab es keine einheitlichen und transparenten Zugangsanforderungen, die ein **Mindestmaß an Sachkunde sowie die persönliche Eignung und Zuverlässigkeit** gewährleisteten. Die Einführung eines formalen Zugangs- und Registrierungsverfahrens für berufliche Betreuer (selbständige Berufsbetreuer und Vereinsbetreuer, s. § 19 Abs. 2 BtOG) stellt zur Qualitätssicherung der rechtlichen Betreuung ein weiteres Kernstück der Betreuungsrechtsreform dar (BT-Drs. 19/24445, 147; Schnellenbach/Normann-Scheerer/Giers/Thielke BetreuungsR-HdB Rn. 43 ff.; Dodegge/Roth, 280 ff.; HK-BUR/Deinert/Bürkel Rn. 3 ff.; Marx BtR 2022, 77; Plitzko BtPrax 2024, 43). 1

Grundlage der RVO vom 13.7.2022 (BGBl. 2022 I 1154 ff.), die mit dem Reformgesetz, also mit dem neuen BtOG, am 1.1.2023 in Kraft getreten ist, sind **§ 23 BtOG** (→ BtOG § 23) und **§ 24 BtOG** (→ BtOG § 24). Sie erfüllt sowohl den Regelungsauftrag aus § 23 Abs. 5 BtOG zur inhaltlichen Ausgestaltung – umfasst also Einzelheiten zu den materiellen Voraussetzungen einer Registrierung – als auch aus § 24 Abs. 4 BtOG zur verfahrensrechtlichen Ausgestaltung. Sie dient der Sicherung einer einheitlichen Mindestqualität der beruflichen Betreuung. Die Bewerber haben für die Registrierung ihre persönliche Eignung und Zuverlässigkeit, eine ausreichende Sachkunde für die Tätigkeit als beruflicher Betreuer und eine Berufshaftpflichtversicherung nachzuweisen.

2 Nach der früheren Rechtslage gab es keine fachlichen Mindestanforderungen hinsichtlich Eignung und Qualifikation von beruflichen Betreuern. Nach § 1 VBVG aF hatte das Gericht die berufsmäßige Führung in jedem einzelnen Verfahren konstitutiv festzustellen, und zwar in der Regel dann, wenn der Betreuer zehn Betreuungen oder mehr führte. Das Kriterium der reinen Quantität wurde mit der Reform durch qualitative Anforderungen an den Berufszugang ersetzt. Neu eingeführt wurde ein **rechtsstaatlich geregeltes Zulassungsverfahren** mit **bundeseinheitlichen** und **gerichtlich überprüfbaren Qualifikationsanforderungen.** Durch die gesetzlichen Regelungen soll sichergestellt werden, dass alle beruflich tätigen Betreuer persönlich geeignet sind, diesen Beruf auszuüben und zu Beginn ihrer Tätigkeit über das nötige Fachwissen verfügen. Damit wurde eine an den Gesetzgeber gerichtete Handlungsempfehlung im Abschlussbericht des Forschungsvorhabens „Qualität in der rechtlichen Betreuung" umgesetzt, was auch durch eine dem Gesetzgebungsverfahren vorangegangene Facharbeitsgruppe unterstützt wurde.

3 Bereits § 23 BtOG enthält inhaltliche Voraussetzungen, die in der Verordnung konkretisiert werden: Neben der persönlichen Eignung und der Zuverlässigkeit müssen berufliche Betreuer ua über eine ausreichende Sachkunde verfügen. Es reichen nicht (mehr) die für eine konkrete Betreuung nutzbaren Teilkenntnisse aus, sondern es müssen **Kenntnisse auf allen Gebieten,** die in § 23 Abs. 3 BtOG genannt sind (→ BtOG § 23 Rn. 11), nachgewiesen werden, unabhängig von etwaigen Aufgabenbereichen, für die der Betreuer im Einzelfall bestellt wird. Über diesen Mindeststandard an Sachkunde müssen alle verfügen, die Betreuungen beruflich führen wollen. Die Praxis zeigt im Übrigen, dass zu Beginn einer Betreuung häufig nicht vorhersehbar ist, welcher Regelungsbedarf und welche Anforderungen tatsächlich bestehen oder sich noch entwickeln können.

§ 24 BtOG macht bereits Vorgaben zur **Ausgestaltung des Verfahrens:** Zuständig ist die örtliche Betreuungsbehörde als Stammbehörde (§ 2 Abs. 4 BtOG), bei der sämtliche Informationen über einen beruflichen Betreuer zusammenkommen sollen und gebündelt werden. Das Verfahren bei der Behörde ist in dem Sinne **niedrigschwellig,** dass sie hinsichtlich des Nachweises der Sachkunde nur Unterlagen zu prüfen und keine eigene Sachkundeprüfung durchzuführen hat. Die Registrierung unterliegt einem **rechtsstaatlichen Verfahren nach VwVfG und VwGO** mit den entsprechenden Rechtsmitteln und gilt bundesweit.

Die Anknüpfung an die Anzahl der geführten Betreuungen ist abgeschafft. Es ist nicht mehr erforderlich, sich durch die Führung von ehrenamtlichen Betreuungen bewährt zu haben. Voraussetzung für die **Vergütung** ist allein die Registrierung, § 7 VBVG iVm § 19 Abs. 2 BtOG. Einer richterlichen Feststellung im Einzelfall bedarf es nicht.

4 Gem. § 23 Abs. 5 und § 24 Abs. 4 BtOG hatte das BMJ mit Zustimmung des Bundesrates Einzelheiten in der RVO zu bestimmen. Es hatte – wie vor der umfassenden Reform – auch für die Erarbeitung der RVO eine interdisziplinäre Arbeitsgruppe eingerichtet. Insbesondere die inhaltlichen und zeitlichen Anforderungen an die Sachkunde wurden intensiv diskutiert. Unüberbrückbare Diskrepanzen in den Vorstellungen gab es am Ende mit den Ländern, die in Teilen geringere Anforderungen und umfangreichere Privilegierungen forderten. Der Bundesrat hat dem gemeinsam erarbeiteten Entwurf nur mit der Maßgabe nicht unerheblicher Änderungen zugestimmt. Zurecht kritisiert wurde insbesondere, dass die Länder eine Generalöffnungsklausel durchgesetzt

haben (§ 7 Abs. 5) und damit entgegen der eigentlichen Intention den örtlichen Stammbehörden die Möglichkeit bieten, weiterhin im eigenen Ermessen zu entscheiden, unter welchen Voraussetzungen Betreuungen beruflich geführt werden dürfen (Schnellenbach/Normann-Scheerer/Giers/Thielke BetreuungsR-HdB Rn. 64). In der Praxis zeigen sich nun Schwierigkeiten, wie mit dieser Öffnung verfahren wird. Sie ist eine eng zugeschnittene Sonderregelung und darf das eigentliche Anliegen der bundesweit einheitlichen Qualitätssicherung nicht konterkarieren. Die Grenze bildet das BtOG. Zudem ist es sachlich nicht zu begründen und kann daher keine Ausstrahlungswirkung haben, dass bei sog. Volljuristen und Sozialpädagogen die betreuungsspezifische Sachkunde als nachgewiesen gilt (§ 7 Abs. 6).

In Ergänzung der Kommentierung zu einzelnen Vorschriften wird auf die Kommentierungen zu § 23 und § 24 BtOG verwiesen sowie auf die Verordnungsbegründung, mit folgendem Hinweis: Die **ausführliche Begründung** der gesamten Verordnungen findet sich in BR-Drs. 284/22 (Grunddrucksache) vom 25.5.2022, allerdings zum Entwurf des BMJ, der nicht vollständig Gesetz wurde, s. → Rn. 4. Begründungen zu den Änderungen, die erst durch den Beschluss des Bundesrates vom 8.7.2022 eingefügt wurden, finden sich in BR-Drs. 248/1/22 (Ausschussempfehlung) und in der Beschlussfassung BR-Drs. 248/22 (B). Geändert haben sich §§ 6 und 7 sowie die Anlage zu § 3 BtRegV. 5

§ 2 Persönliche Eignung

Der Antragsteller muss die Gewähr dafür bieten, seine Aufgaben als rechtlicher Betreuer, insbesondere diejenigen, die sich aus § 1821 des Bürgerlichen Gesetzbuchs ergeben, erfüllen zu können.

Zur persönlichen Eignung wird inhaltlich auf § 23 Abs. 1 Nr. 1 BtOG verwiesen (→ BtOG § 23 Rn. 4). Die Generalklausel orientiert sich an den maßgeblichen Pflichten des Betreuers gegenüber dem Betreuten nach § 1821 BGB. Der Betreuer muss bereit und in der Lage sein, das Selbstbestimmungsrecht der Betreuten zu wahren und zu fördern. Hierzu gehört es, Betreute bei der Ausübung ihrer rechtlichen Handlungsfähigkeit zu unterstützen und hierbei die Methode der unterstützten Entscheidungsfindung anzuwenden, den grundsätzlichen Vorrang der Wünsche der Betreuten unter Berücksichtigung der zu ihrem Schutz gesetzlich bestimmten Schranke zu respektieren, der Pflicht zum persönlichen Kontakt nachzukommen und die Wiederherstellung oder Verbesserung der rechtlichen Handlungsfähigkeit der Betreuten zu fördern (Schnellenbach/Normann-Scheerer/Giers/Thielke BetreuungsR-HdB Rn. 54; Marx BtR 2022, 77 (78)). Folglich ist eine bereits erteilte Registrierung zu widerrufen, wenn ein Betreuer zB entgegen § 1821 Abs. 1 S. 2 BGB ständig von seiner Vertretungsmacht Gebrauch macht, obwohl es nicht erforderlich wäre, weil der Betreute mit seiner Unterstützung die Angelegenheit hätte selbst erledigen können. Auch sonstige die Aufgaben der Betreuer betreffende Regelungen des BGB oder des FamFG sind relevant, wie es durch die die Formulierung „insbesondere" zum Ausdruck kommt. 1

Die Stammbehörde muss sich von der Eignung und Zuverlässigkeit des Bewerbers überzeugen und dazu gem. § 24 Abs. 2 BtOG ein **persönliches Gespräch** zu führen (→ **BtRegV § 12,** → BtOG § 24).

§ 3 Sachkunde

(1) **Die nach § 23 Absatz 3 Satz 2 Nummer 1 des Betreuungsorganisationsgesetzes erforderliche Sachkunde umfasst folgende Kenntnisse einschließlich der Fähigkeit zu ihrer praktischen Anwendung:**

1. **Kenntnisse über die gesetzlichen Voraussetzungen der Betreuerbestellung und der Anordnung eines Einwilligungsvorbehalts, die rechtlichen Grundlagen der Betreuungsführung, insbesondere die Pflichten des Betreuers gegenüber dem Betreuten und dem Betreuungsgericht, sowie über die gesetzlichen Voraussetzungen für Freiheitsentziehungen und ärztliche Zwangsmaßnahmen, jeweils einschließlich des dazugehörigen Verfahrensrechts,**
2. **Kenntnisse auf dem Gebiet der Personensorge, insbesondere Grundkenntnisse über typische betreuungsrelevante Erkrankungen und Behinderungen, deren Auswirkungen, Gefahren und Behandlungsmöglichkeiten, Patientenrechte, Einwilligungsfähigkeit, Anforderungen an und Rechtsfolgen von Patientenverfügungen, Möglichkeiten der Vermeidung von Freiheitsentziehungen und ärztlichen Zwangsmaßnahmen und**
3. **Kenntnisse auf dem Gebiet der Vermögenssorge, insbesondere über die Grundlagen der Rechtsgeschäftslehre, des Miet- und Kaufvertragsrechts, der Haftung, der Vermögensverwaltung und der Schuldenregulierung.**

(2) **Die nach § 23 Absatz 3 Satz 2 Nummer 2 des Betreuungsorganisationsgesetzes erforderliche Sachkunde umfasst folgende Kenntnisse:**

1. **Kenntnisse des Sozialrechts, insbesondere zu**
   a) **Grundlagen und Umfang der Leistungen zur Sicherung des Lebensunterhalts einschließlich der Kosten der Unterkunft, vor allem nach dem Zweiten und Zwölften Buch Sozialgesetzbuch,**
   b) **Sozialleistungsansprüchen nach dem Fünften, Sechsten und Elften Buch Sozialgesetzbuch,**
   c) **Ermittlung, Geltendmachung und Durchsetzung von sozialrechtlichen Ansprüchen unter Beachtung sozialrechtlicher Mitwirkungspflichten und**
2. **Kenntnisse zu Sozial- und Hilfestrukturen in der Praxis, insbesondere zu**
   a) **Teilhabeleistungen vor allem nach dem Neunten Buch Sozialgesetzbuch,**
   b) **Pflegeleistungen in Kombination mit anderen Leistungen nach dem Sozialgesetzbuch und**
   c) **Methoden zur fallbezogenen Erschließung und Nutzung von Sozial- und Hilfestrukturen sowie von Netzwerken.**

(3) **Die nach § 23 Absatz 3 Satz 2 Nummer 3 des Betreuungsorganisationsgesetzes erforderliche Sachkunde umfasst folgende Kenntnisse:**

1. **Grundlagen der Kommunikation und Umsetzung in der Praxis und**
2. **betreuungsspezifische Kommunikation und Methoden zur Unterstützung bei der Entscheidungsfindung.**

(4) **Die Einzelheiten der inhaltlichen Anforderungen an die Sachkunde nach den Absätzen 1 bis 3 ergeben sich aus den in der Anlage bestimmten Modulen.**

Zum Umfang der Sachkunde wird auf § 23 Abs. 3 S. 2 BtOG verwiesen (→ BtOG § 23 Rn. 11). Teilgebiete waren bereits in der Begründung zum Reformgesetz benannt (BT-Drs. 19/24445, 378; Schnellenbach/Normann-Scheerer/Giers/Thielke BetreuungsR-HdB Rn. 57). Die erforderlichen Kenntnisse werden in § 3 ausdifferenziert und im Curriculum der Anlage weiter konkretisiert. Diese dürfen sich nicht auf theoretische Grundlagen beschränken, sondern müssen auch die Fähigkeit zur **praktischen Anwendung** umfassen. Theoretische Kenntnisse reichen nicht aus, weil für eine qualitativ hochwertige Ausübung des Betreuerberufs gerade die Anwendung in der Praxis in den einzelnen Verfahren im Umgang mit den Betreuten und ihren Anliegen von besonderer Bedeutung ist. Es handelt sich um Mindestkenntnisse. Die genannten Teilgebiete sind gem. Abs. 4 in einzelne Module eines Sachkundelehrgangs übertragen (s. Anlage), sodass der Bewerber je nach individuellem Bedarf in einem Sachkundelehrgang oder Studium nur noch die nicht vorhandenen Kenntnisse und Fähigkeiten erlernen muss. Um sich ein individuelles Profil zu schaffen, sollten weitere spezifische Kenntnisse und Fähigkeiten hinzukommen. 1

Die Möglichkeiten der Vermeidung von Freiheitsentziehungen und ärztlichen Zwangsmaßnahmen und die entsprechenden rechtlichen Grundlagen sind in Abs. 1 bewusst differenziert den Nrn. 1 und 2 zugeordnet, da bei manchen Bewerbern nur die einen, bei anderen nur die anderen Kenntnisse vorhanden sein können und deshalb von diesen nicht gesondert nachgewiesen werden müssen.

Der Katalog in **Abs. 2** Nr. 1 orientiert sich an den typischen Anforderungen an Betreuer, die sich in der Praxis im Hinblick auf das **sozialrechtliche Unterstützungssystem** stellen, und ordnet diese in das System des Sozialrechts ein. Nr. 2 umfasst betreuungsspezifische sozialrechtliche Vertiefungsthemen sowie Aspekte der Methoden zur fallbezogenen Erschließung und Nutzung von Sozial- und Hilfestrukturen sowie von Netzwerken. 2

Die in **Abs. 3** genannten Kenntnisse der **Kommunikation und von Methoden zur Unterstützung bei der Entscheidungsfindung** orientieren sich an den Kernaufgaben der Betreuer nach § 1821 BGB und sind zur gelungenen Unterstützung bei der Ausübung der rechtlichen Handlungsfähigkeit unbedingt erforderlich. Es handelt sich um Kommunikationsfähigkeiten und Methodenkenntnisse, mit denen der Betreuer in der Lage ist, die Wünsche des Betreuten gemäß § 1821 Abs. 2 BGB festzustellen und diesem eine eigene Entscheidungsfindung zu ermöglichen und zu vermeiden, eine von ihm, dem Betreuer, nach seinen eigenen Vorstellungen getroffene Entscheidung an die Stelle einer Entscheidung des Betreuten zu setzen. Zwar ist auch eine gewisse persönliche Haltung als grundlegende Voraussetzung im Rahmen der Eignung erforderlich, um fremde, vielleicht auch „unvernünftige" Wünsche, Vorstellungen und Präferenzen zu akzeptieren. Die in der Literatur inzwischen beschriebenen Konzepte und Methoden sind aber erlernbar und können daher Gegenstand von Kenntnissen und Lerninhalten sein. Hier muss sich der Bundesrat die Frage stellen lassen, wann sog. Volljuristen diese Fähigkeiten in ihrer juristischen Ausbildung erworben haben sollen. Plädieren in einem Gerichtsverfahren ist das genaue Gegenteil von unterstützter Entscheidungsfindung. 3

In der Anlage sind alle erforderlichen Kenntnisse auf insgesamt elf Module aufgeteilt, sodass die Bewerber je nach ihren individuellen Vorkenntnissen nur diejenigen Module nachholen müssen, die ihnen noch fehlen. Der entsprechend strukturierte Sachkundelehrgang bildet (nur) die **Basisqualifikation,** deren erfolgreichen Erwerb jeder Bewerber mindestens nachweisen muss. Bei Streitig- 4 keiten im Einzelfall sollte daher beachtet werden, dass es sich um ein Mindestmaß an zu erwartenden Kenntnisse und Fähigkeiten handelt, das durch ausdehnende Auslegungen nicht noch unterschritten werden sollte.

§ 4 Nachweis der Sachkunde

Die erforderliche Sachkunde ist wie folgt nachzuweisen:

1. **durch ein Zeugnis über den erfolgreichen Abschluss eines anerkannten Studien-, Aus- oder Weiterbildungsgangs nach § 5,**
2. **durch ein Zeugnis über den erfolgreichen Abschluss eines anerkannten Sachkundelehrgangs nach § 6 oder**
3. **durch anderweitige Nachweise nach § 7.**

1 § 4 konkretisiert § 23 Abs. 3 S. 1 BtOG, wonach der Nachweis der **Sachkunde ausschließlich durch Unterlagen** zu erbringen ist. Die Stammbehörde hat **keine eigenständigen Sachkundeprüfungen** durchzuführen, sondern lediglich festzustellen, ob die vorgelegten Unterlagen ausreichen, um die erforderliche Sachkunde zu belegen. Nur insoweit wurde das durch die Stammbehörde durchzuführende Registrierungsverfahren als niedrigschwellig ausgestaltet (Schnellenbach/Normann-Scheerer/Giers/Thielke BetreuungsR-HdB Rn. 59). Denn nur so kann eine bundesweit einheitliche Mindestqualifikation für den Berufszugang gewährleistet werden, da durch die Vorlage von Unterlagen ein **geprüftes Wissen** bescheinigt werden muss. Der Begriff der Unterlagen ist nach der Gesetzesbegründung weit auszulegen (BT-Drs. 19/24445, 377). Die Vorschrift bestimmt die verschiedenen Arten von Unterlagen, mit denen der Nachweis der Sachkunde erbracht werden kann, und gliedert diese in **drei Kategorien:** ein Zeugnis eines betreuungsspezifischen Studien-, Aus- oder Weiterbildungsgangs auf Hochschulniveau nach § 5, ein Zeugnis eines anerkannten Sachkundelehrgangs nach § 6 oder alle sonstigen Möglichkeiten des Nachweises nach § 7, die nicht unter §§ 5 und 6 fallen. Der Katalog dieser drei Möglichkeiten ist **abschließend** und stellt inhaltlich eine **Rangfolge** dar.

2 **Nr. 1 und 2** umfasst Konstellation, in denen der Sachkundenachweis vollständig durch Vorlage eines Abschlusszeugnisses eines anerkannten betreuungsspezifischen Studien-, Aus- oder Weiterbildungsgangs auf Hochschulniveau nach § 5 oder eines anerkannten Sachkundelehrgangs nach den §§ 6 und 8 geführt werden kann. Eine Übersicht der erteilten Anerkennungen wird durch die BAGüS veröffentlicht unter dem Link https://www.bagues.de/de/Betreuungsangelegenheiten.

Nr. 3 sieht die Möglichkeit eines anderweitigen Nachweises für diejenigen Fallgestaltungen vor, in denen der Sachkundenachweis weder über einen kompletten betreuungsspezifischen Studien-, Aus- oder Weiterbildungsgang noch über einen kompletten Sachkundelehrgang geführt werden kann. Als Unterlagen, mit denen dieser anderweitige Nachweis erbracht werden kann, kommen insbesondere Abschlusszeugnisse über andere bereits erfolgreich absolvierte Studien- oder Ausbildungsgänge oder geeignete Lehrgänge in Betracht. Damit sind in erster Linie alle in einem förmlich geregelten Berufszugangsverfahren erworbene Lehr- und Prüfungszeugnisse gemeint, die den erfolgreichen Abschluss einer Ausbildung belegen und den unmittelbaren Berufszugang ermöglichen.

Der Bundesrat hat mit seiner Änderung in § 7 Abs. 5 die ursprüngliche Intention, dass dieser Katalog sicherstellen soll, dass die Sachkunde ausschließlich anhand von Unterlagen über geprüftes Wissen nachgewiesen werden kann, aufgeweicht, was nun zu Unsicherheiten in der Registrierungspraxis der Behörden führt. Der Entwurf des BMJ sah hingegen vor, dass sich die Registrierung allein auf Leistungsnachweise stützen kann, aus denen sich der erfolgreiche, also geprüfte Erwerb der erforderlichen Kenntnisse in der Regel ohne weitere Prüfung seitens der Stammbehörde ergibt. Die Aufweichung soll nicht zu geringeren Anforderungen führen, sondern allein dazu dienen, mit verschiedenen **Vorausbildungen** der Bewerber **flexibler** umgehen zu können, ohne die qualitativen Anforderungen zu verringern. Es soll keine neuen betreuungsspezifischen Angebote ermöglichen, die den Anforderungen einer Anerkennung nicht genügen würden.

§ 5 Nachweis der Sachkunde durch betreuungsspezifische Studien-, Aus- oder Weiterbildungsgänge

(1) **Die erforderliche Sachkunde kann durch ein Zeugnis über den erfolgreichen Abschluss eines nach Absatz 2 Satz 1 anerkannten Studiengangs nachgewiesen werden.**

(2) [1]**Auf Antrag der Hochschule erteilt die nach Landesrecht zuständige Behörde für einen im jeweiligen Land von der Hochschule angebotenen Studiengang die Anerkennung, wenn dieser alle für den Nachweis der Sachkunde erforderlichen Kenntnisse nach § 3 Absatz 1 bis 3 vermittelt.** [2]**Eine nach Satz 1 erteilte Anerkennung gilt bundesweit.**

(3) **Die Absätze 1 und 2 gelten entsprechend für Aus- und Weiterbildungsgänge, die von oder in Kooperation mit Hochschulen angeboten werden und die alle Kenntnisse nach § 3 einschließlich der in der Anlage konkretisierten Inhalte vermitteln.**

§ 5 ermöglicht durch Nachweis eines erfolgreichen Abschlusses anerkannter betreuungsspezifischer Angebote sich, ohne weitere Nachweise registrieren zu lassen. Diese Lehrangebote vermitteln im Vergleich zum Sachkundenachweis nach § 6 **deutlich umfassendere Kenntnisse** und müssen gem. Abs. 2 und 3 durch die nach jeweiligem Landesrecht zu bestimmende Behörde anerkannt sein (Dodegge/Roth Rn. 301; Schnellenbach/Normann-Scheerer/Giers/Thielke BetreuungsR-HdB Rn. 61). Die vermittelten Kenntnisse dürfen nicht nur die nach § 3 erforderlichen umfassen, sondern müssen deutlich darüber hinausgehen und dürfen zudem **nicht nur theoretisches Wissen** umfassen. Nach § 3 Abs. 1 S. 1 umfasst die erforderliche Sachkunde auch die Fähigkeit ihrer praktischen Anwendung. Achtung: Erst mit der Akkreditierung des Angebots besteht die Sicherheit, dass das Abschlusszeugnis als Nachweis gem. § 5 von der Stammbehörde anerkannt wird. Der „Ausweg" über § 7 ist unsicher (Marx BtR 2022, 97), da er eine wesentliche Gleichwertigkeit voraussetzt. 1

In der Praxis gibt es unterschiedliche Handhabungen bei der Anerkennung. Allein die Anbindung oder Kooperation mit einer Hochschule dürfte auch nach Abs. 3 nicht ausreichen. Es müssen auch inhaltlich wesentlich **umfangreichere Kenntnisse auf Hochschulniveau** vermittelt werden, also deutlich über einen Sachkundelehrgang hinausgehend. Wünschenswert wäre, wenn die übergeordneten Betreuungsbehörden, die jeweils für die Anerkennung zuständig sind, sich bundesweit austauschen und auf einheitliche Kriterien einigen könnten.

§ 6 Nachweis der Sachkunde durch Sachkundelehrgang

(1) **Die erforderliche Sachkunde kann durch ein Zeugnis über den erfolgreichen Abschluss eines nach § 8 Absatz 1 anerkannten Sachkundelehrgangs nachgewiesen werden.**

(2) [1]**Ein Sachkundelehrgang besteht aus den in der Anlage bestimmten Modulen.** [2]**Die Vermittlung der in den Modulen vorgesehenen Inhalte hat auch praktische Übungen zu umfassen.** [3]**Der Umfang eines gesamten Sachkundelehrgangs beträgt mindestens 270 Zeitstunden einschließlich Vor- und Nachbereitungszeit.** [4]**Die einzelnen Module müssen mindestens die in Spalte 3 der Anlage aufgeführten Zeitstunden umfassen.**

(3) **Jedes Modul endet mit einer Prüfung, deren Bestehen den erfolgreichen Abschluss des Moduls nachweist.**

1 § 6 normiert den Nachweis über den erfolgreichen Abschluss eines Sachkundelehrgangs. Dieser ist modular aufgebaut und wird durch die Anlage konkretisiert. Der Gesetzgeber ist nicht davon ausgegangen, dass eine große Zahl von Bewerbern sich für den Betreuerberuf interessiert und keinerlei nutzbare Vorkenntnisse nachweisen kann, daher die Aufteilung in elf Module. So können die noch fehlenden Kenntnisse durch die Absolvierung einzelnen Module erworben werden. Die Inhalte der einzelnen Module sind grundsätzlich in Lehrveranstaltungen zu vermitteln, die in Präsenz oder auch online durchzuführen sind und praktische Übungen umfassen. Die Vor- oder Nachbereitungszeiten sollten mit konkreten Aufgabenstellungen (Hausaufgaben) belegt werden. Alle Module müssen mit einer Prüfung abschließen, eine Benotung sieht das Gesetz nicht zwingend vor. Ein Durchfallen muss aber möglich sein, sodass Anbieter nicht mit einem sicheren Nachweis werben dürfen. (Ausführlicher Schnellenbach/Normann-Scheerer/Giers/Thielke BetreuungsR-HdB Rn. 62; HK-BUR/Deinert/Bürkel Rn. 1 ff.; Dodegge/Roth J Rn. 306 ff.). In der Prüfungsordnung nach § 8 Abs. 1 S. 1 Nr. 4 muss somit hinreichend konkret dargelegt werden, welche Kriterien für das Bestehen oder Durchfallen angelegt werden.

§ 7 Anderweitiger Nachweis der Sachkunde

(1) [1]**Die erforderliche Sachkunde kann auch durch Zeugnisse oder sonstige Leistungsnachweise über nicht nach § 5 Absatz 2 und 3 anerkannte Studien-, Aus- oder Weiterbildungsgänge nachgewiesen werden, wenn diese den Erwerb aller Kenntnisse nach § 3 belegen.** [2]**Zeugnisse und sonstige Leistungsnachweise können, soweit erforderlich, durch weitere Unterlagen ergänzt werden.**

(2) **Kann der Antragsteller Teilbereiche der Kenntnisse nach § 3 anderweitig nachweisen, hat er im Übrigen seine Sachkunde durch den erfolgreichen Abschluss eines oder mehrerer Module eines nach § 8 Absatz 1 anerkannten Sachkundelehrgangs oder eines nach § 5 anerkannten Studien-, Aus- oder Weiterbildungsgangs nachzuweisen.**

(3) [1]**Ein anderweitiger Nachweis ist nur geführt, soweit die nachgewiesenen Kenntnisse nach Inhalt und Umfang den Anforderungen gemäß § 6 Absatz 2 einschließlich der Anlage im Wesentlichen gleichwertig sind.** [2]**Hierzu kann die Stammbehörde in Zweifelsfällen eine Stellungnahme**

der nach Landesrecht für die Anerkennung nach § 8 Absatz 1 zuständigen Behörde einholen.

(4) **Auf Antrag entscheidet die Stammbehörde bereits vor Einleitung des Registrierungsverfahrens durch gesonderten Bescheid, ob und inwieweit der anderweitige Nachweis durch die vorgelegten Unterlagen erbracht werden kann.**

(5) **[1]Kann der Antragsteller Teilbereiche der Kenntnisse nach § 3 anderweitig nachweisen und verfügt er über eine mehrjährige für die Führung der Betreuung nutzbare Berufserfahrung, die einem Nachweis nach Absatz 2 im Wesentlichen gleichwertig ist, oder eine entsprechende mehrjährige Erfahrung als ehrenamtlicher Betreuer, kann die Stammbehörde auf Antrag im Einzelfall entscheiden, dass seine Sachkunde im Übrigen vermutet wird. [2]Diese Entscheidung ist bezogen auf den Einzelfall zu begründen.**

(6) **Die für die Registrierung erforderliche Sachkunde gilt bei Antragstellern mit der Befähigung zum Richteramt und denjenigen, die ein Studium der Sozialpädagogik oder der Sozialen Arbeit erfolgreich abgeschlossen haben, als nachgewiesen.**

§ 7 erfasst solche Fälle, in denen der Antragsteller bereits über verschiedene **1**
berufliche Qualifikationen verfügt, die geeignet sind, die gesamten Kenntnisse oder jeweils Teilbereiche der erforderlichen Kenntnisse abzudecken. Die Vorschrift ist **keine Übergangsnorm,** sondern **gilt für alle Neubewerber,** die mit der Tätigkeit als beruflicher Betreuer beginnen wollen, wie auch für diejenigen, die vor dem 1.1.2023 weniger als drei Jahre tätig waren. Nur für Letztere gab es noch eine erleichternde Übergangsvorschrift in § 15.

Anderweitiger Nachweis in § 7 bedeutet, dass der Nachweis alternativ auch ohne erfolgreichen Abschluss eines vollständigen betreuungsspezifischen anerkannten Studien-, Aus-, Weiterbildungs- oder Sachkundelehrgangs erfolgen kann. **Andere betreuungsspezifische Angebote sind jedoch nicht gemeint.** Solche müssen entweder nach § 5 Abs. 2 oder nach § 8 anerkannt sein, da diese Vorschriften spezieller sind. Mit betreuungsspezifischen Kursen, die nicht nach Landesrecht anerkannt sind, kann der Erwerb der Sachkunde nicht nachgewiesen werden. Das wäre eine Umgehung der vorrangigen Vorschriften §§ 5 und 6.

Will ein Anbieter nur einzelne Module vorhalten, können auch diese gem. § 8 Abs. 6 anerkannt werden, sodass insoweit der Nachweis erbracht werden kann.

Die vorgelegten **Unterlagen** müssen nicht notwendigerweise aus demselben Studium oder derselben Ausbildung stammen, sondern es können auch Zeugnisse aus verschiedenen hintereinander oder parallel absolvierten Studien-, Aus- und Weiterbildungsgängen vorgelegt werden. Die Aufzählung ist nicht abschließend. Vorgelegt werden können jegliche Unterlagen, die den Inhalt und die Reichweite der vorgelegten Zeugnisse nachvollziehbar erläutern und geprüftes Wissen bescheinigen – Ausnahme in Abs. 5 (→ Rn. 5). Arbeitszeugnisse und Beurteilungen sind als Sachkundenachweise jedoch untauglich und unzureichend, da diese kein geprüftes Wissen belegen können und in der Regel auf persönlichen Einschätzungen Dritter beruhen (Marx BtR 2022, 98; Plitzko BtPrax 2024, 43 (45)).

Anders als bei §§ 5 und 6 hat die **Stammbehörde** die Unterlagen **inhaltlich zu prüfen** und zu bewerten. Der Nachweis kann Modul für Modul mit verschiedenen Unterlagen geführt werden, die in ihrer Gesamtheit geeignet sind, alle erforderlichen Kenntnisse und Fähigkeiten nach § 3 zu belegen. Die Prüfung ist mitunter komplex und stellt die einzelne Stammbehörde vor große Herausforderungen. Eine gute Übersicht über den Vorgang einer solchen Prüfung findet sich bei Plitzko BtPrax 2025, 44. Die Stammbehörde hat zu prüfen, ob die nachgewiesenen Leistungen mit den **inhaltlichen Vorgaben** der Anlage übereinstimmen und auch im **Umfang** mit den jeweiligen Modulen vergleichbar sind (Schnellenbach/Normann-Scheerer/Gries/Thielke BetreuungsR-HdB Rn. 63). Zeugnisse können hierzu durch weitere Unterlagen, zB Studien- oder Kursbeschreibungen oder entsprechende Bescheinigungen, ergänzt werden (BR-Drs. 248/22, 28 f.). Hilfreich sind konkrete und ausführliche Beschreibungen der Studien- oder Ausbildungsinhalte, zB detaillierte Studieninhalte des Studiengangs oder Ausbildungsinhalte bzw. Ausbildungsordnungen der betreffenden Berufsausbildung, um einen Vergleich mit den Modulen anstellen zu können. Dabei sind auch der zeitliche Umfang sowie die Art der Wissensvermittlung beachtlich, zB in Bezug auf Selbstlernphasen. Soweit sich hier keine Entsprechung mit den Modulen der Anlage ergibt, kann auch die Sachkunde nicht nachgewiesen sein. Dies ist insbesondere bei Fernstudien- oder -lehrgängen zu beachten. Für die Betreuertätigkeit ist nämlich die Fähigkeit der praktischen Anwendung von besonderer Bedeutung, so dass auch diese ausdrücklich nach § 3 Abs. 1 S. 1 zur erforderlichen Sachkunde gehört.

2 Der Gesetzgeber ist wie auch bei § 6 davon ausgegangen, dass der überwiegende Teil der Bewerber nicht sämtliche Kenntnisse nach Abs. 1 nachweist. Daher ist in **Abs. 2** der in der Praxis wohl häufigere Fall geregelt, dass nur Teilbereiche anderweitig nachgewiesen werden können mit der Folge, dass nur fehlende Module nachzuholen sind, sei es durch einzelne Module eines Sachkundelehrgangs nach § 6 oder eines Weiterbildungsganges nach § 5. Letztlich wird also ein Puzzle aus verschiedenen Einzelnachweisen ermöglicht. Wichtig ist dabei, dass das Gesamtbild vollständig ist (zur Vorgehensweise der Behörde HK-BUR/Deinert/Bürkel Rn. 11 ff.; Plitzko BtPrax 2025, 44).

Wer gar keine Kenntnisse aus bereits vorhandenen Unterlagen nachweisen kann, muss einen anerkannten Sachkundelehrgang absolvieren und kann nicht auf Anbieter zurückgreifen, die betreuungsspezifische Kurse anbieten, aber nicht nach Landesrecht anerkannt sind, mag die Praxis aufgrund örtlichen Betreuernotstandes mitunter auch anders entscheiden.

3 Maßstab der Prüfung gem. **Abs. 3** sind die jeweiligen Kenntnisse nach § 3 einschließlich der Konkretisierung durch das Curriculum der Anlage mit Modulkatalog samt Vorbemerkung. Zum einen müssen die Kenntnisse durch Unterlagen nachgewiesen sein. Zum anderen hat die Stammbehörde zu prüfen, ob sie **nach Inhalt und Umfang** den jeweiligen Anforderungen **„im Wesentlichen gleichwertig"** sind (ausf. Marx BtR 2022, 98 f.; Plitzko BtPrax 2024, 43; BtPrax 2025, 44 (47)). Für jede Unterlage ist festzustellen, welches Modul damit abgedeckt werden kann. Dh die dort normierten Vorgaben müssen belegbar erlernt worden sein und es muss sich um geprüftes Wissen handeln. Häufig sind sie aber eben nicht deckungsgleich, weil die Ausbildung einem anderen Ziel diente. Sowohl **qualitative wie quantitative Gesichtspunkte** sind zu berücksichtigen. So darf zB der Anteil der Selbstlernphasen nicht über die Angaben der Vorbemerkung der Anlage hinausgehen. Die normierten Sachkundeanforderungen nach § 23 BtOG und § 3 stellen Mindestanforderungen zur Qualitätssicherung dar und dürfen nicht unterschritten werden. Sinn der Vorschrift ist nicht die Schaffung einer Ausnahme, mit der auch mit geringeren Kenntnissen die Registrierung erlangt werden kann. Auf den Inhalt einzelner Module kann gerade nicht verzichtet werden. Ermöglicht werden soll angesichts der Vielfältigkeit möglicher Unterlagen und individueller Vorbedingungen eine Gesamtschau, wenn letztlich sämtliche Voraussetzungen erfüllt sind. In der Verordnungsbegründung heißt es: *„Die Formulierung „im Wesentlichen gleichwertig" trägt der Tatsache Rechnung, dass bereits in der Vergangenheit erworbene Kenntnisse selten eins zu eins dem Modulkatalog entsprechen werden. Vorausgesetzt wird aus diesem Grunde keine völlige Deckungsgleichheit der nachgewiesenen Kenntnisse mit der Anlage."* (BR-Drs. 248/22, 29). Die Stammbehörde hat eine eigene Wertung vorzunehmen. Liegen die Voraussetzungen vor, hat sie jedoch kein Ermessen. Sie kann in Zweifelsfällen gem. S. 2 die Stellungnahme der übergeordneten Behörde einholen, die auch über die Anerkennung der Sachkundelehrgänge zu entscheiden hat. Davon sollten insbesondere kleine Stammbehörden Gebrauch machen, um einen überörtlichen Gleichlauf oder eine möglichst einheitliche Handhabung zu gewähren. Wünschenswert wäre darüber hinaus, wenn sich auch die überörtlichen Betreuungsbehörden um bundesweit einheitliche Kriterien bemühen würden.

Um sicher zu sein, welche Module anerkannt werden und welche noch fehlen, 4
kann der Bewerber gem. **Abs. 4** einen entsprechenden **Bescheid vorab** beantragen. Für einen Neubewerber stellt das Registrierungsverfahren der Stammbehörde häufig den Einstieg in das neue Berufsfeld dar und ist damit auch Grundlage für eine gelingende Tätigkeit als beruflicher Betreuer. Die Kommunikation sollte daher transparent und das behördliche Verfahren gut strukturiert sein (Plitzko BtPrax 2024, 43). Der (Vor-) Bescheid, ein anfechtbarer Verwaltungsakt, ermöglicht eine verbindliche Einschätzung bzgl. weiterer Investitionen und gibt dem Bewerber Planungssicherheit, welche Nachweise er noch zur Erlangung der Registrierung erbringen muss. Wenn sich (insbesondere örtlich benachbarte) Stammbehörden über ihre Kriterien austauschen oder nach § 3 Abs. 2 die übergeordnete Behörde beteiligen, könnte damit das sog. „Sachkunde-Nomadentum" (so laut Plitzko ein geflügeltes Wort der behördlichen Praxis, BtPrax 2024, 43 (44)) vermieden werden.

Abs. 5 enthält eine **Öffnungsklausel,** die im Entwurf des BMJ bewusst nicht 5
enthalten war und erst durch den Maßgabebeschluss des Bundesrates vom 8.7.2022 eingeführt wurde und die Praxis nun vor Probleme bei der Anwendung stellt. Sie ist restriktiv anzuwenden und steht im **pflichtgemäßen Ermessen** der Stammbehörde („kann"). Das Registrierungsverfahren ist ua deswegen eingeführt worden, um einen bundesweit einheitlichen und transparenten Berufszugang zu schaffen, und zwar nach gesetzlich festgelegten Voraussetzungen. Abs. 5 darf nicht dazu führen, dass einzelne Stammbehörden je nach Bedarf Ausnahmen zulassen und in einzelnen Regionen wieder geringere Anforderungen gelten als in anderen. Zwar ist nicht wie in Abs. 3 S. 2 ausdrücklich die Möglichkeit normiert, von der übergeordneten Betreuungsbehörde eine Stellungnahme einzuholen, weil es um eine Einzelfallbewertung geht. Ihre Beteiligung wäre aber wünschenswert, um einen Austausch unter den Stammbehörden zu organisieren, damit die Handhabungen nicht allzu weit auseinander fallen.

Angesprochen werden sollen mit der Öffnung ausschließlich für den Betreuerberuf geeignete **Quereinsteiger** (ausf. Dodegge/Roth J Rn. 315; Schnellenbach/Normann-Scheerer/Giers/Thielke BetreuungsR-HdB Rn. 65). Es handelt sich um eine von den Voraussetzungen her **eng zugeschnittene Sonderregelung nur für die beiden benannten Fallkonstellationen** (nutzbare berufliche Vorerfahrung oder Tätigkeit als ehrenamtlicher Betreuer).

Voraussetzung ist zunächst, dass bereits Teilbereiche der Kenntnisse nach § 3 durch Unterlagen nachgewiesen werden können. Das entspricht der Eingangsvoraussetzung nach Abs. 2. Für Bewerber, die weniger als 2 vollständige Sachkundemodule nachweisen können, kommt die Öffnungsklausel nicht in Betracht.

Die Berufserfahrung muss zum einen belegt werden können durch geeignete Nachweise über die konkret ausgeübte Tätigkeit. Zum anderen muss sie für die Führung von Betreuungen nutzbar sein. Damit dürften in der Regel „betreuungsnahe" Berufe in Frage kommen, wie die Tätigkeit in einer Betreuungsbehörde, als Rechtspfleger beim Betreuungsgericht, als Sachverständiger in Betreuungsverfahren etc. Betreuungsfernere Berufe können ggf. einzelne Module abdecken.

Der ergänzende Sachkundenachweis muss dann nicht über modulare Sachkundelehrgänge erfolgen, sondern über diese anderen benannten Tatbestände (Marx BtR 2022, 95 (99); Plitzko BtPrax 2025, 44 (47)). **Mehrjährige Berufserfahrung** sollte im Kontext der sonstigen Registrierungsregelungen zu verstehen sein als „mindestens drei Jahre", da nach § 32 Abs. 2 BtOG selbst bei beruflichen Bestandsbetreuern erst nach dieser Zeit die Sachkunde per Gesetz vermutet wurde. **Langjährige ehrenamtliche Betreuertätigkeit** sollte also noch darüber hinausgehen (so auch Dodegge/Roth Rn. 315, Plitzko BtPrax 2025, 44 (48); niedrigschwelliger Marx BtR 2022, 95 (99)). Verlangt wird sodann, dass die beruflichen oder ehrenamtlichen Vorerfahrungen auf das Vorhandensein der gesamten Sachkunde nach Abs. 2 **schließen lassen.** Maßstab sind auch hier die erforderlichen Mindestkenntnisse und -fähigkeiten nach § 3 samt Anlage in Bezug auf die fehlenden Module. Die Stammbehörde muss im Hinblick auf den Ausnahmecharakter die Gleichwertigkeit im Einzelfall konkret begründen. Ein Hinweis auf den örtlichen Bedarf dürfte fehlgehen.

6 **Abs. 6** dient der Erleichterung der Stammbehörde durch eine **Fiktion.** Ca. 15 % aller beruflichen Betreuer sind sog. Volljuristen, 50 % Sozialpädagogen oder Sozialarbeiter mit entsprechendem Hochschulabschluss. Bei beiden Berufsgruppen wird das Vorhandensein der erforderlichen Sachkunde unwiderlegbar vermutet. Inhaltlich nachvollziehbar ist diese Regelung, die ebenfalls erst durch den Bundesrat durch seinen Maßgabebeschluss in dieser Form eingeführt wurde, nicht. Es ist kaum zu begründen, dass die genannten Berufsgruppen in ihrer Ausbildung sämtliche erforderlichen Kenntnisse nach § 23 Abs. 3 S. 2 BtOG erworben haben und über die entsprechende Anwendungskompetenz verfügen. Da die Regelung vorrangig der Vereinfachung vieler Registrierungsverfahren dient, ist sie abschließend und hat ansonsten **keine Ausstrahlungswirkung** auf andere Abschlüsse.

§ 8 Anerkennung von Sachkundelehrgängen

(1) [1]**Ein Sachkundelehrgang ist auf Antrag des Anbieters von der nach Landesrecht zuständigen Behörde anzuerkennen, wenn**

1. **der Sachkundelehrgang die Voraussetzungen des § 6 Absatz 2 erfüllt,**
2. **der Anbieter für die Vermittlung der in der Anlage vorgesehenen Inhalte Lehrkräfte einsetzt, die**
   a) **über einen Abschluss eines Hochschulstudiums oder einer Berufsausbildung verfügen und**
   b) **über die jeweils erforderlichen fachlichen Kenntnisse verfügen, um die in der Anlage aufgeführten Inhalte, für die sie jeweils eingesetzt werden, zu vermitteln,**
3. **der Anbieter die Gewähr für eine ordnungsgemäße Durchführung des Lehrbetriebs und des Prüfungsverfahrens bietet,**

4. der Anbieter eine Prüfungsordnung zur Gewährleistung eines transparenten und nachprüfbaren Verfahrens für die Durchführung der Modulprüfungen nachweist,
5. der Anbieter eine Finanzierungsplanung für den Sachkundelehrgang vorlegt, die den Bestand des Lehrgangs für die Dauer der Anerkennung finanziell gesichert erscheinen lässt, und
6. der Anbieter die teilnehmerbezogenen Lehrgangskosten nachvollziehbar darlegt.

[2]Für die Anerkennung örtlich zuständig ist die nach Landesrecht bestimmte Behörde, in deren Zuständigkeitsbereich sich der Hauptsitz des Anbieters befindet.

(2) **[1]Die Anerkennung gilt bundesweit. [2]Sie ist auf fünf Jahre befristet. [3]Die Anerkennung kann auch nachträglich mit Nebenbestimmungen verbunden werden.**

(3) **[1]Die Anerkennung ist unbeschadet der landesrechtlichen Vorschriften, die § 48 des Verwaltungsverfahrensgesetzes entsprechen, zurückzunehmen, wenn der Anbieter die Anerkennung wie folgt erwirkt hat:**
1. durch arglistige Täuschung, Drohung oder Bestechung oder
2. vorsätzlich oder grob fahrlässig durch Angaben, die im Wesentlichen unrichtig oder unvollständig waren.

[2]Die Rücknahme hat keine Auswirkungen auf vor ihrer Bestandskraft erteilte Abschlusszeugnisse.

(4) **Die Anerkennung ist unbeschadet der landesrechtlichen Vorschriften, die § 49 des Verwaltungsverfahrensgesetzes entsprechen, zu widerrufen, wenn der Anbieter die Voraussetzungen nach Absatz 1 ganz oder teilweise nicht mehr erfüllt.**

(5) **Die Anerkennung wird auf Antrag um jeweils fünf Jahre verlängert, wenn die Voraussetzungen des Absatzes 1 weiter vorliegen.**

(6) **Die Absätze 1 bis 5 gelten entsprechend für die Anerkennung einzelner in der Anlage aufgeführter Module.**

§ 8 konkretisiert in Abs. 1 und 2, unter welchen Voraussetzungen private 1
Anbieter eine Anerkennung von Sachkundelehrgängen durch die nach Landesrecht zuständige Behörde erhalten können. Aus der Prüfungsordnung muss transparent und hinreichend konkret erkennbar sein, unter welchen Voraussetzungen das jeweilige Modul bestanden werden kann. In Abs. 3 ist die Rücknahme, in Abs. 4 der Widerruf geregelt. Auch hinsichtlich der Lehrgänge ist eine bundesweit einheitliche Qualität bzgl. des erforderlichen Mindeststandards sicherzustellen. Nur so ist gewährleistet, dass die jeweilige Stammbehörde im Interesse der Betreuten davon ausgehen kann, dass die erforderliche Sachkunde der Bewerber auch tatsächlich qualifiziert vermittelt und geprüft wurde. Die Frist in Abs. 5 gibt Planungssicherheit für Betreuer und Anbieter. Abs. 6 ermöglicht Anbietern, Lehrgänge nur für einzelne Teilbereiche oder Module anerkennen zu lassen, zB begrenzt nur auf rechtliche oder nur auf kommunikative Kenntnisse. Eine Übersicht der anerkannten Lehrgänge findet sich unter https://www.bagues.de/de/Betreuungsangelegenheiten. Die gesetzlichen Vorgaben sind allerdings unzureichend und nicht ausreichend konkret, sodass sich keine für alle Behörden verbindliche Praxis einstellen konnte. Möglicherweise wird die Evaluierung einen weiteren Regelungsbedarf erkennbar werden lassen.

§ 9 Anerkennung im Ausland erworbener Berufsqualifikationen; Anzeige der grenzüberschreitenden Erbringung von Dienstleistungen als beruflicher Betreuer[1]

(1) **Als Nachweis der erforderlichen Sachkunde durch einen Staatsangehörigen eines Mitgliedstaates der Europäischen Union oder eines Vertragsstaates des Abkommens über den Europäischen Wirtschaftsraum werden in einem anderen Mitgliedstaat erworbene Befähigungs- oder Ausbildungsnachweise, falls notwendig auch in Verbindung mit weiteren Unterlagen, anerkannt, sofern**

1. **der in einem anderen Mitgliedstaat erworbene Befähigungs- oder Ausbildungsnachweis die Befähigung zu einer vergleichbaren beruflichen Tätigkeit belegt wie das entsprechende inländische Abschlusszeugnis oder der entsprechende inländische sonstige Leistungsnachweis,**
2. **der Befähigungs- oder Ausbildungsnachweis in dem anderen Mitgliedstaat erforderlich ist, um in dessen Hoheitsgebiet die Erlaubnis zur Aufnahme und Ausübung dieses Berufs zu erhalten,**
3. **der Antragsteller zur Ausübung dieser beruflichen Tätigkeit in dem anderen Mitgliedstaat berechtigt ist und**
4. **zwischen den nachgewiesenen ausländischen Berufsqualifikationen und der entsprechenden inländischen Berufsbildung keine wesentlichen Unterschiede bestehen.**

(2) [1]**Als Nachweis der erforderlichen Sachkunde durch einen Staatsangehörigen eines Mitgliedstaates der Europäischen Union oder eines Vertragsstaates des Abkommens über den Europäischen Wirtschaftsraum werden in einem anderen Mitgliedstaat erworbene Befähigungs- oder Ausbildungsnachweise, falls notwendig auch in Verbindung mit weiteren Unterlagen, auch dann anerkannt, sofern**

1. **die Tätigkeit des beruflichen Betreuers in dem anderen Mitgliedstaat nicht reglementiert ist,**
2. **die Befähigungs- und Ausbildungsnachweise in dem anderen Mitgliedstaat von einer entsprechend dessen Rechts- und Verwaltungsvorschriften benannten zuständigen Behörde ausgestellt worden sind,**
3. **diese bescheinigen, dass der Inhaber auf die Ausübung des betreffenden Berufs vorbereitet wurde und**
4. **der Antragsteller den Beruf in diesem Mitgliedstaat in den vorangegangenen zehn Jahren mindestens ein Jahr lang in Vollzeit oder während einer entsprechenden Gesamtdauer in Teilzeit ausgeübt hat.**

[2]**Die mindestens einjährige Berufserfahrung darf nicht verlangt werden, wenn durch den Ausbildungsnachweis, über den der Antragsteller verfügt, ein reglementierter Ausbildungsgang belegt wird.**

(3) [1]**Unterscheiden sich die von einem Antragsteller nach Absatz 1 oder 2 durch ausländische Berufsqualifikationen nachgewiesenen Kenntnisse hinsichtlich der zugrundeliegenden Sachgebiete nach Inhalt und Umfang wesentlich von den in § 6 Absatz 2 vorgesehenen Anforderungen an den Sachkundelehrgang, stellt die Stammbehörde auf Grundlage der in der Anlage bestimmten Module des Sachkundelehrgangs durch gesonderten Bescheid fest, in welchen der in den Modulen aufgeführten Sachgebieten keine ausreichenden Kenntnisse nachgewiesen wurden.** [2]**Die Registrierung des Antragstellers als beruflicher Betreuer kann in diesen Fällen**

nur erfolgen, wenn der Antragsteller ein Zeugnis über die erfolgreiche Teilnahme an den durch gesonderten Bescheid benannten Modulen (Eignungsprüfung) vorlegt.

(4) **Will ein Staatsangehöriger eines Mitgliedstaates der Europäischen Union oder eines Vertragsstaates des Abkommens über den Europäischen Wirtschaftsraum die Tätigkeit als beruflicher Betreuer, zu deren Ausübung er in einem dieser Staaten rechtmäßig niedergelassen ist, im Inland nur vorübergehend und gelegentlich ausüben, ist § 13a der Gewerbeordnung mit den Maßgaben entsprechend anzuwenden, dass**

1. **die nach § 2 Absatz 4 Satz 3 des Betreuungsorganisationsgesetzes örtlich zuständige Stammbehörde die für die Anerkennung der Berufsqualifikation zuständige öffentliche Stelle ist und**
2. **der Dienstleistungserbringer den Nachweis nach § 13a Absatz 5 Satz 1 Nummer 3 der Gewerbeordnung zu übermitteln hat.**

S. hierzu die Ausführungen bei Dodegge/Roth J Rn. 324 ff. und Marx BtR 2022, 95 (100).

§ 10 Berufshaftpflichtversicherung

(1) **Von der Berufshaftpflichtversicherung nach § 23 Absatz 1 Nummer 3 des Betreuungsorganisationsgesetzes kann insbesondere die Haftung für Ersatzansprüche wegen wissentlicher Pflichtverletzung ausgeschlossen werden.**

(2) **[1]Die Vereinbarung eines Selbstbehalts bis zu einem Prozent der Mindestversicherungssumme ist zulässig. [2]Ein Selbstbehalt des Versicherungsnehmers kann dem Dritten nicht entgegengehalten und gegenüber einer mitversicherten Person nicht geltend gemacht werden.**

(3) **[1]Im Versicherungsvertrag ist der Versicherer zu verpflichten, der für die Registrierung des Betreuers zuständigen Stammbehörde die Beendigung oder Kündigung des Versicherungsvertrages sowie jede Änderung des Versicherungsvertrages, die den vorgeschriebenen Versicherungsschutz beeinträchtigt, unverzüglich anzuzeigen. [2]Die für die Registrierung des Betreuers zuständige Stammbehörde hat dem Versicherer das Datum des Eingangs der Anzeige mitzuteilen. [3]Sie erteilt Dritten zur Geltendmachung von Schadensersatzansprüchen auf Antrag Auskunft über den Namen und die Adresse der Berufshaftpflichtversicherung des Betreuers sowie die Versicherungsnummer, soweit das Auskunftsinteresse das schutzwürdige Interesse des Betreuers an der Nichterteilung dieser Auskunft überwiegt. [4]Die für die Registrierung des Betreuers zuständige Stammbehörde ist zuständige Stelle im Sinne des § 117 Absatz 2 des Versicherungsvertragsgesetzes.**

(4) **Der Mitarbeiter eines nach § 14 des Betreuungsorganisationsgesetzes anerkannten Betreuungsvereins kann die nach § 23 Absatz 1 Nummer 3 des Betreuungsorganisationsgesetzes erforderliche Berufshaftpflichtversicherung durch Vorlage einer dem anerkannten Betreuungsverein ausgestellten Bescheinigung nach § 113 Absatz 2 des Versicherungsvertragsgesetzes nachweisen, aus der sich das Bestehen eines den Anforderungen des § 23 Absatz 1 Nummer 3 des Betreuungsorganisationsgesetzes in Verbin-**

dung mit den Absätzen 1 bis 3 entsprechenden Versicherungsschutzes für diesen Mitarbeiter ergibt.

1 § 10 konkretisiert die Bedingungen der für die Registrierung erforderlichen Haftpflichtversicherung nach § 23 Abs. 1 Nr. 3 BtOG (→ BtOG § 23 Rn. 6; ausf. HK-BUR/Deinert/Bürkel; Marx BtR 2022, 77 (79)). Danach sind einerseits nach Abs. 1 marktübliche Haftungsausschlüsse seitens der Versicherer möglich, andererseits kann nach Abs. 2 ein Selbstbehalt vereinbart werden. Da mit Wegfall des Versicherungsschutzes die Registrierung gem. § 27 Abs. 1 Nr. 2 BtOG zu widerrufen ist, hat der Betreuer im Versicherungsvertrag zu vereinbaren, dass der Versicherer dies der Stammbehörde gem. Abs. 3 mitzuteilen hat. Der Vertrag ist der Stammbehörde vorzulegen. Die Nachhaftung der Versicherung endet, wenn sie von der Stammbehörde die Mitteilung erhalten hat, dass diese wiederum die Mitteilung der Versicherung über die Änderung erhalten hat. Abs. 4 enthält eine Erleichterung für Mitarbeiter eines anerkannten Betreuungsvereins, wonach (wie bisher gängige Praxis) eine Bescheinigung des Vereins ausreicht, ohne dass der Mitarbeiter namentlich genannt sein muss.

§ 11 Mitteilung der Organisationsstruktur

Die Mitteilung der beabsichtigten Organisationsstruktur der beruflichen Betreuertätigkeit nach § 24 Absatz 1 Satz 3 des Betreuungsorganisationsgesetzes hat mindestens folgende Angaben zu umfassen:

1. **Vorhandensein, Anzahl und Beschäftigungsumfang von Mitarbeitern,**
2. **Art und Umfang der Räumlichkeiten, in denen die Tätigkeit ausgeübt wird, und**
3. **Art und Umfang der Erreichbarkeit.**

1 § 11 betrifft die „organisatorische Eignung" und konkretisiert die Mitteilungspflicht aus § 24 Abs. 1 S. 3 BtOG zur beabsichtigten **Organisationsstruktur** und zeitlichen Gesamtumfang der Tätigkeit (→ BtOG § 24 Rn. 2). Sie gehört also nicht zu den in § 23 BtOG geregelten materiell-rechtlichen Voraussetzungen der Registrierung und nicht zur persönlichen Eignung nach § 2, sondern dient der Information der Stammbehörde und hat daher Auswirkung auf die Mitteilungspflichten des registrierten Betreuers nach § 25 BtOG während der gesamten beruflichen Tätigkeit. Die Mitteilung als solche ist jedoch verpflichtend. Die Umstände der Organisation haben Einfluss auf die Entscheidung der Verfahrensbehörde bei der Frage, wen sie für ein einzelnes Verfahren vorschlagen. Betreuer, die schlecht erreichbar sind oder keine Räumlichkeiten für persönliche Gespräche zur Verfügung haben, sind nur für wenige Betreute geeignet. Unabhängig von den gesetzlichen Vorgaben sollte die Stammbehörde auch diesbezüglich gewisse Mindeststandards einfordern: zB eigenes Büro, Telefon mit Anrufbeantworter sollten für berufliche Betreuer eine Selbstverständlichkeit sein.

Bedenklich sind weitere berufliche Tätigkeiten im Umfeld der rechtlichen Betreuung, die zu Interessenkonflikten führen können (Marx BtR 2022, 77 (80)).

§ 12 Gespräch zur Feststellung der persönlichen Eignung

(1) [1]**Die Stammbehörde soll das Gespräch mit dem Antragsteller zur Feststellung der persönlichen Eignung nach § 24 Absatz 2 des Betreu-**

ungsorganisationsgesetzes mit mindestens zwei Mitarbeitern der Stammbehörde führen, von denen mindestens einer über Berufserfahrung auf dem Gebiet der rechtlichen Betreuung verfügt. [2]Die Stammbehörde kann anstelle eines eigenen Mitarbeiters auch einen Mitarbeiter einer anderen Behörde hinzuziehen.

(2) **Das Gespräch ist zu protokollieren.**

§ 12 konkretisiert nach § 24 Abs. 2 BtOG das zu führende persönliche Gespräch (→ BtOG § 24 Rn. 3). Zu prüfen ist zwar nicht das Vorhandensein der erforderlichen Sachkunde, aber die berufsbezogene Eignung nach § 2 (→ Rn. 6; HK-BUR/Deinert/Bürkel; Schnellenbach/Normann-Scheerer/Giers/Thielke BetreuungsR-HdB Rn. 55). Anwesend sein muss mindestens ein Mitarbeiter der Stammbehörde. Berufserfahrung auf dem Gebiet der Betreuung bedeutet nicht zwingend, dass diese Person selbst Betreuungen geführt haben muss. Wann dieses Gespräch zu führen ist, ist bewusst nicht vorgegeben und richtet sich nach dem Einzelfall. 1

§ 13 Registrierungsverfahren

(1) **Anträge nach § 24 Absatz 1 Satz 1 des Betreuungsorganisationsgesetzes sind in Textform zu stellen.**

(2) **[1]Ist der Antragsteller oder der registrierte berufliche Betreuer Mitarbeiter eines nach § 14 des Betreuungsorganisationsgesetzes anerkannten Betreuungsvereins, teilt die Stammbehörde Entscheidungen, die diesen betreffen, auch dem Betreuungsverein mit. [2]Der Betreuungsverein teilt der Stammbehörde das Ausscheiden eines als beruflicher Betreuer tätigen Mitarbeiters aus dem Beschäftigungsverhältnis unverzüglich mit.**

(3) **Von Zeugnissen und Nachweisen, die nicht in deutscher Sprache ausgestellt sind, kann die Vorlage einer Übersetzung in die deutsche Sprache verlangt werden.**

§ 14 Aufbewahrungsfrist

Folgende Akten und elektronische Akten sind für einen Zeitraum von zehn Jahren nach der Beendigung des Verfahrens aufzubewahren:

1. **Akten, in denen eine beantragte Registrierung bestandskräftig abgelehnt worden ist, und**
2. **Akten, in denen eine Registrierung bestandskräftig widerrufen oder zurückgenommen worden ist.**

§ 15 Übergangsvorschrift zu § 32 Absatz 2 Satz 2 des Betreuungsorganisationsgesetzes

Abweichend von § 7 kann die Stammbehörde Antragsteller nach § 32 Absatz 2 Satz 2 des Betreuungsorganisationsgesetzes auch dann registrieren, wenn diese ihre Sachkunde durch die Vorlage von Unterlagen nachweisen können, die den Erwerb von Kenntnissen belegen, die nach Inhalt und Umfang den in § 6 Absatz 2 in Verbindung mit den in der Anlage vorgesehenen Modulen genannten Voraussetzungen des Sachkundelehrgangs im Wesentlichen entsprechen.

1 § 15 enthält eine zeitlich begrenzte Übergangsvorschrift, die ausschließlich solche Betreuer betraf, die bereits vor dem 1.1.2023 tätig waren, aber zu diesem Zeitpunkt noch nicht seit mindestens drei Jahren berufsmäßig Betreuungen führten und die gem. § 32 Abs. 2 BtOG spätestens bis zum 30.6.2025 ihre Sachkunde nachweisen mussten (→ BtOG § 32 Rn. 5). Da die Frist bereits überschritten ist, wird auf eine weitergehende Kommentierung verzichtet und bei Bedarf auf die Vorauflage verwiesen.

§ 16 Inkrafttreten

Diese Verordnung tritt am 1. Januar 2023 in Kraft.

Anlage zu § 3 Absatz 4

Inhaltliche Anforderungen an die Sachkunde (Module)

Module zu § 3	Unterrichtsinhalte	Gesamter Zeitaufwand in Zeitstunden
Vorbemerkung: Die Inhalte der Module werden grundsätzlich in Lehrveranstaltungen vermittelt, die in Präsenz oder online durchgeführt werden und praktische Übungen umfassen. Prüfungszeiten sind in den vorgeschriebenen Zeitstunden enthalten. Antragsteller, die über einen Hochschulabschluss verfügen, können bis zu 50 Prozent der Zeitstunden des jeweiligen Moduls mit Ausnahme der Module 10 und 11 in Selbstlernphasen absolvieren. Alle übrigen Antragsteller können bis zu 15 Prozent der Zeitstunden des jeweiligen Moduls mit Ausnahme der Module 10 und 11 in Selbstlernphasen absolvieren.		
Modul 1	Betreuerbestellung und Zusammenarbeit mit dem Betreuungsgericht	15
Zu Absatz 1 Nummer 1	Betreuerbestellung: Voraussetzungen, Verfahren, Sachverhaltsermittlung Anordnung eines Einwilligungsvorbehalts: Voraussetzungen, Grenzen, Verfahren Aufgabenbereiche Aufsicht durch das Betreuungsgericht Berichts-, Auskunfts- und Mitteilungspflichten Genehmigungsvorbehalte einschließlich Verfahren	
Modul 2	Betreuungsführung	30
Zu Abs. 1 Nr. 1	UN-Behindertenrechtskonvention, insbesondere Artikel 12: Unterstützung bei der Ausübung der Rechts- und Handlungsfähigkeit, Bedeutung der Grundrechte Ermittlung der Wohn- und Lebenslage des Betreuten Erarbeitung der Betreuungsziele Vorrang der Unterstützung und Willensvorrang nach § 1821 BGB Wille, Wünsche, Präferenzen Erforderlichkeitsgrundsatz im Innenverhältnis Schutzpflichten	

Module zu § 3	Unterrichtsinhalte	Gesamter Zeitaufwand in Zeitstunden
Modul 3	**Recht der Unterbringung und der ärztlichen Zwangsmaßnahmen**	**15**
Zu Absatz 1 Nummer 1	**Freiheitsentziehende Unterbringung und sonstige freiheitsentziehende Maßnahmen nach Betreuungsrecht und nach öffentlichem Recht: Voraussetzungen und Verfahren** **Einwilligung in ärztliche Zwangsmaßnahmen: Voraussetzungen und Verfahren** **Aufgaben des Betreuers während des Vollzugs einer freiheitsentziehenden Unterbringung, sonstiger freiheitsentziehender Maßnahmen und ärztlicher Zwangsmaßnahmen**	
Modul 4	**Personensorge 1**	**15**
Zu Abs. 1 Nr. 2	**Grundkenntnisse über typische betreuungsrelevante Erkrankungen und Behinderungen, deren Auswirkungen, Gefahren und Behandlungsmöglichkeiten** **Möglichkeiten der Vermeidung einer freiheitsentziehenden Unterbringung, sonstiger freiheitsentziehender Maßnahmen und ärztlicher Zwangsmaßnahmen**	
Modul 5	**Personensorge 2**	**15**
Zu Abs. 1 Nr. 2	**Behandlungsvertragsrecht, Einwilligungsfähigkeit und Patientenrechte** **Behandlungswünsche, Patientenverfügung, Sterbewunsch** **Einwilligung des Betreuers bei gefährlichen ärztlichen Maßnahmen: Voraussetzungen und Verfahren** **Aufgabe von Wohnraum** **Umgangs- und Aufenthaltsbestimmung**	
Modul 6	**Vermögenssorge 1**	**15**
Zu Abs. 1 Nr. 3	**Grundkenntnisse über Geschäftsfähigkeit** **Recht der Stellvertretung** **allgemeines Schuldrecht einschließlich Haftungsfragen** **Kaufvertragsrecht** **Schuldenregulierung, Mahn- und Vollstreckungsbescheid, Zwangsvollstreckung, Insolvenzverfahren**	
Modul 7	**Vermögenssorge 2**	**15**
Zu Abs. 1 Nr. 3	**Vermögensverwaltung und Verfügungen über das Betreutenvermögen** **Vermögensverzeichnis, Rechnungslegung und Genehmigungsvorbehalte** **Betreuungsrelevante Aspekte des Miet- und Heimrechts** **Betreuungsrelevante Aspekte des Erb- und Familienrechts**	

Module zu § 3	Unterrichtsinhalte	Gesamter Zeitaufwand in Zeitstunden
Modul 8	**Sozialrecht 1: Kenntnisse des Sozialrechts**	**30**
Zu Abs. 2 Nr. 1	**Das Sozialrecht (SGB und SGG) im Überblick, insbesondere** **Leistungen zur Sicherung des Lebensunterhalts einschließlich der Kosten der Unterkunft, vor allem nach dem SGB II und XII** **Sozialleistungsansprüche nach dem SGB V, VI und XI** **Ermittlung, Geltendmachung und Durchsetzung von sozialrechtlichen Ansprüchen sowie sozialrechtliche Mitwirkungspflichten**	
Modul 9	**Sozialrecht 2: Sozial- und Hilfestrukturen in der Praxis**	**45**
Zu Abs. 2 Nr. 2	**Teilhabeleistungen vor allem nach SGB IX** **Teilhabe- und Gesamtplanverfahren** **Rehabilitations- und Teilhabeleistungen der verschiedenen Rehabilitationsträger** **Leistungsformen der Eingliederungshilfe (z.B. Teilhabe am Arbeitsleben, medizinische Rehabilitation, Teilhabe an Bildung und Leistungen zur sozialen Teilhabe)** **Besondere Wohnformen und ambulant betreute Wohngemeinschaften** **Pflegeleistungen in Kombination mit anderen SGB-Leistungen** **Leistungen der Pflegeversicherung einschließlich Aufklärung, Auskunft und Pflegeberatung nach den §§ 7 ff. SGB XI sowie das Verhältnis zu anderen Sozialleistungen nach § 13 SGB XI** **Leistungen der Hilfe zur Pflege nach SGB XII** **Leistungen der gesetzlichen Krankenversicherung im Pflegefall (z.B. häusliche Krankenpflege und weitere Leistungen nach den §§ 37 ff. SGB V, medizinische Rehabilitation)** **Leistungen der Eingliederungshilfe im Pflegefall** **Methoden zur fallbezogenen Erschließung und Nutzung von Beratungs-, Sozial- und Hilfestrukturen sowie von Netzwerken**	
Modul 10	**Grundlagen der Kommunikation und Praxistransfer**	**30**
Zu Abs. 3	**Theoretische Konzepte und Methoden der Kommunikation** **Grundhaltungen und Techniken der Kommunikation** **Diversitätssensible Kommunikation** **Ressourcenorientierte Kommunikation** **Konfliktmanagement in der Kommunikation** **Selbst- und Machtreflexion**	

Module zu § 3	Unterrichtsinhalte	Gesamter Zeitaufwand in Zeitstunden
Modul 11	**Betreuungsspezifische Kommunikation/Methoden der unterstützten Entscheidungsfindung**	**45**
Zu Abs. 3	**Auswirkungen spezifischer krankheits- bzw. beeinträchtigungsbedingter Einschränkungen auf die Fähigkeit der Kommunikation und der Entscheidungsfindung** **Bedeutung sozialer und umweltbedingter Einflussfaktoren auf Autonomie und Entscheidungsfindung von betreuten Menschen** **Methoden zur kommunikativen Verhinderung von Ausschlussmechanismen** **Barrierefreie Kommunikation, leichte Sprache** **Drei- oder Mehrparteien-Interaktion mit betreuten Menschen** **Erkennen und Ermitteln von Wunsch, Wille und Präferenzen von betreuten Menschen in der Kommunikation einschließlich biographischer Aspekte und Werthaltungen** **Methoden der Unterstützung bei der Entscheidungsfindung betreuter Menschen und praktische Erprobung**	

Die **Anlage** konkretisiert die inhaltlichen Anforderungen an die Sachkunde, die sich aus § 3 ergeben, und gliedert diese in **elf Module,** die jeweils einzeln belegt werden können. Die Inhalte der Module entsprechen den Anforderungen des § 3 Abs. 1 bis 3 und sind diesen in der ersten Spalte der Tabelle zugeordnet. Die einzelnen Module sind so weit wie möglich so zugeschnitten, dass eines eher allgemeine Kenntnisse vermittelt und ein weiteres schwerpunktmäßig betreuungsspezifische Inhalte umfasst. Dadurch wird den Antragstellern ermöglicht, Vorkenntnisse aus früheren Ausbildungen oder einem Studium möglichst weitgehend anerkennen zu lassen nach § 7 Abs. 3. 1

Die Anlage gibt dagegen keine pädagogischen Konzepte oder die Art der Wissensvermittlung vor. Dies bleibt den Anbietern überlassen und kann daher für die verschiedenen Module unterschiedlich ausgestaltet sein. Aus der **verbindlichen Vorbemerkung** der Anlage ergibt sich, dass der Unterricht immer auch praktische Übungen zu umfassen hat. Ausschließliche Online-Lehrveranstaltungen müssen über ein methodisch und technisch geeignetes Konzept verfügen, wie die erforderlichen Fähigkeiten vermittelt und erlernt werden können, insbesondere bei den Modulen 10 und 11. Durch den Maßgabenbeschluss des Bundesrates vom 8.7.2022 wurde der zeitliche Umfang in Zeitstunden umgerechnet (das BMJ war in seinem Entwurf von 360 Unterrichtseinheiten á 45 Minuten ausgegangen). Der gesamte Arbeitsaufwand des Sachkundelehrgangs schließt Vor- und Nachbereitungszeiten ein, s. § 6 Abs. 2 S. 3. Da diejenigen, die bereits über einen Hochschulabschluss verfügen, in der Regel in der Lage sind, sich Kenntnisse aus fremden Sachgebieten auch in Eigenarbeit anzueignen, werden zudem die Zeiten, die in Selbstlernphasen geleistet werden können, differenziert – mit Ausnahme der Kommunikationsmodule, deren Inhalte sich nicht alleine lernen lassen. 2

3 Inhaltlich spiegelt die Anlage die Schwerpunkte der Betreuertätigkeit nach dem Reformgesetz wider. Die Vermittlung kommunikativer und sozialer Kompetenzen stellt einen Schwerpunkt dar, da es das zentrale Anliegen des neuen Betreuungsrechts ist, die **Wünsche der Betreuten** in den Mittelpunkt des Betreuerhandelns zu stellen und ihre **Selbstbestimmung** zu stärken.

Gesetz über die Vergütung von Vormündern und Betreuern (Vormünder- und Betreuervergütungsgesetz – VBVG)

Einleitung VBVG

1 Das VBVG ist mit dem Gesetz zur Reformierung des Vormundschafts- und Betreuungsrechts (Gesetz vom 4.5.2021 – BGBl. I 2021, Nr. 21) neu strukturiert worden. Der ursprüngliche Gesetzesaufbau im BGB wird im VBVG beibehalten, wobei Vorschriften über Vergütung und Aufwendungsersatz für Vormünder und Betreuer regelungstechnisch getrennt sind (BT-Drs. 19/24445, 390). Die Ansprüche des Vormunds werden vorangestellt, davon getrennt folgt die dem Grunde nach beibehaltene Normenabfolge zur Betreuervergütung, angepasst an das neue BtOG. Das VBVG ist für alle beruflichen Betreuer, Behördenbetreuer, Betreuungsvereine und Betreuungsbehörden anwendbar. § 1875 Abs. 2 BGB enthält eine Generalverweisung auf das VBVG. Das Vergütungsverbot der Betreuungsbehörde findet sich in § 14 Abs. 3, ebenso der Anspruch auf Vergütung und Aufwendungsersatz unter Verweis auf das § 1876 S. 2 BGB, wenn der Betreute nicht mittellos ist (ursprünglich in § 1908i iVm 1836 Abs. 3, 1835 Abs. 5 BGB aF). Wesentliche Neuerung ist die Änderung der Begrifflichkeit des Berufsbetreuers als **beruflicher Betreuer** (§ 19 Abs. 2 BtOG), die Sachkundeprüfung und Registrierung der Betreuer durch die Stammbehörde (Betreuungsbehörde, §§ 23 f. BtOG) und die Feststellung der maßgeblichen Vergütungstabelle auf Antrag des Betreuers durch den Vorstand des zuständigen Amtsgerichts (oder anderes Gericht aufgrund Rechtsordnung) mit bundesweiter Wirkung, § 8 Abs. 3. Die Sachkundeprüfung erfolgt nicht mehr durch das Gericht. Eine weitere wesentliche Änderung ist, dass die Berufsmäßigkeit nicht mehr festzustellen ist, der Vergütungsanspruch entsteht mit der Registrierung des Betreuers durch die Stammbehörde.

2 Bestandsbetreuer, die vor dem 1.1.2023 mindestens drei Jahre Betreuertätigkeit absolviert haben, werden zwar automatisch vorläufig registriert und nach dem neuen VBVG vergütet, müssen aber die weiteren Nachweise ebenfalls erbringen, § 32 Abs. 1 BtOG, um endgültig registriert zu werden. Die Betreuer, die vor dem 1.1.2023 weniger als drei Jahre tätig waren, werden bis zur endgültigen Registrierung durch die Stammbehörde nach § 4 Abs. 2–4 VBVG aF vergütet, § 19 Abs. 1.

Durch das Reparaturgesetz wurde für Personen, die erstmals nach dem 1.1.2023 als berufliche Betreuer tätig werden wollen, die Möglichkeit geschaffen, durch vorläufige Registrierung (BtOG § 33) sofort nach dem geltenden VBVG für eine Übergangszeit vergütet zu werden.

3 Problematisch dürfte es sein, dass Bestandsbetreuer, die vor dem 1.1.2023 weniger als drei Jahre tätig waren, nach altem Recht und Personen, die ab dem 1.1.2023 erstmals als berufliche Betreuer tätig werden, nach dem neuen VBVG vergütet werden, obwohl beide Gruppen noch keine vollständigen Sachkundenachweise vorgelegt haben, siehe auch Kommentierung § 7. Das Vergütungsverbot des Betreuungsvereins ist aufgehoben worden. Die übrigen Regelungen bleiben

unverändert (Pauschalvergütung gilt den Aufwendungsersatz ab, bei Ausnahmen bzgl. des Aufwendungsersatzes erfolgt eine Rückverweisung ins BGB), BT-Drs. 19/24445, 154.

4 Die Gliederung des VBVG ergibt, dass sich die Ansprüche des Vormunds aus Abschnitt 1 §§ 1–6 und die des beruflichen Betreuers, des Behördenbetreuers, der Betreuungsvereine und die der Betreuungsbehörden aus Abschnitt 2 §§ 7–16 ergeben. Danach folgen Abschnitt 3 und 4 mit den Schlussvorschriften und den Übergangsregelungen.

5 Die §§ 1–6 werden nicht kommentiert, da diese den Vormund betreffen. § 3 wird unkommentiert mit aufgeführt wegen des Verweises aus § 12.

6 **Mit dem Gesetz zur Regelung einer Inflationsausgleichs-Sonderzahlung** (BetrinA-SG) erhalten berufliche Betreuer, Betreuungsvereine und ehrenamtliche Betreuer eine Sonderzahlung. Die Inflationsausgleichszahlung wird für den Zeitraum vom 1.1.2023 – 31.12.2025 gewährt. Aus diesem Grund werden die Ausführungen in die Einführung zum VBVG aufgenommen und auch nur kurz behandelt, um einen Überblick zu erhalten. Auf die Ausführung von Gesetzestext dazu wurde verzichtet. Das BetrinA-SG regelt Inflationssonderzahlungen für berufliche Betreuer, Vereinsbetreuer und ehrenamtliche Betreuer. Beruflicher Betreuer ist, wer nach → § 19 Abs. 2 BtOG oder nach → § 32 BtOG vorläufig registriert ist. Gleichgesetzt werden die nach → § 33 BtOG vorläufig registrierten Betreuer, → § 1 Abs. 1 BetrinA-SG. Für Vereinsbetreuer (= berufliche Betreuer), die (vorläufig) registriert sind, kann der Betreuungsverein die Inflationsausgleichs-Sonderzahlung beantragen, → § 1 Abs. 2 BetrinA-SG. Hierzu gehören auch die nach → § 23 Abs. 4 BtOG registrierten Vereinsbetreuer, vgl. → § 13 Rn. 10 VBVG. Vorläufig registrierte Betreuer sollten den Antragsstatus nachweisen durch Einreichung einer entsprechenden Bestätigung der Betreuungsbehörde, vgl. hierzu auch → VBVG § 7 Rn. 4–12. Die Inflations-Sonderzahlung ist vom Betreuten zu zahlten, es sei denn, dass er mittellos ist. Ist der Betreute iSd → § 1880 BGB mittellos, kann der berufliche Betreuer oder der Betreuungsverein für den eingesetzten Vereinsbetreuer (→ § 19 Abs. 2 BtOG ist zu beachten) die Inflations-Sonderzahlung aus der Staatskasse verlangen, → § 1 Abs. 4 BetrinA-SG. Dieser Anspruch geht auf die Landeskasse über und kann entsprechend zurückgefordert werden. Hinsichtlich Ausführungen zu → § 1880, § 1881 BGB und Verfahren → § 292a FamFG wird auf die Kommentierung dort verwiesen. Sonderbetreuer nach → § 12 VBVG erhalten keine Inflations-Sonderzahlung, → § 1 Abs. 5 BetrinA-SG. Es handelt sich um einen Festbetrag iHv 7,50 EUR pro geführte Betreuung und je angefangenem Monat. Es kann dahinstehen, dass die Überschneidung Kalendermonat/Betreuungsmonat nicht gegeben ist, da nur ein Tag der geführten Betreuung in dem jeweiligen Monat erforderlich ist. Hier dürften keine Nachteile für die Betreuer entstehen. Die Inflationsausgleichs-Sonderzahlung wird pro Monat und Betreuung gezahlt. Ein Betreuungsmonat, der in einem Monat beginnt und im Folgemonat endet (Beispiel: 7.1.2024 – 6.2.2024) kann nur eine Pauschale geltend machen, → § 3 Abs. 4 S. 1 BetrinA-SG (ausführlich hierzu Felix BtPrax 8, 2024). Damit kann es nicht zu einer Doppelzahlung für einen Kalender-/Betreuungsmonat kommen.

Die Inflations-Sonderzahlung kann ausschließlich in Zusammenhang mit einem Vergütungsantrag nach → § 8 und § 9 VBVG geltend gemacht werden, → § 3 Abs. 1 BetrinA-SG. Die Inflations-Sonderzahlung kann auch im Rahmen eines Dauervergütungsantrags gestellt werden. Die Fristen zur Geltendmachung des Anspruchs nach → § 16 Abs. 3 VBVG sind zu beachten, vgl. → § 3 Abs. 2

BetrinA-SG mit Verweis auf → § 15 Abs. 2 S. 2 VBVG und damit entsprechende Anwendung des → § 16 Abs. 3 VBVG => Ansprüche erlöschen, wenn sie nicht binnen 15 Monaten nach Entstehung gerichtlich geltend gemacht werden. Inflations-Sonderzahlung und die Vergütung nach VBVG unterliegen damit den gleichen Fristen hinsichtlich Fälligkeit, Antragstellung und Erlöschen gem. VBVG. Es wird auf → § 15 Abs. 1 und → § 16 Abs. 3 VBVG hingewiesen. Die Festsetzung der Inflations-Sonderzahlung richtet sich nach den Verfahrensvorschriften → § 292 und § 292a FamFG, es wird auf die dortige Kommentierung verwiesen. Weitergehend s. auch Felix BtPrax 2024, 8.

Mit dem Inkrafttreten des KostBRÄG 2025 (1.1.2026) wird das VBVG 7 angepasst. Die Vergütungstabelle A–C wird gegen ein 2 Stufenmodell ersetzt, so wie auch die Fallpauschalen auf 16 reduziert werden. Die Vergütung wird durch Integration der bisherigen Inflationszulage erhöht. Grundsätzlich ist die Dauervergütungsfestsetzung vorgesehen. Die Unterscheidung stat. Einrichtung und vgl. wird aufgegeben. Die Pauschalen in § 10 fallen weg, und für Verfahrenspfleger gibt es eine Vergütung für Tätigkeiten außerhalb der Geschäftszeiten. Durch den Wegfall von § 10 (Pauschalen) und die Einführung von § 16 (Vergütung für Tätigkeiten außerhalb der Geschäftszeiten) sowie § 17 (Ausfallentschädigung des Umgangspflegers, wird nicht kommentiert) ändern sich teilweise die Paragrafen und entsprechenden Verweisungen. Ehrenamtliche Betreuer erhalten künftig 450 EUR.

Abschnitt 2. Vergütung und Aufwendungsersatz des Betreuers

§ 3 Stundensatz des Vormunds

(1) [1]Die dem Vormund nach § 1 Absatz 3 zu bewilligende Vergütung beträgt für jede Stunde der für die Führung der Vormundschaft aufgewandten und erforderlichen Zeit 26 Euro. [2]Verfügt der Vormund über besondere Kenntnisse, die für die Führung der Vormundschaft nutzbar sind, so erhöht sich der Stundensatz

1. auf 33 Euro, wenn diese Kenntnisse durch eine abgeschlossene Lehre oder eine vergleichbare abgeschlossene Ausbildung erworben sind;
2. auf 44 Euro, wenn diese Kenntnisse durch eine abgeschlossene Ausbildung an einer Hochschule oder durch eine vergleichbare abgeschlossene Ausbildung erworben sind.

[3]Eine auf die Vergütung anfallende Umsatzsteuer wird, soweit sie nicht nach § 19 Absatz 1 des Umsatzsteuergesetzes unerhoben bleibt, zusätzlich ersetzt.

(2) [1]Bestellt das Familiengericht einen Vormund, der über besondere Kenntnisse verfügt, die für die Führung der Vormundschaft allgemein nutzbar und durch eine Ausbildung im Sinne des Absatzes 1 Satz 2 erworben sind, so wird vermutet, dass diese Kenntnisse auch für die Führung der dem Vormund übertragenen Vormundschaft nutzbar sind. [2]Dies gilt nicht, wenn das Familiengericht aus besonderen Gründen bei der Bestellung des Vormunds etwas anderes bestimmt.

(3) [1]Soweit die besondere Schwierigkeit der vormundschaftlichen Angelegenheiten dies ausnahmsweise rechtfertigt, kann das Familiengericht einen höheren als den in Absatz 1 vorgesehenen Stundensatz der Vergütung bewilligen. [2]Dies gilt nicht, wenn der Mündel mittellos ist.

(4) Der Vormund kann Abschlagszahlungen verlangen.

§ 7 Vergütung und Aufwendungsersatz des beruflichen Betreuers

(1) Ein beruflicher Betreuer nach § 19 Absatz 2 des Betreuungsorganisationsgesetzes, der selbständig rechtliche Betreuungen führt, kann vom Betreuten Vergütung und Aufwendungsersatz nach Maßgabe der §§ 8 bis 11, 14 und 15 verlangen.

(2) [1]Ist ein beruflicher Betreuer nach § 19 Absatz 2 des Betreuungsorganisationsgesetzes, der als Mitarbeiter eines anerkannten Betreuungsvereins rechtliche Betreuungen führt, als Vereinsbetreuer bestellt, kann der Betreuungsverein vom Betreuten Vergütung und Aufwendungsersatz nach Maßgabe der §§ 8 bis 11, 14 und 15 verlangen. [2]Der Vereinsbetreuer selbst kann keine Vergütung und keinen Aufwendungsersatz geltend machen.

(3) Die Bewilligung der Zahlung erfolgt durch das Betreuungsgericht nach § 292 des Gesetzes über das Verfahren in Familiensachen und in den Angelegenheiten der freiwilligen Gerichtsbarkeit.

I. Einleitung

1 Änderungen aufgrund es VBRRefG (Abk. nach buzer.de), v. 4.5.2021: Abs. 1 entspricht in seinem Ziel § 1 Abs. 2 S. 1 aF, Berufsmäßigkeit muss aber nicht mehr festgestellt werden. Abs. 2 S. 1 entspricht § 7 Abs. 1 S. 1 aF und regelt den Vergütungs- und Aufwendungsersatzanspruch analog Abs. 1 für den bestellten Vereinsbetreuer, der **beruflicher Betreuer** ist. Abs. 2 S. 2 entspricht § 7 Abs. 3 aF und stellt klar, dass ausschließlich der Betreuungsverein selbst den Vergütungs- und Aufwendungsersatzanspruch verlangen kann. Abs. 3 entspricht § 1 Abs. 2 S. 1 aF und stellt klar, dass die Ansprüche durch das Gericht zu bewilligen sind bzw. kann bei bemittelten Betreuten, soweit Vermögenssorge umfasst ist, eine Entnahme aus dem Vermögen des Betreuten erfolgen.

Mit dem KostBRÄG 2025 haben sich die Verweisungen in § 7 Abs. 1 und 2 S. 1 aufgrund des aufgehobenen § 10 aF „Gesonderte Pauschalen" geändert. Weitere inhaltliche Änderungen haben sich hier nicht ergeben.

II. Berufliche Betreuer

2 Das Gesetz definiert **berufliche Betreuer** als natürliche Personen, die selbständig oder als beruflich tätige Mitarbeiter eines anerkannten Betreuungsvereins rechtliche Betreuungen führen und nach § 24 BtOG (endgültig), § 32 Abs. 1 S. 6, § 33 BtOG (vorläufig) oder § 32 Abs. 1 S. 1 BtOG (endgültig) registriert sind, § 19 Abs. 2 BtOG. Bestandsbetreuer, die einen Registrierungsantrag nicht vor Ablauf des 30.6.2023 stellen und Personen, die sich nach dem 30.6.2025 als berufliche Betreuer registrieren lassen wollen, bleibt ausschließlich die Registrierung nach §§ 23 ff. BtOG. Damit erfolgt auch eine **Begriffsänderung** vom Berufsbetreuer hin zum beruflichen Betreuer, der durchgehend im Gesetz Verwendung findet. Berufliche Betreuer sind nicht vom Ehrenamt ausgeschlossen. Die Bezeichnung beruflicher Betreuer ist dann im Beschluss nicht aufzunehmen nach § 286 Abs. 1 Nr. 4 FamFG, BT-Drs. 19/24445, 366. Berufliche Betreuer werden gem. § 7 abgegolten. Nicht unter die Definition berufliche Betreuer zu fassen sind Mitarbeiter von Betreuungsbehörden. Für die Behörden besteht ein Fachkräftegebot (§ 3 BtOG), sie müssen nicht registriert werden und haben keinen Vergütungsanspruch, mithin handelt es sich um einen Betreuertyp sui generis, vgl. BT-Drs. 19/24445, 365. Betreuungsverein und Betreuungsbehörde sind ebenfalls nicht darunter zu fassen.

1. Vergütung und Aufwendungsersatz

3 Die Feststellung der Berufsmäßigkeit ist aufgegeben worden. Das vormals maßgebende Kriterium zur Feststellung der Berufsmäßigkeit, die Anzahl der geführten Betreuungen, wird abgeschafft. Das zuvor geltende Quantitätskriterium hat keine Aussagekraft über die Qualität der Betreuung ermöglicht, gleiches gilt für den unbestimmten Rechtsbegriff der Eignung des Betreuers (§ 1897 Abs. 1 BGB aF). Es soll mit dem jetzt eingeführten Zulassungs- und Registrierungsverfahren weg von der quantitativen Feststellung der Berufsmäßigkeit des ehemaligen Berufsbetreuers eine qualitative Bestimmung des beruflichen Betreuers vorgenommen werden, vgl. BtRegV, 15. Die Qualitätssicherung erfolgt jetzt über ein formalisiertes Zugangs- und Registrierungsverfahren sowohl für neue Betreuer (§ 23, § 24, § 33

BtOG) als auch für die Bestandsbetreuer (Tätigkeit bereits vor dem 1.1.2023) durch die (vorläufige) Registrierung (§ 32 Abs. 1 S. 1 und Abs. 1 S. 6 BtOG). Die Registrierung bei der Stammbehörde löst Gebühren aus, → § 24 Abs. 5 BtOG. Berufliche Betreuer (§ 19 Abs. 2, § 33 BtOG), die rechtliche Betreuungen führen, haben Anspruch auf Vergütung und Aufwendungsersatz (§ 7), dazu gehören auch die Bestandsbetreuer, die vor dem 1.1.2023 mindestens drei Jahre als Berufsbetreuer tätig waren. Bestandsbetreuer (=berufliche Betreuer, § 19 Abs. 2 BtOG), die vor dem 1.1.2023 bereits als Berufsbetreuer Betreuungen geführt haben, jedoch weniger als drei Jahre tätig waren, erhalten ohne vollständige Registrierung Vergütung nach dem bis zum 31.12.2022 geltenden § 4 Abs. 2–4, § 19 Abs. 1 VBVG. Die Registrierung kann widerrufen, zurückgenommen oder gelöscht werden. Hierüber hat die Stammbehörde Mitteilung zu machen, § 27 Abs. 4 BtOG. **Ohne Registrierung besteht kein Vergütungsanspruch, gleichwohl kann ein Aufwendungsersatzanspruch oder die -pauschale geltend gemacht werden (LG Nürnberg-Fürth, NJOZ 2024, 1117).**

2. Registrierung

4 Das Gericht hat lediglich zu prüfen, ob der Betreuer als beruflicher Betreuer registriert ist. Hierbei sind besonders die verschiedenen Registrierungsphasen in der Übergangsphase zu beachten. Es ist während der Übergangszeit zu unterscheiden zwischen Personen, die ab dem 1.1.2023 erstmals als berufliche Betreuer Betreuungen führen wollen oder Bestandsbetreuern, die bereits vor dem 1.1.2023 als Berufsbetreuer Betreuungen weniger als drei Jahre oder mindestens drei Jahre geführt haben. Ohne Registrierung besteht kein Vergütungs- und Aufwendungsersatzanspruch. Das LG Nürnberg-Fürth (BtPRax 2025, 72) hat bei Nichtantragstellung für vorläufig registrierte berufliche Betreuer nach § 32 BtOG, die mit Ablauf des 30.6.2023 kraft Gesetzes ihre Registrierung verlieren, eine Regelungslücke ausgemacht und zumindest die (anteilige) Pauschale (§ 1878 Abs. 1 BGB) für richtig gehalten. Dementsprechend müsste auch der Aufwendungsersatz möglich sein. Es ist zu unterscheiden, aus welchem Grund die Registrierung wegfällt. Bestandsbetreuer sind von Gesetzes wegen zunächst vorläufig registrierte berufliche Betreuer, → § 32 Abs. 1 S. 7 BtOG. Die vorläufige Registrierung kann wegen Unterbleibens der Antragstellung bis zum Ablauf des 30.6.2023 wegfallen. Anders, wenn diese einen Antrag stellen und dieser zurückgewiesen oder eine Registrierung (gemeint sind alle registrierten beruflichen Betreuer) widerrufen wird. Die Registrierung bleibt bis zur wirksamen Entscheidung im Verwaltungsverfahren über den Widerspruch oder die Anfechtungsklage erhalten, eine entfallene aufschiebende Wirkung des Widerspruchs durch angeordneten Sofortvollzug kann durch Gerichtsentscheidung wieder hergestellt werden, vgl. VG Weimar BtPrax 2024, 35. Sofern in diesen Fällen nicht Gründe für eine Entlassung nach → § 1868 Abs. 1 und 2 BGB bestehen und eine Prüfung der Eignung zum ehrenamtlichen Betreuer bejaht werden kann spricht nichts gegen eine Vergütung und Aufwendungsersatz für Ehrenamtler nach → 1875 f. BGB, vgl. Fröschle Neues VormundschaftsR/BetreuungsR Rn. 544 f., 1. Auflage, 2022. Der verspätete Registrierungsantrag stellt jedoch die Organisationsstruktur des beruflichen Betreuers in Frage, wenn leichtsinnig durch verstreichen lassen von Fristen die Lebensgrundlage so leichtfertig aufs Spiel gesetzt wird.

Diese zeitlichen Problematiken zwischen den Verwaltungsverfahren vor der Stammbehörde und den nachfolgenden Prüfungen durch das Gericht und gerade, wenn daraus eine Prüfung nach → § 1868 Abs. 1 BGB erfolgt, sollten eng zwischen den Behörden abgestimmt werden, vgl. Fröschle Neues VormundschaftsR/BetreuungsR Rn. 544 f.

a) Personen, die ab dem 1.1.2023 erstmals Betreuungen führen wollen. 5
Personen, die ab dem 1.1.2023 Betreuungen erstmals führen wollen, müssen sich gem. §§ 23 f. BtOG registrieren lassen, damit sie berufliche Betreuer (§ 19 Abs. 2 BtOG) werden können. Sie haben die Möglichkeit, sich ab dem 1.1.2023 im Antragsverfahren für eine Übergangszeit vorläufig registrieren zu lassen, § 33 BtOG. Mit der vorläufigen Registrierung werden sie den beruflichen Betreuern gleichgestellt und haben Anspruch auf Vergütung und Aufwendungsersatz nach § 7 Abs. 1 und 2, BT-Drs. 84/22, 44. Die vorläufige Registrierung endet mit dem 30.6.2025, wenn nicht alle Voraussetzungen bis dahin erfüllt werden, BtOG § 33. Erfolgt mit Ablauf des 30.6.2025 keine endgültige Registrierung durch die Stammbehörde oder endet die vorläufige Registrierung aus anderen Gründen (zB Insolvenz), muss eine Löschung der vorläufigen Registrierung erfolgen. Die Stammbehörde hat dem Gericht über die Löschung Mitteilung zu machen, § 33 S. 4, § 27 Abs. 4 BtOG. Mit positivem Abschluss des Registrierungsverfahrens geht die vorläufige Registrierung in eine unbefristete Registrierung über und die Person wird beruflicher Betreuer. Der Vergütungsanspruch besteht jedoch bereits seit der wirksamen vorläufigen Registrierung. Diese Übergangsregel soll einen möglichen Mangel von beruflichen Betreuern vermeiden.

b) Bestandsbetreuer. Bestandsbetreuer sind Berufsbetreuer, die bereits vor 6
dem 1.1.2023 Betreuungen geführt haben. Sie gelten vom 1.1. bis zum Ablauf des 30.6.2023 mit oder ohne Antragstellung als vorläufig registriert, § 32 Abs. 1 S. 5–7 BtOG. Eine Antragstellung ist zwingend erforderlich, ohne Antragstellung binnen 6 Monaten nach dem 1.1.2023 endet die vorläufige Registrierung mit Ablauf des 30.6.2023 von Gesetzes wegen, § 32 Abs. 1 S. 7 BtOG. Danach erfolgt die Löschung aus dem Register. Die Stammbehörde hat hierüber eine Mitteilung zu machen, § 32 Abs. 1 S. 8, § 27 Abs. 4 BtOG. Mit Antragstellung vor dem 30.6.2023 besteht die vorläufige Registrierung weiter fort, bis zur endgültigen Entscheidung und Registrierung des Bestandsbetreuers, § 32 Abs. 1 S. 6 BtOG. Es besteht mit der vorläufigen Registrierung ein Vergütungsanspruch, da der vorläufig registrierte Bestandsbetreuer dem beruflichen Betreuer gleichgestellt ist, § 19 Abs. 2 BtOG. Die gesetzliche Fiktion der vorläufigen Registrierung, sichert die Vergütungs- und Aufwendungsersatzansprüche (BT-Drs. 19/24445, 389) und vermeidet eine temporäre Vergütungslücke für den Zeitraum 1.1.–30.6.2023 und darüber hinaus bis zur endgültigen Registrierung, wenn ein entsprechender Antrag auf Registrierung vor dem Ablauf des 30.6.2023 bei der zuständigen Stammbehörde gestellt wurde, § 32 Abs. 1 S. 5–7 BtOG. Lässt der Bestandsbetreuer die Antragsfrist für die vorläufige Registrierung verstreichen, kann Vergütung und Aufwendungsersatz mit Ablauf des 30.6.2023 für den Folgezeitraum nicht mehr geltend gemacht werden, da die vorläufige Registrierung per Gesetz endet, § 32 Abs. 1 S. 7 BtOG. Ein Antrag nach Ablauf des 30.6.2023 ist mit den Wirkungen des § 32 Abs. 1 S. 6 BtOG (vorläufige Registrierung) nicht mehr möglich. Ein gesonderter Registrierungsantrag nach § 23, § 24 BtOG ist für Bestandsbetreuer zwar nicht mehr vorgesehen (BT-Drs. 19/24445, 87 (94); BT-Drs. 20/1110, 41 (42)), **problematisch ist es aber,** wenn die Antragsfrist bis zum 30.6.2023 nicht eingehalten wird. Die Aufrechterhaltung der vorläufigen Registrierung und somit Gleichstellung als beruflicher Betreuer ist für Bestandsbe-

treuer nach dem 30.6.2023 **nicht** mehr möglich, da gesetzlich auch nicht vorgesehen, wenn die Fristen (§ 32 Abs. 1 S. 6 BtOG) nicht eingehalten werden. Die Bestandsbetreuer müssen dann auf das Antragsverfahren nach § 23, § 24 BtOG verwiesen werden. Damit geht der Vergütungsanspruch für den Zeitraum 1.1.–30.6.2023 zwar nicht verloren, jedoch entsteht eine Vergütungslücke ab dem 1.7.2023 bis zur endgültigen Registrierung nach §§ 23 f. BtOG. Ein Verfahren nach § 33 BtOG ist ebenfalls nicht möglich, da diese Verfahren Personen vorbehalten sind, die erstmalig als berufliche Betreuer tätig werden wollen. Das Verfahren nach § 32 BtOG kennt keine Mindestbearbeitungsfrist, anders das Verfahren nach § 23, § 24 BtOG. Letzteres muss binnen drei Monaten abgeschlossen sein. Verfahren nach § 32 Abs. 1 und § 33 BtOG sind spätestens mit Ablauf des 30.6.2025 beendet.

7 **aa) Bestandsbetreuer, die vor dem 1.1.2023 als Berufsbetreuer weniger als drei Jahre tätig waren.** Bestandsbetreuer, die vor dem 1.1.2023, aber weniger als drei Jahre Betreuungen als Berufsbetreuer geführt haben, haben mit Beginn der vorläufigen Registrierung (1.1.2023) und mit abschließender Registrierung, wenn der Antrag vor Ablauf des 30.6.2023 gestellt wurde, durchgehend Anspruch auf Vergütung und Aufwendungsersatz. Bis zur Entscheidung über den Registrierungsantrag gelten sie als vorläufig registriert und sind den beruflichen Betreuern gleichgestellt, § 19 Abs. 2 BtOG. Der Vergütungsanspruch richtet sich weiter in der bis zum 31.12.2022 gültigen Fassung des § 4 Abs. 2 bis 4 VBVG, mit der Folge, dass im Verfahren nach dem alten Vergütungssystem die nutzbaren Kenntnisse und die Art des Erwerbs durch die Gerichte zu prüfen ist, § 19 Abs. 1. Erfolgt die abschließende Registrierung, erhalten sie mit Wirksamwerden der abschließenden Registrierung die Vergütung gem. § 7.

8 **bb) Bestandsbetreuer, die vor dem 1.1.2023 als Berufsbetreuer mindestens drei Jahre tätig waren.** Diejenigen vorläufig registrierten Berufsbetreuer, die vor dem 1.1.2023 mindestens drei Jahre Betreuungen geführt haben, haben lediglich die Nachweise nach § 32 Abs. 1 S. 2–4 BtOG zu erbringen. Für die gesamte Zeit des Registrierungsverfahrens, einschließlich der Zeiten der vorläufigen bis zur endgültigen Registrierung und danach, erhalten sie die Vergütung nach § 7 (§ 19 Abs. 1). Zu Problematiken, s. oben → Rn. 6.

8a **cc) Bestandsbetreuer, die vor dem 1.1.2023 als ehrenamtliche Betreuer tätig waren.** Es besteht ab dem 1.1.2023 Anspruch auf Vergütung. Es ist unerheblich, ob im Beschluss des Gerichts ausdrücklich die Tätigkeit als ehrenamtlicher Betreuer bestellt ausgewiesen ist (ausführlich LG Lübeck SchlHA 2025, 267).

3. Nachweis „Beruflicher Betreuer"

9 Vergütungs- und Aufwendungsersatzanspruch nach Maßgabe der §§ 8–11, § 14 und § 15 haben berufliche Betreuer, § 7 Abs. 1 und 2. Berufliche Betreuer sind natürliche Personen, die selbständig oder als Mitarbeiter eines anerkannten Betreuungsvereins rechtliche Betreuungen führen. Hierbei sind Neubetreuer, die ab dem 1.1.2023 als berufliche Betreuer tätig werden wollen und Bestandsbetreuer zu unterscheiden. Erstere können sich nach § 24 BtOG registrieren lassen und in der Übergangszeit bis zum 30.6.2025 auch vorläufig registriert werden (§ 33 BtOG), Letztere (Bestandsbetreuer) gelten nach gesetzlicher Fiktion für den Zeitraum vom 1.1.2023 bis zum Ablauf des 30.6.2023 als vorläufig registriert und mit Antragstellung vor Ablauf des 30.6.2023 gilt die vorläufige Registrierung bis zur

abschließenden Entscheidung über den Antrag weiter, § 32 Abs. 1 S. 5–7 BtOG. Sie sind berufliche Betreuer, § 19 Abs. 2 BtOG. Die ohne Unterbrechung geltende vorläufige Registrierung bis zur abschließend erfolgten Registrierung sorgt dafür, dass in der Übergangsphase keine Vergütungslücke entsteht, s. dazu auch → Rn. 5 f. Registrierungsanträge von vorl. registrierten Betreuern können abgelehnt werden. In diesen Fällen wirkt die vorl. Registrierung bis zur Entscheidung über den Widerspruch oder die Anfechtungsklage fort, es sei denn Sofortvollzug wurde angeordnet, § 80 VwGO, VG Wismar BeckRS 2023, 29095. Die weggefallene aufschiebende Wirkung durch Sofortvollzug kann durch Gerichtsentscheidung nach entsprechendem Antrag wieder hergestellt werden, VG Wismar BeckRS 2023, 29095. Die aufschiebende Wirkung endet mit der Unanfechtbarkeit von Widerspruch und Anfechtungsklage bzw. nach Ablauf der Begründungsfrist (drei Monate) nach Ablehnung der Anfechtungsklage, § 80b VwGO. Gleiches gilt für registrierte Betreuer deren Registrierung widerrufen wird. Die Personen, die erstmals als berufliche Betreuer tätig werden wollen und vorläufig registriert werden, haben mit der vorläufigen Registrierung einen Vergütungsanspruch nach § 7, BT-Drs. 20/1110, 42 und Rn. 5 f. Bestandsbetreuer die vor dem 1.1.2023 bereits als Berufsbetreuer Betreuungen geführt haben, haben ebenfalls mit der vorläufigen Registrierung einen Vergütungsanspruch, diejenigen, die vor dem 1.1.2023 weniger als drei Jahre Betreuungen als Berufsbetreuer geführt haben, nach altem Recht und diejenigen, die mindestens drei Jahre vor dem 1.1.2023 als Berufsbetreuer Betreuungen geführt haben, nach neuem Recht, siehe oben Rn. 6 f.; BT-Drs. 19/28287, 30 (31). Dieser Status muss für das Gericht im Rahmen der Vergütungsfestsetzung nachprüfbar sein, deswegen muss ein Nachweis sowohl über die vorläufige als auch über die endgültige Registrierung mit vorgelegt werden. Ansonsten könnten Vergütungsanträge erst mit endgültiger Registrierung bearbeitet werden, was unter Umständen bis zum 30.6.2025 andauern könnte. Das Gericht hat im Rahmen der Vergütungsfestsetzung den Status des beruflichen Betreuers zu prüfen, da die Registrierung durch die Stammbehörde zum einen konstitutive Wirkung hat (Vergütungsanspruch) und zum anderen widerrufen, zurückgenommen und gelöscht werden kann, § 27 BtOG. Der Widerruf, die Rücknahme oder die Löschung der Registrierung gelten bundesweit. Den Widerruf, die Rücknahme oder die Löschung der Registrierung hat die Stammbehörde sämtlichen Betreuungsgerichten, bei welchen der berufliche Betreuer Betreuungen führt, sowie den jeweils für den Gerichtsbezirk zuständigen Betreuungsbehörden mitzuteilen, § 27 Abs. 4 BtOG.

Darüber hinaus ist zu beachten, dass die vorläufige Registrierung der Bestands- **10**
betreuer zwar bis zum 30.6.2023 mit oder ohne Antrag gilt, jedoch bei einer Antragstellung zur Registrierung durch den Bestandsbetreuer bei der jeweils zuständigen Stammbehörde nach dem 30.6.2023 weder die Fiktion der vorläufigen Registrierung weiter gilt noch durch Antragstellung nach dem 30.6.2023 wieder auflebt. Dann sind die Bestandsbetreuer auf das Antragsverfahren nach §§ 23 f. BtOG zu verweisen, eine vorläufige Registrierung nach § 33 BtOG scheidet aus, s. Rn. 6.

Die (vorläufige) Registrierung durch die Stammbehörde ist ein Verwaltungsakt **11**
(§ 24 Abs. 3 BtOG) und richtet sich nach dem VwVfg, BT-Drs. 19/24445, 380. Sie wird per Bescheid dem Antragsteller bekannt gegeben und damit wirksam, vgl. VwVfg BeckOK/Tiedemann § 41. Der Bescheid entfaltet unabhängig davon, ob er fehlerhaft ergangen ist oder nicht, Wirksamkeit, solange bis er widerrufen,

aufgehoben, zurückgenommen oder die Registrierung gelöscht wird, siehe auch Kommentierung im zu § 24 BtOG.

Beispiele:

12 ***Bestandsbetreuer A stellt*** einen Registrierungsantrag bis zum 30.6.2023 bei seiner zuständigen Stammbehörde.

Folge: A erhält einen Bescheid von der Stammbehörde, der ihn als vorläufig registriert ausweist. Die Regelung in § 32 Abs. 1 S. 6 und 7 BtOG sichert die Vergütungs- und Aufwendungsersatzansprüche über den 30.6.2023 hinaus bis zur endgültigen Registrierung.

Bestandsbetreuer B stellt einen Registrierungsantrag am 15.8.2023. Was passiert mit der gesetzlichen Fiktion „vorläufige Registrierung", § 32 Abs. 2 S. 6 BtOG?

Antragstellung erfolgt nach dem 30.6.2023. Die gesetzliche Fiktion „vorläufige Registrierung" für Bestandsbetreuer gilt mit oder ohne Antragstellung für den Zeitraum vom 1.1.2023 bis zum Ablauf des 30.6.2023. Mit Ablauf des 30.6.2023, ohne Stellung eines Registrierungsantrags, erlischt die vorläufige Registrierung des B.

Folge: B kann zwar für den Zeitraum vom 1.1.2023 bis zum Ablauf des 30.6.2023 Vergütung verlangen. Für den nachfolgenden Zeitraum ab dem 1.7.2023 gilt er nicht mehr als vorläufig registriert und ist den beruflichen Betreuern nicht mehr gleichgestellt und erhält keine Vergütung mehr! B ist nun auf das „normale" Registrierungsverfahren zu verweisen und kann keine vorläufige Registrierung mehr erlangen. Auch nicht nach § 33 BtOG, da es sich bei B nicht um einen Neubetreuer handelt. B wird hier eine Vergütungslücke hinnehmen müssen ab dem 1.7.2023 bis zur erneuten Registrierung. Es könnte eine Aufwendungsentschädigung/Aufwandspauschale in Frage kommen, vgl. Fröschle Neues VormundschaftsR/BetreuungsR Rn. 544 f. Das LG Nürnberg-Fürth hält eine (anteilige) Aufwandspauschale aufgrund einer Regelungslücke für richtig, BeckRS 2024, 13111, siehe auch Rn. 4.

Bestandsbetreuer C stellt keinen Antrag, obwohl durchgehend als „beruflicher Betreuer" tätig. Erhält C trotzdem für den Zeitraum vom 1.1.2023 – 30.6.2023 eine Vergütung? Ja. Allerdings erlischt die vorläufige Registrierung mit Ablauf des 30.6.2023 und für den nachfolgenden Zeitraum kann aufgrund der fehlenden (vorläufigen) Registrierung keine Vergütung mehr verlangt werden.

Neubetreuer D stellt einen Antrag nach § 33 BtOG. Eine vorläufige Registrierung kann nur unter Erfüllung der Voraussetzungen nach § 33 BtOG erfolgen. Es ist ein Antragsverfahren, welches mit der vorläufigen Registrierung endet. Mit Wirksamwerden des Bescheids besteht ein Vergütungs- und Aufwendungsersatzanspruch nach § 7.

Aus den genannten Gründen kann auf einen Registrierungsnachweis, auch der vorläufigen Registrierung, nicht verzichtet werden. Die Registrierung durch die Stammbehörde wirkt konstitutiv, die Löschung ebenfalls. Eine fehlende Registrierung hat den Verlust des Vergütungsanspruchs zur Folge.

III. Beschlussinhalt, Bezeichnung des Betreuers

13 Das Betreuungsgericht hat zwar die Berufsmäßigkeit nicht mehr festzustellen, jedoch ist künftig die Bezeichnung beruflicher Betreuer (§ 286 Abs. 1 Nr. 4 FamFG) oder Vereinsbetreuer mit dem Vereinsnamen (§ 286 Abs. 1 Nr. 2 FamFG) im Beschluss aufzunehmen. Die Bezeichnung beruflicher Betreuer umfasst sowohl den selbständigen Betreuer als auch den Mitarbeiter eines anerkannten Betreuungsvereins, § 19 Abs. 2 BtOG. Beruflicher Betreuer ist ein gesetzlich bestimmter Begriff, § 19 Abs. 2 BtOG. Anhand des Aufwands, der bei der Betreuung anfallen mag, hat das Gericht zu entscheiden, ob ein beruflicher Betreuer, registrierter Vereinsbetreuer oder ehrenamtlicher Betreuer zu bestellen ist. Wird für die Betreuung ein beruflicher Betreuer bestellt (§ 19 Abs. 2 BtOG), der nicht ausnahmsweise als ehrenamtlicher Betreuer tätig werden soll, ist für diesen die Bezeichnung beruf-

licher Betreuer oder Vereinsbetreuer mit im Beschluss aufzunehmen, § 286 Abs. 1 Nr. 2 und 4 FamFG. Die Bezeichnung im Beschluss hat keine konstitutive Wirkung mehr, sodass bei Ausbleiben der Bezeichnung im Beschluss im Zweifel weiterhin ein Vergütungsanspruch besteht, es sei denn, es sollte ausdrücklich ein ehrenamtlicher Betreuer bestellt werden. Es wird lediglich klargestellt, dass es sich nicht um einen Vereins- oder Behördenbetreuer handelt (BT-Drs. 19/24445, 393). Grundsätzlich besteht allein durch die Registrierung als beruflicher Betreuer ein Anspruch auf Vergütung und Aufwendungsersatz (vgl. BT-Drs. 19/24445, 393). Das gilt sowohl für den registrierten selbständig Tätigen als auch für den registrierten Vereinsbetreuer. Rechtsanwälte, die als berufliche Betreuer tätig sein wollen, müssen ebenfalls registriert sein (BT-Drs. 19/24445, 366). Die Registrierung durch die Stammbehörde hat konstitutive Wirkung, ohne Registrierung besteht kein Vergütungsanspruch.

Begründet wird das mit der Umstellung der Betreuerbestellung hin zu einer qualitativen Mindestanforderung an die beruflichen Betreuer, sowie faktisch einer Berufsbezeichnung **beruflicher Betreuer,** die mit der Registrierung bei der Stammbehörde gesetzlich bestimmt wird und der Verlagerung des Prüfaufwandes zur Sachkundeprüfung des Berufsbetreuers vom Gericht hin zur Stammbehörde (BT-Drs. 19/34445, 370 f. (Zu Titel 3, Berufliche Betreuer)). Darüber hinaus werden die Einsatzmöglichkeiten der beruflichen Betreuer als Ehrenamtler auf nur sehr seltene Fälle begrenzt, zB bei Familienangehörigen (BT-Drs. 19/24445, 366). Weiter dürfte davon auszugehen sein, dass neben der beruflichen Tätigkeit als beruflicher Betreuer keine wesentlichen Zeitfenster für ehrenamtliche Tätigkeiten bestehen. Insbesondere wird vom Gesetzgeber herausgestellt, dass ehrenamtliche Betreuer aufgrund eines bestehenden Näheverhältnisses (familiäre Beziehung/besondere persönliche Bindung zum Betreuten), besondere Kenntnisse über Wünsche, Vorstellungen und Präferenzen des Betreuten sowie einem erhöhten Zeit-/Müheeinsatz mit einer erhöhten Intensität Betreuungen wahrnehmen (BT-Drs. 19/24445, 144), die durch berufliche Betreuer weder geleistet werden können, noch sollen. Das Gericht soll einen beruflichen Betreuer nur bestellen, wenn kein ehrenamtlicher Betreuer zur Verfügung steht, § 1916 Abs. 5 BGB. Gleichzeitig sollen aber Anzahl und Umfang bereits geführter Betreuungen bei Bestellung eines beruflichen Betreuers berücksichtigt werden, um Qualitätseinbußen in der Betreuung zu vermeiden (BT-Drs. 19/24445, 240). Damit dürfte es nicht darauf ankommen, ob die Bezeichnung beruflicher Betreuer im Beschluss aufgenommen wird, da grundsätzlich davon auszugehen ist, dass dieser sie in Ausübung seiner Berufstätigkeit als beruflicher Betreuer führt. Aufgrund dieser neuen Regelung ist es unschädlich, dass eine Bezeichnung versehentlich unterblieben ist, wenn es sich um einen beruflichen Betreuer handelt. Die bisherige Rechtsprechung hierzu (BGH BtPrax 2014, 138), dass die konstitutive Feststellung der Berufsmäßigkeit für den Vergütungsanspruch notwendig ist, ist obsolet. Die Nachholung der Bezeichnung Berufsbetreuer und die damit zusammenhängenden Problematiken (Vergütungsanspruch) im Beschluss sind hinfällig, siehe auch → § 286 Rn. 7, § 292 Rn. 19 FamFG.

IV. Vergütung

Der berufliche Betreuer, der rechtliche Betreuungen führt, kann vom Betreuten **14**
Aufwendungsersatz und Vergütung gem. §§ 8–11, 14 und 15 verlangen. Aufwen-

dungsersatz kommt nur in Frage, wenn es eine Verweisung vom VBVG in das BGB gibt. Ist der Betreuer registrierter Mitarbeiter eines anerkannten Betreuungsvereins, kann nur der Betreuungsverein den Anspruch geltend machen, § 7 Abs. 2 S. 2. Mit Beantragung der Vergütung ist der Registrierungsbescheid mit vorzulegen, da das Gericht von Amts wegen den Status des Betreuers zu prüfen hat, da die Registrierung für den Vergütungsanspruch konstitutiv ist. Ohne Registrierung besteht kein Anspruch auf Aufwendungsersatz und Vergütung. Siehe auch → FamFG § 286 Rn. 7, → FamFG § 292 Rn. 19. Bestandsbetreuer, die ab dem 1.1.2023 mindestens drei Jahre als Berufsbetreuer tätig waren und Personen, die ab dem 1.1.2023 erstmals als berufliche Betreuer tätig und vorläufig registriert werden (BtOG §§ 32, 33) können Vergütung und Aufwendungsersatz nach § 7 verlangen. Bestandsbetreuer, die ab dem 1.1.2023 weniger als drei Jahre als Berufsbetreuer tätig waren und vorläufig registriert werden, können Vergütung nach § 4 Abs. 2 S. 2–4 VBVG aF verlangen, Aufwendungsersatz kommt nicht in Frage. Erst nach endgültiger Registrierung kann er nach § 7 VBVG nF Vergütung und Aufwendungsersatz verlangen. Berufliche Betreuer, die vor dem 1.1.2023 als ehrenamtliche Betreuer bestellt worden sind, haben Anspruch auf eine Vergütung nach dem VBVG, vgl. LG Lübeck SchlHA 2025, 267. **Problem:** Bestandsbetreuer, die vor dem 1.1.2023 weniger als drei Jahre Betreuungen geführt haben und sich nach § 32 BtOG vorläufig registriert haben lassen und Personen, die nach § 33 BtOG vorläufig registriert werden (Neubetreuer), haben beide die Sachkundenachweise bis zum 30.6.2025 zu erbringen, werden jedoch nach unterschiedlichen Vergütungssystemen vergütet. Der hier genannte Bestandsbetreuer (weniger als drei Jahre tätig) weiter nach dem bis zum 31.12.2022 gültigen VBVG und der Neubetreuer nach VBVG neues Recht. Diese unbegründete und ungleiche Behandlung wird wohl durch Rechtsprechung zu klären sein.

§ 8 Höhe der Vergütung; Verordnungsermächtigung

(1) **Die dem beruflichen Betreuer nach § 7 zu bewilligende Vergütung bestimmt sich nach monatlichen Fallpauschalen, die in den Vergütungsstufen 1 und 2 der Anlage festgelegt sind.**

(2) **Die Vergütung des beruflichen Betreuers richtet sich nach den Fallpauschalen**

1. **der Stufe 2, wenn der Betreuer über eine abgeschlossene Ausbildung an einer Hochschule oder eine vergleichbare abgeschlossene Ausbildung verfügt;**
2. **der Stufe 1 im Übrigen.**

(3) **[1]Der Vorstand des am Sitz oder hilfsweise am Wohnsitz des beruflichen Betreuers zuständigen Amtsgerichts stellt auf Antrag des Betreuers nach dessen Registrierung fest, nach welcher Vergütungsstufe sich die von diesem zu beanspruchenden Vergütungen richten. [2]Die Feststellung nach Satz 1 gilt für das gerichtliche Verfahren zur Festsetzung der Vergütung bundesweit. [3]Sie kann auf Antrag des beruflichen Betreuers geändert werden, wenn dieser eine Änderung der Voraussetzungen nach Absatz 2 nachweist. [4]Die Feststellung oder Änderung wirkt auf den Zeitpunkt der Antragstellung zurück.**

(4) **[1]Die Landesregierungen werden ermächtigt, zur sachdienlichen Erledigung der Verfahren nach Absatz 3 durch Rechtsverordnung die**

Zuständigkeit anderer Gerichte abweichend von Absatz 3 Satz 1 festzulegen. [2]Die Landesregierungen können die Ermächtigung nach Satz 1 auf die Landesjustizverwaltungen übertragen.

I. Einleitung

Änderungen aufgrund es VBRRefG (Abk. nach buzer.de), v. 4.5.2021: Diese Vorschrift übernimmt § 4 Abs. 1 aF. Im Weiteren sind die Absätze im Wesentlichen neu geregelt. Vergütungsberechtigt sind berufliche Betreuer. Der Begriff **beruflicher Betreuer** ist gesetzlich bestimmt, § 19 Abs. 2 BtOG. Die Sachkunde der beruflichen Betreuer ist in einem Registrierungsverfahren nachzuwiesen und wird durch die Stammbehörde geprüft (§§ 23, 24 BtOG) und nicht mehr durch das Gericht. Die nachzuweisende Sachkunde ist ein Mindestqualitätsanspruch, siehe Kommentierung zu §§ 23, 24 BtOG. Weiter fällt für das Gericht weg die Prüfung der Art des Erwerbs der für die Betreuung nutzbaren Kenntnisse. Maßgebend ist vielmehr, dass überhaupt eine Ausbildung (Lehre, Ausbildung an einer Hochschule oder vergleichbar) erfolgreich abgeschlossen worden ist oder kein formaler Abschluss vorliegt. Die Rechtsprechung zur Prüfung der durch Ausbildung erworbenen und für die Betreuung nutzbaren Kenntnisse entfällt, da dieser Aspekt aus dem VBVG für die Betreuervergütung gestrichen wurde. Neu ist auch, dass die Vergütungsstufe im Wege eines Justizverwaltungsakts im Antragsverfahren mit bundesweiter Wirkung festgelegt werden kann. Mit Inkrafttreten des KostBRÄG 2025 wird die Vergütungstabelle durch die Vergütungsstufen 1. und 2. sowie eine verringerte Anzahl von Fallpauschalen ersetzt. Dadurch soll eine übersichtlichere und weniger aufwendige Vergütungsfestsetzung möglich sein (vgl. BT-Drs. 20/14259, 3). Für die Zeiträume vor dem 1.1.2026 wird auf die 8. Auflage verwiesen. 1

Abs. 1 übernimmt die gesetzlichen Änderungen in der Fassung durch das Gesetz zur Anpassung der Betreuer- und Vormündervergütung vom 22.6.2019, BGBl. I 866. Die Sätze in den Vergütungstabellen werden beibehalten. Die Vergütungen wurden erstmals seit Inkrafttreten nach VBVG am 1.7.2005 um durchschnittlich 17 % angehoben und der sich aus § 5 aF ergebende Zeitaufwand zugunsten der ersten Betreuungsmonate einschließlich des 2. Jahres verschoben, ohne dabei die Erhöhung der Gesamtkosten von durchschnittlich 17 % aus dem Auge zu verlieren. 2

II. Vergütungsstufen 1. und 2.

Mit Inkrafttreten des KostBRÄG2025 wird Abs. 2 bzgl. der Vergütungssystematik gegenüber § 8 Abs. 2 aF geändert. Die Einordnung der beruflichen Betreuer erfolgt nunmehr nur noch in die Vergütungsstufe 1 oder 2. Die Einordnung erfolgt auch hier nach Art der formalen Ausbildung oder vergleichbar oder ohne formale Ausbildung. Für die Einordnung in die Vergütungsstufe 1 oder 2ist es **nicht** erforderlich, dass der berufliche Betreuer über besondere Kenntnisse, die für die Führung einer Betreuung nutzbar sind und die während der Ausbildung erworben worden sind, verfügt. Das Gericht wird von derartigen Prüfaufgaben befreit (BT-Drs. 19/24445, 395). Die zuvor 60 Fallpauschalen werden in übersichtliche acht Fallpauschalen für jede Stufe zusammengestrichen. An diese Stelle tritt das von der Stammbehörde vorzunehmende Registrierungsverfahren (BtOG Teil 3 – Berufliche Betreuer, §§ 23 ff.). Danach ist ein Sachkundenachweis zu erbringen, 3 der unabhängig von einer Ausbildung erworben worden sein kann. Die Mindestqualifikation im Registrierungsverfahren sorgt dafür, dass berufliche Betreuungen für verschiedene Fachrichtungen offenbleiben. Weiterhin sind unterschiedliche Kenntnisstände/Fähigkeiten geeignet, die Einordnung in verschiedene Vergütungstabellen beizubehalten (vgl. BT-Drs. 19/24445, 394). Entsprechend der Mindestqualifikation kann das Gericht im Einzelfall bestimmte berufliche Betreuer wegen besonderer Fachkenntnisse/Geeignetheit/Qualifikationen unter Berücksichtigung der für den jeweiligen Betreuer anzuwendenden Vergütungstabelle bestellen. Die Betreuer nach § 1815 Abs. 1 BGB (also auch für Betreuer, die nach → § 1876 S. 2 BGB vergütet werden) sind von der Umsatzsteuer befreit (§ 4 Nr. 16 S. 1 k UStG).

III. Qualifikation der beruflichen Betreuer

4 Die monatliche Pauschale richtet sich auch danach, welche Vergütungsstufe nach § 8 Abs. 1 für den beruflichen Betreuer anzuwenden ist. Hier ist zu prüfen, über welche Qualifikation der berufliche Betreuer verfügt. Maßgebend ist, ob eine gesetzlich geregelte, formale Ausbildung erfolgreich abgeschlossen worden ist oder ob ein vergleichbarer Ausbildungsabschluss vorliegt (BayObLG BeckRS 2024, 12914). Die hierzu ergangene Rechtsprechung hat an Bedeutung nicht verloren (BayObLG BeckRS 2024, 12914). Danach erfolgt die Einordnung in Stufe 1, wenn keine abgeschlossene Ausbildung oder eine abgeschlossene Lehre und nach Stufe 2, wenn eine abgeschlossene Hochschulausbildung oder jeweils eine vergleichbare Ausbildung vorliegt. Im gerichtlichen Verfahren nicht mehr zu prüfen sind die mit der jeweiligen Ausbildung erworbenen und für die Betreuung nutzbaren Kenntnisse. Fort- und Weiterbildungen können nicht als abgeschlossene Ausbildungen oder vergleichbar anerkannt werden (BGH BtPrax 2024, 73). Die Sachkundeprüfung erfolgt ausnahmslos im Registrierungsverfahren vor der Stammbehörde, §§ 23 ff. BtOG.

IV. Abgeschlossene Lehre

5 Die Vergütung nach Stufe 1 hat nunmehr keinen erhöhten Prüfungsumfang. Hierzu gehören alle beruflichen Betreuer, die eine abgeschlossene Lehre oder eine vergleichbare abgeschlossene Ausbildung vorweisen können oder ohne eine Ausbildung sind. Die differenzierende Rechtsprechung mit den entsprechenden Abgrenzungen, ob eine erfolgreich abgeschlossene Lehre oder vergleichbar vorliegt hat keine Relevanz mehr. Die Rn. 6 und 7 sind derzeit nicht belegt. Für die Vergütungsfestsetzungen bis zum 31.12.2025 wird auf die 8. Auflage verwiesen

6–7 *– nicht belegt –*

V. Abgeschlossene Ausbildung an einer Hochschule

8 Die monatliche Pauschale erhöht sich und kann nach Stufe 2 abgerechnet werden, wenn eine abgeschlossene Ausbildung an einer Hochschule oder eine vergleichbare abgeschlossene Ausbildung nachgewiesen worden ist (Abs. 2 Nr. 2). Hochschulen sind Universitäten und Fachhochschulen, nicht jedoch Fachschulen (OLG Schleswig BtPrax 2000, 172; OLG Frankfurt a. M. BtPrax 2002, 169) und

Fachakademien (BayObLG NJW-FER 2000, 58). Es ist für die Prüfung hier unerheblich, ob die abgeschlossene Ausbildung besondere nutzbare Kenntnisse vermittelt hat, maßgebend ist der erfolgreiche nachweisbare Abschluss.

Die Vergleichbarkeit von erfolgreich abgeschlossenen Ausbildungen im Ausland **9**
dürfte nach den Vorgaben der Kultusministerkonferenz zu prüfen sein. Soweit sie danach in Deutschland anzuerkennen sind, müssten sie auch hier entsprechend der Qualifikation einzuordnen sein. Notwendig ist ein erfolgreicher Abschluss einer Ausbildung, so dass abgebrochene Ausbildungen nicht nach Stufe 2, sondern nach Stufe 1 einzuordnen sind.

Einer abgeschlossenen Hochschulausbildung vergleichbaren abgeschlossenen **10**
Ausbildung sind solche, die im Rahmen einer staatlich reglementierten bzw. anerkannten Ausbildung vermittelt wurden und die Ausbildung in ihrer Wertigkeit (zeitlicher Aufwand, Umfang des Lehrstoffs etc.) einer Hochschulausbildung entspricht sowie einen formalen Abschluss aufweist (BGH BtPrax 2013, 151; BayObLG BtPrax 2000, 32; BayObLG BtPrax 2001, 36). Hierfür *kann* auch der Zugang zu beruflichen Tätigkeiten sprechen, die üblicherweise Hochschulstudenten vorbehalten sind (BGH BtPrax 2013, 151 und 2014, 36). Dies ist nach der Rechtsprechung zB der Fall bei einer Ausbildung zum Stabsoffizier mit dem Dienstgrad Oberstleutnant (BayObLG BtPrax 2001, 36), bei einer abgeschlossenen Ausbildung zum Pastor am Theologischen Seminar (OLG Schleswig BtPrax 2000, 262) oder als Diplom-Verwaltungswirt (LG Kiel BtPrax 2002, 174), sowie bei einem abgeschlossenen Studium an einer staatlichen Schule in Kasachstan zur Lehrerin für deutsche und englische Sprache (OLG Frankfurt a. M. BeckRS 2008, 13160). Als nicht ausreichend wurden von der Rechtsprechung dagegen angesehen: die Absolvierung des „Angestelltenlehrgangs II“ ist einer Hoch-/Fachhochschulausbildung nicht gleichgestellt, es ist unerheblich, ob damit auch einer des gehobenen Dienstes vergleichbaren Vergütung Zugang gewährt wird (BGH BtPrax 2020, 61; BGH BtPrax 20216, 32; BayObLG BtPrax 2001, 36 ist **„aufgehoben“** durch BayObLG BeckRS 2024, 2099, Einordnung nach Tab. B; kein Vertrauensschutz, falls in diesen Fällen bisher nach Tab. C vergütet wurde), die Absolvierung der Fachprüfung II von Fortbildungsveranstaltungen zum Betreuungsrecht durch eine ausgebildete Grundschullehrerin (OLG Dresden BtPrax 2000, 39); die Zusatzausbildung einer Erzieherin als Familientherapeutin und Kindertherapeutin (OLG Braunschweig BtPrax 2000, 130); die Teilnahme einer ausgebildeten Industriekauffrau an regelmäßigen Weiterbildungsveranstaltungen des Instituts für Weiterbildung in der sozialen Arbeit einer Fachhochschule (LG Koblenz FamRZ 2000, 181), die Ausbildung an einer Fachschule für Sozialpädagogik (LG Heilbronn BeckRS 2007, 08882), ein berufsbegleitendes Studium von vier Semestern mit Abschluss Gesundheits- und Sozialökonom (OLG Frankfurt a. M. BeckRS 2008, 22046) oder die Fortbildung zum Fachkrankenpfleger und zum Fachwirt in der Alten- und Krankenpflege (IHK) (LG Bonn, BtPrax 2013, 35). Ebenso nicht ein berufsbegleitender Lehrgang mit Abschluss zum Verwaltungsfachwirt, selbst wenn der Abschluss der 6. Stufe den EQR entspricht (BGH BtPrax 2016, 32). In der Regel fehlt es bei Fortbildungsmaßnahmen bereits an der für einen Hochschulabschluss (idR mind. sechs Fachsemester) erforderlichen zeitlichen Intensität der Ausbildung (OLG Braunschweig BtPrax 2000, 130). Die Vergleichbarkeit kann schon aufgrund des geringen zeitlichen Umfangs scheitern (BGH BtPrax 2021, 39). Der Nachweis der Sachkunde im Rahmen des Registrierungsverfahrens vor der Stammbehörde nach BtRegV sind Mindeststandards und als Nachweis für eine vergleichbare Hochschulausbildung nur geeignet, wenn

diese der Wertigkeit einer Hochschulausbildung gleicht und mit formalem Abschluss beendet wird (BGH BtPrax 2024, 73). Vergleichbar abgeschlossene Ausbildungen sind aber der von der BeckAkademie angebotene Fernlehrgang „Berufsbetreuer/-in mit Hochschulzertifikat" (BGH BtPrax 2022, 111. Das gilt aber nur für die Zertifikate, die nach Umstellung der Ausbildungsinhalte und mit einem Workload von 2.880 Stunden und 96 ECTS-Punkten abschließen und in Kooperation mit der Hochschule Neubrandenburg vollzogen werden), genauso der Abschluss „Zertifizierter Betreuer – Curator de jure" in Kooperation mit der Hochschule Deggendorf (BGH BtPrax 2017, 163, Workload 90 ECTS und 2.700 Stunden). Hierbei wird zwar ua auch auf die für die Betreuung nutzbaren Kenntnisse abgestellt, maßgebend ist aber die Gesamtbetrachtung des Abschlusses.

11 Das Landesrecht kann bestimmen, dass es einer abgeschlossenen Hochschulausbildung gleichsteht, wenn der Betreuer seine besonderen Kenntnisse durch eine dem Abschluss einer Lehre vergleichbare Prüfung vor einer staatlichen oder staatlich anerkannten Stelle nachgewiesen hat. Voraussetzung ist, dass mindestens fünf Jahre lang Vormundschaften oder Betreuungen berufsmäßig geführt wurden und der Betreuer an einer Umschulung oder Fortbildung teilgenommen hat, durch die vergleichbare Kenntnisse wie bei einer Ausbildung an einer Hochschule vermittelt wurden (hierzu § 17).

VI. Bundesweit wirkende Festsetzung der anzuwendenden Vergütungstabelle

12 Die Einordnung der Betreuer in eine Vergütungstabelle wurde nach altem Recht in jeder Vergütungsfestsetzung neu geprüft. Eine grundsätzliche Eingruppierung, die der Rechtskraft fähig war, gab es nicht. Das konnte dazu führen, dass die Zubilligung einer bestimmten Vergütungstabelle im Nachhinein zu Unrecht erfolgte und eine niedrigere Vergütungstabelle anzuwenden war. Damit wurde künftige Vergütung dauerhaft verringert, des Weiteren konnten Rückforderungsansprüche folgen. Dieser Umstand soll künftig wegfallen, die Betreuer von dieser Ungewissheit befreien und für Rechts- und Planungssicherheit, mithin für eine sichere finanzielle Grundlage der Betreuer sorgen (BT-Drs. 19/24445, 395).

13 Der neu eingefügte Abs. 3 ist zentraler Bestandteil für eine rechtssichere Feststellung der anzuwendenden Vergütungstabelle für den jeweiligen beruflichen Betreuer. Die Feststellung der Vergütungstabelle kann auf Antrag zu Beginn der Betreuertätigkeit, nach erfolgreichem Registrierungsverfahren erfolgen. Die Feststellung der anzuwendenden Vergütungstabelle wirkt auf den Zeitpunkt der Antragstellung zurück (OLG Oldenburg BtPrax 2023, 183). Die Gerichte werden durch Übertragung der Prüfung der Sachkunde des jeweiligen Betreuers auf die Stammbehörde und die bundesweite Festlegung der anzuwendenden Vergütungstabelle vom Arbeitsaufwand entlastet (BT-Drs. 19/24445, 395). Soweit ein Antrag nach § 8 Abs. 3 nicht gestellt wird, erfolgt die Festsetzung der entsprechenden Tabelle im Vergütungsfestsetzungsverfahren durch den Rechtspfleger (FamFG § 292). Hierbei ist § 8 Abs. 1 und 2 zu beachten. Das Verfahren nach § 8 Abs. 3 soll zwar Rechtssicherheit für den beruflichen Betreuer bringen, jedoch ist das Verfahren nicht zwingend (BayObLG BeckRS 2024, 12914; OLG Oldenburg BtPrax 2023, 183; aA nicht überzeugend LG Bielefeld, 23 T 346/23, s. Datenbank NRWE). Ausgenommen ist die Vergütungsfestsetzung der Vereinsbetreuer, s. § 12 Abs. 1 S. 2. Durch die in Abs. 2 bestehende Vereinfachung (ausbleibende Sachkundeprüfung durch das Gericht) sind die zuvor beschriebenen Problematiken nicht mehr zu erwarten. Davon abgesehen ist die Vergütung nicht von diesem Antrag abhängig, sondern allein von der Registrierung des beruflichen Betreuers durch die Stammbehörde (vgl. BT-Drs. 19/24445, 393). Ein Ausbleiben der Festsetzung der Stufe nach Abs. 3 kann grds. (Ausnahme § 12 Abs. 1 S. 2) nicht dazu führen, dass keine Vergütungsfestsetzung oder nur nach der geringsten Tabellenstufe erfolgt. Im letzteren Fall läge auch eine Ungleichbehandlung zwischen denjenigen mit und ohne Ausbildung vor. Die Änderung der alten Vergütungstabelle in das neue Stufensystem sollte auch keine Probleme bereiten. Diejenigen mit erfolgreich abgeschlossener Hochschulausbildung erhalten Vergütung nach Stufe 2, alle anderen nach Stufe 1. Demnach sind Altbeschlüsse, die eine Vergütung nach Tab. A oder B ausweisen unproblematisch zuzuordnen; gleiches gilt für Beschlüsse nach Tab C, so dass eine erneute Festsetzung nach Abs. 3 nicht erforderlich ist (vgl. BT-Drs. 20/14259, 28).

VII. Verfahren

Die Feststellung der Vergütungstabelle erfolgt auf Antrag. Ausnahmslos hat der Antrag nur durch den beruflichen Betreuer zu erfolgen, der Betreuungsverein ist nicht berechtigt einen Antrag zu stellen (BayObLG BtPrax 2024, 28; s. → Rn. 15). Dementsprechend besteht auch keine Berechtigung für den Betreuungsverein eine falsche Einstufung weiterzuverfolgen (BayObLG BtPrax 2024, 28). Er ist aber befugt die Aufhebung des Bescheids zu beantragen (BayObLG BtPrax 2024, 28). Zeitlich soll der Antrag zu Beginn der Betreuertätigkeit nach der (vorläufigen) Registrierung (§§ 23, 24, 33 BtOG) erfolgen. Es handelt sich um einen Justizverwaltungsakt. Es ist keine Einzelfallentscheidung, sondern eine für alle Vergütungsfestsetzungsverfahren eines Betreuers zu beachtende Feststellung. Die Feststellung gilt bundesweit für jedes Gericht unabhängig vom Bundesland (OLG Oldenburg BtPrax 2023, 183). Die Nachweise zur Eingruppierung hat der Antragsteller in geeigneter Form zu erbringen. Der Hinweis auf Zulassung als Rechtsanwalt und Vorlage einer Bescheinigung der Rechtsanwaltskammer kann ausreichend sein (OLG Düsseldorf BeckRS 2024, 143). Kann der berufliche Betreuer nachweisbare Änderungen gem. Abs. 2 vorlegen, bedarf es eines Änderungsantrags. Eine Datenübermittlung zur Prüfung der Angaben des Antragstellers bedarf der Zustimmung oder einer rechtlichen Grundlage (OLG Hamburg BtPrax BeckRS 2023, 38022). Die Entscheidung obliegt grundsätzlich dem Vorstand des Amtsgerichts am Sitz/Wohnsitz des beruflichen Betreuers. Die Entscheidungsbefugnis kann auf einen Richter/Rechtspfleger übertragen werden. Nach Abs. 4 kann die Landesregierung die Entscheidung auch bei einem Amtsgericht, Landgericht oder Oberlandesgericht konzentrieren, um Fachwissen zu bündeln und einheitliche Verfahrensweisen zu gewähren (vgl. BT-Drs. 19/24445, 395). **14**

VIII. Antrag auf gerichtliche Überprüfung

Gegen die Entscheidung der Behörde (Amtsgericht oder gemäß Rechtsverordnung zuständiges anderes Gericht) kann Antrag auf gerichtliche Entscheidung gestellt werden, EGGVG §§ 23 ff. Ein Beschwerdeverfahren muss nicht vorab durchlaufen werden. Zuständig ist das OLG am Sitz der Behörde (s. oben), die über die Feststellung der Vergütungstabelle entschieden hat. Gegen die Entschei- **15** dung des OLG ist die Rechtsbeschwerde statthaft, soweit sie zugelassen wurde, GVG § 29 Abs. 1. Kosten des Verfahrens werden nach Teil 1 Hauptabschnitt 5 Abschnitt 3 KV GNotKG erhoben, wenn der Antrag zurückgenommen (0,5 Gebühr) oder zurückgewiesen wurde (1,0 Gebühr). Ansonsten entstehen keine Gebühren. Dem Kostenschuldner steht gegen die Entscheidung der Behörde (s. oben) kein Rechtsmittel zu. Dieser hat die Möglichkeit gegen die Bestellung des Betreuers Rechtsmittel einzulegen und vorzutragen, dass ein Betreuer einer anderen (niedrigeren) Gruppierungsstufe ausreichend sei (BT-Drs. 19/24445, 395). Ob die Länder von der Möglichkeit, eine Rechtsverordnung nach Abs. 4 zu erlassen, Gebrauch machen bleibt abzuwarten.

§ 9 Fallpauschalen

(1) **Die Höhe der Fallpauschalen nach § 8 Absatz 1 richtet sich nach**
1. **der Dauer der Betreuung,**
2. **dem gewöhnlichen Aufenthaltsort des Betreuten und**
3. **dem Vermögensstatus des Betreuten.**

(2) **[1]Hinsichtlich der Dauer der Betreuung wird bei der Berechnung der Fallpauschalen zwischen den Zeiträumen in den ersten zwölf Monaten der Betreuung und ab dem13. Monat unterschieden. [2]Für die Berechnung der Monate gelten § 187 Absatz 1 und § 188 Absatz 2 des Bürgerlichen Gesetzbuchs entsprechend.**

(3) **[1]Hinsichtlich des gewöhnlichen Aufenthaltsortes des Betreuten ist zwischen stationären Einrichtungen und anderen Wohnformen zu unterscheiden. [2]Stationäre Einrichtungen im Sinne dieses Gesetzes sind Einrichtungen, die dem Zweck dienen, Volljährige aufzunehmen, ihnen Wohnraum zu überlassen sowie mit der Wohnraumüberlassung verpflichtend Pflege- oder sonstige Unterstützungsleistungen mit umfassendem Versorgungscharakter zur Verfügung zu stellen oder vorzuhalten, und die in ihrem Bestand von Wechsel sowie Zahl der Bewohner unabhängig sind und entgeltlich betrieben werden.**

(4) **[1]Hinsichtlich der Bestimmung des Vermögensstatus des Betreuten ist entscheidend, ob am Ende des Abrechnungsmonats Mittellosigkeit nach § 1880 des Bürgerlichen Gesetzbuchs vorliegt. [2]Hinsichtlich der Bestimmung des gewöhnlichen Aufenthaltes nach Absatz 3 ist entscheidend, wo der gewöhnliche Aufenthalt am Ende des Abrechnungsmonats liegt. [3]Bei sonstigen Änderungen von Umständen, die sich auf die Vergütung auswirken und die vor Ablauf eines vollen Monats eintreten, ist die Vergütung zeitanteilig nach Tagen zu berechnen; § 187 Absatz 1, § 188 Absatz 1 und § 191 des Bürgerlichen Gesetzbuchs gelten entsprechend.**

I. Einleitung

1 Diese Vorschrift übernimmt im Wesentlichen § 5 in der Fassung durch das Gesetz zur Anpassung der Betreuer- und Vormündervergütung vom 22.6.2019. Änderung vergütungsrelevanter Umstände sind am Ende des Berechnungszeitraums maßgebend, Abs. 4 S. 1. Beendigung der Betreuung, Betreuerwechsel oder Änderung der Vergütungstabelle werden weiterhin taggenau abgerechnet, Abs. 4

S. 2, BT-Drs. 19/24445, 395, BT-Drs. 20/1110, 40 (41). § 5 Abs. 5 VBVG aF ist entsprechend der Systematik in eine eigene Vorschrift überführt, jetzt § 11. Die bisherige Rechtsprechung kann entsprechend angewendet werden. Mit Inkrafttreten des KostBRÄG 2025 sind die monatlich für die Vergütung unterschiedlich gestaffelten Zeiträume gestrafft worden, vergütungsrelevant ist nur noch, ob die Betreuung länger als 12 Monate läuft (BT-Drs. 20/14259, 28). Die der stationären Einrichtung gleichgestellte ambulante betreute Wohnform ist aufgegeben; es wird nur noch zwischen stationären Einrichtungen und anderen Wohnformen unterschieden (BT-Drs. 20/14259, 28). Der Begriff „stationäre Einrichtung" wurde präzisiert, um künftig die vergütungsrechtliche Einordnung einfacher zu halten und die Gerichte zu entlasten (BT-Drs. 20/14259, 28).

II. Fallpauschale

Die Fallpauschale deckt im Allgemeinen sowohl die Vergütung im eigentlichen 2
Sinne als auch sämtliche Aufwendungen des Betreuers ab. Berufsbedingte notwendige Aufwendungen können gesondert geltend gemacht werden, → § 10 VBVG. Die Höhe der Vergütung richtet sich nach der Dauer der Betreuung und dem gewöhnlichen Aufenthalt des Betreuten. Die gesonderten Pauschalen (§ 10 aF) sind ersatzlos gestrichen worden (BT-Drs. 20714259, 30). Die Bestellung mehrerer Betreuer ist ausnahmsweise möglich (→ § 1817 Abs. 2, 4, 5 BGB), neben einem beruflichen Betreuer, Vereins- oder Behördenbetreuer sollte außerhalb dieser Ausnahmen aus vergütungsrechtlichen Aspekten aber nur ein ehrenamtlicher Betreuer bestellt werden, → §§ 1817 Abs. 1 S. 3, 1876 Abs. 2 BGB. Ausnahmen ergeben sich nach → § 12 VBVG. Allerdings ist der Behördenbetreuer nicht beruflicher Betreuer, sondern **Betreuer sui generis,** eine Vergütung nach VBVG ist nicht vorgesehen (BT-Drs. 19/24445, 366).

III. Dauer der Betreuung

Die Höhe der Vergütung in Form der monatlichen Pauschalen richtet sich ua 3
nach der Dauer der Betreuung. Hinsichtlich der Dauer der Betreuung ist die monatliche Pauschale in den ersten zwölf Monaten am höchsten und ab dem 13. Monat mindert sie sich. Die zuvor feingliedriger gestaffelten Pauschalen sollten den erhöhten Betreuungsbedarf der ersten 24 Monate gerecht werden und in der Hoffnung nach einer kurzen Betreuungszeit diese an ehrenamtliche Betreuer übergeben zu können (BT-Drs. 20/14259, 29). Dieser Ansatz hat sich nicht bewahrheitet und die feingliedrig gestaffelten Pauschalen wurden aufgegeben (BT-Drs. 20/14259, 29). Die erhöhte Pauschale gibt es nunmher zwölf Monate, im 13. Monat mindert sie sich und ist dann dauerhaft gleichbleibend. Die *Staffelung* lässt sich unmittelbar aus den neuen *Vergütungstabellen* entnehmen, die nunmehr Anlage des VBVG sind (→ Anh. § 8 Abs. 1).

Für die Höhe der Monatspauschale ist die **erstmalige Bestellung** eines 4
Betreuers maßgeblich. Ein nachfolgender Betreuer muss daher die vorangegangene Zeit der Betreuung gegen sich gelten lassen. Das gilt auch, wenn zunächst ein ehrenamtlicher Betreuer bestellt war. Denn das Gesetz knüpft an die Dauer der Betreuung an, nicht an die Zeit der Bestellung des einzelnen Betreuers (BGH BtPrax 2016, 78). Zu Beginn einer Betreuung sind in der Regel (zeit-)aufwendige Angelegenheiten zu regeln, die dann später – auch bei einem Betreuerwechsel –

nicht mehr anfallen. Dementsprechend hat die bisherige Rechtsprechung und Literatur bei Betreuerwechsel oder wenn die vorläufige Betreuerbestellung in eine Hauptsache übergegangen ist, diese nicht als Erstbetreuerbestellung angesehen, auch zeitlich vakante Zwischenräume (kein Betreuer) unberücksichtigt gelassen, mit der Folge, dass auch bei Zeiträumen bis zu neun Monaten zwischen Beendigung der vorläufigen Betreuerbestellung und Betreuerbestellung im Hauptsacheverfahren eine Fortsetzung der Erstbetreuung festgestellt (vgl. hierzu BGH BtPrax 2020, 145, Rn. 13, 15). Der BGH hat entschieden, dass sofern zwischen der vorläufigen und der Bestellung des Betreuers in der Hauptsache vakante Zeiten liegen, die Bestellung des Betreuers in der Hauptsache auch als Erstbestellung gilt, unabhängig davon, ob Personenidentität zwischen den bestellten Betreuerpersonen besteht (BGH BtPrax 2020, 145). Liegen Veränderungen der Umstände vor, die ein Ende der Vergütung bedeuten (zB Fristablauf der vorläufigen Betreuerbestellung, § 302 FamFG oder Aufhebung), ist das Ende eines Berechnungszeitraums eingetreten und die nachfolgende Betreuerbestellung als Erstbestellung anzusehen (BGH BtPrax 2020, 145). Dies gilt dann zB auch bei Betreuerwechsel aufgrund Todes des bisherigen Betreuers, aber auch sonstigen Betreuerwechseln, wenn vakante Zeiträume ohne Betreuer entstanden sind. Es dürfte zu prüfen sein, ob die Mehrvergütung des Betreuers, die durch Ablauf der vorläufigen Betreuung und anschließende Anordnung einer Betreuung in der Hauptsache derselben Sache dem Betreuer aufzubürden ist oder durch die Landeskasse zu tragen ist. Die Betreuung wird mit der Bekanntgabe des Bestellungsbeschlusses wirksam (§ 287 Abs. 1 FamFG). Bei Aufgabe des Beschlusses per Post ist dies der *Zugang.* Damit beginnt auch der Vergütungsanspruch. Aus der Regelung des FamFG § 15 Abs. 2 S. 2 ergibt sich zwar die Vermutung eines Zugangs drei Tage nach Aufgabe zur Post. Dies schließt jedoch einen früheren Zugang nicht aus (BGH BtPrax 2012, 250). Für die *Berechnung* der für die Monatspauschale maßgeblichen Monate, während der eine Betreuung bereits besteht, gelten § 187 Abs. 1 und § 188 Abs. 2 BGB. Danach zählt der Tag der Bestellung des Betreuers, der die Frist in Gang setzt, nicht mit (§ 187 Abs. 1 BGB), vielmehr ist der Tag danach der erste Tag der Vierteljahres-Frist. Der *Ablauf* der Frist fällt auf den Tag, der „durch seine Benennung oder seine Zahl dem Tage entspricht, in den das Ereignis" fällt, das den Fristbeginn begründet (§ 188 Abs. 2 BGB). *Beispiel: wird der Betreuer am 25.6. eines Jahres bestellt, so endet die Vierteljahresfrist am 24.6. des Folgejahres.* Für diesen Zeitraum kann der Betreuer den vorgesehenen Zeitansatz gemäß der Vergütungstabelle zugrunde legen.

IV. Gewöhnlicher Aufenthaltsort

5 Das Gesetz unterscheidet nur noch zwischen stationärer Einrichtung und anderen Wohnformen. Die Gleichstellung einer „Ambulant betreuten Wohnform mit einer stationären Einrichtung ist aufgegeben worden, damit die Gerichte mit Prüfungsverfahren nicht überlastet werden (BT-Drs. 20/14259, 29). Insgesamt erhofft man sich hierdurch eine Vereinfachung in der Bestimmung der vergütungsrelevanten Wohnform. Hat der Betreute seinen gewöhnlichen Aufenthalt in *einer stationären Einrichtung,* liegen die Monatspauschalen niedriger als bei Betreuten, die in einer anderen Wohnform leben. Abs. 3 Nr. 1 definiert stationäre Einrichtungen. Sie orientiert sich an der Legaldefinition des Heimes des früheren HeimG welche in die Landesgesetze übergegangen sind und als stationäre Einrichtung

definiert und begrifflich präzisiert worden ist (BT-Drs. 20/14259, 29). Die Einrichtung muss dem Zweck dienen, Volljährige aufzunehmen und ihnen Wohnraum zu überlassen. Damit einhergehend ist verpflichtend Pflege- oder sonstige Unterstützungsleistung mit umfassenden Versorgungscharakter zur Verfügung zu stellen oder vorzuhalten. Der Wohnraumüberlassungvertrag und Pflege/sonstige Unterstützungsleistung mit umfassenden Versorungscharakter müssen vertraglich miteinander verknüpft sein. Diese müssen seitens der stationären Einrichtung zur Verfügung gestellt oder vorgehalten werden (BT-Drs. 20/14259, 29). Hierzu gehört auch eine „Rund um die Uhr Versorgung“ (BGH BeckRS 2025, 24010). Die Sicherung von Pflege/sonstige Unterstützungsleistungen mit umfassenden Versorgungscharakter durch die stationäre Einrichtung führt typischerweise zu einer Entlastung des Betreuers, so dass hier eine geringere Monatspauschale gerechtfertigt ist. Ein Gebäude, sowie Dienstleistungen, die in diesen Räumlichkeiten für die Bewohner der stationären Einrichtung erbracht werden, sind zwingende Voraussetzung. Verpflegung ist keine Voraussetzung mehr (BT-Drs. 19/8694, 29). Tatsächliche *Betreuung ist* jede fürsorgende Zuwendung, unabhängig davon, ob eine bestimmte Tätigkeit von der helfenden Person übernommen wird oder der Bewohner dabei unterstützt wird, diese selbst wahrzunehmen. In Betracht kommen alle Verrichtungen der Körperpflege, der Behandlungspflege, täglich wiederkehrenden Verrichtungen wie Aufstehen, Zubettgehen, tägliche Bewegung in und um das Gebäude herum etc. Die Erbringung der Dienstleistung kann durch die stationäre Einrichtung oder Beauftragung Dritter erfolgen (MüKoBGB/Fröschle VBVG § 9 Rn. 33). Treffen die Merkmale des Heimbegriffs auf die Einrichtung zu handelt es sich immer um eine stationäre Einrichtung (BGH BeckRS 2025, 24010).

Weiterhin muss die Einrichtung in ihrem *Bestand* von Zahl und Wechsel der Bewohner unabhängig sein. Die Zimmer bzw. Betten in der Einrichtung werden also vorgehalten für wechselnde Bewohner nach dem Grundsatz: das Wohnen folgt der Dienstleistung, während bei einer ambulanten Hilfe die Dienstleistung dem Wohnen folgt, zB in der eigenen Wohnung des Betroffenen erbracht wird (BGH BtPrax 2022, 73). Schließlich muss die stationäre Einrichtung entgeltlich betrieben werden. Das ist unabhängig davon, ob der Betroffene den Aufenthalt selbst bezahlt oder für ihn ein Sozialleistungsträger ganz oder teilweise eintritt. Der Abschluss eines Mietvertrages für Wohnraum, bei dem der Vermieter durch Verträge mit Dritten oder auf andere Weise sicherstellt, dass den Mietern Pflege/sonstige Unterstützungsleistungen mit umfassenden Versorgungscharakter angeboten werden, begründet noch nicht automatisch den Aufenthalt in einer stationären Einrichtung, jedenfalls dann, wenn diese nicht verpflichtet sind, diese Leistungen in Anspruch zu nehmen (BGH BtPrax 2022, 73). 6

Damit sind stationäre Einrichtungen auch zu bejahen, wenn der Zweck der Einrichtung darauf ausgerichtet ist, dem Betreuten ein Leben in einem gemeinsamen Haushalt oder einer Wohnung zu ermöglichen unter gleichzeitiger Inanspruchnahme entgeltlicher externer 24h Versorgung, Pflege/sonstige Unterstützungsleistung mit umfassenden Versorungscharakter zur Verfügung gestellt oder vorgehalten wird. Ist in einem Wohn- und Betreuungsvertrag lediglich das Wohnen geregelt worden und sind die darüberhinausgehenden notwendigen Bestandteile offengeblieben, so ist eine stationäre Einrichtung zu verneinen. Es dürfte auch für eine stationäre Einrichtung sprechen, wenn die Pflege/sonstige Unterstützungsleistung mit umfassenden Versorungscharakter durch eine professionelle Organisation getragen und eine Verantwortungsgarantie ggü. dem 7

Betreuten besteht und dieser von sämtlichen Auswahlentscheidungen befreit ist. Der BGH hat weiter entschieden und auch klargestellt (BGH 31.7.2024 – XII ZB 117/24 – BeckRS 2024, 24750), dass bei Einrichtungen, die iSd früheren Heimgesetzes alle Voraussetzungen erfüllen immer als stationäre Einrichtung anzusehen sind und in anderen Fällen liegt sie vor, wenn die Einrichtung vollumfängliche Leistungen anbietet und diese geeignet sind die organisatorische Betreuung zu entlasten. Dazu zählen auch Wohnformen der Eingliederungshilfe. Hiernach richtet sich die Einordnung des Begriffs Pflege oder Betreuung nach der Einrichtungsform und den danach zu deckenden tatsächlichen Bedürfnissen des Betreuten (BGH 31.7.2024 – XII ZB 117/24 – BeckRS 2024, 24750). Das dürfte auch nach der jetzt erfolgte Gesetzesänderung nicht anders sein. Über die im Gesetz stehenden Merkmale, die eine stationäre Einrichtung bestimmen, sind, soweit vorhanden, die weiteren Merkmale, wie zB der 24h Versorgung auch zu beachten (BGH BeckRS 2025, 24010) Auch die Unterbringung in einer geschlossenen Abteilung kann als stationäre Einrichtung einzustufen sein (BGH BeckRS 2024, 25277).

8 Zur Beurteilung des gewöhnlichen Aufenthalts kann SGB I § 30 Abs. 3 S. 2 herangezogen werden (so LG Traunstein BtPrax 2006, 115). Danach hat jemand dort seinen gewöhnlichen Aufenthalt, „wo er sich unter Umständen aufhält, die erkennen lassen, dass er an diesem Ort … nicht nur vorübergehend verweilt“. Es kommt also auf einen tatsächlichen Aufenthalt von längerer Dauer an, etwa bei Unterbringung in einem psychiatrischen Krankenhaus für zwölf Monate (LG Koblenz BtPrax 2007, 268), ggf. schon für sechs Monate (LG Koblenz FamRZ 2006, 501), einer Unterbringung aufgrund Unterbringungsbefehls nach § 126a für neun Monate (OLG Köln NJW-RR 2007, 517) und überhaupt eine nicht nur vorübergehende Unterbringung (LG Regensburg FamRZ 2006, 1062), nicht jedoch ein lediglich viermonatiger und tageweise unterbrochener Aufenthalt in einer geschlossenen Abteilung (LG Koblenz FamRZ 2006, 501). Generell wird davon auszugehen sein, dass in der Einrichtung oder Anstalt ein gewöhnlicher Aufenthalt begründet wird, wenn dort der Daseinsmittelpunkt liegt (OLG München BtPrax 2006, 182 für ein Bezirkskrankenhaus) und kein anderer Daseinsmittelpunkt mit Rückkehrmöglichkeit außerhalb der Einrichtung mehr besteht (OLG München BtPrax 2006, 183 für eine JVA).

V. Mittellose/nicht-mittellose Betreute

9 Die Monatspauschale ist gestaffelt nach der *Dauer der Betreuung* und differenziert hinsichtlich des gewöhnlichen Aufenthaltsortes und des Vermögensstatus des Betreuten. Der Vermögensstatus meint weiterhin, ob der Betreute bemittelt oder mittellos ist. Die Mittellosigkeit beurteilt sich nach BGB § 1880 (s. Kommentierung dort). Während für die Frage, ob wegen Mittellosigkeit ein Ersatz der Vergütung aus der Staatskasse verlangt werden kann, der Zeitpunkt der letzten Tatsacheninstanz maßgeblich ist (→ BGB § 1880 Rn. 5), ist für die Frage der Vergütungshöhe auf den jeweiligen Abrechnungszeitraum (§ 15) abzustellen (BGH BtPrax 2013, 109). Verbindlichkeiten aus dieser Zeit, bspw. Rückforderungsansprüche des Sozialamtes sind zudem nur zu berücksichtigen, wenn sie bspw. durch Leistungsbescheid konkretisiert sind (BGH BtPrax 2013, 109).

VI. Änderung vergütungsrelevanter Umstände

Die zuvor in VBVG § 5 Abs. 2 S. 3 und Abs. 4 aF zu beachtenden Änderungen vergütungsrelevanter Umstände sind hier in Abs. 4 S. 2 und 3 aufgenommen und vereinfacht worden. Zukünftig ist maßgebend, wie sich der Vermögensstatus und der gewöhnliche Aufenthalt des Betreuten am Ende des Abrechnungsmonats darstellen. Eine erhöhte Vergütung im Monat des Umzugs ist auch dann zu verneinen, wenn der Betroffene trotz Umzug in ein Heim noch die nicht mehr genutzte Wohnung kündigen muss (Gietl BtR 2024, 40). Eine taggenaue Abrechnung der Vergütung zum Zeitpunkt der Änderung entfällt. Im Übrigen bleibt es bei den bisherigen Regelungen und einer taggenauen Abrechnung (Beendigung der Betreuung, Betreuerwechsel, Änderung der anzuwendenden Vergütungstabelle). Der Abrechnungsmonat ist mit 30 Tagen anzunehmen (s. auch BT-Drs. 19/24445, 395 und Reparaturgesetz BT-Drs. 20/1110, 16 (42, 43)). Der vergütungsfähige Zeitraum endet mit dem Wirksamwerden des Aufhebungsbeschlusses, Rechtskraft ist nicht maßgebend, eine Beschwerde hat keine aufschiebende Wirkung (BGH BeckRS 2022, 7328). Anders wohl bei erfolgreichem Rechtsmittel (BGH BeckRS 2022, 7328). Unerheblich für den Vergütungsanspruch des Entlassenen ist auch, ob der Betreuerausweis herausgegeben wurde (BGH BeckRS 2022, 7328). Gleiches gilt für die Betreuervergütung nach dem *Tod* des Betreuten (OLG Köln FGPrax 2006, 163). In beiden Fällen sind Abwicklungsarbeiten wie Schlussbericht, Vermögensaufstellung und Vermögensherausgabe mit der pauschalen Vergütung für den gesamten Vergütungszeitraum abgegolten (OLG Dresden BtPrax 2006, 117; LG Duisburg BtPrax 2006, 117; OLG München BtPrax 2006, 233; aA LG Wuppertal FamRZ 2006, 1063). Eine Ausnahme gilt auch dann nicht, wenn Gründe vorliegen, die Betreuungstätigkeiten über den Betreuungszeitraum hinaus erforderlich machen. 10

VII. Aufwendungen

§ 5 Abs. 5 VBVG aF ist jetzt in § 11 aufgenommen worden. Siehe Kommentierung dort. 11

§ 10 Aufwendungsersatz

[1]Die Fallpauschalen nach § 9 gelten auch Ansprüche auf Ersatz anlässlich der Betreuung entstandener Aufwendungen ab. [2]Die gesonderte Geltendmachung von Aufwendungen im Sinne des § 1877 Absatz 3 des Bürgerlichen Gesetzbuchs durch Betreuer nach § 7 Absatz 1 bleibt unberührt.

I. Einleitung

Änderungen aufgrund es VBRRefG (Abk. nach buzer.de), v. 4.5.2021: § 5 Abs. 5 aF VBVG behandelte den Aufwendungsersatz und ist aufgrund der systematischen Änderungen in diese Vorschrift überführt worden. Mit Inkrafttreten des KostBRÄG 2025 wurde § 11 nach § 10 verschoben und § 10 aF Gesonderte Pauschalen ist aufgehoben worden. Die Folge§§ haben sich entsprechend nach vorne verschoben. Inhaltlich erfolgte hier keine Änderung. 1

II. Aufwendungsersatz, berufsspezifische Aufwendungen

2 Durch die Fallpauschalen werden sämtliche Kosten abgegolten. Aufwendungsersatz kann nur geltend gemacht werden, wenn ein entsprechender Verweis in das BGB erfolgt. Hier ist in S. 2 ausschließlich ein Verweis für die Geltendmachung des Ersatzes für berufsspezifische Dienste (zB Rechtsanwalt, Steuerberater, s. auch → BGB § 1877 Abs. 3 Rn. 15) erfolgt. Einen weiteren Verweis gibt es nicht. Damit gelten die Fallpauschalen nach § 9 bis auf die berufsspezifischen Dienste alles ab. Berufsspezifische Dienste können gesondert abgerechnet werden (BGH BtPrax 2010, 32). Für aufzusuchendes Grundvermögen im Ausland eine kostenproblematische Regelung (zB wenn Flugkosten, Mietfahrzeug notwendig werden).

3 Der Rechts- und Verbraucherausschuss hatte zwar angemerkt, dass Dolmetscherkosten in Vormundschafts- und Betreuerverfahren umfangreich anfallen können und die Pauschale deutlich übersteigen dürften sowie den damit einhergehenden Nutzen (Überwindung von Kommunikationsbarrieren). Zu einer Befürwortung konnte man sich nicht durchringen, es soll die nächste Evaluation abgewartet werden (BT-Drs. 19/27287, 21). Hier gilt weiterhin, dass diese Kosten durch die Pauschalen als abgegolten gelten (BGH BtPrax 2014, 174).

§ 11 Sonderfälle der Betreuung

(1) [1]**Dem Sterilisationsbetreuer nach § 1817 Absatz 2 des Bürgerlichen Gesetzbuchs und dem Ergänzungsbetreuer nach § 1817 Absatz 5 des Bürgerlichen Gesetzbuchs ist eine Vergütung nach § 3 zu bewilligen.** [2]**Vorschuss oder Ersatz der Aufwendungen kann er in entsprechender Anwendung von § 1877 Absatz 1 des Bürgerlichen Gesetzbuchs verlangen; § 4 Absatz 2 gilt entsprechend.** [3]**Allgemeine Verwaltungskosten werden nicht ersetzt.**

(2) **Dem Verhinderungsbetreuer nach § 1817 Absatz 4 des Bürgerlichen Gesetzbuchs ist die Vergütung nach § 8 in Verbindung mit § 9 zu bewilligen und im Fall des § 9 nach Tagen zu teilen; § 187 Absatz 1 und § 188 Absatz 1 des Bürgerlichen Gesetzbuchs gelten entsprechend.**

I. Einleitung

1 Änderungen aufgrund es VBRRefG (Abk. nach buzer.de), v. 4.5.2021: Die Vorschrift übernimmt den Aufbau und Inhalt von § 6 aF und passt die Verweisungen entsprechend an. Die Inhalte werden in zwei Abs. unterteilt. Die bereits bekannten drei Betreuerarten (Sterilisations-, Ergänzungs- und Verhinderungsbetreuer) werden ausdrücklich als solche im Gesetzestext bezeichnet. Durch die systematische Aufteilung in zwei Abs. und Benennung der Betreuerarten wird die Lesbarkeit der Vorschrift verbessert (vgl. BT-Drs. 19/24445, 396). Mit Inkrafttreten des KostBRÄG 2025 wurde § 12 nach § 11 verschoben. Inhaltlich fällt der Verweis auf die Pauschale nach § 10 aF weg.

II. Sterilisations-/Ergänzungsbetreuer

2 Abs. 1 übernimmt den Sterilisations- und Ergänzungsbetreuer. Letzterer wurde vormals sowohl als Verhinderungsbetreuer als auch als Ergänzungsbetreuer

bezeichnet. Der Verhinderungsbetreuer konnte wegen rechtlicher als auch tatsächlicher Verhinderung bestellt werden, mit jedoch unterschiedlichen vergütungsrechtlichen Auswirkungen. Für eine bessere Abgrenzung der Betreuertypen wurden die bereits bekannten Betreuerbezeichnungen im Gesetz aufgenommen (vgl. BT-Drs. 19/24445, 242). Der Ergänzungsbetreuer ist nun bei rechtlicher Verhinderung und der Verhinderungsbetreuer wegen tatsächlicher Verhinderung neben dem beruflichen Betreuer zu bestellen. Der Verhinderungsbetreuer wird in Abs. 2 behandelt.

Nach Abs. 1 erhalten der Sterilisations- und Ergänzungsbetreuer keine Vergütung nach §§ 8 und 9, sondern eine Vergütung in Höhe der Stundensätze für Berufsvormünder nach → § 3. Dies gilt auch, wenn die Tätigkeit auf einen längeren Zeitraum ohne Beschränkung auf eine konkrete Maßnahme angelegt ist (BGH BtPrax 2014, 228). Das beruht darauf, dass die hier genannten Betreuer grundsätzlich temporär für Einzeltätigkeiten bestellt werden, anders als berufliche Betreuer bei Dauerbetreuungen, die aufgrund einer Mischkalkulation nach dem pauschalen Vergütungssystem abgegolten werden. Konsequenterweise können sie daneben auch Ersatz ihrer Aufwendungen nach → § 1877 Abs. 1 BGB beanspruchen. Darüber hinaus kann er auch Aufwendungsersatz für Dienste, die zu seinem Gewerbe oder Beruf gehören (zB Rechtsanwalt, Steuerberater), verlangen, siehe Kommentierung → § 1877 Abs. 3 BGB. Nicht ersetzt verlangen können sie allerdings die Aufwendungen für eine angemessene Versicherung nach § 1877 Abs. 2 BGB. Als Ergänzungsbetreuer ist er auch dann zu bestellen, wenn der andere Betreuer generell aus Rechtsgründen gehindert ist, bestimmte Aufgaben für den Betreuten zu erledigen (BGH BtPrax 2014, 228). Eine Vergütung nach § 11 Abs. 1 kommt nur bei Vorliegen der Voraussetzungen in Betracht, das ist bei der Bestellung als beruflicher Betreuer neben einem beschränkt Bevollmächtigten zu verneinen (BGH BtPrax 2017, 155). Anders, wenn der Bevollmächtigte rechtlich verhindert ist (BGH BtPrax 2015, 203). Die Regelung kann auch nicht analog auf Betreuer für nur eine einzige, zudem zeitlich begrenzte Angelegenheit angewendet werden (BGH BtPrax 2013, 107). **3**

III. Vergütung des Sterilisations-/Ergänzungsbetreuer gem. Verweis auf § 3

Der Wortlaut 11 Abs. 1 scheint auf sämtliche Regelungen von § 3 zu verweisen. **4** Ob dies vom Gesetzgeber tatsächlich so gewollt ist, erscheint indes fraglich, würde das doch einem der Ziele der Reform des Vormundschafts- und Betreuungsrechts, nämlich der Vereinfachung des Vergütungsrechts, zuwiderlaufen. Aus nachfolgenden Erwägungen (s. → Rn. 4 f.) wird deshalb davon ausgegangen, dass der Verweis des Gesetzgebers auf § 3 lediglich wegen der Abrechnung nach aufgewandten und erforderlichen Stunden in diesen Fällen erfolgte, im Übrigen aber die durch das Amtsgericht bzw. das dazu bestimmte Gericht erfolgte Eingruppierung nach § 8 Abs. 2 oder 3 VBVG heranzuziehen ist. Würde für die Sterilisations- und Ergänzungsbetreuer § 3 insgesamt Anwendung finden, wäre dieser Personenkreis einem zweistufigen Vergütungssystem ausgesetzt und gegenüber beruflichen Betreuern, die anderweitig Betreuungen führen, benachteiligt. Darüber hinaus würde der gewollte niedrigschwellige Zugang für berufliche Betreuer konterkariert, siehe ausführlich Rn. 4 und folgend.

IV. Prüfung der besonderen Kenntnisse, Verweis auf § 3

5 Die Verweisung von § 11 Abs. 1 S. 1 auf § 3 ist nicht dahingehend zu verstehen, dass die erfolgreich abgeschlossene Ausbildungsqualifikation und die daraus erworbenen Kenntnisse, die für die Betreuung nutzbar sind, in der Vergütungsfestsetzung zu prüfen sind. Die Verweisung meint ausschließlich die Stundensätze. Die Höhe des Stundensatzes aus § 3 ergibt sich analog aus den Vorgaben nach § 8 Abs. 2 oder der festgesetzten Vergütungstabelle nach § 8 Abs. 3.

Danach würde ein beruflicher Betreuer, der nach § 8 Abs. 2 oder 3 in
– Tab. A eingestuft wurde, den geringsten Stundensatz
– Tab. B eingestuft wurde, den mittleren Stundensatz oder
– Tab. C eingestuft wurde, den höchsten Stundensatz nach altem Recht erhalten.

Aufgrund der Neueinführung der Vergütungsstufe 1 und 2 kann weiterhin der Altbeschluss zur Festsetzung der Vergütungstabelle für die Einstufung des Stundensatzes herangezogen werden, wie auch bei der Umschreibung der Vergütungstabelle in die neue Vergütungsstufe (s. BT-Drs. 20/14259, 28). Bei Neufällen müsste der Ausbildungsabschluss nachgewiesen werden, ohne weitergehende Prüfung der nutzbaren Kenntnisse für die Betreuung. Die Intention des Gesetzgebers ist die Vereinfachung des Vergütungssystems der beruflichen Betreuer. Die Anwendung des „alten" Vergütungsrechts in den hier genannten Betreuungsfällen würde das konterkarieren. Der nach § 11 Abs. 1 eingesetzte berufliche Betreuer würde ansonsten einem zweistufigen Vergütungssystem gegenüberstehen, das in der 2. Stufe die Prüfungsanforderungen noch erhöht. Der berufliche Betreuer (§ 19 Abs. 2 BtOG) hat einen Vergütungs- und Aufwendungsersatzanspruch, § 7. Die Vergütungstabelle richtet sich nach den Vorgaben nach § 8 Abs. 2 oder 3, siehe § 8 Rn. 14. Voraussetzung ist, dass der Betreuer registriert und damit beruflicher Betreuer ist, § 19 Abs. 2 BtOG. Registrierungsbehörde ist die Stammbehörde (Betreuungsbehörde). Betreuer, die als Sterilisations- oder Ergänzungsbetreuer (§ 11 Abs. 1) eingesetzt werden und Vergütungs- und Aufwendungsersatzanspruch haben, sind berufliche Betreuer (§ 19 Abs. 2 BtOG) und haben vorab das Registrierungsverfahren bei der Stammbehörde durchlaufen, mit Registrierung im Registrierungsregister. Im Registrierungsverfahren vor der Stammbehörde kann Sachkunde auch unabhängig von der Ausbildung gemäß den Vorgaben der Betreuungsregisterverordnung nachgewiesen werden. Die erforderliche Sachkunde kann also neben oder ohne den in einer Berufs-/Hochschulausbildung erlangten für die Betreuung nutzbaren Kenntnisse oder durch Aus-/Weiterbildungsgänge oder Sachkundelehrgänge nachgewiesen werden, §§ 4 ff. BtRegV. Diese registrierten Betreuer (berufliche Betreuer, § 19 Abs. 2 BtOG) können für jedwede Betreuung bestellt werden. In der 2.ten Stufe müssten die beruflichen Betreuer, die als Sterilisations-/Ergänzungsbetreuer (§ 11 Abs. 1) eingesetzt werden und aufgrund der Verweisung aus § 11 Abs. 1 nach § 3 nun darüber hinaus besondere Kenntnisse, die für die Betreuung nutzbar sind und durch abgeschlossene Lehre, Ausbildung oder vergleichbar erworben wurden, nachweisen, unbeachtet bleiben dann die Aus-/Weiterbildungsgänge oder Sachkundelehrgänge, §§ 4 ff. BtRegV. Für alle anderen Betreuungen, in denen berufliche Betreuer eingesetzt werden, ist die gerichtliche Prüfung der durch abgeschlossene Ausbildung erworbenen für die Betreuung nutzbaren Kenntnisse gerade abgeschafft worden. Das ist eine Verschärfung der Prüfungsvoraussetzung zur Festsetzung der Vergütung für Sterilisations- und Ergänzungsbetreuer, die zum einen eine Sachkundeprüfung durch die Stammbehörde beinhaltet und zum anderen, wenn man die Anwendung von § 3 aufgrund der Verweisung insgesamt für richtig hält, die eine Gerichtsprüfung der durch abgeschlossene Ausbildung erworbenen für die Betreuung nutzbaren Kenntnisse erfordert. Diese ungleiche Behandlung für ein und dieselbe Betreuergruppe (berufliche Betreuer) kann nicht gewollt sein (s. auch § 11 Rn. 4). Darüber hinaus ist zu beachten, dass die Betreuungsbesonderheiten in diesen Fällen (§ 11 Abs. 1) aber gerade nicht aufgrund spezieller Betreuungsanforderungen hinsichtlich einer besonderen Sach-/Fachkunde, sondern aufgrund der Abweichung von der Pauschalvergütung, Einsatz mehrerer beruflicher Betreuer nebeneinander und der zeitlich befristeten Betreuertätigkeit erfolgt. Es soll für diese Betreuertätigkeit ausnahmsweise das System der Pauschalvergütung durchbrochen werden, damit diese auf eine punktuelle Aufgabe oder einzelne Angelegenheit und temporären Einsatz abzielende Tätigkeit konkret und angemessen vergütet werden kann (BGH FamRZ 2014, 1626). Nach der alten Regelung musste man sich mit den nun unterschiedlich bestehenden Vergütungssystemen nicht dahingehend auseinandersetzen, da sowohl in VBVG § 3 und § 4 aF die durch Ausbildung erworbenen nutzbaren Kenntnisse durch das Gericht geprüft werden mussten. Jetzt würde es eine Durchbrechung des neuen Vergütungssystems der Betreuer bedeuten, man würde hier am alten Vergütungssystem „hängen" bleiben, nachdem die Sachkundeprüfung den Stammbehörden auferlegt worden ist und nun sogar zwei Prüfungsbehörden haben. Anhand der Gesetzeslage ist die Umstellung des Betreuervergütungssystems nur unvollständig gelungen. Das kann nicht gewollt sein. Der Verweis von § 11 Abs. 1 auf § 3 ist dahingehend sehr unglücklich. Deswegen wird es für richtig gehalten, für die als Sterilisations- und Ergänzungsbetreuer eingesetzten beruflichen Betreuer den Stundensatz in Anlehnung an die festzusetzende Vergütungstabelle nach § 8 Abs. 2 oder 3 zu bestimmen, s. Beispiele oben. Damit würde die Umstellung des Betreuervergütungssystems insgesamt erfolgen und damit auch die gewollte Entlastung der Gerichte. Wegen der Vergleichbarkeit von Ausbildungen siehe Kommentierung § 8 Rn. 8, 10 und 11. Soweit dieser Ansicht nicht gefolgt wird, wird auf die Vorauflage § 3 verwiesen.

V. Erhöhter Stundensatz, Verweis auf § 3 Abs. 3

Das Betreuungsgericht kann (nur in den Fällen des § 11 Abs. 1) ausnahmsweise einen höheren als den in § 3 Abs. 1 vorgesehenen Stundensatz bewilligen (§ 3 Abs. 3). Voraussetzung ist zum einen, dass „die besondere Schwierigkeit der vormundschaftlichen Geschäfte" dies rechtfertigen. Besondere Schwierigkeiten können sich im Rahmen des § 11 Abs. 1 vor allem aus den zu erledigenden Aufgaben oder aus sonstigen Umständen ergeben. Zum anderen darf der Betreute nicht mittellos (§ 1880 BGB) sein (§ 3 Abs. 3 Satz 2). Die Regelung dient der Beibehaltung des Rechtszustandes vor dem VBVG. Nach der Rechtsprechung des BGH (BtPrax 2001, 30) stellten die Vergütungssätze des BVormVG für die Betreuer nicht-mittelloser Betreuter zwar eine wesentliche Orientierungshilfe dar und wurden im Regelfall für angemessen angesehen. Es war aber nicht ausgeschlossen, dass in Einzelfällen auch ein höherer Stundensatz bewilligt werden konnte. Diese Möglichkeit eröffnet nunmehr auch § 3 Abs. 3, der allerdings auf andere berufliche Betreuer als die nach § 11 Abs. 1 nicht analog anwendbar ist (BGH FamRZ 2014, 1213). 6

VI. Verhinderungsbetreuer

7 Nach Abs. 2 kann der Verhinderungsbetreuer nach BGB § 1817 Abs. 4 eine Vergütung nach den Grundsätzen der §§ 8, 9 und 10 Abs. 1 verlangen, wenn die Verhinderung des vorrangig bestellten Betreuers *tatsächlicher* Art ist (BGB § 1817 Rn. 10 f.). Dann ist die Vergütung nach Tagen zu teilen. Es müssen also genau die Tage berechnet werden, in denen der Verhinderungsbetreuer wegen der tatsächlichen Verhinderung des anderen Betreuers für die Führung der Betreuung „zuständig" war. Hierfür gelten §§ 187 Abs. 1, 188 Abs. 1 BGB entsprechend.

VII. Vergütung

8 Vergütung können der berufliche Betreuer und der Betreuungsverein erhalten, letzterer, wenn er einen registrierten Vereinsbetreuer einsetzt. Ehrenamtliche Betreuer können keine Vergütung verlangen. Betreuungsbehörde und -verein können nicht als Sterilisationsbetreuer bestellt werden, § 1818 Abs. 5 BGB. Zu beachten ist die Verweisung auf § 3, § 11 Abs. 1. Die wesentlichen Aspekte zur Vergütung des beruflichen Betreuers als Sterilisations- und Ergänzungsbetreuer und die Einordnung der Stundensätze erfolgt hier, Rn. 4 f.

§ 12 Vergütung und Aufwendungsersatz für Betreuungsvereine

(1) [1]**Ist der Betreuungsverein nach § 1818 Absatz 1 des Bürgerlichen Gesetzbuchs als Betreuer bestellt, ist ihm eine Vergütung nach den §§ 8 und 9 zu bewilligen, wenn der Mitarbeiter, dem die Führung der Betreuung gemäß § 1818 Absatz 2 Satz 1 des Bürgerlichen Gesetzbuchs übertragen worden ist, als beruflicher Betreuer registriert ist.** [2]**Die Höhe der Vergütung richtet sich nach der aufgrund der Feststellung nach § 8 Absatz 3 für den Mitarbeiter anzuwendenden Vergütungsstufe.** [3]**Eine Vergütung ist auch dann zu bewilligen, wenn der Mitarbeiter spätestens sechs Monate nach Beginn seiner Tätigkeit für den Betreuungsverein registriert ist.**

(2) [1]**In den Fällen des § 1817 Absatz 4 und 5 des Bürgerlichen Gesetzbuchs sind dem Betreuungsverein nach Maßgabe des Absatzes 1 Vergütung und Aufwendungsersatz nach § 11 zu bewilligen.** [2]**Aufwendungen im Sinne von § 1877 Absatz 3 des Bürgerlichen Gesetzbuchs kann der Verein nicht geltend machen.** [3]**Allgemeine Verwaltungskosten werden nicht ersetzt.**

I. Entstehungsgeschichte

1 Änderungen aufgrund es VBRRefG (Abk. nach buzer.de), v. 4.5.2021: Die Vorschrift entspricht dem § 1908e BGB in der Fassung des Bundesratsentwurfs zum 2. BtÄndG (BT-Drs. 15/2494). Sie ist lediglich auf das neue System des Vormünder- und Betreuervergütungsgesetzes umgearbeitet. Sie übernimmt sinngemäß den § 1908e aF BGB und ist nun von § 7 aF hierher übernommen worden, begrenzt und hinsichtlich der Verweisungen angepasst auf den Betreuungsverein.

Mit Inkrafttreten des KostBRÄG 2025 wurde § 13 nach § 12 verschoben. Inhaltlich erfolgte hier keine Änderung.

Vor 1992 waren Ansprüche des Vereins auf Aufwendungsersatz und Vergütung für einen hauptamtlichen Mitarbeiter nicht vorgesehen, da dessen Bestellung nicht gesetzlich geregelt war. Vereine hatten also keine Vergütung für die Einzelfalltätigkeit erhalten und mussten ihr Personal über Zuwendungen und Spenden finanzieren. Der Bundesrat wollte es bei mittellosen Betreuten bei dieser Rechtslage belassen (BT-Drs. 11/4528, 210), so dass nur Ansprüche gegen nicht mittellose Betreute, nicht aber gegen die Staatskasse entstehen sollen. **2**

Es wird mit dem Gesetz zur Reform des Vormundschafts- und Betreuungsrechts deutlich herausgestellt, dass Betreuungsvereine Aufgaben des öffentlichen Rechts wahrnehmen. Anerkannte Betreuungsvereine haben zur Finanzierung der Querschnittsarbeit und Wahrnehmung der ihnen durch Bundesgesetz zugewiesenen Aufgaben nunmehr einen Anspruch auf eine bedarfsgerechte Finanzierung (BT-Drs. 19/24445, 146), die neben dem Vergütungsanspruch des Betreuungsvereins besteht. **3**

Das Vergütungsverbot für den Betreuungsverein ist gestrichen worden. Vergütung kann der Verein nicht aus der Landeskasse verlangen, mithin kann der Verein Vergütung nur geltend machen, soweit der Betreute nicht mittellos ist. Ein Verweis auf § 16 fehlt. Der Betreuungsverein kann als Betreuer, Verhinderungs- und Ergänzungsbetreuer bestellt werden, ein Vergütungsverbot war nicht mehr zu rechtfertigen (BT-Drs. 19/24445, 397). Der Vorteil des Betreuungsvereins als Betreuer liegt darin begründet, dass bei schwierigen Betreuungen (besondere Art des Krankheitsbildes, der Behinderung oder argwöhnische, misstrauische Personen), die durch die Betreuung von Einzelpersonen nicht gewährleistet werden kann, diese durch längerfristige Bestellung eines Betreuungsvereins aufgefangen werden können (BT-Drs. 19/24445, 397). **4**

Der Betreuungsverein selbst ist nicht beruflicher Betreuer. Für einen Vergütungsanspruch muss ein nach BtOG §§ 23 f. registrierter Mitarbeiter des Vereins vom Betreuungsverein eingesetzt werden. **5**

Die Vergütung des Vereinsbetreuers nach FamFG § 286 Nr. 2 (= beruflicher Betreuer, § 19 Abs. 2 BtOG) richtet sich nach § 7 Abs. 2 (§§ 8–11, 14 und 15). **6**

II. Anwendungsbereich

Die Vorschrift regelt die *Ansprüche des anerkannten Betreuungsvereins* auf Vergütung und Aufwendungsersatz. Die Betreuertätigkeiten, sind einem hauptamtlichen Mitarbeiter (= beruflicher Betreuer) zu übertragen, die im Rahmen einer Betreuung geleistet werden. Ansprüche stehen nur dem Verein, nicht dem hauptamtlichen Mitarbeiter zu, gegebenenfalls sind Wechsel in der Person des Betreuers möglich, § 1818 Abs. 2 BGB. Der Gegenbetreuer fällt weg. **7**

III. Vergütung als Betreuer (Abs. 1)

Mit Einführung dieses Absatzes wird die Vergütung des Betreuungsvereins geregelt. Wird der anerkannte Betreuungsverein als Betreuer bestellt, steht ihm grundsätzlich eine Vergütung nach den §§ 8 und 9 zu. Die Höhe der Vergütung richtet sich nach der nach § 8 Abs. 3 festgesetzten Vergütungsstufe des jeweiligen Mitarbeiters. Dieser Festsetzungsbeschluss ist bei Vergütungsanträgen mit vorzulegen. **8**

Der Vergütungsanspruch besteht nur, wenn der Mitarbeiter, dem die Betreuung durch den Betreuungsverein übertragen wurde, als beruflicher Betreuer registriert ist (§§ 19 Abs. 2, 23 ff. BtOG). Das Vergütungsverbot wird ersatzlos gestrichen.

9 Eine Vergütung ist nicht möglich, wenn ein ehrenamtlicher Mitarbeiter durch den Betreuungsverein eingesetzt wird.

10 Eine Besonderheit ist, dass eine Vergütung für Mitarbeiter des Betreuungsvereins auch dann zu bewilligen ist, wenn diese zwar registriert werden, obwohl noch nicht alle Voraussetzungen vorliegen, § 23 Abs. 4 BtOG. Es handelt sich um Mitarbeiter, die grundsätzlich geeignet sind und die die notwendige Sachkunde besitzen, die Registrierung nur eine Formalie darstellt (BT-Drs. 19/24445, 397). Die Sachkunde ist der Stammbehörde bis zum Ablauf des Jahres ab Registrierung vollständig nachzuweisen, § 23 Abs. 4 S. 2 BtOG. Fristbeginn ist die Einstellung des Mitarbeiters durch den Verein. Damit einher geht die Abgrenzung gegenüber Mitarbeitern, die diese Voraussetzungen nicht mitbringen oder eine Registrierung nicht anstreben. Eine Vergütung kann frühestens nach Registrierung geltend gemacht werden, eine Festsetzung nach § 8 Abs. 3 ist zwingend erforderlich, eine Festsetzung nach § 8 Abs. 1–2 der Vergütungstabelle ist zu verneinen (BT-Drs. 19/24445, 397).

Problematisch ist die hier vorausgesetzte Festsetzung der Vergütungstabelle nach § 8 Abs. 3. Die Festsetzung der Tabelle wirkt nur auf die Antragstellung zurück (OLG Oldenburg BtPrax 2024, 183), entstehen aber Zeitabschnitte, zB bei Bestandsbetreuern, die später als zum 1.1.2023 einen Registrierungsantrag gestellt haben, die nicht durch den Festsetzungbeschluss abgedeckt sind, stellt sich die Frage der Vergütung für diesen Zeitraum. Das OLG Oldenburg geht davon aus, dass Zeiträume vor Antragstellung nach § 8 Abs. 1 und 2 festzusetzen sind (hier sind nicht Vereinsbetreuer gemeint, OLG Oldenburg BtPrax 2024, 183, aA LG Bielefeld BtPrax 2024, 99 ohne weitere Begründung). Hier konterkariert das Konstrukt des bei einem Betreuungsverein angestellten hauptamtlichen Betreuer, der als Vereinsbetreuer eingesetzt wird und die Vergütungsvoraussetzungen als registrierter beruflicher Betreuer erfüllt (→ §§ 19 Abs. 2 BtOG, → § 7) und die Regelung in § 12 Abs. 2 S. 2. eine Vergütung des Betreuungsvereins, wenn die Zeiträume auseinanderfallen. Gleichzeitig könnte aber ein Vergütungsanspruch des Vereinsbetreuers ggü. dem Verein bestehen. Die Regelung kann eine Vergütung des Betreuungsvereins auch verhindern, wenn der Betreuer, der ausschließlich antragsberechtigt ist (BayObLG BtPrax 2024, 28), nicht rechtzeitig oder erst nach mehrmaliger Aufforderung durch den Betreuungsverein einen entsprechenden Antrag zur Feststellung der Tab. (→ § 8 Abs. 3) stellt. Hier werden zwei eng zusammenliegende Sachverhalte unnötig auf verschiedene Zuständigkeiten verteilt und entsprechende Komplikationen bei der Vergütung zum Nachteil des Betreuungsvereins umständlich geregelt. Der Betreuungsverein muss zum einen bei der Einstellung prüfen, ob alle Vergütungsrelevanten Tatsachen bereits vorliegen oder eine Einstellung bis zum Vorliegen der relevanten Tatsachen hinausschieben, damit zum einen keine Vergütungseinbußen des Vereins ggü. dem Betreuten und zum anderen Vergütungspflichten ggü. dem beruflichen Betreuer als hauptamtlichen Vereinsbetreuer entstehen.

IV. Vergütung als Verhinderungs- und Ergänzungsbetreuer (Abs. 2)

11 Der Betreuungsverein kann auch Vergütung verlangen, wenn er als Ergänzungs- oder Verhinderungsbetreuer bestellt wird. Vergütung und Aufwendungsersatz

richten sich nach → § 11, siehe Kommentierung dort. Eine Bestellung zum Sterilisationsbetreuer ist ausgeschlossen, BGB § 1818 Abs. 5. Es muss auch hier ein nach BtOG §§ 23 ff. registrierter Mitarbeiter eingesetzt werden, die Besonderheit aus Abs. 1 (Rn. 5) gilt ebenfalls hier.

Ist der Betreuungsverein als Ergänzungsbetreuer (rechtliche Verhinderung des Betreuers) bestellt, erhält er Vergütung nach § 3 Abs. 1 iVm 11 Abs. 1. und es besteht ein Anspruch auf Vorschuss und Ersatz seiner Aufwendungen gem. BGB § 1877 Abs. 1, wie bisher auch. Ist er als Verhinderungsbetreuer (tatsächliche Verhinderungsgründe, zB Urlaub, Krankheit des Betreuers) bestellt, kann Vergütung nach § 11 Abs. 2 geltend gemacht werden. 12

Berufsbedingte Aufwendungen und allgemeine Verwaltungskosten können nicht geltend gemacht werden. Ebenfalls kann der Betreuungsverein keine Aufwandspauschale geltend machen, es fehlt ein Verweis auf BGB § 1878.

§ 13 Vergütung und Aufwendungsersatz für Behördenbetreuer und Betreuungsbehörde

(1) [1]**Ist ein Behördenbetreuer bestellt, so kann der zuständigen Behörde nur unter den in § 1876 Satz 2 des Bürgerlichen Gesetzbuchs bestimmten Voraussetzungen eine Vergütung bewilligt werden.** [2]**Für ihre Aufwendungen kann die Betreuungsbehörde keinen Vorschuss und in entsprechender Anwendung von § 1877 Absatz 1 des Bürgerlichen Gesetzbuchs Ersatz nur insoweit verlangen, als der Betreute nicht mittellos im Sinne des § 1880 des Bürgerlichen Gesetzbuchs ist.** [3]**Allgemeine Verwaltungskosten werden nicht ersetzt.**

(2) **Der Behördenbetreuer selbst kann keine Vergütung, keinen Vorschuss und keinen Aufwendungsersatz geltend machen.**

(3) [1]**Ist die Betreuungsbehörde nach § 1818 Absatz 4 des Bürgerlichen Gesetzbuchs als Betreuer bestellt, steht ihr keine Vergütung zu.** [2]**Für die Aufwendungen der Betreuungsbehörde gilt Absatz 1 Satz 2 und 3 entsprechend.**

(4) **§ 1877 Absatz 4 des Bürgerlichen Gesetzbuchs ist auf Ansprüche der Betreuungsbehörde nicht anzuwenden.**

I. Anwendungsbereich

Änderungen aufgrund es VBRRefG (Abk. nach buzer.de), v. 4.5.2021: Die Vorschrift übernimmt sinngemäß § 8 aF. Sie ist lediglich auf das System des Gesetzes zur Reform des Vormundschafts- und Betreuungsrechts umgearbeitet, passt die Verweisungen an das neu aufgebaute BGB an und sorgt für eine klare Gliederung der Fallvarianten im VBVG. Mit Inkrafttreten des KostBRÄG 2025 wurde § 14 in § 13 verschoben. Inhaltlich erfolgte hier keine Änderung.§ 13 enthält Sondervorschriften für den zum Behördenbetreuer bestellten *Mitarbeiter der Betreuungsbehörde,* § 1819 Abs. 3 S. 2 BGB. Sie knüpfen an die Regelungen für die Behörde an und geben zusätzlich bei der Bestellung eines einzelnen Mitarbeiters bei vermögenden Betreuten einen Anspruch auf Vergütung nach Ermessen (§ 1876 Abs. 2 BGB). Damit ist für Betreuungsbehörden ein Anreiz gegeben, in ihrer Vorschlagpraxis gegenüber den Gerichten (→ BtOG § 12 Rn. 8) anstelle 1 der Institution den einzelnen Mitarbeiter zu benennen, um so der Zielsetzung des organisierten Einzelbetreuers näher zu kommen.

II. Vergütung

2 Bei Bestellung eines Behördenbetreuers gibt Abs. 1 der Behörde einen *Vergütungsanspruch* gegen den *vermögenden Betreuten*. Ein Vergütungsanspruch der als Institution bestellten Behörde ist gem. Abs. 3 S. 1 ausgeschlossen. Ein Anspruch gegen die Staatskasse bei Mittellosigkeit des Betreuten ist – im Gegensatz zu der Regelung bei als berufliche Betreuer bestellte Mitarbeiter des Betreuungsvereins (§ 7 Abs. 2) – nicht gegeben, 1876 S. 2 Nr. 2 BGB. Ein Anspruch ist nur gegeben, wenn Umfang und/oder Schwierigkeit es rechtfertigen, § 1876 S. 2 Nr. 1 BGB. Nur wenn ein Behördenmitarbeiter besonders aufwendige und/oder schwierige Betreuungen führt, entsteht mithin überhaupt ein Anspruch (MüKoBGB/Fröschle Rn. 6).

3 Die *Höhe der Vergütung* richtet sich gem. Abs. 1 Satz 1 nach dem Umfang und/oder der Schwierigkeit der Tätigkeit (→ BGB § 1876 Rn. 7). In der Praxis wurde früher oft ein Prozentsatz des Betreuungsvermögens als Vergütungshöhe bewilligt, jetzt hat sich eine am Zeitaufwand und einem Stundensatz orientierte Bemessung durchgesetzt. Obergrenze dürften Personalkosten ohne Sachkosten sein (MüKoBGB/Fröschle Rn. 9). Auch wird zT die Auffassung vertreten, die Höhe der Vergütung des Behördenbetreuers sei zu begrenzen auf den Betrag, den ein sonstiger berufsmäßig tätiger Betreuer beanspruchen könnte (LG Kassel BtPrax 2011, 87).

III. Aufwendungsersatz

4 Nach Abs. 1 S. 2 und Abs. 3 kann sowohl die Behörde für sich selbst als auch für den bestellten Behördenbetreuer von einem vermögenden Betreuten Aufwendungsersatz (§ 1877 Abs. 1 BGB) verlangen. Durch den Wortlaut ist klargestellt, dass weder die Behörde noch der Behördenbetreuer *einen Anspruch auf Vorschuss* hat, Abs. 2 und 3 S. 2.

5 Aufgrund Abs. 1 S. 3 und die Verweisung dorthin aus Abs. 3 S. 2 wird klargestellt, dass kein Anspruch auf Ersatz *allgemeiner Verwaltungskosten, wie* zB Kosten für eine Haftpflicht- oder Vermögensschadenshaftpflichtversicherung des Mitarbeiters oder der Behörde besteht. Der Aufwendungsersatzanspruch dürfte also praktisch vor allem Fahrtkosten erfassen.

IV. Ansprüche des Behördenbetreuers, Abs. 2

6 Abs. 2 entspricht dem ehemaligen § 8 Abs. 3. Behördenbetreuer haben keinen Anspruch auf Vergütung, Vorschuss oder Ersatz von Aufwendungen. Der Behördenbetreuer steht mit der zuständigen Behörde in einem Dienst- oder Arbeitsverhältnis aus dem er sein Gehalt bezieht. Auch ein Anspruch auf pauschale Aufwandsentschädigung ist sowohl für den Mitarbeiter als auch für die Behörde wegen fehlender Verweisung auf BGB § 1878 ausgeschlossen (BT-Drs. 19/24445, 398).

V. Erlöschen der Ansprüche, Absatz 4

Nach § 15 Abs. 3 erlöschen Vergütungsansprüche 15 Monaten nach ihrer Entstehung, wenn sie nicht geltend gemacht werden. Die Ansprüche der Behörde werden von dieser kurzen Frist ausgenommen, Abs. 4. Sie unterliegen den allgemeinen Verjährungsregelungen der §§ 194 ff. BGB, verjähren also in drei Jahren, § 195 BGB. 7

§ 14 Abrechnungszeitraum für die Betreuungsvergütung

(1) [1]**Die Vergütung kann nach Ablauf von jeweils drei Monaten für diesen Zeitraum geltend gemacht werden.** [2]**Dies gilt nicht für die Geltendmachung von Vergütung und Aufwendungsersatz in den Fällen der §§ 11 und 12 Absatz 2.**

(2) **Für die Dauer der Festsetzung nach § 292 Absatz 2 des Gesetzes über das Verfahren in Familiensachen und in den Angelegenheiten der freiwilligen Gerichtsbarkeit gelten die Vergütungsansprüche als geltend gemacht nach § 15 Absatz 3.**

I. Einleitung

Änderungen aufgrund es VBVGAnpG (Abk. buzer.de): § 9 aF ist hierher in Abs. 1 übernommen und an die neuen Verweisungen angepasst worden. Die bisherige Rechtsprechung kann weiter entsprechend angewendet werden. In Abs. 2 ist die Möglichkeit für einen in die Zukunft gerichteten Dauervergütungsantrag geschaffen worden. Mit Inkrafttreten des KostBRÄG 2025 wurde der § 15 nach § 14 verschoben. Eine wesentliche Änderung erfolgte mit der als Regelform gewollten Möglichkeit der Dauervergütung, die hier gestrichen wurde und nun in → § 292 Abs. 2 FamFG zu den Verfahrensvorschriften verlegt wurde. Eine Prognose ist nicht mehr erforderlich, vgl. Kommentar Vorauflage Rn. 4. 1

II. Abrechnungszeitraum

Die Vergütung des Berufsbetreuers nach §§ 8 und 9 kann jeweils in Drei-Monats-Zeiträumen geltend gemacht werden, also erstmals drei Monate nach Bestellung als Betreuer und danach alle weiteren drei Monate. Geltendmachung und die Regelung in § 14 Abs. 1 S. 1 führen aber noch nicht zur Fälligkeit der Vergütung, sodass auch noch keine Verzinsungspflicht eintreten kann (OLG Rostock FamRZ 2007, 1690). Die Fälligkeit wird je nach Rechtsprechung unterschiedlich bewertet, jedoch ist wohl eine Verzinsung erst ab Rechtskraft der Festsetzung möglich (Bienwald § 1836 Rn. 265). Wenn der berufliche Betreuer am 2.9.2021 bestellt wurde, kann er erstmals am 3.12.2021 für die davorliegenden drei Monate seiner Tätigkeit die Vergütung geltend machen. Solange die Betreuung andauert, kann der berufliche Betreuer jeweils wieder nach drei Monaten eine Auszahlung der ihm zustehenden Vergütung verlangen. Endet die Betreuung vor Ablauf dieser Frist (zB durch Tod des Betreuten, Wechsel des Betreuers oÄ), könnte nach dem Wortlaut die Vergütung gleichwohl erst nach Ablauf der Drei-Monats-Frist verlangt werden. Der BGH hat bei Betreuerwechsel entschieden, 2 dass der neue Betreuer nicht an den alten Abrechnungsrhythmus gebunden ist, sondern wie bei einer Erstbestellung nach vollen drei Monaten abrechnen kann (BGH BtPrax 2011, 218, s. auch Fortführung in BtPrax 2022, 211 und 217). Die Drei-Moantsfrist dient der Verringerung des Verwaltungsaufwandes der Gerichte und wird nur einmalig bei einem Betreuerwechsel erhöht (BGH BtPrax 2022, 217). Dem Betreuer bleibt es unbenommen mehrere Abrechnungsquartale abzurechnen (BGH BtPrax 2022, 217).), die Erlöschensfrist ist zu beachten. Der ausscheidende Betreuer kann bereits sofort nach Beendigung seiner Tätigkeit seine Vergütung geltend machen (BGH BtPrax 2022, 217). Auch bei kurzzeitiger Unterbrechung (zB zwischen Auslaufen der Eilbetreuung und Anordnung der endgültigen Betreuung) beginnt der Drei-Monats-Zeitraum neu zu laufen, selbst wenn kein Betreuerwechsel stattfindet (BGH BtPrax 2020, 145). Der noch offene Zeitraum der vorläufigen Betreuung kann sofort abgerechnet werden. Der Abrechnungszeitraum gilt nicht für die Sonderfälle der Betreuung nach §§ 11, 12 Abs. 2. Inwieweit Verzugszinsen im Vergütungsverfahren nach festgesetzter, aber nicht ausgezahlter Vergütung durch den Betreuer geltend gemacht werden kann wird unterschiedlich in der Rechtsprechung beantwortet (das Verfahren nach § 292 FamFG ist einer Feststellung des Verzugsschadensersatzanspruch nicht zugänglich, LG Lübeck BeckRS 2025, 26747; LG Berlin BeckRS 2025, 25903; aA LG Hamburg BtPRax 2025, 195)

2a In jedem Falle ist die Regelung über das Erlöschen der Ansprüche nach § 15 Abs. 3 zu beachten. Der Berufsbetreuer kann frühestens nach Ablauf von drei Monaten eine Vergütung geltend machen. Er muss sie allerdings spätestens 15 Monate nach *Entstehung* geltend machen. Ansonsten erlischt der Vergütungsanspruch (→ VBVG § 15 Rn. 4, 5). Die Ausschlussfrist beginnt nach Ablauf des jeweiligen Drei-Monats-Vergütungszeitraums nach § 14 Abs. 1 S. 1 (BGH BtPrax 2013, 109).

III. Übergangszeit

3 Ist die erstmalige Bestellung vor dem 1.1.2023 erfolgt, bleiben die bisherigen Abrechnungsquartale bestehen und werden fortgeführt, § 18 (BT-Drs. 19/24445, 399). Damit wird es keine taggenaue Abrechnung in der Übergangsphase zum Wirksamwerden des neuen Betreuungsrechts geben. Ein Abrechnungsmonat, der vor dem 1.1.2023 beginnt und nach dem 1.1.2023 endet, wird nach altem Recht berechnet, die dann folgenden Abrechnungsmonate nach neuem Recht (BT-Drs. 19/24445, 399).

IV. Dauervergütungsantrag

4 Die Regelung für den Dauervergütungsantrag wurde mit Inkrafttreten des KostBRÄG 2025 in das FamFG verlegt. Eine Prognoseentscheidung entfällt. Die Dauervergütung soll regelmäßig zur Anwendung kommen. Die Variabilität des Vergütungssystems hat sich durch Reduzierung der Fallpauschalen und Wegfall der gesonderten Pauschalen geändert und soll eine weitere vereinfachte Handhabung mit sich bringen (vgl. Bt-Drs. 20/14259, 20). Im Ergebnis wird sich ein Abbau der Bürokratie in der Vergütungsfestsetzung erhofft, so dass die Dauerfestsetzung zum Regelfall werden soll (vgl. BT-Drs. 20/14259, 20). Die Mitteilungspflichten des Betreuers werden damit ebenfalls in § 292 Abs. 2 FamFG geregelt

und die Präsenz der mitzuteilenden Daten hervorgehoben. Ein Übergangszeitraum bis zum 1.7.2028 soll den Ländern Gelegenheit geben, die technischen Voraussetzungen für einen reibungslosen Ablauf zu schaffen (BT-Drs. 20/14259, 20). Weitere Hinweise siehe Kommentierung → § 292 FamFG. Ein Dauervergütungsantrag kann gestellt werden, es ist kein Zwang. Ist die Vergütungshöhe jedoch absehbar über einen längeren Zeitraum konstant, dürfte der Dauervergütungsantrag sowohl für die Gerichte als auch für die Betreuer eine Zeitersparnis bieten. Der Ermessensspielraum der Gerichte ist mit dem KostBRÄG 2025 enger gefasst. Das bedarf einer nachvollziehbaren Begründung. Maßgebend sind die im Gesetz genannten Voraussetzungen (→ § 292 Abs. 2 FamFG). Liegen diese vor ist die Dauervergütung zu bewilligen. Kein Grund ist die einseitige Zeitersparnis nur des Gerichts (LG Frankenthal BtPrax 2024, 105), allgemeine Behauptungen, die den konkreten Fall nicht betreffen (LG Münster BtPrax 2025, 105). Die Rechtsprechung des BGH hierzu (Beschl. v. 6.7.2016 – XII ZB 493/14) ist überholt. Die Änderungen aufgrund Mittellosigkeit oder Wohnformwechsel, die erst am Ende des Abrechnungszeitraums feststehen, sollen kein Hindernis darstellen. Sollten sich Änderungen in der Wohnform oder Mittellosigkeit ergeben, bestehen für den Betreuer Mitteilungspflichten (→ § 292 Abs. 2 FamFG), gleichzeitig besteht die Pflicht zur Erstattung zu viel gezahlter Beträge. Ergeben sich bei der Erstattung Probleme, können die zu viel gezahlten Beträge auch mit künftigen Vergütungsfestsetzungen verrechnet werden (BT-Drs. 19/24445, 399). Allerdings sollte der Betreuer es im eigenen Interesse nicht so weit kommen lassen. Sollte sich das Vermögen des Betreuten im Grenzbereich des Schonbetrags befinden und der Status bemittelt/unbemittelt sich regelmäßig ändern durch Zu-/Abfluss zum/vom Vermögen, wird eine Dauervergütungsfestsetzung nicht in Frage kommen, siehe auch FamFG → FamFG § 292 Rn. 23 und 24.

Die Zeitersparnis dieses Verfahrens wird als wesentliche Erleichterung sowohl bei den Gerichten als auch bei den Betreuern angesehen (Gietl BtR 2024, 38). Der Gesetzgeber geht davon aus, dass Überzahlungen zum einen sehr selten vorkommen und zum anderen eine Rückerstattung durch den Betreuer nicht angezweifelt wird (BT-Drs. 19/24445, 399).

Eine Änderung des Dauervergütungsantrags ist unter den Voraussetzungen des → § 48 FamFG möglich (s. BGH BtPrax 2025, 96).

V. Verfahren

Der Betreuer hat den Dauervergütungsantrag an das Betreuungsgericht zu richten. Die Entscheidung erfolgt durch das Betreuungsgericht, § 292 Abs. 2 FamFG. Wird dem Dauervergütungsantrag stattgegeben gilt der Drei-Monats-Auszahlungszeitraum, § 15 Abs. 1 S. 1. Die Festsetzung ist spätestens nach zwei Jahren zu überprüfen, § 292 Abs. 2 S. 3 FamFG. Das Gericht ist nicht gehindert, nach eigenem Ermessen den Dauerfestsetzungsantrag zurückzuweisen, s. Rn. 4. Weiterführend wird auf die Kommentierung zu → § 292 FamFG verwiesen. **5**

§ 15 Zahlung aus der Staatskasse, Erlöschen und Geltendmachung der Ansprüche

(1) **Ist der Betreute mittellos im Sinne des § 1880 des Bürgerlichen Gesetzbuchs, so kann der Betreuer die Vergütung sowie Vorschuss oder Ersatz der Aufwendungen aus der Staatskasse verlangen.**

(2) **Soweit die Staatskasse den Betreuer befriedigt, gehen die Ansprüche des Betreuers nach Maßgabe des § 1881 des Bürgerlichen Gesetzbuchs auf die Staatskasse über.**

(3) [1]**Die Ansprüche auf Vergütung und Aufwendungsersatz erlöschen, wenn sie nicht binnen 15 Monaten nach ihrer Entstehung gerichtlich geltend gemacht werden.** [2]**§ 1877 Absatz 4 Satz 2 und 3 sowie Absatz 5 des Bürgerlichen Gesetzbuchs gilt entsprechend.**

I. Einleitung

1 Durch Inkrafttreten des KostBRÄG2025 ist die Vorschrift von § 16 zu § 15 verschoben worden. Hiernach wird der neue Abschnitt 3 eingefügt. Weitere Änderungen haben sich nicht ergeben.

Die Vorschrift hat in Abs. 1 den Anspruch auf Zahlung der bewilligten Vergütung gegen die Staatskasse bei Mittellosigkeit des Betreuten aus § 1 Abs. 2 S. 2 aF und in Abs. 2 den Rückgriffsanspruch der Staatskasse aus § 1836e aF BGB übernommen. Abs. 3 regelt das Erlöschen der Ansprüche auf Vergütung und Aufwendungsersatz, vormals § 2 VBVG, sowie die Geltendmachung der Ansprüche durch Verweis auf § 1877 Abs. 4 und 5 BGB.

Die Rechtsprechung kann entsprechend angewendet werden.

II. Zahlung aus der Staatskasse, Forderungsübergang

2 Ist dem beruflichen Betreuer eine Vergütung sowie Vorschuss oder Ersatz der Aufwendungen bewilligt worden und ist der Betreute mittellos (s. Kommentierung → § 1880 BGB), kann der Betreuer seinen Anspruch gegen die Staatskasse *geltend machen* (Abs. 1), für den Vereinsbetreuer dann der Betreuungsverein, → § 7 Abs. 2. Für den Betreuer tritt also im Falle der Mittellosigkeit ein Wechsel des Schuldners ein, an Stelle des Betreuten tritt nunmehr die Staatskasse. Der Betreute bleibt aber grundsätzlich Schuldner des Vergütungsanspruchs, nur dass er sich nunmehr einem neuen Gläubiger – der Staatskasse – gegenübersieht (s. Einzelheiten bei → § 1881 BGB). Wird der Betreuer aus der Staatskasse befriedigt, geht der Anspruch auf diese über (Abs. 2). Der Rückgriffsanspruch ergab sich bereits schon aus dem alten Recht (§ 1836e aF BGB). Es sind alle von der Staatskasse befriedigten Ansprüche umfasst. Für Altfälle vor dem 1.1.2023 die ab dem 1.1.2023 beschieden werden gilt der Schonbetrag iHv 10.000 EUR (LG Lübeck BtPrax 2023, 108). Der Vergütungsantrag zur Geltendmachung des Anspruchs richtet sich gleichzeitig gegen den Betreuten als auch bei unklarer Vermögenslage des Betreuten gegen die subsidiär betroffene Landeskasse (s. BT-Drs. 19/24445, 312; BGH BtPrax 2015, 237, fortführend BGH BtPrax 2021, 229, FamRZ 2022, 731; s. auch → § 1877 Rn. 18 BGB). Ein Zweitantrag ist nicht notwendig. Zeitpunkt der Entscheidung der Mittellosigkeit ist letztinstanzliche Tatsachenentscheidung (BGH BtPrax 2021, 229). Der Umfang des zu vergütenden Zeitaufwands richtet sich nach der Vermögenssituation am Ende eines jeden Abrechnungsmonat, → § 8 Abs. 4 S. 1. Gerät die Landeskasse mit der Auszahlung in Verzug besteht Anspruch auf Verzugszinsen (vgl. BtPrax 2025, 195, s. auch § 14 Rn. 2 aE).

3 Einer Rückforderung überzahlter Betreuervergütung (zB wegen unrichtiger Anwendung) der Pauschale, die über einen längeren Zeitraum hinweg im vereinfachten Verwaltungsverfahren (→ § 292 Abs. 5 FamFG) zur Auszahlung angewiesen wurde, kann der Vertrauensgrundsatz entgegenstehen (BGH BtPrax 2016, 77, 2020, 64; LG Leipzig BtPrax 2015, 121), s. auch FamFG → FamFG § 292 Rn. 25.

III. Fristen zur Geltendmachung der Ansprüche

Vergütungs- und Aufwendungsersatzansprüche müssen binnen 15 Monaten nach Entstehung geltend gemacht werden. Die Vergütungspauschale (→ § 9) können berufliche Betreuer erstmals nach Ablauf von jeweils 3 Betreuungsmonaten geltend machen (→ § 15), da diese nicht sofort fällig wird. Die Ausschlussfrist beginnt erst nach Ablauf dieses Zeitraums (BGH BtPrax 2013, 109). In der gleichen Frist erlischt ein Rückforderungsanspruch der Staatskasse nach § 1 Abs. 1 Nr. 8 JBeitrG, der zudem verwirkt sein kann (LG Dessau BtPrax 2012, 173 zu § 1835a Abs. 4 BGB; aA LG Detmold BtPrax 2012, 33). Die Frist gilt nicht für berufsspezifisch erbrachte Tätigkeiten, soweit berufsspezifische Vorschriften eine andere Fälligkeit vorschreiben (→ § 1877 Abs. 3 BGB). Hier gilt, dass die 15-monatige Ausschlussfrist mit der Fälligkeit der jeweiligen Berufsvergütung beginnt (speziell für Rechtsanwälte als Verfahrenspfleger, BGH BtPrax 2023, 152). Der Vergütungsantrag muss alle zur Festsetzung erforderlichen Angaben enthalten, ansonsten ist eine Festsetzung nicht möglich. Die Nachreichung fehlender Angaben wahrt die Ausschlussfrist nicht (OLG Schleswig BtPrax 2006, 118). Eine Änderung der Betreuervergütung nach Ablauf der Ausschlussfrist, als auch die Änderung einer rechtskräftig festgesetzten Betreuervergütung ist ausgeschlossen (LG Gera JurBüro 2024, 205. 4

Das Betreuungsgericht kann eine *abweichende Frist* bestimmen. Dies ergibt sich aus der Verweisung auf BGB → § 1877 Abs. 5. Eine Mindestfrist gibt es nicht mehr, eine Verlängerung der Frist über 15 Monate hinaus ist möglich. In der Fristbestimmung ist über die Folgen der Versäumung der Frist zu belehren. Die Frist kann auf Antrag vom Betreuungsgericht wiederum verlängert werden, das Gericht hat dann die konkreten Änderungen mitzuteilen (OLG Schleswig BtPrax 2006, 118). Der Anspruch erlischt, soweit er nicht innerhalb der Frist beim Betreuungsgericht geltend gemacht wird. Die Festlegung einer kürzeren Frist als 15 Monate dürfte nur in Ausnahmefällen angezeigt sein, etwa wenn eine Betreuung unzweifelhaft beendet ist und eine endgültige Regelung beschleunigt werden soll. Da die Frist von 15 Monaten in aller Regel für eine rechtzeitige Geltendmachung von Ansprüchen ausreichend sein dürfte, kommt auch eine Verlängerung nur ausnahmsweise in Betracht, zB wenn der Betreuer aufgrund längerer Verhinderung (zB Erkrankung) eine Einhaltung der Frist schuldlos nicht gewährleisten kann. 5

Eine Fristverlängerung erfordert die ausdrückliche Setzung eines Schlusstermins für die abweichende Frist, die bloße Erinnerung an die Nachreichung eines Tätigkeitsnachweises kann nicht als Verlängerungsantrag verstanden werden (OLG München BtPrax 2008, 124). Solange die Ausschlussfrist eingehalten wird, ist es unerheblich, ob der Anspruch gegenüber dem Betreuungsgericht oder dem Prozessgericht geltend gemacht wird. Eine Vereinfachung für den Betreuer bei unklarer Vermögenslage des Betreuten (vgl. BT-Drs. 19/24445, 313). 6

Abschnitt 3. Sondervorschriften

§ 16 Sondervergütung für Verfahrens- und Umgangspfleger für Tätigkeiten außerhalb der Geschäftszeiten

Stellt das Gericht fest, dass eine Angelegenheit des Verfahrens- oder Umgangspflegers werktäglich zwischen 18 und 6 Uhr, an Samstagen oder an Sonn- oder Feiertagen wahrzunehmen ist, so erhöht sich der nach § 3 Absatz 1 oder Absatz 3 zu bewilligende Stundensatz der Vergütung um 25 Prozent.

1 Die Vorschrift wurde mit dem KostBRÄG 2025 eingeführt. Kommentiert wird hier ausschließlich die Vergütung des Verfahrenspflegers. Dieser soll mit Wirksamwerden des KostBRÄG für Tätigkeiten zu ungünstigen Zeiten einen Aufschlag für Verfahrenspfleger beinhalten. Die Verfahrenspflegschaft ist vielfältig und in Unterbringungs- und Freiheitsentziehungssachen beschränken sich die erforderlichen Tätigkeiten nicht auf die normalen Geschäftszeiten, sondern werden oftmals zu ungünstigen Zeiten erforderlich. Die Erhöhung der Vergütung soll einen Anreiz bieten die zeitliche Bereitschaft und die hohe Zeitflexibität der Verfahrenspfleger abgelten, aber auch der besonderen Schutzbedürftigkeit der Betroffenen zugutekommen (vgl. BT-Drs. 20/14259, 31). Die Vergütung ist in den Zeiten 18–6 Uhr werktags und an Samstagen/Sonn- und Feiertagen um 25% zu erhöhen.

§ 17 Ausfallentschädigung des Umgangspflegers

[1]Der Umgangspfleger erhält bei Ausfall eines Umgangstermins eine Ausfallentschädigung, wenn

1. **der Ausfall nicht durch einen in seiner Person liegenden Grund veranlasst war,**
2. **ihm der Ausfall nicht spätestens 24 Stunden vor dem Umgangstermin mitgeteilt worden ist und**
3. **er versichert, in welcher Höhe er durch den Terminausfall einen Einkommensverlust erlitten hat.**

[2]Die Ausfallentschädigung beträgt 50 Prozent des durch den Terminausfall erlittenen Einkommensverlustes.

Abschnitt 4. Schlussvorschriften

§ 18 Umschulung und Fortbildung von Berufsvormündern und beruflichen Betreuern

(1) [1]Durch Landesrecht kann bestimmt werden, dass es einer abgeschlossenen Lehre im Sinne des § 3 Absatz 1 Satz 2 Nummer 1 und § 4 Absatz 3 Nummer 1 des Vormünder- und Betreuervergütungsgesetzes vom 21. April 2005 (BGBl. I S. 1073, 1076), das zuletzt durch Artikel 1 des Gesetzes vom 22. Juni 2019 (BGBl. I S. 866) geändert worden ist, in der bis einschließlich 31. Dezember 2022 geltenden Fassung gleichsteht, wenn der Vormund oder Betreuer besondere Kenntnisse im Sinne dieser Vorschrift durch eine dem Abschluss einer Lehre vergleichbare Prüfung vor einer staatlichen oder staatlich anerkannten Stelle nachgewiesen hat. [2]Zu einer solchen Prüfung darf nur zugelassen werden, wer

1. mindestens drei Jahre lang Vormundschaften oder Betreuungen berufsmäßig geführt und

2. an einer Umschulung oder Fortbildung teilgenommen hat, die besondere Kenntnisse im Sinne des § 3 Absatz 1 Satz 2 und § 4 Absatz 3 des Vormünder- und Betreuervergütungsgesetzes vom 21. April 2005 (BGBl. I S. 1073, 1076), das zuletzt durch Artikel 1 des Gesetzes vom 22. Juni 2019 (BGBl. I S. 866) geändert worden ist, in der bis zum 31. Dezember 2022 geltenden Fassung vermittelt, welche nach Art und Umfang den durch eine abgeschlossene Lehre vermittelten vergleichbar sind.

(2) [1]Durch Landesrecht kann bestimmt werden, dass es einer abgeschlossenen Ausbildung an einer Hochschule im Sinne des § 3 Absatz 1 Satz 2 Nummer 2 und § 4 Absatz 3 Nummer 2 des Vormünder- und Betreuervergütungsgesetzes vom 21. April 2005 (BGBl. I S. 1073, 1076), das zuletzt durch Artikel 1 des Gesetzes vom 22. Juni 2019 (BGBl. I S. 866) geändert worden ist, in der bis einschließlich 31. Dezember 2022 geltenden Fassung gleichsteht, wenn der Vormund oder Betreuer Kenntnisse im Sinne dieser Vorschrift durch eine Prüfung vor einer staatlichen oder staatlich anerkannten Stelle nachgewiesen hat. [2]Zu einer solchen Prüfung darf nur zugelassen werden, wer

1. mindestens fünf Jahre lang Vormundschaften oder Betreuungen berufsmäßig geführt und

2. an einer Umschulung oder Fortbildung teilgenommen hat, die besondere Kenntnisse im Sinne des § 3 Absatz 1 Satz 2 und § 4 Absatz 3 des Vormünder- und Betreuervergütungsgesetzes vom 21. April 2005 (BGBl. I S. 1073, 1076), das zuletzt durch Artikel 1 des Gesetzes vom 22. Juni 2019 (BGBl. I S. 866) geändert worden ist, in der bis einschließlich 31. Dezember 2022 geltenden Fassung vermittelt, welche nach Art und Umfang den durch eine abgeschlossene Ausbildung an einer Hochschule vermittelten vergleichbar sind.

(3) [1]Das Landesrecht kann weitergehende Zulassungsvoraussetzungen aufstellen. [2]Es regelt das Nähere über die an eine Umschulung oder Fortbildung im Sinne des Absatzes 1 Satz 2 Nummer 2 und des Absatzes 2

Satz 2 Nummer 2 zu stellenden Anforderungen, über Art und Umfang der zu erbringenden Prüfungsleistungen, über das Prüfungsverfahren und über die Zuständigkeiten. [3]Das Landesrecht kann auch bestimmen, dass eine in einem anderen Land abgelegte Prüfung im Sinne dieser Vorschrift anerkannt wird.

I. Einleitung

1 Die Vorschrift ist unverändert von VBVG § 11 aF (VBVG vom 21.4.2005) hierher übernommen worden. Es fällt die Verweisung BGB §§ 1908i iVm 1836 aF weg und die Bezeichnung beruflicher Betreuer ist ergänzt worden. Durch Inkrafttreten des KostBRÄG2025 ist die Vorschrift von § 17 zu § 18 verschoben worden. Weitere Änderungen haben sich nicht ergeben.

II. Ermächtigung zu landesrechtlichen Regelungen

2 Die neuen Länder hatten sich im Gesetzgebungsverfahren zum BtÄndG § 1998 dafür ausgesprochen, die starren Regelungen des neuen Vergütungssystems aufzulockern, da befürchtet wurde, dass viele berufliche Betreuer, vor allem Mitarbeiter von Betreuungsvereinen, die formalen Abschlüsse für höhere Vergütungsstufen nicht erfüllen, obwohl sie in langjähriger praktischer Arbeit auch schwierige Betreuungen bewältigt hatten. Die Vorschrift ermöglichte es den Landesgesetzgebern, für erfahrene, langjährig tätige Betreuer eine Nachqualifizierung und eine anschließende Prüfung einzuführen. Ihnen sollte aus Gründen des Vertrauensschutzes ein Übergang in das starre System ermöglicht werden.

3 Bundesgesetzlich sind in Abs. 1 und Abs. 2 folgende Mindestanforderungen an die Gleichstellung von allgemeinen Lehr- und Hochschulabschlüssen und Nachschulungen und Prüfungen nach § 17 aufgestellt:
– drei- bzw. fünfjährige Berufspraxis als Betreuer,
– Nachschulung und staatliche Prüfung, die einem Lehr- bzw. Hochschulabschluss vergleichbar ist.

4 Nach Abs. 3 können landesrechtlich weitere Voraussetzungen gefordert werden. Eine sinnvolle landesrechtliche Ergänzung wäre, eine berufliche Tätigkeit bereits vor dem 1.1.1997 zu verlangen, da zu diesem Zeitpunkt absehbar war, wie das neue Vergütungssystem gestaltet sein würde, nachdem am 21.11.1996 der Regierungsentwurf des BtÄndG beschlossen worden war. Dies würde unterstreichen, dass die Nachqualifizierung und Prüfung nicht für Neueinsteiger gedacht ist, die in Kenntnis des neuen Systems über einen Hochschulabschluss „light" höhere Vergütungen erzielen wollen.

5 Nachdem bis in das Jahr 2000 die neuen Länder und Bayern Regelungen geschaffen hatten, legten Berufsbetreuer aus anderen Ländern Verfassungsbeschwerde ein, da auch sie zur Erhaltung ihrer wirtschaftlichen Existenz in ihrem Land eine Fortbildungs- und Prüfungschance begehrten. Das Bundesverfassungsgericht hat zwar die Verfassungsbeschwerde aus formalen Gründen nicht zur Entscheidung angenommen, in den Gründen aber deutlich gemacht, dass alle Länder die Möglichkeit einer Nachqualifizierung einräumen müssten (BtPrax 2000, 212). Bis auf Bremen und Saarland erließen alle Länder Regelungen, zehn Länder zT ausführliche Fortbildungs- und Prüfungsregelungen, vier zumindest aber die

Anerkennung von Prüfungen anderer Länder (Hessen, Niedersachsen, Rheinland-Pfalz, Schleswig-Holstein).

Für die Dauer der Fortbildung, die berufsbegleitend stattfinden soll, werden Stundenzahlen von 350 bis 500 für die hochschulgleichen Abschlüsse genannt, bei lehrgleichen Abschlüssen meist 200 Stunden. Durchweg ist eine Anrechnung bereits vorher durchgeführter, gleichwertiger Fortbildungen möglich (zu Kontaktstudiengängen: Fesel BtPrax 1999, 186; Evang. FH Freiburg BtPrax 1999, 66; Bienwald BtPrax 2000, 155). Inzwischen sind die Fortbildungen und Prüfungen in den Ländern vollständig abgeschlossen. Der bis dahin verlangte Katalog der Kenntnisse kann der 5. Auflage entnommen werden. 6

Abschnitt 5. Übergangsregelungen

§ 19 Übergangsregelung

Auf Vergütungs- und Aufwendungsersatzansprüche von Betreuern, Vormündern, Pflegern, Verfahrens- und Umgangspflegern und auf Ansprüche von Betreuern nach dem Betreuer-Inflationsausgleichs-Sonderzahlungsgesetz für Leistungen, die vor dem 1. Januar 2026 erbracht wurden, ist das Vormünder- und Betreuervergütungsgesetz vom 04. Mai 2021 (BGBl. I S. 882, 925), das zuletzt durch Artikel 8 des Gesetzes vom 24. Juni 2022 (BGBl. I S. 959) geändert worden ist, bis zum Ende des angefangenen Abrechnungsmonats in seiner bis einschließlich 31. Dezember 2025 geltenden Fassung anzuwenden.

1 Durch Inkrafttreten des KostBRÄG2025 ist die Vorschrift von § 18 zu § 19 verschoben worden. Weitere Änderungen haben sich nicht ergeben. Wie schon im Rahmen des G v. 4.5.2021 (BGBl. I 882, 925) zur Anpassung der Betreuer- und Vormündervergütung gilt im Übergangsrecht, dass der bis zum Zeitpunkt des Inkrafttretens am 1.1.2026 laufende Abrechnungsmonat noch nach altem Recht abgerechnet wird. Da gemäß § 14 Abs. 1 quartalsweise abgerechnet wird, ist der Übergangsmonat von 2025 nach 2026 nach altem und ggfls. Folgemonate des beantragten Quartals nach neuem Recht abzurechnen, „Gesonderte Pauschalen" nach § 10 aF sind im Übergangsmonat zu berücksichtigen (vgl. Felix, BtPrax 2025, 208). Es verbleibt bei den bisherigen Abrechnungszeiträumen. Eine taggenaue Abrechnung aufgrund des wirksamwerdens des neuen VBVG zum 1.1.2026 ist damit zu verneinen (vgl. BT-Drs. 20/14259, 32). Gleiches gilt für Ansprüche nach Inflationsausgleichs-Sonderzahlungsgesetzes, soweit diese für den Zeitraum 2025 erst in 2026 beantragt werden können (BT-Drs. 20/14259, 32).

2 Für besondere Betreuer (§ 11) und Verfahrenspfleger gilt aufgrund der Abrechnung nach Stunden, dass ab Inkrafttreten des Gesetzes erbrachte Leistungen nach dem neuen VBVG abzurechnen sind.

3 Die neu eingeführten Regelungen (gemeint ist die Einführung des G v. 4.5.2021) haben auf die Vergütung des nach altem Recht bestellten Berufsbetreuers bedingt Auswirkungen. Diese gelten nach BtOG § 32 als (vorläufig) registriert und haben einen Anspruch auf Vergütung; Bestandsbetreuer, die vor dem 1.1.2023 weniger als drei Jahre Betreuungen als Berufsbetreuer geführt haben vor der abschließenden Registrierung aber nur nach altem Recht, s. auch § 7 Rn. 6 (BGH BeckRS 2024, 31325). Die Bestellung als beruflicher Betreuer erfolgt deklaratorisch, s. § 7 Rn. 13 und auch FamFG → § 286. Eine Änderung der Bezeichnung in Altbeschlüssen ist nicht notwendig. In den seltenen Altfällen, in denen die Bezeichnung „Berufsbetreuer" unterblieben ist, besteht zumindest ab dem 1.1.2023 ein Vergütungsanspruch. Die BGH-Rechtsprechung (Bt-Prax 2014, 138) dürfte künftig keine Bedeutung mehr haben.

4 Berufsbetreuer, die vor dem 1.1.2023 als ehrenamtliche Betreuer bestellt wurden, haben ab dem 1.1.2023 einen Vergütungsanspruch (vgl. LG Lübeck SchlHA 2025, 267).

§ 20 Ansprüche von Betreuern, die vor Inkrafttreten des Betreuungsorganisationsgesetzes bereits berufsmäßig Betreuungen geführt haben

(1) **Für berufliche Betreuer, die bis einschließlich 1.1.2023 seit weniger als drei Jahren berufliche Betreuungen führen, gilt § 4 Absatz 2 bis 4 des Vormünder- und Betreuervergütungsgesetzes vom 21.4.2005 (BGBl. I 1073, 1076), das zuletzt durch Artikel 1 des Gesetzes vom 22.6.2019 (BGBl. I 866) geändert worden ist, in der bis einschließlich 31.12.2022 geltenden Fassung, bis sie ihre Sachkunde nach § 32 Absatz 2 Satz 2 des Betreuungsorganisationsgesetzes gegenüber der Stammbehörde nachgewiesen haben.**

(2) **Soweit durch Landesrecht auf der Grundlage von § 11 des Vormünder- und Betreuervergütungsgesetzes vom 21.4.2005 (BGBl. I 1073, 1076), das zuletzt durch Artikel 1 des Gesetzes vom 22.6.2019 (BGBl. I 866) geändert worden ist, in der bis einschließlich 1.1.2023 geltenden Fassung oder von § 2 des Berufsvormündervergütungsgesetzes vom 25.6.1998 (BGBl. I 1580, 1586), das zuletzt durch Artikel 29 des Gesetzes vom 13.12.2001 (BGBl. I 3574) geändert worden ist, in der bis einschließlich 30.6.2005 geltenden Fassung Prüfungsleistungen mit Abschlüssen gleichgestellt sind, sind die Prüfungsleistungen bei der Feststellung, nach welcher Vergütungsstufe sich die Vergütung richtet, im Verfahren nach § 8 Absatz 2 und 3 entsprechend zu Grunde zu legen.**

I. Einleitung

Die Vorschrift regelt den Übergang der Bestandsbetreuer hin zum jetzt neu 1
bezeichneten beruflichen Betreuer sowie zur Eingliederung in die Vergütungstabelle nach § 8 Abs. 2 und 3. Der (vorläufig) registrierte Betreuer ist per Definition ein beruflicher Betreuer, § 19 Abs. 2 BtOG. Hierbei wird für die Bestandsbetreuer, die mehr als drei Jahre Berufstätigkeit nachweisen können, aufgrund der Berufserfahrung davon ausgegangen, dass sie über die erforderliche Sachkunde verfügen und nach § 8 Abs. 2 und 3 vergütet werden. Ein Novum gegenüber der bisherigen formalen Handhabung des Sachkundenachweises nach altem Recht. Durch Inkrafttreten des KostBRÄG2025 ist die Vorschrift von § 19 zu § 20 verschoben worden. Weitere Änderungen haben sich nicht ergeben.

Für diejenigen Bestandsbetreuer, die weniger als drei Jahre berufstätig sind, 2
muss die erforderliche Sachkunde binnen eines Jahres nachgewiesen werden. Der Vergütungsanspruch richtet sich bis zur vollständigen Registrierung als beruflicher Betreuer nach altem Recht, § 4 Abs. 2–4 VBVG aF (vgl. auch LG Arnsberg BeckRS 2024, 8854). Weitere Ausführungen zum alten Recht, siehe → § 4 6. Auflage. Ein fehlender Nachweis führt zum Widerruf der vorläufigen Registrierung, siehe → § 7 Rn. 7, 9.

Die im Regierungsentwurf (BT-Drs. 19/24445) festgehaltene Regelung sah 3
noch vor, dass alle Bestandsbetreuer, die sich lediglich formal haben registrieren lassen, nach § 4 Abs. 2 und 3 VBVG aF (VBVG v. 21.4.2005, zuletzt geändert durch Art. 1 d. G v. 22.6.2019 (BGBl. I 866)) vergütet werden sollten, also nach altem Recht, ohne zeitliche Begrenzung. Der bei den Gerichten erhoffte Effizienzgewinn und die Arbeitsentlastung würden dann über Jahre hinaus nicht zur Geltung kommen.

II. Registrierung

4 Die Registrierung der Bestandsbetreuer (§§ 32, 23, 24 BtOG) erfolgt durch Antrag bei der Stammbehörde. Der Antrag muss binnen einer Frist von sechs Monaten ab dem 1.1.2023 bei der Stammbehörde gestellt werden. Bestandsbetreuer, mit weniger als drei Jahren Berufstätigkeit, müssen binnen Jahresfrist bis zum 1.1.2024 einen Sachkundenachweis erbringen, § 32 Abs. 2 BtOG, ansonsten wird die vorläufige Registrierung widerrufen und würde eine Vergütungsfestsetzung nicht möglich sein, § 7 Abs. 1, vgl. zur Problematik § 7 Rn. 4 f. Zu den dem Antrag beizufügenden Nachweisen siehe § 32 BtOG und dortige Kommentierung.

III. Vergütung

5 Der Vergütungsantrag wird beim zuständigen Amtsgericht gestellt. Der Antragsteller muss beruflicher Betreuer sein. Die Festsetzung der Vergütung erfolgt im Beschluss- oder Verwaltungsverfahren nach § 292 FamFG. Solange die Stammbehörde nicht über den Registrierungsantrag entschieden hat, gilt der Betreuer als vorläufig registriert, § 32 Abs. 1 S. 6 BtOG, vgl. § 7 Rn. 7, 9. Es dürfte zum Vergütungsantrag ein Nachweis über das Registrierungsverfahren bei der Stammbehörde beizufügen sein, vgl. § 7 Rn. 9. Ohne (vorläufige) Registrierung nach BtOG kann eine Vergütung weder beantragt noch festgesetzt werden bzw. ist der Antrag zurückzuweisen (§ 292 Abs. 1 Nr. 3 FamFG). Siehe weiterführend auch Kommentierung zu § 292 FamFG. Abs. 2 stellt sicher, dass erfolgreich erbrachte Prüfungsleistungen nach, die bestimmten Abschlüssen gleichgestellt sind, auch bei der Einordnung nach § 8 Abs. 2 und 3 uneingeschränkt fortgelten (BT-Drs. 19/27287, 31).

Gerichts- und Notarkostengesetz

Einleitung GNotKG

Dieser Kommentar hat seinen Schwerpunkt im Betreuungsrecht und soweit sich für Kosten in Betreuungssachen und betreuungsgerichtliche Zuweisungssachen seit der 6. Auflage relevante Änderungen im GNotKG ergeben haben, sind diese in die Kommentierung eingearbeitet worden.

Das KostBRÄG 2025 hat für das Betreuungsrecht eine wesentliche Änderung bzgl. des Vermögenseinsatzes umgesetzt. Der Vermögenseinsatz des Betreuten ist nun davon abhängig, ob er mittellos ist, weitergehend siehe KV. Damit ist eine Angleichung zur Zahlung der Vergütung des Betreuers erreicht worden.

Kapitel 1. Vorschriften für Gerichte und Notare

Abschnitt 1. Allgemeine Vorschriften

§ 1 Geltungsbereich

(1) **Soweit bundesrechtlich nichts anderes bestimmt ist, werden Kosten (Gebühren und Auslagen) durch die Gerichte in den Angelegenheiten der freiwilligen Gerichtsbarkeit und durch die Notare für ihre Amtstätigkeit nur nach diesem Gesetz erhoben.**

(2) **…**

(3) [1]**Dieses Gesetz gilt nicht in Verfahren, in denen Kosten nach dem Gesetz über Gerichtskosten in Familiensachen zu erheben sind.** [2]**In Verfahren nach der Verordnung (EU) Nr. 655/2014 des Europäischen Parlaments und des Rates vom 15. Mai 2014 zur Einführung eines Verfahrens für einen Europäischen Beschluss zur vorläufigen Kontenpfändung im Hinblick auf die Erleichterung der grenzüberschreitenden Eintreibung von Forderungen in Zivil- und Handelssachen werden Kosten nach dem Gerichtskostengesetz erhoben.**

(4) **Kosten nach diesem Gesetz werden auch erhoben für Verfahren über eine Beschwerde, die mit einem der in den Absätzen 1 und 2 genannten Verfahren in Zusammenhang steht.**

(5) **…**

(6) **Die Vorschriften dieses Gesetzes über die Erinnerung und die Beschwerde gehen den Regelungen der für das zugrunde liegende Verfahren geltenden Verfahrensvorschriften vor.**

I. Allgemeines

1 Wie § 1 der Kostenordnung bisher, regelt das GNotKG eine **abschließende Erhebung von Kosten** in den gerichtlichen Verfahren. Der Wortlaut („nur") zeigt, dass außerhalb der Bestimmungen des GNotKG Kostenfreiheit besteht, auch eine analoge Anwendung nicht zulässig ist (Toussaint/Zivier GNotKG § 1 Rn. 1). Eine völlige Kostenfreiheit wäre ähnlich wie zB in sozialgerichtlichen Verfahren für Betreuungsverfahren zwar rechts- und sozialpolitisch angemessen und war in der Reformdiskussion gefordert worden, war und ist aber nicht durchsetzbar wegen der fiskalischen Interessen der Länder. Sie hatten im Gegenteil eine Aufrechterhaltung der Auslagenerstattung unabhängig vom Vermögensstand des Betroffenen gefordert (BT-Drs. 11/4528, 221 f.). Dem ist seinerzeit durch § 92 KostO und auch jetzt durch die in den Vorbemerkungen 1.1 in Hauptabschnitt1 „Betreuungssachen und betreuungsgerichtliche Zuweisungssachen" zum **Kostenverzeichnis** (Anlage 1 zu § 3 Abs. 2) nicht entsprochen worden.

2 Da Verfahren in Betreuungssachen einheitlich im Gesetz über das Verfahren in Familiensachen und in den Angelegenheiten der freiwilligen Gerichtsbarkeit (FamFG) geregelt sind, folgt aus dem GNotKG, wer **Kostenschuldner** ist. In Betreuungssachen ist Kostenschuldner grundsätzlich der Betroffene (§ 23 Nr. 1), allerdings werden Gebühren und Auslagen nur bei Vorhandensein eines **Vermögens von mehr als 10.000 EUR** erhoben (Vorb. 1.1 und Vorb. 1.3 Abs. 2 zum Kostenverzeichnis (Anlage 1 zu § 3 Abs. 2) und nur, wenn das Verfahren mit der Bestellung eines Betreuers oder vorläufigen Betreuers endet (BT-Drs. 18/3068, 8) Andernfalls kann eine Gebühr nach der Nr. 11100 KV GNotKG anfallen, soweit ein Kostenschuldner nach § 27 Nr. 1 bestimmt wird, insbesondere im Fall des § 81 Abs. 4 FamFG (BT-Drs. 17/11471, 195; dürfte nur selten vorkommen). In dem Fall gilt die Vorb. 1.1 Anm. (1) (Gebührenansatz nur, wenn das zu berücksichtigende Vermögen über 10.000 EUR liegt) nicht, wenn nicht der Betroffene sondern ein Beteiligter als Kostenschuldner bestimmt wird.

In Amtsverfahren können nur konkret benannte Kostenschuldner (zB nach § 23 Nr. 1) herangezogen werden (Korintenberg/Otto GNotKG Einf. Rn. 55).

3 Wie bisher sind Vergütung und der Aufwendungsersatz des **Verfahrenspflegers** nach § 277 FamFG **von der Staatskasse** zu begleichen (§ 277 Abs. 4 FamFG). Nach Nr. 31015 des Kostenverzeichnisses sind sie als **Auslagen** vom nicht mittellosen Betreuten zu erheben. Hier gilt wie bisher die Grenze des § 1880 BGB.

II. Grundbegriffe

4 **Gerichtskosten** werden untergliedert in **„Gebühren" und „Auslagen".** Gebühren sind pauschale Entgelte für die Tätigkeit des Gerichts (oder Notars); Auslagen sind die in Nr. 31000 ff. als Teil 3 des Kostenverzeichnisses genannten Aufwendungen. Gemeint sind nicht nur „bare" Auslagen, wie zB Schreibauslagen auch pauschale Entgelte, Reisekosten der Gerichtspersonen, Vergütung für Sachverständige (Korintenberg/Otto Rn. 26–28).

5 Das **„Geschäft"** ist die Einzelne, eine Gebühr auslösende Tätigkeit des Gerichts, der **„Geschäftswert"** (§§ 35 ff.) die Grundlage für die nach der Gebührentabelle zu erhebenden Wertgebühren. Grundsätzlich ist der wirtschaftliche Wert, bei nichtvermögensrechtlichen Gegenständen ein fiktiver Wert anzusetzen.

„Angelegenheit" meint wie im FamFG das gerichtliche Verfahren, **„Gegenstand"** ist sowohl der Verfahrensgegenstand als auch das Rechtsverhältnis (BeckOK KostR/Neie Rn. 8). 6

III. Verfahren

Der **Kostenansatz** besteht in der Aufstellung der Kostenrechnung des Gerichts (§§ 4 Abs. 1; Inhalt: 24 KostVfg) und erfolgt in Betreuungssachen anhand des nach der amtlichen Vorb. 1.1., 3.1 und Nr. 11101 des KV zu berücksichtigenden Vermögens des Betreuten. UU ist zur Vorbereitung des Kostenansatzes der Geschäftswert festzusetzen. Gerichtskosten können im Verwaltungszwangswege eingezogen werden nach dem Justizbeitreibungsgesetz (Rohs/Wedewer/Waldner Rn. 18). 7

In Abs. 4 ist klargestellt, dass auch in mit dem betreuungsgerichtlichen Verfahren in Zusammenhang stehenden Beschwerdeverfahren wie bei Rechtshilfe nach § 156 GVG oder sitzungspolizeilichen Maßnahmen nach § 177 GVG Kosten nach dem GNotKG berechnet werden. 8

Das Verfahren bei der **Festsetzung des Geschäftswerts** ist in § 79 GNotKG geregelt. Die Rechtsmittel, wie Erinnerung gegen den Kostenansatz und Beschwerde gegen die gerichtliche Festsetzung richten sich nach §§ 81 ff. GNotKG, nicht etwa nach dem FamFG (Abs. 6). 9

§ 3 Höhe der Kosten

(1) **Die Gebühren richten sich nach dem Wert, den der Gegenstand des Verfahrens oder des Geschäfts hat (Geschäftswert), soweit nichts anderes bestimmt ist.**

(2) **Kosten werden nach dem Kostenverzeichnis der Anlage 1 zu diesem Gesetz erhoben.**

Nach Abs. 1 wird die Gebühr aus dem Geschäftswert berechnet. Regelmäßig handelt es sich um Wertgebühren (vgl. Bormann/Diehn/Sommerfeldt/Neie Rn. 3). Der Geschäftswert ergibt sich aus den Wert- und Bewertungsvorschriften (§§ 35–45, 46–54 und 59–76) und richtet sich grundsätzlich nach dem Wert des Gegenstandes (auch Sachen und Rechte). In Dauerbetreuungsverfahren werden davon abweichend Jahresgebühren erhoben (Nr. 11101, 11102 KV) und diese werden nach dem Vermögenswert berechnet. Der Wert des Vermögens wird anhand der Wert- und Bewertungsvorschriften ermittelt. Der **Geschäftswert einer Vorsorgevollmacht** ist nach billigem Ermessen zu bestimmen, er richtet sich nach dem erfassten Vermögen, soweit finanzielle Angelegenheiten eingeschlossen werden, und darf die Hälfte des Vermögens des Vollmachtgebers nicht übersteigen, § 98 Abs. 3 GNotKG. 1

Neu ist das **Kostenverzeichnis** Anl. 1 zu Abs. 2, in dessen Teil 1. Gerichtsgebühren, im Hauptabschnitt 1. Betreuungssachen und betreuungsgerichtliche Zuweisungssachen geregelt sind. Maßgeblich für die Kostenerhebung ist also, ob eine und ggfs. welche der **Nummern 11100 bis 11400** des Kostenverzeichnisses zutrifft. Entsprechend sind die Vorbemerkungen und Anmerkungen zu beachten. Kosten werden vom Betroffenen weiterhin nur erhoben, wenn das zu berücksichtigende Vermögen 10.000 EUR übersteigt, das angemessene eigengenutzte Haus- 2 grundstück bleibt unberücksichtigt (für Gebühren Vorb. 1.1 Anm. (1) und für Auslagen Vorb. 3.1 Anm. (2) des KV). Die Regelungen der KostO wurden dahingehend übernommen. Weitere Ausführungen dazu im KV zu Vorb. 1.1.

§ 6 Verjährung, Verzinsung

(1) [1]**Ansprüche auf Zahlung von Gerichtskosten verjähren in vier Jahren nach Ablauf des Kalenderjahres, in dem das Verfahren durch rechtskräftige Entscheidung über die Kosten, durch Vergleich oder in sonstiger Weise beendet ist.** [2]**Bei Betreuungen und Pflegschaften, die nicht auf einzelne Rechtshandlungen beschränkt sind (Dauerbetreuungen, Dauerpflegschaften), sowie bei Nachlasspflegschaften, Nachlass- oder Gesamtgutsverwaltungen beginnt die Verjährung hinsichtlich der Jahresgebühren am Tag vor deren Fälligkeit, hinsichtlich der Auslagen mit deren Fälligkeit.** [3]**Ansprüche auf Zahlung von Notarkosten verjähren in vier Jahren nach Ablauf des Kalenderjahres, in dem die Kosten fällig geworden sind.**

(2) [1]**Ansprüche auf Rückzahlung von Kosten verjähren in vier Jahren nach Ablauf des Kalenderjahres, in dem die Zahlung erfolgt ist.** [2]**Die Verjährung beginnt jedoch nicht vor dem jeweiligen in Absatz 1 bezeichneten Zeitpunkt. Durch die Einlegung eines Rechtsbehelfs mit dem Ziel der Rückzahlung wird die Verjährung wie durch Klageerhebung gehemmt.**

(3) [1]**Auf die Verjährung sind die Vorschriften des Bürgerlichen Gesetzbuchs anzuwenden; die Verjährung wird nicht von Amts wegen berücksichtigt.** [2]**Die Verjährung der Ansprüche auf Zahlung von Kosten beginnt auch durch die Aufforderung zur Zahlung oder durch eine dem Schuldner mitgeteilte Stundung erneut; ist der Aufenthalt des Kostenschuldners unbekannt, so genügt die Zustellung durch Aufgabe zur Post unter seiner letzten bekannten Anschrift.** [3]**Bei Kostenbeträgen unter 25 Euro beginnt die Verjährung weder erneut noch wird sie oder ihr Ablauf gehemmt.**

(4) **Ansprüche auf Zahlung und Rückzahlung von Gerichtskosten werden nicht verzinst.**

1 § 6 Abs. 1 S. 2 ist durch Gesetz vom 10.12.2014 (BGBl. I 2082) geändert worden. Die Änderung soll klarstellen, dass die Bestellung eines vorläufigen Betreuers im Wege der einstweiligen Anordnung vom Umfang her einer Dauerbetreuung gleichgestellt ist (BT-Drs. 18/3068, 8). Maßgebend ist nicht, ob die Anordnung für eine bestimmte/unbestimmte Dauer erfolgte, sondern ob sie sich auf einzelne Rechtshandlungen beschränkt (BT-Drs. 18/3068, 8).

2 Der Anspruch auf Kostenzahlung verjährt in vier Jahren, Abs. 1. Im Unterschied zu § 197 Abs. 1 Nr. 3 BGB gilt dies auch für einen rechtskräftigen Anspruch (Bormann/Diehn/Sommerfeldt/Neie Rn. 3). Bei einer Dauerbetreuung beginnt die Verjährung der Jahresgebühren (zB Nr. 11101 des Kostenverzeichnisses) am Tag vor deren Fälligkeit, die nach § 8 zu bestimmen ist. Damit soll klargestellt werden, dass das Kalenderjahr, in dem die Gebühr fällig wird, in die Fristberechnung einbezogen wird (BT-Drs. 17/11471, 155). Die Verjährung des Anspruchs auf Auslagen beginnt bei deren Fälligkeit, also im Allgemeinen sofort nach Entstehen, § 8.

Ein Rückzahlungsanspruch, der zB aus einem nicht korrekten und zu hohen Kostenansatz (§ 18) oder einer unrichtigen Sachbehandlung (§ 21) entstehen kann, verjährt ebenfalls in vier Jahren, Abs. 2. 3

Die Verjährung eines Anspruchs wird nicht von Amts wegen berücksichtigt; der Betroffene oder sein Betreuer müssen sich ausdrücklich darauf berufen. Zahlungen auf verjährte Gerichtskostenforderungen werden nicht erstattet (Rohs/Wedewer Rn. 6). Der Betreuer, der einen verjährten Anspruch erfüllt, statt sich auf die Verjährung zu berufen, kann dem Betroffenen nach § 1826 BGB schadensersatzpflichtig sein. In Ergänzung zu den BGB-Vorschriften über die Verjährung (§§ 194 ff. BGB) beginnt die Verjährung neu zu laufen bei einer Zahlungsaufforderung, einer Stundung oder bei einer Zustellung der Zahlungsaufforderung durch Aufgabe zur Post, wenn der Aufenthalt des Kostenschuldners unbekannt ist. 4

§ 7a Rechtsbehelfsbelehrung

Jede Kostenrechnung, jede anfechtbare Entscheidung und jede Kostenberechnung eines Notars hat eine Belehrung über den statthaften Rechtsbehelf sowie über die Stelle, bei der dieser Rechtsbehelf einzulegen ist, über deren Sitz und über die einzuhaltende Form und Frist zu enthalten.

Diese neue Vorschrift über Rechtsbehelfsbelehrungen bei Kostenrechnungen und bei anfechtbaren Entscheidungen nach GNotKG ist seit 1.1.2014 in Kraft. Kostenrechnungen sind der Kostenansatz nach § 18 und die Nachforderung nach § 20. Eine Entscheidung nach § 7a meint eine anfechtbare gerichtliche Entscheidung über Kosten, also Geschäftswertfestsetzungen nach § 79, wenn der Beschwerdewert 200 EUR übersteigt oder die Beschwerde wegen der grundsätzlichen Bedeutung zugelassen worden ist (§ 82), sowie Entscheidungen über eine Erinnerung nach § 81 Abs. 1 oder eine Beschwerdeentscheidung nach § 81 Abs. 2, wenn der Beschwerdewert 200 EUR übersteigt oder die Beschwerde wegen der grundsätzlichen Bedeutung zugelassen worden ist (§ 81 Abs. 2–4). 1

Die Belehrung ist in Schriftform oder Textform zu erteilen, eine mündliche Belehrung reicht nicht, da die Belehrung in der Kostenrechnung oder Entscheidung „enthalten" sein muss und eine mündliche Belehrung das Informationsziel der Vorschrift nicht erfüllt, insbesondere die Einzelheiten zu Stelle, deren Sitz, die Form und die Frist (Korintenberg/Otto Rn. 7, 17, 18). 2

Ein Verstoß gegen die Belehrungspflicht führt zu einer erleichterten Möglichkeit der Wiedereinsetzung nach Versäumung der Beschwerdefrist, § 83 Abs. 2 S. 2. 3

§ 8 Fälligkeit der Kosten in Verfahren mit Jahresgebühren

[1]In Betreuungssachen und betreuungsgerichtlichen Zuweisungssachen werden die Jahresgebühren 11101, 11102 und 11104 des Kostenverzeichnisses, in Nachlasssachen die Jahresgebühr 12311 des Kostenverzeichnisses erstmals bei Anordnung und später jeweils zu Beginn eines Kalenderjahres fällig. [2]In diesen Fällen werden Auslagen sofort nach ihrer Entstehung fällig.

§ 8 erfasst im Betreuungsbereich **Dauer-Fürsorgemaßnahmen,** in denen Jahresgebühren entstehen, was sich aus den aufgeführten Nummern des Kosten- 1 verzeichnisses ergibt, die für Betreuungssachen von Bedeutung sind: 11101 für **Dauerbetreuungen mit Vermögenssorge** und 11102 für **Dauerbetreuungen im Bereich der Personensorge,** wie zB Gesundheitssorge oder Aufenthaltsbestimmung. Bei den seltenen Fällen einer Betreuung für einzelne Rechtshandlungen, nach Nummer 11103 des Kostenverzeichnisses, zB einer Ergänzungsbetreuung nach § 1899 BGB, ist die Fälligkeit in § 9 geregelt: Gebühren werden nach der Kostenentscheidung oder nach Abschluss des Verfahrens fällig, gleiches gilt für Auslagen.

2 Bei einer Betreuerbestellung für Aufgabenkreise wie zB Vermögenssorge, Gesundheitssorge, Aufenthaltsbestimmung, also Dauerbetreuungen, ist die Gerichtsgebühr erstmals bei Bestellung des Betreuers fällig und gilt das laufende und das Folgejahr ab. Spätere Jahresgebühren sind zu Beginn des Kalenderjahres fällig, also jeweils am 1.1. eines jeden Folgejahres (OLG Rostock FamRZ 2021, 1734 Rn. 13), Auslagen in diesen Verfahren werden sofort nach ihrer Entstehung fällig. Maßgebend für die Höhe der Gebühren ist das Vermögen am Fälligkeitszeitpunkt (Datum der Anordnung oder 1.1. des Folgejahres). Vermögen, welches nach dem Fälligkeitszeitpunkt hinzuerworben wird (zB am 4.1.2019 der zu berechnenden Jahresgebühr für 2019, zB durch Erbschaft) ist erst wieder bei dem nächsten Kostenansatz berücksichtigungsfähig (im genannten Beispiel dann also für die Jahresgebühr 2020, falls noch vorhanden). In Betreuungsverfahren wird beim Ansatz von Gebühren und Auslagen der gleiche Freibetrag iHv 10.000 EUR berücksichtigt (vgl. Vorb. 1.1 Anm. (1) und Vorb. 3.1 Anm. (2)); ausgenommen sind die Verfahrenspflegerkosten nach 31015 KV, es ist § 1880 BGB zu beachten (vgl. Vorb. 3.1 Anm. (2) S. 2 KV). Gegenüber der Kostenordnung ist praktisch keine Rechtsänderung insoweit eingetreten.

3 Soweit Gebühren entstehen (Vermögen über 10.000 EUR), erfolgt der Kostenansatz grundsätzlich gelegentlich der jährlichen Rechnungslegungsprüfung oder, wenn eine solche nicht stattfindet, der Prüfung des jährlichen Berichts über die persönlichen Verhältnisse durch den Kostenbeamten (§ 16 II KostVfg). Auslagen sind alsbald nach Fälligkeit anzusetzen (§ 15 Abs. 1 KostVfg)

4 Eine Geschäftswertfestsetzung kommt nach § 79 in Betracht, siehe auch dort. Diese hat jedes Jahr neu anhand des Vermögensstands zu erfolgen. Eine Bindung für Folgejahre tritt nicht ein (BayObLG FamRZ 2004, 1305).

Abschnitt 4. Kostenerhebung

§ 18 Ansatz der Gerichtskosten

(1) [1]**Im gerichtlichen Verfahren werden angesetzt**
1. **die Kosten des ersten Rechtszuges bei dem Gericht, bei dem das Verfahren im ersten Rechtszug anhängig ist oder zuletzt anhängig war,**
2. **die Kosten des Rechtsmittelverfahrens bei dem Rechtsmittelgericht.**

[2]**Dies gilt auch dann, wenn die Kosten bei einem ersuchten Gericht entstanden sind.**

(2) …

(5) **Die Dokumentenpauschale sowie die Auslagen für die Versendung von Akten werden bei der Stelle angesetzt, bei der sie entstanden sind.**

(6) [1]**Der Kostenansatz kann im Verwaltungsweg berichtigt werden, solange keine gerichtliche Entscheidung getroffen ist.** [2]**Ergeht nach der**

gerichtlichen Entscheidung über den Kostenansatz eine Entscheidung, durch die der Geschäftswert anders festgesetzt wird, kann der Kostenansatz ebenfalls berichtigt werden.

Der Kostenansatz erfolgt durch den Kostenbeamten (regelmäßig mittlerer Dienst oder vergleichbare Beschäftigte), der insbesondere für den rechtzeitigen, richtigen und vollständigen Kostenansatz verantwortlich ist (§ 2 Abs. 1 KostVfg). Der Kostenansatz mündet in der Kostenrechnung (Inhalt, § 24 KostVfg), zu deren Vorbereitung eine Festsetzung des Geschäftswertes nach § 79 erfolgen kann. Der **Kostenansatz** durch den Kostenbeamten stellt einen **Justizverwaltungsakt dar. Der hieraus berechnete Geschäftswert ist nicht mit der gerichtlichen Wertfestsetzung nach § 79 gleichzusetzen. Eine Erinnerung gegen den Kostenansatz kann in den Fällen der fehlenden gerichtlichen Festsetzung des Geschäftswerts auch einen Antrag auf Geschäftswertfestsetzung darstellen. Das Kostenansatzverfahren ist dann bis zum Abschluss der gerichtlichen Geschäftswertfestsetzung auszusetzen (vgl. LG Lübeck 2022, 74).** Weitere Einzelheiten zum Kostenansatz sind in der KostVfg geregelt. 1

Der Kostenansatz kann im Verwaltungsweg berichtigt werden, solange keine gerichtliche Entscheidung ergangen ist (Abs. 6 S. 1). Der Kostenbeamte hat dann die Möglichkeit den unrichtigen Kostenansatz aufgrund einer Erinnerung oder auch von Amts wegen zu berichtigen (§ 28 Abs. 2 KostVfg). Gegebenenfalls ist die Erinnerung dahingehend auszulegen, dass zunächst eine Geschäftswertfestsetzung (§ 79) zu erfolgen hat. Will er den Kostenansatz nicht berichtigen oder nur teilweise, so hat er ihn dem Prüfungsbeamten (zB dem Bezirksrevisor) vorzulegen (§ 28 Abs. 2 KostVfg). Veränderungen zuungunsten der Staatskasse hat der Kostenbeamte dem Vertreter der Staatskasse mitzuteilen (§ 38 Abs. 2 KostVfg). Der Vertreter der Staatskasse prüft, ob die Änderungen des Kostenansatzes im Verwaltungsweg erfolgen soll oder ob die Staatskasse ebenfalls Erinnerung einlegt (§ 38 Abs. 2 KostVfg). Wird der Erinnerung nicht abgeholfen, ist im gerichtlichen Verfahren zu entscheiden (§ 81 Abs. 1). Es wird auf die Ausführungen in § 81 verwiesen. 2

§ 20 Nachforderung von Gerichtskosten

(1) [1]**Wegen eines unrichtigen Ansatzes dürfen Gerichtskosten nur nachgefordert werden, wenn der berichtigte Ansatz dem Zahlungspflichtigen vor Ablauf des nächsten Kalenderjahres nach Absendung der den Rechtszug abschließenden Kostenrechnung (Schlusskostenrechnung), bei Verfahren, in denen Jahresgebühren erhoben werden, nach Absendung der Jahresrechnung, mitgeteilt worden ist.** [2]**Dies gilt nicht, wenn die Nachforderung auf vorsätzlich oder grob fahrlässig falschen Angaben des Kostenschuldners beruht oder wenn der ursprüngliche Kostenansatz unter einem bestimmten Vorbehalt erfolgt ist.**

(2) **Ist innerhalb der Frist des Absatzes 1 ein Rechtsbehelf wegen des Hauptgegenstands oder wegen der Kosten eingelegt oder dem Zahlungspflichtigen mitgeteilt worden, dass ein Wertermittlungsverfahren eingeleitet ist, ist die Nachforderung bis zum Ablauf des nächsten Kalenderjahres nach Beendigung dieser Verfahren möglich.**

(3) **Ist der Wert gerichtlich festgesetzt worden, genügt es, wenn der berichtigte Ansatz dem Zahlungspflichtigen drei Monate nach der letzten Wertfestsetzung mitgeteilt worden ist.**

1 § 20 entspricht im Wesentlichen dem bisherigen § 15 KostO und § 20 GKG. Voraussetzung für das Nachforderungsverbot ist zum einen der Zugang der Schlusskostenrechnung oder in Betreuungsverfahren, in denen Jahresgebühren erhoben werden, der Zugang der Jahresrechnung. Die Schlusskosten-/Jahresrechnung muss unrichtig sein. Ist die Unrichtigkeit der Rechnung aus einem nicht vollumfänglich aufgeklärten Vermögen des Betreuten heraus entstanden und gerichtseitig keine weitere Aufklärung betrieben worden, sind nach § 20 Nachforderungen nur in einem eingeschränkten zeitlichen Rahmen zulässig, nämlich bis zum Ende des auf die Schlusskosten-/Jahresrechnung folgenden Jahres. Bis zu diesem Zeitpunkt muss die berichtigte Kostenrechnung zugegangen sein. Gibt der Betroffene keine Auskünfte zur Höhe seines Vermögens, was in der Praxis immer dann, wenn keine Vermögenssorge als Aufgabenkreis des Betreuers bestimmt ist, zu Schwierigkeiten in der (amtswegigen) Ermittlung führt, muss auf der Grundlage der vorhandenen Fakten uU geschätzt werden (vgl. LG Koblenz BeckRS 2009, 19777). Hat der Betroffene oder der Betreuer vorsätzlich oder grob fahrlässig zunächst unrichtige Angaben gemacht oder wird die Kostenrechnung unter einem bestimmten Vorbehalt erstellt (bestimmte Werte bedürfen der Aufklärung), gilt die Frist des § 20 Abs. 1 S. 1 nicht.

2 § 20 Abs. 2 und 3 verlängern die Frist für Nachforderungen. Gegen eine Nachforderung ist die Erinnerung nach § 81 Abs. 1 und ggfs. Beschwerde möglich.

§ 21 Nichterhebung von Kosten

(1) [1]**Kosten, die bei richtiger Behandlung der Sache nicht entstanden wären, werden nicht erhoben.** [2]**Das Gleiche gilt für Auslagen, die durch eine von Amts wegen veranlasste Verlegung eines Termins oder Vertagung einer Verhandlung entstanden sind.** [3]**Für abweisende Entscheidungen sowie bei Zurücknahme eines Antrags kann von der Erhebung von Kosten abgesehen werden, wenn der Antrag auf unverschuldeter Unkenntnis der tatsächlichen oder rechtlichen Verhältnisse beruht.**

(2) [1]**Werden die Kosten von einem Gericht erhoben, trifft dieses die Entscheidung.** [2]**Solange das Gericht nicht entschieden hat, können Anordnungen nach Absatz 1 im Verwaltungsweg erlassen werden.** [3]**Eine im Verwaltungsweg getroffene Anordnung kann nur im Verwaltungsweg geändert werden.**

1 Bisher war die Nichterhebung von Kosten bei unrichtiger Sachbehandlung in § 16 KostO geregelt. § 21 Abs. 1 und 2 entsprechen § 21 Abs. 1 und 2 GKG. In Betreuungsverfahren sollte von den Möglichkeiten des § 21 bei überflüssiger Einholung von Sachverständigengutachten und überflüssiger Bestellung von Verfahrenspflegern Gebrauch gemacht werden. Bei der Überprüfung einer bestehenden Betreuung sollten Betreuer darauf achten, dass vorhandene Gutachten des MDK (§ 282 FamFG) genutzt werden, um überflüssige zusätzliche Untersuchungen und Begutachtungen des Betreuten zu vermeiden; überflüssige Kostenerhebungen sollten über § 21 abgewehrt werden. Eine unrichtige Sachbehandlung liegt auch bei einer unzulässigen Betreuerbestellung vor, die Betreuervergütung ist davon nicht umfasst (LG Flensburg Beschl. v. 24.9.2019 – 5 T 151/19, BeckRS 2019, 31247). Dahingehende Amtshaftungsansprüche sind in einem gesonderten Verfahren zu prüfen (LG Flensburg Beschl. v. 24.9.2019 – 5 T 151/19, BeckRS 2019, 31247).

Abschnitt 5. Kostenhaftung

Unterabschnitt 1. Gerichtskosten

§ 22 Kostenschuldner in Antragsverfahren, Vergleich

(1) **In gerichtlichen Verfahren, die nur durch Antrag eingeleitet werden, schuldet die Kosten, wer das Verfahren des Rechtszugs beantragt hat, soweit nichts anderes bestimmt ist.**

(2) …

§ 23 Kostenschuldner in bestimmten gerichtlichen Verfahren

Kostenschuldner

1. **in Betreuungssachen und betreuungsgerichtlichen Zuweisungssachen ist der Betroffene, wenn ein Betreuer oder vorläufiger Betreuer bestellt oder eine Pflegschaft angeordnet worden ist;**

…

15. **in Freiheitsentziehungssachen sind nur der Betroffene sowie im Rahmen ihrer gesetzlichen Unterhaltspflicht die zu seinem Unterhalt Verpflichteten, wenn die Kosten nicht der Verwaltungsbehörde auferlegt sind.**

§ 23 Nr. 1 ist durch das Gesetz zur Durchführung des Haager Übereinkommens vom 30.6.2005 […] (BGBl. I 2082) geändert worden. Es wird klargestellt, dass der Betroffene nicht nur in Betreuungsverfahren, sondern auch in Verfahren über den einstweiligen Rechtsschutz (Teil 1, Hauptabschnitt 6 KV) für die Kosten der (vorläufigen) Betreuerbestellung haftet (BT-Drs. 18/3068, 8). 1

Betreuungsverfahren werden nicht ausschließlich durch Antrag eingeleitet (deshalb keine Kostenschuldnerhaftung nach § 22), sondern sind grundsätzlich Amtsverfahren. Anregungen sind nicht als Antrag zu verstehen. Kostenschuldner in Betreuungsverfahren nach § 23 Nr. 1 ist der Betroffene nur, wenn es zu einer (vorläufigen) Betreuerbestellung kommt, sei es im Allgemeinen Verfahren oder im Wege der einstweiligen Anordnung, die jeweils in ein Dauerbetreuungsverfahren übergehen. Fehlt es an einer (vorläufigen) Betreuerbestellung kann nur Kostenschuldner sein, wem die Kosten auferlegt worden sind (§ 27 Nr. 1, Beteiligte oder Dritte); dann kann es zum Ansatz der Gebühr 11100 oder 16110 KV GNotKG kommen. Die Kostenentscheidung beruht auf § 81 FamFG. Die Bedeutung der möglichen Kostenentscheidung dürfte eher gering sein, da ohne weitere Kostenentscheidung die Gerichtskosten der Staatskasse anfallen (§ 81 FamFG Rn. 3). Überdies kann das Gericht die notwendigen Auslagen des Betroffenen auch der Staatskasse auferlegen, § 307 FamFG. In Amtsverfahren können nur konkret benannte Kostenschuldner herangezogen werden (Korintenberg/Otto Einf. Rn. 55). **Kostenschuldner in Betreuungsverfahren** ist im Allgemeinen der **Betreute** nach § 23 Nr. 1. Wird ein Verfahren auf Bestellung eines Betreuers eingeleitet, endet es aber ohne eine solche Bestellung (zB durch Weglegen der Akte oder ausdrücklich ablehnende Entscheidung), so ist das Verfahren gebührenfrei, da die Nummern des Kostenverzeichnisses keinen entsprechenden Gebührentatbestand vorsehen, und auslagenfrei, da eine Regelung für einen Kostenschuldner insoweit fehlt (Zimmermann FamRZ 2013, 1266). Der Betreute oder der

Angehörige, der eine Betreuung „beantragt“, ist nicht nach § 22 Abs. 1 Kostenschuldner, da das Betreuungsverfahren nicht ausschließlich ein Antragsverfahren ist (§ 22 Abs. 1 GNotKG).

2 In Unterbringungssachen kann es dahinstehen, ob es sich um ein Antrags- oder Amtsverfahren handelt (strittig, BeckOK BGB/Müller-Engels § 1906 Rn. 34). Es entstehen keine Gebühren, da kein Gebührentatbestand vorliegt; die Regelung aus der KostO (§ 128b KostO, Gebührenfreiheit) ist übernommen worden (BT-Drs. 17/11471, 194). Hinsichtlich der Auslagen wird auf die Erläuterungen in § 26 verwiesen. Hinsichtlich der Kostenhaftung in Rechtsmittelverfahren wird auf § 25 verwiesen.

§ 25 Kostenschuldner im Rechtsmittelverfahren, Gehörsrüge

(1) **Die nach § 22 Absatz 1 begründete Haftung für die Kosten eines Rechtsmittelverfahrens erlischt, wenn das Rechtsmittel ganz oder teilweise mit Erfolg eingelegt worden ist und das Gericht nicht über die Kosten entschieden hat oder die Kosten nicht von einem anderen Beteiligten übernommen worden sind.**

(2) **[1]Richtet sich eine Beschwerde gegen eine Entscheidung des Betreuungsgerichts und ist sie von dem Betreuten oder dem Pflegling oder im Interesse dieser Personen eingelegt, so schuldet die Kosten nur derjenige, dem das Gericht die Kosten auferlegt hat. [2]Entsprechendes gilt für ein sich anschließendes Rechtsbeschwerdeverfahren und für das Verfahren über die Rüge wegen Verletzung des Anspruchs auf rechtliches Gehör.**

(3) **Die §§ 23 und 24 gelten nicht im Rechtsmittelverfahren.**

1 Abs. 1 ist mit dem GNotKG neu eingeführt worden und beruht darauf, dass Gebühren im Rechtsmittelverfahren wegen des Hauptgegenstandes unabhängig vom Ausgang des Verfahrens entstehen (BT-Drs. 17/11471, 161). Das Rechtsmittelverfahren ist Antragsverfahren nach § 22 Abs. 1 und begründet den Antragsteller als Kostenschuldner. Die Kostenschuld erlischt, wenn der Rechtsmittelführer ganz oder teilweise obsiegt und das Gericht keine Kostenentscheidung trifft oder die Kosten nicht anderweitig übernommen worden sind (BT-Drs. 17/11471, 161 (162)). Eine Kostenentscheidung nach § 81 Abs. 1 S. 2 FamFG ist daneben möglich, es sollte aber sichergestellt werden, dass der erfolgreiche Rechtsmittelführer in einem einseitigen Rechtmittelverfahren nicht von Gesetzeswegen die Kosten zu tragen hat (BT-Drs. 17/11471, 162). Sind mehrere Beteiligte mit unterschiedlichen Interessen im Rechtmittelverfahren vorhanden, dürfte eine Kostenentscheidung erfolgen, da ansonsten auch die Antragstellerhaftung bestehen bleibt (BT-Drs. 17/11471, 161 (162)).

Abs. 1 gilt nicht für das Rechtsmittelverfahren in Betreuungs- oder Pflegschaftssachen, die der Betroffene führt oder im Interesse des Betroffenen geführt werden.

2 Wird vom Betreuten oder in seinem Interesse ein Rechtsmittel eingelegt, so ist nur derjenige Kostenschuldner, dem das Gericht die Kosten ausdrücklich auferlegt, § 25 Abs. 2 GNotKG. Entsprechendes gilt auch für das Rechtsbeschwerdeverfahren beim BGH und das Verfahren über die Rüge wegen Verletzung des Anspruchs auf rechtliches Gehör. Bleibt eine Kostenentscheidung aus, ist das Verfahren kostenfrei (BT-Drs. 17/11471, 162). Der Betroffene oder derjenige, der im Namen des Betroffenen das Rechtsmittel eingelegt hat, kann nicht Kosten-

schuldner nach § 22 Abs. 1 werden. Nach § 84 FamFG sollen einem **erfolglosen Rechtsmittelführer** die Kosten auferlegt werden. Dabei ist dem Gericht ein eingeschränktes Ermessen eingeräumt („soll"). Außer bei besonderen Fällen wird das Gericht bei einem erfolglosen Rechtsmittel auch dem Betroffenen die Kosten auferlegen.

Beschwerdeberechtigt im Interesse des Betreuten sind die Behörde (§§ 303 Abs. 1, 335 Abs. 4 FamFG), der Betreuer/Bevollmächtigte (§ 303 Abs. 4, 3 FamFG) oder nahe Angehörige (§§ 303 Abs. 3 335 Abs. 1 FamFG) (Bormann/Diehn/Sommerfeldt Rn. 8).

In Unterbringungssachen entstehen auch im Rechtsmittelverfahren keine Kosten auf Grund fehlender Gebühren- und Auslagentatbestände; ausgenommen sind die Auslagen des Verfahrenspflegers (31015 KV GNotKG). Der Hauptabschnitt 1 „Betreuungssachen und betreuungsgerichtliche Zuweisungssachen" (Gebühren 11100–11400) umfasst gerade die Unterbringungsverfahren nicht, entsprechend fallen auch dort keine Gebühren an (vgl. BT-Drs. 17/11471, 194). 3

Die Gebühr für ein erfolgloses Rechtsmittelverfahren beträgt 1,0 (Nr. 11200 des Kostenverzeichnisses) und würde nach Tabelle A zu § 34 Abs. 2 GNotKG bei einem Geschäftswert von 5.000 EUR insgesamt 170,50 EUR betragen. Sie ermäßigt sich bei Beendigung des Rechtsmittelverfahrens ohne Entscheidung, zB bei Rücknahme, auf 0,5 (Nr. 11201 des Kostenverzeichnisses). **Ob** Kosten beim **Betroffenen** überhaupt erhoben werden, hängt davon ab, ob sein zu berücksichtigendes Vermögen mehr als 10.000 EUR beträgt, vgl. Vorb. 1.1 Anm. (1) und Vorb. 3.1 Anm. (2) zum Kostenverzeichnis.

§ 26 Bestimmte sonstige gerichtliche Auslagen

(1) [1]**Die Dokumentenpauschale schuldet ferner, wer die Erteilung der Ausfertigungen, Kopien oder Ausdrucke beantragt hat.** [2]**Sind in einem gerichtlichen Verfahren Kopien oder Ausdrucke angefertigt worden, weil der Beteiligte es unterlassen hat, die erforderliche Zahl von Mehrfertigungen beizufügen, schuldet nur der Beteiligte die Dokumentenpauschale.**

(2) **Die Auslagen nach Nummer 31003 des Kostenverzeichnisses schuldet nur, wer die Versendung der Akte beantragt hat.**

(3) **In Unterbringungssachen schuldet der Betroffene nur Auslagen nach Nummer 31015 des Kostenverzeichnisses und nur, wenn die Gerichtskosten nicht einem anderen auferlegt worden sind.**

(4) **Im Verfahren auf Bewilligung von Verfahrenskostenhilfe und im Verfahren auf Bewilligung grenzüberschreitender Prozesskostenhilfe ist der Antragsteller Schuldner der Auslagen, wenn**
1. **der Antrag zurückgenommen oder vom Gericht abgelehnt wird oder**
2. **die Übermittlung des Antrags von der Übermittlungsstelle oder das Ersuchen um Prozesskostenhilfe von der Empfangsstelle abgelehnt wird.**

(5) **Die Auslagen einer öffentlichen Zustellung in Teilungssachen schulden die Anteilsberechtigten.**

Für bestimmte Auslagen regelt § 26 GNotKG weitere besondere Kostenschuldner. 1

2 Erstinstanzlich schuldet der Betroffene in einem Unterbringungsverfahren, wie im § 128b KostO früher, keine gerichtlichen Gebühren, sondern nach § 26 Abs. 3 GNotKG lediglich einen Teil der Auslagen, nämlich die Auslagen für die Vergütung und den Aufwendungsersatz des Verfahrenspflegers (weitergehend unter Nr. 31015 des KV). Dabei kommt ihm wie bisher nicht der Vermögensfreibetrag von 10.000 EUR zugute, sondern nur die Grenze des § 1880 BGB. Sonstige Auslagen, wie etwa die Sachverständigenkosten, schuldet der Betroffene im Unterbringungsverfahren nicht (vgl. Zimmermann FamRZ 2013, 1266).

3 Auch in Rechtsmittelverfahren gegen die Unterbringungsentscheidung entstehen keine Gebühren. Es gibt keine entsprechenden Gebühren-/Auslagentatbestände; ausgenommen die des Verfahrenspflegers (§ 26 Abs. 3; 31015 KV). Der Hauptabschnitt 1 „Betreuungssachen und betreuungsgerichtliche Zuweisungssachen" (Gebühren 11100–11400) umfasst gerade die Unterbringungsverfahren nicht, entsprechend fallen auch dort keine Gebühren an, wie auch unter der Geltung des § 128b KostO (BGH BtPrax 2014, 171; BT-Drs. 17/11471, 160 (161, 194)).

§ 27 Weitere Fälle der Kostenhaftung

Die Kosten schuldet ferner,

1. **wem durch gerichtliche Entscheidung die Kosten des Verfahrens auferlegt sind;**
2. **wer sie durch eine vor Gericht abgegebene oder dem Gericht mitgeteilte Erklärung oder in einem vor Gericht abgeschlossenen oder dem Gericht mitgeteilten Vergleich übernommen hat; dies gilt auch, wenn bei einem Vergleich ohne Bestimmung über die Kosten diese als von beiden Teilen je zur Hälfte übernommen anzusehen sind;**
3. **wer für die Kostenschuld eines anderen kraft Gesetzes haftet und**
4. **der Verpflichtete für die Kosten der Vollstreckung.**

§ 28 Erlöschen der Zahlungspflicht

[1]Die durch gerichtliche Entscheidung begründete Verpflichtung zur Zahlung von Kosten erlischt, soweit die Entscheidung durch eine andere gerichtliche Entscheidung aufgehoben oder abgeändert wird. [2]Soweit die Verpflichtung zur Zahlung von Kosten nur auf der aufgehobenen oder abgeänderten Entscheidung beruht hat, werden bereits gezahlte Kosten zurückerstattet.

1 Bei Entscheidungen nach § 81 Abs. 1 FamFG kommt ein **Entscheidungsschuldner** nach § 27 Nr. 1 in Betracht. Wird ein gerichtliches Verfahren durch einen Dritten veranlasst und trifft diesen ein grobes Verschulden, hat zB der Dritte leichtfertig eine psychische Erkrankung des Betroffenen behauptet, ohne dass eine solche vorliegt, kann das Gericht ihm die Kosten auferlegen, § 81 Abs. 2 Nr. 1 FamFG.

2 Nach § 28 erlischt die Verpflichtung eines **Entscheidungsschuldners** nach § 27 Nr. 1, soweit die gerichtliche Entscheidung etwa durch eine höhere Instanz aufgehoben wird. Ist der ursprüngliche Entscheidungsschuldner nicht aus anderen Gründen auch Kostenschuldner, hat er Anspruch auf Rückerstattung bereits gezahlter Kosten (Rohs/Wedewer/Waldner Rn. 3, 4).

Unterabschnitt 3. Mehrere Kostenschuldner

§ 32 Mehrere Kostenschuldner

(1) **Mehrere Kostenschuldner haften als Gesamtschuldner.**

(2) **Sind durch besondere Anträge eines Beteiligten Mehrkosten entstanden, so fallen diese ihm allein zur Last.**

Äußerst selten wird in Betreuungsverfahren der Fall eintreten, dass **mehrere Kostenschuldner** vorhanden sind, wenn nämlich besondere Maßnahmen durch grobes Verschulden eines Dritten veranlasst werden, zB eine besondere Begutachtung für einen Einwilligungsvorbehalt, im Übrigen aber eine Maßnahme erforderlich ist. Dann ist eine gesamtschuldnerische Haftung des Betroffenen und des Dritten nach § 32 Abs. 1 gegeben, wobei ausscheidbare Kosten analog § 32 Abs. 2 zu behandeln wären und eine Entscheidung nach § 81 Abs. 2 FamFG voraussetzen, denn der Dritte haftet nur als **Entscheidungsschuldner.** 1

Abschnitt 6. Gebührenvorschriften

§ 34 Wertgebühren

(1) **Wenn sich die Gebühren nach dem Geschäftswert richten, bestimmt sich die Höhe der Gebühr nach Tabelle A oder Tabelle B.**

(2) **Die Gebühr beträgt bei einem Geschäftswert bis 500 Euro nach Tabelle A 40 Euro, nach Tabelle B 15 Euro. Sie erhöht sich bei einem**

Geschäftswert bis … Euro	für jeden angefangenen Betrag von weiteren … Euro	in Tabelle A um … Euro	in Tabelle B um … Euro
2 000	500	21	4
10 000	1 000	22,50	6
25 000	3 000	30,50	8
50 000	5 000	40,50	10
200 000	15 000	140,00	27
500 000	30 000	210,00	50
über 500 000	50 000	210,00	
5 000 000	50 000		80
10 000 000	200 000		130
20 000 000	250 000		150
30 000 000	500 000		280
über 30 000 000	1 000 000		120

(3) **Gebührentabellen für Geschäftswerte bis 3 Millionen Euro sind diesem Gesetz als Anlage 2 beigefügt.**

(4) **Gebühren werden auf den nächstliegenden Cent auf- oder abgerundet; 0,5 Cent werden aufgerundet.**

(5) **Der Mindestbetrag einer Gebühr ist 15 Euro.**

1 Anders als bisher in § 32 KostO gibt es jetzt **zwei Gebührentabellen von unterschiedlicher Höhe.** Die **Gebührentabelle A,** die nach dem Kostenverzeichnis ua **für Betreuungssachen** und betreuungsgerichtliche Zuweisungssachen anzuwenden ist, enthält wesentlich höhere Werte. Die Wertgebühren sowie die Grundgebühr nach Tab. A sind um 6 % erhöht worden, vgl. KostRÄG 2025. Eine Erhöhung der Tab. B ist ohne Begründung nicht erfolgt. Das Kostenverzeichnis, das nach § 3 Abs. 2 für die zu erhebenden Kosten verbindlich ist, modifiziert die Gebühren: In Betreuungs- und betreuungsgerichtlichen Zuweisungssachen ist die Tabelle A lediglich für das Verfahren im Allgemeinen (11100 KV) und für einzelne Rechtshandlungen (11103 und 11105 KV) sowie für die in Teil 1 Hauptabschnitt 1 Abschnitt 2, 3 und 4 genannten Rechtmittelverfahren relevant, ansonsten fallen in den Dauerverfahren Jahresgebühren an, die sich nicht hiernach, sondern gemäß den Erläuterungen im KV zu den Gebühren 11101, 11102 und 11104 KV nach dem Vermögen des Betroffenen bemessen. Gebühren werden nach Vorb. 1.1 nur nach Maßgabe des § 1880 Abs. 2 BGB erhoben. Danach ist das Vermögen nur einzusetzen, wenn es verwertbar ist und nicht zum Schonvermögen gehört (siehe weitergehend § 1880 BGB). Zudem ist für die Jahresgebühr nach Nr. 11101 nur das Vermögen nach Abzug der Verbindlichkeiten zu berücksichtigen, das 10.000 EUR übersteigt (das angemessene Hausgrundstück bleibt unberücksichtigt), gem. BT-Drs. 20/14264, 56 (57) (s. hierzu Vorb. 1.1 KV).

2 Die Mindestjahresgebühr bei einer **Dauerbetreuung** mit Vermögenssorge beträgt 230 EUR, Nummer 11101 des KV. Sie wird bei einem bereinigten Vermögen bis 110.000 EUR und über 10.000 EUR erhoben: Die **Höhe der Gebühr** beträgt 11,50 EUR für jede angefangene 5.000 EUR, die die Freigrenze übersteigen, mindestens jedoch 230 EUR. Bei einem Betreuten mit Aufgabenkreis Vermögenssorge und einer Rente von monatlich 1.500 EUR, einem von ihm bewohnten angemessenen Einfamilienhaus, 15.000 EUR Schulden bei der Bank und einem Wertpapierdepot von 115.001 EUR wäre also wie folgt zu rechnen: Rente und Haus bleiben unberücksichtigt (Anmerkung (1) zu Nr. 11101 des Kostenverzeichnisses); 115.001 – 15.000 = 100.001. Mithin wären 230 EUR an Gebühren zu erheben (115.001 – 10.000 (Schonbetrag Anm. (1) 11101 KV GNotKG) = 90.001 also 19 × 11,50 EUR Gebühren, also eigentlich 218,50 EUR, wegen der Mindestgebühr aber 230 EUR).

Abschnitt 7. Wertvorschriften

Unterabschnitt 1. Allgemeine Wertvorschriften

§ 36 Allgemeiner Geschäftswert

(1) **Soweit sich in einer vermögensrechtlichen Angelegenheit der Geschäftswert aus den Vorschriften dieses Gesetzes nicht ergibt und er auch sonst nicht feststeht, ist er nach billigem Ermessen zu bestimmen.**

(2) **Soweit sich in einer nichtvermögensrechtlichen Angelegenheit der Geschäftswert aus den Vorschriften dieses Gesetzes nicht ergibt, ist er unter Berücksichtigung aller Umstände des Einzelfalls, insbesondere des**

Umfangs und der Bedeutung der Sache und der Vermögens- und Einkommensverhältnisse der Beteiligten, nach billigem Ermessen zu bestimmen, jedoch nicht über 1 Million Euro.

(3) **Bestehen in den Fällen der Absätze 1 und 2 keine genügenden Anhaltspunkte für eine Bestimmung des Werts, ist von einem Geschäftswert von 5 000 Euro auszugehen.**

(4) [1]**Wenn sich die Gerichtsgebühren nach den für Notare geltenden Vorschriften bestimmen, sind die für Notare geltenden Wertvorschriften entsprechend anzuwenden.** [2]**Wenn sich die Notargebühren nach den für Gerichte geltenden Vorschriften bestimmen, sind die für Gerichte geltenden Wertvorschriften entsprechend anzuwenden.**

Die Vorschrift entspricht im Wesentlichen dem bisherigen § 30 KostO. Spezial- 1
wertvorschriften zur Bestimmung des Geschäftswerts können die als allgemeine Geschäftswertvorschrift ausgestaltete Regelung verdrängen (BT-Drs. 17/11471, 164). Vermögensrechtliche Angelegenheiten sind auf Geld oder Geldeswert gerichtete Ansprüche oder solche, die darauf beruhen (Bormann/Diehn/Sommerfeldt Rn. 6). **Nichtvermögensrechtliche Angelegenheiten** sind solche die keine unmittelbaren materiellen Auswirkungen haben zB in Betreuungssachen zur Personensorge wie Gesundheitssorge und Aufenthaltsbestimmung. Patientenverfügungen sind bei der Beurkundung oder der Unterschriftsbeglaubigung beim Notar als nichtvermögensrechtliche Angelegenheit zu bewerten (Bormann/Diehn/Sommerfeld Rn. 41). Die für die Notargebühren maßgeblichen Vorschriften sind in §§ 85 ff. GNotKG enthalten (nicht abgedruckt).

Durch die Verweisung von § 36 Abs. 3 auf Abs. 2 und 1 ist klargestellt, dass 2
der **Hilfswert** nach Abs. 3 **von 5.000 EUR** nur greift, wenn es keine anderen Hinweise für einen Geschäftswert gibt (BeckOK KostR/Soutier Rn. 34). Es ist deshalb zunächst nach Abs. 1 und 2 zu prüfen, ob entsprechend ein Geschäftswert vorliegt. In der Praxis wird, außer bei außergewöhnlichen Verfahren von einem Wert von 5.000 EUR auszugehen sein. Abweichungen sind bei weit überdurchschnittlichen wirtschaftlichen Verhältnissen des Betroffenen oder bei ungewöhnlich schwierigen persönlichen Verhältnissen (zB Mischung und Überlagerung von Behinderung, psychischer Erkrankung und Suchtproblematik) zu beachten (vgl. zu Bewertungsfaktoren BeckOK KostR/Soutier Rn. 34). Bei Betreuungen nach Teil 1 Hauptabschnitt 1 Abschnitt 1 dürfte diese Vorschrift nur von geringer Bedeutung sein, da in den einzelnen Verfahren (zB Genehmigung oder Ersetzung einer Erklärung oder Genehmigung eines Rechtsgeschäfts (Korintenberg/Fackelmann § 60 Rn. 2), Dauerbetreuungsverfahren (Wert des Vermögens, zB vermietetes Hausgrundstück (§ 46), Betreuung für einzelne Rechtshandlungen (§ 63)) in der Regel speziellere Wertvorschriften zur Anwendung kommen oder Jahresgebühren nach dem Vermögen anfallen. In den Beschwerdeverfahren in Betreuungssachen (KV Teil 1, Hauptabschnitt 1, Abschnitt 2–4) richtet sich der Wert nach § 61. Dieser wird regelmäßig nicht anwendbar sein, sodass für die Ermittlung des Geschäftswerts § 36 heranzuziehen ist (OLG Stuttgart FGPrax 2019, 92). Beschwerdeverfahren die die Genehmigung oder Ersetzung einer Erklärung oder Genehmigung eines Rechtsgeschäfts betreffen ist § 60 GNotKG und bei Verfahren die einzelne Rechtshandlungen betreffen § 63 GNotKG für die Geschäftswertfestsetzung heranzuziehen (vgl. OLG Frankfurt a. M. FamRZ 2024, 1721).

Der Geschäftswert und damit die Höhe der Gebühren ist jedes Jahr neu anhand 3
des Vermögensstands festzusetzen. Eine Bindung für Folgejahre tritt nicht ein (BayObLG FamRZ 2004, 1305).

§ 38 Belastung mit Verbindlichkeiten

[1]Verbindlichkeiten, die auf einer Sache oder auf einem Recht lasten, werden bei Ermittlung des Geschäftswerts nicht abgezogen, sofern nichts anderes bestimmt ist. [2]Dies gilt auch für Verbindlichkeiten eines Nachlasses, einer sonstigen Vermögensmasse und im Fall einer Beteiligung an einer Personengesellschaft auch für deren Verbindlichkeiten.

1 Die Vorschrift entspricht im Wesentlichen dem bisherigen § 18 Abs. 3 KostO. Grundsätzlich werden bei der Ermittlung des Geschäftswerts schuldrechtliche und sachenrechtliche Lasten, die beispielsweise auf einem zu bewertenden Grundstück ruhen, unbeachtet gelassen (Toussaint/Zivier § 38 Rn. 3).

2 Die Vorschrift findet nur Anwendung bei Betreuungen, in denen Verfahrensgebühren anfallen (11100 KV Verfahren im Allgemeinen oder für einzelne Rechtshandlungen 11103 KV), es sei denn, es ist ausdrücklich etwas anderes bestimmt. Davon abzugrenzen ist in Betreuungssachen die Prüfung, ob nach der Vorb. 1.1 Anm. (1) des Kostenverzeichnisses überhaupt Gebühren zu erheben sind, weil das zu berücksichtigende Vermögen des Betroffenen 10.000 EUR nicht übersteigt.

Kapitel 2. Gerichtskosten

Abschnitt 2. Wertvorschriften

Unterabschnitt 1. Allgemeine Wertvorschriften

§ 59 Zeitpunkt der Wertberechnung

[1]Für die Wertberechnung ist der Zeitpunkt der jeweiligen den Verfahrensgegenstand betreffenden ersten Antragstellung in dem jeweiligen Rechtszug entscheidend, soweit nichts anderes bestimmt ist. [2]In Verfahren, die von Amts wegen eingeleitet werden, ist der Zeitpunkt der Fälligkeit der Gebühr maßgebend.

1 Für Betreuungssachen, in denen Jahresgebühren erhoben werden, enthält § 8 eine spezielle Regelung (→ GNotKG § 8 Rn. 1), die nach S. 2, weil es sich um ein Amtsverfahren handelt, maßgebend ist. Der Zeitpunkt der ersten Wertberechnung (heranzuziehen ist das zu berücksichtigende Vermögen des Betreuten) zur Ermittlung der Jahresgebühr ist daher der Zeitpunkt der ersten Bestellung, § 8 S. 1 und später jeweils zu Beginn des Kalenderjahres (1.1. eines jeden Jahres). Dabei ist zu beachten, dass für das bei der Bestellung eines Betreuers laufende und Folgejahr durch eine Jahresgebühr abgegolten wird (vgl. 11101 Anm. 2 S. 1 KV GNotKG).

2 Vermögen, welches nach der jeweiligen Fälligkeit hinzuerworben worden ist (zB Erbschaft) ist nicht mehr in die Wertberechnung bzw. erst zur nächsten Wertberechnung einzubeziehen (Korintenberg/Fackelmann Rn. 34) Der Geschäftswert und damit die Höhe der Gebühren ist jedes Jahr neu anhand des Vermögensstands festzusetzen.

§ 61 Rechtsmittelverfahren

(1) **[1]Im Rechtsmittelverfahren bestimmt sich der Geschäftswert nach den Anträgen des Rechtsmittelführers. [2]Endet das Verfahren, ohne dass**

solche Anträge eingereicht werden, oder werden bei einer Rechtsbeschwerde innerhalb der Frist für die Begründung Anträge nicht eingereicht, ist die Beschwer maßgebend.

(2) [1]**Der Wert ist durch den Geschäftswert des ersten Rechtszugs begrenzt.** [2]**Dies gilt nicht, soweit der Gegenstand erweitert wird.**

(3) **Im Verfahren über den Antrag auf Zulassung der Sprungrechtsbeschwerde ist Gegenstandswert der für das Rechtsmittelverfahren maßgebende Wert.**

§ 62 Einstweilige Anordnung, Aussetzung der Wirkungen eines Europäischen Nachlasszeugnisses

[1]**Im Verfahren der einstweiligen Anordnung und im Verfahren über die Aussetzung der Wirkungen eines Europäischen Nachlasszeugnisses ist der Wert in der Regel unter Berücksichtigung der geringeren Bedeutung gegenüber der Hauptsache zu ermäßigen.** [2]**Dabei ist von der Hälfte des für die Hauptsache bestimmten Werts auszugehen.**

§ 61, § 62 sind entsprechend den Vorschriften § 40, § 41 FamGKG gebildet. 1
Im Rechtsmittelverfahren kommt es regelmäßig auf das konkrete Begehren des Rechtsmittelführers an, um den Wert zu bestimmen. Einstweilige Anordnungen sollen nun regelhaft allenfalls nur bis zur Hälfte des Wertes der Hauptsache angesetzt werden. In Rechtsmittelverfahren richtet sich der Geschäftswert in Betreuungsverfahren regelmäßig nach § 36, s. dort → Rn. 2.

Unterabschnitt 2. Besondere Geschäftswertvorschriften

§ 63 Betreuungssachen und betreuungsgerichtliche Zuweisungssachen

[1]**Bei Betreuungen oder Pflegschaften, die einzelne Rechtshandlungen betreffen, ist Geschäftswert der Wert des Gegenstands, auf den sich die Rechtshandlung bezieht.** [2]**Bezieht sich die Betreuung oder Pflegschaft auf eine gegenwärtige oder künftige Mitberechtigung, ermäßigt sich der Wert auf den Bruchteil, der dem Anteil der Mitberechtigung entspricht.** [3]**Bei Gesamthandsverhältnissen ist der Anteil entsprechend der Beteiligung an dem Gesamthandvermögen zu bemessen.**

Die Vorschrift übernimmt im Wesentlichen den § 93 S. 1 und 2 KostO. Betreu- 1
erbestellungen für **„einzelne Rechtshandlungen"** nach § 63 sind im Gegensatz zur **„Dauerbetreuung"** nach Nr. 11101 des Kostenverzeichnisses solche für eine Angelegenheit, zB Vertretung in einem Prozess, bei einem bestimmten Rechtsgeschäft, bei einem Realakt (Korintenberg/Klüsener Rn. 4; zur Höhe des maßgeblichen Geschäftswerts bei Alleinberechtigung, Mitberechtigung, Gesamthandsberechtigung Korintenberg/Klüsener Rn. 5 ff.). Die Beurteilung, ob es sich um eine einzelne Rechtshandlung handelt, ist dem Inhalt des gerichtlichen Beschlusses zu entnehmen (Bormann/Diehn/Sommerfeldt Rn. 5).

Erhoben wird eine halbe Gebühr nach Nr. 11103 des Kostenverzeichnisses 2
entsprechend dem Geschäftswert der einzelnen Angelegenheit. Verbindlichkeiten werden bei dieser Wertberechnung nicht abgezogen, § 38 S. 1 GNotKG. Die Gebühr wird nicht neben einer Gebühr 11101 oder 11102 KV erhoben.

3 Es hat eine Vergleichsberechnung mit der Gebühr Nr. 11101 KV zu erfolgen. Auf die Erläuterungen in Nr. 11103 KV wird verwiesen.

Unterabschnitt 3. Wertfestsetzung

§ 78 Wertfestsetzung für die Zulässigkeit der Beschwerde

Ist der Wert für die Zulässigkeit der Beschwerde festgesetzt, so ist die Festsetzung auch für die Berechnung der Gebühren maßgebend, soweit die Wertvorschriften dieses Gesetzes nicht von den Wertvorschriften des Verfahrensrechts abweichen.

1 Die neue Vorschrift ist § 62 S. 1 GKG nachgebildet. Die Bindung an die Festsetzung tritt ein, wenn es sich um eine wirkliche Entscheidung zum Kostenstreitwert und nicht nur zur Zulässigkeit handelt (vgl. näher Korintenberg/Wilsch Rn. 8).

§ 79 Festsetzung des Geschäftswerts

(1) [1]**Soweit eine Entscheidung nach § 78 nicht ergeht oder nicht bindet, setzt das Gericht den Wert für die zu erhebenden Gebühren durch Beschluss fest, sobald eine Entscheidung über den gesamten Verfahrensgegenstand ergeht oder sich das Verfahren anderweitig erledigt.** [2]**Satz 1 gilt nicht, wenn**

1. **Gegenstand des Verfahrens eine bestimmte Geldsumme in Euro ist,**
2. **zumindest für den Regelfall ein fester Wert bestimmt ist oder**
3. **sich der Wert nach den Vorschriften dieses Gesetzes unmittelbar aus einer öffentlichen Urkunde oder aus einer Mitteilung des Notars (§ 39) ergibt.**

[3]**In den Fällen des Satzes 2 setzt das Gericht den Wert nur fest, wenn ein Zahlungspflichtiger oder die Staatskasse dies beantragt, oder wenn es eine Festsetzung für angemessen hält.**

(2) [1]**Die Festsetzung kann von Amts wegen geändert werden**

1. **von dem Gericht, das den Wert festgesetzt hat, und**
2. **von dem Rechtsmittelgericht, wenn das Verfahren wegen des Hauptgegenstands oder wegen der Entscheidung über den Geschäftswert, den Kostenansatz oder die Kostenfestsetzung in der Rechtsmittelinstanz schwebt.**

[2]**Die Änderung ist nur innerhalb von sechs Monaten zulässig, nachdem die Entscheidung wegen des Hauptgegenstands Rechtskraft erlangt oder das Verfahren sich anderweitig erledigt hat.**

1 Das **Verfahren** zur Festsetzung des Geschäftswertes ist nunmehr in § 79 geregelt, wobei § 31 Abs. 1 KostO im Wesentlichen übernommen wird. Ähnliche Regelungen befinden sich in § 63 GKG und § 55 Abs. 1 FamGKG. Danach ist, sobald eine Entscheidung über den gesamten Verfahrensgegenstand ergangen ist, von Amts wegen eine Wertfestsetzung vorzunehmen, es sei denn, die Voraussetzungen des Abs. 1 S. 2 § 79 liegen vor. Die Vorschrift soll auch gewährleisten, dass die Kostenbeamten grundsätzlich nicht mit der Wertermittlung belastet werden (vgl. BT-Drs. 17/11471, 177). Anders als zu Zeiten der KostO erfolgt die Wertfestsetzung grundsätzlich von Amts wegen oder auf Antrag durch das Gericht

(Richter oder Rechtspfleger innerhalb ihrer jeweiligen funktionalen Zuständigkeit, → GNotKG § 81 Rn. 2). Es setzt förmlich den Geschäftswert fest, wenn keine Bindung durch einen Beschluss nach § 78 vorgegeben ist. Zuständig ist das Gericht der Hauptsache (Korintenberg/Wilsch Rn. 9 ff. mwN).

In Betreuungssachen und betreuungsgerichtlichen Zuweisungssachen können Wertfestsetzungen erfolgen (vgl. OLG Köln, FamRZ 2019, 1804). Wenn Hausgrundstücke, Gesellschaftsanteile, Nutzungsrechte und dergleichen Teil des Vermögens des Betroffenen sind, mithin Abs. 1 S. 2 nicht zutrifft, müsste eine Wertfestsetzung von Amts wegen erfolgen, da diese Vermögenswerte das Kostenansatzverfahren und die Bearbeitung durch den Kostenbeamten erheblich erschweren, was vom Gesetzgeber nicht gewollt ist (OLG Schleswig BtPrax 2025, 151, II., 2, b., aa.; OLG Nürnberg BtPrax 2021, 240, Rn. 34). Davon abgesehen soll der Kostenbeamte von der Wertermittlung entlastet sein (vgl. BT-Drs. 17/11471, 177, so auch OLG Schleswig BtPrax 2025, 151, II., 2, b., aa) Die Entscheidung in der Hauptsache (Anordnung der Betreuung, Anordnung der Kontrollbetreuung, § 15 RPflG) erfolgt durch den Richter, es obliegt ihm auch die Wertfestsetzung.

In einem Erinnerungs-/Beschwerdeverfahren gegen den Kostenansatz ist zunächst der Gegenstandswert festzusetzen und das Erinnerungs-/Beschwerdeverfahren so lange auszusetzen (vgl. LG Lübeck BtPrax 2022, 74). Die Wertfestsetzung entfaltet eine Bindungswirkung für das Kostenansatzverfahren (vgl. LG Lübeck BtPrax 2022, 74).

Der **Festsetzungsbeschluss** ist grundsätzlich zu begründen, es sei denn, die Erwägungen des Gerichts sind den Beteiligten bekannt, die Festsetzung folgt den Anträgen oder der Wert ist auf die entsprechenden Wertvorschriften zu bestimmen (vgl. Korintenberg/Wilsch Rn. 22 ff.). Macht ein Betroffener und sein Betreuer keine oder nur rudimentäre Angaben zum Wert, sind die Werte, die aus der Akte bekannt sind, zu schätzen (vgl. LG Koblenz BeckRS 2009, 19777, in diesem Fall wurde der Miteigentumswert auf 500.000 EUR geschätzt), aufgrund unterlassener Mitwirkung zu Ungunsten des Kostenschuldners (vgl. OLG München Beschl. v. 21.12.2016 – 34 Wx 467/16 Kost). 2

Der Geschäftswert kann auch nach Abschluss des Verfahrens festgesetzt werden, selbst wenn der Kostenbeamte bereits einen Kostenansatz mitgeteilt hatte. Das Gericht hat **von Amts wegen** zu ermitteln, ggfs. mündlich zu verhandeln und evtl. ein Sachverständigengutachten einzuholen (Korintenberg/Wilsch Rn. 2). 3

Die Entscheidung ergeht **gebührenfrei,** weil kein Kostentatbestand dafür geregelt ist, § 1 Abs. 1. **Auslagen** sind zu erheben, soweit sie nach Teil 3 des Kostenverzeichnisses unter den Nr. 31000 ff. aufgeführt sind (Korintenberg/Wilsch Rn. 23). 4

Die Entscheidung ist abänderbar in den zeitlichen Grenzen des Abs. 2 (näher Korintenberg/Wilsch Rn. 27 f.). 5

Abschnitt 3. Erinnerung und Beschwerde

§ 81 Erinnerung gegen den Kostenansatz, Beschwerde

(1) [1]**Über Erinnerungen des Kostenschuldners und der Staatskasse gegen den Kostenansatz einschließlich der Ausübung des Zurückbehaltungsrechts (§ 11) entscheidet das Gericht, bei dem die Kosten angesetzt**

sind. [2]War das Verfahren im ersten Rechtszug bei mehreren Gerichten anhängig, ist das Gericht, bei dem es zuletzt anhängig war, auch insoweit zuständig, als Kosten bei den anderen Gerichten angesetzt worden sind.

(2) **[1]Gegen die Entscheidung über die Erinnerung ist die Beschwerde statthaft, wenn der Wert des Beschwerdegegenstands 200 Euro übersteigt. [2]Die Beschwerde ist auch zulässig, wenn sie das Gericht, das die angefochtene Entscheidung erlassen hat, wegen der grundsätzlichen Bedeutung der zur Entscheidung stehenden Frage in dem Beschluss zulässt.**

(3) **[1]Soweit das Gericht die Beschwerde für zulässig und begründet hält, hat es ihr abzuhelfen; im Übrigen ist die Beschwerde unverzüglich dem Beschwerdegericht vorzulegen. [2]Beschwerdegericht ist das nächsthöhere Gericht, in Verfahren der in § 119 Absatz 1 Nummer 1 Buchstabe b des Gerichtsverfassungsgesetzes bezeichneten Art jedoch das Oberlandesgericht. [3]Eine Beschwerde an einen obersten Gerichtshof des Bundes findet nicht statt. [4]Das Beschwerdegericht ist an die Zulassung der Beschwerde gebunden; die Nichtzulassung ist unanfechtbar.**

(4) **[1]Die weitere Beschwerde ist nur zulässig, wenn das Landgericht als Beschwerdegericht entschieden und sie wegen der grundsätzlichen Bedeutung der zur Entscheidung stehenden Frage in dem Beschluss zugelassen hat. [2]Die weitere Beschwerde kann nur darauf gestützt werden, dass die Entscheidung auf einer Verletzung des Rechts beruht; die §§ 546 und 547 der Zivilprozessordnung gelten entsprechend. [3]Beschwerdegericht ist das Oberlandesgericht. [4]Absatz 3 Satz 1 und 4 gilt entsprechend.**

(5) **[1]Anträge und Erklärungen können ohne Mitwirkung eines Rechtsanwalts schriftlich eingereicht oder zu Protokoll der Geschäftsstelle abgegeben werden; § 129a der Zivilprozessordnung gilt entsprechend. [2]Für die Bevollmächtigung gelten die Regelungen der für das zugrunde liegende Verfahren geltenden Verfahrensordnung entsprechend. [3]Die Erinnerung ist bei dem Gericht einzulegen, das für die Entscheidung über die Erinnerung zuständig ist. [4]Die Beschwerde ist bei dem Gericht einzulegen, dessen Entscheidung angefochten wird.**

(6) **[1]Das Gericht entscheidet über die Erinnerung und die Beschwerde durch eines seiner Mitglieder als Einzelrichter; dies gilt auch für die Beschwerde, wenn die angefochtene Entscheidung von einem Einzelrichter oder einem Rechtspfleger erlassen wurde. [2]Der Einzelrichter überträgt das Verfahren dem Gericht zur Entscheidung in der im Gerichtsverfassungsgesetz vorgeschriebenen Besetzung, wenn die Sache besondere Schwierigkeiten tatsächlicher oder rechtlicher Art aufweist oder die Rechtssache grundsätzliche Bedeutung hat. [3]Das Gericht entscheidet jedoch immer ohne Mitwirkung ehrenamtlicher Richter. [4]Auf eine Übertragung oder deren Unterlassungen kann ein Rechtsmittel nicht gestützt werden.**

(7) **[1]Erinnerung und Beschwerde haben keine aufschiebende Wirkung. [2]Das Gericht oder das Beschwerdegericht kann auf Antrag oder von Amts wegen die aufschiebende Wirkung ganz oder teilweise anordnen; ist nicht der Einzelrichter zur Entscheidung berufen, entscheidet der Vorsitzende des Gerichts.**

(8) **[1]Die Verfahren sind gebührenfrei. [2]Kosten werden nicht erstattet.**

Die Vorschrift entspricht fast wörtlich § 14 Abs. 2–9 KostO. Sie regelt Rechtsbehelfe und Rechtsmittel in den **Kostenansatzverfahren.** Der **Kostenansatz** erfolgt zunächst durch **Justizverwaltungsakt** (→ GNotKG § 18 Rn. 1). Funktional zuständig für den Kostenansatz ist der Kostenbeamte. Im Rahmen des Erinnerungsverfahrens kann der Kostenbeamte dieser abhelfen, § 29 KostVfg. Wird der bisher nicht festgesetzte Gegenstandswert angegriffen, ist vorrangig eine Gegenstandswertfestsetzung vorzunehmen, das gilt auch für Dauerbetreuungsverfahren (LG Lübeck BtPrax 2022, 74). Das Erinnerungsverfahren ist bis zur Entscheidung über den Gegenstandswert auszusetzen (LG Lübeck BtPrax 2022, 74). 1

Der Kostenansatz kann mit der **Erinnerung** angegriffen werden (Abs. 1). Berechtigt zur Erinnerung sind der Kostenschuldner und die Staatskasse sowie ein Dritter, wenn er nach § 8 Abs. 1 Justizbeitreibungsgesetz haften oder die Vollstreckung dulden soll (Toussaint/Zivier Rn. 11–13). Die Entscheidung hat der mit der Hauptsache befasste Richter/Rechtspfleger des zuständigen Gerichts vorzunehmen; der Rechtspfleger nur insoweit als es sich um ein ihm übertragenes Geschäft handelt (vgl. Korintenberg/Fackelmann Rn. 72). Damit ist von der Entscheidung des Richters über die Anordnungen im Betreuungsverfahren im Allgemeinen und im Bereich der Dauerbetreuungen (Erstbestellung eines Betreuers, auch im Wege der einstweiligen Anordnung) das gebührenpflichtige Geschäft umfasst. Gleiches gilt für die Bestellung eines Kontrollbetreuers, § 15 RPflG. Daran ändern auch mögliche Folgeentscheidungen des Rechtspflegers im Dauerbetreuungsverfahren nichts. Ist der Beschwerdewert von 200 EUR überschritten oder die Beschwerde wegen der grundsätzlichen Bedeutung der Sache zugelassen worden, ist gegen die Entscheidung des Gerichts (Richter/Rechtspfleger) die **Beschwerde** zum Landgericht zulässig (Abs. 2). Eine **weitere Beschwerde** ist gegen Entscheidungen der Landgerichte nur bei einer Zulassung wegen der grundsätzlichen Bedeutung möglich, Abs. 4. Ein Mindestbeschwerdewert ist nicht erforderlich, da er in Abs. 4 nicht vorgesehen ist. 2

Die **Form und der Adressat** – das Gericht, dessen Entscheidung beanstandet wird – von **Erinnerung** und **Beschwerde** sind in Abs. 5 geregelt. Eine Frist ist gesetzlich nicht vorgesehen, eine Verwirkung ist möglich (Korintenberg/Fackelmann Rn. 38; Toussaint/Zivier Rn. 16). Vor einer Entscheidung des Rechtspflegers bzw. Richters kann der Urkundsbeamte selbst seine Entscheidung ändern – also auch verschlechtern, § 18 Abs. 6, allerdings nur bis zum Ablauf des auf die letzte Jahresrechnung folgenden Kalenderjahres, § 20 Abs. 1. Das Verfahren ist in Abs. 6 und 7 geregelt. Entscheidungen sind mit einer Rechtsbehelfsbelehrung zu versehen, § 7a. 3

Die Erinnerung kann vor einer Entscheidung des Gerichts vorab im Verwaltungsverfahren berichtigt werden. Es wird auf die Ausführungen zu § 18 Rn. 3 verwiesen. 4

Nach Abs. 8 sind die Verfahren gebührenfrei, Auslagen können aber anfallen nach Teil 3 Auslagen Hauptabschnitt 1 des Kostenverzeichnisses. Ihre Kosten haben die Beteiligten selbst zu tragen, Abs. 8 S. 2. 5

§ 83 Beschwerde gegen die Festsetzung des Geschäftswerts

(1) [1]**Gegen den Beschluss, durch den der Geschäftswert für die Gerichtsgebühren festgesetzt worden ist (§ 79), ist die Beschwerde statt-**

haft, wenn der Wert des Beschwerdegegenstands 200 Euro übersteigt. [2]Die Beschwerde ist auch statthaft, wenn sie das Gericht, das die angefochtene Entscheidung erlassen hat, wegen der grundsätzlichen Bedeutung der zur Entscheidung stehenden Frage in dem Beschluss zulässt. [3]Die Beschwerde ist nur zulässig, wenn sie innerhalb der in § 79 Absatz 2 Satz 2 bestimmten Frist eingelegt wird; ist der Geschäftswert später als einen Monat vor Ablauf dieser Frist festgesetzt worden, kann sie noch innerhalb eines Monats nach Zustellung oder formloser Mitteilung des Festsetzungsbeschlusses eingelegt werden. [4]Im Fall der formlosen Mitteilung gilt der Beschluss mit dem vierten Tag nach Aufgabe zur Post als bekannt gemacht. [5]§ 81 Absatz 3 bis 5 Satz 1 und 4 und Absatz 6 ist entsprechend anzuwenden. [6]Die weitere Beschwerde ist innerhalb eines Monats nach Zustellung der Entscheidung des Beschwerdegerichts einzulegen.

(2) **[1]War der Beschwerdeführer ohne sein Verschulden verhindert, die Frist einzuhalten, ist ihm auf Antrag von dem Gericht, das über die Beschwerde zu entscheiden hat, Wiedereinsetzung in den vorigen Stand zu gewähren, wenn er die Beschwerde binnen zwei Wochen nach der Beseitigung des Hindernisses einlegt und die Tatsachen, welche die Wiedereinsetzung begründen, glaubhaft macht. [2]Ein Fehlen des Verschuldens wird vermutet, wenn eine Rechtsbehelfsbelehrung unterblieben oder fehlerhaft ist. [3]Nach Ablauf eines Jahres, von dem Ende der versäumten Frist an gerechnet, kann die Wiedereinsetzung nicht mehr beantragt werden. [4]Gegen die Entscheidung über den Antrag findet die Beschwerde statt. [5]Sie ist nur zulässig, wenn sie innerhalb von zwei Wochen eingelegt wird. [6]Die Frist beginnt mit der Zustellung der Entscheidung. [7]§ 81 Absatz 3 Satz 1 bis 3, Absatz 5 Satz 1, 2 und 4 sowie Absatz 6 ist entsprechend anzuwenden.**

(3) **[1]Die Verfahren sind gebührenfrei. [2]Kosten werden nicht erstattet.**

1 Ein **Festsetzungsbeschluss** nach § 79 ist grundsätzlich zu begründen (→ § 79 Rn. 2). Innerhalb einer Frist von sechs Monaten nach Rechtskraft der Entscheidung oder Erledigung in der Hauptsache ist eine Beschwerde gegen die Festsetzung des Geschäftswertes statthaft, wenn die Beschwer 200 EUR übersteigt oder die Beschwerde zugelassen worden ist. Ist der Geschäftswert erst weniger als ein Monat vor Ablauf der 6-Monatsfrist mitgeteilt worden, ist noch innerhalb eines vollen Monats eine Beschwerde zulässig. Die gesetzliche Ausschlussfrist findet in Dauerbetreuungsverfahren keine Anwendung. Es fehlen die Anknüpfungspunkte (Entscheidung Hauptgegenstand oder anderweitige Erledigung), die die Frist auslösen. Eine analoge Anwendung kommt nicht in Betracht (vgl. OLG Schleswig BtPrax 2025, 151).

2 Wie im Erinnerungs- und Beschwerdeverfahren nach § 81 ist zunächst eine Abhilfeprüfung vorzunehmen, § 83 Abs. 1 S. 5 verweist auf § 81 Abs. 3. Das weitere Verfahren ist ähnlich wie in § 81 ausgestaltet (vgl. näher Korintenberg/Fackelmann Rn. 35 ff.). Geschäftswertbeschwerden dürften in Betreuungsverfahren eher eine untergeordnete Rolle spielen.

3 Bemerkenswert ist die Regelung in § 83 Abs. 2 S. 2, wonach bei fehlender Rechtsmittelbelehrung nach § 7a GNotKG eine erleichterte Wiedereinsetzung in den vorigen Stand bei Fristversäumnis möglich ist.

§ 84 Abhilfe bei Verletzung des Anspruchs auf rechtliches Gehör

(1) **Auf die Rüge eines durch die Entscheidung nach diesem Gesetz beschwerten Beteiligten ist das Verfahren fortzuführen, wenn**
1. **ein Rechtsmittel oder ein anderer Rechtsbehelf gegen die Entscheidung nicht gegeben ist und**
2. **das Gericht den Anspruch dieses Beteiligten auf rechtliches Gehör in entscheidungserheblicher Weise verletzt hat.**

(2) **[1]Die Rüge ist innerhalb von zwei Wochen nach Kenntnis von der Verletzung des rechtlichen Gehörs zu erheben; der Zeitpunkt der Kenntniserlangung ist glaubhaft zu machen. [2]Nach Ablauf eines Jahres seit Bekanntmachung der angegriffenen Entscheidung kann die Rüge nicht mehr erhoben werden. [3]Formlos mitgeteilte Entscheidungen gelten mit dem vierten Tag nach Aufgabe zur Post als bekannt gemacht. [4]Die Rüge ist bei dem Gericht zu erheben, dessen Entscheidung angegriffen wird; § 81 Absatz 5 Satz 1 und 2 gilt entsprechend. [5]Die Rüge muss die angegriffene Entscheidung bezeichnen und das Vorliegen der in Absatz 1 Nummer 2 genannten Voraussetzungen darlegen.**

(3) **Den übrigen Beteiligten ist, soweit erforderlich, Gelegenheit zur Stellungnahme zu geben.**

(4) **[1]Das Gericht hat von Amts wegen zu prüfen, ob die Rüge an sich statthaft ist und ob sie in der gesetzlichen Form und Frist erhoben ist. [2]Mangelt es an einem dieser Erfordernisse, so ist die Rüge als unzulässig zu verwerfen. [3]Ist die Rüge unbegründet, weist das Gericht sie zurück. [4]Die Entscheidung ergeht durch unanfechtbaren Beschluss. [5]Der Beschluss soll kurz begründet werden.**

(5) **Ist die Rüge begründet, so hilft ihr das Gericht ab, indem es das Verfahren fortführt, soweit dies aufgrund der Rüge geboten ist.**

(6) **Kosten werden nicht erstattet.**

Die Vorschrift ist nur für Gerichtskosten anwendbar, für Notarkosten enthält 1
§ 131 eine Spezialregelung. Im Übrigen entspricht die Vorschrift § 69a GKG.

Kapitel 3. Notarkosten

Abschnitt 4. Wertvorschriften

Unterabschnitt 2. Beurkundung

§ 98 Vollmachten und Zustimmungen

(1) **Bei der Beurkundung einer Vollmacht zum Abschluss eines bestimmten Rechtsgeschäfts oder bei der Beurkundung einer Zustimmungserklärung ist Geschäftswert die Hälfte des Geschäftswerts für die Beurkundung des Geschäfts, auf das sich die Vollmacht oder die Zustimmungserklärung bezieht.**

(2) …

(3) [1]**Der Geschäftswert bei der Beurkundung einer allgemeinen Vollmacht ist nach billigem Ermessen zu bestimmen; dabei sind der Umfang der erteilten Vollmacht und das Vermögen des Vollmachtgebers angemessen zu berücksichtigen.** [2]**Der zu bestimmende Geschäftswert darf die Hälfte des Vermögens des Auftraggebers nicht übersteigen.** [3]**Bestehen keine genügenden Anhaltspunkte für eine Bestimmung des Werts, ist von einem Geschäftswert von 5 000 Euro auszugehen.**

(4) **In allen Fällen beträgt der anzunehmende Geschäftswert höchstens 1 Million Euro.**

(5) **Für den Widerruf einer Vollmacht gelten die vorstehenden Vorschriften entsprechend.**

1 Bei einer Vorsorgevollmacht nach § 1901c BGB handelt es sich üblicherweise um eine allgemeine Vollmacht nach Abs. 3. Je nach Fallgestaltung setzt die Rechtsprechung zwischen 10 % und 50 %, in manchen Fällen auch mehr, des Aktivvermögens zur Geschäftswertbestimmung an (Korintenberg/Tiedtke Rn. 21–23). Nach der jetzigen Regelung ist höchstens ein Ansatz von 50 % zulässig. Durch das Anfügen des S. 3 in Abs. 3 durch Umsetzung des Internationalen Erbrechtsverfahrensgesetzes wurde in nichtvermögensrechtlichen Angelegenheiten eine Auffangregelung entsprechend § 36 Abs. 3 eingeführt, falls Anhaltspunkte für eine Bemessungsgrundlage für den Geschäftswert nach § 98 Abs. 3 fehlen. Es soll dann der Auffangwert iHv 5.000 EUR gelten (BT-Drs. 18/4201, 63). Dieser dürfte wohl anzusetzen sein, wenn die Vorsorgesollmacht ohne Vermögenssorge erteilt wird (Korintenberg/Tiedtke Rn. 24)

Kapitel 4. Schluss- und Übergangsvorschriften

§ 136 Übergangsvorschrift zum 2. Kostenrechtsmodernisierungsgesetz

(1) **Die Kostenordnung in der im Bundesgesetzblatt Teil III, Gliederungsnummer 361-1, veröffentlichten bereinigten Fassung, die zuletzt durch Artikel 8 des Gesetzes vom 26. Juni 2013 (BGBl. I S. 1800) geändert worden ist, und Verweisungen hierauf sind weiter anzuwenden**
1. **in gerichtlichen Verfahren, die vor dem Inkrafttreten des 2. Kostenrechtsmodernisierungsgesetzes vom 23. Juli 2013 (BGBl. I S. 2586) anhängig geworden oder eingeleitet worden sind; die Jahresgebühr 12311 wird in diesen Verfahren nicht erhoben;**
2. **in gerichtlichen Verfahren über ein Rechtsmittel, das vor dem Inkrafttreten des 2. Kostenrechtsmodernisierungsgesetzes vom 23. Juli 2013 (BGBl. I S. 2586) eingelegt worden ist;**
3. **hinsichtlich der Jahresgebühren in Verfahren vor dem Betreuungsgericht, die vor dem Inkrafttreten des 2. Kostenrechtsmodernisierungsgesetzes vom 23. Juli 2013 (BGBl. I S. 2586) fällig geworden sind;**
4. **…**
5. **in allen übrigen Fällen, wenn die Kosten vor dem Tag vor dem Inkrafttreten des 2. Kostenrechtsmodernisierungsgesetzes vom 23. Juli 2013 (BGBl. I S. 2586) fällig geworden sind.**

(2) Soweit Gebühren nach diesem Gesetz anzurechnen sind, sind auch nach der Kostenordnung für entsprechende Tätigkeiten entstandene Gebühren anzurechnen.

(3) Soweit für ein notarielles Hauptgeschäft die Kostenordnung nach Absatz 1 weiter anzuwenden ist, gilt dies auch für die damit zusammenhängenden Vollzugs- und Betreuungstätigkeiten sowie für zu Vollzugszwecken gefertigte Entwürfe.

(4) Bis zum Erlass landesrechtlicher Vorschriften über die Höhe des Haftkostenbeitrags, der von einem Gefangenen zu erheben ist, ist anstelle der Nummern 31010 und 31011 des Kostenverzeichnisses § 137 Absatz 1 Nummer 12 der Kostenordnung in der bis zum 27. Dezember 2010 geltenden Fassung anzuwenden.

(5) [1]Absatz 1 ist auf die folgenden Vorschriften in ihrer bis zum Tag vor dem Inkrafttreten des 2. Kostenrechtsmodernisierungsgesetzes vom 23. Juli 2013 (BGBl. I S. 2586) geltenden Fassung entsprechend anzuwenden:
1. **§ 30 des Einführungsgesetzes zum Gerichtsverfassungsgesetz,**
2. **§ 15 des Spruchverfahrensgesetzes,**
3. **§ 12 Absatz 3, die §§ 33 bis 43, 44 Absatz 2 sowie die §§ 45 und 47 des Gesetzes über das gerichtliche Verfahren in Landwirtschaftssachen,**
4. **§ 102 des Gesetzes über Rechte an Luftfahrzeugen,**
5. **§ 100 Absatz 1 und 3 des Sachenrechtsbereinigungsgesetzes,**
6. **§ 39b Absatz 1 und 6 des Wertpapiererwerbs- und Übernahmegesetzes,**
7. **§ 99 Absatz 6, § 132 Absatz 5 und § 260 Absatz 4 des Aktiengesetzes,**
8. **§ 51b des Gesetzes betreffend die Gesellschaften mit beschränkter Haftung,**
9. **§ 62 Absatz 5 und 6 des Bereinigungsgesetzes für deutsche Auslandsbonds,**
10. **§ 138 Absatz 2 des Urheberrechtsgesetzes,**
11. **die §§ 18 bis 24 der Verfahrensordnung für Höfesachen,**
12. **§ 18 des Gesetzes zur Ergänzung des Gesetzes über die Mitbestimmung der Arbeitnehmer in den Aufsichtsräten und Vorständen der Unternehmen des Bergbaus und der Eisen und Stahl erzeugenden Industrie und**
13. **§ 65 Absatz 3 des Landwirtschaftsanpassungsgesetzes.**

[2]An die Stelle der Kostenordnung treten dabei die in Satz 1 genannten Vorschriften.

Das 2. Kostenrechtsmodernisierungsgesetz mit dem GNotKG als Art. 1 ist am 1.8.2013 in Kraft getreten (s. → Vorb. § 1). **1**

Das **Übergangsrecht** (§§ 134–136) bestimmt, dass die **Kostenordnung** weiter auf vor dem 1.8.2013 anhängig gewordene Verfahren und Rechtsmittel anwendbar ist. Nach § 136 Abs. 1 Nr. 3 GNotKG gilt dies für die nach § 92 KostO bis dahin fällig gewordenen Jahresgebühren für Betreuungssachen. Bei Betreuerbestellungen vom 1.1.2013 bis zum 31.7.2013 ist also die mit der Erstbestellung fällige Jahresgebühr nach Kostenordnung zu erheben und deckt den Zeitraum bis 31.12.2014 ab (vgl. Vorauflage § 92 KostO Rn. 14). Bei älteren Betreuungsverfahren, also Bestellung vor dem 1.1.2013, sind die Jahresgebühren ab 1.1.2014 nach dem neuen Gesetz zu erheben. **2**

Anlage

Anlage Kostenverzeichnis

(zu § 3 Abs. 2)

Teil 1 Gerichtsgebühren

Nr.	Gebührentatbestand	Gebühr oder Satz der Gebühr nach § 34 GNotKG **– Tabelle A**
Vorb. 1: (1) Im Verfahren der einstweiligen Anordnung bestimmen sich die Gebühren nach Hauptabschnitt 6. (2) … (3) In einem Verfahren, für das sich die Kosten nach diesem Gesetz bestimmen, ist die Bestellung eines Pflegers für das Verfahren und deren Aufhebung Teil des Verfahrens, für das der Pfleger bestellt worden ist. Die Bestellung und Aufhebung sind gebührenfrei.		
Hauptabschnitt 1. **Betreuungssachen und betreuungsgerichtliche Zuweisungssachen**		
Vorb. 1.1: (1) In Betreuungssachen werden von dem Betroffenen Gebühren nach diesem Hauptabschnitt nur nach Maßgabe des § 1880 Abs. 2 BGB erhoben. Maßgeblich ist der Zeitpunkt der Fälligkeit. (2) …		

Vorb. 1 Anm. (1) dient der Abgrenzung der Gebühren des Hauptsacheverfahrens zu denen des Verfahrens der einstweiligen Anordnung. Es soll damit klargestellt werden, dass im Verfahren der einstweiligen Anordnung grundsätzlich Gebühren nach Hauptabschnitt 6 anfallen (BT Drs. 17/11471, 194). Besonderheiten ergeben sich aus der Vorb. 1.1.1, es wird dorthin verwiesen. 1

Durch die amtliche Vorb. 1 Anm. (3) und die Anm. zu Nr. 31015 des Kostenverzeichnisses ist § 93a KostO im Wesentlichen in das GNotKG übertragen worden. Es wird damit klargestellt, dass die Bestellung und die Aufhebung des Beschlusses zur Bestellung des **Verfahrenspflegers** nach § 276 FamFG (nicht eines Pflegers nach BGB) Teil des Verfahrens nach den Nr. 11100 ff. des KV sind und diese weiterhin gebührenfrei bleiben. 2

Die Vorb. 1.1. Anm. (1) überträgt den Kernregelungsgehalt von § 92 KostO in das GNotKG. Diese Vorschrift war 1992 durch das BtG völlig neu gefasst worden und führte den Freibetrag von 25.000 EUR als Voraussetzung zur Erhebung von Kosten bei Dauerbetreuungen ein (näher 4. Auflage GNotKG § 92 Rn. 1 ff.). Die Vorb. 1.1 Anm. 1 S. 1 wurde durch das HaagÜbkGeStuaÄndG (G v. 10.12.2014, BGBl I 2082) geändert. Statt mit den Worten „Bei einer Betreuung…“ beginnt der S. 1 jetzt mit „In Betreuungssachen…“. Damit wird klarge- 3 stellt, dass der Betroffene in den Fällen, in denen es nicht zu einer Betreuerbestellung kommt und ihm die Verfahrenskosten auferlegt werden, nur herangezogen werden kann, wenn das Reinvermögen 25.000 EUR übersteigt (BT Drs. 18/3068, 8). Damit ist die Vorb. 1.1 Anm. (1) S. 1 wortgleich mit der Anm. (2) zu Vorb. 3.1. Durch das KostRÄG2021 ist klarstellend eingefügt worden, dass ausschließlich das Vermögen zum Zeitpunkt der Fälligkeit (1.1. eines jeden Jahres) der jeweiligen Jahresgebühr herangezogen werden darf. Das KostBRÄG 2025 hat die Vorb. 1.1 Anm. (1) und den zu berücksichtigenden Schonbetrag gem. der Gebühr 11101 Anm. (1) geändert. Künftig ist bei der Prüfung des einzusetzenden Vermögens nach sozialrechtlichen Vorschriften die Verwertbarkeit zu prüfen und bei der Berechnung der Geb. 11101 ist lediglich ein Schonbetrag iHv 10.000 EUR (Gleichlauf mit § 90 Abs. 2 Nr. 9 SGB XII) zu berücksichtigen und weiterhin bleibt das angemessene Hausgrundstück (§ 90 Abs. 2 Nr. 8 SGB XII) unberücksichtigt. Das KostRÄG 2025 ist im KostBRÄG 2025 übernommen worden (BT-Drs. 20/14768, 48). Die Kostenbearbeitung hat sich damit weiter verkompliziert, da in der Gerichtspraxis regelmäßig keine Wertfestsetzung stattfindet. Der Vermögenseinsatz ist nun nach Sozialrecht zu beurteilen (Verweis auf § 90 SGB XII über § 1880 Abs. 2 BGB) und die Gebühr 11101 KV GNotKG ist unter Heranziehung des gesamten Vermögens zu berechnen. Eine Festsetzung des einzusetzenden Vermögens (Vorb. 1.1 Anm. (1)) ist nicht vorgesehen (OLG Schleswig BeckRS 2025, 2397 Rn. 41).

4 Mit Inkrafttreten des KostBRÄG wird ua die Vorb. 1.1 Anm. (1) und die Anm. 1 zu 11101 geändert. Die Vorb. 1.1 Anm. (1) ist maßgebend für den Vermögenseinsatz; die Anm. (1) zu 11101 ist maßgebend für die Einbeziehung des Vermögens in die Berechnung der Jahresgebühr. Die jeweiligen Vermögensbegriffe sind inhaltlich different, nach Anm. (1) Vorb. 1.1 sind ausschließlich die Aktiva und nach Anm. 1 11101 sind sowohl die Aktiva als auch die Passiva umfasst. Dementsprechend führen sie auch zu unterschiedlichen Ergebnissen. Die bisher ergangene Rechtsprechung zu Vorb. 1.1 Anm. (1) ist damit hinfällig. Nach Anm. (1) Vorb. 1.1 ist das einzusetzende Vermögen anhand der sozialrechtlichen Bestimmung → § 90 SGB XII festzustellen. Dies ergibt sich aus dem Verweis → § 1880 Abs. 2 BGB. Der Kostenbeamte hat also anders als vor der Gesetzesänderung das Vermögen danach zu prüfen, ob es nach sozialrechtlichen Maßstäben einsetzbar/verwertbar ist. Anders als bisher sind hierbei die Verbindlichkeiten **nicht** einzubeziehen, → BGB § 1880 Rn. 9. Demgegenüber musste der Kostenbeamte vor Inkrafttreten des KostBRÄG hier lediglich einen Schonbetrag iHv 25.000 EUR und die Verbindlichkeiten in Abzug bringen. Hier wird wohl ein erhöhter Arbeitsaufwand für die Aufklärung der Vermögensangaben durch den Betreuer zu erwarten sein. Danach sind Vermögen, die einem „Behindertentestament" unterliegen, Schmerzensgeld, Nachzahlungen nach OEG, Bestattungsvorsorge (keine LV), LV, die kein deutliches Missverhältnis zwischen Beiträgen und Verwertung darstellen (vgl. weitergehend Grube/Wahrendorf/Flint/Giere SGB XII § 90 Rn. 70-83), Zahlungen nach ConStifG nicht zu berücksichtigen. Gelder aus einer privaten Unfallvers. unterliegen nicht der Härtefallregelung und sind verwertbar, anders Schmerzensgeld (vgl. SG Koblenz BeckRS 2024, 45491). Weitere Hinweise siehe Kommentierung zu → BGB § 1880 Rn. 9–12. Dieser Prüfungsumfang ist sonst in PKH/VKH-Verfahren anzutreffen, § 115 Abs. 3 ZPO. Eine Prüfungstätigkeit die sonst durch Richter/-in oder Rechtspfleger/-innen vorgenommen wird (vgl. Musielak/Voit/Fischer ZPO § 118 Rn. 18; in VKH Sachen wird auf die ZPO verwiesen). Ausnahmsweise erfolgt eine Prüfung durch den Kostenbeamten, wenn das Unvermögen des Kostenschuldners in anderen Fällen zu prüfen ist, § 10 KostVfg. Die zu prüfenden Voraussetzungen weichen dann aber stark von den hier sozialrechtlich geforderten Prüfungen ab. HE nach ist das eine Prüfung, die Kostenbeamte in anderen Verfahren nicht treffen und auch nicht treffen sollten. Demgegenüber hat der Kostenbeamte bei einer Betreuung mit Vermögenssorge (11101) und soweit das Vermögen den Schonbetrag iHv 10.000 EUR überschreitet wiederum sämtliche zuvor genannten Vermögensbestandteile bei der Berechnung der Jahresgebühr einzubeziehen. Es hat eine Bewertung des Vermögens des Betroffenen, mithin der Aktiva und Passiva, nach den einschlägigen Vorschriften des GNotKG zu erfolgen (§§ 35 ff.; zB Hausgrundstücke nach §§ 46, 47, Gesellschaftsanteile nach § 54, Dienstbarkeiten nach § 52, Wertpapiere, Bargeld, Beträge auf Girokonten usw.). Mit Ausnahme des nach § 90 Abs. 2 Nr. 8 SGB XII genannten Vermögenswertes (angemessenes Hausgrundstück, s. → Rn. 7) sind die in § 90 Abs. 2 Nrn. 1.–7. und 9. genannten Vermögenswerte, als auch die in Abs. 3 SGB XII genannten Härtefälle hier wiederum nicht ausgenommen (Beispielhaft aufgeführte Rechtsprechung: OLG Schleswig SchlHA 2018, 298 (Nachzahlung nach dem Opferentschädigungsgesetz); OLG Hamm RPfleger 1998, 541 (Schmerzensgeld). Dies gilt auch für die Gebühren 11102 und 11103 soweit eine Vergleichsberechnung vorzunehmen ist. Das angemessene Hausgrundstück ist nicht einzubeziehen. Hier muss das Vermögen von der Betreuung unmittelbar betroffen sein. Das trifft auf das der Dauertestamentsvollstreckung unterliegende Vermögen nicht zu; im Ergebnis ist es für die Berechnung der Gebühr 11101 KV nicht einzubeziehen, s. auch → Rn. 5 (ausführliche Darstellung zum Streitstand: Hofer RPfl. 2021, 677 sowie ergänzend die Ausführungen von Harms RPfleger 2022, 229 und Luther RPfleger 2022, 289, ausgenommen sind die Auslagen des Verfahrenspflegers, da § 1880 BGB zu beachten ist). Verbindlichkeiten, die auf dem anrechnungsfreien Hausgrundstück lasten, sind ebenfalls abzuziehen. Gelder mit besonderer Zweckbestimmung sind bei der Vermögenswertermittlung mit einzubeziehen.

Gegenüber der alten Regelung ist zwar nach Vorb. 1.1 das einzusetzende Vermögen nach sozialrechtlichen Maßstäben zu bestimmen; bei der Gebührenberechnung nach 11101 KV GNotKG bleibt es aber dabei, dass das sämtliche Vermögen in die Gebührenberechnung einzubeziehen ist, bis auf der Schonbetrag iHv 10.000 EUR. Die alte Regelung bleibt danach für die Gebührenberechnung nach 11101 KV GNotKG bestehen. Im Ergebnis kann es dann dazu kommen, dass das einzusetzende Vermögen die Gebühr nicht deckt. Eine Nachforderung ist ausgeschlossen, da der Fälligkeitszeitpunkt maßgebend ist.

Ist eine **Dauertestamentsvollstreckung im Rahmen eines Behindertentestaments bestimmt,** so ist bei der Prüfung nach Vorb. 1.1 Anm. (1) das gesamte Vermögen nicht zu Berücksichtigung Anders beim Gebührenansatzes nach 11101 Anm. (1) KV. Hier ist die jeweilige Rechtsprechung zu beachten. Einerseits wird davon ausgegangen, dass dieses Vermögen nicht einzubeziehen sei, vgl. OLG München FamRZ 2019, 728, OLG Bamber FamRZ 2020, 947; OLG Köln BtPrax 2020, 35; OLG Zweibrücken FamRZ 2021, 885; OLG Köln FGPrax 2023, 43. Die Gegenmeinung (OLG Celle FamRZ 2020, 586; OLG Stuttgart BtPrax 2020, 157; OLG Hamm BtPrax 2020, 227; OLG Karlsruhe BtPrax 2021, 118; OLG Celle FamRZ 2017, 1083; OLG Hamm BtPrax 2015, 246; OLG Köln zur KostO, Beschl. v. 14.9.2009 – 2 Wx 66/09, BeckRS 2015, 8022) geht von einer Einbeziehung dieses Vermögens aus. Ausführlich wird dieser Punkt in der Vorauflage behandelt. Das einer Nacherbschaft unterliegende Vermögen soll nach 5 wohl herrschender Rechtsprechung und überwiegender Meinung in der Literatur unbeschränkt in die Vermögensberechnung einbezogen werden (Korintenberg/Fackelmann Vorb. 1.1 Rn. 12; Bestelmeyer RPfleger 2018, 173 ua; OLG Celle FamRZ 2017, 1083; OLG Hamm BtPrax 2015, 246). Die Gegenansicht (LG Augsburg BtPrax 2017, 249; LG Kempten v. 29.12.2017 – 43 T 783/17, BeckRS 2017, 145839; Hofer BtPrax 2017, 232) hält es für richtig, dass Nacherbenrecht als Belastung anzusehen und es damit wie eine Verbindlichkeit zu behandeln, die nach Anm. (1) 11101 KV in Abzug zu bringen ist. Allerdings dürfte die richtige Herangehensweise die Wertermittlung der unter Nacherbschaft stehenden Vorerbschaft sein. Hierbei wird bei Anordnung einer Vor-/Nacherbschaft sowohl das dem Vorerben zuzuordnende geerbte Vermögen als auch der Verkehrswert der Vorerbschaft berücksichtigt werden müssen, die nicht übereinstimmen müssen (vgl. Hofer Rpfleger 2021, 677). Das LG Augsburg geht wegen der Verwaltung- und Auszahlungsanordnung davon aus, dass eine Verbindlichkeit von 30–70 % in Abzug zu bringen ist. Das LG Kempten (Beschl. v. 29.12.2017 – 43 T 783/17, BeckRS 2017, 145839) geht ebenfalls von einer Verbindlichkeit aus und hat ohne weitergehende Begründung 50 % in Abzug gebracht. Eine Bewertung scheint schwierig. Das OLG München (FamRZ 2019, 728) hält es ebenfalls für richtig, das Anwartschaftsrecht (Nacherbenrecht) zu passivieren. Eine Bewertung kann zumindest ausbleiben, wenn zusätzlich eine umfangreiche Dauertestamentsvollstreckung angeordnet ist.

Die bisherige Rechtsprechung zur Gegenansicht (s. oben), die sich zwar für eine aufgrund der Verfügungsbeschränkung wegen der angeordneten Vor-/Nacherbschaft und Dauertestamentsvollstreckung bestehende Verbindlichkeit ausgesprochen hat, hat allerdings keine Berechnungsmöglichkeit dargestellt oder von einer weitergehenden Ausführung abgesehen. Das OLG Schleswig (BtPrax 2023, 180) hat sich in Anlehnung an § 52 GNotKG für ein zu berechnendes Nutzungsrecht ausgesprochen, welches wertmäßig geringer als der unter Vor-/Nacherbschaft und Dauertestamentsvollstreckung (Behindertentestament) stehende Vermögenswert ausfallen dürfte und demensprechend eine wertmäßig nicht darstellbare Verbindlichkeit berücksichtigt sei (Anm. Luther BtPrax 2023, 183). In einer weiteren Entscheidung des OLG Schleswig wurde die Berechnung in Anlehnung an § 52 GNotKG weiter differenziert. Soweit die ablehnenden Gerichte argumentieren, dass das Kostenrecht sowie auch die Kostenbeamten nicht Übergebühr belastet werden dürfen, wird völlig übersehen, dass die Prüfung des angemessenen Hausgrundstücks sehr komplex ist (Sozialrechtsprechung ist zu prüfen), ggf. ist das unangemessene Hausgrundstück anteilig zu berücksichtigen. Dieser Prüfungsaufwand wird von den Gerichten offensichtlich kommentarlos in Kauf genommen, wenn auf das formalisierte Kostenrecht hingewiesen wird, gleiches gilt für Geschäftsanteile usw. (OLG Nürnberg, FamRZ 2021, 1731; OLG Rostock FamRZ 2021, 882).

6 Anrechnungsfrei bleibt das „angemessene" Hausgrundstück nach § 90 Abs. 2 Nr. 8 SGB XII, das vom Betroffenen allein oder mit Ehegatten und Angehörigen (die nach § 19 Abs. 1–3 SGB XII berücksichtigungsfähigen Personen) ganz oder teilweise bewohnt wird. Die Angemessenheit ist nach den sozialhilferechtlichen Maßstäben zu bemessen (Toussaint/Benner GNotKG KV 11101 Rn. 6). Maßstab sollte hier § 8 WoBauG sein, wobei im Zusammenhang mit Betreuungen wichtig ist, dass bei häuslicher Pflege die dort genannten Größen (Einfamilienhaus mit vier Personen – 130 qm) um 20 % überschritten werden dürfen. Überschreitet das Hausgrundstück die Grenze der Angemessenheit, ist es nicht insgesamt, son-

dern nur mit dem Teil des überschießenden Wertes in den Vermögensbetrag einzurechnen.

Nr.	Gebührentatbestand	Gebühr oder Satz der Gebühr nach § 34 GNotKG – **Tabelle A**
	Abschnitt 1. Verfahren vor dem Betreuungsgericht	
Vorb. 1.1.1: Dieser Abschnitt ist auch anzuwenden, wenn ein vorläufiger Betreuer bestellt worden ist.		
11100	Verfahren im Allgemeinen Die Gebühr entsteht nicht für Verfahren, 1. die in den Rahmen einer bestehenden Betreuung oder Pflegschaft fallen, 2. für die die Gebühr 11103 oder 11105 entsteht oder 3. die mit der Bestellung eines Betreuers oder der Anordnung einer Pflegschaft enden.	0,5
11101	Jahresgebühr für jedes angefangene Kalenderjahr bei einer Dauerbetreuung, wenn nicht Nr. 11102 anzuwenden ist (1) Für die Gebühr wird das Vermögen des von der Maßnahme Betroffenen nur berücksichtigt, soweit es nach Abzug der Verbindlichkeiten mehr als 10.000 EUR beträgt; der in § 90 Abs. 2 Nr. 8 des Zwölften Buches Sozialgesetzbuch genannte Vermögenswert wird nicht mitgerechnet. Ist Gegenstand der Betreuung ein Teil des Vermögens, ist höchstens dieser Teil des Vermögens zu berücksichtigen. (2) Für das bei der ersten Bestellung eines Betreuers laufende und das folgende Kalenderjahr wird nur eine Jahresgebühr erhoben. Geht eine vorläufige Betreuung in eine endgültige über, handelt es sich um ein einheitliches Verfahren. (3) Dauert die Betreuung nicht länger als drei Monate, beträgt die Gebühr abweichend von dem in der Gebührenspalte bestimmten Mindestbetrag 100 EUR.	11,50 EUR je angefangene 5.000 EUR des zu berücksichtigenden Vermögens – mindestens 230 EUR

Durch das HaagÜbkGeStuaÄndG (G v. 10.12.2014, BGBl I 2082) wurde die Vorb. 1.1.1 eingefügt. Es wird dadurch klargestellt, dass in einstweiligen Anordnungsverfahren, die mit der Bestellung eines vorläufigen Betreuers enden, die gleichen Gebühren entstehen, wie im Dauerbetreuungsverfahren nach den Nrn. 11101 und 11102 KV GNotKG (BT Drs. 18/3036, 8). Im einstweiligen Anordnungsverfahren entsteht dann keine Gebühr (vgl. Anm. (2) zu 16110 KV GNotKG). 7

Mit Wirksamwerden des KostRÄG2021 wurde die Anm. (3) angefügt. Die Festgebühr iHv 100 EUR ist für Verfahren festgeschrieben worden, die nicht länger als drei Monate andauern. Damit sollen Kosten in Dauerbetreuungsverfahren von kurzer Dauer und übersichtlichem Aufwand der Gerichte gedeckelt werden (BT-Drs. 19/24740, 77). Die Gebühr 11101 KV GNotKG hat sich mit dem 1.1.2024 auf 11,50 EUR je 5.000 EUR Vermögen, genauso die Mindestgebühr auf 230 EUR geändert (BetrIN ASG).

8 Nach Anm. (1) zu Nr. 11101 wird bestimmt, dass sich die Entstehung der Gebühr nach dem berücksichtigungsfähigen Vermögen des Betroffenen richtet. Soweit danach das Vermögen 25.000 EUR übersteigt, fallen Gebühren an. Die Gebühr wird mit 10 EUR je angefangene 5.000 EUR berechnet. Die Mindestgebühr iHv 200 EUR ist bei einem berücksichtigungsfähigen Vermögen von 25.000,01–125.000 EUR anzusetzen. Zur Erläuterung des Vermögensbegriffs wird auf die Ausführungen unter Vorb. 1.1 Rn. 4–7 verwiesen. Erfasst der Aufgabenkreis nur einen Teil des Vermögens, ist höchstens dieser Teil wertbestimmend, Anm. (2) zu Nr. 11101. Das kann dazu führen, dass nach Prüfung des Gesamtvermögens nach Vorb. 1.1 Anm. (1) das Vermögen zwar den Freibetrag übersteigt, jedoch das berücksichtigungsfähige Teilvermögen unter dem Freibetrag nach Anm. (1) zu 11101 liegt und es somit zu keinem Gebührenansatz kommt. Zu den Auslagen in solchen Fällen vgl. Vorb. 3.1 Rn. 22.

9 Nach § 8 S. 1 GNotKG ist die Gebühr bei Betreuerbestellung fällig und gilt nach Anm. (2) S. 1 das Jahr, in dem die Betreuerbestellung (auch die vorläufige) erfolgt, und das darauffolgende Jahr ab. Später sind die Gebühren zum 1.1. eines jeden Jahres fällig und nach den dann jeweils vorhandenen Vermögenswerten zu berechnen, vgl. § 8 S. 1. Durch das HaagÜbkGeStuaÄndG (G v. 10.12.2014, BGBl I 2082) wurde der Anm. (2) zu 11101 und 11102 der S. 2 eingefügt und klargestellt, dass die vorläufige Betreuerbestellung, wenn sie in eine endgültige Betreuerbestellung übergeht als einheitliches Verfahren zu betrachten ist, eine weitere Gebühr nicht entsteht (vgl. BT- Drs. 18/3068, 8).

Nr.	Gebührentatbestand	Gebühr oder Satz der Gebühr nach § 34 GNotKG – **Tabelle A**
11102	Jahresgebühr für jedes angefangene Kalenderjahr bei einer Dauerbetreuung, die nicht unmittelbar das Vermögen oder Teile des Vermögens zum Gegenstand hat (1) Für das bei der ersten Bestellung eines Betreuers laufende und folgende Kalenderjahr wird nur eine Jahresgebühr erhoben. Geht eine vorläufige Betreuung in eine endgültige über, handelt es sich um ein einheitliches Verfahren. (2) Dauert die Betreuung nicht länger als drei Monate, beträgt die Gebühr abweichend von dem in der Gebührenspalte bestimmten Mindestbetrag 100 EUR.	300 EUR – höchstens eine Gebühr 11101

10 Die Anm. zur Gebühr ist geändert worden, siehe KostRÄG2021. Es wurde ein zweiter Absatz eingefügt. S. Erläuterung unter → Rn. 7 zur Kostendeckelung. Wegen Anm. (1) zu 11102 wird auf die Erläuterung zu 11101 Rn. 9 verwiesen.

11 Durch die Entscheidung des Bundesverfassungsgerichts vom 23.5.2006 (BtPrax 2006, 152) war eine Ergänzung für Betreuungen ohne Vermögensbezug, also zB bei den Aufgabenkreisen der Gesundheitssorge und Aufenthaltsbestimmung, erforderlich geworden. Diese Besonderheit soll nun über Nr. 11102 (ehemals § 92 Abs. 1 S. 4 KostO) des Kostenverzeichnisses geregelt werden: Bei Betreuungen

ohne unmittelbaren Vermögensbezug, also bei Aufgabenkreisen aus der Personensorge wie zB Gesundheitssorge, Zustimmung zur Heilbehandlung oder Aufenthaltsbestimmungsrecht, ist eine Festgebühr von 300 EUR vorgesehen, die zugleich Höchstgebühr ist, die niedriger sein kann, wenn eine Berechnung über einen Vergleich mit der Gebühr nach Nr. 11101 dies ergibt. Für die Vergleichsberechnung ist das Gesamtvermögen heranzuziehen. Dies führt dazu, dass bei **Betreuungen ohne unmittelbaren Vermögensbezug** Jahresgebühren zwischen 230 und 300 EUR erhoben werden müssen, wenn die Voraussetzung der Vorb. 1.1 Anm. (1) erfüllt sind und das bereinigte Vermögen 10.000 EUR übersteigt.

Der Kontrollbetreuer nach § 1820 BGB **hat keine originären Betreuungsaufgaben** zu übernehmen (BGH FamRZ 2017, 1777 Rn. 18). Die Aufgaben beschränken sich auf die Kontrolle der Personensorge in ihren unterschiedlichen Ausgestaltungen und hinsichtlich der Vermögenskontrolle auf Auskunft und Rechenschaft nach § 666 BGB und Herausgabe nach § 667 BGB. Der Kontrollbetreuer kann lediglich darauf hinwirken, dass die Vollmacht widerrufen wird, soweit dies von seinem Aufgabenbereich gedeckt ist. Der in diesem Rahmen aufgedeckte Betreuungsbedarf erfordert ggfls. die Einrichtung einer weitergehenden Dauerbetreuung (BGH FamRZ 2017, 1777 Rn. 18). Die Kontrollbetreuung umfasst damit gerade nicht unmittelbar das Vermögen und hat damit lediglich einen mittelbaren vermögensrelevanten Bezug und ist, wenn sie als Dauerbetreuung angelegt ist, mit der Gebühr 11102 KV GNotKG anzusetzen, Festgebühr 300 EUR pro Jahr; es ist eine entsprechende Vergleichsberechnung nach 11101 vorzunehmen (Schlaak RPfleger 2016, 7). Dies gilt auch, wenn der Widerruf der Vollmacht zum Aufgabenkreis gehört. Das wird mit der Gesetzesänderung Gesetz zur Reform des Vormundschafts- und Betreuungsrechts in den § 1815 Abs. 3 und § 1820 Abs. 3 BGB auch klargestellt. 12

Wegen des Abgeltungsumfangs und Fälligkeit der Gebühr wird auf → Rn. 9 verwiesen. 13

Nr.	Gebührentatbestand	Gebühr oder Satz der Gebühr nach § 34 GNotKG **– Tabelle A**
11103	Verfahren im Allgemeinen bei einer Betreuung für einzelne Rechtshandlungen Die Gebühr wird nicht neben einer Gebühr 11101 oder 11102 erhoben. Abs. 3 der Anm. zu Nr. 11101 ist nicht anzuwenden.	0,5 – höchstens eine Gebühr 11101

In Betreuungen für **„einzelne Rechtshandlungen"** werden Gebühr nach Nr. 11103 des Kostenverzeichnisses erhoben, die früher in § 93 KostO geregelt waren. Es handelt sich zB um die Vertretung in einem Prozess, bei einem bestimmten Rechtsgeschäft oder bei einem Realakt (vgl. Korintenberg/Fackelmann Rn. 5). Erhoben wird eine halbe Gebühr entsprechend dem Geschäftswert der einzelnen Angelegenheit. Verbindlichkeiten werden nicht abgezogen, § 38 S. 1 GNotKG. Die Gebührenhöhe ist abzugleichen mit Nr. 11101 des Kostenverzeichnisses. Diese kann zu einer Kappung oder Wegfall der Gebühr führen. Für die Gebührenerhebung gilt auch hier Vorb. 1.1 KV. 14

Die Gebührenhöhe ist abzugleichen mit Nr. 11101 des Kostenverzeichnisses. 15
Heranzuziehen ist das gesamte Vermögen. Diese kann zu einer Kappung führen.

Auch bei Einzelmaßnahmen gilt die Freigrenze von 10.000 EUR reinem Vermögen, Vorb. 1.1 Anm. (1) KV, dh erhoben werden die Gebühren nur unter Berücksichtigung auch der Verbindlichkeiten. Neben einer bestehenden oder anzuordnenden Dauerbetreuung werden die Gebühren nicht erhoben, Nr. 11103 des Kostenverzeichnisses S. 2.

16 Die Fälligkeit der Gebühr richtet sich nach § 9, der Wert nach § 63.

Nr.	Gebührentatbestand	Gebühr oder Satz der Gebühr nach § 34 GNotKG – **Tabelle A**
11104	Jahresgebühr für jedes angefangene Kalenderjahr bei einer Dauerpflegschaft (1) Ist Gegenstand der Pflegschaft ein Teil des Vermögens, ist höchstens dieser Teil des Vermögens zu berücksichtigen. (2) Für das bei der ersten Bestellung eines Pflegers laufende und das folgende Kalenderjahr wird nur eine Jahresgebühr erhoben. (3) Erstreckt sich die Pflegschaft auf mehrere Betroffene, wird die Gebühr für jeden Betroffenen gesondert erhoben. (4) Dauert die Pflegschaft nicht länger als drei Monate, beträgt die Gebühr abweichend von dem in der Gebührenspalte bestimmten Mindestbetrag 100 EUR.	10 EUR je angefangene 5.000 EUR des reinen Vermögens – mindestens 200 EUR

Hauptabschnitt 6
Einstweiliger Rechtsschutz

Vorb. 1.6:
Im Verfahren über den Erlass einer einstweiligen Anordnung und über deren Aufhebung oder Änderung werden die Gebühren nur einmal erhoben.

Abschnitt 1.
Verfahren, wenn in der Hauptsache die Tabelle A anzuwenden ist

Vorb. 1.6.1:
In Betreuungssachen werden von dem Betroffenen Gebühren nur unter den in Vorb. 1.1 Abs. 1 genannten Voraussetzungen erhoben.

Unterabschnitt 1.
Erster Rechtszug

16110	Verfahren im Allgemeinen, wenn die Verfahrensgebühr für den ersten Rechtszug in der Hauptsache weniger als 2,0 betragen würde (1) Die Gebühr entsteht nicht für Verfahren, die in den Rahmen einer bestehenden Betreuung oder Pflegschaft fallen, auch wenn nur ein vorläufiger Betreuer bestellt ist. (2) Die Gebühr entsteht ferner nicht, wenn das Verfahren mit der Bestellung eines vorläufigen Betreuers	0,3

Nr.	Gebührentatbestand	Gebühr oder Satz der Gebühr nach § 34 GNotKG – **Tabelle A**
	endet. In diesem Fall entstehen Gebühren nach Hauptabschnitt 1 Abschnitt 1 wie nach der Bestellung eines nicht nur vorläufigen Betreuers.	

Die Vorb. 1.6.1 und die Anm. (2) zu 16110 sind durch das HaagÜbkGeStuaÄndG (Abk. nach www.buzer.de, G v. 10.12.2014, BGBl I 2082) ergänzt bzw. geändert worden. **17**

Die neu eingefügte Vorb. 1.6.1 soll klarstellen, dass Kostenschuldner in Betreuungssachen, die im Rahmen des einstweiligen Rechtsschutzverfahrens entschieden werden, nur unter den gleichen Bedingungen wie in Betreuungssachen unter Teil 1 Hauptabschnitt 1 herangezogen werden können (BT Drs. 18/3068, 8). Kostenschuldner ist der Betroffene danach nur, wenn sein Vermögen nach Abzug der Verbindlichkeiten den Freibetrag iHv 25.000 EUR übersteigt. **18**

Die Anmerkungen (1) und (2) sollen klarstellen, dass die Gebühr nach 16110 nicht entsteht, wenn die Entscheidung im einstweiligen Rechtsschutzverfahrens in eine bereits bestehende Betreuung oder Pflegschaft fällt oder das Verfahren mit der Bestellung eines vorläufigen Betreuers endet. Nach Anm. (2) S. 2 können die Gebühren 11101–11103 entstehen. Lediglich wenn das Verfahren ohne Bestellung eines vorläufigen Betreuers endet (zB Betroffener verstorben), fällt die Gebühr an. **19**

Der Wert der Gebühr richtet sich nach § 62 und die Fälligkeit der Gebühr nach § 9 Abs. 1. **20**

Teil 3 Auslagen

Nr.	Auslagentatbestand	Höhe
	Hauptabschnitt 1. Auslagen des Gerichts	
	Vorb. 3.1: (1) … (2) In Betreuungssachen werden von dem Betroffenen Auslagen nur unter den in Vorb. 1.1 Abs. 1 genannten Voraussetzungen erhoben.	

Auslagen in Betreuungssachen werden nur erhoben, wenn die Voraussetzungen der Vorb. 1.1 Abs. 1 erfüllt sind. Es wird auch hier über die Vorb. 1.1 Abs. 1 auf § 1880 Abs. 2 BGB verwiesen, weitergehend zur Vermögensverwertung Rn. 1 ff. und Kommentierung zu → § 1880 BGB. **21**

Mit Inkrafttreten des KostRÄG 2021 ist der Auslagenansatz konkretisiert worden. Auch Auslagen dürfen nur erhoben werden, wenn bei deren Fälligkeit die Voraussetzungen der Vorb. 1.1 Abs. 1 erfüllt sind, s. oben. **22**

In Betreuungsverfahren sind der Gebühren- und Auslagenansatz unter gleichen Voraussetzungen möglich. Der Auslagenansatz bleibt aus, wenn am Fälligkeitstag kein verwertbares Vermögen (Vorb. 1.1 Abs. 1 S. 2) vorhanden ist bzw. können diese nur teilweise gedeckt werden, wenn das verwertbare Vermögen die Höhe der Auslagen nicht deckt. Die Auslagen werden dann lediglich iHd verwertbaren Vermögens eingezogen, s. Beispiel → Rn. 6a. **23**

24 **Auslagen** nach Nr. 31015 sind die an den beruflichen Verfahrenspfleger bezahlten **Vergütungen,** die sich in der Höhe nach § 2 Abs. 2 S. 1, §§ 3–5 und § 16 VBVG richten (s. → § 277 FamFG), sowie seine **Aufwendungen. Diese werden auch in Unterbringungssachen fällig (→ § 26 GNotKG).** Sie werden nur vom nicht mittellosen Betroffenen erhoben nach dem Maßstab des § 1880 BGB (→ BGB § 1880 Rn. 4 ff.). Fällig ist der Anspruch frühestens mit der Zahlung der Vergütung an den Verfahrenspfleger. Kostenschuldner ist ausschließlich der Betroffene.

Nr.	Auslagentatbestand	Höhe
31000	Pauschale für die Herstellung und Überlassung von Dokumenten: 1. Ausfertigungen, Kopien und Ausdrucke bis zur Größe von DIN A 3, die a) auf Antrag angefertigt oder auf Antrag per Telefax übermittelt worden sind oder b) angefertigt worden sind, weil zu den Akten gegebene Urkunden, von denen eine Kopie zurückbehalten werden muss, zurückgefordert werden; in diesem Fall wird die bei den Akten zurückbehaltene Kopie gebührenfrei beglaubigt: für die ersten 50 Seiten je Seite für jede weitere Seite für die ersten 50 Seiten in Farbe je Seite für jede weitere Seite in Farbe 2. Entgelte für die Herstellung und Überlassung der in Nr. 1 genannten Kopien oder Ausdrucke in einer Größe von mehr als DIN A3 oder pauschal je Seite oder pauschal je Seite in Farbe (1) Die Höhe der Dokumentenpauschale nach Nr. 1 ist in gerichtlichen Verfahren in jedem Rechtszug, bei Dauerbetreuungen und -pflegschaften in jedem Kalenderjahr und für jeden Kostenschuldner nach § 26 Abs. 1 GNotKG gesondert zu berechnen. Gesamtschuldner gelten als ein Schuldner. (2) … (3) Frei von der Dokumentenpauschale sind für jeden Beteiligten und seinen bevollmächtigten Vertreter jeweils 1. bei Beurkundungen von Verträgen zwei Ausfertigungen, Kopien oder Ausdrucke, bei sonstigen Beurkundungen eine Ausfertigung, eine Kopie oder ein Ausdruck; 2. eine vollständige Ausfertigung oder Kopie oder ein vollständiger Ausdruck jeder gerichtlichen Entscheidung und jedes vor Gericht abgeschlossenen Vergleichs, 3. eine Ausfertigung ohne Begründung und 4. eine Kopie oder ein Ausdruck jeder Niederschrift über eine Sitzung. (4) § 191a Abs. 1 Satz 2 GVG bleibt unberührt.	 0,50 EUR 0,15 EUR 1,00 EUR 0,30 EUR in voller Höhe 3,00 EUR 6,00 EUR

Sachverzeichnis

Fette Zahlen = §§ oder Artikel; magere Zahlen = Randnummern
Angaben ohne Gesetzeskürzel beziehen sich auf das BGB

Sachverzeichnis

Sachverzeichnis

Sachverzeichnis

Sachverzeichnis

Sachverzeichnis

Sachverzeichnis

Sachverzeichnis

Sachverzeichnis

Sachverzeichnis

Sachverzeichnis

Sachverzeichnis

Sachverzeichnis